KB041718

최종길 교수 50주기 추모논문집

人權과 正義의 民法學

崔鍾吉 敎授 50周忌 追慕論文集 刊行委員會

박영사

최종길 교수님 생전의 모습(1971년 미국 하버드대 로스쿨 앞에서)

2003년 최종길 교수 기념홀(현 최종길홀)에 부착된 부조의 모습

부조 옆에는 전 청와대 사회교육문화 수석 김정남 선생이 최종길 교수를 기리며 쓴 글이 새겨져 있다.

최종길 교수(1931~1973)는 이 대학에서 법과 정의를 가르쳤다. 그는 학문으로서 나라를 일으켜 세우고자 했던 학자요 선지자였으며, 달을 보고 해라고 말해야 했던 시대, 그는 진실을 말하고 정의를 외치다가 불의한 권력에 의해 희생되었다. 그는 진실 없이는 자유가 없다는 것을 그의 온 생애를 들어 증거하였다.

이 방안에 들어오는 이는 누구나 이런 질문을 받고 있다.

"오늘 당신은 이 땅의 인권과 정의를 위하여 무엇을 하고 있는가?"

최종길홀

2023년 10월 18일 최종길 교수의 50주기를 맞아 최교수의 동료교수인 박병호 교수가 쓴 현판을 서울대 최종길홀의 입구에 부착하였다.

간 행 사

지금 밖에는 함박눈이 펑펑 내리고 있습니다.

어떤 시인은 이 광경을

“괜, 찬, 타, …… 괜, 찬, 타, …… 괜, 찬, 타, …… 괜, 찬, 타, ……” 하면서,

까투리, 매추래기 새끼들, 낯이 붉은 처녀 아이들, 큰놈 눈물, 작은놈 웃음, 큰 이얘기, 작은 이얘기, 산, 청산의 소리가 다 그 수부룩이, 폭으은히, 끊임없이 내리는 눈발 속에 안끼어 드는 소리가

“괜, 찬, 타, …… 괜, 찬, 타, …… 괜, 찬, 타, …… 괜, 찬, 타, ……”라고 했습니다.

그런데 우리 가슴에는 아무리 괜찮다고 다독이며 포근히 덮어도 풀리지 않는 응어리가 있습니다.

국가기관의 폭력으로 희생된 고 최종길 선생님을 잊지 못하기 때문입니다.

과거 어두운 시절에 국가기관 폭력의 희생자가 어찌 최 선생님 한 분 뿐이었겠습니까만, 우리에게는 최 선생님이 각별한 의미로 각인되었기 때문에 더욱 잊지 못하는 것입니다.

우리는 손수건으로 땀을 닦으며 열강하시던 최 선생님의 모습을 잊지 못합니다.

우리는 선진 독일 민법학을 우둔한 학생들에게 가르치려고 진력하시던 최 선생님의 모습을 잊지 못합니다. 행위기초론, 물권적 기대권, 물권행위의 독자성과 무인성 등 하나라도 더 많이 가르치려는 의욕에 넘치셨습니다.

우리는 학문의 전당 대학의 존엄을 지키려고 동분서주하시던 최 선생님 모습을 잊지 못합니다. 그리고 마침내는 우리 앞에서 방성대곡을 하시던 그 모습, 어찌 잊을 수가 있겠습니까?

그리고 풀리지 않는 응어리 속에는 최 선생님을 잊지 못하는 마음만이 아니라, 그보다도 열 배, 백 배 커다란 아쉬움이 남아 있기 때문입니다.

최 선생님께서 지금 우리 연령만큼이라도 생존해 계셨더라면, 우리의 법학, 특히 민사법학이 지금 어떠한 모습일지 상상해보면 그 아쉬움이 한없이 불어납니다. 그 짧은 생애에서 최 선생님께서 남기신 그 많은 연구업적에 비추어보면 일찍 이승을 떠나신 공백이 얼마나 큰지를 쉽게 짐작할 수 있습니다.

최 선생님의 학은을 직접 입은 제자들과 최 선생님의 업적으로 공부한 후학들이 모여 최 선생님을 기리고자 정성을 들인 글을 모아 이 책을 냅니다. 비단 최 선생님을 기리는 뜻뿐만 아니라 최 선생님의 공백을 조금이나마 메워보려고, 앞으로도 더욱 분발하여 민사법학의 발전을 위하여 진력하겠다는 다짐도 함께 하고자 합니다.

아직은 많이 부족하지만 언젠가는 최 선생님께서 우리를 내려다보시고,

"괜, 찬, 타, …… 괜, 찬, 타, …… 괜, 찬, 타, …… 괜, 찬, 타, ……" 하실 날이 오리라 믿습니다. 그러면 우리도 비로소 마음속의 응어리가 풀어져서 손에 손잡고,

"괜, 찬, 타, …… 괜, 찬, 타, …… 괜, 찬, 타, …… 괜, 찬, 타, ……" 하고 화답을 드릴 수 있을 것입니다.

2023. 12. 30.

간행위원 일동

50 Jahre Gedenkschrift für Prof. Dr. Tsche Chong-kil

Michael Reiffenstuel*

Vor rund 50 Jahren, am 2. Oktober 1973, versammelten sich über 400 Studierende der Seoul National University (SNU), um gegen die im Jahr zuvor durch den autoritär regierenden Präsidenten Park Chung-hee eingeführte so genannte Yushin-Verfassung und die Verhängung des Kriegsrechts zu protestieren. Sie forderten unter anderem die Wiederherstellung der Bürgerrechte, die Abschaffung des gefürchteten südkoreanischen Geheimdienstes (KCIA) sowie die Aufklärung der Entführung von Kim Dae-jung im August 1973, der bei der Präsidentschaftswahl 1971 gegen Präsident Park kandidiert hatte. Die Demonstration wurde gewaltsam aufgelöst und viele der Demonstrierenden wurden verhaftet.

In dieser angespannten Situation und in Kenntnis der diktatorischen Härte der Regierung Park stellte sich Prof. Tsche Chong-kil, Rechtswissenschaftler an der SNU, demonstrativ schützend vor die Studierenden. Auf einer Fakultätssitzung setzte er sich dafür ein, die Stimmen der Studierenden ernst zu nehmen, offiziell gegen die Vorkommnisse zu protestieren und eine Entschuldigung von Präsident Park einzufordern. Nur wenige Tage später wurde Prof. Tsche tot aufgefunden, nachdem er zuvor durch den KCIA verhört worden war. Dieser behauptete anschließend, Prof. Tsche habe gestanden, nordkoreanischer Spion zu sein, und sich daraufhin selbst getötet.

Erst im Jahr 2002, also rund 30 Jahre später, wurde das Schicksal von Prof. Tsche Chong-kil durch die erste koreanische Wahrheitskommission aufgeklärt. Die Kommission stellte fest, dass die Behauptungen des KCIA frei erfunden waren. Trotz Folter und Einschüchterung gab Prof. Tsche Chong-kil kein falsches Geständnis ab, widersetzte sich der Ausübung autoritärer Staatsgewalt und trug dadurch zum Erstarken der Demokratiebewegung bei.

---

* Ehemaliger Botschafter der Bundesrepublik Deutschland in der Republik Korea(2020~2023)

Prof. Tsche Chong-kil wurde als Wissenschaftler und akademischer Lehrer über die Grenzen Koreas hinaus außerordentlich geschätzt. So war er Forschungsstipendiat der Alexander-von-Humboldt-Stiftung und promovierte 1961 als erster Koreaner an der Rechtswissenschaftlichen Fakultät der Universität zu Köln. Er kann somit zurecht als ein Pionier der partnerschaftlichen deutsch-koreanischen Beziehungen bezeichnet werden, die dieses Jahr ihr 140. Jubiläum feiern. Obwohl Deutschland und Südkorea viele tausende Kilometer voneinander entfernt liegen, verbindet unsere Länder insbesondere das feste Vertrauen in rechtsstaatliche Grundsätze und freiheitlich-demokratische Werte. Dass diese keine Selbstverständlichkeit sind, mussten Deutschland und Südkorea auf schmerzhafte Art und Weise erfahren. Deutschland, das die Verbrechen des Nationalsozialismus zu verantworten hat und bis zum Jahr 1990 unter seiner Teilung litt, tat sich lange Zeit enorm schwer, seine dunkle Vergangenheit aufzuarbeiten. Korea ist sogar bis heute von der Teilung des Landes betroffen und der südkoreanische Staat war nach seiner Unabhängigkeit bis zur Demokratisierung in den 1980er Jahren lange Zeit durch autoritär regierende Machthaber geprägt. Die zu dieser Zeit verübten Verbrechen gegenüber Andersdenkenden und die Beschneidungen von Freiheits- und Bürgerrechten wurden lange Zeit weder restlos aufgeklärt noch wurde ihnen in angemessener Form gedacht.

Die Bewältigung der Vergangenheit kann allerdings nur durch eine aktive Erinnerungskultur gelingen. Das bloße Vergessen mag zwar oftmals leichter fallen, als sich aktiv mit dunklen Kapiteln der Vergangenheit auseinanderzusetzen. Dies wird denjenigen, die unter der Herrschaft von autoritären Regimen im Kampf für Menschenrechte und Demokratie große Opfer erbracht haben, allerdings in keiner Weise gerecht. Die Erinnerung an jene Personen, wie etwa auch an Prof. Tsche Chong-kil aufrechtzuerhalten, bleibt ungemein wichtig, um unsere mühsam errungenen demokratischen Freiheitsrechte, in deren Genuss wir heutzutage kommen, wertzuschätzen. Sie führt uns vor Augen, dass diese nicht selbstverständlich sind, und mahnt uns, wachsam zu bleiben, um unsere Demokratie und Freiheit zu bewahren und zu schützen.

In diesem Sinne danke ich den Autoren dieser Gedenkschrift sehr herzlich für ihren Beitrag zu einer lebendigen Erinnerungskultur, hier zu Ehren von Prof. Tsche Chong-kil, der für seine demokratischen Überzeugungen und die vehemente Fürsprache für seine Studierenden ein unvorstellbares Opfer erbrachte.

최종길교수50주기추모논문집의 발간에 부쳐

미하엘 라이펜슈툴*

지금으로부터 약 50년 전인 1973년 10월 2일, 서울대 학생 400여 명은 박정희 대통령의 권위주의 정권이 그 전년(前年)에 공표한 소위 유신헌법과 계엄령 선포에 반대하는 시위를 벌였습니다. 이들은 무엇보다도 시민권의 회복, 공포의 대상이었던 중앙정보부(KCIA)의 폐지, 1971년 대통령 선거에서 박정희 대통령에 맞서서 후보로 나섰던 김대중을 1973년 8월에 납치한 사건의 진상규명을 요구했습니다. 시위는 무력으로 해산되었고 많은 학생들이 체포되었습니다.

이러한 억압된 상황 속에서도, 박정희 정권의 독재적 폭압을 잘 알고 있었던 서울대의 법학자 최종길 교수는 학생들을 보호하기 위해 권위주의 정권에 맞섰습니다. 그는 교수회의 석상에서 학생들의 목소리에 진지하게 귀 기울여야 하고, 정식으로 이번 폭력 사건에 대해 항의해야 하며, 박 대통령의 사과를 요구해야 한다고 주장하였습니다. 불과 며칠 후, 중앙정보부의 조사를 받던 최교수는 시신으로 발견되었습니다. 이에 대해 중앙정보부는 최교수가 북한 간첩임을 자백한 후 스스로 목숨을 끊었다고 발표했습니다.

최종길 교수의 죽음의 진실은 그의 사망 후 약 30년이 지난 2002년이 되어서야 대통령소속 의문사진상규명위원회의 조사에 의해 밝혀졌습니다. 동 위원회는 중앙정보부의 발표가 허구임을 밝혀냈습니다. 고문과 협박에도 불구하고 최종길 교수는 허위 자백을 하지 않았고, 권위주의적 국가권력에 저항함으로써 민주화운동에 기여한 것이었습니다.

최종길 교수는 한국을 넘어서서 국외에서도 학자이자 학구적인 교육자로서 높은 평가를 받았습니다. 그는 알렉산더 폰 훔볼트 재단이 후원하는 연구자로서 1961년 한국인 최초로 쾰른대학교 법과대학에서 박사학위를 받았습니다. 그러므로 그는 마땅히 올해로 140주년을 맞이하는 독일과 한국의 동반자 관계의 선구자라고 할 수 있습니다. 독일과 한국은 수천 킬로미터나 떨어져 있지만, 특히 법치주의의 원칙과 자유민주주의의 가치에 대한 확고한 신뢰가 양국을 하나로 묶어주고 있습니다. 독일과 한국은 이 원칙과 가치가 저절로 주어지는 것이 아니라는 사실을 뼈아픈 시련의 과정을 통해 배워야 했습니다. 나치의 범죄에 대한 책임을 져야 했고

* 전 주한독일대사(2020~2023)

1990년까지 분단의 고통을 겪었던 독일은, 어두운 과거를 청산하는 데 오랫동안 엄청난 어려움을 겪었습니다. 한국은 오늘날까지도 분단되어 있으며, 광복 후 1980년대 말에 민주화를 이루기까지 오랫동안 권위주의 정권에 시달려야 했습니다. 이 기간 동안 자행된 반체제 인사들에 대한 범죄행위와 자유권 및 시민권에 대한 침해행위는 오랫동안 제대로 규명되거나 합당한 방식으로 기억되지 못했습니다.

과거청산은 두말할 나위 없이 적극적인 기억문화를 통해서만 이루어질 수 있습니다. 그냥 잊어버리고 사는 것이 어두운 과거를 적극적으로 마주하는 것보다 쉬울 수 있습니다. 하지만 이는 권위주의 정권하에서 인권과 민주주의를 위해 싸우다 큰 희생을 치르신 분들께는 결코 정의롭지 못한 일입니다. 오늘날 우리가 어렵게 쟁취하여 누리게 된 민주주의에 따르는 자유권을 소중히 지키기 위해서는, 최종길 교수와 같은 분들을 기억하는 것이 매우 중요합니다. 이 기억은 우리로 하여금 민주주의에 따르는 자유권은 저절로 주어지는 것이 아니라는 사실에 눈을 돌리게 하고, 민주주의와 자유를 지키고 보호하기 위해서는 경계를 늦추지 말아야 한다는 사실을 깨닫게 합니다.

이러한 뜻에서 민주주의에 대한 자신의 신념을 지키고자 그리고 자신의 학생들을 열정적으로 옹호하고자 상상조차 할 수 없는 희생을 치르신 최종길 교수를 기려 살아있는 기억문화를 길이 간직하기 위해, 이 추모논문집에 기고하신 저자들께 진정으로 깊은 감사를 드립니다.

믿음 있는 친구 최종길 교수

박 병 호*

최종길 교수와 나는 동갑이다. 대학은 한 해 내가 먼저 입학했지만 졸업은 같이 했다. 재학 중에는 서로 알지 못했는데 육군보병학교에서 만나 매우 인상 깊었다. 1954년, 4학년 2학기가 시작하자마자 당시의 전시문교정책에 따라 전국의 대학 4학년생 졸업예정자들을 광주에 있는 육군보병학교에 입소시켜 간부후보생 전반기 교육을 10주간 받게 하고 육군 보병 일등병으로 편입시켰다. 9월 6일부터 교육을 받았는데, 그 곳에서 최교수를 알게 되었다. 내무반은 달랐지만 같은 중대에 소속되었기 때문에 종일 같이 훈련을 받았다. 최교수는 군계일학처럼 바로 동료들의 이목이 집중되었는데 매우 적극적이고 화술에 능했다. 거기서 보스 기질도 발휘했었다. 수료 후에는 바로 상경하여 한 달 남짓 강의를 듣고 학기말 시험을 치른 뒤 헤어졌으며 서로 소식을 알 수 없었다. 최교수는 졸업 후 독일의 쾰른대학에 유학했는데 민법을 전공하여 박사학위를 받고 금의환향하였으며 바로 모교의 교수로 자리잡아 동료교수로서 날마다 함께 지내게 되었다. 우리 두 사람은 동갑에다 의기 상통하여 이내 친한 친구 사이가 되었다.

최교수는 민법교수로서 매우 야심차고 의욕적이었으며 사실적 계약관계 이론을 우리 학계에 처음 도입·소개하면서 참신한 독일법 이론과 열띤 강의로 학생들의 인기를 독차지하였던 것으로 기억한다. 강의의 부담 속에서도 일찍이 교과서 집필을 진행시키고 있었던 알찬 연구활동도 계속했으니 당시의 제3세대 민법학자로서 학계의 주목을 받고 있었다.

최교수는 매우 다정다감한 로맨티스트였다. 또 그 만큼 격정적이고 주위를 휘젓기도 하였다. 1960년 후반부터는 군사정권 하에 쉴 새 없이 학생들이 도서관에서 철야 농성을 하여 강의가 제대로 진행될 수 없었는데 학생들과의 대화에는 최교수와 내가 앞장서서 나갔었다. 막판에는 비상계엄 하에 군대가 대학 안에 진주하게 되자 학생들은 등교할 수 없었고 교수들만이 날마다 출근하여 학교를 지켰다. 그래서 무료함을 달래기 위하여 함께 테니스를 시작하였고 거의 날마다 함께 테니스 시합을 하였다. 최교수는 호승기도 강하여 시합에 지면 씩씩거리며 홍분했는데 또 금새 잊어버리곤 하였다. 저녁에는 자주 함께 술잔을 기울였는데 주량도 나와 비슷하였으며 술좌석에서도 역시 좌지우지하였다.

* 서울대학교 명예교수, 대한민국학술원 회원

최교수의 교양 있는 깊은 취미가 무엇이었는지 나는 잘 알지 못하지만 등산 취미로 이끈 것은 나였다. 가끔 젊은 동료 교수와 함께 북한산을 올랐는데 구파발을 거쳐 노적봉에 올랐다가는 불광동에 있던 나의 집으로 와서 함께 담론하며 술잔을 기울였다. 1965년 1월 29일에도 이시윤 교수와 함께 세 사람이 북한산 겨울 등반을 하고 내 집에 와서 술자리를 같이 했는데, 그 날 최교수와 이 교수에게 지필묵을 내놓고 취중에 일필휘지하라고 권했다. 내 집에는 명사들의 필적을 받아 놓은 『유홍』(留鴻)이라는 필첩이 있었는데 그 필첩의 빈 칸에 쓰도록 권하였다. 나로서는 두 학자의 필적을 받아 길이 간직하고 싶어서였다. 최교수는 '교우이신'(交友以信) 이라고 썼고, 이시윤 교수는 '학사은거'(學士隱居)라고 썼다. 지금부터 37년 전의 일이다. 최교수의 그 붓글씨는 아마도 유일무이한 것이리라. 이것은 나에게도 귀중한 재산이기도 하지만 그 자제인 최광준 교수가 원한다면 기증할 생각도 없지는 않다.

최교수가 나와 함께 자주 등산하는 재미를 맛보게 될 때 산악반 학생들이 적설기 한라산 등반을 계획하게 되었다. 1966년경이라 기억되는데 등반훈련을 위하여 도봉산 주봉 아래에서 3일간 단련하기로 하여 김치선 교수 · 최교수와 함께 참여하였다. 추운 겨울에 텐트에서 지내는 일이 쉽지 않았는데 우리 셋은 학생들과 함께 무사히 훈련을 끝내고 김치선 교수와 나만이 적설기 등반에 참가했고 최교수는 여러 가지 이유를 대면서 불참하였다. 불참 이유 중의 하나가 최교수는 고소공포증이 있어서 높은 산이나 깎아지른 언덕에는 못 올라간다는 것이었다. 알고 보니 그것은 사실이었고 그 후로 나는 자주 높은 곳에서 최교수를 아래로 밀치는 장난을 하였다. 심지어 2, 3층의 창가에서도 밖으로 어깨를 밀치면 기겁을 하였다. 이러한 최교수가 높은 데서 뛰어내린다는 것은 절대로 상상할 수 없는 일인 것이다. 얼마 전에 최광준 교수에게 그 이야기를 했더니 자기도 몰랐었다는 말을 들었다.

1967년부터인가 이한기 학장이 취임하고 배재식 교수가 교무 과장을, 최교수가 학생과장을 맡았는데 매우 어려운 시기였다. 나는 1968년 10월에 일본 동경대학으로 1년 간 유학을 갔었고, 특히 1969년에 들어서는 이루 표현할 수 없는 학원 사태가 있었던 것 같은데 나는 1969년 9월에 귀국하였다. 최교수는 귀국하는 나를 김포공항에까지 마중 나와서 날더러 차기 학생과장이 온다고 하기에 어리둥절하였다. 아니나 다를까 서돈각 학장이 취임하고 내가 학생과장으로 일하게 되었다. 최교수는 그 동안의 힘든 일을 회상하며 내가 학생과장직을 무사히 수행할 수 있도록 많은 조언을 해 주며 격려하여 주었다. 이때의 우정을 결코 잊을 수 없으며 '교우이신'(交友以信)이라고 썼던 최교수의 진면목을 깨달을 수 있었다.

얼마 전 의문사진상규명위원회가 공식적으로 최종길 교수의 사인을 중정의 타살로, 그리고 중정이 최종길 교수를 간첩으로 조작했다고 발표했다. 29년만의 일이다. 아직 진상이 낱낱이 밝혀진 것은 아니지만 뜻깊은 29주기가 아닐 수 없다. 천추에 사무치는 원한이사 그 유족보다 더 할 리가 있을 것인가마는 암울했던 정치 · 사회 상황을 겪어 왔던 현대 지식인 모두의 원한이요 아픔이 아닌가. 믿음으로 대하고 따뜻한 정을 풍기며 금방이라도 다가설 것 같은 최 교수. 그를 무척 아끼고 사랑했던 김증한 선생, 이한기 선생 그리고 같은 직장에서 하루라도 못 보면 아쉬워하며 진하게 사귀었던 전원배 교수, 김치선 교수, 배재식 교수. 이 분들도 모두 타계해 가시어 추모의 정을 더하고 아픔을 같이 할 수 없게 되었으니 안타깝고 허전하기 그지 없다. 믿음의 우정으로 보답하지 못한 채 하찮은 회고를 더듬으며 진혼의 심정을 적는다.

In memoriam Professor Dr. Chong Kil Tsche (1932~1973)

Dr. Enno Aufderheide*

In der Erinnerung an ein Menschenleben spiegelt sich Geschichte und Zukunft eines Landes. Professor Dr. Chong Kil Tsche wurde 1932 geboren. Er studierte an der Seoul National University und graduierte an deren School of Law im Jahr 1955. Nach seinem Universitätsabschluss ging er 1957 für fortführende Studien nach Zürich in der Schweiz. Im Jahr 1960 wurde Chong Kil Tsche Mitglied des internationalen Netzwerks der Alexander von Humboldt-Stiftung, als er als Humboldt-Forschungsstipendiat nach Deutschland kam. Für insgesamt zwei Jahre hielt sich Chong Kil Tsche am Institut für internationales und ausländisches Privatrecht der Universität zu Köln für die wissenschaftliche Zusammenarbeit mit seinem Gastgeber Professor Dr. Gerhard Kegel auf. Während dieser Zeit promovierte er, als erster Koreaner an der Rechtswissenschaftlichen Fakultät der Universität. Im Jahr 1964 erhielt Chong Kil Tsche mit 33 Jahren den Ruf auf eine ordentliche Professur an seiner Alma Mater, der Seoul National University. Die Seoul National University ist heute mit über 50 Personen die Einrichtung mit den meisten Humboldt-Alumni in Korea.

Chong Kil Tsche kam mit seiner Familie im Jahr 1972 auf Einladung der Humboldt-Stiftung noch einmal nach Deutschland für einen erneuten Forschungsaufenthalt. Ein Jahr später wurde er vom Geheimdienst seines Heimatlandes getötet. Die Alexander von Humboldt-Stiftung erinnert sich an Chong Kil Tsche als ausgewiesenen Wissenschaftler und Experten des Privatrechts seiner Zeit. Er ist einer der insgesamt 391 koreanischen Forschungsstipendiatinnen und Forschungspreisträger, die die Stiftung seit ihrer Wiedergründung im Jahr 1953 im Verlauf von sieben Jahrzehnten bis heute für die Forschungskooperation mit Partnern an Universitäten und Forschungseinrichtungen in Deutschland gefördert hat.

* Generalsekretär, Alexander von Humboldt-Stiftung

In der Erinnerung an die Geschichten Einzelner vergegenwärtigen wir uns gesellschaftliche Herausforderungen von Gestern und Heute. Professor Tsche forschte und lehrte in den 60er und 70er Jahren unter den schwierigen Bedingungen der Militärdiktatur in seinem Heimatland. Bildung und Medien standen unter dem zunehmenden Einfluss der Politik. Proteste von Hochschullehrenden und Studierenden gegen Überwachung in den Hörsälen und Seminaren der Universitäten erwiderte der Staat mit Verhaftung, Folter und Tötung seiner Bürger. Als er sich für die Redefreiheit seiner Studierenden einsetzte, fiel Chong Kil Tsche den Machthabern zum Opfer. Es ist wichtig, sich daran zu erinnern, dass die Freiheiten, die wir heute genießen, andere für uns in der Vergangenheit erkämpft haben und dass sie oft einen hohen Preis dafür bezahlt haben - einige den höchsten Preis, den ein Mensch zahlen kann.

Die Humboldt–Stiftung zählt heute mehr als 30.000 hervorragende Wissenschaftlerinnen und Wissenschaftler in über 140 Ländern als Mitglieder ihres Netzwerks. Die Humboldtianerinnen und Humboldtianer sind Antreiber des Fortschritts und Wandels in ihrer Heimat. Sie sind Mitglieder in Akademien, Gründer von Start–ups, Inhaberinnen von Patenten und vielfach ausgezeichnet – in 59 Fällen mit dem Nobelpreis. Viele engagieren sich für die Gesellschaft, etwa als Vertreter des Volks in Parlamenten, in Ministerien oder als Regierungsberaterinnen und –berater, bei der Vermittlung in Krisen und Konflikten oder bei der Bekämpfung von Armut, Umweltverschmutzung und politischem Extremismus.

Auch heute werden Forscherinnen und Forscher in verschiedenen Ländern der Erde von Gewalt und Verfolgung bedroht. Dafür hat die Alexander von Humboldt–Stiftung die Philipp Schwartz–Initiative für gefährdete Forschende geschaffen. Mithilfe dieses Programms können Wissenschaftlerinnen und Wissenschaftler, die in ihren Herkunftsländern erheblicher und anhaltender persönlicher Gefährdung ausgesetzt sind, ihre Arbeit an deutschen Hochschulen und Forschungseinrichtungen fortsetzen. Über 450 Menschen aus 26 Ländern haben seither in Deutschland Zuflucht und Unterstützung gefunden.

Die gewonnene Freiheit, für die sich einzelne Menschen in der Vergangenheit engagierten, für die sie gekämpft haben, verteidigen wir heute auch damit, indem wir uns aktiv an sie erinnern. Die Erinnerung an das Unrecht, das unseren Vorfahren widerfuhr, ermöglicht es uns, für eine gerechtere und friedliche Zukunft unserer

Gemeinschaft zu lernen. Die Stützpfeiler der Demokratie - freie Meinungsäußerung und Wahlen, staatliche Gewaltenteilung und Mitbestimmung der Bürgerinnen und Bürger im Land: sie wollen immer wieder aufs Neue erinnert und gefestigt werden.

Ich danke Chong Kil Tsches Sohn Professor Dr. Kwang-Jun Tsche für die Möglichkeit, mit einem Beitrag zur vorliegenden Gedenkschrift an einen großen Rechtswissenschaftler und akademischen Lehrer Koreas zu erinnern. Ich muss an dieser Stelle erwähnen und tue dies mit aufrichtiger Freude, dass Kwang-Jun Tsche der Humboldt-Stiftung seit dem Jahr 2006 verbunden ist, als er sich erstmals als Humboldt-Forschungsstipendiat bei Professor Dr. Heinz-Peter Mansel am Institut für Internationales und ausländisches Privatrecht der uns bereits bekannten Universität zu Köln für einen Forschungsaufenthalt aufhielt. Kwang-Jun Tsche setzt sich seitdem kontinuierlich für die Pflege und Stärkung der wissenschaftlichen Beziehungen zwischen Korea und Deutschland ein, heute unter anderem in seiner Rolle als Vertrauenswissenschaftler der Stiftung für Korea. Die Alexander von Humboldt-Stiftung ist unglaublich stolz darauf, in Chong Kil Tsche und Kwang-Jun Tsche ein Beispiel für ihr Generationen übergreifendes Netzwerk zu haben.

Diese hier vorliegende Gedenkschrift zeugt eindrücklich davon, dass Chong Kil Tsches aktives Leben und sein freiheitliches Erbe auch ein halbes Jahrhundert später in unserer Erinnerung fortleben.

최종길 교수(1932~1973)를 추모하며

엔노 아우프데어하이데 박사*

한 사람의 삶에 대한 기억에는 한 나라의 역사와 미래가 투영되어 있습니다. 최종길 교수는 1932년에 태어났습니다. 그는 1955년에 서울대학교 법과대학을 졸업하고 학업을 계속하기 위해 1957년 스위스 취리히로 유학을 떠났습니다. 그는 곧 독일로 건너가 1960년부터 알렉산더 폰 훔볼트 재단의 국제 네트워크의 일원으로서 재단이 후원하는 연구자가 되었습니다. 그는 2년간 쾰른대학교의 국제사법 및 외국사법 연구소에 머물면서, 그를 초청한 게르하르트 케겔 교수와 학문적 협업을 하였습니다. 이 기간 동안 그는 한국인 최초로 쾰른대학교 법과대학에서 법학박사학위를 취득했습니다. 1964년, 33세의 나이에 최종길은 모교인 서울대학교의 전임교수가 되었습니다. 현재 50여명의 훔볼트 동문들을 배출한 서울대는 한국에서 가장 많은 훔볼트 동문을 지닌 기관입니다.

최종길 교수는 1972년 다시금 훔볼트 재단의 초청을 받아 가족과 함께 독일로 돌아와 연구활동을 하였습니다. 그리고 1년 후, 그는 고국의 비밀정보기관에 의해 살해당했습니다. 알렉산더 폰 훔볼트 재단은 최종길 교수를 당시의 훌륭한 학자이자 사법(私法) 전문가로 기억하고 있습니다. 그는 재단이 1953년에 재설립된 후 현재까지 70년 동안 독일 내의 대학 및 파트너 연구기관의 연구 협력을 후원한 총 391명의 한국인 연구 펠로우 및 연구상 수상자의 한 명입니다.

한 사람의 개인사(個人史)에 대한 기억을 통해 우리는 어제와 오늘의 사회적 과제를 찾을 수 있습니다. 최교수는 1960년대와 70년대 고국의 군사 독재라는 어려운 환경 속에서 연구하고 가르쳤습니다. 그때는 교육과 언론에 대한 정치의 영향력이 점점 커져가고 있던 때였습니다. 대학 교수와 학생들이 강의실과 세미나실에서 행해지고 있던 감시에 반대하는 시위를 벌이자, 국가는 체포, 고문과 살해로 맞섰습니다. 최종길 교수는 학생들의 언론의 자유를 옹호하다가 권위주의 정권의 희생양이 되어버렸습니다. 오늘날 우리가 누리고 있는 자유는 누군가가 우리를 위해 과거에 쟁취한 것이라는 사실을, 그리고 그들은 그 자유의 쟁취를 위해 종종 비싼 대가를 치렀으며 — 그들 중 몇몇은 인간이 치를 수 있는 가장 비싼 대가를 치렀다는 사실을

* 독일 훔볼트 재단 사무총장

잊어서는 안 됩니다.

오늘날 훔볼트 재단은 140여 개국에서 3만 명 이상의 뛰어난 연구자들로 회원 네트워크를 구성하고 있습니다. 훔볼트인(人)은 고국의 발전과 변화를 이끄는 원동력입니다. 이들은 대학교수, 연구자, 스타트업 창업자, 특허 보유자 등 다양하며, 59명이 노벨상을 수상하는 등 여러 차례 수상의 영예를 안았습니다. 많은 사람들이 의회, 정부 부처 또는 정부 자문위원으로서, 위기와 갈등을 중재하거나 빈곤, 환경오염, 정치적 극단주의에 맞서 싸우는 등 사회를 위해 헌신하고 있습니다.

오늘날에도 전 세계 여러 나라의 연구자들은 폭력과 박해로 위협을 받고 있습니다. 알렉산더 폰 훔볼트 재단이 위험에 처한 연구자들을 위해 "필립 슈바르츠 이니셔티브"(Philipp Schwartz–Initiative)를 마련한 이유도 바로 여기에 있습니다. 이 프로그램의 도움으로 출신 국가에서 지속적으로 심각한 신변 위험에 노출된 연구자들이 독일의 대학과 연구기관에서 연구를 계속할 수 있게 되었습니다. 지금까지 총 26개국에서 온 450명이 넘는 사람들이 독일에서 피난처와 지원을 제공받았습니다.

우리는 오늘날, 과거에 한사람, 한사람이 헌신하고 싸워 쟁취한 자유를 적극적으로 기억함으로써 이를 지켜낼 수 있습니다. 우리의 전(前) 세대들이 겪은 불의에 대한 기억은, 우리 공동체를 보다 정의롭고 평화롭게 하기 위하여 배우게 합니다. 민주주의의 기둥인 표현과 선거의 자유, 국가권력의 분립과 시민의 공동 결정권 등을 우리는 계속해서 되새기고 공고히 해야 합니다.

한국의 훌륭한 법학자이자 학구적인 교육자를 기리는 이 추모논문집에 추모사를 쓸 수 있는 기회를 주신 최종길 교수의 아들 최광준 교수께 감사를 드립니다. 저는 이 자리를 빌려 다음의 사실을 언급하고자 하며 이를 진심으로 기쁘게 생각합니다. 최광준 교수는, 그가 처음으로 훔볼트의 지원을 받아 쾰른대학교의 국제사법 및 외국사법 연구소에서 하인즈–페터 만젤 교수와 공동연구를 하기 위해, 쾰른에 체류할 당시인 2006년부터 훔볼트 재단과 인연을 맺어 왔습니다. 그는 이후 한국과 독일 간의 학술적 교류의 유지 및 증진을 위해 지속적으로 헌신해 왔으며, 현재는 특히 훔볼트재단의 한국 학술대사로서의 역할을 수행하고 있습니다. 알렉산더 폰 훔볼트 재단은 여러 세대에 걸쳐 작동하는 국제 네트워크의 모범으로 최종길 교수와 최광준 교수를 들 수 있다는 점을 매우 자랑스럽게 생각합니다.

여기의 이 추모논문집은, 최종길 교수의 적극적인 삶과 자유의 유산이 반세기가 지난 지금까지도 우리의 기억 속에 계속 살아 숨쉬고 있다는 사실을 감동적으로 증거하고 있습니다.

최종길 선생님을 기리며

호 문 혁*

지난 40여 년 사이에 젊은 시절을 보낸 사람들 누구 하나 암울한 시대를 살았다는 느낌을 갖지 않을 사람이 없겠지만, 내가 대학을 다닌 1960년대 말부터 1970년대의 시기만큼 젊은이들이 좌절과 울분에 젖어 있었던 적도 많지 않을 것이다. 박정희 정권에 대항해서 1960년대 중반부터 터져 나온 한일회담반대운동이 곧이어 반독재투쟁으로 이어졌고, 이러한 젊은이들의 열망에 아랑곳없이 박정희 정권은 3선개헌과 이른바 10월유신 등으로 갈수록 독재체제를 공고히 하는 데에 열중하던 시절이었다. 그러던 1973년 10월, 우리의 최종길 선생님이 국가기관의 폭력으로 말미암아 세상을 하직하셨다. 벌써 50여년의 세월이 그 사이에 흘렀지만 여전히 최종길 선생님을 국가의 폭력적 인권탄압에 희생된 분으로 기억하고 많은 사람들이 안타까워한다. 나는 조금 각도를 달리하여 최종길 선생님의 학자로서의, 대학인으로서의 면모를 추념하고자 한다.

최종길 선생님을 처음 뵌 것은 1969년 1학기에 민법총칙 강의를 들으면서였다. 최 선생님은 강의 중에 독일에서 공부하신 것을 우리에게 가르치시기에 무척 열심이셨다. 강의를 하실 때 유난히 땀을 많이 흘리셔서 손수건으로 이마를 닦아가면서 열강을 하셨다. 지금도 기억나는 것은 '신의성실의 원칙' 부분에선가 칼 라렌쯔(Karl Larenz)의 행위기초론을 자세히 설명해 주신 것을 비롯해 학기 중에 자주 라렌쯔의 이론을 설명하셨다. 그 당시 아무 것도 모르고 그저 모든 것이 생소하기만 한 우리야 독일의 수준 높은 법학 이론을 제대로 이해했을 리가 없었지만, 라렌쯔를 얼마나 열심히 이야기해 주셨던지 그 이름이 귀에 박혔고 지금도 라렌쯔라는 이름이 나오면 당시 최 선생님의 음성과 손수건으로 땀을 닦던 모습이 떠오른다. 2학기 때 배운 물권법에서는 아우플라쑹(Auflassung)과 물권행위의 독자성과 무인성, 물권적기대권 등 독일의 물권법 제도를 자세히 설명해 주셨다. 민법총칙과 물권법 모두 가르치려는 의욕이 넘쳐서 처음부터 너무 자상하게 설명을 하신 나머지 학기말이 되어도 진도는 별로 많이 나가지 못했다. 그래서 마지막 한 주 동안 개괄적인 설명을 하여 결국 진도를 끝까지 나가곤 하셨는데, 그럴 때면 우리는 기말시험 범위가 늘어난다고 철없는 불평을 하곤 했다.

* 서울대학교 법학전문대학원 명예교수

1969년인가 어느 날이었다. 그 날도 법대생들이 동숭동 앞길에서 데모를 하고 있었다. 나는 법대 교문 밖에서 경찰과 대치하고 있는 친구들 틈에 끼어서 날아오는 사과 모양의 최루탄이 어디로 떨어지나를 신경 쓰고 있었는데, 갑자기 교문 쪽에서 소란이 일어 무슨 일인가 하고 쳐다보았다. 학생들이 모여들어 잠바 차림의 어떤 사람을 구타하더니 잠시 뒤에 그 사람의 사지를 들어 법대 안으로 운반하는 것이었다. 알고 보니 어떤 사복 형사가 우리가 모여 있는 한 가운데서 법대 학생회장을 잡아가려다가 몰매를 맞고 실신했다는 것이다. 그 사복형사는 대학병원으로 실려 갔고, 그로부터 잠시 뒤에 데모는 끝났지만, 바로 그 뒤에 진압봉과 방패로 중무장한 동대문경찰서 진압대가 법대 캠퍼스를 완전 포위하는 사태가 발생했다. 실신한 사복형사가 동대문서 소속이었기 때문에 동대문경찰서장이 화가 머리끝까지 나서 사복형사를 구타한 학생들을 잡아내겠다는 것이었다. 그 때만 해도 대학교 캠퍼스를 신성시하는 분위기가 있었기 때문에 경찰도 법대 안에는 들어오지 못하고 교문 밖에 서서 진압봉으로 방패를 두드리며 "구타학생 나와라, 안 나오면 우리가 학교 안으로 들어가겠다"고 함성을 질렀다. 그러나 학생들은 "그럴 수 없다, 누가 구타했는지 모른다."며 버티고 있었다. 학생들은 학교 밖으로 나갈 수가 없으니 자연히 도서관에 들어가 농성을 하게 되었는데, 그 때 가장 바쁘게 움직였던 분이 학생과장(요새말로는 학생담당부학장)인 최종길 선생님이셨다. 교문 앞에 가서는 학교에 경찰이 들어와서는 안 된다고 설득을 하셨고, 우리에게 와서는 이 신성한 대학을 경찰이 짓밟도록 해서는 안 된다면서 제발 어떤 방안을 찾아보자고 하소연을 하셨다. 교문과 도서관을 수없이 분주하게 오가던 최 선생님께서는 그래도 아무런 해결 방안이 나오지 않자 밤늦게 도서관에 들어와서 학생들을 붙잡고 울음을 터트리셨다. 보통 울음이 아니라 통곡이었다. 어떻게 경찰이 캠퍼스에 들어올 수가 있느냐고 하시면서… 그 바람에 우리는 모두 숙연해졌다.

자정이 넘어서 결국 최 선생님이 경찰과 학생들 사이에서, 학생들은 구타한 학생을 내보내거나 이름을 적어 내는 대신에 도서관에서 농성한 학생 전원의 이름을 적어 내기로 하고, 경찰은 포위를 풀고 아직 통행금지가 풀리지 않은 시각이었으므로 경찰버스로 학생들을 집 동네까지 안전하게 데려다 주기로 한다는 내용의 합의를 이끌어 내셨다. 그리하여 우리는 한밤중에 경찰버스를 타고 모두 집으로 돌아갔다. 물론 처음에는 버스에 실려 통째로 유치장으로 직행하는 것은 아닌가 하는 불안감이 약간 있었지만 약속은 지켜졌다.

그로부터 몇 년 뒤, 내가 대학원 1학년인 1972년 개교기념일이었다. 점심을 먹고 법대 도서관 앞 잔디밭에 앉아 한가롭게 몇몇 친구들과 법률문제를 화제 삼아 토론 겸 잡담을 하고 있는데, 갑자기 몸집이 매우 좋은 사람들 한 무더기가 학교 안으로 몰려 들어오면서 교문을 활짝 열어 놓고는 도서관과 다른 건물로 흩어져 들어가는 것이었다. 무슨 일인가 의아해 하고 있는데, 어디선가 우릉우릉— 하는 굉음이 들려오기 시작했다. '이건 또 뭔가' 하고 있는데, 잠시 뒤에 교문으로 탱크들이 들어오는 것이 아닌가. 다른 곳도 아닌 신성한 대학 캠퍼스 안으로!

상아탑에서 공부하는 우리의 자존심을 여지없이 깔아뭉개면서…. 온 세상이 다 무너져 내리는 것 같았다. '이럴 수가, 이럴 수가! 너희가 드디어 우리 국가와 민족의 장래를 망치려고 최후의 발악을 하는구나!' 어렸을 때 학교에서 배운 어느 노래 가사처럼 '발을 굴러 땅을 치며 의분에 떤 날!'이었다. 마침내 이른바 10월유신이라는 사태가 벌어졌다. 유신헌법안(維新憲法案)이라는 것이 나왔을 때, 우리 대학원생들은 어처구니가 없어서 그냥 웃을 수밖에 없었다. 후배들을 앉혀 놓고 그 내용이 얼마나 웃기는 것인지를 설명해 주곤 했다. 물론 웃을 일이 아니라 통곡을 해도 시원치 않은 일이었지만.

그렇게 암울한 세월을 보내던 중 1973년 10월에 끔찍한 비보를 접하게 되었다. 최종길 선생님께서 돌아가셨다는 소식이었다. 그것도 중앙정보부에서 간첩 혐의로 조사를 받다가 투신자살을 했다는 내용이었다. 다들 어안이 벙벙했지만 어차피 우리는 말을 잊은 사람들이라 여러 해 동안 아무 말도 하지 못하고 지냈다.

눈과 귀, 입이 봉쇄된 국내에서와는 달리 최 선생님의 작고 소식에 스승인 케겔 교수는 사인을 철저히 조사하라는 서신을 법무부 장관에게 보냈고, 라이샤워, 박스터 등 하버드 교수들은 한국 정부에 강력한 항의를 하였다. 1년 뒤 제롬 코헨 교수는 워싱턴포스트에 "약 3만3천 명의 미국인들이 한국전에서 목숨을 잃은 것이 이를 위함이었던가? 이것이 우리의 군사적, 경제적 원조로 가능해졌고 우리가 여전히 방어를 맹세한 '자유세계'란 말인가?"라는 비판문을 싣는 등 국제적으로 커다란 반향이 일어났다.

1977년에 내가 법대 조교로 있을 때 김증한 선생님께서 맥주를 드시면서 침통한 표정으로 최 선생님의 타계(他界)가 가장 가슴 아픈 일이었다고 회고하셨다. 왜 그렇지 않겠는가. 김증한 선생님뿐이었겠는가. 예부터 유가(儒家)에서는 군사부일체(君師父 一體)라고 했다. 불가(佛家)에서는 '두 사람이 1만 겁을 같이 선업을 쌓으면 부모 자식 사이가 되거나 스승 제자 사이가 된다.'고 했다. 최 선생님의 스승들은 제자를 잃었고 최 선생님의 제자들은 스승을 잃었다. 제자를 잃은 스승들의 마음이 자식을 잃은 부모의 마음과 무엇이 다르고, 스승을 잃은 제자들의 마음이 부모를 잃은 자식들의 마음과 무엇이 다르랴.

그러나 우리가 잃은 것이 한 인간, 한 제자요, 한 스승 최종길에 머무는 것이 아니다. 20여 년을 계속 젊은 세대가 좌절만을 맛보고 자라났다. 아무런 희망이나 미래상 없이 꺾이고 밟히기만 했다. 비록 민주화로 세상이 달라졌다고는 하지만, 최 선생님께서 통곡으로 지키고자 하셨던 대학의 존엄도 이미 짓밟힌 지 오래 되어서 이제는 학생들조차 아무런 느낌을 갖지 못하는 세상이 되고 말았다. 아무리 '세상은 끊임없이 변해 가는 것(諸行無常)'이라고는 하지만, 그래도 변화의 방향은 올바로 잡혀 있어야 하지 않겠는가. 학문의 신성함, 대학의 존엄이 실종된 이 어지러운 세상에서 대학에 몸담았던 사람으로서 대학의 존엄과 학문의 자유를 떠올릴 때마다 최종길 선생님 생각이 더욱 나는 것은 바로 그 때문이다.

최종길 교수의 약력

- 1931년 4월 28일
  충남 공주군 반포면 상신리 374번지에서 아버지 최상희와 어머니 성금례 사이에 4남 2녀 중 차남으로 태어난다.
- 1939년 4월부터 1942년 7월까지
  공주의 반포초등학교를 3학년까지 다니다 부친의 뜻에 따라 인천으로 이사한다.
- 1942년 8월부터 1945년 3월까지
  인천의 송현초등학교를 다니고 졸업을 한다. 4살 연하인 그의 아내 백경자 여사도 송현초등학교의 동문이다.
- 1945년 9월부터 1951년 8월까지
  당시 6년제였던 인천중학교를 다니고 졸업한다. 인천중학은 현 제물포고등학교의 전신이고, 인천 제일의 명문고등학교였다. 길영희 교장의 총애를 받았으며, 수재로 널리 알려진 그는 후배들에게 제물포고등학교의 자랑스런 선배였다.
- 1950년 6월 25일
  한국전쟁이 발발하자 그는 형과 함께 부산으로 피난을 간다. 학도병으로 군에 입대하여, 영어에 능한 그는 미군 웰치 장군의 통역병으로 군복무를 하게 된다.
- 1951년 9월부터 1955년 3월까지
  전쟁 중에 서울대학교 법과대학에 입학하고, 학업을 마친다.
- 1955년 4월부터 1957년 4월까지
  서울대학교 대학원에서 민법을 전공하는 그는 고 김증한 교수의 애제자로 총애를 받는다. 그는 대학원 시절 길영희 교장의 권유로 모교인 제물포고등학교에서 공민과 영어를 가르치기도 한다. 김학준 전 동아일보사장은 이 시절 그의 가르침을 받았던 제자이자, 후배 중의 한 명이다. 어학에 재능이 많았던 그는 형이 근무하던 인천 동일방직에 기술고문으로 와 있던 스위스인 홀라커 씨의 독일어통역을 해 주기도 했는데, 결국 이 인연이 계기가 되어 스위스로 유학을 떠나게 된다.

• 1957년 5월부터 1958년 2월까지

스위스 취리히대학 법과대학에서 스위스 민법과 국제사법의 대가인 바더(Bader)교수의 지도를 받는다. 홀라커 씨의 주선으로 취리히에서는 에벨리(Aeberli) 자매의 집에서 하숙을 하는데, 평생을 미혼으로 지낸 두 자매는 그를 친자식처럼 아끼고, 그의 사망 이후에도, 노환으로 별세할 때까지 해마다 그의 두 자녀의 생일과 크리스마스 때 스위스 초콜릿과 장난감을 선물로 보내준다. 그가 스위스에 채 1년도 머물지 않고 독일로 간 이유는 잘 알 수 없지만, 항상 유머러스하던 그는 스위스 친구인 베르너 부에스(Werner Buess)에게 '스위스는 너무 작아서, 좀더 큰 나라로 가야겠다'며 스위스를 떠났다고 한다.

• 1958년 4월부터 1962년 7월

독일 쾰른대학교 법과대학에서 스위스 취리히대학의 지도교수였던 바더 교수의 추천으로 민법과 국제사법의 세계적인 대가인 케겔(Kegel) 교수의 지도를 받는다. 1961년 2월 16일, 약관 29세의 나이로 한국인으로서는 최초로 독일법학박사학위(Dr. iur)를 취득한다. 그는 1958년 새로 지어진 기독학생기숙사에서 지낸다. 유머러스하고 사교적인 성격이었던 그의 주변에는 항상 많은 독일친구들이 있었다. 학업성적이 우수하여 케겔 교수의 추천으로 세계적으로 명성이 있는 훔볼트장학재단의 장학생으로 선발되어서, 학위 후에도 독일 쾰른대학의 「국제사법 및 외국법 연구소(Institut für internationales und ausländisches Privatrecht)」에서 연구활동을 계속한다. 6개월 동안은 프랑스의 소르본느대학에서 프랑스어를 공부하기도 하는데, 짧은 연수기간에도 불구하고 그의 프랑스어가 매우 유창했다고, 그와 함께 쾰른에서 유학중이었던 김혜경 전 서울대 음대 교수는 회고한다. 김혜경 교수는 후에 그가 서울대 법대 학생과장으로서 보필하던 고 이한기 학장의 아내가 된다.

• 1963년 4월

인천 인덕의원 집 딸 백경자 여사(의사)와 결혼한다.

• 1964년 5월

아들 광준이 태어난다.

• 1964년 8월

모교인 서울대학교 법과대학의 전임교수 발령을 받는다.

• 1966년 12월

딸 희정이 태어난다.

• 1967년 8월부터 1969년 8월 23일까지

서울대 법대 학생과장을 지낸다. 당시 법대 학장은 고 이한기 교수였고, 교무과장은 최교수가 존경하던 선배인 고 배재식 교수였다. 오로지 연구에만 전념하려던 최교수는 그의 생애에 있어 커다란 시련을 겪게 된다. 독재정권에 맞서 더욱 거세진 학생시위. 그의 제자들을 탄압하는 독재정권. 그는 상아탑을 지켜야 했다. 그리고 그의 제자들을 보호해야만 했다. 학생과장 최종길 교수는 학생들을 향해 목청껏 호소했고, 결국은 그들을 부둥켜안고 함께 눈물을 흘렸다. 제자들을 보호하기 위해 그는 경찰과 중앙정보부에 당당하게 맞섰다.

- 1969년 8월 24일부터 1970년 2월까지

  2년 임기인 학생과장직을 연임하게 되는데, 워낙 학문에의 열정이 강했던 그는 미국 하버드 옌칭(Yenching) 연구소의 초청을 받아들인다.

- 1970년 3월부터 1972년 8월까지

  미국 하버드 옌칭연구소의 지원으로 하버드대 로스쿨에서 연구에 전념한다. 원래는 하버드 옌칭연구소로부터 1년간의 지원을 약속받았던 것이지만, 그의 학문적 우수성을 인정한 연구소 측은 그에게 1년의 지원기간을 더 연장해 준다. 매우 이례적인 일이었다. 귀국 길에 그는 훔볼트재단의 초청으로 6개월간 독일을 방문하여, 헤어진 지 10년 만에 그의 옛 독일 학우들을 만나 재회의 기쁨을 나눈다. 1962년에 헤어졌던 독일 학우들은 그를 비롯하여 모두가 한 가정의 가장이 되어 있었다.

- 1972년 8월

  귀국. 1972년 2학기부터 서울대학교 법과대학에서 그의 열강이 다시 시작된다. 그는 법학도서관장직을 맡아 활발한 연구활동을 이어간다.

  그리고 그 해 10월, 유신헌법이 공표된다.

- 1972년 11월

  서울대학교 법과대학의 정교수로 발령을 받는다.

- 1973년 10월

  유신독재에 항거하는 학생들의 시위가 서울대학교 문리대에서부터 시작하여 서울대 법대를 중심으로 불붙는다.

  그 해 8월 중앙정보부는 김대중납치사건을 계획하여 실행에 옮겼으나, 실패로 끝난다. 중정은 대외적으로 커다란 곤혹을 겪는다.

- 1973년 10월 16일 오후 2시경

  간첩수사에 협조해 달라는 중앙정보부의 연락을 받고 당시 중정 감찰실에 근무하던 막내 동생 최종선과 함께 남산의 중앙정보부청사 안으로 들어간다. 가까운 동료교수에게도 알리지 않고서. 혹시라도 그에게 무슨 일이 생기거든 절친한 후배교수인 이수성 교수에게 연락하라는 말만을 남기고서….

  그는 그날 중정을 빠져 나오지 못했다.

  그 다음 날도 그리고 그 다음 날에도….

- 1973년 10월 19일

  이른 아침 중정은 그의 동생 최종선에게 최교수가 조사 중 자살하였다는 통보를 한다. 사망 시각은 19일 새벽 1시 30분경이라고 말한다. 유족에게 거액의 위로금을 제의하지만 유족들은 이를 일언지하에 거절한다. 중정은 유족들이 최교수의 사망에 관해 입을 다물 것을 요구한다. 대신에 간첩 등으로 누명을 씌워 명예를 훼손시키지 않겠다고 약조한다. 유족들은 당시의 살벌한 정치상황 속에서 그 누구에게도 하소연할 수 없었다.

- 1973년 10월 21일

  싸늘한 일요일 아침. 중정의 강제에 의해 가까운 친지에게도 알리지 못하고, 국립과학수사연구소에서 이미 관에 봉해진 최교수의 시신을 인계받아, 중정의 직원들이 앞뒤에서 에워싸고 지켜 서 있는 가운데 마석 모란공원묘원에 안치한다. 후에 마석 모란공원묘원에는 그의 제자 조영래 변호사를 비롯하여, 문익환 목사 등 많은 민주인사들이 모이게 되었고, 자연스레 민주열사묘역이 만들어졌다.

- 1973년 10월 25일

  중앙정보부는 일본의 언론에서 최교수의 사망에 관해 의혹을 제기하고 나서, 어쩔 수 없는 조치를 취한다는 일방적인 통보를 유족들에게 한 후, 그 날 저녁 소위 유럽거점간첩단사건을 대대적으로 발표한다. 최교수가 간첩이었음을 시인하고, 양심의 가책을 받아 중정건물의 7층 화장실 창문을 통해 투신자살하였다는 허위발표를 한다. 후에 법무장관을 지낸 김치열 당시 중정 차장이 텔레비전에 나와 기자회견을 갖고 이 발표문을 읽는다.

  국내에서뿐만 아니라 외국에서도 경악을 금치 못했다. 최교수의 지도교수인 케겔(Kegel) 교수는 당시 법무장관에게 사인의 철저한 조사를 촉구하는 서신을 보냈고, 라이샤워, 박스터 교수 등 미국 하버드대학의 동료교수들은 유가족에게 조의전문을 보내는 동시에 한국정부에 강력히 항의하였다. 그들은 한국 정부로부터 아무런 답변을 받지 못했다.

- 1974년 10월 9일

  최교수와 친분이 깊었던 하버드대 로스쿨의 제롬 코헨 교수는 최교수의 1주기를 맞아 「워싱턴포스트」지에 '한국에서의 암울한 1주기(A Grim Anniversary in South Korea)'란 제목의 글을 기고하면서 최교수의 자살설에 대해 강한 의혹을 제기하며 박정희 정권을 신랄하게 비판한다.

- 1974년 12월

  위 제롬 코헨 교수의 「워싱턴포스트」지 기고문을 시노트 신부를 통해 접하게 된 천주교정의구현전국사제단의 신부들은 명동성당에서 '최종길 교수를 위한 추모미사'를 올리며, 최교수가 자살한 것이 아니라, 고문에 의해 살해되었음을 국내에서 처음으로 공개한다. 그 날 오후 중정의 감시와 미행을 피해, 최교수의 미망인 백경자 여사는 어린 두 자녀를 이끌고 명동성당에 가까스로 다다를 수 있었고, 마침 함세웅 신부의 본당수녀를 성당정문 앞에서 만나, 사제단의 신부들에게 안내될 수 있었다. 추모미사에서 그녀는 문정현 신부의 강론에 이어 먼저 떠나간 남편을 위한 기도문을 낭독한다.

- 1975년 3월

기독교수협의회의 교수들은 유신정권에 대한 5개의 요구사항을 발표하는데, 그 중 첫 번째가 최종길 교수의 사인을 밝히라는 것이었다. 이 사건으로 기독교수협의회의 총무를 맡아보던 한완상 교수는 서울대에서 해직된다.

- 1980년

서울의 봄이 찾아왔다. 서울대 법대를 중심으로 최교수를 기억하는 학생들과 교수들이 중심이 되어 최교수의 사인규명에 나서자는 각오를 다진다. 이화여대 법대 이철수 교수를 비롯하여 이성호 변호사 등 법대 학생회장단은 최교수의 유가족을 방문했고, 이에 관해 상세한 협의를 한다. 그러나 그 해 5월 광주에서 5·18이 일어났고, 최교수의 사인규명을 위한 노력에 감히 아무도 더 이상 나서지 못했다.

- 1988년 10월

사제단 신부들의 도움을 받아 유가족은 최교수사건을 수사해 줄 것을 검찰에 진정하기에 이른다. 형사소송법상 15년의 공소시효기간이 경과되는 해였다. 검찰은 형식적인 수사를 했고, 관련자들은 담합해서 입을 맞춰 검찰에 거짓을 진술했고 (이들 관련자들 중 일부는 그들이 당시에 강압을 못 이겨 거짓을 말했음을 2000년에 설립된 의문사진상규명위원회의 조사과정에서 실토했다), 결국 검찰은 10월 18일 타살의 증거도, 자살의 증거도 찾지 못한 채로 공소시효가 지났기 때문에 공소권이 없다는 형식적 수사결론을 언론에 발표한다. 진정인인 유가족과 사제단엔 아무런 공식적인 답변도 없었다.

- 1993년 10월 19일

최교수의 20주기를 맞았다. 최종길 교수의 묘소에서 민주화운동기념사업회 이사장 박형규 목사는 김영삼 정부에 대해 최종길 교수의 사인규명에 나설 것을 촉구하는 성명서를 발표한다. 그러나 언론은 침묵했고, 김영삼 정부는 이를 위해 아무런 조치를 취하지 않는다.

- 1998년 초

독일 훔볼트재단 이사장 뤼스트(Lüst) 박사는 최교수의 사인규명을 위해 최선의 노력을 기울여 달라는 서한을 폴러스(Vollers) 주한독일대사에게 보냈고, 폴러스 대사는 한국정부에 훔볼트재단과 주한독일대사관의 의사를 전달한다.

- 1998년 10월 17일

최종길교수의 25주기를 맞는다. 최교수가 사망한 1973년, 같은 해에 중앙정보부의 납치사건으로 생사의 갈림길에 놓였던 김대중 씨가 대통령이 되었다. 이제는 밝혀야 한다. 배재식 교수와 이수성 전 총리가 중심이 되어 「최종길 교수를 추모하는 사람들의 모임」이 결성되고, 서울대 법대 근대법학교육백주년기념관에서 최교수의 25주기 추모식을 거행한다. 25년이란 긴 세월이 흘러서야 그가 수학하고 가르치던 서울대 법대교정에서 추모식을 거행할 수 있었던 것이다.

- 1999년 5월

의문사진상규명을 위한 특별법의 제정을 촉구하고, 의문사진상규명위원회의 활동을 효율적으로 돕고자 하는 목적으로 「최종길 교수 고문치사진상규명 및 명예회복추진위원회」가 결성된다. 공동대표로는 김승훈 신부와 백충현 교수(서울대학교 법과대학)가, 실행위원장은 최교수의 제자 이광택 교수(국민대학교 법과대학)가 맡는다. 이 위원회는 국회에서 〈의문사문제 해결을 위한 법적 모색〉이라는 심포지움을 열고, 『최종길교수 고문치사사건관련 자료집』을 발간한다.

- 2000년 10월

의문사유가족들의 420여 일 동안에 걸친 국회 앞 천막농성의 결실로 「의문사진상규명을 위한 특별법」이 제정되었고, 「대통령소속의문사진상규명위원회(이하 위원회)」가 발족되었다.

- 2000년 11월 23일

유가족을 비롯하여 최종길 교수를 기억하는 인사들 347명은 최교수의 사인을 규명에 달라는 진정서를 위원회에 접수시킨다.

- 2002년 5월 24일

위원회는 최종길 교수 고문치사사건에 관해 1년 반 동안 조사를 진행했고, 그 조사에 대한 최종결과를 발표한다: 최종길 교수는 민주화운동과 관련하여 위법한 공권력의 행사에 의해 사망하였다. 이를 은폐하기 위해 중앙정보부는 최교수를 간첩으로 조작했다. 최교수는 1973년 10월 16일 오후 2시 경 중정에 의해 불법 구금된 후 사망에 이르기까지 3일 동안 모진 고문을 당했다.

위원회는 결정문의 말미에 다음과 같이 적고 있다: 최종길 교수에 대한 고문 및 그로 인한 사망에 가담한 차철권, 김상원은 형법 제125조(폭행, 가혹행위), 형법 제259조(상해치사)의 경합범, 변영철은 고문에만 가담하여 형법 제125조(폭행, 가혹행위), 사건 발생 후 허위서류 작성에 가담한 조일제, 안경상, 장송록, 서철신, 정낙중, 권영진, 차철권, 김상원 등은 허위공문서작성죄, 동행사죄(형법 제227조, 229조)가 성립하지만 모두가 위 범죄일로부터 형사소송법 제249조에서 정하는 공소시효가 경과되었음이 명백하므로 범죄에 가담한 자에 대하여 고발 및 수사의뢰를 하지는 아니한다.

- 2002년 5월 29일

최교수의 유가족은 「민주사회를 위한 변호사협회」에서 기자회견을 갖고, 국가를 상대로 국가배상을 청구하는 소장을 서울지방법원에 접수시킨다. 아직까지도 입을 열지 않거나 거짓 진술을 하고 있는 관련자들이 법원에서는 진실을 말하기를 기대하면서.

- 2002년 10월 17일

오후 6시 30분, 민주화운동기념사업회에서 최종길 교수의 29주기 추모식을 겸하여 최종길 교수를추모하는사람들의모임이 펴낸 『아직 끝나지 않은 죽음—아! 최종길 교수여』(공동선) 추모문집의 출판기념식을 거행한다.

- 2003년 10월 17일

서울대학교 공익인권법센터에서 '고 최종길 교수 30주기 추모학술회의'를 개최하고, 서울대 법대는 근대법학교육백주년기념관 소강당을 '최종길교수기념홀(현 최종길홀)'로 헌정한다.

- 2004년 7월 6일

서울중앙법원은 최종길 교수의 유가족이 국가를 상대로 낸 국가배상청구소송에 대해 피고인 국가가 10억원을 배상하도록 하는 내용의 화해권고결정을 내린다.

- 2004년 7월 23일

위의 화해권고결정이 있었음에도 불구하고 최교수의 사망에 대해 정부에서 아무런 공식적인 사과도 하지 않자, 최종길 교수의 유가족은 서울중앙법원에 화해권고결정에 대한 이의 신청을 제출한다. 최교수의 미망인 백경자 여사는 "피고인 국가가 지금이라도 자기의 잘못을 인정한다면 소송을 취하할 의사까지도 있으나 피고인 국가가 소멸시효제도의 뒤에 숨어 책임을 회피하고 있는 마당에 금원을 매개로 한 화해에는 응할 수 없다."는 입장을 밝힌다.

- 2005년 1월 26일

서울중앙지방법원은 최교수의 유가족들이 국가를 상대로 낸 손해배상 청구소송에서 원고패소판결을 내린다. 이 판결에 대해 최종길 교수의 유가족은 서울고등법원에 항소장을 제출한다.

- 2006년 2월 14일

서울고등법원은 마침내 피고인 국가의 배상책임을 인정하는 판결을 내린다. 법원은 "국가권력이 나서서 서류를 조작하는 등의 방법으로 조직적으로 사실을 은폐하고 고문 피해자를 오히려 국가에 대한 범죄자로 만든 사건에서 국가가 소멸시효 완성을 주장하는 것은 인정할 수 없다"는 이유를 제시했으며, 법무부는 상고를 포기해 항소심 판결이 확정된다.

- 2017년

김학민 선생이 『만들어진 간첩: 유럽 거점 간첩단 사건, 그리고 최종길 교수 죽음의 진실』(서해문집)을 출간한다.

- 2023년 5월 18일

최종길 교수의 50주기를 맞아 〈최종길교수50주기추모위원회〉(공동대표는 김학민, 박용일, 이광택, 이창복, 이해학, 장영달(가나다순))가 발족하였으며, 국회에서 인재근 · 기동민 · 진성준 의원과 함께 '국가폭력 범죄의 공소시효 배제 입법화'를 위한 국회 토론회를 개최한다.

• 2023년 10월 18일
서울대학교 법학전문대학원(원장 김종보)은 〈국가폭력과 인권침해: 법적, 사회적 해결을 위하여〉를 제목으로 최종길교수50주기 추모 학술회의를 서울대 최종길홀에서 개최한다.

• 2023년 10월 19일
최종길교수를추모하는사람들의모임, 민청학련, 천주교인권위원회, 49통일평화재단, 민주화운동기념사업회가 공동주최하고 최종길교수50주기추모위원회가 주관하여 〈최종길교수50주기 추모 — 국가폭력근절 선포식〉을 서울유스호스텔(구 중앙정보부 본부 건물)에서 개최한다.

차 례

제 1 부 최종길 교수의 학문세계

제 2 부 논문(가나다순)

제1부

최종길 교수의 학문세계

Fides Vol. XV Nr. 2, 1st Oct. 1969

〈卷頭言〉

사법시험과 법학교육*

최근 법학교육 내지 사법시험 제도의 문제점이 여러 방면에서 진지하게 검토되고 있는 것은 다행스런 일이며 불원한 장래에 이에 대한 대수술이 감행되기를 기대하고 싶다. 특히 현행 사법시험제도의 불합리성은 마침내 정상적인 법학연구 내지 법학교육을 위협하고 있고, 학술연마의 전당으로서의 대학을 흡사 시험준비학교와 같은 메마른 풍토로 전락케 하고 있다.

모든 방면에서 장차 훌륭한 지도자가 될 재질을 가진 우수한 학생들이, 가장 중요한 그들의 대학생으로서의 청년시대를 가정과 사회의 눈초리에 쫓기는 불안속에서 시험준비에만 급급하게 되어, 마침내 참된 의미의 법학의 연구와 넓은 지적 배양을 통한 자기성과의 기회를 잃게 된다면 그 얼마나 불행한 일이며 아울러 자기자신과 사회의 손실은 얼마나 크겠는가. 이곳에서 구체적으로 지적할 수는 없지만 요컨대 현행 사법시험 제도는 그 내용 및 방법 등에 있어서 법학교육의 그것과 철저하게 일원화되도록 개혁되어야 한다.

타면 학생들은 스스로, 과연 자기가 얼마나 보람찬 대학생활을 하고 있는지를 냉철하게 반성하여야 한다. 깊은 이해와 통찰력을 기초로 하는 법적 판단력을 기르지 못하고 시험과목의 교과서만을 되풀이 외우다가 교문을 나선다면 시험에 합격했건 안 했건 불행한 대학 생활을 보낸 것에 틀림없다.

법대생 모두가 한결같이 법조직업에 보다 적성이 있다고 할 수는 없을 것이며, 사람에 따라서는 오히려 학계 · 실업계 · 언론계 등 타직업에 보다 적성이 있는 경우가 많을 것이다. 독자적인 계획과 판단하에서 넓고 깊게 배우고 생각하며, 자기의 소질과 능력을 발휘할 자기 고유의 장래를 위한 굳건한 터전을 대학에서 마련하여야 한다. 대학에 있어서의 akademische Freiheit의 진가는 바로 여기에 있다. 사회의 각 방면에서는 이런 법학도를 목마르게 기다리며

* Fides에 실린 이 권두언은 최종길 교수가 학생들을 상대로 쓴 글로서 유일하게 남아 있는 것이라 여기에 다시 싣는다.

부르고 있다. 최근 언론계·금융계·실업계 등이 능동적 자세로 활발하게 법학도의 초치운동을 벌이고 있는 것은 바로 이런 사실을 단적으로 입증해주고 있다. 사법시험에 합격하지 않으면 법대생의 진로는 암담할 뿐이라는 이야기는 이제 옛 이야기가 되어 가고 있다.

대학생활을 보람차게 이수한 모든 법대생의 앞길은 희망과 축복으로 충만해 있다는 것을 재차 강조하고 싶다.

최종길
본 대학 부교수·학생과장·민법

최종길 교수의 연구업적 목록

Ⅰ. 논문

1. 民法의 解釋, 考試界 제14권 7호(1969.7), 35면, 국가고시학회
2. 慣習法의 法源性, 法政(舊) 제24권 1·2호, 통권 222호(1969. 2), 40면, 法政社
3. 法律關係와 權利義務, 考試界 제15권 8호(1970. 8), 69면, 국가고시학회
4. 權利의 失效: 獨逸에 있어서의 信義則의 實際的 適用, 法曹 제18권 3호(1969. 3), 65면, 法曹協會
5. 權利濫用의 禁止와 信義則의 展開, 法曹 제18권 1호(1969. 1), 61면, 法曹協會
6. 自然人의 權利能力, 法政(舊) 제24권 12호(1969.12), 34면, 法政社
7. 法律行爲와 意思表示, 司法行政 제10권 12호(1969. 12), 27면, 韓國司法行政學會
8. 法律行爲의 錯誤와 몇 가지 問題, Fides 제18권 1호, 통권 20호, (1973.11). 2면, 서울대학교 법과대학 학술연구회
9. 意思表示의 效力發生時期, 考試界 제18권 10호(1973. 10), 24면, 국가고시학회
10. 社會秩序違反의 法律行爲, 司法行政 제8권 4호(1967. 4), 44면, 韓國司法行政學會
11. 心裡留保, 考試界 제13권 12호(1968. 12), 22면, 국가고시학회
12. 代理權의 授與, 法政(舊) 제22권 5호(1967. 5), 23면, 法政社
13. 自己契約과 雙方代理, 法政(舊) 제22권 8호(1967. 8), 32면, 法政社
14. 權利의 行使, 法政(舊) 제22권 4호(1967. 4), 39면, 法政社
15. 權利의 拋棄, 司法行政 제7권 7호(1966. 7), 30면, 韓國司法行政學會
16. 法律行爲의 一部無效와 無效行爲의 轉換, 法政(舊) 제25권 8호(1970. 8), 43면, 法政社
17. 物權行爲에 關한 一考察, 立法例를 中心으로 (1), 法政(舊) 제21권 3호(1966. 3), 47면, 法政社
18. 物權行爲에 關한 一考察, 立法例를 中心으로 (2), 法政(舊) 제21권 4호(1966. 4), 46면, 法政社
19. 物權行爲에 關한 一考察, 獨自性을中心으로 (3), 法政(舊) 제21권 5호(1966. 5), 43면, 法政社
20. 物權變動과 公示制度, 法政(舊) 제23권 6호(1968. 6), 13면, 法政社

21. 物權的 合意와 登記와의 關係, 法政(舊) 제22권 9호(1967. 9), 43면, 法政社
22. 判決에 의한 不動産 物權變動, 서울대 법학 6권 1호(1964. 9), 91면, 서울대학교 법학연구소
23. 中間登記의 省略과 종전의 登記名義者의 登記抹消請求, 司法行政 제9권 4호(1968. 4), 38면, 韓國司法行政學會
24. 物權的 請求權, 法政(舊) 제24권 8호(1969. 8), 56면, 法政社
25. 物權的 請求權과 善意取得, 法政(舊) 23권 12호(1968. 12), 54면, 法政社
26. 假登記의 效力, 考試界 제12권 5호(1967. 5), 81면, 국가고시학회
27. 假登記의 效力 (1) -大法院 判例를 중심으로-, 司法行政 제6권 10호(1965. 10), 12면, 韓國司法行政學會
28. 假登記의 效力 (2) -大法院 判例를 중심으로-, 司法行政 제6권 11호(1965. 11), 34면, 韓國司法行政學會
29. 占有의 推定力, 司法行政 제7권 12호(1966. 12), 21면, 韓國司法行政學會
30. 所有物 妨害除去 請求權, 法政(舊) 제20권 2호(1965. 2), 20면, 法政社
31. 受給人의 抵當權設定請求權, 法政(舊) 제20권 5호(1965. 5), 18면, 法政社
32. 集合住宅(아파트)의 區分所有에 關한 比較法的 實態的 考察, 서울대 법학 제11권 2호(1970. 3), 1면, 서울대학교 법학연구소
33. 抵當權의 侵害에 대한 救濟手段, 考試界 제13권 7호(1968. 7), 35면, 국가고시학회
34. 代償請求權 (上), 法政(舊) 제20권 9호(1965. 9), 10면, 法政社
35. 代償請求權 (下), 法政(舊) 제20권 10호(1965. 10), 44면, 法政社
36. 供託의 效果, 考試界 제11권 1호(1966. 1), 56면, 국가고시학회
37. 不動産 賃貸人의 法定質權 · 法定抵當權, 考試界 제13권 2호(1968.2), 60면, 국가고시학회
38. 第三者에 대한 賃借人의 法的地位, 司法行政 제8권 8호(1967. 8), 17면, 韓國司法行政學會
39. 民法 第746條의 適用範圍: 특히 當事者 一方이 先履行한 경우를 中心으로, 法政(舊) 제20권 12호(1965. 12), 23면, 法政社
40. 損益相計의 限界, 法政(舊) 제20권 4호(1965. 4), 62면, 法政社
41. 事務管理 · 不當利得 · 不法行爲, 法政(舊), 제23권 9호(1968. 9), 64면, 法政社
42. 不法行爲의 準據法, 저스티스 제10권 1호(1972. 12), 81면, 韓國法學院
43. 희랍 民法概要(物權法) 上, 서울대 법학 제9권 1호(1967. 7), 213면, 서울대학교 법학연구소

44. 희랍 民法概要(物權法), 下, 서울대 법학 제9권 2호(1967. 12), 229면, 서울대학교 법학연구소
45. 物權的 期待權 (Ⅰ) - 獨逸民法에 있어서의 새로운 法理論, 司法行政 제6권 2호(1965. 2), 56면, 韓國司法行政學會
46. 物權的 期待權 (Ⅱ)- 獨逸民法에 있어서의 새로운 法理論, 司法行政 제6권 3호(1965. 3), 22면, 韓國司法行政學會
47. 物權的 期待權 (Ⅲ), 司法行政 제6권 4호(1965. 4), 35면, 韓國司法行政學會
48. 物權的 期待權 (Ⅳ), 司法行政 제6권 5호(1965. 5), 17면, 韓國司法行政學會
49. 物權的 期待權 (Ⅴ)-우리나라의 民法理論, 司法行政 제6권 6호(1965. 6), 36면, 韓國司法行政學會
50. 事實的 契約關係에 關한 若干의 考察, 서울대 법학 제5권 1호·2호(1963. 12), 40면, 서울대학교 법학연구소
51. 西獨에 있어서의 私生活의 法的 保護, 法制月報 제10권 4호(1968. 4), 85면, 法制處
52. 人格權의 私法上의 保護: 獨逸의 學說 判例의 發展을 中心으로, 저스티스 제9권 1호(1965. 5), 29면, 韓國法學院
53. 損害賠償과 後發的 事情, 서울대 법학 10권 2호(1968. 12), 65면, 서울대학교 법학연구소
54. 戰後 西獨民法學界의 現況, 中央大法政論叢 17(1963. 12), 87-107면, 중앙대학교 법과대학 학생회
55. 給付義務의 擴大와 信義則 展開, 法曹 17권 11호(1968. 11), 65면, 法曹協會
56. 所有權留保附賣買의 法律關係에 관한 考察, 서울대 법학 제9권 2호(1967. 12), 61면, 서울대학교 법학연구소

Ⅱ. 판례연구

1. 實印의 交付와 表見代理, 司法行政 제10권 2호(1969.02), 50면, 韓國司法行政學會 [대상판례]: 68.2.20 大判 67다2762
2. 消滅時效 完成의 사실을 訴訟上 원용하지 않아도 되는지의 여부와 時效의 援用, 法曹 제17권 7호(1968. 7), 51면, 法曹協會 [대상판례]: 66.1.31 大判 65다2445
3. 民法施行前의 時效完成으로 인한 物權取得과 民法 附則 第10條와의 關係 司法行政 제8권 12호(1967. 12), 73면, 韓國司法行政學會 [대상판례]: 67.7.18 大判 67다854
4. 浦落한 土地의 成土化와 所有權의 歸屬, 法曹 제17권 4호(1968. 4), 44면, 法曹協會 [대상판례]: 65.3.30 大判 64다1951

5. 未登記 建物의 所有者와 讓受人 사이의 合意로 직접 讓受人 名義로한 所有權 保存登記의 效力, 司法行政 제8권 6호(1967. 6), 73면, 韓國司法行政學會 [대상판례]: 64.9.15 大判 64다180
6. 賃貸借家屋의 明渡請求와 電氣 · 水道의 斷切로 因한 損害賠償, 司法行政 제9권 4호(1968. 7), 38면, 韓國司法行政學會 [대상판례]: 67.3.28 大判 67다1116, 1117, 1118
7. 中間登記의 省略과 종전의 登記名義者의 登記抹消請求, 司法行政 제9권 4호(1968. 4), 38면, 韓國司法行政學會 [대상판례]: 67.5.30 大判 65다588

최종길 교수의 연구업적과 학문적 영향*

황 적 인**

1973년 10월 21일로 기억한다. 필자의 스승이었던 金曾漢 교수는 서울법대 학생서클의 하나였던 '사법학회'의 지도교수였는데, 당일이 휴일이어서 세종로에 모여 행주산성에 야유회를 가기로 하였다. 金曾漢 교수는 약속시간보다 약간 늦게 도착하고 사법학회 회원 약 30명이 모여 행주산성에 도착하여 점심 식사가 끝난 후였다. 그때 비가 상당히 많이 와서 교수와 학생은 빈 건물에 들어가 비를 피했을 때였다. 그때 金曾漢 교수가 갑자기 "崔鍾吉 교수가 죽었다"고 하면서 우셨다. 뜻밖의 말이어서 필자도 같이 울고, 모였던 학생들도 함께 울었다. 밖에서는 비가 내리고 교수와 학생들이 모두 울어서 울음바다가 되었다.

崔鍾吉 교수를 필자가 처음 알게된 것은 1963년 필자가 독일 쾰른에 유학을 갔을 때부터이다. 최교수는 1958년부터 쾰른대학 법학부에서 국제사법의 세계적 권위자인 게르하르트 케겔 (Prof. Dr. Gerhard Kegel) 교수의 지도로 「한국민법 및 국제사법상의 이혼」이라는 논제로 1961년 박사학위를 받고 1962년에 귀국하여 같은 해에 서울대학교 법과대학에서 전임강사로 있었는데, 필자는 1963년 4월, 하이델베르크대학에 입학하여 동년 10월에 쾰른대학으로 전학했다. 그러므로 최교수가 귀국한 후에 필자는 쾰른에 도착하였기 때문에 독일에서 직접 만나지는 못했다.

필자는 4년 간의 각고(刻苦) 끝에 역시 케겔 교수의 지도로 「기업담보법에 관한 연구」로 법학박사 학위를 받고 귀국하였다. 독일에서 한국인의 법학박사 학위는 崔鍾吉 교수가 1호이고, 내가 2호인 것으로 생각된다. 1967년 여름에 귀국하여 그때부터 서울법대와 당시 사법대학원에서 시간강사로 독일법을 가르치고 1968년 3월 1일 서울법대의 조교수로 발령을 받고 최교수는 金曾漢 교수와 함께 민법을, 필자는 경제법·대륙법·로마법·서양법제사를 강의하였다.

1968년 당시의 교수는 총 19명이었다.

---

* 이 글은 최종길교수를추모하는사람들의모임 편, 『아직 끝나지 않은 죽음: 아! 최종길교수여』 공동선 2002, 348면 이하에 발표된 것이다. 원문 그대로 여기에 다시 싣는다.

** 전 서울대학교 명예교수, 전 대한민국학술원 회원

유기천(劉基天), 정광현(鄭光鉉), 이한기(李漢基), 김기두(金箕斗), 김증한(金曾漢), 서돈각(徐燉珏), 정희철(鄭熙喆), 곽윤직(郭潤直), 김치선(金致善), 배재식(裵載湜), 박병호(朴秉豪), 이태로(李泰魯), 최종길(崔鍾吉), 김철수(金哲洙), 전원배(田源培), 황적인(黃迪仁), 이시윤(李時潤). 비법률교수로 임원택(林元澤), 배복석(裵福石), 동덕모(董德模), 인영환(印英煥).

이 중 연령이 비슷한 젊은 교수(Junior Professor, 40대)는 裵載湜, 朴秉豪, 崔鍾吉, 田源培, 黃迪仁 5명이었다. 1968년 무렵에는 박정희 대통령의 경제건설이 시작된 얼마 후이고, 유신헌법이 나오기 전이었으므로 경제여건은 비교적 안정된 시기였고, 학생운동은 치열해지기 직전이었기 때문에 교수들이 다소 여유가 있었던 때였다. 이 무렵의 경과를 연대순으로 표시하면 다음과 같다.

1964. 5. 15	서울법대에 崔鍾吉 專任講師 임용
1965~1966	劉基天 교수 서울대 總長 취임
1967. 3	李漢基 교수 서울법대 제8대 學長 취임
	裵載湜 敎務課長
	崔鍾吉 學生課長
1967. 11.1	田源培 교수 法哲學 교수로 임용(1974. 4. 5. 사망)
1967. 6	法大生 6·8 總選不正 규탄시위 벌임
1968. 3. 1	黃迪仁 교수 서울 法大 助敎授 임용
1969. 9	3選 改憲案 및 國民投票案 국회통과로 全面休校 상태
1970. 3	徐燉珏 교수 제9대 학장취임
1970	崔鍾吉 교수 2년 간 미국 하버드대학 옌칭(Yenching) 연구소 연구
1972	劉基天 교수 美國으로 亡命
1973. 10. 16	崔鍾吉 교수 중앙정보부(남산)에 출두
1973. 10. 19	새벽 01시 30분 崔鍾吉 교수 사망
1974. 4. 5	田源培 교수 사망
1980	劉基天 교수 일시 복직

이상의 기록으로 보아 최교수는 학생운동이 점차로 치열해질 무렵에 學生課長의 책임을 맡은 것이다. 이것이 崔鍾吉 교수로서는 불행의 원인이었던 것으로 생각한다. 학생운동의 중심이 서울대학교이고 서울법대이므로(후술) 당시 중앙정보부에서는 서울법대 교수의 동태에 대해서도 주목한 것으로 보인다.

崔鍾吉 교수에 관하여 다음과 같은 측면으로 나누어서 서술한다.

1. 연구업적

교수·학자로서 가장 중요한 것은 연구업적일 것이다. 최교수는 1964년 5월 15일 서울법대 전임강사로 임용되었는데, 서울법대 시간강사이던 1963년부터 1973년 10월 19일 사망하기까지 10년 간에 걸쳐 53편의 글을 발표하였다. 그중 논문이 45편, 판례평석이 8편이다. 논문 45편중 7편은 독일에서 당시에 활발히 논의되고 있었던 새로운 문제(논제)에 관한 것이고, 38편은 민법의 중요문제에 관하여 연구한 것이다. 새로운 7개 분야의 최교수 논문은 다음과 같다.

1. 戰後 西獨民法學界의 現況, 中央大法政論叢 17(1963. 12), 87면
2. 희랍 民法槪要(物權法) 上·下, 서울대 법학 제9권 1호(1967. 7), 213면/ 서울대 법학 제9권 2호 (통권 17호)(1967. 12), 229면, 서울대학교 법학연구소
3. 物權的 期待權 (Ⅰ) – 獨逸民法에 있어서의 새로운 法理論, 司法行政 제6권 2호(1965. 2), 56면, 韓國司法行政學會
   物權的 期待權 (Ⅱ)– 獨逸民法에 있어서의 새로운 法理論, 司法行政 제6권 3호(1965. 3), 22면, 韓國司法行政學會
   物權的 期待權 (Ⅲ), 司法行政 제6권 4호(1965. 4), 35면, 韓國司法行政學會
   物權的 期待權 (Ⅳ)–우리나라의 民法理論, 司法行政 제6권 4호(1965. 5), 17면, 韓國司法行政學會
   物權的 期待權 (Ⅴ)–우리나라의 民法理論, 司法行政 제6권 4호(1965. 6), 36면, 韓國司法行政學會
4. 事實的 契約關係에 關한 若干의 考察, 서울대 법학 제5권 1호·2호(1963. 12), 40면, 서울대학교 법학연구소
5. 西獨에 있어서의 私生活의 法的 保護, 法制月報 제10권 4호(1968. 4), 85면, 法制處
6. 人格權의 私法上의 保護: 獨逸의 學說·判例의 發展을 中心으로, 저스티스 제9권 1호(1965. 5), 29면, 韓國法學院
7. 損害賠償과 後發的 事情 – 이른 바 假定的 因果論을 中心으로, 서울대 법학 10권 2호(통권 19호)(1968. 12), 65면, 서울대학교 법학연구소

시간강사 1년을 포함하여 총 재직기간이 10년간인데 53편의 논문을 발표하였으므로, 연평균 약 5편이며(2개월에 약 1편), 그 논문의 수준을 보면 연구활동이 대단히 활발했다고 생각하고, 이는 그의 학문에 대한 정열을 짐작케 한다. 또한 탁월한 것은 그는 미래를 예측하는 능력

을 가진 점, 즉 논문은 다분히 선구적이고 논문 내용이 미래지향적인 점이다. 예컨대 「物權的 期待權(1965. 2~6), 사법행정」에서는 등기 없는 부동산매수인이 점유를 하고 있었던 경우에는 물권적 기대권을 인정해야 한다고 1965년에 주장하였는데, 그와 같은 취지의 판결이 1976년에 나온 것이다.[1] 또한 「집합주택의 구분소유에 관한 비교법적 실태적 고찰」에 관한 논문을 1970년 3월에 발표했는데, '집합건물의 소유 및 관리에 관한 법률'은 1984년 4월 10일에 가서야 공포되었다.

논문은 수준이 높고 논리적이다. 만일 연구활동을 계속하였더라면 우리 민법학 발전에 크게 기여했을 것이라고 생각하고, 연구 중도에 사망하여 유능한 학자가 뜻을 이루지 못하고 그 직전에 타계한 것을 무한히 아쉽게 생각한다. 崔鍾吉 · 崔致鳳(서울법대 9회 – 하이델베르크대학 유학, 前 경희대 법대 교수, 作故) · 李在元 등 3명은 모두 서울대 동기이며 인천 제물포고등학교 출신의 3대 수재라고 한다.

연구의 경향은 스승인 金曾漢 교수가 주장한 학설(많은 것은 당시의 통설이 된)을 따랐고, 金曾漢 교수와의 공동 연구적인 경향이 있다. 김 교수는 「물권적 기대권설」을 주장하였는데,[2] 이에 앞서 최교수는 상세하게 '물권적 기대권'에 관한 독일의 학설을 소개하였다(이 논문은 金曾漢 교수가 쓸 것을 권고했던 것으로 추측한다).

후(이 논문의 끝)에 최교수의 연구업적으로 드는 논문은 대부분이 민법총칙과 물권법에 집중되어 있는데, 이것은 아마도 최교수가 민법총칙과 물권법에 관하여 교과서를 집필할 계획이었기 때문인 것으로 추측한다.

최교수의 문장에는 재치가 있다. 예컨대 "학설을 분류하는 데 칼로 사과를 두 토막으로 내듯이 명확하게 가를 수는 없다"는 표현과 같다.

■ 후속적 연구

최교수가 소개한 독일민법의 새로운 이론이후의 연구상황은 다음과 같다.

(1) **物權的 期待權**

金曾漢, 物權的 期待論文《문교부 지원논문》, [서울大 法學 제17권 2호(1976.12)]

______, 物權的 期待權 [辯護士(서울第一辯護士會), 8 (1977.4) 59~95]

______, 物權的 期待權 [法律公論, 13. 6 (1977)]

______, 物權的 期待權 [司法行政, 195.3 (1977)]

______, 物權的 期待權 [司法行政, 196.4 (1977)]

---

1) 大判 1976. 11. 6 [76 다 148], 법률신문 1182호(1976.12.6), 黃秉朝사건에서 洪淳曄 · 金允行 大法院 判事의 小數意見 참조.

2) 金曾漢, 物權的 期待權 小考, 法政 25(6) 1970.6; 物權的 期待權, 변호사, 8권.

______, 物權行爲論 – 物權的 期待權 [考試硏究, 44~51, (1977.11~1978.6)]
______, 物權的 期待權論, [民事法學(韓國民事法學會)], 1 (1978), 3~38]
______, 物權的 期待權論 [民法論集, 1980, 109~210]
______, 物權的 期待權論 [薛庵 李光信박사 화갑기념논문집, 1982.10, 126~160]
權五乘, 物權的 期待權論 [考試界, 276 (1980.2), 46~58]
丁玉泰, 獨逸民法上의 期待權에 관한 考察, 한양대 석사논문, 1975.9
______, 獨逸民法上 Auflassungsempfänger 期待權의 法的 質에 관한 一考察, 全南大, 社會科學論叢, 10권, 1982.12
黃迪仁, 物權的 期待權 [考試硏究, 107, 1983.2, 85~90]
權永詳, 物權的 期待權論 [서울大學校 大學院, 法學碩士, 1986.2]

⑵ 事實的 契約關係

李好珽, 社會定型的 行爲論의 硏究, 문교부 학술연구조성비에 의한 연구보고서 [사회과학, 1973.8]
______, 社會定型的 行爲論의 硏究, 經濟論集, 12권 1·2호, 1974. 3·6
______, 獨逸의 社會定型的 行爲論, 서울대 박사논문, 1975. 2. 26

⑶ 人格權의 保護

金相容, 人格權侵害에 대한 私法的 救濟方法의 比較考察(Ⅰ) [司法行政, 통권 322호, 1987.10, 70~76]
______, 人格權侵害에 대한 私法的 救濟方法의 比較考察(Ⅱ) [司法行政, 통권 324호, 1987.12, 53~60]
______, 人格權侵害에 대한 私法的 救濟方法의 比較考察(Ⅲ) [司法行政, 통권 326호, 1988.2, 63~68]
______, 人格權의 侵害와 損害賠償 [誠軒 黃迪仁박사화갑기념『손해배상법의 제문제』, 博英社, 1990, 149~174]
______, 人格權의 侵害와 民事責任 [判例月報 278, 1993.11, 50~65]
洪春義, 人格權의 保護에 관한 硏究 [法學硏究(全北大), 13, 1986, 143~164]
______, 人格權의 保護에 관한 硏究 [전북대, 법학박사, 1990.2]
金弁柱, 人格權侵害로 인한 慰藉料에 관한 硏究 —大法院 判例를 中心으로 [연세대 행정대학원, 행정학석사, 1987.2.23]
千宗淑, 人格權과 民·刑法上의 課題(上) —落胎·腦死·性轉換手術을 中心으로 [警察大學論文集, 12, 1992, 75~100]
李在石, 인격권의 현대적 전개와 보호 [전남대, 법학박사, 1995.8]

姜南鎭, 人格權의 保護에 대한 하나의 提案 [民事法學, 13 · 14, 1996, 116~134]

尹喆洪, 人格權侵害에 대한 私法的 救濟 [民事法學, 16, 1998, 209~227]

金慧眞, 人格權侵害와 民事上 救濟 [충남대, 법학석사, 1998.2]

⑷ 損害賠償과 後發的 事情

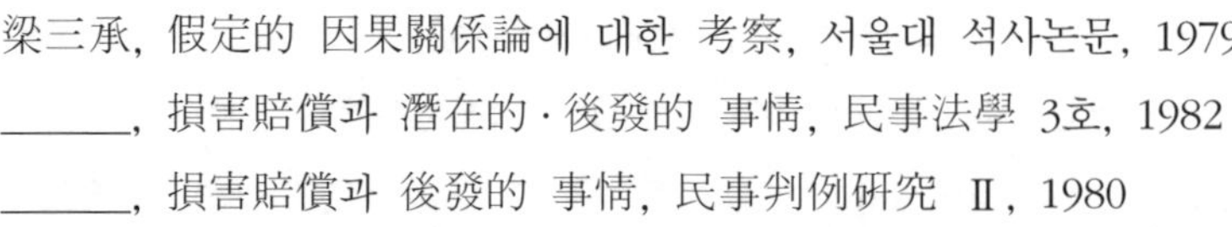

梁三承, 假定的 因果關係論에 대한 考察, 서울대 석사논문, 1979

______, 損害賠償과 潛在的 · 後發的 事情, 民事法學 3호, 1982

______, 損害賠償과 後發的 事情, 民事判例硏究 Ⅱ, 1980

1945년부터 1960년대에 걸쳐 새로 독일 민법학계에서 활발히 논의되던 문제에 관하여 발표한 최교수의 6개의 논문과 그 이후 계속된 연구상황은 이상과 같다.

다만 최교수의 「희랍 民法槪要(物權法) 上 · 下, 1969」는 이에 앞서 金曾漢 교수의 『希臘民法槪論, 서울大學校 論文集 人文社會科學 (6) 1957.12』이 있다. 또한 독일에서 논의된 문제들 중에 관해서는 필자의 『事情變更의 原則의 比較法的 考察, 上 · 下, 司法行政 9권 8 · 10호(1968. 8, 10)』과 『行爲基礎論(上 · 中 · 下), 司法行政 103 · 105 · 106(1969. 7 · 9 · 10)』이 있다.

독일민법에 관한 새로운 경향에 관하여 최교수가 발표한 논문과 그 이후의 연구동향은 다음과 같다.

(1) 物權的 期待權

전술한 바와 같이 물권적 기대권에 관하여 대판 1976.11.6, 76다148 사건은, 부동산을 사고 점유는 했으나 소유권이전등기를 하지 않은 매수인이 매매 후 12년이 지난 후 소유권이전등기청구를 한 경우에, 등기청구권은 소멸시효에 걸리지 않는다고 하여 원고(매수인) 승소판결을 내렸는데, 金曾漢 교수는 평석에서 "물권적 기대권 이론에 의해서 이유설명을 했으면 좋았겠다"고 하고 있다.[3]

그러므로 '물권적 기대권'은 金曾漢 교수 외에 여러 학자가 논문에서 주장은 했으나 아직 소수설에 그치고 있고, 판례도 이를 채택하고 있지 않다.

필자의 생각으로는 '물권적 기대권'을 매매 후 등기를 하지 않았으나 부동산을 점유하고 있는 경우에는 매수인의 물권적 기대권을 인정하는 것이 타당하다고 본다. 대판 1976.11.6, 76다148 사안의 다수의견은 부동산의 매수인이 목적물을 인도 받은 경우에는 그 매수인의 등기청구권은 소멸시효에 걸리지 않는다고 하였으나, 金曾漢 교수의 의견처럼 이와 같은 경우에 부동산의 매수인이 물권적 기대권을 갖는다고 한다면, 매수인은 자기가 점유한 부동산을 제3자에게 양도할 수 있게 되어, 이것이 보다 합리적인 결과를 가져오지 않는가 라고 생각하는 것

3) 法律新聞 1182호(1976.12.6자).

이다.

(2) 事實的 契約關係

1941년에 Günter Haupt에 의하여 주장되고 독일에서 찬반론을 불러일으킨 이 이론은 한국에서는 최교수가 최초로 소개하고 이호정 교수가 논문을 발표하였으나(상술), 독일에서도 Flume 교수가 반대하고 한국에서도 이영준 변호사를 비롯하여 계약은 사실에 의하여 성립하는 것이 아니라 '추단된 의사표시' 또는 '묵시적 의사표시'에 의하여 성립한다고 하여 반대하고 있다.[4)]

현재 독일에서는 사실적 계약관계론에 대해서 비판적이고, 우리나라에서도 역시 마찬가지이다. 그러나 근래 독일에 있어서의 이론의 동향에 대하여 면밀히 연구할 필요가 있다고 생각한다.

(3) 人格權의 保護

인격권에 관한 논문은 여기에서 예로 든 논문이외에도 대단히 많다. 卞在玉, 『정보화사회에 있어서 프라이버시의 권리 – 미국의 경우를 중심으로 서울대 박사논문, 1979』 외에, 명예훼손, 언론보도에 의한 인격권침해 등 논문과 판례가 많다.

(4) 假定的 因果論(損害賠償과 後發的 事情)

이에 관한 연구동향은 한국에는 양삼승(梁三承) 변호사 이외에는 논문이 없고, 또한 대판 1979.4.24, 79다156 외에는 판례도 없다. 다만 내용은 다르나 비슷한 건으로 '가정적 적법행위'에 관하여 崔秉瑄, 「不法行爲法上의 假定的 適法行爲 硏究」(서울대 석사논문, 1984)가 있을 뿐이다.

2. 학생행정

최종길 교수는 1967년 3월에 서울법대 학생과장(지금의 학생담당 부학장)의 보직을 맡았다. 당시 이한기 교수가 학장에 취임하고, 배재식 교수가 교무과장(지금의 교무담당 부학장)의 보직을 맡았으므로 최교수는 이한기 교수 및 배 교수와 가까웠던 관계로 학생과장의 직을 맡는 것을 수락하였을 것으로 추측한다. 그러나 지금 생각하면 1967년부터 1970년 3월 서돈각 교수가 학장에 취임할 때까지 3년 간은 제3공화국 때에 제6차 헌법개정(1969. 10. 21 공포), 이른바 3선개헌이 행하여졌을 때이며 정치적으로 격동기였다. 제7차 헌법개정은 유신헌법으로서 1972. 12. 27에 공포되어 제4공화국이 되었으므로 최교수가 학생과장이었던 당시에는 학생운동이 점차로 치열해지기 시작하던 때이다. (1979. 10. 26에 박정희 대통령이 살해되는 10 · 26사태가 일어났다.)

이 당시의 사태를 연도별로 적으면 다음과 같다.

---

4) 金亨培, 債權各論 (債權法), 博英社, 1997, 19면.

1967. 6	法大生 6·8 總選不正규탄데모
1969. 9. 14.	3選改憲案 및 國民投票案 國會에서 變則통과로 全面 休校 상태
1969. 10. 17	改憲案 國民投票 실시
1971. 8	文理大敎授會의 大學自主化 宣言에 대한 지지성명을 法大敎授會가 냄
1971. 10	서울시 일원에 衛戍令선포. 서울法大를 포함하여 10개 大學에 休校令 내림
1971. 12	국가비상 사태선언
1972. 10	10월維新·「緊急措置」가 나오기 시작
1972. 12	통일주체국민회의에서 제8대 대통령으로 박정희 선출

이때 당시 서울법대의 상황에 대하여 1975년 당시 서울법대의 학장이었던 金曾漢 교수는 다음과 같이 서술하고 있다.

> "韓日問題로 1963年부터 大學街가 술렁이기 시작하여 특히 가을만 되면 大學은 데모하는 곳으로 認識되게 된지 於焉間 10年이 넘는다. 學園데모라고 해도 前에는 法大가 强하게 나오는 편이 아니었는데 韓日問題 以後로는 法大가 가장 强하게 움직이는 大學이 되어버렸다. 특히 1969年 가을의 3選改憲反對때에는 法大가 가장 强했다고 한다.
>
> 元來 大學은 社會改革에 있어서 앞장서는 것이 아니고, 政治나 經濟가 앞선 後에 뒤처리를 맡는 것인데, 어찌하여 法大가 데모에 앞장서게 된 것인지 알 수 없다. 多幸히 1972年 가을 以後로는 法大가 매우 조용한 大學이 되었는데, 1974年 2학기에 잠시나마 다시 法大가 데모에 나선 것은 遺憾이다.
>
> 1975年 2학기에 와서는 學園이 지극히 조용하니 이 雰圍氣가 永續되기를 비는 마음 간절하다."[5)]

이상은 崔鍾吉 교수가 학생과장이었던 당시의 서울법대의 상황을 서술한 것이다. 1969년 9월 3선개헌안이 국회에 상정되었을 당시로 기억한다. 서울법대의 동숭동교사에서 학생들이 도서관 2층에서 의자들로 계단을 막고 바리게이트를 치고 단식 농성을 벌였을 때이다. 교수들은 도서관 밖에서 학생들을 주시(注視)하고 교문 밖에서는 경찰들이 서울법대를 포위하고 내무부 崔杜烈 치안국장(서울법대 10회)과 鄭相千 당시 동대문경찰서장이 지휘를 하면서 학생들이 자진 해산을 하지 않으면 경찰이 들어와서 강제해산 하겠다고 으름장을 놓고 있을 때, 수위실

5) 金曾漢, 법과대학 30년, 서울대학교 法科大學 30年(1945~1975), 25면.

앞에 대형 스피커를 놓고 울먹인 목소리로 崔鍾吉 학생과장이 학생들의 자진 해산을 호소하던 광경은 지금도 눈앞에 생생하다. 결국 학생들은 농성을 풀고 자진해산 하였고, 서울법대 안으로 경찰이 들어와서 강제해산 한 적은 없다. 학생들의 자진해산 후에는 교수회가 열리고 의례히 주동학생이 제명처분 되었다. 오늘날 한국의 민주화는 이러한 수많은 학생들의 희생과 투쟁의 결과로 얻어진 것이다.

교수회의가 열릴 때의 崔鍾吉 교수는 교수회의의 침통한 분위기 속에서도 늘 여유가 있었다. "학생 중 姜敬範(강경범, 법대 25회 행정)이라는 학생은 회사에 취직하려고 면접을 보고 왔는데 채용이 거절되자 '강경(强硬)'하게 항의를 하더라"는 것이다.

3. 사상(思想)

최교수가 작고한 후 중앙정보부가 그를 간첩이고, 자살했다고 발표했을 때 믿는 사람은 없었으리라고 생각한다. 그는 전형적인 민법교수였고, 출신으로나, 가정적으로나, 또는 동료인 교수들에게나 단 한 번도 공산주의에 관하여 말한 적도 없었기 때문이다. 또한 자살할 성격도 아니고 그러할 이유도 없었다.

李時潤 교수(前 감사원장)가 서울법대교수로 있을 때 최교수와 함께 일본 교토에서 길을 걸어가고 있었는데, 한 사람이 다가와서 저녁식사를 같이 하자고 말을 걸어 왔다고 한다. 그때 최교수는 느닷없이 "다른 약속이 있다"고 핑계를 대면서 거절하였더라는 것이다. 그가 떠난 후에 이 교수가 "왜 거절했는가" 물었더니, 최교수가 "일본에는 조총련계가 많아서 조심해야 한다"고 답하였더라는 것이다. 이러한 일례만 보더라도 최교수는 공산주의자가 아닌 것이 분명하다.

4. 케겔 교수와 최교수

최종길 교수는 독일에서 그의 지도교수인 게르하르트 케겔(Prof. Dr. Gerhard Kegel, 쾰른대학 법학부) 교수의 특별한 신임과 사랑을 받았던 것으로 생각한다. 그것은 케겔 교수가 최교수를 도와서 자기가 관계하고 있는 홈볼트재단에 최교수를 적극 추천하여 장학금을 받게 한 것으로도 미루어 짐작할 수 있다. 최교수의 사망 후 그는 주독 한국대사관과 한국 내무부장관 앞으로 강력한 항의서신을 보냈으며, 그 후 최교수의 아들인 崔光濬(현재 경희대 법대 교수)을 독일로 초청하여 쾰른대학 법학부에 유학을 시키고, 법학박사학위를 받도록 지원을 아끼지 않았다.

필자가 1989년경 케겔 교수를 방문하여 한국을 방문할 것을 간곡히 전했는데도 건강상의 이유를 들어 거절하였다. 일본은 이미 오래 전에 방문하였으나, 한국은 결코 방문하지 않는다.

필자가 2001년 6월 26일, 그의 생일 때에 '의문사진상규명위원회'의 구성을 알렸을 때 다음과 같은 회신이 왔다(2001.7.9.).

'당신이 언급한 위원장은 힐레스하임(케겔 교수의 거주지)에서도 최종길 교수에 관하여 심문을 해 왔습니다. 독일에서의 그의 생활에 관해서 나는 그에게 많은 것을 알려주지는 못했습니다. 그러나 나는 그(최종길 교수)에 관하여 매우 높이 평가하고 있습니다. 그가 살해당했거나 또는 자살을 하도록 강요당했다면 그것은 일찍이 들어보지 못한 그리고 용서받을 수 없는 범죄일 것입니다.'

(Vertreter der von Ihnen erwähnten Kommission haben mich in Hillesheim über Herrn Professor Tschongil Tsche einvernommen. Viel über dessen Leben in Deutschland konnte ich ihnen freilich nicht berichten. Aber ich habe eine sehr hohe Meinung von ihm. Sollte er ermordet oder zum Selbstmord getrieben worden sein, wäre das ein unerhörtes und unverzeihliches Verbrechen.)

5. 글을 맺으면서

최종길 교수가 사망함으로써 가장 큰 손실은 우리나라의 민법학계일 것이다. 그가 생존해 있었더라면 金曾漢 교수가 민법에 있어서 새로 개발한 이론, 즉 물권적기대론, 우리나라에 있어서의 물권행위론, 물권변동 및 채권법 상의 여러 이론이 더 많이 발달했을 것으로 생각한다. 서울법대로서는 유능한 민법교수를 잃었으며, 金曾漢 교수의 입장에서는 그의 학설을 발전시켜 줄 충실한 제자를 상실한 것이다. 金曾漢 교수가 주장한 학설은 나중에 다른 교수들의 지지를 얻어 다수설(통설)이 된 것도 있고, 소수설(물권적 기대권론)에 그친 것도 있다. 최교수가 살아 있었더라면 金曾漢 교수의 민법이론 발전에 많은 영향을 주었을 것이다.

최교수가 사망하여 생긴 학문상의 공백은 사망 후 29년이 지난 지금도 결코 메워질 수 없다. 金曾漢 → 崔鍾吉(제자) → 黃迪仁(후배) → 丁玉泰(제자, 서울법대 26회 졸업) 교수로 이어지는 金曾漢 교수의 학맥은 정 교수가 1993년 7월 24일(당시 중앙대 법대학장) 영암(靈岩)에서 불의의 교통사고로 작고함에 따라 金曾漢 교수는 자신의 민법이론의 강력한 지지자를 또 다시 잃게 되었다. 이는 서울법대의 수난이기도 하다.

그 동안 최교수의 가족(白慶子여사 및 최광준 교수)이 최교수의 누명을 벗기고 진실한 사인을 밝히려고 애쓴 노력은 눈물겹다. 제 3·4공화국 때에는 경제만 중시하고 학문과 인권(교수를 포함해서)은 경시하였다.

최교수와 가까이 지내던 배재식(1999. 10. 1 작고)·김치선(1996. 11. 26 작고)·전원배 (1994. 4. 5 작고) 교수는 이미 타개하고, 지금은 박병호 교수(정신문화연구원 석좌교수)와 필자만 남았다. 우리는 활달하고 명랑하고 명석·총명한 최종길 교수가 학문의 완성의 뜻을 이루지 못하고 민법학에서 꽃을 피우기 직전에 애석하게 타개한 것을 결코 잊을 수 없다.

삼가 명복을 빈다.

— 2002년 1월 22일

故 최종길 교수님의 학문세계*

김 학 동**

선생님의 학문적 경향

선생님께서 독일에서 학업을 마치고 귀국하신 것은 1962년 9월이고, 모교인 서울대학교 법과대학에 자리를 잡은 것은 1964년이니, 선생님께서 학문적 활동을 하신 것은 불과 10년 가량이다. 그 가운데도 1967년 8월부터 1년 반은 학생과장 일을 맡으셔 거의 연구할 시간이 없으셨고, 또 1970년 3월부터 2년간은 미국에서 연구생활을 하셨으므로, 실제로 집필활동을 하신 것은 고작 6,7년이다. 그런데 선생님은 그 짧은 기간 중에 50여 편의 글을 쓰셨다. 우선 선생님의 뜨거운 학문적 열정과 학자적 성실성에 놀라지 않을 수 없다.

선생님께서 남기신 글은 法源의 문제부터 不法行爲의 문제에 이르기까지 민법의 모든 분야를 아우를 뿐만 아니라, 그 주제는 "物權的期待權"(사법행정 1965년 2월호 – 6월호) · "事實的契約關係에 관한 약간의 고찰"(서울대 법학 제5권 1호 · 2호) 등과 같이 당시 독일에서 크게 논의되던 중요한 테마에서부터, "法律行爲와 意思表示"(사법행정 1969년 12월호) · "物權行爲에 관한 일고찰"(법정 1966년 3월호 – 5월호) 등과 같이 민법의 가장 기본적인 법률제도, 그리고 "集合住宅(아파트)의 區分所有에 관한 比較法的 實態的 考察"(서울대 법학 제11권 2호) · "損害賠償과 後發的事情"(서울대 법학 제10권 2호) · "西獨에 있어서의 私生活의 法的保護"(법제월보 1968년 4월호) 등과 같이 사회의 발전과 함께 새로이 제기되는 법률문제에 이르기까지 참으로 폭이 넓다. 선생님께서 가지셨던 이러한 학문적 관심사에서 선생님의 학자로서의 자세, 즉 가장 기본적인 문제에 대한 깊이있는 이해와 사회문제의 해결이라는 법학자의 임무에 충실하였던 모습을 엿볼 수 있다.

선생님은 이와 같이 학문적으로 가치있는 주제에 관심을 가지셨을 뿐만 아니라, 주제에 관한 서술에서는 理論的으로 극히 精緻하시면서 아울러 實踐的價値를 중시하셨다. 예컨대 "判決에 의한 不動産物權變動"(서울대 법학 제6권 1호)의 글에서 판결에 의한 부동산물권변동

* 이 글은 최종길교수를추모하는사람들의모임 편, 『아직 끝나지 않은 죽음: 아! 최종길교수여』 공동선 2002, 369면 이하에 발표된 것이다. 저자의 동의를 얻어 원문 그대로 여기에 다시 싣는다.

** 서울시립대학교 법학전문대학원 명예교수

이 등기없이도 효력을 발생시키는 범위를 살핌에 있어서, 판결의 본질에 관한 고찰로부터 정책적 측면에 대한 고려에까지 그리고 나아가 로마법으로부터 현재의 다른 입법례까지 검토하고, 여기에 해당하는 구체적인 판결의 상세한 내용까지 다루고 있다. 그런가 하면 "權利濫用의 禁止와 信義則의 展開"(법조 1969년 1월호)라는 글에서는 권리남용 금지의 추상적 개념이 아니라 권리행사가 권리남용으로 판단되는 기초가 무엇인가 하는 점을 세분하고, 나아가 각 기초에 관하여 일반적 원칙과 함께 구체적인 판결례(독일에서의)를 특히 경계선상에 있는 사안들을 중심으로 상세히 소개함으로써 우리 법의 해석에 있어서 중요한 자료를 제시하셨다.

"物權的期待權"을 읽고

선생님의 글 중에서도 필자가 특히 관심을 가진 "물권적 기대권"이라는 글을 통하여, 학자로서의 선생님의 모습과 선생님의 학문적 경향을 그려보고자 한다.

이 글은 먼저 독일에서의 물권적 기대권의 이론과 여기에서 문제되는 점에 관한 일반적 견해를 전체적으로 소개한다. 이를 간단히 요약한다면,

(1) 먼저 물권적 기대권의 개념과 물권적 기대권의 유형을 보면, 期待權이란 완전한 권리를 취득하기 위하여 필요한 수개의 법률요건 중 중요 부분은 갖추어졌으나 아직 일부가 갖추어지지 않은 경우에, 완전한 권리를 향하여 발전하고 있는 과정에 있는 법적 지위이고, 다만 이러한 법적 지위 중에서도 그것이 거래의 대상이 되고 따라서 법적으로 보호받을 가치가 있는 것인 때에 한하여 기대권으로 파악된다(그렇지 않은 것은 단지 '사실상의 단순한 권리취득의 기대'에 불과하다). 그리고 이중에서 장차 취득할 완전한 권리가 물권인 경우에, 그 기대권이 物權的期待權이 된다. 독일에서 물권적 기대권으로 인정되는 것으로는 첫째 動産所有權留保附賣買에서의 買受人, 둘째 土地所有權移轉의 合意는 있었으나 아직 登記하지 않은 土地所有權取得者, 셋째 被擔保債權이 성립하지 않았으나 抵當權者로 登記되어 있는 자 등이 있다.

다음으로 이 글은 독일에서의 물권적 기대권의 구체적인 내용 내지 효력을 살핀다. 즉 물권적 기대권의 양도가능성과 그 방식을 살피고, 물권적 기대권과 원인행위와의 관계로서 기대권자는 기대권 취득 후에도 기대권설정자에 대하여 소유권이전청구권을 가지느냐, 원인행위가 취소·해제 등으로 소멸되면 이를 기초로 했던 물권적 기대권도 소멸하느냐 하는 점을 살핀다. 다음으로 무권리자로부터의 물권적 기대권의 선의취득, 물권적 기대권자의 목적물에 대한 권능, 물권적 기대권의 보호, 물권적 기대권의 압류 등을 살핀다. 이러한 점들에 관한 내용을 상세히 소개하는 것은 너무 방대하므로, 독일민법에서의 물권적 기대권 이론에 관한 이 글의 소개는 이 정도로 마친다.

(3) 우리 민법에서의 물권적 기대권 이론의 수용 여부에 관한 선생님의 견해를 살피기에 앞서서, 이 글이 우리의 이 문제에 관한 논의에 있어서 주는 시사점을 몇 가지 적는다면,

첫째, 각 유형마다 물권적 기대권의 내용에 상당한 차이가 있다는 점과, 그러나 그러한 차이는 위의 세 경우에 공히 그 법적 지위를 물권적 기대권 개념으로 파악하는데 장애가 되는 것은 아니라는 점이다. 즉 예컨대 물권적 기대권의 추급력, 즉 동산소유권유보부매매 혹은 미등기의 토지매매에서 매도인이 매수인의 물권적 기대권 취득 이후에 목적물을 이중으로 양도한 경우에 물권적 기대권자는 목적물을 잃게 되느냐 하는 점에 있어서, 소유권유보부매매에서의 물권적 기대권자는 목적물을 잃지 않음에 반하여 토지매매에서의 물권적 기대권자는 이를 잃는다고 한다. 반면에 물권적 기대권의 원인행위에의 의존성, 즉 동산소유권유보부매매 혹은 미등기의 토지매매에서 매도인이 매수인의 물권적 기대권 취득 이후에 원인행위가 해제되거나 취소된 경우에 물권적 기대권도 소멸하느냐 하는 점에 있어서, 소유권유보부매매에서는 물권적 기대권이 소멸되나 토지매매에서는 물권적 기대권이 소멸되지 않는다고 한다(이의 구체적 논거는 생략). 이와 같이 각 유형에 따라서 물권적 기대권의 구체적 내용에는 차이가 있으나, 아직 완전한 물권을 취득하지 못한 단계에 있는 이러한 자들의 법적 지위를 동일하게 물권적 기대권으로 파악하는 것이다. 이는 물권적 기대권은 소유권이나 각종의 제한물권처럼 일정한 내용을 가진 독립한 하나의 물권이 아니고, 아직 완전한 물권을 취득하지는 않았지만 그 지위가 독립한 거래의 대상이 되고 따라서 법적 보호를 받을 가치가 있는 경우에, 그러한 법적 지위를 법률적으로 이론구성하는 것이기 때문이다. 이런 점에서 우리 학계에서 물권적 기대권을 물권법정주의에 반하는 것이라는 주장, 혹은 물권적 기대권은 그 구체적 내용을 명확히 할 수 없는 것이기 때문에 혹은 각 경우에 그 내용을 달리하는 것으로서 통일적으로 파악할 수 없는 것이기 때문에 이를 인정하기 곤란하다는 주장 등은, 이 개념의 본질을 잘못 파악한 것이 아닌가 생각된다.

둘째, 앞서 말한 것처럼 물권적 기대권의 추급력에 있어서 동산소유권유보부매매에서의 물권적 기대권은 추급력을 가지지만, 미등기의 토지소유권취득에서의 물권적 기대권은 추급력을 가지지 않는다. 즉 토지의 이전에 관한 물권적 합의가 재판상 또는 공증상의 증서로 작성되거나 등기소에서 그 의사표시를 하거나 기타 일정한 경우에는 물권적 합의는 구속력을 가지는바, 이때에는 양수인이 아직 이전등기를 마치지 않았더라도 물권적 기대권을 가진다고 한다. 그러나 물권적 합의가 구속력을 가진다는 것은 단지 일방당사자가 이를 철회할 수 없다는 것이지 양도인의 처분권이 제한된다는 것은 아니고, 따라서 양도인의 이중양도의 경우에 토지소유권취득자는 물권적 보호를 받지 못하고 따라서 그의 법적 지위는 아직도 상당히 불안정한 것이다. 그러나 독일에서는 이러한 점은 미등기의 토지소유권취득자의 법적 지위를 물권적 기대권으로 파악하는데 전혀 지장을 주지 않는다. 그런데 우리 민법에서는 독일민법에서와는 달리 미등기의 토지소유권취득자의 지위는 안고성이 없다는 점을 이러한 지위를 물권적 기대권으로 인정하는 데 절대적인 장애로 제시한다. 이는 물권적 기대권 이론을 오해한데서 비롯된 것이다.

선생님께서는 이와 같이 먼저 독일에서의 물권적 기대권 이론을 살핀 다음, 등기하지 않은 부동산매수인의 법적 지위를 중심으로 하여 독일에서의 물권적 기대권 이론이 과연 우리 민법에서도 타당성을 가지는가, 언제 물권적 기대권을 취득한다고 할 것인가 하는 점에 관한 선생님의 견해를 피력하신다.

(1) 선생님께서는 우선 논리적 문제로서, 물권행위의 독자성 및 무인성의 인정 여부가 물권적 기대권 이론을 인정하는 전제가 되는가, 우리 민법에서 물권적 합의가 구속력을 가지는가 하는 점을 살피신다. 그리하여 이론적으로 독일에서의 물권적 기대권 이론이 우리 민법에서도 타당성을 가지는지를 검토하신다. 다만 우리 민법에서도 물권적 합의는 구속력을 가지지만, 독일민법에서의 구속력과 효력에 있어서 차이가 있음을 지적하신다.

(2) 다음으로 선생님은 우리 민법에서도 이 이론을 인정해야 할 실제적 근거로서, 우리 사회는 수백년 동안 등기없이도 부동산을 취득한다는 법적 확신 속에서 살아 왔는데, 이러한 역사적 배경을 무시하고 단지 등기를 갖추지 않았다고 이들을 모두 법의 보호 밖으로 쫓아내는 것은 타당치 않다는 점, 현행법에서도 "사실상의 소유자"라는 법적 지위를 인정하는 바 물권적 기대권 이론은 바로 이러한 지위를 설명하는 것으로서 현행법에서도 필요한 이론이라는 점 등을 든다. 그리고 물권적 기대권의 취득시기와 관련해서는, 이 이론을 처음으로 주장하셨던 김증한 교수님의 견해와 달리 대금의 완납 및 등기서류의 교부에서 더 나아가 점유의 취득을 요건으로 하는 것이 타당하다고 하시면서, 그 근거로서 이 시점에 이르러 비로소 당사자들은 소유권이 양수인에게 이전되었음을 분명히 인식한다는 실제적인 측면과, 현행법상의 "사실상의 소유자"라는 개념은 점유의 이전까지 받은 자를 뜻한다는 법률적인 측면을 제시하신다. 그리고 물권적 기대권 이론의 기본적 사상은 법률상의 소유권자와 사실상 소유권을 행사하는 자 사이에 하나의 소유권이 분할되어 있다는 데 있는 바, 이와 같은 분할이 있다고 하려면 부동산매수인이 현재 부동산을 점유하여 사용·수익하고 있을 것을 필요로 한다는 점을 제시하신다.

선생님은 이 글에서 먼저 독일에서의 물권적 기대권 이론에서 문제되는 점을 거의 망라하여 철저히 연구하심으로써, 하나의 글을 쓰는 데 얼마나 많은 노력과 정성을 쏟아야 하는가를 보여 주신다. 그리고 이러한 외국의 이론에 대한 이해를 바탕으로 하여 우리 민법에서도 이러한 이론이 타당성을 가지는지를 면밀히 검토하심으로써, 하나의 이론을 전개함에 있어서 밟아야 할 과정과 학문적 자세를 우리에게 가르쳐 주신다. 특히 선생님은 후자의 문제를 논함에 있어서는 단순한 형식적 법논리에 안주하는 것이 아니라, 예전의 우리 사회의 법제도와 현재의 사회현실을 검토하고 이를 토대로 하여 무엇이 우리 사회를 적절히 규율하는 길인가 하는 점을 살피신다. 이는 바로 선생님의 법해석방법에 관한 철학, 선생님의 학문적 경향을 단적으로 표현하는 것이다.

선생님은 독일의 이론을 살핌에 있어서는 그 많은 점들을 논리정연하게 군살없이 그러면서도 알기 쉽게 서술하신다. 여기에서는 강의하실 때의 열정적인 모습과는 또 다른 섬세하고 냉철한 학자로서의 선생님의 모습을 뵐 수 있다. 그러나 이 이론이 우리 민법에서의 타당성을 살핌에 있어서는 이러한 논리적 치밀성과 함께, 과연 무엇이 우리 사회에 적절한 길인가를 가슴에서 우러나오는 힘찬 목소리로 말씀하신다. 마치 교향곡의 웅장한 마지막 장처럼. 예전에 이 글을 처음 읽었을 때 느꼈던 뜨거운 감동이 지금도 생생하게 기억된다.

선생님의 글 중에는 독일 기타 외국의 법제도를 소개하고 연구하신 것을 많이 볼 수 있다. 이는 이 글에서 보여주는 것처럼, 차후에 이를 토대로 우리 민법에도 그러한 외국의 법제도와 이론을 수용할 것인가를 살피기 위해서였을 것이다. 그런데 선생님께서는 이러한 장래의 과제들을 마치지 못하시고 그만 세상을 떠나셨다. 얼마나 안타깝고 커다란 손실인가? 선생님의 가르침을 받았던 한 학자로서, 선생님께서 가르쳐주신 학문적 진지성을 본받아 선생님께서 하시고자 했던 일을 조금이라도 진전시키는 것이 나의 할 일일 것이다.

2002년 1월

불후의 민법학자*

이 은 영**

최종길 박사의 비보를 들은 것은 대학원 1학년의 가을이었다. 그 비보를 전해 준 급우의 목소리를 듣는 순간 나는 곧 상황을 짐작하고 눈물을 흘리고 말았다. 유신헌법 이후 정부의 공안탄압이 극심했던 상황이었기 때문에, 최교수께서 중앙정보부에서 간첩혐의를 받고 조사 중 사망했다는 소식에서 나는 시대의 불운을 가슴으로 느낄 수 있었다. 당시 데모에 참여했거나 반체제운동을 벌였던 사람들은 모두 중정의 추적에 시달리고 있었기 때문에 그 일이 정치탄압과 관련된 일이라는 것은 쉽게 짐작할 수 있었다. 우리에게 석연치 않았던 점은 최교수께서 전혀 정치활동을 하지 않았음에도 불구하고 그러한 탄압을 받았다는 일이었다.

최교수께서는 민법학 강의시간에 별로 잡담도 하지 않으시고 시종 일관 진지하게 민법학의 정교한 이론들을 설명하시곤 했다. 그의 목소리는 우렁찼으며 설명하시는 그의 모습에서는 힘이 넘쳐 흘렀다. 그는 강의하는 것을 세상에서 제일 즐겨하시는 듯 강의종료 종이 울리는 것도 아랑곳하지 않고 강의를 계속하시곤 했다. 당시 그는 40대에 접어들어서 법학연구에 깊이와 완성도를 갖추고 있어 곧잘 우리 학생들을 매료시키곤 했다. 그가 민법총칙에 관한 체계서를 집필하고 계시다는 소식을 그의 조교로 일하던 학급동료로부터 듣고, 우리는 그가 한국 민법학의 빛나는 별이라고 믿고 은근히 자부심을 나타내곤 했다. 그리고 그의 언행에서 정치에 관련된 분위기는 느낄 수 없었다. 우리가 대학 재학 3학년 때 박정희 대통령의 3선개헌 음모를 폭로하고 비판하는 발언을 하고 홀연히 미국으로 떠난 고 유기천 박사와는 다르게 최교수께서는 오로지 학문활동에 전념하시는 편이었다. 왜 중앙정보부에서 최종길 교수를 정치음모의 희생자로 삼았는지를 당시에는 전혀 짐작할 수 없었다.

그 수수께끼가 풀린 것은 내가 독일에 유학간 1975년이었다. 내가 다니던 튀빙겐대학에서 만난 고 강돈구 박사는 반체제운동에서 중심적인 역할을 하고 있었는데, 그는 일본에서 발간된 소식지를 나에게 건네주며 한국의 암울한 정치적 상황에 관해 얘기해 주었다. 그 소식지에

---

* 이 글은 최종길교수를추모하는사람들의모임 편, 『아직 끝나지 않은 죽음: 아! 최종길교수여』, 공동선 2002, 376면 이하에 발표된 것이다. 저자의 동의를 얻어 원문 그대로 여기에 다시 싣는다.

** 한국외국어대학교 법학전문대학원 명예교수

는 최교수께서 당국의 학생징계에 반대하는 발언을 하셨기 때문에 정부가 그에게 누명을 뒤집어 씌워 학교에서 제거하려 했었다는 내용의 기사가 실려 있었다. 나는 그 곳에서 최교수가 얼마나 우수한 유학생이었는가에 관한 여러 친지들의 얘기를 들을 수 있었다. 내가 정치상황에 대한 의식을 갖게 된 것, 그리고 한 법학도로서 사회를 위해 조금씩이라도 봉사하겠다는 다짐을 하게 된 것은 최 박사의 덕행에서 힘입은 바 크다. 독일유학을 한 학자들을 간첩으로 몰아 정치적 목적으로 이용하려고 하는 일은 그 이후에도 계속되었다. 나 자신도 독일 유학에서 귀국한 직후 소위 아카데미사건의 간첩조직에 가담한 것으로 중정의 조사를 받았던 기억이 생생하다. 1996년에도 성균관대 정 아무개 교수를 비롯한 3인의 교수가 간첩으로 보도되었는데, 그 때 내가 정교수를 옹호하기 위하여 재야 세미나에서 발표를 한 것도 모두 최교수의 무고함을 가슴으로 느꼈기 때문일 것이다. 최교수의 비극은 우리 역사의 비극이고 또한 우리 민법학사의 비극이다.

최 박사가 서울법대에 채용되던 즈음 법대 교수들은 동경제국대학 출신과 경성제국대학 출신의 두 그룹으로 나뉘어 학문적 경쟁을 벌이고 있었다. 그들은 일본의 식민지시대에 교육받은 학자들로서 해방 이후 한국의 자립적인 법학교육 체계를 이룩하고 한국법학을 형성하는 데에 기여한 초창기 법학자들이었다. 그들은 식민지시대의 법학교육에서 탈피하기 위하여 해외에서 유학하고 돌아온 법학자를 채용해야 한다는 생각을 갖고 있었고 그러한 구상에 적합한 민법학자로서 최종길 박사를 발견하고 그를 적극적으로 영입했던 것이다. 그들이 최 박사에게 건 기대는 대단했다. 당시에는 일본서적으로부터의 간접인용을 통해 독일이나 스위스의 법 상황이 한국에 소개되었고 해방 후 서적 구입의 곤란성 때문에 그것도 여의치 않았다. 그런데 직접 독일 서적 등으로부터의 인용을 통해 우리가 필요로 하는 정보를 더 많이 얻을 수 있게 될 것이라는 사실은 우리 법학계에 희망을 불어넣어 주었다. 해방전후 학문교류의 어려움으로 인하여 독일과 같은 법률 선진국과 일본 및 한국과의 사이에 학문적 격차가 크게 벌어졌기 때문에 최 박사와 같은 독일유학 경험을 가진 학자들에 의하여 그 격차가 좁혀질 것이 기대되었다. 무엇보다도 일본의 시각에서가 아니라 한국인의 시각에서 법을 연구하고 발전시켜 나갈 수 있는 학문적 기반을 갖추게 된 것은 우리 법학계에 커다란 수확이라고 할 수 있었다.

나는 최종길 박사의 민법강의를 수강한 제자로서, 그리고 대학 졸업 후 민법을 전공하여 민법담당교수로서 봉직하고 있는 사람으로서 그의 연구업적에 대해 존경을 가슴 깊이 간직하고 있다. 나는 최종길 박사의 학문활동에서 다음의 몇 가지 특징을 발견해내게 되어 이 자리에서 외람되나마 그것들을 밝혀보고자 한다.

첫째, 최종길 박사는 1960년대와 1970년대에 낙후되어 있던 민법학에 독일의 선진이론을 도입함으로써 우리 민법학의 수준을 한 단계 높이는 데에 큰 기여를 하였다. 당시 우리나라가 독립정부를 세운 지는 오래였지만 아직 식민지시대의 일본 민법에서 벗어난 것은 얼마 되지 않았고(현행 민법은 1960년부터 시행되었음), 한국전쟁 등의 와중에서 독일, 미국 등 선진국에서 근대이론을 도입할 기회는 아주 적어 학문적으로 낙후된 상태였다. 최종길 교수는 독일에서 새롭게 제기된 법이론들을 소화하여 한국 실정에 맞게 도입하고자 노력하였다. 그 대표적인 예가 「사실적 계약관계에 관한 고찰」(서울대 법학 5권 1호, 2호, 1963)이었다. 대량거래의 사회에서 지하철승객이나 전기, 가스의 이용자는 일일이 계약서를 작성하지 않고 그냥 지하철에 승차한다던가 전기, 가스를 끌어쓰는 것을 통해 자신의 계약체결의사를 밝힌다는 점을 날카롭게 지적해 냈던 것이다. 최교수의 문제제기 이후에 한국의 민법학계는 사실적 계약이론의 장점을 비로소 깨닫게 되었다. 이 이론은 당시 일본법학의 아류가 풍미하던 때에 독일의 이론을 도입하여 발상의 전환을 꾀한 것으로서 우리에게 신선한 충격을 안겨주었다. 그밖에 법률행위에 관한 여러 논문들, 등기제도와 관련된 여러 논문들에서 우리는 그가 당시 우리 민법학에서 찬란히 빛나는 별이었음을 재삼 확인하게 된다.

둘째, 최종길 박사는 우리 국민들의 법감정과 관습을 소중하게 여겼으며 우리의 관습을 바탕으로 한 법이론을 구성하려고 애썼다. 그는 '관습법의 법원성'에 관하여 연구한 이후에, '물권적 기대권'에 관하여 사법행정에 3회나 연재하는 방대한 연구결과를 발표하여 한국 민법학의 진면목을 보여주었다. 물권적 기대권에 관한 이론은 현행 민법이 채택한 독일식의 형식주의가 우리의 거래관행과 일치하지 않는다는 의식 아래, 우리의 법제도와 거래관행 사이의 갭을 메우려는 취지에서 한국 민법학자들이 고민한 결과 탄생시킨 이론이다. 당시 국민들 사이에는 등기를 이전하기 전에라도 매매대금을 다 내고 부동산의 점유를 이전한 후에는 매수인이 사실상 소유권을 취득하는 것으로 인정하는 관행이 잔존하고 있었는데, 이러한 매수인의 지위를 법적으로 공인 받는 지위로 승격시키기 위해 이러한 이론을 창안해 냈던 것이었다.

셋째, 최종길 박사는 약자보호를 위해 법이론을 구성하려고 노력한 진정한 휴머니스트였다. 당시 우리의 민법학은 채권자 위주, 즉 강자 위주의 계약자유론이 지배적이었는데, 최 박사는 약자보호가 민법학의 중요한 이념임을 일깨워 주고 우리 법률가가 해야 될 본연의 임무가 억울하고 약한 국민들에게 힘이 되어 주는 것임을 새삼 깨닫게 해 주었다. 그가 발표한 「가등기의 효력」, 「소유권유보부매매의 법률관계에 대한 고찰」 등에서 우리는 남에게 돈을 빌려쓰는 약자를 보호해야겠다는 그의 학문적 의지를 읽을 수 있다.

최종길 박사의 제자로서 이제는 한국 민법학에 몸담고 있는 나는 다른 무엇보다도 그의 학자로서의 공헌이 정당하게 평가받아야 한다고 느낀다. 그의 연구업적들이 집대성되어 후학들에게 공표되고, 그를 기리는 후학들의 논문이 봉정될 수 있다면 최종길 박사의 연구는 다시금 빛을 발하게 될 것이다. 최종길 박사를 기리는 일은 우리 민법학을 뒤돌아보는 의미를 가질 뿐 아니라 앞으로의 방향을 모색하는 계기를 마련해 줄 것이다. 우리 민법학을 이끌어 나가는 데에 있어서 선생의 가르침이 중요한 방향타로 작동될 것임을 의심하지 않는다.

서울대 법학 제5권 제1·2호(1963. 12)

事實的契約關係에 關한 若干의 考察

——法律行爲의 無效·取消의 制限理論을 中心으로——

崔 鍾 吉

一. 序 言

Ⅰ. 問題의 把握

私法의 領域에 있어서 各人의 生活關係를 創造·規律하는 法的 手段으로서의 契約의 概念은 實로 모든 個人을 自由 平等한 抽象的인 人格者로 想定하고 그들의 私法上의 法律關係는 各自의 責任 아래 그 自由 意思에 基하여 決定해야 된다는 近代的 自由主義思想에 그 基盤을 두고 있다. 契約自由의 原則 乃至 私法自治의 原則으로 表現되는 이 近代的 意味의 契約 또는 法律行爲의 原則이 近代 自本主義體制를 育成發展시킨 原動力이 되었음은 否定할 수 없는 事實이나 他面 社會的 經濟的 生活關係의 現代的 變遷은 벌써 從前의 契約 乃至 法律 行爲 理論의 固守를 不可能하게 하여 大幅的인 修正을 不可避하게 하고 있다[(1)].

특히 契約은 個人意思의 合致라는 意味를 가진 請約과 承諾의 의해서만 成立된다는 契約成立의 原則과 個人意思 尊重의 原則에 立脚한 法律行爲에 관한 諸原則을 不特定多數人을 相對로 하여 集團的 構造를 가지는 所謂 集團的 契約(Massenvertrag)[(2)]의 領域과 契約當事者가 하나의 社會的 生活關係를 形成하는데 그 特徵이 있는 所謂 繼續的契約(dauernder Schuldvertrag)의 領域에 있어서도 無條件 適用될 수 있는가의 疑問이 發生한다. 그런 疑問을 특히 上述한 特殊契約의 領域에 法律行爲의 一般原則으로서의 無效·取消에 관한 民法總則의 諸原理를 適用함에 있어서 發生하는 不當性 乃至 不合理性에 强하게 나타난다. 萬一 集團的 去來關係, 例컨대 公企業利用關係에 있어서도 利用者가 意思表示의 欠缺 및 瑕疵 또는 無能力等을 理由로 利用關係를 個個의 경우 無效 또는 取消할 수 있게 된다면 甚히 不合理한 結果가 될 뿐만 아니라 他面 迅速圓滑한 去來關係의 處理를 本質로 하는 集團的 契

(1) 契約理論의 發展에 대한 詳細는 金曾漢·安二濬 新債權各論(上) 21面以下 參照; Vgl. *vor allem* Wieacker, *Privatrechtsgeschichte der Neuzeit, 1952, S. 170 ff, und Das Sozialmodell der Klassischen Privatrechtsbücher und die Entwicklung der modernen Gesellschaft*, Saegle, *Weltgeschichte des Rechts, 1957, S. 373 ff.*

(2) 集團的去來(Massenverkehr) 또는 集團的契約(Massenvertrag)의 國語와 概念構成에 관하여는 *Vgl.* Raiser, *Das Recht der allgemeinen Geschäftsbedingungen*, 1935, *S.* 17 *ff; Bärtmann, Typisierte Zivilrechtsordnung der Daseinvorsorge, 1948*, S. *91* ff.

約關係는 破綻을 免치 못하게 될 것이다. 또한 組合契約·勞動契約·賃貸借契約等의 繼續的 契約이 이미 履行 또는 實現되어 當事者間에 벌써 社會的 生活關係가 形成된 以後에도 契約基礎(vertragliche Grundlage)에 瑕疵가 있으므로 無效·取消의 一般法理를 適用하여 처음부터 當事者間에 아무런 法律關係가 發生하지 않았던 것과 같은 取扱을 하여 이를 遡及的으로 失效케 한다면 當事者相互間 및 第三者에 대한 關係에서 뿐만 아니라 社會經濟的 見地에서 보아도 대단히 不合理 또는 不當한 結果가 招來될 것임을 能히 짐작될 수 있다.

獨逸의 學者는 이미 오래 前부터 財貨의 交換(Güteraustausch)을 目的으로 하는 單純한 債權關係의 規律을 主眼으로 하는 現行法上의 法律行爲 特히 無效·取消의 一般原則은 集團的 契約關係와 繼續的 契約關係의 領域에 있어서는 無修正 適用될 수 없는 것임을 是認하고 無效·取消의 規定을 어떻게 修正乃至 制限適用하여 이에 應할 것인가에 대한 理論構成에 注力하고 있었다. 最近 西獨 民法學의 發展의 結果로서 契約法의 最大問題로 擡頭된 所謂 事實的契約關係論(faktische Vertragsverhältnisse)은 從來의 契約 乃至 法律行爲의 理論이 上述한 바와 같은 特殊한 生活關係를 規律함에 適當치 않음을 正面으로부터 是認하여 이를 是正하려는 새로운 理論인 것이다. 이 理論을 要컨대 多數人을 相對로 하는 公企業利用關係와 같은 集團的 生活關係에 있어서는 請約과 承諾이란 意味에서의 當事者의 意思의 合致에 의하여 契約이 成立된다는 槪念과는 別個로 事實的인 利用提供과 利用者의 事實的인 利用行爲(例컨대 乘合自動車의 乘車, 有償駐車場에의 駐車, 供給된 電氣의 使用等)라는 두 個의 符合되는 事實的 行爲에 의하여 契約이 成立되며 當事者의 具體的인 意思의 有無은 契約關係의 發生에 아무런 影響을 미치지 않는다는 새로운 理論으로서 從來 契約은 當事者의 合意에 依해서만 成立된다는 理論을 修正하고 事實的 行爲를 基礎로 하는 새로운 契約類型을 認定하고 있다. 이와 恰似히 組合·勞動契約·賃貸借等 繼續的 契約關係가 그 基礎가 되는 契約의 瑕疵로 無效 또는 取消될 수 있는 경우에 이미 事實上 實現된 契約關係는 마치 有效하게 成立된 契約關係가 存在한 것과 同一한 法的 取扱을 하여 事實的 關係에 대한 法的 效果를 賦與함으로써 繼續的 契約이 無效·取消로 因하여 遡及的으로 失效케 됨을 否定 또는 制限하려는 것이다.

Ⅱ. 事實的 契約關係論에 대한 槪觀

事實的 契約關係說의 槪念으로 把握되는 諸問題의 本來의 提唱者가 누구인가를 分明히 指摘할 수는 없지만(3) 이에 대한 論議는 最近 西獨 民法學界의 中心問題로 되어 있다. 그러나 그 理論的 根據와 適用範圍 및 實際的 必要性에 대해서는 아직도 見解의 一致를 보지 못하고 있는 現狀에 있다. 事實的 契約關係說의 綜合的 硏究로써 새로운 論議의 導火線을 提供

(3) *So auch* H. Lehmann, *Das "faktische" Vertragsverhältnis, Jher. Jb. Bd. 90*, *S. 132 ff. und Faktische Vertragsverhältnisse, NJW 1958, S. 1 ff.*

한 것은 그 가운데 특히 Günther Haupt 教授의 著書임을 指摘할 수 있다[4]. 이에 뒤이어 Simitis 教授는 1957 年에 事實的 契約關係說에 관한 600 餘面에 이르는 本格的인 硏究業績을 남겨 學界에 至大한 影響을 끼쳤다[5]. 이러한 硏究業績을 基礎로 Siebert 教授는 그의 著書中에서 事實的 契約關係說의 統一的 理論의 把握을 避하고 集團的 生活關係, 勞動契約, 組合契約의 경우를 區別하여 當理論의 適用可能性與否를 考察하고 獨自的인 解決方法을 提示하고 있다. 以上은 事實的 契約關係에 관한 代表的論述이거니와 이를 前後하여 많은 私法學者에 의한 個別的 論文이 또한 發表되 있다.

事實的 契約關係說에 대한 見解는 贊否兩論으로 對立하여 或者는 事實的 契約關係를 法的으로 認定하는 事實的 契約關係說은 現行法秩序 特히 法律行爲 및 契約原則의 沒落(Niedergang)을 意味할 뿐만 아니라 또 實際的 必要性이 없다고 非難하며[7] 反面 或者는 事實的 契約關係說은 意思의 合致라는 契約概念의 窮境으로부터의 解放(Befreiung)을 意味한다고 하여[8] 혹은 現代的 去來現象을 가장 適切하게 規律하는 槪念이라고 하여[9] 이를 讃揚하고 있다. 戰後 西獨聯邦裁判所(Bundesgerichtshof)도 後述하는 바와 같이 數個의 重要한 判決을 통하여 事實的 契約關係說의 理論을 實際的으로 適用하며 이를 支持하고 있으므로 이에 관한 問題는 이제 學說上의 論議로만 그칠수 없을 重大問題가 되고 있다.

Ⅱ. 事實的 契約關係論으로 把握되는 諸問題

事實的 契約關係說의 適用與否가 實際的으로 問題되는 것은 上述한바와 같이 集團的 契約關係와 繼續的 契約關係의 分野이다. 後者에 있어서는 특히 事實的 組合(faktische Gesellschaft)과 事實的 勞動關係(faktische Arbeitsverhältnisse)의 理論이 그 中心問題가 되며 學者에 따라서 이를 事實的 賃貸借關係(faktische Mietverhältnisse)의 경우에도 適用하려고 試圖하고 있다. 要컨대 이러한 諸問題가 事實的 契約關係說이라는 理論아래 다루어지는 理由는 集團的 契約關係에 있어서는 當事者의 事實的 行爲(tatsächliches Verhalten), 繼續的 契約關係에 있어서는 當事者의 事實的活動(tatsächliche Betätigung)이라는 事實에 基한 契約關係의 成立을 認定하려고 하는 점에 共通性이 있기 때문이다. 그러나 事實的 契約關係說의 適用與否에 대한 判斷은 實質的으로 問題되는 具體的인 各個의 契約의 特殊性을 基礎로 할 것

---

(4) Haupt, *Über faktische Vertragsverhältnisse, Festschrift für* Ho Siber, *auch Selbständig, 1941/1943.*

(5) Simtis, *Die faktischen Vertragsverhältnisse als Ausdruck der gewandelten sozialen Funktion des Privatrechts, 1957.*

(6) Siebert, *Faktische Vertragsverhältnisse, 1957.*

(7) Z. B. Enneccerus-Nipperdey, *Allgemeiner Teil des Bürgerlichen Rechts, 15. Aufl. 2. Halbband. 1960. S. 1013,* Enneccerus-Lehmann, *Recht der Schuldverhältnisse, 15. Bearb. 1958, S. 116, und NJW 1958, S. 1 ff.*

(8) Bärmonn, *a.a.O.S. 86.*

(9) Larenz, *Die Begründung von Schuldverhältnissen durch sozialtypisches Verhalten, NJW 1956, S. 1857.*

이라고 생각한다(10).

筆者는 以下 西獨에 있어서의 事實的 契約關係說을 學說判例를 中心으로 考察하고 우리 民法의 立場에서도 이를 考慮할 수 있겠느냐에 대한 若干의 檢討를 하여 보려고 한다. 다만 事實的 契約關係說에 대한 論議를 集團的 契約關係와 繼續的 契約關係의 分野로 나누어서 考察하기로 한다.

二. 集團的 契約의 分野에 있어서의 事實的 契約關係論

I. 集團的 契約關係의 特性

現代 國家에 있어서의 大部分의 國民은 電氣·까스·水道·鐵道·電車·市營뻐스事業等과 같은 保育行政에 의하여 生存配慮(Daseinvorsorge)(11)의 惠澤을 받고 있다. 특히 人口의 密度와 文化의 程度가 向上되면 될수록 保育行政을 통한 生存配慮의 範圍를 擴大시키는 國家行政의 課業은 强化되고 있다(12). 더우기 保育行政의 中心이 되는 上記事業等의 公企業利用關係(13)가 私法關係·公法關係中 그 어느 것에 屬하느냐에 대한 限界를 明白히 究明하는 것은 極히 困難한 問題이다(14). 그러나 他面 公企業利用關係가 明白히 私法的 性質을 띠어 私法的 法律關係에 屬한다 하더라도 債務關係形成의 私法的 手段으로서의 契約의 理論이 無修正適用될 수 있느냐는 또한 疑問視되고 있다(15). 그것은 公企業利用의 分野에 있어서의 法律關係는 무엇보다 私法自治의 原則에 의하여 支配되는 個人的 法律關係가 集團形式的 法律關係(Massenförmige Rechtsverhältnisse)(16)에 의하여 代置되어 集團的 契約으로서의 性格을 가지는데에 그 特色이 있기 때문이다. 이리하여 公企業利用關係에 있어서는 集團的 多數人은 누구나 公企業을 利用할 수 있으므로 集團性을 그 特色으로 하며 他面 이 不特定多數人을 相對로 迅速圓滑한 去來關係의 形成을 目的으로 利用權의 內容이 劃一定型化되어 있어 當事者는 實際로 自由意思에 基하여 契約內容을 折衝할 餘地가 없게 된다. 公企業利用關係의 集團的 規制의 必要性은 그러나 但只 契約內容의 定型化에 局限되지 않으며 그 以外에도 法律에 의하여 直接 또는 間接으로 當事者의 意思如何에 關係없이 一聯의 利用關係가 設

---

(10) So auch Siebert, a.a.O.S. *10*.

(11) *Siehe, dazu*, Forsthoff, *Die Verwaltung all leistungsträger, 1938, vgl. auch Hans J. Wolff, Verwaltungsrecht, 2. Aufl. 1958, S. 16. 79 ff.*

(12) Forsthoff, *Lehrbuch des Verwaltungtrechts, Bd. I. Allgm. Teil, 7. Aufl. 1958, S. 320 ff. auch Verfassungsprobleme des Sozialstaats 1954, S. 6 ff.*

(13) 普通 公企業利用關係라면 上記 事業等 以外에도 圖書館利用·國公立病院의 入院等도 包含되는 넓은 槪念이나, 事實的契約關係說에서 實際로 問題되는 公企業利用關係는 大體로 上記 事業等이 中心이 되고 있으므로 이곳에서의 公企業利用關係라는 用語는 이러한 事業을 眼中에 두고 쓰기로 한다.

(14) 金道昶·行政法論(下) 122面以下; Siebert, *Privatrecht in Bereich "öffentlicher Verwaltung, Festschrift für Niedermeyer, 1953, S. 219 ff.*

(15) 金道昶 前揭書 118面參照

(16) Siebert, *a. a. O. S. 14*.

定되는 利用强制 혹은 契約强制(Kontrahierungszwang)가 適用되는 점에 그 特徵이 있다[17]. 集團的 生活關係로서의 公企業利用關係가 가지는 以上과 같은 特性을 直視한다면 確實히 이 分野에 있어서는 當事者의 合意를 本體로 하는 本來의 契約槪念의 基礎가 되는 社會的 經濟的 法政策的 前提가 缺如되어 있다고 볼 수 있다. 從來의 契約理論을 修正하려는 事實的 契約關係說은 于先 이와 같은 集團的 契約關係의 特性을 重視하는데에서 出發하고 있다.

Ⅱ. 事實的 契約關係에 關한 獨逸의 學說 및 判例

1. 學說 이 領域에 있어서의 事實的 契約關係說의 提唱者인 Haupt 敎授는 그의 前揭著書에서 社會的 給付(soziale Leistung)[18]에 의한 事實的 契約關係의 理論을 展開하여 問題의 始發點을 提供했다. 그에 의하면 上述한바의 集團的 契約關係에 있어서는 當事者가 實際로 何等의 意思表示를 하지도 않으며 또 當事者에게 契約內容의 個別的 形成의 可能性이 賦與되어 있지도 않다. 따라서 所謂 社會的 給付關係(集團的 契約關係)에 있어서도 當事者에게 請約과 承諾이라는 意味의 雙方當事者의 合意가 있다고 보고 그 合意가 곧 法律關係의 發生原因이라고 하는 것은 實際的 生活現象을 恣意로 僞作하는 하나의 擬制的인 法構成的迂路(Rechtskonstruktiver Umweg)에 지나지 않는다. 그는 이리하여 社會的 給付關係에 있어서는 "當事者가 合意할 것이 全然 없으므로 契約은 空虛化된다"라고 主張하고 있다[19]. Haupt는 이와 같이 從來의 契約이 集團的 契約關係에 있어서는 適用될 수 없을 것임을 論證하고 나아가서 公企業利用關係에 있어서 當事者의 權利·義務를 發生케 하는 法的 基礎를 이루는 것은 當事者의 合意로서의 契約이 아니라 公企業施設의 事實的 提供과 事實的 利用이라는 事實的行爲인 것이라고 한다. 이 事實的 行爲는 따라서 法律關係를 形成하는 獨立된 法創設的 構成要件(Rechtsbegründender Tatbestand)[20]이다. 이리하여 Haupt는 當事者의 合意 以外에도 事實的 行爲에 基하여 契約關係가 發生한다고 主張하여 事實的 契約關係說을 提唱하였다. 이 理論의 實際的 適用을 具體的으로 例示하자면 公企業利用關係에 있어서 飮料水·電氣·까스等의 供給을 받는 事實, 汽車·電車·뻐스等 運送施設의 事實的 利用 즉 乘車의 事實, 使用料支給義務가 隨伴된 駐車場에의 駐車事實等의 諸事實만에 의하여 當事者의 具體的인 意思與否와는 關係없이 契約關係가 發生하는 것으로 된다.

Haupt의 事實的 契約關係說은 특히 Larenz 敎授에 의하여 支持를 받고 더욱 發展되었다[21].

---

(17) 金道昶 前揭書 116面 以下 參照; *auch* Siebert, *Festschrift, S. 232*; Hans J. Wolff, *a.a.O. S. 82 ff. bes. aber bei,* Nipperdey, *Kontrahierungszwang und diktierter Vertrag, 1920.*

(18) soziale Leistung (社會的 給付)이라는 用語는 결국 公企業利用關係에 있어서의 給付關係를 實質的인 意味로 表現하는 同一한 槪念이다.

(19) Haupt, *a.a.O. S. 23, unter anderem,* "Ein Vertrag......griffe ins Leers, weil es garnichts mehr zu vereinbaren gibt.".

(20) Haupt, *a.a.O. S. 29.*

(21) Larenz, *Lehrbuch des Schuldrechts 5. Aufl. I. S. 33 ff. auch Die Begründung von Schuldverhältnissen durch sozialtypisches Verhalten, NJW 1956, S. 1897 ff.*

Larenz 亦是 公企業利用關係와 같은 集團的 去來關係에 있어서는 給付의 事實的 提供과 事實的 利用이 當事者의 合意에 代置된다고 보며 事實的 行爲에 의한 契約關係의 成立을 認定하는 점 Haupt와 同一하다. Larenz에 하하면 특히 社會的 給付의 事實的 提供과 事實的 利用이라는 두個의 事實은 特定한 法律效果를 發生시키는 意思表示 自體는 아니나 그 行事가 가지는 社會類型的 意味(sozialtypische Bedeutung) 때문에 法律行爲와 꼭 같은 法的 效果를 發生시키는 것이다. 換言하면 社會的 給付의 利用關係에 法的 意味가 賦與되는 것은 行爲 속에 表現되는 法律行爲的 意思表示(rechtsgeschäftliche Willenserklärung) 때문이 아니라 給付의 事實的 利用이라는 現象이 社會類型的 行爲로서 받는 法的 價値判斷(rechtliche Wertung)에 있다고 한다. 그리하여 一般的인 法的 確信의 表現인 去來의 通念에 의하여 行爲가 가지는 社會的 價値가 利用 關係를 形成한다고 主張한다. 實로 이 社會類型的行爲라는 用語와 槪念構成은 Larenz에 의하여 이루어진 것이다. 그는 이러한 獨特한 理論의 具體的 適用의 例示로서 電車, 뻐스, 渡船等 公共的인 運送施設의 利用에 있어서 利用者가 事前에 乘車券 또는 乘船券을 購買치 않고 단순히 乘車 또는 乘船하는 것은 이에 該當한다고 한다.

Larenz의 社會類型的 行爲에 의한 事實的 契約說은 Esser 敎授에 의해서 또한 支持를 받고 있다[22]. Esser 亦是 集團的 法律關係는 當事者의 法律行爲的 意思表示 때문에가 아니라 標準化된 給付(standarisierte Leistung)의 事實的利用 때문에 發生한다고 한다. 그 以外에 Bärmann 敎授도 이를 支持하고 있으며[23] Wieacker 敎授 亦是 "合意에 의하지 않은 債務關係(Leistungsbeziehungen ohne Vereinbarung)[24]라는 論述中에서 이를 따르고 있으며 Simitis 敎授도 또한 이 學說을 支持하고 있다[25].

事實的 契約關係說은 이와 같이 有力한 私法學者들의 支持를 받고 또한 戰後 西獨聯邦裁判所가 後述하는 바와 같이 이를 따르고 있으나 他面 이에 反對하는 學者도 적지 않다. Nipperdey[26], Lehmann[27], Siebert[28] 諸敎授가 이를 代表한다. 특히 Nipperdey 敎授의 見解에 의하면 事實的 契約關係說은 결국 現行法에 背馳되며 또 實際的 必要性도 없는 無用한 理論이다[29]. 이들 反對說의 根據를 要約하면 다음과 같다.

첫째, 公企業의 利用關係에 있어서는 當事者의 法律行爲的 意思表示가 缺如되어 있다는 事實的 契約關係說의 前提는 잘못이다. 왜냐하면 實際에 있어서 公企業의 利用者는 給付의

(22) Esser, *Schuldrecht*, *2. Aufl. 1960*, *S 10*, *4*, *6*, *aber auch*, *Gedanken zur Dogmatik der faktischen Schuldverhältnisse*, *AcP* 1157 S. 86 *ff*.
(23) Bärmann, *Typisierte Zivilrechtsordnung der Daseinvorsorge*, *1948*.
(24) Wieacker, *Leistungsbeziehungen ohne Vereinbarung*, *ZAKDR 1943 S. 33 ff*.
(25) Simitis, *a. a. O. S. 463 ff*.
(26) Enneccerus-Nipperdey, *S. 1013 ff. auch Faktische Vertragsverhältnisse? MDR* 1959 *S.* 129.
(27) Enneccerus-Lehmann, *S. 116 ff. auch NJW* 1958, *S. 1 ff*.
(28) Siebent, *a. a. O. bes. S. 19 ff*.
(29) Enneccerus-Nipperdey, *14. Aufl. S.* 697, *MDR*, 1937, 129.

利用을 통하여 企業主와 法律關係를 形成하려는 意思表示를 明白히 하는 것이며 給付의 事實的 利用은 다름아닌 承諾의 意思表示이다. 따라서 現行民法의 契約理論으로 充分히 解決可能한 問題를 解決키 위하여 民法이 豫定치 않은 契約概念을 意味하는 事實的 契約關係說은 現行法에 背馳되는 理論이다.

둘째, 公企業利用者가 미리 明示的인 意思表示로써 契約締結을 拒絕한 경우(後述判例)에는 그 行爲는 信義誠實의 原則에 反하여 특히 考慮될 수 없는 抗辯(protestatio facto contraria)에 屬한다.

셋째, 事實的 契約關係說을 援用하여 利用者의 意思와는 關係없이 正常的 料金의 支拂原因을 賦與하는데에 그 實益이 있다고 하나 반드시 事實的 契約關係說을 驅使치 않아도 不當利得에 基한 返還請求權에 의하여 能히 解決 可能한 問題이므로 實際的 根據가 없다.

2. **判例** 最近 西獨 聯邦裁判所(Bundesgerichtshof)는 集團的 法律關係에 屬하는 數個의 事例를 통하여 事實的 契約關係說을 支持하고 이를 實際로 適用하고 있다.

첫째의 事例[30]에 있어서는 被告인 企業家는 原告인 電氣事業者와의 特別契約에 依據하여 有利한 特別價格으로 電氣의 供給을 받고 있었다. 契約의 期限이 經過하자 原告는 被告와의 새로운 特別契約의 締結을 拒絕하였다. 被告는 그럼에도 不拘하고 原告에게 一般的인 電氣料金은 自己를 拘束하는 것이 아니라는 意思를 表明한 以後 電氣供給을 繼續 받았던 事例에 대하여 戰前 獨逸大審院(Reichsgericht)은 電氣의 受給者인 被告는 그의 異議에도 不拘하고 繼續的으로 電氣를 受給하였으므로 原告인 電氣事業者에 의하여 定해진 價格에 拘束을 받는 것이며 따라서 被告는 通常的인 一般電氣料金의 支拂義務가 있다고 判示하였다. 學者는 이 事例가 곧 事實的 契約關係說을 適用한 最初의 判決이라고 指摘하고 있다[31].

둘째의 事例는 1956年 7月 14日 西獨 聯邦裁判所에 의하여 判決된 事件이다[32]. 俗稱 駐車場事件(Parkplatzfall)이라고도 불리는 當事件에 있어서 被告인 自動車主는 有償駐車場이라고 明示된 使用人의 監視下에 있는 駐車場에 駐車를 시켜 놓고 原告인 駐車企業者의 使用人에게 누구나 公共團體의 公的 場所를 共同使用할 權利가 있으므로 自己는 駐車의 權利가 있다고 말하는 한편 車體의 監視를 拒絕하고 그 대신 駐車料金을 支拂하지 않겠다는 意思를 事前에 明白히 表明했다. 當事件에 대하여 聯邦裁判所는 Haupt와 Larenz의 理論을 適用하여 上記와 같은 경우에는 社會類型的 行爲에 의하여 事實的으로 契約關係가 發生하는 것임을 是認하고 被告가 有償駐車場에 駐車를 했다는 事實 自體에 의하여 이미 契約的 法律關係(Vertragliches Rechtsverhältnis)가 發生된 것이며 被告의 內部的 外部的 意思는 아무런 效果

(30) RGZ *111*, S. *310*; auch bei Larenz, S. *33*—*34*.
(31) Larenz, *Lehrbuch*, *S. 33*.
(32) BGHZ *21*, S. *319*=JZ *1957* S. 58 ff.

를 發生시키는 것이 아니므로 駐車料金을 支拂할 義務가 있다고 判示했다. 聯邦裁判所는 當該事件에 대하여 異議없이 合致되는 當事者의 法律行爲的 意思表示가 缺如되어 있으므로 本來의 意味의 契約締結이 있다고 할 수 없으며 또 被告의 駐車料支拂義務를 不法行爲 乃至 不當利得에 依據케 함은 當該事件에 비추어 合當치 않다는 所信을 아울러 披瀝하고 있다. 이를 뒤이어 聯邦裁判所는 再次 上記한 電氣供給事件과 類似한 事例에 대한 判決을 통하여[33] 社會類型的 行爲가 債務關係의 發生原因이 된다는 見解를 表明하고 있다.

Ⅲ. 結　　言

當事者의 合意에 의한 契約類型 以外에도 事實的 行爲에 基한 새로운 契約 類型을 認定하려는 事實的 契約關係說은 現行法에 그 直接的인 根據를 두고 있는 것이 아닐뿐만 아니라 또 必然的으로 從來의 契約理論에 대한 本質的인 變更을 意味하는 것이므로 愼重히 다룰 問題이다. 事實的 契約關係說은 法的 安全性의 理想에 反하므로 이를 認定할 것이 아니라는 反對論者의 一般的 批判은 이런 意味에서 理解가 될 수 있다. 그러나 他面 契約의 當事者를 對等한 人格者로 보며 그들의 生活關係를 自由意思에 基하여 決定케 할 것이라는 契約 自由의 原則이 中心的 要素가 되는 從來의 契約 乃至 法律行爲 理論이 特殊한 生活關係를 規律함에 벌써 固守될 수 없는 理論임이 밝혀질 때에는 새로운 法原則을 통하여 이를 補正 또는 代置하여야 할 것은 法發展의 當然한 歸結이라 하겠다. 그러므로 결국 事實的 契約關係說의 認定與否는 現行法의 解決으로도 從來의 法律行爲 또는 契約理論의 本質을 廢棄함이 없이 集團形式的 構造를 가지는 生存配慮의 給付關係를 充分히 規律可能할 것인가라는 問題에 歸着한다. 從來의 契約理論을 修正하려는 事實的 契約關係說이 實際的 生活觀念에도 合當하며 또 이를 認定할 實際的 根據가 充分히 있다면 이 새로운 理論을 우리 民法의 理論으로도 認定하여 無妨하리라고 生覺한다. 事實的 契約關係說은 確實히 正當한 根據에 立脚하고 있으며 實際的인 生活觀念에도 가장 適合할 뿐만 아니라 또한 具體的인 諸問題를 解決하는데 훌륭한 解決方法을 提示하는 理論이라고 生覺된다. 그러므로 筆者는 이에 贊同하고 싶다. 以下 西獨의 判例·學說에 의하여 支持되는 事實的 契約關係說이 果然 正當한 根據를 가진 實益이 있는 理論인가를 實際的으로 問題될 수 있는 몇가지 境遇를 나누어서 考察하기로 한다. 다만 이곳에서도 一般的으로 學者들이 例示하는 運送施設의 利用가운데에서 뻐스의 乘車行爲를 例로서 引用하기로 한다.

누차 言及한 바와 같이 集團的 去來關係로서의 公企業利用關係의 實際를 본다면 個個의 利用者는 但只 法令·條例·公企業規則에 의하여 劃一的으로 定型化된 社會的 給付의 利用을 통하여 利益을 받음에 그치며 自己의 特殊한 希望과 自由意思에 따라서 利用 關係의 內

(33) BGHZ NJW *1957* S. *627*.

容을 形成할 可能性이 全혀 없다. 이와 같은 事情은 公企業主體者側에 있어서도 마찬가지이다. 즉 公企業經營者는 社會公共의 利益을 위하여 公企業施設의 利用을 承諾할 利用許容義務(例컨대 自動車運輸事業法 12條, 24條) 또는 企業經營業務(例컨대 自動車運輸事業法 7條, 24條)가 있을 뿐만 아니라 行政官廳에 의한 一聯의 監督統制에 服從할 義務가 있으므로 自由意思에 基하여 利用關係를 形成하는 것이 不可能하다. 의와 같이 集團的 去來의 領域에 있어서는 當事者에게 그 自由 意思에 基한 法律關係의 形成可能性이 剝奪되어 있으므로 契約自由의 原則이 適用될 餘地가 없다. 따라서 이 分野에 있어서는 契約 一般論 및 法律行爲의 中心的 要素인 意思表示에 關한 理論은 이미 그 重要性을 喪失하고 있다고 볼 수 있다. 왜냐하면 契約自由의 原則을 主眼으로 함으로써만 비로서 契約의 成立, 意思表示의 缺陷 및 瑕疵 또는 行爲能力에 관한 民法의 詳細한 規定이 그 意義가 있는 것이기 때문이다. 또한 集團的 去來關係의 實際를 보아도 具體的인 各 境遇에 利用者의 意思의 欠缺 및 瑕疵 또는 行爲能力의 制限等의 理由로 利用行爲가 無效 혹은 取消되는 것이 許容된다면 迅速圓滑한 去來關係의 形成을 生命으로 하는 集團的 去來關係는 破綻을 免치 못하며 또 實際的으로 甚히 不當한 結果가 될 것이다. 그러므로 民法의 意思表示에 關한 諸規定은 公企業의 利用關係를 規律함에는 合當치 않은 것이라고 볼 수 밖에 없다. 이러한 意味에서 公企業利用關係와 같은 集團的 生活關係에 있어서는 意思의 欠缺 및 瑕疵 또는 行爲能力의 制限에 관한 民法의 諸規定의 適用을 排除하려는 것에 目的을 두고 있는 事實的 契約關係說은 集團的 去來關係의 實態를 가장 올바르게 把握하고 있을 뿐만 아니라 그 政策的 또는 實際的 根據가 充分히 있는 것이라고 하겠다.

事實的 契約關係說을 否認하려는 獨逸의 學者는 한결 같이 集團的 契約의 分野에 있어도 當事者의 意思의 合致를 意味하는 請約과 承諾에 의하여 契約이 締結되는 것이라는 理論을 固執한다[34]. Siebert에 의하면 一般的으로 公企業利用者 例컨대 뻐스의 利用者는 自己의 行爲가 招來할 法律的 經濟的 結果를 意識하고 있으며 따라서 一定한 行爲의 結果를 發生시킬 意思 즉 效果意思를 가진다고 보는 것이 社會通念에 맞는다[35]. Nipperdey에 의하면 다시 電車의 乘用者는 法的으로 意味있는 意思表示를 한다는 것을 意識하고 있으며 意思表示를 하려고 意欲하며 또한 實際로 意思表示를 한다[36]. 事實的 契約關係說도 또한 集團的 契約의 分野에 있어서 請約과 承諾에 의한 契約이 成立하는 것을 全然否定하는 것이 아님은 上述한 바와 같다. 즉 上記 例에서 뻐스의 利用者가 事前에 乘車券을 購買하고 乘車하는 境遇에는 契約은 이미 乘車券의 購買時에 成立했다고 볼 것이며 事後의 乘車行爲는 단순히 締結된 契

(34) Siebert, *a. a. O. S.* 22; Lehmann, NJW 1958, *S.* Enneccerus-Nipperdey, *S.* 1015 *ff.* Enneccerus-Lehmann, *S. 117—118.*

(35) Siebert, *a. a. O. S. 24.*

(36) Enneccerus-Nipperdey, *4. Aufl. S.* 659,

約內容의 實行이라고 볼 것이기 때문이다[37]. 事實的 契約關係說이 問題視하는 뻐스의 乘車行爲는 事前에 乘車券을 購買치 않고 단순히 乘車하는 境遇에 該當한다.

그러나 생각컨데 事前에 乘車券을 購買치 않고 단순히 乘車하는 乘用者의 行爲를 承諾의 意思表示라고 보는 것은 오히려 社會通念에 맞지 않는다고 볼 것이다. 運送業經營의 實際는 그 利用條件에 관한 當事者의 明示的 또는 默示的 合意를 前提로 하지 않고 누구나 이를 事實的으로 利用할 수 있도록 事實的으로 提供되어 있을 다름이며 利用者는 다만 이 企業施設을 利用하는가 아니 하는가의 選擇을 가질 뿐이다. 例컨데 뻐스의 利用者가 그의 選擇에 따라서 뻐스를 利用할 境遇에도 利用者는 一般的으로는 이를 利用하여 目的地에 이르겠다는 意思를 가지는 것에 不過할 것이며 事前에 그 利用條件에 관하여 企業者와 따로히 契約을 締結하려는 意思는 없는 것이라고 보는 것이 實情에 맞는다. 그러므로 「電車의 乘車者는 原則的으로 意思表示를 하려고 하지도 않으며 또 實際로 意思表示를 하는 것이 아니다」라는 Larenz의 斷定은 至當한 것이라 하겠다[38]. 勿論 뻐스 또는 有償駐車場의 利用者는 默示的 또는 推斷的 行爲(schlüssiges Verhalten)를 통하여 企業主에 의하여 定型化된 企業條件에 順應하려는 請約에 대한 承諾의 意思表示를 하는 것이라고 볼수도 있을 것이다. 그러나 利用者가 有償駐車場임을 아지 못하고 駐車를 하는 것과 같이 外形的인 行爲에 의하여 推斷되는 內心의 意思가 전혀 缺如되어 있거나 또는 上記 獨逸判例에 있어서와 같이 利用者가 事前에 明示的인 意思表示로써 契約의 締結을 否認하는 反對的見解를 表明했을 때에는 벌써 默示 또는 推斷行爲에 의한 契約이 成立되었다고는 볼 수 없다[39]. 이런 경우에도 事實的 契約關係說의 反對論者는 利用者의 異議는 그 異議와 隨伴된 事實的 行爲에 反하는 抗辯(protestatio facto contraria)으로써 考慮의 價値가 없고 따라서 信義誠實의 原則에 反하므로 契約은 의연히 法律行爲에 의하여 成立된다고 主張한다. 그러나 이들 理論의 根據는 결국 意思表示로서의 價値를 가지는 事實的 行爲가 契約成立에 重要한 意義를 가지는 것이지 具體的인 當事當의 意思如否가 契約成立에 影響을 주는 것이 아님을 自認하고 있는 것이며 오히려 具體的인 當事者의 意思와는 關係없이 事實的 行爲가 가지는 意思表示로서의 價値 혹은 社會類型的 意味 때문에 事實的 行爲로 因한 契約關係의 成立을 認定하려는 事實的 契約關係說의 뒷바침을 하고 있는 것이라고 볼 수 있다.

上記例에 있어서와 같이 料金支拂義務가 있는 有償駐車場임을 아지 못하고 駐車場을 利用한 者에게는 法律行爲에 의하여 一定한 效果를 發生시키려는 內心의 意思가 완전히 缺如되어 있다. 즉 이 境遇에는 一定한 效果意思를 推斷케 하는 外形的 行爲는 있으나 利用者가

(37) Larenz, *Lehrbuch*, *S.* 36.

(38) Larenz, NJW. *1956*, *S. 1898*; *Lehrbuch*, *S. 36*, "Wer in die Bahn einsteigt, Will in der Regel nichts erklärend erklärt auch nichts."

(39) So auch, Larenz, *Lehrbuch S. 34*.

全然 表示意思와 效果意思를 가지지 아니하므로 意思表示의 主觀的 要素가 缺如되어 있다. 이런 行爲까지도 默示的 또는 推斷的인 法律行爲라고 보려는 反對論의 立場을 取한다면 駐車場의 利用者는 적어도 有償駐車場임을 알지 못함에 重大한 過失이 없는 限 錯誤를 理由로 (民法 109條) 法律行爲를 取消할 수 있다고 보아야 할 것이다. 또한 有償駐車場의 利用者가 明示的인 異議를 提出하였음에도 不拘하고 法律行爲에 의하여 契約이 成立됨을 認定하려는 立場에 선다면 利用者는 錯誤를 理由로 法律行爲를 取消할 수 있다고 보아야 할 것임은 上述한 境遇와 꼭 같다 하겠다. 그러나 이것은 迅速圓滑한 去來關係의 形成과 去來의 安全을 理想으로 하는 集團的 契約關係에 있어서는 容納될 수 없는 것으로 結果的으로 甚히 不當한 것임은 말할것도 없다. 勿論 現行民法의 錯誤에 관한 規定을 制限適用함으로써 同一한 結果에 達할 수 있는 것을 否定하는 것은 아니다. 去來安全을 保護할 利益이 表意者個人을 保護할 利益에 越等하게 優位에 설 때에는 表意者個人의 保護를 主目的으로 하는 民法의 諸規定을 適用되지 않는 것으로 보는 見解[40]를 따라서 集團的契約關係에 있어서는 個個의 利用者가 錯誤를 理由로 그 法律行爲를 取消할 수 없다는 原則에 達할 수도 있을 것이기 때문이다.

詐欺와 强迫(民法 110條)의 境遇에도 또한 問題이다. 결국 摩擦없는 集團的 去來를 保護할 利益과 瑕疵있는 表意者를 保護할 利益과의 比較에서 決定지을 問題이다. 생각컨데 그 境遇에도 集團的 去來의 安定을 保護할 理想이 의연히 瑕疵 있는 表意者 個人의 利益을 保護할 理想에 앞서는 것이라고 볼 것이다. 그러나 實際로 公企業利用關係에 있어서 利用者나 企業主가 詐欺 또는 强迫行爲를 하는 일은 大體로 없을 것이며 第三者에 의한 詐欺, 强迫의 境遇에도 相對方이 이를 알았거나 또는 알 수 있었을 境遇가 거의 없을 것이므로 別로 問題가 되지 않을 것 같다.

그러나 事實的 契約關係說에 의하면 이 모든 問題는 簡單, 明瞭하게 解決된다. 즉 이 學說에 의하면 契約은 事實的인 利用提供과 事實的인 利用이라는 社會類型的 意味를 가진 두個의 符合되는 事實에 基하여 當事者의 具體的인 內心의 意思與否와는 關係없이 成立되는 것이므로 意思의 欠缺 및 瑕疵에 관한 民法의 諸規定은 適用될 餘地가 없다. 따라서 上記例의 境遇에 있어서는 當事者의 事實的 行爲에 基하여 契約이 締結된 것이라고 보므로써 모든 問題는 簡單하게 解決된다. 그러나 事實的 契約關係說의 反對論者는 上記 判例와 같은 境遇에도 默示的 또는 推斷的 行爲에 의하여 法律行爲에 의한 契約이 成立되는 것으로 보고 이를 說明키 위해 protestatio facto contraria等 難解한 原則을 適用하려고 하는 한便 意思의 欠缺 및 瑕疵에 關한 民法의 諸規定의 適用範圍와 그 根據에 대해서도 아직도 석연치 못한 立場을 取하고 있다. 따라서 集團的 契約關係의 特性을 正確히 把握하고 이에 適合한 簡

(40) 金曾漢・安二濬 民法總則 309面 參照; *vgl. auch*, Siebert, *a. a. O. S. 25 ff.*

明한 解決方法을 提示하는 事實的 契約關係說의 優秀性의 一面은 바로 이곳에서도 表現되어 있다 하겠다. Lehmann은 例컨데 運送 施設의 利用者가 錯誤로 因하여 잘 모르고 다른 車를 乘車하고 있었던 때에는 料金을 支拂함이 없이 下車할 수 있는 것이 오히려 正義感情에 맞는다고 主張하여[41] 公企業利用關係에 있어서도 錯誤로 因한 法律行爲는 取消할 수 있다는 見解를 가지고 있으나 이것은 確實히 公企業利用關係의 實態를 正確히 把握치 못하는 所致라고 생각한다.

公企業利用關係에 있어서 다음으로 問題가 되는 것은 行爲無能力者의 利用行爲이다. 즉 無能力者保護에 관한 民法의 諸規定은 이 곳에서도 無制限 適用되느냐의 問題이다. 勿論 公企業利用關係를 規律하는 特別法이 利用者의 行爲能力을 擬制하는 明文의 規定을 둔 때에는 이에 따를 것이므로 別로 問題가 되지 않는다. 無能力者의 郵便利用行爲를 能力者의 行爲로 보고(郵便法 10條, 電氣通信法 12條), 成規의 節次를 밟아 郵便物을 交付한 때에는 正當한 交付로 보는 것(郵便法 14條)等은 이에 屬한다. 또한 뻐스 또는 合乘旅客自動車 運送事業者는 旅客이 同伴하는 六歲 未滿의 小兒 1人은 無賃으로 運送하여야 하므로(自動車運輸事業法 20條) 無能力者의 뻐스利用行爲가 本條에 該當될 때에는 實際的으로 問題가 되지 않을 것이다. 그러나 이와 같은 特別規定이 없는 境遇에도 事實的 契約關係說에 의하면 問題解決은 簡單하다. 왜냐하면 이 學說은 公企業利用者의 行爲能力의 有無과는 關係없이 契約이 成立되는 것으로 보기 때문이다. 다만 Larenz는 利用者가 行爲能力을 가질 必要는 없으나 行爲의 社會類型的 意味를 辨識할 自然的 能力(Fähigheit der Einsicht in die sozialtypische Bedeutung des Verhaltens)을 가질 것은 必要하다고 보며 이런 自然的 能力조차 缺如될 때에는 事實的 契約關係說의 適用을 拒否한다. 그러나 그의 說明에 의하면 六歲의 小兒라 할지라도 運送施設을 利用함에는 料金을 支拂해야 한다는 그러한 自然的 辨識力은 가지고 있는 것이라고 한다[42].

事實的 契約關係說을 認定하지 않는 立場에 있는 獨逸 學者間에는 이 問題를 說明함에 있어서 區區한 見解가 對立되고 있다. Siebert에 의하면 우선 利用者의 無能力을 相對方이 認識하고 契約締結을 拒絕하면 될 것이고 또 法定代理人의 追認(§ 108 Abs. 1 BGB), 處分이 許諾된 財産의 外分(所謂 Taschengeldparagraph, § 110 BGB), 許諾된 營業行爲(§ 112 BGB) 許諾된 勞務行爲(§ 113 BGB)等의 規定이 適用되는 境遇가 많을 것이므로 別 問題가 없다고 斷定한다[43]. Nipperdey는 公企業利用者에게 意思의 欠缺 또는 無能力의 事由가 存在할 때에도 事實的 契約關係說이 이를 考慮치 않고 一律的으로 取扱하여 契約成立을 認定하는 것은 不當하다고 非難하고 無能力者保護에 관한 民法의 諸規定은 公企業利用關係에 있어서도

(41) Lehmann, NJW 1958, *S. 5.*
(42) Larenz, *Lehrbuch, S. 35.*
(43) Siebert, *a. a. o. S. 36.*

原則的으로 適用해야 할 것이라고 한다[44]. Lehmann은 未成年者가 法定代理人의 同意없이 運送施設을 利用한 뒤 法定代理人이 이를 追認하는 것을 拒絕하는 것은 이미 發生한 利得을 遡及的으로 無效化할 수 없으므로 信義誠實의 原則에 違反되며 따라서 追認을 拒絕할 수 없는 結果가 된다고 主張하여 事實的 契約關係說과 同一한 結論에 到達한다[45]. 그러나 구태어 그런 結果에 達하기 위하여 信義則違反의 原則을 援用할 必要까지는 없을 것이다.

생각컨대 公企業利用者에게 意思의 欠缺 및 瑕疵가 있는 境遇에도 集團的 去來安全의 保護利益이 表意者 個人의 保護利益에 優先한다는 見解는 公企業利用者가 無能力者인 境遇에도 마찬가지라고 볼 수 있다. 萬一 利用者 個人의 行爲能力이 없음을 理由로 個個의 境遇이를 取消할 수 있다면 集團的인 經濟去來關係의 緊密한 結合은 破綻을 가져오며 顯著히 不當한 結果가 될 것이다. 따라서 集團的 去來關係에 있어서는 無能力者 個人을 保護할 利益보다 一般去來의 安全을 保護할 利益이 앞서는 것이므로 無能力者保護에 관한 民法의 諸規定은 適用되지 않는 것이라고 봄이 結果的으로 妥當하다[46]. 그러므로 事實的 契約關係說이 이를 簡單하게 解決할 수 있는 方法을 提示한 것은 큰 功績이라 하겠다. Larenz는 無能力者라 할지라도 自然的 辨識力이 없는 때에는 事實的 契約關係說의 適用을 排除할 것이라고 하는 점은 上述한 바와 같거니와 구태어 이를 區別할 必要가 없다고 할 것이다. 獨逸 民法에 의하면 七歲以下의 無能力者의 行爲는 絕對的 無效이므로 (§104 I. BGB) 이를 考慮하려는 것에 그 趣旨가 있는 것 같으나 우리 民法의 理論으로서는 이를 特別히 區別할 理由가 없다고 생각한다.

끝으로 事實的 契約關係를 認定하는 것이 公序良俗 또는 强行法規에 違反될 때에는 事實的 契約關係說을 適用할 것이 아니다. 그것은 事實的 契約關係도 法秩序가 許容하는 限度에서만 認定되어야 할 것이기 때문이다. 例컨대 定型化된 公企業利用에 대한 代價로서의 料金이 社會經濟的 事情과 顯著히 均衡을 잃고 甚히 不當한 것일때에는 事實的 契約關係說을 適用하여 이를 保護할 것이 아니다.

三. 繼續的契約의 分野에 있어서의 事實的 契約關係論

I. 繼續的 契約關係의 特色과 事實的 契約關係論의 問題點

現行法上의 契約 및 法律行爲의 一般法理는 集團的 去來關係로서의 公企業利用 關係에 있어서는 固守될 수 없는 理論이며 他面 事實的 契約關係說은 正當한 根據를 가진 考慮의 價値가 있는 훌륭한 理論임을 위에서 考察하였거니와 이와 類似한 現象은 所謂 繼續的 契約關

(44) Enneccerus-Nipperdey, *S. 1018–1019.*
(45) Lehmann, *NJW 1958, S. 5.*
(46) 金曾漢・安二濬 民法總則 91面 參照.

係의 分野에 있어서도 露呈되어 있다.

本來 繼續的契約이라는 概念은 民法이 明言하고 있는 것은 아니나 雇傭·組合·賃貸借等과 같은 一聯의 債權契約은 繼續的 要素(Dauerelement)를 가지며, 當事者間에 緊密한 信賴關係를 中心으로 하나의 共同關係(Gemeinschaftsverhältnis)가 形成되는 점에 그 特色이 있으므로 學者는 從前부터 이를 繼續的 契約의 概念으로 把握하여 單純한 債權契約과는 別個의 取扱을 하고 있다. 繼續的 契約의 理論을 確立한 Otto v. Gierke는 繼續的 契約의 機能을 說明함에 있어서 이는 單純한 債權契約에 있어서와 같이 財貨의 交換手段(Güteraustausch)에 그치지 않고 獨立된 支配關係(Mactuerhältnisse)를 形成시키며 또 이 狀態를 維持함에 特色이 있다고 하여 繼續的 契約關係에 있어서의 狀態維持의 保護(Schutz der Bestandfestigkeit)를 强調하고 있다. Gierke는 다시 이 理論에 立脚하여 繼續的 契約關係의 解消方法(Auflösungsmittel)은 原則的으로 解止通告(Kündigung)에 限한다고 主張하였다[47] Gschnitzer는 다시 나아가서 繼續的 契約의 領域에는 取消의 遡及效와 解除가 適用되지 않으며 解止만이 唯一한 解消方法이라고 宣明했다[48] 日本의 學者中에도 이와 類似히 債權契約을 機能的으로 分類하여 「交換的 機能」의 債權契約과 「支配的 機能」의 債權契約의 二形態로 區別하는 傾向은 이미 오래 前부터 存在한다.[49] 이와 같이 特殊한 性格과 機能을 가진 繼續的 契約關係에 있어서의 狀態保護의 必要性을 各國의 立法例가 한결 같이 繼續的 契約關係의 解消方法으로 解止를 原則으로 하는 것에 단적으로 表現되어 있다.

그러나 繼續的 契約도 契約基礎에 缺陷이 存在하는 때에는 無效·取消가 되며 契約의 效果가 發生하지 않거나 혹은 取消權의 行使로 遡及的으로 效力을 喪失하게 됨은 勿論이다. 繼續的 契約이 履行 또는 實現되기 以前에 契約 基礎에 缺陷이 있을 때에는 無效, 取消의 一般原則을 適用하여 이를 遡及的으로 失效케 할 수 있는 것은 疑問의 餘地가 없다. 그러나 例컨대 賃貸借契約에 있어서 目的物의 交付, 雇傭契約에 있어서 勞務의 提供, 組合契約에 있어서 組合의 活動開始等 이미 契約內容이 履行된 後에도 當事者의 法律關係를 遡及的으로 失效케 할 수 있다면 이는 確實히 繼續的 契約의 狀態維持의 保護理想에 反하는 것이라 할 수 있다. 그것은 繼續的 債權關係의 特性으로 보아 事實的으로 實現된 部分을 法律的으로 認定할 必要性(de jure Anerkennung des de facto ahwickelten Teiles)[50] 이 存在하기 때문이다. 繼續的 契約의 基礎에 瑕疵가 있는 境遇에도 當事者는 이미 契約이 有效하리라는 信賴下에 事實의 生活關係를 形成하고 있는 것이며 이를 遡及的으로 失效케 한다면 當事者 또는

(47) Otto v. Gierke, *Dauernde Schuldverhältnisse*, Jherings Jb. Bd. 64 S. 355 ff; auch Siebert, a. a. O. S. 49.

(48) Gschnitzer, *Die Kündigung auch deutschen und österreichischem Recht*, Jberings *Jb. Bd. 76 S. 317 ff, auch Siebert, a. a. O. S. 49.*

(49) 石田文次郎, 契約の 基礎理論 44 面 以下 參照

(50) Esser, *Lehrbuch, S. 35.*

第三者의 利益뿐만 아니라 社會經濟的 見地에서 보아도 甚히 不當한 結果가 될 것이기 때문이다. 그 뿐만 아니라 이미 實現된 契約關係를 無效·取消의 效果로서 不當利得에 基한 返還請求權을 基礎로 決濟케 하는 것은 많은 경우 不可能 또는 不適當하게 된다. 繼續的 債權關係에 있어서의 狀態維持의 理想을 貫徹하기 위하여 獨逸의 學者는 이미 오래 前부터 無效·取消의 一般原則의 適用을 이 分野에 있어서는 排除 또는 制限하려는 理論構成에 關心이 集中되고 있다. 事實的 契約關係說은 바로 이러한 要請에 應한 解決方法을 提示하기 위한 새로운 理論으로서 要컨대 事實上 이미 成立된 契約關係는 法律上 有效한 契約關係가 存在하는 것과 같은 取扱을 하여 事實的 行爲에 의한 契約의 成立을 認定하고 無效 取消에 의한 遡及效의 效力을 否認 乃至 制限하려고 한다. 다만 이것은 繼續的 債權關係의 모든 境遇에 該當되는 理論으로서 아직 確立된 理論은 아니며 大體로 學者는 事實的 組合(會社)과 勞動契約의 境遇에 局限하여 理論을 構成하고 이를 다른 繼續的 債權關係 특히 賃貸借契約에 類推適用할 것을 示唆하고 있는 程度이다. 以下 所謂 事實的 組合, 事實的 勞動關係, 事實的 賃貸借關係의 理論을 各各 나누어서 考察하고 이에 대하여 綜合的 判斷을 하고저 한다.

Ⅱ. 事實的 組合論(faktische Gesellschaft)

1. 槪觀 獨逸商法은 우리商法(商法 184條 乃至 194條 및 328條)라는 달리 合名會社(offene Handelsgesellschaft)와 合資會社(Kommanditgesellschaft)의 경우에는 會社設立의 無效·取消의 訴를 認定하지 않고 있다. 따라서 現行法上 이들 會社의 設立契約 또는 民法上의 組合契約에 瑕疵가 있을 때에는 獨民法 116條以下의 規定에 의하여 無效 또는 取消할 수 있게 된다. 그러나 會社設立契約 또는 組合契約에 瑕疵가 있는 경우에도 契約이 이미 履行되어 그 內部的·外部的 關係에 있어서 會社 또는 組合으로서의 構造가 實現된 以後에도(例컨대 出資義務의 履行, 組合財産의 形成, 第三者와의 契約締結等) 이를 無效·取消의 一般法理에 의하여 遡及的으로 失效化하는 것이 許容된 다면 繼續的 契約의 狀態維持의 利益과 이들 會社나 組合을 相對로 法律行爲를 한 第三者의 利益 즉 去來安全의 利益은 保護되지 못하는 不當한 結果가 된다. 獨逸商法은 株式會社(§ 195, § 216 ff. AktG.) 有限會社(§ 7 ff. GmbHG.), 産業組合(§ 51, § 94 ff. Gen. G.)의 경우에는 會社設立行爲에 瑕疵가 있는 때에도 去來의 安全과 旣存狀態保護의 理想에 立脚하여 但只 會社設立의 無效·取消의 訴를 提起케 하고 그 確定判決을 통해서만 會社를 將來에 대한 關係에 있어서 解散할 수 있는 것으로 하고 旣往의 關係에 있어서는 會社가 마치 有效하게 成立한 것처럼 取扱하여 無效·取消의 效果에 대한 特別取扱을 하고 있다. 우리나라의 學者들도 이와 같은 會社를 「事實上의 會社」라고 부르고 理論構成을 하고 있다.[51] 獨逸에 있어서의 事實的組合說(faktische Gesel-

---

(51) 徐燉珏, 商法講義(上卷), 325面 以下, 鄭熙喆著 新商法大意(全) 84面 參照.

lschaft)[52]은 會社設立의 無效·取消의 訴가 現行法上 認定되지 않는 合名會社·合資會社의 경우와 民法上組合의 경우에도 이미 會社 또는 組合으로서의 活動을 開始한 以後에는 無效·取消의 一般原則을 適用하므로써 遡及的으로 失效케 됨을 否定하고 既往의 關係에 있어서는 有效한 會社 또는 組合關係가 存在하는 것으로 보며 合資會社 및 合名會社는 解散의 訴(§ 133 HGB), 民法上組合은 解止通告(§ 723 BGB)에 의하여 但只 將來에 대해서만 이 事實上의 組合關係를 解消케하고 淸算에 의하여 終了케 하여야 될 것이라고 主張하여 上述한 物的 會社에 있어서와 같은 結果에 到達하려는 理論이다. 瑕疵있는 組合契約을 基礎로 하여 이미 實現된 事實上의 組合關係에 대하여는 無效取消의 一般規定을 無制限 適用하여 遡及的으로 無效케 할 수 없다는 것은 獨逸에 있어서는 共通的인 見解이며 다만 그 根據를 어디에 두느냐에 따라서 差異가 있을 뿐 結果的으로는 大體로 同一한 것이라고 볼 수 있다. 事實的 組合論은 그와 같은 諸理論中의 하나이다.

2. 判例·學說 1935年 以後의 獨逸大審院은 이미 生成한 組合關係는 그 外部關係 뿐 아니라 內部關係에 있어서는 組合契約의 瑕疵를 理由로 遡及的으로 無效·取消할 수 없다는 見解를 堅持하고 있다[53]. 그 根據로서 判例는 大體로 組合의 事實的 實現에 의하여 當事者間에는 이미 取消할 수 없는 共同關係가 形成되었다는점, 實現된 組合의 無效·取消의 경우에는 不當利得에 基한 淸算方法에 依據케 되므로 實際的으로 不當하다는 점을 理由로 들고 있다. 戰後 聯邦裁判所의 判例도 原則的으로 上記 大審院判例와 同一한 立場에 서고 있다.

事實的 組合에 관한 從來의 學說도 大體로 判例와 同一한 結果에 到達하나 다만 그 根據를 달리 하고 있다[54]. 그 가운데 특히 有力視되는 理論中의 하나는 無效·取消의 制限說이다. 이 學說은 어데 까지나 無效·取消에 관한 民法의 規定을 根據로 하되 但只 이 規定을 이미 實現된 組合關係의 特性과 調和的으로 制限適用하려는 理論이다[55]. 이 說에 의하면 要컨대 民法의 無效·取消規定의 適用의 排除 또는 制限은 具體的인 경우에 있어서의 個個利益의 比較較量에서 決定된다고 한다. 따라서 瑕疵있는 組合契約에도 不拘하고 이미 實現된 組合關係를 保護할 利益과 瑕疵로 因하여 이를 遡及的으로 失效케 해야 할 利益의 比較에서 決定될 問題이다. 그리하여 Larenz는 특히 이미 實現된 組合關係의 決濟目的(Abwicklungs-

---

(52) 獨法上 合名會社·合資會社·社法上組合은 다 같이 法人格없는 組合的 結合體로서 實質的으로는 共通한 性質을 가지며, 民法의 組合이 난지 商人性(Kaufmannseigenschaft)를 가지지 않으므로 民法의 規律을 받고 合名會社, 合資會社는 商人性을 가지므로 商法의 適用을 받는 形式上의 區別이 있을 따름이다 (Siehe Schumann, Handelsrecht I. 1954 S. 177). 이곳에서 取扱하는 事實的組合의 理論을 따라서 이 3者를 包括하는 理論이며 Faktische Gesellslchaft라는 用語는 이 三者를 包含하는 意味로 主로 쓰여지고 있다.

(53) 事實的 會社 및 事實的 組合의 遡及的 無效의 排除에 관한 獨逸判例의 詳細는 Siebert, *a. a. O. S. 42 ff.*

(54) 事實的 組合에 관한 學說의 詳細는 Siebert, *a. a. O. S. 46 ff.*

(55) Vor allem, Beitzke, *Nichtigkeit, Auflösung und Umgestaltung bei Daurerschuldverhältnrssen, 1948*; Erman, *Personalgesellschaften auf mangelhafte Vertragsgrundlage*, 1947; Larenz, *Lehrbuch. II. 1962, S. 269 ff.*

zweck)을 위해서만 無效·取消의 規定을 制限適用할 것이라고 主張한다[56]. 無效·取消의 制限說의 立場에 立脚하여 또한 Erman은 法의 秩序的·正義的 機能(Ordnungs-und Gerechtigkeitsfunktion des Rechts)을 强調하여, 無效·取消의 法的 規定이 事實上 實現된 組合에 適用되기 위해서는 이 兩者의 機能을 다 할 때에 限한다고 主張한다. 그런데 無效·取消의 結果 事實上 實現된 組合關係를 遡及的으로 顚覆시키는 것은 法의 秩序的 機能과 正義的 機能을 다하지 못하는 것이므로 無效·取消의 規定은 다만 制限的으로 適用될 때에만 上記한 機能을 다하는 것이라고 한다[57]. 그러나 法의 秩序的·正義的 機能의 觀點에서 個個利益의 比較較量에서 事實上 實現된 組合은 遡及的으로 無效化할 수 없다는 上述한 無效·取消의 制限理論은 결국 그런 利益의 比較較量을 可能케 하는 標準이 되는 根本原則을 밝히지 못한다는 非難을 免치 못한다.

最近 有力視되는 事實的 契約關係說의 一種으로 把握되는 事實的 組合說[58]은 程度의 差異는 있으나 當事者의 組合員으로서의 活動을 重視하는 데에서 出發한다. 즉 이들은 一面 現行法上의 原則上 瑕疵있는 契約에 의하여는 當事者間에 아무런 權利義務關係가 發生하지 않는 것을 認定하며 他面 當事者가 組合員으로서의 活動을 開始한 事實에 의하여 有效한 組合關係가 發生한다고 보고 있다. 이리하여 民法上 無效·取消의 原則을 制限適用하려는 消極的 態度에 그치지 않고 事實的 活動에 의한 有效한 組合關係의 成立을 積極的으로 認定하려고 한다. 그러나 事實的 活動에 의하여 有效한 組合關係가 成立한다고 하는 根據에 對해서는 見解가 一致하지 않는다. Haupt에 의하면 事實的 活動은 但只 契約의 單純한 表現으로 볼 것이 아니라 契約과 同一한 價値를 가진 것이므로 法的秩序에 의하여 獨自的으로 把握되어야 할 것이라고 한다. Simitis에 의하면 組合의 法的存在에 대하여 가지는 當該組合員의 利用을 保護할 必要性에 그 根據가 있다. Siebert는 다시 上記한 理論이 組合活動이라는 事實에만 重點을 두고 組合維持의 利益이 無效·取消規定의 適用으로 組合關係를 失效케 할 利益에 先行해야 된다는 理論的 根據의 說明에 充分치 않다는 批判을 加하고 事實的 組合說의 根據는 結局 組合이 가지는 繼續的 契約으로서의 特性에 있다고 主張한다[59]. 즉 繼續的 契約으로서의 特性을 가지는 組合契約에 있어서는 同時履行의 抗辯이 認定되지 않으며 또한 債務不履行으로 因한 契約解除가 不可能하며, 組合이 이미 活動을 開始한 以後에는 將來에 대하여만 效力을 喪失케 하는 解止가 있을 다름 임을 指摘하고 總繼的 契約으로서의 組合關係에 適用되는 强力한 狀態保護의 原則(Prinzip der gesteigerten Bestandschutzes)에 그

(56) Larenz, *Lehrbuch II. S. 271 ff.*
(57) Erman, *a. a. O. S. 53 ff.*
(58) Vor allem, Haupt, *a. a. O. S. 16 ff. auch Gesellrchaftsrecht, 13. Aufl. 1949 S. 24 ff. Simitis, a. a. O. S. 107 ff. 261 ff.* Siebert, *a. a. O. S. 40 ff.*
(59) Siebert, *a. a. O. S. 49.*

根據가 있다고 한다.

事實的 組合說을 支持하는 學者도 이와 같이 그를 認定하는 根據에 대하여는 見解가 對立되나 이 理論의 骨子를 要約하면 大略 다음과 같다.

첫째, 事實上 實現된 組合關係는 一旦 有效한 組合關係로 보며 이를 遡及的으로 失效케 할 것이 아니므로 債務不履行으로 因한 契約의 解除는 不可能하며 또한 行爲無能力, 意思表示의 瑕疵, 不合意(Dissens)等을 原因으로 無效 혹은 取消되지 않는다.

둘째, 遡及的效果를 가진 解除 또는 無效·取消의 規定이 이미 實現된 組合에는 原則的으로 適用되지 않으므로 契約基礎에 瑕疵가 있을 때에는 組合關係는 但只 將來에 대해서만 解止될 수 있을 뿐이고 그 決濟方法은 獨民法 812條 以下의 不當利得의 規定에 의하지 않고 有效한 組合의 決濟方法인 淸算에 의하여 終了한다(Beendigung ex nunc). 즉 瑕疵있는 組合의 解消는 民法上 組合은 解止通告(§ 723 BGB), 人的會社에 있어서는 解散判決(§ 133 HGB)에 의한다.

셋째, 事實的 組合說은 瑕疵있는 契約을 前提로 한다는 見解와 全然 當事者의 意思表示가 없어도 可能하여 瑕疵있는 契約을 前提로 하지 않는 見解가 對立한다. Siebert는 언제나 瑕疵있는 契約을 前提로 하여 Simitis Haupt等은 이를 前提로 하지 않는다.

넷째, 事實的인 組合關係가 그러나 "公共 또는 保護價値있는 個人의 重要利益"에 背馳될 때에는 [60] 事實的 組合으로서의 保護를 받지 못 한다(聯邦裁判所의 見解).

즉 事實的인 組合的結束의 모든 경우를 事實的 組合으로 保護하려는 것이 아니라 이를 認定하는 것이 公共의 利益과 相反될 때 따라서 强行法規違反 또는 良俗違反의 組合은 事實的 組合으로서도 保護를 받지 못 한다. 또한 事實的 組合을 認定함으로써 保護價値있는 個人의 利益이 顯著히 侵害될 때에는 事實的 組合은 例外的으로 認定되지 않는다.

事實的 組合論에 대한 一般的 批判은 單純한 活動을 基礎로 하는 組合關係에 直接的으로 法的 效果를 賦與하여 法律上 有效한 組合에 適用 될 모든 規定을 適用하게 되는 結果가 됨은 不當하다는 데에 歸着한다. 또한 當事者의 意思表示를 全然 前提로 하지 않고 單純한 事實行爲에 의한 組合關係의 發生을 認定하는 Haupt와 Simitis의 理論에 대한 批判이 强하다[61].

Ⅱ. 事實的 勞動關係論(faktische Arbeitsverhältnisse)

事實的 勞動關係의 問題點[62] 도 原則的으로 事實的 組合關係의 問題와 恰似하다. 그것은

(60) Siebe, dazu, *bes. Fischer*, *Grenzen für die Anerkennung der faktischen Gesellschaft*, *NJW 1958*, *S. 969 ff*; *BGHZ. 3,288=NJW 1952*, *S. 97 ff*. „mit gewichtigen Interessen der Allgemeinheit oder einzelner schutzwürdiger Personen in Widerspruch treten würde."

(61) Lehmann, *NTW 1958*, *S. 3*; Larenz, *Lehrbuch II. S. 271 ff*. *Enneccerus-Nipperdey*, *S. 1014 ff*.

(62) 勞動契約은 雙務·有償의 繼續的 債權契約으로 理解되며 理論上 勞動契約은 民法上의 雇傭에 包括되는 것으로 보는가 또는 獨立된 契約類型으로 봄이 妥當한가의 學說上 論議는 理論的問題에 屬하나, 雇傭에 관한 規定이 普通法으로서 適用되는 것은, 一般的으로 認定되고 있으므로, 事實的 勞動關係의 問題에는 雇傭契約의 경우도 包含됨은 勿論이다.

兩者가 모두 繼續的 契約으로서의 特性을 가지며 瑕疵있는 契約을 基礎로 하여 이미 實現된 事實的 關係에 法的 效果를 賦與하여 無效·取消에 의한 遡及的 失效를 排除하려는 것이기 때문이다. 獨逸勞動裁判所(Reichsarbeitsgericht)는 當初 民法의 無效·取消의 一般規定은 勞動契約에 있어서도 無制限으로 適用되는 것으로 보고 勤勞者가 事實上 이미 勞務를 提供했느냐의 與否는 不問에 붙이고 있었다. 특히 取消의 遡及效를 規定한 獨民法 141條 1項의 適用을 認定하여 取消로 因하여 勞動契約은 遡及的으로 無效가 되며(ex tunc) 또 提供된 勞務에 대한 補償을 但只 不當利得의 返還請求權에 의한다는 見解를 堅持하고 있었다[63]. 그러나 1945年 以後의 大部分의 地方勞動裁判所는 이 見解를 따르지 않고 이미 實現된 勞動契約에는 遡及的 效果를 가진 無效·取消(Nichtigkeit ex tunc)가 許容되지 않는다는 立場을 取하고 있다. 1957年 12月 5日의 勞動契約의 取消에 관한 判決[64]을 통하여 聯邦勞動裁判所(Bundesarbeitsgericht)도 上記 諸 地方勞動裁判所의 見解를 따라 이미 實現된 勞動關係는 原則的으로 無效·取消로 因하여 遡及的으로 失效될 수 없으며 但只 將來에 대한 效力을 가지고 取消할 수 있을 뿐이라고 判示하였다(Aufhebung mit Wirkung ex nunc). 이와 같이 이미 實現된 勞動關係에는 民法의 無效·取消의 規定이 適用되지 않는다는 것은 西獨의 判例인 同時에 通說的 見解이며 다만 이를 認定하는 理論構成이 相異할 뿐이다. 특히 學者들의 理論은 勞動契約을 어떻게 보느냐에 따라서도 差異가 있는데 代表的인 學說은 다음과 같다.

1. 契約說(Vertragstheorie) 勞動契約은 純粹한 債權契約으로서 勞動關係는 債權契約에 의하여 成立된 債權關係라고 보는 立場이 本來의 意味의 契約說이며 따라서 債權契約인 勞動契約에도 民法의 無效·取消의 規定은 無制限 適用된다고 한다[65] 戰前의 獨逸勞動裁判所(Reichsarbeitgericht)의 見解다. 그러나 發展된 形態로서의 契約說은 事實的으로 이미 實現된 勞動關係의 現實的 利益을 考慮하여 亦是 無效·取消의 規定은 原則的으로 이에 適用되지 않는다는 見解를 取한다[66] 그 理由로서는 大體로 信義誠實의 原則 특히 Venire contra factum proprium의 原則을 援用하고 있다. 즉 勤勞者의 事實上의 勞務를 받은 使用者가 이를 遡及的으로 取消하는 것은 信義誠實의 原則에 反하므로 다만 將來에 대한 效果를 가진 取消(Anfechtung ex nunc)가 있을 따름이라고 한다[67].

---

(63) 勞動契約의 無效·取消의 獨逸判例에 대한 詳細는 Vor allem, Ramm, *Die Anfechtung des Arbeitvertrages, 1955, S. 1 ff. Farthmann, Anfechtbarkeit und Anfechtung von Arbeitverträgen, 1957, bes. S. 17 ff.*

(64) Vgl. Hueck-Nipperdey, *Lehrbuch des Arbeitsrechts, 6. Aufl. Bd. I. S. 1959, S. 170; dort Vollständige Angaben über das Schrifttum.*

(65) 本來의 契約說에 관하여는 Hueck-Nipperdey, *Lehrbuch 3/5 Aufl. Bd. I. 1931 S. 90 ff.*

(66) Hueck-Nipperdey, *a. a. O. S. 103 ff.*

(67) Vgl. bes. Hueck-Nipperdey, *a. a. O. S. 173 ff.*

2. 解止說 이미 實現된 勞動關係에 있어서는 取消의 遡及效를 認定하지 않는 점은 契約說과 같으나 다만 契約說이 遡及效 없은 取消로써 勞動關係를 解消시켜야 된다고 함을 批判하며 解止說은 取消의 本質은 바로 遡及效에 있는 것이므로 遡及效 없는 取消라는 用語는 不當한 까닭에 解止(Kündigung)로 이를 代置해야 된다는 見解이다[68]. 1938年의 獨逸 勞動法 草案도 이를 따르고 있다[69].

3. 勞動契約과 勞動關係의 分離說(Sog. Eingliederungstheorie) Nikisch 教授에 의하여 提唱된 이 理論을 勞動契約(Arbeitsvertrag)와 勞動關係(Arbeitsverhältnis)를 峻別하는 理論이다[70]. Nikisch에 의하면 勞動契約自體는 雙務契約으로서의 債權契約이며 이로 因하여 使用者는 勤勞者를 雇傭할 義務를 지며 勤勞者는 但只 勞務提供의 義務를 질뿐이다. 勞動關係의 發生은 이 勞動契約을 基礎로 하여 使用者가 實際로 勤勞者를 雇傭하고 勤勞者가 勞務를 實際로 提供함으로써 發生하며 勞賃請求權, 勤勞者의 保護義務等 勞動關係에 基한 모든 權利義務는 이때부터 비로서 發生한다. Nikisch는 이리하여 勞動契約自體는 民法의 一般原則에 의하여 無效 혹은 取消될 수 있으나 反面 勞動關係는 勞動契約과는 別個獨立된 行爲(Akt)로 因하여 發生한 것이므로 無效·取消의 規定은 이에는 適用되지 않는 다고 한다. 따라서 이 理論에 의하면 勞動契約에 瑕疵가 있다 하여도 勞動關係는 有效히 成立된다(無因性). 이 理論은 따라서 結果的으로 事實的 勞動關係說과 同一하게 될 것이다. 勞動契約의 二分說은 그러나 學界의 一般的 支持를 받지 못 하고 있는 現象에 있다[71]

事實的 契約關係說의 一種으로서의 事實的 勞動關係說은 瑕疵있는 勞動契約을 基礎로 이미 事實上 實現된 勞動關係에 法的 效果를 賦與하여 積極的으로 이 事實關係를 有效한 勞動關係로 取扱하여 無效·取消의 遡及效를 認定치 않으며 다만 將來에 대해서만 效力을 喪失케 하는 取消로써 곧 解消케 하고 反面 그 時點까지는 當事者間에는 有效한 勞動關係에 있어서와 마찬가지로 모든 權利義務가 發生하는 것으로 보는 理論이다. 그러나 事實的 勞動關係說의 根據와 適用範圍에 대해서는 學者들의 見解가 一致하지 않는다. Haupt의 理論은 Nikisch에 있어서와 같이 勞動關係가 가지는 法的獨自性(rechtliche Verselbständigung)을 强調하는 데에서 出發한다[72] 그에 의하면 勞務提供이라는 事實과 勞動契約은 法的으로 同價値를 가지는 것이며 따라서 事實的 勞動關係와 契約的 勞動關係는 相互倂立하는 것이다. 이런 相互的 倂立을 認定할 理由는 使用者와 勤勞者間에 共同關係(Gemeinschaftsverhältnis)를 發生시키는 勤勞者의 事實的인 勞務提供이 가지는 獨自的 意味에 있다고 한다. 이 理論에 立

(68) Siehe dazu, Siebert, *a. a. O. S. 72 ff. dort die Angaben über das Schrifttum.*
(69) *SS 9* des Akademie-Entwurfs "Das Recht, den Arbeitvertrag wegen Irrtums, Täuschung oder Drohung anzufechten, erlischt, sobald die Arbeit aufgenommen ist. Der Anfechtungsberechtigte kann aber nummehr das Arbeitverhältnis fristlos kündigen."
(70) Nikisch, *Arbeitrecht, 2. Aufl. Bd I. 1955, bes. S. 113 ff.*
(71) Siehe dazu, Siebert, *a. a. O. S. 78 ff. und RA 1958, S. 366 ff; Hueck-Nipperdey, S. 105 ff.*
(72) Haupt, *a. a. O. insbes. S. 19 ff.*

脚하여 Haupt는 勞動契約은 勞動關係發生의 唯一 不可缺한 形式이 아니라 勞務의 提供이라는 事實과 함께 그 한 形式에 不過하다. 따라서 勞動關係는 契約 또는 事實的인 勞務提供으로 因하여 發生한다고 主張하고 事實的 實現에 의한 勞動關係는 遡及的으로 無效化될 수 없는 것이라고 主張하고 있다. Siebert는 大體로 이에 贊成하나 Haupt의 理論的 根據가 不充分함을 指摘하고 事實的 勞動關係說의 根據는 결국 事實的 組合의 경우와 마찬가지로 繼續的 契約關係인 勞動關係의 狀態維持의 保護와 勤勞者의 社會的 保護의 必要性에 있다고 主張한다[73]. Haupt의 現論과의 根本的 差異는 또한 事實的 勞動關係를 認定함에 있어서 恒常 瑕疵있는 契約을 前提로 하며 全然 當事者의 契約이 存在하지 않을 때는 이를 認定하지 않는 점에 있다. 事實的 勞動關係說의 骨子는 大體로 다음과 같다.

첫째, 이미 實現된 勞動關係는 契約基礎에 瑕疵가 있다 해도 法律上 이를 有效한 勞動關係로 보려고 하므로 原則的으로 無能力, 錯誤, 詐欺, 强迫을 理由로 遡及的으로 失效가 되지 않는다.

둘째, 事實的 勞動關係를 保護한 利益보다 一般利益 또는 保護價値있는 個別利益이 先行할 때에는 事實的 組合에 있어서와 같이 事實的 勞動關係說은 例外的으로 適用되지 않는다,

셋째, 事實的 勞動關係도 當事者의 意思表示가 없는 때에는 認定되지 않으며 瑕疵있는 契約이라 할지라도 契約을 前提로 한다. 그러나 Haput는 上述한 바와 같이 이 前提를 不必要한 것이라고 한다.

넷째, 瑕疵있는 勞動契約에 基한 勞動關係는 다만 將來에 대한 關係에서만 解消될 수 있다(Auflösung des Arbeitverhältnisses ex nunc).

Ⅱ. 事實的 賃貸借關係論(Faktische Mietverhältnisse)

事實的 賃貸借關係의 問題는 原則的으로 事實的 組合 또는 事實的 勞動關係에 準해서 생각할 수 있다. 萬一 賃貸借契約에 瑕疵가 있을 때에는 無效가 되거나 또는 取消할 수 있게 된다. 賃貸借契約이 無效가 되면 처음부터 아무런 法的 效果가 發生되지 않으며 또取消가 되면 契約의 效果는 遡及的으로 無效가 된다. 賃貸借契約이 아직 履行되지 않고 事實上實現段階에 들어가기 以前에 無效·取消가 될 때에는 別로 問題될 것이 없다. 그러나 目的物의 引渡가 있고 賃借人은 이를 使用收益하고 賃貸人은 借賃의 支給을 받고 있는 等 이미 賃貸借契約이 事實上 履行되어 있는 경우에는 無效·取消의 一般法理에 의하여 遡及的으로 失效케 함이 妥當치 않은 것은 事實的 組合 또는 事實的 勞動關係의 경우와 同一하다고 볼 수 있다. 왜냐하면 賃貸借契約自體에 瑕疵가 있는 경우에는 當事者間에는 이미 事實上의 賃貸借關係가 形成되어 마치 有效한 法律關係가 存在하는 것처럼 權利를 行使하고 義務를 履行하고 있으므로 이를 遡及的으로 失效케 하는 것은 繼續的 契約으로서의 賃貸借契約의 狀態

(73) Siebert, *a. a. O.S. 82 ff.*

維持를 保護할 理想에 反한다 할 것이다. 뿐만 아니라 萬一 이와 같은 事實的 關係를 法的으로 全然考慮치 않고 無效·取消의 結果 但只 不當利得에 基한 返還請求로써 이를 決濟케 하는 것은 甚히 不適當 또는 不可能하다고 볼 수 있다.

事實的 賃貸借關係說은 要컨대 이와 같은 事實的인 賃貸借關係에 法的 效果를 賦與하고 이를 一旦 有效한 貸賃借關係로 取扱하여 다만 將來에 대한 關係에 있어서만 賃貸借關係를 解止없는 解止(fristlose küudigung)에 의하여 終了케 하고 無效·取消의 一般法理의 適用을 原則的으로 排除하려는 理論이다. 繼續的 契約의 分野에 있어서 事實的 契約關係說을 支持하는 學者들은 事實的 賃貸借關係의 問題는 결국 事實的 組合 또는 勞動關係에 準하여 생각할 것임을 示唆하여 大體로 이를 間接的으로 是認하고 있는 程度에 그치고 있다[74]. 事實的 賃貸借關係說은 賃貸借法의 權威者인 Roquette 教授에 의하여 支持를 받고 있음이 注目된다[75]. 즉 Roquette 教授 또한 有效한 賃貸借關係가 契約 또는 事實的 基礎(tatsächliche Grundlage) 위에 形成될 수 있음을 認定하고 있다. 특히 그는 事實的 賃貸借關係를 法律的으로 認定함에 있어서 아무런 制限을 두고 있지 않는 점에 特色을 보이고 있다. 따라서 賃貸借契約이 强行法規 또는 公序良俗에 反한다 하드라도 이미 實現된 賃貸借關係를 有效한 法律關係로 보며 事實的 賃貸借關係說의 例外를 認定하지 않는다.

Ⅳ. 結 言

以上 論述한 西獨 民法學界의 論議를 簡單히 要約하자면 이미 履行實現된 繼續的 契約關係 특히 事實上의 組合, 事實的 勞動關係, 事實的 賃貸借關係는 그 契約 自體에 瑕疵가 있는 경우에도 原則的으로 無效·取消의 一般法理에 의하여 遡及的으로 失效케 할 수 없다는 原則에는 判例通說의 見解가 大體로 一致하나 다만 그 結果에 이르는 方法에 差異가 있음을 알 수 있다. 그것은 狀態的 또는 支配的 機能을 가진 繼續的 契約關係를 遡及的으로 無效케 하여 不當利得에 基한 返還請求權에 依據決濟케 하는 것이 많은 경우에 不可能 또는 甚히 不合理한 結果가 되기 때문 이다. 그러므로 繼續的 契約關係에 있어서의 事實的 契約關係說을 認定하느냐의 與否에 따라서 結果的으로 重大한 差異가 생기는 것이 아니다.

契約基礎에 瑕疵가 있을 경우라 할지라도 이미 實現된 事實的 關係를 積極的으로 一旦 有效한 法律關係로 보고 但只 將來에 向해서만 이를 消滅케 하려는 事實的 契約關係說 自體도 또한 具體的으로는 그 根據와 適用範圍에 관한 學者들의 見解가 一致하지 않으므로 이를 統一的으로 把握할 수 없다. 이런 意味에서 事實的 契約關係說의 日可日否를 判定하는 것은 不可能하다고 생각할 수 밖에 없다.

첫째, Haupt, Simitis 諸教授는 當事者가 事前에 아무런 合意없이 事實的으로 繼續的 契約

(74) Siebert, *a. a. O. S. 9, Anm. 11, Haupt, a. a. O. S. 15,* Simitis, *a. a. O. S. 409 ff.*
(75) Roquette, *Mietrecht, S. 147 ff.*

關係를 形成하고 있는 事實만 있으면 事實的 契約關係說의 適用을 認定한다. 따라서 使用者와 勤勞者, 賃貸人과 賃借人間에 아무런 合意가 없이 勤勞者가 事實上 勞務를 提供하고 賃借人이 目的物을 使用收益하는 事實的 關係가 있으면 充分하다. 萬一 이 理論에 의한다면 例컨대 우리나라에 있어서 8, 15解放後 또는 6, 25事變後 所有者의 아무런 承諾이 없이 他人의 家屋을 使用收益하고 있는 關係에도 事實的 賃貸借說을 適用할 수 있을 것이다. 事實的 關係를 一旦 有效한 法律關係로 認定하려는 事實的 契約關係說의 立場에서 본다면 當事者의 事前의 合意를 全然 前提로 하지 않는 경우에도 이를 事實的 契約關係說로 保護할 때에만 그 徹底性이 貫徹된다 하겠다. 이와 反對로 Siebert 教授는 瑕疵있는 契約일지라도 當事者의 合意가 全然 缺如된 경우에는 當理論을 適用할 수 없다 하며 다만 瑕疵있는 契約을 基礎로 하여 쌓아 올린 當事者의 事實的 關係만이 事實的 契約關係說의 保護對象이 된다고 한다.

둘째, Haupt, Simitis, Roquette 諸 教授는 또한 無效·取消의 原因에 差別을 두지 않고 이들 原因이 存在하는 경우에도 이미 事實關係의 形成만 있으면 一律的으로 事實的 契約關係說을 適用하고 있다. 따라서 이들 理論에 의하면 密輸의 目的으로 結束된 組合의 活動, 또는 이에 基하여 勞務를 提供한 勞動關係, 密賣業을 目的으로 하는 家屋의 賃貸借關係等 實現된 事實的 關係가 强行法規 또는 公序良俗에 反하는 경우에도 事實的 契約關係로서의 法的 保護를 받는 것에 아무런 制限을 두지 않는다. 이점 Siebert, Esser, Fischer 諸教授의 見解와 本格的인 差異가 있다. 즉 이들은 聯邦裁判所의 事實的 組合에 관한 上記判例를 따라 事實的으로 存在하는 狀態를 法的으로 認定하는 것이 公共利益과 保護價値 있는 個人의 重要利益에 背馳될 때에는 事實的 契約關係說에 의한 法的 保護를 받지 못한다고 한다. 따라서 事實的 關係가 公共의 利益에 違背되므로써 事實的 契約關係說의 保護를 받지 못하는 경우는 그 事實的 關係가 例컨대 强行法規 또는 公序良俗에 反하는 경우에 原則的으로 該當한다고 한다. 그러나 어떠한 事實的 關係가 保護價値있는 個別利益과 背馳됨으로써 事實的 契約關係說의 適用을 받지 않고 例外的으로 遡及的 失效를 認定할 것인가에 대해서는 다시 學者의 意見이 갈리며 오히려 이 分野에 있어서는 아직도 많은 學者들이 苦鬪하고 있는 形便에 있으며 이제 當理論을 主張하는 學者들의 關心은 이에 集中되고 있다[76].

事實的 契約關係說을 主張하면서도 上述한 바와 같이 公共利益과 保護價値 있는 個別利益이 優先할 때에는 不得已 그 例外를 認定하려는 理論的 論議는 다시 事實的 組合, 勞動關係, 賃貸借關係等 具體的 事情에 따라서 個別的으로 考察해야 될 새로운 硏究分野에 屬하

(76) Siehe dazu, bes. Esser, *Abwägen der konkreten Schutzaufgaben des Nichtigkeitsgrundes mit dem Schutzinteresse an der Anerkennung des de facto Verhältnisse, ACP 157, S. 91 ff*; Fischer, *NJW 1958, S. 669 ff*; Siebert, *a. a. O.S. 62 ff.*

므로 이곳에서는 詳論할 수 없거니와 결국 이런 立場에 立脚한 事實的·契約關係說의 致命的인 弱點과 非徹底性은 이 곳에 露呈되어 있다고 생각한다. 뿐만 아니라 事實的 行爲에 基한 事實的 關係를 一旦 有效한 法的 關係로 보려는 事實的 契約關係說이 特殊한 경우에 그 例外를 認定하는 것은 矛盾이 아닌가 하는 疑問마저 생긴다[77] 그러나 事實的 關係를 法的으로 認定하는 것도 法的 秩序의 테두리 안에서만 許容되는 것이므로 法的 秩序에 反하는 事實的 關係까지도 保護할 것이 아님은 當然한 것이라고 하겠다[78].

他面 Simitis, Haupt 諸敎授의 立場에 선 事實的 契約關係說은 確實히 理論으로서는 簡明하고 徹底하다. 그러나 瑕疵 있는 契約을 前提로 하지 않고 當事者의 合意가 全然없는 事實關係까지도 이를 保護하는 것은 너무나 지나친 感이 있다 뿐만 아니라 瑕疵 있는 合意일지라도 全然 合意가 없는 事實的 組合 또는 事實的 勞動關係는 언뜻 想像하기 조차 어렵다. 특히 事實的 關係의 모든 경우를 一律的으로 有效한 法的 關係로 보며 이에 何等의 例外를 認定치 않을 때에는 實際的으로 甚히 不當한 結果가 될 수 있을 것임을 否定할 수 없는 事實이다. 事實的 關係가 顯著히 公共의 利益에 違背되거나 혹은 例컨대 未成年者의 利益을 위해서는 경우에 따라서 이미 實現된 事實的 契約關係라 할지라도 이를 遡及的으로 失效케 해야 될 不得已한 例外를 認定할 必要가 있을 것이기 때문이다. 특히 우리 民法과 같이 法律行爲가 取消되었기 때문에 遡及的으로 無效로 된 경우에는 無能力者를 保護하기 위하여 그 返還義務의 範圍를 縮限되고 있을 때는 더우기 그러하다(民法 141條 2項). 이런 意味에서 Simitis, Haupt의 理論은 그 自體로서는 받아 드릴 수 없는 것이다 하겠다.

이와 같은 觀點에서 본다면 아직도 많은 未解決의 問題를 內包하고 있어 完全히 確立된 理論이라고도 볼 수 없는 事實的 契約關係說의 認定與否에 우리의 關心이 있는 것이 아니라 오히려 現今 西獨의 民法理論이 한결같이 事實上 이미 實現된 繼續的 契約關係 특히 事實上의 組合, 勞動關係, 賃貸借關係는 原則的으로 無效·取消의 一般法理에 의하여 遡及的으로 失效케 할 수 없다는 結論에 達하고 程度의 差異는 있으나 이 事實的 關係에 대한 法的인 考慮를 하고 있다는데에 우리의 關心이 있다 하겠다. 굳이 이 結果에 이르는 方法論의 優劣을 가진다면 亦是 Siebert 敎授의 立場에선 事實的 契約關係說이 上述한 바와 같은 弱點은 있으나 一般的으로 妥當性 있는 理論이며 또 實際的 生活觀念에도 가장 適合한 理論이라고 생각되며 大體的으로 이에 贊同할 수 있지 않을까 한다. 單純한 事實的 關係에 法的 效果를 賦與하는 것은 法이 이를 特別히 認定하는 경우에 局限할 것이므로 事實的 契約關係說은 不當하다는 一般的 批判은 絕對的인 根據가 될 수 없다고 생각한다. 왜냐하면 事實的 契約關係說은 事實 關係 自體 때문에 이를 法的으로 認定하려는 것이 아니라 事實關係가 가지는

(77) So auch, Schmidt-Rimpler, *Acp 155*, *S. 162*.
(78) So auch, Fischer, *NJW*, *S. 1958*, *S. 970*.

社會的 法的 價値 때문에 이를 認定하려는 것이므로 法的 價値를 가지는 事實的 關係를 法的으로 認定해야 할 것은 法의 또 하나의 다른 理想이라고 할 수 있기 때문이다.

우리 民法의 構成에 있어서도 事實的으로 實現된 繼續的 契約關係에 대하여는 單純한 契約關係에 있어서와 달리 特別한 法的考慮로 해야 될 事情은 獨逸民法에 있어서와 同一한 것이라고 할 수 있다. 그것은 繼續的 契約關係에 있어서 그 狀態維持를 保護할 理想이 우리 民法의 경우에도 같기 때문이다. 그렇다면 우리 民法의 解釋論으로도 大體로 Siebert 敎授의 立場에 선 事實的 契約關係說이 指向하는 方法論을 驅使 또는 發展시켜 좀더 나은 解決을 期할 수 있지 않을까? 交換的機能을 가진 單純한 債權關係와 狀態的 또는 支配的 機能을 가진 繼續的 債權關係의 特殊性은 우리 民法에 있어서도 儼然히 考慮되어 있다. 즉 民法上 單純한 債權關係는 契約의 解除에 의하여 遡及的으로 消滅케 할 수 있으나 繼繼的 繼約關係는 解止에 의하여 다만 將來에 向해서만 消滅된다는 原則(民法 550條)을 바로 그것이다(例컨대 賃貸借의 解止, 雇傭의 解止, 組合의 解散 또는 組合員의 脫退, 勤勞基準法에 의한 勞動契約의 解止等). 더우기 債務不履行으로 因한 法定解除는 繼續的 契約關係에는 適用되지 않는다고 보아야 할 것이다. 그것은 우리 民法이 解除와 解止라는 用語를 文理上으로 區別하고 있다는 形式的 理由에도 있지만 또 繼續的 契約關係의 性質上 當事者가 相互履行한 部分에 關하여도 解除를 認定하는 것은 不當할 뿐만 아니라 不必要한 것이라고 볼 수 있기 때문이다[79]. 이와 같은 立場에서 본다면 우리 民法은 결국 繼續的 契約關係는 性質上 契約成立時까지 遡及하여서 消滅시킬 수 없는 것이므로[80] 다만 將來에 向해서만 消滅시킬 수 있을 뿐이라는 前提에 서는 것이라고 볼 수 있지 않을까 한다. 이와 같이 繼續的 契約關係는 解除에 의하여 遡及的으로 消滅케 할 수 없다는 根本原則은 한 걸음 더 나아가서 無效·取消의 一般法理에 의하여도 遡及的으로 失效케 할 수 없다는 根本思想을 內包하고 있는 것이라고 볼 수 있는 것이 아닐까? 더우기 取消의 遡及效는 民法이 明言하고 있는 바이지만(民法 141條) 그러나 取消의 遡及效는 絕對的인 것이 아니라고 볼 것이며 繼續的 契約關係에 있어서는 오히려 그 遡及效를 制限해야 할 것임을 學者들이 이미 適切하게 指摘하고 있다[81]. 또한 繼續的 契約關係의 하나로 볼 수 있는 婚姻 또는 入養의 取消(民法 824·897條)에 遡及效를 認定하지 않고 取消時까지의 法律關係는 有效히 成立된 것으로 取扱하고 있는 것은 바로 事實的 契約關係說의 根本思想의 一表現이라고도 볼 수 있다. 이와 同一한 法的 取扱을 할 必要性은 적어도 이미 實現된 繼續的 契約關係로서의 組合, 勞動關係, 賃貸借의 경우에도 存在하는 것이 아닐까 한다.

---

(79) 金曾漢·安二濬 債權各論(上) 177面, 郭潤直 民法(中) 186—187面 參照; 末川 博 契約總論 215, 216面 參照

(80) 金基善 債權各論 77面 參照

(81) 金曾漢·安二濬 民法總則 371—372面 參照

생각컨대 民法上의 組合은 債權契約의 一種이기는 하나 共同事業을 營爲하는 人的 結束體로서의 團體性을 가지는 것에 特色이 있다. 이런 共同目的의 追求를 위하여 當事者가 이미 權利義務를 取得하고, 組合財產을 形成하고, 또 第三者와 契約을 締結하는 等 緊密한 生活關係를 形成한 以後에는 無效·取消의 一般法理에 의하여 이를 遡及的으로 消滅시킬 수 없는 것이라고 보아야 할 것이다. 더우기 無效·取消의 結果 不當利得의 返還請求權을 基礎로 하여 事實上 實現된 組合關係를 決濟케 할 때에는 甚히 複雜한 關係가 發生할 뿐만 아니라 實際的으로 不可能 또는 不當하다고 볼 수 있다. 本來 民法 741 條 以下의 不當利得에 관한 規定은 同時履行의 抗辯權에 있어서와 마찬가지로 個個의 給付가 雙務的으로 交換되어 一方의 給付가 直接的으로 他方에 대하여 이루어진 單純한 債權關係의 規律을 主目的으로 하고 있다. 그러나 組合員은 그들의 給付를 組合財產에 대하여 履行하고, 組合財產으로 부터 支拂을 하고, 또는 給付를 受領하고 또는 組合財產을 基礎로 債務를 負擔한다. 이같은 事情을 본다면 不當利得에 관한 規定을 適用케 하는 不當性은 더욱 確實히 나타난다.

事實的인 勞動關係를 法的으로 保護할 必要性은 勞動契約이 繼續的 契約으로서의 特性을 가지는 것 以外에도 특히 人格的從屬을 基本要素로 하는 人格法的 性格이 濃厚하며 一旦 提供한 勞務는 返還할 수 없다고 보아야 할 것이기 때문이다.

一步 나아가서 勞動關係에 立脚하여 勞務를 提供한 勤勞者는 使用者에 대하여 正當한 報酬와 勞動條件을 要求할 權利를 가지며 이 權利는 勤勞者의 基本權에 屬한다고 볼 것이므로 勞動契約이 有效한가 또는 瑕疵가 있는가를 區別함이 없이 事實上 勞務를 提供한 勤勞者의 權利를 强力히 保護할 必要가 있다. 따라서 이미 實現된 勞動關係를 無效·取消의 一般果則에 의하여 遡及的으로 消滅시켜 事實上 勞務를 提供한 勤勞者는 그 勞務에 대한 正常的인 報酬를 請求할 수 없고 但只 不當利得에 基한 返還請求權만을 가지는 結果를 招來케 됨을 許容하는 것은 勞動法의 基本 目的인 勤勞者保護의 見地에서 보아도 顯著히 不當한 것이라고 할 것이다. 이와 같이 勤勞者保護의 必要性에서 보아도 一般的으로 無效·取消의 原因이 存在하여도 이미 實現된 勞動關係를 一旦 有效한 것으로 보며 다만 將來에 向한 解止에 의하여 消滅케 하는 事實的 契約關係說의 解決이 適切한 것이라고 볼 수 있다. 특히 强行法規로서의 勤勞基準法(勤勞基準法 20 條)이 定하는 基準에 達하지 못하는 勤勞契約은 그 違反部分만을 無效로 하고 그 違反部分은 다시 基準法이 定하는 바에 의하게 한 것은 無效인 契約의 追完補正을 認定한 것이며 이것을 바로 事實的 勞動關係를 法的으로 認定하는 一表現이라고 볼 수 있다.

事實的인 賃貸借關係를 法的으로 認定해야 할 必要性은 賃貸借契約이 가지는 繼續的 契約關係로서의 特性에 있으며 또 無效·取消의 結果 不當利得에 基한 相互返還이 不可能하다는 데에 있다. 例컨대 遡及失效의 結果 賃貸物의 返還은 可能하다해도 賃貸物을 使用收益한 것

自體을 實際로 返還할 수 없을 것이다.

繼續的 契約關係가 無效·取消에 의하여 遡及的으로 消滅되는 경우에도 當事者의 實際生活에 있어서의 決濟는 마치 有效한 契約關係가 存在하고 있는 것과 꼭 같이 事實的 關係를 決濟하는 것이 普通일 것이다. 例컨대 勞動效約이 無效·取消가 되는 경우에도 當事者는 오히려 이미 提供한 勞務는 有效한 것으로 取扱하여 約定된 正常的인 報酬를 支拂하여 이를 決濟하게 될 것이다. 이런 事情은 賃貸借契約이 公序良俗 또는 强行法規에 違反되어 無效인 경우에도 亦是 같다고 볼 수 있다. 賃貸人은 目的物을 引渡하고 賃貸人은 이를 使用收益하고 있으며 그 反面 賃借人은 借賃을 支拂하며 賃貸人은 이를 다시 消費하는 等 事實的인 賃貸借關係가 發生했다고 하자. 그後 當事者가 契約이 無效인 것을 알고 決濟할 경우에 이미 履行된 모든 義務는 法律上의 原因없이 履行된 것이므로 當事者는 이를 相互返還하지 않으면 안된다. 契約이 無效인 效果로서 賃借人이 目的物을 賃貸人에게 返還하게 될 것이나 事實上 賃借物을 使用收益한 것은 返還할 수 없게 된다. 受益者가 받은 目的物을 返還할 수 없는 때에는 그 價額을 返還하여야 한다(民法 747條). 이때에 返還할 價額은 實際로는 使用收益의 代價로서 借賃이 될 것이다. 그러므로 結局 賃貸人은 受領한 借賃을 繼續 保有함에 그칠 것이므로 이미 實現된 賃貸借關係는 마치 有效했든 것 처럼 當事者間에 決濟되며 但只 將來에 向해서만 無效의 效果가 發生하게 되는 셈이 된다. 賃貸借契約이 取消가 되는 경우의 實際的 解決도 上述한 바와 꼭 같을 것이다. 이런 意味에서 事實的 契約關係說은 實際的인 生活觀念에도 適合한 理論이라 할 수 있다. 또한 事實的 契約關係를 法的으로 認定하므로써 實際的으로 甚히 不當한 結果가 될 不得己한 경우에도 一部無效 또는 一部取消의 法理를 驅使하여 可能한 限 繼續的 契約關係自體를 그 全體로써 遡及的으로 失效케 하는 것을 許容치 않도록 하는 理論構成이 可能할 것이다.

이와 같은 觀點에서 본다면 우리 民法의 理論으로는 事實的으로 實現된 繼續的 契約關係 특히 事實上의 組合, 勞動關係, 賃貸借關係 等은 그 契約基礎에 瑕疵가 있는 경우에도 一旦 有效한 것으로 取扱하여 無效·取消의 一般法理가 原則的으로 適用되지 않는 것으로 보고 無效·取消의 原因이 現存하여 繼續的 契約關係를 持續할 수 없는 重大한 事由가 될 때에는 不得己한 事由로 因한 解止로써 그 事實的 契約關係를 將來에 向해서만 消滅케 함이 옳지 않을까 생각한다.

따라서 無效·取消의 原因이 存在할 때에도 事實的 組合을 民法 716條 2項의 組合員의 脫退 또는 民法 720條에 의한 組合解散, 雇傭契約의 경우에는 民法 661條에 의한 解止에 의하여 將來에 向해서 이를 消滅케 함이 可할 것이다. 이와 類似한 直接的인 規定이 없는 賃貸借契約關係의 경우에는 問題이다. 그러나 결국 無效·取消의 原因이 存在할 때에도 將來에 向한 關係에 있어서만 解止할 수 있도록 하자는 이 學說은 當事者에게 解止期間의 利

益까지도 賦與하자는 것이 아니고 事實的인 契約關係를 곧 解消케 하자는 것이므로 遡及效없는 取消(Anfechtung ex nunc)를 認定하여 不得已한 事由로 因한 解止와 同一한 結果에 到達할 수 있을 것이다. 勤勞基準法의 適用을 받는 勞動契約이 解止될 때에는 勤勞者保護를 위하여 解雇의 豫告, 解雇의 制限等 特殊한 效果가 따르고 또 不得已한 事由로 因해서 解止될 경우에도 그 事由에 관하여 別途로 行政官廳의 認可를 얻어야 되므로(勤勞基準法 27條 2項 但書. 3項) 解止 대신 遡及效없는 取消를 認定해야 할 事情은 上述한 賃貸借의 경우와 같다고 하겠다.

筆者도 아직도 많은 疑問을 품으면서도 繼續的 契約의 分野에 있어서도 事實的 契約關係說이 大體的으로 妥當性을 가지며 充分히 考慮의 價値가 있는 理論임을 一旦 是認해 두고저 한다.

<筆者 · 서울法大 講師>

Betrachtungen über faktische Vertragsverhältnisse

Chong Kil, Tsche

Ⅰ. Einleitung

Die Problematik der sogenannten "faktischen Vertragsverhältnisse" beschäftigt Lehre und Rechtsprechung in Deutschland seit vielen Jahren ohne daß man sich bisher über die rechtssystematische Rechtfertigung über den Anwendungsbereich solcher Rechtsverhältnisse und über ihre praktische Notwendigkeit einig geworden wäre.

Diese Abhandlung hat den Zweck, die in der Entwicklung des Zivilrechts neuerdings sehr akut gewordene Problematik der faktischen Vertragsverhältnisse eingehend zu erörtern und zu untersuchen, ob diese Vertrags-Lehre, die neben der herkömmlichen Dogmatik des Vertragsrechts stehende neue rechtssystematische Erscheinung anerkennt, auf der richtigen Grundlage steht. Dabei wird zugleich geprüft, ob die Theorie der faktischen Vertragsverhältnisse auch im koreanischen Zivilrecht Anerkennung finden könnte.

Die Erörterung der faktischen Vertragsverhältnisse muß man davon ausgehen, daß der Mangel einer einwandfreien Vertragsgrundlage auf ganz verschiedenen Elementen und Eigenhaften der Rechtsgeschäftslehre beruht[1]. So werden hier die Problematik der faktischen Dauerschuldverhältnisse einerseits, darunter insbesondere die des Gesellschafts Arbeits-und Mietverhältnisses, und die Problematik der faktischen Vertragsverhältnisse auf dem Gebiete des Massenverkehrs andererseits einzel beahndelt.

Ⅱ. Die faktischen Vertragsverhältnisse auf dem Gebiete des Massenverkehrs

Der größte Teil der Bevölkerung ist heute auf öffentliche Daseinvorsorge angewiesen, zu deren vordringsten Aufgaben der öffentliche Verkehr und die Versorgung der Bevölkerung mit Gas, Wasser und Elektrizität gehören[2]. Die Leistungsvernältnisse der Daseinvorsorge als Massenverkehr lässt sich dahin charakterisieren, daß sowohl auf Seiten des Unternehmens wie auch auf Seiten des Empfängers individuelle Gestaltungsmöglichkeiten und überhaupt der Wille zur individuellen Gestaltung nach subjektiven Zwecken und Zielen weitgehend fehlen. Hier wird nämlich das alltäglich gleichformig und ungeneuer Vielzahl wiederkenrende Leistungsverhältnis routinmäßig abgewickelt und die Willensbilaung der Partei objektiviert sich zu einefreiwilligen Sicheinlassen auf ein in seinen rechtlichen Folgen nicht diskutierbares, als "sozial-

(1) So auch, Siebert, Faktische Vertragsverhältnisse, 1957, S. 9.
(2) Siehe dazu, Forsthoff, Lehrbuch des Verwlttungsrechts, Bd.I Allg. Teil, 7. Aufl. 1958, S. 320ff.

ltypisch" begriffenes, fertig übernommenes Leistungsverhältnis(3).

Es ist oft schwierig zu entscheiden, ob diese Versorgungsleistungen dem öffentlichen oder dem privaten Recht gehören. Aber auch wenn das Leistungsverhältnis eindeutig dem Privatrecht zuzuordnen ist, taucht die weitere Frage auf, ob überhaupt die Lebensvorgänge dieser Art durch das auf der Privatautonomie aufbauende Rechtsinstitut der Willenserklärungen, insbesonders, des Vertrages im Sinne von Angebot and Annahme, bewältigt werden können.

Die von Haupt vertretene(4) und in jüngster Zeit von Larenz weiter entwickelte (Schuldverhältnisse aus sozialtypischem Verhalten)(5) Lehre der faktischen Vertragsverhältnisse sieht die Annahme von gegenseitigen Willenserklärungen im Sinne von Angebot und Annahme auf dem Gebiete des Massenverkehrs als fiktiv an und erkennt, daß neben dem Vertrag auch die Tatsache der Inanspruchnahme der Leistung die selbständige, rechtliche Grundlage der beiderseitigen Rechte und Pflichte bilde. Nach Larenz stellen zwar das tatsächliche öffentliche Angebot und die tatsächliche Inanspruchnahme der Leistung keine auf den Eintritt bestimmter Rechtsfolgen gerichtete Willenserklarungen, wohl aber ein korrespondierendes Verhalten dar, das nach seiner sozial-typischen Bedeutung die gleichen Rechtsfolgen wie ein rechtsgeschäftliches Handeln hat.(6)

Dieser Lehre hat auch der Bundesgerichtshof gefolgt, um die Leistungsverpflichtung eines Parkplatzes zu begründen, der sich vor Benutzung des bewachten und gebührenpflichtigen Parkplatzes zur Ablehnung seiner Zahlungsverpflichtung auf den Gemeingebrauch an öffentlichen Strassen und Plätzen berufen hatte(7). Bei den anderen deutschen Zivilrechtlehrern fand auch diese Lehre weitgehend die Anerkennung(8).

Die Lehre der faktischen Vertragsverhaltnisse, die auf dem Gebiete des Massenverkehrs nicht mehr auf den Vertragsschluß im herkömmlichen Sinne von Angebot und Antrag beharrt, entspricht meiner Auffassung nach der der Verkehrsauffassung des Massenverkehrs, und würdigt die Erscheinungen des modernen Massenverkehrs sachgerecht. Es ist nämlich zuzugeben, daß dem Benutzer des Versorgungsmittels regelmäßig der Wille fehlt, zuvor über die Beförderung einen Vertrag abzuschließen. "Wein die Bahn einsteigt will in der Regel nichts erklären und

(3) Vgl. Raiser, Das Recht der allgemeinen Geschäftsbedingungen, 1935, S. 17 ff.
(4) Haupt, Über faktische Vertragsverhältnisse, 1941—43.
(5) Larenz, Die Begründung von Schuldverhältnissen durch sozialtypisches Verhalten, NJW 1956, S. 1897 ff; Lehrbuch des Schuldrechts I Allgem. Teil, 5. Aufl. 1962, S. 33 ff.
(6) Larenz, Lehrbuch, a.a.O.S. 34.
(7) BGHZ 21. S. 319=JZ 1957, S. 58 ff.
(8) Esser, Schuldrecht, 1960, 2. Aufl. § 10, Gedanken zur Dogmatik der "faktischen Schuldverhältnisse," AcP 157, S. 86 ff; Bärmann, Typisierte Zivilrechtsordnung der Daseinvorsorge, 1948; Wieacker, Leistungsbeziehungen ohne Vereinbarung, ZAKDR 1943, S. 33 ff; Simitis, Die faktischen Vertragsverhältnisse als Ausdruck der gewandelten sozialen Funktion des Privatrechts, 1957.

erklärt auch nichts"[9]

Ich gehe davon aus, daß die Leistungsverhältnisse der Daseinvorsorge im Interesse der Verke hrssicherheit nicht durch individuelle Mängel des Begründungsvorganges, wie sie das Bürgerliche Gesetzbuch für die Willenserklärung und Geschäftsfähigkeit kennt, berührt werden dürfen. Mit der Anwendung der faktischen Vertragsverhältnisse gelangt man ohne Schwierigkeiten zu diesen sachgerechten Ergebnis, da sie das Zustandekommen von Schuldverhältnissen unabhängig von den konkreten Willen der Beteiligten durch tatsächliche Vorgänge setzt.

In der koreanischen Zivilrechtslehre ist auch allgemein anerkannt, daß die Bestimmungen des Allgemeinen Teiles über Anfechtbarkeit der Rechtsgeschäfte dort keine Anwendung finden sollen, wo der Schutz des Verkehrs den Interessen der schutzwürdigen Einzelpersonen weit vorgeht. In diesem Sinne schlage ich vor, die Lehre der faktischen Vertragsverhältnisse auch im koreanischen Zivierecht uns anzuwenden.

Ⅱ. Die faktischen Vertragsverhältnisse auf dem Gebiete des Dauervertrages

Wenn die vertragliche Grundlage an einem Mangel leidet, geht die entscheidende Frage beim Dauerschuldverhältnis dahin, ob die BGB-Vorschriften über Rechtsgeschäfte und Verträge die während einer längeren Zeitdauer vollzogene Zusammenarbeit bestimmter Partner sachgerecht zu erfassen vermögen.

Die einmal ins Leben getretenen und schon in Vollzug gesetzten Dauerschuldvernältnisse, insbesondere die Gesellschaften des BGB, Arbeits-und Mietverhältnisse, können oder dürfen nicht wegen anfänglicher Vertragsmängel rückwirkend nichtig gemacht werden. Die Unangemessenheit rückwirkender Nichtigkeit bzw. rückwirkender Vernichtung wird vielfach auch mit den tatsächlichen Schwierigkeiten einer Abwicklung nach ungerechtfertigter Bereicherung begründet.

So findet in der deutschen Lehre und Rechtsprechung allgemeine Anerkennung, daß die Vorschriften über Nichtigkeit und Anfechtbarkeit der Rechtsgeschäfte für die in Vollzug gesetzten Dauerschuldverhältnisse grundsätzlich keine Anwendung finden[10].

Schon Kohler hat bei den Dauerschuldverhältnissen die Anfechtung ausschließen wollen[11] Treffend hat O.v. Gierke auch betont, daß Dauerschuldverhältnisse nicht nur Mittel des Güteraustausches sind, sondern selbständige Machtverhältnisse ins Leben rufen. Er hat dann als dogmatische Eigenart der Dauerschuldverhältnisse hervorgerufen, daß die Kündigung das

(9) Larenz, Lehrbuch, S. 36.
(10) Die deutschen Lehren und Rechtsprechungen über dieses Problem sind in dieser Abhandlung eingenend erörtert.
(11) Kohler, Lehrbuch des Bürgerl. Rechts, Bd. II 1, 1906, § 98 u. § 134 III.

grundsätzliche Auflösungsmittel sei[12]. Gschnitzer hat die Kündigung unter Ausschluß von Anfechtung und Rücktritt zum alleinigen Auflösungsmittel von Dauerschuldverhältnissen erklärt [13]. Esser geht auch mit Recht davon aus, daß bei allen Dauerschuldverhältnissen stets das Bedürfnis zur de jure Anerkennung des de facto abwickelten Teiles besteht[14].

Die Eigenart der schon verwirklichten Dauerschuldverhältnisse betonend, will die Lehre der faktischen Vertragsverhältnisse den in Vollzug gesetzten Gesellschaften, Arbeits-und Mietverhältnissen tzotz ihrer fehlerhaften Vertragsgrundlagen die rechtliche Anerkennung verleihen, und die faktischen Vertragsverhaltnisse nurmit Wirkung ex nunc auflösen[15]. Da eine vollige Nichtigkeit den Zwecken des Gesetzes und den erkennbaren Grundsätzen des Rechts des Dauerschuldverhältnisse widerspricht, schließe ich auch dieser Lehre an.

Diese Lehre ist in der gegenwärtigen koreanischen Zivilrechtsdogmatik auch haltbar und sie ermoglicht in manchen Hinsichten sachgerechte Lösungen, wie ich in der vorhandenen Abhandlung vielfach nachgewiesen habe. Auch in koreanischen Zivilrecht ist die Kündigung das Auflösungsmittel der Dauerschuldverhältnisse, und die herrschende Lehre geht auch dahin, daß die Anwendung des gesetzlichen Rücktrittsrechtes wegen Nichterfüllung auf dem Gebiete des Dauerschuldverhältnisses ausgeschloßen ist.

Darin sehe ich den geeigneten Ansatzpunkt für eine allgemeine Begründung der faktischen Vertragsverhältnisse. Die rückwirkenden Abwickllungen der in Verzug gesetzten Vertragsverhältnisse wegen Vertragsmängel würden in manchen Fällen zu den unangemessenen Ergebnissen führen. Meiner Ansicht nach entspricht diese Lehre ebenfalls den wirklichen Lebensauffassungen der Partner, die die verwirklichten Vertragsverhältnisse wegen fehlerhafter Vertraggrundlage abwickeln wollen.

Die Lenre der faktichen Vertragsverhältnisse ist dort nicht anwendbar, wo die rechtliche Anerkennung des tatsächlich vorhandenen Zustandes mit gewichtigen Interessen der Allgemeinheit oder einzelner schutzwürdiger Personen in Widerspruch treten würde[16]. Wann dies der Fall ist, kann hier nicht näher eingegangen werden. Ich bin auch der Meinung, daß ohne einen—wenn auchnichtigen oder anfechtbaren—aber keine faktishcen Vertragsverhältnisse entstehen können.

---

(12) O.v. Gierke, Dauernde Schuldverhältnisse, Jherings Jb. Bd. 64. S. 355 ff.
(13) Gschnitzer, Die Kündigung nach deutschem und östereichischem Recht, Jherings Jb. Bd. 76 S. 317ff.
(14) Esser, Schuldrecht, 2. Aufl. 1960, S. 35.
(15) Siebert, a. a. O.S. 40 ff; Haupt, a.a.O.S. 16 ff; Simitis, a. a. O.S. 107 ff, 251 ff; Roquette, Mietrecht, 1954, S. 147 ff.
(16) BGHZ 3 S. 288; So auch Esser, AcP. 157 S. 91 ff; Siebert, a. a. O.S. 62 ff; Fischer, NJW 1958, S. 969 ff.

사실적 계약관계론의 회고

김 형 석*

> 보통법은 물론이고 헌법 판결에서 신중한 접근은 대체로 옳은 것으로 보인다. 경험으로 보건대, 너무 빨리 만든 법리적 장치들은 결국 불안정한 것으로 판명 나기 쉽다.**

Ⅰ. 도입

이 글에서 필자는 고 최종길 교수 50주기를 맞아 사실적 계약관계론의 전개 과정을 돌아보고자 한다. 최종길 선생(이하 경칭 생략)의 "사실적 계약관계에 관한 약간의 고찰"[1]은 주지하는 바와 같이 우리나라에서 최초로 독일의 사실적 계약관계론을 소개하고 이를 지지한 문헌이다.[2] 그렇기 때문에 고인의 50주기를 맞아 이 논문의 의의를 살펴보는 작업은 자연스럽게 우리나라에서 전개된 사실적 계약관계론에 대한 학설사의 회고와 연결될 수밖에 없다.[3] 그러나 최종길 논문 이후 간행된 개별 문헌의 주장과 논거를 소개·검토하는 작업은 이미 행해진 바 있으며,[4] 따라서 여기서 비슷한 형태로 반복될 필요는 없을 것이다. 아래에서는 오히려 최종길 논문을 논의의 단서로 삼아, 이를 출발점으로 하여 전개된 우리 학설의 논의 패턴을 비판적으로 돌아보고, 이로부터 우리 민법학이 영위되는 방식과 법학방법론적인 쟁점에 대해 생각해 보고자 한다.

---

* 서울대학교 법학대학원 교수

** 긴즈버그·헌트, 긴즈버그의 말, 2018, 26면.

1) 서울대 법학, 제5권 제1·2호, 1963, 40면 이하. 아래에서 "최종길 논문"으로 언급하며, 인용 면수는 본문 중에 지시한다.

2) 최광준, "1963년 이후 사실적 계약관계론에 대한 회고", 한국 민법이론의 발전(이영준 박사 화갑기념), 1999, 775면.

3) 사실적 계약관계에 대한 학술적 논의의 참여자 중 하나인 이호정의 "사회정형적 행위론의 연구"에 대한 해제가 학설사의 형태를 취할 수밖에 없었던 것도 마찬가지의 이유일 것이다. 엄동섭, "해제: 사회정형적 행위론의 연구", 자유주의자 이호정의 삶과 학문, 2019, 261면 이하.

4) 우선 주 2, 3의 문헌 참조.

Ⅱ. 우리나라에서 사실적 계약관계론

1. 최종길 논문 이전의 논의 상황

우선 최종길 논문이 공간되기 전에는, 필자가 과문한 탓인지도 모르겠지만, 문헌에서 사실적 계약관계론을 언급하는 것은 쉽게 찾아볼 수 없다. 김증한·안의준 공편의 『신채권법각론(상)』(1958)을 포함하여 당시 간행된 교과서들은 청약과 승낙의 합치 이외의 방법에 따른 계약성립에 대해 교차청약에 의한 계약 성립(민법 제533조)과 의사실현에 의한 계약 성립(제532조)만을 언급하고 있었다. 이는 당시 일본의 대표적인 교과서들의 서술과 비슷한 모습이었다고 말할 수 있다.[5)]

2. 최종길 논문

1963년에 공간된 최종길 논문은 서두에서 종래 자유주의 사상에 기초를 두고 있는 계약이론이 집단적 계약과 계속적 계약에 적용될 때 발생할 수 있는 "부당성 내지 불합리성"을 언급하면서 문제를 제기한다(40-41면). 즉 무능력, 의사표시의 흠결·하자 등을 이유로 하는 무효·취소는 집단적 거래를 교란할 수 있으며, 실현된 계속적 계약에서도 무효·취소에 따른 소급적 청산은 거래에 부당한 결과를 가져올 수 있다는 것이다. 그리고 이러한 문제에 대응하기 위한 이론으로 이 논문은 독일의 사실적 계약관계론을 소환한다. 여기서 서술은 개별 이론의 상세를 추적하지는 않으며, 1960년대 초반 독일의 학설에서 정착된 형태의 사실적 계약관계론에서 출발한다. 참조되는 문헌 역시 당시 독일에서 대표적인 것이 주로 인용되고 있다.

논문은 그 전반부에서는 이른바 생존 배려가 문제되는 사회적 급부관계에서 사회적 급부의 청구·수령이라는 사실적 행위에 의해 계약관계가 성립할 수 있는지 여부에 대한 독일의 학설을 특히 하우프트(Haupt)와 라렌츠(Larenz)를 중심으로 상세히 서술한 다음(44-45면), 유력한 반대자들의 비판을 소개하고(45-46면), 이어서 주차장 사건(BGHZ 21, 319)으로 대표되는 독일 판례를 언급한다(46-47면). 여기서 논문은 대량적 거래를 의사표시 합치에 따른 계약으로 파악하려는 시도는 의제적이며 무리라고 지적하고, 특히 의사의 흠결·하자 그리고 무능력 규정의 적용도 문제적이라고 파악한다(47-50면). 따라서 사실적 계약관계론을 채택하여 이들 사례를 해결할 것이 주장된다(50-52면). "사실적 계약관계설은 확실히 정당한 근거에 입각하고 있으며 실제적인 생활 관념에도 가장 적합할 뿐만 아니라 또한 구체적인 제문제를 해결하는데 훌륭한 해결 방법을 제시하는 이론이라고 생각된다."(47면)

---

5) 아마도 전쟁의 영향 때문인지 일본에서 독일의 사실적 계약관계론은 1950년대에 들어서 본격적으로 다루어진 것으로 보인다. 新版 注釋民法(13), 補訂版, 2006, 583면(五十嵐清) 참조.

한편 이 논문의 후반부는 무효이거나 취소된 계속적 계약관계에서 사실적 계약을 인정할 것인지에 대해 논의한다. 우선 기르케(Gierke)가 개진한 계속적 계약관계의 특질에 대한 서술에서 출발하여, 그것의 소급적 원상회복이 부적절함을 지적하고 소급효 제한의 이론으로서 사실적 계약관계론을 고려한다(53–54면). 이어서 독일의 사실적 조합론(54–57면)과 사실적 고용관계론(57–60면), 사실적 임대차관계론(60–61면)이 상세하게 소개된다. 논문은 이 과정에서 개진된 사실적 계약관계론자들의 주장이 매우 다양하여 이를 일률적으로 판단하기는 가능하지 않다고 전제하면서 여러 논자들의 주장을 나누어 분석·평가하지만(61–63면), 그래도 사실적 계약관계론이 소급효 제한의 이론의 출발점으로서 활용될 수 있을 가능성을 시사하며 마무리한다. "아직도 많은 의문을 품으면서도 계속적 계약의 분야에 있어서도 사실적 계약관계설이 대체적으로 타당성을 가지며 충분히 고려의 가치가 있는 이론임을 일단 시인"하고자 한다는 것이다(64–67면).

3. 이후의 전개

(1) 곽윤직의 『채권각론(상)』(1967)과 "계약 없이 성립하는 계약관계"[6]는 최종길 논문에 이어 사실적 계약관계론을 소개하고 이를 지지한 문헌이다. 교과서와 논문의 내용은 대부분 같다. 그런데 이 글들은 문헌 전거를 거의 포함하고 있지 않으며,[7] 최종길 논문도 인용되어 있지 않다. 이들은 마치 학술적 진공 상태에서 사실적 계약관계론을 처음 소개하는 것처럼 서술을 진행한다.[8] 사실적 계약관계론의 소개 및 평가와 관련해 최종길 논문을 넘어서는 내용은 기본적으로 발견되지 않는다. 다만 이 글들은 독일 연방대법원의 농장양도 사건(BGHZ 23, 249)을 언급하고 있다는 점에서 최종길 논문이 포함하지 않은 정보를 포함하고 있었다. 곽윤직은 여기서 "생존 배려의 급부관계는 개인의 문제가 아니라 사회 내지 공동체의 문제"로 "공동체의 이익 앞에 개개인의 이익은 후퇴해야 하며, 개인의 이익을 위주로 하여 발달해 온 종래의 법률행위 이론이나 무능력 제도는 일정한 한도에서 제한을 받아야 마땅할 것"이어서, "모든 법률관계를 전통적인 계약이론으로 해결하려고 할 때에 빠지기 쉬운 기교적 설명을 피하여 우리의 생활관계를 직시하는 이론구성을 취하는 사실적 계약관계론을 인정"하고자 한다.[9] 이러한 태도는 계속적 계약관계에 사실적 계약관계론을 시인하는 것에서도 마찬가지이다.[10]

다만 곽윤직은 이후 개정된 교과서의 서술에서는 사실적 계약관계론을 명시적으로 지지하

6) 사법행정, 제10권 제1호, 1969, 16면 이하.
7) 전자의 경우 포르스트호프의 행정법 교과서와 라렌츠의 민법총칙 교과서만이 인용되고 있으며, 후자의 경우 뒤의 문헌만이 언급되고 있다.
8) 최종길 논문이 서울대학교가 간행하는 『법학』에 공간되었다는 사실을 기억한다면, 곽윤직이 이 논문의 존재와 내용을 몰랐다고는 짐작하기 어렵다.
9) 곽윤직 (주 6), 19면.
10) 곽윤직 (주 6), 23면.

는 태도에서 벗어나 다소 유보적인 긍정의 모습을 보인다. 즉 "묵시의 의사표시의 추정이 부자연스럽고, 그렇다고 부당이득의 법리에 의한 처리도 적절하지 않은 때에는, 사실적 계약관계를 도입해서 문제의 처리를 시도하는 것도 하나의 방법일 것"이나, "그러한 처리를 위한 법기술적 개념으로서 사실적 계약관계가 적절한지의 여부, 어디까지 이 개념을 사용할 것인지 등의 문제는, 앞으로 사법학이 연구·검토할 과제라 할 것"이라고 한다.[11] 그리고 내용의 서술에서도 독일 판례는 주차장 사건만이 언급되고, 사실적 계약관계론의 비판자들의 주장 역시 비슷한 비중으로 소개되며,[12] 계속적 계약관계에 관한 서술은 삭제되었다.[13] 이러한 태도 변화는 곽윤직이 아마도 아래에 살펴볼 이호정의 논문이나 다른 독일 문헌을 통해 독일에서 진행되고 있는 사실적 계약관계론의 쇠퇴를 인지하였다는 사정에 그 원인이 있을지도 모른다.[14]

(2) 1974년에 발표된 이호정의 "사회정형적 행위론의 연구"[15]는 우리나라에서 사실적 계약관계론과 관련된 논의의 이정표이자 정점이라고 말할 수 있을 것이다. 이후 그의 박사학위논문으로 제출되는[16] 이 연구에서, 이호정은 사실적 계약관계론 중에서도 생존 배려를 위한 사회적 급부와 관련된 쟁점을 중심으로 독일의 논의를 매우 상세하게 소개·분석하고 있다. 그런데 이 논문의 독특한 점은 이러한 사회정형적 행위론에 관한 분석을 수행하기 위해 그 전제로서 법률행위 일반이론에 대해 정치한 분석을 선행시키고 있다는 사실이다.[17] 법률행위론에 관한 기초연구로서 이에 필적할 만한 것은 아직도 우리 학설에서 쉽게 찾아보기 어렵다고 생각된다. 이어서 이 논문은 그 후반부에서 하우프트, 라렌츠, 지미티스(Simitis)의 입론을 중심으로 사회적 급부와 관련된 사실적 계약관계론의 주장과 논거를 매우 상세하게 소개하고,[18] 이어서 독일 판례의 동향을 분석한다.[19] 특히 판례의 태도 전환을 함축하는 미성년자 비행기 여행 사건(BGHZ 55, 128)이 언급되고 있다. 그러나 무엇보다 이 논문이 이전의 논의를 훌쩍 뛰어넘는 지점은 사회정형적 행위론에 관해 그동안 제기된 독일의 비판론을 유형을 나누어 저자별로 상세히 소개·분석하는 부분[20]이라고 생각된다. 이 논문의 서술에 의해 생존 배려적 급부에 관한 독일의 사실적 계약관계에 관한 논의는 비로소 그 전모를 입체적으로 파악할 수 있게

11) 예컨대 곽윤직, 채권각론, 신정판, 1995, 88면.
12) 곽윤직 (주 11), 85-86면.
13) 다만 조합과 고용에 관한 설명에서 사실적 계약관계론을 채택하는 태도는 유지되고 있다. 곽윤직 (주 11), 418-419, 531-532면,
14) 징후적으로 곽윤직 (주 11), 85면: "대세는 사실적 계약관계론의 지지파에 유리한 것같이 보였으나, 최근에 와서는 반대파에 가담하는 자가 늘어남으로써 오히려 찬성론자를 압도하고 있다."
15) 논문의 제1부는 경제논집, 제13권 제1호, 1974, 114면 이하; 제2부는 경제논집, 제13권 제2호, 58면 이하.
16) 이호정, 독일의 사회정형적 행위론의 연구, 서울대학교 박사학위논문, 1975.
17) 이호정 (주 15; 제1부), 123면 이하.
18) 이호정 (주 15; 제2부), 64면 이하.
19) 이호정 (주 15; 제2부), 76면 이하.
20) 이호정 (주 15; 제2부), 85면 이하.

되었다고 말할 수 있다. 이러한 논의를 배경으로 이호정 자신은 사회정형적 행위론을 거부하는 진영에 가담하며, 「선행행위와 모순되는 항변」(protestatio facto contraria)의 불고려를 통한 해결과 부당이득법에 의한 해결 중에서 전자가 보다 설득적이라고 평가한다.[21]

(3) 이호정의 논문 이후 1990년대 말까지 우리나라에서 사실적 계약관계론에 관한 연구로서 최종길과 이호정의 논문에서 다루어진 내용을 넘어서는 것은, 적어도 필자가 평가하기에는, 유감스럽게도 쉽게 발견되지 않는다. 이 이론을 지지하는 문헌[22]과 회의적인 문헌[23]이 대립하고는 있었지만,[24] 기본적으로 논의의 기본적 내용과 틀에서 큰 변화는 찾을 수 없는 것이다.

게다가 의외의 사실이라면, 기존의 선행연구를 참조하고 계승하여 이 쟁점에 대한 논의를 진전시키는 연구도 쉽게 발견되지 않는다는 것이다. 대표적인 예로서 1986년에 발표된 이영준의 "사실계약 이론의 비판"(주 23)의 경우, 오로지 곽윤직의 교과서만을 비판 대상으로 하여 극히 소수의 독일 문헌만을 원용하는 서술이 진행되고 있으며, 최종길과 이호정의 논문은 아예 인용조차 되어 있지 않다.[25] 사적 자치의 의미를 강조하는 이 논문의 날카로운 비판론에도 불구하고 독자는 자연스럽게 다음과 같은 의문을 품게 된다. 여기에 다루어진 내용은 거의 모두 이미 선행연구에서 찾을 수 있는 것 아닌가? 상세한 논거가 개진된 선행연구가 아니라 교과서 하나만을 비판의 대상으로 한 이유는 무엇일까? 이 논문은 과연 우리나라 학계의 동료들을 독자로 상정하고 있었던 것일까? 그리고 1980년대에 다시 독일 학설과 관련지어 이 논쟁을 끄집어내는 연구라면 그사이 공간된 논문들 예컨대 비판론의 중요한 이론적 지주인 「선행행위와 모순되는 항변」의 효력에 관해 발표된 중요한 독일의 문헌[26]을 참조해 주장을 점검하고 논의를 확장할 수도 있지 않았을까?

1990년대에 이르면 이제 우리 학설에서도 사실적 계약관계론을 거부하는 견해가 다수를 이루게 되지만,[27] 이들 문헌의 사실적 계약관계 서술은 여전히 최종길과 이호정의 논문에서

21) 이호정 (주 15; 제2부), 121–122면.

22) 최공웅, "사실적 계약관계 이론", 저스티스, 제18호, 1985, 7면 이하.

23) 최식, "사실적 계약관계", 김증한·이희봉 편집대표, 민법논선(하), 1982, 287면 이하; 이영준, "사실계약 이론의 비판", 민사재판의 제문제, 제4권, 1986, 60면 이하.

24) 한편 황적인, 현대민법론 Ⅳ, 증보판, 1987, 84면 이하는 지지의 표명 없이 사실적 계약관계론을 소개하는 것에 그친다.

25) 이후 해당 논문이 약간의 수정을 거쳐 수록되는 이영준, 민법총칙, 1987, 121면 이하에서는 최종길 논문만이 지나가며 언급되고 있다(123면).

26) Teichmann, "Die prostestatio facto contraria", *Festschrift für Michaelis*, 1972, S. 294ff.; Köhler, "Kritik der Regel 'prostestatio facto contraria non valet'", *Juristenzeitung* 1981, 464ff.

27) 곽윤직 편집대표, 민법주해[XII], 1997, 198면(지원림); 백태승, "사실적 계약관계론", 연세행정논총, 제18집, 1992, 232면 이하; 이은영, 채권각론, 1990, 97면 이하; 손지열, "사실적 계약관계론", 민사재판의 제문제(상), 1995, 332면 이하; 김형배, 채권각론(계약법), 신정판, 2001, 18면; 김재형, "분양계약의 당사자 확정에 관한 문제", 민법론 Ⅲ, 2007, 100면 이하; 이덕환, 채권각론, 2010, 58면 등. 부정설에서도 「선행행위와 모순되는 항변」의 효력을 부정할 것인지 여부에 대해서 견해가 나뉜다. 예컨대 항변의 효력을 부정해 계약 성립을 인정

도달한 수준을 넘어서는 단계에는 이르지 못하였다고 보인다. 물론 새로운 관점을 시사하는 문헌이 없었던 것은 아니다. 예를 들어 상대방의 신뢰 보호를 강조하는 영미 계약법 이론(관계 이론)을 원용해 사실적 계약관계론을 정당화할 가능성을 고려한다든가,[28] 새로 제정된 「약관 규제에 관한 법률」이 계약설에 입각하고 있음을 근거로 사회적 급부의 법률관계도 계약에 기초할 수밖에 없음을 지적하는[29] 견해가 그러하다. 그러나 이들은 간단하게 생각의 단초를 개진하는 정도에 그쳐서, 기존 논의의 새로운 전개를 가능하게 할 정도의 기여에는 이르지 못하였다고 생각된다. 1999년에 이르러 다른 각도에서 사실적 계약관계 부정론이 의지하는 논거들을 비판적으로 검토하는 논문이 공간되었을 때에도 새로운 논의로의 진전은 일어나지 않았다.[30] 학계에서 이제 사실적 계약관계론은 —아마도 독일 학설 상황의 영향 하에— 사실상 극복된 것으로 여겨지고 있었기 때문이다. 실제로 이 논문마저도 결과적으로는 현재 사실적 계약관계론이 가지는 실익이 없다는 이유에서 부정설로 기울었다.[31] 심지어 2000년대에 간행된 한 연구[32]에서는 사실적 계약관계론의 적용이 전혀 문제될 수 없는 분양계약의 당사자 확정에 관한 재판례를 계기로 하여(분양계약은 명백히 이 이론이 전제하는 생존 배려를 위한 대량 거래도 아니고 소급효 제한이 제기되는 계속적 계약도 아니다)[33] 부자연스럽게 사실적 계약관계론의 당부에 관한 논의를 외삽하면서 새삼 부정설을 채택하는 서술마저 발견된다.

이렇게 학설에서 사실적 계약관계론에 대한 관심이 사라져가는 과정에서 1994년 독일에서 간행된 이 주제에 대한 포괄적인 연구서[34]가 전혀 주목받지 못하였다는 사실은 어쩌면 너무나 자연스러운 귀결이었을 것이다. 이 연구가 새로이 조명한 흥미로운 내용, 예컨대 이미 하

하는 견해로 이영준 (주 23), 75면, 항변으로 계약 성립이 좌절되어 부당이득 또는 불법행위로 해결해야 한다고 보는 견해로 손지열 (주 27), 344면. 한편 사실적 계약관계론을 지지하는 견해로 김상용, 채권각론(상), 1999, 70–71면; 장재현, 채권법각론, 2006, 92–93면.

28) 최공웅 (주 22), 19면 이하. 비교의 대상이 되는 약속적 금반언에 대해서는 엄동섭, 미국 계약법 I, 2010, 187면 이하 참조.

29) 이은영 (주 28), 105면; 손지열 (주 28), 346–347면.

30) 최광준 (주 2), 778면 이하.

31) 최광준 (주 2), 797면.

32) 김재형 (주 27), 89면 이하.

33) 이 논문은 평석의 대상인 재판례가 무의식적으로 사실적 계약관계론의 영향을 받은 것으로 보인다고 지적하나 (김재형 (주 27), 93, 104면), 필자가 읽기에는 어떠한 영향도 확인할 수 없다. 이 재판례는 단지 아래 Ⅲ에서 살펴보는 것처럼 계약이 없음에도 일정한 계약적 효과를 인정하려는 과정에서 "사실상 계약 당사자" 등의 표현을 수사적 논거로 활용한 것에 지나지 않는다고 보인다. 그러한 표현을 사용하였기에 사실적 계약관계론의 영향을 받았다고 추측할 수 있다면, 세계의 많은 법원이 사실적 계약관계론의 영향 하에 있다고 말해야 할 것이다. 재판례에서 이러한 토포스의 활용은 비교법적으로 자주 관찰되는 현상이기 때문이다. Esser, *Grundsatz und Norm*, 2. Aufl., 1964, S. 247 참조.

34) Lambrecht, *Die Lehre vom faktischen Vertragsverhältnis. Entstehung, Rezeption und Niedergang*, 1994. 서평으로 Bucher, *Zeitschrift für Europäisches Privatrecht* 1996, 715; Roth, *Archiv für die civilistische Praxis* 195 (1995), 468; Hammen, *Zeitschrift für Neuere Rechtsgeschichte* 1996, 344.

우프트의 주장을 선취하는 다수 선행연구들의 존재,[35] 사실적 계약관계론의 흥기를 가능하게 한 시대적 · 정신적 환경,[36] 재판례와 그 찬반을 둘러싸고 개진된 다양한 논거,[37] 심지어 인적 연속성(라렌츠 학설의 지지자 다수는 1945년 이전 키일 학파의 학자들이었다는 것,[38] 주차장 판결을 내린 연방대법원 제5부의 부장이었던 타쉐(Tasche)는 이미 1942년에 사실적 계약관계론을 지지하는 논문을 공간하였다는 것[39]) 등에 대한 정보는 우리 학설의 관심을 받지 못하고 지나갔다.

4. 평가

사실적 계약관계론에 관한 우리 학설사를 회고하면서 확인할 수 있는 사실은, 이론 수용의 초창기에 이를 충실히 소개하고 비판적으로 검토하는 좋은 연구가 있었음에도 불구하고, 이후 학설에서는 이를 출발점으로 하여 서로 의견과 비판을 공유하면서 논의가 진전되었다기보다는, 오히려 다수의 연구자들이 마치 진공 상태에서 독백을 하듯 논의를 새로 시작하였고, 이로써 대체로 비슷한 형태의 논의가 현재까지 지속하였다는 것이다. 게다가 최종길과 이호정의 논문을 제외하면, 독일의 개별 논문이나 단행 연구서를 참조한 세심한 연구는 거의 없었다. 그러나 바로 그 최종길과 이호정의 논문은 이후 연구에서 거의 인용되지 않았거나, 드물게 인용되었더라도 피상적인 언급에 그쳐 그 내용이 제대로 수용 · 평가되지 않았다. 결국 이후 학설은 논의의 심화 없이 대개 독일의 교과서 문헌을 바탕으로 대동소이한 서술을 지속하였다. 그리고 아마도 바로 그 독일의 교과서 문헌을 따라 사실적 계약관계론의 몰락마저도 수입한 것으로 보인다. 과연 우리 학설은 우리 자신의 목소리로 사실적 계약관계론을 배척하였던 것일까? 마치 강한 자석 근처에 있는 나침반의 바늘처럼 보다 강한 힘의 움직임을 따라 회전하고 있었던 것은 아닐까?

부르디외에 따르면, 성공적인 학술적 장이 성립한다는 것은 학술적 인정, 평판, 영향력과 같은 상징자본을 둘러싸고 이를 획득하기 위한 연구자들이 '그들만의 게임'이 이루어지는 학술적 공간을 구축한다는 것, 즉 동일한 관점을 공유하면서도 그 안에서 서로 적대하는 친밀한 적대자 공동체를 구축한다는 것을 의미한다고 한다.[40] 이러한 관점에서 살펴볼 때, 적어도 사실

---

35) Lambrecht (주 34), S. 19ff.

36) Lambrecht (주 34), S. 46ff.

37) Lambrecht (주 34), S. 95ff.

38) Lambrecht (주 34), S. 78f. 하우프트의 논문 자체는 나치적 이념에 대한 명시적인 원용을 보이지 않지만, 이후 사회정형적 행위론 지지자들의 인적 연결망을 고려할 때 당시의 반자유주의적 시대정신의 영향을 부정할 수는 없다고 보인다. 주 36 및 Deyerling, *Vertragslehre im Dritten Reich und in der DDR während der Geltung des BGB*, 1996, S. 47ff.; Hattenhauer, *Grundbegriffe des Bürgerlichen Rechts*, 2. Aufl., 2000, S. 80ff. 참조. 하우프트 자신은 키일 학파에 속하지는 않았으나, 나치당원이었다. 라이프치히 대학 교수 카탈로그 참조.
https://research.uni-leipzig.de/catalogus-professorum-lipsiensium/leipzig/Haupt_465.html

39) Lambrecht (주 34), S. 99.

적 계약관계론이라는 이론적 대상과 관련해 우리 학설은 성공적인 학술적 장을 구축하지는 못하였다고 생각된다. 오히려 부르디외가 학술적 장의 성립을 방해하는 원인 중 하나인 딜레탕티즘으로 지칭하는 태도, "주어진 이론 지식을 심화 · 갱신하려 하지 않고 '얕고 넓게' 그 적용 대상만을 연장하면서 이를 통해 학자들이 자신의 지위를 안정적으로 재생산하려는 학술적 실천"[41]이 행해진 것 같다고 말한다면,[42] 과연 지나치게 가혹한 평가일까?

우리나라에서 하버마스 수용의 갑작스런 열광과 급격한 몰락을 지식사회학적으로 분석한 한 연구서에서 다음과 같은 구절을 발견했을 때, 필자는 자연스럽게 몇몇 주제와 관련해 발견되는 우리 학설사의 모습을 떠올리지 않을 수 없었다. "한국 학자들의 거의 대부분은 자신들이 맞이한 인문사회과학 전반의 위기의 원인을 주로 '서구종속성' 현상에서 찾았다. 그러나 이 책에서 추적한 하버마스 수용 과정이 말하는 것은 이들이 문제 삼는 것의 정반대, 그러니까 한국 인문사회과학 학술영역이 어떠한 서구 이론도 충분히 몰입해 본 적이 없다는 사실이 문제의 근원이라는 것이다."[43] 그러나 동시에 사실적 계약관계론과 관련해서는 논의의 출발점에 "서구 이론"에 의식적으로 "충분히 몰입해 본" 최종길과 이호정의 연구가 존재한다는 사실이 우리에게 얼마나 위안을 주는 사실인지도 새삼 절감하게 된다. 우리나라에서 사실적 계약관계론에 대해 살펴보고자 하는 연구자는 언제나 논의의 시발점인 최종길과 이호정의 논문으로 돌아갈 수밖에 없을 것이다.

Ⅲ. 방법론적 여론(餘論): 사실적 계약이라는 토포스

하우프트에서 시작된 사실적 계약관계론은 독일과 우리나라에서 그 수명을 다한 것으로 보이고, 이 결과에 굳이 반작용할 이유는 없다고 생각된다. 그에 대한 반론들은 이미 선행연구에서 상세히 논구되었고[44] 여기서 반복할 필요는 없을 것이다.[45] 그러나 이러한 형태의 과거

---

40) 이시윤, 하버마스 스캔들 — 화려한 실패의 지식사회학, 2022, 56면 이하.

41) 이시윤 (주 40), 80면.

42) Bourdieu, *Homo Academicus*, tr. by Collier, 1988, p. 102: "교실에서 태어나 교실에서 삶을 마칠 운명인 이러한 연구들은 대부분의 경우, 대학에서 대상화되어 작성되는 강의계획서의 타성을 통해서만 존재 · 지속하는 문제와 논쟁을 제도화하고 정전화함으로써, 낡은 상태의 지식을 영속화한다."

43) 이시윤 (주 40), 481면.

44) 이호정 (주 15; 제2부), 85면 이하; Lambrecht (주 40), S. 125ff. 참조.

45) 최광준 (주 2), 796면은 "사실적 계약관계론 자체에서 어떠한 교리적 오류를 발견할 수 없"다고 하나, 이는 의문이다. 무엇보다 법률에 근거를 발견할 수 없다는 점은 어떻게든 법률과의 연결점을 마련하고자 시도하는 학설과 비교할 때 해석법학의 교리로서 치명적인 약점이라고 하지 않을 수 없다. 게다가 이론 자체에 평가모순이 없다고도 말할 수 없다. 사실적 계약관계론에 따른 학자들도 예컨대 승객이 표를 끊고 승차하는 경우에는 의사표시에 따른 계약성립을 인정한다(예컨대 최종길 (주 1), 48−49면). 이 경우 법률행위 규정은 적용되는가? 적용된다고 하면, 이들과 무임승차자 사이에 법적 처리에서 차이가 발생한다. 적용되지 않는다고 하면, 무슨 근거로 사회정형적 행위가 아닌 의사표시에 기초해 성립한 계약에 법률행위 규정이 적용되지 않는지 설명할 수

학설인 사실적 계약관계론이 포기된다고 하더라도, 이로부터 사실적 계약이라는 토포스와 그것이 법발견에 제기하는 방법론적인 쟁점마저 폐기되는 것은 아니다. 이 맥락에서 「사실적 계약」은 그 개념이 지시하는 바를 적절히 포착하지 못한다. 오히려 「계약적 효과의 전부 또는 일부가 부여되는 사실관계」라는 표현이 문제가 되고 있는 핵심적인 내용을 표명한다.[46]

어떤 법질서에서도 그 해석상 법정채권관계가 성립하는 것이 적절한 해결이 되지만 실정법으로부터 그러한 결론을 정당화하기 어려워 법의 흠결이 확인되는 사안이 발생할 수 있다. 이 경우 로마 법률가들은 이익상황의 유사성과 가정적 의사를 고려하여, 계약이 성립하지 않은 사실관계에 대해 계약적 효과를 인정함으로써 법명제를 도출하였고 시간의 경과에 따라 이로부터 결과적으로 새로운 법정채권관계를 창출하였다. 타인의 사무에 개입한 자의 신의(fides)에 기한 윤리적 관계와 법적으로 성립한 위임계약 사이에 존재하는 이익상황의 유사성 그리고 본인의 가정적 의사를 시인함으로써 일정하게 위임의 효과를 부여하여 사무관리라는 제도를 창출한 것이 대표적인 예이다. 이로써 일정한 사실관계에 계약적 효과가 부여된 것이고, 그렇기에 이 사례들은 계약에 준하여 발생하는 채무(obligatio quasi ex contractu)라고 명명되었다. 카나타는 이러한 "사실적 계약"이 전통적으로 새로운 법정채권관계의 인정이라는 법발견 과제에 중요한 사고 도구로 사용되어 왔음을 지적한다.[47] 그리고 그가 지적하듯 이러한 인식은 이후 보통법학에서도 보존되어 왔다.[48] 그래서 예컨대 푸트는 준계약의 경우 채권관계는 "사태 자체, 행위, 행태"(ex re ipsa, facto, gestione)로부터 발생하는 것으로, 진정한 합의는 물론 묵시적 약정도 존재하지 않지만, 이러한 준계약의 사례는 로마법대전에 전승된 것 이외에도 인정될 수 있다고 하여 새로운 법정채권관계 형성의 가능성을 명시적으로 인정하고 있었던 것이다.[49]

실제로 우리 민법을 적용하는 과정에서도 이렇게 계약적 효과가 인정되는 것이 적절할 수 있는 사실관계에 직면하게 되는 경우가 있다. 물론 법원은 많은 경우 개별 사안에서 당사자들의 의사를 사실상 의제함으로써 문제를 해결하기도 한다. 그러나 이러한 방법이 가능하지 않은 "사실적 관계"도 당연히 존재한다. 예를 들어 영업적인 활동을 하는 자가 자신의 영업 범위 내에서 사무관리를 하는 경우에 그의 통상의 보수에 상당하는 액수를 비용상환으로 청구할 수 있다고 해석한다면,[50] 이는 계약이 없는 사실관계에 일종의 계약적 효과를 인정하는 것이다.

없다. 의사표시 그리고 사회정형적 행위에 따른 채권관계 성립을 이원적으로 긍정한 라렌츠도 이러한 비판에 끝까지 설득력 있는 해명을 제공하지 못하였다(이상의 내용에 대해 Lambrecht (주 34), S. 145ff. 참조). 반대로 일원적으로 오로지 사회정형적 행위에 따른 계약관계만을 인정한다면, 현실에서 당사자들의 의사의 합치가 존재하는데 무슨 근거로 그 효력이 일률적으로 부정되는지도 이해하기 어렵다.

46) Bucher, *Schweizerisches Obligationenrecht. Allgemeiner Teil*, 2. Aufl., 1988, S. 273 참조.

47) Cannata, "Das faktische Vertragsverhältnis oder die ewige Wiederkunft des Gleichen", *Studia et Documenta Historiae et Iuris*, Vol. 53, 1987, 297ff. 곽윤직 (주 11), 87면도 참조.

48) Cannata (주 47), 306ff.

49) Voet, *Commentarius ad pandectas*, tomus secundus, Coloniae Allobrogum, 1757, Lib. XLIV, Tit. Ⅶ, 5 (p. 735).

임대차가 종료하였음에도 목적물을 계속 사용·수익한 임차인이 부당이득으로 반환해야 하는 액수를 산정할 때 기존 계약에서 약정한 차임을 고려하려는 관점[51]도 유사하다. 또한 쌍무계약이 무효이거나 취소된 경우에 그 원상회복 관계가 동시이행되어야 한다면,[52] 마찬가지로 비슷한 고려가 작동하고 있다고도 말할 수 있다. 한편 상가 건물 분양에서 분양자와 수분양자 사이에 업종제한 약정이 체결된 경우, 판례는 상가의 이후 양수인도 "특별한 사정이 없는 한 상가의 점포 입점자들에 대한 관계에서 상호 묵시적으로 분양계약에서 약정한 업종 제한 등의 의무를 수인하기로 동의하였다고 봄이 상당하므로, 상호간의 업종 제한에 관한 약정을 준수할 의무가 있다"고 하여 사실상 의사표시를 의제하여 업종제한을 유지한다.[53] 그런데 만일 이러한 판례를 알고 있는 양수인이 상가를 양수하면서 업종제한 약정의 상대방 또는 상가 구분소유자 전원을 상대로 업종제한 약정에 동의하지 않음을 밝히는 경우에는 과연 어떻게 처리될 것인가? 여기서 우리는 의사표시 의제로 해결하는 방법의 한계에 도달하며, 해석으로 계약적 효과를 가지는 사실관계로서 어떤 법정채권관계를 인정할 것인지 아니면 업종 제한을 유지하지 않고서 당사자들 사이의 불균등한 대우를 감수할지 등의 선택에 직면하게 될 것이다.

물론 이상과 같은 관찰로부터 "사실적 계약"이라는 독자적인 법개념이나 법리를 인정해야 한다는 결론을 손쉽게 도출해서는 안 된다. 이는 이익상황이 제기하는 평가적 과제를 개념으로 실체화하여 도식화하는 개념법학적 충동에 다름 아니기 때문이다. 오히려 어떠한 사실적 관계에 계약적 효과의 전부 또는 일부를 인정할 규범적 필요가 발견된다는 사실은 이를 기존의 법정채권관계 이해에 반영해야 한다는 법해석의 과제 또는 법률의 가치평가에 기초해 새로운 법정채권·채무를 도출하는 법형성의 과제를 도그마틱에 제기하는 것이다. 이에 관한 논의는 결코 "사실적 계약관계 그 자체"에 대해서 행해질 수는 없으며, 개별 구체적 사안유형과 관련해 진행되어야 한다.[54] 그래서 예컨대 앞서 살펴본 "유상" 사무관리의 사례(주 50)에서 판례의 결론을 긍정한다면, 이는 "사실적 계약"이 제기하는 과제를 사무관리에서 "비용"의 해석에 반영하여 해결한다는 것을 의미한다.[55] "'사실적 관계'의 도그마틱으로의 돌진은, 법관이 […]

50) 大判 2010.1.14., 2007다55477, 공보 2010, 309. 이 판결에 대해 우선 이병준, "사무관리의 성립과 노무 제공에 따른 보수청구권", 안암법학, 제34권, 2011, 399면 이하 참조

51) 독일 민법 제456a조 참조. 또한 양창수, "임대차 종료 후 임차인의 목적물 계속점유와 부당이득", 민법연구, 제2권, 1991, 342면 이하도 참조.

52) 大判 1976.4.27., 75다1241, 집 24-1, 273.

53) 大判 1997.12.26., 97다42540, 공보 1998, 501 등.

54) Bucher (주 34), 719.

55) 따라서 예컨대 최광준 (주 2), 796면이 선행행위와 모순되는 항변의 불고려와 관련해 "반대론자들은 사실적 계약관계론의 적용 자체에 대해서는 반대하면서도 이 이론에 내재하고 있는 일정한 행위에 대한 '사회정형적 의미'를 실제로는 중시하고 있"다고 지적할 때, 이는 반대론자들의 약점이라기보다는, 계약적 효과를 요구하는 사실관계에 대한 규범적 고려를 기존 법리에 반영한 것으로서 오히려 지극히 정상적이고 정당한 작업 방식이라고 말해야 한다.

옛 제도들의 토대에서 이러한 사실적 관계에 보호를 부여할 수 있게 하는 일반적 법적 사고를 발견하지 못한다면 전혀 생각할 수 없다."[56]

이렇게 살펴볼 때 우리는 사실적 계약관계론의 이론적 성공과 실패의 원인 중 하나를 동시에 이해할 수 있을지도 모른다. 사실적 계약관계론은 대량 거래에서 사회적 급부의 청구에 따른 채권관계를 인정하고자 하였고, 이러한 시도가 실제로 계약 없는 채권관계를 성립시키고자 하였다는 점에서 준계약을 활용하여 새로운 법리로 나아가는 오랜 전통에 접속하고 있는 것은 사실이다.[57] 그러나 준계약 내지 사실적 계약을 통한 계약적 효과의 인정 그리고 이를 통한 새로운 법정채권관계의 정초는 법률의 흠결 때문에 법률의 해석만으로 정당한 해결을 보장하기 어려운 경우에 쉽게 정당화될 수 있었을 것이다. 그러나 사실적 계약관계론이 논의의 대상으로 삼은 생존 배려를 위한 대량 거래나 계속적 계약관계의 청산의 경우 —기존의 비판론에서 명백하게 된 바와 같이— 민법의 제공하는 규율이 그 해결을 위해 부족하다고 단정하기는 어려웠다. 오히려 비판론은 그러한 "사실적 계약"이 제기하는 과제를 법률행위나 부당이득의 기존 법리의 해석에 반영하여 해결하려고 노력함으로써 사실적 계약관계론의 시도를 무위로 돌려 버렸다. 이러한 상황에서 사실적 계약관계론의 확산을 가능하게 했던 인적인 관계(주 38, 39 참조)가 시간이 지남에 따라 사라지자 이 이론은 지지를 상실하게 되었다.[58]

그렇다면 사실적 계약관계론의 이론적 실패는 "사실적 계약"이 제기하는 해석론적 과제를 법률 해석으로 기존 도그마틱에 반영하여 해결하려는 시도를 생략하고 바로 과제 자체를 실체화하고 개념화하였던 태도에 이미 배태되어 있었다고 말할 수도 있을 것이다. 그러한 의미에서 이호정이 사실적 계약관계론을 배척하면서 "종래의 법체계와 법이론을 새로운 사회현상에 직면하여 가볍게 버리지 아니하고 그 계속적인 보완과 발전을 통하여 이에 대처하는 온고지신의 건전한 태도와 지혜"를 언급하였을 때,[59] 사실적 계약관계론에 내재한 방법론적 약점을 적절히 지적한 것으로 평가할 수 있을 것이다.

---

56) Esser (주 33), S. 247 (생략은 인용자).

57) 마이어-말리(Mayer-Maly)의 전언에 따르면 하우프트의 취임 강연을 현장에서 들었던 하인리히 레만(Heinrich Lehmann)은 나중에 이렇게 회고했다고 한다. "내가 취임 강연을 들었을 때, 나의 첫인상은 하우프트가 준계약을 새로 발견했다는 것이었다." Cannata (주 47), 312 참조.

58) Roth (주 34), 470: "[…] 사실적 계약관계론은 너무나 시대 및 사람들과 결부되어 있어서, 이들의 영향력이 사라지는 것과 함께 마찬가지로 스스로 종결되었다."

59) 이호정 (주 15; 제2부), 122면.

서울대 법학 제11권 제2호(1970. 3)

<論　　文>

集合住宅(아파트)의 區分所有에 관한 比較法的 實態的 考察

崔　　鍾　　吉*

一. 序　　言

최근 우리나라에 있어서도 都市開發計劃이 積極的으로 推進되어, 都市의 土地利用의 高度化 및 立體化의 要請 아래 서울을 위시한 大都市에 있어서는 事務室·店舖·集合住宅(아파트)등의 用途를 위한 超高層 또는 中高層建物이 急激하게 增大하고 있는 實情이다. 이들 事務室用의 共同빌딩 또는 中高層 아파트의 빈번한 建設에 수반하여 근자 한 채의 建物을 數個의 部分으로 區分하여 그 各各의 部分에 대하여 獨立한 한 個의 所有權의 成立을 認定하는 이른바 建物의 區分所有權에 관한 여러 문제가 法的 關心의 中心事의 하나로 登場하고 있다. 建物 특히 아파트의 區分所有制度는 都會地에 있어서의 宅地·住宅의 不足을 어느 程度 打開하고, 土地利用의 高度化·都市의 近代化를 促進하는데 있어서 重要한 役割을 하고 있다. 建物의 區分所有는 또한, 종래 獨立된 한 채의 住宅을 所有할 經濟的 能力이 不足한 庶民大衆으로 하여금 住居에 대한 區分所有權을 保障해 줄 뿐만 아니라 區分所有가 認定되는 共同빌딩 또는 分讓아파트의 立地條件과 施設이 대체로 良好하기 때문에 現在 많이 利用되고 있고 앞으로도 더욱 利用될 可能性이 크다.

우리 民法도 建物의 區分所有를 認定하여 제 215 조는 다음과 같이 規定하고 있다. 즉「① 數人이 한채의 建物을 區分하여 各各 그 一部分을 所有한 때에는 建物과 그 附屬物中 共用하는 部分은 그의 共有로 推定한다. ② 共用部分의 保存에 關한 費用 其他의 負擔은 各者의 所有部分의 價額에 比例하여 分擔한다」. 民法 제 215 조는 日本民法 舊제 208 조(建物의 區分所有 등에 관한 法律, 附則 제 3 조에 의하여 削除되었다)를 따른 것인데, 그 日本에 있어서도 實際로 立法施行後 約半世紀間 이 規定의 適用對象은 거의 單層建物을 세로(縱) 區分하여

* 서울大學校法科大學 副教授

所有하는 區分所有에 限하고 그 數도 別로 많지 않은 狀況이었다고 한다.(1) 다만 日本에서는 第二次大戰後 中高層빌딩의 急激한 增加와 이에 따르는 一般化된 區分所有에 대한 法律關係를 規律함에 있어서는 民法 제 208 조의 一個條文만 가지고서는 벌써 不可能하다는 것을 認識하고 主로 區分所有라는 새로운 事態에 對備하기 위하여 뒤에 詳述하는 바와 같이 이른바 「建物의 區分所有 등에 관한 法律」이라는 特別法을 制定하게 되었다. 建物의 區分所有에 관하여는 歐羅巴諸國 특히 獨佛法系의 諸國家와 南美諸國에 있어서도 最近 數十年間 어떤 形態이든지 새로운 立法을 施行하고 있다. 즉 佛蘭西에 있어서는 1938 년에 「아파트로 區分된 不動產에 관한 共有規定을 調整하기 위한 法律」을 制定하였는데 主로 第 2 章 제 5 조 내지 제 12 조에서 階層的區分所有의 法律關係를 定하고 있다. 위의 法律에 의하여, 종래 階層的 區分所有權에 관하여 規定하고 있던 佛民法 제 664 조의 規定은 廢止되었다. 墺地利에 있어서는 1948 년 住居所有權法(제 1 조~제 13 조)을 制定했고, 西獨에 있어서도 1951 년에 「住居所有權 및 繼續的居住權에 관한 法律」(제 1 조~제 64 조)을 制定했다. 이 法律을 보통 「住居所有權法」이라고 略稱되고 있다. 瑞西에 있어서도 1963 년에 民法을 改正하여 그 一部(712 a~712 t)에 階層所有權에 관한 規定을 新設하고 이와 關聯하여 共有에 관한 規定을 整備하였다. 그리고 改正된 法은 1965 년 1 월 1 일부터 施行되었다.

建物의 區分所有에 관한 民法 제 215 조는 물론 理論的으로는 一棟의 建物을 세로(縱) 區分하는 경우에 限하지 않고, 各層으로 또는 各室로 區分하는 경우에도 適用되는 規定이지만 實際로 各種의 中高層아파트 등 共同빌딩을 縱橫으로 區分所有하는 경우와 같이, 建物 및 住地의 所有關係, 區分所有建物의 維持 및 管理 등에 관한 複雜한 法律關係를 規律함에 있어서는 不備한 點이 많다. 都市의 近代化가 促進되면 될수록 建物을 區分所有하는 現象이 盛行하여 一般化될 可能性이 큰 우리나라에 있어서도, 가까운 將來에 建物의 區分所有에 관한 詳細하고 適切한 立法措置가 講究될 것이 要望된다. 本稿는 이에 對備하여 建物의 區分所有에 관한 諸國의 立法例를 沿革的 및 比較法的으로 考察하고, 아울러 現行되고 있는 若干의 分讓아파트의 所有 및 管理·維持關係에 관한 實態調査를 中心으로 하여 우리나라에서 現行되고 있는 建物의 區分所有에 관한 法律關係를 分析·研究하는 것을 目的으로 한다.

二. 沿革 및 立法例

Ⅰ. 로一마法과 게르만法

(1) 로一마法

1) 이 法律에 관하여는 특히 川島一郎, 「建物の區分所有等に關する法律」 註釋民法 제 7 권, 354 면 이하 참조.

로―마에 있어서는 建物을 棟別로 區分하여 이를 地盤과 함께 所有하는 것에 아무런 支障이 없었으나 「地上物은 土地에 屬한다」(superficies solo cedit)라는 法原則이 支配하였기 때문에 土地 위에 建物을 지어도, 그 土地에 대하여는 아무런 權利가 發生하지 않고 오히려 土地 위의 建物은 土地所有者의 所有權에 吸收되었다.[2] 따라서 이 原則을 適用한 結果로서 建物을 階層으로 區分하여 이를 各各 別個의 所有者에게 歸屬시키는 建物의 階層的 區分所有制度는 法律上 許容되지 않았다. 「地上物은 土地에 屬한다」는 이 法原則의 成立理由는 明白하지 않으나 대체로 로―마의 土地所有가 原則的으로 貴族의 手中에 있었고 이를 耕作, 使用하는 者는 奴隸, 賃借人 혹은 平民과 같이 獨立한 生産者로서의 經濟的地位가 없거나 혹은 薄弱한 社會層이었다고 하는 社會的 現實에 由來한다고 보는 것이 옳을 것이다.[3]

以上과 같이 로―마法에 있어서는 區分所有權 내지 階層所有權이 認定되고 있지 않았다는 것이 通說이지만 이에 대하여는 여전히 다투어지고 있으며 특히 그 原則은 로마帝國의 全領土內에 貫徹된 原則이 아니고 로―마帝國의 東南部의 地域, 바비로니아, 시리아, 에지프트, 희랍, 아세아 등에는 完全한 意味에 있어서의 階層所有權이 存在하였다는 것이 各種의 파피루스(papyrus) 혹은 證書에 의하여 確認된다는 有力한 見解도 있다.[4]

(2) 게르만法

게르만法에 있어서는 「地上物은 土地에 屬한다」는 原則은 採用되지 않았다.[5] 즉 古代 게르만法에서는 建物은 簡素하여 土地에의 定着性이 적었고 또한 建物과 土地와의 結合關係가 弱하였기 때문에 建物은 動産으로 취급되었다. 이와 같은 法意識은 建物이 堅固해지고 土地와의 結合도 永久的인 것이 된 以後에도 오래동안 存續하였으나 結局 建築樣式이 變化되어 建物은 土地에 固着하는 것이라는 意識이 支配的으로 됨에 이르러 비로소 建物도 不動産에 屬한다고 생각하게 되었다. 이리하여 建物 및 建物의 部分(예컨대, 地下室, 마구간〈馬具舍, 廐舍〉, 建物의 各室〈房〉, 劇場席〈loge〉) 뿐만 아니라 기타의 設備(예컨대 釀造場釜〈釜〉, 우물) 및 樹木 등도 獨立된 所有의 對象으로서 土地所有者 以外의 者의 所有權에 屬할 수가 있었다. 특히 이른바 階層所有權(stockwerkseigentum)은 獨逸을 위시한 中世의 歐羅巴諸國에서 愛好되게 되었는데, 그것은 첫째, 相續財産의 分割의 結果가 區分所有權의 認定을 不可避

2) Jörs-Kunkel-Wenger, *Römisches Recht*, 2. Aufl. 47, 67 u §73, 4. a; Max Kaser, *Das Römische Privatrecht* I. S.361 등 참조.

3) 川島武宜, 所有權法の理論, 183면 이하 참조.

4) Bärmann, *Zur Dogmatik des gemeinen Raumeigentums*, ACP 155. Heft 1. S. 1, 5, u. Anm. 2, 3.

5) 게르만法에 있어서의 階層的區分所有權의 發展에 관한 詳細는 Wolff-Raiser, *Sachenrecht* § 89, I. Anm. 1; Gierke, Deutsches Privatrecht II.S.39 ff; 丸山英氣, 西ドイツにおける住居所有權法(Wohnungseigentumsgesetz)成立史覺書――區分所有權法への序論――甲稻田法學會誌 18권, 1967, 6면이하 및 抽木馨, 比較法からみた建物の區分所有權――その立法化との關連において――民商法雜誌 44권(1961), 3면 이하 등 참조.

하게 하였고, 둘째, 家庭의 增大에 隨伴하여 家屋數를 增設할만한 垈地의 餘裕가 없는 狹隘한 都市에서 多少의 金錢的餘裕가 있는 中小居住者로서의 利益을 享有시킬 必要性이 컸다는 事情에 起因한다. 그러나 建物을 平行線으로 區分하는데 있어서는 많은 어려운 法律的인 難點이 있으므로 이를 克服하기 위한 法律構成으로서 一般的으로 自己가 居住하고 있는 建物의 部分에 관한 區分所有權과 共同의 階段·마루 및 垈地에 관한 共同所有權과의 結合으로 把握하였다. 이와같은 獨逸古法의 思考는, 中世都市의 狹隘한 交通範圍內에서는 그 有用性을 保持할 수 있었으나 그 以後 不動産去來의 範圍의 擴大와 로—마法의 繼受의 結果 漸次 消滅하게 되었다. 普通法이나 푸로이센 一般私法 및 各란트法典 등의 有力한 諸法典은 따라서 이를 否定하는 경향에 있었지만 南獨逸의 諸地方(Rheinland, Würtenberg, Bayern, Sachsen-Meiningen 등) 및 佛蘭西의 諸都市(Grenoble, Rennes, Lyon, Chambéry)에 있어서는 로—마法 繼受後에도 階層的 區分所有가 存續하여 佛獨의 民法施行當時까지 행하여지고 있었다.

Ⅱ. 獨逸法域

(1) 獨 逸

(가) 住所所有權法의 成立 : 獨逸民法은 一面에 있어서는 地上物은 土地에 屬한다는 로—마法上의 原則을 採用하고 他面에 있어서는 物件의 固體的構成部分(Wesentlicher Bestandteil)은 특별한 權利의 對象이 될 수 없다는 原則(獨民 제 93 조)을 채택한 結果, 古法以來 행하여졌던 階層所有權의 制度는 廢止되게 되었다. 다만 民法施行 當時 이미 存在하고 있는 階層所有權은 그 存續이 許容되었다(獨民施行令法 제 182 조). 獨逸民法이 階層所有權을 廢止한 것은 첫째, 사뷔니[(6)], 빈트샤이트[(7)] 등의 有力한 판데텐法學者가 로—마法의 硏究에 沒頭하여 階層所有權을 否定했다는 理論的 理由 以外에도 둘째, 階層所有權이 法律關係를 錯雜化하고[(8)]특히 不動産登記制度를 문란케 할 念慮가 있다는 實際的考慮에도 기인한다.

그러나 第二次大戰의 終了後 獨逸에서는 다시 階層所有權制度의 復活이 提唱되게 되었다. 그것은 戰爭으로 인하여 破壞된 都市를 再建하여 새로운 住宅과 店舖를 造成하여 住宅難을 克服하여야 할 必要性이 이를 促進하였기 때문이다. 즉 當時의 獨逸에 있어서의 戰後의 資金不足의 事情은, 住宅을 가지고져 意欲하는 者가 單獨으로 獨立된 住宅을 建設하는 것도, 家屋賃貸業者가 賃貸家屋을 自己의 資金 내지 融資金으로 單獨으로 建設하는 것도 모두 困難하게 만들었다. 따라서 建設業主(많은 경우에 公共團體)가 住居를 所有하기를 願하는 者들로부터 資金을 先拂받고 中高層아파트形式의 賃貸家屋(Miethaus)를 建設하여, 이곳에 出

---

6) Savigny, *Das Recht des Besitzes*, 1865, S. 264 참조.

7) B. Windscheid, *Lehrbuch des Pandektenrechts*, I. 1906 (Th. Kiff) S. 872 ff. § 167 a.

8) Fritz Baur, *Lehrbuch des Sachenrechts*, § 29 B. I. 1.은 階層所有權으로 區分된 家屋은 "紛爭있는 家屋"(Streithäuser)이라는 經驗的事實이 있다고 지적한다.

資者를 居住케 하는 方法이 많이 採用되었다. 이런 경우 居住者는, 建築資金을 分擔하고 있기 때문에 단순한 賃貸人으로서, 賃借人保護法(Mietschutzgesetz)의 保護를 받는 것으로는 不滿足이고 自己의 資金에 의하여 建築된 自己의 居住部分에 관하여는 完全한 所有權을 취득하고자 하는 欲求가 發生하는 것은 自然的인 추세라고 할 수 있다. 이런 要請과 都市計劃에 의한 土地·住宅의 立體的 構造化의 要請이 調和하여 1951년 3월 15일 「住宅所有權 및 繼續的 居住權에 관한 法律」(住居所有權法)(Gesetz über das Wohnungseigentum und das Dauerwohnrecht)(Wohnungseigentumsgesetz)이 制定되어, 새로히 住居所有權(Wohnungseigentum)이라는 法律構成을 創設하였다. 이 住居所有權法의 成立에 의하여, 住宅을 가지는 것을 갈망하고는 있었으나 單獨으로 獨立된 家屋을 所有하는 것이 經濟的으로 거의 不可能했던 社會階層이 自己의 居住部分을 所有할 수 있게 되었다. 또한 이 法制度의 成立에 의하여 部分的으로 破壞되었던 家屋들이 階層所有權을 手段으로 再建되고 또한 破壞되지 않은 建物 위에 다시 增築하는 것이 可能하게도 되었다. 以下 住居所有權法을 中心으로 住居所有權의 特質을 略述한다.[9]

(나) 住居所有權의 槪念: 住居所有權은 垈地 및 共用部分(gemeinschaftliches Eigentum)에 관한 共有持分과 그 위에 建立된 또는 將次建立될 建物의 一部에 관한 單獨所有權(Sondereigentum)과의 包攝槪念이다(WEG 제 1조). 원래 共有에 있어서의 持分權은 目的物 全體 위에 觀念的인 比率로 權利를 가지는 것이지만, 住居所有權에 있어서는 建物內의 一定區劃에 관하여는 各各 特定한 共有者의 單獨의 支配에 限하게 하고, 그 殘部는 共有持分으로서 全共有者의 共有로 남게하고 있다. 이런 點으로 보아 住居所有權은 당해 建物全體에 관한 各 共有持分을 住居所有權法이라는 特別法에 의하여 特殊한 型態로 變形한 共有關係의 한 特殊型態라고 할 수 있다.

(다) 住居所有權의 性質: 住居所有權法에 의하면 住居에 관하여는 住居所有權(Wohnungseigentum)이, 建物中 居住目的에 供與되지 않는 部分에 대하여는 部分所有權(Teileigentum)(事務所·店舖·倉庫 등)이 設定될 수 있다(WEG 제 1조). 單獨所有權은, 居住의 目的에 供與된 部分(室)과 그 構成部分을 對象으로 한다. 各住居所有權者는 自己의 單獨所有權이 成立하는 部分(各室)을 法律 또는 第三者의 權利에 反하지 않는 限, 自由로히 處分할 수 있다. 즉 이를 住居所有者 自身이 使用하는 것은 물론, 用益賃貸(verpachten), 使用賃貸(vermieten)

9) 獨逸住居所有權法에 관하여는 특히 Dulkeit, *Die Verdinglichung obligatorischer Rechte*(Recht and Staat) Heft 158/159, 1951, S. 71 ff.; Eichler, *Institutionen des Sachenrechts*, 1954 II/2 S. 620ff. Paulick, *Zur Dogmatik des Wohnungseigentums* (ACP 152. Bd. Heft 5 1953); Wolff-Raiser, *Sachenrecht* § 89; Staudinger, *Kommentar zum BGB*, Ⅲ 2. 1963, 2167 ff; Palandt, *Kommentar zum BGB*, 24. Aufl. 1964, 1926ff; Erman, *Kommentar zum BGB*, 3. Aufl. Bd. 2. 1713ff; Baur, a.a.O. § 29, 242ff; Harry Westermann, *Sachenrecht*, 4. Aufl. 1960, § 29 Ⅲ. 및 篠塚昭次, 西ドイツにおける住居法の大改正, 法律時報 제 33권 6號, 732면 이하 및 前記 註 5의 文獻 참고.

하는 것도 可能하다(WEG 제 13조 1항). 이 權能에 관한 한, 獨立된 所有權에 類似하지만 다만 單獨所有部分만의 處分 또는 이에 대한 負擔의 設定은 許容되지 않고, 그와 不可分的으로 結合되어 있는 垈地 및 共有部分에 관한 共有持分과 함께 하는 경우에만 許容된다(WEG 제 6조 1항).

住居所有者가 觀念上의 共有持分을 가지고 있는 共同財產에 속하는 部分은, 첫째, 建物이 서 있는 土地(垈地) 둘째, 建物의 維持 및 安全을 위하여 必要한 建物의 部分(基礎·外壁·天井·지붕·기둥) 세째, 區分所有權에 속하는 室內에 있든 없든 관계없이 住居所有者의 共同使用에 供與되는 모든 施設(例컨대 暖房設備·까스·水道·電氣施設·階段·洗濯室·乾燥室 등)(WEG 제 1조 4항·5조 2항)이다. 이상의 모든 部分은 當事者의 合意에 의해서도 區分所有權의 對象으로 할 수 없다. 또한 建物의 構成部分으로서 본래 單獨所有權의 對象이 되어야 할 것이라도 住居所有權者의 協議에 의하여 이를 共有로 하는 것도 可能하다(WEG 제 5조 3항).

(라) **住居所有權의 設定**: 住居所有權法이 認定하는 設定事由에는 두 가지 경우가 있다. 첫째 2人 以上의 土地의 共有者가 土地 위에 建設될 또는 建設되고 있는 建物을 區分所有로 할 것을 約定하고 이를 登記함으로써 住居所有權이 設定된다(WEG 제 3조 1항). 住居所有權法 제 4조는 더욱이, 住居所有權을 目的으로 하는 義務負擔契約에 관하여는 裁判上 또는 公證上의 證書로 하여야 하며(民法 제 313조 참조), 그 物權的 合意에 관하여는 이른바 土地所有權讓渡의 合意(Auflassung)와 같은 方法을 따를 것을 規定하고 있다(民法 제 925조). 둘째, 종래의 土地의 單獨所有者가 登記所에 대하여 一方的인 分割의 意思表示(einseitige Teilungserklärung)를 하는 경우이다(WEG 제 8조 1)항.

(마) **住居所有權者의 共同關係**: 共同關係(Gemeinschaft)는 住居所有權者 相互의 關係이므로 當事者의 合意에 의해서 規律되는 範圍가 대단히 많고, 住居所有權에 別段의 規定이 없는 경우에는 獨民法 제 471조 以下가 補充的으로 適用된다(WEG 제 10조 1항). 그런 合意는 單獨所有權의 內容으로 登記되면 各住居所有權者의 特定承繼人에 대하여도 對抗할 수 있다(WEG 제 10조 2항). 이곳에서의 共同關係는 全住居所有權者의 合意에 의하는 以外에는 廢止하지 아니하며 重大한 理由가 있는 때 또는 押留債權者·破產管財人도 廢止請求權이 없다(WEG 제 11조). 그러나 共同關係로부터 發生하는 經濟的 기타의 諸義務를 현저히 懈怠하는 者가 있는데도 不拘하고 共同關係를 繼續하지 않으면 안된다는 것은 不適當하다. 따라서 建物利用의 諸義務에 대하여 반복하여 重大한 義務違背를 하여 共同關係의 存續을 期待할 수 없게된 때에는 다른 住居所有權者는 그 違反者에 대하여 당해의 住居所有權의 讓渡를 請求할 수 있다(WEG 제 18조 1항, 2항). 이 請求는 住居所有權者의 多數決의 決議에 의하며(WEG 제 18조 3항), 미리 合意에 의하여 制限 또는 排除할 수 없는(WEG 제 18조 4항) 不可侵의 權利이다. 위의 多數決의 決議는 直接 이른바 剝奪(Entziehung)의 效果를 發生시키

는 것이 아니라, 다만 義務違反者에 대하여 讓渡義務를 賦課하는데 불과하고 위의 請求에 대하여 당해 住居所有權者가 任意로 이를 讓渡하지 않을 경우에는 다른 住居所有權者는 그 爭訟에 관하여 區裁判所(Amtsgericht)에 訴의 提起를 할 수 있고, 勝訴判決을 받은 後 任意競賣를 申請할 수 있다. 다만 住居所有權者는 判決後에라도 競落代金의 配當이 있을 때까지는 債務額 기타 一定한 金額을 支拂하고 그 剝奪을 免할 수 있다(WEG 제 19 조 2 항).

(바) 共有部分의 管理 : 住居의 管理權은 原則的으로 全住居所有權者에게 共同으로 屬하며 그들의 合意에 따라서 管理가 행해지는 것이지만, 本質的으로는 共有物의 管理이므로 民法의 共同關係의 規定(제 744 조 내지 제 745 조)이 原則的으로 適用된다. 다만 住居所有權法에 明示되어 있는 規定은 強行法規이므로 이와 다른 合意를 하는 것은 許容되지 않는다. 管理機關은 住居所有權者 自身 및 그 集會인 住居所有權者集會(Wohnungseigentümerversammlung)•管理人(Verwalter)•管理顧問會(Verwaltungsbeirat)이고 常置機關은 前二者 뿐이다(WEG 제 20 조).

(2) 墺 地 利

墺地利에 있어서도 階層所有權은 종래 社會生活의 慣行으로서 널리 행하여지고 있었으나 1811 년의 墺地利民法典의 制定以來 漸次 消滅되어 티롤地方(Tirol)이나 호랄베르히地方(Vorarlberg)에서는 19 世紀에 들어가 地方法에 의하여 禁止되게 되었다[10]. 그것은 古代獨逸法에 있어서와 마찬가지로 具體的인 利用者에게 所有權을 認定하려고 했던 階層所有權制度가, 都市制度의 發達에 隨伴하는 不動產去來關係의 擴大化와 로—마法繼受에 의한 法的構成의 變化에 의하여 漸次 弱少化되었다는 事實에 由來한다고 생각되고 있다. 그러나 第二次大戰後의 住宅不足은 위의 事情에도 不拘하고 다시 階層所有權의 蘇生을 招來하여 西獨의 住居所有權이 制定되기 以前에 이미 1948 년 7 월 8 일 「住居所有權法」(Wohnungseigentumsgesetz)을 制定하여, 獨逸法制定의 主된 要因이 되었다. 墺地利 住居所有權法도 基本的으로는 共同關係의 型態를 취하여 다만 建物 全體에 관한 各 共有持分이 特殊한 型態로 變形되어 存在하고 있음에 不過하다. 다시 말하면 建物 全體에 대하여 觀念的인 比率의 持分을 가지는 通常的인 共有關係와는 달리, 建物內의 一定한 住居(室) 또는 營業所(Geschäftsräume)에 대하여 各各 特定한 共有者에게 排他的인 利用權 및 處分權을 認定하고 登記한 경우에는 第三者에게 대하여도 이를 對抗할 수 있다(WEG 제 1 조). 따라서 住居所有權은 單純한 用益權이 아니고 共有權과 特別使用權(Sondernutzungsrecht)이 競合한 法律關係이다. 住居所有權이 成立하기 위하여는 建物의 各 部分의 獨立性이 明瞭할 것이 必要하다. 建物의 各 區劃部分의 境界가 堅固하고 化裝室•부엌 및 獨立의 通路를 가지고, 各 部分이 經濟的으로 獨立한 家屋으

10) 墺地利民法에 있어서의 住居所有權의 發展에 관하여는 Ehrenzweig, *System des österreichschen allgemeinen Privatrechtes* Bd. I. 2, S. 23; 遠藤 前揭 71 면 이하 참조.

로 取扱되는 것이 獨立의 所有權의 成立을 認容함에 必要한 前提要件이기 때문이다. 特別使用權(住居所有權)은 各共有者의 利益을 위하여 成立하는 것인데 各 共有者가 그의 專用部分에 관한 登記를 하는 것은, 다른 共有者의 所有權을 制限하는 것으로 해석할 수 있으므로 不動產登記簿에는 物的負擔(Last)으로서 登記하도록 하고 있다(WEG 제 5 조). 共用部分의 管理에 관하여는 共有物의 管理問題로서, 共有物의 管理에 관한 一般規定(墺地利民法 제 833 조 以下)이 適用된다.

(3) 瑞 西

瑞西에 있어서도 瑞西民法 制定時까지는 종래 階層所有權을 認定하는 慣行이 널리 행하여지고 있었다.[11] 이런 事情을 감안하여 民法附則 제 17 조 1 항은 民法施行時에 存在하였던 階層所有權은 이를 계속하여 認定할 것으로 規定하고 있다. 瑞西民法에 있어서도 明示的으로 階層所有權을 禁止하는 規定은 없으나 同民法 제 642 조는, 物件의 所有者는 당연히 모든 構成部分에 대하여도 所有權을 가진다는 취지를 規定하고 또한 同民法 제 667 조 1 항은 土地所有權은 所有權行使의 利益이 存在하는 限度에서 土地의 上・下에 미친다고 規定하고 제 667 조 제 2 항은 다시, 法律에 別段의 規定이 없는 限 土地所有權은 모든 建物・樹木 및 源泉(Quelle)을 包含한다고 規定하여 소위 「地上物은 土地에 따른다」는 原則을 宣明하고 있다. 이런 規定으로 보아서 建物의 各階層에 대한 所有權의 創設은 瑞西民法上 間接的으로 禁止되고 있다고 볼 수 있다. 瑞西民法 附則 제 45 조 1 항도, 階層所有權은 不動產登記法上 앞으로는 認定될 수 없을 權利이지만, 그러나 이미 存在하고 있는 것은 이를 合目的的으로 認定하여야만 한다고 規定하고, 동조 제 2 항에서는, 그러나 일단 消滅된 住居所有權은 再生할 수 없다는 취지를 明白히 하여 階層所有權을 否定하는 立場을 確認하고 있다. 階層所有權을 禁止하는 것은 위에 이미 指摘한 法的 理由 뿐만 아니라 經濟的 理由에 기한다. 특히 종래의 經濟秩序의 殘存物로서의 階層所有權은 貨幣經濟時代에 있어서는 이미 存在意義가 없다. 階層所有權에 대한 登記의 困難性 및 階層所有權이 認定된 家屋에 관한 빈번한 法的紛爭 또한 禁止의 動因이기도 하다(ein halbes Haus ist eine Halbe Hölle)(반채의 집은 半地獄이다.) 그러나 瑞西民法 制定後 거의 半世紀를 지난 後(二次大戰後) 瑞西에 있어서도 階層所有權을 認定하자는 要請이 擡頭되게 되었다. 많은 理由가 階層所有權의 認定을 促求 내지 容易케 하였다, 첫째, 建築垈地의 增大되는 不足과 價格의 騰貴는 現存하는 垈地의 合理的인 利用을 促求했으며 둘째, 舊法時代에 있어서의 階層所有權이 實際에 있어서 아직도 많은 洲(Kanton)에 있어서는 存續되어 오고 있었다. 세째, 階層所有權을 認定하는 外國의 法制를 보건대 경험상, 階層所有權을 認定함으로써 發生할 憂慮點이 종래 생각하는

11) 瑞西法에 있어서의 階層的 區分所有權의 發展에 관하여는 특히, Arthur Meier-Hayoz, *Berner Kommentar zum Schweizerischen Zivilrecht* Bd. Ⅳ. Sachenrecht 1. Abt. 1. Abs. Vorbemerkungen zu den Art. 646~654, Ⅳ. Stockwerkseigentum 참조.

바와 같이 그렇게 심각한 것이 아니었다. 즉 階層所有權이 認定되는 家屋은 紛爭의 터전이 된다거나 또는 登記簿上 이를 明白히 公示할 수 없다는 등의 難點은 克服될 수 있다는 것이 認識되게 되었다. 넷째, 現行法의 構成으로서는 階層所有權의 合理的인 規律이 不可能하다.

이런 事情에서 政府는 1955년 리버(Peter Liver)敎授에게 階層所有權에 관한 法律草案의 作成을 委囑하고 專門家로 構成된 委員會에서 審議한 後 草案이 作成되었고 결국 1963년에 이에 따라서 民法을 改正하여 所有權을 規定한 第9章 第3節(瑞民 제712조 a~제712조 t)에 階層所有權에 관한 規定을 新設하고 이와 關聯하여 共有에 관한 規定의 整備를 斷行하였다. 이 改正案은 1965년 1月 1日부터 施行되었다.

Ⅱ. 佛法領域

(1) 佛 蘭 西

(가) 階層所有와 關係法規 : 佛蘭西民法은 民法制定時에 이미, 제664조에서 階層所有權(propriété par étage)에 관하여 다음과 같은 內容의 規定을 두고 있다[12] 즉 「어떤 建物의 各階層이 相異한 所有者에게 屬하는 경우에, 그 所有證書에 修繕 및 改築의 方法에 관하여 定한 바가 없는 때에는, 다음의 方法으로 하여야 한다」「外壁 및 지붕은, 모든 所有者가 그 所有하는 階層의 價額에 따라서 그 費用을 負擔한다」「各 階層의 所有者는 步行하는 마루장(床)을 만든다」「二層의 所有者는 二層으로 올라가는 階段을 만들고, 三層의 所有者는 二層에서 三層으로 올라가는 階段을 만들고, 以下 이에 따른다」. 이와같이 佛國에 있어서의 階層所有權도 各 階層 또는 各室의 所有者가 各各 그 部分에 관하여 專有權을 가지고 各所有者間에 不可分關係가 存在하지 않는다. 그러나 各 階層 및 各室의 單獨所有權 以外의 建物의 共用部分(垈地·牆壁·지붕·階段·玄關·우물·排水路·化粧室 등)에 대하여는 各 共有者間에 不可分關係가 存在한다. 따라서 佛蘭西의 階層所有權制度의 特質은 同一目的物에 관하여 排他的所有權과 不可分關係가 併存하는(iuxtaposition) 點에 있다. 이런 階層所有制度가 大都市에 있어서 急速하게 盛行하게 된 理由는, 今世紀의 初頭로부터 徐徐히 進行된 住宅難이 第二次大戰으로 인한 廣範圍한 家屋의 破壞 때문에 現存하는 家屋數가 激減되었는데도 不拘하고, 建築資材의 계속적인 價格騰貴 때문에 新築家屋數가 急減하여 소위 住宅危機(la crise du logement)을 造成할 程度에 達했다는 結果와 關係가 있다. 이런 需要의 擴大化와 이에 對應하는 供給提供이 住宅政策上에서도 重要視되어 이를 위한 特別法의 制定이 不可缺함을

12) 佛蘭西法에 있어서의 階層的 區分所有權에 관하여는, 특히 Gabriel Marty, P. Raynaud, *Droit Civil* Ⅱ. 1964, Section P.244; Marcel-Planiol Rippert, *Traité Pratique de Droit Civil Francais*, Tome Ⅱ. 1964, Chapter Ⅱ. Section Ⅳ; V. Julliot., *Traité formulaire de la division des maison par étages et appartments*, 2e ed. 1927; 抽木馨 前揭, 10면 이하; 遠藤, 前揭 73면 이하; 佛蘭西民法 Ⅱ(現代外國法典叢書 15) 139면 이하 등 참조.

認識하여 1938년 6월 28일 「階層別로 區分된 不動產의 共有에 관한 法律」(Loi tendant à végler la statut de la copropriété des immeubles divises par appartments)의 公布를 보게 되었다. 이 法은 全 14個餘로 된 詳細한 規定을 두고 있으며 이에 의하여 佛民法 제664조는 廢止되게 되었다(同法 제13조). 本法은 그 後 1939년 11월 29日 및 1943년 2월 4일 및 1955년 5월 20일의 法(Dekret)에 의하여 改正·補充되어 今日에 이르고 있다. 이 法律은 一方 建物의 共有部分(parties communes)에 관하여 共有者의 權利義務를 明白히 하고 他方에 있어서는 建物의 共同管理關係에 관하여 共有에 관한 規則(réglement de copropriété)에 強制力을 부여하고 多數決에 決定力을 부여하고 管理人에게 全共有者를 위한 代表權과 強制權을 부여하여 強力한 團體的 機構를 形成하는 것을 目標로 하고 있다. 또한 階層所有權은 所有者가 階層을 形成하고 自己의 排他的 支配範圍에 屬하는 모든 物件(天井, 마루, 門, 窓 등)을 對象으로 하고 이에 대하여 所有權의 모든 權能을 가지고 이를 支配하고 또한 自由로 處分할 수 있으므로 單獨所有權과 그 本質이 같은 權利이다. 그러나 階層所有權만을 單獨으로 讓渡하는 것은 許容되지 않고, 다만 從된 性質을 가지는 共用部分에 관한 共有持分과 倂合하여서만 讓渡할 수 있다는 點으로 보아 終局的으로는 獨逸의 住居所有權과 同一한 法律構成으로 되어 있다. 共用部分의 管理도 階層所有者間의 關係가 共有關係이므로 共有物의 管理의 문제가 되며 다만 共同關係의 特殊性(期間의 長期化, 相互接觸의 緊密化)을 고려하여 恒久的인 管理機關을 組織하고 있다. 階層所有權者集會와 管理人(syndic)이 그것이다. 기타 共有物使用規則의 作成義務도 그 特色의 하나라고 할 수 있다. 以下 이를 分說·概觀하면 다음과 같다.

(나) 建築組合(société de construction): 上述한 1938년 法의 第一章은 「建築組合을 規制하는 規定」으로서 6個條文으로 構成되어 있다. 이 가운데 제4조의 2와 3은 1943년 2월 4일 法 및 1955년 5월 20일의 法에 의하여 挿入된 것으로서 組合의 解散·清算·組合員의 脫退에 관하여 상세히 規定한다. 同法 제2조에 의하면 組合員이 그 義務를 履行하지 아니하고 또한 組合目的의 效果的 實現에 필요한 追加出資의 請求에 대하여 그 負擔部分에 응한 申請을 하지 않는 때에는, 그가 원하는 建物部分에 관하여 現物分割에 의한 排他的所有權의 割當을 主張할 수도 없고 또한 그 部分의 排他的利用의 계속을 主張할 수도 없다고 規定한다. 뿐만 아니라 그와 같은 懈怠組合員의 權利는 一定한 節次에 따라서公賣된다(同法 제3조).

(다) 共有者의 權利·義務: 第二章에는 「不動產의 共有者를 規制하는 規定」을 두고 있는데, 그 가운데 제8조까지는 直接的으로 共有者의 權利·義務에 관하여 規定한다.

먼저 區分部分(parties divisés)과 共用部分(parties communes)과의 관계에 관하여 다음과 같이 規定하고 있다(同法 제5조). 즉 各 階層所有者는 反對의 書證이 없는 限, 土地 및 1人의 階層所有者의 排他的使用에 供與되지 않은 建物의 모든 部分(예컨대, 정원, 샘〈泉〉, 天井

마루, 階段, 에레베타, 守衛室, 通路, 廊下, 暖房設備와 導管 등)을 共有하는 것으로 推定한다. 그러나 自己의 階層 또는 아파트에 관한 所有者의 權利에 관하여는 同法에 아무런 規定을 두지 않고 있으므로 이에 대하여는 佛蘭西民法의 一般原則이 適用된다. 이에 의하면 所有者는 自己의 階層 또는 아파트 위에 排他的인 權利를 가진다. 즉 이를 利用하고, 이에 居住하고, 이를 賃貸하고, 또한 이를 賣却할 수 있다. 이 權利는 해석상 契約에 의하여 制限可能하고 또한 隣接되었기 때문에 보통 甘受해야 한다고 생각하는 不自由의 程度를 넘어서 그 以上의 심한 不便 또는 不利益을 다른 所有者에게 주지 않을 義務가 있다.

共用部分에 관하여는 反對의 約定이 없는 限, 各 共有者는 그 用途에 따라서 또한 다른 所有者의 權利를 害하지 않는 範圍內에서 이를 自由로 用益할 수 있다(同法 제6조1항). 共用部分에 대한 이 權利는, 區分部分의 所有權에 從된 性質을 가지는 것이므로 兩者를 分離해서 處分할 수 없고 따라서 區分部分의 賣買는 共用部分上의 權利移轉을 포함하는 것이라고 해석되고 있다. 各 共有者는 또한 共用部分의 保存費·維持費 및 管理費를 負擔하지 않으면 안된다(同法 제6조2항). 共用部分의 修理費·保險料·共用部分에 있어서의 暖房·水道·까스·電氣의 使用料 등이 이에 屬한다. 上述한 共用部分에 관한 費用은, 各共有者의 區分部分의 面積 및 位置를 고려하여 그 價格에 따라서 按分比例로 分擔하기로 되어 있다(同法6조3항). 그리고 이들 費用의 支給을 위하여 旣支給者에게는, 未支給者가 所有하는 區分部分과 共用部分에 대한 持分上의 先取特權과 그 區分部分에 備置된 動產上의 先取特權의 二重의 特權이 부여되어 있다(同法 제11조). 費用支給義務는 또한 共用部分上의 權利를 拋棄하여 이를 免할 수가 없다고 해석되고 있다. 왜냐하면 自己의 區分部分의 使用은 必然的으로 共用部分의 使用을 수반하기 때문이다.

위에 들은 原則의 實行에 당하여 發生한 困難을 解決하기 위하여 一般的 約定으로서 또는 各利害關係者의 契約으로서 共有規則(réglement de copropriété)을 미리 定하는 일이 많은데 本法(제8조)은 그런 規則에게 各所有者 및 그 承繼人에 대한 拘束力을 부여하고 있다. 다만 特定承繼人에 대하여는 登記된 경우에만 拘束力을 認定한다.

(라) 所有者管理組合: 組織에 관한 反對의 規則이 없는 경우에는 各 所有者는 法律上 當然히 管理組合(syndicat)의 構成員이 된다. 이 組合은 所有者集團의 法定의 代表者이며 이에는 集會와 管理人의 두 個의 機關이 있다. 集會(assemblée)는 決定을 하여야 할 경우에만 集合하는 議決機關인데 그 權限은 共用部分의 利用 및 管理에 관한 措置에 限定된다(同法 제9조3항). 集會의 決定은 모든 利害關係者의 表決權――各人은 당해 不動產에 있어서의 自己의 權利의 價額에 따른 表決權을 가진다――의 過半數에 의해서 행해질 때는 拘束力을 가진다(同法 제9조1항). 管理人(syndic)은 管理組合의 公式代理人(agent officiel)으로서 裁判上 原被告로서 組合을 代表하는 機關이다(同法 제7조2항).

(2) 伊 太 利

1865년의 伊太利民法(codice civile) 제 563조는 佛民法 제 664조와 같은 취지의 規定을 두어 階層所有權을 認定하고 있으며 다시 同民法 제 564조는 最上階層에 居住하는 者의 上階增築權을 認定하고 있다.[13] 二次에 걸친 世界大戰을 치른 結果, 이태리에 있어서도 都市의 住宅難은, 階層所有權制度를 急速하게 發展시켰으며 아울러 不充分한 民法規定에 대한 國家의 關與가 住宅政策上 필연적으로 要請되었다. 1934년 1월 15일의 特別法, 1940년의 民法의 補充, 1942년의 新民法 제 1117조 내지 제 1139조의 規定 등은 위의 需要에 應한 것이다. 階層所有權은 各 階層 또는 各室에 대하여 成立하는 排他的이고 完全한 單獨所有權이고 그 相互의 關係에서 오는 特別한 諸義務를 發生시킬 따름이다. 그 特質은 당해 建物 全體에 대한 各 共有持分을 前提로 하지 않는 點에 存在한다. 建物의 各 階層마다 相異한 單獨所有權을 認定하고 建物의 共用部分에 대해서는 各 階層所有者의 共有關係를 認定하는 點(제1117조)에서는 獨·佛·瑞 등 諸國의 法律構成과 同一하지만, 單獨所有權과 共用部分과의 不可分性(獨·墺) 및 共用部分의 從屬性(佛)으로부터 絶緣하여 單獨所有權과 共有權과의 倂存의 構成을 採用하는 點이 그 特色이다. 共用部分의 管理는 共有者의 共同關係로서 規律되며 그 對象은 各 階層 또는 區劃(各室)을 除外한 주로 共同使用에 提供된 部分 및 共同施設에 限한다. 管理機關은 管理人 및 共有者集會(Assemblea dei condomini)이다.

(3) 기타의 諸國

階層所有權이 佛民法 제 664조에 의하여 認定된 이래 다른 法領域에 廣範한 影響을 미쳤다.[14] 포르투갈, 희랍, 南美諸國에 있어서는 佛蘭西 母法의 規定이 不充分하다는 것을 認定하면서도 그 本質的인 形態를 그대로 繼承하여 이를 補充·整備하는 立場을 취했었다. 그러나 第一次大戰後의 住宅難을 계기로 여러 다른 나라에서 特別立法의 制定이 활발하게 행하여졌다. 白耳其는 1924년의 補充法(1924. 7.4)에 의하여 建物의 共有權을 前提로 하는 法律構成을 考案하여, 종래의 規定의 缺陷을 是正하고, 各 階層 및 階層의 一部에 대하여는 獨立한 所有權을 創設하고, 共用部分에 대하여는 共有者의 共同關係를 創設했다. 和蘭에는 종래 아파트所有權의 形態는 全然 없었지만 荒廢한 都市의 再建과 住宅復興에 關聯하여 1946년 民法典의 당해 規定의 修正案을 作成하여 1951년法(1951. 12.20)은 階層所有權을 法制化하였다. 西班牙에서는, 佛民法의 繼承으로서 民法 제 396조가 存在하였으나, 現在에 있어서는 1946년의 賃貸借法(1946. 12.31) 제 63조~제 69조에 階層所有形態가 發展的으로 存續하고 있다. 아르젠친에서는 종래 階層所有權이 禁止되어 있었으나 近代建築의 需要를 充足하고 住宅復興의 重要課題에 응하기 위하여 1948년法(1948. 9.30)에 의하여 종래의 法律構成을 修

13) 伊太利法에 있어서의 階層所有權에 관하여는, Friedrich, *Die Wiedereinführung des Stockwerkseigentums* in der Schweiz, 1956, S.93~98; 遠藤, 前揭 75면 이하 참조.

14) Friedrich, a.a.O. S.98~100; 遠藤, 前揭 77면 이하 참조.

正하고 그 不備를 補充하고 있다. 부라질에도 1928년法(1928. 6.25)이 階層所有權制度의 創設을 許容하고 우루과이(1946. 6.25), 치리(1937. 8.11) 기타 南美諸國에도 特別法에 의한 規制아래 아파트所有權이 盛行하고 있다.

Ⅳ. 日 本

(1) 二次大戰前

高層建築物에 있어서의 階層區分所有의 沿革은 國家의 都市政策 및 住宅政策의 展開過程과 密接不可分의 關係를 가지며 이를 떠나서는 생각할 수 없는 表裏一體의 關係를 이룬다. 日本에 있어서는 資本主義가 急速히 發展함에 隨伴하여 勤勞者 및 기타의 人口의 都市集中化現象이 일어나고 이에 따라서 必然的으로 住宅問題를 惹起시켰으며 아울러 都市擴大化의 趨勢를 가져왔다. 그리하여 都市政策上 특히 都市의 保安上 防火構造를 가진 高層建物의 建設이 促進되고 있으며 住宅對策의 일환으로서 階層區分所有制度가 또한 최근 活潑히 利用되어 法的技術上 크게 注目되고 있다.

日本民法은, 制定當時부터 建物의 區分所有를 設定하여, 當初에는 舊日本民法 제 208조(建物의 區分所有 등에 관한 法律 附則 제 3조에 의하여 削除되었음)에 「數人이 一棟의 建物을 區分하여 各其 一部를 所有하는 때에는 建物 및 그 附屬物의 共用部分은 共有에 속하는 것으로 推定한다」(1항). 「共有部分의 修繕費 기타의 負擔은 各自의 所有部分에 應하여 이를 나눈다」(2항)라고 規定하고 있었다. 이 規定은 소위 階層所有權에 관한 佛蘭西民法 제 664조를 模倣했다고 하는 舊日本民法 財產編 제 40조의 規定을 修正한 것으로서, 制定當時에는 西洋式의 高層建物에 있어서는 階層別로 또는 日本式의 高層建物에 있어서는 單層을 세로(縱)로 나누어 各階層 및 區分別로 所有하는 경우에 모두 適用될 것이라고 豫想되었지만,[15] 實際에 있어서는 民法施行後 約 半世紀 동안 本規定의 適用의 對象은 거의 單層建物의 區分所有에 限하고 또한 그 利用도 극히 적은 範圍에서 認定되고 있을 따름이었다. 즉 日本에 있어서의 그 當時의 建築事情에서는, 傳統的인 住宅建築樣式이 木造이었으므로 木造家屋을 階層的으로 區分所有할 수 있을 高層建物은 建築資材와의 關係上 不適當하였다. 따라서 階層的區分所有를 大正 後期(1926년)까지는 日本에 있어서도 거의 그 예를 볼 수 없었으며, 民法舊 제 208조는 階層的區分所有權에 관한 限 社會的慣行의 뒷받침이 없는 말하자면 잠자는 制度였다.[16] 따라서 學說에 있어서도 區分所有에 관한 民法舊 제 208조는 單層建物을 세로(縱) 區分하는 경우 以外에는 否定的으로 解釋하여야 한다는 主張도 있었다.[17] 그

15) 川島一郎, 註釋民法(7). 「建物의 區分所有 등에 관한 法律一般」 註 Ⅰ (1), 355면 이하; 梅謙次郎, 民法要義 卷之二 物權編 94면 이하 참조.
16) 遠藤, 厚之助, 階層的 區分所有の 系譜, 東洋法學 제 4권 2호 55면 이하 참조.
17) 中島玉吉, 民法釋義 卷二(1925) 314면; 早川彌三郎, 物權法要論(1928), 106면 이하 참조.

理由의 要旨는, 첫째, 實際上 階層別의 區分所有에 관한 社會的 慣行이 成立하지 않았으므로 아직 이를 認定할 社會的 必要性이 없고, 둘째, 民法 제 208 조의 規定은, 單層建物의 共用部分에 適用하는 경우에는 不明確한 困難한 문제는 생기지 않지만, 階層所有權이 認定될 高層建物에 있어서는 共用部分이 현저히 不明確하게 되어 이에 適用한다면 많은 解釋論上의 不備點이 있는데 立法的配慮를 하지 않는 現行法規만으로는 不充分하며 세째, 物權의 公示인 登記의 側面에서 보아도 技術的 困難이 不可避하다는 것 등이다. 그러나 그 後 日本에 있어서는 특히 소위 關東大震災(1925 년)로 인하여 東京 및 그 근방의 都市의 大部分이 燒失된 結果 都市의 復興計劃 및 防火計劃이 強力하게 推進됨과 아울러 階層的區分所有權이 都市政策, 住宅對策推進의 有力한 法的手段으로서 認識되게 되어 都市當局 및 關係者들은 階層的區分所有를 肯定하는 解釋을 취하는 경향에 있었다. 특히 過少區劃地의 不便과 不利를 없애는 한 手段으로서 都市計劃當局 및 그 關係者뿐만 아니라 民間學會 및 硏究團體에 의하여 共同建築論이 強하게 主張되고 一般市民間에는 점차로 共同建築의 要望이 높아졌다. 이런 事情에 對應하고 또한 그 必要性을 痛感한 政府는, 防火地區內의 共同建築에 관하여 特別法을 制定하고 同 地區內의 共同建築을 規律하고 助成하기 위하여 1925 년, 「共同建築法案骨子」를 成案公表하였다. 이 法案은 階層的所有權을 豫定한 것이었다. 그러나 이 法案은 끝내 議會에 提出하지 못한채 끝났다. 同 法案의 成立化를 強調하는 者가 많았지만 立法化로 成功하지 못한 것은 결국 階層所有權의 慣行을 낳을 社會的背景이 當時에 있어서는 未成熟하고 그것이 生活意識과 結付되지 못한 卓上의 理論이었기 때문이라고 한다.

(2) 二次大戰後

第二次大戰後 住宅問題는 戰前에 比해서 그 樣相을 一變하게 되었다. 즉 空襲으로 인하여 210 萬戶, 疎開 및 撤去에 의하여 55 萬戶가 消滅하고, 海外歸還者가 必要로 하는 住居가 67 萬戶, 戰時中의 供給不足 118 萬戶, 이를 合算하면 戰後의 住宅不足은 실로 450 萬戶에 達하며 戰災死亡으로 인하여 需要減少된 30 萬戶를 빼고도 아직도 420 萬戶라고 하는 방대한 住宅不足을 초래하여 全人口의 約 4 分之 1 에 해당하는 2 千餘萬에 달하는 사람들이 住宅을 喪失하여 방황하게 되었다.[18]

이와 같이 極度로 惡化된 住宅問題의 解消 내지 緩和를 위하여는 종전과 같은 消極的 政策으로서는 도저히 對處할 수 없었다. 우선 獨立된 住居가 아니라 하더라도 居住할 場所가 필요한 大衆의 절실한 要求에 대응하기 위한 緊急한 住宅政策으로서는, 簡易住宅의 建設에서부터 시작하여 量的인 住宅難의 解決이 必要하였다. 따라서 政府는 1945 년 11 월 「住宅緊急措置令」을 定하여 戰災者, 歸還者의 住居에 供用하기 위하여 既存建物의 轉用化를 할 경우에는 地方長官이 使用權을 設定할 수 있다는 뜻을 規定하고, 나아가서 餘裕住宅의 開放措置를

18) 有泉 亨, 「住宅復興」(戰後法制の 變遷—回顧と 展望」(ジュリスト 100 號), 138 면; 遠藤, 前揭論文, 62 면 참조.

講究하여 既存建物의 住宅化를 促進하였다. 이어서 「罹災都市借地借家臨時處理法」(1946년法 13)을 制定하여, 一方에 있어서는 戰災로 인하여 建物이 滅失하였기 때문에 建物保護法에 의한 對抗力을 喪失한 借地權에 관하여 특히 5個年間의 對抗力을 認定하고 自力建設能力이 있는 者와 借地紛爭을 解決하여 借地權을 安定시킴에 의하여 住宅復興을 促進하고, 同時에 地方에 있어서는 住宅復興의 能力있는 借家人에게 借地權을 취득케 하는 길을 여는 手段을 採用하였다.

그러나 그런 措置에 의하여도 上記한 심각한 住宅難을 解消할 수 없었고, 都市計劃, 都市의 不燃化促進이라는 都市政策과 결부하여 보다 큰 國家補助 혹은 融資의 形式에 의한 住宅供給對策의 實行이 強力하게 要望되었다.[19] 특히 都市住宅下足의 解決策으로서는, 住宅地의 立體化, 都市住宅의 立體的 構造化의 必要性이 크게 要請되었다. 그리하여 실제로 都會地에 있어서는 都市再開發의 必要에서 소위 鐵筋아파—트 혹은 빌딩 등의 中高層建物이 急激하게 增加하여, 이들 建物을 區分所有하는 事例가 多數 發生하였다. 특히 中高層 아파—트의 分讓이나 共同빌딩의 建設이 盛行하게 되어 建物의 區分所有는, 都會地에 있어서의 宅地住宅의 不足을 打開하고 土地利用의 高度化 • 都市의 近代化를 促進하는데 있어서도 重要한 役割을 하게 되었다. 그러나 이 새로운 區分所有는 종래의 單層建物을 對象으로 하는 單純한 縱斷的 區分所有와는 여러 가지 點으로 相異하므로 法律的으로 各種의 새로운 문제를 提起하고 民法의 規定의 不備를 認識함에 이르렀다. 이와같은 새로운 事態에 對處하기 위하여 制定된 것이 「建物의 區分所有 등에 관한 法律」이다. 이 法律은 1962년 4월 4일 公布되고, 다음해인 1963년 4월 1일부터 施行되었다.

(3) 「區分所有權法」에 의한 區分所有

(가) 法律의 構成: 本法은 우선 제1조 내지 제4조에서 建物의 區分所有에 관한 基本的인 事項을 定하고 있다. 즉 제1조는, 區分所有權의 客體가 되는 建物의 部分의 要件을 定하고, 제2조는 區分所有權, 區分所有者, 專有部分 및 共用部分에 관하여 定義하고 제3조 및 제4조는, 共用部分의 範圍 및 所有關係에 관하여 規定하고 있다. 다음에 제5조는 區分所有者의 權利에 加해지는 制限에 관하여 規定하고, 제6조는 區分所有者間의 特定債權을 위한 先取特權의 成立을 認定하고, 제7조는 建物의 敷地를 使用하는 權利를 가지지 않는 區分所有者에 대한 區分所有權賣渡請求權에 관하여 規定하고 있다. 제8조 내지 제15조는 區分所有建物의 共同部分의 共有에 관한 規定이고, 제16조는 共用部分의 管理所有에 관한 規定이고, 제17조 내지 제34조는 主로 共用部分 등의 共同管理의 便宜를 도모하기 위한 規定이고, 共同管理의 手段으로서 管理者(제17조~제22조), 規約(제23조~제26조) 및 集會

19) 戰後에 있어서의 日本의 都市問題, 住宅問題 등에 관한 特別法의 概觀은, 有泉 亨, 前揭(ジュリスト 100號), 140면 이하 참조.

(제 27 조~제 34 조)에 관한 事項을 規定하고 있다. 제 35 조는 建物의 一部가 滅失한 경우에 있어서 區分所有者의 權利義務를 定한 것이다. 제 36 조는 建物의 區分所有에 관한 規定이 아니라 團地의 管理에 관한 規定이며 최후로 제 37 조는 罰則이다. 또한 本法은 附則으로, 施行期日 및 經過措置를 定하는 以外에 民法·不動產登記法 등의 一部改正을 행하고 있다.[20]

(나) **區分所有權의 對象**: 建物의 區分所有는 하나의 建物을 區分하여 그 各部分을 各各 別個의 物件으로서 所有하는 것을 말하며 建物을 縱斷的 즉 垂直으로 區分하는 경우이던지 또는 縱斷的 및 橫斷的으로 區分하는 경우(中高層 아파트를 各戶別로 區分하는 경우)를 모두 포함한다. 物權의 客體는 獨立한 物件인 것이 原則이므로(一物一權主義), 建物의 一部가 單獨으로 所有權의 容體가 될 수 있다는 것은 그 例外를 이룬다. 따라서 建物의 區分所有를 認定할 것이냐 아니냐는 그 社會的 必要 및 公示方法 등을 고려하여 決定할 立法政策上의 문제이다. 區分所有權法은, 區分所有權과 容體인 建物部分의 要件을 定하고 있는데 다음의 두개의 要件을 具備하여야 한다. 첫째, 構造上의 獨立性이다. 獨立하여 所有權의 容體가 되는 것을 認定한 以上 그 建物部分이 所有權의 內容인 物的支配에 適合한 構造를 具備하지 않으면 안된다. 그 判斷의 基準에 관하여는 具體的으로 여러 문제가 있겠으나 결국 문제의 建物部分을 全體的으로 觀察하여 이를 構造上 獨立한 部分이라고 할 수 있느냐를 基準으로 判斷하여야 할 것이다.[21] 둘째, 利用上의 獨立性이다. 즉 獨立하여 住居, 店舖, 事務所 또는 倉庫 기타의 建物로서의 用途에 供與되어야 한다. 建物의 一部라 하더라도 獨立한 建物로서의 用途에 供與되지 않는 것에 대하여는 區分所有權을 認定할 實益이 없기 때문이다.

區分所有權이 認定되려면 그 對象이 上述한 바와 같은 要件을 갖추어야 하지만 다만 數個의 專有部分에 통하는 廊下, 階段室 기타 構造上 區分所有者의 全員 또는 그 一部의 共同用途에 供與되는 建物部分은 區分所有權의 目的이 될 수 없다(동법 제 3 조 1 항). 따라서 이들 建物部分은 區分所有權의 容體인 建物의 範圍를 定함에 있어서 除外하고 생각하여야 한다.

(다) **區分所有의 成立과 解消**: (a) 成立; 一物一權主義의 原則에서 본다면 한 個의 建物은 한個의 所有權의 客體인 것이 原則이므로, 區分所有가 認定되기 위하여는, 建物의 各部分이 所有權의 客體로서 別個의 物體가 될 것 換言하면, 建物이 區分될 것이 필요하다. 따라서 區分所有의 成立原因은 다음과 같다. 즉 첫째, 登記에 의한 區分이다. 建物의 權利關係는 登記에 의하여 公示되고 있으므로 建物의 所有者가 登記簿上 이를 區分하면, 그로 인하여 區分所有가 成立한다. 그 方法은, 建物部分의 表示의 登記(新築의 경우) 혹은 建物의 區分登記(既存建物의 區分)에 의한다. 둘째, 處分에 의한 區分이다. 建物의 所有者는 그 建物

20) 「建物의 區分所有 등에 관한 法律」의 概觀과 問題點에 관하여는, 특히 川島一郞, 前揭 354 면 이하; 玉田弘毅, 建物の區分所有に關する若干の考察, 私法 29號, 263 면 이하, 區分所有權法の基本問題, 法律時報 38 권 제 5 號, 36 면 이하 등 참조.

21) 玉田弘毅, 無隔壁區分所有の問題, 不動產硏究 第 8 卷 3 號, 13 면 이하 참조.

集合住宅(아파트)의 區分所有에 관한 比較法的 實態的 考察 — 17 —

이 登記簿上 區分되어 있지않는 경우에도, 그 一部를 他人에게 讓渡할 수 있고, 이에 의하여 區分所有가 成立한다(日本이 物權變動에 관하여 意思主義를 취하는 結果이다). 왜냐하면 建物一部의 讓渡에 의하여, 그 建物을 區分하여 區分所有를 成立시키려는 所有者의 意思가 表明되기 때문이다. 마찬가지로 建物의 所有者가 그 建物의 一部에 관하여 質權 또는 抵當權을 設定한 경우에는 所有者의 變更은 없으나 質權者 또는 抵當權者는 建物一部의 所有者에 대하여 質權 또는 抵當權의 設定登記를 위한 登記請求權을 가지므로 이 경우에도 區分所有의 成立을 認定하는 見解가 有力하다.[22] 以上과 같이 建物의 一部에 관하여 讓渡 또는 物權의 設定이 이루어진 경우에는 이와 同時에 建物의 區分所有가 成立하나 그러나 그 部分에 대한 登記가 아직 完成되지 않은 동안은 그 處分을 가지고 對抗할 수 없는 第三者(日民法 제 177조 참조)에 대한 관계에서는 區分所有의 成立은 主張할 수 없다고 해석된다. 區分所有가 成立되는 세째는, 기타의 경우로서 建物의 各部分이 相異한 所有者에게 屬하는 것을 前提로 하면 당초부터 區分所有의 狀態에 있는 建物을 建築하는 것도 可能하고 또한 他人이 所有하는 建物에 區分所有의 可能한 部分을 增築함에 의해서 區分所有가 成立하는 경우를 생각할 수 있을 것이다.

(b) 區分所有의 解消; 區分所有는, 建物의 區分을 解消시킴에 의하여 解消된다. 즉 區分所有의 解消原因은 첫째, 建物部分의 合併登記 둘째, 區分所有權의 目的이 되고 있는 建物各部分의 境界인 壁의 除去 세째, 建物全部 또는 그 一部의 滅失 등의 事由이다.

(라) **區分所有者의 權利·義務**: (a) 權利; 區分所有權者는 첫째, 專有部分을 一般所有權과 꼭 같이 使用·收益·處分하여 모든 第三者의 干涉을 排除할 수 있음은 물론(同法 제 1조, 제 2조 참조) 둘째, 共用部分을 共同使用하고(同法 제 9조), 專有部分의 坪數에 比率로 持分分有하고(同法 제 10조), 專有部分에 따라서 處分하고 持分에 따라서 共用部分에서 생기는 收益을 취득하는 등(同法 제 11조), 共用部分의 利用에 대한 일련의 權利를 가지고 세째, 自己의 專有部分 또는 共用部分을 保存하고 改良하기 위하여 必要한 範圍內에서 다른 區分所有者의 專有部分 또는 自己의 所有(共有)에 속하지 않는 共用部分의 使用請求權을 가지며(同法 제 5조 2항) 넷째, 區分所有者는, 共用部分 또는 建物의 敷地에 관하여 다른 區分所有者에게 대하여 가지는 債權을 위하여, 債務者의 區分所有權 및 建物에 備置된 動產 위에 先取特權을 가진다(同法 제 6조).

(b) 義務; 建物의 區分所有에 있어서는 各 區分所有者는 各各 別個의 專有部分을 所有하고는 있지만, 그 專有部分은 同一建物의 一部이고 또한 建物의 共用部分은 區分所有者의 全員 또는 一部의 共有에 屬하므로, 各 區分所有者가 各各 自己의 權利를 無制限으로 主張한다면 權利가 서로 衝突하여 建物의 원만한 利用이 害쳐질 뿐만 아니라 경우에 따라서는 建物의

22) 川島一郎, 前揭 362면 및 我妻榮編著, 物權法 [判例 コメンタール Ⅱ](1964년) 249면 참조.

存立조차 위협을 받을 우려가 있다. 따라서 法律은 區分所有者의 權利에 制限을 加하고 各 區分所有者에게는 協力義務를 負擔시켜 建物의 保全과 그 利用의 調節을 꾀하고 있다. 이런 立場에서 區分所有者는 우선 建物의 保存에 有害한 行爲 기타 建物의 管理 또는 使用에 관하여 區分所有者의 共同의 利益에 反하는 行爲를 하지 않을 義務가 있다(同法 제 5 조 1 항). 또한 區分所有者는 區分所有者 全員을 위하여 共用部分을 管理할 義務가 있다(同法 제 16 조 1 항 참조).

(마) 共用部分의 管理 : 建物의 區分所有 등에 관한 法律 제 16 조는 上述과 같이 共用部分의 管理 所有의 權利義務를 一般的으로 規定하고 제 17 조 내지 제 34 조까지의 規定은 주로 共用部分의 共同管理의 便宜를 도모하기 위하여 設定된 規定이다. 그런데 이에 의하면 區分所有者는 規約에 別段의 定함이 없는 限 集會의 決議에 의하여 選任되고 또는 解任되며(同法 제 17 조), 管理者는 共用部分을 保存하고, 共有者의 合意 혹은 決定 또는 集會의 決議를 實行하고 規約에 定한 權利를 가지고 義務를 지며 또한 職務에 관하여 區分所有者를 代理하고(同法 제 18 조 참조). 每年 一回 一定時期에, 區分所有者에 대하여 그 事務에 관한 報告를 할 義務를 지고 있다(同法 제 19 조). 管理者의 權利義務는 區分所有에 관한 法律 및 規約에 의하는 外에도 委任에 관한 規定에 따른다(同法 제 22 조). 建物 및 敷地 혹은 附屬施設의 管理 또는 使用에 관한 區分所有者 相互間의 事項은 同法에 의하는 外에 規約으로 定하고(제 23 조 내지 제 26 조는 이 規約에 관해서 상세히 規定한다), 同法 제 27 조 내지 34 조는 集合에 관하여 상세히 規定하고 있다.

三. 比較法的 考察

위에서 階層的區分所有權에 관한 沿革的 考察에 이어서 主要한 外國法制의 基本態度를 考察하였거니와 이곳에서는 극히 간단히 佛·獨·日에 있어서의 法制의 變遷과 內容을 槪括的으로 對比考察함으로써 우리나라의 區分所有에 관한 法律關係의 法的分析 및 장래의 立法論에 기여하고자 한다. 문제가 되는 部分을 項目으로 나누어서 考察한다.

(1) 立法의 目的과 趣旨

階層所有權에 대한 佛蘭西民法과 獨逸民法은 對照的이다. 즉 佛民法은, 게르만法의 傳統을 이어받아 地上物은 土地에 屬한다는 原則을 採用치 않고, 明文으로서 階層所有權을 認定하였고 점차 이 制度에 대한 需要가 強化되었다. 이에 대하여, 로—마法의 影響下에 地上物은 土地의 同體的 構成部分으로 하고, 그 構成部分 위에 獨立된 所有權을 否認한 獨民法은 그 당연한 歸結로서 階層所有權을 否認하여 독일에 殘存하고 있었던 종래의 階層所有權까지도 抹殺하는 경향에 있었으며 住居所有權法의 制定으로 인하여 古代 및 中世紀獨逸法의 階層所有權制度가 復活된 것이다. 日本에 있어서는, 우리나라에 있어서와 마찬가지로 建物과 土地는 別個의 獨立한 不動產으로 把握되고 있으므로 階層所有權을 認定함에 있어서는 佛蘭西法에 있어서 보다도 더 한층 아무런 實體法上의 支障이 없고, 다만 一物一權主義를 緩和함으로써 充分하다. 따라서 法的으로는 民法 제 208 조의 區分所有權 가운데는 階層所有權을 包含한다고 해석된다. 戰後 日本에 있어서 建物의 區分所有權에 관한 特別立法化의 要請이 強하게 되어 旣述한「建物의 區分所有 등에 관한 法律」을 制定하게 된 연유는 결고 獨逸에 있어서와 같이 住宅建設資金의 吸收에 의한 都市開發을 위하여 새로히 게르만時代의 階層所有權을 再生시킨 것이 아니라 마치 佛蘭西에 있어서와 마찬가지로 이미 民法上 存在可能했던 建物의 橫斷的 區分所有權에 관하여 다른 法制上의 障害를 除去함과 함께, 그 權利關係를 明確히 해서 區分所有權을 時代의 要請에 맞도록 活用시키는 데에 있다. 이런 事情은 우리나라의 경우에 있어서도 장차의 立法論의 目的과 취지가 되리라고 생각된다.

(2) 區分所有權의 對象과 內容

區分所有權의 對象인 建物部分을 佛蘭西 1938 년 法은 簡單하게 階層 또는 아파—트라고 하고, 독일 住居所有權法도「그 自體로서 獨立되어 있는」特定한 住居라고 定하고 있다. 그리고 그 自體로서 獨立하여 있느냐의 與否은, 建築官廳이 이를 證明하는 것으로 하고 있는 點으로 보아 構造上의 見地에서 그 獨立性을 要件으로 한다. 이에 대하여 日本의 區分所有權法은 區分所有權의 對象인 建物은 構造上의 獨立性 뿐만 아니라 利用上의 獨立性까지도 가질 것을 要件으로 하고 있는 點이 特色이다.

區分所有權의 內容에 관하여 佛·獨·日의 諸法은 다같이 이를 一般의 所有權과 可及的으로 觸近시키면서도 다른 區分所有者와의 相隣關係에 基한 拘束을 認定하고 獨逸住居所有權法(제 14 조 참조)과 日本의 區分所有權法(제 5 조 1 항)은 明文의 規定으로서, 다른 區分所有權을 害하지 않고 또한 建物의 完全性과 使用適性을 害하지 않는 範圍에 있어서만 區分所有權이 認定된다는 취지를 明白히 하고 佛蘭西의 判例도 또한 다른 共有者에게 지나친 害를 끼치지 않는 範圍에 있어서 區分所有權이 認定된다는 태도를 취한다. 뿐만 아니라 獨·佛 兩法은 다같이 合意에 의한 區分所有權內容의 制限을 許容하고 특히 獨法은 所有者間의 協定에 의한 區分所有權의 讓渡에는 다른 共有者 또는 第三者의 同意를 必要로 한다는 뜻을 約定하는 것도 許容하고 있다(獨逸住居所有權法 제 12 조). 또한 義務不履行者에 대한 制裁로서 區分所有權의 消滅이 規定되어 있는 것도 兩法에 共通하다(獨逸住居所有權法 제 18 조·佛蘭西 1938 년法 제 2 조, 제 3 조 참조). 이에 대하여 日本法은 區分所有權의 讓渡에 他人의 同意를 要하는 취지의 合意 및 義務不履行의 制裁로서의 區分所有權의 消滅 등에 관하여 規定한 바가 없다. 이런 點으로 보아 日本法에 있어서의 區分所有權의 性格은 規定上 獨·佛法에 있어서의 區分所有權보다 더 한층 民法上의 一般所有權에 接近하고 있다고 할 수 있다.

(3) 共有持分의 對象과 그 內容

獨·佛兩法은 대체로 區分所有權의 對象인 建物의 專用部分 以外의 建物部分과 그 建物敷地인 土地는 다함께 區分所有者의 共有에 屬하는 것으로 하고 있다. 土地가 建物의 共同部分과 함께 區分所有者의 共有에 屬하는 것으로 하고 있는 것은 既述한 바와 같이 「地上物은 土地에 屬한다」는 原則의 適用結果이다. 그러나 이 原則을 취하지 않는 日本의 法律은 土地를 建物共同部分과 併合해서 共有對象으로 하고 있지 않다. 요컨대 土地에 대한 權利는 建物의 共有와는 獨立한 區分所有者의 共有 내지 準共有로 되어 있을 것이 짐작된다. 이런 事情은 우리나라에 있어서도 같을 것이다.

建物의 共同部分에 관하여도 위의 立法例는 具體的으로 相當한 差異를 보이고 있다. 첫째, 獨法은 建物의 共同部分을 法律上 당연히 區分所有者의 共有에 屬하는 것으로 하고 當事者의 合意에 의하여도 이를 區分所有權의 對象으로 할 수 없는 것으로 하는데 대하여 佛法은 단순히 反對의 書證이 없는 限, 共有에 屬하는 것으로 推定할 따름이다. 日本도 構造上 區分所有者의 全員 또는 一部의 共用에 供與되는 建物部分을 法律上 당연히 區分所有者의 共用으로 하는 點(區分所有權法 제 3 조 1 항: 法定共用部分)은 獨法과 같다. 또한 日本法에 있어서는 區分所有權의 對象인 專用部分에 관해서도 當事者間의 規約에 의하여 共用部分으로 할 수 있다(同法 제 3 조 2 항: 規約共用部分). 둘째, 獨法은 區分所有者의 專用部分을 둘러싸거나 혹은 다른 專用部分과를 區劃하는 建物構成部分(例컨대 壁·마루·天井·窓·문〈門〉)은 그 區分所有權의 對象으로서 區分所有者의 排他的支配에 속하는데 대하여, 佛法에서는 두 個의 아파트間의 境界壁은 해당되는 아파트所有者들만의 互有에 屬하는 것으로 하고 있다(佛 1938 년法 제 5 조 참조). 日本法은 이 點에 관하여 規定한 바가 없으므로 解釋에 맡겨지고 있으며 여러 學說이 對立하고 있다.[23] 세째, 共同의 暖房設備 또는 水道, 까스 등 各種導管이 共有에 屬하는 것은 立法例의 共通된 點이나, 그 各自의 專用部分內에 所在하는 部分의 權利關係에 관하여 兩法間에는 差異가 있다. 즉 獨·日法에서는 이들 部分도 共有에 屬하는 것이지만 佛法에 있어서는 그 部分은 당해 所有者의 排他的支配에 服한다고 規定한다. 넷째, 區分所有權의 對象인 建物部分을 當事者의 合意에 의하여 共同利用의 對象으로 할 수 있느냐에 관하여 佛法에는 規定이 없지만 獨·日法은 明文으로서 이를 肯定한다.

共同部分에 대한 共有持分의 比率에 관하여, 獨法에는 特別한 規定이 없으나, 佛·日法은 共有者의 區分部分의 面積 및 位置를 고려하여 그 價格의 比率에 따라서 定한다. 다음 區分

23) 阿部 譲, 「わが國の 區分所有權法について」, 不動產研究 제 8 권 제 3 호, 19 면 이하 참조.

所有權과 共有持分과의 關係에 관하여, 獨·日法은 이 兩權利 가운데 어떤 하나의 權利도 單獨으로 讓渡하거나 負擔을 課할 수 없다고 규정하고 佛法에서는 明文의 規定이 없지만 같은 취지로 새긴다. 끝으로 共有者間의 利用關係를 規律하는 利用規則에 관하여, 佛法은 一般的約定 또는 各利害關係者間의 契約에 의한 共有規則의 效力을 認定하고, 다만 各 所有者의 特定承繼人에 대해서만 登記있는 경우에 限하여 그 效力을 認定하고 있으며, 日本法 또한 같은 취지로 規定한다. 獨法은 널리 使用規則의 效力을 認定하여 그 가운데 法律規定과 다른 規則은 全員의 同意(協定), 法律規定의 細則은 住居所有者間의 多數決(決議), 決議不成立時는 法院의 決定에 의하여 그런 規則이 成立하는 것으로 하고 있다.

(4) 區分所有者의 義務

獨·佛·日의 諸法은 다 같이, 區分所有者에게 대하여 建物의 保全과 利用의 調節을 피하기 위하여 區分所有者의 共同體에 奉仕할 義務를 課하고 있다. 具體的으로 그 義務는 維持義務·忍容義務·妨害避止義務·費用分擔義務로 나타난다. 義務履行의 擔保에 관하여 獨法에는 아무런 規定이 없으나 佛法 및 日本法은, 費用負擔義務의 擔保로서 二重의 先取特權을 認定한다. 즉 이미 費用을 支給한 者(債權者)는 未拂者(債務者)가 所有하는 區分部分과 共有部分에 대한 持分權 및 그 區分部分에 備置한 動産 위에 二重의 先取特權이 있음을 規定한다. 義務違反의 制裁로서 獨法은, 義務違反한 共有者를 多數決에 의하여 持分의 讓渡라는 方法으로 共同으로부터 強制로 除去할 수 있음을 規定한다. 佛法은 거의 같은 制度를 認定하고 있으나 그것은 建築組合에 관해서만 規定하고 있고 그 要件 및 效果도 獨法과는 相當히 相異하다. 日本法은 이에 대한 規定을 두지 않고 있다.

(5) 管理機關

建物의 管理는, 區分所有權法의 가장 重要한 문제의 하나로서 獨·佛·日法이 모두 이 點에 큰 比重을 두고 상세히 規定하고 있다. 佛法에 있어서는 別段의 定함이 없는 때는 全所有者가 法律上 當然히 管理組合을 構成하고, 그 組合이 集會라고 하는 議決機關과 管理人이라고 하는 執行機關을 통하여 管理行爲를 한다. 獨法과 日本法에는 管理組合의 制度는 없고 建物은 集會와 管理人에 의하여 管理되고 있다. 建物의 管理에 있어서는 具體的으로 그 管理規則·管理權限·議決方法 등에 관하여 獨·佛·日法에 있어서는 相當한 差異가 있다. 이 點에 관하여 詳說하지 않거니와 요컨대 區分所有建物의 管理의 良否가 區分所有權制度의 將來를 左右한다고 보아도 過言이 아니므로 장차 우리 立法에 있어서도 이 문제는 신중히 다루어야 할 것이다.

(6) 區分所有關係의 設定과 廢止

佛法에 있어서는, 不動產을 區分하여 그 各 部分의 所有權 또는 利用權을 組合員에게 割當하는 것을 豫定하여 不動產을 建築 또는 取得하고 혹은 이와 같이 區分된 不動產을 管理 및 維持하는 것을 目的으로 하는 建築組合이 있어서, 區分所有關係의 設定은 주로 이 組合에 의하여 행하여지고 있다. 獨法은 두 個의 住居設定事由를 認定한다. 즉 당해 建物에 旣存의 持分的共同이 存在하는 경우에 있어서의 共有者間의 契約과 종래의 建物單獨所有者가 登記所에 대하여 하는 一方的인 分割의 意思表示가 그것이다. 意思主義下의 日本法에 있어서는 區分所有權의 成立은 登記에 의한 建物의 區分(建物新築時는 建物의 部分의 表示登記, 이미 表示登記가 되어 있는 建物에 관하여는 建物의 區分登記)과 處分에 의한 區分 (登記上 區分되지 않은 建物의 一部를 他人에게 讓渡)에 의하여 成立하거나 혹은 당초부터 區分所有의 狀態에 있는 建物을 建築함에 의하여 成立한다. 獨法에는 各 住居所有者는 重大한 事由가 있는 경우라도 共同의 廢止 및 共有者間의 分割을 請求할 수 없는 것으로 規定한다. 日本에 있어서도, 建物의 區分共用部分에 대한 共有는 建物의 區分所有라고 하는 共同의 目的을 위하여 認定되는 것으로서 그 취지를 살리기 위하여 分割請求 및 持分의 讓渡가 극히 制限되고 있다(同法 제 8 조 以下 제 15 조 참조).

四. 우리나라에 있어서의 區分所有權 —그 實態調査를 中心으로—

위의 立法例에서 본바와 같이 階層所有權制度는 거의 모든 文化國家가 採用하고 있는 法型態이며 그 大部分의 國家들은 特別法을 制定하여 區分所有의 共同關係로부터 發生하는 困難한 여러 문제를 可能한 限 合理的으로 規制하려는 움직임을 보이고 있다. 旣述한 바와 같이 우리나라에 있어서도 최근 都市開發計劃의 積極的推進에 따라서 集合住宅(아파트)의 建立이 急激하게 盛行하고 있다. 우리 民法은, 理論上 제 215 조로서 建物의 縱斷的區分所有뿐만 아니라 橫斷的區分所有를 制度的으로 認定하고 있다고 볼 수는 있지만, 中高層아파트 등 共同建物을 縱橫으로 區分所有함으로써 發生하는 복잡한 여러 문제를 解決하기에는 아직도 많은 不備點이 있는 實情이다. 去來의 實際를 보면 아파트의 分讓管理 및 利用關係에 관한 事項을 따로 當事者가 合意하여 契約의 形式으로 이를 定하고, 그에 따라서 아파트의 區分所有關係를 規律하는 경우가 많다. 즉 分讓契約書, 管理 및 利用規則 등이 바로 그것이다. 이들 契約書 또는 規則은 一般契約約款의 性格을 띤 것으로서 아파트의 所有關係를 規律하고 있는데 다만 그 具體的인 內容과 性格은 아파트의 種類에 따라서 相當한 差異가 있다. 그러나 他面 위의 差異點에도 不拘하고 區分所有權을 特徵지우는 몇가지 基本點에 있어서는 共通하다. 이곳에서는 筆者가 행한 限定的인 實態調査를 土台로 하여 우리나라의 아파트 區分所有의 法律關係를 주로 그 共通點에 着眼하여 分析·檢討해보기로 한다.

(1) 區分所有의 成立

우리 民法은, 土地와 土地上의 建物을 各各 別個의 不動產으로 취급하는 것을 原則으로 하고 있으므로, 建物의 區分所有는 理論上 垈地의 所有關係와는 獨立하여 成立할 수 있다. 不動產登記法(제 104 조 내지 제 107 조)은 이들 建物의 區分登記의 길은 마련하고 있다. 建物의 區分所有는 多數人이 建物을 區分所有할 것을 合意하고(規約) 區分所有建物을 新築함에 의하여도 成立하고 혹은 이미 存在하는 建物을 區分讓渡함에 의하여도 成立한다. 우리 民法의 物權變動의 原則上 前者는 法律行爲에 의하지 않는 物權變動으로서 登記없이 區分建築의 完成과 同時에 區分所有權이 成立하고 事後의 登記는 宣言的 效果가 있을 따름이라고 보아야 한다(民法 제 187 조). 이에 反하여 前者의 경우는 法律行爲에 의한 物權變動의 경우로서 區分所有에 대한 當事者間의 物權的合意와 登記의 要件이 있음으로써 비로소 區分所有權이 成立한다(民法 제 186 조). 즉 後者에 있어서의 登記는 區分所有를 創設하는 登記이다.

建物의 區分所有는 또한 建物의 單獨所有者가 登記所에 대하여 建物을 區分 分割한다는 一方的인 意思表示를 하고 이에 관한 登記를 함으로써도 成立할 수 있을 것이다. 그러나 우리나라에 있어서는 처음부터 多數人이 한채의 建物을 區分所有할 目的으로 共同投資를 하여 中高層아파트 등을 建立하는 경우는 아직 드물고, 오히려 特定의 事業主가 他人에게 區分하여 分讓할 目的으로 建物을 完工하고 이를 需要者에게 分讓하는 形態가 一般的으로 행하여진다. 아파트의 建築事業主는 地方自治團體 또는 大韓住宅公社 등 公共團體인 경우(公營住宅)와 私人인 建築會社인 경우로 大別할 수 있다. 例컨대 시민아파트 및 중산층아파트(서울特別市가 建立)·麻浦아파트·文化財아파트·貞陵아파트·漢江맨션 아파트 등(大韓住宅公社가 建立)은 前者의 例이고, 樂園아파트·世運商街아파트·藥水아파트 등은 後者의 例이다. 이들 아파트의 分讓에 따르는 제반의 문제는 事業主가 미리 作成印刷해 놓은 契約約款인 이른바 "分讓契約書"에 의해 規律토록 되어 있다.[24] 그런데 이들 契約書에 의하면 대체로 아파트의 分讓契約은 아파트 建物이 完成되기 以前에 이미 締結하여 入住者가 入住前에 또는 所有權移轉以前에 미리 相當部分의 아파트分讓代金을 契約金 또는 申請金·中渡金 (때로는

24) 注意할 것은, 公營住宅에 관하여는 이들 民法規定·分讓契約書에 의하는 以外에 「公營住宅法」(1963년 11월 30일, 法律 제 1,457 호)이 適用된다는 事實(市民아파트 일반분양계약서 제 10 조는 이를 明示的으로 規定하고 있다) 및 大部分의 分讓契約書가 契約에 定하지 않은 事項에 관하여는 事業主(管理責任者)의 業務規定(例컨대 한강맨션아파트 분양계약서 제 14 조, 마포아파트주택 분양계약서 제 11 조, 文化財 및 貞陵아파트의 아파트분양계약서 제 11 조) 혹은 事業主의 解釋(例컨대 낙원아파트入住(分讓)契約書 제 16 조 및 중산층아파트 분양계약서 제 12 조 등)에 의한다는 취지의 規定을 하고 있는 點이다.

一次中渡金・二次中渡金・三次中渡金 등으로 나눔)・契約保證金・殘代金 등등의 名目[25]으로 事業主에게 支給할 것이 要求되고 있으므로 事業主는 分讓代金을 미리 받아서 建築資金으로 利用할 수 있도록 되어 있다. 또한 아파트分讓契約은, 法的으로 分析하면 區分所有權의 設定에 대한 物權的合意의 性質을 가질 다름이며, 區分所有權은 登記時에 비로소 成立하므로, 比較的 經濟力이 弱한 無住宅者의 利益을 위하여 分讓代金의 支給을 長期間에 걸쳐 分割納付케 하고 完納時에 所有權移轉登記義務를 同時에 履行하게 하는 경우[26] 혹은 所有權移轉과 代金完納을 同時履行으로 하지 않고 代金完納後에도 事業主가 "關係當局과의 모든 節次가 끝난 때"[27] 혹은 "공부상 정리가 완료되는대로"[28] 所有權移轉登記에 協力할 것으로 하고 있는 경우[29] 등에는 실제로 分讓하여 入住하고 있다 하더라도 登記가 完了되는 時期까지는 完全한 區分所有權者로서의 法的地位를 가지지 아니한다.

(2) 區分所有의 性質

위의 分讓契約書는 대부분 아파트分讓에 있어서의 區分所有關係의 性質・內容 및 그 對象등에 관하여 特別히 規定하지 않는다. 이것은 우리나라의 아파트分讓의 實際的慣行이 區分所有를 當然한 것으로 前提하고 있기 때문이 아닌가 생각된다. 이 點에 관한 特別規定이 없으므로 民法이 定한 區分所有에 관한 諸規定이 適用된다. 즉 建物의 區分所有라 함은 一棟의 建物을 區分하여 그 各部分을 獨立한 物件으로서 所有하는 것(專有部分)을 말한다(民法 제 215 조 1 항). 그리고 區分所有를 할 수 있는 경우에는 建物과 附屬物中 共用部分은 各所有者全員의 共有에 屬한다(民法 제 215 조 2 항). 따라서 이들 共用部分에 관하여는 共有에 관한 規定(民法 제 262 조 내지 제 270 조)이 適用된다. 다만 共有物을 分割하려면 全共有者의 合意를 必要로 하고 各 共有者 單獨의 意思에 의하여 分割할 수는 없고(民法 제 268 조 3 항), 共用部分

---

25) 시민아파트 일반분양계약서 제 1 조; 중산층아파트 분양계약서 제 2 조; 한강맨션아파트 분양계약서 제 2 조, 낙원아파트 입주(분양)계약서 제 3 조, 마포아파트 주택분양계약서 제 2 조, 제 3 조 및 현대상가아파트 가계약서 제 3 조등 참조.

26) 例컨대 마포아파트 주택분양계약서 제 3 조에 의하면 住宅分讓金은 1984 년 5 월(20 年間 割賦)까지 分割納付하고, 所有權移轉登記는, 償還期限이 滿了되는 當月末까지 하도록 되어 있다(제 12 조); 시민아파트 일반분양계약서 제 9 조; 중산층아파트분 양계약서 제 11 조; 문화재・정능아파트 분양계약서 제 9 조 등 참조.

27) 例컨대 現代商街아파트 분양가계약서 제 4 조는 「讓受渡로 因한 所有權移轉登記에 必要한 書類는 讓渡人이 서울特別市長으로부터 垈地拂下를 받고 建築許可를 받는 등 關係當局과의 모든 節次가 끝난 뒤에 交付한다」라고 規定하고 낙원아파트 분양계약서 제 7 조도 대체로 같은 취지의 규정이다.

28) 例컨대 한강맨션아파트분양계약서 제 11 조 本文은, 「본계약표시 주택의 소유권은 「갑」(대한주택공사 총재)의 공부상 정리가 완료되는 대로 「을」(아파트分讓者)은 즉시 소유권이전 수속을 필하여야 한다」라고 규정한다.

29) 特記할 것은, 前記한 分讓契約書는 보통 아파트區分所有를 分讓받은 者가 所有權移轉登記에 協力할 義務가 있는 것으로 規定하고 있는 點이다(例컨대 前記 한강맨션아파트 분양계약서 제 11 조, 문화재・정능아파트 분양계약서 제 9 조 1 항, 마포아파트 주택분양계약서 제 12 조 등)

의 修繕費 기타의 負擔은 各自의 所有部分의 價額에 比例하여 分擔한다(民法 제 215 조·제 266 조 참조)는 重大한 例外가 있다. 위의 民法의 一般規定은 別段의 規定이 없는 한 모든 分讓아파트의 區分所有에 適用된다. 區分所有에 있어서의 建物의 共用部分에 대한 持分權은 해석상 또는 規定上 專有部分과 獨立하여 單獨으로 處分할 수 없으며,[30] 區分所有者는 또한 共用部分을 不當하게 占據使用치 않을 業務와 補修維持에 協力할 義務가 있다.[31] 아파트의 區分所有는 아파트인 住宅 以外의 用途에 使用하는 것 특히 美風良俗을 害하는 일이 禁止되고 또한 垈地 및 建物의 變更이 禁止되고 있다.[32] 區分所有者는 善良한 管理者의 注意로써 管理責任을 지며 많은 경우 특히 公營住宅의 경우에는 그 處分自由가 制限되어 보통 事業主의 事前承認을 必要로 한다.[34] 또한 契約書에 直接的인 規定은 없으나, 區分所有者는 建物의 保存에 有害한 行爲 기타 建物의 管理 또는 使用에 관한 다른 區分所有者의 共同利益에 反하는 行爲를 하지 않을 一般義務가 당연히 前提로 되고 있다고 보아야 한다.

이런 의미에서 우리나라에 있어서의 아파트의 區分所有의 內容도 本質的으로는 一般의 單獨所有權과 本質的으로 같은 性格을 가지지만, 다른 아파트區分所有者와의 相隣關係에 基한 많은 拘束을 받고 있으며 또한 共用部分의 共有關係도 一般의 共有關係와는 달리 아파트 共同生活의 원만한 유지라는 共同의 目的下에 긴밀한 拘束關係가 存在하여 어떤 面으로 보면 아파트共同生活이라는 共同의 目的에 의한 合手的共同關係가 成立하고 있는 一面을 보여주어 단순한 共有關係가 아니라 오히려 合有關係에 가까운 法律的 性質의 一面을 엿볼 수 있다 하겠다.[35] 앞으로 있을 立法에 있어서는 區分所有權의 基本性格·成立要件·그 對象·專有部分과 共用部分 등의 관계에 관하여 愼重히 檢討하여야 할 것이다.

(3) 專有部分과 共用部分

前述한 바와 같이 아파트分讓契約書의 實際上 대체로 아파트區分所有의 對象에 대하여는 이를 具體的으로 規定하고 있는 것이 드물다. 아마도 民法 제 215 조에 의하면 專有部分 以

30) 예컨대, 낙원아파트 분양계약서 제 13 조는 「乙(分讓入住者)은 取得한 建物專有部分과 分離하여 共有持分을 單獨處分할 수 없다」라고 規定하고 있다.
31) 한강맨션아파트 분양계약서 제 10 조 4 호, 문화재·정능아파트 분양계약서 제 8 조 4 호 등 참조.
32) 예컨대, 낙원아파트 분양계약서 제 11 조는 建物使用上의 制限이란 題目아래 「이 建物은 아파트 本然의 用途 以外로는 使用할 수 없으며 特히 美風良俗을 害하는 일을 禁한다」라고 規定하고 있으며, 문화재·정능아파트 분양계약서 제 8 조 1 항, 한강맨션아파트 분양계약서 제 10 조 1 항, 마포아파트 주택분양계약서 제 11 조 1 항, 중산층아파트 분양계약서 제 6 조, 시민아파트 일반분양계약서 제 5 조 등도 같은 취지의 規定이다.
33) 중산층아파트 분양계약서 제 6 조, 시민아파트 일반분양계약서 제 5 조, 公營住宅法 제 13 조 등 참조.
34) 시민아파트 일반분양계약서 제 3 조, 중산층아파트분양계약서 제 5 조 문화재·정능아파트 분양계약서 제 8 조 1 항 등 참조.
35) 玉田弘毅, 建物の區分所有に關する若干の考察, 法律時報 제 38 권 5 월호(1966), 265 면 참조.

外의 部分은 共用部分에 屬하고 그 共用部分에 대한 共有關係가 成立하는 것으로 되어 있으므로 그 以上의 詳細한 規定은 不必要하다고 생각하고 있는듯 하다. 그러나 이미 立法例와 比較法의 考察에서 본 바와 같이 專有部分과 共用部分의 對象 및 그 相互關係에서 發生하는 복잡한 여러 문제가 있는 것이므로 이 細部的인 諸問題는 주로 合理的인 해석과 慣行에 의해서 解決할 수 밖에 없을 것이다.

우리나라의 아파트區分所有에 있어서도 첫째, 專有部分과 共用部分은 서로 不可分의 緊密한 관계에 있다. 즉 共用部分에 대한 共有物分割은 一般의 共有物分割의 경우와는 달리 全員의 合意에 의해서만 可能하며(民法 제 268조 3항) 또한 共有持分權은 前述한 바와 같이 해석상 當然히 또는 規定上 專有部分과 獨立하여 單獨으로 處分할 수 없으며 區分所有者는 共用部分을 不當하게 占據使用치 않고 그 補修維持에 協力할 義務가 있다. 둘째, 共用部分의 共有持分에 대하여 一般的으로 特別規定을 두지 않지만 解釋上 또는 規定上[36] 建物의 專有部分 總面積에 대하여 各 區分所有者가 취득하는 專有部分의 面積(床面積)比率에 의하여 配分된다고 보는 것이 妥當하다. 共用部分은 區分所有者 全員의 共有이냐 혹은 特定部分에 대한 一部 特定한 關係區分所有者만의 共用部分을 認定할 수 있느냐. 보통 規定을 두지 않지만 이를 特別히 否定할 필요가 없고 이를 規定하는 경우도 있다.[37] 이 경우의 共有持分은 그 一部 特定關係區分所有者가 占하는 專有部分의 登記時를 표준으로 그 面積比에 의한다. 세째, 共用部分에 대한 區分所有者의 權利·義務에 대하여도 民法의 規定·契約約款 및 慣行에 따라야 한다.

區分所有者는 다른 區分所有者의 權利를 侵害하지 않는 範圍와 專有權에 대한 上述한 바의 從된 地位에서 共有物을 使用·收益할 權利가 있으며 各共有者는 원만한 共同生活을 영위하기 위한 一聯의 諸義務를 지고 있다. 즉 共用部分의 保存 및 기타의 費用을 所有部分의 價額에 따라서 分擔할 一般義務가 있고[38] 이들 入住物件에 대한 賦課金·財產稅·電氣·水道 기타 諸般 管理費 등의 使用料金의 支給을 解怠하는 경우에는, 斷電·斷水措置·事業主인 管理責任者의 還買權[39] 違約金을 控除하고 (約 10%) 契約을 解除하는 權利[40] 등의 強力

36) 예컨대, 낙원아파트 분양계약서 제 2조 1항은 「建物의 共用部分은 區分所有者全員의 共有에 屬하며 乙에 對한 乙의 該當共有持分은 建物의 專有部分總面積에 對하여 乙이 取得하는 專有部分의 面積(床面積)比率에 依하여 配分한다」라고 規定한다.

37) 예컨대, 낙원아파트 분양계약서 제 2조 2항 本文은 「다만 一部 特定의 區分所有者에 限한 共用에 供與하는 것이 明確한 共用部分은 그 區分所有者의 共有에 屬하는 것으로 하고 그 持分은 그 一部特定關係區分所有權者가 占하는 專有部分의 面積比에 按分한다……」라고 規定한다.

38) 民法 제 215조 2항, 마포아파트 주택관리계약서 제 1조, 시민아파트 일반분양계약서 제 7조, 중산층아파트 분양계약서 제 8조, 낙원아파트 분양계약서 제 9조, 한강맨션아파트 분양계약서 제 9조 등 참조.

39) 예컨대, 낙원아파트 분양계약서 제 15조 本文은 다음과 같이 規定하고 있다. 즉 「入住物件 入住後 甲이 定하는 아파트管理上 乙이 遵守履行해야 할 諸契約事項을 違背하였을 경우에는 甲은 乙에게 入住한 物件을 乙의 買入한 價格에 乙이 使用한 消耗程度를 勘案하여 甲이 定한 適切한

한 制裁가 따르고 있다. 넷째, 기타의 細部事項에 관하여는 規定이 없는 경우가 많다. 그런데 앞으로의 立法에 있어서는 생각컨대 前述의 立法例의 比較考察을 감안하여 專有部分의 構造上 및 利用上의 成立要件을 定하고, 用途의 範圍에 따라서 共用部分을——全區分所有者의 혹은 一部 特定關係共有者間의——法律로 미리 定하고(法定共用部分), 自己의 專有部分內에 存在하는 共同의 暖房設備 등 部分에 관하여는 佛法과 같이 區分所有者의 專有로 하고 본래 區分所有權의 對象인 建物部分이라도 當事者의 合意에 의하여 共同利用의 對象(共用部分)으로 할 수 있도록 하고, 기타 合理的인 共有物利用規則의 效力을 認定하는 方向으로 하는 것이 옳을 것이다.

(4) 區分建物(아파트)의 敷地關係

建物의 區分所有者도 自己의 所有部分을 保存하려면 그 建物의 敷地에 대한 使用權을 가지고 있지 않으면 안된다. 독일의 住居所有權法은 前述과 같이 建物의 專有部分과 共用部分의 共有持分 및 敷地의 共有持分의 3個部分을 一體로 하여 法律構成을 하고 있으나 우리 民法이나 日本民法에 있어서는 土地와 建物은 別個의 不動產이므로, 區分建物에 있어서만 土地와 建物의 一體化를 期할 수는 없다. 日本의 區分所有權法이 이 點에 관하여 特別한 立法措置를 하지 않은 것도 이런 理由가 있기 때문이다. 우리 民法上 區分建物의 敷地使用權의 態樣은 여러 가지 있을 수 있을 것이다. 즉 區分所有者가 區分建物을 使用하는 根據가 所有權에 基한 경우, 地上權에 基한 경우, 賃借權에 基한 경우가 있겠고 혹은 어떤 特殊事情으로 인하여 區分所有者가 建物垈地에 대하여 아무런 權利를 가지고 있지 않은 경우[41]도 있을 수 있을 것이다. 所有權을 가지는 경우도 分有인 경우도 있고 共有인 경우도 있을 것이다. 우리 民法 내지 分讓契約 約款은 이를 一率的으로 規定한 바가 없다. 보통 우리나라에 있어서의 아파트區分所有의 現況을 보면, 아파트區分所有者는 區分建物인 아파트의 敷地에 대하여도 共有持分權으로서의 所有權을 갖는다. 例컨대, 서울特別市가 建立한 市民아파트 및 中產層아파트 分讓契約書(市民아파트 分讓契約書 제 2 조, 中產層아파트 分讓契約書 제 4 조)에 의하면, 分讓入住者는, 아파트敷地의 地籍確定 및 所有權者의 買收要求가 있을 때에는 이를

價格으로 還買할 것을 要求할 수 있나. 乙은 이 경우 甲의 還買要求를 拒否할 수 없다」

40) 시민아파트 일반분양계약서 제 11 조, 중산층아파트 분양계약서 제 10 조, 낙원아파트 분양계약서 제 14 조, 정능·문화재아파트 분양계약서 제 8 조, 제 10 조 참조.

41) 區分所有者가 建物의 敷地에 관하여 自己의 專用部分을 所有하기 위하여 必要한 權利를 가지고 있지 않은 경우에는 그 敷地의 權利者는 理論上 區分所有者에 대하여 그 專用部分의 撤去를 請求할 수 있겠으나, 一棟의 建物의 一部를 撤去하는 것이 事實上 不可能한 경우도 있고, 혹은 그것이 可能하다 하더라도 撤去 때문에 建物의 一部를 破壞하는 以外에 方法이 없다고 하면 社會經濟的 立場에서 보아서 큰 문제가 아닐 수 없다. 따라서 日本에 있어서는 이런 경우, 建物의 敷地에 관한 權利를 가지지 않는 區分所有者가 있는 경우에는, 그 專有部分의 收去를 請求할 수 있는 者는, 그 區分所有者에 대하여, 區分所有權을 時價로 賣渡할 것을 請求할 수 있는 것으로 하여 이른바 區分所有權賣渡請求權을 認定하고 있다(區分所有權法 제 7 조 참조).

同一地區 아파트入住者 共同持分으로 買收하여야 한다고 規定하고 특히 市民아파트 分讓契約書 제 3 조는, 垈地를 入住者가 買收하기 前에는 아파트의 區分所有權을 讓渡하지 않는다는 취지를 定하고 있다. 또한 大韓住宅公社가 建立한 마포아파트·文化財 및 貞陵아파트·漢江아파트 分讓契約約款[42]에 의하면, 아파트建物의 垈地는, 所有權移轉時에 同住宅建立 占有垈地인 總坪數에 대한 比率로 共有持分坪數를 定해서 移轉登記하도록 하고 다만 入住者인 區分所有者는 그 位置를 指定 혹은 割當(區劃表示)해 줄 것을 事業主에게 要求할 수 없는 것으로 하고 있다. 특히 位置의 指定 및 割當을 要求할 수 없는 것은 代金償還期間이 滿了한 後 共有持分의 所有權 移轉後에 있어서도 계속된다(특히 마포아파트 分讓契約書 제 9 조 단서 참조).

建物의 屋上에 대한 權利關係에 대하여 規定이 없는 경우에는 特別한 事情이 없는 限 各 區分所有者가 共同으로 使用할 수 있다고 새기는 것이 옳겠지만 아파트屋上部分에 대한 權利는 全的으로 建物의 事業主인 同時에 管理責任者가 留保하고 築造物을 構築하거나 增築行爲를 하여도 區分所有者는 이를 認容하여야 하는 것으로 規定한 경우도 있다.[43]

(5) 管 理

前述한 바와같이 아파트區分所有者는 分讓아파트를 반드시 居住의 目的으로 使用하고 善良한 管理者의 注意로서 管理할 責任이 있다. 특히 아파트建物의 共用部分을 管理할 權利·義務가 있는 것은 물론이다(民法 제 263 조·제 265 조 참조). 分讓아파트의 管理方法은 그 主體를 표준으로보면 두가지 경우를 생각할 수 있다. 첫째는, 分讓아파트를 建設한 事業主體가 分讓後에도 계속하여 그 아파트를 管理하는 경우이고 둘째는, 아파트分讓後에는 建設主가 손을 떼어 아파트管理에 전연 關與하지 않고 分讓者인 各 區分所有者가 自主的으로 管理하는 경우이다. 우리나라에 있어서는, 오히려 前者가 一般的으로 행하여지고 있다.[44] 특히 麻浦아파트分讓契約書 제 2 조는 아파트區分所有者로 하여금 本契約締結과 동시에 表示建物(垈地包含)의 住宅管理 및 維持에 대한 管理受託契約을 아파트管理所長과 締結할 것을 義務化하고 義務違反時에는, 本契約을 無效로 한다고 規定하여 이를 強制하고 있다. 住宅管理機構도 管理組合 등의 組織體를 結成하는 일은 드물고 管理人에 의하여 管理하는 일이 보통이며, 管理方法 등에 관하여는 따로히 各 아파트마다 간단한 細則을 미리 定하고 있는 것 같다. 麻浦아파트의 受託契約書는 그 典型的인 例인데 아파트의 讓渡時에는, 管理所長, 讓渡人, 讓受人

42) 마포아파트 주택분양계약서 제 9 조, 문화재·정능아파트 분양계약서 제 6 조, 한강맨션아파트 분양계약서 제 6 조 등 참조.

43) 예컨대, 낙원아파트 분양계약서 제 12 조는 다음과 같이 규정한다. 「乙이 買受한 아파트屋上部分에 對한 權利는 甲에 歸屬되며 甲이 如何한 築造物을 構築하거나 增築行爲를 行하여도 乙은 妨害하거나 異議를 一切 提起치 못한다.」

44) 낙원아파트 분양계약서 제 2 조 3 항, 한강맨션아파트 분양계약서 제 9 조, 정능·문화재아파트 분양계약서 제 9 조 2 항 참조.

間에 管理義務承繼에 관한 三面契約을 締結케 하여 本契約에 의한 管理義務를 讓受人에게 계속 계승시키고 있으며[45] 이를 위해서 管理義務 承繼契約證書라는 約款의 書式이 마련되어 있다. 그러나 아파트管理에 관한 上記한 規制는 그 最小限度의 部分에 불과하고 아파트管理에 따르는 많은 다른 重要問題에 관하여는 規定한 바가 없으므로 여러 어려운 問題를 惹起시키고 있다. 이런 의미에서 아파트의 管理規則을 一般化하여 法律로 定할 必要性이 크다고 할 것이다.

五. 結 語

위에서 若干의 實態調査를 基礎로 밝힌 바와 같이 우리나라에 있어서는 아파트區分所有에 관한 法律關係는 불과 몇 個條의 民法規定 以外에는 各各 分讓契約書 또는 管理規則 등에 의하여 甚히 不完全하고 不充分하게 規律되고 있는 實情이므로 많은 어려운 未解決의 문제가 發生하고 있다. 생각컨대, 아파트區分所有는 종래 獨立한 住宅을 所有할 能力이 不足한 一般大衆에게 獨立된 住居를 마련해 주고 있으며 住宅政策上 또는 都市開發 및 不動産上의 立體的 利用이라는 立場에서도 促進되어야 할 일이다. 따라서 아파트 建物自體의 保護·維持와 그 利用을 통한 區分所有者間의 圓滿한 生活安定은 순전히 당해 當事者間의 利害事項에 그치지 않고 종국적으로는 國家的 내지는 社會的인 큰 利害事項이라 하겠다. 이런 의미에서 특히 아파트 自體의 保存·維持·管理 및 利用을 위해서 뿐만 아니라 아파트區分所有者인 經濟的 弱者가 區分所有를 취득 利用함에 있어서 經濟的 強者의 一方的인 強制의 犧牲이 되지 않도록 合理的인 立法措置를 할 必要性이 클 것이다. 더욱이 아파트의 區分所有關係 등 특히 共用部分의 利用 및 管理에 수반하여 發生하는 不明瞭한 諸問題를 解決하기에는 現行法의 規定 및 約款에는 不備點이 너무나 많다. 아파트區分所有에 있어서의 專有部分과 共用部分의 區分, 區分所有의 成立要件 및 成立時期, 共用部分에 대한 使用規則 및 管理機構·方法·管理組合·集會 등의 權限 및 決議方法, 管理規約, 建物의 區分所有와 垈地에 대한 權利와의 관계 등은 立法에 의하여 明瞭하게 規定되어야 할 當面한 문제이며, 分讓契約의 前後에 있어서 入住者에게 너무나 큰 不利益을 強要하는 一聯의 不利益條項(例컨대 지나친 違約罰로서의 解約 및 原狀回復約款, 還買請求權)은 區分所有者의 保護를 위하여 檢討의 餘地가 많고 反對로 아파트를 建設 및 管理하는 建設 및 管理主體의 責任強化의 方案이 講究되어야 할 것이다.

徹底한 實態調査를 基礎로 하고 先進諸國의 立法例를 참고로 하여, 建物 특히 集合住宅(아파트)의 區分所有關係에 대한 合理的인 法的 規制가 時急히 要請된다.

---

45) 낙원아파트 분양계약서 제 10 조, 마포아파트 관리의무승계서 제 1 조 참조.

Rechtsvergleichende und rechtserkennende Studie über das Wohnungsrecht

Prof. Dr. Chong Kil Tsche*

Zusammenfassung

Das Wohnungseigentum od. das Stockwerkseigentum, das eine besondere Form des Miteigntums nach Bruchteilen an einem Grundstück darstellt, ist neuerdings auch in Korea in weiteren Kreisen benutzt worden, um individuelles Eigentum an Wohnungen zu ermöglichen. Das Wohnungseigentum ist in zahlreichen ausländischen Rechten…… vor allem im Anschluß an die Regelung des Art. 664 code civil…… längst anerkannt worden. Auch in Deutschland bestand es bis 1900 nach Landesrecht; erst Art. 182 EGBGB verbot die Neubildung von Stockwerkseigentum.

Im Gegensatz zum deutschen Bürgerlichen Recht, in dem eine horizontale Teilung von Gebäuden dem Eigentum nach ausschließt, weil dort der Grundsatz von "Superficies Solo Cedit" herrscht (§ 94 BGB), bestehen im koreanischen Recht zur Anerkennung des Wohnungseigentums keine gesetzlichen Hemmungen, weil wir hier einen solchen Grundsatz nicht kennen(§ 99 Koreanisches Bürgerliches Gesetzbuch KBGB). Vielmenr regelt § 215 KBGB über das Wohnungsteileigentum, wonach das Wohnungseigentum eine Verbindung des Miteigentums nach Bruchteilen am gemeinschaftlichen Teil des Gebäudes mit dem Sondereigentum an der Wohnung ist. § 215 KBGB enthält aber nur eine grundsätzliche Regelung über das Wohnungseigentum, und die manchen wichtigen Probleme sind unbeantwortet. Die Regelung des § 215 KBGB ist besonders dort ungenügend erwiesen, wo das Gebäude wie beim "apartment" dem Eigentum nach nicht nur vertikal, sondern auch horizental geteilt wird, woraus manche schwierige Probleme entstehen. Die zunehmende Wohnungsnot und die Knappheit an Grund und Boden gerade in den Großstädten verlangen aber immer mehr das Wohnungsteileigentum. Darin bestehen heute überall die dringenden Notwendigkeiten, die unklaren

---

* Professor, Juristische Fakultät, Universität Seoul

komplizierten Rechtsverhältnisse an dem Wohnungseigentum teils durch gerechte Interpretation oder teils durch Gesetzgebung klarzumachen. Viele Länder haben diesen Erwägungen folgend Sondergesetze über das Wohnungseigentum erlassen wie z. B. "Gesetz über das Wohnungseigentum und Dauerwohnrecht (WEG) v. 15.3.1951" (Deutschland), "Loi tendant á régler la statut de la copriété des immeubles par appartments" v. 28.6.1938, ergänzt und revisiert durch dekrét von 4.2.1943 und 4.1.1955 (Frankreich), "Das Gesetz über das Teileigentum an dem Gebäude" v. 4.4.1962 (Japan) u. a. m.

In dieser Abhandlung will der Verfasser eine rechtsvergleichende und rechtserkennende Studie über das Wohnungseigentum machen, wessen Ergebnis nicht nur der gerechten Regelung gegenwärtiger Rechtsverhältnisse des Wohnungseigentums, sondern auch der etwaigen zukünftigen Gesetzgebung in Korea dienen soll. Zur rechtsvergleichenden Studie hat der Verfasser den Rechtsentwicklungen des Wohnungs- od. Stockwerkseigentums in vielen Ländern wie Deutschland, Frankreich, Japan, Österreich, Schweiz, Belgien, Italien gefolgt, und um die Eigenarten dieser ausländischen Rechte klarzumachen, hat er zugleich eine rechtsvergleichende Analyse unter den deutschen, französischen und japanischen Rechten gemacht. Zur rechtserkennenden Studie hat der Verfasser die gegenwärtig in der Praxis geltenden einigen Geschäftbedingungen in Betracht gezogen und die daraus entstehenden Einzelprobleme wie die Eigenschaft, Entstehung, Übertragung, Zusammenhang zwischen Sonder- und Miteigentum u.s.w. behandelt, die hier nicht näher gebracht werden können.

Zum Schluss dieser Studien schlägt der Verfasser eine grundlegende Gesetzgebung vor, um die Unklarheiten und Lücke im Rechte zu überwinden und den wirtschaftlich schwächeren Wohnungseigentümern Rechtsschutz zu gewähren.

우리나라 구분소유법제 연구의 효시*

— 최종길 1970년 논문의 의의 —

이 준 형**

Ⅰ. 들어가는 말

우리나라 최초의 집합건물법학 논문은 1984년 집합건물의 소유 및 관리에 관한 법률(이하 '집합건물법'이라 함)이 제정되기 훨씬 전인 1970. 3. 최종길이 서울대 법학에 발표한 "集合住宅(아파트)의 區分所有에 관한 比較法的 實態的 考察"(이하 '대상논문'이라 함)이다.[1] 1978년 서울대학교 도서관이 펴낸 법률문헌색인을 보면 대상논문 다음에 나온 것이 1970. 5.에 나온 것이라 시기적으로도 제일 빠르고, 불과 2달 차이로 뒤에 나온 것은 '사법시험대책 특별강좌'의 일환으로 쓴 4면에 불과한 글이라 학술논문이라 보기 어렵다.[2]

그런데 대상논문에는 우리나라 최초의 집합건물법학 논문이라는 의의 외에 또 다른 의의가 하나 더 있다. 그것은 대상논문이 다른 나라에 우리 집합건물법학의 존재를 처음으로 널리 알렸다는 것이다. 이하에서는 그에 관하여 먼저 상세히 소개하고자 한다.

우리의 집합건물법에 해당하는 독일의 1951년「주택소유권 및 계속적 거주권에 관한 법률」(Gesetz über das Wohnungseigentum und das Dauerwohnrecht, 이하 'WEG'라 함)에 관한 대표적인 주석서 중 하나인 요하네스 베어만(Johannes Bärmann)의 '잿빛[표지]주석서(Grauer Kommentar)'는 1958년 초판이 발간된 이래[3] 그 후 후배학자들에 의하여 지금까지 계속해서 판을 거듭하

---

* 이 글은 본 추모문집 준비위원회의 양해를 얻어 집합건물법학 제48집(2023. 11. 25. 발간)에 투고되었음을 밝힙니다. 이 논문을 작성하는 데 자료 도움을 준 Max-Planck Institut für ausländisches und internationales Privatrecht(Hamburg, Germany)와 윤미향 씨(일본 와세다대학 박사과정생)에게 감사드립니다.

** 한양대학교 법학전문대학원 교수, 법학박사

1) 崔鍾吉, "集合住宅(아파트)의 區分所有에 관한 比較法的 實態的 考察", (서울대)법학 제11권 2호, 서울대 법학연구소, 1970. 3., 1-31면(독일어초록은 30-31면).

2) 서울대학교도서관, 법률문헌색인(1945-1976), 서울대학교출판부, 1973, 245면에 따르면 그보다 두 달 뒤에 나온 글은 金基洙, "區分所有", 法政 제25권 제5호(1970. 5.), 72-75면이다.

3) Johannes Bärmann, Wohnungseigentumsgesetz: Kommentar, C.H.Beck, 1958.

면서 발간되고 있는데,[4] 이 주석서가 처음 세상에 나왔을 때 다른 경쟁서적과 차별화되었던 것은 이 책의 서장이었다. 거기에는 구분소유권의 역사와 비교법 정보를 상세하게 소개하고 있었기 때문이다.[5] 베어만 자신이 법사학 전공자였기 때문에[6] 구분소유권의 역사에 관한 서술은 어찌 보면 당연하다고 할 수 있고 또 당시 비슷한 서술은 다른 주석서에서도 찾아볼 수 있었지만,[7] 그 분량과 포괄대상, 신속성에서 말 그대로 타의 추종을 불허하였다.[8] 이에 관하여 베어만 자신이 초판 서문에서 밝힌 바에 따르면 무릇 주석서란 일상생활이나 업계종사자뿐 아니라 법률가에게도 도움이 되어야 하고 특히 주택소유권처럼 완전히 독일 입장에서 완전히 새로운 제도는 외국의 법률, 학설, 실무를 적극적으로 참조하여야 자국 내에서 원활한 제도 운영을 할 수 있기 때문에 외국법의 소개를 포기할 수 없다고 하였다.[9] 그러면서 법제사에 관하여 상세히 서술하고 외국법도 약 20개국 정도를 소개하였다. 그 뒤 15년 뒤 나온 제2판(1973)에서는 법제사는 제1판 이후 새로 나온 문헌 정도만 간단히 소개하고 외국법을 46개국으로 크게 늘렸다. 그러면서 'G. 극동(Fernost)' 세션을 신설하고 일본과 중국(오늘날 표현으로는 대만)에 관하여 처음으로 언급하였다. 일본에 관해서는 "일본민법에서는 제208조, 제249조, 제250조가

4) 출판사는 줄곧 C.H.Beck이고, 저자는 제2판(1973)부터 Eckhart Pick과 Werner Merle가 참여하여 제3판(1975), 제4판(1980), 제5판(1983), 제6판(1987)까지는 3인이, 그리고 1991년 Bärmann 사망 후 제7판(1997), 제8판(2000), 제9판(2003)까지는 Pick과 Merle 2인이 유지하다가 제10판(2008)부터 Christian Armbrüster, Matthias Becker 같은 다음 세대 학자들을 참여시키고 제12판(2013)까지 그 범위를 실무가까지 확대하다가 제13판(2015)부터는 Pick이 빠지고 현재 제15판(2023)에는 Merle를 비롯하여 모두 7인에 이른다. 참고로 Bärmann은 이 주석서 외에도 C.H.Beck에서 WEG 조문해설주석서{초판은 1951, 제19판까지 저자였던 Eckhart Pick의 이름을 따서 흔히 Bärmann/Pick으로 불리는 이른바 황색해설서(Gelbe Erläuterungsbücher) 시리즈 중 하나로 제20판(2020)부터는 Jost Emmerich 등 실무가 3인이 저자로 현재 제21판이 2024년에 출판될 것이란 예고가 나와있다}와 Praxis des Wohnungseigentums{마찬가지로 제4판까지 편집을 맡았던 Hanns Seuß의 이름을 따 보통 Bärmann/Seuß라 부르고 Michael Drasdo가 편집한 2017년 제7판이 최종본이다)를 펴낸 바 있다.

5) Einleitung – Ⅰ. Zur Geschichte des Teileigentums nach Räumen(공간일부소유권의 역사), Ⅱ. Die Ausbreitung des Wohnungseigentums in der neuesten Zeit(최근 주택소유권의 확산)

6) 그는 Die Verfassungsgeschichte Münchens im Mittelalter(중세 뮌헨 헌법사)(1935)로 뮌헨 대학에서, Die Städtegründungen Heinrichs des Löwen: Rechtsgeschichtliche Untersuchung(하인리히 작센공의 도시건설: 법사학적 검토)(1942)로 하이델베르크 대학에서 각각 박사학위와 교수자격을 취득하였다. 베어만의 생애정보는 그가 재직했던 마인츠 대학의 해당 홈페이지를 참조할 수 있다. www.gutenberg–biographics.ub.uni–mainz.de/personen/register/eintrag/johannes–baermann.html (2023. 10. 31. 최종방문)

7) 당시 이미 Horst Freyer, "Das Stockwerkseigentum", Deutsche Rechts–Zeitschrift, J.C.B. Mohr, 1948, 83–86; Hilde Wander, "Das Stockwerkseigentum als Mittel zur Lösung der Wohnungsfrage", Institut für Weltwirtschaft an der Universität Kiel, 1947(미공간, 筆者未見)과 같은 자료들이 나와 있었기 때문에 가령 Hans Diester, Wohnungseigentumsgesetz: Kommentar, Otto Schmidt, 1952와 같은 주석서 SS. 23–39에서도 Ⅱ. Die bisherige Entwicklung des Wohnungseigentums(Stockseigentums)이란 표제 아래 독일과 다른 나라(유럽 주요국 및 발칸지역과 미국)에서 지금까지 구분소유권을 둘러싼 법상황이 어떻게 전개되었는지를 이들 참고문헌을 인용하면서 서술하였다.

8) 가령 가장 마지막 판본(제4판)에서는 Ⅰ, Ⅱ 합쳐 그 분량이 무려 262면(SS. 23–284)에 이른다.

9) Bärmann(주 3), S. V(Vorwort).

중요한데, 다른 경우는 프랑스 법과 함께 독일민법을 모델로 하였으나 [이 경우는 독일민법의 태도와] 반대로 계층소유권(Stockwerkeigentum)을 허용하였다."고 적었고,[10] 중국(대만)에 대해서는 1929/31년 중화민국민법 제799조, 제800조에 따라 주택소유권이 인정된다고 하면서 "한 중국인 동료가 제공한 다음의 정보를 소개한다."고 하고 "중국의 주택소유권에 관한 문헌은 독일어나 영어는 물론이고 중국어로 된 것도 극히 드물다."로 시작하여 동법 위 두 조문의 영문번역과 이들 조문상의 공유는 언제라도 분할 청구할 수 있는 통상의 공유가 아니라 프랑스 민법의 이른바 '경계표 등의 공유(mitoyenneté)'(우리 민법 제268조 제3항, 제239조 참조)에 해당한다는 견해를 대만의 통설로 소개하였다(또한 대만민법 제823조 제1항도 인용). 그러면서 대만민법 제799조상의 소유와 독일의 주택소유가 다른 점으로서 첫째, 독일법과 달리 대만법에서는 토지에 대한 공동관계가 성립하지 않는다는 점, 둘째, 별도의 법률이 있는 독일과 달리 대만법은 위 두 조문뿐이기 때문에 프랑스의 해당조문을 유추하거나 청나라 시대 관습법을 참조할 수밖에 없다는 점을 든다.[11] 이때까지 우리나라에 대한 언급은 없었다.

다시 그로부터 불과 2년 뒤에 나온 제3판(1975)에서도 역시 'G. 극동' 세션에서 동일하게 '1. 일본', '2. 중국'을 언급하면서 前者에 대해서는 "법률 제69호(1962)가 1963. 4. 1. 시행됨으로써 최근 독일과 프랑스의 모델을 좇은 독자적인 규정이 마련되었다. 법인격을 가진 '단체(Syndicat)'를 설립할 것인지는 소유자들에게 맡겨졌다. 그밖에 규약과 총회에 관해서는 최소한 규율을 두었다."는 서술이 추가되었고, 後者에 대해서는 거의 같은 내용을 반복하였다. 그런데 제3판에서 우리의 시선을 끄는 것은 중국편 말미에 마지막 문단으로 우리나라에 관한 서술을 추가하였다는 점이다. 즉, "한국(Korea)의 경우는 논문 하나를 언급하는 데 그치기로 한다. 이 논문은 원래 한국어로 쓰여져 있지만 독일어 초록이 붙어있다. 그것은 바로 Tsche, Chong Kil, Rechtsvergleichende und rechtserkennende Studie über das Wohnungsrecht, in: Seoul L. J. 11(1969) Nr. 2, 230 f.이다." 이것은 대상논문을 가리킴이 분명하다(독일어 제목도 대상논문의 외국어초록 30면에 표시된 것과 일치한다). 연도나 면수는 일치하지 않지만 저자명과 논문명(독일어), 잡지명과 권호수가 정확히 일치하기 때문이다.

물론 베어만이 실제로 그 글을 직접 보았는지 현재로서는 확인할 수 없다. 또한 그가 어떤 경로로 대상논문의 존재를 알게 되었는지도 확인이 불가능하다.

다만 後者와 관련해서는 다음 세 가지 가능성 정도를 추측할 수 있다. 먼저 하나는 ① 다

10) Bärmann/Pick/Werle(1973)(주 4), S. 96(Rn. 171). 일본민법 제208조(1962년 구분소유법 제정을 이유로 삭제), 제249조 제1항, 제250조는 우리 민법 제215조(건물의 구분소유), 제263조(공유지분의 처분과 공유물의 사용, 수익), 제262조(물건의 공유) 제2항에 각각 해당한다. 그밖에도 제249조 제2항은 "공유물을 사용하는 공유자는 별도의 합의가 있는 경우가 아닌 한 다른 공유자에 대하여 자기 지분을 초과하는 사용의 대가를 상환할 의무가 있다." 그리고 동조 제3항은 "공유자는 선량한 관리자의 주의로써 공유물을 사용하여야 한다."는 규정을 두고 있다.

11) Bärmann(1973)(주 4), SS. 96-97(Rn. 172-174).

른 방문학자(또는 유학생)을 통한 경로이다. 최종길은 베어만이 재직하던 마인츠 대학과 가까운 쾰른 대학에서 케겔 교수 수하에서 공부했고 특히 1970. 3. 위 논문이 나온 직후는 케겔 교수의 국제사법 및 외국사법연구소에 당시 서울대 상과대학 조교수였던 이호정이 최종길의 소개로 머물고 있었던 때다.[12] 1970. 9. 독일로 건너가 1971.초부터 1972. 7.까지 쾰른에 머물렀던 이호정이 구분소유권을 다룬 대상논문의 존재를 (각국의 구분소유법제에 관심이 지대하였던) 만하임의 베어만에게 직접 혹은 간접적으로 알렸을 수 있다. 또 다른 가능성은 ② 최종길이 직접 정보를 제공한 경우이다. 최종길의 연보에 따르면 그는 1970. 3.부터 1972. 2.까지 미국에 머물다 1972. 3.부터 6개월간 훔볼트재단 초청으로 독일에 머물면서 "옛 독일 학우들을 만나 재회의 기쁨을 나눈다."고 되어있다. 이 때 그가 직접 혹은 '옛 독일 학우' 중 한 사람을 통해 간접적으로 베어만에게 자신의 논문의 존재를 알렸을 가능성도 있다. 제3판 서문이 1972. 11.에 쓰였다는 사실에 비추어보면 1972. 7. 혹은 8.까지 쾰른에 머물렀던 이호정이나 최종길이 정보제공자였을 수 있다(물론 그밖에도 당시에 마인츠 혹은 그 인근에는 학위과정에 있었던 한국유학생들도 있었다). 마지막 가능성은 ③ 베어만 자신이 직접 논문을 확인한 것이다. 최종길의 논문이 실린 (서울대)법학은 독일의 몇몇 기관에서 구독하고 있었기 때문이다.[13] 하지만 사전 정보가 전혀 없이 대상논문을 찾았다는 가정은, 오늘날과 같은 검색시스템이 없었던 1970년대 초반 당시로서는 현실성이 없다. 따라서 ③보다는 ①, ② 중 하나일 가능성이 높다.

그로부터 다시 5년 뒤 발간된 제4판(1980)에서는 일본에 관한 서술이 대폭 늘어났다. 일본 민법 제208조의 연원이 프랑스 민법 제644조를 모델로 하는 구민법 재산편 40조에서 비롯한다는 지적과 함께 1962. 4. 4. 성립하여 1963. 4. 1.부터 발효한 건물의 구분소유등에 관한 법률의 주요 내용을 해당 조문을 인용하면서 상세하게 소개하였다.[14] 그러면서 실제 수요자를

12) "李好珽 教授 年譜·主要 著作", (서울대)법학 제43권 제1호(통권 122호), 서울대 법학연구소, 2004. 3., xx－xv면, xx면에 따르면 1970. 9.－1972. 7.까지 케겔 교수 연구소에 머문 것으로 되어 있지만, 이호정 외, "이호정 교수 정년기념 대담", (서울대)법학 제43권 제1호(통권 122호), 서울대 법학연구소, 2004. 3., 13－41면, 21면을 보면 4달간 독일어 공부를 하다가 1970년 말 쾰른으로 가서 1971년부터 케겔 교수 연구소에 나갔다고 한다. 최종길 교수의 소개에 관한 언급은 같은 글, 20면("한국 학자들과 케겔 교수님과의 인연은 돌아가신 최종길 교수로부터 시작된 것이지요. … 그래서 그러한 인연으로 황적인 교수나 제가 그 분 밑에서 공부하게 된 것이지요.") 참조.

13) 가령 함부르크 소재 막스 플랑크 비교사법연구소 도서관은 1952년 창간호부터 구독중이고(청구번호 Korea 80) 필자가 2023. 9. 30. 현재 확인한 결과 대상논문이 실린 제11권 2호도 비치되어 있다. 반면에 최종길이 유학하였던 쾰른 대학 비교사법연구소 도서관에는 창간호(1959년)부터 제39권(1998년) 일부까지 있기는 하지만 제11권 2호는 빠져있다(현재 대학도서관으로 이관되어 청구번호 IPR Z 345). 물론 막스 플랑크 도서관의 경우는 독일 전체의 사법 분야 핵심전문도서관 역할을 지향하기에 베어만이 비교법 자료를 업데이트 하기 위해 이 도서관을 이용했다면 대상논문을 접했을 가능성이 없는 것은 아니다.

14) 그러면서 "일본법 일반에 관해서는 Caemmerer/Müller－Freienfelds/Stoll (Hrsg.), Recht in Japan, Heft 2" 에 실린 글들을 보라고 했는데, 필자가 1977년 Alfred Metzner 출판사에서 나온 이 호를 확인하였으나 구분소유법에 관한 글이나 언급은 전혀 없었다.

위한 주석서의 역할에 충실하게도 보다 자세한 내용은 일본 주재 독일상공회의소에 문의할 것을 당부하며 그 주소 등을 적어놓았다. 반면에 중화민국(Republik China)의 경우는 설명을 줄이고 "또한 최근 전언에 따르면 고층건물의 가능성이 낮아서 그[별도의 입법] 필요성도 적다고 한다."고 마무리 짓고 있다. 그런데 제4판에서는 '3. 한국(Südkorea)'을 별도 항목으로 독립시켰다. 이에 비추어보면 제3판 발간 당시 베어만은 최종길의 논문을 원고 마감에 임박하여 접했던 듯하다. 제4판에서도 한국에 대한 별다른 설명 없이 논문 인용으로 대신하고 있는데, 제3판에서 인용한 대상논문은 그대로 유지하면서(다만 Tsche를 Sche로 잘못 쓰고 대신에 독일어초록의 면수는 바로 잡았다.) 이은영의 1977년 튀빙겐 대학 박사학위 논문을 추가하였다.[15] 그러나 이은영의 논문은 독일민법 제1093조의 주거권(Wohnrecht)와 우리민법 제303조 이하의 전세권을 비교한 것이므로, 우리나라의 구분소유 법제도나 법상황에 대한 언급은 없고, 독일법에 관한 서술에서 주거권과 유사한 개념들을 언급하면서 WEG에 따른 계속적 거주권 및 주택소유권에 관한 내용이 등장할 뿐이다.[16] 결국 베어만 주석서에서 우리법에 관한 참고문헌으로서는 1980년 당시까지도 대상논문이 여전히 유일하였다.

그런데 베어만과 다른 집필자들은 제5판(1983)을 내면서 다음과 같이 방침을 바꿨다. "이 주석서를 읽는 독자들의 주된 관심은 당연히 독일연방공화국의 현행법에 대한 주석에 있을 것이다. 연구자들과 실무가들은 판을 거듭할수록 지금까지 내려진 관련 판례를 완벽하게 커버하고 모든 새로운 학설을 다룰 것을 우리에게 기대한다. 본래적 의미의 '주석서'를 보다 빠르게 업데이트할 수 있도록 이번 제5판에서는 'Ⅰ. 역사'와 'Ⅱ. 최근 확산'을 다시 반복하고 보완하는 것을 중단하기로 하였다. 이들 내용에 관심 있으신 분들은 도서관에 가서 본 주석서 제4판의 해당 부분 '서장 난외번호 1－623'을 참조하시기를 바란다."[17] 그러면서 제5판에서는 그동안 다루지 않았거나 불충분하게 다루었던 지역 중 새로운 자료를 구한 경우에 국한하여 추가하는 데 그쳤고, 제6판부터는 아예 모두 빠졌다. 이에 따라서 우리나라의 1984년 집합건물법은 이 주석서에서 끝내 다루어질 기회를 가질 수 없게 되었다.

요컨대 대상논문은 당시로서는 이례적으로 서구(특히 유럽)의 법학계에 우리법에 접근하기 위한 유일한 참고문헌(reference)으로 주목을 받았다. 물론 나중에 살펴보겠지만(Ⅱ.) 이 글은 집합건물법이 논의조차 되기 전에 발표된 것이고 따라서 우리법에 대한 구체적인 정보를 소개할 수는 없었다. 그러나 적어도 유럽의 대륙법 국가나 일본에서 제기되고 법률가들이 고민하

---

15) Eun－Young Lee, Bewohnung eines Wohnraums auf Grund dinglicher Nutzungrechte und ihre Entgeltlichkeit im Zusammenhang mit Antichrese: Vergleich zwischen deutschen Wohnrechten und koreanischem 'Jeonserecht' unter Berücksichtung des japanischen und chinesischen Nutzpfandrecht), Diss. Tübingen, 1977. 베어만 제4판에는 이름 철자 중 Y가 J로 잘못 표기되어 있다.

16) Eun－Young Lee(주 15), SS. 8－10(계속적 거주권과 주거권의 구별), SS. 16－18(주택소유권).

17) Bärmann/Pick/Merle(1983)(주 4), S. (Rn. 1－623).

는 문제가 우리나라에서도 똑같이 일어나고 법률적 과제가 되고 있음은 분명히 보여주었다. 이처럼 대상논문은 현재 우리가 확인할 수 있는 우리 학계 최초의 집합건물법학 논문이자 다른 나라에 우리 집합건물법학의 존재를 알린 최초의(그리고 서구에 대해서는 지금까지 적어도 유일한) 논문이다. 이하에서는 반세기도 훨씬 전에 쓰여진 대상논문을 계기로 통하여 우리 민법학이 그동안 걸어온 길을 집합건물법(학)을 중심으로 살펴보고 이를 통하여 오늘날 우리의 모습도 되돌아보는 계기로 삼아보고자 한다.

Ⅱ. 대상논문의 주요내용과 특징

(1) 대상논문은 먼저 '一. 序言'에서는 일본민법 구 제208조를 따른 우리민법 제215조만으로는 "建物 및 垈地의 所有關係, 區分所有建物의 維持 및 管理 등에 관한 複雜한 法律關係를 規律함에 있어서는 不備한 點이 많다. … 가까운 將來에 建物의 區分所有에 관한 詳細하고 適切한 立法措置가 講究될 것이 要望된다."[18]고 하면서 근자에 외국에서 특별법을 제정하거나(프랑스, 오스트리아, 독일, 일본) 민법을 개정하여(스위스) 이 문제에 대처하고 있으니 "本稿는 … 諸國의 立法例를 沿革的 및 比較法的으로 考察하고, 아울러 現行되고 있는 若干의 分讓아파트의 所有 및 管理·維持關係에 관한 實態調査를 中心으로 하여 우리나라에서 現行되고 있는 建物의 區分所有에 관한 法律關係를 分析·硏究하는 것을 目的으로 한다."[19]고 적고 있다.

(2) 다음으로 '二. 沿革 및 立法例'에서는 먼저 'Ⅰ. 로마法과 게르만法'에서 "「地上物은 土地에 屬한다」(Superficies solo cedit)라는 法原則이 支配하였"던 로마법과 그렇지 않았던 게르만법을 나누어 각각 법제사적 검토를 하고, 다음으로 'Ⅱ. 獨逸法域'에서 독일 WEG의 1951년 성립배경과 同法의 핵심개념인 주거소유권의 개념, 성질, 설정과 주거소유권자 사이의 공동관계(우리 관리단에 해당하는)에 관한 법률의 내용을 소개하고 이어서 오스트리아 1948년「주거소유권법(Wohnungseigentumsgesetz, 약칭은 독일과 동일하게 WEG)」와 스위스 1965년 개정민법 제712조의a 내지 제712조의t '계층소유권(Stockwerkeigentum, propriété par étages)'을 주로 그 성립 내지 도입 배경을 중심으로(오스트리아는 여기에 WEG 제1조 및 제8조의 내용소개도 포함하여) 서술하였다.

이어서 'Ⅲ. 佛法領域'에서는 프랑스('佛蘭西')와 이탈리아('伊太利'), 그리고 '기타의 諸國'이란 이름 아래 벨기에('白耳其'), 스페인('西班牙'), 포르투갈, 그리스('희랍'), 남미제국의 아르헨티나('아르젠친'), 브라질('부라질'), 우루과이, 치리('칠레')의 사정까지 소개하고 있다. 이 중 프랑

18) 崔鍾吉(주 1), 2면.
19) 崔鍾吉(주 1), 2면.

스에 대해서는 프랑스 민법 제664조의 내용과 특징,[20] 그 한계로 인하여 제정된 1938년 법률과 이를 보완하는 일련의 데크레[21]의 주요개념, 1938년 법률의 제1장 '건축조합'과 제2장 중 공유자의 권리 의무와 소유자관리조합(우리 관리단에 해당하는)에 관한 규정 내용을 소개하고, 이탈리아에 대해서는 1865년 민법부터 1942년 신민법 제117조 내지 제1139조까지의 변천을 언급하고 同法의 "特質은 당해 建物 全體에 대한 各 共有持分을 前提로 하지 않는 點에 存在한다."고 하였다.[22]

끝으로 'Ⅳ. 日本'에서는 먼저 '二次大戰'을 중심으로 그 전후로 시기를 나누어 前者의 경우는 '舊日本民法' 제208조(우리민법 제215조에 해당)의 배경과 학설을 1925년 「共同建築法案骨子」까지 꽤 자세히 설명하고, 後者의 경우는 1945년 「住宅緊急措置令」에서 1962년 「建物의 區分所有 등에 관한 法律」(이하 '구분소유권법'이라 함)에 이르기까지 과정을 언급하였다. 그리고 구분소유권법의 구성과 대상, 구분소유의 성립과 해소, 구분소유자의 권리 의무, 공용부분의 관리 순서로 법률의 내용을 소개하였다.

(3) 이상의 비교법적 소개 내용을 이어받아서 '三. 比較法的 考察'에서는 "우리나라의 區分所有에 관한 法律關係의 法的分析 및 장래의 立法論에 기여하고자" 이 중 독일, 프랑스, 일본 3국의 "法制의 變遷과 內容을 概括的으로 比較考察"을 입법의 목적과 취지, 구분소유권의 대상과 내용, 공유지분의 대상과 그 내용, 구분소유자의 의무 이렇게 4개의 항목으로 나누어 진행하였다.

먼저 '입법의 목적과 취지'에서 대상논문은 로마법의 원칙(지상물을 토지의 "同體的 構成部分"으로 보는)에 충실했던 독일법과 달리 프랑스 민법은 게르만법 전통에 따라 명문으로 계층소유권을 인정하였고, 건물을 토지와 별개의 부동산으로 보는 일본은 프랑스보다 한층 더 아무런 실체법상 지장 없이 다만 일물일권주의만 완화함으로써 구분소유권을 인정할 수 있었으며, 따라서 이렇게 이미 민법상 구분소유권을 인정했던 프랑스와 일본에서 특별법의 제정이유는 단지 "다른 法制上의 障害를 除去함과 함께, 그 權利關係를 明確히 해서 區分所有權을 時代의 要請에 맞도록 活用시키는 데 있다. 이런 事情은 우리나라의 경우에 있어서도 장차의 立

20) 崔鍾吉(주 1), 9면은 프랑스 민법 제664조에 따른 계층소유권(propriété par étages)의 특질은 동일목적물에 대한 '배타적 소유권과 불가분관계'의 竝存(iuxtaposition)에 있다고 한다. 그리고 다음 면(10면)에서 1938년 법률은 건물의 공유부분에 관하여 공유자의 권리 의무를 명백히 하고 있고 또 계층소유권을 반드시 공유지분과 병합하여서만 양도할 수 있도록 하는 점에서 보아 "終局的으로는 獨逸의 區分所有權과 同一한 法律構成으로 되어 있다."고 평가한다.

21) 崔鍾吉(주 1), 10면은 데크레를 '法(Dekret)'라고 번역하였다. 이러한 번역은 오늘날 영미권 국가에서 프랑스法域 국가의 데크레를 번역하면서 'decree law'라고 하는 것에 비추어 보면{가령 Sweet & Maxwell에서 펴내는 계간지 Commercial Laws of Europe(C.L.E. ISSN 0141－7258)은 외국의 새로운 법제를 소개하는 잡지인데 가장 최근호(2023. 5.}에 실린 포르투갈의 4개 데크레의 전문번역을 보면 모조리 decree law라고 하고 있다.} 그렇게 크게 나무랄 일은 아니다.

22) 崔鍾吉(주 1), 12면.

法論의 目的과 취지가 되리라고 생각된다."고 결론지었다.[23]

'구분소유권의 대상과 내용'에 관해서는 3국이 구조상, 이용상 독립성을 요구하는 정도와 구분소유권 양도에 타인의 동의를 요하는 합의가 가능한지 여부 또 의무불이행에 대한 제재로 구분소유권 소멸을 규정하였는지 여부에서 차이가 있다고 하면서 "日本法에 있어서의 區分所有權의 性格은 規定上 獨·佛法에 있어서의 區分所有權보다 더 한층 民法上의 一般所有權에 接近하고 있다고 할 수 있다."고 평가하였다.[24]

이러한 비교는 '공유지분의 대상과 그 내용'에서도 계속된다. 공유지분의 대상과 관련하여서는, 지상물은 토지에 속한다는 원칙에 따라 건물(지상물) 중 공동부분이 토지와 함께 당연히 구분소유자의 공유가 되는 獨·佛 양국과 달리 양자를 별개로 보는 일본법(그리고 장래의 우리 입법 역시)에서는 "土地에 대한 權利는 建物의 共有와는 獨立한 區分所有者의 共有 내지 準共有로 되어 있을 것이 짐작된다."고 하여 韓·日 양국에서는 공용부분 공유와 별개로 대지(사용)권 개념이 필요함을 지적하고 있다.[25] 공유지분의 내용은 공용부분에 대한 구분소유자의 권리를 의미하기 때문에 비교적 꼼꼼하게 공용부분의 물적 범위와 지분비율의 결정기준, "이용규칙"(현행법률에서는 '규약'이라고 부르는) 등을 순차적으로 비교하면서 대체로 프랑스보다는 독일과 일본의 법률과 보다 더 유사함을 지적하였다.[26]

이어서 '구분소유자의 의무'(유지·인용·방해피지·비용분담)는 3국이 동일하게 규정하고, 다만 그 담보로서 프랑스와 일본은 2중의 선취특권을 인정하는 데 반하여 독일(프랑스는 건축조합에 관해서만)은 그 제재로서 지분의 강제양도를 규정하였다는 소개하였다.

'관리기관'에서는 독일과 일본은 프랑스와 달리 당연설립되는 관리조합이란 개념을 전제로 하지 않고 의결기관(집회)과 집행기관(관리인)만을 두고 있는데 "區分所有建物의 管理의 良否가 區分所有權制度의 將來를 左右한다고 보아도 過言이 아니므로 장차 우리 立法에 있어서도 이 문제는 신중히 다루어야 할 것이다."고 보고 있다.[27]

마지막으로 '구분소유관계의 설정과 폐지'에서는 폐지보다는 설정에 설명을 집중하는데, 프랑스는 건축조합이라는 주체를 중심으로, 독일은 계약 또는 일방적 의사표시라는 2가지 구분행위로 나누어 각각 규정하는 데 반하여 의사주의 하의 일본법에서는 등기(신축건물은 표시등기, 기존건물은 구분등기) 또는 처분(구분등기 하지 않은 건물의 일부를 양도)에 의한 구분 아니면 "당초부터

---

23) 崔鍾吉(주 1), 19면.

24) 崔鍾吉(주 1), 19-20면.

25) 崔鍾吉(주 1), 20면.

26) 여기에 '보다 더'라는 한정사를 붙인 이유는 그의 평가는 어디까지나 상대적이었기 때문이다. 崔鍾吉(주 1), 20면은 각 전유부분을 구획하는 건물구성부분의 귀속에 관한 규정이 獨佛 양국에는 있지만 일본법은 해석에 맡기고 있고, 다음 면(21면)에서는 특별승계인에 대한 규약의 효력에 관하여 일반적으로 그 효력을 인정하는 독일과 달리 프랑스와 일본은 등기 있는 경우에 한하여 효력을 인정한다고 분석하였다.

27) 崔鍾吉(주 1), 21면.

區分所有의 狀態에 있는 建物을 建築함에 의하여" 성립한다고 정리하였다.[28)]

(4) 대상논문은 이렇게 나라별 비교법적 소개 및 그 종합에 그치지 않고, 여기서 나아가 우리나라의 당시 현황에 대한 실태조사를 추가하였다('四. 우리나라에 있어서의 區分所有權 — 그 實態調査를 中心으로 —'). 대상논문의 국문제목에 "實態的", 그리고 독일어초록 제목에 "rechtserkennend(法認識的)"이란 수식어가 붙어있는 이유가 바로 이 부분이 있기 때문이다. 최종길은 당시의 현행법(민법 제215조)만으로는 불비점이 많기 때문에 당사자가 계약, 특히 일반계약약관(분양계약, 관리규칙 및 이용규칙)으로 구분소유관계를 규율하는 것이 현실이고, 따라서 "그 具體的인 內容과 性格은 아파트의 種類에 따라서 相當한 差異가" 있지만, "위의 差異點에도 不拘하고 區分所有權을 特徵지우는 몇 가지 基本點에 있어서는 共通"하기 때문에 "筆者가 행한 限定的인 實態調査를 土台로 하여 우리나라의 아파트 區分所有의 法律關係를 주로 그 共通點에 着眼하여 分析·檢討해보기로 한다."고 밝히고 서술을 시작한다.

먼저 '구분소유의 성립'에 대해서, 대상논문은 수인이 구분소유를 합의하고 건물을 신축하는 경우와 기존 건물을 구분양도하는 경우로 나누고 前者는 민법 제187조, 後者[29)]는 민법 제186조가 적용된다고 한다.[30)] 그리고 현실에서 가장 일반적인 모습은 "特定의 事業主가 他人에게 區分하여 分讓할 目的으로 建物을 完工하고 이를 需要者에게 分讓하는 形態"이고,[31)] 이 경우 사용되는 "契約約款인 이른바 '分讓契約書'"[32)]에서는 수분양자에게 건축자금(분양대금)을 미리 지급하도록 하고 있는데, 분양계약은 "法的으로 分析하면 區分所有權의 設定에 대한 物權的 合意의 性質을 가질 다름이며, 區分所有權은 登記時에 비로소 成立하므로, [···] 실제로 分讓하여 入住하고 있다 하더라도 登記가 完了되는 時期까지는 完全한 區分所有權者로서의 法的 地位를 가지지 아니한다."고 보았다.[33)]

'구분소유의 성질'에서는 당시 유일한 법규정이었던 민법 제215조에서 출발하되, 거기에 없는 전유부분과 공유부분 지분의 일체성이나 구분소유자의 각종 의무는 실제 분양계약서의 조항이나 해석으로부터 도출하는 식으로 논의를 전개한 다음에[34)] 결론으로 "우리나라에 있어

---

28) 崔鍾吉(주 1), 22면.

29) 崔鍾吉(주 1), 23면은 "이에 反하여 前者의 경우는"이라고 하지만 여기서 '前者'는 後者의 誤字로 보인다.

30) 여기에 건물의 단독소유자가 등기소에 대하여 분할의 일방적 의사표시를 하고 등기함으로써도 성립한다고 추가한다. 崔鍾吉(주 1), 23면.

31) 崔鍾吉(주 1), 23면.

32) 당시(1970년)는 약관의 규제에 관한 법률이 제정되기 전이라서(1986. 12. 31. 법률 제3922호로 제정) 崔鍾吉(주 1), 23면 각주 24를 보면 대부분의 분양계약서에는 계약에서 정하지 않은 사항에 관하여는 사업주의 업무규정 혹은 해석에 따른다는 취지의 규정이 들어가 있었다고 한다.

33) 崔鍾吉(주 1), 24면. 이에 따르면 당시 분양계약서에는 사업주가 "關係當局과의 모든 節次가 끝난 때" 혹은 "공부상 정리가 완료되는 대로" 소유권이전등기에 협력하기로 한다는 문구가 많이 사용되었다고 한다.

34) 가령 용도 이외의 사용 금지는 분양계약서의 조항에서, 공동이익에 반하는 행위를 하지 않을 일반의무는 해석으로 도출한다. 崔鍾吉(주 1), 25면.

서의 아파트의 區分所有의 內容도 本質的으로는 一般의 單獨所有權과 本質的으로 같은 性格을 가지지만, 다른 아파트 區分所有者와의 相隣關係에 基한 많은 拘束을 받고 있으며 또한 共用部分의 共有關係도 一般의 共有關係와는 달리 아파트 共同生活의 원만한 유지라는 共同의 目的下에 긴밀한 拘束關係가 存在하여 […] 合有關係에 가까운 法律的 性質의 一面을 엿볼 수 있다 하겠다."고 하고 있다.[35]

'專有部分과 共用部分'에 대해서는 분양계약서에서 구체적으로 정하고 있지 않은데, 그 이유는 "아마도 民法 제215조에 의하면 專有部分 以外의 部分은 公用部分에 屬하고 그 共用部分에 대한 共有關係가 成立하는 것으로 되어 있으므로 그 以上의 詳細한 規定은 不必要하다고 생각하고 있는 듯하다."고 하면서[36] 분양계약서 가운데에는 지분비율을 전유부분의 면적비율로 정하고 특정부분에 대한 일부구분소유자만의 공용부분(현행법상 일부공용부분)을 인정하며 심지어 "事業主인 管理責任者의 還買權"까지 규정한 것이 있음을 소개한다.[37] 그러면서 앞으로서의 立法에서는 "專有部分의 構造上 및 利用上 成立要件", "法定共用部分"을 규정하고 "專有部分內에 存在하는 共同의 煖房設備 등 部分에 관하여는 […] 專有로 하고 본래 區分所有權의 對象인 建物部分이라도 當事者의 合意에 의하여 共同利用의 對象(共用部分)으로 할 수 있도록 하고, 기타 合理的인 公有物利用規則의 效力을 認定하는 方向으로 하는 것이 옳을 것이다."고 한다.[38]

'區分建物(아파트)의 敷地關係'에 대하여 대상논문은 먼저 토지와 건물을 별도의 부동산으로 보는 우리 법제에서 "區分建物에 있어서만 土地와 建物의 一體化를 期할 수는 없다."고 하면서 소유권이 일반적인 건물의 대지이용권인 우리나라에서 당시 여러 분양계약이 구분소유권과 대지지분권이 분리되는 것을 막기 위하여 어떠한 규정들을 두고 있는지를 소개하였다.[39] 또한 일부 분양계약에서는 옥상에 대한 권리를 사업주("관리책임자")가 유보하고 사후 축조나 증축에 구분소유자가 일체 이의를 제기하지 못하도록 하였음을 지적하기도 하였다.[40]

마지막으로 '管理' 항에서는 당시 우리나라 아파트의 분양계약서를 보면 구분소유자들에 의한 자주관리보다 "事業主體가 分讓後에도 계속하여 그 아파트를 管理하는 경우[…]가 一般的"이라고 한다. 또한 특기할 만한 예로서 분양계약으로 관리의무를 수분양자 혹은 그 특정

35) 崔鍾吉(주 1), 25. 다만 각주 35에서 玉田弘毅, 「建物の区分所有に関する若干の考察」을 인용하면서 그 출처를 "法律時報 제38권 5월호(1966), 265면"이라고 쓰고 있으나, 이는 잘못이고 필자가 확인해보니 法律時報가 아니라 私法 29号였다(면수는 맞음).

36) 崔鍾吉(주 1), 25-26면.

37) 崔鍾吉(주 1), 26면 및 같은면 각주 36, 37, 39에 따르면 당시 낙원아파트 분양계약서 제2조 제1항과 제2항 본문, 그리고 제15조 본문이 각각 그러하였다고 한다.

38) 崔鍾吉(주 1), 27면.

39) 崔鍾吉(주 1), 27-28면.

40) 崔鍾吉(주 1), 28면.

승계인에게 부과하기 위한 규정을 인용하고 있다.[41] 그러면서도 "上記한 規制는 그 最小限의 部分에 불과"하기에 "管理規則을 一般化하여 法律로 定할 必要性이 크다."고 덧붙인다.

(5) 마지막으로 대상논문은 '五. 結語'에서 "아파트 建物自體의 保護·維持와 그 利用을 통한 區分所有者間의 圓滿한 生活安定은 순전히 당해 當事者間의 利害事項에 그치지 않고 종국적으로는 國家的 내지는 社會的인 큰 利害事項"이라는 문제의식 하에 시급히 입법조치가 요청되는 이유를 "특히 아파트 自體의 保存·維持·管理 및 利用을 위해서 뿐만 아니라 아파트區分所有者인 經濟的 弱者가 區分所有를 취득 利用함에 있어서 經濟的 强者의 一方的인 强制의 犧牲이 되지 않도록" 하는 데에서 찾는다. 그러면서 입법이 필요한 사항으로서 "專有部分과 共用部分의 區分, 區分所有의 成立要件 및 成立時期, 共用部分에 대한 使用規則 및 管理機構·方法·管理組合·集會 등의 權限 및 決議方法, 管理規約, 建物의 區分所有와 垈地에 대한 權利와의 관계"를 들고, 구분소유자의 보호를 위하여 "分讓契約의 前後에 있어서 入住者에게 너무나 큰 不利益을 强要하는 一聯의 不利益條項(例컨대 지나친 違約罰로서의 解約 및 原狀回復義務, 還買請求權)"에 대한 검토와 "建設 및 事業主體의 責任强化의 方案이 講究되어야" 함을 지적하면서 합리적인 법적 규제를 위해서는 "徹底한 實態調査를 基礎로 하고 先進諸國의 立法例를 참고로" 해야함을 역설하며 글을 마무리하였다.

Ⅲ. 구분소유를 둘러싼 당시의 법상황

1. 집합주택의 등장과 보급

구분소유는 집합건물을 전제로 하고, 집합건물은 도시생활공간의 부족이라는 사회적 필요에 의하여 등장하였다. 따라서 대장과 등기 제도를 갖춘 근대적 부동산소유권이 일본제국주의에 의하여 도입되기 전에도 구조상, 이용상 독립성을 가진 건축물이 이 땅에 있었을 수도 있지만 여기에서 검토의 대상이 아니고, 또 개인의 취향 등 여러 이유로 그러한 건축물이 지어졌을 수도 있겠지만 이 또한 입법적 대응(보호조치)이 필요한 집합건물이라고 보기 어렵다. 그런 의미에서 우리 법상 집합건물의 문제가 등장한 것은 이미 해방 직후라고 할 수 있다. 일제가 패망하여 이 땅에서 물러나고 38선 이북에서 사회주의 개혁이 진행되면서 해외(일본, 중국, 러시아 등)와 이북에서 엄청난 사람들이 몰려와서 불과 해방 직전(1944. 6.)에서 해방 직후(1946. 8.) 사

41) 崔鍾吉(주 1), 28－29면에 따르면 "麻浦아파트 分讓契約書 제2조는 아파트區分所有者로 하여금 本契約締結과 동시에 表示建物(垈地包含)의 住宅管理 및 維持에 대한 管理受託契約을 아파트管理所長과 締結할 것을 義務化하고 義務違反時 本契約을 無效로 한다고 規定하여 이를 强制하고 있다. […] 受託契約書는 […] 아파트의 讓渡時에는 管理所長, 讓渡人, 讓受人間에 管理義務承繼에 관한 三面契約을 締結케 하여 分讓契約에 의한 管理義務를 讓受人에게 계속 계승시키고 있으며 이를 위하여 管理義務 承繼契約證書라는 約款의 書式이 마련되어 있다."고 한다.

이의 2년 조금 넘는 기간 동안 38선 이남의 인구는 약 1,600만 명에서 1,900만 명이 훨씬 넘게 약 20퍼센트가 늘어났고, 특히 서울은 30퍼센트 넘게 늘어나서 같은 기간 주택부족비율은 약 30퍼센트에서 44퍼센트까지 가중되었다.[42] 반면에 곧이어 터진 전쟁에서 많은 주택이 소실되었는데, 전국적으로는 약 1/5, 특히 서울은 (자료에 따라 다르지만) 1/4에서 1/3 가량이 줄어들었다.[43] 이러한 상황에서 당장 정부가 해야할 일은 살 곳이 없는 무주택자의 구제이고 또 전쟁으로 파괴된 국토(특히 도시)의 정비일 것이다. 그런데 잘 생각해보면 이 2가지는 반드시 일치하지 않는다. 이것은 이후 한국전쟁 직후부터 대상논문이 쓰여진 1970년 이후까지 이어지는 시기에 우리 사회에서 일어난 일을 살펴보면 확인할 수 있다.

먼저 전쟁 직후에는 당장 건설과 입주가 가능했던 단층 횡렬식 집합주택이 재건주택 혹은 부흥주택이란 이름으로 건설되었다.[44] 정전 직후인 1953년 이승만 정부 사회부가 해외원조를 받아 공급하였던 5,500호의 재건주택이 대표적이다. 9월에 짓기로 결정하고 12월부터 공급에 들어갔을 만큼 서둘러 지어진 이 집합주택은 9평 규모로 무주택자의 구제를 위한 일반후생주택이었다. 그리고 1955년 12월에는 드디어 2층 부흥주택이 서울 청량리와 신당동에 각각 50동(건평 약 15평에 동당 4세대)씩 준공되었다.[45]

관련 연구에 따르면 이 당시 정책담당자는 집합주택을 여러 주택 중 하나로만 여기고 그것이 대규모 주택공급과 도시건설에 미치는 가능성을 제대로 인식하지 못했으나, 당시 한미재단[46] 이사였던 전설적 미국의 부동산개발업자 윌리엄 제켄도프와 당시 그의 회사(Webb & Knappe)에서 일했고 훗날 프랑스 루브르 피라미드로 유명한 프리츠커 상 건축가 이오밍 페이가 이러한 인식변화를 이끌어내는 데 관여하였다고 한다. 즉, 이들의 제안과 조언에 따라서 이승만 정부는 한미재단의 재정적, 기술적 지원으로 PC(Precast Concrete) 부재를 사용한 최초의 조립식 집합주택인 행촌아파트를 건설하여 1956년 분양하였고(4개동 3층 규모 48세대), 이 시험적 시도의 성공이 우리 정부의 염가주택 대량건설을 지도고무 했다는 것이다.[47]

---

42) 김태오 · 최막중, "한국의 아파트 공급과 수요의 역사적 연원에 관한 연구: 해방 이후 주택의 수직적 집적화 과정을 중심으로", 국토계획 제51권 제6호, 대한국토 · 도시계획학회, 2016. 11., 23−38면, 26면.

43) 김태오 · 최막중(주 42), 26면.

44) 김태오 · 최막중(주 42), 35면 각주 21을 보면 대한주택공사에서 1979년 펴낸 대한주택공사 20년사 자료를 인용하면서 자금원에 따라서 유엔한국재건단(UNKRA) 등 해외원조면 '재건주택', 국채발행 등 국내조달이면 '부흥주택'으로 불렀다고 설명한다.

45) 김태오 · 최막중(주 42), 29면.

46) 한미재단의 설립과 그 활동에 관하여는 이소라, "1952−55년 한미재단의 활동과 역사적 성격", 韓國史論 제62권, 서울대 국사학과, 2016. 6., 455−512면과 이봉범, "한미재단(American Korean Foundation), 냉전과 한미 하방연대", 한국학연구 제43권, 인하대 한국학연구소, 2016. 11., 205−259면을 참조.

47) 김태오 · 최막중(주 42), 30면은 비록 우리의 주택정책에 의해 주체적으로 공급된 것은 아니지만, "한국의 아파트 도입에 있어 중요한 촉매제 역할을 한 것은 분명"하다고 하면서 행촌아파트의 건설을 시대구분의 기준 중 하나로 삼고 있다.

행촌아파트 이후 1957년 정부는 1960년까지 12,000호를 짓겠다는 목표로 미국의 국제협력처(ICA)의 원조자금을 받아 주택을 공급하였는데, 이때부터[48]는 직접적인 구호주택이 아닌, 융자방식의 간접적 지원(상환능력 있고 대지를 소유한 무주택 저소득층 대상)으로 바뀠으나 소득대비 과중한 상환부담으로 목표치의 절반 조금 넘는 정도의 성과밖에 올리지 못했다. 반면에 1958년에는 정부의 부흥주택관리요령에 의거해서 종암아파트(5개층 3개동 152세대)가 발코니, 수세식 변기, 인조석 싱크대, 온돌 등을 설치하여 당시로서는 고급스럽게 지어졌는데, 이것은 민간건설사(중앙산업)가 건립하고 대한주택영단(식민지 시대 조선주택영단의 후신이자 과거 대한주택공사, 오늘날 대한토지주택공사의 전신)이 국채자금으로 이를 인수하는 방식을 취하였다.[49]

그런데 정부가 직접 지원 혹은 간접 지원 방식을 취하든, 또는 민간건설사가 건설하고 정부(대한주택영단)가 이를 인수하는 방식을 취하든 간에 횡적 나아가 종적으로 구분된 집합주택에 대한 일반의 수요가 있어야 보급이 될 것인데, 초기에는 당연히 환영받지 못했다. 가령 전통주거에서 엄격히 분리되었던 화장실과 욕실(부엌)이 실내로 들어와야 하는 것이라든가 고층생활에 대한 두려움 등 여러 가지 원인이 있었다.[50] 관련연구에 따르면 그것이 변화된 것은 1967년, 즉 대상논문이 쓰이기 얼마 전부터인데, 이때부터 2층의 분양가격이 1층의 분양가격보다 높게 책정되기 시작했기 때문이라고 한다(그리고 바로 다음해인 1968년부터는 3층이 대체적으로 최고분양가를 기록했다고 한다).[51] 이에 반하여 다른 연구는 1962년 총대지 9,000여 평에 연건평 6,000여 평 규모의 6동 450호(9평에서 15평) 마포아파트의 분양을 아파트생활에 대한 인식이 보편화된 계기로 보고, 특히 1968년부터 진행된 서울시의 無허가 판자촌의 철거와 시민아파트의 대량건설은 도시의 모습을 크게 바꾸었다고 한다.[52] 어느 견해를 따르던 적어도 1960년대 후반에는 집합주택에 대한 사회적 수요가 늘었음은 분명한 듯하다.

문제는 집합주택의 공급의 재원 마련 방식인데, 앞서 언급했듯이 전쟁이 끝나고 불과 5년 만에 정부는 직접지원 방식에서 융자 등 간접지원 방식으로 전환하였고, 민간건설사는 물론이고 대한주택공사, 심지어 서울시가 건설한 "各種의 中産아파트 및 示範아파트"까지도 처음부

48) 김태오 · 최막중(주 42), 29－30면에 따르면 1954. 3. 제켄도프와 페이는 함께 방한하여 이승만을 만나 "현재의 한국식 건물구조는 많은 면적의 대지가 필요하므로 100년 후 대지 문제의 해결은 커다란 난관에 봉착할 것"이며 "조립식 3, 4층 건물을 대도시, 소도시, 농촌으로 나누어 100호를 건축함으로써 한국의 주택을 일신"할 것을 주장했다고 한다. 김태오 · 최막중(주 42), 35－36면 각주 29와 인터넷 백과사전 위키피디아에 따르면 페이는 1948년부터 제켄도프 회사에서 일했고, 1955년에 자기 회사를 차렸다고 되어 있다. https://ko.wikipedia.org/wiki/I._M._페이 (최종확인 2023. 10. 31.)

49) 김태오 · 최막중(주 42), 30－31면.

50) 국사편찬위원회 우리역사넷 — 한국사 연대기/현대/아파트의 등장과 주거생활 변화 : http://contents.history.go.kr/mobile/kc/view.do?levelId=kc_i502700&code=kc_age_50 (최종방문 2023. 10. 31.)

51) 김태오 · 최막중(주 42), 32면.

52) 金鼎鉉, "集合住宅(아파트)의 所有, 管理에 關한 考察(그 立法化와 關聯한 問題点과 方向)", 저스티스 제12권 제1호, 한국법학원, 1974. 12., 35－99면, 38－39면.

터 입주자에게 분양대금을 미리 받아 그것으로 건설비용에 충당하는 先지급 방식을 취하였다.[53] 이런 관행은 일명 '불도저' 시장이라 불리는 김현옥 서울시장(재임기간 1966–1971)의 이른바 대규모 '불량주택 개량사업'을 거치면서 서민층을 위한 시민아파트에까지 영향을 주었다.[54] 그러면서도 건축물의 하자 문제는 그때도 역시 문제였는바, 이렇게 대량으로 지어졌던 시민아파트 중 하나였던 와우아파트 1동 전체가 무너져내린 것이 바로 1970. 4. 8. 논문 발표 불과 한 달 뒤였다. 이렇게 대상논문에서 장래의 입법방향과 관련하여 '경제적 약자' 운운했던 한국식 분양계약의 특성은 형성되고 피해는 확대되었다.

2. 60년대 말 법률·판례·학설의 상황

(1) 당시 관련 법률의 상황

1960년대 후반 집합주택이 본격적으로 지어질 당시 이를 규율하는 법률로는 민법 제215조와 부동산등기법 제104조 내지 제107조 정도가 있었을 뿐이었다. 그런데 민법에서는 "수인이 한 채의 건물을 구분하여 각각 그 일부분을 소유한 때"라고 구분소유를 넓게 규정하고 있지만, 부동산등기법에서는 "甲 建物 또는 그 附屬建物을 分割 또는 區分하여 이를 乙 建物로 하는 境遇"(부동산등기법 제104조 제1항)에 관해서만 규정하고 있었을 뿐이었다. 後者에 따르면 기존의 건물을 분할 또는 구분하여 등기할 경우[55] 기존 등기부에는 가령 "건평 51평 내 / 건평 25평 / 구분으로 26평을 등기 제○○호로 이기 / 도면편철장 제○책 제○장"(여기서 /는 줄바꿈을 표시한 것임)으로 표시될 터인데, 이러한 등기만으로는 "1棟의 長屋建物(지붕마루를 길게 지은 집)"을 "세로(縱) 區分"하는 것은 표시할 수 있겠지만 수직고층건물을 가로 혹은 가로–세로로 구분하는 것은 표시할 수가 없었다.[56] 집합주택의 대지는 반드시 1필의 토지만이 아닐 수도 있고 또 1필이라도 그 위에는 구분소유만큼의 (준)공유지분이 있으며 거기에 담보권까지 추가되면 걷잡을 수 없을 정도로 복잡해질 수 있음을 감안한다면 큰 문제가 아닐 수 없었다(여기에 無허가 가옥에 대한 재개발의 경우처럼 토지 이용권조차 없는 경우는 더 문제가 심각하였다).

참고로 일본민법의 기초자 중 1인이었던 우메 겐지로는 우리 민법 제215조에 해당하는 일본민법 舊 제208조(1963. 4. 1. 삭제되기 전 규정)에 대하여 훗날 同條가 "서양식 가옥에서는

53) 金鼎鉉(주 52), 40면.

54) 金鼎鉉(주 52), 41면에 따르면 "서울特別市 條例 第749號가 定하는 서울特別市가 庶民大衆의 住宅難解決과 都市不良地區의 合理的인 開發을 目的으로 市費로 建立한 別表 第1號의 아파트 440棟을 말한다(第2條)."고 하며, 당시 건평 8평인 시민아파트의 각호당 건설비용은 30만 원이었는데(내장공사비용은 입주자 부담), 그 중 20만 원은 입주자가 분할 연부상환 하여야 했고, 나머지 10만 원은 보조금이었으며, 대지 비용은 따로 지급해야 했다고 한다.

55) 金鼎鉉(주 52), 54–59면을 보면 당시에는 별다른 특별한 법률의 근거 없이 신축건물 보존등기의 경우는 1973. 7. 기준 당시 등기실무가 가령 1동 3층 건물 내 2층 제21호의 등기를 "건평 제1층 ○○○평 / 제2층 ○○○평 / 제3층 ○○○평 / 내 제2층 제21호 건평 ○평" 정도로 표시하였던 것을 알 수 있다.

56) 金鼎鉉(주 52), 60면.

각층마다 소유자를 달리하는 경우에 또 일본식 가옥에서는 長屋의 각호별로 소유하는 경우에 가장 많이 적용될 것"이라고 썼는데,[57] 여기서 보듯이 민법에서 구분소유를 넓게 규정하더라도 실제로는 그 중 일부의 경우(종적 구분)만이 주로 사용될 것으로 보았기 때문에 일본 또한 등기 규정이 "매우 간단하였고 또 어떠한 건물에 구분소유가 인정되는지에 관하여 전혀 규정이 없었기에 학설상으로는 棟割式 구분소유 외에 階層別 혹은 部屋別 구분소유를 인정할 것인지가 문제되었는데, 대체로 공시방법(등기)이 불충분하다는 등의 이유로 매우 제한적으로 보려는 입장이 유력했다."고 한다.[58] 심지어 그로부터 30여 년이 지나고 1923년 관동대지진 후로도 8년이나 지난 1931년 나온 교과서에서조차 "서양식 건물의 각실은 형태상으로는 물건의 일부이지만 법률상 1개의 물건이라고 볼 수는 있어 제208조를 적용할 수 있다고 하더라도 아직까지 그런 예가 있다는 것을 듣지 못했다."고 쓰고 있을 정도였다.[59]

한편 당시 압도적인 다수를 차지하고 있던 공영주택에 대해서는 민법 외에 公營住宅法(1963. 11. 30. 법률 제1457호로 제정)이 적용되었다. 1951年 일본법(公営住宅法)[60]을 모델로 만들어진 同法은 "정부로부터 대부 또는 보조를 받아 지방자치단체나 대한주택공사가 건설하여 주택이 없는 국민에게 저렴한 가임 또는 가격으로 임대 또는 분양하는 주택"(동법 제2조 제1호)의 건설(同法 제2장)과 관리(同法 제3장)을 그 규율대상으로 하였다. 집합주택의 관리와 관련하여 중요한 규정은 2개조인데, 각각 일본법의 해당조문을 보완하거나 축소시킨 것이었다. 즉, '사업주체'[61]는 관리책임자로서 관리기준을 정하고 건설부장관의 인가를 받아 이를 시행하고(동법 제10조),[62] "입주자는 건설부령과 사업주체가 정하는 규정에 따라 선량한 관리자의 주의로 그가 입주하고 있는 공영주택과 복리시설을 보관·유지하여야 한다(동법 제13조)."[63] 同法은 그

57) 梅謙次郎, 『民法要義卷之二物権編(訂正増補版)』, 有斐閣, 1900, 94頁. 이 텍스트는 일본 국립국회도서관 사이트에서 열람하였다. https://dl.ndl.go.jp/pid/2937469/1/53 (최종확인 2023. 10. 31.)

58) 川島一郎, 「建物の区分所有等に関する法律 § 1」, 川島武宜(編), 『注釈民法(7): 物権(2)』, 有斐閣, 1968, 358頁.

59) 山下博章, 『物権法論 上卷』, 文精社, 1931, 455頁.

60) 원래 일본의 공영주택법은 1951. 6. 4. 법률 제193호로 성립하였으나 우리 공영주택법 제정 당시의 일본 공영주택법은 1960. 4. 27. 법률 제60호로 개정된 것(제3차 개정법률)이기에 이하에서 '일본 1951년 공영주택법'이라 함은 1963년 당시 시행중이던 이 개정법률을 가리킨다.

61) 1963년 공영주택법 제4조(정의) 2. "사업주체"라 함은 공영주택을 공급하는 지방자치단체 또는 대한주택공사를 말한다.

62) 비교: 일본 1951년 공영주택법 제11조의2(관리의무) 사업주체는 언제나 공공주택 및 공동시설의 상황에 유의하여 그 관리를 적정하고 합리적으로 수행하도록 노력하여야 한다. (동조는 1959. 5. 1. 법률 제159호로 신설된 것이다.)

63) 비교: 일본 1951년 공영주택법 제21조(입주자의 보관의무) ① 공영주택의 입주자는 해당 공영주택 또는 공동시설에 대하여 필요한 주의를 기울여 이를 정상적인 상태로 유지하여야 한다.
② 공영주택의 입주자는 해당 공영주택을 다른 사람에게 임대하거나 그 입주권을 다른 사람에게 양도하여서는 아니 된다. 다만, 사업주체의 장의 승인을 받은 경우에는 해당 공영주택의 일부를 다른 사람에게 임대할 수 있다.
③ 공영주택의 입주자는 해당 공영주택의 용도를 변경하여서는 아니 된다. 다만, 사업주체의 장의 승인을 받은

목적에서 보듯이[64] 기본적으로 공법에 속한다. 특히 일본법과 우리법을 비교하면 일본의 공영주택법은 "임대하거나 전대"한 집합주택만을 대상으로 하는 데 반하여[65] 우리 공영주택법은 "공급" 일반, 즉 분양(매각)한 집합주택에 대한 관리에까지 국가의 고권적 관여를 규정하였다. 그런데 개인재산에 대한 고권적 관여에 대하여는 당시 거의 모든 분양계약서(총무처가 발주한 공무원아파트나 서울시가 분양한 각종 아파트는 물론이고 민간이 분양한 경우까지도)가 이를 적극적으로 받아들여서 동일한 내용을 포함시키거나 이를 전제로 한 규정을 두고 있었고, 대상논문이나 그 후 나온 다른 문헌들도 대체로 이를 수긍하는 태도를 보였는바, 그 배경에는 아마도 당시에는 민법 제215조만으로는 도저히 집합주택의 관리가 이루질 수 없다는 인식이 깔려있었기 때문이 아닐까 생각된다.

(2) 당시 판례와 학설의 상황

민법과 부동산등기법의 부조화와 민법 규정 자체의 불완전성으로 인하여 한때 대법원은 "현행민법 및 부동산 등기법상 고층건물의 종적인 구분권 즉 층별 소유가 인정되지 않는 바"라고 밝힌 적이 있긴 하지만,[66] 얼마 지나지 않아서 "1개의 기존건물의 일부를 이루고 있는 부분이라 할지라도 그것이 독립한 경제적인 가치를 보유하고 다른 부분과 구분되어 거래의 대상이 될 수 있는 것이라면 그것을 원건물과는 별개의 독립된 건물로 분할하여 거래하고 이에 대한 등기절차를 이행할 수 있는 것"이라고 태도를 바꾸었고,[67] 그 후로 단일한 건물 내의 상호로 구분하여 소유하는 이른바 층별 소유를 의심하거나 부정하는 판결은 나오지 않았다.

민법 제215조를 둘러싼 학설의 경우는 입법자가 동조에서 그 어떠한 제한도 없이 '구분소유'를 인정하고 있음을 고려하여 일찍부터 변경된 판례와 동일하게 건물 구분은 종적이든, 횡

경우에는 다른 용도로 겸용할 수 있다.

④ 공영임대주택의 입주자는 해당 공영임대주택을 형태를 바꾸거나 증축하여서는 아니 된다. 다만, 사업주체의 장의 승인을 받은 경우에는 그러하지 아니하다.

64) 1963년 공영주택법 제1조(목적) 이 법은 지방자치단체와 대한주택공사가 정부와 협조하여 공영주택을 건설하여 주택이 없는 국민에게 주택을 공급함으로써 국민의 주거생활의 안정과 공공복리의 증진에 기여함을 목적으로 한다.

65) 일본 1951년 공영주택법 제1조(본법의 목적) 본법은 국가와 지방자치단체가 협력하여 건강하고 문화적인 생활을 영위하기에 충분한 주택을 건설하고 이를 주거가 필요한 저소득자에게 저렴한 임대료로 임대함으로써 국민생활의 안정과 사회복지의 증진에 이바지함을 목적으로 한다.

66) 대법원 1960. 8. 18. 선고, 4292민상859 판결(공보불게재). 사안은 귀속재산인 2층 연와조 건물 중 1층(81.7평)의 임차인인 원고가 2층(45.4평)을 임차했다고 주장하는 피고를 상대로 피고가 원고 임차부분 옥상에 무단으로 설치한 가건물과 화장실 등을 철거할 것을 청구한 것이다. 원심은 피고의 손을 들었으나 대법원은 이를 파기 환송하였다. 金鼎鉉(주 52), 46면은 위 판시부분 중 '종적인'은 '횡적인'의 誤記라고 적었는데, 타당한 지적이다.

67) 대법원 1968. 2. 6. 선고, 67다2505 판결(공보불게재). 사안은 귀속건물이었던 3층 창고건물 중 1층 130평의 일부인 52평을 국가가 甲에게 임차하였다가 그 임대차를 취소하고 1층 전체를 乙에게 불하하였으나 그 뒤 甲의 제소로 乙에 대한 불하처분 중 위 52평에 대한 부분이 법원으로부터 취소판결을 받고 그 사이에 1층 소유권이전등기를 받았던 피고를 상대로 취소판결을 받은 부분에 대한 소유권이전등기말소를 청구한 것이다.

적이든 구분소유의 성립에는 지장이 없다는 데에는 이견이 없었다.[68] 또 전유부분에 대한 소유(구분소유)가 오히려 학설의 관심은 동조 제1항의 공용부분의 공유 추정을 어떻게 이해할 것인가에 초점이 맞추어져 있었다(물론 여기서 말하는 학설이란 논문의 형태가 아니라 교과서에서 동조를 해설하면서 간단하게 언급한 내용을 말한다). 한편에서는 제215조의 공유 추정은 제216조 이하의 규정과 마찬가지로 상린관계의 한 경우라고 설명하고,[69] 다른 한편에서는 공유 추정은 '소유'의 추정이지 '이용'에 관한 상린관계의 추정이 아니라고 하면서 제211조의 특칙으로 이해하였다.[70] 前者의 입장이 전유부분에 대한 지배는 제211조의 소유권과 완전히 동일하다는 전제에서 제215조는 상린관계의 첫 규정으로 제216조 이하와 마찬가지로 이웃한 부동산소유권 상호간 이용관계의 조절을 목적으로 하고 그것이 집합건물의 공용부분에 대한 규율로 나타난다고 보는 데 반하여 後者는 전유부분의 규율과 공용부분의 규율을 서로 분리시키는 것에 반대하여 양자를 하나로 이해하면서 제211조와 제215조 사이의 차이를 강조한다고 이해할 수 있다.

1804년 프랑스 민법 제644조 이후 집합건물의 소유 및 관리에 관한 각국의 입법은 일원주의와 이원주의로 양분할 수 있다.[71] 프랑스 민법 제644조를 비롯한 대부분의 법제가 전유부분과 공용부분에 대하여 서로 다른 법체계(단독소유/공동소유)를 적용하는 것으로 함에 반하여 네덜란드, 스위스, 오스트리아 등 일부국가에서는 1동의 건물 전체에 대하여 하나의 법체계(구분소유적 공동소유)를 규정하였다. 前者가 소유권 제도에 대한 사회적으로 형성된 신뢰를 존중하고자 하는 역사적, 심리적 근거에 선다면 後者는 (집합)건물의 기본은 어디까지나 대지, 내력구조, 지붕이라는 과학적 상식을 근거로 한다. 물론 우리 민법 제215조는 이원주의 전통에 서 있다. 그런데 이원주의 법제에서는 전유부분의 단독소유와 공용부분의 공유 사이의 관계가 문제된다. 우리의 1960년대 우리나라에서의 이러한 학설대립은 전유부분에 대한 소유를 구분소유권의 유일한 핵심으로 보느냐, 공용부분에 대한 공유 문제를 전유부분에 대한 소유와 적어도 대등하게 취급할 것이냐 하는 이원주의 법제 하의 구분소유법학의 영원한 근본문제를 우리 학계가 일찍이 집합건물법제 제정 이전부터 이미 인식하고 있었음을 보여준다는 점에서 무척이나 흥미롭다.

---

68) 金曾漢, (修訂)新物權法(上), 法文社, 1962, 123면, 郭潤直, 物權法, 博英社, 1963, 205-206면.

69) 郭潤直(주 68), 204, 206면, 金基善, (改訂)新物權法, 民衆書館, 檀紀4292[1959], 118, 119면, 張慶鶴, (增訂)新物權法總論, 一韓圖書, 檀紀4293[1960], 445, 448면.

70) 金曾漢(주 68), 127, 137면. 崔鍾吉(주 1) 이후 문헌으로 金鼎鉉(주 52), 50면도 일본문헌을 인용하며 동일한 입장을 취하면서 반대의 입장, 즉 상린관계로 보는 입장이 '통설'이라고 하였다.

71) 일원주의와 이원주의에 관한 대표적인 서술로는 Frédéric Aeby, Émile Gevers et Coni Tombroff, La propriété des appartements: ses aspects juridiques et pratiques(3, éd.), Bruylant, 1983, nos 39-42, pp. 88-94를 참조.

Ⅳ. 대상논문의 당시 및 현재의 의의

1. 주제와 방법 선택의 배경

대상논문의 두 구성부분 중 뒷부분, 즉 실태조사는 우리 법학계의 관점에서 보면 당시는 물론이고 지금 보더라도 매우 드문 시도라고 평가할 수 있다. 법학이 엄연한 사회과학임에도 불구하고 사회학이나 경제학, 정치학, 사회복지학 등 다른 사회과학과는 달리 특히 우리나라에서는 주지하듯이 사회현실에 대한 직접적인 조사나 분석보다는 규범에 대한 해석이 학계에서 사용되는 압도적인 주류의(사실 거의 유일한!) 방법론이기 때문이다. 그 이유에 대해서는 여러 가지 설명이 가능하겠지만,[72] 이는 엄연한 사실이다.

그런데 대상논문의 후반부를 보면 실제의 분양계약서를 가지고 분석하고 있다. 물론 그 수는 많지 않지만 이는 60년대 말 당시 분양된 아파트의 숫자에 비추어 보면 이해할 수 있다. 그렇다면 최종길은 어떻게 이와 같은 조사를 하게 된 것일까? 논문 자체에서 이에 관한 경위를 밝히고 있지 않지만, 최종길은 대상논문과 동일한 제목의 연구를 정부(당시 문교부)로부터 지원받은 듯하다.[73] 오늘날 한국연구재단의 전신인 한국학술진흥재단이 1981년 설립되기 이전에 법학을 포함한 인문사회과학 분야에서 대학교원에 연구지원은 문교부의 학술연구조성비를 통하여 이루어졌고, 그 결과물들은 합본되어 그 다음해에 연구보고서란 이름으로 문교부에서 발간하였는데, 최종길은 이 연구비 지원을 받아 작성한 결과물을 문교부에 제출하여 다른 연구보고서들과 합본되어 출판되었다는 것이다. 아마도 제목뿐만 아니라 내용도 동일할 것으로 추측하는데, 이렇게 보는 근거는 박경량의 박사학위논문을 보면 대상논문과 동일한 내용을 대상논문이 아닌 합본된 연구보고서의 면수로써 인용하고 있기 때문이다.[74]

또 최종길이 집합주택(아파트)에 관한 연구를 하였던 이유도 정확히 알 수는 없지만, 문교

---

72) 역사적으로 보면 일제 치하와 분단, 한국전쟁 등을 거치면서 사회문제조사를 중시하였던 사회과학자 들이 이데올로기적으로 모진 탄압을 받아서 이른바 '바이마르 좌파'와 같은 사회민주주의 계열이 뿌리내리기 어려운 상황이었고, 해방 정국에서도 대학에서 강의할 사람조차 구하기 어려웠고 정부 또한 당장의 입법과제를 처리하는 데 급급하여 학문연구 또는 입법을 위한 제대로 된 사회조사의 수요가 현실적으로 존재하지 않았다. 이러한 우리의 상황은 19세기 이후 사회조사에 대한 오래된 학문적 전통을 갖고 있었던 서구나 제2차 대전으로 (극)우파 몰락 후에도 좌파가 명목을 유지할 수 있었던 일본과 구별된다.

73) 崔鍾吉, "集合住宅(아파트)의 區分所有에 관한 比較法的·實態的 考察", 文敎部學術硏究助成費에 의한 硏究報告書 社會科學系 3, 문교부, 1969, p. 1 이하. 필자는 이 자료를 직접 확인하지 못하였고, 다만 朴鍾斗, 集合建物의 管理에 관한 法理硏究, 중앙대학교 대학원 법학과 박사학위논문, 1988, 41면 각주 45 및 421면(참고문헌)과 朴慶亮, 集合建物 區分所有法理의 再照明, 전남대학교 대학원 법학과 박사학위논문, 1991, 35면 각주 22 및 179면(참고문헌), Sun－Ihee Kim－So(김선이), Die Verwaltung im deutschen und koreanischen Wohnungseigentumsgesetz, Diss. München, 1992, S. 209(Literaturverzeichniz/Koreanische Literatur)을 통하여 이러한 사실을 접하였다. 참고로 대상논문에 사사 문구가 표기되지 않았던 것으로 보아 1970년 당시만 하더라도 연구보고서 외에 별도로 학술지 게재 의무가 없었던 듯하다.

74) 가령 朴慶亮(주 73), 97면 각주 8, 112면 각주 70 등.

부 연구비 지원을 받은 법학분야의 다른 논문 제목을 살펴보면 하나같이 외국의 법이론을 단순히 소개하는 것이 아니라 당면한 우리나라의 문제를 다루고 있고 나아가 그 중 상당수는 실태조사와 같은 방법론을 썼을 것 같은 주제들이었음을 확인할 수 있다.[75] 이는 당시의 사회분위기와 정부가 대학에 무엇을 요구하였는지를 간접적으로 보여주는데, 따라서 연구지원을 받기 위해서는 당시 우리 사회가 당면했던 문제를, 그것도 가급적 실태조사까지 포함시켜서 연구계획을 짜는 것이 절대적으로 유리했었을 것으로 합리적으로 추론해볼 수 있고, 그렇다면 민법 분야에서는 한참 도시화가 진행됨에 따라 발생하는 주택문제의 해결대안으로서의 집합주택이란 주제에 실태조사를 연구방법으로서 결합시키는 것이 필요했을 수 있었을 것이다. 결론적으로 이러한 선택은 타당하였다. 국책연구소인 국토개발연구원에서 공동주택관리제도의 개선방안에 대해서 처음 연구보고서를 낸 것이 대상논문보다 무려 10년 뒤였고, 거기에서도 "共同住宅의 居住形態가 널리 보급되었는데도 区分所有에 関한 法制度의 미비로 区分所有者의 正当한 権利가 침해될 우려가 있다."고 지적할 만큼 집합주택에서 당시 법제도는 사회현실을 따라가지 못하였기 때문이다.[76]

2. 그 후 영향의 검토

이상의 설명은 모두 추론에 불과하지만 결과적으로 그 후 우리 집합건물법학에 매우 큰 영향을 주었다. 그 이후에 대상논문과 마찬가지로 우리나라의 실태분석 — 외국의 법제분석 — 입법론을 포함하는 논문들은 계속 나왔기 때문이다.

1973년 10월 최종길 사망 후 바로 다음해인 1974년 6월 법원에서 金鼎鉉(당시 서울민사지방법원 부장판사)을 비롯하여 일군의 판사들이 장문의 연구논문을 법원간행물에 발표하였고,[77]

75) 가령 1969년 연구지원을 받아 1970년 발행된 사회과학 분야 연구보고서 중 필자가 목차를 확인할 수 있었던 것은 3권을 제외한 1권에서 7권까지인데, 그 가운데 예외적으로 이론적 주제가 많았던 형법을 제외한 나머지 분야의 연구주제와 수행자 명단을 보면 다음과 같다. "헌법에 관한 국민의 의식조사"(갈봉근, 김이열), "相隣性 立法에 관한 硏究; 現行慣習調査를 中心으로"(金龍煕), "국토종합개발계획의 효율적인 수행을 뒷받침하기 위한 공동부담 관계 제법률의 정비에 관한 연구"(김철용), "憲法訴訟制度의 硏究"(김철수), "법의 생활화의 이론과 실천"(장경학), "국내 주식회사 기업의 실태와 상법개정방안"(손주찬), "間島歸屬에 대한 國際法的 考察"(이한기), "近代化過程에 있어서의 法의 役割"(이태로, 백충현), "現行農業法의 構造와 機能"(박병호).

76) 國土開發硏究院, "共同住宅管理制度改善方案硏究: 最終報告書", 賃貸住宅事業育成 및 共同住宅管理改善方案, 大韓住宅公社, 1980. 12., 291면 이하, 특히 338면. 이 연구보고서에서는 그밖에도 다음과 같이 하자 문제가 심각하다는 지적을 하고 있었다(337–338면). "共同住宅管理令에 의하면 施工業者에게 1年동안 管理를 맡겨 瑕疵補修를 하도록 規定되어 있으나, 業者 스스로 瑕疵를 찾아내 補修를 할지 그 實效性이 의문시 되며, 또한 管理權 移讓時 瑕疵의 유무정도를 진단해 줄 機關이 없어 瑕疵期間 滿了後 紛爭의 소지가 되고 있다." "瑕疵補修는 施設物의 내구연한에 맞춰 個個의 基準을 定해야 하고, 施工上의 잘못은 年數에 관계없이 補修해 주는 것이 타당한데도, 現行의 瑕疵補修基準은 主要施設 2年, 그外 施設 1年의 일률적인 基準을 적용하고 있어 入住者들이 不利益을 받고 있다." 이러한 인식은 아마도 훗날 1984년 입법에 제9조(담보책임)가 들어가게 된 배경이 되었을 것이다.

77) 김정현 · 안우만 · 이원배 · 허정훈 · 이영준, "집합주택(아파트)의 소유, 관리에 관한 고찰(그 입법화와 관련한 문

같은 해 12월 김정현 단독 명의로 그 요약본에 해당하는 논문이 발표되었는데, 거기에서도 실태조사－비교법－입법론으로 이어지는 대상논문의 형식을 그대로 승계하였고, 다만 대상논문과 비교하여 등기문제가 보다 집중적으로 다루어졌고, 독일과 스위스 등에 대한 비교법적 조사가 추가되었다. 대상논문처럼 개인이 혼자 분양계약서를 수집한 것이 아니라 이들은 당시 등기현황의 조사를 위하여 법원조직의 협조를 얻었고, 해외연수를 다녀온 판사를 참여시켰다.[78] 70년대 후반에 나온 김정현의 논문 역시 집합건물의 등기로 이전 논문보다 주제를 좁게 잡긴 했지만 대체로 같은 형식을 유지하였고, 梁三承의 집합건물의 부지이용에 관한 논문은 1979년에는 발간되었다.[79]

이에 반하여 학계에서는 崔炳昱과 崔龍煥이 1971년과 1972년에 각각 아파트 구분소유 내지 구분소유 일반에 관한 논문을 발표하긴 했지만, 실태분석까지는 포함하지 못하였고, 민법 제215조의 해석과 그 한계를 지적하면서 입법을 촉구하는 정도에 머물렀다.[80] 70년대 후반에 들어서면 金容漢과 全秉翼이 가세하였는데,[81] 김용한은 나중에 직접 입법에 참가하였고 전병익은 1983년 부산대에서 구분소유권을 주제로 국내외를 통틀어 1호 집합건물법 박사가 된다.[82]

제점과 방향)", 사법연구자료(제1집), 법원행정처, 1974, 85－354면. 金鼎鉉(주 52), 35－99면.

78) 金鼎鉉(주 52), 54면 각주 28을 보면 "以下 本稿에서 引用하는 區分登記에 關한 各種 資料는 1973. 7 法院行政處 當局의 協助로 全國主要都市 所在 登記所(서울특별시, 大田市, 大邱市, 釜山市, 光州市, 木浦市 所在 各 登記所)에서 보내온 建物의 區分登記에 關한 約 1,000餘通의 등기부등본에서 발췌한 것이다." 고 밝히고 있고, 김정현·안우만·이원배·허정훈·이영준(주 77), 95－225면과 金鼎鉉(주 52), 38면 각주 1에 따르면 이영준이 비교법 부분을 집필하였는데, 이영준의 인터뷰기사(법률저널, 2003. 1. 15. 기사)에 따르면 그는 1965년부터 1969년까지 독일 프랑크푸르트에 체류하였다고 한다.

79) 金鼎鉉, "集合建物과 共有土地의 登記에 관한 制度的인 改善의 方向", 韓國民事法學會(編), 不動産登記法의 改正에 관한 研究, 서울대학교출판부, 1978, 70－114면. 梁三承, "區分所有建物의 敷地利用關係", 民事判例研究會(編), 不動産去來의 諸問題, 經營文化社, 1979, 101－130면.

80) 崔炳昱, "아파트의 區分所有權", 梨花女子大學校 法政大學 創立20周年 記念論文集(한국문화연구원 총서 7), 1971(筆者未見), 崔龍煥, "區分所有의 基本問題", 法曹 제21권 제9호(1972. 9.), 1－16면. 한편 글의 冒頭에서 밝혔듯이 金基洙(주 2)가 이들보다 앞서 1970. 5. 발표한 글이 있기는 하지만 이는 학술논문으로 보기 어렵다.

81) 金容漢, "區分所有와 土地利用權", 考試界 제23권 제11호(1978. 10.), 31－38면, 全秉翼, 建物의 區分所有權의 對象, (한국해양대학교)논문집: 인문사회과학편 제14집(1979), 143－159면, 全秉翼, 區分所有建物의 登記에 관한 研究, (한국해양대학교)논문집: 인문사회과학편 제15집(1980), 141－155면.

82) 金容漢, "集合建物法의 制定과 內容", 考試界 제29권 제5호(1984. 4.), 143－154면, 全秉翼, 集合住宅의 區分所有法理에 관한 研究, 부산대학교 대학원 법학과 박사학위논문, 1983. 全秉翼은 자신의 학위논문에 기반하여 "집합주택의 관리에 관한 법적 연구", (부산대)법학연구 제26권 제1호(통권 제33호)(1983. 8.), 245－282면, "구분소유법의 비교법적 고찰", (부산대)법학연구 제26권 제2호(통권 제34호)(1983. 12.), 301－320면을 발표하였다. 한편 1970년대 중후반에 들어서면서 부동산학 전공과정이 설치되었던 건국대 대학원 행정학과를 중심으로 몇 개의 석사논문이 나왔지만(순서대로 보면 梁進承, 金泰薰, 洪官喜), 필자가 조사한 바로는 법학분야에서는 朴鍾斗, 建物의 區分所有에 관한 考察, 중앙대학교 대학원 법학과 석사학위논문, 1980, 그리고 Sun－Ihee Kim－So(김선이)의 1992년 뮌헨대학 박사학위논문(주 73)이 각각 최초의 (국내)석사학위논문, 외국대학 박사학위논문이다. 특히 김선이의 논문 말미(SS. 170－201)에는 우리 집합건물법(부칙 포함) 독역본이 실려 있다.

1970. 4. 대상논문에서 시작되어 70년대 내내 이어진 이러한 노력들의 결과, 80년대에 들어서면서는 급격히 진행되는 사회변화에 민법 제215조만으로 대응하는 것은 한계가 있고 따라서 새로운 입법이 필요하며, 이미 다른 나라에서 그러한 입법이 진행 중이니 우리도 할 수 있고 또 해야 한다는 인식이 학계와 실무계 양쪽에서 확산, 정착되었다고 할 수 있다. 그리하여 드디어 집합건물법이 1984. 4. 10. 법률 제3725호로 제정되었다. 그와 같은 날짜에 개정된 민법의 일부규정(구분지상권의 신설과 특별실종선고 및 전세권 관련 규정의 신설 및 개정), 그리고 이보다 앞서 제정된 주택임대차보호법(1981년), 가등기담보등에관한법률(1983년)과 이보다 나중에 제정된 약관의규제에관한법률(1986년)과 더불어 당시 전두환 정부(법무부)가 한국민사법학회의 긴밀한 협력을 받아서 이루어낸 입법적 산물이다.[83] 그리고 집합건물법과 이에 부수되는 부동산등기법의 제개정에는 학계에서 김용한이, 그리고 실무계에서 김정현이 참가하였다. 아마도 최종길이 살아있었다면 그가 이 작업에 어떤 식으로든 참가하거나 지원하여 자신의 연구 성과로 입법에 기여했으리라 생각하는 것은 비단 필자만의 억측은 아닐 것이다.

3. 학술사적 의의

주지하듯이, 일본제국주의는 우민화 정책의 일환으로 대부분의 학문분야에서 제대로 된 연구자를 양성하지 않았고 법학 분야도 예외는 아니다.[84] 우리 집합건물법학의 가장 중요한 토대라 할 수 있는 민법학의 경우, 일찍이 梁彰洙는 초기 민법학(민법전 제정 이전의)을 대표했던 金曾漢의 저술을 예로 들면서 '無로부터의 출발'에서 '번역법학', '번안법학'으로 나갔다고 정리한 바 있다.[85] 사실 해방 80년에 가까워 오지만 우리 사법학계에서 체계적인 학설사 연구는 시도되고 있지 않고, 개인 중심의 연구 혹은 연구자 스스로의 회고나 주변의 기억 등의 자료만 있을 뿐이고, 그마저도 민법학의 경우는 제1세대에 국한되어 있는 것이 현실이고, 그 다음 세대에 대한 연구는 착수조차 되지 않은 상황이다.[86]

---

83) 당시 정부는 한국상사법학회와도 동일한 방식으로 협력하여 상법개정을 하기도 하였다. 당시 법무부 산하 민상법개정위원회 중 민법개정분과의 성과는 韓國民事法學會(編), 改正民事法解說, 韓國司法行政學會, 1985 참조. 그 경과는 이 책, 29－32면에 실린 金曾漢, "민사법개정의 배경과 입법과정, 민법개정의 요점"에서 확인할 수 있다. 집합건물법의 제정이 한국민사법학회의 일관된 주장이었음은 韓國民事法學會(編), 民事法改正意見書, 博英社, 1982도 참조.

84) 제국대학 전체와 학문 전반에 관하여는 정종현, 제국대학의 조센징, Humanist, 2019, 특히 제13장 참조. 경성제국대학 그리고 법학 분야에 한정해서는 이충우·최종고, (다시 보는)경성제국대학, 푸른사상, 2013, 특히 제6장 참조.

85) 梁彰洙, "한국 민법학 50년의 성과와 앞으로의 과제", 저스티스 통권 제92호, 2006. 7., 178－215면, 179－182면.

86) 개인 중심의 연구로 단행본과 논문 하나씩만 예시하자면 단행본의 예로는 윤철홍 엮음, 한국 민법학의 재정립: 청헌 김증한 교수 생애와 학문세계, 경인문화사, 2015, 논문의 예로는 명순구, "이항녕(李恒寧) 교수와 민법", 안암법학, 제59권, 2019. 11., 35－74면을 들 수 있고, 연구자 개인의 회고의 예로는 安二濬 편, 韓國法學의 證言: 故 金曾漢敎授 遺稿集, 敎育科學社, 1989를 각각 들 수 있다.

그런 점에서 우리 민법학의 2세대이자 집합건물법학의 1세대인 최종길의 대상논문은 귀중한 분석대상이라 할 수 있다. 이하에서 대상논문의 인용문헌을 중심으로 하여 당시 우리 선배연구자들은 어떠한 방식으로 연구를 수행했는지를 살펴본다.

(1) '집합건물'이란 용어

우리 법률과 일본의 법률을 비교하면 제일 먼저 눈에 띄는 것이 법률의 이름에서 사용하는 용어와 표현의 차이이다. 일본법이 민법에서 사용하는 '건물의 구분소유'라는 표현을 그대로 가지고 와서 거기에 '등'이란 한 글자를 덧붙인 데 반하여 우리는 '집합건물'이라는 민법전에 없는 새로운 용어를 가지고 와서 그 '소유와 관리'를 규율하는 법률임을 표시하였다. 즉, 우리는 구분소유의 대상이 되는 건물(구조상, 이용상 독립성을 갖춘)을 부르는 법률상의 명칭이 따로 있지만, 일본의 경우는 대체로 '구분(소유)건물'이란 표현이 법률문헌에서 많이 쓸 뿐 집합건물이란 용어는 사용하지 않는다.[87]

필자가 확인한 바로는 集合住宅이란 표현은 우리나라에서 대상논문이 처음 사용하였다. 대상논문에 나오는 당시 분양계약서상 사용된 명칭들을 보면 '아파트', '맨션' 혹은 '맨션아파트'란 표현이 일반적이었다. 물론 학술논문이 아닌, 일상생활에서 집합주택이라는 말이 쓰였을 수는 있다. 당시 일본에서도 건설업계에서 가령 건설회사가 자기들의 업무를 소개하면서 中高層集合住宅이란 경제용어 내지 일상용어를 사용한 예는 찾아볼 수 있지만,[88] 정작 법률용어와 학술용어로는 이를 사용하지는 않았다.

대상논문이 발표된 1970년 당시는 집합건물법이 제정되기 전이고 또 민법 제215조에서는 '건물의 구분소유'를 규정하고 있었기에 '집합건물'이란 말 자체를 학계와 실무에서 찾아보기 어려웠다. 대상논문에서 처음 사용한 '집합주택(아파트)'란 용어는 곧이어 다른 논문에서 이를 따랐고,[89] 이것이 70년대 중후반을 거치면서 우리나라에서는 상가, 사무실 등을 포괄하는 '집합건물'이 1984년 법률에서 정식 법률용어로 채택된 것으로 추측된다.[90]

87) 심지어 末川博 編集代表,『民事法学辞典(増補版) 上巻』, 有斐閣, 1971, 421頁을 보면 区分所有의 동의어라고 하면서 区所有를 표제어로 내세우기도 하였다(石田喜久夫 집필부분).

88) 일본의 법률잡지 중에서 필자가 찾은 가장 오래된 기사로는 NBL 20号, 1972. 7. 15., 49頁에 나온 "小堀住研, 고객과 10년간 보증협정을 맺고 주택판매"라는 제목의 短信(6. 23. 日刊工業 기사를 인용한 것이라고 하면서)에서 '中高層集合住宅'란 표현을 쓴 것이다. 일본에서는 현재도 集合住宅이란 표현을 일상적으로 사용한다는 사실은 올해 6. 8. 일본 法務省 法制審議会 区分所有法制部会가 발표한 中間試案의 내용을 전하는 같은 날짜의 지지(時事)통신 기사에 실린 사진설명("노후화가 진행된 집합주택의 해체작업")이라든가 {https://www.jiji.com/jc/article?k=2023060800788&g=soc (최종방문 2023. 10. 31.)} 이에 대한 7. 31. 자 東京弁護士会의 의견서 49면("집합주택 등에서") 등{https://www.toben.or.jp/message/pdf/20230804ikensho.pdf (최종방문 2023. 10. 31.)}의 표현에서도 알 수 있다.

89) 가령 金鼎鉉(주 52), 김정현 · 안우만 · 이원배 · 허정훈 · 이영준(주 77)(두 논문 모두 1974년에 발표). 반면에 1971년에 나온 崔炳昱(주 80) 논문에서는 그냥 '아파트'라 하였다.

90) 집합건물이란 표현이 1984년 법 제정 이전부터 사용되었음은 1978년에 나온 金鼎鉉(주 79)의 제목에서도 알 수 있다. 한편 1972년 공영주택법을 대신하여 제정된 주택건설촉진법(1972. 12. 30. 법률 제2409호로 제정)은

(2) 자료부족의 어려움

대상논문은 동시대에 나온, 아니 그보다 적어도 4－5년, 심지어 15년 정도 뒤에 나온 그 어떤 논문보다 인용하는 참고문헌의 전문성 수준이 높고, 이는 당시 일본의 문헌 못지않을 정도이다. 사실 1960년대 중후반이면 일제가 물러나고 20여 년, 전쟁의 총성이 멈춘 지도 10여 년 이상의 시간이 지난 때였지만, 우리 대학의 도서관은 여전히 빈약하기 짝이 없었다. 오히려 50년대 후반보다도 어려웠음을 상징적으로 보여주는 것이, 독일의 법률문헌 중 가장 기본적이라 할 수 있는 NJW(Neue juristische Wochenschrift)가 지금도 서울대 도서관의 경우 1962년 초부터 1965년 중간까지 2년 넘게 비어있다는 사실이다.[91] 당시는 외국의 신간서적을 구입하는 꿈도 꾸기 어려웠을 시기였기 때문에 1951년 제정된 독일 WEG에 관한 전문서적을 직접 접할 기회가 아마도 없었을 것으로 추정된다.

이러한 상황에서 유럽법을 연구하고자 할 경우 이용할 수 있는 방법이란 그나마 입수할 수 있는 문헌에 근거하거나 비교적 상대적으로 입수가 용이한 다른 문헌에서 인용하는 유럽법의 상황을 간접적으로 확인할 수밖에 없었을 것이고, 後者의 경우 당시 그것은 일본문헌을 통해서였다. 다른 제2세대 연구자들과 마찬가지로 최종길 또한 일본어 문헌을 읽는 데에 어려움이 없었다. 1931년생인 그는 1945년 해방 직전까지 6년 넘게 일본어 교육을 받았고, 훗날 독일 쾰른대학에 제출한 그의 박사논문을 보아도 참고문헌 19개 중 6개가 일본문헌으로 우리나라 문헌(5개)보다 많았다.[92] 그렇다면 구체적으로 대상문헌의 경우 이를 확인해 보자.

먼저 그래도 국내에서 입수할 수 있었던 도서의 경우를 본다. 로마법에 관한 서술 중 'Jörs－Kunkel－Wenger, Römisches Recht, 2. Aufl.'가 여기에 해당한다. 이 서적은 오늘날에도 표준적인 문헌이므로 이러한 선택은 당연히 적절한 것이었다. 그런데 최종길은 Jörg의 책은 1949년에 나온 제3판이 아니라 1935년 제2판을 인용하였다. 현재 서울대도서관에서 두 판 모두 소장하고 있는 것으로 확인되는데, 최신판이 아니라 구판을 인용한 것은 두 가지 중 하나로 해석될 수 있다. 하나는 최종길이 구판(이 책은 경성제국대학 시절 구입한 이른바 '구관장서'이다)을 어떠한 개인적인 이유(가령 개인적으로 소장하고 있다거나 아니면 보다 익숙하다거나 하는 등)로 의도적으로 선택했다는 것이다. 또 다른 가능성은 1949년 나온 제3판을 서울대에서 1970년 이후 구입한 경우이다(이 책의 제4판은 다음 세대 학자들에 의해서 1987년에 나왔다). 해방 후부터

그냥 '주택'이란 용어를 사용하고 단지 건설자금의 출처를 기준으로 국민주택과 민영주택으로 나누고 그 중 '국민주택과 부대시설'의 관리기준을 대통령령으로 정하도록 하였다(同法 제23조). 이에 따라 1979년 제정된 공동주택관리령(1979. 11. 21. 대통령령 제9665호로 제정)에서 처음 사용된 '공동주택'(同令 제3조)이란 용어가 오늘날까지 주택공법에서 사용되고 있다.

91) 사실은 1960년대 말에도 NJW의 결호가 있었으나 1998년 필자가 독일대학의 제적본을 가져와 기증하여 이 부분은 일부 해소되었다.

92) Chong Kil Tsche, Die Scheidung im koreanischen materiellen und internationalen Privatrecht, Diss. Köln, Robert Pulm, 1961, S. 137(Literaturverzeichnis).

1970년대까지 서울대를 비롯한 우리 대학의 사정에 비추어 後者일 가능성이 높은데, 만약 그렇다면 1970년에 발표된 논문에서 1949년 도서가 아닌 1935년 식민지배 당시 문헌을 참조할 수밖에 없었다는 것은 당시 우리 선배들의 어려움을 잘 보여주는 사례라 할 것이다.

다음으로 일본문헌을 통한 정보의 습득의 예를 살펴보자. 대상논문에서 법제사를 다룬 Ⅱ.를 보면 모두 8개의 문헌(5개의 단행본과 3개의 논문)이 인용되어 있는데, 그 가운데 일본문헌은 모두 3개이다(1개의 단행본과 2개의 논문).[93] 오늘날의 관점에서 보면, 독일에서 학위까지 한 대학교수가 법제사와 같은 비규범학(nicht-normative Wissenschaft)에 있어서 로마법과 게르만법을 서술하는 데에 일본문헌을 인용하였다는 사실을 백안시할 수 있을지 모르지만, 당시로서는 분명 어느 정도 부득이했던 측면이 있다. 하지만 일본을 통한 서양법학의 수용, 이른바 간접적 학설계수에는 대가도 없지 않았는데, 그것은 중간매개자의 인식을 넘어설 수 없다는 한계(달리 표현하면 잘못된 인용을 그대로 받아들일 수밖에 없다는)이다.[94] 이를 잘 보여주는 예가 Superficies solo cedit 원칙의 성립이유에 관한 대상논문의 다음과 같은 설명부분이다. "이 法原則의 成立理由는 明白하지 않으나 대체로 로-마의 土地所有가 原則的으로 貴族의 手中에 있었고 이를 耕作, 使用하는 者는 奴隷, 賃借人 혹은 平民과 같이 獨立한 生産者로서의 經濟的 地位가 없거나 혹은 薄弱한 社會層이었다고 하는 社會的 現實에 由來한다고 보는 것이 옳을 것이다."라고 하면서 카와시마의 책을 인용하였는데,[95] 사실 이 부분은 비록 명시적 인용은 없지만 마루야마 논문의 표현 및 인용과 완전히 일치한다.[96] 단 하나 다른 점은 일본 논문에서는 "이 원칙이 어떻게 성립하였는지는 명백하지 않지만 일반적으로 종교적 원인으로 돌린다 [밑줄 인용자]. 그 후 로마의 법현실이 된 사회적 근거는 로마의 토지소유가 원칙적으로 귀족의 수중에 집중되고(이하 생략)"라고 하고 있고, 밑줄 친 생략 부분에는 각주로서 "Friedrich, Die Wiedereinführung des Stockwerkseigentum[마지막에 s가 빠져있음] in der Schweiz, S. 26[여기도 26 다음에 a가 빠져있음]. クーランジュ・明比訳, 古代フランス 土地制度論 上, 8

93) 단행본은 川島武宜, 『所有権法の理論』, 岩波書店, 1949, 논문은 丸山英氣, 「西ドイツにおける住居所有権法(Wohnungseigentumsgesetz)成立史覚書: 区分所有権法研究への序論」, 早稲田法学会誌 第18巻, 1968. 3., 1-45頁과 柚木馨, 「比較法からみた建物の区分所有権」, 民商法雑誌 第44巻 第1号, 1961. 4., 3-34頁이다. 崔鍾吉(주 1), 3면 각주 5의 '甲'은 '旱'의 誤植이다.

94) 이를 보여주는 예는 대상논문에서 특히 7면과 8면에서 많이 발견된다. 가령 WEG를 중심으로 주거소유권의 특질을 약술하겠다고 하면서 달은 8면의 각주 9 하나만 놓고 보아도 면수가 생략되거 잘못된 경우 또는 당시(는 물론이고 현재까지도) 국내에서 구할 수 없는 문헌을 인용한 경우 등이 눈에 띄는데, Eichler의 책은 Ⅱ/2, S. 620 ff.에 WEG에 관한 설명이 있기는 하나 제8조 제1항에 한정되어 짧게(1면 남짓) 나올 뿐이고 주거소유권에 관한 본격적인 서술은 I, 162-168면에 있고 또 'Dulkeit[이는 Dulckeit의 誤植이다]'의 단행본(Gerhard Dulckeit, Die Verdinglichung obligatorischer Rechte, Recht und Staat in Geschichte und Gegenwart 158/159, J.C.B. Mohr, 1951)은 서울대는 물론이고 국내 어느 도서관도 갖고 있지 아니하다(그러나 확인 결과 대상논문이 인용하는 면수표시는 정확하였다).

95) 崔鍾吉(주 1), 3면 및 같은 면의 각주 5: "川島武宜, 所有權法の理論, 183면 이하 참조."

96) 丸山英気(주 93), 5頁.

頁."가 인용되어 있다. 마루야마의 이 인용은 불완전하긴 하지만, 1956년 스위스법률잡지에 실린 한스 페터 프리드리히 박사의 논문[97]과 1945년 일본어로 번역되어 나온 역사학자 퓌스텔 드 쿨라쥐의 책을 각각 가리키는 것으로 보인다.[98]

그렇다면 최종길은 어째서 일반적인 설명('종교적 원인')은 언급하지 않고, 사회경제적 이유만을 언급하였을까? 물론 본인의 소신이 그러하였을 수도 있지만, 참조한 일본 문헌에서 종교적 원인에 관한 상세한 서술이 없었고 그렇기 때문에 최종길 본인이 이 부분에 대한 확신이 없었기 때문이 아닐까 생각해본다. 그런데 마루야마가 인용한 두 인용문헌 중 프리드리히의 논문 해당면을 실제로 찾아보면 로마법의 기초가 되었던 Superficies solo cedit이라는 절대적 원칙은 "종교적 원인에서 기인한다(auf religiöse Motive zurückgehenden)"는 서술만이 있고 여기에 달린 각주에서는 비스코라는 사람의 책에서 인용한 '마로이'를 유일한 근거로서 들고 있다.[99] 최종길은 대상논문에서 (마루야마를 인용하지 않고) 마루야마가 인용한 프리드리히를 직접 인용하고 있지만, 막상 프리드리히 역시도 아무런 구체적 설명 없이 막연히 종교적 원인 운운하면서 다시 마로이를, 그것도 다른 사람(비스코)을 통하여 간접적으로 인용한 것이다. 그렇다면 여기서 '마로이'는 누굴 말하고 무슨 문헌을 가리키는가? 이는 아마도 로마법의 종교적, 주술적 요소의 존재를 지적하였던 이탈리아의 유명한 법학자 풀비오 마로이의 1933년 논문을 가리키는 듯하다.[100] 이 논문 역시 필자가 직접 확인하지는 못했지만, 베어만의 大주석서의 서술이나 다른 관련 로마법 연구를 보면 이렇게 추측하는 것이 가능하다.[101] 그런데 이러한 설

97) Hans-Peter Friedrich, "Die Wiedereinführung des Stockwerkseigentum in der Schweiz", Zeitschrift für Schweizerisches Recht, Band 75 (N.F.) 2. Halbdand, Helbing & Lichtenhahn, 1956, SS. 1a-261a. 이 권호는 같은 해 열린 스위스법률가협회(Schweizerisches Juristenverein)의 주제발표문과 토론을 실은 특집호이다. 따라서 프리드리히('변호사·공증인'으로 소개되어 있다)의 이 논문은 동 협회에서 행한 주제발표문이다. 참고로 같은 권호에는 스위스 프랑스 어(romand) 권역을 대표해서 같은 주제에 관한 Guy Flattet(로잔 대학교수로 소개되어 있다)의 논문이 pp. 591a-737a에 실려 있다.

98) フュステル·ドゥ·クーランジュ(Fustel de Coulanges)/明比達朗(訳),『古代フランス土地制度論 上巻』, 日本評論社, 1945.

99) Friedrich(주 97), S. 26a FN 43: "Maroi, zit. bei Visco, S. 8." 그리고 Friedrich(주 97), S. 7a(참고문헌 목록)에는 "Antonio Visco, La disciplina giuridica della case in condominio, 4. Aufl., Milano 1953"으로 문헌정보가 표시되어 있는데, Visco의 이 책은 필자가 확인하지 못하였다.

100) Fulvio Maroi, "Elementi religiosi nel diritto romano arcaico", Archivio giuridico, CIX, 1933, pp. 83-99(筆者未見). 위의 주 99에서도 밝혔듯이 필자는 Visco의 책을 직접 확인하지 못했고 Friedrich의 글에서도 Maroi란 이름 외에 어떠한 정보도 밝히고 있지 않아 추측할 수밖에 없다. 참고로 Guido Alpa, "Fulvio Maroi, avvocato e docente umanista", Rivista Italiana per le Scienze Giuridiche, vol. 3, 2012, pp. 85-102, 특히 p. 97에 따르면 Maroi는 위 논문에서 persona란 용어는 망자의 데스마스크를 가리키며 따라서 상속인이 망자의 '복제(doppio)'로서 그에게 채무를 포함한 상속재산이 돌아가는 것이라고 설명했다고 한다.

101) Bärmann(주 3), S. 2 및 同所 FN 1. 한편 Jens Peter Meincke, "Superficies solo credit", Zeitschrift der Savigny-Stiftung für Rechtsgeschichte/Romanistische Abteilung, Bd. 88(1970), 136-183, 특히 177을 보면 "지금까지 그밖에도 이 원칙[Superficies solo credit 원칙을 말한다. — 인용자 주]을 종교적, 주술적 연원에서 비롯된 것으로 보려는 주장"이란 언급이 나오고, 같은 면 FN 210에서 Maroi의 위 1933년 논문(주 100),

명방식(Superficies solo cedit 원칙의 성립이유를 종교적 원인으로 돌리는)은 적어도 독일의 막스 카저(Max Kaser)를 위시한 유럽로마법학의 주류적 입장에서는 이미 1940년대부터 배척된 것으로, 마루야마의 논문이 쓰여 졌던 1960년대 중반에도 전혀 '일반적'이 아니었고,[102] 따라서 대상논문에서 이 부분을 생략한 것은 (의도 여부와 상관없이) 문제가 되지 않고 오히려 일본의 (아마도 참고한 것으로 추측되는) 마루야마의 그것보다도 결과적으로는 주류적인 입장에 부합하는 서술이 되었다.

여기서 최종길은 단순히 일본문헌을 통한 간접인용에 머무르지 않고, 한 걸음 더 나아가 독일논문을 하나 추가함으로써 당시 할 수 있었던 최고수준으로 정보를 업데이트하였는데, 그 논문은 바로 요하네스 베어만의 "공통공간소유의 이론구성을 위하여"(1956)이다.[103] 베어만은 앞서 소개한 자신의 大주석서를 1958년 발간하기에 앞서 WEG 조문해설주석서와 서식집을 각각 1951년과 1952년에 발간하였는데,[104] 특히 前者에서 제시하였던 자신의 구분소유권 이론을 논문 형태로 쓴 것이 바로 이 논문이고, 이로부터 발전된 그의 이론은 뒤에서 다시 언급하겠지만 오늘날까지도 여전히 영향을 미치고 있다.[105] 따라서 대상논문이 부족한 법제사 문헌을 일본문헌으로 보충하고 이를 베어만의 논문으로 보완한 것은 당시로서는 최선에 가까운 선택이었다고 평가할 수 있다.

실제로 최종길이 베어만의 1956년 논문을 직접 보았는지는 오늘날 확인하기가 쉽지 않다. 왜냐하면 현재 확인되는 바로는 서울대에 同 논문이 담긴 해당 잡지의 권호가 비치되어 있지 않고, 또 인용도 1회에 불과하고 그마저도 부정확하기 때문이다.[106] 그렇다고 최종길이 이 논문을 인용하고 있는 다른 일본문헌(구체적으로는 마루야마와 엔도)에서 그냥 가져왔다고도 단언하기 어렵다. 구체적으로 문제되는 부분을 직접 살펴봄으로써 이 부분을 확인해 보자. 문제가 되

그 중에서도 특히 pp. 84－85를 인용하고 있는 것을 보면 이렇게 추측할 수 있다.

102) 물론 프리드리히의 논문도 1950년대 중반에 쓰였지만 그는 이러한 설명방식이 '일반적'이라는 말은 하지 않았다. 한편 Max Kaser, "Die natürlichen Eigentumserwerbsarten im altrömischen Recht", Zeitschrift der Savigny－Stiftung für Rechtsgeschichte/Romanistische Abteilung, Bd. 65(1947), 219－260, 특히 239 FN 68의 마지막 문장을 보면 Maroi의 입장에 대하여 "타당하다고 보기 어렵다(wohl nicht gerechtfertigt)."고 평가하고 있다. 반면에 Persona에 관한 주석을 붙인 書誌인 Valeria di Nisio, "Persona. Per una bibliografia ragionata", Numero 1, Osservatorio Bibliografico, 2012에 따르면 Maroi(그는 로마 Sapienza 법대 교수였다)의 모국인 이탈리아에서는 아직도 그의 영향력이 상당한 듯 같다. 이 書誌는 다음의 사이트에서 電子版으로 읽을 수 있다. https://www.rivistapersona.it/wp/wp－content/uploads/2017/05/Persona－per－una－bibliografia－ragionata.pdf (최종확인 2023. 10. 31.)

103) Johannes Bärmann, "Zur des gemeinen Raumeigentums", Archiv für die civilistische Praxis, 155. Band, Heft 1(1956), SS. 1－27.

104) 베어만의 생애정보(주 5)에 따르면 그는 당시 1947년 교수자격논문을 제출했던 하이델베르크 대학의 사강사(Privatdozent)에서 1952. 3. 5.부로 동대학의 비전임교원(Außerplanmäßiger professor)에 임명되었다.

105) Bärmann(주 103)은 특히 S. 15에서 이를 테제로 제시하고 있다.

106) 물론 同 논문은 법제사나 비교법에 관한 내용보다는 독자적인(베어만 자신의 표현에 따르면 '공간소유권') 이론구성에 집중하고 있어서 대상논문에서 인용할 부분이 많지 않은 것은 사실이긴 하다.

는 문장은 로마법의 상황을 정리하면서 마무리하는 다음의 마지막 문장이다. "로－마帝國의 東南部의 地域, 바비로니아, 시리아, 에지프트, 희랍, 아세아 등에는 完全한 意味에 있어서의 階層所有權이 存在하였다는 것이 各種의 파피루스(papyrus) 혹은 證書에 의하여 確認된다는 有力한 見解도 있다[여기에 각주를 붙여 베어만 1956년 논문 "1면, 5면 및 주 2, 3"을 인용한다]."[107] 한편 마루야마의 1967년 논문에는 다음과 같은 문장이 나온다. "한편 로마제국의 동남부지역, 바빌로니아, 시리아, 이집트, 그리스, 小아시아 등은 완전한 의미에서의 계층소유권이 존재하였다는 것이 각종의 파피루스나 증서에 의하여 확인되고 있다[여기에 각주를 붙여 베어만 1956년 논문 "4면 이하"를 인용한다]."[108] 반면에 대상논문이 다른 곳(13면 각주 16)에서 인용한 엔도의 1961년 논문의 문장은 다음과 같다. "그럼에도 계층소유권이 오래 전 바빌로니아, 시리아, 이집트, 팔레스타인, 小아시아 등의 오랜 관습 중에서 그 원형을 찾아볼 수 있을 정도로 오랜 역사를 갖고 있다는 점은 주목할 만하다[여기에는 주가 없고 따라서 아무런 문헌인용도 없다]."[109] 그렇다면 진짜 베어만 논문의 해당 문장은 어떻게 되어있을까? 同 논문 1면을 보면 다음과 같이 되어 있다. "반면에 바빌로니아, 시리아, 이집트, 팔레스타인, 小아시아의 법에서 널리 이 제도가 나타났다는 점은 의심할 나위가 없다[여기서 Jörs 등의 참고문헌을 인용한다.]" 결국 면수 인용은 대상논문이 부분적이나마 맞았고(여러 면 중 1면이 어쨌든 표시되었으므로), 내용은 마루야마나 엔도 쪽이 보다 정확하였다(희랍이 아니라 팔레스타인, 그리고 아세아가 아니라 小아시아이므로). 그런데 베어만의 다른 문헌, 즉 그의 大주석서에 따르면 파피루스의 기록 중에는 희랍(그리스)법에도 계층소유권의 흔적이 발견되었다는 내용이 나온다.[110] 그렇다면 대상논문이 "희랍"을 언급한 것은 틀린 것이 아니다(그리고 마루야마의 경우 1956년 논문이 아니라 1958년 大주석서를 인용한 것이었다면 "4면 이하" 운운한 것 역시 틀린 것이 아니다).[111] 여기서 확인할 수 있는 사실은 적어도 대상논문이 마루야마의 논문을 그대로 인용한 것이 아니라 어떤 식으로든 인용한 독일 문헌(1956년 논문이든, 1958년 大주석서든)을 확인하였을 가능성이 부정되지 않다는 점이다. 대상논문과 일본문헌에서 발견되는 이러한 혼란상은 어쩌면 당시 유럽과 일본, 한국의 학문 연구 상황을 간접적으로 보여주는 하나의 예시일지도 모르겠다.

107) 崔鍾吉(주 1), 3면.

108) 丸山英気(주 93), 6頁.

109) 遠藤厚之助, 「階層的区分所有権の系譜」, 東洋法学 第4巻 第2号, 1961. 3., 49－82頁, 65頁.

110) Bärmann(주 3), S. 4

111) 훗날 丸山英気의 회고를 보면(「1. 研究の歩み」, 『マンション法の現場から: 区分所有とはどういう権利か』, プログレス, 2018, 2－14頁) 이 논문은 丸山의 修士論文에 해당한다는 사실을 알 수 있는데, 그는 J. Bärmann의 주석서 서론 가운데 Bärmann이 쓴 "주거소유권이란 무엇인가"를 읽고 이를 기초로 하여 1960년대 후반에 쓴 자신의 修士論文에서 구분소유권의 역사를 스케치하였다고 증언하고 있다(4－5頁). 이러한 증언에 따르면 丸山은 Bärmann 주석서 초판(1958)을 이용한 것이고, 실제로 필자가 확인해보니 와세다대학 도서관에는 이 초판이 갖춰져 있었다(高田早苗記念研究図書館 청구기호 F324.2 Y0315). 따라서 丸山의 이 부분 인용은 잘못된 것이다.

(3) 높은 학문적 가치

이러한 자료입수의 어려움에도 불구하고 대상논문은 단순히 이 분야 최초의 논문이라는 위상을 뛰어넘는 높은 학문적 성과를 이루어내었다. 무엇보다도 비교법적 연구의 정석을 보여주었다. 특히 독일, 프랑스, 일본 3국의 법률을 분석한 '三. 比較法的 考察' 부분은 당시 일본의 어느 문헌보다도, 또 최근까지 나온 우리나라의 어느 문헌보다도 선명하게 이들 사이의 공통점과 차이점을 정리해서 제시하였다.

또한 현실에서 구체적으로 작동하는 '살아있는 법'의 내용을 밝히기 위하여 당시 실제로 사용되었던 다수의 분양계약서를 분석한 실태조사 분석('四')은 우리나라는 물론이고 당시 외국(일본을 포함하여) 어디에서도 찾아볼 수 없는 것이었다.[112] 특히 해당 법령이 미비한 상태에서 업계에서 자생적으로 형성되는 이른바 自生法(self-made law)으로서의 '집합건물법 없는 집합건물법' 상태가 1960년대 후반에 우리나라에서 어떠했는지를 알 수 있는 기록으로서 그 사료적 가치는 물론이고 앞서 비교법 연구에서 획득한 규범학문적 틀로서 사회현상을 분석하고자 하였다는 점에서 학문적 가치 또한 높다고 하지 않을 수 없다. 대상논문이 거둔 이와 같은 성공은 훗날 후행연구에도 한동안 이어져서 우리 집합건물법학의 굳건한 토대를 놓는 데 기여하였다.[113]

V. 향후(미완)의 과제

대상논문의 학술적 의의로서 마지막으로 빼놓을 수 없는 것은, 우리나라 최초의 집합건물법학 논문임에도 이후 지금까지도 논쟁되는 다음과 같은 문제를 제기하였다는 점에서 우리 집합건물법학이 풀어 나가야할 다음과 같은 향후(미완)의 과제를 제기하였다는 점이다.

첫째, 집합건물법의 목적을 어떻게 설정할 것인가에 대하여, 민법상 구분소유 규정을 이미 갖고 있는 우리로서는 (그러한 규정이 없는 독일과 달리, 또 그런 규정이 있는 프랑스와 일본과 마찬가지로) 이 규정의 확대적용을 방해하는 장애를 제거하고 권리관계를 명확히 하여 시대의 요청에 맞게 구분소유권을 널리 활용할 수 있도록 가급적 그 적용범위를 넓게 설정할 것을 제안하였다. 그러나 이러한 제안은 안타깝게도 아직까지도 실현되지 못하고 있다. 공동주택의 경우 1984년 집합건물법을 제정하면서 당시 공동주택관리령을 통합하지 못하여 최근 공동주택관리

112) 다시 한번 더 丸山英気의 회고(주 111, 5頁)을 인용하면 "내가 修士論文을 썼던 昭和40년대 초반[우리 60년대 후반에 해당]은 우리나라[일본]에서 공동주택의 분양이 막 시작된 때라고 할 수 있으므로 관리를 둘러싸고 본격적인 법률문제가 등장하지도 않았고 하물며 기초이론이라는 것은 존재하지도 않았다고 말할 수 있다."

113) 가령 1974년에 발표된 金鼎鉉(주 52)과 김정현 · 안우만 · 이원배 · 허정훈 · 이영준(주 77)은 당시 전국의 등기사례를 광범위하게 수집, 분석하였고, 1988년 朴鍾斗의 박사학위논문(주 73)에서는 당시 실제 사용되던 분양계약서 9개와 관리규약 11개를 분석하였다(목록은 동 논문, 426면에 게재).

법에 이르기까지 간극이 좁히지 못하고 있고, 구분점포의 경우는 2017. 10. 31. 개정된 유통산업발전법에서 별도의 관리규정을 신설함으로써 집합건물법의 실제 적용영역은 더욱더 줄어들었다.

둘째, 공용부분의 공유추정을 규정한 민법 제215조 제1항의 '공유'의 성질과 관련하여 대상논문은 이른바 합수적 공동소유를 처음으로 주장하였고,[114] 이와 관련하여서는 주지하듯이 그 후 여러 논쟁이 있었다.[115] 대상논문은 조문의 '공유'라는 표현에도 불구하고 집합건물의 특수성을 강조하는 견해를 피력하였고, 그 후 나온 논문에서 지지도 받았다.[116] 그리고 이러한 단체적 구속에 관한 문제의식은 훗날 1984년 입법 당시에 좌절되었던 관리소유 제도의 도입시도나[117] 학설의 일부에서 주장되는 비법인사단 – 총유설,[118] 일원주의적 해석론(또는 개정론)으로까지 연결되는 것으로 평가할 수 있다.

셋째, 대상논문은 구분등기의 성격을 "多數人이 建物을 區分所有할 것을 合意하고(規約) 區分所有建物을 新築"하는 경우는 민법 제187조가 적용되어야 하기 때문에 "이미 存在하는 建物을 區分讓渡"하는 경우와 달리 등기 없이 구분건물의 완성과 동시에 구분소유권이 성립하고 이 때 구분등기는 단지 선언적 효과만이 있을 뿐이라고 보았다. 그 후 다른 논문에서 등기를 효력발생요건으로 하는 우리법의 원칙상 양자를 구별하지 아니하고 구분등기에 대해서는 모두 창설적 효과를 인정해야 一物一所有權의 원칙에 합치한다고 반대견해가 주장되었음에도 불구하고,[119] 이 견해는 金俊鎬, 朴慶亮 등 후배학자들의 지지를 받았고,[120] 오늘날 판례도 (물론 그 사이 집합건물법의 제정과 부동산등기법의 개정으로 비록 법률구성을 달리하긴 했지만 결과에

114) 崔鍾吉(주 1), 25.

115) 상세히는 朴慶亮(주 73), 112 – 120면.

116) 崔龍煥(주 81), 8 – 9면.

117) 金容漢(주 82), 153 – 154면에서는 "政府原案에 의하면 이른바 管理所有權制度를 채용하고 있었으나, 集合建物法에는 이에 관한 規定을 찾아볼 수 없다. … 그 法的性格은 管理만을 위한 一種의 信託的所有權이다. … 結論은 管理所有制度를 채용하고자 한 政府原案이 보다 타당하지 않을까 생각된다."고 아쉬워하고 있다. 입법화된 예로서는 일본 구분소유법 제27조, 제11조 제2항, 제20조 참조.

118) 金容漢은 "集合建物法의 理論과 問題点", 韓國民事法學會(編), 改正民事法解說(주 83), 87면에서 "이런 모든 상황[집합건물법 제23조 내지 제42조의 내용]을 생각해 볼 때 복수의 구분소유자에 비치는 그 생활의식이나 활동양상과 같은 것들은 필연적으로 비법인사단으로서의 모습을 충분히 갖추고 있는 것으로 보겠다."고 하면서 "集合建物法上의 垈地 및 垈地使用權", 같은 책, 133 – 134면에서 총유설을 주장하였다. 여기서 한 걸음 더 나아가 朴慶亮(주 73), 117면은 집합건물법 제23조 제1항(관리단의 당연설립)의 입법취지와 관련하여 부동산개발업자가 건설부장관의 주택건설사업계획승인이 있으면 건축법상 허가를 받은 것으로 간주하였던 당시 주택건설촉진법 제33조 제4항의 규정을 들어 "장래의 管理團의 社團法人 設立을 許可한 것으로 볼 수 있다."고까지 주장한다.

119) 金鼎鉉(주 52), 49면, 김정현 · 안우만 · 이원배 · 허정훈 · 이영준(주 77), 246 – 247면.

120) 金俊鎬, 集合建物의 區分所有權에 관한 硏究, 연세대학교 대학원 법학과 박사학위논문, 1984, 78 – 79면, 朴慶亮(주 73), 96 – 97면. 최근에도 송호열, "집합건물에서 구분소유의 성립에 관한 고찰", 토지법학 제24권 제1호, 2008. 6., 157 – 186면은 174면 각주 87에서 대상논문을 절충설의 대표적 논저로 인용하면서(다만 구체적 면수 표시는 없다) 결론에서 같은 태도를 취하였다(180면).

있어서는) 기본적으로는 이러한 입장에 서있다고 평가할 수 있다.[121]

Ⅵ. 맺는말

오늘날 우리 집합건물법제는 여전히 많은 문제점에도 불구하고 계속 정비되고 있고 외국(특히 일본)에서 자국의 법개정을 논의할 때 빠뜨리지 않고 참조될 만큼 자리를 잡았다.[122] 최종길의 1970년 논문은 우리나라 최초의 본격적인 집합건물법학 논문이자 다른 나라에 우리 법상황을 소개한 최초의 논문이며, 또한 1960년대 말 당시 어려운 연구여건에서도 비교법과 실태조사라는 선구적인 방법으로써 그 후 입법의 계기와 해석의 출발점이 되었다. 특히 외국법을 소개하면서도 이를 비판적으로 받아들이고[123] 그러면서도 우리 현실의 이해에 소홀히 하지 않았던 대상논문의 태도는 50여년이 지난 오늘날에도 우리 후배연구자들이 귀감으로 삼을 만하다고 할 것이다.

---

121) 대법원 2013. 1. 17. 선고 2010다71578 전원합의체 판결(公2013上, 298)의 다수의견. 다만 대법원 2016. 6. 28. 선고 2016다1854,1861 판결(公2016下, 1030)도 참조. 대상논문이 쓰여질 당시에는 부동산등기법 제104조 내지 제107조가 건물의 구분등기에 관해서 규정하고 있으므로, 이 때의 등기의 성격이 문제되었지만, 오늘날 집합건물법에는 건축물대장에 관한 규정이 있어 학설 가운데에는 집합건물의 경우 등기보다 대장을 중시해야 하는 것이 아닌가 하는 입장이 주장되고 있음은 주지하는 바와 같다. 이러한 입장은 소개와 그에 대한 비판으로는 나병진, "구분소유권 성립시기에 관한 연구: 대법원 2013. 1. 17. 선고 2010다71578 전원합의체 판결을 중심으로", 외법논집, 제37권 제3호, 2013. 8., 99-115면, 105-107면 참조. 구분의사의 객관적 표시라는 구분행위 개념으로서 신축건물과 기존건물의 분양을 통일적으로 해석하려는 시도로는 박세창, "건물의 구분행위와 구분소유권의 성립", 집합건물법학, 제11집, 2013. 6., 127-148면, 142-144면 참조.

122) 가령 최근 일본법무성이 구분소유권법 개정을 위하여 준비한 자료(諸外国法制と日本の法制との比較)를 보면 독일, 프랑스, 영국, 미국과 우리나라를 비교대상국으로 하고 있다. https://www.moj.go.jp/content/000083987.pdf (최종방문 2023. 10. 31.)

123) Superficies solo cedit 원칙의 배경과 관련하여 종교적 요인을 빼고 사회경제적 요인만을 언급한 서술이나 바로 앞에서 본 구분소유권의 성립에 관한 그의 견해가 이를 잘 보여준다. 최종길에 대하여 그의 후배였던 黃迪仁은 "그 분은 독일문헌을 많이 인용하기는 했지만 독일법의 직접도입에는 상대적으로 관여가 적었다고 할 수 있습니다."라고 말한 적이 있다{황적인 외, "誠軒 黃迪仁 敎授의 걸어오신 길", (서울대)법학 제31권 제1-2호(통권 81호), 서울대 법학연구소, 1990. 1., xvi-xxiv면, xviii면}.

司法行政 제6권 제2호(1965. 2)

物權的 期待權 (I)

—獨逸民法에 있어서의 새로운 法理論—

崔 鍾 吉 〈서울法大 教授〉

一、序 言

獨逸民法典 뿐만 아니라 其他의 獨逸私法典에 있어서도 期待 또는 期待權(anwartschaft, anwartschaftrecht, Wartrecht, Warterecht)이라는 法律用語를 發見할 수 없다。 다만 獨逸相續稅法(Erbschaftssteuergesetz) 第二條 및 第二三條는 後順位相續人의 「民法上의 期待權」이라는 用語를 使用하고 있다。 이와 같이 現行獨逸私法이 期待權이라는 法律用語를 使用하고 있지도 않으며, 또 그에 關하여 全然 規定한 바가 없음에도 不拘하고 期待權의 槪念構成과 이와 關聯된 諸問題의 解決이 最近 約五〇年間의 獨逸學界와 實務界의 共同關心事가 되어왔다。 特히 戰後 一九五九年의 私法學者大會에서는 物權的期待權(Dingliches anwartschaftsrecht)이라는 論題아래 學者들의 廣範한 討論이 展開되었으며(註①) 그 以後 이 問題는 獨逸民法學界의 最大問題로 登場하여 그 理論의 認定與否 및 實際適用面에 있어서의 個別的 考察 등 많은 硏究가 進展되고 있다。 周知하는 바와 같이 物權的 期待權의 理論은 우리 民法學界에 있어서도 金曾漢教授님께서 이를 提唱하신 後 적지 않은 論議의 對象이 되고 있다。

우리 民法上 物權的 期待權의 理論을 具體的인 各 경우에 適用함으로써 發生하는 諸問題에 대한 檢討는 다음 機會로 미루고 本稿에서는 이에 앞서 獨逸民法에 있어서의 物權的 期待權에 관한 理論을 槪括的으로 考察해 보려고 한다。 勿論 物權的 期待權에 관한 理論的 考察에 있어서는 私法上의 期待權에 관한 一般的 理論과의 關聯속에서 이를 把握하여 硏究 考察하는 곳에서 出發함이 至當하겠으나 紙面關係로 이 點 또한 略하기로 한다(註②)。

二、物權的 期待權의 槪念 및 그 類型

權利取得의 法律要件이 數個의 法律要件으로 되어있는 경우에 그 權利를 取得하기 위하여 必要한 法律要件의 全部는 아직 實現되지 않았으나 이미 몇個의 法律要件이 實現되어 있으면 그 權利의 前段階(Vorstufe)에 到達한 것이라고 볼 수 있다。 그리하여 아직 實現되지 않은 法律要件이 적으면 적을수록 이 前段階에 있는 權利는 더욱더 完全한 權利(Vollrecht)에 接近하게 된다。 이와 같이 生成課程에 있는 不完全한 權利、換言하면 完全한 權利를 向하여 發展하고 있는 課程에 있는 法的 地位가 곧 期待權이며 完全한 權利가 物權인 경우에 이 完全한 物權에 向해서 發展하고 있는 法的 地位가 곧 物權的期待權이라고 說明하고 있다。 物權的期待權의 以上과 같은 槪念은 따라서 어떤 特定한 法的 地位를 完全한 權利에 對한 時間的 前後의 關係에 따라서 考慮에 넣으려고 함으로써 于先 時間的 要素(Zeitfactor)가 本質的 要素로 作用하며 또한 完全한 權利에 向해서 個個의 法律要件이 漸次的으로 實現되어가고 있다는 變動的 要素가 그 主眼이 되고 있음을 엿볼 수 있다。 權利取得의 前段階로 理解되는 期待權의 上記한 槪念을 가지고서는 그러나 아직도 期待權의 具體的 內容을 把握할 수 없다。 즉 權利의 取得이 時間的으로 分離된 段

階속에서 實現되고 또 權利取得을 위해서 必要한 法律要件의 一部가 「實現되었다는 事實이 存在하는 모든 경우에 期待權이 發生한다고 斷定할 수는 없다。왜냐하면 이와 같은 要件이 具備되고 있는 경우에도 이를 하나의 權利 (즉 期待權) 라고 볼 수 없고 오히려 單純한 取得期待 乃至 取得希望(**Die blosse Erwerbsaussicht**)이라고 볼 수 있는 많은 경우가 이에 包含되기 때문이다。따라서 學者들은 事實的인 單純한 取得期待와 期待權을 어떤 徵表 또는 基準에 依해서 區別할것인가에 關心을 集中하고 있다。이兩者를 純全히 形式的 基準에 依해서 區別하려는 試圖가 從來 一般的으로 行하여지고 있다。그 內容은 一定하지 않으나 大體로 權利取得에 必要한 많은 法律要件가운데 다만 最終的인 法律要件만이 缺如된 경우、또는 法律要件의 完全한 實現이 單只 權利取得의 期待者(**anwärter**)의 意思에만 依存하는 경우 혹은 이와는 反對로 期待者나 第三者의 意思와는 關係없이 單只 時間의 經過에만 依存하는 경우、혹은 單純한 期待가 어느 程度 確實性을 가질 때 등의 경우에만 비로소 期待權이 存在한다고 보려는 것이다。이에 反하여 最近의 有力한 學說은 形式的 基準에 依한 單純한 取得期待와 期待權의 區別을 期待權者의 法的 地位나 그 保護의 必要性에 관하여 何等 말하여 주는 바가 없고 또 그 形式的 基準이 多分히 恣意的인 點을 들어 이를 不當하다고 하며、오히려 實質的 基準에 따라서 權利取得의 前段階에 있어서의 期待者가 하나의 固有한 機能을 遂行하고、따라서 그 者의 地位가 法的으로 保護받을 價值가 있을 때에 限하여 비로소 期待權이라고 볼 것이라는 說이 有力視되고 있다 (註③)。즉 이 說에 의하면 期待權과 單純한 取得期待는 어디까지나 形式的 基準에 의해서 判斷할 것이 아니라 法的 生活과 法制度의 機能을 決定하는 經濟的 또는 社會的 要素의 價値判斷을 基礎로 하여 判斷하여야 한다는 것이다。이와 같은 基準에 의해서 認定되는 權利의 前段階로서의 期待權은 그 內容에 따라서 債權的 物權的 無體財産權的인 期待權으로 大別할 수 있다。

그런데 이곳에서의 中心問題인 物權的 期待權은 物權法上 單純한 取得期待로부터 具體的으로 어떻게 區別하는 것인가를 考察해볼 必要가 있다。于先 物權取得의 法律要件이 時間的 段階에 따라서 實現되는 一連의 경우가 있지만 그러나 實質的으로 期待權으로 다룰 수 없는 것이라고 보는 경우가 있다。즉 取得時效完成前의 時效取得으로 因하여 所有權者가 될 者의 法的 地位(獨民法第九三七 및第九〇〇條)、遺失物拾得者의 地位(§九七三 BGB)、元物을 占有하는 果實收取權者의 地位 (九五四 五五 九五六 九 I) 및 새로운 物件을 造成하기 前의 他人所有材料의加工者의 地位(§九五〇 BGB)가 그것이다。 權利取得의 前段階에 있는 이들 者는 모두 動産 또든 登記簿占有를 하고 있으며 따라서 占有保護權을 享有하고 있다。그러나 그 以外의 點에 있어서는 이들 者의 法的 地位는 期待權이라고 보기에는 너무나 弱한 것임을 알 수 있다。例컨대 獨民法 第九三七條의 動産取得時效에 있어서는 所有權者가 期待者의 惡意를 立證하여 介入하게 되면 期待者의 物權取得의 期待는 完全히 破壞가 된다。特히 이들 期待者의 目的物에 對한 純粹한 事實上의 關係를 所有權取得以前에 特別히 保護할 經濟的 必要性이 없으며 그 保護로서는 占有保護의 方法으로 充分하며、또 法的 去來의 對象이 될 수도 없다는 意味에서 이들 期待者의 法的 地位는 單純한 取得期待에 不過하며、物權的 期待權이 아니라고 解釋되고 있다。獨民法의 釋解上 物權的 期待權이 認定되는 경우는 大體로 다음과 같다。

一、獨民法第四五五條에 의한 動産所有權留保附賣買에 있어서의 買受人의 法的 地位

上記한 所有權留保附賣買間에 있어서는 買受人은 賣買代金의 完拂을 停止條件으로 하여 所有權을 取得한다。따라서 買受人은 代金의 完拂과 同時에 完全한 所有權을 取得하며、代金이 完拂되기 以前에는 當該 動産의 所有權은 依然히 賣渡人에게 留保되어 있다。이런 性質을 가진 賣買는 우리나라에 있어서도 月賦賣買라는 形式으로 널리 盛行하고 있다。 그런데 이 所有權留保

附賣買는 一般的인 條件附法律行爲와는 特異한 點이 있다。 즉 純粹한 條件附法律行爲에 比하여 賣渡人은 原則的으로 條件成熟時까지 條件附로 讓渡된 目的物의 使用權을 取得하고 있으므로 條件附讓渡行爲가 이미 目的物의 引渡와 함께 實現되고 있다。 그 뿐만 아니라 所有權留保附賣買에 있어서의 條件은 純粹한 隨意條件(Potestotivbedingung)이다。 즉 이곳에서 條件으로 되어 있는 것은 賣渡人에 對한 代金의 完拂이므로 買受人은 條件成就를 支配할 수 있는 地位에 있으며 따라서 條件成就以前에 이미 目的物의 所有權을 取得할 蓋然性이 큰 財產的 地位를 取得하게 된다。 去來의 實際에 있어서도 所有權留保附賣買는 盛行하고 있는 形便이므로 個個의 具體的인 경우에 買受人의 法的 地位를 論하는 것보다는 오히려 이를 統一的으로 說明할 必要가 있을 뿐만 아니라、 買受人의 法的 地位를 去來의 目的으로 할 必要性 亦是 크다。 特히 買受人은 代金의 完拂을 停止條件으로 하여 目的物의 所有權을 取得하고 賣渡人은 買受人이 代金支拂을 遲滯하는 경우에는 契約을 解除할 수 있을 뿐이므로 嚴格히 말하여 所有權이라는 하나의 權利가 賣渡人과 買受人間에 觀念上 分割되어 歸屬하고 있다고 볼 수 있다。 즉 賣渡人은 所有權이라는 權利가운데 包含되고 있는 擔保權(Sicherungsreht)와 價值權(Verwertungsrecht)을 가지며、 買受人은 目的物의 占有權과 利用權(Nutzungsrecht)을 가지고 있다。 買受人은 勿論 條件附權利者이므로 現行法上 그의 地位는 어느 程度 保護를 받고 있다。 (§一六〇 §一六一 BGB) 또한 買受人은 目的物의 直接占有者로서 一連의 占有保護를 받고 있다。 (§九八六 §八五八ff §八二三 BGB)。 그러나 이것만으로서는 買受人의 法的 地位가 充分히 保護되고 있다고 볼 수 없다。 왜냐하면 이들 保護는 本質的으로 他方當事者의 義務違反行爲 또는 條件成就前의 處分行爲에 對한 保護에 지나지 않으며、 이것으로부터는 아직도 取得者의 法的 地位가 하나의 權利이냐 즉 物權으로 認定할 것이냐의 答은 나오지 않는다。 뿐만 아니라 買受人의 法的 地位는 賣買代金의 殘部가 적어지면 적어질수록 經濟的으로 漸次 强化되어 完全한 所有權에 接近하고 있다는 事實에 그 特徵이 있으며 따라서 이 事實을 看過할 수 없다。 지금 Baur敎授의 例에 따라서(註④) 所有權留保附賣買로 讓渡한 打字機의 價格이 一〇〇〇DM이고 그 代金은 月一〇〇DM씩 分割하여 支拂하기로 約定한 경우에 萬若 完全한 所有權을 一〇〇〇이라는 數字로 表示한다면 所有權의 觀念上의 分割은 다음과 같이 된다。 즉 最初 一個月後에는 買受人은 完全한 所有權 一〇〇〇가운데 一〇〇만을 取得한 셈인데 反하여 賣渡人은 九〇〇을 아직도 가진다。 그런데 九個月後의 事情은 이와는 正反對이다。 즉 賣渡人이 가지는 部分은 單只 一〇〇임에 比하여 買受人이 가지는 이런 法的 地位는 殘代金이 적으면 적을수록 强化되며 그 經濟的 價値가 增大되어 가고 있다。 따라서 買受人은 이 法的 地位를 處分 또는 擔保로 하여 信用을 取得할 必要性이 있으며 또 買受人의 債權者도 이를 때로는 押留할 經濟的 利益이 클 것이다。

이와 같이 所有權留保附賣買의 條件附法律行爲로서의 特異性、 所有權이 觀念上 賣渡人과 買受人에게 分割되어 있다는 見解(Rechtsteilung)、 買受人의 法的 地位의 保護의 現行法上의 不充分性、 買受人의 法的 地位를 去來의 對象으로 할 經濟的 必要性 등을 直視하여 所有權留保附賣買의 買受人의 法的 地位를 物權的 期待權이라고 보는 데에 學說判例의 見解가 大體로 一致하고 있다(註⑤)。 이 物權的 期律權의 性質을 判例(BGHJ 二〇 八八, 九九)、는 完全한 權利에 類似한 權利(das dem Vollrecht ähnliche Recht)、 또는 單只 所有權의 前段階(eine blosse Vorstufe des Eigentums)、 所有權에 對한 aliud가 아니라 所有權의 Minus라는 등으로 表現하여 完全한 權利인 物權에 接近시키는 理論構成을 하는 데에 努力을 기울이고 있다。 實로 物權的 期待權의 理論的 出發은 이와 같이 所有權留保附賣買에 있어서의 買受人의 法的 地位를 究明하는 點에서 發端한 것이다。

二、土地所有權移轉의 合意는 있었으나 아직 登記를 하지 않은 土地所有權取得者의 法的 地位

物權上의 一般原則에 의하면 法律行爲에 의한 物權의 取得은 普通 두 個의 要件 즉 所有權移轉에 관한 當事者의 物權的合意(Einigung)와 不動産에 있어서는 登記, 動産에 있어서는 引渡를 必要로 한다(§§八七三 九二九 BGB)。 그런데 物權的 合意가 登記라는 두個의 行爲가 時間的으로 分離되어 行하여지는 경우에는 하나의 過渡期的인 段階가 形成되며, 그 經過中의 取得者의 法的 地位가 期待權으로 保護되는 경우가 생긴다。 위와 같은 경우 不動産取得者는 讓渡人에 對하여 所有權移轉의 債權的 請求權을 가지는 것이 普通이고 또 占有의 取得이 있으면 占有保護權을 가지므로 이런 過渡的인 地位를 特別히 다른 手段을 講究하여 保障하거나 또는 그 地位를 讓渡可能케 할 必要性은 없을 것이다。 그런데 獨民法第八七三條에 의하면 不動産에 관한 物權的合意가 裁判上 또는 公證上의 證書로 作成되었으나 登記所에서 그 意思表示를 하였거나, 또는 登記所에 意思表示를 提出하였거나, 또는 賣渡人이 買受人에게 登記許諾書(Eintragungsbewilligung)를 交付한 때에는 登記以前이라도 그 物權的合意는 拘束力을 가진다고 規定하고 있다。 나아가서 獨民法八七八條는 第八七三條……등에 따른 物權的合意가 拘束力을 가지게 되고 또한 登記所에 이미 登記의 申請을 한 以後에는 權利者가 그의 處分權能을 制限當하여도 이로 因하여 物權的 合意가 無效가 되지 않는다고 規定하고 있다。 獨民第八七八條의 政策的 理由는 物權的 合意가 있고 이미 權利者의 登記申請이 있는 以上 그 以後에 있어서는 處分者의 處分權이 制限하드라도 아무런 影響을 받지 않고 不動産物件을 取得토록 하자는 데에 있다(따라서 例컨대 讓渡人이 確實한 경우에는 破産管財人이나 破産債權者에게 讓受人은 對抗할 수 있다)。 萬若 그렇지 않고 이 경우에 있어서도 不動産物權의 取得與否를 登記簿上의 登載時期를 標準으로 하게 한다면 取得者의 權利取得의 與否가 登記公務員의 事務處理의 迅速度에 依存하게 된다는 不當한 結果가 될 것이다。 다시 獨民法第二九五條에 의하면 土地所有權의 讓渡의 경우에는 그 物權的 合意는 讓渡人 및 讓受人이 土地登記所公證人, 區裁判所 또는 Land法이 定하는 官公署에 出頭하여서 하여야 하며, 이런 形式에 依한 合意가 없으면 登記를 할 수 없고(獨逸不動産登記法第二〇條) 또 이 合意에는 條件 및 期限을 붙일 수 없다(§九二五 II BGB)。 뿐만 아니라 이런 形式에 따른 物權的合意는 八七三條에 의해서 拘束力을 가지며 當事者一方이 마음대로 이를 撤回하지 못한다。 이런 嚴格한 方式에 따른 物權的合意를 **auflassung**(不動産所有權移轉의 合意)이라고 부르고 있다。 附加할 것은 獨民法第三一三條第一項에 의하여 當事者의 一方이 不動産所有權을 讓渡할 義務를 負擔하는 契約을 裁判上 또는 公證上의 證書로 作成함을 要한다。 이 方式을 遵守치 않고 締結한 契約은 그러나 土地所有權移轉의 合意 및 登記가 있을 때에는 그 內容에 따라서 有效하다(§三一三 II)。 그런데 他面 獨民第九二五條A는 第三一三條第一項에 따라서 必要로하는 契約에 관한 證書가 提示되거나 혹은 同時에 作成된 경우에만 土地所有權讓渡의 合意를 受領하여야 한다고 規定하여 不動産所有權讓渡를 目的으로 하는 債權契約도 裁判上 또는 公證上의 證書로 作成할 것을 確保하고있다。

이곳에서 잠간 物權的 合意의 拘束力의 意義에 관하여 簡單히 살펴보기로 한다。 通說的 見解에 의하면 獨民法第八七三條 및 八七八條의 規定은 一般的인 契約의 拘束力을 規定한 獨民法第一四五條의 特別法이다。 따라서 物權的合意의 拘束力에 關하여 何等 規定한 바가 없으면 當然히 契約의 拘束力에 관한 一般原則이 適用될 것이나 法이 特別히 物權法의 分野에서 物權的合意의 拘束力에 관하여 規定하고 있으므로 이에 관한 規定이 物權的合意에는 先行的으로 適用되게 된다。 또한 法律이 形式에 따른 物權的合意에만 拘束力을 認定하고 있다는 것은 이런 特定한 形式에 따르지 않는 物權的 合意는 拘束力이 없다는 것을 宣明한 것이라는 것을 注意할 必要가 있다。 또한 物權的 合意가 拘束力을 가진다는 뜻은

一方當事者가 登記以前에 있어서도 任意로 이를 一方的으로 撤回할 수 없다는 뜻이며、兩當事者의 合意에 의하여 이를 撤回하는 것은 勿論 有效하며 또 物權的 合意의 拘束力의 問題는 登記以前에만 問題가 되며、登記以後에는 物權的 合意의 拘束力의 問題는 一旦 終了가 되는 것이다。物權的 合意의 拘束力은 다시 處分權의 制限을 意味하지는 않는다。따라서 物權的 合意의 拘束力이 發生해도 讓渡人은 當該不動産을 二重讓渡할 수 있다。物權的 合意의 拘束力이 가장 그 實效를 發揮하는 것은 그러나 獨民法第八七八條의 경우임은 旣述한 바와 같다(註⑥)。

最近 獨逸의 大多數의 學說·判例는 同民法에 의한 上述한 바의 不動産所有權取得者(auflassungsempfänger)의 法的 地位를 物權的期待權이라고 보고 있다。勿論 物權的拘束力이 發生한다 하드라도 一方當事者의 任意的 撤回에 對해서만 保護가 될 뿐 讓渡人은 處分權이 制限되지 않으므로 讓渡人의 二重讓渡에 對해서는 物權的인 保護를 받지 못한다는 意味에 있어서는 土地所有權取得者의 法的 地位는 아직도 相當한 不安定한 것이라고 볼 수 있겠으나 他面 土地所有權取得者는 目的物取得을 위한 前提要件은 거의 다 갖추고 이제 單只 登記申請만 하면 언제든지 登記簿上의 權利變動을 實現시킬 수 있는 地位에 놓여 있으며、따라서 이런 意味에 있어서 相當한 程度로 安全한 法的 地位를 取得한 것이라고 볼 수 있다。그것은 不動産登記法第一三條第二項에 의하여 登記申請은 權利를 取得한 者(gewinnender Teil)나 權利를 喪失할 者(Verliende Teil)가 原則的으로 單獨으로 할 수 있고(單獨申請主義)、同法第一九條에 의하면 登記公務員이 登記를 하기 위해서는 權利를 喪失할 者의 登記承諾書가 있을 것이 必要한데、이 登記法上의 登記承諾은 實體法上의 物權的 合意속에 同時에 包含될 수도 있고 그와 反對로 登記承諾속에 實體法上의 物權的 合意가 包含되는 경우가 있으며、그 어느 쪽에 該當하느냐는 하나의 法律行爲의 解釋의 問題이다。그런데 特히 Reich裁判所以來의 獨逸의 判例는 物權的 合意가 登記公務員 앞에서 行하여지는 경우、例컨대 不動産所有權移轉의 合意에 있어서는 登記承諾이 따로이 行하여지지 않았더라도 그 속에 登記承諾이 包含되는 것으로 보고 있다。따라서 結局 土地所有權取得者는 原則的으로 讓渡人의 協力行爲없이 單獨的으로 登記簿上의 登記를 實現시킬 수 있다는 結論에 達하게 된다。이와 같이 不動産所有權取得者의 法的 地位는 總體的으로 危險性이 없는 安全된 것은 아니다。不動産所有權移轉의 合意가 있기 以前의 狀態에 있어서의 不動産買受人의 債權的 地位에 比하면 훨씬 그 安全度가 强化된 地位이므로 이를 單純한 不動産買受人의 所有權移轉合意 以前의 債權的 地位와는 區別하여 볼 것이라고 하며 이 法的 地位를 物權的 期待權으로 보려는 것이 學說·判例의 立場이라고 볼 수 있다。土地所有權取得者의 法的 地位를 物權的 期待權으로 봄으로써 어떤 實益이 있을까 하는 點은 따로이 細密히 檢討할 하나의 特殊分野에 屬하겠지만 大略簡單히 다음의 몇가지 點을 들 수 있다。

첫째、當事者의 土地所有權移轉의 合意가 있다는 것만으로서는 取得者가 받는 利益이 全然없다고 한다면 原因行爲인 債權行爲에 欠缺이 있으므로 無效 또는 取消가 될 때에 讓渡人은 讓受人으로부터 去來慣行上 不動産所有權移轉의 合意와 함께 作成 交付한 登記承諾書의 返還을 請求할 수 없다는 結果가 된다。따라서 이때 讓渡人에게 不當利得에 基한 返還請求(BGB §八一二)를 許容하기 위해서는 取得者에게 그 어떤 利益이 存在한다고 보아야 할 것인데、이 때의 取得者의 利益이 곧 物權的 期待權이라고 說明한다。

둘째、中間省略의 登記에 이 理論을 適用한다。土地所有權取得者의 法的 地位인 物權的 期待權은 讓渡可能하므로 不動産이 A로부터 B에게 다시 B로부터 A에게 轉賣된 경우에 B의 登記를 省略하고 物權的期待權을 取得한 C는 直接 登記를 할수 있다는 說明이 可能하다。勿論 B—C間의 不動産所有權移轉의 合意속에 無權利者인 B의 處分속에 所有權者인 A의 同意가 包含(BGB §一八五)되어있다고 봄으로써 同一한 結果에 達할 수도 있을 것이다。物權的期待權의 理論에 따르면 그 解決이 簡單明瞭하게 된다。세째、萬若 第三者인

C가 不動產所有權取得者인 B의 債權者라면 C는 B의 物權的 期待權을 押留할 수 있다(獨民法第八五七條)。 그리하여 C는 B를 所有權者로 하여 登記簿上의 登記를 實現시키고 (獨逸不動產登記法第一四條 參照) 그 不動產上에 抵當權을 設定할 수 있다。

네째、土地所有權取得者의 法的 地位가 第三者의 不法行爲에 의하여 侵害될 때 이를 單純히 買受人이 賣渡人에 對하여 가지는 債權을 侵害하는 것으로 보는 것보다는 物權的 權利 즉 物權的 期待權을 侵害하는 것으로 봄이 妥當하다。

三、被擔保債權이 아직 成立되기 以前에 債權者로서 登記되어 있는 者、또는 證券抵當에 있어서 아직 抵當證券의 交付를 받지 않는 者의 法的 地位

法律行爲에 의한 物權取得의 要件인 物權的合意와 登記 또는 引渡의 兩要件 以外에도 擔保物權의 設定에 있어서는 第三의 要件으로서 被擔保債權의 成立이 必要하다。 그런데 만약 被擔保債權의 成立이 時間的으로 擔保物權의 設定 뒤에 있게 된다면 또 하나의 特異한 過渡的 段階가 發生한다。 勿論 動產質權에 있어서는 現在의 債權뿐만 아니라 將來의 債權을 위한 質權設定이 可能하므로 따라서 質權債權者는 이미 完全한 權利인 質權을 取得하고 期待權을 取得하는 것이 아니다。 他面 被擔保債權의 無效는 質權의 無效혹은 消滅을 招來한다。 그러므로 質權設定의 경우에는 特異한 過渡段階가 發生치 않는다。 이 點 그러나 抵當權에 있어서는 다르다。 抵當權이 有效히 設定되었으나 아직 被擔保債權이 成立되지 않았거나 또는 證券抵當에 있어서 아직 抵當證券의 交付가 없는 경우에는 抵當權은 所有者에게 屬하고(所有者抵當 Eigentümerhypothek 더 正確히 말하면 所有者土地債務 Eigentümergrundschuld) 債權者로서 登記되어 있는 者는 被擔保債權이 成立하면 本權인 抵當權을 取得하게 되므로 이 過渡段階에 있어서 이미 抵當權에 向한 期待權 즉 物權的 期待權을 가진다고 說明되고 있다(§一二六三參照)。 다만 이最後의 경우는 抵當權의 獨立性과 流通性이 確立되지 않은 우리나라의 抵當制度와는 相當히 距離가 있음을 알 수 있다。

以上에서 獨民法의 理論으로서의 物權的 期待權의 概念 및 그 類型에 관하여 概觀하였다。 그러나 物權的 期待權의 共通된 法的 性質 또는 各具體的인 경우에 있어서의 相異性、그 理論의 現行法體系로의 受容可能性、去來의 目的으로서의 物權的 期待權 등 아직도 여러 面에서 더 仔細히 檢討해야 될 問題가 남아 있겠으나 다음 機會로 미루기로 한다。

註① 本大會에서 行한 Ludwig Raiser教授의 物權的 期待權에 관한 講演內容이 單行本으로 發刊되어 있다。 Ludwig Raiser, Dingliche Anwartschaften, 1961.

② 私法上의 期待權理論의 徹底한 全般的研究는 Hans Forkel, Grundtragen der Lehrevom Privatrechtlichen Anwartschaftsrecht. 1962參照。

③ 特히 Raiser, a. a. O. S. 6f:

④ Fritz Baur, Lehrbuch des Sachenrechts, 1960, S. 543-544參照

⑤ 所有權留保附賣買에 있어서의 買受人의 法的地位에 관하여는 werner Flume, Die Rechtsstellung des Vorbehaltskäfers, Archiv für die Civilstische Pra xis, 161. Band Heft 5, Sept, 1962, S. 193 ff. 75가 詳細하다

⑥ 物權的 合意의 拘束力에 관한 特히 詳細한 說明은 Stauinger Kommentar Zum BGB, §873, 46 및 Bernhöft, Einigung, Antrag und Eintragungsbewilligung in Liegenschaftrecht, 1031, S. 6f. 參照

〈六四面에서 계속〉

規制委員會가 發展하자며는 그의 先行條件으로서 產業의 發達이 이루어져야 한다는 것이며、또한 產業 特히 私企業이 發展한 狀態下에서는 이에 대한 規制 및 調整機能의 擔當者인 獨立規制委員會야 말로 가장 洗練되고 有能한 行政技術이라는 것이다。 自古로 產業 特히 私企業이 發展하지 못하였고 各種의 理由로서 官營企業 또는 政府投資企業을 爲主로 하는 政府類型에 있어서는 獨立規制委員會의 行政技術를 터득하기 困難한 것이다。

그러나 多幸하게도 뒤늦게나마 우리나라도 傳統社會에서 產業社會로 指向되고 있고、아직도 보잘 것 없는 것이나 獨占企業이 形成되어 가고 있다。 그런데 產業社會로 指向하는데는 반듯이 여기에 私企業과 獨占企業이 따르게 마련이고、이러한 私企業 및 獨占企業은 公共利益 또는 公共性과 相反 對立하게 마련이다。 그러므로 問題의 焦點은 獨占企業과 公共利益과의 相反 對立現象 그 自體에 있는 것이 아니라 이러한 對立現象을 規制 調整하여가는 洗練된 行政技術를 유감없이 發揮하는데 있다。 그러므로 앞으로 產業社會로의 性格이 짙어감에 따라서 獨立規制委員會를 新設 整備 强化하여 最大限度로 活用해야 할 것이다。

司法行政 제6권 제3호 (1965. 3)

◇特輯◇ 民 法

物權的期待權(II)

—獨逸民法에 있어서의 새로운 法理論—

○ 서울法大 敎授 崔 鍾 吉 ○

三、法的去來에 있어서의 物權的期待權

위에서 考察한 바의 獨民法上의 物權的期待權—즉 所有權留保附買受人의 法的地位、登記를 하기 以前의 不動產所有權取得者의 法的地位 및 被擔保債權의 成立 또는 抵當證券의 交付前의 抵當債權者의 法的地位—이 物權取得의 前段階로서 法的去來에 있어서 어떤 程度로 獨立的地位를 차지하여 그 獨自的機能을 遂行하고 있느냐 하는 問題를 이곳에서 大略 考察하고자 한다。 勿論 以上과 같은 三個의 경우에 있어서의 期待權者의 法的地位를 物權的期待權으로 認定하고는 있지만、그러나 그것은 決코 모든 面에 있어서 이들 期待權이 同一한 內容、前提 또는 性質을 가진다는 것을 意味하는 것은 아니며、具體的으로는 이들 사이에 相當한 差異가 있다。 以下 경우를 나누어서 이들 三個의 物權的期待權을 比較 考察하기로 한다。

I、物權的期待權의 讓渡

前述한 三個의 物權的期待權이 모두 讓渡可能한 權利라는 理論은 各己 相異한 길을 밟아서 漸次的으로 形成되었고 또 同時에 判例도 이를 따르고 있다。

가、 抵當債權者로 登記되어 있는 者는 被擔保債權의 成立前에 있어서도 이미 그 登記簿上의 權利(Buchrecnt)를 讓渡할 수 있는 것은 疑問의 餘地가 없다。 抵當權의 附從性을 宣明하는 獨民法第一一五三條 및 第五一一四條가 規定하는 要件은 이 경우에 있어서는 將來의 債權을 讓渡하는 것으로 봄으로써 亦是 充足되는 것이라고 보고 있다。 抵當權에 대한 期待權이 讓渡되어도 抵當權設定者는 如前히 被擔保債權의 成立을 求하는 請求權을 第一期待權者에 대하여만 行使할 수 있지만、萬若 第一期待權者가 이 義務를 履行하면 第二期待權者는 物權的期待權을 讓受한 效果로써 直接 第一期待權者의 中間取得을 거치지 않고 抵當權과 被擔保債權을 함께 取得한다고 解釋되고 있다。 그리고 抵當權에 대한 物權的期待權의 讓渡는 抵當權의 讓渡와 마찬가지로 物權的合意와 登記를 必要로 한다。

나、 抵當債權者의 경우와는 달리 登記簿上의 權利가 아닌不動產所有權取得者(Autlassungscm-pangnr)의 期待權을 讓渡하려면 登記簿以外의 方法을 通하여 할수 밖에 없다。 不動產所有權取得者의 法的地位의 讓渡에 관한 初期의 理論은 賣買契約 또는 其他의 原因行爲에 基한 不動產所有權移轉債權이 讓渡되는 것이라고 보았으며、따라서 이는 物權的處分이 아니라고 하였다。 그後 라이히裁判所(Reichsgericht)의 判例는 이를 第一의 不動產取得者와 第二의 不動產取得者間의 獨民法第九二五條의 形式에 의한 새로운 不動產所有權移轉의 合意(Auflassung)로 보고 第二의 不動產所有權取得者는 第一의 不動產所有權取得者의

協力이나 또는 登記를 거치지 않고 直接 自己名義로 所有權移轉登記를 할 수 있다고 判示하였다。그러나 同裁判所의 見解에 의하면 이 경우에도 讓渡의 目的物은 不動產所有權取得者의 期待權自體가 아니라 어데까지나 所有權을 가지지 않는 無權利者인 不動產所有權取得者가 獨民法第一八五條에 의한 授權에 基하여 第二의 Auflassung을 通하여 處分하는 不動產所有權自體라는 見解를 取하고 있다。戰後의 聯邦裁判所는 아직 이 問題를 具體的으로 檢討한 機會가 없었으나 學說은 後述할 動產所有權留保附買受人의 法的地位의 讓渡에 관한 判例의 發展을 注視하면서、不動產所有權讓渡의 경우에 있어서도 第九二五條의 形式에 따라서 物權的期待權을 讓渡하는 것이라고 一般的으로 說明하고 있다。
(So, Wolff- Raiser, § 61 II, Westermann, § 76 I.5)

다、動產所有權留保附賣買에 있어서의 買受人의 法的地位의 讓渡에 관하여도、처음에는 이를 所有權移轉請求權의 讓渡로 보거나 또는 第一八五條의 授權에 의하여 賣渡人의 所有權을 處分하는 것이라고 보는 것이 學說·判例의 立場이었다。그러나 그後 法理論의 發展을 期하여 一九三三年 라이히裁判所는 처음으로 期待權이 讓渡되는 것이라고 判示하고 그 要件으로서는 普通의 動產所有權의 讓渡와 마찬가지로 物權的合意와 引渡 또는 그 代用——즉 簡易引渡、占有改定 및 返還請求權의 讓渡——을 必要로 하며、그 위에 所有權者인 賣渡人의 同意가 있어야 한다고 하였다。그러나 그後 一九五六年 聯邦裁判所는 學說의 立場을 支持하면서、賣渡人의 同意는 全然必要치 않다고 判示하였다。이와 같이 物權的期待權을 讓渡한 結果는、賣渡人의 代金請求權은 如前히 期待權者인 買受人에 대하여 行使해야 되지만、그러나 一旦 代金이 完拂되면 目的物의 所有權은 買受人의 中間取得을 거치지 않고 直接的으로 物權的期待權이 讓受人에게 移轉하게 된다는 데에 있다。즉 期待權 讓渡人인 買受人의 中間的인 所有權取得은 不動產所有權移轉의 경우에 있어서와 같이 不必要한 것이라고 하였다。具體的으로 이를 例示하면、지금 動產所有權留保附賣買에 있어서 賣渡人 甲은 買受人 乙에게 自動車를 所有權留保附로 月賦賣渡했다고 하자。乙은 數個月分의 代金을 支拂한 後 그의 債權者인 丙에게 自動車를 占有改定에 의하여 讓渡擔保로 하였다。乙은 아직 自動車의 完全한 所有權者가 아닌 것은 이 경우 確實하지만 代金을 完拂하면 甲이 設或 乙의 「物權的期待權이 丙에게 讓渡擔保되었다는 事實을 몰랐다 하드라도 丙은 物權的期待權을 取得하였으므로 直接 自動車의 所有權을 取得하게 된다。以上에서 考察한 바와 같이 物權的期待權이 讓渡可能한 權利라는 것은 理論的으로나 實際上으로나 完全히 貫徹되어 있다。그리하여 期待權者의 法的地位가 가지는 現在의 經濟的價値를 이미 完全한 物權을 取得하기 以前에 實現시키려는 期待權者의 利益이 確實히 所有權者의 利益——例컨대 終局的으로 所有權이 移轉되기까지는 그의 法的地位를 讓渡한 期待權者만을 相對로 할 利益——에 先行하고 있음을 엿볼 수 있다。또한 期待權의 讓渡에 있어서도 期待權이 目的하는 바인 完全한 物權의 讓渡에 있어서와 꼭같은 要件이 存在할 것을 要하는 것은 注目할 일이다。다만 不動產所有權取得者의 物權的期待權의 讓渡는 登記技術上 不得已(Notgedrungen) 不動產所有權移轉의 合意만을 要하고 登記를 要치 않는다고 解釋되고 있다。物權的期待權의 讓渡에 관한 上記原則은 期待權의 擔保에 관하여도 類推適用될 것이다。그러나 實際에 있어서는 信用取得의 目的을 達成키 위해서 期待權者는 物權的期待權의 讓渡의 方法을 取하게 될 것이므로 物權的期待權의 擔保는 別로 問題視되고 있지 않다。

Ⅱ、物權的期待權과 原因行爲와의 關係

物權的期待權이 어느 程度로 原因行爲에 대한 關係에 있어서 獨自性을 가지느냐의 問題가 이곳에서 考察할 問題이다。

가、期待權設定者에 대하여 期待權者는 期待權取得後에도 所有權移轉請求權을 依然히 가지느냐의 問題에 관하여 學說·判例는 區區하게 對立하고 있다。이 問題는 特히 所有權留保附賣買에 있어서 크게 다투어지고 있다。初期의 判

例·學說에 의하면 所有權留保附賣渡人은 動產所有權을 代金完拂을 條件으로 讓渡하였다 하드라도 아직 獨民法第四三三條에 의한 賣渡人의 所有權移轉義務(Eigentumsverschaffungspflicht)를 完全히 履行한 것이 아니라고 보았다。 따라서 買受人 혹은 賣渡人이 破產한 경우에도 그 賣買契約은 獨逸破產法第一七條의 關係에 있어서 相互間 아직 履行이 完了된 것이 아니므로、 破產管財人은 그 後의 履行을 拒絶하고 또 이미 履行된 것의 返還을 請求할 수 있다고 解釋하였다。

이에 反하여 다른 學說은 所有權留保附賣買에 있어서는 賣渡人은 처음부터 完全한 所有權의 移轉義務를 지는 것이 아니라 條件附所有權의 移轉義務를 질 뿐이므로 條件附讓渡가 있으면 그의 履行行爲(Erfüllungshandlund)뿐만 아니라 履行의 結果(Erfüllungserfolg)도 完了된 것이며 따라서 買受人의 賣渡人에 대한 所有權移轉請求權은 이로써 消滅된다고 解釋하고 있다。 Raiser에 의하면 이 問題의 解答은 어데까지나 賣買契約의 主된 效力을 規定하는 獨民法第四三三條에서 찾을 수 있다。 그런데 同條의 賣渡人의 主된 義務인 目的物의 引渡(übergabe)와 所有權移轉(Eigentumsverschaffung)이라는 概念은 同一한 것이 아니다。 따라서 所有權이 移轉되었다고 하기 위해서는 所有權移轉을 目的으로 하는 物權行爲만으로서는 不充分하고 이 物權行爲의 結果인 買受人의 所有權取得(Eigentumsvreschaffung)이 完全히 實現되어 있을 것이 必要하다。 그러므로 結局 所有權留保附賣渡人은 完全한 所有權을 買受人에게 取得시켜줄 義務가 있는 것이며、 單純히 期待權만을 設定할 義務가 있는 것이 아니다。 따라서 買受人의 賣渡人에 대한 所有權移轉請求權은 物權的期待權이 發生한 以後에도 買受人이 所有權을 完全히 取得할 때까지는 存續하는 것이라고 한다。 다만 賣渡人의 所有權移轉義務는 이 경우에는 賣渡人이 이미 所有權移轉을 위하여 必要한 本質的인 履行行爲를 完了하였으므로、 積極的으로 所有權取得을 위한 其他의 履行行爲를 할 것이 그 義務內容이 아니라 買受人의 所有權取得이라는 結果의 發生을 妨害치 않을 消極的義務를 內容으로 할 뿐이라고 한다。

所權留保附賣買에 관한 上記理論은 다시 不動產賣買의 경우에도 꼭 같이 適用된다。 즉 不動產所有權移轉의 合意와 登記承諾은 買受人에게 物權的期待權을 設定했을 따름이며、 아직도 所有權自體를 買受人에게 移轉한 것은 아니다。 따라서 買受人의 賣渡人에 대한 所有權移轉請求權은 期待權取得以後에도 依然히 存續하며、 이 請求權을 確保키 위해서 이를 假登記하는 것이 可能하다고 一般的으로 說明되고 있다(註①)。

나、 物權的期待權과 債權契約과의 關係。 物權的期待權은 債權關係와는 分離하여 그 自體만을 移轉可能한 權利이므로、 이런 意味에서 債權關係에 대하여 獨自性을 가진다고 볼 수 있다。 그러나 이 獨自性은 物權的期待權이 大體로 原因行爲인 債權契約에 依存하고 있다는 意味에서는 完全한 것이 아니다。 債權契約의 目的은 完全한 所有權의 移轉이고 單純한 期待權의 取得이 아니다。 따라서 期待權이 完全한 權利로 强化되기 以前에 當事者의 合意에 의하여 債權關係가 解除되거나 또 當事者의 一方的行爲에 의하여 解除 또는 取消되어 債權關係의 目的이 消滅하여 버리면 이를 基礎로 하고 있는 物權的期待權도 또한 消滅하는 것이 原則이며、 그것은 現在 그 期待權이 第一取得者의 手中에 있느냐 또는 本來의 債權關係에는 關與치 않았던 第二取得者에게로 이미 讓渡되어 있느냐에 따라서 아무런 差異가 없다。 이와 같이 債權行爲에 대한 期待權의 依存性의 效果는 暫定的인 法的地位로서의 物權的期待權이 그 基礎로 하는 債權關係와 各各 特、異한 關係로 結合되고 있다는데에서 發生한다。

첫째、 이 原則은 被擔保債權確定前의 抵當權期待者(Hypothekenanwärter)에게 適用된다(特히 Raiser, a. a. O S 31—32 參照)。

둘째、 이것은 動產所有權留保附買受人의 期待權에 관하여도 마찬가지이다。 즉 所有權留保附賣買契約이 買受人의 完全한 所有權取得以前에 解除되면、 所有權移轉을 留保했던 바의 代金完拂이라는 停止條件이 消滅하게 되며 따라서 結果的으로 物權的期待權自體도 消滅하게 된다。 勿論 物權的期待權의 讓受人(第二取得者)은 獨民法

第四五五條에 의하여 買受人의 代金支拂의 遲滯를 理由로 하는 賣渡人의 契約解除權의 行使를 妨止하기 위하여는 第三者의 債務履行에 관한 同法第二六七條第一項에 의하여 買受人에 대신하여 代金殘額을 提供할 수 있으나, 그러나 다시 同條第二項에 의하면 買受人이 異議를 提出하거나 혹은 賣買契約이 合意解除되는 경우에는 買受人에 가름하여 債務履行을 할 수 없으므로, 結局 期待權消滅을 防止할 수 없게 된다。 이런 意味에서 買受人의 法的地位는 相當히 弱化되어 있다는 것을 알 수 있다。

세째, 不動産所有權取得者의 物權的期待權의 경우에는 그 事情이 위와는 좀 다르다。 周知하는 바와 같이 獨逸民法은 物權行爲의 無因性의 原則을 固守하고 있다。 따라서 이 경우에 있어서도 不動産所有權移轉의 合意와 이를 基礎로 하는 物權的期待權은 原因行爲의 無效·取消 또는 解除 등의 事由에 의하여 아무런 影響을 받지 않고 이와는 따로이 有效하다고 解釋되고 있다。 原因行爲가 無效가 되면 不動産의 所有權者는 期待權者에 대하여 不當利得請求權을 行使할 수 있으나 이 期待權을 다시 有償으로 取得한 期待權의 讓受人에 대하여는 위의 權利를 行使할 수 없으므로 期待權讓受人이 所有權者로서 不動産登記를 實現하는 것을 妨害할 수 없다。 이런 意味에서 不動産所有權에 대한 期待權者의 法的地位는 다른 二個의 期待權의 경우에 比하여 훨씬 强化되고 있음을 알 수 있다。

다、 物權的期待權의 追及力

物權的期待權의 目的인 完全한 物權의 歸屬이 變更된 경우에 期待權者는 새로운 所有者에 대하여 그의 權利를 對抗할 수 있느냐 하는 問題가 또한 考察되고 있다。 즉 學者의 이른 바 承繼的保護(Successionsschutz)의 問題가 이에 屬한다。 이에 관하여는 賣渡人 및 消費貸借의 借主에 대한 債權的關係와 當該目的物의 所有者에 대한 物權的關係를 아울러서 考察하여야 한다。

萬若 賣渡人이 代金請求權을 第三者에게 讓渡하였다면 所有權留保附賣買에 있어서의 買受人의 期待權은 아무런 影響을 받지 않는다。 이것은 不動産賣買의 경우에 있어서도 마찬가지이다。 왜냐하면 第三者가 이들 경우 賣渡人의 債權을 讓受하려면 包括承繼를 除外하고는 獨民法第四一四條에 의하여 買受人의 同意를 必要로 하므로 買受人의 期待權은 이로 말미암아 消滅될 憂慮가 없다。

그러나 賣渡人 또는 消費借主가 아직도 그의 所有에 屬하는 目的物을 第一의 賣買契約이나 혹은 消費貸借契約이 完全히 履行되기 以前에, 즉 아직도 物權的期待權이 存續하고 있는 동안에 第三者에게 賣渡하여 이를 處分했거나 또는 그 目的物위에 制限物權(抵當權)을 設定하였을 경우에도 期待權者는 이를 새로운 物權取得者에 대하여 對抗할 수 있느냐의 問題는 三個의 物權的期待權의 경우에 各各 相異한 解決에 이른다。

첫째, 抵當債權者로서 登記되어 있는 抵當權期待者는 目的不動産이 他人에게 讓渡되거나 또는 第二抵當權의 設定으로 因하여 負擔을 지게 되어도 完全히 保護가 되며, 따라서 그 物權的期待權은 消滅되지 않으며, 또 그 順位가 侵害되지도 않는다。 그리하여 이 期待權者가 被擔保債權을 成立시키기만 하면 債權과 抵當權을 함께 取得하며, 또한 이 期待權은 前述한 바와 같이 登記되어 있는 權利이므로 不動産物權의 讓受人이 期待權의 存在를 事實上 알았느냐 또는 몰랐느냐에 따라서 아무런 不利益을 받는 일이 없다。

둘째, 所有權留保附買受人도 獨民法第一六一條에 의하여 이와 類似한 保護를 받고 있다。 즉 條件成否未定間의 動産所有權者의 處分行爲는 條件附權利를 侵害하는 限에 있어서 無效이므로 所有權留保附買受人의 期待權은 所有權의 處分에 대하여 保護되고 있다。 이것은 비단 買受人의 期待權에 관해서 뿐만 아니라 이 期待權을 다시 取得한 期待權讓受人의 期待權에 관하여도 適用된다고 解釋되고 있다(so, Raiser, a.a.O.S.34)。

세째, 이에 反하여 不動産所有權取得者의 法的地位인 物權的期待權의 保護는 이 點에 관한 限 大端히 弱化되고 있다。 이미 言及한 바와 같이 不動産의 賣渡人은 獨民法第八七三條第二項에 의하여 原則的으로 不動産所有權移轉의 合意에 대하여 拘束을 받으며, 따라서 一方的으로 이를 撤回할 수 없다。 그러나 이것은 處分權의 制限을 뜻하지 않으므로 賣渡人은 第二의 不動產所有權取得者가 登記를 實現할 수 있는 限、第一의 不動產所有權取得者가 登記를 하기까지는 當該 不動產을 再次 有效히 處分할 수 있다。第二의 不動產取得者가 비록 이미 賣渡人과 買受人間에 不動產所有權移轉의 合意가 있었다는 事實을 알고 있었다 하드라도 그는 有效히 當該 不動產의 所有權을 登記함으로써 取得할 수 있으므로 第一의 不動產所有權取得者의 物權的期待權은 이로써 消滅하는 것으로 보고 있다。 勿論 不動產所有權取得者가 이미 登記申請을 해버린 경우에는 獨逸不動產登記法第一七條 및 第四五條에 의하여 登記公務員은 登記申請의 順位에 따라서 登記簿上의 登記를 畢하여야 하므로 이때의 物權的期待權은 事實上 相當히 確實하게 保護된다고 볼 수 있다。 그러나 上記한 不動產登記法의 規定은 어데까지나 制裁規定(Ordnungsvorschriften)에 不過하므로、이에 違反하여 登記가 이루어졌다 하드라도 이는 完全히 有效하다。 다만 不動產所有權取得者인 期待權者가 賣渡人에 대한 不動產所有權移轉請求權을 假登記한 경우에는 假登記權利를 害하는 賣渡人의 處分行爲는 獨民法第八八三條第二項에 의하여 假登記權利者에 대한 關係에 있어서는 相對的으로 無效이므로、 이때의 物權的期待權은 實體法上의 保護를 받게 된다。 그러나 他面 假登記에 基한 物權的期待權의 保護는 實際로는 不動產所有權移轉請求權의 存續에 依存하므로 期待權讓受人이 保護되는 것은 物權的期待權 뿐만 아니라 假登記된 請求權을 함께 讓受한 경우에 限한다。

이와같이 不動產所有權取得者의 物權的期待權은 不動產所有權者의 二重處分에 대한 關係에 있어서는 無力한 것이며、 따라서 위에서 考察한 바의 物權的期待權의 獨自性 乃至 無因性은 結果的으로는 이런 點에서 거의 有名無實한 것이라고 볼 수 밖에 없다。

〈次號連載〉

第四回 司法試驗 第二次試驗 施行概況 (其二)

〈合格者名單〉

應試番號	姓名	年齡	性別	出身道	職業	出身學校	備考
ㄱ 一五	李長秀	二二	男	慶北	無	서울大學校卒業	
〃 二六	金泰政	二三	〃	釜山	〃	〃	
〃 二七	洪性啓	二二	〃	京畿	〃	〃	
〃 六二	孫春得	二五	〃	慶北	〃	國民大學卒業	
〃 六九	尹鎬一	二一	〃	忠南	〃	서울大學校三修	
〃 七六	尹載植	二二	〃	全南	〃	서울大學校卒業	
〃 九五	李弘吉	二三	〃	釜山	〃	〃	
〃 一一一	宋哉憲	二一	〃	江原	〃	〃	
〃 一五五	徐燉洋	二六	〃	慶北	〃	〃	
〃 二二一	趙容完	一九	〃	서울	學生	서울大學校在學	三回豫試合格
〃 三一三	崔永光	二三	〃	서울	〃	서울大學校卒業	
〃 三一四	沈永植	三二	〃	慶南	會社員	高麗大學校卒業	
〃 三八九	鄭璣浩	三二	〃	忠北	無	서울大學校卒業	
〃 五二八	孫健雄	二二	〃	忠北	學生	서울大學校在學	一回豫試合格
〃 五五三	陳隆治	二一	〃	서울	〃	建國大學校在學	〃
〃 六四七	李載煥	二五	〃	서울	無	延世大學業卒業	〃
〃 六五八	鄭鏞仁	二二	〃	慶北	〃	서울大學校卒業	
〃 六七四	印貞憲	二九	〃	서울	公務員	〃	
〃 六七八	朴銀	二八	〃	慶北	〃	青丘大學校卒業	
ㄴ 五四	趙武濟	二三	〃	慶南	學生	東亞大學校在學	一回豫試合格
ㅂ 三三	沈相明	二一	〃	全南	無	서울大學校卒業	
ㅅ 二	金善玉	二六	〃	慶北	〃	慶大師大附高二修	九回豫試合格

司法行政 제6권 제4호(1965. 4)

(論)(點)

物權的期待權 (Ⅲ)

崔 鍾 吉
〈서울法大 敎授〉

四、無權利者로부터의 物權的期待權의 善意取得

物權的期待權의 讓渡問題와 關聯하여, 物權的期待權은 無權利者로부터 善意取得할 수 있는 權利이냐의 問題가 있다。

物權的期待權의 善意取得의 態樣은, 첫째、物件의 所有者가 아닌 無權利者로부터의 期待權의 第一取得 둘째、期待權者가 아닌 者(Nichtanwarter)로부터의 旣存하는 期待權의 第二取得 세째、단지 表見上의 期待權者로부터의 存在하고 있지 않는 期待權의 取得 등으로 區別된다。

(가) 抵當權期待者의 物權的期待權은 이미 考察한 바와 같이 登記되어 있는 權利이다。따라서 登記는 되어 있으나 眞實로는 所有權을 가지지 않은 無權利者(der eingetragene Nichteigentümer)가 抵當權을 設定했을 경우에는 獨民法 第八九二條에 의하여 登記簿에 公信力이 認定되므로 物權的期待權의 善意取得이 可能한 것은 疑心할 바가 없다。또한 事實上 抵當債權者가 아닌 者가 不當하게 登記簿上은 抵當債權者로 登記되어 있는 경우에도 이 者로부터의 物權的期待權의 善意取得이 可能하다。

(나) 不動產所有權移轉의 合意의 경우에는 物權的期待權의 善意取得이 認定될 餘地가 없다。이 경우에 있어서의 物權的期待權은 登記된 權利가 아니며、또 何等의 權利外觀(Rechtsschein)을 隨件하고 있지 않다。그러므로 이 경우의 物權的期待權은 讓受人이 善意取得할 수 없다고 解釋되고 있다。이와 마찬가지로 登記는 되어 있으나 眞實로는 所有權을 가지고 있지 않은 無權利者로부터도 物權的期待權은 善意取得할 수 없다고 解釋된다。그것은 이미 言及한 바와 같이、不動產所有權取得者의 物權的期待權은 承繼的保護를 받지 못하기 때문이다。즉 萬若 이 경우 眞實한 所有權者의 意思에 基하지 않고 또는 이 意思에 反하여 物權的期待權의 善意取得을 認定하는 것은 無意味하기 때문이다。왜냐하면 眞實한 權利者는 언제던지 目的物을 處分함으로써 이 期待權을 消滅시킬 수 있기 때문이다。

(다) 問題가 되는 것은 動產所有權留保附賣買의 경우이다。경우를 나누어서 具體的으로 考察해 보기로 한다。

첫째、萬若 買受人이 無權利者인 賣渡人을 物件의 眞實한 所有者로 믿고 이를 所有權留保附로 買受하였다면 買受人은 獨民法 第九三二條(善意取得)에 의하여 物權的期待權을 善意取得한다。따라서 賣渡人에서 殘代金을 完拂하면 目的物의 完全한 所有權을 取得하게 된다。

둘째、物件이 所有權留保附로 賣渡된 以後、物權的期待權을 取得한 買受人이 아닌 無權利者가 이 期待權을 第二取得者에게 讓渡한 경우에는 第二取得者는 이를 善意取得할 수 있다。그러나 그 期待權의 有效性은 本來의 所有權留保附賣買와 그 運命을 같이 한다。例컨대 賣渡人 甲이 買受人 乙에게 自動車를 所有權留保附로 賣渡했다。乙은 다시 丙에게 이 自動車를 賃貸하고 丙은 善意인 丁에게 이 自動車는 自己가 甲으로부터 所有權留保附로 買受한 것이라고 속이고、이를 賣渡하였다면 丁은 物權的期待權을 善意取得한다。그러나 甲이 代金支拂이 遲滯되었다는 理由 등으로 乙과의 賣買契約을 解除하면 丁의 物權的期待權은 消滅하게 된다。

세째、物權的期待權自體가 全然 存在하지 않는 경우에는 그러나 期待權의 善意取得도 不可能하다。 왜냐하면 이 경우에는 成就될 條件이 없다。 따라서 完全한 物權으로 强化될 수 있는 物權的期待權이 存在하지 않기 때문이다。 例컨대、甲은 乙에게 自動車를 賃貸했다。 乙은 善意인 第三者 丙에게 當該自動車는 甲으로부터 所有權留保附로 買受했다고 속이고 이를 賣渡하였다면、丙은 物權的期待權은 말할 것 없고 所有權도 取得하지 못한다。 그러나 萬若 이 경우 乙이 自己가 留保附買受人이 아니라 自動車의 眞實한 所有者라고 속였다면 丙은 獨民法 第九三二條에 의하여 自動車를 善意取得한다。 그러나 위의 例에서는 丙은 條件附權利를 信賴했든 까닭에 自動車의 所有權을 善意取得할 수 없다고 解釋되고 있다。

五、物權的期待權者의 目的物에 대한 權能

物權的期待權의 目的인 物件自體에 대하여 期待權者는 大體 어떠한 權能을 가지고 있느냐 하는 問題가 이곳에서 考察할 問題이다。 그런데 結局 이 問題는 物權的期待權의 內容이 어느 程度로 期待權이 目的하는 바의 完全한 物權에 接近하고 있느냐의 問題에 歸着하게 된다。 이런 意味에 있어서 完全한 物權에 가장 密接하게 接近하고 있는 物權的期待權은 所有權留保附買受人의 그것이다。 즉 所有權留保附買受人은 目的物의 占有者로서、이를 現實的으로 使用·收益할 權利가 있으며、따라서 所有者에 대한 關係에 있어서는 正當한 占有者이므로 所有者의 占有妨害를 받지 않을 權能이 있다。 그 위에 買受人은 旣述한 바와 같이 獨民法 第一六〇條에 의하여 所有者의 條件附權利의 侵害——즉 目的物의 毁損——에 대해서 保護를 받고 있다。 이로 보아 法은 期待權者를 完全한 權利가 實現되기 以前에 있어서도 이미 그 期待權의 段階에 있어서 保護하려고 하고 있음을 알 수 있다。

그러나 그 以外의 二個의 物權的期待權의 경우에 있어서는 第一六〇條가 適用되지도 않으며、또 이를 類推適用할 수는 없다。

被擔保債權確定前의 抵當權期待者는 아직 不動產에 대한 保護價値있는 價値權을 取得한 것이 아니다。 換言하면 抵當權期待者는 그 期待權의 段階에 있어서도 不動產을 換價하여 自己債權의 滿足을 꾀할 수 있는 權能을 가지지 않는다。 萬若 不動產의 價値가 減少되어 그 信用價値가 低落되었다면、抵當權期待者는 原因行爲인 債權關係에 基하여 被擔保債權의 成立을 拒絶하거나、또는 獨民法 第六一〇條에 의하여 消費貸借契約을 解除하는 것이 可能할 따름이다。

不動產所有權取得者인 物權的期待權者는 이의 賣買代金의 一部 또는 全部를 支拂하였을 것이므로 目的物에 대하여 가지는 利益이 클 것이다。 그러나 이들 期待權者도 登記된 不動產所有者에 대한 關係에 있어서는、不動產을 直接 支配할 權能을 가지고 있지 않다。 期待權者가 目的物을 占有할 權利는 賣買契約에 의해서만 發生하는 것이며、物權的期待權의 效果로서 發生하는 것은 아니라고 解釋되고 있다。 이 點에 있어서 不動產所有權取得者의 法的地位인 物權的期待權과 完全한 所有權間에는 아직도 重大한 差異가 있음을 알 수 있다。

六、物權的期待權의 保護

物權的期待權이 第三者에 의하여 侵害된 경우에 期待權者에게 어떠한 保護手段을 認定할 것이냐의 問題는、目的財產(Vermögensobjekt)으로서의 期待權이、果然 그 獨自性과 完全性으로 말미암아 完全한 物權이 侵害된 경우에 있어서와 꼭 같이 保護될 수 있는 權利이냐의 問題로 歸着한다。 抵當債權者와 不動產所有權取得者의 物權的期待權은 이미 考察한 바와 같이 期待權의 目的인 不動產에 대한 直接的支配를 그 內容으로 하고 있지 않다。 그러므로 第三者가 不動產을 侵害하는 경우에도 이들 期待權者는 侵害者에 대하여 直接 그 侵害排除를 請求할 수도 없고、또한 不法行爲에 基한 損害賠償請

求權을 行使할 수도 없다。 그러나 이미 不動產의 占有를 取得한 不動產所有權取得者는 不動產을 侵害하는 第三者에 대하여 占有保護請求權과 獨民法 第八二三條第一項에 의하여 不法行爲로 因한 損害賠償請求權을 行使할 수 있다。 그러나 이들의 保護方法은 不動產所有權移轉의 合意의 存否에 關係없이 다만 不動產을 占有함으로써 말미암아 認定되는 保護方法임은 勿論이다。 物權的期待權自體의 第三者에 의한 侵害는, 第三者가 不動產을 侵害하는 경우가 아니라 不動產에 관한 權利를 取得함으로써 말미암아 可能하게 될 것이다。 그러나 第三者의 不動產所有權取得이 適法하며 또 有效한 以上, 이것이 同時에 不法行爲의 要件을 充足시키는 일은 獨逸民法의 경우에는 거의 생각할 수 없다。 따라서 이 경우 期待權者의 保護에 관하여는 아직까지 別로 問題視되고 있지 않는 것 같다。

所有權留保附買受人은 目的物의 占有者로서 獨民法 第八六〇條以下 및 第一〇〇七條에 의한 占有保護를 받는다。 그런데 이와는 따로이 第九五八條 및 第一〇〇四條에 의한 物權的請求權을 아울러 認定할 것이냐의 問題가 다투어지고 있다。

有力한 學說은 所有權이 留保附賣買에 있어서는 賣渡人 및 買受人間에 分割되어 있다는 基本的思想에 立却하여 이를 認定하고 있다(So, Raiser, a.a. O. S. 42)。 通說은 또한 이 경우 第三者에 의한 物權的期待權自體의 侵害 즉 目的物의 侵害는 第八二三條第一項의 所謂 「其他의 權利」의 侵害에 該當하므로 不法行爲가 成立되는 것이라고 한다。 判例도 漸次的으로 第三者에 의한 目的物의 侵害가 不法行爲를 成立시키는 것은 買受人의 物權的期待權이 侵害되었기 때문이라는 根據를 들고 있다。 그러나 비록 物權的期待權의 侵害라는 槪念을 認定치 않는다 하드라도 第三者의 目的物의 侵害가 不法行爲를 構成하는 것에 관하여는 異議가 없다。

七、物權的期待權의 押留

物權的期待權者가 取得한 經濟的價値를, 完全한 物權取得以前에 이미 그 期待權의 段階에서 實現시키자는 努力은 物權的期待權의 讓渡, 讓渡擔保, 또는 期待權에 대한 擔保權의 設立 등의 理論에 의하여 反映되고 있음은 前述한 바와 같다。 그런데 期待權者의 債權者는 債務者의 財產的價値를 意味하는 物權的期待權을 押留하여 이로부터 自己債權의 滿足을 얻으려는 經濟的利益이 크다。 이 問題는 特히 所有權留保附買受人의 物權的期待權의 押留에 관하여 크게 論議되고 있다。 結局 物權的期待權이 强制執行의 目的이 될 수 있다는 것은 一般的으로 認定하고 있으나, 다만 그 方法은 獨民訴法 第八〇八條의 物件의 押留(Sachpfändung)의 形式 또는 同法 第八五七條의 權利의 押留의 形式(Rechtspfändung) 또는 이 兩者를 合한 二重押留(Doppelpfändung)의 形式에 의한 것이라는 學說 등이 對立하고 있다。 責任財產으로서의 物權的期待權은 押留 또는 當事者의 破產 등 경우에 있어서 具體的으로 相當히 複雜한 問題를 內包하고 있으며, 이 問題는 訴訟法과 密接히 關聯하는 特殊硏究分野에 屬하는 問題라는 것을 指摘하고 앞으로의 硏究課題로 하기로 한다(註2)。

註 ① 特히 Perry, Die Rechtsstellung des Käufers zwischen Auflassung und Eintragung, 1948, s-6, 76ffi Palandt-Hocbe, §883 Bem 3,4, 參照

註 ② Auflassung 取得者의 期待權에 관한 이 問題의 徹底한 硏究는 Kuchinke, Die Rechtsstellung des Auflassungs-empfängers als Kreditunterlage und Haftungs-objekt, Juristenzertung, 1964, Heft 5/6, s.145ff, 參照

司法行政 제6권 제5호(1965. 5)

(論)(點) ‖民 法‖

物權的期待權 (Ⅳ)

——우리나라의 民法理論——

崔 鍾 吉
〈서울法大 敎授〉

〈目 次〉

一 緖 說

以上으로 極히 槪略的으로 最近 西獨民法學界에 새로운 法理論으로서 登場한 物權的期待權의 理論에 관하여 考察하였다。그러나 이것으로써 物權的期待權理論이 內包하고 있는 諸問題를 網羅하여 이를 綿密히 分析한 것도 아니며、또한 物權的期待權이 무엇이냐를 一言으로 말할 수 있을 程度로 그 槪念을 明確히 定立하였다고 생각하지도 않는다。그것은 物權的期待權의 理論 그 自體가 期待權으로 認定되는 上述한 各各의 現行法上의 物權的 法的地位가 가지는 特異性에 應하여 相當히 差異的으로 構成되고 있을 뿐만 아니라 獨逸學者들의 見解가 具體的인 問題에 들어가서는 또한 아직도 定見이 없이 對立하고 있다는 데에도 主된 理由가 있다。그러나 他面 이들 法的地位와의 關聯 속에서 몇個의 重要한 角度로부터의 個別的인 理論的考察을 通하여 旣述한 바와 같이 一應 物權的期待權의 共通된 性質과 그 槪念을 抽出할 수 있었다。아무튼 物權的期待權에 관한 獨逸民法의 理論은 이제 學術上의 論爭으로만 끝이는 것이 아니라 實務界에 있어서도 認定을 받고 있으며、또한 物權的期待權이 하나의 財產權으로서 實際的으로 去來界에 登場하고 있는 것도 事實이지만 아직도 많은 未解決 乃至 不明瞭한 問題를 內包하고 있다。이런 意味에서 獨逸民法에 있어서도 物權的期待權에 관한 理論은 아직도 形成段階에 있다고 볼 수 있다。다만 이 理論은 前述한 바와 같이 많은 有力한 學者들에 의하여 支持를 받고 있을 뿐만 아니라 實務界와 去來界의 認定을 받고 있는 現狀에 있으므로 앞으로 더욱 發展形成될 展望이 크다고 말할 수 있겠다。우리 民法學界에 있어서도 周知하는 바와 같이 金曾漢敎授께서 物權的期待權의 理論을 提唱하신 以後 이것이 하나의 새로운 特異한 民法理論으로 登場하여 끊임없이 論議의 對象이 되고 있다。이 理論을 提唱하신 金曾漢敎授께서는 스스로 많은 論文을 通하여 主로 이 理論의 實際的適用을 위하여 여러 차례 高見을 披瀝하고 계시고 또한 많은 學者들이 이 問題에 대하여 言及하고 계시다。이런 意味에 있어서 物權的期待權의 理論을 撤底히 檢討하여 이 理論이 果然 우리 民法의 理論으로서 妥當性을 가진 것이냐를 一應 가려내는 것은 우리 民法學界가 現在 當面하고 있는 課題의 하나라고 할 것이다。

생각컨대 우리 民法이 特히 獨逸民法의 이른 바 形式主義를 採擇한 以上 物權變動에 관한 獨逸民法의 理論은 우리 民法의 物權變動에 관한 諸問題의 解決에 있어서 하나의 指針이 될 수 있는 것은 事實이다。그러나 우리 民法과 獨逸民法에 있어서의 物權變動에 관한 一般原則은 그 內容에 있어서는 相當한 差異가 있으므로 兩法의 理論

을 對比하거나 또는 獨逸民法理論의 受容에 있어서는 愼重을 期하지 않으면 안된다。 때로는 獨逸民法에 있어서는 거의 問題가 되지 않은 具體的인 問題가 우리 民法에 있어서는 重大한 意義를 가지며 또는 우리의 關心事인 具體的인 問題解決에 들어가서는 獨逸民法에 있어서는 實際的으로 問題가 되지 않으므로 何等 言及조차 없는 경우도 있다。 이와 같이 우리의 關心事와 獨逸法의 關心事가 一致하지 않는 경우가 많다。

이와 같은 事情을 直視한다면 獨逸民法을 基礎로 하고 獨逸社會의 實際的인 必要에 應하여 形成되어 가고 있는 物權的期待權의 法理論이 우리 民法의 理論으로서 無批判的으로 그대로 適用될 수는 없다고 말할 수 있겠다。 結局 이 새로운 法理論의 認定與否는 우리 民法의 原則과 實際에 立脚하여 우리의 法的確信을 基礎로 判斷해야 할 것이다。 그뿐만 아니라 이 理論이 아직도 獨逸에 있어서는 形成段階에 있다는 事情을 본다면 우리도 萬若 그 實際的인 必要性이 있다면 이를 우리의 實情에 맞도록 修正 乃至 變容시켜 適用할 수는 있을 것이며 오히려 그렇게 하는 것이 妥當하리라고 생각한다。 以下 이런 觀點에서 物權的期待權의 理論과 關聯되는 몇가지 問題에 관하여 살펴보기로 한다。

二 物權的期待權과 物權行爲의 獨自性 및 無因性

金曾漢教授께서 主唱하시는 物權的期待權의 槪念은 大體로 다음과 같이 要約할 수 있겠다。 즉 『物權을 取得하기 위한 本質的인 要件(즉 物權行爲——普通 代金完給、登記書類의 交付、不動産의 明渡 등——)은 이미 갖추어졌지만 아직 덜 갖추어진 要件(즉 登記 또는 引渡)이 있어서 아직 完全한 物權을 取得하지 못하고 말하자면 그 豫備段階의 狀態에 있는 者의 權利가 物權的期待權이며 그 重要한 例는 不動産去來에 있어서 物權的合意는 있었으나 登記를 畢하지 않은 경우의 取得者의 權利이다。 그런데 그 性質은 債權보다도 오히려 物權에 가까운 하나의 權利이며 이 權利의 效力은 完全한 不動産物權에 準하며、 權利者는 目的物을 處分(讓渡·質入)할 수 있고 또 그 權利는 押留의 目的이 될 수 있다(註①)。 以上과 같이 金曾漢教授께서 말씀하시는 物權的期待權의 槪念을 要約할 수 있다면 그것은 대체로 獨逸學者들에 의한 物權的期待權의 槪念과 一致하고 있는 것을 엿볼 수 있다。 또한 物權的合意가 이미 있었고 다만 登記를 아직 갖추지 못한 不動産取得者의 法的地位를 單純한 債權者의 地位와는 이를 區別하여、 物權的期待權으로 보려는 理論은 獨逸民法에서 다루어지는 物權的期待權의 한 경우임을 알 수 있다。 그러나 物權的期待權의 基礎 乃至 出發點이 되고 있는 物權的合意의 性質 및 그 內容이 兩法間에는 相當한 差異가 있으므로 우리나라에 있어서도 物權的合意가 成立하면 物權的期待權이라는 物權에 準한 權利가 發生한다고 말할 수 있겠는가 하는 點이 우선 問題가 될 수 있겠다。

旣述한 바와 같이 獨逸法에 있어서는 不動産所有權移轉의 合意(Auflassung)는 當事者가 獨逸民法 第九二五條가 規定하는 官公署에 同時 出頭하여 하여야 하며、 이런 形式에 의한 物權的合意는 同法 第八七三條에 의해서 拘束力이 發生하고、 다시 同法 第八七八條에 의하면 拘束力있는 物權的合意가 있고 또한 登記의 申請이 있은 以後에는 權利者의 處分權能이 制限 當하여도 物權的合意가 아무런 影響을 받지 않으므로 取得者는 아무런 支障없이 不動産物權을 有效히 取得할 수 있다。 즉 登記申請을 이미 한 物權取得權者의 地位는 그 以後의 權利者의 處分權 制限에 대한 關係에 있어서는 安全하게 保護되고 있다。 다른 말로 表現하자면 登記申請 以後의 物權的合意의 效力은 登記申請 以前의 物權權合意의 效力보다 一層 强化되어 있다。 他面 獨逸民法에 있어서는 小數學者에 따라서는 批判이 없는 것도 아니지

만 物權行爲의 獨自性과 無因性의 原則은 當然한 것으로 豫定되어 있다는 것을 우리는 注目해야 할 것 같다。 萬若에 不動産賣買契約 속에 物權行爲가 包含되어 있는 것으로 보고 登記만 갖추면 物權變動이 일어난다고 하여 物權行爲의 獨自性을 否認하는 立場(註②)에 선다면 物權行爲가 包含되는 賣買契約과 登記사이에 아무런 中間段階가 없는 셈이 되므로 賣買契約과 登記사이에 物權的合意라는 中間段階를 認定하고 이 中間的地位를 基礎로 物權的期待權이 發生한다고 보려는 理論은 事實上 取하기 어렵다는 結果가 될 것이다。 勿論 物權的期待權의 理論은 原因行爲가 있은後 登記에 向해서 發展되어 가고 있는 取得權者의 法的地位를 考慮하여 어느 段階를 出發點으로 하고 그 段階以後의 法的地位는 物權에 準하는 物權的期待權으로 보자는 것이므로 理論的으로는 物權行爲의 獨自性을 否認하는 立場에 선다 하더라도 登記 以前의 어느 段階를 策定하는 것이 可能한 以上 物權的期待權의 理論構成이 不可能하지는 않을 것이다。 또한 物權行爲의 獨自性을 否認한다 하더라도 債權行爲를 前提로 하지 않고 物權變動만을 일으키는 物權行爲의 存在를 否認하거나 또는 債權行爲와는 따로이 後日에 다시 履行行爲로서 別個의 獨立한 物權行爲가 행하여지는 것을 否認하는 것도 아니라면 이들 경우에는 物權的期待權의 理論構成이 더욱 可能하리라고 생각한다。 그러나 後者의 경우는 어디까지나 例外의 경우에 不過하며 普通의 경우에 債權行爲속에 物權行爲가 包含된다는 物權行爲의 獨自性理論에 의하면 債權契約과 登記사이에 法律的으로 特別한 意味를 가지는 中間的地位를 認定하는 것은 理論上으로나 事實上으로나 困難하게 될 것으로 생각된다。 要컨대 物權行爲의 獨自性을 認定하는 것이 物權的期待權의 認定을 위한 理論的前提는 아니라고 생각한다。 다만 物權行爲의 獨自性을 否認하는 분들은 대체로 物權的期待權도 認定치 않고 계신 것 같다(註③)。

物權行爲의 獨自性이 物權的期待權의 理論的前提가 아닌 것과 같이 物權行爲의 無因性도 또한 物權的期待權의 理論的前提가 아니다。 物權行爲의 獨自性을 否認하게 되면 物權行爲의 無因性의 問題는 처음부터 일어날 餘地가 없으며 他面 物權行爲의 獨自性을 認定한다 하더라도 物權行爲의 無因性을 認定하는 立場과 이를 認定치 않는 立場으로 區分될 수 있을 것이나 物權行爲의 獨自性을 認定하는 우리나라의 學者들은 대체로 그 無因性 또한 認定하고 있는 것 같다。 萬若에 物權行爲의 獨自性을 認定하면서도 物權行爲의 無因性을 否定하는 立場을 取한다면 物權行爲의 效力은 債權行爲의 效力에 依存하게 되므로 物權行爲의 無因性을 取하는 경우에 比하여 取得者의 法的地位는 그만큼 弱化되는 것이라고 볼 수 있다。 그러나 物權行爲 또는 이를 基礎로 하는 物權的期待權의 原因行爲로부터의 無因性을 認定한다 하더라도 所有權者로부터 有效하게 不動産을 買受한 二重賣買의 買受人이 그 不動産의 所有權을 登記함으로써 取得하면 第一買受人의 物權的期待權은 이로써 消滅한다고 解釋해야 할 것이므로 物權的期待權의 無因性을 認定하더라도 結果的으로는 거의 有名無實하게 될 것이다(註④)。

以上과 같이 物權的期待權의 理論構成을 위해서는 物權行爲의 獨自性을 認定하는 것이 必然的前提는 아니겠으나 獨自性을 認定하여 이를 前提로 하는 것이 다만 理論構成을 무난하게 하기 위해서는 事實上 必要하게 될 것이다。 그러나 이런 理由 때문에만 物權行爲의 獨自性을 認定해야 한다고는 말할 수 없을 것이다。 物權行爲의 獨自性에 관하여는 우리 學界에서 이미 여러번 論議를 해오던 터이므로 이곳에서는 再論하지 않기로 한다。 다만 觀點如何에 따라서는 다른 結論이 나올 수 있겠지만 去來의 實情을 본다면 當事者가 賣買契約時에 이미 物權變動을 招來하려는 意思를 가진다고 보는 것은 無理이며 오히려 賣渡證書、登記畢證、委任狀의 交付、不動産의 明

渡등 一聯의 行爲를 할 때에 비로소 普通 物權變動을 招來하려는 意思를 가진다고 보는 것이 옳을 것 같다。 따라서 우리 民法의 解釋에 있어서도 登記書類의 交付 또는 不動産의 明渡 등의 行爲는 債權行爲와는 區別되는 物權行爲로서의 意味를 가지는 것이라고 보는 것이 妥當한 見解라고 생각한다。

要컨대 우리나라의 多數說에 의하여도 物權行爲의 獨自性이 認定되고 있으므로 物權的期待權의 理論構成을 위한 첫 出發點은 이루어졌다고 볼 수 있겠다。

三 物權的期待權과 物權的合意의 拘束力

旣述한 바와 같이 獨逸民法上의 物權的合意와 우리 民法上의 物權的合意 사이에는 相當한 差異가 있다。 먼저 考察할 것은 物權的合意의 拘束力의 問題이다。 獨民法 第八七三條、第八七八條、第九二五條에 의한 物權的合意의 拘束力의 意味에 관하여는 이미 考察하였다。 우리 民法上 物權的合意에 拘束力이 있느냐는 問題가 또한 다루어지고 있다。 우리 民法의 解釋으로서는 獨逸民法과는 달리 明文의 規定이 없는 以上 特別히 物權行爲의 拘束力을 인정할 수 없다는 見解(註⑤)가 있으나 拘束力이 없다는 뜻은 무엇인지 明確히 알 수 없다。 物權的合意가 契約이라면 何等 明文의 規定이 없는 以上 契約法의 一般原則이 適用되며 따라서 契約과 承諾의 意思表示만 있으면 物權的合意는 成立하고、 따라서 拘束力이 생긴다고 解釋하는 것은 너무나 當然하다고 생각한다(註⑥)。 一般的으로 有效한 法律行爲는 拘束力이 있으며 또 物權行爲에는 法律行爲에 관한 一般規定이 適用되고、 또한 物權的合意에는 契約에 관한 規定이 準用되므로 다른 法律行爲에 있어서와 마찬가지로 解釋하면 된다는 見解(註⑦)를 따른다 하면 結果的으로는 物權行爲의 拘束力이 있다고 主張하는 見解와 拘束力이 없다는 見解 사이에는 아무런 差異가 없게 된다。 그러나 物權行爲에는 拘束力이 없다는 말을 쓴다면 物權行爲의 獨自性을 認定하거나 認定하지 않거나 間에 誤解가 될 念慮가 있다。 왜냐하면 物權行爲의 獨自性을 否認하드라도 物權行爲가 債權行爲를 前提로 하지 않거나 또는 別個로 행하여지는 것을 否定하지 않는다면、 이 때의 物權行爲는 拘束力이 없다는 말은 얼핏 當事者가 自由로이 一方的으로 物權的合意를 撤回할 수 있다는 것으로 誤解될 念慮가 있기 때문이다。 이런 結果를 認定하지 않으면서도 物權的合意는 拘束力이 없다는 것은 理解하기 어렵다。 本來 獨民法 第八七三條에 의한 「物權的合意는 拘束力이 있다」고 한 獨民法의 理由는 去來當事者로 하여금 要式的인 物權的合意는 拘束力이 있다는 것을 宣明함으로써 物權變動을 招來시킬 物權行爲를 輕率히 못하도록 하자는데 理由가 있는 한편 이 例外의 경우를 除外하고는 따라서 物權行爲가 拘束力이 없다는 것을 宣明하여 一般契約法의 原則이 適用되는 것을 排除한다는 데에 있다。 그렇게 함으로써 例外的인 要式的인 物權的合意 以外의 物權的合意의 경우에는 當事者가 언제든지 一方的으로 이를 撤回할 수 있게 하여 自由로운 物權去來를 確保함과 同時에(註⑧) 當事者에게 自由로운 利益追求의 機會를 賦與하자는 데에 있다。 獨逸의 學者들도 物權行爲의 拘束力을 規定한 獨民法 第八七三條 및 第八七八條가 一般的인 契約法에 대하여는 特別法(lex specialis)의 關係에 있으므로 物權的合意의 拘束力에 관하여 何等 規定한 바가 없으면 當然히 契約의 拘束力에 관한 一般原則이 適用된다는 데에 대하여 異論이 없다(註⑨)。 또한 獨逸民法에 있어서 物權的合意에 拘束力이 있다는 말의 뜻은 當事者가 一方的으로 撤回할 수 없다는 것을 意味하는 것이며 兩當事者의 契約으로써 物權的合意를 解約할 수 있는 것은 勿論이다。 他面 物權的合意에 拘束力이 發生해도 處分權이 制限되는 것은 아니다。 特히 物權的合意의 拘束力의 問題는 登記 以前에만 問題가 되며 登記 以後에 있어서는 物權

的合意의 拘束力의 問題는 없는 것이다(獨民第八七三條參照)。 이들 諸點을 考慮한다면 獨逸民法의 物權的合意의 拘束力은 前述한 第八七八條의 경우 以外에는 實際的인 意味가 없다는 것이 一般的인 見解이다(註⑩)。

우리 民法의 解釋에 있어서도 物權的合意의 拘束力의 問題는 明文의 規定이 없지만 登記를 하기 以前에 있어서의 問題라고 볼 것이며 登記가 끝나서 物權變動이 생긴 以後에는 언제나 當事者의 새로운 物權的合意와 登記에 의해서만 物權變動을 일으키는 것이라고 解釋함이 옳다고 생각한다(註⑪)。 以上 綜合하건대 우리 民法의 解釋에 있어서도 獨民法의 以上과 같은 意味에 있어서의 物權的合意의 拘束力은 역시 認定되는 것이라고 생각한다。 다만 우리 民法의 경우 物權的合意의 拘束力이 認定된다 하더라도 物權的合意의 成立時期가 獨逸民法에 있어서와 같이 明確하지 않으므로 當事者間에는 이를 實際로 立證하기가 困難할 뿐만 아니라 紛爭이 일어날 憂慮가 있을 것은 事實이다。 物權的合意의 拘束力을 認定하는 獨民法의 理由의 하나가 또한 物權的合意의 成立時期를 明確히 하여 當事者의 紛爭을 未然에 防止하자는 데에도 있는 것인데(註⑫)、 이 點 우리 民法의 解釋上 物權的合意의 拘束力을 認定한다 하더라도 아직도 그 難點은 남는 것이라고 하지 않을 수 없다。

우리 民法上 物權的合意의 拘束力을 認定한다 하더라도 그 物權的合意의 拘束力은 獨民法의 그것보다 그 效力이 弱化되어 있음을 또한 注意할 必要가 있다。 즉 獨民法 第八七八條는 物權的合意가 拘束力을 發生하고 또한 이미 登記申請이 있은 경우에는 그 以後에 處分權者가 그의 處分權의 破産 등의 理由로 制限된다 하더라도 物權的合意가 無效가 되지 않는다고 規定하고 있다。 따라서 例컨대 處分權者의 破産前에 拘束力있는 物權的合意가 있었고 또 이미 登記申請을 한 以上 取得者의 物權取得에는 아무런 影響이 없으며 따라서 以後 取得者는 登記함으로써 不動産物權을 取得하게 된다。 이에 反하여 우리 民法은 이런 特別規定을 하지 않고 있으므로 不動産의 買受人이 이미 代金을 完拂하고 登記에 要하는 一切의 書類를 받은後 登記申請을 하였다 하드라도 아직 登記簿上에 實際로 登記가 되어 있지 않은 동안에 處分權者의 處分權이 例컨대 破産으로 因하여 制限되었다면 그 不動産은 依然히 破産者에게 屬하므로 取得者가 이를 破産者에게 屬하지 아니하는 財産이라고 하여 破産財團으로부터 還取할 權利가 없을 뿐만 아니라(破産法第七九條參照) 破産宣告後에 한 不動産登記는 登記權利者가 惡意인 限 이로써 破産債權者에게 對抗하지 못한다(破産法第四六條參照)。

이런 點으로 보아 우리 民法의 解釋에 있어서 物權的合意의 拘束力을 認定한다 하더라도 獨逸民法과의 重大한 差異가 있게 된다。 既述한 바와 같이 獨民法 第八七八條의 規定理由가 不動産物權의 取得與否를 物權的合意와 登記申請이 있은 後에까지도 登記簿上의 登記時期를 標準으로 한다면 그 동안에 處分權者의 處分權이 制限된 경우에는 結果的으로 登記公務員의 事務處理의 迅速如何에 依存하게 된다는 不合理를 除去하려는 데에 있는것인데 우리 民法의 경우에는 이 不合理가 그대로 남아 있는 셈이다。 따라서 앞으로의 法의 改正에 있어서는 이 點을 充分히 檢討할 必要가 있다고 생각한다。 다만 우리 民法에 있어서도 登記申請이 있으면 登記公務員은 이를 審査한 後、 이를 却下할 事由가 없는 때에는 接受番號의 順序에 따라 登記를 하게 되므로(不登法五四條以下) 登記申請後에는 어느 程度 不動産物權取得의 可能性이 짙어진다고 말할 수 있겠다。 그러나 이것은 어디까지나 制裁規定의 性格을 가진 것이므로 登記公務員의 故意 또는 過失에 基하여 나중에 接受된 登記申請이 먼저 接受된 것보다 先順位로 登記된 때에는 被害者는 國家에 대하여 賠償請求를 할 수 있을 뿐이며 物權變動은 登記된 대로의 效力을 發生한다고 볼 것이므로 物權取得權者의 權利取得의 可能性이 絶對 確保되어 있는 것은 아니다。

〈次號에 계속〉

司法行政 제6권 제6호 (1965. 6)

(論)(點)‖民 法‖

物權的期待權(V)

—우리나라의 民法理論—

崔 鍾 吉
<서울法大 教授>

<目 次>

四 物權的期待權의 理論構成

以上에서 考察한 바와 같이 우리民法과 獨逸民法에 있어서의 物權的合意사이에는 相當한 差異가 있다。 要컨대 우리民法에 있어서는 物權的合意의 時期가 明瞭치 않을 뿐만 아니라 또한 그 拘束力을 認定한다 하더라도 그 效力이 獨民法에 比하여 크게 弱化되어 있다。 그런데 이렇게 弱化되어 있는 物權的合意를 基礎로 하는 物權的期待權을 우리民法의 理論上 認定할 수 있겠느냐 하는 疑問이 생긴다。 金曾漢教授께서는 取得者가 登記畢證、賣渡證書、印鑑證明書 委任狀을 交付받았을 뿐만 아니라 代金을 完拂했을 것을 그 前提로 하고 그 段階로부터 物權的期待權이 생긴다고 한다。 이로 미루어 보아서 이 段階에 있어서는 登記申請은 事實上 獨民法의 경우와 같이 取得者가 單獨으로 할 수 있는 셈이 된다。 또한 獨民法에 있어서는 代金完拂與否는 物權的期待權의 發生與否와는 아무런 相關이 없는데 金曾漢教授께서 代金完拂을 그 前提로 하는 點으로 보아 이點에 있어서는 物權的期待權의 前提가 더욱 엄격하게 되고 있는 셈이다。 그뿐만 아니라 많은 경우에 있어서는 不動産의 買受人이 代金을 完拂하고 不動産의 明渡를 받아 實際로 이를 使用、收益하고 있음에도 不拘하고 어떤 事情으로 아직 登記를 갖추지 않고 있는 수도 있을 것이다。 金曾漢教授께서는 勿論 이를 買受人의 法的地位를 物權的期待權으로 把握하고 계시지만 不動産의 占有를 物權的期待權의 要件으로 보고 계시지는 않은 것 같다。 筆者도 대체로 金曾漢教授께서 主張하시는 物權的期待權의 理論에 賛同하는 바이지만 이 보다 若干 그 要件을 엄격히 하여 不動産買受人이 代金을 完拂하고 登記에 必要한 一切의 書類(賣渡證書・登記畢證・委任狀・印鑑證明書 등)를 交付받고 또한 不動産의 明渡를 받아서 이를 直接 또는 間接占有者로서 利用하고 있지만 아직 登記를 갖추지 않았을 때 이 不動産買受人의 法的地位를 物權的期待權이라고 보려고 한다。 金曾漢教授와의 見解差異는、따라서 物權的期待權의 前提로서 언제나 取得者가 目的不動産을 占有하고 있는 것을 必要로 한다는 點에 있다。 筆者가 物權的期待權의 要件을 좀더 엄격하게 하여 一層 더 強化된 不動産買受人의 法的地位를 物權的期待權으로 把握하려는 데는 相當한 理由가 있다。 不動産의 占有與否가 勿論 所有權의 歸屬을 左右하는 것은 아니지만 登記書類가 交付되고 代金이 完拂되고 또한 占有까지 하고 있다면 이 段階까지는 이미 物權的合意가 끝났다고 볼 수 있다。 혹시 登記書類의 交付時에 物權的合意가 있다고 본다면 物權的合意以外에 目的物의 占有라는 要素가 附加된 段階라고 볼 수도 있다。 이 때의 不動産買受人은 不動産을 占有하여 이를 使用收益함으로써 事實上 이미 所有權을 行使하고 있는 것이므로 完全한 所有權을 向하여、占有以前의 段階에 比하여 一層 强化된 段階 또는 法的地位를 取得했다고 볼 수 있다。 不動産買受人은 이제 事實上 賣渡人의 協力이 없이도 다만 登記申請을 하고 登記簿上에 登記를 갖추기만 하면 不動産所有權을 取得할 수 있는 段階에 이르렀으므로 單純한 債權者로서의 法的地位와는 區別해야 된다고 생각한다。 特히 去來의 實際를 보아도 買受人이 代金을 完拂하고 登記書類를 交付받고 그 위에 不動産을 現在 占有하여 이를 使用·收益하고 있는 後에 있어서는 아직도 所有權이 自己에게 屬하고 있다고 생각하는 賣渡人은 없을 것이며、또한 買受人도 이제는 目的不動産이 「自己의 것」이 되었다고 생각할 것이다。 不動産이 이제 내것이 되었다는 買受人의 생각은 代金完拂이나 登記書類의 受領時에 있어서보다 不動産을 實際로 明渡받았을 때 더욱 確實해진다고 할 것이다。 本來物權的期待權의 理論은 旣述한 바와 같이 動産所有權留保附買受人의 法的地位를 把握하려는 데에서 發端하고 있으며、그 基本的인 思想은 法律上의 所有權을 가지는 留保附賣渡人과 事實上 所有權을 行使하는 買受人사이에 하나의 所有權이 分割되어 있다는 데에 있다。 이에 相應하여 不動産所有權에 있어서도 그 所有權이 賣渡人과 買受人사이에 分割되어 있다고 하려면 적어도 買受人이 現在 不動産을 占有하여 使用·收益하고 있을 것을 必要로 한다고 解釋해야 할 것이다。 筆者가 이와같이 强化된 不動産買受人의 法的地位를 物權的期待權으로 把握하려는 또 하나의 重要한 理由는 그것이 理論上의 槪念이 아니라 現行法上의 槪念인 「事實上의 現所有者」라는 槪念과도 相應시키려는 데에도 있다。 周知하는 바와 같이 一般農地의 所有權移轉登記 등에 관한 特別措置法(一九六四·九·一七 法律第一六五七號) 第四條는 「이 法에 의한 移轉登記는 登記名義人으로부터 一般農地의 權利를 이어 받은 事實上의 現所有者·時效取得者 또는 그 代理人이 登記所에 출석하여 單獨으로 登記를 申請할 수 있다」라고 規定하고 있으며、이에 앞서 分配農地所有權移轉登記에 關한 特別措置法(一九六一·五·五法律第一三四〇號改正 一九六二·五·二法律 第一三四〇號) 第二條도 「農地改革에 依하여 分配된 農地로서 分配받은者의 名義로 所有權移轉登記節次를 畢하기 前에 同法所定의 節次를 밟지 아니하고 分配農地의 權利를 이어 받은 事實上의 現所有者에게 政府는 直接 그 所有權移轉節次를 履行한다」라고 規定하여 「事實上의 現所有者」라는 用語를 登場시키고 이를 保護하고 있다。 그런데 이곳에서 말하는 事實上의 現所有란 正當하게 農地의 權利를 이어 받고 또 이를 耕作하고 있는 農民을 가리키는 것이다。

特히 注意할 것은 이곳에서 말하는 「事實上의 現所有者」란 이미 舊法時代의 意思主義의 原則下에서 이미 農地의 所有權을 取得했었으며 다만 新民法下에서는 形式主義에 따라서 登記를 갖추지 않았으므로 所有權을 取得하지 못하게 되었지만 繼續하여 事實上 農地를 現在 耕作하고 있는 者를 가리키는 것이다。 다만 一般農地의 所有權移轉登記 등에 관한 特別措置法은 事實上의 現所有者인 零細農民의 權利를 保護하기 위한 特別한 立法措置이며、또한 同法第一條 및 民法附則第一〇條와의 關聯에서 본다면 農地以外의 다른 土地나 建物 等 「一般不動産의 事實上의 現所有者」라는 槪念을 間接的으로 認定하고 있는 結果가 된다。 物權的期待權을 筆者와 같이 새긴다면 勿論 以上과 같은 意味에 있어서의 事實上의 現所有者의 法的地位도 物權的期待權속에 包含되는 것은 勿論이지만 그러나 두個의 槪念이 同一한 것은 아니다。 왜냐하면 筆者가 말하는 物權的期待權은 新法下에서의 「事實上의 現所有者」——그 不動産이 農地이냐 아니냐를 不問하고——의 法的地位도 아울러서 包含시키기 때문이다。 생각컨대 上記한 特別法에 의한 「事實上의 現所有者」라는 槪念과 現

民法下에서 不動産去來를 하여 代金을 完拂하고 登記書類를 交付받고 不動産을 占有하고 있는 買受人의 地位사이에는 上述한 바와 같이 若干의 差異가 있는 것은 事實이지만 後者의 경우에 있어서도 買受人을 어느 程度 保護할 必要性이 크므로 이 兩者를 包含시켜 物權的期待權의 槪念으로 把握하려는 理論은 充分한 根據가 있다고 생각한다。 그런데 民法이 法律關係를 明確히 하고자 모처럼 獨法主義를 採用하였는데、 그것에 따르지 않는 者를 保護하기 위하여 物權的 期待權이라는 理論을 構成할 必要가 있느냐 하는 點이 疑問視되고 있다(註一三)。

우리나라에도 이미 李朝時代에 오늘날의 登記制度에 該當하는 立案制度가 있었으며、 土地賣買後 立案을 하지 않을 경우에는 土地를 沒收하는 規定까지 두어 이를 强制하였으나 節次의 煩雜性、 手數料의 濫徵으로 말미암아 거의 實效性을 喪失하였고 實際로는 不動産去來는 公的登錄없이 當事者間의 契約만으로 成立하고 또 效力을 發生한다는 去來意識이 뿌리 깊이 박혀 내려왔으며(註一四)、 舊民法時代의 意思主義는 말하자면 韓國人의 傳統的인 去來意識에 矛盾하지 않는 法制度였다고 볼 수 있다。 이와같은 韓國人의、 特히 農村에 있어서의 法意識은 新民法施行後에도 如前히 뿌리 깊이 박혀 있으므로 새로운 制度에 좀처럼 친하려 들지 않으며 이것은 相當期間 繼續될 것 같다。 이와같이 法制度와 現實的인 우리 國民의 法意識사이에 벌어지는 『갭』이 顯著하다면 이를 어느 程度 메꾸어 事實上의 現所有者를 法의 保護밖으로 逐出하지 않도록 하려는 物權的期待權의 理論構成은 現時點으로 보아서는 극히 妥當한 것이라고 생각한다。 이런 意味에서 物權的期待權이 가져오는 語感이 좀 어떨는지 모르겠으나 이것은 決코 理論을 위한 理論도 아니며、 우리가 알기 힘든 外來語도 決코 아니며 어디까지나 우리의 現實에 立脚한 理論임을 指摘해 두고 싶다。 뿐만 아니라 事實上의 權利關係를 保護하려는 그 理論은 事實上의 會社、 事實上의 婚姻 等을 認定하는 우리 民法의 理論과의 對比에서 보는 限 별로 特異하게 다를 바가 없다。

五 物權的期待權과 登記請求權

不動産買受人이 現實的인 占有를 하고 있을 때를 標準으로 그 段階에서 物權的 期待權이 생긴다는 筆者의 見解에 따른다면 特히 登記請求權과의 關係에 있어서 金曾漢敎授의 理論과는 差異가 생기게 된다。 筆者는 法律行爲에 의한 不動産物權變動에 있어서의 登記請求權은 이를 두 段階로 나누어서 봄이 어떨까 하는 見解를 가지고 있다。 즉 登記請求權은 原則的으로 原因行爲인 債權行爲로부터 發生하며 賣渡人의 所有權移轉義務속에 登記義務가 包含된다고 解釋한다。 賣渡人이 登記에 必要한 一切의 書類를 交付하고 또 不動産을 이미 明渡해 주었다 하더라도 買受人의 所有名義로 登記될 때까지는 아직도 賣渡人의 所有權移轉義務、 따라서 登記에 協力할 義務는 依然히 存續한다。 他面에 있어서 買受人이 一切의 登記書類를 交付받고 代金을 完拂하고 또 目的不動産의 占有를 取得하면 그 段階에 있어서는 物權的期待權이 發生한다고 解釋하므로 이제 이 段階에 있어서는 一種의 物權的請求權으로서의 登記請求權이 物權的期待權으로부터 發生한다고 解釋하므로 債權的 登記請求權이 消滅時效에 걸릴 때까지는、 買受人이 目的物을 占有하고 있는 限、 登記請求權은 두個의 複合的 原因 즉 債權行爲와 物權的期待權에서 發生하는 것이고 債權的 登記請求權이 消滅時效에 걸려도 物權的期待權으로부터 發生하는 登記請求權은 消滅時效에 걸리지 않은 것이 된다。 그러면 아직 登記는 갖추지 않았으나 이미 代金을 完拂하고 登記書類를 交付받은 者는 債權的인 登記請求權이 消滅時效에 걸리면 이제 登記請求를 할 수 없으므로 不當하지 않겠느냐 하는 問題가 남아 있다。 그러나 생각컨대 우리 民法이 擇한 形式主義의 原則은 이를 尊重해야 한다는 點과 代金을 完拂하고 登記書類를 받고도 不動產의 明渡를 받지 않는 경우는 그리 많지 않을 것이며、또한 事實上의 所有權을 行使할 必要性조차 느끼지 않는、말하자면 一〇年間이나 權利위에 잠자는 者를 그렇게 特別히 두텁게 保護할 必要가 없지 않을까 생각한다。

物權行爲는 處分行爲이고 給付行爲가 아니므로 物權行爲로부터 發生하는 物權的 期待權으로부터 理論上 請求權이 發生할 수가 없지 않느냐 하는 論議가 있다(註一五)。

獨逸의 學者들도 이렇게 새기고 있다。그러나 物權的期待權은 上述한 바와 같이 物權行爲를 基礎로하여 目的物의 所有權을 事實上 行使하고 있는 事實上의 現在의 所有者의 法的地位라는 意味에서 觀察한다면 完全한 所有權에 近似하는 物權的 期待權으로부터、完全한 權利로 이끌어 가는데 必要한 一種의 物權的請求權으로서의 登記請求權이 發生한다고 解釋하는 것은 오히려 首肯이 가는 理論이라고 하여야 할 것이다。

六 物權的期待權과 物權法定主義

法律이 直接的으로 規定하지 않은 物權類似의 物權的期待權을 認定하는 것은 物權法定主義에 反하지 않느냐 하는 疑問이 있을 수 있다。

그러나 物權的期待權의 理論은 어디까지나 完全한 物權自體를 認定하는 것이 아니며、그 完全한 物權에 接近하고 있는、따라서 完全한 權利보다는 弱化된 權利를 認定하는 것을 前提로 하고 있다。또한 不動產取得者의 上記한 法的地位를 物權的期待權이라고 把握한다 하더라도 이 權利는 모든 第三者에게 效力을 미칠 수 있는 絶對的權利로서의 物權은 아니다。왜냐하면 第一取得者가 物權的期待權을 取得한 後에 第二取得者가 먼저 登記를 갖추었으면 그는 有效하게 所有權을 取得하게 되며、따라서 第一取得者의 期待權은 이로써 消滅한다고 解釋해야 할 것이기 때문이다。뿐만 아니라 賣渡人은 物權的合意에 의하여 아무런 處分權이 制限되는 것이 아니라고 한다면、賣渡人의 二重處分行爲 및 第二取得者의 取得行爲는 適法한 것이므로 第一取得者의 物權的期待權의 侵害를 理由로 不法行爲가 成立된다고 解釋할 수는 없다。왜냐하면 適法行爲가 同時에 不法行爲가 될 수는 없기 때문이다。獨逸에 있어서도 이 問題는 完全한 結論에 아직 到達하지는 못한 것 같으나 大體로 위와 같이 새기고 있다。다만 小數說은 第二買受人이 故意로 이미 目的不動產이 他人에게 處分되었다는 事實을 알면서 當該不動產所有權을 取得하였을 때에는 物權的期待權의 故意的侵害가 있다고 보아 不法行爲의 成立을 認定하려고 한다(註一六)。

物權期待權의 讓渡·擔保·押留 等에 있어서 物權的期待權은 物權과 같이 取扱되어야 하므로 이런 意味에 있어서는 立法者가 豫定치 않은 이런 權利를 認定하는 것이 物權法定主義에 反하지 않겠느냐 하는 의문은 역시 남어 있다고 할 수 있을는지 모른다。그러나 物權法定主義의 참 뜻은 當事者의 合意에 의하여 任意로 第三者에 대하에 效力을 가지는 物件에 對한 새로운 權利關係를 創設하지 못한다는 곳에서 찾어야 하며 決코 法의 發展을 阻止하여 民法制定當時의 狀態에 있어서 限定된 物權을 絶對的으로 堅持하라는 뜻이 아니다。社會的·經濟的 또는 政策的理由에 基하여 立法者가 豫定치 않은 새로운 物權이 慣習法 또는 判例法에 의해서 形成되어 가는 것은 決코 物權法定主義에 逆行하는 것이 아니라 오히려 正常的인 法發展의 結果이다。讓渡擔保 또는 慣習法上의 法定地上權이 認定되는 것은 이런 事情을 말하는 것이라고 볼 수 있다。物權法定主義에 對한 物權的期待權의 認定與否는 이런 觀點에서 理解해야 할 것이다。

七 結 語

以上으로서 物權的期待權에 관한 筆者의 拙稿를 一應 끝맺으려 한다. 다만 筆者는 많은 問題를 아직도 未解決된 채로 남겨 두었으며 特히 어떤 問題에 관하여는 重複을 避하기 위해서 全然 言及치 않았다. 더우기 所有權留保附賣買의 買受人의 法的地位가 物權的期待權이며 이것은 바로 現今 우리社會에서 盛行하고 있는 割賦·月賦賣買等의 買受人의 法的地位에 該當한다고 생각하면서도 이에 言及할 것을 다음 機會로 미루겠다.

形式主義를 택한 獨逸民法은 一九〇〇年 一月一日부터 施行되었다. 半世紀以上이나 形式主義의 原則을 適用하면서도 단지 登記만을 갖추지 않은 眞實한 權利者를 保護할 社會的必要性에 부딪쳐 學術과 判例가 考案해낸 理論이 바로 物權的期待權이다. 우리는 이에 反해 數百年來 登記없이도 權利를 取得한다는 法的確信속에서 살아왔다. 이런 기나긴 歷史的背景을 無視하고 단지 登記를 갖추지 않았다고 이들을 모두 法의 保護밖으로 쫓아내야 할 것인가. 物權的期待權의 理論을 어색한 外來語로만 돌릴 수는 결코 없을 것이다.

〈註一〉 金曾漢著 物權法(上) 〔一二〕三·나, 〔一二五〕三·다, 民法附則第一〇條의 解釋, 法政一八卷第一號一八面參照。

〈註二〉 李英燮大法院判事「物權行爲의 獨自性」法曹九卷七號, 郭潤直著 物權法七三面, 以下參照。

〈註三〉 郭潤直前揭書 第七六面參照, 다만 郭潤直敎授는『法律行爲로 因한 物權變動에 있어서의 登記請求權』(法學제三권)에 있어서는『…登記義務者가 登記畢證·委任狀·印鑑證明·其他의 登記에 必要한 書類를 登記權利者에게 交付한 後에는 登記權利者에게 期待權을 認定하는 것이 좋다고 생각한다』라고 하였었다。

〈註四〉 拙稿「物權的期待權」司法行政 第六卷第三號 第二五面以下參照。

〈註五〉 郭潤直 前揭書 一〇六面參照。

〈註六〉 金曾漢 前揭書 二九一面 同旨。

〈註七〉 郭潤直 前揭書 一〇六面參照。

〈註八〉 Vgl. Vor allem, Staudinger, § 873 in 46.

〈註九〉 Vgl. Staudinger, Ⅲ, 3 zu § 873, Bernhöft a. a. o. S. 11 Hedemann, § 15, Ⅱ, 3 u. a. m.

〈註一〇〉 Vgl. Studinger. § 873 in 46, Erman, § 873 I 12, Walff-Raiser, § 38 Ⅳ. u. a. m.

〈註一一〉 異說 郭潤直 前揭書一〇六面 : 郭潤直敎授는「獨逸民法에서는 Einigung이 拘束力을 가지게 되면 (따라서 登記후에는 언제나) 絕體로 撤回내지 解除하지 못한다。 그런데 金曾漢敎授는 前記와 같이 物權的合意의 拘束力을 인정하여야 한다고 하면서 한편으로는 物權行爲의 解除를 論하고 있다(前揭書二七四面)。 이것은 明白히 自家撞着이다」(一〇六面)라고 한다。 그러나 Einigung의 拘束力이란 正當한 原因없이 一方的으로 撤回하지 못한다는 것을 뜻하는 것이며 一般의 法律行爲와 같이 一定한 原因이 있으면 無效·取消·解除할 수 있는 것이며 郭敎授가 말하는 것과 같이 絕對로 撤回하지 못한다는 뜻이 아니다(dazu, Staudinger, § 925 in 61)。

〈註一二〉 Siehe, Staudinger, § 873 Ⅲ in 46.

〈註一三〉 郭潤直 前揭書 七六面參照。

〈註一四〉 朴秉濠著 韓國法制史特殊研究——李朝時代의 不動産賣買及 擔保法——韓國研究叢書 第四輯參照。

〈註一五〉 郭潤直 前揭書 一一六面參照。

〈註一六〉 So, Heinz-H, Röwer, Verletzung des durch Auflassung erlangten Anwartschaftsrechs; NJW, 1961, Heft 12 S. 539 ff; dagegen aber, Reich, nochmals; Verletzung des durch Auflassung enstandenen Anwartschaftsrechts: 특히 이와 關聯하여) 金曾漢 二重賣買의 反社會性法政第一九卷第九號參照。

"물권적 기대권" 해제

지 원 림*

Ⅰ. 들어가며

우리 민법학설사에서 가장 치열한 논쟁의 대상 중 하나였던 '물권행위의 독자성과 무인성'이 시나브로 무대의 뒤로 퇴장하였고, 덩달아 물권행위와 공시방법의 관계, 중간생략등기, 등기청구권, 물권적 기대권 등 관련쟁점에 관해서도 논의의 열기는 확연하게 식었다.[1)]

특히 물권적 기대권과 관련하여 보면, 1959년 독일사법학자대회에서 L. Raiser 교수가 물권적 기대권에 관한 강연을 하였고,[2)] 김증한 교수가 1960년 신속하게(혹은 성급하게?) 물권적 기대권론을 국내에 처음으로 소개하였는데,[3)] 최종길 교수가 독일의 논의를 소개하고 우리 민법에의 적용문제를 다룬 논문을 1965년 발표함으로써 본격적으로 논의되기 시작하였다. 이 이론은 도입 초기부터 한동안 치열한 논쟁의 대상이었으나,[4)] 이제는 거의 언급되지 않는다.[5)]

그런데 동산의 소유권유보부 매매에서 매수인이 가지는 조건부 권리[6)]를 물권적 기대권으로 표현하더라도 문제될 바 없으나, 부동산물권변동의 경우에는 상황이 전혀 다르다.[7)] 동산에

* 고려대학교 법학전문대학원 명예교수

1) 이를 법학전문대학원 체제의 도입에 따른 법학의 쇠퇴현상의 하나로만 치부할 것은 아니지만, '실무'의 득세가 큰 영향을 미친 것은 분명하다.

2) 그에 앞서 동산의 소유권유보부 매매에서 매수인의 법적 지위를 기대권으로 파악한 독일판례의 동향에 관하여 김성호, "독일법상 소유권유보부 매매에서 매수인의 기대권에 관한 연구", 법학논총(한양대 법학연구소) 제36집 제4호, 2019, 496면 이하 참조.

3) 김증한, 신물권법(상), 1960, 292-293면.

4) 물권적 기대권의 인정 여부에 관한 국내의 논의에 관하여 윤철홍, "물권적기대권론", 한국민법이론의 발전(이영준박사 화갑기념논문집), 1999, 242면 이하 참조.

5) 이에 관한 21세기의 논의로 김학동, "소유권유보부매매의 법률관계", 민사법학 제27호, 2005, 469면 이하; 양형우, "물권적 기대권론의 유용성", 민사법학 제37호, 2007, 279면 이하; 권오승, "물권적 기대권론이 가지는 의미", 한국 민법학의 재정립: 청연 김증한 교수의 생애와 학문세계, 2016, 238면 이하; 김성호, 앞의 글, 493면 이하 정도가 눈에 띄는데, 그나마 동산의 소유권유보부 매매에 초점을 맞추고 있고, 부동산물권변동에 관해서는 양형우, 앞의 글과 권오승, 앞의 글이 간략하게 검토하고 있을 뿐이다.

6) 독일민법 제449조와 같은 명문규정이 없고 유보소유권이 담보의 '실질'을 가지지만(대판 2014.4.10. 2013다61190 참조), 다수설은 소유권유보를 정지조건부 소유권이전으로 새기고 판례의 입장도 다르지 않다(대판 1997.9.7. 99다30534; 대판 2010.2.11. 2009다93671 등).

관한 논의를 기초로 부동산물권변동으로 나아가는 것은 꼬리가 몸통을 흔드는 격이다.

아래에서는 부동산매수인의 지위를 중심으로 물권적 기대권론을 살펴본다.

Ⅱ. 최종길 교수의 주장 정리

사법행정 제6권 2호부터 6호에 게재된 최종길 교수의 "물권적 기대권"은 크게 두 부분으로 나누어진다.

전반부(Ⅰ 내지 Ⅲ)는 "독일민법에 있어서의 새로운 법이론"이라는 부제가 보여주는 바와 같이 독일의 물권적 기대권론을 소개한다. 우선 (Ⅰ)에서 "생성과정에 있는 불완전한 권리, 환언하면 완전한 권리를 향하여 발전하고 있는 과정에 있는 법적 지위가 곧 기대권이며 완전한 권리가 물권인 경우에 이 완전한 물권에 향해서 발전하고 있는 법적 지위가 곧 물권적 기대권"이라고 개념을 소개하고, 그 유형으로 ❶ 독일민법 제449조에 의한 동산소유권유보부 매매에 있어서의 매수인의 법적 지위, ❷ 토지소유권이전의 합의는 있었으나 아직 등기를 하지 않은 토지소유권취득자(Auflassungempfänger[8])의 법적 지위, ❸ 피담보채권이 아직 성립되기 이전에 채권자로서 등기되어 있는 자 또는 증권저당에 있어서 아직 저당증권의 교부를 받지 않은 자의 법적 지위 세 가지를 검토한다.[9] 법적 거래에서의 물권적 기대권을 다루는 (Ⅱ)에서는 물권적 기대권의 양도 그리고 물권적 기대권과 원인행위의 관계를 분석하는데, 특히 후자와 관련하여 새로운 기대권자에 대항할 수 있는지 여부의 관점에서 위의 세 유형들이 상이하게 해결됨을 밝힌다. 그런데 우리 민법의 관점에서 주목할 것은 ❷와 관련하여 미등기매수인의 물권적 기대권은 Auflassung에 기한 등기신청이 없는 한 소멸한다는 점이다. 그리고 (Ⅲ)에서는 물권적 기대권자의 목적물에 대한 권능 그리고 물권적 기대권의 보호 및 압류를 다룬다.

이어서 "우리나라의 민법이론"이라는 부제가 붙은 후반부(Ⅳ와 Ⅴ)에서 물권행위의 독자성 및 무인성과의 관계 그리고 물권적 합의의 구속력과의 관계를 검토한 후, 물권적 기대권의 이

---

7) 동산의 소유권유보부 매매에서 매수인에게 인도됨에 따라 매도인의 처분이 사실상 봉쇄되고(새로운 양수인의 선의취득이 점유개정 때문에 좌절되는 등), 매수인은 이미 공시방법인 점유를 갖추고 있다. 따라서 매수인이 가지는 정지조건부 권리를 "기대권"으로 표현하는 것은 naming의 문제에 불과하다. 그러나 부동산물권변동에서는 뒤에서 보는 것처럼 조건성취의 관점에서도 공시의 관점에서도 상황이 전혀 다르다.

8) '토지소유권취득자'라는 역어가 소유권(Vollrecht)을 취득하기 전의 단계(Vorstufe)를 표현하고자 하는 고심의 결과로 읽히지만, 언어관용상 다소 어색하다.
한편 이를 '부동산소유권이전의 합의수령자'라고 옮기기도 하는데(가령 윤철홍, 앞의 글, 239면; 양형우, 앞의 글, 281면), Auflassung은 부동산소유권이전의 합의를 담은 '서류'이고 매수인은 '합의'의 당사자라는 점에서 적확한 번역이라고 하기 어렵다.

9) 세 유형 중 ❶에 대하여 앞에서 언급한 바와 같이 조건부 권리에 별도의 '명칭'을 부여한 정도에 불과하고, ❸은 소유자저당을 인정하지 않는 우리 법에서 논의의 실익이 없는 유형이다. 결국 이론 도입의 의미와 관련하여 검토되어야 하는 것은 ❷ 및 그 확장형이다.

론구성을 시도하고 등기청구권 및 물권법정주의와의 관계도 다룬다. 여기서 특기할 만한 주장은 다음과 같다: ① '물권변동의 일반원칙'에 있어서 우리 민법과 독일민법이 상당한 차이를 보이고 그에 따라 관심사가 불일치하므로, 독일이론의 "무비판적 적용"을 거부해야 한다. 즉 독일이론을 도입할 때 우리 민법의 원칙과 실제에 입각하여 우리의 법적 확신을 기초로 판단해야 하고, 실제적 필요성이 있다면 우리의 사정에 맞도록 수정 내지 변용시켜 도입할 수는 있을 것이며 오히려 그렇게 하는 것이 타당하다; ② 물권행위의 독자성 및 무인성의 인정 여부가 대체로 물권적 기대권에 대한 입장으로 연결되지만, 전자가 후자의 이론적 근거일 수 없다; ③ 독일의 Auflassung에 비하여 현저하게 약한 효력을 가지는 '물권적 합의'를 기초로 물권적 합의를 인정하기 위해서는 부동산의 점유를 요건으로 해야 한다[10]; ④ 등기청구권도 채권행위에 기한 '채권적' 등기청구권과 위와 같이 강화된 요건을 충족하는 경우에 인정되는 '물권적' 등기청구권을 구별해야 한다; ⑤ 물권법정주의와 관련하여 "모든 제3자에게 효력을 미칠 수 있는 절대적 권리로서의 물권이 아니"고, 입법자가 예정치 못한 새로운 물권이 형성되는데 이는 정상적인 법발전의 결과이다.

Ⅲ. 평가

1. 전제: 달라진 지형

물권변동에 관하여 의용민법의 의사주의 대신 현행민법이 채택한 형식주의가 착근하는 과도기에 규범과 현실의 괴리(gap)가 발생함은 부득이하다. 이러한 상황에서 부동산매매에서 채권계약에 따른 '기대 내지 희구'(Aussicht)를 넘어 등기를 마친 후의 '완전한 권리'(Vollrecht)의 단계로 나아가는 과정을 설명하고자 하는 독일의 "물권적 기대권론"에 눈길이 가는 것은 자연스러운 현상이다. 특히 당시 부동산거래의 현장에서 관용되던 이른바 매도증서가 독일의 Auflassung에 비견될 수 있다는 점에서 매력적인 이론으로 보였을 것임에 의문이 없다.

그런데 이 이론이 당시의 특수한 상황을 넘어 오늘날에도 유지될 수 있는지에 대하여 긍정적으로 답하기 어렵다. 이 점을 감안하여 (학문적으로 바람직한 태도라 하기 어렵지만) 오늘의 잣대로 물권적 기대권론을 실천적 및 이론적 양 측면에서 간략하게 살펴본다.

2. 실천적 측면

실용학문으로서 법학의 영역에서 어떤 이론을 주장하기 위해서는 우선 우리의 일상에서 법현상을 제대로 설명하고 분쟁을 해결 또는 예방함에 유용한 것이어야 한다.[11] 이러한 관점

10) 김증한 교수가 '대금의 완불 및 등기에 필요한 서류의 교부'를 요건으로 하는 반면, 용익을 가능하게 하는 한층 강화된 관계로서 '점유(부동산의 인도)'도 요건으로 포함해야 한다고 주장한다.

에서 물권적 기대권론의 대표적인 주장자로서 김증한 교수가 이론 도입의 실익으로 제시하는 바[12]를 기초로 그 실천적 의미를 검토한다.

첫째, 물권적 기대권을 통하여 우리 사회 일반의 법의식에 보다 가까워진다고 하며, 등기에 관한 각종의 특별조치법이나 지방세법 등에 나타난 '사실상의 소유권'은 이론적으로는 바로 물권적 기대권으로 설명할 수 있다고 한다. 그런데 ① 각종의 특별조치법은 이전등기를 마치지 않은 부동산매수인을 구제하기 위한 '한시적' 특별법으로서 이를 이론 도입의 실익으로 드는 것은 본말이 전도된 주장이다. ② 지방세법에서 '사실상 또는 실질적 소유'라는 개념을 사용하지만, 실질과세를 관철하기 위하여 차용된 이 개념은 민법상 인정될 수 없을 뿐만 아니라 오히려 부동산매수인에게 부담으로 돌아온다.[13] 한편 ③ 물권적 기대권론을 동원하지 않더라도 현행법의 테두리 안에서(Zu-Ende-Denken!) 부동산의 미등기매수인은 매도인의 물권적 청구나 소멸시효 주장에 대항할 수 있는 등 필요한 범위에서 보호받을 수 있다.[14]

둘째, 중간생략등기의 경우에 전전 이전되는 권리가 물권적 기대권이라고 하면, 물권적 기대권의 최종취득자는 중간자의 동의를 필요로 함이 없이 최초의 양도인(현재의 명의인)에 대하여 직접 이전등기를 청구할 수 있는 것으로 된다고 한다. 그런데 부동산거래에서 매도증서가 관용되던 시대와 달리 현재의 법상황 하에서 3자간의 합의가 있더라도 최종취득자가 단독으로 등기를 신청할 수는 없는데,[15] 최초양도인이든 중간자든 누군가에게 등기에 협력할 것을 청구해야 하는 최종취득자의 지위를 물권적 기대권으로 설명하기에는 무리가 따른다. 요컨대 물권적 기대권을 가지더라도 최종취득자 단독으로 완전한 물권으로 나아갈 수 없다. 다른 한편 김증한/김학동, 물권법, 제9판, 1997, 92면은, 물권적 기대권을 인정하기 위하여 점유의 이전까지 있어야 함을 전제로, 중간생략등기에 물권적 기대권이론을 적용하는 것은 이론의 원래의 취지에 맞지 않는다고 한 점도 곱씹어 볼 필요가 있다.

셋째, 모든 원인으로부터 생기는 창설적 등기의 등기청구권은 물권적 기대권의 효력으로서 발생한다고 일원적으로 설명할 수 있다는 점을 든다. 그뿐만 아니라 그렇게 함으로써 등기청구권도 소멸시효에 걸리지 않는 것으로 된다고 한다. 그러나 다른 것(가령 등기청구권이 반드시 일원적으로 설명되어야 하는지에 대한 의문[16] 등)은 차치하더라도 아직 물권을 취득하지 못한(제186조

11) 김성호, 앞의 글, 502면도 동산의 소유권유보부 매매와 관련하여 독일의 판례는 정치한 법적 구성에 의해서가 아니라 경제적인 측면에서의 재산귀속관계를 근거로 소유권유보부 매매의 매수인에게 기대권을 인정한다고 한다.

12) 김증한, 물권법, 1980, 88면 이하.

13) 이와 비견될 수 있는 것으로, 판례는 미등기건물의 매수인에게 점유 중인 건물에 대한 '법률상 또는 사실상 처분할 수 있는 지위'를 인정하지만(가령 대판 2003.1.24. 2002다61521), 이 역시 건물철거청구의 피고적격을 인정하기 위한 것으로 미등기매수인에게 불리하게 작용한다.

14) 개인적 소감으로, 이제는 부동산의 미등기매수인의 지위에 관하여 체계적인(그 실질은 극히 추상적인) 이론을 수립해야 한다는 강박(그 결과로서 물권적 기대권 또는 매각되어 인도된 물건의 항변)에서 벗어나 그동안 주장된 이론들을 음미하는 단계에 이른 듯하다.

15) 뿐만 아니라 부동산실명법의 실권리자 명의의 등기의무(제3조)의 회피수단으로 전락할 위험도 상존한다.

참조) 이의 지위를 '물권적'으로 파악하는 것은 형식주의에 정면으로 반하는 결과로 된다. 특히 점유취득시효를 완성한 점유자의 지위를 물권적 기대권으로 설명한다면,[17] 민법 제245조 제1항에 "등기함으로써"라는 요건을 부가한(그리고 물권변동에 관하여 형식주의로의 대전환을 꾀한) 입법자의 의도에 명백하게 반할 뿐만 아니라 이해관계인들의 보호가치/물권변동의 실제에 비추어 보더라도 채권적 지위를 넘어 사실상 소유자의 지위를 인정해서는 안 된다.

물권적 기대권론은 Auflassung을 매개로 하는 독일의 등기실행절차에 기반한 것으로, Auflassung을 수령한 부동산매수인에게 준물권 내지 물권 유사의 권리를 부여하고자 한다. 그러나 앞에서 본 것처럼 우리 법상 물권적 기대권을 인정한다고 하여 매수인의 지위가 채권자의 지위보다 크게 개선되지는 않는다. 특히 미등기매수인의 경우에 매도인의 처분에 대항할 수 없는데, 이러한 지위를 '물권적'이라고 칭할 수 있는지는 다음의 이론적 측면에서 살핀다.

3. 이론적 측면

등기에 필요한 서류를 모두 교부받(고 부동산의 점유를 이전받)은 미등기매수인의 지위를 채권적으로 파악하기는 부족하고 그렇다고 형식주의 하에서 소유자로 볼 수도 없는 상황을 타개하기 위한 이론으로 "물권적" 기대권이 등장하였는데, 이론적으로 다음의 세 단계에서 분석한다.

첫째, '기대권'은 권리'취득'의 단계에 이르기 전이라도 이미 충족된 법률사실을 기초로 일정한 법적 효력을 부여하기 위한 노력이다. 즉 부동산거래의 현장을 동적으로 이해하여 완전한 권리를 향하여 발전하는 과정에서의 법적 지위를 기대권이라는 '권리'로 파악한다.

그런데 권리취득에 대한 주관적인 기대 내지 희구를 넘어 법적 보호를 받는 기대'권'이라고 하기 위해서는 ① 권리취득을 위한 '본질적' 요건(권리의 사전적 효력 Vorwirkung을 인정하기에 족한 표지)의 충족에 더하여 ② 권리의 취득에 switch－on 정도의 (기대권자의 일방적) '가공'만으로 완전한 권리취득의 단계로 나아갈 수 있는(이에 대하여 상대방이 일방적으로 방해할 수 없는) 상태에 이르러야 한다.[18]

이러한 관점에서 물권적 기대권을 돌아보면, 우선 ①과 관련하여 물권적 기대권이 성립하기 위하여 취득자가 등기서류를 교부받음으로써 족한가 아니면 부동산을 명도받아 점유하는 것이 필요한가에 관하여 견해가 갈리는데,[19] 이론적으로 아직 정립되지 않았음을 보여주는 대

16) 가령 김증한, 물권법, 92면은, 매수인이 매도인에 대하여 가지는 등기청구권은 "채권적 효력밖에 없다고 하지 않으면 안 된다"고 하면서도 이어서 "결국 등기청구권은 채권계약과 물권적 기대권의 복합적 원인으로부터 생긴다고 하는 것이 타당할 것이다"라고 한다.

17) 김증한, 물권법, 93면.

18) 임현정, "민법상 조건성취 방해 법리에 관한 소고", 법학논집(이화여대 법학연구소) 제28권 제1호, 2023, 377면도 참조.

19) 특히 김증한, 물권법, 88면은 등기서류의 교부로 족하다는 입장으로 보이는 반면, 김증한/김학동, 물권법, 95면은 점유를 요한다는 입장이다.

목이다. 그러나 보다 근본적인 문제는 ②와 관련되는데, 상대방의 협조를 요하지 않고(동시에 상대방의 방해를 무력화하고) 민법 제186조에 따라 요구되는 등기(공시방법의 구비)를 갖춤으로써 완전한 권리로 나아갈 수 있어야 한다. 그런데 독일과 우리의 등기실행과정이 현저히 다르다. 즉 독일에서 Auflassung 수령자는 단독으로 등기를 신청할 수 있고 양도인이 일방적으로 소유권 변동을 방해할 수 없는 반면, 우리는 공동신청주의(부동산등기법 제23조 제1항) 때문에 매수인이 단독으로 등기를 신청할 수 없다. 논자들이 '생성과정의 불완전한 권리'라고 하는 것도 이 때문인데, 결국 미등기매수인 등의 지위가 기대'권'이라는 권리로 된다고 보는 것은 무리이다.

둘째, 이러한 법적 지위를 '권리'로 인정하더라도 그를 '물권적'이라고 표현하는 것은 적절하지 않다. ('채권적'이 아니라) '물권적'이라는 지위를 부여하기 위해서는 그 지위를 모든 이에게 주장할 수 있어야 하는데, 가령 부동산의 미등기매수인이 '물권적' 기대권을 가진다고 하더라도 이로써 매도인의 채권자(새로운 '기대권자'를 포함하여)에게 대항할 수 없다. 그럼에도 불구하고 그 지위를 '물권적'으로 표현하는 것은 개념의 혼란을 초래할 수 있다. 다른 한편 그 권리가 '채권적'인 단계에 머무르지 않고 제3자에게 효력을 미치는 '물권적'인 단계에 이르기 위해서는 명확하게 공시되어야 한다. 의사주의를 취하는 일본에서 등기를 대항요건으로 하는 것도 이러한 맥락에서 이해될 수 있다.

셋째, 논자들은 권리의 '전'단계, 즉 생성 중의 불완전한 권리로서 물권적 기대권은 물권과 채권의 중간에 위치하지만 물권에 가까운 권리라고 하는데,[20] 우선 ① 이러한 권리가 우리 민법체계에서 인정될 수 없다. 물권과 채권을 준별하는 민법의 태도에 어긋나고, 특히 법률상 소유권과 별도로 '사실상 소유권'이라는 개념을 인정하는 것은 민법상 허용될 수 없다.[21] 그 연장선상에서 ② 이러한 '물권'을 인정하는 것은 물권법정주의에 반한다. 물론 민법 제185조가 관습법에 의한 물권의 성립을 예정하고 있지만, 安固한 상태에 이르지 못하였음[22]에도 '배타성을 가지는' 물권으로 포섭할 수 없고 해서도 안 된다. 다른 한편 기대권은 다양한 맥락에서 다양한 효력을 가지는데 어느 정도의 요건 불비에 대하여 어느 정도의 효력을 부여할 것인가 하는 관점에서 결국 일반이론으로 자리잡기 힘들다고 할 것이다. 그리고 ③ 궁극적으로 그 공시를 어떻게 할 것인지에 대한 명확한 답을 얻을 수 없다. 가령 점유를 물권적 기대권의 성립요건으로 삼는다면 제한된 의미에서 공시방법적 기능을 점유가 하고 있다고 볼 수도 있지만,[23] 점유가 다양한 모습을 띨 수 있고 부동산거래에서 등기 외에 점유까지 확인하도록 하는

20) 특히 완전소유권과 본질에 있어서는 같으면서 그보다 약한(minus) 것으로 하나의 준물권이라고 할 수 있다는 김증한, 물권법, 88면.

21) 생뚱맞지만 판례가 명의신탁 등에서 대내적 소유권과 대내적 소유권 운운하지만 분명 바람직하지 못한 태도이다.

22) 관련하여 김성호, 앞의 글, 502면: "아직 기대권이 민법의 체계상 어디에 귀속되는지 또한 그 본질은 무엇인지 등이 명확하게 정리된 것은 아니다."

23) 정옥태, "부동산물권변동이론의 변천", 민법학의 회고와 전망(민법전시행30주년기념논문집), 1993, 175면 참조.

것은 비효율적일 뿐만 아니라 형식주의를 취하는 입법태도에 반하는 주장이라고 하지 않을 수 없다.

4. 촌평

물권적 기대권론은 일본민법학의 굴레에서 벗어나려는 노력, 특히 우리 민법이 물권변동에 관하여 의사주의에서 형식주의로 원칙을 바꿈에 따른 이론적 대응으로서 그 학설사적 가치를 간과해서는 안 된다. 즉 의사주의에서 형식주의로 변경된 상황에서 부동산소유권을 취득하기 위한 요건의 대부분을 갖추었으나 아직 등기를 마치지 못한 이(미등기매수인이나 점유취득시효를 완성한 이)의 지위를 설명하기 위한 '한시적' 기능을 수행한 데에 그치지 않고 부동산물권변동에 관한 이론의 발전에도 크게 기여하였다. 특히 우리 민법이 시행된 직후, 그것도 물권변동에 관하여 의사주의에서 형식주의로 대전환이 이루어진 상황에 비추어 형식주의의 모국에 해당하는 독일의 물권변동이론을 검토하는 것이 가지는 의미를 지금의 잣대로 재단하기는 어렵다. 게다가 의사주의의 잔영이 남아 매도증서(속칭 등기권리증이라고 하는 등기필증이 첨부된)를 이용한 거래가 널리 이루어지던 당시의 상황이 지금과는 현저히 다르다는 점도 고려해야 한다.

다른 한편 학회의 학술지를 포함하여 전문학술지가 활성화되지 않았기에 이른바 교과서법학이 득세하던 시절에 제대로 된 연구논문의 형태로, 그것도 독일의 법상황을 적확하게 소개한 후 우리 민법의 입장에서 분석을 시도한 최종길 교수의 자세는 제대로 평가되어야 한다. 특히 독일과의 차이를 직시하고 우리의 사정에 맞도록 수정 내지 변용시켜 적용할 수 있고 그렇게 하는 것이 타당하다는 '옳은' 입장을 취한 바는 우리가 귀감으로 삼아야 한다.

그러나 유감스럽게도 현재로서는 물권적 기대권론이 더 이상 유지되기 어렵다고 할 것이다. 물론 동산의 소유권유보부 매매에서 매수인의 지위를 —(정지)조건부 권리 대신— 물권적 기대권으로 표현할 수 있지만, 그를 넘어 이를 부동산물권변동으로 확장하는 것은 부적절하다. 관련하여 이론의 발상지인 독일에서조차 확고한 지위를 차지했다고 하기 어렵다.24)

---

24) 물권적 기대권론이 무리 없이 안착하였다고 평가되는 동산의 소유권유보부 매매의 측면에서 유사한 평가로 김성호, 앞의 글, 502면: "기대권이 매수인의 경제적 활동의 자유(wirtschaftliche Bewegungsfreiheit)를 확대시키는 데는 기여하였으나, 그러한 법형성 과정에서 기존 법체계와의 정합성을 견지하지는 못했다고 평가된다."

저스티스 제10권 제1호(1972. 12)

不法行爲의 準據法

崔 鍾 吉
(서울大學校 法科大學 敎授)

<目 次>

Ⅰ. 序 言

不法行爲의 準據法에 관하여는 종래 立法 學說上 여러 主義가 대립하고 있으나 이미 오래 전부터 不法行爲의 行爲地法主義(Lex loci delicti commissi)가 國際私法上 傳統的으로 確立된 主義로서, 많은 나라의 學說 및 立法이 이를 따르고 있다.

우리 섭외사법 역시 이 原則을 宣明하여 섭외사법 제13조 제 1 항은 「事務管理, 不當利得 또는 不法行爲로 因하여 생긴 債權의 成立 및 效力은 그 原因된 事實이 發生한 곳의 法에 依한다」라고 規定하고 있다. 이와 같이 不法行爲의 準據法에 관한 不法行爲地法 主義는 우리 나라를 포함한 많은 여러 나라의 涉外私法上 確立된 原則으로서 종래 이에 관한 論議가 별로 많지 않았다. 그러나 최근 不法行爲의 準據法을 일률적으로 行爲地法에만 의존케 하는 것은 실제로 많은 具體的인 경우에 妥當하고 公正한 해결책이 못 된다는 理由[1]에서 不法行爲地法 主義가 여러 각도에서 批判되고 특히 그 緩和를 둘러싸고 學說 및 立法上 활발한 論議가 진행되고 있음은 注目할 일이다. 本稿는 不法行爲의 準據法에 관한 위의 論議를 중요 外國의 立法例와 判例를 中心으로 고찰하고 우리 섭외사법의 올바른 이해를 촉구함을 목적으로 한다.

Ⅱ. 比較法的 考察

不法行爲의 準據法의 決定은 두개의 相反된 극단적인 立場에서 고려될 수 있다. 그 첫째의 방법은 미리 一定한 準據法(例컨데 不法行爲地法)을 確定해 놓고 法官은 個個의 具體的

1) Vor allem, Binder, Zur Auflockerung des Deliktsstatuts; *Rabels Zeitschrift für das ausländische und internationale privatrecht*, (20) (1955) S. 401~409; Jan Kropholler, Ein Anknüpfungssystem für das Deliktsstatut, *Rabels Zeitschrift*. 33 (1969) S. 601 f.

인 사건에 당하여 반드시 이에 拘束되어 아무런 裁量權이 없이, 거의 기계적으로 確定된 原則을 적용하는 方法이며, 그 둘째의 方法은 不法行爲의 準據法을 確定함이 없이 個個의 具體的인 경우에 法官이 裁量으로 그때 그때 당해의 事件에 대하여 가장 적당하다고 생각되는 곳의 法을 準據法으로 決定하는 方法이다. 그러나 이를 두 개의 方法 내지 主義는 각각 그 一面의 正當性만을 强調하는 것으로서 그 어떤 하나의 主義만을 固守하는 것은 決코 妥當하다고 할 수 없다. 즉 不法行爲의 準據法은 行爲地法에 의한다는 原則만을 철두철미 固守하여 그 原則의 緩和 내지 例外를 그 어떤 경우에도 인정하지 아니한다면 많은 경우에 있어서 國際私法上의 公正(Gerechtigkeit)을 기할 수 없다. 왜냐하면 不法行爲地 以外에도 많은 다른 連結點이 실제로 많은 경우에 있어서 不法行爲地法 보다 더욱 重大한 의미를 가지는 경우가 있기 때문이다. 그러나 他面 不法行爲의 準據法을 전혀 法官의 裁量에만 의존케 하는 것도 不當하다. 왜냐하면 그것은 國際私法에 있어서의 法的 安定性을 침해하게 될 것이기 때문이다. 결국 不法行爲의 準據法은 위의 두 개의 主義 내지 原則이 調和되는 곳에서 발견될 수 밖에 없다. 以下 간단히 主要 外國의 立法과 判例를 고찰하기로 한다.

1. 獨逸法系

獨逸 民法 施行法 제12조(§12 EGBGB)는 「外國에서 發生한 不法行爲에 기한 獨逸人에 대한 請求權은 獨逸法에 의하여도 그 請求原因이 있는 때에 한하여 행사할 수 있다.」[2]라고 規定하고 있다. 同條는 文字의 해석상 不法行爲의 準據法에 관하여 不法行爲地法主義를 自明한 原則으로 前提하고 있다고 해석되고 있다. 이런 立場에서 判例 또한 별다른 例外없이 不法行爲의 準據法으로서 不法行爲地法을 충실하게 적용하고 있다.

그러나 이에 반하여 有力한 學說[3]은 獨逸民法 施行法의 制定經過로 보아서 立法者의 意思가 決코 不法行爲地法主義를 固守하자는 데에 있지 않고 오히려 장차 法의 發展에 따라서 이 主義를 變容 내지 緩和하여 適用할 수 있는 여지를 남긴 것이라고 지적하고, 法解釋上 不法行爲地法主義를 緩和할 것을 强力히 主張하고 있다.

이런 입장에서 學說은 특히 休暇 또는 事業의 目的으로 一時的으로 外國에 滯在하는 獨逸人間의 不法行爲, 이미 特別한 結合關係(例컨대 夫婦 또는 契約當事者)에 있는 者間의 不法行爲에 있어서는 不法行爲地法을 準據法으로 할 것이 아니라 각각 當事者의 共通의 屬人法(Gemenisames Personalstatut)[4] 혹은 特別 關係의 效力에 관한 準據法(例컨대 婚姻 혹은 契約의 效力에 관한 準據法)에 의거케 하는 것이 妥當하다고 지적하고, 아울러 不法行爲에 관한 準據法을 決定함에 있어서는 當事者의 私法自治를 광범위하게 認定하여야 된다고 力說하고 있다.

특히 주목되는 것은 1942년 公布施行된 法律適用命令(Rechtsanwendungsordnung)[5]인

2) §12 EGBGB "Aus einer im Ausland begangenen unerlaubten Handlung Können gegen einen Deutschen nicht weitergehende Ausprüche geltend gemacht werden, als nach denn deutschen Gesetzen begründet sind".

3) Siehe, z. B. Jan Kropholler, a. a. O. S. 611f.

4) 이곳에서 말하는 共通의 屬人法은 自然人(例컨대 同一國籍保有者·無國籍者·國際的 避難民으로서 同一한 國家內에 住所地 혹은 通常의 居住地를 가지는 者) 뿐만 아니라 外國에 一時的으로 滯在하면서 機關을 통하여 活動하는 法人으로서 同一한 國家內에 主된 事務所를 두고 있는 者를 包含하는 槪念이다.

5) 이 法令의 原名은 "Verordnung des Ministerrats für die Rechtsverteidigung über die Rechtsan-

데 同 命令은 不法行爲의 準據法에 관한 종래의 不法行爲地法主義를 실제로 修正하고 있다.

즉 同 命令 제 1 조에 의하면, 外國에서 發生한 獨逸人 相互間의 作爲 또는 不作爲에 기한 不法行爲 기타의 모든 非契約에 기한 損害賠償請求權(즉 不法行爲, 不當利得, 事務管理에 기한 請求權)에 대하여는 獨逸法을 적용한다고 規定하고 있다.

물론 이 法律適用命令은 나치스 시대의 戰時에 公布施行된 法令으로서 多分히 當時의 정책적 理由에 기한 立法이므로 그 有效 여부가 한때 다투어졌었다. 그러나 독일 聯邦法院은 이미 判例[6]를 通하여 그 有效함을 判示하고 學說[7] 또한 대체로 이에 따르고 이 法令에 의하여 不法行爲의 準據法으로서의 行爲地法은 當事者의 本國法으로 代置되고 있는 셈이다. 判例(例컨대 München DR 43. 246)도 이에 따라서 伊太利內에서의 獨逸人間의 不法行爲事件에 관하여 그 本國法인 獨逸法을 적용하고 있다.

瑞西에 있어서도 1958년 制定, 1960년 1월 1일 施行된 시가지 교통법(Strassenverkehrsgesetz) 제85조 2항은 交通事故에 관한 준거법을 定함에 있어서 上述한 독일의 法律適用命令과 유사하게 規定하고 있다[8]. Benelux諸國의 國際私法 統一法(Einheitliches IPR Gesetz) 역시 不法行爲의 準據法에 관한 不法行爲地法 主義를 緩和하고 있다(同法 제(18)조)[9]. 그리고 화란의 法院은 이미 同法을 몇개의 실재의 事件에 적용하고 있다[10]. 특히 注目되는 것은 1962년 10월 2일의 이른바 Rechtbank Breda의 事件이다. 즉 本件에 있어서 화란내의 Antwerpen에 居住하는 두 벨기 國民間에 발생한 交通事故에 기한 損害賠償訴訟에 관하여 法院은 當事者의 本國法인 벨기法을 적용하였다[11]. 불법행위의 준거법에 관한 行爲地法主義의 緩和는 본래 自國民間의 外國에서의 不法行爲에 관한 것인데 本件에 있어서는 他國民間의 不法行爲에 관하여 不法行爲地法을 適用 制限하여 그 緩和를 기하였다는 點에 特色이 있다.

2. 佛 法 系

佛蘭西에 있어서도 不法行爲의 準據法은 不法行爲地法인 것을 原則으로 한다. 즉 Cour de Cassation은 1948. 5. 28의 判決[12]에서 不法行爲地法 主義를 宣明하였다.

본건은 한 불란서인 트럭 운전사가 西班牙에서 汽車와 衝突하여 다른 불란서인 트럭 운전사를 사망케 한 交通事故 事件이다. 同 事件에 있어서 法院은 不法行爲地法인 西班牙法

---

wendung bei Schädigungen deutscher Staatsangehöriger ausserhalb des Reichsgebiets vom 7. 12. 1942"(獨逸帝國 以外의 領域에 있어서 獨逸國民間의 被害에 대한 法律適用에 관한 帝國의 保護를 위한 參事官命令)이다.

6) BGHZ, 34, 222=Juristenzeitung 61, 422 mit Anm. von Wengler.
7) Gerhard Kegel, *Internationales privatrecht* 3. Aufl. 1971 S. 274 f.
8) Vgl. Jan Kropholler, a. a. O. S. 604, Anm 8; Schömberger in Kommentar zum Schweiz ZGB v/1a (1961) Rdz 327.
9) Vgl Jan Kropholler, a. a. O. S. 605 Ann. 9.
10) Siehe, Rabels Z, 24 (1959) 302 N. 60; 本件에 있어서 和蘭人夫婦가 休暇旅行으로 歐洲諸國을 訪問中 佛蘭西에서 交通事故를 당하였다. 法院은 Benelux 統一國際私法 제18조에 의하여 當事者의 共通의 屬人法인 和蘭法을 적용하였다.
11) Siehe, Rabels Z 30 (1966) 706 Nr. 14.
12) Kegel, a. a. O. S. 272=Cass. Civ. Rev. Crit. dr. i. p. 1949, 89 mit Anm. von Batiffol.

을 適用하였다. 만약 이와 꼭 같은 事件이 獨逸國民間에 發生하였다면 獨逸法院은 國際私法上 當事者의 本國法인 獨逸法을 適用하였을 것이다.

불란서의 法院은 다시 獨逸內에서 발생한 불란서 인간의 交通事故에 기한 損害賠償請求에 있어서도 不法行爲地法인 獨逸法을 적용하였다[13].

최근의 注目할 判例[14]는 外國內에서의 佛國人間의 이른바 招請乘務(Gefälligkeitsfahrt)에 기한 請求에 관하여 계약법상의 준거법으로서 佛法을 적용하였다. 벨기에 있어서도 1957. 5. 7.의 判決以後 엄격하게 不法行爲地法 主義를 따르고 있다[15].

이태리법 또한 不法行爲地 主義를 따르고 있으며(伊太利 國際私法 25조 2항) 新涉外私法草案 역시 이에 의한다. 이에 대하여 스페인法에 있어서는 아직도 法廷地法 主義와 不法行爲法 主義의 적용이 다투어지고 있는 실정이다[16]. 오지리의 최고법원(OGH) 역시 外國에서 발생한 오지리人 相互間의 不法行爲 事件에 관하여 不法行爲地法을 준거법으로 적용하고 있다[17].

3. 英美法系

英美法系의 國家에 있어서는 위의 歐洲法系의 諸國에 있어서와는 달리 不法行爲의 準據法을 오히려 個個의 具體的인 경우에 따라서 決定하는 경향이 强하다. 따라서 많은 경우에 具體的 妥當性을 기할 수 있다고 생각되지만, 他面에 있어서는 法的安定性이 害쳐 질 우려가 크다.

a) 美 國 法

美國에 있어서도 不法行爲의 準據法에 관하여 最近까지 學說[18] 및 判例上[19] 대체로 異議없이 不法行爲地法主義를 따르고 있으며, 리스테이트멘트(Restatement) 제384조 역시 不法行爲地法主義를 채택하고 있다. 그러나 最近에 이르러, 不法行爲地法主義는, 法的安定性을 期할 수 있지만, 個個의 具體的인 事件에 있어서의 當事者의 特殊利益을 고려할 수 없다는 것을 主된 理由로 하여 不法行爲地法主義의 廢棄 내지 制限이 學說[20] 및 判例上[21] 强力히 主唱되고 있는 實情에 있다. 특히 최근의 리스테이트멘트(Restatement Second), §379

---

13) Cass. Civ. Rev. Crit. dr. i. p. 1967 728 mit Anm. von Bourel=Kegel, a. a. O. S. 272.

14) Trib. de grande instance de Dinun, D. S. Jur. 1969. 406 mit Anm. von prévault=Kegel, a. a. O. S. 272.

15) Rev. Crit. belge 11(1957)=Jan Kropholler, S. 662 Anm. 3.

16) 伊太利 및 西班牙法에 관하여도 Jan Kropholler, a. a. O. S. 662 Anm. 3 참조.

17) (öst) ZR Vgl. 1969, 212 mit Anm. von Kralik=Kegel, a. a. O. S. 272.

18) Justice Holmes in Slater v. Mexican Nat. R. R. Co., 194 U. S. 120; professor, Beale, Conflict of Laws, 1935, pp. 1286~1292.

19) 특히 poplar v. Bourjois, Inc, 298 N. Y. 62, 66; Kaufman v. American Youth Hotels, 5 NY 2d 1016 modfg 6 AD 2d. 233.

20) See, Dicey, *Conflict of Laws*(7th ed 1958) p. 937; Leflar, *The Law of Conflict of Laws* (1959) p. 217f. Stumberg, *Principles of Conflict of Laws*(2d. ed. 1951) p. 201, Morris, The proper Law of tort, 64 Harv. L. Rev. 881; Ehrenzweig, *Guest Statutes in the Conflict of Laws*, 69 Yale L. J. 595.

21) See, e. g. Richards v. United States, 369 U. S. 1, 12~13; Grant v. Acauliffe, 41 Cal. 2d 859, Schmidt v. Priscoll Hotel, 249, Minn. 376; Haumshild v. Continental Gas Co. 7. wis. 2d. 130=Von Mehren Trautman, *The Law of Multistate Problems* 1965 S 138 Anm. 50. 51

및 §379 a는, 不法行爲의 準據法은 原則的으로 不法行爲事實 및 不法行爲當事者의 權利·義務와 가장 重要한 관계(the most significant relationship)를 가진 곳의 法에 依한다고 規定하고 있다. 以上 몇個의 注目되는 主要判例를 紹介·考察하기로 한다[22].

가) Auten v. Auten Court of appeals of New York, 1954, 308, N.Y. 155, 124 N.E. 2d 99. 1954[23].

1917년 英國에서 結婚한 Auten夫婦는 1931年까지 英國에서 居住하고 있었으나, 1931년 被告인 男便은 原告인 妻를 遺棄하고 渡美하여, Mexico法에 의거 離婚判決을 받고, 他人과 結婚하려고 試圖하였다. 原告는 同年 New York에 와서 被告와 別居에 合意하고, 被告는 다시 原告와 原告의 子女의 生活費로서 月 50파운드를 支給할 것을 約定하였다. 同時에 原告는 그 代身 別居 기타 被告가 받은 離婚判決 또는 再婚 등을 다투는 일체의 訴의 提起를 抛棄할 것도 合意하였다. 위의 合意가 있은 後, 原告는 곧 英國으로 귀환하였다. 그러나 被告는 約定後 數個月後부터는 生活費의 支給을 中斷하였다. 따라서 1934년 8월 原告는 英國法院에 被告의 姦通을 理由로 別居를 請求하여, 判決을 받았다. 다시 原告는 1947년 被告에게 1935년 1월부터 1947년 9월까지의 生活費 26,564$을 請求하였다.

本件에 있어서의 被告의 抗辯은, 위의 約定을 한 것은 事實이지만, 原告가 그 約定後 英國에서 곧(1934년) 別居訴訟을 提起하였으므로, 以前의 約定을 위배한 것이고, 따라서 原告가 被告에게 生活費支給을 請求할 權利를 이미 喪失한 것이라는 데에 있다.

下級審은 契約締結地法인 New York法을 적용하여, 別居訴訟을 提起한 것은 當事者間의 約定을 취소한 것을 의미한다는 理由로 原告의 請求를 棄却하였다. 그러나 高等法院은, 契約法의 準據法은 行爲地法에만 의거할 것이 아니라, 다투어지고 있는 문제와 가장 重要한 連結(the most significant Contacts)을 가지는 곳의 法에 의하게 하는 것이 옳다고 判示하였다. 즉 "重要한 中心地"(center of gravity) 혹은 "連結의 集約地"(Grouping of contact)의 法에 의거하여야 한다는 原則이 그것이다.

本件에 있어서 法院은, 原·被告가 다같이 英國國民이고, New York에서 契約을 체결한 것은 극히 우연한 것이었고, 合意後 原告가 英國으로 귀환하여 그곳에서 子女와 함께 계속 生活하고 있다는 點 등을 고려하여, 當事者의 本國法을 契約의 準據法으로 하는 것이 妥當하다고 判示하였다. 특히 本件에서 法院은 위의 合意에 기한 債務의 履行 및 被告와 被告의 子가 充分한 生活費를 얻을 수 있느냐의 문제에 관하여 가장 큰 關心을 가지고 있는 곳은, 우연히 契約이 締結된 New York이 아니라 英國임을 지적하고, 英國法을 적용할 妥當性을 아울러 力說하고 있다.

나) Kilberg v. Northeast Airlines CI N.Y. 2d 34(1961).

New York에서 旅客機에 搭乘한 New York洲民인 Kilberg은 Massachusetts洲에서 發生한 事故로 인하여 死亡, New York洲에서 未亡人이 損害賠償을 請求한 事件이다. 事故를 일으킨 航空機는 Massachusetts洲內에 主된 事務所를 두고 있는 航空會社에 屬한다. 被告인 航空會社가 援用하는 Masschusetts法에 의하면, 航空會社의 責任限度는 死亡者 1人

참조.

22) 英美의 主要判例의 紹介는 특히, Kegel a.a.O. S. 272f., Von Mehren, a.a.O. S. 137 f.

23) 本事件은, 엄격하게 말하면 不法行爲의 準據法이 문제된 事件이 아니라 오히려 契約의 準據法이 문제된 事件이지만, 後述하는 不法行爲의 準據法에 관한 다른 判例와 밀접한 關係가 있으므로 이곳에서 考察하기로 했다.

에 대하여 2,000$ 以上 15,000$ 以內로 되어 있고, 契約地法인 New York法에 의하면, 그런 制限이 없다.

法院은 本件에 있어서, 不法行爲의 準據法으로서 不法行爲地法인 Massachusetts法을 적용할 것을 거부하고, 原告의 本國地이고, 또 航空機의 出發地인 New York法을 적용하여 原告의 請求를 인정하였다. 그 理由는 특히 순식간에 여러 洲의 上空을 飛行하는 航空機의 事故에 있어서 다만 우연히 Masschusetts洲에서 事故가 發生했다고 하여 그곳의 法을 準據法으로 하는 것은 當事者의 利益이나 혹은 訴訟上의 不利益으로부터 自國民을 保護하여야 할 洲의 利益에서 보나 妥當하지 않다는데에 있다.

(다) Babcock v. Jackson(191. N.E. 2d. 279, 1963=Von Mehren, a.a.o. s.137 f.)

不法行爲의 準據法에 관한 美國의 근래의 判例 가운데서 가장 重要한 意義를 가지는 本件에서 New York洲의 高等法院은 다음의 事例에 대하여 New York洲法을 適用하였다.

즉 Miss Babcock은 Jackson夫婦의 招請을 받아 그들의 乘用車를 함께 타고 週末旅行次 New York에서 Canada로 행하였던 바 Canada의 Ontario洲에서 交通事故가 발생하여 부상을 입었다.

그런데 事故當時의 Ontario의 法律에 의하면 이른바 招請乘務에 있어서는 운전인이 故意 또는 중과실이 있는 경우에만 責任이 있다.

따라서 本件에 있어서 Jackson부부는 Ontario法에 의하면 Miss Babcock에 대하여 責任이 없는 것이 된다. 그러나 New York의 洲法에는 이런 制限이 없다.

法院은 本件에 있어서, New York洲와 Ontario洲의 利益을 比較較量한 結果 New York洲의 利益이 越等하게 優位에 있다고 지적하고, 따라서 不法行爲地法인 Ontario洲法을 적용하지 않고, 當事者의 屬人法인 New York洲法을 적용하여 Jackson夫婦의 責任을 인정하였다.

라) Kuchinic v, MacCrory 222. A(1966). Supreme Court of Pennsylvania.

Pennsylvania洲에 居住하는 個人 비행기의 所有者인 McCrory가 같은 Pennsylvania의 洲民인 다른 친구들을 招請하여 Miami에서 축구경기를 관람하고 귀환 途中, Georgia洲에서 비행기가 추락하여 승객이 모두 死亡하였다.

法院은 비행기 所有者의 責任을 인정함에 있어서 輕過失로서 足하다고 規定하는 Pennsylvania洲法을 적용하고, 重過失을 要求하는 不法行爲地法인 Georgia洲法을 적용하지 아니하였다.

마) Johnson v. Johnson 216 A, 2d 781 (1966).

Massachusetts洲民인 Johnson夫婦가 New Hampshire洲에서 교통사고를 일으켜 負傷, Mrs. Johnson이 Mr. Johnson을 상대로 損害의 賠償을 請求한 事件이다.

그런데 Massachusetts의 洲法은 부부간의 不法行爲에 기한 損害賠償의 訴를 禁止하고 있다. 이에 反하여 New Hampshire洲法은 부부간의 訴를 禁止하지 아니한다. 法院은 本件에서 Massachusetts洲法을 適用하여 夫의 婦에 대한 책임을 부정하였다.

바) Miller v. Miller 237, N.E. 2d, 877(1968).

本件에 있어서 New York洲民인 Earl Miller는 Maine洲 居住의 동생 Robert Miller를 방문하고 있던중, Robert가 運轉하는 車의 事故로 Maine洲에서 死亡하였다.

그後 Robert부부가 以前의 住居地인 New York으로 移轉하였고, Earl의 未亡人이 Robert에게 대하여 賠償을 請求한 事件이다. Maine洲에서는 본래 交通事故로 인한 賠償限度額을 2萬弗로 限定하고 있는데, 本件의 訴訟進行中 그 制限이 廢止되었다. 本件에 있어서 New York의 高等法院은 4대3의 判決로 그 損害賠償의 범위를 定함에 있어서, 실재로 事故가 Maine洲에서 發生하였을 뿐만 아니라 事故當時 被告人이 또한 Maine洲에 居住하고 있었는데도 불구하고 New York洲法을 적용하였다. 그리고 判決理由는 主로 관계된 여러 「洲의 利益」(Governmental interests)을 保護하는데 있다고 判示하였다.

사) Tooker v. Lopez. 249. N.E. 2d 394(1969).

Michigan洲立大學의 寄宿舍에 居住하는 3人의 女學生(Miss Tooker, Lopez 및 Silk)이 週末 旅行으로 Detroit로 가는 도중Michigan에서 交通事故가 발생하여(Miss Lopez가 운전) Miss Silk가 부상을 입었다. 女學生中 Miss Tooker와 Lopez는 New York의 洲民이고 Miss Silk는 Michigan洲民이었든 바 事故로 인하여 Miss Tooker와 Lopez는 死亡하였다. 本件은 Miss Tooker의 遺産管理人인 父인 Mr. Tooker가 Miss Lopez의 父인 Mr. Lopez에 대하여 不法行爲에 기한 損害賠償을 請求한 事件이다.

法院은 4대3의 決定으로 招請運轉士의 단순한 과실책임을 인정하는 New York洲法을 적용하고, 중과실을 要求하는 Michigan法을 적용하지 아니하였다. 本件에서 法院은 「洲의 利益」을 고려하고, Michigan洲法을 적용하는 것은 法廷地國의 正當한 利益(legitimate Interest)을 파괴하는 것이라고 判示하였다.

아) Reich v, Purcell, 432p. 2d, 727(1967).

本件에 있어서 Ohio洲民인 Reich夫人은 두 子女를 동반하고, 남편을 만나서 移住의 可能性을 타진키 위하여 California로 행하던 중, Missouri洲에서 California洲民인 Purcell의 車와 충돌하여, 그 事故로 인하여 死亡하였다.

그 後 父인 Reich는 生存한 子女와 함께 California洲에 정착하여, 損害賠償을 請求하였다. 그런데 不法行爲地法인 Missouri洲法은 교통사고에 기한 손해배상액은 25,000弗로 한정하고 있다. 이에 反하여 California洲法(法廷地法) 및 Ohio洲法(原告와 子의 전 주소지)에는 아무런 제한이 없다.

California大法院은, 本件에 있어서 Ohio洲法을 적용하였다. 그리고 大法院長 Traynor는 判決理由에서 "洲의 利益"을 비교함에 있어서는 법원은 당해 사건이 내포하는 모든 對外的 對內的 요소 및 利益을 比較較量하여야 한다고 前提하고, 原告와 그 子女가 事故發生以前에 居住하고 또 子女의 財産이 管理되고 있는 Ohio洲의 利益, 不法行爲地인 Missouri洲의 利益 및 피고의 居住地이며 法廷地인 California洲의 利益을 比較較量해본 결과 Ohio洲의 利益이 優位에 있으므로, 本件의 準據法으로는 Ohio洲法을 적용하는 것이 妥當하다고 判示하였다.

자) Dym v. Gordon. 209 NE 2d 792(1965).

Calorado大學의 夏期大學生인 한 New York市民인 男學生이, 우연히 같은 New York市民인 한 女學生을 초청, 강의실까지 自動車로 運轉途中 事故가 發生하였다.

本件에 있어서 法院은 위에 들은 判例와는 오히려 反對로 不法行爲地法인 Calorado法을 적용하고(Calorado法은 고의 또는 중과실이 있는 경우에만 招請運轉士의 責任을 인정함), New York洲法을 적용하지 아니하였다.

위에 들은 事件들에 있어서와는 달리 法院이 本件에 있어서는 종래의 不法行爲地法을 적용하고 있는 것이 注目된다. 기타 不法行爲地法을 準據法으로 判決한 判例로서는 Conklin V. Horner. 157 N.W 2d 579(1968)(Wisconin大法院의 判決) 및 Abendschien V. Farrel 170 N.W. 2d 137(1969)(Michigan大法院의 判決) 등이 注目된다. 위의 두 判決은 交通事故에 기한 損害賠償訴訟에 있어서 法院이 不法行爲地法을 準據法으로 적용한 判例이다.

b) 英 國

英國에 있어서는 In Boys V. chaplin 1968 2. W.L.R. 328(331)事件을 通하여 不法行爲地法 主義를 緩和하였다.

즉 本件은 다 같이 英國에 住所地를 둔 海軍飛行士의 自動車와 空軍技士의 오도바이가 Malta에서 충돌하여 不法行爲에 기한 損害賠償을 請求한 事件이다. 그런데 英國法에 의하면 被害者인 海軍航空士는 精神的 損害에 대하여도 賠償을 請求할 수 있다. 그러나 Malta의 法에 의하면 精神的 損害에 대한 賠償請求權은 인정되지 아니한다. 法院은 本件에 있어서 英國法을 적용하여 被害者의 慰藉料 請求權을 인정하였다.

法院이 判決理由로 드는 것은, 不法行爲의 準據法은 Proper Law이어야 하는데 本件에 적용할 Proper Law는 바로 英國法이라는 데에 있다.

以上에서 본 바와 같이 英美의 判例는 각각의 具體的인 경우에 당하여 그때 그때 適切한 判決 理由[24]를 들어서 광범위하게 不法行爲地法의 適用을 緩和 내지 制限하고 있음을 알 수 있다.

Ⅲ. 綜合的 考察

이미 위에서 指適한 바와 같이 많은 나라의 立法例, 學說 및 判例에 있어서 不法行爲의 準據法으로서 不法行爲地法의 修正이 검토되고 있는 實情은 注目할 일이다. 대체로 위에서 본 바와 같이 歐洲諸國은 종래의 不法行爲地法을 존중하면서 필요한 個別的인 경우에 당하여 그 原則의 適用을 緩和 내지 制限하는 立場을 취하고 있다.

이에 反하여 英美法系의 實務는 오히려 個個의 具體的인 事件에 당하여 그때 그때 適切하다고 생각되는 標準에 따라서 不法行爲의 準據法을 定하는 立場을 취하고 있는 것 같다. 歐洲諸國의 立場은 法的 安全의 保護라는 觀點에서 보면 英美法系의 立場보다 우월하고, 具體的 妥當性의 保護라는 觀點에서 본다면 英美法系의 立場이 보다 正當하다고 할 수 있다.

다시 말하면 一面에 있어서 미리 確定된 原則이 硬化되어 法發展의 結果와 그 취세를 같이 하지 못하고 따라서 具體的 妥當性을 기할 수 없게 된다는 것도 문제이지만, 他面에 있어서 個別的으로 具體的인 事件에 당하여 一定한 基準이 없이 그때 그때 法官의 主觀的 裁量에 따라서 不法行爲의 準據法을 定한다면 위에 못지 않은 重大한 문제이다. 왜냐하면 不法行爲法의 領域에 있어서도 準據法 및 判決의 豫見可能性에 대한 必要性 즉 一般去來의 利益(Verkehrsinteresse)[25]을 保護하여야 할 必要性이 크기 때문이다.

결국 이미 指適한 바와 같이 不法行爲의 準據法은 法的 安全性과 具體的 妥當性이라는

---

24) 例컨대 "不法行爲에 대하여 適當한 法(proper law of tort); Morris, *The proper law of tort* Harvard L. Rev. 64(1950/161) 831~895; 혹은 "가장 重要한 관계" (most significant relationship) (Restatement Second) 또는 "連結點의 集中"(Grouping of Contacts) "重要한 中心地"(center of gravity) (Babcock v. Jackson) 등이 그것이다.

25) Siehe dazu, Kegel, a.a.O. S. 265 참조.

두개의 利益이 調和되는 중용의 位置에서 발견되어야 한다.

以上 이런 基本方向을 考慮에 넣고 不法行爲의 準據法으로서 利用될 수 있는 몇개의 重要한 基準을 個別的으로 考察해 보기로 한다.

1. 不法行爲地法(Lex loci delicti Commisi)

不法行爲의 準據法을 行爲地法에 의하게 하는 法政策的 理由는 이미 Rabel[26]이 適切하게 지적한 바와 같이, 아무 것도 確信할만한 것이 없다. 이들 가운데서 注目할만한 理由의 하나는 國際私法上의 判決의 統一調和(Internationaler Entscheidungsklang)를 기한다는 데에 있으나 이것 역시 說得이 될만한 理由라고 할 수 없다.

왜냐하면 不法行爲의 準據法을 不法行爲地法에 의거하게 한다 하더라도 그 行爲地를 行動地(Handlungsort)로 理解할 것이냐 혹은 結果發生地(Erfolgsort)로 理解할 것이냐에 관하여조차 意見이 合致하지 않기 때문이다. 아마도 行爲地法 以外에는 다른 一定한 基準이 될만한 準據法을 찾을 수 없다는 오히려 消極的인 面에서 그 理由를 求하는 것이 妥當할 것같이 생각된다[27]. 이런 의미에서 準據法으로서의 不法行爲地法은 絕對的으로 最善의 연결점이라고 할 수 없다.

다만 不法行爲地法은 이미 위에서 지적한 바와 같이 不法行爲의 當事者 (加害者 및 被害者)뿐만 아니라 第三者(例컨대 目擊者)로 하여금 미리 適用되는 法 및 장차의 判決을 豫測케 할 수 있으므로 일반거래의 利益에 合致한다. 또한 실제로 不法行爲地法 主義의 適用은 경우에 따라서는 正當한 解決策이기도 하다. 例컨대 韓國에 住所地를 가진 韓國女人이 日本에서 日本人 運轉士의 不法行爲로 인하여 피살되었다고 하면 피해자의 夫의 손해배상청구권의 行使에 대하여 不法行爲地法인 日本法에 의하여 하는 것이 오히려 당연하고도 妥當한 結論일 것이다.

따라서 理論上 實定法上 不法行爲의 準據法은 일응 不法行爲地法에 따른다는 原則을 존중하여야 할 것이다. 그러나 他面 위에 본 Babcock V. Jackson事件에 있어서와 같이 不法行爲地法 主義를 適用하는 것이 國際私法上의 正義觀念(Gerechtigkeit des Internationalen Privatrechts)과 合致하지 않는 경우에는 그 原則의 緩和 내지 例外를 과감히 認定하여야 할 것이다.

혹시 見解에 따라서는 現行法上 涉外私法이 不法行爲의 準據法으로서 不法行爲地法을 規定하고 그 例外를 인정하지 않고 있는 것을 理由로 不法行爲地法 主義의 緩和적용을 반대하는 異論이 있을 수 있을지 모른다. 그러나 무릇 實定法이라 하더라도 法의 自然的인 발전현상을 看過하여서는 아니되며, 오히려 實定法上의 不法行爲地法 主義를 一面 존수하여 법적 安全性을 기하면서 他面 具體的으로 필요한 個個의 경우에 한하여 그 原則을 緩和 適用할 수 있도록 하는 것이 法律을 옳게 解釋하는 所致라고 생각한다.

2. 共通의 屬人法(Gemeinsames Personalstatut)

마치 物權이 모든 第3者에 대하여 效力을 미치는 것과 같이 不法行爲 또한 任意의 一人에 의한 任意의 他人의 法益에 대한 加害行爲이며 또한 그 加害行爲는 보통 一時的 現象에 불과하다. 따라서 一般的으로 보아서 不法行爲의 當事者와 밀접한 관계에 있는 屬人法 즉

26) Rabel, *Conflict of Laws* Ⅱ (1960) S. 251f.

27) Jan Kropholler, a. a. O. S, 609 Ⅱ. 1 참조.

當事者의 本國法이나 住所地法을 不法行爲의 準據法으로 할 정당한 理由는 희박하다[28].

그러나 不法行爲의 當事者가 共通한 屬人法의 支配下에 있는 경우에는 不法行爲의 準據法으로서 不法行爲地法을 適用하지 않고 當事者의 共通의 屬人法에 의하게 하여야 한다는 理論이 學說上 및 判例上 많은 나라에서 이미 오래 前부터 認定되고 있음은 이미 考察한 바와 같다. 위에서 본 Babcock v. Jackson 및 Boys v. Chaptin事件은 當事者의 共通의 屬人法(이곳에서는 住所地法)을 不法行爲의 準據法으로 適用한 代表的인 判例이다.

만약 不法行爲의 當事者의 共通의 屬人法을 不法行爲의 準據法으로 적용한다면, 종래 休暇 혹은 事業上의 目的으로 一時的으로 外國에 滯在하는 內國人間의 不法行爲에 관하여도 不法行爲地法인 外國法을 적용하여야 하는 不合理가 是正되는 셈이다.

특히 최근의 國際私法의 立法에 있어서 不法行爲地地의 緩和 내지 例外가 明文으로 反映되고 있는 現象은 注目할 일이다[29]. 이와 같이 不法行爲地法 主義의 緩和 내지 그 例外를 인정하는 學說, 判例의 發展 및 立法의 傾向은 우리 涉外私法의 해석에 있어서나 장차의 立法에 있어서나 충분히 고려할 價値가 있는 문제이다.

다만 이와 같이 屬人法의 支配下에 있는 當事者間의 不法行爲에 관한 準據法을 當事者의 屬人法에 의하게 하는 경우에도 具體的으로는 當事者의 共通의 本國地(Gemeinsamer Heimatsort)의 法으로 할 것인가 혹은 共通의 住所地(Gemeinsamer Wohnsitzort)의 法에 의할 것인가 혹은 兩者를 擇一的(Alternativ)으로 혹은 累積的(Komülativ)으로 適用할 것인가 문제가 된다.

생각컨대 不法行爲法에 있어서는 親族, 相續法에 있어서와는 달리 當事者의 국적은 연결점으로서의 큰 의의를 가지지 못한다. 왜냐하면 불법행위에 관한 법규범은 불법행위자의 일반 사회에 대한 관계를 규율하는 것이므로 주로 가족관계와 같이 이해당사자만의 관계를 규율함에 적합한 본국법을 준거법으로 하는 것은 적당하다고 할 수 없기 때문이다.

즉 가족관계에 있어서는 외국인이라 하더라도 그 본국법에 의하게 하는 것이 적당하지만 불법행위에 있어서와 같이 제 3 자인 일반사회와의 관계에 있어서는 그를 둘러싼 사회의 법에 의하게 하는 것이 보다 정당하다. 불법행위의 준거법을 당사자의 주소지법으로 하는 주의는 이런 기본적인 입장에 선다.

왜냐하면 주소지법은 불법행위의 당사자를 둘러싼 사회적 환경을 기초로 하여 그 법을 준거법으로 하고 있기 때문이다. 이런 의미에서 當事者의 屬人法을 不法行爲의 準據法으로 하는 경우에는 當事者의 本國法에 의거케 할 것이 아니라 住所地法에 의거케 하는 것이 보다 妥當할 것같이 생각된다[30]. 뿐만 아니라 不法行爲의 準據法을 當事者의 住所地法에 의하게 하는 원칙은 또한 當事者의 利益에도 合致한다. 그것은 外國에 一時的으로 滯在하는 不法行爲의 當事者는 보통 그 一時的 滯在地인 外國의 法律을 알지 못하며 따라서 그 法律

28) Vgl. Gerhard Kegel, a. a. O. S. 265.

29) 例컨대 1966. 11. 26制定(1967. 7. 1施行)의 포루투갈(Portugal) 新民法 제45조 제 3 항은 同條 제 1 항에서 宣明한 不法行爲地法主義의 適用을 制限하는 規定으로서, 同一한 國籍 또는 住所를 가진 不法行爲의 當事者가 外國에서 우연히 滯在하는 者이었을 경우에는 그 本國法 또는 住所地法을 準據法으로 한다고 規定하고 있다(Rabels Z 32(1968) 513f: 또한 1965. 11. 12의 포란드 國際私法 제31조 제 2 항도, 不法行爲의 當事者가 同一한 國家에 屬하고 또 그 國家內에 同一한 住所를 가지는 때에는 同條 제 1 항의 不法行爲地法主義의 例外로서 當事者의 本國法을 準據法으로 한다고 規定하고 있다(Rabels Z 32(1968) 601～650 참조).

30) So auch, Jan Kropholler, a. a. O. S. 616 f. ; Schönenberger, a. a. O. R. d. Z. 328.

에 따라서 行動할 수도 없기 때문이다. 當事者는 결국 自己들이 실지로 生活하고 있는 場所의 法인 住所地法이 적용될 것을 기대할 것이다.

不法行爲의 當事者는 또한 住所地에서 損害賠償의 訴를 제기하는 것이 보통인데 準據法을 住所地法으로 한다면 結果的으로 自國法院으로 하여금 自國法을 적용케 할 수 있다는 부수적인 利點을 거둘 수 있다.

이와 같이 不法行爲의 準據法으로서는 本國法 主義보다 住所地法 主義가 보다 妥當하다고 생각되므로 이 兩主義를 擇一的 또는 累積的으로 하여 그 연결점을 決定케 할 필요는 없을 것이다. 다만 不法行爲의 當事者가 以前에는 相互間 전연 모르는 사이이고 外國에서 發生한 不法行爲事件 때문에 우연히 만난 것일 뿐인 경우에 當事者가 우연히 同國人 또는 同住所人이라는 理由만으로 不法行爲地法의 적용을 배제하는 것이 妥當하다고 할 수 없는 것이 아니냐고 하는 見解가 있을 수 있고 또한 當事者와는 住所地를 달리하는 제 3 자가 不法行爲에 관여한 때에는 同一한 事件에 대하여 當事者에 대하여는 住所地法을 그리고 第3者에 대하여는 不法行爲地法을 적용하여야 하기 때문에 不當한 것이 아니냐 하는 見解[31]가 있을 수 있다.

그러나 不法行爲의 當事者가 서로 우연히 外國에서 만난 同國人이라 하더라도 그 不法行爲의 準據法으로서 共通의 住所地法에 의하게 할 필요성은 當事者가 이미 相互間 어떤 특수한 관계에 있었던 때에 있어서와 다를 바가 없을 것이다.

또한 不法行爲의 當事者와 同一한 住所地를 가지지 않는 第3者에 의한 또는 第3者에 대한 請求에 관하여는 住所地法이 아닌 不法行爲地法을 準據法으로 적용하여야 할 것은 각각 그 準據法을 決定하는 基礎와 理由가 相違하므로 오히려 당연한 結論이라고 할 것이다.

3. 附隨的 連結(Akzessorische Anknüpfung)

不法行爲의 當事者가 이미 不法行爲가 發生하기 以前에 어떤 特別한 法的 結合關係(Rechtliche Sonderverbindung)(例컨대 부부, 계약당사자)에 있었던 경우에는 그들間의 不法行爲의 準據法은 그 特別結合關係의 準據法으로서 代置한다는 原則을 不法行爲의 附隨的連結 혹은 相互關聯의 原則(Prinzip das Zusammenhangs)[32]이라고 한다.

섭외사법 제10조 1항이 「法律行爲의 方式은 그 行爲의 效力을 定한 法에 依한다」라고 規定하고 있는 것은 부수적 연결의 實定法上의 例示이다. 不法行爲地에 있어서는 위와는 달리 附隨的 연결을 직접 규정한 바가 없으나 해석상 그렇게 새기는 것이 옳을 것같이 생각된다. 그렇지 않다면 例컨대 休暇여행중에 발생한 부부간의 불법행위에 관하여는 현재의 滯在地 如何에 따라서 항상 準據法이 달라지는 不合理가 있게 될 것이다. 이런 事情은 契約當事者間의 불법행위에 있어서도 마찬가지이다. 이와 같이 不法行爲地法에 있어서도 부수적 연결을 認定하는 것이 當事者의 利益에 合致한다.

왜냐하면 婚姻共同社會 혹은 계약관계중에 있는 當事者는 그들 사이의 不法行爲에 관한 責任은 婚姻 또는 계약의 준거법에 의해서 決定되리라고 確信하고 있는 것이 보통이기 때문이다.

4. 當事者의 私的自治(Privatautonomie)

31) Binder, a. a. O. S. 481.

32) Raape, *Internationales Privatrecht* 5 Aufl. 1961 S. 43 f.

不法行爲의 當事者가 不法行爲의 準據法을 私的 自治에 의하여任意 로 決定할 수 있느냐. 이 문제는 契約法의 領域에 있어서와는 달리 不法行爲의 領域에서는 종래 別로 論議된 바가 없다. 계약법의 領域에 있어서 私的自治에 의해서 準據法을 決定할 수 있다는 原則이 대체로 認定된 것도 최근의 일이다[33].

이 문제를 가장 자세히 취급한Raape[34]는 첫째, 행동지와 結果發生地가 다른 때 둘째, 行爲者가 行爲時에 어떤 나라에 있었는지 不確實한 때(例컨대 달리는 汽車內에서의 不法行爲) 셋째, 적용할 섭외사법의 규정 自體가 不確實한 때(例컨대 公海에서의 船舶衝突)의 세 경우에는 그 不確實을 시정하기 위하여 當事者의 自治에 의하여 不法行爲의 準據法을 決定할 것을 許容하여야 한다고 主張하고 있다.

독일의 경우 判例 또한 대체로 이 문제에 대하여 肯定的인 태도를 취하고 있다[35]

생각컨대 국제사법상 不法行爲의 領域에 있어서도 계약법의 영역에 있어서와 같이 當事者의 私的 自治를 否定할 특별한 理由가 없다.

國際私法上 계약법에 있어서 私的自治가 認定된 所致는 實定法上의 계약법의 규정을 기초로 그것으로부터 傳來한 것이다. 물론 不法行爲에 기한 債權關係는 當事者의 合意에 기하여서가 아니라 法律上 당연히 發生하는 것이기는 하지만 實定法上 不法行爲에 관한 規定은 原則的으로 任意規定이다.

특히 不法行爲法上의 責任의 범위를 事前 事後에 制限하는 것은 當事者의 任意에 속한다. 이와 같이 實定法上 私的 自治가 許容되는 범위와 같은 범위내에서 國際私法上의 不法行爲法에 있어서도 當事者의 私的 自治를 許容하는 것이 옳을 것이다. 그리고 不法行爲의 準據法으로서 不法行爲地法 主義가 많은 경우 公正妥當한 最善의 解決策이 되지 못한다는 事實로 미루어 보아서 그 私的 自治의 범위는 구태어 Raape가 지적하는 세가지의 경우에 한정할 필요는 없을 것이다.

綜合컨대 우리 섭외사법의 해석 및 立法에 있어서도 不法行爲의 準據法은 不法行爲地法에만 의존할 것이 아니라 一面 法的 安定性을 고려하면서 他面 위에 지적한 경우등에는 彈力性있게 具體的으로 妥當한 法을 決定할 수 있도록 하는 것이 옳을 것이다.

그리고 準據法을 定하는 順次는 위에 들은 기준 가운데 첫째, 私的 自治. 둘째, 부수적 연결, 셋째 當事者의 共通의 住所地, 넷째, 不法行爲地法으로 定하는 것이 보다 合理的이라고 생각한다.

33) Vgl. Hans Dölle, Rabels Z 30(1966) 205f=Jan Kropholler, a. a. O. S. 635 Anm. 119.

34) Raape, *Nachtragliche Vereinbarung des Schuldstatut, Festschrift für Gustav Bohmer* (1954) I (121~123); Raape, *Internationales privatrecht* S. 579 f.

35) OLG Hamburg 6. 4. 1961=IP Rechtsprechung, 1960~61, Nr. 37, 특히 獨逸聯邦法院(BGHZ 42, 385=IP Rspr 1964~65 Nr. 62)도 肯定的이다. 그러나 위와는 달리 1963. 10. 16의 OLG Karlsruhe=NJW 64~65는 瑞西內에서의 두 獨逸人의 不法行爲에 관하여 準據法의 決定에 대한 當事者의 合意의 有效性을 否定하였다.

The Concerned Jurisdiction of the Tort

Prof. Chong Kil Tsche, J. S. D.
College of Law
Seoul National University

In many countries including Korea, it has been the traditional choise of law rule that the substantive rights and liabilities arising out of a tortious occurance are determinable by the law of the place of the tort. This rule, embodied in the statutes of the most of the civil law countries as well as in the original Restatement of Conflict of Laws(Art. 384) of the United States of America, has been unquestionably followed until recently in the courts.

This rule of the place of the tort, as applied to torts, however very often ignores the interest which jurisdictions other than that where the tort occured may have in the resolution of particular issues. It is for this reason that, despite the advantages of certainty, ease of applicaiton and predicability which it affords, there has in recent years been increasing criticism of the traditional rule by commentators and a judicial trend towards its abandonment or modification.

In this article, the writer also attempts to review and reconsider the traditional rule of the place of the tort, particulary in connection with the Korean practices in the private international law problems. For the purpose of following the recent developments in this particular field of conflict of laws, the writer has taken number of leading cases and articles of foreign countries as U. S. A., England, Germany and France into consideration.

As a conclusion of this study, the writer made some suggestions on the desired modification of the rule of the place of the tort, that is considerations of other relevant factors, such as nationalities of both parties, autonomy of parties, incidental connections(akzessorische Anknüpfung), the most significant connection, center of gravity, grouping of contracts, as connecting points which may govern the availability of relief for the tort.

최종길 교수님의 '불법행위의 준거법' 解題*

석 광 현**

Ⅰ. 들어가는 말

필자가 해제를 담당한 대상논문은 최종길 교수님(이하 "선생님"이라 한다)의 국제사법 논문, 즉 "不法行爲의 準據法"이라는 제목으로 저스티스 제10권 1호(1972. 12.)에 간행된 논문(이하 "대상논문"이라 한다)이다. 필자가 알기로는 이는 선생님의 유일한 국제사법 논문이다(박사논문을 제외하면). 선생님이 서울 법대의 민법 교수라는 점은 익히 아는 바이지만 국제사법 논문을 쓰신 것은 별로 알려져 있지 않다. 그러나 선생님은 1961년에 "한국 실질사법 및 국제사법에 있어서 이혼"이라는 논문으로 쾰른 대학에서 박사학위를 받았고[1] 이는 한국인으로서는 처음 취득한 독일 법학박사학위(Dr. iur)라고 알려져 있는데 위 논문은 실질법과 국제사법(정확히는 국제이혼법)을 다룬 논문이다. 대상논문과 선생님의 박사학위 논문, 그리고 케겔 교수님의 지도로 박사학위를 받으셨음을 생각하면 국제사법에 대한 선생님의 관심과 애정이 무척 컸을 것이라는 점에서 선생님의 너무 이른 타계(他界)는 한국 국제사법학계에도 큰 손실이었다.

아래의 논의는 대체로 추모문집 준비위원회의 지침에 따라 대상논문의 주요내용과 특별한 내용(Ⅱ.), 대상논문의 논제에 관한 당시의 학설, 판례의 모습(Ⅲ.), 대상논문의 의미(Ⅳ.), 향후

---

* 선생님께서 수사기관의 야만적 행위로 1973년 타계하신 탓에 1975년 입학한 필자는 직접 배울 기회가 없었다. 그러나 필자가 서울법대에 교수로 재직하면서 근대법학교육 백주년기념관 내 '최종길 교수 기념홀'에 들어가 선생님의 부조를 볼 때마다 양심적 학자의 정신을 되새기곤 하였다. 선생님의 50주기 추모문집에 작은 글을 헌정함으로써 선생님의 국제사법학자로서의 면모를 소개하게 된 것을 큰 영광으로 생각한다. 삼가 선생님의 冥福을 기원합니다.

** 인하대학교 법학전문대학원 초빙교수

1) 필자는 Max Planck Institut, Hamburg 도서관의 웹사이트에서 "Tsche, Chong Kil, Die Scheidung im koreanischen materiellen und internationalen Privatrecht [Köln: Pulm 1961], 137 S."라는 정보는 확인하였으나 목차와 본문을 보지는 못하였다. 제목을 보면 한국의 이혼 실질법(민법)과 국제사법을 다룬 박사논문이다. 2001년 섭외사법 개정 시 국제이혼법의 연결원칙을 대폭 개정하였기에 위 논문의 해제도 필요하나 필자가 담당한 주제가 아니라 여기에서는 다루지 않는다. 필자는 전에 선생님의 박사학위 취득연도를 '1962년'이라고 썼으나(석광현, "이호정 선생님의 국제사법학", 이호정교수 추모문집 간행위원회, 자유주의자 李好珽의 삶과 학문(2019), 38면, 註 6), '최종길 교수님 50주기 추모문집 준비위원회'로부터 받은 자료에 따라 바로잡는다.

의 연구방향 및 내용(Ⅴ.)과 맺는 말(Ⅵ.)의 순서로 진행한다.

Ⅱ. 대상논문의 주요내용과 특별한 내용

1. 대상논문의 주요내용

대상논문은 불법행위의 준거법을 다룬 것이다. 더 정확히는 당시 섭외사법 제13조 제1항("事務管理, 不當利得 또는 不法行爲로 因하여 생긴 債權의 成立 및 效力은 그 原因된 事實이 發生한 곳의 法에 依한다.")이 채택한 '불법행위지법주의' 또는 '행위지법주의'와 관련하여 작성된 논문이다. 선생님은 대상논문 작성의 배경과 목적을 아래와 같이 밝혔다.

> "不法行爲의 準據法에 관한 不法行爲地法主義는 우리나라를 포함한 많은 여러 나라의 涉外私法上 確立된 原則으로서 종래 이에 관한 論議가 별로 많지 않았다. 그러나 최근 不法行爲의 準據法을 일률적으로 行爲地法에만 의존케 하는 것은 실제로 많은 具體的인 경우에 妥當하고 公正한 해결책이 못된다는 理由에서 不法行爲地法主義가 여러 각도에서 批判되고 특히 그 緩和를 둘러싸고 學說 및 立法上 활발한 論議가 진행되고 있음은 注目할 일이다. 本稿는 不法行爲의 準據法에 관한 위의 論議를 중요 外國의 立法例와 判例를 中心으로 고찰하고 우리 섭외사법의 올바른 이해를 촉구함을 목적으로 한다."

대상논문은 외국의 입법례와 판례를 고찰한다고 하였으니 자연스럽게 비교법적 고찰로 이어진다. 이를 살펴보면 아래와 같다.[2]

첫째, 대상논문은 독일법계의 사례로서 독일의 당시 민법시행법 제12조와 1942년 법률적용명령(Rechtsanwendungsordnung), 1958년 제정된 스위스 시가지교통법(Strassenverkehrsgesetz) 제85조 2항과 베네룩스 제국의 국제사법 통일법(Einheitliches IPR Gesetz) 조약 제18조를 소개한다.[3] 둘째, 대상논문은 프랑스법계의 사례로서 프랑스의 판례, 이탈리아 국제사법, 스페인 국제사법과 오스트리아 판례를 소개한다. 셋째, 대상논문은 영미법계의 판례를 소개한다. 미국의 사례로는 리스테이트멘트(Restatement Second)와 판례들을 소개하고, 특히 뉴욕주 고등법원의 1963년 Babcock v. Jackson 사건이 불법행위의 준거법에 관한 미국의 판례 중 가장 중요한 의미를 가지는 사건이라고 평가한다(전통적인 불법행위법주의를 적용하는 대신 뉴욕주와 온타리오주의

2) 대상논문, 82면 이하.

3) 최공웅, 국제소송 개정판(1994)은 전자를 '도로교통법'(523면), 후자를 '베네룩스 국제사법에 관한 통일법'(524면)이라고 번역한다. 조약의 영문명칭은 "Benelux Treaty Concerning a Uniform Law on Private International Law"이다. 소개는 이병화, "섭외불법행위에 관한 연구", 이화여자대학교 대학원 박사학위논문(1992), 250면 이하, 참고문헌은 250면, 註 366 참조. 법률적용명령(또는 법적용명령)은 아래(Ⅳ.3.가)에서 더 소개한다.

이익을 비교형량하여 뉴욕주의 이익이 월등하게 우위에 있다고 보아 공통의 속인법인 뉴욕주법을 적용한 점에서).[4] 한편 영국 판례로는 불법행위지법주의를 완화하였다고 평가되는 Boys v Chaplin 사건 판결을 소개한다. 대상논문은 영미법계의 경우 대륙법와 달리 개개의 구체적인 경우에 따라서 불법행위의 준거법을 결정하는 경향이 강하므로, 많은 경우에 구체적 타당성을 기할 수 있다고 생각되지만, 타면에 있어서는 법적 안정성을 해칠 우려가 크다는 단점이 있음을 지적한다.

2. 대상논문의 특별한 내용

대상논문의 특별한 내용은 위에서 소개한 비교법적 고찰을 전제로 선생님이 제시한 해석론과 입법론이다. 선생님은 아래와 같은 해석론과 입법론을 제시하였다.[5]

> "綜合컨대 우리 섭외사법의 해석 및 立法에 있어서도 不法行爲의 準據法은 不法行爲地法에만 의존할 것이 아니라 一面 法的 安定性을 고려하면서 他面 위에 지적한 경우 등에는 彈力性있게 具體的으로 妥當한 法을 決定할 수 있도록 하는 것이 옳을 것이다. 그리고 準據法을 定하는 順次는 위에 들은 기준 가운데 첫째, 私的 自治, 둘째, 부수적 연결, 셋째, 當事者의 共通의 住所地, 넷째, 不法行爲地法으로 定하는 것이 보다 合理的이라고 생각한다."

특별한 내용의 상세는 개별논점을 다루는 아래(Ⅳ.1.)에서 논의한다.

Ⅲ. 대상논문의 논제에 관한 당시의 학설, 판례의 모습

1. 학설의 모습

대상논문의 간행 당시 섭외사법의 해석론만 있을 뿐이고 입법론은 없었던 것으로 보인다. 다만 이는 필자가 수수의 기본서들[6]과 주요 문헌들을 확인한 결과와, 1972년 당시 우리 국제사법학이 충분히 성장하지 못한 단계라는 점을 고려하여 추론한 것이므로 단정하기는 어렵다. 대상논문은 우리 판례와 학설은 언급하지 않는데, 이는 아마도 당시 불법행위법주의를 완화하기 위한 논의가 전혀 없었기 때문일 것이다. 다만 1984년 간행된 단행본에서는 불법행위지법주의를 배제하는 방법론으로서 허위의 저촉이론, 공통의 속인법이론, 영국의 고유법이론, 부속적 연결이론과 당사자자치를 포함한 기타의 이론을 소개하는 견해[7]가 등장하였다.

---

4) 대상논문, 86면. 상세는 아래(註 45) 참조.

5) 대상논문, 92면 이하.

6) 金 辰, 新國際私法(1962), 206면 이하, 徐希源, 新國際私法, 一潮閣(1964)와 黃山德·金容漢, 新國際私法(1976), 236면 이하에는 보이지 않는다.

7) 최공웅, 국제소송(1984), 521면 이하 참조(최공웅(註 3), 521면 이하도 같다). 그러나 이병화(註 3), 415면은 불법행위지법주의를 원칙으로 하면서 국적 또는 주소지에 근거한 공통의 속인법 적용을 입법론으로 제안하는

2. 판례의 모습

대상논문 당시의 판례는 정확히 알지 못하나 월남에서 일어난 한국군인 사이의 총기오발 사고를 원인으로 한 대한민국 상대의 손해배상 청구소송인 서울민사지방법원 1970. 11. 24. 선고 70가8895 판결[8]이 소개된 바 있다.

위 판결은 월남에서 일어난 한국 군인 간의 총기오발 사고를 원인으로 대한민국을 상대로 손해배상청구를 제기한 사안을 다룬 것인데 법원은 한국법을 적용하면서 상세한 이론전개를 하였는바 이는 당시 미국 뉴욕 대학에서 국제사법을 공부하고 돌아온 민병국 판사가 미국의 Babcock v. Jackson 사건 판결의 이론전개를 응용한 기발한 판결이었다고 한다.[9] 위 서울민사지방법원 판결은 섭외적 요소가 포함된 불법행위사건에서 섭외성을 부정하고 섭외사법의 적용을 거부한 최초의 판결이었다고 한다.[10] 다만 국가배상법상 책임은 공법의 문제라는 견해도 있으므로 통상의 섭외사건과 달리 국제사법의 대상이 아니라고 볼 수도 있다.[11]

위 서울민사지방법원 판결은 대상논문에 앞선 것인데 선생님이 대상논문 작성 시 동 판결을 비판할 기회가 있었더라면 하는 아쉬움이 있다. 그러나 당시 선생님이 하급심 판결을 구하는 것은 매우 어려웠을 것이다.

Ⅳ. 대상논문의 의미

위에서 언급한 것처럼 선생님의 해석론/입법론의 핵심은 섭외사법은 불법행위지법주의를 규정하고 있으나 해석론과 입법론으로 일면 법적 안정성을 고려하면서 타면 탄력성 있게 구체적으로 타당한 법을 지정할 수 있도록 하는 것이 합리적이라는 것이다. 이를 실현하기 위하여 불법행위지법주의에 우선하는 연결원칙으로 첫째, 私的 自治, 둘째, 부수적 연결, 셋째, 當事者의 共通의 住所地法을 적용하고 그 다음에 섭외사법이 명시하는 不法行爲地法을 불법행위의 준거법으로 적용하자는 것이다. 대상논문에서도 언급하는 바와 같이 독일에서는 이를 불법행위지법주의의 엄격성을 '완화(Auflockerung)'하는 것이라고 설명한다.[12]

데 그치고 있다.

8) 이 판결은 최공웅(註 3), 231－233면에도 수록되어 있다.

9) 최공웅, "韓國國際私法의 回顧와 展望(上)", 법률신문 제2316호(1994. 6. 2.), 14면; 최공웅(註 3), 140면.

10) 최공웅(註 3), 528면.

11) 이종혁, "주월한국군 피해자 베트남인의 국가배상소송과 저촉법: 체계제법(體系際法), 시제법, 국제사법", 국제사법연구 제29권 제1호(2023. 6.), 267면 이하 참조.

12) 독일에서 '완화' 개념을 강조한 것은 Heinz Binder, Zur Auflockerung des Deliktsstatuts, Rabels Zeitschrift für das ausländische und internationale Privatrecht, Band 20, S. 401ff. (1955)이다(대상논문, 81면, 註 1도 이를 인용한다.) Gerhard Hohloch, Das Deliktsstatut: Grundlagen und Grundlinien des internationalen Deliktsrechts (1984), S. 189 참조. 그리고 20세기 중반 특히 1960년대 이후 '국제사법의 혁명'이라고 일컬어진 다양한 접근방법들이 미국에서 시도되었는데 유럽에서 불법행위 준거법의 완화는 그로부터도 영향을 받았

아래에서는 불법행위지법에 우선하는 다양한 연결원칙 별로 우선 대상논문의 해석론/입법론의 주요내용을 검토하고 그에 대한 필자의 평가를 덧붙인다. 대상논문의 발표 당시 불법행위의 준거법에 관한 해석론은 있었으나 입법론은 별로 보이지 않는다.

1. 사적 자치(당사자자치)

종래 독일에서는 실질법상의 당사자의 자유, 즉 '사적 자치(Privatautonomie)' 또는 '계약자유(freedom of contract)'의 원칙과 대비하여 국제사법에서는 '당사자자치(Parteiautonomie)'라는 개념을 사용하는데, 영어로 'party autonomy'라고 할 때에는 양자를 구별하지 않는 경향이 있고, 대상논문은 실질법과 국제사법에서 모두 사적 자치라는 용어를 사용하므로 이 글에서는 양자를 호환적으로 사용한다.

가. 대상논문의 내용

대상논문은 불법행위의 준거법을 사적 자치에 의하여 임의로 정할 수 있는지에 대하여 종래 별로 논의가 없으나, 이 문제를 가장 자세히 다룬 Leo Raape의 견해[13]와 긍정설을 취하는 독일 판례(연방대법원 판결 포함)를 소개한 뒤, 불법행위에 관한 규정은 원칙적으로 임의규정이고, 특히 불법행위법상 책임범위를 사전 사후에 제한하는 것은 당사자의 임의에 속하므로 실정법상 사적 자치가 허용되는 범위와 같은 범위 내에서 불법행위의 준거법 결정에서도 사적 자치를 허용하는 것이 옳다고 하고, 나아가 불법행위지법주의가 많은 경우 공정타당한 최선의 해결책이 되지 못하므로 사적 자치의 범위를 구태여 Raape가 지적하는 세 가지의 경우에 한정할 필요 없이 널리 인정할 수 있다고 한다. 요컨대 대상논문은 불법행위의 준거법 결정에서 해석론과 입법론으로 당사자자치에 대하여 매우 호의적 태도를 취한다.

나. 국제사법의 태도와 대상논문의 의미

구 국제사법과 국제사법은 당사자자치 원칙을 제한적으로만 허용하는 점에서 대상논문의 제안보다 보수적인 태도를 취한다. 즉 섭외사법은 법정채권의 준거법에 관하여 당사자자치를 허용하지 않았으나, 그러한 권리도 당사자들이 처분할 수 있는 것이므로 구 국제사법(제33조 본문)은 "당사자는 제30조 내지 제32조의 규정에 불구하고 사무관리·부당이득·불법행위가 발생한 후 합의에 의하여 대한민국 법을 그 준거법으로 선택할 수 있다."고 규정함으로써 당사자자치의 원칙을 제한적으로 도입하였고 국제사법(제53조 본문)도 같은 취지를 유지한다. 불법행위에서 당사자자치를 허용하는 것이 의아할 수 있으나 불법행위에서 피해자의 구제가 강조

다. 완화 대신에 'Relativierung(상대화)' 또는 'Differenzierung(차별화)'라는 표현을 사용하기도 한다.

13) 대상논문, 92면은 Leo Raape의 견해를 소개하는데, 이는 첫째, 행동지와 결과발생지가 다른 때, 둘째, 행위자가 행위 시 어떤 나라에 있었는지 불확실한 때(예컨대 달리는 기차내에서의 불법행위)와 셋째, 적용할 섭외사법의 규정 자체가 불확실한 때(예컨대 공해에서의 선박충돌)의 경우 불확실을 시정하기 위하여 당사자자치를 허용한다고 한다.

되고 있고, 불법행위에 기한 청구에서도 당사자들은 소송과정에서 합의 또는 화해할 수도 있으므로 그렇게 볼 것만은 아니다. 다만 남용을 우려하여, 스위스 국제사법(제132조)과 마찬가지로 준거법의 사후적 합의만을 허용하면서 그것도 법정지법만을 준거법으로 지정할 수 있도록 그 범위를 제한하였다.[14)][15)] 주의할 것은 준거법의 사후적 합의를 허용하더라도 그로 인하여 제3자의 권리는 영향을 받지 아니한다는 점이다. 따라서 당사자들이 한국법을 준거법으로 합의하더라도, 보험회사의 책임은 객관적인 준거법이 손해배상책임을 인정하는 경우에만 인정된다.

제53조가 명시하지 않지만 준거법의 합의는 명시적 또는 묵시적으로도 가능하나, 묵시적 선택은 계약에 관하여 제45조 제1항 단서가 규정하는 바와 같이 합의내용 그 밖에 모든 사정으로부터 합리적으로 인정될 수 있는 경우로 한정된다고 본다. 그렇지 않으면 묵시적 선택이 부당하게 확대될 우려가 있기 때문이다. 다만 당사자자치가 널리 인정되는 계약과 비교할 때 사후적 합의에 의한 불법행위의 준거법의 변경은 상대적으로 더 엄격한 요건 하에 인정하는 것이 타당하다.[16)][17)] 입법론적으로는 2007년 7월 유럽연합이 채택한 "계약외채무의 준거법에 관한 유럽의회 및 이사회규정"(이하 "로마Ⅱ"라 한다)[18)] 제14조 제1항처럼 제53조에도 그 취지를 명시하는 것이 바람직하다.

문제는 소송 중의 묵시적 합의인데, 소송 중 당사자의 행태를 통한 불법행위 준거법의 묵시적 합의를 인정하자면 적어도 당사자들이 불법행위 준거법이 외국법이라는 점을[19)] 알았어야 하고, 또한 당사자들이 준거법의 선택가능성을 인식하면서 준거법(즉 외국법)이 아니라 한국법에 복종하려는 의사를 표시해야 한다. 양 당사자와 그들의 소송대리인에게 그러한 가능성에 대한 인식이 없는 상태에서 준거법이 한국법인 것을 전제로 변론하였다거나 소송절차에서 당해 사건에 적용할 규범에 관하여 쌍방 당사자가 일치하는 의견을 진술하였다는 사실만으로 당사자들이 준거법을 한국법으로 변경하는 묵시적 합의를 하였다고 인정할 수는 없다.[20)] 외국적

14) 당초 연구반초안과 위원회의 논의는 석광현, 국제사법 해설(2013), 421-422면 참조.

15) 반면에 2009년 시행된 유럽연합의 로마Ⅱ(제14조 제1항)는 불법행위의 경우 더 넓게 당사자자치를 허용한다. 즉 당사자의 합의는 ① 손해를 발생시키는 사건 후에 체결된 합의이거나 ② 모든 당사자들이 상업활동을 추구하는 경우에는 손해를 발생시키는 사건 전에 자유롭게 협상된(또는 교섭된, freely negotiated) 합의로 가능하다(제14조 제2항). 일본 법적용통칙법(제21조)은 사후적 합의만 허용하나 선택할 수 있는 법은 제한하지 않는다.

16) Thomas Rauscher (Hrsg.), Europäisches Zivilprosess- und Kollisionsrecht: EuZPR/EuIPR Kommentar, 4. Auflage (2016), Art 14 Rome Ⅱ-VO, Rn. 31 (Peter Picht 집필부분); Andrew Dickinson, Rome Ⅱ Regulation (2008), para. 13.23.

17) 묵시적 합의의 성립의 준거법은 무엇인지도 문제된다. 계약의 경우는 계약의 선택된 준거법인데(제49조 제1항), 불법행위의 경우에도 이를 유추적용해야 할 것이다. 따라서 법정지법만을 선택할 수 있으므로 법정지법인 한국법이 준거법이 된다고 본다.

18) No 864/2007.

19) 어느 특정 외국법이 준거법이라는 점까지는 아니더라도 외국적 요소가 있어서 당해 사안에서 외국법이 준거법이 될 가능성이 있음을 알아야 할 것이다.

20) 계약 준거법의 사후적 변경에 관하여 대법원 2016. 3. 24. 선고 2013다81514 판결(아이티 사건 판결)에서 대

요소가 있는 불법행위의 준거법에 대한 문제의식이 있는 외국(독일 또는 스위스)과 달리 그런 문제의식 자체가 부족한 한국에서는 더 엄격한 요건 하에서만 불법행위 준거법합의가 허용된다.

2. 부수적 연결(종속적 연결)

이는 "Akzessorische Anknüpfung"인데 이를 '부수적 연결' 또는 '부종적 연결'이라고 부를 수도 있다. 대상논문은 전자를 사용하나 근자에 우리 국제사법학에서는 '종속적 연결'이라는 용어를 사용한다.21) 여기에서는 '종속적 연결'과 '부수적 연결'을 호환적으로 사용한다.

가. 대상논문의 내용

대상논문은 섭외사법이 불법행위의 부수적 연결을 직접 규정한 바 없으나 해석상 부수적 연결을 하는 것이 옳다고 한다.22) 즉 불법행위의 발생 전에 불법행위의 당사자 간에 부부 또는 계약관계와 같은 어떤 특별한 법적 결합관계(Rechtliche Sonderverbindung)에 있었던 경우 불법행위의 준거법은 그 관계의 준거법이 되는 것이 타당하다고 하고 이런 원칙을 불법행위의 '부수적(附隨的) 연결' 또는 '상호관계의 원칙(Prinzip des Zusammenhangs)'이라고 한다. 그 근거는 첫째, 그렇지 않다면 예컨대 휴가여행 중에 발생한 부부간 불법행위에 관하여는 체재지에 따라 준거법이 달라지게 되어 불합리한데, 이는 계약당사자간의 불법행위에서도 같다는 것이다. 둘째, 혼인공동사회 또는 계약관계에 있는 당사자는 그들 사이의 불법행위책임은 혼인 또는 계약의 준거법에 의해서 결정되리라고 확신하고 있는 것이 보통이므로 부수적 연결을 하는 것이 당사자의 이익에도 합치한다고 든다.

나. 국제사법의 태도와 대상논문의 의미

구 국제사법 제32조 제3항은 종속적 연결을 규정하였는데 국제사법 제52조 제3항은 이를 유지한다. 이에 의하면 예컨대 당사자 간에 계약관계가 있는 경우 불법행위가 동시에 계약관계를 침해하는 때에는 불법행위와 함께 채무불이행이 성립하는데, 이 경우 행위지원칙에 따를 것이 아니라 계약의 준거법, 더 정확하게는 계약의 준거법 소속국의 불법행위법이 불법행위의 준거법이 된다는 것이다. 종속적 연결은 (일반)예외조항인 국제사법 제21조의 취지를 구체화한 것으로 볼 수 있으므로 가사 제52조 제3항이 없더라도 제21조를 통하여 동일한 결론에 이를

법원은 "소송절차에서 비로소 당해 사건에 적용할 규범에 관하여 쌍방 당사자가 일치하는 의견을 진술하였다고 해서 이를 준거법 등에 관한 합의가 성립된 것으로 볼 수는 없다"고 판시하였다. 대법원 2022. 1. 13. 선고 2021다269388 판결도 (구) 국제사법 제25조 제1항을 인용한 뒤, "준거법에 관한 명시적인 합의가 없더라도 묵시적인 합의를 인정할 수도 있으나 소송절차에서 당사자가 준거법에 관하여 다투지 않았다는 사정만으로는 준거법에 관한 묵시적 합의를 인정하기 어렵다"는 취지로 판시하였다.

21) 유영일, "국제불법행위 등 법정채권의 준거법에 관한 소고", 법조 통권 536호(2001. 5.), 132면; 최흥섭, 한국 국제사법 Ⅰ—법적용법을 중심으로—(2019), 318면 참조. 임치용. 국제화 시대의 섭외사법 개정방향, 법무자료 제226집(1999), 172면 이하(제5장 불법행위법), 175면 이하는 '부수적 연결'을, 최공웅(註 3), 525면은 '부속적 연결'을 사용한다. 일본에서는 주로 '부종적 연결'이라고 하는 것으로 보인다.

22) 대상논문, 91면 이하.

수 있으나 이 점을 더 명확히 하기 위하여 이를 명시하는 것이다.[23] 이는 가장 밀접한 관련이 있는 법을 적용한다는 국제사법적 정의(正義)뿐만 아니라, 동시에 신뢰원칙(Vertrauensprinzip)과 법적 안정성에 기여한다.[24] 종속적 연결을 위해서는 기존의 법률관계와 불법행위 간에 내적인 관련이 있어야 하는데, 이를 위하여 국제사법은 기존의 법률관계가 불법행위에 의하여 침해될 것(이를 '내적 관련(innerer Zusammenhang)' 또는 '견련성(Konnexität)'이라고 한다)을 요구한다. 전형적인 사례는 운송계약에서 청구권경합이 발생하는 경우이다.

주의할 것은, 계약의 준거법 소속국의 불법행위법이 불법행위의 준거법이 된다는 것이지, 불법행위책임이 성립하지 않고 계약책임만을 인정한다는 것은 아니라는 점이다. 따라서 만일 계약의 준거법이 한국법이라면 불법행위의 준거법도 한국법이 되므로 결국 피해자는 대법원 판례가 취하는 청구권경합설에 따라 계약책임을 물을 수도 있고 불법행위책임을 물을 수도 있다. 즉 청구권경합 여부는 종속적 연결에 의하여 지정된 불법행위(그와 동시에 계약도)의 준거법 소속국의 실질법이 정할 사항이다.

과거 섭외사법 하에서 대법원판결은 해상운송물의 멸실에 관하여 청구권경합설을 취하였는데, 계약책임의 준거법이 영국법이고 불법행위책임의 준거법이 한국법인 국제적 사건에서도 대법원 1983. 3. 22. 선고 82다카1533 전원합의체 판결은 국제사법적 고려 없이 청구권경합설을 따랐다.[25] 그러나 이런 대법원판결의 논리전개는 구 국제사법과 국제사법 하에서는 유지될 수 없다. 구 국제사법 하에서 대법원 2012. 10. 25. 선고 2009다77754 판결은 구 국제사법 제32조 제3항을 인용한 뒤 종속적 연결에 의하여 불법행위의 준거법을 결정하였고,[26] 대법원 2018. 3. 29. 선고 2014다41469 판결도 같은 취지이다.[27]

제3항은 종속적 연결의 요건으로 단순히 가해자와 피해자 간에 존재하는 법률관계가 불법

23) 유영일(註 21), 136면도 동지.

24) Jan Kropholler, Internationales Privatrecht, 6. Auflage (2006), S. 531.

25) 위 판결에는 청구권경합 여부를 결정하는 준거법에 대한 판단이 없다. 비판은 석광현, "船荷證券의 準據法에 관한 몇 가지 문제점— 國際海上物件運送契約法의 序論的 考察 — ", 국제사법과 국제소송 제2권(2001), 94면 이하 참조.

26) 위 판결은, 가해자와 피해자 간에 존재하는 법률관계가 불법행위에 의하여 침해되는 경우에 불법행위에 대한 준거법은 불법행위지법이 아니라 그 침해되는 법률관계의 준거법이 우선적으로 적용된다고 설시하고, 원심이 피고가 연료공급계약에 따라 공급한 연료가 선박의 연료유로 사용하기에 부적법하여 불법행위를 저질렀다는 원고의 청구원인 주장에 관하여 연료공급계약의 준거법인 미국 해사법이 적용된다고 판단한 것은 타당하다고 판시하였다.

27) 위 판결도 갑 주식회사가 을 외국법인과 매매계약을 체결하여 국내로 수입한 화물이 운송 중 상품성이 없을 정도로 사양이 이탈되는 사고가 발생하자, 위 화물에 관하여 갑 회사와 해상적하보험계약을 체결한 병 보험회사 등이 갑 회사에 보험금을 지급하고 갑 회사가 소지하고 있던 선하증권을 교부받아 화물을 운송한 정 외국법인을 상대로 불법행위에 따른 손해배상책임을 구한 사안에서, 선하증권 소지인인 병 회사 등과 운송인인 정 법인 사이의 법률관계는 원칙적으로 선하증권의 준거법에 의하여야 하고, 그 법률관계가 정 법인의 불법행위에 의하여 침해된 경우에 적용할 준거법도 구 국제사법 제32조 제1항, 제3항에 따라 선하증권의 준거법이라고 판단하였다.

행위에 의하여 침해되는 것을 들고 있으므로 당사자 간의 법률관계가 계약관계에 한정되지 않음은 명백하다. 예컨대 당사자 간에 회사법상 또는 가족법상의 법률관계가 존재하는 경우에도 그들 간의 불법행위는 당해 법률관계의 준거법에 종속적으로 연결된다.

불법행위의 준거법 결정 시 국제사법(제52조 제3항)이 정한 종속적 연결원칙을 예외조항(제21조)에 의해 배제할 수 있는가는 논란이 있다. 예컨대 당사자가 운송계약의 준거법으로 당해 사안과 아무런 관련이 없거나 근소한 관련만 있는 영국법을 지정한 경우 당사자 간의 불법행위가 계약관계를 침해한다면 그 경우에도 불법행위에 대하여 영국법을 적용할지 아니면 불법행위지법을 적용할지의 문제이다. 이 경우 예외조항의 적용을 긍정하는 견해[28]도 있으나, 이는 그 경우 불법행위는 당사자간의 법률관계와 밀접한 관련을 가지므로 그의 준거법에 종속적으로 연결함으로써 불법행위와 그 법률관계를 동일한 준거법에 따르도록 함으로써 평가의 모순을 피하려고자 하는 종속적 연결의 취지에 반하므로 부정설이 타당하다.[29] 더욱이 독일 민법시행법이나 로마Ⅱ처럼 종속적 연결을 밀접한 관련의 예시로 규정하는 것이 아니라 독립적 연결원칙으로 규정하는 우리 국제사법 하에서는 이런 견해가 더 설득력이 있다. 즉 로마Ⅱ(제4조 제3항)[30]와 독일 민법시행법(제41조 제2항과 제3항)은 더 밀접한 관련이 있는 법을 적용하면서 계약관계의 존재를 구체적 사례로 예시하나—2007년 1월 발효된 일본의 '법의 적용에 관한 통칙법'(이하 "법적용통칙법"이라 한다) 제20조도 같다—, 우리 구 국제사법 · 국제사법과 스위스 국제사법은 종속적 연결을 독립된 연결원칙으로 명시한다. 따라서 로마Ⅱ와 독일 민법시행법에서는 불법행위가 계약준거법 소속국과 별 관련이 없다면 더 밀접한 관련의 존재를 부정하면 되는 데 반하여, 우리 국제사법에서는 종속적 연결원칙을 적용해야 할 것이나 개별사건에서 적절한 경우 예외조항(제21조)으로 종속적 연결원칙을 배제하는 구조를 취하고 있고 그의 적용은 매우 엄격한 요건 하에서만 허용된다는 점이 다르다. 요컨대 입법에 따라 논리적 과정과 예외 인정의 난이도가 다른데 이 대목에서 대상논문의 입법론은 우리 국제사법과 같다는 것이다. 만일 이 경우 예외조항에 의하여 종속적 연결을 쉽게 부정하면 불법행위의 준거법 지정 시 불확실성이 초래되고, 계약과 불법행위의 준거법이 다르게 되어 청구권경합 여부를 결정하는

28) 김인호, "從屬的 連結에 의한 不法行爲의 準據法", 인권과 정의 통권 제392호(2009. 4.), 98면; 이종혁, 국제자본시장법시론: 국제적 증권공모발행에서 투자설명서책임의 준거법(2021), 189면.

29) 석광현(註 14), 399면 註 37 참조. 로마Ⅱ 제4조에서는 논란이 있다. Thomas Rauscher (Hrsg.), Europäisches Zivilprozess– und Kollisionsrecht EuZPR/EuIPR Kommentar (2011), Rn. 96(Unberath/Cziupka 집필부분)은 긍정설이나, BeckOGK/Rühl, 1.12.2017, Rom II–VO Art. 4 Rn. 115은 부정설이다. 견해에 따라 관련이 없는 주관적 계약준거법에도 종속적 연결을 할지가 달라질 수 있다.

30) 조문은 아래와 같다.

"3. 사안의 모든 상황에 비추어 불법행위가 제1항 또는 제2항에 의하여 지정된 국가 이외의 다른 국가와 명백히 더 밀접한 관련이 있음이 분명한 경우에는 그 다른 국가의 법이 적용된다. 그 다른 국가와의 명백히 더 밀접한 관련은 특히 문제된 불법행위와 밀접한 관련이 있는 계약과 같은 당사자 간에 이미 존재하던 관계에 근거할 수 있다."

준거법의 지정과 같은 까다로운 문제를 피할 수 없다. 긍정설은 그 문제에 대한 답을 제시하여야 한다.

문제는 모든 청구권경합의 경우에 항상 계약의 준거법에 따른다는 것인지 아니면 어떤 제한이 있는지의 여부이고 그러한 제한을 어떻게 구체화할 것인가이다.[31)]

3. 공통의 속인법

가. 대상논문의 내용

대상논문은 우선 불법행위의 준거법으로 공통의 속인법 지정(이하 편의상 이를 "공통속인법주의"라고 한다)의 근거를 제시하고, 이어서 공통의 속인법으로 본국법이 아니라 주소지법을 연결점으로 삼는 근거를 제시한다.

첫째의 점을 보면, 대상논문은 불법행위는 임의의 가해자에 의한 임의의 피해자의 법익에 대한 가해행위이고 그는 보통 일시적 현상이므로 일반적으로 불법행위의 당사자와 밀접한 관계에 있는 속인법을 불법행위의 준거법으로 할 정당한 이유는 희박하지만, 당사자가 공통한 속인법의 지배하에 있는 경우 불법행위지법 대신에 공통의 속인법을 준거법으로 지정하는 이론이 여러 나라에서 이미 오래 전부터 인정되고 있음을 지적한다. 즉 불법행위지법주의의 완화 내지 예외를 인정하는 판례(미국의 Babcock v. Jackson 사건과 영국의 Boys v Chaplin 사건은 당사자의 공통속인법(주소지법)을 준거법으로 적용한 대표적인 사례이다), 학설과 및 입법[32)]을 소개하고, 이런 외국 판례와 입법의 경향을 우리 섭외사법의 해석과 장차의 입법에 있어서나 충분히 고려할 가치가 있다고 지적한다.

둘째의 점을 보면, 대상논문은 공통속인법주의를 따를 경우 본국법과 주소지법 중 어느 법을 속인법으로 적용할지 또는 양자를 택일적으로/누적적으로 적용할지를 검토하고 아래의 근거로 주소지법을 적용하는 것이 타당하다고 본다. 즉 ① 이해당사자만의 관계가 문제되는 가족관계에서는 본국법에 의하는 것이 적당하지만 불법행위에서는 제3자인 일반사회와의 관계를 규율하므로 그를 둘러싼 사회의 법에 의하게 하는 것이 더 정당하므로 불법행위의 준거법 지정에서는 당사자의 본국이 아니라 주소지법을 적용하는 편이 타당한데, 왜냐하면 주소지법은 불법행위의 당사자를 둘러싼 사회적 환경의 기초를 이루기 때문이다(법인의 주소지는 주된 사무소 소재지로 본다). ② 공통의 주소지법의 적용은 당사자의 이익에도 합치한다. 왜냐하면 외국에 일시 체재하는 당사자는 보통 그 외국의 법률을 알지 못하므로 그에 따라 행동할 수도 없고, 자기들이 실제로 생활하는 주소지법이 적용될 것을 기대한다는 것이다. ③ 불법행위의 당

31) 또한 원고가 소송에서 불법행위책임만을 묻는 경우 소송법상 처리방안은 논란의 여지가 있다. 석광현(註 14), 401면 참조.

32) 대상논문은 그런 입법으로 독일 문헌을 참조하여 1966. 11. 26. 제정(1967. 7. 1. 시행) 포르투갈 신민법 제45조 제3항과 1965. 11. 12. 폴란드 국제사법 제31조 제2항을 소개한다.

사자는 통상 주소지에서 손해배상의 소를 제기하므로 주소지법이 준거법이면 결국 자국 법원으로 하여금 자국법을 적용하게 하는 부수적 이점이 있다. 이는 독일에서 1942. 12. 7. 공포·시행된 법률적용명령(Rechtsanwendungsordnung)[33]이 국적을 연결점으로 채택한 것으로 해석되었음에도 불구하고 주소지에 착안하는 견해를 지지한 점에서 의미가 있는데, 그 후 독일 민법시행법(제40조 제2항)[34]은 공통속인법주의를 불법행위지법에 우선하는 연결원칙으로 명시하면서 일상거소를 연결점으로 삼았다.

나. 국제사법의 태도와 대상논문의 의미

구 국제사법은 가해자와 피해자의 공통의 속인법을 준거법으로 하는 조항을 신설하되 국적이 아닌 일상거소를 연결점으로 삼았는데(제32조 제2항) 국제사법도 이런 태도를 유지한다(제52조 제2항). 이는 그 경우 공통의 속인법이 불법행위지보다 불법행위와 더 밀접한 관련이 있기 때문이라고 볼 수 있기 때문인데 특히 불법행위지가 우연적이고 형식적인 경우에 그럴 것이고 사안에 따라서는 그렇지 않은 경우도 있을 것이다.[35] 이와 같은 연결원칙은 과거 대법원 1979. 11. 13. 선고 78다1343 판결(카타르 사건 판결)[36]이 있었기에 한국에서는 더욱 중요한 의미를 가진다. 즉 과거 대법원 판결은 카타르에서 근무 중이던 동료 근로자가 초래한 교통사고

33) 대상논문, 82－83면, 註 5에서 보듯이 위 명령은 "Verordnung des Ministerrats für die Rechtsverteidigung über die Rechtsanwendung bei Schädigungen deutscher Staatsangehöriger ausserhalb des Reichsgebiets vom 7. 12. 1942" (獨逸帝國 以外의 領域에 있어서 獨逸國民間의 被害에 대한 法律適用에 관한 帝國의 保護를 위한 參事官命令. 네모 괄호 안은 필자의 수정이다)이다. "同 命令 제1조는, 外國에서 發生한 獨逸人 相互間의 不法行爲 기타의 모든 非契約에 기한 損害賠償請求權(즉 不法行爲, 不當利得, 事務管理에 기한 請求權)에 대하여는 獨逸法을 적용한다."는 취지로 규정하는데, 독일 聯邦法院은 이미 判例를 通하여 그 有效함을 判示하고 學說 또한 대체로 이에 따르고 이 法令에 의하여 不法行爲의 準據法으로서의 行爲地法은 當事者의 本國法으로 代置되고 있는 셈"이라는 취지로 설명한다. 최공웅(註 3), 523면은 이를 '내각명령'이라고 번역한다.

34) Gerhard Kegel/Klaus Schurig, Internationales Privatrecht, 9. Auflage (2004), S. 737은 공통의 속인법은 폐지된 1942년 법률적용명령에 표현되었던 것이라고 지적한다.

35) 참고로 섭외사법 하에서 국적, 주소지와 상거소 중 어느 것을 단일 연결점으로 택할지 아니면 누적적으로 연결할지도 논란이 있음을 이유로 섭외사법의 해석론으로 공통속인법주의에 찬동하기 어렵다는 견해도 있었다. 임치용(註 21), 171－172면. 이는 공통속인법주의가 쟁점의 세분화를 전제로 하는지(예컨대 불법행위의 성립에 대하여는 행위지법을 적용하고 손해배상의 범위에 대하여는 공통속인법주의)를 먼저 밝힐 필요가 있는데(이 점은 Boys v Chaplin 사건 판결에서도 등장한다), 공통속인법주의를 주장하는 견해는 불법행위의 쟁점을 분할하지 않고 성립과 효력 모두에 대하여 단일한 준거법을 지정한다고 지적한다.

36) 평석은 최공웅, "외국에서 한국 사람 사이의 불법행위사고와 섭외사법의 적용문제", 법조 제29권 제4호(1980. 4.), 58면 이하; 洪淳曄, "涉外私法上 不法行爲地法의 적용배제와 그 한계에 대한 관견 —대법원판결을 중심으로—", 법조 제29권 제11호(1980. 11.), 1면 이하; 안상돈, "涉外私法 第13條項에서 말하는 涉外的 不法行爲가 아니라고 한 事例", 법조 제29권 제8호(1980. 8.), 72면 이하 참조. 판결요지와 판결이유는 최공웅(註 3), 144－145면 참조. 그 후 대법원 1981. 2. 10. 선고 80다2236 판결도 교통사고의 장소가 외국이라고 하더라도 자기를 위하여 자동차를 운행하는 자가 국내법인이고 그에 의하여 고용된 사고차의 운전자와 피해자가 다같이 우리나라 국민이라면 국내법이 적용되어야 하고 섭외사법을 적용할 것이 아니라고 하여 같은 취지로 판시하였다. 판결요지와 판결이유는 최공웅(註 3), 64－65면 참조.

로 인하여 피해를 입은 근로자가 귀국 후 사용자인 회사(공영토건)를 상대로 사용자책임을 물은 사건에서 한국법을 불법행위의 준거법으로 보았는데 그런 결론을 정당화하는 근거로 당해 사건의 섭외사건성을 부정하였다.

이미 지적하였듯이 카타르 사건 판결에 대하여는 다양한 평가가 있다. ① 우리 나라 섭외사법이론에 있어서 하나의 이정표적인 의미를 갖는 획기적인 판결이라는 견해,[37] ② 성문법주의하에서 명백한 명문규정에 배치된다는 견해,[38] ③ 대법원이 공통속인법주의를 적용한 것이라는 견해[39]와 ④ 한국법을 적용한 결론은 수긍할 여지가 있으나, 대법원이 하급심 법원들처럼[40] 섭외성을 부정한 것은 큰 잘못이고 대법원으로서는 섭외사법 제13조의 문언에 구속되는 대신 섭외사법 하에서 '법관에 의한 법형성(richterliche Rechtsfortbildung)', 특히 목적론적 축소(teleologische Reduktion)[41]를 통하여 공통속인법주의에 따라 한국법을 적용하였어야 한다는 필자의 견해가 그것이다. 대법원이 만일 그랬더라면 위 판결은 한국 국제사법학의 발전에 획기적 판결이 되었을 것이나 섭외성을 부정한 것은 큰 잘못이므로 대법원이 새로운 방법론을 제시하였다고 높이 평가하는 것도 잘못이며, 우리가 섭외사법에 열거된 모든 연결원칙이 완벽한 것이라는 도그마를 깨지 못한다면, 위 판결은 섭외사법이론의 발전을 저해하는 판결로 기억될 것이라고 비판하였다.[42] 대법원 판결이 "불법행위가 행하여진 사회적 조건을 고려하여 그곳에

37) 최공웅(註 3), 217면은 "涉外私法이 정하고 있는 不法行爲地主義가 오늘날 국제교통이 빈번해진 사회에 있어서는 그 적용결과가 극히 불합리하게 되기 때문에 涉外私法 규정의 형식적이고 기계적인 적용에 대한 반성에서 涉外私法 연구론에 일대 혁신이 있게 된 것이며, 이와 같은 의미에서 위 판결은 부당한 準據法의 적용을 회피하기 위하여 정면으로 사건의 涉外性을 부인하였다는 점에서 획기적인 것이며, 우리 나라 涉外私法理論에 있어서 하나의 이정표적인 의미를 갖는다"고 평가하고, 최공웅(註 7), 14면은 "위 大法院判決은 急變하는 現代社會에 있어서 涉外私法의 古典的인 원칙을 그대로 적용할 수 없는 경우에 具體的으로 타당성 있는 결론을 내리기 위해 價値指向的인 국제사법의 새로운 方法論을 제시한 것으로 중요한 의미를 갖는다"고 평가한다. 그에 앞서 최공웅(註 36), 64면은 위 판결은 노후화된 섭외사법의 형식적이고 기계적인 적용을 배척하였다는 점에서 중요한 의미를 갖는다고 평가하였다.

38) 金文煥, "해외한국인노동자의 國際私法上 문제", 국제거래법연구 제2집(1993), 281면; 洪淳曄(註 36), 6면 참조.

39) 이호정, 국제사법(1981), 305－306면. 장준혁, "브레이너드 커리의 통치이익분석론에 관한 연구," 서울대학교 대학원 법학석사 학위논문(1994. 2.), 117－118면. 위 이호정, 305면 이하는 섭외사법의 해석론으로 공통속인법을 불법행위의 준거법으로 지정한다.

40) 제1심판결과 제2심판결(서울고등법원 1978. 6. 7. 선고 78나129 판결)은 위 사건의 섭외성을 부정하였다고 한다. 안상돈(註 36), 73면.

41) 국제사법의 흠결을 해소하는 법관의 법형성은 석광현, "국제사법상 소비자계약의 범위에 관한 판례의 소개와 검토: 제27조의 목적론적 축소와 관련하여", 국제사법과 국제소송 제6권(2019), 154면 이하, 245면 참조.

42) 석광현, "涉外不法行爲의 準據法決定에 관한 小考— 共通의 屬人法에 관한 대법원판결을 계기로 본 涉外私法의 적용범위와 관련하여 —", 법조 통권 제456호(1994. 9.), 37면 이하(특히 52면, 註 37); 석광현, 국제사법과 국제소송 제1권(2001), 193면 이하(특히 206면, 註 39) 참조. 필자는 독일에서는 목적론적 축소의 대표적인 예로 섭외불법행위에 관한 행위지원칙의 완화를 든다는 점을 분명히 지적하였다. 이처럼 필자가 취한 위 ④의 견해는 판례에 대하여 매우 비판적인 태도를 취하므로 판례가 공통속인법주의를 적용하였다고 보는 위 ③의 견해와는 전혀 다르다. 따라서 위 ③과 ④가 같은 취지로 판례를 이해하고 있다는 평가임치용(註

서의 법의식을 기준으로 판단하여 처리하는 것이 일반적으로 국내법을 적용해서 처리하는 것보다 형평의 견지에서 합리적이고 실제적이며 당사자의 기대에도 상응한다"고 불법행위지법주의의 근거를 제시하고 그런 경우가 아니라면 예외를 인정할 여지가 있다고 설시한 것은 의미가 있는데, 이에 대하여 주권이론에 밀착되었던 전통섭외사법을 탈피하고 법규정의 취지, 목적, 이익을 분석하는 미국에서의 새로운 연구방법론에 접근하는 것으로 주목된다는 평가도 있으나,[43] 그렇더라도 구체적 사건에서 불법행위지법주의를 따르는 것이 부적절하다면 섭외사법의 체계 내에서 해석[44] 또는 법형성(특히 목적론적 축소와 유추의 결합)에 의하여 그를 완화함으로써 공통속인법을 적용하는 방안을 모색하였어야지 섭외성 자체를 부정해서는 아니 된다는 것이다.

이러한 공통속인법주의의 원조가 된 것은 대상논문에서도 소개하였고 위에서 언급한 미국 뉴욕주 대법원(Court of Appeal)의 Babcock v. Jackson (1963) 사건 판결[45]이었다.

대법원의 1979년 카타르 사건 판결의 맥락에서, 섭외사법의 해석론으로 공통속인법주의를 도입한 1972년 대상논문의 제안은 매우 중요한 의미가 있었다. 대법원이 위 견해를 경청하였더라면 섭외성을 인정하면서도 섭외사법의 해석론으로 한국법을 준거법으로 지정할 수 있었을 것이라는 점에서 매우 안타까운데 대법원은 대상논문의 존재를 몰랐던 것 같다.[46] 국제사

---

21), 171면, 註 64의 평가는 잘못이다.

43) 최공웅(註 36), 76면.

44) 주지하듯이 대법원 1998. 4. 23. 선고 95다36466 전원합의체 판결은 어음법(제75조)이 약속어음의 필요적 기재사항으로 발행지의 기재를 요구함에도 불구하고 어음면의 기재 자체로 보아 '국내어음'으로 인정되는 어음에는 발행지의 기재가 없어도 유효하다고 판시하였다. 필자는 이는 잘못된 판결이라고 보나, 위 전원합의체 판결과 섭외성을 부정하는 카타르 사건 판결을 비교하면 상대적으로 전원합의체 판결의 잘못이 작다고 본다. 석광현(註 41), 156면 이하 참조. 반대의견은 다수의견은 법원의 법률해석권의 범위를 명백하게 일탈한 것이라고 비판하면서도 다른 것을 다르게 취급하여야 한다는 정의의 요청(목적론적 축소해석의 경우)에 의하여, 그 법규의 적용범위를 예외적으로 제한하여 해석할 필요가 있는 등의 특별한 사정이 있는 경우에는 예외를 인정할 수 있다고 판시하였다.

45) 191. N.E. 2d. 279 위 사건에서 뉴욕주에 거주하는 Babcock(여성)은 역시 뉴욕주에 거주하는 Jackson 부부의 초청에 따라 그들의 승용차를 함께 타고 주말 여행차 캐나다로 행하였는데, 캐나다 온타리오주에서 Jackson(남편)이 교통사고를 일으켜 부상을 입었다. 사고 당시 온타리오주의 법률에 의하면 호의동승(즉 대가(代價)를 받지 않는)의 경우 운전자는 고의 또는 중과실이 있는 경우에만 책임이 있으므로 Jackson(남편)은 온타리오주법에 의하면 책임이 없으나 뉴욕주법에는 이런 제한이 없었기에 책임이 있다(준거법 지정의 실익은 여기에 있다). 뉴욕주 법원은 뉴욕주와 온타리오주의 이익을 비교교량한 결과 뉴욕주의 이익이 월등하게 우위에 있다고 지적하고, 불법행위지법인 온타리오주법 대신 당사자의 속인법인 뉴욕주법을 적용하여 Jackson(남편)의 책임을 인정하였다. 위 판결의 소개는 대상논문, 86면; 이호정(註 39), 307면 참조. 다수의견과 반대의견을 포함한 상세한 소개와 그에 대한 미국 국제사법 학자들의 다양한 평가는 오승룡, "불법행위 준거법에 관한 뉴욕주의 주요 판례", 국제사법연구 제4호(1999), 129면 이하 참조(위 오승룡, 129면은 판결문을 따라 온타리오주법상 호의동승의 경우 운전자는 모든 손해에 대하여 책임을 지지 않는다고 하나 다른 문헌들을 참고하여 고의 또는 중과실의 경우 책임이 있는 것으로 정리하였다). 대상논문은 '招請乘務'라고 하나 근자에는 호의동승이라는 표현을 사용한다. 온타리오주의 호의동승에 관한 법의 목적은 승객이 운전자와 짜고 보험회사에 대하여 사기적 청구를 하지 못하도록 하기 위한 것이라고 한다. 위 오승룡, 136면.

법에 대한 연구가 부족하여 우리 모두 국제사법 문헌과 논의에 목말라했던 1970년대에 귀중한 문헌의 존재를 몰랐다는 것은 유감스럽다.

어쨌든 위 판결은 우리 국제사법에 스위스 국제사법(제15조)을 참조하여 구 국제사법에 일반예외조항(제8조)을 도입하는 데 영향을 주었다.[47)]

4. 불법행위지법주의

위에서 본 것처럼 대상논문 발표 당시 불법행위의 준거법에 관하여 섭외사법 제13조 제1항은 "... 不法行爲로 因하여 생긴 債權의 成立 및 效力은 그 原因된 事實이 發生한 곳의 法에 依한다.")고 규정하였다. 구 국제사법(제32조 제1항)은 법정지법의 누적적 적용을 배제하고 행위지원칙을 일원화하였으나, 표현을 "그 행위가 행하여진 곳의 법에 의한다"고 정비하였을 뿐이고 행동지와 결과발생지가 상이한 격지불법행위(Distanzdelikt)의 준거법 결정에 관한 별도의 규정을 두지 않았다. 이처럼 불법행위지법주의에 관하여도 검토할 사항들이 있었으나 대상논문은 이 점들을 다루지 않았다. 따라서 불법행위지법주의에 관하여는 대상논문은 별 의미가 없는데 이는 의도적인 결과이다. 따라서 이는 아래(V.)에서 향후의 연구방향 및 내용에서 국제사법의 태도와 함께 논의한다.

5. 아쉬운 점

가. 해석론의 한계에 대한 문제의식

위에서 보았듯이 섭외사법은 절충주의를 규정하였으나 대상논문은 불법행위지법주의에 우선하는 연결원칙으로 사적 자치, 부수적 연결과 당사자의 공통 주소지법 적용을 주장하였는데, 이를 입법론만이 아니라 해석론으로도 주장하였다는 점은 주목할 만하다. 그러나 그런 해석론에 대하여는 성문법주의 하에서 명문규정에 배치된다는 비판이 가능하다.[48)] 대상논문으로

46) 가사 대법원이 대상논문의 존재를 알았더라도 절충주의를 명시한 섭외사법의 해석론으로는 무리라고 판단하였을 가능성도 있다. 그러나 당시 대판연구관이던 안상돈(註 36), 72면 이하를 보면 아마도 대상논문의 존재를 몰랐던 것 같다. 안상돈(註 36), 77면은 카타르 사건 판결을 불법행위가 형식적이고 우연적인 의미를 갖는 경우에는 섭외성을 부인하여 섭외사법 제13조 제1항의 적용을 배제한 대법원 판결로는 최초의 것이라고 소개한다. 다만 어떠한 경우까지 섭외적 불법행위로부터 제외할 것인지는 문제라고 하면서, 내국인이 외국에 체류하는 동안 불법행위가 발생한 경우 개개의 구체적 사건에서 내국인의 체류목적, 체류기간등에 비추어 그곳의 법생활 내지 법역의 지배범위내에 들어간 것으로 볼 수 있는지 여부에 따라 판단할 사항이라고 설명한다.

47) 예외조항에 관하여는 석광현, "편의치적에서 선박우선특권의 준거법 결정과 예외조항의 적용", 국제사법과 국제소송 제6권(2019), 57－69면 참조.

48) 석광현(註 42), 54면, 註 44 참조. 필자는 그런 주장에 대하여 *涉外私法* 제12조 제1항은 동산에 관한 물권 기타 등기하여야 할 권리의 준거법으로 소재지법을 지정하나, 종래 학설은 항공기에 관한 물권을 소재지법에 따르도록 하는 데 반대한다. 이러한 학설은 *涉外私法*의 명문에 정면으로 배치되나 부당한 것은 아니다. 따라서 불법행위의 경우에도 무조건 명문의 규정만을 고집할 것은 아니라고 지적하였다. 석광현(註 42), 55면 註 45 참조.

서는 위 연결원칙들의 연결정책적 타당성만을 강조하는 데 그칠 것이 아니라, 해석론의 한계를 넘어 이를 허용하는 법학방법론상의 근거(예컨대 법관에 의한 법형성)를 명확히 제시하였더라면 좋았을 텐데 그 점을 충실히 논의하지 않는 아쉬움이 있다. 법학방법론상 섭외사법 조문의 적용범위를 축소하자면 이를 정당화할 수 있는 근거가 필요하기 때문이다.[49] 다만 종속적 연결과 공통속인법주의는 연결대상과 최밀접관련법을 적용한다는 국제사법의 대원칙으로부터 유추(특히 전체유추)[50]에 의하여 도출할 수 있으나 당사자자치의 원칙을 도출하기는 어렵다고 본다.

나. 섭외사법이 채택한 절충주의의 극복과 구 국제사법에 따른 손해배상책임의 제한

(1) 절충주의에 대한 대상논문의 태도

위에서 본 것처럼 대상논문은 섭외사법이 채택한 불법행위지법주의를 완화 내지 극복하기 위한 해석론 및 입법론상의 연결원칙으로 당사자자치, 종속적 연결과 공통속인법주의를 제시하였다는 점에서 커다란 의미가 있다. 그러나 섭외사법은 불법행위지법주의로 일원화한 것은 아니고 불법행위의 성립요건과 효력의 점에서 법정지법을 누적적용함으로써 이른바 절충주의를 취하였다. 따라서 불법행위지법주의를 위의 연결원칙들에 의하여 완화하더라도 법정지법의 누적적용을 차단하지 않는다면 연결원칙을 완화하는 효과는 반감될 수밖에 없다.[51] 대상논문의 취지를 보면 선생님은 절충주의에 대하여 비판적 태도를 취할 것으로 짐작되는데 그럼에도 불구하고 절충주의의 개선방안을 제안하지 않은 점은 이해하기 어렵고 아쉽다. 이는 기술적으로 대상논문의 범위를 섭외사법 제13조 제1항의 불법행위지법주의에 한정하였기 때문이었을

49) 목적론적 축소(teleologische Reduktion)라는 법형성은 법률에 은폐된 흠결이 존재하는 것을 전제로, 해당 법률의 목적(ratio legis)을 고려할 때 지나치게 넓게 파악된 법문을 그 목적에 맞게 줄이는 방식에 의하여, 결국 법문에는 반하지만 법률을 통해서 법률의 목적을 실현하는 것으로, 당연히 허용되는 축소해석과 달리 정당성 여부를 확인한 뒤 허용 여부를 결정해야 한다. 즉 목적론적 축소에 의하여 해당사례에 대해 법규범이 적용되지 않도록 구성함으로써 법문과 정반대의 결과를 가져오게 되는데, 법률에 구속되는 법관이 법률에 반하는 결정을 하는 것은, 법적 안정성과 권력분립이라는 법치주의 원칙을 해할 위험성이 있어 정당화될 수 있는 경우에 한하여 허용되므로 목적론적 축소를 통한 법흠결의 보충, 특히 그의 허용범위와 한계는 법학방법론상 까다로운 문제이다. 상세는 김영환, "법학방법론의 이론적 체계와 실천적 의의 —소위 GS 칼텍스 사건을 중심으로—", 법철학연구 제17권 제3호(2014. 12.), 22－23면. 법학방법론의 논의는 장준혁, 법률검토의 방법(2022), 139면 이하 참조.

50) 전체유추(Gesamtanalogie)(또는 법유추)라 함은 개별유추(Einzellanalogie)(또는 법률유추)와 대비되는 개념으로 특정한 하나의 법조항이 아니라, 여러 법조항들 또는 규정체계 전체로부터 그에 공통된 법원리를 추출하여 이를 규율되지 않은 사안에 적용하는 형식을 말한다. 이계일, "흠결보충과 논리적 추론도구들", 연세법학 제39호(2022. 7), 638면; 장준혁(註 49), 104면, 143면(다만 후자는 유추를 유추해석과 같은 의미로 사용하고 필자가 말하는 유추는 초법률적 법형성이라고 보는 듯하다). 연결대상과 최밀접관련법을 적용한다는 국제사법의 대원칙이 존재하므로 국제사법에서는 전체유추가 상대적으로 쉽다. 다만 법원리를 어떻게 이해하는가에 따라 그것은 전체유추일 수도 있고 법원리 또는 (준거법 지정규범이 헌법상 평등의 원칙에 기초한 것임을 고려한다면) 헌법원리에 의한 흠결보충일 수도 있다. 법원리 또는 헌법원리에 의한 흠결보충 위 이계일, 650면 이하 참조.

51) 이는 일본의 법적용통칙법(제17조)에서 보는 바와 같다. 2007년 1월 시행된 법적용통칙법은 제20조에서 더 밀접한 관계가 있는 법에 의하여 불법행위지법주의를 완화하였음에도 불구하고 절충주의를 유지한다.

것이나,[52] 그렇게 제한한 것 자체가 아쉽다는 것이다.

이러한 배경 하에 여기에서는 섭외사법이 채택했던 절충주의를 간단히 검토하고 구 국제사법을 통한 절충주의의 극복과 손해배상액의 제한을 논의한다.

(2) 섭외사법의 절충주의

대상논문 발표 당시 섭외사법 제13조에는 위에서 인용한 제1항 외에 아래와 같이 제2항과 제3항도 있었다.

> "第13條 (法定債權의 成立 및 效力) ① [생략]
> ② 前項의 規定은 外國에서 發生한 事實이 大韓民國의 法律에 依하며는 不法行爲가 되지 아니하는 때에는 이를 適用하지 아니한다.
> ③ 外國에서 發生한 事實이 大韓民國의 法律에 依하여 不法行爲가 되는 境遇일지라도 被害者는 大韓民國의 法律이 認定한 損害賠償 其他의 處分 以外에 이를 請求하지 못한다."

섭외사법은 사무관리, 부당이득과 불법행위를 통합하여 규율하였다. 반면에 구 국제사법은 3자를 분리하여 별개의 조문으로 규정하였고 이는 국제사법도 같다.

섭외사법은 '원인사실발생지법원칙', 즉 행위지법원칙을 취하는 한편(제13조 제1항), 불법행위의 요건과 효과의 측면에서 법정지법을 누적 적용함으로써(제13조 제2항, 제3항) 절충주의를 취하였다. 다만 제2항과 제3항은 일면적 저촉규정인 '배척조항(Exklusivnorm)'인데 여기에서 적용되는 법정지법의 범위에 관하여는 견해가 나뉘었다.[53] 우선 제2항의 개입범위를 '불법', 즉 주관적 위법성(고의 또는 과실)에 한정하는 견해도 있었으나 통설은 불법을 불법행위의 의미로 이해하고 불법행위의 성립요건 전반으로 보았다.[54] 한편 제3항에 관하여는 불법행위의 효력 중 손해배상의 방법에만 한정된다는 견해도 있었으나, 통설은 손해배상액도 포함하여 불법행위 전반에 관하여 법정지법이 적용된다고 보았다.[55]

절충주의가 실제로 큰 의미를 가지는 것은 지식재산권 침해이다.[56] 예컨대 섭외사법 하에

---

52) 나아가 대상논문이 다양한 특수불법행위의 연결원칙과 불법행위지법주의의 적용상 제기되는 격지불법행위의 경우 불법행위지의 결정(즉 편재주의/유리의 원칙의 채택 여부)에 대하여 논의하지 않는 점도 같은 이유에 기인하는 것으로 본다.

53) 이는 섭외사법과 유사한 조문을 가진 일본 법례상의 견해 대립에서 유래한다. 이호정(註 39), 312면.

54) 金 辰(註 6), 212-213면; 徐希源(註 6), 257면; 黃山德 · 金容漢(註 6), 240면. 견해 대립은 일본에서 수입되었는데 이병화(註 3), 263면은 '불법'이라고 규정하던 일본 법례(제11조 제2항)와 달리 섭외사법 제13조 제2항은 '불법행위'라고 규정하므로 상황이 다르다고 한다.

55) 金 辰(註 6), 214면; 徐希源(註 6), 258-259면; 黃山德 · 金容漢(註 6), 241면. 그밖에도 명예침해의 배상방법에 한정하는 견해도 있었다.

56) 中西 康 外, 国際私法(2014), 246면 참조. 우리 국제사법 제40조와 같은 보호국법주의를 정하는 규정이 없는 섭외사법 하의 한국이나 지식재산권 침해를 불법행위의 준거법으로 해결하는 일본을 전제한다. 물론 영국에서는 명예훼손사건에서 중요한 의미가 있다. 이는 아래에서 보듯이 영국의 이중소구가능성원칙을 폐지한 1995년

서 특허권자가 미국에서만 특허권을 등록하고 한국에서는 등록하지 않았는데 어떤 당사자가 미국에서 미국 특허권을 침해하였다면 이는 미국법상 불법행위이지만 한국에서는 불법행위를 구성하지 않는다. 따라서 이 경우 불법행위의 요건에 관하여 법정지법인 한국법을 누적적용하면 한국에서는 미국 특허권 침해로 인한 손해배상청구를 할 수 없다. 이것이 절충주의의 논리적 귀결이라면 절충주의는 그것만으로도 부당하다.[57)]

참고로 과거 한국에서는 일본의 영향으로 섭외사법의 태도를 절충주의라고 하나 국제적으로는 'double actionability(이중소구가능성)'로 논의한다.[58)] 즉 절충주의는 이중소구가능성을 요구하던 과거 영국 판례와 유사하다. 영국의 경우 과거 1870년 Phillips v Eyre 사건 판결[59)]에 따라, 피해자가 영국에서 불법행위에 기한 손해배상청구소송에서 승소하기 위하여는 우선 당해 불법행위가 영국법상 소구할 수 있어야(actionable) 하고 또한 불법행위지법상 정당하지 않을(not justifiable) 것이 요구되었다. 반면에 스코틀랜드는 그보다 엄격한 double actionability를 요구하였다. 그러나 영국은 귀족원의 1969년 Chaplin v Boys 사건 판결[60)] 이래 원칙적으

국제사법 (잡칙) 법률이 명예훼손사건에는 적용되지 않기 때문인데 이는 법률안 공표 후 언론계의 반대와 압력의 결과라고 한다. 이호정, "不法行爲에 관한 英國의 法選擇規則의 素描", 서울대학교 법학 제41권 제1호(통권 제114호)(2000. 3.), 15면 참조. 간단한 해제는 임성권, 이호정교수 추모문집 간행위원회, 자유주의자 李好珽의 삶과 학문(2019), 668면 이하 참조.

57) 다만 그것이 절충주의의 필연적인 논리적 귀결인지는 논란의 여지가 있다. Adrian Briggs, Private International Law in English Courts, Second edition (2023), p. 134, Fn. 18은 그것이 절충주의의 결론이라고 한다.

58) 소개는 Cheshire/North, Private International Law, 12th edition (1992), p. 536 이하; Briggs(註 57), p. 525 이하; 이호정(註 56), 2면 이하('二重的 訴求可能性'이라고 번역한다) S. 63ff. 참조. 徐希源(註 6), 251면은 Rabel을 인용하면서 절충주의를 취하는 국가들도 어디에 중점을 두는가에 따라 차이가 있음을 지적한다. 즉 한국, 일본과 독일은 불법행위지법주의를 원칙으로 하면서 법정지법주의를 보칙으로 부가하는 데 반하여, 영국은 법정지법주의가 원칙이고 불법행위지법주의가 보칙이라고 소개한다.

59) (1870) L.R. 6 Q.B. 1. 위 사건은 자메이카 총독이던 Edward John Eyre가 지역 반란을 무자비하게 진압한 행위가 폭행과 불법감금 등의 불법행위(사람에 대한 불법침해와 불법감금)라고 주장하면서 일부 자메이카인들이 제소한 사건이다. Eyre는 총독직을 사임하기 직전 식민지 의회로 하여금 비상계엄 후 선의로 한 진압행위에 대해 면책을 정한 법률을 제정하게 하였으므로 위 행위는 자메이카법상 정당한 것이었고 영국에서는 소구할 수 없었다는 이유로 청구는 기각되었다. 소개는 이호정(註 56), 4면; Lord Collins of Mapesbury et al. (eds.), Dicey, Morris & Collins, The Conflict of Laws, Fifteenth Edition (2012), para. 35-006 참조.

60) [1969] 3 W.L.R. 322, [1971] A. C. 356, [1969] 2 All ER 1085. 원고(David Boys)와 피고(Richard Chaplin)는 모두 영국에 주소를 둔 영국 군인들(원고는 해군, 피고는 공군)이었는데 일시적으로 몰타에 주둔하고 있었다. 원고는 친구가 운전하는 스쿠터의 뒷자리에 동승하여 가던 중 피고가 운전하는 자동차와 충돌하여 중상을 입었는데 이 사고는 피고의 과실로 인한 것이다. 원고는 영국에서 피고에 대하여 손해배상을 구하는 소를 제기하였다. 법정지법인 영국법과 불법행위지법인 몰타법에 의하면 피고의 행위는 불법행위가 된다. 그런데 몰타법에 의하면 원고는 금전적 손해(재산적 손해)만 배상을 받을 수 있고 배상액은 £53에 불과하다. 반면에 영국법에 의하면, 원고는 금전적 손해와 비금전적 손해(즉 사고로 인한 고통과 생활의 불편으로 인한 손해)도 배상받을 수 있다(준거법 지정의 실익은 여기에 있다). 제1심 판사는 영국법을 적용하여 손해배상액을 산정하였다. 이런 결론은 항소심과 상고심에서도 유지되었다. 간단한 소개는 대상논문, 88면. 상세는 이호정(註 56), 5면 이하 참조. 영국에서는 위 사건의 항소심 판결([1968] 2 W.L.R. 328 (331))처럼 불법행위의 준거법을 'proper law'라면서 가장 밀접한 관련이 있는 법이 불법행위의 준거법이 되어야 한다고 설명한다. 한국에서는

로 이중소구가능성을 요구하되 제한된 범위 내에서 예외적으로 (미국 제2차 국제사법 Restatement와 이익분석이론이론의 영향을 받아) 유연한 처리할 수 있음을 인정하는 것으로 이해되었다.[61] 그러던 중 '영법사상 최초의 국제불법행위법의 포괄적 입법으로 큰 의의를 가지는 것'[62]이라고 평가되는 The Private International Law (Miscellaneous Provisions) Act 1995(1995년 국제사법(잡칙) 법률)("1995년 법률")가 제정되었는데 1995년 법률은 이중소구가능성원칙을 원칙적으로 폐지하고(제10조) 불법행위지법주의를 일반규칙으로서 명시하면서(제11조) Boys v Chaplin 사건 판결에서와 같은 불법행위지법주의에 대한 예외를 규정하고(제12조), 다만 명예훼손과 외국법상 그와 유사한 사건은 적용범위에서 제외한다(제9조 제3항, 제13조).[63] 따라서 그런 예외의 경우 종전 규칙이 적용된다.

1995년 법률(특히 제12조)은 연결대상을 불법행위라고 하는 대신 '쟁점(issues)'이라고 함으로써 불법행위 준거법의 분열(또는 분할. *dépeçage*)을 허용하나, 로마Ⅱ와 우리 국제사법은 이를 허용하지 않는다.[64] 우리 국제사법상 예외조항(제21조)을 통하여 준거법의 분열을 허용할 수 있을지는 더 검토할 사항이나 쉽지 않을 것이다.

흥미로운 것은, 일본의 법적용통칙법(제22조)은 영국처럼 명예훼손 등 제한적 범위 내에서가 아니라 불법행위 전반에 대하여 절충주의를 고수하는 점이다. 이는 일본 기업들의 로비의 영향이라고 한다. 업계의 압력이 없어 절충주의를 쉽게 폐지할 수 있었던 우리로서는 한편으로는 다행이라고 느끼면서도 다른 한편으로는 국제사법에 대한 업계와 사회의 무관심에 허전함을 가지기도 한다.

이를 '고유법', '적절(당)한 법' 또는 '준거법'이라고 번역한다. 대상논문은 Chaplin v Boys 판결을 인용하는데 출전(1968, 2. W.L.R. 328 (331))과 Lord Denning의 판시를 소개하는 것을 보면 1967. 12. 6. 선고된 항소심 판결로 보이는데 최공웅(註 3), 524－525면과 최공웅(註 36), 71면의 소개도 같다. 제1심 판결은 1967. 3. 22.([1967] 2 All ER 65), 상고심 판결은 1969. 6. 25. 각 선고된 것으로 보인다.

61) 이호정(註 56), 9면.

62) 이호정(註 56), 22－23면.

63) 위 법률에 관하여는 이호정(註 56), 1면 이하 참조(위 법률을 '1995년의 國際私法(各種의 規定)法典'이라고 번역한다). 그 후 1995년 법률과 영국의 전통적 원칙은 대부분 로마Ⅱ에 의하여 대체되었으나 로마Ⅱ가 규율하지 않는 명예훼손은 국내법에 따른다. 브렉시트 이후 영국에서는 로마Ⅱ가 직접 적용되는 대신 'The Law Applicable to Contractual Obligations and Non－Contractual Obligations (Amendment etc.) (EU Exit) Regulations 2019'에 의하여 대체되었고 이는 'The Jurisdiction, Judgments and Applicable Law (Amendment) (EU Exit) Regulations 2020'에 의하여 일부 개정되었는데 그에 의하여 로마Ⅱ가 계속 적용된다. 소개는 남기정, "브렉시트 이후 해상책임보험의 보험자에 대한 제3자 직접청구권의 행사에 관한 고찰", 해사법연구 제34권 제2호(2022. 7.), 23면; 오석웅, "영국의 EU 탈퇴와 국제사법－불법행위에 관한 준거법 선택 규칙을 중심으로－", 국제사법연구 제29권 제1호(2023. 6.), 421면 이하 참조(이는 위 법률을 '1995년 국제사법(기타규정)'이라 부른다).

64) 로마Ⅱ 맥락의 논의는 Andrew Dickinson, The Rome Ⅱ Regulation: The Law Applicable to Non－Contractual Obligations (2008), para. 4.78 참조.

(3) 구 국제사법에 의한 절충주의의 극복과 손해배상액 제한의 도입

그러나 절충주의를 명시한 섭외사법 제2항과 제3항은 법정책적으로 잘못된 것이라는 비판이 유력하였다.[65] 따라서 구 국제사법은 공통의 속인법(제32조 제2항), 종속적 연결(제32조 제3항)과 당사자자치(제33조)를 도입함으로써 불법행위지법주의를 완화하고, 불법행위지법주의로 일원화하면서 불법행위의 요건과 효과에서 법정지법을 누적 적용하는 절충주의와 결별하고 불법행위에 의한 손해배상책임만을 제한하도록 규정하였다(제4항).[66] 구 국제사법의 이런 태도는 국제사법에서도 유지되고 있다. 이 점만 본다면 우리는 과거의 영국식에서 근자의 독일식 체제로 이행한 것이다. 이를 부연하면 아래와 같다.

불법행위의 효과인 손해배상액 산정은 불법행위의 준거법에 의한다. 다만 국제사법 제52조 제4항은 외국법에 따른 손해배상의 성질이 명백히 피해자의 적절한 배상을 위한 것이 아니거나 또는 그 범위가 본질적으로 피해자의 적절한 배상을 위하여 필요한 정도를 넘을 때에는 인정하지 아니한다. 성질에 착안한 전자의 예로는 미국 보통법상의 '징벌적 손해배상(punitive damages)'에서 전보배상을 넘는 부분과, 미국의 제정법인 1914년 Clayton Act(제4조) 또는 RICO－Act('부패 · 조직범죄처벌법'. 제1964조)에 의해 인정되는 3배배상(treble damages)에서 100%를 넘는 부분을 들 수 있고, 후자의 예로는 '지나치게 과도한 손해배상(grossly excessive damages)'을 들 수 있다. 후자의 경우 섭외사법상으로는 한국법에 의한 손해배상액을 넘는 범위 내에서는 외국법의 적용이 전면 배제되었으나, 국제사법에 따르면 '본질적으로' 넘는 범위 내에서만 배제되므로 어느 정도의 차이는 수인(受忍)하여야 한다. '본질적으로'라는 제한은 독일 민법시행법(제40조 제3항)을 참고한 것이다.[67]

다만 근자에 한국에서도 배액배상제도가 점차 도입됨에 따라 준거법인 외국법이 징벌배상과 배액배상을 규정하는 경우에 대처하기 위하여 제52조 제2항을 개정할 필요성이 제기되고 있는데 이는 아래(Ⅴ.4.)에서 논의한다.

---

65) 이호정(註 39), 313면. 영국에서도 1995년 법률에 의하여 이중소구가능성원칙을 폐지한 근거로 첫째, 동 원칙은 법정지법에 매우 큰 역할을 부여하는데 이는 지역적 편협성의 표현이라는 점과, 둘째, 불법행위의 성립과 효력을 제한함으로써 피해자에게 가혹하고 가해자에게 부당한 이익을 준다는 점 등을 든다. 이호정(註 56), 11면 이하 참조.

66) 섭외사법 하에서의 개정방향에 관한 논의는 석광현(註 42), 37면 이하 참조. 그에 앞선 입법론은 대상논문, 81면 이하 참조.

67) 우리는 2000년 섭외사법 개정 당시 독일 민법시행법 제40조 제3항의 제1호와 제2호를 수용하면서도 제3호는 제외하였다. 제3호는 "다른 국가의 법에 의한 청구권은 그것이 독일을 구속하는 협약의 책임법적 규정에 반하는 범위 내에서는 주장될 수 없다"는 취지이다. 즉 준거법이 외국법인 경우 그것이 독일이 당사국인 조약의 책임법적 규정에 반하면 별도의 쿠션 없이 외국법을 적용하지 않는다는 것이다. 취지는 MüKoBGB/Junker EGBGB Art. 40, beck－online, Rn. 110ff. 참조. 위 조문을 수용하지 않은 이유는 불분명한데 조문이 없으므로 그 경우에도 제52조 제4항에 따른다는 견해와 독일처럼 해석하는 견해가 가능하다.

다. 이른바 미국 국제사법의 혁명

20세기 중반 특히 1960년대 이후 '국제사법의 혁명'이라고 일컫는 다양한 접근방법들이 미국에서 시도되었는데 이는 불법행위법의 영역에서 특히 활발하였다. 예컨대 governmental interests analysis approach(Brainerd Currie), principles of preference approach(David Cavers), functional approach(Arthur von Mehren/Donald T., Trautman과 Russel J. Weintraub)와 better law approach(Robert A. Leflar), lex fori approach(Albert Ehrenzweig) 등을 들 수 있다.[68][69] 대상논문은 미국 판례를 주로 소개하는데 위 학설들과 '국제사법의 혁명'에 대하여 언급하지 않는 점은 다소 의외이다. 대상논문이 우리의 입법론에 더 관심을 두었기 때문에 미국의 난만한 학설의 대립은 큰 도움이 되지 않는다고 판단하였기 때문이 아닐까[70]라고 추측해 보지만 대상논문이 혁명'(있었다면)이 진행 중이거나 그 뜨거운 열기가 남아 있던 1972년 발표되었음을 고려할 때 아쉬움이 남는다.

라. 사소한 사항들

'歐洲法系'(84면)와 'New York洲民'(85면)에서 보듯이 주(州)를 지칭할 때 '洲'라고 일관되게 쓰인 것은 오타나 오식(誤植)으로 보인다. 대상논문에서 소개하는 미국 Babcock v. Jackson 사건 판결은 뉴욕주의 Court of Appeal의 판결인데 이는 뉴욕주의 최고법원이므로 뉴욕주 '고등법원'(86면)이라는 번역은 부적절한 것 같다.[71] 또한 위 판결의 사안 소개에서 부부의 책임을 인정하였다고 하는 설명(86면)은 부정확하고 남편의 책임을 물은 것으로 보인다. 또한 대상논문의 영문초록(93면)을 보면 제목이 "The Concerned Jurisdiction of the Tort"라고 되어 있으나 국문 제목은 "不法行爲의 準據法"이므로 착오가 있었던 것 같다.

---

68) 미국 이론의 소개는 임치용(註 21), 140-157면; 임치용, "미국 국제사법(저촉법)의 현황-준거법의 결정을 중심으로-", 국제사법연구 제3호(1998), 225-241면; Hohloch(註 12), SS. 126-189. 간단한 소개는 장문철, 국제사법총론(1996), 47-56면; 최홍섭(註 21), 440-447면 참조. Currie의 이론에 관하여는 장준혁, "Currie의 이익분석론에 관한 고찰", 국제사법연구 제3호(1998), 287-384면 참조.

69) 참고로 미국의 경우 1934년 제1차 국제사법 Restatement(제377조)는 기득권이론에 기하여 원칙적으로 모든 불법행위에 대하여 행위지원칙을 채택하였다. 그러나 교통수단의 발달과 광범위한 계층으로 하여금 그런 수단의 보유를 가능케 한 경제발전 및 불법행위 유형의 다양화는 행위지원칙의 한계를 노정하였다. 따라서 1971년 제2차 국제사법 Restatement는 "불법행위의 쟁점에 관한 당사자들의 권리와 책임은 당해 쟁점에 관하여 사건 및 당사자들과 가장 중요한 관계(the most significant relationship)를 가지는 국가(주)의 법에 따라 결정된다"고 하여(제145조) 준거법지정 규칙(rules)을 규정하는 대신 기법(technology) 내지 접근방법을 규정하였는데 보고자는 Willis L. M. Reese였다. 나아가 제2차 Restatement는 인신침해 등 개별불법행위에 대한 특칙을 두고(제146조-제155조), 불법행위의 주요 쟁점에 관한 상세한 규정을 둔다(제156조-제174조).

70) 이 점은 유영일(註 21), 118면도 동지.

71) 이호정(註 39), 307면은 이를 '대법원'이라고 번역한다. 오승룡(註 45), 130면 이하도 같다. 뉴욕주 판결들의 소개는 이호정(註 39), 307면 이하; Kegel/Schurig(註 34), S. 733ff.; 오승룡(註 45), 127면 이하 참조.

6. 대상논문의 의미에 대한 종합적 평가

대상논문이 제시한 입법론은 2001년 개정된 구 국제사법(제32조 및 제33조) 및 국제사법(제52조 및 제53조)의 준거법지정원칙과 기본적으로 매우 유사하다. 이 점은 주목할 만하다. 위에서 본 것처럼 불법행위지법주의에 우선하는 원칙으로 당사자자치 → 종속적 연결 → 공통속인법주의를 도입하고 그 순서로 우선순위를 인정하는 점에서 그러하다. 개정작업 과정에서 대상논문이 참조가 되었음은 물론이나 결정적 영향을 미쳤다고 하기는 어렵다.[72] 그 이유는 섭외사법 제13조의 개정작업 과정에서 대상논문이 활발하게 인용되고 논의되지는 않았기 때문이다. 그것은 대상논문이 불법행위의 준거법 결정에 관하여 독일을 중심으로 다양한 비교법적 고찰을 담고 있는데, 개정작업과 근접한 1996. 6. 1. 시행된 개정 독일 민법시행법이 이미 위 연결원칙들을 상당히 반영하였고(제40조부터 제42조[73]), 1989년 1월 시행된 스위스 국제사법도 그와 유사하면서도 국제사법에 더 가까운 연결원칙을 반영하였기에(제132조와 제133조[74]) 오래 전에 간행된 대상논문의 입법론보다는 실정법인 독일 민법시행법과 스위스 국제사법이 주된 관심의 대상이 되었던 탓일 것이다.

다만 대상논문의 입법론과 국제사법은 몇 가지 점에서 차이가 있다. 첫째, 당사자자치를 허용하는 점은 양자가 동일하나 대상논문은 시기와 대상을 제한하지 않아 더 넓게 당사자자치를 허용하는 데 반하여 국제사법은 사후적 합의 그것도 법정지법의 지정에 한정하는 점(이 점은 스위스 국제사법과 같다), 둘째, 종속적 연결원칙에서 대상논문은 불법행위가 당사자 간의 기존 법률관계를 침해할 것을 요구하지 않는 데 반하여 국제사법은 이를 명시하는 점, 셋째, 공통속인법주의에서 대상논문은 연결점을 주소로 삼는 데 반하여 국제사법은 일상거소를 선택한 점을 들 수 있다. 넷째, 대상논문이 절충주의를 언급하지 않으므로 명시적으로 다룬 것은 아니지만, 대상논문은 불법행위의 효력 내지 책임제한을 다루지 않으나 국제사법은 제52조 제4항에서 책임을 제한하는 점을 들 수 있다. 다섯째, 대상논문은 예외조항을 상정하지 않으나 국제사법은 예외조항(제21조)을 두고 있다.

대상논문이 불법행위지법주의에 우선하는 연결원칙들을 해석론으로 제안하면서도 해석론의 한계를 논의하지 않는 점과, 우리 학설과 판례를 전혀 언급하지 않는 점은 아쉽다. 후자는 아마도 당시 불법행위법주의를 완화하기 위한 논의가 없었기 때문일 것이다.

---

72) 단적으로 임치용(註 21), 172면, 註 68과 176면, 註 75는 대상논문을 인용한다. 반면에 섭외사법개정연구반에서 법정채권부분을 담당하였던 유영일 판사(당시)는 유영일(註 21), 113면 이하에서 대상논문을 인용하지 않는다. 국제불법행위법을 다룬 이호정(註 39), 294－321면과 최공웅(註 3), 512－548면도 대상논문을 인용하지 않은 것으로 보인다.

73) 조문은 석광현, 2001년 개정 국제사법 해설(2001), 440면 참조. 이는 석광현(註 14), 584면의 그것과 같다.

74) 조문은 석광현(註 73), 457면 참조. 이는 석광현, 국제사법과 국제소송 정년기념(2022), 640면의 그것과 같다(번역의 차이를 제외하면). 이하 후자를 "석광현, 정년기념"이라고 인용한다.

V. 향후의 연구방향 및 내용

여기에서는 장래의 과제로서 국제사법의 향후의 연구방향 및 내용을 다루는데 그 과정에서 국제사법 개정의 입법론도 함께 논의한다. 필자는 근자에 다른 기회에 국제사법 중 준거법지정규칙 전만의 입법론을 논의한 바 있으므로 여기에서는 불법행위의 준거법지정규칙에 관한 입법론만 간단히 다룬다.[75)]

1. 불법행위지법주의에 우선하는 연결원칙의 개정

불법행위지법주의에 우선하는 연결원칙의 개정 착안점은 아래와 같다.

당사자자치를 규정한 제53조는 법정지법의 사후적 합의만을 허용하나 사전합의도 제한적으로 허용하고 법정지법에의 한정을 완화할지가 문제되는데 로마Ⅱ처럼 완화하자는 입법론이 있다.[76)] 제53조가 명시하지 않지만, 묵시적 선택이 부당하게 확대될 우려가 있으므로 해석상 준거법 합의는 명시적 또는 묵시적으로도 가능하나 묵시적 선택은 계약에 관하여 제45조 제1항 단서처럼 합의내용 그 밖의 모든 사정으로부터 합리적으로 인정할 수 있는 경우여야 한다. 입법론으로는 로마Ⅱ(제14조 제1항)처럼 그 취지를 명시할 수도 있다.

종속적 연결을 규정한 제52조 제3항의 "'가해자'와 피해자 간에 존재하는 법률관계"에서 가해자를 '배상의무자' 또는 '책임이 있다고 주장된 자'로 수정할 수도 있으나 해석론으로 해결할 수도 있다.[77)] 나아가 소비자계약의 경우에도 계약의 준거법에 종속적 연결을 할 수 있는지는 유럽연합에서는 논란이 있는데[78)] 그의 해결방안을 해석에 맡길지 입법으로 해결할지를 검토할 필요가 있다. 나아가 종속적 연결원칙에서 사안과 별로 관련이 없는 주관적 준거법에도 종속적 연결을 할지 아니면 그 경우 예외조항을 적용할지를 입법적으로 해결하는 방안도 고려할 수 있다.

---

75) 석광현, "한국국제사법학회 30년의 회고와 과제: 국제재판관할법의 정립을 넘어 준거법규정의 개정을 향하여", 국제사법연구 제29권 제1호(2023. 6.), 100면 이하 참조.

76) 김인호, "일반 불법행위 및 제조물책임과 환경손해의 특수 불법행위에 관한 국제사법 규정의 입법적 검토", 법제연구 제43호(2012. 12.), 211면.

77) 해석론으로 찬성하고 개정을 검토할 필요가 있다는 견해는 석광현(註 14), 398면. 반대 견해는 천창민, "법정채권의 준거법 분야 국제사법 개정 검토-주요국 국제사법 관련 규정의 비교를 중심으로-", 국제사법연구 제28권 제1호(2022. 6.), 383면.

78) 불법행위에서는 준거법의 사전적 합의가 제한되는데 소비자계약에서 종속적 연결을 허용한다면 사전적 합의가 허용되는 결과가 된다. 따라서 종속적 연결을 전면 허용할지, 불허할지 아니면 사안별 검토가 필요한지는 논란이 있다. 더욱이 소비자계약의 경우 소비자 보호를 위하여 객관적 준거법의 보호를 관철하는데 종속적 연결 시 이를 어떻게 실현할지도 문제된다. Rauscher/Unberath/Cziupka(註 29), Rn. 98ff. 참조. 필자는 우리 국제사법상 불법행위로 인하여 소비자계약이 침해된 경우 종속적 연결이 허용됨을 전제로 논의한 바 있다. 석광현(註 41), 140면 참조. 근로계약의 경우에도 유사한 문제가 발생할 수 있다. 유영일(註 21), 135면도 동지.

2. 불법행위지법주의의 개선

가. 결과발생지의 경우 예견가능성의 도입

국제사법(제52조 제1항)은 구 국제사법(제32조 제1항)과 마찬가지로 불법행위지법주의를 유지하는데 더 나아가 격지불법행위의 경우 행동지와 결과발생지가 모두 연결점임을 명시한다. 다만 그 경우 법원이 피해자에게 유리한 법을 직권으로 적용하여야 하는지 아니면 피해자가 선택권을 행사하여야 하는지는 밝히지 않으므로 이는 판례와 학설에 의하여 해결할 사항이다. 한편 불법행위의 특별관할을 정한 제44조는 행동지와 결과발생지의 관할을 인정하면서 결과발생지의 경우 예견가능성을 요구하는데, 제52조는 예견가능성을 요구하지 않는다. 국제사법의 해석론으로 준거법 맥락에서도 결과발생지의 경우 예견가능성을 요구하고 입법론으로는 이를 명시하는 방안을 고려할 필요가 있다.

나. 결과발생지 대신 손해발생지에의 연결

행동지는 구성요건에 해당하는, 외부적 효력을 가지는 실행행위가 행해진 곳이고, 대체로 불법행위 시에 행위자가 있는 곳으로 그의 판단은 결과발생지와 비교하면 더 쉽다. 결과발생지라 함은 법익침해 당시 당해 법익의 소재지를 말하고,[79] 궁극적으로 손해가 발생한 장소인 손해발생지(Schadensort)와는 구별된다.[80] 손해발생지는 준거법을 정하는 데 있어서 원칙적으로 의미가 없다. 다만 결과발생지는 직접적인 법익침해지만을 말하고 그로부터 파생되는 이차적(또는 간접적) 결과발생지는 포함하지 않는다.[81] 로마Ⅱ(제4조 제1항)는 이 점을 명시한다.[82] 이차적 결과발생지는 우연적이고 이를 포함할 경우 결과발생지가 부당하게 확장될 수 있기 때문이다.

근자에는 한국에도 로마Ⅱ(제4조 제1항)를 따라 손해발생지만을 연결점으로 삼자는 입법론[83]이 있다. 로마Ⅱ의 연결원칙은 가해자－피해자 이익 간의 합리적 균형을 보장하고, 민사책임법은 과거 과실에 의한 행위를 벌하였으나 오늘날에는 무과실 엄격책임의 확산에서 보듯

---

79) Kropholler(註 24), S. 523.

80) 대법원판결은 이를 "손해의 결과발생지"라고 표현한다. 예컨대 대법원 1994. 1. 28. 선고 93다18167 판결, 대법원 2008. 4. 24. 선고 2005다75071 판결 참조. 그러나 대법원 2019. 4. 23. 선고 2015다60689 판결은 "국제사법 제32조 제1항에서 말하는 불법행위가 행하여진 곳에는 손해의 결과발생지로서 법익침해 당시 법익의 소재지도 포함된다"고 판시하였다.

81) 준거법의 맥락에서 도메인이름에 관한 대법원 2008. 4. 24. 선고 2005다75071 판결(제2차 환송판결)은 불법행위로 인하여 경제적 손실을 입게 된 이차적 또는 간접적 결과발생지를 결과발생지에 포함시킨 것으로 보인다. 그러나 김운호, "UDRP에 의한 조정결정에 따른 도메인 강제이전과 부당이득의 성립 여부", 대법원 판례해설 제75호(2008년 상권), 443－444면은 위 판결이 그런 취지는 아니고 직접적 법익침해지가 한국이라고 설명한다.

82) 제4조 제1항은 "… 불법행위로부터 발생하는 계약외채무의 준거법은, 손해를 초래하는 사건이 발생한 곳에 관계없이 그리고 그 사건의 간접적 결과가 발생한 국가에 관계없이 손해가 발생한 국가의 법이다"라고 규정한다.

83) 김인호, "일반 불법행위 및 제조물책임과 환경손해의 특수 불법행위에 관한 국제사법 규정의 입법적 검토", 법제연구 제43호(2012. 12.), 178면.

이 그의 핵심은 보상(전보)기능에 있으므로 위 연결원칙은 현대 민사책임의 접근방법과 엄격책임체제의 발전을 반영한 것으로서(전문 16항) 설득력이 있다. 그러나 종래 우리는 손해발생지를 원칙적으로 연결점으로 인정하지 않고, 유럽연합이 손해발생지(직접손해 발생지에 한정)를 연결점으로 규정하는 것은 우리의 관점에서는 다소 부정확하므로 우리가 로마Ⅱ를 따를 이유는 없다.[84] 우리 국제사법의 태도는 종래 학설·판례의 지지를 받은 것이므로 이를 개정하자면 설득력 있는 논거가 필요한데 그런 논거가 부족하고, 더욱이 로마Ⅱ처럼 다양한 특수불법행위별로 적절한 연결원칙을 둔다면 모르겠으나 그 전에 행동지를 포기할 것은 아니다. 로마Ⅱ도 환경손해(제7조)와 쟁의행위(제9조)의 경우 행동지를 연결점으로 인정하고, 제조물책임(제5조)의 경우 취득지도 연결점의 하나로 규정하는데 우리가 해석론으로 그런 결론을 도출하자면 행동지를 여전히 연결점으로 인정할 필요가 있다.

3. 연결점으로서의 지향된 활동과 준거법 지정에서 모자이크방식의 도입 여부

불법행위에 관한 소의 특별관할을 정한 국제사법 제44조는 행동지와 결과발생지만이 아니라 그 행위가 한국을 향하여 행하여지는 경우 한국 법원의 관할을 인정함으로써 지향지의 관할을 인정한다. 따라서 관할규칙과의 병행을 고려하면 준거법지정규칙(제52조)도 '결과발생+지향된 활동'[85]이 연결점이 되도록 개정하자는 견해가 가능하다. 인터넷에 의한 불법행위에서 준거법지정규칙(제52조)에서도 '결과발생+지향된 활동'이 연결점이 되도록 하자는 것이다. 또한 인터넷상의 불법행위(예컨대 가상공간에서의 명예훼손)처럼 결과발생지가 복수인 경우 준거법이 지나치게 확산되는 것을 막고, 복수의 결과발생지법 중 피해자에게 가장 유리한 법의 선택을 허용하는 것은 비현실적이므로 이를 막을 필요가 있는데 우선은 해석론으로 해결할 것이나 입법론으로 엄격한 요건 하에 모자이크방식[86]의 도입을 고려할 필요가 있다. 반면에 관할의

---

84) 프랑스법계의 책임법에는 '법익침해'라는 개념이 사용되지 않기 때문에 덜 정확하지만 손해발생지라는 개념을 사용한 것이라고 설명하기 때문이다(석광현, "계약외채무의 준거법에 관한 유럽연합 규정(로마Ⅱ)", 서울대학교 법학 제52권 제3호(통권 제160호)(2011. 9.), 258면). 그러나 불법행위의 성립요건으로 독일은 일정한 법익(생명, 신체, 건강, 자유 등)·권리(소유권 등) 침해와 보호법규 위반을 요구하나(개별적 성립요건주의) 이와 달리 프랑스법계는 고의·과실에 의한 손해라는 일반조항을 두는데(일반적 성립요건주의), 후자의 경우 손해야기와 일반조항을 제한하는 표지가 성립요건에 속하고 그의 실현이 결과발생지를 결정하는 점을 고려하여 손해발생지를 연결점으로 채택하면서 이를 직접적 손해발생지에 한정한 것이라는 설명도 있다. 결과발생지를 불법행위의 보호법익에 따라 구분하는 견해도 있는데 이는 결과발생지는 신체나 물건 침해의 경우에는 침해지이나, 순수재산손해의 경우에는 손해지라고 한다. 최흥섭(註 21), 316면, 註 114.

85) 조문상으로는 지향지라는 이유만으로 연결점이 될 것 같으나 지향지는 결과발생지의 지나친 확산을 제한하는 기능을 한다고 본다. 관할의 맥락은 석광현, 국제재판관할법(2022), 240면 이하 참조. 준거법의 맥락에서도 같다.

86) 유럽연합재판소가 재판관할에서 취한 '모자이크시스템'을 준거법에 도입하면, 행동지법은 모든 손해의 준거법이 될 수 있으나 결과발생지법이 준거법이 되는 경우 결과발생지국에서 발생한 손해에 대하여만 적용된다고 볼 수 있다. 독일에서는 민법시행법 제40조의 맥락에서 인터넷 또는 언론에 의한 인격권침해의 경우 모자이크방식이 전통적인 판례의 태도라고 한다. MüKoBGB/Junker, 8. Auflage (2021), EGBGB Art. 40 Rn. 33.

맥락에서 불법행위의 경우 지식재산권 침해와 달리 국제사법(제52조 제1항)은 양적 제한(모자이크방식)을 하지 않으므로 준거법의 맥락에서도 모자이크방식을 도입하지 않는 것이 일관성이 있다고 할 수도 있다. 이 점은 더 검토할 필요가 있다.

4. 징벌배상과 과도한 손해배상의 제한: 제52조 제2항의 개정 필요성

구 국제사법 제32조가 채택된 배경은 위에서 보았다. 그 후 우리나라는 "하도급거래 공정화에 관한 법률"("하도급법")(제35조 제2항)을 통하여 2011년 6월 3배배상제도를 처음 도입하고, 이어서 "독점규제 및 공정거래에 관한 법률"("공정거래법")에서도 사업자의 부당한 공동행위 등에 대하여 3배배상제도를 도입하였고, 그 후 개인정보, 근로관계, 지적재산권, 소비자보호 등 다양한 분야에서 개별 법률의 개정을 통해 일정한 행위 유형에 대하여 3배 내지 5배를 한도로 하여 손해전보의 범위를 초과하는 손해배상을 허용하는 규정을 도입하였다. 이제는 우리 법원이 제52조 제4항을 근거로 3배배상을 규정한 외국법의 적용을 무조건 배척할 수는 없다. 이런 손해배상법제의 변화가 국제사법 제52조 제4항의 적용에 어떤 영향을 미치는지와 그에 따라 제4항을 개정할 필요성이 있는지가 문제된다. 즉 불법행위의 준거법으로 지정된 외국법이 3배배상을 규정하는 경우 ① 외국법의 적용을 전면 허용할지, ② 외국법이 적용되는 사안이 3배배상을 정한 한국 법률의 영역(또는 개별 법률의 규율 영역)에 속하면 외국법을 적용하고 그렇지 않으면 적용을 배제할지, 아니면 ③ 사안별로 우리 법원이 결정하도록 할지(이 경우 판단기준 필요) 등에 관한 방침을 정하고 제4항을 그에 따라 개정할 필요가 있다. 이 점을 고려하여 필자는 구 국제사법 제32조 제4항의 개정안을 제시한 바 있다.[87] 즉 법원은 불법행위의 준거법인 외국법이 징벌배상 또는 배액배상과 같은 비전보적 손해배상을 규정한 경우 그 적용을 거부할 수 있지만 한국이 배액배상을 도입한 법영역에서는 적용하도록 하고(제4항), 불법행위의 준거법인 외국법이 당사자에게 손해전보의 범위 내에서 배상을 규정하는 경우(즉 전보배상의 경우) 그것이 지나치게 과도하여 우리가 수인할 수 있는 범위를 넘는 때에는(또는 그것이 본질적으로 피해자의 적절한 배상을 위하여 필요한 정도를 넘는 때에는) 이를 적용하지 않을 수 있음을 명시한다(제5항).

필자는 같은 맥락에서 민사소송법 제217조의2의 개정도 함께 제안하였는데 그 후 대법원 2022. 3. 11. 선고 2018다231550 판결이 민사소송법 제217조와 제217조의2 하에서 징벌적 손해배상의 대상이 된 행위가 "우리나라에서 손해전보의 범위를 초과하는 손해배상을 허용하는 개별 법률의 규율 영역에 속하는 경우" 3배 배상을 명한 외국재판의 승인이 우리 법의 기

87) 필자는 2012. 1. 10. 국회에서 개최된 민사소송법 개정안 공청회에서 이 점을 처음 지적하였고 석광현, 국제민사소송법(2012), 434면 이하에서 이를 소개하였다. 그 후 비전보적 배상(징벌배상과 3배배상)과 과도한 전보적 손해배상을 구분하여 개정안을 제안하였다. 석광현, 정년기념, 524면 이하 참조. 하상익, "손해배상에 관한 외국재판의 승인-배액(倍額) 배상제도를 중심으로-", 민사재판의 제문제 제27권(2020), 787면 이하도 참조.

본질서에 위배된다고 보기 어렵다고 판시하였다. 즉 3배배상의 지급을 명한 하와이주 재판의 승인 및 집행이 문제된 사안에서 대법원 2022. 3. 11. 선고 2018다231550 판결이 선고되었는데 대법원은 아래의 취지로 판시하였다.

> "손해배상제도가 손해전보를 원칙으로 하면서도 개별 법률을 통해 특정 영역에서 그에 해당하는 특수한 사정에 맞게 손해전보의 범위를 초과하는 손해배상을 허용하는 점에 비추어 보면, 손해전보의 범위를 초과하는 손해배상을 명하는 외국재판이 손해배상의 원인으로 삼은 행위가 적어도 한국에서 손해전보의 범위를 초과하는 손해배상을 허용하는 개별 법률의 규율 영역에 속하는 경우 그 외국재판의 승인이 손해배상 관련 법률의 기본질서에 현저히 위배되어 허용될 수 없는 정도라고 보기 어렵다. 이때 외국재판에 적용된 외국 법률이 실제 손해액의 일정 배수를 자동적으로 최종 손해배상액으로 정하는 내용이더라도 그것만으로 그 외국재판의 승인을 거부할 수는 없고, 한국의 관련 법률에서 정한 손해배상액의 상한 등을 고려하여 그의 승인 여부를 결정할 수 있다(밑줄은 필자가 추가함)."[88]

위에서 본 것처럼 필자는 과거 구 국제사법 제32조의 개정안을 제안하였는데 민사소송법 제217조의2를 다룬 대법원 판결이 나왔으므로 제52조 제4항의 개정은 이제 구체적 과제가 되었다. 국제사법의 해석론으로 문제를 적절히 해결할 수 있는지 의문이 있고 이제는 더 이상 손해배상의 성질에 착안하기 어려우므로(대법원이 실제 손해를 넘는 실질적인 배상의 지급을 명한 외국판결을 승인할 수 있다고 판시하였기에) 개정하는 편이 바람직하다. 그 과정에서 국제사법상 과도한 전보배상의 취급도 정리하고, 입법부와 사법부의 불협화음이 드러난 민사소송법 제217조의2(제217조 제1항 제3호와 함께)도 개정할 수 있을 것이다.

5. 특수불법행위에 대한 특칙의 도입

국제사법은 특수불법행위의 하나로 지식재산권 침해에 관하여 특칙을 두고 있으나(제40조), 해상을 제외하면 다른 분야의 특수불법행위의 연결원칙을 두고 있지 않다. 만일 입법론으로서 특수불법행위에 관한 특칙을 도입한다면 ① 제조물책임과 ② 명예훼손 기타 인격권 침해(개인정보나 데이터 침해와도 관련하여) 등을 우선 고려할 수 있다. 개인정보와 데이터의 중요성이 커지고 그의 침해가 사회적 관심사가 되는 것을 보면 더욱 그러하다.

6. 역외적용을 명시한 법률과 국제사법의 관계

근자에는 구 공정거래법 제2조의2(현재 제3조)[89]와 자본시장법 제2조[90]에서 보듯이 역외

88) 소개는 이종욱, "손해전보의 범위를 초과하는 손해배상을 명하는 외국재판의 승인 및 집행–공서 요건을 중심으로–", 국제거래법연구 제31집 제2권(2022. 12.), 123면 이하 참조.

적용을 명시한 조문을 두는 법률들이 늘어남에 따라 그 조문과 국제사법(특히 불법행위의 준거법)과의 관계가 문제된다. 국제사법의 연결원칙은 민사책임의 준거법을 지정하나, 공정거래법과 자본시장법의 조문은 그 성질(민사, 형사 또는 공법)에 따라 구분하여야 한다.[91)]

Ⅵ. 맺는 말

지금까지 대상논문의 내용, 대상논문의 논제에 관한 간행 당시의 학설, 판례의 모습, 당시와 현재의 의미, 향후의 연구방향과 내용을 논의하였다. 그 결과 대상논문은 한국에서 국제사법에 대한 연구가 태부족하고 주로 일본 교과서를 번안한 교과서들만 있던 당시 불법행위의 준거법 지정에 관한 주요 외국법제를 비교법적으로 고찰하고, 특히 상당히 설득력 있는 우리의 입법론을 제시한 점에서 선구적인 업적으로서 커다란 의미가 있다. 2001년 개정작업에 의하여 탄생한 구 국제사법/국제사법이 도입한 불법행위의 준거법 지정 규칙이 대상논문의 입법론과 매우 유사하다는 점이 이를 웅변한다. 특히 불법행위지법주의에 우선하는 연결원칙으로 '당사자자치' → '종속적 연결' → '공통속인법주의'라는 단계적 구조를 도입한 점에서 그러하다. 다만 법무부의 섭외사법 개정작업이 1999년 4월 섭외사법개정연구반의 구성으로 비롯되었는데 대상논문이 1972년에 간행된 점과, 무엇보다도 1996. 6. 1. 시행된 개정 독일 민법시행법과 1989. 1. 1. 시행된 스위스 국제사법의 불법행위의 준거법지정규칙이 더 비중 있게 다루어졌기에 입법작업 과정에서 대상논문의 영향력은 한계가 있었다.[92)]

또한 1979년 카타르 사건 판결을 담당하였던 법관들이 대상논문을 읽고 섭외사법의 해석론으로 공통속인법인 한국법을 적용하였더라면 위 판결은 국제사법학의 발전에서 기념비적 판결이 되었을 것이나, 대법원은 한국법이 준거법이라는 결론을 도출하고자 섭외성을 부정하는 잘못된 길을 걸은 탓에 큰 아쉬움을 남겼다.[93)] 판례법 국가인 영국은 선례에 의하여, 성문법

---

89) 과거 2005. 4. 1. 발효한 제2조의2(국외행위에 대한 적용)가 이를 규정하였으나 2021. 12. 30. 시행된 개정 공정거래법에 의하여 현행법 제3조가 되었다.

90) 제2조(국외행위에 대한 적용)는 "이 법은 국외에서 이루어진 행위로서 그 효과가 국내에 미치는 경우에도 적용한다"고 규정한다.

91) 즉 후자의 경우 ① 행정규제, ② 그 위반으로 인한 민사책임규제와 ③ 그 위반에 대한 형사책임규제라는 '중층(삼중)규제'로 구성되므로 국제독점규제법과 국제자본시장법의 체계도 위 세 가지 분야로 구분하여 논의할 필요가 있다. 석광현(註 75), 41면 이하 참조.

92) 이호정(註 39), 294－321면과 최공웅(註 3), 512－548면이 대상논문을 인용하지 않았던 점도 영향을 미쳤을 것이다.

93) 일본인 간에 캐나다 스키장에서 활강 중 발생한 충돌사고를 이유로 불법행위책임을 물은 스키투어 사건에서 일본의 하급심 법원은 절충주의를 명시한 법례 규정에도 불구하고 가장 밀접한 관련이 있는 법인 일본법을 적용하였다(당사자들은 일본법의 적용을 당연한 전제로 변론하였다고 한다). 千葉地裁, 1997. 7. 24. 判時 1639, 86 참조. 高杉直, "不法行爲地法主義の例外", 櫻田嘉章 · 道垣内正人(編), 国際私法判例百選, 別冊ジュリスト No. 185 (2007), 76－77면 참조. 국제사법 관점에서는 위 일본 판결의 접근방법이 우리 대법원의 카

국가인 한국은 섭외사법에 의하여 모두 이중소구가능성원칙을 따르던 시절에, 양국 최고법원이 공통속인법을 적용하는 동일한 결론에 이르렀지만 이중소구가능성원칙에 대한 예외를 인정하는 근거는 달랐다. 10년 앞선 Boys v Chaplin 사건에서 영국 귀족원이 사안(또는 쟁점)과 가장 밀접한 관련이 있는 준거법을 찾고자 국제사법 체계 내에서 전개한 정치하고 유연한 논리는 매우 인상적이다. 이는 준거법 지정에 관한 국제사법의 문제의식과 분석의 깊이에 있어 양국 최고법원 간의 현저한 격차를 보여준다.[94][95] 섭외사법의 문언에 따른 결론을 수용할 수 없다면 섭외사법의 체계 내에서 새로운 길을 모색했어야 마땅하였으나 근거 없이 그 체계 밖에서 결론을 내려버린 것은 개별사건만 해결하면 된다는 식의 무책임한(특히 최고법원의 본분을 망각한) 접근이다. 또한 섭외성을 부정한 탓에 우리는 카타르의 실질법인 불법행위법, 그리고 그것과 한국 불법행위법의 차이(즉 당해 사건에서 준거법 지정의 실익)가 무엇인지도 알지 못하는데, 이는 준거법 결정의 실익을 잘 보여주는 1963년 Babcock v. Jackson 사건 및 1969년 Boys v Chaplin 사건과 크게 다르다. 위 판결은 섭외성의 판단기준을 교란시킴으로써 한국 국제사법학의 발전에 별로 도움이 되지 못하였고 혼란을 초래하였다.[96] 필자가 위 판결을 높이 평가하지 않는 것은 이런 이유 때문이다.[97]

타르 사건의 그것보다 우수하다.

94) 1979년 대법원 판결과 이호정(註 56), 5면 이하에 소개된 귀족원의 Boys v Chaplin 사건 판결(특히 Lord Wilberforce의 설시)을 비교하면 이를 쉽게 수긍할 것이다.

95) 위 판결이 의미가 있다면 첫째, 불법행위지법주의의 연결정책적 근거를 제시한 점과, 둘째, 국제사법학의 해묵은 논점(즉 섭외성이 없는 사건에도 섭외사법이 적용되는가라는 논점)에 대하여 부정설을 지지한 점을 들 수 있다.

96) 그 후 대법원은 외국적 요소가 있는 경우 섭외성을 부정하는 대신 외국적 요소가 있다고 당연히 국제사법을 적용하는 것은 아니고 거래 당사자의 국적·주소, 물건 소재지, 행위지, 사실발생지 등이 외국과 밀접하게 관련되어 있어 곧바로 내국법을 적용하기보다는 국제사법을 적용하여 준거법을 정하는 것이 더 합리적이라고 인정되는 법률관계에 대하여는 국제사법의 규정을 적용하여 준거법을 정하여야 한다고 판시함으로써 '합리성'을 요구한다. 대법원 2008. 1. 31. 선고 2004다26454 판결; 대법원 2014. 12. 11. 선고 2012다19443 판결 등. 장준혁(註 49), 145−146면, 註 10의 지적도 참조.

97) 의아한 것은 전에도 대법원 판결이 '공통본국법주의'를 채택한 것이라고 본 장준혁 교수가(註 39 참조) 근자에도 견해를 유지하면서 대법원 판결을 미화하는 듯한 태도를 보이는 점이다. 예컨대 장준혁(註 49), 146면은 "공통의 속인법에의 연결(또는 불법행위지가 우연적이고 형식적인 경우에 한하여 그렇게 한다는)이라는 예외규칙이 판례에 의하여, 해석의 한계를 넘어 창설되었다"고 평가하나, 공통본국법주의는 불법행위의 연결원칙인데 사건의 섭외성을 부정함으로써 섭외사법의 적용을 아예 차단한 대법원이 공통본국법주의를 채택하였다는 평가는 왜곡일 뿐이다. 대법원은 위 판결에서 섭외사법상 국제불법행위의 연결원칙으로서 공통본국법주의를 창설한 것이 아니다. 장준혁(註 49), 145면은 대법원이 "초법률적 법형성이라는 비상수단을 쓰기 위하여, 의식적으로 위트 있게 순수한 국내적 법률관계라는 식의 궤변을 사용한 것"이라는 취지로 평가하나 법형성을 한 것이 아니고 궤변을 위트로 분식(粉飾)할 것은 아니다. 판결에 대한 제대로 된 평가 위에서 비로소 개선방안을 모색하고 발전을 기대할 수 있으므로 실상을 호도(糊塗)하여서는 아니 된다. 필자는 1994년 논문(註 42)에서 위 판결을 비판하고 대법원이 섭외성을 부정할 것이 아니라 법형성인 목적론적 축소로 접근해야 했음을 지적하였고, 그 후 소비자계약을 중심으로 법형성과 목적론적 축소를 부연하였다. 석광현(註 41), 154면 이하, 245면 참조. 만일 대법원이 그렇게 했더라면 법학방법론에 관한 논의도 일찍이 풍성해졌을 것이고 필자도 위 판결을 널리 자랑하고 다녔을 것이다.

평소 우리 문헌의 인용을 중시해온 필자가 '2001년 개정 국제사법 해설'(2001)과 그 개정판에서 대상논문을 인용하지 못하였음을 깊이 반성한다.

人格權의 私法上의 保護

—獨逸의 學說判例의 發展을 中心으로—

崔 鍾 吉

I、序 言

現代技術의 急進的인 發達 특히 라디오、텔레비존등 매스콤의 手段의 發達이 우리生活에 寄與하는 바 크다는 것은 더 말할 나위가 없다。實로 매스콤은 現代의 人類生活에 있어서 不可缺한 要素라고 말할 수 있다。 그러나 바로 이와 같은 現代技術의 發達은 자칫하면 他人의 人格權 특히 私生活의 自由를 侵害하기가 쉽다。 그런데 往往히 이런 私生活의 侵害의 結果는 高度로 發達된 技術을 手段으로 廣汎하고 迅速하게 一般大衆에게 傳播되므로 被害者는 想像치도 못할 程度로 財産的、精神的인 損害를 받게 된다。 이와 같은 私生活의 侵害는 新聞、라디오、테레비、雜誌、演劇、映畫小說等의 매스·메디아에 의하여 行하여 지는 것이 普通이지만 人類의 技術은 豫想할 수 없이 無限이 發達하고 있으므로 새로운 매스콤의 手段이 續出하리라는 것은 想像하기 어렵지 않다。小型撮影器、小型錄音器等 그 數는 이루 헤아릴 수 없다。美國에서는 이미 마이크로폰이 備置된 小型의 Opera Glass 가 發明되어 있어 이것을 가지면 적어도 百米以內에서는 聽衆의 귓속말 까지도 能히 聽取할 수 있다고 한다。더욱이 거짓말 探知機는 이제 사람의 가장 秘密에 속하는 感情과 思想까지도 探知할 수 있게 되었다(現代技術의 發達에 따르는 私生活의 秘密이 어떻게 危脅을 받고 있느냐의 問題를 특히 Süss 敎授의 論文Süss Geheimsphäre und moderne Technik.)。

이와 같이 現代技術의 發達에 따라서 現代人의 私生活侵害의 危險性은 漸高되고 있으며 이것은 程度의 差異는 있지만 大體로 모든 現代國家의 共通現象이다。

生活의 侵害는 個人의 人格의 自由로운 發展을 阻止하는 것임은 勿論이며、그런 現象은 私生活以外의 其他의 人格權의 侵害의 경우에도 일어난다。그런데 自由로운 人格의 形成發展은 民主主義의 基礎이며 또한 一般的人格權은 모든 基本權의 母體的基本權이라고 볼 수 있으므로、人格權의 侵害를 許容하여 이를 充分히 保護하지 못한다면 이것은 곧 民主主義의 崩壞를 意味하는 것이라고 敢히 말할 수 있다。따라서 人格權의 保護의 問題는 現代의 自由主義的諸國家가 當面하고 있는 共通的인 重大問題가운데 하나이다。 특히 人格權의 私法上의 保護에 관하여는 最近 廣範한 研究가 이들 諸國家에서 거듭되고 있으며 이 問題는 따라서 民法의 最大問題의 하나로 登場하고 있는 現狀에 있다。

人格權이라는 槪念은 十九世紀에 들어가 主로 歐羅巴에서 確立되게 되었지만(Scheyhing, Acp. 158, 503) 그 範圍가 漸次 擴大되어 理解되고 있다。우리나라에서도 民法第七五一條와 身體、自由名譽도 따라서 人格權의 對象의 例示에 不過하며 널리 姓名、貞操、信用、肖像等을 包含한다고 解釋되고 있다。우리나라에서는 그러나 이들 人格權의 私法上의 保護에 관하여는 크게 論議되고 있지도 않으며 또한 實際에 있어서도 크게 問題가 되고 있지도 않은것 같다。그러나 이것은 決코 他人의 人格權 特히 私生活의 侵害가 一般的으로 行하여지고 있지 않다는 것을 意味하는 것이 아니라 그와는 正反對로 人格權의 侵害라는 現象은 無數히 빈번하게 發生하지만 다만 一般的으로 權利意識이 稀薄하고 私生活尊重의 思想이 弱한 탓으로 이에 관한 訴訟이 別로 活潑치 않은 것이라고 보는 것이 옳을 것이다(戒能通孝·伊藤正己編 Privacy 研究. 150面參照)。 戰後 西獨에 있어서도 一般的 人格權

(Allgemeines Persönlichkeitsrecht)의 私法上의 保護의 必要性이 強調되고 學說、判例、立法이 크게 注目할 發展을 期하였다。西獨에 있어서 人格權의 保護가 특히 強調된 理由는 前述한 바와 같이 現代技術의 發達로 말미암아 人格權侵害의 危險性이 漸高되고 있고 나치스的인 全體主義國家와의 쓰라린 體驗을 通하여 集團의 專權(Allmacht des Kollektives)에 대한 憂慮가 더욱 커졌다는데에 그 理由가 있다。우리民法과 가장 密接한 關係에 있는 西獨民法에 있어서의 人格權의 保護에 관한 最近動向은 우리에게 重要한 示唆를 주는 것이라고 생각된다。이런 意味에서 人格權保護에 관한 西獨의 學說、判例、立法의 發展을 槪觀함으로써 編輯者의 意圖하는 바「法의 날」에 붙이고저 한다。

Ⅱ、學說、判例에 의한 一般的 人格權論의 確立

秘密暴露에 의한 私生活의 侵害에 對한 保護를 하기 위해서 現今 西獨의 學說은 一般的 人格權이라는 槪念을 確立하고 그 侵害에 대한 救濟를 企圖하고 있다。一般的人格權이란「人格」(persönlichkeit)의 維持、不可侵性、尊嚴性、認定된 表示 및 그 自由로운 發展에 관한 私權으로서 모든者에 대하여 效力을 가지는 包括的權利」라고 定義할 수 있다(Enneccerus-Nipperdey§. 78 I 1)。西獨基本法의 制定以前에 있어서는 上述한 것과 같은 人格에 대한 包括的權利의 認定與否가 다투어 지고 있었다。다만 그時代에 있어서도 特定한 人格權은 私法上 또는 刑法上 特別히 保護되고 있으며(例컨데 殺人、傷害、自由剝奪、名譽毁損等)、이미 獨民法制定時에 있어서도 一般的人格權을 認定해야 한다는 有力한 見解가 臺頭되고 있었다。그 가운데 특히 Otto v. Gierke는 人格은 法主體가 될수 있는 能力이며 法律이 이를 承認함에 의하여 모든 個個의 權利와 義務의 基礎가 되는 人格權(Recht der Persönlichkeit)이 發生하며 그 人格權이 歸屬하는 實在(Wesen)가 法的意味에 있어서의 사람(Person)이라고 하였다(Otto v. Gierke Deutsches Privatrecht, Bd. I. S. 265)。다시 Gierke는 個別的人格權과 一般的人格權을 區別하여 前者는 權利主體에게 自己의 人格領域의 構成要素에 대한 支配를 保障하는 權利이고 後者는 法秩序에 의하여 保障된 사람으로서의 承認을 받을 것을 要求할 수 있는 權利로서 그 權利는 모든 사람에 의하여 承認되고 尊重되지 않으면 안된다고 하였다(Gierke, a.a.O. S. 762)。이와 같은 Gierke의 一般的人格權理論은 오늘에 있어서의 西獨의 人格權理論의 基礎가 되고 있다고 할 수 있다。그러나 基本法制定以前의 通說的見解는 一般的人格權의 存在를 否定하였었다(Enneccerus-Nipperdey, S. 579)。現行民法에 있어서는 그러나 重要한 一連의 人格權이 個別的으로 保護되고 있다。

첫째、獨民法第八二三條第一項에 의하여 生命、身體、健康、身體的自由가 保障된다。특히 其他의 人格權의 發顯인 個性의 精神的活動이 또한 限定된 範圍에서 民刑法上의 保護를 받고 있다。民法의 保護規定은 第八二三條第二項(保護法規違反에 의한 不法行爲責任)、第八二四條(信用의 保護)、第八二五條(婦女子의 名譽保護)、第八二六條(良俗違反에 의한 不法行爲責任)等이 있고 특히 民法第一二條는 姓名權者의 權利를 다투거나 또는 權限없이 他人의 姓名을 行使하여 權利者의 利益을 侵害하는 경우에는 權利者로 하여금 그 侵害의 除去、豫防(不作爲) 또는 損害賠償을 請求할 수 있게 하여 重要한 人格權의 하나인 姓名權의 徹底한 保護를 期하였다。以上과 같이 獨民法上 絶對的으로 保護되는 唯一한 人格權은 姓名權에 限하고 그 他의 人格權은 不法行爲의 規定에 의해서만 保護되고 있을 뿐이다。다만 民法以外의 特別法에 의하여 一連의 人格權이 따로히 認定되고 있다。例컨데 商社의 商號權(獨逸商法第三七條二項)、自己肖像權(藝術保護法 Kunstschutzgesetz 第二二條乃至第二四條)、著作者와 發明者의 尊重에 관한 人格權(特許權(Patentgesetz)第二六條및第三六條、文學및音樂作品에 관한 著作權法(LUG)第九條、第二四條、第二五條 및 著作權法(KUG)第一二條 및 一三條)等이 그것이다。

元來 獨逸民法은 權利의 主體 즉 自然人을 그 法體系의 中心으로 삼고 있으나 瑞西民法第二八條와 같이 人格權保護에 관한 一般條項(Generalklausel)을 두어 이를 廣範하게 包括的으로 保護하는 立場을 擇하지 않고 前述한 바와 같이 다만 個別的規定으로써 重要한 人格權을 個別的으로 保護하、있을 따름이다。그

것은 主로 獨民法의 立法者가 包括的으로 人格權을 絶對權으로서 保護한다면 結局 他人의 自由活動의 甚大한 障害를 招來할 것이라는 憂慮에 起因하는 것이었다。 그러나 그後 廣範圍에 걸친 人格權의 侵害의 保護는 限定된 個別的保護로서는 到底히 充分하지 못하게 되었다。 特히 獨民法은 權利主體(Rechtssubjekt)와 法的保護의 對象(Schutzobjekte)을 區別하는 原則에 立脚하고 있으므로 人格權으로서 保護될 緊要性이 가장 큰 私生活의 領域을 保護하지 못하게 되었다。 例컨데 옛愛人의 私的인 戀愛便紙의 公開、 小說속에서 나타나는 一般人이 認識可能할 程度로 特定人의 私生活描寫 또 同一한 程度의 舞臺위에서 하는 特定人의 흉내 또는 순전한 私談의 錄音 또는 이의 公表等과 같으며、 이와 類似한 例는 우리의 日常生活에서 許多히 發見될 수 있다。

또한 前述한 바와 같이 姓名權以外의 重要한 人格權은 獨民法에 있어서는 不法行爲法에 의해서만 保護되고 있다。 民法은 絶對權(Absolutes Recht)의 侵害(例컨데 物權의 侵害)의 경우에 있어서는 被害者에게 加害者의 故意過失을 묻지 않고 返還、 妨害除去 및 豫防請求權을 賦與하여 이를 保護하고 있다。 그런데 姓名權인 人格權은 民法上 唯一한 絶對權으로 認定되고 있지만 그 他의 權利는 單只 不法行爲法에 의해서만 保護되고 있을 다름이므로 加害者에게 故意、 過失이 없는限 被害者는 何等의 保護를 받을 수 없다。

뿐만 아니라 獨民法第二五三條 및 第八四七條는 慰藉料請求를 一定한 경우(身體、 健康、 自由、 貞操)에 限定하고 있으므로 人格權의 侵害로 因한 精神的損害에 對한 金錢賠償(慰藉料)이 一律的으로 認定되지 못한다。

大略 以上과 같은 現行民法의 未備로 말미암아 人格의 保護가 不充分하다는 것을 痛感하여 많은 學者들이 올바른 法解釋을 通하여 一般的人格權의 槪念形成에 注力하게 되었다。 특히 人格의 尊重과 그 自由로운 發展을 保護하는 基本法의 制定은 人格權의 理論確立을 위한 實定法的인 根據가 되었다。

一九四九年의 본 基本法第一條第一項은 「人間의 尊嚴은 不可侵이다。 이를 尊重하고 또 保護함은 모든 國家權力의 義務이다」라고 宣言하고 있으며 다시 同條第三項은 「以下의 基本權은 直接으로 效力있는 法으로서 立法、 執行權 및 司法을 拘束한다」라고 規定하고 있으며 同法第二條第一項은 「모든 사람은 他人의 權利를 侵害하지 아니하고 또한 憲法秩序 또는 道德律에 反하지 않는 限 自己의 人格을 自由로히 展開하는 權利를 가진다」라고 規定하고 있다。 同法第二項은 또한 「모든 사람은 生命및 身體의 不可侵權을 가진다。 사람의 自由는 損傷되지 아니한다」라고 하고 있다。 또한 獨逸聯邦共和國에 의하여 批准된 一九五〇年 十一月 四日의 人權과 基本的自由의 保護를 위한 歐羅巴協定(Die europaische Konvention zum Schutze der Menschenrechte und Grundfreiheiten) 第八條 第一項도 「모든 사람은 그의 私生活、 家族生活、 住居 및 信書去來의 尊重을 받을 權利가 있다」라고 規定하였다。

以上과 같은 基本法上의 法的根據는 學者들의 人格權論의 確立에 이바지 하였다。 戰後 一般的人格權의 理論確立에 直接的인 導化線을 던진 것은 一九五三年 Bussmann 敎授의 基本的論文(Das Persönlichkeit, 1953)이었다。 Bussmann 은 이곳에서 人格의 發展課程에 관한 詳細한 歷史的背景을 考察한 뒤 人格權은 自然法上의 權利이며 또 基本的人權이며 私權이므로 이를 認定하는 것은 法理念의 目的인 同時에 實定法의 目的이라고 主張하여 人格權의 理論을 確立하고 이를 認定할 것을 強調하였다。

이런 Bussmann 의 主張은 學界에서 큰 注目을 받게 되고 아울러 贊反兩論이 對立되게 되었으나 結局 大勢는 人格權을 認定하는 立場을 支持하였다。 Nipperdey 도 一般的人格權의 理論確立에 積極的으로 參與하여 이를 認定할 것을 強力히 主張했다(Enneccerus-Nipperdey, §101 參照)。

Nipperdey 는 우선 憲法의 第三者에 대한 效力(Drittwirkung)이라고 稱하여지는 特色있는 理論을 樹立하였다。 그는 모든 法秩序의 基礎는 人間의 尊嚴性인 것이며 따라서 民法의 基礎 또한 마찬가지 이므로 基本法第一條、 第二條에 의해서 一般的人格權이 私法上의 權利로서 直接保護되고 있다고 主張한다。 이와 같이 그는 憲法의 私法的效力을 認定하는 立場에서

上記한 基本法의 諸規定은 國家權力뿐만 아니라 모든 私人을 直接 拘束하는 것이므로 사람이 人格의 尊嚴과 그 自由로운 展開를 받을 權利는 모든 다른 第三者에 대하여도 效力이 있으며 모든 사람은 이 權利를 尊重할 義務가 있다고 한다。따라서 人格權은 絶對權이므로 民法第八二三條一項의 意味에 있어서의 權利 즉 同條의「其他의 權利」(Sonstiges Recht)에 當然히 包含되는 것이라고 解釋한다。人格權의 無限定한 認定은 그러나 자칫하면 他人의 自由를 拘束하게 되는 結果를 招來하는 一面을 決코 看過할 수 없다。이런 意味에서 다시 人格權의 認定限界가 問題된다。Nipperdey에 의하면 一般的人格權의 限界의 問題는 違法性의 觀點에서 判斷하여야 한다。즉 構成要件에 該當하는 人格의 侵害는 違法性阻却事由가 없는 限 모두 違法行爲이다。違法性阻却事由로서는 正當防衛、緊急避難、自力救濟等이 있고 또 被害者의 明示的 또는 默示的인 同意는 違法性을 阻却한다고 解釋한다。특히 Nipperdey는 社會的相當性(Sozialadäquang)의 理論을 發展시켜 行爲가 社會的相當行爲(sozialadäquates Verhalten)일 때에는 그것은 違法行爲가 아니라고 한다。社會的相當行爲란 歷史的으로 生成한 共同生活의 社會倫理的秩序속에서 適法하다고 認定되는 行爲를 말한다。이와같이 社會的相當性을 人格權侵害의 正當化事由로 認定함에 의하여 人格權保護가 너무나 擴大되어 他人의 自由를 侵犯하게 되는 危險性이 없도록 이를 어느程度 調和 하려고 한다。그리하여 一定한 人格侵害는 그것이 社會共同生活의 觀念上 普通被害者가 認容하여야 할 경우에는 人格權侵害로 다룰 것이 아니라고 한다。또한 侵害의 違法性은 他人의 優越한 保護價値있는 利益을 維持할 必要性이 越等하게 클 경우에는 阻却된다。이와 같이 서로 對立하는 利益은 比較考量의 原則에 의하여 比較決定되어야 하지만 加害者의 請求利益이 客觀的으로 觀察하여 被害者의 利益보다 優位에 있는 公的 또는 私的인 利益일 경우에만 他人의 人格侵害가 許容된다。이와 같은 加害者의 優位利益은 그러나 다만 人格權侵害가 客觀的으로 必要不可缺하고 不可避하며 또 그 內容、形式、狀況(Begleitumstände)에 의하면 目的達成을 위하여 適當하고 그리고 容易한 手段일 경우에만 存在한다고 解釋한다。以上은 人格權理論에 관한 Nipperdey의 見解이지만 이것은 또한 現今 獨逸의 通說이기도 하다。

上述과 같이 學說에 의하여 그 理論이 確立된 一般人格權은 곧 注目되는 많은 判例에 의하여 實際로 認定을 받게 되었다。判例는 著作權法의 保護를 받지 못하는 私的性格을 가진 文書나 日記의 無斷公表、無名人이든 有名人이든 相關없이 被撮影者의 同意없이 한 他人의 肖像의 公表、Taperecorder를 使用하여 한 他人의 會話의 秘密錄音 姓名權의 濫用 특히 廣告의 目的으로 한 他人姓名의 使用等을 人格權侵害로 보고 있으며 그 救濟方法으로도 妨害豫防 및 妨害除去請求權 또는 慰藉料請求權을 認定하며 學說의 發展과 步調를 같이 하고 있다。따라서 一般的人格權은 獨逸에 있어서는 이미 學說、判例上 認定된 또하나의 새로운 絶對權이라고 볼 수 있다。

Ⅲ、人格權의 基本的類型

一般的人格權은 包括的인 權利이므로 그로부터 個別的인 人格權이 流出되는 것으로 理解해야 하므로 個別的인 人格權을 一應 列擧할 수는 있지만 그것이 人格權의 全體라고 볼 수는 없다。그러나 他面 一般的人格權을 그로부터 流出되는 人格權의 具體化에 의하여 實際로 保護가 된다。따라서 一般的 人格權의 重要한 諸類型을 列擧考察할 必要가 있다。Nipperdey(a.a.O.S. 584 ff.)에 의한 一般的人格權의 基本的인 諸類型은 다음과 같다。

一、姓名權(Namensrecht)。

이에 관하여는 旣述하였다。

二、肖像權(Recht am eigenen Bild)

舞臺、映畵、테레비等을 通한 모든 方法에 의한 個人의 實寫的表現에 대해서 保護을 받을 權利이다。肖像權은 本人의 同意없이 撮影한 寫眞의 公表에 대해서 保護를 받을뿐만 아니라 本人의 同意없이 한 撮影自體(Anfertigung)도 이곳에서의 肖像權의 侵害이다。특히 寫眞의 撮影에 대한 同意는 그 公表의 同意를 當然히 包含하는 것이 아니므로 이를 公表키 위해서는 따로히 被撮影者의 明示的 또는 默

示的同意를 받아야 한다。美術著作權法 第二三條는 他人의 肖像公表에 대한 正當化事由를 擴大시키고 있다。

즉 有名人(Person der Zeitgeschichte)의 撮影(但 廣告의 目的이 아니라 報道에 대한 正當한 公共의 必要性에 따라서 撮影한것에 限한다는 判例가 있다) 또는 會議 또는 이와 類似한 公的行事 또는 事件等의 報道에서 被撮影者가 單只附隨的으로 撮影된 때, 또는 肖像의 公表에 대한 진지한 藝術的利益이 存在할때에는 他人의 肖像의 公表는 許容된다。그러나 이 모든 경우에 있어서도 被撮影者의 正當한 利益이 있을때는 肖像의 公表는 許容되지 않는다。

三、會議에 대한 權利(Recht am gesprochenen Recht)。

사람의 會話는 人間의 肖像과 마찬가지로 人格의 本質的要素이므로 肖像과 같이 保護되어야 한다。따라서 技術的手段을 利用(錄音機)하여 他人의 말을 保存하여 이를 公開하는 것은 發言者의 同意가 없는 限 人格權의 侵害이다。他人의 發言을 發言者의 同意없이 錄音하는 것은 그 自體가 이미 人格權의 侵害이다。왜냐하면 모든사람은 그의 人格의 表現인 自己發言은 自己의 同意없이 保存될 수 없다는 것에 대한 權利가 있기 때문이다。私生活의 秘密領域에 屬하는 發言內容을 權限없이 錄音하면 그것은 同時에 後述하는 私生活侵害로 因한 人格權侵害가 됨은 勿論이다。例外的으로 他人의 發言을 錄音 또는 이를 公表하는 것을 許容하는 正當化事由는 肖像權의 경우에 準한다。특히 判例 學說은 發言에 대한 人格權侵害를 招來한 不法한 錄音을 訴訟法上의 證據能力이 없다고 하는 點은 注目할 일이다(Enneccerus-Nipperdey, S. 588, anm. 36 參照)。

四、名譽權(Recht der persönlichen Ehre)

名譽毁損은 人間의 道義的인 尊嚴性을 侵害하는 것이므로 人格權侵害의 典型的인 例이다。基本法第五條一項도 明示的으로 個人의 名譽權의 尊重을 위해서는 言論의 自由가 制限된다고 規定한다。名譽權의 侵害는 特定人을 無視(Nichtachtung) 또는 輕蔑하는 意思表示(Beleidigung 名譽毁損) 또는 他人에 관하여 그 眞實與否가 證明되지 않는 事實을 그 者를 輕蔑시키고 輿論의 輕視를 받게 함에 足한 事實을 主張하고 또는 流布하는 것(üble Nachrede 惡評)에 의하여 普通 이루어 진다。名譽權侵害의 正當化事由로서 特히 重要한 것은 正當한 利益의 維持(Wahrnehmung berechtigter Interesse)이다。

名譽侵害가 되는 事實의 通知者 또는 通知受領者(獨民第八二四條第二項參照) 또는 公共의 利益의 維持를 위하여 不得已한 경우일 때에는 人格權侵害가 되지 않는다。이들 경우에 名譽侵害가 正當化되는 것은 그러나 다만 被侵害者의 利益보다 通知者、通知受領者、公共의 利益이 越等하게 클 경우에 限하며 그 具體的限界는 利益考量의 原則에 의한다。新聞、라디오、映畵等에 의한 名譽侵害가 되는 事實의 公表는 公共의 利益維持를 위해서 不得已한 경우에만 許容된다。특히 他人의 學問的、藝術的、職業的 또는 企業的 業績에 대한 批判的인 見解의 表明은 原則的으로 許容된다。

五、自然的血緣關係의 確認을 求하는 權利(Recht der blutmässigen Abstammung)

父母 또는 子는 그들의 血緣的關係의 確認을 求하는 人格權이 있다。왜냐하면 이 權利는 그들의 人格을 위한 本質的問題이기 때문이다。

六、秘密領域의 尊重에 대한 權利(Recht der Geheimsphäre)。

즉 私的秘密에 屬하는 便紙 또는 其他의 個人的文書(秘密的인 營業에 관한 書類、診斷書等)및 個人의 秘密에 尊重될 利益이 있는 其他의 秘密의 尊重을 求하는 人格權이다。이 權利의 侵害는 權限없이 他人의 秘密을 알아내거나 혹은 正當하게 알아낸 他人의 秘密을 權限없이 이를 第三者 또는 公衆에게 暴露함에 의하여 發生한다。다만 이에 대해서 被害者의 同意가 있으면 人格權의 侵害가 되지 않는다。

七、私的領域의 尊重에 대한 權利(Recht auf Achtung der Privatsphäre)。

이것은 人格의 維持發展 및 그 尊嚴性을 保護하기 위하여 必要不可缺한 權利로서 이 權利로 因하여 人間은 私生活의 不可侵이 保護된다。모든 사람은 自己의 私的生活을 第三者、公衆에게 알릴 것인가 또는 어느 範圍로 이를 알린 것인가에 대한 決定權을 가진다고 보아야 한다。 따라서 他人의 秘密會話를 盜聽하거나(특히 聽取器의 設備等에 의하여) 또는 他人의 私生活 및 家族生活에 관한 事實 또는 狀況을 알아 내거나 또는 이를 傳播하는 것은 私生活侵害로 因한 人格權의 侵害이다。 특히 私生活의 公表는 그것이 事實이든 事實이 아니든 人格權의 侵害이다。 이와 같은 私生活의 侵害는 매스콤에 의해서도 빈번히 發生하는데 다만 이에대한 正當한 利益이 있을때는 違法性이 阻却된다。

八、 個人의 感情 및 精神的內面生活의 尊重에 대한 權利(Recht auf Achtung der persönlichen Gefühlswelt, auf Integrität des seelischen Innenlebens)。

사람의 內面的生活은 人格의 本質的要素이므로 이를 侵害하는 것은 人格權의 侵害이다。 이런 人格權의 侵害는 例컨데 電話 또는 電報에 의하여 他人의 私生活을 繼續的으로 妨害하는 경우등이다。 특히 宗敎的인 感情의 侵害는 이곳에서 말하는 人格權의 侵害가 됨은 勿論이다。

九、 著作人格權(Urheberpersönlichkeit)

그 槪要는 이미 旣述하였다。

十、 刑事訴訟法에 있어서의 供述의 自由(獨逸刑法第一三六條 a 參照)。

이와 關聯하여 死者의 人格權의 保護가 또한 問題가 되고있다。 通說的見解를 代表하는 Nipperdey 에 의하면 人格權은 讓渡할 수 없고 相續도 할 수 없는 權利이지만 死者의 生存中에 發生한 人格侵害로 因한 請求權은 相續人에게 相續하며 또 이와는 關係없이 死者의 人格權은 그것이 保護價値가 있는 것인 限 死後에 있어서도 一定한 範圍에 있어서 存續한다고 한다。 특히 死者의 人格權의 侵害가 同時에 生存者의 人格權의 侵害가 될 수도 있다。 死者의 人格侵害의 救濟手段은 妨害豫防 및 妨害除去에 限하며 그 請求權者는 첫째로 死者가 指定한 者이고 指定한 者가 없을 때에는 配遇者、子、兩親以外에도 兄弟姉妹、孫子에 限하며、保護의 期間을 個個의 경우에 따라서 具體的으로 決定하여야 한다。

V、 人格權의 保護

人格權의 侵害에 對한 救濟手段으로서는 다음과 같은 請求權이 認定된다。

一、 損害賠償請求權

人格權의 侵害가 獨民法第八二三條第一項의 不法行爲의 主觀的、客觀的要件을 充足시키면 被害者는 原狀回復을 目的으로 하는(同法第二四九條參照) 不法行爲에 基한 損害賠償을 請求할 수 있다。 그 損害의 賠償은 財産的損害뿐만 아니라 精神的損害에도 미치며 또한 原狀回復이 不可能하거나 또는 不充分할 경우에는 그 損害는 精神的損害이든 財産損害이든 金錢으로 賠償하여야 한다(同法二五一條)。 基本法第一條一項은 私法上에 直接的으로 適用되는 規定이므로 同法第八四七條를 擴大解釋하여 一般的人格權의 侵害에 대하여는 慰藉料請求를 認定할 것을 Nipperdey 는 主張하고 이어서 判例에 의하여 支持를 받았다。 元來 獨民法은 第二五三條에 非財産的損害에 대하여는 法律이 特定한 경우에만 金錢으로써 賠償請求할 수 있다고 規定하고 있으며 不法行爲에 관한 第八四七條는 身體、健康、自由가 侵害된 때에는 慰藉料를 請求할 수 있다고 特別히 規定하고 있다。 따라서 多數說은 이와같은 特別規定이 없이 一般人格權의 侵害에 대하여 慰藉料請求權을 認定하는 것을 否定하는 立場이었으며 小數說은 이를 認定하려는 立場에 서서 크게 論議되었으나 判例가 小數說의 見解를 따른 것은 前述과 같다。

二、 妨害豫防請求權 및 妨害除去請求權

一般的人格權의 法的性質은 前述한 바와 같이 絶對權(Absolutes Recht)이므로 모든 絶對權侵害에 대한 共通한 救濟手段인 妨害豫防請求權(不作爲)과 妨害除去請求權을 明文의 規定이 없지만 一般的人格權의 侵害에도 類推適用하여야 한다는 것이 通說判例이다(Actio qwasi Negatoria)。 이 두個의 請求權은 따라서 人格權의 侵害가 違法인 限 發生하며 加害者의 故意、過失이 있을 것이 要件이 아니다。

三、 訂正文揭載請求權 (Entgegnungsanspruch).

이것은 新聞法(Reichspressegesetz, RPG 第一一條)上의 權利保護手段이지만 私法上의 權利로서도 認定되어야 한다는 것이 通說的見解이다。

VI、立法論

西獨에 있어서의 人格權의 保護를 위한 學說、判例의 發展은 大略 以上과 같거니와 다만 現行法上의 不備로 말미암아 具體的으로는 人格權의 個別的保護에 관하여 意見이 一致하질 않고 있으므로 結果的으로는 아직 人格權의 充分한 保護가 異議없이 貫徹되어 있다고 볼수 없다는 理由로 人格權의 保護를 立法的으로 解決하려는 試圖가 이루어졌다。

이미 一九五七年九月에 開催된 第四二回獨逸法曹大會(Der deutsche Juristentag)에서는 그 테―마의 하나로서 「現行法의 諸規定은 특히 現代的報道手段의 發達과의 考慮下 私生活을 秘密暴露로부터 保護함에 充分한가?」라는 私生活의 保護의 問題를 擇하고 廣範한 討議가 있었다(이에 대한 詳細한 報告는 "Gutacten für den Deutschen Juristentag Verhandlungen des 42. Deutschen Juristentages, 1957 參照)。이곳에서 특히 Bussmann 教授의 意見書를 中心으로 人格權保護를 위한 立法與否가 論議되었다。Bussmann 은 먼저 一般的人格權에 관한 從來의 判例學說을 詳細하게 分析한 後 人格權의 立法의 合理性을 強調하였다。人格權의 立法論에 대하여는 贊反兩論이 對立하여 Nipperdey 는 그의 報告에서 現行法의 解釋에 의하여도 人格權은 充分히 保護되고 있으므로 따로히 立法을 할 必要가 없다고 主張하였다。이에 反하여 Larenz 는 現行法의 規定(특히 慰藉料에 관한)은 人格權의 保護에 充分치 않고 一般的人格權의 保護를 判例에 一任하는 것은 多分히 恣意的으로 될 憂慮가 있으므로 立法이 必要하다고 力說하였다。그런데 結局 大勢는 Larenz 의 主張과 같의 立法論에 贊成하여 人格權에 관한 立法을 위한 直接的인 動因을 提供하였다。同法曹大會에서는 이에 이어서 人格權保護가 不充分하다는 憂慮를 表明하고、人格權은 實定法上의 根據가 있음을 確認하며 立法의 必要性을 希願하는 五個項에 걸친 決定을 公表하였다。

이와 같은 判例學說 및 法曹大會의 뒷받침을 받아 聯邦法務省은 人格權保護를 위한 立法活動을 開始하여 專門家의 諮問을 거친 後 一九五八年「人格 및 名譽의 私法上保護의 新秩序를 위한 法律案 Der Entwurf eines Gesetzes zur Neuordnung des zivilrechtlichen Persönlichkeits—und Ehrenschutzes」이라는 法務省參事官草案(Referentenentwurf)을 發表하였다。

本草案에 관하여는 여러 角度에서 活潑히 論議가 되었으며 특히 言論界에 의하여 痛烈한 批判을 받았다。그 骨子는 本草案에 의한 人格權保護는 必然的으로 言論의 自由를 制限하는 것이므로 이것은 基本法 第五條에 反한다는 데에 있다(특히 Küster, Persönlichkeitsschutz und Pressefreiheit, 1960)。言論界로 부터의 批判을 뒤이어 本草案은 一次 修正된 後 一九五九年八月一八日 政府草案으로서 聯邦議會에 提案되었으나 아직까지 法律로는 成立되지 못한것 같다。

本草案의 內容을 이곳에서 全部 紹介하는 것은 不可能하지만(그 詳細는 Koebel, JZ 59, 513 參照) 극히 간단히 그 大要를 살펴본다。本草案은 民法改正의 形式을 取하지만 內容的으로는 現行法下에서 이미 學說、判例에 의하여 認定되는 人格權을 體系化한 것이라고 볼수 있다。草案은 民法第一二條(姓名權)를 改正하여 이곳에 一般的人格權에 관한 一般條項을 두고 第一三條以下에 具體的으로 個別的人格權을 規定한다。즉 生命、身體、健康、自由(第一三條)、名譽(第一四條)、私生活(第一五條)、姓名(第一六條)、肖像(第一七條)、秘密錄音(第一八條)盜聽(第一九條)이 이에 屬한다。특히 第二〇條는 新聞法 第一一條가 規定하는 訂正文揭載請求權을 一般化하고 있다。이와 關聯하여 不法行爲法도 改正하여 특히 第八二三條第一項에 人格侵害가 不法行爲가 됨을 宣明하고 또 第八四七條를 改正하여 人格權侵害에 대하여 一定範圍의 慰藉料請求를 認定하는 것 등을 骨子로 하고 있다。

VII、結　語

以上과 같이 人格權의 保護에 관한 獨逸民法의 理論 및 實際를 考察하였다。우리나라에 있어서는 上述과 같이 人格權의 私法上의 保護에 관하여는 別로 論議되고 있지 않은것 같다。이것은 決코 人格權을 保護할 必要性이 없기 때문에가 아니라 단지 人格에 대한 權利意識이 稀薄하기 때문이다。國民의 基本權을 무엇보다 尊重하는 憲法의 精神을 본다면 一般的人格權의 概念은 우리 法秩序에 있어서도 역시 認定되고 있는 것이라고 보아야 할 것이다。人格權의 徹底한 保護야 말로 眞正한 民主主義의 發展을 위한 土臺가 될 것이다。

△筆者 서울大學校 法科大學 助教授

法制月報 제10권 제4호 (1968. 4)

◇ 論 說 ◇

西獨에 있어서의 私生活의 法的 保護

崔 鍾 吉

1. 序 言

오늘날 科學技術의 急速한 發達 특히 라디오, 텔레비젼 등 「매스콤」手段의 發達이 우리 生活에 寄與하는 바 크다는 것은 더 말할 나위가 없다. 실로 「매스콤」은 現代의 人類生活에 있어서 不可缺한 要素라고 할 수 있다. 그러나 바로 이와 같은 現代技術의 發達은 자칫하면 他人의 人格 특히 私生活의 自由를 侵害하는 結果를 招來하기 쉽다. 그런데 이러한 私生活의 侵害는 高度로 發達된 「매스콤」의 技術 때문에 廣汎하고 迅速하게 一般大衆에게 傳播되므로 被害者는 지나칠 정도로 財產的 내지 精神的인 損害를 입는 경우가 許多하다.

이와같은 私生活의 侵害는 新聞·라디오·텔레비젼·雜誌·演劇·映畵·小說등의 「매스·메디어」에 의하여 행하여지는 것이 보통이지만 人類의 科學技術은 豫想할 수 없을 만큼 無限히 發達하고 있으므로 앞으로 새로운 「매스콤」의 手段이 續出하리라는 점은 想像하기 어렵지 않다. 現在만 하여도 小型撮影器, 小型錄音器등 그 數는 이루 헤아릴 수 없으며 美國에서는 이미 「마이크로폰」이 裝置된 小型의 Opera Glass가 發明되어 있어서 이것을 가지면 적어도 百m이내에서는 聽衆의 귓속말까지도 능히 聽取할 수 있다고 한다. 그리고 거짓말探知機는 이제 사람들의 絶對的인 秘密일 수 있었던 感情이나 思想까지도 探知할 수 있게 되었다. (現代技術의 發達에 따라서 私生活의 秘密이 어떻게 危脅을 받고 있느냐의 問題는 특히 Süss 敎授의 論文 "Geheimsphüre und Moderne Technik" 參照).

86

이러한 現代 科學技術의 發達에 따른 個人의 私生活 侵害는 程度의 差異는 있지만 대체로 보아 모든 現代國家의 共通現象이며 그 危險性은 漸高되고 있다.

私生活의 侵害가 個人의 人格의 自由로운 發展을 沮害하는 것임은 물론, 그러한 現象이 私生活 내외에 속하는 기타의 人格權의 侵害의 경우에도 일어난다. 그런데 自由로운 人格의 形成·發展은 民主主義의 基礎이며 또한 一般的人格權은 모든 基本權의 母體的 權利라고 볼수 있으므로, 人格權을 充分히 保護하지 못하고 그 侵害를 許容하게 된다면 이것은 곧 民主主義의 崩壞를 意味하는 것이라고 敢히 말할 수도 있을 것이다. 따라서 人格權의 保護問題는 오늘날 自由主義諸國이 當面하고 있는 共通的인 重大問題중의 하나라고 하겠다. 그런데 人格權의 私法上의 保護에 관하여는 最近에 廣汎한 研究가 이들 여러 國家에서 進行되고 있으며, 그렇기 때문에 이 問題는 私法 특히 民法의 至上課題의 하나로 登場되고 있는 現狀이다.

人格權이라는 概念은 19世紀에 와서 주로 「유우럽」에서 確立되게 되었지만(Scheyhing, Acp. 158, 503) 그 범위는 점차 擴大되어 理解되고 있다. 우리 나라에서도 民法 第751條의 「身體 · 自由 또는 名譽」가 곧 人格權의 對象에 대한 하나의 例示에 不過하며, 널리 姓名 · 貞操 · 信用 · 肖像 등을 포함한다고 解釋되고 있다. 그러나 우리 나라에서는 이들 人格權에 관한 私法上의 保護問題는 크게 論議되고 있지도 않으며, 實際에 있어서도 크게 問題가 되고 있지도 않은 것 같다. 그렇지만 이것은 결코 他人의 人格權 특히 私生活의 侵害가 一般的으로 행하여지고 있지 않다는 것을 意味하지는 않으며, 오히려 正反對로 人格權의 侵害現象이 無數하게 그리고 頻繁히 發生하고 있지만 단지 一般的으로 權利意識이 稀薄하고 私生活 尊重의 思想이 貧弱한 탓으로 이에 관한 訴訟이 별로 活潑하지 못할 뿐이라고 보는 것이 妥當할 것이다. (戒能通孝 · 伊藤正己編 Privacy研究, 150面 參照).

戰後 西獨에 있어서는 一般的人格權(allgemeines Persönlichkeitsrecht)의 私法上의 保護의 필요성이 強調되어 왔고 學說 · 判例 및 立法이 크게 注目할 만한 발전을 기하여 왔다. 西獨에 있어서 人格權의 保護가 특히 強調

된 理由는 前述한 바와 같이 現代技術의 發達로 말미암아 人格權侵害의 危險性이 날로 높아가고 있고「나치스」的인 全體主義國家의 쓰라린 體驗을 통하여「集團의 專權」(Allmacht des Kollektives)에 대한 憂慮가 더욱 커졌다는 데에 있다. 그럼에도 불구하고 現行 B.G.B.의 規定 특히 不法行爲法의 規定의 不備로 인하여 人格權의 保護가 充分하지 못하다는 점이 論議되고 있다.

우리 民法과 가장 密接한 관계에 있는 西獨民法에 있어서의 人格權의 保護에 관한 最近의 動向은 우리에게 중대한 示唆를 주는 것이라고 믿어진다. 이런 意味에서 人格權保護에 관한 西獨의 學說·判例·立法의 發展 등을 概觀하여 보는 것은 意義있는 일이라고 생각한다.

2. 學說·判例에 의한 一般的人格權論의 確立

個人의 秘密暴露에 의한 私生活의 侵害를 保護하기 위하여 現今 西獨의 學說은 一般的 人格權이라는 槪念을 確立하고 그 侵害에 대한 救濟를 企圖하고 있다. 一般的 人格權이란「人格(Persönlichkeit)의 維持·不可侵性·尊嚴性·認定된 表示 및 그 自由로운 發展에 관한 私權으로서 모든 사람에 대하여 效力을 가지는 包括的 權利」라고 定義할 수 있다(Enneccerus-Nipperdey § 78 I. 1).

西獨基本法의 制定 이전에 있어서는 上述한 것과 같은 人格에 관한 包括的 權利의 認定 與否가 다투어지고 있었다. 다만, 그 時代에 있어서도 特定한 人格權은 私法上 또는 刑法上 특별히 保護되고 있었으며 (例컨대 殺人·傷害·自由剝奪·名譽毁損등), 이미 獨民法 制定時에 있어서도 一般的 人格權을 인정해야 한다는 有力한 見解가 擡頭되고 있었다. 그 가운데 특히 Otto v. Gierke는 人格은 法主體가 될 수 있는 能力이며 法律이 이를 承認함에 의하여 모든 個個의 權利와 義務의 基礎가 되는 人格權(Recht der Persönlichkeit)이 發生하며 그 人格權이 歸屬하는 實在(Wesen) 가 法的 意味에 있어서의 사람(Person)이라고 하였다(Otto v. Gierke, Deutsches Privatrecht, Bd. I. S. 265). Gierke는 다시 個別的 人格權과 一般的 人格權을 區別하여 前者는

88

權利主體에게 自己의 人格領域의 構成要素에 대한 支配를 保障하는 權利이며 後者는 法秩序에 의하여 保障된 사람으로서의 承認을 받을 것을 要求할 수 있는 權利로서 그 權利는 모든 사람에 의하여 承認되고 尊重되지 않으면 안된다고 하였다(Gierke, a. a. O. S. 762).

이와 같은 Gierke 의 一般的 人格權論은 오늘날에 있어서의 西獨의 人格權理論의 基礎가 되고 있다고 볼 수 있다. 그러나 基本法 制定이전의 通說的 見解는 一般的人格權의 存在를 否定하였었다. (Enneccerus Nipperdey, S. 579).

現行 獨逸民法에 있어서는 一聯의 중요한 人格權이 個別的으로 保護되고 있다.

첫째, 獨民法 第823條 第1項에 의하여 生命·身體·健康·身體的 自由가 保障된다. 특히 기타의 人格權의 發顯인 個性의 精神的活動이 또한 限定된 범위에서 民·刑法上의 保護를 받고 있다. 民法의 保護規定은 第823條 第2項(保護法規 違反에 의한 不法行爲責任), 第824條(信用의 保護), 第825條(婦女子의 名譽保護), 第826條(良俗違反에 의한 不法行爲責任)등이 있고 특히 民法 第12條는 姓名權者의 權利를 다투거나 또는 權限없이 他人의 姓名을 行使함으로써 權利者의 利益을 侵害하는 경우에는 權利者로 하여금 그 侵害의 除去·豫防(不作爲) 또는 損害賠償을 請求할 수 있도록 하여 중요한 人格權의 하나인 姓名權의 徹底한 保護를 기하였다.

이상과 같이 獨民法上 絶對的으로 保護되는 唯一한 人格權은 姓名權에 限하고 기타의 人格權은 不法行爲의 規定에 의해서만 保護되고 있을 뿐이다. 다만 民法 이외의 特別法에 의하여 一聯의 人格權이 따로이 인정되고 있다. 例컨대 商事의 商號權(獨逸商法 第37條 Ⅱ項), 自己肖像權 (藝術保護法—Kunstschutzgesetz 第22條 내지 第24條), 著作者와 發明者의 尊重에 관한 人格權(特許權 Patentgesetz 第26條 및 第36條; 文學 및 音樂作品에 관한 著作權法 LUG 第9條, 第24條, 第25條; 그 외 著作權法 KUG 第12條 및 第13條 등이 그것이다.

원래 獨逸民法은 權利의 主體 즉 自然人을 그 法體系의 中心으로 삼고 있으나 瑞西民法 第28條와 같이 人格權保護에 관한 一般條項(Generalklansel)

89

을 두어 이를 廣範하게 包括的으로 保護하는 立場을 擇하지 않고 前述한 바와 같이 個別的 規定으로써 중요한 人格權을 個別的으로 保護하고 있을 따름이다. 그것은 主로 人格權을 絶對權으로서 包括的으로 保護한다면 결국 타인의 自由로운 活動에 대한 甚大한 障害를 招來할 것이라는 立法者의 憂慮에 起因하는 것이었다. 그러나 그 후 廣範圍에 걸치는 人格權의 侵害에 대한 保護는 限定된 個別的 保護로서는 도저히 充分하지 못하게 되었다. 특히 獨民法은 權利主體(Rechtssubjekt)와 法的保護의 對象(Schntzobjekte)을 區別하는 原則에 입각하고 있으므로 人格權으로서 保護될 緊要性이 가장 큰 私生活의 領域을 保護하지 못하게 되었다. 例컨대 옛 愛人의 私的인 戀愛便紙의 公開, 小說 속에서 나타나는 一般人이 認識可能할 程度의 特定人의 私生活에 관한 描寫 또는 一般人이 認識할 程度로 舞臺위에서 하는 特定人의 흉내, 순전한 私私談의 錄音 또는 이의 公表 등과 같으며, 이와 類似한 例는 우리의 日常生活에서 許多히 發見할 수 있다.

姓名權 이외의 중요한 人格權은 前述한 바와 같이, 獨逸 民法에 있어서는 不法行爲法에 의해서만 保護되고 있다. 즉 獨逸 民法은 絶對權(Absolntes Recht)의 侵害(例컨대 物權의 侵害)의 경우에 있어서는 被害者에게 加害者의 故意過失을 묻지않고 返還·妨害除去 및 豫防請求權을 賦與하여 이를 保護하고 있으며 姓名權인 人格權은 民法上 唯一한 絶對權으로 인정되고 있지만 姓名權 이외의 人格權은 단지 不法行爲法에 의해서만 保護되고 있을 따름인 것이다. 그러므로 加害者에게 故意·過失이 없는 限 被害者는 何等의 保護를 받을 수 없는 것이다. 뿐만 아니라 獨民法 第253條 및 第847條는 慰藉料請求를 一定한 경우(身體·健康·自由·貞操등)에 限定하고 있으므로 人格權의 侵害로 인한 精神的損害에 대한 金錢賠償(慰藉料)이 一律的으로 인정되지 못하고 있다.

大略 이상과 같은 現行 法制의 未備로 말미암아 人格權의 保護가 不充分하다는 것을 痛感하여 많은 學者들이 올바른 法解釋을 통하여 一般的人格權의 概念形成에 注力하게 되었다. 특히 人格의 尊重과 그 自由로운 發展을 保護하는 基本法의 制定은 人格權의 理論確立을 위한 實定法的인 根據가

90

되었다.

1949年의 「본」基本法 第1條第1項은 「人間의 尊嚴은 不可侵이다. 이를 尊重하고 또 保護함은 모든 國家權力의 義務이다」라고 宣言하고 있으며 다시 同條 第3項은 「이하의 基本權은 직접으로 效力있는 法으로서 立法・執行權 및 司法을 拘束한다」라고 規定하고 있으며 同法 第2條第1項은 「모든 사람은 他人의 權利를 侵害하지 아니하고 또한 憲法秩序 또는 道德律에 反하지 않는 限 自己의 人格을 自由로히 展開하는 權利를 가진다」라고 規定하고 있다. 그리고 同條第2項은 「모든 사람은 生命 및 身體의 不可侵權을 가진다. 사람의 自由는 損傷되지 아니한다」라고 하고 있다. 또한 獨逸聯邦共和國에 의하여 批准된 1950年 11月 4日의 「人權과 基本的 自由의 保護를 위한 歐羅巴協定」(Die Enropäische Konvention zum Schutze der Menschenrechte und Grundfreiheiten) 第8條第1項도 「모든 사람은 그의 私生活・家庭生活・住居 및 信書去來의 尊重을 받을 權利가 있다」라고 規定하였다.

이상과 같은 基本法上의 法的根據는 學者들의 人格權論의 確立에 이바지 하였으며 戰後 一般的人格權의 理論確立에 直接的인 導火線을 던진 것은 1953年 Bussmann 教授의 基本的 論文(Das Persönlichkeit 1953)이었다. Bussmann教授는 이곳에서 人格의 發展過程에 관한 詳細한 史的 背景을 考察한 뒤 人格權은 自然法上의 權利이고 또 基本的人權이며 私權이므로 이를 認定하는 것은 法理念의 目的인 동시에 實定法의 目的이라고 主張하여 人格權의 理論을 確立하고 이를 인정할 것을 強調하였다.

이러한 Bussmann教授의 主張은 學界에서 큰 注目을 받게 되고 아울러 贊反兩論이 對立되게 되었으나 大勢는 결국 人格權을 인정하는 立場을 支持하는 결과가 되었다. Nipperdey教授도 이제는 一般的人格權의 理論確立에 積極的으로 參與하여 이를 인정할 것을 強力히 主張하게 되었다. (Enneccerus-Nipperdey § 101參照). Nipperdey 教授는 우선 憲法의 第三者에 대한 效力(Drittwirkeing)이라고 稱하여 지는 特色있는 理論을 樹立하였다. 그는 모든 法秩序의 基礎는 人間의 尊嚴性인 것이며 따라서 民法의 基

礎도 마찬가지이므로 基本法 第1條, 第2條에 의해서 一般的人格權이 私法上의 權利로서 직접 保護되고 있다고 主張한다. 그는 이와 같이 憲法의 私法的 效力을 인정하는 立場에서 上記한 基本法의 諸規定은 國家權力뿐만 아니라 모든 私人을 직접 拘束하는 것이므로 사람이 人格의 尊嚴과 그 自由로운 展開를 받을 權利는 모든 다른 第三者에 대하여도 效力이 있으며 모든 사람은 이 權利를 尊重할 義務가 있다고 한다. 따라서 人格權은 絶對權이므로 民法 第823條1項의 意味에 있어서의 權利 즉 同條의 「기타의 權利」(Sonstiges Recht)에 당연히 包含되는 것이라고 解釋한다.

그러나 人格權의 無限定한 인정은 자칫하면 他人의 自由를 拘束하게 되는 결과를 招來하는 一面은 도저히 看過할 수 없다. 이러한 意味에서 다시 人格權의 認定限界가 問題된다.

Nipperdey에 의하면 一般的人格權의 限界의 問題는 違法性의 觀點에서 判斷하여야 한다. 즉 構成要件에 해당하는 人格의 侵害는 違法性阻却事由가 없는 限 모두 違法行爲이다. 違法性阻却事由로서는 正當防衛·緊急避難·自力救濟등이 있고 또 被害者의 明示的 또는 默示的인 同意는 違法性을 阻却한다고 解釋한다. 특히 Nipperdey는 「社會的相當性」(Sozialadäquang」의 理論을 發展시켜 行爲가 「社會的 相當行爲」(Sozialadäquates Verhalten)일 때에는 그것은 違法行爲가 아니라고 한다. 社會的 相當行爲란 歷史的으로 生成된 共同生活의 社會倫理的 秩序속에서 適法하다고 인정되는 行爲를 말한다. 이와 같이 社會的 相當性을 人格權侵害의 正當化事由로 인정함에 의하여 人格權保護가 너무나 擴大되어 他人의 自由를 侵犯하게 되는 危險性이 없도록 이를 어느 程度 調和하려고 한다. 그리하여 一定한 人格侵害는 그것이 社會的 共同生活의 觀念上 普通 被害者가 認容하여야 할 경우에는 人格侵害로 다룰것이 아니라고 한다. 또한 侵害의 違法性은 他人의 優越한 保護價値있는 利益을 維持할 필요성이 월등하게 클 경우에는 阻却된다. 이처럼 서로 對立하는 利益은 比較較量의 原則에 따라서 決定되어야 하지만 加害者의 請求利益이 客觀的으로 觀察하여 被害者의 利益보다 優位에 있는 公的 또는 私的인 利益일 경우에만 他人의 人格侵害가 許容된다. 그러나 이

92

와 같은 加害者의 優位利益은 다만 人格權侵害가 客觀的으로 必要不可缺하고 不可避하며 또 그 內容・形式・狀況(Begleitumstände)에 의하면 目的達成을 위하여 적당하고 그리고 容易한 手段일 경우에만 存在한다고 解釋한다. 이상은 人格權理論에 관한 Nipperdey의 見解이지만 이것은 또한 現今獨逸의 通說이기도 하다.

3. 人格權의 基本的 類型

一般的人格權은 包括的인 權利이므로 그로부터 個別的인 人格權이 流出되는 것으로 理解해야 되므로 個別的인 人格權을 一應 列擧할 수는 있지만 그것이 人格權의 全體라고 볼 수는 없다. 그러나 他面 一般的人格權을 그로부터 流出되는 人格權의 具體化에 의하여 實際的으로 保護된다. 따라서 一般的人格權의 중요한 諸類型을 列擧 考察할 필요가 있다. 그런데 Nipperdey (a. a. O. S. 584 ff)에 의한 一般的人格權의 基本的인 類型은 다음과 같다

1. 姓名權(Namensrecht)

이에 관하여는 旣述하였다.

2. 肖像權(Recht an eigenen Bild)

舞臺・映畫・텔레비젼등을 통한 모든 方法에 의한 個人의 實寫的 表現에 대해서 保護를 받을 權利이다. 肖像權은 本人의 同意없이 撮影한 寫眞의 公表에 대해서 保護를 받을 뿐만 아니라 本人의 同意없이 한 撮影自體(Anfertigung)도 여기에서 말하는 肖像權의 侵害이다. 특히 寫眞의 撮影에 대한 同意는 그 公表의 同意를 당연히 包含하는 것이 아니므로 이를 公表하기 위하여서는 따로이 被撮影者의 明文的 또는 默示的同意를 받아야 한다. 獨逸의 美術著作權法(K. U. G) 第23條는 他人의 肖像公表에 대한 正當化 事由를 擴大시키고 있다. 즉 有名人(Person der Zeitgeschichte)의 撮影(다만, 廣告의 目的이 아니라 報道에 대한 정당한 公共의 필요성에 따라서 撮影한 것에 限한다는 判例가 있다.) 이나 會議 또는 이와 類似한 公的行事 또는 事件

등의 報道에서 被撮影者가 單只 附隨的으로 撮影된 때 또는 肖像의 公表에 대한 진지한 藝術的利益이 存在할 때에는 他人의 肖像의 公表는 許容된다. 그러나 이 모든 경우에 있어서도 被撮影者의 정당한 利益이 있을 때에는 肖像의 公表는 許容되지 않는다.

3. 會話에 대한 權利(Recht an Gesprachenen Recht)

사람의 會話는 人間의 肖像과 마찬가지로 人格의 本質的要素이므로 肖像과 같이 保護되어야 한다. 따라서 技術的手段(錄音機등)을 利用하여 他人의 말을 保存하여 이를 公開하는 것은 發言者의 同意가 없는 限 人格權의 侵害가 된다. 그리고 他人의 發言을 發言者의 同意없이 錄音하는것 自體가 이미 人格權의 侵害이다. 왜냐하면 모든 사람은 그의 人格의 表現인 自己發言이 自己의 同意없이 他人에 의하여 保存될 수 없다는 것에 관한 權利가 있기 때문이다. 그밖에 私生活의 秘密領域에 속하는 發言內容을 權限없이 錄音하면 그것은 동시에 後述하는 私生活侵害로 인한 人格權侵害가 됨은 물론이다. 例外的으로 他人의 發言을 錄音 또는 이를 公表하는 것을 許容하는 正當化事由는 肖像權의 경우에 準한다. 특히 判例와 學說이 發言에 대한 人格權侵害를 招來한 不法한 錄音을 訴訟法上의 證據能力이 없다고 하는 점은 注目할 만하다(Enneccerus-Nipperdey S. 588 Anm. 36 參照).

4. 名譽權(Recht der Persönlichen Ehre)

名譽毁損은 人間의 道義的인 尊嚴性을 侵害하는 것이므로 人格權侵害의 典型的인 例이다. 基本法 第5條第1項도 明示的으로 個人의 名譽權의 尊重을 위해서는 言論의 自由가 制限된다고 規定한다. 名譽權의 侵害는 特定人을 無視(Nichtachtung) 또는 輕蔑하는 意思表示(Beleidigung, 名譽毁損) 또는 他人에 관하여 그 眞實與否가 證明되지 않는 것으로서 그 者를 輕蔑시키고 輿論의 輕視를 받게 함에 足한 事實을 主張하고 또한 流布하는것(üble Nachrede, 惡評)등에 의하여 보통 이루어 진다.

名譽權侵害의 正當化事由로서 특히 중요한 것은 「正當한 利益의 維持」

94

(Wahr-nehmung Berechtigter Interesse)이다.

名譽侵害가 되는 事實의 通知者 또는 通知受領者(獨民 第824條第2項 參照) 또는 公共의 利益의 維持를 위하여 不得已한 경우일 때에는 人格權侵害가 되지 않는다. 그러나 이들 경우에 名譽侵害가 正當化되는 것은 다만 被侵害者의 利益보다 通知者, 通知受領者, 公共의 利益이 越等하게 클 경우에 限하며 그 具體的인 限界는 利益考量의 原則에 의한다. 新聞·라디오·映畵등에 의한 名譽侵害가 되는 事實의 公表는 公共의 利益維持를 위해서 不得已한 경우에만 許用된다. 그리고 他人의 學問的·藝術的·職業的 또는 企業的業績에 대한 批判的인 見解의 表明은 原則的으로 許容된다.

5. 自然的血緣關係의 確認을 구하는 權利(Recht der Blutmässigen Abstammung)

父母 또는 子는 그들의 血緣的關係의 確認을 구하는 人格權이 있다. 왜냐하면 이 權利는 그들의 人格을 위한 本質的 問題이기 때문이다.

6. 秘密領域의 尊重에 대한 權利(Recht der Geheimsphäre)

私的秘密에 속하는 便紙 또는 기타의 個人的 文書(秘密的인 營業에 관한 書類, 診斷書등) 및 個人의 秘密이 尊重될 利益이 있는 餘他의 秘密의 尊重을 구하는 人格權이다. 이 權利의 侵害는 權限없이 他人의 秘密을 알아내거나 혹은 정당하게 알아낸 他人의 秘密이라도 權限없이 이를 第三者 또는 公衆에게 暴露함에 의하여 發生한다. 다만,이에 대해서 被害者의 同意가 있으면 人格權의 侵害가 되지 않는다.

7. 私的領域의 尊重에 대한 權利(Recht auf Achtung der Privatsphäre)

이것은 人格의 維持·發展 및 그 尊嚴性을 保護하기 위하여 必要不可缺한 權利로서 이 權利로 인하여 人間은 私生活의 不可侵이 保障된다. 모든 사람은 自己의 私的生活을 第三者 내지 公衆에게 알릴 것인가 또는 어느 범위도 이를 알릴 것인가에 대한 決定權을 가진다고 보아야 한다. 따라서 他人의 秘

密會話를 盜聽하거나 (특히 聽取器의 設備등에 의하여) 또는 他人의 私生活 및 家族生活에 관한 事實이나 狀況을 알아내거나 이를 傳播하는 것은 私生活侵害로 인한 人格權의 侵害이다. 특히 私生活의 公表는 그것이 事實이든 事實이 아니든간에 人格權의 侵害이다. 이와같은 私生活의 侵害는 「매스콤」에 의해서도 頻繁하게 發生하는데 다만, 이에 대한 정당한 利益이 있을 때에는 違法性이 阻却된다.

8. 個人의 感情 및 精神的內面生活의 尊重에 대한 權利
(Recht auf Achtung der Persönlichen Gefühlswelt, auf Integrität des Seelischen Innenlebens)

사람의 內面的 生活은 人格의 本質的 要素이므로 이를 侵害하는 것은 人格權의 侵害이다. 이러한 人格權의 侵害는 例컨데 電話 또는 電報에 의하여 他人의 私生活을 繼續的으로 妨害하는 경우 등이다. 특히 宗敎的인 感情의 侵害가 이곳에서 말하는 人格權의 侵害가 됨은 물론이다.

9. 著作人格權(Urheberpersönlichkeit)

그 概要는 旣述하였다.

10. 刑事訴訟法에 있어서의 供述의 自由(獨逸刑法 第136條 a 參照)

이에 관련하여 死者의 人格權의 保護가 또한 問題되고 있다. 通說的見解를 代表하는 Nipperdey에 의하면 人格權은 讓渡할 수 없고 相續도 할 수 없는 權利이지만 死者의 生存중에 發生한 人格侵害로 인한 請求權은 相續人에 의하여 相續되며 또 이와는 관계없이 死者의 人格權은 그것이 保護價値가 있는 限 死後에 있어서도 一定한 범위에 있어서 存續한다고 한다. 특히 死者의 人格權의 侵害가 동시에 生存者의 人格權의 侵害가 될 수도 있다 死者의 人格侵害의 救濟手段은 妨害豫防 및 妨害除去에 限하며 그 請求權者는 첫째로 死者가 指定한 者이고 指定한 者가 없을 때에는 配偶者·子·兩親이외에도 兄弟姉妹·孫子에 限하며, 保護의 期間은 個個의 경우에 따라서 具體的으로 決定하여야 한다.

96

4. 人格權의 保護

人格權의 侵害에 대한 救濟手段으로서는 다음과 같은 請求權이 인정된다

1. 損害賠償請求權

人格權의 侵害가 獨民法 第823條第1項의 不法行爲의 主觀的·客觀的要件을 充足시키면 被害者는 原狀回復을 目的으로 하는(同法 第249條 參照) 不法行爲에 基한 損害賠賞을 請求할 수 있다. 그 損害의 賠償은 財産的損害뿐만 아니라 精神的損害에도 미치며 또한 原狀回復이 不可能하거나 또는 不充分할 경우에는 그 損害가 精神的損害이든 財産的損害이든 金錢으로 賠償하여야 한다. (同法 第251條)

基本法 第1條第1項은 私法上에 直接的으로 適用되는 規定이므로 同法 第847條를 擴大解釋하여 一般的人格權의 侵害에 대하여는 慰籍料請求를 인정할 것을 Nipperdey는 主張하였고 이어서 判例에 의하여 支持를 받았다 (後述).

원래 獨民法은 第253條에서 非財産的損害에 대하여는 法律이 特定한 경우에만 金錢으로써 賠償請求를 할 수 있다고 規定하고 있으며 不法行爲에 관한 第847條는 身體·健康·自由가 侵害된 때에는 慰藉料를 請求할 수 있다고 특별히 規定하고 있다. 따라서 多數說은 이와같은 特別規定이 없이 一般的人格權의 侵害에 대하여 慰藉料請求權을 定하는 것을 否定하는 立場이었으며 少數說은 이를 인정하려는 立場에 서서 크게 論議되었으나 判例가 少數說의 見解를 따랐던 것이다(後述).

2. 妨害豫防請求權 및 妨害除去請求權

一般的人格權의 法的性質은 前述한 바와 같이 絶對權(Absolutes Recht)이므로 모든 絶對權侵害에 대한 共通 救濟手段인 妨害豫防請求權(不作爲)과 妨害除去請求權을 明文의 規定은 없지만, 一般的人格權의 侵害에도 類推適用하여야 한다는 것이 通說이며 判例이다. (Actio Qwasi Negatoria 判例

에 관하여는 後述). 따라서 이 두가지의 請求權은 人格權의 侵害가 違法인 限, 發生하며 加害者의 故意·過失이 있을 것이 그 要件은 아니다.

3. 訂正文揭載請求權(Entgegnungsanspruch)

이것은 新聞法(Reichspressegesetz, RPG 第11條)上의 權利保護手段이지만 私法上의 權利로서도 인정되어야 한다는 것이 通說的 見解이다.

上述한 바와같이 學說에 의하여 그 理論이 確立된 一般的人格權은 곧 注目되는 많은 判例에 의하여 실제로 保護를 받게 되었다. 判例는 著作權法의 保護를 받지 못하는 私的性格을 가진 文書나 日記의 無斷公表, 無名人이든 有名人이든 상관없이 被撮影者의 同意없이 한 他人의 肖像의 公表 특히 營利의 目的으로 하는 경우, Taperecorder 를 使用하여 한 他人의 私的會話의 秘密錄音 및 이의 公表, 姓名權의 濫用 특히 營利를 위한 宣傳廣告의 目的으로 他人의 姓名을 冒用한 때 등을 一般的 人格權의 侵害라고 보고 있으며 그 救濟方法으로도 妨害豫防 및 妨害除去請求權 또는 慰藉料請求權을 인정하여 學說의 發展과 그 步調를 같이하고 있다. 특히 注目되는 것은 當事者의 同意없이 한 會話의 秘密錄音은 他人의 人格權을 侵害한 결과로서 이루어진 것이므로 訴訟法上 證據能力이 없다는 계속적인 判例이다.

5. 立 法 論

西獨에 있어서의 人格權의 保護를 위한 學說·判例의 發展은 大略 이상과 같거니와 다만 現行法上의 不備로 말미암아 具體的으로는 人格權의 個別的保護에 관하여 意見이 一致하지 않고 있으므로 결과적으로 아직은 人格權의 充分한 保護가 異議없이 貫徹되어 있다고는 볼 수 없다는 理由로 人格權의保護를 立法的으로 解決하려는 試圖가 이루어졌던 것이다.

1957年 9月에 開催된 第42回 獨逸法曹人大會(Der deutsche Juristentag)에서는 그「테一마」의 하나로서「現行法의 諸規定은 특히 現代的 報道手段의 發達을 考慮하여 私生活을 秘密暴露로부터 保護함에 充分한가」라는 私生活保護의 問題가 採擇되고 그에 관한 廣範한 討議가 있었다. 이에 대한 詳細

98

한 報告는 (Gutachten für den deutschen Juristentag Verhandlungen 42. deutschen Juristentages 1957 參照).

이 곳에서 특히 Bussmann 敎授의 意見書를 中心으로 人格權保護를 위한 立法與否가 論議되었다. Bussmann敎授는 먼저 一般的人格權에 관한 종래의 判例·學說을 詳細하게 分析한 후 人格權의 立法的 合理性을 強調하였다. 이러한 人格權의 立法論에 대하여 贊反 兩論이 對立하였는데 Nipperdey 敎授는 그의 報告에서 現行法의 解釋에 의하여도 人格權은 充分히 保護되고 있으므로 따로이 立法할 필요는 없다고 主張하여 反對論의 立場에 섰다. 이에 反하여 Larenz 敎授는 現行法의 規定 (특히 慰藉料에 관한)은 人格權의 保護에 不充分하며 一般的 人格權의 保護를 判例에 一任하는 것은 多分히 恣意的으로 될 憂慮가 있으므로 立法이 필요하다고 力說하여 立法贊成論을 폈다. 그런데 결국 大勢는 Larenz 敎授의 主張과 같은 立法論에 贊成하여 人格權에 관한 立法에 直接的인 動因을 提供하였다. 그리고 同法曹大會에서는 이에 이어서 人格權保護가 不充分하다는 憂慮를 表明하고, 人格權을 實定法上의 根據가 있음을 確認하며 立法의 필요성을 希願하는 5個項에 걸친 決定事項을 公表하였다. 이와같은 判例·學說 및 法曹大會의 뒷받침을 받아 聯邦法務省은 人格權保護를 위한 立法活動을 開始하여 專門家의 諮問을 거친후 1958年에 「人格 및 名譽의 私法上保護의 新秩序를 위한 法律案(Der Entwurf eines Gesetzes zur Neuordnung des zivilrechtlichen Persönlichkeits und Ehrenschutzes)이라는 法務省參事官草案(Referenterentwurf) 을 發表하였다. 이 草案에 관하여는 여러角度에서 活潑히 論議가 되었으며 특히 言論界에 의하여 痛烈한 批判을 받았다. 그 骨子는 이 草案에 의한 人格權保護는 必然的으로 言論의 自由를 制限하는 것이므로 이것은 基本法 第5條에 反한다는데에 있었다(특히 Küster, Persönlichkeitsschutz und Pressefreiheit, 1960). 言論界로부터 批判에 뒤이어 이 草案은 1次 修正된 후 1959年 8月18日 政府草案으로서 聯邦議會에 提案되었으나 아직까지 法律로는 成立되지 못하고 있는 것 같다.

이 草案의 內容을 이곳에서 全部 紹介하는 것은 不可能하지만 (그 詳細는

99

Koeleel, JZ59, 513 參照). 매우 간단히 그 大要를 살펴본다. 이 草案은 民法改正의 形式을 취하지만 內容的으로는 現行法下에서 이미 學說·判例에 의하여 인정되는 人格權을 體系化한 것이라고 볼 수 있다. 즉 이 草案은 民法第12條(姓名權)를 改正하여 이곳에 一般的人格權에 관한 一般條項을 두고 第13條이하에 具體的으로 個別的人格權을 規定한다. 다시 말하면 生命·身體·健康·自由(第13條) 名譽 (第14條)私生活 (第15條) 姓名 (第16條) 肖像 (第17條) 秘密錄音 (第18條) 盜聽 (第19條)이 이에 속한다. 특히 第20條는 新聞法 第11條가 規定하는 訂正文揭載請求權을 一般化하고 있다. 이와 관련하여 不法行爲法도 改正하여 특히 第823條 第1項에 人格侵害가 不法行爲가 됨을 宣明하고 또 第847條를 改正하여 人格權侵害에 대하여 一定범위의 慰藉料請求를 인정하는것 등을 骨子로 하고 있다.

<筆者 : 서울大學校 法科大學 副敎授>

제2부

논문(가나다순)

긴급조치로 인한 국가배상청구권의 소멸시효 기산점

— 대법원 2023. 1. 12. 선고 2021다201184 판결 —*

권 영 준**

Ⅰ. 서론

대법원 2023. 1. 12. 선고 2021다201184 판결(이하 '대상판결'이라고 한다)은 유신정권 긴급조치로 인한 국가배상청구권의 소멸시효 문제를 다루었다. 이 판결에서 대법원은 긴급조치 피해자가 가지는 국가배상청구권의 소멸시효가 완성되지 않았다고 판단하였다. 대상판결은 대법원 2022. 8. 30. 선고 2018다212610 전원합의체판결(이하 '전합판결'이라고 한다)과 연계하여 이해할 필요가 있다. 전합판결은 긴급조치 피해자들에 대한 국가배상책임을 최초로 인정한 기념비적 판결이다.[1] 대법원은 종래 긴급조치가 위헌·무효라고 선언하면서도[2] 이로 인한 국가배상책임은 줄곧 부정하였으나,[3] 전합판결에서 종전 판례를 변경한 것이다. 그런데 긴급조치는 무려 50여년 전에 일어난 일이므로 이로 인한 국가배상청구권에 관하여는 소멸시효 문제가 자주 등장할 수밖에 없다. 만약 대부분의 국가배상사건에서 소멸시효가 완성되었다고 보게 되면, 피해자들에 대한 국가배상은 어려워지고 전합판결의 의미와 실효성도 퇴색한다. 이와 관련하여 소멸시효 문제를 어떻게 처리할 것인가가 초미의 관심사였다.

---

* 저는 최종길 교수님을 직접 뵐 기회가 없었으나 사생활의 법적 보호나 사실적 계약관계론 등에 관한 교수님의 논문을 읽으며 큰 가르침을 얻었습니다. 연구와 교육을 진심으로 사랑했던 교수님의 삶은 후배 교수인 저에게 큰 모범이었습니다. 이 논문에서 다룬 국가권력 남용과 그로 인한 피해자의 권리구제, 그리고 소멸시효 문제도 교수님의 삶과 무관하지 않습니다. 최종길 교수님을 추모하는 행렬에 동참할 수 있어 기쁩니다. 참고로 이 논문은 가천법학 제16권 제1호(2023. 3)에 게재한 것입니다.

** 전 서울대학교 법학전문대학원 교수, 현 대법관

1) 이 판결에 대한 평석으로는 윤진수, "위헌인 대통령 긴급조치로 인한 국가배상책임 - 대법원 2022. 8. 30. 선고 2018다212610 전원합의체 판결 —", 민사법학 제101호 (2022); 이은경, "대법원 2022. 8. 30. 선고 2018다212610 전원합의체 판결의 시사", 전북법학 제70호 (2022); 권영준, "2022년 민법 판례 동향", 서울대학교 법학 제64권 제1호 (2023) 중 562－577면; 이재승, "긴급조치 제9호를 적용한 법관의 책임: 대법원 2022. 8. 30. 2018다212610 전원합의체 판결", 민주법학 제81호 (2023) 참조.

2) 대법원 2010. 12. 16. 선고 2010도5986 전원합의체 판결(긴급조치 제1호); 대법원 2013. 4. 18.자 2011초기689 전원합의체 결정(긴급조치 제9호).

3) 대법원 2014. 10. 27. 선고 2013다217962 판결; 대법원 2015. 3. 26. 선고 2012다48824 판결.

대법원은 원고의 국가배상청구가 사실상 불가능한 상황이 장기간 지속되어 왔음에 주목하여 원고가 가지는 국가배상청구권의 소멸시효 기산점을 뒤로 늦추었다. 이로써 대상판결 사안에서 소멸시효 완성은 부정되었고 피해자의 권리보호 가능성이 확장되었다. 긴급조치라는 역사적 과오에 대한 실질적인 피해회복도 구현할 수 있게 되었다. 대상판결은 이러한 실천적, 역사적 의의 외에 소멸시효 일반 법리의 차원에서 보더라도 의미 있는 판결이다. 소멸시효 기산점에 관한 민법 제766조 제1항 및 제166조 제1항의 해석론, 특히 판례 변경과 소멸시효 기산점의 문제에 대해 깊이 생각할 계기를 제공하였기 때문이다. 이 글에서는 대상판결의 내용을 소개하고(Ⅱ. 대상판결의 내용), 민법 제766조 제1항 및 제166조 제1항에 관한 해석론을 전개한다(Ⅲ. 소멸시효 기산점 일반론). 이러한 해석론에 기초하여 대상판결의 타당성을 분석한 뒤(Ⅳ. 대상판결 분석), 글을 마무리한다(Ⅴ. 결론).

Ⅱ. 대상판결 내용

1. 관계

가. 원고는 1974년경 피고(대한민국) 소속 수사기관 담당 공무원들에 의하여 대통령긴급조치 제1호(이하 '긴급조치 제1호'라 한다) 및 대통령긴급조치 제4호(이하 '긴급조치 제4호'라 한다) 위반 혐의로 영장 없이 체포되어 1974. 4. 23. 구속되었다. 하지만 원고는 기소되지 않은 채 1974. 8. 8. 구속취소로 석방되었다.

나. 원고는 민주화운동 관련자 명예회복 및 보상심의위원회(이하 '보상심의위원회'라 한다)로부터 2007. 9. 10. 구 「민주화운동 관련자 명예회복 및 보상 등에 관한 법률」(2000. 1. 12. 법률 제6123호로 제정되고 2015. 5. 18. 법률 제13289호로 개정되기 전의 것, 이하 '구 민주화보상법'이라고 한다) 상 민주화운동관련자 인정결정을 받아, 2007. 12. 24. 및 2008. 2. 19. 보상심의위원회의 보상금 지급결정에 동의하고 보상금을 수령하였다.

다. 이때 원고는 "보상결정에 이의가 없고, 보상금 등을 받을 때에는 그 사건에 대하여 화해계약하는 것이며, 그 사건에 관하여 어떠한 방법으로라도 다시 청구하지 아니하겠음"이라는 내용의 문구가 기재된 동의 및 청구서에 각각 서명·날인하여 보상심의위원회에 제출한 뒤 보상금을 지급받았다.

라. 그 이후 2018년 헌법재판소는 보상심의위원회의 보상금 등 지급결정에 동의한 경우 민주화운동과 관련하여 입은 피해에 대해 재판상 화해가 성립된 것으로 간주하는 구 민주화보상법 제18조 제2항 중 불법행위로 인한 정신적 손해에 관한 부분은 헌법에 위반된다고 결정(이하 '2018년 헌법재판소 결정'이라 한다)하였다.[4)]

4) 헌법재판소 2018. 8. 30. 선고 2014헌바180등 결정.

마. 원고는 긴급조치 제1호 및 제4호에 근거한 수사 등이 불법행위에 해당한다고 주장하면서 2019. 5. 10. 피고를 상대로 위자료 1억 원의 지급을 구하는 국가배상청구의 소를 제기하였다.

2. 법원의 판단

1심법원은 수사기관이 불법 구금 등 위법 수사를 한 사실을 인정하였으나, 원고의 불법 구금 상태가 해소된 1974. 8. 8.경에는 원고가 손해 및 가해자를 인식할 수 있었고 그로부터 3년의 단기소멸시효기간이 경과함으로써 국가배상청구권의 소멸시효가 완성하였다고 보아 원고의 청구를 기각하였다.[5] 원고는 1심에서 2018년 헌법재판소 결정 시점부터 소멸시효가 진행하고 그로부터 3년 내에 소를 제기하였으므로 소멸시효가 완성하지 않았다고 주장하였으나, 그 주장은 받아들여지지 않았다. 이에 원고가 1심판결에 항소하였으나 원심법원은 항소를 기각하였다.[6] 다만 원심법원은 소멸시효 기산점을 "늦어도 피고 산하 보상심의위원회로부터 민주화운동관련자 인정결정에 따른 보상금 지급결정을 받은 2007. 12. 20. 및 2008. 1. 28.경"으로 파악하였다. 소멸시효가 완성하였다는 점에서는 1심법원과 견해를 같이하였지만, 그 기산점에 대해서는 1심법원과 견해를 달리한 것이다. 그런데 대법원은 원심판결과 달리 원고의 손해배상청구권이 시효로 소멸하지 않았다고 보아 원심판결을 파기환송하였다. 대법원의 판시 내용은 아래와 같다(밑줄은 필자가 편의상 그은 것이다).

> *[1] 대통령긴급조치 제1호, 제4호는 위헌·무효임이 명백하고 긴급조치 제1호, 제4호 발령으로 인한 국민의 기본권 침해는 그에 따른 강제수사와 공소제기, 유죄판결의 선고를 통하여 현실화되었다. 이러한 경우 긴급조치 제1호, 제4호의 발령부터 적용·집행에 이르는 일련의 국가작용은 전체적으로 보아 공무원이 직무를 집행하면서 객관적 주의의무를 소홀히 하여 그 직무행위가 객관적 정당성을 상실한 것으로서 위법하다고 평가되고, 긴급조치 제1호, 제4호의 적용·집행으로 강제수사를 받거나 유죄판결을 선고받고 복역함으로써 개별 국민이 입은 손해에 대해서는 국가배상책임이 인정될 수 있다.*

> *[2] 헌법재판소는 2018. 8. 30. 민법 제166조 제1항, 제766조 제2항 중 '진실·화해를 위한 과거사정리 기본법'*(이하 '과거사정리법'이라 한다) *제2조 제1항 제3호의 '민간인 집단 희생사건', 같은 항 제4호의 '중대한 인권침해사건·조작의혹사건'에 적용되는 부분은 헌법에 위반된다는 결정을 선고하였다. 따라서 과거사정리법상 '민간인 집단 희생사건', '중대한 인*

5) 부산지방법원 서부지원 2020. 5. 15. 선고 2019가단3880 판결.
6) 부산지방법원 2020. 12. 11. 선고 2020나49713 판결.

권침해사건·조작의혹사건'에서 공무원의 위법한 직무집행으로 입은 손해에 대한 국가배상청구권에 대해서는 민법 제766조 제2항에 따른 장기소멸시효가 적용되지 않는다.

[3] 국가배상청구권에 관한 3년의 단기시효기간 기산에는 민법 제766조 제1항 외에 소멸시효의 기산점에 관한 일반규정인 민법 제166조 제1항이 적용된다. 따라서 3년의 단기시효기간은 그 '손해 및 가해자를 안 날'에 더하여 그 '권리를 행사할 수 있는 때'가 도래하여야 비로소 시효가 진행한다.

[4] 원고가 긴급조치 제1호, 제4호 위반 혐의로 체포되어 구속되었다가 구속취소로 석방되고 그 이후 자신에 대한 형사처분이 재심대상이 아니어서 형사재심절차를 거치지 아니한 채 국가배상청구에 이르게 된 경위, 긴급조치에 대한 사법적 심사가 이루어진 시기, 긴급조치 제1호, 제4호에 대한 위헌·무효 판단 이후에도 불법행위에 대한 국가배상청구를 원칙적으로 부정했던 대법원 판례의 존재, 민주화운동과 관련한 보상금 등 지급결정 동의에 재판상 화해의 효력을 인정하던 구 민주화보상법 제18조 제2항과 이에 대한 헌법재판소의 위헌 결정 등 제반 사정을 종합해 보면, 이 사건 소 제기 당시까지도 원고가 피고를 상대로 긴급조치 제1호, 제4호에 기한 일련의 국가작용으로 인한 불법행위로 발생한 권리를 행사할 수 없는 장애사유가 있어 소멸시효가 완성되지 않았다고 보는 것이 타당하다.

Ⅲ. 소멸시효 기산점 일반론

1. 대상판결의 쟁점

대상판결에서는 긴급조치로 인한 원고의 국가배상청구권 소멸시효가 완성되었는지가 문제되었다. 일반적으로 소멸시효 완성 여부는 ① 소멸시효 기산점, ② 일정한 소멸시효 기간의 경과, ③ 소멸시효 중단 내지 정지 사유의 존재 여부라는 세 가지 변수에 의하여 결정된다. ②의 점, 즉 국가배상청구권의 소멸시효 기간은 단기소멸시효 3년(민법 제766조 제1항), 장기소멸시효 5년(민법 제766조 제2항, 국가재정법 제96조 제2항[7])인데 이에 대해서는 당사자 간에 다툼이 없었다. ③의 점, 즉 소멸시효 중단 내지 정지 사유의 존재 여부도 대상판결의 쟁점이 아니었다. 결국 ①의 점, 즉 소멸시효 기산점이 대상판결의 쟁점으로 남게 되었다.

대상판결에서 문제되는 권리는 불법행위로 인한 손해배상청구권이다. 이 권리의 소멸시효 기산점은 우선 불법행위 소멸시효 특칙인 민법 제766조에 의하여 규율된다. 제766조 제1항은

7) 민법 제766조 제2항에 따른 장기소멸시효 기간은 10년이지만, 국가재정법 제96조 제2항에 따르면 국가에 대한 금전채권의 소멸시효는 5년이므로 국가배상청구권의 장기소멸시효도 5년이 된다.

3년의 단기소멸시효기간을 규정하면서 그 기산점을 "피해자나 법정대리인이 그 손해 및 가해자를 안 날"로 규정한다. 제766조 제2항은 10년(다만 대상판결 사안은 국가재정법 제96조 제2항에 따라 5년)의 장기소멸시효기간을 규정하면서 그 기산점을 "불법행위를 한 날"로 규정한다. 한편 소멸시효 기산점에 관한 일반 조항인 민법 제166조 제1항은 "권리를 행사할 수 있는 때"로부터 소멸시효가 진행한다는 일반원칙을 선언한다. 이에 따라 대상판결 사안에서는 민법 제766조 및 제166조의 해석이 요구되었다.

그런데 2018년 헌법재판소는 과거사정리법 제2조 제1항 제3호에 규정된 '민간인 집단희생사건', 제4호에 규정된 '중대한 인권침해·조작의혹사건'에 대해 제166조 제1항, 제766조 제2항의 객관적 기산점을 기준으로 하는 소멸시효를 적용하는 것은 위헌이라는 결정을 선고하였다.[8] 대법원도 이러한 위헌결정의 취지에 따라 긴급조치로 인한 국가배상사건에서는 장기소멸시효를 적용하지 않는 판결을 선고하였다.[9] 대상판결에서도 이러한 입장이 유지되었다. 결국 대상판결에서는 민법 제766조 제1항의 단기소멸시효 기산점 및 그 전제를 이루는 제166조 제1항의 일반적인 소멸시효 기산점의 해석 문제만 남게 되었다.[10] 그러므로 이 목차의 아래 부분에서는 민법 제766조 제1항 및 제166조 제1항의 일반적인 해석론을 먼저 살펴본다.

2. 민법 제766조 제1항의 해석론

가. 민법 제766조 제1항의 내용, 배경, 체계적 지위

민법 제766조 제1항은 "불법행위로 인한 손해배상의 청구권은 피해자나 법정대리인이 그 손해 및 가해자를 안 날로부터 3년간 이를 행사하지 아니하면 시효로 인하여 소멸한다."라고 규정한다. 민법안심의록에 따르면, 우리 민법 제766조 제1항은 독일민법 제852조 제1항, 스위스채무법 제60조 제1항, 중화민국민법 제197조 제1항, 만주민법 제745조를 참고하여 만들어졌다.[11] 한편 민법안심의록에 참고 입법례로 명시되지는 않았지만, 당시 우리나라에 적용되던 의용민법 제724조 전단 역시 불법행위에 관한 단기소멸시효 기간을 손해 및 가해자를 안 때부터 3년으로 규정하고 있었다. 의용민법 제724조 전단의 제정에 영향을 미친 것은 주관적 기산점에 기하여 3년의 단기소멸시효를 규정한 구 독일민법 제852조 제1항이다.[12] 구 독일민법

8) 헌법재판소 2018. 8. 30. 선고 2014헌바148등 결정. 이는 앞서 언급한 구 민주화보상법 제18조 제2항에 관한 2018년 헌법재판소 결정(헌법재판소 2018. 8. 30. 선고 2014헌바180등 결정)과 같은 날 선고되었지만 별도의 다른 결정이다.

9) 대법원 2019. 11. 14. 선고 2018다233686 판결.

10) 헌법재판소의 위헌결정에도 불구하고 제766조 제1항의 주관적 기산점을 확정하기 위한 전제로서의 제166조 제1항은 여전히 효력을 유지한다고 보아야 한다.

11) 민의원 법제사법위원회 민법안심의소위원회, 민법안심의록, 상권 (1957), 452면.

12) 참고로 구 독일민법 제852조 제1항은 2002년 독일민법 개정을 통해 주관적 기산점에 의거한 3년의 일반소멸시효기간을 규정한 독일민법 제195조, 제199조로 통합되어 없어졌다. 제195조는 일반소멸시효기간을 3년으로 규정한다. 제199조 제1항은 일반소멸시효기간이 채권자가 청구권을 발생시키는 사정 및 채무자의 신원을 알았거

제852조 제1항은 독일 민법 제1초안 제719조[13]에 기초한 조항인데, 이 조항의 뿌리는 1794년 프로이센 일반란트법 제54조[14]까지 거슬러 올라간다. 이러한 조항들은 불법행위의 피해자가 자신의 권리를 인식하지도 못한 상태에서 소멸시효가 완성되어 버리는 결과를 막기 위한 취지로 마련되었다.

민법 제766조 제1항의 체계적 지위는 소멸시효법의 전체 그림에 비추어 파악해야 한다. 원칙적으로 말하자면, 우리 민법상 소멸시효 제도는 권리자의 주관적 인식 여부와 무관하게 소멸시효가 진행되는 「객관적 체계」에 기초하고 있다. 소멸시효 기산점에 관한 통칙인 민법 제166조 제1항이 이와 같은 「객관적 체계」를 표상한 조항이다. 그런데 불법행위로 인한 손해배상청구권에 관한 제766조 제1항은 그 권리자가 손해 및 가해자를 알았는가 하는 주관적 요소에 기초한 단기소멸시효 기산점을 설정함으로써 「주관적 체계」를 선택하였다. 「주관적 체계」는 권리자에게는 유리하나 의무자의 예측 가능성을 저해하는 문제가 있다. 그래서 이와 별도로 제766조 제2항에서는 "불법행위를 한 날"이라는 객관적 요소에 기초한 장기소멸시효 기산점을 설정함으로써 「객관적 체계」를 더하였다.[15] 둘 중 어느 기간이라도 먼저 도래하면 소멸시효가 완성한다. 이러한 양 체계의 병존을 통해 권리자와 의무자 사이의 이익 상황을 적절하게 조정한다.[16] 제766조 제1항은 제166조 제1항이 규정한 「객관적 체계」로부터의 일탈이지만, 제766조 제2항이 규정한 또 다른 「객관적 체계」의 견제를 받는다. 이를 통해 권리행사 기

나 중대한 과실 없이 알았어야 하였던 연도로부터 소멸시효 기간이 기산된다고 규정한다. 제199조 제2항은 생명, 신체, 건강 또는 자유의 침해를 이유로 하는 손해배상청구권의 경우 주관적 기산점 없이 30년의 소멸시효에 걸린다고 규정한다.

13) 이 조항은 불법행위에 의한 손해배상청구권은 손해 및 가해자가 누구인지를 안 때로부터 3년의 기간 만료에 의해 시효가 완성된다고 규정하였다.

14) 계약관계 외의 손해에 관하여 손해 및 가해자를 안 날로부터 3년의 소멸시효 기간을 설정하였다.

15) 비교법적으로 보면 객관적 체계에 기초한 상한은 피해자를 배려하기 위해 장기간으로 설정하는 경향성이 발견된다. 예컨대 일본민법은 일반채권의 소멸시효 기간은 10년으로 정하면서도(제167조 제1항), 불법행위 손해배상청구권의 장기소멸시효기간은 20년으로 정한다(제724조 후단). 불법행위 피해자를 두텁게 보호하기 위한 것이다. 그런데 우리 민법은 불법행위 장기소멸시효기간을 일반 채권과 마찬가지로 10년으로 정하고 있어 진정한 의미의 '장기'소멸시효기간이라고 하기 어렵다. 다만 제766조 제3항은 미성년자가 성적(性的) 침해를 당한 경우 성년이 될 때까지 손해배상청구권의 소멸시효가 진행되지 않는다는 특칙을 규정함으로써 소멸시효 기간을 실질적으로 장기화하였다. 성적 침해의 피해자인 미성년자의 충실한 권리구제를 도모하기 위한 것으로서 2020. 10. 20. 법률 제17503호로 민법이 개정되면서 신설된 조항이다.

16) 이러한 양 체계의 병존은 우리 민법상 불법행위로 인한 손해배상청구권 외에도 법률행위의 취소권(제146조), 채권자취소권(제406조 제2항), 이혼청구권(제841조, 제842조), 입양취소청구권(제894조), 파양청구권(제907조), 친권자지정청구권(제909조의2 제1항), 상속회복청구권(제999조 제2항), 공동상속분양수청구권(제1011조 제2항), 유류분반환청구권(제1117조)에서도 발견된다. 또한 국제적으로는 불법행위법을 넘어서서 일반적인 소멸시효법의 차원에서도 「주관적 체계」와 「객관적 체계」를 함께 두는 경향성이 발견된다. Nils Jansen & Reinhard Zimmermann (ed.), Commentaries on European Contract Laws, Oxford University Press (2018), p. 1839(Reinhard Zimmermann). 이 문헌에 따르면 주관적 기산점에 기초한 단기소멸시효 기간은 대체로 2년에서 5년 사이에서 정해지는데 3년이 가장 일반적인 기간이라고 한다.

간이 무한히 늘어나는 것을 막는다.

나. "손해 및 가해자를 안 날"의 의미

민법 제766조 제1항이 규정한 손해배상청구권의 기산점은 "손해 및 가해자를 안 날"이다. 손해 및 가해자를 알았는가는 사실인정 차원에서 판단할 문제이다.[17] 그러나 이는 내심의 인식에 관한 것이어서 외부에서 객관적으로 밝히기가 쉽지 않다. 따라서 "손해 및 가해자를 안 날"이 소멸시효의 기산점으로 확정되는 과정에서는 여러 측면의 규범적 평가가 관여하게 된다. 그러므로 "손해 및 가해자를 안 날"의 의미는 법적 안정성과 권리보호의 적절한 균형에 대한 법관의 가치평가에 따라 여러 갈래로 해석될 여지를 남기게 된다.[18] 실제로 우리 판례는 손해전보라는 불법행위법의 본래 목적을 현실 속에서 타당성 있게 관철하기 위해 "손해 및 가해자를 안 날"에 대해 유연한 해석론을 전개하고 있다.[19] 현재의 판례 법리는 다음과 같다.

"손해 및 가해자를 안 날"이란 손해의 발생, 위법한 가해행위의 존재, 가해행위와 손해 발생 사이에 상당인과관계가 있다는 등 불법행위의 요건사실에 대하여 "현실적이고도 구체적으로" 인식하였을 때를 의미한다.[20] 손해의 "발생"에 대한 현실적이고도 구체적인 인식이 가능하려면 손해가 실제로 발생하였어야 한다. 여기에서의 손해는 현실적으로 입은 확실한 손해를 의미한다.[21] 그 점에서 현실성이라는 잣대는 손해 발생과 손해 인식의 양 단계에서 모두 요구된다. 한편 손해 발생에 관한 인식이 필요하더라도 손해의 정도나 수액까지 구체적으로 인식해야 하는 것은 아니다.[22] "위법한 가해행위의 존재"에 대해서도 현실적이고도 구체적인 인식이 요구된다. 이는 결국 피해자가 가해행위의 위법성을 인식하여야 주관적 기산점이 도래한다는 것을 의미한다.[23]

한편 "손해 및 가해자를 안 날"이 소멸시효의 기산점이 되려면 그 전제로서 가해자에 대한 손해배상청구권의 행사 가능성이 존재해야 한다.[24] 대법원은 "피해자 등이 언제 불법행위 요건사실을 현실적이고도 구체적으로 인식하였다고 볼 것인지는 개별적 사건에서 여러 객관적

17) 이에 관한 증명책임은 소멸시효 완성의 이익을 주장하는 자에게 있다. 대법원 2013. 7. 12. 선고 2006다17539 판결.

18) 이상옥, "불법행위로 인한 손해배상청구권의 시효기산점", 채권법에 있어서 자유와 책임: 김형배교수화갑기념논문집, 박영사 (1994), 599－600면.

19) 양창수 · 권영준, 권리의 변동과 구제(민법 Ⅱ), 제4판, 박영사 (2021), 702면.

20) 대법원 1995. 2. 10. 선고 94다30263 판결; 대법원 2011. 11. 10. 선고 2011다54686 판결. 일본 판례도 마찬가지 입장이다. 日最判 2002(平成 14). 1. 29. 民集 56－1－218.

21) 대법원 1992. 11. 27. 선고 92다29948 판결; 대법원 2019. 8. 14. 선고 2016다217833 판결; 대법원 2020. 7. 9. 선고 2017다56455 판결.

22) 대법원 1991. 3. 22. 선고 90다8152 판결; 대법원 1995. 11. 14. 선고 95다30352 판결.

23) 대법원 1977. 6. 7. 선고 76다2008 판결; 대법원 1994. 4. 26. 선고 93다59304 판결. 독일 판례의 입장도 마찬가지이다. BGHZ 75, 1 (4) = NJW 1980, 189; NJW 1993, 2614.

24) 대법원 1977. 3. 22. 선고 76다256 판결; 대법원 2011. 11. 10. 선고 2011다54686 판결.

사정을 참작하고 손해배상청구가 사실상 가능하게 된 상황을 고려하여 합리적으로 인정하여야 한다."라고 판시하였다.[25] 또한 대법원은 "민법 제766조 제1항 소정의 손해를 안다는 것은 단순히 손해발생의 사실을 아는 것만으로는 부족하고 가해행위가 불법행위로서 이를 원인으로 하여 손해배상을 소구할 수 있다는 사실까지를 알아야 한다."라고 판시하였다.[26] 이러한 판례는 권리행사 가능성 요건을 제시하는 것으로 이해된다.

권리행사 가능성 요건이 민법 제766조 제1항의 문언으로부터 직접 도출된다고 할 수는 없다. 그러나 소멸시효 기산점에 관한 통칙인 민법 제166조 제1항은 권리행사 가능성이 소멸시효 진행의 전제임을 규정하고 있다. 이 조항은 불법행위로 인한 손해배상청구권에 관한 특칙인 제766조에도 적용되므로 제766조 제1항의 해석상으로도 권리행사 가능성이 요구되는 것이다. 대법원은 "불법행위를 원인으로 한 손해배상청구권은 민법 제766조 제1항에 따라 피해자나 그 법정대리인이 손해와 가해자를 안 날로부터 3년간 이를 행사하지 아니하면 시효로 소멸하는 것이나, 여기에도 소멸시효의 기산점에 관한 규정인 민법 제166조 제1항이 적용되어 시효기간은 권리를 행사할 수 있는 때로부터 진행"한다고 하여 이 점을 명시적으로 밝혔다.[27] 대상판결도 "국가배상청구권에 관한 3년의 단기시효기간 기산에는 민법 제766조 제1항 외에 소멸시효의 기산점에 관한 일반규정인 민법 제166조 제1항이 적용된다. 따라서 3년의 단기시효기간은 그 '손해 및 가해자를 안 날'에 더하여 그 '권리를 행사할 수 있는 때'가 도래하여야 비로소 시효가 진행한다."라고 판시함으로써 같은 입장을 취하였다. 그러므로 단기소멸시효 완성 여부를 논함에 있어서는 제166조 제1항도 함께 검토해야 한다. 아래에서는 제166조 제1항의 해석론을 살펴본다.

3. 민법 제166조 제1항의 해석론

가. 민법 제166조 제1항의 내용, 배경, 체계적 지위

민법 제166조 제1항은 "소멸시효는 권리를 행사할 수 있는 때로부터 진행한다."라고 규정한다. 민법안심의록에 따르면, 우리 민법 제166조 제1항은 독일민법 제198조, 스위스채무법 제130조, 중화민국민법 제128조, 만주민법 제158조, 일본민법(의용민법) 제166조 제1항을 참고하여 만들어졌다.[28] 일본민법 제166조 제1항은 보아소나드 민법초안의 시효정지 규정을 참고하여 만들어졌다.[29] 한편 의용민법 제166조 제2항은 취득시효의 진행에 관한 조항인데,[30] 현

25) 대법원 2011. 11. 10. 선고 2011다54686 판결; 대법원 2019. 12. 13. 선고 2019다259371 판결. 또한 대법원 1996. 8. 23. 선고 95다33450 판결도 참조.

26) 대법원 1995. 11. 10. 선고 95다32228 판결.

27) 대법원 1998. 7. 10. 선고 98다7001 판결. 대법원 2012. 4. 13. 선고 2009다33754 판결도 마찬가지 입장이다. 일본 판례 역시 그러하다. 日最判 1967(昭和 42). 7. 18. 民集 21-6-1559.

28) 민의원 법제사법위원회 민법안심의소위원회, 민법안심의록, 상권 (1957), 106면.

29) 서종희, "일반소멸시효의 기산점 판단법리의 기원 - Boissonade 민법초안부터 메이지민법 제정까지 -", 법학

행민법 제정 시 이를 삭제하는 대신 부작위를 목적으로 하는 채권의 소멸시효는 위반행위를 한 때로부터 진행한다는 내용을 새로 규정하였다. 제166조 제1항은 권리자의 주관적 인식 여부와 무관하게 소멸시효가 진행되는 「객관적 체계」를 표상하는 조항이다. 제166조 제1항에서의 "권리"는 소멸시효에 걸리는 모든 권리를 의미하므로 불법행위로 인한 손해배상청구권도 제166조 제1항의 적용 대상이 된다.31)

나. "권리를 행사할 수 있는 때"의 의미

(1) 법률상 장애/사실상 장애 이분론과 그 한계

제166조 제1항의 "권리를 행사할 수 있는 때"에 관한 지배적인 이론은 법률상 장애/사실상 장애 이분론(이하 '이분론'이라고만 한다)이다.32) 이분론에 따르면 "권리를 행사할 수 있는 때"는 기한의 미도래나 조건 불성취 등 법률상 장애가 없는 때를 의미하므로, 그 외의 사실상 장애가 있더라도 소멸시효는 진행한다.33) 예컨대 권리의 존재나 그 권리행사 가능성을 알지 못하였고, 이를 알지 못함에 과실이 없다고 하더라도 이러한 사실상 장애는 소멸시효의 진행을 저지하지 못한다.34) 이분론은 계약에 기한 채권은 물론이고 불법행위에 기한 채권 등 모든 유형의 채권에 적용된다.35) 이분론은 소멸시효 기산점의 해석에 관한 유용한 틀을 제공함으로써 법적 안정성을 도모하는 시효제도가 그 취지에 맞게 안정적으로 이해되고 운용되도록 기여하였다. 하지만 이분론에는 다음과 같은 한계도 있다.

첫째, 이분론은 민법 문언에 기초한 이론이 아니다. 민법 제166조 제1항은 "권리를 행사할 수 있는 때"라고만 규정하고 있을 뿐 법률상 장애나 사실상 장애의 개념이나 양자의 구분에 대해서는 아무런 언급을 하지 않기 때문이다. 이분론은 "권리를 행사할 수 있는 때"가 가지는 의미를 확정하는 과정에서 편의상 동원되는 해석 도구에 불과하다. 궁극적으로 중요한 것은 민법 제166조 제1항의 문언 그 자체가 지시하는 바대로 "권리를 행사할 수 있는 때"가 언제인가, 즉 언제부터 권리행사 가능성이 인정되는가 하는 점이다.36) 이분론에서 법률상 장애

연구(연세대학교 법학연구원) 제30권 제2호 (2020) 참조.

30) 의용민법은 우리나라 민법과는 달리 소멸시효 외에 취득시효에 관한 규정도 총칙편에 두고 있다.

31) 이는 제766조 제2항의 경우에도 마찬가지이다. 서종희, 불법행위손해배상청구와 소멸시효, 정독 (2023), 114면 이하.

32) 대법원 1982. 1. 19. 선고 80다2636 판결; 대법원 1984. 12. 26. 선고 84누572 전원합의체 판결; 대법원 1992. 3. 31. 선고 91다32053 전원합의체 판결; 대법원 1998. 7. 10. 선고 98다7001 판결; 대법원 2010. 9. 9. 선고 2008다15865 판결; 대법원 2015. 9. 10. 선고 2013다73957 판결. 학설상으로도 그러하다. 양창수·김형석, 권리의 보전과 담보(민법 Ⅲ), 제4판, 박영사 (2021), 86-87면; 양창수 편, 민법주해(Ⅳ), 총칙(4), 박영사 (2022), 484면(오영준 집필부분). 이러한 이분론은 일본에서 일찍이 통설로 자리 잡은 이론이다. 我妻榮, "月賦弁済債務の消滅時効の起算点", 民法研究 Ⅱ, 有斐閣 (1966) (初版 1938), 288면.

33) 대법원 1984. 12. 26. 선고 84누572 전원합의체 판결; 대법원 2004. 4. 27. 선고 2003두10763 판결 등 다수.

34) 대법원 2004. 4. 27. 선고 2003두10763 판결; 대법원 2005. 4. 28. 선고 2005다3113 판결.

35) 대법원 1998. 7. 10. 선고 98다7001 판결; 대법원 1999. 12. 7. 선고 98다42929 판결; 대법원 2010. 9. 9. 선고 2008다15865 판결; 대법원 2011. 7. 28. 선고 2009다92784 판결.

나 사실상 장애는 결국 권리행사 가능성을 구체화하는 목적 범위 내에서 비로소 의미를 지닌다.

둘째, 이분론이 전제하는 법률상 장애와 사실상 장애가 언제나 뚜렷하게 구별되는 것은 아니다. 정지조건 불성취처럼 법률상 장애임이 분명한 사유가 있고, 무지나 태만 등 사실상 장애임이 분명한 사유도 있다. 그러나 양자의 경계선에 걸쳐 있는 사유도 있을 수 있다. 예컨대 관청의 유권해석, 수사기관의 수사상 결론, 법원의 판결 등이 잘못된 경우는 사실상 장애인가, 법률상 장애인가? 이를 사실상 장애로 보는 것이 일반적이나, 법적 권위를 수반하는 국가기관의 법적 판단을 통해 권리행사를 좌절시킨다는 점에서는 법률상 장애와 같이 평가할 수도 있다. 한편 원칙적으로 말하면 어떤 사항에 관하여 판례나 학설이 정립되어 있지 않아 법률관계가 불명확하다는 점은 법률상 장애가 아니라고 한다.[37] 하지만 법리상 의심이 있는 경우에는 해당 법리에 관한 판결선고일에 손해배상을 청구할 수 있음을 알았다고 본 판례도 있다.[38] 또한 대법원의 원심파기환송 판결이 있는 때 비로소 손해의 발생 사실을 인식하였다고 본 판례도 있다.[39] 법률상 장애와 사실상 장애의 구별이 쉽지 않음을 보여주는 예들이다.

셋째, 이분론이 가지는 의미는 채권과 사안의 유형에 따라 달라질 수 있다.[40] 판례가 반복하여 제시하는 법률상 장애의 예는 기한 미도래와 정지조건 불성취이다. 이는 주로 계약상 채권을 염두에 둔 예이다. 하지만 기한 미도래나 정지조건 불성취의 문제가 일반적으로 발생하지 않는 부당이득반환청구권이나 불법행위로 인한 손해배상청구권에서 법률상 장애가 과연 무엇인지는 명확하지 않다. 한편 판례가 반복하여 제시하는 사실상 장애의 예는 권리발생사실 또는 발생한 권리의 행사 가능성을 알지 못한 경우이다. 계약상 채권에 관하여 이를 사실상 장애로 보는 것은 쉽게 수긍할 수 있다. 계약상 채권자는 계약을 통해 스스로 그 채권을 창출한 자로서 그 채권의 존재와 행사 가능성에 대하여 스스로 알 가능성 또는 알아야 할 당위성이 있기 때문이다. 그러나 법정채권은 그렇지 않다. 법정채권의 유형이나 발생 원인은 지극히 다양하고 복잡하여 피해자나 손실자가 자신의 권리 발생이나 그 행사 가능성을 모르는 경우도 얼마든지 발생할 수 있고, 이를 피해자에게 귀책시킬 수 없는 경우도 얼마든지 존재하기 때문이다. 결국 이분론은 권리행사 가능성에 기초한 이론이고, 권리행사 가능성은 획일적 공식이 아니라 형량적 고려로 판단해야 한다. 그런데 권리자－의무자－제3자 또는 사회의 이익상황은

36) 권영준, "소멸시효와 신의칙", 재산법연구 제26권 제1호 (2009), 18면.

37) 이러한 취지의 독일 프랑크푸르트 Oberlandgericht의 판결로 OLG Frankfurt am Mein, Urteil vom 25.07.2019, 1 U 169/18.

38) 대법원 1977. 3. 22. 선고 76다256 판결.

39) 대법원 1989. 9. 26. 선고 88다카32371 판결.

40) 우리 민법에서 이러한 특수성 반영은 주로 소멸시효 기간 설정의 측면에서 나타난다(민법 제162조 내지 제164조). 권리의 특성에 맞는 소멸시효 기간을 개별적으로 두고 있는 특별법들도 있다(예컨대 국가재정법 제96조 제2항, 상법 제662조). 한편 권리의 특성에 따라 소멸시효 기산점을 달리 정하는 입법례도 있다(예컨대 독일민법 제199조).

사안 유형에 따라 달라지므로 사안의 특수성은 이분론의 판단에 영향을 미치게 된다.

(2) 궁극적 판단기준 : 권리행사 가능성

이분론은 일정한 유용성을 가지나 그 한계를 고려하면 절대적으로 유지되어야 하는 도그마가 될 수는 없고, 또 그렇게 되어서도 안 된다. 명확한 법률상 장애(예컨대 조건 미성취, 기한 미도래, 권리행사를 좌절시키는 법률 규정의 존재[41])의 영역이나 명확한 사실상 장애(예컨대 채권자의 부지, 질병, 부재 등)의 영역에서 이분론은 잘 작동한다. 그러나 이도 저도 아닌 중간 지대의 회색 영역에서 이분론의 힘은 약해진다. 이때 법관은 민법 제166조에서 상정하는 「contra non valentem agere non currit praescripto(소멸시효는 권리를 행사할 수 없는 사람에 대하여는 진행하지 않는다)」는 원칙, 즉 권리행사 가능성의 원칙에 종국적으로 의지하게 된다.[42] 권리행사 가능성의 원칙[43]은 민법 제166조 제1항의 문언("권리를 행사할 수 있는 때")은 물론이고 소멸시효 제도의 취지 그 자체로부터도 도출된다.[44] 여기에서의 권리행사 가능성은 권리행사의 물리적, 사실적 가능성뿐만 아니라 권리행사의 객관적, 합리적 기대가능성을 포함하는 규범적 개념이다. 이 원칙을 적용하는 과정에서 법원의 판단 재량이 개입하게 된다.[45]

우리나라에도 사실상 장애인 듯한 사유에 대해 권리행사 가능성을 부정함으로써 시효 기산점을 뒤로 늦춘 판례들이 있다. 가령 대법원은 법인의 이사회결의 부존재로 인한 제3자의 부당이득반환청구권의 소멸시효 기산점에 관하여, 청구권자가 권리의 발생 여부를 객관적으로 알기 어려운 상황에 있고 과실 없이 이를 알지 못한 경우에도 청구권이 성립한 때부터 바로 소멸시효가 진행한다고 보는 것은 정의와 형평에 맞지 않을 뿐만 아니라 소멸시효 제도의 존재 이유에도 부합하지 않는다고 보았다.[46] 보험사고 발생 여부가 객관적으로 분명하지 않아 보험금청구권자가 과실 없이 보험사고의 발생을 알 수 없었던 경우에도 사회정의와 형평의 이념에 따라 보험금청구권자가 보험사고의 발생을 알았거나 알 수 있었던 때로부터 소멸시효가 진행한다는 판례도 다수 있다.[47] 이러한 일련의 판례를 이분론에 대한 반례(反例)로 보면서 이

41) 대법원 1996. 7. 12. 선고 94다52195 판결.

42) 권영준(註 36), 15면 이하; 김학동, "소멸시효의 기산점에 관한 판례분석", 민법의 과제와 현대법의 조명: 경암 홍천룡박사 화갑기념 (1997), 98면; 김미리, "납북된 피랍자의 납북 피해에 대한 국가배상청구권의 소멸시효 기산점", 특별법연구 제10권 (2012), 580-581면. 또한 헌법재판소 2018. 8. 30. 선고 2014헌바148등 결정도 참조.

43) 이러한 원칙은 비단 소멸시효 기산점뿐만 아니라 시효정지 제도(민법 제179조 내지 제182조)에도 반영되어 있다. 또한 예상 외의 후유증이 발생한 경우 그 부분에 대해서는 그러한 사유가 판명된 때로부터 민법 제766조 제1항에 의한 소멸시효기간이 진행된다고 한 대법원 2001. 9. 14. 선고 99다42797 판결도 같은 정신에 입각한 판결이다.

44) 대법원 2020. 7. 9. 선고 2016다244224, 244231 판결.

45) Lawrence P. Simon Jr. & Jessica T. Cachassin, Contra Non Valentem - A Survey of Case Law, 51 Ann. Inst. on Min. L. 127, 141 (2004).

46) 대법원 2003. 2. 11. 선고 99다66427 판결; 대법원 2003. 4. 8. 선고 2002다64957 판결.

47) 대법원 1993. 7. 13. 선고 92다39822 판결; 대법원 2001. 4. 27. 선고 2000다31168 판결; 대법원 2006. 1.

분론 붕괴의 전조(前兆)라고 말할지도 모른다. 하지만 이분론은 표면의 현상일 뿐이고 그 뿌리에는 권리행사 가능성이 있다는 점을 떠올리면 이러한 판례도 일관성 있게 설명할 수 있다.

이러한 이분론 유연화의 경향은 일본에도 존재한다. 공교롭게도 일본민법 제166조 제1항은 우리나라 민법 제166조 제1항과 동일한 내용을 규정하고 있다. 그리고 일본에서도 우리나라와 마찬가지로 법률상 장애/사실상 장애 이분론이 그 조항의 해석론으로 자리 잡고 있다.[48] 그러나 권리행사 가능성(또는 권리행사의 현실적 기대가능성)이 소멸시효 기산점의 판단기준으로 제시되기도 한다. 일찍이 일본 최고재판소는 변제공탁물의 출급 또는 회수청구권의 소멸시효 기산점에 관하여, "단지 그 권리의 행사에 법률상 장애가 없는 것뿐만 아니라 나아가 그 권리의 성질상 그 권리행사가 현실적으로 기대할 수 있을 것도 필요로 한다고 해석함이 상당하다."라고 판시하였다.[49] 그 후에도 같은 취지의 판결이 선고되었다.[50] 이러한 판례의 사정거리와 비중에 대해서는 논란이 있으나, 일본에서도 이분론이 권리행사 가능성이라는 틀 안에서 유연하게 해석되고 있다는 점은 분명히 보여준다. 학설로서도 전통적인 이분론 외에 현실적 기대 가능성설이 유력하게 주장되고 있다.[51]

그렇다면 권리행사 가능성은 어떻게 판단하는가? 이에 대한 획일적이고 단순한 설명은 불가능하다. 다만 권리행사 가능성의 구체적 내용과 범위는 권리의 발생－인식－행사라는 세 가지 국면에 존재하는 여러 변수에 의하여 영향을 받는다는 점은 말할 수 있다.

첫째, 권리 발생 판단은 권리행사 가능성에 영향을 미친다. 정지조건 미성취로 권리가 발생하지 않은 경우가 전형적인 법률상 장애 사유로 일컬어지는 것도 이러한 이유 때문이다. 권리 발생 판단은 때때로 규범적 평가를 요구한다. 예컨대 불법행위로 인한 손해배상청구권이 발생하려면 손해가 발생하여야 한다. 그런데 과연 손해가 발생하였는가, 또한 언제 그 손해가 발생하였는가가 언제나 명확한 것은 아니다. 여기에서의 손해는 현실적으로 입은 확실한 손해를 의미한다(손해의 현실성 요건).[52] 손해의 현실성 요건을 판단하는 과정에서는 규범적 평가가 요구되기도 한다. 이는 특히 후유증 발현 유형,[53] 잠복 하자 발현 유형,[54] 제3자에 대한 채무

---

26. 선고 2004다19104 판결 등.

48) 日大判 1937(昭和12). 9. 17, 民集 16, 1435; 日最判 1974(昭和 49). 12. 20. 民集 28－10, 2072; 我妻•有泉, コメンタール 民法 (總則•物權•債權), 第4版, 日本評論社 (2016), 330면.

49) 日最判 1970(昭和 45). 7. 15, 民集 24－7, 77. 이는 이분론을 크게 동요시키면서 법률상 장애론으로부터 사실상 장애론으로 일보 전진시킨 판결로 평가된다. 松本克美, 時效と正義, 日本評論社 (2002), 201면.

50) 日最判 2003(平成 15). 12. 11. 民集 57－11, 2196.

51) 이에 대해서는 平野裕之, "消滅時効の起算点の緩和と二重の時効期間の可能性", 慶應法学 28 (2014), 304면; 三島ひとみ, "消滅時効の起算点の緩和と二重の時効期間", 法学ジャーナル 103号 (2023), 39－42면 참조.

52) 대법원 1992. 11. 27. 선고 92다29948 판결; 대법원 2019. 8. 14. 선고 2016다217833 판결; 대법원 2020. 7. 9. 선고 2017다56455 판결.

53) 대법원 2001. 1. 19. 선고 2000다11836 판결; 대법원 2011. 9. 29. 선고 2008다16776 판결; 대법원 2019. 7.

부담 유형,[55] 등기부 취득시효로 인한 소유권 상실 유형[56] 등 잠재적 손해의 현실화에 관한 법리가 적용되는 경우에 더욱 그러하다.[57] 이러한 장면에서 법원이 손해 발생을 얼마나 엄격하게 또는 느슨하게 판단하는가는 결과적으로 권리행사 가능성 판단에도 영향을 미친다.

둘째, 권리 발생에 대한 인식의 기대가능성도 권리행사 가능성에 영향을 미친다. 앞서 살펴본 법인의 이사회결의 부존재로 인한 제3자의 부당이득반환청구권의 소멸시효 기산점에 관한 대법원 판례[58]는 인식의 기대가능성 결여가 권리행사 가능성 결여로 연결된 대표적 사례이다. 한편 민법 제766조 제1항처럼 주관적 체계가 적용되는 경우 인식 결여는 곧바로 소멸시효 진행을 저지하는 사유가 되므로[59] 인식 여부가 중요할 뿐 인식의 기대가능성 유무는 중요하지 않다고 생각할 수도 있다. 그러나 대법원은 피해자 등이 언제 불법행위의 요건사실을 현실적이고도 구체적으로 인식한 것으로 볼 것인지는 개별적 사건에 있어서 여러 객관적 사정을 참작하고 손해배상청구가 사실상 가능하게 된 상황을 고려하여 합리적으로 인정하여야 한다고 판시한 바 있다.[60] 이는 현실적 인식 유무를 판단함에 있어서도 인식의 기대가능성이 고려 요소가 될 수 있음을 의미한다.

셋째, 권리의 발생 및 그 인식 외에도 그 권리를 행사하여 관철시킬 기대가능성은 권리행사 가능성의 중요한 요소이다. 이는 고유한 의미의 권리행사 가능성이라고 말할 수 있다. 가령 기한부 권리의 경우 권리가 일단 발생하였고 권리자가 그 권리의 존재를 인식하였더라도 기한 도래 전에는 권리를 행사할 수 없게 된다. 한편 권리행사가 법적으로 불가능하지는 않지만 권리행사를 하더라도 법적으로 그 권리를 관철시킬 수 없는 상태라서 권리행사가 무의미하거나 무용한 경우에도 권리행사 가능성이 부정될 수 있다. 대법원은 수사과정에서 불법구금이나 고문을 당한 사람이 그에 이은 공판절차에서 유죄 확정판결을 받고 수사관들을 직권남용, 감금

---

25. 선고 2016다1687 판결.

54) 대법원 1998. 5. 8. 선고 97다36613 판결.

55) 대법원 1992. 11. 27. 선고 92다29948 판결; 대법원 2001. 7. 13. 선고 2001다22833 판결; 대법원 2019. 8. 14. 선고 2016다217833 판결 등.

56) 대법원 2008. 6. 12. 선고 2007다36445 판결.

57) 이에 관한 최근 논문으로는 이소은, “민법 제766조 제2항의 소멸시효 기산점과 ‘잠재적 손해의 현실화 법리’에 관한 연구 - 판례의 검토를 중심으로”, 민사법학 제102호 (2023) 참조.

58) 대법원 2003. 2. 11. 선고 99다66427 판결; 대법원 2003. 4. 8. 선고 2002다64957 판결.

59) 이처럼 우리나라 민법 제766조 제1항에서는 현실적 인식 여부가 기준이 되고, 인식하였어야 마땅한가, 즉 규범적 인식 여부는 기준이 되지 않는다. 그런데 손해 및 가해자를 충분히 인식할 수 있었는데도 권리자가 중과실로 이를 인식하지 못한 경우 이러한 중과실을 지닌 자가 그렇지 않은 자보다 소멸시효의 기산점이 늦추어짐으로써 오히려 더 유리한 지위에 서는 것은 타당한가? 이 점을 고려하여 독일민법 제199조 제1항은 청구권의 기초가 되는 사정 등을 중대한 과실 없이 알았어야 했던 시점을 소멸시효 기산점으로 삼고 있는데 이는 현실적 인식이 아닌 규범적 인식이 소멸시효 기산점의 기준이 됨을 의미한다. 우리 민법 제766조 제1항에 대응하는 일본 민법 제724조 전단의 해석론으로서도 규범적 인식설이 주장되고 있다. 松本克美, “民法724条前段の時効起算点—現実認識時説から規範的認識時説へ—”, 立命館法學 286号 (2002) 참조.

60) 대법원 1998. 7. 24. 선고 97므18 판결.

등 혐의로 고소하였으나 검찰에서 '혐의 없음' 결정까지 받았다가 나중에 재심절차에서 범죄의 증명이 없는 때에 해당한다는 이유로 무죄판결을 선고받은 경우, 이러한 무죄판결이 확정될 때까지는 국가를 상대로 불법구금이나 고문을 원인으로 한 손해배상청구를 할 것을 기대할 수 없는 장애 사유가 있었다고 보아야 한다고 판시한 바 있다.[61] 또한 대법원은 또는 법인의 대표자가 법인에 대하여 불법행위를 한 경우 그가 법인을 위하여 손해배상청구권을 행사하리라고 기대하기 어려우므로 법인의 다른 대표자, 임원 또는 사원이나 직원이 손해배상청구권을 행사할 수 있을 정도로 이를 안 때에 소멸시효가 진행한다고 판시한 바 있다.[62]

4. 요약

지금까지 살펴본 소멸시효 기산점 일반론을 요약하면 다음과 같다.

소멸시효 기산점에 관한 일반 조항은 민법 제166조 제1항이다. 이 조항에 따르면 소멸시효는 "권리를 행사할 수 있는 때", 즉 권리행사 가능성이 확보된 때부터 진행한다. 이러한 권리행사 가능성이 존재하는지는 객관적으로 판단한다.[63] 따라서 제166조 제1항은 이른바 객관적 체계에 기초한 조항이다. "권리를 행사할 수 있는 때"의 판단기준에 관한 현재의 지배적인 이론은 법률상 장애/사실상 장애 이분론이다. 이러한 이분론은 유용한 해석 도구이나, 제166조 제1항의 문언에 근거를 둔 이론이 아닐 뿐만 아니라 법률상 장애와 사실상 장애를 언제나 뚜렷하게 구별할 수 있는 것이 아니고, 문제되는 권리와 사안 유형에 따라 그 의미가 달라질 수 있다는 한계가 있다. 그러므로 이분론은 절대적인 도그마로 받아들여서는 안 된다. 실제로 판례도 이분론을 유연하게 적용하고 있다. 소멸시효 기산점의 궁극적 판단기준은 권리행사 가능성이 되어야 한다. 권리행사 가능성은 권리의 발생-인식-행사의 세 가지 국면에 걸친 다양한 변수들의 영향을 받는다.

불법행위로 인한 손해배상청구권의 소멸시효 기산점에 관한 특별 조항은 민법 제766조이다. 제1항은 "피해자나 법정대리인이 그 손해 및 가해자를 안 날"로부터 3년의 단기소멸시효, 제2항은 "불법행위를 한 날"로부터 10년의 장기소멸시효에 관하여 각각 규정한다. 대상판결에서는 중대한 인권침해사건에 대한 장기소멸시효 적용이 위헌이라는 헌법재판소의 결정[64]에 따라 제766조 제2항을 적용하지 않았으므로 제766조 제1항의 주관적 기산점만 문제된다. 제766조 제1항의 "그 손해 및 가해자를 안 날"은 불법행위의 요건사실에 대한 현실적이고 구체

61) 대법원 2019. 1. 31. 선고 2016다258148 판결. 일찍이 독일민법 제1초안을 논의하는 과정에서도 형사판결 확정 이후부터 소멸시효가 기산되어야 한다는 제안이 있었다. 강윤구, "손해배상청구권의 소멸시효", 법학연구(충북대학교 법학연구소) 11권 (2000), 2-3면 참조.

62) 대법원 2015. 1. 15. 선고 2013다50435 판결.

63) 권영준(註 36), 17면; 홍성균, "소멸시효 기산점에 관한 객관적 체계의 완화", 비교사법 제25권 제4호 (2018), 1377면.

64) 헌법재판소 2018. 8. 30. 선고 2014헌바148등 결정.

적 인식을 의미한다.[65] 그런데 제766조 제1항도 일반 조항인 제166조 제1항의 적용을 전제로 하므로, 이러한 인식이 있었음에도 불구하고 권리행사 가능성이 결여되어 있다면 단기소멸시효는 진행하지 않는다. 즉 제766조 제1항에 따른 시효는 「현실적이고 구체적인 인식 + 그 인식에 기초한 권리행사 가능성」이라는 요건이 모두 갖추어져야 진행한다.

Ⅳ. 대상판결 분석

1. 대상판결 사안의 특수성

앞서 소멸시효 기산점은 권리와 사안의 유형을 고려하여 판단해야 한다는 점을 밝힌 바 있다. 대상판결은 ① 불법행위로 인한 손해배상청구권 중에서도 ② 국가의 불법행위를 원인으로 하는 국가배상청구권이 문제되는 ③ 이른바 과거사 사안을 다루었다는 특수성이 있다.

첫째, 이 사건은 불법행위로 인한 손해배상청구권이 문제된 사건이다. 소멸시효는 권리자의 권리를 소멸시키는 제도이므로 역설적으로 권리자에 대한 일정한 배려가 동시에 요구되는 제도이기도 하다. 그런데 불법행위로 인한 손해배상청구권의 권리자는 불법행위의 피해자이기도 하다. 대부분의 경우 이들은 계약상 권리자와는 달리 자신이 계획하거나 의도하지 않은 불의의 사고로 인하여 그러한 지위에 처하게 된 자들이기도 하다. 불법행위로 인해 피해자가 입은 피해를 제대로 회복시켜 주어야 하는 요청, 아울러 장차 유사한 불법행위를 예방하기 위해 가해자를 제재해야 한다는 요청에 따라,[66] 불법행위로 인한 손해배상청구권의 소멸시효는 특수한 취급을 받는다. 실제로 민법에 불법행위 소멸시효에 대한 별도 특칙(민법 제766조)을 두고 있는 것도 그렇거니와 불법행위 피해자의 두터운 보호를 위해 유연한 해석론을 전개한 판례들도 많다.[67] 이는 우리나라 불법행위 소멸시효 법제가 외국의 입법례와 비교할 때 피해자 보호에 상대적으로 소홀하여 해석론으로 이를 보완할 필요가 있다는 점과도 무관하지 않다.[68]

---

65) 대법원 1995. 2. 10. 선고 94다30263 판결; 대법원 2011. 11. 10. 선고 2011다54686 판결. 일본 판례도 마찬가지 입장이다. 日最判 2002(平成 14). 1. 29. 民集 56－1－218.

66) 두 가지 요청에 대해서는 권영준, "불법행위법의 사상적 기초와 그 시사점 － 예방과 회복의 패러다임을 중심으로 －", 저스티스 통권 제109호 (2009) 참조.

67) 특히 피해자의 인식을 기준으로 소멸시효 기산점을 정한 제766조 제1항의 해석론이 그러하다.

68) 일본의 경우 불법행위로 인한 손해배상청구권은 20년의 장기소멸시효에 걸리고(제724조 후단), 독일의 경우 생명, 신체, 건강 또는 자유의 침해를 이유로 하는 손해배상청구권은 주관적 기산점과 무관하게 30년의 장기소멸시효에 걸린다(제199조 제2항). 영국의 시효법(Limitation Act 1980) Section 11은 인적 손해(personal injuries)에 관한 손해배상청구의 경우 주관적 기산점 등에 기초한 3년의 시효기간을 설정하였지만 최장기간은 아예 두고 있지 않아 상한이 사실상 없다. 반면 우리나라는 일본보다 짧은 10년의 장기소멸시효 기간을 정하는데다가(제766조 제2항), 미성년자의 성적 침해 특칙(제766조 제3항)을 제외하고는 이보다 긴 소멸시효 기간을 정하는 특칙이 없다. 주관적 기산점(제766조 제1항)으로부터 3년이 경과하면 불법행위 시부터 10년 경과 전에도 소멸시효가 완성되므로 불법행위의 피해자는 주관적 기산점 조항의 적용을 받지 않는 일반 채권자보다 오히려 더 열악한 지위에 놓이게 된다.

둘째, 이 사건은 불법행위로 인한 손해배상청구권 중에서도 국가배상청구권이 문제된 사건이다. 국가배상청구권은 공무원의 직무로 인한 불법행위로 발생한 청구권이라는 공법적 특성을 지닌다. 안철상 대법관은 전합판결의 별개의견에서 "사법적 불법행위책임과 달리 국가배상책임에서는 공법적 특수성이 충분히 고려되어야 한다는 점에서, 이 사건과 같은 국가배상사건은 원칙적으로 공법상 당사자소송으로 다루어지는 것이 바람직하다"는 의견을 피력하였고, 최근에는 국가배상책임의 관할법원이 행정법원인가가 하급심에서 쟁점이 되기도 하였다.[69] 헌법재판소의 표현에 따르면 국가배상청구권은 "단순한 재산권 보장의 의미를 넘어 헌법 제29조 제1항에서 명시적으로 보장되는 기본권으로서, 헌법 제10조에 따라 개인이 가지는 불가침의 기본적 인권을 보장할 의무를 지는 국가가 오히려 국민에 대해 불법행위를 저지른 경우 이를 사후적으로 회복·구제하기 위해 마련된 특별한 기본권"이다.[70] 국가와 국민 간의 특별한 보호관계 내지 신뢰관계를 감안할 필요성을 시사한다. 대법원도 국가배상청구권의 소멸시효 완성을 엄격하게 새기는 경향성을 보인다.[71]

셋째, 이 사건은 국가배상청구권 중에서도 국가의 고권적이고 반인권적인 긴급조치의 발령 및 그 집행에 따른 국가배상청구권을 다루는 이른바 과거사 사안이 문제된 사건이다. 일반적으로 국가배상사건은 공무원 개인의 고의 또는 과실로 인한 위법행위로 발생한다. 하지만 이 사건은 대통령을 정점으로 하는 행정부, 나아가 사법부가 조직적, 체계적으로 관여하여 발생한 사건이다. 국가 전체가 하나의 거대한 시스템처럼 움직였고 그 안에서 국민들은 질식하였다. 심지어 유신헌법 제53조 제4항은 긴급조치에 대한 사법심사의 길도 봉쇄하였다. 긴급조치의 위헌성이 선언되고 마침내 전합판결을 통해 국가배상책임이 인정되기까지는 기나긴 시간이 흘러야 했다. 이러한 역사적 특수성과 상징성 때문에 과거사는 민주화보상법, 과거사정리법 등 여러 특별법의 특수한 규율 대상이 되어 왔다.

이러한 여러 의미의 특수성은 결국 한 가지 방향성으로 연결된다. 역사 속에 길게 드리웠던 국가적 불법행위의 그림자에 희생된 피해자들을 뒤늦게나마 충실하게 보호해야 한다는 방향성이다. 이러한 방향성은 피해자 보호에 영향을 미치는 소멸시효 기산점 설정에도 의미를 지닌다. 소멸시효 기산점 설정은 기계적 공식에 의하여 획일적으로 정해지는 것이 아니라 권리자와 의무자, 그리고 제3자를 포함한 사회 전체의 이익을 조화롭게 고려한 가치평가를 통해 정해져야 한다. 그런데 국민의 기본권 보장 주체인 국가가 오히려 조직적·체계적으로 국민의 기본권을 침해하고, 국가기관이기도 한 사법부가 국가배상청구권을 부정함으로써 기본권 침해에 따른 종국적인 피해구제를 오랜 기간 거절하여 온 유형의 사안[72]은 일반적인 소멸시효 완

69) 2023. 5. 4.자 법률신문 기사, "'국가배상소송' 법원 관할 어디로?…제2의 염전노예 사건 피해자, "행정법원 관할" 주장", https://www.lawtimes.co.kr/news/187280 (2023. 6. 3. 방문) 참조.

70) 헌법재판소 2018. 8. 30. 선고 2014헌바148등 결정.

71) 대법원 1998. 7. 10. 선고 98다7001 판결; 대법원 2010. 12. 9. 선고 2010다71592 판결.

성 사안과 동일한 가치평가의 대상이 될 수는 없다.[73] 이러한 상황에서 과연 피해자가 국가배상청구권의 존재를 알면서도 이를 행사하지 않았다고 평가할 수 있는가? 또한 피해자에게 "(실패할 것을 뻔히 알면서도) 왜 법원에 미리 소를 제기하지 못하였는가"라는 질문을 던지며 피해구제를 봉쇄하는 것은 정의로운가? 이러한 문제의식의 특수성은 대상판결 사안의 소멸시효 기산점 설정에도 영향을 미치지 않을 수 없다.

2. 대상판결의 타당성

결론부터 말하자면, 원고의 국가배상청구권 소멸시효가 완성하지 않았다는 대상판결의 입장은 타당하다. 대상판결의 타당성 분석은 방금 던진 두 가지 물음에 상응하여 두 가지 방법론으로 접근해 볼 수 있다.

첫째, 피해자의 인식 단계에서 해결하는 방법론이다. 이 방법론이 관철된다면 민법 제766조 제1항 단계에서 문제가 해결된다. 판례는 가해행위의 위법성을 인식해야 소멸시효가 진행한다는 입장을 취한다.[74] 그러므로 피해자가 일정 시점까지 가해행위의 위법성을 인식하지 못하였다면 소멸시효는 진행하지 않는다. 대상판결 사안에서도 위법성 인식 시점의 설정을 통해 소멸시효 기산점을 조정할 수 있다.[75] 또한 판례는 "민법 제766조 제1항 소정의 손해를 안다는 것은 단순히 손해발생의 사실을 아는 것만으로는 부족하고 가해행위가 불법행위로서 이를 원인으로 하여 손해배상을 소구할 수 있다는 사실까지를 알아야 한다."라고 한다.[76] 여기에서의 "소구가능성" 인식은 단순히 물리적이고 사실적인 소구가능성의 인식만 의미한다고 보기는 어렵다.[77] "소구가능성" 인식에는 소를 제기하여 자신의 권리행사를 관철시킬 가능성이 있다

---

72) 이는 어찌 보면 가해자의 손해 은폐 행위와도 유사한 측면이 있다. 가해자가 손해를 은폐하고 있는 동안에는 소멸시효가 진행하지 않는다. 이에 관한 미국 재판례〔Wood v. Carpenter, 101 U.S. 135 (1879) 등〕는 송오식, "불법행위로 인한 손해배상청구권의 소멸시효 - 민법 제766조에 대한 비판적 검토", 재산법연구 제38권 제3호 (2021), 178－179면 참조.

73) 최광준, "인권침해에 대한 국가의 책임, 소멸시효완성의 항변과 신의칙", 경희법학 제51권 제2호 (2016), 344면은 "인권회복과 소멸시효가 충돌하게 되면, 소멸시효가 양보되는 것이 소멸시효제도의 취지에 부합한다."라고 설명한다.

74) 대법원 1977. 6. 7. 선고 76다2008 판결; 대법원 1994. 4. 26. 선고 93다59304 판결.

75) 이에 대해서는 여러 가지 시나리오를 상정할 수 있다. 첫 번째 시나리오는 원고의 구속 또는 구속취소가 이루어진 1974년 즈음에 위법성을 인식하였다고 보는 것이다. 두 번째 시나리오는 원고가 보상심의위원회로부터 민주화운동관련자 인정 결정을 받은 2007년 즈음에 위법성을 인식하였다고 보는 것이다. 세 번째 시나리오는 대상판결 사안에서도 문제된 긴급조치 제1호가 위헌·무효라고 판단한 첫 번째 판결이 선고된 2010년 즈음에 위법성을 인식하였다고 보는 것이다. 네 번째 시나리오는 보상금지급결정 동의에 따른 재판상 화해의 효력은 정신적 손해배상에는 미치지 않는다는 헌법재판소의 위헌 결정이 내려진 2018년 즈음에 위법성을 인식하였다고 보는 것이다. 다섯 번째 시나리오는 국가배상청구권을 부정하던 종래의 판례를 변경하고 이를 인정한 전합판결이 선고된 2022년 즈음에 위법성을 인식하였다고 보는 것이다. 앞으로 갈수록 소멸시효 완성이 빨라져 피해자에게 불리하고, 뒤로 올수록 소멸시효 완성이 늦어져 피해자에게 유리하다.

76) 대법원 1995. 11. 10. 선고 95다32228 판결.

는 점의 인식까지 포함된다고 보아야 한다. 그러므로 피해자가 일정 시점(가령 2018년 헌법재판소 결정 또는 2022년 전합판결 시점)까지는 소구가능성을 인식하지 못하였다고 보아 소멸시효의 기산점을 늦추는 방법도 있다. 하지만 대상판결은 이러한 피해자 인식 단계에서의 해결책을 택하지는 않았다.

둘째, 권리행사 가능성 단계에서 해결하는 방법론이다. 이 방법론이 관철된다면 민법 제766조 제1항에 더하여 민법 제166조 제1항의 추가적 개입을 통하여 문제가 해결된다. 대상판결은 민법 제766조 제1항에도 민법 제166조 제1항이 적용됨을 밝힌 후 “원고가 피고를 상대로 긴급조치 제1호, 제4호에 기한 일련의 국가작용으로 인한 불법행위로 발생한 권리를 행사할 수 없는 장애 사유가 있어 소멸시효가 완성되지 않았다고 보는 것이 타당하다.”라고 판시함으로써 이러한 해결책을 택하였다. 「contra non valentem agere non currit praescripto(소멸시효는 권리를 행사할 수 없는 사람에 대하여는 진행하지 않는다)」는 원칙, 즉 권리행사 가능성의 원칙을 적용한 것이다. 그 배경은 다음과 같다.

종래 대법원은 긴급조치의 위헌 여부는 다툴 수 없다는 입장을 취하여 왔다.[78] 긴급조치가 위헌·무효라고 본 첫 번째 판결은 2010년에 이르러서야 처음 선고되었다.[79] 그 이후 긴급조치의 위헌·무효 선언이 잇따랐다.[80] 그러나 긴급조치 발령 및 집행으로 인한 국가배상의 길은 여전히 막혀 있었다.[81] 헌법재판소마저도 최근까지 현행 국가배상법상 긴급조치로 인한 국가배상책임을 인정할 수 없다고 하면서 “국민적 합의를 토대로 입법자가 별도의 입법을 통해 구제”해야 할 문제라고 보았다.[82] 하지만 그러한 입법은 이루어지지 않았다. 국가의 불법행위는 오래전에 종료되었지만, 그로 인한 권리구제는 오랫동안 해결되지 않았다. 국가배상이라는 측면에서 볼 때 오랫동안 지속되었던 국가 시스템의 고장(故障) 사태를 마무리한 것은 2022년 전합판결이었다. 전합판결은 ‘일련의 국가작용’에 대한 ‘전체적 평가’라는 법 기술을 통해 개별 공무원의 개별적 불법행위 성립을 일일이 특정하여 증명하지 않고도 ‘공무원의 고의 또는 과실에 기한 불법행위’라는 국가배상책임의 요건은 충족될 수 있다는 새로운 법리를 제시하였다. 이를 통해 비로소 국가배상책임의 길이 공식적으로 열리게 되었다. 대법원은, 이러한 일련의 경과에 비추어 볼 때 원고는 상당한 기간(적어도 원고가 소멸시효 기산점으로 스스로 주장한 2018

---

77) 그러한 의미의 소구가능성은 소의 적법 또는 청구의 타당성 여부를 불문하고 그저 소장을 접수시킬 가능성에 불과하고, 이러한 소장접수 가능성은 누구에게나 또한 언제나 인정되기 때문이다.

78) 대법원 1975. 4. 8. 선고 74도3323 판결; 대법원 1977. 3. 22. 선고 74도3510 전원합의체 판결; 대법원 1977. 5. 13.자 77모19 전원합의체 결정 등.

79) 대법원 2010. 12. 16. 선고 2010도5986 전원합의체 판결. 긴급조치 제1호에 관한 판결이다.

80) 긴급조치 제9호에 관한 대법원 2013. 4. 18.자 2011초기689 전원합의체 결정; 긴급조치 제4호에 관한 대법원 2013. 5. 26. 선고 2011도2631 전원합의체 판결. 또한 긴급조치 제1호, 제2호, 제9호의 위헌성을 인정한 결정례로는 헌법재판소 2013. 3. 21. 선고 2010헌바70, 132, 170(병합) 결정.

81) 대법원 2014. 10. 27. 선고 2013다217962 판결.

82) 헌법재판소 2020. 3. 26. 선고 2016헌바55등 결정.

년 헌법재판소 결정 시점까지) 불법행위로 인한 권리행사를 할 수 없었다고 본 것이다. 이러한 대법원의 입장은 타당하다.

대상판결은 「연결성」이라는 키워드를 중심으로 전합판결과 연계하여 그 의미를 조명해 볼 수 있다. 전합판결은 국가배상법상 공무원의 고의 또는 과실 요건에 직면하여 이를 개별 공무원별로 단절적으로 보지 않고 다수 공무원들이 광범위하게 연결되어 유기적으로 관여한 사건의 실질에 초점을 맞추었다.[83] 이처럼 상호 연결된 일련의 국가작용 그 자체에 주목함으로써 개별 공무원의 고의 또는 과실 요건 충족 문제를 극복하고 국가배상책임을 인정하였다. 그런데 이러한 연결성에 대한 착안은 다른 의미에서 소멸시효 기산점의 설정에도 시사하는 바가 있다. 전합판결에서는 불법행위 당시라는 특정 시점에 존재했던 국가작용의 연결성에 초점을 맞춤으로써 연결성이라는 키워드를 공시적(共時的)으로 활용하였다. 그런데 시간의 흐름에 착안한다면 이러한 연결성이라는 키워드는 통시적(通時的)으로도 의미를 가진다. 즉 긴급조치로 인한 불법행위는 긴급조치의 발령 및 집행 시점에 행해짐으로써 일단 종료된 것처럼 보이나, 이러한 전체적인 국가작용에 대한 국가적 반성과 재평가를 통해 그 불법행위로 인한 피해구제의 길이 온전히 열리기까지는 오랜 시간이 걸렸다. 비록 이를 엄밀한 의미의 계속적 불법행위라고 말할 수는 없지만, 불법행위의 부정적 여운이 잔존한 것은 사실이다. 비유하자면, 그러한 불법행위의 그림자가 드리워진 시간 동안에는 빛을 볼 수가 없었고, 그 그림자의 원인이 된 나뭇가지들(가령 권리구제를 불가능하게 한 판례들)이 제거됨으로써 비로소 빛을 되찾을 길이 열렸다. 대상판결은 이러한 이미지를 소멸시효 기산점 설정 법리에 투영하였다고 평가할 수도 있다.

한편 대상판결과 달리 이 사건을 소멸시효 항변의 신의칙 위반 문제로 접근하여 해결할 여지도 있다.[84] 다만 판례에 따르면 채무자가 소멸시효의 이익을 원용하지 않을 것 같은 태도를 보여 권리자로 하여금 신뢰를 부여한 경우에도, 권리자가 그로부터 권리행사를 기대할 수 있는 상당한 기간 내에 자신의 권리를 행사하여야 신의칙에 반한 소멸시효 항변이 인정될 수 있는데, 그 상당한 기간은 특별한 사정이 없는 한 민법상 시효정지의 경우에 준하여 단기간으로 제한되어야 한다.[85] 이는 일반적으로 6개월 정도로 이해되고 있다.[86] 이러한 판례의 태도에 따르면 시효의 기산점 문제로 해결하는 경우보다 권리행사기간이 현저하게 줄어들게 된다.

83) 권영준(註 1), 572－573면.

84) 소멸시효와 신의칙에 관하여는 이주현, “채권자의 권리행사가 객관적으로 불가능한 사실상의 장애사유가 있음에 불과한 경우 채무자의 소멸시효항변이 신의칙에 반한다는 이유로 허용되지 않을 수 있는지 여부”, 대법원판례해설 제42호, 법원도서관 (2003); 이범균, “국가의 소멸시효 완성 주장이 신의칙에 반하여 권리남용에 해당하는지 여부에 관한 판단기준”, 대법원판례해설 제54호, 법원도서관 (2006); 권영준(註 36) 등 참조. 소멸시효 남용론의 광범위한 적용을 비판하는 논문으로 최창호, 유진, 전성환, "과거사 사건에 있어 법원의 소멸시효 남용론에 대한 비판적 고찰" 법조 통권 제686호 (2013) 참조.

85) 대법원 2013. 5. 16. 선고 2012다202819 전원합의체 판결.

86) 대법원 2013. 12. 12. 선고 2013다201844 판결; 대법원 2014. 1. 29. 선고 2013다59810 판결; 대법원 2014. 1. 16. 선고 2013다205341 판결; 대법원 2014. 1. 29. 선고 2013다209916 판결.

이는 권리구제의 폭을 현저히 줄이는 문제가 있다.[87] 그러한 점에서 소멸시효 기산점 차원에서 해결하는 쪽이 피해자의 충실한 보호에 유리하다. 또한 대상판결 사안은 소멸시효에 관한 신의칙 위반의 네 가지 유형 중 제2유형(시효완성 전에 객관적으로 채권자가 권리를 행사할 수 없는 장애 사유가 있었던 경우)으로 분류될 수 있는데, 이처럼 객관적으로 채권자가 권리를 행사할 수 없었던 상황이라면 바로 그 이유를 들어 민법 166조 제1항의 권리행사 가능성을 부정하는 방식으로 규율하는 것도 가능하다.[88] 신의칙은 소멸시효 항변의 신의칙 위반 법리나 시효 정지제도에만 작동하는 것이 아니라 소멸시효 기산점 판단 단계에도 작동하므로 위와 같은 신의칙 위반 유형을 민법 제166조 제1항의 틀로 포섭하는 것은 부자연스럽지 않다.

3. 남은 문제

대상판결에 관하여는 여전히 남은 문제가 있다. 구체적인 소멸시효 기산점의 특정에 관한 부분이다. 원심은 원고가 늦어도 피고 산하 보상심의위원회로부터 민주화운동관련자 인정결정에 따른 보상금 지급결정을 받은 2007. 12. 20. 및 2008. 1. 28.경에는 불법행위의 요건사실에 대하여 현실적이고도 구체적으로 인식하였다고 보았다. 하지만 대법원은 이 사건 소 제기 당시인 2019. 5. 10.까지는 소멸시효가 완성되지 않았다고 보아 원심판결을 파기환송하였다. 그런데 대법원은 소멸시효 기산점이 언제인지를 판결 이유에서 날짜로 명시하지는 않았다. 또한 소멸시효 기산점은 이른바 주요사실이므로 변론주의의 원칙상 법원은 원고의 주장에 구속된다는 한계가 있다. 그런데 1심판결에 따르면 원고는 2018년 헌법재판소 결정이 선고된 2018. 8. 30.을 소멸시효 기산점으로 주장하였다. 또한 대상판결의 이유를 읽어보면, 대법원도 헌법재판소 2014헌바180 등 결정 이전까지는 구 민주화보상법 제18조 제2항에 따라 국가배상청구의 소를 제기하더라도 부적법하게 되므로, 손해배상청구를 한다는 것이 전혀 실익이 없어 사실상 불가능한 상황이었다."라고 판시함으로써 원고의 이러한 주장을 사실상 승인한 것으로 보인다. 어차피 이를 승인하고 그때로부터 3년 내 소가 제기된 이상 대법원으로서는 이 사건의 해결 필요성을 넘어서서 긴급조치 사건에 대한 일반론으로서 특정 시점을 소멸시효 기산점으로 명시할 이유는 없었을 것이다.

그런데 만약 2018년 헌법재판소 결정 시점으로부터 3년이 경과하였으나[89] 2022년 전합판결로부터는 3년이 경과하지 않은 시점에 소를 제기한 긴급조치 피해자의 경우에는 어떻게 처리할 것인가?[90] 이는 전합판결에 의한 판례 변경이 소멸시효 기산점에 어떤 영향을 미치는가의

87) 최광준(註 73), 361－365면; 이은경, "국가범죄에 있어 소멸시효 기산점과 '상당 기간' － 진도 민간인희생사건 전원합의체 판결을 중심으로 －", 민주법학 제66호 (2018), 235－238면.

88) 권영준(註 36), 24면.

89) 더구나 2018년 헌법재판소 결정은 보상심의위원회로부터 보상금 지급결정을 받은 경우를 전제로 한 것이므로 이러한 보상금 지급결정과 무관한 긴급조치 피해자에게는 의미를 가지지 않는다.

문제이기도 하다. 일반적으로 말하면, 대법원은 판례가 변경된 경우에도 그 변경 전 판례의 존재는 법률상 장애 사유에 해당하지 않는다고 보아왔다.[91] 다시 말해 변경 전 판례로 인해 권리행사로 나아가지 않은 경우에도 소멸시효는 진행한다는 것이다. 가령 대법원은 전원합의체 판결에서 무면허운전에 관한 종전의 견해를 변경하였더라도 이로써 피해자가 보험회사를 상대로 보험금 직접청구권을 행사함에 있어 법률상 장애가 있었다고 할 수 없다고 보았다.[92] 또한 대법원은 전원합의체 판결로 임용기간이 만료된 국공립대학 교원에 대한 재임용거부처분에 대하여 이를 다툴 수 없다는 종전의 견해를 변경하였다고 하더라도, 그와 같은 대법원의 종전 견해는 국공립대학 교원에 대한 재임용거부처분이 불법행위임을 원인으로 한 손해배상청구에 대한 법률상 장애 사유에 해당하지 아니한다고 보았다.[93] 이러한 대법원의 태도를 대상판결 사안에도 그대로 적용한다면, 2022년 전합판결 이전에 국가배상책임을 부정하였던 판례의 존재는 소멸시효 진행을 방해하지 않는다. 그러므로 위 가상 사안에서 피해자는 국가배상을 받지 못한다.

하지만 다른 판례를 살펴보면 달리 해석할 여지도 있다. 대법원은 민법 제166조 제1항의 해석에 관하여는 판례 변경을 법률상 장애 사유로 파악하지 않았지만, 민법 제766조 제1항의 해석에 있어서는 판례의 불명확성이나 판례 변경이 주관적 기산점(즉 인식 시점)에 영향을 미쳐 소멸시효 진행을 저지할 수 있다는 입장을 취하기도 하였다. 가령 대법원은 어떤 사항에 관하여 법리상 의심이 있는 경우에는 해당 법리에 관한 판결선고일에 손해배상을 청구할 수 있음을 알게 되었다고 보았다.[94] 그 외에도 대법원의 파기환송 판결이 선고된 때에 비로소 손해의 발생 사실을 인식하였다고 본 판례,[95] 판례 변경 시점에 비로소 가해행위의 위법성에 대한 인식이 있었다고 본 판례[96]도 있다. 이렇게 본다면 비록 법적 구성을 달리하기는 하나 현존하는 판례에 의하더라도 판례 변경이 언제나 소멸시효의 기산점과 무관한 것은 아니다.

판례는 법률과 달리 법원성(法源性)이 인정되지 않으므로[97] 변경 전 판례는 법률상 장애 사유에 해당하지 않는다고 설명하기도 한다.[98] 그러나 이 문제가 판례의 법원성 여부에 꼭 기계적으로 연동되어야 할 필요는 없다. 법률상 장애가 반드시 법(法)에 기한 것이라야 한다는

90) 이 문제는 소멸시효 기산점을 긴급조치가 위헌·무효라고 본 대법원 판결(대법원 2010. 12. 16. 선고 2010도5986 전원합의체 판결) 시점으로 보는 경우에도 발생한다.

91) 대법원 1993. 4. 13. 선고 93다3622 판결; 대법원 2010. 9. 9. 선고 2008다15865 판결.

92) 대법원 1993. 4. 13. 선고 93다3622 판결.

93) 대법원 2010. 9. 9. 선고 2008다15865 판결.

94) 대법원 1977. 3. 22. 선고 76다256 판결.

95) 대법원 1989. 9. 26. 선고 88다카32371 판결.

96) 대법원 1977. 6. 7. 선고 76다2008 판결.

97) 판례의 법원성을 둘러싼 논쟁에 대해서는 곽윤직·김재형, 민법총칙, 제9판, 박영사 (2013), 25−28면; 김용덕 편, 주석민법 총칙(1), 한국사법행정학회 (2019), 93면(이원범 집필부분); 양창수 편, 민법주해(Ⅰ), 총칙(1), 박영사 (2022), 130−138면(최병조 집필부분) 참조.

98) 오영준(註 32), 487면.

법은 없기 때문이다. 가령 기한 미도래나 정지조건 미성취는 법률이 아니라 계약에 의하여 창출되는 사유이지만 법률상 장애의 대표적 사유로 일컬어지고 있다. 결국 중요한 것은 판례에 법원성이 인정되는가보다는 판례의 존재가 객관적인 권리 행사가능성을 좌절시킬 정도에 이르는가(제166조 제1항이 문제되는 경우) 또는 그 판례의 존재가 피해자로 하여금 가해행위의 위법성 내지 가해행위에 대한 소구가능성에 대한 인식을 좌절시킬 정도에 이르는가(제766조 제1항이 문제되는 경우)이다.

판례 변경과 소멸시효에 관한 독일의 논의도 참고할 만하다. 독일민법 제199조 제1항은 3년의 일반소멸시효기간이 ① 청구권이 성립하고, ② 채권자가 그 청구권을 발생시키는 사정(anspruchs begründenden Umständen) 및 채무자의 신원을 알았거나 중대한 과실 없이 알았어야 하는 연도가 끝나는 때[99]로부터 진행한다고 규정한다. 이는 불법행위로 인한 손해배상청구권의 소멸시효에도 적용되는 조항이다. 그런데 어떤 청구권을 행사하더라도 판례에 따라 그 청구권이 인용되지 않으리라 예상되는 경우에도 권리자가 "청구권을 발생시키는 사정"을 알았다고 볼 것인가, 만약 알지 못하였다면 그처럼 알지 못한 데에 "중대한 과실"이 있는가가 문제된다. 이때 판례가 불명확하거나 명확하더라도 사후에 변경된 경우에는 이러한 기산점은 어떤 영향을 받는가? 독일의 판례에 따르면 단순히 어떤 사항에 관한 판례나 학설이 정립되어 있지 않아 법적 상태가 불명확한 경우라고 시효가 진행되지 않는 것은 아니다.[100] 그러나 복잡하고 문제적인 법 상태(Rechtslage)[101] 또는 권리행사와 충돌하는 최고법원 판례의 존재[102]와 같은 경우처럼 자신의 청구권을 발생시키는 사정에 대해 중대한 법적 의심이 존재하는 경우에는 시효가 진행되지 않는다고 새긴다.[103] 따라서 불법행위의 피해자가 사실관계를 인식하더라도 이에 기초하여 올바른 법적 결론을 이끌어낼 수 있으리라 기대하기 어려운 사정이 있다면 시효는 진행하지 않는다.[104]

생각건대 판례 변경은 소멸시효의 기산점을 늦추는 사유가 될 수 있다.[105] 판례는 결국

---

99) 이처럼 3년의 일반소멸시효기간은 연도가 끝나는 때로부터 기산하므로 실제 소멸시효기간은 위 기산점 요건이 연초에 갖추어졌을 때에는 최장 4년 가까이 이를 수도 있다.

100) OLG Frankfurt am Mein, Urteil vom 25.07.2019, 1 U 169/18.

101) NJW-RR 2005, 1148.

102) BGH BeckRS 2014, 05925; BGH BeckRS 2016, 18609; BGH ZR 346/03 = NJW 2005, 429. 또한 Kathrin Bär, Die Verjährung von Ansprüchen bei unsicherer und zweifelhafter Rechtslage, Frankfurt am Main, Germany: PL Academic Research, 2014, S. 116; Grüneberg, Bürgerliches Gesetzbuch: BGB, 82. Auflage, 2023, § 199, Rn. 27도 참조.

103) Grothe, Münchener Kommentar zum BGB, 9. Auflage, 2021, § 199, Rn. 29.

104) BGHZ 150, 172 = NJW 2002, 1793.

105) 장재원, "대법원 판례 변경이 소멸시효에 미치는 영향", 고려대학교 법학석사학위논문 (2012), 104-107면. 윤진수(註 1), 177면도 판례 변경과 소멸시효 기산점에 관한 판례의 타당성이 재검토될 필요가 있다고 한다. 이에 관하여는 윤진수, "소멸시효 남용론의 전개", 민법논고 제8권, 박영사 (2021), 181면도 참조.

법과 단절된 것이 아니라 법을 구체화한 것이다. 또한 수범자의 입장에서는 자신이 따라야 할 바의 원천이 법률인가 판례인가보다는 그것이 자신에게 강제되는 총체적 법질서의 일부인가가 더욱 중요하다. 심지어 어떤 영역에서 판례는 법보다 더 가깝고 법보다 더 강하다. 수범자에게는 설령 어떤 판례가 잘못된 것이었다고 하더라도 그 판례에 기초한 법질서는 엄연한 사실상의 법질서이다. 이러한 법질서에 순응하며 살아가는 수범자에게 그러한 판례에 대항하여 권리를 행사할 것을 기대하고, 이러한 기대와 달리 권리를 행사하지 않았다고 하여 소멸시효 완성을 이유로 권리를 박탈하는 처사는 신중히 행해져야 한다.

물론 판례 변경은 다양한 모습으로 존재할 수 있다. 판례 변경은 확인적 변경[106]일 수도 있고, 형성적 변경일 수도 있다. 반성적 고려에 기한 변경일 수도 있고, 상황 변화에 따른 변경일 수도 있다. 판례 변경이 문제되는 사안 유형이나 권리자－의무자－사회의 이익 상황도 각각 다른 특성을 가진다. 그러므로 판례 변경이 언제나 소멸시효 기산점을 늦춘다거나 언제나 소멸시효 기산점과 무관하다고 일률적 · 단정적으로 말하기는 주저된다. 판례 변경이 언제나 새로운 소멸시효 기산점이 된다면 판례가 변경되는 수많은 순간마다 분쟁이 부활하여 의무자의 평온 및 신뢰가 저해될 수도 있다. 반대로 판례 변경이 언제나 소멸시효와 무관하다고 한다면 대상판결 사안에서 나타나듯 권리자의 권리행사 기회를 봉쇄함으로써 정의와 피해 회복의 이념이 좌절될 수 있다.

그러나 적어도 대상판결과 같은 긴급조치 사안 유형에서는 국가배상청구권을 처음 인정한 2022년 전합판결 시점을 소멸시효의 기산점으로 삼는 것이 가능하다고 생각한다.[107] 이는 민법 제166조 제1항의 해석론으로서도, 또한 민법 제766조 제1항의 해석론으로서도 모두 가능하다. 다만 이를 제766조 제1항의 문제로 치환하여 해결한다면,[108] 판례 변경을 법률상 장애 사유로 보지 않았던 기존 판례와의 충돌 문제를 피할 수 있다는 측면이 있다. 아울러 제766조 제1항의 소멸시효 기산점은 개별 피해자의 주관적 인식 시점에 따라 개별적으로 정해지게 될 뿐만 아니라 변론주의 원칙상 당사자의 주장에 따라 달라질 수 있으므로 개별 긴급조치 사안마다 소멸시효 기산점이 달라지는 상황(예컨대 대상판결에서는 2018년 헌법재판소 결정 시점, 다른 사안에서는 2022년 전합판결 시점)도 좀 더 자연스럽게 설명할 수 있다.[109]

---

106) 예컨대 이미 종래 판례가 타당성 내지 실효성을 잃었고 하급심 재판실무도 이미 이를 따르지 않고 있어 대법원의 판례 변경이 단순히 확인적인 의미만 가지는 경우가 그러하다.

107) 전합판결은 긴급조치 제9호에 대한 판결이지만 그 취지는 다른 긴급조치에도 적용될 수 있다.

108) 오영준(註 32), 487면은 판례 변경이 법률상 장애 사유가 아니라고 하면서도, 민법 제766조 제1항의 해석론으로서는 판례 변경 전 상반된 판례의 존재는 권리자의 주관적 인식을 곤란하게 하는 사정으로 보아 그 판례 변경 후에야 주관적 인식이 가능하게 되었다고 볼 수 있다고 한다.

109) 이보드레, “국가의 반인권적 불법행위와 소멸시효의 주관적 기산점 - 부마민주항쟁 관련 하급심 판결을 계기로 －”, 민주법학 제74호 (2020), 98면은 과거사 사건의 속성 및 개별 사안의 특징을 고려한 피해자의 인식 시점 파악이 필요하다고 한다.

한편 이와 같이 전합판결 시점까지 소멸시효 기산점이 늦추어진다고 해석할 경우 전합판결 이전에 이미 국가배상청구의 소를 제기하여 패소확정판결을 받은 사람들과의 형평이 문제될 수 있다. 국가배상책임을 부정하던 판례에 도전하며 자신의 권리를 행사한 이들은 국가배상을 받지 못하게 되었지만, 그렇지 않은 이들은 오히려 국가배상을 받게 된다는 것이다. 어찌 보면 전자의 그룹에 속한 사람들의 무모하지만 의미 있는 시도가 지속적으로 축적되어 결국 판례가 변경된 것인데 그로 인한 열매가 자신의 권리를 행사하지 않은 사람에게만 돌아가는 것은 형평에 맞지 않는다는 의문이다. 그러나 하향평준화 사고방식(나도 못 받았으니 너도 못 받아야 공평하다)을 채택하는 데에는 찬성할 수 없다. 이들이 판례 변경 전에도 권리를 행사한 것은 분명 긍정적 평가를 받을 만한 일이다. 하지만 그러한 아웃라이어(outlier)들의 존재 때문에, 비난할 수 없는 사정으로 권리를 행사하지 못하다가 판례 변경으로 뒤늦게 권리를 행사한 사람들의 정당한 구제를 거절할 수는 없다. 다만 이로써 발생할 수 있는 두 그룹 간의 형평 문제는 사법부가 도맡아 해결하기보다는 입법부가 특별 입법을 통하여 해결할 문제이다.[110]

V. 결론

2022년 전합판결에서 민유숙 대법관의 다수의견에 대한 보충의견은, 전합판결의 후속 쟁점인 소멸시효 문제에 관하여 "단기소멸시효의 기산일을 해석함에 있어서 이 사건 전원합의체 판결의 실효성을 반감시키거나 변경대상 판결들로 인하여 그동안 소송을 제기할 엄두를 내지 못하고 있던 피해자들에게 거듭 좌절을 안기는 결과를 낳지 않도록 하여야 할 것이다."라고 밝힌 바 있다. 민유숙 대법관이 주심 대법관을 맡았던 대상판결은 위와 같은 보충의견의 취지에 따라 긴급조치로 인한 국가배상책임의 소멸시효 기산점에 관한 중요한 지침을 제시하였다. 이로써 긴급조치를 둘러싼 십여년 이상 여러 가지 형태로 전개된 법리의 발전을 잘 마무리하였다. 그 점에서 대상판결은 긴급조치의 사법사(司法史)의 관점에서 2022년에 선고된 전합판결 못지 않게 중요한 의미를 가지는 판결이다.

대상판결의 타당성은 민법 제166조 제1항의 "권리를 행사할 수 있는 때"에 대한 온당한 법리의 전개에서도 찾을 수 있지만, 국민의 기본권을 앞장서서 보장해야 할 국가가 오히려 불법행위를 저지르고도 국가 스스로 오랫동안 그 기본권 침해로 인한 사법적 구제를 막아 왔다는 사안의 특수성에서도 찾을 수 있다. 소멸시효 기산점은 기계적 공식에 따라 정해지는 것이 아니라 고도의 정책적, 법리적 판단이 투영되어 정해진다. 대상판결 사안에 드러난 피해자와 가해자의 상호관계, 이들이 처해 있던 상황과 이들 각각에 대한 비난 가능성, 나아가 긴급조치가 가지는 역사적, 사회적 맥락 및 그 피해자 구제라는 역사적, 사회적 요청, 그리고 이에 결

110) 윤진수, "긴급조치 피해자를 위한 특별입법의 필요성", 법률신문 제5023호 (2022. 10. 10.), 12면 참조.

부된 공적 가치와 이익을 고려한다면 대상판결과 같이 소멸시효 기산점을 늦춤으로써 시간의 경과로 발생한 법적 위험을 국가 쪽에 부담시키는 것이 타당하다. 다만 대상판결이 남겨 놓은 여러 가지 문제들(판례 변경과 소멸시효 기산점의 관계, 이미 패소확정판결을 받은 선행 권리행사자의 취급 등)에 대해서는 향후 추가 논의를 기대할 수밖에 없다.

구분건물 대지사용권의 처분일체성과 신탁재산의 독립성*

— 대법원 2021. 11. 11. 선고 2020다278170 판결 —

김 병 선**

[사실관계]

(1) 토지에 관한 신탁등기

채무자 회사는 피고와 이 사건 토지에 관하여 우선수익자를 주식회사 한솔상호저축은행, 수익자를 채무자 회사로 하는 부동산담보신탁계약을 체결하고, 2002. 9. 18. 피고에게 신탁을 원인으로 소유권이전등기를 마쳐주었다.

(2) 건물신축과 구분등기 및 신탁등기

위 담보신탁계약의 목적은 신탁부동산의 소유권 관리와 위탁자의 채무이행 보장이고 이에 따라 수탁자는 신탁부동산을 보전·관리하고, 토지에 대한 위탁자의 점유·사용이 당연히 예정되어 채무자 회사는 지상에 집합건물을 신축할 계획이었으며, 위 건물에 대하여도 완공 후 추가로 피고와 담보신탁계약을 체결할 예정이었다.

채무자 회사는 예정대로 주상복합건물을 신축하여 2007. 12. 20. 무렵 공사가 90% 정도 진행되었다.

한편 채권자 회사는 채무자 회사에 대한 60억 원의 대여금채권을 보전하기 위하여 위 구분건물에 관하여 가압류를 신청하였고, 2007. 10. 1. 자 가압류결정(이하 '이 사건 가압류'라고 한다)에 따라 2007. 10. 2. 위 건물에 관하여 채무자 회사 명의의 소유권보존등기와 채권자 회사 명의의 이 사건 가압류등기가 각각 마쳐졌다.

피고는 위 가압류등기 이후인 2007. 10. 24. 이 사건 구분건물에 관하여 신탁을 원인으로 한 피고 명의의 소유권이전등기(2007. 10. 23.자 부동산담보신탁계약, 우선수익자: 주식회사 대전상호저축은행, 주식회사 으뜸상호저축은행, 수익자 채무자 회사)를 마쳤다.

(3) 강제경매절차와 원고의 이 사건 구분건물 매수

채권자 회사는 2018. 2. 13. 채무자 회사에 대한 대여금청구소송의 승소확정판결을 집행

---

* 故 최종길 교수님에 대한 존경과 추모의 마음을 담아 이 졸고를 헌정합니다. 이 논문은 이화여자대학교 법학논집 제28권 제2호 통권 84호(2023. 12)에 게재되었습니다.

** 이화여자대학교 법학전문대학원 교수

권원으로 하여 이미 가압류집행을 마쳐둔 이 사건 구분건물에 관한 강제경매를 신청하였다. 집행법원의 매각 공고문에는 매각물건으로 이 사건 구분건물이 표시되어 있고, "대지권 미등기. 대지사용권 성립 여부 불분명하나 매각목적물 및 감정평가에 포함. 향후 대지권등기 위한 모든 법적절차 및 부담은 매수인에게 있음"이라고 기재되어 있었다(매각물건명세서에도 같은 내용 기재).

원고는 일괄매각 강제경매개시결정에 따라 진행된 매각절차에서 매각허가결정을 받아 2018. 11. 22. 대금을 완납하고 이 사건 구분건물의 전유부분에 관하여 소유권이전등기를 마쳤다.

(4) 소송의 경과

원고는 피고를 상대로 전유부분 취득을 원인으로 하는 대지권지분이전등기를 구하는 이 사건 소를 제기하였다. 원심[1]은 원고가 구분건물 전유부분의 소유권을 취득하면서 그 전유부분의 소유를 위한 대지사용권도 취득하였다고 보아 원고의 청구를 인용하였다. 피고가 상고하였고, 대상판결은 원심의 판단을 그대로 인정하였다.

[판결요지]

[1] 집합건물의 소유 및 관리에 관한 법률 제2조 제6호에 따르면, 대지사용권은 구분소유자가 전유부분을 소유하기 위하여 건물의 대지에 대하여 가지는 권리로서 그 성립을 위해서는 집합건물의 존재와 구분소유자가 전유부분 소유를 위하여 해당 대지를 사용할 수 있는 권리를 보유하는 것 이외에 다른 특별한 요건이 필요하지 않다. 신탁법상의 신탁은 위탁자가 수탁자에게 특정의 재산을 이전하거나 담보권의 설정 또는 그 밖의 처분을 하여 수탁자로 하여금 신탁 목적의 달성을 위하여 그 재산권을 관리·처분하게 하는 등 필요한 행위를 하게 하는 것이므로(신탁법 제2조), 부동산의 신탁에서 수탁자 앞으로 소유권이전등기를 마치게 되면 대내외적으로 소유권이 수탁자에게 완전히 이전되고, 위탁자와의 내부관계에서 소유권이 위탁자에게 유보되어 있는 것은 아니다. 따라서 <u>부동산이 신탁된 경우 대지사용권의 성립 여부나 성립된 대지사용권의 법적 성질은</u>, 신탁계약의 체결 경위, 신탁계약의 목적이나 내용에 비추어 신탁재산 독립의 원칙에 반하는 등 특별한 사정이 없는 한, <u>대내외적으로 수탁자가 신탁 부동산의 소유자임을 전제로 판단하여야 한다</u>.[2]

[2] <u>가압류집행 후 가압류목적물의 소유권이 제3자에게 이전된 경우</u> 가압류채권자는 집행권원을 얻어 제3취득자가 아닌 가압류채무자를 집행채무자로 하여 그 가압류를 본압류로 이전

---

1) 수원고등법원 2020. 9. 10. 선고 2019나17962 판결.

2) 밑줄은 필자가 추가. 이하 본문에서도 같음.

하는 강제집행을 실행할 수 있다. 이 경우 그 강제집행은 가압류의 처분금지적 효력이 미치는 객관적 범위인 가압류결정 당시의 청구금액 한도 안에서만 집행채무자인 가압류채무자의 책임재산에 대한 집행절차이고, 나머지 부분은 제3취득자의 재산에 대한 매각절차이다.

[3] 집합건물에서 구분소유자의 대지사용권은 규약으로써 달리 정하는 등 특별한 사정이 없는 한 전유부분과 종속적 일체불가분성이 인정되어 <u>전유부분에 대한 가압류결정의 효력은 종물 또는 종된 권리인 대지사용권에도 미치는 것이므로</u>(집합건물의 소유 및 관리에 관한 법률 제20조 제1항, 제2항), 건축자의 대지소유권에 관하여 부동산등기법에 따른 구분건물의 대지권등기가 마쳐지지 않았다 하더라도 <u>전유부분에 관한 경매절차가 진행되어 그 경매절차에서 전유부분을 매수한 매수인은 전유부분과 함께 대지사용권을 취득한다</u>.

그리하여 대상판결은, 「이 사건 토지에 관한 피고의 소유권은 이 사건 각 구분건물을 위한 대지사용권에 해당」하고, 나아가 「이 사건 각 구분건물의 전유부분에 대한 이 사건 가압류의 효력은 종물 또는 종된 권리인 대지사용권에도 미치고, 이는 대지사용권 성립 전에 이 사건 각 구분건물의 전유부분에 가압류 집행이 이루어진 때에도 마찬가지이다. 이와 같이 이 사건 가압류의 효력이 이 사건 각 구분건물의 대지사용권에도 미치는 이상 원고가 이 사건 가압류에 기초해 진행된 이 사건 경매절차에서 이 사건 각 구분건물의 전유부분을 매수함으로써 그 소유권을 취득하였다면 구분소유자가 가지는 대지사용권은 그가 가지는 전유부분의 처분에 따르므로, 원고는 피고가 이 사건 각 구분건물의 전유부분의 소유를 위하여 이 사건 토지의 소유권에 기초하여 갖는 대지사용권도 함께 취득하였다」고 하였다(상고기각).

[연　구]

Ⅰ. 序

대지사용권은 구분소유자가 전유부분을 소유하기 위하여 건물의 대지에 대하여 가지는 권리로서(「집합건물의 소유 및 관리에 관한 법률」(이하 '집합건물법'이라 한다)[3] 제2조 제6호), 그 성립을 위해서는 집합건물의 존재와 구분소유자가 전유부분 소유를 위하여 당해 대지를 사용할 수 있는 권리를 보유하는 것 이외에 다른 특별한 요건이 필요하지 않다.

---

3) 崔鍾吉, "集合住宅(아파트)의 區分所有에 관한 比較法的 實態的 考察", 『서울대학교 法學』(서울대학교 법학연구소, 1970), 제11권 2호, 1−31면은, 구분소유에 관한 입법례를 연혁적 및 비교법적으로 고찰하고, 당시의 아파트의 소유 및 관리·유지관계에 관한 실태조사를 중심으로 건물의 구분소유에 관한 법률관계를 분석·연구함으로써, 집합건물법 제정(1984년)과 집합건물법학의 토대를 마련하였다. 이 논문의 학술적 가치와 의미에 대한 자세한 분석으로, 이준형, "우리나라 구분소유법제 연구의 효시 − 최종길 1970년 논문의 의의 −", 『집합건물법학』(한국집합건물법학회, 2023), 제48집, 25−80면 참조.

대상판결의 사안에서 ① 이 사건 토지에 관하여 신탁을 원인으로 피고 명의의 소유권이전등기가 마쳐진 후, ② 구분건물에 관한 채무자회사(위탁자) 명의의 소유권보존등기, ③ 채권자회사(위탁자의 채권자)의 신청에 의한 구분건물에 관한 가압류등기가 마쳐진 후 ④ 구분건물에 관하여 신탁을 원인으로 피고 명의의 소유권이전등기가 마쳐졌다. 그리하여 대상판결은 피고가 구분건물을 위한 대지사용권을 취득하였다고 인정하였다.

그런데 여기서 가압류의 처분금지효에 의하여 피고의 구분건물에 대한 소유권취득은 가압류채권자에 대한 관계에서 무효이므로, 피고가 구분건물과 토지를 모두 소유하게 되었다고 할 수 있는가에 대해서는 의문이 있다.

한편 구분소유자의 대지사용권은 전유부분의 처분에 따르고(집합건물법 제20조 제1항), 분리처분이 가능한 규약이나 공정증서가 없는 한 전유부분과 종속적 일체불가분성이 인정되므로, 전유부분에 대한 경매개시결정과 압류의 효력은 당연히 종물 내지 종된 권리인 대지사용권에도 미치게 된다. 따라서 대상판결에서 인정한 것처럼 이 사건 구분건물에 대한 가압류의 효력은 그 대지사용권에도 미치게 되므로, 이 사건 토지도 구분건물과 함께 경매의 대상이 될 것이다.

그런데 신탁법 제22조 제1항은 "신탁재산에 대하여는 강제집행 또는 경매를 할 수 없다. 단, 신탁 전의 원인으로 발생한 권리 또는 신탁사무의 처리상 발생한 권리에 기한 경우에는 예외로 한다"고 규정하고 있는바, 그에 따르면 구분건물에 대한 가압류(③)에 기초한 경매에 의하여 이 사건 토지(①)에 대해서는 강제집행을 할 수 없을 것이다.

여기서 집합건물법에 따른 대지사용권의 전유부분과의 처분일체성과 신탁법상 신탁재산의 독립성, 특히 강제집행 금지가 서로 충돌하는 모습이 나타나게 된다.[4)]

구분건물의 특수성과 현실적인 필요성 등을 고려하면 대상판결의 결론에 대해서는 대체로 수긍할 수 있다. 그러나 대상판결에는 논리적으로 설명하기 어렵거나 또는 보다 상세한 설명이 필요한 몇 가지 문제점이 있다고 생각된다. 이 글에서는 이와 같은 문제 상황에 관하여 논의해보고자 한다. 논의의 편의를 위하여 대지사용권의 성립(Ⅱ), 대지사용권의 처분일체성(Ⅲ), 가압류의 처분금지효(Ⅳ), 신탁재산에 대한 강제집행의 금지(Ⅴ)의 순서로 검토한다.

Ⅱ. 대지사용권의 성립

'구분건물'은 「집합건물의 소유 및 관리에 관한 법률」(이하 '집합건물법'이라 한다) 제2조 제1호의 구분소유권의 목적이 되는 건물을 말하는데(부동산등기법 제40조 제1항 제6호),[5)] '구분소유권'

4) 부동호, "구분건물 대지사용권의 특징과 법적 쟁점에 관한 연구", 고려대학교 박사학위논문(2022), 227－252면은, 제5장 '제3절 구분건물 대지사용권의 처분일체성의 원칙과 신탁재산독립의 원칙'에서, 처음으로 이 같은 문제를 제기하였다. 본고의 문제의식은 위 논문에서 비롯된 것임을 밝혀 둔다.

5) 구분소유권의 목적인 건물부분을 "전유부분"이라고 한다(집합건물법 제2조 제3호).

은 1동의 건물 중 구조상 구분된 여러 개의 부분이 독립한 건물로서 사용될 수 있을 때 그 건물부분(규약, 공정증서로써 공용부분으로 된 것은 제외)을 목적으로 하는 소유권을 말한다(집합건물법 제2조 제1호).

대지사용권은 구분소유자가 전유부분을 소유하기 위하여 건물의 대지에 대하여 가지는 권리이고(집합건물법 제2조 제6호), '대지권'은 대지사용권으로서 건물과 분리하여 처분할 수 없는 것을 말한다(부동산등기법 제40조 제3항). 이러한 대지사용권은 전유부분과 분리하여 처분할 수 없다(집합건물법 제20조).

대지사용권의 성립을 위해서는 집합건물의 존재와 구분소유자가 전유부분 소유를 위하여 해당 대지를 사용할 수 있는 권리를 보유하는 것 이외에 다른 특별한 요건이 필요하지 않다.[6]

피고는 채무자회사와 이 사건 토지에 관하여 부동산담보신탁계약을 체결하고 2002. 9. 18. 신탁을 원인으로 소유권이전등기를 마쳤다. 채무자회사는 신탁계약 당시 예정했던 대로 이 사건 토지에 주상복합건물을 신축하였고, 피고는 2007. 10. 24. 이 사건 구분건물에 관하여도 채무자회사와 부동산담보신탁계약을 체결하고 신탁을 원인으로 소유권이전등기를 마쳤다(구분건물에 관하여 집행된 가압류의 효력에 대해서는 Ⅳ.(3)에서 후술).

피고는 먼저 토지에 대하여－신탁을 원인으로－소유권을 취득한 후 그 지상에 건축된 구분건물에 대하여 다시－신탁을 원인으로－소유권을 취득함으로써, 수탁자로서 토지와 구분건물을 모두 소유하게 되었는바, 이 사건 토지에 관한 피고의 소유권은 구분건물을 위한 대지사용권에 해당한다.

Ⅲ. 대지사용권의 처분일체성 : 저당권, 압류, 가압류

1. 전유부분과 대지사용권의 분리처분금지 원칙

집합건물법은 제20조에서, 구분소유자의 대지사용권은 그가 가지는 전유부분의 처분에 따르고(제1항), 구분소유자는 규약 또는 공정증서로써 달리 정하지 않는 한 그가 가지는 전유부분과 분리하여 대지사용권을 처분할 수 없으며(제2항, 제4항), 위 분리처분금지는 그 취지를 등기하지 아니하면 선의로 물권을 취득한 제3자에 대하여 대항하지 못한다(제3항)고 규정하고 있다. 이를 대지사용권의 분리처분금지의 원칙이라고 한다.

집합건물법 제20조의 취지에 대해서는, 집합건물의 전유부분과 대지사용권이 분리되는 것을 최대한 억제하여 대지사용권 없는 구분소유권의 발생을 방지함으로써 집합건물에 관한 법률관계의 안정과 합리적 규율을 도모하려는 데 있다고 한다.[7] 그밖에 이와 같은 일체성을 인

6) 대법원 2009. 6. 23. 선고 2009다26145 판결; 대법원 2013. 1. 17. 선고 2010다71578 전원합의체 판결.
7) 대법원 2006. 3. 10. 선고 2004다742 판결.

정하지 않으면 토지등기부에 모든 구분소유자를 지분권자로 등기해야 하므로 등기부가 비대해지고 등기의 공시적 기능이 마비될 수 있는데, 일체성을 인정함으로써 별도로 토지등기부에 모든 구분소유자를 공유자로 등기하지 않을 수 있다는 점을 들기도 한다.[8)]

구분건물의 대지사용권은 전유부분 및 공용부분과 분리처분이 가능한 규약이나 공정증서가 없는 때에는 전유부분과 종속적 일체불가분성이 인정되어, 전유부분에 대한 경매개시결정과 압류의 효력이 당연히 종물 내지 종된 권리인 대지사용권에도 미친다.[9)]

그리하여 분양자가 지적정리 등의 지연으로 대지권에 대한 지분이전등기는 지적정리 후 해 주기로 하는 약정하에 우선 전유부분만에 관하여 소유권보존등기를 한 후 수분양자에게 소유권이전등기를 경료하였는데, 그 후 대지에 대한 소유권이전등기가 되지 아니한 상태에서 전유부분에 관한 경매절차가 진행되어 제3자가 전유부분을 경락받은 경우, 그 경락인은 본권으로서 집합건물법 제2조 제6호 소정의 대지사용권을 취득한다.[10)] 건축자의 대지소유권에 관하여 부동산등기법에 따른 구분건물의 대지권등기가 마쳐지지 않았다 하더라도 마찬가지이다.[11)]

2. 전유부분에 대한 저당권과 전세권의 효력

대법원 1995. 8. 22. 선고 94다12722 판결은「집합건물에 있어서, 대지의 분·합필 및 환지절차의 지연, 각 세대당 지분비율 결정의 지연 등으로 인하여 전유부분에 대한 소유권이전등기만 경료되고 대지지분에 대한 소유권이전등기가 상당기간 지체되는 경우, 대지지분에 대한 등기가 이루어지기 전에 전유부분만에 관하여 설정된 저당권의 효력은, 대지사용권의 분리처분이 가능하도록 규약으로 정하였다는 등의 특별한 사정이 없는 한, 그 전유부분의 소유자가 나중에 대지지분에 관한 등기를 마침으로써 전유부분과 대지권이 동일 소유자에게 귀속하게 되었다면 당연히 종물 내지 종된 권리인 그 대지사용권에까지 미친다.」고 하였다.[12)]

이 판결은, "저당권의 효력은 저당부동산에 부합된 물건과 종물에 미친다"고 규정하고 있는 민법 제358조 본문이 저당부동산에 종된 권리에도 유추적용된다는 점과, 집합건물법 제20조 제1항, 제2항을 그 근거로 들고 있다.

또한 대법원 2002. 6. 14. 선고 2001다68389 판결에 따르면, 집합건물이 되기 전의 상태에서 건물 일부만에 관하여 전세권이 설정되었다가 그 건물이 집합건물로 된 후 그 전세권이

8) 김용한, "집합건물의 이론과 문제점",『민사법학』(한국민사법학회, 1985), 제4·5호, 103-105면; 김현태, "구분소유권과 대지사용권과의 관계",『청주법학』(청주대학교 법학과, 1986), 제1권, 113면.

9) 대법원 1997. 6. 10.자 97마814 결정; 대법원 2008. 3. 13. 선고 2005다15048 판결 등.

10) 대법원 2004. 7. 8. 선고 2002다40210 판결, 대법원 2005. 4. 14. 선고 2004다25338 판결, 대법원 2006. 9. 22. 선고 2004다58611 판결, 대법원 2008. 9. 11. 선고 2007다45777; 대법원 2012. 3. 29. 선고 2011다79210 판결 등.

11) 대법원 2012. 3. 29. 선고 2011다79210 판결 등.

12) 대법원 2001. 9. 4. 선고 2001다22604 판결도 같은 취지이다.

구분건물의 전유부분만에 관한 전세권으로 이기된 경우, 특별한 사정이 없는 한, 그 전유부분의 소유자가 대지사용권을 취득함으로써 전유부분과 대지권이 동일소유자에게 귀속하게 되었다면 위 전세권의 효력은 그 대지권에까지 미친다.[13]

이 판결에서는 그 근거에 관하여 명시적인 언급은 없으나, 이와 관련하여 전세권은 용익물권이지만 담보물권의 성격을 겸유하고 있으므로 민법 제358조 본문을 유추적용하여 저당권의 경우와 마찬가지로 해석하여야 한다고 설명되고 있다.[14]

3. 전유부분만에 대한 가압류의 효력이 대지사용권에도 미치는지 여부

(1) 가압류 결정의 종물(종된 권리)에 대한 효력

대법원 2006. 10. 26. 선고 2006다29020 판결은, 구분건물의 전유부분에 대한 소유권보존등기만 경료되고 대지지분에 대한 등기가 경료되기 전에 전유부분만에 대해 내려진 가압류결정의 효력은, 대지사용권의 분리처분이 가능하도록 규약으로 정하였다는 등의 특별한 사정이 없는 한, 종물 내지 종된 권리인 그 대지권에까지 미친다고 하였다. 그리하여 전유부분에 관한 경매절차가 진행되어 그 경매절차에서 전유부분을 매수한 매수인은 전유부분과 함께 대지사용권을 취득한다.

위 판결은 그 근거로서 ① 민법 제100조 제2항의 종물과 주물의 관계에 관한 법리는 물건 상호간의 관계뿐 아니라 권리 상호간에도 적용되는 점, ② 위 규정에서의 처분은 처분행위에 의한 권리변동뿐 아니라 주물의 권리관계가 압류와 같은 공법상의 처분 등에 의하여 생긴 경우에도 적용되어야 하는 점, ③ 저당권의 효력이 종물에 대하여도 미친다는 민법 제358조 본문 규정은 민법 제100조 제2항과 이론적 기초를 같이하는 점, ④ 집합건물법 제20조 제1항, 제2항에 의하면 구분건물의 대지사용권은 전유부분과 종속적 일체불가분성이 인정되는 점 등을 들고 있다.[15]

또한 판례는 「구분건물에 대한 경매에 있어서 비록 경매신청서에 대지사용권에 대한 아무런 표시가 없는 경우에도 … 전유부분과 불가분적인 일체로서 경매의 대상이 되어야 할 대지사용권의 존재가 밝혀진 때에는 이를 경매 목적물의 일부로서 경매 평가에 포함시켜 최저입찰가격을 정하여야 할 뿐만 아니라 … 대지사용권에 대한 경매신청이 없다는 이유로 전유부분 및 공

13) 이 판결에 의하면 이 경우 위 집합건물에 관하여 경매가 실행된 경우 대지권의 환가대금에 대한 배당순위에 있어서, 위 전세권이, 대지사용권이 성립하기 전의 토지에 관하여 이미 설정된 저당권보다 우선한다고 할 수는 없다고 한다. 대지사용권에 대한 전세권의 효력은 대지사용권이 성립함으로써 비로소 미치게 되는 것이므로 대지사용권이 성립하기 전에 그 토지에 관하여 이미 저당권을 가지고 있는 자의 권리를 해쳐서는 안 된다는 것이 그 이유이다.

14) 윤경, "구분건물의 전유부분에만 설정된 전세권의 효력범위", 『대법원판례해설』(법원도서관, 2002), 제40호, 551, 554－555면.

15) 대법원 2006. 10. 26. 선고 2006다29020 판결.

용부분에 대하여만 경매절차를 진행한 경우에 있어서도, 대지사용권에 대하여 분리처분이 가능한 규약이나 공정증서가 없는 때에는 전유부분에 대한 경매개시결정 및 압류의 효력이 그 대지사용권에도 미치므로 일괄경매를 할 필요가 없다」고 하고 있고,[16] 저당권자가 아닌 가압류채권자가 경매신청을 하는 경우에도 경매법원으로서는 대지권의 존재가 확인되고, 대지권 분리처분에 관한 규약이 없는 한 대지권등기 경료 여부와 관계없이 전유부분과 대지지분 전체에 대해 경매절차를 진행하게 될 것인데,[17] 이러한 조치를 가압류의 효력범위와 무관하다고 할 수 없을 것이다. 그것이 경매개시결정 또는 압류로 인한 조치라면 역시 강제집행에 속하는 가압류의 경우에 그 효력 범위를 다르게 볼 근거는 없을 것이다.[18]

(2) 가압류된 구분건물에 관한 대지사용권의 성립 여부 판단의 기준시점

이와 관련하여 피고는 원심에서 다음과 같은 주장을 하였다.

"가압류가 본압류로 전이되어 경매절차가 진행된 경우에는 가압류를 기준으로 대지사용권 성립 여부를 살펴야 한다. 그런데 채권자회사의 가압류등기가 마쳐졌을 당시 이 사건 토지 소유자는 피고, 구분건물 소유자는 채무자 회사였으므로, 구분소유자가 아닌 피고가 구분건물 건축 이전부터 전유부분 소유와 무관하게 토지에 관하여 가지고 있던 권리는 대지사용권이 될 수 없다. 그리고 주물의 소유자 아닌 다른 사람 소유에 속하는 물건은 종물(종된 권리)이 될 수 없으므로, 가압류등기 당시 피고의 토지소유권이 채무자회사 소유의 구분건물에 대한 종된 권리가 된다고 볼 수도 없다.

따라서 그 후 피고가 구분건물에 관한 소유권이전등기를 마쳤더라도, 위 가압류에 기초한 경매절차에서의 매수인인 원고는 피고에 대하여 어떠한 권리를 주장할 법률상 지위에 있지 않으므로, 토지소유자인 피고에 대하여 토지소유권에 기한 대지사용권의 성립을 주장할 수 없다."

이에 대하여 원심은 가압류된 구분건물에 관한 대지사용권의 성립 여부가 가압류 시점을 기준으로 판단되어야 한다고 볼 수 없다고 하였다.

대상판결도 「전유부분에 대한 이 사건 가압류의 효력은 종물 또는 종된 권리인 대지사용권에도 미치고, 이는 대지사용권 성립 전에 이 사건 각 구분건물의 전유부분에 가압류 집행이 이루어진 때에도 마찬가지」라고 하였다.

종래 판례에 의하면, 분양자가 지적정리 등의 지연으로 대지권에 대한 지분이전등기는 지적정리 후 해 주기로 하는 약정 하에 우선 전유부분만에 관하여 소유권보존등기를 한 후 수분

16) 대법원 1997. 6. 10.자 97마814 결정.

17) 현재 대지권등기 없는 집합건물에 대한 경매신청 또는 경매신청서에 대지사용권에 아무런 표시가 없는 경우 경매법원에서 행하고 있는 조치이다(『법원실무제요 민사집행[Ⅱ]』(법원행정처, 2014), 152면).

18) 배호근, "구분건물의 전유부분에 대한 소유권보존등기만 경료되고 대지지분에 대한 등기가 경료되기 전에 전유부분 만에 대해 내려진 가압류결정의 효력이 그 대지권에 미치는지 여부(한정 적극)", 『대법원판례해설』(법원도서관, 2007), 제63호, 51－52면.

양자에게 소유권이전등기를 경료하였는데, 그 후 대지에 대한 소유권이전등기가 되지 아니한 상태에서 전유부분에 관한 경매절차가 진행되어 제3자가 전유부분을 경락받은 경우, 그 경락인은 본권으로서 집합건물의소유및관리에관한법률 제2조 제6호 소정의 대지사용권을 취득한다.[19)]

또한「집합건물에 있어서, 대지의 분·합필 및 환지절차의 지연, 각 세대당 지분비율 결정의 지연 등으로 인하여 전유부분에 대한 소유권이전등기만 경료되고 대지지분에 대한 소유권이전등기가 상당기간 지체되는 경우, … 대지지분에 대한 등기가 이루어지기 전에 전유부분만에 관하여 설정된 저당권의 효력은, 대지사용권의 분리처분이 가능하도록 규약으로 정하였다는 등의 특별한 사정이 없는 한, 그 전유부분의 소유자가 나중에 대지지분에 관한 등기를 마침으로써 전유부분과 대지권이 동일 소유자에게 귀속하게 되었다면 당연히 종물 내지 종된 권리인 그 대지사용권에까지 미친다.」[20)]

즉 전유부분의 소유자가 대지사용권을 취득하기 전에 전유부분에 대한 경매개시결정과 압류가 있었거나 또는 저당권이 설정된 경우 그 효력은 전유부분 소유자가 나중에 대지소유권(지분)을 취득함으로써 성립한 대지사용권에까지 미치게 된다.

이와 같은 판례의 논리에 따르면 대지사용권 성립 전에 전유부분에 관하여 행해진 가압류의 효력은 그 후에 성립한 대지사용권에까지 미친다고 할 수 있을 것이다.

다만 위의 판결들의 사안은, 전유부분 소유자가 대지(지분) 소유권 취득을 위한 매매 등 원인행위는 있었는데 다만 대지에 관한 소유권이전등기만 마치지 못한 상태에서 전유부분에 대한 압류나 저당권 설정 등이 있었던 경우이다. 반면 이 사건에서는 구분건물에 대한 가압류가 행하여진 후에 비로소 구분건물에 대한 담보신탁계약이 체결되고 그에 기하여 소유권이전등기가 마쳐졌다.

이에 관해서는 다음과 같이 해석하는 것이 타당하다.

이 사건 토지에 대한 담보신탁계약의 목적은 신탁부동산의 관리와 위탁자가 부담하는 채무이행을 보장하는 데 있고, 이에 따라 수탁자는 신탁부동산을 보전·관리하는 한편, 토지에 대한 위탁자의 점유·사용이 당연히 예정되어 채무자회사는 그 지상에 주상복합건물을 신축할 계획이었으며, 위 건물에 대하여도 완공 후 추가로 피고와 담보신탁계약을 체결할 예정이었다.

건물 완공 후 체결된 담보신탁계약에서도 주상복합건물의 분양을 예정하면서 신탁계약에 따른 소유권이전등기 후에도 채무자회사가 토지와 구분건물을 계속 점유·사용하기로 약정하고, 채무자회사가 채무를 변제하지 못할 경우 피고는 토지와 구분건물을 함께 매각하기로 되

19) 대법원 2004. 7. 8. 선고 2002다40210 판결, 대법원 2005. 4. 14. 선고 2004다25338 판결, 대법원 2006. 9. 22. 선고 2004다58611 판결, 대법원 2008. 9. 11. 선고 2007다45777; 대법원 2012. 3. 29. 선고 2011다79210 판결 등.

20) 대법원 1995. 8. 22. 선고 94다12722 판결: 대법원 2001. 9. 4. 선고 2001다22604 판결도 같은 취지이다.

어 있었다.

이와 같은 담보신탁계약의 목적, 내용 등에 비추어 보면, 피고의 이 사건 토지에 대한 소유권취득은 이 사건 구분건물의 전유부분을 소유하기 위한 것이므로, 형식적으로 구분건물에 대한 '담보신탁계약' 자체가 구분건물 가압류 후에 체결되었지만, 당사자 사이에서는 이미 토지에 대한 담보신탁계약 당시 장차 신축될 구분건물에 대한 신탁계약체결도 예정되어 있었다고 할 것이고, 앞에서 살펴본 전유부분에 대한 압류나 저당권설정에 관한 판례의 법리를 적용할 수 있다고 생각한다.

따라서 대지사용권(토지소유권) 취득 전의 구분건물에 대한 가압류의 효력이 그 후 취득한 대지사용권에 미친다고 할 것이다.

이 사건에서 문제가 되는 것은 오히려, 피고의 위의 주장에 대한 원심의 다음과 같은 판단이다.

「피고가 이 사건 각 구분건물의 소유권을 취득한 시점이 이 사건 가압류등기 이후이기는 하나 이 사건 가압류의 처분금지적 효력에 반하지 않는 한 그 소유권 취득은 유효하고, 그로써 이 사건 각 구분건물 소유를 위한 권리를 보유하게 되었으므로 피고의 이 사건 토지 소유권은 대지사용권에 해당하며, 이러한 결과가 가압류 목적물의 교환가치에 관한 채권자 회사의 권리를 침해한다고 볼 수 없다. 특히 그러한 교환가치 부분을 제외한 나머지 부분에 관하여는 피고의 재산에 대한 매각절차라는 측면에서 보더라도 그러하다.」

이에 관해서는 다음 장(章)에서 가압류의 처분금지효와 관련하여 살펴보기로 하겠다.

Ⅳ. 가압류의 처분금지효

1. 처분금지의 효력

(1) 상대적 효력

가압류명령은 가압류 목적물에 대한 채무자의 처분행위를 금지하는 것이지만, 가압류에 위반한 처분행위라도 처분행위 당사자 사이에서는 전적으로 유효하고 단지 가압류채권자 또는 가압류에 기초한 집행절차에 참가하는 일정 범위의 채권자에 대하여 주장할 수 없다고 해석된다.[21)]

가압류에 위반하는 채무자의 처분행위는 절대적으로 무효이고 가압류가 취소 또는 취하되더

21) 대법원 1987. 6. 9. 선고 86다카2570 판결; 대법원 1994. 11. 29.자 94마417 결정; 대법원 1998. 11. 13. 선고 97다57337 판결 등.

라도 무효인 처분행위가 다시 유효로 되는 것은 아니라는 견해(절대적 효력설)도 상정할 수 있으나, 가압류의 목적은 장차 목적물을 현금화하여 그로부터 금전적 만족을 얻는 데 있으므로, 그러한 목적 달성에 필요한 범위를 넘어서까지 채무자의 처분행위를 막을 필요는 없다. 그것은 채무자의 이익이나 일반 거래상의 안전을 지나치게 해치는 결과가 되기 때문이다.[22] 그리하여 채무자와 제3취득자 사이의 거래행위가 있은 후 가압류가 취소, 해제되거나, 피보전권리가 변제 등으로 소멸하거나,[23] 가압류가 무효인 것으로 판명된 경우에는[24] 채무자와 제3취득자 사이의 거래행위는 완전히 유효하게 된다.

(2) 상대적 효력의 인적 범위

1) 가압류 후 채무자가 목적물을 제3자에게 양도한 경우, 양도 후에는 채무자(구 소유자)에 대한 일반채권자들은 채무자 소유였던 목적물을 압류할 수 없고 배당요구도 할 수 없다.

부동산에 대한 가압류의 집행이 이루어졌더라도 채무자는 여전히 목적물의 이용 및 관리의 권한을 보유하고 있을 뿐만 아니라(민사집행법 제83조 제2항), 가압류의 처분금지적 효력은 상대적인 것에 불과하기 때문에 부동산이 가압류되었더라도 채무자는 그 부동산을 제3자에게 매도하거나 기타의 처분행위를 할 수 있다.[25]

가압류집행 후 제3자의 소유권 취득은 가압류에 의한 처분금지의 효력 때문에 그 집행보전의 목적을 달성하는 데 필요한 범위 안에서 가압류채권자에 대한 관계에서만 상대적으로 무효일 뿐이고 가압류채무자의 다른 채권자 등에 대한 관계에서는 유효하므로, 위와 같은 경우 집행권원을 얻은 가압류채권자의 신청에 의하여 제3자의 소유권 취득 후 당해 가압류목적물에 대하여 개시된 강제경매절차에서 가압류채무자에 대한 다른 채권자는 당해 목적물의 매각대금에 관한 배당에 참가할 수 없다.[26]

2) 가압류 후 목적물이 제3취득자에게 양도된 경우, 그 양도 전에 목적물을 압류 또는 가압류 한 채권자들은 집행절차에서 매각대금 중 처분금지적 효력이 미치는 범위의 금액(가압류결정 당시의 청구금액의 한도 안에서 가압류 목적물의 교환가치)에 관하여 우선적으로 배당받고, 남는 것이 있으면 목적물을 양수한 제3취득자나 그의 채권자에게 내준다.

가압류집행 후 가압류목적물의 소유권이 제3자에게 이전된 경우 가압류채권자는 집행권원을 얻어 제3취득자가 아닌 가압류채무자를 집행채무자로 하여 그 가압류를 본압류로 이전하는 강제집행을 실행할 수 있으나, 이 경우 그 강제집행은 가압류의 처분금지적 효력이 미치

22) 『법원실무제요 민사집행[Ⅱ]』(법원행정처, 2014), 253면.

23) 대법원 1982. 9. 14. 선고 81다527 판결; 대법원 1982. 9. 30.자 82그19 결정.

24) 대법원 1982. 10. 26. 선고 82다카884 판결; 대법원 1996. 6. 14. 선고 96다14494 판결; 대법원 1997. 8. 29. 선고 96다14470 판결.

25) 대법원 2002. 9. 6. 선고 2000다71715 판결 등.

26) 대법원 1998. 11. 13. 선고 97다57337 판결.

는 객관적 범위인 가압류결정 당시의 청구금액의 한도 안에서만 집행채무자인 가압류채무자의 책임재산에 대한 강제집행절차라 할 것이고,[27] 나머지 부분은 제3취득자의 재산에 대한 매각절차라 할 것이므로, 제3취득자에 대한 채권자는 그 매각절차에서 제3취득자의 재산 매각대금 부분으로부터 배당을 받을 수 있다.[28] 제3취득자의 채권자가 신청한 경매절차에서도 가압류의 처분금지적 효력이 미치는 매각대금 부분은 가압류채권자가 우선적인 권리를 행사할 수 있고, 제3취득자의 채권자들은 이를 수인해야 하므로 가압류채권자는 그 매각절차에서 당해 가압류 목적물의 매각대금에서 가압류결정 당시의 청구금액을 한도로 하여 배당을 받을 수 있고, 제3취득자의 채권자는 위 매각대금 중 가압류의 처분금지적 효력이 미치는 범위의 금액에 대하여는 배당을 받을 수 없다.[29]

(3) 상대적 효력의 물적 범위

가압류의 처분금지적 효력은 가압류에 위반한 채무자의 처분행위가 있기 전에 집행된 가압류와 압류의 집행채권의 범위 내에서만 미친다.

즉 가압류의 처분금지적 효력은 목적물의 교환가치 중 피보전채권에 대응하는 목적물의 교환가치에만 미친다. 저촉처분은 그 처분이 있기 전까지의 가압류 채권액에 대한 관계에서만 무효로 된다.[30]

가압류 집행 후 가압류목적물의 소유권이 제3자에게 이전된 경우 가압류결정 당시의 청구금액이 채권의 원금만을 기재한 것으로서 가압류채권자가 가압류채무자에 대하여 원금 채권 이외에 이자와 소송비용채권을 가지고 있다 하더라도 가압류결정 당시의 청구금액을 넘어서는 이자와 소송비용채권에 관하여는 가압류의 처분금지적 효력이 미치는 것이 아니고, 따라서 가압류채권자는 가압류목적물의 매각대금에서 가압류결정 당시의 청구금액을 넘어서는 이자와 소송비용채권을 배당받을 수 없다.[31] 마찬가지로 제3취득자는 완전한 권리를 취득하기 위하여 저촉처분이 있기 전까지의 가압류 채권액만 변제하면 되고, 그 처분 후에 추가, 확장된 채권까지 변제할 필요는 없다.[32]

---

27) 대법원 1998. 11. 10. 선고 98다43441 판결.

28) 대법원 2005. 7. 29. 선고 2003다40637 판결 대법원 2021. 11. 11. 선고 2020다278170 판결

29) 대법원 1997. 8. 26. 선고 97다8410 판결; 대법원 2006. 7. 28. 선고 2006다19986 판결.

30) 『법원실무제요 민사집행[Ⅱ]』(법원행정처, 2014), 255면.

31) 대법원 1998. 11. 10. 선고 98다43441 판결. 대법원 2006. 11. 24. 선고 2006다35223 판결도 같은 취지이다.

32) 「민사집행법 제53조 제1항은 "강제집행에 필요한 비용은 채무자가 부담하고 그 집행에 의하여 우선적으로 변상을 받는다."라고 규정하고 있는데, 여기의 '강제집행에 필요한 비용'에는 가압류의 집행비용이 당연히 포함된다. 그리고 가압류의 집행이 있은 후 그 가압류가 본압류로 이행된 때에는 가압류집행이 본집행에 포섭됨으로써 당초부터 본집행이 있었던 것과 같은 효력이 있다(대법원 2002. 3. 15.자 2001마6620 결정 참조). 그러므로 가압류만 되어 있을 뿐 아직 본압류로 이행되지 아니한 단계에서는 가압류채권자가 그 가압류의 집행비용을 변상받을 수 없고, 따라서 제3취득자가 가압류의 집행비용을 고려함이 없이 그 처분금지의 효력이 미치는 객관적 범위에 속하는 청구금액만을 변제함으로써 가압류의 집행의 배제를 소구할 수 있지만, 가압류에서 본압

2. 이 사건 경매절차의 성격에 관한 원심의 판단

「이 사건 구분건물에 관하여 가압류등기가 마쳐졌더라도, 채무자 회사는 여전히 구분건물을 제3자에게 매도하는 등 처분행위를 할 수 있고, 다만 피고의 소유권 취득은 이 사건 가압류의 집행보전의 목적을 달성하는 데 필요한 범위 안에서 채권자 회사에 대한 관계에서만 상대적으로 무효일 뿐이다. 이 사건 가압류의 처분금지적 효력이 미치는 것은 가압류결정 당시의 청구금액(60억 원)의 범위 내에서 구분건물 및 그 종물 내지 종된 권리에 대한 교환가치이며, 가압류의 집행보전의 목적을 달성하는 데 필요한 범위도 마찬가지이다. 따라서 이 사건 경매절차는 위와 같은 범위 내에서만 채무자 회사의 책임재산에 대한 강제집행절차이고, 나머지 부분은 피고의 재산에 대한 매각절차이다.

…

피고가 이 사건 각 구분건물의 소유권을 취득한 시점이 이 사건 가압류등기 이후이기는 하나 이 사건 가압류의 처분금지적 효력에 반하지 않는 한 그 소유권 취득은 유효하고, 그로써 이 사건 각 구분건물 소유를 위한 권리를 보유하게 되었으므로 피고의 이 사건 토지 소유권은 대지사용권에 해당하며, 이러한 결과가 가압류 목적물의 교환가치에 관한 채권자 회사의 권리를 침해한다고 볼 수 없다. 특히 그러한 교환가치 부분을 제외한 나머지 부분에 관하여는 피고의 재산에 대한 매각절차라는 측면에서 보더라도 그러하다.」

3. 대상판결 사안의 특수성－가압류의 처분금지효와 대지사용권 성립의 갈등

앞에서 살펴본 것처럼 구분건물에 대한 가압류 후 취득한 대지사용권에 그 가압류의 효력이 미친다. 그런데 이 사건에서는 구분건물에 대한 가압류 후, 구분건물의 소유권이 그 대지의 소유권자에게 이전되었다. 대상판결은 이때 구분건물의 취득자가 종전부터 보유하고 있던 대지소유권은 구분건물의 전유부분을 소유하기 위하여 취득한 것이라고 보아 대지사용권의 성립을 인정하였다.

여기서 구분건물에 대한 '가압류의 처분금지효'와 관련하여 다음과 같은 의문이 제기된다.

가압류 집행 후 제3자의 소유권 취득은 가압류의 처분금지효 때문에 그 집행보전의 목적을 달성하는 데 필요한 범위에서 가압류채권자에 대한 관계에서만 상대적으로 무효이고 가압류채무자의 다른 채권자 등에 대한 관계에서는 유효하다.

피고는 일찍이 이 사건 토지에 관하여 신탁을 원인으로 소유권이전등기를 마쳤고, 이 사

류로 이행된 이후에는 민사집행법 제53조 제1항의 적용을 받게 되므로 가압류 후 본압류로의 이행 전에 가압류의 목적물의 소유권을 취득한 제3취득자로서는 가압류의 청구금액 외에, 그 가압류의 집행비용 및 본집행의 비용 중 가압류의 본압류로의 이행에 대응하는 부분까지를 아울러 변제하여야만 가압류에서 이행된 본압류의 집행배제를 구할 수 있다고 보아야 한다.」(대법원 2006. 11. 24. 선고 2006다35223 판결)

건 구분건물에 관하여 가압류등기가 마쳐진 후 다시 구분건물에 관하여 신탁을 원인으로 소유권이전등기를 마쳤다. 그리하여 피고는 이 사건 토지와 구분건물을 모두 소유하게 되었다. 피고의 구분건물 소유권 취득은 이 사건 가압류의 집행보전의 목적을 달성하는 데 필요한 범위에서 채권자회사에 대한 관계에서 상대적으로 무효이다. 따라서 가압류의 처분금지적 효력이 미치는 범위(가압류 청구금액 범위 내의 구분건물의 교환가치)에서 구분건물은 채무자회사의 재산이고, 나머지부분만 피고의 재산이다.

원심판결도, "가압류의 처분금지적 효력에 반하지 않는 한 피고의 구분건물 소유권 취득은 유효하고, … 가압류 목적물의 교환가치 부분을 제외한 나머지 부분에 관하여는 피고의 재산에 대한 매각절차"라고 하였다.

그런데 그와 같이 '상대적으로 무효'인 구분건물 소유권취득에 의하여 비로소 구분건물을 위한 대지사용권이 성립하고, 대지사용권의 처분일체성 법리에 따라 구분건물 가압류—그로 인하여 피고의 구분건물 소유권 취득이 상대적으로 무효로 되는—의 효력이 대지사용권에까지 미치게 되어, 그 가압류에 기초한 경매에서 대지사용권까지 함께 매각되었다는 결론에 이르게 된 것이다.

가압류의 처분금지효가 미치는 범위에서 피고의 '구분건물 취득'이 무효라면, 그와 같은 무효인 '구분건물 취득'에 의하여－종전부터 보유하였던 토지소유권과 결합하여－대지사용권이 성립한다고 인정하는 것은 곤란하다. '가압류에 반하는 처분행위'를 가압류채권자에게 주장할 수 없다면, '가압류에 반하는 처분행위'에 의한 대지사용권의 성립도 주장할 수 없다고 하여야 한다. 가압류채권자에게 주장할 수 없는 처분행위에 의하여 취득한 대지사용권이, 그 가압류에 기초한 경매에서 '처분일체성' 법리에 따라 구분건물 매수인(원고)에게 이전된다는 것은 논리적으로 모순이며, 가압류의 처분금지효의 취지에 부합하지 않는다.

이와 관련하여 「가압류채무자가 가압류에 반하는 처분행위를 한 경우 그 처분의 유효를 가압류채권자에게 주장할 수 없지만, 이러한 가압류의 처분제한의 효력은 가압류채권자의 이익보호를 위하여 인정되는 것이므로 가압류채권자는 그 처분행위의 효력을 긍정할 수도 있다.」는 대법원 2007. 1. 11. 선고 2005다47175 판결[33]의 논리를 적용하면, 이를 설명할 수 있을지 모르겠다. 즉 가압류에 반하는 처분행위가 있는 경우 가압류채권자의 이익보호를 위해서 그 처분행위의 효력을 인정할 수 있다고 한다면, 이 사건에서도 구분건물 가압류에 반하는 처분행위－가압류 청구금액 범위 내의 구분건물의 교환가치에 대한 신탁에 의한 소유권이전－의 효력을 인정하여, 피고의 구분건물에 대한 완전한 소유권을 취득하고 그로써 피고의 토지소유권과 결합하여 대지사용권 성립을 인정할 수 있을 것이다.

---

33) 이 판결에 관한 평석으로 안법영, 최우진, "기존채무에 대한 채권가압류 이후의 준소비대차 약정", 『민사법학』(한국민사법학회, 2009), 제47호 참조.

그런데 위 판결은 기존채무에 대하여 채권가압류가 마쳐진 후 채무자와 제3채무자 사이에 준소비대차 약정이 체결된 경우, 가압류의 처분제한의 효력에 따라 채무자와 제3채무자는 준소비대차의 성립을 가압류채권자에게 주장할 수 없지만, 가압류채권자가 그 처분행위의 효력을 긍정할 수도 있다는 취지로, 부동산에 대한 가압류와 처분금지효에 관한 이 사건에 그대로 적용할 수 있을지는 의문이다.

V. 신탁재산에 대한 강제집행의 금지

1. 신탁법 제22조 제1항의 내용

신탁법 제22조 제1항은 "신탁재산에 대하여는 강제집행, 담보권 실행 등을 위한 경매, 보전처분 또는 국세 등 체납처분을 할 수 없다. 다만, 신탁 전의 원인으로 발생한 권리 또는 신탁사무의 처리상 발생한 권리에 기한 경우에는 그러하지 아니하다."고 규정하고 있다. 그리하여 신탁재산은 수탁자의 고유재산으로부터 구별되어 관리될 뿐만 아니라 위탁자의 재산권으로부터도 분리되어 이에 대하여는 원칙적으로 강제집행이나 경매가 금지되어 있으며, 신탁법 제22조 제1항 단서의 예외의 경우에만 강제집행이 허용된다.[34] 신탁법 제22조 제1항은 신탁의 목적을 원활하게 달성하기 위하여 신탁재산의 독립성을 보장하는 데 입법 취지가 있다.[35]

수탁자 명의로 되어 있는 신탁재산에 대해 수탁자의 채권자는 원칙적으로 강제집행을 할 수 없다. 그리고 위탁자의 채권자도 원칙적으로 수탁자 명의의 신탁재산에 대해 강제집행할 수 없다.[36][37] 여기서 강제집행이란 압류 등 본집행뿐만 아니라 가압류, 가처분 등 보전처분의 집행도 포함된다.

제22조 제1항의 단서의 '신탁전의 원인으로 발생한 권리'라 함은 신탁 전에 이미 신탁부동산에 저당권이 설정된 경우 등 신탁재산 그 자체를 목적으로 하는 채권이 발생되었을 때를

---

34) 대법원 1987. 5. 12. 선고 86다545, 86다카2876 판결. 이 판결이 제22조의 해석과 관련하여 독립성설에서 파생된 신탁재산의 법주체성을 무리하게 인정하였다고 비판하는 취지의 평석으로, 홍유석, "위탁자의 채권자가 신탁재산의 가압류를 할 수 있는가", 『법률신문』 제2487호(1987.5.12.).

35) 대법원 2022. 7. 28 선고 2019두63447 판결. 이 판결에서는, 「특정공무원범죄를 범한 범인이 그 정황을 아는 수탁자와 신탁계약을 체결하여 불법재산 등의 소유권을 신탁하였다면 이는 신탁제도를 남용한 경우에 해당하여 신탁재산의 독립성을 보호할 필요가 없으므로 신탁법 제22조 제1항 본문의 적용이 배제된다」고 하였다.

36) 위의 판결. 그리고 최수정, 『신탁법』(박영사, 2016), 58면 등.

37) 대법원 <신탁등기사무처리에 관한 예규9)>(개정2015. 3. 13.)[등기예규제1575호, 시행2015. 3. 19.]에 의하면 '등기관은 수탁자를 등기의무자로 하는 처분제한의등기, 강제경매등기, 임의경매등기 등의 촉탁이 있는 경우에는이를 수리하고, 위탁자를 등기의무자로 하는 위 등기의촉탁이있는경우에는이를 수리하여서는 아니된다'고 정하면서, '다만 신탁 전에 설정된 담보물권에 기한 임의경매등기 또는 신탁 전의 가압류등기에 기한 강제경매등기의 촉탁이 있는 경우에는 위탁자를 등기의무자로 한 경우에도 이를 수리하여야 한다'고 정하고 있다(제6조 나.항).

의미하는 것이고 신탁 전에 위탁자에 관하여 생긴 모든 채권이 이에 포함되는 것은 아니다.[38] 또한 신탁관계가 성립하기 이전부터 전세권 등 권리가 설정되어 있거나 가압류, 가처분 등 권리가 존재하는 경우[39] 또는 이러한 권리가 있는 재산권을 신탁재산으로 취득하는 경우도 포함된다.

대법원 1996. 10. 15. 선고 96다17424 판결도 “위탁자가 수탁자에게 부동산의 소유권을 이전하여 당사자 사이에 신탁법에 의한 신탁관계가 설정되면 신탁재산은 수탁자에게 귀속되고, 신탁 후에도 여전히 위탁자의 재산이라고 볼 수는 없으므로, 위탁자에 대한 조세채권에 기하여 수탁자 명의의 신탁재산에 대하여 압류할 수 없다 ... 신탁대상재산이 신탁자에게 상속됨으로써 부과된 국세라 하더라도 신탁법상의 신탁이 이루어지기 전에 압류를 하지 아니한 이상, 그 조세채권이 ‘신탁 전의 원인으로 발생한 권리’에 해당된다고 볼 수 없다”고 하였다.[40]

2. 대지사용권의 처분일체성과 신탁재산에 대한 강제집행금지의 충돌

대상판결은 「부동산의 신탁에 있어서 수탁자 앞으로 소유권이전등기를 마치게 되면 대내외적으로 소유권이 수탁자에게 완전히 이전되고, 위탁자와의 내부관계에 있어서 소유권이 위탁자에게 유보되어 있는 것은 아니다(대법원 2002. 4. 12. 선고 2000다70460 판결 등 참조). 따라서 부동산이 신탁된 경우 대지사용권의 성립 여부나 성립된 대지사용권의 법적 성질은, 신탁계약의 체결 경위, 신탁계약의 목적이나 내용에 비추어 신탁재산 독립의 원칙에 반하는 등 특별한 사정이 없는 한, 대내외적으로 수탁자가 신탁 부동산의 소유자임을 전제로 판단하여야 한다」고 하였다.

그리하여 「피고는 이 사건 각 구분건물에 관하여 신탁을 원인으로 한 소유권이전등기를 마침으로써 수탁자로서 이 사건 토지와 이 사건 각 구분건물을 모두 소유하게 되었다 … 피고와 채무자 회사 사이에 체결된 신탁계약의 목적, 내용 등에 비추어 보면 피고의 이 사건 토지에 대한 소유권 취득은 이 사건 각 구분건물의 전유부분을 소유하기 위한 것이므로, 이 사건 토지에 관한 피고의 소유권은 이 사건 각 구분건물을 위한 대지사용권에 해당」하고, 나아가 「이 사건 각 구분건물의 전유부분에 대한 이 사건 가압류의 효력은 종물 또는 종된 권리인 대지사용권에도 미치고, … 원고가 이 사건 가압류에 기초해 진행된 이 사건 경매절차에서 이 사건 각 구분건물의 전유부분을 매수함으로써 그 소유권을 취득하였다면 구분소유자가 가지는 대지사용권은 그가 가지는 전유부분의 처분에 따르므로, 원고는 피고가 이 사건 각 구분건물

---

38) 대법원 1987. 5. 12. 선고 86다545, 86다카2876 판결

39) 임채웅, “신탁재산에 대한 민사집행의 연구”, 『법조』(법조협회, 2009), 제635호, 127면.

40) 이 판결에 대한 평석으로 한강현, “위탁자가 상속받은 재산을 신탁한 경우, 그 재산상속에 따라 위탁자에게 부과된 상속세 채권이 신탁법 제21조 제1항 소정의 ‘신탁 전의 원인으로 발생한 권리’에 해당하는지 여부”, 『대법원판례해설』(법원도서관, 1997), 제27호 참조.

의 전유부분의 소유를 위하여 이 사건 토지의 소유권에 기초하여 갖는 대지사용권도 함께 취득하였다」고 하였다.

사안에서 ① 이 사건 토지에 관하여 신탁을 원인으로 피고 명의의 소유권이전등기가 마쳐진 후, ② 구분건물에 관한 채무자회사(위탁자) 명의의 소유권보존등기, ③ 채권자회사(위탁자의 채권자)의 신청에 의한 구분건물에 관한 가압류등기가 마쳐진 후 ④ 구분건물에 관하여 신탁을 원인으로 피고 명의의 소유권이전등기가 마쳐졌다.

신탁법 제22조 제1항에 의하면 '신탁 전의 원인으로 발생한 권리에 기한 경우에는 신탁재산에 대한 강제집행 등이 가능하다. 따라서 구분건물이 신탁재산이 되기(④) 전에 신탁 전의 원인으로 발생한 권리에 기하여 구분건물에 실행된 가압류(③)에 기초한 경매절차는 허용된다. 그런데 구분건물에 대한 가압류(③)는 토지에 관하여 신탁이 설정(①)된 이후의 것이므로, 토지에 관한 한 '신탁 전의 원인으로 발생한 권리'에 해당하지 않으며, 토지와 구분건물은 각각 서로 다른 신탁재산이다. 따라서 신탁법 제22조 제1항 본문에 따르면 구분건물에 대한 경매절차에서 토지는 매각 대상이 될 수 없다. 그럼에도 불구하고 '대지사용권의 전유부분 처분에의 종속적 처분일체성'에 의하여 구분건물(전유부분)과 함께 토지(대지사용권)도 매각되는가에 대해서는 의문이 제기되는 것이다.[41)]

이른바 집합건물법상의 처분일체성과 신탁법상의 강제집행제한이 충돌하는 상황이라고 할 수 있다.

그런데 대상판결은 이 사건 토지와 구분건물이 '신탁재산'이라는 점에 관하여, 대지사용권의 성립 여부 등은 대내외적으로 수탁자가 신탁부동산의 소유자임을 전제로 판단하여야 한다고 하였을 뿐, 신탁법 제22조 제1항에 따른 '강제집행 제한'이 적용된다는 점을 전혀 고려하지 않았다.

즉 대상판결의 사안에서 신탁법과 집합건물법의 충돌상황을 전제로, 대지사용권의 처분일체성과 신탁재산의 독립성 가운데 대지사용권의 처분일체성을 우선하여 판단한 것이 아니라, 신탁재산에 대한 강제집행제한에 대한 인식 자체가 없었던 것으로 보인다. 집합건물법에 의한 대지사용권의 처분일체성과 신탁법에 의한 신탁재산에 대한 강제집행 제한의 충돌문제에 관한 대법원의 판단을 받을 수 있는 기회를 충분히 살리지 못하였다는 아쉬움이 남는다.

---

41) 만일 구분건물에 대한 가압류가 토지에 관한 신탁 전에 실행되었다면 그 법률관계는 어떻게 되는가? 토지에 관한 신탁 설정 전에 '토지'에 실행된 가압류에 기초하여 경매가 진행되는 경우라면 '신탁 전의 원인으로 발생한 권리에 기한 경우'에 해당한다. 그런데 구분건물에 대한 가압류가 있은 후 '토지와 구분건물'에 관하여 신탁을 원인으로 피고 명의로 소유권이전등기가 경료된 다음, '구분건물'에 대하여 가압류에 기초한 경매가 진행된다면, '대지사용권의 처분일체성'에 의하여, 본래 가압류의 대상이 아닌 신탁재산(토지)이 경매의 목적이 되어 경락인이 건물과 함께 이를 취득하게 되는가는 문제이다.
이 경우는 '대지사용권의 전유부분 처분에의 종속적 처분일체성'이 작용하였지만, 적어도 구분건물에 대한 가압류를 기준으로 한다면 '신탁 전의 원인으로 발생한 권리에 기한 경우'라고 할 수 있지 않을까 한다.

이 사건에서 집행법원의 매각 공고문에는 매각물건으로 이 사건 각 구분건물이 표시되어 있고, "대지권 미등기. 대지사용권 성립 여부 불분명하나 매각목적물 및 감정평가에 포함. 향후 대지권등기 위한 모든 법적절차 및 부담은 매수인에게 있음"이라고 기재되어 있었다(매각물건명세서에도 같은 내용 기재). 또한 매수인은 구분건물 및 토지에 대한 매각대금을 모두 납부하였다.

이러한 점들을 고려하면, 대상판결의 결론은 법원의 경매절차를 신뢰한 매수인을 보호하게 한다는 점에서 긍정적으로 평가할 수 있을 것이다.[42]

또한 집합건물의 전유부분과 대지사용권이 분리되는 것을 최대한 억제하여 대지사용권 없는 구분소유권의 발생을 방지하고 집합건물에 관한 법률관계의 안정과 합리적 규율을 도모하려는 집합건물법 제20조의 취지에 비추어보더라도, 이 사건에서 매수인인 원고가 구분건물과 함께 대지사용권도 취득하는 것이 합리적이라고 할 수 있다.

Ⅵ. 결론

1. 대상판결에 대한 검토

대상판결의 사안에서 ① 이 사건 토지에 관하여 신탁을 원인으로 피고 명의의 소유권이전등기가 마쳐진 후, ② 구분건물에 관한 채무자회사(위탁자) 명의의 소유권보존등기, ③ 채권자회사(위탁자의 채권자)의 신청에 의한 구분건물에 관한 가압류등기가 마쳐진 후 ④ 구분건물에 관하여 신탁을 원인으로 피고 명의의 소유권이전등기가 마쳐졌다. 그리하여 대상판결은 피고가 구분건물을 위한 대지사용권을 취득하였다고 인정하였다.

(1) 피고는 먼저 토지에 대하여－신탁을 원인으로－소유권을 취득한 후 그 토지상에 건축된 구분건물에 대하여 다시－신탁을 원인으로－소유권을 취득함으로써, 수탁자로서 토지와 구분건물을 모두 소유하게 되었는바, 이 사건 토지에 관한 피고의 소유권은 구분건물을 위한 대지사용권에 해당한다.

(2) 전유부분에 대한 가압류의 효력은 종된 권리인 대지사용권에도 미친다. 이 사건에서는 대지사용권 성립 전에 구분건물의 전유부분에 가압류 집행이 이루어졌는데, 이러한 경우에도 그 가압류의 효력은 그 후 성립한 대지사용권에까지 미친다.

(3) 피고의 구분건물 소유권 취득은 이 사건 가압류의 집행보전의 목적을 달성하는 데 필

42) 부동호, 위의 글, 248－252면. 이 글에서는 이러한 사태의 해결 방안으로 '대지사용권의 처분일체성을 우위에 두는 견해'와 '신탁재산독립의 원칙을 우위에 두는 견해'를 상정하여 각 입장에 따른 결론을 도출하고 있다(247－249면). 나아가 이와 같은 신탁법과 집합건물법의 충돌상황을 조화롭게 해결할 수 있는 입법적 조치로서, 집합건물법 제20조를 개정하여 등기할 수 있는 대지사용권인 경우에는 대지권등기가 된 경우에만 대지사용권의 종속적 처분일체성을 인정하는 방법과 신탁법을 개정하여 구분건물과 대지소유권이 서로 다른 신탁재산에 속하지 않도록 제한하는 방법을 제안하고 있다(252면).

요한 범위에서 채권자회사에 대한 관계에서 상대적으로 무효이다.

그런데 그와 같이 '상대적으로 무효'인 구분건물 소유권취득에 의하여 비로소 구분건물을 위한 대지사용권이 성립하고, 대지사용권의 처분일체성 법리에 따라 구분건물 가압류—그로 인하여 피고의 구분건물 소유권 취득이 상대적으로 무효로 되는—의 효력이 대지사용권에까지 미치게 되어, 그 가압류에 기초한 경매에서 대지사용권까지 함께 매각되었다는 결론은 논리적으로 모순이다.

'가압류에 반하는 처분행위'를 가압류채권자에게 주장할 수 없다면, '가압류에 반하는 처분행위'에 의한 대지사용권의 성립도 주장할 수 없다고 하여야 한다. 가압류채권자에게 주장할 수 없는 처분행위에 의하여 취득한 대지사용권이, 그 가압류에 기초한 경매에서 '처분일체성' 법리에 따라 구분건물 매수인(원고)에게 이전된다는 것은 가압류의 처분금지효의 취지에 부합하지 않는다.

(4) 신탁법 제22조 제1항에 의하면 '신탁 전의 원인으로 발생한 권리에 기한 경우에는 신탁재산에 대한 강제집행 등이 가능하다. 따라서 구분건물이 신탁재산이 되기(④) 전에 신탁 전의 원인으로 발생한 권리에 기하여 구분건물에 실행된 가압류(③)에 기초한 경매절차는 허용된다. 그런데 구분건물에 대한 가압류(③)는 토지에 관하여 신탁이 설정(①)된 이후의 것이어서, 토지에 관한 한 '신탁 전의 원인으로 발생한 권리'에 해당하지 않으므로, 구분건물에 대한 경매절차에서 토지는 매각 대상이 될 수 없다.

대상판결은 집합건물법에 의한 대지사용권의 처분일체성과 신탁법에 의한 신탁재산에 대한 강제집행 제한의 충돌문제를 정면으로 다루지는 않았으나, '대지사용권의 전유부분 처분에의 종속적 처분일체성'에 의하여 구분건물(전유부분)과 함께 토지(대지사용권)도 매각되는 것으로 판단하였다.

법원의 경매절차를 신뢰한 매수인을 보호하고, 집합건물의 전유부분과 대지사용권의 분리를 억제하여 대지사용권 없는 구분소유권의 발생을 방지하고 집합건물에 관한 법률관계의 안정과 합리적 규율을 도모하려는 집합건물법의 취지에 비추어보면, 결론에 있어서 대상판결은 타당하다.[43)]

2. 문제점-대지사용권의 처분일체성 인정과 담보신탁의 (우선)수익자 보호 문제

대상판결은 전유부분에 대한 대지사용권의 종속적 처분일체성을 인정하여 이 사건 토지도 매각의 대상으로 인정하였다. 경매절차에서 매수인은 구분건물 및 토지에 대한 매각대금을 모두 납부하였으므로, 토지소유자인 수탁자(피고)로서는 토지소유권에 대해 손해를 입은 것이 없

43) 대상판결의 결론에 찬성하는 취지의 평석으로, 노혁준, "2021년 신탁법 중요판례평석", 『BFL』(서울대학교 금융법센터, 2022), 제113권, 123-125면.

다고 볼 수도 있다.

다른 한편 부동산담보신탁의 경우 위탁자(채무자)가 자신의 채무를 담보하기 위하여 그 소유 부동산에 신탁을 설정하고, 채권자가 그 신탁의 선순위 수익권을 취득하며, 피담보채무에 대한 기한이익상실 등 일정한 사유가 발생하면 선순위수익자에게 신탁재산의 배당이나 원본교부 등이 이루어지게 된다. 그런데 자신의 채권에 대한 담보로 토지에 대하여 담보신탁을 설정받은 수익자(채권자)로서는 원하지 않는 시기에 뜻하지 않게 담보권이 실행되는 것과 유사한 결과가 된다. 더욱이 이 사건의 경우처럼 토지와 구분건물의 각 담보신탁의 우선수익자가 다른 경우에는 더욱 문제이다. 이러한 결과는 수익자 보호가 미흡해지고 나아가 담보신탁제도의 안정성에 부정적 영향을 미칠 우려가 있다.

3. 해결 방안

이와 같은 집합건물법에 의한 대지사용권의 처분일체성과 신탁법에 의한 신탁재산에 대한 강제집행 제한의 충돌 상황을 해결하는 방안으로는, (1) 토지에 대한 신탁 당시 그 지상에 구분건물의 신축·분양과 대지권 성립이 예정되어 있었던 경우에는 신탁법 제22조 제1항 단서를 유추(확대)적용하여, 구분건물에 대한 경매의 효력이 대지사용권에도 미치는 것으로 인정하는 방안을 생각할 수 있다. 또한 (2) 신탁법 제22조 제1항에, 집합건물법 제20조 제1항과 같은 내용을 규정하는 방안, 즉 신탁 전의 원인으로 발생한 권리에 의하여 구분건물이 강제집행되는 경우 그 효력이 대지사용권에도—토지소유권에 대한 신탁 여하를 불문하고—미칠 수 있도록 하는 방안도 입법론으로서 고려할 수 있을 것이다.

최근 가족법 개정의 문제점*

김 상 용**

Ⅰ. 들어가는 말

최근 10년간 친족법 분야에서 네 차례의 중요한 개정이 있었다. 친권상실 등에 관한 2014년 개정(법률 제12777호. 2014. 10. 15. 개정. 2015. 10. 16. 시행), 면접교섭권에 관한 2016년 개정(법률 제14278호. 2016. 12. 2. 개정. 2017. 6. 3. 시행), 친생추정에 관한 2017년 개정(법률 제14965호. 2017. 10. 31. 개정. 2018. 2. 1. 시행), 징계권을 삭제한 2021년 개정(법률 제17905호. 2021. 1. 26. 공포, 시행)이 그것이다. 이들 개정 법률은 모두 자녀의 복리와 밀접하게 관련이 되어 있는데, 각각 적지 않은 문제점이 있어서 재개정이 불가피하다는 비판이 제기되기도 하였다. 아래에서 위 각 개정 법률의 문제점과 개선방안을 간략히 짚어본다.

Ⅱ. 친권상실에 관한 2014년 개정법[1]

1. 개정민법의 친권상실사유 - 친권남용으로 인한 자녀의 복리침해

2014년에 개정된 제924조는 "부 또는 모가 친권을 남용하여 자녀의 복리를 현저히 해치거나 해칠 우려가 있는 경우" 친권의 상실 또는 일시 정지를 선고할 수 있다고 규정한다. 개정 전 제924조는 "부 또는 모가 친권을 남용하거나 현저한 비행 기타 친권을 행사시킬 수 없는 중대한 사유"를 친권상실의 원인으로 규정하고 있었다. 개정 전과 후를 비교해 보면, 개정 전에는 '친권의 남용', '현저한 비행', '기타 친권을 행사시킬 수 없는 중대한 사유'가 각각 독립적인 친권상실의 원인이 되어 이 중 어느 하나에 해당하면 친권상실선고를 할 수 있었으나, 개정민법 제924조에 따르면 '친권의 남용'과 그로 인한 '자녀의 복리침해'라는 두 가지 요건이

* "잊히지 않은 자는 죽은 것이 아니다." 최종길 교수님을 기억하고 그 시대의 아픔을 잊지 않은 사람들이 있는 한, 교수님은 우리와 함께 하실 것입니다.

** 중앙대학교 법학전문대학원 교수

1) 이 부분은 필자의 논문, "아동학대방지와 피해아동보호를 위한 친권법의 개정", 『중앙법학』 제18집 제4호(2016. 12.)을 기초로 작성되었음.

충족되는 경우에 한하여 친권의 상실(또는 일시 정지) 선고를 할 수 있다. 자녀의 복리가 침해되지 않는 경우에는 친권의 상실 또는 일시 정지의 선고를 할 필요가 없는 것이므로, 여기서 자녀의 복리침해라는 요건은 당연한 이치를 규정한 데 지나지 않는다.

2. 친권상실사유 중 ‘현저한 비행’과 ‘친권을 행사할 수 없는 중대한 사유’의 삭제

위에서 본 바와 같이 개정 전 제924조는 ‘친권의 남용’, ‘현저한 비행’, ‘기타 친권을 행사시킬 수 없는 중대한 사유’를 각각 독립적인 친권상실의 원인으로 규정하고 있었다. 그러나 개정민법 제924조는 ‘현저한 비행’, ‘기타 친권을 행사시킬 수 없는 중대한 사유’를 합리적인 이유 없이 삭제하여, 친권상실의 원인을 축소시키는 결과를 가져왔다.

친권상실의 원인 중에서 현저한 비행을 삭제한 것에 대해서는 찬성하는 의견도 있으나,[2] 이 점에 대해서는 신중한 검토가 필요하다고 생각된다. 예를 들어 친권자인 부 또는 모가 살인이나 성범죄 등을 저질러 교도소에서 복역하고 있는 경우에는 자녀의 복리를 위하여 친권을 상실시킬 필요가 인정될 수 있을 것이다. 그러나 이러한 사례에 대해서는 개정된 제924조의 요건(친권의 남용으로 인한 자녀의 복리침해)을 적용하여 친권상실선고를 할 수 없다. 친권자인 부 또는 모가 제3자에 대하여 범죄를 행한 경우를 친권의 남용에 해당한다고 볼 수는 없기 때문이다. 개정 전 제924조에 따르면 이런 경우 ‘현저한 비행’에 해당하는 것으로 보아서 친권상실선고를 할 수 있었을 것이다. 결과적으로 개정법에 의하면 ‘현저한 비행’으로 인하여 자녀의 복리가 침해된 경우에는 친권의 상실이나 일시 정지를 선고할 수 없게 되었는데, 자녀의 복리침해라는 동일한 결과가 발생하였음에도 그 원인이 무엇이냐에 따라 친권상실선고를 할 수 있는가의 여부가 갈린다는 것은 납득이 가지 않는다.

친권상실의 원인 중에서 ‘기타 친권을 행사시킬 수 없는 중대한 사유’를 삭제한 것도 문제가 있다. 개정 전 제924조의 ‘기타 친권을 행사시킬 수 없는 중대한 사유’란 객관적인 사정에 비추어 볼 때 친권자에게 자녀의 적절한 보호와 양육을 기대할 수 없는 경우로서 친권자의 고의나 과실 유무는 묻지 않는 것으로 해석되어 왔다.[3] 예를 들면 친권자의 소재불명, 장기간의 의식불명, 중병, 정신질환 등으로 인한 의사능력의 부족(성년후견개시 심판을 받지 않았으나 의사능력이 현저히 부족한 경우) 등이 ‘기타 친권을 행사시킬 수 없는 중대한 사유’에 해당하는 것으로 이해되었다. 그런데 친권상실의 원인 중에서 ‘기타 친권을 행사시킬 수 없는 중대한 사유’를 삭제한 결과, 이제는 위에서 열거한 사정(친권자의 소재불명 등)이 있는 경우에도 친권상실선고를 할 수 없게 되었다.[4] 다만 이와 같은 경우는 개정민법 제924조의2가 친권 일부 제한의 요건으

---

2) 윤진수, 친족상속법 강의, 박영사, 2018, 249면.
3) 김주수 · 김상용, 친족 · 상속법, 법문사, 2013, 428면.
4) 박주영, “개정 민법상 친권제한제도의 평가와 향후 과제”, 『성균관법학』 제27권 제3호(2015. 9.), 141면.

로 규정하고 있는 '친권행사가 곤란하거나 부적당한 사유'에 해당되어 친권의 일부 제한이 가능할 것이다. 그러나 자녀의 복리에 비추어 볼 때 친권 전부를 상실시키는 것이 필요하다고 판단되는 때조차도 법률의 흠결에 의하여 친권상실선고를 할 수 없고, 친권의 일부 제한을 선고할 수밖에 없다는 것은 불합리하다.

3. 대안의 제시

위에서 친권의 상실과 관련된 문제점을 살펴보았는데, 이에 대한 하나의 개선안을 제시해 본다. 친권상실 사유로서 지난 민법개정에 의해서 삭제된 '현저한 비행', '기타 친권을 행사시킬 수 없는 중대한 사유'를 다시 회복시킬 필요가 있다고 생각된다.[5] 개정민법상 친권 상실 또는 일시 정지의 요건으로 규정되어 있는 '친권의 남용'만으로는 아동의 복리를 침해하는 다양한 사건(특히 아동학대사건)에 대해서 적절하게 대응하는 것이 불가능하기 때문이다. 예를 들어 부(父)가 자녀를 강간하거나 추행한 사건에 있어서 그 부의 친권을 상실시켜야 한다는 점에 대해서는 이견(異見)이 없을 것이다. 그러나 부에 의한 자녀의 강간이나 추행이 친권의 남용에 해당한다고 보기는 어렵다. 친권은 자녀의 보호와 양육을 위하여 국가가 부모에게 부여한 권리이자 의무이며, 친권의 남용이란 친권 본래의 취지 및 목적을 벗어나 친권을 부당하게 행사하는 것을 말한다.[6] 예를 들어 부모는 친권의 일부인 징계권[7]을 행사할 수 있으나, 그것이 과도하여 친권 본래의 취지 및 목적을 벗어나 자녀의 복리를 해치는 경우에는 친권의 남용에 해당될 수 있다. 따라서 친권남용에 해당하려면 일단 친권의 행사에 해당하는 행위(법률행위와 사실행위를 포함한다)가 있어야 하고, 그 행위가 친권 본래의 취지 및 목적을 벗어나 자녀의 복리를 해치는 것이어야 한다. 그런데 부모가 자녀를 강간하거나 추행하는 행위는 처음부터 친권의 행사와는 아무런 관련이 없기 때문에 이 경우에는 친권의 행사가 있었다고 볼 수 없으며, 따라서 친권의 남용에 해당한다고 판단할 수도 없다.[8] 친권상실에 관한 법원의 실무가 부(父)

---

5) 물론 아동복지법에는 여전히 '현저한 비행'과 '그 밖에 친권을 행사할 수 없는 중대한 사유'가 독립된 친권상실 사유로 규정되어 있다(아동복지법 제18조). 그러나 아동복지법에 이러한 규정이 남아 있다고 해서 민법에 규정되어 있던 친권상실 사유를 대안 없이 삭제한 것이 합리화되거나 정당화될 수는 없다. 그런 방식의 논리를 전개한다면 민법에 친권상실선고에 관한 규정을 굳이 따로 둘 필요가 없다는 주장도 성립할 수 있기 때문이다. 친권상실 등에 관한 규정은 민법 이외에도 아동복지법, 아동·청소년의 성보호에 관한 법률, 가정폭력범죄의 처벌 등에 관한 특례법, 아동학대처벌법 등 여러 법률에 산재되어 있으나, 적어도 기본법인 민법에서 친권상실 등에 관하여 규정할 때에는 자기완결적인 구조를 갖출 필요가 있다고 본다.

6) 친권의 남용이란 친권의 본래 목적인 자녀의 복리에 현저히 반하는 방식으로 친권을 행사하는 것(적극적 남용)은 물론, 의도적으로 친권을 행사하지 않아서 자녀의 복리를 해치는 것(소극적 남용)까지를 포괄하는 개념이다. 김주수·김상용, 친족·상속법, 법문사(2023), 468면.

7) 민법 제915조에 규정되어 있던 징계권은 2021년 민법일부개정으로 삭제되었으나, 이와 관계없이 부모는 친권에 근거하여 양육에 필요한 한도에서 적절히 자녀를 징계할 수 있다고 해석된다. 자세한 내용은 후술하는 V. 부분 참조.

8) 자녀에 대한 추행, 강간 등의 성적 학대에 대해서는 '기타 친권을 행사시킬 수 없는 중대한 사유'에 해당한다고

에 의한 자녀의 강제추행, 강간 등의 사건에 있어서 일관되게 '친권을 행사시킬 수 없는 중대한 사유'가 있는 것으로 판단하여 친권상실선고를 해왔던 것도 이러한 해석론을 뒷받침한다.9) 부모가 자녀를 강간하거나 추행하는 행위가 '현저한 비행'인가, 또는 '친권을 행사시킬 수 없는 중대한 사유'에 해당하는가에 대해서는 견해의 차이가 있을 수 있으나, 적어도 친권의 남용에 해당하지 않는다는 점은 분명해 보인다.

결국 2014년 개정민법 규정과 같이 친권 상실의 요건을 친권의 남용으로 한정하는 경우에는 자녀의 복리가 침해되는 다양한 사례에 대해서 대응하는 데 명백한 한계가 있을 수밖에 없으며, 이는 결국 법률의 흠결을 의미하는 것이다. 2014년 민법개정 시 친권 상실의 요건을 축소시킨 이유는 알려져 있지 않지만, 이로 인하여 발생한 법률의 흠결을 해소하려면 지난 민법개정에 의해서 삭제된 '현저한 비행', '기타 친권을 행사시킬 수 없는 중대한 사유'를 다시 회복시키는 것이 필요하다고 본다.

Ⅲ. 친생추정에 관한 2017년 개정법10)

1. 민법 제844조 제2항에 대한 헌법불합치 결정과 그에 따른 개정법의 주요 내용

2015년 헌법재판소는 구 민법 제844조 제2항 중 "혼인관계종료의 날로부터 300일 내에 출생한 자"에 관한 부분이 모가 가정생활과 신분관계에서 누려야 할 인격권 및 행복추구권, 개인의 존엄과 양성의 평등에 기초한 혼인과 가족생활에 관한 기본권을 침해한다고 판단하여 헌법불합치결정을 선고하였다.11) 사안의 개요는 다음과 같다: 갑(모)이 을(전 남편)과 이혼한 후 약 8개월 만에 병(동거남)과의 사이에서 임신한 자녀 정을 출산하였는데, 당시 시행되던 법률(민법, 가족관계등록법)에 따르면 정은 전 남편 을의 친생자로 추정되어 일단 을의 자녀로 출생신

보는 견해(최금숙, "아동학대와 친권상실에 관한 고찰", 『법학논집』 제8권 제1호(2003), 95면)가 있는가 하면, '현저한 비행'에 해당한다는 견해도 있다(윤진수 편집대표, 주해친족법 제2권(집필자: 권재문), 박영사, 2015, 1128면).

9) '현저한 비행 기타 친권을 행사시킬 수 없는 중대한 사유'에 해당한다고 본 심판도 있다(예컨대 서울가정법원 2015. 7. 20. 2014느합30218 심판 등). 그러나 대부분의 심판은 '친권을 행사시킬 수 없는 중대한 사유'가 있다고 보았다(예컨대, 서울가정법원 2014. 5. 26. 2014느합30022 심판: "친권자는 자를 보호하고 교양할 권리와 함께 이를 이행하여야 할 의무가 있다고 할 것인데, 상대방은 스스로 친권자임을 포기하고 친딸인 사건본인들에게 위와 같은 반인륜적인 범죄행위를 저질렀으므로, 상대방에게는 사건본인들에 대한 친권을 행사시킬 수 없는 중대한 사유가 있다고 봄이 상당하다."; 청주지방법원 2013. 2. 4. 2012느합8 심판; 서울가정법원 2012. 10. 8. 2012느합237 심판; 서울가정법원 2011. 6. 21. 2010느합259 심판; 서울가정법원 2010. 4. 20. 2010느합12 심판 등).

10) 이 부분은 필자의 논문, "법무부 친생추정조항 개정안에 대한 비판적 고찰", 『중앙법학』 제19집 제3호(2017. 9.); "친생추정에 관한 2017년 개정민법 규정의 문제점", 『법학논문집』 제42권 제1호(2018. 4.)을 기초로 작성되었음.

11) 헌재결 2015. 4. 30. 2013헌마623.

고를 한 후 친생부인의 소를 거쳐야만 생부 병이 인지를 할 수 있었다. 이에 갑은 "혼인종료 후 300일 내에 출생한 자를 전 남편의 친생자로 추정하는 민법 제844조로 인하여 모의 기본권(모가 가정생활과 신분관계에서 누려야 할 인격권, 혼인과 가족생활에 관한 기본권)이 침해된다"고 주장하면서 헌법소원심판을 청구하였다.

위 헌법재판소 결정은 혼인관계 종료 후 300일 내에 출생한 자녀가 전 남편의 친생자가 아님이 명백하고 생부가 그 자녀를 인지하려는 경우에도, 모가 그 자녀를 일단 전 남편의 자녀로 출생신고한 후 친생부인의 소를 제기해야만 하는 방식의 문제점을 지적하고, 이에 대한 개선을 요구하였다.

2017년 개정민법은 이 문제를 해결하기 위하여 다음과 같은 방식을 채택하였다. ① 혼인관계 종료의 날부터 300일 내에 출생한 자녀는 모가 혼인 중에 임신한 것으로 추정하여 전 남편의 친생자로 추정한다(제844조 제1항, 제3항. 이 점에 있어서 개정법은 개정 전과 달라진 것이 없다). ② 혼인관계 종료의 날부터 300일 내에 출생한 자녀는 전 남편의 친생자로 추정되지만, 혼인 중에 출생한 자녀와는 달리 친생부인의 소가 아니라 친생부인의 허가를 받아 친생자관계를 부인할 수 있다(제854조의2 제1항 본문). 친생부인의 허가 심판은 친생부인의 소와는 달리 가사소송절차가 아니라 가사비송절차이므로 절차가 간이한 것이 장점이라고 설명되었다. ③ 혼인관계 종료의 날부터 300일 내에 출생한 자녀에 대해서 출생신고가 된 경우에는 친생부인의 허가를 청구할 수 없다(제854조의2 제1항 단서). 즉 모(母)나 모의 전 남편이 친생부인의 허가 심판을 청구하려는 경우에는 자녀의 출생신고를 미루어야 하며, 법원에서 친생부인의 허가 심판이 확정된 후에야 비로소 출생신고를 할 수 있다.

2. 개정법(민법 제854조의2)과 출생신고 규정과의 부조화

(1) 이와 같은 개정법 규정은 가족관계등록법의 출생신고 규정과 조화될 수 없다는 점에서 문제가 있다. 가족관계등록법에 따르면 출생신고는 자녀의 출생 후 1개월 이내에 하도록 되어 있는데(가족관계등록법 제44조 제1항: 출생의 신고는 출생 후 1개월 이내에 하여야 한다), 개정법 규정과 같이 친생부인의 허가 심판이 확정된 후에 비로소 출생신고를 하여야 한다면 이 기간 내에 출생신고가 이루어질 것을 기대하기는 어렵기 때문이다(물론 친생부인의 허가 청구를 하기 전에도 출생신고를 할 수는 있다. 그러나 이 경우에는 모의 전 남편을 자녀의 아버지로 하여 출생신고를 하여야 하므로, 자녀의 가족관계등록부에 모의 전 남편이 아버지로 등록되며, 모나 모의 전 남편은 친생부인의 허가 청구를 할 수 없게 되고, 친생부인의 소를 제기하여야 한다. 이렇게 되면 결과적으로 개정 전과 아무런 차이가 없게 되므로, 결국 개정의 의의가 상실된다).

친생부인의 허가 심판이 가사비송사건으로서 가사소송사건에 비하여 절차가 간이하다고 설명되고 있지만, 친생자관계의 부인이라는 중요한 문제를 다루는 재판이라는 점을 고려해 볼 때 자녀의 출생일로부터 1개월 내에 심판이 확정될 것으로 기대하기는 어렵다. 친생부인의 허가 심판을 받으려면 유전자검사결과를 제출해야 하는데, 검사기관에 따라 차이는 있지만 국립대학병원의 경우에는 검사결과가 나올 때까지 보통 15일에서 20일 정도가 걸린다고 한다. 또한 친생부인의 허가 심판에 대해서는 즉시항고가 가능하므로(가사소송규칙 제61조의2), 즉시항고 기간이 경과하여야 심판이 확정된다(즉시항고 기간은 즉시항고를 할 수 있는 자[12]와 청구인이 심판을 고지받은 날부터 14일이다. 가사소송법 제43조 제5항, 가사소송규칙 제31조). 즉시항고 기간이 경과하여 친생부인의 허가 심판이 확정되면 비로소 자녀의 출생신고를 할 수 있게 되는데, 위와 같은 과정을 고려해 볼 때 법원에서 아무리 신속하게 심판을 한다고 해도 자녀가 출생한 날부터 1개월 내에 출생신고를 마친다는 것은 사실상 불가능하다. 2019년 1월 1일부터 2019년 8월 31일까지 친생부인의 허가 청구를 접수하여 처리(인용 또는 기각)하는 데 걸린 기간은 평균 70일인 것으로 나타났다.[13] 친생부인의 허가 심판이 법률상 부자관계의 소멸이라는 중요한 문제를 다루는 재판이라는 점을 고려해 볼 때 이 정도의 기간이 걸리는 것을 문제 삼을 수는 없다고 본다. 문제의 본질은 친생부인의 허가라는 제도 자체가 출생신고 기간의 위반을 전제로 하지 않으면 활용될 수 없다는 점이다.

(2) 한편 2023년에 가족관계등록법이 개정되어 출생통보제[14]가 도입되면서 친생부인의 허가 청구에 관한 민법 제854조의2 규정은 사실상 사문화될 운명에 놓여 있다. 출생통보제가 시행되면 출생신고의무자인 부모가 출생신고 기간(자녀의 출생일부터 1개월) 내에 출생신고를 하지 않은 경우에도 새로 마련된 시스템에 의해 다음과 같이 출생등록이 이루어진다. 즉, ① 자녀가 의료기관에서 출생한 경우 의료기관의 장은 출생일부터 14일 이내에 건강보험심사평가원에 출생정보(모의 성명, 주민등록번호, 자녀의 성별, 출생연월일시 등)를 제출 → ② 건강보험심사평가원은 지체 없이 시·읍·면의 장에게 출생사실을 통보 → ③ 출생통보를 받은 시·읍·면의 장은 출생신고가 되었는지 확인하고, 출생신고 기간인 1개월이 지나도록 출생신고가 되지 않으면 신고의무자에게 7일 이내에 출생신고를 할 것을 최고 → ④ 최고기간 내에 출생신고를 하지 않는 경우 감독법원의 허가를 받아 직권으로 가족관계등록부에 출생을 기록.

이와 같은 절차를 통해 일단 자녀의 출생등록이 이루어지면, 법원은 친생부인의 허가 심판을 할 수 없게 된다. 제854조의2 규정에 따르면 친생부인의 허가 심판은 출생신고가 되기 전까지만 할 수 있기 때문이다. 그런데 위와 같은 절차를 거쳐 직권으로 출생등록이 이루어지는 경우에는 제844조에 의하여 모의 전 남편이 자녀의 부(父)로 기록되므로, 모는 개정 전과

12) 민법 제854조의 제1항에 규정된 자(모와 모의 전 남편)를 말한다. 가사소송규칙 제61조의2.

13) 신일수, 제854조의2에 따른 친생부인의 허가 청구 및 제855조의2에 따른 인지의 허가 청구에 관한 법원의 실무례, 현행민법상 친생추정조항의 문제점과 개선방안(한국가정법률상담소 창립 63주년 개념 심포지엄 자료집, 2019.), 94면.

14) 가족관계등록법 제44조의3 - 제44조의5. 법률 제19547호. 2023. 7. 18. 개정. 2024. 7. 19. 시행.

같이 친생부인의 소를 제기할 수밖에 없게 된다. 이렇게 되면 2017년 민법일부개정에 의해서 친생부인의 허가 청구를 도입한 취지는 사실상 몰각될 것이다.

3. 개정법(민법 제854조의2)에 의한 아동의 기본권 침해 문제

개정법의 위와 같은 구조는 결국 아동의 권리를 침해한다는 점에서 심각한 문제가 있다. 유엔아동권리협약에도 규정되어 있듯이(유엔아동권리협약 제7조 제1항. “아동은 출생 후 즉시[15] 등록되어야 한다. The child shall be registered immediately after birth.”), 이 세상에 태어난 아동은 누구나 출생 후 신속하게 등록될 권리를 갖는다. 이러한 아동의 기본적 권리를 보호하기 위하여 각국의 법률은 출생 후 일정한 기간 내에 출생신고가 이루어질 수 있도록 일정한 범위의 사람이나 기관에 대하여 출생신고 의무를 부과하고 있다. 우리나라는 출생신고 기간을 1개월로 정하고 있는데, 이는 외국과 비교해 볼 때 이례적으로 긴 기간이라고 할 수 있다.[16] 그러나 개정법에 따르면, 출생신고 기간으로서는 이례적으로 긴 1개월이라는 기간 내에도, 친생부인의 허가 심판을 거쳐 출생신고를 하는 것은 사실상 불가능하다. 개정법의 입법자들은, 혼인관계 종료의 날부터 300일 내에 출생한 자녀가 전 남편의 친생자가 아님이 명백한 경우에도, 모가 그 자녀를 일단 전 남편의 자녀로 출생신고한 후 친생부인의 소를 제기해야만 하는 법구조가 “모가 가정생활과 신분관계에서 누려야 할 인격권 및 행복추구권, 개인의 존엄과 양성의 평등에 기초한 혼인과 가족생활에 관한 기본권”을 침해한다고 판단하여, 개선입법을 마련하였다. 이에 따라 혼인관계 종료의 날부터 300일 내에 자녀가 태어난 경우, 이제 모는 그 자녀를 전 남편의 친생자로 출생신고 하지 않은 상태에서 친생부인의 허가를 받아 모의 혼인외의 자로 출생신고를 할 수 있게 되었다. 이러한 개정을 통하여 모의 기본권 침해의 문제는 해결되었는지 모르겠으나, 아동의 기본권 침해라는 새로운 문제가 발생하였음을 간과하여서는 안 될 것이다. 모의 기본권을 침해하는 위헌적인 법률을 개정하는 과정에서 아동의 기본권을 침해하는 위헌적인 법률이 탄생한 것이다.[17] 법무부와 국회에서 이 문제를 인식하지 못하고 제854조의2 규정을 신설하였다면, 법체계 전반에 대한 이해가 부족한 상태에서 새로운 제도를 설계하였다는 비판을 피할 수 없을 것이다. 만약 법무부와 국회가 제854조의2 규정과 가족관계등록법의 출생신고 기간이 조화될 수 없다는 사실을 알면서도 이와 같은 개정을 강행하였다면, 아동의 복리에 대한 기본 인식이 결여되어 있다는 비판을 받아 마땅하다.

---

15) 유엔아동권리협약은 ‘즉시’가 어느 정도의 기간을 의미하는지에 대해서는 규정하지 않고 있다. 그러나 출생신고 기간이 날이나 주 단위로 정하여져야 하고, 월이나 연(年) 단위로 정하여져서는 안 된다는 점은 명확하다(Schmahl, Kinderrechtskonvention, 2017, S. 131). 이렇게 볼 때 출생신고 기간을 1개월로 정하고 있는 우리 가족관계등록법 규정은 출생등록에 관한 유엔아동권리협약의 규정을 충족시키지 못한다고 생각된다.

16) 외국은 우리에 비하여 출생신고 기간이 훨씬 짧다. 예: 독일 7일, 프랑스 3일, 일본 14일, 오스트리아 7일, 스위스 3일 등.

17) 헌재결 2023. 3. 23, 2021헌마975는 태어난 즉시 출생등록될 권리를 인간의 기본권으로 인정하였다.

4. 대안의 제시

(1) 개정민법은 혼인관계 종료 후 300일 내에 출생한 자녀를 모의 전 남편의 친생자로 추정한다(제844조 제1항, 제3항). 즉 그 자녀는 모와 모의 전 남편 사이에서 출생한 혼인중의 자의 신분을 가지게 되며, 모의 전 남편은 친생부인의 허가 심판이 확정되어 친생부인의 효력이 발생할 때까지 자녀의 법률상의 부(父)의 신분을 유지한다. 그러나 이러한 추정이 오늘날 우리사회의 현실에 어느 정도 부합하는지에 대해서는 의문이 제기될 수 있다.[18] 혼인관계의 파탄과 그로 인한 이혼의 성립은 어느 날 갑자기 이루어지는 사건이 아니다. 혼인관계의 파탄은 장기간 진행되는 과정이며, 이혼으로 형식적인 혼인관계가 종료하기에 앞서 실질적인 부부관계는 이미 더 이상 존재하지 않는 경우가 대부분이다. 더구나 근래에 들어 성적 자유가 확산되고 있는 우리 사회의 분위기에 비추어 볼 때 모가 이혼 후 300일 내에 자녀를 출산한 경우, 그 자녀가 전 남편과의 혼인관계에서 임신되었을 것이라는 추정이 일반적인 경험칙에 부합하는지에 대해서는 본격적으로 논의를 해 볼 시점이 되었다고 본다.

외국에서도 이와 같은 배경에서 아내가 혼인 중에 임신하여 출산한 자녀라고 해도 남편의 자녀가 아닐 개연성이 높은 경우에는 처음부터 친생추정의 효력이 발생하지 않도록 친생추정을 배제하자는 주장이 제기된 바 있다. 이러한 주장은 모가 혼인 중에 임신하였다고 해도 이혼 후에 자녀를 출산한 경우에는 전 남편의 친생자로 추정되지 않도록 처음부터 친생추정을 배제하는 법개정으로 귀결되었다(독일,[19] 오스트리아,[20] 스위스,[21] 네덜란드[22] 등).[23]

이 나라들의 입법례에 나타난 공통점은 다음과 같이 정리될 수 있다. ① 모가 혼인 중에 자녀를 출산한 경우에는 그 남편을 자녀의 부(父)로 규정하며, 임신의 시기가 혼인 전이라도 관계없다(출생 시 기준의 원칙). ② 따라서 모가 이혼(혼인 취소, 무효)으로 인한 혼인관계의 종료 후에 자녀를 출산한 경우에는, 비록 혼인 중에 임신하였다고 해도, 전 남편은 그 자녀의 부가 되지 않는다. ③ 다만 남편의 사망으로 혼인관계가 종료한 경우에는 예외가 인정되어, 모가 남편의 사망 후 300일(독일, 스위스, 오스트리아) 또는 306일(네덜란드) 내에 자녀를 출산한 때에는

18) 민법 제844조 제2항 중 "혼인관계종료의 날로부터 300일 내에 출생한 자"에 관한 부분이 헌법에 합치되지 않는다고 판단한 헌법재판소 결정(헌재결 2015. 4. 30. 2013헌마623)도 이러한 문제의식을 제기하고 있다. "사회적으로 이혼 및 재혼이 크게 증가하고 법률적으로 여성의 재혼금지기간도 폐지되었으며 협의상 및 재판상 이혼에 필요한 시간이 상당히 늘어난 이상, 혼인 종료 후 300일 이내에 출생한 자가 부(夫)의 친자일 개연성은 과거에 비하여 크게 줄어들었다."

19) 독일민법 제1592조, 제1593조. BT-Drucks. 13/4899, S. 83.

20) 오스트리아민법 제144조 제1항.

21) 스위스민법 제255조.

22) 네덜란드민법 제199조.

23) 이외에 노르웨이(1981년 노르웨이 친자법 제3조), 덴마크(2001년 덴마크 친자법 제1조), 스웨덴(1977년 이후 태어난 자녀에 대해서 적용됨. Giesen, Schweden, in: Bergmann/Ferid/Henrich(Hrsg.), Internationales Ehe- und Kindschaftsrecht. Teil Ⅲ A 32 v. 1.7.2013.)도 이러한 입법태도를 취하고 있다.

사망한 전 남편이 자녀의 아버지가 된다. ④ 위의 나라들도 예전에는 이혼 후 일정한 기간(스위스: 300일, 독일, 오스트리아: 302일, 네덜란드: 306일) 내에 모가 자녀를 출산한 경우 전 남편의 자녀로 추정하는 규정을 두고 있었으나, 1990년대 후반부터 2000년대 초반 사이에 이루어진 개정에 의해서 전부 삭제되었다. 그 이유로는 ① 일반적인 경험칙에 비추어 모가 이혼 후 출산한 자녀는 전 남편의 자녀일 가능성이 낮다는 점(오스트리아 신분등록청의 조사에 따르면 이혼, 혼인취소, 무효 등으로 혼인관계가 종료한 후에 모가 출산한 자녀가 전 남편의 자녀인 경우는 매우 드물었다고 한다. 약 95%의 자녀는 전 남편이 아닌 제3자의 자녀로 밝혀졌다),[24] ② 그럼에도 불구하고 모가 이혼 후 일정한 기간 내에 출산한 자녀를 전 남편의 자녀로 추정할 경우, 일단 전 남편의 자녀로 출생신고를 한 후 친생부인 판결을 받아 자녀의 신분등록부를 다시 정정하는 절차를 밟아야 하는데, 이는 당사자에게 큰 부담이 될 뿐만 아니라 사회적으로도 불필요한 비용을 발생시킨다는 점 등을 들 수 있다.

따라서 이 나라들에서는 이혼 후 출생한 자녀는 일단 법률상의 부(父)가 없는 상태가 되므로, 출생신고를 할 때도 부는 기록되지 않는다. 법률상의 부자관계는 자녀의 출생신고 이후 생부(전 남편 또는 제3자)의 임의인지 또는 부자관계를 창설하는 재판절차를 통하여 발생한다.

(2) 위에서 본 외국의 입법례와 같이, 모가 이혼 후에 출산한 자녀를 전 남편의 자녀로 추정하지 않는다면, 출생 시에 모는 확정되지만 법률상의 부는 정해지지 않는다. 따라서 출생신고를 할 때에도 법률상의 부는 기록되지 않으며, 출생신고 후 임의인지 또는 재판상 인지에 의해서 법률상의 아버지가 확정될 것이다(모와 생부가 새로운 가정을 형성하여 공동으로 자녀를 양육하고 있다면 출생신고 후 즉시 생부가 인지할 수 있다). 이러한 방향으로 우리 민법이 개정된다면 모의 기본권도 침해되지 않고 자녀의 출생등록권 침해로 인한 문제도 생기지 않을 것이다.

2017년 개정민법은 이혼 후 300일 내에 출생한 자녀를 일단 모의 전 남편의 자녀로 추정하고, 자녀의 출생신고를 미루는 것을 전제로 하여 모의 기본권 침해의 문제를 해결하는 방식을 취하고 있는데, 이러한 해결방식은 자녀의 기본권인 출생등록권을 심각하게 침해한다는 점에서 도저히 받아들일 수 없는 것이다. 우리와 같은 문제를 먼저 경험한 외국에서 2017년 개정민법과 유사한 입법례를 찾아볼 수 없는 것은 결코 우연이 아니다. 이른바 선진국에서 이와 같이 아동의 기본적인 인권을 희생시키는 방식의 입법이 허용될 수 없다는 점은 명백하다. 자녀의 출생등록권은 다른 목적을 위해서 희생시킬 수 있는 성질의 권리가 아니다. 자녀의 출생등록권을 침해하는 친생부인의 허가제도(제855조의2 인지의 허가제도에도 같은 문제가 있다)를 마련한 법무부와 이를 아무런 논의 없이 통과시킨 국회는 이 점을 깊이 되새겨야 할 것이다.

---

24) 296 der Beilagen zu den Stenographischen Protokollen des Nationalrates XXI.GP(Nachdruck vom 14, 12. 2000). S. 50.

Ⅳ. 면접교섭권에 관한 2016년 개정법[25)]

(1) 2016년 민법개정 전에는 자녀와 부모 이외의 제3자(예컨대 조부모) 사이에 면접교섭이 허용되지 않았다. 따라서, 예를 들어, 이혼 후 부(父)가 양육자 및 친권자가 되어 실제로는 조부모가 자녀를 양육해 왔는데, 갑자기 부가 사망하여 모가 친권자가 된 후, 직접 자녀를 양육하면서 조부모와 자녀 사이의 교류를 방해하는 경우에도, 조부모에게는 면접교섭을 청구할 권리가 인정되지 않았다. 그러나 이에 대해서는 자녀의 정서적 안정과 인격의 원만한 성장을 위해서 조부모 등 자녀와 유대관계가 있는 사람들에게도 필요한 경우에는 자녀와 면접교섭을 할 수 있는 기회가 주어져야 한다는 주장이 계속 제기되었으며,[26)] 하급심에서 일부 반영되기도 하였다.[27)]

(2) 이러한 추세에 따라 2016년 민법개정에 의하여 부모 아닌 제3자(조부모)에게 면접교섭권을 인정하는 규정이 신설되었다(제837조의2 제2항: 자(子)를 직접 양육하지 아니하는 부모 일방의 직계존속은 그 부모 일방이 사망하였거나 질병, 외국거주, 그 밖에 불가피한 사정으로 자를 면접교섭할 수 없는 경우 가정법원에 자와의 면접교섭을 청구할 수 있다. 이 경우 가정법원은 자의 의사, 면접교섭을 청구한 사람과 자의 관계, 청구의 동기, 그 밖의 사정을 참작하여야 한다). 여기서 자녀를 직접 양육하지 않는 부모의 일방이 자녀를 면접교섭할 수 없는 "불가피한 사정"의 예로서 법제처 해설은 부모 일방의 중환자실 입원, 군복무, 교도소 수감 등을 들고 있다. 그런데 이 규정에 따르면 자녀를 직접 양육하지 않는 부모의 일방이 자녀에게 애정과 관심이 없어서 면접교섭을 회피하는 경우에는 조부모도 손자녀와의 면접교섭을 청구할 수 없는 것으로 해석된다. 조부모가 손자녀와의 면접교섭을 청구하려면, 자녀를 직접 양육하지 않는 부모의 일방에게 자녀를 면접교섭할 수 없는 "불가피한 사정"이 있어야 하기 때문이다. 그러나 자녀를 직접 양육하지 않는 부(父) 또는 모의 의사와 관계없이 조부모가 손자녀와의 면접교섭을 원하는 경우도 있을 수 있으므로, 조부모가 면접교섭을 청구할 수 있는 요건을 이와 같이 제한할 필요는 없다고 생각된다. 가정법원은 조부모와 자녀의 면접교섭이 자녀의 복리에 부합하는가의 여부를 고려하여 면접교섭의 허용여부를 판단할 것이기 때문이다. 따라서 "그 밖에 불가피한 사정으로 자를 면접교섭할 수 없는 경우"는 "그 밖의 사정으로 자를 면접교섭할 수 없거나 면접교섭하지 아니하는 경우"로 개정하는 것이 바람직하다고 본다. 이외에도 면접교섭을 청구할 수 있는 제3자의 범위를 부모 일방의 직계존속(조부모)으로 한정한 것은 개정법의 한계로 지적될 수 있다(예를 들어 형제자매,

25) 이 부분은 김주수 · 김상용, 친족 · 상속법, 법문사(2023), 224면 이하에 기초하여 작성하였음.

26) 김상용, "면접교섭권", 『법학연구』 제40권 제1호(1999. 12.); 김수정, "자녀의 최선의 이익과 면접교섭권", 『가족법연구』 제19권 제1호(2005); 현소혜, "조부모와 계부모 기타 친족의 면접교섭권: 해석론과 입법론", 『가족법연구』 제29권 제2호(2015) 등.

27) 수원지방법원 2013. 6. 28. 2013브33 결정은 헌법상 행복추구권을 근거로 형제간의 면접교섭을 인정한 바 있다.

이모 등에게는 여전히 면접교섭권이 인정되지 않는다).

V. 징계권 삭제에 관한 2021년 개정법[28)]

1. 징계권 삭제에 대한 문제의 제기

2021년 민법일부개정으로 징계권에 관한 민법 제915조가 삭제되었다. 이 규정이 친권자의 아동학대를 정당화하는 데 악용될 소지가 있다는 것이 그 이유였다. 입법자는 징계권 규정을 삭제하면, 친권자에 의한 아동학대가 줄어드는 효과가 있을 것이라고 기대한 듯하다. 그런데 이러한 단순한 기대에서 출발한 징계권 규정의 삭제는 다음과 같은 두 가지 의문점을 남기고 있다. 첫째, 징계권에 관한 규정이 친권자의 아동학대를 정당화하는 기능을 해왔는가에 대한 의문이다. 개정 전에도 징계권의 행사가 친권남용에 해당하면 민법 제924조 이하 규정에 따라 친권의 상실이나 일시 정지, 제한 등의 조치가 가능하다는 점에는 의문의 여지가 없었다.[29)] 따라서 징계권 규정이 친권남용에 의한 아동학대를 정당화하는 기능을 하였다는 주장은 개정 전 민법체계에 대한 오해에서 비롯된 것으로 보인다. 둘째, 징계권에 관한 규정이 삭제된 현재의 법상태에서는 자녀가 어떠한 행동을 하더라도 친권자가 아무런 징계도 할 수 없는가에 대한 의문이다. 징계권이 삭제되었다고 해도 부모가 양육과정에서 자녀의 태도를 바로잡기 위해 적절한 징계를 하는 것은 불가피하고, 이는 친권에 근거하는 당연한 권리이자 의무라고 볼 수 있다. 다만 문제가 되는 점은 징계권의 행사로서 허용되는 행위와 금지되는 행위의 경계를 정하는 것인데, 개정법은 징계권에 관한 규정을 단순히 삭제하는 데 그침으로써 이에 대해서는 아무런 기준도 제시하지 않았다.

2. 징계권의 삭제와 징계의 금지

민법에서 징계권을 삭제했다고 해서 이것이 곧 모든 징계의 금지를 의미하는 것은 아니다. 징계권에 관한 규정이 없어도 부모는 친권(양육권)에 근거하여 자녀를 적절한 범위에서 징계할 수 있다고 해석되기 때문이다. 부모가 양육과정에서 자녀를 바르게 인도하기 위하여 적절히 벌을 주거나 혼을 내는 일은 불가피한데, 이러한 것은 정당한 친권의 행사로서 자녀에 대

---

28) 이 부분은『중앙법학』제25집 제4호(2023. 12.)에 게재 예정인 필자의 논문, "민법에서의 징계권 삭제 - 그 의미와 한계"를 기초로 작성하였음.

29) 김주수 · 김상용, 친족 · 상속법, 2019, 437면; 대판 1969. 2. 4. 68도1793(피고인이 만4세인 그 아들을 대소변을 가리지 못한다고 닭장에 가두고 전신을 구타한 것은 민법 제915조가 말하는 친권자가 그 아들을 보호 또는 교양하기 위하여 필요한 징계행위에 해당한다고 볼 수 없다); 대판 2002. 2. 8. 2001도6468(친권자는 자를 보호하고 교양할 권리의무가 있고, 그 자를 보호 또는 교양하기 위하여 필요한 징계를 할 수 있기는 하지만, 인격의 건전한 육성을 위하여 필요한 범위 안에서 상당한 방법으로 행사되어야만 할 것이다).

한 징계에 해당한다. 우리 사회에서 '징계'라는 용어가 주는 막연한 거부감 때문에 징계 대신 훈육과 같은 순화된 용어를 사용하자는 의견이 있을 수 있으나, 우리말에서 '징계'의 사전적 의미는 "허물이나 잘못을 뉘우치도록 나무라며 경계함"(표준국어대사전)으로서 자녀에 대한 강한 체벌이나 엄격한 처벌을 뜻하지 않는다. 예를 들어 부모는 자녀에 대하여 야간 외출금지, 게임시간 제한, 컴퓨터 사용시간 제한, 위험한 물건의 압수 등과 같은 조치를 취할 수 있는데, 이는 양육에 필요한 징계의 수단으로 이해할 수 있다. 징계의 과정에서 폭력의 사용이 가능한가의 문제가 제기될 수 있는데, 이 문제는 자녀의 복리라는 넓은 관점에서 판단되어야 할 것이다. 예를 들어 자녀에게서 담배나 마약 같은 해로운 물건을 빼앗아야 하는 상황이라든가 자녀가 집에 들어오지 않고 친구들과 어울려 합숙을 하고 있어서 강제로 귀가시키는 과정에서 불가피한 폭력이 수반되는 것은 정당한 징계권 행사의 범위에 포함된다고 해석된다. 또한 자녀가 제3자에게 피해를 주는 행동을 할 때 이를 제지하기 위하여 폭력을 사용하는 것도 허용된다고 보아야 할 것이다(예를 들어 어린 자녀가 식당과 같은 공공장소에서 뛰어 다니는 것을 막기 위하여 꽉 잡는 행위). 요컨대 자녀의 보호 또는 자녀로부터 제3자를 보호하기 위하여 불가피한 경우에는 필요한 한도에서 폭력의 사용도 가능하다고 본다.

이와 같이 민법전에서 징계권을 삭제했다고 해서 부모가 자녀를 양육하는 과정에서 모든 징계수단을 사용할 수 없는 것은 아니다. 문제가 되는 점은 징계의 수단으로서 체벌이 허용될 수 있는가이다.

3. 징계권의 삭제와 체벌의 금지

(1) 2021년 민법일부개정으로 민법전에서 징계권이 삭제되었으나, 이것이 곧 체벌의 전면 금지를 의미하는 것인지는 명확하지 않다. 징계권의 삭제 이전에도 무거운 체벌(예를 들어 소리 나게 따귀 때리기, 주먹으로 때리기, 도구를 이용한 구타 등)은 친권의 남용에 해당되어 허용되지 않으며, 제924조 이하 규정에 따라 친권의 일시 정지, 제한, 상실의 원인이 될 수 있다고 해석되었다. 이점은 징계권의 삭제 이후에도 달라진 것이 없다. 즉 자녀에 대한 무거운 체벌은 징계권의 삭제 이전이나 이후나 허용되지 않는다. 문제가 되는 것은 징계수단으로서 가벼운 체벌이 허용되는가이다. 예를 들어 가볍게 따귀를 때리는 행위, 엉덩이를 때리는 행위 또는 전통적으로 많이 사용되었던 종아리를 때리는 행위 등이 양육과정에서 징계수단으로 허용될 수 있는가? 이 문제에 대해서 단순히 징계권을 삭제한 2021년 개정은 아무런 구체적인 답도 주지 못하고 있다. 만약 입법자가 이러한 가벼운 체벌까지 완전히 금지시키려는 취지였다면, 단지 징계권을 삭제하는 데 그치지 않고, 이를 넘어서 모든 종류의 체벌은 금지된다는 명문의 규정을 도입하였어야 했다. 이와 같이 명확한 규정을 도입했다면 체벌의 허용 여부에 대해서 더 이상 논란의 여지가 없었을 것이다. 그러나 입법자는 체벌금지에 관한 명문의 규정을 두는 대신 단

지 징계권을 삭제하는 소극적인 대안을 선택함으로써 체벌의 허용 여부에 대한 해석의 여지를 남겨 두었다. 현재와 같은 불분명한 법 상태에서는 양육에 필요한 한도에서 자녀에 대한 체벌이 계속 허용된다는 해석이 나올 수 있다.

(2) 독일은 1957년에 민법전에서 징계권을 삭제한 것을 시작으로 1979년, 1997년에 각각 자녀에 대한 굴욕적인 양육수단의 금지, 양육과정에서 신체적·정신적 학대를 금지하는 규정을 도입하였으나, 2000년에 폭력 없는 양육을 명문으로 규정하기 전까지 양육수단으로 체벌이 허용된다는 해석이 끊이지 않았다.[30] 스웨덴 역시 1966년에 부모의 체벌권에 관한 규정을 삭제하였으나, 부모의 체벌은 계속해서 이어졌고, 학설과 판례도 부모의 체벌이 허용된다는 쪽에 힘을 실어주었다. 결국 스웨덴 의회는 1979년에 다시 친자법을 개정하여 체벌금지를 명문으로 규정하였으며, 이를 계기로 스웨덴에서 자녀에 대한 체벌은 괄목할 만한 수준으로 줄어들었다.[31] 오스트리아도 1977년에 민법을 개정하여 징계권을 삭제하였으나, 징계권의 삭제가 체벌의 금지로 받아들여지지 않았기 때문에 결국 1989년 다시 법을 개정하여 체벌금지를 명문으로 선언하기에 이르렀다.[32]

이와 같은 외국의 역사적 경험은 징계권의 단순한 삭제로부터 체벌의 전면 금지라는 해석을 이끌어내는 것이 무리라는 사실을 보여주고 있다. 민법전에서 단지 징계권에 관한 규정을 삭제한 우리의 현재 법상태는 독일의 1957년, 스웨덴의 1966년, 오스트리아의 1977년의 법상태와 비교될 수 있다. 그런데 이 나라들에서는 징계권이 삭제된 이후에도 학계와 법원에서 체벌이 허용된다는 해석이 계속해서 이루어졌고, 일반 국민들 사이에서도 체벌이 금지되었다는 인식은 미약했다.

(3) 2021년 개정 당시 국회 의사록을 보아도 체벌 전면 금지에 대한 명확한 의지는 보이지 않는다.[33] 당시 우리 사회에서 심각한 아동학대사건이 잇달아 발생하자 정치권은 아동학대 방지를 위하여 무언가 가시적인 조치를 취해야 할 필요성은 느끼면서도 체벌에 대한 국민의 정서[34] 등을 고려하여, ① 징계권 유지, ② 징계권 삭제, ③ 체벌금지라는 세 가지 선택지 중에서 정치적으로 가장 무난하다고 판단되는 중간 항을 고른 것으로 보인다. 그러나 이 '정치적인' 선택은 아동의 체벌과 관련하여 아무런 조치도 취하지 않은 것과 다르지 않은 결과를 낳았

30) Salgo, Vom langsamen Streben des elterlichen Züchtigungsrechts, RdJB, 2001, S. 283ff.

31) Durrant, The Swedish Ban on Corporal Punishment: Its History and Effects, Family Violence Against Children, 1996, pp. 19-24.

32) Bundesministerium für Wirtschaft, Familie und Jugend, Familie - kein Platz für Gewalt!(?), 2009, S. 3ff.

33) 단지 개정이유로서 "친권자의 징계권 규정은 아동학대 가해자인 친권자의 항변사유로 이용되는 등 아동학대를 정당화하는 데 악용될 소지가 있는바, 징계권 규정을 삭제함으로써 이를 방지하고 아동의 권리와 인권을 보호하려는 것임"이라고 밝히고 있을 뿐이다.

34) 보건복지부가 2017년에 실시한 체벌에 대한 국민의식조사 결과를 보면 응답자의 76.8%가 체벌이 필요하다고 답변하였다(상황에 따라 필요: 68.3%, 필요: 6.5%, 매우 필요 2%, 필요 없음 18.2%, 전혀 필요 없음 5%). 서울경제신문 2019. 5. 23. 보도 참조.

다. 징계권 삭제 전에도 무거운 체벌은 친권의 남용으로서 허용되지 않는다는 점에 의문의 여지가 없었고, 징계권 삭제 후에도 가벼운 체벌은 전과 다름없이 허용된다는 해석이 가능하기 때문이다. 결국 징계권을 삭제한 2021년 개정은 체벌금지와 관련하여 아무런 진보도 이루어내지 못한 것으로 평가할 수 있다.

4. 체벌금지 입법의 효과

(1) 체벌을 금지하는 법개정이 폭력에 대한 국민의식에 얼마나 영향을 미칠 수 있을 것인가, 이를 통하여 양육에 관한 패러다임을 변화시키는 것이 가능할 것인가에 대해서는 회의적인 시각이 존재할 수 있다. 그러나 외국의 경험을 살펴보면 체벌금지에 관한 법개정이 국민의 의식을 변화시키는 데 있어서 매우 중요한 역할을 한다는 사실을 확인할 수 있다.

체벌을 금지하는 법개정이 국민의 의식에 미치는 영향을 분석하기 위하여 부스만(Kai-D. Bussmann) 교수 연구팀은 스웨덴, 오스트리아, 독일, 스페인, 프랑스 등 5개국을 선택하여 대면 설문조사를 실시하였다. 설문조사는 2007년 10월부터 12월까지(오스트리아는 3월초까지) 각 나라별로 1000명의 부모(18세 미만의 자녀를 가진 25세 이상의 부모)들을 대상으로 하여 직접 인터뷰 방식으로 진행되었다. 위의 다섯 나라를 선택한 이유는 체벌금지를 명문으로 규정한 나라(스웨덴, 오스트리아, 독일)와 그렇지 않은 나라(스페인,[35] 프랑스[36])에서의 체벌에 대한 국민의식을 비교함으로써 체벌금지 입법이 대중의 의식에 미치는 영향을 분석하려는 데 있었다.

먼저 체벌의 사용에 관한 설문조사 결과를 보면, 스웨덴 부모의 14%가 가볍게 자녀의 따귀를 때린 적이 있다고 답변한 반면, 오스트리아와 독일에서 이 비율은 각각 50%, 43%에 이르렀고, 스페인과 프랑스에서 이 비율은 더욱 높게 나타났다(스페인 55%, 프랑스 72%). 한편 소리 나게 따귀를 때린 적이 있다고 답변한 부모의 비율은 스웨덴의 경우 4.0%에 그쳤으나, 오스트리아와 독일은 각각 18%, 12.7%였으며, 스페인과 프랑스에서 이 비율은 현저히 높았다(스페인 31.4%, 프랑스 32.3%). 스웨덴은 세계 최초로 체벌금지 규정을 도입하고 그에 수반하여 정부 차원에서 대대적인 홍보와 캠페인을 실시한 결과, 체벌 추방의 분야에서 대표적인 성공 사례로 꼽히고 있다. 따라서 스웨덴에서 체벌을 사용하는 부모의 비율이 다른 나라에 비하여 현저히 낮게 나타난 것은 예견되었던 결과이며, 결코 우연이 아니다. 오스트리아는 독일보다 11년 먼저 체벌을 금지하는 규정을 도입하였으나, 그에 따른 홍보와 캠페인이 미진하여 독일보

35) 스페인은 2007년에 민법을 개정하여 체벌을 금지하는 취지의 규정을 두었다(스페인민법 제7장 제154조. 2008. 1. 1. 시행).

36) 프랑스민법에는 원래 징계권에 관한 규정도 없었고, 체벌을 금지하는 규정도 없었으나(구 프랑스민법 제371조 제2항), 2019년 개정으로 체벌을 금지하는 규정을 도입하였다. 프랑스민법 제371-1조 제3항: 친권은 신체적 또는 정서적 폭력 없이 행사되어야 한다(L'autorité parentale s'exerce sans violences physiques ou psychologiques).

다 체벌의 비율이 높게 나타난 것으로 분석된다.[37] 스페인과 프랑스는 스웨덴은 물론, 오스트리아나 독일보다도 체벌의 비율이 현저히 높게 나타나는데, 이는 체벌금지 규정이 있는 나라와 없는 나라 사이의 차이를 분명히 보여주는 결과라고 할 수 있다. 이러한 경향은 다른 질문에 대한 답변에서도 반복적으로 확인된다.

어떠한 체벌이 법적으로 허용된다고 믿는가에 관한 질문에서 스웨덴 부모의 경우 2.4%만이 소리 나게 따귀 때리는 행위가 허용된다고 답변하였는데, 오스트리아와 독일에서 이 비율은 각각 8.8%, 7.0%에 이르렀다. 반면에 당시 체벌금지 규정이 없었던 스페인과 프랑스에서는 이러한 체벌이 허용된다고 답변한 부모의 비율이 각각 22.2%, 34.5%로 나타났다.[38]

자녀가 말을 듣지 않는 경우 따귀를 때리는 행위가 폭력에 해당하는가라는 질문에 대하여 스웨덴에서는 84.5%가 그렇다고 답변하였으나, 이 비율은 오스트리아와 독일에서는 각각 61.5%, 57.0%로 나타났으며, 스페인과 프랑스에서는 각각 48.0%, 31.5%에 그쳤다.[39] 즉 스페인 부모의 약 50%, 프랑스 부모의 약 70%가 자녀의 불복종을 이유로 따귀를 때리는 행위를 아예 폭력이라고 생각하지 않는다는 것이다.

(2) 위에서 본 바와 같이 체벌금지가 명문으로 규정되어 있는 나라와 그렇지 않은 나라 사이에는 체벌을 사용하는 비율이나 체벌에 대한 태도 등에서 눈에 띄는 현저한 차이가 존재함을 확인할 수 있다. 체벌금지를 명문으로 규정한 나라 중에서도 스웨덴과 오스트리아, 독일 사이에는 또 차이가 존재하는데, 이는 체벌금지의 역사 및 홍보활동과 관련이 있는 것으로 보인다. 스웨덴은 1979년에 친자법 개정을 통하여 체벌금지를 명문으로 규정함으로써 체벌금지를 향한 개정의 역사에 종지부를 찍었으나, 그보다 훨씬 전인 1950년대부터 이미 사회적으로 체벌금지에 관한 개정논의가 이어져 왔다. 또한 1979년 개정을 계기로 정부 차원의 대대적인 체벌 추방 캠페인을 집중적으로 실시하였고, 그 후에도 주기적으로 체벌금지에 관한 홍보를 이어가고 있다. 반면에 오스트리아와 독일은 각각 1989년과 2000년에 민법개정을 통하여 체벌금지 규정을 도입하였으나, 개정시기가 스웨덴보다 늦었을 뿐만 아니라 체벌 추방에 관한 홍보와 캠페인도 스웨덴에 비하여 상대적으로 미약했던 것으로 평가되고 있다. 이러한 차이가 실제 생활에서 체벌을 사용하는 정도와 체벌을 대하는 태도에 반영된 것으로 보인다. 그러나 오스트리아와 독일도 큰 틀에 있어서는 체벌금지에 관하여 스웨덴이 걸어갔던 길을 따라가고 있다고 긍정적으로 평가할 수 있다.

한편 스페인과 프랑스에는 2007년 설문조사 당시에 체벌을 금지하는 명문의 규정이 없었는데, 체벌금지에 관한 명문의 규정을 도입한 앞의 세 나라(스웨덴, 오스트리아, 독일)와 비교할

37) Bundesministerium für Wirtschaft, Familie und Jugend, Familie - kein Platz für Gewalt!(?), 2009, S. 14f.

38) Bundesministerium für Wirtschaft, Familie und Jugend, Familie - kein Platz für Gewalt!(?), 2009, S. 22.

39) Bundesministerium für Wirtschaft, Familie und Jugend, Familie - kein Platz für Gewalt!(?), 2009, S. 26.

때, 체벌의 사용 정도나 체벌을 대하는 태도에서 현저한 차이가 있음을 확인할 수 있다. 이러한 사실에 비추어 볼 때 체벌금지 입법이 체벌의 감소에 미치는 영향을 과소평가할 수 없는 것으로 보인다. 이는 곧 체벌금지 입법이 체벌을 대하는 국민들의 의식변화에 상당한 영향을 미치는 것으로 풀이할 수 있다. 물론 체벌금지 입법만으로 이러한 변화를 이끌어내는 것은 쉽지 않으며, 그와 함께 체벌 추방에 관한 정부 차원의 집중적이고 꾸준한 캠페인이 이루어지는 것이 필수적이다. 이러한 두 가지 기본 전제가 충족되지 않는다면 실제 생활에서 체벌이 감소하고, 나아가 추방되는 효과를 기대할 수는 없을 것이다.

5. 대안의 제시

무거운 체벌도 처음에는 경미한 체벌에서 시작될 가능성이 높고, 경미한 체벌도 반복되어 누적되면 자녀의 복리를 위태롭게 할 수 있다는 점에 비추어 볼 때, 2021년 개정 시 입법자는 징계권의 삭제라는 모호한 조치 대신 체벌의 전면 금지라는 명확한 기준을 세울 필요가 있었다고 생각한다. 체벌을 줄이기 위해서는 무엇보다도 체벌에 대한 국민의 의식전환이 필요하며, 이를 위해서는 국가차원에서의 대대적인 홍보와 캠페인이 수반되어야 하는데, 체벌을 금지하는 법개정은 이 모든 것들의 전제이자 출발점이기 때문이다. 즉 체벌을 명문으로 금지하는 규정을 도입하지 않은 상태에서는 체벌금지에 관한 홍보나 캠페인도 명확한 근거를 갖지 못하여 활발하게 진행되기 어렵고, 국민들에 대한 설득력도 떨어질 수밖에 없다. 실제로 우리 사회에서도 2021년 징계권 삭제 이후 체벌금지에 관한 정부 차원의 홍보와 캠페인이 이루어지기는 하였으나,[40] 대부분의 국민들은 징계권이 삭제되었다는 사실도 알지 못하는 것이 현실이다.[41] 체벌금지의 명문화가 체벌금지 국가로 나아가는 첫걸음이라는 관점에서 본다면, 우리사회는 아직 첫걸음도 제대로 떼지 못한 상태에 머물고 있다고 해도 과언이 아닐 것이다.

Ⅵ. 맺음말

최근에 개정된 가족법 규정들은 전부 자녀의 복리와 밀접한 관련이 있다. 현대 가족법의 중심이념 중 하나가 자녀의 복리실현이라는 점에 비추어 보면, 최근에 우리사회에서 이루어진 가족법 개정도 자녀의 복리를 보다 충실하게 구현하기 위한 의도에서 비롯되었을 것임은 의심할 여지가 없다. 그렇다면 최근 4차례의 가족법 개정에 의해서 자녀의 복리실현에 보다 유리한 규정이 마련되었다고 할 수 있는가? 이 질문에 대한 답변은 부정적일 수밖에 없다. 친권상

40) 보건복지부 보도자료(2021. 9. 15.), "체벌없는 긍정 양육, 함께 만들어가요" 참조.

41) 세이브더칠드런 2022. 6. 27. 보도자료: 성인 1,000명을 대상으로 한 '가정 내 체벌금지 인식 및 경험' 조사에서 78.8%가 징계권 삭제에 대해 모른다고 답변하였다. 또한 70%는 신체를 꽉 붙잡거나 때리기 등의 일부 체벌은 가능하다고 답변하였다.

실 등에 관한 2014년 개정법은 아무런 합리적인 이유 없이 친권상실의 사유를 축소시킴으로써 자녀의 복리가 침해되는 다양한 상황에 대응하는 것을 어렵게 만들었다(예를 들어 이혼 후 친권자로 지정된 모가 전 남편을 살해한 경우에도 민법상 친권상실사유에는 해당하지 않는다. 비록 친권자인 모가 패륜적인 범죄를 저질렀다고 해도 이는 친권의 남용과는 무관하기 때문이다). 친생추정에 관한 2017년 개정법은 자녀의 출생신고를 미루는 것을 전제로 하여 친생부인의 허가청구를 하도록 규정하였는데, 이는 가족관계등록법의 출생신고 규정과 충돌하는 것은 물론 자녀의 가장 기본적인 권리인 출생등록권을 침해한다는 점에서 심각한 문제가 있다. 면접교섭권에 관한 2016년 개정법은 조부모가 면접교섭할 수 있는 경우를 너무 제한적으로 규정하였을 뿐만 아니라 형제자매와 같은 가까운 친족을 면접교섭권자의 범위에서 배제하였다는 점에서 문제가 있다. 끝으로 징계권을 삭제한 2021년 개정법은 자녀의 양육과정에서 체벌이 허용되는가 또는 금지되는가에 대하여 어떠한 명확한 기준도 제시하지 못함으로써 체벌금지의 문제에 있어서 아무런 진보도 이루어내지 못하였다.

자녀의 복리 실현이라는 관점에서 볼 때 위 네 가지 개정 법률의 재개정을 미룰 이유는 없다고 생각한다.

대상청구권에 관한 논의의 변화와 발전

김 상 중*

Ⅰ. 대상청구권에 관한 본격적 논의의 시작

1. 논문 집필의 계기

대상청구권은 채권관계에 따른 급부가 불가능하게 되고 그 급부를 불능하게 야기한 사정으로부터 채무자가 급부 목적물을 갈음하여 대상(代償)을 취득하거나 또는 대상을 청구할 수 있는 권리를 취득한 경우에 채권자가 채무자에게 본래의 급부를 대신하여 대상 또는 이를 취득할 수 있는 권리를 양도하라고 청구할 수 있는 권리를 말한다. 예를 들어 매매 목적물이 국가에 의하여 수용되거나 화재 등으로 멸실하여 소유권을 이전할 수 없게 된 경우에 매수인이 매도인에 대하여 매매 목적물에 갈음하여 지급받은 수용보상금, 보험금 내지 손해배상금 또는 이들의 지급을 청구할 수 있는 권리의 양도를 구하는 권리가 대상청구권이다.

독일민법(제285조, 제326조, 개정 전 독일민법 제281조, 제323조), 프랑스민법(제1351-1조 제2항, 개정 전 프랑스민법 제1303조)이 대상청구권에 관한 명문 규정을 두고 있는 것과 달리, 우리나라 민법은 그렇지 않다. 그럼에도 불구하고 현재의 다수설과 판례는 판례법 형성의 일환으로 대상청구권의 존재를 널리 인정해 오고 있다. 물론 대상청구권의 필요는 소수설에서 여전히 다투어지고 있으며, 대상청구권의 존재를 인정하는 다수설 내에서도 그 인정 범위와 반환내용에서 견해의 차이를 나타내고 있다. 즉, ① 채무자위험부담주의(제537조) 하의 대상청구권의 필요 여부, ② 대상청구권과 손해배상청구권의 관계(채무자의 귀책사유에 따른 급부불능의 경우 대상청구권 인정 여부), ③ 특정물채권 이외에 종류채권, '하는 급부' 등을 내용으로 채권관계에서 대상청구권의 인정 여부, ④ 수용보상금, 보험금 이외에 채무자가 이중매매와 같은 거래를 통하여 취득한 대가의 대상청구권 포함 여부, 그리고 ⑤ 채무자가 본래의 급부 목적물의 객관적 가치 또는 (채권자가 지급하기로 한) 반대급부를 넘어서는 대상(代償)을 취득하는 경우 대상청구권의 반환내용에 관한 내용이 그러하다.

---

* 고려대학교 법학전문대학원 교수

이 글은 대상청구권을 둘러싼 이상의 논의 소재에 관한 국내 학설과 판례법리의 내용을 연혁적으로 소개하는 데 중점을 두고 있는바, 현행 민법전의 제정·시행 당시로 거슬러 가면 그 본격적 시발점에 최종길 교수님의 "대상청구권"이라는 논문을 찾아볼 수 있다.[1] 당시 독일의 견해를 두루 소개, 분석하고 있는 최 교수님의 이 논문은 반세기 넘는 현재의 시점에서도 여전히 유의미한 입장을 피력하고 있어서 개인적으로 정말 놀라움을 금할 수 없었다. 한국 사회의 역정에서 뜻깊은 故 최종길 교수님의 50주기 추모논집 발간을 위하여 이 글은 바로 최 교수님의 위 논문을 소개하고(I.2.) 그 후 1990년대 학계의 이론과 판례 법리의 정착(Ⅱ.) 및 2010년대 전후한 민법규정 신설에 관한 후속 논의(Ⅲ.)의 순서로 서술하도록 하겠다.

2. 대상청구권에 관한 구체적 논의의 시작

(1) 대상청구권의 근거와 인정 필요

최 교수님께서 "대상청구권"을 집필할 당시 국내의 통설은 이미 대상청구권을 인정하고 있었음에도 그 근거·실익, 요건과 내용 등에 관하여 별다른 설명을 하지 않고 있었다.[2] 그런데 최 교수님은 당시 독일의 학계와 판례 법리를 인용하면서 채무자가 이행불능의 사유로 채무를 면하면서 대상이익을 보유하는 결과를 형평의 관념에 반하는 것이라고 평가하면서, "대상청구권의 목적은 채무자가 채권자에게 이행하였어야 할 목적물에 대신하여 취득한 이익을 원래부터 채무의 목적물을 취득할 권리를 가졌었던 채권자에게 귀속시키려는 데에 있다"고 설명하고 있다. 다시 말해 대상청구권은 "재산적 가치가 일정한 사람에게 유입되었지만 그 기초가 되는 경제관계상 그 자에게 귀속시킬 수 없는 것인 때에 그 가치는 진정한 권리자에게 양도하여야 한다"는 관념에 따르는 것이며, 이 점에서 부당이득에 기초한 반환청구권과 동일한 사상을 표현하고 있다.[3]

한편 최 교수님은 쌍무계약에서 채권자위험부담주의를 취하였던 구민법(제534조 제1항)과 달리 채무자위험부담주의를 채택하고 있는 현행민법에서도 대상청구권을 인정할 필요가 있는지 언급하고 있다. 즉, 채무자위험부담주의 아래에서는 급부불능에 따라 채무자 스스로 반대급부의 위험을 부담하여 채권자의 경우에는 반대급부의 의무를 면하게 된다는 점에서 채권자에게 대상청구권이 발생하지 않는다는 것이 형평에 합치하는 것 아닌지 하는 의문이다. 그러나 최 교수님께서는 이런 의문에 대하여 "당사자 일방의 채무가 양 당사자의 귀책사유없이 이행

1) 최종길, 대상청구권(상, 하), 법정 제20권 제9호와 제10호, 1965, 10면과 44면 이하 = 최광준 (편), 崔鍾吉 教授의 民法學 硏究, 경희대 출판국, 2005, 310면 이하(이하 '최종길 교수의 민법학 연구' 인용.

2) 최종길 교수의 민법학 연구, 311면. 다만 이태재 교수님이 채권총론신강(진명문화사, 1964)이라는 저서에서 대상청구권에 관하여 3면에 걸쳐 비교적 상세한 설명을 하고 있을 뿐이다. 그 내용에 관하여는 안경희·박기영, "이행불능과 대상청구권", 민법 이론의 새로운 시각(여암 송덕수 교수 정년퇴임 기념), 박영사, 2021, 14－15면.

3) 최종길 교수의 민법학 연구, 311면.

불능이 되었을 때에도 대상청구권을 인정하는 것이 채권자에게 유리한 경우가 있을 것이므로 (...) 채권자가 반대급부의무를 이행치 않고 문제를 해결할 것인지 또는 대상청구권을 행사할 것인지를 임의로 선택할 수 있다고 해석하는 것이 타당"하다고 판단하고 있다.[4] 채권자가 대상청구권을 행사하는 경우 채무자의 급부의무는 그 한도에서 여전히 존속하는 셈이며 채권자 역시 반대급부의무를 이행하여야 하며 이로써 재화의 교환관계가 지속되게 된다.

(2) 대상청구권의 인정 범위

대상청구권의 인정요건에 대하여 최 교수님은 지금도 인정되는 요건인 ① 채무의 목적을 이행하는 것이 불가능하게 되었을 것, ② 이행불능을 발생케 하는 원인에 의하여 채무자가 급부 목적의 대상으로서 배상 또는 그 청구권을 취득하였을 것을 제시하고 있다. 후자의 요건과 관련하여 최 교수님은 불능과 대상 취득 사이에 인과관계가 있으면 족할 뿐이며 독일의 학설과 달리 반드시 본래의 급부목적물과 대상 사이에 동일성까지 필요하지 않는다는 의견이다.[5] 따라서 예를 들어 임차 목적물의 소실로 인하여 임대인이 임차인에게 목적물의 제공의무를 이행할 수 없게 된 경우 임차인은 목적물의 소실로 인하여 제3자에게 손해배상청구권을 갖게 된 임대인에 대하여 대상청구권을 행사할 수 있게 된다.[6]

한편 채무자의 귀책사유 있는 급부불능의 경우 대상청구권의 인정 여부와 관련하여 최 교수님은 대상청구권과 손해배상청구권의 경합을 인정하고 있다. 즉, 대상청구권의 실익이 채무자의 귀책사유에 의하지 않은 이행불능의 경우임은 물론이지만, "채무자의 귀책사유로 인하여 이행불능이 된 경우에도 손해배상을 청구하는 것 보다 대상을 청구하는 것이 채권자에게 유리한 경우가 있을 것이므로 손해배상청구권과 함께 대상청구권도 인정"할 수 있다고 해석하고 있다.[7] 다른 한편 대상청구권이 특정물채무에만 한정되는지 아니면 종류물채권에도 적용되는지와 관련하여 최 교수님은 독일의 견해에 따라 우선 제한종류채권의 경우에는 급부의 기초가 되는 분량으로부터 급부할 수 없게 되고 이로써 대상을 취득한 이상 독일의 통설에 따라 대상청구권을 인정할 수 있다고 해석하고 있다. 다만 종류채권의 경우에는 대상을 취득하도록 하는 물건 그 자체가 채무의 목적으로 부담되지는 않으며 이에 대상청구권을 인정할 수 없다는 독일의 해석이 우리나라에도 그대로 적용될 수 있다고 평가하고 있다.[8]

그리고 이상의 '주는 채무' 이외에 '하는 채무'와 부작위채무가 이행불능이 된 경우에도

4) 최종길 교수의 민법학 연구, 318면.

5) 최종길 교수의 민법학 연구, 311－315면.

6) 최종길 교수의 민법학 연구, 314면. 이때 대상청구권의 행사는 "당해 기간 내의 사용에 대응하는 부분에 관하여" 인정된다.

7) 최종길 교수의 민법학 연구, 313, 316면. 대상청구권의 행사가 손해배상청구권의 행사와 비교하여 채권자에게 유리한 경우는 후술하듯이 채무자가 취득한 대상이 목적물의 실제가치보다 많은 경우이며, 최 교수님은 이와 같은 경우 채무자가 취득한 대상 전부의 반환의무를 인정하고 있다.

8) 최종길 교수의 민법학 연구, 315면.

대상청구권이 인정되는지에 관한 해석론을 전개하고 있다.[9] 이와 관련해 최 교수님은 독일의 경우 그 당시 대상청구권에 관한 제281조의 문언상의 이유로 그 적용을 부정하던 견해가 지배적이었던 것[10]과 달리 명문의 규정이 없는 우리나라에서는 '하는 채무'와 부작위채무를 배제할 필요가 없다고 해석하고 있다. '하는 채무'와 부작위채무 위반의 경우에도 대상청구권을 인정함으로써 채권자가 손해배상청구권만을 행사해야 한다면 실손해의 발생과 손해액을 증명해야 함에 따라 받게 될 곤란함을 해소하여 채권자의 보호와 공평의 관념에 부합하게 됨을 근거로 제시하고 있다.[11]

(3) 대상청구권의 반환내용과 범위

대상청구권은 주지하듯이 채권자가 채무자로 하여금 이행불능에 따라 취득하게 된 대상 또는 그 청구권을 양도할 것을 요구하는 채권적 권리이다. 원래의 목적물에 갈음하는 보상금, 손해배상금, 보험금은 대상청구권의 객체라고 널리 인정되는 데 반하여, 채무자가 채무 목적물을 타인에게 양도하여 그 대가로 얻은 거래이익(commodum ex negotiatione)을 포함하는지에 관하여는 다투어져 왔다.

최 교수님의 논문에 따르면 거래이익의 포함을 반대하는 견해는 주로 ① 채무자의 이행불능은 목적물의 소유권이전이라는 물권적 양도행위에서 비롯한 반면, 거래이익은 채권적 거래행위에서 취득하였다는 점에서 불능과 대상 취득이 동일한 원인에 따른 것이 아니라는 구성적 지적과 함께 ② 거래이익의 발생은 수용보상금 등의 경우와 달리 채무자가 자기의 위험으로 한 행위의 결과라는 점에서 그 결과를 채권자에게 돌려야 할 이유가 없다는 점을 논거로 하고 있다고 한다. 그러나 최 교수님은 독일의 지배적 입장과 견해를 같이 하여 거래이익 역시 대상청구권의 객체에 포함하면서, 위의 ① 근거에 대하여는 물권적 양도행위가 채권적 계약에서 기인한 것이며, 이런 한도에서 거래이익의 취득과 양도행위가 경제적 관념에 따르면 동일한 원인에서 비롯한 것이라고 평가할 수 있다고 여기고 있다. 또한 ②의 논거 역시 "채무자가 이행을 불능케 하는 사정으로 인하여 취득한 모든 것을 채권자에게 인도하는 것이 형평의 요구에 부합하며, 바로 이것이 대상청구권의 본래의 취지라면 채무자가 이행을 불능케 하는 행위를 일면에 있어서는 면책을 위하여 이용하면서 타면에 있어서는 이로 인하여 취득한 이익을 보유할 수 있다는 것은 신의성실의 원칙에도 반한다"고 지적하고 있다.[12]

끝으로 대상청구권의 반환범위와 관련하여 최 교수님의 논문에 의하면 대상청구권의 행사

9) 최종길 교수의 민법학 연구, 312면. 최 교수님은 이와 관련해 일정한 일시에 특정 극장에 출연하기로 한 연예인이 예정한 일시에 다른 극장에 출연하거나 또는 특정 극장에 일정한 일시에 출연하지 않기로 약정한 연예인이 이를 어기며 출연하여 본래의 급부가 불능으로 된 경우를 예시하고 있다.

10) 최종길 교수의 민법학 연구, 313면.

11) 최종길 교수의 민법학 연구, 312면.

12) 최종길 교수의 민법학 연구, 314－315면.

에 따라 채무자는 자신이 대상으로 얻은 이익 전부를 반환하여야 한다. 즉, 대상청구권은 손해배상청구권과는 달리 채권자가 이행불능으로 실제 얼마만큼의 손해를 받았느냐 여부를 문제삼지 않고 원래 채권자에게 속해야 함에도 급부불능을 원인으로 채무자가 보유하게 된 이익을 채권자에게 돌려주는 것을 그 내용으로 하고 있다. 따라서 채무자가 받은 대상이익이 목적물의 실제가치보다 적은 경우 채무자는 그것만을 반환하면 족하고, 이와 반대로 대상이익이 목적물의 실제가치보다 큰 경우 채무자는 그 이익 전부를 채권자에게 양도하여야 한다. 만약 그렇지 않고 채무자가 초과부분을 보유할 수 있다면, 이는 "채무자가 한편으로는 채무를 면하면서 다른 한편으로는 이득을 취득한다는 불합리한 결과"가 될 것이다.[13]

Ⅱ. 대상청구권에 관한 학계의 이론과 판례 법리의 정착

1. 대상청구권에 관한 대법원 판결례를 계기로 한 정착 과정

최 교수님이 1960년대 본격적으로 제시한 대상청구권의 법리는 그 후 활발하게 논의되지는 못하다가 1992년 대법원 판결례[14]를 통해 승인, 정착되기 시작하였다. 물론 1992년 대법원 판결례 이전에도 학계의 통설적 견해는 해석상 대상청구권을 널리 인정해 오고 있었으며, 또한 최 교수님의 논문 이후에도 독일민법의 대상청구권 법리를 상세히 소개하면서 우리나라 민법의 해석에서도 이를 인정할 수 있다는 연구논문도 발표된 바 있었다.[15]

이러한 학계의 논의 배경하에서 1992년 대법원은 매매 목적 토지의 수용에 따라 토지소유권을 취득할 수 없게 된 매수인이 매도인을 상대로 수용보상금의 반환을 청구한 사건에서 처음으로 대상청구권의 행사를 승인하였다. 그러면서 "우리 민법에는 이행불능의 효과로서 채권자의 대상청구권과 계약해제권 외에 별도로 대상청구권을 규정하고 있지 않으나 해석상 대상청구권을 부정할 이유가 없"다고 짤막하게 판시하고 있다.[16] 이 같은 대법원의 판결례에 대하여 그 당시 이를 평석한 한 연구논문은 이행불능의 일반적 효과로서 대상청구권을 전면에서 인정하였다는 점, 수용보상금을 대상으로 인정한 점 등에서 적극적으로 지지하였다.[17] 그러나 위의 대법원 판결례 직전에 국내의 한 교과서는 우리나라 민법의 경우 명문 규정이 없는 대상

13) 최종길 교수의 민법학 연구, 316면.

14) 대법원 1992.5.12. 선고 92다4581, 92다4598 판결.

15) 송덕수, "이행불능에 있어서 이른바 대상청구권 - 독일민법과의 비교 · 검토", 경찰대 논문집 제4권, 1985, 1면 이하. 이 논문에서는 그 당시 민법 교과서를 인용하면서 "학설은 채권자의 대상청구권을 인정하는 데 일치하고 있으며, 반대하는 견해를 찾아볼 수 없다"고 언급하고 있다. 이 논문에 대한 상세한 소개로는 안경희 · 박기영, "이행불능과 대상청구권", 민법 이론의 새로운 시각(여암 송덕수 교수 정년퇴임 기념), 박영사, 2021, 4-13면.

16) 대법원 1992.5.12. 선고 92다4581, 92다4598 판결.

17) 양창수, "매매목적토지의 수용과 보상금에 대한 대상청구권", 판례월보 제268호, 1993, 28면 = 양창수, 민법연구 제3권, 1995, 390면. 또한 지원림, "대상청구권", 민법학논총 2권(곽윤직교수 고희기념), 1995, 199면 참고.

청구권을 인정하는 데에 그 필요와 범위에서 신중해야 한다고 지적하기도 하였으며,[18] 특히 민법 제537조에 따른 쌍무계약상 채무자위험부담주의를 고려하여 편무계약의 경우에만 적용범위를 한정해야 한다면서 위 대법원 판결례를 비판하는 견해도 제시되었다.[19]

대상청구권을 둘러싼 이 같은 법리적 논쟁은 특히 1996년 대법원이 '취득시효 완성 후 점유자가 등기청구권을 주장, 행사하기 이전에 양도된 목적물에 갈음하여 명의자를 상대로 대상청구권을 인정할 수 있는지'를 쟁점으로 하여 개최한 판례실무연구 모임에서 집중적으로 나타나고 있다.[20] 위 연구모임의 주된 쟁점은 이미 최 교수님의 논문 이래 논의되어 오던 ① 제537조의 쌍무계약상 채무자위험부담주의 하에서 대상청구권의 인정 필요 여부, ② 보상금, 손해배상금 이외에 거래이익의 대상 포함 여부, 그리고 ③ 이행불능이 된 목적물의 실제가치를 넘어서는 대상이익의 반환 여부 등이었는데, 바로 아래에서 당시의 논의를 최대한 간략히 소개하도록 하겠다.

2. 대상청구권의 필요 여부에 관한 논의

우리나라 민법상 대상청구권의 인정 여부에서 핵심 쟁점의 하나는 이 글에서도 몇 차례 언급한 바와 같이 제537조에 의한 쌍무계약상 채무자위험부담주의와의 관계이다. 이 논의는 현재도 지속되고 있는데,[21] 쌍무계약의 경우 제537조를 이유로 대상청구권의 필요를 인정하지 않으려는 소수의 견해는 ① 대상청구권에 관한 법제사적 근거로 제시되는 로마법의 경우 매매계약에서 채권자위험부담주의에 따르고 있다는 점에서 우리나라의 민법과는 다르다는 점,[22] ② 프랑스민법의 경우 물권변동의 경우 의사주의에 따르고 있어서 소유자인 매수인을 위하여 채권적 대상청구권 규정이 적용되어야 할 경우는 상당히 제한된다는 점[23]을 바탕으로 하여, ③ 쌍무계약상 반대급부위험에 관한 채무자위험부담주의를 취하는 우리나라의 경우 채무자 일방의 급부의무가 불능으로 되면 채권자 역시 반대급부의무를 면하게 된다는 점에서 굳

18) 이은영, 채권총론, 박영사, 1991, 57면.

19) 김준호, "이행불능의 효과로서의 대상청구권", 사법행정 제34권 제6호, 1993, 79면.

20) 대법원 1996.12.10. 선고 94다43825 판결. 이 판결을 위한 대법원의 재판연구에 관하여는 대법원 비교법실무연구회(편), 판례실무연구[Ⅰ], 1996, 439면 이하의 수록 논문과 토론내용. 또한 지원림, "점유취득시효 완성 이후의 사정변경과 대상청구권", 민사판례연구 [XVI], 1996, 128면 이하 참고.

21) 가장 최근의 연구로는 정태륜, "대상청구권과 채무자위험부담주의", 민사법학 제103호, 2023, 3면 이하. 이에 관하여는 Ⅲ.2. 참고.

22) 최병조, "대상청구권에 관한 소고", 대법원 비교실무연구회(편), 판례실무연구(I), 1996, 473면 이하.

23) 남효순, "프랑스민법상의 대상청구권". 대법원 비교실무연구회(편), 판례실무연구(I), 1996, 439면 이하. 다만 이 논문은 대상청구권에 관한 규정(2016년 개정 이전의 프랑스민법 제1303조)에 관하여 단지 로마법의 역사적 흔적으로서 실제 적용의 여지가 없는 것이라고 평가하지 않으며 가령 매수인에 대한 소유권 이전이 유보된 경우, 도급목적물이 수급인의 과실없이 멸실되어 손해배상청구권을 취득하게 된 경우에서는 대상청구권이 여전히 인정될 수 있다고 소개하고 있다.

이 채권자의 대상청구권을 인정해야 할 필요가 없다는 점을 논거로 제시하고 있다.[24)]

이에 대하여 다수 견해는 ① 증여와 같은 편무계약의 경우 채무자가 급부의무를 면하는 대신에 대상의 이익을 취득하는 때에는 이를 채권자에게 양도하도록 하는 것은 널리 인정되고 있는 점(유증의 물상대위에 관한 제1083조, 제1084조 참조),[25)] ② 편무계약에서 채권자의 대상청구권이 인정되는 한 쌍무계약의 경우에 이를 부정해야 할 이유가 없는 점, ③ 계약적 채권관계에서 재화의 교환을 의도한 당사자의 의사는 원래의 급부목적에 갈음하는 채무자의 대상이익에도 미치며, 이에 채권자가 자신의 반대급부의무를 이행하는 가운데 채무자의 대상이익을 양도받고자 하는 한 이를 막아서는 안 된다는 점을 제시하고 있다.[26)] 다시 말해 대상청구권은 원래의 채권관계가 급부불능이라는 사정변경 하에서 원래의 목적물에 갈음하는 대상적 이익에 확장되는 채권관계의 연장효에서 비롯한 것이며,[27)] 이 같은 본질에 비추어 편무계약 외에 쌍무계약, 그리고 법정채권관계에서도 대상청구권이 인정되어야 한다는 입장이다.

후자의 다수 입장에 찬동하는데,[28)] 이 입장에 따르면 최 교수님께서도 언급한 대상의 법리, 즉 이미 현행법상 담보물권자의 물상대위(제342조, 제370조), 손해배상자의 대위(제399조), 변제자대위(제480조 이하), 유증의 물상대위(제1083조) 등에서 표현되고 있는 대상의 법리가 이행불능의 경우에는 그 인정의 필요에도 불구하고 명시되어 있지 않다는 법 흠결의 상황을 판례에 의한 법형성적 기능으로 보충하는 데에 대상청구권의 법적 근거를 찾게 된다.[29)] 물론 대법원의 판례가 이와 같은 다수설의 지지 하에 대상청구권을 정착시킨 지 상당한 시간이 지나간 지금에도 대상청구권의 인정이 쌍무계약에서 채권자의 이익만을 과도하게 보호한다는 점을 지적하면서 이를 인정하지 않으려는 견해가 여전히 주장되는데,[30)] 이에 관하여는 Ⅲ.2. 에서 후술한다.

---

24) 황경남, "대상청구권 인정의 문제점", 대법원 비교실무연구회(편), 판례실무연구(I), 1996, 506면 이하. 이 논문의 경우 적지 않은 문헌이 쌍무계약 외에 편무계약 또는 법정채권관계의 경우 채권자의 대상청구권을 인정하려는 경향과 달리 채권관계 전반에서 대상청구권을 부정하고 있다.

25) 이는 쌍무계약의 경우 대상청구권을 인정하는 데 소극적 입장에서도 마찬가지인데, 이에 관하여는 최병조, "대상청구권에 관한 소고", 대법원 비교실무연구회(편), 판례실무연구(I), 1996, 495면 이하.

26) 양창수, 민법연구 제3권, 1995, 393면; 안법영, "채권적 대상청구권", 계약법에 있어서 자유와 책임(김형배교수화갑기념논문집), 1994, 250면.

27) 양창수, 민법연구 제3권, 1995, 394면; 송덕수, "대상청구권의 인정범위와 내용", 대법원 비교실무연구회(편), 판례실무연구(I), 1996, 443면; 지원림, 앞의 논문(각주 20), 151－153면; 안법영, "대상청구권의 발전적 형성을 위한 소고", 한국민법이론의 발전(Ⅱ)(이영준변호사화갑기념논문집), 1999, 546－549면.

28) 김상중, "대상청구권의 적용범위와 반환내용", 민사판례연구 제40권, 2018, 222면.

29) 최근 문헌의 상세한 분석으로는 김형석, "대상청구권", 서울대 법학 제55권 제4호, 2014, 121면.

30) 정상현, "대상청구권의 역사적 의미와 비교법적 고찰", 민사법학 제39－1호, 2007, 479면; 정태륜, "대상청구권과 채무자위험부담주의", 민사법학 제103호, 2023, 3면 이하.

3. 대상청구권의 법률효과(특히 거래이익, 반환범위)

한편 대상청구권 행사의 법률효과와 관련하여 1990년대 당시 논의의 중점은 ① 거래이익의 포함 여부, ② 원래 급부목적물의 가치를 초과하는 대상이익의 반환 여부이었다.

이 가운데 전자와 관련하여 다수의 견해는 최종길 교수님이 소개한 바 있던 독일의 지배적 입장에 따라 원래 급부목적물에 대한 수용보상금, 손해배상 또는 보험금 이외에 이를 제3자에게 처분하여 얻은 거래대금 역시 포함된다는 입장이었다. 그 근거 역시 이미 I.2.(3)에서 언급된 바와 같이 비록 급부불능의 원인인 양도행위와 거래이익의 취득근거인 채권행위가 개념적으로는 나누어질 수 있더라도 실제로는 하나의 거래행위로 이루어진 단일한 사건에서 비롯한 것임을 제시하였다.[31] 이에 반해 거래이익의 경우에는 수용보상금 등 물건 자체에 기한 이익(commodum ex re)과 달리 이중매매와 같은 채무자 자신의 의무에 반하는 자발적 행위에 기한 것이어서 선의의 처분이 아닌 한 대상이익에 포함할 수 없다는 반대견해가 제시되었다.[32] 한편으로는 채무자가 취득한 거래이익이라는 것이 자기 스스로 의무를 위반하는 자발적 위험감수의 대가라는 점[33]에서 보상금과 같은 물건 자체에 기한 이익과는 다르다고 새길 여지가 있을 듯도 하다. 그러나 다른 한편 이행불능에서 대상청구권의 기능, 즉 채무자가 이행불능에 따라 급부의무를 면하는 대신 원래의 급부를 대신하는 이익을 얻은 경우 그 이익을 채권자에게 돌려주려는 취지를 갖고 있으며, 또한 거래이익 역시 급부불능에 따른 이익이라는 점에서는 보상금 등과 다를 바가 없다는 점을 고려하여야 할 것이다.[34] 이에 개인적 의견은 거래이익을 대상청구권 행사의 객체에 포함하는 다수견해에 찬동하고 있다.

한편 대상청구권의 반환범위와 관련하여 다수의 입장은 채무자가 취득한 대상 전부를 반환하여야 하며, 대상의 이익이 원래 급부 목적물의 객관적 가액 또는 채권자와 합의한 거래대금을 초과하는 때에도 그 이익 전부를 반환범위에 포함하였다.[35] 그러나 이런 입장과 달리 대

31) 양창수, 민법연구 제3권, 1995, 398면; 송덕수, "대상청구권의 인정범위와 내용", 대법원 비교실무연구회(편), 판례실무연구(I), 1996, 444면; 안법영, "대상청구권의 발전적 형성을 위한 소고", 한국민법이론의 발전(Ⅱ)(이영준변호사화갑기념논문집), 1999, 536면.

32) 최병조, "대상청구권에 관한 소고", 대법원 비교실무연구회(편), 판례실무연구(I), 1996, 487, 494면.

33) 채무자의 자발적 행위에 따른 거래이익이 대상청구권의 객체에 포함될 수 없다는 이유와 관련하여 성중모 교수의 연구논문에 따르면 대상청구권이 위험과 이익을 같은 사람에게 귀속시키려는 원리에 따른 것이라는 점에서 불가항력 또는 외부적 사태에 따른 급부불능의 경우에는 불능의 위험을 부담하는 채권자로 하여금 그 이익 역시 향유하도록 함이 공평의 관념에 부합하지만 이와 달리 채무자가 자발적으로 이중양도의 위험을 감수하는 경우에는 그 이익을 채무자에게 속하도록 하여야 한다고 한다. 성중모, "민법상 대상청구권의 반환범위", 이대법학논집, 제14권 제4호, 2010, 133, 144면.

34) 실제로 독일 민법학의 연혁적 논의과정에서 이중양도에 의한 불능의 사태로 인하여 채무자의 재산에 들어온 이익, 즉 매매대금을 물건에 기한 이익과 동일하게 취급한 몸즌 등의 연구에 관한 소개로는 성중모, 위의 논문, 145－146면.

35) 송덕수, 앞의 논문(각주 27), 444－445면; 이런 취지에 따른 프랑스민법의 소개로는 남효순, 앞의 논문(각주

상청구권의 반환범위는 채권자의 손해 한도로 한정되어야 한다는 견해 역시 피력되었다.[36] 채권자 손해 한도의 제한이론은 무엇보다 대상청구권과 부당이득반환청구권의 내용적 균형을 중하게 고려하는 가운데, 후자의 부당이득반환청구권이 채권자의 손실 한도로 제한된다는 통설의 내용에 따라 대상청구권 역시 손실 한도로 반환범위를 제한하여야 한다는 논거를 제시하였다. 그리고 비교법적으로 대상청구권에 관한 일본 판례의 손실 한도 제한 법리, 권한 없는 처분에 따른 부당이득반환의무에 관한 독일민법 제816조 제1항 제1문의 반환내용이 '통상의 가치'에 한정한다는 법리를 소개하였다.[37] 후자의 견해가 적절하게 지적하는 바와 같이 채무자의 시설 · 비용, 특별한 재능에 따른 초과이익을 채권자에게 귀속하도록 한다는 것은 사견으로도 받아들일 수 없다고 여겨진다. 다만 이 같은 결과가 반드시 손실 한도의 입장을 지지하도록 하는 것은 아니라고 여겨지는데, 代償 전부의 반환을 인정하는 다수설 역시 위와 같은 채무자의 기여부분을 반환범위에서 공제하는 방식으로 해결할 수 있기 때문이다.[38] 개인적으로는 대상청구권의 반환내용은 다수설에 따라 채무자가 취득한 대상 그 자체이며 그 이익이 채권자와 합의한 대금 또는 급부목적물의 불능 당시의 가액을 넘는 경우에도 이익 전부의 반환을 인정하여야 한다는 생각인데, 이에 관하여는 아래 Ⅲ.3.에서 좀 더 부언하도록 하겠다.

Ⅲ. 대상청구권에 관한 최근의 후속적 논의

1. 최근의 논의 계기 : 대상청구권 규정 신설 작업과 2016년의 대법원 판결례

대상청구권에 관한 논의는 Ⅱ.에서 소개한 바와 같이 1990년대 중반 집중적으로 논의되다가 이후에는 그 연장선상에서 일반적으로 이루어지거나[39] 개별 판결례[40]의 연구를 중심으

23), 454면.

36) 양창수, 앞의 논문(각주 17), 402－403면; 지원림, 앞의 논문(각주 20), 158－160면; 안법영, 앞의 논문(각주 31), 550－553면(다만 고의의 경우에는 무제한의 입장).

37) 양창수, 앞의 논문(각주 17), 400－401면; 안법영, 앞의 논문(각주 31), 551－552면.

38) 이미 송덕수, 앞의 논문(각주 15), 221－222면(독일 다수 입장의 소개); 박규용, "대상청구권의 적용에 관한 논의", 한국법학회 법학연구 제24집, 2006, 103, 117면.

39) 제철웅, "대상청구권의 적용범위", 사법연구 제4집, 1999, 70면; 주지홍, "대상청구권의 규범적 근거에 관한 소고", 연세법학연구 제5권 제1호, 1998, 283면(적용범위의 한정); 임건면, "대상청구권에 관한 소고", 경남법학 제14권, 1999, 131면; 오수원, "대상청구권의 인정근거와 적용범위", 조선대 법학논총 제18권 제3호, 2011, 303면; 이충훈, "대상청구권에 관한 판례의 비판적 검토", 인하대 법학연구 제15권 제1호, 2012, 315면(비판적 입장).

40) 토지수용의 사례에 관한 대법원 1994.12.9. 선고 94다25025 판결; 대법원 1995.7.28. 선고 95다2074 판결; 대법원 1995.8.11. 선고 94다21559 판결; 대법원 1996.6.25. 선고 95다6601 판결; 대법원 2002.2.8. 선고 99다23901 판결; 최근에는 대법원 2018.11.15. 선고 2018다248244 판결. 교환계약의 목적토지에 대한 협의매수 사례에 관한 대법원 1996.6.25. 선고 95다6601 판결. 합의해제에 따라 반환되어야 할 토지에 대하여 진행된 경매절차에서 지급된 잉여금의 상환에 관한 대법원 1995.1.22. 선고 94누1234(가정적 판단). 환매권의 행사 이전에 목적 토지를 타인에게 매도하여 얻은 대금의 상환에 관한 대법원 1997.7.25. 97다19144 판결(다만 당해 사례에서는 부정함).

로 진행되어 오다가,[41] 2009년 이래 법무부가 진행한 민법개정 시안의 마련 과정에서 다시 본격적으로 행해졌다. 당시 법무부가 마련한 대상청구권에 관한 민법 개정시안의 내용은 아래와 같다.[42]

민법 개정시안 제399조의2 (대상청구권) ① 채무의 이행을 불가능하게 한 사유로 채무자가 채권의 목적인 물건이나 권리를 갈음하는 이익을 얻은 경우에는 채권자는 그 이익의 상환을 청구할 수 있다. ② 채권자가 채무불이행을 이유로 손해배상을 청구하는 경우에 제1항에 따라 이익의 상환을 받는 때에는 손해배상액은 그 이익의 가액만큼 감액된다.

위 개정시안의 마련과정에서 대상청구권에 관한 인정 여부, 적용 범위와 반환내용 등에서 여전히 논의 거리가 있어서 입법에서 소극적 입장도 있었으나, 국내의 다수설과 판례 및 비교법적 경향 등에 따라 대상청구권의 규정 신설이 위와 같은 내용으로 결정되었다.[43] 학계에서는 이런 시안에 대하여 찬성하는 견해가 제시되는가 하면,[44] 대상청구권의 규정 신설 자체에는 찬성하지만 적용범위의 확대('하는 급부' 등의 포함), 손해 한도의 반환범위 명시를 주된 내용으로 하여 수정, 재고할 것을 제안하는 견해도 피력되었다.[45][46] 한편 위 Ⅱ.3.에서 언급한 바

41) 이덕환, "취득시효완성자의 대상청구권", 한양대 법학논총 제15집, 1998, 145면; 구재군, "부동산의 점유취득시효와 대상청구권", 신세기의 민사법적 과제, 2001, 49면; 권용우, "취득시효 완성자의 대상청구권", 단국대 법학논총 제30권 제1호, 2006, 83면; 김준호, "대상청구권에 관한 판례의 검토", 연대 법학연구 제20권 제1호, 2010, 39면; 정상현, "허가없는 토지거래계약의 효력과 대상청구권의 인정 여부", 판례연구 제24집, 2010, 205면.

42) 아래의 개정시안은 2014년 4월 22일 확정한 법무부 민법개정위원회의 민법개정 시안에 포함되어 있지는 않은데, 2013년 동 위원회 전체회의에서 위에서 소개한 바와 같은 규정 신설이 이미 확정되었기 때문에 2014년 4월 22일 공지한 시안에서는 편집과정에서 착오로 누락된 것으로 짐작된다.

43) 이에 관하여는 송덕수, "대상청구권에 관한 입법론", 법조 제660호, 2011, 57면; 김재형, "채무불이행으로 인한 손해배상에 관한 민법개정안", 민사법학 제65호, 2013, 583면; 김대정, "대상청구권에 관한 민법개정안의 검토", 민사법이론과 실무 제18권 제3호, 2015, 1면.

44) 정진명, "대상청구권에 대한 입법론적 소고", 민사법학 제68호, 2014, 225면(학설과 판례에 의한 해석적 과제의 유보); 김대경, "대상청구권에 관한 민법개정안의 검토", 민사법이론과 실무 제18권 제3호, 2015, 1, 36면 이하(해석적 구체화의 필요 지적); 김상중, "한국 민법 개정시안의 채권총론 주요 개정내용", 토지법학 제34권 제2호, 2018, 56-58면.

45) 김형석, "대상청구권", 서울대 법학 제55권 제4호, 2014, 103면. 또한 서종희, "신설된 일본민법상 대상청구권 규정을 계기로 한 입법론적 제언", 재산법연구 제36권 제2호, 2019, 381면 참고. 최근 대상청구권의 인정 필요와 관련하여 이를 인정하지 않는 입장에서 입법론에 관한 의견제시로는 성중모, "민법개정위원회 대상청구권 개정안의 법리적 검토", 일감법학 제37권, 2017, 147면.

46) 위의 각주에서 인용한 김형석 교수님과 서종희 교수님의 논문은 네델란드 신민법 제6:78조와 개정 일본민법 제422조의2를 비교법적으로 소개하고 있는데, 이들 조문은 아래와 같다(국문번역은 네델란드의 경우 김형석 교수님, 일본민법은 서종희 교수님의 위의 논문들에 따르고 있음).
네델란드 신민법 제6:78조 ① 불이행이 채무자에게 귀책될 수 없으나 그가 불이행과 관련하여 적절하게 이행하였더라면 가질 수 없었던 이익을 누리는 경우, 채권자는 부당이득의 규정에 따라 그 이익액을 한도로 하여 자신의 손해를 배상하게 할 권리가 있다. (후략)

와 같이 대상청구권을 둘러싼 핵심 논쟁의 하나는 대상청구권의 반환범위, 즉 채무자가 취득한 대상의 전부인지 아니면 채권자의 손해 한도로 제한되는지인데, 이에 관하여 2016년 대법원의 판결례가 제시해 주는 바가 크다고 생각된다. 아래의 2.와 3.에서 대상청구권의 인정 여부, 적용범위와 반환내용에 관한 최근 2000년대 이후의 논의를 개관하도록 한다.

2. 대상청구권의 인정 여부와 적용범위에 관한 최근의 논의

(1) 다수설과 판례의 승인에도 불구하고 대상청구권의 인정 여부는 여전히 다투어지고 있다. I.에서 소개한 최 교수님의 1960년대 논문에서도 숙고되었던 바인 쌍무계약에서 채무자위험부담주의 하에서 대상청구권의 필요 여부가 핵심인데, ① 채권자의 대상청구권 인정에 따라 급부 목적물의 시세가 계약체결 이후 상승하는 경우에는 채권자가 그 이익을 향유하는 반면, 시세하락의 경우에는 채권자가 대상청구권을 행사하지 않음으로써 채무자가 불이익을 감수해야 한다는 점, ② 위와 같은 불균형을 해소하기 위해서는 채무자 역시 채권자에게 급부불능의 경우 대상의 이익을 수령하도록 할 수 있어야 하는데, 이를 인정할 수 없다면 채권자에게도 대상청구권을 인정하지 말아야 한다는 점을 근거로 제시하고 있다.[47]

위의 견해가 지적하는 바와 같이 채무자가 이행불능의 상황에서 대상이익을 취득하는 경우 채권자는 그 이익이 반대급부 또는 본래 목적물의 가치보다 높은 때에는 대상청구권을 행사하여 시세상승의 이익을 보유할 수 있게 된다. 물론 채권자는 본래의 급부가 정상적으로 이행되었을 상황이라면 시세변동의 이익을 누리는 한편 그 불이익 역시 감수하였을 것이다. 그런데 급부가 불능이 되자 채권자는 대상청구권을 행사하여 시세상승의 이익을 누리지만, 시세하락의 경우에는 이를 행사하지 않아서 채무자로 하여금 불이익을 감수하도록 선택하는 여지를 갖게 된다. 두 사람 중 누군가는 부담해야 한다는 이와 같은 선택의 여지는 개인적 의견으로는 불가피하다고 여겨지는데,[48] 만약 대상청구권을 인정하지 않은 채 채무자위험부담주의에 따르게 된다면 위의 경우와는 정반대로 시세상승의 경우에는 채무자가 그 이익을 보유하는 반면, 시세하락의 경우에는 (불이익하게 된 계약에서 벗어남으로써) 채권자가 이익을 누리는 결과를 가져다주기 때문이다. 이와 더불어 대상청구권 인정의 기대가능성과 관련하여 고려되어야 할 바는 원래의 급부목적과 대상이익을 둘러싼 양 당사자의 이익상황을 비교하면, 먼저 급부가

개정 일본민법 제422조의2 (대상청구권) 채무자가 그 채무의 이행이 불능으로 된 것과 동일한 원인에 의해 채무의 목적물의 대상인 권리 또는 이익을 취득한 때에는, 채권자는 그 받은 손해액의 한도에서 채무자에 대하여 그 권리의 이전 또는 그 이익의 상환을 청구할 수 있다.

47) 특히 최근의 문헌으로는 정태륜, 앞의 논문(각주 21), 19면; 정상현, 앞의 논문(각주 30), 525면. 또한 성중모, 앞의 논문(각주 45), 147면. 참고로 위와 같은 논거는 대상청구권을 최초로 인정한 1992년의 대법원 판결에 대한 원심판결의 상고이유에서 피고 채무자측이 주장한 내용과 본질적으로 동일하다.

48) 김형석, 앞의 논문(각주 45), 120면("채무자와 채권자에게 공평하게 후회권을 주는 해석은 있을 수 없으며, 선택해야 한다").

불능하게 된 채무자의 입장과 관련하여 원래 급부를 수령하지 못하게 된 채권자에게 그 목적물과 비교하여 낮은 가치를 가진 대상의 이익을 수령하도록 요구할 수 없다는 것은 너무 자명하다. 그 반면 대상의 가치가 상대적으로 높은 경우에 대상청구권의 행사는 채무자에게 경제적으로 불만스러운 결과일 수 있더라도 원래의 채권관계에서 예정된 결과의 실현에 불과하여 채무자에게 감수하도록 기대할 수 있는 결과라고 여겨진다.[49]

그렇다면 편무계약, 제538조가 적용되는 쌍무계약상 채권자위험부담의 상황, 소유권이전 이외에 물건의 인도를 내용으로 하는 대차형계약 또는 임치계약[50] 등에서 원래 목적물의 급부불능에 따라 채권자에게 널리 인정되는 대상청구권이 유독 채무자위험부담주의를 내용으로 하는 제537조의 상황에서만 적용되지 말아야 할 마땅한 이유를 찾을 수 없다. 이에 다수의 학설, 판례와 마찬가지로 쌍무계약의 급부불능에서 대상청구권을 인정하여야 한다는 견해를 유지하며, 민법 규정의 신설이 바람직할 것이다.

(2) 대상청구권의 인정요건 또는 적용범위와 관련하여 대상청구권을 부정하거나 주로 편무계약에 한정하려는 소극적 입장을 따르지 않는 한 최근의 견해는 ① 이행불능의 발생이 채무자의 책임 있는 사유에서 비롯한 경우에도 대상청구권을 인정하여 손해배상청구권과의 경합을 인정하며, ② 종류채권의 경우 특정 이전에는 인정될 수 없지만 제한종류채권의 경우에는 한정된 재고품이 멸실되어 이를 이행할 수 없는 한 대상청구권이 인정된다는 입장이다.[51] 前者와 관련하여 대법원은 공공사업 시행을 위한 목적 토지의 협의매수로 인한 이행불능의 사안에서 '협의매수의 제의에 반드시 응해야 할 의무가 있는 것은 아니므로 토지에 관한 소유권이전등기의무의 이행불능에 대하여 귀책사유가 없다고 단정할 수 없다'고 전제하면서도 대상청구권을 인정한 바 있다.[52] 또한 後者와 관련하여 대법원은 목적물을 한정된 일정 종류의 물건 전부로 정한 한정종류물 매매에서 매매 목적물이 화재로 소실되어 이행할 수 없게 된 사안에서 대상청구권의 존재를 인정한 원심의 판결을 원용한 바 있다.[53]

한편 최근에는 물건의 인도를 위한 주는 급부 외에 하는 급부와 부작위채무의 이행불능에서도 대상청구권이 인정되는지가 논의되고 있다. 종래 국내의 다수 입장이 주는 급부에 한정하려는 태도와 달리 최근에는 최 교수님이 1960년대 주장한 바와 같이[54] 하는 급부와 부작위

49) 김상중, 앞의 논문(각주 28), 면.

50) 임대차, 임치계약에서 채권자의 대상청구권을 인정한 법제사, 비교법적 전거로는 남효순, 앞의 논문(각주 23), 453-454면; 최병조, 앞의 논문(각주 22), 483-484면.

51) 우리나라의 통설적 입장으로 김준호, 민법강의, 2014, 1073("목적물의 급부의무"); 김형배 · 김규완 · 김명숙, 민법학강의, 2016, 924면; 송덕수, 민법강의, 2022, 805면; 지원림, 민법학강의, 2022, 1086면; 더 나아가 주석민법 [김용덕 대표집필] [채권총칙 1], 693-694면(김상중 집필).

52) 대법원 1996.6.25. 선고 95다6601 판결.

53) 대법원 2016.10.27. 선고 2013다7769 판결.

54) I.2.(2) 참고.

채무에서도 대상청구권이 인정되어야 한다는 견해가 주장되고 있다. 그 주된 근거는 대상청구권의 본질이 물건의 멸실에 따른 반대급부위험의 부담이라는 법제사적 연혁에서 벗어나 이행불능에 대한 채권자의 구제수단이라는 역할을 하게 되었다는 점을 제시하고 있다.[55] 향후 해석과 입법과정에서 계속 논의되어야 하겠는데, 유념할 바는 대상의 이익이 원래의 급부와 경제적·기능적으로 동일하다는 전제에서 채권관계의 연장된 구속력을 인정한다는 점이다. 다시 말해 매매와 같은 주는 급부에서는 목적물의 멸실에 따른 보상금, 손해배상금 등이 매매 목적물과 동일하다고 파악하는 데에 주저함이 없는 반면, 노무의 제공이나 경업금지 등 부작위채무의 경우에는 본래의 급부와 (본래 급부의 불능에 따른) 보상금 등 대상이익 사이에 동일성을 인정하기 곤란한 경우가 많을 것이다. 가령 노무의 제공을 불가능하게 하는 산업재해로 인한 보상금이 노무제공의무에 갈음하는 이익이라는 평가, 경업금지나 영역지역 분할 약정과 같은 부작위채무의 경우 약정을 위반하여 얻은 영업수익이 원래의 급부와 경제적, 기능적으로 동일하게 취급할 수 있는 대상의 이익이라는 평가가 널리 수용될 수 있을까 하는 의구심을 갖지 않을 수 없다. 이에 개인적으로는 대상청구권은 주는 급부에 한정함이 적절하며,[56] 입법적으로도 하는 급부와 부작위채무를 적용 범위에 포함할 취지에서 일부러 문구를 개방적으로 구성할 필요는 없다고 여겨진다.

끝으로 원시적 불능과 관련하여 이를 목적으로 하는 계약관계의 유효함을 인정해야 한다는 입법적 경향에 따라 민법개정의 경우 원시적 불능에서도 채권자의 대상청구권을 인정해야 한다는 견해가 유력하다.[57] 또한 최근에는 점유취득 시효 완성 후의 대상청구권 행사와 관련하여 종래 다수설, 판례와 달리 명의자가 시효완성에 따른 채무발생의 사실을 알고 있어야 한다는 추가요건을 필요로 하지 않는 견해가 제시되고 있으며,[58] 사해행위 취소에 따른 원물반환에서 가액반환과 대상청구권의 관계,[59] 그리고 물권적 청구권이 실현될 수 없는 경우에 대상청구권의 인정을 주장하는 견해[60]도 주장되고 있다.

---

55) 김형석, 앞의 논문(각주 45), 128−129면. 이런 의견에 찬성하는 견해로는 김대정, 앞의 논문(각주 43), 15면; 서종희, 앞의 논문(각주 45), 409−410면.

56) 김상중, 앞의 논문(각주 28), 227−230면.

57) 김형석, 앞의 논문(각주 45), 141면; 서종희, 앞의 논문(각주 45), 410면. 또한 부당이득반환 등의 법정채권관계에서 대상청구권의 인정 여부에 관한 최근 문헌으로는 김형석, 앞의 논문(각주 45), 118면; 김상중, 앞의 논문(각주 28), 231−233면; 서종희, 앞의 논문(각주 45), 409면.

58) 김대경, "취득시효 완성자의 대상청구권", 인하대 법학연구 제18권 제3호, 2015, 55면; 여미숙, "점유취득시효 완성자의 대상청구권", 사법 제55호, 2021, 289면.

59) 이봉민, "사해행위 취소의 효과로서 대상청구권", 민사판례연구[XXXVI], 2015, 35면; 김민선·김제완, "채권자취소권에서 원물반환 불능시 가액배상과 대상청구권", 숭실대 법학논총 제51집, 2021, 47면.

60) 김제완·정민경, "일물일권주의와 대상청구권", 연세법학 제39호, 2022, 399면.

3. 대상청구권의 반환내용과 2016년의 대법원 판결례

대상청구권에 관한 논의 중에서 아직까지 견해의 차이가 좁혀지지 않은 쟁점은 반환내용, 특히 '손해 한도'의 제한 여부라고 하겠다. 이미 Ⅱ.3.에서 '손해 한도'의 제한에 대한 근거를 소개하였는데, 최근에도 ① 대상청구권의 인정 근거가 급부불능의 상황에서 대상의 이익이 대외적 권리자인 채무자에게 발생한 경우 그 이익이 채무자와의 대내적 관계에서 보유할 권한을 갖고 있는 채권자에게 귀속될 수 있도록 한다는 점에서 찾아지는 점, ② 부당이득 반환제도와 대상청구권의 이와 같은 근접함에 따라 대상청구권은 채권자의 손해(아마도 급부 목적물의 객관적 가치)를 한도로 하여서만 인정되어야 하고, 이를 넘어서 채무자의 재능, 비용 등에 따라 얻어진 초과이익의 반환은 현행 민법상 낯선 내용이라는 점 등을 이유로 제시하고 있다.[61)]

사견으로는 대상 이익 전부의 반환을 지지하는 입장인데,[62)] 우선 오해를 방지하기 위하여 대상이익의 전부 반환의무를 인정하는 견해에서도 채무자의 특별 재능, 비용·시설 등에 따른 이익까지 채권자에게 반환해야 한다고 주장하지 않는다. 이는 지적재산권 법제에서 침해자 이익에 따른 손해액 산정 규정(가령 저작권법 제125조 제1항, 특허법 제128조 제4항)의 경우에도 마찬가지이며,[63)] 따라서 채권자가 대상 이익 전부의 반환을 청구하는 경우 채무자는 자신의 특별재능, 비용·시설 등에 따라 수익상승에 기여한 때에는 이를 스스로 주장·증명하여 공제할 수 있도록 하면 족할 것이다. 보다 근본적으로는 부당이득법 자체에서 '손실한도' 법리가 과연 얼마나 유용한 기능을 하고 있는지에 대한 의구심이다. 즉, 부당이득의 유형론, 수익자가 구체적으로 취득한 對象 그 자체의 반환[64)]이라는 논의의 발전에 따라 부당이득법에서 '손실한도' 법리가 다투어지고 있다.[65)] 또한 대상청구권과 손해배상청구권은 급부불능에 대한 채권자의 구제수단이지만 양 권리의 지향하는 바가 같지 않기 때문에 혼돈되어서는 안 된다는 점,[66)] 그리고 물건의 보상금, 처분대가 등 대상적 이익은 급부 목적의 시가 내지 통상의 가치에 상응할

---

61) 김형석, 앞의 논문(각주 45), 124－127면.

62) 김상중, 앞의 논문(각주 28), 237－246면.

63) 운용이익의 반환을 부정한 부당이득 판례법리로는 대법원 2008.1.18. 선고 2005다34711 판결.

64) 즉 부당이득의 사태에 따라 수익자에게 발생한 전 재산상태의 변화가 아니라 급부, 침해 등의 원인으로 얻게 된 대상(object) 그 자체를 반환의무의 대상으로 한다는 것을 말하며, 이에 부당이득반환의 내용은 수익자의 전 재산에서 나타나는 증감 여하의 변화가 아니라 손실자로부터 얻은 이익 그 자체가 중요하게 되었다는 것을 의미한다.

65) 안법영, 앞의 논문(각주 31), 557면 각주 85; 김상중, 앞의 논문(각주 28), 240－241면. 최근 부당이득반환의 손실 한도 법리를 지지하는 상세한 논의로는 박세민, "부당이득법상의 이익 및 반환범위", 자율과 정의의 민법학(양창수교수 고희기념논문집), 2021, 442면.

66) 후자의 손해배상청구권은 급부불능으로 인한 채권자의 손해를 전보해 주는 데에 초점을 두고 있다면, 대상청구권은 급부불능에 따라 원래 정상적으로 이행되었더라면 귀속할 수 없었을 채무자의 대상적 이익을 환원하도록 하는 데에 목적이 있다.

것이라는 개연성에 비추어 채무자가 급부 목적에 갈음하여 얻은 대상 그 자체의 반환의무가 인정되어야 할 것이다.[67]

대법원 역시 최근 2016년 판결에서 매매 목적물이 화재로 전소되어 이행될 수 없게 되면서 매도인이 화재보험금을 지급받은 사안에서 매수인이 지급하기로 약정한 매매대금, 매수인이 예정한 전매이익을 금액적으로 상회하는 보험금에 대한 반환의무를 인용한 바 있다.[68] 이 같은 대법원의 판단은 적절하다고 여겨지는데, 물건의 시가 또는 객관적 가치가 얼마라고 단정하기 곤란한 시장경제의 상황에서 원래의 급부에 대한 보상금, 처분대가 등 대상적 이익이 불능 당시의 통상의 가치라고 전제하고[69] 이로써 시장변동, 개별상황에 따른 가액 상승의 사정을 묻지 않은 채 대상이익 그 자체의 반환을 인정하는 해석은 채무자에게 급부불능으로 의도하지 않게 발생한 이익의 반환이라는 대상청구권의 취지에도 부합한다.[70] 따라서 입법적 차원에서 대상청구권 규정을 신설하고자 할 때, 더욱이 부당이득법의 손실한도론에 관한 학계, 판례의 논의가 일단락되기 이전에는 대상청구권의 반환범위를 채권자의 손해 한도로 한정해 두는 것에는 신중을 기하여야 할 것이고,[71] 이런 한도에서는 2014년 민법개정안의 문구내용을 지지한다.

Ⅳ. 맺는말

지금까지 1960년대 최종길 교수님께서 대상청구권에 관한 연구논문으로 본격적 논의를 시작한 이래 대법원 판결례, 민법개정 과정 등을 거치면서 변화, 발전해 가는 대상청구권의 법

67) 김상중, 앞의 논문(각주 28), 243-246면.

68) 위 판결의 선고 이전에 개최된 대법원 비교법실무연구회 송덕수 교수님과 안법영 교수님의 발제내용에 관하여는 대법원 비교법실무연구회 편, 판례실무연구 [XII], 2017, 757면 이하 참고.

69) 가령 해제로 인한 원물반환의 원상회복의무가 불능이 경우에 "반환할 금액은 특별한 사정이 없는 한 그 처분 당시의 목적물의 시가 또는 그 시가 상당액"이라고 판시하거나 부당이득반환의무에서 원물반환이 불가능한 경우 "특별한 사정이 없는 한 그 처분 당시의 대가"로 표현하는 대법원 판결례에서도 엿볼 수 있지 않을까 한다. 대법원 1995.5.12. 선고 94다25551판결; 대법원 2013.12.12. 서녹 2013다14675판결; 대법원 2013.12.12. 선고 2012다58029 판결.

70) 이 판결에서 대상이익 자체의 반환을 긍정한 최근의 문헌으로는 송덕수, "대상청구권의 몇 가지 중요 문제에 관한 개별적인 검토", 전남대 법학논총 제36권 제1호, 2016, 575면; 김상중, 앞의 논문(각주 28), 247면; 또한 일반적 법리로서 전부반환의 입장으로는 박규용, "대상청구권의 적용에 관한 논의", 한국법학회 법학연구 제24집, 2006, 103, 117면; 이재경, "대상청구권에 관한 판례 및 학설의 검토", 법과 정책 제19권 제2호, 2013, 329면. 이와 반대로 채권자의 손해 한도 법리에 따라 비판적 입장으로는 정다영, "대상청구권의 행사 및 효력 범위", 재산법연구 제35권 제2호, 2018, 149면.

71) 정진명, 앞의 논문(각주 43), 255, 262면; 서종희, 앞의 논문(각주 45), 412면; 이에 대한 유보적 입장으로는 김대정, 앞의 논문(각주 43), 34면. 한편 대상청구권의 규정 신설에 소극적이면서도 이를 규정하는 경우 대상청구권의 본질에 따라 초과이익을 채권자에게 귀속하도록 해야 한다는 견해로는 성중모, 앞의 논문(각주 45), 167면.

리를 간략하게 소개, 분석하였다. 인정의 근거와 실익, 적용 범위와 인정요건, 그리고 반환의 대상과 범위에 걸쳐 지난 수십년 동안 논의가 좀 더 구체적이고 깊어져 왔다고 생각된다. 물론 대상청구권의 필요 여부와 같은 쟁점에 관하여는 근본적 시각의 차이에 따라 좀처럼 좁혀지지 않는 바도 있으며 또한 반환범위와 같은 쟁점의 경우에는 민법 전반의 제도적 관련성 등에 따라 최근에야 비로소 논의가 본격화되는 사항도 있다고 생각해 보았다.

이와 더불어 서두에서도 밝힌 바와 같이 이 글을 정리하는 과정 내내 지금으로부터 약 60여년 이전의 정말 여러모로 부족했을 그 시절에 지금도 유의미한 제반의 논의사항을 중심으로 하여 외국의 법이론을 정확하고 또한 우리나라 민법의 맥락에서 분석하신 최 교수님의 법학적 혜안에 놀라지 않을 수 없었다. 시대와 상황, 특히 연구자의 지향 등에 따른 세부 내용의 차이가 존재한다는 것은 당연하며 마땅한 바임은 물론이며, 논문을 통하여 받게 된 학문적 은혜에 대하여 오늘의 우리 세대 역시 복잡하고 다변화된 시절에 학문적 가치와 진지함을 보다 잘 전수, 계승하는 활동으로 보답하여야 할 책무감을 느껴보았다. 민법의 전문연구자 입장에서 교육과 학생지도의 충실, 판례·실무에 유용한 법이론의 전개, 외국 경향을 참작하여 민법전의 현대화 등 민사 법리의 발전이 우리 모두의 직분이라고 생각해 보면서 故 최 교수님을 추모하려는 이 글을 마무리한다.

중화인민공화국 민법전(2020년)의 인격권에 대한 기초적 연구
— 현행 민법전(2020년)과 梁慧星, 王利明 교수 민법전 건의초안(2024년)의 내용을 중심으로 —

김 성 수*

Ⅰ. 들어가며[1)]

인격권은 종래의 우리 민법전을 포함하여 대륙법계 민법전에서는 중요한 관심대상이 아니었으나 현대에 오면서 그 중요성이 격증하고 이에 따라 민법전의 편입이 중요한 개정사항의

* 경찰대학 법학과 교수, 법학박사

1) 이 글을 헌정받는 최종길 교수님은 이미 1965년 인격권에 대한 중요성을 알고 당시의 독일의 학설과 판례를 중심으로 인격권에 관한 법리를 소개하고 있다. 이에 대하여는 최종길, 인격권의 사법상 보호-독일의 학설, 판례의 발전을 중심으로, 저스티스 제9권 제1호, 1965.5, 29－35쪽. 이는 인격권 개념을 일본을 통하지 아니하고 독일의 것을 참조하여 우리 나라에 처음으로 소개한 것이라고 생각된다. 최교수님은 비교법적 최신 동향에 깊은 관심을 가지고 그 결과물을 우리 법에 적용하려는 시도를 많이 하셨고 이런 시도는 모두 오늘날에도 우리 법의 입법론과 해석론에 시사점을 주고 있다. 최교수님의 글에 대한 평전에서도 다음의 언급이 있다 : 인격권은 오늘날 더 이상 강조할 수 없을 정도로 중요한 주제로 부각되어 있는데, 선생님은 이미 1965년에 이에 관한 글을 발표하셨다. 더욱이 선생님의 글이 나오고 나서도 학계는 이 문제의 중요성을 깨닫지 못해서인지 상당기간 동안 이에 관한 글이 나오지 않았다. 이러한 점은 김학동, 최종길 교수의 학문과 업적, 공익과 인권 제1권 1, 2004, 81쪽. 오늘날의 인격권에 대한 입법론과 해석론과 실무의 논의의 격증을 고려하면 우리 민법학이 과거 선진의 문제제기를 충분히 후학들이 잘 승계하여 발전시키지 못한 아쉬움이 있다. 인격권의 민법전의 편입을 중화인민공화국 민법전 제정과정에서 2002년 민법전초안과 2020년 현행 민법전의 제정까지 학자들에 의한 치열한 격론과 그에 따른 구체적인 민법전의 '조문'화된 인격권법 초안이 있었고 이 연구에서도 향후의 연구를 위하여 이러한 자료를 소개한다. 인격권편을 포함한 현행 중화인민공화국 민법전의 조문은 필자가 이미 우리말로 번역한 바 있다. 이에 대하여는 필자, 중국 통일 민법전 번역 및 해제－「중화인민공화국 민법전」(中华人民共和国民法典)(2020년) 해제, 2020년도 법무부 연구용역보고서 참조; 그 외에 퍼블리시티권의 개정안과 관련하여 「퍼블리시티권 도입방안에 관한 연구」(2022년 법무부 연구용역보고서)에 기초자료로 중국의 민법전의 내용과 그 이전의 인격권 초안에 관한 조문내용을 제공하기도 하였다. 다만 이러한 자료는 주로 현행 중국민법전의 인격권편의 내용과 퍼블리시티권에 관한 조문에 제한되어 인격권법 전반에 대한 논의를 담기는 어려웠다. 이 글에서는 향후 인격권의 입법과 관련하여 중국에서 나온 기초자료로서 '민법전 초안'의 내용을 소개하고자 하는 것이다. 이외에도 중국 민법학회에서 2015년 공동으로 마련한 인격권법편 전문가 건의안(의견수렴안)(中华人民共和国民法典, 人格权法编)(专家建议稿(征求意见稿))(105개 조)에 대한 것은 김성수, 중국민법의 인격권에 관한 최근동향－민법전 인격권법편 전문가 건의초안(2015년)을 중심으로, 『민사법의 현실과 지향』(윤용석 교수 정년기념 논문집), 2019.10도 참조. 이 연구주제는 필자가 연구 중인 '중국 민법전'에 대한 문제 중 특히 '인격권법의 동향'에 대하여 중간성과를 정리한 것이다. 향후 이 주제에 대하여 좀더 심도있는 비교법적 연구를 하면서 우리 법의 시사점을 살펴보려고 한다.

하나이다.

중국에서는 민법전('중화인민공화국 민법전')을 제정하면서[2] 민법전의 편별체계에서 '인격권편'을 독립된 편(제3편)으로 하면서 기본적으로 대륙법계 체계의 '민법체계', 특히 판덱텐 체계를 지향하면서도 이를 넘어 다원화된 편별체계를 두고 있다. 그 하나가 현대 민법에서 중요한 권리의 하나로 인정되는 인격권에 대하여 종래 민법전에 성명권이나 인격의 존엄 등 개별규정으로 규정하거나 불법행위에서 규정하던 것에서 나아가 별도의 편을 두고 이를 전면적으로 규정하고 있다. 민법전의 인격권편에서는 구체적 인격권의 열거와 함께 일반적 인격권도 인정하고 퍼블리시티권이나 사망자의 인격권 등의 여러 내용과 그 침해시의 민사책임(불법행위)의 규율을 규정하여 체계와 내용에서 만전을 기하고 있다.[3] 이러한 점에서 중국의 인격권법의 최근 동향은 민법전의 개정을 하여야 하는 우리 민법과 민법학에서도 여러 시사점을 줄 수 있는 최신 입법례로 생각된다.

최근 법무부는 2022년 2차에 걸쳐 인격권에 대한 신설안을 마련하여 입법예고하였다. 2022년 4월 5일 판례로 인정되던 인격권과 인격권의 침해배제 및 예방청구권을 신설하는 민법 개정안(제3조의 2, 제34조의 2)[4]과 같은 해 12월 26일의 초상, 성명, 음성 등 자신을 특징짓는 요소(인격표지)를 영리적으로 이용할 권리인 인격표지 영리권(퍼블리시티권)을 신설하는 민법개정안(제3조의 3)이 그것이다.[5]

이 글에서는 인격권의 조문작업을 위한 논의를 위한 기초자료로서 중국 민법전의 인격권편이 탄생하였던 2002년 당시의 입법자료로 학자들에 의한 민법전 건의초안을 조문내용으로

---

2) 이러한 중국의 민법전 제정작업에 대하여는 필자, 「중화인민공화국 민법총칙'(2017년) – 일반론과 조문내용을 중심으로, 민사법학 제79호, 2017.6, 247쪽 이하; 같은 저자, 최근 제정된 중화인민공화국 민법총칙(2017년) 읽기 – 일반론과 주요내용을 중심으로, 비교사법 제24권 제3호, 2017.8, 1009쪽 이하; 같은 저자, 중국민법전 각칙 불법행위책임편(제6편)(초안)(2018년), 민사법학 제86호(2019), 177쪽 이하 등을 참조.

3) 이는 종래 민법통칙(1985년)에서 '민사권리'로 규정하던 것을 확대개편하여 '민사권리'법으로서 더 철저하게 권리의무법으로서 민법을 관철하려고 한다.

4) 이에 대하여는 우선 고철웅, 인격권 개념의 입법에 관한 소고 – 2022년 법무부 민법개정안을 중심으로, 민사법학 제99호, 2022, 49쪽 이하; 서종희, 민법일부개정안에 신설된 인격권 조항에 대한 검토(법제동향), KISO저널 제47호, 2022.6.21. <https://journal.kiso.or.kr/?p=11660>. 후자에 대한 소개나 평가는 아직 나오지 않고 있다. 더 일반적으로 민법의 인격권의 도입에 대한 논의로는 안문희, 민법상 인격권 도입방안에 관한 연구, 한국법학원 연구보고서 민21 – 02, 2021.6.30; 김재형, 인격권에 관한 입법제안, 민사법학 제57호, 2011, 41쪽 이하; 중국 민법의 인격권에 대한 일반적인 것은 이상욱, 중국 민법전상의 인격권, 영남법학 제51호, 2020.12, 271쪽 이하 참조.

5) 종전의 인격권에 관한 민법개정 논의로는 우선 2004년 법무부 민법개정안(제1조의 2 제2항)에 '사람의 인격권은 보호된다'는 일반규정의 신설이 제안되었다. 다음으로 2013년 법무부 민법개정시안에는 인격권에 관한 규정은 민법 제751조에 '그 밖의 법익을 침해하여 재산 이외의 손해를 가한 자의 손해'를 추가하고 금지청구에 대한 조항(제766조의 2)을 신설하였다. 인격권의 일반조항은 2005년에 제정된 「언론중재 및 피해구제 등에 관한 법률」(제5조 제1항)에 인격권을 '생명, 자유, 신체, 건강, 명예, 사생활의 비밀과 자유, 초상(肖像), 성명, 음성, 대화, 저작물 및 사적(私的) 문서, 그밖의 인격적 가치 등에 관한 권리]라고 하고 있고 사망자의 인격권 보호(제5조의 2)를 두고 있다.

살펴보는 것이다. 이러한 자료들이 구체적으로 2002년 민법초안과 2020년의 민법전에 어떻게 반영되었는가를 알아보기 위하여 현행 민법전의 인격권편 일반론과 입법과정, 조문내용을 간략하게 살펴보았다. 우리 나라에서 중국을 포함한 외국 민법전의 연구는 '현행법'의 조문과 그 해석론도 필수적으로 연구되어야 하지만 그 입법과정에서의 논의나 민법전 초안의 내용도 비교법적으로 중요하다고 보인다.[6] 2002년의 중국민법초안과 인격권편의 제정과정에서는 마련된 '이론적' 초안이 공식요청을 받아 학자들에 의하여 '민법전초안 건의안'으로 제공되었고 2020년 민법전의 인격권편의 체계와 조문내용도 기본적으로 2002년의 것을 기초로 한 점에서 학자들의 민법전 초안의 건의안은 연구의 가치가 있고 향후 민법전의 조문과도 비교할 필요가 있다. 향후 이러한 초안과 입법자(전국인민대표대회)가 마련한 초안과 현행 중화인민공화국 민법전의 인격권편의 조문내용을 비교하면서 인격권의 이론적 연구성과가 현실(실제)의 민법조문)으로 어느 정도 반영되었는가를 알 수 있고 나아가 이러한 작업은 비교법적으로 우리 민법전의 인격권을 그 편별 체계에서 어떻게 마련하고 인격권의 내용을 어느 정도 반영할 것인가에 대한 좋은 최신 입법례의 자료로 활용될 수 있을 것이라고 생각된다. 이러한 점에서 이 글에서는 이러한 중국 민법전의 인격권에 대한 서론적 연구로서 이러한 인격권편의 입안과정에서 중요한 역할을 한 2002년에 제출된 2개의 민법전초안을 살펴보고자 한다.

이하에서는 우선 2020년 제정된 현행 중화인민공화국 민법전의 인격권(Ⅱ)을 일반론, 제정과정과 기본내용을 중심으로 살펴보고 이어서 차례로 2002년 중국 민법초안 제정에 중요한 기초자료로 제공된 양혜성 교수의 민법전초안의 인격권(Ⅲ)과 왕리명 교수의 민법전초안의 인격권(Ⅳ)[7]을 차례로 살펴본다.[8][9]

---

6) 중국의 법률에는 입법이유서라는 것이 없고 전국인민대표대회의 입법과정이 개시될 때 하는 간략한 기초설명만이 있으므로 조문의 입안과정의 연구의 기초자료가 다른 나라보다 더 중요하다고 할 수 있다.

7) 이외에 2002년 민법초안의 제정과정에서 제공된 민법전 초안으로는 徐国栋, 绿色民法典草案, 社会科学文献出版社, 2004도 있다. 이 초안도 인격권은 독립된 편으로 하지는 아니하지만 인격권에 대하여 자세한 규정을 둔다 : 제1편 인신관계법제3제 인격권(제300조－제401조). 이외에 중국법학회 민법학 연구회의 민법전, 인격권법편 전문가건의안(의견수렴안)(人格权法编专家建议稿(征求意见稿))도 있다. 이에 대한 소개는 주1의 필자의 논문 참조. 이 건의안을 포함한 최근의 인격권법의 논의로는 王利明主编, 人格权立法的中国思考, 中国人民大学出版社, 2020.1,

8) 원래는 중국의 2002년의 민법초안과 2017년의 민법실의 인격권법 초안 실내고와 그밖의 학자들의 여러 인격권법 초안－예를 들어 서국동 교수의 녹색민법전초안, 양립신 교수의 인격권법 초안과 V의 각주에 나오는 2016년의 새로운 학자의 건의초안 등도 소개하려고 하였으나 다음 기회로 미룬다.

9) 국내의 중국민법전의 소개나 논의가 일반론에 그치거나 단순한 소개로 충분한 깊이 있는 논의자료가 되지 못하는 점이 아쉽다고 생각되어 이 글에서는 인격권편에 대한 '기초연구'로서 가능한 한 원전의 자료－특히 조문내용을 한국어와 중국어의 대역으로 같이 다루었다.

Ⅱ. 중화인민공화국 민법전의 인격권[10)]

1. 현행 중화인민공화국 민법전의 제정과 구성

2020년 5월 28일 중국에서는 「중화인민공화국 민법전」(中华人民共和国民法典)이라는 법률이 제정되어 2021년 1월 1일부터 시행되고 있다. 민법전이 제정되기 전에는 혼인법, 입양법과 상속법, 계약법, 담보법, 물권법, 불법행위법의 민사단행법이 제정되어 시행되었으나 이를 통합한 하나의 통일민법전은 여러 차례의 시도에도 불구하고 제정되지는 못하였다.

이러한 민법전의 제정은 총칙편과 각칙편의 2단계로 추진되었다.

제1단계는 2017년 제정된 「중화인민공화국 민법총칙」(中华人民共和国民法总则)이라는 법률의 제정이다. 이는 1986년부터 시행되던 「중화인민공화국 민법통칙」의 체계를 따르면서 대부분의 조문도 대신하여 적용되었다. 이 민법총칙은 2019년 중화인민공화국 민법전 총칙편(제1편)으로 체계와 조문이 거의 그대로 편입되어 각칙편과 함께 민법전 초안이 되었다.

제2단계는 민법전 각칙편(分编 또는 分则编)의 제정이다. 이는 민법총칙 제정 후인 2018년부터 2020년 완료를 목표로 민법전 각칙편(中国民法典各分编草案)을 제정하는 작업이었다.

민법총칙 제정 후 전국인민대표회의의 상무위원회는 6개의 편으로 된 각칙편을 '편찬'[11)] 되었고 2018년 8월 27일 민법전 각칙편 초안은 제13기 전국인민대표대회 상무위원회 제5차 회의의 심의에 제청되었다. 이러한 각칙편의 각각의 편은 의견수렴과 2－3차의 심의를 거쳐 2019년 12월 완성하였다. 민법전 각칙편은 이전에 제정된 민법총칙을 기초로 한 총칙편과 통합하여 중화인민공화국 민법전 초안이 되었고 2019년 12월부터 2020년 5월까지 심의를 거친

---

10) 중화인민공화국 민법전과 인격권편에 관한 일반론은 강광문, 정이근, 장지화, 김성수, 이창범, 정영진, 김영미, 중국법 강의, 박영사, 2022, 283쪽 이하; 필자, 「중화인민공화국 민법전」(2020년)의 제정과 동아시아에서의 그 의의－민법전 일반, 주요내용과 그 비교법적 시사점, 중국법연구 제48집, 2022.3, 1쪽 이하; 중화인민공화국 민법전의 조문번역은 김성수, 중국 통일 민법전 번역 및 해제－중화인민공화국 민법전(中华人民共和国民法典) (2020년), 법무부 2020년 연구보고서 등. 이하의 일반론은 이러한 필자의 선행연구를 요약한 것이다.

11) 민법전의 각칙편의 조문을 마련하면서 전국인민대표대회와 그 상무위원회의 그밖의 법률에 대하여 취하는 입법용어인 '제정'(制定)이라고 하지 않고 민법전에는 편찬(编纂)이라는 용어를 사용한다. 2020년 5월 22일 민법전(초안)의 설명(전국인민대표대회 상무위원회 부위원장 王晨이 한 것임)(关于《中华人民共和国民法典（草案）》的说明)에서도 다음과 같이 이 점을 명확하게 하고 있다：编纂民法典，就是通过对我国现行的民事法律制度规范进行系统整合、编订纂修，形成一部适应新时代中国特色社会主义发展要求，符合我国国情和实际，体例科学、结构严谨、规范合理、内容完整并协调一致的法典。이에 대하여는 何勤华, 李秀清, 陈颐, 新中国民法典草案总览(增订本)(续编), 北京大学出版社, 2020, 727쪽; 新中国民法典草案 <http://www.xinhuanet.com/politics/2020－05/22/c_112602101 7.htm>; 이러한 용어의 의미에 대하여는 谢莉, 法律法规编纂是完善我国法律体系的必经之路, 法制日报 2011년 3월 9일 <http://www.npc.gov.cn/c2/c189/c221/201905/t20190522_111935.html>; 赵林, 什么是法的编纂, 中国纪检监察报 2020년 5월 28일, 7쪽 <http://www.zmdsjw.gov.cn/2020/ 0528/43053.html> 또는 <https://jjjcb.ccdi.gov.cn/epaper/index.html?guid=140825885831226 9825>. 다만 본문에서는 편의상 민법전의 '제정'이라는 용어도 혼용하였다.

후 2020년 5월 전국인민대표대회에 상정되어 2020년 5월 28일 중화인민공화국 민법전으로 제정(편찬)된 것이다.12) 이에 의하여 중화인민공화국은 종래의 민사단행법 대신에 완전한 통일 민법전을 가진 국가가 되었다.13)

민법전은 최초의 '법전'(法典)이라는 명칭을 가진 법률이고 중화인민공화국(신중국)이 건국된 이후에 제정된 최초의 통일 민법전이다. 이는 1954년 제1차 민법전 제정작업의 시작된 이래 6년 만에 이루어진 것이다.14)

2020년 제정되어 2021년부터 시행되고 있는 「중화인민공화국 민법전」은 7개 편과 부칙으로 하여 1,260개 조의 조문을 가지고 있다. 각각의 편은 총칙(제1편), 물권(제2편), 계약(제3편), 인격권(제4편), 혼인가정(제5편), 상속(제6편)과 불법행위책임(제7편)이다.

인격권은 제4편으로 독립된 편으로 하고 있는데 총칙에 이은 각칙편의 하나로 하고 각칙편은 민사권리를 중심으로 이를 규정한다. 이에 따라 각칙편은 물권과 계약의 재산법을 먼저 두고 인격권, 혼인가족, 상속의 인법 또는 가족법(신분법)을 다음에 두고 마지막에 불법행위책임편을 두어 민사권리의 침해에 대한 구제로서 민사책임을 규정한다. 민사권리에 대하는 재산권과 비재산권-인격권과 신분권15)-의 순서로 규정한다.

각 편은 그 밑에 장과 절을 두는 것을 원칙으로 하고, 조문수가 많은 편은 편 밑에 분편(分编)을 두고 그 밑에 장, 절을 두기도 한다.

각각의 편의 구성은 다음과 같다.

---

12) 각각의 초안의 내용에 대하여는 何勤华, 李秀清, 陈颐, 앞의 책, 1쪽 이하. 이 책은 민법전 각칙편과 민법전 초안 등에 대한 초안과 경과보고 등이 담겨 있다. 또한 中华人民共和国民法典 <https:// npcobserver.com/legislation/civil-code/>도 참조.

13) 2021년 1월 1일 민법전의 시행과 함께 민법총칙을 포함한 민사단행법이 모두 폐지되었다(민법전 제1260조).

14) 민법전 제정에 대하여는 우선 温世扬. 中国民法典体系构造的'前世'与'今生'. 东方法学 2020년 제4기, 29쪽 이하; 刘凯, 《民法典》诞生的历史进程, 华南理工大学学报 (社会科学版) 제22권 제6기, 2020, 73쪽 이하 <http://www.xml-data.org/HNLGDXXBSKB/html/2020-6-73.htm> 등.

15) 종래 민법통칙 등에서는 이를 인신권(人身权)으로 하여 인격권과 신분권을 통합한 개념으로 사용하지만 민법전에서는 이러한 개념을 규정하지는 아니한다. 인신권은 인법(人法)을 민법전의 체계에서 어떻게 편성할 것인가와 관련하여 중요한 의미가 있다. 중국에서는 민법전 체계와 관련하여 논의가 되기도 한다. 王利明, 人格权制度在中国民法典中的地位, 法学研究 2003년 제2기, 32쪽 이하; 민법전의 체계 일반에 대하여는 우선 王利明, 民法典体系研究, 中国人民大学出版社, 2008.9, 2012.10(제2판); 刘士国, 论中国民法典的体系, 法制与社会发展 2000년 제3기 등 참조.

목차(한글)	目录(중국어)	조문수(1260개 조)
중화인민공화국 민법전	中华人民共和国民法典	제1조－제1260조
제1편 총칙	第一编　总则	제1조－제204조
제2편 물권	第二编 物权	제205조－제462조
제3편 계약	第三编 合同	제463조－제988조
제4편 인격권	第四编 人格权	제989조－제1039조
제5편 혼인가족	第五编 婚姻家庭	제1040조－제1118조
제6편 상속	第六编 继承	제1119조－제1163조
제7편 불법행위책임	第七编 侵权责任	제1164조－제1258조
부칙	附则	제1259조－제1260조

2. 중화인민공화국 민법전의 인격권편 일반

중화인민공화국 민법전은 인격권을 독립된 편(제4편)으로 하고 있다.

인격권편은 6개 장 51개 조(제989조－제1039조)로 되어 있다. 각각의 장은 일반규정(제1장), 생명권, 신체권과 건강권(제2장), 성명권과 명칭권(제3장), 초상권(제4장), 명예권과 영예권(제5장) 및 사생활권과 개인정보 보호(제6장)이다.

인격권편의 구성은 다음과 같다.

목차(한글)	目录(중국어)	조문 수
중화인민공화국 민법전	中华人民共和国民法典	제1조－제1260조
제4편 인격권	第四编 人格权	제989조－제1039조
제1장 일반규정	第一章 一般规定	제989조－제1001조
제2장 생명권, 신체권과 건강권	第二章 生命权、身体权和健康权	제1002조－제1011조
제3장 성명권과 명칭권	第三章 姓名权和名称权	제1012조－제1017조
제4장 초상권	第四章 肖像权	제1018조－제1023조
제5장 명예권과 영예권	第五章 名誉权和荣誉权	제1024조－제1031조
제6장 사생활권과 개인정보보호	第六章 隐私权和个人信息保护	제1032조－제1039조

인격권편의 초안과 관련하여 2017년 11월 15일 민법실 실내고(民法室室内稿)라는 중화인민공화국민법 인격권편(초안)이 마련되었다.[16] 원래의 초안은 7개 장 54개 조이었다. 각각의

16) 조문내용과 평가에 대하여는 何勤华, 李秀清, 陈颐, 앞의 책, 78쪽 이하; 《民法人格权编（草案）（室内

장은 일반규정(제1장), 생명권, 신체권과 건강권(제2장), 성명권과 명칭권(제3장), 초상권(제4장), 명예권과 영예권(제5장), 사생활권과 개인정보(제6장) 및 인격권의 보호(제7장)이었다. 그러나 인격권편 제1차 초안에서는 인격권의 보호는 민사책임으로서 불법행위편과 중복되므로 삭제되었다.

각각의 편의 구성은 다음과 같다.

목차	目彔	조문수
제4편 인격권	第四编 人格权	제989조－제1039조(51개조)
제1장 일반규정	第一章 一般规定	제989조－제1001조(13개조)
제2장 생명권, 신체권과 건강권	第二章 生命权、身体权和健康权	제1002조－제1011조(10개조)
제3장 성명권과 명칭권	第三章 姓名权和名称权	제1012조－제1017조(6개)
제4장 초상권	第四章 肖像权	제1018조－제1023조(6개)
제5장 명예권과 영예권	第五章 名誉权和荣誉权	제1024조－제1031조(8개)
제6장 사생활권과 개인정보보호	第六章 隐私权和个人信息保护	제1032조－제1039조(8개)

2018년부터 '중화인민공화국 민법전 각칙편(초안)(民法典各分编(草案))의 하나로서 심의가 진행되어 3차의 심의를 거쳐 2019년 12월 최종 각칙편 심의초안으로 완성되었고 이것이 전국인민대표대회에서 중화인민공화국 민법전(초안)으로 통과되었다.[17)]

각각의 인격권(제4편) 심의초안의 구성은 다음과 같다.

목차	目彔	제1차 심의안	제2차 심의안	제3차 심의안
민법전 인격권편(초안)	人格权	제773조－제조	제773조－제817조의1	제773조－제817조의1
제1장 일반규정	第一章 一般规定	제773조－제782조	제773조－제782조[18)]	제773조－제782조의1[19)]
제2장 생명권, 신체권과 건강권	第二章 生命权、身体权和健康权	제783조－제791조	제783조－제791조[20)]	제783조－[21)]

稿）》的逐条分析 <https://zhuanlan.zhihu.com/p/33745784>; 王利明, 民法人格权编（草案室内稿）的亮点及改进思路, 中国政法大学学报 2018년 제4기, 118쪽 이하; 같은 저자, 功在当下，利在千秋－《中华人民共和国民法人格权编（草案）》之我见 <http://www.privatelaw.com.cn/Web_P/ N_Show/?PID=12085>(2018.4.25) 등.

17) 이 인격권편 초안의 조문내용에 대하여는 2018년 3월 15일자의 제1차 인격권법 초안인 각칙편(초안)은 何勤华, 李秀清, 陈颐, 앞의 책, 109쪽 이하; 2019년 4월 12일자의 2차 심의안은 何勤华, 李秀清, 陈颐, 앞의 책, 400쪽; 2019년 8월 16일자의 3차 심의안은 何勤华, 李秀清, 陈颐, 앞의 책, 445쪽; 中华人民共和国民法人格权编(草案) <https://www.sohu.com/a/220465435_169411>.

목차	目录	제1차 심의안	제2차 심의안	제3차 심의안
제3장 성명권과 명칭권	第三章　姓名权和名称权	제792조－ 제797조	제792조－ 제797조[22]	제792조－[23]
제4장 초상권	第四章　肖像权	제798조－ 제803조	제798조－ 제803조	제798조
제5장 명예권과 영예권	第五章　名誉权和荣誉权	제804조－ 제810조	제804조－ 제810조[24]	제804조[25]
제6장 사생활권과 개인정보 보호	第六章　隐私权和个人信息保护	제811조－ 제817조	제811조－ 제817조의1[26]	제811조－ 제817조의1[27]

민법전의 편찬(제정)과정에서 그 편별체계의 구성과 개별 편의 구성에 대하여 학계에서는 격렬한 논쟁이 있었고 이러한 민법전 편별체계 논쟁에서 가장 큰 것은 민법전에 인격권편을 독립된 1개 편으로 할 것인가이었다.[28]

제4차 민법전 제정작업의 결과물인 2002년 민법초안에서도 인격권법을 단독의 편(제4편)으로 하기도 하였다. 2020년의 중화인민공화국 민법전은 처음 민법전의 제정과 관련한 논의에서는 이를 독립된 편으로 하지는 아니하였으나 각칙편 초안의 입안과정에서 독립된 1개 편으로 하였고 최종적으로 민법전에서도 이를 독립된 편으로 하였다.

인격권을 독립된 편으로 편성한 이유는 민사주체가 그 특정한 인격적 이익에 대하여 가지는 권리로 모든 사람의 인격의 존엄과 관계가 있고 민사주체의 가장 기본적이고 중요한 권리

18) 제1차 초안에 비교하여 변경된 조문은 다음과 같다 : 제779조(원래의 제782조의 이동); 제781조(원래의 제779조 제2항의 이동); 제781조의 1(원래의 제779조 제2항 이동); 제782조(원래의 제781조의 이동); 제782조(원래의 제781조의 이동); 제782조의 1.

19) 변경된 조문은 제774조의 1, 제781조의1, 제782조의 1이 유지.

20) 변경된 조문은 제789조의 1.

21) 변경된 조문은 제789조의 1.

22) 변경된 조문은 제792조의 1(원래의 제792조 제2항이 독립된 조문이 됨); 삭제된 조문은 제795조.

23) 변경된 조문은 제792조의 1; 삭제된 조문은 제795조.

24) 변경된 조문은 제807조의 1.

25) 변경된 조문은 제807조의 1.

26) 변경된 조문은 제817조의 1.

27) 변경된 조문은 제817조의 1.

28) 王利明 교수와 梁慧星 교수의 논쟁이 가장 유명하다. 반대하는 견해로는 梁慧星, 民法典不应单独设立人格权编, 法制日报 2002.8.4.; 徐国栋, 论我国《民法典》采用新法学阶梯体系及其理由－兼権苏永钦教授我国《民法典》体系化失败论, 财经法学 2021년 제2기, 2021.3, 3쪽 이하; 국내문헌으로는 최길자, 박설매, 중국 민법전에 있어서 인격권의 단독 편찬 여부에 관한 논의, 중국법연구 제40호, 2019, 55쪽 이하 등; 양혜성 저, 최길자 역, 중국 민법전 각칙 편찬과정에 있어서의 쟁점 및 의견충돌(关于民法典分则编纂中的重大分歧), 중국법연구 제42집, 2020.5, 25쪽 이하(중국어 원문은 1쪽 이하) 등. 더 일반적인 것은 马俊驹, 人格与人格权立法模式探讨, 重庆大学学报(社会科学版) 2016년 제22권 제1기, 184쪽 이하 등.

이므로 인격권을 보호하고 인격의 존엄을 옹호하는 것이 법치에서 중요한 임무이고 최근의 추세도 인격권의 보호를 강화하는 것이기 때문이었다.

민법전 인격권편(제4편)은 종래의 민사단행법인 민법통칙이 민사권리(제5장) 중 인신권(人身权)(제4절)(제98조-제105조)에서 인격권의 종류만을 신분권과 함께 열거하던 것에서 나아가 이를 독립된 편으로 하고 인신권에서 같이 다루던 신분권(가족권)과도 독립적인 개념으로 하여 이를 체계와 조문내용에서 모두 혁신하여 신설한 것이다. 민법전 제정과정에서 민법전의 편별체계와 관련하여 가장 논쟁이 격렬하였던 것이 인격권편의 독립된 편구성 여부이었는데 입법자는 인격권을 독립된 편으로 하였고 이러한 편별 체계는 다른 입법례에서는 찾아볼 수 없는 중국 민법전의 특징 중 하나이다. 인격권편은 독립된 편 구성을 하면서 구체적인 냉요에서도 일반적 인격권과 인격권에 근거한 청구권 및 구체적 인격권의 열거 등을 규정하여 구체적인 규율로서 권리의 내용과 권리의 보호를 일반규정과 각 인격권에 관한 절에서 규정하여 그 체계와 내용에서 만전을 기하고 있다.

이러한 인격권의 독립된 편으로 구성하는 것에 대하여 중국의 학계는 찬성과 반대의 견해가 대립하였다. 또한 구체적인 체계와 내용에서 인격권을 독립한 편으로 하면서 인격권의 내용과 행사 및 그 책임과 관련하여 불법행위책임편과 어떤 관계가 있는가도 격렬한 논의가 있었고 그 외에 인격권과 재산편(물권과 계약) 및 혼인가족편과 상속편의 편별 순서에 대하여도 논의가 있었다.

3. 중화인민공화국 민법전 인격권편의 주요 내용

이하에서는 현행 중화인민공화국 민법전의 입법취지를 참조하여 각각의 내용을 간략하게 보면 다음과 같다.[29)]

가. 일반규정(제1장)

민사주체의 인격권으로는 구체적으로 자연인에게는 생명권, 신체권, 건강권, 성명권, 명칭권, 초상권, 명예권, 영예권, 사생활권 등이 있고(제990조 제1항) 법인이나 비법인조직에게도 명칭권과 명예권과 영예권을 인정한다. 이러한 민사주체의 인격권은 법적으로 보호되고 어떤 조직이나 개인도 이를 침해할 수 없다(제991조). 또한 인격권은 포기, 양도 또는 상속될 수 없다(제992조). 그러나 민사주체는 자기의 성명, 명칭, 초상 등을 법률규정이나 그 성질에 의하여

29) 이하의 서술은 필자, 앞의 책, 383쪽 이하의 것을 거의 그대로 인용한 것이다. 각각의 인격권에 관한 구체적인 분석은 향후 심화된 연구가 필요하다; 필자는 법무부의 인격표지 영리권(퍼블리시티권)의 입안과정에서 중국의 인격권 일반과 관련 퍼블시티권의 내용에 대한 기초자료를 보고한 바 있다. 그 내용에 대하여는 필자에게 문의하기 바란다. 중국의 인격권편의 내용에 대한 최근의 소개로는 위영용, 중국 특색의 인격권 입법체제 연구 : 중국「민법전」중 인격권편의 시각으로, 동아대학교 국제법무학과 법학박사학위논문, 2021.12; 조동제, 천준지앙, 중국 민법전 인격권편의 입법 특색에 관한 소고, 동아법학 제95호, 2022.5, 29쪽 이하 등.

할 수 없는 경우를 제외하고는 다른 사람의 사용을 허가할 수 있다(제993조).

민법전은 일반규정(제989조－제1001조)(13개 조)에서 인격권편의 규율대상(제989조), 구체적 인격권과 일반적 인격권(제990조), 인격권의 법적 보호(제991조), 인격권의 포기, 양도나 상속의 제한(제992조), 인격권의 허가사용(제993조), 사망자(死者)의 인격적 이익보호(제994조), 인격권의 침해에서 일반적 보호의 원칙과 인격권에 의한 청구권(人格的请求权)의 소멸시효(제995조), 책임 경합에서 계약위반의 정신적 손해배상책임(제996조), 인격권침해에 대한 법원의 금지명령(제997조), 인격권 침해로 인한 민사책임의 인정에 대한 참고요소(제998조), 신문보도, 여론감독의 합리적 사용(제999조), 인격권 침해의 민사책임 중 결과제거, 명예회복, 사죄표시 등 비재산적 민사책임(제1000조), 혼인가족관계 중 신분권의 보호에 대한 인격권 보호 규정의 적용(제1001조)을 각각 규정한다.

나. 생명권, 신체권과 건강권(제2장)

자연인은 생명권, 신체권과 건강권을 가진다. 생명의 안전과 생명의 존엄은 법이 보호하고 누구도 다른 사람의 생명권을 침해하지 못한다(제1002조). 또한 그 신체의 완전성과 행동의 자유는 법이 보호하고 누구도 다른 사람의 신체권을 침해하지 못한다(제1003조). 아울러 그 심신의 건강을 법이 보호하고 누구도 그 건강권을 침해하지 못한다(제1004조). 인격권편은 생명권, 신체권과 건강권(제1002조－제1011조)(10개 조)에서 자연인의 생명권(제1002조) , 자연인의 신체권의 보호(제1003조), 자연인의 건강권(제1004조), 법정 구조의무(제1005조), 인체기증(제1006조), 인체세포, 인체조직, 인체장기, 사체의 매매의 금지(제1007조), 인체의 임상실험(제1008조), 인체 유전자, 인체 배아 등 의학과 과학 연구활동(제1009조), 성희롱의 금지(제1010조)를 각각 규정한다. 특히 최근 문제가 많이 늘고 있는 성희롱(性骚扰)도 이를 규정한다.

다. 성명권과 명칭권(제3장)

자연인은 성명권을 가지고 자기의 성명을 결정, 사용, 변경 또는 다른 사람의 사용을 허가할 수 있다(제1012조). 법인이나 비법인조직은 명칭권을 가지고 자기의 명칭을 결정, 사용, 변경, 양도하거나 다른 사람사용을 허가할 수 있다(제1013조). 인격권편은 성명권과 명칭권(제1012조－제1017조)(6개 조)에서 자연인의 성명권(제1012조), 법인, 비법인조직의 명칭권(제1013조), 성명권이나 명칭권의 침해금지(제1014조), 자연인의 성명의 취득과 선택권(제1015조), 자연인의 성명의 결정, 변경과 법인, 비법인조직의 명칭의 결정, 변경, 양도(제1016조) 및 사회의 지명도가 있는 필명, 예명, 인터넷명, 역자명, 가게명, 성명과 명칭의 약칭 등(제1017조)을 각각 규정한다.

라. 초상권(제4장)

자연인은 초상권을 가지고 자기의 초상의 제작, 사용, 공개 또는 다른 사람의 사용을 허가할 수 있다(제1018조). 인격권편은 초상권(제1018조－제1023조)(6개 조)에서 초상권의 내용(제1018

조), 초상권의 보호(제1019조), 초상권의 합리적 사용(제1020조), 초상의 허가사용계약의 해석방법(제1022조), 초상의 허가사용계약의 해제(제1023조), 성명의 허가사용과 음성보호(제1023조)를 각각 규정한다.

마. 명예권과 영예권(제5장)

민사주체는 명예권이 있고 누구도 모욕, 비방 등의 방법으로 다른 사람의 명예권을 침해할 수 없다(제1024조 제1항). 인격권편은 명예권과 영예권(제1024조－제1031조)에서 명예권에 대한 일반규정과 명예의 개념(제1024조), 신문보도, 여론감독의 명예침해와 민사책임(제1025조), 신문보도 등의 주체의 합리적 사실확인의무(제1026조), 문학, 예술작품의 명예권 침해(제1027조), 사실과 다른 매체보도내용에 의한 명예권의 침해에 대한 보충구제조치(제1028조), 부당한 신용평가에 대한 구제조치(제1029조), 신용정보의 법적 보호(제1030조) 및 민사주체의 영예권(제1031조)을 각각 규정한다.

바. 사생활권과 개인정보 보호(제6장)

자연인은 사생활권(隐私权)이 있고 어느 조직이나 개인도 불법정탐, 침탈, 교란, 누설, 공개 등의 방법으로 다른 사람의 사생활을 침해할 수 없다(제1032조). 인격권편은 사생활권과 개인정보 보호(제1032조－제1039조)에서 자연인의 사생활권의 보호(제1032조), 사생활권 침해행위의 주요한 유형(제1033조), 자연인의 개인정보 보호(제1034조), 개인정보 처리의 원칙과 개인정보 처리의 내용과 범위(제1035조), 자연인의 개인정보 처리의 면책사유(제1036조), 개인의 그 정보에 대한 열람, 복제권과 정정, 삭제권(제1037조), 정보처리자의 의무(제1038조), 국가기관과 그 공무원의 개인정보의 비밀유지의무(제1039조)를 각각 규정한다.

Ⅲ. 양혜성 교수 민법전 초안 건의안의 인격권

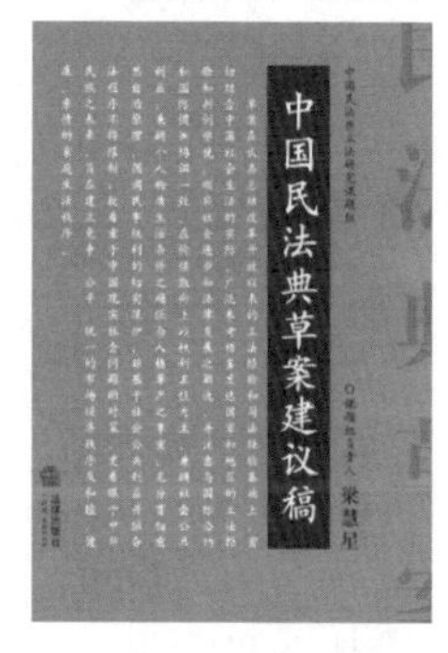

1. 양혜성 교수 민법전초안 건의안 일반

양혜성(梁慧星) 교수가 주도한 중국사회과학원 법학연구소의 구성원 등을 중심으로 마련한 중국민법전 초안 건의안[30]은 민법전을 7개편 1,924개 조로 하고 있다. 각각의 편은 총칙(제1편), 물권(제2편), 채권총칙(제3편), 계약(제4편), 불법행위(제5편), 친족(제6편)과 상속(제7편)이다. 이 초안은 인격권을 민법전의 1개의 독립한 편으로 하지 아니하고

30) 양혜성 교수의 민법전초안의 조문내용은 梁慧星主编, 中国民法典草案建议稿, 法律出版社, 2003의 문헌을 기초로 한 것이다. 이 민법전초안의 조문은 판본이 여러 개 있는데 2002년 전국인민대표대회에 제출한 것을 기초로 한 2003년의 것을 중심으로 살펴본다. 이 초안의 판본에 대하여는 필자, 중국의 불법행위법(1), 진원사, 2013, 429쪽 이하 참조. 그 외에 필요한 최신 정보와 조문내용의 수정을 가하였다. 총칙의 조문은 <http://www.cqlsw.net/legal/legislation/2015042216024.html>도 참조.

총칙편(제1편)의 자연인(제2장)의 장의 1개의 절(제5절)로 한다.[31]

각각의 편은 다음과 같다.

목차	目录	조문(1,924개 조)
제1편 총칙	第一编 总则	제1조－제220조
제2편 물권	第二编 物权	제221조－제644조
제3편 채권총칙	第三编 债权总则	제645조－제836조
제4편 계약	第四编 合同	제837조－제1541조
제5편 불법행위	第五编 侵权行为	제1542조－제1640조
제6편 친족	第六编 亲属	제1641조－제1834조
제7편 상속	第七编 继承	제1835조－제1924조

2. 양혜성 교수 민법전초안의 인격권

양혜성 교수의 민법전초안(2004년)은 인격권을 독립한 편으로 하지 아니하고 총칙편(제1편)의 자연인의 장(제2장)에 인격권에 관한 절(제5절)을 10개 조문(제46조－제56조)으로 하여 규정한다. 또한 법인, 비법인단체의 장(제3장)의 일반규정(제1절)에 법인의 명칭권(제6조)과 명예권(제67조)를 두고 있다.

인격권을 포함한 총칙편의 구성은 다음과 같다.

목차	目录	조문(1924개 조)
제1편 총칙	第一编 总则	제1조－제220조 (220개 조)
제1장 기본원칙	第一章 基本原则	제1조－제10조
제2장 자연인 제1절 민사권리능력 제2절 민사행위능력 제3절 부재선고 제4절 실종선고 제5절 인격권 제6절 주소	第二章 自然人 第一节 民事权利能力 第二节 民事行为能力 第三节 宣告失踪 第四节 宣告死亡 第五节 人格权 第六节 住所	제11조－제57조 제11조－제15조 제16조－제21조 제22조－제29조 제30조－제45조 제46조－제56조 제57조
제3장 법인, 비법인단체 제1절 일반규정 제2절 법인의 설립	第三章 法人、非法人团体 第一节 一般规定 第二节 法人的设立	제58조－제93조 제58조－제67조 제68조－제73조

31) 이외에 채권 총칙 및 각칙으로 계약편과 불법행위편을 두어 채권편을 '총칙 및 계약과 불법행위'로 나누고 있고 이어서 친족편, 상속편을 둔 것도 특징이다. 혼인법과 입양법에 해당하는 것도 친족편으로 한 것도 전통적인 판덱텍의 체계를 따른다.

목차	目录	조문(1924개 조)
제3절 법인의 기관	第三节 法人的机关	제74조－제77조
제4절 법인의 변경	第四节 法人的变更	제78조
제5절 법인의 해산과 청산	第五节 法人的解散与清算	제79조－제87조
제6절 비법인단체	第六节 非法人团体	제88조
제4장 권리의 객체	第四章 权利客体	제94조－제110조
제5장 법률행위	第五章 法律行为	제111조－제148조
제1절 일반규정	第一节 一般规定	제111조－제119조
제2절 의사표시	第二节 意思表示	제120조－제127조
제3절 의사표시의 무효와 취소	第三节 意思表示的无效和撤消	제128조－제140조
제4절 법률행위의 조건과 기한	第四节 法律行为的附条件和附期限	제141조－제142조
제5절 법률행위의 해석	第五节 法律行为的解释	제143조－제148조
제6장 대리	第六章 代理	제149조－제188조
제1절 일반규정	第一节 一般规定	제149조－제173조
제2절 직접대리	第二节 直接代理	제174조－제181조
제3절 간접대리	第三节 间接代理	제182조－제188조
제7장 소멸시효	第七章 消灭时效	제189조－제214조
제1절 일반규정	第一节 一般规定	제189조－제200조
제2절 시효의 정지와 미완성	第二节 时效的中止和不完成	제201조－제207조
제3절 시효의 중단	第三节 时效的中断	제208조－제214조
제8장 기일, 기간	第八章 期日､期间	제215조－제220조

또한 불법행위편(제5편)에서도 자기의 불법행위(제64장) 중 인격권에 대한 침해(제1절)(제1565조－제1571조)(7개 조)를 두어 인격권의 보호에 대하여 자세하게 규정한다. 또한 불법행위의 민사책임의 장(제67장)의 그밖의 민사책임방법의 적용의 절(제3절)에서 인격권의 민사책임의 부담방법으로 사죄표시, 결과의 제거와 명예회복을 각각 규정한다.

인격권을 포함한 불법행위편의 구성은 다음과 같다.

목차	目录	조문수
제5편 불법행위	第五编 侵权行为	제1542조－제1640조 (99개조)[32]
제63장 일반규정	第六十三章 一般规定	제1542조－제1564조
제1절 불법행위의 개념과 유책사유, 책임능력	第一节 侵权行为的定义与归责事由､责任能力	제1542조－제1544조
제2절 손해	第二节 损害	제1545조－제1547조
제3절 인과관계와 공동불법행위	第三节 因果关系和共同侵权行为	제1548조－제1554조
제4절 면책사유	第四节 抗辩事由	제1555조－제1561조
제5절 그밖의 규정	第五节 其他规定	제1562조－제1564조

목차	目录	조문수
제64장 자기의 불법행위	第六十四章 自己的侵权行为	제1565조－제1587조
제1절 인격권[33]에 대한 침해	第一节 对人格权的侵害	제1565조－제1571조
제2절 재산권과 재산적 이익, 정신적 이익에 대한 침해	第二节 对财产权和财产利益、精神利益的侵害	제1572조－제1580조
제3절 전문가책임	第三节 专家责任	제1581조－제1587조
제65장 다른 사람의 불법행위에 대한 책임	第六十五章 对他人侵权之责任	제1588조－제1598조
제1절 후견인책임	第一节 监护人责任	제1588조－제1592조
제2절 법인과 그밖의 사회조직의 책임, 대위책임, 국가배상책임	第二节 法人及其他社会组织的责任、替代责任、国家赔偿责任	제1593조－제1598조
제66장 준불법행위 : 무과실책임	第六十六章 准侵权行为：无过错责任	제1599조－제1625조
제1절 물건이 가한 손해	第一节 物造成的损害	제1599조－제1604조
제2절 환경오염과 위험한 작업 등으로 다른 사람에게 가한 손해	第二节 污染环境与危险作业等致人损害	제1605조－제1610조
제3절 자동차와 고속교통수단[34]으로 다른 사람에게 가한 손해	第三节 机动车和高速交通工具致人损害	제1611조－제1615조
제4절 제조물책임	第四节 产品责任	제1616조－제1625조
제67장 불법행위의 민사책임	第六十七章 侵权的民事责任	제1626조－제1640조
제1절 일반규정	第一节 一般规定	제1626조－제1627조
제2절 손해배상	第二节 损害赔偿	제1628조－제1636조
제3절 그밖의 민사책임방법의 적용	第三节 其他民事责任方式的适用	제1637조－제1640조

양혜성 교수는 이 민법전초안이 나오기 전에 이미 「중화인민공화국 민법전 대강」(초안)(中华人民共和国民法典大纲(草案))을 마련한 적이 있었는데 이 초안은 그에 충실하게 조문으로 입안한 것이다. 이는 1998년 9월 3일 민법기초(民法起草工作小组) 제2차 회의에서 양혜성 교수에게 위탁하여 이 민법전 대강의 초안을 기초한 것이다.[35]

이 중에서 인격권은 권리의 주체로서 자연인의 장(제3장)(第三章 权利主体－自然人) 중 제6절로 하고 있다.[36] 민법전 대강에서는 인격권의 절(제5절)에서는 민법통칙의 현행 규정을 기초

32) 2002년 초안은 99개 조이지만 2009년의 초안은 97개(제1조－제97조)로 되어 있다. 전자에 따랐다. 필자의 종전의 초안의 소개(필자, 앞의 책, 438, 461쪽)은 조문 수와 조문 번호가 양자를 혼용하고 있다. 바로 잡는다.

33) 2009년 초안은 '인신권'(人身权)이다.

34) 2009년 초안은 '그밖의 고속교통수단'(其他高速交通工具)이라고 한다.

35) 이러한 점과 민법전 대강(초안)의 구체적 내용은 梁慧星, 『중국민법을 위한 투쟁』(为中国民法典而斗争), 法律出版社, 2002.7. 中华人民共和国民法典大纲(草案)은 이 책의 50쪽 이하에서 담고 있다. 인터넷 자료로는 <http://www.law－lib.com/flsz/sz_view.asp?no＝1104>.

36) 인격권의 절을 포함한 자연인의 장을 세분한 민법전초안의 각각의 절의 순서와 내용은 민법전대강의 것과 같다. 자연인의 장은 원래 민법전 대강에서는 제3장이던 것을 민법전 초안에서 제2장으로 한 것은 원래는 권리의 객체를 제2장으로 하였으나 민법전초안에서는 이는 제4장으로 하였기 때문이다.

로 하여 적당하게 보완하는 것을 건의하면서 일반적 인격권(一般人格权)과 각종의 개별 인격권(特别人格权)을 규정하고 개별인격권에는 생명, 신체, 건강, 자유, 명예, 성명, 초상과 사생활(隐私)을 포함하는 것으로 한다. 민법전초안에서는 생명(제18조), 신체(제19조), 건강(제20조), 성명(제21조), 초상(제22조), 명예(제23조), 사생활(제24조)을 두어 자유를 규정하지 아니하고 명예를 초상 다음으로 규정한 것 이외에는 민법전 대강과 순서가 같다. 그 외에 민법전초안은 민법전 대강에는 없는 유체(제25조), 사자의 인격권(제26조)도 추가한다.

양혜성 교수의 민법전초안은 인격권을 전통적인 대륙법계의 태도를 취하여 독립된 편으로 하지 아니하고 총칙의 자연인과 법인의 능력과 관련된 것으로 보고 해당 개소에서 규정하고 그 침해가 있는 경우의 구제는 불법행위편의 자기의 불법행위로 하여 규정한다. 그러나 인격권을 독립한 절로 하는 점에서 총칙편이나 불법행위편에 일부 규정만을 두는 입법례보다는 진일보된 태도를 취하고 있다.[37)]

3. 민법전초안 총칙편의 인격권

제1편 총칙
【원문】总则

제2장 자연인
【원문】第二章 自然人

제2절 인격권
【원문】第二节 人格权

제46조 (일반적 인격권) ① 자연인의 자유, 안전과 인격의 존엄을 법률의 보호를 받는다.
② 자연인의 인격권은 양도할 수 없고 법률의 규정에 의하지 아니하면 제한될 수 없다.
【원문】第四十六条 [一般人格权] 自然人的自由、安全和人格尊严受法律保护。
自然人的人格权不得转让，非依法律规定，不得予以限制。

제47조 (인격권의 보호) 인격권이 불법침해를 받은 때에는 피해자는 인민법원에 판결로 가해자에게 침해의 정지, 방해의 제거, 사죄표시를 판결하고 발생된 재산적 손해와 정신적 손해의 배상을 청구할 수 있다.
【원문】第四十七条 [人格权的保护] 人格权遭受不法侵害时，受害人有权请求人民法院判决加害人停止侵害、消除影响、赔礼道歉，并赔偿所造成的财产损失和精神损害。

---

37) 양혜성 초안의 조문에 대한 평가는 陈璐,《中国民法典草案建议稿》'人格权'规定述评, 南阳师范学院学报(社科版), 2005년 제5기, 26쪽 이하.

제48조 (생명권) 자연인은 생명권을 가진다. 자연인의 생명을 침해하거나 생명의 상실하게 할 수 있는 불법행위는 모두 금지된다.
【원문】 第四十八条 [生命权] 自然人享有生命权。禁止一切侵害自然人生命或者有可能导致生命丧失的非法行为。

제49조 (신체권) ① 자연인의 신체는 법률의 보호를 받는다.
② 인체, 인체의 각 부분은 재산권의 목적이 될 수 없다. 그러나 법률에 다른 규정이 있는 경우에는 그러하지 아니하다.
③ 자연인의 신체의 완전성은 법률의 보호를 받는다. 자연인의 건강을 위하여 하는 수술치료는 본인의 동의를 얻거나 법률이 정하는 조건에 부합하여야 한다.
④ 치료 또는 의학실험을 위한 목적으로 법률이 정하는 조건에 부합하면 자연인은 그 신체의 일부 장기(器官)를 기증(捐赠)할 수 있다. 그러나 기증자와 피기증자의 동의가 없으면 기증자의 신분과 피기증자의 신분을 식별할 수 있는 어떤 정보도 확산할 수 없다.
⑤ 친자관계 확인소송에 필요한 때에는 인민법원은 유전적 특징의 사람에 대하여 식별의 결정을 할 수 있다. 그러나 본인의 동의를 취득하여야 한다.
⑥ 의료 또는 과학연구를 목적으로 전 항이 정하는 식별을 하는 때에는 본인의 동의를 취득하여야 한다.
【원문】 第四十九条 [身体权] 自然人的身体受法律保护。
人体、人体各部分，不得作为财产权利的标的，但法律另有规定的除外。
自然人的身体的完整性受法律保护。为自然人的健康而进行手术治疗，须经本人同意或者符合法律规定的条件。
为治疗或者医学试验的目的，在符合法律规定的条件下，自然人可以捐赠其身体的部分器官，但非经捐赠人和受捐赠人同意，不得扩散可以鉴别捐赠人身份和受捐赠人身份的任何信息。
在确定亲子关系的诉讼中，必要时人民法院可以决定通过遗传特征对人进行鉴别，但应当征得本人同意。
在为医疗或者科学研究目的进行前款规定的鉴别时，应当征得本人同意。

제50조 (건강권) 자연인은 건강권을 가진다.
【원문】 第五十条 [健康权] 自然人享有健康权。

제51조 (성명권) 자연인은 성명권을 가지고, 자기의 성명의 결정, 사용과 규정에 의하여 변경할 수 있다. 자연인의 성명의 간섭, 도용, 모용 또는 자연인의 성명에 대한 모욕, 폄하는 금지된다.
【원문】 第五十一条 [姓名权] 自然人享有姓名权，有权决定、使用和依照规定改变自己的姓名。禁止干涉、盗用、假冒自然人姓名或对自然人姓名进行侮辱、贬损。

제52조 (초상권) ① 자연인은 초상권을 가진다. 본인의 동의가 없으면 자연인의 초상을 제작, 사용할 수 없다. 그러나 법률에 다른 규정이 있는 경우에는 그러하지 아니하다.
② 자연인의 최상의 모욕, 희화화는 금지된다.
【원문】 第五十二条 [肖像权] 自然人享有肖像权。未经本人同意，不得制作、使用自然人的肖像，但法律另有规定的除外。
禁止侮辱、丑化自然人的肖像。

제53조 (명예권) 자연인은 명예권을 가진다. 어떤 불법수단으로 자연인의 명예를 폄화, 모욕, 훼손은 금지된다.
【원문】 第五十三条 [名誉权] 自然人享有名誉权。禁止以任何非法手段贬低、侮辱、毁损自然人的名誉。

제54조 (사생활권) 자연인은 사생활권을 가진다. 다른 사람의 사생활을 절취, 불법녹음, 불법녹화, 불법촬영은 금지된다. 본인의 동의가 없으면 다른 사람의 사생활의 비밀을 공표하거나 이용 또는 그밖에 다른 사람의 사생활에 손해를 가하는 행위를 할 수 없다. 그러나 다른 사람의 권리 또는 공공의 이익을 보호하기 위하여 필요한 한도에서 법률규정이 다른 사람의 사생활의 공표 또는 이용할 수 있다고 규정한 경우에는 그 규정에 의한다.
【원문】 第五十四条 [隐私权] 自然人享有隐私权。禁止窃取、窃听、偷录、偷拍他人隐私。未经本人同意，不得披露或者利用他人私生活秘密，或者实施其他损害他人隐私的行为。但在为保护他人权利或者公共利益所必要的限度内，由法律规定可以披露或者利用他人隐私的，依照其规定。

제55조 (유체에 대한 보호) ① 자연인이 사망한 후에 그 유체는 본인의 친족이 화장, 매장의 책임이 있다. 그러나 사용, 수익 또는 그밖의 처분을 할 수 없다.
② 유체, 유골에 대한 손해 또는 모욕은 금지된다.
【원문】 第五十五条 [对遗体的保护] 自然人死亡后，其遗体由本人的亲属负责火化、埋葬，但不得进行使用、收益或者其他处分。
禁止对遗体、遗骨进行损害或者侮辱。

제56조 (사자의 성명, 초상과 명예의 보호) 사자의 설명, 초상과 명예를 모욕, 비방, 폄화, 희화화 등의 방법으로 침해하는 것은 금지된다.
【원문】 第五十六条 [对死者姓名、肖像和名誉的保护] 禁止以侮辱、诽谤、贬损、丑化等方式侵害死者的姓名、肖像和名誉。

제3장 법인, 비법인단체
【원문】第三章 法人、非法人团体

제1절 일반규정[38)]
【원문】第一节 法人的一般规定

제66조 (법인의 명칭권) ① 법인은 명칭권을 가지고 법에 의하여 자기의 명칭을 사용, 양도할 수 있다.
② 법인의 명칭의 모용, 도용 또는 모욕, 폄하는 금지된다.
【원문】第六十六条【法人的名称权】法人享有名称权，有权依法使用、转让自己的名称。禁止假冒、盗用或者侮辱、贬损法人的名称。

제67조 (법인의 명예권) 법인은 명예권을 가진다. 어떠한 불법한 수단으로도 법인의 명예의 폄하, 모욕, 훼손을 금지된다.
【원문】第六十七条【法人的名誉权】法人享有名誉权。禁止以任何非法手段贬低、侮辱、毁损法人的名誉。

4. 민법전초안 불법행위편의 인격권

제5편 불법행위
【원문】第五编 侵权行为

제64장 자기의 불법행위[39)]
【원문】第六十四章 自己的侵权行为

제1절 인격권에 대한 침해[40)]

38) 이후의 판본에서는 '법인의 일반규정'(法人的一般规定)으로 한다. 원래의 민법전초안에 따랐다. 이하 같다.
39) 한글번역에 대하여는 필자, 앞의 책, 444쪽 이하. 일부 조문에 대하여는 수정을 가하였다; 필자, 중화인민공화국 민법전 제정과정의 불법행위법에 관한 학자초안에 관한 연구－양혜성 교수의 민법전초안건의고를 중심으로 경찰대 논문집 제27집, 2007.12, 89－138쪽; 판본에 대하여는 필자, 앞의 책, 429쪽의 각주 참조. 중국에서도 초안의 판본에 대한 정리는 아직 없다.
40) 이외에도 제2절 재산권과 재산적 이익, 정신적 이익에 대한 침해(第2节 对财产权和财产利益、精神利益的侵害)에도 성명, 계좌, 비밀번호 등을 도용한 거래(제37조), 정신적 이익에 대한 침해(제38조)도 성명 등과 시신 또는 사망자의 명예 또는 사생활이라는 인격권이나 인격적 이익과 관련된 것이다 : 第37条【窃用姓名、帐号、密码等进行交易】[1] 窃用他人姓名、帐号、密码等进行交易造成他人损害的，受害人有权请求加害人赔偿损失。即使不能证明此等交易造成受害人实际损失，加害人从此等交易中获得的利益也应依据本法关于不当得利的规定返还给受害人。[2] 对交易安全负有义务的人应当按照本法第13条的规定承担补充赔偿责任，但能够证明自己没有过错的除外; 第38条【对精神利益的侵害】侵害遗体、遗骨、骨灰、墓葬或者严重

【원문】第一节 对人格权的侵害[41]

제1565조【생명권에 대한 침해】① 불법행위로 피해자의 사망을 가한 경우에 피해자의 근친은 사망배상금과 사망자의 생전 부양자가 필요한 생활비의 지급 및 피해자의 구조치료(救治)에 지출한 의료비, 간병비 등의 비용을 배상을 청구할 수 있다.[42]
② 사망자의 장례비를 지급한 사람은 가해자에게 합리적인 장례비의 배상을 청구할 수 있다.
【원문】第一千五百六十五条【对生命权的侵害】侵权行为造成受害人死亡的，受害人的近亲属有权请求支付死亡赔偿金和死者生前扶养的人所必须的生活费，并赔偿为救治受害人所支出的医疗费、护理费等费用。
支付死者丧葬费的人有权请求加害人赔偿合理的丧葬费用。

제1566조【신체, 건강권에 대한 침해】① 공민의 신체 또는 건강의 침해로 피해자의 인신의 상해 또는 건강상태의 현저한 악화를 가한 경우에 피해자는 이미 지출하한 의료비, 요양비, 영양보조비, 간병비, 업무지체로 감소된 수입 등의 비용의 배상을 청구할 수 있다. 피해자에게 장애가 발생한 경우에는 장애인의 자립생활 장구비용, 생활보조비, 장해배상금 및 그가 부양하는 사람에게 필요한 생활비 등의 비용지급을 청구할 수 있다.
② 미성년자의 인신의 침해로 장애 또는 그밖의 중대한 결과가 발생한 경우에는 피해자의 부모 또는 그밖의 부양인은 상당한 정신적 위자료를 단독으로 청구할 수 있다.
【원문】第一千五百六十六条【对身体、健康权的侵害】侵害公民身体或健康，造成受害人人身伤害或者健康状况显著恶化的，受害人有权请求赔偿已经支出和将要支出的医疗费、康复费、营养补助费、护理费、因误工减少的收入等费用；造成受害人残疾的，有权请求支付残疾者生活自助具费、生活补助费、残疾赔偿金以及由其扶养的人所必须的生活费等费用。
侵害未成年人身体造成残疾或者其他严重后果的，受害人的父母或其他抚养人有权单独请求适当的精神抚慰金。

侵害死者名誉或隐私造成近亲属精神损害的，应当停止侵害、赔礼道歉并适当赔偿损失。

41) 2009년의 중국민법전, 불법행위편 초안 건의안에서는 제1절을 '인신권에 대한 침해'(第1节 对人身权的侵害)로 하고 있다. 필자는 종래 불법행위법편의 조문번역에서 이를 참조하여 인신권으로 하였고 이를 '생명신체권'으로 하였다. 이에 대하여는 필자, 중국의 불법행위법(1), 진원사, 2013, 444쪽, 주48과 그 본문 참조; 양자의 조문은 인격권에 관한 부분에서는 장 이름, 절 이름과 조문번호를 제외하고는 조문내용은 기본적으로 같아 조문내용은 이를 참조하였는데 이 절의 제목의 단어에 차이를 보지 못하였다. 2002년 초안은 '인격권'(人格权)이 맞다. 바로잡는다. 이외에 제1571조(2009년 초안 제30조)는 '인격권'으로 하고 있다; 향후 양혜성 교수의 민법전초안의 여러 판본을 비교할 때 이 초안도 비교검토가 필요하다. 이 초안(2009년)의 조문내용에 대하여는 中国民法典, 侵权行为编草案建议稿 <http://www.qinquanfa.com/article/default.asp?id=20>(2009년 11월 3일). 다만 2009년 초안이라고 하여 작성시기를 2009년으로 한 것은 초안 작성한 때가 아니라 인터넷 자료로 올린 때를 기준으로 필자가 이름 붙인 것이다; 이하의 한글번역은 이전의 필자의 번역을 기초로 하면서 일부 문맥을 새로 다듬었고 오탈자도 바로잡았다.

42) 有权은 문자적으로는 '할 권리가 있다'이지만 '할 수 있다'로 옮길 수도 있다. 우리 문언을 참조하여 적절하게 취사선택하였다.

제1567조【인신의 자유권에 대한 침해】① 공민의 인신의 자유가 박탈된 경우에 피해자는 침해의 중지, 사죄표시와 적당한 손해배상을 청구할 수 있다.
② 피해자가 중대한 정신적 손해를 입거나 신체, 건강의 손해 및 재산적 손해를 받은 경우에는 가해자는 이 법 제1565조[43]가 정하는 민사책임을 부담하여야 한다.
【원문】第一千五百六十七条【对人身自由的侵害】剥夺或限制公民人身自由的，受害人有权请求停止侵害、赔礼道歉和适当的损害赔偿。
受害人受到重大精神损害或者受到身体、健康损害以及财产损失的，加害人应当承担本法第一千五百六十五条规定的民事责任。

제1568조【명예권에 대한 침해】① 공민[44]의 명예를 침해한 경우에 피해자는 침해의 정지, 명예회복, 결과의 제거, 사죄표시와 적당한 손해배상을 청구할 수 있다.
② 피해자가 중대한 정신적 손해 또는 재산적 손해를 받은 경우에 가해자는 그에게 중대한 정신적 손해와 재산적 손해를 배상하여야 한다.
【원문】第一千五百六十八条【对名誉权的侵害】侵害公民名誉的，受害人有权请求停止侵害、恢复名誉、消除影响、赔礼道歉和适当的损害赔偿。
受害人受到重大精神损害或者财产损失的，加害人应当对该重大精神损害和财产损失予以赔偿。

제1569조【사생활권에 대한 침해】① 공민의 사생활을 공표, 선전(宣扬)하거나 개인 또는 가족생활의 평온(安宁)을 침해한 경우에 피해자는 침해의 정지, 사조표시와 적당한 손해배상을 청구할 수 있다.
② 피해자가 중대한 정신적 손해 또는 재산적 손해를 받은[45] 경우에 가해자는 그에게 중대한 정신적 손해와 재산적 손해를 배상하여야 한다.
【원문】第一千五百六十九条【对隐私权的侵害】披露、宣扬公民隐私或者侵害公民个人或家庭生活安宁的，受害人有权请求停止侵害、赔礼道歉和适当的损害赔偿。

43) 2009년 초안은 제29조라고 한다.

44) 원문은 公民으로 헌법 등의 공법의 용어이지만 종래 민법통칙 등에서 민사권리의 주체로 사용하고 있고 이 초안도 이를 따르고 있다. 현행법은 '자연인', '개인' 등으로 옮길 수 있지만 초안의 정확한 당시의 용어를 살리기 위하여 '공민'으로 하였다. 이전 번역에서는 '개인'(자연인)으로 하기도 하였다.

45) 원문은 受到으로 '입은'으로 하여야 하지만 우리 용어례를 고려하여 '받은'으로 하였다. 민법에는 '손해를 입은' 또는 '입은 손해'라고 하는 조문은 없고 '손해를 받은'이라고 하는 조문은 5개가 있다(제216조, 제261조, 제576조 제3항, 제688조 제3항, 제740조). '받은 손해'라고 하는 것은 제535조가 있다; 이외에 가해자는 '손해를 가한'이라고 하고 민법은 11회 사용되고 있다. 예를 들어 제35조 제2항, 제741조, 제750조 등. 이외에도 '가한 손해'라고 하기도 한다(제35조 제1항 등 4회); 법령에 따라서 '손해를 받은'이라고 한 것도 있고 '손해를 입은'이라고 한 것도 있다. 앞의 것으로는 헌법 제29조 제1항 제1문(공무원의 직무상 불법행위로 손해를 '받은' …); 후자의 것으로는 하도급거래 공정황에 관한 법률(1984년 제정, 2016년 최종 개정) 제35조 제1항(… 이 법의 규정을 위반함으로써 손해를 입은 자…).

受害人受到重大精神损害或者财产损失的，加害人应当对该重大精神损害和财产损失予以赔偿。

제1570조【성명권, 초상권에 대한 침해】① 공민의 성명, 초상이 침해를 받은 경우에 피해자는 침해의 정지, 사죄표시와 적당한 손해배상을 청구할 수 있다.
② 피해자가 정신적 손해 또는 재산적 손해를 받은 경우에 가해자는 그에게 중대한 정신적 손해와 재산적 손해를 배상하여야 한다.
③ 가해자가 영리를 목적으로 다른 사람의 성명, 초상을 침해한 경우에는 피해자에게 배상할 금액은 그 불법으로 취득한 금액에 상당하여야 한다.
④ 뉴스보도 또는 공공의 이익의 목적으로 합리적으로 다른 사람의 초상이나 성명을 사용하는 경우에는 초상권과 설명권의 침해가 성립하지 아니한다.
【원문】 第一千五百七十条【对姓名权、肖像权的侵害】公民的姓名、肖像受到侵害的，受害人有权请求停止侵害、赔礼道歉和适当的损害赔偿。
受害人受到重大精神损害或财产损失的，加害人应当对该重大精神损害和财产损失予以赔偿。
加害人以营利为目的侵害他人姓名、肖像的，对受害人赔偿的金额应相当于其非法所得的金额。
新闻报道或者为公共利益的目的合理使用他人肖像或者姓名的，不构成对肖像权和姓名权的侵害。

제1571조【그밖의 인격권 또는 인격의 존엄에 대한 침해】그밖의 방법으로 공민의 인격권 또는 인격의 존엄을 침해하는 경우에는 침해의 정지, 사죄표시의 민사책임을 부담하여야 한다. 피해자의 중대한 정신적 손해 또는 재산적 손해를 받은 경우에는 배상책임을 부담하여야 한다.
【원문】 第一千五百七十一条【对其他人格权或人格尊严的侵害】以其他方式侵害公民人格权或人格尊严的，应当承担停止损害、赔礼道歉的民事责任。造成受害人重大精神损害或财产损失的，应当承担赔偿责任。

제67장 불법행위의 민사책임
【원문】第六十七章 侵权的民事责任[46)]

제3절 그밖의 민사책임방법의 적용
【원문】第3节 其他民事责任方式的适用

제1640조[47)]【사죄표시, 결과의 제거, 명예회복】① 피해자의 명예권, 사생활권, 성명권, 초상

46) 2009년 초안은 제5장이다 : 第5章 侵权的民事责任.

권, 인신의 자유 및 그밖의 인격권이나 인격의 존엄이 침해를 받은 경우에는 사죄표시, 결과의 제거, 명예회복을 청구할 수 있다.

② 사죄표시, 결과의 제거, 명예회복의 방법과 사죄표시의 내용은 법원이 정한다.

【원문】 第一千六百四十条【赔礼道歉、消除影响、恢复名誉】受害人的名誉权、隐私权、人身自由权、姓名权、肖像权或者其他人格权或人格尊严遭受侵害的，得请求赔礼道歉、消除影响、恢复名誉。

赔礼道歉、消除影响、恢复名誉的方式以及赔礼道歉的内容由法院决定。

Ⅳ. 왕리명 교수 중국민법전 초안 건의안의 인격권[48]

1. 왕리명 교수 민법전초안 건의안 일반

왕리명(王利明) 교수가 주도하여 인민대학 교수 등이 함께 하여 마련한 중국민법전 초안은 민법전을 8개 편 2,056개 조로 하고 있다. 각각의 편은 총칙(제1편), 인격권(제2편), 혼인가족(제3편), 상속(제4편), 물권(제5편), 채권법총칙(제6편), 계약(제7편)과 불법행위(제8편)이다. 이 초안은 '인격권'을 민법전의 1개의 독립한 편(제2편)으로 편성하고 이를 총칙 다음에, 다른 가족법이나 재산법에 관한 편의 앞에 넣은 것이 특징이다.[49]

각각의 편은 다음과 같다.

목차	目录	조문수(2,056개 조)
제1편 총칙	第一编 人格权	제1조－제290조
제2편 인격권	第二编 人格权	제291조－제388조
제3편 혼인가족	第三编 婚姻家庭	제389조－제529조
제4편 상속	第四编 继承	제530조－제666조
제5편 물권	第五编 物权	제667조－제1147조
제6편 채권법총칙	第六编 债法总则	제1148조－제1275조
제7편 계약	第七编 合同	제1276조－제1822조
제8편 불법행위	第八编 侵权行为	제1823조－제2056조

47) 2009년 초안은 제97조이다.

48) 왕리명 교수가 주도하여 편찬한 민법전초안은 다음 자료에 근거한 것이다. 王利明主编, 中国民法典草案学者建议稿及说明, 中国法制出版社, 2004. 왕리명 교수의 민법전초안의 조문내용은 여러 판본이 있는데 이에 대하여는 필자, 중국의 불법행위법(1), 진원사, 2013, 463쪽 이하 참조. 필요한 경우에는 판본에 대한 새로운 정보와 조문내용을 보완하기도 하였다.

49) 이외에 채권법 총칙 및 각칙으로 계약과 불법행위편을 두고 이를 혼인가족, 상속편 다음에 둔 것도 특징이다.

2. 왕리명 교수 민법전초안의 인격권

왕리명 교수의 민법전 초안은 인격권(제2편)을 독립된 편으로 하고 6개장 98개 조로 규정한다. 각각의 장은 다음과 같다 : 일반규정(제장), 제2장 생명권, 건강권, 신체권(제2장), 성명권, 명칭권, 초상권(제3장), 명예권, 신용권, 영예권(제4장), 자유권, 사생활권, 혼인의 자주권(제5장)과 그밖의 인격적 이익(제6장)이다. 이외에 경우에 따라서는 장을 나누어 절로 하는 것도 있다.

각각의 장은 다음과 같다.

목차	目录	조문수(98개 조)
제2편 인격권	第二编 人格权	제291조-제388조
제1장 일반규정	第一章 一般规定	제291조-제308조
제2장 생명권, 건강권, 신체권	第二章 生命权、健康权、身体权	제309조-제321조
제3장 성명권, 명칭권, 초상권 제1절 성명권 제2절 명칭권 제3장 초상권	第三章 姓名权、名称权、肖像权 第一节 姓名权 第二节 名称权 第三节 肖像权	제322조-제343조 제322조-제327조 제328조-제335조 제336조-제343조
제4장 명예권, 신용권, 영예권 제1절 명예권 제2절 신용권 제3절 영예권	第四章 名誉权、信用权、荣誉权 第一节 名誉权 第二节 信用权 第三节 荣誉权	제344조-제354조 제344조-제349조 제350조-제352조 제353조-제354조
제5장 자유권, 사생활권, 혼인의 자주권 제1절 자유권 제2절 사생활권 제3절 혼인의 자주권	第五章 自由权、隐私权、婚姻自主权 第一节 自由权 第二节 隐私权 第三节 婚姻自主权	제355조-제381조 제355조-제361조 제362조-제379조 제380조-제381조
제6장 그밖의 인격적 이익	第六章 其他人格利益	제382조-제388조

또한 불법행위편(제8편)의 총칙과 각칙의 개별조문에서도 인격권에 관한 규정을 두기도 한다. 여기서의 인격권은 체계적으로 규정하지는 아니하고 개별규정으로 규정한다.

목차	目彔	조문수(234개 조)
제8편 불법행위	第八编 侵权行为	제1823조—제2056조
제1장 총칙 제1절 일반규정 제2절 공동불법행위	第一章 总则 第一节 一般规定 第二节 共同侵权	제1823조-제1855조 제1823조-제1841조 제1842조-제1847조

목차	目彔	조문수(234개 조)
제3절 항변사유	第三节 抗辩事由	제1848조－제1855조
제2장 특수한 자기책임 제1절 안전보장의무위반의 불법행위 책임 제2절 전문가 책임 제3절 악의소송, 고[50]발의 책임 제4절 언론의 불법행위 제5절 네트워크 불법행위	第二章 特殊的自己责任 第一节 违反安全保障义务侵权责任 第二节 专家责任 第三节 恶意诉讼、告发的责任 第四节 新闻侵权 第五节 网络侵权	제1856조－제1875조 제1856조－제1859조 제1860조－제1862조 제1863조－제1864조 제1865조－제1870조 제1871조－제1875조
제3장 대위책임 제1절 국가기관과 그 직원이 다른 사람에게 가한 손해 제2절 사용자의 책임 제3절 후견인책임	第三章 替代责任 第一节 国家机关及其工作人员致人损害 第二节 用人者的责任 第三节 监护人责任	제1876조－제1909조 제1876조－제1888조 제1889조－제1896조 제1897조－제1909조
제4장 위험책임과 환경오염책임 제1장위험책임 제2장 환경오염으로 다른 사람에게 가한 손해	第四章 危险责任与环境污染责任 第一节 危险责任 第二节 环境污染致人损害	제1910조－제1947조 제1910조－제1928조 제1929조－제1947조
제5장 물건이 해를 가한 손해 제1절 제조물 불법행위책임 제3절 동물과 물건이 타인에게 가한 손해	第五章 物件致害损害 第一节 产品侵权责任 第二节 动物和物件致人损害	제1948조－제1973조 제1948조－제1958조 제1959조－제1973조
제6장 사고책임 제1절 도로교통사고 제2절 의료손해의 불법행위책임 제3절 노동자가 받은 손해책임	第六章 事故责任 第一节 道路交通事故 第二节 医疗损害侵权责任 第三节 劳动者受害责任	제1974조－제1996조 제1974조－제1982조 제1983조－제1998조 제1999조－제1996조
제7장 영업의 불법행위와 증권의 불법행위 제1절 영업의 불법행위 제2절 증권의 불법행위	第七章 商业侵权与证券侵权 第一节 商业侵权 第二节 证券侵权责任	제1997조－제2007조 제1997조－제2004조 제2005조－제2007조
제8장 손해배상 제1절 일반규정 제2절 재산적 손해 제3절 정신적 손해배상 제4절 특수한 손해배상 제5절 부대적 민사손해배상	第八章 损害赔偿 第一节 一般规定 第二节 财产损偿 第三节 精神损害赔偿 第四节 特殊的损害赔偿 第五节 附带的损害赔偿	제2008조－제2056조 제2008조－제2018조 제2019조－제2043조 제2044조－제2048조 제2049조－제2055조 제2056조

50) 고발은 원문은 告发이다; 조문내용은 다음과 같다 : 제1844조 (악의적 고발) 고의로 다른 사람에게 손해를 받게 할 목적으로 사실의 근거 없이 위법한 범죄를 고발하여 상대방이 손해를 당하게 한 경우에는 민사책임을 부담하여야 한다.

왕리명 교수의 민법전초안의 인격권은 무엇보다도 인격권을 민법전의 독립한 편으로 한 점에서 2002년 민법초안의 인격권편의 기초가 되기도 하였고 현행 중화인민공화국 민법전의 인격권편의 기초가 되기도 하였다.[51]

3. 왕리명교수 민법전 초안의 인격권편의 조문내용[52]

제2편 인격권
【원문】第二编 人格权

제1장 일반규정
【원문】第一章 一般规定

제291조 (인격권의 개념) 인격권은 권리자가 법에 의하여 고유하고, 자신의 인격적 이익을 객체로 하는, 주체의 독립적 인격을 보호하기 위하여 필수적인 권리를 말한다.
【원문】第二百九十一条【人格权的定义】人格权，是指权利人依法固有的，以自身的人格利益为客体，为维护主体的独立人格所必备的权利。

제292조 (일반적 인격권) 자연인의 인격의 존엄, 인격의 평등과 인격의 자유는 법률의 보호를 받는다.
【원문】第二百九十二条【一般人格权】自然人的人格尊严、人格平等和人格自由受法律保护。

제293조 (구체적 인격권의 범위) ① 자연인의 생명, 건강, 신체, 성명, 초상, 명예, 신용, 영예, 인신의 자유, 사생활, 혼인의 자주 등 인격적 이익은 법률의 보호를 받는다.
② 법인과 그밖의 조직의 명칭, 명예, 신용, 영예 등 인격적 이익은 법률의 보호를 받는다.
【원문】第二百九十三条【具体人格权的范围】自然人的生命、健康、身体、姓名、肖像、名誉、信用、荣誉、人身自由、隐私、婚姻自主等人格利益受法律保护。
法人和其他组织的名称、名誉、信用、荣誉等人格利益受法律保护。

제294조 (인격권의 발생과 소멸) 인격권은 주체의 법률적 인격에 따라 발생, 소멸한다. 자연인은 출생한 때로부터 사망할 때까지, 법인은 성립된 때로부터 소멸될 때까지 법에 의하여 인격권을 가진다. 그러나 법률에 다른 규정이 있는 경우에는 그러하지 아니하다.

51) 왕리명 교수 초안의 조문에 대한 평가로는 张国宏, 民法典草案学者建议稿人格权编述评, 南阳师范学院学报 2005년 제4권 제5기, 20쪽 이하.

52) 향후 연구의 편의를 위하여 각 조문은 한글과 중국어의 대역으로 하였다.

【원문】 第二百九十四条 【人格权的发生与消灭】 人格权随主体法律人格而发生、消灭。自然人从出生时起到死亡时止，法人自成立时起到终止时止，依法享有人格权。但法律另有规定的除外。

제295조 (인격권의 효력) 권리자는 그 인격적 이익에 대하여 직접 지배하고 제3자의 방해를 배제할 권리를 가지고 법률규정에 의하지 아니하면 어느 조직과 개인도 침범할 수 없다.
【원문】 第二百九十五条 【人格权的效力】 权利人就其人格利益享有直接支配并排除第三人妨害的权利，非依法律规定任何组织和个人不得侵犯。

제296조 (자유처분의 제한) ① 인격권은 전부 또는 일부 포기할 수 없다. 그러나 법률에 다른 규정이 있는 경우에는 그러하지 아니하다.
② 인격권과 권리자는 분리할 수 없다. 자연인의 인격권은 이전할 수 없다. 그러나 제297조의 한도 내에서 다른 사람의 사용을 허락할 수 있다. 법인의 인격권은 영업의 일괄이전에 따를 수 있다.
【원문】 第二百九十六条 【限制自由处分】 人格权不得全部或部分抛弃，但法律另有规定的除外。
人格权与权利人不可分离。自然人的人格权不得移转，但在第二百九十七条限度内可以许可他人使用。法人的人格权可以随营业一并移转。

제297조 (전용사용권과 상품화권) ① 권리자는 그 인격적 이익에 대하여 전용사용권을 가진다.
② 권리자는 공공질서와 선량한 풍속이 허락하는 합리적 범위 내에서 다른 사람에게 그 성명, 명칭, 초상, 사생활 등의 인격적 이익을 허락하고 보수를 취득할 수 있다.
③ 성명, 명칭, 초상, 사생활 등 인격적 이익을 침해로 인하여 부당이득을 취득한 경우에 피해자는 이익취득의 범위 내에서 반환을 청구할 수 있다.
【원문】 第二百九十七条 【专有使用权和商品化权】 权利人就其人格利益享有专有使用权。
权利人可以在公共秩序和善良风俗允许的合理范围内许可他人使用其姓名、名称、肖像、隐私等人格利益，并获取报酬。
因侵害姓名、名称、肖像、隐私等人格利益而获有不当利益的，受害人有权在获利范围内请求返还。

제298조 (인격권에 의한 청구권[53]) ① 권리자는 인격적 이익이 다른 사람의 방해를 받은 때에

53) 원문은 人格权请求权으로 문자적으로는 '인격권 청구권'이다. 이는 '물권적 청구권'과 같이 인격권에 근거한 사전 예방적 구제수단으로 침해행위의 정지, 예방 등의 청구권을 말한다. 우리 법률용어로는 '손해배상청구권 외에 불법행위를 금지하거나 그 결과를 제거하는 청구권인 금지청구권'이라고 한다. 이에 대한 논의로는 김세권, 인격권 침해에 있어서 금지청구에 대한 연구, 전북법학 제35집, 2012, 65쪽 이하; 송오식, 불법행위의 효과로서 금지 및 예방청구권, 법학논총 제31권 제1호, 2011.4; 김재형,「인격권에 관한 입법제안」, 민사법학 제57

는 방해의 제거를 청구할 수 있다.
② 다른 사람의 행위가 그 인격적 이익의 손해를 가할 수 있을 때에는 방해의 예방을 청구할 수 있다.
③ 해당 방해제거나 위험예방 청구권의 행사는 소멸시효의 제한을 받지 아니한다.
④ 방해자의 행위로 불법행위가 성립되는 경우에는 피해자는 불법행위자에게 결과의 제거(消除影响), 명예회복, 사죄표시 및 발생된 재산적 손해와 정신적 손해의 배상을 청구할 수 있다.
【원문】 第二百九十八条 【人格权请求权】 权利人在人格利益受他人妨害时，可以请求除去妨害。
在他人的行为可能造成其人格利益损害时，可以请求消除危险。
该除去妨害和消除危险请求权的行使，不受诉讼时效的限制。
妨害人的行为构成侵权行为的，受害人可以请求侵权行为人消除影响、恢复名誉、赔礼道歉，并赔偿所造成的财产损失和精神损害。

제299조 (인격권의 행사) ① 권리자는 자유롭게 인격권을 행사할 수 있다. 그러나 신의성실과 공서양속에 부합하여야 한다.
② 인격권은 남용이 금지되고 국가의 이익, 사회공공의 이익과 다른 사람의 적법한 권익에 해를 가하는 것을 목적으로 권리를 행사할 수 없고 그렇지 않으면 불법행위로 본다.
【원문】 第二百九十九条 【人格权的行使】 权利人可以自由行使人格权，但应当符合诚实信用和公序良俗。
人格权禁止滥用，不得以损害国家利益、社会公共利益以及他人的合法权益的目的行使权利，否则，视为侵权行为。

제300조 (인격권의 충돌) ① 서로 다른 종류의 인격권의 행사가 충돌을 발생하는 경우에는 사람의 기본적 가치와 공공이익에 더 부합하는 것을 기준으로 우선하는 보호순위로 확정하여야 한다.
② 인격권과 재산권, 신분권, 저작권, 사원권 등 그밖의 권리가 행사할 때에 충돌이 발생하는 경우에는 인격권이 우선보호되어야 한다. 그러나 법률에 다른 규정이 있거나 구체적 사정에 의하여 공평을 현저하게 상실하는 경우에는 그러하지 아니하고 제한방법은 이 법 제301조의 규정을 적용한다.
【원문】 第三百条 【人格权的冲突】 不同种类的人格权在行使时发生冲突的，应当以更符合人的基本价值及公共利益为标准确定优先保护顺序。

호, 한국민사법학회, 2011.12 등; 판례도 금지청구권이라는 용어를 사용한다 : 대판1997.10.24, 96다17851; 대판1996.4.12, 93다40614,40621 등; 2022년 민법개정안(제3조 제2항) 중 인격권의 신설안에서는 '인격권 침해배제, 예방청구권'이라고 하고 이는 제3조의 3의 인격표지 영리권(퍼블리시티권)에 준용한다(제6항). 물권'적' 청구권을 참작하면 '인격권적 청구권'이라고 할 수 있으나 아직 생소하여 '인격권에 의한 청구권'으로 한다.

人格权与财产权、身份权、著作权、社员权等其他权利在行使时发生冲突的，人格权应当受到优先保护，但法律另有规定或者依据具体情形显失公平的除外，限制的方法适用本法第三百零一条的规定。

제301조 (인격권 제한의 일반원칙) ① 권리자는 인격권의 경미한 손해에 대하여 일정한 정도의 용인의무를 부담한다. 경미의 판단은 사회가 통상으로 용인할 수 있는 한도를 기준으로 한다.
② 사회의 공공이익의 필요에 기초하고 법률규정과 적법절차에 의하여 인격권에 대하여 제한할 수 있다.
③ 인격권의 제한은 필요성을 한도로 하여야 하고 제한의 수단과 그 목적은 상당하여야 한다.
④ 인격권에 대한 제한은 공서양속이 허용(允许)하는 합리적 범위 내로 한정되어야 한다.
【원문】 第三百零一条 【人格权限制的一般规则】 权利人对于人格权的轻微损害负有一定程度的容忍义务。轻微的判断应以社会通常所能容忍的限度为准。
基于社会公共利益的需要，依据法律规定和合法程序，可以对人格权予以限制。
对人格权的限制应当以必要性为限，限制的手段与其目的应当相当。
对人格权的限制，应当限于公序良俗允许的合理范围内。

제302조 (공공안전에 기초한 인격권에 대한 제한) 국가의 안전, 공공의 안전과 범죄조사의 필요에 기초하여 관련 국가기관은 법률절차에 의하여 인신의 자유, 사생활, 통신의 자유, 통신의 비밀 등의 인격권을 제한할 수 있다.
【원문】 第三百零二条 【基于公共安全对人格权的限制】 基于国家安全、公共安全和调查犯罪的需要，有关国家机关依照法律程序有权限制人身自由、隐私、通讯自由、通讯秘密等人格权。

제303조 ① 뉴스매체(新闻单位)와 뉴스 일을 하는 사람은 뉴스가치가 있는 사건에 대하여 정당한 보도를 할 때에 자연인의 초상, 성명, 사생활, 법인의 명칭 등의 인격권을 합리적으로 사용할 수 있다.
② 뉴스매체와 뉴스 일을 하는 사람은 사실에 맞는 보도와 공정한 논평의 한도 내에서 그 뉴스 활동은 인격권에 대한 침범(侵犯)으로 보지 아니한다.
③ 뉴스보도가 관련하는 권리자는 언론매체(传媒)에 대하여 정정권(更正权)과 반론권(答辩权)을 가지고 해당 권리는 위의 제한을 받지 아니한다.
【원문】 第三百零三条 【基于新闻自由对人格权的限制】 新闻单位和新闻工作者在对具有新闻价值的事件进行正当报道时，有权合理使用自然人的肖像、姓名、隐私、法人的名称等人格权。
新闻单位和新闻工作者在如实报道和公正评论的限度内，其新闻活动不视为对人格权的侵犯。
新闻报道涉及的权利人享有针对传媒的更正权和答辩权，该项权利不受上述限制。

제304조 (공적인물의 인격권의 제한) ① 공적 인물(公众人物)의 성명, 초상, 사생활, 명예 등 인격권은 제한을 받는다.
② 공적인물은 일반인과 언론매체이 그 인격권을 방해하는 행위에 대하여 일정한 한도의 인용의무를 부담한다. 그러나 행위자가 실제적 악의[54]가 있고 순수하게 개인사무에 해당하는 경우에는 그러하지 아니하다.
【원문】第三百零四条【公众人物人格权的限制】公众人物的姓名、肖像、隐私、名誉等人格权受有限制。
公众人物对于公众和传媒的妨害其人格权的行为负有一定限度的容忍义务，但在行为人具有真实恶意，以及属于纯粹私人事务的情形下除外。

제305조 (여성, 노인, 아동, 장애인의 특별보호) ① 여성, 노인, 아동, 장해인의 인격적 권익을 법률의 보호를 받는다.
② 어떠한 사람도 여성, 노인, 아동, 장해인의 학대, 여성, 노인, 아동, 장해인의 적법한 권리의 침해는 금지된다.
【원문】第三百零五条【妇女、老人、儿童、残疾人的特殊保护】妇女、老人、儿童、残疾人的人格权益受法律保护。
禁止任何人虐待妇女、老人、儿童、残疾人，侵害妇女、老人、儿童、残疾人的合法权益。

제306조 (국가기관의 작위의무) ① 국가기관은 자연인의 인신의 안전을 보호할 직무(职责)를

54) 원문은 真实恶意로 영어로는 actual malice라고 한다. 종래 '현실적 악의'로 일반적으로 옮겼지만 우리 법률용어를 고려하여 '현실적 악의'로 하였다. 중국어의 '진정한 악의'도 의미파악에는 좋다고 생각된다. 이는 공적인물의 공적 행위에 대하여 명예훼손으로 인한 손해배상책임이 인정되기 위하여는 그 행위가 그 내용이 허위임을 알았거나 허위 여부에 대하여 현저한 중과실에 의한 부지('무모한 무시' 또는 '무분별한 무시'하지만 우리 불법행위법에 상당하는 것에 맞추었다)(unless he proves "actual malice", that the statement was made with knowledge of its falsity or with reckless disregard of whether it was true or false)로 했음을 명백한 증거로 증명해야 한다는 법원칙을 말한다. 1964년의 다음 판결에 의하여 명시된 것이다 : New York Times Co. v. Sullivan(1964), 376 U.S. 254, 11 L.Ed.2d 686, 84 S.Ct. 710. 이 판결의 소개는 국내에도 많이 있고 더 최근의 것으로는 우선 권태상, 공직자에 대한 명예훼손, 법학논집 제19권 제1호, 2014.1, 51쪽 이하; 김사철, 언론·출판의 자유와 인격권의 대립과 조화에 대한 비교법적 검토 : 미국의 언론·출판의 자유에 관한 우월적 지위이론, 현실적 악의 원칙 등에 관하여, 저스티스 제147호, 2015.4, 53쪽 이하; 김봉수, 공인(公人)에 대한 명예훼손 법리의 함의(含意)와 그 한계－미국의 '공인이론'에 대한 비판적 검토를 중심으로－, 형사정책 제25권 제3호, 2013, 47쪽 이하; 한위수, 공인(公人)에 대한 명예훼손의 비교법적 일고찰－'현실적 악의 원칙(actual malice rule)'을 中心으로－, 저스티스 제69호, 2002, 131쪽 이하 등. 중국의 논의로는 郑晓剑, 公众人物理论与真实恶意规则之检讨, 比较法研究 2015년 제5기, 60쪽 이하. 이 판결의 소개로는 王泽鉴, 人格权法, 北京大学出版社, 2013, 322쪽.

부담한다.
② 자연인의 인신의 안전을 보호할 직무를 부담하는 국가기관이 의무이행을 거절하는 경우에는 민사책임을 부담하여야 한다.
【원문】第三百零六条【国家机关的作为义务】国家机关负有保护自然人人身安全的职责。
负有保护自然人人身安全职责的国家机关拒不履行义务的，应当承担民事责任。

제307조 (인격권의 삭감) 전쟁상태 또는 국가의 안전을 위협(威胁)하는 공공의 긴급한 시기에 인격권은 긴급상태에서 필요한 범위 내에서 삭감(克減)될 수 있다. 그러나 생명, 인격적 존엄 등 권리와 법률과 국제조약에 다른 규정이 있는 경우에는 그러하지 아니하다.
【원문】 第三百零七条 【人格权的克减】 在战争状态或遇有威胁国家安全的公共紧急时期，人格权可以在紧急状态所必要的范围内予以克减，但生命、人格尊严等权利以及法律和国际条约另有规定的除外。

제308조 (일반규정과 특별규정의 관계) ① 인격권의 유형과 효력은 법률이 확정하고 당사자가 그 의사에 의하여 자유롭게 창설하거나 이 법의 적용을 배제할 수 없다.
② 그밖의 법률, 국무원령(行政法规), 지방법령(地方法规)이 인격권에 대하여 다른 규정이 있는 경우에는 그 규정을 적용한다. 그러나 그 규정은 이 법이 정하는 인격권을 변경, 박탈할 수 없고 그 보호정도는 이 법의 규정보다 낮을 수 없다.
③ 일반적 인격권의 규정에 의하여 사법해석을 통하여 확인되거나 관습이 창설한 인격권은 헌법과 이 법의 기본원칙과 서로 충돌하지 아니하면 인격권의 효력을 가진다.
【원문】第三百零八条【一般规定与特别规定的关系】人格权的类型和效力由法律确定，不得由当事人依其意思自由创设或排除本法的适用。
其他法律、行政法规、地方法规对人格权另有规定的，适用其规定，但其规定不得变更、剥夺本法所规定的人格权，其保护水平不得低于本法规定。
依据一般人格权的规定，通过司法解释确认或习惯创设的人格权，如不与宪法及本法的基本原则相冲突，具有人格权的效力。

제2장 생명권, 건강권, 신체권
【원문】第二章 生命权、健康权、身体权

제309조 (생명권) ① 자연인은 생명권을 가진다.
② 생명권은 포기하거나 양도될 수 없고 법정이나 약정의 제한을 받지도 아니한다.
③ 법률의 규정에 의하지 아니하면 어떤 사람도 불법으로 자연인의 생명이 박탈될 수 없다.
【원문】第三百零九条【生命权】自然人享有生命权。
生命权不得抛弃或转让，也不得受法定或意定的限制。

非依法律规定，任何人不得非法剥夺自然人的生命。

제310조 (생명권의 법률적 지위) 생명권은 법률이 보호하는 최고법익이다.
【원문】第三百一十条【生命权的法律地位】生命权为法律保护的最高法益。

제311조 (생명구조의무) 권리자가 사고나 질병의 발생으로 생명에 위험이 있을 때에는 발견자는 구조를 하거나 그를 의료기관에 보낼 의무가 있다. 보수의 지급 여부를 묻지 아니하고 국가, 집단이나 개인의료기관은 현재 보유하는 의료수단을 사용하여 전력으로 구조조치(救治)를 하여야 하고 구조조치를 거절할 수 없다.
【원문】第三百一十一条【生命救助义务】当权利人因发生事故或疾病有生命危险时，发现人有义务实施救助，或将其送往医疗机构；无论支付报酬与否，国家、集体或私人医疗机构必须使用现有的医疗手段尽力救治，不得拒绝救治。

제312조 (건강권) ① 자연인은 건강권을 가진다.
② 건강권은 포기되거나 양도될 수 없고 법정 또는 약정의 제한을 받을 수 없다.
③ 어떠한 행위와 방법으로도 자연인의 심신건강의 침해는 금지된다.
【원문】第三百一十二条【健康权】自然人享有健康权。
健康权不得抛弃或转让，也不得受法定或意定的限制。
禁止以任何行为和方式侵害自然人的身心健康。

제313조 (신체권) ① 자연인은 신체권을 가진다.
② 자연인은 자기의 생명건강에 손해를 주지 아니하는 경우에 신체 일부를 분리하거나 그밖의 형태의 처분을 자기가 하거나 다른 사람에게 허락할 수 있다.
③ 어떤 방법으로도 자연인의 신체침해, 자연인의 신체의 완전성의 파괴(破坏), 자연인의 신체의 불법수사, 신체에 대한 불법한 가정폭력이나 침탈(侵扰) 등의 행위는 금지된다.
【원문】第三百一十三条【身体权】自然人享有身体权。
自然人在不损害自己的生命健康的情况下，可以自己或允许他人将身体的一部分分离或进行其他形式的处分。
禁止以任何方式侵害自然人身体，破坏自然人身体的完整性，非法搜查自然人身体、对身体非法实施暴力或侵扰等行为。

제314조 (가정폭력의 금지) 부모, 자녀 또는 배우자 등의 가족 사의 가정폭력, 가족의 신체건강의 침해는 금지된다. 권리자는 인격권에 의한 청구권을 행사하여 방해를 배제하고 불법행위책임을 주장할 수 있고 친권, 배우자권 등 신분관계는 조각이나 면제(豁免)될 수 없다.
【원문】第三百一十四条【禁止家庭暴力】禁止父母、子女或配偶等家庭成员之间实施暴

力，侵害家庭成员的身体健康。权利人可以行使人格权请求权排除妨害，并主张侵权责任，亲权、配偶权等身份关系不得阻却或豁免。

제315조 (체액과 장기의 기증) ① 자연인은 자기 신체의 혈액, 척수 등 액체와 장기를 의학과학연구, 교육, 의료기관 또는 다른 사람에 대한 기증의 결정을 할 수 있다.
② 자연인은 그 신체의 액체와 장기의 기증에 대하여 그 인신의 완전성과 생명건강이 중대한 손해가 있으면 해당 기증행위는 무효이다.
【원문】第三百一十五条【体液和器官的捐献】自然人有权决定将自己身体的血液、脊髓等体液和器官捐献给医学科研、教学、医疗机构或者他人。
自然人对其身体的体液和器官的捐献，如果将对其人身的完整性和生命健康造成严重损害，该捐献行为无效。

제316조 (유체의 기증) 자연인은 자기 사망 후 자기의 유체의 전부 또는 일부를 의료기관, 과학연구기관 또는 그밖에 유체의 이용이 필요한 공공기관에 기증을 결정할 수 있다.
【원문】第三百一十六条【遗体的捐献】自然人有权决定在自己死亡后将自己遗体的全部或一部分捐献给医疗机构、科学研究机构或其他需要利用遗体的公共机构。

제317조 (기증행위의 특별원칙) ① 인체의 장기, 액체와 유체의 기증행위는 자기 의사(自愿), 무상의 원칙을 따라야 한다.
② 해당 기증행위는 본인이 서면으로 작성하여야 하고 다른 사람이 대리할 수 없다.
③ 권리자는 언제든지 그 신체기관, 액체와 유체를 기증하는 행위를 취소할 수 있고 다만 상대방에 대하여 그 행위의 신뢰로 인하여 지급한 합리적 비용의 배상책임만은 부담한다.
【원문】第三百一十七条【捐献行为的特殊规则】就人体器官、体液和遗体的捐献行为应当遵循自愿、无偿原则。
该捐献行为须本人书面作出，不得由他人代理。
权利人可随时撤销其捐献身体器官、体液和遗体的行为，仅对相对人因信赖其行为而支付的合理费用负赔偿责任。

제318조 (유체해부) 사자의 유체의 해부는 사자의 생전의 명확한 동의 또는 사후에 사자의 근친의 동의가 있어야만 할 수 있다. 그러나 관련 국가기관이 결정한 경우에도 유체의 해부를 할 수 있다.
【원문】第三百一十八条【遗体解剖】解剖死者遗体必须有死者生前明确同意或在死后经死者近亲属同意，方可进行。但有关国家机关作出决定的，也可进行遗体解剖。

제319조 (매매의 금지) 인체장기와 그밖의 조직의 매매는 금지되고 사망자의 유체와 그 구성

부분의 매매는 금지된다.
【원문】 第三百一十九条 【禁止买卖】 禁止买卖人体器官以及其他组织，禁止买卖死亡者遗体及其组成部分。

第320조 (의료검사와 보건) ① 본인, 법정대리인이나 근친의 동의가 없으면 권리자의 신체에 대하여 의료검사나 치료행위를 할 수 없다. 그러나 공공의 이익에 근거한 신체검사나 예방접종 등의 행위는 그러하지 아니한다.
② 환자에 대하여 새로운 치료방법, 마취의 실시, 외과수술, 절제 또는 이식을 할 필요가 있는 때에는 본인의 동의를 얻어야 한다. 본인이 완전한 행위능력이 없거나 혼수상태에 처하면 그 법정대리인 또는 근친의 동의를 얻어야 한다. 환자가 생명의 위험이 있고 그 부모, 후견인이나 친족이 의견을 표시를 기다릴 시간이 없는 사정이면 의료기관이 결정을 할 수 있다.
【원문】 第三百二十条【医疗检查和保健】未经本人或法定代理人、近亲属的同意，不得对权利人身体实施医疗检查或治疗行为，但基于公共利益的体格检查或接种疫苗等行为除外。
需要对患者实施新的治疗方法，实施麻醉、外科手术、切除或移植时，必须得到本人同意；若本人不具有完全行为能力或处于昏迷状态，则必须征得其法定代理人或近亲属的同意；在病人有生命危险、来不及等待其父母、监护人或亲属表示意见的情形，则医疗机构有权作出决定。

第321조 (인체실험의 규제) 국가행정 주무관청의 허가를 거쳐 사람의 신체에 치료방법이나 의약품실험을 하는 경우에는 실험을 받는 사람에게 자세하게 발생될 수 있는 손해를 설명하고 본인, 그 법정대리인이나 근친의 동의도 받아야 한다.
【원문】 第三百二十一条 【人体试验的规制】 经过国家行政主管部门批准，在人的身体上施行治疗方法或药品试验的，应当向接受试验者详细阐明可能遭受的损害，并经过本人或者其法定代理人、近亲属的同意。

제3장 성명권, 명칭권, 초상권
【원문】 第三章 姓名权、名称权、肖像权

제1절 성명권
【원문】 第一节 姓名权

第322조 (성명권) ① 자연인 성명권을 가진다.
② 자연인은 자기 성명을 결정, 사용하고 다른 사람의 사용을 허락할 권리를 가지고, 규정에 따라 자기의 성명을 변경할 수 있다. 완전한 민사행위능력을 가지지 못한 사람의 자기 성명의 결정, 변경할 권리와 다른 사람이 자기 성명의 사용을 허락할 권리는 그 법정대리인이 대신하여

행사한다.

③ 자연인은 그 성명으로 민사활동에 참가하고 권리를 가지고 의무를 부담할 수 있다.

【원문】第三百二十二条【姓名权】自然人享有姓名权。

自然人有权决定、使用或允许他人使用自己姓名的权利，有权依照规定变更自己的姓名。

不具有完全民事行为能力的人决定、变更自己姓名的权利，以及允许他人使用自己姓名的权利，由其法定代理人代为行使。

自然人有权以其姓名参与民事活动，享有权利和承担义务。

禁止他人盗用、假冒、不当使用自然人的姓名，或对自然人姓名进行丑化、贬损，禁止干涉自然人依法行使姓名权的行为。

제323조 (별명, 필명, 예명, 가명, 인터넷명의 보호) ① 자연인의 별명, 필명, 예명, 가명, 인터넷명 등 개인의 신분을 식별하는 호칭은 성명과 동일한 보호를 받는다.

② 공동필명은 성명과 동일한 보호를 받고 공동필명의 권리는 권리자가 공동으로 행사하여야 하고 권리자 사이에 다른 약정이 있는 경우에는 그 약정에 의한다.

【원문】第三百二十三条【别名、笔名、艺名、化名、网名的保护】自然人的别名、笔名、艺名、化名、网名等识别个人身份的称谓，与姓名受同样的保护。

共同笔名与姓名受同样的保护，共同笔名的权利应当由权利人共同行使，权利人之间另有约定的，按照其约定。

제324조 (성명의 설정) ① 자연인은 부의 성, 모의 성에 따르거나 그밖의 성을 취할 수 있다. 입양되는 자녀는 입양자의 성을 따를 수 있다.

② 태아(婴儿[55])는 출생 후에 부모, 그밖의 근친 또는 자녀부양자(抚养人)가 태아에 대하여

55) 태아는 중국어로는 胎儿이다. 가령 이 초안 제385조 참조; 여기서의 婴儿는 '영아'에 해당하지만 문맥을 고려하여 '태아'로 하였다. 우리 형법도 영아살해죄와 영아유기죄가 있었으나 2023년 7월 18일 폐지되어 2024년 2월 9일부터 시행된다. 태아를 살해하면 낙태죄가 되는데 2019년 낙태죄는 헌법재판소에서 헌법불합치 결정을 받았고 개정법안이 발의되지 않아 2021년 1월 1일부터 해당 조항의 효력아 상실되었다. 다만 부녀(여성)의 동의를 얻어 낙태하게 한 동의낙태죄(제269조 제2항)과 낙태치사상죄(제269조 제3항)은 아직 효력이 있다. 중국 형법(1979년 제정, 2020년 최종개정)에는 영아살해죄나 존속살인죄가 없고 일반 살인죄만 있다; 중국의 법률 규정에 의하면 1세 미만의 어린 아이를 영아(婴儿)라고 하고 1세 이상 6세 미만의 아이를 유아(幼儿), 6세 이상 14세 미만의 아이를 아동(儿童)이라고 한다. 현행 중화인민공화국 민법전에서는 태아의 이익보호와 관련하여 일반적 보호주의(概括主义)를 취하고 있다：第十六条【胎儿利益保护】涉及遗产继承、接受赠与等胎儿利益保护的，胎儿视为具有民事权利能力。但是，胎儿娩出时为死体的，其民事权利能力自始不存在。이전의 민법총칙(제16조)도 같다. 이에 대한 논의로는 朱晓峰, 民法典编纂视野下胎儿利益的民法规范－兼评五部民法典建议稿胎儿利益保护条款, 法学评论 2016년 제1기, 179쪽 이하; 朱程斌, 论胎儿独立法律人格的构建, 中国青年社会科学 2019년 제5기, 124쪽 이하; 游文亭, 我国《民法总则》中胎儿民事主体地位立法探析, 西南石油大学学报:社会科学版 제19권 제3기, 2017.5, 46쪽 이하; 汪渊智, 胎儿利益的民法保护, 法律科学 2003년 제4기; 张莉, 胎儿的准人格地位及其人格利益保护, 政法论坛 2007년 제4기; 王洪平, 论胎儿的民事权利能力及权利实现机制, 法学论坛 2017년 제4기 등.

상거소(常住地)의 호적등기기관(户口登记机构)에 출생등기를 하고 그 성명을 호적등기부에 기입한다.

③ 성명은 일단 등기하면 해당 자연인의 공식성명이 된다. 자연인의 성명은 등기부상 기재를 기준으로 한다.

【원문】 第三百二十四条【姓名的设定】 自然人有权随父姓、母姓，或者采用其他姓氏。被收养的孩子可随收养者的姓。

婴儿出生后，由父母、其他近亲属或者抚养人向婴儿常住地户口登记机构申报出生登记，并将其姓名载入户籍登记簿。

姓名一经登记，即为该自然人的正式姓名。自然人的姓名以登记簿上记载的为准。

제325조 (성명의 변경) ① 자연인의 공식적인 성명변경은 호적등기기관에 변경등기를 신청하여야 한다.

② 법정대리인은 만10세 이상인 사람을 위하여 성명변경을 하는 때에는 본인의 동의를 얻어야 한다.

③ 성명의 변경은 원래의 성명에 따라 설정된 민사권리의무를 변경하거나 소멸하지 아니한다. 권리자는 합리적 조치를 취하여 성명을 변경한 사정을 그 채무자와 채권자에게 통지하여야 하고 그 채무자와 채권자가 그 성명의 변경을 알지 못하여 발생하는 위험을 부담하여야 한다.

【원문】 第三百二十五条【姓名的变更】 自然人变更正式姓名，应当向户籍登记机关申请变更登记。

法定代理人为年满十周岁以上的人变更姓名时，必须征得本人的同意。

姓名的变更不改变或消灭按原姓名设立的民事权利义务。权利人应当采取合理措施将自己变更姓名的情况通知其债务人和债权人，并承担由于其债务人和债权人不知其更改姓名而发生的风险。

제326조 (양도의 금지) 자연인의 성명은 양도될 수 없고 성명을 양도하는 어떠한 행위도 모두 무효이다. 그러나 법률이 규정하는 한도 내에서 다른 사람에게 자기 성명의 사용을 허락할 수 있다.

【원문】 第三百二十六条【禁止转让】 自然人的姓名不得转让，任何转让姓名的行为均为无效，但在法律规定的限度内可允许他人使用自己的姓名。

제327조 (성명의 사용) 자연인의 성명과 예명, 필명, 가명의 사영은 합리적이고 적당한 방법을 취하여야 하고 다른 사람의 성명과 고의로 혼동하여 다른 사람의 적법한 권익에 손해를 줄 수 없다.

【원문】 第三百二十七条【姓名的使用】 使用自然人姓名以及艺名、笔名、化名应采用合理及适当方式，不得故意混同他人姓名，损害他人的合法权益。

제2절 명칭권
【원문】第二节 名称权

제328조 (명칭권) ① 법인과 그밖의 조직은 명칭권을 가진다.
② 법인과 그밖의 조직은 자기의 명칭을 결정, 사용과 법률규정에 따른 변경을 할 수 있다.
③ 그밖의 조직의 명칭권은 그밖의 조직의 사원(成员)이 공동으로 행사한다. 권리자 사이에 다른 약정이 있는 경우에는 그 약정에 의한다.
【원문】第三百二十八条【名称权】法人及其他组织享有名称权。
法人及其他组织有权决定、使用和依照法律规定变更自己的名称。
其他组织的名称权应当由其他组织的成员共同行使；权利人之间另有约定的，按照其约定。

제329조 (도용과 모용의 금지) ① 다른 사람이 법인 또는 그밖의 조직의 명칭의 도용, 모용, 부당사용하거나 그 명칭에 대하여 회화화(丑化), 폄화(贬损)는 금지되고 법인 또는 그밖의 조직을 법에 의하여 성명권을 행사하는 행위의 간섭은 금지된다.
② 그밖의 조직의 일부 사원(成员)은 그밖의 권리자의 동의를 얻지 아니하고 위의 행위를 무단으로 한 경우에는 명칭권의 침해가 성립된다.
【원문】第三百二十九条【禁止盗用和假冒】禁止他人盗用、假冒、不当使用法人或其他组织的名称，或对其名称进行丑化、贬损，禁止干涉法人或其他组织依法行使姓名权的行为。
其他组织的部分成员，未经其他权利人同意擅自实施上述行为的，构成对名称权的侵害。

제330조 (명칭등기) ① 법인과 그밖의 조직이 하는 자기 명칭의 결정, 변경은 관련 국가행정기관에 대하여 등록(备案)에 의하여 등기하여야 한다. 그러나 법에 의하여 상공등기를 필요로 하지 아니하는 경우에는 그러하지 아니하다.
② 등록에 의한 등기한 명칭은 등기기관의 관할지역 내에서 배타적인 전용사용권을 가진다.
【원문】第三百三十条【名称登记】法人和其他组织决定、变更自己的名称，应当向有关国家行政机关登记备案。但依法无需进行工商登记的除外。
经登记备案的名称在登记机关的管辖地域内有排他的专有使用权。

제331조 (명칭의 양도) 기업법인이나 그밖의 조직의 명칭은 법에 의하여 그 영업과 일괄양도 할 수 있다. 법률에 다른 규정이 있는 경우에는 그러하지 아니하다.
【원문】第三百三十一条【名称的转让】企业法人或者其他组织的名称可以依法与其营业一并转让，但法律另有规定的除外。

제332조 (양도등기) ① 기업법인 또는 그밖의 조직의 명칭의 양도는 양도인과 양수인이 서면계약을 체결하여야 하고 등기가 필요한 경우에는 기업 또는 그밖의 조직의 등기기관에 대하여

등기를 신청하여야 한다.

② 법률이 주무관청의 허가의 필요를 규정하는 경우에는 그 규정에 의한다.

③ 등기가 필요한 명칭은 명칭양도 등기를 완료한 때에 명칭권은 이전된다.

【원문】 第三百三十二条【转让登记】转让企业法人或者其他组织的名称，让与人和受让人应当签订书面合同，需要登记的，应当向企业或者其他组织的登记机构申请登记。

法律规定需要主管部门批准的，依照其规定。

需要登记的名称，自名称转让登记完成时，名称权转移。

제333조 (양도의 효력) ① 명칭의 양도 후에 원래의 권리자는 해당 명칭등기의 구역 내에서 10년 내에 다시 동일한 영업을 할 수 없다.

② 명칭과 영업의 일괄양도 후에 해당 영업의 채권자는 양수인에 대하여 배상을 청구할 수 있고 양도인과 양수인 사이에 채무인수(债务承担)에 관하여 특별한 약정이 있는 경우에는 통지 또는 등기 등 방식에 의하여 공시한 후가 아니면 제3자에게 대항할 수 없다.

③ 명칭과 영업의 일괄이전 후에 해당 영업의 채무자가 양수인에게 변제를 한 때에는 변제자가 선의이고 중대한 과실이 없는 경우에 한하여 그 변제는 유효다.

【원문】 第三首三十三条【转让的效力】名称转让后，原权利人在该名称登记的区域内，十年内不得再经营同一营业。

名称与营业一并移转后，该营业的债权人可以向受让人请求清偿，让与人与受让人之间关于债务承担有转别约定的、非依通知或登记等方式公示后，不得对抗第三人。

名称与营业一并移转后，该营业的债务人向受让人清偿时，以清偿人善意无重大过失为限，其清偿有效。

제334조 (명칭의 사용허가[상호의 대차]) ① 권리자는 다른 사람이 일정한 범위 내에서 그 명칭의 사용을 허락할 수 있다.

② 다른 사람이 자기의 명칭의 사용하여 영업을 하는 것을 허락한 사람은 자기를 영업주로 충분하게 오인하고 거래를 한 제3자에 대하여 해당 다른 사람과 공동으로 연대배상책임을 부담하여야 한다.

③ 자연인의 성명의 사용허락도 이 조의 규정을 준용한다.

【원문】 第三百三十四条【名称的许可使用（商号的借贷）】权利人可以许可他人在一定范围内使用其名称。

允许他人使用自己的名称进行营业的人，对足以误认为自己为业主而进行交易的第三者，应与该他人共同承担连带赔偿责任。

自然人的姓名许可使用也准用本条规定。

제335조 (명칭의 승계) ① 자연인, 독립자본기업(独资企独资企), 조합이나 그밖의 조직의 영

업의 명칭은 권리자의 승계인이 영업과 일괄 승계할 수 있다.
② 법률이 등기를 할 필요가 있다고 정하는 경우에는 승계인은 승계 후 바로 등기를 하여야 한다.
【원문】 第三百三十五条 【名称的继承】 自然人、独资企业、合伙或其他组织的营业名称可由权利人的继承人与营业一并继承。
法律规定需要办理登记的，继承人应在继承后及时办理登记。

제3절 초상권
【원문】 第三节 肖像权

제336조 (초상권) ① 자연인은 초상권을 가진다.
② 전 항에서 말하는 초상은 회화, 사진, 조각, 녹화, 영화 등을 통하여 조형예술의 방법으로 반영된 자연인의 얼굴 부분의 형상을 말한다.
③ 권리자의 동의가 없으면 누구도 다른 사람의 초상을 제작, 복제, 판매, 전시 등의 방법으로 사용할 수 없고, 본인이 사망하거나 민사행위능력을 상실하면 그 법정대리인 또는 근친의 동의를 얻어야 한다. 법률에 다른 규정이 있는 경우에는 그러하지 아니하다.
④ 자연인의 초상의 모욕, 희화화는 금지된다.
【원문】 第三百三十六条【肖像权】自然人享有肖像权。
前款所称肖像，是指通过绘画、照相、雕塑、录像、电影等造型艺术方式所反映的自然人的面部形象。
非经权利人同意，任何人不得以制作、复制、销售、展示等方式使用他人的肖像，若本人死亡或丧失民事行为能力，则应当得到其法定代理人或近亲属的同意，但法律另有规定的除外。
禁止侮辱、丑化自然人的肖像。

제337조 (초상제작) ① 자연인은 조형예술의 방법과 그밖의 방법으로 자기의 형상을 재현할 수 있다.
② 다른 사람의 초상은 본인의 동의를 얻어야 한다.
③ 공서양속에 위반하는 방법으로 다른 사람의 초상의 제작은 금지된다.
【원문】 第三百三十七条 【肖像制作】 自然人有权通过造型艺术方式及其他形式再现自己的形象。
制作他人的肖像，应当征得本人同意。
禁止以违背公序良俗的方式制作他人的肖像。

제338조 (초상사용) ① 자연인은 본인의 초상을 자기가 이용하거나 다른 사람의 이용을 허락할 수 있다.
② 다른 사람의 초상의 이용은 본인의 동의를 얻어야 하고 합의의 방법으로 사용범위 등 관련

사항을 약정하여야 한다.

③ 공서양속에 위반하는 방법으로 하는 초상사용은 금지된다.

【원문】第三百三十八条【肖像使用】自然人有权自己利用或者许可他人利用本人的肖像。利用他人的肖像，应当征得本人的同意，并以协议方式约定使用范围等有关事项。

禁止以违背公序良俗的方式使用肖像。

제339조 (인체모델의 초상권) 자연인이 인체모델로서 받아들인 약정은 그 인체형상으로 제작하는 작품을 포기한 것으로 본다. 당사자가 특별한 약정이 있는 경우에는 그 약정에 따른다.

【원문】第三百三十九条【人体模特的肖像权】自然人接受作为人体模特的约定，视为放弃以其人体形象制作的作品的肖像权。当事人有特别约定的，从其约定。

제340조 (집단초상권) 여러 개의 초상이 1개의 매체(载体)에 병존하는 경우에 권리자 각각의 초상의 행사가 다른 사람의 초상권을 침해하지 아니하는 한도에서 상대방의 동의 없이는 공개할 수 없다.

【원문】第三百四十条【集体肖像权】数个人的肖像并存在一个载体上的，每个权利人肖像的行使以不侵害他人的肖像权为限，未经他方同意不得公开。

제341조 (공공장소의 초상권) 권리자는 공공장소의 초상 그것이 초상작품의 주제가 성립되지 아니하는 때에는 합리적으로 사용할 수 있다. 공공장소는 다음 각 호를 포함한다.

1. 기념의 의의가 있는 사건
2. 배경으로서만 점철된 인물
3. 인물의 집회, 시위, 축전이나 유사한 사건에 대한 참여

【원문】第三百四十一条【公共场所的肖像权】权利人在公共场所的肖像在其不构成肖像制品的主题时，可以被合理使用。公共场所包括：

（一）具有纪念意义的事件；

（二）人物只是作为图景的点缀；

（三）人物参与集会、游行、庆典或类似事件。

제342조 (초상권 침해의 면책사유) 다음 각 호의 어느 사정이 있는 경우에는 다른 사람의 초상사용은 민사책임을 부담하지 아니한다.

1. 과학기술의 연구와 문화교육의 목적을 위하여 일정한 범위 내에서 하는 다른 사람의 초상사용
2. 뉴스와 여론감독의 필요를 위하여 명백하게 필요한 다른 사람의 초상사용
3. 사회의 공공이익을 위한 목적으로 하는 일반 대중(公众人物)의 초상사용
4. 국가기관이 공무집행을 위하여 명백하게 강제로 다른 사람의 초상사용이 필요한 경우
5. 본인의 이익을 위하여 명백하게 그 초상의 사용이 필요한 경우

6. 소송진행 중에 당사자가 자기의 권리주장, 사건의 사실의 증명을 위하여 명백하게 필요하여 증명 중에 자연인의 초상이 관련된 경우
7. 그밖에 사회의 공공의 익을 목적으로 명백하게 자연인의 초상의 사용이 필요한 경우
【원문】 第三百四十二条 【侵害肖像权的免责事由】 有下列情形的，使用他人肖像不承担民事责任：
（一）为了科学研究和文化教育目的而在一定范围内使用他人肖像：
（二）为了新闻和舆论监督的需要而确有必要使用他人的肖像；
（三）以社会公共利益为目的使用公众人物的肖像；
（四）国家机关为执行公务而确有必要强制使用他人的肖像；
（五）为了本人的利益而确有必要使用其肖像；
（六）在诉讼过程中，当事人确有必要为主张自己的权利、证明案件的事实，而在举证中涉及有关自然人的肖像；
（七）其他以社会公共利益为目的而确有必要使用自然人的肖像的。

제343조 (초상권의 보호의 확대) ① 자연인은 자유로 자기의 목소리 매체를 제작하거나 다른 사람에게 제작을 허락할 수 있고 자유롭게 자기의 목소리 매체를 사용하거나 다른 사람의 사용을 허락할 수 있다.
② 권리자의 동의가 없으면 누구도 다른 사람의 음성을 제작, 복제, 판매, 방송 등의 방법으로 사용할 수 없다. 그러나 법률에 다른 규정이 있는 경우에는 그러하지 아니하다.
③ 모욕적이거나 그밖의 공서양속에 위반하는 수단을 사용하여 다른 사람의 목소리에 대한 모방, 사용은 금지된다.
④ 자연인의 초상, 목소리 이외의 것은, 현저하게 권리자의 신분을 변식할 수 있는 그밖의 인격적 표지(人格标识)도 초상권의 규정을 준용하여 보호한다.
【원문】 第三百四十三条 【肖像权的扩张保护】 自然人可以自由制作或允许他人制作自己的语音载体，可以自由使用或者允许他人使用自己的语音载体。
非经权利人同意，任何人不得以制作、复制、销售、广播等方式使用他人的声音，但法律另有规定的除外。
禁止用侮辱性或者其他违背公序良俗的手段模仿、使用他人的语音。
自然人的肖像、语音以外的，具有显著特征足以辨别权利人身份的其他人格标识，也准用肖像权的规定予以保护。

제4장 명예권, 신용권, 영예권
【원문】 第四章 名誉权、信用权、荣誉权

제1절 명예권

【원문】第一节 名誉权

제344조 (자연인의 명예권) ① 자연인은 명예권을 가진다.
② 모욕, 비방 등의 방법으로 하는 자연인의 명예의 침해는 금지된다.
③ 행위자가 이름을 지명하여 모욕이나 비방행위를 하지는 아니하였으나 그 동작, 방법이나 언어내용 등을 통하여 사회 일반인이 그것이 어느 특정인을 지향한 것으로 인정할 수 있고 따라서 그 명예가 손해를 입은 경우에는 민사책임을 부담하여야 한다.
【원문】第三百四十四条【自然人的名誉权】自然人享有名誉权。
禁止以侮辱、诽谤等方式侵害自然人的名誉。
行为人虽然没有指名道姓地进行侮辱、诽谤行为，但通过其动作、方式或语言内容等，能够使社会一般人认定其指向某特定人，从而使其名誉受到损害的，应当承担民事责任。

제345조 (법인과 그밖의 조직의 명예권) ① 법인과 그밖의 조직은 명예권을 가진다.
② 모욕, 비방 등의 방법으로 하는 법인이나 그밖의 조직의 명예의 침해는 금지된다.
【원문】第三百四十五条【法人和其他组织的名誉权】法人和其他组织享有名誉权。
禁止以侮辱、诽谤等方式侵害法人或者其他组织的名誉。

제346조 (명예권의 내용) ① 자연인, 법인과 그밖의 조직은 자기의 명예를 유지하고 명예가 구현된 이익을 가지고 자기의 명예를 유지하고 불법한 침해를 받지 않을 수 있다.
② 명예권의 포기, 양도하는 행위는 모두 무효이다.
【원문】第三百四十六条【名誉权的内容】自然人、法人和其他组织有权保持自己的名誉，享有名誉所体现的利益，维护自己的名誉不受非法侵害。
抛弃、转让名誉权的行为均为无效。

제347조 (특별금지) ① 중대한 사실과 다른 뉴스보도를 이용하여 하는 다른 사람의 명예침해는 금지된다.
② 내용이 부당한 문학작품을 이용하여 하는 다른 사람의 명예침해는 금지된다.
③ 고발(检举), 고소(控告)의 이름을 빌려 하는 다른 사람의 모욕, 비방은 금지된다.
【원문】第三百四十七条【特别禁止】禁止利用严重失实的新闻报道侵害他人名誉。
禁止利用内容不当的文学作品侵害他人名誉。
禁止借检举、控告之名，侮辱、诽谤他人。

제348조 (명예감정의 보호) 다른 사람에 대하여 악의로 그 인격적 존엄을 모욕하거나 폄하하는 그밖의 행위에 대하여는 제3자가 현장에 없었거나 다른 사람의 사회적 평가의 저하(降低)를 제지하지 아니하였다고 하더라도 이 법의 명예권 보호에 관한 규정을 준용한다.

【원문】 第三百四十八条【名誉感的保护】 对他人恶意实施侮辱或贬损其人格尊严的其他行为，即使无第三人在场或未制他人社会评价的降低，准用本法关于名誉权保护的规定。

제349조 (명예권 침해의 면책사유) 다음 각 호의 어느 사정이 있는 경우에는 행위자는 명예권 침해의 민사책임을 부담하지 아니한다.
1. 자연인이 법에 의하여 국가기관의 공무원(工作人员)에 대하여 한 비평과 건의, 국가기관과 그 공무원의 위법한 직무상의 과실행위(失职行为)에 대하여 한 신고(申诉), 고소 또는 고발
2. 각급 인민대표, 정치협상회의(政协) 위원이 각종 회의에서 한 발언
3. 관련 당정기관(党政机关), 부처가 직권에 의하여 자기가 관리하는 간부, 직원(职工)에 대하여 한 그 업무와 관련된 평가
4. 정당한 여론감독을 하고 기본내용이 사실에 해당하는 경우
5. 그밖에 법률 또는 도의상의 의무를 부담하는 행위
【원문】 第三百四十九条【侵害名誉权的免责事由】 具有下列情形之一的，行为人不承担侵害名誉权的民事责任：
（一）自然人依法向国家机关工作人员提出批评和建议，对国家机关及其工作人的违法失职行为提出申诉、控告或者检举；
（二）各级人民代表、政协委员在各种会议上的发言；
（三）有关党政机关、部门依据职权对自己管理的干部、职工作出的与其工作有关评价；
（四）从事正当的舆论监督，基本内容属实的；
（五）其他履行法律或道德上义务的行为。

제2절 신용권
【원문】 第二节 信用权

제350조 (신용권) ① 자연인, 법인과 그밖의 조직은 신용권을 가진다.
② 허위사실의 날조, 유포, 자인인, 법인이나 그밖의 조직의 경제상의 신용의 위해 또는 다른 사람의 영업이나 직업에 대한 손해를 가하는 것은 금지된다.
【원문】 第三百五十条【信用权】 自然人、法人和其他组织享有信用权。
禁止捏造、散布虚假事实，危害自然人、法人或其他组织的经济上的信用，或对他人营业或职业造成损害。

제351조 (신용정보제도) ① 신용정보기관은 객관적이고 공정하게 자연인, 법인과 그밖의 조직의 신용자료를 수집, 기록, 제작, 보존하여야 한다.
② 신용정보기관은 신용자료를 합리적으로 사용하고 법에 의하여 공개하여야 한다.
③ 자연인, 법인과 그밖의 조직은 자신과 관련된 신용자료를 조사열람, 초록하거나 복제할 수

있고 사실과 부합하지 아니하는 신용자료의 수정을 요청할 수 있다.
【원문】 第三百五十一条【征信制度】征信机构应当客观、公正地收集、记录、制作、储存自然人、法人和其他组织的信用资料。
征信机构应当合理使用并依法公开信用资料。
自然人、法人和其他组织有权查阅、抄录或者复制涉及自身的信用资料，有权要求修改与事实不符的信用资料。

제352조 (신용평가) ① 신용평가기관은 신중(审慎), 전력(尽责), 객관, 공정한 신용평가를 하여야 한다.
② 사실과 부합하지 아니하거나 명백하게 부당한 평가에 대하여 자연인, 법인과 그밖의 조직은 수정을 청구할 수 있고 불법행위가 성립하는 경우에는 민사책임을 부담하여야 한다.
【원문】 第三百五十二条【信用评估】信用评估机构应当审慎、尽责、客观、公正地进行信用评估。
对于与事实不符或明显不当的评估，自然人、法人和其他组织有权请求更改，构成侵权行为的，应当承担民事责任。

제3절 영예권
【원문】 第三节 荣誉权

제353조 (영예권) ① 자연인은 영예권을 가진다.
② 법인과 그밖의 조직은 영예권을 가진다.
③ 자연인, 법인이나 그밖의 조직의 영예칭호에 대한 불법박탈은 금지된다.
【원문】 第三百五十三条【荣誉权】自然人享有荣誉权。
法人和其他组织享有荣誉权。
禁止非法剥夺自然人、法人或者其他组织的荣誉称号。

제354조 (영예의 물질적 이익) 자연인, 법인과 그밖의 조직은 그 영예로 발생된 물질적 이익을 취득할 수 있고 자연인, 법인이나 그밖의 조직이 그 영예로 발생된 물질적 이익의 불법박탈은 금지된다.
【원문】 第三百五十四条【荣誉的物质利益】自然人、法人和其他组织有权获得因其荣誉所产生的物质利益，禁止非法剥夺自然人、法人或者其他组织因其荣誉所产生的物质利益。

제5장 자유권, 사생활권, 혼인의 자유권
【원문】 第五章 自由权、隐私权、婚姻自主权

제1절 자유권
【원문】第一节 自由权

제355조 (신체의 자유권) ① 자연인은 신체적 자유권을 가진다.
② 불법구금이나 그밖의 방법으로 하는 자연인의 신체적 자유권의 박탈, 제한은 금지된다.
③ 자연인은 누구나 인민검찰청의 허가나 결정 또는 인민법원의 결정이 없이 경찰(公安机关)이 하는 집행으로 체포되지 아니한다.
【원문】第三百五十五条【身体自由权】自然人享有身体自由权。
禁止非法拘禁或者以其它方法剥夺、限制自然人的身体自由。
任何自然人，非经人民检察院批准或决定，或者人民法院决定，并由公安机关执行，不受逮捕。

제356조 (강제치료의 금지) 정당한 절차 및 본인이나 그 법정대리인이나 근친의 동의 없이 어느 조직과 개인도 자연인을 불법하게 강제치료할 수 없다.
【원문】第三百五十六条【禁止强制治疗】非经正当程序，以及本人或其法定代理人或近亲属的同意，任何组织和个人不得对自然人非法实施强制性治疗。

제357조 (의사결정의 자유권) ① 자연인은 의사결정의 자유권을 가진다.
② 고의로 사기, 강박과 그밖의 불법한 수단을 사용하여 다른 사람의 의사의 자유에 대하여 하는 방해는 금지된다.
③ 다른 사람의 명의를 도용, 모용(假冒)하여 서신전보(函电) 등의 방법으로 다른 사람을 기망하거나 우롱하여 자연인의 의사의 자유를 침해하고 그 재산, 정신적 손해를 발생하게 한 경우에는 상당한 민사책임을 부담하여야 한다.
【원문】第三百五十七条【意思决定自由权】自然人享有意思决定的自由权。
禁止故意使用欺诈、胁迫及其它非法手段对他人意思自由加以妨碍。
盗用、假冒他人名义，以函电等方式进行欺骗或者愚弄他人，侵害自然人意志[56]自由，造成其财产、精神损害的，应当承担相应的民事责任。

제358조 (정신적 자유권) ① 자연인은 사상의 자유, 표현의 자유, 신앙의 자유 등의 정신적 자유권을 가진다.
② 표현의 자유는 다른 사람의 명예권, 사생활권 등 인격권에 대한 중대한 침해를 할 수 없고 국가의 안전을 위해하고 공서양속을 위반하고 공정한 재판을 방해할 수 없다. 표현의 자유에 대한 제한은 사후 제한을 주로 하고 명백하고 즉시의 위험의 발생을 한도로 하여야 한다.
③ 강박, 사기의 수단을 사용하여 다른 사람이 종교조직의 가입을 강제하는 것은 금지되고 기

56) 원문은 '의지'라고 하는데 意思의 오자로 생각된다.

본적 인권의 침해, 공서양속을 위반하는 사교(邪教) 활동은 금지된다.

【원문】 第三百五十八条 【精神自由权】 自然人享有思想自由、表达自由、信仰自由等精神自由权。

表达自由不得严重侵害他人名誉权、隐私权等人格权，不得危害国家安全，违背公序良俗，妨害公正审判。对表达自由的限制应当以事后限制为主，以造成明显和立即的危险为限度。

禁止使用胁迫、欺诈手段强制他人加入宗教组织，禁止实施侵害基本人权、违背公序良俗的邪教活动。

제359조 (창작의 자유권) ① 개인은 창작의 자유의 권리를 가지고 자유롭게 과학연구, 발명, 발견, 기술혁신 등의 활동을 할 수 있고 문예창작, 평론을 할 수 있고 그 지적성과는 관련 법률의 보호를 받는다.

② 다른 사람의 창작의 자유에 대한 간섭, 제한은 금지된다. 그러나 법률에 다른 규정이 있는 경우에는 그러하지 아니하다.

【원문】 第三百五十九条 【创造自由权】 个人享有创造自由的权利，可以自由从事科学研究、发明、发现、技术革新等活动，有权进行文艺创作、评论，其智力成果受有关法律的保护。

禁止干涉、限制他人创造自由，但法律另有规定的除外。

제360조 (정조권[성의 자주권]) ① 자연인은 정조권을 가진다.

② 폭력, 협박, 사기 또는 그밖의 수단을 사용하여 불법하게 하는 다른 사람에 대한 강간, 외설은 금지된다.

③ 정조권의 행사는 공서양속을 위반할 수 없다.

【원문】 第三百六十条【贞操权（性自主权）】自然人享有贞操权。

禁止使用暴力、胁迫、欺诈或者其它手段非法奸淫、猥亵他人。

贞操权的行使不得违反公序良俗。

제361조 (미성년자의 정조권의 특별보호) ① 미성년자의 정조권은 법률의 특별한 보호를 받고 그 법정대리인은 보호의무를 부담한고 법률과 공서양속이 허락하는 범위 내에서 훈계, 교양(管教)할 권리가 있다.

② 미성년자의 정조권을 침해한 경우에는 미성년자가 자기 의사로 책임을 면제하게 할 수 없다.

【원문】 第三百六十一条 【未成年人贞操权的特殊保护】 未成年人的贞操权受法律特别保护，其法定代理人负有保护义务，在法律和公序良俗允许的范围内有训诫、管教的权利。

侵害未成年人的贞操权的，不得因未成年人自愿而免除责任。

제2절 사생활권

【원문】第二节 隐私权

제362조 (사생활권[프라이버시권]) ① 자연인은 사생활권을 가진다.

② 본인의 동의가 없으면 어느 개인과 조직도 자연인과 사회공공영역과 관계 없는 개인생활을 불법하게 침해할 수 없다. 그러나 법률에 다른 규정이 있는 경우에는 그러하지 아니하다.

③ 공적인물(公众人物), 뉴스사건 등 공공의 이익이나 일반인의 관심이 있는 영역은 자연인의 사생활 영역의 예외로 본다.

【원문】第三百六十二条【隐私权（私生活权）】自然人享有隐私权。

未经本人同意，任何个人和组织不得非法侵害自然人与社会公共领域无关的私人生活。但法律另有规定的除外。

公众人物、新闻事件等具有公共利益或正当的公众兴趣的领域，视为自然人私生活领域的例外。

제363조 (개인정보) ① 자연인의 개인정보는 법률의 보호를 받는다.

② 본인의 동의 없이 다른 사람의 개인정보를 불법하게 하는 불법정탐(窥视), 도청, 탐지(刺探), 절취, 불법녹음(偷录), 도촬(偷拍), 공표(披露)는 금지된다. 그러나 법률에 다른 규정이 있는 경우에는 그러하지 아니하다.

③ 개인정보는 특정한 사람에 대하여 공표할 수 있고 특정인의 이용을 허가(准许)하거나 사회일반인에게 공개하면 개인정보를 포기한 것으로 본다.

③ 개인정보의 공개와 이용은 공서양속을 위반할 수 없다.

【원문】第三百六十三条【私人信息】自然人的私人信息受法律保护。

未经本人同意，禁止非法窥视、窃听、刺探、窃取、偷录、偷拍、披露他人的私人信息。但法律另有规定的除外。

私人信息可以向特定的人披露，并准许特定人利用，或向社会公众公开，视为放弃私人信息。

私人信息的公开和利用不得违反公序良俗。

제364조 (개인활동) ① 자연인의 정당한 개인활동은 법률의 보호를 받는다.

② 본인의 동의 없이 사회의 공공이익과 관계없는 개인활동에 대한 다른 사람의 추적, 탐지, 공표는 금지된다.

【원문】第三百六十四条【私人活动】自然人正当的私人活动受法律保护。

未经本人同意，禁止跟踪、刺探、披露他人与社会公共利益无关的私人活动。

제365조 (개인공간) ① 자연인의 주거 등 개인공간은 법률의 보호를 받고 외부의 침탈(侵扰)

을 받지 아니한다.

② 본인의 동의 없이 다른 사람의 개인공간의 불법탐지, 교란(骚扰), 침입은 금지되고 그 가운데서 수사를 할 수도 없다. 그러나 법률에 다른 규정이 있는 경우에는 그러하지 아니하다.

【원문】 第三百六十五条【私人空间】自然人的住宅等私人空间受法律保护，不受外界侵扰。未经本人同意，禁止非法窥视、骚扰、侵入他人私人空间，也不得在其中进行搜查。但法律另有规定的除外。

제366조 (사생활의 평온) ① 자연인의 생활의 평온은 법률의 보호를 받는다.

② 불법정탐(窥视), 도청, 추적, 우편물 또는 전화 방해(骚扰) 등의 방법으로 다른 사람의 사생활의 평온에 대한 간섭은 금지된다.

【원문】 第三百六十六条【私生活安宁】自然人的生活安宁受法律保护。

禁止以窥视、窃听、跟踪、信件或电话骚扰等方式，干扰他人的私生活安宁。

제367조 (사생활의 결정) ① 자연인은 그 개인의 생활방법과 생활사무에 대하여 자기 결정권을 가진다.

② 다른 사람의 사생활 결정의 자유의 간섭은 금지된다.

【원문】 第三百六十七条【私生活决定】自然人就其私人生活方式和生活事务享有自己决定的权利。

禁止干涉他人的私生活决定的自由。

제368조 (통신의 자유와 통신비밀) ① 자연인의 통신의 자유와 통신의 비밀은 법률의 보호를 받는다.

② 다른 사람의 우편물(信件)[57]의 은닉, 압수(扣留), 폐기나 개피(开拆)는 금지된다. 다른 사람의 전자우편의 불법한 탈취(截获), 절취는 금지된다. 다른 사람의 전화를 불법하게 도청하거나 그밖에 다른 사람의 정상적인 통신을 저지, 방해하는 행위는 금지된다.

③ 법률에 규정이 있고 권한이 있는 국가기관이 내린 명령이 있는 경우에만 개인의 우편물, 전화에 대하여 검사할 수 있다.

【원문】 第三百六十八条【通讯自由和通讯秘密】自然人的通讯自由和通讯秘密受法律保护。

禁止隐匿、扣留、毁弃或开拆他人的信件。禁止非法截获、窃取他人的电子邮件。禁止非法窃听他人的电话，或者其它阻止、妨碍他人正常通讯的行为。

---

57) 우리 형법은 비밀침해죄에 해당한다 : 제316조 (비밀침해) 봉함 기타 비밀장치한 사람의 신서, 문서 또는 도화를 개피한 자는 3년이하의 징역이나 금고 또는 1만5천환이하의 벌금에 처한다. 일본형법은 信書隱匿罪(제263조)라고 하고 일본 구형법(1907년 개정, 1941년 개정)에서는 신서개피죄(信書開披罪)(제133조)라고 하였다. 信書開封罪라고도 한다. 따라서 信件는 '신서'로 할 수 있지만 오늘날 용어를 고려하여 '우편물'로 하였다. 제366조 제2항도 같다.

只有在法律规定并且在有权国家机关发出命令的情形，才能对个人的信件、电话进行检查。

제369조 (개인자료의 수집) ① 다른 사람의 개인자료의 불법한 수집, 보존, 양도, 전파와 공개는 금지된다.
② 자연인의 사생활과 관련된 개인자료의 수집, 보존, 공표나 수집목적을 넘은 사용은 그 본인의 동의를 얻어야 하고 본인이 사망하거나 민사행위능력을 상실하면 그 친족의 동의를 얻어야 한다. 그러나 법률에 다른 규정이 있는 경우에는 그러하지 아니하다.
③ 개인자료는 자연인의 성명, 성별, 연령, 민족, 혼인, 가족, 교육, 직업, 주소, 건강, 병력, 개인경력, 사회활동 등 해당자를 식별할 수 있는 자료를 말한다.
【원문】 第三百六十九条【个人资料收集】禁止非法收集、储存、转让、传播和公开他人的个人资料。
收集、储存、披露、或超出收集目的而使用涉及自然人隐私的个人资料，须征得其本人的同意，若本人死亡或丧失民事行为能力，则必须得到其亲属同意，但法律另有规定的除外。
个人资料指自然人的姓名、性别、年龄、民族、婚姻、家庭、教育、职业、住址、健康、病历、个人经历、社会活动等足以识别该人的资料。

제370조 (개인자료보호) ① 개인자료의 수집은 수집자 자신의 직무의 역활(职能)과 관련이 있는 적법한 목적에 기초하고 적법, 공평의 방법으로 하여야 하고 수집자료의 진실성을 보증하여야 한다.
② 피수집자는 알 권리(知情权)를 가지고 수집자는 합리적 조치를 취하여 그가 자료를 제공할 의무가 있는지 여부, 해당 자료의 수집목적, 해당 자료가 이전과 공표될 수 있는 범위, 그 자료의 열람, 정정할 권리를 당사자에게 고지하여야 한다.
③ 피수집자는 그 개인자료의 열람, 정정, 갱신할 권리를 가지고 법률에 다른 규정이 있거나 당사자가 특별한 약정이 있는 경우에는 그러하지 아니하다.
【원문】 第三百七十条【个人资料保护】个人资料的收集必须基于与收集者本身职能有关的合法目的，以合法、公平的方法实施，并保证所收集资料的真实性。
被收集人享有知情权，收集者应当采取合理的措施告知当事人：其是否有义务提供资料；收集该资料的目的；该资料可能移转和披露的范围；其查阅、修改资料的权利。
被收集人享有查阅、修改、更新其个人资料的权利，法律另有规定或当事人特别约定的除外。

제371조 (자료수집자의 비밀유지의무) 법에 의하여 자연인의 개인자료를 수집할 수 있는 기관이나 개인은 그가 수집한 개인자료에 대하여 비밀유지의무를 부담하고 본인의 동의 없이 공개적으로 공표하거나 다른 사람의 사용에 제공할 수 없다. 그러나 법률에 다른 규정이 있는 경우에는 그러하지 아니하다.
【원문】 第三百七十一条【资料收集者的保密义务】依法可以收集自然人个人资料的机构

或者个人，对其所收集的个人资料负有保密的义务，未经本人同意，不得公开披露或者提供给他人使用。但法律另有规定的除外。

제372조 (개인정보의 진실권) 권리자는 다른 사람의 어느 허위사실의 지칭이 그 본인이 관련이 되는 것을 면할 권리가 있고 이는 해당 사실이 그 명예와 개인 비밀에 대한 침범이 되지 아니하여도 그러하다.

【원문】 第三百七十二条【个人信息真实权】 权利人有权免受他人指称某一虚假事实与其本人有关，即使该事实不构成对其名誉和私人秘密的侵犯。

제373조 (생명정보의 보호) 자연인의 생명정보와 유전자 암호는 법률의 보호를 받고, 본인의 동의가 없으면 누구도 불법한 수단으로 자연인의 생명정보와 유전자 암호의 취득, 공개가 금지된다.

【원문】 第三百七十三条【生命信息的保护】 自然人的生命信息和遗传基因密码受法律保护，未经本人同意，禁止任何人以非法手段获取、公开自然人的生命信息和遗传基因密码。

제374조 (신체 사생활의 보호) 개인의 신체의 사생활은 법률의 보호를 받는다.

【원문】 第三百七十四条【身体隐私的保护】 个人的身体的隐私受法律保护。

제375조 (공동사생활의 보호) 권리자 여러 명이 공동의 사실로 사생활권을 가지는 경우에 권리자 각자는 독립적으로 각자의 사생활권을 행사할 수 있다. 그러나 다른 사람의 사생활권을 침범하지 않는 것을 한도로 한다.

【원문】 第三百七十五条【共同隐私的保护】 数个权利人就共同的事实享有隐私权的，各权利人可以独立行使各自的隐私权，但以不侵犯他人的隐私权为限。

제376조 (업무장소의 사생활보호) ① 업무장소에서 직원의 사생활권은 법률의 보호를 받고 사용자인 기관(用人单位)은 직원 개인과 관계가 없는 업무범위 내에서 그의 촬영, 녹음, 감시(监控), 검사 등의 조치에 대하여 제한을 할 수 있다.

② 위의 제한조치는 필요성에 한정되어야 하고 제한수단과 그 목적은 상당하여야 하고 직원의 인격적 존엄을 침범하거나 공서양속에 위반할 수 없다.

③ 사용자인 기관은 제한조치를 취하기 전에 고지할 의무를 부담하고 본래 목적을 넘어 취득한 자료를 남용할 수도 없다.

【원문】 第三百七十六条【工作场所的隐私权保护】 在工作场所的员工的隐私权受法律保护，用人单位可以在与员工私人无关的工作范围内对其采取拍摄、录音、监控、检验等措施予以限制。

上述限制措施应当以必要性为限，限制的手段与其目的应当相当，不得侵犯员工人格尊严和违反公序良俗。
用人单位采取限制措施前负有告知的义务，并且不得超越本来目的滥用所取得的资料。

제377조 (공공장소의 사생활 보호) ① 자연인은 공공장소의 사생활권에서 법률의 보호를 받는다.
② 어떠한 개인과 조직이 공공장소에 하는 폐쇄회로 카메라, 촬영 등 감시장치의 설치는 법률 규정에 부합하여야 하고 필요한 경고조치를 표기하여야 하고 취득한 자료는 본래의 목적 에서만 사용할 수 있다.
【원문】 第三百七十七条【公共场所的隐私权保护】 自然人在公共场所的隐私权受法律保护。
任何个人和组织在公共场所安装闭路电视、摄像等监控装置必须符合法律规定，并标明必要的警示措施，所取得的资料只能在本来的目的内使用。

제378조 (인터넷 네트워크 중의 사생활보호) ① 인터넷 네트워크 웹사이트의 소유자 또는 사용자는 다른 사람이 네트워크를 사용하여 전송한 정보에 대한 비밀유지의무를 부담한다. 다른 사람의 동의 없이 다른 사람이 공개를 원하지 아니하는 정보를 공표할 수 없다. 그러나 법령(法律法规)이 공개하여야 하는 것으로 규정하는 정보의 공표는 그러하지 아니하다.
② 웹사이트의 소유자 또는 사용자는 적당한 사생활에 대한 정책(隐私政策)을 제정하여야 하고 对于중앙서보의 정보파일(cookies) 등 인터넷에 접속하여 기록하는 행위의 절차의 사용에 대하여 인터넷 접속자에게 고지하여야 하고 그의 기록 여부의 선택을 허락하여야 한다.
【원문】 第三百七十八条【互联网络中的隐私权保护】 互联网络网站的所有人或者使用人负有为他人使用网络传递信息保密的义务。未经他人同意不得披露他人不愿公开的信息，但披露法律法规规定应该公开的信息除外。
网站的所有人或者使用人应当制定适当的隐私政策，对于cookies等记录上网行为的程序的使用应当告知上网者，并允许其选择是否记录。

제379조 (특별직업의 비밀유지의무) 변호사, 의사 등의 사람이 직업관계로 취득한 다른 사람의 사생활을 취득한 경우에는 비밀유지의무를 부담하고 해당 다른 사람의 사생활을 불법하게 이용하고 공개할 수 없다.
【원문】 第三百七十九条【特殊职业的保密义务】 律师、医生等人员因职业关系获悉他人隐私的，负有保密义务，不得非法利用和公开该他人的隐私。

제3절 혼인의 자주권
【원문】 第三节 婚姻自主权

제380조 (혼인의 자주권) ① 매매혼과 강제혼(包办婚姻)은 금지되고 강박, 사기나 그밖의 방

법으로 하는 혼인의 자유의 간섭은 금지된다.
② 다른 민족, 신앙종교를 가진 사람 사이의 혼인의 자유는 법률의 보호를 받는다.
【원문】第三百八十条【婚姻自主权】禁止买卖婚姻和包办婚姻，禁止以胁迫、欺诈或其它方式干涉婚姻自由。
不同民族、宗教信仰的人之间的婚姻自由受法律保护。

제381조 (혼인의 자주권의 행사) ① 혼인의 자주권의 행사는 대리하거나 조건이나 기한을 붙일 수 없다.
② 자연인이 한 결혼하지 않거나 재혼하지 않거나 또는 이혼이나 이혼하지 아니한다는 승낙은 무효이다.
③ 혼인의 자주권의 행사는 관련 법률의 규정에 부합하여야 하고 공서양속을 위반할 수 없다.
【원문】第三百八十一条【婚姻自主权的行使】婚姻自主权的行使不得代理或附加条件或期限。
自然人作出的不结婚、不再婚、离婚或不离婚的承诺无效。
婚姻自主权的行使必须符合相关法律的规定，不得违反公序良俗。

제6장 그밖의 인격적 이익
【원문】第六章 其他人格利益

제382조 (환경권) ① 자연인은 건강한 주거와 청결, 위생, 환경오염이 없는 자연환경에 대한 권리를 가진다.
② 폐수, 폐기가스, 분진, 소음, 방사선 등 불가량물의 배출 등의 오염행위에 대하여 권리자는 인격권에 의한 청구권을 행사하여 방해예방이나 방해배제를 하거나 불법행위의 손해배상의 청구를 할 수 있다. 그러나 필요한 한도 내에서는 인용의무를 부담한다.
③ 필요한 한도는 관련 국가기술표준, 업종기준(行业标准) 및 정상적인 사람의 감수성(感受)을 참조하여 확정한다.
【원문】第三百八十二条【环境权】自然人享有健康居住和清洁、卫生、无污染的自然环境的权利。
针对废水、废气、粉尘、噪音、辐射等不可量物的排放等污染行为，权利人可以行使人格权请求权，预防妨害或排除妨害，或请求侵权损害赔偿，但在必要的限度内负有容忍义务。
必要的限度参照相关的国家技术标准、行业标准以及一个正常人的感受确定。

제383조 (휴식권) ① 자연인은 휴식권을 가진다.
② 강제노동(强迫劳动), 과도한 노동 및 그밖의 휴식평온(安宁休息)을 방해하는 행위는 금지된다.

【원문】第三百八十三条【休息权】自然人享有休息权。
禁止、过度劳动，以及其他妨害 的行为。

제384조 (성희롱의 금지) ① 어떠한 방법으로도 자연인에 대하여 하는 성희롱은 금지된다.
② 인력고용기관(用人单位)은 합리적 조치를 취하여 업무장소의 성희롱을 피하여야 하고 해당 의무를 다하지 못한 경우에는 그 직원이 입은 침해에 대하여 상당한 책임을 부담하여야 한다.
【원문】第三百八十四条【禁止性骚扰】禁止以任何方式对自然人实施性骚扰。
用人单位应当采取合理措施避免工作场所的性骚扰，未尽到该义务的，应当就其员工所受的侵害承担相应的责任。

제385조 (태아의 인격적 이익의 보호) ① 태아가 아직 출생하지 아니한 때에는 그 인격적 이익이 불법방해를 입거나 불법방해의 위험이 있을 때에는 그 모친이 본인의 인격권에 의한 청구권을 대신하여 행사한다. 태아의 모친이 방해자이거나 침해의 위험을 가하는 사람인 때에는 태아의 그밖의 근친이 본인의 인격권적 청구권을 대신하여 행사한다.
② 태아의 신체적 건강이 손해를 입은 경우에는 그 출생 후 손해배상청구권을 가진다.
【원문】第三百八十五条【胎儿人格利益的保护】胎儿尚未出生时，其人格利益受到不法妨害或有不法妨害的危险时，其母亲代为行使本人的人格权请求权。胎儿的母亲是妨害人或者造成侵害危险的人时，胎儿的其他近亲属代为行使本人的人格权请求权。
胎儿的身体健康受到损害的，在其出生后，享有损害赔偿请求权。

제386조 (사자의 인격적 이익의 보호) ① 자연인이 사망한 후 그 성명, 초상, 명예, 영예와 사생활 등 인격적 이익은 법률의 보호를 받는다.
② 자연인이 사망한 후 그 유체는 법률의 보호를 받는다. 유체, 유골에 대한 모욕과 손해는 금지된다.
③ 사자의 인격적 이익은 사자의 배우자, 부모, 자녀가 보호한다. 배우자, 부모와 자녀가 없는 경우에는 그밖의 근친이 보호를 할 수 있다.
④ 사자의 인격적 이익을 침해하는 행위가 공공의 이익을 중대하게 위해하는 경우에는 누구도 모두 보호를 할 수 있고 검찰이나 사회의 공익단체는 공익소송을 제기할 수 있다.
【원문】第三百八十六条【死者人格利益的保护】自然人死亡后，其姓名、肖像、名誉、荣誉和隐私等人格利益受法律保护。
自然人死亡后，其遗体受法律保护。禁止对遗体、骨灰进行侮辱和损害。
死者的人格利益，死者的配偶、父母、子女有权进行保护。没有配偶、父母和子女的，其他近亲属有权进行保护。
侵害死者人格利益的行为严重危害公共利益的，任何人均有权进行保护，检察机关或社会公益团体有权提起公益诉讼。

제387조 (사자의 초상보호기간의 특별규정) 사자의 초상의 불법한 사용이나 이용은 금지된다. 자연인의 사망 후 10년을 넘는 경우에는 사자의 초상작품의 제작은 예술목적에 기초하여 해당 초상을 사용할 수 있다.
【원문】 第三百八十七条【死者肖像保护期限的特别规定】禁止非法使用或者利用死者的肖像。自然人死亡后超过十年的，死者肖像作品的制作者可以基于艺术目的，对该肖像予以使用。

제388조 (그밖의 인격적 이익의 보호) 헌법과 법률이 그밖의 인격적 이익에 대하여 보호를 하는 것을 규정하는 경우에 이 법의 인격적 법익보호에 관한 방법에 따라 보호한다.
【원문】 第三百八十八条【其他人格利益的保护】宪法和法律规定对其他人格利益进行保护的，依照本法关于人格利益保护的方法进行保护。

4. 왕리명교수 민법전 초안의 불법행위편의 인격권

제8편 불법행위
【원문】 第八编 侵权行为

제1장 총칙[58]
【원문】 第一章 总则

58) 왕리명 교수의 민법전초안의 불법행위편은 2003년 초안(中国民法典草案学者建议稿, 侵权行为编)에서는 불법행위의 종류와 그 책임(제2장)(第二章 侵权行为的种类及其责任)에 인신을 침해하는 불법행위(제1절)(第一节 侵害人身的侵权行为)(제27조－제43조)와 재산을 침해하는 불법행위(제2절)(第二节 侵害财产的侵权行为)(제44조－제52조)를 두고 있었다. 이 중에서 인신을 침해하는 불법행위(제1절)에서는 생명권의 침해(侵害生命权)(제27조), 건강권의 침해(侵害健康权)(제28조), 신체권의 침해(侵害身体权)(제29조), 태아의 신체건강의 침해(侵害胎儿的身体健康)(제30조), 인격의 존엄의 침해(侵害人格尊严)(제31조), 인신의 자유권의 침해(侵害人身自由权(제32조), 성명권, 명칭권의 침해(侵害姓名权、名称权)(제3조), 명예권의 침해(侵害名誉权)(제34조), 명예권 침해의 면책(侵害名誉权的免责)(제35조), 영예권의 침해(侵害荣誉权)(제36조), 사생활권의 침해(侵害隐私权)(제37조), 초상권의 침해(侵害肖像权)(제38조), 초상권 침해의 면책(侵害肖像权的免责)(제39조), 혼인자주권의 침해(侵害婚姻自主权)(제40조), 가족관계의 방해(妨害家庭关系)(제41조), 성희롱(性骚扰)(제42조), 사망자의 인격적 이익의 침해(侵害死者人格利益)(제43조)와 같은 개별적 인격권과 가족권(인신권)의 침해에 대한 불법행위(민사책임)을 각각 규정하였다. 그러나 2004년 초안에서는 이러한 개별적 인격권은 '인격권편(제2편)의 신설로 인하여 제2장 전체가 삭제되고 인격권의 침해(제1827조)와 사망자의 인격적 이익의 침해(제1828조), 가족관계의 방해(제1829조), 인터넷 도메인 이름 전용권의 침해(网络域名专用权)(제1836조) 등의 규정만이 총칙(제1장)의 일반규정(제1절)에 규정되었다. 2003년 초안 제2장의 삭제와 함께 17가지의 개별적 불법행위(제1절－제17절)를 규정하던 불법행위의 유형(侵权的类型)(제53조－제200조)도 제2장－제7장의 유형으로 재분류하였다. 마지막에는 손해배상(2003년 초안은 제4장이던 것을 2004년 초안은 제8장으로 함)을 둔다. 이하에서는 인격권편의 조문과 같이 2004년의 초안의 조문으로 소개한다 : 王利明主编, 中国民法典草案建稿及说明, 中国法制出版社, 2004, 237쪽 이하.

제1절 일반규정
【원문】第一节 一般规定

제1827조【인격권의 침해】인격권과 적법한 인격적 이익의 침해로 민사책임을 부담하여야 하는 경우에는 피침해법익의 성질에 근거하여 침해의 중지, 결과의 제거, 명예회복, 사죄표시 및 이로 발생된 재산적 손해의 배상을 하여야 한다. 정신적 손해가 발생된 경우에는 법에 의하여 정신적 손해배상책임을 부담하여야 한다.
【원문】第一千八百二十七条【侵害人格权】侵害人格权及合法的人格利益，应当承担民事责任的，应当根据受害法益的性质停止侵害、消除影响、恢复名誉、赔礼道歉并赔偿因此造成的财产损失。造成精神损害的，应当依法承担精神损害赔偿责任。

제1828조【사망자[59]의 인격적 이익의 침해】사망자의 명예, 성명, 초상, 영예, 사생활 등의 인격적 이익을 침해하거나 유체, 유골, 분묘를 침해한 경우에는 사망자의 근친에 대하여 침해의 정지, 사죄표시 및 이로 발생된 재산적 손해의 배상을 하여야 한다. 정신적 손해가 발생된 경우에는 법에 의하여 정신적 손해배상책임을 부담하여야 한다.
【원문】第一千八百二十八条【侵害死者人格利益】侵害死者名誉、姓名、肖像、荣誉、隐私等人格利益，或者侵害遗体、遗骨、墓葬的，应当对死者的近亲属承担停止侵害、赔礼道歉、并赔偿因此造成的财产损失。造成精神损害的，应当依法承担精神损害赔偿责任。

제1836조【네트워크 도메인의 전용권의 침해】불법으로 타인의 네트워크 도메인명을 사용한 경우에 침해의 정지·손해배상 등의 불법행위책임을 부담하여야 한다.
【원문】第一千八百三十六条【侵害网络域名专用权】非法使用他人网络域名的，应当承担停止侵害、赔偿损失等侵权责任。

제2장 특수한 자기책임
【원문】特殊的自己责任

제4절 언론[60]에 의한 불법행위
【원문】第四节 新闻侵权

제1865조【개념】① 언론에 의한 불법행위는 언론기관이나 개인이 언론보도(新闻作品)를 이

59) 원문은 死者로서 종래 '사자'라고 하였으나 한글로 할 경우 의미가 명확하지 아니하여 '사망자'(사망한 사람)로 하였다.
60) 원문은 新闻으로 '뉴스(매체)'의 의미이지만 여기서는 이를 포괄적인 의미로 보므로(제1865조 제2항) '언론'으로 하였다.

용하여 다른 사람의 인격권에 해를 주는 행위를 말한다.
② 전 항에서 말하는 언론기관은 법에 의하여 설립된 언론보도 업무를 하는 기관을 말하고 이에는 신문사, 통신사, 잡지사, 라디오 방송국, 텔레비전 방속국, 인터넷 네트워크 업체 등을 포함한다.
③ 언론보도는 이미 공개되어 공표한 소식, 통신, 논평, 텔레비전과 라디오 방송 중의 뉴스 프로그램, 인터넷 네트워크로 공표한 네트워크 언론 등을 말한다.
④ 언론기관이 공표한 그밖의 문자로 된 보도가 다른 사람의 인격권을 침해하는 경우에는 이 절의 규정을 적용한다.
【원문】 第一百五十四条【概念】新闻侵权，是新闻机构或者个人利用新闻作品，损害他人人格权的行为。
前款所称的新闻机构，是指依法设立的从事新闻报道工作的机构，包括报社、通讯社、杂志社、广播电台、电视台、互联网络机构等。
新闻作品，是指已经公开发表的消息、通讯、评论、电视和广播中的新闻节目、互联网络发布的网络新闻等。
新闻机构发布的其他文字作品，侵害他人人格权的，适用本节的规定。

제1866조【언론에 의한 불법행위의 형식】언론보도 중 다음 각 호의 어느 사정이 있는 경우에 당사자는 언론기관이나 언론보도의 작성자에게 민사책임의 부담을 청구할 수 있다. 그러나 법률에 다른 정함이 있는 경우에는 그러하지 아니하다.
1. 중대하게 사실과 다른 내용
2. 중대하게 부당한 평론
3. 동의 없이 한 다른 사람의 사생활의 폭로
4. 모욕적 언어의 사용
5. 다른 사람에 대한 비방
6. 그밖에 다른 사람의 인격권을 침해하는 행위
【원문】 第一千八百六十六条【新闻侵权的形式】新闻作品中有下列情形之一的，当事人可以请求新闻机构或者新闻作品的作者承担民事责任，但法律另有规定的除外：
（一）内容严重失实；
（二）评论严重不当；
（三）未经同意，披露他人隐私；
（四）使用侮辱性语言；
（五）诽谤他人；
（六）其他侵害他人人格权的行为。

제1867조【언론에 의한 불법행위의 항변사유】① 다음 각 호의 어느 사정이 있는 경우에 언론

기관은 언론으로 인한 불법행위책임을 부담하지 아니한다.[61]

1. 진실하고 적법한 내용의 언론보도
2. 권위있는 출처가 있는 언론보도
3. 기본적으로 공정한 농평
4. 당사자의 동의로 공표한 관련내용
5. 정당하게 행사한 언론여론에 대한 감독권
6. 법률이 정하는 그밖의 규정

② 전 항 제2호가 말하는 권위 있는 출처는 관련 사법기관, 주무관청이 공표한 정보를 말한다.

【원문】 第一千八百六十七条 【新闻侵权的抗辩事由】 具有下列情形之一的，新闻机构不承担新闻侵权责任：

（一）新闻作品的内容真实、合法；

（二）新闻作品具有权威性的来源;

（三）评论基本公正；

（四）当事人同意公布的相关内容；

（五）正当行使新闻舆论监督权；

（六）法律规定的其他情形。

前款第（二）项所称的权威性来源，是指由有关司法机关、主管机关所发布的信息。

제1868조【책임의 주체】① 언론보도가 언론에 의한 불법행위가 성립되고 작성자와 언론기관이 종속관계(隶属关系)가 있는 경우에는 그 소재한 언론기관이 민사책임을 부담한다. 작성자와 언론기관이 종속관계가 없는 경우 또는 언론보도를 작성자가 직무의 수행 이외의 것으로 작성한 경우에는 언론기관과 작성자는 연대책임을 부담하여야 한다.

② 언론보도의 전재가 불법행위인 경우에 피해자는 전재자에게 상당한 민사책임의 부담을 청구할 수 있다. 그러나 법률에 다른 정함이 있는 경우에는 그러하지 아니하다.

【원문】 第一千八百六十八条 【责任主体】 新闻作品构成新闻侵权，作者与新闻机构有隶属关系的，由其所在的新闻机构承担民事责任。作者与新闻机构没有隶属关系的，或者新闻作品为作者履行职务之外所创作的，新闻机构和作者应当承担连带责任。

转载侵权新闻作品的，受害人可以要求转载者承担相应的民事责任，但法律另有规定的

61) 2004년 초안에는 없으나 2005년 초안이나 2003년의 초안에는 다음의 조문이 추가되었고 이 러한 신설조문으로 초안의 조문의 숫자에 차이가 있다 : 제1868조【공적인물】사회의 공공이익을 위한 언론홍보와 여론감독 등을 목적으로 한 공적인물의 사생활의 공표누설은 언론에 의한 불법행위가 성립하지 아니한다.【원문】第一千八百六十条 또는 第一百五十七条【公众人物】为社会公共利益进行新闻宣传和舆论监督等为目的，公开披露公众人物的隐私，不构成新闻侵权。2005년과 2005년의 초안 조문은 필자, 앞의 책, 465쪽, 주6, 475쪽 주37, 490쪽 참조. 이외에 2003년의 것에 대한 인터넷 자료는 中国民法典, 侵权行为法编草案建议稿 <http://www.qinquanfa.com/article/default.asp?id=19>(제1조－제239조)(239개 조)(인터넷에 올린 일자는 2009년).

除外。

第1869조【인격권의 침해의 보완구제】① 언론기관과 문학작품의 편집, 출판기관이 보도에서 이미 다른 사람의 인격권을 침해하였거나 피고가 다른 사람의 인격권을 침해하는 것을 명백하게 안 후에는 사실진술의 게재간행, 결과의 제거 또는 그밖의 보완구제조치를 취하여야 한다. ② 언론기관과 문학작품의 편집, 출판기관이 사실진술의 게재간행을 거절하고 그밖의 보완구제조치를 취하지 아니하거나 계속하여 불법행위 보도를 계속하여 게재간행, 출판하는 경우에는 민사책임을 부담하여야 한다.

【원문】第一千八百六十九条【侵害人格权的补救】新闻机构和文学作品的编辑、出版单位在作品已经被认定侵害他人人格权，或者被告知明显属于侵害他人人格权后，应当刊登声明，消除影响，或者采取其他补救措施。

新闻机构和文学作品的编辑、出版单位拒不刊登声明，不采取其他补救措施，或者继续刊登、出版侵权作品的，应当承担民事责任。

第1870조【문학작품의 불법행위에 대한 준용】문학작품의 작가 및 문학작품의 편집, 출판기관, 저작, 편집, 출판한 문학작품으로 다른 사람의 인격권을 침해한 경우에는 이 절의 규정을 적용한다.

【원문】第一千八百七十条【文学作品侵权准用】文学作品的作者，以及文学作品的编辑、出版单位，写作、编辑、出版的文学作品侵害他人人格权的，适用本节规定。

V. 나가며

이상에서 2020년 제정된 중화인민공화국 민법전의 인격권편에 대한 내용과 함께 이러한 민법전의 기초가 된 2002년 중국민법초안의 입법자료로 제공된 양혜성교수의 민법전초안과 왕리명 교수의 민법전초안의 인격권에 대한 내용을 편별체계와 구체적인 조문내용을 중심으로 살펴보았다.

중국민법전의 편별체계의 가장 특징인 인격권편의 독립적 체계구성의 논의에서 보면 이전의 민법전 제정작업의 기초자료로서 총칙편에서 소규모로 규정하려는 움직임과 인격권편을 별도로 두는 2개의 움직임에서 각각 민법전에 어떻게 인격권을 규정할 것인가는 흥미로운 대척점에서 서로를 바라보고 있다. 또한 이러한 초안의 조문을 보면서 현행 중국민법전의 인격권편의 내용으로서의 일반적 인격권이나 구체적 인격권에 대하여 더 혁신적이고 더 다양한 인격권을 2002년 당시[62] 외국의 입법례와 중국의 실무 및 학자들의 의견을 집대성된 민법전 초안

62) 중국 인격권법의 최신 동향과 발전은 2016년에 나온 또다른 민법전초안이나 인격권초안의 내용을 검토할 필요가 있다. 향후 계속 연구해 나가고 구체적인 주제에 대하여도 살펴보고자 한다. 이러한 초안으로는 于海涌编，中国民法典草案立法建议(提交稿), 法律出版社, 2016.4; 刘士国主编, 中华人民共和国人格权法律条

으로서 '학자의 건의안'을 볼 수 있다. 우리 인격권법의 개정과 관련하여서도 특히 일반적 인격권으로서의 인격의 존엄과 일반적 인격권의 법조문화의 문제와 구체적 인격권을 어느 정도 민법전에서 규율하고 나머지는 특별법으로 둘 것인가, 인격권의 침해와 보호에 대하여는 불법행위와 채무불이행 이외에 민사책임으로서 어떻게 규율할 것인가, 특히 손해배상과 함께 절대권으로서의 인격권에 근거한 금지청구권을 어떻게 이름붙이고 어느 개소에서 어떤 내용으로 이를 규정할 것인가 등의 여러 문제는 인격권의 민법전에서의 위상과 구체적 보호(보장)를 민법전에서 새롭게 규정한 중국의 민법전은 하나의 최신 입법례(초안)로서 좋은 시사점을 줄 수 있다고 생각된다. 중국의 민법전의 인격권편의 연구는 '인격권'법의 논의에 어떤 형태로든 새로운 시사점과 과제를 우리 민법에도 던져주고 있다.[63][64]

향후 최종길 교수님이 오래 전에 하신 것처럼 독일민법의 인격권을 포함한 대륙법계 민법전의 인격권의 최신 동향을 다시 살피면서 이러한 민법의 계수를 받은 아시아 국가의 민법전이 인격권에 대하여 어떤 방향으로 나아가고 그것이 민법전의 규정으로 어떻게 구현해나갈지를 깊이 있게 논구해 볼 것을 다짐해 본다.

文建议附理由，中国法制出版社, 2016,10 등.

63) 우리 민법개정작업에서는 2004년 개정안에서 인격권 보호의 일반규정을 총칙편 통칙의 장에 두었다 : 민법 개정안에는 사람은 인간으로서의 존엄과 가치를 바탕으로 자신의 자유로운 의사를 좇아 법률관계를 형성한다는 조항과 사람의 인격권은 보호된다는 조항이 그것이다(제1조의 2 1항과 제2항). 이와 달리 그 외에 최근의 법무부의 개정안은 이와 달리 자연인과 법인에 이를 규정하고 있다. 이러한 소규모의 개정작업의 구체적인 내용과 함께 불법행위의 인격권의 보호를 어떻게 규정할 것인가도 향후 검토가 있어야 할 것이다. 즉 인격권을 총칙으로 하든, 독립된 편으로 하든 이는 다시 불법행위나 민사책임으로 검토가 필요하고 이러한 점은 이 글의 2개의 민법전초안 건의안은 서로 다른 점에서 어떤 내용을 어떻게 조문화할 것인지에 대한 좋은 참고자료가 될 수 있다.

64) 원래 필자가 기고하려고 생각한 것은 최 교수님이 당시의 최근 입법례로 관심을 가지고 소개하셨던 그리스민법전(아시티코스 코디카스, *Αστικός κώδικας*)(1940년 제정, 1946년 시행)의 채권, 친족과 상속에 대한 소개이었다. 최교수님은 그리스민법의 물권편(제3편) 부분을 소개하셨다. 이에 대하여는 최종길, 희랍민법 개요(물권법)(상)(하), 법학 제9권 제1호－제2호, 1967가 그것이다. 이 글 이전에 그리스민법의 총칙(제1편)과 간단한 전체 소개는 김증한, 희랍민법개설, 서울대논문집, 인문사화과학 제6집, 1957.12, 같은 저자, 민법논집, 진일사, 1978, 395면 이하 참조. 아쉬운 것은 그리스민법의 나머지 3개 편은 국내에 아직 소개가 없다. 필자도 그리스 원문의 영어와 독일어 번역본 등의 자료만 있어 번역본의 한계로 인하여 최근의 개정경과까지 소개하는 것은 역부족이었다. 2023년 현재의 그리스어 원문에 의한 그리스민법은 <https://www.ministryofjustice.gr/wp－content/uploads/2019/10/*Αστικός－Κώδικας*.pdf> 참조. 간단한 소개로는 <https://hwb－eup2009.mpipriv.de/index.php/Griechisches_Zivilgesetzbuch>도 참조. 일본어로는 그리스 사람에 의한 완역이 있다 : カライスコス アントニオス, ギリシャ民法典邦邦訳(1)－(8), 比較法学 제41권 제2호－제44권 제1호, 25－46, 2008－2010. 아쉬움을 머금으며 다음 기회나 후학의 연구로 미룬다.

과거사에 관한 사법 정의와 소멸시효*

— 최종길 교수 사건의 의의 —

김 제 완**

Ⅰ. 서론

국가폭력으로 인한 국민의 생명과 신체 및 재산에 대한 피해를 정당하게 보상하는 것은 개인적으로는 피해자들에 대한 권리 구제이자 그 사회의 법과 정의를 실현하는 데 있어서 기초가 되며, 큰 시각에서는 굴곡진 역사를 바로잡는 길이기도 하다. 국가폭력 문제는 성질상 사건이 발생한 직후에 해결되기를 기대하기 어렵고, 상당한 시간이 흐른 뒤에, 특히 사건을 야기한 독재정권 등이 실각하여 정치와 사회가 정상화된 후에야 비로소 가능해진다는 특징이 있다.[1] 이에 이와 같은 문제의 사법적 처리를 학술적으로는 '이행기 정의' 내지 '전환기(轉換期) 사건에 관한 사법(司法)'에 관한 이른바 transitional justice 문제라고 칭한다.

우리나라의 경우 과거 군부독재 정부 하에서 국가권력의 위헌적·반인권적 불법행위로 손해를 입은 피해자들에 대한 입법적·사법적 구제의 문제를 그 대표적인 예로 들 수 있다. 가령, 유신시대 긴급조치에 따른 부마민주항쟁 참여자 불법 체포·감금 및 가혹행위,[2] 5·18 광주 민주화 열사에 대한 유혈진압 등 민주화 과정에서의 국가폭력으로 인해 숱한 희생이 뒤따

---

* 이 글은 (재)부마민주항쟁기념재단이 개최한 학술대회 "국가폭력과 국가의 책임"(2023년 10월 26일, 부산대학교)에서 필자가 발표한 내용에 기초하여 최종길 교수 사건 부분을 보강한 것입니다. 연구조사와 집필을 도와준 이보드레 연구원(고려대학교 법학연구원, 박사과정 수료)의 노고에 감사의 뜻을 전합니다.

** 고려대학교 법학전문대학원 교수

1) 같은 문제의식에서, 즉 국가폭력 중 이른바 과거사 사건에 있어서는 피해의 발생과 그 마땅한 회복에 시간적 간극이 존재하는 특성을 지적하며 소멸시효 문제를 다룬 연구로, 윤진수, "국가 공권력의 위법행위에 대한 민사적 구제와 소멸시효·제척기간의 문제", 『재심·시효·인권』 공익과 인권 12, 경인문화사, 2007, 216-218면; 권영준, "긴급조치로 인한 국가배상청구권의 소멸시효 기산점 – 대법원 2023. 1. 12. 선고 2021다201184 판결 –", 「가천법학」 제16권 제2호, 가천대학교 법학연구소, 2023, 24-25면; 조용환, "역사의 희생자들과 법: 중대한 인권침해에 대한 소멸시효의 적용문제", 「법학평론」 제1권, 서울대학교 법학평론 편집위원회, 2010; 이보드레, "국가의 반인권적 불법행위와 소멸시효의 주관적 기산점 -부마민주항쟁 관련 하급심 판결을 계기로-", 「민주법학」 제74호, 민주주의법학연구회, 2020(특히 82-83면 및 98-100면) 참조.

2) 이 사건에 관하여는, 차성환, "박정희 시기의 국가폭력 : 70년대와 부마민주항쟁" 『국가폭력과 국가의 책임』 (부마민주항쟁 44주년 기념 학술대회 자료집, 부마민주항쟁기념재단, 2023. 10. 26.)

랐음에도 대부분의 사건에서 이에 대한 사법적 구제는 미진하였고, 상당한 시간이 흐른 뒤에야 비로소 법적인 조치가 이루어졌다. '사법살인'이라고 평가되는 인혁당사건과 인혁당재건위사건도 대표적인 사례이다.[3] 나아가 산업화 과정에서 억압받은 노동자들,[4] 삼청교육대와 형제복지원 등 도시하층민에 대한 국가폭력 사건,[5] 군복무 중 의문사한 희생자들,[6] 국가에 재산을 부당하게 강취당한 피해자들[7]에 대한 사법적 구제 문제도 마찬가지이다. 그리고 거창사건,[8] 진도사건[9] 등 한국전쟁 중 국군의 불법행위로 희생된 민간인들에 대한 구제 또한 당시 전쟁상황이었다는 사안의 특수성이 있음에도 불구하고, 법과 제도를 통하여 정의를 실현해야 한다는 원칙에서 벗어날 수는 없음은 물론이다.

전환기의 사법 문제를 어떻게 처리하는가 하는 것을 보면 그 사회가 법에 의하여 정의가 실현될 수 있는 사회인지를 알 수 있으며, 법의 지배(rule of law)의 수준을 보여주는 척도라고 할 수 있다. 그런데 이 문제를 해결하는 데 있어서는 크게 두 가지 중대한 장애가 있다. 그 하나는 진실규명의 문제이다. 오랜 기간이 흐른 뒤에 사건을 처리하다 보니 구체적 진상이 밝혀지지 않는 경우가 대부분이다. 국가기관이나 가해자들이 책임을 면하기 위해 적극적으로 또는 소극적으로 진실을 은폐하거나 증거를 조작하는 행위를 하는 것도 진실규명이 어려운 원인이 된다. 다른 하나는 소멸시효 문제이다. 오랜 기간이 지난 후에 법적 처리를 하는 경우 형사상으로는 공소시효가 민사상으로는 소멸시효가 문제된다. 어렵사리 사건의 진상이 밝혀진 경우에도 시효가 경과하였음을 이유로 피해자의 법적 구제가 이루어지지 않는다면, 국가폭력 피해

---

3) 이들 사건에 관하여는, 이영재 "인혁당사건과 국가폭력"『최종길 교수 50주기 추모 학술대회 자료집』(서울대학교 법학전문대학원, 2023. 10. 18.) 참조.

4) 대표적 사안으로 1979년 YH 무역 사건이 그것이다. KBS, 역사저널 그날 291회 참고(방송일 2020. 12. 8), 「YH 여공(女工), 유신을 무너트리다!」.

5) 이들 사건에 관하여는, 최종숙, "전두환정권기 도시하층민에 대한 국가폭력: 삼청교육대와 형제복지원을 중심으로"『국가폭력과 국가의 책임』(부마민주항쟁 44주년 기념 학술대회 자료집, 부마민주항쟁기념재단, 2023. 10. 26.)

6) 예컨대, 1991년 신병훈련소 자살 사건. 최창호 · 유진 · 전성환, "과거사 사거에 있어 법원의 소멸시효 남용론에 대한 비판적 고찰", 「법조」 제686권, 법조협회, 2013, 58−59면 참조.

7) 국가에 의한 강제 재산헌납 피해를 입은 대상자의 예로는, 10.26 사건에 직접 연루된 사람들이나 그 친족, 1980. 5. 17. 비상계엄 확대 후 합동수사본부에 연행되어 부정축재자로 규정된 사람들, 그리고 1980. 8.경 언론통폐합 당시 통폐합의 대상인 언론기관 사주들의 경우가 있다. 관련 사건들에서의 법원의 판결 내용은 윤진수, 앞의 논문("국가 공권력의 위법행위에 대한 민사적 구제와 소멸시효 · 제척기간의 문제"), 208−211면.

8) 김제완, "국가권력에 의한 특수유형 불법행위에 있어서 손해배상청구권의 소멸시효: 거창사건 항소심판결(부산고법 2004. 5. 7. 선고 2001나15255)에 대한 비판적 검토", 「인권과 정의」 제368호, 대한변호사협회, 2007; 임상혁, "거창사건 관련 판결과 소멸시효 항변", 「법과사회」 제27권, 법과사회이론학회, 2004; 이덕연, "'거창사건'에 대한 대법원판결(2008. 5. 29. 2004다 33469) 평석: '견벽청야'堅壁淸野)의 군사작전과 법리구성의 구조적 유사점을 주목하며", 「헌법판례연구」 제13권, 한국헌법판례연구학회, 2012; 이재승, "'피해자 권리장전'에 비추어 본 거창사건", 「일감법학」 제42호, 건국대학교 법학연구소, 2019 참고.

9) 이은경, "국가범죄에 있어 소멸시효 기산점과 '상당 기간': 진도 민간인희생사건 전원합의체 판결을 중심으로", 「민주법학」 제66호, 민주주의법학연구회, 2018 참조.

자에 대한 구제와 치유가 제대로 이루어지는 사회라고 할 수 없을 것이다.

최종길 교수 사건은 국가폭력 과거사 사건에 있어서 중요한 사건이다. 유족들이 국가 측을 상대로 한 최종길 교수의 사망 및 명예훼손에 대한 손해배상 청구 사건의 판결 이후 의미 있는 평석이 이루어진 바 있는 바,[10] 최종길 교수 사건은 우리나라에서 국가폭력에 의한 인권 침해 사건에 대한 사법적 구제가 이루어지기 시작하는 데 있어서 중요한 전기가 되었던 사건 중의 하나이다.

이 글에서는 우리나라에 있어서 국가폭력과 관련된 과거사 사건이 어떻게 처리되고 있는지의 문제를 법적 제도적 측면에서 검토하고 문제점과 개선방안을 제시하는 것을 목적으로 한다. 이를 위하여 우선 국가폭력 과거사 사건에서 소멸시효의 법리를 살펴보면서 그 과정에 최종길 교수 사건이 가지는 의미를 정리한 후(Ⅱ.장), 과거사에 대한 진실규명 관련 법제와 헌법재판소의 역할을 살펴보고(Ⅲ.장), 과거사 소멸시효 문제에 관하여 최근에 추가적으로 제기되는 몇 가지 세부적인 법적 쟁점을 검토한 후(Ⅳ.장), 결론에 갈음하여 이 문제를 대하는 우리 사회의 과제와 앞으로의 전망(Ⅴ.장)을 제시하고자 한다.

Ⅱ. 국가폭력 과거사 사건에서 소멸시효의 법리

(1) 국가폭력 과거사 사건에 관한 소멸시효 법리의 특수성

국가권력에 의하여 이루어진 일종의 특수유형 불법행위는 개인이나 국가의 통상적인 불법행위와는 전혀 그 성질을 달리한다.

먼저 지적되어야 할 것은 피해자가 장기간 법적 조치를 취하지 아니한 경위를 면밀히 살펴야 한다는 점이다. 만일 피해자가 법적 조치를 적기에 취하지 않은 점을 비난할 수 없는 사정이 있고, 특히 거기에 가해자 본인이나 국가의 권리행사의 방해 또는 진실 은폐를 위한 채무자 측의 작위·부작위가 있었던 경우에는 소멸시효의 완성 효과를 부여하려는 것이 정의의 관념에 반한다.[11] 여기서 '국가의 방해 또는 은폐'란 국가폭력의 피해자로 하여금 그들이 입은 손해에 대한 배상을 청구할 권리를 행사할 수 없게 하거나 그것이 곤란하도록 만드는 경우를 말한다. 대표적으로 수지 김 사건을 들 수 있는데(안기부에서 살인사건의 진상을 은폐하고, 피해자 수지 김을 간첩으로, 가해자 윤태식을 반공 투사로 조작·선전한 사건), 이 사안 손해배상청구 사건에서 국

10) 김평우, "소멸시효 항변과 신의칙 : 고 최종길 교수사건【서울고등법원 2005나27906호 손해배상(기)】 판결을 중심으로", 「서강법학연구」 8권, 서강대학교 법학연구소, 2006; 윤준석, "국가의 소멸시효 항변 : 서울고등법원 2006. 2. 14. 선고 2005나27906 판결", 「인권판례평석」, 박영사, 2017.

11) 은폐행위에 관하여는, 김제완, 앞의 논문("국가권력에 의한 특수유형 불법행위에 있어서 손해배상청구권의 소멸시효"); 김제완, "군 의문사 사건에서 국가의 구상권에 대한 감면 사유 − 대상판결: 대법원 2016. 6. 9. 선고 2015다200258 판결, 대법원 2016. 6. 10. 선고 2015다217843 판결" 「인권과 정의」 제466호, 대한변호사협회, 2017 등 참조.

가는 소멸시효가 완성되었다고 주장하였다. 그러나 법원은 채무자 측에서 사건을 은폐·조작하였기 때문에 채권자 측에서는 사안의 실체를 알 수 없어 권리행사에 장애를 받은 점 등을 이유로 국가의 시효 항변을 배척한 바 있다.12) 이처럼 우리의 국가폭력 과거사 사건에 있어서 피해자의 권리행사가 지연된 경위가 무엇인지를 파악하여 소멸시효 법리를 합리적으로 제한·운용하여야 할 것이다. 영미법상으로는 채무자 측에서 청구원인의 기초가 되는 사실관계를 억압하거나(suppress) 왜곡한(misrepresent) 경우, '기망적 은폐'(fraudulent concealment)의 법리에 따라 뒤에서 살피는 바와 같이 '발견주의'(discovery rule)가 적용된다.

다음으로 소멸시효의 또 다른 이념인 '증명의 곤란으로부터 채무자를 보호'해야 한다는 목적 또한 국가폭력 사안의 특성에 맞게 고려하여야 한다. 이와 관련하여 우선, 「계약」상 채권에 있어서 대부분의 채무자가 겪는 증명의 어려움은, 가령 영수증의 장기간 보관 및 제시 등 '변제의 입증방법' 문제에 해당한다. 그러나 「불법행위」 사건의 경우에는 가해자 측의 증명이 요구되는 것은 주로 '변제'에 관한 것으로 한정될 수밖에 없다. 그러므로 반인권적 불법행위를 원인으로 하는 국가폭력 사안에 있어 가해자인 국가가 변제하지 않은 사실이 명백한 경우에는 단순히 시간이 경과되었다는 이유를 들어 증명의 곤란을 주장하는 것은 시효제도의 존재이유의 측면에서 볼 때 정당성이 없는 것이다.13)

법이 추구하는 이념이 법적 안정성과 구체적 타당성이라면, 국가폭력 사건에서도 양자간 적절한 균형을 유지해야 한다. 그런데 지금까지의 우리 법원의 태도를 종합하여 보면, 지나치게 법적 안정성을 중심으로 소멸시효 법리가 형성되어 온 경향이 있어서, 과거사 피해자들에 대해서는 정의롭지 못한 모습을 보여 온 경우가 많다. 과거사 문제는 근본적으로 국민을 보호할 의무를 지는 국가에 의한 위헌적 법익 침해에 따른 것으로, 그 사법적 구제는 단순히 피해자들 개개인에 대한 금전적 배상의 차원에 그치는 것이 아니라, 민주주의·인권·평화를 지향하는 우리 공동체의 정체성 문제이기도 한 것이다. 따라서 우리 사법부는 소멸시효 법리를 합리적으로 운용함으로써 개별적·구체적 국가폭력 사건에서의 정의가 실현될 수 있도록 해야 한다.14)

---

12) 수지 김 사건의 사실관계 및 법원의 판단 내용은 김제완, 위의 논문("국가권력에 의한 특수유형 불법행위에 있어서 손해배상청구권의 소멸시효"), 55-56면 참고.

13) 계약법 영역과 달리 불법행위 사건의 경우에 증명의 곤란을 이유로 시효완성으로 인한 채권의 소멸을 쉽게 인정하게 되면, 피해자는 증명에 있어서 '이중의 어려움'을 안게 되는 부당한 결과에 이르는 위험성이 제기된다. 대표적으로, 이러한 위험성 문제는 1994년 그리스 아테네에서 있었던 국제비교법학회(International Academy of Comparative Law) 제14차 대회에서 소멸시효 제도의 비교법적 논의를 통하여 지적된 바 있는데, 그 결과는 책으로 출판되었다. Ewould H. Houndius, Extinctive Prescription – On the Limitation of Actions (Kluwer Law International, 1994); 김제완, "미성년자가 피해자인 불법행위에 있어서 손해배상청구권의 소멸시효 – 비교법적 고찰과 민법 제766조의 해석론", 「고려법학」 제48호, 고려대학교 법학연구원, 2007 참조.

14) 재판을 통해서도 정의를 실현할 수 없다면, 사법부에 대한 신뢰는 떨어질 수밖에 없다. 세계경제포럼(WEF)의 조사에 따르면 우리나라 사법부의 수준은 세계 41위에 지나지 않는데, 사법부가 국민들의 신뢰를 얻지 못하는

(2) 최종길 교수 사건과 소멸시효

최종길 교수 사건은 우리나라의 국가폭력 사건 중 국가가 사안을 은폐하여 피해자로서는 진상을 알 수 없었던 대표적인 사건이다. 서울대학교 법과대학에 재직하고 있던 최종길 교수는 1973년 10월 16일 중앙정보부의 소환을 받고 구금되어 간첩 혐의에 대한 조사를 받던 중 같은 달 19일 사망하였다. 중앙정보부는 최 교수를 간첩으로 조작하거나 공작에 이용할 목적으로,[15] 구속영장 없이 남산 분청사에 구금한 것이었다. 중앙정보부의 내사 결과 아무런 혐의를 발견하지 못했음에도 불구하고 당시 수사관들은 최 교수에게 온갖 모진 고문을 가하면서 간첩 활동에 대한 자백을 강요하였고, 결국 그 과정에서 최 교수는 추락사하였으며, 따라서 수사관들에게 직접적이든 간접적이든 명백하게 최 교수의 사망의 원인이 있는 것이다. 그러나 중앙정보부는 사건 초기부터 적극적으로 자료를 조작하여 최종길 교수가 간첩임을 직접 자백하였으며, 독일 유학 당시 간첩활동을 한 범죄사실이 드러나자 여죄를 조사받던 중 스스로 투신자살한 것이라는 허위사실을 공식 발표하였다.[16]

이 사건에 대하여 최종길 교수의 사망 후 약 30년이 지난 2002년이 되어서야 의문사진상조사위원회가 설립되었는데, 의문사위의 재조사 결과 마침내 같은 해 5월경 그 진상이 밝혀지게 되었다. 이에 의문사위의 조사 결과를 토대로 하여 최 교수의 유족들은 불법행위가 있은 날인 1973년 10월 19일로부터 28년 7개월이 경과한 이후인 2002년 5월 29일에야 비로소 국가 등을 상대로 손해배상을 청구하였다. 최 교수의 사망일로부터 28년 이상 경과한 후의 소제기였으므로, 재판에서 소멸시효가 문제로 되었다.

이 사건에 대하여 항소심 법원은 국가 측의 소멸시효의 항변을 배척하였는데,[17] 다음의 세 가지 중요 쟁점에 관하여 판시하였다.

첫째, 유족들로서는 당시 박정희 대통령 통치하에서는 법률상·사실상의 장애로 인해 권리행사가 불가능한 상황이었으며, 의문사진상조사위원회의 의문사 여부 및 보상에 관한 결정

데에는, "과거사 속에서 판사들이 입으로는 정의와 법이라는 이름으로 판단하였지만, 실제로는 불의에 굴복하여 법을 왜곡시켰다"는 인식이 존재한다. 전지연, "법왜곡죄의 도입을 위한 시론", 「형사법연구」 제20호, 한국형사법학회, 2003, 192-193면 참조.

15) 유신정권하 중앙정보부는 그의 정치적 의도에 따라 최종길 교수를 노린 것이었다. 당시 유신헌법에 반대하는 시위가 전국 대학가를 중심으로 급속하게 확산·전개되는 상황에서, 서울대에서는 최종길 교수 등이 참석한 교수회의가 열렸다고 한다. 그 자리에서 최 교수는 시위에 참여하였다가 구금된 서울대 학생들에 관하여 "학생들의 행동에는 정당한 이유가 있다. 스승으로서 어떻게 모른 척 할 수 있는가"라고 발언하였는데, 이 사실이 중앙정보부 소속 요원에 의해 상부에 보고되었다고 한다. SBS, 꼬리에 꼬리를 무는 그날 이야기 시즌2(20회, 방송일 2021. 7. 22.), 「강요된 침묵, 그리고 비밀수기 : 대한민국 의문사 1호」 中.

16) 이 사건의 상세한 내용에 관하여는, 정근식, "1970년대 한국의 비민주주의와 국가폭력 그리고 인권 : 최종길 교수의 삶과 죽음" 『최종길 교수 50주기 추모 학술대회 자료집』(서울대학교 법학전문대학원, 2023. 10. 18.) 참조.

17) 서울고등법원 2006. 2. 14. 선고 2005나27906 판결. 동 서울고법 판결에 대해 국가 측은 상고를 하지 않고 유족들에게 판결금을 지급하였다. 김평우, 앞의 논문("소멸시효 항변과 신의칙"), 176면 참고.

이 있었던 2002년 5월 24일에 이르러서야 비로소 이 사건 손해배상을 청구할 수 있게 되었으므로, 국가에 대한 손해배상청구권의 소멸시효는 이때로부터 기산되어야 한다고 주장하였다. 하지만 법원은 이를 받아들이지 않았는데, '권리를 행사할 수 없는 경우'라 함은 그 권리행사에 법률상의 장애, 예컨대 기간의 미도래나 조건의 불성취 등의 사유가 있는 경우를 말하는 것이고, 단순한 사실상의 장애는 여기에 해당되지 않는다는 이유를 제시하였다.

둘째, 원고 유족들은 은폐행위는 '계속적' 불법행위에 해당하므로, 이를 최종적으로 확인한 시점이 소멸시효의 기산점이 된다는 취지로 주장하였다. 이 쟁점에 대해서도 법원은 원고 측 주장을 배척하였다. 즉 중앙정보부의 허위 발표일에 불법행위로서의 은폐행위가 종료한 것이며, 그 이후로 불법행위가 계속되었다고 볼 수 없다고 판단하였다. 불법행위는 종료되었고, 그로 인한 손해 상태가 지속된 것에 불과할 뿐이라는 것이었다.

셋째, 원고들은 소제기를 할 수 없는 객관적인 장애 사유가 있었고, 오히려 불법행위 가해자인 국가가 소멸시효의 완성을 주장하고 있는바, 이러한 국가의 항변은 신의칙에 반하거나 권리 남용에 해당하여 허용될 수 없다고 주장하였다.

이에 대해서는 법원은 원고 측 주장을 인용하였는데, 그 이유는 다음과 같다. 우선, 당시 유족을 포함한 일반 국민들로서는 언론을 통해 공표한 중앙정보부의 입장을 믿을 수밖에 없었으므로, 국가를 상대로 손해배상 청구소송을 제기하는 데에는 객관적 장애가 있었다고 판단하였다. 또한, 법원은 이 사안은 권리남용을 인정하기 위한 특별한 사정, 즉 「채권자 보호의 필요성이 크고, 반면 채무이행의 거절을 인정함이 현저히 부당하게 되는 등의 사정이 있는 경우」에 해당한다고 지적하였다.[18] 즉 ① 국가기관에 의해 조직적으로 은폐·왜곡된 사건이라는 점, ② 국가 정보기관의 특성상 국민으로서는 사안의 진상을 알 방도가 없었고, 국가의 발표를 신뢰한 국민이 불이익을 받는 것은 적절치 않다는 점, ③ 피해자에 대한 유죄판결이 없는 이 사건은 그의 사망으로 인해 재심에 의한 구제가 불가능하다는 점, ④ 국가기관이 업무수행 과정에서 통상적으로 저지를 수 있는 정도의 잘못을 넘어선 것으로서, 그 위법행위의 불법성이 중대하다는 점 등을 고려하여 특별한 사정이 있었다고 판시한 것이다.

위와 같이 이 사건에서 법원은 신의칙 및 권리남용금지의 원칙을 근거로 국가의 소멸시효 완성의 항변을 배척하였는데, 국가권력에 의해 무고한 희생을 당한 최종길 교수의 인권을 사후적으로나마 회복시키고, 국가 스스로 —특별행정기관이었던 중앙정보부, 사법부 모두 피해자 입장에서는 같은 '국가'이다— 본인의 불법행위로 인한 배상책임을 인정하였다는 데에 상당한 의의를 부여할 수 있는 판결이라 할 수 있다. 다만, 법원이 원고 측 주장을 받아들인 부

18) 이에 대하여 법원이 국가의 시효완성 주장을 배척한 것은 타당하나, 그 근거로는 「채무자가 시효완성 전에 채권자의 권리행사나 시효중단을 불가능 또는 현저히 곤란하게 한 경우」에 해당하는 것으로 보인다는 견해로 윤진수, 앞의 논문("국가 공권력의 위법행위에 대한 민사적 구제와 소멸시효·제척기간의 문제"), 227-228면. 국가의 악의적 은폐행위가 있었다는 사실을 보다 강조하여야 하기 때문이다.

분에 있어서도 신의칙을 근거로 시효완성 항변을 배척하는 방법이 소멸시효 문제를 해결하는 정도(正道)는 아니라는 점을 우선 지적하고자 한다. 신의칙과 권리남용은 구체적인 요건사실이 없는 추상적·일반적 이념이기 때문에 구체적 사건에 적용되는 재판규범이라 하기에 적합하지 않다.[19] 무엇보다 소제기가 가능한 때로부터 시효가 기산된다는 원칙은 소멸시효 제도의 대전제라 할 수 있으므로, 피해자에게 소제기를 할 수 없는 객관적인 장애 사유가 있었음이 인정된다면, 권리를 행사할 수 없는 상황이기 때문에 시효 자체가 진행되지 않는다고 보아야 하는 것이다. 이와 같이 신의칙 대신 기산점 문제로 접근하는 것이 바람직하다.

그리고 이 판결에서 원고 측의 주장으로 인용하지 않은 은폐와 관련된 앞의 두 가지 쟁점에 관하여는 반드시 바로잡아야 할 필요가 있다. 먼저, 법률상 장애 및 사실상 장애를 구분하면서, 전자에 대해서만 '권리를 행사할 수 없는 경우'로 해석하는 판례의 태도는 적어도 불법행위 사안에 있어서는 타당하지 않다. 우리 대법원은 법률상의 장애와 사실상의 장애에 대한 이분론을 취하는데, 이는 계약상의 채권에 관한 소멸시효에는 유효·적절한 것이지만, 불법행위로 인한 손해배상채권에는 적절하다고 할 수 없다.[20]

다음으로, 국가의 조직적 은폐행위가 있는 사안의 경우에는 피해자 측에서 진상을 알게 된 때로부터 소멸시효를 기산하는 것이 옳다. 이 사건 법원 설시와 같이 '은폐행위는 중앙정보부의 허위발표 당시에 종료되었다'는 명제는 －국가의 반인권적 불법행위에 대한 공소시효 배제 논의는 별론으로 하고－ 범죄행위로서 은폐행위에 관한 형사법적 공소시효를 산정할 때 적용 가능한 명제일지 모르나, 피해자 측의 민사청구를 배척하기 위한 논거로는 적절하지 않다. 은폐행위가 있는 경우 민사법상 피해자가 가지는 손해배상청구권의 소멸시효의 기산점을 판단할 때에는 그 은폐행위 자체의 물리적 종료시점은 중요한 의미가 없으며, 그 이후로 단지 '손해의 상태'가 계속되는 것에 불과한 것이 아니다. 소멸시효 기산점의 문제에 있어서는 '계속된 은폐행위'라는 사실관계에 맞는 판단을 하여야 하고, 은폐된 상태의 계속으로 인하여 피해자 측은 사안의 진상 확인이 불가능한 상태에 있다는 점이 중요한 것이다. 즉 은폐가 이루어진 경우 불법행위가 계속되는지 여부와는 관계없이 공식적으로 진상이 밝혀지는 시점까지 피해자의 '제소기회의 박탈상태'도 계속되는 것이다. 이때 피해자는 소제기를 위한 불법행위의 요건사실을 알 수 없으므로, 그의 '권리행사 가능시점'이 시작되지 않았다고 보아야 한다. 따라서 이러한 경우 소멸시효의 기산점은 마땅히 확인시를 기준으로 하는 것이 타당하다. 이와 관련하여서는 영미법상 discovery rule에서 상당한 시사를 얻을 수 있을 것으로 생각한다.[21]

---

19) 김평우, 위의 논문("소멸시효 항변과 신의칙"), 183－184면.

20) 이 쟁점에 관하여 자세하게는 "Ⅱ. (4) 판례법리와 동향에 대한 평가"에서 후술한다.

21) discovery rule에 관한 내용은, 마찬가지로 아래 "Ⅱ. (4) 판례법리와 동향에 대한 평가"에서 더하여 논하기로 한다.

(3) 과거사 사건에 관한 판례의 동향 : 소멸시효 항변에 대한 신의칙과 유형론

최종길 교수 사건 이후 신의칙을 통한 국가폭력 과거사 사건의 피해자 구제 논의가 활성화되었다. 사례가 축적되어 가면서 판례법리가 형성되어 왔는바, 우리 대법원에서는 과거사 사건에 관한 소멸시효 문제에 있어서 국가의 소멸시효 완성의 항변이 권리남용에 해당될 수 있는지 여부를 각각의 사안에 따라 판단하여 구제 여부를 정하는 입장을 취하고 있다.

신의칙에 의하여 소멸시효의 항변이 배척되는 경우에 관하여 우리 판례법리상으로는 4개의 유형으로 분류하는 입장을 취하고 있다. 즉, '채무자가 시효완성 전에 채권자의 권리행사나 시효중단을 불가능 또는 현저히 곤란하게 하였거나, 그러한 조치가 불필요하다고 믿게 하는 행동을 한 경우'(제1유형), '객관적으로 채권자가 권리를 행사할 수 없는 장애사유가 있었던 경우'(제2유형), '시효완성 후에 채무자가 시효를 원용하지 아니할 것 같은 태도를 보여 권리자로 하여금 그와 같이 신뢰하게 한 경우'(제3유형), '채권자 보호의 필요성이 크고, 같은 조건의 다른 채권자가 채무의 변제를 수령하는 등의 사정이 있어 채무이행의 거절을 인정함이 현저히 부당하거나 불공평하게 되는 등의 특별한 사정이 있는 경우'(제4유형) 등이 그것이다.[22)]

위 네 가지 유형에 해당하는 경우에는 채무자인 국가의 시효 완성 주장이 신의성실의 원칙에 반하는 권리남용으로서 허용될 수 없다는 것으로, 채무자의 소멸시효 항변권의 행사에 있어서도 우리 민법상 일반론인 신의칙과 권리남용금지의 원칙이 적용된다는 점을 전제로 하여[23)] 오래 전부터 판례에 의하여 확립된 이론이다. 이와 관련하여 과거사 사건에서의 국가의 시효완성 항변을 법원이 최초로 기각한 수지 김 사건[24)]과 최종길 교수 사건 이후로는, 종래 대법원은 이를 제2유형과 제4유형에 포섭하는 경향을 보여왔다.[25)] 또한 대법원은 울산보도연맹 학살 사건[26)]과 문경학살 사건[27)]에서는 과거사정리위원회의 진실규정결정에 따라 사안의

22) 이와 같은 유형론에 관하여는, 홍관표, "과거사 사건의 소멸시효와 신의성실의 원칙 문제: 대법원 판결의 입장 변화를 중심으로", 「법조」 제713권, 법조협회, 2016, 123－126면; 최창호 · 유진 · 전성환, 앞의 논문("과거사 사거에 있어 법원의 소멸시효 남용론에 대한 비판적 고찰") ; 김상훈, "과거사 국가배상사건에서 국가의 소멸시효 항변 제한법리: 대법원 2013. 12. 12. 선고 2013다201844 판결 등 타당성 검토", 「민사법연구」 제22권, 대한민사법학회, 2014, 35－36면; 이영창, "과거사 사건의 사실확정 및 소멸시효 문제", 「대법원판례해설」 제95호, 법원도서관, 2013, 439－446면; 강우찬, "국가배상소송에서 국가의 소멸시효 완성주장에 대한 기산점 인정 및 신의칙 위반 여부에 관한 검토", 「법조」 제55권 제2호, 법조협회, 2006, 268－269면 등 참조.

23) 과거사 사건 등 국가의 인권범죄 영역에 대하여는 신의칙을 적용하는 데 그쳐서는 안된다는 견해로 이보드레, "국가의 반인권적 불법행위와 소멸시효의 주관적 기산점 -부마민주항쟁 관련 하급심 판결을 계기로－", 「민주법학」 제74호, 민주주의법학연구회, 2020, 104－105면(각주 66) 참조.

24) 서울중앙지방법원 2003. 8. 14. 선고 2002가합32467 판결.

25) 김상훈, 앞의 논문("과거사 국가배상사건에서 국가의 소멸시효 항변 제한법리"), 37면. 개별 사건에 있어 국가의 시효항변이 어느 유형에 해당하는지에 대한 대법원의 구체적 판단은 홍관표, 앞의 논문("과거사 사건의 소멸시효와 신의성실의 원칙 문제"), 124－125면 참조.

26) 대법원 2011. 6. 30. 선고 2009다72599 판결.

27) 대법원2011. 9. 8. 선고2009다66969 판결.

진상을 알게 된 다음 희생자 유족들이 비로소 제기한 소에 대하여 뒤늦은 권리행사를 탓하는 취지로 소멸시효 완성의 항변을 하는 국가 측의 채무이행 거절은 현저히 부당하여 신의칙에 반하는 것으로 허용될 수 없다고 판시하기도 하였다. 그러나 이후, 우리 사법부의 과거사 청산 의지는 다시 후퇴하고야 만다. 이른바 '진도군 민간인 희생 국가배상청구 사건'[28]에서 대법원은 제3유형을 전제로 하면서 '상당한 기간'이라는 요건을 추가로 제시한 것인데, 즉 국가의 소멸시효의 항변을 저지하려면 채권자는 상당한 기간 내에 권리를 행사하여야만 하고, 그러한 권리행사의 '상당한 기간'은 특별한 사정이 없는 한 민법상 시효정지의 경우에 준하여 단기간으로 제한되어야 한다는 법리를 설시한 것이다.[29]

(4) 판례법리와 동향에 대한 평가

지난 수십 년간 우리 사회에서는 과거사 사건 피해자들의 인권과 명예회복을 위한 논의가 상당한 정도 이루어진 바 있다. 특히 법학계에서는 소멸시효를 중심으로 한 문제제기가 계속되었으며,[30] 법원에 의해 일부 받아들여지기도 하였다.[31] 그러나 피해자들의 사법적 구제를 위한 판결이 계속 이어지지는 않았고, 그간의 성과가 한 순간에 뒤집거나 또는 오히려 역행하기도 하였다. 예를 들면, 국가의 소멸시효 항변에 대한 피해자의 신의칙 주장을 제한함으로써 결과적으로 국가에 면죄부를 준 판결들이 그것이다. 예컨대 군대 내 선임병의 가혹행위와 군관계자들의 관리·감독 소홀에 따른 병사의 자살과 관련하여 국가배상책임이 성립한 사안에 대하여 원심은 소멸시효의 항변이 권리남용에 해당한다고 하여 국가의 소멸시효 주장을 배척하였으나, 대법원은 '권리행사를 불가능 또는 현저히 곤란하게 하였다거나 그러한 조치가 불필요하다고 믿게 하는 행동을 한 것으로 보기 어렵다'는 이유로 원심판결을 파기한 사례,[32] 이른바 '10·27 법난' 사건 피해자의 손해배상 청구에 대해 국가의 소멸시효 완성으로 인한 채권소멸의 주장이 신의성실의 원칙에 반하여 권리남용에 해당한다고 할 수 없다고 본 사례[33] 등

28) 대법원 2013. 5. 16. 선고 2012다202819 전원합의체 판결. 이 전원합의체 판결의 가장 큰 문제점은, 울산보도연맹 및 문경 학살사건에서 우리 대법원이 국가의 반인권적 범죄에 대한 국가의 책임을 엄중히 묻겠다는 의지를 표명한지 2년도 안 되어 과거 판결로 회귀하였다는 점이라는 견해로 이상희, "정의의 문제로서 '국가배상', 법원 판례의 문제점", 민주사회를 위한 변론 Vol.105, 민주사회를 위한 변호사모임, 2015, 5면 참조.

29) 이른바 '상당한 기간'론(論)에 관한 자세한 내용은 후술한다.

30) 임상혁, 앞의 논문("거창사건 관련 판결과 소멸시효 항변"); 홍관표, 앞의 논문("과거사 사건의 소멸시효와 신의성실의 원칙 문제"); 최광준, "인권침해에 대한 국가의 책임, 소멸시효완성의 항변과 신의칙: 대법원 2013. 5. 16. 선고 2012다202819 전원합의체 판결을 중심으로", 「경희법학」 제51권 제2호, 경희법학연구소, 2016 등 다수.

31) 가령, 대법원 2008. 9. 11. 선고 2006다70189 판결. 6.25 당시 연대장이 재판 없이 부하를 총살한 후, 재판자료 등을 위조한 사안이다. 피해자 유족이 재심판결 후 국가에 대해 손해배상을 청구하였고, 이에 국가는 소멸시효 완성 주장하였다. 이에 대하여 대법원은 신의칙에 근거하여 국가의 시효완성 항변을 배척하였다.

32) 대법원 2010. 3. 11. 선고 2009다86147 판결. 이 판결을 포함한 다수 사안에서 대법원은 신의칙이라는 일반적 원칙을 적용하는 때에는 법적 안정성을 해할 위험이 있으므로 신중을 기하여야 한다고 판시하기도 하였다(대법원 2005. 5. 13. 선고 2004다71881 판결 ; 대법원 2011. 10. 27. 선고 2011다54709 판결 등).

이 있다. 나아가 국가가 우선 피해자에게 배상한 후에 가해 혹은 은폐행위를 한 공무원 개인에게 구상금을 청구한 사건에서 오히려 그 가해 공무원 등을 보호하는 데에 신의칙을 적용한 판결도 비판을 면할 수 없다.[34] 또한 소멸시효의 기산점으로부터 원칙적으로 '시효정지에 준하는 단기간 내에, 즉 6월 이내'의 제소가 필요하다고 설시한 이른바 진도사건 판결도 이에 속한다.[35] 이와 같은 퇴행적 흐름은 우리 대법원이 소멸시효제도의 존재이유와 법리에 대하여 영역별 특성을 충분히 진지하게 고민하지 못한 채, 법리를 지나치게 단순화하여 기계적·획일적으로 적용하였기 때문이라고 생각한다.

대표적으로, 이른바 '법률상 장애론'과 '객관적 장애사유'는 주로 계약법상의 채무의 소멸시효에 관한 것으로서, 불법행위 채무에는 적절하지 않음에도 우리 대법원은 '객관적 장애사유'를 협소하게 해석하는 경향이 있다.[36] 우리 대법원이 국가폭력 과거사 사건에서 객관적 장애사유와 법률상 장애론을 엄격히 적용하여 결과적으로 피해자 구제의 기회를 좁힌 태도는 반드시 재고되어야 한다.[37] 소멸시효 기산점을 판단하기 위한 권리 행사가능성의 의미에 관하여 대법원이 "소멸시효의 기산점인 '권리를 행사할 수 있을 때'라 함은 권리를 행사함에 있어서 이행기 미도래, 정지조건 미성취 등 법률상의 장애가 없는 경우를 말하는 것"이라 반복적으로 확인한 법리는,[38] 계약상 채권을 염두에 둔 논리일 뿐,[39] 불법행위를 발생원인으로 한 손해배상채권에 있어서는 조건이나 기한이 애당초 문제되지 않기 때문이다.[40] 따라서 권리행사 가능

33) 대법원 2011. 10. 27. 선고 2011다54709 판결. 1980년 10월부터 11월 사이에 일어난 '10·27 법난' 사건. 이 판결 사안에서는 당시 정부 소속 합동수사본부 내 합동수사단 수사관들에 의해 불법구금이 되어 고문과 폭행 등을 당한 피해자가 불법구금 상태에서 벗어난 1980. 11. 26.부터 5년이 훨씬 경과한 2009. 6. 5.에야 국가를 상대로 손해배상을 구하는 소를 제기하였다. 대법원은 국가의 소멸시효 완성 주장이 신의칙에 반하여 권리남용에 해당한다고 할 수 없다고 본 원심은 정당하다고 판단하면서, 국무총리의 대국민 사과성명 발표, 국방부 과거사진상규명위원회의 '10·27 법난에 대한 조사결과보고서' 발표, 국회의 '10·27 법난 피해자의 명예회복등에 관한 법률' 제정 등으로 국가가 소멸시효 이익을 포기한 것으로 볼 수 없다고 판시하였다.

34) 대법원 2016. 6. 9. 선고 2015다200258 판결 ; 대법원 2016. 6. 10. 선고 2015다 217843 판결. 이 판결에 대한 비판적 평석으로, 김제완, 앞의 논문("군 의문사 사건에서 국가의 구상권에 대한 감면 사유").

35) 대법원 2013. 5. 16. 선고 2012다202819 전원합의체 판결 ; 대법원 2013. 12. 12. 선고 2013다201844 판결.

36) 대법원 2011. 7. 28. 선고 2009다92784 판결, 대법원 2008. 5. 29. 선고 2004다33469 판결 등. 권리행사에 있어 장애사유에 대한 유연한 기산점의 해석 필요성에 관하여는, 권영준, "소멸시효와 신의칙", 「재산법연구」 제26권 제1호, 한국재산법학회, 2009, 17-19면 참조.

37) 김제완, 앞의 논문("국가권력에 의한 특수유형 불법행위에 있어서 손해배상청구권의 소멸시효") 참조.

38) 대법원 2001. 10. 30. 선고 2001다24051 판결 등 다수.

39) 실제 대법원이 법률상의 장애 논리를 적용하여 채무자의 시효완성 항변을 인용하고 채권자의 청구를 기각하는 판결은 주로 계약상 채권에 해당하는 사례들이다. 김제완, 앞의 논문("국가권력에 의한 특수유형 불법행위에 있어서 손해배상청구권의 소멸시효"), 62면 참고.

40) 채권자가 불법행위로 인한 권리를 장기간 행사하지 못해 소멸시효가 문제가 되는 경우는, 객관적으로 손해를 입은 당시나 그 이후 잘 알지 못하여 행사하지 못하거나, 아니면 가해자의 은폐·강박 행위가 있는 등 당사자가 특수한 관계에 있는 등의 사정으로 행사하지 못한 것이 대부분이다. 불법행위로 인한 손해배상청구권에 기한이나 조건 등 부관이 붙어 있을 수 없기 때문에, 여기에 판례 법리에 따른 법률상 장애가 있는 경우를 상상하기는 어렵다. 김제완, 앞의 논문("국가권력에 의한 특수유형 불법행위에 있어서 손해배상청구권의 소멸시

성의 기준은 계약상 채권과 불법행위 채권을 각기 채권의 성질에 알맞게 다른 시각에서의 이론적 구성을 꾀하여야 한다. 또한 판례가 국가의 시효완성 항변을 배척하기 위한 사정으로 제시하는 '권리를 행사할 수 없는 객관적 장애사유'(제2유형)라는 것도 여기에 어떠한 경우가 해당하는지 명확하지 않다는 문제가 있다.[41] 결국 과거사 문제 해결을 위한 영역에서는 법률상 장애론이나 객관적 장애사유를 두고 피해자가 권리를 행사할 수 있었는지 여부를 살펴보는 것은 타당하지 않으며, '법률상 행사가능성'보다는 '사실상의 행사가능성' 여부를 기준으로 삼아야 한다.[42] 즉, 각 사안의 사실관계에 따라 권리의 행사가능성을 개별적·구체적으로 판단하여야 한다.

우리 판례에서도 사실상 장애론은 부분적으로 받아들여지고 있는데, 재심절차에서 무죄확정판결이 있은 후 위법한 수사 등을 원인으로 국가배상을 청구하는 경우, 재심절차에서 무죄판결이 확정될 때까지는 권리의 행사를 기대할 수 없는 '사실상의 장애사유'가 있었다고 판시한 바 있다.[43] 또한 법률상 장애론에 따르면 소제기가 가능하였을지 모르지만 사실상 소제기를 할 것을 기대하기 곤란한 경우, 소멸시효의 진행 자체는 일단 인정하더라도 가해자 측이 소멸시효의 항변을 제기하는 것이 '권리남용에 해당하는지 여부'를 판단함에 있어서는, 피해자로서 '사실상 소제기가 가능하였는지' 여부를 기준으로 할 수 있는데,[44] 강제동원 사건의 하급심 판결에서 권리를 행사할 수 없는 사실상의 장애사유가 그 권리의 성질상 '객관적'으로 보아 권리행사를 '현실적'으로 기대할 수 없을 정도라면, 채무자의 소멸시효 완성 주장은 신의성실의 원칙에 반하는 권리남용으로 허용될 수 없다고 판시함으로서,[45] 기본적으로 법률상 장애론

효"), 63면 참고.

41) 같은 견해로 윤진수, 앞의 논문("국가 공권력의 위법행위에 대한 민사적 구제와 소멸시효·제척기간의 문제"), 223면; 정재오, "소멸시효 남용 법리의 전개에 관한 시기적 고찰", (윤진수교수정년기념) 민법논고, 박영사, 2020, 146면.

42) 이와 관련하여 권리행사에 있어 사실상의 장애는 법률상 장애는 아니어서 기산점 자체에 영향을 줄 수는 없지만, 피해자들이 소제기를 하지 못한 장애사유가 "결국 국가 측에 책임이 돌아가는 것"이라면 객관적 장애사유가 있는 때에 해당하는 것으로 보아야 하고, 이와 같은 경우 국가가 소멸시효 완성의 항변을 주장하는 것은 신의칙에 어긋나 허용될 수 없다고 보아야 한다는 견해로 윤진수, 위의 논문("국가 공권력의 위법행위에 대한 민사적 구제와 소멸시효·제척기간의 문제"), 223-225면. 즉, 가령 삼청교육대 사건에서는 -최종길 교수 사건 등과는 달리- 피해자들이 당시 불법행위의 진상을 알았거나 알 수 있었지만, 그들은 국가를 상대로 손해배상을 청구했다가는 또다시 국가에 의해 어떠한 불이익을 입을지 모른다는 두려움으로 인해 소제기를 할 수 없었을 것인바, 이처럼 5공화국 정권의 폭력적 특성 등 당시의 상황적 배경을 고려해야만 비로소 해당 사건의 본질 내지 핵심에 접근할 수 있다는 것이다[정재오, 위의 논문("소멸시효 남용 법리의 전개에 관한 시기적 고찰"), 152-154면 참조].

43) 대법원 2013. 12. 12. 선고 2013다201844 판결. 다만, 이와 같은 경우의 효과는, 소멸시효 자체가 진행되지 않는 것은 아니고, "채무자인 국가의 소멸시효 완성의 항변은 신의성실의 원칙에 반하는 권리남용으로 허용될 수 없다"고 판시하고 있다. 동 판결에 대한 평석으로는 김상훈, "재심절차에서 무죄 확정판결을 받은 자의 손해배상 청구에 대한 소멸시효 항변의 허용 여부", 「대법원판례해설」 제97호, 법원도서관, 2014.

44) 김제완, "고의·중과실 공무원 개인의 배상책임에 있어서 소멸시효와 권리남용", 「민주법학」 제69호, 민주주의법학연구회, 2019, 21-26면 참조.

을 취하면서도 사실상의 장애론을 적절히 반영한 사례가 있다.

한편, 소멸시효기간의 단축 경향 문제도 그 취지가 오해되어서는 안된다. 예컨대 강제동원 후속사건 하급심 재판에서 가해자 측 주장을 뒷받침하기 위해 제출된 전문가 의견서에서는 국외 계약법에서의 소멸시효기간 단축 경향을 마치 불법행위 영역에서도 그러한 것처럼 진술하고 있는데,[46] 이와 같은 내용의 서술은 오해를 유발할 소지가 크다. 유럽계약법 원칙의 경우 소멸시효 기간을 3년으로 하는 것은 맞지만, 그 제목에서 이미 명시하고 있는 바대로 이는 '계약법'에 관한 것으로, '불법행위법'에 적용하기 위한 원칙이 아니다. 유럽에서는 별도로 불법행위법에서의 소멸시효에 관한 연구가 진행 중이며, 그 내용은 아직까지 제시된 바가 없다.[47] 또한 독일법의 개정도 일반 소멸시효기간을 단축한 것은 사실이지만, 이는 소멸시효가 조속히 완성되도록 하겠다는 취지는 결코 아니고, 오히려 '기산점을 합리화'하면서 그 맥락에 걸맞은 단축이 행하여졌을 뿐이다. 독일법은 소멸시효기간을 단순히 3년으로 단축한 데에 그 목적이 있는 것이 아니라, 기산점 요건을 강화하기 위한 개정이었다. 즉 청구권의 성립뿐만 아니라, 자신에게 청구권을 발생시킨 사정과 채무자의 신원을 채권자가 '알았거나' 중대한 과실 없이 '알았어야' 함을 분명히 규정한 것이다.[48] 이처럼 시효진행 개시의 요건으로서 인식가능성을 요구한 것은 너무나도 당연한 것으로, 이는 유럽계약법 영역에서의 한 원칙인데,[49] 독일법은 개정을 통해 이를 반영한 것일 뿐이다.

이와 같은 우리나라 판례 법리와 그 적용에 대한 동향에 대하여 필자로서는 다음과 같은 평가를 하고자 한다. 우선, 기존의 소멸시효 법리를 그나마 완화하여 과거사 사건의 피해자들에게 사법적 구제의 길을 열어 준 것은 의미 있는 발전이라고 생각한다. 다만, 그 법리로서 신의칙을 근거로 국가 측의 소멸시효의 항변을 배척하는 방식은 소멸시효 문제를 해결하는 정도(正道)는 아니라고 생각한다. 특히 신의칙에 따라 문제를 해결하다 보니, 이는 일종의 '일반규정으로의 도피' 문제가 되어 신의칙을 인정하기 위한 구체적 요건을 제시하지 못하게 되었고, 신의칙 적용 여부가 해당 재판부의 자의적 판단에 좌우되는 결과에 이르게 되었다. 4개의 유형론도 결국 신의칙의 적용을 억제하는 실질적 의미가 있지만, 이 또한 정당한 법적 근거가 있

---

45) 광주고등법원 2018. 12. 5. 선고 2017나13822 판결. 사견으로는, 신의칙에 의탁할 것이 아니라 기산점 판단시에 사실상 장애론이 적용되는 것이 더 바람직하다고 생각한다.

46) 서울중앙지방법원의 사건(2019가단5076593) 변론과정에 피고 측 참고서면에서 "참고자료 11"로 접수된 양창수 교수의 의견서, 5-7면.

47) European Group on Tort Law, Principles of European Tort Law (Springer Wien New York, 2005). Helmut Koziol(신유철 옮김), 유럽손해배상법 - 통일과 전망, 법문사, 2005 참조.

48) 더 나아가 채권자가 이와 같은 사정을 알았거나 알 수 있었던 시점 그 당시의 연도(年度)가 끝나는 때로부터 소멸시효가 진행된다. 즉, 실제로는 '그 다음 해의 첫날의 시작부터' 기산된다고 할 수 있다. BGB 제199조 제1항 참조.

49) 하경효, "소멸시효법의 입법동향과 규율구조 : 보통유럽매매법을 중심으로", 「고려법학」 제74호, 고려대학교 법학연구원, 2014 참조.

는 것도 아니다. 사견으로는 국가 측의 소멸시효의 항변에 대한 신의칙 위반 여부 문제로 해결하기보다는 기산점 문제로 해결하는 것이 정도라고 생각한다.[50)] 실질적 객관적으로 권리를 행사할 수 없는 상황에서 시효가 진행되는 것은 원칙적으로 허용되어서는 안 되며, 권리행사요건을 모두 발견하여 소제기가 가능하게 된 때로부터 소멸시효를 기산하여야 한다는 법리를 형성하는 것이 바람직하다고 생각된다.

이와 같이 신의칙 대신 기산점 문제를 정식으로 다루는 데에는 영미법상 'discovery rule'의 법리를 참고할 필요가 있다.[51)] 이 법리는 과거사에 대한 소멸시효 문제가 논의되기 시작하면서 우리나라에도 소개된 것으로, 최근까지 과거사에 대한 사법구제와 미성년자 성폭력 피해자 사건에 이르기까지 우리나라의 의미 있는 판례법리 형성에도 간접적이나마 영향을 미친 것으로 평가할 수 있다. 영미 판례상 '발견주의'(discovery rule)는 피해자가 사안의 진상을 알거나 알 수 있었던 때로부터 소멸시효의 기산점을 계산한다는 원칙이다. 즉, 이에 따르면 피해자인 원고가 소송 제기가 가능한 사실을 발견하거나 발견할 수 있는 때부터 소멸시효가 진행된다. 이와 같은 영미법상의 법리는 우리에게 있어서도 기망적 은폐의 경우를 포함한 국가폭력 사건, 미성년자에 대한 불법행위 사건, 손해 발생의 잠복기가 수반되는 환경침해 사건 등의 해결에 상당한 시사를 던져주고 있다.

이와 관련하여 헌법재판소의 2018년 결정을 빼놓을 수 없는데, 2018. 8. 30. 2014헌바148 등(병합) 사건에서 헌법재판소는, 과거사 사건 중 민간인 집단 희생사건에서는 피해자가 진실·화해위원회의 '진실규명결정을 안 날'이, 중대한 인권침해사건과 조작의혹사건 중 유죄확정판결을 받았던 사건에서는 피해자 등이 '재심판결 확정을 안 날'이 각각 소멸시효의 기산점이 된다고 판단하였다. 특기할 점은 진실규명결정일 혹은 재심판결 확정일이 아니라 이 사실들을 피해자가 '직접 인지하게 된 날'이라 설시하고 있다는 점이다. 그리고 헌재 결정 이후 우리 대법원 판결 다수는 헌법재판소의 취지를 적극적으로 받아들이고 있다. 예컨대, 긴급조치 제9호 위반 혐의로 수사과정에서 가혹행위 등 위법행위를 당하고 유죄판결이 선고되어 확정된 피해자들의 소송에서 대법원은,[52)] "원고들은 재심에서 무죄판결이 확정된 이후에야 비로소 불법행위의 요건사실에 대하여 '현실적이고도 구체적으로 인식'할 수 있다"고 판시하였다. 따라

50) 같은 견해로 이보드레, 앞의 논문("국가의 반인권적 불법행위와 소멸시효의 주관적 기산점"). 이 연구에서는 권리행사에 있어 장애사유는 판례의 소멸시효남용 이론에 포섭할 것이 아니라 기산점 판단의 척도가 되어야 한다고 하면서, 개별 과거사 사건의 구체적인 특성에 따라 기산점을 설정해야 한다는 점을 지적하고 있다.

51) discovery rule에 관한 연구로 김제완, 앞의 논문("국가권력에 의한 특수유형 불법행위에 있어서 손해배상청구권의 소멸시효") ; 김제완, 앞의 논문("미성년자가 피해자인 불법행위에 있어서 손해배상청구권의 소멸시효"); 추선희·김제완, "미성년 성폭력 피해자의 손해배상청구권에 있어서 소멸시효의 기산점 : 미국에 있어서 '연장된 발견주의 법리(delayed discovery rule)'의 시사점: 대상판결 의정부지방법원 2019.11.7. 선고 2018나214488 판결" 「비교사법」 제27권 제2호, 한국비교사법학회, 2020; 이은경, "반인권 국가범죄에 관한 소멸시효 기산점 연구" 서울대학교 법학전문대학원 박사학위논문(2020. 2) 참조.

52) 대법원 2021. 12. 30. 선고 2019다248739 판결.

서 소멸시효는 완성되지 않았다고 보고 국가의 상고를 기각하였다. 위 헌법재판소 결정은 discovery rule의 영향을 받은 것으로 이해할 수 있으며,[53] 결국 헌재 결정에 따라 우리 판례 법리의 긍정적 변화로까지 이어지게 된 것이다.

(5) 최근의 동향 : 긴급조치 피해자 사건의 경우

유신체제하 긴급조치의 발령으로 인해 처벌받은 피해자 수는 무려 1,140여 명으로 추산되고 있다.[54] 이와 관련하여 우리 헌법재판소와 대법원은 긴급조치는 그 위헌성이 중대하고 명백하여 무효라는 점을 이미 오래전에 선언하였으나,[55] 그 이후로도 대법원은 유신정권 긴급조치 피해자들이 국가를 상대로 제기한 손해배상 소송에서 국가의 배상책임을 일관되게 부정하여 왔다.[56] 이에 대하여 학계에서는 많은 비판이 제기되었고,[57] 비로소 최근에 이르러서야 국가배상책임을 인정하지 않던 종전의 판례의 입장을 뒤집는 대법원 전원합의체 판결이 선고되었다.[58] 즉 이 사건에서 대법원은, 구 국가안전과 공공질서의 수호를 위한 대통령긴급조치(긴급조치 제9호)의 발령·적용·집행으로 강제수사를 받거나 유죄판결을 선고받고 복역함으로써 개별 국민이 입은 손해에 대해 국가는 이를 배상할 책임이 인정된다고 판시하였다. 판결의 다수의견에서는 긴급조치 제9호의 발령부터 적용·집행에 이르는 일련의 국가작용은 전체적으로 보아 공무원이 직무를 집행하면서 객관적 주의의무를 소홀히 하여 그 직무행위가 객관적 정당

53) 같은 취지로 이은경, "반인권 국가범죄에 주관적 소멸시효 기산점 적용에 대한 이해: 헌법재판소 결정(2014헌바148)을 바탕으로", 「저스티스」 통권 제170－1호, 한국법학원, 2019 참조.

54) 부마민주항쟁기념재단, 「시월」 2호 － 오늘의 판결(변영철 변호사 기고), "긴급조치 9호의 시대는 저물었는가", 2019년 11월, 81면. 진실화해위원회가 긴급조치로 기소된 589건의 재판을 조사한 결과, 282건(48%)이 음주 대화나 수업 중 박정희·유신체제를 비판한 경우로 가장 많았고, 191건(32%)은 유신반대·긴급조치 해제 촉구시위·유인물 제작 등 학생운동 관련 사건이었다. 85건(14.5%)은 반유신 재야운동·정치활동, 29건(0.5%)은 간첩사건으로 파악되었다.

55) 헌법재판소 2013. 3. 21. 선고 2010헌바70, 132, 170 결정 ; 대법원 2010. 12. 16. 선고 2010도5986 전원합의체 판결 ; 대법원 2013. 4. 18. 자 2011초기689 전원합의체 결정 ; 대법원 2013. 5. 16. 선고 2011도2631 전원합의체 판결.

56) 대법원 2015. 3. 26. 선고 2012다48824 판결 ; 대법원 2014. 10. 27. 선고 2013다217962 판결.

57) 윤진수, "위헌인 대통령의 긴급조치 발령이 불법행위를 구성하는지 여부 － 대법원 2015. 3. 26. 선고 2012다48824 판결 －", 「민사법학」 제81호, 한국민사법학회, 2017; 한상희, "통치행위와 긴급조치: 그 사법심사의 문제", 「민주법학 」 제59호, 민주주의법학연구회, 2015; 방승주, "사후적으로 위헌선언된 긴급조치에 대한 국가배상책임", 「헌법학연구」 제25권 제3호, 한국헌법학회, 2019 등.

58) 대법원 2022. 8. 30. 선고 2018다212610 전원합의체 판결. 동 전원합의체 판결에 대한 연구로 김중민, "긴급조치 제9호 국가배상책임 인정 － 대법원 2022. 8. 30. 선고 2018다212610 전원합의체 판결", 「민주사회를 위한 변론」 116호, 민주사회를 위한 변호사모임, 2023; 박성구, "긴급조치 제9호의 발령 및 적용·집행 행위로 인한 국가배상책임", 「사법」 제62집, 사법발전재단, 2022; 윤진수, "위헌인 대통령 긴급조치로 인한 국가배상책임 － 대법원 2022. 8. 30. 선고 2018다212610 전원합의체 판결", 「민사법학」 제101호, 한국민사법학회, 2022; 이은경, "대법원 2022. 8. 30. 선고 2018다212610 전원합의체 판결의 시사 [대통령의 긴급조치 제9호 발령행위와 이를 적용·집행한 수사기관이나 법관의 직무행위가 불법행위가 되는지 여부]", 「법학연구」 통권 제70집, 전북대학교 법학연구소, 2022; 정남철, "긴급조치와 국가배상", 「행정판례연구」 XXⅦ－2, 한국행정판례연구회, 2022 등.

성을 상실한 것으로서 위법하다고 평가된다고 설시하였다. 이에 따라 긴급조치 피해자들이 사법적으로 구제받을 수 있는 길이 열리게 되었고, 동 전원합의체 판결의 파기환송심에서 화해권고 결정이 내려지기에 이르렀다.[59]

한편 부마민주항쟁 사안에 있어서도 긴급조치는 국가권력이 항쟁 참여 시민들을 옥죌 수 있도록 하는 도구였다. 즉 국가의 불법진압에 의하여 부마항쟁 참여자들은 대부분 긴급조치 제9호 위반 혐의로 체포·구금되거나, 같은 혐의로 구속·기소되어 유죄판결을 선고받고 억울한 옥살이를 하기도 하는 등 무고한 희생을 당하였다. 이들에 대하여도 마찬가지로 우리 법원은 국가배상 책임을 인정하지 않는 경향을 보여왔는데, 주로 그 근거는 국가의 소멸시효 완성항변을 인용한 것이었다.[60] 가령, ① 부마항쟁에 참여하였다가 긴급조치 위반 등의 혐의로 체포·구금된 상태에서 수사관으로부터 가혹행위를 당한 피해자 사안에서, 1979년 피해자가 '구타를 당하였을 당시'부터 소멸시효가 진행되었다고 본 판결,[61] ② 마찬가지로 부마항쟁 시위에 참여하였다는 이유로 영장 없이 체포되어 모진 고문을 받고 구속 재판을 받은 피해자 사건에서는 그가 구속취소되어 '석방된 날'로부터 소멸시효를 기산한 판결[62] 등이 그것이다. 이 두 판결은 하급심의 판단으로, 1979년 부마항쟁 당시인 국가의 불법행위 시점을 소멸시효의 기산점으로 본 것이었다.

그런데 이후 대법원에서는 위 ① 및 ②에 대하여 각각 이들을 파기하는 판결을 내렸는데, 이들은 위의 대법원 전원합의체 판결과 2018년 헌법재판소 결정의 영향을 받은 것이다.[63] 즉, 위 ①의 상고심에서는 "긴급조치 제9호에 대한 위헌·무효 판단 이후에도 불법행위에 대한 국가배상청구를 원칙적으로 허용하지 아니하였던 대법원 판례의 존재 등 제반 사정을 종합하여 볼 때, 이 사건 소 제기 당시까지도 피해자는 긴급조치 제9호에 기한 일련의 국가작용으로 인한 불법행위로 발생한 손해의 배상을 청구할 수 없는 장애사유가 있어 소멸시효가 완성되지 않았다"고 보았다.[64] 또한 ② 사건의 대법원 판결에서는 "긴급조치 제9호에 따른 수사과정에서의 불법행위 성립을 인정하면서도 구 예산회계법에 따른 5년의 소멸시효 기간 도과로 소멸하였다고 본 원심 판단에는 소멸시효에 관하여 헌법재판소의 위헌결정에 따라 효력이 없게 된 규정을 적용하여 판결에 영향을 미친 잘못이 있다."고 판시하였다.[65] 즉 부마민주항쟁 피해

59) 2023년 7월 1일 확정, 서울고등법원 2022나2034426 사건.

60) 부마민주항쟁 피해자들의 사건에서 소멸시효 기산점 판단이 엇갈리는 하급심 판결들에 대한 평석으로 이보드레, 앞의 논문("국가의 반인권적 불법행위와 소멸시효의 주관적 기산점").

61) 부산지방법원 2020. 8. 27. 선고 2019나54375 판결.

62) 부산고등법원(창원) 2019. 3. 28. 선고 2014나21475 판결.

63) 대법원 2022. 8. 30. 선고 2018다212610 전원합의체 판결의 후속 판결을 평석하면서 소멸시효 문제를 논한 것으로 권영준, 앞의 논문("긴급조치로 인한 국가배상청구권의 소멸시효 기산점") 참조.

64) 대법원 2023. 2. 23. 선고 2020다265624 판결.

65) 대법원 2022. 10. 14. 선고 2019다225279 판결.

사건에는 소멸시효에 관한 객관적 기산점은 적용되지 않고, 피해자의 인식을 기준으로 한 주관적 기산점만이 적용된다는 취지이다.

Ⅲ. 과거사에 대한 진실규명 관련 법제와 헌법재판소의 역할

(1) 과거사에서 진실규명 법제의 의의

국가폭력 과거사 사건은 재판에 의해 사법적 구제가 이루어지는 경우도 있지만, 그 해결 과정에 있어서 특별법률이 매우 중요한 역할을 수행한다는 특징이 있다. 한국전쟁 노근리 사건에 대한 「노근리사건 희생자 심사 및 명예회복에 관한 특별법」과 같이 특정 사건에 관한 입법을 통해 희생자 보호와 명예회복을 도모한 경우가 적지 않다. 예컨대 「부마민주항쟁 관련자의 명예회복 및 보상 등에 관한 법률」이 여기에 해당한다. 또한 「5 · 18 민주화운동 진상규명을 위한 특별법」과 「5 · 18민주화운동관련자보상 등에 관한 법률」은 5 · 18 민주화운동에 대해 진상규명과 보상에 관하여 각각 별개의 특별법이 제정된 사례라고 할 수 있으며, 비교적 최근 제정된 「여수 · 순천 10 · 19사건 진상규명 및 희생자 명예회복에 관한 특별법」은 여순사건에 관한 진상규명 및 보상을 위한 사항을 함께 규정한 법률이라 할 수 있다. 이들과 같은 특별법에 따르면 피해자들에 대한 최소한의 보상과 예우 등 합리적인 해결책을 제시할 수 있으며, 사과와 명예회복 등이 이루어진다는 점에서 특히 의미 있는 조치라 평가할 수 있다. 그렇기 때문에 특정 과거사 사건뿐만 아니라, 과거 정부 권력에 의한 위헌 위법한 국가행위 피해자들의 구제를 포괄하는 입법, 가령 긴급조치 피해자들을 위한 특별법 제정의 필요성이 제기되고 있는 것이다. 대법원 2018다212610 전원합의체 판결로 판례가 변경됨으로써 긴급조치 피해자들을 위한 입법이 더욱 요청되는 상황이라 할 수 있다.[66)]

또한, 진실규명을 위한 법제를 마련하여야 하는 문제가 있다. 특정한 사안을 규율하는 특별법의 제정이 필요하지만 이러한 입법은 그리 용이하지 않은 실정이므로, 결국 대다수 과거사 사건들은 피해자들이 개별적으로 법원에 소제기를 하여야 하는 상황에 이르고 있다. 그런데 피해자들이 직접 사법적 구제를 구하는 경우 이미 긴 시간이 지나가 버린 이후이기 때문에 그 사실관계조차 제대로 밝히기 어려운 경우가 많다. 그러므로 법률에 따라 설치된 진상규명을 위한 공식 기구가 활동하는 것은 구체적인 사안의 진상을 밝혀 피해자들의 명예회복에 이바지하고, 한편으로는 피해자들로 하여금 재판에서 사용할 주효한 증거 확보의 어려움을 덜 수 있게 하므로, 과거사 문제의 해결에 있어서 매우 중요한 역할을 수행할 수 있는 것이다. 과

66) 판례변경으로 인해 구제를 받을 수 있는 피해자들과 이미 패소한 당사자 등 그 구제가 거부된 피해자들 간의 형평 문제가 있기 때문이다. 이에 관하여는 윤진수, “긴급조치 피해자를 위한 특별입법의 필요성”, 「법률신문」 실무논문, 2022. 10. 참조. 같은 취지로 이영무, “유신헌법하의 긴급조치와 국가배상 청구의 요건”, 「법학논총」 제42권 제1호, 전남대학교 법학연구소, 2022, 144－145면.

거사 사건은 특성상 그 진상의 파악 및 확정에는 방대한 전문적·학술적 조사가 필요한데다가, 가해자인 국가가 조직적으로 사건을 은폐하는 일도 흔하여 법원으로서도 제대로 진상을 밝혀내기가 어렵기 때문이다.[67] 보다 근본적으로는, 철저한 진실규명이 이루어지지 않는다면 '명예회복과 예우'를 할 대상과 내용 자체가 애당초 존재할 수 없으므로,[68] 피해자 및 유족의 입장에서는 사안에 대한 명확한 규명이 일차적이고도 가장 절실한 문제라 할 수 있다. 이와 같은 문제의식에 기초한 성과로는 「의문사 진상규명에 관한 특별법」에 따른 『의문사진상규명위원회』, 「진실·화해를 위한 과거사정리 기본법」에 따른 『진실·화해를위한과거사정리위원회』 등을 들 수 있고, 「군 사망사고 진상규명에 관한 특별법」에 따른 『군사망사고진상규명위원회』도 같은 역할을 수행한다고 할 수 있다.[69]

우리나라에서는 지난 20년간 20여개의 각종 과거사위원회가 설립되어 활동하여 왔다.[70] 각종 위원회의 진실규명 결과에 대해 증거로서의 효력을 얼마나 인정할 것인지는 향후 관심을 가져야 할 매우 중요한 쟁점이다. 이른바 진도사건 판결에서는 다수의견이 "사실의 추정과 같은 효력을 가지거나 반증을 허용하지 않는 증명력을 가진다고 할 수는 없다"고 보았지만, 외국의 경우는 더 나아가 법률상의 추정까지 인정하거나, 피해자 측의 증명책임을 완화하거나 전환하기도 한다.[71] 진도사건의 판결은 향후 비판적 시각에서 유의하여 적용하여야 한다고 생각된다.

(2) 과거사 사건에서 헌법재판소의 역할

과거사 사건에 대한 사법적 구제가 본격화된 것은 주로 우리 사회가 독재와 권위주의 정권의 지배에서 실질적으로 벗어나고, 민주시민사회로서의 정체성을 형성해 나가기 시작하면서부터이다. 한편, 과거사 문제의 해결에 있어서 우리 헌법재판소는 매우 의미 있는 역할을 수행한 바 있다. 우선, 앞서 살펴본 2018년 헌법재판소 결정이 대표적인 예이다.[72] 이 결정에서 헌법재판소는 민법 제166조 제1항, 제766조 제2항 중 「진실·화해를 위한 과거사정리 기본법」 제2조 제1항 제3호 및 제4호에 규정된 사건[73]에 적용되는 부분은 헌법에 위반된다고 선언하

---

67) 임상혁, "한국전쟁 집단 희생 피해자에 대한 배상과 보상의 입법", 「법과사회」 제37권, 법과사회이론학회, 2009, 315면 참조.

68) 김창록, "의문사문제와 국가의 입법부작위에 대한 책임", 「법학연구」 제40권 제1호, 부산대학교 법학연구소, 1999, 62면.

69) 김제완, "일제하 강제동원 손해배상청구 사건에서 소멸시효상의 쟁점: 과거사 사건에서 권리행사 가능성 법리에 대한 재조명 －이른바 '진도사건' 전원합의체 판결 법리의 극복을 위한 시론을 포함하여－", 인권법평론 29(1), 전남대학교 공익인권법센터, 2022, 36면.

70) 한홍구, "국가폭력에 대한 국가의 책임" 『국가폭력과 국가의 책임』 (부마민주항쟁 44주년 기념 학술대회 자료집, 부마민주항쟁기념재단, 2023. 10. 26).

71) 이재승, "이행기정의와 법학방법론" 『최종길 교수 50주기 추모 학술대회 자료집』 (서울대학교 법학전문대학원, 2023. 10. 18.) 참조.

72) 헌법재판소 2018. 8. 30. 2014헌바148 등(병합) 결정.

였다.[74] 근본적으로 특수유형 불법행위에 속하는 과거사 사건은 사인간 불법행위 사건이나 일반 국가배상 사건과는 그 속성을 달리하므로, 이에 대해 일반적인 소멸시효 법리를 적용하는 것은 부당하다는 점을 확인한 것이다. 이 결정문에서 헌법재판소는 국가의 공무원들이 조직적으로 관여하고, 사후에도 국가기관에 의해 조작·은폐되어 오랜 기간 진실규명이 불가능한 경우가 많은 과거사 사건의 특수성을 명시적으로 언급하면서, 과거사 사건에 있어서는 객관적 기산점을 기준으로 한 장기소멸시효를 적용해서는 결코 타당한 결론을 도출할 수 없다고 판단하였다. 과거사 사건의 기산점 판단에 있어서 구체적 타당성은 고려하지 않은 채 소멸시효 규정을 지나치게 형식적으로 해석·운용해 온 그간의 법원의 태도는 과거사 사건의 본질과 소멸시효 제도의 이념을 제대로 반영하지 않은 것이라는 점을 명백하게 꼬집은 것이라 할 수 있다.

다음으로, 이른바 '일본군 성노예 사건'과 관련하여 헌법재판소가 2011년에 내린 위헌결정[대한민국과 일본국 간의 재산 및 청구권에 관한 문제의 해결과 경제협력에 관한 협정 제3조 부작위위헌확인][75]을 꼽을 수 있다. 이는 1965년 체결된 '한일청구권 협정'(대한민국과 일본국 간의 재산 및 청구권에 관한 문제의 해결과 경제협력에 관한 협정) 제2조 제1항에 의하여 일본군 위안부 피해자들이 일본국에 대하여 가지는 배상청구권이 소멸되었는지 여부와 관련된 사건인데, 그와 같은 양국 간의 해석상 분쟁을 대한민국 정부가 위 협정 제3조가 정한 절차에 따라 해결하지 않고 있는 부작위가 위헌임을 선언한 것이다. 헌법재판소에는 인권의 개념에 걸맞게 공동체 체계를 구성하고 이를 유지해야 할 적극적인 의무가 부여되어 있는바,[76] 정부가 마땅히 노력해야 할 외교적 책임을 다하지 않았음을 명확히 한 이 결정은 헌법재판소에 기대되는 역할을 충실

---

73) 1945년 8월 15일부터 한국전쟁 전후의 시기에 이루어진 '민간인 집단 희생사건'과 1945년 8월 15일부터 권위주의 통치시까지의 '중대한 인권침해사건·조작 의혹사건'을 말한다.

74) 기존의 대법원 판결의 흐름을 끊어내고 과거사 사건 피해자들에 대한 구제의 길을 열었다는 점에서, 이 결정에 대한 긍정적 평가로 홍관표, "국가에 대한 손해배상청구권과 소멸시효: 과거사 사건을 중심으로", 「법학논총」 제39권 제2호, 전남대학교 법학연구소, 2019; 박보영, "과거사 사건에서 소멸시효의 적용: 헌재 2018. 8. 30. 2014헌바148 등(병합) 평석", 「저스티스」 통권 제173호, 한국법학원, 2019; 과거사 사건의 소멸시효 문제에 대한 위헌심사에 있어 헌법재판소로서 가능한 접근방식과 그 한계에 관하여 검토한 연구로는 승이도, "과거사 사건에 있어 국가배상청구와 소멸시효에 관한 위헌심사 연구 ―헌재 2018. 8. 30. 2014헌바148등 결정을 중심으로―", (윤진수교수정년기념) 민법논고, 박영사, 2020. 이 글에서는 헌법재판소는 민법 제166조 제1항과 제766조 제2항에 내재한 위헌성을 제거한 다음 재심사유와 함께 그 공을 법원에 넘어준 것으로, 헌재는 법원에 대한 존중을 통해 피해자의 권리를 구제하는 데에 방점을 둔 것이라 평가한다(같은 논문, 240―241면 참조).

75) 헌법재판소 2011. 8. 30. 선고 2006헌마788 전원재판부 결정. 이에 대한 평석으로는 민병로, "정부의 부작위에 관한 위헌확인사건 ― 일본군위안부의 배상청구권에 관한 헌법소원심판사건 ―(헌재 2011. 8. 30. 2006헌마788)", 「인권법평론」 제21호, 전남대학교 공익인권법센터, 2018; 성중탁, "행정부작위 헌법소원에서의 작위의무와 국가의 기본권보호의무 ― 헌법재판소 2011. 8. 30.자 2006헌마788 결정【대한민국과 일본국 간의 재산 및 청구권에 관한 문제의 해결과 경제협력에 관한 협정 제3조 부작위 위헌확인】에 대한 판례평석을 겸하여 ―", 「저스티스」 통권 제140호, 한국법학원, 2014 등.

76) 강민구·김하영, "인권의 적극적 실현을 위한 국가의 의무: 일본군 ''위안부'' 위헌 결정(헌법재판소 2011. 8. 30. 선고 2006헌마788 결정)을 중심으로", 「공익과 인권」 제12권, 서울대학교 공익인권법센터, 2012.

히 이행한 것이라 할 수 있으며, 우리나라 전환기 사법의 법리에 있어서도 매우 큰 의의를 가지고 있다.

한편, 소멸시효의 법리 적용에 있어서 국가 스스로 위헌 상태를 해소할 것이라고 국민이 신뢰한 점을 규범적으로 어떻게 평가하고 반영할 것인가의 문제가 있다. 살펴본 바와 같이 강제동원 사건의 전원합의체 판결이 선고되기 전에 우리 헌법재판소는 '일본군 성노예 사건'에 관하여, 한국정부가 아무런 조치를 취하지 않고 있는 것이 위헌임을 선언하였다. 즉, 2012년 강제동원 피해자들이 승소한 최초의 대법원 판결이 파기환송 형식으로 선고되었으나,[77] 그 판결은 6년이나 지난 2018년에 이르러서야 대법원 전원합의체 판결에서 확정되었다. 그러한 와중에 헌법재판소의 위헌선언에 따라 국가가 위헌 상태를 제거하여 줄 것이라고 믿고 기다린 일제하 다양한 유형의 피해자들을 과연 비난할 수 있는가 하는 점을 생각해 보아야 한다. 당시 상황에서 국민들이 국가를 신뢰하고 위헌 상태가 해소될 수 있는 합당한 조치를 취해줄 것이라 여기는 것은 조금도 이상한 행태가 아니며 정상적인 국가의 국민으로서 지극히 당연한 태도이다. 그러나 이와 같은 상식적 믿음과 달리 대한민국 정부는 합리적인 후속 조치를 취하지 않았고, 따라서 피해자 구제를 위한 실질적인 성과가 도출되지 못하였다. 이에 나머지 피해자들은 최종적인 전원합의체 판결이 확정되자 비로소 각자 사법부에 권리구제를 청구하게 된 것이다. 이처럼 최후의 구제수단으로서의 법원에 호소한 피해자들의 행동은, 곧 사법부의 존재이유에도 부합한다. 과연 정부는 스스로의 위헌적 부작위를 장기간 방관하였으면서, 도리어 피해국민들에게 왜 일찍이 제소하지 않았냐는 탓을 할 수 있을까. 이러한 상황에서 다름 아닌 국민을 보호할 의무를 지는 국가가 피해자들을 비난한다면, 그 자체로 국가의 정체성과 윤리성에 대한 모독 행위라 할 것이다. 더 나아가 국가를 신뢰하며 오래 참고 기다린 국민의 정당한 권리에 대해 법원이 시효 소멸이라는 불이익을 부과하는 것은 국가시스템의 온전성(integrity)에 대한 자기부정이다.

Ⅳ. 과거사 소멸시효 문제에 관한 추가적인 쟁점

지금까지 우리나라에서 과거사 사건에 관한 법리에 관하여, 몇 가지 추가적인 문제들이 발생되고 있는데, 대표적으로 강제동원 사건에 대한 전원합의체 판결 이후 그에 따라 추가적으로 제기되고 있는 피해자들의 재판상 청구에 대하여 하급심의 법원이 서로 다른 입장을 보임으로써 기존 법리의 문제점을 드러내는 한편, 그 과정에 과거사 사건의 사법적 처리 법리에 관한 몇 가지 추가적인 쟁점도 부각되고 있다. 주요 쟁점들은 다음과 같다.

77) 대법원 2012. 5. 24. 선고 2009다68620 판결.

(1) 판례변경이 유사 사건의 소멸시효에 미치는 영향

과거사 사건에 대하여 입법으로 해결하는 방안도 있지만, 구제를 위한 입법에 대한 보수층의 반발이 적지 않고, 설사 기본적인 입법이 이루어지더라도 개개의 사안에 대한 구제여부를 둘러싼 분쟁이 발생하여 결국 사법적 구제가 추가적으로 필요한 경우가 적지 않다. 그런데 사법적인 구제가 이루어지는 데 있어서 법원이 전향적인 입장을 취하는 것이 긴요하므로, 대법원의 판례변경은 전환기의 사법 문제에서 매우 중요한 의미를 가진다. 대표적으로, 강제동원 사건에서 한일간 청구권협정에도 불구하고 강제동원 피해자 개인의 배상청구가 부정되지 않는다는 취지의 전원합의체 판결은 강제동원 사건은 물론이고 과거사 사건에 대해서도 중요한 전기가 되었다. 이와 같은 전원합의체 판결을 통하여 사법적 구제가 가능하다는 것을 대법원이 선언하게 되면, 그동안 소제기를 주저하여 왔던 많은 유사 피해자들은 당연히 소제기를 준비하게 된다. 그런데 이들 동일 또는 유사 사건 피해자들의 경우에도 소멸시효가 문제되며, 어떤 의미에서는 전원합의체 판결의 원고들보다 더 늦게 소제기를 하는 셈이므로, 소멸시효 문제는 더 큰 장애로 다가온다. 따라서 대법원의 판례변경이 다른 유사 사건의 소멸시효에 미치는 영향이 무엇인지를 살펴 볼 필요가 있다. 여기에는 크게 세 가지 서로 다른 법적 쟁점이 있으므로, 각각 나누어 검토할 필요가 있다.

첫째 쟁점은, 대법원의 판례변경이 소위 판결로써 소제기에 대한 장애가 해소되었는데, 이는 법률상의 장애인가 또는 사실상의 장애인가 하는 점이다. 이는 위 전원합의체 판결이 유사 사건의 소멸시효의 기산이나 진행에 어떤 방식으로 영향을 줄 수 있는가의 문제와 연결된다.

이 문제는 이른바 '판례변경이 소멸시효에 미치는 영향'에 관한 것인데,[78] 예컨대, 대법원 판례 법리상 각하사유로 보고 있어 사법적으로 구제가 안 되는 사안이라 당사자가 소제기를 하지 못하고 있던 중, 대법원 전원합의체 판결로 판례가 변경되어 소제기를 할 수 있게 된 유형에 대하여, 대법원은 종전의 판례 법리가 '법률상 장애'에 해당하는지 않는다고 보아 소멸시효가 완성된 것으로 본 사례가 있다.[79] 그러나 대법원이 스스로 사건을 각하해 왔으면서, 이를 법률상의 장애가 아니라고 하는 것은 대법원의 견해를 법적인 것이 아닌 사실적인 것에 불과하다고 보아 스스로 격하하는 셈으로, 모순이자 자가당착이다.[80] 최종적인 법해석 권한을 보유하고 국민들의 법적 권리를 보호하는 최후의 보루로서의 대법원의 위상을 생각할 때 대법원 판례는 일반 국민의 입장에서 단순한 사실상의 장애라고 할 수는 없고 법률상의 장애로 보

78) 장재원, "대법원 판례변경이 소멸시효에 미치는 영향", 고려대학교 석사학위논문, 2012 참조.

79) 대법원 2010. 9. 9. 선고 2008다15865 판결. 대상사안은 대법원 2004. 4. 22. 선고 2000두7735 전원합의체 판결로 임용기간이 만료된 국공립대학 교원에 대한 재임용거부처분에 대하여 이를 다툴 수 없다는 종전의 견해를 변경된 후, 원고가 제소하였으나 소멸시효기간이 이미 만료되었던 사례이다.

80) 나아가 만일 '대법원이 취하고 있는 판례이론은 객관적 장애가 아니다'라는 취지라면, 이는 대법원 판례 법리는 객관적이 아니며 '주관적'인 것에 불과하다는 것이다. 어느 것이든 대법원 판례가 가지는 무게를 대법원 스스로 부정하는 셈이며, 대법원의 자가당착이다.

아야 한다. 판례의 변경 후 소제기가 폭주할 우려 등 부작용을 지적할 수 있을지 모르나, 그와 같은 부작용은 판례변경의 장래효(prospective overruling) 등 다른 법리로 해결할 수 있다.[81]

둘째 쟁점은, 대법원의 판례가 변경됨으로써 장애가 해소되어 강제동원의 피해자들이 비로소 재판상 청구를 할 수 있게 되었다고 해석하는 경우, 그로부터 어느 기한 내에 재판상 청구를 하여야 하는가 하는 점이다. 이는 위 장애의 해소가 시효의 기산점 문제인지 또는 신의칙 문제인지, 나아가 시효의 정지 법리를 적용하여야 할 정당한 근거가 있는지의 문제 등과도 연결된다.

우선 판례의 변경이 법률상의 장애가 해소된 것으로 본다면, 피해자는 그때 비로소 제소할 수 있는 것이므로 이때부터 소멸시효가 '기산'된다고 해석하는 것이 타당하다. 그러나 만일 판례 변경이 사실상의 장애의 제거에 불과한 것이라면, 이때로부터 소멸시효가 시작되는 것이 아니라, 신의칙에 의한 권리남용으로서 가해자의 시효완성의 항변을 배제할 수 있는 사유가 해소될 여지가 남고, 그렇다면 그로부터 어느 기한 내에 청구를 해야 하는 것인지의 문제로 된다. 이에 관하여 우리 대법원은 이른바 '진도군 민간인 희생 국가배상청구 사건'에서 '상당한 기간'론(論)을 제시하면서, 원칙적으로 이 상당한 기간이라 함은 시효정지의 경우에 준하는 것으로, 단기간에 제소하여야 한다는 법리를 설시한 바 있다.[82] 그런데 이 판결은 정당한 근거 없이 과거사 사건 피해자의 구제의 길을 현저히 좁힌 것으로서 비판의 소지가 매우 크다. 이 문제는 뒤에서 좀 더 살펴보기로 한다.

셋째 쟁점은 좀 더 구체적인데, 판례변경이 법률상 또는 사실상 장애가 해소된 것으로 보고 소멸시효 기산에 영향을 미친다고 본다면, 그 기준이 되는 시점은 강제동원 피해자 사건의 최초 대법원 판결의 선고시인가, 아니면 사건이 확정되는 대법원 판결 선고시(판결 확정시)인가 하는 점이다. 실제로 강제동원 사건에서는 하급심에서 이 쟁점에 관하여 서로 다른 견해를 보이면서 엇갈리는 결론을 내린 바 있다.[83]

이 점에 관하여는 판결 선고로써 권리의 구제가 완결된 것이 아니므로, 그 구제의 여부가 확정되어야 법률상·사실상 장애가 비로소 제거된 것으로 보아야 한다. 즉, 판결이 확정되어야만 해당 사안에 대한 분쟁이 종결되고 당사자간 권리관계가 확정되는 것이다. 또한 대법원 판결이 곧 피해자를 구제해 주는 것은 아니며, 피해자가 승소한 원심판결이 확정되어야만 사법부에 의한 구제가 현실화되었다고 볼 수 있는 것이다. 재판을 통해 확정되는 것은 대법원 판결이 아닌 원심판결이라는 점은 민사소송법의 기초로서, 법률심인 대법원 판결은 특히 파기환송

81) 김제완, "단체법리의 재조명 : 종중재산의 법적 성격 – 대법원 2005. 7. 21. 선고 2002다1178 전원합의체 판결 이후의 과제", 「인권과 정의」 제355호, 대한변호사협회, 2006 참조.

82) 대법원 2013. 5. 16. 선고 2012다202819 전원합의체 판결.

83) 광주고등법원 2018. 12. 5. 선고 2017나13822 판결 및 서울중앙지방법원 2022. 2. 8. 선고 2017가단5076593 판결.

판결의 경우 권리관계를 확정하는 효력이 없다. 또한 파기환송심에서 대법원이 판시한 쟁점 외의 법률상·사실상 쟁점이 제기되어 원고의 청구가 다시 기각될 가능성 또한 배제할 수 없는 것이며, 재상고에 대한 판단이 미루어지기도 한다. 대표적으로 강제동원 사건의 경우 대법원에서 파기환송판결을 한 후 원심에서 원고의 청구가 인용되었지만, 실제 피고 측의 재상고가 이루어졌으며, 재상고는 6년 이상이나 장기 지연되는 매우 이례적 문제까지 있었다. 이러한 상황에서 아직 소제기를 하지 않은 다른 피해자들의 입장을 생각해 보자. 그들로서는 과거 대법원에서 파기환송 취지의 승소판결을 얻어낸 누군가가 있다는 사정만으로 자신도 당연히 권리를 구제받을 수 있다고 확신하기 어려웠을 것이며, 이와 같은 경우 판결의 확정까지 기다려 본 후 자신도 소제기를 할지 여부를 결정함이 지극히 상식적이고 합리적인 수순인 것이다. 따라서 상당한 기간의 기산은 구제 취지의 대법원 판결의 '선고시'가 아니라 판결 '확정시'(= 즉, 재상고심에서 상고기각판결의 선고시)라고 보는 것이 타당하다.

(2) 신의칙에 의한 시효항변의 배제시 소제기의 '상당한 기간'

앞서 살핀 바와 같이 이른바 '진도군 민간인 희생 국가배상청구 사건' 전원합의체 판결은 논란과 오해의 여지가 큰 사건으로, 여기서 '상당한 기간'론(論)을 제시하면서 '시효정지의 경우에 준하여 단기간에 제소하여야 한다'는 법리를 설시한 바 있다. 그러나 이 판례 법리는 여러 가지 문제가 있다.

첫째, 이 판결에서의 시효의 정지론은 판결의 주된 쟁점이 된 판시사항은 아니었다는 점에 유의하여야 한다. 이 사건에서 전원합의체 심리의 대상이 된 주요 쟁점은 이른바 '진실·화해를 위한 과거사정리위원회'의 조사보고서의 증명력 문제로서, 다수의견은 이를 부정한 반면 소수의견은 이를 긍정하였다. 한편, 이 사건의 두 번째 상고이유가 이 글에서 논하고 있는 소멸시효에 관한 것인데, 구체적으로는 '채무자가 소멸시효 완성 후 시효를 원용하지 아니할 것 같은 태도를 보여 권리자로 하여금 이를 신뢰하게 하였고, 채무자가 그로부터 권리행사를 기대할 수 있는 상당한 기간 내에 권리자가 자신의 권리를 행사한 경우, 채무자가 소멸시효 완성을 주장하는 것이 허용되는지 여부'에 관한 것인데, 이 부분 피고 가해자 측의 상고이유는 배척되었다. 따라서 이 전원합의체 판결에 나타난 이른바 '판례법리'라고 할 수 있는 것은 '채무자가 소멸시효 완성 후 시효를 원용하지 아니할 것 같은 태도를 보여 권리자로 하여금 이를 신뢰하게 하였고, 채무자가 그로부터 권리행사를 기대할 수 있는 상당한 기간 내에 자신의 권리를 행사하였다면, 채무자가 소멸시효 완성을 주장하는 것은 신의성실 원칙에 반하는 권리남용으로 허용될 수 없다'는 법리이다.

문제는 이 판결에서 직접적인 사안의 쟁점이 되지 아니한 부분에 관하여 방론(傍論, obiter dictum)으로 설시한 부분이다. 즉, 채무자가 소멸시효의 이익을 원용하지 않을 것 같은 신뢰를 부여한 경우, 채권자는 그러한 사정이 있은 때로부터 어느 기한 내에 권리를 행사하여야 하는가 하는 문제는 판결의 쟁점이 아니므로 당사자간에 변론이 없었는데, 대법원은 가상적으로 부연하여 설명한 것이다. 이 판결에서는 "상당한 기간 내에 권리를 행사하여야만 채무자의 소멸시효의 항변을 저지할 수 있다"고 설시하면서, 더 나아가 "위 권리행사의 '상당한 기간'은 특별한 사정이 없는 한 민법상 시효정지의 경우에 준하여 단기간으로 제한되어야" 한다면서, "불법행위로 인한 손해배상청구의 경우 그 기간은 아무리 길어도 민법 제766조 제1항이 규정한 단기소멸시효기간인 3년을 넘을 수는 없다고 보아야" 한다고 설시한 것이다.

그러나 이와 같은 설시가 과연 우리 대법원의 확립된 판례법리라고 할 수 있는지는 의문이다. 이유는 위 '상당한 기간'론은 별도의 상고이유에 대한 판단이 아니라 앞서 살핀 기각된 상고이유인 신의칙 법리를 판시한 후 부연설명한 것에 불과하며, 이른바 방론으로서의 성격을 가지는 것에 불과하기 때문이다. 구속력 있는 판례란 해당 사건의 「논점」에 대하여 행해진 판단이어야 하고, 필연적으로 원심재판이 파기 또는 취소되는 것과 같이 결론에 직결되는 것이어야 하며,[84] 방론은 법원조직법상 구속력 있는 '판례'로서의 온전한 지위를 가지지 못한다.[85] 법원조직법 제7조 제1항에 따라 전원합의체에서 변경할 필요가 있는 판례라 함은 기존 대법원에서의 주론(主論), 즉 그 사건의 법률적 논점에 대한 판단으로서의 '법이론'에 대한 것이어야 하기 때문이다.

다음으로, 위 방론의 내용 "위 권리행사의 '상당한 기간'은 특별한 사정이 없는 한 민법상 시효정지의 경우에 준하여 단기간으로 제한되어야" 한다고 설시한 부분은 아무런 법적 근거나 정당성이 없고, 오히려 시효정지 제도의 본질에도 반한다. 또한 위 방론은 신의칙에 의한 시효항변 배척에 관한 모든 사안에 일반화하여 확대적용할 수는 없고, '시효완성 후에 채무자가 시효를 원용하지 아니할 것 같은 태도를 보여 권리자로 하여금 그와 같이 신뢰하게 한 경우'에 관한 것이므로, 앞서 살핀 4개 유형 중에서 이른바 제3유형에만 적절한 것이다. 그런데 상당수의 과거사의 경우에는 제1유형 또는 제2유형으로서의 성격이 강하므로, 위와 같은 방론의 법리가 그대로 적용될 정당한 법적 근거가 없다. 이 점에 관하여는 이어서 좀 더 살펴보고자 한다.

(3) 장애 해소의 효과 : '상당한 기간'과 '시효의 정지' 법제의 부정합

이어서, 위 '진도군 민간인 희생 국가배상청구 사건' 전원합의체 판결에서 "권리행사의 '상당한 기간'은 특별한 사정이 없는 한 민법상 시효정지의 경우에 준하여 단기간으로 제한되어야" 한다고 방론으로 설시한 부분에 관하여 살펴보고자 한다.

---

84) 홍일표, "판결이유와 선례로서의 구속력의 범위", 「민사판례연구」 제13집, 민사판례연구회, 1991, 248-249면 참조. 판례법 국가에서는 '판례라고 함에 가치가 있어 구속력을 갖는 부분(ratio decidendi)'과 그 외 판단부분인 '방론(obiter dictum)'의 구별이 매우 중요한 문제이나, 이 점은 우리나라에서도 역시 마찬가지이다. 단순한 방론인 경우에는 그 내용에 따라 하급심 법원에 대한 지침이 될 수 있을지 모르나, 그에 선례로서의 구속력을 부여할 수는 없기 때문이다.

85) 민일영(편집대표), 주석 민사소송법 제8판, 한국사법행정학회, 2018. 10, 318-319면 참조.

우선 '단기간으로 제한되어야'한다는 판시는 이를 뒷받침할 만한 어떠한 정당한 법적 근거가 없고, 같은 문장에서 '상당한 기간 내에 제기하면 되는 것'이라고 하면서, 동시에 이것은 '단기간으로 제한되어야' 한다고 구성하는 것 자체로 논리 모순이며, 마찬가지로 그에 대한 구체적인 이유나 근거도 없다. 여기서 생각해 볼 점은 사안의 특수성을 고려한다면, 대부분의 과거사 사건과 같이 소멸시효남용론의 제1유형 또는 제2유형의 성격을 가지는 경우 오히려 천천히 사안을 해결하는 것이 바람직하며, 서둘러 6개월 내에 제소해야만 한다고 법원이 독촉할 이유가 전혀 없다는 점이다.[86] 이에 관하여는 기나긴 진실규명 과정을 통해 비로소 그 실체가 드러난 과거사 사건들에 있어의 '상당한 기간'이 왜 시효정지 사건과 같은 '사법제도상 가능한 한 가장 빠른 시간'이 기준이 되어야 하는지 의문이라는 견해,[87] 권리 행사의 '상당한 기간'이라는 요건은 별다른 근거 제시 없이 대법원이 새로이 추가한 것으로,[88] 이를 단기간으로 제한하려는 대법원의 태도는 독일 학설의 영향을 받은 것으로 보이지만 독일에서는 단기소멸시효를 대상으로 논의된 것이어서 이를 차용하는 것은 부적절하다는 견해[89] 등이 있으며, 이 외에도 '시효정지에 준하는 단기간'으로 제한하는 대법원 판시에 대한 비판이 많이 제기된다.[90] 권리를 행사할 수 있게 된 후 어느 기한 내에 제소하여야 하는지에 관하여는 특별한 원칙이 있는 것이 아니며, 기산일과 만료일을 따지듯이 하루 단위로 계산하여야 하는 것도 아니다.[91]

한편, 시효정지 법리가 기산점 판단에 관한 권리행사의 '상당한 기간'에 준용될 수 있는 성격인지도 의문이다. 여기에 시효의 정지를 준용하여야 할 마땅한 법적 근거가 없으며, 오히려 우리 법제의 특성을 고려한다면, 이와 같은 준용은 적절치 않다. 우리 민법에서 시효의 정지는 실무상 거의 활용되지 않고 있고, 대부분의 국가에서의 시효정지와는 상이한 제도라 할 수 있는데, 결국 외국 법제에서 말하는 이른바 '완성유예'와 유사한 것이다.[92] 즉, 일반적으로

---

86) 같은 견해로 이상희, 앞의 논문("정의의 문제로서 '국가배상', 법원 판례의 문제점"), 7면. 권리행사기간을 6개월로 제한하는 것은 당초 국가의 소멸시효 완성항변을 배척한 신의칙과 유형론의 취지에도 위반되는 것이다.

87) 최광준, 앞의 논문("인권침해에 대한 국가의 책임, 소멸시효완성의 항변과 신의칙"), 361-365면.

88) 반면, '상당한 기간'에 관한 전원합의체 판결에서 대법원이 신의성실원칙의 적용기간을 설정한 점은, 권리행사를 간명하게 하고 소멸시효의 이념을 훼손하지 않는 범위 내에서 신의칙을 잘 실현한 것이라는 견해로는 한삼인·차영민, "국가의 소멸시효항변과 신의성실의 원칙 -대법원 2013. 5. 16. 선고 2012다202819 판결을 중심으로-", 「법학논고」 제43집, 경북대학교 법학연구원, 2013, 147-152면.

89) 홍관표, 앞의 논문("과거사 사건의 소멸시효와 신의성실의 원칙 문제"), 154-155면.

90) 김상훈, 앞의 논문("과거사 국가배상사건에서 국가의 소멸시효 항변 제한법리"), 57-58면; 이은경, 앞의 논문("국가범죄에 있어 소멸시효 기산점과 '상당 기간'"), 229-231면; 김희송·차혜민 "소멸시효남용에의 시효정지규정 유추의 타당성과 소멸시효남용의 유형별 고찰: 대법원 2014. 1. 29. 선고 2013다09916 판결", 「법학평론」 제5권, 서울대학교 법학평론 편집위원회, 2015, 342-357면 등.

91) 앞에서 살펴보았듯 독일민법의 경우, 청구권을 발생시키는 사정 및 채무자의 신원을 알았거나 알 수 있었던 때로부터 즉시 기산하여 시효가 진행되는 것이 아니라, 그것을 알았거나 알 수 있었던 시점의 '연도(年度)가 끝나는 때로부터(mit dem Schluss des Jahres, in dem...)' 소멸시효가 진행되는 것으로 규정하여(BGB 제199조 제1항), 실질적인 기산점은 '그 다음 해의 첫날의 시작부터'로 된다.

92) 안경희, "시효(소멸시효, 취득시효)의 중단·정지 : 시효법 개정시안과 개정안(2010년)을 중심으로", 「민사법학」

해외 법제에서의 시효정지란, 시효가 진행되다가 정지사유(event)가 발생하면 일시적으로 시효가 진행하지 않고, 그 사유가 해소되면 다시 나머지 기간이 진행되는 제도인데 비해, 우리나라의 시효정지 제도는 정지사유가 발생하면 시효가 완성되지 않고 있다가 해당 사유가 해소된 이후 소정의 기간이 경과하여야 시효가 완성되는 구조이기 때문이다. 이에 비해 우리 민법상의 중단, 즉 사유 해소 후 처음부터 시효기간이 다시 시작하는 것(re-set)을 외국 법제에서는 보통 시효의 '재개시'라고 한다. 이에 우리 민법 개정 논의에서도 완성유예와 시효정지 제도를 재정비하는 작업의 필요성이 중요하게 논의된 바 있기도 하다.[93] 더구나 우리 시효정지 제도는 시효가 완성될 무렵이라는 특수한 시점에 발생한 사유에 한정되지만, 과거사 사건에서는 사실상 시효완성을 전제로 객관적 장애사유 등 특별한 사정이 있는 경우에 국가의 소멸시효 항변을 배척하기 위한 것이므로 그 취지가 서로 맞지 않는다.[94]

과거사 사건들과 같이 채권자가 법률상 또는 사실상 권리를 행사할 수 없는 상황에 있다가 나중에 비로소 권리를 행사할 수 있게 된 경우, 권리를 행사하여야 할 '상당한 기간'이 어느 정도인지를 판단함에 있어서는 완성유예의 성격을 가지는 우리 법상의 '정지'가 아닌, 최소한 주요 외국법제에서 말하는 본래적 의미에서 '정지' 법리를 적용하는 것이 사안의 본질에 잘 부합한다. 또한 완성유예의 성격을 갖는 우리 민법상의 시효의 정지는 채권자를 보호할 필요가 있는 경우 시효 완성 전에 그 진행을 일시 정지/유예함으로써 시효의 완성을 막아 채권자를 보호하려는 취지로 만들어진 제도로, 이를 준용하기 위해 채권자가 6개월 내에 권리를 행사하여야 하는 의무사항으로 바꾸어야 할 근거도 없는 것이다.[95] 따라서 장애가 해소된 때 그 장애를 법률상의 장애로 본다면 그 때를 기산점으로 두고 3년 이내에 권리를 행사하면 되는 것이고, 사실상의 장애로 본다면 상당한 기간 내에 권리를 행사하되 여기에 시효정지 제도를 준용하여야 할 이유나 실익이 없으며, 개별 사안의 특성에 따라 상당한 기간 내에 제소하였는지 여부를 구체적으로 판단하는 것이 합당하다.

제50호, 한국민사법학회, 2010, 129면.

93) 완성유예에 관한 상세한 내용은, 송덕수, "시효제도의 개정방향", 「민사법학」 제48호, 한국민사법학회, 2010.; 안경희, 위의 논문["시효(소멸시효, 취득시효)의 중단 · 정지 : 시효법 개정시안과 개정안(2010년)을 중심으로"].; 이재목, "시효법 개정안에 대한 관견-소멸시효의 정지 · 완성유예 · 재개시를 중심으로-", 「홍익법학」 제13권 제1호, 홍익대학교 법학연구소, 2012; 최성근, "2010년 민법 개정안과 현행 민법 · 상법 · 도산법 · 조세법의 소멸시효 비교연구 : 단기소멸시효 및 소멸시효의 중단 · 정지 · 완성유예를 중심으로", 「비교사법」 제17권 제3호, 한국비교사법학회, 2010 등 참조.

94) 이상희, 앞의 논문("정의의 문제로서 '국가배상', 법원 판례의 문제점"), 7면 참조.

95) 이은경, 앞의 논문("국가범죄에 있어 소멸시효 기산점과 '상당 기간'"), 229-230면.

V. 과제와 전망

국가폭력의 피해는 사건이 종료된 이후에도 지속되게 되는데, 국가폭력 피해자들은 국가나 사회가 규정하는 정체성 속에서 지속적이고 장기적인 피해, 즉, 정체성 트라우마(identity trauma) 또는 이념 트라우마(ideology trauma)를 경험하게 된다.[96] 따라서 장기적이고 지속적인 치유가 필요하며, 사법적 구제는 그 치유에 있어서 핵심이 된다. 우리나라에서 전환기의 사법문제에 관하여 많은 부분 해결이 시도되었고 그 중에는 일부 성과를 내기도 하였지만, 여전히 남아 있는 문제들도 적지 않다. 그 중에는 전쟁에서의 민간인 피해에 관한 사건들을 들 수 있다. 인간의 존엄성과 가치가 바닥까지 떨어질 수 있는 상황 중 가장 극단적인 것은 전쟁이며, 전쟁터에서 '법질서'를 외친다는 것은 매우 어렵지만 꼭 필요한 일이다. 전쟁 당사자국 사이에 전쟁법을 준수하여야 함은 국제법상의 대원칙으로 인정됨은 물론이고, 종전 후에는 전쟁과정 중에 저질러진 개인과 국가의 불법적 행위에 대해 민사적 · 형사적 측면에서의 단죄와 청산이 이루어져야 한다.[97]

대표적으로 한국전쟁 와중에 미군의 폭격으로 우리 국민들이 희생된 사건을 들 수 있다.[98] 이는 작전의 수행에 따른 불가피한 것으로서 이른바 부수적 피해(collateral damage)라고 주장되기도 하지만, 이에 대한 비판이 있다.[99] 그 중에는 노근리 사건과 같이 가해 군인의 고의 또는 과실이 명백하여 단순한 부수적 피해라고 치부할 수 없는 사건도 있는데,[100] 이 사건은 「노근리사건 희생자 심사 및 명예회복에 관한 특별법」에 따라 비록 충분하지는 않지만 어느 정도의 명예회복과 피해자 구제조치가 이루어진 바 있다.[101] 그러나 단양 곡계골 사건, 포항 칠포리 사건 등 미군의 폭격에 의한 민간인 피해사건은 여전히 제대로 해결되지 않고 있

96) 김석웅, "국가폭력 피해 경험에 대한 근거이론적 탐색과 트라우마 치유 방안 모색" 『국가폭력과 국가의 책임』(부마민주항쟁 44주년 기념 학술대회 자료집, 부마민주항쟁기념재단, 2023. 10. 26.).

97) 김제완, "[광장에 나온 판결 : 230번째 이야기] 베트남전 민간인 학살 피해 생존자의 대한민국 대상 손해배상 청구 1심 판결" 참여연대 사법감시센터(2023. 3. 14.)

98) 미군이 한국전쟁 기간 동안 투하한 폭탄은 총 47만 6000톤에 달하는데, 이것은 태평양 전쟁 기간 동안 각 나라에 투하한 폭탄량과 맞먹으며, 2차 세계대전 기간에 독일에 투하된 폭탄 수를 훨씬 초과하는 양이라고 한다. 김성보 · 기광서 · 이신철, 사진과 그림으로 보는 북한현대사, 웅진지식하우스, 2014, 116면; 김태우, 폭격 : 미 공군의 공중폭격 기록으로 읽는 한국전쟁, 창비, 2013 등

99) Valerie Epps, Civilian Casualties in Modern Warfare: The Death of the Collateral Damage Rule, 41 Ga. J. Int'l & Comp. L. 307 (2013). 이 논문에서 저자는 최소한의 조치로서, 민간인 사상 등 피해의 현황이 정확히 파악되고 공개되어야 함을 제안하고 있다.

100) 이 사건이 미국 법학계에 소개되면서 피해자에 대한 법적 구제방안 등이 연구된 것은, Tae-Ung Baik, A War Crime against an Ally's Civilians: The No Gun Ri Massacre, Center for Civil and Human Rights, Notre Dame Law School, Notre Dame, Indiana, May 2000 참조.

101) 노근리 사건은 우리나라에서의 과거사 진상규명을 위한 진실 · 화해를위한과거사정리위원회의 활동과 관련하여 미국 법조계에도 소개된 바 있다. Mark A. Nathan, Eon Joo Park, Final Recommendations of the Truth and Reconciliation Commission, Republic of Korea, 19 Buff. Hum. Rts. L. Rev. 77 (2012), 86.

다.[102] 과거사 문제에 있어서 한국전쟁 피해자만 외면된 현실은 대한민국 수립 이래 가장 오래된 사건이면서 가장 큰 과제이며, 한국전쟁 피해자들에 대한 배상과 보상의 포괄 입법이 필요하다는 지적에 경청하여야 한다.[103]

베트남 전쟁 중에 한국군이 저지른 범죄행위도 살펴야 한다. 베트남 전쟁 중 살인·강간 등 범죄를 저질러 우리 군사법원이 구속하여 처벌한 군인은 500명을 넘으며, 이들 중에는 판결확정 후 죄질이 나빠 사면복권에서조차 제외된 자들도 40여명에 이른다. 대표적으로, 무고한 베트남 민간인을 7명 사살하고 금품을 빼앗은 후 전투중 베트콩을 사살하였다고 허위보고한 소대장에게 우리 대법원은 무기징역의 유죄판결을 확정한 사례도 있다.[104] 최근 우리 하급심 법원에서 베트남 전쟁 관련 대한민국의 배상을 명한 사례가 있는데,[105] 베트남전 민간인 학살에 대하여 민사책임으로 국가배상을 인정하였다는 점에서 매우 의미 있는 사건이다.[106] 이 판결은 '대한민국 법원에서, 대한민국의 법을 적용하여, 피해사실을 인정하고 국가배상을 명한 것'인데, 이는 인권적으로 성숙한 법치국가로서 대한민국의 면모를 보여준 것이며, 최근 강제동원 피해자 문제 등 일제강점 시대의 과거사 문제를 대하는 일본 정부의 미성숙한 시각과도 대비된다.[107]

국가폭력에 의한 과거사의 처리에 관한 법적·제도적 문제에 있어서 진실규명과 피해 구제를 위한 국가의 노력은 단지 진실화해위원회 등 직접적인 담당기관을 포함한 행정부와 관련 소송사건을 처리하는 사법부뿐 아니라 입법부와 헌법재판소 등 국가기관이 전방위적으로 지속하여야 하는 문제이다. 특히 소멸시효 문제에 대해서는 우리사회의 인식 전환과 선진적 법리의 정착이 요구된다. 유엔 고문방지위원회(CAT)는 2007년 일본군「위안부」관련 소송이 시효(statute of limitations)를 이유로 기각되고 있는 점에 우려를 표명하면서, 일본의 국내법 관련 규정을 재검토할 것을 권고한 바 있고, 2013년 5월에도 유엔 고문방지위원회와 사회권규약위원

102) 미군폭격 사건 등 민간인 집단희생사건에 대한 1기 위원회의 진실규명 결정 현황은 진실·화해를위한과거사정리위원회, 진실화해위원회 종합보고서 Ⅲ, 2010. 12, 34−39면 <표 1−13> 참조. 관련 언론보도로는 경향신문, 2010. 6. 18.자 기사「민간인 학살 – 미완의 진실규명과 해원」, https://www.khan.co.kr/article/201006181809165

103) 임상혁, "국가권력의 인권유린에 대한 배상 입법"『최종길 교수 50주기 추모 학술대회 자료집』(서울대학교 법학전문대학원, 2023. 10. 18.)

104) "김정길 법무장관님, 31년 전 고등군법회의를 기억하십니까" (오마이뉴스, 2000. 9. 1.) https://www.ohmynews.com/NWS_Web/View/at_pg.aspx?CNTN_CD=A0000017527

105) 서울중앙지방법원 2023. 2. 7 선고 2020가단5110659 판결. 이 판결의 사안은 1968. 2. 12. '퐁니' 지역에서 일어난 한국군 해병 제2여단의 작전 수행 중 비무장 민간인 노인과 여성, 어린이 등을 여러 명 사살하고 상해한 것으로, 피해 생존자(응우옌티탄, 현재 62세)가 대한민국을 상대로 제기한 손해배상청구 사건이다.

106) 이 사건을 비롯한 베트남전 민간인 피해 문제에 관한 자료는, 한베평화재단 홈페이지 참조. http://www.kovietpeace.org/

107) 김제완, "[광장에 나온 판결 : 230번째 이야기] 베트남전 민간인 학살 피해 생존자의 대한민국 대상 손해배상청구 1심 판결" 참여연대 사법감시센터(2023. 3. 14.)

회는 일본의 고문방지협약 제2차 국가 보고서를 심의하여 이에 대한 결과 보고서를 채택하고 일본정부에 대하여 유사한 내용의 권고를 하였다.[108] 대한민국 법원은 물론 행정부에서도 소멸시효로써 유엔 고문방지위원회가 밝힌 국제인권법상의 기준을 위반하는 일이 있어서는 안 될 것이다. 필자가 여기에서 특히 강조하고자 하는 것은 국가 스스로 성찰이 필요하다는 점이다. 과거사 피해자들의 권리행사가 늦었다는 이유로 청구를 기각하기 전에, 그와 같이 권리행사가 늦어진 데에 우리 법원이 아무 책임이 없고 한 점 부끄러움도 없는지 스스로 살펴야 하며, 행정부는 대법원이 어렵사리 이룬 사법적 구제를 백지화해서는 안된다. 대표적으로, 강제동원 판결이 한일간 외교관계에 미치는 영향이 결코 작지 않다는 점을 모르는 국민은 없지만, 그로 인한 정치와 외교, 경제에 관한 걱정과 대책 마련은 정치가와 행정가들의 역할이며, 사법부가 하여야 할 일은 오직 정의의 선언과 개별 사건 피해자의 정당한 구제이다.

최종길 교수 사건은 과거 권위주의 시대에 독재자에 의하여 자행된 야만행위의 전형이다. 백주대낮에 국가기관에서 서울법대 교수가 수사 중 고문사당하는 나라를 두고 '자유대한'이라고 칭송할 수 있는 것인가?[109] 더구나 최종길 교수 사건은 특별한 예외였던 것이 아니며, 중앙정보부가 최종길 교수를 엮어 넣고자 공작한 '유럽 간첩단 조작사건'에서는 2명의 학자가 더 희생되었다.[110] 박노수 교수는 일본 도쿄대학 법대를 졸업하고 영국 케임브리지 대학교에서 박사를 취득한 국제법 학자로서 독도문제 등 영토문제를 연구하고 미국 하버드 법대의 교수초빙 절차가 진행되던 중에 중앙정보부에서 고문수사를 받고 허위자백에 의해 사형선고를 받아 형이 집행되었으며, 도쿄대학 및 케임브리지 대학교에서 박노수 교수와 함께 공부한 한국외국어대학교 교수이자 청년 정치인이었던 민주공화당 국회의원 김규남도 같은 사건에서 사형당했다. 이들도 2015년 재심을 통하여 사형집행 40년 여년만에 무죄가 확정되었다.[111]

최종길 교수 사건에 대한 사법적 구제는 우리나라에서 독재시대의 야만으로부터 이성을 회복하기 시작한 전기이며, 거기에는 국가기관 스스로의 반성에 기초한 진실규명 법제의 시행과 소멸시효 법리에 대한 합리적 해석·적용이 핵심적 역할을 수행하였다고 평가할 수 있다.

---

108) 박선아, "헌법재판소 부작위위헌확인 결정 이후 일본군 「위안부」문제", 『"일제피해자 문제 이렇게 해결하자!"－헌법재판소 부작위위헌확인 결정 2주년을 기념하여－』 심포지엄 자료집, 대한변호사협회·일본변호사연합회 공동주최, 이석현 국회의원 주관(2013. 8. 30.)., 54면 참조.

109) 최종길 교수의 사인은 밝혀지지 않았지만, 고문사로 보아야 한다. 한인섭, "최종길교수의 죽음과 진실규명의 과정 : '자살', '의문사'를 거쳐 '고문사'로" 『최종길 교수 50주기 추모 학술대회 자료집』(서울대학교 법학전문대학원, 2023. 10. 18.).

110) [동영상] 간첩으로 몰려 억울하게 사형당한 박노수, 김규남_뒤늦게 드러난 조작 사건의 진실(광주MBC). https://youtu.be/HeMN0yki1IY?si=llZPotZD0jiNPQuP

111) [기사] '유럽간첩단 사건' 사형 43년만에 '무죄' 확정(한겨레신문, 2015년 12월 29일), https://www.hani.co.kr/arti/society/society_general/723999.html; 박노수 교수의 딸 박경희 씨의 관점에서 재심 무죄확정 판결을 받아내기까지의 비통한 세월을 돌아본 기사로는, '빨갱이 핏줄' 48년 굴레 벗었는데, 왜 이리 허무할까요(중앙일보, 2016년 1월 14일), https://www.joongang.co.kr/article/19409253#home

그러나 이와 같은 우리 사회의 긍정적 변화가 지속되는 데에는 장애가 적지 않은 것으로 보인다. 한국전쟁에서 군경에 학살당한 '피해 민간인에 대한 배상이 오히려 사회적 부정의'라는 발언이 다른 누구도 아닌 진실화해위원회 위원장의 입에서 나온 바 있고,[112] 강제동원 사건에서는 대법원 전원합의체 판결에도 불구하고 강제집행은 이루어지지 않은 채 정부가 부적법한 제3자 변제 시도와 공탁을 반복하고 있다.[113] 국가폭력 피해자의 상처를 치유하기는커녕 더 나아가 일각에서는 이 논문에서 살핀 과거사 국가폭력 중 상당부분에 대해 책임이 있는 독재자를 기리는 상황이다.[114] 최종길 교수가 희생된 지 50년, 사법적 구제가 이루어진지 17년이 되는 오늘 대한민국의 현실은 여전히 우리의 마음을 무겁게 한다. 그러나 '과거사 청산은 국가권력으로부터 피해를 받은 피해자들의 인권을 회복하고 보편적인 정의를 실현하기 위한 유일한 길이며 결코 포기할 수 없는 민주주의의 여정'이며,[115] '이행기 정의는 결과가 아니라 과정'이고, '한국의 이행기 정의는 각종 억압과 반대를 견뎌낼 만큼 강인함'을 보여 왔기에,[116] 어려운 상황에서도 이 길은 결코 포기할 수 없는 것이다.

112) [기사] "민간인 학살 정당화 망언 쏟아내"‥한국전쟁 피해단체, 김광동 진화위원장 파면 촉구(MBC, 2023년 8월 31일), https://imnews.imbc.com/news/2023/society/article/6520173_36126.html

113) 정부 측(강제동원 피해자 지원재단)은 변제에 동의하지 않는 피해자 및 유족들을 피공탁자로 공탁하였고, 다수의 하급심 법원들은 이를 일제히 불수리/기각한 바 있으나, 이에 대해 재단은 모두 항고하였다. 수원지방법원 2023라5952 사건(수원지방법원 평택지원 2023비단4 사건의 항고심); 광주지방법원 2023라5543 사건(광주지방법원 2023비단5 사건의 항고심); 서울북부지방법원 2023라1177 사건(서울북부지방법원 2023비단6 사건의 항고심); 수원지방법원 2023라5924 사건(수원지방법원 2023비단15 사건의 항고심); 춘천지방법원 강릉지원 2023라30080 사건(춘천지방법원 강릉지원 2023비단4 사건의 항고심); 수원지방법원 2023라5927 사건(수원지방법원 안산지원 2023비단5 사건의 항고심) 등.

114) [기사] '이승만기념관' 모금에 대통령실도 지원사격…500억 잠정 목표(이데일리, 2023년 9월 11일), https://www.edaily.co.kr/news/read?newsId=02952006635739136

115) 이상희, "민주주의 퇴행과 과거청산의 위기" 『최종길 교수 50주기 추모 학술대회 자료집』 (서울대학교 법학전문대학원, 2023. 10. 18.).

116) 김헌준, "한국의 이행기 정의 : 성과와 도전" 『국가폭력과 국가의 책임』 (부마민주항쟁 44주년 기념 학술대회 자료집, 부마민주항쟁기념재단, 2023. 10. 26.).

현대 미국 계약법 이론의 전개: 서론적 고찰*

김 현 수**

Ⅰ. 들어가며

계약법의 영역에서 '이론(theory)'이란 '계약 또는 계약법이란 무엇인가, 그리고 국가의 측면에서 계약을 어떻게 규율할 것인가와 관련한 근원적인 가치체계'를 의미한다고 할 수 있다. 다시 말해, '설명이론' 또는 '실증이론'으로서 현재의 계약법이 어떠한 모습으로 존재하고 작동하며, 실제적인 효과는 어떠한가에 대한 설명, 그리고 '규범이론'으로서 계약법은 어떠해야 하는가에 관한 설명이라고 할 수 있다.[1] 구체적으로, 설명이론 또는 실증이론은 특정한 영역에서의 법리나 규칙이 어떠한 것인지를 단순히 설명하는 '법리이론(doctrinal theory)', 특수한 법리나 규칙의 발전 이유 등을 설명하는 '해석이론(explanatory theory)', 특정한 규칙 등의 실질적 영향을 설명하는 '효과이론(effects theory)'으로 구분하여 설명할 수 있다. 또한, 규범이론은 그 속성상 특정한 법적 문제에 대해 적용되는 법리나 규칙에 대해 일정한 기준에 기초한 평가를 전제로 개선 방향을 제시하게 된다. 예를 들어, 법경제학 관점에서의 이론 전개는 '효율성'

---

* 이 글은 필자가 관련 주제로 발표한 논문(미국 계약법의 현대적 이론에 관한 서론적 고찰 — Grant Gilmore의 "The Death of Contract"을 중심으로 —, 비교사법 통권 제65호, 2014; 미국에서의 관계적 계약이론 — Ian Macneil 이론의 학설사적 지위와 논지를 중심으로 —, 재산법연구 제32권 제4호, 2016; 약속으로서의 계약이론 — Charles Fried 이론의 학설사적 지위와 논지를 중심으로 —, 재산법연구 제34권 제2호, 2017)의 내용을 기초로 최종길 교수님의 50주기 추모문집에 게재하기 위해 재구성하고 수정·보완하여 작성한 것이다. 한 사회의 법은 당연히 그 시대를 살아가는 구성원들이 일군 '사회'를 반영한다. 외국의 이론과 법리를 연구하고 우리나라 법에 대한 시사점을 도출하는 과정에서는 이러한 관점의 투영이 필수적이다. 필자는 1997년 당시 대학원생으로 공부하면서 최종길 교수님의 글을 처음 접할 수 있었다. 그중에서도 1963년에 발표된 「사실적 계약관계에 관한 약간의 고찰」과 같은 논문은 필자에게 비교법 연구의 의미와 방법론에 대한 일깨움을 준 동시에, 이후 미국에서 공부하게 된 하나의 계기로 작용하였다. 최종길 교수님께서 실천하신 비판적 관점의 외국법 연구와 우리 실정에 적합한 법이론 및 법리 탐구에 대한 학문적 열정, 그리고 양심적인 학자의 삶에 깊은 존경의 마음을 담아 이 글을 바친다. 삼가 최종길 교수님의 冥福을 기원합니다.

** 부산대학교 법학전문대학원 교수.

1) Alan Schwartz & Robert E. Scott, *Contract Theory and the Limits of Contract Law*, 113 Yale L. J. 541, 543 (2003) 이하 참조.

을 핵심적 기준으로 투영한다. 미국에서 그간 전개되어 온 법경제학 이론을 대별(大別)하면, 보통법(common law)상 발전되어 온 법리나 규칙은 효율적 경향을 가지고 있기 때문이라는 설명적 또는 실증적 주장이 전개되는 한편, '비효율적'인 법리나 규칙은 효율성이 높은 방향으로 수정되어야 한다는 규범적 주장이 전개되어 왔다고 할 수 있다.[2] 이와 같은 계약법 이론은 계약관계를 규율하는 법리(doctrine), 원리(principle), 규칙(rule), 기준(standard)의 형성 및 적용에서 정당성을 제공해 주는 역할을 한다.[3] 계약법 이론의 전개에는 특정한 시대와 사회에서 생활양식으로서의 계약을 둘러싼 정치·경제·문화·사회 등의 문제가 종합적으로 작용하게 된다.[4] 예를 들어, 경제적 효율성을 중시하는 영국 계약법의 가치관이나 태도와 개인주의에 비해 연대주의를 중시하는 프랑스 계약법 간 차이의 원인을 해당 국가의 경제활동에서 중요했던 현상으로서의 계약의 유형(영국: 국제거래, 물품운송계약, 프랑스: 토지매매계약)에서 파악하는 것도 가능하다.[5] 이처럼 한 사회에서 계약을 둘러싼 법이론을 탐색하는 것은 단순히 현행 법리나 규칙의 평면적 기술에 비하여, 해당 사회에서 발전되어 온 계약 법리와 규칙의 형성과 적용에 대한 이해의 폭과 깊이를 더할 수 있다.

그간 대륙법계의 전통을 가진 우리나라의 계약법은 독일, 프랑스, 일본의 법리를 수용함으로써 많은 발전을 이루었고, 최근 비교법학의 외연(外延)이 확대되면서 영미법, 특히 미국법에 대한 관심도 높아지고 있다. 아울러 국제화에 따른 영미법과 대륙법의 조율과 통합의 과정에서 미국 계약법의 영향력 또한 점차 증가하고 있는 것이 사실이다.[6] 그러나 미국법은 기반

---

2) 이에 관한 개괄적 설명은 Richard A. Posner, Economic Analysis of Law 31－33 (8th ed. 2011) 참조.

3) 독일에서의 사실적 계약관계 이론에 관한 논의는 계약에 관한 전통적 관념이 집단적 계약이나 계속적 계약의 영역에서 무조건 적용될 수 있는가에 대한 의문에서 출발한 것이다. 최종길, 사실적 계약관계에 관한 약간의 고찰－법률행위의 무효·취소의 제한이론을 중심으로－, 서울대 법학 제5권 1·2호, 1963, 40면("契約은 個人意思의 合致라는 意味를 가진 請約과 承諾에 의해서만 成立된다는 契約成立의 原則과 個人意思 尊重의 原則에 立脚한 法律行爲에 관한 諸原則을 不持定多數人을 相對로 하여 集團的 構造를 가지는 所謂 集團的 契約의 領域과 契約當事者가 하나의 社會的 生活關係를 形成하는 所謂 繼續的契約의 領域에 있어서도 無條件 適用될 수있는가의 疑問이 발생한다."). 법학에서 이론, 법리, 실무, 원리, 규칙, 기준에 관한 개념 정의 및 이들의 상호작용에 관해서는 권영준, 민사재판에 있어서 이론, 법리, 실무, 서울대학교 법학, 제48권 제3호, 2008, 314－317면 참조.

4) Hein Kötz(정종휴 역), 대륙법과 영미법의 계약상의 구제, 법학논총 제24집, 2004, 325면. 최광준 교수는 대중교통수단의 이용행위에서 독일과 우리나라에서의 현실적 차이를 지적하면서 독일의 경우와 달리 우리나라에서의 대중교통수단 이용행위는 대부분이 「사회정형적 행위론」과 무관하다는 점을 주의해야 한다고 지적하고 있다. 최광준, 독일 법학 이론 연구의 성과와 교훈: 라렌쯔의 「사회정형적 행위론」, 비교사법 제11권 제4호, 2004, 271－273면.

5) 이은영, 채권각론(제5판), 박영사, 2007, 3－32면 참조.

6) 예를 들어, 현대에 들어 품질보증과 관련한 국제적인 규범에 가장 큰 영향을 미친 것은 미국의 1952년 통일상법전(Uniform Commercial Code: U.C.C.)이다. 통일상법전에 규정된 명시적 보증 및 묵시적 보증(express warranty & implied warranty)에 관한 법리는 국제연합의 국제물품매매계약에 관한 협약(CISG) 제35조에 큰 영향을 미쳤다. 대체로 CISG 제35조 제1항은 U.C.C. 제2－313조에서 규정하고 이는 명시적 보증, 그리고 CISG 제35조 제2항은 U.C.C. 제2－314조와 제2－315조에서 규정하고 있는 묵시적 보증의 영향을 받은 것이

이 되는 사회적 환경이나 법사상, 법학방법론, 그리고 법체계 등에서 대륙법계 전통을 따르고 있는 우리나라의 법과는 많은 차이가 있기 때문에 특정한 문제의 해결을 위해 직접 법리를 수용하는 것에는 많은 어려움이 있다고 인식되고 있다.7) 이처럼 법체계의 외관에 큰 간극이 존재하는 경우, 영미법계 국가에서 계약 또는 계약법을 바라보는 관점 그리고 현행 법리의 형성 배경과 적용 시 요구되었던 가치규범8)에 관한 원리적 이해의 폭을 넓히는 것은 미국법 연구를 위하여 불가피하게 요구된다. 이는 또한, 미국 계약법학의 흐름에 대한 이해를 바탕으로 실정법의 적용상 학설 대립과 그 근원적 차이점을 이해하는 데도 유용한 관점을 제공하게 된다. 예를 들어, 미국 계약법의 해석에 다툼이 있는 경우 계약 당사자들이 계약의 전부 또는 일정한 계약조항과 관련하여 최종적으로 완결성을 갖춘 문서(예: 정식계약서)로 작성되었다면, 완결성의 정도에 따라 계약의 효력을 부정하거나 계약 조항을 보충하는 외부증거의 제출이 허용되지 않는다는 외부증거배제법칙(parol evidence rule)이 존재한다.9) 동 법칙의 적용을 위해서는 문서의 완결성의 판단(즉, 전면적으로 완결성이 인정되는지, 부분적으로 완결성이 인정되는지, 전혀 완결적이지 못한지)이 중요한 쟁점이 되며, 이에 관해서는 법원의 판단 및 Samuel Williston과 Arthur Corbin으로 대표되는 학자들의 견해 대립이 있었다. Williston의 경우, 외부증거배제의 법칙을 허용하기 위해서는 해당 계약서 자체를 기초로 완결성 여부를 판단하여야 한다는 입장인 반면, Corbin은 사전 교섭과정에서의 증거를 포함한 모든 상황을 고려하여 완결성 여부를 판단하여야 한다는 입장이다.10) 이러한 차이를 이해하는 데 있어 유용한 관점은 계약법에 대한 두 학자의 관점 차이라고 할 수 있다. 즉, 법적 안정성을 추구하면서 엄격한 규칙을 중시하는 고전적 계약이론을 지지하는 학자와 개별 구체적 타당성을 추구하며 유연한 예외에 대한 관용에 중점을 둔 신고전적 계약이론을 지지하는 학자 간의 견해 차이로 인해 동 법칙의 적용에 대한 견해의 차이가 발생한다는 원리적 이해가 가능하다. 미국 계약법상 현대적 이론에 관한 전개

다. 이후 유럽연합 차원에서 CISG의 영향을 받은 1999년 소비재 매매지침이 마련되었고, 이어 2009년 공통참조기준초안(DCFR), 2011년 소비재 권리지침에서 품질보증과 관련한 내용을 두고 있다. 독일과 프랑스 등 유럽연합의 개별 회원국 차원에서도 소비재 매매지침을 수용한 품질보증에 관한 법제를 정비해 오고 있다.

7) 예를 들어, 법학방법론에 있어서도 법현실주의를 기반으로 하는 현대 미국 법학은 개방성과 다양성을 추구한다. 한인섭, 비판법학, 미국법을 지배하는 지적 흐름: 법, 1994, 137−138면("오늘날 미국 법학은 ... 한정된 법적 쟁점을 해석론적으로 접근하는 좁은 의미의 형식주의와 법을 법규의 적용이라는 기술적 문제에 초점을 맞추는 기술주의적 사고는 여전히 위세를 떨치고 있지만 그것이 배타적인 권위를 갖던 시대는 지나갔다. ... 유수한 법학 저널들을 일별해 보면 특정 논문이 단순한 법해석론에 그치는 경우를 거의 찾아볼 수 없다. 최소한 법이론과 법정책적 분석이 핵심을 이루고 있어야만 법학 학술지에 게재될 수 있다는 것이 당연하게 받아들여지고 있는 것이다.")(밑줄은 저자가 표시) 참조.

8) 예를 들어, 계약의 공정성(contractual fairness)에 관한 내용은 김현수, 계약의 공정성에 관한 소고−미국법상 비양심성 법리를 소재로, 새봄을 여는 민법학(정태윤·지원림 교수 논문집), 2023, 177−196면 참조.

9) 외부증거배제의 법칙에 관한 개괄적인 설명은 엄동섭, 미국 계약법 Ⅱ, 법영사, 2012, 3−21면 참조.

10) Williston on Contract § 33:17 (4th ed. 2013); Arthur L. Corbin, *The Parol Evidence Rule*, 53 Yale L. J. 603 (1944) 참조.

의 배경과 문제의식을 탐색하는 것은 이들 이론에 대한 폭 넓은 이해와 장래의 비교계약법 연구를 통한 우리 민법의 발전적 시사점을 도출하는 데에도 중요한 의미를 갖는다.

이와 같은 계약법 이론 연구의 중요성에 대한 근본적 인식을 바탕으로 이 글에서는 현대 미국 계약법의 이론적 논의를 촉발시킨 것으로 평가받는 「계약법의 죽음 이론(death of contract theory)」[11]을 중심으로 고찰한 후, 이에 대한 반향이라고 할 수 있는 「관계적 계약이론(relational contract theory)」, 「약속으로서의 계약이론(promise theory)」에 관해 간략히 살펴본다. 이들 이론은 현대 미국 계약법이 가지는 가장 큰 특징 중 하나인 '약인이론으로서의 교환거래법리(bargain theory of consideration)'가 재구축된 고전적 계약법(classical contract law)과 이후 등장한 신고전적 계약법(neoclassical contract law)을 대상으로 하고 있다. 이를 고려하여 이 글에서는 먼저 미국법상 고전적 계약법과 신고전적 계약법의 전개와 본질적 요소에 대한 개괄적 소개를 한 후 각 이론에 대해 살펴보고 국내 계약법 이론 연구에 대한 함의를 제시한다.

Ⅱ. 고전적 계약법과 신고전적 계약법

1. 고전적 계약법

(1) 전개

18세기 이전까지 영미법상 계약법은 일반적인 원리로 연결된 규칙의 결합체를 이루지 못한 채, 특정한 형태의 거래(예를 들면, 보험계약)에 적용될 수 있는 단편적인 규칙들의 집합으로 발전되었다.[12] 그러나 18세기에 접어들면서 영국의 법학자들로부터 계약법에 관한 보다 체계적 사고가 시작되었고, 개별적 유형의 계약에서 적용되던 규칙들에 반영된 공통된 접근법을 추출하여 보다 광범위한 법리로 인정되고 형식화될 수 있다는 인식이 시작되었다.[13] 19세기에 접어들면서 맞이하게 된 경제와 산업의 팽창은 '계약'과 '계약법'에 관한 사회적 중요성에 대한 인식과 함께, 19세기말부터 20세기 초반에 걸쳐 보다 정교하고 포괄적인 계약법 체계 마련에 대한 요구로 이어지게 되었다.[14]

11) Grant Gilmore, The Death of Contract (1974).

12) 로마법적 계약 관념이 영국에 소개된 것은 12세기 내지 13세기로 알려져 있다. 이러한 관념은 대륙법 체계에서 계약법의 일반이론의 발전에 상당한 영향을 주었으나, 보통법에 대해서는 별다른 영향을 미치지 못했다고 평가된다. E. Allan Farnsworth, *The Past of Promise: An Historical Introduction to Contract*, 69 Colum. L. Rev. 576, 590−591 (1969) 참조. 로마법상 계약법에 관한 개관은 Andrew M. Riggsby, Roman Law and the Legal World of the Romans 121−134 (2010) 참조.

13) Kevin M. Teeven, A History of the Anglo−American Common Law of Contract 175−216 (1990) 참조.

14) Teeven, 위의 책(주 13), 217면 이하 참조. 법전화 운동 및 리스테이트먼트 편찬과 관련한 역사적 전개에 대해서는 Nathan M. Crystal, *Codification and the Rise of the Restatement Movement*, 54 Wash. L. Rev. 239 (1979) 참조.

이와 같은 사회적 배경을 바탕으로 기존 판례법의 조사를 통해 공통된 규칙들을 추출하여 보다 추상화된 일반적인 원리들을 구축하기 위한 노력이 이루어졌다. 이렇게 구축된 일반적인 원리들은 개별 규칙들을 하나의 법리로 구성하고 연결하기 위한 체계를 구성하였다.[15] 일반화 · 체계화 과정은 Samuel Williston에 의해 완성되었고, 1920년 출간된 그의 저서[16]와 1932년 출간된「제1차 계약법 리스테이트먼트」에 그 내용이 집약되어 있다.[17] 미국 법학에서 '고전적 계약법'으로 불리는 대상은 바로 19세기 말에서 20세기 초에 걸쳐 판례법의 규칙으로부터 일반원리를 도출하고 이를 하나의 법리체계로 구축하고자 하는 시도에서 나온 결과를 말한다.[18] 고전적 계약법 시대가 가지는 의의는 제1차 계약법 리스테이트먼트의 편찬과 같이 일반화 · 체계화된 계약법의 기초를 구축하고 계약 전체에 통용되는 원리나 이론에 관한 관심을 불러일으켰다는 데 있다.

(2) 본질적 요소

고전적 계약법은 당시 시대에서 요구되던 경제활동에 대한 사적 자치와 자유방임적인 접근법에 가치를 두어 자유경제에서 계약관계의 촉진에 중점을 두었다. 고전적 계약법에서의 계약은 '독립적으로 자신의 이익을 추구하는 개인 간의 고립된 교환거래'를 상정하고 있다. 즉, 이성적인 개인들이 특정한 교환에 있어 자신의 이익을 신중히 계산하여 다른 무엇인가를 반대급부로 하는 경우에만 약속을 하거나 이행을 한다는 것이다. 그리고 이때 이행의 조건을 신중히 정의한 합의(agreement)를 통해서 거래를 구체화함으로써 계약불이행시 법적 구제의 기반을 제공하게 된다. 다시 말해, 고전적 계약법은 계약을 사적 질서(private ordering)의 영역으로 보고, 합의에 의하여 당사자 스스로 만든 법으로서의 계약법을 상정한다. 불법행위책임과 달리 계약책임의 근거를 계약 당사자의 동의(consent)에서 구하기 때문에, 법원의 역할은 계약으로부터 발생하는 권리를 강제적으로 이행할 수 있도록 하며, 계약으로부터 발생하지 않은 의무를 지우지 않도록 제한된다. 그렇지 않은 경우 법원은 계약으로부터 발생한 보호되어야 할 권리를 근거없이 침해하는 것이 된다.[19]

---

15) E. Allan Farnworth, Contracts, §1.8 (4th ed. 2004).

16) Samuel Williston, Treatise on the Law of Contracts (1st ed. 1920) (in 4 volumes).

17) ALI, Restatement (First) of Contracts (1932). 제1차 계약법 리스테이트먼트에 관한 개관은 Gregory E. Maggs, *Ipse Dixit: The Restatement (Second) of Contract and the Modern Development of Contract Law*, 66 Geo. Wash. L. Rev. 508, 514−515 (1998) 참조.

18) Iam R. Mcneil, *Contracts: Adjustment of Long−Term Economic Relations under Classical, Neoclassical, and Relational Contract Law*, 72 Nw. U. L. Rev. 854, 855 n. 2 (1978) ("Classical contract law refers *(in American terms)* to that developed in the 19th century and brought to its pinnacle by Samuel Williston in the Law of Contracts (1920) and in the Restatement of Contracts (1932).") (emphasis added).

19) Dunkan Kennedy, *Form and Substance in Private Law Adjudication*, 89 Harv. L. Rev. 1685 (1976) 참조.

이러한 관념 하에서, 고전적 계약법은 논리필연적으로 계약상 권리를 발생케 하는 요소를 정의하는 추상적이고 형식적인 규칙을 취하도록 요구된다.[20] 그리고 명확한 규칙과 재판에 있어서 '과학으로서의 법'을 상정하는 법형식주의(legal formalism)[21]의 영향으로, 이러한 규칙을 기계적으로 충실히 적용하는 것이야말로 사법(司法)으로부터 사적 자율성을 보호하는 방법이 된다고 인식된다. 한편, 이러한 규칙의 기계적 적용은 예상 가능한 것이기 때문에, 개인은 자신의 행위로부터 발생하는 법적 결과를 예측할 수 있게 되며 어떠한 계약이 자신의 이익을 위한 것인지에 대하여 계산할 수 있게 된다는 점을 상정한다. 이와 함께, '동의와 권리(consent and rights)'라고 하는 관념은 계약법 영역의 내부적 구조를 결정하게 된다. 즉, 계약 당사자가 합의한 경우에만 의무가 발생하기 때문에, 당해 합의는 명료하고 확정적인 것이어야 할 것이 요구되는 것이다. 그리고 합의에서는 이행의 조건과 계약 위반의 경우가 정의되므로, 계약의 위반이 있게 되면 해당 합의를 통해 형성된 기대(expectation)가 침해되고 이러한 기대를 계량하여 객관적으로 손해배상액이 확정되게 된다.[22]

2. 신고전적 계약법

(1) 전개

고전적 계약법에 관한 관념은 20세기 전반에 들어 사회 경제의 변화와 함께 회의(懷疑)적인 시각의 대상이 되었다. 이는 경제적 약자 보호의 측면에서 계약 자유에 대한 규제의 필요성, 소비자 보호, 근로자 보호 및 기업 윤리와 같은 문제들로 인해 사회적 관점에서 정책적 요소가 계약법에 투영될 필요성에서 기인한 것이다. 이러한 관점에서 종래 고전적 계약법에서 취하고 있던 형식주의는 지나친 경직성, 지배적 계약 당사자에 대한 편중성 등을 이유로 비판의 대상이 되었다. 또한, 계약의 성립과 구체적인 분쟁의 해결을 위해서 기계적인 (혹은 과학적인) 결정에 의지하기에는 '문언' 자체가 가지는 내재적 한계, 그리고 지나치게 복잡하고 다양한 계약관계가 존재한다는 비판이 제기되었다.[23] Feinman은 구체적으로 고전적 계약법에 대한 비판을 첫째, 계약을 배타적인 사적 질서의 영역으로 보며, 둘째, 합의의 순간 계약 당사자의 완전한 기대가 발생하는 것이 아니고, 셋째, 순전히 형식적인 규칙기반의 법리체계를 형성하는 것은 불가능하며, 넷째, 형식적이며 이상적인 법리와 사회적 행위의 현실 사이에는 괴리가 존재한다는 네 가지로 정리하였다. 다시 말해, 계약의 체결에 있어 당사자의 문언에 의지하는 것만으로는 계약책임의 범위를 확정할 수 없으며, 계약책임은 법원에 의해 해석되고 보충되어야

20) 1932년 제1차 계약법 리스테이트먼트의 출간 이후 학자들의 비판 논거 중 한 가지는 보통법의 법리가 단순한 black letter rules로 정리될 수 없다는 것이었다. Maggs, 앞의 논문(주 17), 515면 참조.
21) 법형식주의에 관한 개관은 최봉철, 법현실주의, 미국법을 지배하는 지적 흐름: 법, 1994, 27－32면 참조.
22) Jay M. Feinman, *Critical Approaches to Contract Law*, 30 UCLA L. Rev. 829, 831－33 (1983).
23) Feinman, 위의 논문(주 22), 834－36면.

한다는 것이다.24)

이러한 비판적 의식을 바탕으로 Arthur Corbin과 Karl Llewellyn과 같은 학자들을 주축으로 법현실주의(legal realism) 또는 신고전학파(neoclassical school)가 등장하게 된다.25) 이 법사상은 재판에서 법관이 수행하는 역할의 역동성을 강조하면서 규칙의 일반화, 형식화, 정의화에 대한 의문과 함께, 법칙의 우월성에 도전하는 것을 내용으로 한다. 그리고 기계적인 규칙의 적용을 지양하면서 해당 법리의 실제적 기능에 착안하여 사회적인 문맥이나 법제도의 실제적 기능을 '학제적인 방식'으로 연구하는데 중점을 두고 있다. 신고전적 계약법은 「통일상법전」26)과 「제2차 계약법 리스테이트먼트」27)에 집약되어 있다.

(2) 본질적 요소

신고전적 계약법에서는 전적으로 고립되거나 포괄적인 경제적 관계를 가진 계약 당사자를 상정하지 않는다. 계약 당사자는 거래를 통해 개인적 이익을 추구하지만, 개인적 이익은 계약 당사자 쌍방의 사업이 성공하느냐 여부와 결부되어 있는 것으로 파악한다. 그리고 관계는 합의에 관한 기본적 조건들을 정의하는 자발적 거래를 통하여 발생하지만, 이러한 조건들은 해당 합의가 이루어지는 '문맥(context)'을 탐구함으로써만 이해될 수 있기 때문에, 문맥은 계약의 해석이나 조건의 보충을 위해 작용하게 되는 경우도 있다는 것을 상정한다.28) 계약의 전형적 모습을 위와 같이 파악하여, 신고전적 계약법에서는 고전적 계약법에서 중시하던 '개인주의적 이상'과 더불어 타인에 대한 책임이라는 '공동체적 기준' 사이의 균형을 추구한다. 즉, 계약자유의 원칙이라는 핵심적 가치는 유지하면서, 계약 당사자의 실제적인 합의가 아닌 '공정성'이나 계약 당사자의 상호의존성에 초점을 둔 신뢰(reliance)와 부당이득(unjust enrichment)과 같은 기준들을 통하여 계약의 형식적 구조에 의한 영향은 완화하고자 한다.

그리고 실제로 판결에 이르는 과정에서는 인간행동의 상호작용에 대한 통찰을 통하여 윤리, 경제, 사회상황 등을 고려해야 한다고 주장한다. 즉, 다양성을 존중하고 법률분석에 대해 보다 유연한 접근법의 탐구를 강조하면서, 고전적 계약법에 비하여 정책분석, 실증조사, 그리고 실무적인 이유를 근거로 경직된 논리를 완화하고자 한다. 또한, 기계적인 규칙이 아닌 일반적 기준을 활용하여, 법관에게 충분한 재량을 주는 동시에 사회적으로 바람직한 결과를 도출

24) 이는 계약책임이 발생하는 근거는 오로지 개인의 선택에 의한 것만이 아니며, 공공 정책의 문제로서 법적 의무가 지워지는 것으로 관념하는 것으로 볼 수 있다. 즉, 계약책임은 개인이 동의의 표시를 통하여 자발적으로 지게 되는 것이 아니라, 계약책임의 부과가 사회적 이익을 위해 작용한다고 하는 법원의 판단에 의해 구속력을 갖게 되는 것이다.

25) 법현실주의에 대한 개관은 Brian Leiter, *Rethinking Legal Realism: Toward a Naturalized Jurisprudence*, 76 Tex. L. Rev. 267 (1997) 참조. 국내문헌으로는 최봉철, 앞의 책(주 21), 3-64면 참조.

26) Uniform Law Commission, Uniform Commercial Code (1952). Robert Braucher, *The Legislative History of the Uniform Commercial Code*, 2 Am. Bus. L.J. 137 (1964).

27) ALI, Restatement (Second) of Contracts (1979). Maggs, 앞의 논문(주 17) 참조.

28) Feinman, 앞의 논문(주 22), 845면.

하도록 유도한다.[29] 요약하면, 신고전적 계약법은 원리의 활용과 이에 대한 유연한 적용을 통하여 거래를 뒷받침하고 규제하고자 하는 중요한 사회적 목적의 달성에 이바지하고자 한다고 할 수 있다.

Ⅲ. 계약법의 죽음 이론

미국 계약법학에서 본격적으로 신고전적 계약법에 대한 비판을 제기하며 계약법의 존재형식에 관한 근본적인 의문을 제기한 것은 Grant Gilmore의 「계약법의 죽음 이론」으로 평가할 수 있다.[30]

1. 논지 전개의 관점 및 대상

Gilmore가 계약법의 죽음 또는 계약법 이론의 쇠퇴를 주장하면서 취한 논지의 전개는 '역사적' 관점을 바탕으로 한다. 그는 1800년대 이후의 미국 법제사를 다루고 있는 자신의 저서 『The Ages of American Law』[31]에서 미국법의 역사를 독립에서 남북전쟁의 시기에 해당하는 「발견의 시대」, 남북전쟁 이후 1920년대까지를 「확신의 시대」, 그리고 1920년대 이후를 「불안의 시대」의 세 시기로 분류한다. 그리고 이들 시대를 추상적 이론을 바탕으로 한 일반적 규칙의 확립을 목표로 하는 '형식주의'와 개별적 사실에 중점을 두면서 일반적 이론에 회의적인 '다원주의'라고 하는 기준을 사용하여 구분하였다. 이 기준에 따르면, 제1기에 해당하는 발견의 시대에는 다원주의의 영향이 강했으나, 제2기인 확신의 시대에는 다양한 분야에서 이론체계가 수립되는 등 형식주의가 지배했다고 한다. 그러나 제3기에 접어들면서 종래의 이론적 체계 수립에 대한 믿음이 붕괴되었으며, 새로운 움직임이 나타났다고 서술하고 있다. Gilmore의 계약법의 죽음은 바로 제3기에 접어들면서 미국 계약법학에 나타나는 변화를 다룬 것이라고 할 수 있다.

1920년대 이후 계약법의 존재와 가치에 대한 Gilmore의 고찰은 고전적 계약법의 형성과

---

29) 예를 들어, 제2차 계약법 리스테이트먼트에서는 제1차 때와는 달리, 단순히 규칙을 정리한 것이 아니라 개별 법원에서 어떠한 규칙을 적용해야 하는가에 관한 규범적 관점을 제시하는 조항을 두고 있다. 예를 들어, 제15조 (1)(b), 제86조, 제87조 (2), 제89조, 제139조 및 제153조가 이러한 유형에 속한다고 한다. 이들 조항의 Reporter's Notes에는 일반적으로 다수의 관련 판결례를 수록하는 것과는 달리, 법원에서 개별 사안을 판단하는 데 참고할 수 있는 학자들의 연구문헌 목록이 다수 기재되어 있다. Maggs, 앞의 책(주 17), 516－517면.

30) 계약법의 죽음 이론은 1970년 당시 예일대학에 재직하던 Gilmore의 오하이오 주립대 로스쿨에서의 강연 내용을 취합하고 재구성한 것이 1974년 단행본으로 출판되면서 소개되었다. Grant Gilmore, The Death of Contract (1974). 동 책자는 Ronald K. L. Collins의 서문이 추가되어 1995년 다시 출판되었다. Grant Gilmore, The Death of Contract (edited and with a foreword by Ronald K. L. Collins, 1995) (이하 "Gilmore, 1995년판 책"라 한다).

31) Grant Gilmore, The Ages of American Law (1977).

정에서 일반화·체계화된 개념 중 중핵적 지위를 차지하는 '약인(consideration)' 법리[32]를 대상으로 하고 있다. 미국법상 계약은 "한개 또는 한 조(組)의 '약속(promise)'으로서, 그 위반에 대하여 법이 구제를 부여하거나 어떠한 형태로 그 이행을 의무로서 인정하는 것"[33]으로, '약속'에 법적 구속력이 인정되는 것을 의미한다. 즉, 계약을 당사자가 행하는 약속으로 분해하여 설명하며 각 당사자는 자신의 약속에 구속된다는 것이다. 이때 약속이 법적 구속력을 가져 계약이 되기 위해서는 영미법상 특징이라고 할 수 있는 '약인'이라는 요건이 필요하게 된다. 따라서 약인은 법적 구속력을 부여하기에 합당한 약속을 선택적으로 분리하기 위해 전통적으로 영미법에서 활용되던 정책적 판단의 산물이라고 할 수 있다.

약인은 종래 어떠한 약속과 교환하여 해당 수약자가 받는 손실 또는 약속자가 얻는 이익으로 정의되었다. 이러한 손실이론(detrimental theory)는 '손실' 또는 '이익' 개념의 모호성 및 주관성을 이유로 계약의 범위가 매우 넓게 된다.[34] 그러나 고전적 계약법이 구축되면서 약인에 대한 법적 판단기준 역시 변화를 겪게 된다. 후술하는 바와 같이, Holmes는 약인과 약속과의 사이를 '상호 관행적 유인의 관계(relation of reciprocal conventional inducement)'로 파악했다.[35] 그리고 약인법리는 '객관적'으로 계약 당사자 사이의 교환거래(bargain)가 존재하는 경우 약인이 인정된다고 하는 교환거래법리[36]로 재구축되었다. 제1차 계약법 리스테이트먼트에서는 약속에 대한 약인이란, (a) 약속 이외의 행위, (b) 부작위, (c) 법률관계의 창설, 변경, 해소 또는 (d) 반대약속으로, 당해 약속과 거래되고 교환적으로 부여되는 것[37]으로 규정하고 있다.[38]

2. 일반이론의 형성

Gilmore는 약인이론을 중심으로 하는 고전적 계약법을 논의의 대상으로 역사적 관점에

32) 약인에 관한 포괄적 설명의 상세는 엄동섭, 미국 계약법, 2010, 47－99면; 고세일, 미국 계약법의 대가성 법리 －대가성 법리의 생성의 관점에서－, 재산법연구 제30권 제3호, 2013 참조. 이에 대한 역사적 전개와 관련해서는 가정준, 영미법상의 consideration 법리, 비교법학연구 제2권, 2003 참조.

33) Restatement (Second) of Contract § 1 (1981) ("A contract is a promise or a set of promises for the breach of which the law gives a remedy, or the performance of which the law in some way recognizes as a duty.").

34) Farnworth, 앞의 책(주 15), 47면.

35) Oliver Wendell Holmes, The Common Law 293－94 (1881).

36) Restatement (Second) of Contract § 71 (1) (1981) ("To constitute consideration, a performance or a return promise must be bargained for.")(밑줄은 저자가 표시). 약인이론의 발전 및 관련 요소에 관한 의미 있는 고찰은 "Symposium: The Restatement (Second) of Contracts"에서 발제된 Melvin Aron Eisenberg, *The Principles of Consideration*, 67 Cornell L. Rev. 640 (1982) 참조.

37) Restatement (First) of Contract § 75 (1932). 이러한 정의는 제2차 계약법 리스테이트먼트에서도 유지되고 있다. Restatement (Second) of Contract § 71 (2)－(3) (1981) 참조.

38) 교환거래법리에 대한 규범이론의 관점에서의 설명은 후술하는 Gilmore의 Holmes에 대한 설명 부분을 참조.

서, 그 기원을 시작으로 전개, 쇠퇴와 추락, 그리고 죽음에 이르기까지 전 생애를 고찰하는 방식을 취하면서 자신의 논리를 전개해 나가고 있다.

(1) Christopher C. Langdell

Gilmore는 일반적으로 계약법이 형성, 구축된 이후 시간이 지남에 따라 매매, 보험과 같은 특수한 형태의 계약 유형이 발전되어 왔을 것으로 생각할 수 있으나, 계약과 관련한 일반이론이 형성되기 이전부터 특수한 계약 유형은 독자적인 법리를 발전시켜 왔다고 지적하고 있다. 다만, 계약법 영역에서 일반이론이 형성되고 인식되면서 종래 특수 유형에서 발전한 법리에 단순한 추가적인 발전이 있었다고 전제한다.[39] 이러한 전제하에 Gilmore는 계약에 관한 일반이론의 가능성과 필요성을 처음으로 설명한 것으로 Christopher C. Langdell[40]을 들고 있다. 실제로 Langdell은 법을 다른 학문 분야와 마찬가지로 하나의 과학으로 믿었다. 그는 『계약법 판례 선집(A Selection of Cases on the Law of Contracts)』의 머리말에서 추상적인 존재로서의 계약법에 관하여 다음과 같이 기술하고 있다.

> 과학으로서의 법은 특정한 원리와 법리들로 구성되어 있다. 근본적인 법리의 수는 일반적으로 예상되는 것 보다 훨씬 적다; 같은 법리가 끊임없이 다른 형태를 취하면서 나타나고, 대부분의 법률 문헌이 상호 반복적이라는 점 때문에 이러한 오해가 나타나게 되는 것이다. <u>따라서 가령 계약법과 같은 하나의 분야를 예로 그 본질적인 법리의 성장, 발전, 확립을 위해 어느 정도 중요한 모든 판결을 찾아내어 분류하고 정리하는 것이 가능하다고 생각된다.</u>[41]

Gilmore는 예전에도 이와 유사한 움직임이 있었으나 처음으로 계약법을 '추상적' 존재로 볼 수 있도록 해 준 것은 Langdell의 공헌이라고 주장한다. 그리고 구체적인 예로, Langdell은 자신의 케이스 북을 구성하는 주요한 세 개의 장(章)을 「상호 동의」, 「약인」, 그리고 「조건부 계약」으로 편찬하면서 계약법을 추상적인 존재로 관념하였다고 서술하고 있다. 그러나 Gilmore는 Langdell이 일반이론을 본격적으로 구성하거나 완성하는 데까지는 이르지 못했다고 평가하고 있다.[42]

---

39) Gilmore, 1995년판 책, 12-13면.

40) Langdell은 1871년 최초의 계약법 케이스 북인 "계약법 판례 선집"을 저술하고 자신의 믿음을 적용함으로써 현대 미국 법학교육의 중심이라고 할 수 있는 사례중심의 교육(case method)을 시작했다고 평가받고 있다. 이에 관한 상세는 Arthur E. Sutherland, The Law at Harvard: A History of Ideas and Men, 1817-1967 (1994) 참조.

41) Christopher C. Langdell, A Selection of Cases on the Law of Contracts vi (1871).

42) Gilmore, 1995년판 책, 14면("단적인 것으로, 왜 그러한지, 그것을 어떻게 생각해야 하는지를 탐구하려는 자세는 빈약했다. 그에게 case method는 학생 자신이 스스로 생각하게끔 만드는 것이 아니고, 오히려 '바른 이론'을 사례를 통해 암기시키려 하기 위한 것으로 여겨진다. 그가 생각하는 '과학'은 하나의 이론, 하나의 도그마의 존재를 시사하는 것에 지나지 않았다.").

(2) Oliver W. Holmes

Gilmore는 Langdell에 의해 계약법 이론에 대한 인식의 기초가 마련된 후, 일반이론에 필요한 광범위한 철학적 개요를 담당한 것은 Holmes라고 평가한다. 그는 Holmes 이론의 핵심을 "이상적으로는 누구도 타인에 대해 어떠한 책임을 질 필요가 없다"는 명제를 따르는 것이었다고 설명하고 있다.[43] 그러나 이러한 이상은 실현될 수 없는 성질의 것으로서 현실적인 해석으로 가능한 한도에서 책임을 제한하고자 하는 태도가 나타나게 되었고, 계약법 영역에서는 '약인'이 그 역할을 수행하게 되었다고 설명한다. 그리고 Holmes의 약인에 대한 관념을 아래와 같이 인용하면서 설명하고 있다.

> 청약자가 얻은 어떠한 이득이나 수약자가 받은 어떠한 손실은 약인이 될 수 있다. 또한, 손실이라는 표현을 다소 넓게 보면 모든 약인을 손실로 볼 수 있다. 내가 볼 때, 동일한 대상이 당사자가 다루는 방식에 따라 약인이 될 수도 있고 아닐 수도 있다는 점이 언제나 충분히 생각되고 있지 않은 것으로 보인다. ...... 당사자들이 그러한 전제로 다루지 않는 한 서면에 약인으로서 드러나거나 제공된 손실에 대해 적절한지를 살피는 것은 어렵다. ......
>
> 약인이 동기와 혼동되어서는 안 된다고 할 수 있다. 현실에서 유력하거나 주된 동기가 될 수 있는 것과 혼동되어서는 안 된다는 것이다. 어떤 사람이 500달러를 대가로 그림을 그려주겠다고 약속을 할 수 있다. 그렇지만, 실제로 이때 그 사람의 주된 동기는 명성을 얻고자 하는 욕심일 수도 있을 것이다. 사실 약인은 오로지 약속을 구속할 목적으로 주어지고 받아들여지는지 모른다. 그럼에도 불구하고, <u>합의된 조건에 따라 그것이 약속의 동기나 유인으로 주어지고 받아들여지는 것이 약인의 본질이다. 반대로 약속은 약인을 제공하기 위한 관행적인 동기 내지 유인으로 이루어지고 받아들여져야 한다. 모든 문제의 근원은 약인과 약속 사이의 각 상대방에 대한 상호 관행적 유인의 관계라고 할 수 있다.</u>[44]

Gilmore는 위와 같은 Holmes의 서술을 인용하면서, 계약책임을 제한하기 위한 균형도구로서의 약인이론이 종래의 이익·손실 법리에서 새로이 객관적인 외형에 기초하여 판단할 수 있는 '교환거래법리'로 정립되었다고 분석하고 있다.[45]

한편, Gilmore는 "법적으로 구속력이 있는 약속의 유일한 보편적 효과는 만일 약속한 상황이 발생하지 않았을 때, 약속을 한 사람이 법에 따라 손해를 배상해야 한다"[46]는 것이라고 하는 Holmes의 말을 인용하면서, 그의 계약책임관은 책임을 일정한 한도로 제한하는 반면, 책임이 인정되는 경우 그 범위 내에서 해당 책임은 절대적으로 보는 것이라고 평가한다. 그리

43) Gilmore, 1995년판 책, 15면.

44) Oliver Wendell Holmes, Jr., The Common Law 293-294 (1881)(밑줄은 저자가 표시).

45) Gilmore, 1995년판 책, 22면.

46) Holmes, Jr., 앞의 책(주 44), 301면.

고 이는 당사자의 약속이 이행되지 않은 원인 여부에 관계없이 책임은 절대적이라는 의미로서 Holmes는 철저한 객관주의에 입각해 있다고 설명한다. 그러나 Gilmore는 Holmes의 절대책임이라는 것이 구제법적 측면에서 단지 이론상의 것에 지나지 않다고 비판하고 있다. 예를 들어, 계약의 특정이행(specific performance)이라고 하는 형평법상 구제가 가능한 한 회피되며,[47] 실손해의 전부를 보상하지 못하는 전보적 손해배상의 한계를 지적하고 있다.[48]

(3) Samuel Williston

Gilmore에 의하면, Holmes에 의해 철학적 기초가 마련된 후 계약의 성립에서 소멸까지 모든 국면을 지배하는 일반이론으로서 새롭게 약인이론을 정제하는 작업이 필요했고, 이러한 작업을 완성시킨 인물을 Williston이라고 평가하고 있다.[49] Williston은 첫째, 청약의 철회와 관련하여, 철회가 불가능하다고 표시되어 있는 경우에도 승낙이 행해지기까지 자유롭게 철회를 할 수 있다고 하는 규칙, 둘째, 기존의 계약에서 약속이 존재하는 이상 보수의 증액을 약속하더라도 법적 구속력이 없다고 하는 기존의무의 규칙(pre-existing duty rule), 셋째, 채권자가 채무의 일부 변제에 만족하는 약속을 하는 경우에도 법적 구속력이 없다는 규칙을 약인이론과 결부지어 설명하였다. 이를 위해 Williston은 Dickinson v. Dodds 판결,[50] Stilk v. Myrick 판결,[51] 그리고 Foakes v. Beer 판결[52]과 같은 리딩 케이스로서의 선례를 활용하였다. 즉, 계약의 성립(Dickinson v. Dodds 판결), 계약의 내용 변경(Stilk v. Myrick 판결), 그리고 계약의 소멸(Foakes v. Beer 판결)과 같이 모든 단계에서 유효한 약인의 존재 여부가 문제된다는 것이었다. Williston의 이와 같은 노력은 그의 계약법 저서[53]와 제1차 계약법 리스테이트먼트에 반영되어 결실을 맺게 된다. 그러나 Gilmore는 위의 판결들의 사실관계를 재검토하면서 Williston의 선례 선택과 해석은 부정확한 것이라고 비판하고 있다.[54]

---

47) 대륙법에서는 계약내용 자체의 현실적 이행강제가 원칙적으로 허용되는 반면, 영미법의 원칙적 입장은 현실적 이행강제를 부정한다. 이에 관한 상세한 설명은 Hein Kötz(정종휴 역), 앞의 논문(주 4), 307-312면 참조.

48) Gilmore, 1995년판 책, 15-16면.

49) Gilmore, 1995년판 책, 15-16면.

50) 2 Ch. D. 463, 464 (C.A. 1876) (부동산의 매각 청약을 한 피고가 해당 청약을 금요일까지 남겨둔다고(to be left over) 명기하였음에도 불구하고 그 이전에 제3자에게 해당 부동산을 매각한 사례로 법원은 "the document amounted only to an offer, which might be withdrawn at any time before acceptance"라고 판결).

51) 6 Esp. 129, 170 Eng. Rep. 851 (1809); 2 Camp. 317, 170 Eng. Rep. 1168 (1809) (기항지에서 하선한 선원을 대신하여 기존의 선원에게 하선한 선원의 보수를 분배하여 줄 것을 약속하며 보수의 증액을 약속하였으나, 귀항 후 선주가 이를 거절한 사안에서 원고가 패소한 사례).

52) 9 App. Cas. 605 (H.L. 1884) (피고가 원금을 지급하는 경우 이자를 면제해 주겠다는 원고와 피고 사이의 합의에 대해 구속력이 없다고 판결한 사례).

53) Samuel Williston, The Law of Contracts (1920) 참조.

54) Gilmore, 1995년판 책, 24-37면.

3. 일반이론의 쇠퇴와 소멸

약인이론으로서 교환거래법리를 중심으로 한 고전적 계약법의 일반이론이 완성되었으나, Gilmore는 이러한 이론은 탄생과 동시에 쇠퇴하기 시작했다고 주장한다.[55] Gilmore는 자신의 주장을 뒷받침하기 위하여 다음과 같은 두 가지 현상을 지적하고 있다.

(1) 고전적 계약법상 약인이론을 부정하는 판결례의 등장

우선, Holmes와 Williston에 의해 고전적 계약법에서 교환거래법리로 재구성된 약인이론에서 애초 상정한 상황과는 다른 판결이 자주 이루어졌다. 이러한 판결의 흐름을 대표하는 법원은 Cardozo 판사가 근무한 뉴욕주 대법원이었다.[56] 예를 들어, De Cicco v. Schweizer 판결[57]에서 1902년 피고(장인)는 사위가 딸과 결혼에 관한 합의를 한 것을 약인으로("in consideration of"), 결혼을 하게 되면 딸이 살아있는 동안 딸에게 연간 2,500달러를 지불하기로 약속했다. 이후 딸은 사위와 결혼했고, 연금의 지급은 결혼일로부터 시작되어 1912년까지는 지속되었다. 그리고 같은 해 해당 연금의 채권양수인(De Cicco)으로부터 소가 제기되었다. 동 사안에서 피고는 결혼은 약속에 대한 약인이 될 수 있지만, 사위는 이미 딸과 결혼하기로 합의한 상태였고 그러한 약속의 이행은 '기존의 의무'로서 일반적으로 다른 약속에 대한 약인으로 인정되지 않는다고 항변하였다. Cardozo는 전통적 계약법상 약인이 인정되지 않는 상황에서 애초 사위에 대한 약속은 사위뿐 아니라 딸에게도 행해진 것으로 결혼에 대한 합의의 해제나 연기가 아니라 결혼을 하도록 유인(induce)하게 만드는 것이었다고 설시하면서, 이후의 결혼은 장인의 일방계약을 위한 청약(unilateral offer)에 대한 승낙이었다고 판결했다.[58] 또한, 피고가 원고 대학에 자신의 기념기금을 조성하기 위해 5,000달러를 기부하기로 약속한 후 이행을 거절한 사안을 다룬 Allegheny College v. National Chautauqua County Bank 판결[59]에서도 엄격한 형식적인 의미의 교환거래법리에서는 약인이 되지 않는 증여약속에 대해 약인의 존재를 인정했다. Cardozo는 이 사안에 대해 대학이 기부자의 이름을 영구히 남기는 의무를 지고 있기 때문에 약인이 존재한다고 판시하였다.[60] Gilmore는 이와 같이 Holmes의 엄격한 교환거래법리 관점에서는 존재가 부정되던 약인이 현실적인 적용시 확대해석 되는 것은 동 법리를 무용하게 하는 것이라고 비판했다.[61]

55) Gilmore, 1995년판 책, 63면.
56) Gilmore, 1995년판 책, 63－64면.
57) 117 N.E. 807 (N.Y. 1917).
58) 117 N.E. 807, 808－10 (N.Y. 1917).
59) 159 N.E. 173 (N.Y. 1927).
60) 159 N.E. 173, 174－76 (N.Y. 1927).
61) Gilmore, 1995년판 책, 69면("De Cicco v. Schweizer와 Allegheny College 판결에서 '약인'을 찾아낼 수 있는 판사는 명백히 그렇게 판단하고 싶을 때에는 어디에서나 약인을 찾아낼 수 있다. 그 용어는 광범위하게 해

(2) 계약법 리스테이트먼트상 약인법리의 쇠퇴: 약속적 금반언 법리

다음으로, Gilmore는 계약법 리스테이트먼트 자체에서 중핵적 지위를 차지하던 약인이론의 쇠퇴가 이루어지고 있다는 점에 주목했다.[62] 전술한 바와 같이, Gilmore에 의하면, 고전적 계약법 시대의 일반이론은 객관주의적 사고를 기반으로 계약책임의 한정이라는 기능을 수행하기 위해 계약의 성립, 변경, 소멸과 같이 계약의 일생을 지배하는 교환거래법리를 핵심으로 한다. 그리고 제1차 계약법 리스테이트먼트[63]에서는 수석기안자(Chief Reporter)인 Williston에 의해 이와 같은 Holmes의 약인관이 투영된 약인의 정의 조항이 제75조[64]에 규정되었다. 다른 한편, 전술한 Cardozo 판사의 영향을 받은 Corbin이 Williston의 수석보좌인으로 활동하게 되었다. Corbin은 엄격한 의미에서 약인은 존재하지 않지만 단순히 유효한 약속이 없는 것을 이유로 구제를 부정하는 것이 의문시되는 경우 수약자의 '신뢰'를 보호하기 위한 장치로 이해되는 약속적 금반언(promissory estoppel) 법리를 제90조[65]에 규정했다. Gilmore는 수약자가 호의적인 약속을 신뢰하여 행동한 것에 의해 그 약속에 법적 구속력을 부여하는 것은 약인법리의 근본에 상처를 입히는 것이라고 하는 Holmes의 관점[66]을 거론하며, 제75조와 제90조는 상호 충돌하는 법리로서 양립할 수 없는 것이 된다고 주장한다.[67] 실제로 약인의 정의를 규정한 제1차 계약법 리스테이트먼트 제75조의 첫 번째 주석에서는 "약속이 충분한 약인에 의해 지지되지 않는 한 일반적으로 약속을 한 자는 어떠한 의무도 부담하지 않는다"고 기술하고 있다.[68] 이러한 입장에서 Gilmore는 제75조와 제90조가 서로 병존하면서 존재하는 것은 "정신분열증(schizophrenia)"의 발로라고 주장한다. 이와 함께, Gilmore는 제2차 계약법 리스테이트먼트에서는 예외적 지위를 가지던 약속적 금반언 법리가 보다 원칙적인 지위를 가지게 되었

석되어져 의미가 없는 것이 되었다.").

62) Gilmore, 1995년판 책, 66−93면 참조.

63) Gilmore는 제1차 계약법 리스테이트먼트의 작성이 계약에 관한 판례법에 대해서 일반적인 원리들의 통일적인 체계를 구축할 수 없다는 당시의 법현실주의자들의 주장에 대한 반작용이었다고 설명하고 있다. Gilmore, 1995년판 책, 66−93면 참조.

64) Restatement (First) of Contracts § 75 (1932).

65) Restatement (First) of Contracts § 90 (1932) ("약속자가 수약자 측에 대해 명확하고 실제적인 성격을 가진 작위 또는 부작위를 유인하리라고 합리적으로 예견하였어야 했고, 실제로 그러한 작위 또는 부작위를 유인한 약속이 해당 약속을 강제함으로써만 부정의(不正義)를 회피할 수 있는 경우에는 구속력이 있다."). 약속적 금반언과 관련한 현행 법리에 대해서는 엄동섭, 영미법상 계약교섭의 결렬에 따른 책임, 민사법학 제35호, 2007, 98−103면 참조.

66) Commonwealth v. Scituate Sav. Bank, 137 Mass. 301, 1884 WL 10600 (Mass.) ("It would cut up the doctrine of consideration by the roots, if a promisee could make a gratuitous promise binding by subsequently acting in reliance on it.") 참조.

67) 신뢰의 원리(principle of reliance)에 근거한 계약법 리스테이트먼트 제90조의 의의에 관해서는 Edward Yorio & Steve Thel, *The Promissory Basis of Section 90*, 101 Yale L.J. 111 (1991) 참조.

68) Restatement (First) of Contracts § 75 cmt. a (1932) ("No duty is generally imposed on one who makes an informal promise unless the promise is supported by sufficient consideration").

고, 더불어 과거에 받은 이익에 대한 약속과 같이 고전적 계약법상 교환거래법리를 적용하는 경우 계약의 구속력이 부정되는 사안의 경우에 대해 제한적인 의미에서나마 구속력을 긍정하는 제86조(과거에 받은 이익에 대한 약속 조항)[69]가 규정되었다는 점을 추가적으로 지적하고 있다. Gilmore는 이러한 점을 근거로 종래 고전적 계약법에서 구축한 계약책임에 관한 일반이론이라고 할 수 있는 교환거래법리가 쇠퇴하며 몰락하고 있는 증거라고 주장한다.[70]

(3) Gilmore의 결론과 전망

Gilmore는 계약법의 독자성에 대한 의문을 제기하면서 결론을 시작하고 있다. 그는 고전적 계약법의 형성과정을 불법행위법의 일반적 영역에서 별도의 영역을 구축하려는 시도로 파악하면서, 그러한 노력이 일련의 현상으로 인해 좌절되어 계약법의 독자성을 인정할 수 없다고 하며 다음과 같은 견해를 피력하고 있다.[71]

> 준계약(quasi-contract)과 부당이득이라는 개념의 성장과 더불어 고전적 약인이론은 이익의 측면에서 파괴되었고, 약속적 금반언이라는 개념의 발전과 함께 손실의 측면도 파괴되었다.[72] 우리는 부당이득을 피하기 위해 명백히 증여가 아니라면 받은 어떠한 이익이라도 반환되어야 하며, 피고의 약속을 신뢰한 원고에게 합리적으로 발생한 불이익도 보상되어야 한다는 목표에 빠르게 접근하고 있다. 이러한 목표에 도달하는 경우, 실제로는 더 이상 계약책임과 불법행위책임 사이에 독자성을 인정할 수 있는 차이는 존재하지 않는다.[73]

결론적으로, Gilmore는 계약법의 죽음을 선언하는 동시에, 당시의 현상을 계약법이 불법행위법으로 재흡수되는 과정으로 파악하며 "새로운 민사채무법"이 급속히 등장하고 있다고 서술하고 있다.

아울러, Gilmore는 계약법이 쇠퇴의 길로 접어들게 된 원인에 대해서도 진단하고 있다. 우선, 고전적 계약법 이론이 당시의 자유방임적 경제이론과 밀접한 관련을 가지면서 개인의

69) Restatement (Second) of Contracts § 86 (1981) ("(1) 약속자가 수약자로부터 받은 과거의 이익에 대해 어떠한 약속을 한 경우, 부정의(不正義)를 방지하기 위해 필요한 한도에서 구속력을 가진다. (2) 단, 약속은 이하의 경우 또는 한도에서 (1)에 의한 구속력을 가지지 않는다. (a) 수약자가 증여로서 그 이익을 부여하는 경우, 혹은 다른 이유로 약속자가 부당하게 이득을 얻었다고 할 수 없는 경우, 또는 (b) 약속의 대가가 받은 이익과 불균형한 경우").

70) Gilmore, 1995년판 책, 79면.

71) Gilmore, 1995년판 책, 95-96면.

72) 이는 전통적 계약법상 엄격한 약인이론으로서의 교환거래법리에서는 구속력을 가지지 않던 약속에 대해 이득과 관련해서는 부당이득 법리(quasi-contract, unjust enrichment)의 적용으로 일정한 경우 그 구속력이 인정되는 한편, 약속적 금반언 법리에 의해 신뢰로 인한 손해가 합리적이고 예견가능했던 경우에 약속자가 약인이 존재하지 않음을 이유로 자신의 약속에 대한 법적 구속력을 부인할 수 없게 되었다는 것을 의미하는 것으로 해석할 수 있다.

73) Gilmore, 1995년판 책, 96면.

자유방임적 행동을 기반으로 하는 이론을 형성하는 경우 최선의 결과를 얻을 수 있다는 전제로 발전해 온 것처럼, 19세기의 개인주의에서 복지국가로의 이동으로 말미암아 계약법의 일반이론이 쇠퇴한 것이라고 한다.[74] 또한, Gilmore는 '미국의 개별 주에서의 법 통일화에 대한 염원'과 '사실문제를 판단하는 민사배심에 대한 불신'[75]이라고 하는 미국법의 특이한 요인 두 가지를 거론하고 있다. 이러한 요인은 시작 단계에서 계약법 이론의 형성 기반으로 작용하였다. 그러나 20세기 초반부터 시작된 상사법 분야의 통일법 제정, 그리고 민사배심 기능의 한정이라는 경향이 생김에 따라, 오히려 이후에는 계약법 이론의 붕괴에도 중요한 역할을 했다고 지적하고 있다.[76]

Ⅳ. Gilmore 이후 계약법 이론의 전개

미국에서의 고전적 계약법은 계약 당사자 간의 '약속'에 법적 구속력을 부여할지 여부의 선택에 관한 객관적 기준인 '약인으로서의 교환거래법리'를 채택함으로써 계약법의 일반이론이 완성된 것으로 평가된다.[77] 즉, 고전적 계약법에서는 영국법을 통해 도입된 대륙법적 '의사이론'과 객관적인 계약책임의 근거가 되는 도구로서 미국법적 '약인이론'을 토대로 하는 일반이론이 구축되었다고 할 수 있다. 그러나 수약자의 신뢰보호를 목적으로 하는 약속적 금반언 법리나 신의칙과 같은 예외적 기준의 역할이 중대함에 따라 정합성을 갖추어 정당성을 제공해 주는 일반이론으로서의 기능에 대한 회의적 시각이 나타나게 되었다.[78]

이를 대표하는 것이 앞서 살펴본 Gilmore의 주장이다. 그는 미국 계약법상 고전적 계약법이 "객관주의적 사고를 기반으로 계약책임의 한정이라는 기능을 수행하기 위해 계약의 성립, 변경, 소멸과 같이 계약의 일생을 지배하는 약인를 핵심으로 한다"고 평가한다. 그러나 약인을 부정하는 판결례 또는 약속적 금반언 법리와 같이 약인이 존재하지 않는 경우에도 수약자의 신뢰를 보호하는 것은 약인이론을 핵심으로 하는 '일반이론'이 붕괴된 것을 의미하며, 이러한 점에서 계약법은 계약책임을 정당화하는 정합성 있는 이론에 의해 지지되지 못하고, 결국 불법행위법과 구별되는 계약법의 독자성이나 특수성은 부정(죽음 또는 쇠퇴)된다고 주장한다. 계약법의 일반이론에 대한 회의적 입장을 제시한 Gilmore의 주장은 오히려 미국 계약법학계에 현실 세계에서 이루어지는 사회 현상으로서의 계약과 계약법에 대한 관심을 촉발시키는 계

74) Gilmore, 1995년판 책, 104면.

75) 고전적 계약법의 일반이론으로 객관적인 성격을 가진 교환거래법리는 사안의 쟁점을 가능한 한 사실문제에서 배제하면서 법률문제로 취급할 수 있게 하며, 불신의 대상인 배심이 아닌 법관의 역할이 강조될 수 있게 된다.

76) Gilmore, 1995년판 책, 106－108면.

77) Gilmore, 1995년판 책, 17면 참조.

78) Stanley D. Henderson, *Promissory Estoppel and Traditional Contract Doctrine*, 78 Yale L.J. 343, 364 (1969).

기가 되었다.[79] 이와 함께, 사회 현상으로서의 계약을 포섭하면서 계약책임을 정당화시킬 수 있는 '일반이론'의 연구에 원동력으로도 작용했다는 평가를 받고 있다.[80] 이러한 배경에서 1970년 이래 미국에서는 계약법의 일반이론에 대한 활발한 논의가 다양한 접근법에 의해 시도되었다.

이러한 논의는 크게 두 가지 관점에서 전개된 것으로 볼 수 있다. 첫 번째 관점은 사회현상으로서의 계약의 현실에 많은 변화가 있기 때문에 당사자의 의사를 중시하는 계약모델은 더 이상 정당성을 가지지 못한다고 하는 것이다. Ian Macneil 교수는 고전적 계약법상 약속으로서의 단발적 계약 모델을 비판하면서, 계약의 관계성에 기초하여 현실에서의 다양한 계약행동을 '공통계약규범'이라는 통일된 구조 내에서 설명하는 일반이론의 정립을 시도한다. 두 번째는 당사자의 의사를 중심으로 하는 고전적 계약법 이론의 정당성을 옹호하는 관점이다.[81] Charles Fried 교수는 이득, 신뢰, 배분에 근거한 비약속적 원리의 존재를 인정한다는 점에서 고전적인 의사이론[82]과는 구별됨에도 불구하고, '약속'을 중심 개념으로 하여 계약 구속력의 근거를 구하면서 당사자의 의사를 중시하는 이론의 정당성을 옹호하고 있다.

1. 관계적 계약 이론[83]

Macneil의 관계적 계약이론은 고전적 계약법의 부적절성에 대응하여 계약법 분야에서 새로운 이론 구축을 시도한 노력의 일환으로 평가할 수 있다.[84] 그는 고전적 계약법상 계약모델의 비현실성에 대한 의문을 시작으로 현실 세계에서 계약을 가능케 하는 계약의 근간을 파악함으로써 "장래의 교환을 향하여 이루어지는 기획에 관한 당사자 간의 관계"[85]라는 계약의 정의를 도출한다.[86] 그리고 약속적 계약으로서의 단발적 계약은 '약속 자체의 속성'과 '사회적

79) 1994년 현재 그의 저서는 약 5만부가 판매되었고, 21쇄를 찍었다고 한다. Ronald K.L. Collins, *Gilmore's Grant (or the Life & Afterlife of Grant Gilmore & His Death)*, 90 Nw. L. Rev. 7, 7 (1995).

80) 뉴욕대학의 Kornhauser 교수는 Gilmore가 1970년에 했던 일련의 강의에서 '계약법의 죽음'을 선언하였고, 이것이 미국 계약법학계에서의 르네상스 시대를 열었다고 평가하고 있다. Lewis A. Kornhauser, *The Resurrection of Contract*, 82 Colum. L. Rev. 184, 184 (1982).

81) 예를 들어, 법경제학 이론에서는 합리적인 선택이론에 기초한 계약의 자유 원칙을 중시하는 고전적 계약법상 계약모델은 효율성을 증진시킬 수 있다고 한다. Richard A. Posner, Economic Analysis of Law 115-133 (8th ed. 2011) 참조.

82) Morton J. Horwitz, The Transformation of American Law 1780-1860 160 (1977).

83) 이에 관한 상세는 김현수, 미국에서의 관계적 계약이론-Ian Macneil 이론의 학설사적 지위와 논지를 중심으로-, 재산법연구 제32권 제4호, 2016 참조.

84) Melvin A. Eisenberg, *Why There is no Law of Relational Contracts*, 94 Nw. U. L. Rev. 805 (2000).

85) Ian R. Macneil, The New Social Contract 4 (1980) ("By contract I mean no more and no less than the relations among parties to the process of projecting exchange into the future.")(밑줄은 저자가 표시); Ian R. Macneil, *The Many Futures of Contracts*, 47 S. Cal. L. Rev. 691, 713 (1974).

86) 고전적 계약법상 계약 개념에서는 각 당사자의 작위 또는 부작위에 대한 '약속'과 형식적 의미의 '법'에 의한 구제나 의무의 인정만이 계약의 본질적 요소로 파악된다고 지적한다. 이러한 정의에 따르면 비록 당사자 사이

기반'의 상호작용이라는 현실을 반영하지 못하기 때문에 현실 세계에서의 현상으로서의 계약 개념과 부합하지 않는다는 점을 밝혀낸다. 이러한 발견을 기초로 Macneil은 모든 계약은 공통적 요소로서 관계성을 가지는 것으로 파악해야 하며, 단발성이 강한 계약이라고 하더라도 그 계약의 효과적인 분석을 위해서는 계약에 중대한 영향을 미칠 가능성이 있는 포괄적 관계의 체계 내에 위치한 모든 요소를 인식하고 고려해야 한다고 설명한다. 따라서 모든 계약은 정도의 차이는 있으나 관계적 요소를 포함하면서 극단적으로 "단발적인 것으로 보이는 계약(as-if-discrete contract)"[87]에서부터 극단적인 관계적 계약에 이르는 스펙트럼의 어느 한 부분에 위치하는 것으로 파악할 수 있다. 다시 말해, Macneil의 관점에서는 모든 계약이 '관계적 계약'으로 파악된다.[88] 계약에 대한 실증적 고찰을 통한 Macneil의 이러한 주장은 사회학적 관점을 활용하여 계약행동을 객관적으로 분석하고 모든 계약에서 관계적 요소를 발견하는 설명이론이면서, 고전적 계약법상 단발적 계약의 전형적 모델이 실증적·개념적으로 타당하지 않다고 주장하는 '비판이론'으로 이해할 수 있다.

한편, Macneil은 단발적 계약과 관계적 계약을 양 끝으로 하는 가상적인 계약의 '스펙트럼'에서 발견되는 공통되는 계약행동을 검토하여, 모든 계약에서 계약 당사자 사이의 의사교환을 위한 공통된 수단, 최소한의 연대, 상호성과 같은 일정한 행동규범이 존재한다는 것을 발견한다.[89] 그리고 일정한 계약은 단기간, 제한된 당사자 간 상호작용, 교환 대상에 대한 정확한

에 완전한 교환(exchange)이 이루어진다고 하더라도 법적 구제나 법적 의무가 인정될 가능성이 없는 경우에 해당 교환은 계약이 될 수 없다. 또한, 이러한 계약 개념은 단발적인 거래를 상정한 것으로 계약을 둘러싼 사회적 협력이나 관계와 같은 외적인 요소가 포함되어 있지 않다. 결국, Macneil은 고전적 계약법상 '법적인 계약(contract-in-law)' 개념은 '현실적인 계약(contract-in-fact)'의 현상을 포섭하지 못하는 것으로 비판하고 있으며, 계약법을 이해하기 위해서는 현실 세계의 '교환'에 관해 먼저 인식하는 작업이 필요하다고 한다. Macneil, 앞의 책(주 85), 5면.

87) 단발적 계약으로 보이는 경우에도 관계적 요소를 가질 수 밖에 없기 때문에 Macneil의 관점에서는 '순수한 단발적 계약'은 현실에서는 존재하지 않는다. Ian R. Macneil, *Contracts: Adjustment of Long-Term Economic Relations under Classical, Neoclassical, and Relational Contract Law*, 72 Nw. U. L. Rev. 854, 857 (1978).

88) Ian R. Macneil, *Economic Analysis of Contractual Relations: Its Shortfalls and the Need for a Rich Classificatory Apparatus*, 75 Nw. U. L. Rev. 1018, 1062 (1981). 따라서 Macneil에게 있어 계약 당사자의 '약속(의사)'을 계약의 구속력의 근거로 삼으면서 계약상의 의무와 책임의 범위를 여기에서 파악하고자 하는 고전적 계약법의 '계약 모델'은 실증적·개념적 관점에서 비현실적인 것이다. 그럼에도 불구하고 Macneil이 단발적 계약이란 관념을 초기에 활용한 것은 대조적 상대를 통하여 관계적 계약 관념에 대한 효율적 이해를 상정한 것으로 생각할 수 있다. 본 논문에서도 '단발적 계약'이라는 관념은 이러한 이해의 편의를 위해 사용하는 것으로 한다.

89) 공통계약규범은 모든 계약행동에 공통하는 요소를 반영한 것인 동시에, 도덕적 의무로 전환함으로써 올바른 행위에 관한 원칙이 된다. Macneil이 제시한 10가지 공통계약규범은 다음과 같다. ① 역할의 보전(role integrity), ② 상호성(reciprocity), ③ 계획의 실행(implementation of planning), ④ 동의의 수행(effectuation of consent), ⑤ 유연성(flexibility), ⑥ 계약적 연대(contractual solidarity), ⑦ 연결규범(linking norms)으로서 부당이득, 신뢰이익, 기대이익, ⑧ 권한규범(power norm)으로서 권한의 생성과 제한(creation and restraint of power), ⑨ 수단의 타당성(propriety of means), ⑩ 사회적 기반과의 조화

가치의 측정이 가능함으로써 단발적 측면이 강한 반면, 다른 계약에서는 장기간, 다양한 당사자 간의 상호작용, 교환 대상에 대한 가치 측정에 대한 어려움을 포함하고 있어 관계적 측면이 강하다고 설명하고 있다. 또한, 유형이 다른 계약행동에서는 각각 해당 유형에 적합한 규범을 발생시킨다고 한다. 구체적으로 '계약적 연대'와 '상호성' 규범은 모든 계약에 공통하는 공통계약규범에서 비합리성을 이유로 강조된다고 한다. 이와 함께, 단발성의 정도가 강한 계약에서는 '계획의 실행'과 '동의의 수행' 규범이 강조되어 '현재화'와 '단발성'이라는 단발적 규범이 강조된다. 그러나 관계성의 정도가 강한 계약에서는 해당 관계에서 당사자의 '역할 보전', '계약적 연대', '사회적 기반과의 조화'와 같은 공통계약규범이 광범위한 교환의 특성에 의해 더욱 강조되어, '역할의 보전', '관계적 보전', '관계적 충돌과의 조화'와 같은 관계적 규범이 강조된다.

Macneil은 계약의 관계성에 기초하여 단발적 규범과 관계적 규범을 구별하면서도 현실세계에서의 다양한 계약행동을 공통계약규범에 입각해 하나의 통일된 구조 안에 위치지우고자 함으로써, 비판의 대상이 되는 고전적 계약법의 일반이론에서는 설명하기 어려웠던 현실적인 계약을 정합성있게 설명할 수 있는 계약이론 즉, 설명이론으로서의 계약이론을 정립함으로써 현대 계약법의 일반이론에 대한 대체이론으로서도 평가할 수 있을 것이다.

2. 약속이론[90)]

Fried의 약속이론은 1970년대 이루어졌던 계약법의 일반이론으로서의 독자성을 부정하는 견해나 당사자의 의사 이외에서 계약의 구속력의 근거를 찾는 견해를 비판하면서, 당사자의 '의사'를 중심으로 한 계약법의 일반이론을 구축하고자 한 것으로 평가할 수 있다. 1981년 저서에서 그는 이 점을 분명히 밝히고 있다.

> "계약법은 근본적이고 통일적인 구조를 가지고 있으며, 법리를 설명하는 데 있어서는 이러한 통일적 구조가 도덕적 원리들과 관련이 있다는 것을 증명하고자 한다."[91)]

Fried는 약속원리를 중심으로 하는 계약이론이 일관성과 독자성이 결여되었다는 비판을 지적하면서, '약속으로서의 계약에 관한 중심적 개념'으로부터 논증을 시작한다. 우선 그는 자

(harmonization with the social matrix). Macneil, 앞의 책(주 85), 37－70면 참조.

90) 이에 관한 상세는 김현수, 약속으로서의 계약이론－Charles Fried 이론의 학설사적 지위와 논지를 중심으로－, 재산법연구 제34권 제2호, 2017 참조.

91) Charles Fried, Contract as Promise: A Theory of Contractual Obligation (1981), 서문(preface). Fried는 1970년대 이후 법현실주의 하에서 계약법의 독자성을 부인하는 다양한 견해에 대항하여 계약 당사자가 스스로 상호작용과 협력에 관한 조건을 결정할 수 있는 구조를 부여하는 계약이론을 구축하고자 노력하였다. Charles Fried, *Contract as Promise Thirty Years On*, 45 Suffolk U. L. Rev. 961, 961－962 (2012) 참조.

유주의적 이상 하에서는 인간, 재산, 그리고 타인의 선택이 존중될 것이 요구되지만, 다른 한편으로 자유로운 인간은 자신이 추구하는 목적을 이루기 위해 타인과의 협력을 필요로 하게 된다고 서술한다.[92] 그리고 자유로운 인간이 스스로의 자유를 박탈당하지 않으면서도 각자의 목적에 이바지할 수 있도록 하는 중요한 '도덕적 발견'이 있었고, 그것이 상호 간의 '신뢰(trust)'라고 한다.[93] 그리고 이러한 신뢰를 부여하는 가장 분명한 장치가 '약속(promise)'이라고 한다. 즉, 약속을 함으로써 우리는 타인의 수중(手中)에 그의 의사를 실현할 수 있는 새로운 힘을 주게 되는 것이다. 그리고 약속을 함으로써 이전에 도덕적으로 중립적이었던 하나의 선택을 도덕적으로 강제되는 것으로 변화시키게 된다. 그리고 약속은 '서약(commitment)'이라는 관념을 내포하고, 약속자가 약속의 이행을 타인에게 기대하게 하는 '관례(convention)'를 원용하였기 때문에 도덕적 의무가 발생한다고 한다. 그리고 이러한 도덕적 기초에서 약속의 구속력이 나오고, 약속적 구속력을 바탕으로 계약의 구속력이 도출된다고 정리하고 있다.[94]

이와 같이 약속으로서의 계약에 관한 자신의 이론을 전개한 후, Fried는 계약법상 구체화되어 있는 개별 법리들과 자신의 이론과의 정합성에 관한 주장을 이어감으로써 약속이론의 독자성과 완결성을 증명하고자 한다.[95] 그는 우선 약속자가 자신의 약속대로 이행을 하지 못한 경우, 이와 같은 계약 위반의 구제수단으로서 기대이익의 배상이 공정하다고 한다. 그리고 계약 당사자의 의사의 합치 이외에 계약의 구속력의 근거로서 요구되는 교환거래법리로서의 '약인'법리에 대해서는 실제의 적용에 있어 일관성이 결여되고 있다는 비판과 함께 계약의 생명은 약속에 있다고 한다. 이와 함께, 계약법의 중심적인 법리인 청약과 승낙에 관해서는 수약자의 승낙을 필요로 하는 것은 약속이라고 하는 행위의 도덕적 관계가 계약 당사자 모두에게 자발적인 것이라는 점에서 약속원리에 의해 적절히 설명될 수 있다고 한다.[96] 이어서 Fried는

92) Fried, 앞의 책(주 91), 7-8면.

93) Fried에 의하면, 이러한 신뢰는 보복에 대한 두려움이나 상호적인 호의를 넘어 도덕성 자체가 상대방은 나와 내가 가진 것을 존중할 뿐만 아니라 적극적으로 나의 목적을 돕는다고 하는 것을 확실케 하기 위하여 요청된 것일 수도 있다고 한다. 즉, 상대방이 옳은 것을 할 것이라는 강한 확신에서 상대방의 도움에 대한 나의 신임이 생기면 나는 상대방을 믿고, 그 신뢰는 우리 상호의 목적을 이루는 강력한 도구가 된다고 한다. 결국 신뢰는 우리 자신의 이익을 추구하기 위하여 놀라운 도구가 되는 것이다. Fried, 앞의 책(주 91), 8면.

94) 약속행위와 이에 수반되어 발생하는 상태를 명확히 규정하는 관례가 존재하며, 이러한 관례는 어떤 자가 타인에게 기대를 불러일으키게 하는 방법을 제공하는 것이다. 그리고 '신뢰'와 '존중'이라고 하는 칸트적인 기초 원리들에 의해 약속을 하고 이후에 이를 파기하는 것은 약속으로 타인의 믿음을 초래한 후 이를 배신하는 결과가 되어 도덕적으로 잘못이 되는 것이다. Fried, 앞의 책(주 91), 16-17면. 한편, 스스로의 의사로 약속이라는 관례를 원용한 자를 이에 구속시키는 것은 그 자를 자율적인 인격으로서 존중하는 것이 된다.

95) Charles Fried, *The Ambitions of Contract as Promise*, *in* Philosophical Foundation of Contract Law 17 (Gregory Klass et al. eds., 2014).

96) 수약자가 약속을 원치 않는 경우를 상정하면, '약속은 승낙되어야 한다'고 하는 추가적인 부가요건이 약속상 의무의 발생을 위해 필요하다고 한다. 그리고 승낙이 필요한 것은 약속행위의 도덕적 관계가 양 당사자 모두에게 임의적인 것이라는 점을 보여 주는 것이며, 이와 함께 승낙은 '약속이라고 하는 도덕 제도'와 '계약이라고 하는 법적 제도' 사이의 관련성을 제시하고 있다는 점을 지적하고 있다. Fried, 앞의 책(주 91), 43면.

계약 당사자가 계약 체결 당시 또는 이후에 일정한 사실을 전제로 어떠한 내용의 계약을 체결하고 계약상 의무를 부담하였으나, 이후 당사자들의 의사와 관련 없는 이러한 전제가 잘못된 것으로 밝혀진 경우(착오, 계약 목적달성 불능(frustration), 이행불능(impossibility))와 같이 계약에 공백(gap)이 생기게 되는 때에는 비약속적 원리들에 의한 공백의 보충을 인정하고 있다. 그러나 그 자체만으로는 약속원리와 양립될 수 없는 것은 아니라는 입장을 견지한다.[97] 끝으로 Fried는 '공정성'을 기준으로 계약 당사자 간의 합의를 수정하거나 뒤집을 수 있는 신의성실,[98] 강박, 비양심성 법리[99]에 대해 사적 자치를 일관적으로 표현하고 있는 계약법의 개념에 대해 가장 직접적으로 도전하고 있는 법리들로 파악한다.[100] 그러나 신의성실, 강박, 비양심성 법리에 대해서도 Fried는 약속원리와의 양립 가능성을 주장하고 있다.[101]

3. 정리

Gilmore의 핵심적인 논지는 19세기말부터 20세기 초반에 걸쳐 구축된 고전적 계약법상 중핵적 지위를 차지하는 '약인이론으로서의 교환거래법리'에 대해 발전과 쇠퇴의 과정을 조망하면서, 계약법의 독자성 내지 특수성은 부정되고 불법행위법의 영역으로 재흡수되고 있다는 주장이라고 할 수 있다. 일견, Gilmore의 이러한 주장은 19세기 후반부터 '이론'의 중요성에 대한 인식을 바탕으로 발전되어 온 고전적 계약법을 대상으로 단일한 일반이론의 형성과 실무상 적용에 대한 현실적 어려움을 실증적으로 고찰함으로써, 법이론 만능주의에 대한 회의를 표한 것으로 평가할 수 있다. 그러나 그는 자신의 저서 마지막 부분에서, 계약법이 독립적이고 논리적으로 일관된 규칙과 법리체계를 이룬 것은 19세기 법학의 가장 큰 업적 중 하나라고 평가한다. 이와 함께, 고전적 계약법의 일반적 결점으로 인한 실패에 대해서는 "계약의 일반이론이 어떻게 조합되고 분해되어 갔는지를 관찰하는 것은 우리가 다음에 무엇인가를 구축하려고 할 때 큰 도움이 될 것"[102]이라고 하는 견해를 밝히고 있다. 이를 고려하면, 계약법의 죽음 이

---

97) 계약 당사자는 계약 그 자체로서 자신들이 구축하는 관계의 의미와 범위를 매우 자유롭게 통제할 수 있기 때문에 공백의 보충을 위한 배분의 법리에 의지한다는 사실만으로는 약속원리를 압도하는 위협은 될 수 없다고 한다. Gilmore, 1995년판 책, 73면.

98) 미국 계약법상 Good Faith 원칙에 관한 상세는 윤진수, 미국 계약법상 Good Faith 원칙, 서울대학교 법학 제44권 제4호, 2003 참조.

99) 미국법상 비양심성 법리에 관한 상세는 김현수, 앞의 논문(주 8) 참조.

100) Fried, 앞의 책(주 91), 74면.

101) 예를 들어, 신의성실 법리에는 '정직(honesty)'과 당사자의 계약관계에 대한 '충성(loyalty)'이라는 요소가 존재한다고 한다. 그러나 원래의 당사자 의도나 당사자의 합의에 대한 합리적인 해석은 단순히 당사자의 문언에 구속되는 것이 아니라 언어의 사용과 이해의 경우와 마찬가지로 일정한 거래유형에 특유한 통상적인 실무나 이해라고 하는 배경적 상황에 비추어 이루어지게 된다. 이러한 합리적인 의사의 해석을 통해서 당사자의 약속에 충실한 태도인지를 확정할 수 있고 이것이 신의칙의 내용이 되는 것이라는 점에서 '정직'와 '충성'이라는 요소는 당사자의 의사에 기초하는 것과 크게 다르지 않다고 한다. Fried, 앞의 책(주 91), 87-89면.

102) Gilmore, 1995년판 책, 106-108면.

론의 이면(裏面)에 내재하고 있는 Gilmore의 사고는 오히려 계약법 분야의 일반이론 연구에 대한 중요성을 환기시키는 데 있었다는 것으로 볼 수 있을 것이다.

Gilmore의 주장은 계약법의 쇠퇴와 사멸을 주장함으로써, 미국 법학계 내에서 사회 '현상'으로서의 계약이나 계약법의 재검토, 그리고 이론적 정당성을 부여할 수 있는 새로운 근거를 탐색하는 것에 대해 많은 관심을 촉발시키는 계기가 되었다는 것은 분명한 것으로 보인다. 1970년대 이래 미국에서는 계약법 이론에 관한 논의가 전성기를 누렸다.[103)]

그 중 Macneil의 이론은 사회경제적 변화에 따라 신의칙이나 약속적 금반언 법리와 같이 당사자의 의사에 기하지 않은 계약책임의 확대 현상이 생기면서, 당사자의 의사이론과 약인이론을 기초로 구축된 계약법에 대해 이론적 정당성과 관련한 흠결을 보완할 수 있는 유력한 기초에 대한 인식을 제공한 것으로 평가할 수 있다. Macneil이 제창한 「관계적 계약이론」[104)]은 현재까지 고전적 계약법의 대체 이론으로서 유력한 기초를 제공하고 미국 계약법학계에 계약, 계약법, 계약이론에 대한 이해를 심화시킨 중요한 이론적 발전으로 평가받고 있다.[105)] 실제로 계약의 과정에 대한 분석에 사회학적 관점을 투영한 그의 연구는 법학을 비롯하여 경제학이나 사회학 분야의 연구에 많은 영향을 끼쳤다.[106)] 그럼에도 불구하고 Macneil은 자신의 이론을 실정 계약법의 해석이론이나 특별법상 적용 가능한 규범이론으로서 체계적으로 발전시키지는 못한 것으로 평가된다.

Fried의 약속이론은 의사이론의 입장에 서면서도 약속원리의 한계를 인식하면서, 기타의 비약속적 원리 사이의 경계와 관련성을 밝히는 점에서 고전적 계약법상 의사이론과는 구별된

---

103) Robert A. Hillman, The Richness of Contract Law: An Analysis and Critique of Contemporary Theories of Contract Law 1 (1997).

104) Macneil은 2000년 그의 논문에서 다른 관념의 관계적 계약이론과의 구별을 위하여 자신의 이론을 '본질적 계약이론(essential contract theory)'으로 정의하고 있다. Macneil, *Relational Contract Theory: Challenges and Queries*, 94 Nw. U. L. Rev. 877, 892-894 (2000).

105) David Campbell, *Ian Macneil and the Relational Theory of Contract*, *in* The Relational Theory of Contract: Selected Works of Ian Macneil 4 (David Campbell ed. 2001). 1999년 1월 29일 노스웨스턴 로스쿨에서는 Macneil의 연구를 다양한 관점에서 검토하는 심포지움이 개최되었다. 동 심포지움에서의 발표문들은 Relational Contract Theory: Unanswered Questions, 94 Nw. U. L. Rev. 735 (2000) 이하 참조. 또한, 관계적 계약이론은 미국 로스쿨에서 채택하고 있는 많은 교과서에도 소개되고 있다. 예를 들어, E. Allan Farnsworth et al., Contracts: Cases and Materials 253 (6th ed. 2001); Steven J. Burton, Principles of Contract Law 586-587 (2d ed. 2001) 참조.

106) 계약법 이론 분야의 연구는 예를 들어, Charles J. Goetz & Robert E. Scott, *Principles of Relational Contracts*, 67 Va. L. Rev. 1089 (1981); William C. Whitford, *Relational Contracts and the New Formalism*, 2004 Wis. L. Rev. 631 (2004) 참조. 개별법 분야의 연구는 Robert C. Bird, *Employment as a Relational Contract*, 8 U. Pa. J. Lab. & Emp. L. 149 (2005) 참조. 또한, Macneil의 계약에 관한 연구는 2009년 노벨 경제학상을 수상한 Oliver E. Williamson의 기업조직에 의한 효율적 거버넌스 연구에도 많은 영향을 미친 것으로 알려져 있다. Oliver E. Williamson, *The Economics of Organization: The Transaction Cost Approach*, 87 Am. J. Soc. 548 (1981) 참조.

다. 즉, 계약법의 근원을 약속에서 구하고 의사이론에 기초해 계약법을 체계화하고자 했지만 종래의 의사이론과는 다르다는 점에 주목하여, 신뢰, 이득, 배분, 공정과 같은 비약속적 원리들이 계약법 체계 내에서 함께 작동하는 것을 인정하고 있다는 점을 강조한다.[107] 또한, 약속적 의무에 관한 일반이론을 제시하고, 약인법리, 청약과 승낙, 착오, 강박과 비양심성 법리를 포함한 계약법상 다양한 법리들을 다룸으로써 계약법과 이를 구체화한 법리들을 이해하고 적용하는데 있어 철학적 중요성을 환기시켰다고 평가받고 있다.[108] 그럼에도 불구하고, 그의 이론은 약속원리가 계약법의 체계 내에서 제한된 역할만을 담당하고 있기 때문에,[109] 약속원리 그 자체만으로는 계약법을 관통하는 최고의 원리가 될 수 없다고 하는 등 비판의 대상이 되기도 했다.[110]

V. 나오며

우리 민법의 계약관은 원칙적으로 계약자유의 원칙에 입각한 19세기 의사이론에 기초를 두고 있다. 민법은 제105조에서 “법률행위의 당사자가 법령 중의 선량한 풍속 기타 사회질서에 관계없는 규정과 다른 의사를 표시한 때에는 그 의사에 의한다”고 규정하여 계약의 구속력이 당사자의 합의에 근거하는 의사이론에 기초하고 있다는 점을 간접적으로 표명하고 있다. 그러나 우리 사회 역시 사회경제적 변화와 더불어 일반조항이나 계속적 계약, 매니지먼트 계약, 의료 계약과 같이, 기간, 신분, 상호의존성 등 관계적 요소 또는 계약을 둘러싼 배경이나 맥락이 계약의 해석에 있어 중요한 상황이 증가하고 있다. 또한, 소비자 계약법, 고용관계법 등 특별법의 활용을 통하여 현대 사회의 계약에서 요구되는 신뢰, 공정성과 같은 당사자 의사 이외의 다양한 가치가 계약법에 투영되고 있다.[111]

이처럼 계약 당사자의 의사는 더 이상 계약상 의무의 정당화 원리의 근거로서 독점적 지위를 향유할 수 없게 되었다. 우리 민법은 이러한 환경적 변화에 대응하여 종래 절충주의적 의사표시 이론의 적용, 사정변경 원칙의 적용, 신의칙론이나 부수의무론 등을 전개하면서 계약 현실과의 조화를 꾀하여 왔다고 할 수 있다. 그러나 일반조항을 활용한 계약책임의 확대나 맥

---

107) P. S. Atiyah, Book Review, 95 Harv. L. Rev. 509, 515 (1981); Anthony T. Kronman, *A New Champion for the Will Theory*, 91 Yale L. J. 404, 405 (1981－1982); J. M. Thomson, Book Review, 3 Legal Stud. 211, 214 (1983); Edward J. Murphy, Book Review, 28 Am. J. Juris. 237, 239 (1983).

108) Robert A. Hillman, The Richness of Contract Law 18 (1997).

109) P. S. Atiyah, Book Review, 95 Harv. L. Rev. 509, 516－524 (1981); 内田　貴, 契約の再生, 1990, 117頁.

110) Daniel A. Farber, Book Review, 66 Minn. L. Rev. 561, 564 (1982).

111) 곽윤직 편집대표, 민법주해[XII], 박영사, 1997, 52－53면(이주흥 집필부분)(“고전적 계약자유의 원리에 가하여지고 있는 이러한 제약은 아래에서 보는 바와 같이 매우 광범위한 범위에 걸쳐 있어, ‘계약의 위기’ 또는 ‘계약의 쇠퇴’라는 표현이 나오게 되기에 이르렀다.”).

락을 고려한 계약의 해석은 구체적 타당성을 확보할 수는 있어도, 당사자의 의사에 대한 예외라고 하는 점에서 계약책임의 근거에 대해 이론적으로 정합성 있는 설명을 하는 것에는 일정한 어려움이 있다.[112] 또한, '원칙 vs. 예외'의 관점에서 원칙에 비해 예외가 더 큰 비중을 차지하는 결과를 가져오게 함으로써, 개별적 기준이나 법리의 적용에 대해 일관적인 정당성이나 법적 안정성을 확보하는 데 장애가 될 수 있다.[113] 이러한 점을 고려하면, 우리 사회에서의 계약 현상과 계약법에 적합한 설명이론 및 규범이론의 정립을 위하여 비교법적, 학제적 관점에서 계약법 이론에 대하여 지속적인 관심과 연구가 요청된다.[114]

112) 윤용석, 신의칙의 재조명, 재산법연구 제20권 제2호, 2003, 21-23면 참조.

113) 실제로 많은 미국의 계약법 교과서(case book)를 살펴보면 계약책임의 근거가 되는 '약인이론'에 대한 설명보다 예외적 법리인 '약속적 금반언'에 대한 설명이 훨씬 많은 분량을 차지하고 있다. Robert S. Summers & Robert A. Hillman, Contract and Related Obligation (2006) 참조.

114) 일본에서는 1990년대에 접어들면서 ① 이익형량론의 한계 돌파, ② 사회철학을 중시한 미국이나 독일의 법이론의 투영, ③ 판례·학설의 복잡화에 따른 민법 전체상 파악의 어려움, ④ 국제화의 진전에 따른 일본법의 정체성 확인의 필요, ⑤ 학자의 존재이유의 의문시, ⑥ 전통적인 법학의 복권 움직임을 이유로 關契的 契約論, 交涉促進規範論, 契約自由論, 契約正義論과 같이 계약제도 전반에 투영될 수 있는 계약법 이론 연구가 활성화 되고 있다고 한다. 정종휴, 계약의 구속력의 근거-일본에서의 논의를 중심으로-, 민사법학 제37권, 2007, 423면 이하 참조.

통행지역권의 시효취득의 요건에 대한 비판적 검토와 그 대가지급에 있어서의 문제* **

— 대법원 2015. 3. 20. 선고 2012다17479 판결을 소재로 —

김 화***

Ⅰ. 사안의 개요

1. 사실관계

이천시 소유의 잡종지 21,620m’는 소외인이 소유하다가 1992. 11. 28. 9,717/21,620 지분에 관하여 주식회사 한양에게 소유권을 이전하였고, 1993. 1. 13. 위 토지 중 잡종지 11,903m²를 분할하여 A 필지 9,717m²와 B 필지 11,903m²로 분할되었다. 이후 원고인 주식회사 네오바이오가 2002. 4. 16. B 필지 중 9,717/21,620 지분에 대하여, 다른 원고들이 2004. 2. 21. 그 외 일부 지분인 5,951.5/21,620 지분에 대하여 소유권을 취득하였다. 이후 2004. 12. 6. B 필지는 1,863m²의 이 사건 제1토지로, 5,472m²의 이 사건 제2토지로 각 분할되었다. 위 이 사건 제1토지와 제2토지는 주식회사 네오바이오, 다른 원고들이 공유하고 있었다.

주식회사 한양은 1985년경 자신이 소유하던 이천시 대월면 소재 공장용지를 요역지로 하여서 공로에 이르는 진입도로로 사용하기 위하여 이 사건 제1토지와 이 사건 제2토지에 콘크리트 포장을 하는 등으로 도로를 개설한 이래 계속 통행로로 이용하여 왔으며, 당시 한양이 개설한 도로의 폭과 위치 등의 상황 등에는 큰 변화가 없었다. 피고 세일철강 주식회사는 2001. 12.경부터 이 사건 요역지를 한양 등으로부터 취득한 후 현재의 모습과 같이 이 사건 통행로에 아스콘 포장을 하여 도로, 인도와 법면으로 계속 사용하고 있었다. 이에 대하여 주식회사

---

* 고 최종길 교수님께서는 여러 깊이 있는 연구 논문들을 발표하시어 우리 민법학의 기초를 세우시는 데 큰 기여를 하셨습니다. 특히 독일민법에서 논의되고 있던 물권적 기대권을 자세히 소개하시고 이에 대한 깊이 있는 연구논문을 발표하시어 우리 민법학의 지평을 넓히셨습니다. 고 최종길 교수님의 여러 논문들 중 특히 물권법 관련 논문들을 감명깊게 읽었기에 부족한 제 지역권 관련 논문을 고 최종길 교수님의 추모논문집에 기고하게 되었습니다.

** 본 논문은 같은 제목으로 「인권과 정의」 제511호(2023. 2)에 게재되었습니다.

*** 이화여자대학교 법학전문대학원 교수

네오바이오를 포함한 원고들은 피고 세일철강 주식회사에 대하여 도로 및 인도 개설부분을 철거하고 그 토지를 인도할 것을 청구하였다.[1)]

2. 제1심의 판단

위 사건에 대한 제1심은[2)] 피고가 원고들 소유의 이 사건 통행로 부분을 점유, 사용하고 있으나, 피고에게 이 사건 통행로 부분을 점유, 사용할 권원이 없으므로 피고는 원고들에게 도로 및 인도 개설 부분을 철거하고 그 토지를 인도할 의무가 있음을 인정하였다. 이에 대한 피고의 항변으로, 토지 소유자의 묵시적 승인에 의하여 통행지역권을 승계취득 하였다거나 통행지역권을 시효취득 하였다는 주장에 대하여는 주식회사 한양이 1985년경에 이 사건 제1토지 및 제2토지에 소유자인 소외인의 승낙을 받고 진입도로를 개설하였다고 볼 증거가 부족하고 한양이 소외인으로부터 이 사건 제1토지 및 제2토지에 대하여 통행지역권을 설정하기 위한 묵시적인 동의를 받아 도로를 개설하여 사용하였다고 볼 증거도 없다는 이유로 피고의 주장을 배척하였다.

3. 원심의 판단

원심은[3)] 통행로의 개설시점을 전후하여서 당사자 사이에 묵시적 통행지역권 설정에 관한 합의가 있었다는 피고의 주장에 대해서는 이를 인정할 만한 증거가 부족하다는 점을 이유로 배척하였지만 통행지역권의 시효취득에 관한 피고의 주장에 대해서는 이를 인정하였다.

원심의 판단에 따르면 통행지역권은 요역지의 소유자가 승역지 위에 도로를 개설하여 승역지를 사용하는 객관적인 상태가 민법 제245조에 규정된 기간 동안 계속되어야 하는데, 주식회사 한양은 1985년경 통행로를 개설한 이래, 피고가 2001. 12.경 주식회사 한양으로부터 이 사건 공장용지를 취득한 후 그 통행로를 계속 사용하고 있는 객관적인 상태가 20년 이상 표현됨으로써, 2005년 말경 무렵에는 이 사건 제1토지와 제2토지에 대한 통행지역권의 취득시효가 완성되었다고 볼 수 있다고 판단하였다.

주식회사 한양은 1985년경에 자신이 소유하던 이 사건 요역지 일대의 이 사건 공장용지에서 공로에 이르는 진입도로로 사용하기 위하여 이 사건 제1토지와 제2토지에 콘크리트 포장을 하는 등으로 도로를 개설한 이래 줄곧 그 본래의 용도에 따라 이 사건 통행로 부분을 통행

1) 이 사건 사실관계에 대해서는 대상판결인 대법원 2015. 3. 20. 선고 2012다17479 판결의 파기환송심인 서울동부지방법원 2017. 2. 3. 선고 2015나2241 판결의 인정사실 부분을 참고하여서 재구성하였음.

2) 서울동부지방법원 2011. 1. 18. 선고 2009가단61620 판결: 제1심의 판결에 대해서는 오용규, “통행지역권의 취득시효 완성 요건 및 그 대가 보상 - 대상판결: 대법원 201. 3. 20. 선고 2012다17479 판결”, 「청연논총」 제14집(사법연수원, 2017), 51쪽 이하 참조.

3) 서울동부지방법원 2012. 1. 13. 선고 2011나1158 판결.

로로 이용하여 왔으며, 당시 주식회사 한양이 개설한 도로의 폭과 위치 등의 상황이 현 상황과 크게 다르지 않은 사실, 또한 원고 주식회사 네오바이오가 경매절차를 통하여 이 사건 제1토지와 제2토지로 분할되기 전의 B 필지 중 일부 공유지분을 취득할 당시에도 위 각 도로가 개설된 상태였던 사실, 피고인 세일철강 주식회사가 2001. 12.경 주식회사 한양으로부터 이 사건 공장용지를 취득한 후 현재의 모습과 같이 이 사건 통행로 부분에 아스콘 포장을 시행하여 도로, 인도와 법면으로 계속 사용하고 있는 사실 등을 통하여 보면 주식회사 한양으로부터 이 사건 공장용지를 취득한 후 그 통행로를 계속 사용하고 있는 객관적인 상태가 20년 이상 표현된 것으로 인정할 수 있다고 보았다.

이에 대하여 피고 측의 점유가 자주점유의 추정이 깨어지는 무단점유였다는 주식회사 네오바이오를 포함한 원고들의 주장에 대해서는 민법 제245조 제1항의 규정에 따른 점유취득시효가 아닌 민법 제294조에 따른 통행지역권의 시효취득에 대해서는 이러한 무단점유의 주장은 통행지역권의 시효취득을 저지할 수 있는 정당한 사유가 될 수 없으며, 통행지역권을 시효취득하기 위한 요건으로서 통행로 개설 당시 이에 대한 승역지 소유자의 동의도 필요하지 않은 것으로 판단하였다.

위 원고들의 이에 대한 지역의 대가 또는 손실보상으로서의 금전청구에 대해서는, 지상권이나 주위토지통행권과는 달리 일정한 목적을 위하여 승역지를 무상으로 요역지의 편익에 제공하는 지역권의 성질이나 공로와 사이에 그 용도에 필요한 통로가 없는 토지의 이용이라는 공익 목적을 위하여 피통행지 소유자의 손해를 무릅쓰고 특별히 인정되는 제도인 주위토지통행권과 용익물권의 일종인 지역권은 서로 그 성질이 달라 민법 제219조 제2항에 따른 손실보상의 규정이 통행지역권에도 일반적으로 유추적용되어야 한다고 볼 만한 근거가 없고, 이 사건 통행로 개설 당시 당사자 사이에 특별히 통행로 개설의 대가에 관한 명시적, 묵시적 특약이 전혀 없었던 점을 고려하여 원고들의 금전청구에 대해서도 이를 인정하지 않았다.

4. 대법원의 판단

이러한 원심의 판단에 대하여서 대법원은[4] 원심이 인정한 통행지역권의 시효취득은 인정하였으나, 이에 대한 지역의 대가를 부정한 판단에 대해서는 원심과 달리 보았다.

즉, 지역권은 일정한 목적을 위하여 타인의 토지를 자기 토지의 편익에 이용하는 권리로서 계속되고 표현된 것에 한하여 취득시효에 관한 민법 제245조의 규정을 준용하도록 되어 있다. 따라서 통행지역권은 요역지의 소유자가 승역지 위에 도로를 설치하여 요역지의 편익을 위하여 승역지를 늘 사용하는 객관적 상태가 민법 제245조에 규정된 기간 계속된 경우에 한하여 그 시효취득을 인정할 수 있다고 전제하고, 또한 취득시효기간을 계산할 때에, 점유기간 중

4) 대법원 2015. 3. 20. 선고 2012다17479 판결.

에 해당 부동산의 소유권자가 변동된 경우에는 취득시효를 주장하는 자가 임의로 기산점을 선택하거나 소급하여 20년 이상 점유한 사실만 내세워 시효완성을 주장할 수 없으며, 법원이 당사자의 주장에 구애됨이 없이 소송자료에 의하여 인정되는 바에 따라 진정한 점유의 개시시기를 인정하고, 그에 터 잡아 취득시효 주장의 당부를 판단하여야 하며, 한편 점유가 순차 승계된 경우에는 취득시효의 완성을 주장하는 자가 자기의 점유만을 주장하거나 또는 자기의 점유와 전 점유자의 점유를 아울러 주장할 수 있는 선택권이 있다. 소유권의 취득시효에 관한 위와 같은 법리는 지역권의 취득시효에 관한 민법 제294조에 의하여 민법 제245조의 규정이 준용되는 통행지역권의 취득시효에 관하여도 마찬가지로 적용된다. 따라서 주식회사 한양이 1985년경 이 사건 통행로를 개설한 이래 피고 세일철강 주식회사가 2001. 12.경 한양으로부터 이 사건 공장용지를 취득한 후에도 이 사건 통행로를 계속 사용하고 있는 객관적인 상태가 20년 이상 표현되었고, 원고들과 소외인이 승역지인 이 사건 제1, 2 토지에 관한 각 공유지분을 취득한 시기는 그 20년이 경과하기 전이므로, 2005년 말경에는 이 사건 제1, 2 토지에 관한 통행지역권의 취득시효가 완성되었다. 또한 피고 측의 점유가 무단점유였으므로 통행지역권을 시효취득할 수 없다는 원고들의 주장에 대해서도, 민법 제245조 제1항의 규정에 터 잡은 점유취득시효가 아니라 민법 제294조의 규정에 터 잡은 통행지역권의 시효취득을 내세우는 피고의 주장을 저지할 정당한 사유가 될 수 없다는 사유를 들어 이를 배척한 원심의 판단을 그대로 인정하였다.

통행지역권의 지역의 대가에 관하여서는 다음과 같이 설시하며 원심의 판단을 인정하지 않았다. 즉, 통행지역권의 경우에 지역의 대가로서의 지료는 그 요건이 아니지만 통행지역권의 취득시효가 인정되면, 도로가 개설된 상태에서 승역지가 이용되고 또한 다른 사정이 없는 한 그 존속기간에 제한이 없어 승역지 소유자의 승역지에 대한 사용 및 소유권 행사에 상당한 지장을 주게 되므로 그에 따른 불이익에 대하여 승역지 소유자를 적절히 보호할 필요가 있다.[5] 한편 통행지역권의 취득시효는 승역지 위에 도로를 설치하여 늘 사용하는 객관적 상태를 전제로 하는데, 도로 개설에 의한 종전의 승역지 사용이 무상으로 이루어졌다는 특별한 사정이 없다면 취득시효 전에는 그 사용에 관한 지료 지급의무를 지거나 부당이득반환의무를 지므로, 이러한 상태에서의 도로 개설, 사용을 전제로 하여 시효취득이 이루어진다고 할 수 있다. 그리고 민법 제219조는 어느 토지와 공로 사이에 그 토지의 용도에 필요한 통로가 없는 경우에 그 토지 소유자가 주위의 토지를 통행 또는 통로로 하지 아니하면 공로에 출입할 수 없거나 과다한 비용을 요하는 때에는 그 주위의 토지를 통행할 수 있고 필요한 경우에는 통로를 개설할 수 있도록 하여 주위토지통행권을 인정하는 한편, 그 토지 소유자로 하여금 통행지 소유자의

5) 결국 대법원의 판시사항에서 말하고 있는 지역의 대가라는 것은 지역권의 취득 및 승역지 사용으로 인한 지료를 의미한다고 할 수 있다.

손해를 보상하도록 정하고 있다. 통행지역권은 용익물권으로서 통행지역권의 시효취득은 상린관계에 관한 주위토지통행권과는 그 권리의 성질 및 성립 근거가 다르지만 인접한 토지소유자 사이에서 통로 개설에 의한 통행 이용에 관한 이해관계를 조정하는 역할을 한다는 점에서는 서로 유사하다. 이와 같이 도로 설치에 의한 사용을 근거로 영구적인 통행지역권이 인정되는 통행지역권의 취득시효에 관한 여러 사정들과 아울러 주위토지통행권과의 유사성 등을 종합하여 보면, 종전의 승역지 사용이 무상으로 이루어졌다는 등의 다른 특별한 사정이 없다면 통행지역권을 취득시효한 경우에도 주위토지통행권의 경우와 마찬가지로 요역지 소유자는 승역지에 대한 도로 설치 및 사용에 의하여 승역지 소유자가 입은 손해를 보상하여야 한다고 해석함이 타당하다.

Ⅱ. 서론

지역권은 매우 유구한 역사를 가진 토지의 이용권으로서 과거로부터 오랜 시간 동안 해당 토지의 효용을 높이는 중요한 제도로 활용되어 왔었다. 다양한 지역권들 중에서도 통행지역권의 경우 용수지역권과 함께 가장 오래되고 중요한 지역권으로 이해되고 있으며 이는 로마법에서부터 인정되고 있었던 제로로서 로마법 이래로 통행과 관련된 분쟁을 해결하는 가장 중요한 법적도구로써 사용되어 왔다.[6] 과거에는 이러한 통행지역권이 도보를 통한 통행이나 마차 등의 통행에 큰 의미를 가지고 있었지만, 현대에 있어서 통행지역권이 가지는 중요한 의미는 자동차를 통한 요역지로의 통행 가능성에 있다. 현대에 있어서 이동수단으로서 자동차는 매우 중요한 의미를 가지고 있다. 따라서 어느 토지에 자동차가 통행할 수 있는 통로가 존재하지 않는다면 당해 토지의 효용성은 매우 떨어지게 되고, 그러한 토지의 가치도 매우 낮게 책정될 수밖에는 없게 된다. 어느 토지가 공로와 연결되는데 있어서 필요한 통로가 존재하지 않는 경우에는 우리민법 제219조는 주위토지통행권을 상린관계상의 권리로서 인정하고 있으나, 이는 통행지역권을 설정하는 것과는 달리 그 요건상 많은 제약이 존재하며, 언제나 요역지 소유자가 원하는 위치와 방법으로 통로를 개설하고 이용할 수 있는 것도 아니다.

어느 토지가 공로와 연결되는 통로가 존재하기는 하지만 자동차가 통행하기에는 너무 좁거나, 또는 지나치게 먼 거리를 돌아가야 하는 경우와 같이 공로와 연결되기는 하였으나 자동차 등의 통행을 고려하였을 경우 지나치게 불편한 경우라면 통행지역권이 자동차를 위한 통행에 있어서는 가장 중요한 제도로 기능하게 된다. 즉, 일정한 타인의 토지를 통과하여서 본인의 토지에 자동차 등을 이용하여 쉽게 접근할 수 있도록 일정한 통로를 개설하거나 이용할 수 있

6) 로마법상 통행지역권의 예로서 도보통행권(iter), 우마차통행권(actus), 통로권(via)이 있었다고 한다: 이병준, "사도의 사법상 법률문제", 「토지법학」 제30권 제2호(한국토지법학회, 2014), 196쪽.

다면 자신의 토지의 잠재된 효용가치를 극대화할 수 있으며, 나아가 이를 통하여 당해 토지의 매매가격을 높이는 것도 가능하다.

이러한 통행지역권의 설정을 통하여서 존재하는 토지의 효용가치를 극대화시키고 이를 통해 통로의 부담을 지게 되는 토지의 소유자에게는 적절한 지역의 대가를 지급하는 것을 통해 이해관계자들 사이의 자율적인 해결을 도모하는데 지역권은 매우 합리적인 제도로 기능할 수 있다. 그러나 실제에 있어서 이러한 통행지역권이 이해관계인들의 이익관계를 조정하는데 있어 자주 활용되고 있지는 못하는 실정이다.[7] 이러한 당사들 사이의 자유로운 의사에 기한 통행지역권이 실무상 자주 활용되는 것은 아니기에, 오히려 통행지역권과 관련하여서는 일정한 통행을 위해서 당사자들 사이에 통행지역권 자체를 설정하는 경우보다는 승역지 소유자가 묵시적으로 이러한 통행을 묵인하는 경우이거나 또는 이러한 통행지역권 자체를 시효취득하는 경우가 실무례에서는 더 많이 발견된다.[8] 그러나 우리 판례는 통행지역권과 관련하여서 묵시적 통행지역권의 설정에 대해서는 소극적인 태도를 보이고 있으며,[9] 통행지역권의 시효취득과 관련하여서도 우리민법 제294조에서 계속되고 표현된 것에 한하여서 지역권의 시효취득이 가능하다는 요건을 해석하면서 요역지의 소유자가 타인의 소유인 승역지 위에 통로를 개설해야 한다는 제한을 추가적으로 요구하고 있다.[10] 이러한 판례의 통행지역권의 시효취득과 관련된 법리는 통행지역권의 시효취득을 매우 어렵게 만듦으로써 통행지역권이라는 효율적인 제도를 통하여서 요역지 소유자와 승역지 소유자간의 이해관계를 합리적으로 조절하는 기회를 제공하는 것을 어렵게 만들고 있다.

대상판결인 대법원 2015. 3. 20. 선고 2012다17479 판결은 통행지역권의 시효취득과 관련하여서 요역지 소유자의 통로의 개설을 요구한다는 점에서는 기존의 판례의 법리를 그대로 따르고 있으나, 원심의 판단과는 달리 통행지역권의 시효취득의 경우 통로의 부담을 받게 되는 승역지 소유자가 지역의 대가를 청구할 수 있도록 함으로써 통행지역권의 시효취득 이후에 발생하는 요역지 소유자와 승역지 소유자의 이해관계의 충돌을 합리적으로 해결하려 하고 있다. 이하에서는 대법원 2015. 3. 20. 선고 2012다17479 판결을 소재로 통행지역권의 시효취득의 요건을 어떻게 설정하는 것이 합리적인 것인지의 문제와 이러한 통행지역권의 시효취득을

7) 그러한 이유로는 지역권설정등기로 인한 토지 가치 하락에 대한 승역지 소유자의 우려, 대법원 판례에 있어서 통행지역권의 시효취득 요건에 대한 제한적 해석에 따른 통행지역권 취득의 어려움, 대법원 판례에 의해서 인정되고 있는 배타적 사용수익권의 포기라는 법리에 의한 문제해결 등을 들 수 있다. 이에 대해서는 서경환, “배타적 사용수익권 포기 법리의 문제점과 그 대안으로서의 통행지역권”, 「사법논집」 제54집(법원도서관, 2012), 472쪽 참조.

8) 장병주, “타인 소유 토지 통행에 관한 고찰”, 「법학연구」 제29권 제4호(경상대학교 법학연구소, 2021), 200, 201쪽.

9) 대법원 1991. 4. 23. 선고 90다15167 판결 참조.

10) 대법원 1991. 10. 22. 선고 90다16283 판결 참조.

인정한 이후에 발생하는 이해관계를 지역의 대가지급을 통해서 해결하는 방법으로 양 당사자의 이해관계를 적절히 조절할 수 있을 것인지 여부를 고찰해 보도록 한다.

Ⅲ. 현대사회에서 지역권이 가지는 의미

지역권은 매우 오랜 역사를 가진 용익물권이며 앞서 언급한 바와 같이 통행지역권의 경우 통행과 관련하여서 여러 이해관계의 충돌을 당사자들의 자율적인 의사에 기하여서 합리적으로 해결할 수 있는 제도이다. 특히 지역권이 가지고 있는 속물권(屬物權)이라는 특성은 다른 용익물권들과 구별되는 가장 중요한 특징 중의 하나이다.[11] 즉, 지역권은 일정한 토지, 즉 요역지의 편익을 위해서 인정되는 권리로서 일정한 인(人)을 위해서 인정되고 설정되는 권리가 아니라 일정한 물(物)을 위해서 인정되고 설정되는 권리라는 점을 가장 큰 특징 중의 하나로 하고 있다.[12] 지역권이 일정한 인(人)을 위한 권리가 아니라 물(物)을 위한, 즉 요역지라는 일정한 토지를 위한 권리라는 점은 우리민법 제292조에서 지역권의 요역지 소유권의 부종성을 인정한 것에서도 잘 나타나고 있다. 일정한 지역권을 통해서 요역지는, 승역지 상의 일정한 부담을 전제로 그 가치가 높아지게 되고, 특히 앞서 언급한 바와 같이 현대사회에서 통행지역권의 설정을 통하여서 요역지의 가치가 극대화될 수 있다. 이러한 점에서 지역권의 설정은 일정한 토지가 가지는 잠재가치를 극대화하는 매우 합리적인 제도라고 평가할 수 있을 것이다.

이러한 장점에서도 불구하고 현대사회에서 지역권이 활발하게 이용되고 있지는 않으며, 이러한 사실은 법률상 부여되는 민법 제219조 이하의 주위토지통행권에 비하여서 지역권과 관련된 판례는 매우 적다는 점을 통해서도 확인할 수 있다.[13] 이는 현대사회에서는 토지를 포함한 일정한 물건의 이용을 위해서 당사자들 사이의 계약을 통해서 이를 가능하게 하는 것이 좀 더 일반적인 것으로 인식되고 있기 때문으로 생각된다.[14] 물론 지역권과 같은 일정한 용익물권을 형성하는 것을 통해서 당해 토지소유자의 변경과 관계없이 안정적으로 목적물을 이용할 수 있다는 장점이 존재하지만, 기본적으로 물권법정주의 원칙에 기초하고 있는 용익물권의 경우 당사자의 필요나 욕구와 완전히 일치하는 다양한 형태의 이용 관계를 언제나 그 내용으로

11) 이는 로마법상 지역권은 요역지의 유익을 위하여서 인정된다는 원칙인 utilitas praedii에서 출발한 것으로 볼 수 있다: BK/Rey, 2. Aufl. 1981, Vorbem. Art. 730－736 ZGB, Rn. 7.

12) 이러한 의미에서 지역권은 속인권(屬人權)이 아닌 속물권(屬物權)으로 본다: 장병일, “지역권에 대한 비교법적 고찰 - 일본, 스위스 그리고 독일의 통행지역권”, 「토지법학」 제33권 제1호(한국토지법학회, 2017), 69쪽.

13) 지역권 중에서도 실무상 문제가 되고 판례가 집적된 부분은 통행지역권의 경우이며 주로 통행지역권의 시효취득과 관련하여서 판례가 집적되어 있다.

14) 통행권과 관련하여서도 주위토지통행권, 통행지역권도 가능하지만 채권계약을 통한 통행권의 형성도 가능하며 이러한 통행권의 유형별 구분과 관련하여서는 那須 彰, 私道の通行権をめぐる諸問題, 判例タイムズ 590号(1986.05), 2頁 以下

하기는 어렵다는 한계가 존재한다. 따라서 물건의 이용과 관련하여서 이러한 정형화된 용익물권을 활용하기보다는 각 당사자가 자신의 필요에 가장 알맞은, 최적화된 형태로 물건의 이용을 제공하고 제공받을 수 있는 채권의 형태를 선호하는 것이 일반적인 추세라고 볼 수 있을 것이다.

그러나 지역권은 다른 여러 용익물권들과 달리 가장 자유로운 내용과 형태를 갖고 있는 용익물권이다. 지역권의 경우 우리 민법 제291조에서 일정한 목적을 위하여 타인의 토지인 승역지를 자기토지인 요역지의 편익을 위하여 이용할 수 있는 권리로서 인정되고 있으며, 그 의무의 내용도 일반적인 용익물권의 경우와 달리 요역지와 승역지 사이의 관계에 따라서 다양하게 설정될 수 있다. 또한 당사자 사이에 자유롭게 형성된 다양한 지역권의 내용을 부동산등기법 제70조에 따라서 등기하는 것도 가능하다.[15] 결국 부동산등기법을 통해서, 지역권의 경우에 형성되는 다양한 승역지 사용의 목적을 등기부에 기재하여서 외부에 공시할 수 있도록 하고 있다.

여러 용익물권들 중에서도 가장 자유로운 내용과 형태를 가지고 또한 이를 등기부에 기재하여서 외부로 공시할 수 있는 지역권은 앞으로 그 활용범위가 확장되리라 생각된다. 이는 특히 앞서 언급한 지역권이 가지고 있는 여러 특징들 중에서 승역지의 사용에 있어서 이른바 비배타성을 그 속성으로 가지고 있다는 점 때문에 더욱 그러하다. 예를 들어 요역지 소유자를 위하여서 승역지에 통행지역권이 설정되었다고 하더라도 이러한 요역지 소유자의 통행을 방해하지 않는 범위 내에서는 승역지 소유자도 자신의 승역지를 사용할 수 있으며, 경우에 따라서는 요역지를 위하여서 만들어진 통로를 함께 사용하는 것도 가능하다. 또한 이러한 통행지역권의 내용은 등기를 통하여서 공시될 수 있으므로 요역지나 승역지의 소유권자의 변경에도 불구하고 계속적으로 요역지의 효율적인 이용을 위하여 존속할 수 있다. 이러한 토지 사용에 있어서의 비배타성은 최근의 경제형태의 변화와 관련하여서 큰 의미를 가지게 되리라 기대된다.

즉, 지역권은 다른 용익물권과는 달리 당해 목적물의 이용권능 전체를 지배하는 권리가 아니므로, 지역권이 설정된 경우에도 승역지 소유자는 자기 토지 활용에 있어서 일정한 부담이 있는 상태 하에서 승역지를 활용할 수 있다. 이러한 점은 일정한 토지의 이용과 관련하여 전부 또는 전무(All or Nothing)의 원칙을 탈피하여서, 자신이 필요한 용도대로, 필요한 만큼만 당해 물건을 활용한다는 최근의 공유경제의 모델 내지 최적화 이용의 모델과 닮아있다고 말할 수 있다.[16]

이러한 지역권을 이용한 토지의 최적화 이용의 모습은 다음과 같은 사례를 상정해 보는

15) 우리 부동산등기법 제70조에서는 승역지의 등기기록에 지역권설정의 목적 및 범위 등을 기록하도록 하고 있다.

16) 특수지역권과 관련된 설명이나 이러한 공동의 내지 공동체적 토지이용의 확대의 필요성에 대해서 언급하고 있는 것으로 김상용, “특수지역권의 현대화를 위한 제언”, 「민사법연구」(11)(화산미디어, 2022), 175쪽 이하.

것으로 쉽게 이해될 수 있을 것이다. 최근 급속하게 그 숫자가 늘어가는 풍력발전기의 설치 등을 통해서 소음이나 그림자, 나아가 매우 넓은 범위까지 영향을 미칠 수 있는 반사광 등으로 인접토지 내지 일정 거리가 떨어져 있는 토지의 이용을 일부 제한하거나 또는 그러한 토지소유자의 일정한 부담의 수용이 필요한 경우가 있을 수 있다. 이러한 경우 당해 문제를 단순히 인접토지 등의 수인한도 내지 참을 한도의 적절한 설정을 통해서는 해결하기 쉽지 않을 수 있다는 점은 쉽게 이해할 수 있다. 이러한 경우에 지역권은 이러한 이해관계의 충돌을 효율적으로 해결할 수 있는 매우 합리적인 제도로 활용될 수 있을 것이다. 특히 지역권의 경우 인접토지가 아닌 경우에도 요역지의 편익을 위해서 설정할 수 있다는 점 때문에 이러한 문제를 해결하는 더욱 유용한 제도적 도구가 될 수 있을 것이다.[17)]

Ⅳ. 통행지역권의 의의와 그 시효취득의 문제

1. 통행지역권의 시효취득에 있어서 제기되는 문제

지역권은 강학상 그 내용에 따라서 작위지역권과 부작위지역권으로 구별되며, 이중 작위지역권으로 실무상 주로 쓰이고 있는 예가 바로 통행지역권이라고 할 수 있다.[18)] 앞서 언급한 바와 같이 통행지역권의 경우 그 이용이 제한되어 있는 지역권 중에서도 실무상 가장 문제가 되고, 또한 이를 통해 판례가 집적되어 있는 영역이라고 할 수 있다.

우리민법 제294조의 경우 지역권의 시효취득과 관련하여서는 계속되고 표현된 것에 한해서 제245조를 준용하는 방식으로 지역권의 시효취득을 인정한다는 특칙을 두고 있다. 우리민법 제294조에 따른 지역권의 시효취득과 관련하여서는 통행지역권의 시효취득이 거의 유일하며,[19)] 이러한 시효취득의 요건과 관련하여서 우리 판례는 시효취득자인 요역지 소유자의 통행로의 개설과 일정기간 동안의 통행의 계속을 요구하고 있으며, 이는 대상 판결에서도 다시 한번 확인하고 있다.[20)]

이러한 통행지역권의 시효취득과 관련하여서는 크게 2가지 점에서 의문이 제기될 수 있

17) 로마법상 지역권의 경우 당해 토지들은 서로 인접하여 위치함으로써(vicini) 지역권의 행사(Ausübung der Grunddienstbarkeit)가 가능해야 한다고 보았다. 그러나 이러한 요역지와 승역지 사이의 인접성(Vizinität)에 대해서는 이를 스위스민법(ZGB)에서는 요구하지 않는 것으로 입법하였으며 이는 다른 유럽의 여러 나라들, 예를 들어 독일민법의 경우에도 이러한 인접성을 요구하지 않는 것으로 입법하였다: BK/Rey, 2. Aufl. 1981, Vorbem. Art. 730－736 ZGB, Rn. 23, 24.

18) 장병일, “지역권에 대한 비교법적 고찰 - 일본, 스위스 그리고 독일의 통행지역권”, 「토지법학」 제33권 제1호(한국토지법학회, 2017), 69쪽.

19) 편집대표 김용덕, 주석민법 제5판, 물권 3(한국사법행정학회, 2019), 206쪽(홍동기 집필부분).

20) 이에 관한 학설의 대립에 대한 소개로 편집대표 김용덕, 주석민법 제5판, 물권 3(한국사법행정학회, 2019), 207쪽 이하(홍동기 집필부분) 참조.

다. 일단 시효취득자인 요역지 소유자 스스로가 통행로를 개설하여야 한다는 부가적이고 특수한 요건이 통행지역권의 시효취득, 나아가 우리민법 제294조에서 요구하고 있는 지역권의 시효취득의 요건과 조화될 수 있는지와 관련된 것이다. 앞서 살펴본 바와 같이 통행지역권은 요역지 소유자와 승역지 소유자들 사이의 이해관계를 효과적으로 조율하면서 또한 요역지의 잠재가치를 높일 수 있는 제도이다. 나아가 승역지 소유자도 일정한 부담을 안으며 자신의 승역지를 계속적으로 활용할 수 있는 제도로써 사회 전체적으로 보아서 토지와 같은 한정된 재화의 이용 및 가치증가에 일조할 수 있는 제도이다.[21] 그러나 이러한 통행지역권에 대하여, 특히 그 시효취득에 대하여 판례는 우리민법 제294조를 해석하면서 통행지역권의 시효취득을 위해서는 요역지 소유자 스스로가 통로를 개설해야 한다는 요건을 요구함으로써 통행지역권의 시효취득을 매우 엄격하게 보고 있으며, 따라서 실제로 시효취득이 인정되는 예도 매우 적을 수 밖에는 없게 되었다.

둘째로는 이러한 통행지역권의 시효취득을 인정한다고 하더라도 이에 대해서 지역의 대가를 승역지 소유자가 요구할 수 있는가의 문제이다. 특히 지역권의 시효취득에 대해서 대가를 지급해야 하는 것인가의 문제에 대해서는 대상 판례가 이를 적극적으로 인정하고 있지만, 이러한 대가 내지 지료지급의 문제와 관련해서 다른 용익물권의 시효취득의 경우와도 비교해 보아야 할 필요성이 있다. 특히 분묘기지권을 시효취득하는 경우 그에 대하여 지료지급을 인정하고 있는 판례의 태도와의 관계를 살펴볼 필요가 있다고 생각된다. 우리 대법원은 대법원 2021. 4. 29. 선고 2017다228007 전원합의체 판결을 통하여서 분묘기지권의 시효취득에 있어서 지료지급을 인정하지 않고 있던 기존의 판례의 태도를 변경하여, 분묘기지권을 시효취득하는 경우 그 지료를 지급해야 하는 것으로 판시하였다. 대상판결은 통행지역권의 시효취득에 관한 내용이기는 하지만, 요역지 소유자는 승역지 소유자에 대하여 지역의 대가를 지급해야 하는 것으로 판단하였고 이는 이후에 이와 유사한 관계에 있는 분묘기지권의 시효취득에 있어서 지료지급의 인정에 있어서 영향을 주었다고 볼 수 있을 것이다. 따라서 지역의 대가 내지 지료의 지급을 긍정하는 판례의 태도와 관련하여서도 이러한 지역의 대가지급을 통한 해결이 당사자들의 이해관계의 조절에 적절한 것인지 여부를 고찰해 볼 필요가 있다.

이러한 문제들과 함께 대상판결에서 보충적으로 고찰해 보아야 할 내용은 통행지역권의 경우에 요역지 소유자의 악의의 무단점유의 경우에도 통행지역권의 시효취득이 가능한가라는 점이다. 대상판결은 원심에서 제기된 문제인 요역지 소유자의 승역지에 대한 악의의 무단점유의 경우에 통행지역권의 시효취득 가능성과 관련하여서 이를 명확하게 설시하고 있지는 않지

21) 특히 우리의 사회에 대해서 지금까지의 개인주의, 자유주의적 사회에서 협동사회, 연대사회, 공동이용사회로의 발전을 지향해야 한다는 점을 강조하는 견해로 김상용, “특수지역권의 현대화를 위한 제언”, 「민사법연구」(11)(화산미디어, 2022), 177쪽.

만 이러한 경우에도 통행지역권의 시효취득이 가능하다는 원심의 견해를 그대로 인정하고 있다. 이는 점유취득시효와 관련하여서 악의의 무단점유의 경우에는 소유권의 점유취득시효을 인정할 수 없고, 이 경우에는 자주점유의 추정이 깨어진다는 기존 판례의[22] 법리와는 어떠한 관계가 있는지, 지역권이 가지고 있는 승역지의 사용에 있어서 비배타성이라는 특징이 이러한 결론과는 어떠한 관계가 있는지 여부를 살펴볼 필요가 있다.

2. 통행지역권과 그 유사의 법제도들의 고찰

통행지역권의 경우 앞서 언급한 바와 같이 용수지역권과 함께 가장 오래되고 중요한 지역권으로서 로마법에서부터 인정되고 있었던 제도이며, 특히 현대의 자동차의 발달과 함께 자동차로 일정 토지에 접근하고자 하는 경우에 매우 중요한 의미를 가지게 된다. 특히 사도(私道)를 이용하고자 하는 경우, 사도의 개설 및 관리가 일정한 공적목적에 제공되어 공적인 규제가 요구되는 사도법상의 사도와 건축에 필요한 도로를 건설하도록 하여 이를 규제하는 건축법상의 사도의 경우에는 일반 공중도 이러한 사도를 자유롭게 통행할 수 있지만, 이러한 사도법 및 건축법이 적용되지 않는 사도를 자유롭게 이용하기 위해서는 통행지역권을 설정하는 것이 효과적인 방법 중 하나이다.[23]

앞서 언급한 바와 같이 타인의 토지를 지나서 본인의 토지에 자동차로 접근할 수 있는 간이한 통로를 제공해 주는 것은 자신의 토지의 효용가치를 극대화하고 그 매매가치를 극대화하는데 있어서 매우 중요한 의미를 가지게 된다. 그러나 자신의 토지를 위하여서 자동차 등의 통행을 위한 통로의 개설이 중요하다고 하더라도 이러한 통로로 이용하기 위해서 부담을 가지게 되는 타인 소유의 토지와의 이해관계도 적절하게 조절되지 않으면 안된다. 이러한 이해관계 충돌의 문제를 해결하기 위하여서 여러 가지 제도들이 민법상 또는 판례상 인정되고 있다.[24]

우선 우리 민법은 민법 제219조에서 주위토지통행권 제도를 인정하고 있다. 그러나 이러한 주위토지통행권은 이른바 상린관계에 관한 규정으로서 인접토지 사이의 이해관계를 조절하기 위한 제도로서 인정되고 있다.[25] 따라서 이는 주위 토지소유자의 의사와 관계없이 법률상의 요건이 충족되면 당연히 인정되는 법정통행권으로 이해되고 있으며, 또한 이러한 주위토지통행권을 위한 요건이 소멸하면 존재하고 있던 주위토지통행권도 더이상 인정되지 않는 것으

22) 대법원 1997. 8. 21. 선고 95다28625 전원합의체 판결 참조.

23) 이병준, "사도의 사법상 법률문제", 「토지법학」 제30권 제2호(한국토지법학회, 2014), 194, 195쪽; 일본에 있어서 사도의 통행권과 관련된 문제의 고찰에 대해서는 那須 彰, 私道の通行権をめぐる諸問題, 判例タイムズ 590号(1986.05), 2頁 以下.

24) 이러한 통행을 위하여 타인의 토지를 이용하는 제도들에 대한 전체적 고찰로서 장병주, "타인 소유 토지 통행에 관한 고찰", 「법학연구」 제29권 제4호(경상대학교 법학연구소, 2021), 196쪽 이하 참조.

25) 주위토지통행권의 법적성질 등에 대한 상세에 대해서는 전경운, "주위토지통행권의 법적 성질 등에 관한 일고찰", 「토지법학」 제30권 제1호(한국토지법학회, 2014), 75쪽 이하 참조.

로 보고 있다.[26] 그러나 이러한 주위토지통행권만으로 통행과 관련된 모든 문제가 해결될 수 있는 것은 아니다. 주위토지통행권은 그 자체로 일종의 자신의 토지소유권의 확장이라고 볼 수 있으며 이는 필연적으로 인접 토지에 대한 부담으로 나타나게 된다. 따라서 인접토지소유자의 부담을 고려하여서 주위토지통행권을 인정하기 위한 여러 요건들을 필요로 하고 있다. 그러므로 이를 통해서 인정되는 주위토지통행권의 내용이 반드시 통행, 특히 자동차를 통한 통행을 원하는 토지소유자의 필요와 정확히 일치하리라는 보장은 없게 된다.[27] 또한 경우에 따라서는 인접하지 않은 토지에 대해서도 일종의 통행을 위한 통로의 개설이 필요한 경우도 존재할 수 있다. 특히 앞서 언급한 바와 같은 공로와 관계없이 사도(私道)에 통행하기 위한 목적으로는 통행지역권을 설정하는 것이 가장 효과적인 방법이라고 할 수 있다.

그러나 이러한 통행지역권의 경우에, 앞서 언급한 바와 같이 일정한 통행을 위해서 통행지역권 자체를 구체적으로 설정하는 경우보다는 승역지 소유자가 묵시적으로 이러한 통행을 묵인하는 경우이거나 또는 통행지역권 자체의 시효취득을 주장하는 경우가 실무상에서는 더 많을 수밖에는 없다.[28] 따라서 실제에 있어서는 통행지역권의 시효취득의 요건 및 성립의 문제가 더 중요해 질 수밖에는 없다.

주위토지통행권, 통행지역권과 함께 이러한 통행과 관련된 법적인 이해관계의 충돌을 해결하는 제도로서 판례가 인정하고 있는 토지소유자의 배타적 사용수익권의 포기 제도가 있다. 이러한 배타적 사용수익권의 포기 법리를 통해서 토지소유자는 도로통행에 대한 방해배제청구권의 행사가 제한되게 되나, 이러한 법리는 우리 민법상의 명시적 규정이 아니라 판례에[29] 의

---

26) 이러한 주위토지통행권의 연혁적 고찰에 대해서는 오용규, "통행지역권의 취득시효 완성 요건 및 그 대가 보상 - 대상판결: 대법원 201. 3. 20. 선고 2012다17479 판결", 「청연논총」 제14집(사법연수원, 2017), 55쪽 이하.

27) 특히 주위토지통행권의 경우 우리민법 제219조 제1항 단서에 따라서 발생하는 손해가 최소화될 수 있는 장소와 방법으로 정해져야 한다는 최소손해의 원칙이 적용되는데 반하여서, 통행지역권의 경우 그러한 제한없이 양 당사자의 합의로, 유상 또는 무상에 의해서 당해 요역지에 가장 이익이 되는 장소와 방법에 따라서 지역권이 설정된다는 점에서 요역지에 대한 최대이용의 원칙이 적용된다고 할 수 있을 것이다. 이러한 특성과 관련하여서 요역지의 잠재가치를 극대화하기 위한 최대이용의 원칙이 적용될 수 있는 통행지역권의 확대가 우리 사회경제 전체의 관점에서도 더욱 필요하리라는 것을 짐작할 수 있을 것이다. 나아가 주위토지통행권의 경우 그 최소침해의 원칙에 따라서 자동차를 통한 통행의 필요성이 법원에 의해서 어떻게 판단될 수 있을 것인가라는 점이 실제에 있어서 문제가 될 수 있으나, 통행지역권의 경우 대부분 자동차통행을 위해서 통행지역권이 설정되는 상황에서 요역지 소유자의 필요와 승역지 소유자와의 합의도 대부분 자동차통행을 가능하게 하기 위해서 이루어질 것임을 쉽게 짐작할 수 있다. 이러한 문제와 관련하여서 일본에 있어 주위토지통행권을 통한 자동차통행의 문제에 대해서 田山輝明, 自動車通行権, 私法判例リマークス 35号(2007.07), 14頁 以下 참조.

28) 일본에 있어서도 실무상 동일한 사정이라는 점에 대해서는 宮埼 謙, 平成17年度主要民事判例解説, 判例タイムズ 1215号 臨時増刊(2006.09), 33頁.

29) 예를 들어 대법원 2019. 1. 24. 선고 2016다264556 전원합의체 판결 참조. 당해 판결에서는 토지소유자의 독점적, 배타적 사용수익권의 포기 법리에 따라서 토지소유자의 독점적, 배타적인 사용, 수익권은 일반 공중의 통행 등을 위해서 제한되며 토지소유자에게는 다른 손실이 없으므로 토지를 점유, 사용하고 있는 자에 대한 부당이득반환청구도 인정되지 않는다고 판단하였다.

해서 형성되어 지금까지 인정되어 오고 있는 것이다. 특히 이러한 토지소유자의 독점적, 배타적 사용수익권의 포기의 경우에 토지소유자는 도로의 사용료에 대해서 지료청구를 하거나 또는 토지의 사용에 대한 부당이득반환청구를 할 수 없다는 점에서 토지소유권자와 도로이용자간의 이해관계를 완전하게 조절하는 제도로 보기는 쉽지 않아 보인다.

V. 우리법상 통행지역권의 시효취득상의 문제점

1. 요역지 소유자에 의한 통로개설 요건의 문제점

통행지역권은 양 당사자의 통행, 특히 자동차를 통한 통행의 문제를 매우 합리적으로 해결할 수 있는 제도임에도 불구하고, 활발하게 이용되고 있지는 않은 실정이다.[30]

특히 묵시적 통행지역권의 경우 당사자간의 묵시적 합의를 인정할 수 있다고 하더라도 우리민법의 성립주의 원칙상 통행지역권 설정의 등기가 되어 있지 않으면 승역지의 특별승계인에게 대항할 수 없게 된다는 제한을 가지고 있다.[31] 우리 대법원의 기본입장도 묵시적 통행지역권의 인정에 매우 소극적이다. 예를 들어 우리 대법원은 택지 분양자가 분양택지를 매각하면서 그 토지 중 일부를 분양택지들을 위한 도로에 제공한 것이 아니라, 다만 다른 택지 소유자들의 통행을 묵인한 것에 불과하다면 묵시적 통행지역권 설정계약이 성립한 것으로 볼 수는 없다고 보았다.[32]

우리 대법원은 통행지역권의 시효취득과 관련하여서도 우리민법 제294조의 계속되고 표현된 통행일 것이라는 요건의 해석에 부가하여서 요역지 소유자가 승역지에 통로를 개설하여 상시적으로 통행하는 것으로 보아 이를 매우 제한적으로 해석하고 있다. 우리민법 제294조의 입법목적은 요역지 소유자의 승역지에 대한 점유여부가 객관적으로 불분명한 경우가 많고, 승역지 소유자가 모르는 사이에 점유로 인한 지역권의 시효취득이 문제가 되는 경우를 막기 위한 것으로 이해되고 있다.[33] 나아가 불계속의 지역권의 경우 승역지 소유자의 호의로 승역지의 사용을 인정했을 가능성이 높고, 이에 대하여 승역지 소유자의 이의가 없었다고 하더라도 승역지 소유자에게는 지역권을 설정해 줄 의사까지는 없었다는 점도 그 근거로 제시되고 있다.[34]

30) 서경환, "배타적 사용수익권 포기 법리의 문제점과 그 대안으로서의 통행지역권", 「사법논집」 제54집(법원도서관, 2012), 472쪽.

31) 이를 지적하는 것으로 장병주, "타인 소유 토지 통행에 관한 고찰", 「법학연구」 제29권 제4호(경상대학교 법학연구소, 2021), 201쪽

32) 대법원 1991. 4. 23. 선고 90다15167 판결. 그러나 당해 대법원판결의 결론과는 상관없이 우리나라에도 묵시적 통행지역권설정이 가능하다는 것을 시사하고 있다는 해석으로 서경환, "배타적 사용수익권 포기 법리의 문제점과 그 대안으로서의 통행지역권", 「사법논집」 제54집(법원도서관, 2012), 507쪽.

33) 장병주, "타인 소유 토지 통행에 관한 고찰", 「법학연구」 제29권 제4호(경상대학교 법학연구소, 2021), 203쪽.

지역권의 경우 일반적으로 승역지의 사용과 관련하여서 비배타적 성질을 가지고 있고, 승역지의 공동이용에 초점이 맞추어져 있으므로 일반적인 시효취득의 경우와 달리 승역지에 통로를 개설하여 상시적으로 통행한 것에 대해서만 시효취득의 대상으로 보는 것이 합리적이라고 생각할 수도 있을 것이다.[35] 그러나 요역지 소유자가 통로를 개설한 경우에만 통행지역권의 시효취득을 인정하는 판례의 법리는 통행지역권이 인정될 수 있는 가능성을 더욱 축소시키고 있다.[36] 따라서 통행지역권의 시효취득을 위하여서 요역지 소유자의 통로의 개설을 요구하는 우리 판례의 법리를 고찰해 보기 위해서 이러한 법리가 어떠한 과정을 통해서 형성된 것인지를 우선적으로 살펴볼 필요가 있을 것이다.

2. 통행지역권의 시효취득을 위한 요건으로 요역지 소유자의 통로개설에 관한 일본에서의 논의

가. 서설

통행지역권의 시효취득에 있어서 요역지 소유자가 통로를 개설한 경우에만 통행지역권의 시효취득을 인정하는 우리 대법원의 판례는 어디에서 온 것일까? 이에 대한 구체적인 설명이 나와 있지는 않지만, 우리민법 제294조의 규정과 동일하게 일본민법 제283조에서도 지역권을 계속적으로 행사되고 외형상 인식할 수 있는 것에 한하여 시효로 취득할 수 있다고 규정하고 있다.[37] 또한 일본 최고재판소의 판례에 따라서도 일본민법 제283조의 해석과 관련하여서 통행지역권의 시효취득을 위해서는 통로가 개설되어야 하며, 그 통로는 요역지 소유자가 설치한 것이여야 한다는 요건을 추가적으로 요구하고 있다.[38] 이러한 점들에서 살펴볼 때 우리 대법원 판례의 통행지역권의 시효취득을 위한 요건들도 역시 일본 최고재판소의 판결례를 그대로 받아들인 것으로 볼 수 밖에는 없을 것이다. 따라서 일본 최고재판소의 판례가 어떻게 형성된 것인지를 살펴보는 것은 현재 우리 판례의 태도를 이해하는데 그 의미가 크리라 생각된다.

나. 통행지역권의 시효취득에 관한 일본판례의 형성과정

1) 2차세계대전 이전의 상황

제2차세계대전 이전에 일본의 대심원은[39] 지역권은 계속되고 표현된 것이 한하여서 시효

---

34) 편집대표 김용덕, 주석민법 제5판, 물권 3(한국사법행정학회, 2019), 204, 205쪽(홍동기 집필부분).

35) 특히 스스로 통로를 개설하지 않은 자의 경우에는 연속적이지 않은, 즉 그 이용이 상시적이지 않은 경우가 많은 것이고 이러한 자에게까지 통행지역권의 시효취득을 인정함으로써 보호할 필요가 없다는 점을 지적하는 견해로 那須 彰, 私道の通行権をめぐる諸問題, 判例タイムズ 590号(1986.05), 8頁.

36) 이러한 견해로 이병준, “사도의 사법상 법률문제”, 「토지법학」 제30권 제2호(한국토지법학회, 2014), 200쪽.

37) 장병일, “지역권에 대한 비교법적 고찰 - 일본, 스위스 그리고 독일의 통행지역권”, 「토지법학」 제33권 제1호(한국토지법학회, 2017), 74쪽.

38) 예를 들어 最高裁判所, 昭和 30年 12月 26日, 昭和 28年(オ)第1178号.

39) 大審院, 昭和 2年 9月 19日, 昭和 2年(オ)第456号.

로 인한 취득이 가능하다고 보면서 통행권의 경우 특히 통로를 개설한 것이 아니면 계속된 것으로 볼 수 없다는 판결을 내렸다. 이에 대하여 당시 학설은 크게 통로개설은 요구되지 않는다는 견해와 통로개설이 요구된다는 견해가 대립되고 있었다. 즉, 대심원 시대에서는 지역권의 시효취득을 위한 요건에 있어서 계속성을 어떻게 해석할 것인가가 통로개설의 요건과 관련하여서 논의의 중심이 되었던 것이다. 통로개설이 필요하지 않다고 보는 입장에서는 지역권의 시효취득을 위해서는 지역권은 계속 행사되는 것이어야 하며, 이는 통행지역권의 경우도 동일하다고 보았다. 따라서 통로의 개설 등의 요건은 따로 문제가 되지 않고 다만 통상의 지역권적 사실행사가 필요할 뿐이라고 보았다.[40] 통로개설이 필요하다는 입장에서는 통행지역권은 표현지역권이기는 하지만, 주야간에 계속되는 계속지역권은 아니기 때문에 시효취득 자체가 불가능하다고 전제한 후, 다만 통로를 개설한 경우에는 계속지역권으로서 시효취득이 가능하다고 보았다. 이는 결국 통행지역권에 대해서는 그 계속성을 부정하며 일반적으로 시효취득의 가능성을 인정하지 않지만, 통로의 개설이 있는 경우에는 예외적으로 통행지역권의 시효취득을 인정하는 견해였다.[41]

이와 관련하여서 통행지역권의 시효취득을 위해서는 계속성은 필요하며 계속지역권은 그 행사가 단절되지 않는 것을 의미하고, 이는 인간의 일정한 행위가 아니라 특별한 통로 등의 설치에 따라 인정되는 것이라고 보는 견해가 존재하였다. 또한 이러한 법리는 통행지역권의 경우에도 동일하다고 보았다. 따라서 통행지역권의 시효취득을 위한 계속성의 의미는 인간의 행위와 관련되어 있는 것이 아니라, 이른바 지역권적 사실행사로서 통로의 개설과 같은 형태로 실현되는 것이라고 주장되었다.[42] 또한 통행지역권의 시효취득을 위해서 계속성은 필요하며 그 본질은 점유계속이라는 학설도 주장되었다. 이 견해에 따르면 계속지역권은 지역권적 사실행위의 내용이 일반적인 점유행위와의 사이에 차이가 없을 만큼 근접하여 있는 경우에 사회관념상 인정될 수 있는 지역권이 존재할 수 있다고 보았다. 따라서 이러한 사회적 인식의 기초를 승역지를 끊임없이 사용하게 되는 상태에 놓이게 하는 인공적 시설물에서 찾고자 하였다. 이 학설의 특징은 본질적으로는 시효취득을 부정하는 입장에서 해석론으로서 계속성의 요건을 시효에 있어서 점유계속의 요건과 일치시키려 하였다는 점에 있었다.[43] 그러나 당시의 유력설로서는 통행의 사실 그 자체가 중단없이 존재한다는 것을 요구하는 것이 아니라 타

40) 岡松参太郎, 民法理由 · 上巻(有斐閣, 1897), 29頁: 田山輝明, 要役地の所有者によって通路が開設されたとして通行地役権が認められた事例, 私法判例リマークス 12号(1996), 22頁에서 재인용.

41) 梅謙次郎, 民法要義 · 物権法巻之二, 訂正増補六版(明法堂, 1898), 252頁: 田山輝明, 要役地の所有者によって通路が開設されたとして通行地役権が認められた事例, 私法判例リマークス 12号(1996), 22頁에서 재인용.

42) 末弘厳太郎, 物権法下巻第一分冊(有斐閣, 1921), 654頁 以下: 田山輝明, 要役地の所有者によって通路が開設されたとして通行地役権が認められた事例, 私法判例リマークス 12号(1996), 22頁에서 재인용.

43) 宮崎孝治郎, 地役権の時効取得, 法学協会雑誌 46巻 7号(1928), 149頁 以下

인의 토지를 통행하여 그것을 이용하는 상태가 통로와 같은 시설에 의해서 객관화된 상태인 것으로 보면서 그러한 통로를 누가 개설하였는가는 시효제도의 목적에서 문제가 되지 않는다고 보는 견해였다.[44]

2) 2차세계대전 이후의 상황

2차세계대전 이후에도 일본 최고재판소는 기존의 대심원의 판결례를 따라서 통행지역권의 시효취득을 위해서는 이른바 계속성의 요건으로서 승역지인 타인 소유의 토지 위에 통로를 개설해야 한다는 점을 요구하면서 나아가 이러한 설치는 요역지 소유자에 의하여서 이루어져야 한다는 점을 추가적으로 요하게 되었다. 즉, 종래의 학설과 판례에서 인정되었던 요건인 통로개설과 관련하여서, 그 주체가 요역지 소유자여야 한다는 것을 추가적으로 요구하게 된 것이다.[45] 이에 대하여서 일본 최고재판소 판결의 소수의견으로서 당해 통로가 요역지 소유자에 의하여 개설되었던 경우가 아니라고 하더라도 요역지 소유자가 자기를 위한 의사로서 스스로의 노력이나 비용으로 당해 통로의 유지관리를 해오며 동시에, 계속적으로 통행하여 온 경우에는 계속성 요건을 충족한다고 해석하는 견해도 제기되었다.[46]

학설상으로는 요역지 소유자에 의한 통로개설을 계속성의 요건으로 할 것인가에 대해서 찬반양론이 모두 존재하였다. 판례를 지지하는 견해는 승역지 소유자의 호의에 따라서 통행을 한 경우에까지 그것을 법률적 관계로 전환하는 것은 적절하지 않다는 관점에서 판례가 요역지의 소유자에 따른 통로의 개설을 시효취득의 요건으로 한 것에 찬성하는 견해가 다수였다.[47]

그러나 이와 반대로 통로개설은 요구되지 않는다는 견해도 제기되었다. 즉 시효취득의 요건을 엄격히 해석하는 것에는 찬성하지만 요역지 소유자에 의해서만 통로를 개설하는 것을 요구하는 것으로 일반적인 이론구성을 하는 것은 결과의 타당성만을 추구하는 것으로서 오히려 판례법의 부당한 형성이라는 점을 지적하는 견해가 제시되었다.[48] 이와 다른 견해로 시효제도의 취지로부터 살펴보면 승역지의 점유가 있으면 지역권의 시효취득을 인정하여도 무방하며, 무엇보다도 요역지 소유자 스스로의 통로의 개설은 필요로 하지 않는다는 견해도 제기되었다.[49] 그러나 이에 대하여서 스스로 통로를 개설한 자도 아니고, 또한 통로를 특별히 스스로의 노력, 비용으로 유지관리하였다는 사정이 없다고 하여도, 통로의 사용상태의 여하에 따라서

44) 末川博, 他人の土地を通行する権利, 民商五巻一号(1937), 20頁: 田山輝明, 要役地の所有者によって通路が開設されたとして通行地役権が認められた事例, 私法判例リマークス 12号(1996), 22頁에서 재인용.

45) 예를 들어 最高裁判所, 昭和 30年 12月 26日, 昭和 28年 (オ) 第1178号.

46) 最高裁判所, 昭和 33年 2月 14日, 昭和 31年 (オ) 第311号: 裁判官 小谷勝重の補足意見.

47) 예를 들어 那須 彰, 私道の通行権をめぐる諸問題, 判例タイムズ 590号(1986.05), 8頁.

48) 甲斐, 判批, 民商三八巻三号(1958), 77頁 以下: 田山輝明, 要役地の所有者によって通路が開設されたとして通行地役権が認められた事例, 私法判例リマークス 12号(1996), 23頁에서 재인용.

49) 加藤 永, 判批, 法学二二巻四号(1958), 95頁 以下: 田山輝明, 要役地の所有者によって通路が開設されたとして通行地役権が認められた事例, 私法判例リマークス 12号(1996), 23頁에서 재인용.

는 이를 통해서 승역지의 계속 사용을 인정해야 하는 경우도 있을 수 있다는 견해도 제기되었으며,[50] 나아가 통로개설을 요구하지는 않으나 유지관리는 필요하다는 설도 제기되었다. 즉, 시효취득의 요건으로서는 자신 또는 타인이 개설했던 통로를 스스로의 비용, 노력에 의해서 유지관리하고, 요역지 소유자로서는 통로 정비등을 통해서 그 대지로서의 승역지를 자기의 지배하에 두는 점유가 가능하기 때문에 이러한 경우 통행지역권의 시효취득을 인정해야 한다는 견해였다.[51]

다. 일본의 판례, 학설의 발전과정에 대한 검토

승역지가 통행에 사용된다는 사실의 경우 다른 지역권의 경우와 달리 그것만으로는 주야간을 모두 포섭하는 계속성을 가지지 못하는 것으로 볼 수 있고, 이러한 점에 주목한다면 통행지역권의 시효취득은 계속성의 요건을 흠결하였다는 것을 이유로 원칙적으로 부정되어야 한다는 주장도 가능하게 된다. 이러한 복잡한 문제를 통로의 개설이라는 요건을 추가하는 것을 통하여서 이러한 경우에도 계속성의 요건을 충족하는 것으로 우회하여 해결하려는 것으로 평가할 수 있을 것이다.[52] 즉, 이는 통행이라는 인간의 행위와의 관련성에 따른 계속성의 요건을 통로 개설의 결과로의 계속성으로 치환하는 것을 통하여서 통행지역권의 시효취득의 가능성을 열어두려 한 것으로 볼 수 있다.[53] 그러나 요역지 소유자에 의한 통로개설을 요하는 것은 특히 승역지 소유자의 호의에 따른 통행 허락과 조화로운 해석이 필요하게 되었다. 승역지 소유자가 통로의 이용을 묵인하였거나 또는 일단 통로가 개설되었다는 이유로, 이를 이용하는 어떠한 사람이든 간에 일정한 취득시효의 기간 동안 이용하였다는 이유로, 모든 이용자가 통행지역권을 취득할 수 있다고 보는 것은 적절하지 않다고 볼 수 있기 때문이다.[54] 따라서 이에 대하여 일정한 제한을 부과하기 위하여 그러한 통로는 요역지 소유자가 스스로 개설할 것을 요구하는 것으로 해석하거나 또는 요역지 소유자가 자기를 위한 의사, 즉 지역의 의사를 가지고 스스로 당해 통로를 유지관리를 한 경우로 제한하여서 보려 한 것이라고 평가할 수 있다.

---

50) 山本 進, 判批, 法論三二巻三号(1958), 97頁 以下: 田山輝明, 要役地の所有者によって通路が開設されたとして通行地役権が認められた事例, 私法判例リマークス 12号(1996), 23頁에서 재인용.

51) 玉岡弘毅, 地役権の時効取得, 判例演習物権法(有斐閣, 1963), 152頁 以下: 田山輝明, 要役地の所有者によって通路が開設されたとして通行地役権が認められた事例, 私法判例リマークス 12号(1996), 23頁에서 재인용.

52) 이러한 의미에서 계속성이 인정되는 지역권으로는 수로(水路)에 대한 인수지역권(引水地役權), 부작위를 목적으로 하는 지역권이 대상이 되며, 통행지역권의 경우 통로를 개설한 경우에만 통행지역권이 계속지역권이되며 통로를 개설하지 않은 경우에는 그 계속성이 부정된다고 본다. 그러나 판례에 따라서는 통로의 개설만이 있으면 족하며 따로 계속성의 요건을 묻지 않는 경우도 존재한다고 한다: インターネットコンメンタール(日本評論社, 2021.04), 民法 第283條(中田邦博).

53) 田山輝明, 要役地の所有者によって通路が開設されたとして通行地役権が認められた事例, 私法判例リマークス 12号(1996), 24頁.

54) 특히 승역지 소유자의 호의에 따른 통행허락과 관련하여서는 インターネットコンメンタール(日本評論社, 2021.04), 民法 第283條(中田邦博).

그러나 통로의 이용자가 당해 통로를 유지관리를 한 경우에도 이것이 통로의 소유자의 허락 내지 계약에 기초한 경우에는 시효취득은 부정되어야 한다고 보는 견해도 주장되었다.55) 이러한 관점에서 취득시효에 있어서의 주관적 요건, 즉 자기를 위한 지역권 행사의 의사라는 사실상의 지역의사의 존재라는 점이 중요하게 대두된다고 할 것이다. 이러한 견해에서 본다면 통로에 해당하는 토지의 소유자가 요역지에 해당하는 토지를 가진 소유자에 대하여서 무상통행을 할 수 있도록 허락해 주었고, 이에 대한 반대급부 또는 감사의 의미로 통로의 개설을 해 준 경우라면 이러한 사정을 통해서 통행자로서는 자신을 위한 지역권 행사의 의사 내지 지역의 의사와 같은 사실상 의사의 존재가 부정될 수도 있을 것이다.56)

3. 스위스민법(ZGB) 및 독일민법(BGB)에 있어서 지역권의 시효취득

우리민법상 계속되고 표현된 것에 한하여 제245조의 규정을 준용하여서 시효취득이 가능하다는 우리민법 제294조의 규정에 대비되어서 스위스민법 제919조 제2항에서는 지역권과 토지부담의 경우에는 사실상의 권리의 행사를 물건의 점유와 동일하게 본다는 규정을 가지고 있다.57)

이러한 사실상의 권리행사와 관련하여서는 2가지 요건, 즉 객관적 요건과 주관적 요건을 요구하고 있다. 객관적 요건으로서 물건에 대한 사실상의 지배를 요구하며 이러한 경우에 해당하는가와 관련하여서는 각 개별 객체에 대한 실질적으로 법적인 관계에 따라 판단된다고 보며, 고정적인 계속성을 가늠할 수 있는 물건에 대한 시효취득의 주체인 사람의 관련성을 요구한다고 본다.58) 통행지역권의 경우 통로의 계속적인 이용, 즉 계속적인 통행이라는 사실행위를 통해서 이러한 점을 확인할 수 있을 것이다.59) 주관적 요소도 점유의 경우에 필요로 하고 있으며 통행지역권의 경우에는 통로가 존재하며 요역지의 편익을 위하여 존재한다는 의사적 요소가 될 수 있을 것이다.60)

---

55) 토지임차인은 통행지역권의 시효취득이 인정되지 않는다는 견해로 那須 彰, 私道の通行権をめぐる諸問題, 判例タイムズ 590号(1986.05), 8頁.

56) 田山輝明, 要役地の所有者によって通路が開設されたとして通行地役権が認められた事例, 私法判例リマークス 12号(1996), 24頁.

57) 스위스민법 제919조
① 물건에 대하여 사실상 실력을 미치는 자는 그 물건의 점유자이다.
② 지역권과 토지부담의 경우에는 사실상의 권리의 행사를 물건의 점유와 동일하게 본다.
; 스위스민법의 번역에 관해서는 법제처 편, 「스위스민법」(법제처, 1974)를 참조함.

58) 장병일, "지역권에 대한 비교법적 고찰 - 일본, 스위스 그리고 독일의 통행지역권", 「토지법학」 제33권 제1호(한국토지법학회, 2017), 82쪽.

59) 장병일, "지역권에 대한 비교법적 고찰 - 일본, 스위스 그리고 독일의 통행지역권", 「토지법학」 제33권 제1호(한국토지법학회, 2017), 83쪽.

60) 장병일, "지역권에 대한 비교법적 고찰 - 일본, 스위스 그리고 독일의 통행지역권", 「토지법학」 제33권 제1호(한국토지법학회, 2017), 83쪽.

스위스민법에서는 지역권의 시효취득과 관련하여서 우리민법과 같은 점유취득시효는 인정되지 않고 등기부취득시효만이 인정되므로,[61] 우리민법의 경우와 동일한 관점에서 파악할 수는 없을 것이다. 다만 스위스민법 제919조의 규정을 통하여서 살펴볼 수 있는 것은 지역권과 같이 비배타적 권리의 경우 일반적인 점유와 동일한 요건을 요구할 수는 없고, 사실상의 권리행사가 있다면 이는 스위스민법상 지역권의 시효취득을 위하여 필요한 점유가 있는 것과 동일하게 볼 수 있다는 것을 의미하는 것이라고 해석할 수 있다.[62] 여기서 중요한 의미를 가지는 것은 사실상의 행사(tatsächliche Ausübung)의 기준을 어떻게 확정할 것인가와 관련된 것이다. 물론 지역권에 관해서 등기부취득시효만을 인정하고 있는 스위스 민법의 경우와 우리민법상의 지역권의 점유취득시효의 경우를 동일한 선상에 놓고 볼 수는 없겠으나, 이러한 사실상의 지역권의 행사가 이른바 다른 권리들의 취득시효에서 요구되는 점유(Besitz)와 같은 위치에 놓이기 위해서는 어느 정도의 사실상의 행사가 요구되는지에 대해서는 생각해 볼 필요가 있다고 할 수 있다. 이는 앞서 살펴 본 일본민법상의 통행지역권의 시효취득과 관련하여서 통행지역권의 계속성의 요건을 사실상의 점유상태와 같이 볼 수 있을 정도가 되어야 한다는 견해와 연결시켜 볼 수도 있을 것이다.

지역권의 경우 사실상의 행사가 존재하여서 물건에 대한 점유와 동일하게 볼 수 있을 정도가 되기 위해서는 일정한 시간 내에 얼마나 자주 그러한 권리를 행사하여야 하는가라는 것이 결국 판단 기준이 될 수 있을 것인데 이와 관련하여서 스위스민법에는 특별한 규정이 존재하지는 않는다. 다만 법원으로서는 문제가 되는 지역권이 행사된다는 점에 대하여 승역지 소유자에 대하여서 일정한 인상(Eindruck)을 줄 수 있을 정도로 당해 권리가 자주 행사되었는지 여부를 판단해 보아야 한다고 보고 있다.[63]

이러한 스위스민법의 경우와 달리 독일민법에서는 이러한 지역권의 사실상의 행사가 어느 정도로 행사되어야 하는지에 대한 명시적인 규정을 가지고 있다. 독일민법 제1029조에 따르면 토지의 점유자가 그 소유자를 위한 등기된 지역권의 행사를 방해당한 경우에는 방해가 있기 전 1년 이내에 지역권이 한번이라도 행사되었어야 점유보호에 관한 규정이 준용될 수 있다고 규정하고 있다.[64] 이러한 규정에 따라서 지역권의 시효취득과 관련하여서도 당해 지역권이 적어도 1년에 한번은 행사되었을 것(zumindest einmal pro Jahr)을 요하는 것으로 해석되고 있다.[65]

61) 장병일, "지역권에 대한 비교법적 고찰 - 일본, 스위스 그리고 독일의 통행지역권", 「토지법학」 제33권 제1호(한국토지법학회, 2017), 81쪽.

62) 특히 이러한 경우를 일반적인 점유와 구별하여서 이른바 권리점유(Rechtsbesitz)로 이해한다: BSK/Stark/Ernst, 3. Aufl. 2007, Art. 919 ZGB, Rn. 47 ff.

63) BSK/Stark/Ernst, 3. Aufl. 2007, Art. 919 ZGB, Rn. 52.

64) 독일민법전의 해석과 번역에 대해서는 양창수 역, 「독일민법전」(박영사, 2021)를 참조함.

65) MüKoBGB/H. Schäfer, 9. Aufl. 2023, § 900 BGB, Rn. 8.

4. 일본, 스위스, 독일의 통행지역권의 시효취득 대한 고찰을 통한 시사점

일본에서의 통행지역권의 시효취득을 위한 계속성의 논의를 살펴보는 것을 통해서 일정한 사고의 흐름을 읽을 수 있다. 즉, 지역권의 경우 그 특성인 토지이용에 있어서 비배타성으로 인하여서 승역지 소유자의 경우 통행지역권의 행사 여부를 스스로 알기 어렵고, 따라서 통행지역권의 시효취득이 너무 쉽게 이루어지는 것을 제한하는 것을 통해서 요역지 소유자와 승역지 소유자와의 이해관계를 조절하고자 한 것에서 출발한 것으로 보인다. 즉, 일본 대심원이 통로의 개설을 통행지역권의 시효취득의 요건으로 본 것도 이러한 통로의 개설을 통해서 승역지 소유자가 그 통행지역권의 행사를 인식할 수 있는 요역지 소유자의 지역권의 행사가 있었고 이러한 통행지역권의 행사를 알 수 있는 경우에만 승역지 소유자로서는 필요한 경우 이러한 통행지역권의 시효취득이라는 결과를 적극적으로 막을 수 있는 가능성이 주어졌던 것으로 선해하여 볼 수 있다.[66)]

지역권이 가지는 이러한 특성들 때문에 요역지 소유자가 스스로 통로를 개설하는 것이 이른바 지역권의 시효취득을 위한 계속성의 내용이라고 본 것도 이해할 수 있는 부분이 있다. 즉, 통행지역권의 경우 이러한 요건을 부과하여 그 시효취득을 엄격하게 제한하지 않으면 승역지 소유자가 알지 못하는 사이에 너무 쉽게 시효취득이 될 수 있는 가능성도 있기 때문이다. 특히 통행지역권의 경우, 해당 부분이 요역지 소유자에 의하여서 도로로서, 특히 자동차 도로로써 이용되는 경우, 승역지 소유자는 해당되는 토지부분을 도로가 아닌 다른 목적을 위해서는 전혀 이용하지 못하는 경우가 생길 수 있다.[67)] 즉, 요역지 소유자가 당해 승역지를 도로로서 이용함으로써 승역지 소유자는 당해 부분을 도로가 아닌 다른 용도로는 전혀 이용할 수 없게 되는 경우도 발생할 수 있게 된다. 따라서 통행지역권의 경우 시효취득이 쉽게 일어나게 되면 승역지 소유자가 지나치게 불리해질 수 있다.

이러한 제한을 위한 고려가 이른바 계속성의 요건을 엄격하게 요구하는 것을 통해서 나타나게 된 것으로 보인다. 이러한 계속성의 요건은 일본의 학설에서 통행지역권의 경우에는 계속적으로 존재하는 시설물로서의 통로의 설치를 요구하는 것에서 시작되어서 이후에는 판례에서 요역지 소유자에 의한 통로의 개설을 요구하는 것으로까지 이어지게 된 것이라고 할 수 있다. 이러한 고려는 통행지역권의 시효취득에 관한 우리 대법원의 최초의 판례에서도 그대로 이어지고 있다고 볼 수 있다. 즉 통행지역권의 취득시효를 다루었던 우리 대법원의 최초의 판

66) 특히 승역지 소유자의 소유권에 기한 방해배제청구권의 행사가능성을 강조하는 견해의 소개로 편집대표 김용덕, 주석민법 제5판, 물권 3(한국사법행정학회, 2019), 208쪽(홍동기 집필부분); 특히 표현지역권과 관련하여서 이러한 점을 강조하는 견해로 インターネットコンメンタール(日本評論社, 2021.04), 民法 第283條(中田邦博).

67) 당해 사안이 바로 그러한 경우라고 볼 수 있다. 이러한 점은 이러한 대법원의 파기환송심인 서울동부지방법원 2017. 2. 3. 선고 2015나2241 판결에서 지역의 대가를 산정할 때에 고려된 바 있다.

례에서도 통로의 개설이 없는 일정한 장소를 오랜 시일 통행한 사실이 있다거나 또는 토지의 소유자가 다만 이웃하여 사는 교분으로 통행을 묵인하여 온 사실이 있다고 하더라도 그러한 사실만으로는 지역권을 취득할 수 없다고 보며 지역권을 시효 취득하기 위해서는 요역지의 소유자가 승역지 상에 통로를 개설하여 승역지를 항시 사용하고 있는 객관적 상태여야 한다는 점을 요구하였다.[68]

그러나 만약 위 판례에서 통로를 개설하여 승역지를 항시 사용하고 있는 객관적 상태와 관련하여서 통로의 개설이 아니라 승역지를 항시 사용하고 있는 객관적 상태에 방점이 있는 것이라면 통로에 대한 스스로의 개설 및 그에 따른 이용은 이러한 객관적 상태를 추단할 수 있는 중요한 사실의 하나로 평가할 수도 있을 것이다.

그러나 이러한 통로의 개설이 더욱 중요한 역할을 하는 것은 스스로 요역지 소유자가 승역지에 통로를 개설한 경우라면 통행지역권의 시효취득을 위한 주관적 요건,[69] 즉 지역권을 취득하기 위한 의사를 분명히 한 것으로 볼 수 있기 때문이다. 이와 관련한 상황을 상정해 본다면 타인의 토지 위에 자신의 토지를 위하여서 자신이 스스로 통행을 위한 통로를 개설하였다면 이는 요역지 소유자의 승역지에 대한 통행에 관한 통행지역권의 취득에 대한 자신의 의사를 객관적으로 표현한 것이며, 또한 소유권의 시효취득에 있어서 소유의 의사라는 것은 점유자의 내심의 의사가 아니라 점유취득의 원인이 된 사실인 권원의 성질에 의하여 객관적으로 정해진다고 보는 판례의 견해와도 궤를 같이 하는 것으로 볼 수 있을 것이다.[70] 즉, 스스로 승역지에 요역지를 위하여 통로를 개설한 경우라면 통행지역권의 취득의 의사를 객관적으로 표현한 것이라고 평가하기에는 충분하다고 볼 수 있을 것이다. 그러나 이러한 경우에도 이러한 지역권 취득의 의사로 보기 힘든 경우가 있을 수 있다. 예를 들어 앞서 살펴본 바와 같이 승역지 소유자가 요역지 소유자에게 무상통행을 허락하는 경우에 그에 대한 감사의 의미로 요역지 소유자가 통로를 개설하여 준 경우에는 이른바 지역권적 의사가 객관적으로 인정된다고 보기 어려울 것이다.[71] 결국 통로의 개설이라는 것은 오히려 통행지역권의 취득의 의사를 추단하는 중요한 근거로서 읽혀져야 한다고 생각된다.

스위스민법의 내용을 통해서는 일정한 지역권의 사실상의 행사가 점유와 동가치를 가질

---

68) 대법원 1966. 9. 6. 선고 65다2305, 2306 판결 참조.

69) 즉, 승역지를 자기 토지의 편익에 이용할 사실적 의사로서의 지역의 의사가 필요하다고 할 것이다: 장병주, “타인 소유 토지 통행에 관한 고찰”, 「법학연구」 제29권 제4호(경상대학교 법학연구소, 2021), 202쪽.

70) 송덕수, 『신민법강의』 제15판(박영사, 2022), 468쪽; 지역권의 시효취득을 주장하는 사람으로서는 소유권의 시효취득에서 요구되는 자주점유에 대응하는 사실상의 의사가 필요하다는 의미로 편집대표 김용덕, 주석민법 제5판, 물권 3(사법행정학회, 2019), 206쪽(홍동기 집필부분).

71) 이러한 경우 지역권과 양립할 수 없는 권원, 예를 들어 임차권 등을 기초로 승역지를 이용하였음을 증명함으로써 지역권의 시효취득 주장을 막을 수 있다는 견해로 편집대표 김용덕, 주석민법 제5판, 물권 3(사법행정학회, 2019), 206쪽(홍동기 집필부분).

수 있다는 점을 읽을 수 있다. 즉, 지역권의 경우 승역지에 대한 권리행사로서의 이용이 승역지 소유자의 이용을 완전히 배제하지 않는 비배타성을 가지고 있기 때문에, 지역권의 시효취득과 관련하여서 기본적으로 배타성을 가지고 있는 점유를 요구할 수는 없을 것이다. 그러나 일정한 지역권의 사실상의 행사는 점유와 동일하게 볼 수 있는 경우가 있으며 문제가 되는 것은 이러한 점유와 동일한 가치를 갖는 사실상 지역권의 행사의 기준은 어떻게 확정할 수 있는가이다. 독일민법의 경우 명문규정을 통해서 적어도 1년에 1번 이상을 행사되어야 할 것을 요구하고 있으며, 스위스민법의 경우 독일민법의 경우와 같은 명문의 규정은 없고 다만 승역지 소유자에 대해서 일정한 지역권 행사에 대한 인상이 형성될 수 있을 정도는 되어야 한다고 보고 있다. 그러나 독일민법의 경우와 같은 법문상의 명시적인 기준을 우리민법상 지역권의 시효취득에서 요구되는 계속성의 기준과 비교하기는 어렵다고 생각된다.

앞서 일본민법의 경우에서 살펴보았듯이 기본적으로 지역권의 시효취득에서 요구되는 계속성은 원칙적으로 주야간을 통괄하는 것으로 해석되었다. 그러나 통행지역권에서 이러한 정도의 시간적 연속성으로서의 계속성을 요구하는 것은 맞지 않은 것으로 생각된다. 오히려 계속성의 기준은 상시성, 즉 요역지 소유자의 상시적 이용의 관점에서 보는 것이 더 정합적이라고 생각된다.[72] 이러한 상시성과 관련하여서는 어느 정도의 시간적 불연속이 있다고 하더라도 상시적 이용으로 볼 수 있다면 이러한 계속성 내지 상시성의 요건은 인정될 수 있을 것이라고 생각된다.

Ⅵ. 우리법상 통행지역권의 시효취득에 따른 대가지급의 문제

1. 서설

지역권의 경우 그 본질적 요소로서 승역지의 토지사용에 있어서 비배타성, 공동이용을 위한 용익물권으로서의 성질을 가지고 있고, 이에 따라 다른 용익물권과는 다른 특성을 가지게 된다. 즉, 요역지 소유자에 의하여서 승역지에 지역권이 설정된다고 하더라도 승역지 소유자는 당해 토지를 다른 목적으로 사용할 수 있다. 따라서 통행지역권을 시효취득하는 경우 그에 대해서 지역의 대가를 지급해야 하는 것인가의 문제는 이에 대하여 찬반 양론의 입론이 가능하며 특히 지역권이 갖는 비배타성이라는 고유한 내용을 얼마나 다른 용익물권과 구별되는 것으로 볼 것인가에 따라서 달라진다고 할 수 있을 것이다.

이러한 통행지역권의 시효취득과 비견해 볼 수 있는 것은 관습법상 인정되는 분묘기지권의 시효취득과 그에 따른 지료지급의 문제라고 할 수 있다. 이러한 분묘기지권의 시효취득과

72) 따라서 통행지역권의 경우 당해 통로를 상시적으로 이용하는 정도를 요구하는 것으로 보아야 할 것이다.

그에 따른 지료지급의 문제에 대해서 우리 대법원은 대법원 2021. 4. 29. 선고 2017다228007 전원합의체 판결에서 지료지급의무를 인정하였으며, 이러한 전원합의체 판결에 있어서 중요한 근거가 되었던 것은 통행지역권의 경우에도 지역의 대가 지급을 인정하였다는 점일 것이다. 따라서 지역권의 시효취득에 있어서 지역의 대가 지급여부가 분묘기지권의 시효취득에 있어서 지료의 지급여부 판단의 기초가 되었다는 점에서 더욱 대상판결이 중요한 의미를 가지게 되었다고 할 수 있다.

2. 통행지역권의 시효취득에 따른 지역의 대가지급 여부에 대한 분석

통행지역권의 시효취득의 경우에 대가를 지급해야 할 것인가의 문제와 관련하여서 대상판결에서도 언급하고 있는 바와 같이 주위토지통행권이나 법정지상권에서 지료지급을 인정하고 있다는 점이 가장 큰 고려요소가 될 것이다.

즉, 통행지역권과 유사한 기능을 하고 있는 주위토지통행권에 대하여 우리민법이 통행권자에게 통행지소유자의 손해를 보상하여야 한다고 규정하고 있으므로, 통행지역권자에게도 이 규정을 유추적용하여야 한다는 주장이 가능하게 된다.[73] 주로 도로의 사용과 관련하여서 그 이해관계를 조정하는 제도로서 판례상 인정되는 배타적 사용수익권의 포기의 법리는 통행지역권의 시효취득의 경우에 적용되기는 어렵다고 생각된다. 왜냐하면 이러한 배타적 사용수익권의 포기를 통하여서는 토지소유자가 간접적으로나마 이익을 얻는 경우가 있는 반면 통행지역권의 경우 요역지 소유자를 위해서 통행로가 개설되었고 이를 승역지 소유자로 이용할 수 있다고 하더라도, 이것이 언제나 승역지 소유자의 이익과 일치할 수 있다고 보기는 어렵기 때문이다. 그렇다면 주위토지통행권의 경우와 동일하게 대가를 지급하게 하는 것을 통하여서 토지의 이용을 조절하는 것이 타당하다고 볼 수 있다. 나아가 유상인 주위토지통행권과 통행지역권을 비교하여 본다면 주위토지통행권에 비하여서 통행지역권이 경우에 따라서는 오히려 승역지 소유자에게 더 큰 부담을 줄 수도 있다. 왜냐하면 통행지역권의 경우 주위토지통행권의 경우와 같이 승역지에 있어서 가장 손해가 적은 장소와 방법을 선택할 필요가 없을 뿐 아니라, 무엇보다도 통행지역권은 분묘기지권의 경우와 동일하게 존속기간의 제한이 따로 없기 때문에 사실상 영구무한으로 존속하며 승역지의 소유권을 제한할 수 있기 때문이다. 따라서 이를 무상으로 이용하는 경우에는 승역지 소유자의 소유권이 지나치게 제한되는 경우가 발생할 수도 있을 것이다.[74]

73) 유원규, "통행지역권의 시효취득", 「민사판례연구」[XV](민사판례연구회, 1993), 94쪽.

74) 분묘기지권과 관련하여서 이러한 지적으로 권영준, "2021년 민법 판례 동향", 「법학」 제63권 제1호(서울대학교 법학연구소, 2022), 263쪽; 나아가 비배타적 성질을 지역권이 가지고 있기는 하지만 통행지역권과 같은 경우 계속적인 통행의 이용에 따라서 승역지 소유자의 도로 이외의 다른 용도로의 사용, 수익이 사실상 배제되는 결과를 낳게 될 수도 있을 것이다. 이러한 점을 지적하는 견해로 유원규, "통행지역권의 시효취득", 「민사판례

역사적으로도 살펴보더라도 로마법에서는 존재하지 않고 있던 주위토지통행권은 12세기 이후 이탈리아에서 생성된 것으로서 이후 이탈리아나 프랑스에서는 법정지역권(Legalservitute)의 일종으로 주위토지통행권이 규정되었음에 비해서 독일민법은 이탈리아 민법이나 프랑스 민법과는 달리 주위토지통행권을 지역권이 아니라 소유권의 내용과 제한의 절에서 상린관계의 일종으로 규정한 것을 우리 민법이 계수한 것이므로 주위토지통행권과 통행지역권의 성격이 완전히 다르다고 말할 수도 없을 것이다. 또한 분묘기지권의 시효취득의 경우와 동일하게 통행지역권을 시효취득하는 경우 점유 개시 당시에 통행지역권의 대가에 관한 정함이 없는 경우가 대부분일 것이기 때문에 지역의 대가 지급을 인정하지 않는 형식적인 결론으로는 토지의 이용과 관련된 합리적인 이해관계의 조절의 문제를 해결하지 못하게 된다.[75]

물론 이에 대하여서 지역권에 대해서는 우리 민법은 대가에 관하여 아무런 규정을 두고 있지 않으므로 무상의 지역권도 가능하고 이는 결국 지역권에 있어서 지역의 대가는 본질적 요소가 아니라는 주장도 가능할 수 있다. 즉, 지역권에 따른 대가에 대해서 약정하지 않은 경우라면 당해 지역권은 무상으로 보아야 하며, 우리 부동산등기법 제70조, 제71조에 따라서도 지역권에 있어서 대가를 등기사항으로 규정하고 있지 않으므로 이를 등기할 수 있는 방법도 없다는 주장도 가능하다. 또한 당사자들의 약정이 없이 인정되는 법정지상권이나 주위토지통행권의 경우에는 민법에 대가에 관한 규정이 있다는 점에서 지역권의 시효취득의 경우와는 구별되는 면이 분명히 존재한다. 그러나 이러한 주장에 있어서 가장 중요한 의미를 갖고 있던 것은 지역권의 시효취득에 비견할 수 있는 분묘기지권의 시효취득에 있어서도 이전의 판례는 지료를 인정하지 않고 있었다는 점인데 이는 분묘기지권의 시효취득에 있어서 지료의 지급을 인정하는 대법원 전원합의체 판결에 의하여서 극복되었다고 볼 수 있다.

3. 소결

실제 통행지역권의 시효취득에 있어서 당사자들 사이에서 지역의 대가 지급을 약정하는 경우는 거의 없을 것이다. 만약 이러한 지역의 대가 지급의 약정이 존재한다면 사실상 당사자들 사이에서는 통행지역권 설정의 합의나 토지사용을 위한 당사자간의 합의가 있다고 해석하는 것이 오히려 합리적이다. 따라서 통행지역권의 시효취득에 있어서 지역권의 무상성만을 강조하는 것은 요역지 소유자와 승역지 소유자의 이해관계를 합리적으로 해결하지 못하고 오히려 또 다른 분쟁을 발생시키게 될 것으로 생각된다.

앞서 살펴본 바와 같이 통행지역권은 사회 전체적으로 요역지인 토지의 잠재가치를 최대

연구」〔XV〕(민사판례연구회, 1993), 94쪽.

75) 분묘기지권과 관련하여서 이러한 의미로 권영준, "2021년 민법 판례 동향", 「법학」 제63권 제1호(서울대학교 법학연구소, 2022), 263쪽.

한 이용할 수 있도록 하는 긍정적인 측면이 있으며 나아가 승역지 소유자도 필요에 따라서는 당해 통로를 함께 이용할 수 있다는 점에서 사회 전체적으로 재화의 합리적인 이용을 가능케 할 수 있다. 이는 우리 사회에서 재화의 개별적 필요에 따른 최적화된 이용 내지 합리적인 공동이용을 촉진시키는 역할을 할 수 있다. 따라서 통행지역권의 시효취득에 있어서 그 인정 여부를 엄격하게 해석하는 것으로서 당사자들의 이해관계를 조절하기 보다는 통행지역권의 시효취득의 요건을 완화하여 인정하되 그 이해관계의 쟁점이 그 대가를 얼마나 지급할 것인가의 문제로, 즉 통행지역권의 시효취득을 인정할 것인가, 말 것인가의 일도양단적 판단에서 얼마를 그 대가로 책정하는 것이 양 당사자의 이해관계를 고려할 때 합리적일 것인가라는 문제로 옮겨갈 수 있도록 하는 것이 오히려 당사자의 이익에 합치되는 결론을 도출할 수 있으리라 생각된다.[76] 나아가 이러한 관점에서 살펴볼 때 통행지역권을 시효취득하는 요역지 소유자의 의사 또한, 자신이 통행지역권을 시효취득하는 경우에 지역의 대가도 지급하지 않겠다는 의사였다고 해석하기는 어려울 것으로 생각된다. 또한 요역지 소유자와 승역지 소유자의 양 당사자의 이익을 모두 합리적으로 고려해야 한다는 점에서도 통행지역권의 시효취득에 있어서 지역권의 무상성만을 강조하여 해석할 수는 없다고 생각된다.

Ⅶ. 악의의 무단점유의 경우에 통행지역권의 시효취득의 문제

1. 악의의 무단점유의 경우에 통행지역권의 시효취득 여부에 대한 분석

앞서 살펴본 바와 같이 우리 대법원은 악의의 무단점유의 경우에도 통행지역권의 시효취득을 인정한 대상판결의 원심 판단을 그대로 인용하였다. 이는 점유취득시효에 있어서 악의의 무단점유의 경우에는 자주점유의 추정이 복멸되는 것으로 해석하여서 소유권의 점유취득시효가 인정되지 않는 것으로 본 대법원의 판례법리와 구별되는 면이 존재한다.

우리민법 제294조는 제245조의 규정을 준용할 것을 규정하고 있지만 이를 통해서 점유에 있어서 소유의 의사가 추정되는 민법 제197조의 규정이 동일하게 지역권의 경우에도 적용된다고 보기는 어려울 것이다. 왜냐하면 민법 제197조는 어디까지나 점유의 경우에 적용되는 것으로 보고 있으며 앞서 스위스민법의 예에서 볼 수 있듯이 일반적인 점유는 지역권에 있어서의

76) 통행지역권의 시효취득의 인정 문제를 그 쟁점으로 할 경우 이는 전부 또는 전무(All or Nothing)의 문제로 귀결될 것이나, 이를 대가의 지급의 문제로 해결할 경우 전부 또는 전무의 문제가 아닌 각 개별적인 상황에서 법원이 승역지의 이용의 정도 등을 고려하여 그 대가를 얼마로 적정하게 결정할 수 있는가의 문제로 치환되게 된다. 통행지역권의 시효취득의 문제는 다양한 상황과 승역지의 다양한 이용의 형태가 상정될 수 있는 만큼 이를 시효취득의 가능 여부로, 일도양단의 문제로 해결하기 보다는 좀더 유연하게 그 대가를 얼마만큼 인정할 수 있는가의 문제로 해결하는 것이 개별적인 상황에서 가장 합리적인 결론을 도출시킬 수 있는 방법이 되리라 생각된다.

지역권의 사실상의 행사와는 원칙적으로는 구별되는 것이기 때문이다. 따라서 점유에 대한 민법 제197조의 규정이 통행지역권에 따라서 승역지를 통로로 이용하는 경우에도 동일하게 적용된다고 보기는 어렵다고 생각된다. 따라서 악의의 무단점유의 경우에 그 자주점유 추정을 복멸시키는 판례의 법리가 통행지역권의 시효취득의 경우에도 그대로 적용되기는 어려운 측면이 분명히 존재한다.

또한 지역권이 시효취득을 위해서도 그 주관적 요건으로서 지역의 의사, 즉 지역권 행사에 대한 사실적인 의사를 필요로 한다고 보아야 한다. 특히 이미 일본의 경우에서 살펴본 바와 같이 이러한 지역의 의사를 어떻게 보는가와 관련하여서 요역지 소유자가 통로를 개설한 것이 통행지역권의 시효취득을 위한 요건의 하나가 아니라, 통행자가 자신의 지역의 의사를 명확히 표시한 것으로 볼 수 있는 하나의 중요한 간접사실로 해석해야 한다고 본다면 이를 통해서 승역지 소유자가 호의로 자신의 토지에 통로를 개설할 수 있도록 해 준 경우와 같은 상황 하에서 요역지 소유자에게는 통행지역권의 시효취득을 위한 지역의 의사가 인정되지 않는다고 볼 수 있을 것이다.

대상판결의 원심판결을 살펴보면 "통행지역권을 시효취득하기 위한 요건으로 통행로 개설 당시 이에 관한 승역지 소유자의 동의를 불필요한 것으로 보아야 한다"로 판시하고 있고, 이를 우리 대법원은 그대로 인용하고 있는데 이러한 판단은 적절한 것으로 생각된다. 통로의 개설의 동의나 승낙은 지역권이 아니라 지상권, 임대차 등에 의해서도 가능한 것이며, 만약 통행지역권의 시효취득에 있어서 요역지 소유자의 통로의 개설을 요구한다고 하더라도 이에 더하여서 승역지 소유자의 통로의 개설에 대한 동의나 승낙을 악의의 무단점유에 대한 판례법리를 우회하기 위해서 요구한다면 이는 요역지 소유자로서는 지역권 설정의 합의를 주장, 입증하는 것을 통해서 지역권의 시효취득의 완성을 주장할 수 있는 것이라는 결론에 이르게 되기 때문이다.

지역권의 경우 승역지의 토지 사용에 있어서 비배타성을 본질로 하고 있을 뿐 아니라, 요역지 소유자의 승역지에 대한 통로로의 사용이 20년간 계속되고 있었고 이것이 계속되고 표현되었음에도 불구하고 이에 대하여 승역지 소유자의 방해배제조치가 없었다면 이에 대한 불이익을 승역지 소유자에게 귀속시키는 것도 불합리하지는 않으리라 생각된다. 나아가 우리 대법원은 분묘기지권의 경우에도 악의의 무단점유의 경우에 분묘기지권의 시효취득을 인정하고 있다는 점에 비추어 보면 판례의 일관성이 부정된다고 볼 수도 없을 것이다.[77]

2. 소결

앞서 살펴본 바와 같이 악의의 무단점유의 경우에도 통행지역권의 시효취득이 가능하다는

77) 대법원 1995. 2. 28. 선고 94다37912 판결 참조.

원심의 판결을 그대로 인용한 대상판결의 경우 이를 악의의 무단점유의 경우 자주점유의 추정이 깨지는 것으로 보아서 소유권의 점유취득시효가 부정되는 것으로 본 대법원의 법리와 비교하기보다는, 악의의 무단점유의 여부와 관계없이 분묘기지권의 시효취득이 가능하다는 대법원의 판시사항과의 유사성에 방점을 두어 살펴보아야 할 것이다. 그러나 이보다 더 중요하게 생각되어야 하는 점은 승역지 이용에 있어서 비배타성을 본질로 하고 있는 지역권의 경우, 통행지역권의 시효취득의 요건은 오히려 완화하여 인정하고, 양 당사자간의 이해관계의 조절은 지역의 대가를 어떻게 합리적으로 설정할 것인가의 문제로 해결하는 것이 각 개별사정의 특수성을 충분히 고려할 수 있으며, 나아가 모든 제반 사정을 고려하여 양 당사자의 이해관계의 충돌을 해결하는데 더 합리적이라는 판단에 있다고 생각된다.

Ⅷ. 결론

당해 대상판결은 기존의 통행지역권의 취득시효를 위한 요건을 그대로 유지하면서 다만 통행지역권의 취득시효 완성에 따른 대가 지급의 의무를 명시적으로 인정하였고, 이는 대가의 지급의무를 인정함으로써 요역지 소유자와 승역지 소유자의 이해관계를 조절하려 했다는 점에 있어서 의미가 크다고 할 것이다.[78] 나아가 이와 유사한 이해관계를 가지고 있는 분묘기지권의 시효취득에 있어서 대법원이 전원합의체 판결을 통하여서 분묘기지권의 경우에도 시효취득에 있어서 지료를 지급하는 것을 인정하는데 중요한 논거가 되었을 것이라는 점에서 그 의미가 크다고 할 것이다.

그러나 보다 본질적인 질문으로써 이러한 통행지역권의 시효취득의 요건을 통로의 개설, 나아가 요역지 소유자의 통로의 개설로 한정하였다는 기존의 판례의 법리에 대해서는 의문이 남는다. 앞서 일본의 판례와 학설에서 살펴보았듯이 이러한 요건은 통행지역권의 경우 그 계속성이 부정되어서 원칙적으로 시효취득의 대상이 아니라는 것에서 출발하여서 예외적으로 통로를 개설한 경우에는 이러한 시설물의 설치를 통하여서 그 계속성을 인정할 수 있다는 것으로 변화되어 온 것이다. 또한 이후 일본 최고재판소가 판결을 통하여서 그러한 통로의 개설자는 요역지 소유자가 되어야 한다고 본 것을 우리 대법원이 그대로 답습한 것으로 해석할 수 있다. 그러나 통행지역권에 있어서 계속성이라는 요건이 반드시 일정한 설치 내지 설치물을 통해서만 인정될 수는 없을 것이고, 계속성이라는 것은 이러한 일정한 시설과의 결합의 형태보다는 본래의 시효취득의 의미와 일치할 수 있도록 인간의 일정한 행위와의 결합성을 그 기준으로 삼는 것이 더 정합적인 것으로 생각된다. 그러한 행위와의 결합성을 통한 계속성의 기

78) 구체적인 지료 내지 대가의 범위에 대해서는 김동원, "주위토지통행자의 통행지소유자에 대한 보상의무의 범위에 관한 검토", 「법조」 통권 제724호(법조협회, 2017), 294쪽 이하.

준은 어떻게 확정해야 할 것인가에 대해서 독일민법과 같은 명시적인 규정을 통한 해결은 상정하기 어렵고 결국은 모든 제반사정을 고려한 합리적인 판단이 되어야 할 것이나, 이를 너무 엄격하게 요구하는 것을 적절하지 않을 것이라고 생각된다.

요역지 소유자의 통로의 개설과 같은 제한은 앞서 살펴본 바와 같이 승역지 소유자가 요역지 소유자를 위하여 호의로 통행로를 개설하여 준 경우에도 이러한 상태가 계속되었다고 하여서 통행지역권의 시효취득을 인정할 수 있을 것인가에 대한 고려가 반영되었다고 볼 수 있다. 그러나 이는 통로의 개설이라는 엄격한 요건을 통해서 제한할 것이 아니라 오히려 요역지 소유자의 지역의 의사를 어떻게 인정할 것인가를 통해서, 즉 법원의 사실의 확정과 해석을 통해서 제한되어야 하는 것이며, 다만 통로의 개설, 통로에 대하여 요역지 소유자의 자신의 노력과 비용에 따른 관리 등은 이러한 통행지역권 취득의 의사를 추정할 수 있는 사실로, 승역지 소유자가 요역지 소유자에 대하여서 무상 및 호의로 통행을 허락하여 주었다는 점들은 이러한 지역의 의사의 부존재를 추정할 수 있는 사실로 해석하는 것을 통해서 이러한 이해관계를 조절할 수 있을 것이라 생각된다. 또한 통행지역권의 시효취득의 경우에 대가를 인정하는 대상판결의 견해와 같이 대가의 지급을 통하여서 요역지 소유자의 통행지역권의 시효취득을 좀 더 쉽게 인정하면서도 승역지 소유자의 부담을 완화할 수 있는 방법을 고민해 보는 것이 좀 더 합리적이라고 생각된다. 양 당사자간의 이해관계의 충돌은 통행지역권이 인정될 것인가 아닌가라는 전부 또는 전무의 문제로 해결하기보다는 통행지역권의 시효취득은 좀 더 완화하여 인정하고 그로 인해 발생하는 승역지 소유자의 불이익은 지역의 대가를 어떻게 합리적으로 설정하는가를 통해서 해결하는 것이 양 당사자의 이익을 충분히 고려한 합리적인 해결을 도출할 수 있으리라 생각된다.

특히 자동차의 통행을 위한 통행지역권의 경우 이러한 지역권이 쉽게 인정되지 않고 이러한 통행지역권의 시효취득마저 요건상 인정이 어렵게 된다면 자동차를 통한 통행이 당해 토지의 이용가치에 큰 영향을 미치는 현대에 있어서 요역지의 필요한 가치를 충분히 활용할 수 없게 하는 결과로 귀결되며 이는 결국 사회전체에 있어서 유한한 자원인 토지의 효율적 이용에도 반한다고 생각된다. 따라서 이러한 문제는 오히려 통행지역권의 시효취득의 문을 넓히면서도 그로 인하여 발생하는 대가지급의 문제에 대해서는 이를 적극적으로 인정하는 것을 통해서 해결하는 것이 합리적일 것이라고 생각된다.

현대 이슬람 사회 민법의 체계와 법계통*

명 순 구**

Ⅰ. 서설

이슬람 사회(이슬람이 국교 또는 지배적 종교인 사회)는 세계 인구 · 국가의 약 1/4에 해당하며, 특히 중동은 전 세계 확인 석유자원 매장량의 50% 이상을 차지한다. 오늘날 중동은 단순히 석유의 생산 · 판매 기지를 넘어 스마트시티, 스마트팜, 물(blue gold), 헬스케어, 신재생에너지 등의 테스트베드로 탈바꿈하고 있다. 또한, 중동 주요 국가들은 과거 어느 때보다 국제거래에 적극적이며, 산업다변화 · 문화 · 여성인권 등의 분야에서도 과감한 변화를 모색하고 있다. 우리나라로서는 이슬람 사회와 더 긴밀하고 큰 규모의 협력이 가능한 환경이 조성되었다. 2022년 11월 무함마드 빈 살만 사우디아라비아 왕세자(겸 총리)가 방한하여 네옴시티(Neom City) 프로젝트(총 사업비 약 5,000억 달러)를 중심으로 정 · 재계 주요 인사들과 만나면서 약 100조원 규모의 양해각서(MOU)에 합의했다. 또한, 한국 대통령은 2023년 1월 UAE를 방문하여 원자력, 신재생에너지, 수소, 방위산업, 보건의료, 문화 등의 분야에서 양국 간 협력을 강화하기로 하면서 UAE가 한국에 300억 달러의 투자를 결정했다. 이러한 분위기에서 최근 1970년대 중동 붐의 재현을 그리며 우리 사회에 중동에 대한 관심이 뜨겁다.

이슬람 사회는 지역적으로 중동 · 유럽 · 아프리카 · 아시아에 널리 분포하고 있는데, 이 글의 초점은 중동의 이슬람 사회이다. 중동은 이슬람교의 발상지이면서 이슬람 문화를 선도하는 핵심지역이기 때문이다. 그런데 우리 사회의 중동 · 이슬람에 대한 이해의 수준은 대한민국의 국격에 현저하게 미달하고 있으며, 이는 한국 · 중동 간의 발전적 협력관계에 심각한 장애요인이다. 십자군전쟁 이래 뿌리 깊은 종교 갈등, 제1차 세계대전 이래 복잡한 국제정치의 역학관계 속에서 지금까지 대한민국은 이슬람 세계, 특히 중동을 우리의 주체적 · 독자적 시각으로 바라보지 못했다. 법학 분야는 더욱 심각하여, 이슬람 사회의 법을 연구하는 인력은 극히 희소하며, 이에 따라 리걸마인드에 입각한 비교법 연구물을 찾기가 쉽지 않다. 이슬람 세계와의 협력

* 이 글은 김현수 · 명순구, "현대 이슬람 사회 민법의 체계와 법계통", 「안암법학」 제67호(2023. 11), 100~134면을 수정 · 조정한 것임.

** 고려대학교 법학전문대학원 교수

을 위한 전제로서 이슬람 세계의 법에 관하여 실질적인 비교법학이 확충되어야 한다는 점에서 깊은 성찰이 필요하다.

이슬람 사회의 법에 관한 연구의 주제·범위는 매우 다양하고 넓은데, 이 연구는 민법에 집중할 것이다. 그 이유는 이러하다. 민법은 권리주체(또는 경제주체)의 법적 지위 및 그들 사이의 관계에 관한 기본규범으로서 국가별 특성을 잘 반영하고 있다. 또한, 민법은 일반사법으로서 다양한 특별사법의 토대이며, 특정 국가 사법체계의 방향타로 작용한다. 한편, 우리의 논의는 가족법·상속법을 제외한 거래법으로 한정하고자 한다. 이 글의 핵심 목적은 거래에 있어서 대한민국과 이슬람 사회 간에 결정적 장애가 없음을 밝히는 것이기 때문이다.

이 글은 이슬람 사회 거래법의 체계와 법계통을 밝히기 위한 것이다. 이를 위해 먼저 '이슬람법'과 '이슬람 사회의 법'의 구별 및 이들과 로마법의 관계 등 후속 논의를 위한 토대를 정비한 후(Ⅱ), 법계통론의 시각에서 이슬람 사회의 민법에 지배적 영향을 미친 법계를 진단하고(Ⅲ), 이어서 이들을 기초로 중동 지역을 대표하는 세 국가(튀르키예, 이집트, 이란)의 민법을 차례로 조망할 것이다(Ⅳ, Ⅴ, Ⅵ). 이 논의는 이슬람 사회의 민법이 체계·내용 면에서 우리에게 낯설지 않다는 사실을 보여줄 것이다.

Ⅱ. '이슬람법'과 '이슬람 사회의 법'

1. 논의의 방향

대한민국 국민에게 '이슬람'과 '법'이라는 단어를 동시에 제시하면 무엇이 떠오를까? 동해보복(lex talionis), 신체절단형, 태형, 명예살인 등 대체로 형사법에 관한 주제들을 연상한다. 그나마 민사법의 영역에서도 이색적·지엽적인 제도, 가령 이슬람 특유의 이혼제도인 딸라크(talak)[1], 일부다처제 등을 떠올린다. 대부분의 이슬람 사회가 오래전부터 근대적 민법을 보유하고 있음을 고려해 볼 때 우리의 일반적 인식은 현실과 거리가 멀다. 그 주된 이유는, 우리나라에서 현실적인 수요에 따라 금융·국제거래 등 일부 분야에서 중동·동남아시아 국가의 법에 대한 비교연구가 수행되기는 했지만, 일반사법인 민법에 관한 거시적 비교연구가 빈약한 것에 기인하는 것으로 본다.

이러한 인식을 토대로 ①'이슬람법'과 '이슬람 사회의 법'의 구별과 ②양자의 관계, ③이슬람법에 대한 서양 학자들의 시각에 대하여 차례로 살펴본다.

1) 딸라끄(이혼)는 남편이 아내에게 이혼한다는 의사표시를 3회 표명하면 이혼이 성립되는 것으로 세 가지의 유형이 있다(조셉 샤흐트, 명순구 (옮김), 이슬람법입문(경인문화사, 2021), 240－244면): ① 딸라끄－에－아산(Talaq－e－Ahsan, 90일에 걸쳐서 3회 선포); ② 딸라끄－에－하산(Talaq－e－Hasan, 한 달에 한 번씩 3회 선포); ③ 딸라끄－에－비다뜨(Talaq－e－Biddat, 기간에 상관없이 3회 선포). 이슬람의 전통적 이혼제도를 인정하는 국가의 절대다수는 현재 ③유형의 딸라끄를 허용하지 않는다.

2. '이슬람법'과 '이슬람 사회의 법'의 구별

이 글의 목적은 거시적 시각에서 현대 이슬람 사회 민법의 체계와 법계통을 밝히는 것이다. 이를 위해 우선 '이슬람법'(Shariah, شريعة)과 '이슬람 사회의 법'(Laws in Islamic Society)을 명확히 구별할 필요가 있다.

① '이슬람법': '이슬람법'(샤리아)은 종교적 의무의 구현이며, 무슬림들의 생활 전반을 규율하는 알라(기독교의 하나님과 동일 존재)의 명령의 총체이다.[2] 이슬람법은 우리의 관념에 따른 일반적 의미의 '법'과 아울러 종교규범까지 포괄하는 것으로 일반적 세속국가의 상황과 큰 차이가 있다. 이슬람법의 법원으로 보통 네 가지, 즉 꾸란(Quran, القرآن: 이슬람의 경전), 하디스(Hadith, الحديث: 선지자 무함마드의 순나, 즉 말과 행동에 관한 기록), 이즈마(Ijmā', إجماع: 이슬람 공동체 내부의 합의), 끼야스(Qiyās, قياس: 유추)를 든다.[3] 이것은 일반적으로 수니파의 입장이며, 시아파는 예언자 무함마드 가문 출신의 이맘들의 전승도 법원에 포함시키며, 끼야스보다는 법학자들의 해석에 더 무게를 둔다.[4] 그리고 수니파의 4대 법학파(하나피, 말리키, 샤피이, 한발리) 중 말리키와 한발리학파는, 끼야스는 인간이성의 결과로서 이즈마에 의하여 지지되는 것에 불과하다는 이유로 독립된 법원으로 보지 않는다.

이와 같이 이슬람법 내부에서도 인간이성의 위상을 보는 시각에 상당한 차이가 있다. 어느 사회든 새롭게 등장하는 현실 문제에 대한 대응은 결국 인간이성으로써 주된 법원(꾸란·하디스)을 해석·보충하는 일로 귀결되는데, 이슬람법의 법원을 토대로 해결책을 찾는 학자들의 노력을 '이즈티하드'(Ijtihād)라 한다.[5] 이즈티하드란 법학자들의 개별적 추론으로서 '이즈티하드 알 라이'(Ijtihād al−Ra'y)라고도 하며, 그 자격이 인정된 법학자를 '무즈타히드'(Mujtahid)라고 한다.[6] 이것은 이즈티하드에 관한 매우 일반적 시각인데, 이즈티하드의 의미는 시대와 학자에 따라 다양하며[7] 그 개념을 명문으로 정의한 국가도 있다.[8]

② '이슬람 사회의 법': 전통적인 이슬람법은 성속일체(聖俗一體)에 근거하여 이슬람 사회와 개별적 인간의 삶을 포괄적으로 규율하고 있다. 이슬람법은 근대 이후 이슬람 사회에서도

2) 조셉 샤흐트, 명순구 (옮김), 앞의 책, 1면.

3) 샤리아의 법원에 관한 전반적인 설명이 있는 국내 문헌으로는 손태우, "샤리아(이슬람법)의 法源에 관한 연구", 「法學硏究」, 제54권 제1호(2013), 143면 이하 등 참조.

4) 박현도, "샤리아의 과거와 현재: 전통 샤리아와 근대 이슬람법의 불일치", 「인문사회 21」, 제7권, 제2호(2016), 634면.

5) Ali−Karamali et al., "The Ijtihad Controversy", *Arab Law Quarterly*, 9(3), 1994, pp.238−257.

6) 조셉 샤흐트, 명순구 (옮김), 앞의 책, 62면.

7) 박현도, "이즈티하드(Ijtihād)의 문 폐쇄"에 대하여: 할락의 비판이 주는 의미와 파장", 「한국이슬람학회논총」, 제25권, 2집(2015), 3면.

8) 이란 「헌법」(2조 6호 1목)은 이즈티하드를 "경전과 흠 없는 이들의 전통에 기초하여 필요한 자격을 지닌 이슬람법 전문가들의 끊임없는 법해석"(본 번역은 김종도 등, 이란이슬람공화국 헌법(모시는사람들, 2017)에 의함)으로 정의하고 있다.

여전히 종래의 기능·위상을 유지하고 있는가? 그렇지 않다. 이는 법체계의 근대화와 관련된다. 전통적 샤리아 체제에서 법률가들은 신의 법을 발견하고자 노력했을 뿐인데, 근대 이후 대부분의 이슬람 사회에서 법률가는 국가의 주도 아래 입법자가 되었다.[9] 바로 이러한 배경에서 근대 이슬람 사회에 있어서 일반적 의미의 '법'(즉 국가의 강제력이 수반되는 규범으로서 좁은 의미의 법)으로 기능하는 규범을 '이슬람 사회의 법'으로 정의하고자 한다.

그렇다면 '이슬람 사회의 법'은 전통 이슬람법과 전혀 무관한 것인가? 그렇지는 않다. 이슬람 사회의 법은 크게 다음 두 부류로 구분할 수 있다: ① 이슬람법이면서 동시에 (좁은 의미의) 법의 속성을 가지는 것; ② 이슬람법에 연원을 두지 않으면서 (좁은 의미의) 법의 속성을 가지는 것. ①에 해당하는 이슬람법은 근대 이후에도 이슬람 사회의 법으로서 계속 기능할 것이다. ②는 이슬람법 밖에 기원하는 것으로, 대부분 외국에서 유입된 것이다. '이슬람법'과 '이슬람 사회의 법'의 구별에 유의하는 것은, 현대 이슬람 사회의 법으로서 각국 민법(전)은 전통 '이슬람법'과 차원을 달리하기 때문이다. 이슬람 사회를 사회·경제 분야의 파트너로서 인식하고자 할 때 중요한 것은 '이슬람법'보다는 '이슬람 사회의 법'이다. 이슬람법에 대해서는 종래 단행본 또는 논문의 형식으로 국내에도 많은 연구물이 축적되어 있으나, 법학 베이스의 연구물은 매우 희소하다. 그러다 보니 '이슬람법'과 '이슬람 사회의 법'을 구별하는 문제에 크게 예민하지 않았던 것 같다.[10]

③ '이슬람 사회의 법'과 '이슬람법'의 관계: 이에 대한 시각은 개별 국가에 있어서 이슬람법의 위상에 따라 다를 것인데, 대체로 다음 세 유형을 상정할 수 있다: ① 제1유형(샤리아가 종교규범의 위상에 그치는 세속국가); ② 제2유형(샤리아가 곧 법규범인 국가); ③ 제3유형(제1유형과 제2유형의 중간에 있는 국가). 순수 논리적으로는 위의 세 유형 모두 가능하고, 또한 이들 사이에 큰 차이가 있을 것 같기도 하다. 실제로 그러할까? 결론부터 말하자면, 제2유형은 실재하지 않는다고 보는 것이 옳다. 제2유형에 가장 근접한 것으로 보이는 사우디아라비아를 보자. 아래 사우디아라비아 헌법에 해당하는 「통치기본법」의 몇 개 조문을 소개한다.[11]

- 제7조: 사우디아라비아 왕국 정부의 권력은 지고하신 알라의 경전과 알라의 사도의 순나에서 나오고, 이 둘은 이 통치기본법과 국가의 모든 법을 지배한다.
- 제46조: 사법부는 독립된 기구이고, 이슬람 샤리아만이 법관들의 판결에 영향력을 미친다.

---

9) 박현도, 앞의 논문 "샤리아의 과거와 현재: 전통 샤리아와 근대 이슬람법의 불일치", 636면.

10) 다만, 전통 샤리아와 국가가 제정한 근대 이슬람법이 일치하지 않는다는 연구(박현도, 앞의 논문 "샤리아의 과거와 현재: 전통 샤리아와 근대 이슬람법의 불일치", 631면 이하)가 있다. 이 연구에서 사용한 '근대 이슬람법' 대신 이 글에서는 '이슬람 사회의 법'이라는 용어를 사용하는 것이다. '이슬람 사회의 법' 중에는 전통 이슬람과 전혀 무관한 규범도 매우 많기 때문에 용어의 정확성을 기하기 위함이다.

11) 한글 번역은 김종도 등, 사우디아라비아 통치기본법(모시는사람들, 2016)에 의함.

위 규정으로만 보면 종교규범이 곧 법규범이라는 점에서 세속국가(예: 튀르키예)와 현저한 차이가 있는 것으로 보인다. 그러나 실제는 그렇지 않은데, 그 주된 이유는 거래상의 필요에 따른 글로벌 스탠더드의 유입에서 찾을 수 있다. 전통 이슬람법(샤리아)에도 많은 행위규범이 포함되어 있지만, 새로운 거래상황(특히 거래의 대형화·글로벌화)에 적용할 수 있는 구체적 규범은 현실적 수요에 맞춰 형성해 나갈 수박에 없다. 이에 따라 사우디아라비아는 다수의 거래에 관한 성문법(예: 「회사법」, 「은행법」, 「산업발전기본법」, 「외국투자법」 등)[12]을 제정·시행하고 있는데, 이들 법률의 내용은 당연히 꾸란 또는 순나에 반하는 것이 아니어야 한다(「통치기본법」 제7조). 이들 법률들은 어찌 보면 이즈마 내지 끼야스를 성문화한 결과로 볼 수도 있을 것이다. 사우디아라비아에서 소정 절차를 거쳐 정비된 규범이기 때문이다. 사우디아라비아 내부적 차원에서의 샤리아 합법성(또는 적합성) 이슈와 별개로 위에서 든 성문법들은 그 기능상 외국의 제도·거래관념과 수월하게 소통할 수 있는 글로벌한 성격을 가질 수밖에 없다. 그 결과 최소한 거래법 영역에서는 위 제2유형과 제3유형 사이에 중요한 차이가 없게 된다. 아니 제2유형은 실재하지 않는다고 보아도 무방할 것이다.

3. 이슬람법에 대한 서양 학자들의 시각

오랜 기간 서양에서는 이슬람의 인류 문명에 대한 기여를 왜곡하거나 인정하지 않는 입장이 지배적이었다. 또한, 우리나라를 포함하여 아시아 각국은 연구 부족, 국제정치적 이유 등으로 서양의 시각을 그대로 수용하는 입장이었다. 이는 역사적 사실과 일치하지 않을 뿐만 아니라 발전적인 미래를 위한 시각과도 거리가 멀다.

이슬람법에 대한 서양 학자들의 왜곡된 시각과 관련하여 특기할 것으로 '이즈티하드 문의 폐쇄'(Insidād Bāb al－Ijtihād) 이슈가 있다. 이슬람력 4세기(서기 10세기)에 이르러 모든 학파의 학자들은 필수적인 문제들이 이미 충분히 토론되어 합의가 정립되었다는 것에 공감하기에 이르렀는데, 이에 따라 그 이후로는 누구도 법의 영역에서 독자적인 추론을 할 수 없고, 앞으로의 활동은 이미 정립된 학설에 대한 설명·적용·해석에 한정되어야 한다는 관념이 지배하였다는 것이다.[13] 1927년 오스트로록(Ostroróg)이[14] 처음 제시한 이후 깁(Gibb), 리베스니(Liebesny), 샤흐트(Schacht) 등은 서양 이슬람학자들은 더 이상 새로운 법해석이 불필요해졌다고 주장했다.[15] 이는 서양의 비무슬림 학자뿐만 아니라 무슬림 학자에게도 큰 영향을 주었다.[16] 이 견해에 따르면, 선학들은 이즈티하드를 행할 수 있는 자격을 부여받은 무즈타히드

12) 민법전을 들어 설명하는 것이 이 글의 취지에 부합하지만 사우디아라비아에는 아직 민법전이 시행되지 않아 거래법의 성격의 몇 개 단행법률을 들어 설명한다.

13) 조셉 샤흐트, 명순구 (옮김), 앞의 책, 108면.

14) Leon Walerian Ostroróg, *The Angora Reform*, University of London Press, 1927.

15) 박현도, 앞의 논문 "이즈티하드(Ijtihād)의 문 폐쇄"에 대하여: 할락의 비판이 주는 의미와 파장", 3면.

(Mujtahid)임에 반해, 후대의 모든 법률가들은 선학들의 결론을 그대로 받아들일 의무, 즉 타끌리드(Taklīd)[17]의 의무를 지는 무깔리드(Mukallid)가 되었다는 것이다.[18]

이즈티하드 문의 폐쇄 주장에 대하여 그 허구성을 제기한 학자들이 등장했는데, 대표적인 두 견해를 소개한다.

① 이끄발(Muhammad Iqbal):[19] 이즈티하드의 폐쇄는 순수한 허구라고 반박했다. 이러한 경향은 한편으로는 이슬람법 사상이 확고해져서, 다른 한편으로는 영적으로 타락한 시기에 대사상가들을 우상으로 만든 지적 게으름 때문에 발생했다고 진단한다.

② 할락(Wael B. Hallaq):[20] 이즈티하드의 폐쇄 이론이 제기된 배경을 분석하고 정밀하게 비판했다. 그는 실증적 시각에서 이슬람력 5세기(서기 11세기)까지 이즈티하드의 폐쇄에 관해 언급한 이슬람 문헌이 전혀 존재하지 않는다고 말했다. 이슬람력 5세기(서기 11세기)에 이슬람 세계에서는 앞으로 5세기 안에 세상 종말이 오고 종말이 가까울수록 위대한 학자가 사라진다는 주장이 있었는데, 이즈티하드의 폐쇄 이론은 이 종말론과 연관되어 증폭된 것으로 이해한다. 그는 이슬람 역사에서 이즈티하드가 폐쇄되거나 중단된 적이 없었다고 한다.

위 두 학자 외에도 여러 학자가 이즈티하드 문의 폐쇄 논리에 부정적인 입장을 표명하였다. 이즈티하드의 폐쇄는 서양에 선진문명을 전해주던 이슬람 세계가 19세기 이래 서양에 압도당하는 이유를 설명하기 위한 논리의 일환으로 주장되었다.[21] 새롭게 발생한 현안에 대하여 당대 법학자가 공인된 법원에 근거하여 판단을 내리는 것이 이즈티하드라면, 그것은 개념상 중단될 수 없는 것으로 보는 것이 합리적일 것이다. 오스만제국이 이슬람 세계에서 지배권을 행사하고 그들이 하나피 학파를 강력히 후원하는 상황에서[22] 다른 학파들에 의한 활동이 외부

16) '이즈티하드(Ijtihād)의 문 폐쇄'를 주장한 각 학자들의 견해와 전거에 대해서는 박현도, 앞의 논문 "이즈티하드(Ijtihād)의 문 폐쇄"에 대하여: 할락의 비판이 주는 의미와 파장", 8면.

17) '타끌리드'는 원래 예언자 무함마드의 교우(Sahaba: 무함마드 생전에 그를 따르고 종교적 임무를 수행하였던 사도)들이 기록한 무함마드의 행적 혹은 교우들의 교리 해석에 대한 인용을 뜻하는 것이었지만, 훗날에는 선학들의 결론을 그대로 수용할 의무로 그 의미가 확장되었다(조셉 샤흐트, 명순구 (옮김), 앞의 책, 55면).

18) 조셉 샤흐트, 명순구 (옮김), 위의 책, 108면.

19) 박현도, 앞의 논문 "이즈티하드(Ijtihād)의 문 폐쇄"에 대하여: 할락의 비판이 주는 의미와 파장", 13면 참조. 이에 관한 핵심연구는 Muhammad Iqbal, *The Reconstruction of Religious Thought in Islam*, Oxford University Press, 1934.

20) 박현도, 위의 논문, "이즈티하드(Ijtihād)의 문 폐쇄"에 대하여: 할락의 비판이 주는 의미와 파장". 이에 관한 핵심연구는 Wael B. Hallaq, "Was the Gate of Ijtihad Closed?", *International Journal of Middle East Studies*, 16(1), 1984, pp.3-41.

21) 박현도, 위의 논문, "이즈티하드(Ijtihād)의 문 폐쇄"에 대하여: 할락의 비판이 주는 의미와 파장", 15면.

22) Arzu Oguz, "The Role of Comparative Law in the Development of Turkish Civil Law", *Pace International Law Review*, 17(2), 2005, p.375; Yusuf Kılıç, "Codification of Majallat al-Aḥkām

적으로 부각되지 않았던 사실도 이즈티하드 문의 폐쇄를 말하는 빌미가 되지 않았을까 생각한다. 이즈티하드의 폐쇄는 19세기 제국주의의 확장을 위한 이론적 토대로서도 유용했을 것이다.

Ⅲ. 법계통론과 이슬람 사회 민법의 근간법계

1. 논의의 방향

이 글의 핵심 목표에 이르기 위한 토대로서 크게 두 가지 논의를 하고자 한다. 하나는, 법계통론의 기본시각을 정비하는 것이다. 법계통론은 비교법학의 기준점이라는 점에서 이 글의 목표를 명확히 하는 계기가 될 것이다. 다른 하나는, 현대 이슬람 사회 민법에 크게 영향을 미친 법계를 진단해 본다. 같은 이슬람 사회라 하더라도 정치·사회적 배경에 따라 민법의 체계와 내용에 상당한 차이가 있으므로 각 국가별로 일정한 기준에 따라 동질성과 이질성을 밝히는 유형적 분류작업이 필요하다.

2. 비교법적 시각의 법계통론

각 국가의 법질서를 비교·분석하여 유형화하는 작업은 비교법 연구의 출발점이다. 세계의 법에 대한 계통별 분류방법과 관련하여 종래 수많은 학설이 있다.[23] 여러 법학자가 다양한 시각에서 다양한 법계통론을 제시했는데, 학자들이 시간의 경과에 따라 자신의 입장을 변경하는 경우도 드물지 않다. 가령 저명한 비교법 학자인 Georges Sauser－Hall 교수는 자신이 설정했던 법계통론(인종을 기준으로 한 분류)을 나중에 명시적으로 포기하기도 했다.[24] 이렇듯 법계통론은 결코 용이하지 않다.

법계통에 관한 견해들 중에서 세계의 법계를 크게 '근간법계'(système juridique souche)와 '파생법계'(système juridique dérivé)로 구분하는 데에서 출발한 Arminjon·Nolde·Wolff의[25] 주장에 깊이 공감한다. 근간법계·파생법계의 분류를 토대로 진행한 구체적인 하부 분류에 대해서까지 동의하는 것은 아니지만, 근대 세계의 법계통을 탐구함에 있어서 중요한 캐릭터를 주도적으로 표출한 법계(근간법계)와 그 법계의 주요 부분을 계수하면서 자신들의 특수한 사정을 부가하는 방식으로 형성된 법계(파생법계)를 구분하는 일은 비교법의 시각에서 매우 유용하

al－'Adliyyah as an Exemplary Model For Codification of Contemporary Islamic Jurisprudence", *Al－Ihya, 4(2)*, 2002, p.287.

23) 법계통에 관한 다양한 학설에 대해서는 조규창, 比較法(上)(小花, 2005), 150면 이하 참조.

24) Mariana Pargendler, "The Rise and Decline of Legal Families", *The American Journal of Comparative Law, 60(4)*, 2012, p.1052.

25) P. Arminjon et al., *Traité de Droit Comparé Tome I*, Librairie Générale de Droit et de Jurisprudence., 1950, p.47.

다고 생각한다. 파생법계는 추후 입법 및 법 해석에 있어서 대체로 그가 의존한 근간법계의 영향을 계속 받을 가능성이 높기 때문이다.

근간법계를 어떻게 보아야 할 것인가에 대하여 다양한 견해가 있겠지만, 크게 대륙법계(civil law system)와 코먼로법계(common law system)로 구분하고 대륙법계를 다시 프랑스법계·독일법계로 세분하고자 한다.[26] 그리하여 근간법계 세 개(프랑스법계, 독일법계, 코먼로법계)로 요약되며, 그 결과 모든 근대 문명국의 민법(특히 거래법)은 이들 세 근간법계와 연결된다고 말할 수 있다. 예링 교수(Rudolf von Jhering, 1818~1892)가 "로마는 세계를 세 번 지배했다"는 말이 모두 허사는 아니다. 정치·종교는 아니지만 최소한 법으로는 세계를 지배했다고 말할 수 있기 때문이다. 구소련의 예가 보여주는 바와 같이 자본주의·사회주의의 극한 이데올로기 대립 상황에서도 로마법은 그 지배력을 잃지 않았다.

후발국가는 파생법계로서 자신의 법체계를 형성하기 위하여 특정 근간법계를 선택하는 단계를 거치게 된다. 논리적으로는 후발국가가 근간법계를 선택하지 않고 자신의 독자적 법계를 구축하는 것도 불가능한 것은 아니지만 역사상 그러한 국가는 찾아보기 어렵다. 후발국가가 독자적 법체계를 구축하려는 시도는 비합리적인 선택일 수 있다. 실제로 후발국가는 특정 근간법계를 선택하면서 법체계를 정비하는 방식으로 파생법계가 되는데, 어떤 파생법계가 특정 근간법계를 선택하는 동인은 무엇인가? 근간법계 선택에 있어서는 입법자의 추상적 의지보다는 해당 국가의 역사적·지리적 배경에 영향을 받는 경우가 대부분이다. 가령 제국주의 시대 A국의 식민치하에 있던 B국은 최소한 민법(특히 거래법) 분야에서는 독립 이후에도 여전히 A국의 법계를 유지한다. 우리나라에 「조선민사령」(1912)[27]에 의하여 일본민법이 의용된 사건을 계기로 해방 후에도 일본민법과 유사한 모습을 유지하고 있는 것도 같은 현상으로 이해할 수 있다.

파생법계는 근간법계를 토대로 자국 나름의 사회적 특성·수요를 반영한 민법으로 재구성하게 된다. 국가별 사회적 특성·수요의 유형은 아래와 같이 분류할 수 있다.

① 관습: 우선 전통적 관습을 들 수 있다. 관습 중 혁파 대상으로 평가한 것은 근대적 민법을 제정하면서 정책적으로 폐기하겠지만, 유지하고자 하는 관습은 민법에 명문화하여 규범력을 강화할 것이다. 이와 같이 해당 국가 고유의 관습이 민법에 명문화되면 그 부분은 근간법

---

26) 프랑스법계와 독일법계를 로마법계로 묶고 이를 코먼로법계와 대비시키는 견해도 있으나 이는 타당하지 않다. 잉글랜드의 코먼로체계는 고립적으로 형성된 것이 아니라 유럽 대륙 국가들과의 교류의 결과이기도 하기 때문이다. 코먼로 체계는 로마법과 절연된 것으로 볼 수 없다. 같은 취지의 연구로 김영희, "영국법, 스코틀랜드법, 미국법, 그리고 로마법", 「법사학연구」, 제52호(2015), 17면 이하.

27) 조선민사령에 관한 구체적 내용은 명순구, "아직도 살아있는 법,'朝鮮民事令': '조선민사령'의 소급적 폐지를 제안한다", 「저스티스」, 제103호(2008), 229－230면 참조.

계와 다른 모습을 보이게 된다. 가령 한국민법의 경우 관습을 반영하여 전세권(「민법」 제303~319조)을 규정했는데,[28] 이는 근간법계(독일민법 또는 프랑스민법)에서는 찾아볼 수 없는 것이다.

② 종교: 이슬람 사회의 민법이 전형적인 예이다. 가령 프랑스민법 또는 독일민법을 근간법계로 채택했지만 샤리아에 따라 변형이 가해지는 경우이다. 비교법 학자 중에는 종교를 축으로 하여 독립된 법계통으로 분류하기도 한다. 그런데 특정 국가에서 종교가 법규범에 강한 영향을 미친다 해도 그 범위는 한정적인 경우가 대부분이며, 특히 거래법의 영역에서는 종교의 영향이 상대적으로 미약하다.

③ 이념: 구소련 시대 러시아민법이 전형적인 예이다. 각 소비에트 공화국에서는 자국의 민법전이 편찬되었는데 이들 민법전, 특히 러시아소비에트사회주의연방공화국의 민법전은 독일법계를 근간법계로 채택하면서 계획경제체제 등 사회주의 이념에 따른 변형이 가해졌다(예: 사적자치의 원칙이 인정되는 일반계약과 계획경제의 플랜에 따라 체결되는 계획적 계약의 구별).[29] 비교법 학자 중에는 사회주의를 독립된 법계통으로 분류하기도 하지만,[30] 그렇게 보기보다는 독일민법의 토대 위에 사회주의의 특성을 반영한 것으로 보는 것이 법계통론의 효용을 기대할 수 있는 태도라고 생각한다.

위에서 파생법계의 국가별 사회적 수요의 중요한 유형으로 관습·종교·이념을 들었다. 그런데 이 중에서 한 가지만 작용하는 것은 아니고 복합적 요인이 관련되는 경우도 가능하며 오히려 그것이 대부분이다. 한편, 파생법계가 어느 하나의 근간법계에만 의존하지 않고 두 개 이상의 근간법계와 연관되는 경우도 드물지 않다. 이른바 혼합계수이다. 가령 근간법계로서 독일법계를 채택하면서도 특정 영역에서 프랑스법계 또는 코먼로법계 특유의 제도를 계수하는 경우가 그 예이다. 독일민법을 근간법계로 하는 일본민법이 물권변동에 있어서는 프랑스민법에 따라 의사주의(일본 「민법」 제176조)를 채택한다거나 법인의 능력과 관련하여 코먼로법계에 특유한 'ultra vires rule'[31](일본 「민법」 제43조)를 채택한 경우가 그 예이다. 혼합계수의 이유는 다양하다. 해당 규정에 관해서는 근간법계보다 더 우수하다는 판단에 따른 것일 수도 있고, 필요성에도 불구하고 근간법계에는 해당 규정이 없어서 이를 보완하기 위한 것일 수도 있고, 근간법계의 해당 규정을 그대로 수입하면 그 사회가 감당하기 어렵다는 판단에 따른 것일 수도

28) 전세권이 한국민법에 규정된 연유에 관해서는 명순구, 실록 대한민국 민법 2(법문사, 2010), 313－325면 참조.

29) 명순구·이제우, 러시아법입문(세창출판사, 2009), 207－211면.

30) 예컨대, R. David 교수는 이슬람법, 유대법, 힌두법을 철학·종교적 법계로 분류한다(R. David *et al.*, *Les grands systèmes de droit contemporains*, Dalloz, 2016).

31) 법인은 정관으로 정한 목적의 범위 안에서만 권리능력을 가진다는 'ultra vires rule'은 독일이나 프랑스 민법에서는 낯선 제도이다. 코먼로법계에서도 현재 이 원칙은 실제적 의미를 갖지 못한다. 이에 대해서는 G. M. Sen, "Rule of ultra vires in company law: Has it outlived its purpose?", *Journal of the Indian Law Institute, 27(2)*, 1985, pp.283－290 참조.

있다. 뒤에서 보는 바와 같이 이슬람 사회 민법의 경우에도 혼합계수의 예를 빈번하게 관찰할 수 있다.

3. 현대 이슬람 사회 민법의 근간법계

앞에서 이슬람법에 대한 로마법의 영향에 관해서 학자들 사이에 상당한 큰 폭의 논쟁이 있음을 확인했다. 그리고 로마법의 영향을 인정하더라도 그 영향은 장기간에 걸쳐 자연스럽게 그리고 단편적으로 이루어졌는바, 이것은 20세기 이슬람 사회 민법전 제정의 계기에 이루어진 외국법 계수와 뚜렷한 대조를 이룬다. 20세기 이슬람 사회에서 성립된 민법의 근대화 작업은 식민정책의 일환으로 혹은 주권 정부의 정책적 주도로 선진법제를 포괄적 · 체계적으로 계수한 결과이기 때문이다.

현대 이슬람 사회 민법전의 근간법계는 무엇인가? 이슬람 사회에서 근간법계로 작용한 것은 프랑스민법전, 독일민법전, 코먼로로 요약할 수 있다.

이슬람 세계를 크게 네 지역(아프리카, 중동, 중앙아시아, 동남아시아)으로 구분하고 각 지역 민법의 근간법계를 개관해 본다. 아래 논의를 통해 근간법계의 선택이 해당 국가의 역사적 · 지리적 배경에 영향을 받는다는 사실을 잘 확인할 수 있을 것이다.

첫째, 마그레브(아랍어로 '서쪽'이란 뜻)이다. 북아프리카 지역(모로코, 알제리, 튀니지 등)을 아우르는 지역으로서 7세기 이후 이슬람제국, 15세기 이후에는 오스만제국, 19세기에는 프랑스의 식민지배에 있다가 20세기 중반 이후 독립국가가 되었다. 이 역사를 통해 이들 국가가 프랑스를 근간법계로 한다는 사실을 쉽게 추론할 수 있다. 다만, 프랑스민법을 직접계수한 경우(튀니지, 모로코)와 이집트민법을 매개로 간접 계수한 경우(알제리)로 세분할 수는 있다.

둘째, 중동은 이슬람교의 발상지이면서 이슬람 문화를 선도한 핵심지역이다. 근간법계, 종교적 분파, 세속국가 여부를 기준으로 보면 이 지역의 민법을 대표하는 국가는 튀르키예, 이집트, 이란이다. 튀르키예는 독일법계, 이집트 · 이란은 프랑스법계에 속하는데, 이에 대해서는 항을 바꾸어 자세히 설명한다.

셋째, 중앙아시아 지역이다. 중앙아시아 5개국(우즈베키스탄, 카자흐스탄, 키르기스스탄, 타지키스탄, 투르크메니스탄)은 기본적으로 CIS 표준민법전(1994)을 채용하고 있다. 제1편(일반규정), 제2편(소유권과 기타물권), 제3편(채권), 제4편(채권각칙), 제5편(지식재산권) 제6편(상속법), 제7편(국제사법)으로 구성된 CIS민법전은 러시아민법전의 지배적 영향을 받았다.[32] 그리고 러시아민법전은 법률행위(Rechtsgeschäft), 형성권(Gestaltungsrecht) 등과 같은 독일민법 특유의 제도를 폭넓게 수용한 법제이다.

---

32) Katlijn Malfliet, "The Commonwealth of Independent States: Towards Supranationalism?", in Ferdinand J. M. Feldbrugge (ed.), *Law in Transition*, Kluwer Law International, 2002, p.133.

넷째, 동남아시아 지역으로서 그 핵심은 인도네시아와 말레이시아이다. 인도네시아는 식민통치 기간 적용되던 네덜란드민법전(1848 시행)을 현재까지 사용하여 프랑스법민법을 간접계수한 국가로 분류할 수 있다. 말레이시아 역시 영국 식민지배의 영향으로 코먼로를 근간법계로 하는데, 특이한 것은 영국 판례를 주제별로 성문화하여 법전의 형식으로 운영하고 있다는 점이다(Civil Law Act, 1956).

Ⅳ. 튀르키예 민법

튀르키예 근대 민법의 역사는 크게 두 부분으로 나누어진다. 하나는 오스만제국 시대 탄지마트(Tanzimat, 1839~1876 기간 국가 주도로 진행된 유럽화 방향의 개혁정책) 기간에 제정된 메젤(Mejelle)이며, 다른 하나는 오스만제국의 멸망과 공화국 출범 이후 성립한 튀르키예민법전이다.

1. 메젤

메젤(Majallat Al-Aḥkām Al-'Adliyyah)[33]은 1868년부터 1876년 사이에 제정된 오스만제국의 민법전이다. 메젤은 민사거래를 규율하기 위한 것으로 탄지마트(Tanzimat) 개혁의 일환이었다.[34] 오스만제국의 근대화를 목표로 1839년 압뒬메지트(Abdülmecit) 1세(1823~1861) 시대에 시작된 탄지마트는 자유와 평등의 가치를 강조한 개혁운동이었다. 무슬림과 기독교인 사이의 차별을 폐지하고,[35] 샤리아 법원 외에 세속법원을 설치하였다(1870).[36] 그 결과 샤리아법원의 영향력은 점차 감소하여 형사·민사재판은 모두 세속법원이 관할하게 되었다. 이러한 배경에서 비무슬림과 무슬림 법관 모두가 참조할 수 있는 민법전으로서 메젤이 제정된 것이다.

메젤은 영국·프랑스 등의 유럽 열강들이 탈이슬람법화를 목표로 오스만제국을 압박하는 정세 속에서 서유럽화 방향의 맥락에서 제정되었지만[37] 현재까지도 하나피(Hanafi) 학파의 자료로 인용될 만큼 이슬람법의 색채가 매우 강하다. 그 이유는 무엇일까? 탄지마트를 주도한 개혁가 Mehmed Ali Pasha나 진보 정치인 Kabuli Pasha 등은 리바(Riba)의 금지 등 이슬람법의 한계를 지적하며 민사거래 전반을 다룰 수 없다고 판단하여 메젤을 제정하기보다는 프랑스

---

33) 영어권에서는 Majallah, Mejelle, Mecelle 등으로 부르는데, 아랍어로 잡지 또는 여러 글들을 수록한 간행물을 의미하는 단어이다.

34) Merve Tezcanli, "Re-thinking Mecelle-i Ahkam-ı Adliyye: Legal Transformation in the Nineteenth-Century Ottoman Empire", (Master's diss., Boğaziçi University, 2007), p.6.

35) ネヴィス・デレン＝イルディリム「トルコ法概論」比較法学 第38巻 第2号 238-239頁 [勅使川原 和彦[訳]] (2005).

36) 오은경, "탄지마트 이후 이슬람-오스만제국의 근대 성문법 체계 도입과 샤리아법원 변화 연구: 가족법령(Hukuk-ı Aile Kararnamesi)을 중심으로", 「한국이슬람학회논총」, 제26권, 1집(2016), 14면.

37) Yusuf Kılıç, op. cit., p.289.

민법전을 그대로 도입하자고 주장했다.[38)39)] 당시 프랑스민법전을 오스만 튀르키예어로 번역하여 그대로 적용하려고 시도하였으며, 프랑스 대사가 번역 작업에 도움을 제공하였다.[40)] 탄지마트 시대에 튀르키예는 실제로 나폴레옹 「상법전」(Code de commerce, 1807)과 「치죄법전」(Code d'instruction criminelle, 1808)[41)]을 각각 1840년과 1850년에 그대로 수입하여 제정하였다.[42)] 그러나 오스만제국은 전통적으로 이슬람법의 원칙들을 위반하지 않는 선에서 법을 제정하였고, 술탄들은 재판이나 법률해석(Ifta')에 능통한 이슬람법학 교사를 두고 있었으며, 이들은 올바른 이슬람법적 해석(Fatwa)을 위하여 각 술탄을 교육 · 지도하였다.[43)] 즉 술탄 본인이 이슬람법에 대한 지대한 관심을 가지고 있었으니 이슬람법의 성격을 지닌 민법전이 제정된 것은 당연한 결과이다. 한편, 진보 정치인들 역시 이슬람의 요소를 반대한 것만은 아니었다. 가령 당시 탄지마트 정책의 지지자이며 오스만제국의 대재상이었던 Âli Pasha는 민사거래에 관하여 누구나 읽기 쉬우며 이견의 소지 없이 엄선된 견해들을 담은 이슬람법학 책이 있으면 법원 등에 큰 도움이 될 것이라는 견해를 보였다.[44)] 결론적으로 술탄 본인과 정치권 모두가 이슬람에 우호적인 분위기였다. 메젤 제정위원회의 위원장 겸 하나피 학파의 이슬람법학자 Ahmed Cevdet Pasha 또한 이러한 입장이었다.[45)] Ahmed Cevdet Pasha는 하나피 학파의 이슬람법학(Fiqh) 자료 중 큰 위상을 가진 Ibn Nujaym의 Al Ashbah wa al−Nazair fi al Fiqh Hanafi[46)]를 주로 참조하였다. 당시 메젤은 처음으로 이슬람법을 체계적인 법전의 형태로 정리한 자료로 평가되며,[47)] 이에 따라 아랍권 국가들이 민법전을 제정할 때에 참고자료로서 널리 활용되었다. 현대 아랍국가들의 민법전들은 대부분 이집트민법전의 영향을 받거나 직접 계수하였다.

---

38) Merve Tezcanli, *op. cit.*, p.18.

39) 그 당시 유럽에서 성문 민사법전으로 「프로이센 일반란트법전」(Algemeines Landrechr für die preussishen Staaten, 1794 시행), 「오스트리아 일반민법전」(Algemeines Gesetzbuch für die gesamten Erbländer österreichischen Monarchie, 1812 시행) 등이 있었으나, 튀르키예 당국의 관심사는 단연 프랑스민법전(Code civil, 1804)이었다. 프랑스민법전은 분열된 프랑스의 사회통합과 프랑스 대혁명에 의하여 형성된 근대 시민사회의 근본정신을 표현하고 있기 때문이다.

40) Yusuf Kılıç, *op. cit.*, p.289.

41) 프랑스에서 「치죄법전」은 1959년 「형사소송법전」(Code de procédure pénale)으로 대체되었다.

42) Cihan Artunç, "Legal Pluralism, Contracts, and Trade in the Ottoman Empire", 2013, p.13; Muhammad 'Al−Ghita, *Tahrir al−Majallah Volume 1*, World Forum for Proximity of Islamic Schools of Thought, 2001, p.18.

43) Yusuf Kılıç, *op. cit.*, p.287.

44) Hammad Boudjemaa, "The impact of the Journal of Judicial Rulings on Arab Civil Laws", *The Journal of Teacher Researcher of Legal and Political Studies, 8(1)*, 2023, p.465.

45) Nicholas Foster, "Commerce, Inter−Polity Legal Conflict and the Transformation of Civil and Commercial Law in the Ottoman Empire", *Yearbook of Islamic and Middle Eastern Law Online, 17(1)*, 2013, p.40.

46) 이슬람법에서의 법원칙들과 신앙 영역(Ibadat) 및 개인 간의 거래 영역(Muamalat)에 관한 내용 모두를 다루고 있는 하나피 학파의 자료이다.

47) Merve Tezcanli, *op. cit.*, p.14.

그런데 이집트민법전은 샤리아와 관련된 사안에 관해서는 메젤을 참조하였다.[48)]

메젤은 1869년에 시작하여 1877년에 오스만제국의 민법전으로 공포되었다. 메젤은 샤리아의 일부를 국가의 법으로 제정하고자 한 최초의 시도였다. 메젤은 권(book)[49)]·장(chapter)·절(section)의 근대적 체계로 구성되었다.

메젤의 특성을 요약하면 다음과 같다.

① 거래 영역 최초 조문화 형식의 이슬람법학의 법전: 메젤 이전의 이슬람법학 연구물들은 보통 신앙영역과 거래영역을 모두 포괄적으로 다루고 있었다. 그리고 조문 형식이 아니라 상황이나 문제의 제시 및 그에 대한 이슬람법학적 견해를 제공하는 형식이었다. 이와 달리 메젤은 근대 법전과 유사하게 조문 형식으로 구성되었다. 메젤은 제1차 세계대전 이후 오스만제국으로부터 분리된 지역과 국가에서 효력을 유지하며 세속법정에서 민사법으로 적용되었으나 레바논(1932), 시리아(1949), 이라크(1953)는 독립과 더불어 각자의 신민법전으로 대체하였다. 그러나 메젤은 중동 여러 국가 민법에 직·간접적으로 영향을 주었다. 예컨대, 이집트민법전의 제정 과정에서 메젤은 Muhammad Qadri Basha가 작성한 Murshid Al−Hayraan ila Ma'rifat Ahwaal Al−Insaan(사람들의 삶을 지배하는 이슬람 법학을 이해하기 위한 혼란스러운 사람들의 지침)과 함께 가장 중요한 이슬람법학 자료로서 참조되었으며, 심지어 요르단민법전은, 메젤은 요르단 민법 규정에 위반하지 않는 한에서 적용된다고 규정한다(제1448조 제1항).

② 구성상의 특성: 서편에서 이슬람법학(Fiqh)의 정의나 원칙(Maxim)들을 나열하는 점은 근대 민법전이라기보다는 종교자료에 가깝게 느껴진다. 일반적으로는 민법전에 포함되지 않는 소송절차나 법관의 임용조건(메젤 제1784조 이하)을 삽입한 것도 특이하다. 이러한 구조는 아직 세속화에 완전히 적응되지 않은 오스만제국이 세속법원에서 다룰 이슬람 사회의 법전을 제정하는 과정에서 이를 모두 한 법전에 포괄하려는 시도의 결과로 생각된다. 메젤은 그 구성에 있어서 프랑스민법전과 판이하다. 프랑스민법전은 제1권(인), 제2권(물건 및 소유권의 변경), 제3권(소유권을 취득하는 여러 방법)의 큰 틀 안에 체계적으로 규범을 정리하고 있는데 반해, 메젤은 체계에 특별히 유의하지 않은 채 당시 거래계의 수요에 맞춰 여러 제도를 단순 병렬적으로 규정하고 있다.

③ 가족법의 배제: 메젤에는 가족법에 관한 권(卷)이 없다. Cevdet Pasha는 가족법 관련 권의 추가를 고려하고 있었는데, 압둘하미드 2세에게 제출한 상황 고찰 보고서에서 이 사실이 확인된다. 그러나 결국 가족법은 이슬람법학에서의 중요성에도 불구하고 추가되지 않았는데, 이는 모든 종교와 종파를 아우르는 가족법의 제정에 대한 현실적인 어려움에 기인한 것으로

48) 이에 대해서는 Riyadh Miftah, *Encyclopedia of Preparatory Works of the Civil Law*, Maktabat Al−Wafa Al−Qanuniya, 2023을 참조.

49) 일부 문헌은 마치 메젤이 16권의 책으로 이루어진 것처럼 서술하고 있는데 '권'(卷)은 메젤의 최상위 목차의 명칭이다.

생각한다.[50] 아울러 그 배경에는 샤리아법원 존치의 목적도 있었을 것으로 보인다. 메젤의 제정 목적에는 이슬람법학에 대한 지식이 전무한 비무슬림 법관의 매뉴얼로서의 역할이 분명히 있었는데, 가족법 영역까지 통합할 경우 샤리아법원의 역할이나 존재이유가 크게 축소될 우려가 있기 때문이다.

④ 내용상의 특성: 메젤의 내용상 특성으로 주요한 것을 들면 아래와 같다.

㉮ 이슬람법학파 중 하나피학파에 기초하고 있다.[51] 그러나 '선호방법'(tahayyur)을 사용하여 하나피학파의 견해보다 더 적절하다면 다른 학파의 의견을 참고했다. '선호방법'의 사용은 메젤에서만 특유한 것은 아니며, 이슬람 법학에서 일반화된 방법론이다.

㉯ 서편 제1장은 1개의 매우 긴 조문으로서 "이슬람법은 인간의 생활과 관련하여 신성한 입법자(신)가 정한 계율에 관한 지식으로 구성된다"로 시작한다. 이 조문은 메젤의 기본성격, 즉 샤리아를 유럽의 근대법과 연계시킨다는 취지를 선명하게 보여준다.

㉰ 서편 제2장은 샤리아의 중요한 원칙을 제시하고 있다. "사안은 의사에 따라 결정된다; 즉 어느 특정 거래에 부여되는 효과는 해당 거래의 목적에 부합해야 한다."(제2조)에서 시작하여 "만약 어떤 사람이 자신이 스스로 행한 행위를 부인한다면 그러한 시도는 완전히 무시된다"(제100조)까지 모두 99개의 기본규범을 규정한다. 근대 유럽법과 비교할 때 근본 취지에서는 유사한 부분도 없지 않으나 스타일은 크게 다르다.

㉱ 메젤은 재판을 위한 매뉴얼의 기능도 겸했다. 복잡하거나 중요하다고 판단되는 사안에 관해서는 해당 조문 외에 사례(example)를 부가하고 있다.

2. 튀르키예민법전

튀르키예에서 민법전은 튀르키예 공화국 건국(1923) 이후 서유럽화 가속화 과정에서 제정되었다.[52] 법체계 현대화 과정[53]에서 튀르키예 대국민의회는 샤리아법원을 폐지하였다(1924).[54] 새로운 민법전이 제정되기까지 메젤이 약 58년 동안 시행되어왔으나, 스위스에서 유학하였던 당시 법무장관 Mahmut Esat Bozkurt(1892~1943)가 케말 파샤 및 다른 정치인들을 설득함에 따라 스위스민법전을 계수한 민법 및 채권법이 제정된다(1926). 당시 튀르키예가 스위스 민법

50) 오은경, 앞의 논문 "탄지마트 이후 이슬람-오스만제국의 근대 성문법 체계 도입과 샤리아법원 변화 연구: 가족법령(Hukuk-ı Aile Kararnamesi)을 중심으로", 14면.

51) Seval Yildirim, "Aftermath of a Revolution: A Case Study of Turkish Family Law", *Pace International Law Review*, 17(2), 2005, p.353.

52) Fethi Gedikli, "The Voyage of Civil Code of Turkey from Majalla to the Present Day". *Annales de l'université d'Alger, 30(3)*, 2016, p.219.

53) 이는 민법에만 국한된 것은 아니었다. 1924년 튀르키예 공화국 헌법 제2조는 이슬람을 국교로 규정하였으나, 1937년 개정을 통해 세속국가로 명시하였다(M. Y. Aslan, "Transformation of Turkish Criminal Law from the Ottoman-Islamic Law to the Civil Law Tradition", *Ankara Bar Review*, 2(2), 2009, p.96).

54) *Ibid.*

을 계수한 이유로 여러 가지를 들 수 있는데, 스위스 민법이 프랑스 민법보다는 새로웠다는 점과 독일 민법에 비하여 덜 추상적이라는 점 등이 크게 작용했다.[55] 아울러 정치적 이유도 작용했는데, 스위스가 제1차 세계대전에 참전하지 않고 튀르키예와 적대한 사실이 없었던 것이 그것이다.[56] 그런데 스위스민법전의 계수 배경에 대해서는 Makmut Esat Bozkurt가 스위스에서 유학했다는 우연적 사실에서 찾는 학자도 있다.[57]

법률의 서유럽화·세속화는 일순간에 정치인들의 결정에 의해서만 이루어진 것은 아니었다. 메젤 외에 상법이나 해상법은 프랑스의 법률을 그대로 도입한 것이었고, 샤리아법원의 역할 역시 위축되었으므로 서유럽의 법률 연구는 필연적으로 대두될 수밖에 없었다. 1870년 설립된 Imperial Galatasaray Educational Institute(현 Galatasaray University의 전신)에서는 외국인 교수들을 초빙하여 프랑스어로 로마법, 상법, 형법 등을 교수했다. 또한 1881년에는 법무부가 법과대학을 설립하여 로마법 및 프랑스법과의 비교연구 교과목을 개설하는 등 서유럽 법학 연구를 위한 여러 노력이 있었다.[58]

튀르키예민법전은 스위스의 예에 따라 인, 가족, 상속, 물권, 채권의 순서로 구성되어 있는데, 스위스 채권법이 그 말미에 상사회사, 상업등기·상호·상업회계, 유가증권을 배치한 것과 달리 이들 규정을 상법전에 따로 규정하고 있다.

튀르키예민법전의 특성을 요약하면 다음과 같다.

① 양성평등의 실현: 샤리아에서 벗어나 세속적 민법전이 제정됨에 따라 당시 튀르키예에는 여러 변화가 있었는데, 가장 특기할 것은 양성평등의 관념이다. 특히 메젤에는 가족·상속 관련 규범이 전혀 포함되지 않았으므로, 상속[59] 등을 포함한 여성의 권리에 있어서 여러 변화가 있었다.[60] 통상적으로 남성에게만 부여되던 이혼의 권리가 양성 모두에게 평등하게 인정되었으며, 배우자 중 일방이 혼인 당시 이미 기혼일 때에는 해당 혼인을 무효라고 규정하여(제145조의 제1항) 이슬람법에서 허용되던 일부다처제를 금지하였다. 그리고 성별에 따른 상속분의 차별도 철폐하였다.

---

55) Fethi Gedikli, *op. cit.*, p.223.

56) Yeşim M. Atamer, "Turkish Civil Code and the Turkish Code of Obligations", Basedow *et al.,eds.*, *The Max Planck Encyclopedia of European Private Law* (Oxford: Oxford University Press, 2012), pp.1701–1705.

57) L. F. Findikoglu, "A Turkish Sociologist's View", *International Social Science Bulletin, 9(1)*, 1957, p.15.

58) Arzu Oguz, *op. cit.*, p.379.

59) 이슬람에서는 기본적으로 남녀의 타고난 차이를 인정하고 각자의 역할이 있다고 보기 때문에 상속에서도 대체로 남성이 더 많은 상속분에 대한 권리를 가진다. 이는 순전히 해석에 의해 도출된 것은 아니며 꾸란에 구체적인 상속분에 관한 규범이 존재한다(예: 꾸란 제4장 제11절 등). 이슬람의 상속법에 관해서는 조셉 샤흐트, 명순구 (옮김), 앞의 책, 248–255면 참조.

60) Fethi Gedikli, *op. cit.*, pp.223–224.

② 스위스 민법과의 유사성: 튀르키예민법전은 스위스민법전을 참조한 만큼, 민법과 채권법의 구성에 있어서도 큰 차이를 보이지 않는다. 장(章)의 순서나 내용에 있어서 일부 차이가 있지만 유사성이 명확하다. 그러나 튀르키예민법전은 내용상으로 스위스민법전과 상당한 차이도 발견된다. 특히 튀르키예민법전은 스위스민법전의 번역으로 보여지는 부분이 부정확하며, 이슬람 문화의 잔재로 인해 혼인, 이혼 등의 가족법적인 영역에서 상당 부분 차이를 보여 그 차이가 약 40퍼센트에 이르는 것으로 평가한다.[61]

③ 스위스와의 문화적 간극: 스위스법의 계수로 인해 튀르키예는 가족법 영역에서 여러 어려움에 직면하였다. 튀르키예 공화국 건국 초기, 민법 규정에 따라 혼인한 부부는 혼인시에 민적사무소 공무원의 면전에 출두할 의무를 지고 있었다. 그러나 많은 시민들이 출생증명서를 가지고 있지 않았고 지리적·교통적 어려움으로 인해 이맘 앞에서 혼인하기를 택하곤 했다. 그 결과 법률외혼인의 수가 상당수에 이르게 되고, 이 문제를 해결하기 위하여 구법(舊法)에 근거한 혼인도 유효하다고 선언하는 등 여러 어려움이 있었다.[62] 일부다처의 중혼이 일부 계속 행해졌으며, 이슬람법에 따른 조혼 또한 상당수 존재하였다. 튀르키예로서는 이러한 문제에 비교적 유연하게 대처할 수밖에 없었는데, 혼인연령을 낮추거나 중혼에 의한 자녀를 적출자로 인정하는 조치가 그 예이다.[63] 튀르키예는 세속적 성격의 민법질서를 세우기는 했으나 그 정착이 입법자의 의사와 차이가 나는 것은 불가피한 것으로 이해할 수밖에 없다.

V. 이집트 민법

이집트민법전(1948 제정, 1949 시행)은 이슬람법과 서유럽법을 성공적으로 융합한 것으로서 여러 아랍국가들의 민법전에 지대한 영향을 주었다.

오스만제국의 지배에도 불구하고 이집트의 법상황은 튀르키예와 상당히 달랐다. 이집트는 1874년(메젤 이전) 이래 이미 법적으로 오스만제국으로부터 독립한 상태였으며, 당시 메젤과 별개의 독립된 민법전을 두고 있었다.[64] 이집트는 프랑스민법전을 모델로 1870년대에 제정된 구 이집트민법전을 비롯하여 서유럽 국가들의 법률을 도입하는 데에 선구적인 편이었다.[65] 오

61) Ruth Miller, "The Ottoman and Islamic Substratum fo Turkey's Swiss Civil Code", *Journal of Islamic Studies*, 11(3), 2000, p.336.

62) ネヴィス・デレン=イルディリム, 243頁.

63) H. V. Velidedeoolu, "The Reception of The Swiss Civil Code in Turkey", *International Social Science Bulletin*, *9(1)*, p.63.

64) Chibli Mallat, *Introduction to Middle Eastern Law*, Oxford University Press, 2007, p.261.

65) Heba Abdel Halim Sewilam, "The Jurisprudential Problems of the Early Codification Movement in the Middle East: a Case Study of the Ottoman Mejelle and the 1949 Egyptian Civil Code", (Ph. D. diss., University of California, 2011), p.216.

스만제국 치하의 이집트는 실정법뿐만 아니라 이슬람법 영역에서도 당시 Muhammad Qadri Basha와 같은 이슬람 학자가 Murshid Al-Hayraan ila Ma'rifat Ahwaal Al-Insaan(사람들의 삶을 지배하는 이슬람 법학을 이해하기 위한 혼란스러운 사람들의 지침)이나 Al-Ahkam Al-Shar'iyya fi Al-Ahwal Al-Shakhsiyya(개인 신분에 관한 법률 조항)와 같은 비공식적인[66] 민사법 및 가족법을 제정하였다. 이는 향후 이집트민법전 및 여러 아랍국가들의 민법전 제정에 중대한 역할을 미친 Abd Al-Razzaq l-Sanhuri의 민법전 제정 과정에도 상당한 영향을 주었다.[67] 메젤이 중동 지역의 여러 국가들이 근대 민법전을 제정하기 전까지 중대한 영향을 미친 것과 달리 이집트에 대한 영향력은 상대적으로 미약했다.

오스만제국과의 법적 독립 외에도 혼합법원(Mixed Court) 또한 이집트 법상황의 특성으로 지적할 수 있다. 당시 이집트에서 외국인의 재판은 영사법원(Consular Court)가 담당하였으며, 이집트의 태수인 이스마일 파샤는 이에 대한 개혁의 필요성을 실감하고 있었다. 그는 외국인들과 이집트인 사이의 재판이 이집트 법원에서 진행되도록 1875년에 혼합법원을 설치하였다.[68] 혼합법원 설치에 따라 성문법전이 필요했던 이집트는 1876년에 프랑스민법전을 계수한 민법전을 공포하였다.[69][70] 그 이후 몽트뢰(Montreux)협약에 따라 모든 외국인들도 예외 없이 이집트법의 적용을 받게 되자, 이집트는 영사법원을 폐지하고 혼합법원을 계승한 국민법원(National Court)으로 통합한 후 1883년 다시 민법전을 제정한다.[71] 이 구민법전은 현행 민법전의 제정과정에서 주요 참고자료가 되었다.

오스만제국이 제1차 세계대전에서 패함에 따라 이집트는 오스만제국으로부터 독립하였지만, 여전히 영국의 통치 아래에 있었다. 제1·2차 세계대전 과정에서 이집트의 엘리트들은 차별정책으로 인해 영국에 대하여 큰 반감을 가지고 있었으며,[72] 이러한 정서는 Al-Sanhuri에

---

66) Murshid Al-Hayraan ila Ma'rifat Ahwaal Al-Insaan 또는 Al-Ahkam Al-Shar'iyya fi Al-Ahwal Al-Shakhsiyya는 메젤과 같이 정식 법률로 채택된 것은 아니고 법률의 형식으로 작성된 일종의 비공식 법전이다. 이와 유사한 비공식 법전으로 한발리 학파의 Ahmed Al-Qari가 작성한 Majallah Al-Ahkam Al-Shariyah(이슬람 법규범의 모음집)가 있다. 비공식 법전과 관련해서는 Umar Al-Ashqar, *Introduction to Islamic Jurisprudence*, Dar al-Nafais, 2010, pp.274-275 참조.

67) Chibli Mallat, *op. cit.*, pp.261-262.

68) Mark S. W. Hoyle, "The Mixed Courts of Egypt, 1875-1949: A Study of Their Development and Operation, and Their Influence on Post-War Egyptian Law", (Ph. D. diss., SOAS University of London, 1983), pp.25-27.

69) Mohamed Hafez, *Modern Contract And Sales In The Middle Eastern And Arab Countries*, LAP LAMBERT Academic Publishing, 2011, p.11.

70) 그 외에도 상법전, 해상법전, 민상사소송법전, 형법전, 치죄법전을 공포하였으며, 법전의 정문(正文) 역시 아랍어가 아닌 프랑스어였다. 이와 관련해서는 両角吉晃『エジプト民法典小史』東京大学法科大学院ローレビュー 第2巻 154-155頁 (2007) 참조.

71) Mark S. W. Hoyle, *op. cit.*, 265-268; Mark S. W. Hoyle, "The Mixed Courts of Egypt 1938-1949". *Arab Law Quarterly, 3(1)*, 1988, pp.83-84.

72) Heba Abdel Halim Sewilam, *op. cit.*, p.216.

게도 영향을 주었다. 영국이 이집트를 지배하는 동안 당시 학교들은 영어를 통한 교육을 강제로 시행하였으며, Al－Sanhuri 자신도 그 영향을 받음에 따라 반영국 정서를 가지고 있었다.[73] 이런 배경에서 Al－Sanhuri는 이집트민법전 제정을 주도하면서 프랑스민법전을 계수하게 되었다. 여기에는 그의 학문 배경도 영향을 주었다. Al－Sanhuri는 프랑스 리옹 대학교에서 박사학위를 취득했고, 리옹 대학교의 교수이자 과거 카이로 대학의 법대 학장이었던 그의 스승 Édouard Lambert 교수, 그와 같은 대학 교수로서 레바논민법전의 채권총론편을 초안한 Louis Josserand 교수의 영향도 크게 작용하였다.[74] Lambert는 프랑스법의 결점을 찾아낸 후 관련 전문가들에게 의견조회를 하면서 초안을 작성하였다.[75] 이로써 이집트는 프랑스민법전을 계수한 민법을 제정하게 되었다. 이집트민법전 제정에 있어서 구 민법전들로부터 이어져 온 프랑스민법의 영향이나 프랑스 비교법학자들에 의한 편찬작업 참여가 큰 영향을 주었지만, 또 다른 배경에는 영국에 대한 Al－Sanhuri의 적대감도 작용했다. 또한, Lambert의 입장에서도 이집트에 프랑스법을 도입하는 것은 영국에 대한 일종의 문화적 승리로 인식했을 것이다.[76]

이집트민법전은 서편(제1~88조), 제1권 채권(제89~801조), 제2권 물권(제802~1149조)으로 구성되어 있다.[77]

이집트민법전의 특성을 요약하면 다음과 같다.

① 세속법률과 이슬람법의 제한적 융화: 이집트민법전은 그 제정 과정에서 여러 이슬람법 자료들을 참고하여 '선호방법'(tahayyur)을 사용하는 방법을 통해 편입시켰다. Al－Sanhuri 본인은 민법에 있어서 이슬람법의 중요성을 직접 피력한 바 있다. 그렇다고 하여 종교법인 이슬람법의 부활을 목적으로 하지는 않았다.[78] 그는, 이집트의 법은 예전부터 지금까지 프랑스법의 영향을 받았고 여전히 그 그늘 안에 있지만, 독립된 법률을 제정할 필요가 있으며, 이집트인들이 민족성을 느낄 수 있도록 이슬람법학(Fiqh)을 완전하게 이집트화해야 한다고 주장한다.[79] 다만, Al－Sanhuri가 주로 참조하였던 이슬람법 자료들은 보통 꾸란이나 하디스와 같은 샤리아의 원천 자료들이 아닌, 이미 근대에서 서유럽의 영향을 받아 법률 형식으로 작성된 메젤이나 Muhammad Qadri Basha가 작성한 Murshid Al－Hayraan ila Ma'rifat Ahwaal Al－Insaan이었으며, 애초에 그는 '이슬람법'(Shariah)이 아닌 '이슬람법학'(Fiqh)[80]을 이집트화

73) Guy Bechor, *The Sanhuri Code, and the Emergence of Modern Arab Civil Law (1932 to 1949)*, Brill, 2007, p.38.

74) *Ibid.*, p.52.

75) 両角吉晃, op. cit., 158－159頁.

76) Guy Bechor, *op. cit.*, p.53.

77) Chibli Mallat, *op. cit.*, pp.267－268.

78) 加藤博 「堀井聡江著「エジプト民法典におけるイスラーム法の影響の批判的考察」」 法制史研究 60巻 260－262頁 (2010).

79) Abd Al－Razzak Al－Sanhuri, *Mediator to Explain Civil Law－Theory of Obligation in General－ Vol 1*, Dar Ihyaa altouras Alarabi, 1952, p.5.

해야 한다고 말하는 바와 같이 이집트민법전에서 이슬람법의 비중은 제한적이라고 보는 것이 타당할 것이다.

② 제한적이지만 확실한 이슬람의 색채: 이집트 민법은 이라크나 아랍에미리트민법전에 비하면[81] 이슬람법적 색채가 약한 민법전으로 분류할 수 있지만, 민법학자이기 이전에 이슬람 법학자이기도 하였던 Al−Sanhuri가 주도하여 작성된 것이기에 그 잔재를 확인할 수 있다. 아래에서 몇 가지 예를 들어본다.

㉮ 이집트 민법 제1조 제2항은 "법관은 법률에 규정이 없으면 관습법에 의해 재판하고, 관습법에 없으면 이슬람법 원칙, 이슬람법 원칙에 없으면 자연법 및 형평성의 원칙(règles de l'équité)에 의한다"라고 규정하여 이슬람법의 효력을 확실하게 인지하고 있다.

㉯ 이슬람법의 고유 제도인 계약의 장(場)(Contractual Session, Majlis Al−Aqd)을 명문화하였다. 가능하면 계약은 양 당사자가 한 장소에 있는 동안에 이루어져야 한다는 개념으로,[82] 이집트민법전은 "청약이 승낙의 기한을 두지 않고 계약의 장에서 이루어졌을 경우, 청약자는 승낙이 즉시 이루어지지 않는다면 청약의 구속력으로부터 벗어난다. 그리고 이는 전화 및 기타 유사한 수단을 통해서 이루어진 경우에도 동일하다"(제94조 제1항)라고 규정한다. 다만 전통 이슬람법학과의 차이점은 전화 및 기타 수단을 통한 계약을 추가하는 방식으로 현대화했다는 점이다.[83]

㉰ 와끄프(Waḳf)를 법인의 일종으로 명문화했다(제52조 제3호). 와끄프는 모스크 또는 기타 자선을 목적으로 하는 공공시설을 유지하기 위하여 기증된 토지·가옥 등의 재산으로서 일종의 이슬람재단이다.[84]

㉱ 사행계약을 큰 비중으로 다루고 있다(제739~771조). 전통 이슬람법에서는 사행성이 있는 행위(Maysir)를 금지하는 취지에서 계약의 당사자에 의해서 약정된 채무에는 불확실성(Gharar)이 없어야 한다고 본다.[85] 이를 의식하여 사행계약을 독립된 계약으로 설정하고 도박, 종신정기금계약, 보험계약을 규율하고 있다.

③ 서유럽법의 영향: 1876년 및 1883년에 제정된 구 민법전은 프랑스민법전을 모델로 작성되었고, Al−Sanhuri가 주도한 신 민법전 역시 그 제정 과정에서 프랑스 학자들이 참여하여

80) 이 두 용어는 국내 및 서양뿐만 아니라 아랍인들도 상당히 혼동하여 사용하는 용어이다. 정확하게 말하자면 이슬람법(Shariah)은 보통 꾸란과 하디스를 의미하며, 이슬람법학(Fiqh)은 그를 근거로 인간의 이성으로 발전시킨 이슬람법에 대한 학문을 의미한다(Umar Al−Ashqar, *op. cit.*, p.16).

81) Al−Sanhuri는 두 민법전의 제정과정에 참여하였지만, 두 민법전은 이집트민법전보다도 더 종교적인 색채를 띤다. 예컨대, 두 민법전은 메젤 서편에서 규정하는 이슬람법의 원칙들을 직접 인용한다(비교: 이라크 민법 제8조와 메젤 제30조, 아랍에미리트 민사거래법 제36조와 메젤 제5조).

82) 조셉 샤흐트, 명순구 (옮김), 앞의 책, 213면.

83) Chibli Mallat, *op. cit.*, pp.271−273.

84) 조셉 샤흐트, 명순구 (옮김), 앞의 책, 143면.

85) 조셉 샤흐트, 명순구 (옮김), 위의 책, 215−216면.

프랑스법의 영향을 크게 받았다. 그러나 이집트민법전이 프랑스민법전만을 참조한 것은 아니다. 이집트민법전은 그 구조에 있어서 채권과 물권을 대조적으로 전개하면서 전자를 앞세운 체계는 오히려 독일민법전의 모습이다. 실제로 Al-Sanhuri는 프랑스의 민법 및 그 판례나 학설들 외에도 게르만법과 로마법에 대한 폭넓은 지식을 갖추고 있었으며, 그의 신 민법전에 대한 해설서인 Al-Wasīṭ fī sharḥ Al-Qānūn Al-Madanī Al-Jadīd(신(新)민법 해설의 중재자)를 보면 민법전 제정과정에서 스위스, 브라질, 독일의 민법전[86] 등 여러 국가들의 법률을 참조했다는 사실을 확인할 수 있다.[87]

④ 아랍국가들의 민법전에 끼친 영향(이른바 'Sanhuri Codes'): 이집트민법전은 메젤과 비견될 정도로 여러 아랍국가들의 민법전 제정에 매우 큰 영향을 주었다.[88] 특히 시리아, 바레인의 민법전은 거의 이집트민법전과 동일한 내용을 담고 있으며, 이라크민법전은 이집트민법전보다는 이슬람의 색채가 더 강하지만 Al-Sanhuri가 그 제정과정에 관여하였다. 종교적 색채가 더욱 강한 요르단, 아랍에미리트, 예멘의 민법전도 이집트민법전을 참조하여 작성되었다.[89] 이집트민법전의 영향은 현대까지도 이어져 2004년에 공포된 카타르민법전 역시 이집트민법전과 매우 유사한 형태를 가지고 있다. 이는 종교상의 문화적 공감대가 있다는 점 외에 이집트민법전이 가지는 체계성도 중요하게 작용했다. 이집트민법전은 학자들이 주도하여 비교법적 시각에 유념하면서 작성된 것으로 평가된다.

⑤ 사우디아라비아 「민사거래법」에 대한 영향: 사우디아라비아가 2016년부터 추진 중인 'Saudi Vision 2030'(정치·경제·사회·문화 전반에 걸친 개혁계획)에는 민법전 제정도 포함되어 있다. 민법전의 부재는 그간 사우디아라비아 거래사회에 큰 불확실성으로 지적되었는데 이를 의식한 것으로 보인다. 사우디아라비아는 최근(2023. 6. 13.) 국무회의에서 「민사거래법」(CTL, Civil Transactions Law)의 이름으로 된 민법전을 의결하고[90] 이를 관보(Umm Al-Qura)에 게재했다(2023. 6. 19, 이슬람력 1444. 12. 1).[91] 이 법은 2023년 12월 16일부터 시행된다. 가족법을 제외하고 총 741개 조문의 재산법으로만 이루어진 이 법률 역시 다른 아랍국가와 유사하게 체계와 내용에 있어서 이집트민법전과 거의 동일한 구조이다. 언론 보도에 따르면[92] 이 법률의 특징

86) 독일민법을 참조한 내용에 대해서는 Chafik Chehata, "Les survivances musulmanes dans la codification du droit civil égyptien", *Revue internationale de droit comparé, 17(4)*, 1965, p.845 참조.

87) Abd Al-Razzak Al-Sanhuri, *op. cit.*, p.129.

88) Chibli Mallat, *op. cit.*, p.266.

89) Guy Bechor, *op. cit.*, p.57.

90) Legalcommunity MENA, "Saudi Arabia Approves Groundbreaking Civil Transactions Law", Legalcommunity MENA, 2023. 6. 14. (https://legalcommunitymena.com/saudi-arabia-civil-transactions-law/) (최종방문 2023년 7월 3일).

91) Umm Al-Qura Newspaper, "Approval of Civil Transactions Law", Umm Al-Qura Newspaper, 2023. 6. 19. (https://uqn.gov.sa/details?p=23123) (최종방문 2023년 8월 24일).

92) 사우디아라비아 법무당국의 관련 공식 문건이 발표되지 않아 언론 보도를 인용하여 소개한다.

을 다음과 같이 요약할 수 있다:[93] ㉮ 법적 안정성(민사거래에 있어서 법적 확실성을 높이고 계약 관계의 모호성을 줄임); ㉯ 소비자 보호 강화(소비자의 권리와 보호가 강화되어 공정한 대우와 양질의 제품 또는 서비스를 보장함); ㉰ 국제 비즈니스 거래 촉진(간소화된 프로세스와 업데이트된 규정은 국제 비즈니스 거래를 더욱 효율적으로 만들어 투자 및 경제 성장을 촉진함); ㉱ 법률 시스템 현대화(사우디아라비아의 법률 시스템을 국제 표준 및 모범 사례에 맞게 조정하여 비즈니스 친화적인 환경을 조성하려는 사우디아라비아의 노력을 반영함).

⑥ 가족법의 분리 및 성평등에 대한 소극성: 이집트민법전은 튀르키예와 달리 1920년에 공포된 가족법을 민법전에 통합하지 않았다. 이집트 가족법은 종교적인 색채가 강한 편으로, 특히 여성인권 증진 요구에 따라 현재까지 약 6차례 이상 개정되었다. 그러나 개정 과정을 이슬람법학자들(Ulama)로 구성된 위원회가 주도함에 따라 세속화에 힘을 실어주지 못했으며, 성평등을 위한 개정 방향도 세속화된 외국법률을 참조하는 방식이 아니라 다른 이슬람법학파의 견해를 채택하는 방식으로 진행되였다.[94] 이슬람 사회에서 가족법의 영역은 절대 불가침의 경전인 꾸란에서 구체적인 근거들[95]을 명시하고 있으므로 법률의 제정 및 개정에 있어서 어려움이 크다. 평등한 가족법을 위한 논쟁은 이집트 사회의 무거운 숙제로 보인다.

Ⅵ. 이란 민법

이란민법전은 Reza Shah(1878~1944) 재위 기간에 시아파의 성직자 겸 교육자 Seyed Qomi(1877~1945)의 주도로 1928년 제정되었다.[96] 그는 당시 최고법원 이슬람법 해석(Fatwa)의 권위자로서 명망이 높아 당시 법무부에 자주 자문을 제공했다.[97] 이란민법전의 성격에 대하여 Seyed Qomi는, 프랑스민법전의 토대 위에[98] 주로 시아파[99] 12이맘파(이란 시아파의 주류)

93) Abdul Nissar, "Exploring the New Civil Transaction Law of Saudi Arabia", LinkedIn, 2023. 6. 14. (https://www.linkedin.com/pulse/exploring-new-civil-transaction-law-saudi-arabia-abdul-nissar) (최종방문 2023년 7월 3일).

94) 현재는 삭제된 조항이지만, 과거 이집트 가족법 제3조는 법률에 규정이 없을 때에는 하나피 학파의 가장 우세한 견해에 따른다고 규정하는 등 하나피 학파의 견해를 우선시했다. 그런데 남편의 장기부재가 이혼사유가 되지 않는 하나피 학파의 견해 대신 이를 허용하는 말리키 학파의 견해를 채택하는 방식으로 여성의 이혼권 상황을 개선했다(Y. Qassem, "Law of the Family (Personal Status Law)", Bernard-Maugiron & Dupret eds., *Egypt and Its Laws* (The Hague: Kluwer Law International, 2001), pp.19-20).

95) 남성으로부터의 지참금 지급(꾸란 제4장 제4절), 성별에 따른 유류분의 차등 지급(꾸란 제4장 제11절) 등.

96) Mahmoud Kazemi, "Civil Code or Persian Jurisprudence (Fiqh): Review of the resources and structure of the Iranian Civil Code", *Private Law Research, 8(29)*, 2020, pp.256-259.

97) Naser Soltani, "The Role of Seyed Mohammad Fatemi Qomi in the Codification of Iranian Civil Code", *Contemporary Comparative Legal Studies, 13(29)*, 2022, pp.125-126.

98) Mahmoud Kazemi, *op. cit.*, p.249.

99) 시아를 국교로 채택한 것은 사파비 왕조(1501-1736)였다.

의 원칙들을 융화하였지만, 오스만제국의 메젤, 이집트 구 민법전도 참조하였다고 설명한다.[100] 이란민법전 제정 준비 단계에서는 이슬람 정신보다는 선진 서양 국가들의 법률을 신속하게 계수하는 데 초점이 맞추어져 있었으나, 두 정치인(Mohsen Sadr와 Mosaddegh), 특히 Mosaddegh의 National Consultative Assembly 연설(1947)이 결정적 전환점이었다. 민법전 제정에 있어서 이슬람 원칙에 충실할 것을 역설한 그의 주장이 큰 호응을 얻어 민법편찬위원회의 위원들은 Mostafa Adl[101]을 제외하고는 대체로 이슬람법학자, 성직자 및 종교법원에서 재판관 경력이 있는 사람들로 구성되었다. 이들이 작성한 초안은 Behbahani, Imam Juma Khoei 및 Abdolkarim Haeri Yazdi와 같은 여러 아야톨라(시아파에서 고위 성직자에게 부여한 칭호)들의 의견을 조회한 후 공포되었다. 이러한 배경에서 이란민법전을 '페르시아의 법학(서)'로 부르기도 한다.[102]

이란민법전은 서편을 포함하여 모두 3권(재산, 인, 소송에서의 증거)으로 구성되어 있다.

아래에서 이란민법전의 몇 가지 특성을 들어본다.

① 체계·구성의 완성도 미흡: 튀르키예 또는 이집트와 비교할 때 이란민법전은 체계·구성의 완성도가 떨어진다. 무엇보다 민법전의 큰 줄기를 재산(제1권), 인(제2권), 증거(제3권)로 3분하여 체계를 구성하는 것은 비교법적으로 유례가 없으며, 이론적 균형은 물론 합리성도 찾기 어렵다. 이란민법전에서 쉽게 발견되는 또 하나의 큰 결함으로 채권담보(보증계약, 저당권 등) 제도가 매매·증여·대차계약 등과 뒤섞여 전형계약의 제목으로 제2편/제2부/제3장(제338~807조)에 규정되어 있다는 점이다. 이들 약점은 이란이 이슬람 소수종파인 시아파의 종주국이라는 사실과 함께 이란민법전이 다른 이슬람 사회로 확산하기 어려운 요인으로 생각한다.

② 이슬람 색채가 강한 민법: 이란민법전은 프랑스민법전의 영향을 크게 받았으며, 그 외에도 독일과 스위스민법전의 영향도 있다.[103] 큰 틀에서 서유럽 민법을 계수했다는 점에서 다른 중동국가와 차이가 없는데, 다만 이란민법전은 여러 중동 민법전 중 상대적으로 이슬람의 색채가 강하다. 특히 다른 이슬람 사회에서 찾아보기 어려운 12이맘파 특유의 제도도 포함되어 있는데, 수니파에서는 금지되는 임시혼(Mut'ah, 제1075~1077조)을 민법에 명시한 것이 그 예이다. 이슬람 사회에서 혼외성교(Zinā)는 살인·절도·강도·음주 등과 함께 하람(Haram)에 해당하는 행위로서 절대 허용되지 않는다.[104] 그런데 12이맘파는 임시혼을 합법으로 인정한

100) *Ibid.*, p.257.

101) 민법 제정위원들이 여러 의견을 모아서 Mostafa Adl에게 전달하면 그는 이를 서유럽의 법률(특히 프랑스법)에 따라 정리·분류하는 작업을 담당했다(Zandieh & Pahlavani, "The Role of Shiite Clerics in the Codification of Iran's Civil Law during the First Pahlavi Era: With an Emphasis on the Role of Seyyed Muhammad Fatemi Qomi", *Contemporary Political Investigations, 4(8)*, 2013, p.86).

102) Mahmoud Kazemi, *op. cit.*, pp.257－264.

103) *Ibid.*, pp.251－254.

104) 조셉 샤흐트, 명순구 (옮김), 앞의 책, 260－261면.

다.[105] 임시혼의 기간은 시간 단위의 단기간부터 연 단위의 장기간까지 매우 다양하며 이 경우에도 정식 혼인과 마찬가지로 남성이 여성에게 혼인지참금(Mahr)을 지급한다. 그러다 보니 매춘을 합법화하고 여성을 성 상품화한다는 국제사회의 비판이 있다.

③ 종교적 성향에 의한 성 불평등: 성 평등을 위해 세속적인 민법을 제정한 튀르키예 혹은 여성인권 신장을 목표로 꾸준히 가족법 개정에 노력하고 있는 이집트와 달리, 이란민법전에는 전통 종교의 관념에 따른 여성차별 규정이 산재한다. 피상속인에게 부모가 없고, 딸과 아들을 두고 있을 경우 아들에게 딸의 2배 상속권을 인정한다든가(제907조), 남성은 언제나 원하는 때에 이혼할 수 있다는 규정(제1133조) 등이 그 예이다.

Ⅶ. 맺음말

최근 이슬람 사회에 대한 지구촌의 관심이 뜨겁다. 2023년 4월 워싱턴 D.C.에서 열린 국제통화기금(IMF)과 세계은행(World Bank) 연례회의 주요의제의 하나가 '중동지역의 저탄소 미래와 디지털 전환'이었다. 중동은 글로벌 에너지 핵심 공급자이면서 동시에 저탄소 미래를 향한 탈석유 전략의 핵심 주체임을 공감하는 계기였다. 중동지역 주요 국가들 또한 일찍이 탈석유 산업전략을 축으로 지속가능한 미래를 설계하고 있다. 이와 같이 최근 글로벌 시장과 중동국가들의 시각이 일치하고 있다는 사실에 특별히 유의할 필요가 있다. 게다가 사우디아라비아–이란 수교, 사우디아라비아–이스라엘 수교 협상 등과 같이 중동의 정세도 큰 변화를 거듭하고 있다. 이러한 역학관계 속에서 한국도 최근 사우디아라비아·UAE 등과 투자약정 또는 협력관계를 확장하고 있으며, 중동에서 한국 경제의 새로운 돌파구를 모색하려는 각계의 노력도 매우 적극적이다.

문제는 중동에 대한 우리의 지식이다. 지속가능한 교류·협력을 위한 전제조건은 상대방에 대한 이해이며, 그 핵심에 법제도가 있다. 이 글은 사적 영역에 있어서 기본규범에 해당하는 민법에 초점을 맞추었다. 복잡한 국제 역학관계 속에서 대한민국은 오랜 기간 이슬람 세계, 특히 중동을 우리의 주체적·독자적 시각으로 바라보지 못했다. 중동을 포함하여 유럽·아프리카·중앙아시아·동남아시아에 이르는 이슬람 벨트 국가에서 진행된 민법의 근대화 작업은 때로는 식민정책의 일환으로 때로는 주권 정부의 정책적 주도로 선진법제를 포괄적·체계적으로 계수하는 방식으로 진행되었으며, 그 결과 이들 국가의 민법이 모두 로마법 계통에 속하게 되었다. 이슬람 사회의 민법이 우리에게 낯설지 않은 이유이다. 이 글은 이슬람 사회의 핵심지역인 중동, 그 중에서도 대표성을 가지는 세 국가(튀르키예, 이집트, 이란) 민법전의 체계와 법계통을 조망하였다. 이 논의를 위하여 세계의 법계를 근간법계와 파생법계로 분류하는 한편, '이슬

105) 조셉 샤흐트, 명순구 (옮김), 위의 책, 239면.

람법'과 '이슬람 사회의 법'을 구별하면서 양자의 관계도 정리했다.

일찍이 오스만제국 시대 메젤을 통하여 이슬람법과 근대 서유럽의 근대법을 융합하고자 했던 튀르키예는 1926년 독일법계(정확하게는 스위스민법)로 분류되는 민법전을 제정했다. 튀르키예민법전은 중동지역에서 가장 먼저 제정되어 후속하는 여러 민법전에 영향을 주었다. 이집트는 프랑스법계에 속하며, 프랑스 법학교수를 포함하여 학자들이 적극 참여하면서 체계·구성에 있어서 매우 완성도가 높은 민법전을 제정했다(1948). 이는 이집트민법전이 중동 대부분 국가 및 아프리카 여러 나라에 깊은 영향을 주는 요인이 되어, 이들 지역에서 프랑스법계가 대세로 자리잡았다. 이란민법전(1928)은 체계·구성에 있어서 완성도가 높지 않다고 평가되며, 튀르키예·이집트에 비해 이슬람법의 요소가 매우 강하게 배어있다. 이는 이란이 이슬람 소수종파인 시아파의 종주국이라는 사실과 함께 이란민법전이 다른 이슬람 사회로 확산하기 어려운 요인이다.

민법과 관련하여 사우디아라비아의 최근 상황도 큰 관심을 끈다. 사우디아라비아는 2023년 6월 국무회의에서 「민사거래법」을 의결하였으며, 2013년 12월 16일부터 시행된다. 이 법은 이집트민법전과 유사한 구조로서 그 핵심 목적은 국제 비즈니스 거래 촉진으로 요약할 수 있다. 민법전 없이 이슬람법으로 규율해왔던 사우디아라비아의 변화에서 그들의 각별한 의지를 읽을 수 있다. 이슬람 사회 민법의 글로벌화의 경향은 국제규범에 의하여 더욱 촉진될 것으로 예상되는데, 그 한 예가 「국제물품매매계약에 관한 유엔협약」(CISG)이다. 이슬람이 국교가 아닌 국가(알바니아, 아제르바이잔, 보스니아 헤르체고비나, 기니, 키르기스스탄, 레바논, 시리아, 튀르키예, 투르크메니스탄, 우즈베키스탄 등)뿐만 아니라 이슬람이 국교인 국가(바레인, 이집트, 이라크, 모리타니, 팔레스타인 등) 또한 CISG에 속속 가입하고 있는 경향이다. 이는 이슬람 사회 거래법이 글로벌 스탠더드로 더욱 수렴하는 중요한 계기이다.

이 글의 시각은 거시적 비교연구로서 지역적으로는 중동의 주요 국가로 한정하였다. 이 연구를 토대로 앞으로 특정 주제에 관한 미시적 비교연구 그리고 연구대상 국가의 범위도 확장되기를 기대한다. 이슬람 사회의 법에 관한 연구에 있어서 특히 강조하고 싶은 것은 종교와 학문을 분리하여 바라보는 시각이다.

보증인 보호를 위한 민법상 정보제공의무 및 통지의무*

박 동 진**

Ⅰ. 시작하며

2015년 보증에 관한 민법전의 규정내용이 크게 개정되었는데, 개정의 큰 방향은 보증인 보호에 있었다. 그에 따라 보증의 방식은 서면으로 제한되고(민법 제428조의2),[1] 근보증은 최고액을 서면으로 특정해야 한다(제428조의3). 이와 같은 민법상 모든 유형의 보증 방식은 서면이어야 한다는 점, 근보증의 최고액의 서면으로 특정되어야 한다는 것은 비교법적으로도 많은 나라의 법제에서 채택하고 있을 뿐만 아니라 바람직한 규정으로 평가된다.[2]

그 이외에도 보증계약을 체결할 때에 채권자는 보증인이 될 자에게 주채무자의 신용정보 등에 관한 일정한 정보를 제공해야 할 의무(정보제공의무)와 보증계약을 체결한 후에는 주채무자에게 발생한 일정한 사유를 채권자가 보증채무자에게 통지해야 할 의무(통지의무)가 신설되었다(제436조의2). 보증계약의 체결 시 채권자에게 정보제공의무와 통지의무를 모두 인정할지, 모두 인정한다면 그 규정 방식과 내용에 대하여 다양한 논의가 있었다. 특히 정보제공의무의 신설에 대해서는 찬반의 논의가 있었다. 비교법적 검토를 통하여 볼 때도 우리 민법이 채택한 채권자의 정보제공의무는 보증의 형태에 따른 구별 없이 모든 유형의 보증계약에서 의무로 인정하고 있는데 이는 비교법적으로 매우 특이한 것으로 외국의 입법례로는 거의 찾아볼 수 없다.

---

* 이 글은 연세법학 제31권 2호(2021.06)에 실렸던 글을 필요한 최소한의 부분만을 수정하여 여기에 게재하게 되었다. 필자는 1989년 '사실적 계약관계에 관한 연구'라는 논문을 작성하여 연세대학교에서 법학석사학위를 취득하였다. 석사논문을 이 주제로 글을 쓰게 된 것은 독일에서 새롭게 조명받고 있는 '사실적 계약관계론'을 깊이 있게 연구하신 故최종길 교수님의 글을 읽고 깊은 감명을 받았기 때문이다. 이론적 정합성보다 현실문제의 합리적 해결을 추구하셨던 故최종길 교수님의 글이 이제 막 연구를 시작하는 어린 학생에게는 학문적 호기심을 유발해 주셨다. 필자는 故 최종길 교수님으로부터 직접 뵙거나 가르침을 받지는 못했지만 연구자의 길로 안내해 주신 분이라 생각한다. 故 최종길 교수님을 생각하면서 옷깃을 다시 한번 여미어 본다.

** 법학박사, 연세대학교 법학전문대학원 교수

1) 이하에서는 조문만 표시하는 경우, 이는 민법전의 조문을 의미한다.

2) 보증계약의 서면성을 요구한 대표적 입법례로는 독일민법 제766조, 스위스채무법 제493조, 오스트리아 민법 제1346조 제3항, 일본민법 제446조 제2항 등. 양창수, "민법개정안의 보증조항에 대하여 - 개정취지와 해석론", 『서울대학교 법학』 제45권 제3호, 2004, 42면 이하 참조.

이하에서는 우리 민법에서 규정된 정보제공의무와 통지의무의 내용에 대해서 고찰해 본다. 특히 비교법적 검토를 통하여 채권자의 정보제공의무의 규정 내용이 부적절하다는 비판적 시각에서 합리적인 해석론을 제시해 보고자 한다.

Ⅱ. 민법상 보증인에 대한 정보제공의무와 통지의무

1. 정보제공의무와 통지의무 신설 연혁

민법 시행 후 재산법의 전면개정안 마련작업이 정부 주도로 이루어진 것은 크게 2004년 법무부 민법개정안(이하 '2004년 민법개정안'이라고 한다)과 2013년에 발표된 법무부 민법개정시안(이하 2013년 민법개정안)의 두 번 있었다. 두 개정안은 해당 연도에 국회로 제출되었지만 국회에서 제대로 된 심의를 개시하지도 못하고 폐기되었다. 민법(재산법) 전면개정안은 심의해야 할 양이 방대하고 또 시간적으로 촉박하다는 이유로 심의조차 시작되지 못한 것이다. 이에 법무부는 개정이 시급하고 중요한 민법규정부터 개정안을 다듬어 국회에 제출하는 방법을 취하고 있다. 그 후 민법(재산법)의 부분개정을 수회에 걸쳐 시도하게 되었다.[3] 보증채무에 관한 개정안도 2015년 2월 3일 현재의 내용으로 통과되어 시행되고 있다.

보증법 개정안의 내용은 2004년 민법개정안부터 준비되었다. 위 개정안은 통과되지 못했고 2008년 특별법의 형태로 제정된 '보증인 보호를 위한 특별법'(이하 '보증인보호법'이라 한다)에서 특정한 형태의 보증을 전제로 하여 보증인을 보호하는 내용을 담았다. 그 후 2013년 민법개정안을 만들 당시 논의되었던 보증법의 개정내용은 2015년 민법의 일부개정으로 입법되어 현재의 규정이 탄생했다.

보증관련 규정의 개정은 보증인 보호를 지향한다는 점에서 2004년 민법개정안과 2013년 민법개정안은 방향성을 공유하고 있었다.[4] 보증에 관한 민법규정의 개정 전에는 '보증인 보호를 위한 특별법'(이하 '보증인보호법'이라 한다)(2008)에 의하여 보증인을 보호하여 왔다. 그런데 위 법률의 적용범위는 처음부터 호의보증의 경우로 제한되었고[5] 호의보증의 경우에도 이 법이 적용되지 않는 예외도 폭넓게 인정되고 있다.[6] 이런 점에서 보증인보호법상 보증인의 보호는

3) 법무부는 1999년 2월 민법개정특별분과위원회를 구성하여 2004년 6월에 민법 재산편 개정안을 마련한 후, 같은 해 10월 21일 개정법률안을 국회에 제출했으나 국회 임기 만료로 폐기되었다. 이후 민법 재산편 전면개정을 포기하고 부분별로 개정안을 마련하여 법개정을 시도했다. 여러 개정안 중 보증계약과 예행계약에 관한 개정안이 국회를 통과했다.

4) 편집대표 김용덕/손철우 집필, 『주석민법 채권총칙3』 제5판, 한국사법행정학회, 2020, 70면 이하; 이상영, "보증계약상 채권자의 정보제공의무", 『민사법학』 46호, 2009, 531면; 양창수, 앞의 글(주 2), 38면 참조.

5) 보증인보호법 제1조(목적) 이 법은 보증에 관하여 「민법」에 대한 특례를 규정함으로써 아무런 대가 없이 호의(好意)로 이루어지는 보증으로 인한 보증인의 경제적·정신적 피해를 방지하고, 금전채무에 대한 합리적인 보증계약 관행을 확립함으로써 신용사회 정착에 이바지함을 목적으로 한다.

모든 보증인을 보호하는 일반규정은 아니다. 보증인보호법은 보증을 통하여 채권자가 취득할 채권 담보이익[7]과 보증인에게 예상치 못한 보증위험을 전가해서는 안된다는 대립적 이익 사이에서 적절한 균형을 취하고자 했다. 그런데 호의보증 뿐만 아니라 일반보증에서도 보증인을 보호하려는 논의와 시도가 있었다. 이는 2015년에 개정된 일반법인 민법에서 보증인보호 규정이 신설하는 것으로 관철되었다.[8] 보증에 관련하여 신설된 규정의 핵심적인 내용은 ① 보증의 서면 방식을 신설(제428조의2), ② 채권자의 보증인에 대한 통지의무와 정보제공의무(제436조의2), ③ 취소할 수 있는 채무의 보증 규정(개정 전의 민법 제436조)의 삭제, ④ 근보증 규정의 신설(제428조의3)로 대표된다.[9]

그런데 채권자의 보증인에 대한 배려의무로 부과된 통지의무(제436조의2 제2항, 제3항)와 정보제공의무(제436조의2 제1항)는 몇 가지 점에서 서로 구별된다. 먼저 의무의 발생 시기와 관련하여 전자는 보증계약의 체결 후에 인정되나 후자는 계약의 체결 전에 인정된다. 통지의 대상에서도 차이가 있다. 입법 과정에서도 통지의무의 신설은 비교적 넓은 지지를 받은 반면, 정보제공의무는 신설 여부에 대해서 상당한 찬반의 논의가 있었다.

이러한 점을 고려하여 이하에서는 통지의무와 정보제공의무를 구별하여 설명한다.

2. 보증제도의 기능

보증제도의 본질은 주채무자의 신용위험을 인수하는 것을 핵심내용으로 한다. 즉 보증인은 주채무자의 무자력으로 인한 위험을 부담하기로 하는 계약상의 의무자이므로 보증채무의 실현 가능성 내지 확대로 인한 보증위험은 원칙적으로 보증인이 부담해야 한다.[10] 보증위험이 현실화되어 그로 인한 책임을 부담하게 될지 모른다는 위험을 부담하겠다는 의사가 보증계약에서 표현된 것으로 보기 때문이다. 보증인은 보증위험의 실현 내지 확대되는 경우에 그로 인한 책임을 부담할지를 판단하는데 필요한 정보(예컨대 주채무자의 자산상태 등)를 스스로의 책임하에 취득하고 그에 기초하여 보증계약을 체결할지 스스로 결정할 수 있다. 그 후에 채권자뿐만 아니라 보증인이 예상하지 못한 상황의 변화로 보증위험이 실현된 경우에도 보증인은 책임을 부담해야 한다. 그러한 위험을 예상하지 못한 것 자체에 대해서 스스로 책임을 부담해야 할 뿐

---

6) 제2조 제1호에서 기업의 대표자 또는 이사 등의 기업 채무에 대한 보증, 채무자와 동업관계에 있는 자가 동업과 관련한 동업자의 채무에 대한 보증, 기업 또는 개인의 신용보증을 목적으로 법률에 의하여 설치된 기금 또는 기관이 부담하는 보증 등의 경우에 적용되지 않는다고 규정한다.

7) 담보이익이란 보증을 통하여 채권의 만족가능성을 높이는 것을 말한다. 양창수, 앞의 글(주 2), 47면 참조.

8) 보증인 보호를 위한 특별법, 시행 2016. 2. 4., 법률 제13125호, 2015. 2. 3., 일부개정의 개정이유 참조.

9) 위 개정내용에 관한 상세한 설명으로는 법무부 민법개정자료발간팀 편, 『2013년 법무부 민법개정시안 : 채권편(상)』, 법무부, 2013, 15면 이하.

10) 대표적으로는 Larenz/Canaris, Lehrbuch des Schuldrechts, Bd II/Hb 2, BT, 13. Aufl, 1994 §60 II 4(S.10f).

만 아니라 그러한 위험의 전가가 바로 보증제도의 존재이유이기 때문이다. 이러한 점에서 보증인이 주채무자의 자력에 관하여 잘못된 관념을 갖고 있더라도 이는 원칙적으로 취소할 수 없는 동기의 착오에 불과하게 된다.[11)]

그러나 다른 한편 보증인을 보호해야 한다는 요청도 강하게 요구되었다. 이는 1997년 말 경제위기로 채무불이행 내지 도산이 만연하게 되자 보증인이 보증책임을 부담하게 되는 경우가 많아지게 되니 사회적으로 보증책임을 제한해야 한다는 시대적 상황도 있다고 할 것이다.[12)] 법리적으로는 정의성, 무상성, 편무성을 특징으로 하는 보증계약은 보증인에게 지나치게 불리하므로 이를 제한하는 여러 방법이 고려되어야 한다는 주장은 일반적으로 받아들여지고 있다.[13)] 그리고 이러한 주장은 보증계약방식의 제한 2015년 신설된 각종 보증계약의 규정을 통하여 실현되었다.

생각건대, 보증제도는 채권을 담보하기 위하여 보증인이 그 위험을 인수하는 것을 내용으로 하는 제도임을 고려하면 채권자의 채권담보기능을 본질적으로 훼손하는 것은 바람직하지 않다. 채권담보기능의 확보만을 지향함으로써 보증인에게 과도한 책임이 발생하게 되는 것을 보정하기 위한 목적하에 보증인보호의 규정이 규정되어야 하며 또한 해석되어야 한다. 이러한 점에서 채권자의 통지의무와 정보제공의무는 그 적용 범위와 그 위반의 효과를 정하기 위하여 합리적인 해석이 필요하다.

이하에서는 통지의무와 정보제공의무에 대한 외국의 입법례를 검토해 보기로 한다.

Ⅲ. 비교법적 검토

1. 스위스채무법

스위스채무법(Obligationenrecht, 이하에서는 OR이라고 한다)에는 채권자의 보증인에 대한 일반적이고 포괄적인 주의의무를 인정하지 않는다. 구체적 상황을 고려하여 다양한 주의의무를 개별적으로 정해 놓고 있다.[14)]

---

11) 편집대표 김용덕/손철우 집필,『주석민법 채권총칙3』제5판, 한국사법행정학회,2020, 33면 이하.

12) 양창수, 앞의 글(주 2), 38면 참조.

13) 보증인보호법의 입법 이유에서도 '우리 특유의 인정주의에 따라 특별한 대가를 받지 아니하고 경제적 부담에 대한 합리적 고려 없이 호의로 이루어지는 보증이 만연하고 채무자의 파산이 연쇄적으로 보증인에게 이어져 경제적·정신적 피해와 함께 가정파탄 등에 이르는 등 보증의 폐해가 심각'하다는 점을 들고 있다. 같은 취지로는 이상욱, "채권자의 보증인에 대한 신의칙상의 고지의무", 『민사법학』, 제18권, 2000, 364면 이하 참조; 박영복, "보증의 유형화", 『민사법학』, 제46호, 2009, 31면 이하 참조. 이와는 달리 무상성은 보증인보호를 위한 논거로 삼을 수 없다는 견해에 대해서는 김상중, "보증계약에서의 위험귀속과 채권자의 통지·정보제공의무", 『법조』 제52권 제7호(통권 562호), 2003, 160면.

14) 채권자의 의무로는 주채무에 존재하는 질권, 담보권, 우선권 등의 유지의무(OR 제503조 제1항), 보증채무를 이행한 보증인에게 부담하는 담보물의 인도의무, 담보물 양도에 필요한 행위의무, 증거의 이전의무(OR 제503

(1) 보증계약 체결 후 보증인에 대한 통지의무

보증계약이 성립한 후에 일정한 사안이 발생한 경우에는 보증채권자로서 통지의무에 대해서는 스위스채무법 제505조에 규율되어 있다.[15)16)] 채권자가 보증인에게 통지의무가 인정되는 경우를 크게 3가지로 규율하고 있다.

첫째, 주채무자가 원본, 6개월분의 이자, 1년 치 할부원본액(Jahresamortisation)을 6개월 동안 이행하지 않은 경우에 이를 통지해야 한다(OR 제505조 제1항 1문). 이때에는 보증인의 요구가 없어도 그 사실을 통지해야 한다. 여기서 6개월은 주채무의 이행기가 도래한 때로부터 기산된다. 채무가 이행지체에 빠지거나 이행이 최고될 것이 요구되지 않는다.[17)] 통지는 6개월 이내에 해도 되지만 통지 후 몇 달이 지나고 주채무자의 재산상태가 더욱 악화되었다면 6개월이 경과한 후 다시 통지해야 한다.[18)] 채권자는 여기서 언급한 사유가 아닌, 주채무자의 재산상태가 악화된 다른 사유가 발생해도 이를 통지해야 할 일반적 의무를 부담하지 않는다는 것이 다수설이다.[19)]

둘째 보증인이 요구하는 경우 채권자는 주채무의 상황에 대하여 정보를 제공해야 한다(OR 제505조 제1항 2문).[20)] 주채무의 상황을 알아야 보증인은 실제로 자신이 부담할 책임범위를 구체적으로 인식할 수 있어서 이에 대비한 조치를 취할 수 있기 때문이다. 이 규정으로 인하여 채권자가 금융기관이라면 금융기관의 채무자에 대한 비밀준수의무가 배제되어 주채무 상황에

조 제3항, 제4항), 신원보증의 경우 피용자(주채무자)의 감독의무(OR 제503조 제2항), 보증인이 하는 변제의 수령의무(OR 제504조 제1항), 특정기간 동안의 보증시 기간만료후 4주내 보증채권을 주장하고 현저한 중단없이 소송을 수행해야 할 의무(OR 제510조 제3항), 불특정기간의 보증에서 보증인의 청구시에 채무를 독촉해야 할 의무(OR 제511조 제1항), 주채무의 불이행에 대하여 채무자에게 통지할 의무와 주채무의 상황에 대하여 정보를 제공해야 할 의무(OR 제505조 제1항), 주채무자의 파산과 화의절차에서 자신의 채권을 신고하고 권리보전에 필요한 제반 조치를 취하고 이를 보증인에게 통지해야 할 의무(OR 제505조 제2항)가 있다.

15) OR 제505조(채권자의 통지의무와 파산 및 화의절차에서의 신고)
   1. 주채무자가 원본, 6개월분의 이자, 1년 할부금(Jahresamortisation)을 6개월 동안 이행하지 않는 경우에 채권자는 이를 보증인에게 통지해야 한다. 청구가 있는 경우에는 언제든지 보증인에게 주채무의 상황에 대하여 정보를 제공해야 한다.
   2. 채권자는 주채무자의 파산과 화의절차에서 채권을 신고하고 자신의 권리보전을 위하여 추단되는 기타 모든 조치를 취해야 한다. 채권자가 파산 및 화의상 지급유예를 인식한 때에는 즉시 이를 보증인에게 통지해야 한다.
   3. 채권자가 이러한 행위를 하지 아니한 경우 그 부작위로 인하여 발생한 손해의 범위내에서 보증인에 대한 청구권을 상실한다.

16) Ch. M. Pestalozzi, Honsell/Vogt/Wiegand(Hrsg.), Basler Kommentar Obligationensrecht I. Art. 1-529 OR 4.Aufl.(2007), Art.503 N.2.

17) BSK OR-Pestalozzi, Art 505 N.4.

18) BSK OR-Pestalozzi, Art 505 Rn.4; KUKO OR-W.Ernst/U.Zelger/in Art.505, N 2.

19) BSK OR-Pestalozzi, Art 505 N.3. m.W.N.

20) OR 제505조 제1항 2문은 우리 민법 제436조 제3항의 통지의무와 그 규정내용이 거의 동일하다. 우리 민법은 통지의 내용을 좀 더 구체적으로 적시하여 '주채무의 내용 및 그 이행 여부'를 알리도록 함에 반하여 스위스채무법은 주채무의 상황(Stand der Hauptschuld)를 통지하도록 규정한다.

대하여 정보를 제공해야 한다.[21)]

셋째, 주채무자가 파산하거나 화의에서의 지급유예(Nachlassstundung)를 알게 된 후에는 즉시 이를 보증인에게 통지해야 한다(OR 제505조 제2항 제2문). 보증인이 파산절차나 화의절차에서 채권을 신고하거나 스스로 자신을 보호하기 위한 절차를 취할 수 있도록 하기 위함이다. 그런데 보증인이 파산이나 지급유예를 이미 알고 있었다면 통지하지 않아도 된다.[22)]

이상의 통지의무를 위반하여 보증인에게 손해가 발생하면 손해의 범위에서 채권자는 보증인에 대한 권리를 상실한다(OR 제505조 제3항). 그리고 명문으로 규정되어 있지 않지만, 채권자의 책임에는 과실책임주의가 적용(OR 제99조 제1항)되어 채권자가 통지의무위반에 과실이 없음을 증명하면 책임이 배제된다는 견해가 유력하다.[23)]

법률에 다른 규정이 없는 경우 보증인은 보증에 관한 장(章)에서 정한 권리를 미리 포기하지 못한다(OR 제492조 제4항). 이러한 점에서 보증인에 대한 보증계약의 통지의무는 편면적 강행규정으로 본다.[24)]

(2) 보증계약체결시의 정보제공의무

채권자는 보증인이 되려는 자와 보증계약을 체결할 때에는 채권자에게 일반적인 정보제공의무는 인정되지 않는다.

보증의 위험에 대비한 보증인의 보호는 보증계약의 서면성을 강화함으로써 고려된다. 그 이외에 일반적으로 인정되는 고지의무(Aufklärungspflicht)나 조사의무(Untersuchungspflicht), 지시의무(Hinweispflicht)는 원칙적으로 인정되지 않는다.[25)] 보증위험(Bürgschaftsrisiko)을 지적하거나 채무자의 재산상태를 검증할 일반적인 의무는 부정되는데 주채무자의 상황에 대한 조사는 보증인이 자기 책임하에서 해야 할 일로 파악하기 때문으로 본다.[26)]

채권자는 주채무자의 재정적 상황을 알고 있는 것에 대해서 보증인에게 알려주어야 할 일반적 의무도 없다는 것이 지배적인 견해이다. 그러나 예외적으로 경험이 없는 보증인을 상대로 보증위험을 경시하여 침묵한 경우에는 계약상 책임을 부담할 수 있다고 본다.[27)] 다만 그 법리는 기망행위에 의한 책임내용으로 구성된다. 구체적인 예로 보증계약을 체결하기에 앞서 보증인이 채권자에게 주채무자의 심각한 상황에 대해서 설명할 기회를 주었음에도 불구하고 침묵했다면 이는 의무위반적인 침묵의 방법으로 고의의 기망에 대해서 유책한 것이며 보증계

21) BSK OR－Pestalozzi, Art 505 N.5.

22) BSK OR－Pestalozzi, Art 505 N.11. 이에 대해서는 1933년 연방대법원의 판결 BGE 59 Ⅲ 147에 설시되어 있다.

23) BSK OR－Pestalozzi, Art 505 N.13.

24) Kurzkommentar OR-W.Ernst/U.Zelger/ in Art.492, N 16. (2014) Helbing Lichtenhahn Verlag.

25) Heinrich Honsell, Schweizerisches Obligationenrecht, Besonderer Teil, 8.Aufl.(2006), S.406.

26) GUHL/SCHNZDER, Das Schweizeriche Obligationenrecht, §57, N.27, 9.Aufl.(1999), Schulthess Medien AG.

27) Honsell, a.a.O. S.407.

약은 구속력이 없다고 본다.[28] 이때에도 그 효과는 보증의 효력을 배제하는 것으로 충분하다고 한다.

2. 프랑스법

2006년 프랑스 담보법은 오르도낭스(Ordonnance)[29]를 통하여 개정했지만, 보증에 관해서는 국회가 정부에 수권을 하지 않았기 때문에 보증관련 규정의 내용은 개정되지 못하고 위치만 이동하여 담보편에서 물적 담보와 함께 규정되게 되었다[30]. 따라서 시대의 변천에 따라 보증인보호에 대한 요구도 민법전에 수용되지 못하고, 민법전에 보증에 관한 규정과는 별도로 보증인 보호에 관한 규정은 대부분 소비법률(Code de la consommation), 통화금융법률 등에서 규율되어 있었다.

프랑스에서 보증인보호의 정도는 시기별로 다음과 같은 4단계로 구별한다.[31] i) 1804년 프랑스 민법 제정부터 1984년까지의 시기로 이때에는 보증인보다는 보증의 담보적 기능이 강조되어 보증인에게는 엄격한 시기로 본다. ii) 1984년 3월 1일 법률[32]부터 1998년 7월 29일까지의 법률[33]에 의하면 보증인보호가 과도하게 강화되고 채권자에게 불리하게 제도가 마련되었다. 그 이후 반성적 고려로 iii) 2002년부터는 판례를 통하여 채권자에게 과도하게 불리한 상황을 완화하여 보증인 보호와의 조화를 시도했다. 그 이후 iv) 2003년의 법률[34]은 2002년까지의 판례의 전개를 반복하여 채권자의 이익과 보증인 보호의 균형을 꾀했다.[35]

2003년 법률의 제정 전에는 계약의 성질에 따라 규제의 내용 및 그 위반에 대한 제재가 구별되었으나, 2003년의 법률은 그와 같은 구별을 하지 않고 거의 모든 보증계약을 일률적으로 규제하여 보증제도에 다시금 지나친 제제를 가져왔다는 평가를 받고 있다.[36]

28) GUHL/SCHNZDER, a.a.O N.27, 스위스 연방법원의 판결로는 BGE 49 Ⅱ 100, 57 Ⅱ 276 참조.

29) 일정한 경우 의회로부터 법률개정에 관한 권한을 위임받아 만들어지는 법률적 성격의 규정인 오르도낭스의 방법으로 담보법이 개정되었다. 프랑스에서 오르도낭스에 의한 입법방법에 대해서는 이준형, "프랑스민법전 담보법 개정(2006년)의 기본방침과 개요－그리말디보고서를 중심으로", 『민사법학』 제49권 2호, 2010, 7면 이하 참조.

30) 김성수, "프랑스민법전의 담보제도에 관한 최근 동향", 『법조』 제57권 제9호 (통권 624권), 2008, 237면; 이에 대한 프랑스에서의 비판론에 대해서는 이준형, 위의 글, 41면 이하 참조.

31) 株式會社 商事法務, 諸外国における保証法制及び実務運用についての調査研究業務報告書, 平成24年 3月 33頁.

32) 정식 법률명칭은 Loi n° 84－148 du 1er mars 1984 relative à la prévention et au règlement amiable des difficultés des enterprises이다. 현재는 통화금융법전 제L.313－22조에 조문이 반영되어 있다.

33) 정식 법률명칭은 Loi n° 98－657 du 29 juillet 1998 d'orientation relative à la lutte contre les exclusions 이다.

34) 이는 뒤트레이유 법률(loi Dutreil)이라고도 하지만, 정식 법률명칭은 Loi n° 2003－721 du 1 août 2003 pour l'initiative économique이다.

35) ピエール・クロック(平野裕之訳)「フランス法における保証人に対する情報提供－近時の状況及び将来の改革の展望」慶應法学 2号 2005年, 203頁.

(1) 계약체결할 때의 정보제공의무

프랑스 민법전에는 계약체결할 때에는 채권자에게 정보제공의무를 부과하지 않는다. 다만 1994년 법률(소위 마들랭법률(loi Madelin))[37] 제47조 제1항에서는 개인경영자를 보호하기 위하여 그 보증계약의 체결에 앞서 금융기관에 대하여 서면에 의한 정보제공의무를 부과하고 있었다. 이러한 규정은 현 통화금융법률(Code monétaire et financier) L.313－21조 제1항에 반영되어 있다. 이에 따르면 자연인에 의한 인적 담보제공을 요구하는 금융기관은 서면으로 개인경영자에게, 경영자가 희망하는 대출금액을 고려하여 금융기관이 취득하고자 하는 담보의 총액을 통지해야 한다. 그 통지로부터 15일이 경과한 후 경영자가 응답하지 않거나 또는 경영자에 의해 제공된 담보를 금융기관이 거부한 경우에만 보증계약을 체결할 수 없다고 한다.

프랑스에서는 보증인이 주채무자의 지불능력에 대하여 착오가 있었을 때에도 보증인이 주채무자의 지불능력을 보증계약의 결정적인 요건으로 했음을 증명하지 못하면 착오취소를 원용할 수 없다는 것이 파기원의 입장이다.[38]

(2) 보증인에 대한 통지의무

보증계약을 체결한 후에 인정되는 채권자의 통지의무는 크게 3개의 서로 다른 법률의 4곳에서 달리 규정되어 있다. 즉 통화금융법률(Code monétaire et financier : C. mon. et fin.)의 제L.313－22조, 민법전(Code civil: C. civ.) 제2293조 제2항(art. 2293, al. 2), 소비자법률(Code de la consommation : C. consom.), 제L.333－2조와 제L. 343－6조에 각각 규정되어 있다. 프랑스 민법에서는 특정 유형의 보증채무(주채무의 범위를 정하지 않은 보증)에서는 채권자가 채권과 관련된 상황에 대해서 보증인에게 통지의무를 인정한다(프랑스 민법전 제2293조).[39] 즉 자연인이 주채무에 대해서 범위를 정하지 않은 보증을 한 경우 채권자는 보증인에게 피담보채무액 및 그에 부

---

36) 大沢慎太郎,「フランスにおける保証人の保護に関する法律の生成と展開(2, 完)」, 比較法学 42 巻 3 号, 2009. 3, 50頁.
大沢慎太郎「フランスにおける保証人の保護に関する法律の生成と展開(1)」比較法学 42 巻 2 号, 2009年, 49 頁.

37) 정식법률의 명칭은 Loi n° 94－126 du 11 février 1994 relative à l'initiative et à l'entreprise individuelle 이다.

38) Cass. com., 2 mars 1982, Bull. civ. Ⅳ, no. 79 ピエール・クロック(平野裕之訳)「フランス法における保証人に対する情報提供－近時の状況及び将来の改革の展望」慶應法学 2 号 2005, 194頁에서 재인용함.

39) 프랑스 민법 제2293조
① 주채무에 대한 보증으로서 범위를 정하지 않은 보증은 주채무에 종속한 모든 채무에 확장되고, 최초 청구에 드는 비용 및 이를 보증인에게 통지한 이후의 모든 비용에도 미친다.
② 자연인이 제1항의 보증을 체결한 경우, 채권자는 적어도 해마다 당사자들이 정한 날 또는 그러한 합의가 없으면 그 계약의 성립일마다 보증된 채권과 그에 종속한 채권액의 변동에 대해 보증인에게 통지하여야 하고, 이러한 통지가 없으면 주채무에 종속된 모든 채무, 비용 및 위약금에 대해서는 효력이 없다.
한불민사법학회,『프랑스민법전(물권법, 담보법) 번역 - 제2권(물건 및 소유권의 변경) 및 제4권(담보)』, 법무부연구용역 보고서, 2017 참조.

수된 채권의 변동사항을 약정한 날짜에 최소한 1년에 1회 통지해야 하며 통지일에 약정이 없으면 보증계약이 체결된 날짜에 변동사항을 통보해야 한다. 이를 위반한 경우 채무에 따르는 전체, 비용 및 위약금에 대한 권리를 상실한다. 이는 보증인이 법인보증 또는 기관보증과 구별되는 개인보증이어야 한다는 점, 주채무의 범위를 정하지 않은 보증이어서 보증인에게는 보증채무의 증감이 예정되어 있어서 보증인의 보호가 특별히 필요한 경우로 제한되어 있다는 특색이 있다.

3. 일본법

일본의 보증에 관한 규정은 대체로 프랑스의 보증법을 계수한 것으로 해석되고 있다.[40] 일본도 2017년 채권법개정을 통해 정보제공의무를 신설하는 등 보증규정이 대폭 개정되었다. 그런데 보증인 보호가 필요한 경우를 세밀하게 뽑아내기 위하여 보증의 유형을 복잡하게 구성하면서 특정 유형의 보증에서만 채권자 또는 채무자는 보증인에게 일정한 정보를 제공하도록 규정하고 있는 특징을 갖는다. 의무를 부과할 것인지 아닌지를 보증의 유형에 따라 달리 정한 이유는 보증인 보호의 정도가 각각의 유형마다 다르다고 판단했기 때문이다.

보증계약을 체결할 때의 정보제공의무(일본민법 제465조의10)와 보증계약 체결 후의 정보제공의무(일본민법 제458조의2, 제458조의3)로 구별되어 있음은 우리 법제와 매우 유사하다. 그러나 구체적인 내용에서는 차이가 있다. 개별적으로 보기로 한다.

(1) 보증계약체결 후의 정보제공의무[41](일본 민법 제458조의2)

보증계약이 체결된 후의 정보제공의무는 보증인에게 제공해야 할 정보의 유형을 주채무의 이행상황(일본민법 제458조의2)과 주채무자의 기한의 이익상실(일본민법 제458조의3)이라는 두 경우로 나누어 규정한다. 채권자에게 정보제공 의무를 부과한다는 점에서는 같지만 그 의무 발생의 요건과 효과를 달리 정하려고 했으므로 별개의 규정에서 따로 규율하고 있다.

㈎ 주채무의 이행상황에 관한 정보제공의무

여기서 정한 정보제공의무가 인정되기 위해서는 (i) 보증인이 수탁보증인이어야 하고, (ii) 보증인이 정보제공을 청구해야 한다. 주채무자의 부탁을 받고 보증인이 되었다면 보증인이 개인인 경우뿐만 아니라 법인인 경우에도 정보를 고지해야 한다. 이 규정으로 인하여 채권자가 채무자의 신용에 관련된 개인정보를 제공하더라도 비밀준수의무(守秘義務)를 위반하지 않은 것이 된다.[42]

---

40) 諸外国における保証法制及び実務運用についての調査研究業務報告書, 2012年, 34頁.

41) 우리 민법은 보증계약을 체결할 때에 인정되는 고지의무를 정보제공의무라고 하고, 체약후 인정되는 고지의무를 통지의무라고 하는 반면, 일본 민법은 양자를 구별하지 않고 정보제공의무라는 표현하에 이를 설명하고 있다. 일본 민법 제458조의2에서 말하는 정보제공의무는 체약 후의 고지의무를 의미한다.

42) 内田貴,『民法III 第4版: 債権総論 · 担保物権』, 東京大學出版會, 2020, 410頁, 潮見佳男,『プラクティ

채권자가 제공해야 할 정보는 주채무의 원본, 이자, 위약금, 손해배상 기타 그에 종된 채무 전부에 관한 불이행의 유무, 그 잔액 및 변제기가 도래한 금액에 대한 정보이다.

이러한 정보제공의무를 위반했을 때의 효과에 관해서는 규정하지 않고 있다. 해석상 보증계약상 채무불이행의 일반적 효과로 손해배상책임 및 보증계약의 해제가 가능하다고 본다.[43)]

정보제공의무의 부담 주체는 채권자이다. 이때 주채무의 불이행 등의 상황에 대한 정보는 채무자보다는 채권자가 더 정확히 갖고 있을 것이기 때문이다.

(나) 주채무자가 기한의 이익을 상실했다는 사실에 대한 정보제공의무(일본 민법 제458조의3)

일본 민법 제458조의3의 정보제공의무가 인정되기 위해서는 (i) 주채무자가 기한의 이익을 상실했고, (ii) 채권자가 그 사실을 알고 있고, (iii) 보증인은 법인이어서는 안되고 개인이어야 한다. 보증인의 청구가 없는 경우에도 법인보증을 위하여 이러한 의무를 인정할 만큼 보증인보호가 강하게 요청되는 것은 아니므로 배제한 것으로 본다.[44)]

통지의무를 위반하면 채권자는 보증인에 대하여 주채무자의 기한이익의 상실 시점부터 통지 시점까지의 지연손해금에 대한 보증채무의 이행을 청구할 수 없다(일본 민법 제458조의3 제2항). 만약 채권자의 통지가 2개월 내에만 이루어졌다면 기한의 이익을 상실한 시점부터 지연손해금을 청구할 수 있다. 예컨대 주채무자가 기한의 이익을 상실한 시점부터 1개월이 지난 후에 채권자가 보증인에게 이를 통지(정보제공)한 경우 주채무자의 기한이익 상실 시점부터 지연손해금을 청구할 수 있다.[45)] 그러나 기한이익을 상실하지 않아도 발생했었을 손해는 배제한다. 예컨대 본래의 이행기가 도래한 후에 발생한 지연손해금은 위 정보제공의무의 위반과 무관하게 발생한다는 점에서 보증인이 책임을 부담한다.[46)]

앞서 설명한 (가)의 정보제공의무와는 요건이 다르다. 여기서는 정보제공을 청구하지 않은 경우에도 의무가 인정된다는 점, 개인보증의 경우에만 적용된다는 점, 수탁보증인뿐만 아니라 부탁받지 않은 보증인에 대해서도 정보제공의무가 인정된다는 점이다. 법률효과에도 상대방에게 책임을 부담하는 것이 아니라 보증책임의 범위에서 정보제공 시까지의 지연손해배상금은 배제된다는 점이다.

(2) 보증계약을 체결할 때의 정보제공의무(일본 민법 제458조의2, 제465조의10)

보증계약을 체결하기 전에 요구되는 정보제공의무는 예외적으로 엄격한 요건 아래 인정된다. 먼저 일본 민법 제465조의10에서는 다음과 같은 요건 아래에서 즉 (i) 주채무자가 사업을

ス民法 債権総論〔第5版補訂〕』, 信山社, 2020, 630頁.

43) 潮見佳男, 上掲書, 信山社, 2020, 630頁, 內田貴, 上掲書, 410頁에서는 이는 부수의무에 해당되므로 직접적으로 보증계약의 해제원인은 아니고 의무위반의 태양과 당사자의 악의가 있는 등의 경우에는 해제원인이 될 수 있다고 설명한다.

44) 內田貴, 前掲書(註 42), 434頁.

45) 潮見佳男, 前掲書(註 42), 632頁.

46) 內田貴, 前掲書(註 42), 434頁.

위하여 부담하는 채무(사업채무)를 주채무로 하는 보증이어야 하고, (ii) 보증인은 수탁보증인이어야 하고, (iii) 보증인은 개인이어야 한다(같은 조 제3항). 이러한 보증이면 근보증뿐만 아니라 단순보증에서도 의무가 인정된다.

제공해야 할 정보는 재산 및 수지상황, 주된 채무 이외에 부담하고 있는 채무의 유무와 그 금액 및 이행상황, 주채무의 담보로 타인에게 제공했거나 제공하려는 것이 있는 때에는 그 취지 및 내용에 관한 것이다.

우리 법제와 비교해 볼 때 정보제공의무의 주체는 채권자가 아니라 주채무자라는 점에서 본질적인 차이가 있다. 채무자는 보증계약의 당사자는 아님에도 불구하고, 제공되어야 할 정보는 채권자와는 연결되어 있지 않고 오로지 주채무자의 재무상태에 관한 사항이므로 채권자는 보증인만큼 관련된 정보를 취득하기 어려울 것이다. 보증인은 주채무자의 재무상태에 대한 정확한 정보를 취득하기 위해서는 채무자가 그러한 의무를 부담하는 것이 타당하다고 판단한 것이다.

이러한 채무자가 정보제공의무를 위반한 것(정보제공의무의 미이행)이 기망행위에 해당되면 보증인은 보증계약을 취소할 수 있다(같은 조 제2항). 채무자는 보증계약의 당사자가 아니라 제3자이므로 채무자의 정보제공의무 미이행은 제3자 사기가 될 것이다. 따라서 제3자 사기와 마찬가지로 채권자가 정보제공의무의 미이행을 알았거나 알 수 있어야 취소할 수 있다. 통상 채무자는 자신의 채무 이행관련 정보를 가장 잘 알고 있으며, 그 사실을 보증인에게 통지하지 않는 이유는 보증계약의 체결을 원하기 때문에 기망의 의사가 있다고 볼 여지가 많기 때문이다. 그 이외에 보증인의 착오로 보증의사를 표시한 경우 착오를 이유로 취소할 수도 있다.

4. 유럽민사법의 공통참조기준안(Draft Common Frame of Reference)

유럽 민사법의 통일을 위한 노력으로 창조된 소위 '공통참조기준안(Draft Common Frame of Reference', 이하 'DCFR'이라 한다)에는 Ⅳ. G.에서 인적담보를 3가지 유형으로 구별하여 규정한다. 즉 종속적 인적 담보(Dependent personal security), 독립적 인적 담보(Independent personal security), 소비자 인적담보에 관한 특별규정(Special rules for personal security of consumers)의 3 유형에 따라 적용될 법리와 규정을 달리하여 비교적 상세히 정하고 있다.[47] 종속적 인적담보란 채무자가 부담하는 현재 및 장래의 채무담보를 위하여 담보제공자가 채권자를 위하여 부담하는 채무를 말하며 독립적 인적담보란 채권자를 위하여 담보목적으로 채무를 부담하되 채무자의 채무에 종속되지 않는 담보를 말한다. 특히 담보제공자가 소비자인 경우에는 소비자인 보증인을 강하게 보호함을 내용으로 한다.

47) 세 유형의 공동적으로 적용되는 공통규정(Common rules)도 있으며 이는 Ⅳ G 제1장 제1:101에서부터 제1:110조까지 규정되어 있다.

채권자의 보증인에 대한 정보제공 및 통지의무와 관련된 규정은 크게 종속적 인적 담보(Ⅳ. G. Chapter 2)와 소비자 인적 담보(Ⅳ. G. Chapter 4)에서 규율한다.[48] 특히 채권자의 보증인에 대한 통지의무는 종속적 인적담보의 경우(Ⅳ. G-2:107조)에서 정한다.

(1) 종속적 인적담보에서의 통지의무

종속적 인적담보가 성립한 경우 채권자는 채무이행과 관련하여 일정한 사유가 발생하면 이를 보증인에게 통지해야 하는 규정을 두고 있다(DCFR Ⅳ. G.-2:107조).

통지의무의 발생 사유는 주채무의 불이행 또는 지급불능, 또는 만기의 연장을 들고 있다. 나아가 통지의무가 발생하지 않는 2가지 경우가 있는데, 불이행된 채무가 부수적 채무인 경우와 주채무의 불이행이 총채무액의 5%에 이르지 않는 경우가 그러하다.

통지의무가 인정되면 지체없이 통지해야 한다. 통지 시기를 위의 사유 발생 후 '지체없이'로 한 것도 우리 민법상 통지의무와는 다르다.[49] 채무불이행이 계속되고 있는 경우에는 이전 통지로부터 3개월마다 추가적인 통지가 필요하다.

포괄담보(global security)[50]의 경우에는 추가적으로 다음과 같은 사유가 있으면 통지의무가 발생한다: 담보설정 당시보다 주채무의 액수가 20% 이상 증가된 경우, 또는 앞선 주채무 증가에 대한 통지의무가 있은 후, 또는 있었어야 할 시점 후에 다시 20% 이상 증가된 때에도 이를 보증인에게 통지해야 한다(DCFR Ⅳ. G. -2:107조 2항).

앞서 언급한 정보를 보증인이 이미 알고 있거나, 합리적인 시각에서 알 것을 기대할 수 있는 경우에는 통지의무가 면제된다(DCFR 같은 조 제3항). 통지의무의 면제사유가 발생했는지에 대한 증명책임은 채권자가 부담한다[51]

통지의무의 위반에 대한 책임으로 의무위반으로 보증인이 입게 될 손실을 예방하기 위하여 필요한 범위내에서 보증책임은 감경되는 것으로 본다(DCFR 같은 조 제4항).

통지의무 위반은 필요한 정보제공이 아예 없었던 경우뿐만 아니라 정보제공이 지체된 경우에도 인정되므로 이때에도 보증책임은 경감된다.

이러한 통지의무는 보증인에게 불리하도록 규정의 적용을 배제하거나 변경할 수 없도록

48) 위계찬, "공통참조요강초안(Draft common Frame of Reference)의 인적담보에 관한 연구", 『외법논집』 제33권2호, 2009, 19면 참조.

49) 우리 민법 제436조의2 제2항에서도 일정한 사유가 발생했을 때 지체없이 통지하도록 되어 있으나, DCFR에서 정한 사유(주채무 또는 주채무에 종속한 채무의 불이행)가 발생했을 때는 우리 민법에서는 채무불이행으로부터 즉시가 아니라 3개월 이상 이행하지 않은 경우에만 통지의무가 발생하는 것으로 규정되어 있다(제1호).

50) 포괄담보란 채권자에 대한 주채무자의 모든 채무이행에 대한 권리, 당좌계정의 부채액의 지급에 대한 권리 또는 유사한 수준의 담보를 확보하기 위하여 부담하는 종속적 인적담보를 말한다(DCFR Ⅳ. G. -1:101조 (f) 참조). 이는 우리 민법상 주채무를 정하지 않은 보증, 즉 근보증과 유사하다.

51) Study Group on a European Civil Code/ Research Group on EC Private Law(Acquis Group), Principles, Definitions and Model Rules of European Rules of European Private Law - Draft Common Frame of Reference(DCFR) Volume 3. p. 2633.

되어 있는 편면적 강행규정이다(DCFR Ⅳ. G. －4:102조 2항).[52]

보증계약 체결 후의 통지의무는 소비자가 종속적 인적담보를 부담하는 경우에도 소비자 인적담보에 관한 특별규정은 소비자가 보증한 경우에 관한 규정은 특칙이므로 소비자 인적담보가 종속적 인적담보인 경우에는 종속적 인적담보의 규정이 적용되어야 하므로 통지의무가 인정되는 것이다.

(2) 소비자 인적담보에 관한 특별규정에서의 정보제공의무

나아가 소비자 인적담보의 부분을 별도로 규정한 것은 다른 법제에 비교해 볼 때 특징적이다.[53] 소비자가 담보를 제공하면서 채권자는 소비자가 아닌 경우, 또는 소비자인 담보제공자가 자연인이 아닌 채무자에게 상당한 영향력을 행사할 수 없는 경우에는(DCFR Ⅳ. G. －4:401조 참조) 소비자 인적담보의 장이 적용된다. 그리고 이 장에서만 계약체결 전 단계에서 채권자의 정보제공의무를 규율하고 있다(DCFR Ⅳ. G. －4:103조).

채권자는 계약체결 전 단계에서도 보증인이 되려는 소비자[54]에게 일정한 정보를 제공해야 한다. 제공해야 할 정보는 (a) 의도한 담보의 일반적 효과, (b) 채권자가 접근할 수 있는 정보에 따를 때, 채무자의 재산상태에 비추어 보증인에게 부과될 수 있는 특별한 위험을 공지해야 한다(DCFR Ⅳ. G. －4:103조 제1항).[55]

이러한 정보제공의무의 이행기는 보증인이 되려는 자의 보증계약의 청약 또는 보증계약의 성립일로부터 5일 전까지다. 만약 5일 후에 정보가 제공되었으면 합리적인 기간 내에 청약의 철회 또는 보증계약을 취소할 수 있다. 합리적인 기간은 특별한 사정이 없으면 5일을 의미한다(DCFR 같은 조 제3항).

정보제공의무 위반의 효과로 보증인이 되려는 자는 언제든지 청약을 철회하거나 계약을 취소할 수 있다(DCFR 같은 조 제4항).

보증계약의 체결 전에 인정되는 정보제공의무는 소비자가 담보를 제공하는 경우만으로 제한된다는 점이다.

52) 이 조항에 따르면 보증인에게 불리하도록 보증에 관한 규정의 적용을 배제하거나 변경할 수 없도록 규정되어 있다.

53) 전반적으로 DCFR의 경우 소비자 보호를 목적으로 하는 여러 특별규정을 매우 많이 넣고 있다. Christian von Bar 외 편저/안태용 역, 『유럽 민사법의 공통기준안, 총칙 · 계약편 : DCFR 제1권~제4권』, 법무부, 2012, 53면 참조.

54) DCFR Ⅰ. －1:105 제1항에 따르면 '소비자란 주로 영업, 사업 또는 직업에 관련되지 않은 목적을 위하여 행위를 하는 사람을 말한다'.

55) DCFR Ⅳ. G. －4:103조 제2항에서는 정보제공의무뿐만 아니라 보증인과 주채무자와의 신뢰 관계 때문에 보증인이 적절한 정보를 갖고 보증행위를 하는 것이 아닐 중대한 위험이 있음을 채권자가 알았거나 알아야만 할 경우에는 채권자는 보증인이 독립적인 조언을 받았는지를 확인할 의무를 부여하고 있다. 그리고 이러한 확인의무를 위반한 효력은 정보제공의무의 위반과 동일하게 다루고 있다. 같은 조 제3항 참조.

(3) 소비자 인적담보에 관한 특별규정에서의 1년 단위 통지의무

소비자가 보증채무를 부담하는 경우에는 채권자는 정보제공일자를 기준으로 주채무의 액수, 이자 및 부수적 채무에 대해서 통지해야 한다(DCFR Ⅳ. G. －4:106조).

채무불이행이나 이행불능이 없더라도 소비자인 보증인 보호를 위하여 채권자는 1년을 단위로 하여 정기적으로 통지의무를 부담한다. 특히 이행기가 긴 채무를 보증한 경우에는 보증의 위험을 잊고 있을 가능성이 높기 때문에 이 규정에 의하여 정기적으로 보증인에게 담보책임을 상기시켜 주게 된다.

그런데 이러한 내용을 통지하기 위해서는 특별히 채무자의 동의를 요구한다는 점이 특징적이다. 타인의 채무상태라는 정보를 고지를 한다는 점에서 채무자의 동의가 필요하다고 한 것이다. 종속적 인적담보의 경우 채무자의 동의 없이도 통지해야 한다는 점에서 차이가 있다(Ⅳ. G.－2:107조).

위 3.의 통지 사유가 주채무자가 채무를 불이행하거나 이행불능이 발생해야 하는데, 이는 보증채무의 발생에 매우 중요한 사건이라는 점에서 주채무자의 동의 없이도 통지의무가 발생하는 것으로 본다.

나아가 보증인이 근무하는 회사의 채무를 보증하는 경우와 같이 보증인이 이미 그러한 정보를 알거나 알아야 하는 경우에는 통지의무가 없다(DCFR 같은 조 제2항).

Ⅳ. 보증계약 체결 후 보증채권자의 통지의무(제436조의2 제2항, 제3항)

1. 통지의무의 민법전에의 도입과정

보증은 본질적으로 반대급부가 없음에도 불구하고 타인의 채무를 이행해야 할 의무를 보증인에게 부담시킨다는 점에서 채권담보라는 보증의 본질을 침해하지 않는 범위내에서는 보증인을 보호하려는 다양한 시도가 법제와 해석론을 통하여 제기되어 왔다.[56] 그 중에서도 보증인에게 인정된 최고·검색의 항변권(제437조)이 대표적인 보증인 보호의 수단으로 이해되어 왔다. 그런데 이 항변권은 채권자가 보증인에게 보증채무의 이행을 청구한 때에 행사될 수 있다는 점에서 채권자와의 관계에서 보증인을 보호하는데 본질적으로 한계가 있다. 보증채무의 이행청구의 전 단계에서도 보증인 보호가 필요한 경우가 인식되었다. 예컨대 주채무자의 변제자력이 악화되어 채무이행이 어렵게 된 사실을 이미 알고 있는 채권자가 그 사실을 보증인에게 고지하지 않을 가능성이 있다. 보증인의 채무이행을 통하여 채권을 만족시킬 수 있기 때문이다. 채권자가 보증인에게 불이익한 상황을 이미 알고 있다면 그러한 정보를 상대방인 보증인

56) 2015년 민법개정이 있기 전까지는 최고·검색의 항변권(제437조), 수탁보증인의 사전구상권(제442조), 주채무자의 수탁보증인에 대한 면책통지의무(제446조) 등을 통하여 보증인을 보호했다.

에게 알려주는 것이 필요하다. 보증인이 보증채무를 이행하고 나서 구상권을 확보하지 못하게 되는 불이익한 상황을 막기 위해서는 채권자로서도 협조해야 하는 것이 필요하기 때문이다. 그 방편으로 채권자의 보증인에 대한 통지의무를 신설해야 한다는 주장이 제기되었다. 채권자의 통지의무를 민법에 도입하자는 2004년 개정안을 만들 때부터 논의되었다.[57] 이러한 통지의무의 설정에는 기본적으로 스위스채무법 제505조를 참고하였다고 한다.[58]

통지의무의 근거는 보증인의 책임이 현실화될 가능성이 매우 높아졌을 때에 구상권 확보나 보증책임의 확대를 막기 위하여 보증인이 필요한 조치를 취할 수 있도록 채권자도 일정한 배려의무를 부담해야 한다는 것에 있다.[59] 그러나 이러한 의무를 부과할 때에도 채권자에게 요구할 수 있는 범위내에서, 또한 채권자의 담보가치를 본질적으로 침해하지 않는 한도내에서 인정되어야 한다. 이러한 형평성에의 요구는 통지의무의 요건과 효과를 해석할 때에도 고려되어야 한다.

(1) 통지의무 신설에 대한 찬반론

보증인에 대한 채권자의 통지의무를 도입을 반대하는 주장의 논거는 대체로 다음과 같다: ① 채권자의 통지의무를 (광범위하게) 인정하고 그 위반시 보증책임의 감면을 인정하면 채무에 대한 담보가치 확보라는 보증제도의 본질이 침해된다는 점, ② 연혁적으로도 보증제도는 본질적으로 채권자에게 권리만을 부여하는 편무계약이므로 채권자에게 의무를 부과해서는 안된다는 점, ③ 보증채권의 취득이라는 방법으로 채권의 만족가능성을 높이고 나아가 채권의 관리 및 행사상의 자유는 보장되어야 한다는 점, ④ 보증인은 주채무자의 채무불이행으로 인한 위험을 자발적으로 인수하였으므로 자기결정에 따른 자기책임의 원칙이 원칙으로 유지되어야 한다는 점을 들고 있다.[60]

그러나 다수의 견해는 통지의무를 인정하는데 긍정적이었다. 그 논거는 ① 보증계약의 무상성 비추어 담보가치의 확보라는 채권자의 보호도 무제한적으로 인정되어서는 안된다는 점, ② 보증책임의 성립후 채권자에 의하여 보증책임의 확대를 막을 수 있었던 부분까지 보증책임을 인정하는 것은 신의칙에 어긋난다는 점, ③ 우리나라의 현실에 비추어 볼 때 人情에 의하여 호의로 보증채무를 부담하는 경우가 대부분이라는 점, ④ 실제로 IMF 경제위기로 주채무자 뿐만 아니라 보증인의 연쇄 파산 등의 심각한 사회문제가 발생했던 경험 등이 고려된다.

이러한 통지의무를 인정함으로써 보증채무자가 채무를 변제할 수 있도록 하여 보증채무가

57) 2013년 개정안을 만들 때는 통지의무의 신설에 대해서는 별다른 논의가 없이 찬성되었고, 주로 정보제공의무의 인정여부에 집중된 논의가 있었다.

58) 법무부 민법개정자료발간팀 편, 『2004년 법무부 민법개정안 채권편·부록』, 법무부, 2012, 139, 141면.

59) BSK OR I－Pestalozzi Art 505 Rn. 3.

60) 통지의무를 일부 인정한 일본에서도 이를 일반적 원칙으로 인정하는 것에 대해서는 반대의 목소리가 크다. 潮見佳男, 前揭書(註 42), 629頁 참조.

부당하게 확대되는 것을 방지할 수 있게 된다.[61)]

(2) 통지의무의 민법전에의 수용

판례는 신의칙상 통지의무를 인정하지 않았다. 예컨대 보증인(신용보증기금)이 보증채무를 이행한 후 구상금 채무를 보증한 자가 그 구상금 주채무자의 부도사실이나 신용보증기금이 대위 변제한 사실을 통지하지 않았음을 이유로 구상금 채권의 보증인이 부담이 늘어났더라도 보증인은 그 부분에 대해서도 보증채무를 면할 수 없다고 판시했었다.[62)] 그러나 민법에 명시적으로 통지의무를 인정하게 됨으로써 판례의 견해는 부정되었다. 통지의무는 2004년 민법개정안에서 조문형태로 구체적 내용이 제안되었으나 채택되지 못했다. 그 후 보증인보호법(2008)에서 실정법으로 채권자에게 통지의무가 인정되었다.[63)] 현행 민법은 2004년 개정안을 기초로 하여 제436조의2에서 통지의무의 규정이 신설되었다.

생각건대 채권자가 이미 알고 있는 사유만을 통지하도록 하는 내용이라면 신설하는 것이 타당하다. 채권자의 통지의무를 인정하더라도 채권자가 자신 이익 포기가 강요되며 되는 것은 아니기 때문이다. 이러한 통지가 채권자에게 불이익은 가져오는 것은 아니기 때문에 담보가치를 약화시키는 것은 아니기 때문이다.[64)] 주채무에 관한 일정한 사실을 통지함으로써 보증채무의 이행가능성을 사전에 경고하게 되며, 이에 보증인은 사전구상권의 확보 등 주채무자에 대하여 자신을 보호할 수 있는 여러 조치들을 취할 수 있는 이익을 갖게 된다.

특이한 점은 보증인보호법에서 정한 통지의무(보증인보호법 제5조)는 현재 민법전에 일반규정으로 통지의무규정이 신설되어 중복적으로 규정되어 있다는 점이다. 보증인보호법 제5조[65)] 제1항과 제3항에서 설정된 통지의무는 민법 제436조의2에서 보다 광범위하게 통지의무가 설정되었으므로 독자적인 의미가 없다고 본다.[66)] 그런데 통지의무 위반의 효과가 다르다는 점에

---

61) 법무부 민법개정자료발간팀 편, 『2013년 법무부 민법개정시안 : 채권편 (상)』, 법무부, 2013, 26면.

62) 대법원 2002. 6. 14. 선고 2002다14853 판결 "신용보증기금이 신용보증계약상의 구상금 채무를 보증한 자에게 그 구상금 주채무자의 부도사실이나 신용보증기금이 대위 변제한 사실을 통지하여야 할 법률상의 의무가 있다고 할 수 없으므로, 그 통지가 없음으로 인하여 그 즉시 구상금을 변제하였더라면 부담하지 아니하였을 지연이자 상당의 부담이 늘어났다 하더라도, 보증인은 그 지연이자 상당의 채무를 면할 수 없다."

63) 보증인보호법에서도 통지의무를 위반했을 때의 효력에 대해서는 명문의 규정이 없었다가 2010년의 제4항을 추가하여 보증채무의 면제라는 효과가 인정되었다.

64) 다만 통지의무를 위반하면 보증채무가 감면된다는 불이익을 받을 수는 있으나 이는 통지의무를 위반한 것에 대한 효과일 뿐 통지의무를 부과하는 것만으로 담보이익이 감소된다고는 할 수 없다.

65) 제5조(채권자의 통지의무 등)

① 채권자는 주채무자가 원본, 이자 그 밖의 채무를 3개월 이상 이행하지 아니하는 경우 또는 주채무자가 이행기에 이행할 수 없음을 미리 안 경우에는 지체없이 보증인에게 그 사실을 알려야 한다.

② 채권자로서 보증계약을 체결한 금융기관은 주채무자가 원본, 이자 그 밖의 채무를 1개월 이상 이행하지 아니하는 경우에는 지체 없이 그 사실을 보증인에게 알려야 한다.

③ 채권자는 보증인의 청구가 있으면 주채무의 내용 및 그 이행 여부를 보증인에게 알려야 한다.

④ 채권자가 제1항부터 제3항까지의 규정에 따른 의무를 위반한 경우에는 보증인은 그로 인하여 손해를 입은 한도에서 채무를 면한다.

서 보증인보호법상 통지의무의 존재의미를 찾을 수 있을 것이다. 보증인보호법 제5조 4항에서는 보증의무위반으로 인한 손해의 한도에서 직접 채무를 면하는 것으로 되어 있는 반면, 민법 제436조의 2가 적용되면 손해의 내용과 정도 등을 고려하여 법원이 보증채무를 감면할 수 있다. 보증인보호법이 민법의 특별법임을 고려해 보면 양자의 요건이 충족된 경우에는 보증인보호법이 적용되어야 하는데 보증인보호법이 보증인에게 유리할 수 있기 때문에 보증인보호법 제5조 제1항 및 제3항은 여전히 존재할 필요가 있다고 해석될 수 있다.[67]

2. 통지의무의 발생사유(제436조의2 제2항)

제436조의2 제2항에서 정한 3개의 사유와 같은 조 제3항에서 정한 사유로 통지의무가 발생한다.

(1) 주채무자가 원본, 이자, 위약금, 손해배상 또는 그 밖에 주채무에 종속한 채무를 3개월 이상 이행하지 아니하는 경우(제1호)

원본의 일부만 불이행된 경우, 또는 이자의 일부만 불이행된 경우에도 통지의무가 있는가?[68] 이때에도 원칙적으로 채권자에게는 통지의무가 있다고 할 것이다.[69] 주채무 가운데 일부만의 불이행이 있을 때 이를 통지하지 않아서 채권자에게 돌아가는 불이익은 그로 인하여 보증인에게 발생한 손해를 고려하여 보증채무가 감경되므로 열거된 사유 중 일부만 발생한 경우에 통지의무를 부과하더라도 채권자에게 특별히 불공평한 상황이 발생하는 것은 아니기 때문이다.

나아가 주채무자의 귀책사유가 없는 경우에도 채권자의 통지의무가 인정되는가? 이때에는 채권자에게 통지의무를 발생되지 않는다고 할 것이다. 주채무자의 채무불이행이 성립하지 않으면 보증인에게 책임을 물을 수 없으므로 보증인의 보호를 위한 의무위반 여부를 인정해야 할 필요는 없기 때문이다. 다만 금전채무를 보증한 경우처럼 주채무의 불이행에 귀책사유 없음을 항변하지 못하는 경우(제397조 제2항)에는 귀책사유 없는 경우에도 통지의무는 인정되어야 할 것이다.

금융기관인 채권자가 호의보증인에게 주채무자가 원본, 이자 그 밖의 채무를 1개월 이상 이행하지 않은 경우에 이를 알리지 않은 경우에 보증인은 그 손해를 한도로 보증채무를 면하는가? 제436조의2 제2항 제1호에서 정한 3개월이 아직 지나지 않았으므로 보증채무는 감면될 수 없다. 반면 보증인보호법에 의하면 보증채무의 감면이 가능하다. 보증인보호법에는 1개월 이상의 채무불이행 사실을 통지하도록 되어 있고(제5조 제2항) 이를 위반하면 보증책임이 감면

---

66) 같은 취지로는 편집대표 김용덕/ 손철우 집필, 『주석민법 채권총칙3』, 한국사법행정학회, 2020, 78면.

67) 다만 입법과정에서 이와 같은 의도가 고려되어 민법상 통지의무위반의 효과를 정했는지는 확인할 수 없었다.

68) 법무부 (편), 민법(재산편) 개정 자료집 (채권편) (내부토론용), 120면 참조.

69) 같은 취지로는 양창수, 앞의 글(주 2), 49면 참조.

되기 때문이다(같은 조 제3항). 이러한 점에서 민법상 통지의무에도 불구하고 보증인보호법 고유의 적용영역이 있다.

(2) 주채무자가 이행기에 이행할 수 없음을 미리 안 경우(제2호)

알아야 할 대상(인식의 대상)은 '이행할 수 없음'이고, 인식의 시점은 이행기에 앞선 시점('미리')로 제한된다. 개정자료집에 의하면 인식의 대상으로 '이행할 수 없음'은 '이행하지 않을 것임'보다는 좁혀진 의미로 이해하고 축조했다고 한다.[70] 이러한 설명에 따르면 주채무자가 이행하지 않을 것을 미리 알고 있었더라도 그것이 이행할 수 없는 경우가 아니면 이러한 사실을 통지할 의무는 없다고 해석될 것이다. 예컨대 주채무자가 이행기에 이행하지 않을 것을 명확히 밝히고 있는 경우에도 아직 이행이 가능한 경우에는 통지의무가 발생하지 않는다고 할 것이다. 그러나 '이행할 수 없음'이 '이행하지 않을 것임'과 내용적으로 무엇이 다른지에 대해서는 명확히 설시하고 있지 않다. 이는 '이행할 수 없음'은 이행이 불가능함을 의미하는 반면, '이행하지 않을 것임'은 이행은 가능하지만 채무자의 의도하에 이행되지 않을 것임을 의미한다고 할 것이다. 전자는 객관적으로 이행이 불가능함을 인식한 것으로 보아야 한다. 그런데 후자는 채무불이행으로서의 이행거절[71]과는 다른 것으로 보인다. 채무불이행으로서의 이행거절은 이행이 가능함에도 이행기 전에 이행의사가 없음을 종국적으로 표시하여 채권자가 채무이행을 기대할 수 없음을 의미한다.[72] 이러한 이행거절은 이행기가 도래하기 전이지만 이행불능에 준하여 다룰 수 있을 정도로 종국적인 것이어야 한다는 점에서 이행할 수 없음에 해당되는 것으로 보아야 할 것이다. 반면 통지의무에서 설명되는 '이행하지 않을 것임'은 이행가능성이 여전히 열려 있는 상황에서 불이행에 대한 주채무자의 주관적 의사를 인식한 것만으로는 통지의무가 발생하지 않은 것으로 보는 것이 타당하다. 이와 같은 이행불능의 사유가 발생한 경우 채권자는 이행기를 기다리지 않고 주채무자의 이행을 청구할 수 있고 그로 인하여 보증채무의 이행을 청구할 수 있다는 점에서 보증인 보호의 필요성이 인정된다.

앞서 2 (1)에서 본 것처럼 이행할 수 없음에 주채무자에게 귀책사유가 없어 채무불이행책임을 물을 수 없는 경우 보증책임도 발생하지 않으므로 보증인보호를 위한 통지의무가 발생하지 않는다.

(3) 주채무자의 채무 관련 신용정보에 중대한 변화가 생겼음을 알게 된 경우(제3호)

'주채무자의 채무 관련 신용정보'이어야 하고, 그 신용정보에 '중대한 변화'가 생겨야 할 뿐만 아니라 채권자가 그 변화를 알고 있는 경우에도 통지의무가 발생한다.

'주채무자의 채무관련 신용정보'란 보통 대출정보, 채무보증정보, 연체정보, 대위변제와

---

70) 법무부 (편), 민법(재산편) 개정 자료집 (채권편) (내부토론용), 121면 참조.

71) 양창수, "독자적인 채무불이행유형으로서의 이행거절 재론", 『법조』 제64권 제1호, 2015, 5면 이하 ; 편집대표 곽윤직/양창수 집필, 『민법주해 IX』, 채권(2), 박영사, 1995, 227, 311면.

72) 대법원 2005. 8. 19 선고 2004다53173 판결 등 참조.

대지급정보 및 부도정보 등으로 이해될 수 있다.[73]

이러한 주채무자의 채무 관련 신용정보의 구체적인 내용은 보증계약 체결시 채권자가 부담하게 될 정보제공의무(제436조의2 제1항)에서 요구되는 채무 관련 신용정보에서도 동일한 것으로 보인다. 다만 보증계약 체결시 요구되는 정보제공의무에는 개념내재적으로 추가적 제한이 있으므로 '보증계약의 체결여부 또는 그 내용에 영향을 미칠 수 있는' 채무관련 신용정보만으로 의무범위를 제한된다는 점에서 통지의무에서 요구되는 주채무관련 신용정보와는 차이가 있다.

주채무자의 채무관련 신용정보의 변화가 있어도 그것이 '중대한 변화'가 아니면 통지의무가 발생하지 않는다. 채권자가 단순히 주채무자의 재산상태가 어느 정도 악화된 사정만을 알고 있더라도 통지의무가 발생하는 것은 아니다.[74] 주채무의 이행에 영향을 줄 정도로 주채무자의 재산상태가 악화되어야 통지의무의 대상이 된다. 예컨대 채무자가 또다른 채무를 부담한 사실을 채권자가 알게 되었더라도 그것이 보증인의 책임에 영향을 미치지 않는 한,[75] '중대한 변화'라고 볼 수 없으므로 통지의무가 발생하지 않는다. 그러한 점에서 주채무자 재산상태의 단순한 악화와 통지의무를 발생시키는 재산상태의 중대한 악화를 구별하는 것은 중요한 의미가 있다. 그러나 실무적으로 이를 구별하는 것은 쉽지 않다.

채권자가 이와 같이 주채무자에게 생긴 채무관련 신용정보의 중대한 변화를 알고 있어야 한다. 채권자가 이러한 사정을 모르고 있었다면 통지해야 할 의무를 인정할 수 없다. 통지의무는 원칙적으로 채권자가 이미 알고 있어야 발생하기 때문이다. 신용정보의 중대한 변화를 모르고 있었던 것에 과실이 있더라도 모르고 있었다면 통지의무가 발생할 수 없다. 다만 중대한 과실로 인하여 채무 관련 신용정보의 중대한 악화를 몰랐던 경우에도 동일하게 평가할 것인가의 문제가 있다. 이때에는 채권자의 보호보다는 보증인의 보호를 더 고려해야 할 정책적 필요가 인정되는 경우에는 그 변화를 알고 있었던 것으로 다루어야 할 것이다.[76] 예컨대 채권자가 금융기관인 경우 손쉽게 당연히 취득해야 할 주채무자의 신용관련 정보를 중대한 과실로 취득하지 못하여 그 정보를 보증인에게 통지하지 않아서, 그로 인하여 보증인에게 손해가 발생한 경우에는 채권자에 대해서 보증인의 책임이 감면되어야 할 것이기 때문이다.

---

73) 보증인보호법 제2조 제4호에서는 '4. "채무관련 신용정보"란 대출정보, 채무보증정보, 연체정보, 대위변제(代位辨濟)·대지급정보(代支給情報) 및 부도정보(不渡情報)를 말한다'고 규정되어 있는데 이는 민법 제436조의2에서도 그대로 적용될 수 있을 것이다.

74) 양창수, 앞의 글(주 2), 49면 참조.

75) 보다 구체적으로는 10억원의 순자산을 갖고 있는 채무자가 1억원의 채무를 부담하고 이에 대한 보증채무가 존재할 때, 주채무자가 또다른 사람에게 천만원의 채무를 새롭게 부담하고 이를 채권자가 알게 되었더라도 이러한 사실까지 언제나 보증인에게 통지해야 한다면 채권자에게 과도한 부담을 주게 된다.

76) 중과실의 개념에 대한 판결의 분석에 대하여는 이충상, "중과실을 거의 고의에 가까운 것으로 볼 것인가?", 『저스티스』 통권 제159호, 2017, 227면 이하 참조.

이는 채무자의 채무관련 신용정보에 중대한 변화가 있었음에도 불구하고 채권자가 중대하지 않은 악화라고 잘못 판단한 경우에도 마찬가지라고 할 것이다. 잘못된 판단에 채권자의 중대한 과실이 있는 경우에는 통지의무의 위반이 있었던 것으로 보아야 할 것이다.

한편 보증인보호법 제5조에는 주채무자의 채무 관련 신용정보의 통지의무가 규정되어 있지 않다. 따라서 채권자가 호의보증인에 대해서 채무 관련 신용정보의 중대한 변화에 대한 통지의무를 이행하지 않았다면 보증인보호법이 아니라 민법 제436조의2 제2항 제3호에 의하여 책임을 부담한다고 본다. 호의보증의 경우에도 보증인보호법의 입법목적으로 고려하면 보증인보호법만을 배타적으로 적용되어야 하는 것이 아니라 보증인 보호를 위하여 더 유리한 규정을 적용할 수 있기 때문이다.

(4) 보증인의 청구시 주채무의 내용 및 그 이행여부 (제3항)

보증인이 채권자에게 주채무의 내용 및 그 이행여부를 문의하면 채권자는 이를 통지해 주어야 한다. 주채무자와의 친분관계로 주채무자가 부탁하면 보증인이 주채무의 내용을 모르고 보증계약을 체결하는 경우가 있다. 이 때 보증인은 계약의 체결 후에 주채무의 내용에 대해서 문의할 수 있다. 그러나 주채무의 일부 내용이 변경(예컨대 이자율의 변경 등)된 경우 보증인은 그 내용을 채권자를 통하여 확인해야 할 필요가 있다. 이 때 보증인은 변경된 주채무의 내용을 문의할 수 있으며 채권자는 변경 내용을 통지해 주어야 할 것이다.

나아가 근보증에서도 이 통지의무는 보증인 보호를 위하여 중요한 역할을 한다. 통상적으로 근보증의 피담보채무액이 확정된 경우에도 채권자는 확정된 채무액을 보증인에게 통지해 주어야 할 의무가 없다. 그런데 이 규정으로 인하여 근보증인이 피담보채무액이 얼마인지 통지해 줄 것을 청구하면 채권자는 확정된 피담보채권액을 알려주어야 한다. 확정된 피담보채권액이 주채무의 내용이기 때문이다. 나아가 근보증인은 피담보채무액이 확정되기 전에도 그 당시까지 주채무의 내용을 문의하는 것이 가능하다. 근보증의 경우 채무증가의 구체적인 경과와 채무의 규모, 주채무자의 신뢰상실여부도 보증계약의 해지사유가 된다.[77] 이러한 사유가 채무 관련 신용정보의 중대한 변화가 아닌 경우에는 채권자가 자발적으로 통지해야 할 필요는 없다고 할 지라도 그러한 사유를 탐문하는 보증인에 대하여 채권자는 그 내용을 통지해 주는 것이 합리적이라고 할 것이다.

그 이외에도 지연이자 및 손해배상채무가 발생한 경우에는 그 채무의 존재도 통지해 주어야 한다. 이것도 주채무의 내용에 포함되기 때문이다. 다만 채권자는 이를 구체적 금액으로 산정해서 통지해야 하는 것은 아니다. 주채무의 내용에는 그러한 채권자에게 의무까지 부과할 수는 없기 때문이다.

77) 대법원 2003. 1. 24. 선고 2000다37937 판결; 대법원 2018. 3. 27. 선고 2015다12130 판결.

3. 통지의무의 발생시기

제436조의2 제2항 및 제3항에 따르면 채권자가 보증채무자에게 부담하는 이러한 통지의무는 보증계약의 체결 후에 인정된다. 각 호에서 정한 통지대상인 사실은 보증채무가 성립한 후에야 발생하는 것이기 때문이다.

통지의무의 발생시기는 제2항에 의할 때 (i) 아래 각 호의 사유가 있어야 하고 (ii) 각호의 사유가 있으면 지체없이 알리도록 규정되어 있다. 2호에서는 주채무자가 이행기에 이행할 수 없음을 '미리 안 경우', 3호에서는 주채무자의 중요 신용관련 정보를 '알게 된 경우'에는 채권자는 보증인에게 지체없이 그 사실을 통지해야 할 의무가 발생한다. 따라서 채권자가 통지의무의 발생사유를 알고 있는 경우에만 그 의무가 발생한다. 그런데 1호의 사유로 인한 통지의무의 발생시기에 대해서는 채권자가 과실없이 3개월 이상의 이행지체 사실을 알지 못하여 통지하지 못한 경우에도 통지의무가 발생한 것으로 보아야 할 것인지 검토되어야 한다.

(1) 주채무자가 3개월 이상 채무를 이행하지 않은 경우(1호)의 통지의무 발생시기

1호에서는 주채무자가 채무를 3개월 이상 이행하지 않은 사실만 있으면 그 사실을 채권자가 인식하지 못했어도 통지의무가 발생하는 것처럼 규정되어 있다. 예컨대 이자가 정기적으로 은행간 자동이체되고 있다가 그것이 끊긴지 3개월이 지났음에도 불구하고 채권자의 책임 없는 사유(예컨대 은행전산망의 고장, 전시상황 등)로 이를 알 수 없었던 채권자에게 통지의무의 위반으로 인한 보증책임의 감면을 인정할 것인지가 문제된다. 2호 및 3호에서는 채권자가 객관적 사실(예컨대 이행기에 이행이 불가능하다는 사실 또는 채무관련 신용정보에 중대한 변화가 생겼다는 사실 등)을 알고 있어야 통지의무가 발생하는 것과는 대비된다.

이에 대한 해석론으로는 다음의 3가지가 가능할 것이다.

첫 번째 해석론으로는 1호의 문언해석에 의하면 채권자가 주채무 등의 3개월 이상의 이행지체를 알고 있었는지 여부와 관계없이 통지의무가 발생한 것으로 볼 수 있다. 문리해석에 충실하면 보증채권자가 이러한 사실을 몰랐던 경우에도 위 규정에 의하여 통지의무가 인정되어야 한다. 통지의무는 제436조의2 제2항 제1호에 의하여 부과된 의무인데 법문에는 채권자가 3개월 이상의 채무불이행 사실을 인식했는지 여부는 통지의무의 발생을 결정하는 요소로 되어 있지 않기 때문이다. 나아가 3개월 이상의 주채무를 불이행한 경우 보증위험이 현실화될 가능성이 매우 크다는 점에서 채권자보다는 보증인의 보호가 필요하다.

두 번째 해석론으로는 통지의무의 규정취지를 고려하여 통지의무는 적어도 채권자가 채무불이행사실을 알았거나 중대한 사실로 몰랐던 경우에만 발생하는 것으로 볼 수 있다. 이렇게 합목적적으로 제한해석 하지 않으면 보증채권이 감면되는 불이익을 받지 않기 위해서는 채권자는 적어도 채권의 이행여부를 확인할 의무를 이행해야 한다. '3개월 이상' 이행하지 않는 경우에 통지하도록 되어 있다. 의무의 발생시기와 관련하여 채무불이행이 3개월이 되는 시점부터 통지의무가 발생한다는 의미인지, 아니면 3개월 이상이 되는 경우에 특정의 시점을 정하여 통지의무의 발생시점을 정할 수 있음을 말하는 것인지가 분명하지 않다. 3개월이 되는 시점부터 채권자의 주관적 인식 없이 통지의무를 인정하려면 '3개월 이상'이 아니라, '3개월 동안'으로 되어야 할 것이다.[78] '3개월 이상'이라는 의미는 3개월이 지난 후 특정 시점부터 통지의무가 발생함을 전제로 하는 것으로 보아야 하며, 그 기준은 제2호와 제3호에서 정한 사유를 알게 된 경우로 보아야 한다는 주장도 가능하다. 그렇지 않으면 채권자의 귀책사유도 없이 보증을 통한 채권담보적 기능이 현저하게 침해될 가능성이 있기 때문이다.

그런데 이와 같은 해석은 다른 조문과는 달리 채권자가 그 사실을 알고 있다는 주관적 사유를 요구하지 않음에도 이를 추가하는 것은 입법적 주장으로는 가능하지만 법해석의 범위를 넘어선 것이라는 비판을 넘기 어렵다.

세 번째 가능한 해석론으로는 채권자의 인식가능성과 무관하게 객관적인 사정이 발생한 경우에 통지의무는 발생하는 것으로 보아야 한다. 다만 통지의무가 발생하기만 하면 바로 통지의무를 위반한 것으로 볼 수는 없다. 보증채권자에게 인정된 통지의무를 위반했는지는 보증채권자가 이러한 사실을 안 경우에만 인정할 수 있다고 볼 것이다. 통지사유의 발생을 과실 없이 몰라서 통지하지 못했다면 이는 통지의무의 위반으로 볼 수 없다. 이러한 사실이 통지되지 못하여 보증인에게 구상권을 확보하지 못하는 불이익이 발생하더라도 그 불이익을 채권자에게 돌릴 수 있는 사유가 없는 한, 채권담보라는 보증의 본질상 보증인이 이러한 보증위험을 부담함이 타당하기 때문이다.

사견으로는 세 번째 해석론, 즉 채무불이행이 3개월 이상 지속된 경우 통지의무는 발생하지만 채권자에게 귀책사유가 없으면 통지의무의 위반이 없다고 보는 해석론이 가장 타당해 보인다. 보통의 경우 채무불이행이 있으면 채권자는 이를 알고 있는 경우가 대부분이다. 그러나 채권자가 귀책사유 없이 이를 알지 못하여 통지 못한 경우에도 채권자에게 불이익을 감수하도록 하는 결론에는 동의할 수 없다. 따라서 채권자에게 통지의무 위반의 효과를 인정하기 위해서는 귀책사유가 요구된다고 할 것이다. 보증제도는 본질적으로 보증의 채권담보적 기능을 본질로 하는데 일방적으로 채권자보호를 관철하게 되는 결과 보증인이 불합리하게 자신의 권리를 보호할 수 없게 되는 문제점이 있는 경우에만 이를 보정하기 위하여 통지의무위반을 도입한 것으로 보아야 하기 때문이다. 따라서 3개월 이상의 채무불이행 사실을 알았거나 알 수 있었을 경우에만 통지의무를 위반한 것으로 보아야 한다.[79]

---

78) 스위스채무법 제505조 제1항 1문에서도 '원본, 6개월분의 이자, 1년 할부금을 6개월 동안' 이행하지 않는 경우에 통지의무가 발생하는 것으로 본다. 우리 민법에서처럼 '3개월 이상'은 시점을 특정한 것으로 볼 수 없어 통지의무의 발생시점을 확정할 수 없는 문제가 있다.

79) 제2호와 3호의 경우에는 이미 그러한 사실을 알고 있음을 요구하고 있으므로 그 사유를 몰랐는데 그 사실을

'3개월 이상'은 '3개월 동안'을 의미하는 것으로 보아야 하며, 그 의미를 명확히 하기 위해서는 '3개월 동안'으로 바꾸는 것이 타당해 보인다.

나아가 3개월은 연속해서 3개월일 것을 요하지 않고 누적하여 3개월이 되면 족하다.[80)]

4. 통지의무위반의 효과(제436조의2 제4항)

우리나라에서의 통지의무는 책무로 이해된다. 그 위반시 상대방에게 책임이 발생하는 것이 아니라 일정한 불이익이 발생하는 것에 불과하다는 점에서 의무(Pflicht)의 위반이 아니라 책무(Obliegenheit)라고 이해한다.[81)] 보증계약을 편무계약으로 이해하는 한 채권자에게 그 위반시 책임이 발생하게 되는 법적 의미의 의무를 부과할 수는 없다. 다만 보증인의 자기결정권의 실질적 확보를 위하여 협조해야 할 의무를 부과하는 것으로 보아야 하므로 이는 책무라 할 것이다.

채권자가 통지의무를 위반하여 보증인에게 손해가 발생하면 이를 참작하여 법원은 보증책임을 감면할 수 있다.[82)] 예컨대 주채무자의 채무불이행을 채권자가 1년 이상 방치한 후 보증인에게 지체된 기간동안의 지연손해금까지 보증채무에 해당되므로 그 이행을 청구할 때 통지의무의 위반으로 보증인에게 발생한 손해, 즉 추가된 보증채무는 감경될 수 있다.

요컨대 통지의무 위반으로 인한 보증책임의 감면요건으로 ①귀책사유 있는 통지의무의 위반, ② 보증인에게 손해의 발생, ③통지의무 위반과 손해 사이의 인과관계가 있어야 한다. 보증인에게 발생한 손해란 결국 채권자가 통지의무를 이행했다면 보증인은 구상권을 확보하거나 기타 자신의 이익을 지키기 위한 조치를 하여 보증책임의 부담을 줄일 수 있었던 경우에만 인정된다. 예컨대 통지의무를 해태한 기간동안에 발생한 고율의 이자 또는 지연손해금이 이에 해당될 것이다. 이는 책임의 감면을 주장하는 보증인이 증명해야 한다. 실무적으로 손해의 존재와 인과관계의 존재를 증명하는 것이 어렵지 않다는 견해가 있다.[83)] 이 견해에 따르면 보증인이 채무자의 채무불이행 사실을 인식하면 자신의 이익보호를 위한 조치를 취할 것이 추단된다고 본다. 이와는 반대로 증명이 어려울 것이라는 견해도 있다.[84)] 특히 통지의무의 위반과 손해 사이의 인과관계의 존재를 증명하는 것이 어렵다고 파악한다.

예컨대 채권자가 통지사유의 발생을 인식하기 전에 주채무자가 이미 무자력자가 된 경우

알 수 있었던 것만으로는 통지의무가 발생하지 않는 것으로 보아야 한다.

80) 법무부 (편), 민법(재산편) 개정 자료집 (채권편) (내부토론용), 120면 참조.

81) 편집대표 김용덕/ 손철우 집필, 『주석민법 채권총칙3』 제5판, 한국사법행정학회, 2020, 177면; 양창수/김형석, 『민법3 (권리의 보전과 담보)(제3판)』, 박영사, 2018, 273면, 280면 참조. 스위스문헌으로는 Honsell, Scshweizerisches Obligationenrecht, Besonderer Teil, 8.Aufl(2006) S.405.

82) 일본의 경우 통지의무위반의 효과에 대해서는 명문의 규정이 없으나 채무불이행의 일반법리에 따라 손해배상청구와 보증계약해제가 가능하다고 보는 견해가 있다. 潮見佳男, 前揭書(註 42), 630頁 참조.

83) 양창수, 앞의 글(주 2), 50면 참조.

84) 안금선, "보증인보호를 위한 특별법 연구", 『민사법연구』 제22집, 2014, 84면.

에는 미통지와 손해 발생 사이에 인과관계가 부정된다. 적시에 통지가 이루어졌더라도 주채무자는 무자력이었으므로 구상권을 확보할 수 없기 때문이다. 또한 주채무자의 3개월 이상의 연체 등 통지대상인 사실을 보증인이 이미 알고 있었던 경우에도 인과관계는 부정될 것이다. 채권자의 통지전에도 구상권 보호를 위하여 필요한 조치를 취할 수 있었을 것이기 때문이다. 따라서 보증인이 통지대상인 사실을 이미 알고 있었을 때에는 제436조의2가 적용되지 않는다는 별도의 규정이 없더라도 보증책임이 감면되지는 않는다.

V. 보증계약 체결시 요구되는 채권자의 정보제공의무

1. 정보제공의무의 기능

보증계약을 체결할 때에 채권자가 보증인에게 부담하는 정보제공의무는 제436조의2 제1항이 민법에 신설되기 전에 이미 보증인보호법에 규정되어 있었다. 보증인보호법 제8조 제1항에 따르면 금융기관이 채권자로서 보증계약을 체결할 때에는 일정한 정보를 제공해야 한다. 많은 정보를 취득하고 분석할 수 있는 신용정보 취득에서의 강자인 금융기관이 채권자가 되고 보증인은 일반인인 경우를 상정하여 정보의 약자인 보증인에게 정보제공의무를 부담하는 것이 타당하다는 주장이 받아들여졌다. 보증계약체결시에 실질적으로 정보의 약자를 보호하여 자신의 권리를 보호할 수 있도록 함으로써 실질적 계약자유를 보장할 수 있다는 점에서 보증인보호법상 정보제공의무는 수용가능한 내용을 담고 있다.

그러나 보증인보호법상 정보제공의무를 채권자에게 부담시키는 것이 타당하지 않은 경우도 있다. 예컨대 보증인이 채권자에 비하여 신용정보의 취득과 분석에 충분한 능력을 갖추고 있다면 보증인에게 채권자가 주채무자의 신용관련 정보의 제공의무를 인정할 필요가 없다는 점을 들어 일반론으로 정보제공의무를 인정할 필요가 없기 때문이다.[85)]

보증인보호법 제8조의 규정에 대해서도 비판론이 있음에도 불구하고 민법에서는 채권자의 정보제공의무를 보다 넓게 인정하고 있다. 즉 제436조의2 제1항에서는 보증채권자가 금융기관이 아니라 일반 사인인 경우에도 정보제공의무를 인정한다. 이와 같이 정보제공의무의 주체를 금융기관이 채권자인 경우만으로 제한하지 않음에 대하여도 비판이 있다. 예컨대 채권자가 개인인 반면, 보증인은 회사인 경우와 같이 채무자의 신용정보를 취득하고 분석하는 것이 용이한 경우에도 채권자는 여전히 정보제공의무를 부담해야 하는데 이는 과도한 보증인의 보호라고 비판된다.

그러나 이러한 비판론에 대해서는 다시 다음과 같은 반론이 가능하다. 즉 채권자가 사인

---

85) 이러한 경우에 정보제공의무가 부정되어야 한다는 견해로는 최성경, "민법개정안을 계기로 한 보증제도 연구", 『법학논집』 제18권 제2호, 이화여대 법학연구소, 2013, 194면 참조.

인 경우에도 적극적으로 채무자의 신용정보를 취득하여 보증채무자에게 제공해야 하는 것이 아니라 이미 갖고 있었던 정보만을 제공하면 된다는 점에서 채권자에게 특별한 노력이 요구되는 의무를 부과하는 것은 아니어서 부당한 결론에 이르지 않는다는 점이다.

그렇다면 이와 같이 보증계약을 체결하기 전단계에서 채권자는 자신에게 불리한 정보를 상대방에 제공해야 할 고지의무를 부과하는 것이 타당한가? 계약의 당사자는 서로 자기의 이익을 추구하기 위하여 최선을 다하는 과정에서 양당사자가 갖는 계약상 이익이 균형을 이루게 되므로 원칙적으로 상대방에게 정보제공의무는 인정되지 않는다. 이는 여기서도 적용되어야 한다. 다만 제한된 범위내에서 상대방에 대한 배려의무로 상대방에 대한 정보제공의무가 인정될 수 있다.[86] 이때에도 이는 예외적인 특별한 상황에서만 인정되어야 한다. 예컨대 교환계약에서 교환목적물에 대한 가치가 그 가치를 결정하는 기초사항에 대하여 상대방에게 설명 내지 고지의무가 인정되지 않는다.[87] 그 판결이유에서 교환계약의 당사자는 자신에게 유리한 조건으로 계약체결을 희망하는 이해상반의 지위에 있고 각자가 자신의 지식과 경험을 이용하여 최대한으로 자신의 이익을 도모할 것이 예상되기 때문에, 당사자 일방이 알고 있는 정보를 상대방에게 사실대로 고지해야 할 신의칙상의 주의의무가 인정된다고 볼 만한 특별한 사정이 없는 한 고지의무가 인정되지 않는다고 하고 있다.

이 판결에서 밝히고 있는 논거는 교환계약 뿐만 아니라 보증계약의 경우에도 적용될 수 있는가? 보증계약을 체결할 때에 있어서의 고지의무에 대한 판결이 몇 개 있다. 2008년 보증인보호법이 제정되기 전까지는 신의칙상 정보제공의무가 부정되었다. 예를 들면 "보증제도는 본질적으로 주채무자의 무자력으로 인한 채권자의 위험을 인수하는 것이므로 보증인이 주채무자의 자력에 대하여 조사한 후 보증계약을 체결할 것인지의 여부를 스스로 결정하여야 하는 것이고, 채권자가 보증인에게 채무자의 신용상태를 고지할 신의칙상의 의무는 존재하지 아니한다"고 한 판결에서도 이러한 태도를 확인할 수 있다.[88] 이러한 판례의 입장은 보증인보호법을 거쳐 민법 제436조의2 제1항의 신설에 의하여 배척되었다.

생각건대 계약의 당사자는 자신의 이익을 추구하기 위하여 최선을 다할 것이다. 따라서 채권자라도 보증채무자의 보호를 위하여 자신에게 불리한 정보를 상대방에게 전달하지 않으면 안되는 특별한 사정이 인정되는 경우에만 고지의무가 인정되야 한다. 이러한 점에서 제436조의2에서 정한 정보제공의무가 기업보증까지 포함하여 모든 유형의 보증계약에서 인정되는 것

86) 아파트분양계약에서 분양자는 수분양자에게 신축될 아파트 단지에 쓰레기 매입장이 건설예정이라는 사실을 알고 있었으면 이를 고지해야 할 의무가 신의칙상 인정되며 이를 위반한 경우 부작위에 기한 기망행위이므로 분양계약을 취소할 수 있고 취소를 원하지 않는 경우 손해배상만을 청구할 수도 있다고 한 판결이 있다. 대법원 2006.10.12. 선고 2004다48515 참조.

87) 대법원 2002. 9. 4. 선고 2000다54406, 54413 판결.

88) 대법원 2002. 7. 12. 선고 99다68652 판결; 대법원 1998. 7. 24. 선고 97다35276 판결.

처럼 규율된 것은 바람직하지 않다. 보증채무의 본질은 채권의 담보적 기능에 있다는 점을 고려하면 채권자의 정보제공의무가 보증계약의 본질적 요소는 아니다. 보증인의 정보제공의무도 보증계약이 형평을 잃게 되는 예외적인 경우에만 적용되는 규정으로 이해한다면 그 요건과 법률효과도 제한적으로 해석하는 것이 필요하다.

2. 정보제공의무의 민법에의 도입

(1) 정보제공의무 도입의 찬반론

보증계약을 체결할 때 채권자는 보증인에게 주채무자의 신용 관련 정보를 제공할 의무를 신설하는 것에 대해서 찬성과 반대 양론이 팽팽히 맞서고 있었다.

정보제공의무의 신설과 관련하여 우선 보증채권자의 정보제공의무를 반대하는 논거는 다음과 같다. 보증채무는 본질적으로 편무적임을 전제로 할 뿐만 아니라 계약당사자로서 편무적 계약상 의무주체가 되어 위험을 인수하기로 한 자기결정에서 발생하는 불이익은 스스로 부담해야 한다는 원칙은 여기서도 적용되어야 한다. 결국, 보증인은 스스로 그 위험과 불이익을 감수해야 하므로 채권자에게 불리한 정보의 제공을 강요하는 정보제공의무가 인정되어서는 안 된다고 주장한다.[89] 이와 같은 대전제를 기초로 다음과 같이 반대의 구체적 논거를 제시한다. ① 보증제도에 대한 이용률이 떨어져 금융시장에서 신용공급이 위축되면 결국 주채무자 경제활동 기회를 박탈할 수도 있다는 점, ② 보증채권자가 금융기관이 아닌 사인인 경우 채무자와 관련된 신용정보는 구체적으로 무엇을 의미하는지가 불분명하다는 점, ③ 채무자에 대한 정보를 조사한 사람은 정보제공의무를 부담하는 반면, 그 조사를 해태(懈怠)한 사람은 오히려 의무를 부담하지 않게 되는 불균형이 발생한다는 점이 근거가 된다.

이에 대해서 다음과 같은 논거로 부정론에 대한 반론과 함께 적극적으로 도입찬성론은 사적자치 원칙, 자기책임의 원칙도 정보의 비대칭성이 강하게 나타나는 경우에는 일정한 수정이 불가피하며 계약공정, 형평의 원칙도 역시 존중되어야 한다는 점에서 출발한다. 결국, 보증채권자와 보증인 사이의 정보의 격차(정보의 비대칭성)는 시정되어야 한다는 점이 긍정론의 핵심이라 할 것이다. 구체적인 논거는 다음과 같다. ① 보증인은 많은 경우 주채무자와의 정의적(情誼的) 사정 등으로 주채무의 불이행 위험의 정도와 실현 여부에 대한 명확한 인식 없이 위험을 인수하는 경우가 많다는 점, ② IMF 경제위기 당시에 주채무자의 채무불이행에 따라 보증인도 연쇄적으로 파산하게 되는 문제를 실제로 겪어 본 후 그에 대한 보정 필요성을 인식하게 되었다는 점, ③ 보증인의 자력만을 믿고 주채무자의 신용상태 조사 없이 신용을 제공하는 등 부실대출하는 나쁜 관행이 바뀌어야 한다는 점 등을 들고 있다.

89) 같은 취지, 백경일, “보증계약의 특수성과 보증인보호의 문제”, 『민사법학』 제34호, 2006, 185면 이하.

(2) 소견

생각건대, 보증계약의 체결 당시에 정보제공의무(고지의무)를 인정해야 할 특별한 사정이 있는지는 각각의 계약법의 기본원칙인 사적자치 또는 자기결정의 의미와 내용을 어떻게 받아들이냐에 따라 다를 것이다.[90] 사법의 영역에서 자기결정 및 자기책임을 본질로 하는 계약법에서는 각자 자신의 이익을 위해 최선의 노력을 경주하여 최선의 이익균형 상황을 만들어 낼 수 있음이 전제된다.[91] 이러한 자율적 의사실현을 확보하기 위하여는 자신에게 최선인 결정을 하기 위해서는 필요한 정보의 대칭성이 요구된다. 대립하는 이해관계를 갖는 당사자 간에 정보가 비대칭적으로 존재한다면 자율적 결정으로서의 계약은 정보가 많은 일방 당사자의 이익에 유리한 상황이 만들어지게 된다. 이를 보정하는 한도에서 국가의 후견적 개입이 정당화될 수 있다. 그러나 더 많은 정보를 취득하기 위한 정당한 노력은 보호되어야 한다. 그렇게 취득된 우월한 정보를 상대방 당사자에게 제공할 것을 요구하는 것은 적절하지 못하다.[92] 스스로 필요한 정보의 취득이 가능함에도 불구하고 노력하지 않은 계약당사자는 정보의 비대칭성으로 인하여 자기결정의 실질적 자유가 담보되지 못하더라도 이는 스스로 불이익을 감수해야 하는 문제일 뿐이다. 이와는 달리 정보가 타방 당사자의 지배영역에 존재하여 그 접근이 쉽지 않는 등 정보의 비대칭적 상황이 일방 당사자의 노력에 의해서도 보정될 수 없는 예외적인 경우에 한하여 상대방에게 정보의 제공을 요구할 수 있을 것이다.[93] 요컨대 정보제공의무가 요구되는 경우는 i) 계약에서의 정보제공의무는 정보가 비대칭적으로 존재하며, ii) 일방 당사자에게 필요한 정보가 상대방의 행태 또는 영역에 존재하며 iii) 일방당사자에게는 정상적인 노력을 통해서는 정보취득의 가능성이 결여된 결과, 부족한 정보에 기초한 의사결정을 해야 하며 iv) 그로 인하여 계약의 자유가 실질적으로 침해되는 예외적인 경우에만 정보제공의무가 인정되어야 한다.

이러한 요건이 갖추어진 경우에는 보증인에 대한 채권자의 정보제공의무가 되어야 한다. 그러나 우리 민법상 보증계약체결시 채권자의 정보제공의무는 지나치게 광범위하게 정보제공의무가 인정될 가능성이 열려 있다.[94] 그로 인하여 보증계약의 본질적 기능인 채권자의 채권

90) 당사자의 자기결정과 자기형성을 강조하는 자율성은 계약법의 출발일 수밖에 없지만, 형식적 자율의 일방적 강조가 법적 정의에 현저히 위반되는 결과가 야기되는 경우에는 이를 규율하기 위해서는 당사자의 자유를 제한하는 법적 개입이 불가피하다. 자세한 설명은 지원림, "민법의 사회상과 정보제공의무", 『민사법학』 제62호, 2013, 382면 이하.

91) 권영준, "계약법의 사상적 기초와 그 시사점", 『저스티스』 통권 제124호, 2011, 173면 이하.

92) 같은 취지로는 위계찬, "채권자의 보증인에 대한 정보제공의무", 『법학연구』 18권 1호, 충남대 법학연구소, 2007, 175면. 이와는 달리 정보의 비대칭성에 따른 위험을 사전제거하여 실질적인 자기결정의 실현 보장이 정보제공의무를 정당화한다는 견해로는 지원림, 앞의 글, 390면.

93) 김상중, "보증계약에서의 위험귀속과 채권자의 통지 · 정보제공의무", 『법조』 통권 562호, 2003. 7, 158면 이하 참조.

94) 이러한 점에서 일본은 예외적인 경우에만 정보제공의무를 인정하고 있다. 즉 사업에 관한 채무를 보증한 경우

담보기능이 침해될 여지가 없지 않다. 예컨대 보증인이 보증전문 회사인 경우 등 채무자 관련 정보취득에의 어려움이 없고 또 스스로 정보를 취득하는 것이 타당한 경우에도 정보취득을 위한 노력을 경주하지 않고 채권자로부터 필요한 정보를 제공받을 수 있도록 하는 결과는 타당하지 못하다. 보증인도 계약당사자로서 계약에 필요한 정보취득을 위하여 최선을 다하여 노력했음에도 불구하고 취득할 수 없는 정보가 채권자의 영역에 존재하는 경우에만 채권자의 정보제공의무가 인정되어야 할 것이다. 이러한 문제의식하에서 제436조의2(정보제공의무)의 규정을 다음과 같이 해석하고자 한다.

3. 정보제공의무의 합목적적 해석의 필요성

보증인보호법의 정보제공의무는 제한적인 경우에만 인정된다. 문제된 보증이 호의보증이어야 하며[95] 주채무가 금전채무이면서 금융기관이 채권자로서 보증계약이 체결되어야 한다. 금융기관이 채권자인 경우로 제한한 것은 채권자가 금전채권자로서 채무자 관련 신용정보의 취득과 분석에 유리한 지위에 있는 채권자에게만 정보제공의무를 인정한 것이다. 나아가 호의보증이어야 한다는 제한은 보증인이 주채무자의 신용정보를 파악하는데 열악한 지위에 있음을 전제한다.

반면 민법상 정보제공의무(제436조의2 제1항)의 규정에 따르면 채권자가 금융기관이 아니라 일반채권자인 경우에도 인정된다. 뿐만 아니라 호의보증이 아닌 때에도 의무가 인정된다는 점에서 정보제공의무는 이제 보증계약 일반에서 요구되는 의무로 전환되었다. 입법정책적으로는 모든 유형의 보증계약에 전반적으로 적용되도록 민법에 관련 규정으로 둔 것은 바람직하지 않다고 본다. 특히 채권자가 금융기관이 아니라 사인인 경우에도 이러한 정보제공의무를 부담시키는 것은 타당하지 않다.

앞서 언급한 여러 예외 이외에도 예컨대 일반채권자가 지득한 채무자 관련 신용정보가 객관적으로 볼 때에는 매우 중요하지만 채권자가 그 정보의 전문성으로 인하여 구체적 의미내용을 이해하지 못했거나 그 중요성을 잘 이해하지 못한 경우,[96] 또는 불확실한 정보인 경우에도 보증인에게 그러한 정보를 제공해야 할까? 이와 같은 경우에는 채권자에게 의무위반이 인정되어서는 안될 것이다. 정보가 객관적이지 않거나, 객관적으로 존재하더라도 그 정보의 의미를 인식하지 못했다면 이는 채권자가 알고 있는 정보라 할 수 없다. 이때에도 채권자가 불이익을 받게 된다면 채권자는 대립되는 이익을 추구하는 계약의 상대방임에도 불구하고 그 상대방을

에 개인이 보증인이 되는 경우, 보증인이 수탁보증인이어야 한다. 일본민법 제465조의10 제1항 및 제3항 참조.

95) 보증인보호법 제1조 참조.

96) 예컨대 주채무자의 신용상태가 매우 나쁘다는 내용이 기재된 분석자료를 취득했으나 채권자가 회계관련 지식이 부족하여 분석자료의 의미내용을 제대로 인식하지 못하여 보증인에게 통지하지 않은 경우를 생각해 볼 수 있다.

위하여 일정한 노력을 경주해야 함을 의미하는데 이러한 책무를 일방당사자에게 부담시키서는 안된다. 채권자가 갖고 있는 주채무자의 채무관련 신용정보가 중요한 것인지 분석해야 하고 그로 인한 위험을 채권자에게 부담시켜서는 안되기 때문이다.

요컨대 보증계약의 양당사자에게 주채무자에 대한 정보의 비대칭성이 없는 경우, 정보취득에 게으른 보증인을 위해서 채권자에게 정보제공의무를 부과하는 것은 타당하지 않다. 결국 정보제공의무제도를 민법에 도입한 취지를 고려하여 정보제공의무의 위반여부는 합리적으로 축소해석되어야 한다. 이와 관련된 앞으로의 판결례가 주목되는 이유다.

4. 정보제공의무의 주체

정보제공의무는 채무자가 아니라 채권자가 부담하도록 하고 있다. 채무자는 자신의 신용관련정보를 정확히 전달하지 않을 것이라는 우려, 채무자 이외의 사람으로부터 정보제공을 받게 될수록 다양한 정보를 취득할 수 있다는 점을 고려하면 채권자에 의한 정보제공이 바람직해 보일 수 있다. 다른 한편 주채무자의 신용관련 정보에 대하여 제3자인 채권자가 정확하고 확실한 정보를 갖고 있는 것이 쉽지 않다.

입법적으로는 주채무자의 채무관련 신용정보는 채무자 자신이 가장 정확히 알고 있으므로 보증인에게 정확한 정보에 기초하여 자율적으로 보증계약을 체결할지를 정할 수 있도록 정보제공의무의 주체를 주채무자로 정하는 방법도 가능하다.[97)]

이와 같은 정보를 제공해야 하는 한도내에서는 '금융실명거래 및 비밀보장에 관한 법률'이 적용되지 않는 것으로 보아야 한다.[98)] 제공해야 할 정보의 범위를 넘어선 신용관련 정보의 진위 여부를 조사해야 하며 그 정보를 통지해야 하는 것인지에 대해서도 논의의 여지가 있을 수 있다.

정확히 알 수 있는지는 검토의 여지가 있다. 예컨대 채무자의 채무관련 신용정보를 전문했으나 확실하지 않은 경우 그와 같은 정보를 제공하지 않은 경우에 의무위반이 있다고 할 것인지의 문제가 발생한다. 채무자의 채무관련 신용상태는 채무자 자신이 가장 정확히 알고 있으므로 그러한 정보제공의무의 주체도 채무자로 해야 할 것이다.

5. 정보제공의무의 내용

채권자의 보증계약체결시 제공해야 할 정보의 범위는 계약체결 후 통지해야 할 사유와는 다르다.

97) 비교법적으로는 일법 민법에서 보증계약체결시의 정보제공의무의 주체는 채권자가 아니라 주채무자로 정했다(일본 민법 제465조의10 제1항).

98) 양창수, 앞의 글(주 2), 306면. 외국의 경우에도 동일한 취지로 해석된다. 예컨대 스위스의 경우에는 BSK OR−Pestalozzi, Art 505 N.5, 일본의 경우에는 潮見佳男, 前揭書(註 42), 630頁 참조.

정보제공의무의 발생시점은 계약을 체결하기 전 또는 체결할 때까지 보유하고 있거나 알고 있는 정보를 제공하면 되는 반면, 통지의무은 계약체결후에 취득한 정보를 통지해야 한다는 점에서 의무이행시점이 다르다. 또한 '보증계약의 체결여부 및 그 내용에 영향을 미칠 수 있는' 범위내에서 주채무자의 신용정보만 제공하면 되지만, 통지의무 주채무자의 이행가능성 및 그로 인하여 보증인의 보증채무 이행가능성에 대한 정보를 제공해야 한다는 점에서 다르다. 이하에서는 정보제공의무의 내용을 나누어 설명한다.

(1) 사전의 정보제공의무의 발생시기

채권자의 보증인에 대한 정보제공의무는 보증계약을 '체결할 때'에 이행되어야 한다. 정보제공의무(제436조의2 제1항)는 보증계약의 체결 전에 고지해야 하지만, 통지의무(같은 조 제2항)는 보증계약을 체결한 이후에, 일정한 사정을 알려야 한다는 점에서 의무의 발생시점에 차이가 있다.

이러한 점에서 아직 법률적 관계가 성립되기 전에도 당사자 일방에게 법적 의무를 부과하게 된다. 이러한 정보제공의무의 근거는 계약에 의한 것일 수 없으며 법률에 근거한 것이다. 특히 보증인이 주채무자의 신용정보를 요구하지 않은 경우에도 그 정보의 제공의무가 인정된다는 점에서 보증인은 충분히 보호되지만 채권자는 주채무자의 신용관련 정보를 제공하여 보증인이 보증계약 체결을 거부하여 채권담보를 취득하지 못하게 될 위험을 강요하게 될 수 있다. 이러한 점에서 채권자가 제공해야 할 정보의 범위 및 그 의무위반 여부는 신중하게 판단해야 한다.

(2) 제공해야 할 정보의 내용과 범위

제436조의2에서는 채권자가 보증인에게 제공해야 할 정보의 내용과 범위를 정하고 있다. 즉 '보증계약의 체결 여부 또는 그 내용에 영향을 미칠 수 있는 주채무자의 채무 관련 신용정보를 보유하고 있거나 알고 있는 경우에' 이를 제공하도록 한다. 여기에는 3가지 특징적 요소가 있다. 첫째 '주채무자의 채무 관련 신용정보'이어야 한다는 점, 둘째 '보증계약의 체결 여부 또는 그 내용에 영향을 미칠 수 있어야 한다'는 점, 셋째 그러한 신용정보를 채권자가 '보유하고 있거나 알고 있어야' 한다.

먼저 주채무자의 채무관련 신용정보가 구체적으로 무엇을 의미하는지 명확하지 않아서 그 내용은 앞으로 판례와 학설을 통하여 구체화되어야 한다.[99]

또한 객관적으로 중요한 신용정보를 채권자가 지득했더라도 그 정보가 확실하지 않은 경우에도 그 정보를 제공해야 하는지가 문제될 수 있다. 예컨대 주채무자에 대한 부정적 신용정보가 문서로 확인된 것이 아니라 전문(傳聞)으로 얻은 정보(예컨대 주채무자의 다른 대출정보, 다른 채권자에 대한 주채무자의 연체정보, 적극재산보다 소극재산이 더 많다는 소문을 채권자가 전해 들었던 경우를

99) 그 구체적인 기준에 대해서는 앞의 Ⅱ.3.(3) 참조.

생각해 볼 수 있다)도 제공해야 하는지는 명확하지 않다. 채권자가 제공해야 할 정보는 객관적으로 확인된 정보로 제한되어야 한다. 위와 같은 소문이나 불확실한 정보를 제공하지 않았더라도 채권자가 불이익을 받아서는 안되기 때문이다.

둘째 그 정보가 보증계약의 체결여부 및 내용에 영향을 줄 수 있어야 한다. 이러한 제한 때문에 보증인이 이미 알고 있는 정보는 제공할 의무가 없다.[100] 이러한 정보는 비록 중대한 주채무자의 신용정보라 할지라도 이러한 정보가 보증계약의 체결 여부 및 내용에 영향을 미치지 않았을 것이기 때문이다. 보증인이 중대한 과실로 주채무자의 신용정보를 갖고 있지 않은 경우에, 채권자는 보증인이 당연히 그런 정보를 갖고 있을 것으로 생각하여 보증인에게 제공하지 않은 경우에도 정보제공의무가 인정될 수 있을까? 사견으로는 정보제공의무를 인정하기 어렵다고 본다. 보증계약에도 자기결정과 자기책임이 원칙으로 적용되므로 스스로 관련 정보를 취득하기 위하여 노력을 다해야 하며 정보의 비대칭으로 인한 왜곡을 방지하기 위하여 제한적으로 정보제공의무가 인정되어야 하기 때문이다. 스스로 정보취득상의 중대한 과실을 저지른 보증인이 그 불이익을 채권자에게 전가하는 결과가 되기 때문이다.

셋째, 채권자가 보유하고 있거나 알고 있는 주채무자에 대한 채무관련 신용정보만이 제공해야 할 정보에 해당된다. 적극적으로 채권자에게 정보를 취득해서 제공해야 할 의무가 부과된 것은 아니다. 따라서 채권자가 과실에 의하여 정보를 취득하지 못했던 경우에도 위 정보제공의무를 위반한 것이라고 할 수는 없다. 다만 정보의 비대칭성상 보증인의 보호가 필요한 경우에는 예외적으로 정보제공의무를 인정할 필요가 있을 수도 있다. 예컨대 채권자가 금융기관인 경우에도 중대한 과실로 채권자의 채무관련 신용정보를 취득하지 않아서 정보를 제공하지 못했던 경우에도 정보제공의무의 위반이 인정된다고 할 것이다. 이때에도 의무위반이 없는 것으로 한다면 채권자의 도덕적 해이(解弛)를 가져올 가능성이 높기 때문이다.

(3) 정보제공의무 위반의 효과

위 Ⅱ. 4에서 설명한 것처럼 정보제공의무 위반의 효과도 통지의무 위반의 효과와 마찬가지로 법원이 재량하에 보증채무 감면의 효과가 발생할 수 있다(제436조의2 제4항).

보증책임 감면 가능성 이외에 보증계약의 해제·해지권을 인정할 수 있는지에 대해서는 논의가 있다. 해제·해지권을 인정하는 명문의 규정이 없더라도 요건이 구비되면 그에 따라 계약의 해제나 해지가 가능하다고 보는 견해, 정보제공의무는 특별조항으로 인정한 것이므로 그 효과도 그 규정에서 정한 효과만 인정해야 하므로 해제·해지권이 배제된다는 견해, 해석론으로 해제·해지권을 인정하되 통지의무의 위반시에는 해제·해지권을 부정하고 보증채무의 감경만 인정하자는 절충적 견해 등이 제시되고 있다.

---

100) 최성경, "민법개정안을 계기로 한 보증제도 연구", 『법학논집』 제18권 제2호, 이화여자대학교 법학연구소, 2013, 192면 참조.

그 이외에 채권자가 알고 있는 정보를 제공하지 않은 경우 부작위에 의한 기망으로 평가되면 사기에 의한 의사표시로 취소(제110조 제1항)될 수 있는지도 검토되어야 한다. 예컨대 통지의무가 있음에도 불구하고 기망의 의사로 이를 고지하지 않았다면 부작위에 의한 기망행위가 되어 그로 인하여 계약을 체결한 경우에는 이를 취소할 수 있는지가 그러한 문제다.

마찬가지로 착오취소의 요건(제109조 제1항)이 구비되었으면 이를 취소할 수 있는지도 문제된다. 예컨대 주채무자의 신용상태에 착오를 일으켜 보증의 의사를 갖게 되어 보증계약을 체결한 경우에 착오취소의 다른 요건이 구비되면 이를 취소할 수 있는지가 검토되어야 한다.

Ⅵ. 글을 맺으며

2015년 민법개정을 통하여 채권자의 보증인에 대한 배려의무의 한 내용으로 보증계약 체결 후의 통지의무와 계약체결 전의 정보제공의무를 민법전에 수용했다.

그 중에서 통지의무는 이미 2004년 민법 개정안을 만들 때부터 수용가능한 제도로 개정안에 포함되어 있었다. 그러나 보증계약을 체결되기 전에 요구되는 정보제공의무는 보증인의 자기결정에 따른 자기책임의 원칙에 위배될 뿐만 아니라 보증제도 자체를 무력화할 수도 있는 것으로 위 의무의 범위와 의무위반의 효과에 대하여 조심해야 한다는 비판이 있었다. 그럼에도 불구하고 2015년 민법개정을 통하여 정보제공의무도 민법에 도입되었다. 정보제공의무의 일반규정화에 대한 합리적인 비판을 고려하여 완화된 범위내에서 정보제공의무를 부과하고 있다.

통지의무 및 정보제공의무의 대상이 구체적으로 무엇인지, 위 의무위반의 효과에 대한 구체적인 판단은 앞으로 판례가 형성되는 과정에서 확인되어야 할 것들이다.

통지의무나 정보제공의무로 인하여 채권의 담보라는 보증제도의 본질에 반하여 채권자에게 지나치게 불리한 결과가 야기되는 것은 방지되어야 한다. 현행 법제가 비교적 광범위하게 정보제공의무를 인정하고 있는 것을 보인다. 이를 위해서는 그 요건에 대해서는 합리적인 축소해석이 필요하다. 예컨대 보증인은 이미 주채무자의 신용관련 정보를 알고 있었거나, 채무불이행을 인식하고 있는 경우에는 통지의무 또는 정보제공의무가 없다고 해석함이 합리적이다. 일반 사인인 채권자가 주채무자 신용관련정보의 의미를 이해하지 못하여 통지 또는 정보제공을 하지 못한 경우에도 의무 위반에 따른 불이익을 줄 것인지는 심도있는 검토가 필요하다.

반대로 본 조항의 적용범위가 확대될 필요성이 있는 경우도 있다. 예컨대 채권자가 금융기관인 경우 본조항의 적용을 피하기 위하여 (연대)보증인의 신용상태에 대해서만 자세히 조사하고, 주채무자의 신용상태에 대해서는 일부러 조사하지 않아 정보가 없는 경우가 생길 수 있다. 이는 신용거래에서는 용인될 수 없는 태도임에도 불구하고 제436조의2가 적용될 수 없게 된다.

요컨대 제436조의2와 같이 일반규정의 형태로 통지의무와 정보제공의무를 구성하는 입법방법이 타당한지에 대해서 보다 입법론적으로 해석론적으로 깊은 검토가 필요하다. 보증 자체가 워낙 다양한 형태로 또 다양한 목적을 위해 이루어지고 있음에도 불구하고 모든 유형의 보증에 동일한 정도로 보증인을 보호하기 위하여 통지의무와 정보제공의무를 구성하는 것이 가능한지 또 그것이 바람직한지에 대해서는 부정적이다. 이러한 점에서 보증계약 당사자의 정보취득상의 지위, 호의보증인지의 여부, 단순보증이 아니라 근보증, 연대보증의 경우에는 어떻게 확대되거나 축소되는 해석이 요구된다.

프랑스민법상 채무불이행의 효과에 관한 원칙*

박 수 곤**

Ⅰ. 들어가며

2016년 개정 이전의 프랑스민법에서는 채무불이행에 대하여 통일적으로 규정하지 않았다는 점에서 문제가 없지 않았다.[1] 그러나 2016년의 개정으로 인하여 채무불이행에 대해 통일적으로 규율하게 되었다. 즉, 신설된 제1217조[2]에서는 채무불이행의 일반적 효과에 대해 규정한 뒤, 제1218조에서는 채무불이행과 불가항력에 대한 구별기준을 제시하고 있다. 따라서 채무불이행의 일반적 효과는 불가항력에 의하지 않은 채무불이행의 경우에 인정된다. 다음으로, 제1219조 및 제1220조에서는 판례상 인정되어 온 동시이행의 항변권에 대해 규정하고 있으며, 제1221조 및 제1222조에서는 채무불이행에서 원칙적 구제수단으로서 '현실적 이행의 강제'에 대해 규정하고 있다. 아울러, 제1223조에서는 계약의 불완전한 이행에 관한 일반적 구제수단으로서 대금감액을 인정하고 있으며, 제1224조에서는 종래 법원의 판결 또는 당사자의 약정이 있는 경우에만 인정하였던 계약해제를 당사자 일방의 의사표시에 의해서도 인정하게 되었다.

한편, 제1217조의 적용과 관련하여서는 다음과 같은 제한이 따른다는 점을 주의할 필요가

---

* 최종길 교수님께서는 프랑스민법에서의 물권변동론에 대해서도 탁월한 연구업적을 남기셨으며, 최종길 교수님의 그와 같은 학덕에 힘입은 많은 후학들이 독일민법 뿐만 아니라 프랑스민법에 대해서도 관심을 가지게 되었다고 생각합니다. 최종길 교수님의 추모논문집에 글을 실을 수 있는 기회가 주어진 것에 대해 감사드립니다. 이 글은 경상국립대학교 법학연구소에서 발간하는 법학연구 제31권 제4호에 게재된 글입니다.

** 경희대학교 법학전문대학원 교수, 경희법학연구소 연구위원

1) 2016년 개정 전 프랑스민법에서는 계약불이행의 효과에 대한 규정들이 여기 저기에 산재하고 있었다. 예컨대, 계약해제는 조건부채무의 해제조건(제1184조)에서, 현실적 이행의 강제는 예외적인 제재수단으로서 '하는 채무와 부작위채무'에 관한 제1143조, 제1144조에서 규정하고 있었다. 아울러 동시이행의 항변권에 대하여는 일반규정 자체가 존재하지 않았다.

2) 2016년 개정 프랑스민법 제1217조에서는 "① 채무가 이행되지 않았거나 또는 불완전하게 이행된 당사자는 – 자신의 채무의 이행을 거절하거나 정지할 수 있고, – 채무에 대한 현실이행의 강제를 청구할 수 있고, – 대금감액을 받을 수 있고 , – 계약을 해제할 수 있고, – 불이행의 결과에 대한 배상을 청구할 수 있다. ② 양립불가능하지 않은 제재들은 경합될 수 있다. 손해배상은 언제나 제재에 추가될 수 있다."라고 규정하고 있다.

있다. 우선, 제1217조 제1항의 규정에 의하면 마치 채권자가 모든 제재수단을 자유로이 선택할 수 있는 것처럼 보이지만, 실제로는 채무불이행으로 인한 제재 사이에 우선순위가 존재하여 채권자의 선택의 범위가 제한될 수 있다. 다음으로, 제1217조 제2항에서는 비록 채무불이행에 대한 제재가 경합할 수 있다고는 하지만, 경합의 기준이라든가 제재들 사이의 우선순위, 다양한 제재들 중 어느 하나를 배제하는 약정의 효력, 채권자가 선택한 제재의 변경 여부, 채권자의 과실이 제재의 선택에 미치는 영향 등에 따라 경합 여부가 다를 수 있다. 먼저, 경합 여부의 기준으로서 제재를 선택하는 시점을 들 수 있다.[3] 즉, 현실적 이행의 강제, 대금감액 및 동시이행의 항변권 행사는 계약해제와 양립할 수 없다. 그 이유는 앞의 것들은 계약의 존속을 전제로 하지만, 계약해제는 계약의 해소를 전제로 하기 때문이다. 환언하면, 이들 두 유형의 제재는 그 추구하는 효과의 면에서 본질적으로 차이가 있다는 것이다.[4] 그리고 대금감액은 채권자가가 급부를 수령하였으나 채무자의 이행이 불완전하였을 것을 전제로 하며, 실제로 제공된 급부의 양적·질적 수준에 맞게 대금을 조정하는 것을 목적으로 한다. 반면, 현실적 이행의 강제는 약정한 채무의 이행을 완성하도록 채무자를 강제하는 것을 목적으로 하며, 약정한 채무를 양적으로나 질적으로 일부 포기하는 것은 문제되지 않는다. 즉, 이들 두 제재 또한 추구하는 목적이 다르며, 따라서 이러한 사정으로 인하여 서로 양립할 수 없다. 또한, 경합 여부의 기준으로서 부당이득(enrichissement injustifié)의 발생 여부를 들 수 있다.[5] 예컨대, 채권자는 채무자에 대한 현실적 이행의 강제와 제3자에 대한 현실적 이행을 동시에 선택할 수는 없다. 그 이유는 이러한 선택권을 인정할 경우 채권자에게 이중변제로 인한 부당이득의 결과를 초래하기 때문이다.[6] 다만, 제1217조에서는 채권자가 선택한 제재의 유형이 무엇이건, 언제나 손해배상을 청구할 수 있는 것으로 규정하고 있다. 따라서 현실적 이행의 강제와 손해배상 또한 중첩적으로 청구될 수 있다. 즉, 손해배상은 채무의 전부 또는 일부가 불이행됨으로 인하여 채권자가 입은 손해를 배상함을 목적으로 하기 때문이다.

요컨대, 프랑스민법 제1217조 이하의 규정에서는 채무불이행에 대한 제재로서 '동시이행의 항변권(제1219조, 제1220조)' 이외에도, '현실적 이행의 강제(exécution forcée en nature)(제1221조, 제1222조)', '대금감액(réduction du prix)(제1223조)', '해제조건의 적용(mise en oeuvre d'une clause résolutoire)(제1225조 제2항)', '채권자에 의한 해제통지(résolution par notification du créancier)(제1226조 제1항)' 그리고 '계약책임(responsabilité contractuelle)(제1231조)'을 들고 있다. 이하에서는 이들

3) G. Chantepie et M. Latina, *La réforme du droit des obligations*, Dalloz, 2018, n° 615, p. 562.

4) 이와 같은 이유로 인하여 채무불이행에 대한 제재로서 계약해제와 현실적 이행의 강제가 양립할 수 없다고 한 것으로는, Cass. civ. 3e, 7 juin 1989, n° 08-14083.

5) O. Deshayes, T. Genicon et Y.-M. Laithier, *Réforme du droit des contrats, du régime général et de la preuve des obligations*, LexisNexis, 2018, p. 536.

6) 같은 취지의 설명으로는, 한불민사법학회, 「개정 프랑스 채권법 해제」, 박영사, 2022, 307-308면.

제재 중 특히 우리 법과의 비교에 있어 의미가 큰 현실적 이행의 강제와 대금감액 및 계약해제에 대하여 순차적으로 살피기로 한다.

Ⅱ. 현실적 이행의 강제

1. 의의

현실적 이행의 강제는 채무자로 하여금 그가 이행하지 않았거나 불완전하게 이행한 채무의 이행을 강제하는 것을 말한다. 현실적 이행의 강제는 채무자가 약정하였던 급부를 그대로 이행하여야 한다는 점에서 채무자가 불이행된 급부의 가액에 상응하는 금전을 지급할 것을 내용으로 하는 '등가이행(exécution par équivalent)'과는 근본적으로 차이가 있다. 따라서 채무자는 작위 또는 부작위 의무위반으로 인한 결과를 제거 또는 회복하거나, 원래의 약정에 부합하게 추완을 하거나 또는 위법한 행위를 중단하는 등 채권자를 만족시킬 수 있는 일련의 행위를 하게 된다. 그리고 이는 계약의 구속력에 관한 프랑스민법 제1103조[7])에서 그 근거를 찾을 수 있다. 즉, 계약의 구속력으로 인하여 당사자가 계약에서 추구하였던 것이 당사자를 구속하게 되며, 당사자는 계약에 따른 의무를 이행하여야 한다는 것이다.

한편, 계약의 구속력은 무엇보다도 불이행에 대한 제재의 근거가 된다. 그리고 강제이행은 계약으로부터 발생한 채권을 구성하는 채권자의 주관적 권리에 의해 정당화된다. 즉, 이 주관적 권리는 채무자에 의해 침해되었기 때문에 채권자는 채무의 이행이 가능한 한 채무자가 그의 의무를 이행할 것을 요구할 수 있다는 것이다. 이러한 사정으로 인하여 채권자는 채무불이행이 자신에게 어떠한 손해를 초래하였는지를 증명할 필요가 없으며, 단순히 채무불이행이 발생하였다는 사실만으로 현실적 이행을 강제할 수 있다. 종래 프랑스 법원이 "채무불이행책임의 성립은 손해의 발생을 전제로 하지만, 계약불이행을 이유로 한 채무의 이행청구에서는 채무불이행책임과는 달리 손해의 발생을 전제로 하지 않는다."[8])라고 판시하면서 마찬가지의 태도를 견지하고 있는 것도 이러한 논거에 기초한 것이었다.

아무튼, 현실적 이행의 강제는 두 가지 측면에서 살필 수 있다. 우선, 채무자에게 이행을 강제하는 방법이 원칙적인 모습이라고 할 것이다. 그러나 채무의 이행이 제3자에 의해서도 가능한 경우에는 제3자에 의해서도 현실적 이행이 이루어질 수 있으며 그와 같은 대체가능성은 프랑스민법 제1222조에서 규정하고 있다.

---

7) 제1103조에서는 "적법하게 성립한 계약은 이를 행한 당사자들에 대하여 법률을 대신한다."라고 규정하고 있다.

8) Cass. civ. 3e, 6 mai 1980, *Bull. civ.* Ⅲ, n° 91.; Cass. civ. 3e, 25 jan. 1995, *Bull. civ.* Ⅲ, n° 29.; Cass. civ. 3e, 13 nov. 1997, *Bull. civ.* Ⅲ, n° 202.

2. 채무자에 의한 이행강제

(1) 서설

2016년 개정 프랑스민법 제1221조에서는 “채권자는, 최고를 한 후, 채무의 이행이 불가능하거나 또는 선의의 채무자가 부담하는 비용과 채권자가 얻을 이익 사이에 현저한 불균형이 있는 경우를 제외하고 현실적 이행을 청구할 수 있다.”라고 규정하고 있다. 즉, 모든 채권자는 최초 당사자 사이에서 약정한 채무를 그대로 이행할 것을 채무자에게 청구할 수 있다. 그러나 이러한 해법은 2016년 개정 이전 판례에 의해 이미 확립되어 있었다. 대표적으로는 저작물의 활용방안에 관한 약정에 반하여 저작물을 문고판으로 상업화한 것을 금지하는 원고의 청구에 대하여 프랑스 파기원은 “당사자 일방에 대한 계약상의 의무가 이행되지 않는 경우, 합의의 이행이 가능한 때에는, 그 일방은 타방 당사자에게 합의의 이행을 강제할 권리가 있다.”라고 판시하여 왔다.[9] 이러한 프랑스민법 제1221조에서 규정하는 현실적 이행의 강제에 관한 원칙은 동법 제1341조에서도 중복되고 있는 것으로 볼 수 있는데, 동조에서는 “채권자는 채무이행에 대한 권리를 가진다. 그는 법률이 정한 요건에 따라 이에 대하여 채무자를 강제할 수 있다.”라고 규정하고 있기 때문이다.

한편, 현실적으로는 두 가지의 방식으로 강제이행이 이루어질 수 있다. 그 하나가 채무자에게 계약에서 약정한 내용대로의 이행을 강제하는 방법이고, 다른 하나가 채무자에게 최초에 약정한 급부의 가치에 해당하는 금전의 지급을 강제하는 것이다. 1804년의 프랑스민법전 입법자들은 소위 ‘하는 채무(obligation de faire)’와 ‘하지 않을 채무(obligation de ne pas faire)’는 ‘등가에 의한 이행’(exécution par équivalent)을 원칙적인 모습으로 상정하였으나, 2016년 개정에서는 이러한 기존의 원칙과는 반대로 현실적 이행의 강제를 ‘주는 채무(obligation de donner)’에 한정하지 않고 오히려 원칙적인 모습으로 하였다.

(2) 채무유형의 구별필요성

2016년의 프랑스 채권법 개정 이전에는 프랑스민법전에서 세 가지 유형의 채무를 구별하고 있었다. ‘주는 채무’, ‘하는 채무(작위채무)’ 그리고 ‘하지 않을 채무(부작위채무)’가 그것이다.

우선, ‘주는 채무’는 채무자가 자신이 보유하고 있는 물권을 채권자에게 이전하는 것을 내용으로 한다. 예컨대, 매매의 경우 매매목적물의 소유권이전의무를 가리킨다. 다음으로, ‘하는 채무’는 채무자가 물권을 이전하는 것이 아니라 어느 급부나 서비스를 제공하는 것을 내용으로 한다. 예컨대, 목수는 자신과 계약을 체결한 고객에게 가구를 제작해 줄 의무를 부담한다.

9) Cass. civ. 1re, 16 jan. 2007, n° 06－13983. 그 밖에도 주거용으로 사용되었던 지하공간을 창고로 변형한 것과 관련하여 원상회복을 명한 것으로는, Cass. civ. 1re, 18 déc. 1990. n° 88－13146. 계약에서 약정한 것보다 33cm 낮게 완공된 주택의 철거 및 재건축을 명한 것으로는, Cass. civ. 3e, 11 mai 2005, n° 03－21136.

다음으로, '하지 않을 채무' 또는 '부작위채무'는 표현 그대로 채무자가 일정한 행위를 자제하는 것을 내용으로 한다. 예컨대, 사용자 또는 영업양수인과의 사이에서 경업금지약정을 한 경우, 채무자는 당해 약정에서 상정한 활동을 일정 기간동안 그리고 일정한 지리적 공간 내에서 행하지 않을 의무를 부담한다. 그러나 2016년의 개정으로 인하여 프랑스민법에서는 이러한 구분을 포기하였다고 할 수 있으며, 적어도 명시적으로는 더 이상 이와 같은 표현을 사용하지 않게 되었다. 그러나 '주는 채무', '하는 채무(작위채무)' 그리고 '하지 않을 채무(부작위채무)'의 구별실익은 적어도 강제이행의 방법과 관련하여서는 유지된다고 할 수 있다. 즉, 각 채무의 유형에 따른 강제이행의 방법을 상상하면 그 이유를 쉽게 알 수 있다.

'주는 채무'의 경우, '금전의 지급'을 목적으로 하는지 아니면 '재산권의 이전'을 목적으로 하는지를 구분할 필요가 있다. 전자의 경우, 현실적 이행의 강제만이 고려될 수 있다. 왜냐하면 금전채무의 경우에는 금전 이외의 것으로서 금전에 상응하는 것이 존재하지 않기 때문에 '등가이행'이라는 개념을 인정하기가 어렵기 때문이다. 반면, 재산권 이전을 목적으로 하는 후자의 경우, 채무자의 채무불이행이 계약의 이전적 효력과 관련된 것인 한, 강제이행은 초래되지 않는다. 즉, 채권자가 자신의 재산권을 확인하기 위해서는 채무자에게 '소유권에 기한 물권적 청구권(action en revendication)'을 행사하여야 한다. 그리고 물건의 인도의무는 '주는 채무'가 아니라 '하는 채무'의 영역에 속한다고 할 것이다. '하는 채무'에 있어서의 채무불이행에 대해서는 두 가지 유형의 강제이행이 가능하다. 그러나 경우에 따라서는 '하는 채무'의 현실적 강제이행에 어려움이 있을 수 있다. 사실, 누군가에게 약정한 급부를 제공하도록 강제하는 것은 개인의 자유를 중대하게 침해하는 것으로 평가할 수 있다. 아울러, 자신의 의사에 반하여 급부의 제공을 강요당하는 것은 채권자에게도 급부가 계약에서 약정한 기대에 미치지 못하는 불완전이행의 위험에 노출되게 할 수 있다. '하지 않을 채무'에서는 강제력을 동원하여 이를 이행하게 한다는 것을 상정하기 어려우며, 따라서 '하지 않을 채무'의 현실적 이행강제는 곤란하다고 할 것이다. 이러한 사정으로 인하여 1804년의 나폴레옹 민법 제1142조에서는 "모든 유형의 '하는 채무'와 '하지 않을 채무'는 채무자의 불이행이 있는 경우, 손해배상으로 해결된다."라고 규정하였던 것이다. 따라서 2016년 개정 이전의 제1142조의 문언에 의할 경우, '하는 채무'와 '하지 않을 채무'는 '등가에 의한 강제이행'의 대상이 될 뿐이었으며, 해당 영역에 속하는 채무에 대한 강제이행은 곧 '채권자에 대한 일정액의 금전의 지급'으로 설명되었던 것이다.

한편, '하는 채무'와 '하지 않을 채무'에 있어서도 예외적으로 현실적 이행의 강제가 허용되는 경우가 있었다. 2016년 개정 이전의 제1143조에서는 "그러나 채권자는 약정에 반하여 이루어진 것의 제거를 (채무자에게) 청구하거나, 손해배상의 청구와는 별개로 채무자의 비용으로 이를 제거할 것을 (법원에) 청구할 수 있다."라고 규정하고 있었다. 아울러, 당시의 제1145

조에서는 "'하지 않을 채무'는, 채무를 위반한 자는 위반의 사실 하나만으로도 손해배상책임이 있다."라고 규정하였었다. 그리고 강제이행의 범위를 확대하는 데 있어서 우호적이었던 다수의 견해에 따라, 프랑스법원도 점진적으로 '하는 채무'와 '하지 않을 채무'에 있어서 강제이행이 채무자의 인격에 밀접하게 관련된 것이 아니라면 강제이행을 상정할 수 있는 것으로 하였다.[10] 그리고 이를 위하여 프랑스 파기원은 특히 2016년 개정 이전의 제1184조를 확대해석하는 한편, 제1142조를 제한적으로 해석하였다. 즉, 제1184조의 해석에 있어서는 모든 유형의 채무와 관련하여 그 성질을 불문하고, 채권자의 선택에 따라 현실적 이행의 강제 가능성을 열어두면서, "채무가 이행되지 않은 경우의 상대방은 타방 당사자에게 합의의 이행이 가능한 경우, 그 이행의 강제를 선택하거나 아니면 손해배상과 함께 계약해제를 선택할 수 있다."라는 제1184조 제2항의 규정을 인용하였다. 그러나 2016년 개정 이전의 제1142조는 그 규정내용 자체가 '주는 채무'에 있어서만 현실적 이행의 강제가 가능한 것처럼 보였었다. 프랑스 파기원은 이들 두 조문의 규정을 조화시키기 위하여 제1142조의 원칙을 전도시키는 한편, 채무자의 인신의 자유에 대한 직접적 침해가 초래되는 경우에만 현실적 이행의 강제가 배제되는 것으로 판시하였다. 한편, 2016년 개정 이전의 제1143조와 제1144조는 이미 제1142조의 손해배상금 지급 원칙에 대한 예외를 규정하고 있었다. 따라서 프랑스법원도 이미 오래 전부터 2016년 개정 이전의 제1142조의 적용에 있어서 매우 엄격한 태도를 견지하였고, 오히려 학설상 다수의 견해를 수용하여 현실적 이행의 강제권을 인정하는 듯한 태도를 취하면서, 모든 채권자는 자신에게 이행되어야 할 것의 이행이 가능한 경우에는 그 이행을 청구할 수 있다고 판시하였던 것이다.[11] 따라서 2016년 개정 이전에도 현실적 이행의 강제는 물리적, 법률적 또는 도의적으로 불가능한 경우에만 배제되었던 것이다.[12] 그리고 이러한 판례의 태도가 반영되어 2016년 개정에서는 개정 전 제1142조의 원칙이 전도되었으며, 신설된 프랑스민법 제1221조에서는 채권자의 최고가 있은 후에는 원칙적으로 현실적 이행을 강제할 수 있는 것으로 규정하게 되었다. 그리하여 채무의 유형이 '주는 채무'인지 '하는 채무'인지 아니면 '하지 않을 채무'인지는 더 이상 구별의 실익이 없게 되었다.[13] 다만, 이행이 불가능하거나, 선의의 채무자의 이행비용과 채권자의 이익 사이에 현저한 불균형이 있는 경우에는 현실적 이행의 강제도 허용되지 않는다. 그러나 이 경우에도 채권자에게는 후술하는 바와 같이 프랑스민법 제1222조에 기초한

10) '하는 채무'와 관련하여 이와 같은 취지의 것으로는, Cass. civ. 3e, 11 mai 2005, n° 03－21136.; '하지 않을 채무'와 관련하여 이와 같은 취지의 것으로는, Cass. civ. 1re, 16 jan. 2007, n° 06－13983.

11) Cass. civ. 3e, 19 fév. 1970, n° 68－13866.; Cass. civ. 3e, 3 nov. 2017, n° 15－23188.

12) 2016년 개정 이전의 프랑스민법 제1142조는 민사소송법 제1425－1조 내지 제1425－9조에서 규정하고 있는 '작위강제절차(procédure d'injonction de faire)'에도 반하는 것이었다.

13) 다만, '하지 않을 채무'에 있어서의 현실적 이행의 강제는 채무자의 자유를 침해한다는 문제가 있을 수 있어서 그 실현방법에 대해서는 여전히 의문의 여지가 있으며, 제1222조의 경우를 제외하고는 현실적 이행의 강제가 곤란하다고 할 것이다.

선택권이 주어진다.

(3) 적용요건

1) 채권의 확실성

현실적 이행의 강제가 가능하기 위해서는 몇 가지의 요건이 충족되어야 한다. 즉, 채권이 확실한 것이어야 하고 또한 채무자가 사전에 이행의 최고를 받은 상태이어야 한다.

비록 프랑스민법 제1221조 및 제1222조에서 명시적으로 규정하고 있지는 않지만, 현실적 이행의 강제는 채권자가 주장하는 채권이 확실하고 확정적이며 이행청구가 가능할 것을 전제로 한다. 여기서 채권의 확실성이란 채권의 존재가 의문의 여지가 없어야 함을 의미한다. 그리고 이는 채권의 존재가 불확실한 경우에는 채권자가 집행권원을 받을 수 없을 것이라는 점에서 채권의 확실성은 너무나도 당연한 요건이라고 할 것이다. 채권이 이행청구가 가능한 것이어야 한다는 것은 채무의 이행기가 도래한 것을 말한다. 즉, 채권의 이행기가 도래하지 않은 경우, 문제된 채무의 현실적 이행청구는 그 근거가 부존재하므로 허용되지 않는다. 그리고 채권이 이행청구가 가능한지를 판단함에 있어서는 계약에서 약정한 이행기를 원칙적인 기준으로 삼아야 할 것이다. 당사자가 이행기에 대한 약정을 하지 않은 경우에는, "법률, 당사자의 의사 또는 제반 사정상 채권자 또는 당사자 쌍방의 이익을 위한 것으로 정해진 경우가 아니면 기한은 채무자의 이익이 된다."라고 규정한 프랑스민법 제1305－3조 제1항에 따라야 할 것이다. 즉, 다른 사정이 없는 한, 기한의 이익은 채무자를 위한 것으로 간주되며, 따라서 기한에 대한 약정이 있다면 채무의 이행청구가능성이 정지된다는 것이다. 다음으로, '채권의 확정성(caractère liquide de la créance)'이란 채권의 가치를 금전으로 평가할 수 있다는 것을 의미한다. 즉, 현실적 이행의 강제를 위해서는 약정한 급부 또는 목적물이 확정되어야 하며, 급부가 확정(détermination)되지 않는 경우에는 어떠한 강제이행도 허용되지 않는다.

2) 최고

프랑스민법 제1221조 및 제1222조에서는 현실적 이행의 강제를 위한 요건으로서 채무자에 대한 사전적 최고(또는 부지체 : mise en demeure)를 요구하고 있다. 즉, 채권자가 채무자에게 미리 채무의 이행을 청구하였어야 한다는 것이다. 그런데 프랑스민법 제1344조에 따르면, 최고는 일정한 형식을 갖춘 독촉장(sommation)이라든가 '충분한 촉구행위'의 방식을 취할 수 있다. 그리고 현실적 이행의 강제를 하기에 앞서 이와 같이 최고를 하는 이유는 채무자로 하여금 채무이행의 마지막 기회를 허락하기 위함이다. 따라서 사전적 최고 없이 이루어진 현실적 이행의 강제를 위한 청구에 대하여 채무자는 사전적 최고가 없었음을 이유로 대항할 수 있다. 그리고 최고를 함에 있어서는 채무자에게 합리적인 기간을 정하여 채무이행을 청구하는 한편 불이행시의 제재에 대해서도 언급하여야 한다.

한편, 프랑스민법 제1344조에 의하면, 최고는 채무자에 대한 직접적인 통보라든가 서신을 통하여 이루어질 수 있다. 동조에 의하면 계약 당사자는 계약에서 정한 의무의 이행청구가능성이 최고에 해당하는 것으로 약정할 수도 있다. 따라서 이 후자의 경우에는 현실적 이행의 강제를 위하여 채무자에게 별도의 최고를 할 필요가 없게 된다.

3) 집행권원

프랑스민법 제1221조 및 제1222조에서는 채권자가 일정한 요건을 충족시키면 현실적 이행의 강제가 가능한 것으로 규정하고 있으나, 현실적으로는 집행권원이 있어야 한다. 프랑스 민사집행법 제L.111－2조는 "채권의 확정성과 이행청구가능성을 확인하는 집행권원을 가진 채권자는 채무자의 재산에 대하여 각각의 집행조치에 고유한 조건에 따라 강제집행을 실행할 수 있다."라고 규정하고 있다. 즉, 집행권원이 없는 경우에는 현실적 이행의 강제를 위한 채권자의 권리라고 하는 것이 고유한 의미에서의 집행을 위한 집행관[14]의 입회를 요구할 수 있는 가능성이 박탈된 상태라는 점에서 순수하게 이론적인 권리에 불과하다고 할 수 있다.

(4) 예외

현실적 이행의 강제라는 원칙과 관련하여 프랑스민법 제1221조에서는 두 가지의 예외를 규정하고 있다. 그 하나가 채무자에 의한 급부이행의 불능이며, 다른 하나가 채무자의 비용과 채권자의 이익 사이의 현저한 불균형이다.

1) 급부이행불능

프랑스민법 제1221조에서 규정하고 있는 '급부이행불능의 경우에는 현실적 이행의 강제가 허용되지 않는다'라는 원칙은 "불가능에 대해서는 누구도 책임을 지지 않는다(*nullus tenetur ad impossibile*)"라는 법언을 반영한 것으로서, 프랑스법원에서도 일찍이 이러한 법리를 형성하여 왔다. 대체로 급부가 물리적으로나 법적으로 불가능한 경우뿐만 아니라 도덕적으로 불가능한 경우에도 불능으로 다루어진다.

우선, '물리적 불능(impossibilité matérielle)'이란 표현 그대로 사실상 실현이 가능하지 않은 경우로서 예컨대, 매도인이 인도의무를 부담하는 목적물이 현실적으로 더 이상 생산되지 않는 경우를 들 수 있으며,[15] '법적 불능(impossibilité juridique)'이란 채무를 이행하는 것이 법률적으로 위법한 경우로서 예컨대, 약정한 서비스가 위법한 것으로서 금지된 상태에 놓인 경우를 들 수 있다.[16] 그리고 이들 물리적 불능과 법적 불능을 프랑스에서는 '확정적으로 실현된 불이행(inexécution définitivement consommée)'이라고 표현하기도 한다. 따라서 이러한 경우에는 채무불

14) 1945년 11월 2일의 오르도낭스 제1조에서는 "집행관은 집행력을 가진 증서나 권원뿐만 아니라 법원의 결정을 집행할 수 있는 자격을 가진 사법관이다."라고 규정하고 있다.

15) 매매계약이 체결된 자동차의 모델이 생산중단된 경우와 관련하여, Cass. com., 5 oct. 1993, n° 90－21146.

16) 이미 임대차계약이 체결되어 임차인(乙)이 사용하고 있는 주거용 건물의 소유자(甲)가 해당 건물을 다른 사람(丙)과 임대차계약을 체결한 사안에서, 甲으로 하여금 우리 식의 이행강제금인 '아스트렌트(astreinte)'를 부과하면서 해당 건물을 丙에게 인도할 것을 명령한 원심의 판결이 당시의 프랑스민법 제1142조에 반하는 것이라고 판시한 프랑스 파기원의 판단으로는, Cass. civ. 1re, 27 nov. 2008, n° 07－11282.

이행을 이유로 한 손해배상책임을 묻는 것만이 유일한 채권자의 구제수단이라고 할 수 있다.[17)]

다음으로, '현저하게 개인적인 성격의 급부(prestation au caractère éminemment personnel)'는 이를 강제할 경우 채무자의 본질적 자유권에 대한 침해를 초래할 수 있다는 점에서 아스트렌트와 같은 간접적 수단에 의해서도 강제이행의 대상으로 삼을 수 없다. 따라서 이러한 개인적 성격의 급부가 불이행되고 있는 경우를 '도덕적 불능(impossibilité morale)'이라고 표현하기도 한다. 예컨대, 연기자가 무대에 오르는 것을 거부하거나, 작가가 주문받은 작품의 제작을 거부하는 경우에는 금전에 의한 손해배상만이 유효한 제재수단이 될 수 있다.[18)]

한편, 금전의 지급을 목적으로 하는 채무는 어떤 경우에도 불능이 인정되지 않는다. 이는 금전의 성격상 불능이 인정되기 어려울 뿐만 아니라 채권자가 일단 집행권원을 얻기만 하면 강제이행은, 비록 집행법의 영역이기는 하나, 압류의 방식을 통하여 실현될 수 있기 때문이다. 그러나 주의할 점은 일정한 유형의 채무자는 보호의 대상이기도 하므로 현실적 이행을 강제하지 못하도록 하는 입법조치들도 있다. 대표적으로는 법원이 이행을 위한 유예기간을 허용하는 경우(프랑스민법 제1343-5조)[19)]라든가 '개인의 채무초과 처리절차(procédure de traitement du surendettement des particuliers)'가 개시되는 경우,[20)] 또는 '회생 및 청산절차(procédure de sauvegarde, de redressement ou de liquidation judiciaire)'가 개시되는 경우[21)]를 들 수 있다.

2) 채무자와 채권자 사이의 현저한 이익불균형

2016년 프랑스 채권법 개정에서 주목할만한 부분 중 하나가 이행을 강제할 경우에 초래될 채무자의 비용부담과 그로 인하여 채권자가 얻게 될 이익 사이에 현저한 불균형이 있는 경우를 현실적 이행의 강제가 허용되지 않는 경우로 상정하게 되었다는 것이다. 그리고 동 규정은 기존의 프랑스 파기원의 판결 중에서 상당한 비판의 대상이 되었던 사안[22)]을 의식한 것이라고 한다. 즉, 현실적 이행의 강제가 채무자에게는 지나치게 과도한 비용을 초래하지만 채권자에게는 실질적인 이익이 없는 경우, 채권자에게는 손해배상만으로도 충분한 보상이 됨에도 불구하고 채권자가 채무자에게 이행강제를 청구할 수 있게 하는 것은 불공정하고도 형평의 원

17) B. Fages, *Droit des obligations*, 8e éd., L.G.D.J., 2018, n° 298.

18) 프랑스에서의 대표적인 사례인 Whistler판결로는, Cass. civ., 14 mars 1900, *D.P.*, 1900, 1, p. 497.

19) 유예기간을 허여할 때에는 이유를 설시할 필요가 없다는 파기원의 판결로는, Cass. civ. 1re, 24 oct. 2006, n° 05-16517.

20) 프랑스 소비자법 제L.722-2조 이하에서는 이 경우 채무자에 대한 강제이행절차가 중단되는 것으로 규정하고 있다.

21) 프랑스상법 제L.622-7조 이하에서는 해당 절차가 개시되기 이전에 발생한 채권에 대해서는 변제를 금지하고 있다.

22) 위에서 이미 인용한 사례로서, 2005년 5월 11일의 파기원 판결에서는 채무의 이행이 가능한 경우에는 채권자는 채무자에게 강제이행을 청구할 수 있다는 원칙에 입각하여 계약에서 약정한 것보다 33cm 낮게 완공된 주택의 철거 및 재건축을 명하였는데(Cass. civ. 3e, 11 mai 2005, n° 03-21136), 비록 건축업자가 비용을 감당할 수는 있다고 하더라도 그와 같은 결론이 정당한 것인지에 대해서는 상당한 비판이 제기되었다고 한다.

칙에 반한다는 비판을 피하기 위한 것이라고 한다. 그러나 프랑스 파기원의 이후의 판결에서는 완성된 건축물에서 발견된 건축하자와 계약불부합 사유의 정도를 고려할 때 해당 건축물을 철거하게 하는 것이 균형을 잃은 제재라고 하여 해당 건축물의 철거를 명한 원심판결을 파기한 사례가 있는데,[23] 2016년의 개정에서는 이러한 파기원의 태도를 반영한 것이라고 한다.

한편, 2016년의 오르도낭스 초안에서는 현실적 이행의 강제원칙에 대한 예외를 "명백히 그 비용이 비합리적인" 경우로 상정하였다. 그러나 이러한 규정태도는 채무자의 입장을 강조한 것이라는 비판이 가능하였다. 따라서 2016년 오르도낭스에서는 채무자의 비용부담과 채권자의 이익 사이에 "명백한 불균형"이 있을 것으로 수정하면서[24] 위와 같은 비판을 피하고자 하였다. 그리고 현실적 이행의 강제에 있어서도 채권자와 채무자 사이의 불균형을 고려하도록 한 제1221조의 규정태도는 독일민법 제275조 제2항에 유사한 해결책이라고 할 수 있다.[25] 그러나 2016년의 개정에 따른 제1221조의 규정에 대해서는 또 다른 비판이 제기되었다. 즉, 채무자의 비용부담이 과도한 경우에는 현실적 이행의 강제를 허용하지 않는 제1221조의 규정태도는 채무자로 하여금 불이행으로 인하여 자신이 얻게 될 이익과 불이행으로 인하여 채권자에게 지급하여야 할 손해배상액을 비교하여 전자가 후자보다 클 경우에는 채무불이행을 선택하도록 자극할 수 있는 내용이라는 것이다. 환언하면, 악의의 채무자로 하여금 소위 '영리를 위한 과책(faute lucrative)'을 악용할 수 있게 한다는 것이다.[26] 따라서 이러한 문제인식이 반영되어 2016년의 개정 내용에 대해 또 다시 크고 작은 변화를 초래한 2018년 4월 20일의 비준법률 제2018－287호에서는 제1221조의 예외와 관련하여서도 이를 '선의의 채무자(débiteur de bonne foi)'에게만 적용하는 것으로 개정하였다. 다만, 이러한 예외에도 불구하고 향후 당사자 사이에서 '어떠한 희생에도 불구하고(coûte que coûte)' 이행을 하기로 하는 별도의 약정을 한 경우 그 유효성이 문제될 수 있는데, 이는 결국 제1221조가 강행규정인지 아닌지에 대한 해석론으로 귀결될 것이다.[27]

3. 제3자에 의한 이행강제

(1) 서설

2016년 개정 프랑스 채권법 제1222조[28]에서는 채무자에 의하지 않은 현실적 이행의 강

---

23) Cass. civ. 3e, 15 oct. 2015, n° 14－23612.

24) 이러한 규정태도는 유럽계약법원칙과 Unidroit 국제상사계약법원칙에서의 규정태도를 답습한 것이라고 한다.

25) B. Fages, *op. cit.*, n° 299.

26) 예컨대, 어느 계약을 이행하는 채무자가 더 큰 이익을 보장하는 새로운 계약의 수주를 위하여 기존의 계약에 대해서는 현실적 이행의 강제보다는 부담이 적은 손해배상을 각오하고 채무불이행을 저지를 수 있다는 것이다.

27) B. Fages, *op. cit.*, n° 299.

28) 제1222조에서는 "① 최고를 한 후, 채권자는 합리적인 기간 내에 또 합리적인 비용으로, 스스로 채무를 이행하게 하거나 또는, 법관의 사전허락을 받아, 채무의 위반으로 발생한 결과를 제거하게 할 수 있다. 채권자는 채무

제수단에 대해 규정하고 있다. 즉, 본조에서는 채권자로 하여금 채무자 아닌 제3자에게 채무를 이행하게 하거나 또는 불완전하게 이행된 것을 제거하게 한 뒤, 채무자에게 그 비용의 상환을 청구할 수 있게 하고 있다. 일반적으로는 '대체권(faculté de remplacement)'이라고도 부르는 동 제도는 전혀 새로운 것은 아니며, 그 주된 내용은 2016년 개정 이전의 제1143조 및 제1144조의 규정을 답습한 것이다. 다만, 2016년 개정 이전에는 모든 대체권의 행사에 있어서 법원의 사전허가를 요구하였으나, 2016년 개정에서는 원칙적으로 법원의 허가를 요구하지는 않지만, 예외적으로 채무불이행으로 인하여 초래된 것의 제거를 위해서는 법원의 허가를 얻어 대체권을 행사할 수 있는 것으로 하였다는 점이 차이라고 할 수 있다.

(2) 원칙 : 임의대체권

1) 의의

위에서 언급한 바와 같이 프랑스민법 제1222조에서 가장 주목할 부분은 채권자가 임의대체권(faculté discrétionnaire de remplacement)을 행사할 수 있게 되었다는 점이다. 따라서 대체권의 행사에 있어서 법원의 사전허가는 더 이상 요구되지 않으며, 법원은 대체권 행사 이후에 채무자가 비용의 상환을 거부하거나 또는 대체권의 행사에 대한 이의를 제기한 경우에 사후적으로만 개입하게 되었다. 요컨대, 대체권의 행사를 통하여 채무자가 이행하지 않은 부분의 현실적 이행을 가능하게 한다는 것이다. 다만, 여기서 제기될 수 있는 한 가지 의문은 현실적 이행의 주체를 제3자뿐만 아니라 채권자에게도 인정할 것인지의 여부이다. 이와 관련하여 제1222조의 해석상 견해가 나뉘고 있으며, 대체권의 행사는 제3자에 의한 현실적 이행을 상정한 것이라는 견해가 있다.[29] 동 견해에 따르면, 제1222조 제1항에서는 "채권자는 … 스스로 채무를 이행하게 … 할 수 있다."라고 규정하고 있다는 점에 착안하여, 이는 채권자가 현실적 이행의 주체가 되는 것이 아니라 제3자가 현실적 이행의 주체가 되는 경우만을 상정한 것이라고 한다. 즉, 제1222조는 "채무자 이외의 제3자에 의한 현실적 이행의 강제"를 규정하고 있다는 것이다. 반면, 채권자는 채무불이행으로 초래된 결과를 제거하는 경우에는 대체권을 행사하여 제3자로 하여금 현실적 이행을 하게 하여야 하지만, 그 밖의 경우들에서는 채권자 스스로 현실적 이행을 할 수 있다는 견해도 있다.[30] 그 근거로는, 2016년 개정 이전의 제1143조와 제1144조를 개정 이후의 제1222조와 비교하여 분석할 경우, 제1222조는 "채무자 이외의 모든 자에 의한 현실적 이행의 강제"를 규정하고 있는 것으로 해석할 수 있다는 것이다. 이러한 해석에 따를 경우, 채권자는 스스로 채무를 이행하거나 또는 채무자의 비용으로 채무를 이행하게 할 수 있으며, 채무불이행으로 초래된 결과에 대해서는 법원의 사전적 허가를 얻어 이를 제

자에게 이러한 목적으로 부담한 금액의 상환을 청구할 수 있다. ② 채권자는 채무자가 그 이행 또는 그 제거에 필요한 금액을 사전에 지급할 것을 법원에 청구할 수도 있다."라고 규정하고 있다.

29) G. Chantepie et M. Latina, *op. cit.*, n° 639, p. 588.

30) O. Deshayes, T. Genicon et Y.-M. Laithier, *op. cit.*, p. 553.

거할 수 있다는 것이다.

2) 적용범위

대체권의 행사는 계약에서 추구하고 상정하는 결과의 도출이 가능한 한, 모든 유형의 '하는 채무'를 대상으로 할 수 있다. 우선, 동산의 인도를 목적으로 '하는 채무'에 대해서는 당연히 대체권이 인정된다. 즉, 약정한 목적물이 인도되지 않은 경우, 채권자는 인도의무를 이행하지 않은 채무자를 대신하여 제3자로 하여금 목적물을 제공하게 할 수 있다. 또한, 대체권의 행사는 도급계약(contrat d'entreprise)의 영역에서도 인정된다. 즉, 수급인이 약정한 내용대로 공사를 완성하지 못한 경우, 도급인은 다른 수급인을 통하여 공사를 완성할 수 있다. 그리고 임대차의 영역에서도 임대인이 임대목적물의 사용수익을 위한 수선의무를 이행하지 않는 경우, 제3자에게 임대목적물의 수선을 의뢰할 수 있다.

3) 행사요건

대체권의 행사를 위해서는 세 가지의 요건이 충족되어야 한다. 우선, 채권자는 채무자에게 채무의 이행을 최고하였어야 한다.[31] 다만, 채권자의 채무자에 대한 최고는 프랑스민법 제1344조 이하에서 규정하는 요건을 충족하여야 한다. 다음으로, 채권자는 채무의 이행기와 제3자를 통한 대체집행이 있기까지의 사이에 합리적인 기간을 정하여 채무자에게 최고를 하였어야 한다. 즉, 채무자가 스스로 채무를 이행함으로써 자신의 상황을 합법화할 수 있도록 일정한 시간적 여유를 가질 수 있게 하여야 한다는 것이다. 다만, 그와 같은 합리적인 기간을 어떻게 정할 것인지가 의문일 수 있으나, 그 기산점은 채무자에게 최고가 있은 날로부터 기산한다고 할 것이며, 그 기간은 채권자의 수요상황과 채무자의 사정을 모두 고려하여야 할 것이다. 세 번째의 요건은, 제1222조에서 허용하는 채권자의 대체권의 행사가 정당한 것이어야 한다는 것인데, 이는 제3자에 의한 대체집행의 비용이 합리적인 것이어야 함을 의미한다. 대체집행의 비용이 합리적이었는지의 여부는 계약에서 정한 급부의 가액을 고려하여 평가될 것이다. 아무튼, 대체집행의 비용이 최초에 채무자가 부담한 의무내용에 비추어 균형을 상실한 것이어서는 안 된다고 할 것이다.

(3) 예외 : 법원의 허가에 의한 대체권의 행사

대체권의 행사에 있어서 다음의 두 경우에는 법원의 허가를 얻어야 한다.

우선, 채무불이행으로 인하여 초래된 결과를 제거하고자 하는 경우가 그것이다. 즉, 2016년의 채권법 개정에서는 채무자가 불이행한 것을 제3자를 통하여 이행하게 함에 있어서 법원의 사전적 허가를 요청하였던 기존의 태도를 포기하였으나, 채무불이행의 결과를 제거하기 위해서는 여전히 법원의 허가가 필요한 것으로 하였다. 그리고 이는 그와 같은 제거행위가 회복불

31) 해당 최고에서는 채무자가 이행을 하지 않는 경우, 제3자에 의한 대체집행으로 인한 비용을 부담할 수 있음에 대해서도 주의를 환기시키는 것이 바람직하다고 할 것이다.

가능하다는 점을 고려하여 채권자의 대체권행사로 인한 권리남용을 방지하기 위함이라고 한다.

다음으로, 제1222조 제2항에서는 대체권을 행사하는 채권자가 대체집행을 위한 비용 즉, 불이행된 채무의 이행을 위한 비용 또는 불이행으로 인한 결과의 제거를 위하여 소요될 비용에 해당하는 금액을 미리 채무자가 채권자에게 지급하게 하도록 법원에 요청할 수 있는 것으로 규정하고 있다. 즉, 대체권을 행사하는 채권자가 일시적으로라도 대체집행을 위한 비용부담을 원하지 않을 경우, 법원의 허가를 얻어 채무자에게 그 비용을 사전적으로 지급하게 할 수 있다.

Ⅲ. 대금감액

1. 서설

전통적으로 프랑스민법에서는 '불완전이행(exécution imparfaite)'에 대한 제재로서 대금감액을 허용하지는 않았다. 프랑스 파기원도 종래 "법원은 당사자 사이에서 약정한 매매대금을 변경할 수 없으며, 매도인의 인도의무 불이행으로 초래된 피해는 손해배상금의 지급으로 회복되어야 한다."라고 판시하여 왔다.[32] 비록, 채무자가 상계의 명목으로 손해배상이 아닌 대금감액을 인정하였더라도 이는 본질적으로 손해배상의 문제인 것이지 대금감액의 문제는 아닌 것으로 이해하였다. 그럼에도 불구하고 일정한 경우에는 채권자의 대금감액청구권이 예외적으로 인정되기도 하였다. 그 대표적인 사례가 매매계약에서의 수량부족을 이유로 한 대금감액청구권(프랑스민법 제1617조 제2항)이라든가, 하자담보책임을 이유로 한 대금감액청구권(프랑스민법 제1644조)을 예로 들 수 있었다. 그리고 상사매매의 영역에서는 계약에서 정한 것과 다른 상품이 인도되는 경우에는 소위 '대금조정(réfaction du prix)'이 인정되고 있었는데[33] 이를 대금감액과 유사한 것으로 이해할 수 있다. 아울러, 소비자계약 분야에서의 계약불부합의 경우에도 대금감액권이 인정되고 있었다.[34]

한편, 2016년의 개정을 통하여 급부의 불완전이행에 대한 일반적인 제재의 하나로서 프랑스민법 제1223조에 의해 '대금감액(réduction du prix)'이 허용되었는데,[35] 이후 2018년의 비준법률에 의하여 동 규정은 또 다시 상당한 개정을 맞이하였다. 즉, 2016년의 프랑스민법 개정

32) Cass. civ. 3e, 10 mars 2015, n° 13−27660.
33) Cass. com., 23 mars 1971, *Bull. civ.* Ⅳ, n° 89.
34) 프랑스 소비자법 제L.210−10조.
35) 프랑스민법에서 채권자에게 대금감액청구권을 인정하게 된 것은 당사자 사이의 계약상 형평을 유지하기 위한 것이며, 유럽 회원국에서의 불완전이행에 대한 제재수단들과의 조화를 이루기 위하여 채택되었다고 한다. 아무튼, 대금감액은 동시이행의 항변권과 계약해제 사이의 중간적인 제재라고 한다. 한불민사법학회, 개정 프랑스 채권법 해제, 320면.

시에는 제1223조의 적용범위와 관련하여 채권자의 반대급부가 금전인 경우에 한하며 그 밖의 경우에는 대금감액이 허용되지 않는 것으로 이해되었으나, 2018년의 개정에서는 동조의 규정을 채권자가 '급부의 전부 또는 일부(tout ou partie de la prestation)'를 변제하지 않은 경우에 대금감액을 통지할 수 있는 것으로 개정하였다는 점에서 채권자의 반대급부가 금전의 지급을 목적으로 하는 경우로 한정되지 않게 되었다.[36]

2. 요건

프랑스민법 제1223조에서는 "① 급부의 불완전이행의 경우, 채권자는, 최고를 한 후 급부의 전부 또는 일부가 아직 변제되지 않은 경우에는 가장 빠른 기간 내에 채무자에게 비례적으로 대금을 감액한 결정을 통지할 수 있다. 채권자의 대금감액의 결정에 대한 채무자의 승인은 문서로 작성되어야 한다. ② 채권자가 이미 변제한 경우에는, 당사자들 사이에 합의가 없으면, 채권자는 법원에 대금감액을 청구할 수 있다."라고 규정하고 있다.

우선, 채무자의 채무이행이 불완전한 것이어야 한다. 다만, 대금감액권의 행사에 있어서 채권자가 자신의 급부를 이행하였는지의 여부는 문제되지 않는다. 위에서도 언급한 바와 같이 채무자의 불완전이행은 그것이 양적으로 불완전한 것이든 질적으로 불완전한 것이든 문제되지 않으며, 불완전이행의 심각성도 문제되지 않는다. 아울러, 불완전이행이 불가항력에 기인한 것이었다 하더라도 대금감액이 인정된다.[37] 아무튼, 대금감액은 손해배상과는 별개의 제재라고 할 것이며, 채무자의 귀책사유에 의한 채무불이행에서는 대금감액과 함께 손해배상이 경합적으로 인정될 수 있다.

다음으로, 채무자의 불이행에 대하여 채권자가 이행최고를 하였어야 한다. 즉, 이러한 조치는 채권자가 채무자에게 대금감액이라는 수단을 동원할 수 있음을 사전에 밝히는 한편, 채

36) 대금감액권의 법적 성질이 형성권인지 아니면 청구권인지에 대해서는 여전히 논란이 있다. 즉, 2016년의 채권법 개정시에는 채권자가 대금을 지급하지 않은 경우에는 대금감액에 관한 자신의 결정을 채무자에게 통지하며, 채권자가 이미 대금을 지급한 경우에는 불완전이행에 비례하여 대금감액을 요구할 수 있는 것으로 규정하였었다. 따라서 대금을 이미 지급하였다면 대금감액권이 일종의 청구권에 해당하며 대금을 아직 지급하지 않았다면 대금감액권은 일종의 형성권에 해당하는 것처럼 볼 수 있다는 것이다. 학설상으로는 이와 관련하여 견해의 대립이 있으나, 채권법 개정을 위하여 대통령에게 제출된 보고서에서는 대금감액권이 채권자의 일방적인 의사표시에 의해 행사된다는 점을 강조하여 형성권으로 이해한 것으로 설명되기도 한다. 그러나 2018년의 개정에서는 채권자가 대금을 지급하지 않은 때에는 채권자가 대금감액에 관한 자신의 결정을 통지한다는 규정은 유지하면서도 채권자의 대금감액 결정에 대해서는 채무자의 승인이 있어야 한다는 내용을 신설하는 한편, 채권자가 이미 대금을 지급한 경우에는 당사자 사이의 대금감액에 대한 합의가 있어야 한다고 규정하게 되었다. 따라서 현재의 규정 내용을 토대로 하여서는 대금감액권이 반드시 형성권이라고 할 수만은 없게 되었다. 다만, 대금감액권이 채권자의 주도로 행사된다는 점은 변함이 없다고 할 것이다. 이상과 같은 설명에 대해서는, 한불민사법학회, 개정 프랑스채권법 해제, 321−322면.

37) 이러한 의미에서 프랑스에서의 대금감액권은 우리 식의 위험부담에 관련된 상황도 포섭하는 것으로 평가할 수 있을 것이다.

무자에게 스스로 자신의 채무이행을 보완할 수 있는 기회를 허용하기 위함이다. 다음으로, 대금감액권은 채무자의 불완전이행에 상응하는 것이어야 한다. 다만, 제1223조에서는 대금감액의 시기와 방법에 대하여 규정하고 있지는 않다. 그러나 대금감액권은 엄격한 의미에서 대가의 공제(soustraction du prix)가 아니라 불완전이행의 비율로 결정되는 대가의 감액을 가리킨다. 예컨대, 120원의 가치를 가지는 목적물을 100원에 매도하였다면 이행된 급부의 가치는 80원 정도에 이른다고 할 것이다. 따라서 이러한 경우에 있어서의 대금감액은 100－66.66[100×(80/120)]원으로 결정된다고 할 것이다.[38] 그리고 대금감액에 있어서의 감액은 이행기가 아니라 계약체결시를 기준으로 하여 판단하여야 한다.

다음으로, 채권자는 채무자에게 가장 빠른 기간 내에 자신이 내린 대금감액의 결정을 통지하여야 한다. 대체로 프랑스민법전에서는 기간의 허여와 관련하여 소위 '합리적인 기간(délai raisonnable)'이라는 용례를 사용하고 있음에 반하여, 제1223조에서는 '가장 빠른 기간(meuilleur délai)'이라는 표현을 사용하고 있는데, 이는 우리 법에서의 '지체 없이'에 해당하는 것으로 해석할 수 있다. 주의할 점은, 여기서의 대금감액의 통지는 불완전이행을 이유로 한 채무자의 채무불이행책임을 성립시키기 위한 이행의 최고와는 구별되어야 한다는 점이다. 즉, 대금감액의 통지는 표현 그대로 채권자의 결정에 의한 대금감액을 통지하는 것인 반면, 채무불이행의 성립을 위한 최고는 채무자에게 추완을 통한 이행의 완성 기회를 부여하기 위한 것이다. 그리고 프랑스민법에서는 일정한 행위를 함에 있어서 그 근거를 제시할 것을 요구하는 경우가 다수 발견되는데,[39] 여기서의 대금감액의 통지에서는 채권자가 그 이유나 근거를 제시할 필요는 없다. 다만, 견해에 따라서는 대금감액의 경우에도 채권자가 그 근거를 제시하여야 한다는 주장도 있다.[40] 아무튼, 채권자가 대금감액의 결정을 통지하였다 하더라도 이에 대하여 채무자의 승인이 있어야 한다.

다음으로, 프랑스민법 제1223조 제2항에서는 채권자가 이미 대금을 지급한 경우에 있어서의 대금감액방법에 대해 규정하고 있다. 보다 구체적으로 본항에서는 "당사자들 사이에 합의가 없으면, 채권자는 법원에 대금감액을 요구할 수 있다."라고 규정하고 있는데, 이러한 규정태도는 대금감액이 당사자 합의 또는 법원의 판단에 의해 결정됨을 명확히 하고 있는 것이다.

끝으로, 실무상으로는 불완전이행에 대한 대금감액이라는 이러한 새로운 유형의 제재방식과 불완전이행에 대한 손해배상액의 예정과의 관계설정을 어떻게 하여야 할 것인지가 문제로 될 수 있다. 즉, 정보통신과학 분야에서는 버그와 같은 기술적인 문제로 인하여 불완전이행을

---

38) O. Deshayes, T. Genicon et Y.－M. Laithier, *op. cit.*, p. 561.

39) 예컨대, 계약해제의 경우 채무자가 해제의 적법성을 다투는 경우 채권자는 채무불이행이 중대하였음을 밝혀야 한다(제1226조 제3항). 아울러, 기본계약(contrat de cadre)의 경우, 일방에게 대금결정권이 있는 경우에는, 분쟁이 발생하였을 때 권리자가 근거를 제시하여야 한다(제1164조).

40) G. Chantepie et M. Latina, *op. cit.*, n° 644, p. 595.

회피하는 것이 불가능한 경우도 있을 수 있는데 이럴 경우 계약당사자가 계약의 완전한 이행이라는 개념보다는 만족할 만한 계약의 이행이라는 점에 착안하여 손해배상액을 예정하는 경우가 있을 수 있다는 것이다. 따라서 이러한 경우들에서는 프랑스민법 제1223조의 적용을 배제하는 약정이 가능할 수도 있을 것이라고 한다.[41]

Ⅳ. 계약해제

1. 개관

2016년 개정 프랑스 채권법의 내용 중에서 주목하여야 할 부분 중의 하나가 계약의 해제와 관련한 규정들이다. 즉, 2016년 개정 이전의 프랑스민법상 계약의 해제는 독립적인 제도가 아니라 쌍무계약의 내용, 특히 해제조건과 관련하여 규율되고 있었다. 그러던 것이 2016년의 개정을 통하여, 채권자는 채무불이행에 대한 제재로서 현실적 이행을 강제하거나 계약을 해제할 수 있는 선택권을 가지게 된 것이다. 개정 프랑스민법에서는 세 가지 유형의 계약해제를 인정하고 있다. 우선, 계약해제는 채무불이행의 정도를 불문하고 해제조건의 적용에 의하여 이루어질 수 있다. 다음으로, 채무불이행이 중대한 것인 때에는, 채권자의 일방적 의사표시에 의하거나 법원의 판결에 의하여 이루어질 수 있다(프랑스민법 제1224조[42]). 그런데 이러한 해결방안은 2016년 개정 이전에도 이미 계약해제에 관한 유일한 조문이었던 프랑스민법 제1184조에 근거하여 거래계의 관행상 또는 재판실무상 인정되었던 것이라고 한다. 즉, 거래계에서는 "계약해제는 재판상 청구되어야 한다."라는 제1184조의 규정에도 불구하고 당사자 사이의 특약에 의해 채무불이행에 대한 제재로서 '계약의 소급적 당연해제'를 예정하기도 하였으며, 프랑스 파기원도 채권자가 위험을 부담하면서 계약을 일방적으로 해제할 수 있는 가능성을 인정하였다고 한다.[43]

한편, 계약의 해제는 채무불이행에 대한 제재 중 가장 극단적인 제재의 하나라고 할 수 있는데 그 이유는 2016년 개정 프랑스민법 제1229조 제1항에서도 "해제는 계약을 종료시킨다."라고 규정하고 있는 점에서 확인할 수 있는 것과 같이 해제권의 행사로 인하여 계약관계가 종국적으로 해소 내지 파기되기 때문이다. 따라서 1804년의 나폴레옹 민법에서는 제1184조에 따른 재판상 해제를 원칙으로 삼았다고 할 수 있으나, 거래계의 수요는 이러한 법문상의 제한을 무력화시키기에 이르렀고, 프랑스 파기원도 법문상의 근거에만 얽매이지 않고 채권자

41) B. Fages, *op. cit.*, n° 301.

42) 프랑스민법 제1224조에서는 "해제는 해제조항의 적용으로, 또는 충분히 중대한 채무의 불이행이 있는 경우에는 채권자의 채무자에 대한 통지나 법원의 결정으로 이루어진다."라고 규정하고 있다.

43) B. Fages, *op. cit.*, n° 303.

의 일방적인 의사표시에 의한 계약해제를 허용함으로써 법원의 판단에 위임되었던 영역을 일정 부분 포기한 것으로 평가할 수 있다. 그리고 이러한 사정이 반영되어 다양한 방식의 계약해제가 개정 프랑스민법에서 명문에 의해 허용될 수 있게 된 것이다.

다른 한편, 2016년 개정 프랑스민법에서 규정하고 있는 세 가지 유형의 계약해제는 그 각각이 독자성을 가진다고 할 수 있다. 즉, 해제조항에 따른 계약의 당연해제와 채권자의 일방적 의사표시에 의한 계약해제가 재판상 해제의 원칙에 대한 예외로서 인정되는 것이 아니라, 오히려 재판상 해제가 최후의 수단으로 전락된 것으로 평가할 수도 있다는 것이다.[44] 그리고 이러한 변혁은 비교법적 측면에서 볼 때, 외국의 영향을 받은 것이라고 평가할 수 있다.[45] 다만, 채권자의 일방적 의사표시에 의한 계약해제와 재판상해제에서는 채무불이행이 중대한 것이어야 한다는 점에서 해제조항에 따른 계약해제와 차별성이 있으며, 그 행사요건이 구체화되었다는 점에 주의할 필요가 있다.

2. 계약해제의 방식과 요건

(1) 해제조항의 적용에 따른 계약해제

해제조항(clause résolutoire)은 채무자의 이러 저러한 채무불이행이 있는 경우에 곧바로 계약이 해제되는 것으로 약정하는 것을 말한다.[46] 대체로 이러한 해제조항은 채권자의 일방적 이익을 목적으로 하는데, 한편으로는 채무자에게 이행을 강제하는 수단으로 작용하며, 다른 한편으로는 법원의 허가를 기다릴 필요없이 계약관계를 종료할 수 있다는 점에서 그러하다. 더 나아가, 해제조항이 있다고 하더라도 채권자는 자신에게 가장 유리한 제재수단을 선택할 수 있는 권리의 행사에 영향을 받지 않는다. 즉, 채권자는 계약해제를 하지 않고 현실적 이행을 강제하거나 계약책임을 물을 수 있을 뿐만 아니라 재판상해제를 청구할 수도 있다.[47]

해제조항의 유효성은 19세기 말부터 인정되기 시작하였으며, 그 이후로 해제의 다양한 유형의 하나로 자리를 잡게 되었다. 다만, 해제조항에서는 채무불이행이 있는 경우 계약해제를 초래할 수 있는 의무를 구체적으로 명시하여야 그 효력이 인정된다(프랑스민법 제1225조 제1항). 이는 어느 의무에 대한 채무불이행이 있는 경우에 한하여 계약이 해제될 수 있다는 것을 특정하여야 한다는 의미이며, 따라서 약정한 사항이 아닌 다른 유형의 의무위반에 대해서는 계약해제라는 제재가 수반되지 않는다는 것을 의미한다.[48] 그러나 해제조항에 따른 계약해제에서

44) P.－Y. Gautier, “La hiérarchie inversée des modes de résolution du contrat”, *Dr. et patr.*, 2014, n° 240, p. 70.

45) 2016년 개정 프랑스민법의 계약해제와 관련한 해결방안은 독일민법 제323조, 유럽계약법원칙 제9:301조, Unidroit 국제상사계약법원칙 제7.3.1.조의 영향을 받은 것이라고 한다.

46) Ch. Paulin, *La clause résolutoire*, L.G.D.J., 1996.

47) Cass. com., 7 mars 1984, *Bull. civ.* Ⅳ, n° 93.; Cass. civ. 3e, 8 juin 2006, *Bull. civ.* Ⅲ, n° 143.

48) 차임의 연체가 있는 경우에 계약을 해제할 수 있음을 예정한 해제조항은 비용의 미지급을 이유로 한 계약해제

는 채무불이행이 중대한 것이어야 한다는 요건은 요구되지 않으므로 모든 유형의 채무불이행이 계약해제를 초래할 수 있다.[49] 다만, 해제조항의 유효성에 관한 이러한 원칙에도 불구하고 일정한 유형의 계약에서는 해제조항이 금지되거나[50] 제한되기도[51] 한다.

한편, 해제조항의 적용을 위해서는 채무자에 대한 최고가 선행되어야 하며, 최고가 있었음에도 불구하고 채무자가 채무를 불이행하였어야 한다. 다만, 당사자들이 이러한 형식적 절차를 생략하는 것으로 약정할 수는 있다(프랑스민법 제1225조 제2항[52] 참조). 프랑스 파기원은 채무불이행이 불가항력에 의하여 초래된 경우에는 해제조항의 적용도 인정되지 않는다고 하고 있는데,[53] 이는 불가항력에 의한 채무불이행이 절대적 면책사유임을 고려할 때 어쩌면 당연한 논리적 귀결이라고 할 것이다. 아무튼, 해제조항이 예정된 경우에는 법원의 권한이 제한된다고 할 것인데, 그 이유는 이럴 경우 법원은 채무불이행에 대한 제재로서의 계약해제가 균형을 상실한 것인지의 여부를 심사할 필요가 없으며, 법원의 역할은 당연해제를 확인하는 것에 불과할 것이기 때문이다.[54] 따라서 이러한 이유로 인하여 계약해제를 확인하는 소송은 급속심리(action en référées)에 의할 것이다.[55] 그러나 법원은 당사자 중 채무불이행에 관하여 누군가의 악의가 있는 경우에는 여전히 그에 대한 심사를 할 수 있다고 할 것이다.[56] 그리고 이러한 악의는 예컨대 채권자가 채무자로 하여금 회복하기 어려운 채무불이행의 상태에 빠지게 하기 위하여 갑자기 태도를 변경한 경우라든가, 채무자의 과책에 대한 제재와 무관한 개인적인 이익을 추구하는 경우에 인정될 수 있을 것이다.[57] 이럴 경우, 채권자의 해제조항의 원용권은 부인될 것이며, 이는 개별약정 우선의 원칙에도 불구하고 채권분야에서의 신의성실의 원칙에 기초한 결론이라고 할 것이다.[58] 그러나 법원은 해제조항의 적용을 방해하는 사유의 판단에 있

의 근거가 될 수 없다고 한 것으로는, Cass. civ. 3e, 24 mai 2000, *Bull. civ.* Ⅲ, n° 110.

49) 이러한 설명은 프랑스민법 제1225조의 반대해석에 의한 것이며, 따라서 해제조항에서는 불이행의 범위나 중대성에 대해서는 규정할 필요가 없다. 한편, 2016년 개정 이전에는 재판상해제가 원칙이었으므로, 비록 해제조항을 둔다고 하더라도 그에 대한 해석은 상당히 엄격하였다. 예컨대, 어느 유형의 채무불이행이 있는 경우 계약이 해제되는 것으로 약정하였다 하더라도 그와 같은 채무불이행 사유가 당연해제를 이끈다는 약정이 없다면 그와 같은 해제조항은 채권자로 하여금 재판상해제를 청구할 수 있는 권리가 있음을 확인하는 약정에 불과하다고 해석되었다. 이에 대해서는, Cass. civ. 3e, 24 fév. 1999, *Bull. civ.* Ⅲ, n° 54.

50) 농지임대차에 관한 것으로서 「농업 및 수산업법」(Code rural et de la pêche maritime) 제L.411－31조 참조.

51) 상사임대차에 관한 것으로서 상법 제L.145－41조. 아울러 기업회생분야에서는 집단절차의 개시만으로도 계약이 해제된다는 계약조항은 그 효력이 없다는 것과 관련하여서는, 상법 제L.622－13조 참조.

52) 프랑스민법 제1225조 제2항에서는 "불이행의 단순한 사실만으로 계약이 해제된다고 약정하지 않는 한, 해제는 '최고에도 불구하고 이행이 없을 것(mise en demeure infructueuse)'을 요건으로 한다. 부지체(최고)는 해제조항을 명시적으로 언급하여야만 그 효력이 발생한다."라고 규정하고 있다.

53) Cass. civ. 3e, 17 fév. 2010, *Bull. civ.* Ⅲ, n° 47.

54) Cass. civ. 3e, 5 fév. 1992, *Bull. civ.* Ⅲ, n° 38; Cass. com., 10 juil. 2012, n° 11－20060.

55) Cass. civ. 3e, 2 avril 2003, *Bull. civ.* Ⅲ, n° 78.

56) Cass. civ. 1re, 31 jan. 1995, *Bull. civ.* I, n° 57.

57) Cass. civ. 1re, 16 fév. 1999, *Bull. civ.* I, n° 52; Cass. civ. 3e, 10 nov. 2010, n° 09－15937.

어서 채무자의 선의를 고려할 수는 없다고 할 것이다.[59]

(2) 채권자의 일방적 의사표시에 의한 계약의 해제

1) 서

2016년 개정 프랑스민법 제1226조[60]에서는 '채권자의 일방적 의사표시에 의한 계약해제(résolution par notification du créancier)'를 명시적으로 인정하고 있다.[61] 동 규정은 종래 "계약당사자 일방의 행위가 중대한 것이라는 사정은 타방 당사자가 자신의 위험과 부담하에 일방적으로 계약관계를 종료하게 하는 것을 정당화시키며, 이 경우 계약이 확정기간인지 아닌지의 여부는 중요하지 않다."라고 한 프랑스 파기원의 태도를 답습한 것이라고 한다.[62] 사실 이와 같은 파기원의 판결은 이후 모든 유형의 합의에 있어서 일반원칙으로 자리잡게 되었으며, 특히 구두에 의한 계약[63] 이외에 예약단계의 합의에[64] 대해서도 적용되었기 때문이다.

2) 요건

계약해제권을 행사하기 위해서는 긴급한 경우가 아닌 한, 채권자가 채무자에게 상당한 기간을 허여하여 채무의 이행을 최고하였어야 한다(제1226조 제1항). 그리고 최고에서는 채무자가 그의 의무를 불이행하는 경우 채권자가 계약을 해제할 권리가 있음을 명시적으로 밝혀야 한다(제1226조 제2항). 그럼에도 불구하고 채무불이행이 지속되는 경우, 채권자는 계약해제와 그 사유를 채무자에게 통지할 수 있다는 것이다(제1226조 제3항).[65] 다만, 계약해제의 통지 자체는 특별한 방식을 요구하지 않는다.[66]

한편, 해제조항에 의한 계약해제와는 달리, 일방적 의사표시에 의한 계약해제에서는 채무자에 의한 채무불이행의 정도가 중대한 것이어야 하며(제1224조), 채무자의 이의가 있는 경우에는 채권자가 그에 대한 반증을 제시하여야 한다(제1226조 제4항). 문제가 되는 부분은 '불이행

58) Cass. civ. 3e, 14. sept. 2017, n° 16-18840.

59) Cass. civ. 3e, 24. sept. 2003, n° 02-12474.

60) 제1226조에서는 "① 채권자는, 자신의 위험과 부담으로, 통지에 의하여 계약을 해제할 수 있다. 긴급한 경우를 제외하고 채권자는 채무를 불이행한 채무자에게 사전에 상당한 기간 내에 그 채무를 이행할 것을 최고하여야 한다. ② 부지체(최고)는 채무자가 상당한 기간 내에 그 채무를 이행하지 아니하면 채권자가 계약을 해제할 권리를 가진다는 것을 명시하여야 한다. ③ 채무자의 불이행이 계속되는 경우, 채권자는 채무자에게 계약의 해제와 그 사유를 통지하여야 한다. ④ 채무자는 언제든지 해제에 대한 이의를 법원에 소로 제기할 수 있다. 이 경우 채권자는 불이행의 중대성을 증명하여야 한다."라고 규정하고 있다.

61) 동 규정의 제정과정에서의 논의에 대해서는, Ph. Stoffel-Munck, "La résolution par notification : qustion en suspens", *Dr. et patr.*, 2014, n° 240, p. 67.

62) Cass. civ. 1re, 13 oct. 1998, *Bull. civ.* I, n° 300; Cass. civ. 1re, 20 fév. 2001, *Bull. civ.* I, n° 40. 그리고 해당 판결들은 2016년 개정 이전의 프랑스민법 제1134조 및 제1184조에 근거하였다고 한다.

63) Cass. com., 7 avril 2010, n° 06-15590.

64) Cass. civ. 3e, 20 juin 2012, n° 11-20589.

65) 물론, 계약해제의 사유에 대해서는 이후의 소송에서 제기되거나 보완될 수도 있다. 이에 대해서는, Ph. Stoffel-Munck, "La résolution par notification : qustion en suspens", *op. cit.*, n° 240, p. 67.

66) Cass. com., 10 fév. 2009, n° 08-12415.

(inexécution)'의 개념이 지나치게 광범위하기 때문에 어떤 경우에 계약해제를 인정할 것인지의 여부라고 할 것인데, 프랑스법원은 종래 계약상 의무의 불이행은 불이행된 의무의 본질적 특성에 의해 검토될 수 있다고 한다. 아울러, 특별한 비난이 가능한 채무자의 행위는 일반적인 조건 하에서의 계약관계를 유지하게 하는 것을 불가능하게 하며,[67] 이는 신뢰의 상실이나[68] 또는 심각하게 불공정하게 보이는 것[69]을 말한다. 반면, 여기서 위급성을 특징지을 필요는 없다고 한다.[70]

다른 한편, 채권자의 일방적인 의사표시에 의한 계약해제의 장점은 채권자로 하여금 소의 제기 없이 계약관계로부터 해방될 수 있게 한다는 것에 있다. 만약, 소가 제기된다면 이는 채무자의 주도에 의한 것일 것이며, 이는 "채무자는 언제라도 계약해제에 대한 이의를 제기하기 위하여 법원에 제소할 수" 있기 때문이다(제1226조 제4항). 이 경우 자신의 위험과 부담으로 계약을 해제한 채권자는(제1226조 제1항) 사후적으로 계약해제의 사유에 대한 사법적 통제를 받게 되며, 따라서 채무불이행의 심각성에 대해 증명하여야 한다(제1226조 제4항). 즉, 이와 같은 상황의 전개로 인하여 법원에게 다시금 계약해제에 관한 평가 및 그와 관련한 해법을 제시할 수 있는 권한이 부여된다. 그리고 제1228조에서는 "법원은, 사안에 따라, 해제를 확인하거나 선고할 수 있고, 채무자에게 일정한 기간을 허여하여 채무의 이행을 명할 수 있으며, 또는 손해배상만을 명할 수 있다."라고 규정하고 있는데, 동조의 규정은 일방적 의사표시에 의한 계약해제에 있어서 사후적으로 그 적법성을 통제하기 위한 것이다.

또 다른 한편, 일방적 계약해제의 적법성과 관련하여서는 다음의 세 가지 경우를 또 다시 나누어 살필 필요가 있다. 우선, 채권자가 채무불이행이 충분히 중대한 것이라는 점을 증명한 경우에는 법원은 계약이 해제되었음을 확인할 것이다. 그리고 그와 같은 확인의 효력발생시기는 계약해제에 관한 채권자의 의사표시가 채무자에게 도달된 시기라고 할 것이다(프랑스민법 제1229조 제2항 참조).[71] 또한, 소가 계속되는 동안에 채권자가 손해배상을 청구한 경우, 법원은 손해배상을 명할 수도 있다.[72] 다음으로, 채권자가 채무불이행을 증명하였으나 그 내용이 법률에서 요구하는 수준의 중대한 것이 아닌 경우, 법원은 채무자에게 기간의 유예를 허여하면

67) Cass. civ. 1re, 22 sept. 20160, *Bull. civ.* I, n° 15-20614.

68) Cass. com., 15 sépt. 2009, n° 08-15872.

69) Cass. com., 23 sépt. 2008, n° 07-10025.

70) B. Fages, *op. cit.*, n° 308.

71) 프랑스민법 제1229조에서는 "① 해제는 계약을 종료시킨다. ② 해제는, 경우에 따라, 해제조항에 정해진 조건에 의하여, 혹은 채무자의 통지를 채무자가 수령한 날, 혹은 법원이 정한 날 또는 정함이 없다면 제소된 날에 효력이 발생한다. ③ 교환된 급부가 해제된 계약의 완전한 이행에 의해서만 유용하게 되는 경우 당사자는 받은 것 전부를 반환해야 한다. 교환된 급부가 계약의 상호이행에 따라 유용하게 되는 경우 반대급부를 받지 못한 마지막 급부이전 기간 동안에 수령한 급부의 반환은 발생하지 않고, 이 경우의 해제는 해지에 해당한다. ④ 반환은 제1352조에서 제1352-9조까지 정한 요건에 따라 이루어진다."라고 규정하고 있다.

72) 프랑스민법 제1217조 참조.

서 계약의 이행을 명할 수 있다(프랑스민법 제1228조 참조). 즉, 채권자가 일방적인 의사표시에 의해 계약을 해제하였다고 하더라도 법원은 채권자로 하여금 계약을 유지할 수 있게 명할 수 있다는 것이다. 다음으로, 채권자가 채무자의 채무불이행을 증명할 수 없는 경우, 즉 해제권이 남용된 경우에는 계약의 존속이 강제될 것이다. 즉, 이 경우에는 오히려 채무자가 자신에게 비난가능성이 없음을 이유로 채권자에게 계약기간의 만료시까지 계약을 유지하도록 법원에 청구할 수 있다는 것이다. 그러나 법원이 계약의 해제를 확정하는 경우도 있을 수 있는데, 이럴 경우에는 해소된 계약의 복원을 상정하기는 어려우며 이에 대한 제재는 손해배상의 단계로 이전될 것이다. 다만, 손해배상액은 상대방이 얻을 수 있었던 이익의 상실, 즉 일실손해에 해당하는 금액이 인정될 것이며, 계약의 종기까지 급부가 제공되었을 경우에 취득할 수 있었던 모든 급부의 가액에 해당하는 금액에 상응하지는 않을 것이다.[73] 아무튼, 채무자는 채권자의 부적법한 계약해제로 인한 위험을 완화하기 위하여 급속심리를 통하여 법원의 종국적 판단이 있기까지 계약의 유지를 명할 것을 청구할 수도 있을 것이다.[74]

(3) 재판상해제

1) 서

해제조항에 의한 계약해제와 채권자의 일방적 의사표시에 의한 계약해제권의 행사와는 별도로 채권자는 언제든지 '재판상해제(résolution judiciaire)'를 청구할 수 있다. 즉, 프랑스민법 제1227조에서도 "어떠한 경우이든 해제는 재판상 청구될 수 있다."라고 규정하고 있기 때문이다. 한편, 종래 프랑스 파기원은 2016년 개정 이전의 제1184조가 강행규정은 아니므로 당사자 사이의 의사가 구체적이고 분명하다면 재판상해제를 청구할 수 있는 권리를 포기하는 약정도 유효한 것으로 판단하였다.[75] 그렇다면 2016년 개정 이후의 제1227조에 근거하여 재판상해제권을 포기하는 약정에도 불구하고 재판상해제를 청구할 수 있는지가 문제될 수 있다. 이와 관련하여 개정 제1227조는 강행규정으로 보아야 하므로 재판상해제권의 사전포기는 허용되지 않는다는 의견이 있는가 하면,[76] 제1227조에서의 '어떠한 경우이든(en toute hypothèse)'이라는 법문상의 표현이 기존의 파기원 판결을 번복할 수 있게 하는 근거가 될 수 없다는 주장도 있다.[77] 아무튼, '어떠한 경우이든'라는 법문에 천착하여 제1227조가 원칙으로서 특별법에 의해서도 예외가 허용되지 않는 것으로 해석하여서는 안된다. 예컨대, 상법전 제L.622-21조에서 규정하는 바와 같이 집단절차(Procédure collective)가 개시된 경우에는 금전채무의 불이행을 이

73) B. Fages, *op. cit.*, n° 309.

74) 이러한 가능성을 인정한 것으로는, Cass. civ. 1re, 29 mai 2001, n° 99-12478.

75) Cass. civ. 3e, 3 nov. 2011, n° 10-20263.

76) G. Chantepie et M. Latina, *op. cit.*, n° 662, p. 611.

77) B. Fages, *op. cit.*, n° 310. 다만, 재판상해제권의 사전포기 약정으로 인하여 당사자 사이의 권리의무 관계에 중대한 불균형이 초래되는 것으로 평가될 경우에는 개정 프랑스민법 제1171조에 근거하여 기재되지 않은 것으로(무효로) 볼 수 있다는 견해도 있다(O. Deshayes, T. Genicon et Y.-M. Laithier, *op. cit.*, p. 581.).

유로 재판상해제를 청구할 수 없기 때문이다.[78]

2) 요건

재판상해제권의 행사에 있어서도 일방적 의사표시에 의한 해제권의 행사에 있어서와 마찬가지로 채무자의 채무불이행이 전제되어야 한다.[79] 다만, 불이행된 채무자의 의무가 계약상 명시적으로 약정된 것일 필요는 없다.[80] 반면, 채무불이행을 이유로 계약을 해제하기 위해서는 채무자의 채무불이행이 중대한 것이어야 한다는 점에서 우리 민법에서의 계약해제의 요건으로서 '계약목적 달성 불가능'의 요건과 유사한 것으로 평가할 수 있을 것이다. 계약해제의 적법성 요건으로서 채무불이행이 중대한 것인지의 여부에 대한 판단은 법원의 재량권에 속한다는 것이 프랑스 파기원의 태도이다.[81] 그리고 채무불이행이 중대한 것인지의 여부는 판결의 선고시를 기준으로 판단한다. 즉, 법원의 판결이 있기까지의 제반사정을 고려하며, 소송이 계속되는 동안의 채무자의 태도도 고려의 대상이다.[82]

한편, 채무불이행으로 인한 손해의 발생이 계약해제의 요건은 아니지만 손해가 발생하였다는 것은 고려의 대상이 된다고 할 것이다. 즉, 채무불이행으로 인한 손해가 중대한 것인 경우에는 계약해제가 정당화될 수 있을 것이며,[83] 역으로 채무불이행으로 인한 손해의 정도가 미약한 것인 경우에는 계약해제와 같은 제재가 정당성을 상실할 것이다. 다만, 채무불이행의 내용이 계약해제를 정당화할 수 있을 정도로 중대한 것인 경우에는 채무불이행이 일부불이행인지 전부불이행인지의 여부도 중요하지 않다.[84] 채무불이행의 유형으로는 이행지체가 문제될 수도 있으며, 계약해제를 초래하기에 충분하지 않은 채무불이행이 반복적으로 행해지는 경우도 포함될 수 있다.[85] 아무튼, 채무의 불이행이 채무자의 과책에 기한 것일 필요는 없다. 환언하면, 계약의 해제는 채무자가 그의 의무를 이행함에 있어서 장애가 되었던 사유가 무엇이든간에 인정될 수 있으며, 비록 불가항력에 기인한 것이라도 무방하다는 것이다.[86] 그러나 채무

---

78) 다만, 금전채무 불이행의 경우 이외의 사유로는 재판상해제를 청구할 수 있다고 한다. 이에 대해서는, Cass. com., 26 oct. 1999, n° 96-21745.

79) 이와 관련한 기존의 파기원 판결로는, Cass. civ. 3e, 23 avril 1986, n° 84-11789; Cass. civ. 3e, 10 juin 2009, n° 08-14422.

80) 2016년 프랑스 채권법 개정 이전에, 매도인의 정보제공의무 위반을 이유로 계약을 해제할 수 있다고 하면서 제1134조, 제1135조 및 제1184조를 근거로 한 프랑스 파기원의 판결로는, Cass. civ. 1re, 28 mai 2009, n° 08-14421.

81) Cass. civ. 1re, 15 juil. 1999, n° 97-16001.

82) 이와 관련한 파기원의 태도로는, Cass. civ. 3e, 5 mai 1993, n° 91-17097; Cass. civ. 3e, 26 juin 1991, n° 89-21640; Cass. civ. 3e, 4 jan. 1995, n° 92-17908.

83) 예컨대, 약정한 상품이 제때 도달하지 않은 경우에는 계약해제가 정당시 될 수 있을 것이다.

84) Cass. civ. 1re, 27 nov. 1950, *Bull. civ.* I, n° 237.

85) 인터넷 공급계약이 불안정한 경우와 관련하여서는, C.A. de Versailles, 7 nov. 2002, *R.G.D.A.*, 2003, n° 378.

86) 2016년의 개정으로 인하여 불가항력에 의한 급부불이행이 초래된 경우, 계약은 당연히 해소된다(제1218조 제2

불이행이 채권자의 귀책에 돌릴 수 있는 경우, 채권자는 계약해제권을 행사할 수 없다.[87]

다른 한편, 계약의 재판상해제를 목적으로 하는 소송은 사실심법원에 제기되어야 한다.[88] 일반적으로 청구권자는 채무불이행의 피해자인 채권자일 것이나, 프랑스법원은 채권자 아닌 자로서 채권자 대위권을 행사하는 자,[89] 보증인,[90] 이전적 계약쇄의 극단에 위치한 계약당사자[91] 또는 임대차계약에 포함된 소송인수약정의 경우에 있어서의 임차인[92]에 의한 계약해제를 인정하여 왔다. 채권자가 다수인 경우, 모든 채권자의 권리를 소멸시키는 것인 경우에는 다른 채권자의 동의 없이는 계약을 해제할 수 없다.[93] 청구권을 행사하는 채권자의 행위는 채무를 불이행하는 채무자에 대한 최고로서 충분하며, 이러한 행위는 집행관을 통한 최고나 명령의 형식을 갖출 필요는 없다.[94]

3) 법원의 판결

재판상해제의 소가 제기된 경우, 법원은 제1228조[95]의 규정에도 불구하고 다양한 방향의 선택권을 행사할 수 있다. 즉, 법원은 채무자에게 유예기간을 허여할 수 있으며,[96] 소송 계속 중에 채무자가 제안한 이행청구를 수용할 수 있으며,[97] 더 나아가 계약을 해소할 정도로 채무불이행이 중대한 것이 아니라고 판단하는 경우에는 채무의 이행을 명할 수도 있다.[98] 아울러, 계약해제를 선고하지 않고 금전에 의한 손해배상을 인정하거나,[99] 손해배상금의 지급없이 계약해제만을 인정할 수도 있다. 다만, 법원은 당사자의 과책이 유사하다는 점을 근거로 당사자가 입은 손해 상호간에 상계가 인정될 수 있다는 취지의 판결을 하여서는 안 된다.[100] 즉, 채무자가 이행한 채무부분에 상응하여 채권자의 의무가 부분적으로 감축된다는 식의 논거를 들어 법원이 계약의 내용을 조정하는 것은 허용되지 않는다는 것이다.[101]

항 참조).

87) Cass. civ. 1re, 21 oct. 1964, *Bull. civ.* Ⅲ, n° 463.

88) 급속심리에 의한 재판상해제의 부적법성에 대해서는, Cass. civ. 3e, 27 nov. 1990, *Bull. civ.* Ⅲ, n° 254.

89) Cass. civ. 3e, 14 nov. 1985, *Bull. civ.* Ⅲ, n° 143.

90) Cass. civ. 1re, 20 déc. 1988, n° 87-13129.

91) Cass. com., 17 mai 1982, n° 80-16040.

92) Cass. com., 4 juin 1996, n° 94-14768.

93) Cass. civ. 1re, 22 mars 2012, n° 09-72792.

94) Cass. civ. 3e, 11 juin 1992, n° 90-14648.

95) 프랑스민법 제1228조에서는 “법원은, 사안에 따라, 해제를 확인하거나 선고할 수 있고, 채무자에게 일정한 기간을 허여하여 채무의 이행을 명할 수 있으며, 또는 손해배상만을 명할 수 있다.”라고 규정하고 있다.

96) 다만, 이 경우에는 갱신이 불가능하다. Cass. civ. 1re, 19 déc. 1984, n° 83-14083.

97) Cass. civ. 1re., 22 oct. 1956, *J.C.P.*, 1956, Ⅳ, 162.

98) Cass. com., 16 juin 1987, n° 86-12493.

99) Cass. com., 17 mars 1992, n° 90-21178.

100) Cass. civ. 1re, 17 mars 1998, n° 95-17466.

101) B. Fages, *op. cit.*, n° 313.

3. 계약해제의 효과

(1) 서

계약해제의 방식이 무엇이건 간에, 계약해제는 계약의 종료를 초래한다(제1229조). 그리고 이러한 계약의 종료는 해제조항에서 규정한 해제가 인정된 때, 채권자가 행한 의사표시가 채무자에 의해 수령된 때, 그리고 법원이 확정하거나 법원에 제소한 때에 그 효력이 발생한다. 그리고 이들 각각의 시기에 계약의 구속력이 중단되며 채무이행에 대한 당사자의 모든 의무가 소멸한다. 다만, 계약해제의 경우에도 효력을 발생할 수 있는 비밀유지의무 및 경업금지의무에 관한 규정이라든가 분쟁해결에 관한 규정은 이 경우에도 존속할 수 있다(제1230조[102] 참조). 그리고 경우에 따라서는 해제된 계약에 불가분적으로 결합된 계약은 그 효력을 상실한다.

(2) 계약해제의 소급효

계약해제의 효과 중 중요한 것은 계약에 의해 이미 발생한 효력이 소급적으로 소멸한다는 것이다. 그러나 그와 같은 결과가 계약의 개별 조항에 의해 해결될 수도 있지만, 해제로 인한 소급효가 당연히 발생하는 것은 아니며, 2016년 개정 프랑스민법 제1229조에서는 두 가지의 방향을 제시하고 있다.

우선, 교환된 급부가 해제된 계약의 완전한 이행에 의해서만 그 효용이 인정될 경우, 당사자는 서로 제공한 것을 전부 반환하여야 한다. 그리고 이 경우에 있어서의 반환은 제1352조 내지 제1352－9조에서 정한 요건에 따라 이루어진다. 역으로 교환한 급부가 계약의 상호 이행의 정도에 따라 그 효용성이 인정될 경우, 최후의 반대급부를 수령하기 이전의 기간에 따른 급부의 반환은 발생하지 않는다. 즉, 이 후자의 경우에는 계약의 해제가 아니라 계약의 해지가 이루어진다.[103]

(3) 계약해제의 제3자에 대한 효과

계약해제의 제3자에 대한 효과는 계약의 무효와 동일하다고 할 수 있다. 즉, 계약해제는 제3자를 불안한 지위에 놓이게 할 수 있으므로 제3자의 보호를 위한 일반법상의 제한이 여기서도 그대로 적용될 수 있을 것이다. 따라서 선의의 제3자는 이러 저러한 수단에 의하여 보호될 수 있다는 것이다.

---

102) 제1230조에서는 "해제는, 분쟁의 해결에 관한 조항뿐만 아니라, 비밀유지조항과 경업금지조항과 같이 해제에도 불구하고 효력을 갖기로 한 조항에도 영향을 미치지 않는다."라고 규정하고 있다.

103) 이 경우, 전통적으로 논란이 되어왔던 일시적 계약에서의 계약해제와 계속적 계약에서의 계약해지 사이의 간극의 문제가 여전히 해결되어야 할 과제로 남게 된다. 즉, 소급효는 계약에 이해 실현된 작용과 불이행의 시기라는 두 가지의 기준에 비추어 급부가 유용한 것이었는지에 관한 평가에 의존한다고 할 것이다. B. Fages, *op. cit.*, n° 315.

V. 나가며

본고에서는 프랑스에서의 채무불이행의 효과와 관련하여 현실적 이행의 강제, 대금감액청구권 및 계약해제에 대해 살펴보았다. 이와 관련하여, 기본적으로는 우리 법에서의 그것과 비교하여 큰 차이는 없다고 평가할 수 있다. 즉, 채무불이행이 있는 경우, 우선적으로 이행을 강제할 수 있으며 그 구체적인 내용은 우리 법에서의 그것과 프랑스민법에서의 그것이 유사한 것으로 평가할 수 있다는 것이다. 다만, 프랑스법에서는 채무불이행으로 인한 손해의 발생여부를 불문하고 강제이행을 청구할 수 있다고 이해하는 부분은 우리 법에서의 해법과 비교하여 다소 차이가 발견되는 부분이라고 평가할 수 있을 것이다. 그러나 이는 손해발생의 여부를 불문하고 추완이 가능한 경우에는 추완청구를 할 수 있는 것으로 이해한다면 우리 법에서의 해법과 비교하여 근본적인 차이라고 평가할 것은 아니다.

한편, 프랑스에서는 채무불이행의 효과로서 대금감액청구권을 인정하고 있는데 그 구체적인 내용의 면에서는 우리 민법상 매도인의 하자담보책임의 내용 중 대금감액청구권과 유사한 것으로 평가할 수 있을 것이다. 다만, 일반채무불이행책임의 내용으로서 대금감액청구권이 인정된다는 점은 우리 민법에서의 해법과 비교하여 차이가 발견되는 부분이라고 할 것이며, 대금감액청구권의 편의성을 고려할 때 우리 법에서도 채무불이행책임의 일반적 효과로서 도입의 필요성을 고려할 여지가 있을 것이다. 다른 한편, 프랑스민법에서는 2016년의 개정을 통하여 비로소 채권자의 일방적 의사표시에 의한 계약해제를 도입하였으나 그 타당성에 대한 종국적 판단은 법원의 재량에 맡기고 있다는 점에서 이 또한 우리 법에서의 해법과 비교하여 큰 차이는 없다고 할 것이다. 다만, 법원으로 하여금 조정자적 지위를 인정하고 있다는 점, 즉 법원에게 계약해제에 관한 평가 및 당사자의 의사에 구속되지 않고 그와 관련한 해법을 제시할 수 있는 권한이 부여된다는 점은 향후 우리 계약해제법에서도 참조하여야 할 사항이라고 평가할 것이다.

후견법인의 필요성과 활용 가능성에 대한 검토

박 인 환*

Ⅰ. 서론

2013년 7월 1일 새로운 성년후견제도가 시행된 지 만 10년이 경과되었다. 성년후견제도 시행 10년을 맞이하여 그동안 제도 시행의 성과와 문제점을 검토하는 기회에 향후 성년후견제도의 발전을 위하여 개선이 필요한 여러 가지 과제가 제기되었다.[1] 무엇보다도 유엔장애인권리협약 제12조와 관련하여 현행 성년후견제도를 의사결정지원 제도로 발본적(拔本的)으로 개혁해야 한다는 입법 과제가 제기되었다.[2] 그 밖에도 후견실무상의 문제점으로 가정법원의 후견감독 수용능력의 포화(飽和)와 후견인의 활동에 대한 조언과 상담 등 일상적 지원 기능의 공백 문제,[3] 공공후견사업의 정체와 이를 타개하기 위한 공공후견서비스 전달체계의 확립의 필요성[4] 등이 제기되었다. 이와 관련하여 필자는 의사결정지원을 위한 사법체계상의 제도적 구상을 제시하고, 의사결정지원을 사회서비스로 제공하기 위한 공공후견 내지 의사결정지원 서비스 전달체계를 구축할 필요성을 제기하였다.

본고에서는 특히 후자와 관련하여 후견법인의 발전방향에 관하여 검토해 보고자 한다. 선행 연구에서 필자는 종래 금치산자·한정치산자제도가 피후견인의 재산관리를 중심으로 사적

* 인하대학교 법학전문대학원 교수

1) 대표적으로 후견·신탁연구센타·한국가족법학회·사회복지법제학회 공동 학술대회, "성년후견제도 시행 10년, 앞으로 나아갈 길", 2023. 6. 9. 이룸센타, 한국후견협회·서울가정법원 공동주최, 제2회 후견대회 "한국후견제도 시행 10주년, 성과와 전망", 2023. 9. 12.－13., 서울가정원법원 융선당·청연재. 각 자료집의 논고 참조.

2) 이와 관련하여 의사결정지원제도화를 위한 민법 개정방향을 제시한 것으로 박인환, "사적자치의 원칙과 의사결정지원 제도화의 모색", 민사법학 제95호(2021. 6), 3면 이하, 박인환, "의사결정지원 제도화의 모색", 가족법연구 제37권 제3호(2023. 11), 151면 이하, 후견계약의 대체제도로서 일상생활을 중심으로 하는 대리권 등록제도를 제안하는 것으로 제철웅, "성년후견제도 시행 10년과 새로운 입법적 과제", 가족법연구 제37권 제2호(2023. 7), 63면 이하.

3) 가정법원의 후견감독에 대한 과제와 개선방안에 대해서는 대한변호사협회(연구책임자 송인규), 가정법원의 후견감독 시행방안에 관한 연구, 법원행정처 연구보고서, 2021. 3., 제철웅 외, "가정법원의 적극적·후견적 역할 강화를 위한 전담지원기구 설치 및 바람직한 역할 모델", 법원행정처 연구보고서, 2022. 12.

4) 박인환, "고령자·장애인을 위한 권익옹호·의사결정지원 서비스전달체계 구축의 필요성－후견지원과 후견감독의 기능적 역할 분담의 관점에서－", 아주법학 제17권 제2호(2023. 8), 133면 이하.

자치의 지배를 받는 가족제도였던 데 반하여, 새로운 성년후견제도는 신상보호를 중심으로 정신적 제약이 있는 고령자·장애인의 권익옹호와 의사결정지원 제도로 패러다임이 전환되었고, 이를 배경으로 사회적 약자인 의사결정능력 장애인의 법적능력의 향유와 그 행사를 지원하는 것은 국가나 사회의 책무로서 하나의 사회서비스로 제공되어야 한다는 점[5]을 강조하였다.

그 배경에 관하여 필자는 핵가족화로 대변되는 가족구조의 변천에 따른 가족의 보호기능의 퇴화를 강조하였고, 그 대안으로 공공후견사업의 전개에 주목해 왔다. 그런데 성년후견제도 시행과 동시에 시작된 공공후견지원사업은 최근 후견서비스의 질적 측면에 있어서나 양적 측면에 있어서나 정체된 모습을 보여주고 있다. 이에 대하여 필자는 지역사회에서 공공후견인의 활동을 지원하는 체계의 미흡에서 그 원인을 찾고, 그 대안으로 지역사회에 공공후견서비스 전달체계 확립의 필요성을 제기하였다. 공공후견서비스 전달체계의 확립을 포함하여 지역사회에서 후견서비스가 원활히 전달되기 위해서는 후견서비스를 전달하는 후견전문조직이나 전문가의 육성이 불가결하다. 이미 가족 후견인이라는 전제는 후견인 후보자의 공급의 한계와 가족후견인의 후견인으로서의 자각의 부족 등 후견서비스의 양적 측면, 질적 측면에서 한계를 드러내고 있기 때문에 향후 주된 후견서비스 공급의 주체는 공적 사회서비스 조직으로 이행되어야 하고, 가족후견인도 이러한 조직의 지원과 관리하에 후견활동에 참여하도록 하여야 한다. 이러한 구상에 있어서 특히 주목되는 것이 후견법인의 역할이다. 후견법인은 조직의 특성상 후견에 대한 경험과 지식을 축적하고, 조직 내 역할 분담을 통하여 안정적이고 질적으로 잘 관리된 후견서비스를 제공할 수 있기 때문이다. 본고는 이러한 문제의식으로 필자의 선행연구들을 재검토해 가며,[6] 공공후견서비스에 있어서 후견법인의 특성과 역할 그 발전방향을 모색해 보고자 한다.

Ⅱ. 후견법인의 필요성

1. 가족 후견인의 문제점

후견인은 피후견인과의 관계에 따라 가족 후견인과 제3자 후견인으로 나뉘고 제3자 후견인은 다시 제3자 자연인 후견인과 법인 후견인으로 나눌 수 있다. 그리고 제3자 자연인 후견인은 다시 자원봉사형 시민후견인과 전문직 후견인으로 나누어 볼 수 있다. 다른 관점에서는 비직업적 후견인과 직업적 후견인으로 나누어 볼 수도 있다. 가족후견인과 자원봉사형 시민후견인이 비직업적 후견인에 속하고, 전문직 후견인과 후견법인은 그 특성상 직업적 후견인이라

5) 이러한 관점의 전환을 처음 제시한 것으로 제철웅, "발달장애인 공공후견지원사업의 방향성", 입법과 정책 제9권 제1호(2017. 4), 308면 이하.

6) 특히, 박인환(주 4) 및 박인환, "후견법인의 발전방향", 한국 성년후견제 10년 평가와 전망, 나남, 2022.

고 할 수 있다. 시민후견인 중에서도 직업으로서 후견활동을 상정할 수는 있으나 우리나라에서는 전문직 후견인 이외에 직업적 후견인은 상정하고 있지 않다.[7)]

이러한 관점에서 먼저 가정법원에 있어서 후견인 선임 현황에 대하여 살펴본다.

우리나라에서는 성년후견인 선임에 있어서 가족 우위 경향이 뚜렷이 나타나고 있다. 2016년 서울가정법원의 성년후견사건 전수 조사 결과에 따르면, 선임된 후견인의 유형은 친족이 84.6%로 가장 많고, 공공(시민)후견인이 8.9%, 전문가후견인이 3.1% 그리고 전문가와 친족이 공동 선임된 경우가 2.6%로 나타났다. 친족 사이에 다툼이 없는 경우에는 친족만이 선임되는 경우가 많지만, 다툼이 있는 경우에는 공동 선임을 포함하여 전문가 후견인이 선임되는 경우가 많은 것으로 나타났다.[8)] 이는 가정법원이 후견인 후보자로 우선 근친의 가족을 고려하지만 친족 간 재산관리 등을 둘러싼 분쟁이 있는 경우, 분쟁의 당사자 어느 일방을 후견인으로 선임하면, 다른 가족들의 반발로 인하여 원활한 후견사무의 처리가 곤란하다는 점을 고려한 것으로 보인다. 후견개시의 사유와 관련하여 대체로 신상에 관한 가족의 결정권이 사실상 용인되고 있는 현실에 비추어 재산관리에 관한 적법한 권한 확보를 위하여 가족이 후견인으로 선임되는 경우가 많은 것으로 추정된다.

그러나 다수를 차지하는 친족후견인의 경우, 후견제도에 대한 이해 내지 후견인으로서의 지위와 역할에 대한 자각이 부족하여 피견인의 재산을 마음대로 써도 되는 것처럼 인식하고 있는 경우가 많다. 친족후견인이 법원의 허가 없이 피후견인의 재산을 처분하거나 이용한 것이 사후적으로 드러나 친족 후견인이 해임되고, 전문가 후견인이 선임되어 친족들에게 피후견인의 일탈된 재산을 회복하기 위한 조치를 취하는 경우도 종종 발생하는 것으로 알려져 있다. 친족후견인에 의한 부정행위가 빈발하는 것이다. 뿐만 아니라 친족 간 재산관리에 관한 다툼에 몰두하다가 정작 본인의 신상보호를 소홀히 하여 피후견인의 건강이나 생활환경의 악화에는 아무런 대응도 하지 못하는 경우도 적지 않다.

2. 전문직 후견인의 문제점

반면에 전문직 후견인의 선임은 당초 변호사, 법무사 등 법조 전문직역에서 기대하였던 것보다는 상당히 부진한 것으로 나타나고 있다. 설사 전문직 후견인이 선임된 경우에도 의사소통능력이 부족한 피후견인에 대한 전반적인 이해의 부족으로 후견인이 그의 (추정적)의사나 희망, 선호, 욕구를 파악하기 어렵고, 가족 간의 갈등 상황에서 다툼이 있는 사항에 대하여 결정을 하는 것을 곤혹스러워 하는 경우도 많다.[9)] 사실 전문직 후견인이라고 하더라도 법률 전

7) 가령 독일에 있어서는 비직업적 후견인을 명예후견인이라고 하여 보수를 지급하지 않는 데 반하여 관련 직업활동의 일환으로 후견인을 수임하거나 후견사단에 속하여 일정 수 이상의 후견사건을 수임하고 있는 사람은 직업적 후견인으로 인정하여 보수를 지급하고 있다.

8) 김성우, "성년후견제도의 현황과 과제", 가족법연구 제30권 제2호(2016. 11), 428면.

문가는 법적 측면에서의 재산관리의 전문가, 회계사나 세무사는 경제적 관점에서의 재산관리의 전문가일 뿐 피후견인의 특성을 이해하고 본인의 의사, 희망. 선호, 욕구 등을 파악하여 그에 필요한 생활상의 수요를 충족시키기 위하여 필요한 전문성 가령, 심리나 사회복지 분야의 전문성이 있다고 볼 수는 없다. 이러한 측면에서 근래에는 사회복지사의 후견활동 참여가 두드러지고 있다. 초기 성년후견제도에 대한 이해가 충분하지 않아 사회복지사들의 후견활동 참여는 미미한 편이었다. 그러나 성년후견제도의 이용 주체가 발달장애인, 치매환자, 정신질환자, 뇌사고자 등 사회복지 서비스 이용 주체와 겹친다는 점에서 일상에서 이들과 접촉하면서 이들의 생활상의 수요와 욕구를 잘 이해하고 커뮤니케이션 스킬도 가지고 있는 사회복지사들의 참여가 자연스럽게 증가하고 있는 것이다. 최근에는 가정법원 실무에서도 이들의 전문성을 높이 사서 특히 미성년 전문직 후견인, 후견감독인 또는 심층후견감독 보조인[10] 등으로 널리 활용하기 시작하였다. 다만 여기서 전문직 후견이라고 하더라도 그 전문성은 성년후견에 있어서의 전문성을 의미하는 것은 아니라는 점에 유의하여야 한다. 부연하면 법률전문가이든, 사회복지전문가이든 특정 영역에서의 전문성을 의미할 뿐 그것이 곧바로 후견인으로서의 전문성을 의미하는 것은 아니라는 것이다. 성년후견활동은 고령의 치매환자나 여러 정신적 장애인의 신체적 심리적 특성, 생활상의 수요와 욕구에 대한 이해뿐만 아니라 이들의 법적 사무처리에 관한 이해 모두를 필요로 하기 때문이다. 따라서 어느 한 직역의 전문성만으로 후견활동에 충분한 지식과 경험을 가지고 있다고 볼 수 없다. 후견활동에 필요 충분한 다방면의 전문성을 충족하기 위해서는 특히 법률 전문직과 사회복지사의 협력과 역할 분담이 필요하다. 최근 후견전문성을 표방하는 법무법인에서 사회복지사를 상근 직원으로 채용하여 후견서비스의 제공에 활용하는 예가 이러한 한계를 극복하려는 모습이라고 할 수 있다.

결국 후견활동의 전문성과 역량은 현재 어떤 전문 직역에 종사하고 있다는 것이 중요한 것이 아니라 실제 오랜 후견활동을 통하여 경험과 지식을 축적하는 것이 후견활동의 전문성을 좌우한다고 보아야 한다.

나아가 전문직 후견인의 경우에도 양상은 다르지만 부정과 비리의 위험도 상존(常存)한다. 전문직은 엄격한 자격제도, 기본적인 직업윤리, 직역단체에서의 관리와 감독 등으로 상대적으로 친족후견인에서와 같은 막무가내식 부정과 비리는 없을지언정 감시와 감독 체계가 느슨하다면 언제든 부정과 비위가 발생할 수 있고, 그 형태도 쉽게 적발하기 어려운 은밀한 형태를 띨 가능성이 높다. 특히 사무처리의 귀속 주체가 정신능력이 저하되어 스스로 사무처리자를 감독 통제할 수 없다는 점은 후견활동 특유의 리스크로서 언제나 그 위험이 현실화될 수 있다는 점에 대하여 경각심을 가질 필요가 있다.[11] 특히 법원실무에 있어서는 후견감독 업무의 폭

9) 대한변호사협회, 61면 이하의 후견관계자에 대한 면접조사의 결과이다.
10) 가정법원의 후견감독 프로세스에 관하여는 박인환(주 4), 142면 이하 참조.

중으로 인한 부담을 덜기 위하여 법률 전문직을 후견인으로 선임하는 경우가 많지만, 전문직에 대한 신뢰만으로 후견감독을 느슨하게 하는 것은 또 다른 위험을 키우는 것이 될 수 있다.

3. 공공후견인의 문제점

한편 보건복지부에서는 발달장애인, 정신질환자, 치매환자를 대상으로 성년후견의 이용을 지원하는 사업을 전개하고 있다. 이를 통칭하여 공공후견사업이라고 하고 이 공공후견사업에 의거하여 후견서비스를 제공하는 사람을 편의상 공공후견인이라고 부른다. 앞서 제시한 피후견인과의 관계와 직업성을 기준으로 분류하면 제3자 비직업적 후견인이라고 할 수 있고,[12] 실제 일정한 교육을 받은 자원봉사자들이 공공후견사업을 통하여 공공후견인으로서 활동하고 있다. 공공후견지원사업[13]은 2013. 7. 1. 새로운 성년후견제도 시행에 즈음하여 사회적 고립 속에 학대나 착취에 시달리는 사회취약계층 발달장애인의 권익옹호를 위한 성년후견이용지원사업으로 시작되었다. 동 사업은 '성년후견인 후보자의 교육·양성', '성년후견개시심판절차 지원', '후견인 활동수당 지급'을 주요 내용으로 하며, 후견인후보자 양성교육을 맡은 발달장애인 관련단체를 통하여 제3자 공공후견인 후보자의 양성, 피후견인과의 매칭(matching), 후견인에 대한 상담과 조언, 후견감독사무의 사실상 보조(지원) 등을 하고 있다. 동 사업은 발달장애인 권리보장 및 지원에 관한 법률(2014. 5. 20. 법률 제12618호, 2015. 11. 21. 시행)의 제정으로 법정사업화되었다(동법 제9조). 현재 사업관리는 장애인개발원 산하 장애아동 및 발달장애인지원센타에서 담당하고, 후견인후보자 양성은 사업 시행 당시부터 2개 발달장애인관련 단체(장애인부모회, 지적발달장애인복지협회)가 맡고 있다. 그 후 2017년 하반기에는 개정 정신건강복지법 시행에 따른 입원절차의 정비로 인하여 무연고 비자의(非自意) 입원환자의 입원절차상 동의를 할 보호의무자로서 후견인 확보 필요성 때문에 국립정신건강센타 주관으로 5개 정신장애 관련단체(현재는 2개 단체)의 참여로 성년후견이용지원사업이 실시되었다. 현재에는 정신장애인의 탈원화 및 지역사회 회복과 정착을 위한 지원으로 사업목적의 전환이 모색되고 있다. 이어서 2017년 9월 치매관리법 개정으로(2017. 9. 19. 개정되어 2018. 9. 20. 시행된 것) 성년후견이용지원사업이 법정화되어(동법 제12조의3), 2018년 하반기부터 치매환자 대상 성년후견이용지원사업이 중앙치매센타 주관으로 지역별 치매안심센타를 통하여 실시되고 있다.[14] 이와 같이 각 장애유형별로 시행되고 있는 성년후견이용지원사업은 서로 다른 법률에 근거하여 소관부처와 시행기관

11) 우리나라보다 일찍 성년후견제도를 도입하여 전문직의 후견 참여가 많은 일본의 사례가 타산지석이 될 것이다.

12) 공공후견인에게도 약간의 보수가 지급되고 있으나 소액에 불과하고 한도액이 정해져 있어서 직업적 활동이라고는 볼 수 없다. 발달장애인 공공후견사업의 경우 건당 15만 원, 후견인 1인에 대하여 최고 40만 원을 한도로 한다.

13) 이하에 대하여는 박인환(주 4), 149면 이하에 의거한다.

14) 박인환, "공공후견 및 의사결정지원 촉진을 위한 입법과제", 법조 통권 제747호(2021. 6), 2면 이하 참조.

을 달리한 별개의 사업으로 진행되고 있다. 반면에 뇌병변 · 뇌사고 장애인 등에 대해서는 지원의 공백이 발생하고 있다.[15] 공공후견사업은 무엇보다도 지역사회에 방치되어 학대, 착취, 폭력, 성폭력에 노출된 사회취약계층의 장애인, 고령자의 보호를 위하여 긴요할 뿐 아니라 수요자 중심 사회복지서비스 전달체계에 있어서도 사회서비스의 신청 및 사회보장급여의 수령과 이용의 단계에서 본인을 보호하고 의사결정을 지원하기 위한 중요한 사회서비스로 재인식되기 시작하였다.[16] 그러나 성년후견이용 지원기관으로 지정된 발달장애인단체, 치매안심센타, 정신장애기관 · 단체 등의 전문성(인력) 부족으로 인한 서비스 지연 또는 지역별 편차, 후견활동에 대한 체계적 지원의 부재, 후견수요 발굴의 부진, 법원이나 지방자치단체와의 유기적 협력체계 미흡 등의 문제점들이 드러나고 있다. 이러한 문제점들이 복합되고 누적됨으로 인하여 전반적으로 공공후견지원사업은 정체와 답보 상태에 빠져 있다.[17] 그리고 이러한 문제들에 대한 해결이나 극복을 쉽게 전망할 수도 없는데, 무엇보다도 정부와 지방자치단체의 공적 후견서비스 지원체계가 충분히 확립되어 있지 않다는 점에 기인한다.[18]

가장 먼저 시작된 발달장애인 공공후견사업을 중심으로 그 실태를 살펴보면, 다음과 같은 문제점이 드러나고 있다. 발달장애인을 위한 공공후견인은 대체로 장애인의 권리옹호나 복지서비스 지원에 관심 있는 자원봉사자들을 중심으로 참여하고 있다. 이들은 장애인부모회, 지적발달장애인복지협회 등에서 실시하는 30여 시간의 공공후견인 양성교육을 받고 참여하고 있으나 실제 후견활동과정에서 충분히 예견하지 못한 다양한 문제 상황에 직면하여 시간적으로나 심리적으로 큰 부담을 느끼고 활동을 중단하는 경우도 적지 않다. 무엇보다 짧은 교육연수의 실시 이외에는 실제 후견활동 과정에서 겪게 되는 어려움에 관하여 전문적인 상담과 조언 등 후견인들에 대한 지도와 감독이 체계적으로 이루어지고 있지 않다는 것이 큰 문제이다.

---

15) 박인환(주 14), 3면.

16) 발달장애인 공공후견지원사업에 대한 발전 방향을 모색하면서 사회서비스로서의 공공후견사업의 의의와 발전 방향을 제시한 견해로서 제철웅(주 5), 305면 이하, 제철웅교수는 성년을 위한 공공후견서비스는 고령, 치매, 발달장애, 정신장애 기타 정신적 장애가 있는 성인을 위해 의사결정지원 또는 의사결정 대행 서비스를 제공함으로써 이들이 어려움 없이 치료 · 요양 · 일상생활을 영위할 수 있도록 지원하는 것이라는 점에서 공공후견지원사업을 사회보장기본법상의 사회서비스로 정의하며, 특히 공공후견지원사업은 사회서비스의 일종으로 법률서비스를 제공하는 것으로는 최초의 일이라고 평가하고 있다(같은 308면). 현재 공공후견서비스는 후견법인에서 양성되었거나 후견법인의 감독을 받는 시민공공후견인이 제공하고 있지만, 향후 후견법인의 직원 또는 후견법인 자체가 후견인으로 선임되어 공공후견서비스를 제공하는 것이 바람직하고, 후견법인은 후견서비스만이 아니라 신탁서비스 제공을 겸하는 것이 바람직하다고 주장한다(같은 322면).

17) 2022년 기준 연간 발달장애인의 후견개시심판청구(원칙적으로 특정후견)는 약 600건(이중 30% 내외는 특정후견의 갱신 청구로 추정), 누적 후견감독사건은 약 1,200건, 같은 해 연간 치매환자 후견개시심판청구는 92건, 누적 후견개시심판청구는 381건, 정신장애인 후견개시심판청구는 486건에 머물고 있다. 전체 유형별 의사결정능력 장애인의 수에 비추어 그 이용률이 매우 저조하다는 것을 알 수 있다. 각 통계 숫자에 대해서는 배광열, "한국 공공후견 전달체계의 문제점", 한양대 후견신탁연구센타 · 사단법인 온율 공동주최, 2023 한 · 일 고령자 · 장애인 권익옹호대회 자료집(서울대 아시아연구소, 2023. 8. 24.－25.) 265면 이하, 266면.

18) 박인환(주 14), 3면 이하 및 보다 상세한 문제점과 과제에 대해서는 같은 15면 이하, 22면 이하 참조.

이러한 일상의 후견활동과 관련한 지원과 감독을 위하여 민법은 제940조의2에서 정하는 바에 따라 후견감독인을 선임할 수 있으나 이는 임의기관에 지나지 않고 실제 가정법원 성년후견실무에 있어서는 특별한 사정이 없는 한 후견감독인을 선임하지 않고 있다. 성년후견이용지원사업의 경우에는 공공후견인 선임 신청권자인 지방자치단체의 장이 공공후견인의 후견감독인으로 선임되고 있으나, 지방자치단체 담당 사회복지공무원의 성년후견에 관한 이해의 정도에 따라 성년후견인에 대한 지도 관리에 지역별 편차가 크다. 현장에서는 공공후견인 양성교육을 담당했던 발달장애인단체에서 상담·조언을 하기도 하지만, 성년후견에 관한 전문성 부족은 마찬가지여서 정기적으로 반복되는 후견사무보고서의 제출 등을 지원하기에도 벅찬 것이 현실이다. 따라서 공공후견의 경우에 있어서도 후견감독을 통한 후견인에 대한 지도와 감독은 매우 미흡한 것으로 드러났다. 결국 현재 성년후견제도의 운용에 있어서 후견활동과정에서 발생하는 복잡다단한 문제들에 대하여 후견인에게 전적으로 맡겨 두고 이렇다 할 지도와 감독 등 지원을 하지 못하고 있는 것은 성년후견이 우리 사회에 원활히 수용 정착해 가는 데에 중대한 장애가 될 가능성이 크다.

4. 후견감독의 기능적 역할 분담의 관점에서 후견법인의 필요성

종래 가정법원의 후견감독은 정신병원 입원 등에 대한 허가(구 민법 제947조) 외에는 후견인의 비행이나 부정행위 등에 대하여 후견인을 해임함으로써 사후적 감독권을 행사하는 것이었다. 이에 반하여 후견인의 권한 행사 등에 대한 일상적 감독은 동의권을 매개로 친족회에 의하여 수행되었다. 즉, 구 민법에서 가정법원에는 주로 사후적·시정적·제재적 감독기능이 맡겨져 있었고, 일상적·예방적·지도적 감독기능은 친족회가 분담하고 있었다.[19]

2011년 새로운 성년후견제도 도입에 있어서 후견감독기관으로서 친족회가 폐지되고 후견감독인이 새롭게 도입되었다. 그 이유에 대하여 입법기초자는 친족회는 현실에 있어 후견이 개시되는 경우에도 후견인의 감독이라는 중요한 기능을 수행하고 있지 못하다는 비판이 빈번하였다는 점을 지적하였다.[20] 다만, 과거 금치산자·한정치산자에 대하여 친족회는 필수적 상설기관이었던 데 반하여 이를 대체하는 후견감독인은 임의기관으로 변경되었다.

가정법원의 후견감독은 본질적으로 후견활동에 대한 제재 내지 시정에 대한 권한 행사를 전제로 하는 것이므로 후견인의 직무 수행이나 권한 행사에 있어서 위법한 일탈, 즉, 부정행위 또는 권한의 남용이 명백한 경우에 개입하는 것을 예정하고 있다. 반면에 일상적 후견활동에 대한 감독은 상담과 조언 등 본질에 있어서 지원의 성질을 갖는 것으로서, 후견인의 직무 수행 내지 권한 행사에 있어서 본인의 권익이나 의사 존중 내지 의사결정의 지원이 적절히 이행되

---

19) 대한변호사협회(주 3), 17면 이하.

20) 김형석, “민법개정안에 따른 성년후견법제”, 가족법연구 제24권 2호(2010. 6), 131면.

고 있는가와 같은 후견활동의 적절성을 확보하고 후견서비스의 질을 향상시키기 위하여 사전에 개입하는 것이다. 요컨대 후견활동에 대한 일상적 감독 또는 지원은 이차적으로 사후적 제재적 감독 수요를 완화할 수 있으나 감독으로서의 개입의 단계, 개입의 문턱 및 범위가 다르다. 가령, 가정법원이 필요에 따라 피후견인이 주거로 사용하는 부동산의 처분을 허가한 경우(민법 제947조의2 제5항), 후견인의 처분행위가 부당한 염가로 현저히 불공정한 경우 사후적으로 후견인을 제재할 수는 있으나 많은 후견감독사건에 대하여 모두 사전에 피후견인에게 보다 유리한 조건으로 계약을 체결하도록 조정을 하기는 어렵다. 그러나 후견감독인이 선임되어 있는 경우라면 후견감독인은 부동산 처분행위에 동의권(민법 제950조 제1항 제4호)을 가지고 후견인이 피후견인의 권익과 희망을 고려하여 유리한 처분행위를 하도록 사전에 개입할 수 있다. 요컨대 가정법원과 후견감독인은 서로 다른 권한을 가지고 서로 다른 단계와 범위에서 후견인에 대한 감독 내지 지원을 행하는 것으로서 가정법원이 아무리 적극적인 감독 내지 지원을 하려고 하더라도 민법이 예정하고 있는 후견감독 구조상의 한계를 완전히 극복하기는 어렵다. 따라서 위법 또는 부정행위와 같이 현저한 부조리(不條理)에 대한 사후적·제재적 감독 기능을 본연의 임무로 하는 법원이 그 성질이 다른 일상적 후견활동에 대한 감독 내지 지원까지 모두 수행하는 것은 적합하지 않고 감당하기도 어렵다.[21)]

결국 개정 민법에 계획된 대로 그와 같은 일상적 후견활동에 대한 지원과 감독(상담과 조언 등)은 후견감독인을 선임하여 수행하도록 하는 것이 적절하다. 그러나 이러한 역할을 맡아줄 주체가 확보되어 있지 못한 것이 현재의 후견감독에 있어서 결정적인 문제라고 하지 않을 수 없다. 개별 후견사건에 있어서 후견감독인을 확보하는 것은 자력이 충분한 극히 소수의 사례 이외에는 전혀 현실적이지 않기 때문이다. 중산층 이하의 대부분의 피후견인에게 — 가족후견인 후보자가 없다면 — 적합한 제3자 후견인을 확보하는 것조차 쉽지 않다. 가족후견인을 확보하였더라도 후견인의 가족은 후견감독인이 될 수 없으므로(민법 제940조의5), 후견감독인의 확보는 더욱 비현실적이다. 따라서 후견인에 대한 일상적 예방적 감독, 본질에 있어서 후견인의 활동을 지원하기 위한 후견감독인의 지위와 기능을 공적 사회서비스로서 제공할 필요가 있다.[22)]

이때 지역사회에서 공적 사회서비스로서 후견서비스를 제공하는 데에 있어서 중추적 역할을 담당하는 조직으로 후견법인을 육성할 필요가 있다. 현재까지 친족후견인이나 일반시민 자원봉사자가 주축을 이루는 공공후견인은 개인의 특성에 따라 후견서비스의 질이 좌우되는 문제가 있었다. 전문직 역시 본질적으로는 이와 다르지 않다. 먼저 후견서비스의 측면에서 개인후견인은 인적 취약성에 따른 서비스의 편차를 피할 수 없다. 먼저 후견인의 개인적 사정(질병,

21) 박인환(주 4), 148면.
22) 박인환(주 4), 149면.

전거 등)이나 개인적 가치판단에 의한 영향을 피할 수 없다. 반면에 후견법인에 있어서 판단과 결정은 조직적 의사결정 과정을 거치게 되므로 일종의 공동결정으로서 개인의 결정에 의한 가치판단의 편차를 줄이고 후견서비스를 안정적으로 제공하는 방법이 될 수 있다.

Ⅲ. 후견법인의 활용가능성[23)]

1. 법인후견인으로의 장단점

(1) 장점

일반적으로 법인은 자연인인 개인과 달리 피후견인과 인간적 신뢰(라뽀)를 형성하기 불리하여 인간적 관계에 의한 후견에는 적합하지 않은 것으로 되어 있어서 독일과 같은 경우에는 명문으로 후견인의 선임에 있어서 자연인을 법인에 우선하며, 자연인 가운데에서도 보수를 지급하여야 하는 직업적 후견인보다는 가족 친지 등 명예직 후견인의 선임을 우선한다(독일민법 제1816조 제5항). 그러나 아래에서 보는 것처럼 그러한 제약이 필연적인 것은 아니며 법인에 소속된 후견할동 보조자를 통하여 라뽀를 형성할 수 있고, 다만 그 관계가 안정적으로 유지될 수 있도록 보장하는 것이 본질적인 문제라고 할 것이다.

먼저 법인을 후견인으로 선임하는 경우의 장점을 보면, 장기간 안정적 후견서비스를 제공하는 데에 유리하다. 가령 성년후견인이 자연인인 경우, 후견인의 개인적 사정, 즉, 전거, 질병, 사고, 고령 등의 부득이한 사정으로 후견사무의 수행이 예상밖에 중단되는 경우를 배제할 수 없고, 특히 장기에 걸친 지속적 후견서비스의 제공이 필요한 경우에는 그러한 리스크가 매우 높아진다. 반면에 후견인이 법인인 경우, 법인 내부에서 후견사무를 실제 수행하는 담당인력의 교체는 있을 수 있지만, 담당자의 인수인계를 프로세스화하여 담당자 교체에 따른 신뢰관계의 손상을 방지할 수 있다(가령 복수의 직원이 담당). 특히, 장기간 후견서비스의 제공이 필요한 젊은 발달장애인이 피후견인인 경우 적합하다. 나아가 법인후견인은 법정후견의 경우 이외에 임의후견인으로서도 적합할 수 있다. 가령 장래의 후견 수요에 대비하여 후견계약을 체결한 경우, 후견계약 체결시부터 임의후견이 개시될 때까지 비교적 긴 세월이 경과하는 경우가 적지 않다. 이때에는 후견계약의 수임인도 장기간의 시일의 경과에 따라 여러 개인적 사정에 변화가 생겨 당초 기대했던 후견사무의 수행이 곤란한 경우가 빈번히 발생할 수 있다. 이러한 경우에 법인을 임의후견인으로 선임한다면, 법인이 존속하는 한 안심하고 후견계약을 체결할 수 있을 것이다(안정적 지속적 후견서비스 제공).

이와 관련하여 자연인 개인후견인의 경우, 후견서비스 제공 중 후견인의 건강악화, 사망

23) 이하의 내용은 필자의 선행연구인 "후견법인의 발전방향" 한국 성년후견제 10년 평가와 전망, 나남, 2022.에 의거한 것임을 밝혀둔다.

등으로 인한 서비스 제공의 단절 리스크를 배제하기 어렵고, 경우에 따라서는 본인과 후견인의 성격 부조화 등 주관적 부적합 요소가 있은 경우, 후견서비스에 장애가 초래될 가능성이 있다. 자연인의 경우 그러한 사정은 후견인의 변경 등으로 대응할 수밖에 없다. 이에 반하여 후견법인은 법인 내부에서 담당자 교체 등의 방법으로 후견서비스의 단절 없이 서비스 제공자의 개인적 사정이나 특성에 따른 문제들을 효과적으로 제어할 수 있다는 장점도 있다(후견인의 건강, 성격 등 개인적 주관적 사정에 따른 후견서비스 불안정 요소 배제).

나아가 후견서비스의 제공에는 법률, 재산관리, 복지, 요양, 의료 등에 있어서 전문적 지식에 기초한 판단을 요하는 경우가 적지 않다. 법인후견인은 다수의 후견사무 처리를 통하여 지식과 경험을 축적하고 전문가의 지원을 효과적으로 동원함으로써, 후견역량을 지속적으로 강화 발전시켜가는 데에 적합하고, 조직에 축적된 지식과 경험 그리고 전문가 역량을 조직화하여, 자연인 개인역량의 한계(전문성의 편중 등)를 넘어서는 체계적이고 전문적인 후견서비스를 제공하는 데에 유리하다(전문성의 체계적 축적).

뿐만 아니라 비영리법인의 경우 관할관청의 지도 감독, 법인 내부의 자체 관리감독 체크 시스템의 작동을 통하여 별도의 후견감독인 없이도 효과적으로 후견서비스의 적절성을 감독할 수 있고, 실제 후견활동을 수행하는 보조인력을 효과적으로 교육 양성하고 지원 감독함으로써, 후견서비스의 질을 제고하고 균질화하는 데에도 유리하다(후견활동에 대한 관리와 감독에 용이).

이와 관련하여 법인의 경우 영속성이 있고 관할관청의 행정적 감독을 받으며 지속적 활동을 통하여 사회적 신뢰를 확보하는 데에도 유리하다.

(2) 단점

반면에 법인후견인에게는 다음과 같은 약점도 있다.

먼저 실제 후견서비스 제공자는 후견인인 법인 내부사정에 따라 변경될 가능성이 있으므로 피후견인과의 지속적인 신뢰관계에 구축에 불리할 수 있다(인적 친밀감 형성에 있어서의 불리). 그리고 일반적으로 예측되는 약점으로서 후견사무처리의 의사결정이 법인 내부의 의사결정단계를 거치는 동안에 후견사무처리가 지연되거나 현장에서의 유연한 대처가 곤란할 수 있다(신속한 후견사무의 처리와 결정에 불리). 나아가 의사결정지원를 중심으로 후견서비스 제공에 있어서 피후견인을 실제 접하고 있는 서비스 제공 현장과 최종적 후견사무처리를 결정하는 법인 내부의 결정과정이 분리되어 본인의 의사나 희망, 욕구나 선호를 반영하는 데에 있어서 불리할 수 있다(서류화 형식화에 의한 의사결정지원에 있어서 본인과의 거리). 그리고 무엇보다도 본인에 대한 방문과 의견청취 등 실제로 후견서비스를 제공하는 사람과 후견사무에 대한 결정권자가 분리되어 있고 후견사무처리에 있어서 법인 내부의 여러 단계의 결재과정을 거치는 경우, 후견사무에 관한 의사 결정에 대하여 실질적으로 책임을 지는 사람이 누구인지 불분명해짐으로써 의사결정의 책임성이 약화될 수 있다(후견사무처리에 있어서 책임성 약화).

2. 후견법인의 근거, 활동형태와 적합성

(1) 후견법인의 법적근거

민법 제930조는 법인도 성년후견인이 될 수 있다고 규정하고 이를 한정후견인, 특정후견인, 임의후견인 및 각 후견감독인에게 준용하고 있다(민법 제959조의3, 제2항, 제959조의10, 제959조의14, 제940조의7, 제959조의16 제3항). 그러나 후견인이 될 수 있는 법인의 형태나 자격에 대하여는 아무런 규정을 두고 있지 않다. 특히 영리법인에 대해서도 법인후견인으로 선임할 수 있는가에 대해서는 해석상 논란이 예상된다. 민법 제930조의 취지는 자연인뿐만 아니라 사회복지법인 등 법인도 성년후견인이 되어 임무를 수행할 수 있으며, 또 장기적으로 그러한 후견법인의 활성화가 기대된다는 점을 고려한 것이라고 한다.[24]

한편 서울가정법원에서 2015. 10. 법인후견인 후보자로 사단법인 선(법무법인 원의 공익법인), 사단법인 온율(법무법인 율촌의 공익법인), 사회복지법인 성민(개신교), 한국성년후견지원본부(법무사회) 선정한 바 있다.

그 밖에 보건복지부 성년후견이용지원 사업과 관련하여 발달장애인 권리보장 및 지원에 관한 법률 및 같은 법 시행령에 따르면, 1.일상생활에서 의사를 결정할 능력이 충분하지 아니하거나 매우 부족하여 의사결정의 대리 또는 지원이 필요하다고 볼 만한 상당한 이유가 있는 경우, 2.발달장애인의 권리를 적절하게 대변하여 줄 가족이 없는 경우, 3.별도의 조치가 없으면 권리침해의 위험이 상당한 경우에 지방자치단체의 장은 성년인 발달장애인이 ... 자력으로 후견인을 선임하기 어렵다고 판단되는 경우에는 …가정법원에 성년후견개시, 한정후견개시 또는 특정후견의 심판을 청구할 수 있고(발달장애인법 제9조 제1항), 지방자치단체의 장이 제1항에 따라 … 대통령령이 정하는 요건을 충족하는 사람을 후견인 후보자로 하여 그 사람을 후견인으로 선임하여 줄 것을 함께 청구하여야 한다(동 제2항). 관련하여 지방자치단체의 장은 … 중앙발달장애인지원센터의 장에게 … 후견인 후보자를 추천하여 줄 것을 의뢰할 수 있다(동 제3항). 그리고 국가와 지방자치단체는 … 선임된 후견인의 후견사무의 수행에 필요한 비용의 일부를 예산의 범위에서 … 지원할 수 있다(동 제4항).

한편 동법 시행령 제3조(후견인 후보자의 요건)에서는 법 제9조 제2항에서 "대통령령으로 정하는 요건을 충족하는 사람"이란 「민법」 제937조에 따른 결격사유가 없는 사람으로서 다음 각 호의 어느 하나에 해당하는 요건을 갖춘 사람을 말한다고 하면서, 1. 보건복지부장관이 정하여 고시하는 '후견법인'에서 종사하는 사람으로서 발달장애인 권리보호 업무 등에 전문성이 있다고 보건복지부장관이 인정하는 사람, 2. 후견법인에서 보건복지부장관이 정하는 교육을 받은 사람으로서 후견기간 동안 후견법인의 지원과 감독을 받는 사람을 열거하고 있다.

24) 김형석(주 20), 130면.

동법 및 시행령에 따르면 후견법인을 중심에 두고 그 소속 또는 그 지원과 감독을 받는 공공후견인교육 이수자를 지원대상 후견인 후보자로 예정함으로써 민법에서 단순히 법인도 후견인으로서 후견서비스를 제공할 수 있다는 것을 넘어서 후견제도의 운영주체의 하나로 후견법인을 상정한 것으로도 볼 수 있다.[25)]

(2) 후견법인의 활동형태

① 법인후견인으로 후견서비스 제공

민법 제930조 제3항에 따라 법인도 후견인으로 선임되어 자연인 후견인과는 차별화된 후견서비스를 제공할 수 있다.

② 지역사회의 후견서비스 전달의 거점

– 소속 후견인에 대한 관리와 감독 : 소속 직원이 자연인으로 수임한 후견사건 또는 공공후견인에 대한 지원과 관리 감독(발달장애인법시행령 제3조 제1호, 제2호)

– 후견감독인으로서의 선임되어 활동 : 후견법인은 후견감독인도 될 수 있으므로 소속 직원이나 공공후견인이 수임한 후견사건이나 지역의 가족후견인에 대하여 후견감독인으로 선임되어 후견인을 지원하고 관리와 감독을 할 수 있다.

– 지역사회에서 성년후견거점으로서의 역할 : 성년후견의 교육과 홍보, 성년후견 수요자의 발굴(인권침해, 권리옹호, 복지서비스 수요자의 발굴과 지원), 후견인과 피후견인의 매칭, 법인후견인 또는 후견감독인으로 취임, 지역사회 후견서비스의 보급과 계발 등 지역사회 성년후견의 거점으로서의 기능과 역할을 수행할 수 있다.

다른 한편으로 가정법원의 입장에서도 후견법인에 일정한 기대를 가질 수 있다.

가령 법원은 친족 아닌 제3자 후견인 선임에 있어서 후견사무가 재산관리 중심인지 신상보호 중심인지에 따라 변호사, 재무전문가가 많은 후견법인 또는 사회복지사/요양보호사 등이 많은 후견법인을 선호할 것으로 보인다(후견법인의 전문성 확보).

법원으로서는 감독업무의 과중을 덜어 줄 수 있도록 후견법인이 투명하고 신뢰할 만한 후견감독시스템을 갖춘 후견법인을 선호할 것이다. 가령 객관적 후견감독시스템을 갖춘 후견법인에 대해서는 후견감독보고서 제출의 사이클을 장기화하여 법원의 후견감독업무를 경감시킬 수도 있을 것이다(객관적 자율적 후견감독체계구축 요청).

나아가 현재 공공후견인 지원사업이 특정후견에 한정되어 성년후견이나 한정후견을 무보수로 맡아 줄 후견인이 부족하므로 사회공헌 차원에서 일정 비율을 무보수로 수임해 줄 것을 기대할 수 있다. 부수하여 현재 선임된 후견인의 법원사무에 대한 이해 부족으로 후견사무보고의 내용에서 법원에서 요청하는 사항을 누락하거나 다른 방식으로 제출하여 법원 후견감독

25) 이에 관하여는 제철웅 외, 후견법인의 역할과 기능에 관한 입법적 제안: 후견제도 운영주체로 설정할 필요성을 중심으로, 가족법연구 제30권 제1호(2016. 3) 참조.

역량을 소진시키는 경우가 적지 않다. 이에 반하여 후견법인은 관련 실무지식의 축적을 기반으로 이를 매뉴얼화 함으로써 불필요한 후견감독 역량의 낭비를 막을 수 있다(후견법령 및 후견실무에 대한 이해).

그 밖에도 피후견인을 빈틈없이 돌보기 위하여 콜센터의 운영, 의료시설과의 연계 네트워크를 구축하고, 아울러 피후견인의 지위 향상을 위하여 노력해 줄만한 사회적 신뢰성 내지 영향력이 큰 법인이 바람직하다(일정 규모의 조직과 체계 구축의 필요)

기타 후견사무 담당자의 유지 및 교체시 보고체계를 구축하고 후견인 보증보험증권 발행도 요청할 수 있다.

3. 후견법인의 균형 잡힌 전문성

현재 서울가정법원에서는 피후견인의 후견수요에 따라 재산관리를 중심으로 하는 법률재무전문가 중심의 후견법인(온율, 원, 성년후견지원본부)과 신상보호를 중심으로 하는 사회복지법인(사회복지법인 성민)을 법인후견후보자로 선정하였었다. 특히 법률전문가 중심의 후견법인의 경우 후견서비스 제공을 재산관리에 한정하려는 것이 아니라면 신상보호 및 의사결정지원 서비스에 관한 전문성의 부족을 어떤 방식으로 보충하고 이를 어떻게 실천할 것인지에 대하여 서비스 제공방법을 제시할 필요가 있다. 반대로 사회복지법인이 후견법인후보자로 지정된 경우에도 법률 재산관리 등 종합적 후견서비스를 제공하기 위하여 법인 내 전문성을 어떻게 확충할 것인지에 대한 대책이 필요하다. 현재는 공익법인에 한정되어 있으나 그 밖의 참여 법인의 확대가능성도 고려하여 그것이 무보수의 공익활동에 한정된 것인지 아니면 후견인보수의 지급도 상정한 것인지 법원의 입장을 분명히 할 필요가 있다. 특히 보수 지급의 경우도 고려한 것이라면 이를 불과 수 개의 법인으로 엄격히 제한하는 것은 바람직하지 않은 것일 수 있다. 이러한 사정도 고려하여 후견법인의 요건과 후견법인 활동에 적합한 조직 체계의 구축에 대한 조사와 연구가 필요하다.

4. 후견법인의 기능과 역할

(1) 후견법인의 역할 유형

가령, 영국의 경우 영국의 법인후견은 재산보관 목적의 후견서비스의 일환으로 재산보관업무를 전문으로 하는 은행, 보험회사, 신탁회사 등에 한정되며, 그 중 공공수탁자는 재산보관후견인으로 선임되어 재산보관업무를 담당하는데, 다른 적절한 후견인 후보자가 없을 때 최후의 수단으로 선임되는 법정후견인(deputy)이다. 영국 등의 보통법 국가에서 법인후견을 인정한 것은 재산관리 업무에 전문성이 있는 기관에게 후견서비스 제공기회를 부여하기 위한 것으로 이들의 역할은 재산관리 후견서비스를 제공하는 것에 한정된다.[26)]

반면에 독일의 후견법인은 독일민법 제1908조의f에 의하여 비영리 사단법인에 한정된다. 후견법인은 시민후견인 또는 친족후견인에 대한 정보제공과 자문, 시민후견인의 모집과 양성, 장래 대리권(Vorsorgevollmacht)의 활용에 대한 홍보와 자문 등의 업무를 지원할 뿐 아니라 후견법인 소속 후견인이 저소득층의 피후견인을 위해 후견서비스를 제공하는 경우에는 지방자치단체에 보수의 지급을 청구하여 후견인에게 지급한다(지방자치단체의 재정지원액수는 2005년의 경우 868개 후견법인에 약 920만 유로가 지급). 재정지원의 목적은 후견법인으로 하여금 후견 관련 인프라 확충을 위한 활동을 수행하는 것을 지원하기 위한 것이다.[27]

우리의 후견법인에도 독일형의 적극적 역할이 기대된다고 할 것이다.

(2) 지역사회 복지 네트워크 중심으로서의 후견법인 육성

후견서비스는 지역사회에 기반하여 제공될 수밖에 없으므로 지역사회에 기반한 사회복지 네트워크를 중심으로 후견법인을 발굴 또는 육성할 필요가 있다. 후견법인의 사회적 신뢰도, 조직적 역량 등을 고려하면, 전국 단위 지역조직을 갖춘 장애 당사자 또는 부모의 자조단체 내지 조직 또는 지역사회에서 사회복지의 인적 물적 역량을 축적한 지역의 사회복지단체 등을 후견법인으로 육성할 필요 있다.

(3) 후견법인의 중추로서의 지역사회 후견전문가의 육성

후견서비스 제공이 사회복지 영역에 있어서 새로운 분야이므로 후견전문가의 양성이 향후 법인후견사업의 조기 정착에 필수적인 과제이다. 후견전문가의 양성은 지역사회의 장애인 인권 및 복지활동에서 지식과 경험을 쌓은 사람들 중에서 사회복지 지식과 법적 지식을 겸비한 전문인력을 발굴 육성할 필요가 있으며, 이를 위하여 국가·지방자치단체의 적극적인 지원이 긴요하다.

(4) 법인후견인으로서의 역할과 기능

후견법인의 일차적 제도적 의의는 후견법인이 법원으로부터 후견인으로 선임되어 자연인 후견인과는 차별화된 지속적 안정적으로 질 높은 후견서비스를 제공할 것으로 기대할 수 있다. 반면에 법인후견인의 약점에 대하여도 면밀한 검토와 대책이 필요하다. 가령, 후견활동의 중심이 되어야 할 의사결정지원은 피후견인에 대한 이해와 신뢰가 바탕이 되어야 한다는 점에서, 개인후견인에 비하여 친밀감 내지 신뢰관계의 형성에서 부족함이 없도록, 후견담당자(후견활동보조인)가 가능한 한 장기적으로 신뢰관계를 형성해 갈 수 있도록 지원, 관리되어야 하고, 대안으로 복수의 후견담당자를 지정하여 일신의 변화에도 대비할 수 있어야 한다. 특히 법인이 후견인으로서 사무처리에 관한 결정을 하는 경우, 그 결정의 권한과 책임 소재를 의사결정의 경중에 따라 단계별로 명확히 체계화할 필요가 있다.

---

26) 제철웅(주 25), 177면 이하.

27) 제철웅(주 25), 179면 이하.

(5) 후견감독인으로서의 후견인의 지원과 감독

후견법인이 후견활동보조인을 매개로 스스로 후견인으로 선임되는 경우도 있지만, 지역사회에서 선임된 자연인 후견인(가족후견인 또는 공공후견인 등)에 대한 실질적 지원과 감독 기능을 수행할 것을 기대할 수도 있다. 후견감독에 관한 서울가정법원의 최근 동향을 보면, 임의기관인 후견감독인을 별도로 선임하지 아니하고 법원이 공인회계사 등 재무전문가를 감독전문위원으로 선임하여 연 단위 후견활동보고서를 제출 받아 이를 검토하도록 함으로써 적극적 감독조치가 필요한 문제사안을 체크 파악하는 방법을 취하고 있다.

법원의 후견감독시스템은 제도적으로 사후적 감독 중심이라고 할 수 있다. 그리고 그것도 주로 횡령, 배임 등 재산관리와 관련한 부정행위를 방지 적발하는 것에 중점을 둔 것으로 이해된다. 그러나 후견인은 의사결정지원을 중심으로 복잡 다양한 형태로 제기되는 후견서비스 수요에 대응하여야 한다는 점에서 자연인 후견인의 역량으로는 충분히 대처하기 어려울 것으로 예상된다. 따라서 후견감독 그 자체보다는 후견활동 전반에 대하여 후견인을 지지하고 지원하는 체계구축이 보다 긴요하다. 일종의 감시적(모니터링) 감독기능은 후견인을 지원 관리하는 과정에서 자연히 체크될 수 있는 사정으로 볼 수도 있다.

전반적으로 전문성이 부족하고 자발성은 있으나 책임감은 부족할 수도 있는 제3자 비전문가 후견인의 경우, 후견활동에 대한 지속적인 교육, 상담, 정보제공, 심리적 지지, 전문 역량의 지원 등 후견인에 대한 지원과 관리 시스템의 구축이 매우 중요하다. 이러한 후견인에 대한 지원관리의 근거로서 공공후견사업의 예처럼 후견인 활동보수의 지원을 매개로 하는 가능성(계약기반)이 있으나, 후견감독이라는 제도적 기반을 활용하여 수행하는 것이 보다 바람직할 것으로 생각된다. 가령 후견인이 얼마 안 되는 후견인 보수를 포기하는 경우 법적으로는 가족후견인이나 공공후견인을 감독하기 곤란할 수 있다. 가령, 발달장애인법상 후견법인의 후견인에 대한 지원 감독의 제도적 보완으로서 후견법인을 후견감독인으로 선임하는 방안도 검토해 볼 필요가 있다.

(6) 지역사회 후견거점으로서의 역할과 기능

후견법인은 지역사회에서 후견활동의 전문역량을 확보하고 후견활동의 경험과 지식을 축적함으로써 지역 내 후견활동의 거점으로서 다음과 같은 역할을 기대할 수 있다. 첫째, 성년후견의 교육홍보, 후견인후보자등 발굴육성을 위한 지역사회의 후견센터로서, ① 요보호 대상자나 일반인을 상대로 성년후견 등 의사결정지원에 대한 교육과 홍보, ② 지역 내 요보호 대상자의 조기 발굴 모니터링, 후견인후보자, 후견활동보조인을 교육 양성하고, ③ 요보호 고령장애인과 후견인후보자를 매칭, ④ 성년후견 신청(가족, 지자체장 신청)에 대한 절차지원 등이다.

그 밖에 고령자 장애인 인권센터로서, 지역사회에서 의사결정능력 장애로 인하여 학대, 착취, 폭력, 성폭력, 방임에 노출되어 있는 장애인들을 발견하여 필요한 후견서비스를 제공함으로써 지역사회의 고령자, 장애인들의 권익과 인권을 보호하는 기능을 수행할 수 있다.

5. 후견법인의 실천방향

(1) 후견서비스 다양화에 대응

2년여의 새로운 제도 시행의 경험에 비추어 재산관리라는 제한된 사무를 의사결정의 대행방식으로 수행하여 온 종전의 후견인과는 달리 새로운 성년후견제도하에서는 신상보호를 포함하게 되었다. 후견사무 내지 제공해야 할 후견서비스의 내용의 재산관리를 넘어서 의료, 요양, 주거결정, 교육재활, 복지서비스의 선택, 인적 교류와 문화생활 등 피후견인의 생활전반에 미치게 됨으로써, 다양한 후견 서비스 수요에 대응할 필요가 있다. 이와 같은 다양한 후견서비스에 대응하기 위해서는 기껏해야 제한적 전문성밖에 갖지 못하는 개인 후견인으로서는 한계가 있을 수밖에 없다. 이에 반하여 법인후견의 경우에는 다양한 전문역량을 조직화함으로써 후견서비스 수요의 다양화에 대처하여야 한다.

(2) 본인의 의사 선호의 존중과 의사결정지원

종래 후견사무는 법률행위의 대리 등 피후견인의 의사결정을 대행하는 방식으로 이루어지고 본인의 의지나 선호에 대한 존중이 고려되지 않았으므로 후견사무의 처리가 수임인으로서의 선량한 관리자의 주의의무에 위반되지 않는 한 전적으로 후견인의 재량적 판단에 맡겨져 있었으므로 후견사무처리에 있어서 피후견인에 대한 이해나 의사소통이 절대적으로 요청되는 것이 아니었다. 이에 반하여 새로운 제도는 장애인권리협약 제12조의 요청상 본인의 법적능력의 향유를 인정하고 그 행사를 위하여 본인의 의사와 선호를 존중하여 의사결정을 지원할 것을 요청하고 있다. 이와 같은 후견인이 의사결정지원 요청에 부응하기 본인의 의사와 선호, 감정과 욕구, 희망을 파악하기 위하여 본인과의 부단한 의사소통을 확보하여야 하고 피후견인의 건강이나 생활환경 등의 변화를 신속히 파악하기 위하여 노력할 필요가 있다.

(3) 개인의 특성과 장애에 대한 이해, 의사소통 전문성 확보

의사결정지원에 중심을 둔 후견서비스 제공을 위해서는 무엇보다 자기 표현능력이 부족한 피후견인의 희망과 선호를 파악하기 위하여 본인과의 의사소통, 본인의 욕구와 감정에 대한 이해 등이 매우 중요하므로 개인적 특성과 본인 갖고 있는 장애특성에 대한 이해와 피후견인과의 친밀감의 형성 내지 장애인과의 의사소통을 위한 전문적 역량을 확보하는 것이 중요하다. 개인적 특성의 파악과 장애에 대한 이해는 후견담당자(후견활동보조인)를 중심으로 수행되어야 할 것이며, 의사소통에 대한 전문역량은 후견담당자의 교육, 상담, 패널 구성의 방법으로 지원할 수 있어야 한다. 특히 본인의 의사표현이 분명하지 못한 경우, 의사결정지원의 기초로서 본인의 의지나 선호를 해석하고 이해하는 데에 있어서 의사소통의 전문역량의 조력을 받을 수 있어야 한다.

(4) 후견법인의 조직구성과 후견담당자의 역할

후견사무에 관한 의사결정은 후견법인의 정관이나 내부 규정에 의하여 처리하게 될 것이고, 의사결정의 권한과 책임은 이사에 집중될 것이다. 후견법인 조직상 후견사무처리의 경중에 따라 단계적 체계적 의사결정 구조를 확보하여 의사결정의 주체와 책임 소재를 분명히 할 필요가 있다. 가령, ① 일상적 신상문제나 소비지출 등에 대해서는 결정권한을 후견담당자에게 위임하고, ② 후견인의 생활에 중대한 영향을 미치는 주거의 결정이나 중대한 의료행위에 대한 동의 등에 대해서는 전문성 강화를 위한 패널의 심의를 거쳐 담당 이사가 결정하는 방식 그 중간적 중요성의 사안에 대해서는 ③ 후견팀 내 협의 또는 팀 내 패널 심의를 통하여 결정하는 등의 의사결정의 체계화가 요청된다.

법인 내 단계적 의사결정구조 안에서는 후견결정의 책임 소재가 불분명해 질 위험이 있으므로 특히 법인후견인으로 결정하는 경우, 의사결정의 경중에 따라 후견서비스의 제공자(후견활동보조인), 법인의 담당책임자 또는 전문가 참여 패널 등으로 결정 권한과 책임의 소재를 명확히 정해 둘 필요가 있다.

(5) 후견담당자의 지위와 교육양성 및 지원 관리 감독

법인이 후견인이 되더라도 현장에서 피후견인과 접촉하여 본인의 의지와 선호를 파악하여 후견서비스의 내용과 방향을 결정하고 이를 구체적으로 집행하는 등의 사무는 자연인이 후견담당자(후견활동보조인)가 수행할 수밖에 없다. 후견담당자의 후견활동의 내용 여하에 따라 후견법인에 제공하는 후견서비스의 질이 결정되므로, 양질의 후견담당자를 확보하는 것이 매우 중요하며, 이들을 적절히 교육양성하는 교육양성체계를 확보할 필요가 있다. 이러한 후견담당자 교육양성체계는 교육전문기관과 후견법인의 현장실습교육으로 이원적으로 운영될 수 있다. 후견법인 내 후견담당자(후견활동보조인)의 지위를 어떻게 할 것인가에 대해서 후견법인의 사정과 정책동향을 살펴 결정할 필요가 있다. 즉, 후견담당자를 후견법인 소속 직원으로 하는 방법, 후견담당자를 주로 지원봉사 활동가를 중심으로 하고 후견법인이 이를 지원·관리·감독하는 방법, 양자를 혼용하는 방식 등이 고려될 수 있다.

Ⅳ. 결론

후견법인은 다수 후견사무를 관리함으로써 후견사무에 대한 지식과 경험을 축적하고 전문가의 지원역량을 효과적으로 동원함으로써 후견역량을 지속적으로 강화 발전시켜 가는 데에 적합하고, 조직에 축적된 지식과 경험 그리고 전문가 역량을 조직화하여, 자연인 개인역량의 한계를 넘어서는 체계적이고 전문적인 후견서비스를 제공할 수 있다. 뿐만 아니라 비영리법인의 경우 관할관청의 지도 감독, 법인 내부의 자체 관리감독 체크 시스템의 작동을 통하여 별도

의 후견감독인 없이도 효과적으로 후견서비스의 적절성을 감독할 수 있고, 실제 후견활동을 수행하는 공공후견인 후보자를 효과적으로 교육 양성하고 선임된 후견인을 지원 감독함으로써, 후견서비스의 질을 제고하고 균질화하는 데에도 유리하다. 나아가 자연인 개인 후견인이 건강, 성격 등 개인적 주관적 사정에 따라 후견활동이 중단되더라도 후견서비스를 지원 감독해 온 후견법인이 배후에 있으므로 신속하게 후견인의 교체로 인한 문제 발생에 대비할 수 있을 것으로 기대된다.

후견법인을 중심으로 하는 공공후견서비스의 공급은 우리나라에서 처음 시도되는 것인 만큼 보다 치밀한 검토와 준비가 필요할 것이다. 그동안 해 왔던 후견인후보자 양성교육의 경험을 살려서 보다 효과적인 성년후견인 후보자를 교육 양성할 수 있는 전략이 필요하고, 선임된 후견인들을 효과적으로 지원 감독할 수 있는 체계를 구축하여야 하며, 지역 안에서 후견인들을 전문적으로 지원할 수 있는 전문가 네트워크를 확보하는 것도 필요하다. 그러나 그 중에서도 무엇보다도 중요한 것은 성년후견제도에 대한 올바른 이해를 갖고 열의를 갖고 활동할 전문적 역량을 갖춘 후견전문인력을 확보하는 것이다. 후견서비스는 인적 서비스인 만큼 내부적으로 풍부한 지식과 경험을 갖춘 양질의 후견전문인력을 신속히 육성하여 확보하는 것이야 말로 후견법인에 의한 공공후견사업의 성패를 가를 것으로 예상되기 때문이다. 이를 위해서는 지정된 후견법인의 각별한 노력이 필요할 뿐 아니라 관련 정부부처의 관심과 지원이 긴요하다.

최고에 의한 소멸시효의 중단*

—재판외 최고 및 재판상 최고에 대한 판단과 함께—

서 종 희**

Ⅰ. 들어가는 말

우리민법[1] 제168조 제1호에서는 '청구'를 시효의 중단사유로 규정하고 있으며, 재판상 청구 및 재판상 청구에 준하는 청구(이하 '재판상의 청구')이외의 청구를 '최고[2]'로 보아 시효중단을 별도로 인정하고 있다(제174조).[3] 우리민법이 시효의 중단사유로서 '청구', '압류·가압류·가처분' 및 '승인'만을 규정하고 있기 때문에 중단사유의 외연을 쉽게 확장할 수는 없다. 이에 우리 판례 또한 제168조에서 규정한 것 이외의 사유를 이유로 시효의 중단을 인정하는 것에 매우 소극적이다.[4] 즉 우리 판례는 배당요구 및 채권신고를 '압류'에 준하여 시효중단을 인정하거나[5] 응소의 경우에 재판상 청구에 준하여 시효의 중단을 인정하고는 있으나 그 밖에 사유

---

* 필자가 소멸시효에 관심을 가지 된 결정적인 계기 중 하나는 대학원 시절 매우 추운 12월의 늦은 밤에 최종길 교수님의 유족이 국가를 상대로 내 손해배상청구 소송에서 피고인 국가의 소멸시효완성의 항변이 권리남용에 해당한다고 본 서울고등법원 2006. 2. 14. 선고 2005나27906 판결을 읽은 것이다. 그 판결의 사실관계를 읽으면서 매우 비통한 감정을 느꼈고 판결의 결론에서 위안을 얻었다. 특히 필자는 최종길 교수님에 대한 국가범죄를 보면서 국가범죄로 인하여 발생한 손해배상사건에서의 소멸시효의 문제 등에 대한 진지한 고민을 하게 되었다. 대학원 시절의 그날 밤의 기억을 반추하면서 본고를 최종길 교수님께 봉정(奉呈)한다.

** 연세대학교 법학전문대학원 교수

1) 이하 법명 없이 조문만을 적시하는 경우에는 '우리민법'을 의미한다.

2) 채무자에 대하여 이행을 청구하는 채권자의 의사의 통지를 말한다.

3) 비교법적으로 최고를 시효의 중단사유로 규정하는 나라는 일본이외의 국가를 찾기 어렵다고 평가하고 있으나(송덕수, "시효에 관한 2011년 민법개정안 연구", 법학논집 제15권 제4호, 2011, 32면 이하), 유럽계약법전 예비안(파비아 초안) 제134조 제6항 및 네델란드 신민법전 제317조에서도 최고를 시효의 중단사유로 삼는다. 참고로 전자는 서면에 의한 최고를 요하지 않으나 후자는 서면에 의한 최고로 국한한다.

4) 서종희, "민법 제168조 제2호의 '압류' 및 그 유추에 의한 시효중단", 재산법연구 제38권 제3호, 2021, 33면 이하 참조.

5) 배당요구는 대법원 2002. 2. 26. 선고 2000다25484 판결 참조. 또한 대법원 2010. 9. 9. 선고 2010다28031 판결(위와 같은 저당권자는 담보권을 실행하기 위한 경매신청을 할 수 있을뿐더러 다른 채권자의 신청에 의하여 개시된 경매절차에서 배당요구를 하지 않아도 당연히 배당에 참가할 수 있는바, 이러한 채권자가 채권의 유

에 대해서는 외연을 쉽게 확장하지 않는다. 예컨대 민사집행법상 재산명시신청에 대해 하급심 판결 들[6]은 '압류'에 준하여 시효중단을 인정하였으나 우리 대법원 판례는 이를 '최고'로서의 효력만 인정하여 채권자가 6개월 내에 다시 소를 제기하는 등 제174조에 규정된 절차를 속행하지 아니하는 한 시효중단의 효력이 상실한다고 본다.[7]

한편 우리 판례는 다른 중단사유에 비하여 '최고'의 범위를 매우 넓게 본다. 시효중단의 효력을 인정하는 근거가 권리행사를 통해 권리 위에 잠자는 것이 아님을 표명함으로써 시효제도의 기초인 영속되는 사실상태의 단절을 시도한 것에 있다면, 최고의 범위를 넓혀서 입법자가 규정하지 않은 권리행사를 최고에 준하여 보호할 필요가 있다. 권리자의 권리행사라고 볼 수 있는데도 불구하고 제168조의 중단사유가 아니라는 이유로 시효의 중단을 인정하지 않는 것은 입법자의 의도가 아닐 뿐만 아니라 지나치게 권리자에게 불이익한 해석이라는 점에서 '최고'의 외연을 확장하는 것은 문제가 되지 않을 것이다. 본고에서는 우리 판례가 최고로 인정하여 시효의 중단을 인정하는 경우를 살펴보고(Ⅱ, Ⅲ), 최고 후 6개월 내의 후속조치에 해당하는 것을 검토한 후(Ⅳ), 글을 마치고자 한다(Ⅴ).

Ⅱ. 소멸시효중단인 최고로 인정되는 경우

소멸시효 중단사유의 하나로서 제174조가 규정하고 있는 '최고'는 채무자에 대하여 채무이행을 구한다는 채권자의 의사통지(준법률행위)로서, 행위 당시 당사자가 시효 중단의 효과를 발생시킨다는 점을 알거나 의욕하지 않았다 하더라도 이로써 권리행사의 주장을 하는 취지임이 명백하다면 '최고'에 해당한다.[8] 최고를 하는 방식에는 아무런 제한이 없으므로 구두 또는 문서로 하여도 무방하나 증거를 확보하는 의미에서 내용증명우편으로 하는 것이 보통이다. 판례는 채권자의 어떠한 행위가 잠정적인 시효중단사유로서 '최고'에 해당하는지 여부는 개별적인 경우마다 구체적으로 결정한다.[9]

1. 최고에 의한 시효의 잠정적 중단

제174조는 "최고는 6월 내에 재판상의 청구, 파산절차참가, 화해를 위한 소환, 임의출석, 압류 또는 가압류, 가처분을 하지 아니하면 시효중단의 효력이 없다."라고 규정하고 있으므로,

---

무, 그 원인 및 액수를 법원에 신고하여 권리를 행사하였다면 그 '채권신고'는 제168조 제2호의 압류에 준하는 것으로 볼 수 있다고 한다).

6) 대구지방법원 2000. 5. 24. 선고 99나 11548 판결 등.

7) 대법원 2018. 12. 13. 선고 2018다266198 판결 등.

8) 대법원 2003. 5. 13. 선고 2003다16238 판결 등.

9) 위계찬, "소멸시효에 관한 민법개정논의에 대한 평가와 전망", 인권과 정의 제511호, 2023, 21면.

최고에 의해 확정적인 시효중단 효과가 발생하기 위해서는 최고의 종료시점[10]부터 6개월 내에 위에서 열거한 확정적인 시효중단 조치를 취해야 한다.

최고를 여러 번 거듭하다가 재판상 청구 등을 한 경우에 시효중단의 효력은 항상 최초의 최고시에 발생하는 것이 아니라 재판상 청구 등을 한 시점을 기준으로 하여 이로부터 소급하여 6월 이내에 한 최고시에 발생한다고 보아야 할 것이다. 예컨대 최고(1차 최고)의 종료시점부터 6개월 내에 다시 최고(2차 최고)를 하고 그때부터 6개월 내에 재판상의 청구를 하더라도 재판상 청구를 한 시점을 기준으로 하여 소급하여 6개월 내에 2차 최고만 있다면 1차 최고는 효력을 잃고 2차 최고에 의해 시효중단의 효과가 발생할 뿐이다. 반면에 재판상 청구를 한 시점을 기준으로 역산하여 1차 최고와 2차 최고 모두 포함되는 경우에는 1차 최고와 2차 최고에 의한 시효의 중단을 모두 인정할 수 있다. 다만 이 경우에 1차 최고는 시효가 완성되기 전이지만 2차 최고는 시효가 완성된 경우라면 1차 최고에 의한 시효중단에 의해 채무의 시효는 완성되지 않을 것이기 때문에 사실상 1차 최고에 의한 시효의 중단은 2차 최고시 시효가 완성되었었는지에 따라 그 중요성이 달라지게 된다. 판례 또한 대법원 1983. 7. 12. 선고 83다카437 판결 등에서 거듭된 최고의 경우에 최초의 최고시부터 시효의 중단을 인정할 수 있다고 본 원심[11]과 달리 "재판상 청구가 아닌 최고는 최고를 한 후 6월 내에 재판상의 청구, 파산절차 참가, 화해를 위한 소환, 임의출석, 압류 또는 가압류, 가처분을 하지 아니하면 시효중단의 효력이 없는 것인바, 최고를 여러 번 거듭하다가 재판상 청구 등을 한 경우에 시효중단의 효력은 항상 최초의 최고시에 발생하는 것이 아니라 재판상 청구 등을 한 시점을 기준으로 하여 이로부터 소급하여 6월 이내에 한 최고시에 발생한다고 보아야 할 것이다(밑줄은 필자가 첨가)."라고 설시한 후, 원고가 재판상 청구를 한 날로부터 6개월 내 한 최고는 이미 시효가 완성된 다음이라는 이유로 시효의 중단을 인정한 원심을 파기환송하였다.[12]

---

10) 대법원 1995. 5. 12. 선고 94다24336 판결은, 채무자가 그 이행의무의 존부 등에 대하여 조사를 해 볼 필요가 있다는 이유로 채권자에게 그 유예를 구한 사안에서, 회답을 받을 때까지 최고의 효력이 지속된다고 판단하였다. 대법원 2006. 4. 28. 선고 2004다16976 판결; 대법원 2006. 6. 16. 선고 2005다25632 판결도 같은 취지이다.

11) 서울고등법원 1983.1.27 선고 82나3043 판결은 피고가 원고에 대하여 면사납품 보증금 10,000,000원의 반환채무와 차용금 도합 22,180,000원의 반환채무를 부담하고 있는 사실과 위 납품보증금 채무의 이행기는 1976. 3. 21.에 차용금 채무의 이행기는 1976. 2. 27. 내지 그해 3. 9.에 각각 도래한 사실을 확정한 후, <위 각 채무는 상사채권 소멸시효기간 5년의 경과로 소멸되었다는 피고의 항변>에 대하여 원고는 피고에게 피고소송대리인이 주장하는 시효만료일 1981. 3. 29. 이전인 1981. 1. 29.에 최고를 하고 다시 그해 3. 20.과 7. 25.에도 최고를 한 후, 이때로부터 6월 이내인 1981. 8. 13. 본소를 제기하였으므로 이 사건 각 채권의 소멸시효는 1981. 1. 29.에 그 진행이 중단되었다고 판단하였다.

12) 즉 대법원은 "원심확정과 같이 원고가 1981. 1. 29.에 최초의 최고를 하였다고 하여도 그로부터 6월 이내에 재판상 청구 등을 한 바 없으므로 위 최고시에 시효중단의 효력이 발생하였다고 볼 여지가 없고, 본소제기의 시점인 1981. 8. 13.을 기준으로 하여 이로부터 소급하여 6월 이내인 1981. 3. 20.에 한 최고시에 비로소 시효중단이 발생하였다고 볼 것인바, 원고의 납품보증금 10,000,000원의 채권은 그 상사채권 소멸시효기간 만료일이 1981. 3. 21.이므로 그 전에 있은 1981. 3. 20. 자 최고에 의하여 시효중단의 효력이 발생하였다고 보겠으나,

2. 재산명시신청

민사집행법 제61조[13]에서 규정하고 있는 재산명시신청[14]이란 채권자가 채무자를 상대로 확정판결, 화해조서, 확정된 지급명령, 공증증서 등의 집행권원을 가지고 강제집행을 하려고 하나 채무자의 재산을 찾을 수 없을 때 채무자의 재산을 명시해 줄 것을 관할법원에 신청[15]하는 절차이다.[16] 이 경우에 채권자의 재산명시신청이 이유 있다고 인정되면 법원은 채무자에게 재산상황 및 일정기간 동안의 재산이전상황을 명시한 재산목록을 제출하게 명하여 채권자가 이를 열람·복사하게 할 수 있도록 해준다(민사집행법 제62조 제1항 이하).[17] 재산명시절차는 일정한 집행권원에 기한 금전채무를 이행하지 아니하는 경우에 법원이 그 채무자로 하여금 강제집행의 대상이 되는 재산상태를 명시한 재산목록을 제출하게 하여 재산관계를 공개하고 그 재산

대여금 도합 22,180,000원의 채권은 원심확정사실에 의하면, 그 이행기가 1976. 2. 27. 내지 그해 3. 9. 사이에 도래하였다는 것이므로 이때로부터 각 상사채권 소멸시효기간을 계산하면 1981. 2. 27. 내지 그 해 3. 9.에 이미 만료되었음이 역수상 명백하니 그 후에 있은 위 1981. 3. 20. 자 최고에 의하여 시효중단의 효력이 생겼다고 볼 여지가 없는 것이다."고 판단하였다.

13) 민사집행법 제61조(재산명시신청) ①금전의 지급을 목적으로 하는 집행권원에 기초하여 강제집행을 개시할 수 있는 채권자는 채무자의 보통재판적이 있는 곳의 법원에 채무자의 재산명시를 요구하는 신청을 할 수 있다. 다만, 민사소송법 제213조에 따른 가집행의 선고가 붙은 판결 또는 같은 조의 준용에 따른 가집행의 선고가 붙어 집행력을 가지는 집행권원의 경우에는 그러하지 아니하다. ②제1항의 신청에는 집행력 있는 정본과 강제집행을 개시하는데 필요한 문서를 붙여야 한다.

14) 구체적인 내용은 사법정책연원, 강제집행의 실효성 확보방안에 관한 연구, 2020, 11면 이하 참조.

15) 재산명시신청은 서면으로 하여야 하며 ① 채권자·채무자와 그 대리인의 표시, ② 집행권원의 표시, ③ 채무자가 이행하지 아니하는 금전채무액, ④ 신청취지와 신청사유를 적어야 한다(민사집행규칙 제25조 제1항).

16) 재산명시신청에는 집행력 있는 정본과 강제집행을 개시하는 데 필요한 문서, 즉 강제집행개시의 요건이 구비되었음을 증명하는 문서(동법 제39조 내지 제41조)를 붙여야 한다(동법 제61조 제2항). 즉 재산명시신청을 하려면 집행권원이 있는 확정판결, 화해조서, 인낙조서, 확정된 이행권고결정, 확정된 화해권고결정, 확정된 지급명령, 조정조서, 조정에 갈음하는 결정, 공증증서 등이 있어야 한다. 재산명시신청을 하기 위하여 법원은 채무자를 심문할 수 있으며, 재산명시명령을 송달받은 채무자는 1주 내에 이의신청을 할 수 있다(민사집행법 제63조). 채무자의 이의신청이 없거나 기각된 경우 법원은 재산명시기일을 정하여 출석할 것을 요구하여야 한다. 채무자가 정당한 사유 없이 기일에 불출석하거나 재산목록의 제출이나 선서를 거부하는 경우 20일 이내의 감치에 처하며, 거짓의 재산목록을 낸 경우에는 3년 이하의 징역 또는 500만 원 이하의 벌금에 처한다(민사집행법 제68조).

17) 민사집행법 제62조(재산명시신청에 대한 재판) ①**재산명시신청에 정당한 이유가 있는 때에는 법원은 채무자에게 재산상태를 명시한 재산목록을 제출하도록 명할 수 있다.** ②**재산명시신청에 정당한 이유가 없거나, 채무자의 재산을 쉽게 찾을 수 있다고 인정한 때에는 법원은 결정으로 이를 기각하여야 한다.** ③제1항 및 제2항의 재판은 채무자를 심문하지 아니하고 한다. ④제1항의 결정은 신청한 채권자 및 채무자에게 송달하여야 하고, 채무자에 대한 송달에서는 결정에 따르지 아니할 경우 제68조에 규정된 제재를 받을 수 있음을 함께 고지하여야 한다. ⑤제4항의 규정에 따라 채무자에게 하는 송달은 민사소송법 제187조 및 제194조에 의한 방법으로는 할 수 없다. ⑥제1항의 결정이 채무자에게 송달되지 아니한 때에는 법원은 채권자에게 상당한 기간을 정하여 그 기간 이내에 채무자의 주소를 보정하도록 명하여야 한다. ⑦채권자가 제6항의 명령을 받고도 이를 이행하지 아니한 때에는 법원은 제1항의 결정을 취소하고 재산명시신청을 각하하여야 한다. ⑧제2항 및 제7항의 결정에 대하여는 즉시항고를 할 수 있다. ⑨채무자는 제1항의 결정을 송달받은 뒤 송달장소를 바꾼 때에는 그 취지를 법원에 바로 신고하여야 하며, 그러한 신고를 하지 아니한 경우에는 민사소송법 제185조제2항 및 제189조의 규정을 준용한다.

목록의 진실함을 선서하게 하는 법적 절차이다. 이 절차는 채권자의 재산명시신청에 대하여 법원이 이를 인용하는 결정인 재산명시명령을 통하여 채권자는 채무자의 책임재산을 탐지할 수 있어 강제집행을 용이하게 하고[18], 자기재산이 공개되는 것을 꺼리는 채무자에게 심리적 압박을 가하여 그로 하여금 채무를 자진해서 이행하도록 유도한다는 점에서 채무의 간접강제를 그 주된 목적으로 한다.[19]

판례는 재산관계명시절차를, 비록 그 신청에 있어서 집행력 있는 정본과 강제집행의 개시에 필요한 문서를 첨부하여야 하고 명시기일에 채무자의 출석의무가 부과되는 등 엄격한 절차가 요구되고, 그 내용에 있어서도 채무자의 책임재산을 탐지하여 강제집행을 용이하게 하고 재산 상태의 공개를 꺼리는 채무자에 대하여는 채무의 자진하여 이행을 하도록 하는 간접강제적 효과가 있다고 하더라도, 특정 목적물에 대한 구체적 집행행위 또는 보전처분의 실행을 내용으로 하는 압류 또는 가압류, 가처분과 달리 어디까지나 집행 목적물을 탐지하여 강제집행을 용이하게 하기 위한 강제집행의 보조절차 내지 부수절차 또는 강제집행의 준비행위와 강제집행 사이의 중간적 단계의 절차에 불과하다고 본다.[20] 이에 우리 판례는 채권자가 확정판결에 기한 채권의 실현을 위하여 채무자에 대하여 민사집행법이 정한 '재산명시신청'을 하고 그 결정이 채무자에게 송달되었다면 거기에 소멸시효의 중단사유인 최고로서의 효력만이 인정될 뿐 압류 또는 가압류, 가처분에 준하는 효력이 있다고 보지 않는다.[21] 요컨대 판례는 채권자

---

18) 채무자는 자기재산의 처분내용을 밝혀야 하므로 채권자는 채권자취소권의 행사를 용이하게 할 수 있다.

19) 진성규, "재산명시절차 및 채무불이행자명부", 사법논집 제21집, 1990, 354면 이하; 이정세, "강제집행에 있어서 채무자의 재산확보 내지 재산은닉방지 제도", 법학논문집 제22집, 중앙대학교 법학연구소, 1997, 200면; 노갑영, "최고와 시효중단에 관한 고찰", 민사법연구 제19집, 2011, 174면 등 참조.

20) 반면에 부산지방법원 2018. 8. 22. 선고 2018나40461 판결은 "재산명시절차는 다른 강제집행절차에 선행하거나 부수적인 절차가 아니라 그 자체가 독립적인 절차이고, **엄연히 법원의 재판절차**"라고 본다. 사법연수원, 법원실무제요(민사집행[I] 집행총론), 2020, 370면에서도 "재산명시제도는 다른 강제집행절차에 선행하거나 부수적인 절차가 아니라, 그 자체가 독립적인 절차"라고 강조한다.

21) 대법원 2012. 1. 12. 선고 2011다78606 판결 및 대법원 2018. 12. 13. 선고 2018다266198 판결 참조. 한편 이재목, "재산명시신청과 소멸시효 중단효", Jurist 409號 : 2006년1호(통권 409호) : 로스쿨(민법총칙), 2006, 537면에서는 민법 제168조 제2호가 시효의 중단사유를 한정적으로 열거하고 있으므로 해석으로 그 외연을 확장하는 것은 무리가 있다고 보아 재산명시신청을 압류에 준하는 것으로 보기 어렵다는 입장을 보인다. 참고로 대법원 2019. 5. 16. 선고 2017다226629 판결은 "주택임대차보호법 제3조의3에서 정한 임차권등기명령에 따른 임차권등기는 특정 목적물에 대한 구체적 집행행위나 보전처분의 실행을 내용으로 하는 압류 또는 가압류, 가처분과 달리 어디까지나 주택임차인이 주택임대차보호법에 따른 대항력이나 우선변제권을 취득하거나 이미 취득한 대항력이나 우선변제권을 유지하도록 해 주는 담보적 기능을 주목적으로 한다. 비록 주택임대차보호법이 임차권등기명령의 신청에 대한 재판절차와 임차권등기명령의 집행 등에 관하여 민사집행법상 가압류에 관한 절차규정을 일부 준용하고 있지만, 이는 일방 당사자의 신청에 따라 법원이 심리·결정한 다음 등기를 촉탁하는 일련의 절차가 서로 비슷한 데서 비롯된 것일 뿐 이를 이유로 임차권등기명령에 따른 임차권등기가 본래의 담보적 기능을 넘어서 채무자의 일반재산에 대한 강제집행을 보전하기 위한 처분의 성질을 가진다고 볼 수는 없다. 그렇다면 임차권등기명령에 따른 임차권등기에는 민법 제168조 제2호에서 정하는 소멸시효 중단사유인 압류 또는 가압류, 가처분에 준하는 효력이 있다고 볼 수 없다."고 판시하였다.

가 확정판결에 의한 채권의 실현을 위하여 채무자를 상대로 민사소송법 소정의 재산관계명시신청을 하고 그 재산목록의 제출을 명하는 결정이 채무자에게 송달되었다면 소멸시효 중단사유인 최고로서의 효력만을 인정한다.[22]

먼저 대법원 2001. 5. 29. 선고 2000다32161 판결은 재산명시신청을 최고로서의 효력만 인정하여 압류에 준하는 것으로 보아 시효중단을 인정한 원심[23]을 파기환송하였다. 대법원 2018. 12. 13. 선고 2018다266198 판결 또한 재산명시신청도 압류에 준하는 확정적 시효중단사유라고 본 원심(부산지방법원 2018. 8. 22. 선고 2018나40461 판결)을, 민사집행법상 재산명시신청은 '최고'로서의 효력만 인정되어 6개월 내에 다시 소를 제기하는 등 제174조에 규정된 절차를 속행하지 아니하는 한 시효중단의 효력이 상실된다는 기존의 입장을 재확인하면서, 파기환송하였다. 이하에서는 대법원 2018. 12. 13. 선고 2018다266198 판결 및 2014년 민법개정시안을 검토해 보고자 한다.

(1) 대법원 2018. 12. 13. 선고 2018다266198 판결(이하 '대판 2018다266198')

1) 부산지방법원 2018. 8. 22. 선고 2018나40461 판결

대판 2018다266198의 원심인 부산지방법원 2018. 8. 22. 선고 2018나40461 판결에서 재판부는 "재산명시절차는 다른 강제집행절차에 선행하거나 부수적인 절차가 아니라 그 자체가 독립적인 절차이고, 엄연히 법원의 재판절차(밑줄은 필자가 첨가)"라고 지적하고, "소멸시효 중단사유의 하나로서 민법 제174조가 규정하고 있는 '최고'는 채무자에 대하여 채무 이행을 구한다는 채권자의 의사통지(준법률행위)로서, 이에는 특별한 형식이 요구되지 아니할 뿐 아니라, 묵시적인 최고로써도 족하고, 이러한 점에서 집행력 있는 정본과 집행개시요건의 구비를 필요로 하고 법원의 재판에 따라 이루어지는 재산명시절차와는 성질이나 요건, 효과 등의 면에서 현

22) 대법원 1992. 2. 11. 선고 91다41118 판결 참조. 이 법리는 민사집행법 제70조에 의한 '채무불이행자명부 등재신청'의 경우에도 같은 법리가 적용된다. 반면에 재산조회제도는 채무자의 협조 없이 공공기관 등의 전산망 자료를 이용하여 채무자의 재산을 적극적으로 찾는 절차일 뿐 채무자에 대하여 간접적으로라도 그 채무의 이행을 촉구하는 제도가 아니므로 민사집행법 제74조에 의한 '재산조회신청'만으로는 최고에 해당하여 그 채무의 시효를 중단시킬 수 없을 것이다.

23) 원심은, 원고를 포함한 선정자들이 피고를 상대로 원고의 교통사고 피해를 원인으로 한 손해배상청구의 소를 제기하여 1982. 8. 10. 대구지방법원 경주지원 81가합497호로 합계 8,678,142원의 지급을 명하는 승소판결을 얻었고 1983. 5. 10. 대구고등법원 82나1412 판결로 피고의 항소기각 판결을 얻은 후 1983. 9. 13. 대법원에서 상고허가신청이 기각되어 제1심판결이 확정된 사실(판결확정일자는 1983. 6. 7.), 그 후 원고가 1984. 2. 21. 경매절차에서 10,000원을 배당받은 외에는 피고에 대하여 집행할만한 재산을 발견하지 못하여 강제집행을 하지 못하고 있다가 1992년에 피고를 상대로 재산관계명시신청을 제기하여 1992. 3. 16. 위 지원에서 92카838호로 재산관계명시결정을 받은 사실을 확정한 다음, 그 판시와 같은 사유를 들어, 위 재산관계명시절차는 그 판시와 같은 의미에서는 독자적인 강제집행절차로 보아야 하고 이를 단순히 이행의 최고의 효력밖에 인정받지 못하는 절차로만 볼 수는 없으며 민법이 소멸시효 중단사유로 규정한 압류에 준하는 것으로 보아야 하므로, 위 재산관계명시결정에 의하여 1992. 3. 16. 소멸시효가 중단된 때로부터 10년의 소멸시효기간이 경과되기 전인 1998. 6. 24. 제기된 이 사건 소는 소멸시효 완성 전에 소멸시효의 중단을 위하여 제기된 소로서 적법하다고 판단하였다.

격한 차이가 존재하므로, 개인이 아무런 형식 없이 재판 외에서 하는 의사의 통지인 최고를 법원의 정식 재판절차를 통하여 이루어지는 재산명시명령과 동일선상에서 보는 것은 불합리하다(밑줄은 필자가 첨가)."라고 밝힌 다음 "채무자가 자진하여 채무를 이행하지 않고 자신의 재산내역과 소재를 채권자에게 알려주지 않거나 집행을 면탈하기 위하여 재산을 은닉한 경우, 채권자는 압류나 가압류 · 가처분과 같은 보전절차에 착수할 수 없게 되거나 소를 제기하여 승소판결을 받아 집행권원을 확보한다 하더라도 이는 무용지물이 되고, 이러한 경우 시효중단을 위해서 채권자는 소를 제기하여야 하지만 채무자의 재산이 있는지조차 확실하지 않은 상황에서 단지 시효중단을 위한 소를 제기하라고 요구하는 것은 채권자에게는 무의미한 절차를 되풀이하게 할 뿐이어서, 이는 매우 불합리하다(밑줄은 필자가 첨가)."라고 지적하고, "이와 같이 채권의 만족을 위한 보전절차나 강제집행절차와 같은 권리실행행위를 할 수 없거나 그 행위를 하는 것이 대단히 곤란한 상황인 경우에는 그 요건과 절차에 있어서 압류 등 강제집행과 대등할 정도로 엄격성을 가진 재산명시신청을 압류에 준하여 보아야 할 사정이 존재하고, '권리 위에 잠자는 자는 보호하지 않는다'는 것이 소멸시효제도의 대전제인바, 재산명시절차를 거친 채권자는 권리 위에 잠자는 자가 아님이 명백하며, 이는 법원의 재산명시결정을 신뢰한 채권자의 보호라는 관점에서, 또한 법원 재판의 권위를 확보하는 차원에서도 필요하다(밑줄은 필자가 첨가)." 라고 설시하였다.

2) 대판 2018다266198

대법원은 "피고가 원고를 상대로 재산명시신청을 하여 그에 따른 결정이 채무자인 원고에게 송달되었다고 하더라도, 이는 소멸시효의 중단사유인 '최고'로서의 효력만이 인정될 뿐이므로, 피고가 그로부터 6개월 내에 다시 소를 제기하거나 압류 또는 가압류를 하는 등 민법 제174조가 정한 절차를 속행하지 않은 이상 그로 인한 소멸시효 중단의 효력은 상실되었다고 보아야 한다."는 이유로 원심의 판단은 "재산명시신청에 따른 소멸시효 중단에 관한 법리를 오해하여 판결에 영향을 미친 잘못을 범한 것이다."라고 보아 원심을 파기환송하였다.

(2) 2014년 민법개정시안

2014년 민법개정시안 제178조에서는 민사집행에 재산명시절차를 포함시켜 압류 등과 재산명시절차를 동등하게 시효의 정지사유로 보았으며[24] 제174조를 제173조로 옮기고 제174조의 제목인 '최고와 시효중단'을 제173조의 제목인 '최고에 따른 소멸시효의 완성유예'로 개정하고 동조를 제1항과 제2항으로 나누어서 제1항을 "소멸시효기간이 만료되기 전 6개월 안에

24) 2014년 민법개정시안 제178조(민사집행과 소멸시효의 정지 및 재개시) ① 민사집행(재산명시 또는 채무불이행자 명부 등재를 포함한다)이 신청된 경우에는 소멸시효가 정지되며, 집행이 완료된 때에 시효가 새로 진행된다. ② 재산명시 또는 채무불이행자 명부 등재의 신청에 따른 소멸시효의 정지 및 재개시는 모두 합하여 1회에 한정된다. ③ 민사집행은 소멸시효의 이익을 받을 자에 대하여 하지 아니한 경우에는 그 사실을 그에게 통지하지 아니하면 시효의 정지 및 재개시의 효력이 없다.

최고가 있는 경우에는 그 때부터 6개월 안에는 시효가 완성되지 아니한다"고 규정하고, 제2항을 "제1항의 최고가 여러 차례 있는 경우에는 완성유예의 효력은 최후의 최고에 의하여 생긴다"라고 규정하였다.[25]

참고로 개정 일본민법 제148조 제1항은 강제집행, 담보권실행, 경매[26]와 재신명시절차(일본민사집행법 제196조)를 모두 시효의 완성유예사유로 보고 있으며 최고에 의한 시효의 완성유예는 개정 일본민법 제150조에 별도로 규정하고 있다.

특히 개정 일본민법은 가압류와 가처분에 비하여 재산명시절차를 더 강한 권리행사로 보고 있다는 점에서[27] 우리에게 시사하는 바가 크다고 할 수 있다.

(3) 검토

채무자가 자진하여 채무를 이행하지 않고 자신의 재산내역과 소재를 채권자에게 알려주지 않거나 집행을 면탈하기 위하여 재산을 은닉한 경우, 채권자는 위와 같은 보전절차에 착수할 수 없게 되거나 소를 제기하여 승소판결을 받아 집행권원을 확보한다 하더라도 이는 무용지물이 된다. 특히 종래에는 채권자가 소를 제기하여 승소판결이 확정된 후 채무자에게 재산이 없어 압류 등의 조치를 취할 수 없어 시효를 중단시킬 수 없는 경우에 재소를 권리보호의 이익이 없다고 보아 각하하였기 때문에 재산명시절차를 통해 시효의 중단을 인정할 필요성이 매우 컸다. 이러한 경우에 판례가 재산명시절차를 최고로 보는 한 채권자를 사실상 보호할 수 없었다. 그러나 최근 우리 대법원이 재소를 통한 시효의 중단을 인정하면서[28] 재산명시절차를 압류에 준하는 효력을 인정하지 않더라도 채권자를 보호할 길이 열리기는 하였다. 그런데 이러한 경우 시효중단을 위해서 채권자는 소를 제기하여야 하지만 채무자의 재산이 있는지조차 확실하지 않은 상황에서 단지 시효중단을 위한 소를 제기하라고 요구하는 것은 소송비용 등의 부담 등을 안게 하여 채권자에게는 무의미한 절차를 되풀이 하게 할 뿐이어서, 이는 매우 불합리하다 할 것이다. 이와 같이 채권의 만족을 위한 보전절차나 강제집행절차와 같은 권리실행행위를 할 수 없거나 그 행위를 하는 것이 대단히 곤란한 상황인 경우에는 앞서 본 바와 같이 그 요건과 절차에 있어서 압류 등 강제집행과 대등할 정도로 엄격성을 가진 재산명시신청을

25) 권영준, 민법개정총서[11]:2014년 법무부민법개정시안해설 민법총칙·물권편, 법무부, 2017, 302−306면. 민법 제174조에 대한 개정 논의와 관련하여 2004년 개정안에서는 민법 제174조를 "최고는 6개월 내에 재판상의 청구, 파산절차참가, 지급명령의 신청, 화해신청, 임의출석, 재산명시신청, 압류 또는 가압류, 가처분을 하지 아니하면 시효중단의 효력이 없다"고 개정하자는 안이 제출되었다. 법무부 민법개정자료발간팀 편, 민법개정총서[3] 2004년 법무부민법개정안 총칙·물권편, 법무부, 2012, 253−254면.

26) 일본민사집행법 제195조가 규정한 담보권 실행으로서의 경매의 예에 따른 경매를 의미한다.

27) 요컨대 개정 일본민법 제149조는 가압류 및 가처분의 경우에는 "그 사유가 종료된 때부터 6개월을 경과하기 전까지 시효는 완성 하지 않는다."고 규정하고 있어 개정 일본민법 제148조 제3항에서 강제집행 등은 "그 사유가 종료된 때부터 새롭게 그 진행을 개시한다."고 규정한 것과 비교된다.

28) 대법원 2018. 7. 19. 선고 2018다22008 전원합의체 판결 및 대법원 2018. 10. 18. 선고 2015다232316 전원합의체 판결.

압류에 준하여 보아야 할 사정이 존재한다.

생각건대 재산명시절차의 엄격성 및 그 기능을 고려하면 가압류보다 권리행사적인 측면에서 약하다고 할 수도 없으므로 제168조 제2호에 준하여 시효의 중단을 인정하는 것이 타당할 것이며 궁극적으로 민법을 개정하여 재산명시절차를 압류와 동일한 권리행사로서 인정하여 시효의 중단사유로 규정하는 것이 타당할 것이다.[29)]

3. 소송고지

민사소송법 제84조의 "소송고지(訴訟告知)"라 함은 소송계속 중에 당사자[30)]가 소송참가를 할 이해관계 있는 제3자[31)]에 대하여 일정한 방식에 따라서 소송계속의 사실을 통지하는 것을 말한다.[32)] 소송고지서에는 사건의 표시(사건번호와 당사자의 성명, 주소)를 기재하고 누가 고지자인지를 명시한 다음 피고지자의 성명과 주소를 명기하고, 고지의 이유[33)]와 소송의 진행정도[34)]를 기재하여야 한다(민사소송법 제85조 제1항). 소송고지를 함에 있어서는 법원 명의의 고지서를 따로 작성하는 것이 아니라 고지자가 제출한 고지서를 그대로 피고지자에게 송달하여야 한다.[35)] 소송고지의 효력은 피고지자에게 적법하게 송달된 때에 비로소 생기고, 소송고지서가 송달불능이면 소송고지의 효력이 발생하지 않는다.

소송고지는 제3자에게 소송계속의 사실을 알려서 피고지자에게 소송에 참가할 수 있는 기회를 줌과 동시에, 고지에 의하여 피고지자에게 그 소송의 판결의 효력(참가적 효력)을 미치게 하려는 제도이다.[36)] 소송고지제도는 소송의 결과에 대하여 이해관계를 가지는 제3자로 하여금 소송에 참가하여 그 이익을 옹호할 기회를 부여함과 아울러 고지자가 패소한 경우에는 형평의

---

29) 물론 압류를 정지사유로 하는 경우라면 재산명시절차 또한 정지사유로 규정해야 할 것이다.

30) 소송고지를 할 수 있는 사람은 계속중인 소송의 당사자인 원고·피고(당사자참가인, 참가·인수승계당사자 포함), 보조참가인 등이다.

31) 피고지자가 될 수 있는 사람은 당사자 아닌 사람으로서 그 소송에 참가할 수 있는 제3자이다. 보조참가를 할 수 있는 사람은 물론이고, 독립당사자참가, 공동소송참가 또는 권리승계참가를 할 수 있는 제3자도 포함된다.

32) 소송고지는 소제기요건이거나 직권조사사항이 아니다(대법원 1976. 9. 28. 선고 76다1145 판결).

33) "고지의 이유"에는 어떠한 소송이 계속되고 있는지를 청구취지와 원인의 요지를 기재하여 명시한 다음, 그 소송의 결과에 관하여 피고지자가 이해관계를 갖게 되는 이유를 구체적으로 표시한다.

34) "소송의 진행정도"에는 현재 소송이 변론진행 중인지 여부, 변론준비절차에 들어갔는지 여부와 다음 기일의 일시 등을 표시하는 것으로 충분하다.

35) 소송고지의 송달이 늦어진 나머지 고지서의 기재내용이 사실과 부합하지 않게 될 경우(예컨대 신청 당시와 고지서 발송 당시 사이에 시간적 간격이 있어서 "소송의 진행정도"에 관한 기재가 사실과 부합하지 않게 될 경우)를 방지하기 위해 지체 없이 소송고지서를 송달할 것을 요한다.

36) 소송고지를 받은 사람이 참가하지 않은 경우라도 민사소송법 제86조(참가인에 대한 재판의 효력)의 적용에 있어서는 그가 참가할 수 있었을 때에 참가한 것으로 본다. 즉, 참가하지 않았더라도 판결의 참가적 효력이 미치게 된다. 그러나 피고지자가 소송에 참가하지 않았으면 비록 위와 같이 피고지자에게 민사소송법 86조의 참가적 효력이 발생한다 하더라도 판결에는 피고지자의 이름을 표시하여서는 안 된다(대법원 1962. 4. 18. 선고 4294민상1195 판결).

견지에서 그 패소의 책임을 제3자에게 분담시키려는 제도로서 피고지자는 후일 고지자와의 소송에서 전소 확정판결에서의 결론의 기초가 된 사실상·법률상의 판단에 반하는 것을 주장할 수 없게 된다.[37] 예컨대, 보증인이 채권자로부터 보증채무의 이행을 소구 당한 경우 주채무자에게 소송고지하면 후에 보증인이 패소 후 보증채무를 지급하고 주채무자에 대하여 구상권을 행사할 경우 주채무자가 주채무 부존재의 항변을 할 수 없다. 이러한 점을 고려하여 판례는 대법원 2009. 7. 9. 선고 2009다14340 판결 등에서 소송고지를 최고로 보아 시효의 중단을 인정한다. 즉, 소송고지의 요건이 갖추어진 경우에 그 소송고지서에 고지자가 피고지자에 대하여 채무의 이행을 청구하는 의사가 표명되어 있으면 제174조 소정의 시효중단사유로서의 최고의 효력을 인정한다.[38]

(1) 시효중단의 효력발생시점(민사소송법 제265조의 유추 적용)

판례는 소송고지에 의한 최고는 보통의 최고와는 달리 법원의 행위를 통하여 이루어지는 것이므로 만일 법원이 소송고지서의 송달사무를 우연한 사정으로 지체하는 바람에 소송고지서의 송달 전에 시효가 완성된다면 고지자가 예상치 못한 불이익을 입게 된다는 점 등을 고려하여, 소송고지에 의한 최고의 경우에는 민사소송법 제265조를 유추 적용하여 당사자가 소송고지서를 법원에 제출한 때에 시효중단의 효력이 발생한다고 본다.[39]

(2) 시효중단의 종료시점

시효중단제도는 그 제도의 취지에 비추어 볼 때 이에 관한 기산점이나 만료점은 원권리자를 위하여 너그럽게 해석해야 할 것이다.[40] 소송고지로 인한 최고의 경우 보통의 최고와는 달리 법원의 행위를 통하여 이루어지는 것으로서, 그 소송에 참가할 수 있는 제3자를 상대로 소송고지를 한 경우에 그 피고지자는 그가 실제로 그 소송에 참가하였는지 여부와 관계없이 후일 고지자와의 소송에서 전소 확정판결에서의 결론의 기초가 된 사실상·법률상의 판단에 반하는 것을 주장할 수 없어[41] 그 소송의 결과에 따라서는 피고지자에 대한 참가적 효력이라는 일정한 소송법상의 효력까지 발생함에 비추어 볼 때[42], 고지자로서는 소송고지를 통하여 당해 소송의 결과에 따라 피고지자에게 권리를 행사하겠다는 취지의 의사를 표명한 것으로 보아야 할 것이다. 이러한 이유에서 당해 소송이 계속중인 동안은 최고에 의하여 권리를 행사하고 있

37) 이 경우 주장할 수 없는 것은 피고지자가 참가하였다면 상대방에 대하여 '고지자와 공동이익'으로 주장하거나 다툴 수 있었던 사항에 한할 뿐이므로, 고지자와 피고지자 사이에서만 이해가 대립되는 사항에 대하여는 참가적 효력이 생기지 않는다(대법원 1991. 6. 25. 선고 88다카6358 판결).

38) 대법원 1970. 9. 17. 선고 70다593 판결 참조.

39) 대법원 2015. 5. 14. 선고 2014다16494 판결.

40) 대법원 2006. 6. 16. 선고 2005다25632 판결 참조.

41) 대법원 1991. 6. 25. 선고 88다카6358 판결 등 참조.

42) 즉 소송고지의 주된 목적 중 하나는 당해 소송에서 고지자의 패소확정판결이 선고되면 후일 피고지자를 상대로 한 소송에서 피고지자가 위 확정판결에서의 결론의 기초가 된 사실상 · 법률상의 판단에 반하는 것을 주장할 수 없도록 하는 소위 참가적 효력이 생기게 하고자 함이다(민사소송법 제86조 및 제77조 참조).

는 상태가 지속되는 것으로 보아 제174조에 규정된 6개월의 기간은 당해 소송이 종료된 때로부터 기산되는 것으로 보아야 할 것이다.[43] 왜냐하면 만약 소송고지서가 송달된 때부터 6개월 내에 후속조치를 하라고 한다면, 권리자인 고지자는 당해 소송에서 아직 결론이 나오지 않았음에도 소송고지가 된 때로부터 6월 내에 피고지자를 상대로 재판상 청구 등을 해야 하는데 이는 불필요한 절차를 불합리하게 요구하는 것이기 때문이다.

4. 채권의 압류시 피압류채권의 소멸시효 중단

(1) 피압류채권의 시효중단

채권자가 채무자의 제3채무자에 대한 채권을 압류한 경우에 제168조 제2호에 의해 채무자에 대한 채권('피보전채권')의 소멸시효의 중단의 효력이 생기는 것은 명백하나, 압류된 제3채무자에 대한 채권('피압류채권')에 관하여도 시효중단의 효력이 생기는지 여부에 대하여는 견해가 나뉜다.[44] 판례는 대법원 2003. 5. 13. 선고 2003다16238 판결 등에서 "채권자가 채무자의 제3채무자에 대한 채권을 압류 또는 가압류한 경우에 채무자에 대한 채권자의 채권에 관하여 시효중단의 효력이 생긴다고 할 것이나, 압류 또는 가압류된 채무자의 제3채무자에 대한 채권에 대하여는 민법 제168조 제2호소정의 소멸시효 중단사유에 준하는 확정적인 시효중단의 효력이 생긴다고 할 수 없다(밑줄은 필자가 첨가)."라고 판단하였다.

생각건대 압류는 집행채무자의 일정한 처분권을 압류채권자와의 관계에서 제한하고, 추심명령을 받으면 압류채권자에게 일정한 권한이 부여되는 데에 그치는 것이고, 압류 그 자체에 의하여 피압류채권의 권리행사가 있다고 볼 수는 없으며, 제169조에서 시효중단의 효력은 당사자 및 그 승계인간에만 효력이 있다고 규정하고 있고, 채권압류가 있는 경우 집행채권자와 집행채무자만이 당사자라고 할 수 있을 것이므로 채권압류의 효력이 피압류채권의 행사로서의 효력까지 갖게 되어 피압류채권에 대한 시효중단의 효력을 인정할 수 없을 것이다. 따라서 압류채권자는 보다 적극적으로 집행채무자를 대위하여 제3채무자에게 소를 제기하거나(확인의 소든 급부의 소든 가능할 것임), 혹은 제3채무자의 재산을 압류하거나(대위압류), 또는 추심명령을 받은 후 직접 제3채무자에 대하여 추심의 소를 제기하여 피압류채권의 소멸시효를 중단시킬 수밖에 없다.

(2) 최고에 준하여 피압류채권의 소멸시효가 중단되는지 여부

채권의 압류 및 추심명령이 피압류채권의 제3채무자에게 송달된 경우에 그 송달이 제174

43) 판례 또한 대법원 1991. 6. 25. 선고 88다카6358 판결 등에서 이러한 입장을 취한다. 참고로 김성혁, "소가 각하·취하된 경우의 시효중단의 효력에 관한 연구 – 대법원 2019. 3. 14. 선고 2018다56435 판결 검토를 중심으로 –", 법학연구 제65집, 전북대학교 법학연구소, 2021, 170면은 이러한 판례의 입장을 일본법상 '재판상 최고'의 이론을 적용 내지 참고한 것으로 분석한다.

44) 학설대립에 대해서는 박순성, "채권의 압류 및 추심명령과 시효중단", 대법원판례해설 제44호, 2004, 666면 이하.

조의 최고로서 인정될 것인지가 문제된다. 판례는 대법원 2003. 5. 13. 선고 2003다16238 판결에서 "잠정적인 시효중단사유로서의 최고라 함은 권리자가 의무자에게 의무의 이행을 청구하는 것을 말하고, 그 형식에 제한이 없으므로 권리자가 의무자에게 의무의 이행을 청구하는 취지가 명백히 표시된 것이라면 널리 최고로서의 효력을 인정함이 상당하다(밑줄은 필자가 첨가)."고 전제한 후, "소멸시효 중단사유의 하나로서 민법 제174조가 규정하고 있는 최고는 채무자에 대하여 채무이행을 구한다는 채권자의 의사통지(준법률행위)로서, 이에는 특별한 형식이 요구되지 아니할 뿐 아니라 행위 당시 당사자가 시효중단의 효과를 발생시킨다는 점을 알거나 의욕하지 않았다 하더라도 이로써 권리 행사의 주장을 하는 취지임이 명백하다면 최고에 해당하는 것으로 보아야 할 것이므로, 채권자가 확정판결에 기한 채권의 실현을 위하여 채무자의 제3채무자에 대한 채권에 관하여 압류 및 추심명령을 받아 그 결정이 제3채무자에게 송달이 되었다면 거기에 소멸시효 중단사유인 최고로서의 효력을 인정하여야 한다(밑줄은 필자가 첨가)."고 본다. 생각건대 집행채권자가 압류 및 추심명령의 신청을 하는 것은 제3채무자에 대하여 의무의 이행을 구하기 위하여 집행법원에 대하여 추심권을 수여해 줄 것을 청구하는 것이지만, 그 압류 및 추심명령이 제3채무자에게 송달된다면 집행채권자가 제3채무자에게 의무의 이행을 구하는 의사가 집행법원을 통하여 명백히 전달되었다고 할 것이고 그러한 의미에서 위 압류 및 추심명령의 송달을 최고로 보아야 할 것이다.[45] 요컨대 추심명령이 제3채무자에게 송달된 날부터 6개월 내에 채권자가 제3채무자를 상대로 추심의 소를 제기하면 위 추심명령의 송달로써 피압류채권의 소멸시효는 중단된다.

5. 연대채무자 1인의 재산에 대한 경매신청과 다른 연대채무자의 채무의 시효중단

판례는 대법원 2001. 8. 21. 선고 2001다22840 판결 등에서 채권자의 신청에 의한 경매개시결정에 따라 연대채무자 1인의 소유 부동산이 압류된 경우, 이로써 위 채무자에 대한 채권의 소멸시효는 중단되지만, 압류에 의한 시효중단의 효력은 다른 연대채무자에게 미치지 아니하므로, 경매개시결정에 의한 시효중단의 효력을 다른 연대채무자에 대하여 주장할 수 없다고 본다. 이는 제416조에서 이행청구의 절대효를 인정하고 있을 뿐 압류의 절대효를 인정하지 않은 결과이다.[46] 즉 제416조는 "어느 연대채무자에 대한 이행청구는 다른 연대채무자에게도 효력이 있다."고 정하고 있으므로, 연대채무자 중 1인에 대한 이행청구는 그 1인에 대하여 뿐만 아니라 다른 연대채무자에 대하여도 소멸시효 중단의 효력을 생기게 한다. 그러나 연대채무자에 있어서 생긴 시효중단의 사유 가운데 다른 연대채무자에 대하여도 절대적 효력을 가지

45) 박순성, 앞의 논문, 669면; 노갑영, 앞의 논문, 176면 등.

46) 서종희, "연대채무자 1인에 대한 압류와 시효중단의 절대효 — 민법 제416조의 적용범위 및 그 유추의 한계 —", 안암법학 제59호, 2019, 143면 이하.

는 것은 위 이행의 청구(재판상 청구, 재판 외 청구인 최고)에 한하며, 그 밖의 중단사유인 압류 등은 민법 제423조의 원칙에 의해 상대적 효력밖에 인정되지 않는다.[47] 다만 판례는 대법원 2001. 8. 21. 선고 2001다22840 판결 등에서 "채권자가 연대채무자 1인의 소유 부동산에 대하여 경매신청을 한 경우, 이는 최고로서의 효력을 가지고 있고, 연대채무자에 대한 이행청구는 다른 연대채무자에게도 효력이 있으므로, 채권자가 6월 내에 다른 연대채무자를 상대로 재판상 청구를 하였다면 그 다른 연대채무자에 대한 채권의 소멸시효가 중단되지만, 이로 인하여 중단된 시효는 위 경매절차가 종료된 때가 아니라 재판이 확정된 때부터 새로 진행된다. 경매개시결정이 등기된 경우 '당해 연대채무자'에 대하여는 '압류'에 의한 확정적 시효중단 효과가 발생하고, '다른 연대채무자'에 대하여는 '최고'에 의한 잠정적 시효중단 효과가 발생한다(밑줄은 필자가 첨가)."고 본다.[48]

채권자의 권리행사로 볼 수 있는 경우에는 제174조의 최고로 보아 권리자를 보호하고 그 이후 6개월 이내의 후속조치를 취하도록 하여 당사자 쌍방의 이익을 조정할 필요가 있으므로, 채권자가 연대채무자 1인의 재산에 대한 경매를 신청할 것은 최고로서의 권리행사라고 본 판례의 입장은 타당하다.[49]

6. 명시적 일부청구시 청구취지 확장의 의사표시와 최고에 의한 시효중단

하나의 채권 중 일부에 관하여만 판결을 구한다는 취지를 명백히 하여 소송을 제기한 경우(명시적 일부청구)에는 소 제기에 의한 소멸시효중단의 효력이 그 일부에 관하여만 발생하고, 나머지 부분에는 발생하지 않는다.[50] 그러나 소장에서 청구의 대상으로 삼은 채권 중 일부만을 청구하면서 소송의 진행경과에 따라 장차 청구금액을 확장할 뜻을 표시하고 해당 소송이 종료될 때까지 실제로 청구금액을 확장한 경우에는 소 제기 당시부터 채권 전부에 관하여 판결을 구한 것으로 해석되므로, 이러한 경우에는 소 제기 당시부터 채권 전부에 관하여 재판상 청구로 인한 시효중단의 효력이 발생한다.[51] 예컨대 원고의 청구가 장차 신체감정결과에 따라 청구금액을 확장할 것을 전제로 우선 재산상 및 정신상 손해배상액 가운데 일부를 청구한다는 뜻이라면, 채권의 일부에 대해서만 판결을 구하는 취지의 일부청구는 분명히 아니므로 소제기로 인한 시효중단의 효력은 소장에서 주장한 손해배상채권의 동일성의 범위에서 채권 전부에 대하여 미친다.[52] 이러한 법리는 추후 청구취지를 확장할 것을 유보하면서 일부청구를 한 경

47) 김용덕 편집대표/전원열 집필부분, 「주석민법(민법총칙 3)」, 한국사법행정학회, 2019, 909면; 곽윤직 편집대표/윤진수 집필부분, 민법주해 Ⅲ(총칙 3), 박영사, 1992, 492면.

48) 일본의 판례는 경매신청을 최고로 인정하지 않는다. 最判平成 8(1996)年 9月 27日, 民集 50巻 8号 2395頁.

49) 김성균/강병훈, "'채권집행'에 있어서 소멸시효중단사유에 관한 소고", 법학논집 제21권 제3호, 2017, 13면.

50) 대법원 1975. 2. 25. 선고 74다1557 판결 등 참조.

51) 대법원 1992. 4. 10. 선고 91다43695 판결 등 참조.

52) 대법원 2001. 9. 28. 선고 99다72521 판결. 한편 이 경우는 일부청구가 아닌 전부청구사안으로 이해하는 것이

우뿐 아니라 사실관계나 법률적용에 오해가 있어서 처음에는 일부청구인 것을 모르고 있다가 뒤늦게 잔부청구를 위해 청구취지를 확장하는 경우에도 적용된다고 보아야 한다.[53]

한편, 소장에서 청구의 대상으로 삼은 채권 중 일부만을 청구하면서 소송의 진행경과에 따라 장차 청구금액을 확장할 뜻을 표시하였으나 당해 소송이 종료될 때까지 실제로 청구금액을 확장하지 않은 경우에는 소송의 경과에 비추어 볼 때 채권 전부에 관하여 판결을 구한 것으로 볼 수 없으므로, 나머지 부분에 대하여는 재판상 청구로 인한 시효중단의 효력이 발생하지 아니한다(대법원 2020. 2. 6. 선고 2019다223723 판결. 일부청구를 한 원고가 특별한 이유 없이 사실심 변론종결시까지 청구를 확장하지 아니한 것은 결국 그 부분에 대하여 소를 제기조차 안한 것으로서 제170조 제1항이 소의 취하의 경우 시효중단의 효력을 부여하지 않는 취지를 고려하면, 특별한 이유 없이 청구를 확장하지 아니한 부분에 대해서까지 시효중단의 효력을 인정할 근거가 없기 때문이다). 그러나 이와 같은 경우에도 소를 제기하면서 장차 청구금액을 확장할 뜻을 표시한 채권자로서는 장래에 나머지 부분을 청구할 의사를 가지고 있는 것이 일반적이라고 할 것이므로, 다른 특별한 사정이 없는 한 당해 소송이 계속 중인 동안에는 나머지 부분에 대하여 권리를 행사하겠다는 의사가 표명되어 최고에 의해 권리를 행사하고 있는 상태가 지속되고 있는 것으로 보아야 하고[54], 채권자는 당해 소송이 종료된 때부터 6개월 내에 제174조에서 정한 조치를 취함으로써 나머지 부분에 대한 소멸시효를 중단시킬 수 있다(대법원 2020. 2. 6. 선고 2019다223723 판결).[55]

소장에서 청구의 대상으로 삼은 채권 중 일부만을 청구하면서 소송의 진행경과에 따라 장차 청구금액을 확장할 뜻을 표시하였더라도 그 후 채권의 특정 부분을 청구범위에서 명시적으로 제외하였다면, 그 부분에 대하여는 애초부터 소의 제기가 없었던 것과 마찬가지이므로 재판상 청구로 인한 시효중단의 효력이 발생하지 않는다.[56] 한편 이와 같은 경우에도 소를 제기

더 자연스럽다고 보는 견해가 있다. 양형우, "일부청구와 소멸시효의 중단 - 대법원 2020. 2. 6. 선고 2019다223723 판결 -", 재산법연구 제37권 제2호, 한국재산법학회, 2020, 71면.

53) 피고와 그 부모는 그들 모두가 보험수익자에 해당하는 것으로 오인하여 이 사건 반소로 원고는 피고와 그 부모에게 이 사건 보험금을 지급하라는 내용의 청구를 하였다가, 보험금청구권의 소멸시효기간이 경과한 후에 피고만이 보험수익자에 해당한다는 것을 뒤늦게 인식하고 원고는 피고에게 이 사건 보험금을 지급하라는 내용으로 청구를 변경한 이 사건에서, 판례는 "피고는 반소장 제출 당시부터 이 사건 보험금 전부의 지급을 구한다는 뜻을 객관적으로 명백히 표시하였다고 보아 반소장 제출에 의한 시효중단의 효력도 이 사건 보험금 중 1/3에 대하여만 아니라 이 사건 보험금 전부에 대하여 발생한다고 판단한 것은 정당하다."고 보았다(대법원 2006. 1. 26. 선고 2005다60017 판결).

54) 일본민법상 재판상 최고개념을 적용 내지 참고한 것으로 보는 견해는 권영준, "2020년 민법 판례 동향", 서울대학교 법학 제62권 제1호, 서울대학교 법학연구소, 2021, 220면.

55) 이 판결에 대한 평석으로는 전병서, "일부청구와 시효중단 – 대법원 2020. 2. 6. 선고 2019다223723 판결을 소재로 –", 법조 제69권 제3호, 2020, 395면 이하; 정소민, "명시적 일부청구와 소멸시효의 중단 - 대법원 2020. 2. 6. 선고 2019다223723 판결에 대한 평석 –", 법학논총 제37권 제4호, 한양대학교 법학연구소, 2020, 266면 이하 참조,

56) 대법원 2021. 6. 10. 선고 2018다44114 판결 및 강윤희, "일부청구와 시효중단에 관한 대법원 판결의 체계적 이해 - 대법원 2020. 2. 6. 선고 2019다22723 판결, 대법원 2020. 8. 20. 선고 2019다14110, 14127, 14134,

하면서 장차 청구금액을 확장할 뜻을 표시한 채권자는 장래에 나머지 부분을 청구할 의사를 가지고 있는 것이 일반적이라고 할 것이므로, 다른 특별한 사정이 없는 한 당해 소송이 계속 중인 동안에는 나머지 부분에 대하여 권리를 행사하겠다는 의사가 표명되어 최고에 의해 권리를 행사하고 있는 상태가 지속되고 있는 것으로 보아야 하고, 채권자는 당해 소송이 종료된 때부터 6개월 내에 제174조에서 정한 조치를 취함으로써 나머지 부분에 대한 소멸시효를 중단시킬 수 있다.[57]

7. 제174조의 최고와 재판상 최고를 준별할 것인지에 대한 검토

(1) '재판상 최고'를 받아들일 것인지 여부

1) 일본민법에서의 '재판상 최고'개념의 등장

개정 전 일본법에 의하면, 「재판상의 청구」에 의한 시효중단의 효과는 「소를 제기한 때」에 발생하며(개정 전 일본 민사소송법 제147조), 소의 각하 또는 취하의 경우에는 시효중단의 효력은 발생하지 않는다(개정 전 일본민법 제149조). 요컨대 당해 절차의 최초의 시점에 시효가 중단한다고 논하면서도 그 절차가 도중에 종료된 경우에는 중단의 효력을 소급적으로 상실시킨다. 실체적으로 시효의 새로운 진행이 개시되는 것은 「재판이 확정된 때」(개정 전 일본민법 제157조 제2항)이므로, 사실상 소의 제기로부터 「재판이 확정된 때」까지는 시효의 진행이 정지된 것과 같은 의미를 가진다.[58] 한편 「소의 각하 또는 취하의 경우에는 시효중단의 효력은 발생하지 않는다」고 볼 때, 취하하거나 각하된 소의 제기를 보통의 최고로서의 효력이 있을 뿐이라고 한다면 소가 부적법하여 각하될 때까지 6개월을 경과하는 경우도 있어 이 경우에는 소를 제기한 후에도 계속 중단조치 등을 해야 하는 부담을 준다는 점에서 부당하다고 할 수 있다.[59] 이러한 부당함을 우리민법은 제170조 제2항으로 해결하였는데, 개정 전 일본민법은 우리민법 제170조 제2항과 같은 명문을 두고 있지 않아 입법적인 불비에서 발생한 문제를 해석으로 해결할 필요성이 제고되었다. 이러한 이유에서 我妻(와가즈마)는 '재판상 최고'라는 사고를 도출하고[60] 일반적인 최고와 다른 접근을 시도하였고 이에 소가 각하된 날로부터 6개월 내 후속조치를 하면 최초의 재판상 청구에 의한 시효의 중단을 인정하였다.[61]

14141 판결, 대법원 2021. 6. 10. 선고 2018다44114 판결을 비교·분석하여 -", 법조 통권 제752호, 2022, 364-365면 참조.

57) 대법원 2022. 5. 26. 선고 2020다206625 판결.

58) 이러한 분석으로는 松久三四彦, 「消滅時効制度の根拠と中断の範囲(2 · 完)」, 北法 31巻 2号, 1980, 809頁.

59) 松久三四彦, 「時効中断および停止の基本構想」, 金山直樹編 『消滅時効法の現状と改正提言』, 商事法務, 2008, 14頁.

60) 강병훈/김성균, 앞의 논문, 14면 이하; 김성혁, "소멸시효 중단사유인 재판상 청구의 요건에 관한 소고 - 재판상 청구와 재판상 최고의 구별을 위하여-", 법학논총 제35권 제2호, 2023, 468면 이하 등 참조.

61) 我妻栄, 『新訂民法総則』, 岩波書店, 1965, 466頁. 특히 我妻(와가즈마)는 일반 최고에 비해 더 강한 중단의 효력을 가진다는 점을 강조하여 위하여 我妻栄, 「確認訴訟と時効中断」, 『民法研究Ⅱ』, 有斐閣, 1966, 265

특히 일본의 판례는 일부청구의 취지가 명시되어 있는 경우 소송물은 채권의 전부가 아닌 일부청구한 채권이며, 시효중단의 효력은 그 범위 내에 발생하나[62], 잔부채권에 대해 권리행사의 의사가 계속적으로 표시되고 있다고 할 수 없는 특단의 사정이 없는 한 당해 소의 제기는 잔부채권에 대해 재판상의 최고로서 소멸시효의 중단의 효력이 발생한다고 본다.[63] 요컨대 일본의 판례는 명시적 일부청구의 경우에 잔부채권에 대해서 재판상 최고를 인정하여 권리자를 보호한다.[64] 또한 일본의 판례는 원고의 청구를 거부하기 위해 피고가 유치권에 기한 항변을 한 경우에도 유치권의 피담보채권에 대한 최고로서 소송 계속 중 및 소송 종결 후 6개월간 시효중단의 효력이 인정한다.[65]

2) 국내에서의 논의

제170조 제2항은 재판상의 청구가 각하, 기각 또는 취하된 경우에도 그 재판절차가 종료된 때부터 6개월 내에 재판상 청구 등을 한 경우에는 시효는 최초의 재판상 청구로 인하여 중단된 것으로 본다고 규정하고 있어 우리의 경우에는 일본민법상의 '재판상 최고'의 개념을 고려할 필요가 없다. 문제는 우리 판례가 ① 소송고지로 인한 최고(대법원 2009. 7. 9. 선고 2009다14340 판결), ② 청구취지확장 유보부 일부청구에서 청구취지를 확장하지 않은 경우 잔부청구부분(대법원 2020. 2. 6. 선고 2019다223723 판결)에 관하여 일본민법상의 재판상 최고개념을 받아들인 것으로 볼 것인지 여부이다. 왜냐하면 소송고지 사안(일부청구 사안)에서 우리 판례가 이를 최고로 보면서도 '당해 소송이 종료된 때부터 6개월 내'에 민법 제174조에서 정한 조치를 취하면 시효의 중단을 소송고지 시점(일부청구 시점)에 발생한 것으로 판단하고 있는데 이는 제174조의 규정만으로는 도출될 수 없기 때문이다. 즉 제174조의 규정만을 놓고 보면, '최고시부터 6개월 내'에 후속조치를 해야 하는 것이지, '최고 이후에 소송이 종료된 때로부터 6개월 내'라는 해석이 도출되지 않는다.

頁에서는「강력한 최고」라 지칭한다.

62) 最判昭和34 · 2 · 20, 民集 13巻 2号 209頁.

63) 最判平成25 · 6 · 6, 民集 67巻 5号 1208頁.

64) 일부청구의 취지가 명시되어 있지 않은 경우(묵시적 일부청구)의 경우에는 채권의 동일성의 범위 내에 있어서 채권 전부에 대해 시효중단효가 발생한다고 논하였다(最判昭和45 · 7. 24, 民集 24巻 7号 1177頁).

65) 最大判昭和38 · 10 · 30, 民集 17巻 9号 1252頁에서 일본최고재판소는 "피담보채권의 채무자(원고)를 상대방으로 하는 소송에서의 유치권의 항변은 피담보채권에 대한 구 민법 제147조 제1호의 '청구'에 해당하여 소멸시효 중단의 효력이 있지만, 이러한 소송상 유치권 주장은 반소의 제기가 아니라 단순한 항변에 불과하고 소송물인 목적물인도청구권과 유치권의 근거인 피담보채권은 전혀 별개의 권리이므로 위 피담보채권에 대하여 소의 제기에 준하는 효력이 있다고는 할 수 없다(밑줄은 필자가 첨가)."라고 판시하면서 "위 항변을 철회하지 않는 한 해당 소송의 계속 중에는 위 피담보채권에 대한 권리주장이 계속되고 있는 것이라 할 수 있고, 시효중단의 효력도 소송계속 중 존속하는 것으로 보아야 하므로, 해당 소송종결 후 6개월 내에 다른 강력한 중단사유에 호소하면 시효중단의 효력은 유지된다(밑줄은 필자가 첨가)."라고 보았다. 이 판결에 대해서는 김성혁, "소멸시효 중단사유인 재판상 청구의 요건에 관한 소고 - 재판상 청구와 재판상 최고의 구별을 위하여 -", 472면 이하 참조.

국내 학설은 견해가 나뉜다. 먼저 부정하는 견해는 일본 민법규정의 흠결을 보완하기 위해서 만든 개념을 우리 민법의 해석론으로 받아들일 필요가 없다는 점,[66] 최고가 소송계속 중에 계속된다고 보는 것은 의사의 통지에 기하여 잠정적 시효중단효를 생기게 하려는 최고의 취지에 어긋나고 최고의 법적 성질과도 맞지 않다는 점,[67] 명시적 일부청구, 소송고지 등과 소멸시효의 문제를 최고 규정(제174조)의 확대해석을 통하여 해결하는 것보다는 민법의 개정을 통하여 해결해야 한다는 점[68] 등을 이유로 재판상 최고 개념을 받아들이지 않는다.[69] 반면에 긍정하는 견해는 최고에 의하여 권리를 행사하고 있는 상태가 지속되는 것으로 보는 관념을 부정할 이유가 없을 뿐 아니라 일단 권리자가 권리행사를 하고 있는 상태에서 별도의 확정적인 권리행사를 할 것을 기대할 수 없는 경우가 있다는 점 등을 고려하여 재판상 최고개념을 받아들인다.[70]

(2) 검토

제174조의 최고는 한 번의 최고에 의해 시효는 중단되나 그 시점부터 6개월 안에 바로 후속조치를 해야 하나 재판상 최고는 그 재판절차가 종료된 시점부터 6개월 안에 후속조치를 해도 되므로 후자가 전자에 비해 권리자에게는 유리하다. 그러나 이는 재판상 최고개념을 인정해야만 달성할 수 있는지 의문이 든다. 즉 제174조의 최고로 보더라도 권리행사자의 의사가 계속된 것으로 의제하는 해석을 통해 재판상 최고를 도입한 것과 같은 효과를 달성할 수 있다.

1) 최고의 효력의 계속

일부 유형의 경우에는 최고의 효력이 계속된다고 볼 수 있을 것이다. 최고의 효력이 계속되는 것과 계속된 최고는 다르다. 예컨대 계속된 최고는 특별한 사정이 없는 한 반복된 최고를 의미하게 되며 반복된 최고의 경우에는 후속조치로부터 역산하여 6개월 내 최고 중에 시효가 완성되기 전에 최고가 있는 경우에만 시효중단의 의미를 가진다. 그렇다면 최고의 효력의 계속된다는 것을 무엇을 의미하는가? 이에 대해서 이미 우리 판례는 대법원 2006. 6. 16. 선고 2005다25632 판결 등에서 최고의 효력이 계속되는 것에 의해 권리자를 보호하고 있다. 원칙적으로 최고가 상대방에게 도달한 날을 기산점으로 보아 6개월 내에 후속조치를 취해야만 최고에 의한 시효의 중단이 인정되지만 판례는 예외적으로 채무이행을 최고받은 채무자가 그 이

66) 곽윤직 편집대표/윤진수 집필, 앞의 책, 522면.

67) 전병서, 앞의 논문, 415면.

68) 정소민, 앞의 논문, 266면.

69) 한충수, 민사소송법, 박영사, 2021, 269면은 소송고지의 경우에는 법원의 재판행위가 직접적으로 개입됨을 이유로 재판상 최고의 효력을 인정한 대법원 2009. 7. 9. 선고 2009다14340 판결을 수긍하면서도, 일부청구의 경우에는 법원의 재판행위가 직접적으로 개입된 바가 없는데도 대법원 2020. 2. 6. 선고 2019다223723 판결이 위 재판상 최고의 효력을 인정한 것은 법이 예정하고 있지 않은 "새로운 형태의 최고"를 법원이 창출하는 것이라고 비판한다.

70) 김용담/김홍엽, 앞의 책, 631면; 강윤희, 앞의 논문, 365면; 김성균/강병훈, 앞의 논문, 15−16면; 김성혁, "소멸시효 중단사유인 재판상 청구의 요건에 관한 소고 - 재판상 청구와 재판상 최고의 구별을 위하여−", 497면.

행의무의 존부 등에 대하여 조사를 해 볼 필요가 있다는 이유로 채권자에 대하여 그 이행의 유예를 구한 경우에는 채권자가 그 회답을 받을 때까지는 최고의 효력이 계속된다고 보아 채권자가 채무자로부터 회답을 받은 때로부터 6개월 내에 후속조치를 하면 최고에 의한 시효의 중단을 인정한다.[71] 즉 우리 판례는 "소멸시효제도 특히 시효중단제도는 그 제도의 취지에 비추어 볼 때 이에 관한 기산점이나 만료점은 원권리자를 위하여 너그럽게 해석하는 것이 상당하다"라는 이유로 이행의 유예와 관련하여 최고의 효력이 계속된다는 논리로 재판상 최고를 인정한 것과 같은 결론에 도달하고 있다.

2) 제170조 제2항의 유추

제174조의 최고이지만 제170조 제2항을 유추하는 것으로 재판상 최고의 개념을 새롭게 인정하는 것과 같은 결론에 도달할 수 있을 것이다.

소송고지, 재산명시신청, 명시적 일부청구에서 잔부에 대한 확장의 의사가 제170조 제1항의 재판상 청구가 아닌 것이 자명한데도 '재판상 최고'로 보아 '재판상 청구'와 연결을 지어 제170조 제2항을 적용하는 것보다는 이들을 모두 제174조의 최고로 보되 최고에 의한 중단의 효력과 관련하여 제170조 제2항을 유추하여 권리자를 보호하는 것으로 형평을 도모할 수 있을 것이다. 예컨대 소가 각하된 경우에는 제170조 제2항에 의해 소가 각하된 날을 기산점으로 하여 6개월 내에 후속조치를 하면 소 제기시의 시효중단이 계속되는 것처럼 소송고지의 경우에도 제170조 제2항을 유추하여 소송고지가 송달된 시점이 아닌 소송이 종료된 날로부터 6개월 내에 후속조치를 하면 소송고지에 의해 시효중단이 계속된다고 보면 될 것이다.

3) 소결

재판상 최고의 개념을 인정할 필요성이 인정되더라도 현행법의 확장해석 및 유추를 통해 같은 결과를 도출할 수 있다면 굳이 새로운 법리를 판례가 도입할 필요는 없을 것이다. '재판상 청구를 하여 각하된 경우'와 '소송고지한 경우' 또는 '재산명시신청' 등을 한 경우에서 권리행사가 가지는 의미를 동등하게 평가하고 이러한 평가의 동등성은 '재판상 최고'개념의 도입이 아닌 제174조의 최고의 효력이 계속된다고 보는 해석이나 제170조 제2항의 유추를 통해 평가적 모순을 방지할 수 있을 것이다.

71) 대법원 2006. 6. 16. 선고 2005다25632 판결 및 대법원 2012. 3. 15. 선고 2010다53198 판결 등.

Ⅲ. 거듭된 최고 및 거듭된 재판상 청구에 의한 시효중단: '재판외 최고'의 개념에 대한 고찰

이미 살펴본 것과 같이 최고를 여러 번 거듭하다가 재산상 청구 등을 한 경우에 시효중단의 효력은 항상 최초의 최고시에 발생하는 것이 아니라 재산상 청구 등을 한 시점을 기준으로 하여 이로부터 소급하여 6월 이내에 한 최고시에 발생한다.[72]

1. 재판외 최고의 의미

우리 판례는 대법원 1987. 12. 22. 선고 87다카2337 판결(이하 '대판 87다카2337')에서 "민법 제170조의 해석상 재판상의 청구는 그 소송이 취하된 경우에는 그로부터 6월내에 다시 재판상의 청구를 하지 않는 한 시효중단의 효력이 없고 다만 재판외의 최고의 효력만 있게 된다 할 것이(다)."는 점을 반복적으로 설시한다. 대판 87다카2337에서 "그 시효기간만료일이 1985.10.20인데 원고가 그 만료일 전인 1985.7.6 최고를 하고 그후인 1985.11.28 재판상 청구를 하였다가 이를 취하하고 나서 1986.3.31 이 사건 재판상 청구를 하였다면 **이 사건 재판상 청구를 한 1986.3.31부터 소급하여 6월내인 1985.11.28의 재판상 청구만이 그 취하로 인하여 최고의 효력이 있을 뿐이고** 한편 그 재판상 청구를 취하한 것이 이 사건 치료비채권의 단기소멸시효만료일인 1985.10.20 이후임이 분명함으로 결국 **그 재판상 청구의 취하로 인한 최고로는** 그 시효중단의 효력이 발생할 여지가 없(다)(밑줄은 필자가 첨가)."라고 본 점을 고려하면, 판례는 소를 취하하면 소의 제기는 '재판 외 최고'의 효력만을 갖는다는 입장으로 판단된다.[73] 한편 대법원 2019. 3. 14. 선고 2018두56435 판결에서도 "민법 제170조의 해석상 재판상의 청구는 그 소송이 취하된 경우에는 그로부터 6월 내에 다시 재판상의 청구를 하지 않는 한 시효중단의 효력이 없고 다만 재판 외의 최고의 효력만을 갖게 된다. 이러한 법리는 그 소가 각하된 경우에도 마찬가지로 적용된다."라고 설시하면서도 재판상 청구가 취하나 각하 되면 재판외 최고의 효력만을 갖는다고 설시하고 있다. 생각건대 위 두 개의 판결만을 놓고 보면 "재판상의 청구는 그 소송이 취하된 경우에는 그로부터 6월 내에 다시 재판상의 청구를 하지 않는 한 시효중단의 효력이 없고 다만 재판 외의 최고의 효력만을 갖게 된다."는 판례의 표현은 오독(誤讀)의 가능성이 있다는 점에서 표현이 수정될 필요가 있다. 그렇다면 재판외 최고는 제174조의 최고와 같은 의미인가? 일부 견해는 재판외 최고는 제174조의 최고와 동일한 개념으로 이해한다.[74] 그러나 제170조 제2항에 의한 중단은 재판상 청구에 의한 중단이고 제174조

---

72) 대법원 1983. 7. 12 선고 83다카437 판결.

73) 이러한 이해는 김성혁, "소가 각하·취하된 경우의 시효중단의 효력에 관한 연구 – 대법원 2019. 3. 14. 선고 2018다56435 판결 검토를 중심으로 –", 179면에서도 확인된다.

74) 곽윤직/김재형, 민법총칙, 박영사, 2013, 439면 등.

의 최고 후 6개월 내의 후속조치에 의한 중단은 최고에 의한 중단이라는 점에서 6개월 내 후속조치가 있었는지를 판단하는 기산점이 다르다. 따라서 양자는 다르게 취급하는 것이 타당하다. 더 나아가 재판 외 최고가 단순히 최고였다면 우리 판례가 굳이 '재판외 최고'라는 용어를 사용할 이유는 없었을 것이다.

2. 최고 후 거듭된 재판상 청구

만약 권리자가 시효기간이 만료되기 3개월 전에 최고를 하였고 시효기간이 만료된 후 2개월이 지나서 재판상 청구를 하였다가 그 후 2개월이 지난 다음 이를 취하하고 나서 그로부터 5개월이 지난 후 재판상 청구를 한 경우라면, 채무자는 소멸시효완성의 항변을 할 수 있을 것인지가 문제된다. 판례는 대판 87다카2337에서 시효기간이 만료되기 3개월 전 최고(이하 '만료 전 최고')후 5개월이 지난 후에 재판상의 청구(이하 '제1청구')를 하고 그 재판상 청구를 취하하고 그 후 4개월이 지난 후에 재판상의 청구(이하 '제2청구')를 한 사안에서 만료 전 최고가 제2청구를 한 때로부터 소급하여 6개월 이전이라면 제2청구를 한 때로부터 6개월 안에 있었던 제1청구가 최고의 효력이 있다고 하더라도 그 6개월 이전에 한 최고까지 그 효력이 부활할 수 없다고 판시하면서 채무자에 의한 시효완성의 항변을 인정한다.

3. 재판상 청구 후 거듭된 재판상 청구

소를 제기한 후 취하하고 그 6개월 내에 소를 제기하고 취하는 식으로 거듭하여 재판상 청구를 한 경우에 마지막 재판상 청구를 한 시점을 기준으로 하여 이로부터 소급하여 6월 이내에 소 제기시를 기준으로 시효중단이 발생한다고 볼 것인지 아니면 최초의 소 제기시를 기준으로 시효의 중단을 인정할 것인지가 문제된다. 이에 대해 판례는 명확한 입장을 보이지 않고 있으며 직관적으로 보면 모순되는 판결이 존재할 뿐이다.

(1) 대법원 2011. 10. 13. 선고 2010다80930 판결(이하 '대판 2010다80930')

이 판결은 丙은 2005. 2. 25. 甲을 대위하여 피고(乙)를 상대로 토지와 건물에 관하여 부당이득반환을 원인으로 한 소유권이전등기절차의 이행을 구하는 소를 제기하였다가[75] 2008. 5. 14. 그 항소심에서 피보전권리가 인정되지 않는다는 이유로 소각하판결을 선고받아 그 판결이 2008. 6. 5. 확정되었고[76], 丁은 그로부터 3개월 남짓 경과한 2008. 9. 19. 甲을 대위하여 피고(乙)를 상대로 위 부동산에 관하여 같은 내용의 소유권이전등기청구소송을 제기하였으나 2009. 12. 4. 그 항소심에서 乙과 사이에 그 피보전권리가 존재하지 않는다는 취지의 조정

75) 부당이득반환을 원인으로 한 소유권이전등기의 소멸시효는 10년이다. 대법원 2009. 7. 9. 선고 2009다23313 판결 등 참조.

76) 확정된 시점에 피대위권리의 소멸시효기간은 이미 만료되었다.

이 성립되었고 이후 원고(戊)는 2009. 12. 17. 甲을 대위하여 피고(乙)를 상대로 위 부동산에 관하여 같은 내용의 소유권이전등기청구소송을 다시 제기한 사안을 다룬다. 먼저 원고측은 "丙이 제기한 재판상 청구로 발생하였던 피대위권리에 대한 시효중단 효력은 소 각하 판결에 의하여 소멸하였으나(민법 제170조 제1항), 丁이 소 각하 판결로부터 6월 이내에 재판상 청구를 함으로써, 丙이 최초 재판상 청구를 한 2005. 2. 25.에 시효가 중단된 것으로 보아야 한다(민법 제170조 제2항)."고 주장한다. 반면에 피고 乙은 "丙의 재판상 청구에 대하여 소 각하 판결이 선고됨에 따라 시효중단 효과는 소멸하였고, 민법 제170조 제2항에 의하여 소멸된 시효중단 효과가 부활하려면 당초에 재판상 청구를 하였던 사람이 다시 재판상 청구 등을 하여야 하는데, 丙(또는 그의 포괄승계인인)이 아닌 丁이 재판상 청구를 한 이 사건의 경우 시효중단 효과가 부활하지 않는다."라고 주장한다. 이에 대해 원심인 서울고법 2010. 9. 9. 선고 2010나46307 판결은 위 부동산에 관한 부당이득반환을 원인으로 한 소유권이전등기청구권의 소멸시효는 丙, 丁, 戊의 순차적인 채권자대위소송에 따라 최초의 재판상 청구인 丙의 채권자대위소송 제기로 중단되었다고 보았는데 대법원 또한 원심의 판단을 그대로 유지하였다. 요컨대 대판 2010다80930은 丙, 丁, 그리고 戊의 순차적인 채권자대위소송에 의한 시효의 중단의 시점을 최초의 재판상 청구인 丙의 채권자대위소송시점으로 본다. 한편 대법원은 "채권자대위권 행사의 효과는 채무자에게 귀속되는 것이므로 채권자대위소송의 제기로 인한 소멸시효 중단의 효과 역시 채무자에게 생긴다."는 것을 위 결론의 주요 논거로 설시하고 있는데, 채권자대위권 행사의 효과가 피대위권리의 시효중단의 효과를 가진다는 것만으로 丙, 丁, 戊의 순차적인 채권자대위소송에 따라 최초의 재판상 청구인 甲의 채권자대위소송 제기로 중단되었다고 볼 수 있는지 의문이다.

(2) 대법원 2019. 3. 14. 선고 2018두56435 판결(이하 '대판 2018두56435')

이 판결은 원고가 2013. 12. 10. 제기한 첫 번째 선행소송(이하 '제1 선행소송')에 대해 2014. 1. 1. 피고 甲이 응소하였는데[77] 그 권리 주장에 관한 판단 없이 제1 선행소송이 2015. 8. 27. 각하되었고, 제1 선행소송이 각하된 때로부터 6월 내인 2015. 11. 23. 제기한 원고의 두 번째 선행소송(이하 '제2 선행소송')에 대해 2016. 1. 15. 甲이 응소하였는데 제2 선행소송 또한 2017. 8. 10. 각하된 후 2017. 8. 28. 원고가 제기한 소에 대해 甲이 2017. 9. 27. 응소하여 적극적으로 권리를 주장한 사안을 다룬다.

원심인 대전지방법원 2018. 4. 4. 선고 2017구합104759 판결은 甲의 반복적인 응소에 의한 시효의 중단과 관련하여 최초의 응소에 의한 소멸시효의 중단을 인정하였다. 반면에 대법원은 甲이 2014. 1. 21. 응소하여 적극적으로 권리를 주장하였으나, 그 권리 주장에 관한 판단 없이 제1 선행소송이 2015. 8. 27. 각하되었으므로 위 응소에는 재판 외 최고의 효력만 인정

77) 참고로 甲이 원고에게 가지는 채권의 소멸시효는 2015. 8. 25. 완성된다.

된다고 본다. 또한 대법원은 비록 제1 선행소송이 각하된 때로부터 6월 내인 2016. 1. 15. 기술진흥원이 제2 선행소송에 응소하였으나, 제2 선행소송마저 2017. 8. 10. 각하되었으므로 위 응소에도 재판 외 최고의 효력만 인정될 뿐이라고 본다. 이를 전제로 하여 대법원은 "甲은 2017. 8. 28. 원고가 제기한 소에 대해 2017. 9. 27. 응소하여 적극적으로 권리를 주장하고 있으므로 피고의 응소가 재판상 청구에 해당한다고 볼 수 있으나 이미 소멸시효가 완성된 이후이다. 그리고 甲이 응소한 2017. 9. 27.부터 소급하여 6월 내에 최고나 그 밖의 시효중단의 조치 등이 이루어졌는지 여부를 살펴볼 필요는 없다. 2017. 9. 27.부터 6월을 소급하더라도 이미 소멸시효가 완성된 이후이기 때문이다(밑줄은 필자가 첨가)."고 하면서 甲의 원고에 대한 채권은 2015. 8. 25. 소멸시효 완성으로 소멸하였다고 판단하였다.

(3) 검토

대판 2010다80930 및 대판 2018두56435의 결론이 차이를 보이는 이유는 무엇일까? 특히 전자에서는 재판상 청구가 각하된 경우에도 '재판외 최고'라는 개념을 찾아볼 수 없는 반면에 후자의 경우에는 선행소송의 각하로 인하여 응소행위는 '재판외 최고'에 불과하다는 점을 반복적으로 사용한다. 이러한 차이를 감안하여 양 판결을 개별사안의 특수성을 고려하여 구분(distinguishing)한 것으로 이해해야 하는 것인지 아니면 전자가 후자에 의해 사실상 폐기(overruling)된 것으로 보아야 하는지에 대한 검토가 필요하다.

양 판결의 유사점과 차이점을 순서대로 간단히 살펴보면 다음과 같다. 먼저 양 판결은 모두 재판상 청구와 관련하여 세 번의 재판상 청구가 있었는데, 첫 번째 재판상 청구와 두 번째 재판상 청구는 모두 각하 되었고 두 번째 재판상 청구와 마지막 재판상 청구는 각각 첫 번째 재판상 청구 및 두 번째 재판상 청구의 각하판결의 확정 등으로 소송이 종료된 때로부터 6월 이내에 이루어졌다는 점에서 같다. 또한 첫 번째 재판상 청구가 있었던 때에는 아직 시효기간이 경과하지 않았지만, 그 소송에서 각하판결이 확정된 때에는 이미 시효의 만료기간이 도과한 상태였다는 점에서 양 판결의 사안은 동일하다. 반면에 2010다80930 판결 사안은 채권자대위소송에 의한 시효의 중단이, 2018두56435 판결 사안은 응소행위에 의한 시효의 중단이 문제되었다는 점에서 차이를 보인다.

1) 채권자대위소송에 의한 피대위권리의 시효중단

채권자대위권 행사의 효과는 채무자의 제3채무자에 대한 권리행사로 보아야 하므로 그 효과는 채무자에게 귀속된다.[78] 즉 채권자대위소송의 제기로 인한 소멸시효 중단의 효과 역시 채무자의 제3채무자에 대한 권리(피대위권리)에 발생한다.[79] 재판상의 청구는 소송의 각하, 기

78) 채권자대위권 행사의 효과는 채무자에게 귀속되는 것이므로 채권자대위소송의 제기로 인한 소멸시효 중단의 효과 역시 채무자에게 생긴다(대법원 2011. 10. 13. 선고 2010다80930 판결 참조).

79) 반면에 채권자의 채무자에 대한 채권(피보전채권)은 그 소의 소송물이 아닐 뿐만 아니라 그 소송에서 채권자가 채무자를 상대로 피보전채권을 주장한 것이 아니므로 시효중단효가 발생하지 않는다. 곽윤직 편집대표/윤진수

각 또는 취하의 경우에는 시효중단의 효력이 없으나 이 경우에 6월 내에 재판상의 청구, 파산절차참가, 압류 또는 가압류, 가처분을 한 때에는 시효는 최초의 재판상 청구로 인하여 중단된 것으로 보는데(제170조), 채권자대위소송이 각하된 경우에도 각하된 날로부터 6월 내에 다시 시효중단 조치를 취한다면 그 채권자대위소송에 의해 시효가 중단된 것으로 본다.[80)81)]

2) 응소행위와 시효의 중단

제168조 제1호, 제170조 제1항에서 시효중단사유의 하나로 규정하고 있는 재판상의 청구란, 통상적으로는 권리자가 원고로서 시효를 주장하는 자를 피고로 하여 소송물인 권리를 소의 형식으로 주장하는 경우를 가리킨다. 그런데 우리 판례는 시효를 주장하는 자가 원고가 되어 소를 제기한 데 대하여 피고로서 응소하여 소송에서 적극적으로 권리를 주장하고 그것이 받아들여진 경우에도 재판상 청구에 준하여 시효의 중단을 인정한다.[82)] 더 나아가 우리 판례는 위와 같은 응소행위로 인한 시효중단의 효력은 피고가 현실적으로 권리를 행사하여 응소한 때에 발생하지만, 권리자인 피고가 응소하여 권리를 주장하였으나 소가 각하되거나 취하되는 등의 사유로 본안에서 권리주장에 관한 판단 없이 소송이 종료된 경우에는 제170조 제2항을 유추적용하여 그때부터 6월 이내에 재판상의 청구 등 다른 시효중단조치를 취한 경우에 한하여 응소 시에 소급하여 시효중단의 효력이 있다고 본다.[83)]

3) 소결

채권자가 채무자를 대위하여 채무자의 제3채무자에 대한 채권을 재판상 청구한 경우 그로 인하여 대위의 객체인 채권의 시효중단 효과는 피대위자인 채무자에게도 미치는 점에서 채권자대위소송은 피대위권리에 대한 재판상 청구라는 점이 자명하다. 채권자대위소송의 경우에 피대위권리의 권리자인 채무자의 입장에서는 자신이 제3채무자에게 재판상 청구를 하려고 하였는데 그 이전에 자신의 채권자가 채권자대위소송을 제기하여 자신이 직접 권리를 행사하는 것을 방해했다고 볼 여지도 있다.[84)] 예컨대 채무자 甲의 입장에서는 자신의 채권자인 乙이 자

집필, 앞의 책, 506면.

80) 대법원 2013. 3. 14. 선고 2012다37565 판결.

81) 한편 피고를 상대로 하여 채권자대위소송을 제기한 원고가 추후에 피대위권리를 양도받아 기존의 채권자대위권에 기한 청구를 채권양수에 기한 양수금청구로 변경한 경우에 이는 청구원인의 교환적 변경으로서 채권자대위권에 기한 구 청구는 취하된 것으로 본다. 그러나 양 청구는 동일한 소송물에 관한 권리의무의 특정승계가 있을 뿐 그 소송물은 동일하다. 따라서 원고가 채권자대위권에 기해 청구를 하다가 당해 피대위채권 자체를 양수하여 양수금청구로 소를 변경하였다고 하더라도 당초의 채권자대위소송으로 인한 시효중단의 효력은 소멸하지 않는다고 보아야 할 것이다(대법원 2010. 6. 24. 선고 2010다17284 판결). 또한 시효중단의 효력은 특정승계인에게도 미치며(제169조), 계속 중인 소송에 소송목적인 권리 또는 의무의 전부나 일부를 승계한 특정승계인이 소송참가하거나 소송인수한 경우에는 소송이 법원에 처음 계속된 때에 소급하여 시효중단의 효력이 발생한다(민사소송법 제80조, 제82조 제3항).

82) 대법원 2012. 1. 12. 선고 2011다78606 판결 등.

83) 대법원 2010. 8. 26. 선고 2008다42416, 42423 판결 등 참조.

84) 채권자대위소송이 제기된 후 채무자가 직접 제3채무자를 상대로 소를 제기하면 후소는 중속제소에 해당하므로

신의 채무자인 제3채무자 丙을 상대로 제기한 채권자대위소송(제1 선행소송)이 각하된 이후 6개월이 경과하기 전에 재판상 청구를 함으로써 소멸된 시효중단 효과를 부활시킬 수 있었는데(제170조) 자신의 또 다른 채권자 丁이 먼저 丙을 상대로 대위소송(제2 선행소송)을 제기하는 바람에 중복하여 소를 제기할 수 없었다면, 중복제소에 해당하여 甲이 丙을 상대로 재판상 청구를 할 수 없었던 기간은 甲이 객관적으로 권리를 행사할 수 없는 장애사유가 있는 기간으로 보는 것이 타당할 것이다. 따라서 제2 선행소송이 각하된 이후에 甲이 丙을을 상대로 재판상 청구를 한 경우에는 제1 선행소송이 각하 된 이후의 재판상 청구로 받아들여 제1 선행소송에 의하여 소멸하였던 시효중단 효과는 부활하는 것으로 해석함이 타당할 것이다. 이러한 논리는 채무자 甲의 입장이 아닌 甲의 또 다른 채권자인 戊가 丙을 상대로 대위소송을 주장한 경우에도 그대로 적용되어야 할 것이다.

반면에 응소의 경우에는 재판상 청구가 아님에도 불구하고 재판상 청구에 준하는 결과를 인정한 것이라는 점, 응소 그 자체가 각하된 것이 아니라 선행소송이 각하되어 반사적으로 응소에 의한 권리행사를 판단할 기회가 없어지게 되었다는 점, 채무자의 선행소송이 없었다면 응소의 기회를 가지지 못하였을 것이라는 점, 채무자가 소를 취하하거나 각하하여 응소를 의미 없게 한 행위는 채무자가 응소에 의한 시효중단을 직접적이든 간접적이든 소멸시키기 의한 행위로 판단할 수 있다는 점 등을 종합적으로 고려하면, 응소를 전제로 하는 2018두56435 판결을 거듭된 소의 제기에 대한 일반적인 판례로 받아들이기 어려울 것이다. 요컨대 대판 2018두56435는 응소라는 개별사안의 특수성을 고려한 판결로 국한하여 이해하는 것이 타당할 것이다.

4. 재판외 최고와 재판상 최고에 대한 재고

재판상 청구가 각하되는 경우에 그 재판상 청구를 재판외 최고로 보고, 거듭된 소제기를 한 경우에도 최초의 재판상 청구가 최후의 재판상 청구로부터 소급하여 6개월 내에 포함되지 않는다면 시효는 완성된 것으로 보는 것이 타당한가? 우리 판례가 각하 또는 취하된 재판상 청구를 '재판외 최고'로 언급한 경우에는 결국 최초의 재판상 청구에 의한 시효의 중단을 인정하지 않은 경우를 전제로 한다. 반면에 거듭하여 재판상 청구가 각하된 경우에도 최초의 재판상 청구에 의한 소멸시효의 중단을 인정하는 경우에는 재판 외 최고라는 용어의 사용을 찾아보기 어렵다. 일부 견해는 각하된 재판상 청구를 재판외 최고로 보는 것에 부정적인 입장에서 재판상 최고개념을 인정하여 거듭된 소제기에 의한 시효의 중단에서 최초의 재판상 청구에 의해 시효중단을 인정해야 한다고 본다.[85] 생각건대 재판상 최고 개념을 인정하지 않아도 다음

각하된다(대법원 2021. 5. 13. 선고 2020다71690 판결).

85) 김성혁, "소가 각하·취하된 경우의 시효중단의 효력에 관한 연구", 175면 이하, 185면.

과 같은 이유에서 충분히 권리자를 보호할 수 있다고 본다.

일단 재판상 청구가 각하된 경우에도 우리 판례는 사안에 따라 제1차 재판상 청구로 소급하여 시효의 중단을 인정하는 유형(이하 '제1유형')과 제1차 재판상 청구가 마지막 재판상 청구로부터 소급하여 6개월 이내에 포함되지 않으면 제1차 재판상 청구에 의한 시효중단을 인정하지 않은 유형(이하 '제2유형')으로 구분하는 입장으로 볼 수 있다. 제1유형의 판례는 각하된 재판상 청구를 '재판외 최고'로 보지 않고 제170조 제2항에 따라 연속적인 소급을 인정하면서 마지막 재판상 청구로부터 소급하여 6개월 이전의 재판상 청구에 의한 시효중단을 연속적으로 인정하여 최초의 재판상 청구에 의한 시효중단을 인정하는 것으로 판단된다. 반면에 제2유형의 판례는 연속적인 소급을 인정하지 않으며 각하된 재판상 청구를 '재판 외 최고'로 본다. 이러한 이유에서 '재판 외 최고'는 제1유형과 제2유형을 구분해 주는 중요한 개념이라고 할 수 있다. 일부 견해가 주장하는 것처럼 '재판상 최고'개념을 인정하면 제1유형과 제2유형을 구분하지 않고 모든 유형에서 최초의 재판상 청구에 의한 시효의 중단을 인정하여 권리자를 두텁게 보호할 수 있을 것이다. 그러나 재판상 청구가 인정되는 다양하고 복잡한 유형을 일률적으로 접근하기 보다는 유형에 따라 차별적으로 접근하는 방식으로 권리자와 의무자의 이익에 대한 중용을 모색하는 것이 타당할 것이다. 그런데 문제는 제1유형과 제2유형을 어떠한 기준으로 나눌 것인가이다. 그런데 유형을 구분하는 일응의 기준은 집적된 판결례로부터 찾을 수밖에 없을 것이다. 우리 판례가 대판 2018두56435와 대판 87다카2337의 경우에는 '재판 외 최고'의 개념을 이용하여 소급적인 시효중단을 부정하고 대판 2010다80930의 경우에는 소급적 시효중단을 인정한 점을 고려하면, 우리 판례는 응소와 같이 재판상 청구가 아닌데 재판상 청구에 준하여 시효의 중단을 인정하는 유형(대판 2018두56435)과 원래의 재판상 청구에 해당하는 유형(대판 2010다80930)을 구분하고, 최초의 중단사유가 재판상 청구인 경우(대판 2010다80930)와 최초의 중단사유가 최고인 경우(대판 87다카2337)를 구분하여 제1유형과 제2유형을 판단하는 것으로 볼 여지가 있다. 향후 '재판외 최고'를 사용하는 판결례가 집적된다면 제1유형과 제2유형을 구분하는 더 세부적인 일응의 기준을 찾을 수 있을 것이다.

Ⅳ. 최고 후 6개월 내의 후속조치

최고 후에 후속조치에 대해 제174조는 6월 내에 재판상의 청구, 파산절차참가, 화해를 위한 소환, 임의출석, 압류 또는 가압류, 가처분을 하도록 하고 있다. 그런데 동 규정에서 열거하지 않은 조치를 한 경우, 예컨대 지급명령 및 채무의 승인이 있는 경우에도 최고 후 후속조치로 인정할 것인지가 문제된다.

1. 지급명령 등

제170조의 재판상 청구로 인정되는 사유는 제174조의 6개월 내의 후속조치인 재판상 청구에 포함시키는 것이 타당할 것이다. 즉 우리 판례는 지급명령[86], 응소[87] 등을 재판상 청구로 보아 제170조를 준용 또는 유추하고 있는데, 제174조의 최고 후 후속조치인 재판상 청구에는 지급명령 및 응소 등도 포함시켜야 할 것이다.[88] 더 나아가 우리 판례는 압류뿐만 아니라 배당요구[89] 및 채권신고[90] 등을 압류에 준하여 시효의 중단을 인정하고 있기 때문에 제174조 최고 후 후속조치에도 압류뿐만 아니라 채권신고 및 배당요구도 포함시키는 것이 타당할 것이다.

2. 채무의 승인

제174조에는 최고 후 후속조치에 채무의 승인(제168조 제3호)에 대해서는 규정하고 있지 않다. 이에 최고 후 승인을 후속조치로 인정할 것인지에 대해 학설은 견해가 나뉘며, 판례는 최근에야 비로소 이에 대한 입장을 명확히 하였다.

(1) 학설 및 판례

먼저 부정설은 최고 후 승인은 소멸시효의 원성 전이면 시효중단의 문제로 완성 이후이면 시효이익의 포기의 문제로 보면 되므로 제174조의 후속조치에 채무의 승인을 포함시키지 않는다.[91] 반면에 긍정설은 시효완성 후 승인이 시효이익 포기가 인정되는 충분조건이 될 수 없다는 점을 고려하여[92] 최고 후 채무의 승인 또한 제174조의 후속조치로 인정하여 최고에 의한 시효의 중단을 인정할 필요가 있다고 본다.[93]

우리 판례는 대법원 2022. 7. 28. 선고 2020다46663 판결에서 채무의 승인의 경우에도 제174조를 유추하여 최고시에 시효가 중단된 것으로 본다. 특히 판례는 “민법 제174조가 최고에 잠정적인 시효중단의 효력을 부여하는 취지는, 시효기간 완성이 임박하여 재판상의 청구

86) 대법원 2011. 11. 10. 선고 2011다54686 판결.

87) 대법원 1993. 12. 21. 선고 92다47861 전원합의체 판결 등.

88) 지원림, 민법강의(제20판), 홍문사, 2023, 227면; 양창수 편집대표/오영준 집필부분, 민법주해 Ⅳ, 박영사, 2022, 615면.

89) 대법원 2022. 5. 12. 선고 2021다280026 판결.

90) 대법원 2010. 9. 9. 선고 2010다28031 판결.

91) 양창수 편집대표/오영준 집필, 앞의 책. 615면; 곽윤직 편집대표/윤진수 집필, 앞의 책, 521면; 김용담 편집대표/이연갑 집필부분, 주석민법 [총칙(3)] 제4판, 한국사법행정학회, 2010, 630면 등.

92) 채무의 승인은 관념의 통지인 반면에 시효이익의 포기는 효과의사를 필요로 하는 법률행위라는 점에서 양자를 판단함에 있어 후자가 엄격하므로 시효완성 후의 승인이 시효이익의 포기로 인정되지 않을 수 있다는 점을 강조한다. 김용덕 편집대표/전원열 집필, 앞의 책, 975면 이하.

93) 김용덕 편집대표/전원열 집필, 앞의 책, 975면 이하; 이승현, “채무의 승인과 최고 후 확정적 시효중단을 위한 보완조치”, 원광법학 제38권 제3호, 2022, 128면 이하.

등 다른 확정적인 시효중단조치를 취할 시간적 여유가 없는 경우에 채권자가 시효완성을 일시적으로 저지할 수 있도록 하는 데에 있다. 그런데 채무자가 채무이행의 최고를 받고 채무를 승인하는 경우에도 확정적인 시효중단을 위해서는 채권자가 그와 별도로 최고 후 6개월 내에 재판상의 청구나 압류 등의 조치를 취해야 한다고 해석하는 것은, 위와 같은 민법 제174조의 취지나 민법 제168조에서 승인을 재판상의 청구나 압류 등과 나란히 확정적인 시효중단사유의 하나로 정하고 있는 취지에 부합하지 않는다(밑줄은 필자가 첨가)."라고 본다.[94]

(2) 검토

시효제도 자체는 권리자에게 지나치게 불리하고 의무자에게는 유리한 권리라고 할 수 있다. 이러한 이유에서 소멸시효기간의 기산점, 시효의 중단제도 등은 권리자를 위한 균형추(counterweight) 역할을 한다. 이러한 이유에서 시효의 중단사유제도를 해석할 때 법률해석(유추)의 한계를 넘지 않는다면 시효중단제도는 권리자를 위해 유연하게 해석될 필요가 있다.

1) 제174조의 유추: 입법자의 의도적인 배제가 있었는지 여부

법적 규율이 없는 사안에 대하여 그와 유사한 사안에 관한 법규범을 적용하는 것을 유추라고 한다. 유추는 입법적 불비에 의해 발생한 법률의 흠결을 보충한다. 즉 유추는 법규범이 법의 공백을 메우기 위하여 그 문언의 통상적인 의미를 벗어나 적용되어 법률의 흠결을 보충한다. 이것은 해석을 통하여 문언의 가능한 의미를 찾아내는 법발견이 아니라, 법관이 있어야 한다고 판단하는 법을 다른 법규범을 매개로 만들어내는 법형성이다.[95] 이러한 유추를 위해서는 먼저 법적 규율이 없는 사안과 법적 규율이 있는 사안 사이에 공통점 또는 유사점이 있어야 한다. 그러나 이것만으로 유추적용을 긍정할 수는 없다. 법규범의 체계, 입법의도와 목적 등에 비추어 유추적용이 정당하다고 평가되는 경우에 비로소 유추적용을 인정할 수 있다. 특히 법률의 흠결을 입법자가 의도적으로 배제한 것이라면 최대한 입법자의 의사를 존중하여 유추를 지양해야 한다. 그렇다면 제174조에서 승인을 규정하지 않는 것은 입법자의 의도적인 배제인가? 생각건대 최고 후의 후속조치로 시효의 중단사유인 재판상 청구, 압류 등은 명문규정에 두면서도 채무의 승인을 규정하지 않는 것이 입법자가 의도한 입법이라고 할 수 있을 것인지는 의문이다. 권리자의 적극적인 권리행사도 시효의 중단사유가 되겠지만 채무자 스스로 자신의 채무를 승인하는 경우에도 제174조를 유추하여 최고 후 후속조치로 보는 것이 타당할 것이다. 그 이유는 다음과 같다.

94) 더 나아가 판례는 "소멸시효제도나 시효중단제도의 취지에 비추어 볼 때 이에 관한 기산점이나 만료점은 원권리자를 위하여 너그럽게 해석하는 것이 타당하다(대법원 1995. 5. 12. 선고 94다24336 판결, 대법원 2006. 6. 16. 선고 2005다25632 판결 등 참조). 이는 민법 제174조에 따라 최고 후 6개월 내에 시효중단을 위한 보완조치가 있었는지 여부를 판단할 때도 마찬가지이다. 채권자의 최고에 따라 채무자가 자신의 채무를 승인하기까지 하였다면 더 이상 채권자를 권리 위에 잠자는 자라고 볼 수 없으므로, 그 권리를 충분히 보호하는 것이 소멸시효제도의 취지에 부합한다(밑줄은 필자가 첨가)."고 본다.

95) 대법원 2018. 3. 22. 선고 2012다74236 전원합의체 판결 등.

첫째, 소송을 통한 승소판결의 확정이 아니라 최고 후 채무의 승인을 통해서 시효의 중단을 인정한다면 권리자 또한 소송비용 및 시간을 절약할 수 있으며, 의무자 또한 권리자의 소제기의 피고가 되는 소송의 부담감으로부터 쉽게 벗어날 수 있다. 이는 종국적으로 권리자와 의무자 누구에게도 불리한 것이 아니다.

둘째, 채무의 승인은 효과의사를 필요로 하지 않기 때문에 채무자의 진정한 의사와 무관하게 시효가 중단되었다는 반론을 제기할 수도 있을 것이나, 채무자의 효과의사가 포함된 채무의 승인이 있다는 점을 간과해서는 안 될 것이며 더 나아가 이미 우리민법이 효과의사가 없는 채무의 승인까지도 시효의 중단사유로 인정하고 있다는 점 등을 고려하면 그것은 크게 문제되지 않을 것이다.

마지막으로, 부정설이 주장하는 것처럼 최고 후 승인의 경우는 시효완정 전 승인에 의한 시효중단이나 시효완성 후 승인에 의한 시효이익의 포기로 보아 해결하면 되므로 권리자 보호에 큰 문제가 발생하지 않을 수도 있으나 우리 판례가 채무의 승인과 시효이익이 포기를 다르게 보는 한[96] 시효완성 후에 채무의 승인이 시효이익의 포기로 이어지지 않는 경우를 고려하면 최고 후 승인 또한 후속조치로 인정할 필요가 있는 경우가 발생할 것이다.[97]

2) 소멸시효제도 및 시효중단제도의 목적에 대한 고려

시효제도의 목적을 고려하더라도 최고 후 승인을 제174조의 후속조치로 인정하는 것이 타당하다. 시효제도의 취지는 영속한 사실상태를 존중하여 사회질서의 안정을 꾀하고, 과거사실의 증명곤란으로부터 권리자를 구제하며, 권리행사의 태만에 대한 제재로서 권리 위에 잠자는 자를 보호하지 않는다는 데에 있다.

그런데 제174조의 후속조치에 승인을 포함시키는 것이 소멸시효제도 및 시효의 중단제도의 취지에 반하는가? 최고 후 후속조치에 승인을 포함시키더라도 권리자가 채무자를 상대로 최고를 하였다면 이는 이미 그 자를 권리 위에 잠자는 자라고 할 수 없다는 점, 채무자가 승인을 한 경우에는 영속한 사실상태에 의해 형성된 사회질서(특히 채무자의 관점에서의 사회질서)를 침해한다고 보기도 어렵다는 점, 채무의 승인은 증명곤란의 구제라는 문제를 남기지 않는다는 점 등을 고려하면 시효제도의 목적에 반하지 않는다.

소멸시효 중단제도는 채권자와 채무자의 이익형량을 도모한다. '시효완성 전 승인'과 '시효완성 후 승인'에 대한 다른 접근이 가능할 수도 있으나 '최고 후의 시효완성 전 승인'과 '최고 이후의 시효완성 후 승인'을 바라보는 관점은 다를 필요가 없을 것이다. 최고 후 6개월 이내에 재판상 청구 등의 후속조치를 하려던 권리자의 입장에서 채무자가 승인을 하였는데도 그

96) 대법원 2013.2.28. 선고 2011다21556 판결.

97) 부정설에 의하더라도 시효완성 후의 승인을 통해 권리자가 보호되지 않는 상황이 있다는 점을 전제로 최고 후 승인을 후속조치로 인정할 것인지를 묻는다면 긍정설의 입장을 관용할 것이다.

승인 시점이 시효의 완성 이전인지 이후인지 여부를 따진 다음에 이후라면 재판상 청구 등을 취해야만 최고에 의한 시효의 중단을 인정하는 것은 권리자에게 지나치게 불리하다. 최고 후의 승인의 경우에는 시효완성 전후를 따지지 않고 최고에 의한 시효의 중단을 인정하는 것이 시효중단제도의 취지, 즉 채권자와 채무자의 이익형량을 가장 잘 도모한 것이라고 할 수 있을 것이다.

V. 맺음말

시효중단의 효력을 인정하는 근거가 권리행사를 통해 권리 위에 잠자는 것이 아님을 표명함으로써 시효제도의 기초인 영속되는 사실상태의 단절을 시도한 것에 있다면, 최고의 범주를 넓혀서 입법자가 규정하지 않은 권리행사를 최고에 준하는 것으로 보아 권리자를 보호할 필요가 있다. 시효제도 자체는 권리자에게 지나치게 불리하고 의무자에게는 유리하다고 할 수 있다. 이러한 이유에서 소멸시효기간의 기산점, 시효의 중단제도 등은 권리자를 위한 균형추 역할을 한다고 할 수 있다. 이러한 이유에서 소멸시효제도나 시효중단제도의 취지에 비추어 볼 때 이에 관한 기산점이나 만료점은 원권리자를 위하여 너그럽게 해석할 필요가 있다. 이를 전제로 하여 제174조의 최고에 의한 시효의 중단을 이해하면 다음과 같다.

1. 소송고지 등 다양한 사안에서 우리 판례가 최고에 준하여 시효의 잠정적인 중단을 인정한 것은 타당하다. 다만 재산명시신청은 최고보다는 더 강한 권리행사라는 점에서 압류에 준하는 시효의 중단을 인정하는 것이 타당하다.

2. 우리민법에서는 재판상 최고의 개념을 받아들일 필요가 없다. 재판상 청구 등이 각하된 경우는 제170조 제2항의 직접적용에 의하여 해결하면 되고 소송고지 등의 사안에서는 재판상 최고개념을 도입하지 않고 최고의 효력이 계속된다고 판단하는 방법 등에 의해 권리자를 보호할 수 있다. 즉 ‘재판상 청구를 하여 각하된 경우’와 ‘소송고지한 경우’ 등을 한 경우에서 권리행사가 가지는 의미를 동등하게 평가하고 이러한 평가의 동등성은 ‘재판상 최고’개념의 도입이 아닌 제174조의 최고의 효력이 계속된다고 보는 해석이나 제170조 제2항의 유추를 통해 보장하여 평가적 모순을 방지할 수 있다.

3. 우리 판례가 대판 2018두56435와 대판 87다카2337의 경우에는 ‘재판 외 최고’의 개념을 이용하여 소급적인 시효중단을 부정하고 대판 2010다80930의 경우에는 소급적 시효중단을 인정한 점을 고려하면, 우리 판례는 응소와 같이 재판상 청구가 아닌데 재판상 청구에 준하여 시효의 중단을 인정하는 유형(대판 2018두56435)과 원래의 재판상 청구에 해당하는 유형(대판 2010다80930)을 구분하고, 최초의 중단사유가 재판상 청구인 경우(대판 2010다80930)와 최초의

중단사유가 최고인 경우(대판 87다카2337)를 구분한다. 사실상 '재판외 최고개념'은 두 가지 유형의 판례를 구분하는 일응의 핵심어가 된다.

4. 최고 후에 후속조치에 대해 명문조항은 6월 내에 재판상의 청구, 파산절차참가, 화해를 위한 소환, 임의출석, 압류 또는 가압류, 가처분을 하도록 하고 있다. 그런데 제174조에서 열거하지 않은 조치, 즉 지급명령, 배당요구 및 승인을 한 경우에도 후속조치로 인정하여 최고에 의한 시효중단을 인정해야 할 것이다.

기본권과 사권의 관계*

— 헌법과 민법의 관계 —

송 오 식**

Ⅰ. 들어가며

20세기는 헌법재판의 시대라고 할 만큼 세계적으로 헌법재판에 대한 요구가 높았다. 우리나라도 예외는 아니어서 1987년 제6공화국 개정 헌법에 의해 헌법재판소가 1988년 출범한 이래, 마치 천상의 법처럼 여겨졌던 헌법이 우리의 일상생활에 깊숙이 들어와서 모든 국민들의 법률관계와 생활관계에 영향을 미치고 있다.[1] 심지어 사인간의 법률관계를 규율하는 민법의 다수 규정들이 헌법 위배 내지 불합치 결정으로 개정되거나 폐지되는 경우도 발생하였다.[2] 이제 헌법은 명실공이 국가의 최고규범으로서 작용하며 모든 법률의 최상위규범으로 자리 잡아 재판규범 및 행위규범으로서 기능을 수행하고 있다.

기본권 보장법으로서의 헌법과 사인간의 법률관계를 규율하는 민법의 관계에 대하여 종래

---

* 최종길 교수님 50기 추모논문집에 「기본권과 사권의 관계」를 게재하게 되어 영광으로 생각합니다. 교수님은 학자로서 민법뿐만 아니라 여러 분야에 좋을 글을 쓰셨지만, 특별히 독일에서 논의되어 정착된 일반적 인격권에 대해 발표한 논문 「인격권의 사법상의 보호－독일의 학설판례의 발전을 중심으로－」(저스티스 제9권 1호(1965.5.)는 우리나라에 최초로 인격권 및 일반적 인격권 논의에 대해 길잡이 역할을 하였습니다. 저의 박사학위 논문인 「불법행위의 예방적 효과론」에도 지대한 영향을 주었고 게재되는 논문인 「기본권과 사권의 관계」에도 상당부분 그에 대한 논의가 침잠되어 있습니다. 이 논문은 한양대학교 법학논총 제37권 제1호(2020)에 게재되었습니다.

** 전남대 법학전문대학원 명예교수

1) 민주화과정에서 헌법재판을 제도화한 나라에서는 거의 대부분이 통상의 최고법원이 아닌 독립된 헌법재판소를 설치하여 헌법재판제도를 관장하게 하였다. 스페인(1979), 포루투칼(1982), 폴란드(1982), 헝가리(1988), 루마니아(1991), 슬로베니아(1991), 불가리아(1991), 체코(1992), 우즈베키스탄(1992), 몽골(1992), 대만(1992), 러시아(1993), 카자흐스탄(1993), 키르키스탄(1993), 남아프리카공화국(1996), 태국(1997) 등의 경우가 그 예이다. 정종섭, 한국의 민주화에 있어서 헌법재판소와 기본권의 실현－1988년부터 1998년까지－ 법학 40권 3호, 서울대학교 법학연구소, 226면 이하 참조.

2) 이에 관한 문헌으론, 김동훈, 민법 중 재산법 조문들에 대한 헌법재판소 결정의 민사법적 평가, 경희법학 제53권 제1호, 2018, 40면 이하; 윤진수, 헌법이 가족법의 변화에 미친 영향, 법학 45권 1호(130호), 2004.3, 233면 이하; 이동진, 재산권 보장 조항(헌법 제23조 제1항)과 민법, 비교사법, 2017.8, 1173면 이하.

간헐적으로 다루어졌지만[3] 근래에는 좀 더 논의가 진전된 편이다.[4] 기본권과 사권의 관계에 대해서는 주로 기본권의 대사인적 효력 내지 기본권의 수평효[5]를 둘러싼 비교법적 소개와 우리나라에서의 적용문제를 다룬 논문들이 헌법학자들에 의하여 다루어졌고,[6] 근래에 민법학자들도 동참하고 있는 편이다.[7]

근대법으로서 민법이나 헌법의 제정이나 운용의 역사를 보면, 우리나라는 자주적인 입장이기보다는 법의 계수에 의존한 만큼 양자의 관계에 대해 독자적이거나 독창적이라고 할 만한 연구성과는 시간을 더 요할 것으로 보인다. 다만 헌법재판소에서는 그 동안 상당한 수의 민법 또는 사인 사이의 법률관계인 사권에 중대한 영향을 미치는 결정들을 축적하였기에 그에 대한 접근을 통하여 기본권과 사권의 관계를 가늠해 보는 것은 가능하리라 본다.

헌법상의 기본권 규정은 헌법재판소의 헌법해석을 통하여 사법을 보완하거나 수정할 수 있다. 이러한 헌법의 보완적 기능은 완전무결하지 않은 사법의 특성상 민법에 생명력을 불어넣어 '살아있는 법'으로서 기능을 수행하게 하고, 시대에 부응하는 실천적 사법질서를 제공하고 있는 것이 사실이다. 다만 헌법과 민법은 그 규범의 목적과 작용원리가 다른 만큼 기본권의 대사인적 효력의 범위설정에 있어서 민법의 기본질서가 훼손되지 않도록 하는 것이 필요하다.

헌법상의 기본권은 오늘날 대국가적 효력뿐만 아니라 대사인적 효력[8]도 갖기 때문에 사인간의 법률관계에도 영향을 미치고 있다. 이처럼 헌법상의 기본권이 사인간에 효력을 갖기 때문에 사권은 기본권의 효력으로서 보장받기도 하지만 다른 기본권의 효력으로서 제한되기도 한다. 이처럼 기본권과 사권의 관계에서 사권은 기본권과 밀접한 관련을 맺으면서 때로는 제한을 받고 때로는 긴장관계로 진행되기도 한다. 그 동안 기본권 사이의 충돌문제에 대하여 헌법학자들의 논의와 연구는 활발하게 행해졌지만 기본권과 사권 사이의 관계에 대한 연구는 그 중요성에도 불구하고 거의 이루어지지 않았다. 이러한 점을 감안하여 본고에서는 먼저 각국에

---

3) 양창수, 헌법과 민법 : 민법의 관점에서, 민법연구 5권, 박영사, 1999.6; 정종휴, 헌법과 민법 – 일본에서의 논의를 중심으로 –, 공법연구 제37집 제3호, 2009.2.

4) 최근의 연구로는, 윤진수·권영준 외 2인, 헌법과 사법, 박영사, 2018.5.

5) 기본권의 대사인적 효력을 제3자적 효력이라고도 하는데, 영어권에서는 기본권의 대사인적 효력을 대등한 사인간에서 적용된다는 의미에서 수평적 효력 내지 수평효(horizontal effect)라고 부르는 것이 일반적이다. 이에 반하여 사인과 공권력 사이의 관계는 수직적 효력 내지 수직효(vertical effect)라고 한다.

6) 박일경, 기본권과 사법관계, 사법행정 5권 2호, 한국사법행정학회, 1964.

7) 김형석, 사적 자치와 기본권의 효력 — 유럽사법의 경험으로부터 시사 —, 비교사법 제26권 제1호, 2017.

8) 기본권의 대사인적 효력에 대한 용어는 다양하게 사용되고 있다. 독일에서 1950년대에 통용되기 시작한 기본권의 제3자적 효력(Drittwirkung der Grundrechte)과 더불어 기본권의 수평적 효력(Horizontalwirkung der Grundrechte, Horizontal effect), 사법에서 기본권의 효력Geltung der Grundrechte im Privatrecht), 사법질서에서의 기본권의 효력Geltung der Grundrechte im Privatrechtsordnung), 사법에 대한 기본권의 영향영향(Hineinwirken der Grundrechte in das Privatrecht) 등이 사용되고 있다. 사인과 공권력 사이의 관계는 수직적 효력 내지 수직효(vertical effect)라고 한다. 영어권의 용어에 대한 상세는, 윤진수, 영국의 1998년 인권법(Human Rights Act 1998)이 사법관계에 미치는 영향, 민법논고1, 박영사, 2007, 5–6면.

서 논의되는 헌법과 민법과의 관계 내지 헌법의 대사인적 효력에 대해 살펴보고, 다음으로 우리나라 헌법재판소의 결정례에서 나타나는 사권에 대한 기본권의 효력과 양자 사이의 관계 등을 논의하고자 한다.

Ⅱ. 헌법과 민법의 관계에 대한 각국의 태도

헌법상의 권리가 사법영역에 대하여 효력을 가지는가 하는 문제는 결국 헌법과 민법이 어떠한 관계를 가지는가 하는 문제와도 연관이 있다. 법단계설의 강한 영향 하에 있는 대륙법계 국가에서는 통상 헌법은 한 국가의 최고규범으로서 인식되어 왔다. 고대국가시대부터 국가의 통치를 위한 통치조직과 통치작용에 관한 공법은 일찍이 존재하였으나 다만 국민의 기본권보장이라는 측면에서 근대적 의미의 입헌주의는 그리 긴 역사를 가지고 있지 않다. 인권보장의 역사는 연혁적으로 1215년 영국의 마그나 카르타로부터 시작하여 1776년 버지니아 권리장전과 1789년 프랑스 인권선언과 함께 근대 입헌주의를 거쳐 오늘에 이르렀지만 사법(私法) 내지 사권은 더 장구한 역사를 자랑한다. 버지니아 권리장전과 프랑스 인권선언에서 '인권' 또는 '인간의 권리'라고 한 데 대하여 독일에서는 기본권(Grundrechte)이라고 하는데 이는 인권의 실정법적인 표현에 해당한다. 인권은 인간이기 때문에 당연히 갖는다고 생각되는 천부적 권리 또는 자연권을 말하며, 기본권이라 함은 실정법인 헌법이 보장하는 국민의 기본적 권리를 의미한다고 한다.[9)]

이처럼 입헌주의 근대국가 성립 이전에도 개인들은 생활을 영위하기 위하여 물물교환 내지 계약 등 사법상 법률관계를 형성하였다. 즉 근대 민법의 태동에 결정적인 역할을 수행한 로마법의 내부에서는 압도적으로 사법이 우월했다는 사실이다.[10)] 이러한 점에서 원칙적으로 국가권력을 수범자로 하는 헌법과 사인간의 법률관계를 규율하는 민법의 관계를 어떻게 보아야 하느냐가 새로운 쟁점으로 등장하게 되었다.

이제 헌법과 민법의 관계는 더 이상 분리하여 생각할 수 없으며, 그 관계정립을 통하여

9) 권영성, 헌법학원론, 법문사, 1988, 240－241면; 한수웅, 헌법학 제8판, 2018, 375면. 인권과 기본권의 개념은 유사하지만 일치하는 것은 아니라고 한다. 즉 헌법이 제10조 후문에서 '국가는 개인이 가지는 불가침의 기본적 인권을 확인하고 이를 보장할 의무를 진다'고 규정함으로써 인권과 기본권의 관계를 나타내고 있는데, 인권은 인간의 모든 사회적 관계 및 법질서의 성립 이전에 이미 존재하는 것으로서 법질서에 의한 별도의 인정을 필요로 하지 않는다고 한다. 그러나 인권이 규범력을 가지고 국가권력을 구속하기 위해서는 헌법적 확인과 규범화가 필요하고 실정법적 의미에서 기본권의 개념을 상정하게 된다.

10) 가장 오래된 중요한 법률로서 B.C. 450년경에 제정된 12표법(*lex duodecim tabularum*)을 들 수 있는데, 후일 로마법의 기초를 이룬 것으로 공법·사법이 혼합되어 있었지만 사법의 내용이 많았다. 즉 제1, 2, 3표는 소송절차법, 제4, 5표는 가족법 및 상속법, 제6, 7표는 물권법 및 채권법, 제8표는 불법행위법 및 형법, 제9, 10표는 공법과 신법, 제11, 12표는 추가규정으로 되어 있었다. 이은영, 로마의 12표법, 법제월보, 1960.9, 83－90면.

기본권의 사법에의 침투 내지 보완의 한계설정에 필수불가결한 것이 되었다. 특히 앞에서 언급한 것처럼 헌법재판소제도가 채택된 이후로 민법에 대한 헌법통제가 광범위하게 이루어지고 있다는 점과도 연관된다. 헌법과 민법의 관계는 종래 기본권의 대사인적 효력에 관한 문제로 다루어져 왔다. 즉 기본권이 사인과 사인 사이에서도 효력을 미치는가에 대하여 대륙법계와 보통법계 국가에서는 각각 독특한 이론을 정립하였다.[11]

1. 독일

독일에서는 초기에 기본권의 대사인적 효력에 대하여 효력부인설이 지배적이었다. 공법과 사법을 준별하는 입장에서 사인 사이의 문제에 대해 헌법이 관여할 사항이 아니고, 기본권은 국가권력에 대항하는 성격을 그 본질적 요소로 한다는 것을 그 근거로 들었다.[12] 그 후 대사인적 효력을 인정하는 방향으로 논의가 진행되어 직접적용설과 간접적용설이 대립하였고[13] 다수설은 간접적용설이었다. 직접적용설은 헌법의 최고규범성이 관철된 오늘날 모든 법은 오로지 헌법의 기초 위에서, 헌법의 테두리 안에서만 타당하며, 그 점에서 사법도 예외가 아니라고 한다. 따라서 기본권은 사인 상호간에 절대적이거나 직접적 효력을 가지기 때문에 사법에서 단지 지침이나 해석원칙으로 작용하는 것만 아니라 직접 규범적 효력을 발휘한다는 것이다.[14]

간접적용설의 출발은 사법상의 고유한 법칙에 따라 매개하지 않은 채, 강행적인 효력을 가진 헌법규정을 원용하고자 하는 견해에 반발하여 사법의 독자성을 유지하는 데에 있었다.[15] 공·사법의 이원적 체계를 유지하는 가운데 공서양속·신의성실의 원칙 등과 같은 사법의 일반조항을 통하여 기본권의 효력이 사법관계에 간접적으로 적용된다는 것으로 다수의 지지를 받고 있다.[16] 독일연방대법원은 일찍이 직접적용설을 취하여 1954년 판결에서 기본법(GG) 제1조 제1항과 제2조 제1항으로부터 일반적 인격권을 도출해 내면서 이 권리를 누구든지 존중하여야 하는 사적인 권리로서 인정하였다.[17] 이는 적어도 문언상으로는 일반적 인격권의 직접적

---

11) 이 주제는 최근 전세계적으로 많은 관심의 대상이 되고 있는데, 2014년 비엔나에서 개최된 국제비교법학회(International Academy of Comparative Law: IACL) 제19차 대회에서 주제의 하나로 다루어졌다. 결과물로는 Verica Trstenjak and Petra Weongerl ed., The Influence of Human Rights and Basic in Private Law(Cham, Springer), 2016.

12) Ingo von Munch, Staatsrecht Ⅱ, 5. Aufl., Stuttgart/Berlin/Koln/Kohlhammer, 2002, S. 110 f.; Walter Leisner, Grundrechte und Privatrecht, München, 1960, S. 311 f. 참조.

13) 이에 대한 상세는, 김대환, 사법질서에서의 기본권의 효력 — 독일에서의 논의를 중심으로 —, 헌법학연구 제16권 제4호, 2010.12., 125면 이하 참조.

14) Hans Carl Nipperdey, Grundrechte und Privatrecht, Krefeld, 1961, S. 15, 17; Walter Leisner, Grundrechte und Privatrecht, München, 1960, S.306.

15) 이 견해는 Dürig를 효시로 하여 Werner Flume, Jörn Ipsen, Albert Bleckmann, Konrad Hesse, Hartmut Maurer, Stein/Frank, Massen, Kokott, Wilfried Berg, MichaelDolderer 등이 지지하고 있다.

16) 다만 간접적용설은 결과적으로 법관에게 적용 여부에 관하여 지나친 재량을 부여하게 되어 법적 안정성을 해칠 우려가 있다는 비판도 제기되고 있다. 성낙인, 위의 책, 961면.

효력을 선언한 것으로 볼 수 있다.[18] 그러나 이후의 다른 결정들에서는 인격권의 침해를 언급하는 경우에도 민법 제823조 제1항의 '기타의 권리'와 같이 민법적 청구근거를 제시하고 있다.[19] 이후 1960년부터는 간접적 적용설로 입장을 바꾼 것으로 평가된다.[20]

연방헌법재판소는 1957년에 처음으로 의사표현의 자유와 관련하여 기본권의 제3자효에 대하여 간접적인 효력을 가지는 것으로 선언하였다.[21] 법관은 적용될 민법규정이 기본권에 의해 영향을 받는지 여부를 심사하여 영향을 받는 것으로 판단되면 사법에 대한 일정한 수정을 고려하여야 한다고 하였다. 그 외에도 직업의 자유에도 적용하였고, 민사법원이 독일민법 제138조와 제242조와 같은 일반조항을 해석하고 적용할 때, 기본법 제2조 제1항의 사적자치에 대한 기본권적 보장을 존중하도록 요구하고, 계약상의 평등이 존재하였는지를 고려할 의무를 부과한다고 판시하였다.[22]

이러한 연방헌법재판소의 태도와 관련하여 노동법이나 임대차와 같은 계약법의 경우에 그리고 인격권 등과 관련된 절대적 권리의 문제에서는 보호의무의 관점을 강조하는 법원의 판결과 개인의 형식적 자유를 매우 강조하는 연방대법원의 판결의 중간적 입장을 따르고 있는 것으로 평가하기도 한다.[23]

이에 대한 소개는 여러 문헌에서 이미 상세하게 행해졌기 때문에 본고에서는 더 이상의 설명은 생략하기로 한다.[24]

2. 미국

미국에서는 연방대법원의 판례이론으로 정립하였는데, 사정부이론의 관점에서 1940년대 이후 사인의 특정한 행위를 '정부행위'(state action)[25]로 간주하고 헌법규정(수정 제14조의 평등보

17) BGHZ 13, 334, 338

18) Claus Dieter Classen, a.a.O.

19) BGHZ 30, 7, 10; 24, 72, 76f.

20) Thorsten Hollstein, Die Verfassung als "Allgemeiner Teil" – Privatrechtsmethode und Privatrechtskonzeption bei Hans Carl Nipperdey (1895–1968), Mohr, 2007, S. 308.

21) BVerfGE 7, 198, 205. 이 판결과 기본권의 제3자적 효력에 대한 자세한 검토로는 김수철, 언론의 자유와 기본권의 제3자적 효력,『사법행정』제41권 제10호, 2000.10., 10–16면 참조.

22) BVerfGE 89, 214.

23) Claus Dieter Classen, a.a.O., S.92; 김대환, 앞의 논문, 142면 참조.

24) 이에 대한 상세소개는 김대환, 사법질서에서의 기본권의 효력–독일에서의 논의를 중심으로, 헌법학연구, 제16권 제4호, 2010, 117면 이하; 임규철, 기본권의 제3자적 효력–독일에서의 학설과 판례를 중심으로–, 공법연구 제32권 2호, 2003; 장영철, 기본권의 제3자적 효력과 기본권보호의무, 130면 이하; 허완중, 사법관계에 미치는 기본권의 효력–한국과 독일의 논의를 중심으로– 고려대학교석사학위논문, 2002.12, 68면 이하.

25) state action에 대한 용어로는 국가행위(이노홍, 미국헌법상 국가행위에 관한 연구, 이화여자대학교 법학박사학위논문, 2002, 1면 참조) 이외에 '정부행위'라는 용어로 사용하기도 하고(박종보, 미국헌법상 정부행위이론의 법리와 그 대안, 강원법학 제50권, 2017), 원래 이 용어가 연방이 아닌 주의 행위를 말한다 하여 '주 행위'라고 하기도 한다(임지봉, 주행위이론과 미국연방대법원, 미국헌법연구 제21권 제1호, 2010, 313면 이하). 정부를

호조항)을 사법관계에 직접 적용하는 이론구성을 하고 있다. 이러한 전환시키는 여러 이론, 즉 '국가유사설(looks like government theory) 혹은 '국가행위의제이론'(state action doctrine)을 도입하여, 국가의 행위로 귀속되는 것이 적절한 '사인의 행위'도 헌법의 적용대상이 된다고 해석하였다.[26] 그 후 확대이론이 등장하였는데,[27] 확대이론으로는 국유재산을 임차한 사인이 그 시설에서 행한 기본권침해행위는 바로 국가행위와 마찬가지로 보아야 한다는 '국유재산이론'(state property theory),[28] 사적 재산이라 하더라도 공공의 목적을 위해 사용되는 경우 사인이 그 재산을 이용하여 개인의 기본권을 침해하면 그 침해행위를 국가행위와 동일시하여 기본권규정을 적용하자는 '공적 목적에 사용되는 사적 재산 이론'(Private Property Used For Public Purpose),[29] 정당이나 사립학교 등과 같이 성질상 실질적으로 통치기능을 행사하는 사인의 인권침해행위를 국가행위와 같이 보아야 한다는 '통치기능이론'(governmental function theory),[30] 국가로부터 재정적 원조나 토지수용권·조세면제 기타의 공적 지원을 받은 사인이 행한 사적 행위를 국가행위와 마찬가지로 보는 '국가원조이론'(state assistance theory),[31] 국가로부터 특권을 부여받아 국가와 밀접한 관계에 있는 사적 단체의 행위를 국가의 행위와 마찬가지로 보는 '특권부여의 이론'(governmental regulation theory), 사인에 의한 기본권침해행위가 쟁송의 대상이 되어 법원이 개입하고 그것이 사법적으로 집행될 경우, 그 집행위를 기본권을 침해하는 국가행위로 의제하는 '사법적 집행의 이론'(judicial enforcement theory)[32] 등이 있다.

미국의 국가행위이론은 사인 상호간 순수한 관계에서의 기본권효력을 문제 삼는 것이 아니라 어느 일방 사인의 기본권을 침해한 타방 사인의 행위가 공적 기능(public function)을 하는 것이거나 정부기관과의 모종의 견련관계에 있는 경우에 한해서 이를 국가행위로 의제하여 기본권을 적용하는 이론구성을 취하고 있다. 즉 사인과 사인 상호간의 기본권충돌을 전제로 하는 전형적인 사법질서상의 기본권효력의 문제는 다루어지지 않고, 국가 대 국민의 전형적인 기본권의 대국가적 효력의 구조를 유지하고 있다는 점이 특색이다.[33]

어느 지역 또는 국가를 통치하는 단체나 기관의 의미로 받아들인다면 주와 연방을 모두 포섭할 수 있는 개념인 '정부행위'가 더 적절하지 않을까 한다.

26) 미국을 비롯한 보통법 국가에서의 기본권의 대사인적 효력에 대한 상세는, 윤진수, 보통법 국가에서의 기본권의 수평효, 헌법과 사법, 박영사, 윤진수·권영준 외 2인, 2018.5., 1면 이하 참조; 박종보, 미국헌법상 정부행위이론의 법리와 그 대안, 강원법학 제50권, 2017.

27) 확대이론을 분류하는 것은 학자마다 다른데 오늘날에도 state aciton 확장이론을 정확히 분류하고 분석하는 일은 쉬운 일이 아니라고 한다. 성낙인, 헌법학, 법문사, 2018, 960면.

28) Turner v. city of Memphis, 369U.S.350(1962)

29) Evans v. Newton, 382 U.S. 296(1966): Amalgamated Food Employees Union Local 590 v. Logan Valley Plaza, Inc., 391 U.S. 308(1968); LLoyd Corp. v. Tanner, 407 U.S. 551(1972); Hudgens v. National Labor Relations Board, 424 U.S. 507(1976).

30) Smith v. Allwright, 321U.S.649(1944)

31) Norwooden v. Harrison, 413U.S.455(1973)

32) Shelley v. Kraemer, 334U.S.1(1948)

헌법의 구속력을 정부행위에 대하여만 인정하는 미국의 판례는 비교법적으로 보아 특이한 예외에 속하는데, 정부행위 이론을 적용하는 현재의 판례가 일관성이 없고, 기준이 모호하여 예측가능성이 떨어진다는 점은 일반적으로 인정되고 있다.[34]

3. 일본

일본에서도 헌법과 민법의 관계를 기본권의 대사인적 효력에 관한 문제로 다루어왔다. 직접효력설과 간접효력설의 주장이 있었으나 다수설은 간접효력설이었다. 일본에서의 논의는 주로 공법과 사법의 구별을 전제로 하여 기본권은 기본적으로는 대국가적 방어권이라는 자유주의적 헌법관에 서서 사인간에 직접적인 효력을 가지지 않고 사법의 일반규정을 통해 간접적으로 효력을 가지는데 그친다고 하는 것이 통설이다.[35] 일본에서의 기본권의 대사인적 효력 논의는 독일이나 우리나라 논의와 큰 차이를 보이고 있지 않으므로 주로 헌법과 민법의 관계에 대해서 살펴보기로 한다.

일본에서는 1990년대 전반까지 헌법과 민법을 이원론적으로 접근하였다.[36] 헌법과 민법은 이질적인 법이라는 것이다(이질론). 즉 국가와 사회를 구분하여 사회는 시민의 자유로운 활동에 의해 성립되는 것이며, 국가와 분리된 영역을 이룬다. 사법이란 국가와는 분리된 시민 상호간의 자유로운 활동을 규율하는 사회 내부의 법이고, 민법은 그 중핵을 이룬다. 이에 대하여 그것과 관계없는 국가의 활동을 규율하는 법이 공법이고, 그 중핵을 이루는 것이 헌법이라는 것이다.[37] 여기에서는 기본권은 사인간의 문제에는 관여할 필요가 없고 연혁적으로 고도로 발달한 민법체계를 통해 충분히 해결할 수 있다는 인식이 깔려 있다.

다음으로 '융합론'을 들 수 있다. 헌법과 민법을 본질적으로 구별하지 않고 융합적으로 파악하는 입장이다. 헌법과 민법은 적어도 이념이나 사상에 관한 한 질적으로 구별되어 있지 않다고 보는 견해이다.[38] 즉 법전체를 관통하는 근본원리가 있다고 보고, 헌법이나 민법이나 그러한 근본원리의 발현이라고 이해하는 데에 특징이 있다. 근대 자유주의적 법사상의 기초에는

33) 김선택, 사법질서에 있어서 기본권의 효력, 고려법학 제39호, 2002, 167면.

34) 이에 대한 상세한 소개는, 이노홍, 앞의 논문, 234면 이하 참조.

35) 일본에 대한 상세한 소개는, 이혜진, 일본의 기본적 인권의 사인간 효력, 비교헌법연구, 헌법재판연구원, 2017, 3면 이하.

36) 이에 대한 일본에서의 논의에 대한 상세는, 山本敬三, 憲法·民法關係論の展開とその意義 -民法學の視覺から(1)(2), 法學シミナ 646호, 17면·647호, 2008, 44면; 同, 新世代法政策學研究 Vol.5, 2010, 1면 이하; 일본의 학설을 우리나라에 소개한 글로는 정종휴, 헌법과 민법 — 일본에서의 논의를 중심으로, 공법연구 제37집 제3호, 2009.2, 1면 이하 참조.

37) 星野英一, 民法講義總論(3), 法學敎室 3号, 1980, 22면; 栗城壽夫, トイツにおける國家と社會の分離をめくる議論について,

38) 我妻榮, 新憲法と基本的人權 , 民法硏究 Ⅷ 憲法と私法, 有斐閣, 1970, 89면·172면 이하, 245면 이하(1948년 처음 발표). 일본헌법이 제정된 직후부터 신헌법의 이념과 의의에 대해서 글을 쓰기 시작하였다.

개인의 신분과 재산의 관계는 평등한 개인의 자유로운 계약에 기해서 규율되어야 한다는 것이다. 국가의 명령·강제도 각 개인의 이 자유와 평등을 보장하기 위해서 인정된다는 것이다. 그러나 그 결과 현저한 부의 불평등이라는 현상이 발생했기 때문에, 국가는 오히려 각개인의 최소한의 문화적 생존을 보장하기 위해 개인의 재산관계와 신분관계에 적극적으로 관여하게 되었고, 이러한 변화를 배경으로 하여 사법의 지도원리도 자유와 평등을 기초로 하면서도 '공공의 복지'라는 이념에 의해 정화(淨化)[39]되는 것이라고 한다. 협동체주의에 입각한 공공의 복지라는 이념에 의해 정화된 자유와 평등의 원리는 헌법의 기초에 있는 사상으로서 이 원리는 현대에서 법의 근본원리가 되어 있고, 그것이 헌법에 의해서나 민법에 의해서나 승인되어 있다고 이해한다.[40] 이러한 범위에서 이 견해는 헌법과 민법을 통합적으로 이해하는 입장이다.

융합론은 진전되어 '근대'라는 시대공간을 구성하는 법이 있음을 인정하고 그것이 실정법으로서 타당하다고 하는 견해이다.[41] 이 입장에서는 헌법과 민법 양자 근대법을 구성하는 법으로서 통일적으로 이해한다.[42] 이 이외에도 '규범계층적 중층론'이 있다. 이 견해는 헌법과 민법의 관계를 상위법과 하위법의 관계로 본다. 민법도 최고규범이면서 상위법인 헌법의 하위에 있고 따라서 헌법에 반하지 않도록 해석을 해야 하고, 헌법에 반하는 규정은 개정되어야 한다고 한다.[43]

1970년대부터 80년대까지 민법의 탈헌법화 시도를 거쳐 1990년대 초부터 일본에서는 헌법과 민법의 관계를 새롭게 파악하려는 일련의 시도를 하였는데 크게 ① 헌법기저적 중층론, ② 동격병립론, ③ 민법기저적 중층론으로 구별할 수 있다. 본고에서는 이들에 대한 상세한 언급은 생략하고 필요한 한도에서만 간략하게 소개하고자 한다.

먼저 '헌법기저적 중층론'은 헌법과 민법은 헌법을 기초로 하면서, 양자가 서로 협동하면서 국가·사회의 기본법을 중층적으로 구성하는 것으로 본다.[44] 이 견해는 헌법이 사회의 기본법임과 동시에 국가의 기본법인 것에서 출발한다. 그리고 그와 같은 국가의 기본법인 헌법

39) 여기서 '정화'는 개인의 자유, 또한 국가와 개인의 관계에 관한 견해의 전환에 의해 이루어지며, 그것은 개인주의로부터 협동체주의로의 전환이라고 한다. 국가를 하나의 협동체로 보아서 이 협동체로서의 국가에서는 개인과 국가가 유기적으로 결합한 개체와 전체의 관계에 서고, 여기서는 개인의 자유는 국가 전체와 더불어 문화의 향상에 힘써야 할 책무를 수반하는 것이고, 국가는 개인의 자유의 발전을 위해 적극적인 관여를 해야 할 책무를 지게 된다고 한다.

40) 我妻榮, 앞의 책, 172면 이하, 245면 이하.

41) 이에 대해서는 吉田克己, 現代市民社會と民法學, 1999, 106면 이하, 118면 이하.

42) 이 근대법을 상정하는 사회는 근대시민사회이며, 이 근대시민사회를 구성하는 법은 시민법, 즉 민법이다. 또한 근대시민사회는 자유·평등·독립의 시민으로 구성된 사회를 의미한다. 공통원리에 기하여 국가와 사회를 통합한 시민사회를 구성하는 법이 형성되게 되는데 그것이 근대법이라는 것이다. 清水誠, 時代に挑む法律學, 日本評論社, 1992, 6면 이하,

43) 星野英一, 民法概論 Ⅰ, 良書普及會, 1971, 26면 이하.

44) 山本敬三, 憲法·民法關係論の展開とその意義 -民法學の視覺から, 新世代法政策學研究 Vol.5, 2010, 13면 이하.

이 개인에게 기본권을 인정한다는 기본결정을 하였기 때문에 그 결과 국가는 3가지 책무를 지게 되는데 국가의 개입금지, 국가의 기본권 보호의무, 국가의 기본권 지원의무가 그것이다. 즉 국가는 개인의 기본권이 보다 잘 실현될 수 있도록 적극적인 조치를 취해야 한다. 더 나아가 이 견해는 민법도 또한 국가법으로서의 성격을 갖는 이상, 국가의 기본법으로서의 헌법의 구속을 받게 된다고 한다. 그리고 민법은 세 가지 임무를 갖게 되는데, 즉 ① 헌법에 의하여 보장된 기본권 내용의 구체화[45] ② 기본권을 타인에 의한 침해로부터 보호하기 위한 제도 마련,[46] ③ 기본권을 보다 잘 실현할 수 있도록 지원하기 위한 제도 마련이라는 것이다.[47]

둘째, '동격병립론'이다. 즉 헌법과 민법은 공통의 기반을 가지면서도 동격으로 병립하고 있다고 보는 견해이다.[48] 헌법이 국가의 기본법이라면 민법은 사회의 기본법이며, 양자가 어울려 국가·사회의 기본구조를 구성하고 있다는 것이다. 이 주장의 근저에는 프랑스민법전이 인권선언을 실현하는 법률로서 제정되었다는 것에서 출발한다. 즉 민법은 인권선언에 의해 확인된 인간의 자연권과 함께 인간 상호의 관계를 정한 기본법이라는 것이다. 그러한 의미에서 헌법이 국가의 기본법이라 한다면 민법은 사회의 기본법이라 할 수 있다는 것이다. 이 견해는 헌법과 민법을 병립적으로 이해하는데 양자의 바탕에 인권선언이 자리하고 있으며, 그러한 인권, 즉 자유·평등이라는 원리가 헌법과 민법을 초월하는 원리로서 타당함을 전제로 하여, 이것을 국가 기타 공공단체에 대하여 보호하는 것이 헌법, 사인에 대하여 보호하는 것이 민법이라는 견해이다.

셋째, 민법기저적 중층론이다. 병립론이 전제하고 있는 프랑스 모델의 이해에 문제가 있음을 지적하고 제시한 견해이다. 역사적으로 독일에서는 국가와 사회 이분론—정치적 국가와 탈정치화된 경제적 시민사회의 이원적 질서—이 지배적이었던 반면에 프랑스에서는 경제사회임과 동시에 정치사회이기도 한 '시민사회(societe civile), 즉 정치적 경제적 시민사회가 규율대상이었다는 것이다. 1789년 인권선언과 1791년 헌법에서와 달리 1804년의 헌법 및 민법전의 단계에 이르면, 민법전이 법체계 전체의 근본법으로서 자리 잡고, 헌법은 오히려 그 특별법으로서의 지위를 점하는 것에 지나지 않게 되었다는 것이다.[49]

또한 '민사(civil)의 재생을 주장하면서 민법을 공화국을 실현하는 법으로 이해하는 견해도 이 분류에 해당한다.[50] 이는 국가에 대한 과도한 의존은 그 부담의 증대를 가져옴과 동시에,

---

45) 재산으로서의 각종 물권과 채권 등을 정하는 것이 기본권의 구체화라고 한다.

46) 불법행위제도나 물권적 청구권, 부당이득 제도 등은 기본권을 보호하기 위한 제도이다.

47) 계약제도나 대리제도, 법인제도, 가족제도 등이 그러한 구체적 예이다.

48) 星野英一, 民法と憲法— 民法から出發して, 法學敎室, 제171호, 6면; 星野英一·樋口陽一, 社會の基本法と國家の 基本法, ジリスト1192호, 2001, 2면.

49) 水林彪, 「近代民法の本源的性格—全法体系の根本法としてのCode civil」民法研究5호(2008) 1면, 28면 이하.

50) 大村敦志, 「民法と民法典を考える」同法典·教育·民法学—民法総論研究(有斐閣, 1999) 1면이하; 동, 民

국가에 대한 감독의 해태는 그 비효율을 허용하게 된다. 따라서 민법을 그 바탕에 두는 것은 사인간의 관계를 권리의무의 중핵으로 구성되는 법규범에 의해 규율하는 것, 그 자체의 정통성을 주장하면서 이를 의식적으로 선택할 필요가 있다고 한다.

일본에서는 헌법과 민법의 관계에 관하여 헌법기저적 중층론이 소장층 학자들 사이에서 점차 지지를 얻어가고 있다.[51] 이는 일본에서 다른 나라보다 헌법에 대한 상대적 우위성과 완전성을 인정하는 인식에 기반하고 있기 때문이다.[52]

Ⅲ. 우리나라에서의 학설 및 판례의 태도

우리 헌법의 경우 기본권 규정을 사인상호간의 법률관계에 적용한다는 명문규정을 두고 있지 아니하는 관계상 사인간에도 기본권 규정이 적용되는지 문제가 된다.[53] 그리고 이미 언급하였듯이 위와 같은 문제는 헌법과 민법이 어떠한 관계를 가지는가 하는 문제와 깊이 연관되어 있다. 따라서 헌법과 사법의 관계와 기본권의 대사인적 효력의 문제는 동전의 양면과 같은 관계로 볼 수 있다. 대체적으로 사인 상호간의 법률관계에 명문규정 여부에 관계없이 기본권의 효력을 인정하고 있다.

1. 학설

우리나라에서는 비교적 일찍부터 헌법학계에서 기본권의 대사인적 효력의 논의를 통하여 기본권과 사권 관계를 조망하였다. 즉 1964년부터 헌법학자에 의하여 독일과 미국의 판례를 소개하며 논의가 시작되었다.[54] 대부분의 헌법학자들은 기본권의 대사인적 효력에 대하여 교과서에 기술하고 있는데, 독일과 마찬가지로 일반조항이나 개방적 조항을 통한 기본권의 영향을 인정하는 간접적효력설이 다수설이고,[55] 최근에는 국가의 기본권 보호의무로서 기본권의

法総論(岩波書店, 2001) 152면 이하, 등

51) 정종휴, 헌법과 민법, 일본에서의 논의를 중심으로, 공법연구 37집 3호, 한국공법학회, 2009, 26면 이하.

52) 정종휴, 위의 논문, 20면; 특히 26면에서 헌법기저적 중층론은 두 가지 전제, 즉 일본 헌법이 이상적일 것과 일본 헌법이 결코 이 이하로는 개정될 일이 없을 것이라는 전제가 충족되어야 헌법과 민법과의 관계를 설명할 수 있다고 한다.

53) 헌법 제21조 제4항의 문언이 표현의 자유의 대사인효를 명문으로 정하고 있는지 논란이 있다. 그러나 이 규정에 대해서 표현의 자유에 대하여 사인에 대하여도 보호영역이 부여됨을 전제하고 있음은 별론, 구체적 작용의 맥락에서 직접효력설에 의한 보호를 인정하고 있다고 볼 수는 없고, 민법상 (금전)손해배상책임을 전제로 표현의 자유의 헌법 직접적 제한을 규정하고 있을 뿐이고, 표현의 자유가 주관적 사권에 의하여 보호되는지 여부는 별도의 논증이 필요하다고 한다. 이동진, 재산권보장 조항(헌법 제23조 제1항)과 민법, 「헌법과 사법」, 박영사, 2018, 154면, 각주71); 동지, 김선택, 사법질서에서 기본권의 효력, 고려법학 제39호, 2002, 156－157면.

54) 박일경, 기본권과 사법관계, 사법행정, 1964.2, 19면 이하.

55) 성낙인, 헌법학 제18판, 법문사, 2018, 961면; 정종섭, 헌법학원론, 박영사, 2018, 348－349면. 직접적용될 수 있는 기본권으로 헌법 제33조의 근로3권을 들기도 한다. 성낙인 앞의 책, 962면; 권영성, 헌법학원론, 법문사,

영향을 설명하려는 경향도 유력하다.[56]

민법학계에서는 1990년대 초까지 민법교과서에서 신의성실이나 공서양속을 설명하는 곳에서도 기본권과 관련하여 기본권의 방사효과가 사적인 법률관계에 미치는 영향에 대하여 언급하거나 부각시키는 견해는 전혀 보이지 않았다.[57] 민법학자로서 헌법과 민법과의 관계나 기본권의 사법에의 효력에 대하여 논의는 1992년에 등장한다. 민법 제2조 제1항의 신의성실에 관하여 "특히 헌법이 보장하는 기본권의 이념과 내용은 비록 사법관계에 직접 적용되는 것은 아니라고 하더라도 민법 제2조의 신의칙이나 민법 제103조의 사회질서 등의 일반조항을 통하여 간접적으로 적용된다(소위 간접적용설). 그러므로 가령 평등권(헌법 제11조), 직업선택의 자유(헌법 제15조), 사생활의 비밀과 자유(헌법 제17조), 양심의 자유(헌법 제19조), 표현의 자유(헌법 제21조) 등은, 비록 당사자들의 의사에 기한 자유제한이 허용되는 사법관계에서이기는 하더라도, 신의칙을 적용함에 있어서는 그 불필요한 제약 나아가서는 실질적인 박탈이 일어나는 일이 없도록 유의하여야 한다고 주장하였다.[58] 그 후 1990년대 들어와 두 차례 정도의 발표가 있었다.[59] 이후에는 민법학자들도 헌법의 사법질서에의 효력에 대하여 간헐적으로 연구성과를 발표하기 시작하였다.[60] 이처럼 헌법과 사법과의 관계에 대한 연구에 소극적이었던 이유는 종래 공·사법의 구별이라는 이원적 법체계와 개별법영역에서의 법학방법론의 근본적인 차이에서 그 원인을 찾아볼 수도 있겠지만, 사법은 독자적이며 자율적이고 구체적인 성격이 강하여 헌법과 같은 추상적인 성격의 법과는 무관한 것으로 보았기 때문이다.[61]

2008, 333면. 이 이외에도 성낙인 교수는 언론출판의 자유와 좁은 의미의 인간의 존엄과 가치 및 행복추구권 등을 직접효력이 미치는 기본권으로 이해한다.

56) 정태호, 기본권보호의무, 인권과 정의 제252호, 1997.8; 이부하, 헌법영역에서 기본권보호의무, 공법학연구 제8권 제3호, 2007;

57) 일반조항으로서의 제103조의 구체적 내용은 개개의 경우에 재판을 통하여 부여되는 것이지만, 그것은 법관의 개인적·주관적인 정의관이나 윤리관에 의하는 것은 아니다. … 이성적이며 공정·타당한 것에 대한 국민총체의 건전한 관념에 따라 결정하여야만 한다. 바꾸어 말하면 개개의 법률행위가 법의 이상 내지 이념에 비추어 볼 때 시인되느냐 않느냐의 판정은 공동사회로서의 국가의 입장에서 국가·사회의 질서의식에 실현되는 것이다라고 하는데, 여기서 그와 같은 국가·사회의 질서의식을 객관적으로 표현하는 성문으로서의 헌법, 소위 객관적 가치질서로서의 헌법에 대한 언급은 하지 않고 있다. 곽윤직, 민법총칙, 신정판, 1992. 369면.

58) 민법주해[1](양창수 집필), 1992, 95면.

59) 1994년 정종휴 교수가 다루었고(정종휴, 사법관계에서의 헌법원리의 충돌, 현대민법의 과제와 전망(남봉 한봉희 교수 화갑기념논문집), 1999년 헌법 제50주년을 기념하기 위한 심포지움에서 양창수 교수가 '헌법과 민법' 이란 주제로 발표하면서 좀 더 논의를 전개하였다(양창수, 헌법과 민법－민법의 관점에서－, 서울대 법학 39권 4호, 99.2, 61면 이하); 헌법과 민사소송에 대하여는 홍기문, 헌법과 민사소송, 민사소송, 9(2), 2005 등이 있다.

60) 윤진수, 영국의 1998년 인권법(Human Rights Act 1998)이 사법관계에 미치는 영향, 민법논고 1, 2007; 정종휴, 헌법과 민법, 일본에서의 논의를 중심으로, 공법연구 37집 3호, 한국공법학회, 2009; 임건면, 민법의 해석과 적용에 있어서의 기본권의 영향, 성균관법학 제25권 제2호, 2013.6 백경일, 헌법규정이 사적 법률관계에서 고려될 수 있는 한계, 안암법학 통권 제43호(상), 2014.1; 김형석, 사적자치와 기본권의 효력－유럽사법의 경험으로부터의 시사－, 비교사법 제24권 1호(통권 76호), 47면 이하.

우리나라에서 기본권의 대사인적 효력에 관한 이론은 대체로 독일에서 기본권의 대사인적 효력에 관한 이론과 유사하다. 이는 한국의 실정법체계가 독일과 같이 대륙법적인 공·사법 이원체계를 유지하고 있는 것과도 일맥상통한다.[62] 먼저 헌법학자들에 의하여 기본권의 제3자적 효력 내지 대사인적 효력의 문제가 다루어졌으며 헌법에 명문의 규정이 없는 경우 간접적용설(공서양속설)에 따라 기본권의 효력이 사법상의 일반원칙을 통해 사법관계에 적용된다는 것이 통설의 입장이다.[63]

간접적용설에서는 기본권을 우선 국가권력에 대한 국민의 '방어권'이지만 또한 공동생활의 기초가 되고 국가존립에 정당성을 부여해주는 '객관적인 가치질서'로 보기 때문에 모든 생활영역에 이른바 파급효과(방사효과)[64]를 미치게 된다. 그러한 기본권의 파급효과가 사적인 법률관계에 뚫고 들어가는 창구가 바로 사법상의 일반원칙이라고 한다. 결국 기본권의 파급효과 때문에 신의성실·권리남용·공서양속·공정성·불법행위금지 등 사법상의 일반원칙을 해석·적용하는 경우에는 반드시 기본권적인 가치의 실현에 그 초점이 맞추어져야 된다고 한다.[65]

소수이지만 기본권이 사적영역에 대하여 효력이 직접 미치지 않는다는 견해도 있다. 논거로서는 기본권은 그 본질에 있어 국가권력과 국민간에 설정되는 관계를 규율하는 권리라는 것, 사적인 영역은 헌법이 자율적인 영역으로 보호하고 있기 때문에 헌법상의 기본권조항은 이에 직접 개입하지 않는다는 것 등을 들기도 하지만 정면으로 효력을 부정하는 견해를 취하는 이는 없다.

근래에는 국가의 기본권 보호의무를 가지고 기본권의 효력을 설명하려는 견해도 유력하다.[66] 이 견해는 사인 사이의 '사법(私法)'관계에서 기본권제약이 발생하면 기본권보호의무는 '기본권의 대사인적 효력'으로 나타난다고 한다. 기본권보호의무는 기본권이 보장한 기본권주

61) 정종휴, 위의 논문, 3면.

62) 성낙인, 앞의 책, 961면.

63) 성낙인, 위의 책, 961면; 사인간의 기본권의 효력을 긍정하면서도, 현재 한국 법질서가 가지고 있는 틀 안에서는 기본권의 사인간의 효력이 실제 적용되는 경우는 거의 없다는 견해로는 전광석, 한국헌법론, 2005, 170면; 김일환, 우리나라 헌법상 기본권의 대사인적 효력 논의의 비판적 고찰, 헌법학연구 제6권 제2호, 2000, 84면.

64) 기본권의 가치체계 또는 객관적 원칙규범으로부터 나오는 헌법적 차원의 규범내용이 사법에 스며들면, 이 사법의 해석은 계속해서 이 기본권규범에 의해 결정된다. 이처럼 객관적 원칙규범으로서의 기본권규범이 사법규정을 매개로 사법관계 형성에 미치는 효력을 '방사적 효력(Ausstrahlungswirkung)'이라 한다. 이 방사적 효력은 기본권규범의 제3자적 효력을 논증함에 있어 중요한 기능을 수행한다.

65) 허영, 한국헌법론, 박영사, 1998, 254면.

66) 송기춘, 헌법 제10조 후문의 헌법이론적 의의, 민주법학 제17호, 민주주의법학연구회, 2000, 220－221면; 장영철, 사법의 헌법화경향에 대한 소고－독일과 한국의 헌법판례를 중심으로－, 서울법학 제25권 제4호, 2018.2., 11면; *Georg Hermes*, Grundrechtsschutz durch Privatrecht auf neuerGrundlage?, in: NJW 1990, S. 1768; *Christian Starck*, Grundrechtliche Schutzpflichten, in:ders., Praxis der Verfassungsauslegung, Baden－Baden 1994, S. 67; *Klaus Stern*, Das Staatsrecht der Bundesrepublik Deutschland, Bd. Ⅲ/1, München 1988, S. 1560.

체의 지위를 제3자의 침해로부터도 보호하여야 한다는 국가의 의무에 근거를 두고, 이 의무는 모든 법영역에서 실현되므로 당연히 사적 주체 서로 간의 관계에도 실현된다고 한다.[67] 즉 기본권보호의무를 지는 법관이 사법의 일반조항을 통해서 기본권을 적용하므로, 기본권이 사인 사이의 관계에 간접적으로 효력을 미친다는 것이다. 따라서 기본권의 보호명령기능은 사법질서에서 기본권의 효력을 기본권의 본질과 내용에 맞게 해결할 해석학적으로 가장 명확한 출발점이라고 한다.[68]

다만 기본권의 대사인적 효력의 이론이 기본권 기능의 발전과정을 고찰해 볼 때 중요한 의미를 가지는 전환점이 될 수 있음에도 불구하고 사법의 일반조항을 통한 방사효과라는 개념내용의 불확실성 때문에 그 이론적 발전이 정체되고 있다는 지적도 있다.[69] 기본권의 대사인적 효력에 관한 여러 이론들 특히 종래 독일의 영향을 받아 우리나라에서도 주장되고 있는 직접적용설이나 간접적용설 등의 이론이 현실의 재판에서 사건을 해결하는 과정에서 실제 거의 차이를 나타내 보이지 않는다는 점이다.[70] 결국 그러한 이론들은 기본권의 효력이 사법에 영향을 미치는 방식을 법률구성하는 설명법에 지나지 않으므로 어느 견해에 따르더라도 실제로 사건을 해결함에 있어서 행해지는 실질적 이익형량은 거의 비슷하게 수행될 것이기 때문이다.[71]

2. 판례

헌법재판소의 등장으로 이제 모든 법률들은 위헌심판의 대상이 되었고 민법도 예외는 아니다. 특별히 민법 중 가족법의 규정들이 위헌 결정을 많이 받았고, 재산법의 규정들은 극히 일부가 위헌결정을 받았으나 대부분의 규정들은 합헌 결정을 받았다. 그렇다면 사인간의 법률관계에 기본권의 효력이 미치는가에 대하여 법원은 어떠한 태도를 보이는가.

(1) 일반조항을 통한 간접적용

대법원은 기본권이 방어적 권리임을 인정하는 것과 함께 '객관적 가치질서'임을 인정하고 헌법은 민법을 포함한 모든 법 영역에 그 영향을 미치는 것이며, 원칙적으로 사법상 일반조항

67) 기본권의 대사인적 효력과 기본권보호의무의 관련성에 대한 상세는, 허완중, 기본권의 대사인적 효력과 기본권보호의무 그리고 기본권충돌의 관계, 헌법논총 제25집, 헌법재판소, 2014, 25면 이하 참조.

68) Klaus Stern, Das Staatsrecht der Bundesrepublik Deutschland, Bd. Ⅲ/1, München 1988, S.1572. 이처럼 기본권의 대사인적 효력을 기본권보호의무의 발현으로 보거나 양자의 관련성을 강조하기도 한다. 정태호, 기본권보호의무, 인권과 정의 제252호, 대한변호사협회 1997.8., 107－108면.

69) 박규환, 사법질서로의 기본권효력 확장구조와 그 한계, 공법연구 제33집 제3호, 2005.5, 123면. 따라서 사법질서로의 기본권 효력의 적용구조와 그 적용정도의 규명이야말로 기본권 제3자효 이론이 그 이론적 발전을 계속하기 위해 극복해야 할 과제라고 한다.

70) 김형석, 사적 자치와 기본권의 효력, 「헌법과 사법」, 박영사 , 2018, 198면; Kumm, Who is Afraid of the Total Constitution? Constitutional Rights as Principles and the Constitutionalization of Private Law, German Law Journal, Vol. 7 No.4, 2006341, 352 sqq.

71) 김형석, 위의 논문, 198면.

을 통해 기본권이 사법상 법률관계에 효력을 미친다고 보아 독일 연방헌법재판소의 견해나 우리나라의 다수설과 같은 입장에 서 있다.

즉 사인에 의한 종교의 자유 침해가 불법행위를 구성하는 형태와 관련하여, 「헌법상의 기본권은 제1차적으로 개인의 자유로운 영역을 공권력의 침해로부터 보호하기 위한 방어적 권리이지만 다른 한편으로 헌법의 기본적인 결단인 객관적인 가치질서를 구체화한 것으로서, 사법(私法)을 포함한 모든 법 영역에 그 영향을 미치는 것이므로 사인간의 사적인 법률관계도 헌법상의 기본권 규정에 적합하게 규율되어야 한다. 다만 기본권 규정은 그 성질상 사법관계에 직접 적용될 수 있는 예외적인 것을 제외하고는 사법상의 일반원칙을 규정한 민법 제2조, 제103조, 제750조, 제751조 등의 내용을 형성하고 그 해석 기준이 되어 간접적으로 사법관계에 효력을 미치게 된다」[72]고 한다. 더 나아가 종교의 자유라는 기본권의 침해와 관련한 불법행위의 성립 여부도 위와 같은 일반규정을 통하여 사법상으로 보호되는 종교에 관한 인격적 법익침해 등의 형태로 구체화되어 논하여져야 한다고 설시하고 있다.[73]

또한 사적 단체 내에서의 남녀차별문제를 다룬 여성의 YMCA 회원자격 여부와 관련하여, 사인에 의한 평등권 침해가 불법행위를 구성하는지가 쟁점인 사안에서, 대법원은 「종교의 자유라는 기본권의 침해와 관련한 불법행위의 성립 여부도 위와 같은 일반규정을 통하여 사법상으로 보호되는 종교에 관한 인격적 법익침해 등의 형태로 구체화되어 논하여져야 한다고 하여 위법성을 인정하는 구체적 법률이 없더라도 헌법 제11조의 평등권 침해가 민법 제750조를 통해 인격적 법익침해의 형태로 구체화 되어 논하여질 수 있다」[74]고 한다. 더 나아가 사적 단체를 포함하여 사회공동체 내에서 개인이 성별에 따른 불합리한 차별을 받지 아니하고 자신의 희망과 소양에 따라 다양한 사회적·경제적 활동을 영위하는 것은 그 인격권 실현의 본질적 부분에 해당하므로 평등권이라는 기본권의 침해도 민법 제750조의 일반규정을 통하여 사법상 보호되는 인격적 법익침해의 형태로 구체화되어 논하여질 수 있고, 그 위법성 인정을 위하여 반드시 사인간의 평등권 보호에 관한 별개의 입법이 있어야만 하는 것은 아니라고 한다.

(2) 사법관계에서 법관의 법형성과 기본권의 직접 적용 여부

사법관계에 기본권의 간접 적용에 대해서는 이제 반대하는 견해는 드물다. 다만 사법의 일반조항을 통한 기본권의 간접적용의 한계 때문에, 기본권의 직접 적용 여부가 문제된다. 헌법 제103조는 「법관은 헌법과 법률에 의하여 그 양심에 따라 독립하여 심판한다」고 규정하여

72) 대법원 전원합의체 2010. 4. 22 선고 2008다38288 판결; 대법원 2018. 9.13. 2017두38560 판결; 대법원 2018. 9. 13. 선고 2017두62549 판결.

73) 독일에서는 종래의 간접적용설을 수용한 뤼트(Lüth) 판결(BVerfGE 7, 198ff)의 논증을 재해석하여 사법에 대한 기본권의 효력을 전체규정으로 확대하고 있다고 한다. 장영철, 사법의 헌법화경향에 대한 소고－독일과 한국의 헌법판례를 중심으로－, 서울법학 제25권 제4호, 2018.2., 15면.

74) 대법원 2011. 1. 27. 선고, 2009다19864 판결.

법관의 법형성권을 인정하고 있다. 민사사안에 관하여 법관은 사법규정이 흠결된 경우 죄형법정주의가 적용되는 형법이나 법률유보원칙이 적용되는 행정법보다 법형성에 있어서 좀 더 많은 재량을 갖게 된다. 법관이 구체적 사안에서 기본권규정을 직접 적용하는 사법형성을 통하여 문제를 해결하는 것을 민사법원의 판결에서 쉽게 찾아볼 수 있다.

이와 같은 문제는 기본권이 어떠한 방식으로 사법관계에 등장하여 적용될 수 있는지 그 구체적 구성과 관련된다. 논리적으로는 기본권을 사인 상호간에 주장할 수 있는 주관적 사권(私權)으로 보는 방법, 즉 직접효력설에 따른 방법을 통해서 적용하는 것이다. 그렇다면 법원은 어떤 경우에 직접효과설에 따른 구제의 노력을 하는 것일까. 법원의 입장에서는 문제된 기본권 자체의 성질이라는 헌법적 차원보다는 오히려 피해자에게 예방적 권리보호수단으로서 (방해배제)청구권을 부여할 필요가 있을 때 구제의 차원에서 기본권으로부터 사권을 도출하려는 경향이 있다. 직접효과설이 일반적 금지청구권을 더 쉽게 정당화하기 때문이다. 독일에서 성명권 이외의 인격권침해에 대하여 처음에는 손해배상책임만을 인정하다가, 예방적 권리보호의 필요성에 따라 부작위청구권을 인정하고, 이후 기본법 제1조 제1항을 근거로 하여 이에 일반적 인격권이라는 사권을 창설한 것도 이러한 측면에서 이해할 수 있다.[75]

가. 인격권

우리나라에서도 일반법원의 법형성과 관련한 기본권으로서 문제가 되는 것은 재산권과 인격권 및 환경권을 들 수 있다. 우리 민법은 권리 본위의 성문법체계를 취하고 있는데 재산권으로서 물권과 채권, 가족권으로서 친족권과 상속권을 인정하고 있다.[76] 학설과 판례는 인격권을 사권으로 인정하지만 민법전에는 인격권을 규정하고 있지 않다.[77] 다만 민법 제751조에서 타인의 신체, 자유 또는 명예를 해하거나 기타 정신상 고통을 가한 자는 재산 이외의 손해에 대하여도 손해를 배상할 책임이 있다고 규정하고 있고, 제752조에서는 타인의 생명을 해한 자에게 손해배상책임을 인정함으로써 두 조문만이 간접적인 인격권의 근거 규정이라고 할 수 있다.

사권상 인격권의 개념은 독일에서 '일반적 인격권'의 논의의 전개과정에서 독일기본법 제1조 제1항(GG)의 인간의 존엄과 가치규정으로부터 도출하였다. 일반적 인격권은 사적 생활형성을 위한 자율적 영역인 사생활영역의 보호를 비롯하여 '인간의 존엄성과 밀접한 연관관계를 보이는 자유로운 인격발현의 기본조건'을 포괄적으로 보호하고자 하는 기본권으로 보고 있으며,[78] 우리나라에서도 헌법적 기초를 인격의 자유로운 발현을 보장하는 '행복추구권'과 '인간

75) 제철웅, 민사법에 의한 인격권보호의 역사적 전개－특히 독일법을 중심으로－, 중앙대 법학논문집 제24집 제1호, 2000.2., 278면 이하.

76) 이는 민법의 계수과정에서 근대민법전 성립 당시의 시대상황이 주로 재산권과 가족권 위주의 권리개념을 취하고 있었고 인격적 이익을 권리로서 사고하지 않은 결과이다.

77) 독일민법 제12조는 인격권으로서 성명권에 대한 규정을 두고 있다.

78) 한수웅, 헌법학, 법문사, 2018, 559－560면. 일반적 인격권과 개별적 인격권의 관계에 대하여

의 존엄과 가치'에 두고 있다.[79)]

기본권으로서의 인권과 일반적 인격권 그 자체를 구분하여 사법상의 권리라고 보는 것이 일반적이다.[80)] 사인이 타인의 인격권을 침해하는 경우 불법행위가 성립하는지의 여부와 관련하여 대법원은「사람은 누구나 자신의 얼굴 기타 사회통념상 특정인임을 식별할 수 있는 신체적 특징에 관하여 함부로 촬영 또는 그림 묘사되거나 공표되지 아니하며 영리적으로 이용당하지 않을 권리를 가지는데, 이러한 초상권은 우리 헌법 제10조 제1문에 의하여 헌법적으로 보장되고 있는 권리이므로 초상권에 대한 부당한 침해는 불법행위를 구성한다」[81)]고 하여 인격권으로서 '초상권'의 법적 근거를 헌법 제10조에서 바로 도출해낸다. 이처럼 인격권을 민법전에 규정되어 있지 않지만 사권으로 인정한 것은 위에서 언급한 것처럼 금지청구권을 인정할 경우의 실익 때문이다.

현행 민법상 방해배제청구권을 인정하는 것은 소유권 등 물권이 대표적인데 '인격적 이익'을 인격권으로 승격시킴으로서 권리의 불가침성 및 절대권이란 이론구성을 통해서 방해배제 및 방해예방청구권을 이끌어 낼 수 있기 때문이다.[82)]

성명권에 대해서도 헌법 제10조로부터 그 근거를 도출하고 있다. 즉「헌법상의 행복추구권과 인격권의 한 내용을 이루는 성명권은 사회통념상 특정인임을 알 수 있는 방법으로 함부로 사용, 공표되지 않을 권리」라고 한다.[83)] 다만 일반적으로 성명이나 초상 등 자기동일성이 가지는 경제적 가치를 상업적으로 사용하고 통제할 수 있는 배타적 권리라고 설명되는 '퍼블리시티권'은 이를 명시적으로 규정한 실정법이 존재하지는 않으나, 헌법상의 행복추구권과 인격권의 한 내용을 이루는 성명권에는 사회통념상 특정인임을 알 수 있는 방법으로 성명이 함부로 영리에 사용되지 않을 권리가 포함된다고 할 것인 점 등을 들어 퍼블리시티권은 인격권, 행복추구권으로부터 파생된 것으로서 재산권적 성격도 가지고 있다는 하급심[84)] 판결도 있으나 법형성의 단계에까지 이르지 않고 있다.[85)]

위와 같은 판례의 태도에서 보듯이 초상이나 성명 등의 인격권에 대해서 대법원은 헌법 제10조인 인간의 존엄과 가치로부터 도출하고 있다. 과거에 비하여 현대에 들어와 인격가치의 침해에 대하여 권리의 침해라는 인식이 강해졌고, 민법상의 불비를 법관에 의한 법형성에 의

79) 헌법재판소 1991. 4. 1. 89헌마160 결정에서 '인격의 자유로운 발현을 위하여 보호받아야 할 인격권', 인간의 존엄과 가치를 바탕으로 하는 인격권'이라고 판시하여 인격권의 근거조항을 헌법 제10조에서 도출하고 있다.

80) 강남진, 인격권의 보호에 대한 하나의 제안, 민사법학 13·14호, 1996, 117－118면.

81) 대법원 2006. 10. 13. 선고 2004다16280; 대법원 2012. 1. 27. 선고 2010다39277 판결.

82) 대법원 1996. 4. 12. 93다40614·40621 판결;

83) 서울중앙지법 2006. 4. 19. 선고 2005가합80450 판결.

84) 서울중앙지법 2006. 4. 19. 선고 2005가합80450 판결; 서울서부지법 2010. 4. 21. 자 2010카합245결정.

85) 서울고등법원 2002. 4. 16. 2000나42061 판결에서 유명인의 성명이나 초상등이 갖는 재산적 가치를 독점적, 배타적으로 지배하는 독자적 재산권으로서 이른바 퍼블리시티권에 대해서는 성문법체계를 취하고 있는 우리 법제상 권리성을 인정하지 않는다.

하여 해결하고 있다.

나. 재산권

헌법 제23조 제1항의 재산권보장 조항에 의하여 법률의 규정 없더라도 법관의 법형성으로 재산권을 창설할 수 있을 것인가. 헌법 제23조 제1항이 말하는 헌법적 의미의 재산권은 사적 유용성과 그에 대한 원칙적 처분권을 핵심표지로 한다. 따라서 단순한 이익이나 재화의 획득에 관한 기회 등은 재산권보장의 대상이 되지 아니한다.86) 그런데 헌법은 그 대상이 무엇인지에 대하여는 규정하고 있지 아니하다. 이 점에서 입법자는 일정한 범위에서 입법형성의 재량을 누린다. 헌법 제23조 제1항 2문은 이 점을 밝히고 있다. 즉 우리 헌법상의 재산권에 관한 규정은 다른 기본권 규정과는 달리 그 내용과 한계가 법률에 의해 구체적으로 형성되는 기본권형성적 법률유보의 형태를 띠고 있다는 점이다.87) 재산권의 내용과 한계를 '법률'로 정하고 있다는 점이다. 다만 어떤 사항에 대하여 법률유보가 규정되어 있다 하더라도, 법률이 규율대상에 관한 모든 사항을 세세하게 규정하여야 하는 것은 아니며 일반적으로는 규율대상에 관한 본질적인 사항을 규정하면 족하다고 할 것이다.88)

재산권과 관련하여 '법관의 법형성'으로서 문제되는 것으로는 주로 컴퓨터기술의 발달과 인터넷의 등장으로 새로 부상하게 된 지적재산권분야였는데, 거래계에서 재산적 이익 인정 여부가 논의된 후,89) 입법에 의하여 권리성을 보장받았다. 그러한 권리로는 데이터베이스90)와 영업비밀91) 등이 있다.

다음으로 관습상의 통행권을 재산권의 일환으로 인정할 것인지의 여부가 쟁점이 된 판례도 있다. 피고가 일반 공중의 통행에 제공된 도로에 개폐식 차단기를 설치하고 통행하는 차량 중 특정한 원고들의 차량의 통행을 막자 원고들이 통행방해의 배제와 개폐식 차단기의 제거를 구한 사건이었다. 대법원은 「일반 공중의 통행에 제공된 도로를 통행하고자 하는 자는, 그 도로에 관하여 다른 사람이 가지는 권리 등을 침해한다는 등의 특별한 사정이 없는 한, 일상생활상 필요한 범위 내에서 다른 사람들과 같은 방법으로 그 도로를 통행할 자유가 있고, 제3자가 특정인에 대하여만 그 도로의 통행을 방해함으로써 일상생활에 지장을 받게 하는 등의 방법으로 그 특정인의 통행의 자유를 침해하였다면 민법상 불법행위에 해당한다」고 하였다. 다만 이

86) 헌법재판소 1999. 4. 29. 96헌바55 전원재판부 결정

87) 헌법재판소 1993. 7. 29. 92헌바20 결정.

88) 헌법재판소 1999. 5. 27. 선고 98헌바70결정.

89) 편집저작물로 인정한 것으로는 한국입찰경매정보가 있는데 본래적 의미의 데이터베이스는 아니지만 한국입찰경매정보지의 목적물의 주요현황, 준공일자, 입주자, 임차금, 입주일 등의 임대차관계, 감정평가액 및 경매결과, 등기부상의 권리관계 등을 구독자가 알아보기 쉽게 필요한 부분만을 발췌·요약한 정보를 보호할만한 독자적인 저작물로 인정하였다(대법원 1996. 12. 6. 선고 96도2440 판결); 서울지법 제51민사부 1998. 9. 21. 결정 98카합1699 저작권침해금지가처분 등.

90) 저작권법 제2조 17, 18, 19, 20호, 제6조 참조.

91) 부정경쟁방지 및 영업비밀보호에 관한 법률 제2조 3호.

사건의 제1심 판결은 관습상 통행권 주장에 대하여 물권법정주의 위반이라는 이유로 이를 배척하였다. 재산권을 주장하는 것이라면 명문의 법률상 근거가 필요한데, 현행법에는 그러한 근거가 존재하지 아니한다는 것이다.[92]

사도통행권이 관습상의 물권으로서 인정될 수 있는지가 문제된 사안에서, 대법원은 물권법정주의에 반한다는 논거로 부정하였다.[93] 실제 물권에 대해서는 법률뿐만 아니라 관습법에 의하여 인정될 수 있음을 민법 제185조에서 명정하고 있는데, 실제 관습법이란 법원에 의해서 승인이 될 때 비로서 권리성을 취득하는 것이므로 법원에 의한 법형성이라고 말할 수 있다.

다. 자기결정권과 그로부터 파생되는 사법관계

사법관계에서 자기결정권은 개인의 사사(私事)에 관한 자기결정권과 계약을 통한 생활관계 형성에 임한 경우의 자기결정권이 주로 문제된다. 또한 인격권과 밀접한 관련이 있다. 사적자치는 인간의 일반적인 자기결정 원칙의 일부분이기도 하다.[94] 자기결정의 원칙은 법질서에 선재하면서도 법질서에서 실현되어야 하는 가치로서 자유민주주의를 표방하는 모든 나라의 헌법이 비록 명문으로 규정하고 있지 않더라도 이를 보장하고 있다.

우리 헌법에서도 기본권으로서 자기결정권에 대해서 규정하고 있지 않지만 통상 헌법 제10조의 행복추구권 내지 인간의 존엄성존중의 이념에 근거를 두고 있다. 헌법재판소는 인간은 누구나 자기 운명을 스스로 결정할 수 있는 자기결정권을 가진다고 한 다음, 그 근거를 헌법 제10조로부터 도출하고 있다. 즉, 행복추구권에서 파생되는 자기결정권 내지 일반적 행동자유권은 이성적이고 책임감 있는 사람의 자기 운명에 대한 결정·선택을 존중하되 그에 대한 책임은 스스로 부담함을 전제로 한다고 설명한다.[95] 달리 말하면, 개인은 사적 영역에 관해서 사회나 국가로부터 간섭이나 침해를 받지 아니하고 사적 사항을 스스로 결정하여 자신의 생활영역을 자유로이 형성할 수 있는 권리라고 할 수 있다.[96] 이러한 헌법상 기본권으로서 자기결정권은 사법관계에서도 여러 가지 논거로 사용되고 있다.

자기결정권과 관련된 사법관계의 상당부분은 개인정보권과 같이 인격권적 측면이 있는 것이 사실이나 사적 자치에서 보듯이 제도보장적 측면[97]이 있는 경우도 있다. 사법관계에서 자

---

92) 대법원 2011. 10. 13. 선고 2010다63720 판결.

93) 대법원 2002.2.26. 선고 2001다64165 판결.

94) Flume, Allgemeiner Teil des Bürgerlichen Rechts, Zweiter Band Das Rechtsgeschäft, 3.Aufl., 1979, S. 1; Ermann, Handkommentar zum Bürgerlichen Gesetzbuch, 1, Band 11. Aufl., 2004., Einl §104 Rn. 1; Palandt Kommentar, Bürgerliches Gesetzbuch, 44Aufl., 1985, Überbl v §104 Anm. la.

95) 헌법재판소 1990. 9. 10. 89헌마82; 헌법재판소 2002. 10. 31 99헌마40; 헌법재판소 2015.4.30. 2013헌마873 결정

96) 자기결정권이 대두된 배경을 보면, 1960년대 이래 사회변동과 함께 다양하고 새로운 권리·자유의 분출상황이 있었다. 평화적 생존권이나 환경권을 시작으로 하여 일조권·조망권·알권리·엑세스권·프라이버시권·학습권·건강권·혐연권·끽연권이 있었고, 각종의 인격권이 등장과 함께 출산·임신중절이나 존엄사와 동성애 문제가 그것이다.

기결정권이 문제해결의 주요한 법적 근거가 되는 것을 살펴보면, 우선 환자의 동의를 필요로 하는 의사의 설명의무의 법적 근거로서 자기결정권을 들고 있다.[98] 의사가 침습을 필요로 하는 수술이나 악결과를 가져올지도 모르는 치료행위를 하는 경우에 환자의 동의를 받지 않고 시행한 경우 환자의 자기결정권의 침해이고 인격권의 침해로 보는 것이다.

또한 법관이 사법형성을 통하여 구체적 사안을 창조적으로 해결하는 예로서는, 헌법 제10조의 '자기결정권'을 근거로 의사와 환자간의 의료계약에 의한 연명치료 중에 존엄사를 결정한 환자의 연명치료 중단청구권이 있다.[99] 즉「환자의 동의는 헌법 제10조에서 규정한 개인의 인격권과 행복추구권에 의하여 보호되는 자기결정권을 보장하기 위한 것으로서, 환자가 생명과 신체의 기능을 어떻게 유지할 것인지에 대하여 스스로 결정하고 진료행위를 선택하게 되므로, 의료계약에 의하여 제공되는 진료의 내용은 의료인의 설명과 환자의 동의에 의하여 구체화된다.」고 하고,「연명치료의 중단이 환자의 의사결정을 존중하여 환자의 인간으로서의 존엄과 가치 및 행복추구권을 보호하는 것이 사회상규에 부합되고 헌법정신에 어긋나지 아니한다.」는 것이다.

자기결정권의 연장선상에서 기본권의 고려를 명시적으로 행하는 분야가 개인정보보호분야이다. 오늘날 헌법재판소가 즐겨 사용하는 '자기결정권'[100]이 개인정보의 영역에서도 광범위하게 그리고 상당한 수준에서 인정되기에 이른 것이다.[101] 법원에서도 개인정보침해의 중대성에 착안하여 개인정보침해행위를 인격권을 침해하는 위법한 것이라고 하여 개인정보를 인격권의 객체로 보아 위자료의 지급을 명하고 있다.[102]

헌법 제10조의 행복추구권에서 도출되는 일반적 행동자유권이 보호하는, 사법의 기본원리인 사적 자치는 원칙적으로 권리자에게 법적 지위의 자유로운 처분권을 인정한다. 사적 자치의 원칙 내지 계약자유의 원칙은 사법상 대원칙으로서 민법에 규정되어 있지 않은데, 헌법재판소에서 계약자유의 원칙의 내용과 헌법상의 지위에 대하여 설시하고 있다."[103] 즉「이른바

97) 헌법재판소 1999. 4. 29. 96헌바55.

98) 대법원 2002. 10. 25. 선고 2002다48443 판결; 대법원 2011. 11. 24. 선고 2009다70906 판결.

99) 대법원 2009. 5. 21. 선고 2009다17417 전원합의체 판결.

100) 자기결정권은 의사의 설명의무의 법적 근거로 작용하기도 하고, 성적 자기결정권을 간통제 폐지의 근거로서 언급하기도 한다(헌법재판소 2015.4.30. 2013헌마873 결정).

101) 개인정보권을 어떤 권리로 파악해야 하는지에 대하여 아직까지 많이 논의되고 있지는 않다. 현재 헌법학자들은 기본권의 일환으로 보고 있으며, 그런 의미에서 공법학자들은 개인정보자기결정권 내지 개인정보자기통제권이란 용어를 즐겨 사용한다. 사법학자들은 대체적으로 인격권으로 파악하고 있다.

102) 대법원 2011. 9. 2. 선고 2008다42430 전원합의체 판결.

103) 프랑스 헌법위원회에서도 계약자유의 원칙이 헌법상의 가치가 아니라고 1994년에 판결하였다가 1998년에 "입법자는 1789년 인간과 시민에 관한 권리선언 제4조에서 규정한 자유를 명백하게 부인할 수 없는 만큼, 합법적으로 체결된 계약의 경제성에 대하여는 중대한 손해를 끼칠 수 없다"고 하여 견해를 바꾸었다. Désis. no 98-401, JO 14 juin 1998, p.9033,

계약자유의 원칙이란 계약을 체결할 것인가의 여부, 체결한다면 어떠한 내용(內容)의, 어떠한 상대방과의 관계에서, 어떠한 방식으로 계약을 체결하느냐 하는 것도 당사자 자신이 자기의사로 결정하는 자유뿐만 아니라, 원치 않으면 계약을 체결하지 않을 자유를 말하여, 이는 헌법상의 행복추구권속에 함축된 일반적 행동자유권으로부터 파생되는 것이라 할 것이다.」[104]

헌법 제10조는 사적 자치를 자기의사에 의한 자기결정으로 법률관계를 자유롭게 창설, 변경, 종료할 수 있는 자유로서 보장하고 있다. 헌법 제11조가 평등권을 규정하여 차별금지사유로서 제시하는 성별, 종교, 사회적 신분을 들고 있으나 사적 자치에 의한 차별이 정당화될 수 있다. 예컨대, 종중유사단체의 회칙이나 규약에 의한 남성회원한정특약,[105] 종구 구성원을 성년남자로만 한정하는 회칙,[106] 분양계약 또는 수분양자들의 협의에 의한 경업제한,[107] 공서양속의 원칙이 배제되는 경매절차,[108] 카지노사업자와 카지노이용자 사이의 카지노 이용을 둘러싼 법률관계로서 배팅한도액 및 출입제한[109] 등을 들 수 있다.

사적 자치는 자기결정(물적 요소)에 의한 의사표시(인적 요소)에 법질서에 의한 승인(효력)을 본질로 한다. 따라서 사적 자치는 법질서의 형성과 상관관계에 있고 타인의 인격권과 충돌하는 상황에서 제한된다. 계약자유를 사적자치의 법률행위영역에서 나타나는 특별한 기본권[110]이라고 하거나 제도보장이라는 전제 하에 입법자의 넓은 형성의 여지를 인정하기도 한다.[111] 그러나 계약자유의 원칙은 헌법 제37조 제2항의 국가안전보장·질서유지 또는 공공복리를 위하여 필요한 경우 법률로서 제한할 수 있으며, 기업과 소비자간 정보의 비대칭성으로 인한 소비자보호의 필요성에 따라 광범위하게 제한되고 있으며 계약자유에서 오히려 '계약공정'으로 추이가 옮겨가고 있다.

라. 환경권

다음으로 환경권을 보기로 한다. 헌법상 환경권은 개인이 누려야 할 건강하고 쾌적한 환경에 대한 침해배제를 청구할 수 있는 자유권적 측면과 건강하고 쾌적한 환경에서 생활할 수 있도록 배려하는 보호·보장청구권의 측면을 동시에 가진다.[112] 이러한 환경권이 사인 간에도 효력이 미치는 것은 당연한데, 단지 간접적용에 한정되는지 그렇지 않으면 법관의 법형성 단

104) 헌법재판소 1991. 6. 3. 89헌마204 결정.
105) 대법원 2011. 2. 24. 선고 2009다17783 판결.
106) 대법원 2011. 1. 27. 선고 2009다19864 판결.
107) 대법원 1997. 12. 26. 선고 97다42450 판결; 대법원 2006. 7.4 자 2006마164,165 결정; 대법원 2004. 9. 24. 2004다20081 판결; 대법원 2009. 12. 24. 선고 2009다61179 판결.
108) 대법원 1980. 2. 4. 자80마2 결정.
109) 대법원 2014. 8. 21. 선고 2010다92438 전원합의체 판결.
110) 장영철, 사법의 헌법화에 대한 소고-독일과 한국의 헌법판례를 중심으로-, 서울법학 제25권 제4호, 2018.2., 7면.
111) 헌법재판소 1999. 4. 29. 96헌바55.
112) 이러한 면에서 환경권의 법적 성격을 총합적 기본권이라고 한다. 성낙인, 헌법학, 법문사, 2018, 1431면 이하.

계에까지 인정될 수 있는지가 문제된다.

급속한 산업화와 도시화는 종전에 예기치 못하였던 환경오염문제를 발생시켰고, 그로 말미암아 개인의 생명과 신체 및 재산상의 침해 내지 침해 가능성이 제기되었다. 환경문제가 초기에 환경오염 피해자의 손해배상청구라는 사법상 사후적 권리보호의 측면에서 논의되었으나, 환경침해의 심대성 내지 불가역성이란 측면에서 사전적 권리예방이 더 중요하게 되자 환경권의 '사권성' 구성의 필요성이 제기되었다. 다만 대법원은 아직까지 다음과 같은 논거를 들어 환경권을 사법상의 권리로 인정함에 있어 소극적인 모습이다.

즉「헌법 제35조 제1항은 모든 국민은 건강하고 쾌적한 환경에서 생활할 권리를 가지며, 국가와 국민은 환경 보전을 위하여 노력하여야 한다'고 규정하여 환경권을 국민의 기본권의 하나로 승인하고 있으므로, 사법의 해석과 적용에 있어서도 그러한 기본권이 충분히 보장되도록 배려하여야 할 것임은 당연하다고 할 것이나, 헌법상의 기본권으로서의 환경권에 관한 위 규정만으로는 그 보호대상인 환경의 내용과 범위, 권리의 주체가 되는 권리자의 범위 등이 명확하지 못하여 이 규정이 개개의 국민에게 직접으로 구체적인 사법상의 권리를 부여한 것이라고 보기는 어렵고, 또 사법적 권리인 환경권을 인정하면 그 상대방의 활동의 자유와 권리를 불가피하게 제약할 수밖에 없는 것이므로, 사법상의 권리로서의 환경권이 인정되려면 그에 관한 명문의 법률규정이 있거나 관계법령의 규정취지나 조리에 비추어 권리의 주체, 대상, 내용, 행사방법 등이 구체적으로 정립될 수 있어야 할 것이다.」[113]라고 하여 골프연습장의 설치를 금지하는 가처분 사건에서 헌법상의 환경권 규정에 의하여 사법상 권리로서 환경권을 직접 인정할 수 없다고 결정하였다.

가처분사건이 아닌 본안 대법원 판결로는 대학교의 교육환경 침해 등을 이유로 그 인접대지 위의 24층 아파트 중 18층을 초과하는 부분의 건축공사금지청구를 인용한 원심의 조치를 수긍하면서 환경권의 사권성을 언급한 95다23378 판결이 최초이다.[114] 이 판결에서 건축공사금지청구의 법적 근거로 원고가 주장한 사권으로서 환경권에 기하지 않고 물권법상 소유권에 기한 방해의 제거나 예방을 청구할 수 있다고 하여 94마2218 결정과 같은 취지로 판시하고 있다. 위와 같은 대법원 판결 이래, 일조 및 조망침해에 대하여 같은 취지를 견지하고 있다.

Ⅳ. 기본권과 사권의 관계

헌법상의 권리가 사법영역에 대하여 효력을 가지는가 하는 문제는 결국 헌법과 민법이 어떠한 관계를 가지는가 하는 문제와 연관된다. 오늘날 입헌국가에서 기본권이 사인간에 영향을

113) 대법원 1995. 5. 23 자 94마2218 결정.

114) 대법원 1995. 9. 15. 선고 95다23378 판결.

미치지 않고 단지 공권력에 대해서만 개인의 자유를 보호한다고 하는 전통적이며 진부한 원칙은 깨어졌다고 할 수 있다.

이제 기본권은 주관적 공권인 동시에 객관적 가치질서로서의 의미를 지니고 있다는 견해가 지배적이며 수용 가능하기 때문이다. 이제 제도적으로는 헌법재판소의 등장으로 민사재판 또는 위헌사법에 대한 헌법소원제도로 인하여 사법도 헌법재판의 대상이 된다. 헌법과 민법이 그 규율대상과 효력이 다르다는 점을 들어 이원적 접근방식을 취하는 태도는 이제 사라졌다. 이하에서는 헌법과 민법 내지 기본권과 사권의 관계에 대하여 구체적으로 살펴보기로 한다.

1. 이념적 기초 내지 기본원리의 상이성 문제

민법과 헌법의 이념적 기초 내지 '기본원리의 상이성'에서 양자를 구별할 수 있을 것인가. 주지하다시피 사법의 역사는 2천여 년 전 로마법으로까지 거슬러 올라간다. 기본권 개념이 도입된 헌법의 역사는 16, 17세기 근대국가의 성립과 함께 시작되었다. 대륙법계 국가에서 공사법의 이원적 법질서가 형성되어 사법은 '사회의 기본법(constitution sociale)'으로, 공법 특히 헌법은 '국가의 기본법(constitution d'État)'으로 자리매김하였다.[115] 헌법과 민법의 이념적 기초는 18세기에 왕권이나 귀족에 대한 민권투쟁, 즉 신분적 계급사회에 대한 도전으로부터 시작되었고, 직접적인 발단은 1789년 프랑스 인권선언에서 구해야 한다. 인권선언 제1조는 「사람은 출생 및 생존에 있어서 자유 및 평등의 권리를 가진다」라고 규정하였고, 이것은 1804년 프랑스 민법전을 비롯하여 그 후의 각국의 민법전의 기조가 되었다. 개인주의 · 자유주의를 사상적 배경으로 하고 모든 사람을 평등하게 대우하며 그 자유로운 활동을 보장하는 것이었다.

근대민법은 개인주의, 자유주의를 사상적 배경으로 하여 인격절대주의 또는 자유인격의 원칙을 최고의 원칙으로 하고 개인의 자유와 사적자치는 최대한 보장되고 서로 평등하다는 것을 전제로 한다. 우리 민법도 헌법의 정신에 비추어보거나 민법전 제정의 연혁으로 볼 때 그 모범이 된 근대민법전과 동일한 사상적 배경과 기본원리가 기저에 있음은 물론이다. 민법의 기본원리로서는 자유 · 평등의 인격자에게 물적 토대를 제공해주는 「사유재산권존중의 원칙」, 자본주의경제의 발전과 더불어 국민에게 경제활동의 자유경쟁과 자유방임을 보장하여 주고 개인간의 법률관계는 개인의 자유로운 판단에 맡기는 「사적자치의 원칙」, 개인의 사적자치를 보장하기 위하여 사법상의 활동에 있어서는 과실 없이는 책임을 지지 아니한다는 「과실책임의 원칙」의 3대 원칙이 확립되게 되었다.

헌법은 인간의 존엄성을 전제로 하여 기본적 인권을 최대한 보장하고(헌법 제10조 제1항), 평등권을 기본권으로 규정하고 있다(헌법 제11조 제1항). 앞의 대법원 판례에서 보듯이 오늘날 새로운 인격권의 법적 근거를 헌법 제10조에서 도출해 내는 것은 이러한 연혁적인 배경을 이

115) 양창수, 「민법연구 제5권」, 헌법과 민법－민법의 관점에서－, 20면, 1999, 20면.

해한다면 전혀 새삼스러운 것은 아니다.

또한 자유민주적 기본질서(헌법 전문, 제4조, 제8조 제4항)를 채택하고 있는 한, 개인의 자기결정이 없는 국가공동체는 생각할 수 없기 때문이다.[116] 그러나 이러한 자기결정의 원칙과 그 일부분으로서의 사적 자치가 헌법에서 반드시 명문으로 규정되어야만 하는 것은 아니다.[117] 우리 헌법이 사적 자치 내지 계약의 자유에 대하여 직접 명문으로 규정하고 있지 않지만 헌법 제10조 인간의 존엄과 가치, 행복추구권 규정과 제37조 제1항의「국민의 자유와 권리는 헌법에 열거되지 아니한 이유로 경시되지 아니한다」라고 규정하고 있어서 이들 규정이 헌법상 사적 자치를 보장하는 규정이라고 할 수 있다. 민법의 다른 원칙인 사유재산권 존중의 원칙은 헌법 제23조에서 규정하고 있다. 모든 국민의 재산권은 보장하되(동조 제1항), 다만 그 내용과 한계는 법률로 정한다(동조 제2항)고 하고 있다. 사유재산제도를 인정하여 재산권이 국가공권력에 의하여 침해받지 않을 기본권임을 선언함과 동시에 사인간에도 중요한 원리임을 내포하고 있다. 다만 재산권은 헌법 제37조 제2항에 의거하여 국가안전보장·질서유지 또는 공공복리를 위하여 필요한 경우에 한하여 법률로서 제한될 수 있고, 민법 제211조도 법률의 범위 내에서 그 소유물을 사용, 수익, 처분할 수 있다고 하여 양자 공히 재산권 절대의 원칙이 아니라 재산권 상대의 원칙을 규정하고 있다. 오늘날 민법의 주요 기본원리인 계약자유의 원칙, 재산권 존중의 원칙, 과실책임의 원칙은 이제 공공복리라는 가치의 조정을 통하여 계약공정의 원칙, 소유권 상대의 원칙, 위험책임의 원칙으로 변모하였다.

위에서 살펴본 것처럼 헌법과 민법은 이제 개인의 자유와 인격, 평등, 소유, 가족이라는 가치와 삶의 기본적 양상에 대하여 별 차이를 보이지 않고 법익으로 보호하고자 하는 '기본법'이라는 사실을 알 수 있다. 다만 민법은 일차적으로 사인과의 관계를 다루는 데 반하여 헌법은 일차적으로 국가 내지 공권력과의 관계에서 개인(국민)과의 관계를 다루고, 이차적으로 사인 사이의 관계를 고려한다는 점이 다를 뿐이다.[118] 헌법과 민법의 관계를 위와 같이 본다면 일본에서의 융합론의 입장에 서게 된다.

다만 위에서 언급한 바와 같이 민법의 법리에 의하여 보호되는 것으로 주장되는 자유와 권리도 헌법의 기본권 제한의 법리에 의하여 제한할 수 있는 경우(예: 계약자유의 제한, 자기결정의

116) Flume, a.a.O., S.1.에서 사적 자치 없는 법질서는 없고, 다만 사회주의적인 질서에서는 사적 자치가 좁은 범위에서 제한된다고 한다.

117) Weimar 헌법은 제152조에서 계약의 자유를 명문으로 규정하고 있었다. 그러나 사적 자치 내지 계약자유를 헌법에 명문화하지 않았다고 하여 그에 대한 보장의 헌법적 근거가 없다고 말할 수는 없다. 송덕수, 사적 자치에 관하여,「국가와 헌법 Ⅱ」(기본권론), 법문사, 2018, 57면 이하.

118) "우리의 헌법, 그것이 민법전이다"라는 전통이 형성되어 있다고 하는 프랑스의 민법 교과서에는 민사적 자유 또는 민사적 평등이라는 말을 자주 사용하는데, 이는 1791년 헌법의 전문(前文)이 된「인권선언」에 표현되어 있다고 한다. 즉 민사적 평등의 원칙(제1조), 개인적 자유의 원칙(제19조, 제4조, 제5조) , 사적 소유권 존중의 원칙

제한, 재산권 행사의 제한, 혼인의 자유에 대한 제한, 성명결정의 자유에 대한 제한 등)에는 이를 제한할 수 있고, 이 지점에서만 헌법을 근거로 하여 법률로 민법이 규율하는 사항에 개입할 수 있다.

2. 헌법의 상대적 우위성과 완전성 문제

켈젠의 법단계설에 의하면 헌법은 법률인 민법보다 상위에 위치하게 된다. 헌법이 모든 법률의 상위법이며 최고법이라는 점에 대해서 헌법학자들 사이에는 일치된 견해이다.[119] 어떻든 민법은 형식적 의미에서 '법률'에 불과하기 때문에, 국가의 최고규범성 측면에서 헌법의 우위에 있을 수 없다. 실제로 헌법재판제도의 창설 이후 위헌법률심사의 대상에서 민법이 제외된 적은 전혀 없었고,[120] 민법개정에 있어서도 헌법개정에서 요구되는 것과 같은 가중적 정족수가 요구된 적은 지금까지 단 한 번도 없었다. 그러나 오늘날 헌법과 민법의 실제적 상호 교착(交着)[121]과 헌법의 수평효이론의 등장으로 헌법의 절대적 우위를 형식적으로 인정하는 것은 의미가 없게 되었다. 헌법과 민법은 헌법재판소를 매개하여 불가분의 관계로 발전하였고, 공사법을 구분하는 이원적 법질서는 상대화되었다.

물론 민법도 법률로서 국가법의 하나인 이상 국가의 기본법인 헌법에 의하여 통제를 받는다. 실제 민법 중 재산편이나 가족편의 다수의 규정들이 위헌성 여부가 쟁점이 되었고, 일부는 위헌결정을 받기도 하였다. 특히 가족편에서 양성평등에 어긋나거나 가부장적 규정들은 상당수가 위헌결정을 받아 개정이 이루어졌다. 재산편 분야에서 문제가 된 규정은 민법 제651조의 임대차 최장존속기간조항이었다.[122] 즉 석조 등 이와 유사한 견고한 건물 기타 공작물의 소유를 목적으로 하는 토지임대차나 식목, 채염을 목적으로 하는 토지임대차의 경우를 제한 외에는 임대차의 존속기간은 20년을 넘지 못한다. 당사자의 약정기간이 20년을 넘은 때에는 이를 20년으로 단축한다(제1항). 갱신하는 경우에도 10년을 넘지 못한다(제2항).

대법원에서 2003년,[123] 2009년[124] 동규정에 대하여 위헌법률심판제청을 하였으나 동조항

---

119) 우리 헌법은 미국헌법(제6조 제2항)이나 일본헌법(제98조 제1항) 또는 독일기본법(제20조 제3항)과는 달리, 헌법이 최고법임을 명시적으로 규정하고 있지는 않다.

120) 위헌법률심사제도이야말로 헌법의 최고성을 나타내는 대표적 제도라는 견해로는 계희열, 헌법학(상), 신정2판, 박영사, 2005, 51면. 물론 독일연방헌법재판소는 민법이 헌법에 선재하는 법(vorkonstitutionelles Recht)이라 하여 민법이 독일기본법 제100조에 규정된 위헌법률심사의 대상인 법률은 아니라고 보면서(BVerfG NJW 1998, 3557), 헌법의 기본권의 민법에 대한 간접적인 효력을 인정하고 있다.

121) '헌법의 민법화'라는 용어를 사용하거나(양창수, 헌법에 대한 민법의 의미, 민법연구 제5권, 박영사, 1999, 21면) 혹은 '사법의 헌법화'(장영철, 앞의 논문, 1면)라고 하는 표현은 과거처럼 공사법 이원체계를 탈피하여 양자가 밀접하게 상호작용하고 있음을 나타낸다.

122) 재산편에 대한 헌법재판소 결정의 상세는, 김동훈, 민법 중 재산법 조문들에 대한 헌법재판소 결정의 민사법적 평가, 경희법학 제53권 제1호, 2018, 40면 이하 참조.

123) 대법원 2003. 8. 22. 선고 2003다19961 판결. 재판의 경과에 대해서는 김영주, 임대차의 존속기간에 대한 고찰, 민사법학 제72호, 2015.9., 137면 이하 참조.

124) 대법원 2009. 12. 24. 선고 2009다40738 판결.

이 강행규정이라는 전제하에 위 규정이 개인의 의사에 의하여 그 적용을 배제할 수 없다는 이유로 편면적 강행규정이라든가 계약자유를 침해하는 규정이라는 주장을 기각하자, 이에 헌법소원심판을 청구하였다. 헌법재판소는 헌법소원 심판에서 민법 제651조 제1항에 대해 위헌결정을 내렸는데, 재산법분야에서 헌재에 의하여 위헌 판정을 받아 삭제된 유일한 조문이 되었다. 헌법재판소는 동조항이 계약의 자유를 침해하는지에 대하여 그 간 대법원이 반복해 온 논리를 반박하면서 계약의 자유를 침해하는 규정으로 판단하였다.[125] 비록 헌법의 우위성을 드러내어 민법의 규정에 대한 위헌여부를 판단한 것은 아니지만, 동 결정의 의의는 헌법재판소가 민법의 해석과 입법에 있어서 나아가야 할 방향을 제시하였다는 점에 있다.

불법행위편에서는 민법 제764조의 '명예회복에 적당한 처분'에 사죄광고를 포함시키는 것은, 헌법 제19조 양심의 자유를 국가가 강제하는 것이 됨으로 위헌이라는 헌법재판소 결정이 있었다.[126] 위의 결정은 그 동안 해석론으로서 타인의 명예를 훼손한 자에 대해서는 금전에 의한 손해배상뿐만 아니라 원상회복조치로서 사죄광고가 가능하다고 한 데 대하여, 이러한 조치가 민사책임의 목적과 본질에 어긋난 불필요한 효과의 추구라고 한 것이다. 민법에 대한 헌법의 우위성을 인정하는 결정이라기보다는 민법규정의 해석과 운용에 있어서도 기본권의 존중이라는 고려가 되어야 한다는 것이다.

재산편과 달리 가족편에서는 헌법의 우위를 기반으로 내린 헌법재판소의 결정과 대법원의 판결이 다수 존재한다. 헌법과 가족법의 관계에 대해서는 민법 제정 당시부터 논란이 되었다. 특히 동성동본금혼에 관하여 크게 헌법우위론과 전통적 관습존중론으로 나뉘어 격론을 하였는데, 후자의 입장에서는 남녀평등이란 정치 사회 문화 방면에서 문제되는 것이지 가정의 윤리에 있어서는 남녀평등이 적용될 수 없다는 주장을 하기도 하였다. 제정 당시에는 결국 관습존중론이 헌법우위론보다 우세하여 동성동본금혼규정은 그대로 민법규정에 들어가게 되었다.[127]

민법전 제정 당시 가족법 가운데에는 헌법적인 관점에서 문제가 되는 조항이 매우 많았다. 호주제도와 처의 불리한 지위, 부(父)와 남편 중심의 친족의 범위(제777조), 형제의 직계비속과 직계존속의 형제의 직계비속은 혈족으로 인정하면서, 자매의 직계비속과 직계존속의 자매의 직계비속은 혈족으로 인정하지 않고 있었다. 헌법상 남녀평등의 기본권은 결국 몇 차례 가족법 개정으로 이어졌고 1990년 완전한 남녀평등에 입각한 개정으로 마무리가 되었다. 그 동안 전통과 관습 내지 미풍양속이라는 논리로 헌법의 가족법에 대한 우위를 인정하지 않던 논리가 깨어지게 된 것이다.

---

125) 헌법재판소 2013. 12. 26. 선고 2011헌바234 결정.

126) 헌법재판소 1991. 4. 1. 89헌마 160 결정.

127) 원래 정부가 제안한 원안에서는 이러한 동성동본 사이의 혼인을 금지하도록 하고 있었는데, 이에 대하여 국회 법제사법위원회는 이러한 동성동본 사이의 혼인도 허용되어야 한다고 보아 이 규정을 삭제하였다. 이에 대한 상세는, 윤진수, 헌법이 가족법의 변화에 미친 영향, 법학 45권 1호, 서울대학교 법학연구소, 2004, 241면 이하.

그 후 헌법재판소는 동성동본금혼규정에 대하여 혼인에 있어 상대방을 결정할 수 있는 자유를 제한하고 있는 동시에, 그 제한의 범위를 동성동본인 혈족, 즉 남계혈족에만 한정함으로써 성별에 의한 차별을 하는 것이고, 인간으로서의 존엄과 가치 및 행복추구권을 규정한 헌법이념 및 규정과 개인의 존엄과 양성의 평등에 기초한 혼인과 가족생활의 성립 유지라는 헌법규정에 정면으로 배치된다고 하여 헌법 우위론의 손을 들어주었다.[128] 또한 대법원은 민법 제1008조의 3의 제사주재자와 여성종중원에 관한 판례 변경의 근거 중 상당부분을 헌법에서 제시하고 있다.[129]

상속의 단순승인 의제규정인 민법 제1026조 제2호인「상속개시 있음을 안 날로부터 3월 내에 한정승인이나 포기를 하지 않으면 상속을 단순승인을 한 것으로 본다」는 규정과 관련하여서는 상속인이 귀책사유 없이 상속채무가 적극재산을 초과하는 사실을 알지 못하여 고려기간 내에 한정승인이나 포기를 하지 못한 경우에도 위 조항이 단순승인을 한 것으로 본 것은 재산권을 보장한 헌법 제23조 제1항, 사적자치권을 보장한 헌법 제10조에 위반한다는 헌법불합치결정을 하였다.[130]

헌법이 가족법의 변화에 미친 영향은 지대하였다. 헌법재판소와 대법원과 입법자는 전통적인 관습법적 제도에 대하여도 헌법의 가치에 입각하여 헌법우위의 판단과 입법을 해 왔음을 알 수 있다.

헌법과 민법 양자의 관계에 대하여 이른바 헌법의 우위를 강조해온 전통적인 입장에 대하여 사법의 독자성을 강조하는 입장도 존재한다.[131] 민법의 기본원리로서 공공복리를 최고의 가치로 여기지 않고 사적 자치의 원칙을 강조하는 견해[132]도 이의 연장선상에 있다고 볼 수 있다. 이는 헌법이 실정법규범의 구조 내에서는 민법보다 상위에 있지만, 민법의 최고원리는 헌법원리와 동격의 지위에 있게 된다는 믿음에 입각하고 있다. 그러나 민법이 법률로서 기능하는 한 헌법재판소와 법원을 매개로 하여 그것에 기속하는 현상은 더 심화될 것으로 생각된다.

3. 민사법 형성의 근거로서 헌법

헌법은 민사법 흠결의 경우에 민사법 형성의 근거가 되기도 한다. 가족법의 개정이 시대의 흐름에 따라 헌법적 질서에 조응하여 여러 번 이루어진 데 반하여 재산법은 극히 일부의

128) 헌법재판소 1997. 7. 16. 선고 95헌가6내지13 전원재판부
129) 대법원 2008. 11. 20. 선고 2007다27670 전원합의체 판결; 대법원 2005. 7. 21. 선고 2002다1178 전원합의체 판결.
130) 헌법재판소 1998.8.27. 선고 96헌가22, 97헌가2·3·9, 96헌바81, 98헌바24·25(병합) 전원재판부 결정.
131) 백경일, 헌법규정이 사적 법률관계에서 고려될 수 있는 한계, 안암법학 통권 제43호(상), 2014. 1., 137면 이하.
132) 이영준, 민법총칙, 박영사, 1987, 16－17면. 다만 사적 자치의 원칙은 우리 헌법이 선언하고 있는 개인의 존엄과 가치를 보장하기 위한 유일한 수단이라고 하여 민법이 헌법으로부터 독립된 독자적인 법이라고까지 주장하는 것은 아니다.

개정이 이루어진 것이 사실이다. 그런데 이와 별도로 근대민법의 기초자가 알지 못하였던 새로운 권리, 예컨대 인격권이나 환경권이 법익의 확대에 따라 새롭게 등장하게 되었다. 사법의 일반조항을 통한 기본권의 간접적용의 한계는 법관으로 하여금 사법관계에서 기본권을 직접 적용하도록 유도한다. 헌법 제103조와 민법 제1조는 법관에 의한 법형성의 근거규정을 두고 있다. 따라서 법관은 자신이 입법가라면 사안에 적용할 법규범을 창설하는 것이 허용된다. 민사관계에 새로 등장하는 법익에 대한 규정이 없는 경우, 연혁적으로 법원은 헌법상의 기본권으로부터 도출하여 왔음은 앞에서 살펴보았다.

헌법 제10조 제1항의 인간의 존엄과 가치, 행복추구권은 국가공동체의 기본법에서 뿐만 아니라 일반시민의 생활공동체의 기본법에서도 존중되고 구성원 상호간에 요구되는 법익이라고 할 수 있다. 다만 기본권이 어떠한 방식으로 사법관계에 등장하여 적용될 수 있는지 그 구체적 구성과 관련하여 문제되는데, 논리적으로는 기본권을 사인 상호간에 주장할 수 있는 주관적 사권(私權)으로 보는 방법, 즉 직접효력설에 따른 방법을 통해서 적용하는 것이다.

다음으로 어느 법익에 대해서 인정할 것인지와 어떠한 경우에 일정할 것인지가 문제된다. 연혁적으로 기본권으로서 인격권이 사권의 근거로서 인정되었던 것을 생각한다면, 인간의 존엄과 가치, 행복추구권과 같은 인간에게 본질적인 법익인 경우라고 상정할 수 있다. 기술의 진보와 시대의 변화에 따라 개인정보이익이 이러한 법익으로 편입되었다.[133] 생존권적 기본권에 대해서도 인정하기가 비교적 용이하다. 근로자의 권리에 대해서는 특별법에 의해서 촘촘하게 보호하고 있다. 현재 환경권에 대해서는 헌법상의 환경권에 대해서는 사권의 근거로서 인정되고 있지 않지만 생명·신체·환경과 같이 그 법익침해의 중대성과 심각성에 비추어 향후 비록 법률에 주체나 범위 등에 관하여 명문의 규정이 없더라도 사권의 근거로서 인정될 가능성은 열려 있다고 본다.

헌법이 민사법 형성의 근거로서 작용하는 요건으로서 예방적 권리보호의 필요성을 둘 수 있다. 우리 민법은 사후적 구제수단으로서 손해배상청구권을 인정하고 있는데, 계약 당사자 이외의 사인들 사이에서 법익침해가 발생한 경우 불법행위법에서는 '권리침해'가 아닌 '위법'을 요건으로 하기 때문에 굳이 '권리성'을 획득하지 않더라도 손해배상청구를 하는데는 문제가 없다. 그러나 예방적 권리보호를 위해서는 '권리의 불가침성'을 근거로 한 권리성 획득이 중요하다. 따라서 새로이 등장하는 법익이 아직 권리성을 취득하지 못하였고, 입법을 기다려서 문제해결을 시도하는 경우 그 피해의 정도가 심각하거나 피해의 규모가 광범위한 경우 기본권을 사법관계에 적용할 수 있어야 한다.[134]

133) 물론 개인정보권에 대해서는 개인정보보호법, 정보통신망 이용촉진 및 정보보호등에 관한 법률 등 특별법에 의하여 구체적으로 민사적 권리구제의 방법인 손해배상 등을 제시하고 있다.

134) 예방적 권리보호수단으로서 소비자기본법 제70조에서는 소비자단체소송을 규정하고 있다. 즉 소비자의 생명·신체 또는 재산에 대한 권익을 직접적으로 침해하고 그 침해가 계속되는 경우 법원은 소비자권익침해행위의

이처럼 헌법에 의한 사법(私法)의 형성은 기본권의 직접적 효력으로서 일종의 기본권의 사권에의 침투 내지 기본권에 의한 사권의 보충인 셈이다.

V. 나오며

헌법과 민법의 관계 설정은 오늘날 더 의미를 갖는 작업이다. 특히 헌법과 민법은 헌법재판의 등장으로 불가분의 관계로 발전하였다. 최근 헌법과 민법의 우위성 논란이나 기본권의 대사인적 효력에 대하여 간접적 효력설이나 직접적 효력설 등은 의미가 많이 퇴색해 가고 있다. 헌법의 사법화 내지 사법의 헌법화를 통하여 이제 헌법은 개인들의 법률생활영역에 깊은 영향을 미치고 있다.

이상에서의 논의를 정리하면, 헌법상의 기본권 중 자유권적 기본권을 비롯한 몇 몇 기본권은 공법이나 민사법의 모든 영역에서 구속력을 갖는다는 점이다. 물론 기본권이 헌법에 보장되게 된 제1차적 목적이 국가기관으로부터 국민의 기본권 보호 목적에 있고 민법은 사인을 대상으로 한다는 점에서 구별되지만, 오늘날은 사인 상호간에도 헌법의 이념이나 가치는 실현되어야 한다. 공법·사법의 이원적 체계를 취하며 현실적·제도적으로는 공·사법의 구별 필요성은 인정하나, 공사법의 구별이 논리적·필연적인 소산은 아니기 때문이다. 근대헌법 성립 후 민법이 제정된 것이 아니라 민법은 그것이 관습법 내지 보통법이든 성문법이든 그 형식과 무관하게 성문헌법 이전에 존재하였으며 사적 영역을 규율하여왔다.

헌법상의 권리가 사법영역에 대하여 어떠한 효력을 가지는가 하는 문제는 결국 헌법과 민법이 어떠한 관계를 가지는가와 밀접한 관계가 있다. 입헌국가에서 기본권이 사인간에 영향을 미치지 않는다는 전통적인 이원적 사고는 더 이상 유지되기 어렵다. 기본권은 주관적 공권인 동시에 객관적 가치질서로서의 의미를 지니며, 국가는 기본권보호의무를 부담하고 그러한 의무는 사법관계에서도 요청되기 때문이다.

헌법과 민법은 이제 개인의 자유와 인격, 평등, 소유, 가족이라는 가치와 삶의 기본적 양상에 대하여 법익으로 보호하고자 하는 기본법이라고 할 수 있다. 다만 민법은 일차적으로 사인과의 관계를 다루는데 반하여 헌법은 일차적으로 국가 내지 공권력과의 관계에서 개인(국민)과의 관계를 다루고, 이차적으로 사인 사이의 관계를 고려한다는 점에서 차이가 있다. 이러한 점에서 양자는 일정부분 교착하며 융합하게 된다. 다만 민법의 법리에 의하여 보호되는 것으로 주장되는 자유와 권리도 헌법의 기본권 제한의 법리에 의하여 제한할 수 있는 경우(예 : 계약자유의 제한, 자기결정의 제한, 재산권행사의 제한, 혼인의 자유에 대한 제한, 성명결정의 자유에 대한 등)에는 이를 제한할 수 있고, 이 지점에서만 헌법을 근거로 하여 법률로 민법이 규율하는 사항에

금지·중지를 구하는 소송을 제기할 수 있도록 하고 있다.

개입할 수 있다.

민법은 형식적 의미에서 '법률'에 불과하기 때문에, 국가의 최고규범성 측면에서 헌법의 우위에 설 수 없다. 실제로 헌법재판제도의 창설 이후 위헌법률심사의 대상에서 민법이 제외된 적은 전혀 없었고, 민법개정에 있어서도 헌법개정에서 요구되는 것과 같은 가중적 정족수가 요구된 적이 없었다는 것은 이를 뒷받침한다. 그러나 오늘날 헌법과 민법의 실제적 상호 교착(交着)과 헌법의 수평효이론의 등장으로 헌법의 절대적 우위를 형식적으로 인정하는 것은 의미가 없게 되었다. 헌법과 민법은 헌법재판소를 매개하여 불가분의 관계로 발전하였고, 공사법을 구분하는 이원적 법질서는 상대화되었다고 보아야 한다.

헌법의 사법(私法)형성이 오늘날 사법관계에서 새로운 법익보호의 필요성에 따라 중요한 의미를 갖게 되었다. 특히 그러한 법익이 생명이나 신체 등의 인격적 이익이나 환경이익과 같은 중요한 법익인 경우에는 법관에 의한 법창조가 필요하게 되었다. 사법의 일반조항을 통한 기본권의 간접적용의 한계는 법관으로 하여금 사법관계에서 기본권을 직접 적용하도록 유도한다. 헌법 제103조와 민법 제1조는 법관에 의한 법형성의 근거규정을 두고 있다. 따라서 법관은 자신이 입법가라면 사안에 적용할 법규범을 창설하는 것이 허용된다. 민사관계에 새로 등장하는 법익에 대한 규정이 없는 경우, 법원은 헌법상의 기본권으로부터 사법관계에 적용할 필요성이 있다.

다만 모든 기본권이 일률적으로 사법관계에 적용될 수는 없다. 기본권의 성격에 따라 구체적 개별적 기본권의 적용이 필요하다. 기본권의 경우에도 평등권, 인간의 존엄과 가치 행복추구권, 자유권적 기본권, 생존권적 기본권 등은 사법관계에 보다 적극적으로 적용되어야 할 기본권이지만 참정권적 기본권이나 청구권적 기본권 등은 사법관계에 적용되지 않는 기본권이라고 할 수 있다. 이제 헌법과 민법, 기본권과 사권은 규율원리와 적용에서 이원론적인 상태를 종식하고 상호 유기적으로 보완하고 융합되는 단계에 있다고 볼 수 있다.

법인격의 형성과 발전*

―새로운 법인격 개념의 정립은 필요한가?―

송 호 영**

Ⅰ. 들어가며

우리 민법은 제1편 총칙에서 권리주체에 관하여 제2장에서 '人' 그리고 제3장에서 '法人'에 관하여 규율하고 있다. 제2장에서의 人은 자연인을 의미하므로, 결국 현행 민법이 인정하는 권리주체는 자연인과 법인으로 한정되어 있다. 근대민법 이전에도 법인을 권리주체로 인정하였는지에 대해서는 논란이 있을 지라도, 각국의 근대 민법전은 공히 자연인과 법인을 권리주체로 인정하고 있다. 자연인과 법인이 권리주체라는 것에 대해서는 지금껏 별다른 의문이 없었지만, 실제로는 적지 않은 난제들이 권리주체론에 잠복하고 있었다. 이를테면 민법 제3조에는 권리능력의 존속기간을 그리고 민법 제34조에는 법인의 권리능력에 관하여 규율하고 있지만, 정작 권리능력의 개념을 어떻게 이해해야 할 것인지에 대해서는 적어도 우리 학계에서는 충분히 논구된 바 없다.[1] 그렇기 때문에 사회적 실체를 가지고 있다고 여겨지는 이른바 법인아닌 사단·재단, 일명 권리능력없는 사단·재단의 경우에도 과연 아무런 권리능력이 없는 것인지 혹은 그러한 단체에 대해서는 아예 법인격을 인정할 수 없는 것인지에 대해 쉽게 답을 하기 어렵게 된다.

더구나 오늘날 인공지능을 탑재한 로봇의 급격한 발전으로 단순한 연산작용을 하거나 미리 짜여진 알고리즘에 따라 움직이는 것을 넘어서 인간 본연의 기능으로만 알고 있었던 판단력 나아가 스스로 학습하여 능력을 발전시킬 수 있는 기능까지 가진 로봇의 등장이 예기되고

---

* 이 논문은 재산법연구 제38권 제2호(2021.8)에 발표된 것으로서, 수많은 주옥같은 논문을 남기신 위대한 법학자이자 민주화를 바라던 학생들을 지키고자 했던 참교육자이신 故 최종길교수님을 추모하면서, 도덕적 자유의 주체로서 인간성을 강조한 임마누엘 칸트에 기반한 법인격 개념을 다시 생각하는 의미에서 이 글을 바칩니다.

** 한양대학교 법학전문대학원 교수

1) '적어도 우리 학계에서는' 이라고 표현한 이유는 권리능력(Rechtsfähigkeit)은 독일법학에서 유래한 개념인데, 독일 학계에서는 권리능력의 개념에 관하여 상대적 권리능력론(relative Rechtsfähigkeit)의 유용성에 대해 학계의 논쟁이 있었지만(이에 관해서는 후설함), 우리 학계에서는 그러한 논쟁을 가져본 적이 없기 때문이다.

있다. 그렇다면 그러한 로봇에 대해서는 일정한 법인격을 인정할 필요가 있지 않느냐는 문제제기는 지극히 자연스러울 수밖에 없다. 왜냐하면 재단법인의 경우를 생각해보면, 자각기능이 없는 출연된 '재산'에 대해서도 법인격을 인정하는데 판단능력을 갖춘 조직체에 대해 법인격을 인정하지 않을 이유가 없기 때문이다. 그러한 생각을 이어가면 무생물인 '재산'에 대해서도 법인격을 인정하는데 생명을 가진 동물에 대해 법인격을 인정하지 않을 이유도 없게 된다. 실제로 학계에서는 인공지능로봇이나 동물에 대해서도 법인격을 인정해야 하는지에 대해 근본적인 물음이 제기되고 있고[2] 나아가 자연에 대해서도 권리주체성을 인정할 수 있을 것인지에 대해 논의가 되고 있다.[3] 이러한 문제는 앞으로 우리 사회에서 더욱 치열하게 다퉈질 것으로 예상된다. 필자는 이러한 문제의식을 가지고 '법인격'에 대한 연작을 계획하게 되었다. 그것은 우리 사회에서 앞으로 법인격과 관련하여 대표적으로 다투어질 인공지능로봇과 동물에 대해 법인격을 인정할 것인지에 대한 연구를 내용으로 하는데, 본고는 그러한 각론적인 연구에 앞서 총론적으로 도대체 '법인격'의 개념을 어떻게 이해해야 하는지 그리고 법인격의 개념이 어떻게 형성되고 발전되어 왔는지를 살펴보고자 한다. 그럼으로써 향후 법인격 개념의 발전방향이나 동 개념의 확장가능성에 대해 예측해보고자 한다.

이하에서 Ⅱ.에서는 법인격 개념이 법제사적으로 어떻게 형성되고 현재까지 어떻게 발전되어 왔는지에 대해 살펴본다. 그런데 현재까지 발전되어온 전통적 법인격개념에 대해 새로운 개념으로 변용을 가하고자 하는 이론들이 계속 등장하고 있는바, Ⅲ.에서는 그러한 이론들의 내용과 의미 및 타당성에 대해 차례대로 검토하고, Ⅳ.에서는 Ⅱ.와 Ⅲ.에서 논구한 법인격 개념에 대해 종합적으로 필자의 소견을 정리하면서 결론을 맺고자 한다.

Ⅱ. 법인격 개념의 형성

1. 개설

우리 민법 제3조는 [권리능력의 존속기간]이라는 표제에서 "사람은 생존한 동안 권리와 의무의 주체가 된다."고 규정하고 있다. 이는 단순히 권리능력의 시기와 종기를 전제로 한 존속기간만을 밝히는 것에 그치는 것이 아니라 '사람'이라면 누구나 성별, 출생 후의 생명력의 유무, 기형 또는 정형, 조산 또는 지산, 쌍생 또는 3생, 자연수정 또는 인공수정으로 출생한 것인지 등을 묻지 않고 모두 완전하고 평등한 권리능력을 가짐을 명시함에 의미가 있다.[4] 나아

2) 대표적으로 민윤영, "인간, 동물, 로봇 그리고 바이오필리아(biophilia)의 법 -에리히 프롬(Erich Fromm)의 사상을 중심으로-", 법철학연구 제20권 제1호(2017), 299면 이하 참고.

3) 대표적으로 홍성방, "자연의 권리 주체성", 한림법학 FORUM 4(1995), 7면 이하 참고.

4) 곽윤직 · 김재형, 민법총칙, 제9판, 박영사, 2017, 98면; 신숙희(집필) – 김용덕(편집대표), 주석 민법, 제5판, 한국사법행정학회, 2019, 245면.

가 오늘날 자유민주주의 국가에서는 사람은 성별 · 연령 · 계급에 관계없이 누구나 평등하게 권리능력을 가지는데, 이를 권리능력 평등의 원칙이라고 한다.[5] 오늘날에는 너무나 당연하게 여겨지는 권리능력 평등의 원칙은 법의 역사만큼이나 오랜 기간을 거쳐 형성되었다. 사람의 권리능력의 발달과정을 신분제도에서 인도주의에 기초한 인간평등으로의 합리화과정으로 요약하기도 한다.[6] 모든 사람에게 평등한 권리능력을 인정한 현행 법규정은 근대시민법사상의 역사적 산물이며[7], 근대 민법전의 성립으로 보편화되었다. 그러나 20세기 중반, 독일에서는 국가사회주의의 영향으로 권리능력의 개념이 심각하게 왜곡되는 시련을 겪기도 하였지만[8], 오늘날에는 권리능력 평등의 원칙은 더 이상 불가침적인 민법의 기본원칙으로 확립되었다. 이와 관련하여 여기서 약간의 용어를 정리하고자 한다.

우리 민법은 제3조에서 '권리능력'의 존속기간을 그리고 제34조에서 법인의 '권리능력'을 규정하고 있다. 그러나 도대체 권리능력이란 무엇인지에 대해서는 아무런 언급이 없다. 이에 대해 일반화된 학설에 따라 설명하면, 권리능력이란 권리의 주체가 될 수 있는 지위 또는 자격을 가리키며, 권리능력을 '인격'[9] 또는 '법인격'[10]이라고도 한다. 권리능력에 대응하여 의무의 주체가 될 수 있는 지위를 의무능력이라고 하는데, 오늘날 권리능력은 동시에 의무능력이므로 권리의무능력이 더 정확한 용어라고 할 수 있지만 단순히 권리능력이라고 하여도 의무능력을 포함하는 의미로 사용된다. 여기서 '권리의 주체가 될 수 있는 지위 또는 자격'이라는 표현에서 권리의 주체란 권리가 귀속하게 되는 주체를 말하며[11], 마찬가지로 의무의 귀속자를 의무의 주체라고 하는데, 민법학에서는 권리 · 의무의 귀속주체를 '법적 인격' 또는 '법인격'이라고도 일컫는다.[12] 요컨대 통설적 설명에 의하면 권리(의무)능력은 권리(의무)주체가 될 수 있는 지위 또는 자격을 말하며 그러한 권리(의무)주체란 권리(의무)의 귀속주체를 의미하고 이를 곧 법인격이라고 한다. 간단히「권리능력자 = 권리주체 = 법인격」이라고 표현할 수 있다. 이러한 통설적 설명은 오늘날 큰 이의 없이 받아들여지고 있지만, 이와 같은 설명공식이 정착하기 까지는 법제사 및 학설사적으로 오랫동안의 논의과정을 거쳐 왔다. 그럼에도 불구하고 아래 Ⅲ.에서 살펴보게 되는 바와 같이 위와 같은 통설적 설명에 대해 오늘날 법인격에 대한 새로운 개념적 도전이 지속되고 있다. 새로운 법인격 개념의 발전가능성이나 그 타당성여부를 논구하기 이전에 아래에서는 법인격 내지 권리능력에 대한 개념이 어떻게 형성되어 왔는지에

5) 송덕수, 민법총칙, 제6판, 박영사, 2021, 565면.
6) 현승종 · 조규창, 로마법, 법문사, 1996, 322면.
7) 현승종 · 조규창, 로마법, 322면.
8) 이에 관해서는 본고 Ⅱ. 4.에서 후술.
9) 곽윤직 · 김재형, 민법총칙, 93면.
10) 송덕수, 민법총칙, 563면.
11) 송덕수, 민법총칙, 563면.
12) 곽윤직 · 김재형, 민법총칙, 93면.

대해 법제사적 관점에서 살펴본다.

2. 로마법에서의 법인격

(1) 자연인

권리능력, 행위능력, 법인 등은 로마법개념이 아니라 근세법학 이후에 구성된 개념으로서[13], 법인격에 대한 개념도 마찬가지이다. 그렇지만 최근 인공지능 로봇에 대해서도 법인격을 인정할 수 있을 것인지에 대한 논의과정에서 인공지능 로봇을 로마법에서의 노예(servi)의 법적 지위에 빗대어 법인격을 인정하려는 시도들이 있다.[14] 그러한 점에서 로마법시대의 법인격, 즉 권리능력 제도에 대해 살펴볼 필요가 있다.

로마법에서는 현재와 같은 권리능력에 관한 개념이 존재하지는 않았지만, 당시에 법적 지위(caput)라는 용어를 사용한 것에 터 잡아 오늘날의 권리능력의 의미에 준하여 설명한다.[15]

우선 자연인의 권리능력에 관해 살펴보면, 로마에서는 모든 사람에게 권리능력이 인정된 것이 아니라 로마시민만이 권리주체가 될 수 있었다. 재화를 향유하고 처분할 수 있는 신분에 있는 자를 自主權者(personae sui iuris)라고 하고, 그렇지 않은 자를 他主權者(persona alieni iuris)라고 한다. 자주권자로 인정되기 위해서는 자유인의 신분(status libertatis), 시민의 신분(status civitatis), 家長의 신분(status familiae)을 모두 갖추어야 했다.[16] 예컨대 가장권에 예속된 家男은 타주권에 해당하여 권리능력이 제한되었다.[17] 로마법 초기에는 소수의 家長만이 자주권자로서 권리의 주체가 될 수 있었지만, B.C. 3세기 초부터 그 예외가 인정되기 사작하여 이후 점차로 타주권자와 외국인, 심지어 노예에게도 제한적으로 권리능력이 인정되었다.

사람의 권리능력은 임신과 더불어 시작되는데,[18] 정확히는 태아는 사람이 아니므로 권리의 주체가 될 수 없으나 태아의 이익을 위해 출생할 때까지 상속이 연기되었으며[19], 태아에게 장래의 권리취득을 보호할 수 있도록 보좌인(curator ventris)을 선임할 수 있었다.[20] 태아가 살아서 출생하는 동시에 생존가능한(viable) 상태에 있을 때에 사람으로서 일반적 권리능력을 취득한다.[21]

한편 로마시대에도 이전의 고대사회와 마찬가지로 노예제도가 성행하였는데, 그 종류는

13) 현승종·조규창, 로마법, 321면.
14) 대표적으로 이중기, "인공지능을 가진 로봇의 법적 취급 : 자율주행자동차 사고의 법적 인식과 책임을 중심으로", 홍익법학, 제17권 제3호(2016), 홍익대 법학연구소, 19-20면 참조.
15) 현승종·조규창, 로마법, 321면.
16) 이태재, 로마법, 진솔, 1993, 114면.
17) 현승종·조규창, 로마법, 366면.
18) 현승종·조규창, 로마법, 322면.
19) 현승종·조규창, 로마법, 323면.
20) Kaser/Knütel/Lohsse, Römisches Privatrecht, 21. Aufl., München 2017, S. 95.
21) 이태재, 로마법, 114면. 다만 생존가능성은 출생의 요건이 아니라는 이견도 있다고 한다(이태재, 같은 책, 114면).

전쟁노예로부터 출생노예, 매매노예, 채무노예, 형벌노예 등으로 다양하다.[22] 노예(servi)는 법률상 권리의 객체인 유체물로서 매매 · 증여 · 상속 · 유증의 목적물이었다.[23] 노예는 동산인 手中物로서 사용 · 수익 · 처분의 목적물이었기에 권리능력은 인정되지 않았으나, 主人權에 예속된 타주권자로서 제한된 범위의 행위능력은 인정되었다.[24] 그러한 점에서 노예는 법적으로 物(res)이면서 동시에 人(personae)으로서의 지위를 겸유하였다고 볼 수 있다.[25] 노예에게는 권리능력이 인정되지 않으므로 노예가 취득한 모든 재산은 그의 주인에게 귀속하게 된다. 그렇지만 노예는 변식능력을 가진 사람으로서 행위능력은 인정되어 주인의 지시에 따라 법정양도(in iure cessio)를 제외한 모든 법률행위를 할 수 있었다. 그러한 점에서 타주권자인 家男과 동일한 법적 지위에 있었다.[26] 노예가 한 법률행위에 대해 주인은 권리는 취득하지만 의무는 부담하지 않는다.[27] 그러나 주인이 노예에게 영업을 지시하거나 선장으로 지명하여 영업활동에 종사시킨 경우에는 상대방은 주인을 상대로 영업주소송(actio institoria) 또는 선주소송(actio exercitoria)을 제기하여 채무의 이행을 청구할 수 있었으며, 노예가 업무처리중에 타인에게 손해를 끼친 경우 피해자는 업무지시소송(actio quod iussu)으로 주인을 상대로 손해배상을 청구할 수 있었다.[28] 원수정시대에 와서 노예해방이 성행하게 되었는데, 노예가 해방되면 생래자유인(ingenuus)과는 차별되지만 일단 권리의 주체가 될 수 있는 자유인의 신분을 취득하게 되었다.

(2) 법인

로마법에서 "법인은 자연인이 아닌 또 하나의 권리주체였다"라고[29] 과감하게 설명하는 주장이 있긴 하나, 로마법상 단체를 오늘날과 같은 법인의 의미와 동일한 맥락으로 보기는 어렵다. 현재와 같은 법인의 개념은 19세기 들어 판덱텐(Pandekten) 법학자들에 의해 형성된 것으로서[30], 판덱텐 법학자들은 자신이 구성한 법인개념과 로마고유법개념을 혼용하여 로마법의 법인이론을 재구성하려 하였지만 이는 실질적 근거가 없는 가설에 불과하다는 비판을 받고 있다.[31] 구태여 로마법상 단체에 대해 오늘날의 법인과 견줄 수 있는 것은 로마시민의 총체인 국가(populus Romanus)와 공공자치단체와 같은 공법인 정도이다. 이러한 공법인에 대해서는 구성원과 분리 · 독립된 실체로서 법인격이 인정되었지만, 단체의 재산은 단체의 단독소유가 아

---

22) 이태재, 로마법, 117면.
23) 현승종 · 조규창, 로마법, 326면.
24) 현승종 · 조규창, 로마법, 326면 및 327면.
25) Kaser/Knütel/Lohsse, Römisches Privatrecht, S. 102.
26) 현승종 · 조규창, 로마법, 346면.
27) 이러한 경우 채무는 노예만이 부담하는 자연채무로 된다고 한다. 신유철, "사회변화와 민법학", 민사법학, 제80호(2017.8.), 14면.
28) 현승종 · 조규창, 로마법, 346－347면.
29) 이태재, 로마법, 116면.
30) Kaser/Knütel/Lohsse, Römisches Privatrecht, S. 113.
31) 현승종 · 조규창, 로마법, 391면.

니라 모든 성원의 공동소유로 하였던 점에서 오늘날의 법인제도와 차이가 있다.[32] 로마법에서 사법상 권리능력이 인정된 단체에 관한 명확한 내용은 찾기 어려우며, 사단(universitas)과 직업조합(collegia)과 같은 단체가 전해지지만, 단체의 법인격 개념이 결여된 결과 일동전원, 즉 成員總員(universi)으로 표현하는 등 오늘날의 법인제도와 견주기에는 무리가 있다.[33] 또한 재단은 로마법초기에도 그 모습이 등장하지만, 오늘날과 같은 독자적인 조직이 아니라 개인이나 공동체에 기탁된 재산으로 파악되었다. 그렇지만 5, 6세기 들어서 수도원, 병원, 고아원, 양노원 등 종교적인 敬虔業[34](piae cause)에 기여된 재산에 대해서는 교회의 재산으로 속하거나 혹은 독립적인 경영조직을 갖춘 목적재산으로서 독자적인 권리능력이 인정되었다.[35]

3. 근대민법전 제정 전후시기의 법인격

(1) 人, 권리주체, 권리능력

로마법시대를 지나 유럽에서는 로마법이 폭넓게 계수된 이후, 17세기 들어 사상사적 전환기를 맞게 된다. 즉, 계몽시대에 접어들면서 신의 계시에 대한 신앙 대신에 인간이성의 힘을 절대적으로 신뢰하면서 법도 인간이성에 기초를 두어야 한다는 생각에 기초를 둔 자연법사상으로 전환되었다.[36] 자연법론(Naturrechtslehre)이란 이성에 의해 인간의 사회적 본성에 합치하는 것이라고 인식되는 공동생활의 법칙을 말한다.[37] 인간이성을 중시하는 자연법론은 점차 형식주의, 합리주의, 자연법의 주관주의화 경향으로 심화되는데, 프로이센의 철학자 임마누엘 칸트(Immanuel Kant: 1724－1804)의 인식론적 비판으로 새로운 국면을 맞게 된다. 18세기 독일 관념철학의 기반을 확립한 칸트는 이성으로부터 보편타당한 법문언들의 완벽한 체계를 연역하고자 했던 합리주의적 자연법론에 대해 경험의 한계 내에서는 초실정적이고 보편타당한 규범명제의 실질적 객관적 내용을 도출해낼 수 없다고 인간인식능력의 한계를 비판하면서[38], 그에 대해 인격체의 도덕적 자율성 및 도덕적 자유의지의 이념을 대안으로 제시하였다. 칸트에게 있어서 "도덕법칙의 구속력의 근거는 ... 인간의 본성이나 세계 내의 상황에서가 아니라 선험적으로 오로지 순수이성의 개념에서만 찾아져야 한다."[39] 칸트의 인식비판으로 인해 이성의

32) 현승종·조규창, 로마법, 392면; Kaser/Knütel/Lohsse, Römisches Privatrecht, S. 113.

33) 이에 대해 최병조교수는 당시에도 단체현상과 관련하여 오늘날 제기되는 제반문제는 대부분 인식되고 논의되었지만 그 해답은 통일성을 결여하거나 불충분한 한계가 있었다고 하면서도, 중세 이후의 착종된 단체현상을 이론적으로 整序하는 데에 로마적 관념들이 동원되어 수행했던 역사적 功도 기억해야 한다고 주장한다. 최병조, "사법상 단체에 관한 일반론 -단체법론의 역사적 발전과정을 중심으로－", 민사판례연구 (XIX)」, 박영사, 1997, 529면.

34) 필자의 번역임.

35) Kaser/Knütel/Lohsse, Römisches Privatrecht, S. 116.

36) 김세신, 서양법제사론, 법문사, 1997, 372면.

37) 김여수, 법률사상사, 박영사, 1984, 49면.

38) 임미원, "칸트와 역사법학", 법사학연구, 제38호(2008.10.), 56면. (49－71면)

공리로부터 절대적으로 보편타당한 규범 내용들의 완벽한 체계가 도출될 수 있다고 본 합리주의 자연법은 종말을 고하게 되었다는 평가도 있지만[40], 인간 존엄을 절대적 가치로 삼은 것은 자연법론의 위대한 업적이라고 할 수 있다.[41] 특히 1789년 프랑스 인권선언(인간과 시민의 권리선언: Déclaration des droits de l'Homme et du citoyen)은 제1조에서 "인간은 권리에 있어서 자유롭고 평등하게 태어나 생존한다."고 하고, 제2조에서 "모든 정치적 결사의 목적은 인간의 자연적이고 소멸될 수 없는 권리를 보전함에 있다. 그 권리란 자유, 재산, 안전, 그리고 압제에의 저항 등이다"라고 선언한 것은 칸트의 관념철학이 완성되기 이전에 성행하였던 자연법론에 기초한 것이다. 이러한 점에서 필자는 인간의 존엄성 내지 인간의 권리주체성의 근거는 종래 자연법론이 주장한 인간 이성의 절대성으로부터 칸트가 주장하는 인간의 '자유'에 의해 보완되거나 구체화되었다고 설명하는 것이 옳다고 생각한다. 칸트는 1797년 발표한 그의 저서 도덕형이상학(Die Metaphysik der Sitten)에서 "자유(타인의 강제적 자의로부터의 독립성)란 그것이 모든 타인의 자유와 보편법칙에 따라 공존할 수 있는 한, 자기 인간성(Menschheit)으로 인해 누구에게나 귀속되는, 유일하고 근본적인 권리"라고 밝히고 있다.[42] 이러한 기본적 자유에 있어서는 모든 인간은 동등한 권리의 주체이며, 이 권리란 근본적으로 인격체로서 인간이 갖는 초월적 자유의 이념(Idee der transzendentalen Freiheit)과 예지성(Intelligiblität)에 근거해 있다.[43] 이러한 칸트의 人(Person)에 관한 관념은 다음 표현에 집약되어 있다.

> "人(Person)이란 자신의 행위를 귀속시킬 수 있는 주체를 말한다. 도덕적 인격이란 다름 아닌 도덕법칙 하에서 이성적 존재의 자유(그에 반해 심리적 인격이란 단지 다양한 상황에서 그의 존재의 정체성을 의식할 수 있는 능력임)를 의미하며, 이로부터 人이란 자신이 (단독으로 혹은 적어도 타인들과 동시에) 스스로 창출한 법칙 외에 다른 어떤 법칙에도 복종하지 않는 존재이다."[44]

---

39) Immanuel Kant, Grundlegund zur Metaphysik der Sitten, Kant's gesammelte Schriften (Akademie-Ausgabe) Ⅳ, Vorrede, S. 389(임미원, 상게논문, 61면에서 재인용).

40) 임미원, "칸트와 역사법학"(각주 38), 61면.

41) 같은 맥락에서 故이태재교수는 "자연법상 인간의 존엄은 법률적 실정화와는 관계없이 태초부터 존재한 인간의 절대적 가치로 본다"고 설명한다(이태재, 「법철학사와 자연법론」, 법문사, 1987, 193면.

42) 임미원, "칸트와 역사법학"(각주 38), 62면에서 재인용.

43) 임미원, "칸트와 역사법학"(각주 38), 63면.

44) 원문: "Person ist dasjenige Subject, dessen Handlungen einer Zurechnung fähig sind. Die moralische Persönlichkeit ist also nichts anders, als die Freiheit eines vernünftigen Wesens unter moralischen Gesetzen (die psychologische aber bloß das Vermögen, sich der Identität seiner selbst in den verschiedenen Zuständen seines Daseins bewußt zu werden), woraus dann folgt, daß eine Person keinen anderen Gesetzen als denen, die sie (entweder allein, oder wenigstens zugleich mit anderen) sich selbst giebt, unterworfen ist." Immanuel. Kant, Die Metaphysik der Sitten, Gesammelte Schriften. Akademie Ausgabe. Bd. Ⅵ. Berlin 1907, S. 223(Die Metaphysik der Sitten는 원래 1797년에 간행되었으나, 인용서는 추후 재간행된 것임).

칸트에게 있어서 인간은 도덕적 자유의 주체라는 점에서 존엄한 존재이며 어떠한 경우에도 수단화될 수 없는 목적자체성을 지닌다.[45] 이와 같은 칸트의 권리주체에 대한 관념을 실정법차원에서 수용한 법전은 1811년 제정된 오스트리아 일반민법전(Allgemeines Bürgerliches Gesetzbuch: ABGB)이다. 동 법전의 입안자는 빈(Wien)대학의 자연법학자 프란츠 폰 짜일러(Franz von Zeiller)이다. 그는 종래의 자연법론을 기초로 하여 당시에 유행하였던 칸트의 인성론을 수용하여 오스트리아 민법전을 기초하였다.[46] 오스트리아 민법 제16조는 [천부적 권리](Angeborne Rechte)라는 표제아래 "모든 사람(Mensch)은 이미 이성을 통해 명백한 천부적 권리를 가지고 있으므로 人(Person)으로 간주되어야 한다. 노예제나 농노제 및 그와 관련한 권력의 행사는 이들 국가에서는 허용되지 않는다"고 규정하고 있다.[47] 이 법문에 기하여 모든 사람에게 국적을 초월하여 권리주체성(Rechtssubjektivität)이 인정된다.[48]

칸트의 인성론은 19세기 독일 법학계에서도 현대로마법체계(System des heutigen römischen Rehct) 시리즈를 통하여 독일 민법학의 초석을 다진 사비니(Friedrich Carl von Savigny: 1779-1861)를 중심으로 한 판덱텐(Pandekten) 법학에 큰 영향을 미치게 된다. 사비니가 칸트의 영향을 받았음은 다음의 표현에서 찾아볼 수 있다.

> "모든 권리는 개개인에 내재하는 도덕적인 자유를 위하여 존재한다(Alles Recht ist vorhanden um der sittlichen, jedem einzelnen Menschen inwohnenden Freiheit willen.)."[49]

Savigny는 권리를 인간(Mensch)의 도덕적인 자유를 실현하기 위한 의사의 지배(Willensherrschaft)로 본다. 그는 "모든 법률관계(Rechstsverhältniß)는 어떤 人과 다른 人으로 관련(Beziehung)되어 있다"고 하면서, 스스로 다음과 같은 질문에 답을 한다. "누가 권리능력의 수행자(Träger) 또는 주체(Subjekt)가 될 수 있는가? 해답은 권리를 가질 수 있는 가능성(mögliche Haben) 또는 권리능력(Rechtsfähigkeit)에 있는 것이지, 권리를 취득할 수 있는 가능성(mögliche Erwerben)이나 행위능력(Handlungsfähigkeit)에 있지 않다."[50]고 하여 권리능력과 행위능력의 개념을 분명하게 구분하고 있다.

---

45) 임미원, "칸트와 역사법학"(각주 38), 65면.

46) Lübtow, Zur Theorie des Rechtssubjektes und ihrer geschichtlichen Entwicklung, Recht und Rechtserkenntnis : Festschrift für Ernst Wolf zum 70. Geburtstag / hrsg. von Dietrich Bickel, Köln u.a. 1985, S. 436.

47) § 16. Jeder Mensch hat angeborne, schon durch die Vernunft einleuchtende Rechte, und ist daher als eine Person zu betrachten. Sclaverey oder Leibeigenschaft, und die Ausübung einer darauf sich beziehenden Macht, wird in diesen Ländern nicht gestattet.

48) Schwimann/Posch, ABGB^2 Ⅰ, §16 Rz. 9.

49) Savigny, System des heutigen römischen Rechts, Band 2, Berlin 1840 (이하 'System Ⅱ'로 약칭), S. 2.

50) Savigny, System Ⅱ(각주 49), S. 1.

한편, 판덱텐법학자 레겔스베르거(Ferdinand Regelsberger: 1831－1911)는 1893년 발간된 그의 저서 「판텍텐」에서 "어떤 존재를 人으로 격상시키는 것은 권리능력인데, 이는 권리와 의무의 수행자가 될 수 있는 능력을 말한다."[51]고 하여, 오늘날 권리능력에 관한 통설과 유사하게 설명하고 있다. 또한 데른부르그(Heinrich Dernburg: 1829－1907)는 1896년 간행된 그의 저서 「판텍텐」에서 "권리능력(Rechtsfähig)이나 권리주체(Rechtssubjekt) 또는 인(Person)이란 누가 권리를 가질 수 있는가, 이를 테면 누가 생필품에 대한 독자적인 지분을 가질 수 있는가"의 문제라고 서술하면서[52] 권리능력, 권리주체 및 인(격)을 동일시하고 있다.

이러한 학문적 배경 하에서 1896년 제정된 독일 민법(BGB) 제1조는 [권리능력의 시기]라는 표제에서 "사람의 권리능력은 출생이 완료된 때로부터 시작된다."[53]고 정하고 있다. 또한 1907년 제정된 스위스 민법전(ZGB)은 권리능력에 관한 제11조에서 "누구나(jedermann) 권리능력을 가진다. 그에 따라 모든 사람은(alle Menschen) 법규의 범위 내에서 권리와 의무를 가지는 동일한 능력을 갖는다."고 규정하고 있다.[54]

(2) 人, 인격, 인격권

한편 인격(Persönlichkeit)이라는 용어는 18세기 후반에 등장하게 된다. 특히 '인격'이라는 표현은 1788년 간행된 칸트의 저서 실천이성비판(Kritik der praktischen Vernunnft)에서 찾아볼 수 있다. 칸트는 人(Person)과 人格(Persönlichkeit)을 구분하는데, 그에게 있어서 人은 자유의지를 가진 존재 자체를 의미하고 人格은 인간이 지향하는 자유의 실현을 위한 특성을 의미한다.[55] 칸트의 인격 개념을 이어받아 1866년 노이너(Georg Carl Neuner: 1815－1882)는 인격권(Recht der Persönlichkeit)이라는 용어를 사용하게 되는데, 그에 의하면 인격권이란 스스로 목적적 존재로서 자기목적(Selbstzweck)을 주장하고 실현할 수 있는 人의 권리(Recht der Person)를 말한다.[56] 그런데 노이너의 저작을 전후하여 권리능력과 인격(권)의 관계에 대해 학자들 사이에 여러 견해들이 주장되었으나[57], 오늘날과 같은 개념으로 정착시킨 이는 게르만법학자 기르

---

51) Ferdinand Regelsberger, Pandekten, 1. Band, Leipzig, 1893, § 56, S. 234: "Was ein Wesen zur Peson erhebt, das ist die Rechtsfähigkeit, d.h. die Fähigkeit, Träger von Rechten und Pflichten zu sein."

52) Heinrich Dernburg, Pandekten, 1. Band, Berlin: H.W. Müller, 1896, § 49, S. 107: "Rechtsfähig oder Rechtssubjekt oder Person ist, wer Rechts haben kann, wer also eines selbständigen Anteiles an der Lebensgütern fähig ist."

53) § 1 Beginn der Rechtsfähigkeit: Die Rechtsfähigkeit des Menschen beginnt mit der Vollendung der Geburt.

54) I. Rechtsfähigkeit Art 11 Rechtsfähig ist jedermann. Für alle Menschen besteht demgemäss in den Schranken der Rechtsordnung die gleiche Fähigkeit, Rechte und Pflichten zu haben.

55) Hans Hattenhauer, Grundbegriff des Bürgerlichen Rechts, 2. Aufl., München 2000, S. 12.

56) Georg Karl Neuner, Wesen und Arten der Privatrechtsverhältnisse, Kiel 1866, S. 15.

57) 예컨대 키에룰프는 권리능력과 인격은 같은 개념으로 보지만(Johann Friedrich Kierulff, Theorie des gemeinen Civilrechts, Band I, Altona 1839, § 6, S. 83), 베히터는 권리능력과 인격의 관계를 원인과 효과의 관계로 파악한다(Carl Georg v. Wächter, Pandekten, Band I, Leipzig 1880).

케(Otto v. Gierke: 1841–1921)이다. 그는 "권리주체가 될 수 있는 능력을 인격이라 한다. 법규에 의한 인격의 승인으로부터 모든 개별 권리와 의무의 기반이 되는 인격권이 도출된다. 인격권이 속하게 되는 존재를 법적 의미에서 인(Person)이라 한다"고 설명한다.[58] 기르케는 권리주체와 권리능력 및 (법)인격 내지 인격권을 동일한 의미로 이해하면서도, 오늘날 일반적 인격권과 그로부터 파생되는 개별적 인격권을 분리할 수 있는 근거를 마련하였다는 점에서 의미가 있다. 인격권에 대한 이러한 관념은 특히 1949년 제정된 독일 기본법 제2조 제1항[59]에서 자유로이 인격을 실현할 권리(Recht auf die freie Entfaltung der Persönlichkeit)로 정착하게 된다.

(3) 법인의 권리주체성 및 권리능력

앞서 살펴본 바와 같이 법인(juristische Person)은 로마법에서 일부 그 원형을 찾아볼 수 있지만, 오늘날과 같은 법인개념은 19세기 독일법학에서 형성되었다. 특히 당시 독일에서는 법인의 본질(Wesen)을 어떻게 볼 것인가를 두고서 사비니의 의제설(Fiktionstheorie)과 기르케의 실재설(Realitätstheorie) 사이에 치열한 논쟁이 있었다고 알려져왔다. 그러나 필자의 분석에 의하면 사비니와 기르케는 당시의 사회현실에서 등장한 법인을 어떻게 법적 논리에 맞추어 그 존재를 설명할 수 있을 것인지에 천착한 것이지, 법인이 허구적 존재인지 아니면 실존하는 유기체인지에 대해 다툰 것이 아니다. 사비니의 의제설은 자연인에게 인정되던 권리주체성을 당시 새로이 등장한 법인에 대해서도 인정하기 위한 법리적 근거를 제공하는데 주안점이 있었다면, 기르케의 실재설은 단체의 결사에 대한 국가의 금압적인 태도를 막기 위한 법정책적 포석을 깔고 있었던 것이지, 이들 학설이 상충되거나 대립되는 것은 아니었다. 그것은 둥근 유리컵을 두고서 위에서 내려 볼 때는 원형모양지만 옆에서 정면으로 볼 때는 사각형모양으로 보이듯이, 하나의 법인제도를 두고 한 측면만을 부각시켜 그들의 학설을 의제설 혹은 실재설로 단순하게 분류시켜서는 곤란하다.[60]

한편 법인의 권리능력에 관해서는 양 학설의 설명이 갈라진다. 사비니는 권리를 인간(Mensch)의 도덕적인 자유를 실현하기 위한 의사의 지배로 보기 때문에 권리를 향유할 수 있는 주체, 즉 권리주체란 본디 인간의 개념과 일치하게 된다.[61] 각각의 개인의 이익을 넘어서 자연적 권리주체들이 모여 하나의 다수(Mehrheit)로서 특정한 목적을 실현할 필요도 있기 때문

58) 원문: "Die Fähigkeit, Rechtssubjekt zu sein, heißt Persönlichkeit. Aus ihrer Anerkennung durch Rechtssatz fließt das Recht der Persönlichkeit, das die Grundlage aller einzelnen Rechte und Pflichten ist. Ein Wesen, dem das Recht der Persönlichkeit zusteht, ist im Rechtssinne Person." Otto v. Gierke, Deutsches Privatrecht, Band 1, Berlin 1895, § 30, S. 265.

59) 독일 기본법 제2조 (일반적 인격권) (1) 모든 사람은, 다른 사람의 권리를 침해하지 않고 헌법질서나 도덕률(道德律)에 반하지 않는 한, 자신의 인격을 자유로이 실현할 권리를 갖는다.

60) 사비니와 기르케의 학설 및 그들 학설의 현대적 의미에 대해서는 송호영, "고전적 법인논쟁이 현대의 단체법론에 주는 의미와 영향 -Savigny와 Gierke의 이론을 중심으로-, 현대민사법학의 과제(관원정조근교수화갑기념), 동남기획, 2001, 25면 이하 참조.

61) Savigny, System Ⅱ(각주 49), S. 2.

에, 실정법은 특정한 집합체에게(dem bestimmten Gebilde) 거래에 참여할 수 있도록 하기 위하여 고유한 권리능력을 부여하였다. 즉 본래 권리능력이란 자연인의 개념과 연결되어야 하는 것이지만, 의제에 의해서 인정된 인공적인 주체(künstliche, durch bloße Fiktion angenommene Subjekte)에도 권리능력이 확장되었는데, 그러한 주체를 法人(juristische Person)이라고 한다.[62] 이러한 법인에 인정되는 권리능력은 사법관계의 범위내로 국한되고, 사법관계 중에서 가족관계를 제외한 재산관계에만 한정된다. 즉, 사비니에 의하면 법인이 누리는 권리능력의 내용은 財産能力(Vermögensfähigkeit)으로 제한된다.[63] 그에 반해 기르케는 권리주체를 설명함에 있어서 法人(juristische Person)이라는 표현을 의식적으로 피하고 團體人(Verbandsperson)이라는 표현을 쓰면서, 단체스스로 자생적으로 유래한 인격체인 社團體와 외부로부터 이식된 인격을 가진 財團體는 모두 자연인과 마찬가지의 기관으로 조직된 단체로서의 人이라고 설명한다.[64] 이러한 단체인의 권리능력은 개별인(Einzelperson), 즉 자연인과 마찬가지로 공법과 사법에 모두 미치지만,[65] 그 성질에 따라 자연인의 권리능력에 비해 좁을 수도 있고[66] 넓을 수도 있다.[67] 위와 같은 권리능력에 관한 설명상의 차이에도 불구하고, 필자는 법인의 권리능력에 관해서도 사비니와 기르케의 학설이 크게 다른 것으로 생각되지 않는다. 즉, 사비니는 법인을 私法적 측면에서 보아 재산능력으로 국한된다고 한 것인데 반해, 기르케는 단체인(즉, 법인)을 사법뿐만 아니라 공법의 영역에서도 활동하는 주체로 보았기 때문에 사비니의 주장보다 더 넓은 권리능력을 주장하는 것은 논리적으로 당연한 결과이다.

하여튼 19세기에 치열하게 논구되었던 법인학설에도 불구하고, 1896년 독일민법전(BGB)을 제정할 당시 입법자들은 법인의 본질이나 법인의 권리능력에 관하여 특정학설을 채택하여 조문화하지 않고 학설과 판례의 과제로 남겨 두었다. 이에 따라 법인의 본질에 기한 논의는 오늘날에도 이어지지만, 현재 독일 학계에서 법인의 실재성에 대해서는 異論을 찾아보기 어려우며, 법인의 권리능력은 자연인에 비해 천연의 성질에 따른 차이 외에는 자연인의 그것과 다를 것이 없다는 것이 통설적 견해이다.

4. 독일 나찌시대의 법인격

인간의 이성을 중시하는 자연법론과 칸트의 인성론을 수용한 판데텐법학 및 독일 고유의 게르만법학의 학문적 결실로 탄생한 독일민법전(BGB)은 제1조에서 "사람의 권리능력은 출생

62) Savigny, System Ⅱ(각주 49), S. 236.
63) Savigny, System Ⅱ(각주 49), S. 238.
64) Gierke, Deutsches Privatrecht I(각주 58), S. 474.
65) Gierke, Deutsches Privatrecht I(각주 58), S. 472.
66) 예컨대 단체인은 가족권은 가지지 못하므로 자연인 보다 좁은 권리능력을 가진다.
67) 가령 단체인은 자연인에게는 없는 사단징계권을 가지고 있다.

이 완료된 때로부터 시작된다"고 규정하고 있다. 여기서 사람(Mensch)은 출생과 더불어 모두에게 동등한 내용의 권리능력을 가지게 되며 모든 사람은 평등한 법인격을 취득하게 된다. 그러나 이와 같은 법인격에 대한 관념은 1933년 나찌정권의 등장에 의해 극도로 왜곡된다. 1933년 히틀러와 나찌당은 수권법에 의해 정권을 장악한 이후, 킬(Kiel) 대학을 중심으로 나찌정권에 조력할 수 있는 법학자들로 하여금 이른바 어용법학을 양산하도록 한다.[68] 이에 가담한 민법학분야의 대표적인 학자는 칼 라렌쯔(Karl Larenz: 1903－1993)교수이다. 라렌쯔는 우리나라에도 법학방법론과 민법총칙 및 채권법 교과서(Lehrbuch)의 저자로 잘 알려진 독일 민법학의 태두이다. 그러나 그가 1935년에 발표한 "규범인과 주관적 권리"[69]라는 단행논문은 '법률기본개념의 전환'이라는 부제를 달고 있는데, 여기서 그는 종래의 법인격 개념을 '전환'하는 정도를 넘어서 이를 완전히 부정하고 나찌의 이념인 국가사회주의적인 시각에서 새로운 규범인(Rechtsperson) 개념을 제안하게 된다. 라렌쯔는 동 논문의 Ⅱ. 2. "규범동지로서의 인민동지"(Der Volksgenosse als Rechtsgenosse)라는 단락에서 다음과 같이 서술하고 있다:

> "나는 개인으로서, 단지 인간으로서 또는 추상적·일반적 이성의 수행자로서가 아니라 법에서 생활양식으로 주어진 공동체, 즉 민족공동체(Volksgemeinschaft)의 肢體(Glied)로서 권리·의무를 가진다. 개개인(der Einzelne)은 공동체 내에서 살아가는 존재, 즉 인민동지(Volksgenosse)일 때에만 구체적인 인격체(konkrete Persönlichkeit)라 할 것이다. 민족공동체의 지체일 때에만 명예를 가지고 규범동지(Rechtsgenosse)로서 존중받을 수 있다. 법적동지가 되는 것, 다시 말하자면 법속에서 살아가며 특정한 지체로서의 역할을 수행하는 것은 바로 민족공동체의 특권이라고 할 수 있다."[70]

그에 의하면 사람의 법인격이란 모든 사람에게 주어지는 보편적이고 평등한 법적 지위가 아니라, 민족공동체를 구성하는 지체로서 인민동지로서 역할을 하고 있을 때에만 인정되는 것이다. 그는 "인민동지는 독일의 혈통을 가진 자를 말한다. 이 문장을 민법 제1조에서 언급되고 있는 '모든 사람'의 권리능력을 대신하여 우리 법질서에서 최상의 지위에 위치시켜야 한다."고 주장하였다.[71] 라렌쯔는 동 논문의 결론부에서 다음과 같이 선언한다.

---

68) 나찌법학의 현황을 알 수 있는 우리 문헌으로는 강진철, "나찌법학에 대한 조망 -한국에서의 논의와 관련하여－", 법사학연구 제12호(1991), 99면 이하 참고.

69) Karl Larenz, Rechtsperson und subjektives Recht, Zur Wandlung der Rechtsgrundbegriffe, Berlin 1935. 김동훈 교수는 "칼 라렌쯔와 나찌시대의 법학", 법과 사회, 제11권(1995), 262면에서 라렌쯔 교수의 동 논문 제목의 Rechtsperson을 '법적 인격'으로 번역하였으나, 필자는 Rechtsperson을 법인(juristische Person)과의 개념적 충돌을 피하기 위해 '규범인'으로 번역한다.

70) Larenz, Rechtsperson und subjektives Recht(각주 69), S. 21.

71) Larenz, Rechtsperson und subjektives Recht(각주 69), S. 21.

> "권리능력이란 주관적 권리를 향유할 수 있는 능력을 의미하는 것이 아니라 공동체의 법적 생활(Rechtsleben)에 참여할 수 있는 능력과 민족공동체 내에서 특정한 지체로 위치할 수 있는 능력을 의미한다."[72) "'누구나'(jeder Mensch) 인(Person)으로서 권리능력을 가지는 것이 아니라, 단지 인민동지(Volksgenosse)만이 규범동지(Rechtsgenosse)로서 권리능력을 가진다. 이방인(Fremde)은 客(Gast)으로서 파생되고 제한된 권리능력을 가진다."[73)]

인간의 동질성을 부정하고, 개인의 존재자체에 대한 가치를 부정하고 공동체내의 조직의 일부로서 인간을 평가하는 그의 궤변적 주장은 지금까지 자연법사상과 칸트의 인성론을 거치면서 인류가 쌓아온 법인격개념을 일거에 무너뜨리는 것이었다.

5. 현대 사회에서의 법인격

모든 사람들에게 권리능력을 인정하는 독일민법 제1조는 라렌쯔의 주장과는 달리 폐지되지 않았으며 문언도 제정 당시와 변함이 없다. 우리 민법 제3조도 같은 내용을 담고 있다. 그렇지만 지난세기 독일의 역사적 경험에서 본 바와 같이, 오늘날 모든 사람은 권리주체가 될 수 있다는 너무나 당연한 공리도 엉뚱한 이데올로기에 의해 처참히 깨질 수 있음을 상기할 필요가 있다. 오늘날 독일의 민법교과서나 주석서에 라렌쯔식의 차별적 법인격론은 더 이상 존재하지도 않고 라렌쯔의 민법총칙 교과서뿐만 아니라[74)] 그의 제자들에 의해서 승계된 교과서에서도 흔적조차 찾아볼 수 없다.[75)] 이제는 사람에 대한 법인격 내지 권리능력에 대한 관념은 보편화되어 일반적인 개념으로 정착되었다고 할 수 있다. 즉, 모든 사람은 공히 법인격을 가지며, 권리와 의무의 주체가 될 수 있는 권리능력을 가진다는 것이다.[76)] 우리나라에서도 이에 관해서는 전혀 異論이 없다.[77)] 그렇지만 이처럼 공고한 법인격 또는 권리능력의 개념도 최근에는 여러 도전을 받고 있다. 그것은 사람에 대한 것에서가 아니라 사람 이외의 존재에 대해서도 법인격을 인정할 수 있을 것인지 또는 권리능력의 개념을 상대화하여 제한적으로만 인정할 수 있는 것인지 등 법인격에 대한 개념이 새롭게 도전을 받고 있다. 이하에서 이에 관해 살펴본다.

---

72) Larenz, Rechtsperson und subjektives Recht(각주 69), S. 39.

73) Larenz, Rechtsperson und subjektives Recht(각주 69), S. 39.

74) Larenz, Allgemeiner Teil des deutschen Bürgerlichen Rechts, 7. Aufl., München 1989, S. 88.

75) Larnz/Wolf, Allgemeiner Teil des deutschen Bürgerlichen Rechts, 9. Aufl., München 1989, S. 99.

76) MüKoBGB－Spickhoff, §1 Rn. 12; Staudinger/Bernd Kannowski (2018) Vorbem zu § 1 Rn. 228; BRHP/Bamberg §1 Rn 12; NK－BGB/Ring §1 Rn 4.

77) 대표적으로 곽윤직·김재형, 민법총칙, 98면; 송덕수, 민법총칙, 565면.

Ⅲ. 법인격 개념의 발전 혹은 도전

1. 문제점

위에서 살펴 본 바와 같이, 법인격 개념은 권리능력 개념과 등치될 수 있으며, 법인격이란 결국 권리와 의무의 귀속주체가 될 수 있는 자격 또는 지위를 의미한다. 그런데 이러한 개념적 정의는 순전히 학설에 따른 것이고 법문에는 법인격이나 권리능력의 개념이 명시된 것은 없다. 다만 독일에서는 2000년 원격판매계약법[78]의 시행으로 독일민법전 제14조에 새로 도입된 사업자(Unternehmer)에 관하여, 제1항에서 "사업자라 함은 법률행위를 함에 있어서 자신의 영업활동 또는 독립적 직업활동의 일환으로 행위하는 자연인 또는 법인 또는 권리능력 있는 인적회사를 말한다"고 규정하면서, 특히 제2항에서 권리능력있는 인적회사(rechtsfähige Personengesellschaft)라 함은 "권리를 취득하고 의무를 부담하는 능력을 갖춘 인적회사"라고 정의하고 있다. 바로 이 때문에 독일학자들은 독일민법 제14조 제2항에서 표현하고 있는 '권리를 취득하고 의무를 부담하는 능력'을 권리능력에 관한 법적 개념이라고 추론한다.[79] 이러한 권리능력에 관한 개념은 종래 통설이 주장하는 권리능력의 개념을 그대로 법문에서 수용한 것이다. 그렇지만 이로써, 권리능력이나 법인격에 관한 개념정의가 완전히 종결되었다고 보는 것은 속단이다. 오늘날 국가사회주의 이데올로기에 의한 법인격 및 권리능력에 대한 왜곡된 관념은 완전히 극복되었지만, 이와는 다른 차원에서 전통적인 법인격 및 권리능력에 관한 개념이 도전을 받고 있다. 그것은 권리주체에게 주어지는 혼일한 권리능력에 관한 관념과는 달리 권리주체에 따라 권리능력이 상대화거나 부분적으로만 인정될 수 있는 것인지에 관한 문제(아래 2.), 권리주체에게 귀속되는 권리능력과 의무능력이 서로 분리될 수 있는 것인지의 문제(아래 3.), 법률에 의해 인정된 법인의 법인격이 법률에서 규정되지 않은 사유에 의해서도 부인될 수 있는지와 법인의 권리능력은 설립목적 범위 내에서만 인정되는 것인지의 문제(아래 4.), 자연인과 법인 외에도 인공지능 로봇이나 동물 등에 대해서도 법인격을 인정할 수 있는 지의 문제(아래 5.) 등이다. 이러한 문제들은 각각 별도의 깊은 연구를 요하는 큰 주제들이므로, 여기서는 이 문제들에 대한 개괄적인 고찰을 통하여 법인격에 관한 최근 논의들에 대한 필자의 견해를 피력하고자 한다.

78) 법률의 정식명칭은 Gesetz über Fernabsatzverträge und andere Fragen des Verbraucherrechts sowie zur Umstellung von Vorschriften auf Euro

79) Neuner, Allgemeiner Teil des Bürgerlichen Rechts, 12. Aufl., München 2020, S. 118.

2. 상대적·부분적 권리능력론

(1) 내용

권리능력에 대한 전통적 설명은 권리관계의 주체가 될 수 있는 능력, 즉 권리·의무의 귀속자가 될 수 있는 능력이라는 것이다.[80] 이때 권리능력에서의 권리란 구체적이고 세분화된 권리가 아니라 포괄적이고 일반적인 권리를 뜻하기 때문에 권리능력이란 분리되거나 제한된 것이 아닌 포괄적이고도 완전한 권리능력(volle Rechtsfähigkeit)을 의미한다. 법인격과 권리능력을 동일시 할 때에도 이때의 권리능력이란 완전한 권리능력을 의미하는 것이다. 이러한 통설적 설명에 대해 권리능력은 상대적으로 이해하고, 그 내용은 개별적·구체적으로 파악될 수 있다는 상대적 권리능력론 내지 부분적 권리능력론이 주장된다.

파브리치우스(Fabricius)에 의하면 통설의 권리능력에 대한 관점은 권리능력이 '있다' 혹은 '없다'라는 이분법적 사고에 얽매여 있는데,[81] 이를 벗어나 권리능력은 주체의 특성마다 부분적 혹은 제한적으로 나누어져 귀속될 수 있다고 한다. 일반적으로 권리능력이란 본질상 제한되지 않고 모든 자연인이나 법인에게 동일하게 적용되는 포괄적인 법적 능력으로 개념정의 되는데, Fabricius는 이러한 개념정의는 단지 권리능력을 추상적·포괄적으로 파악한 것에 불과한 것이기 때문에, 그러한 추상적인 권리능력개념의 빈 공간(Leerstellen)은 구체적이고 개별적인 권리능력의 개념으로 채워져야 한다고 주장한다.[82]

파브리치우스의 이론을 이어받은 파블로프스키(Pawlowski)는 권리능력을 개념상 좁은 의미의 권리능력과 넓은 의미의 권리능력으로 나눈다. 좁은 의미의 권리능력이란 권리·의무의 귀속자가 될 수 있는 능력을 말한다.[83] 이는 종래 통설이 주장하는 권리능력의 개념과 일치하며, 좁은 의미의 권리능력은 자연인이든 법인이든 구분없이 모든 권리주체에게 주어지는 것이라고 한다.[84] 그에 반해 넓은 의미의 권리능력이란 특정한 법률관계에 한정되는 부분적 권리능력(Teilrechtsfähigkeit)을 의미하는데, 이는 권리능력을 추상적인 것이 아니라 구체적이면서 내용적으로 파악한 것이다. 넓은 의미의 권리능력은 추상적이거나 불확정한 개념이 아니라, 사법의 영역에서 법률관계를 형성 확장시킬 수 있는 권능(Kompetenz)을 의미하며, 이러한 권능이란 모든 권리주체에게 언제나 완전하게 주어지는 것은 아니다. 비법인사단에 대해 흔히 '권리능력이 없다'라고 하는 것은 좁은 의미의 권리능력이 없는 것이고, 비법인사단에 대해서도 부동산 등기능력이 있는지 또는 어음·수표발행능력이 있는지는 넓은 의미의 권리능력 개념에서 권

---

80) Neuner, a.a.O., S. 118.

81) 가령 사단을 권리능력 있는 사단(독일민법 제21조 및 제22조)과 권리능력 없는 사단(독일민법 제54조)으로 구분함이 대표적이다.

82) Fabricius, Relativität der Rechtsfähigkeit, München/Berlin 1963, S. 50.

83) Pawlowski, Allgemeiner Teil des BGB, 5. Aufl., Heidelberg 1998, Rz. 98, Rz. 109.

84) Pawlowski, a.a.O., Rz. 109.

리·의무가 귀속되는 주체의 특성에 따라 세부적으로 따져야 한다는 것이다.

이에 대해 통설적 입장에서는 권리능력이라는 개념은 원래 자연인을 상정하여 정립된 개념으로서 이를 상대화하거나 제한적으로 이해할 필요가 없다거나[85], 권리능력의 상대성론은 권리능력의 구체화·세분화를 통하여 너무나 많은 개별문제들까지 풀어내려고 함으로써 결국 권리능력의 개념자체를 무용할 정도로 해체하였다고 비판한다.[86]

(2) 사견

권리능력 또는 법인격의 개념은 원래 권리주체가 될 수 있는 추상적·잠재적인 법률상태의 지위 내지 자격을 의미하며,[87] 이때의 권리능력이란 절대적이고 포괄적·불가분적인 개념으로 이해된다.[88] 이러한 개념에 의하면 권리능력 있는 조직체와 권리능력없는 조직체 또는 법인격을 가지는 조직체와 법인격이 없는 조직체로 양분할 수밖에 없다. 그러나 사회현실에서는 법률이 법인격을 인정하는 자연인과 법인 이외에 다양한 조직체에 대해서도 특정한 법률관계에 있어서는 권리능력을 인정해야 하는 경우가 얼마든지 있을 수 있다. 예컨대 '설립중인 회사'의 경우에 비록 법인이 아닌 상태이지만 법인설립을 위한 준비행위의 효력을 인정할 필요가 있다. 또한 민법 제3조의 '사람'의 권리능력은 출생을 전제로 한 것이지만, 출생 이전 단계의 태아에 대해서도 민법은 상속권(제1000조 제3항)이나 불법행위로 인한 손해배상청구권(제762조)을 인정하고 있다. 또한 비법인사단·재단에 대해서도 부동산등기법과 민사소송법은 각각 부동산등기능력(부동산등기법 제26조)과 당사자능력(민사소송법 제52조)을 인정하고 있다. 나아가 그러한 명문의 규정이 없는 민법상 조합에 대해서도 비법인사단과 같은 능력을 인정할 수 있는지가 문제될 수 있는데, 우리 판례는 조합의 당사자능력을 부정하고 있는데[89][90] 반해, 독일 연방재판소는 2001년에는 조합의 당사자능력[91][92]을 그리고 2008년에는 부동산등기능력[93][94]을 각각 인정하였다. 이러한 문제에 대해 자연인과 법인에게만 인정되는 '완전한 권리능력'을

85) Flume, Personengesellschaft, Berlin u.a., 1977, S. 90.

86) Karsten Schmidt, Verbandszweck und Rechtsfähigkeit im Vereinrecht, Heidelberg 1984, S. 39.

87) 홍봉주, 권리의 주체와 객체, 건국대출판부, 2010, 129면.

88) 이홍민, "권리능력에 관한 연구", 법과 정책, 제26집 제2호(2020), 제주대학교 법과정책연구원, 371면.

89) 대법원 1991. 6. 25. 선고 88다카6358판결. 판례는 조합의 경우 임의적 소송신탁을 통해 소송을 수행하는 방식을 인정함으로써, 이 문제를 해결하고 있다. 대법원 2001. 2. 23. 선고 2000다68924 판결 등 참고.

90) 우리 판례에서 조합의 부동산등기능력 여부가 문제된 사례는 아직 보이지 않는다.

91) NJW 2001, 1056. 동 판결을 평석한 우리 문헌으로는 안성포, "민법상 조합의 권리능력과 당사자능력 －2001년 1월 29일 독일연방법원의 변경된 판결을 중심으로－", 비교사법 제10권 제3호(2003), 285면 이하 참조.

92) 조합의 당사자능력을 인정한 독일 연방재판소는 그 법적 근거를 "권리능력 있는 자는 당사자능력이 있다"(Parteifähig ist, wer rechtsfähig ist)고 정한 독일민사소송법(ZPO) 제50조 제1항의 규정에서 찾고 있는 바, 이로써 민법상 조합도 권리능력을 가짐을 인정하게 된 셈이다.

93) BGH NJW 2009, 594.

94) 조합의 부동산등기능력을 인정한 연방재판소의 판결을 계기로, 독일 부동산등기법(GBO)는 제47조 제2항을 개정하여 2009. 8. 18.부터 조합의 부동산등기능력을 명문으로 인정하고 있다.

전제해서는 위와 같은 법현실을 설명하기 어려우며, 오히려 상대적·부분적 권리능력론이 이를 설명하기에 더욱 유용할 수 있다.[95] 그렇지만 상대적·부분적 권리능력론을 수용한다고 하더라도[96] 그것이 권리능력 및 법인격에 관한 통설적 설명을 배제한다거나 양자가 서로 배척되어야 하는 것은 아니라고 생각한다. 즉, 법률에서 자연인이나 법인으로 인정하지 않은 조직에 대해서도 부분적 권리능력을 인정함은 특정한 법률관계에 한해서 그 조직의 구성원이 아니라 그 조직자체가 독자적인 권리·의무주체로서 행위나 책임의 최종적인 귀속주체가 됨을 의미한다. 따라서 '부분적' 권리능력의 개념을 인정한다고 해서, 통설이 정의하는 '권리와 의무의 귀속자가 될 수 있는 자격'이라는 권리능력의 개념자체가 부정되는 것은 아니다. 부분적 권리능력은 특정한 법률관계에서의 귀속주체가 될 수 있는 '구체적' 능력을, 일반적 권리능력은 모든 법률관계에서의 귀속주체가 될 수 있는 '추상적' 능력으로 이해하면 될 것이다.[97][98]

그렇다면 (완전한) 권리능력에 대비되는 부분적 권리능력을 인정한다면, (완전한) 법인격에 대비되는 부분적 법인격의 개념도 인정할 수 있는가? 필자는 (완전한) 권리능력은 포괄성·혼일성을 갖고 있으면서도 그 세부적인 권리능력의 내용은 개별화될 수 있지만, 이와 달리 '법인격'이라는 개념은 완전한 권리주체를 전제로 한 추상적 개념으로서, 법인격의 내용은 상대화되거나 개별화할 수 없다고 생각한다.[99] 따라서 법인격은 '상대적 법인격' 또는 '부분적 법인격'이라는 개념을 상정하기 어렵다. 비법인사단이나 조합처럼 법인격은 없으면서도 부분적 권리능력을 가지게 되는 경우에는[100] 법인격(Rechtspersönlichkeit)은 없지만 문제된 법률관계에 한해서 권리주체성(Rechtssubjektivität)은 인정할 수 있다.

---

95) 우리나라에서도 조합에 대해 독일의 이론에 착안하여 부분적 권리능력을 인정하려는 시도로는 김세준, "민법상 조합의 부분권리능력 -개념 및 수용가능성을 중심으로-", 민사법학 제86호(2019), 91면 이하.

96) 상대적 권리능력(relative Rechtsfähigkeit)나 부분적 권리능력(Teilrechtsfähigkeit)은 독일학계는 양자를 유사한 의미로 받아들이고 있으나, 필자는 상대적 권리능력은 권리를 행사할 수 있는 가능성에 초점을 맞춘 것이라면 부분적 권리능력은 행사되는 권리의 내용에 착안한 개념으로 이해한다. 그러한 점에서 '상대적 권리능력'보다 '부분적 권리능력'이 더욱 적확하고 유용한 표현이라고 생각한다. 이라는 점에서 양자는 구분될 수 있다.

97) 송호영, "법인의 권리능력", 비교사법, 제7권 1호(2000. 6.), 103면.

98) 이러한 점에서 외국인에게도 내국인과 마찬가지로 일반적 권리능력이 인정되지만, 외국인에게는 특정한 권리에 대해서는 법률상 취득이 제한되거나 상호주의가 적용되는 범위 내에서 권리가 허용되는 경우가 있는데 이를 설명하기 위해 외국인에게는 부분적· 권리능력만이 인정된다고 할 필요는 없다. 이러한 사정은 내국인이지만 농민이 아니어서 농지를 취득할 수 없다고 하여 내국인이 제한적 권리능력을 가진다고 할 필요가 없는 것과 다르지 않다.

99) 법인격과 달리 인격권은 인격에 관한 권리의 총체이므로 그 세부적인 내용은 명예권, 성명권, 신용권 등 개별적인 권리로 나누어질 수 있다.

100) 이러한 경우 김세준 교수는 '법인격없는 권리능력'이라고 표현한다. 김세준, "민법상 조합의 부분권리능력"(각주 95), 128면.

3. 권리능력과 의무능력의 분리가능성

(1) 내용

통설에 의하면 법인격이란 권리와 의무의 귀속주체가 될 수 있는 자격 또는 지위를 의미한다. 즉, 법인격을 가진다는 의미는 권리의 귀속자로서의 지위뿐만 아니라 의무의 귀속자의 지위를 동시에 가진다는 것이다.[101] 그렇기 때문에 '권리능력'이라는 표현을 쓰더라도 그것은 '권리 · 의무능력'을 의미하게 된다. 다시 말하면, 법인격을 가진 주체에 대해 권리와 의무가 분리되어 의무는 귀속하지 않고 권리만이 귀속되거나 반대로 권리는 귀속하지 않고 의무만이 귀속될 수는 없는 것이다. 그런데 최근 부분적 권리능력론에 착안하여 권리능력과 의무능력이 분리가능하다는 주장이 제기되고 있다. 이에 대해 살펴본다.

독일의 마티아스 레만(Matthias Lehmann) 교수는 2007년 발표한 "권리능력의 개념"(Der Begriff der Rechtsfähigkeit)이라는 논문에서 마치 재산(Vermögen)과 채무(Schuld)가 분리될 수 있듯이 권리능력(Rechtsfähigkeit)과 의무능력(Pflichtfähigkeit)은 분리가능하다고 주장한다.[102] 그는 부분적 권리능력론(Lehre von der Teilrechtsfähigkeit)에 의하면 좁은 의미의 권리능력은 있으되 의무능력은 없을 수 있고, 반대로 의무능력은 있으되 권리능력은 없을 수도 있다고 하면서, 권리능력없는 사단을 예로 든다. 즉, 권리능력없는 사단의 경우에 권리능력은 없지만 독일민사소송법 제50조 제2항에 따라 권리능력없는 사단은 피고로서 제소될 수 있으며(소극적 당사자능력) 독일민사소송법 제735조에 따라 권리능력없는 사단에 대해서도 사단의 재산에 강제집행을 할 수 있음을 이유로 의무능력은 가진다고 설명한다. 독일민법 제54조가 "권리능력없는"(nicht rechtsfähiger) 사단(Verein)이라고 표현하면서도 법이 위와 같은 의무능력을 부과하는 것은 자가당착(Paradoxon)이라고 주장한다.[103]

(2) 사견

필자의 생각으로는 부분적 권리능력론에 의하더라도 권리능력과 의무능력이 분리될 수 있는 것은 아니다. 태아의 경우 일견 부분적 권리능력은 있으되 태아에게 인정되는 개별 권리에 상응하는 의무는 없기 때문에 권리능력과 의무능력이 분리될 수 있는 것처럼 보일 수 있다. 그러나 그것은 태아에게 인정되는 개별권리에 대해 태아에게 귀속시킬 상응하는 반대의무가 있지 않기 때문이지 태아에게는 (부분적) 권리능력만 인정되고 그에 상응하는 의무능력은 인정되지 않기 때문이 아니다. 계약 중에서 편무계약의 경우는 일방에게는 권리만 주어지고 타방에게는 의무만 주어지는데, 이를 두고 계약의 당사자에게 권리능력은 인정되지만 의무능력은 인정되지 않는다거나 혹은 그 반대로 의무능력은 인정되지만 권리능력은 인정되지 않는다고 할

101) 같은 취지, 송덕수, 민법총칙, 563면.

102) Matthias Lehmann, Der Begriff der Rechtsfähigkeit, AcP, Bd. 207(2007), S. 251 f.

103) Matthias Lehmann, a.a.O., S. 252.

수 없는 것과 같은 이치이다.

또한 '권리능력없는' 사단이라고 할 때 권리능력은 포괄적이고 완전한 권리능력을 의미하는 것일 뿐이지 권리능력 자체가 아예 없다는 것을 의미하지 않는다. 권리능력없는 사단이라고 하더라도 부분적 권리능력은 인정되는 것이므로 그에 상응하는 의무능력도 당연히 인정되는 것이다. 그렇다면 권리능력없는(nicht rechtsfähiger) 사단이라고 하더라도 —표현상의 오해는 별론으로 하고— 의무능력이 주어짐은 결코 자가당착이라고 할 수 없다. 요컨대 부분적 권리능력론에 의하더라도 권리능력과 의무능력은 분리되지 않는다.

4. 법인격부인론과 능력외이론

(1) 내용

법인격이나 권리능력의 개념은 독일법학의 산물이다. 영미법에서도 legal personhood 또는 legal personality라는 표현을 쓰기도 하지만, 이는 독일의 법인격 개념을 설명하기 위해 번역한 것이지, 영미법의 고유한 법적 용어는 아니다. 그런데 법인(legal entity)의 법인격에 관해서 영미법계와 대륙법계(특히 독일)의 관념은 확연한 차이가 있다. 영미에서는 법인은 사회적·경제적 목적을 추구하기 위한 일종의 법적 도구로서 다루어지는 반면, 독일에서는 법인은 하나의 사회적 실체를 가진 독자적인 인격체로 보고 있다.[104] 양 법계의 법인격에 관한 관념의 차이는 대표적으로 이른바 '법인격부인론'과 '능력외이론'(ultra vires doctrine)에서 극명하게 나타난다.

법인은 그 구성원인 사원과는 구분되는 별개의 법인격을 가진 주체이므로, 이른바 분리의 원칙(Trennungsprinzip)에 따라 법인의 재산과 사원이 소유하는 재산은 엄격히 구분되어 각각의 재산범위 내에서 책임을 질뿐이다. 그런데 법인이 사원으로부터 독립된 실체를 갖지 못한 경우에 법인과 특정의 제3자 사이에 문제된 법률관계에 있어서 법인의 법인격을 인정하지 아니하고 법인과 사원을 동일시하여 법인의 책임을 사원에게 묻는 법리를 법인격부인론 또는 법인격무시론이라 한다.[105] 이는 영미 판례법상 형성되어 온 disregard of the corporate entity, piercing the corporate veil 혹은 lifting the veil of corporate entity라는 제도를 번역한 것이다.[106] 일부 학자는 법인격부인과 법인격남용을 구분하거나[107], 법인격형해화와 법인격남용을 구분하여[108] 설명하기도 하지만, 요건상의 차이일 뿐 본질적으로 종래 법인격부인론의 내

104) 법인의 본질에 관하여 법인실재설은 법인을 생물학적 실재체로 입론한 대표적인 학설이다.

105) 이철송, 회사법강의, 제29판, 박영사, 2021, 48면.

106) 송호영, 법인론, 제2판, 신론사, 2015, 186면; 이철송, 상게서, 48면

107) 김재형, "법인격, 그 인정과 부정 -법인격 부인 또는 남용에 관한 판례의 전개를 중심으로-, 민사법학, 통권 제44호(2009), 31면 이하.

108) 송옥렬, 상법강의, 제11판, 홍문사, 2021, 711면.

용과 크게 다르지 않다. 우리 판례도 2001년 오피스텔 분양계약을 맺은 회사에 대해 회사의 사실상 지배주주인 대표이사에게 책임을 물은 사례에서 처음 법인격부인론을 인정한 이래로[109)110)], 여러 사례에서 '법인격부인', '법인격형해', '법인격남용' 등의 표현으로 동 법리를 적용한 판결들이 이어지고 있다.[111)]

한편 '능력외이론'(ultra vires doctrine)이란 법인의 능력은 정관에 기재된 목적의 범위 내에서만 인정되며(intra vires), 만약 법인이 그러한 목적범위 밖의 행위를 하게 되면 그러한 행위는 능력을 벗어난 행위이므로(ultra vires: beyond the power) 그 행위는 법인의 행위로 인정될 수 없기에 효력을 인정할 수 없다고 하는 법리이다.[112)] 능력외이론은 거래상대방보다 회사보호에 치중함으로써 거래안전을 위협할 소지가 크기 때문에 영국법원은 점차 동 법리의 적용을 줄여 나갔으며, 마침내 영국은 1989년의 the Companies Act를 통해 능력외이론을 사실상 폐지하였다. 능력외이론을 수용한 미국에서는 동 법리를 적용함으로써 발생하는 불공정한 결과를 해소하기 위한 방안으로 동 법리의 적용을 배제시키는 형평법상 원리를 발전시켰으며, 현대에 이르러 미국은 제정법을 통해 능력외이론을 폐지시켰다.[113)] 능력외이론의 원산지인 영미에서는 거래안전에 위협이 되는 동 법리가 폐지되었지만, 우리 민법 제34조에는 "법인은 법률의 규정에 좇아 정관으로 정한 목적의 범위 내에서 권리와 의무의 주체가 된다"고 하여 능력외이론이 엄연히 자리잡고 있다. 그렇다면 법인의 권리능력은 정관의 목적범위 내에서만 인정되는 제한적인 것인지가 문제되는바, 우리 판례는 "법인의 권리능력은 법인의 설립근거가 된 법률과 정관상의 목적에 의하여 제한되나 그 목적 범위 내의 행위라 함은 법률이나 정관에 명시된 목적 자체에 국한되는 것이 아니라 그 목적을 수행하는 데 있어 직접, 간접으로 필요한 행위는

109) 대법원 2001. 1. 19. 선고, 97다21604 판결. 동 판결에 대한 평석으로는 송호영, "법인격부인론의 요건과 효과", 저스티스, 통권 제66호(2002), 244면 이하 참고.

110) 우리 학계의 통설은 1988년 선박의 편의치적제도를 악용한 사례에 관한 판결(대법원 1988. 11. 22 선고 87다카1671 판결)을 법인격부인론을 적용한 최초의 판례로 보고 있다. 그러나 동 판결에서 대법원은 편의치적제도 및 가압류제도의 합목적적 해석을 통해 문제를 해결하려 했다는 점에서 법인격부인론을 적용한 판례라고 보기는 어렵다. 동지, 정찬형, 상법강의(상), 제23판, 박영사, 2020, 471면.

111) 대법원 2004. 11. 12. 선고, 2002다66892 판결; 대법원 2006. 8. 25. 선고 2004다26119 판결; 대법원 2006. 7. 13. 선고 2004다36130 판결; 대법원 2008. 8. 21. 선고 2006다24438 판결; 대법원 2008.9.11. 선고 2007다90982 판결; 대법원 2010. 1. 28. 선고 2009다73400 판결; 대법원 2010. 2. 25. 선고 2007다85980 판결; 대법원 2010. 2. 25. 선고 2008다82490 판결; 2011. 5. 13. 선고 2010다94472 판결; 대법원 2013.2.15. 선고 2011다103984 판결; 대법원 2016. 4. 28. 선고 2015다13690 판결; 대법원 2019. 12. 13. 선고 2017다271643 판결; 대법원 2021. 4. 15. 선고 2019다293449 판결 등.

112) Gower, L.C.B., Principles of modern company law, 5. Aufl., London 1992, 166면 이하. 영국법상 능력외이론에 관한 상세한 설명은 이중기, "영국법상의 능력외이론과 우리법상의 목적에 따른 능력제한에 대하여", 서울대학교 法學, 제36권 1호(1995. 5.), 181면 이하 참고. 또한 미국법상 능력외이론에 대한 설명은 가정준, "영미법상 법인의 권리능력과 행위능력에 대한 고찰 -Ultra Vires Doctrine을 중심으로 -, 민사법학, 통권 제48호(2010), 35면 이하 참고.

113) 가정준, 상게논문, 47-48면.

모두 포함된다"고 하여[114] 정관의 목적범위를 다소 탄력적으로 해석함으로써 법인의 권리능력을 넓히려는 입장에 있지만, 여전히 민법 제34조의 틀을 넘어서지는 못하고 있다.

(2) 사견

법인격부인론과 능력외이론은 독일법학에서 형성된 법인격 내지 권리능력 개념과는 아래와 같은 이유에서 태생적으로 조화되기 어렵다. 우선 법인격부인론을 살펴본다.

법인격부인론은 법인의 본질을 경제활동을 위한 일종의 도구로 보거나 의제적인 존재로 볼 때 쉽게 수용될 수 있는 반면, 법인을 자연인과 마찬가지로 독자적인 법인격을 가진 실재체로 보게 되면 법인의 법인격을 부인하거나 무시하는 것은 쉽게 받아들이기 어렵다.[115] 독일에서는 법률관계에 있어서 법인의 법인격을 자연인의 그것과 동일시하기 때문에 법인의 배후에 존재하는 지배사원에게 책임을 묻기 위한 현실적인 필요성에도 불구하고 법인격을 '부인'하는 법리 대신에 문제된 법률관계에서 책임의 종국적인 주체를 찾아내기 위한 실체파악(Durchgriff)의 법리로 접근하고 있다. 즉, 법인의 배후자에 대해 책임추궁을 위해 법인격을 부인하는 쉬운 길을 택하지 않고 문제된 법률관계에 적용될 수 있는 최대한 가까운 책임규범을 찾아 이를 유추적용하여 배후자에게 책임을 묻는 방식(규범적용설[116])을 채택하고 있다. 필자는 성문법체계를 취하는 우리법의 상황과 법인격의 본래적 개념을 고려하면 독일식의 규범적용설이 타당하다고 생각한다. 법인은 법인성립의 준칙에 맞추어 설립등기를 갖춤으로써 법률적으로 사원과 완전히 별개의 독자적인 존재로 그 법인격을 부여받게 되는 것이므로, 그 법인격은 사안에 따라 함부로 부인되거나 무시되어서는 안 된다. 그렇지만 배후사원에 의한 법인제도의 악용가능성은 상존하고 있는바, 분리의 원칙에도 불구하고 책임회피의 수단으로 법인제도가 악용된 경우에는 책임회피를 차단해야 할 현실적인 필요성이 있다. 그러나 그것은 법인의 '법인격'을 부인하기 보다는 '책임제한의 특권'을 부인하는 것이어야 하며[117], 책임제한의 특권을 부인함은

114) 대법원 2013.11.28. 선고 2010다91831 판결; 대법원 2001. 9. 21. 자 2000그98 결정; 대법원 1991.11.22. 선고 91다8821 판결 등.

115) 김재형, "법인격, 그 인정과 부정"(각주 107) 58면은 법인본질론과 법인격부인론은 직접적인 관계가 없다고 주장하지만, 법인을 의제로 이해하는 입장이 법인을 실재체로 이해하는 입장보다 법인격부인론을 받아들이는데 논리적으로 더 용이함은 분명하다.

116) 독일의 규범적용설(Normanwendungslehre)은 뮬러프라이엔펠스(Müller-Freienfels)교수에 의해 주창된 학설로서, 법인의 실체파악을 위해 문제된 사안에서 법인제도가 주관적 혹은 객관적으로 남용되었는가에 초점을 맞추는 것이 아니라, 법인의 사원(또는 주주)에 의해 구체적으로 어떤 법규범이 침해받았는지를 찾아보자는 것에 착안하고 있다. 결국 동 학설은 실체파악을 법인과 관련한 특정한 사례가 문제되었을 경우에 문제된 사례를 구체적으로 분석하여 어떤 법규범을 어떻게 적용하여 문제를 해결할 것이냐의 문제로 보고 있다. 이에 관해서는 송호영, 법인론(각주 106), 188면 이하 참조.

117) 같은 취지로 김재형, "법인격, 그 인정과 부정"(각주 107), 57면은 법인격부인론에서 법인격이 부인되더라도 법인이 법인격을 완전히 상실하는 것은 아니며, 동 법리가 적용되면 유한책임의 원칙이 배제되어 회사와 그 배후자는 실질적 동일체로 간주될 뿐이라고 설명한다. 또한 송옥렬교수는 법인격부인론에서 부인되는 것은 회사의 '법인격'이 아니라 주주의 '유한책임'이 부인되는 것이라고 설명한다(송옥렬, 상법강의, 제11판. 홍문사,

곧 배후자의 책임을 인정할 수 있는 법적 근거를 제시한다는 의미이다. 배후사원에게 책임을 묻는 근거로서 필자는 민법 제2조 신의성실의 원칙과 법인이 부담하는 제3자의 채무에 대해 법인과 배후사원 사이에 병존적 채무인수관계의 성립을 제시한 바 있다.[118)]

다음으로 능력외이론에 대해 살펴본다. 필자는 평소 민법이 인정하는 권리주체로서 법인은 자연인에 비하여 더 유리한 지위를 누릴 이유도 없고 반대로 더 불리한 지위에 있어서도 안 되며, 자연인과 동등한 지위를 인정하는 것이 법인에게 법인격을 부여하는 취지에 부합한다는 지론을 가지고 있다. 이에 비추어보면 능력외이론은 법인과 거래한 제3자의 입장에서는 자연인을 상대로 거래하는 상황에 비하여 법인의 대표권에 대한 적법성여부 뿐만 아니라 법인의 정관목적의 범위까지도 검토해야 하는 이중의 어려움이 있다. 법인의 대표권의 적법성이나 그 제한여부는 법인등기나 법인정관에 의해 객관적으로 확인할 수 있으며 또한 표현대리 법리에 의해 제3자는 보호될 수 있기 때문에 크게 문제되지 않을 수도 있다. 그에 반해 법인의 행위가 정관목적 범위 내(intra)의 행위인지 아니면 밖(ultra)의 행위인지를 판단하는 것은 거래상대방이 임의로 할 수 있는 것이 아니라 종국적으로 법원의 판단에 의할 수밖에 없기 때문에 거래안전에 대단히 위협적일 수밖에 없다. 그것은 곧 법인으로서는 자신에게 불리한 상황을 무효로 돌릴 수 있는 -자연인은 가지지 못하는- 강력한 항변권을 갖게 되는 셈이다. 이러한 점에서 능력외이론은 더 이상 유지할 필요가 없고 민법 제34조의 해당문언은 폐지하는 것이 바람직하다.[119)] 더욱이 능력외이론은 법인격 내지 권리능력의 개념과도 어울리지 않는다. 자연인이든 법인이든 어떤 권리주체가 권리능력을 가진다는 것은 완전한 권리능력을 가짐을 의미하는 것인데, 국가가 설립중인 법인에게 권리능력을 부여해줄 때 정관에 기재된 목적을 심사하게 되지만(민법 제32조, 제38조 참조), 이 심사를 거쳐 국가가 권리능력을 부여할 때에는 각각의 법인마다 서로 범위가 다른 상대화되거나 부분적인 권리능력이 아니라, 모든 법인에 대하여 동등하게 포괄적이고 혼일한 완전한 권리능력을 부여하게 된다.[120)] 만일 어느 법인이 설립목적과 다른 사업을 영위한 경우에 그 법인은 그 다른 사업에 대해서는 권리능력이 없다고 할 것이 아니라, 이 경우에도 권리능력은 있어서 그 사업상의 행위에 대해 사법상 효력은 인정할 수 있지만, 목적 이외의 사업을 하였음을 이유로 법인설립허가취소 사유로 될 수 있다고 할

2021년 710면).

118) 송호영, "법인격부인론의 요건과 효과"(각주 109), 260면 이하.

119) 2009년 발족된 법무부 민법개정위원회에서도 민법 제34조의 폐지 또는 개정에 관해 논의가 있었지만 결국 존치하기로 결정된 바 있다. 이에 관한 논의과정 및 비판에 관해서는 송호영, "민법상 법인편 개정의 주요 쟁점에 관한 고찰", 법학논고, 제34집(2010. 10.), 경북대 법학연구소, 29면 이하 참조.

120) 이러한 점에서 자연인의 권리능력과 법인의 권리능력은 같은 것이지만, 자연인과 법인의 천연적인 성질에 따른 권리능력의 내용상 차이는 당연한 것이다. 또한 법률에 의해 법인의 권리능력이 제한될 수 있음은 자연인에게도 마찬가지이므로(예컨대 농지법에 의해 농민이 아닌 자에 대해서는 농지의 취득이 제한된다.), 민법 제34조 전체를 폐지하더라도 큰 문제는 없다고 생각한다.

것이다(민법 제38조 참조). 참고로 우리 법에 많은 영향을 미친 독일 민법이나 회사법에서는 능력외이론을 알지 못하며 우리 민법 제34조에 해당하는 규정은 아예 없다. 다만 법인의 대표권제한이 공시된 경우에(독일민법 제26조 제1항 및 제64조 참고) 법인은 대표권제한에 대해 알았거나 과실로 알지 못한 제3자에게 대항할 수는 있으나, 이는 대표권제한을 공시한 것에 의한 효과일 뿐이지 법인의 권리능력을 제한하는 것과는 무관하다.

5. 인공지능 로봇과 동물의 법인격

(1) 내용

최근 인공지능에 관한 기술의 급속한 발전에 따라 인공지능이 단순히 사람의 업무를 보조하는 기능을 넘어서 스스로 학습하고 판단하는 기능까지 갖추게 되자, 인공지능 또는 인공지능을 장착한 로봇에 대해서도 법인격을 부여할 수 있지 않는가 하는 문제제기가 많아지고 있다. 또한 반려동물에 대한 사람들의 관심과 역할이 커짐이 따라 반려동물을 비롯한 동물을 단순히 법적 보호대상으로만 볼 것이 아니라 보다 적극적으로 동물에 대해서도 법인격을 부여하자는 주장도 등장하고 있다. 종래 인간중심의 권리를 벗어나서 로봇에게도 로봇권(Robots' rights)[121], 동물에 대해서는 동물권(Animal Rights)[122] 이라는 용어를 사용하면서, 자연인과 법인 외에도 새로운 인격을 인정하자는 것이다.[123] 이러한 주장의 근거는 여러 갈래에 기반을 두고 있는데, 그 중 대표적인 주장을 살펴본다.[124]

양천수교수에 의하면 인격개념은 사회적 소통에 의존하는 관계적인 것이면서 그 내용이 가변적인 개념이라고 전제하면서, "자연적 인간뿐만 아니라 법인, 동물, 인공지능 로봇까지 모두 특정한 요건이 충족되면 인격으로 포섭할 수 있는 새로운 인격 개념을 모색할 필요가 있다"고 하면서 이른바 '탈인간중심적 인격 개념'을 제안한다.[125] 이러한 탈인간중심적 인격 개념을 설정하고 구체화함으로써 법인, 동물, 인공지능 로봇에 관한 법적 문제를 해결할 수 있는 기반을 확보할 수 있다고 한다.[126]

(2) 사견

로마법에서 살펴본 바와 같이 법인격의 개념은 원래 자연인(특히 자주권자)에서부터 유래한

121) Nicolae Voiculescu, I, Robot! The Lawfulness of a Dichotomy: Human Rights v. Robots' Rights, 2020 CONF. INT'l DR. 3 (2020).

122) 유선봉, "동물권 논쟁: 철학적, 법학적 논의를 중심으로", 중앙법학, 제10집 제2호 (2008), 435면 이하.

123) 대표적으로 인공지능의 법인격에 대해서는 이성진, "인공지능과 법인격인정", 민사법의 이론과 실무, 제23권 제3호(2020), 63면 이하, 동물의 법인격에 대해서는 유선봉, "동물의 법적지위와 법인격 논쟁", 법학논총 제19집 제2호(2012), 조선대 법학연구원, 325면 이하 참고.

124) 인공지능 로봇과 동물의 법인격은 각각 큰 주제이므로, 이에 관한 상세한 논의는 별도의 논문에서 다루기로 한다.

125) 양천수, "법인의 인격권 재검토 — 법철학의 관점에서 — ", 법학연구 통권 제58집(2018), 전북대 법학연구소, 180면.

126) 양천수, 상게논문 180면.

것이다. 그것이 근대 자연법론과 칸트의 인성론을 통해 모든 사람들에게 보편적으로 인정되는 법적 개념으로 구축되었으며, 사비니의 표현을 빌리면, 근대민법은 각각의 개인의 이익을 넘어서 특정한 목적을 실현하기 위해 자연적 권리주체들이 모여 형성된 집합체(즉, 법인)에 대해서도 법인격을 인정하였다.[127] '탈인간중심적' 인격개념을 주창하는 자들은 '법인'을 탈인간중심적 사고의 분기점으로 보면서 이에 더 나아가 인공지능 로봇이나 동물에 대해서도 법인격을 인정할 수 있는 관념적 교두보로 삼고 있다.[128] 이에 대해 필자는 역으로 '인간중심적' 법인격 개념이 역사적 소명을 다하였고 이제는 '탈인간중심적' 법인격 개념으로 전환하여야 하는 것인지에 대해 강한 의문을 가지고 있다. 법인격의 개념은 권리·의무의 귀속자로서 규범의 준수능력을 전제로 한다. 그런데 '탈인간중심적' 법인격을 표방한 인공지능 로봇이나 동물이 규범의 준수능력을 갖추었다고 볼 수 있는지 불분명하다. 또한 법인격에 대한 많은 오해 중의 하나가 자연인이 아닌 무생물인 재산덩어리 위에도 재단법인이라는 이름으로 법인격을 인정한다면, 판단능력을 갖춘 인공지능 로봇이나 생명체인 동물에 대해서도 법인격을 인정하지 못할 이유가 없다는 주장이다. 그러나 사단법인이든 재단법인이든 법인은 자연인과 별개의 법인격을 가지고 있지만, 사단법인을 구성하는 사원총회나 재단법인의 이사회 등 법인의 조직을 통하여 자연인은 사원으로서 또는 이사로서 법인의 판단과 행위에 관여하고 있다는 점에서, 여전히 '인간중심적' 법인격의 基質을 유지하고 있음을 유의할 필요가 있다.

Ⅳ. 맺으며

법인격은 민법학뿐만 아니라 모든 법학분야를 통틀어 기본중의 기본에 해당하는 개념이며, 지금까지 법학은 모든 사람에게 있어서 법인격은 출생과 더불어 사망에 이르기까지 동등하게 주어진다는 것과 자연인이외에 법인에게도 법인격이 주어진다는 것에 대해 큰 문제의식 없이 당연하게 받아들였다. 그렇지만 정작 법인격의 개념이 어떻게 형성되었으며, 종래 우리가 알고 있던 법인격의 개념이 오늘날 어떠한 변화에 직면하고 있는지에 대한 연구는 소홀한 편이었다. 위에서 살펴본 바와 같이 오늘날 일반화된 법인격에 대한 개념은 근대 자연법론과 칸트의 인성론에 기반을 둔 것이며, 그러한 법인격 개념을 전제로 근대민법전이 형성된 이래로 오늘날까지 법인격 개념은 큰 변화 없이 이어져 왔다. 그렇지만 지엽적으로는 법인격 내지 권리능력의 개념에 대해 여러 측면에서 변화를 시도하는 입론들이 계속 있어왔다. 그러나 필자의 사견으로는 그러한 새로운 시도들에도 불구하고 전통적인 법인격 개념은 오늘날에도 여전

127) Savigny, System Ⅱ(각주 49), S. 236.

128) 탈인간중심적 인격 개념을 제창한 양천수 교수는 탈인간중심적 인격 개념은 동물이나 인공지능 로봇이 인격 개념으로 포섭될 수 있는 가능성을 열어줄 뿐이며, 이들이 최종적으로 인격을 취득하려면 별도로 요구하는 '구체적인 요건'을 획득해야 한다고 주장한다. 양천수, "법인의 인격권 재검토"(각주 125), 180면.

히 유효하다. 즉, 완전하고 혼일한 권리능력을 거부하고 권리능력을 상대화·개별화 하려는 주장에 대해서는 부분적 권리능력의 개념을 수용할 실익이 있음을 인정하면서도 법인격 개념자체는 여전히 상대화하거나 개별화할 수 없는 완전한 권리주체를 전제로 한 추상적 개념으로 봄이 타당하다. 권리능력과 의무능력의 분리가능성을 주장하는 견해에 대해서는 완전한 권리능력론에 의하든 부분적 권리능력론에 의하든 권리능력과 의무능력은 분리될 수 없는 속성을 가진다고 보아야 한다. 법인을 의제적·도구적 존재로 보는 영미법적 사고에서 유래한 법인격부인론이나 능력외이론은 법인을 자연인과 마찬가지로 하나의 실재체로 이해하는 독일법적 사고체계에서는 수용하기 어려운 법리이다. 법인의 법인격을 부인하여 배후의 주주에게 책임을 물으려는 태도보다는 문제된 법률관계에서 책임을 물을 수 있는 가장 가까운 책임규범을 유추적용함으로써 '법인격'이 아닌 '책임제한의 특권'을 부인하는 방식으로 운용되어야 한다. 또한 능력외이론은 자연인의 법적 지위와 법인의 법적 지위를 다르게 취급함으로써, 자연인과 거래한 제3자에 비하여 법인과 거래한 제3자의 지위를 더욱 불안정하게 만들 위험이 있으므로 폐기하는 것이 바람직하다. 또한 자연인과 법인에 대해 법인격을 인정하는 것을 넘어서서 이른바 '탈인간중심적 인격 개념'을 내세워 인공지능 로봇이나 동물에 대한 법인격 인정가능성을 주장하는 논리에 대해서도 선뜻 동의하기 어렵다. 무엇보다도 '인간중심적 인격 개념'을 견지하는 것에 도대체 어떤 문제가 있는지, 반대로 인간중심적 인격 개념을 벗어나서 새로운 인격개념을 정립해야 할 필요성은 과연 무엇인지 명확하지 않다. 오히려 인간중심적 인격 개념은 자연인은 물론이고 법인에 대해서도 왜 법인격을 인정해야 하는지를 깊이 고민하게 한다는 점에서 오늘날에도 여전히 유효하다고 생각한다.[129] 탈인간중심적 인격 개념이 언뜻 이기적인 인간 중심의 세상에서 벗어나 '포스트휴먼사회'를 맞이하여 새로운 인격체를 받아들이는 더욱 개방적이고 심화된 휴머니즘을 발휘하는 듯이 보이지만, '탈인간중심적' 사고가 새로운 이데올로기로 작용하여 자칫 지금까지 인류가 쌓아온 법인격 개념을 허물어뜨리고 인간의 존엄성을 기반으로 하는 인간의 법인격이 절대적인 가치를 가지지 못하고 상대적이거나 부분적인 것으로 전락할 우려도 있음을 지적하지 않을 수 없다. 역사적으로 천부인권적인 인간상으로 근대민법전이 전제하였던 강고한 법인격 개념조차 그릇된 이데올로기에 의해 한순간에 파괴되었던 역사적 경험을 상기한다면, 그러한 우려가 과연 杞憂에 불과한 것일까?

129) 가령 사단적 실체나 재단적 실체를 갖추지 못한 서류상의 회사(paper company)에 대해서도 법인격을 인정할 수 있을 것인지에 대한 문제에 대해 단순히 법률이 법인격을 인정하기 때문에 법인이라고 할 것이 아니라, 도대체 무엇을 법인으로 보아야 할 것인지, 과연 그러한 회사에 법인격을 인정해주어야 하는지, 만약 이를 인정해야 한다면 어떤 이유와 근거에서 법인격을 인정할 수 있는 것인지에 대해서 끊임없이 고민해야 할 것인바, 그러한 물음에 대해 인간중심적 인격개념은 일단의 해답을 제공해줄 수 있다고 생각한다.

부정경쟁방지법에 의한 퍼블리시티권의 규율* **

— 대법원 2020. 3. 26.자 2019마6525 결정 —

신 지 혜**

Ⅰ. 사건의 개요 및 소송경과

1. 사실관계

채권자 주식회사 빅히트엔터테인먼트는 국제적으로도 큰 인기를 얻은 K-pop 그룹 '방탄소년단(BTS)'의 소속사이다. 채권자는 2012. 6. 12. 방탄소년단의 멤버들과 전속계약을 체결하였고, 전속계약에 따라 방탄소년단 멤버들은 채권자에게 독점적인 매니지먼트 권한을 위임하면서, 계약기간 중 본명, 예명, 애칭을 포함하여 모든 성명, 사진, 초상, 필적 기타 동일성(identity)을 나타내는 일체의 것을 사용하여 상표나 디자인 기타 유사한 지적재산권을 개발하고, 채권자의 이름으로 이를 등록하거나 방탄소년단의 연예활동 또는 채권자의 업무와 관련하여 이용하거나 제3자에게 사용허락(license)할 수 있는 상표권 및 퍼블리시티권을 부여하였고, 이와 함께 이러한 권리 침해시 채권자가 채권자의 책임과 비용으로 침해배제조치를 할 수 있다고 정하였다.

채무자는 연예인의 활동에 관한 정보를 제공하는 월간 연예잡지를 발행하고 있는 출판사이다.

채무자는 2018. 11.경 자신의 홈페이지에, 2018. 12. 3. BTS 데뷔 2,000일을 기념하여 <BTS History 심층취재판>을 발생할 예정이고, 여기에 2013년 데뷔 쇼케이스 현장부터 각종 행사와 무대, 비하인드 컷들이 다양하게 수록될 예정이라는 소개글을 게시하였다. 그러자

---

* 저는 개인적으로 최종길 교수님과 접점이 없었습니다만, 이번 논문집 제작 과정은 최종길 교수님의 생애와 업적에 관해 다시 한번 생각해 볼 수 있는 소중한 기회였습니다. 앞서 기반을 다져주신 교수님 덕분에 현재 저희가 보다 편안한 환경에서 소신을 가지고 연구를 지속할 수 있는 것이 아닌가 합니다. 어려운 상황에서도 훌륭한 연구를 하신 최종길 교수님께 존경의 말씀을 올리며, 영광스럽게도 이번 추모논문집 제작에 참여할 기회를 주신 점에 대해서도 감사드립니다.

** 이 글은 민사법학 제94호, 한국민사법학회(2021. 3.)에 게재되었음.

*** 한국외국어대학교 법학전문대학원 교수

채권자는 채무자를 상대로 도서출판금지 등 가처분 신청을 하였고, 2018카합20578호로 화보집의 제작·판매 등을 금지하고, 각 멤버의 초상을 이용하거나 명칭 등 문구를 사용한 상품 제작·판매 등을 금지하는 내용의 가처분 결정이 내려졌다.

가처분 결정에도 불구하고[1] 채무자는 2019. 1. 초경 'BTS Special in Depth'와 57분 분량의 DVD 영상집을 부록으로 제공하는 스타포커스 특별판 스페셜 매거진을 발행·판매하였다. 채무자가 판매한 잡지는 다음과 같은 것이었는데, ③이 본책, ① 및 ②가 부록이다.

2. 사건의 경과 — 제1심 및 항고심의 판단

채권자는 위와 같은 채무자의 행위는 통상적인 잡지 보도 범위를 벗어나는 것이고, 공정한 상거래 관행이나 경쟁질서에 반하는 방법으로 신청인의 경제적 이익을 침해하는 행위로서 부정경쟁방지 및 영업비밀보호에 관한 법률(이하 '부정경쟁방지법') 제2조 제1호 타목[2]의 부정경쟁행위 또는 민법상 불법행위에 해당한다고 주장하며 위 가처분 결정의 인가를 구하였다. 한편 채무자는 위 잡지는 단순한 상업적인 화보집이 아니라 대중의 알 권리를 충족시키기 위한 언론보도에 해당하고, 공정한 상거래 관행이나 경쟁질서에 반하는 방법으로 신청인의 경제적 이익을 침해하는 행위로 볼 수 없으며, 재산권으로서의 퍼블리시티권은 인정될 수 없기 때문에 채권자에게 재산적 손해가 발생하였다고 보기 어렵다고 주장하며 위 가처분 결정의 취소를 구하였다.

이에 대하여 제1심인 가처분 취소 사건 법원[3]은, 방탄소년단의 명칭, 그 구성원의 이름, 사진 등이 상품의 판매, 광고계약 등과 관련하여 가지는 고객흡인력은 상당한 투자나 노력으로 얻은 성과이고, 그 상업적 이용과 관련하여 법률상 보호할 가치 있는 경제적 이익이 있으며, 채무자의 위 잡지는 공식 화보집 또는 채권자가 발행을 허락한 상품으로 오인·혼동될 가능성이 높을 뿐만 아니라 공식 화보집 등에 대한 수요를 대체할 수 있다고 봄이 타당하므로, 채무자가 채권자의 동의를 받지 않고 이를 발행·판매하는 것은 '공정한 상거래 관행이나 경쟁질서에 반하는 방법으로 무단으로 사용함으로써 채권자의 경제적 이익을 침해하는 행위'에 해

1) 이처럼 채무자는 가처분 결정을 받고도 위 잡지의 발행을 강행하였는데, 투자자들에게는 가처분 결정 사실을 고지하지 않고 투자금을 유치하였다가 최근 사기의 유죄판결을 선고받았다고 한다. 2020. 10. 30.자 매일경제 기사, "방탄소년단(BTS) '짜깁기 화보' 제작 엔터업체 대표 징역형", https://www.mk.co.kr/news/ society/view/2020/10/1115207/.

2) 당시는 카목이었으나, 2021. 12. 7. 법률 제18548호로 개정된 부정경쟁방지법에서 데이터 부정사용행위에 관한 카목을 신설하여, 현재는 타목으로 변경되었다. 이 글에서는 현행 부정경쟁방지법에 따라 타목으로 표기하였다.

3) 서울남부지방법원 2019. 5. 2.자 2019카합20050 결정.

당한다고 판시하였다. 한편, 제1심은, 채권자가 방탄소년단의 연예활동과 관련하여 전속계약에 따라 상당한 투자와 노력을 하였더라도, 방탄소년단의 명칭 등에 부가된 신용이나 명성, 고객 흡인력은 그 구성원에게 귀속되는 것으로 보아야 하므로, 채권자가 방탄소년단의 브랜드 이미지 등에 대해 독자적으로 주장할 수 있는 권리나 경제적 이익을 가진다고 보기는 어렵다고 하면서, 다만 채권자가 전속계약에 따라 계약 기간 동안 방탄소년단 구성원들의 성명, 사진 기타 동일성을 나타내는 일체의 것을 업무와 관련하여 이용할 수 있는 독점적 권한을 가지고 있고 이에 근거여 자신의 영업상의 이익이 침해되는 것을 막기 위해 부정경쟁행위의 금지를 청구할 수 있다고 하였다.

항고심[4]에서는 제1심을 대부분 그대로 인용하였다. 다만, 장래 방탄소년단의 초상 등을 포함한 상품 일체에 대하여 인쇄 등을 금지하는 부분과 관련하여서는, 채무자가 연예인의 사진, 기사 등을 이용하여 연예인의 활동에 대한 정보를 제공하는 잡지를 발행·판매하는 자로서 통상적인 잡지의 보도 범위 내지 언론·출판 및 표현의 자유의 보호 범위 내에서는 연예인의 초상, 이름 등이 포함된 상품을 부록으로 제공할 수 있고, 이러한 통상적인 보도 범위 내에서는 그 이용이 허용된다고 하면서 채무자가 향후 제작·판매할 일체의 상품이 위와 같은 통상적인 보도 범위를 넘을 것이라고 단정하기 어렵다는 이유로 피보전권리 내지 보전의 필요성을 부정하였다.

3. 재항고심의 판단

위 항고심 결정에 대해 원피고 모두 재항고하였고, 대법원[5]은 다음과 같이 판단하며 원심 결정을 그대로 유지하였다.

우선 대법원은 "[부정경쟁방지법 제2조 제1호][6] (카)목은 그 보호대상인 '성과 등'의 유형에 제한을 두고 있지 않으므로, 유형물뿐만 아니라 무형물도 이에 포함되고, 종래 지식재산권법에 의해 보호받기 어려웠던 새로운 형태의 결과물도 포함될 수 있다. '성과 등'을 판단할 때에는 위와 같은 결과물이 갖게 된 명성이나 경제적 가치, 결과물에 화체된 고객흡인력, 해당 사업 분야에서 결과물이 차지하는 비중과 경쟁력 등을 종합적으로 고려해야 한다. 이러한 성과 등이 '상당한 투자나 노력으로 만들어진' 것인지 여부는 권리자가 투입한 투자나 노력의 내용과 정도를 그 성과 등이 속한 산업분야의 관행이나 실태에 비추어 구체적, 개별적으로 판단하되, 성과 등을 무단으로 사용함으로써 침해된 경제적 이익이 누구나 자유롭게 이용할 수 있는 공공영역(public domain)에 속하지 않는다고 평가할 수 있어야 한다. 또한 (카)목이 규정하는

4) 서울고등법원 2019. 9. 18.자 2019라20535 결정.

5) 대법원 2020. 3. 26.자 2019마6525 결정(이하 '대상결정').

6) 이하 판결례에서 [ ] 표시는 필자가 추가한 것임.

'공정한 상거래 관행이나 경쟁질서에 반하는 방법으로 자신의 영업을 위하여 무단으로 사용'한 경우에 해당하기 위해서는 권리자와 침해자가 경쟁관계에 있거나 가까운 장래에 경쟁관계에 놓일 가능성이 있는지, 권리자가 주장하는 성과 등이 포함된 산업분야의 상거래 관행이나 경쟁질서의 내용과 그 내용이 공정한지 여부, 위와 같은 성과 등이 침해자의 상품이나 서비스에 의해 시장에서 대체될 가능성, 수요자나 거래자들에게 성과 등이 어느 정도 알려졌는지, 수요자나 거래자들의 혼동가능성 등을 종합적으로 고려해야 한다"고 일반론을 설시하였다.

그리고 사안과 관련하여, 채권자가 전속계약 체결 후 "방탄소년단의 음악, 공연, 방송, 출연 등을 기획하고, 음원, 영상 등의 콘텐츠를 제작 · 유통시키는 등 방탄소년단의 활동에 상당한 투자와 노력을 하였"고, "그로 인해 방탄소년단과 관련하여 쌓인 명성 · 신용 · 고객흡인력이 상당한 수준에 이르렀"으며, "이는 '상당한 투자나 노력으로 만들어진 성과 등'으로 평가할 수 있고, 누구나 자유롭게 이용할 수 있는 공공영역에 속한다고 볼 수 없으므로, 타인이 무단으로 위의 표지를 사용하면 채권자의 경제적 이익을 침해하게 된다"고 하면서, "연예인의 이름과 사진 등을 상품이나 광고 등에 사용하기 위해서는 연예인이나 그 소속사의 허락을 받거나 일정한 대가를 지급하는 것이 엔터테인먼트 산업분야의 상거래 관행인 점을 감안해 보면, 통상적인 정보제공의 범위를 넘어 특정 연예인에 대한 특집 기사나 사진을 대량으로 수록한 별도의 책자나 DVD 등을 제작하면서 연예인이나 소속사의 허락을 받지 않거나 대가를 지급하지 않는다면, 상거래 관행이나 공정한 거래질서에 반한다고 볼 수 있다. 채무자가 발매한 이 사건 특별 부록은 채권자가 발행하는 방탄소년단의 화보집과 관계에서 상대적으로 가격이 낮은 편이고 수요자도 일부 중복되며, 위 화보집의 수요를 대체할 가능성이 충분하므로, 채권자와의 관계에서 경쟁관계를 인정할 수 있다. 따라서 채무자가 이 사건 특별 부록을 제작 · 판매하는 행위는 공정한 상거래 관행이나 경쟁질서에 반하는 방법으로 자신의 영업을 위하여 채권자의 성과 등을 무단으로 사용하는 행위에 해당한다"고 판단하였다.

Ⅱ. 문제의 제기

소위 퍼블리시티권(Right of Publicity)[7]을 인정할 것인가, 인정한다면 그 구체적인 법적 근거와 요건, 범위는 어떻게 되는가에 관하여 국내에서는 이미 지난 1990년대 중반부터 논의되기 시작했다. 그런데 대상결정은 특히 지난 2014년 도입된 부정경쟁방지법의 일반조항인 제2조 1호[8] 타목(이하 '타목')에 근거하여 퍼블리시티권 침해행위를 규율하였다는 점에서 의미가

7) "퍼블리시티권"이라는 용어를 사용할 것인지부터 견해의 대립이 있다. 이 글에서는 편의상 "퍼블리시티권"이라는 용어를 그대로 사용한다.

8) 부정경쟁방지법이 어떠한 행위들을 부정경쟁행위로 규정하고 있는지 살펴볼 필요가 있으므로 다소 길기는 하지만 부정경쟁방지법 제2조 1호 전체를 소개한다.

부정경쟁방지법 제2조(정의) 이 법에서 사용하는 용어의 뜻은 다음과 같다.
1. "부정경쟁행위"란 다음 각 목의 어느 하나에 해당하는 행위를 말한다.
가. 국내에 널리 인식된 타인의 성명, 상호, 상표, 상품의 용기·포장, 그 밖에 타인의 상품임을 표시한 표지(標識)와 동일하거나 유사한 것을 사용하거나 이러한 것을 사용한 상품을 판매·반포(頒布) 또는 수입·수출하여 타인의 상품과 혼동하게 하는 행위
나. 국내에 널리 인식된 타인의 성명, 상호, 표장(標章), 그 밖에 타인의 영업임을 표시하는 표지(상품 판매·서비스 제공방법 또는 간판·외관·실내장식 등 영업제공 장소의 전체적인 외관을 포함한다)와 동일하거나 유사한 것을 사용하여 타인의 영업상의 시설 또는 활동과 혼동하게 하는 행위
다. 가목 또는 나목의 혼동하게 하는 행위 외에 비상업적 사용 등 대통령령으로 정하는 정당한 사유 없이 국내에 널리 인식된 타인의 성명, 상호, 상표, 상품의 용기·포장, 그 밖에 타인의 상품 또는 영업임을 표시한 표지(타인의 영업임을 표시하는 표지에 관하여는 상품 판매·서비스 제공방법 또는 간판·외관·실내장식 등 영업제공 장소의 전체적인 외관을 포함한다)와 동일하거나 유사한 것을 사용하거나 이러한 것을 사용한 상품을 판매·반포 또는 수입·수출하여 타인의 표지의 식별력이나 명성을 손상하는 행위
라. 상품이나 그 광고에 의하여 또는 공중이 알 수 있는 방법으로 거래상의 서류 또는 통신에 거짓의 원산지의 표지를 하거나 이러한 표지를 한 상품을 판매·반포 또는 수입·수출하여 원산지를 오인(誤認)하게 하는 행위
마. 상품이나 그 광고에 의하여 또는 공중이 알 수 있는 방법으로 거래상의 서류 또는 통신에 그 상품이 생산·제조 또는 가공된 지역 외의 곳에서 생산 또는 가공된 듯이 오인하게 하는 표지를 하거나 이러한 표지를 한 상품을 판매·반포 또는 수입·수출하는 행위
바. 타인의 상품을 사칭(詐稱)하거나 상품 또는 그 광고에 상품의 품질, 내용, 제조방법, 용도 또는 수량을 오인하게 하는 선전 또는 표지를 하거나 이러한 방법이나 표지로써 상품을 판매·반포 또는 수입·수출하는 행위
사. 다음의 어느 하나의 나라에 등록된 상표 또는 이와 유사한 상표에 관한 권리를 가진 자의 대리인이나 대표자 또는 그 행위일 전 1년 이내에 대리인이나 대표자이었던 자가 정당한 사유 없이 해당 상표를 그 상표의 지정상품과 동일하거나 유사한 상품에 사용하거나 그 상표를 사용한 상품을 판매·반포 또는 수입·수출하는 행위
(1) 「공업소유권의 보호를 위한 파리협약」(이하 "파리협약"이라 한다) 당사국
(2) 세계무역기구 회원국
(3) 「상표법 조약」의 체약국(締約國)
아. 정당한 권원이 없는 자가 다음의 어느 하나의 목적으로 국내에 널리 인식된 타인의 성명, 상호, 상표, 그 밖의 표지와 동일하거나 유사한 도메인이름을 등록·보유·이전 또는 사용하는 행위
(1) 상표 등 표지에 대하여 정당한 권원이 있는 자 또는 제3자에게 판매하거나 대여할 목적
(2) 정당한 권원이 있는 자의 도메인이름의 등록 및 사용을 방해할 목적
(3) 그 밖에 상업적 이익을 얻을 목적
자. 타인이 제작한 상품의 형태(형상·모양·색채·광택 또는 이들을 결합한 것을 말하며, 시제품 또는 상품소개서상의 형태를 포함한다. 이하 같다)를 모방한 상품을 양도·대여 또는 이를 위한 전시를 하거나 수입·수출하는 행위. 다만, 다음의 어느 하나에 해당하는 행위는 제외한다.
(1) 상품의 시제품 제작 등 상품의 형태가 갖추어진 날부터 3년이 지난 상품의 형태를 모방한 상품을 양도·대여 또는 이를 위한 전시를 하거나 수입·수출하는 행위
(2) 타인이 제작한 상품과 동종의 상품(동종의 상품이 없는 경우에는 그 상품과 기능 및 효용이 동일하거나 유사한 상품을 말한다)이 통상적으로 가지는 형태를 모방한 상품을 양도·대여 또는 이를 위한 전시를 하거나 수입·수출하는 행위
차. 사업제안, 입찰, 공모 등 거래교섭 또는 거래과정에서 경제적 가치를 가지는 타인의 기술적 또는 영업상의 아이디어가 포함된 정보를 그 제공목적에 위반하여 자신 또는 제3자의 영업상 이익을 위하여 부정하게 사용하거나 타인에게 제공하여 사용하게 하는 행위. 다만, 아이디어를 제공받은 자가 제공받을 당시 이미 그

있다. 대상결정은 퍼블리시티권에 관하여 부정경쟁방지법을 근거로 규율하면서 금지청구도 가능하다고 봄으로써, 적어도 이러한 유형의 침해행위에 관하여는 상당히 명확한 기준을 제시해 준 것이기 때문이다. 그러나 대상결정은 명시적으로 "퍼블리시티권"이라는 용어를 사용하고 있지는 않고 퍼블리시티권의 법적 성격에 관하여 밝히거나 관련 쟁점 모두에 대해 판단한 것은 아니어서 대상결정에도 불구하고 여전히 퍼블리시티권을 둘러싼 이론적으로나 실무적으로 미해결 문제점들이 많이 남아있다.

이하에서는 먼저 국내에서의 그간의 논의를 간략히 정리하면서[9] 대상결정 선고 전 종래 하급심 판결례를 침해자의 행위유형을 기준으로 나누어 분석하고자 한다. 그리고 대상결정의 의미와 문제점에 관하여 고찰해 보도록 하겠다.

Ⅲ. 퍼블리시티권에 관한 국내의 종래 논의

1. 학설의 대립 상황

퍼블리시티권은 일반적으로 유명인의 초상, 성명 등이 갖는 경제적 가치를 상업적으로 이용할 권리라고 정의된다. 한편, 일반적 인격권은 이미 1960년대부터 주로 사생활의 보호 측면에서 논의되었으며,[10] 퍼블리시티권은 상업적 이용권이라는 측면에서 일반적 인격권과 구별된다고 할 수 있다. 국내에서는 퍼블리시티권이라는 용어를 그대로 사용하는 견해, 성명권이나 초상권 또는 인격권에서 유래한 재산권 등 다른 용어를 사용하는 견해 등 여러 가지 견해가 제시되고 있는데, 크게는 그 용어 사용을 불문하고 인격권 측면에서 근거를 찾는 견해(이하 '인격권설')와 저작권 등 지적재산권과 유사한 재산권이라고 보는 견해(이하 '재산권설')로 구별되고

아이디어를 알고 있었거나 그 아이디어가 동종 업계에서 널리 알려진 경우에는 그러하지 아니하다.

카. 그 밖에 타인의 상당한 투자나 노력으로 만들어진 성과 등을 공정한 상거래 관행이나 경쟁질서에 반하는 방법으로 자신의 영업을 위하여 무단으로 사용함으로써 타인의 경제적 이익을 침해하는 행위

9) 퍼블리시티권 논의가 가장 먼저 시작된 곳은 미국으로, 미국에서의 논의가 우리나라에도 막대한 영향을 끼친 것은 부인할 수 없다. 다만 이 글에서는 주로 대상결정을 중심으로 우리 법률상 퍼블리시티권의 근거나 체계 등을 살펴보고자 하는 것이므로, 미국에서의 논의에 대하여는 상세한 언급은 피한다. 미국에서의 논의에 관하여는 한위수, "퍼블리서티권(성명·초상 등의 상업적 이용에 관한 권리)의 침해와 민사책임(上)", 인권과 정의 제242호(1996. 10), 30-32면; 박준석, "퍼블리시티권의 법적 성격 — 저작권과 상표 관련 권리 중 무엇에 더 가까운가?", 산업재산권 제30호(2009), 299-306면; 박영규, "인격권, 퍼블리시티권 그리고 지적재산권", 저스티스 통권 제112호, 한국법학원(2009), 267-274면; 엄동섭, "한국에서의 퍼블리시티권 논의: 법적 성격을 중심으로", 민사법학 제57호(2011. 12.), 123-132면 등 참조.
한편, 인격권적 측면에서 퍼블리시티권을 설명하고자 한 독일의 입장에 대한 소개는, 안병하, "독일 인격권 논의의 근래 동향 -카롤리네(Caroline)와 말레네(Marlene)-", 한독법학 17권, 한독법률학회(2012. 2)(이하 '안병하(주9) 한독법학 논문'); 同, "독일의 퍼블리시티권 관련 논의 개관", 비교사법 제23권 제1호(통권 72호), 한국비교사법학회(2016. 2.) 참조.

10) 특히 1960년대 독일의 선행 연구와 동향에 관한 소개로는, 최종길, "人格權의 私法上의 保護: 獨逸의 學說 判例의 發展을 中心으로", 저스티스 제9권 1호, 한국법학원(1965. 5) 참조.

있다. 인격권설을 취하는 견해도 퍼블리시티권의 보호 필요성은 인정하는 견해가 대부분이며, 국내에서 퍼블리시티권의 보호 필요성 자체를 부인하는 견해[11]는 찾기 어렵다.[12]

퍼블리시티권의 인정 근거에 따라 퍼블리시티권의 향유 주체, 양도성과 상속성, 보호 범위 및 금지청구의 허용 여부 등 여러 가지 쟁점에 대하여 다른 결론이 내려진다고 설명된다. 이론적으로만 보면, 인격권설에서는 일반적으로 퍼블리시티권의 주체는 자연인과 개인에 한하여 퍼블리시티권을 인정하면서 양도성과 상속성을 인정하지 않는 반면 금지청구는 허용하게 되고, 반대로 재산권설에서는 자연인과 개인 외에 법인이나 단체에도 퍼블리시티권을 인정하면서 양도성과 상속성도 당연히 허용하되 원칙적으로 손해배상만 허용되는 것으로 해석하게 될 것이기 때문이다.

그런데 실제로 국내에서 전개되고 있는 견해들을 분석해 보면, 퍼블리시티권의 인정 근거에 대해 인격권설을 취하는지 재산권설을 취하는지 여부와, 위 각 쟁점에 대한 결론이 항상 위와 같이 일관되게 유지되고 있지는 않다는 것을 알 수 있다. 예를 들어 인격권설을 취하고 있는 견해 중에서 상속성을 인정하는 견해[13]가 있는 반면, 재산권설을 취하는 견해 중에서 상속성은 부인하는 견해[14]도 존재한다. 게다가 대표적으로 재산권설[15]이나 인격권설[16]을 취하면

11) 남형두, "퍼블리시티권의 입법적 보호 방안 연구", 문화관광부 보고서(2011), 45면 이하에서는 이처럼 보호 자체에 반대하는 견해를 "내용적 반대론"이라고 하면서, 인격권설은 "형식적 반대론"으로 구별한다. 이 보고서에서는 내용적 반대론 부분에서 안병하, "인격권의 재산권적 성격 — 퍼블리시티권 비판 서론", 민사법학 제45권 1호(2009. 6.)(이하 '안병하(주11) 민사법학 논문'); 同, "무형의 인격표지의 상업적 이용에 내재된 위험성", 법학연구 제19권 제3호(통권 제43호), 연세대학교 법학연구원(2009. 9.)(이하 '안병하(주11) 법학연구 논문') 등에서 제시하는 근거를 소개하고 있기는 하다. 그러나 비재산적 정신적 가치에 의해 동일성표지에 성립한 재산적 가치가 통제되어야 한다거나(안병하(주11) 법학연구 논문, 266면), 사람의 동일성표지에 성립한 재산적 가치는 인격권 주체인 동일성표지의 담당자 개인에게 향하는 것이 마땅하다고 하므로(안병하(주11) 민사법학 논문, 82면), 이를 내용적 반대론으로 보기는 어렵다고 생각된다.

12) 반면 미국에서는 노동이론, 형평론, 동기론 내지 사회적 부의 축적론, 소비자 보호론 등을 근거로 퍼블리시티권을 인정하려고 하나, 유명인의 노력만으로 그 사람의 성명·초상이 재산적 가치를 갖게 되는 것은 아니고, 대중 사이의 상호 관계에서 형성되는 것이며, 반드시 사회에 순기능을 발휘하는 방법으로만 재산적 가치를 획득하는 것이 아니라는 점에서 비판하는 입장들도 있다고 한다. 이에 관한 상세한 소개는, 이호선, "퍼블리시티권(신원 공표권)의 성격에 관한 연구, －지적재산권적 관점, 과연 타당한가?－", 법학연구 19권 4호, 연세대학교 법학연구원(2009), 37면 이하.

13) 예를 들어 권태상, "인격권 침해로 인한 재산적 손해", 법조 제69권 제1호(통권 제739호), 법조협회(2020. 2.), 144면에서 인격권설을 취한다고 명시하고 있으나, 권태상, "인격권 관점에서 본 퍼블리시티권", 민사법학 제59권, 한국민사법학회(2012. 6.), 78, 79면(이하 '권태상(주13) 민사법학 논문')에서 상속성을 인정하고 있다.

14) 대표적으로 재산권설을 취하는 것으로 평가되는 남형두 교수의 경우, 남형두, "세계시장 관점에서 본 퍼블리시티권", 저스티스 통권 제86호, 한국법학원(2005), 121면 이하에서 상속성을 부인하더라도 권리자 보호에 부족하지 않으므로 반드시 상속성을 인정할 필요는 없다고 한다.

15) 위에서 소개한 남형두 교수의 견해 외에, 박준석, "인격권과 구별된 퍼블리시티권을 인정할지에 관한 고찰 －최근의 비판론에 대한 논리적 재반박을 중심으로－", 서울대학교 법학 제56권 제4호(2015. 12.) 등. 남형두 교수도 남형두(주 11)에서 인격권설에 대한 상세한 반론을 제기하며 재산권설을 취하고 있음을 다시 한 번 명확히 밝히고 있다.

16) 안병하(주11) 민사법학 논문; 안병하(주11) 법학연구 논문; 엄동섭(주 9) 등.

서 대부분의 쟁점에 대해 논리일관성을 지키고 있는 몇몇 견해를 제외하고는, 오히려 대부분이 견해는 '인격권에서 발현된 재산적 권리'로 보면서 각 쟁점에 관하여 각각 다른 결론을 내리고 있으므로 절충설로 분류하는 것이 오히려 타당할 것이다.[17]

이처럼 퍼블리시티권 인정 근거에 대해 국내의 견해 대립 상황을 일목요연하게 정리하기는 쉽지 않은 상황이지만 성명·초상이 갖는 경제적 유용성과 그 사용권이 충분히 법적으로 보호할 만한 가치에 해당한다는 점에는 이론의 여지가 없다. 퍼블리시티권의 인정 근거를 명확히 밝히는 작업은 필요할 것이지만, 적어도 표현의 자유와 퍼블리시티권이 충돌하는 영역에서의 보호범위 획정에 관하여는 인격권설과 재산권설에 따라 결론이 다르게 내려지고 있지는 않다. 퍼블리시티권의 인정 근거를 밝히려는 작업의 목적은 결국, 어떠한 경우에 누구에게 어느 범위에서 퍼블리시티권의 적극적 행사권능 내지 소극적 침해배제를 허용할 것인지에 관하여 일관되고 합리적인 결론을 내리고자 하는 것인데, 이에 대하여는 과연 인격권설과 재산권설의 치열한 대립이 어느 정도의 실천적 의미를 갖는지 의문의 여지가 없지 않다. 따라서 이 글에서는 인격권설이나 재산권설에 관하여는 더 이상 상세히 검토하지는 않고, 이 글에서 논의하고자 하는 쟁점과 관련된 필요한 부분에서 한하여 소개하고자 한다.

2. 종래 하급심 판결례의 입장

(1) 국내에서는 소위 '이휘소 판결'[18]에서 '퍼블리시티권'이라는 용어를 사용한 이래, 다수의 하급심 판결에서 퍼블리시티권 내지 인격권의 재산적 측면에 관하여 판단한 바 있다. 명예훼손이나 모욕, 파파라치 사진촬영 등이 문제되는 사안에서는 프라이버시권 내지 인격적 가치 자체의 침해가 문제되는 것임에 반하여, 아래 사안들은 주로 인격권의 재산적 가치 침해가 문제되는 것이기 때문에, 사실관계에서 구별될 필요가 있다. 즉, 아래 사안에서 사용된 사진 등은 일응 적법하게 촬영되어 공표된 것이었고, 또한 성명 등이 비꼬거나 비하하는 의도로 사

17) 예를 들어 김상중, "'퍼블리시티권'에 관한 국내 논의의 현황과 비교법적 고찰을 통한 법리적 제언", 비교사법 제23권 제1호(통권 72호), 한국비교사법학회(2016. 2.)은 인격권의 재산적 측면에 따라 동일성 표지를 보호하면 된다고 하면서(57~59면), 각 쟁점에 관하여는 본인과 이용자 사이의 비교형량을 통해 결론이 도출되어야 하고(45면, 60면), 그 결과 양도성은 부정(33면)하되 상속성은 인정(34면)되어야 한다고 주장한다. 또한 김재형, "인격권에 관한 입법제안", 민사법학 제57호, 한국민사법학회(2011. 12.)는 제목에서 인격권이라는 용어를 사용하면서도 본문에서는 "인격적 이익에 대한 권리가 인격권이고 재산적 이익에 대한 권리가 퍼블리시티권"이라고 하여(92면) 마치 재산권설과 같은 구조를 취하면서, 양도와 상속 모두를 긍정한다(94면). 한편, 위에서 인격권설로 소개한 권태상 교수의 경우, 권태상 교수의 경우, 권태상, "퍼블리시티권과 표현의 자유 — 미국법상 논의를 중심으로 —", 법학논집 제18권 제4호, 이화여자대학교 법학연구소(2014. 6.)(이하 '권태상(주17) 법학논집 논문), 3면 등에서 "퍼블리시티권 침해나 인격권 침해"와 같은 표현을 사용하고 있고, 권태상(주13) 민사법학 논문에서는 양도성은 부인(66~68면)하면서 상속성은 인정(78, 79면)하고 있어 절충설로 분류하는 것이 보다 타당하지 않은가 생각되기도 한다.

18) 서울지방법원 1995. 6. 23. 선고 94카합9230 판결.

용된 것은 아니었으므로, 촬영거절권, 공표되지 않을 권리 등의 차원이 아니라, 인격권의 재산적 가치 침해 차원에서 문제되는 것이다. 이 글에서는 인격적 측면이 아닌 재산적 측면에 관하여 판단한 사례에 한정하여 살펴보고자 하며, 소위 프라이버시권(right of privacy)에 의해 규율되는 침해유형은 이 글에서 다루려는 쟁점이 아니다.

(2) 이러한 하급심 판결례를 침해[19] 유형 별로 분류해 보면,[20] 일단 (가) 직접적으로 광고 목적으로 초상이나 성명을 사용한 경우와 (나) 상표나 상호, 상품의 외형 등으로 사용한 경우, (다) 광고 외 기타 목적으로 사용한 경우 등으로 크게 나눌 수 있다.

(가) 직접 광고 목적으로 사용한 경우가 퍼블리시티권과 관련한 사안의 대부분을 차지하는데, 세부적으로는 다음과 같이 분류할 수 있다.

먼저 ① 광고용으로 제작된 것이 아닌 사진 등을 제3자가 무단으로 광고에 사용[21]한 경우는 침해가 인정되었고,[22] ② 당초 사진 등이 촬영된 목적 범위를 벗어나 광고용 등으로 사용한 경우에도 대부분[23] 침해가 인정되었다.[24][25] ③ 특히 성형외과 등에서 병원 홍보를 위해

---

19) 구체적인 결론에서 침해가 아니라고 판단한 경우도 있으나, 여기서는 편의상 '이용자의 행위'를 지칭하는 표현으로 '침해'라는 용어를 사용하였다.

20) 이와 같이 침해 유형을 구분하여 판례를 분석한 것으로는, 박준우, "퍼블리시티권 침해의 유형에 관한 연구 – 판례에 나타난 피고의 이용형태를 중심으로 –", 서강법학연구 10권 1호, 서강대학교 법학연구소(2008. 6.) 참조. 이 견해는 침해 유형을 1. 광고에 이용한 경우, 2. 모델소설 등에 성명 또는 초상을 이용한 경우, 3. 상품 또는 서비스의 목적물로 이용한 경우, 4. 상품내용의 홍보에 이용한 경우, 5. 게임물에 이용한 경우, 6. 도메인 이름에 이용한 경우, 7. 인터넷사이트의 부가적 콘텐츠로 이용한 경우, 8. 상품의 디자인으로 이용한 경우, 9. 상표로 이용한 경우의 9가지로 나누어 분류하고 있다.
한편 퍼블리시티권에 관한 판례 사안을 시기적으로 구분하여 소개한 것으로는, 남형두(주 14), 104면 이하 참조. 이 글에서는 논의를 편의를 위하여 각 판례에 대해 당해 사안의 유명인 이름을 딴 명칭을 부여하였고, 이와 같이 부여된 명칭이 퍼블리시티권 논의에서 종종 그대로 사용되고 있기도 하다. 이 글에서도 이러한 방법론에 따라 유명인의 이름을 사건에 붙여 호칭하였다.

21) 인터넷 쇼핑몰 등에서 연예인의 사진을 광고에 무단으로 사용한 사건도 포함되는데, 연예인의 성명만을 키워드로 사용한 아래 (3)의 사안과는 구별된다.

22) 서울지방법원 1997. 8. 1. 선고 97가합16508 판결(임꺽정 사건); 서울중앙지방법원 2004. 10. 1. 선고 2002가단254093 판결(김민희 사건); 수원지방법원 성남지원 2002. 8. 30. 선고 2001가합5032 판결(장정 사건); 서울고등법원 2005. 6. 22. 선고 2005나9168 판결(이영애 사건); 서울고등법원 2010. 5. 28. 선고 2009가합84719 판결(정혜선 사건); 서울중앙지방법원 2013. 10. 16. 선고 2013가단104484 판결(전도연 사건); 서울중앙지방법원 2014. 1. 8. 선고 2013가단136856 판결(류승범 등 사건), 서울중앙지방법원 2014. 8. 14. 선고 2014가단4376 판결(공효진 사건); 서울중앙지방법원 2014. 10. 28. 선고 2014나23064 판결; 서울중앙지방법원 2014. 12. 4. 선고 2014나4681 판결; 서울중앙지방법원 2015. 6. 23. 선고 2015나5278 판결(이상 각 송혜교 사건); 등.

23) 서울지방법원 2001. 10. 24. 선고 2001나30680 판결(시나위 사건)에서는 퍼블리시티권 자체는 인정하면서, 피고들이 허가받은 범위 내에서 적법하게 시나위의 음반을 판매하면서 인터넷 사이트에 시나위의 사진 등을 게재한 것으로, 원고들이 수인해야 한 범위를 넘지 않은 것이라고 보며 침해를 부정하였다.

24) 서울고등법원 1989. 1. 23. 선고 88나38770 판결(한혜숙 사건); 서울중앙지방법원 2007. 1. 25. 선고 2005가합111590 판결(류시원 사건), 서울중앙지방법원 2007. 1. 25. 선고 2005가합101005 판결(김석훈 등 사건); 서울중앙지방법원 2007. 11. 14. 선고 2006가합106519 판결(박신양 등 사건); 서울중앙지방법원 2010. 9. 3. 선고 2009가합137637 판결(욘사마 사건); 서울중앙지방법원 2014. 6. 10. 선고 2013가단267743 판결(박소진 사건);

연예인의 사진 등을 블로그 등에 게재한 사건도 다수 존재하며, 침해가 인정되었다.[26] ④ 또한 광고계약을 체결하여 사진 등을 사용하였다가 계약기간이 만료된 이후로도 계속하여 사용한 경우에도 침해가 인정되었다.[27]

(나) 다음으로 상표나 상호, 상품의 외형 등으로 사용한 경우이다. 이 경우는 직접 광고 목적으로 사진 등을 사용한 것은 아니나, 상표나 상호, 상품의 외형 자체가 고객흡인력을 이용하거나 상품·서비스 출처를 표시하기 위한 것이므로, 본질적으로는 위 (가) 유형과 크게 다르지 않다고 생각된다. 먼저 상표나 상호로 사용한 경우는 대부분 침해가 인정되었고,[28] 상품의 외형에서 사용한 경우도 침해가 인정된 바 있다.[29]

그런데 그 중 서울고등법원 2002. 4. 16. 선고 2000나42061 판결[30]은 "우리 나라에서도 근래에 이르러 연예, 스포츠 산업 및 광고산업의 급격한 발달로 유명인의 성명이나 초상 등을

서울중앙지방법원 2014. 11. 26. 선고 2013가단5029182 판결(정솔미 등 사건); 서울고등법원 2017. 6. 9. 선고 2016나2057657 판결(이민호 사건); 서울고등법원 2019. 12. 18. 선고 2019나2037296 판결(왕석현 사건) 등.

25) 독일의 소위 Marlene 판결도 이 유형에 해당할 것이다. Marlene 판결에서는 인격권의 재산권적 성격을 인정하고 상속성까지 인정하였다고 한다. 이 판결 관한 상세한 설명과 분석은, 안병하(주9) 한독법학 논문, 96면 이하 참조.

26) 서울중앙지방법원 2012. 10. 9. 선고 2012가단64664 판결(민효린 사건); 서울중앙지방법원 2013. 6. 20. 선고 2012가단335540 판결(백지영 등 사건); 서울고등법원 2013. 8. 22. 선고 2012나105675 판결(신은경 사건); 서울중앙지방법원 2014. 5. 14. 선고 2013나46305 판결(민효린·유이 사건); 서울중앙지방법원 2013. 9. 13. 선고 2013가합7344 판결(최시원 등 사건); 서울중앙지방법원 2013. 9. 26. 선고 2013가합11701 판결(송혜교 등 사건); 서울중앙지방법원 2013. 8. 16. 선고 2012가합105722 판결(수애 등 사건); 서울중앙지방법원 2013. 9. 27. 선고 2012가단344032 판결(박미선 등 사건); 서울중앙지방법원 2015. 5. 22. 선고 2014나12095 판결(이지아 사건); 서울중앙지방법원 2014. 4. 29. 선고 2013가단281848 판결(김민희·손담비 사건); 서울중앙지방법원 2014. 8. 14. 선고 2013가단222214 판결(신세경 등 사건); 서울중앙지방법원 2015. 4. 30. 선고 2014가단65128 판결(한가인 등 사건); 2015. 6. 19. 선고 2014나2028495 판결(김선아 사건); 서울고등법원 2015. 1. 9. 선고 2014나6802 판결(정진운 사건) 등.

27) 서울민사지방법원 1991. 7. 25. 선고 90가합76280 판결(최애숙 사건); 서울고등법원 1998. 3. 27. 선고 97나29686 판결(황인정 사건); 서울중앙지방법원 2007. 10. 24. 선고 2006가합63759 판결(심형래 사건); 2007. 11. 28. 선고 2007가합2393 판결(박주봉 사건); 서울중앙지방법원 2009. 9. 30. 선고 2009가합49341 판결(채시라 사건); 서울고등법원 2010. 2. 9. 선고 2009나47458 판결(최진실 사건); 서울동부지방법원 2010. 7. 14. 선고 2009가합16764 판결(이의정 사건); 서울중앙지방법원 2015. 1. 23. 선고 2014가합551107 판결(씨제이 사건); 서울중앙지방법원 2017. 5. 23. 선고 2016가단5156399 판결(백지현 사건); 서울남부지방법원 2017. 6. 29. 선고 2016가합3219, 2017가합103451 판결(황정음 사건); 서울고등법원 2018. 11. 8. 선고 2018나2003098, 2018나2003104 판결(김보성 판결); 서울서부지방법원 2017. 4. 27. 선고 2016가합33974 판결(김민정 사건); 대전지방법원 2018. 6. 21. 선고 2017가단216780 판결(최여진 사건) 등.

28) 서울지방법원 서부지원 1997. 8. 29. 94가합13831 판결; 서울지방법원 1997. 11. 21. 선고 97가합5560 판결; 특허법원 1998. 9. 24. 선고 98허171 판결(이상 각 제임스딘 사건); 서울고등법원 2000. 2. 2. 선고 99나26339 판결(비달사순 사건); 서울북부지방법원 2008. 11. 27. 선고 2008가합3187 판결(본 더치 사건) 등.

29) 서울동부지방법원 2006. 12. 21. 선고 2006가합6780 판결(이효석 사건)에서는, 이효석의 초상 및 서명 등을 이용하여 문화상품권을 발행한 행위가 문제되었는데, 퍼블리시티권 및 그 상속성은 인정하였으나, 상속받은 퍼블리시티권의 존속기간을 50년으로 제한하여야 한다면서 원고의 청구를 기각하였다.

30) 일련의 제임스딘 사건 중 하나로, 상고취하로 그대로 확정되었다.

광고에 이용하게 됨으로써 그에 따른 분쟁이 적지 않게 일어나고 있으므로 이를 규율하기 위하여 이른바 퍼블리시티권(Right of Publicity)이라는 새로운 권리 개념을 인정할 필요성은 수긍할 수 있으나, 성문법주의를 취하고 있는 우리 나라에서 법률, 조약 등 실정법이나 확립된 관습법 등의 근거 없이 필요성이 있다는 사정만으로 물권과 유사한 독점·배타적 재산권인 퍼블리시티권을 인정하기는 어렵다고 할 것이며, 퍼블리시티권의 성립요건, 양도·상속성, 보호대상과 존속기간, 침해가 있는 경우의 구제수단 등을 구체적으로 규정하는 법률적인 근거가 마련되어야만 비로소 퍼블리시티권을 인정할 수 있을 것이다."라고 판시하며 원고의 청구를 기각하였다. 이 사건에서는 퍼블리시티권의 존재 자체를 부정하면서, 퍼블리시티권을 양수받았다고 주장하는 원고의 청구를 기각하였는데, 만약 퍼블리시티권이 아니라 인격권에 근거하여 본인이 직접 청구한 것이었다면 다른 결론을 내렸을지 의문이다. 이 사건 이후로 퍼블리시티권의 존재를 부인함에 그치지 않고, 마치 인격권에서 발현된 재산권으로서도 유명인의 초상이나 성명이 보호될 수 없는 것처럼 오해되기도 한다. 그러나 이 사건에서 퍼블리시티권의 존재를 부정하였다고 하여, 타인의 성명을 상표 등으로 무단 사용하는 행위가 당연히 용인될 수 있는 것은 아닐 것이다.

또한 서울중앙지방법원 2015. 9. 9. 선고 2015나16636 판결에서는 연예인과 유사한 외형의 인형을 판매한 행위에 대하여, 인형이 외형상 해당 연예인의 캐릭터와 동일 내지 유사하다고 인정하기에는 부족하다는 이유로 이에 대한 청구를 기각하기도 하였다.[31] 그러나 설령 어느 연예인과 외형상 유사하지 않은 인형을 제작해 판매하였다고 하더라도, 즉, 그 인형의 외형상 유사성 여부와는 무관하게, 연예인의 이름을 붙여 판매한 이상 침해에 해당할 수 있을 것이므로, 이러한 판단 역시 의문이다.

(다) 마지막으로 광고 외 기타 목적으로 사용한 경우이다. 이러한 유형에서는 직접 광고 목적으로 유명인의 성명이나 초상을 사용한 것은 아니기 때문에, 표현의 자유와 퍼블리시티권의 충돌이 보다 직접적으로 문제된다.[32] 표현의 자유와 퍼블리시티권이 정면으로 충돌하는 부분이기 때문에, 퍼블리시티권 침해 여부 판단이 가장 어려운 유형이라고 수 있다.[33]

세부적으로는 우선 1) 유명인의 생애 등을 모델로 소설이나 드라마, 만화책, 게임 등 저작물을 작성한 경우이다. 먼저 이휘소 사건을 비롯하여 박찬호 사건[34], 김두한 사건[35], 류현진

31) 소위 와이지 사건. 다만 이 사건에서도 사진과 성명이 광고로 사용된 부분은 침해로 인정되었다.

32) 광고 목적으로 유명인의 성명이나 초상을 사용한 경우라고 하더라도 당연히 표현의 자유 내지 영업의 자유가 배제된다고 볼 수는 없다. 이에 대한 독일에서는 '상업적 표현의 자유' 관점에서 논의되고 있다고 하며, 이에 관한 판결례와 논의에 관하여는, 김수정, "퍼블리시티권과 표현의 자유의 형량 — 독일과 일본의 최근 판례 발전을 중심으로 —", 비교사법 제24권 1호(통권 제76호), 한국비교사법학회(2017. 2.), 8~21면 참조.

33) 퍼블리시티권과 표현의 자유 사이의 충돌에 관한 선행 논의로는, 권태상(주17) 법학논집 논문; 신지혜, "표현의 자유와 퍼블리시티권의 보호범위 – 서적에 관한 일본 및 국내 판결에 대한 분석을 중심으로", 저스티스 통권 제150호, 한국법학원(2015. 10.); 김수정(주32) 등.

사건[36] 등에서는 모두 퍼블리시티권 침해가 인정되지 않았다. 소설이나 드라마, 만화책 등 저작물에서 모델이 된 인물을 비하하거나 모욕하는 표현 등이 사용된 것은 아니었으므로 인격권 침해도 인정되지는 않는 사안이었으며, 표현의 자유, 알 권리 등과 비교형량할 때 이러한 결론은 타당한 것으로 생각된다. 다만, 박찬호 사건에서는 서적의 부록으로 제작된 브로마이드에 대하여는 침해를 인정하였다.

반면, 프로야구 선수의 성명 등을 게임캐릭터로 이용하고, 실제 프로야구 선수의 경기기록이나 성적 등을 수치화하여 게임화한 사건[37]에서는 퍼블리시티권 침해가 인정된 바 있다.[38]

다음으로 2) 공표된 유명인의 사진을 언론보도 등의 목적으로 사용한 경우이다. 일본 최고재판소의 핑크레이디(ピンク·レディー) 사건[39]이 바로 이 유형에 관한 것인데, 핑크레이디 사건에서는 "사람의 성명·초상 등(이하 '초상 등'이라고 한다)은 개인의 인격의 상징으로, 해당 개인은 인격권에서 유래하는 것으로서 이를 함부로 이용되지 않을 권리를 갖는다고 해석된다. 그리고 초상 등은 상품의 판매 등을 촉진하는 고객흡인력을 갖는 경우가 있고 이러한 고객흡인력을 배타적으로 이용할 권리(이하 '퍼블리시티권'이라고 한다)는 초상 등 그 자체의 상업적 가치에 근거한 것이기 때문에, 상기의 인격권에서 유래하는 권리의 한 내용을 구성한다고 할 수 있다"고 하여 퍼블리시티권의 법적 성질과 근거에 대해 밝히고 퍼블리시티권이라는 용어를 명시적으로 사용한 뒤, "한편, 초상 등에 고객흡인력을 갖는 자는 사회의 이목을 집중하는 등으로, 그 초상 등을 시사보도, 논설, 창작물 등에 사용되는 일이 있어, 그 사용을 정당한 표현행위 등으로서 수인해야 하는 경우가 있다고 해야 할 것"이라고 하여 정당한 언론보도 등 표현행위에 의해 퍼블리시티권이 제한된다고 보았다. 최고재판소는 이러한 기준에 근거하여, 위 기사는

34) 서울고등법원 1998. 9. 29.자 98라35 결정.

35) 서울북부지방법원 2007. 7. 20. 선고 2006가합7284 판결.

36) 의정부지방법원 고양지원 2015. 4. 1.자 2015카합5024 결정.

37) 서울중앙지방법원 2006. 4. 19. 선고 2005가합80450 판결; 서울남부지방법원 2009. 12. 17.자 2009카합1108 결정; 서울서부지방법원 2010. 4. 21.자 2010카합245 결정; 서울서부지방법원 2010. 4. 22.자 2009카합2612 결정; 서울동부지방법원 2011. 2. 16. 선고 2010가합8226 판결; 서울동부지방법원 2016. 4. 27. 선고 2013가합18880 판결 등.

38) 이러한 장르의 게임을 제작하기 위해서는 선수들의 실명과 경기기록을 그대로 사용할 수밖에 없는 점, 선수들의 실명과 경기기록은 객관화된 데이터에 불과할 뿐이라는 점 등에서 이러한 행위가 퍼블리시티권 침해에 해당하는지 여부는 논란의 여지가 있다. 이에 대하여는 미국에서도 활발히 논의가 이루어졌으나 이 글의 쟁점과는 다소 거리가 있으므로 여기서는 이에 관하여는 상세히 다루지 않는다. 미국에서의 논의에 관하여는, Zachary C. Bolitho, "When Fantasy Meets the Courtroom: An Examination of the Intellectual Property Issues Surrounding the Burgeoning Fantasy Sports Industry", 67 Ohio St. L.J. 911 (2006); Marc Edelman, "CLOSING THE "FREE SPEECH" LOOPHOLE: THE CASE FOR PROTECTING COLLEGE ATHLETES' PUBLICITY RIGHTS IN COMMERCIAL VIDEO GAMES", 65 Fla. L. Rev. 553(2013. 4.); Edward Kuester, "The Conflict Between an Athlete's Right of Publicity and the First Amendment", 15 J. Marshall Rev. Intell. Prop. L. 117 (2015) 등 참조.

39) 最高裁判所 平成24(2012)年2月2日 判決(判例タイムズ1367号97頁).

핑크레이디 그 자체를 소개하는 것이 아니고, 위 기사에서 사용된 핑크레이디의 사진은 그리 크지 않은 크기의 흑백사진으로 잡지 전체의 분량에 비추어 적은 분량만을 차지하고 있으며, 핑크레이디의 사진은 위 기사의 내용을 보충하는 목적에서 사용되었다고 해야 할 것이라고 보아, 오로지 초상이 갖는 고객흡인력을 이용하려는 목적에 의한 것이 아니고 불법행위법상 위법성이 인정되지 않는다고 판시하였다.[40] 한편 독일에서는 패러디 광고에서 유명인의 성명을 이용한 사안에서, 비록 광고에 관한 사안이기는 하였지만 표현의 자유를 우선하여 침해를 부인하기도 하였다.[41] 대상결정 사안에서도 채무자 측에서 대중의 알 권리를 충족시키기 위한 언론보도에 해당한다고 주장한 바 있다.

마지막으로 3) 연예인의 이름을 인터넷 포털 사이트에서 키워드로 사용한 사안[42]에서는 퍼블리시티권 자체는 부정하였고, 부정경쟁방지법위반이나 성명권 등의 침해도 모두 인정하지 않았다. 포털 사이트에서 검색창에 입력되는 키워드는 어떤 특정 제품을 다른 제품과 구별하기 위한 지시어로 사용되는 것에 불과하므로, 광고를 위한 상업적 이용이라고 보기는 어려우므로, 이와 같은 판단은 타당하다고 생각된다.[43]

3. 검토

이상에서 국내 학설의 대립 상황을 간략히 소개하고 판례를 유형 별로 분류해 보았다. 결론적으로 판례는 (가) 내지 (나) 유형에서는 대부분 침해를 인정하였고, (다) 유형에서는 퍼블리시티권 내지 인격권과 표현의 자유를 형량하여 판단했다는 것을 알 수 있다. 그런데 여기서 각 유형에 관한 침해 판단에 있어서 재산권설과 인격권설의 대립이 과연 어느 정도 실천적 의미를 갖는지 생각해 볼 필요가 있다. 즉 (가) 내지 (나) 유형과 관련하여, 재산권설을 취하면 반드시 침해가 인정되고, 인격권설을 취하면 반드시 침해가 부정되는 것인가? 또는 그 반대인가? 그리고 (다) 유형과 관련하여 재산권설을 취하는지 인격권설을 취하는지 여부에 따라 보호 범위가 달라질 것인가? 결론적으로는 각 학설의 입장에 의하여 실질적인 보호 범위에 차이가 발

---

40) 핑크레이디 사건에 대한 상세한 소개와 분석은, 신지혜(주33) 참조.

41) Schau mal, Dieter 사건으로, 이에 대한 소개 및 분석은, 김수정(주32), 13~15면 참조.

42) 서울고등법원 2015. 1. 30. 선고 2014나2006219 판결.

43) 만능 리모컨을 제조한 피고인이 만능 리모컨이 작동하는 유명 TV 브랜드를 표기한 사안에서 대법원은 “타인의 등록상표와 유사한 표장을 이용한 경우라고 하더라도 그것이 상표의 본질적인 기능이라고 할 수 있는 출처표시를 위한 것이 아니라 상품의 기능을 설명하거나 상품의 기능이 적용되는 기종을 밝히기 위한 것으로서 상표의 사용으로 인식될 수 없는 경우에는 등록상표의 상표권을 침해한 것이라고 할 수 없을 것”이라고 하면서 상표권 침해를 부정한 바 있다(대법원 2005. 6. 10. 선고 2005도1637 판결). 위 사안은 성명권에 관한 사안이기는 하지만, 상표권 침해에 관한 이 사안과 유사한 취지라고 볼 수 있다.
권태상, “키워드 검색광고와 퍼블리시티권, 성명권 — 서울고등법원 2015. 1. 30. 선고 2014나2006219 판결 —”, 법학논집 20권3호, 이화여자대학교 법학연구소(2016. 3.), 387면 역시 “공적 기표로 성명을 사용한 경우 권리의 보호범위를 벗어난 것”이라고 하여, 키워드 검색 사안을 같은 취지로 받아들이고 있다.

생하지는 않는 것으로 판단된다.

위에서 소개한 판결례들의 결론을 다시 살펴보면, 퍼블리시티권에 근거하였는지 인격권에 근거하였는지 불문하고 (가) 내지 (나) 유형에서는 대체로 침해가 인정되었고, (다) 유형에서는 어떠한 권리에 근거했는지 불문하고 표현의 자유와 형량하여 비로소 침해 여부가 판단되었다는 점을 알 수 있다. 결국 대부분의 사안에서는 퍼블리시티권을 별도의 재산권으로 인정할지 또는 인격권 내지 인격권에서 발현된 재산적 가치로 포섭한 것인지 여부에 따라 침해 여부가 달라지지는 않았던 것이다. 구체적인 손해액 산정에 있어서는 세부적인 차이가 발생할 이론적 가능성이 없지는 않다. 그러나 인격권 침해로 본 사안에서도 손해액을 산정할 때 광고료 상당액 등을 기준으로 삼음으로써 사실상 재산권 침해의 경우와 같은 결론을 내린 사례도 다수 있으므로, 이 부분에 관하여도 위와 같은 견해 대립시의 실천적 의미가 있는지 재고해 볼 필요가 있다.

한편 퍼블리시티권과 표현의 자유가 충돌하여 보호 범위가 가장 문제되는 (3) 영역에 관하여도, 인격권설 또는 재산권설의 대립이 결정적인 기준을 제시하고 있다고 보기 어렵다. 어떠한 표현이 표현의 자유로 보호되는 영역인지 아니면 퍼블리시티권에 의해 제한되어야 하는지에 관하여, 지금까지 전개된 국내의 논의에서는 인격권설을 취하는지 아니면 재산권설을 취하는지 여부에 따라 서로 다른 기준을 제시하고 있는 것으로 보이지 않는다. 오히려 어느 견해를 취하더라도 해당 표현의 내용, 초상이나 성명의 이용 태양, 사용 분량이나 정도 등에 의하여 비교형량하여야 한다는 결론에 이르게 되며, 또한 구체적인 비교형량 요소에 관하여도 실질적으로 다른 기준을 제시하고 있다고는 할 수 없다.

퍼블리시티권의 양도성이나 상속성 등 인격권설과 재산권설의 대립을 통해 정리되어야 할 부분이 존재하고 퍼블리시티권의 본질에 관하여 탐구할 필요성을 부인할 수는 없다. 그러나 이휘소 판결에서 처음 퍼블리시티권 개념이 도입된 이래 지난 25년간, 재산권설과 인격권설 사이에서 다소 실익이 없는 이론적 논쟁이 과도하게 전개되어 온 것은 아닌지 되돌아 볼 필요가 있다. 재산권설과 인격권설의 격렬한 대립으로, 마치 위 서울고등법원 2002. 4. 16. 선고 2000나42061 판결과 같이, 인격의 발현으로서 당연히 보호되어야 할 가치마저도 아예 보호대상에서 제외되는 것으로 오해될 수 있는 판시까지 내려지는 등 혼란이 이어진 것은 아닌가 한다.

퍼블리시티권에 관한 다양한 우리나라의 학설 대립 상황에서 볼 때, 각 견해가 사용하는 용어례 등만으로 인격권설인지 재산권설인지 파악하기 어려울 뿐 아니라, 퍼블리시티권에 관한 근거에 따라 각 쟁점에 대해 일관된 결론을 내리고 있지도 않으므로, 재산권설과 인격권설의 분류가 과연 퍼블리시티권을 둘러싼 현실적인 문제 해결에 얼마나 기여할 수 있을지 다시 생각할 필요가 있다. 각 사안에 대한 결론에 있어서는 퍼블리시티권에 관한 우리나라의 견해들을 인격권설과 재산권설로 명확히 구분하기는 쉽지 않으며 때로는 이러한 분류가 부정확할 수도 있다. 게다가 실제 각 쟁점별 결론에 있어서는 큰 차이가 발생하지 않을 것으로 예상되기도 한다. 따라서 퍼블리시티권 인정 근거에 얽매이는 것보다는, 구체적인 권리행사유형 내지 침해유형별로 각 견해의 입장차이가 있는지, 그렇다면 그 경우 각각의 합리적인 결론은 무엇인지를 탐구하여 보는 것이 보다 실익에 부합하는 연구방법론이라고 생각한다.

이러한 상황에서 드디어 대상결정을 통해 대법원에서 퍼블리시티권에 관한 결정이 내려진 것은 반가운 일이 아닐 수 없다. 그러나 대상결정은 (다) 유형 중 하나에 대해 침해를 인정하여, 퍼블리시티권과 표현의 자유 사이에 형량 기준을 마련했다는 점, 부정경쟁방지법을 퍼블리시티권 규율 근거로 받아들였다는 점에서는 결론에 있어 큰 의미가 있으나, 재산권설이나 인격권설 중 어느 것에 근거했는지 명확히 밝히지 않고 이에 관하여는 아무런 판단조차 하고 있지 않아 종래의 혼란을 완전히 해결하지 못하였을 뿐 아니라, 몇 가지 쟁점에 관하여는 오히려 새로운 논란의 여지를 발생시켰다는 점에서는 문제가 있다.

이하에서는 항을 나누어 대상결정에 대하여 분석해 보도록 하겠다.

Ⅳ. 대상결정에 대한 평가

1. 대상결정의 의미

(1) 대상결정은 퍼블리시티권 쟁점에 관하여 국내에서 최초로 대법원에서 판단된 사례이다. 대상결정이 명시적으로 '퍼블리시티권'이라는 용어를 사용한 것은 아니지만, 적어도 이러한 유형의 행위를 침해로 인정하면서 보호대상으로 받아들였다는 점에서 실무상으로는 상당한 혼란이 제거될 것으로 기대할 수 있다.

이하에서는 먼저 대상결정에서 긍정적으로 평가할 수 있는 점에 관하여 항을 나누어 살펴본다.

(2) 부정경쟁방지법에 의하여 퍼블리시티권을 규율한 점

먼저 대상결정은 부정경쟁방지법 타목에 근거하여 퍼블리시티권 침해행위를 규율하였다는 점에서 의미가 있다. 종래 재산권설을 취하는 입장에서는 퍼블리시티권을 저작권에 유사한 권리로 볼 것인지[44] 아니면 상표권에 유사한 권리로 볼 것인지[45] 의견 대립이 있어 왔다.[46][47]

---

44) 남형두(주14), 118면; 노현숙, "저작권 원리에 근거한 퍼블리시티권 보호에 관한 입법론적 고찰", 강원법학 제41권, 강원대학교 비교법학연구소(2014. 2.), 403면 이하.

45) 더 정확하게는, 부정경쟁법리에 의하여야 한다는 견해로, 정상조·박준석, "부정경쟁방지 및 영업비밀보호에 관한 법률에 의한 퍼블리시티권 보호방안 연구", 특허청 연구보고서(2009. 10.), 64면 이하; 박준석(주 9), 307면 이하. 한편, 박준우, "부정경쟁방지법에 의한 퍼블리시티의 보호 – 유명인의 유사물(類似物)을 이용한 광고를 중심으로 –", 산업재산권 22호, 한국산업재산권법학회(2007)은 부정경쟁방지법 제2조 1호 차목(추후 타목으로 변경되었다)이 신설되기 전, 동법 제2조 1호 바목에 의하여 퍼블리시티권 침해행위를 규율할 수 있다고 주장하였다.

저작권과 유사한 것으로 보는 견해는 저작권법상 실연자의 저작인접권이 보호된다는 점에 착안한 것으로 보이나, 퍼블리시티권은 유명인의 초상이나 성명이 갖는 고객흡인력에 대한 이용권 및 통제권을 그 본질로 하는 것이므로 상표권에 유사한 것으로 봄이 타당하다.

종래 대법원은 "경쟁자가 상당한 노력과 투자에 의하여 구축한 성과물을 상도덕이나 공정한 경쟁질서에 반하여 자신의 영업을 위하여 무단으로 이용함으로써 경쟁자의 노력과 투자에 편승하여 부당하게 이익을 얻고 경쟁자의 법률상 보호할 가치가 있는 이익을 침해하는 행위는 부정한 경쟁행위로서 민법상 불법행위에 해당"한다고 하면서, "무단이용 상태가 계속되어 금전배상을 명하는 것만으로는 피해자 구제의 실효성을 기대하기 어렵고 무단이용의 금지로 인하여 보호되는 피해자의 이익과 그로 인한 가해자의 불이익을 비교·교량할 때 피해자의 이익이 더 큰 경우에는 그 행위의 금지 또는 예방을 청구할 수 있다"고 판시한 바 있는데[48], 부정경쟁방지법 타목은 이러한 대법원 결정 취지를 반영하여, 기술의 변화 등으로 나타나는 새롭고 다양한 유형의 부정경쟁행위에 적절하게 대응하기 위하여 타인의 상당한 투자나 노력으로 만들어진 성과 등을 공정한 상거래 관행이나 경쟁질서에 반하는 방법으로 자신의 영업을 위하여 무단으로 사용함으로써 타인의 경제적 이익을 침해하는 행위를 부정경쟁행위에 관한 보충적 일반조항으로 신설된 것이다. 즉, 부정경쟁방지법 타목은, "새로이 등장하는 경제적 가치를 지닌 무형의 성과를 보호하고, 입법자가 부정경쟁행위의 모든 행위를 규정하지 못한 점을 보완하여 법원이 새로운 유형의 부정경쟁행위를 좀 더 명확하게 판단할 수 있도록 함으로써, 변화하는 거래관념을 적시에 반영하여 부정경쟁행위를 규율하기 위한 보충적 일반조항"[49]인 것이다.

다만 부정경쟁방지법 타목은 부정경쟁방지법에 열거된 다른 부정경쟁행위에 대한 보충적 일반조항으로 불법행위의 한 유형을 규율한 것이고, 일반적으로 지적재산권 침해로는 인정되기 어려운 새로운 유형의 불법행위에 적용되는 것이기는 하나, 모든 새로운 유형의 침해행위에 곧바로 적용될 수 있는 것은 아니다. 하급심 판결례이기는 하나, 서울고등법원 2017. 1. 12. 선고 2015나2063761 판결은, "부정경쟁방지법의 목적은 건전한 거래질서의 유지에 있는 바(제1조), 종전과 같이 급속히 변화하는 거래 현실에서 규범적 필요가 생길 때마다 부정경쟁행

46) 퍼블리시티권이 발현된 미국에서도 이러한 대립이 있으며, 이에 관한 상세한 내용은 Randall T.E. Coyne, "Toward A Modified Fair Use Defense in Right of Publicity Cases", 29 Wm. & Mary L. Rev. 781 (1988)Stacey L. Dogan · Mark A. Lemley, "WHAT THE RIGHT OF PUBLICITY CAN LEARN FROM TRADEMARK LAW", 58 Stan. L. Rev. 1161(2006. 2.) 등 참조.

47) 다만, 대상결정이 내려지기 전 부정경쟁방지법만으로는 퍼블리시티권 보호에 부족하다는 비판으로는, 한지영, "부정경쟁방지법에 의한 퍼블리시티권 보호방안에 대한 비판적 검토 －제2조 제1호 차목을 중심으로－", 홍익법학 제17권 제3호(2016) 참조.

48) 대법원 2010. 8. 25. 자 2008마1541 결정(인터넷 포털 사이트 광고 방해 사건).

49) 대상결정.

위에 해당하는 유형을 추가하는 입법 방식으로는 그러한 목적 규정과 부정경쟁행위의 개별 규정 사이에 간극이 있을 수밖에 없다. 이에 따라 (중략) 기술의 변화 등으로 나타나는 새롭고 다양한 유형의 부정경쟁행위에 적절하게 대응하기 위하여 (중략) 부정경쟁행위에 관한 보충적 일반조항으로서 '타인의 상당한 투자나 노력으로 만들어진 성과 등을 공정한 상거래 관행이나 경쟁질서에 반하는 방법으로 자신의 영업을 위하여 무단으로 사용함으로써 타인의 경제적 이익을 침해하는 행위'를 부정경쟁행위의 하나로 규정하는 제2조 제1호 (차)목[50]을 신설하였다. 즉, 부정경쟁방지법 제2조 제1호 (차)목은, 인터넷 및 디지털로 대표되는 새로운 기술의 발달로 인하여 기업의 개발 성과물이 다양한 형태로 나타나고 있고, 그러한 개발 노력에 대하여 이를 법적으로 보호해줄 필요가 있음에도 불구하고 타인이 그 성과물을 자신의 경제적 이익을 위하여 도용하는 것은 매우 쉬운 반면, 특허법, 실용신안법, 상표법, 디자인보호법, 저작권법과 같은 기존의 지식재산권법은 물론 부정경쟁행위를 구체적으로 한정하여 열거하는 열거주의 방식을 취한 종래의 부정경쟁방지법 조항으로는 그 보호가 불가능한 상황이 종종 발생하게 됨에 따라, 새로운 유형의 부정경쟁행위에 대한 부정경쟁방지법의 포섭범위를 확대하기 위하여 기존의 한정적, 열거적 방식으로 제한된 부정경쟁행위에 대한 보충적 일반조항으로서 부정경쟁방지법에 새로 신설된 것"이라고 하면서, "지식재산권에 의한 보호의 대상이 되지 않는 타인의 성과를 이용하는 것은 본래 자유롭게 허용"되고 부정경쟁방지법은 다른 지적재산권법과 관계에서 보충적 지위에 있을 뿐이므로(제15조), 다른 지적재산권법에 모순·저촉되지 않는 한도 내에서만 부정경쟁방지법 타목에 의해 지적 창작물을 보호할 수 있으며, "타인의 성과 모방이나 이용행위에 공정한 거래질서 및 자유로운 경쟁질서에 비추어 정당화될 수 없는 '특별한 사정'이 있는 경우로서 그 지적 성과물의 이용행위를 보호해 주지 않으면 그 지적 성과물을 창출하거나 고객흡인력 있는 정보를 획득한 타인에 대한 인센티브가 부족하게 될 것임이 명백한 경우 등"을 규율하는 규정이라고 판단하였다.[51] 에는 그와 같은 모방이나 이용행위는 허용될

50) 현행 부정경쟁방지법 타목을 말한다.

51) 이에 따라 위 판결에서는, "타인의 성과 모방이나 이용행위의 경과, 이용자의 목적 또는 의도, 이용의 방법이나 정도, 이용까지의 시간적 간격, 타인의 성과물의 취득 경위, 이용행위의 결과(선행자의 사업이 괴멸적인 영향을 받는 경우 등) 등을 종합적으로 고려하여 거래 관행상 현저히 불공정하다고 볼 수 있는 경우로서, 절취 등 부정한 수단에 의하여 타인의 성과나 아이디어를 취득하거나 선행자와의 계약상 의무나 신의칙에 현저히 반하는 양태의 모방, 건전한 경쟁을 목적으로 하는 성과물의 이용이 아니라 의도적으로 경쟁자의 영업을 방해하거나 경쟁지역에서 염가로 판매하거나 오로지 손해를 줄 목적으로 성과물을 이용하는 경우, 타인의 성과를 토대로 하여 모방자 자신의 창작적 요소를 가미하는 이른바 예속적 모방이 아닌 타인의 성과를 대부분 그대로 가져오면서 모방자의 창작적 요소가 거의 가미되지 않은 직접적 모방에 해당하는 경우 등"에만 부정경쟁방지법 타목에 해당하는 것으로 보아야 한다고 판단한 바 있다.

참고로 이 판결에서는 저작권 침해를 부정하면서 위와 같은 이유로 부정경쟁행위에도 해당하지 않는다고 보았는데, 이 사안의 상고심(대법원 2019. 6. 27. 선고 2017다212095 판결)에서는 저작권 침해 주장을 받아들이면서 부정경쟁행위에 관하여는 따로 판단하지 않았다.

수 없다고 할 것이다.

즉, 부정경쟁방지법 타목은 불법행위의 한 유형으로 신설된 것이기는 하지만, 부정경쟁방지법의 입법 취지, 다른 지적재산권법과의 관계 등에 비추어 이는 “국내에 널리 알려진 타인의 상표·상호(商號) 등을 부정하게 사용하는 등의 부정경쟁행위와 타인의 영업비밀을 침해하는 행위를 방지하여 건전한 거래질서를 유지”하는 것을 목적으로 하는 부정경쟁방지법의 입법목적(제1조)을 기초로 판단되어야 하는 것이다.

대상결정에서 대법원이 부정경쟁방지법 타목을 근거로 퍼블리시티권 침해행위를 규율한 것은, 결국 퍼블리시티권 침해행위가 이러한 부정경쟁행위의 하나에 해당한 것으로 전제하였다고 할 수 있으며, 퍼블리시티권이 상표권에 유사한 성질을 갖는다는 점을 간접적으로 인정한 것으로 평가할 수 있다. 특히 대상결정은 부정경쟁방지법 타목의 적용을 받는 ‘성과 등’에 관하여 판단하면서, “결과물이 갖게 된 명성이나 경제적 가치, 결과물에 화체된 고객흡인력, 해당 사업 분야에서 결과물이 차지하는 비중과 경쟁력 등을 종합적으로 고려”해야 한다고 판시하였는바, 고객흡인력, 경쟁력 등을 기준으로 삼았다는 점에서도 이러한 점을 확인할 수 있다.

(3) 퍼블리시티권 침해에 대하여 금지청구를 인정한 점

퍼블리시티권은 상표권과 가장 유사한 성격을 지니는 것으로 보아야 한다. 대상결정은 부정경쟁방지법 타목에 의거하여 퍼블리시티권 침해행위를 규율할 수 있다고 본 것으로, 퍼블리시티권의 특성을 비교적 정확하게 파악한 것으로 생각된다. 또한 대상판결은 퍼블리시티권 침해에 관하여 부정경쟁방지법을 근거로 삼음으로써 금지청구도 보다 손쉽게 인정하였다는 점에서도 의미를 찾을 수 있다.

퍼블리시티권 침해에 대하여 인격권설을 취할 경우 일반적으로 금지청구를 인정하나[52] 재산권설에 의할 경우에는 금지청구를 인정할 근거가 명확하지 않다는 비판이 있었다. 대상결정은 금지청구를 명문으로 정하고 있는 부정경쟁방지법에 의해 퍼블리시티권을 규율함으로써, 이러한 침해행위에 대해 금지청구가 허용된다는 점을 명확히 하였다. 이 사안에서는 부각되지 않았으나, 퍼블리시티권 침해로 인하여 광고모델비 상당의 직접적 재산적 손해가 발생하는 것 외에, 이미지 소진으로 인한 손해 역시 발생할 수 있으므로[53] 손해배상만으로는 보호가 충분하지 않을 수 있다. 따라서 경우에 따라서는 금지청구가 반드시 인정되어야 할 것이므로, 부정경쟁방지법상 금지청구를 활용할 수 있음을 명확히 하였다는 점에서도 대상결정을 긍정적으로 평가할 수 있다.

---

52) 다만, 정경석, “초상권의 침해요건과 구제방법”, 저스티스 통권 제98호, 한국법학원(2007. 6.), 142면은 초상영리권으로 보면서도 금지청구에 관하여는 별도의 근거규정이 필요하다고 보았다.

53) 예를 들어 소위 ‘신비주의 전략’을 취해 이미지 소진을 최소화하고자 하는 유명인이라면, 무분별하게 초상이나 성명이 사용될 경우 손해가 더욱 커질 수 있다. 한편, 부정경쟁방지법 제2조 1호 다목은 식별력이나 명성 손상행위에 관하여도 규율하는데, 대상 유명인의 성격에 의해서는 이 규정에 의한 규율도 생각해 볼 수 있을 것이다.

(4) 퍼블리시티권 침해 유형 중 (다) 2) 유형에 관해 판단한 점

위에서 살펴본 바와 같이, 퍼블리시티권 침해 중 (가) 내지 (나) 유형의 경우에는 그 판단이 상대적으로 어렵지 않으며, 관련 판결례도 상당수 찾아 볼 수 있다. 그러나 표현의 자유와의 관계가 문제되는 (다) 유형에서는 판단 기준이 명확치 않으며, 이에 관한 판례도 많이 축적되어 있지는 못한 상황이다.

그러한 상황에서 대상결정은 "통상적인 정보제공의 범위를 넘어 특정 연예인에 대한 특집기사나 사진을 대량으로 수록한 별도의 책자나 DVD 등을 제작하면서 연예인이나 소속사의 허락을 받지 않거나 대가를 지급하지 않는다면, 상거래 관행이나 공정한 거래질서에 반한다"고 하여, 통상적인 정보제공 범위에서만 표현의 자유 내지 언론보도의 자유가 우선한다고 봄으로써 일정한 기준을 제시한 것이다. 종래 언론보도 명목으로 사실상 연예인의 화보집 유사한 서적을 무단으로 만들어 파는 관행이 오랫동안 이어져왔는데,[54] 대상결정은 이러한 행위는 허용될 수 없다고 하면서 그 보호범위를 명확히 하였다.[55]

미국에서는 퍼블리시티권과 표현의 자유가 충돌하는 문제에 대하여, ① 정보를 알리거나(inform), ② 즐겁게 해주거나(entertain), ③ 상품을 팔기 위한 것(sell a product)로 분류하면서, ① 정보를 전달하는 묘사는 공적 토론의 과정에서 필수적이라고 여겨지므로 표현의 자유에 의한 보호를 최대한으로 받으나, ② 예술적 목표나 오락 목표로 만들어진 작품들의 문화적 기능은 정보전달 기능과 같은 정도로 높게 평가되지는 않으므로 첫째 범주보다 낮은 보호를 받으며, ③ 상품을 판매하기 위한 경우는 상업적 상품에 정보전달이나 문화적 기능이 존재하지 않는다면 표현의 자유에 의한 보호를 거의 받지 못한다고 하였다고 한다.[56] 일본에서는 핑크레이디 사건을 통해 오로지 초상이 갖는 고객흡인력을 이용하려는 목적인지 여부에 따라 판단하는 소위 "오로지(専ら) 기준설"을 채택한 바 있다. 이 사안에서는 채무자가 제작·판매한 책자의 약 80%가 BTS 구성원의 대형 사진 등으로 구성되어 있고, DVD 영상집 역시 대부분 BTS

---

54) 사실 이미 박찬호 사건에서도 평전 자체는 허용되지만, 평전의 부록 형태로 제공되는 브로마이드의 제작·판매는 허용되지 않는다고 본 바 있었다. 만약 퍼블리시티권에 관한 극심한 혼란이 없었다면, 이러한 판결 취지가 보다 빨리 시장에 정착될 수 있지 않았을까 추측되기도 한다.

55) 대상결정의 항고심에서는, "채무자는 연예인의 사진, 기사 등을 이용하여 연예인의 활동에 대한 정보를 제공하는 잡지를 발행·판매하는 자로서 통상적인 잡지의 보도 범위 내지 언론·출판 및 표현의 자유의 보호 범위 내에서는 연예인의 초상, 이름 등이 포함된 상품을 부록으로 제공할 수 있고, '방탄소년단(BTS)'의 명칭, 그 구성원의 이름, 초상, 사진 등도 위와 같은 통상적인 보도 범위 내에서는 그 이용이 허용된다고 볼 수 있다"고 하였으나, 연예인의 초상, 이름 등이 포함된 상품을 부록으로 제공하였다면 이미 통상적인 보도 범위를 초과하였다고 할 수밖에 없다. 항고심에서는, 장래 청구 부분을 기각하면서 이러한 설시를 하였으나, 단순히 '향후 통상적인 언론 보도 과정에서는 초상이나 성명을 사용할 수 있다'고 하는데 그치지 않고, '상품을 부록으로 제공할 수 있'다는 표현까지 사용함으로써 불필요한 오해를 초래한 것으로 생각된다.

56) 권태상(주43), 382면; Roberta Rosenthal Kwall, "The Right of Publicity vs. the First Amendment: A Property and Liability Rule Analysis", 70 Ind. L.J. 47 (1994), pp.86~112 등 참조.

의 영상으로 채워져 있었다는 점에서, 미국이나 일본의 기준에 의하더라도 침해가 인정될 가능성이 높다.

한편, 대상결정의 사실관계에서는 명확히 드러나 있지는 않은데, 채무자가 이용한 사진이나 영상은 채무자가 직접 취재를 통해 입수한 것이 아니라, 게티이미지(gettyimageskorea.com) 등 이미지 판매 사이트를 통해 구매한 것이거나, 다른 언론사에서 취재한 사진, 채권자가 제작한 음반의 표지사진, 채권자가 BTS의 홍보를 위하여 배포한 보도사진 등이었다. 이처럼 채무자가 정보전달 목적으로 취지활동 등을 한 결과로 서적이나 DVD 등을 제작한 것도 아니었고, 다른 목적으로 배포된 사진 등을 무단으로 이용한 것에 지나지 않으므로, 더욱 침해를 인정하는 것이 타당할 것이다.

2. 대상결정의 문제점

(1) 위에서 본 바와 같이 대상결정은 긍정적인 의미를 갖기는 한다. 그러나 다음과 같은 점에서 여러 문제점을 남기고 있으므로 항을 나누어 이에 관하여 살펴보겠다.

(2) 퍼블리시티권의 법적 성격을 명확히 하지 않은 점

대상결정은 위와 같이 사실상 퍼블리시티권의 존재를 인정하면서 금지청구까지 인용하였지만, 퍼블리시티권의 법적 성격에 관하여는 전혀 언급하고 있지 않다. 위에서 본 것처럼 90년대 중반 이후 국내에서 퍼블리시티권의 법적 성격에 관하여 다소 무용한 의견 대립이 지속되어 온 상황을 감안하면, 최고 법원 단계에서 이에 관하여 분명한 입장을 내려주어야만 그간의 혼란이 정리되고 표현의 자유와의 관계 등 실질적 논의에 집중할 수 있었을 것이다. 그러나 대상결정에서는 부정경쟁방지법에 의하여 퍼블리시티권을 규율한다는 점만을 명확히 하면서 그 법적 성격에 관하여는 침묵하고 있을 뿐이어서 여전히 재산권설과 인격권설의 대립이 심화될 수 있다.[57)]

한편, 부정경쟁방지법 자체가 적극적으로 권리를 부여하는 근거규범이 아니고, 일정한 행태의무를 부과함으로써 수동적으로 법익을 보호하는 행위규범에 해당하므로, 대상결정이 재산권설을 취한 것으로 단언하기는 어려울 수 있다. 그러나 행위규범인 부정경쟁방지법에서는 권리가 아닌 법익도 여전히 보호 대상으로 삼고 있지만, 그렇다고 하여 권리를 보호 대상에서 배척하는 것은 아니다. 즉 대상결정이 퍼블리시티권을 부정경쟁방지법에 의해 규율하였다고 하였다는 이유만으로, 반드시 그것이 적극적인 권리가 아닌 수동적으로 보호되는 법익에 지나지

---

57) 애초에 채권자 측에서 퍼블리시티권 침해가 아닌, 부정경쟁방지법위반을 이유로 가처분을 신청하였기 때문에, 대상결정에서 퍼블리시티권의 법적 성격에 관하여 판단할 수 없었을 가능성도 물론 있다. 그러나 이 사안의 채무자는 "재산권으로서의 퍼블리시티권은 인정될 수 없"다고 주장하고 있으며, 퍼블리시티권의 법적 성격 등은 법리적 판단에 관한 사항으로 처분권주의나 변론주의와도 관련이 없는 것이므로, 대상결정에서 충분히 이에 관하여 판단을 내릴 수 있었다.

않는다는 입장에 서 있다고 볼 근거도 희박하다. 인격권설이나 재산권설 모두 '퍼블리시티권'이 일응 권리로 성립한다는 점은 전제로 하고 있으며, 그것이 오로지 행위규범을 부여하는 단순한 법익에 불과하다고 보고 있지는 않는다는 점에서 보더라도, 대상결정이 퍼블리시티권의 권리성 자체를 부인한 것은 아니라고 보아야 할 것이다.

오히려 대상결정이 재산권설에서 지지하는 부정경쟁방지법에 의하여 퍼블리시티권을 규율하였다는 점에서, 재산권설을 전제하고 있는 것은 아닌가 조심스레 추측해 볼 여지는 있다. 부정경쟁방지법은 타인이 구축한 고객흡인력 등을 함부로 훼손하는 것을 금지하는 것을 내용으로 하고 있으며, 인격적 가치가 아닌 재산권에 기초하여 규정된 것이기 때문이다.[58] 더욱이 대상결정은 BTS의 그룹 명칭, 각 멤버의 성명, 사진 등은 "상당한 투자나 노력으로 만들어진 성과"라고 평가함으로써, 인격에서부터 유래하는 가치가 아니라는 취지로 판단하였다는 점에서도 재산권설을 취하였다고 볼 수 있을 것이다.

그렇지만 퍼블리시티권은 재산권적 성격을 갖지만, 인격에서 완전히 분리될 수 있는 것은 아니므로, 대상결정과 같이 인격과는 무관하게 극단적으로 "상당한 투자나 노력으로 만들어진 성과"라고 볼 수 있는지 의문이다. 퍼블리시티권은 개인의 인격적 동일성 표지를 기초로 생겨나는 재산적 가치에 대해 인정되는 권리이므로 절충설과 같이 보는 것이 타당하다고 생각된다. 종래 미국의 입장과 유사한 재산권설이 우리나라에 퍼블리시티권 개념이나 필요성을 역설해 왔다면, 인격권설에 의해 무분별한 퍼블리시티권의 양도 가능성 등의 부작용이 견제되었다고 할 수 있다. 프랑스에서도 초상의 경제적 이용에 관해 재산적이고 비재산적인 양면적 성격을 동시에 가지는 것을 전제로 논의가 전개된 바 있다고 하는데[59] 우리나라에서도 현재는 재산권설을 취하면서도 양도성은 부인하되 사용허락을 통해 퍼블리시티권의 통제를 인정하려는 견해가 전개되고 있기도 하며, 권리자가 퍼블리시티권을 유용하게 활용하면서도 통제력을 잃지 않도록 하는 타당한 접근이라고 생각된다. 결국 퍼블리시티권은 재산권과 인격권의 성격을 겸유하는 권리이며, 상표권에 유사하기는 하지만 인격과 결합되어 있다는 측면에서 그 성격이 파악되어야 할 것이다. 그런데 대상결정은 퍼블리시티권의 성격에 관하여는 명확히 밝히지 않으면서도, 또 한편으로는 너무나 재산권적 성격에 치우친 판단을 내린 것으로도 보여 부당하다.

(3) BTS의 소속사인 채권자의 이익을 침해하는 것으로 판단한 점

위와 같이 대상결정은 퍼블리시티권의 법적 성격에 관하여 명확히 밝히지 않으면서도, 오히려 극단적으로 재산권적 성격을 갖는 것처럼 설시하였고, 더 나아가 연예인 개인이 아니라

58) 위 각주에서 소개한 부정경쟁방지법 제2조 제1호의 내용을 보면, 출처를 혼동하게 하거나 식별력을 손상하는 행위를 금지하고 있어 법의 취지가 전체적으로 재산적 권리 보호를 위한 것임을 알 수 있다. 동법 제1조 역시 건전한 거래질서 유지를 목적으로 한다고 밝히고 있다.

59) 고철웅, 프랑스법의 초상권에 관한 일고찰, 비교사법 제24권 1호(통권 제76호), 한국비교사법학회(2017. 2.), 197면에서 재인용.

연예인의 소속사를, 연예인의 성명과 초상에 관한 퍼블리시티권의 보유 주체로 판단한 것처럼 이해될 여지가 있다.

대상결정에서 채권자는 BTS 각 멤버가 소속된 연예기획사이다. 대상결정의 1심에서는, "신청인이 '방탄소년단(BTS)'의 연예활동과 관련하여 이 사건 전속계약에 따라 상당한 투자와 노력을 하였더라도, '방탄소년단(BTS)'의 명칭, 그 구성원의 이름, 사진 등에 부가된 신용이나 명성, 고객흡인력은 '방탄소년단(BTS)'의 구성원에게 귀속되는 것으로 보아야 한다. 신청인이 '방탄소년단(BTS)'의 브랜드 이미지 등에 대해 독자적으로 주장할 수 있는 권리나 경제적 이익을 가진다고 보기는 어렵다. 다만, 신청인은 이 사건 전속계약에 따라 계약 기간 동안 '방탄소년단(BTS)'의 구성원들의 성명, 사진, 초상, 기타 동일성을 나타내는 일체의 것을 업무와 관련하여 이용할 수 있는 독점적 권한을 가지고 있고([전속계약서] 제2조, 제9조 제1항), 그로부터 계약 기간 동안 '방탄소년단(BTS)'의 명칭, 구성원의 성명, 사진을 이용한 화보집, 기타 상품을 제작·판매하거나 이를 허가할 독점적 권리가 있다. 신청인은 이러한 독점적 권리에 근거여 자신의 영업상의 이익이 침해되는 것을 막기 위해 부정경쟁행위의 금지를 청구할 수 있다. 신청인이 방탄소년단(BTS)'의 구성원으로부터 성명, 사진 등을 독점적으로 이용하도록 허락을 받은 자의 지위에서 이 사건 신청을 한 것으로 선해한다"고 하여, 퍼블리시티권의 귀속 주체는 어디까지나 BTS의 각 멤버 개인이고, 채권자는 독점적 사용허락을 받은 자에 불과하다고 판단하였다.

그러나 이에 대한 재항고심인 대상결정에서는 "채권자는 방탄소년단(BTS)이라는 이름의 그룹을 결성하기로 하고, 구성원을 선발하여 전속계약을 체결한 후, 훈련을 통해 구성원들의 능력을 향상시켰다. 채권자는 이 사건 전속계약에 따라 방탄소년단(BTS)의 음악, 공연, 방송, 출연 등을 기획하고, 음원, 영상 등의 콘텐츠를 제작·유통시키는 등 방탄소년단(BTS)의 활동에 상당한 투자와 노력을 하였다. 그로 인해 방탄소년단(BTS)과 관련하여 쌓인 명성·신용·고객흡인력이 상당한 수준에 이르렀다. 이는 '상당한 투자나 노력으로 만들어진 성과 등'으로 평가할 수 있고, 누구나 자유롭게 이용할 수 있는 공공영역에 속한다고 볼 수 없으므로, 타인이 무단으로 위의 표지를 사용하면 채권자의 경제적 이익을 침해하게 된다"고 함으로써, 연예기획사인 채권자 스스로 침해를 주장할 수 있는 주체로 판단하였다.

물론 대상결정은 부정경쟁방지법 타목에 관한 것이어서 퍼블리시티권의 귀속 주체에 대하여까지 명시적으로 판단한 것은 아니다. 부정경쟁방지법 자체가 행위규범에 해당할 뿐이고 권리 근거규범이 되는 것은 아니기 때문에, 설령 부정경쟁방지법에 근거하여 BTS 소속사인 채권자의 이익 침해를 금지하였다고 하더라도, 채권자 자체에게 퍼블리시티권을 귀속시킨 것은 아니라고 해석해야 한다. 그러나 대상결정의 설시 내용을 문언 자체로만 받아들이면, BTS 각 멤버의 전속 연예기획사가 변경되더라도, BTS 각 멤버는 더 이상 자신의 성명이나 초상에 대하여 퍼블리시티권을 행사할 수 없고 오로지 종전 연예기획사인 채권자만이 그 권한을 행사할 수 있다는 어처구니없는 오해에 다다를 위험성까지 있다. 즉, BTS 멤버들에게 생긴 퍼블리시티권이 채권자에게 양도되었다고 하는 재산권설의 이론구성에서 아예 한 발 더 나아가 채권자 스스로에게 퍼블리시티권이 발생하여 보유하고 있는 것처럼 해석될 여지도 이는 것이다. 대부분 미성년인 아이돌 연예인에 대해 대형 연예기획사가 연예활동 기간 대부분을 차지하는 장기간의 전속계약을 체결하고 거액의 손해배상예정액을 두어 사실상 전속계약을 해지할 수 없게 한 연예계의 관행이 해결된 것이 불과 수년 전에 불과하다. 그런데 대상결정의 내용을 형식적으로 관철할 경우, 퍼블리시티권마저 당연히 연예기획사에게 귀속되게 되므로 종전에 문제되던 장기의 전속계약보다 더 심각한 '노예계약'이 문제될 수 있다. 그러므로 대상결정에서 퍼블리시티권 자체는 BTS 각 멤버 개인에게 귀속되는 것임을 분명히 한 후, 그 소속사인 채권자에게도 경제적 이익이 있어 부정경쟁방지법에 의해 보호될 수 있다는 등, 퍼블리시티권의 귀속이나 이론적 근거를 보다 명확히 하는 것이 바람직했을 것이다.

더 나아가 대상결정이 퍼블리시티권의 귀속 주체에 관하여는 판단한 것이 아니고, 오로지 부정경쟁방지법 타목에 의한 권리행사 주체로서 BTS의 소속사인 채권자의 이익을 인정한 것이라고 하더라도 여전히 대상결정의 판시는 불완전하다. 이 사건에서 채무자가 사용하여 문제가 된 것은 주로 BTS 각 멤버들의 초상이고, 채권자가 제작에 관여한 음악, 공연, 방송, 출연 등이나 음원, 영상 등은 상대적으로 적다. 즉 이 사건에서 문제되는 채무자의 책자가 채권자 '스스로의 상당한 투자나 노력'을 들여 만든 성과 중 BTS 각 멤버의 퍼블리시티권 외에 구체적으로 어떤 것을 침해하는 것인지 의문이다. 대상결정에서 말하는 '방탄소년단(BTS)과 관련하여 쌓인 명성 · 신용 · 고객흡인력'이라는 것은 결론적으로 BTS의 퍼블리시티권으로 BTS 각 멤버 개인에게 귀속하는 것이며, 채권자의 권리는 아니다. 따라서 채권자가 BTS 각 멤버의 권리범위에는 포섭되지 않는 별개의 이익을 가지고 그 침해를 주장하는 것인지, 결국에는 BTS의 퍼블리시티권을 근거로 해서 소속사가 스스로의 이익 침해를 주장할 수 있다는 것인지 불명확하다.

대상결정이 퍼블리시티권의 법적 성격에 관하여 정확히 규명하였다면, 퍼블리시티권 침해자와 권리자 사이의 관계뿐 아니라, 연예인과 연예기획사 사이의 관계까지도 명확히 정립될 수 있었을 것이다. 그런데 대상결정은 반대로 퍼블리시티권의 법적 성격에 관하여는 침묵하면서, 오히려 연예기획사에게 과도한 권한을 부여하는 것처럼 판시하였고, 이로써 여러 분쟁을 통해 겨우 맞춰진 연예기획사와 연예인 사이의 균형에까지 균열을 일으킬 우려까지 있다. 이러한 위험성을 감안하면 대상결정 문언에 얽매여 형식적으로 해석해서는 안 되고, 특히 연예인과 기획사 사이의 관계에까지 그 취지가 확대해석하면 결코 안 될 것이다.

(4) 표현의 자유와의 비교형량을 위한 사실관계를 세심하게 분석하지 않은 점

대상결정은 채무자가 발간한 서적과 관련하여 "통상적인 정보제공의 범위를 넘어 특정 연

예인에 대한 특집 기사나 사진을 대량으로 수록한 별도의 책자나 DVD 등을 제작"한 것으로 상거래 관행이나 공정한 거래질서에 반하고, 채권자가 공식적으로 발간하는 화보집보다 "상대적으로 가격이 낮은 편이고 수요자도 일부 중복되며, 위 화보집의 수요를 대체할 가능성이 충분하"다는 이유로 침해를 인정하였다. 한편 대상결정의 1심에서는 총 152쪽으로 구성된 책자 중 약 80%에 달하는 120쪽에 BTS 구성원의 사진, 기사가 실려 있고, DVD 영상집 대부분도 BTS 멤버들의 영상으로 채워진 점, 책자 표지를 비롯한 곳곳에 '방탄소년단(BTS)'이라고 기재된 점 등도 침해판단의 근거로 제시하고 있다.

그러나 대상결정 사안에서는 1심부터 상고심에 이르기까지, 분량적인 사용 행태에 관하여만 간단히 언급하고 있을 뿐, 표현의 자유와의 관계에서 보다 심도 있는 비교형량을 하고 있지 않다. 즉, 책자의 내용이나 사진의 내용 등이 적절한 것인지, 과연 표현의 자유 측면에서 사진이나 영상이 다수 게재되어야 할 필연적인 이유가 있는지, 위 책자를 통하여 대중들이 공공적 이익을 얻을 여지는 없는지 등에 관하여는 판단의 기초로 삼고 있지 않다. 물론 이 사안에서는 채무자들이 언론보도나 한류 문화의 소개, 일종의 문화현상으로서의 BTS 분석 등이 목적이 아닌, 오로지 공식 화보집을 대체할 저렴한 화보집을 판매할 목적으로 BTS의 초상 등을 이용한 것임은 자명하다. 그럼에도 불구하고 채무자의 행위가 형식적으로나마 표현의 자유라는 헌법적 가치로 보호되는 영역에 해당하는 이상, 퍼블리시티권과 표현의 자유 사이의 비교형량에 관하여는 보다 면밀하고 구체적인 분석이 이루어졌어야 할 필요가 있다.

채무자의 행태를 보면 대상결정의 결론에 수긍할 수 없지는 않다. 그러나 대상결정에서는 비교형량을 위한 구체적인 여러 가지 사정들, 예를 들어 위에서 언급한 바와 같이, 채무자가 스스로의 취재나 자료수집 등을 통해서 위 책자를 구성, 제작한 것이 아니고, 이미 채권자 측에서 여러 언론사에게 배포한 보도자료나 이미지 판매 사이트 등에서 구매한 사진을 사용한 것에 불과하다는 점 등을 포함하여, 채무자의 궁극적인 책자 제작·판매 목적, 대중들의 알권리 충족 여부 등에 관하여는 전혀 분석하지 않았다. 전체 표현물 중에서 초상이나 성명이 이용된 분량이 적더라도 퍼블리시티권 침해에 해당한다고 판단될 여지가 있고, 반대로 분량이 많더라도 다른 사정을 고려할 때에는 여전히 표현의 자유로 보호된다고 판단될 여지가 있을 것이다. 그럼에도 불구하고 대상결정은 가격이나 분량 등 단편적인 기준만을 제시하는데 그쳐, 향후 표현의 자유와 퍼블리시티권이 대립하는 사안에서도 보편적으로 적용될 수 있는 세심한 비교형량 기준을 제시하지 못하였다는 점에서 아쉽다고 할 것이다.

V. 결론

90년대 중반 퍼블리시티권이 국내에 처음 소개된 이후로 아직까지도 이에 관하여는 상당한 견해 대립이 있다. 이 글에서 살펴본 것처럼 실천적으로 의미 있는 대립 상황은 많지 않음에도 불구하고 재산권설과 인격권설의 대립에 과도한 에너지가 투입된 것은 아닌지 의문의 여지가 없지 않다. 오히려 표현의 자유와 퍼블리시티권의 충돌과 같이, 실제로 범위를 획정하기 어려운 문제에 관하여 보다 많은 논의가 이루어지는 것이 바람직하다.

이러한 상황에서 대상결정은 비교적 최근에 도입된 부정경쟁방지법 타목을 활용하여 퍼블리시티권에 관해 규율하고, 표현의 자유와 퍼블리시티권 사이의 형량을 통해 사안을 해결하였다는 점에서 의미가 있고 긍정적으로 평가할 수 있다. 그러나 대상결정은 학설상 의견 대립이 극심하였던 퍼블리시티권의 법적 성격에 관하여는 직접적인 판단을 회피하면서도, 오히려 인격권적 측면을 무시하고 과도하게 재산권적 성격을 강조한 것처럼, 자연인인 연예인 개인이 아닌, 연예기획사 법인에게 직접적인 경제적 이익을 인정한 것으로 해석될 수 있어 문제가 있다. 퍼블리시티권은 어디까지나 인격권에서 기인한 재산적 가치에 관한 권리이므로, 인격권과 재산권이 조화를 이룰 수 있도록 권리주체나 범위 설정이 필요하다. 그러나 대상결정은 이에 대하여는 충분히 고려하지 않으면서 사실상 재산권적 측면만을 인정함으로써 향후 또 다른 분쟁이 야기할 우려가 있다.

유명인의 성명이나 초상 등이 막대한 경제적 가치를 갖고 있고 이는 법적 보호의 대상이라는 점은 부인할 수 없다. 다만 퍼블리시티권을 인정한다고 하더라도 그 보호범위가 무제한적으로 확장될 수는 없으며, 표현의 자유 등과의 관계에서 제한될 수밖에 없다. 대상결정은 이에 관한 기준을 제시하였다는 점에서 의미가 있으나 구체적인 비교형량 기준을 제시하지 않은 등 아직도 해결되지 않은 많은 이슈들이 남아 있다. 후속 연구를 통해 법적 근거나 구체적인 기준 등이 간명하게 정리될 수 있기를 기대해 본다.

독일법상 후견제도와 선거권 배제*

안 경 희**

Ⅰ. 머리말

2022년 3월 9일에는 제20대 대통령 선거가, 6월 1일에는 전국동시지방선거가 각각 진행되었고 내년에는 제22대 국회의원 선거가 예정되어 있다. 이러한 선거들을 규율하는 공직선거법(법률 제19234호, 2023. 3. 14., 타법개정) 제18조 제1항 제1호에 따르면 선거일 현재 '금치산선고를 받은 자'는 선거권이 없는데, 동법의 전신이라고 할 수 있는 법률들에서도 금치산선고 등과 선거권 배제를 연동해서 법정했었다. 가령 대통령·부통령선거법(법률 제247호, 1952.. 7. 18., 제정) 제4조 제1호에서는 민법[1]에 의하여 '금치산 또는 준금치산선고를 받은 자'는 선거권과 피선거권이 없다는 규정을 두었고, 대통령선거법(법률 제1262호, 1963.. 2. 1. 제정) 제11조 제1호에서는 '금치산 또는 한정치산[2]의 선고를 받은 자'는 선거권이 없다고 법정했었으며 공직선거및선거부정방지법(법률 제4735호, 1994. 3. 16., 제정)[3] 제18조 제1항 제1호에서는 '금치산선고를 받은 자'를 선거권이 없는 것으로 성문화했었다.

2011년에 민법을 개정(법률 제10429호, 2011. 3. 7., 일부개정)하여 기존의 금치산선고제도를 폐지하고 성년후견제도를 도입하면서, 부칙 제2조에서 이 법 시행 당시 이미 금치산선고를 받은 사람에 대하여는 종전의 규정을 적용하되, 시행일(2013년 7월 1일)부터 5년이 경과한 때에는 그 금치산선고는 장래를 향하여 그 효력을 잃는 것으로 규정했다. 다만, 이 법 시행 당시 다른

---

* 최종길 교수님께서는 독일의 제도를 국내에 소개하는 논문들을 많이 발표하셨습니다. 그 논문들에는 지금은 구하기 힘든 1900년대 초에 발간된 독일문헌들을 소개한 내용들이 담겨있어서, 특히 독일민법에 대한 법제사적 문헌연구를 할 때 최교수님의 논문을 많이 참고하곤 했습니다. 그래서 제가 발표했던 논문들 가운데 법제사적 분석을 했던 논문(국민대학교 법학논총 제35권 제1호에 게재)을 재구성하여 최교수님께 헌정합니다.

** 국민대학교 법과대학 교수

1) 일제시대에 조선민사령(1912년 3월 18일 制令 제7호) 제1조에 의하여 조선에 의용되었고(의용민법), 해방이 된 후에도 1960년 민법이 시행되기 전까지 우리나라에 적용되었던- 민법을 말한다.

2) 1958년에 민법(법률 제471호, 1958. 2. 22.)을 제정하면서 '준금치산자'라는 용어를 '한정치산자'로 변경했고, 부칙 제4조 제1항에 구법에 따라 준금치산선고를 받은 자를 1960년 1월 1일로부터 민법에 의한 한정치산자로 본다는 규정을 두었다.

3) 기존의 대통령선거법, 국회의원선거법, 지방의회의원선거법, 지방자치단체의장선거을 통합하여 제정된 법률이다.

법령에서 금치산을 인용한 경우에는 성년후견을 받는 사람에 대하여 이 5년의 기간에 한정하여 성년후견을 인용한 것으로 간주하는 규정을 두었다(부칙 제3조). 이제 5년의 유예기간도 도과되었으므로 공직선거법 제18조 제1항 제1호에도 불구하고 금치산선고를 이유로 선거권이 배제되는 사람은 없다. 그런데 제18조 제1항 제1호가 여전히 존치되고 있으며 제218조의8 제4항 제3호에서는 재외선거인명부작성과 관련하여 제18조 제1항 제1호에 해당하는 금치산자에 관한 정보를 관리하는 기관(구·시·읍·면)의 장은 선거일 전 150일부터 중앙선거관리위원회가 재외선거인명부의 작성 및 해당 선거 직전에 실시한 대통령선거 또는 임기만료에 따른 비례대표국회의원선거에서 확정된 재외선거인명부의 정비를 위하여 필요한 범위에서 해당 정보를 전산조직으로 조회할 수 있도록 필요한 조치를 취해야 하고, 행정안전부장관은 해당 정보를 관리하는 기관의 장으로부터 통보받은 자료를 데이터베이스로 구축하여 손쉽게 활용할 수 있도록 해야 한다는 규정도 두고 있다.

이처럼 민법상 금치산제도가 폐지되었음에도 불구하고 공직선거법 제18조 제1항 제1호 및 제218조의8 제4항 제3호에서 '금치산자'가 '성년후견을 받는 자' 또는 '피성년후견인'으로 개정되지도 않았고, 그렇다고 삭제되지도 않은 점에 비추어 볼 때 입법자들은 여전히 민법상 금치산선고(또는 성년후견개시심판)와 선거권을 연동시키는 입장을 견지하고 있는 것으로 보인다. 아울러 중앙선거관리위원회의 선거법규포털에 탑재되어 있는 공직선거법 운용자료 가운데 제18조 개요[4]에도 "선거권을 행사하기 위해서는 선거의 의미를 이해할 수 있는 최소한의 정신적 능력이 있어야 하므로 민사법원에 의하여 금치산선고를 받은 금치산자는 선거권이 없음"이라는 해제와 함께 ""금치산선고를 받은 자"는 2011. 3. 7. 개정(2013. 7. 1. 시행)된 「민법」 부칙 제2조(금치산자 등에 관한 경과조치) 제2항에 따라 법 시행일부터 5년이 경과한 때 그 금치산자의 선고는 장래를 향하여 그 효력이 상실되므로, 2018. 7. 1.부터 선거권 및 피선거권이 제한되지 아니함"이라는 해제도 부가되어 있다. 따라서 5년의 유예기간이 도과되었음에도 불구하고 －중앙선거관리위원회의 입장과 같이－ '선거의 의미를 이해할 수 있는 최소한의 정신적 능력'을 선거권 행사의 요건으로 전제하는 한, '금치산선고를 받은 자'가 '성년후견을 받는 자' 또는 '피성년후견인'으로 해석된다거나, 피성년후견인을 선거권결격자로 법정할 가능성이 남아 있다.

본고는 이런 과도기적인 상황에서 독일의 사례를 중심으로 －현행 공직선거법에서처럼－ 민법상 금치산선고와 선거권결격을 연동시키는 것이 당연한 것인지 그리고 －중앙선거관리위원회의 자료에 적시되어 있는 바와 같이－ 선거의 의미를 이해할 수 있는 최소한의 정신적 능력이 있어야만 선거권을 행사할 수 있는 것인지에 대하여 검토하고자 한다. 독일의 경우에도 1956년에 연방선거법(이하 '선거법')[5]이 제정된 이래 우리와 마찬가지로 민법상 행위무능력선

4) <http://law.nec.go.kr/necwLawsInqy1000.do> 최종방문일: 2022년 5월 15일

5) Bundeswahlgesetz vom 7. Mai 1956 (BGBl. 1956, Teil 1, S. 383).

고, 후견개시와 선거권 배제를 연동시켰었다. 그런데 2019년 1월 29일에 선거권과 관련된 헌법소원사건에서 연방헌법재판소가 이른바 완전후견이 개시된 피성년후견인에게 선거권을 부여하지 않는 선거법(1993년)[6] 제13조 제2호가 독일기본법(이하 '기본법') 제38조 제1항 제1문(보통선거의 원칙)[7] 및 제3조 제3항 제2문(장애인차별금지의 원칙)[8]에 불합치하다고 판시했다.[9] 이에 연방정부는 2019년 6월 18일에 선거법을 개정[10]하여 제13조 제2호를 삭제했고 그 결과 이듬해 2월 17일에 시행되었던 지방선거에서 종래 선거결격자에 속했던 피성년후견인들도 선거권을 행사할 수 있었다.[11] 물론 독일에서도 민법상 행위능력·후견제도가 개정됨에 따라 민법상 제도와 연동하여 선거권 배제를 규정하다가 선거법을 제정한 지 60년 이상이 지난 후에야 비로소 민법상 행위능력, 행위무능력선고, 성년후견 등과 선거권, 선거능력과의 연결고리를 끊어내었다. 이하에서는 이러한 법률 개정을 기준으로 독일민법상 후견제도와 선거권 배제와의 관계를 2단계로 나누어서 살펴보면서 -우리의 공직선거법 제18조 제1항 제1호의 '개정 또는 삭제'라는 주제에 대한 합리적인 해결책을 제시하기 위하여- 민법상 행위능력과 선거능력을 연동시키는 문제 및 선거법 제13조 제2호의 존치와 삭제를 둘러싼 논의를 상론하고자 한다.

Ⅱ. 제1단계

1. 행위무능력선고와 선거권 결격

제1단계에서는 성년자는 원칙적으로 단독으로 유효하게 -정치적 의사형성(선거권 행사)을 포함하여- 법률행위를 할 수 있다는 전제 하에 민법상 행위능력, 행위무능력선고와 선거권 결격사유를 연동시켰다. 이 당시의 기본법 제38조 제2항에서는 만 21세에 달한 사람은 선거권이 있다고 규정했을 따름이고, 기타 선거권과 관련된 상세한 사항은 연방/주의 선거법에 위임했었다. 1956년에 제정된 선거법[12]에서는 선거권은 행사상 일신전속권이고 대리가 허용되지 않기 때문에[13] 선거권자가 스스로 정치적 의사형성을 해야 한다는 점에 착안하여 제13조 제1호에서 다음과 같이 선거권 결격사유를 법정했다.

---

6) Bundeswahlgesetz in der Fassung der Bekanntmachung vom 23. Juli 1993 (BGBl. 1993, Teil 1, S. 1288, 1594).

7) 기본법 제38조 [선거] 독일 연방의회의 의원들은 보통, 직접, 자유, 평등 및 비밀선거에 의하여 선출된다.

8) 기본법 제3조 [법 앞의 평등] (3) 누구나 장애를 이유로 불이익을 받지 아니한다.

9) BVerfG, Beschluss vom 29.01.2019 −2 BvC 62/14− = BVerfG, NJW 2019, 1201.

10) Gesetz zur Änderug des Bundeswahlgesetzes und anderer Gesetze vom 18. Juni 2019 (BGBl. 2019, Teil 1, S. 834).

11) 이에 대한 상세한 소개는 안경희, "독일 선거법상 완전후견이 개시된 피성년후견인에 대한 선거권 부여 및 투표 지원 제도", 『법학논총』, 제33권 제3호(2021), 48면 이하 참조.

12) Bundeswahlgesetz vom 7. Mai 1956 (BGBl. 1956, Teil 1, S. 383).

13) BT−Drucksache 1/4090, S. 16.

선거법(1956년) 제13조 다음 각호의 어느 하나에 해당하는 사람은 선거권이 배제된다. 1. 행위무능력선고를 받은 사람, 임시후견을 받는 사람 또는 정신적 장애로 보좌를 받는 사람

그 후 『연방선거법 개정을 위한 법률(1975년)』[14]에 따라 −제2호(법원의 판결로 선거권을 상실한 사람)가 제1호로 되고− 종래 제1호가 제2호로 되면서 '임시후견을 받는 사람'은 삭제되었고 '행위무능력선고를 받았거나 정신적 장애로 보좌를 받는 사람'으로 개정되었다.[15] 1990년에는 제13조 제2호가 '행위무능력선고를 받은 사람 또는 정신적 장애로 보좌를 받는 사람으로서 후견법원의 증명서로 법원이 자신의 동의 하에 보좌를 명령했음을 증명하지 않는 경우'로 다시금 개정되었다.[16]

선거법(1956년) 제13조 제2호에서 −민법상 법리에 상응하여− 단독으로 유효하게 정치적 의사형성을 할 수 없는 사람은 민법[17] 제6조에 근거하여 행위무능력선고를 받은 사람, 제1906조에 따라서 임시후견을 받는 사람 및 제1910조 제2항에 따라서 정신적인 장애로 보좌를 받는 사람이었다. 이 규정은 열거규정이므로, 민법상 피보좌인이라 하더라도 신체적 장애로 보좌를 받는 사람들은 −법적인 행위능력에 제한을 받지 않기 때문에− 보좌 유무와 무관하게 선거권을 행사할 수 있었고, 기표를 할 때 신뢰하는 사람의 도움을 받을 수 있도록 했다(선거법 제42조 제2항[18]). 입법이유에 따르면 동조의 의미에서 선거인이 신뢰하는 사람은 문맹 기타 신체적 장애를 가진 선거인을 지원하기 위하여 투입된 단지 '기술적인 지원수단'에 불과하다고 한다.[19] 따라서 이 규정도 선거권이 일신전속적인 권리라는 원칙을 전제로 하고 있으므로, 이 선거도우미들이 선거인의 선거권 행사에 영향을 미쳐서는 아니되었다.

2. 선거법(1956년) 제13조 제1호에 따른 선거결격자

(1) 행위무능력선고를 받은 사람

민법 제1초안에서는 -로마법상 전통에 상응하게[20]− 만 7세까지는 아동기, 만 21세까지는 미성년기라는 규정을 두었고(제1초안 제25조), 만 7세 미만의 아동은 행위무능력자(제1초안 제

14) Gesetz zur Änderung des Bundeswahlgesetzes vom 24. Juni 1975 (BGBl. 1975, Teil 1, S. 1593).

15) 연방선거법(1975년) 제13조 [선거권의 배제] 다음 각호의 어느 하나에 해당하는 사람은 선거권이 배제된다.
2. 행위무능력선고를 받았거나 정신적 장애로 보좌를 받는 사람

16) Bundeswahlgesetz in der für die Wahl zum 12. Deutschen Bundestag geltenden Fassung vom 21. September 1990 (BGBl. 1990, Teil 1, S. 1288, 1594),

17) 본고에서 법명의 언급 없이 인용된 법률규정들은 모두 독일 민법의 규정이다.

18) 선거법(1956년) 제42조 [선거의 비밀보장] (2) 문맹 또는 신체적 장애로 투표용지에 기표하거나 봉투를 접고 이를 선거관리위원회에 제출하기 어려운 선거인은 신뢰하는 사람(Vertrauensperson)의 도움을 받을 수 있다.

19) BT−Drucksache 1/4090, S. 27.

20) 로마법, 독일보통법, 분방법에 있어서 연령에 따른 행위능력에 대하여는 백경일, "독일민법 제정 당시의 행위능력제도", 『서울법학』, 제24권 제1호(2016), 각주 7, 8, 13, 14, 19, 20 참조.

64조 제1항; 제2초안 제78조 제1호, 제3초안 제100조 제1호, 민법 제104조 제1호), 만 7세 이상의 미성년자는 제한행위능력자로 각각 법정했었다(제1초안 제65조; 제2초안 제80조, 제3초안 제102조, 민법 제106조).[21] 제2초안에서는 아동기 · 미성년기에 대한 근거규정이 삭제되었지만, 여전히 만 7세, 만 21세를 기준으로 행위무능력자와 제한행위능력자를 구분했다. 이처럼 독일민법의 기초자들은 적극적으로 행위능력자를 법정한 것이 아니라, 소극적으로 —연령을 기준으로— 행위능력을 가지지 않거나 제한받는 사람을 준별했기 때문에, 이들 규정의 반대해석상 이러한 연령대에 속하지 않는 사람, 즉 성년자는 원칙적으로 완전한 행위능력을 향유했다. 다만, 성년자라 하더라도 일정한 요건, 가령 행위무능력선고를 받으면 -7세 미만의 아동 또는 21세 미만의 미성년자와 마찬가지로— 행위무능력자 또는 제한행위능력자로 다루어졌다.

민법 제정(1900년) 당시부터 1992년에 민법이 개정되기 전까지 제6조 제1항에서는 정신질환 또는 정신박약으로 자신의 사무를 처리할 수 없는 사람(제1호), 낭비로 자신 또는 자신의 가족을 궁박하게 할 염려가 있는 사람(제2호) 및 음주벽으로 자신의 사무를 처리할 수 없거나 자신 또는 자신의 가족을 궁박하게 할 염려가 있거나 타인의 안전을 위태롭게 하는 사람(제3호)을 '행위무능력선고(Entmüdigung)[22]를 받을 수 있는 사람'으로 법정하고 있었다. 선거권과 관련해서는 주로 제1호 사유가 문제되므로, 이하에서는 이를 중심으로 검토하기로 한다.

가. 행위무능력선고의 실체법적 요건

제6조 제1항 제1호에 따른 행위무능력선고의 3가지 요건은 병리적인 상태(정신질환 또는 정신박약), 자신의 사무 처리 불능 및 양자 사이의 인과관계로 이루어져 있다. 제1초안 제28조 제1항에서는 "이성적 사고를 할 수 없게 된 사람은 그 정신질환으로 인하여 행위무능력선고를 받을 수 있다."고 규정했었다.[23] 제1초안 입법이유서(이하 '입법이유서')에 따르면 단순한 정신박약자, 즉 의사결정능력이 완전히 결여된 것이 아니라 정신능력의 발달이 불충분한 사람의 경우에는 행위능력이 배제되지 않기 때문에[24] 정신박약자를 정신질환으로 인한 행위무능력선고 대상에서 제외했다고 한다. 그러던 것이 제2초안에서 정신박약이 행위무능력선고 사유로 추가되면서 행위무능력선고를 받을 수 있는 유형을 열거하는 방식으로 규정이 수정되었다. 가령 제2초안 제14조 제1항에서는 환자가 질병으로 자기의 사무를 처리할 수 없는 경우에는 정신질

21) 1974년 민법개정으로 만 18세부터 성년자가 되므로(제2조), 만 7세 이상 만 18세 미만의 미성년자가 제한적 행위능력자이다(제106조).

22) 성년자는 누구나 행위능력자라는 원칙에서 출발하면, 성년자로부터 이러한 능력을 박탈 또는 제한시키는 것은 '예외'에 해당한다. 따라서 성년자가 -아동 또는 미성년자처럼— 이성적 사고를 하지 못한다는 것만으로는 부족하고 특별한 절차를 거쳐야 하는데, 그 절차가 바로 Entmüdigung이었다. 이러한 제도적 취지에 비추어 보면 독일민법상 Entmüdigung이라 함은 사건본인이 정신질환 또는 정신박약으로 말미암아 단독으로 완전한 의사결정을 내릴 능력이 없다는 민사법원의 선고, 즉 '행위무능력선고'라고 번역하는 것이 바람직하다.

23) 제1초안 입법이유서에서는 단순한 정신박약, 의사결정능력이 완전히 결여된 것이 아니라 정신능력의 발달이 불충분한 경우는 정신질환으로 인한 행위무능력선고 사유에 해당되지 않는다고 보았다: *Motive* I, S. 62.

24) Motive I, S. 62.

환으로 인한 행위무능력선고(제1호)를, 정신박약자가 정신박약으로 자기의 사무를 처리할 수 없는 경우에는 정신박약으로 인한 행위무능력선고(제1호의a)를 받을 수 있다고 규정했었다. 그 후 제3초안에서는 －제1호와 제1호의a을 합하여－ 제1호의 문구가 '정신질환 또는 정신박약으로 자신의 사무를 처리할 수 없게 된 사람'으로 수정되었고, 이 규정이 그대로 성문화되었다. 그러고 보면 제2초안부터는 제1초안의 '이성적 사고를 할 수 없게 된 사람'이라는 문구가 삭제되기는 했지만, 그 의미는 여전히 남아있다고 보아야 할 것이다. 따라서 '정신질환 또는 정신박약으로 자신의 사무를 처리할 수 없게 된 사람'은 '정신질환 또는 정신박약으로 이성적 사고를 할 수 없게 되어 자신의 사무를 스스로 처리할 수 없게 된 사람'으로 해석해야 할 것이다.

제1호의 의미에서 정신질환 또는 정신박약은 의학적인 개념이 아니라 법적인 개념이고, 양자의 차이는 행위무능력선고를 받은 사람이 자신의 사무를 전혀 처리할 수 없는지 또는 최소한 사무처리에 영향을 미칠 수 있는지에서 비롯된다고 한다.[25] 입법이유서에 따르면 법문에 정신착란, 광란과 같은 용어가 아니라 정신질환이라는 포괄적인 개념이 사용된 것은 이러한 일련의 질환들의 형태 또는 단계가 명확하지 않고 이들 사이의 경계가 명확하게 설정될 수도 없기 때문이라고 한다.[26] 그 밖에도 이러한 규범적인 용어를 채택했기 때문에 입법당시에 미처 의학적으로 규명되지 않은 새로운 유형의 정신질환(가령 알츠하이머)도 행위무능력선고사유에 포섭시킬 수 있는 장점을 가지게 되었다.

제1호에 법정된 행위무능력선고 사유는 사건본인이 이성적 사고를 하지 못하는 것을 전제로 하는데, 이는 형법상 책임능력과 유사한 면이 있다. 그런데 입법이유서에서는 타당하게도 형법상 책임능력 유무는 과거에 발생한 사실을 대상으로 하고 일시적으로 정신활동을 침해하는 상태도 고려하여 판단되지만, 행위무능력선고는 장래를 향한 것이고 정신질환의 계속성을 요건으로 하기 때문에, 양자를 상이한 개념으로 보고 있다.[27] 이처럼 민법상 행위무능력선고와 형법상 책임능력은 모두 사람의 행위(법률행위/범죄행위), 변별력 내지 판단능력을 대상으로 한다는 공통점을 가지고는 있지만, 그 행위의 과거/미래지향성 및 변별력 결여 원인의 지속성 측면에서는 상이한 제도이다. 우선 행위무능력선고는 －과거 특정시점에서의 변별력이 아니라 － 사건본인의 현재 정신상태에 비추어 보았을 때 향후 그가 단독으로 유효하게 법률행위를 할 수 있는가를 판단하는 제도이다. 그리고 행위무능력선고는 －특정한 행위에 대하여 1회적인 법적인 판단을 하는 것이 아니라－ 장래의 포괄적인 법률행위에 대한 행위능력 유무를 결정하는 것이기 때문에, 변별력 상실 상태가 일정 기간 계속된 경우에 비로소 이러한 선고를 내리게 된다. 따라서 행위무능력선고의 실체법적 요건을 판단할 때 사건본인의 일시적인 정신상

25) Sachsen Gessaphe, *Betreuer*, S. 101.

26) *Motive* I, S. 61.

27) *Motive* I, S. 61.

태는 고려되지 않는다.

그렇다고 하여 일정기간 동안 상시 의사능력이 결여되어 있어야만 행위무능력선고를 내릴 수 있는 것은 아니었다. 입법이유서에 따르면 사건본인의 정신질환에 따른 결여된 정신상태가 지속적으로 또는 중단도 하면서 표출되는지의 여부, 당해 질환이 본인의 정신능력을 완전한 범위에서 또는 부분적으로만 지배하는지의 여부는 행위무능력선고에서 중요하지 않다고 한다. 특히 –간헐적 또는 주기적 정신질환에서 나타나는 바와 같이– 때때로 통상적인 질병상태가 중단되기는 하지만, 새로운 고통의 발생이 예견될 정도로 여전히 질병소인이 존속하는 경우에는, 사건본인에게 간혹 제정신이 드는 중간단계가 있다는 이유로 행위무능력선고를 할 수 없는 것은 아니라고 한다.[28)]

나. 행위무능력선고의 절차법적 요건

행위무능력선고 심판은 –민사법원에 해당하는– 區法院(Amtsgericht) 관할이었는데, 사건본인의 배우자, 법정대리인, 친족 또는 검사가 관할법원에 심판을 청구하면(민사소송법[29)] 제646조; 사건본인은 청구권자에 속하지 않았다) –제6조 제1항에 따른 실체법적 요건의 충족 하에– 법원이 결정(Beschluss)으로 행위무능력선고를 내렸다(민사소송법 제645조 제2항). 곧이어 법원이 이 선고사실을 관할 후견법원(Vormundgericht)에 통지하면(민사소송법 제660조 제1문) –제1896조[30)]에서 성년자가 행위무능력선고를 받은 경우에는 후견인을 두도록 법정하고 있었기 때문에– 후견법원이 비송사건절차법[31)]에서 정한 절차에 따라서 종국적인(entgültige) 후견을 명하고 후견인을 선임했다(동법 제36조). 법률규정에는 이 '종국적이라는' 단어가 등장하지 않지만, 후술하는 바와 같이 민법 및 비송사건절차법에 임시후견에 관한 규정을 별도로 두고 있었기 때문에, 여기에서의 후견은 –임시후견에 대응하는 개념으로– 종국적인 후견을 의미했다. 이처럼 후견은 종국적인 후견과 임시적인 후견으로 구분되었지만, 전자가 후견의 원칙적인 모습이고 법률규정도 이를 중심으로 구성되어 있었다.

정신질환/정신박약을 원인으로 행위무능력선고를 하는 것뿐만이 아니라 이에 대한 취소를 하는 것도 민법의 임무이기 때문에[32)] 이러한 행위무능력선고를 받은 사람이 다시 이성을 회복한 경우에는 제6조 제2항에 따라서 행위무능력선고가 장래를 향하여 취소되어야 했다. 이 경우에는 –행위무능력선고 청구의 경우와는 달리– 행위무능력자 본인도 취소 청구권자에 포함되었다(민사소송법 제664조 제2항).

28) *Motive* I, S. 61.

29) Zivilprozessordnung(ZPO) vom 30.01.1877 (RGBl. 1877, S. 83).

30) (구)제1896조 성년자가 행위무능력선고를 받은 경우에는 후견인을 둔다. 제1초안 제1726조가 원안 그대로 성문화되었다(제2초안 제1771조, 제3초안 제1874조).

31) Gesetz über die freiwillige Gerichtsbarkeit(FGG) vom 17.05.1898 (RGBl., S. 189); aufgehoben durch Artikel 112 Abs. 1 G. v. 17.12.2008 (BGBl. 2008, Teil 1, S. 2586).

32) *Motive* I, S. 62.

다. 행위무능력선고의 효력

1) 행위능력의 박탈 또는 제한

행위무능력선고는 당해 선고를 받은 성년자의 행위능력을 포괄적으로 박탈하거나 제한하는 '형성적 효력'을 가졌다. 먼저 정신질환을 이유로 행위무능력선고를 받은 성년자는 그 선고기간 동안 —만 7세 미만의 아동과 마찬가지의— 행위무능력자가 되었는바(제1초안 제64조 제1항, 제2항; 제2초안 제78조; 제3초안 제100조; 민법 제104조), 그가 한 의사표시 및 이를 요소로 하는 법률행위는 확정적으로 무효(nichtig)가 되었다(제105조 제1항).

이에 비하여 정신박약을 이유로 행위무능력선고를 받은 사람은 그 선고기간 동안 —만 7세 이상의 미성년자처럼— 제한행위능력자로 다루어졌다(제2초안 제88조; 제3초안 제110조; 민법 제114조). 따라서 이러한 선고를 받은 사람은 제107조 내지 제113조에 의하여 행위능력에 제한을 받으므로, 가령 권리만을 얻거나 의무만을 면하는 법률행위는 단독으로 할 수 있었으나(제1초안 제65조 제2항; 제2초안 제81조; 제3초안 제104조; 민법 제107조), 자신의 권리를 포기(단독행위)하거나 스스로 의무를 부담하는 법률행위를 하는 경우에는 법정대리인(후견인)의 동의를 받아야 했다(제1초안 제65조 제3항; 제2초안 제81조; 제3초안 제104조; 민법 제107조). 만일 그가 후견인의 동의 없이 이러한 법률행위를 한 경우에는, 단독행위는 무효가 되었고(제1초안 제65조 제3항; 제2초안 제82조 제1항; 제3초안 제104조 제1항; 민법 제108조 제1항), 계약은 후견인의 추인 여부에 좌우되는 유동적 무효(unwirksam)가 되었다(제1초안 제65조 제3항; 제2초안 제85조; 제3초안 제107조; 민법 제111조).

2) 후견인 선임

행위무능력선고를 받으면 단독으로 유효하게 법률행위를 할 수 없거나 법률행위를 함에 있어서 제한을 받게 되므로, 이렇게 완전한 행위능력자였다가 행위무능력자/제한행위능력자로 된 성년자를 보호하기 위하여 후견인(Vormunder)을 두도록 법정했다(제1896조). 이처럼 행위무능력자제도 및 후견제도는 1차적으로는 행위무능력자 본인을 위한 제도이지만, —입법자의 의사에 따르면— 정신질환 등을 앓고 있는 성년자에게 행위무능력선고를 내리고 장래를 향하여 행위무능력자/제한행위능력자로 확정짓는 것은 법적 안정성에도 기여한다.[33)]

성년자를 위한 후견의 경우에도 미성년후견에 관한 규정이 준용되므로, 행위무능력선고를 받은 성년자를 위하여 법률에서 정한 순서에 따라 그의 친족들 가운데 1인이 후견인으로 선임되었다(제1897조에 의한 1775조의 준용). 이 후견인이 -법정대리인의 자격에서— 피후견인(행위무능력자/제한행위능력자)의 재산 및 신상에 관한 법률행위(또는 준법률행위)를 포괄적으로 대리했다(제1897조에 의한 제1793조의 준용).

---

33) *Motive* I, S. 130.

(2) 임시후견을 받는 사람

가. 임시후견명령의 실체법적/절차법적 요건

구법원에 행위무능력 심판이 청구되었다 하더라도 법원에서 그 청구를 인용하고 후견인을 선임해 줄 때까지는 상당한 시간이 소요된다. 그 결과 심판 청구시부터 실제로 후견인이 선임될 때까지 사건본인의 권리 보호에 공백이 생길 수 있는바, 이 기간 동안 후견법원에서 임시적으로 후견명령을 내릴 수 있었다. 요컨대 임시후견은 —종국적인 후견과는 달리— 행위무능력 선고 전 단계에서의 '사전적' 그리고 '예비적' 권리구제수단이라고 볼 수 있다.

제1초안 제1737조 제1항에 따르면 어떤 성년자에게 행위무능력 심판이 청구된 경우, 후견법원은 '후견인이 선임되지 않는 동안' 그 사람에 대하여 임시후견명령을 내릴 수 있었다. 제2초안 제1783조 제1항에서는 임시후견 요건을 강화하여 '행위무능력심판이 청구된 성년자의 신상 또는 재산에 대한 현저한 위험을 방지하기 위하여 필요하다고 인정하는 경우'라는 문구가 추가되었고, 이 제2초안이 약간의 자구수정을 거쳐서 제1906조로 성문화되었다.

이 규정에 따르면 임시후견이 개시되려면 우선 구법원에 행위무능력심판이 청구되었어야 하므로, 장차 행위무능력선고를 받게 될 사람이 잠정적으로 제6조 제1항의 행위무능력선고 요건을 충족했어야 했다. 둘째, 사건본인의 신상 또는 재산에 대하여 현저한 위험이 존재하고 그 위험을 방지하기 위한 조치(즉 임시후견)가 필요해야만 했다(필요성의 원칙). 셋째, 제6조 제1항의 의미에서의 잠재적인 행위무능력사유와 제1906조의 의미에서의 위험성 사이에 인과관계가 있어야 했다. 요컨대 제6조 제1항 제1호의 요건을 갖춘 사람은 「민사소송법」에 따라서— 행위무능력선고를 받은 후에 종국적인 후견을 받을 수도 있고, 제1906조의 요건을 충족하는 경우에는 —「비송사건절차법」 제52조에 따라서— 임시후견을 받을 수도 있었다.

나. 임시후견명령의 효력

임시후견 하에 있는 성년자는 제114조에 따라서 —정신박약을 이유로 행위무능력선고를 받은 성년자와 마찬가지로— 만 7세 이상의 미성년자와 동등하게 취급되었다. 그 결과 임시후견이 존속하는 동안에 사건본인을 위하여 법정대리권을 가지는 후견인이 선임되었다.

물론 이렇게 임시후견인이 선임되었다 하더라도, 향후 행위무능력심판 청구가 취하 또는 각하된다거나, 행위무능력선고를 받아 —종국적인— 후견인이 선임된 경우에는 임시후견은 종료했다(제1908조 제1항, 제2항).

(3) 정신적 장애로 보좌를 받는 사람

가. 보좌의 실체법적/절차법적 요건

성년자가 아직 행위무능력선고를 받지도 않았고 임시후견 하에 있지도 않지만, 신체적 또는 정신적 장애로 말미암아 완전히 또는 부분적으로 자신의 (재산)사무를 처리할 수 없는 경우에는 보좌인의 도움을 받을 수 있었다. 민사소송법 및 비송사건절차법에 따라서 진행되었던 후견과는 달리 보좌는 비송사건절차법 제37조 이하의 적용을 받았다.

제1910조 제2항에 따르면 보좌의 성립요건은 후견이 개시되지 않은 성년자의 신체적 또는 정신적 장애와 이로 인한 사무처리 불능이었다. 여기에서의 '정신적 장애'는 모든 형태의 지속적인 정신적 결함을 포함하므로[34], 제6조 제1호의 사유로 행위무능력선고를 받은 사람 및 제104조 제2호에서 법정하고 있는 '정신활동의 병적인 장애로 자유로운 의사형성을 할 수 없고, 성질상 그러한 상태가 일시적이지 아니한 사람'과 교차되는 측면이 있었다.

동조 제3항에서는 사건본인과 의사소통을 할 수 없는 경우를 제외하고는 본인의 동의를 얻은 때에 한하여 보좌명령을 내릴 수 있도록 법정했으므로, 임의보좌가 보좌의 원칙적인 유형이었다.[35] 여기에서의 동의는 법률행위적인 의사표시를 의미하므로, 장차 보좌를 받게 될 사람이 보좌인에 의하여 처리하게 될 특정 사무에 대하여 행위능력을 가지고 있는 경우에만 보좌에 대하여 유효하게 동의할 수 있었다. 이에 비하여 사건본인과 의사소통을 할 수 없는 경우에는, 본인의 의사에 반해서도 보좌를 명할 수 있었다. 향후 이러한 강제보좌만으로는 피보좌인의 사무를 처리하지 못하게 되면 다음 단계로 행위무능력심판을 받게 될 가능성이 높기 때문에, 정신적 장애로 인한 강제보좌는 행위무능력선고의 '전단계'라고 볼 수도 있었을 것이다. 바로 이러한 점에서 선거권 결격은 '강제보좌'의 경우에만 문제되었다.

나아가 제1초안 제1739조에서는 '필요성이 있는 한' 특정한 사무처리를 위하여 보좌인을 둘 수 있다고 법정했었으나, 제2초안 제1787조, 제3초안 제1888조 제2항, 민법 제1910조 제2항에서는 이 보호필요성이라는 징표가 삭제되었다. 그럼에도 불구하고 행위무능력선고, 임시후견과의 관계에서 보좌제도를 본다면, 아직 이러한 절차를 밟아야 할 단계는 아니지만 정신적 장애인의 사무처리를 위하여 필요한 경우에는 보좌인을 둘 수 있다고 보아야 하기 때문에, 여전히 '필요성'이 요건으로 부가되어야 할 것이다. 따라서 가령 성년자가 자신의 사무처리를 위하여 임의대리인을 선임했고 그에게 지시를 내리고 감독할 수 있는 상태에 있는 경우에는 임의보좌를 둘 필요성이 없게 된다.

나. 보좌의 효력

보좌에는 후견에 관한 규정이 준용되기는 했지만(제1915조 제1항), 보좌인은 항상 후견법원으로부터 위임받은 특정한 사무만을 처리할 수 있었고, 보좌가 개시되었다고 하여 피보좌인의 행위능력이 박탈 또는 제한되지는 않았다. 특히 임의보좌의 경우에는 여전히 의사능력/행위능력을 가지는 피보좌인의 동의 하에 절차가 진행되므로, 보좌인과 피보좌인이 모두 행위능력자로서 법률행위를 할 수 있었고, 보좌인은 피보좌인의 '임의대리인'이 되었다.

이에 비하여 강제보좌의 경우에는 보좌인이 피보좌인을 위하여 특정된 법률행위를 할 당

34) Sachsen Gessaphe, *Betreuer*, S. 103.

35) *Motive* Ⅳ, S. 1256.

시에 피보좌인이 의사무능력인 상태에 있었다면 보좌인이-법정대리인으로서- 법률행위를 할 수 있었다. 이 경우의 보좌인은 -행위무능력선고를 받은 사람의 후견인과 마찬가지로- 법정대리인이라는 지위에 있지만, -포괄적인 대리권을 가지는 후견인과는 달리- 법원으로부터 위임받은 특정한 임무영역에서만 대리권을 가졌다. 이러한 점에 비추어 보면 실체적 요건 및 효력 면에서 후견과 강제보좌는 중첩되는 면이 있었다. 전술한 바와 같이 요건 면에서 보좌사유인 정신적 장애는 -제6조 제1호의 정신질환, 정신박약을 포함하여- 모든 형태의 지속적인 정신적 결함을 의미하는 것으로 해석되고, 효력 면에서 후견인/보좌인은 모두 피후견인/피보좌인의 법정대리인이 되었다. 사정이 이러하다면 가령 정신질환을 앓고 있는 성년의 자녀를 둔 어머니의 입장에서는, 자녀의 행위능력을 완전히 박탈하는 행위무능력선고를 청구하는 것보다는 법정대리인의 도움을 받아야만 하는 특정 영역을 설정하여 보좌를 청구하는 것이 유용하다고 생각했을 것이다. 더욱이 절차면에서 행위무능력선고/후견인 선임 절차는 구법원/후견법원으로 이원화되어 있었고, 보좌는 후견법원의 단독관할인바, 청구권자들이 복잡한 행위무능력선고/후견인 선임 절차를 밟는 대신에 보다 간이한 보좌제도를 선호했을 것으로 짐작된다.[36)]

3. 선거법 제13조 제2호의 위헌성 여부

이 시기에 2건의 선거심사 헌법소원 사건에서 선거권 배제가 중요하게 다루어졌다. 독일의 선거심사제도는 객관적으로 '선거 자체'의 유효성을 심사하는 제도로 -1차적으로- 선거권자가 연방의회에 선거법 위반 또는 절차상 하자 등의 이유를 적시하여 선거의 유효성에 대한 이의를 제기하고(연방선거심사법 제1조 제1항[37)], 제2조 제2항, 제3항), 연방의회에서 이 신청이 기각되면 -2차적으로- 연방헌법재판소에 선거심사 헌법소원을 청구하게 된다(연방헌법재판소법 제48조 제1항[38)]). 이 선거심사를 신청할 수 있는 사람은 연방의회의장 등과 함께 선거권자[39)]로 한정되었는데, 여기에서의 선거권자는 원칙적으로 선거법 제12조[40)]에 따라서 선거권이 부여

---

36) 가령 1987년에는 보좌사건 건수가 성년자를 위한 후견 사건 건수의 거의 3배 정도였다고 한다: Erman/Roth, Vor § 1896 Rn. 3.

37) 선거심사법 제1조 (1) 기본법 제41조 제2항에 따른 헌법소원을 제외하고, 기본법 제41조에 따른 선거심사의 대상인 연방선거의 효력, 선거의 준비나 진행 중의 권리침해에 대하여는 연방의회가 결정한다.

38) 연방헌법재판소법 제48조 (1) 의원의 지위가 문제되는 의원, 이의신청이 연방의회에서 기각된 선거권자나 선거권자 집단, 연방의회의 교섭단체 또는 법정 의원수의 최소 10분의 1에 해당하는 소수의원들은, 연방의회의 결정 후 2개월 이내에 연방헌법재판소에 기본법 제41조에 따른 선거심사의 대상인 선거의 효력, 선거의 준비나 진행 중의 권리침해 또는 연방의회 의원직 상실에 관한 연방의회의 결정에 대한 헌법소원을 청구할 수 있다; 이 기간 내에 선거소원심판의 청구이유가 소명되어야 한다.

39) 연방헌법재판소법 제48조 제1항에 따르면 선거권자만이 선거소원심판을 청구할 수 있는 것처럼 보이지만, 선거권의 문제가 바로 헌법소원의 대상인 경우에는 연방선거법 제13조 제2호, 제3호에 따라서 선거권이 배제된 사람들도 헌법소원을 청구할 수 있었다. 왜냐하면 이들에게 헌법소원능력을 인정하지 않게 되면 선거권에 대한 실체법적인 검토를 할 수 없기 때문이다: BVerfG Beschluss vom 29.01.2019, Aktenzeichen -2 BvC 62/14-, Rn. 27.

된 사람을 의미하며, 여기에 '제13조에 따라서 선거권이 배제되지 않은 사람'이 포함되어 있었기 때문에 선거심사 헌법소원 사건에서 선거권 배제가 중요한 의미를 가졌다. 아울러 헌법재판소는 선거의 준비나 진행 중에 발생한 선거권자의 권리침해에 대해서도 심판하기 때문에, 선거기관이나 연방의회가 선거법의 제규정을 준수했는지는 물론이고, 동법규정이 헌법에 부합하는지에 대해서도 판단했다. 기본법 제38조 제1항 제1문에 법정되어 있는 민주적인 선거의 원칙(보통, 직접, 자유, 평등, 비밀 선거의 원칙)으로부터 도출되는 선거권도 이른바 기본권 유사의 권리(Grundrechtsgleiche Rechte)로 인정되므로, 선거권을 침해받은 사람은 헌법재판소에 헌법소원을 제기할 수 있었다(기본법 제93조 제1항 제4호의a).[41]

먼저 1973년 헌법소원 케이스는, 외국에 거주하고 있는 독일국적자들이 기본법 제38조가 그들에게 선거권을 보장하고 있음에도 불구하고 선거법(1972년)[42] 제12조[43] 제2호(선거일 현재 3개월 이상 선거구 거주요건)에 의하여 제7대 연방의회선거(1972년 11월 19일)에 참여하지 못했다는 이유로 연방의회에 당해 선거의 유효성에 대한 선거심사를 청구했고, 이 청구가 기각되자 연방헌법재판소에 선거심사 헌법소원을 청구한 사건이었다. 연방헌법재판소는 제2호에 따른 선거권 제한이 기본법상 보통선거 원칙에 부합한다고 판단하면서 동조 제1호, 제3호 사유에 대해서도 함께 언급했다: 보통선거 원칙에 따라서 누구나 가능한 한 동일한 방식으로 자신의 선거권을 행사할 수 있어야 하지만, 불가피한 사유가 있는 경우에 이 원칙을 제한하는 것은 헌법에 적합하다고 한다. 가령 선거연령제한(만 21세)[44], 행위무능력선고를 받았거나 임시후견 또는 정신적 장애로 보좌를 받는 사람이 선거권을 배제받는 것은 '항상' 보통선거원칙에 부합하는, 다시 말하면 이 원칙에 대한 정당한 제한으로 간주된다고 한다. 아울러 이 사건에서 문제가 되었던 거주요건도 보통선거원칙에 대한 '전통적인 제한'에 속하므로, 일정 기간 동안 독일에 거주하는 독일인으로 선거권자를 한정한 것은 헌법에 합치한다고 보았다.[45]

---

40) 선거법 제12조 [선거권] (1) 기본법 제116조 제1항의 의미에서의 독일인은 누구나 선거일 현재 다음 각 호의 요건에 해당되면 선거권을 가진다.
   1. 만 18세 이상인 경우
   2. 독일연방공화국 내에서 3개월 이상 주거를 가지거나 통상적으로 거주한 경우
   3. 제13조에 따라 선거권이 배제되지 아니한 경우

41) BVerfG Beschluss vom 29.01.2019, Aktenzeichen –2 BvC 62/14–, Rn. 26.

42) Bundeswahlgesetz vom 3. Juli 1972 (BGBl. 1972, Teil 1, S. 1100).

43) 선거법(1972년) 제12조 [선거권] (1) 선거일 현재 다음 각호의 요건에 해당되는 기본법 제116조 제1항의 의미에서의 모든 독일인은 선거권이 있다.
   1. 만 21세에 달한 사람,
   2. 최소한 3개월전부터 선거구에 자신의 거주지 또는 지속적인 주거지를 가지는 사람,
   3. 제13조에 따라서 선거권이 배제되지 아니한 사람.

44) 성년연령 개정을 위한 법률(Gesetz zur Neuregelung des Volljährigkeitsalters vom 31.Juli 1974 (BGBl. 1974, Teil 1, S. 6550)에 따라 1975년 1월 1일부터 민법상 성년연령이 18세로 되었고, 선거연령도 18세로 낮춰졌다.

1984년 사건에서는 정신적인 장애로 보좌를 받고 있는 여성의 선거권 배제가 문제되었다.[46] 이 사건의 청구권자는, 1979년 3월 19일에 -자신의 동의 없이- 함부르크법원의 결정으로 정신적인 장애로 인한 보좌가 개시되었고 제10대 연방의회선거(1983년 3월 6일)를 위한 선거증을 발급받은 상태에서 -역시 자신의 동의 없이- 1983년 1월 27일의 결정으로 보좌명령의 범위가 더 확대되었기 때문에 1983년 3월 6일 연방의회선거 전에 선거인명부에서 자신의 이름이 삭제되어 이미 발급된 선거증이 무효로 선언되자, 보좌가 위법하게 개시되었다고 주장하면서 연방의회에 제10대 연방의회선거의 유효성에 대한 심사를 신청했다. 연방의회는 1983년 11월 23일 제38차 회의에서 신청자는 선거법 제13조 제2호에 따라서 선거권이 배제된 사람이므로 선거심사를 신청할 수 없다는 이유로 당해 신청을 기각했고, 이에 1983년 12월 19일에 청구인이 연방헌법재판소에 선거심사소원 심판을 청구했다. 연방헌법재판소는 연방헌법재판소법 제48조에 따라서 헌법소원을 청구할 수 있는 능력은 선거능력에 좌우되는데, 정신적 장애로 보좌를 받는 사람은, 후견법원의 증명서로 법원이 자신의 의사에 기초하여 보좌명령을 내렸다는 것을 입증하지 않는 한, 선거법 제13조 제2호에 따라서 선거권이 배제된다고 판단했다. 아울러 후견법원의 보좌명령 여부는 법관의 자유심증에 따라 결정되지만, 선거관리위원회에 의하여 또는 선거심사절차에서 보좌개시를 위한 요건을 별도로 심사하지는 않는다고 보았다. 그 결과 선거법 제13조 제2호는 헌법에 적합하고 '보통선거원칙에 부합'하는 것으로 간주된다고 해석했다.

이 두 선거심사 헌법소원 사건에서는 선거법상 선거권 제한 규정이 기본법상 보통선거원칙에 적합한지가 주로 문제되었다. 그렇지만 헌법재판소가 이들 규정의 헌법적합성을 인정한 '근저'에는 민법상 행위무능력제도, 임시후견제도, 보좌제도가 로마법 이래 법질서가 인정해 온 '전통적인 제도'이기 때문에, 이러한 민법상 제도를 기초로 선거권 배제 여부를 판단하는 것은 전체 법질서에 부합한다는 사고가 자리하고 있었던 것으로 보인다. 이러한 관점에서 보면, 구법원에서 단독으로 유효하게 법률행위를 할 수 있는 변별력이 없는 것으로 인정되어 행위무능력선고 등을 받은 후 후견법원에서 법정대리인이 선임된 사람으로부터 공법상 선거권, 선거심사 헌법소원 청구권을 박탈하는 것은 오랫동안 법질서에 의하여 승인되어 온 관행인바, -역사적으로 검증된- 보통선거원칙에 대한 정당한 제한으로 해석될 수 있었을 것이다. 그 결과 가령 1984년 사건의 경우, 만일 청구인이-보좌에 동의할 수 있을 정도의 변별력을 갖추고 있어서- 임의보좌명령을 받았다는 사실을 입증한다면, 청구인이 -민법상 여전히 행위능력자로서- 선거권을 가지고 있었음에도 불구하고 선거권을 행사할 수 없었던 것이 된다. 이에 비하여 청구인이 이러한 사실을 입증하지 못한다면 청구인은 함부르크 구법원의 정신적인 장애

45) BVerfG Beschluss vom 23.10.1973, Aktenzeichen 2 BvC 3/73, BVerfGE 36, 139, 141 f.
46) BVerfG Beschluss vom 29.05.1984, Aktenzeichen 2 BvC 2/84, BVerfGE 67, 146, 148.

로 인한 (강제)보좌명령에 따라 선거권이 박탈되었기 때문에 선거심사 헌법소원을 청구할 수도 없다고 해석되는 것이다.

Ⅲ. 제2단계

1. 완전후견과 선거권 결격

1990년에 정신질환자 및 정신적, 심리적 또는 신체적 장애를 가진 사람들에 대한 차별적인 요소를 제거하고 이들의 법적 지위를 강화하며 -이들이 스스로 책임을 질 수 있는 한- 이들의 청구, 희망 등에 법적 구속력을 부여하고, 이들의 잔존능력을 고려하여 돌봄이 필요한 경우에만 보충적으로 성년후견을 허용하고자[47] 『성년자를 위한 후견과 보좌에 관한 법률의 개정을 위한 법률(이하 '성년후견법')』[48]이 제정되었다. 이 법의 제정으로 종래의 행위무능력선고제도가 폐지되었고, 그 결과 이 제도와 결합되어 운영되었던 후견/보좌제도도 폐지되었으며, 성년후견제도(rechtliche Betreuung)로 일원화되었다.

이 성년후견법 제7장(Artikel 7) 제1조에 의하여 선거법[49] 제13조도 아래와 같이 개정되었고, 개정법이 1992년 1월 1일부터 시행되었다.

선거법(1993년) 제13조(선거권의 배제) 다음 각호의 어느 하나에 해당하는 사람은 선거권이 배제된다. 2. 단지 임시명령에 의해서가 아니라 자신의 모든 사무의 처리를 위하여 성년후견인이 선임된 사람. 성년후견인의 임무범위에 제1896조 제4항 및 제1905조에 규정된 사무가 포함되지 아니한 경우에도 동일하다.

입법이유에 따르면 선거권 배제는 당사자의 권리에 대한 중대한 침해이고, 사건본인들이 기타의 행위무능력 또는 보좌의 효과에 비하여 선거권 배제를 보다 더 차별적으로 느낀다고 한다. 특히 양로원 기타 공동시설에 거주하는 피후견인의 경우에는, 선거관리위원회로부터 선거관련 우편물이 발송되지 않는다는 사실로부터 여느 선거결격자들과 마찬가지로 자신들이 차별당하고 있다고 느끼게 될 뿐만 아니라, 이에 더하여 -자신들의 의사와는 무관하게- 행위무능력선고/보좌명령을 받았다는 개인정보가 시설입소자들에게 노출된다고 한다.[50] 입법과정에서 연방법무부장관에 의하여 구성된 연구위원회에서 마련한 제2차 토의안(1988년)에서는 제

47) BT-Drucksache 11/4528, S. 52 ff..

48) Das Gesetz zur Reform des Rechts der Vormundschaft und Pflegschaft für Volljährige (das Betreuungsgesetz) vom 12. September 1990 (BGBl. 1990 Teil 1, S. 2002).

49) Bekanntmachung der Neufassung des Bundeswahlgesetzes vom 23. Juli 1993 (BGBl. I, 1288).

50) BT-Drucksache 11/4528, S. 188.

13조 제2호를 대안 없이 완전히 삭제할 것을 제안[51)]했었는데 관철되지는 못했다. 입법이유에 양로원 사례가 언급되어 있는 것을 보면 입법자들이 선거권 배제가 기본권을 중대하게 침해한다는 점은 인지했었으나, -연구위원회의 제안처럼- 대안 없이 제13조 제2호를 삭제하게 되면 국민의 정치적 의사를 통합하는 선거의 통합기능이 보장될 수 없다고 판단했던 것 같다. 즉 선거가 이러한 통합기능을 제대로 수행하려면 -전술한 1973년, 1984년의 연방헌법재판소 판결과 같은 맥락에서- 선거의 본질과 의미를 이해하는 데 필요한 통찰력(행위능력 내지는 선거능력)이 있는 사람에게만 선거권이 부여되어야 하기 때문에, 구법상 선거권배제의 연결고리(행위무능력선고, 정신적 장애로 인한 보좌)를 대체할 또 다른 연결고리가 필요하다고 보았던 것이다. 입법자의 이러한 아이디어에 부합하는 것이 새로 도입된 성년후견제도였는데, 제한적인 사무범위만을 위하여 성년후견인이 선임된 경우(부분후견)에는 피성년후견인에게 선거의 본질 및 의미에 대하여 이해할 수 있는 통찰력이 없다고 단언할 수 없기 때문에 이 부분후견과 선거권 배제를 연결시킬 수는 없었을 것이다. 이에 비하여 피성년후견인의 모든 사무를 처리해주기 위하여 성년후견인이 선임된 경우(완전후견)에는 이들로부터 선거권을 박탈시킨다 하더라도 이는 '보통선거에 대한 헌법적합적인 제한'에 해당한다고 판단했던 것 같다.[52)] 이처럼 제2단계에서도 새로 정비된 성년후견제도와 선거권 결격이 '여전히' 연동되어 있었다.

2. 선거법(1993년) 제13조 제2호에 따른 선거결격자

성년후견법에 따르면 -행위무능력선고라는 구법원의 사전적 판단이 아니라- 일정한 성년후견인 선임 요건을 충족하는 경우(정신질환, 신체적, 정신적, 심리적 장애로 성년자가 자신의 사무를 전부 또는 부분적으로 처리할 수 없는 경우)에 본인의 신청 또는 직권으로 법원이 성년후견인을 선임하게 된다(제1896조 제1항). 이 규정에 근거하여 피성년후견인은 '자신의 모든 사무 처리를 위하여 성년후견인이 선임된 사람(완전후견이 개시된 사람)'과 '자신의 부분적인 사무 처리를 위하여 성년후견인이 선임된 사람(부분후견이 개시된 사람)'으로 대별된다. 그렇지만 완전/부분후견이 개시된 사람, 부분/완전후견이라는 표현은 강학상 용어이고, 법원이 부분/완전후견개시명령 또는 부분/완전후견인 선임명령을 내리는 것은 아니다. 가령 후견인 선임 결정에 '모든 사무' 또는 이와 유사한 표현이 사용될 필요는 없고, 피성년후견인을 위하여 고려되는 전체적인 임무범위가 개별적으로 언급되어 있으면 된다.[53)] 전술한 바와 같이 '보충적으로만' 성년후견을 허

51) 위원 모두가 만장일치로 제13조 제2호를 삭제하는 것에 찬성했었다고 한다: Bundesminister der Justiz, Diskussions-Teilentwurf eines Gesetzes über die Betreuung Volljähriger [Betreuungsgesetz-BtG], 1988, Teil 2, S. 19 f.

52) BT-Drucksache 11/4528, S. 188 f.

53) 완전후견인은 신상보호사무 전부와 같이 임무범위가 넓게 설정되고, 부분후견인은 건강, 거주시설결정 등과 같이 임무를 수행할 수 있는 범위가 열거된다고 한다: Jürgens/Jürgens, § 1896 Rn. 23; Palandt/Götz, § 1896 Rn. 16; Sachsen Gessaphe, *Betreuer*, S. 239.

용하고자 했던 입법취지 및 ―기본법 제20조의 법치국가법리에서 추론되는― 비례의 원칙(과잉금지의 원칙)에 비추어 볼 때 성년후견의 원칙적인 모습은 부분후견이고, ―선거권을 박탈당하게 되는― 완전후견은 예외에 해당한다.

(1) 완전후견인 선임의 실체법적 요건

성년후견법에서는 완전후견인 선임의 요건으로 ―행위무능력선고라는 기준 대신에― '후견필요성'과 '보충성'이라는 규범적인 척도가 제시되었다. 우선 완전후견인이 선임되려면 사건본인이 스스로의 힘으로 더 이상 일상생활을 영위할 수 없게 되어 생활의 모든 영역에서 성년후견인의 도움을 필요로 해야 한다(필요성 원칙). 가령 사건본인이 ―자신이 상상하는 것처럼 그리고 자신에게 중요하다고 생각하는 것처럼― 자신의 일상생활을 더 이상 스스로 (부분적으로도) 처리할 수 없어서[54] 타인의 도움을 받아야만 하는 상황에 처해 있어야 한다(이른바 행위필요).

가. 후견필요성

제1896조 제1항 제1문에 따르면 성년자가 정신질환 또는 신체적 장애, 정신적 장애, 심리적 장애로 자신의 사무를 전부 또는 부분적으로 처리할 수 없는 경우에 성년후견인을 선임하도록 되어 있으므로, 성년후견은 우선 후견을 필요로 하는 성년자, 즉 만 18세 이상을 대상으로 한다. '후견필요성'은 동조에 언급된 질병 또는 장애, 결국 이에 상응하는 의학적인 소견이 존재하는지의 여부에 따라서 판단된다.[55] 가령 동조의 의미에서 '정신질환'에는 조현병과 같은 내인성 정신질환, 질병이나 뇌손상으로 인한 질환과 같은 외인성 정신질환, 노이로제와 같은 인격장애 등이 포함된다.[56] 다만, 사건본인이 이러한 질병/장애를 가지고 있다는 진단이 필요조건이기는 하지만, 충분조건은 아니다. 왜냐하면 질병의 경과 및 치료계획 등이 전형화되어 있는 질병도 있지만 많은 경우에는 당해 질병에 대한 사건본인의 개인적인 입장, 가족의 지원이나 후원 등의 요소도 함께 고려되어야 하기 때문이다.[57] 결국 전문가감정서를 작성할 때에는 의학적 소견은 물론 정신적/사회적인 요소들도 고려하여 가치평가적인 판단을 하게 될

54) Erman/Roth, § 1896 Rn. 4, 20; Jürgens/Jürgens, § 1896 Rn. 29; Jürgens/Lesting/Loer/Marschner, *Betreuungsrecht*, B. Rn. 12; MünchKomm/Schwab, § 1896 Rn. 107; Sachsen Gessaphe, *Betreuer*, S. 239.

55) BT-Drucksache 11/4528, S. 115; Erman/Roth, § 1896 Rn. 6; Jürgens/Lesting/Loer/Marschner, Betreuungsrecht, B. Rn. 12; Palandt/Götz, § 1896 Rn. 5.

56) BtKomm/Roth, § 1896 Rn. 6; Erman/Roth, § 1896 Rn. 6 ff.; Jauernig/Budzikiewicz, § 1896 Rn. 3; Jürgens/Jürgens, § 1896 Rn. 4; Jürgens/Lesting/Loer/Marschner, Betreuungsrecht, B. Rn. 13 f.; Lang, Heinrich, Inklusives Wahlrecht: Staatbürgerliche Partizipation von Menschen mit Behinderung, ZRP 2013, S. 134; MünchKomm/Schwab, § 1896 Rn. 9 f.; Palandt/Götz, § 1896 Rn. 6.

57) BtKomm/Roth, § 1896 Rn. 11; Jürgens, Andreas, Betreuung wider Willen. Eine Frage richterlicher Wertentscheidung, *BtPrax* 1992, S. 47, 49; MünchKomm/Schwab, § 1896 Rn. 14; Strelen, in: Schreiber/Hahlen/Strelen, *BWahlG*, § 13 Rn. 13.

것이다.

나아가 후견필요성은 사건본인이 그러한 질환 또는 장애로 말미암아 특정한 자신의 사무를 완전히 또는 부분적으로 스스로 처리할 수 없는 경우(이른바 사회적·법적 결핍)에 비로소 발생한다. 가령 사건본인이 자기결정권을 행사하는 능력이 없거나 상당히 침해되어서 본인이 스스로 책임을 지는 결정을 더 이상 내릴 수 없어야만 한다.[58] 이러한 판단을 할 때에는 본인의 개별적인 상황을 기초로[59] 질병, 장애의 경중 또는 수행하게 될 임무의 난이도 등을 고려해야 한다. 그리고 여기에서의 사무는 '법적인 사무'를 의미한다.[60] 물론 법적인 사무라는 개념은 광의로 해석되므로, 재산 및 신상영역에서의 법률행위뿐만 아니라 공법적인 범위에서의 법률행위 및 일반적인 권리의 행사도 이에 포함된다.[61] 통상 신체적 장애만 가지고 있는 사건본인은 완전한 행위능력을 가지고 있으므로 법적인 사무를 스스로 또는 임의대리인에 의하여 수행하도록 할 수 있는바, 이 경우에는 법적인 영역이 아니라 '사실적인 영역'에서 결핍이 존재한다.

마지막으로 후견필요성이 제1896조 제1항에 제시된 질병 또는 장애에 기인해야만 한다(인과관계). 따라서 중대한 질병이라는 진단만으로는 충분하지 않고, 이러한 질병이 사건본인의 능력에 미치는 영향이 구체적으로 소명되어야 한다.[62]

나. 보충성

성년후견법은 사건본인이 도움을 필요로 하는 영역에서만 도움을 제공하고자 한다. 이 기본법에서 비롯된 보충성 원칙에 따르면 후견이라는 형식의 국가적 도움은 단지 본인이 자기결정권을 행사할 능력이 없거나 최소한 스스로 책임을 지는 결정을 더 이상 내릴 수 없을 정도로 능력이 박약하게 된 경우에만 고려된다. 이 척도는 성년후견인 선임 여부에 관한 문제뿐만 아니라 성년후견인의 임무범위, 법적인 조치의 효과 및 기간에 관해서 결정할 때도 중요한 역할을 한다.[63]

성년후견인은 단지 사건본인이 제1896조 제1항에 법정된 질병 또는 장애로 말미암아 자신의 사무를 완전히 또는 부분적으로 처리할 수 없는 경우에만 선임될 수 있다. 따라서 어떠한

58) BtKomm/Roth, § 1896 Rn. 12; Erman/Roth, § 1896 Rn. 18; Jürgens/Lesting/Loer/Marschner, *Betreuungsrecht*, B. Rn. 23; Lang, *ZRP* 2013, S. 134; Lang, in: BMAS, *Forschungsbericht*, S. 211 f.

59) BtKomm/Roth, § 1896 Rn. 12; Jauernig/Budzikiewicz, § 1896 Rn. 4; Jürgens/Jürgens, § 1896 Rn. 9; Jürgen, *BtPrax* 1992, S. 49; Jürgens/Lesting/Loer/Marschner, *Betreuungsrecht*, B. Rn. 25; MünchKomm/Schwab, § 1896 Rn. 41; Palandt/Götz, § 1896 Rn. 8; Strelen, in: Schreiber/ Hahlen/Strelen, *BWahlG*, § 13 Rn. 12.

60) BT-Drucksache 11/4528, S. 117, 121; Erman/Roth, § 1896 Rn. 19; MünchKomm/Schwab, § 1896 Rn. 44.

61) BtKomm/Roth, § 1896 Rn. 13; Jürgens/Lesting/Loer/Marschner, *Betreuungsrecht*, B. Rn. 24.

62) BtKomm/Roth, § 1896 Rn. 15; Jürgens/Lesting/Loer/Marschner, *Betreuungsrecht*, B. Rn. 30; Lang, *ZRP* 2013, S. 134; Lang, Heinrich, Inklusives Wahlrecht - ein Update, *ZRP* 2018, 19, 22; MünchKomm/Schwab, § 1896 Rn. 21.

63) BtKomm/Roth, § 1896 Rn. 18; Erman/Roth, § 1896 Rn. 39; Jürgens/Jürgens, § 1896 Rn. 63; Jürgens/Lesting/Loer/Marschner, *Betreuungsrecht*, B. Rn. 31; Palandt/Götz, § 1896 Rn. 12.

사무도 처리할 필요가 없다면, 설령 중증장애인이라 하더라도 성년후견인이 필요하지 아니하다.[64] 다른 도움, 가령 사건본인이 임의대리인에게 대리권을 수여했거나 아직 또는 여전히 대리권을 수여할 수 있는 사정에 있다거나 자신이 신뢰하는 사람들(가족, 지인 등)로부터 충분히 도움을 받을 수 있는 경우에도 후견은 필요하지 아니하다.[65] 이러한 경우들에 있어서는 사건본인이 사실상 자신의 모든 사무를 스스로 처리할 능력이 없음에도 불구하고 ―후견필요성이 없기 때문에― 완전후견인이 선임되지 않는바, 선거법 제13조 제2호가 적용될 수 없다. 그 결과 설령 통찰력 측면에서는 이들이 완전후견을 받은 사람들과 유사하더라도 이들은 선거권을 상실하지 아니한다.

다. 임무범위

후견법원은 후견명령을 내림과 동시에 사건본인의 도움필요성에 따라서 성년후견인의 임무범위를 확정한다. 전술한 필요성/보충성원칙에 따르면 본인에게 도움이 필요한 만큼만 임무범위가 설정되어야 한다. 법문에는 성년후견인의 임무범위가 명시적으로 열거되어 있지 않지만 후견실무 및 문헌에서는 이를 크게 신상사무와 재산사무로 나눈다.[66] 성년후견법의 제정으로 (구)후견/보좌실무에서와 같이 포괄적으로 후견인의 임무를 지정하는 것은 폐지되었으므로, 개별적 사례에서 후견필요를 기준으로 법원이 성년후견인의 임무범위를 설정해 주게 된다. 물론 성년후견법 하에서도 성년후견인에게 본인의 모든 사무에 대한 처리를 위임할 수도 있지만(완전후견), 전술한 바와 같이 이는 ―필요성/보충성 원칙에 따라― 단지 본인이 스스로 사무처리를 할 수 없는 경우로 한정된다. 따라서 완전후견은 병리적인 기능장애가 본인의 자기결정능력을 침해한 경우에만 인정될 것이어서[67] 중증장애인의 경우에만 완전후견이 허용될 수 있을 것이다.

그런가 하면 제1896조 제4항[68] 및 제1899조 제2항[69]에 따르면 후견법원이 명시적으로 우편검열 및 불임수술을 성년후견인의 임무범위에 포함시킨 경우에만 성년후견인이 이러한 사무를 처리할 수 있다. 따라서 모든 사무를 위하여 완전후견인이 선임된 경우라 하더라도 그 임무범위에 이러한 임무가 당연히 포함되는 것은 아니다. 바로 이러한 점 때문에 선거법 제13조

64) BtKomm/Roth, § 1896 Rn. 19; Lang, *ZRP* 2013, S. 136.

65) Erman/Roth, § 1896 Rn. 41; Jauernig/Budzikiewicz, § 1896 Rn. 5; Lang, *ZRP* 2013, S. 136; MünchKomm/Schwab, § 1896 Rn. 44; Palandt/Götz, § 1896 Rn. 12.

66) BtKomm/Roth, § 1896 Rn. 23; Erman/Roth, § 1896 Rn. 55; Jürgens/Jürgens, § 1896 Rn. 23 ff.; Jürgens/Lesting/Loer/Marschner, *Betreuungsrecht*, B. Rn. 39 f.; MünchKomm/Schwab, § 1896 Rn. 66 ff.; Palandt/Götz, § 1896 Rn. 14.

67) Erman/Roth, § 1896 Rn. 78; Sachsen Gessaphe, *Betreuer*, S. 239.

68) 제1896조 [요건] (4) 피성년후견인의 격지간 교통, 우편의 개봉과 보관에 관한 결정은 법원이 이를 명시적으로 정한 경우에만 성년후견인의 업무 범위에 포함될 수 있다.

69) 제1899조 [다수의 성년후견인] (2) 피성년후견인의 불임시술에 대한 동의 여부를 결정하기 위해서는 언제나 특별 성년후견인이 선임되어야 한다.

제2호에서는 자신의 모든 사무의 처리를 위하여 성년후견인이 선임된 사람을 선거결격자로 법정하면서, 성년후견인의 임무범위에 제1896조 제4항 및 제1905조에 규정된 사무가 포함되지 아니한 경우에도 당해 피성년후견인을 선거결격자로 다루고 있다.

주지하는 바와 같이 우편통제는 기본법 제10조 제1항에서 보장하고 있는 우편, 통신 비밀의 자유라는 기본권에 대한 침해를 의미하므로, 피성년후견인의 중대한 이익 보호를 위해서만 이러한 기본권침해가 정당화될 수 있다. 가령 성년후견인이 피성년후견인 앞으로 발송된 계산서 또는 독촉장을 적시에 개봉해서 그 내용을 알아야만 피성년후견인을 위하여 중대한 결정을 내릴 수 있는 경우 등이 이에 해당한다.[70] 물론 신체장애인의 경우에는 이러한 조치가 고려되지 않는다.

(2) 완전후견인 선임의 절차법적 요건

성년후견법 제5장에서는 비송사건절차법 개정을 다루고 있다. 전술한 바와 같이 구법에서는 후견인 선임 절차가 민사소송법과 비송사건절차법으로 이원화되어 있었는데, 개정법에서는 비송사건절차법 제65조 이하에서 '통일적으로' 성년후견인 선임절차를 규율하고 있고, 피성년후견인의 권리를 절차법적으로 보장[71]하는 제반장치들이 강화되었다. 먼저 후견법원은 지속적인 후견개시결정을 내리기 전에 사건본인을 직접 심문해야 하고(제68조 제1항), 사건본인에게 절차 경과에 대하여 설명해야 한다(제68조 제1항 제1문). 아울러 심판과정에서 후견필요성에 대한 입증이 이루어져야 하기 때문에[72] 법원이 정신과의사 또는 정신과분야에서 경험을 갖춘 의사에게 전문가감정서를 요청하면(제68조의b), 전문가들이 직접 사건본인을 검진한 후 본인이 변별력이 있는지, 어떤 사무를 스스로 처리할 수 있는지를 감정한 결과를 법원에 제출하게 되고, 법원이 이를 기초로 완전후견 여부를 결정하게 된다. 그밖에 법원이 사건본인의 모든 사무에 대하여 후견명령을 내리거나 (부분후견에서) 전부후견으로 후견인의 임무범위를 확대시키는 경우에는, 반드시 절차보조인을 선임해야만 한다(제67조 제1항 제2호).[73]

법원이 사건본인의 모든 사무를 처리하기 위하여 성년후견인을 선임하게 되면 성년후견인에게 이를 고지(Bekanntmachung)해야만 하고, 이러한 고지가 있어야 비로소 당해 후견인선임심판이 유효하게 된다(제69조의a 제3항 제1문). 따라서 법원이 성년후견인을 선임했다 하더라고 성년후견인에게 이러한 결정이 고지되기 전까지는 사건본인은 여전히 선거권을 가진다.[74] 물

70) BtKomm/Roth, § 1896 Rn. 26; Jürgens/Jürgens, § 1896 Rn. 35; Jürgens/Lesting/Loer/Marschner, *Betreuungsrecht*, B. Rn. 42.

71) BT-Drucksache 11/4528, S. 88.

72) Lang, *ZRP* 2018, S. 22; MünchKomm/Schwab, § 1896 Rn. 166.

73) 그밖에도 연방대법원 민사 12부는 2013년 8월 7일 판결에서 전부후견명령이 가능한 것으로 보이는 경우에도 절차보조인이 선임된다고 판시한 바 있다: Beschluss vom 07.08.2013, AZ: XII ZB 223/13, NJW 2013, 3522.

74) Strelen, in: Schreiber/Hahlen/Strelen, *BWahlG*, § 13 Rn. 14.

론 후견법원은 선거인명부를 주관하는 관청(관공서)에도 이러한 사실을 통지[75]해야만 한다(제69조의a 제2항). 이 통지의무는 선거권이 없는 사람을 선거인명부 등에 등재시킴으로써 발생하는 오류를 방지하기 위한 것이어서, 이 의무로부터 법원이 모든 영역에서 성년후견인을 선임하는 결정을 할 때 피성년후견인의 선거능력을 참작할 의무가 간접적으로 도출된다고 볼 수는 없다.

후견인선임절차가 진행되는 과정에서 가령 성년후견인 선임 또는 동의유보의 요건이 충족되고 사건본인의 신상 또는 재산에 대하여 현저한 위험이 존재하며 그 위험을 방지하기 위한 조치가 필요한 경우에는 법원은 임시후견인을 선임하거나 임시적인 동의유보를 명령할 수도 있다(제69조의f). 선거권결격사유에 해당하는 결정은 종국적인 성년후견인 선임으로 한정되므로, 임시후견인이 선임되었다고 해서 선거권이 박탈되지는 않는다.

(3) 성년후견인 선임과 피성년후견인의 행위능력

개정법에 따르면 행위능력은-행위무능력선고가 아니라- 제104조[76]에 근거하여 개별적으로 판단된다. 동규정에서는 만7세 미만이거나 '정신활동의 병적인 장애로 자유로운 의사형성을 할 수 없고, 그 상태가 성질상 일시적이지 않은 사람(이른바 자연적인 행위무능력)'만 행위무능력자로 법정하고 있으므로, 성년후견인이 선임되었다는 사실만으로 피성년후견인이 행위능력을 상실하는 것은 아니다.[77] 따라서 피성년후견인도 정신질환으로 자유로운 의사형성이 불가능한 경우가 아닌 한 스스로 법률행위를 할 수 있는바, -피성년후견인의 신상 또는 재산에 대한 상당한 위험을 피하기 위하여- 법원이 직권으로 동의유보를 명령할 수도 있다(제1903조 제1항). 이러한 명령을 받게 되면 피성년후견인은 성년후견인의 동의를 받고서야 비로소 법률행위를 할 수 있게 된다. 물론 법원이 이러한 명령을 내렸다 하더라도 피성년후견인이 자신에게 법률상 이익만을 가져오는 행위를 하거나 일상생활의 경미한 사무처리를 할 때에는 성년후견인의 동의를 받지 않아도 된다(제1903조 제3항).

3. 선거법 제13조 제2호의 위헌성 여부

2000년대 초반까지만 하더라도 -그 당시의 판례 및 입법자의 의도에 상응하게- '선거권의 일신전속권적 성질'에 비추어 볼 때 법적으로 모든 범위에서 스스로 행위하고 판단할 능력이 있는 사람에게만 선거권이 귀속되어야 하며 (구)제13조 제2호가 바로 이러한 사고를 기초로 하고 있다는 점은 당연한 것으로 받아들여졌던 것 같다. 이러한 입장에서 보면 선거의 의미

75) 사건본인의 모든 사무를 위하여 후견명령이 내려졌다는 사실을 통지하는 것으로 충분하다: LG Zweibrücken, Bechluss vom 20.7.1999, Aktenzeichen 4 T 167/99, BtPrax 1999, 244.

76) 제104조 [행위무능력] 다음 각호의 사람은 행위무능력자이다.
1. 만 7세에 달하지 않은 사람
2. 정신활동의 병적인 장애로 자유로운 의사형성을 할 수 없고, 그 상태가 성질상 일시적이지 않은 사람

77) Erman/Roth, § 1896 Rn. 77; Jürgens, *BtPrax* 1992, S. 47, 48; Jürgens/Lesting/Loer/Marschner, *Betreuungsrecht*, B. Rn. 35; MünchKomm/Schwab, § 1896 Rn. 131.

에 대한 변별력을 최저한도로 가지는 사람들만이, 다시 말해서 의식적·반사적으로 선거에 대한 결정을 내릴 수 있는 능력[78]을 가지는 사람들만이 선거에 참여할 수 있기 때문에, (구)제13조 제2호에서 완전후견이 개시된 사람을 선거결격자로 법정하는 것이 정당화되었다.

연방헌법재판소도 1999년 선거심사소원 심판 사건에서 장애로 말미암아 어떤 사람에게 권리 행사를 위한 불가결의 요건이며 적합한 지원체계에 의해서도 도와줄 수 없는 특정한 정신적 또는 신체적 능력이 없는 경우에, 장애과 관련된 특수성을 고려하여 그러한 불이익을 주는 것이 불가피한 한에 있어서는 선거권 배제는 정당화된다고 판시했다.[79] 바이에른주 헌법재판소도 2002년 판결에서 -연방선거법 제13조 제2호에 상응하는- 바이에른주 지방선거법 제2조 제2호에서 모든 영역의 사무처리를 위한 후견이 개시된 사람의 선거권을 박탈시키는 일반적이고 전형적인 입법자의 결정은 헌법에 적합하고 특히 평등의 원칙에 위배되지 않는다고 판단했다.[80]

그런데 유엔장애인권리협약(이하 '협약')[81]의 영향으로 이러한 전통적인 사고에 서서히 균열이 생기기 시작했다. 2008년에 연방정부가 연방의회에 제출했던 정부안[82]에 대한 입법이유에 따르면 연방정부는 제13조 제2호에 따른 선거권 배제가 협약 제29조 (a)에서 규정하고 있는 장애인의 정치적·공적 생활에의 참여권 보장(장애인이 투표하고 선출될 수 있는 권리와 기회를 포함하여, 다른 사람과 동등하게, 직접 또는 자유롭게 선택한 대표를 통한 정치적·공적 생활에 효과적이고 완전하게 참여할 수 있도록 보장할 것)에 부합한다고 판단했었다. 즉 -그 당시의 판례에 상응하게- 일신전속권으로서 선거권은 단지 법적으로 모든 범위에서 독립적으로 행위하고 결정할 능력이 있는 사람들에게만 귀속되어야 하며, 보통, 평등, 직접, 비밀선거에서 투표하고 선출될 수 있는 권리가 보장되지만, 객관적이고 적정한(angemessen) 사유에 근거하여 선거권을 배제할 수 있다는 것이 일반적으로 인정되어 있기 때문에, 제13조 제2호에 따른 선거권 제한은 협약 제29조에 반하지 아니한다는 것이 연방정부의 입장이었다.[83]

이 협약의 발효 후에 선거법 제13조 제2호에 따른 선거결격자들(완전후견을 받는 사람들)의

78) Strelen, in: Schreiber/Hahlen, *BWahlG*, § 13 Rn. 10.

79) BVerfG, Beschluss vom 29.01.2019, Aktenzeichen 2 BvC 62/14, BVerfGE 99, 341, 357. 이 판결에 찬동하는 견해: BeckOK GG/Kischel, Art. 3 Rn. 236; Lang, *ZRP* 2013, S. 136.

80) BayVerfGH, Beschluss vom 09.07.2002, Aktenzeichen Vf. 9-VII-01, BayVBl. 2002, 44, 45, 47.

81) 독일연방정부는 2007년 3월 30일에 이 협약에 서명했고, 기본법 제59조 제2항에 따라서 연방정부가 연방의 입법사항과 관계되는 조약을 비준하려면 연방법률의 형식으로 연방의회의 동의를 필요로 하는바, 2008년 11월 8일에 정부안을 마련하여 연방의회의 동의를 얻은 후 이 협약과 선택의정서에 비준했으며, 2009년 3월 26일부터 양자가 독일에서 발효되었다.

82) Gesetz zu dem Übereinkommen der Vereinten Nationen vom 13. Dezember 2006 über die Rechte von Menschen mit Behinderungen sowie zu dem Fakultativprotokoll vom 13. Dezember 2006 zum Übereinkommen der Vereinten Nationen über die Rechte von Menschen mit Behinderungen vom 21.12.2008 (BGBl. 2008 Teil 2, S. 1419).

83) BT-Drucksache 16/10808, S. 64.

대부분은 선천적 지적장애 또는 기질성 정신장애 등을 앓고 있는 정신장애인들이어서 이 두 규정이 기본법상 보통선거원칙 및 장애인차별금지원칙에 반한다는 비판이 제기되었다. 물론 이러한 변화된 환경에도 불구하고 여전히 제13조 제2호는 헌법적으로 이의를 제기할 필요가 없는 합헌적인 규정이므로, 법개정을 통하여 문제점을 다소 보완하면 된다는 주장이 있기는 했다.84) 그렇지만 이 규정이 장애인들에게 차별적이고 기본법상 비례의 원칙에 상응하지 아니하여 위헌적일 뿐만 아니라 오늘날의 인권법 기준에도 미치지 못하기 때문에 규정을 개정할 것이 아니라 삭제해야 한다는 견해가 우세했다.85)

이 위헌설의 주된 논거들은 다음과 같다: 첫째, 선거권배제규정은 선거에 대한 통찰력이 있는 사람만이 선거권을 행사할 수 있다는 역사적으로 유래하는 편견을 기초로 하는데, 협약에서는 누구나 자율성, 독립성 및 자유를 보장받고 스스로 결정을 내릴 수 있음을 인정하고 있는바, 협약이 독일에 시행된 후에는 이러한 종래의 해석이 더 이상 선거권배제를 정당화하는 사유가 될 수 없다고 한다.86) 둘째, 필요성 원칙으로 말미암아 성년자가 선거의 의미를 통찰할 능력은 거의 없지만 임의대리인을 선임한 경우에는 완전후견이 개시되지 않고 따라서 선거권이 박탈되지 않는데, 이처럼 동일유사한 변별력을 가지고 있음에도 불구하고 임의대리인이 선임된 사람과 그러하지 않은 사람를 다르게 취급하는 것은 타당한 근거가 없으며 개개인의 선거권이 결국 자신의 통찰력이 아니라, 임의대리인을 선임해 두었는지의 여부에 좌우되기 때문에 기본법적 의미에서 차별에 해당한다고 한다.87) 셋째, 후견인선임절차에서 사건본인의 선거능력 내지는 투표행위에 필요한 의사소통능력에 대하여 별도의 심사가 진행되는 것은 아니고, 완전후견이 개시되면 선거권이 박탈된다는 사실에 대한 설명도 이루어지지 않으며, 심판서에 성년후견인이 담당하게 될 후견의 범위가 열거될 따름이어서 완전후견인 선임여부가 불명

84) Bundesministerium für Arbeit und Soziales, Forschungsbericht 470(Studie zum aktiven und passiven Wahlrecht von Menschen mit Behinderung), Juli 2016, Berlin; Lang, *ZRP* 2018, S. 19, 20 f.; Strelen, in: Schreiber/Hahlen/Strelen, *BWahlG*, § 13 Rn 10.

85) Hellmann, Ulrich, Zur Vereinbarkeit des Wahlrechtsausschlusses nach § 13 Nr. 2 BWG mit bestehenden völkerrechtlichen Verpflichtungen, *BtPrax* 2010, S. 208 ff.; Palleit, Leander, *Gleiches Wahlrecht für alle? Menschen mit Behinderungen und das Wahlrecht in Deutschland* (Policy Paper/Deutsches Institut für Menschenrechte, 18), 2. überarbeitete Aufl., Berlin, 2011, S. 18; Schönhagen, Leonie, Grundrechtsbeschränkung im Rucksack - Der Wahlrechtsausschluss von Menschen unter Betreuung in allen Angelegenheiten, *KritV*, 2016, S. 350, 357 ff.; Schulte, Bernd, Die UN-Behindertenrechtskonvention und der Ausschluss von Menschen mit Behinderungen vom Wahlrecht, *ZRP* 2012, S. 16 ff.; Uerpmann-Wittzack, Robert, Der Wahlrechtsausschluss für Menschen unter Betreuung auf dem Prüfstand des UN-Ausschusses für die Rechte von Menschen mit Behinderungen, *DÖV* 2016, S. 608, 609.

86) Hellmann, *BtPrax* 2010, 210; Palleit, *Gleiches Wahlrecht für alle?*, S. 13; Schönhagen, *KritV*, 2016, S. 350, 362 f.; Schulte, *ZRP* 2012, S. 16.

87) Palleit, *Gleiches Wahlrecht für alle?*, S. 15; Schulte, *ZRP* 2012, S. 16, 18.

확하다고 한다.[88] 넷째, 정신적 장애인들은 변별력이 결여되어 있어서 이성적인 판단(선거행위)를 할 수 없다고들 하는데, 행위능력을 가지는 선거권자들도 투표를 하지 않거나 무효표를 던지거나 항의로 투표하는 등 항상 이성적으로 선거권을 행사하는 것은 아니기 때문에, 이러한 비판은 타당하지 않다고 한다.[89] 다섯째, 장애인들이 선거에 참여하게 되면 가령 장애인시설원장이 지목하는 특정 후보자에게 투표하는 등 외부적인 영향을 받기 쉽다는 우려를 하는데, 이러한 남용위험이 있다고 하여 선거권을 박탈하는 것이 정당화되지는 않으며, 오히려 종래 선거권 행사에서 배제되었던 사람들에게 보통선거를 할 수 있는 기회를 부여하는 것이 사회통합에 기여함은 물론 선거를 통하여 선출된 의원 등에 대한 민주적 정당성을 강화시킨다고 한다.[90] 이러한 위헌설의 논거들이 거의 그대로 2019년 연방헌법재판소의 위헌판결에 원용되었다.[91]

Ⅳ. 맺음말

1. 공직선거법 제18조 제1항 제1호에서 금치산선고와 선거권 결격을 연동시키는 문제 및 동규정의 존치여부를 검토하려면 우선 이러한 규정을 두게 된 입법 이유, 입법과정에서의 논의 등을 상론해야 한다. 그런데 우리의 경우에는 독일민법 제1초안 입법이유서에 상응하는 문헌도 없고 공직선거법 등의 입법과정에서 이와 관련된 논의를 기록해 둔 문건도 없는 실정이다. 그래서 본고에서는 그 대안으로 우리의 입법자들이 민법/공직선거법을 성문화할 때 '외국입법례'로 참고했을 것으로 추측[92]되는 독일의 법률들을 검토함으로써 우리법상 금치산자규정 및 선거권결격규정의 입법이유를 추론하고자 했다. 사실 외국입법례를 참고해서 법률규정을 만드는 경우에는 비단 당해 규정뿐만 아니라 그 규정의 입법이유, 컨셉도 '차용'하는 것으로 볼 수 있다. 따라서 독일법과 우리법이 완벽하게 일치하는 것은 아니지만, 독일민법/선거법의 입법과정에서 논의되었던 내용들이 우리 민법/공직선거법에 독일법과 유사한 규정을 두게 된 '배경' 또는 '간접적인' 입법이유가 될 수 있다는 생각이다.

2. 독일에서 －우리의 금치산선고/한정치산선고에 해당하는－ 행위무능력선고와 선거권 결격사유를 연동시킨 것은 연혁 및 법적 안정성을 고려한 결과였다. 입법이유서에는 로마법상 제도를 원용하면서 행위능력, 행위무능력, 후견, 보좌 등이 기술되어 있는데, 이처럼 로마법이 언급되어 있는 것은 로마시대부터 인정되어온 '전통적인' 제도를 민법전에 도입한다는 점을 강

88) Hellmann, *BtPrax* 2010, S. 211 f.; Schönhagen, *KritV*, 2016, S. 350, 365; Schulte, *ZRP* 2012, S. 16, 18.

89) Palleit, *Gleiches Wahlrecht für alle?*, S. 13.

90) Palleit, *Gleiches Wahlrecht für alle?*, S. 14.

91) BVerfG, Beschluss vom 29.01.2019 －2 BvC 62/14－ = BVerfG, NJW 2019, 1201. 이 위헌결정의 요지에 대한 상세한 소개는 안경희, 전게논문, 62면 이하 참조.

92) 가령 민법안심의록에는 제8조에 대한 외국입법례로 독일민법 제6조가 제일 먼저 기술되어 있다: 민의원 법제사법위원회 민법안심의소위원회, 『민법안심의록』, 상권(총칙편, 물권편, 채권편), 1957, 10면.

조하는 장치였다고 볼 수 있다. 이와 더불어 로마법의 전통에 따라 연령, 변별력 등을 기준으로 행위능력(선거능력)에 차등을 두는 근거규정을 두는 것은 그동안 서구사회에서 통용되어 왔던 관례를 성문화하는 것이어서 전체 법질서 내지는 법적 안정성에 일조한다는 의미도 내포되어 있었다는 생각이다. 제1단계에서 헌법재판소가 선거법 제13조가 기본법에 적합하다고 판단했던 것도 이러한 전통적인 제도와 연동하여 선거권을 배제시키는 것은 정당하다는 사고를 바탕으로 했을 것이다. 이처럼 행위무능력선고를 이유로 한 선거권 배제를 기본권에 대한 '전통적인 제한'이라고 단언한다면, 판결문에 이 '당연한 명제'가 합헌성의 논거로 제시되지 않았다 하더라도 이러한 배경을 어렵지 않게 추론해 낼 수 있다. 요컨대 이 시기의 헌법재판소는 행위무능력선고와 선거권 결격을 연동시키는 것이 -독일민법 기초자들의 생각과 마찬가지로- 전통적인 해석 내지는 법적 안정성에 부합하는 해석이라고 판단했던 것으로 보인다.

3. 행위무능력선고제도가 폐지되고 성년후견제도가 도입(제2단계)된 후에도 선거법 제13조 제2호에 따라서 성년후견 가운데 완전후견과 선거권 결격이 여전히 연동되었다. 다만 필요성/보충성 원칙에 따라서 예외적인 경우에만 완전후견이 인정되어, 가령 2015년의 경우 총유권자 가운데 선거결격자의 비율은 0.14%에 불과했다.[93] 이처럼 선거권 박탈이라는 결과를 가져오는 완전후견 사례가 많지 않았고, 전통적인 사고에 따라 투표라는 정치적 의사결정을 하려면 변별력(선거능력)은 있어야 한다고들 생각했으므로, 2000년대 초반까지는 이러한 정도의 기본권에 대한 제한은 정당화된다고 해석했었다. 그러다가 2009년 3월 29일부터 협약이 독일에 발효되면서 이 기본권에 대한 정당한 제한이라는 전통적인 사고에 의문을 제기하는 사람들이 등장했다. 전술한 바와 같이 제13조 제2호에 따른 선거권 결격자의 비율 자체는 미비했는데, 이러한 결격자들의 대부분이 정신장애인들이어서[94] 완전후견을 이유로 한 선거권 박탈은 곧 장애를 이유로 한 차별에 해당되므로, 기본법상 장애인차별금지원칙 및 보통선거원칙에 반한다는 비판이 제기된 것이다. 헌법재판소도 이러한 비판을 수용하여 2019년 1월에 제13조 제2호가 기본법에 불합치하다는 결정을 내렸고, 같은 해 6월에 선거법 개정을 통하여 당해 규정이 삭제되었다.

4. 우리의 경우에는 민법상 금치산제도가 폐지되고 성년후견제도로 전환되었다는 점에서는 제2단계에 해당하지만, 공직선거법 제18조 제1항 제1호에서 '금치산선고를 받은 자는 선거권이 없다'는 규정을 두고 있다는 점에서는 아직도 제1단계에 머물러 있다고 볼 수 있다. 민법

93) 장애인 가운데 선거결격자의 비율은 0.83%이었으므로, 이 당시에 총 장애인 가운데 99.17%가 선거권을 가지고 있었다: Strohmeier, in: BMAS, *Forschungsbericht*, S. 41.

94) 집락추출법 방식으로 2014년 3월부터 2016년 3월까지 －전체 후견법원의 10%에 해당하는－ 67개의 후견법원에 신청된 후견사건을 조사분석한 결과에 따르면 완전후견이 개시된 사유 가운데 50% 정도가 선천성 지적장애(30.5%)와 －뇌손상, 뇌혈관질환으로 인한 뇌의 기능적 장애, 치매 등－ 기질성 또는 증상성 정신장애(19.6%)였고, 둘 이상의 복합적 원인으로 후견이 개시되는 경우도 상당수 있었다: Strohmeier, in: BMAS, *Forschungsbericht*, S. 53 f.

에 금치산제도를 둔 배경 및 공직선거법 제18조 제1항 제1호에서 금치산자를 선거권 결격자로 명문화한 이유는 독일법의 경우와 유사할 것이다. 중앙선거관리위원회가 제18조 개요에서 선거권 행사 요건으로 '선거의 의미를 이해할 수 있는 최소한의 정신적 능력'을 제시하고 있는 것이 이러한 추측을 뒷받침해 준다. 그런데 우리나라에서도 협약이 발효되었다는 점에 비추어 볼 때 이러한 선거권 행사 요건이 2022년 현재에도 여전히 타당한지에 대하여는 재고를 요한다. 물론 2018년 7월 1일부터는 금치산선고가 장래를 향하여 효력이 상실되어 이제 제18조 제1항 제1호에 따른 선거권 결격자가 없게 되었기 때문에 동규정이 사문화되었다고 볼 수도 있을 것이다. 그러나 아직도 공직선거법에 이러한 명문규정을 두고 있다는 것은 민법상 행위무능력과 선거권 결격을 연동시켜서 성년자를 선거능력이 있는 사람과 선거능력이 없는 사람으로 양분하는 입장이 아직 견지되고 있음을 방증한다. 만일 이러한 입장을 고수하여 제18조 제1항 제1호의 '금치산자'를 '피성년후견인' 등으로 개정한다면 －독일에서와 같은 통계자료가 없어서 정확한 데이터를 제시할 수는 없지만－ 우리의 경우에도 피성년후견인의 대부분이 정신장애인일 것으로 추측되기 때문에, 이러한 규정은 장애인을 차별하는 위헌적인 규정이 될 것이다. 따라서 제18조 제1항 제1호는 대안 없이 삭제되는 것이 바람직하다.[95]

95) 결론에 있어서 동일: 김소희/안경희, "미국법상 피성년후견인의 선거권과 선거권 행사지원제도", 『경희법학』, 제56권 제1호(2021), 215면; 박인환, "피후견인의 차별금지와 결격조항정비의 과제", 『가족법연구』, 제32권 제2호(2018년 7월), 337면; 제철웅, "장애인권리협약의 관점에서 본 정신적 장애인의 참정권 증진의 과제", 법조, 제70권 제1호(2021년 2월), 62면 이하.

프랑스 민법상 채무불이행으로 인한 손해배상책임의 구조*

— 우리 민법에의 시사(示唆)를 생각하며 —

여 하 윤**

Ⅰ. 들어가며

우리 민법상 손해배상책임 규정 형식에 관한 일반조항주의는 근원적으로 프랑스 민법의 태도로부터 유래되었다는 것은 주지의 사실이고,[1] 필자도 이에 대하여 분석하여 소개한 바 있다.[2] 이 글에서는 프랑스 민법상 계약책임으로서의 손해배상책임의 구조적 특성을 분석하면서 향후 우리 민법상 채무불이행책임의 운영에 시사하는 바를 제시하고자 한다. 우리 민법 제390조의 모습은 독일 민법보다는 프랑스 민법의 모습에 가까운 것으로 평가되고 있고[3] 우리 판례가 도입하고 있는 수단채무론도 프랑스 민법상 계약불이행으로 인한 손해배상책임 규정의 구조로부터 나온 논리이기 때문이다.

첫째, 우리 민법 제390조 채무불이행으로 인한 손해배상책임 규정에 상응하는 프랑스 민법 제1231-1조 규정의 구조를 분석함으로써 프랑스 민법상 불가항력(force majeure)의 의미, 수단채무론(obligation de moyens)의 체계적 의미 등을 살펴보고, 현재 우리 판례가 받아들이고 있는 수단채무론의 의미를 점검하였다.

둘째, 프랑스 민법상 채무불이행으로 인한 손해배상의 범위가 어떠한 논리 구조로 파악되고 있는지, 우리 민법상의 손해배상의 범위(민법 제393조)와 논리 구조에 있어서 어떠한 차이점이 있는지 등을 살펴보았다.

---

* 故 최종길 교수님과 가족들의 아팠던 영혼과 마음에 위로를 드립니다.

** 중앙대학교 법학전문대학원 교수

1) 프랑스 민법 입법자는 가장 뛰어난 입법자라도 장차 발생할 가능성이 있는 모든 문제점들을 예견하고 결정할 수 없다는 점을 일찍이 명확하게 인식하고 있었다. 따라서 예견하지 못한 개별 사건에 적용될 수 있고 사회의 변화하는 상황에 적응할 수 있는 법을 창조하는 역할을 법원의 판단에 남겨두었다. K. Zweigert & H. Kötz, 『*An Introduction to Comparative Law 3rd ed.*,』Oxford University Press(1998), p.90.

2) 여하윤, "우리 민법상 손해배상책임의 일반조항 형식에 관한 小考 – 프랑스 민법, 독일 민법과의 비교를 중심으로 –", 比較私法(第27卷 第1號), 比較私法學會(2020. 2.), 1면 이하.

3)『民法注解[Ⅸ] 債權(2)』, 박영사(2008), 210-211면, 380면(양창수 집필부분).

셋째, 그밖에 사적자치가 원칙적인 모습으로 구현되어 있는 프랑스 민법상의 기타 규정들의 모습을 확인하고 그 의미를 음미하였다.

위의 논의들을 통하여 프랑스 민법이 사적 자치의 원리가 원칙으로서 일관되게 체계적으로 조화롭게 현출되어 있음을 확인하였다. 즉, '사적 자치의 원리 → 채무불이행 책임의 결과책임적 구조 (원칙에 있어서 과실책임주의를 전면으로 표방하는 불법행위책임과의 구분) → 채무불이행으로 인한 손해배상 범위 판단기준으로서의 계약 당사자의 예견가능성의 우선적 고려'. 이와 같은 프랑스 민법의 구조가 향후 우리 민법의 운용 및 개정에 시사(示唆)하는 바에 대한 필자의 생각을 정리하였다.

Ⅱ. 프랑스 민법상 채무불이행책임의 결과책임적 구조

1. 일반 불법행위책임 규정과의 비교[4)]

우리 민법 제390조 채무불이행으로 인한 손해배상책임 규정에 상응하는 프랑스 민법의 규정은 다음과 같다.

> 제1231-1조
> 채무자는 불가항력에 의하여 [채무의][5)] 이행이 방해되었음을 증명하지 않는 한, 경우에 따라 불이행으로 인한[6)] 또는 이행의 지체로 인한[7)] 손해에 대하여 배상책임이 있다.

위 규정은 프랑스 민법상의 일반불법행위책임 규정[8)]과 달리, 과책(faute)이라는 귀책사유를 책임 발생의 소극적 요건으로도 언급하지 않고 있다는 점에 주목할 필요가 있다.[9)] 우리 민

4) 프랑스 민법상 계약불이행으로 인한 손해배상책임에 관한 규정은 제1231조부터 제1231-7조이다. 이 중 계약불이행으로 인한 손해배상책임의 구조와 직접적으로 관련한 규정만을 본문에서 소개하였다. 본문에서 소개하지 않은 규정들은 이행의 최고, 위약금 약정, 금전채무 불이행, 법정이자 등에 관한 내용이다.

5) 이하 [ ]의 문구는 원문에는 없으나 독자들의 이해를 위하여 필자가 부가한 부분이다.

6) 전보배상(dommages-intérêts compensatoires)을 의미한다.

7) 지연배상(dommages-intérêts moratoires)을 의미한다.

8) **프랑스 민법 제1240조**
자신의 과책(faute)에 기한 행위로 타인에게 손해를 발생시킨 사람은 이를 배상하여야 한다.
프랑스 민법 제1241조
누구든지 자신의 행위로 발생한 손해뿐만 아니라 자신의 부주의(négligence) 또는 경솔(imprudence)로 인하여 발생한 손해에 대하여도 배상할 책임이 있다.

9) 프랑스 민법은 채무불이행으로 인한 손해배상책임에 있어서 독일, 오스트리아, 스위스 민법과 달리 귀책사유를 요건으로 명시하고 있지 않다. G. H. Treitel, 『*Remedies for Breach of Contract - A Comparative Account*』, Oxford University Press(1988), p.10; "…… 구 프랑스 민법 제1147조 문언 그대로 따른다면, 채무자가 채무불이행 책임을 지는 데에 있어서 [과책 없이] 채무불이행 사실 자체만으로 족하다 ……" F. Terré, P.

법 제750조에서는 가해자의 고의 또는 과실을 적극 요건으로 규정하고 있고, 제390조에서도 소극 요건으로나마 이를 규정하고 있는 점과 대비된다. 프랑스에서는 계약상 채무불이행책임에 대해서는 다음과 같이 설명되고 있다.

> "…… 채무를 이행하지 않은 것은 [그 자체로] 이를 약정한 채무자에게 귀책하는 것으로 볼 수 있다. 약정한 급부를 이행해야 할 의무를 부담하는 채무자는 그 불이행의 결과에 대하여 책임을 져야 하는 것이 논리적이다. 용어의 편의상, 우리는 종종 채무자에게 책임이 있는 불이행을《계약상 과책(faute contractuelle)》이라고 부르고는 있지만, 여기서 과책이라는 것은 계약 외 배상책임법(responsabilité ex-contractuelle)에서 도입한 용어일 뿐이고, 역사적으로 계약의 불이행과 관련하여서는 나타나고 있지 않았다. 판례와 학설이 이 개념을 도입하고 사용하고 있는 것은, 계약관계에 있어서는 [위와 같은 의미에서] 채무자에게 귀책할 수 있는 계약채무의 불이행을 의미하는 것에 다름 아니다 ……"[10]

위 규정은 개정 전 프랑스 민법 제1147조[11]를 그대로 답습한 것이나 다름없는데, 이는 계약책임은 [원칙적으로] 결과채무(obligation de résultat)라는 법적 근거를 제공하던 조항이었다.[12]

2. 불가항력(force majeure)의 의미

그렇다면 위 조항에서 말하는 면책사유로서의 '불가항력'이란 무엇을 의미하는가? 프랑스 민법은 2016년 개정을 통해서 이 개념에 정의 규정을 다음과 같이 마련하였다.[13]

Simler, Y. Lequette et F. Chénedé, *Droit civil - Les obligations 13ᵉ éd.*, Dalloz, 2022, n° 841(p.937) et n° 881(p.984).

10) L. Andreu et N. Thomassin, *Cours des droit des obligations 7ᵉ éd.*, Gualino Lextenso, 2022. n° 657(p.249); 동일한 취지의 서술로서 다음의 문헌도 참조. J. Flour, J-L Aubert et É. Savaux, *Droit civil - Les obligations-L'acte juridique 17ᵉ éd.*, Sirey, 2022. n° 837(p.1128) et n° 838(p.1129); 말로리(Malaurie) 교수는 다음과 같이 이야기하고 있다. " …… 불법행위책임은 계약책임에 과책(faute)을 요구하게 되는 영향을 주었다 …" P. Malaurie, L. Aynès et P. Stoffel-Munck, *Droit des obligations 12ᵉ éd.*, LGDJ, 2022, p.537; "… 채무자는 채무를 이행하지 않은 것 자체로 과책이 있는 것으로 추정된다 …" J. Flour, J-L Aubert et É. Savaux, *op.cit.*, n° 849(p.1240).

11) 구 프랑스 민법 제1147조
채무자는 불이행이 그에게 귀속될 수 없는 외부의 원인(cause étrangère)임을 증명하지 않는 한, 그에게 어떠한 악의가 없다 하더라도, 채무의 불이행이나 이행의 지체로 인한 손해배상책임이 있다.

12) G. Chantepie et M. Latina, *Le nouveau droit des obligations - Commentaire théorique et pratique dans l'ordre du Code civil 2ᵉ éd.*, Dalloz, 2018, n° 678(p.627).

13) 구 프랑스 민법 제1147조, 제1148조 등에서 불가항력 개념 자체는 등장하고 있었으나, 구체적인 내용은 프랑스 판례에 의하여 형성되었고 2016년 개정으로 프랑스 판례상의 내용이 입법화된 것이다.

제1218조
제1항 계약 체결 당시에 채무자가 합리적으로 예견할 수 없었고 적절한 수단에 의해서도 그 결과를 회피할 수 없어서 채무자의 통제를 벗어난 사건으로 인하여 채무자의 채무 이행이 방해된 때에는 불가항력이 있다.
제2항 만일 그 방해가 일시적이라면, 결과로 발생된 지체가 계약의 해제를 정당화하지 않는 한, 채무의 이행은 정지된다. 방해가 확정적이라면, 계약은 당연히 해제되고 당사자들은 제1351조와 제1351-1조에서 정해진 요건에 따라 자신들의 채무를 면한다.

전통적으로 프랑스 민법상 불가항력은 '예견불가능성(imprévisilité)', '회피불가능성(irrésistibilité)' '외부성(extériorité)'을 그 개념적 요소로 하고 있고, 위 규정은 이 개념을 명문화한 것이라고 평가되고 있다.[14] 비록 위 규정은 불가항력의 효과로서 계약 해제에 대해서만 규정하고 있으나, 불가항력의 주요한 효과는 면책효에 있음은 의문의 여지가 없다.[15] 불가항력이 일시적이라면 채무자는 이행이 지체된 기간 동안에는 지연배상책임이 없고, 불가항력이 확정적

14) '외부성'의 개념도 위 조항에서 수용하였는지 여부에 대하여는 논란이 있다. 프랑스 민법 이유서(Rapport au Président de la République relatif à l'ordonnace n°2016-131 du 10 février 2016 portant réforme du droit des contrats, du régime général et de la preuve des obligations)에는 '예견불가능성'과 '회피불가능성'만을 수용한 것이라고 기재되어 있다.
https://www.legifrance.gouv.fr/affichTexte.do?cidTexte=JORFTEXT000032004539
그러나, 학자들은 대체적으로는 이를 수용한 것으로 보는 견해가 다수이다. 즉, 제1218조 제1항에서 '채무자의 통제를 벗어난 사건'이라는 문구가 이를 의미한다는 것이다. Chantepie et M. Latina, *op.cit.*, n°617(p.563); O. Deshayes, T. Genicon et Y-M. Laithier, *Réforme du droit des contrats, du régime général et de la preuve des obligations 2e éd.*, LexisNexis, 2018, p.537-8; L. Andreu et N. Thomassin, *op.cit.*, n°671(p.253-4); P. Malaurie, L. Aynès et P. Stoffel-Munck, *op.cit.*, n°595(p.545); S. Porchy-Simon, *Droit des obligations 15e éd.*, Dalloz, 2022, n°532(p.287); F. Chénedé, *Le nouveau droit des obligations et des contrats 2e éd.*, Dalloz, 2018, n°128.22(p.141); Anne-Sophie Choné-Grimaldi, *La réforme du droit des contrats, du régime général et de la preuve des obligations sous la direction de Thibault Douville*, Gualino, 2018, p.217-218; R. Cabrillac, *Droit des obligations 15e éd.*, Dalloz, 2022, n°156(p.168); A. Sériaux et G. Lardeux, *Manuel de droit des obligations 5e éd.*, puf, 2023, n°67(p.156); F. Terré, P. Simler, Y. Lequette et F. Chénedé, *op.cit.*, n°753(p.850); B. Mercadal, *Réforme du droit des contrats*, Francis Lefebvre, 2016, n°696(p.201); J. Flour, J-L Aubert et É. Savaux, *op.cit.*, n°736(p.1011 et s.).
프랑스 채권법 개정 이후 최근의 프랑스 파기원 전원합의부도 이러한 취지의 판시를 하였다. Ass. Plén. 10 juill. 2020, n°18-18.542. 이후의 판시도 마찬가지 Civ. 3e 30 juin, 2021, n°21-20.190.

15) G. Chantepie et M. Latina, *op.cit.*, n°617(p.564) et n°677(p.626). 이들은 불가항력의 면책효를 명확하게 규정하지 않은 것이 입법적 불비라고 유감을 표명하고 있다; O. Deshayes, T. Genicon et Y-M. Laithier, *op.cit.*, p.538; L. Andreu et N. Thomassin, n°678(p.257); S. Porchy-Simon, *op.cit.*, n°625(p.323); B. Fages, *Droit des obligations 12e éd.*, LGDJ, 2022, n°324(p.274); C. Alleaume, *La réforme du droit des contrats, du régime général et de la preuve des obligations sous la direction de Thibault Douville*, Gualino, 2018, p.239; B. Mercadal, *op.cit.*, n°700(p.201); J. Flour, J-L Aubert et É. Savaux, *op.cit.*, n°723(p.995), n°745(p.1022) et n°855(p.1149).

이라면 손해배상(전보배상)책임이 없다.[16)]

3. 수단채무(obligation de moyens)와 결과채무(obligation de résultat)의 등장

앞에서 본 바와 같이 프랑스 민법상 채무불이행 책임의 결과책임적 구조로 인하여 채무자에게 지나치게 가혹한 결과가 될 수 있는 상황들이 나타나게 되자, 프랑스에서는 일정한 사안들의 경우 채무자가 약정한 결과를 도출하기 위하여 필요한 모든 조치를 다할 의무를 부담할 뿐이지 반드시 그 결과가 도출되어야만 채무가 이행된 것으로 볼 수 있는 것은 아니라는 소위 '수단채무'의 개념이 등장하게 되었다. 프랑스 민법은 2016년 개정 이후에도 수단채무와 결과채무를 명시하고 있지는 않다. 그러나, 채무불이행으로 인한 손해배상책임 규정은 문구의 수정만 있을 뿐 기본적인 구조에 변함이 없기 때문에 이러한 개념들은 개정 이후에도 해석상 유지되고 있다고 평가하는 견해가 다수이다.[17)]

결과채무의 경우 채무자가 약정한 결과에 이르지 못한 것 자체로 채무자에게 귀책하는 채무불이행이 되며, 이는 프랑스 민법 제1231－1조의 '문언으로부터(textuellement)' 도출되는 결론이다.[18)] 채무자는 자신의 채무불이행이 프랑스 민법 제1218조 소정의 불가항력에 기한 것임을 증명하여야만 면책될 수 있으며, 자신으로서는 가능한 주의를 모두 기울였음을 증명하더라도 손해배상책임의 성립에는 영향을 미치지 않는다.[19)]

4. 우리 민법과의 교차점

가. 우리 민법 제390조와 프랑스 민법 제1231－1조의 구조적 유사점

우리 민법은 프랑스 민법과 같이 채무불이행으로 인한 손해배상책임에 관하여 일반조항주의를 취하고 있으나, 민법 제390조 단서에서 '채무자의 고의 또는 과실'을 명시하고 있는 점에

---

16) G. Chantepie et M. Latina, *op.cit.*, n° 677(p.626); Anne－Sophie Choné－Grimaldi, *op.cit.*, p.218.

17) G. Chantepie et M. Latina, *op.cit.*, n° 678(p.627); O. Deshayes, T. Genicon et Y－M. Laithier, *op.cit.*, p.593; Y. Buffelan－Lanore et V. Larribau－Terneyre, *Droit civil - Les Obligations 18e éd.*, Sirey, 2022, n° 1963(p.640); L. Andreu et N. Thomassin, *op.cit.*, n° 660(p.250); M. Brusio Alliaud, *Droit des obligations 14e éd.*, Paradigm, 2023, n° 459(p.315); B. Fages, *op.cit.*, n° 319(p.269); J. Flour, J－L Aubert et É. Savaux, *op.cit.*, n° 848(p.1139). 2016년 프랑스 민법 개정 이후의 프랑스 파기원 판결도 수단채무/결과채무 구분론을 언급하고 있다. Civ. 3e 5 nov. 2020, n° 19－10.857 참조.

18) L. Andreu et N. Thomassin, *op.cit.*, n° 663(p.251).

19) Civ. 1re 16 fév. 1988, n° 86－14.918 "… 결과채무는 과책의 추정과 제공된 급부와 주장되는 손해 간의 인과관계의 추정을 내포하고 있다 ……"; L. Andreu et N. Thomassin, *op.cit.*, n° 664(p.251); A. Bénabent, *Droit des obligations 20e éd.*, LGDJ, 2023, n° 415(p.347); M. Fabre－Magnan, *Droit des obligations 1－Contrat et engagement unilatéral 6e éd.*, puf, 2021, n° 1068(p.829); S. Porchy－Simon, *op.cit.* n° 611(p.319) et n° 624(p.323); P. Malaurie, L. Aynès et P. Stoffel－Munck, *op.cit.* n° 592(p.539); M. Brusio Alliaud, *op.cit.* n° 460(p.316) et n° 481(p.335); F. Terré, P. Simler, Y. Lequette et F. Chénedé, *op.cit.*, n° 850(p.945); G. H. Treitel, *Supra note 9*, p.10.

서 차이를 보이고 있다. 따라서 결과채무로 인정되는 경우라 하더라도 채무자는 자신에게 고의 또는 과실이 없음을 들어서 채무불이행책임으로부터 벗어날 수 있는 논리적 구조는 마련되어 있는 셈이다. 이러한 점에서 채무자는 자신의 채무불이행이 불가항력에 기한 것임을 증명하여야만 면책될 수 있으며, 자신으로서는 가능한 주의를 모두 기울였음을 증명하더라도 결과채무에는 영향을 미치지 않는다는 프랑스 민법의 구조와는 차이가 있다.

그러나 채무불이행의 경우 우리 민법상으로도 채무자의 귀책사유를 '실질적으로' 요구하거나 문제되는 경우는 엄밀히 말하여 많이 축소되어 있다. 그 이유는 다음과 같이 말할 수 있다.

첫째, 금전채무의 경우 민법 제397조 제2항에 의하여 금전채무자의 귀책사유를 문제삼지 않는다.[20] 둘째, 불완전이행이나 부수의무 위반이 문제된 경우, 채권자가 해야 하는 채무자의 채무불이행 사실에 대한 주장·입증이 통상 채무자의 귀책사유에 대한 것도 포함하게 되고, 적어도 귀책사유의 유무에 대한 판단의 전제가 되는 사실도 대상으로 하게 되어서, 실제에 있어서는 채무불이행책임의 객관적 요건과 주관적 요건을 나누어 관념하는 것 자체가 거의 무의미하다.[21] 셋째, 채무불이행으로서의 이행거절이 인정되려면 채무자의 고의성이 명확하여야 하기 때문에[22] 별도로 채무자의 귀책사유가 독자적인 요건으로 문제될 소지는 매우 적다.[23]

이렇게 본다면 계약책임으로서의 손해배상책임의 구성요건을 실질적으로 운영함에 있어서는 우리 민법과 프랑스 민법과 교차하는 영역이 적지 않다고 볼 수 있다.

나. 수단채무론의 도입

우리 민법 제390조가 채무자의 귀책사유를 손해배상책임의 요건으로 규정하고 있음에도 불구하고, 다음과 같이 우리 판례가 수단채무/결과채무의 구분론을 도입한 지 오래되었다.

> " …… 의사가 환자에게 부담하는 진료채무는 질병의 치유와 같은 결과를 반드시 달성해야 할 결과채무가 아니라 환자의 치유를 위하여 선량한 관리자의 주의의무를 가지고 현재의 의학수준에 비추어 필요하고 적절한 진료조치를 다해야 할 책무 이른바 수단채무라고 보아야 하

20) 프랑스 민법도 마찬가지이다.
프랑스 민법 **제1231-6조**
제1항 금전채무 이행의 지체로 인한 손해배상은 이행의 최고를 받은 날로부터 법정이율에 따른다.
제2항 위의 손해배상은 채권자가 어떠한 손해도 증명할 필요가 없이 책임이 있다.
제3항 채권자는 지체 중인 그의 채무자가 악의로 이 지체와 무관한 손해를 발생시킨 경우, 지연이자와 별도로 손해배상을 받을 수 있다.

21) 『民法注解[IX] 債權(2)』, 박영사(2008), 354면, 380면(양창수 집필부분).

22) 채무불이행으로서 이행거절이란 채무자가 채무의 이행이 가능함에도 이를 행할 의사가 없음을 채권자에 대하여 진지하고 종국적으로 표시하여 객관적으로 보아 채권자로 하여금 채무자의 임의의 이행을 더 이상 기대할 수 없는 행태를 말한다. 『民法注解[IX] 債權(2)』, 박영사(2008), 311면(양창수 집필부분).

23) 다음의 프랑스 판결례도 참조. Civ. 1re 31 janv. 2018, n° 16－25.522 "…… 의식적으로 자신의 채무 이행을 거절한 채무자는 의도적 과책을 범한 것이므로, [손해배상의 범위를 정함에 있어서] 그가 야기한 손해의 범위를 정확하게 인식하였는지 여부는 중요하지 않다 ……"

므로 진료의 결과를 가지고 바로 진료채무불이행 사실을 추정할 수는 없으며 이러한 이치는 진료를 위한 검사행위에 있어서도 마찬가지다 ……”[24)]

애초에 프랑스 민법에서 수단채무론이 나왔던 이유가 프랑스 민법상 계약책임으로 인한 손해배상책임이 채무자의 귀책사유를 요구하지 않고 있었기 때문인데, 채무자의 귀책사유를 요구하고 있는 우리 민법 제390조 하에서 채무자의 귀책사유를 판단하는 데에 별도로 수단채무론을 끌어들이는 것이 과연 필요한가 하는 의문이 제기될 수 있다. 여기서 우리가 판례의 취지를 선해(善解)한다면, 문제가 된 채무의 법적 성격을 수단채무로 보느냐 결과채무로 보느냐가 해당 사안에서 채무자가 채무불이행 결과에 대한 귀책사유가 없음을 증명하였다고 평가할 수 있을 것인가에 대한 주요한 판단기준으로 작용할 수 있기 때문이라고 할 수는 있을 것이다.

다. 의사의 진료채무

프랑스에서도 의사의 진료채무는 전통적으로 대표적인 수단채무의 예로 설명되고 있다. 프랑스는 채무불이행으로 인한 손해배상책임과 불법행위로 인한 손해배상책임에 관하여 우리 판례와 달리 청구권 불경합(non-cumul) 원칙을 취하고 있기 때문에[25)] 환자가 의료진을 상대로 하는 손해배상청구의 계약책임과 관련하여 주로 논하여지고 있다.

반면, 우리나라의 경우에는 프랑스와 달리 청구권 경합 원칙을 취하고 있고[26)] 의료소송의 경우 채무자인 의사의 귀책사유 입증에 있어서 민법 제390조에 의하는 것이 채권자인 환자에게 유리한 구조임에도 불구하고 대부분이 불법행위(민법 제750조)에 근거하여 소송이 제기되고 있다는 점에서 프랑스와는 사실상 차이가 있다. 그 주요한 원인 중의 하나가 계약책임에 있어서 수단채무론이 도입되어 있어서 결과적으로 환자가 의사의 과실을 입증해야 하는 불법행위책임의 경우와 다르지 않게 되었고, 그밖에 의료사고의 상당 부분이 환자측의 고소로 인하여 형법 제268조 소정의 업무상 과실치사상죄의 문제로 다루어지는데 이와 연계하여 민사소송에서도 자연스럽게 불법행위에 기한 청구를 하는 경향이 있다는 점도 지적되고 있다.[27)]

24) 대법원 1988. 12. 13. 선고 85다카1491 판결(集 36-3); 同旨 대법원 1993. 7. 27. 선고 92다15031 판결(集 41-2); 대법원 2001. 11. 9. 선고 2001다52568 판결; 대법원 2015. 10. 15. 선고 2015다21295 판결 등.

25) 여하윤, “프랑스 민법상 계약책임과 불법행위책임의 관계”, 서울대학교 法學(제50권 제2호), 서울대학교 법학연구소(2009. 6.) 563면 이하.

26) 대법원 1983. 3. 22. 선고 82다카1533 전원합의체 판결 (集 31-2) “…… 본래 채무불이행책임과 불법행위책임은 각각 요건과 효과를 달리하는 별개의 법률관계에서 발생하는 것이므로 하나의 행위가 계약상 채무불이행의 요건을 충족함과 동시에 불법행위의 요건도 충족하는 경우에는 두 개의 손해배상청구권이 경합하여 발생한다고 보는 것이 당연할 뿐 아니라, 두 개의 청구권의 병존을 인정하여 권리자로 하여금 그중 어느 것이든 선택하여 행사할 수 있게 하는 것이 피해자인 권리자를 두텁게 보호하는 길이라는 실제적인 이유에 비추어 보더라도 ……”.

27) 양창수·권영준, 『권리의 변동과 구제』 博英社(2011), 690-691면.

5. 소결

지금까지의 분석을 통해서 다음과 같은 점들을 정리할 수 있다.

첫째, 우리 민법 제390조는 프랑스 민법 제1231－1조와 달리 채무자의 귀책사유를 명시하고는 있으나, 불법행위에 관한 민법 제750조와 달리 채무자의 귀책사유에 대한 증명책임을 채무자에게 넘기고 있다. 그 이유는 다음과 같이 설명되고 있다.

> "…… 채권관계, 특히 채무불이행책임이 주로 문제되는 계약관계에 있어서 약속된 급부는 채무자가 그 실현을 의도적으로 인수한 것이다 …… 그러므로 채무의 이행이 이루어지지 아니한 경우에는 채무자측에서 그 이유를 주장하고 설명하여야 하는 것이 사리에 맞는다고 할 것이다. 또한 채무의 이행이 이루어지지 아니한 경우에는 그 이유가 채무자의 지배영역에 있다고 추정하는 것이 합당한 것이다 ……"[28]

프랑스 민법 제1231－1조가 채무자의 귀책사유를 명시하지 않고 있는 것은, 채무를 이행하지 않은 것은 그 자체로 이를 약정한 채무자에게 귀책하는 것으로 볼 수 있고, 약정한 급부를 이행해야 할 의무를 부담하는 채무자는 그 불이행의 결과에 대하여 책임을 져야 하는 것이 논리적이라는 것에 근거를 두고 있는 점과 일맥상통한다고 볼 수 있다.

둘째, 채무자의 귀책사유를 요구하고 있는 우리 민법 제390조 하에서 채무자의 귀책사유를 판단하는 데에 별도로 수단채무론을 끌어들이는 것이 과연 필요한가 하는 의문이 제기될 수 있다. 이를 도입하고 있는 우리 판례의 취지를 선해(善解)한다면, 문제가 된 채무의 법적 성격을 수단채무로 보느냐 결과채무로 보느냐가 해당 사안에서 채무자가 채무불이행 결과에 대한 귀책사유가 없음을 증명하였다고 평가할 수 있을 것인가에 대한 주요한 판단기준으로 작용할 수 있기 때문이라고 할 수는 있을 것이다. 다만, 불법행위에 기한 손해배상책임을 판단할 때에는 가해자(채무자)의 귀책사유가 적극 요건으로 규정되어 있기 때문에 가해자의 귀책사유 유무를 판단하는 데에 수단채무론은 논리체계상 필요하지 않다. 프랑스 민법도 우리처럼 가해자의 귀책사유를 일반불법행위의 적극 요건으로 규정하고 있는데,[29] 불법행위와 관련하여 수단채무론은 전혀 언급되지 않고 있다.

Ⅲ. 프랑스 민법상 채무불이행책임의 손해배상의 범위

일반 채무불이행책임에 관한 프랑스 민법 제1231－1조의 규정 형식과 그 취지는 그 손해

28) 『民法注解[Ⅸ] 債權(2), 박영사(2008), 353면(양창수 집필부분).
29) 앞의 주 8) 참조.

배상의 범위를 판단하는 기준에 있어서도 영향을 주고 있다. 이하에서 살펴보기로 한다.

1. 판단기준

> **제1231-3조**
> [채무]불이행이 중대한 또는 의도적 과책에 기인하지 않는 한, 채무자는 계약 체결 당시에 예견하였던 또는 예견할 수 있었던 손해에 대하여만 배상책임이 있다.

가. 규정의 취지

위 규정에서 보는 바와 같이, 우리 민법 제393조와 달리 채무불이행의 손해배상책임 범위에 대하여 '채무자의 예견가능성'을 판단기준으로 제시하고 있다. 계약이라는 것은 근본적으로 예견할 수 있는 행위이므로, 계약 당사자는 그가 제공하여야 할 급부 그 자체뿐만이 아니라 그가 이를 완전하게 이행하지 못할 경우 어떠한 상황에 처하게 될지 예측할 수 있어야 한다. 다시 말해서, 계약 당사자는 자신들이 체결한 계약으로부터 얻을 이익과 불이행으로 처하게 될 위험을 비교형량할 수 있어야 한다. 그리고, 이러한 예견가능성은 손해 발생의 원인뿐만 아니라 그 범위에 대해서도 적용된다고 한다.[30)]

예를 들어, 철도회사는 승객에 대해서 철도 운송의 지연된 경우, 이로 인하여 승객이 여행을 하지 못하게 되었다든가, 철도 탑승 이후 비행기 탑승이 예정되어 있었는데 철도의 지연으로 예정된 비행기를 탑승하지 못하게 되었다면, 이러한 사정들은 철도회사가 예견할 수 없었던 것이므로 승객의 여행비용, 비행기표값 등에 대해서 배상할 의무가 없다.[31)] 또한 철도 시간의 지연으로 변호사가 변론에 참석하지 못하여 의뢰인에게 배상해야 할 손해, 신뢰도의 하락 등에 대해서는 철도회사가 예견할 수 없는 손해이므로 철도회사는 탑승객이었던 변호사에게 이를 배상할 책임이 없다고 하였다.[32)] 이러한 채무자의 예견가능성은 채권자에게 증명책임이 있다.[33)]

---

30) G. Chantepie et M. Latina, *op.cit.*, n° 683(p.632); Y. Buffelan－Lanore et V. Larribau－Terneyre, *op.cit.*, n° 1964(p.641); M. Fabre－Magnan, *op.cit.*, n° 1078(p.837) et n° 1082(p.839); M. Brusio Alliaud, *op.cit.*, n° 466(p.325); P. Malaurie, L. Aynès et P. Stoffel－Munck, *op.cit.*, n° 609(p.556); F. Terré, P. Simler, Y. Lequette et F. Chénedé, *op.cit.*, n° 832 et n° 833(p.928－929); J. Flour, J－L Aubert et É. Savaux, *op.cit.*, n° 861-862(p.1157－1160).

31) Civ. 1re 28 avril 2011, n° 10－15.056; Civ. 1re 14 jan. 2016, n° 14－28.227; Civ. 1re 23 juin 2011, n° 10－11.539 등; G. Chantepie et M. Latina, *op.cit.*, n° 683(p.633); L. Andreu et N. Thomassin, *op.cit.*, n° 766(p.284); M. Brusio Alliaud, *op.cit.*, n° 466(p.325); R. Cabrillac, n° 161(p.172); A. Sériaux et G. Lardeux, *op.cit.*, n° 64(p.150); F. Terré, P. Simler, Y. Lequette et F. Chénedé, *op.cit.*, n° 833(p.929 et 930).

32) Civ. 1re 26 sept. 2012, n° 11－13.177.

33) G. Chantepie et M. Latina, *op.cit.*, n° 682(p.631).

나. 우리 민법과의 비교

'당사자의 예견가능성'이라는 프랑스 민법상의 손해배상 범위의 판단기준의 기본 축은 우리 민법의 경우 제393조 제2항의 '특별한 사정으로 인하여 발생한 손해'에 대해서 나타나고 있을 뿐이다. 원칙적인 모습으로서의 '통상의 손해'에 대해서 객관적인 제3자의 시각에서 판단하고 있는 민법 제393조 제1항과 이에 대한 우리 판례의 기본적인 해석론(상당인과관계론)과는 기본적인 시각 차이가 있다. 물론, 프랑스 판례는 여기서의 손해는 '통상적으로(normalement)' 예견되는 것이어야 한다고 하고 설시하고 있어서[34] 실제 사건의 해결에 있어서 손해의 범위는 우리 민법 제393조 제1항의 '통상의 손해'로 판단되는 경우와 크게 다르지 않을 가능성이 다분히 있을 것이다. 그러나 기본 구도에 있어서 '사적자치의 원칙 → 자기책임의 원칙의 관철 → 채무불이행책임의 결과책임적 구조 → 손해배상의 범위에 대한 기본 판단기준으로서 채무자의 예견가능성' 이라는 프랑스 민법의 체계일관된 논리적 구조에 대해서는 주목할 필요가 있다. 그리고, 이와 같은 손해배상의 범위에 대한 '예견가능성'의 제한은 불법행위책임에는 적용이 없다는 점도[35] 눈여겨볼 필요가 있다.

2. 의도적 과책, 중대한 과책의 경우

채무불이행이 의도적 과책 또는 중대한 과책에 기한 경우에는 위와 달리 상당인과관계에 있는 범위의 손해 전부를 배상하여야 한다. 이는 중대한 또는 의도적 과책이 있는 채무자에 대하여 제재를 가하기 위함이라거나,[36] 채권자는 계약 체결 당시 채무자가 이와 같은 중대한 행위를 범할 것을 전혀 예상할 수 없었기 때문[37]이라고 설명되고 있다. 개정 전 프랑스 민법 제1150조는 의도적 과책에 대해서만 손해 전부를 배상하여야 한다고 규정하고 있었으나,[38] 이에 관하여 프랑스 재판례는 의도적 과책과 중대한 과책을 동일하게 취급하여 오고 있었고, 2016년 개정으로 중대한 과책에 대해서도 손해 전부를 배상하는 것으로 규정하였다.[39] 채무

---

34) Civ. 3ᵉ 22 mars 1989, n° 87－16.780; ; J. Flour, J－L Aubert et É. Savaux, *op.cit.*, n° 861(p.1158).

35) Y. Buffelan－Lanore et V. Larribau－Terneyre, *op.cit.*, n° 1964(p.641); M. Brusio Alliaud, *op.cit.*, n° 466(p.324); B. Fages, *op.cit.*, n° 329(p.276); J. Flour, J－L Aubert et É. Savaux, *op.cit.*, n° 833(p.1124).

36) A. Bénabent, *op.cit.*,n° 429(p.357); F. Terré, P. Simler, Y. Lequette et F. Chénedé, *op.cit.*, n° 834(p.930); J. Flour, J－L Aubert et É. Savaux, *op.cit.*, n° 862(p.1159).

37) C. Alleaume, *op.cit.*, p.240.

38) 구 프랑스 민법 제1150조
채무자는 계약 체결시에 예견하였거나 예견할 수 있었던 손해에 대하여 배상책임이 있다. 그가 의도적으로 채무를 이행하지 않았을 경우에는 그러하지 않다.

39) Ch.mixte 22 avr. 2005, n° 02－18.326 et 03－14.112; L. Andreu et N. Thomassin, *op.cit.*, n° 792(p.292); G. Chantepie et M. Latina, *op.cit.*, n° 685(p.634); S. Porchy－Simon, *op.cit.*, n° 623(p.322) et n° 636(p.327); C. Alleaume, *op.cit.*, p.240; J. Flour, J－L Aubert et É. Savaux, *op.cit.*, n° 862(p.1159).

자에게 중대한 또는 의도적 과책이 있다는 점에 대한 증명책임은 채권자에게 있다.[40)]

제1231-4조 채무불이행이 중대한 또는 의도적 과책에 기인한 경우, 불이행으로 인하여 즉각적이고 직접적으로 발생한 손해에 대하여만 배상을 한다.

위 규정 역시 개정 전 프랑스 민법 제1151조 규정이 '의도적 과책'에 대해서만 규정하고 있었던 것을 중대한 과책의 경우도 포함시키는 개정을 한 것이다.[41)] 그런데 위 규정의 문언(文言)만을 바라보면, 마치 중대한 과책 또는 의도적 과책의 경우에는 손해배상의 범위를 상당인과관계에 있는 범위보다 더 축소하여 직접적이고 즉각적인 것으로 한정하고 있는 것이 아닌가 하는 의문을 불러일으키기도 한다. 그러나 그렇지는 않다. 그 이유는 다음과 같다.

첫째, 위 규정상의 손해배상의 요건은 계약외적 손해배상책임(예를 들어 불법행위 등)과 같다는 점이 지적되고 있다.[42)] 즉, 채무불이행으로 인하여 즉각적이고 직접적으로 발생한 손해라 함은 손해와 채무불이행 사이에 인과관계를 요구한 것을 다르게 표현한 것에 지나지 않는다.

둘째, 그렇다면 손해배상의 범위의 판단기준을 등가이론(théorie de l'équivalence des conditions)에 기초할 것인가, 아니면 상당인과관계이론(théorie de la causalité adéquate)에 기초할 것인가에 대해서는 개정된 프랑스 민법도 직접적으로 답하고 있는 것은 아니나, 위 규정의 문구에 비추어 후자의 입장을 취한 것으로 해석할 수 있다는 견해[43)]가 유력하다. 프랑스 판례도 상당인과관계론을 채택하고 있다고 한다.[44)]

셋째, 현재 프랑스에서는 불법행위를 포함한 손해배상법 개정 작업이 진행되고 있는데, 현재 나와 있는 개정안(2017년도 개정안)[45)]에서는 채무불이행으로 인한 손해배상책임에 관하여

---

40) C. Alleaume, *op.cit.*, p.240.

41) 구 프랑스 민법 제1151조
약정상의 채무불이행이 채무자의 의도에 기인한 경우, 손해배상은 채권자가 입은 손실과 그가 상실한 기회에 대하여 하되, 약정상 불이행으로 인하여 즉각적이고 직접적으로 발생한 것에 한한다.

42) G. Chantepie et M. Latina, *op.cit.*, n° 686(p.634); M. Fabre-Magnan, *op.cit.*, n° 1083(p.839); P. Malaurie, L. Aynès et P. Stoffel-Munck, *op.cit.*, n° 608(p.554); S. Porchy-Simon, *op.cit.*, n° 638(p.327) et n° 974(p.499); M. Brusio Alliaud, *op.cit.*, n° 468(p.326); F. Terré, P. Simler, Y. Lequette et F. Chénedé, *op.cit.*, n° 860(p.963); J. Flour, J-L Aubert et É. Savaux, *op.cit.*, n° 860(p.1157).

43) G. Chantepie et M. Latina, *op.cit.*,n° 686(p.635); B. Fages, *op.cit.*, n° 328(p.276); C. Alleaume, *op.cit.*, p.239; F. Terré, P. Simler, Y. Lequette et F. Chénedé, *op.cit.*, n° 860(p.964); J. Flour, J-L Aubert et É. Savaux, *op.cit.*, n° 835(p.1126 et s.).

44) M. Brusio Alliaud, *op.cit.* n° 468(p.327).

45) Le Projet de Réforme de la Responsabilité Civile de 2017. 채무불이행으로 인한 손해배상책임과 불법행위로 인한 손해배상책임에 관한 규정을 종합적으로 마련하는 것이 이 개정 작업의 주요한 업무 중의 하나이다. https://www.justice.gouv.fr/publication/Projet_de_reforme_de_la_responsabilite_civile_13032017.pdf

인과관계만을 요구하고 있고, 채무불이행으로 인하여 직접적으로 발생한 손해라는 언급은 하고 있지 않다.[46]

2017년 프랑스 민법 개정안 제1230조 손해배상책임은 피고에게 기인한 행위와 손해 간의 인과관계를 전제로 한다. 제1250조 계약의 불이행으로 채권자에게 손해가 발생한 경우 채무자는 이에 대하여 배상하여야 한다. 제1251조 중대한 또는 의도적 과책의 경우를 제외하고, 채무자는 계약 체결 당시 합리적으로 예견할 수 있었던 불이행의 결과에 대하여 배상할 의무가 있다.

3. 불법행위책임으로 인한 손해배상의 범위 판단기준과의 비교

우리 민법 제763조가 채무불이행으로 인한 손해배상책임의 범위에 관한 민법 제393조를 불법행위에 준용함으로써 손해배상의 범위에 대하여 양자를 동일한 판단기준으로 규율하고 있음에 비하여, 프랑스 민법상 불법행위로 인한 손해배상에 있어서는 채무불이행으로 인한 손해배상에 관한 규정을 준용하지 않고 있다는 점도 주목할 필요가 있다. 일반불법행위에 관한 프랑스 민법 제1240조와 제1241조는 명시적으로 가해자의 귀책사유를 요하고 있으며, 불법행위로 인한 손해배상의 범위에 관하여 '가해자의 예견가능성'을 고려하지 않고 별도의 인과관계론에 따라 판단하고 있다. 즉, 채무불이행으로 인한 손해배상은 '(채무자의) 예견가능성을 제외하고' 기타 계약 외의 손해배상(resposabilité extra－contractuelle)과 성질이 같다는 점이 지적되고 있는 것이다.[47]

4. 소결

이상의 논의를 요약하면 다음과 같다.

첫째, 앞의 프랑스 민법 제1231－3조에서 통상의 과책의 경우에는 손해배상 범위의 판단기준을 '채무자의 예견가능성'이라는 주관적 시각에서 설정하고 있는 것과 달리, 의도적 과책 또는 중대한 과책의 경우에는 이러한 주관적 시각을 배제하고 객관적인 시각에서 손해배상의 범위를 판단을 하겠다는 의지가 표명되어 있는 것으로 읽을 필요가 있다.

둘째, 프랑스 민법은 채무불이행책임의 결과책임적 구조로 인하여 채무자에게 가혹한 결

46) L. Andreu et N. Thomassin, *op.cit.* n° 777(p.288).

47) G. Chantepie et M. Latina, *op.cit.* n° 681(p.630); L. Andreu et N. Thomassin, *op.cit.* n° 766(p.284); M. Fabre－Magnan, *op.cit.* n° 1064(p.824). 손해에 대한 채무자의 예견가능성은 계약책임에서 특별히 요구되는 것이고, 불법행위책임에서는 요구되지 않는다; C. Alleaume, *op.cit.* p.236 et p.239; R. Cabrillac, *op.cit.* n° 161(p.171－172); J. Flour, J－L Aubert et É. Savaux, *op.cit.*, n° 723(p.995), n° 819(p.1106) et n° 835(p.1127).

과가 발생할 수 있기 때문에 다음의 두 가지 완화책이 구비되어 있다고 할 수 있다. 하나는, 수단채무의 개념을 도입하여 손해배상책임의 성립 자체를 방지할 수 있도록 하고, 다른 하나는 과실 없이도 책임이 발생하거나 통상의 경과실로 인한 손해배상책임의 경우 '채무자의 예견가능성'을 손해배상의 성립 또는 배상범위의 기준으로 제시함으로써 손해배상범위가 (객관적 기준으로만 판단되는 경우에 비하여) 축소될 수 있는 여지를 마련하고 있다.

Ⅳ. 프랑스 민법상 사적자치 원리의 우위

앞서 살펴본 바와 같이, 계약책임에 있어서의 손해배상의 성립과 범위에 관한 기준은 사적자치(autonomie de la volonté)의 원리에 기초를 두고 있다.[48] 그밖에 구체적인 분쟁 해결에 있어서 프랑스 재판례가 우리나라 재판례와 유사한 결론을 도출하고 있는가는 별론으로 하더라도, 민사 분쟁의 해결기준으로서 당사자의 의사를 중시하는 '의사주의(consensualism)'는 다음과 같이 프랑스 민법의 기초가 되는 원리로서 곳곳에 반영되어 있다.

1. 계약 자유의 원칙

프랑스 민법 제1102조 **제1항** 사람은 법이 정한 한도 내에서 계약을 체결할지 여부, 계약의 상대방을 선택하고 계약의 내용과 형식을 결정할 자유가 있다.

사적자치의 원칙은 1804년 프랑스 민법 제정 당시부터 프랑스 민법의 기본을 이루고 있는 기본철학이었음에도 불구하고 이에 대한 규정을 두지 않고 있었다. 2016년 프랑스 민법을 개정하면서 이에 대한 명시적인 규정을 마련하였다.[49]

2. 계약의 구속력

프랑스 민법 제1103조 적법하게 성립된 계약은 이를 체결한 당사자 간에 있어서 법을 대신한다.

당사자들은 계약에 의하여 구속된다. 다시 말해서, 그들은 스스로 합의를 하였기 때문에, 법규범에 복종하듯이 계약에 복종해야 한다. 로마법에서는 당사자 간의 합의 외에 일정한 형식을 갖춘 'stipulatio'라고 하는 문답계약(問答契約)에 대해서만 계약으로서의 효력을 부여하고

48) P. Malaurie, L. Aynès et P. Stoffel－Munck, *op.cit.* n° 609(p.556).

49) S. Rowan, *The New French Law of Contrat*, Oxford University Press(2022), p.33.

있었으나, 이러한 형식에서 벗어나 당사자 간의 합의만으로 계약으로서의 효력을 인정하게 된 것은 프랑스 민법이 이루어낸 성과였다. 이는 자신이 약속한 바를 지켜야 한다는 카논법 학자들(caonist, 교회법학자)과 고대 로마법 사료에 나타난 법현상들로부터 일반론을 추출해왔던 자연법학자들의 사고가 반영된 것이다.[50] 구 프랑스 민법 제1134조 제1항[51]이 정하였던 바를 그대로 승계한 조항이다.

3. 계약의 내용에 대한 법원의 간섭 제한

> 프랑스 민법 제1168조
> 쌍무계약에 있어서 급부 간 등가(等價)의 결여는 법률에 달리 정한 바가 없다면 계약의 무효원인이 되지 않는다.

위 규정은 계약의 불공정한 내용에 대하여 사법적 권한이 개입하는 것을 원칙적으로 제한한 것으로서, 사적자치의 원칙, 즉 계약은 무엇보다도 계약 당사자의 의사에 의하여 규율되어야 한다는 것을 표명한 것이다.[52]

4. 법률행위 해석의 원칙

> 프랑스 민법 제1188조
> 제1항 계약은 그 문언의 의미보다는, 당사자의 공통된 의도에 따라 해석된다.
> 제2항 이러한 의도가 밝혀지지 않은 경우, 계약은 합리적인 사람이 동일한 상황에 처하였을 경우 부여하였을 의미에 따라 해석된다.

위에서 보는 바와 같이 프랑스 민법은 법률행위의 해석방법에 관하여 프랑스 민법은 '계약은 그 문언의 의미보다는, 당사자의 공통된 의도에 따라 해석되어야 한다'는 주관적 해석론을 제1의 원칙으로 선언하고 있다. 그 이하에서 제시하고 있는 객관적 해석론은 '당사자의 의도가 밝혀지지 않은 경우'에 한하여 적용되는 부수적 원칙이다.[53] 이는 개정 전 프랑스 민법 제1156조[54]의 정신을 그대로 계승한 것으로서, 외부로 표시된 행위보다 당사자의 진정한 의사를 우선시하겠다는 입장을 재확인한 것이다.[55][56]

---

50) J. Bell, S. Boyron and S. Whittaker, *Principles of French Law 2nd ed.*, Oxford University Press(2008), p.297.

51) 구 프랑스 민법 제1134조 제1항 당사자들 간에 적법하게 성립한 합의는 [그들 사이에서] 법을 대신한다.

52) S. Rowan(주 49), p.136.

53) G. Chantepie et M. Latina, *op.cit.* n° 501(p.448) et n° 503(p.449 et s.)

54) 구 프랑스 민법 제1156조
합의에 있어서는, 용어의 문언보다는 당사자들의 공통된 의도가 탐구된다.

5. 법률행위로 인한 물권변동에 관한 의사주의와 유인주의

> 프랑스 민법 제1196조
> 제1항 소유권을 이전하거나 기타 다른 권리를 양도하는 것을 목적으로 하는 계약에 있어서, [그 소유권이나 다른 권리는] 계약이 체결될 때 이전된다.
> 제2항 소유권 이전은 당사자의 의사, 물건의 성질 또는 법률의 효과에 의하여 뒤로 미루어질 수 있다.

법률행위로 인한 물권변동에 관하여 형식주의를 취하고 있는 우리 민법과 달리(민법 제186조), 프랑스는 의사주의를 취하고 있는 대표적인 국가이다. 물론 위의 제2항에서 보는 바와 같이 현실적으로는 많은 예외가 있기는 하다. 소유권유보부 매매의 경우는 당사자의 의사에 의하여, 종류물의 경우는 종류물의 특정이 있는 때, 기한부 내지 할부 매매의 경우에는 대금을 완납한 때 소유권이 이전된다. 현실에 있어서 오히려 이러한 경우가 더 많기 때문에 의사주의를 원칙으로 선언한 것이 적절한지에 대해서 의문을 제기하거나 제1항을 임의법규로 보아 제2항의 사정이 없는 경우에 보충적으로 적용하는 것으로 보자는 견해[57]가 있기도 하다. 그러나 의사주의의 원칙은 2016년 개정 이후에도 유지되고 있다.

6. 소결

계약에 있어서 당사자의 의사가 존중되어야 한다면, 그 결과에 대해서도 원칙적으로 귀책사유가 없더라도 계약 당사자가 책임을 지도록 하는 것이 타당하다고 볼 수 있다. 그리고, 이러한 사고의 연장선상에서 손해배상의 범위를 판단함에 있어서도 채무자의 예견가능성이 판단기준으로 작용하고 있다. 이로써 프랑스 민법은 사적자치(autonomie de la volonté)의 철학이 그 전반에 걸쳐서 일관되게 '원칙으로서' 일관되게 작동하고 있음을 보여주고 있다. 그리고 다음의 견해도 위에서 살펴본 프랑스 민법의 기본 정신과 원리와 일맥상통하는 면이 있다고 생각한다.

> "…… 나는 '거래의 안전' 또는 '신뢰 보호'는 우리 민법의 가치서열에 있어서 현저하게 높은 위치를 차지하고 있지 못하며, 오히려 진정한 소유자가 그 의사에 기하지 아니하고 그 권리를 빼앗겨야 할 이유가 과연 무엇인지 잘 음미해 볼 필요가 있고 그것이 정당화되는 한도 내에서만 공신의 원칙을 채택할 여지가 있다고 생각한다 ……"[58]

---

55) G. Chantepie et M. Latina, *op.cit.* n° 502(p.448).

56) 이러한 프랑스 민법의 태도는 법률행위의 해석이란 당사자의 내심적 의사의 여하에 관계없이 그 서면의 기재내용에 의하여 당사자가 그 표시행위에 부여한 객관적 의미를 합리적으로 해석하여야 하는 것을 원칙으로 하는 우리 판례의 입장과 차이가 있다. 대법원 1996. 7. 30. 선고 95다29130 판결 등.

57) G. Chantepie et M. Latina, *op.cit.* n° 535(p.487).

58) 양창수, 『민법입문 제7판』, 박영사(2019. 7. 20), 299면.

V. 나가며

프랑스 민법상 채무불이행책임이 원칙적으로 결과책임적인 구조를 취하고 있는 이러한 특징은 2016년 개정 이전이나 이후에나 변함없이 튼튼하게 그 생명력을 유지하고 있다. 일반조항주의 태도와 더불어 세월이 지나도, 시대가 변해도 그 힘을 발휘하고 있는 프랑스 민법의 입법 기술은 그 통찰력을 유감없이 발휘하고 있다고 할 수 있다. 조금 더 구체적으로 설명하자면,

첫째, 프랑스 민법 입법자는 가장 뛰어난 입법자라도 장차 발생할 가능성이 있는 모든 문제점들을 예견하고 결정할 수 없다는 점을 일찍이 명확하게 인식하고 있었다. 따라서 예견하지 못한 개별 사건에 적용될 수 있고 사회의 변화하는 상황에 적응할 수 있는 법을 창조하는 역할은 법원의 판단에 남겨두었다.[59] 프랑스 민법은 2016년 채권법 대개정 이후에도 이러한 기조를 변함없이 유지하고 있다. 반면, 독일 민법은 이보다 100년 가까이 뒤인 1900년에 제정되면서 채무불이행에 관하여 이행불능, 이행지체를 구분하였고, 해석론으로 적극적 채권침해론이 등장하면서 이와 같이 채무불이행을 세 가지 유형으로 폐쇄적으로 구분하고 있었으나,[60] 그 한계를 인식하고 결국 2002년 독일 민법 개정으로 일반조항주의로 전환한 바 있다.[61]

둘째, 우리 민법상 채무불이행책임 구조 자체만을 바라보면 굳이 프랑스 민법과 같은 태도로 전향할 필요성이 별로 느껴지지는 않는다. 그러나, 채무불이행책임과 담보책임과의 관계를 어떻게 바라볼 것인가를 생각하면 반드시 그렇지만은 않다. 이에 대해서는 오랜 기간 우리 민법학자들 간에 많은 논의가 있어 왔고, 관련한 대법원 판결례도 적지 않게 발견되고 있다.[62] 그런데, 최근 일본 민법은 2017년 채권법 대개정으로(2020년부터 시행되고 있는) 담보책임을 원칙적으로 폐지하고 일반채무불이행의 체계에 흡수하였다는 점을 주목할 필요가 있다.[63] 그렇다면 일본 민법은 이번 개정으로 채무불이행 책임의 구조에 관한 일반조항주의의 기조를

59) K. Zweigert & H. Kötz, *supra note 1*, p.90,

60) 『民法注解[IX] 債權(2)』, 박영사(2008), 198면 이하(양창수 집필 부분)

61) 양창수, "獨自的인 債務不履行類型으로서의 履行拒絶 再論 — 判例의 形成 및 法律效果를 중심으로 —", 『民法研究 第10卷』, 博英社(2019), 234면.

62) 대법원 1970. 12. 29. 선고 70다2449 판결(集 18－3); 대법원 1993. 11. 23. 선고 93다37328 판결; 대법원 2004. 7. 22. 선고 2002다51586 판결; 대법원 2011. 10. 13. 선고 2011다10266 판결; 대법원 2021. 4. 8. 선고 2017다202050 판결 등.

63) 양창수, 『民法研究 第10卷』, 博英社(2019), 530면 이하; 이번 일본민법 개정에서는 귀책사유, 예를 들면 위 조항에서 '채무자에게 책임 있는 사유'라고 하여도, 이것을 '고의·과실'과 동일시하여서는 안 되며, 이제 새로운 법은 채무불이행에서의 과실책임의 원칙과 결별하였다는 견해가 강력하게 주장되고 있다고 한다. 즉, 위 규정에서 '채무자의 책임에 돌릴 수 없는 사유'에 '계약 기타 채무의 발생원인 및 거래상의 사회통념에 비추어'라는 수식어를 명시적으로 부가하는 것으로써 여기에서의 면책사유가 채무 발생 원인에 의하여 판단되어야 하므로, 따라서 계약의 경우에는 면책의 가부가 계약의 취지에 비추어 판단되어야 하는 것으로서, 「귀책사유＝과실」을 의미하는 것이 아님을 명확하게 하기 위한 것이라고 한다. 일본 학자들의 견해에 대해서는 양창수, 『民法研究 第10卷』, 博英社(2019), 533면 참조.

유지하면서 결과책임주의적 구조를 취하고 있는 프랑스 민법의 구조에 더욱 가까운 입법을 선택하였다고 할 수 있을 것이다. 그리고 이러한 입법은 손해배상청구권의 성립은 채무자에게 계약의 불이행에 대하여 귀책사유에 있는가에 의존하지 않는, 따라서 채무자는 불이행에 대하여 자신에게 귀책사유가 없음을 들어 면책을 주장할 수 없는 영미법(Common Law)의 구조[64]와도 더 근접하게 되었다[65]고 볼 수 있을 것이다.

계약에 있어서는 불법행위와 달리 '자신이 말한 바에 따라' 채무자에게 그 책임이 더 엄격하게 부과될 필요가 있고 이것이 사적자치의 원칙에 부합한다는 점, 대부분의 계약이 쌍무·유상계약이 현실인 우리나라에서도 이러한 취지는 무과실책임으로서의 담보책임에 의하여 사실상 관철되고 있었다고 볼 여지가 다분히 있다는 점, 수단채무론을 통하여 과실책임주의 원리를 구체적인 사안들에서도 구현할 수 있다는 점, 일반 채무불이행책임과 담보책임을 분리할 경우 체계적으로 그 관계를 어떻게 설정할 것인가에 대해서 복잡한 이론적인 문제점이 제기되는 것을 방지할 수 있다는 점[66] 등에 비추어볼 때, 채무불이행책임에 관한 프랑스 민법의 입법 태도는 향후 우리 민법의 개정과 운용에 있어서 고려할 가치가 있다고 생각한다. 더 나아가 이 문제는 우리에게 소멸시효 기간의 일원화와도 결코 무관하지 않은 문제일 것이다. 현재 우리 판례상으로도 채무불이행으로 인한 손해배상책임의 소멸시효기간과 하자담보책임의 소멸시효기간이 상이함으로 인하여 법리적인 문제가 나타나고 있기 때문이다.[67][68]

64) 『民法注解[Ⅸ] 債權(2)』, 박영사(2008), 206면(양창수 집필 부분).

65) 양창수(주 63), 533면 각주 77 참조.

66) 필자는 오랜 시간 프랑스 민법 문헌을 읽어오고 있는데, 우리나라와 같이 채무불이행책임과 담보책임의 관계에 관한 장황한 논의가 등장하는 프랑스 문헌은 별로 볼 수 없었다. 반면, 우리 민법은 담보책임에 관하여 일정한 유형으로 분류하여 개별적으로만 규정을 두고 있어서 적절한 규정이 없는 경우, 있는 규정을 유추하는 사안들이 계속 나타나고 있다. 대법원 1992. 10. 27. 선고 92다21784 판결; 대법원 2009. 7. 23. 선고 2009다33570 판결; 대법원 2011. 5. 13. 선고 2011다1941 판결 등; 담보책임법의 개정의 필요성에 대해서는, 윤진수, "2014년 민법 개정안의 평가와 회고", 民事法學(제99호), 韓國民事法學會(2022. 6.) 32-33면, 38면 등.

67) 앞의 주 62)의 대법원 2011. 10. 13. 선고 2011다10266 판결은 채무불이행 책임의 시효기간인 민법 제162조 제1항과 하자담보책임에 관한 제척기간인 민법 제582조의 갈등이 표출된 사안이었다. "…… 매도인에 대한 하자담보에 기한 손해배상청구권에 대하여는 민법 제582조의 제척기간이 적용되고, 이는 법률관계의 조속한 안정을 도모하고자 하는 데에 취지가 있다. 그런데 하자담보에 기한 매수인의 손해배상청구권은 권리의 내용·성질 및 취지에 비추어 민법 제162조 제1항의 채권 소멸시효의 규정이 적용되고, 민법 제582조의 제척기간 규정으로 인하여 소멸시효 규정의 적용이 배제된다고 볼 수 없으며, 이때 다른 특별한 사정이 없는 한 무엇보다도 매수인이 매매 목적물을 인도받은 때부터 소멸시효가 진행한다고 해석함이 타당하다 ……"

68) 프랑스 판례는 다음과 같이 하자담보책임이 문제되는 경우 계약 책임은 물을 수 없다고 판시하고 있다. Com. 19 mars 2013, n° 11-26.566 "…… [매매의] 목적물이 그 목적에 맞지 않게끔 하는 결함(défaut)으로 정의되는 숨은 하자(vice caché)는, 계약 책임을 발생시키지 않고 [프랑스] 민법 제1641조 이하에 규정되어 있는 방식에 의한 담보책임을 발생시킨다 ……" J. Flour, J-L Aubert et É. Savaux, *op.cit.*, n° 838(p.1129); 참고로 프랑스 민법 제1648조 제1항은 하자담보책임의 경우에는 매수인이 하자를 발견한 날로부터 2년 내에 하자담보책임을 추궁할 수 있는 것으로 규정하고 있다(일반 소멸시효 규정과 별도로). 우리 민법 제582조가 매수인이 그 사실을 안 날로부터 6월 내에 행사하여야 한다고 규정하고 있는 것보다 기간이 길다; 그리고 프랑스는 2008년에 시효제도를 개정한 바 있다(프랑스 민법 제2219조 이하). 이에 대해서는 남궁 술, "프랑스 채권법 및

전통적으로 프랑스 민법상의 채무불이행 구조는 독일 민법보다 영미법상의 구조와 더 근접해있었다.[69] 세월이 흘러도 변치 않고 생명력을 유지하고 있는 프랑스 민법의 위와 같은 태도는 우리가 깊이 음미하고 고려할 가치가 충분하다. 이를 통해 영미법과의 소통도 더 원활해질 수 있지 않을까? 바로 인접해있는 일본이 최근 채무불이행책임을 어떠한 방향으로 개정하였는가를 생각해본다면 프랑스 민법의 태도는 우리에게 더욱 가까이 다가오고 있다고 말할 수 있다.

시효법 개정시안에서의 시효와 점유", 民事法學(제45－2호), 韓國民事法學會(2009. 6.), 377면 이하.

69) 프랑스 민법의 입장은 채무불이행책임에 관한 과실책임주의 원칙을 표방하고 있는 독일법계와 결과책임적인 구조를 지니고 있는 영미법계 계약책임의 중간적 입장을 지닌 것으로 평가되고 있다. G. H. Treitel, *supra note 9*, n° 11(p.9).

미성년자의 행위능력과 온라인 게임*

— 독일법을 중심으로 —

위 계 찬**

Ⅰ. 서론

정보통신기술의 발달과 게임산업의 급속한 성장은 사람들의 여가활동에도 큰 변화를 가져오고 있다. 사람들은 장소에 구애받지 아니하고 인터넷이나 모바일 환경에 접속하여 쉽게 게임을 즐길 수 있다. 게임을 즐기려는 사람들은 인터넷이나 모바일 환경에서 무상 또는 싼 가격으로 게임들을 쉽게 구입할 수 있다. 그러나 게임이용자들이 이용하는 게임들 중에는 구입은 무료이지만 본격적으로 그 게임을 즐기기 위해서는 유상의 아이템을 구입해야 하는 경우가 많다. 게임이용자는 인터넷 또는 모바일 환경에서 필요한 유상의 아이템을 쉽게 구입할 수 있다. 게임의 구입(다운로드), 게임환경의 설정, 본격적인 게임하기 및 유상의 아이템 구입은 반복적으로 이루어지게 되며 그에 따라 게임이용자는 게임회사 등 사업자에게 대가의 지급이라는 법적 의무를 부담하게 된다. 게임이용자가 게임 또는 게임을 위한 아이템의 구입과정에서 법적 의무를 부담하게 된다는 사실을 정확하게 인식하지 못하는 경우도 있으며 설령 인식하더라도 그 부담이 어느 정도인지를 잘 알지 못하는 경우가 있다. 또한 대금의 결제시기나 방법에 관하여 정확히 알지 못하고 있다가 나중에 인터넷 또는 모바일 회사의 대금청구서를 받고서야 자신의 행위의 의미를 알게 되는 경우도 있다. 이에 따라 게임이용자와 게임회사, 인터넷서비스 제공자 및 모바일회사 등과의 사이에 여러 법적 문제가 생기게 된다. 특히 인터넷이나 모바일

* 이 글은 필자가 참여한 연구과제 '게임산업에 있어서의 미성년자 보호를 위한 환불정책(제도)연구' 중 일부분을 수정보완하여 「법과 정책연구」 제19집 제1호(2019. 3. 발행)에 게재한 것이다. 필자는 故최종길 교수님 50주기 추모문집 발간에 참여할 수 있게 된 것을 무한한 영광으로 생각하며 기회를 주신 데 깊이 감사드립니다. 필자는 법학 논문과 언론 기사를 통하여 故최종길 교수님을 뵐 수 있었습니다. 법학자로서 짧은 기간 동안 교수님께서 남기신 60여 편의 논문은 교수님의 학문적 열정과 깊이를 알 수 있었습니다. 교수님의 논문들은 우리 법학발전의 중요한 토대가 되었다고 생각합니다. 뿐만 아니라 교수님께서는 암울했던 시대에 불의에 저항하는 제자들을 지켜주신 참된 스승이셨습니다. 학자로서 그리고 스승으로서의 참모습을 보여주셨던 교수님께 무한한 존경과 감사의 마음을 담아 추모의 글을 올립니다.

** 한양대학교 법학전문대학원 교수

환경에서 게임이용자의 법률문제를 해결할 수 있는 제도에 대한 연구가 필요하다.

특히 미성년자가 인터넷이나 모바일 환경에서 즐기는 게임과 관련하여 여러 법적 문제가 발생한다. 미성년자가 다운로드한 게임을 하는 과정을 좀 더 구체적으로 살펴보면, 가령 ⅰ) 미성년자가 부모의 동의를 받지 않고 자신의 모바일 기기나 인터넷 환경에서 게임이나 게임아이템을 구입하거나 또는 ⅱ) 미성년자가 부모 등 타인의 사용승낙을 받지 않고 그들의 모바일기기나 인터넷 환경에서 게임이나 게임아이템을 구입한다. 민법상 미성년자는 제한능력자로서 법정대리인의 동의없이 한 행위는 취소할 수 있다(민법 제5조 제2항). ⅰ)에서처럼 미성년자가 법정대리인의 동의없이 단독으로 게임 또는 게임아이템을 구입하여 이용하고 게임회사로부터 대금청구를 받은 상태에서 미성년자 본인 또는 법정대리인이 게임의 구입 및 이용행위의 취소를 주장하면서 대금의 지급을 거절할 경우 게임회사와 미성년자 사이의 법률관계는 어떻게 되는가? 또는 미성년자가 그 아버지의 허락 없이 아버지의 스마트폰을 무단으로 이용하여 게임을 구입하고 이용하는 행위에 대하여 그 아버지는 어떠한 책임을 지게 되는가?

본 논문은 게임이용자의 게임구입 및 이용과정에서 생기는 사법(私法)상의 문제[1] 중 특히 미성년자의 온라인 게임이용과 관련한 문제에 관하여 독일법을 중심으로 연구한다. 미성년자의 행위능력과 법률행위의 효력 문제(Ⅱ)와 미성년자의 게임이용에 관한 민사법적 쟁점으로서 특히 약관법, 대리법, 부당이득법 및 소비자법상의 문제들(Ⅲ)에 관하여 살펴본 후 우리 법과의 비교 및 과제(Ⅳ)를 검토해보고자 한다.

Ⅱ. 미성년자의 행위능력과 법률행위의 효력

1. 미성년자의 행위능력

독일 민법은 원칙적으로 자연인의 행위능력을 인정한다. 다만 동법은 일정한 연령이나 심신의 상태에 따라 행위능력을 인정하지 않거나 제한적으로 인정한다. 그에 따르면 7세 미만의 자는 행위무능력자이고(독일 민법 제104조[2] 제1호), 7세 이상의 미성년자(7세 이상 18세 미만의 자)[3]는 독

1) 인터넷이나 모바일 환경 등에서 게임제공자와 게임이용자 사이에서 발생하는 민사법적 문제로서는 여기에서 열거하지 아니한 여러 문제들도 있다. 가령 다양한 국가의 사람들이 관여되어 있으므로 국제사법적인 문제가 제기될 수 있으며, 게임이용을 위하여 가상공간에서 취득하게 되는 아이템 등의 거래를 둘러싼 문제, 그것과 관련하여 임대나 용익 또는 서비스와 관련한 계약법적 쟁점이나 및 의무위반 등으로 인한 계약법 또는 불법행위법에 의한 손해배상책임 등 여러 민사법적 쟁점이 있다. 이외에 형사법적 측면에서도 다양한 문제가 제기된다. 온라인게임을 둘러싼 법적 쟁점의 개관에 관하여는 Krasemann, Henry, Onlinespielrecht - Spielwiese für Juristen, MMR 2006, 351 ff. 참조.

2) 이하 독일 민법 조문의 번역은 대부분 양창수(역), 2018년판 독일민법전 총칙·채권·물권, 박영사, 2018을 따랐음. § 104 BGB (Geschäftsunfähigkeit) Geschäftsunfähig ist: 1. wer nicht das siebente Lebensjahr vollendet hat, 2. wer sich in einem die freie Willensbestimmung ausschließenden Zustand krankhafter Störung der Geistestätigkeit befindet, sofern nicht der Zustand seiner Natur nach ein vorübergehender

일 민법 제107조 내지 제113조의 규정에 의하여 행위능력이 제한된다(독일 민법 제106조).[4]

2. 미성년자의 법률행위의 효력

가. 무효

(1) 행위무능력자인 7세 미만의 미성년자의 의사표시는 무효이다(독일 민법 제105조 제1항).[5] 독일 민법은 성년의 행위무능력자가 소액의 자금을 실행할 수 있는 일상 생활상의 행위를 한 경우 급부가 그리고 약정이 있는 경우 반대급부가 실행된 때에는 그 성년의 행위무능력자에 의하여 그 급부와 반대급부에 관하여 체결된 계약은 효력이 있는 것으로 하지만(독일 민법 제105조의a). 이는 미성년의 행위무능력자에게는 적용되지 아니한다.[6]

(2) 그리고 7세 이상의 미성년자가 법정대리인의 동의 없이 한 법률행위가 단지 법적인 이익만을 얻는 경우가 아니거나 후술하는 하는 바와 같이 독일 민법 제110조가 적용되는 경우가 아닌 경우 그 법률행위는 유동적 무효이다(schwebend unwirksam).[7] 유동적 무효 상태에서는 권리나 의무가 생기지 아니한다.[8] 7세 이상의 미성년자가 법정대리인의 동의 없이 체결한 계약을 그 법정대리인이 추인(Genehmigung)하면 그 계약은 처음부터 소급적으로(ex tunc)[9] 유효하게 된다(독일 민법 제108조 제1항).[10] 그러나 미성년자의 법률행위는 단지 시간이 많이 경과

---

ist. 독일 민법 제104조(행위무능력) 다음 각 호의 사람은 행위무능력자 이다. 1. 7세 미만의 자, 2. 정신활동의 병적 장애로 인하여 자유로운 의사결정을 할 수 없는 사람으로서 성질상 그 상태가 일시적이 아닌 사람.

3) § 2 BGB (Eintritt der Volljährigkeit) Die Volljährigkeit tritt mit der Vollendung des 18. Lebensjahres ein. 독일 민법 제2조 18세에 달하면 성년이 된다.

4) § 106 BGB (Beschränkte Geschäftsfähigkeit Minderjähriger) Ein Minderjähriger, der das siebente Lebensjahr vollendet hat, ist nach Maßgabe der §§ 107 bis 113 in der Geschäftsfähigkeit beschränkt. 독일 민법 제106조 (미성년자의 제한적 행위능력) 7세 이상의 미성년자는 제107조 내지 제113조의 정함에 따라 행위능력이 제한된다.

5) § 105 Abs. 1 BGB Die Willenserklärung eines Geschäftsunfähigen ist nichtig. 독일 민법 제105조 제1항 행위무능력자의 의사표시는 무효이다. 행위무능력자의 법률행위를 무효로 규정한 제105조에 대하여 과잉금지의 원칙 위반을 이유로 헌법에 위반된다고 하면서 개정의 필요성이 언급되기도 한다. 가령 Wolf/Neuner, Allgemeiner Teil des Bürgerlichen Rechts, München, 2016(이하 'Wolf/Neuner, Allgemeiner Teil'), § 34, Rdnr. 18. 참조.

6) MüKo-BGB/Spickhoff, § 105a, Rndr. 4; PWW-BGB/Völzmann-Stockelbrock, § 105a, Rdnr. 2.

7) MüKo-BGB/Spickhoff, § 106, Rndr. 14, § 108, Rdnrn. 1, 4, 19; PWW-BGB/Völzmann-Stockelbrock, § 108, Rdnr. 1; Wolf/Neuner, Allgemeiner Teil, § 34, Rdnr. 51 & § 55, Rdnr. 12 ff.; Meyer, Susanne, Gratisspiele im Internet und ihre minderjährigen Nutzer, NJW 2015(이하 'Meyer, NJW 2015'), 3686. 독일 민법과 달리 우리 민법은 미성년자가 법정대리인의 동의 없이 단독으로 법률행위를 한 경우 그 법률행위는 특별한 경우를 제외하고는 그 법률행위는 취소할 수 있는 것이다(민법 제5조, 제6조, 제8조 등 참조). 따라서 우리 민법상 법정대리인의 동의 없는 미성년자의 법률행위의 효력은 유동적 유효 상태에 있게 된다.

8) MüKo-BGB/Spickhoff, § 108, Rdnr. 4; PWW-BGB/Völzmann-Stockelbrock, § 108, Rdnr. 1

9) MüKo-BGB/Spickhoff, § 108, Rdnr. 20; Wolf/Neuner, Allgemeiner Teil, § 55, Rdnr. 16.

10) § 108 Abs. 1 BGB Schließt der Minderjährige einen Vertrag ohne die erforderliche Einwilligung des gesetzlichen Vertreters, so hängt die Wirksamkeit des Vertrags von der Genehmigung des Vertreters

했다는 이유만으로는 확정적으로 유효 또는 무효로 되지 아니하며[11], 독일 민법은 법정대리인의 추인을 위한 기간에 관하여 규정을 두지 않고 있다. 한편 법정대리인이 추인거절의 의사를 표시한 경우에는 그 계약은 확정적으로 무효가 된다. 이러한 추인거절의 의사표시는 철회할 수 없다.[12] 추인거절에 의하여 미성년자의 법률행위는 처음부터 효력이 없게 되었으므로 그 후 법정대리인이 다시 그 법률행위를 추인하지 못하며 설령 추인의 의사표시를 한 경우 다만 무효행위의 추인으로서 새로운 법률행위가 될 수는 있다(독일 민법 제141조[13] 참조).[14]

그런데 미성년자와 유동적 무효인 계약을 체결한 상대방 당사자는 미성년자의 법정대리인의 추인 또는 추인거절이 있을 때까지 매우 불확실한 상태에 있게 된다. 이 경우 그 상대방 당사자는 일방의 당사자가 미성년자임을 알지 못한 경우 법정대리인의 추인이 있기 전에 자신의 의사표시를 철회함으로써(독일 민법 제109조[15] 제1항) 그러한 불확실한 상황에서 벗어날 수 있다. 그러나 상대방 당사자가 계약체결 시에 일방 당사자가 미성년자임을 알았을 때에는 미성년자가 진실에 반하여 대리인의 동의가 있었다고 주장하였던 경우에 한하여 철회할 수 있으며(독일

ab. 독일 민법 제108조 제1항 미성년자가 필요한 법정대리인의 동의 없이 계약을 체결한 경우에는, 그 계약의 효력 유무는 대리인의 추인에 달려 있다. 확정적으로 무효인 법률행위에 대한 추인에는 소급효가 없다(독일 민법 제141조 제1항 참조).

11) 독일 민법 초안에 영향을 미친 것으로 알려진 '1875. 7. 12. 미성년자 행위능력 및 원상복구의 해소에 관한 관한 법률(Preußisches Gesetz betreffend die Geschäftsfähigkeit Minderjähriger und die Aufhebung der Wiedereinsetzung in den vorigen Stand vom 12. 7. 1875)'은 '시간의 경과에 의하여 유효하게 되지 아니한다'는 규정(제3조)을 두었다. 백경일, 독일민법 제정 당시의 행위능력제도, 서울法學 제24권 제1호, 2016. 5, 120면.

12) Wolf/Neuner, Allgemeiner Teil, § 55, Rdnr. 18.

13) § 141 BGB (Bestätigung des nichtigen Rechtsgeschäfts) (1) Wird ein nichtiges Rechtsgeschäft von demjenigen, welcher es vorgenommen hat, bestätigt, so ist die Bestätigung als erneute Vornahme zu beurteilen. (2) Wird ein nichtiger Vertrag von den Parteien bestätigt, so sind diese im Zweifel verpflichtet, einander zu gewähren, was sie haben würden, wenn der Vertrag von Anfang an gültig gewesen wäre. 독일 민법 제141조(무효행위의 추인) ① 무효인 법률행위가 이를 행한 사람에 의하여 추인되는 때에는, 그 추인은 다시 법률행위를 행한 것으로 본다. ② 무효인 계약이 당사자들에 의하여 추인되는 경우에 의심스러운 때에는 당사자들은 계약이 처음부터 유효하였다면 각자가 가지게 되었을 것을 서로에게 공여할 의무를 진다.

14) MüKo−BGB/Spickhoff, § 108, Rdnr. 20; Wolf/Neuner, Allgemeiner Teil, § 55, Rdnr. 18; BGHZ 13, 179, 187 = NJW 1954, 1155, 1156; BGH NJW 1989, 1728.

15) § 109 (Widerrufsrecht des anderen Teils) (1) 1Bis zur Genehmigung des Vertrags ist der andere Teil zum Widerruf berechtigt. 2Der Widerruf kann auch dem Minderjährigen gegenüber erklärt werden. (2) Hat der andere Teil die Minderjährigkeit gekannt, so kann er nur widerrufen, wenn der Minderjährige der Wahrheit zuwider die Einwilligung des Vertreters behauptet hat; er kann auch in diesem Falle nicht widerrufen, wenn ihm das Fehlen der Einwilligung bei dem Abschluss des Vertrags bekannt war. 독일 민법 제109조(상대방의 철회권) ① 계약의 추인이 있을 때까지 상대방은 철회할 권리가 있다. 철회의 의사표시는 미성년자에 대하여도 할 수 있다. ② 상대방이 미성년자임을 안 경우에는, 미성년자가 진실에 반하여 대리인이 동의하였다고 주장하였던 때에만 철회할 수 있다; 이 때에도 상대방이 계약체결시에 대리인의 동의가 없음을 알았다면 철회할 수 없다.

민법 제109조 제2항 제1문), 이 경우에도 상대방 당사자가 계약체결 시에 대리인의 동의가 없음을 알았던 경우에는 철회할 수 없다(독일 민법 제109조 제2항 제2문).

한편 미성년자의 상대방은 미성년자의 대리인에 대하여 추인 여부의 의사표시를 최고할 수 있으며, 그러한 최고를 받은 대리인은 상대방에 대하여만 추인 여부의 의사를 표시할 수 있다(독일 민법 제108조 제2항 제1문).[16] 법정대리인이 추인 여부의 최고를 받은 때로부터 2주 이내에 추인의 의사표시가 없으면 추인은 거절된 것으로 본다(독일 민법 제108조 제2항).

나. 7세 이상의 미성년자가 단독으로 법률행위를 할 수 있는 경우

(1) 단지 법적인 이익만을 얻는 의사표시를 하는 경우

미성년자는 단지 법적인 이익만을 얻는 것이 아닌 의사표시를 위하여는 법정대리인의 동의를 필요로 한다(독일 민법 제107조).[17] 그런데 가령 미성년자가 인터넷이나 모바일 환경에서 게임을 위한 무료로 프로그램을 다운로드하는 것이 단지 법적인 이익만을 얻는 것이라고 할 것인가? 이에 관하여는 후술하겠지만 미성년자가 그러한 게임을 다운로드하여 설치하기 위해서는 자신의 기기에 해당 프로그램을 위한 환경을 설정하고 필요한 소프트웨어를 추가적으로 설치하거나 광고를 보아야 하는 경우도 있다. 따라서 무료로 프로그램을 다운로드하는 것이 법적인 이익만을 얻는 것은 아니라고 할 것이다.

(2) 자기재원에 의한 급부실현 행위

법정대리인의 동의 없이 미성년자에 의하여 체결된 계약이라고 하더라도 그 대리인이 계약의 목적을 위하여 또는 자유로운 처분을 위하여 미성년자에게 허용하거나 또는 대리인의 동의를 얻어 제3자에 의하여 미성년자에게 허용한 금원(Taschengeld)[18]으로 미성년자가 계약에 좇은 급

16) § 108 Abs. 2. BGB Fordert der andere Teil den Vertreter zur Erklärung über die Genehmigung auf, so kann die Erklärung nur ihm gegenüber erfolgen; eine vor der Aufforderung dem Minderjährigen gegenüber erklärte Genehmigung oder Verweigerung der Genehmigung wird unwirksam. Die Genehmigung kann nur bis zum Ablauf von zwei Wochen nach dem Empfang der Aufforderung erklärt werden; wird sie nicht erklärt, so gilt sie als verweigert. 독일 민법 제108조 제2항 상대방이 대리인에게 추인 여부의 의사표시를 최고한 경우에, 그 의사표시는 상대방에 대하여만 이를 할 수 있다; 최고 전에 미성년자에 대하여 한 추인이나 추인 거절의 의사표시는 효력이 없게 된다. 추인은 최고를 수령한 때로부터 2주일 이내에만 할 수 있다; 그 기간 내에 추인의 의사표시가 없으면, 추인은 거절된 것으로 본다.

17) § 107 BGB Der Minderjährige bedarf zu einer Willenserklärung, durch die er nicht lediglich einen rechtlichen Vorteil erlangt, der Einwilligung seines gesetzlichen Vertreters. 독일 민법 제107조 미성년자가 단지 법적 이익만을 얻는 것이 아닌 의사표시를 함에는 법정대리인의 동의를 요한다.

18) § 110 BGB Ein von dem Minderjährigen ohne Zustimmung des gesetzlichen Vertreters geschlossener Vertrag gilt als von Anfang an wirksam, wenn der Minderjährige die vertragsmäßige Leistung mit Mitteln bewirkt, die ihm zu diesem Zweck oder zu freier Verfügung von dem Vertreter oder mit dessen Zustimmung von einem Dritten überlassen worden sind. 독일 민법 제110조 미성년자가 법정대리인의 동의를 얻지 않고 체결한 계약이라도, 그가 계약에 좇은 급부를, 대리인이 또는 대리인의 동의를 얻어 제3자가 그 목적에 쓰이도록 또는 임의로 처분하도록 미성년자에게 허용한 재원에 의하여 실행한 때에는, 그 계약은 처음부터 효력 있는 것으로 본다. 한편 독일 민법 제110조에서 '재원'은 반드시 금전만을 의미하는 것은 아

부를 실현하는 경우, 그 계약은 처음부터 유효한 것으로 간주된다(독일 민법 제110조 참조). 독일 민법 제110조의 규정은 제107조에 따른 법정대리인의 동의의 특별한 형식을 표현한다.[19)]

따라서 미성년자가 부모로부터 받은 용돈으로 게임프로그램을 구입하고 게임을 이용하는 행위는 원칙적으로 유효하다고 할 수 있다. 그러나 미성년자가 인터넷이나 모바일 환경에서 프로그램을 다운로드하고 그것을 이용하는 경우에 그의 재원을 초과하는 비용이 드는 경우가 많고 다운로드할 당시에 어느 정도의 비용이 드는지를 예측하기 어려운 경우도 있다. 따라서 미성년자의 게임이용 등의 행위가 독일 민법 제110조에 의하여 당연히 유효하다고 할 수는 없다.

다. 기타

독일 민법은 제107조 또는 제110조 이외에도 법정대리인의 동의 없이 단독으로 법률행위를 할 수 있는 경우에 관하여 규정하고 있다. 가령 법정대리인이 후견법원의 허가를 얻어 미성년자에게 독립하여 어떠한 영업을 할 수 있는 권한을 부여한 경우에 미성년자가 그 영업에 수반되는 법률행위를 하거나(독일 민법 제112조 제1항) 또는 법정대리인이 미성년자에게 고용되거나 근로에 종사할 권한을 부여한 경우에는 미성년자는 허락된 종류의 고용관계나 근로관계의 설정이나 해소 또는 그와 관련하여 발생하는 의무의 이행에 관한 법률행위를 하는 경우(동법 제113조 제1항)가 그러하다. 다만 본 논문은 미성년자가 인터넷이나 모바일 환경에서 게임의 다운로드 및 이용 등에서의 법률관계에 관하여 집중하기로 하고 미성년자가 단독으로 할 수 있는 법률행위의 범위에 관한 일반적인 논의는 더 이상 하지 아니하기로 한다. 한편 이와 같은 미성년자의 행위능력에 관한 민법상의 몇 개의 규정만으로는 본 논문의 주제와 관련한 미성년자의 게임이용행위를 둘러싼 법적 문제를 해결할 수 없다. 따라서 미성년자의 게임이용과 관련한 다양한 법적 쟁점을 살펴보아야 할 것이다.

Ⅲ. 미성년자의 게임이용에 관한 민사법적 쟁점

1. 온라인 환경에서 미성년자의 행위에 관하여도 민법 규정 적용

가. 게임이용에 관한 계약의 효력

온라인 환경에서도 미성년자의 행위능력에 관한 민법상의 규정은 그대로 적용된다. 따라서 7세 미만의 미성년자가 인터넷 또는 모바일 환경에서 게임이용과 관련하여 하는 법률행위는 무효이다. 7세 이상의 미성년자가 온라인 게임을 위하여 게임회사의 사이트에서 게임회사

니다. 유가증권도 가능하다. 재원의 범위에 노동력이나 행위도 포함되는가에 관하여 MüKo－BGB/Spickhoff, § 110, Rdnr 21; Coester－Waltjen, Dagmar, Nicht zustimmungsbedürftige Rechtsgeschäfte beschränkt geschäftsfähiger Minderjähriger, Jura 1994, 668, 669.

19) Wolf/Neuner, Allgemeiner Teil, § 34, Rdnr. 42; PWW－BGB/Völzmann－Stockelbrock, § 110, Rdnr. 1.

와 게임의 이용 등에 관하여 계약을 체결할 경우 법정대리인의 동의를 얻어야 한다. 미성년자가 법정대리인의 동의 없이 자기 이름으로 게임회사와 계약을 체결할 때에도 미성년자가 그로 인하여 단지 법적으로 이익만을 얻는 경우이거나 또는 독일 민법 제110조가 적용되는 경우가 아닌 한 그 계약은 유동적 무효이다.

나. 미성년자의 게임다운로드, 설치 및 이용의 의미

미성년자가 인터넷이나 게임프로그램을 무료로 다운로드하거나 모바일 환경에서 게임앱을 무료로 다운받아 설치하는 경우 이는 단지 법적으로 이익만을 얻는 것에 해당될 수 있다. 가령 미성년자가 자신의 스마트폰에서 무료 앱{f2p(free to play)[20]}을 다운받은 경우 일응 법적으로 이익만을 얻는 행위에 해당한 것을 보인다.

그러나 이 경우에도 미성년자는 사업자에게 자신의 기호나 관심있는 게임이 무엇인지에 관한 정보뿐만 아니라 신상에 관한 중요한 정보를 제공하여야 하는 경우가 많다. 이 경우라면 미성년자가 단지 게임프로그램이나 게임앱을 다운로드하고 이용하는데 금전지급의무를 부담하지 않는다고 하더라도 단지 이익만을 얻는 것이라고 할 수는 없고 동시에 법적으로 불이익도 입게 된다고 할 것이다.[21] 나아가 다운로드한 앱을 이용하여 게임을 하면서 이용자는 게임의 속도나 캐릭터의 수준을 높이기 위하여 앱에서 바로 아이템을 받는 경우도 있는데 이 때 이용자는 대금을 지불하여야 한다.[22]

따라서 미성년자가 무료앱을 다운받거나 그것을 이용하여 게임을 하던 중 아이템 등을 다운로드하는 행위는 법정대리인의 동의를 요하는 행위이다. 이 때 법정대리인은 미성년자 또는 계약의 상대방에 대하여 동의의 의사를 표시할 수 있다(독일 민법 제182조 제1항 참조).[23] 미성년

20) 이용자가 무료로 다운받아 설치할 수 있는 앱을 말한다.

21) Meyer, NJW 2015, 3686, 3687. 미성년자가 체결한 계약이 완전한 유상쌍무계약이 아니더라도 가령 미성년자가 부담부 증여를 받거나 경제적으로 유리한 계약을 체결하거나 또는 미성년자의 상대방만이 주된 급부의무를 부담하더라도 미성년자가 부수의무를 부담하는 경우에는 그 미성년자가 단지 법적으로 이익을 얻는 것만은 아니다. 곽윤직 · 김재형, 민법총칙, 제9판, 2013, 115도 참조.

22) 게임앱을 무료로 다운로드하여 무료로 게임을 즐길 수 있지만 게임이용 중에 속도를 높이거나 게임캐릭터의 레벨을 높이는 등의 목적을 위하여 게임이용자가 아이템을 다운로드할 경우 그에 대한 대가를 지불하여야 한다. 스마트폰 이용자가 게임앱은 무료로 다운로도하고 그 앱을 이용하여 게임을 하면서 앱을 통하여 게임도구 등을 유상으로 구입하는 경우, 이를 앱내구매(In-App-Käufe)라고 한다.

23) § 182 Abs. 1. BGB Hängt die Wirksamkeit eines Vertrags oder eines einseitigen Rechtsgeschäfts, das einem anderen gegenüber vorzunehmen ist, von der Zustimmung eines Dritten ab, so kann die Erteilung sowie die Verweigerung der Zustimmung sowohl dem einen als dem anderen Teil gegenüber erklärt werden. 독일 민법 제182조 제1항 계약 또는 상대방에 대하여 행하는 일방적 법률행위의 유효성이 제3자의 동의에 의하여 좌우되는 경우, 그 동의의 통지 및 동의의 거절은 그 일방의 당사자 또는 상대방 당사자에 대하여 표시될 수 있다. § 182 Abs. 2 BGB Die Zustimmung bedarf nicht der für das Rechtsgeschäft bestimmten Form. 독일 민법 제182조 제2항 동의는 법률행위에 관하여 일정한 형식을 요하지 아니한다. § 182 Abs. 3 BGB Wird ein einseitiges Rechtsgeschäft, dessen Wirksamkeit von der Zustimmung eines Dritten abhängt, mit Einwilligung des Dritten vorgenommen, so finden die

자가 법정대리인은 웹사이트에서 클릭을 통하여 동의를 표시할 수 있으며 이를 거쳐야 그 행위는 유효하게 된다.[24)]

한편 법정대리인이 미성년자에게 당해 행위를 위하여 또는 자유로운 처분을 위하여 미성년자에게 제공하거나 또는 법정대리인의 동의를 얻어서 제3자가 제공한 금원 등으로 미성년자가 자신이 체결한 계약에 좇은 급부를 실현할 때에는 법정대리인의 동의를 요하지 아니한다(독일 민법 제110조 참조).

2. 성년 또는 법정대리인의 동의 확인에 관한 약관조항의 효력

게임사업자는 계약체결 시에 약관을 사용하면서 그 약관에 계약 상대방으로 하여금 성년자 또는 일정한 연령 이상임을 확인하게 하거나 미성년자인 경우 법정대리인이 그의 행위에 동의하였음을 확인하도록 하는 조항을 두기도 한다.[25)]

이와 같이 게임이용자가 게임회사의 서비스 계정에 등록하거나 서비스를 이용함으로써 그가 성년자 또는 일정한 연령 이상임을 표시하는 것이라고 하는 약관 조항은 유효한가? 이러한 조항은 독일 민법 제309조 제12호 b)에 의하여 무효가 되는지 문제될 수 있다.[26)] 독일 민법 제309조 제12호는 약관사용자가 입증책임을 상대방 당사자에게 불리하게 변경한 조항은 무효라고 규정하는데, 특히 약관 사용자가 상대방 당사자에게 특정한 사실이 진실임을 인정하도록 하는 약관 조항은 무효이다(제309조 제12호 b).

Brandenburg 고등법원(OLG Brandenburg)은 '고객은 성년임'을 표시할 것을 요구하는 인터넷경매 사이트의 약관 조항과 정보보호규정이 독일 민법 제309조 제12호 b를 위반한 것이 아니라 판결하였다.[27)] 그에 따르면 독일 민법 제104조에 의한 행위능력의 흠결 또는 동법 제106조에 의한 행위능력의 제한은 그 무능력자 또는 제한능력자에게 유리한 것이며 행위무능력 또는 제한능력을 이유로 계약의 무효를 주장하는 자는 스스로 입증하여야 한다고 하였다. 동

Vorschriften des § 111 Satz 2, 3 entsprechende Anwendung. 일방적 법률행위의 유효성이 제3자의 동의에 의하여 좌우되고 제3자의 동의와 함께 행하여진 경우, 제111조 제2문 및 제3문의 규정이 준용된다.

24) Meyer, NJW 2015, 3686, 3687.

25) 약관조항의 예시에 관하여는 Meyer, NJW 2015, 3686, 3687-3688 주 22참조. Durch die Registrierung für ein Account oder eine anderweitige Nutzung des Dienstes bestätigen Sie, dass Sie 14 Jahre alt oder älter sind und diese Nutzungsbedingungen gelesen haben und ihnen zustimmen. Wenn Du zwischen 14 und 18 Jahren alt bist, bestätigst Du, dass Dein Erziehungsberechtigter diese Bedingungen gelesen hat und ihnen zustimmt. Wenn Sie auf den Dienst über eine Seite eines sozialen Netzwerks ("SNS") zugreifen, wie z.B. Facebook oder Google+, sollten Sie sich an deren Nutzungsbedingungen ebenso halten wie an diese Nutzungsbedingungen.

26) Meyer, NJW 2015, 3686, 3688.

27) OLG Brandenburg Urteil vom 11.01.2006 – Az. 7 U 52/05, MMR 2006, 405, 406 = MIR 2006, Dok. 148.(https://medien-internet-und-recht.de/volltext.php?mir_dok_id=365).

판결은 나아가 이용자 스스로 행한 "본인은 성년자이며 무제한의 행위능력자이다"는 표시가 곧 입증과 관련하여 이용자의 지위를 약화시키는 것은 아니라고 하였다. 왜냐하면 '연령은 유효한 신분증의 제시로 인하여 쉽게 증명할 수 있는 것이기 때문이다".[28] 반대로 그러한 약관조항이 약관 사용자인 회사를 유리하게 하는 것도 아니다.[29]

그렇다고 하더라도 약관 규정에 의하여 게임 이용자 스스로 성년자임을 확인함으로써 바로 게임이용계약이 유효하다고 할 수는 없다. 미성년의 게임이용자가 부모의 동의를 얻었음을 확인하도록 하는 약관규정은 '상대방 당사자에게 특정한 사실이 진실임을 인정하도록 함'으로써 상대방 당사자에게 증명책임을 불리하게 변경하는 것에 해당한다. 그러므로 이와 같은 약관규정은 독일 민법 제309조 제12호 b에 의하여 무효이다.[30]

3. 미성년자가 부모의 계정을 이용한 경우의 법적 문제

가. 계정보유자의 책임

계정보유자는 자신의 ID와 비밀번호의 기밀성과 보안을 유지하여야 한다. 계정보유자는 자신의 계정이 권한 없이 사용됨으로 인하여 발생하는 손실에 대하여 스스로 책임을 져야 한다. 미성년의 자녀가 부모의 계정을 이용할 경우에도 여러 법률문제가 발생할 수 있다. 미성년자가 부모로부터 명시적 또는 묵시적으로 동의를 얻어서 부모의 계정을 이용하였을 경우도 있지만 그러한 사정이 없음에도 무단으로 부모의 계정을 이용하는 경우도 있다. 이하에서는 미성년 자녀가 부모의 계정을 이용한 경우의 법적 문제[31]에 관하여 살펴본다.

(1) 그런데 독일 민법은 7세 미만의 미성년자는 행위무능력자로 규정하며 그의 행위는 무효라고 규정한다. 따라서 행위무능력자인 7세 미만의 미성년자는 타인의 대리인이 될 수 없다고 할 것이다.[32] 이 경우에는 부모는 우선 계약의 내용에 따른 책임문제뿐만 아니라 7세 미만

---

28) OLG Brandenburg Urteil vom 11. 01. 2006 – Az. 7 U 52/05, MMR 2006, 405, 406; MIR 2006, Dok. 148.(https://medien-internet-und-recht.de/volltext.php?mir_dok_id=365).

29) Meyer, NJW 2015, 3686, 3688.

30) MüKo-BGB/Wurmnest, § 309 Nr. 12, Rdnr. 18; Meyer, NJW 2015, 3686, 3688.

31) 이 경우에도 미성년자와 그의 부모 중 상대방과 행위를 한 당사자가 누구인지를 확정하는 문제가 중요하다. 인터넷이나 모바일 환경에서 미성년자가 부모의 계정이나 스마트폰을 이용하여 행위를 하는 것이므로 명의자인 부모가 당사자가 될 가능성이 높다고 생각된다. 따라서 주로 대리의 문제에 관한 법적 쟁점에 관하여 살펴보고자 한다.

32) 독일 민법 제165조의 반대해석에 따라 행위무능력자는 타인을 위하여 대리인이 될 수 없다. 따라서 행위무능력자가 타인을 위하여 한 대리행위는 무효가 된다. 이처럼 행위무능력자의 대리행위를 당연히 무효로 하는 것에 대하여 법정책적 비판이 있으며, 수동대리의 경우에는 대리인이 어떠한 의사표시를 할 필요가 없다는 점에서 목적적 축소해석이 필요하다는 견해도 있다. 이에 관하여는 Wolf/Neuner, Allgemeiner Teil, § 49, Rdnr. 12 & § 34 참조. 한편 우리 민법은 미성년자는 제한능력자로 규정하고 있을 뿐이고 미성년자를 연령에 따라 행위무능력자와 제한행위능력자로 구별하지 않고 있다. 우리 민법 제117조도 대리인은 행위능력자임을 요하지 아니하므로 7세 미만의 미성년자라고 하더라도 그에게 의사능력이 있는 한 대리인이 될 수는 있다. 대리인이 제한행위능력자인 경우 그의 행위를 제한행위능력을 이유로 취소할 수는 없지만 그에게 의사능력이 없으면 대

미성년자의 감독자로서의 의무에 따른 책임도 문제될 수 있다.[33] 특히 7세 미만의 미성년자가 반복적으로 그러한 행위를 한 경우 아래 7세 이상의 미성년자의 행위의 경우처럼 부모가 계정 보유자로서 계약상의 의무를 부담하는 것이 타당하다고 생각된다.

(2) 제한행위능력자인 미성년자가 부모의 사전승낙 또는 대리권 없이 부모의 이름으로 행위를 하였더라도 나중에 부모의 추인이 있으면 역시 미성년자의 행위는 부모에게 효력이 미친다.[34] 그리고 제한행위능력자인 미성년자가 부모의 대리인으로서 행위를 한 경우[35] 행위능력이 제한된 자도 대리인이 될 수 있으므로(민법 제165조)[36] 그 행위의 효력은 부모에게 미친다.

(3) 그러나 제한행위능력자인 미성년자가 부모로부터 대리권을 수여받지 않고 부모의 이름으로 하였거나 또는 사후에 부모의 추인을 얻지 못한 경우 그러한 행위에 대하여 부모에게 효력이 미치는가? 이와 관련하여 먼저 표현대리의 문제를 생각해볼 수 있는데 독일 민법은 우리 민법의 제125조(수권표시에 의한 표현대리) 또는 제129조(대리권소멸 후의 표현대리)의 규정과 유사한 규정(제170조,[37] 제171조,[38] 제172조,[39] 제173조[40])을 두고 있다. 이들 규정의 내용만을 간단

리행위는 무효가 된다(가령 곽윤직·김재형, 앞의 책, 356면; 송덕수, 민법총칙, 제3판, 2015, 384면 등 참조).

33) Bisges, Marcel, Schlumpfbeeren für 3000 Euro - Rechtliche Aspeckte von In-App-Verköufen an Kinder, NJW 2014(이하 'Bisges, NJW 2014'), 183, 184.

34) § 177 Abs. 1 BGB Schließt jemand ohne Vertretungsmacht im Namen eines anderen einen Vertrag, so hängt die Wirksamkeit des Vertrags für und gegen den Vertretenen von dessen Genehmigung ab. 독일 민법 제177조 제1항 어떤 사람이 대리권 없이 타인의 이름으로 계약을 체결한 때에는 본인에 대한 계약의 효력 유무는 그의 추인에 달려 있다.

35) § 164 Abs. 1 BGB Satz 1 Eine Willenserklärung, die jemand innerhalb der ihm zustehenden Vertretungsmacht im Namen des Vertretenen abgibt, wirkt unmittelbar für und gegen den Vertretenen. 독일 민법 제164조 제1항 대리인이 그 대리권의 범위 내에서 본인의 이름으로 한 의사표시는 직접 본인에 대하여 효력을 가진다.

36) § 165 BGB Die Wirksamkeit einer von oder gegenüber einem Vertreter abgegebenen Willenserklärung wird nicht dadurch beeinträchtigt, dass der Vertreter in der Geschäftsfähigkeit beschränkt ist. 독일 민법 제165조 대리인이 또는 대리인에 대하여 행한 의사표시의 효력은 대리인이 제한행위능력자라는 것에 의하여 방해를 받지 아니한다. 대리권의 범위 내에서 대리인은 대리행위를 통하여 법적인 이익이나 불이익을 얻는 것도 아닌 중성적인 익을 얻는 것도 아니므로 그의 대리행위는 법적으로 중성적인 행위(neutrales Geschäft)라는 점에서 대리인에게 엄격한 행위능력이 있을 것을 요하는 것은 아니다. 한편 제한행위능력자가 대리권의 범위를 넘는 행위를 한 경우에도 독일 민법 제179조 제3항 제2문(우리 민법 제135조 제2항에 해당)에 의하여 제한능력자는 책임을 지지 아니한다. Wolf/Neuner, Allgemeiner Teil, § 34, Rdnr. 33 & § 49, Rdnr. 9.

37) § 170 BGB Wird die Vollmacht durch Erklärung gegenüber einem Dritten erteilt, so bleibt sie diesem gegenüber in Kraft, bis ihm das Erlöschen von dem Vollmachtgeber angezeigt wird. 독일 민법 제170조(임의대리권의 효력 유지) 임의대리권이 제3자에 대한 의사표시로써 부여된 경우에는, 그 제3자에 대하여 대리권 수여자가 소멸을 통지하기까지 임의대리권은 그에 대하여 효력을 유지한다.

38) § 171 BGB (1) Hat jemand durch besondere Mitteilung an einen Dritten oder durch öffentliche Bekanntmachung kundgegeben, dass er einen anderen bevollmächtigt habe, so ist dieser auf Grund der Kundgebung im ersteren Falle dem Dritten gegenüber, im letzteren Falle jedem Dritten gegenüber zur Vertretung befugt. (2) Die Vertretungsmacht bleibt bestehen, bis die Kundgebung in derselben Weise, wie sie erfolgt ist, widerrufen wird. 독일 민법 제171조(고지의 경우의 효력유지) ① 본인이 제3자

히 소개하자면 다음과 같다. 임의대리권의 수여가 제3자에 대한 의사표시로써 부여된 경우에는 그 제3자에 대하여 대리권 수여자가 소멸을 통지하기까지 임의대리권은 그에 대하여 효력을 가진다(독일 민법 제170조 참조). 그리고 본인이 특정의 제3자에 대한 특별통지 또는 공고에 의하여 타인에게 대리권을 수여하였음을 고지한 때에는 그 타인의 대리권은 그 고지가 같은 방법으로 철회될 때까지 존속한다(독일 민법 제171조 제1항 및 제2항 참조). 다음으로 대리권 수여자가 대리인에게 대리권증서를 교부하고 또 대리인이 이를 제3자에게 제시한 경우에는 그 대리권증서가 대리권수여자에게 반환되거나 실효된 것으로 선언될 때까지 대리권은 존속한다(독일 민법 제172조). 그러나 이들 경우에는 제3자가 법률행위를 함에 있어서 대리권의 소멸을 알았거나 알 수 있었던 때에는 적용되지 아니한다(독일 민법 제173조 참조).

(4) 한편 누군가가 본인의 대리인으로 계약을 체결하였지만 자신의 대리권을 증명하지 못한 경우, 그는 본인이 계약의 추인을 거절하는 때에는 상대방에 대하여 그 상대방의 선택에 따라 이행 또는 손해배상의 의무를 진다(독일 민법 제179조 제1항). 그러나 상대방이 대리인으로 행위한 자에게 대리권이 없음을 알았거나 알 수 있었음에도 알지 못한 경우 무권대리인은 상대방에 대하여 책임을 지지 아니한다(독일 민법 제179조 제3항 제1문). 또한 행위능력이 제한된 자가 법정대리인의 동의를 얻지 않고 무권대리인으로서 행위를 하더라도 상대방에 대하여 무권대리인으로서 책임을 지지 아니한다(독일 민법 제179조 제3항 제2문 및 제3문).[41] 이를 통하여 신뢰보호

에 대한 특별통지에 의하여 또는 공고에 의하여 타인에게 대리권을 수여하였음을 고지한 때에는, 그 타인은 전자의 경우에는 그 제3자에 대하여, 후자의 경우에는 모든 제3자에 대하여 대리를 할 권한이 있다. ② 대리권은 그 고지가 같은 방법으로 철회될 때까지 존속한다.

39) § 172 BGB (1) Der besonderen Mitteilung einer Bevollmächtigung durch den Vollmachtgeber steht es gleich, wenn dieser dem Vertreter eine Vollmachtsurkunde ausgehändigt hat und der Vertreter sie dem Dritten vorlegt. (2) Die Vertretungsmacht bleibt bestehen, bis die Vollmachtsurkunde dem Vollmachtgeber zurückgegeben oder für kraftlos erklärt wird. 독일 민법 제172조(대리권증서) ① 대리권 수여자가 대리인에게 대리권증서를 교부하고 또 대리인이 이를 제3자에게 제시한 경웅, 이는 대리권 수여의 특별통지와 동시된다. ② 대리권증서가 대리권 수여자에게 반환되거나 실효된 것으로 선언되기까지 대리권은 존속한다.

40) § 173 BGB Die Vorschriften des § 170, des § 171 Abs. 2 und des § 172 Abs. 2 finden keine Anwendung, wenn der Dritte das Erlöschen der Vertretungsmacht bei der Vornahme des Rechtsgeschäfts kennt oder kennen muss. 독일 민법 제173조(악의 및 선의에 과실이 있는 경우의 효력) 제170조, 제171조 제2항 및 제172조 제2항은 제3자가 법률행위를 함에 있어서 대리권의 소멸을 알거나 알아야 했던 때에는 적용되지 아니한다.

41) § 179 BGB (1) Wer als Vertreter einen Vertrag geschlossen hat, ist, sofern er nicht seine Vertretungsmacht nachweist, dem anderen Teil nach dessen Wahl zur Erfüllung oder zum Schadensersatz verpflichtet, wenn der Vertretene die Genehmigung des Vertrags verweigert. (2) Hat der Vertreter den Mangel der Vertretungsmacht nicht gekannt, so ist er nur zum Ersatz desjenigen Schadens verpflichtet, welchen der andere Teil dadurch erleidet, dass er auf die Vertretungsmacht vertraut, jedoch nicht über den Betrag des Interesses hinaus, welches der andere Teil an der Wirksamkeit des Vertrags hat. (3) Der Vertreter haftet nicht, wenn der andere Teil den Mangel der Vertretungsmacht kannte oder kennen musste. Der Vertreter haftet auch dann nicht, wenn er in der

보다 미성년자를 우선적으로 보호하고자 한다.[42)]

(5) 나아가 독일의 학설과 판례는 묵인대리 또는 외관대리의 법리를 인정한다. 계정의 보유자인 부 또는 모로부터 대리권을 수여받지 아니한 미성년자가 부 또는 모의 계정을 무단으로 이용한 경우에도 그 문제가 생길 수 있다.

나. 묵인대리 또는 외관대리의 문제

(1) 묵인대리 또는 외관대리의 개념

독일 민법은 묵인대리(Duldungsvollmacht) 또는 외관대리(Anscheinsvollmacht)에 관하여 규정을 두고 있지는 않다. 이는 학설과 판례에 의하여 인정된다.[43)] 외관대리란 본인이 대리인이라고 칭하는 자의 행위를 알지 못하였으나 정당한 주의를 기울였다면 알 수 있었고 나아가 그것을 저지할 수 있었음에도 그렇게 하지 아니한 경우 본인에게 행위자의 행위에 대한 책임을 물을 수 있도록 하는 것이다.[44)] 묵인대리라 함은 본인이 누군가가 자신의 대리인이라고 칭하면서 반복적으로 하는 행위를 알면서도 묵인하고 이를 금지하지 아니한 경우 본인에게 행위자의 행위에 대한 책임을 물을 수 있도록 하는 것이다.[45)46)]

묵인대리와 외관대리가 성립하는 경우 대리인이라 칭하는 자에게 대리권이 없지만 마치

Geschäftsfähigkeit beschränkt war, es sei denn, dass er mit Zustimmung seines gesetzlichen Vertreters gehandelt hat. 독일 민법 제179조(무권대리인의 책임) ① 대리인으로 계약을 체결한 사람은, 대리권을 증명하지 아니하는 한, 본인이 계약의 추인을 거절하는 때에는, 상대방에 대하여 그의 선택에 따라 이행 또는 손해배상의 의무를 진다. ② 대리인이 대리권의 흠결을 알지 못한 경우에는, 그는 상대방에 대하여 상대방이 대리권을 믿음으로 인하여 입은 손해를 배상할 의무를 진다. 그러나 배상액은 상대방이 계약의 유효에 대하여 가지는 이익의 액을 넘지 못한다. ③ 상대방이 대리권의 흠결을 알았거나 알아야 했던 경우에는 대리인은 책임을 지지 아니한다. 대리인의 행위능력이 제한된 경우에도 그는 책임을 지지 아니한다. 그러나 그가 법정대리인의 동의를 얻어 행위한 경우에는 그러하지 아니하다.

42) 다만 제한능력자라는 사정이 누군가의 대리인으로서 행위를 하는 것에 방해가 되지 아니한다는 독일 민법 제165조의 규정과 법정대리인의 동의 없이 누군가의 대리인으로서 행위를 한 제한능력자는 무권대리인으로서 책임을 지지 아니한다는 취지의 제179조 제3항 제2문 및 제3문의 규정과 관계에서 법정대리인의 동의는 무엇과 관계된 것인지 및 어떠한 의미를 가지는지에 관하여 의문이 제기되기도 한다. 이에 관하여 Wolf/Neuner, Allgemeiner Teil, § 51, Rdnr. 31. 및 같은 곳의 주 57 및 58도 참조.

43) Medicus/Petersen, Bürgerliches Recht, 25. Aufl., München, 2015(이하 'Medicus/Petersen, Bürgerliches Recht'), Rdrn. 98 ff.; MüKo−BGB/Wurmnest−BGB/Schubert, § 167, Rdnrn. 106 ff., 111 ff.; Wolf/Neuner, Allgemeiner Teil, § 50, Rdnrn. 84−99.

44) MüKo−BGB/Wurmnest−BGB/Schubert, § 167, Rdnr. 111 ff.; Wolf/Neuner, Allgemeiner Teil, § 50, Rdnrn. 94−99.

45) MüKo−BGB/Wurmnest−BGB/Schubert, § 167, Rdnr. 106 ff.; Wolf/Neuner, Allgemeiner Teil, § 50, Rdnrn. 84−99.

46) 묵인대리 내지 외관대리에 관한 국내 문헌으로는 김학동, 독일에서의 표현대리제도, 현대민법학의 제문제(청헌 김증한박사 화갑기념논문), 박영사, 1981, 74면 이하; 민일영, 독일민법에 있어 외관대리(Anscheins− und Duldungsvollmacht)의 전개와 현재, 법률행위의 사적전개와 과제: 이호정교수화갑기념, 박영사, 1998, 321면 이하; 박찬주, 표현대리와 무권대리의 관계, 법학연구 제48권 제2호(통권 제58호), 부산대학교 법학연구소, 2008. 2, 243면 이하, 267면 이하; 이용박, 표현대리의 법리에 관한 연구, 동구구대학교 대학원 박사학위논문, 1990, 15면 이하 등 참조.

본인이 그에게 대리권을 수여한 것으로 보아 본인의 책임을 인정한다. 그 법적 효과측면에서 묵인대리와 외관대리는 동일하게 취급된다.[47] 하지만 묵인대리와 외관대리는 개념정의에서부터 구별된다. 좀 더 살펴보면 묵인대리의 경우에는 묵시적 수권행위가 있는 것으로 볼 수도 있다. 이는 독일 민법 제171조 및 제172조에 의한 외부적 수권행위로 취급될 수도 있다. 반면에 외관대리의 경우에는 본인의 수권행위라고 볼 수 있는 행위가 존재하지 아니하고 다만 본인에게 과실이 인정될 뿐이다. 그런데 본인의 과실을 수권행위로 볼 수는 없다. 이러한 점을 들어서 외관대리의 경우에는 묵인대리와 달리 본인과 상대방 사이에서는 계약체결상의 과실책임이 문제된다는 일부의 견해도 있지만 다수설은 묵인대리의 경우와 법적 효과를 동일하게 취급한다.[48]

(2) 독일 연방법원(BGH)의 판결 소개[49]

독일 연방법원(BGH)은 타인의 이베이(eBay) 회원 계정을 이용하여 계약체결을 위한 의사표시를 한 경우 묵인대리(Duldungsvollmacht) 또는 외관대리(Anscheinsvollmacht)의 법리에 의하여 계정을 보유한 그 타인에게 계약 상의 책임을 물을 수 있다고 하였다.[50]

BGHZ 189, 346[51]의 사안을 간단히 소개하면 다음과 같다.

피고의 약혼자(나중에 배우자가 됨) 2008. 3. 3. 피고의 이베이 회원계정을 이용하여 식당시설 관련 물품이 개시가격 1 Euro로 하여 경매물로 제시되었다. 원고는 경매마감 9일 전에 1,000 Euro로 매수가격을 제시하였다. 그런데 그 다음 날 경매가 철회됨으로써 경매는 조기에 마감되었다. 원고가 제시한 희망매수가가 최고가격이었다. 당시의 이베이 약관 제2조 제9호에 따르면 '회원은 자신의 회원계정의 이용 하에 실행되는 모든 활동에 대하여 책임지는 것을 원칙으로 한다'고 하였다. 원고는 피고에 대하여 피고의 계약위반에 따른 손해배상으로 물품의 시가 상당액에서 자신이 매수희망가격으로 제시한 1,000Euro를 공제한 32,820Euro의 지급을 청구하였다. 제1심법원(LG Dortmund)은 원고의 청구를 기각하였고 원고가 이에 불복하여 항소하였으나 항소심법원(OLG Hamm)도 기각하였다. 이후 원고가 상고하였으나 연방법원(BGH)은 원고의 상고를 기각하였다.

이 사안에서 피고가 계약에 따른 의무를 부담하기 위해서는 경매물을 피고의 계정을 통하여 제시한 피고의 배우자의 행위가 i) 피고의 대리인으로서 대리권 범위 내에서 한 것이거나 ii) 대리권 없이 하였더라도 피고가 나중에 추인하였거나 또는 iii) 피고의 배우자의 행위에

47) Medicus/Petersen, Bürgerliches Recht, Rdnr. 99.

48) Medicus/Petersen, Bürgerliches Recht, Rdnrn. 100－101.

49) 이하에서는 BGHZ 189, 346 = NJW 2011, 2421에 대하여 판결문과 함께 Meyer, NJW 2015, 3686, 3688 f.; Wolf/Neuner, Allgemeiner Teil, § 50, Rdnrn. 95 ff.를 주로 참고하였다.

50) BGHZ 189, 346 = NJW 2011, 2421. 이외에 BGH NJW 1966, 1069; NJW－RR 1988,814; NJW－RR 2006, 701 등도 참조.

51) BGHZ 189, 346 = NJW 2011, 2421.

대하여 묵인대리 또는 외관대리의 법리가 적용되는 경우이어야 한다. 그런데 법원의 심리결과 피고는 자신의 배우자에게 그에 관하여 대리권을 수여한 바 없으며 나중에라도 배우자의 행위를 추인하지도 않았다. 나아가 법원은 이 사건에서 묵인대리 또는 외관대리의 법리의 적용도 부정하였다.52) 묵인대리는 본인이 자신의 대리인이라고 칭하면서 행위하는 자의 행위를 묵인하고 상대방에게도 신의칙상 자칭대리인에게 대리권이 있다고 인정될 수 있는 경우, 즉 상대방이 선의인 경우에 인정될 수 있다.53) 이 사건에서 피고는 그 배우자에게 이베이 계정에 접속할 수 있는 비밀번호를 알려주지 않았고 배우자의 그러한 행위를 알지 못하였다.54) 다른 한편 외관대리는 본인이 자칭대리인의 행위를 알지 못하였지만 거래상의 주의를 다하였더라면 그것을 알 수 있었고 이를 저지할 수 있었던 상황에서 상대방의 입장에서도 거래관행을 고려하여 신의칙에 비추어 본인이 자칭대리인에게 대리권을 수여하였으리라고 인정되는 경우에 인정된다. 이 사건에서 법원은 피고의 배우자가 피고의 계정에 접속을 위한 비밀번호 등을 알게 되었다는 것이 곧 피고가 그 배우자의 권한 없는 접속을 알 수 있었고 그것을 저지할 수 있었다는 것을 의미하는 것은 아니라고 보았다.55) 또한 피고의 배우자가 피고의 계정에 접속한 것은 이 사건의 경우가 유일한 것이라는 점에서 피고의 책임을 인정하기 어렵다. 연방법원은 외관대리가 인정되기 위해서는 자칭대리인이 권한없이 어느 정도 빈번하게 또는 일정한 기간 동안 지속적으로 본인의 이름으로 행위를 하여야 한다고 하였다. 법원은 결국 이 사건에서 묵인대리 또는 외관대리에 의한 피고의 책임을 인정하지 아니하였다.56)

연방법원은 위에서 기술한 바와 같이 피고의 책임을 부정하면서도 다만 본인의 대리인이라고 칭하는 자가 본인의 이름으로 반복적으로 행위를 함으로써 상대방이 그 자칭대리인에게 대리권이 있다고 믿고 그 믿음에 과실이 없는 경우에 외관대리 또는 묵인대리가 성립할 수 있다고 보았다.57)

4. 계약이 무효인 경우 부당이득의 반환 문제

가. 독일 부당이득법 근거 규정

계약이 무효 또는 취소로 인하여 법률상 원인이 없게 된 경우 계약의 당사자는 계약상의 의무를 이행하지 않아도 되며, 이미 이행한 것의 반환을 상대방에게 청구할 수 있다. 즉 타인의 급부로 인하여 또는 기타의 방법에 의하여 그의 손실로 법적 원인 없이 어떤 것을 취득한

52) BGHZ 189, 346 = NJW 2011, 2421, 2422.
53) MüKo-BGB/Schubert, § 167, Rdnr. 106.
54) BGHZ 189, 346 = NJW 2011, 2421, 2422.
55) BGHZ 189, 346 = NJW 2011, 2421, 2422.
56) BGHZ 189, 346 = NJW 2011, 2421, 2422.
57) BGHZ 189, 346 = NJW 2011, 2421. 이외에 BGH NJW 1966, 1069; NJW-RR 1988,814; NJW-RR 2006, 701 등도 참조.

사람은 그에 대하여 반환의 의무를 진다(독일 민법 제812조[58] 제1항). 독일 민법의 경우 계약의 상대방이 미성년자인 경우 그 계약은 무효이므로 사업자는 미성년자로부터 받은 급부를 반환하여야 하며 반대로 사업자는 미성년자에게 행한 급부의 반환을 청구할 수 있다.

나. 부당이득반환의 범위

독일 민법상 반환하여야 할 부당이득은 수익자가 손실자로부터 취득한 것(das Erlangte)이다. 미성년자의 게임 구입 및 이용 등에 관한 계약에서 그 무효를 이유로 미성년자가 반환하여야 할 부당이득은 미성년자가 그 계약에 기하여 온라인 상에서 얻은 이익들이다. 부당이득반환의무의 범위에는 "수취한 수익 및 수령자가 취득한 권리에 기하여 얻은 것 또는 취득한 목적물의 멸실, 훼손 또는 침탈에 대한 배상으로 얻은 것에도 미친다"(독일 민법 제818조 제1항). 한편 "취득한 것의 성질로 인하여 반환이 가능하지 아니하거나 수령자가 기타의 사유로 반환을 할 수 없는 때에는, 수령자는 그 가액을 상환하여야 한다"(독일 민법 제818조 제2항). 따라서 미성년자가 온라인상에서 얻은 이득들이 물건이 아니라고 하더라도 이것들도 반환이 되어야 할 것이다.

그런데 "반환 또는 가액상환의 의무는 수령자가 더 이상 이득하지 아니하는 한도에서 배제된다"(이득소멸의 항변, 독일 민법 제818조 제3항). 미성년자가 온라인 상에서 얻은 이득들은 미성년자가 게임을 종료하거나 미성년자의 계정의 데이터가 삭제됨으로 인하여 미성년자에게 남아있지 않게 된다. 따라서 미성년자의 계정이 삭제됨으로써 이전 상태 즉 계약을 체결하기 이전의 상태로 회복된 것으로 볼 수 있다. 따라서 미성년자는 그의 계정 삭제 이외에 별도로 사업자에게 반환하여야 할 것이 없다. 반면에 사용자는 미성년자로부터 지급받은 대금을 반환하여야 한다.

다. 악의의 미성년자의 반환책임

하지만 수령자가 이득의 수령 시에 법적 원인의 흠결을 알았거나 후에 이를 안 때에는 수령자는 이득의 수령 시 또는 흠결을 안 때로부터, 반환의무를 부담한다(독일 민법 제819조 제1항). 이 경우에는 독일 민법 제818조 제3항의 이득소멸의 항변이 인정되지 아니한다.

가령 미성년자가 계약 체결 당시 적극적으로 성년자라고 표시하거나 또는 연령선택메뉴에

---

58) § 812 BGB(Herausgabeanspruch) (1) Wer durch die Leistung eines anderen oder in sonstiger Weise auf dessen Kosten etwas ohne rechtlichen Grund erlangt, ist ihm zur Herausgabe verpflichtet. Diese Verpflichtung besteht auch dann, wenn der rechtliche Grund später wegfällt oder der mit einer Leistung nach dem Inhalt des Rechtsgeschäfts bezweckte Erfolg nicht eintritt. (2) Als Leistung gilt auch die durch Vertrag erfolgte Anerkennung des Bestehens oder des Nichtbestehens eines Schuldverhältnisses. 독일 민법 제812조(반환청구권) (1) 타인의 급부로 인하여 또는 기타의 방법에 의하여 그의 손실로 법적 원인 없이 어떤 것을 취득한 사람은 그에 대하여 반환의 의무를 진다. 법적 원인이 후에 소멸한 때 또는 급부에 의하여 법률행위의 내용상 목적된 결과가 발생하지 아니한 때에도 이러한 의무가 성립한다. (2) 계약에 의하여 행하여진 채권관계의 존재 또는 부존재의 승인도 이를 급부로 본다.

서 자신의 연령을 적극적으로 성년의 연령을 선택한 경우를 생각해볼 수 있다. 이 경우 미성년자의 악의를 이유로 미성년자에게도 이득소멸의 항변을 부정하고 그가 얻은 이득의 반환을 구할 수 있다.[59] 여기에서 미성년자의 악의는 무엇에 대한 것을 말하는가? 미성년자가 단지 법적 원인이 없음에 대하여 알고 있었지만 — 특별히 복잡한 법적 상황에서 — 그로 인한 법률효과를 알지 못하였다면 이 경우에도 미성년자에게 강화된 책임을 인정하여야 하는가? 여기에서의 요구되는 악의는 적극적인 인식을 말하며 그러므로 법적 원인이 없다는 점뿐만 아니라 그 법률효과 즉 그로 인한 이득을 그가 보유할 수 없다는 점까지 알아야 악의가 인정된다.[60] 한편 악의에 관하여 미성년자를 기준으로 할 것인가 아니면 법정대리인을 기준으로 할 것인가.[61] 독일의 일부 학설과 판례는 급부부당이득의 경우와 비급부부당이득의 경우를 나누어 본다. 전자 즉 급부부당이득의 경우에는 미성년자의 보호를 위하여 법정대리인을 기준으로 판단한다. 반면에 비급부부당이득, 특히 불법행위와 결부되는 침해부당이득의 경우에는 미성년자 본인을 기준으로 판단한다. Flugreise 사례[62]에서는 법정대리인이 아니라 미성년자 본인을 기준으로 하였다.[63] 따라서 당시 17세의 미성년자는 고의의 불법행위에 의하여 급부를 수령하였는데 그는 무상으로 급부(항공권)를 청구할 권리가 인정되지 아니한다고 하며, 독일 민법 제818조 제3항에 따른 이득소멸의 항변을 하지 못하며 제819조에 따라 항공권의 가액을 상환할 의무를 부담한다.[64]

미성년자가 온라인 상에서 게임의 구입 등과 관련하여 체결한 계약이 무효로 됨으로 인하여 부당이득의 반환이 문제되는 경우에는 급부부당이득에 관한 문제이다. 독일 판례의 입장에

59) Meyer, NJW 2015, 3686, 3690 f.; 이외에도 16세의 미성년자가 휴대폰 벨소리서비스제공자와 체결한 휴대폰 벨소리계약(Klingeltonvertrag)이 무효임을 이유로 미성년자의 부당이득반환책임에 관하여 다룬 Mankowski, Peter/ Schreier, Michael, Die bereicherungsrechtliche Rückabwicklung unwirksamer Klingeltonverträge, VuR 2007(이하 'Mankowski/Schreier, VuR 2007') , 281, 290 ff.도 참조.

60) MüKo－BGB, § 819, Rndr. 2; PWW－BGB/Prütting, § 819, Rndrn. 3; Mankowski/Schreier, VuR 2007, 281, 290.

61) Meyer, NJW 2015, 3686, 3690 f.

62) Meyer, NJW 2015, 3686, 3690 f. Flugreise 사례를 소개하면 다음과 같다. 17세 미성년자가 뮌헨 출발 함부르크 행 국내선 항공권을 구입하여 뮌헨에서 함부르크로 간 후에 국제선 티켓을 구입하지 아니한 채 미국 뉴욕행 비행기에 탑승하여 뉴욕 공항에 도착하였으나 비자가 없어서 입국이 거절되었다. 이에 항공회사는 그에게 256 US－Dollar의 탑승권을 제공하여 독일로 귀국할 수 있도록 하였다. 그런데 그 미성년자의 법정대리인은 항공회사와 그 자녀 사이의 법률행위의 추인을 거절하였다. 이에 항공회사는 17세 미성년자를 상대로 계약, 불법행위, 부당이득 또는 사무관리를 이유로 항공요금 상당의 금원의 반환을 구하는 소를 제기하였다. 법원은 독일 민법 제828조를 유추적용하여 비록 제818조 제3항의 이득소멸 여부에 상관 없이 피고에게 반환을 명하였다. BGHZ 55, 128, 137 = NJW 1971, 609.

63) MüKo－BGB/Schwab, § 819, Rdnr. 9; BeckOK－BGB/Wendehorst, § 819, Rdnr. 8; Führich, Anmerkung zu BGH, Urteil vom 7. 1. 1971 － VII ZR 9/70 = NJW 1971, 609, NJW 2017(이하 'Führich, NJW 2017'), 3079.

64) Führich, NJW 2017, 3079.

따르면 이 경우 수령자의 법정대리인이 미성년자의 무효행위에 대하여 악의이면 이득소멸의 항변에 관한 독일 민법 제818조 제3항에도 불구하고 미성년자에게 부당이득반환의 책임을 물을 수 있다.

5. 소비자계약법상의 규정 검토

가. 개념 정의

소비자계약이라 함은 사업자와 소비자 간의 계약을 말한다(독일 민법 제310조 제3항 참조).[65] 독일 민법은 소비자와 사업자의 개념을 정의하는 규정을 두고 있다. 그에 따르면 소비자라 함은 '주로 자신의 영업활동이나 독립적 직업활동에 속하지 아니하는 목적으로 법률행위를 하는 모든 자연인'을 말한다(독일 민법 제13조).[66] 반면에 사업자라 함은 '법률행위를 함에 있어서 자신의 영업활동 또는 독립적 직업활동의 일환으로 행위하는 자연인 또는 법인 또는 권리능력 있는 인적 회사'를 말한다(독일 민법 제14조 제1항).[67] 이러한 소비자개념에 비추어 보면 인터넷이나 모바일 환경에서 게임을 다운로드하여 이용하는 미성년자 그 법정대인인 부모는 소비자이다. 그리고 소비자와 사업자 간에 체결되는 계약을 소비자계약이라고 한다는 점에서 미성년자나 그 부모에 의하여 체결되는 게임이용 등에 관한 계약은 소비자계약[68]에 해당된다.

나. 소비자계약의 성립 관련 근거 및 그 내용

온라인 상에서 게임의 구입 및 이용 등의 계약을 하는 것도 계약이므로 계약의 성립 등에 관하여 계약에 관한 규정이 당연히 적용된다. 가령 앱내구매(In-App-Käufe) 계약을 하는 경우에도 청약과 승낙에 의하여 계약이 체결되는데 게임을 제공하는 자는 사업자이고 게임을 이

65) 독일 민법 제301조 제3항은 "사업자와 소비자 간의 계약("소비자계약")에는 다음의 정함에 따라 이 장의 규정이 적용된다"는 식으로 규정함으로써 소비자계약을 사업자와 소비자 간의 계약으로 정의하고 있다.

66) § 13 BGB (Verbraucher) Verbraucher ist jede natürliche Person, die ein Rechtsgeschäft zu Zwecken abschließt, die überwiegend weder ihrer gewerblichen noch ihrer selbständigen beruflichen Tätigkeit zugerechnet werden können. 독일 민법 제13조(소비자) 소비자라 함은 주로 자신의 영업활동이나 독립적 직업활동에 속하지 아니하는 목적으로 법률행위를 하는 모든 자연인을 말한다.

67) § 14 BGB (Unternehmer) (1) Unternehmer ist eine natürliche oder juristische Person oder eine rechtsfähige Personengesellschaft, die bei Abschluss eines Rechtsgeschäfts in Ausübung ihrer gewrblichen oder selbständigen beruflichen Tätigkeit handelt. (2) Eine rechtsfähige Personengesellschaft ist eine Personengesellschaft, die mit der Fähigkeit ausgestattet ist, Rechte zu erwerben und Verbindlichkeiten einzugehen. 독일 민법 제14조(사업자) ① 사업자라 함은 법률행위를 함에 있어서 자신의 영업활동 또는 독립적 직업활동의 일환으로 행위하는 자연인 또는 법인 또는 권리능력 있는 인적 회사를 말한다. ② 권리능력 있는 인적회사라 함은 권리를 취득하고 의무를 부담하는 능력을 갖춘 인적 회사를 말한다.

68) 소비자계약에 관하여는 고형석, 소비자계약의 성립요건에 관한 연구 — 당사자 및 객체를 중심으로, 저스티스 통권 제112호, 2009. 8, 92면, 102면 이하; 서희석, 소비자계약과 기업의 대응, 법과기업연구 제8권 제1호(통권 제19호), 2018. 4, 17면 이하; 위계찬, 새로운 거래유형의 사법질서 편입과 과제, 법과정책연구 제10지1 제2호, 2010. 8, 451면 등 참조.

용하는 미성년자(또는 그의 부모)는 소비자이므로 게임의 이용 등에 관한 계약은 소비자계약이다.[69] 독일 민법은 소비자계약과 관련하여 그 원칙과 특수한 거래형태에 관하여 제312조 이하에서 여러 특별 규정을 두고 있다. 특히 전자거래상의 소비자계약에 관하여는 제312조의i 이하에서 특별 규정을 두고 있다.

인터넷이나 모바일 환경에서 계약체결을 위한 버튼을 누르기 전에 '버튼을 클릭하는 경우 비용이 발생하는 계약을 체결하게 되는 것이며 그렇지 아니하면 계약은 성립하지 아니한다'는 고지를 받게 된다(독일 민법 제312조의j 제2항 및 제3항[70]).[71] 독일 민법 제312조의j 제3항에 따르면 사업자의 유상급부를 목적으로 하는 전자거래상의 소비자계약(동조 제2항 참조)에서 사업자는 '소비자가 그 주문에 의하여 대가를 지급할 의무를 진다는 것을 명확하게 확인할 수 있도록 주문환경을 조정하여야 하'며. 사업자의 이러한 의무는 가령 '입력창을 누름으로써 주문이 행하여지는 경우'에는 '그 입력창이 「주문으로 지급의무를 부담한다」는 말만으로 또는 그에 대응하는 일의적인 표현으로 용이하게 읽을 수 있도록 마련되어 있는 때에 비로소 이행된다고 한다. 그리고 사업자의 유상급부를 목적으로 하는 전자거래상의 소비자계약(동조 제2항 참조)은 사업자가 이와 같은 의무를 이행하는 경우에만 성립한다(동조 제4항[72]).

---

69) Bisges, NJW 2014, 183, 184.

70) § 312j Abs. 2 & 3. BGB (2) Bei einem Verbrauchervertrag im elektronischen Geschäftsverkehr, der eine entgeltliche Leistung des Unternehmers zum Gegenstand hat, muss der Unternehmer dem Verbraucher die Informationen gemäß Artikel 246a § 1 Absatz 1 Satz 1 Nummer 1, 4, 5, 11 und 12 des Einführungsgesetzes zum Bürgerlichen Gesetzbuche, unmittelbar bevor der Verbraucher seine Bestellung abgibt, klar und verständlich in hervorgehobener Weise zur Verfügung stellen. (2) 사업자의 유상급부를 목적으로 하는 전자거래상의 소비자계약에서 사업자는 소비자에게 민법시행법 제246조의a § 1 제1항 제1문 제1호, 제4호, 제5호, 제11호 및 제12호에 따른 정보를 소비자가 그 주문을 행하기 바로 전에 명료하고 분명하게 그리고 강조된 형태로 제공하여야 한다. § 312j Abs. 3 독일 민법 제312조의j 제3항 "제2항에서 정하는 계약에서 사업자는 소비자가 그 주문에 의하여 대가를 지급할 의무를 진다는 것을 명확하게 확인할 수 있도록 주문환경을 조성하여야 한다. 주문이 입력창을 누름으로써 행하여지는 경우에는그 입력창이 "주문으로 지급의무를 부담한다"는 말만으로 또는 그에 대응하는 일의적인 표현으로 용이하게 읽을 수 있도록 마련되어 있는 때에만 제1문에서 정하는 사업자의 의무가 이행된다 (3) BGB Der Unternehmer hat die Bestellsituation bei einem Vertrag nach Absatz 2 so zu gestalten, dass der Verbraucher mit seiner Bestellung ausdrücklich bestätigt, dass er sich zu einer Zahlung verpflichtet. Erfolgt die Bestellung über eine Schaltfläche, ist die Pflicht des Unternehmers aus Satz 1 nur erfüllt, wenn diese Schaltfläche gut lesbar mit nichts anderem als den Wörtern „zahlungspflichtig bestellen" oder mit einer entsprechenden eindeutigen Formulierung beschriftet ist. (3) 제2항에서 정하는 계약에서 사업자는 소비자가 그 주문에 의하여 대가를 지급할 의무를 진다는 것을 명확하게 확인할 수 있도록 주문환경을 조성하여야 한다. 주문이 입력창을 누름으로써 행하여지는 경우에는그 입력창이 "주문으로 지급의무를 부담한다"는 말만으로 또는 그에 대응하는 일의적인 표현으로 용이하게 읽을 수 있도록 마련되어 있는 때에만 제1문에서 정하는 사업자의 의무가 이행된다.

71) 이러한 설명에 관하여 Bisges, NJW 2014, 183, 184; Meyer, NJW 2015, 3686, 3689 참조.

72) § 312j Abs. 4 BGB (4) Ein Vertrag nach Absatz 2 kommt nur zustande, wenn der Unternehmer seine Pflicht aus Absatz 3 erfüllt. 독일 민법 제312조의j 제4항 "제2항에서 정하는 계약은 사업자가 제3항상의 의무를 이행하는 경우에만 성립한다".

다. 소비자의 철회권 및 정보제공의무

소비자계약에서는 소비자에게 독일 민법 제355조에 따른 철회권이 인정된다. 또한 독일 민법은 방문판매 및 통신판매계약에서 제355조에 의한 소비자의 철회권에 관하여 제312조의g에서 상세하게 규정하고 있는데 동조 제2항[73]은 당사자가 별도의 합의를 하지 아니하는 한 철회권이 인정되지 아니하는 계약에 관하여 규정한다.

동조 제1항 6호는 밀봉된 상태의 음향카세트, 비디오카세트 또는 컴퓨터소프트웨어의 인도에 관한 계약에서 인도 후에 밀봉이 풀린 경우 소비자의 철회권은 인정되지 아니한다. 이 규정은 유체적 저장장치에 의하지 아니하고 다운로드에 의하여 구입하는 디지털콘텐츠에 관하여는 규정하지 아니한다. 다운로드 방식에 의하여 이루어지는 소비자계약에서의 철회권은 달리 규정된다. 통상 소비자계약에서 소비자가 철회권 및 계약체결에 관하여 필요한 정보를 얻은 때에 2주의 철회기간이 개시된다(독일 민법시행법 제246조의a, 제246조의b 및 민법 제356조 제3항[74]). 하지만 유체적 저장장치에 의하지 아니하고 다운로드의 방법에 의하여 구입하는 게임 등과 같은 디지털콘텐츠의 계약, 가령 앱내구매와 같은 계약에서는 소비자가 즉시 다운로드할 수 있으며 소비자가 다운로드를 하면 철회권은 소멸된다(독일 민법 제312조의f 제3항[75] 및 제356조 제5

73) § 312g (2) BGB Das Widerrufsrecht besteht, soweit die Parteien nichts anderes vereinbart haben, nicht bei folgenden Verträgen: 1.~5.(생략) 6. Verträge zur Lieferung von Ton- oder Videoaufnahmen oder Computersoftware in einer versiegelten Packung, wenn die Versiegelung nach der Lieferung entfernt wurde, 7. ~ 13.(생략). 독일 민법 제312조의g 제2항 당사자가 달리 약정하지 아니하는 한 다음의 계약에서는 철회권이 발생하지 아니한다. 1. 내지 5. (생략). 6. 밀봉된 상태의 음향카세트, 비디오카세트 또는 컴퓨터소프트웨어의 인도에 관한 계약으로서 밀봉이 인도 후에 풀인 경우 7. 내지 13.(생략).

74) § 356 (3) BGB (3) Die Widerrufsfrist beginnt nicht, bevor der Unternehmer den Verbraucher entsprechend den Anforderungen des Artikels 246a § 1 Absatz 2 Satz 1 Nummer 1 oder des Artikels 246b § 2 Absatz 1 des Einführungsgesetzes zum Bürgerlichen Gesetzbuche unterrichtet hat. Das Widerrufsrecht erlischt spätestens zwölf Monate und 14 Tage nach dem in Absatz 2 oder § 355 Absatz 2 Satz 2 genannten Zeitpunkt. Satz 2 ist auf Verträge über Finanzdienstleistungen nicht anwendbar. 독일 민법 제356조 제3항 철회기간은 사업자가 민법시행법 제246조의b § 1 제2항 제1문 제1호 또는 § 2 제1항이 요구하는 바에 따라 소비자에게 정보를 제공하기 전에는 개시하지 아니한다. 철회권은 늦어도 제2항 또는 제355조 제2항 제2문에서 정하여진 시기로부터 12개월 14일 후에는 소멸한다. 제2문은 금융서비스에 관한 계약에는 적용되지 아니한다.

75) § 312f Abs. 3 BGB (3) Bei Verträgen über die Lieferung von nicht auf einem körperlichen Datenträger befindlichen Daten, die in digitaler Form hergestellt und bereitgestellt werden (digitale Inhalte), ist auf der Abschrift oder in der Bestätigung des Vertrags nach den Absätzen 1 und 2 gegebenenfalls auch festzuhalten, dass der Verbraucher vor Ausführung des Vertrags

1. ausdrücklich zugestimmt hat, dass der Unternehmer mit der Ausführung des Vertrags vor Ablauf der Widerrufsfrist beginnt, und 2. seine Kenntnis davon bestätigt hat, dass er durch seine Zustimmung mit Beginn der Ausführung des Vertrags sein Widerrufsrecht verliert. 독일 민법 제312조의f 제3항 디지털 형태로 생성되고 제공되는 자료("디지털자료")로서 유체적 자료저장장치에 있지 아니한 것의 교부에 관한 계약에 있어서는 필요한 경우에는 제1항 및 제2항에 의한 계약의 등본 또는 확인서에 소비자가 다음 각호를 명기하여야 한다. 1. 사업자가 철회기간의 경과 전에 계약의 이행을 개시하는 것에 대하여 계약의 이행 전에 명시적으로 동의하였다는 것, 그리고 2. 계약 이행의 개시에 동의함으로써 철회권을 상실하는 것을 그가 계약 이

항[76] 참조).[77] 그러나 독일 민법 제312조의f 제3항과 제356조 제5항에 따르면 계약을 실행하기 전에 사업자가 철회권의 소멸과 관련한 고지를 하지 아니한 경우에는 소비자가 이미 다운로드를 하였다고 하더라도 철회권은 소멸하지 아니한다고 할 것이다.[78]

Ⅳ. 우리 법과의 비교 및 과제

(1) 독일 민법은 행위무능력자의 개념과 제한행위능력자의 개념을 모두 규정하면서 행위무능력자의 법률행위는 확정적으로 무효로 하고 제한행위능력자가 법정대리인의 동의 없이 한 법률행위는 법정대리인의 추인이 있기까지는 유동적 무효로 한다. 그러나 우리 민법은 행위무능력자의 개념을 규정하지 아니하고[79] 제한행위능력자의 개념을 규정하면서 그의 법률행위는 원칙적으로 유효하게 취급하고 다만 추인에 의하여 확정적으로 유효하게 하거나 또는 취소함으로써 확정적으로 무효로 한다. 이처럼 우리 민법상 미성년자의 행위능력에 관한 규정은 독일 민법과는 상당한 차이가 있다. 하지만 우리 민법의 경우에도 독일 민법과 유사하게 법정대리인의 동의 없이도 미성년자 스스로 유효한 법률행위를 할 수 있는 경우에 관하여 여러 규정을 두고 있다. 그 중에서 위의 독일 민법과 관련된 규정 몇 가지만 간단히 언급하면 미성년자가 권리만을 얻거나 의무만을 면하는 행위를 하거나(민법 제5조 제1항 단서) 법정대리인이 범위를 정하여 처분을 허락한 재산을 미성년자가 처분하는 경우(제6조) 또는 미성년자는 법정대리인으로부터 허락받은 특정한 영업에 관한 행위(제8조 제1항)는 독자적으로 유효하게 할 수 있다. 그러나 우리의 경우에도 미성년자의 행위능력에 관한 민법상의 몇 개의 규정만으로는 본 논문의 주제와 관련한 미성년자의 게임이용행위를 둘러싼 법적 문제를 해결할 수 없다. 따라

행 전에 인식하고 있었음을 확인하였다는 것.

76) § 356 Abs. 5 BGB (5) Das Widerrufsrecht erlischt bei einem Vertrag über die Lieferung von nicht auf einem körperlichen Datenträger befindlichen digitalen Inhalten auch dann, wenn der Unternehmer mit der Ausführung des Vertrags begonnen hat, nachdem der Verbraucher 1. ausdrücklich zugestimmt hat, dass der Unternehmer mit der Ausführung des Vertrags vor Ablauf der Widerrufsfrist beginnt, und 2. seine Kenntnis davon bestätigt hat, dass er durch seine Zustimmung mit Beginn der Ausführung des Vertrags sein Widerrufsrecht verliert. 독일 민법 제356조 제5항 유체적 자료저장장치에 있는 것이 아닌 디지털자료를 공급하는 것에 관한 계약에서 철회권은 사업자가 계약의 실행을 개시한 것이 소비자자가 다음 각호를 모두 확인한 후에도 소멸한다: 1. 사업자가 계약의 실행을 철회기간의 경과 전에 개시하는 것에 명시적으로 동의, 또한 2. 계약의 실행에 동의함으로써 자신의 철회권을 상실한다는 것에 대하여 인식하고 있음을 확인.

77) Bisges, NJW 2014, 183, 184; Meyer, NJW 2015, 3686, 3689.

78) Meyer, NJW 2015, 3686, 3689.

79) 2011. 3. 7. 민법 개정 전에는 미성년자, 한정치산자 및 금치산자를 행위무능력자로 규정하였다(2011. 3. 7. 개정 전 민법 제15조, 제16조, 제17조, 제112조, 제135조 제2항, 제140조 등 참조). 개정 전 민법이 행위무능력자라는 용어를 사용하면서 미성년자, 한정치산자 및 금치산자를 규정하였지만 개정 전 민법은 행위무능력자를 알지 못하였다는 지적에 관하여 이진기, 법률행위능력과 의사능력제도에 대한 비판적 검토, 민사법학 제46호, 2009. 9, 257면, 특히 260면 이하.

서 미성년자의 게임이용과 관련한 다양한 법적 쟁점을 살펴보아야 할 것이다.

(2) 한편 미성년자는 자신의 이름으로 만들어진 계정에서 게임을 하기도 하지만 부모의 계정을 이용하여 법정대리인의 이름으로 게임을 이용하기도 한다. 먼저 미성년자가 자신의 이름으로 게임을 이용하는 경우 그 미성년자에게 의사능력이 있는 한 — 그의 연령에 상관 없이 — 무효가 아니고 유동적 유효 상태에 놓이게 된다. 또한 설령 미성년자가 무료로 게임을 다운받아서 이용한다고 하더라도 그것을 바로 권리만을 얻는 행위로서 법정대리인의 동의가 필요없는 행위라고 단정할 수는 없다. 유동적 유효 상태의 법률행위 하에서는 그 법률행위가 취소되지 아니하는 한 미성년자는 그에 따른 의무를 이행하여야 하고 이행하지 않기 위해서는 그 법률행위를 취소하여야 한다. 미성년자의 법률행위가 취소되는 경우 그것은 소급적으로 무효가 되며(민법 제141조 본문) 이 때 미성년자는 이익이 현존하는 한도에서 반환할 의무를 부담한다. 미성년자의 게임이용에 관한 계약이 제한행위능력을 이유로 취소된 경우 미성년자가 게임사업자에게 반환하여야 할 것은 무엇인가?

이 경우 미성년자가 게임을 이용하던 중 그 계약이 취소되면 미성년자는 게임계정을 더 이상 이용할 수 없을 것이며 자신의 컴퓨터나 모바일기기에서 해당 게임프로그램이나 앱을 삭제하여야 할 것이다. 미성년자는 이렇게 함으로써 반환의무를 다하였다고 볼 수 있는지 아니면 그것 이외에 반환하여야 할 현존이익이 있는지에 관한 연구가 필요하다.

(3) 다음으로 미성년자가 부모의 계정을 이용하여 게임을 하는 경우가 문제된다. 이 때에는 먼저 게임이용과 관련한 법률행위의 당사자가 미성년자인지 아니면 부모인지를 확정하여야 한다. 계정의 명의자인 부모가 당사자로 확정되는 경우 대리법상의 문제와 관련하여 법적 쟁점을 검토하여야 한다. 누구든지 자신의 계정에 접근하기 위한 ID와 비밀번호를 타인이 자신의 허락 없이 이용할 수 없도록 유지하여야 한다는 점을 고려하면 미성년의 자녀가 부모의 허락 없이 계정을 무단으로 이용하는 경우에도 원칙적으로 부모가 그에 따른 책임을 지는 것이 타당하다. 다만 그러한 책임의 근거, 내용 및 한계와 관련하여 독일에서의 묵인대리 내지 외관대리 및 우리 민법상의 표현대리와 무권대리의 법리에 대한 심도 있는 연구가 필요하다고 할 것이다.

(4) 나아가 게임제공자는 게임을 제공할 때 사전에 작성한 약관을 이용한다. 따라서 「약관의 규제에 관한 법률」(약관법)이 적용된다. 그리고 미성년자 또한 소비자라는 점에서 미성년자의 게임이용에 관하여 소비자보호에 관한 여러 법률 규정 및 법리가 적용된다. 이들 법률들은 가령 게임앱을 다운받아 설치하거나 게임을 이용할 때에 이용자가 일정 연령이상의 자임을 확인하거나 또는 미성년자인 경우 법정대리인의 동의가 있었음을 확인하도록 하는 약관조항의 효력 문제, 게임이용을 위하여 필요한 아이템의 추가 구입과 관련한 규정의 내용 및 그 효력, 게임계정을 해지 내지 삭제하거나 또는 철회의 문제 등과 관련하여 중요하게 검토되어야 한다.

우리 법의 현황과 관련하여 몇 가지 점만을 언급하자면 다음과 같다. 독일 민법이 소비자 및 사업자의 개념규정을 두고 있음에 반하여 우리 민법은 그에 관한 규정을 두고 있지 않다. 「소비자기본법」, 「할부거래에 관한 법률」(할부거래법)이나 「방문판매 등에 관한 법률」(방문판매법), 「전자상거래 등에서의 소비자보호에 관한 법률」(전자상거래법) 또는 「표시·광고의 공정화에 관한 법률」(표시광고법) 등에서 소비자의 개념을 정의하고 있다. 사업자의 개념에 관하여는 「소비자기본법」과 전자상거래법에서 사업자의 개념도 규정한다. 이들에 따르면 소비자란 '사업자가 제공하는 물품 또는 용역(시설물을 포함)을 소비생활을 위하여 사용(이용을 포함)하는 자 또는 생산활동을 위하여 사용하는 자로서 대통령령이 정하는 자'를 말한다(소비자기본법 제2조 제1호).[80] 우리 법상 소비자의 개념은 독일 민법상의 소비자의 개념과 차이가 있다. 독일 민법 제13조에서 소비자는 자연인을 말하며 영업활동이나 직업활동에 속하지 아니하는 목적 즉 소비활동의 목적으로 법률행위를 하는 자를 말함으로써 어떠한 목적으로 법률행위를 하는가에 초점을 두고 규정한다. 반면에 소비자기본법은 소비자는 자연인으로 제한하지 아니하며 사업자가 제공하는 물품 등을 사용하는 자뿐만 아니라 생산활동에 사용하더라도 그 물품 등을 최종적으로 사용하면 소비자로 정의한다.[81]

통신판매업자와 재화 등의 구매에 관한 계약을 체결한 소비자는 자신의 청약을 철회할 수 있다(전자상거래법 제17조 제1항). 소비자는 계약내용에 관한 서면을 받거나 그러한 서면을 받지 아니한 경우에는 통신판매업자의 주소를 안 날 또는 알 수 있었던 날부터 7일 이내에 청약을 철회할 수 있다(전자상거래법 제17조 제1항 제1호 및 제2호). 만약 소비자가 청약철회를 방해받은 경우에는 그 방해가 종료된 날부터 7일 이내에 청약을 철회할 수 있다. 이처럼 전자상거래법상 소비자의 청약철회권은 기산점으로 7일의 기간 내에 행사하여야 한다. 이러한 전자상거래법상

80) 전자상거래법 제2조 제5호에서도 소비자에 대한 정의규정을 두고 있는데 역시 '사업자가 제공하는 제화 등을 소비하는 생활을 위하여 사용(이용을 포함)하는 자 및 사실상 이와 같은 지위 및 거래조건으로 거래하는 자 등으로 대통령령으로 정한 자'라고 규정한다. 소비자법이나 전자상거래법이 소비자의 개념을 생산자도 포함함에 반하여 표시광고법은 소비자를 '사업자 등이 생산하거나 제공하는 상품 등을 사용하거나 이용하는 자'로 정의한다(표시광고법 제2조 제5호). 한편 약관법에서는 계약에서 사업자의 상대방을 '소비자'라는 용어가 아닌 '고객'이라는 용어가 사용되며 동법은 고객을 '계약의 한쪽 당사자로서 사업자로부터 약관을 계약의 내용으로 할 것을 제안받은 자'로 정의한다(동법 제2조 제3호). 우리 법상 소비자의 개념정의에 관하여는 고형석, 앞의 논문, 102면 이하 참조.

81) 서희석, 소비자개념의 재정립, 소비자법연구 제3권 제2호, 2017. 9, 145면은 우리 소비자기본법의 소비자 개념정의에 관하여 '지극히 경제학적인 개념적 정의이고, 권리의무의 주체로서 자연인 또는 법인과의 관계설정이 누락되어 있어서 소비자를 법적인 존재로 규율하는데 실패하고 있는 것'이라고 한다. 신영수, 소비자기본법상 소비자개념 — 회고와 평가, 그리고 대안에 관하여, 소비자문제연구 제48권 제2호, 2017. 8, 23면은 우리 법의 소비자개념 규정의 변천과정을 살펴본 결과 '그 원형의 모습을 유지하면서 변화해왔다는 점에서 우리 소비자법제가 소비자상에 관하여 일관성과 예측가능성을 가지고 정책집행을 하였다는 점에 대하여는 긍정적으로 평가할 수 있기는 하지만 개념정립 당시의 소비자상이나 개념이 아직도 유효하다고 볼 수 있는지에 대하여 검토가 필요하다'고 한다.

의 철회에 관한 규정은 콘텐츠진흥법 제27조에 의하여 준용된다(동법 제2항).[82] 그러나 용역 또는 문화산업진흥기본법 제2조 제3호에 따른 디지털콘텐츠{부호·문자·도형·색채·음성·음향·이미지 및 영상 등(이들의 복합체를 포함)의 자료 또는 정보로서 그 보존 및 이용의 효용을 높일 수 있도록 디지털 형태로 제작하거나 처리한 것}의 제공이 개시된 경우 소비자는 통신판매업자의 의사에 반하여 청약철회를 할 수 없다(전자상거래법 제17조 제2항 제5호).[83] 다만 재화 등의 내용이 표시·광고의 내용과 다르거나 계약내용과 다르게 이행된 경우에는 — 목적물이 용역이나 디지털 콘텐츠이어서 원칙적으로 청약철회권이 인정되지 아니한 경우에도 — 그 재화 등을 공급받은 날부터 3개월 이내, 그 사실을 안 날 또는 알 수 있었던 날부터 30일 이내에 청약을 철회할 수 있다(전자상거래법 제17조 제3항). 그런데 우리의 소비자보호에 관한 여러 법들은 소비자가 철회권을 행사할 수 있는 기간을 전자상거래법처럼 7일로 정하거나 또는 방문판매법과 같이 14일로 정하는 등 상이하게 규정한다. 후자의 경우에는 사업자가 기습적으로 출현하여 소비자로 하여금 사실상 계약체결을 강요한다는 점을 감안하여 철회권의 행사기간을 다른 경우보다 장기간으로 정한 것으로 보인다고[84] 하는데 법적 안정성이나 소비자의 실질적 자기결정권을 보장해준다는 점 등을 고려하면 철회기간을 14일로 통일하는 것이 타당하다고 생각된다.[85] 나아가 사업자의 정보제공의무에 관한 규정을 더 구체화하고 특히 철회권의 행사와 관련하여[86] 철회권의 행사기간은 사업자로부터 철회권의 행사와 소멸에 관한 정보를 제공받은 때로부터 기산한다는 점을 규정하는 것이 바람직하다고 생각된다.[87]

V. 결론

사람들이 인터넷이나 모바일 환경을 통하여 게임을 즐기면서 동시에 직면하게 되는 법적 문제의 해결을 위한 연구는 시기적으로 매우 중요한 의미를 가지며 또한 시급하게 요구된다. 본 논문에서는 독일에서 특히 모바일 환경에서 게임이용과 관련한 법적 문제에 관하여 민사법

82) 콘텐츠산업진흥법 제2조 제1항 제6호는 "콘텐츠사업자가 제공하는 콘텐츠를 이용하는 자"를 "이용자"로 정의하는데, 청약철회권을 행사할 수 있는 자는 소비자에 한한다고 한다. 김진우, 소비자철회권의 개념 및 요건에 관한 입법론적 고찰, 소비자문제연구 제47권 제1호, 2016. 4, 198면.

83) 물론 용역이나 디지털콘텐츠가 분할이 가능한 것으로 아직 제공이 개시되지 아니한 부분에 대하여는 청약철회권이 인정된다(전자상거래법 제17조 제2항 제5호 단서).

84) 김진우, 앞의 논문, 199면.

85) 동지 김진우, 위의 논문, 199면.

86) 전자상거래법 제13조는 통신판매사업자가 재화 등의 거래에 관한 청약을 받을 목적으로 표시·광고를 한 때에는 그 표시·광고에 신원 및 거래조건에 관한 여러 정보를 포함하도록 하고 있다. 여기에는 소비자의 청약철회 및 계약해제의 기한, 행사방법 및 효과에 관한 사항(청약철회 및 계약해제를 위하여 필요한 서식을 포함)도 들어 있어야 한다(동조 제2항 제5호).

87) 소비자철회권의 요건 및 행사와 관련한 입법론적 제안에 관하여는 김진우, 앞의 논문, 191면 이하 참조.

적 논의를 논의를 중심으로 살펴보았다.

먼저 독일 민법상 미성년자의 능력에 관한 규정을 살펴보았다. 이후 온라인 환경에서 미성년자의 법률행위의 효력에 관한 중요한 쟁점들을 검토했다. 먼저 독일 민법은 7세 미만의 미성년자를 행위무능력자로 하고 행위무능력자의 법률행위를 무효로 한다(동법 제104조 및 제105조 참조). 그리고 독일 민법은 7세 이상의 미성년자는 제한능력자로 규정하면서 그러한 미성년자의 법률행위에 대하여는 몇 가지의 예외적인 사항을 제외하고 유동적 무효로 규정한다.

온라인게임에서 미성년자의 행위에 관하여도 민법상의 행위능력 및 법률행위의 효력에 관한 규정이 기본적으로 적용된다. 그러나 민법상의 미성년자에 관한 몇 개의 규정만으로 미성년자의 게임이용과 관련한 법적 문제를 해결할 수 없다. 따라서 온라인, 특히 모바일 환경에서 미성년자의 게임이용의 특수한 문제가 무엇인지, 약관을 통한 미성년자 본인의 확인의 법적 의미를 살펴보았다. 그리고 미성년자는 인터넷이나 모바일 환경에서 자신의 이름으로 게임을 이용하기도 하지만 많은 경우에는 부모의 계정을 통하여 게임을 하게 된다. 후자의 경우에 특히 복잡한 법적 문제가 생긴다. 본 논문은 이와 관련한 독일에서의 논의를 소개하였다. 그리고 독일 민법은 기술한 바와 같이 미성년자의 법률행위를 무효 또는 유동적 무효로 규정한다. 그에 따른 부당이득법상의 문제도 검토하였다. 아울러 미성년자 또한 소비자라는 관점에서 필요한 법적 쟁점도 살펴보았다.

이와 같은 미성년자의 게임이용과 관련한 법적 문제는 다양한 관점에서 검토가 필요하다. 특히 행위능력, 약관, 대리, 부당이득이나 소비자계약을 둘러싼 여러 법적 쟁점을 살펴보아야 한다. 미성년자의 게임이용을 둘러싼 본 논문에서의 독일법을 중심으로 한 논의가 향후 관련 문제에 대한 논의를 위한 중요한 토대가 되기를 바란다.

인공지능(AI)시대의 도래와 법적 대응*

윤 석 찬**

Ⅰ. 들어가며

‘메리엄 웹스터’라는 미국의 가장 오래된 사전에서 올해 2023년의 단어로 ‘authentic’이 선정되었다. 그 단어의 의미는 ‘진짜’라고 번역될 수 있다. 이러한 선정 배경에는 “진짜라는 단어가 현 시점에서 그 어느 때보다 더 많이 생각하고, 쓰이고, 절실함의 대상이 되었기 때문”이라 한다. 이러한 현상은 미국에서 뿐만 아니라 전세계적으로도 진짜의 위기에 노출되어 있다. 최근 생성형 인공지능(AI)[1]이 대학에서도 큰 도전으로 다가오고 있다. 교수의 입장에서는 학생이 제출한 과제물이 진짜로 그 학생이 작성하였는지도 믿을 수 없게 되었다. 더 나아가 사회에서도 특정 정치인이 한 발언이 실제인지도 믿을 수 없게 되었다. 그 배경에는 작년 2022년 12월에 챗GPT[2]가 등장하였는데, 이는 대표적 생성형 인공지능(AI)으로서 이제는 초거대

* 본고는 저자의 부산대학교 대학원 과정에서의 스승이신 최광준 교수님의 선친이신 故 최종길 선생님을 기억하고 추모하기 위한 글입니다.

** 부산대학교 법학전문대학원 교수

1) 국내에서도 클라우드 사업을 운영하는 네이버, 카카오, KT 등 다수의 기업이 생성형 AI 개발에 열중하고 있다. 네이버는 한국형 AI ‘하이퍼클로바X’를 선보였고, KT는 초거대 AI ‘믿음’을, 카카오는 ‘코GPT 2.0’을 개발 중이다. 그러나 이러한 국내 기업들의 AI서비스의 클라우드 접목은 아직 초기 단계로서 당장 아마존 혹은 MS 내지 구글과 경쟁하기 어려운 수준이다. AI시대의 핵심은 클라우드 시장이기에 여기에 치열한 경쟁이 예상되기도 한다.

2) 미국 오픈AI의 인공지능(AI) ‘챗GPT’는 이미 전세계인의 일상은 물론이고, IT, 금융, 물류 등 산업의 모든 분야에 영향을 미치고 있다. 챗GPT는 장문의 글과 이미지, 영상까지 만들 수 있고, 글쓰기, 미술, 음악 등의 인간의 전유물로 여겨졌던 창작의 영역까지 넘보고 있다. 평소 10시간 이상 소요된 영어 논문 작성 시간도 챗GPT의 도움으로 인하여 1시간으로 줄게 된다. 이외에도 챗GPT는 수 분만에 논문초록을 만들어 준다. 아이들 영어공부에서도 원어민 발음으로 영어문장을 읽는 챗GPT의 음성도 들을 수 있다. 우리나라의 이현세 작가는 재담미디어와 함께 자신의 작품 4000여 권을 AI에 학습시켜서 사후에도 AI가 자신의 화풍에 따라 만화를 그릴 수 있도록 하는 프로젝트를 진행 중이다. 이러한 와중에 구글은 차세대 거대 언어모델(LLM)기반 인공지능(AI) ‘제미나이(Gemini)’을 2023년 12월 5일(현지시간) 전격 공개했다. 이는 이미지를 인식하고 음성으로 말하거나 들을 수 있으며 코딩을 할 수 있는 능력까지 갖춘 멀티모달 AI로 만들어졌다. 또한 수학문제를 풀거나 데이터를 분석하는 고도의 추론능력도 갖추었다. 2023년 12월 6일부터는 제미나이는 구글의 챗봇 바드(BARD)에 탑재해 전 세계에 공개한다.

AI라 평가된다.[3] 이로 인하여 불과 몇 초만에도 진실이라 착각할 수 있는 허위의 가짜의 글, 사진, 영상이 만들어지고 있다. 그리하여 이에 대한 반작용으로 이제는 '진짜'의 가치가 그만큼 소중하게 된 것이다.[4]

물론 생성형 AI에 대하여 비관적 사고로만 일관할 것은 아니다. 최근 범죄예방 목적으로 우리나라에서 인공지능(AI)·정보통신기술(ICT) 기반의 '종합전기통신 금융사기 대응 시스템'이 개발되어 보이스피싱 전화차단기술을 상용화했다. 이를 통화여 차단된 보이스피싱 발신전화는 10만 4900건에 이른다.[5] 이처럼 인공지능(AI)를 통하여 범죄가 발생하기 전에 미리 예방을 할 수 있어 무고한 피해자의 발생을 막을 수 있은 것이었다. 이처럼 인공지능(AI)은 우리 인간의 삶에 편리성과 효율성에서 무한한 혜택을 주고 있음은 분명하다. 생성형 AI시장 규모가 이미 2032년에 1조 3000억원 달러까지 커지면서 이제는 AI시대를 거부할 수 없는 상황이기 때문이다. 그리하여 기업이나 개인 모두 AI 사용역량이 중대시 되고 있다. 아마존은 최근 누구나 참여할 수 있는 인공지능(AI) 기술훈련과 교육과정으로서 'AI레디' 프로그램을 운영하고 있다. 그리하여 2025년까자 전 세계 200만 명에게 무료로 강의를 제공한다는 것이다. 그 이유로는 가장 혁신적인 기술인 AI 잠재력을 최대한 활용하려면 모든 사람이 AI교육을 받을 수 있어야 한다는 것이다. 결국 미래의 세상은 'AI를 활용하는 자'와 'AI를 활용 못하는 자'로 갈려지게 된다는 것이다. 그럼에도 이 시대에 대비해야 할 문제는 이러한 생성형 AI의 활용으로 인하여 부차적으로 인간에게 발생하는 피해를 대비해야 할 것이며 이를 위한 법제도적 장치도 항상 논의되어야 한다는 점이다.

Ⅱ. 인공지능(AI)의 개념과 사용영역

1. 생성형 인공지능(AI)과 일반 인공지능(AGI · Artificial General Intelligence)

인공지능(AI)을 "인간의 지능적인 행태를 모방할 수 있는 기계의 능력"이라 정의할 수 있다면,[6] 생성형 인공지능(AI)이라 함은 텍스터, 이미지 등 기존 자료를 활용하여 새로운 콘텐츠

3) 챗GPT는 급속도록 발전하여 현재 월 16억명 이상이 방문하고 있고, 2억명 이상의 사용자를 보유하고 있다.

4) 작금은 소위 탈진실(post truth)시대라 해도 과언이 아니다. 왜냐하면 상황은 심각하기 때문이다. 이미 AI가 만든 가짜 뉴스가 전세계 수백만명이 사용하는 포털사이트 메일 화면에 게재되고 있고, 유명인의 목소리와 영상으로 조작된 협오발언이 소셜미디에 확산되고 있다. 이런 일은 바로 "인간이 만든 것으로 가장 빠르게 발전하는 기술"로 손꼽히는 AI가 이루고 내고 있으며, 그 범위도 국경을 넘어 교육, 의료, 정치, 경제, 사회, 문화 등 모든 영역에 동시다발로 발생하고 있다.

5) 경찰청에 따르면 보이스피싱으로 인한 최근 5년간 피해수치를 보면 15만600건에 이른다. 이처럼 매년 증가하던 보이스피싱 피해사례는 인공지능(AI)의 활용으로 인한 보이스피싱 전화차단으로 지난해 2만1832건으로 전년 대비 30% 가량 줄어졌다. 이에 관한 자세한 내용은 중앙 SUNDAY (2023.11월 18일-19일), 25면 참조.

6) 이중기, 인공지능을 가진 로봇의 법적 취급: 자율주행자동차사고의 법적 인식과 책임을 중심으로, 홍익법학 제17권 제3호(2016), 3면 이하.

를 만들어 내는 인공지능기술을 의미한다. 이러한 생성형 인공지능(AI)의 대표적 사례가 챗GPT라 할 수 있다. 그리하여 특정 주제에 대하여 생성형 AI가 학습할 자료들을 입력하고, 사용목적 등을 설정하면 자신만의 챗봇이 탄생된다.7) 이처럼 생성형 AI는 기업이나 전문가들의 전유물이 아닌 것이다. 따라서 코딩을 몰라도 챗GPT를 개발한 미국의 오픈AI가 공개한 'GPTs' 서비스를 활용하여 자신이 원하는 AI 챗봇을 만들 수 있게 된다.8) 실제로 오픈AI의 'GPTs' 서비스가 출시된 지 일주일 만에 전 세계의 사용자가 만들어 공유한 맞춤형 챗봇이 1만 9000개를 넘었다.9) 반면에 이보다 더 고성능 AI로서 인간과 동등한 기능을 수행하는 것이 일반 인공지능(AGI)이다.10) 일반 인공지능(AGI)는 AI가 인간의 개입없이 스스로 사고하고 학습하는 수준이다. 일리아 수츠케버 오픈AI 최고과학자11)는 이러한 AGI의 출현이 인류에게 혜택일지 모르겠으며, AGI가 아주 빠른 시일 내에 나타날 것이라고 보기에, AI의 위험성에 대하여 당장 대비를 할 시점이라 한다.12)

2. AI의 활용영역

(1) 대학 교육 영역

국내외 많은 대학은 챗GPT 지침을 마련하여 생성형 인공지능(AI)이 미래교육환경에 미칠

---

7) 여기서 자료성 데이터가 제대로 갖추어지지 않으면 AI는 실패하게 된다.

8) 올트먼 CEO는 코딩없이 맞춤형 챗봇을 만들 수 있는 'GPTs'를 공개하면서 "우리 모두 필요에 따라 초능력을 갖게 될 것"이라고 공언했다. 결국 챗GPT 1년만에 '개인화 AI'시대가 열린 것이라 평가된다.

9) 맞춤형 챗봇은 매달 22달러를 내면 특별한 IT지식이 없더라도 만들 수 있다. 사용목적 내지 답변 방식 등을 AI에 명령하고, AI가 학습해야 하는 데이터 파일을 올리거나 데이터를 온라인에서 끌어오도록 하면 AI가 자동적으로 학습하게 된다. 이렇게 만든 맞춤형 AI 챗봇은 이용자들끼리 매매가 가능하다. 오픈 AI는 맞춤형 챗봇을 올려 판매할 수 있는 'GPT 스토어'를 오픈하였다.

10) 여기에는 법적으로 자연인과 법인 이외의 전자인(e-person)도 인정해야 한다는 견해도 있다. 이에 관해서는 하태훈, 경향신문 제24325호 (2023년 11월 17일), 27면 참조. 이외에도 인공지능(AI)의 전자인에 관한 연구자료로서는 김진우, 인공지능에 대한 전자인 제도 도입, 5면 이하; 송호영, 인공지능 로봇은 법인격을 가질 수 있는가?, 저스티스 제184호(2021), 83면 이하; 오병철, 전자인격 도입을 전제로 한 인공지능 로봇의 권리능력의 세부적 제안, 법조 제69권 제3호(2020), 51면 이하; 이상용, 인공지능과 법인격, 민사법학 제89호(2019), 3면 이하 등이 있다.

11) 그는 오늘날 딥러닝의 시초인 '알렉스넷' 개발에 참여하였고, 이후 구글에 채용되어 바둑 AI '알파고' 개발을 주도하였다. 이후 일론 머스크 테슬라 CEO에 의해서 영입되어 그가 설립한 비영리 재단 '오픈AI'에 참여하게 된다. 이 재단은 소위 '안전한 AI의 발전'을 모토로 하기에 AI 안전에 관심이 많은 수츠케버는 바로 참여하게 된 것이다. 이후 오픈AI 최고 경영자 샘 올트먼을 제거하기 위한 2023년 11월의 소위 쿠데타가 실패함으로 인하여 수츠케버가 지키려 하던 'AI 안전개발'은 물건너 간 것이 되어버렸다. 사실 샘 올트만은 챗GPT를 개발하여 오픈 AI기업 가치를 860억 달러(약 111조 5000억원)까지 올린 바가 있다. 그러나 그는 상업화의 속도에만 치중하였기에 느려도 안전하게 개발하길 원하는 수츠케버와 충돌한 것이다. 결과는 샘 울트먼이 빠지면 오픈 AI기업 가치가 폭락하여 엄청난 투자손실을 우려한 MS사 등의 투자자들의 거센 반발로 샘 올트먼이 복귀한 것이다.

12) 심지어 수츠케버는 AGI의 신념과 욕망이 인류가 바라는 바와 같지 않게 된다면 인류의 재앙이 된다는 다소 비관적 AI관을 표명하기도 하였고, AGI가 인간의 통제범위에서 벗어날 가능성도 있다고 하여 심각한 우려를 표명했다. 이에 관해서는 http://m.g-enews.com〉 2023/11.

파급효에 대응하고자 한다. 교육에서의 챗GPT는 학생들에게 지식을 탐구하는 데에 큰 도움을 줄 수 있고, 융합적 사고력을 배양하고, 지역사회 및 산업체와 연계를 바탕으로 융합교육에 기여할 수 있다. 그러나 창의적이고 비판적 사고의 형성에는 오히려 해가 되고, 교수와 학생 사이의 상호작용을 약화시킬 수 있다는 우려도 제기된다.

(2) 군사적 활용 영역

대표적 사례로서 작년 5월 우크라이나군은 강을 건너 침략하는 러시아군을 수차례 공격해 공세를 차단한 것은 물론 러시아군의 대대급 병력을 전멸시켰다. 당시 우크라이나군이 본 피해는 경미했던 반면에, 러시아군은 73대 이상의 전차와 장갑차, 1500명 가량의 병력을 잃은 것으로 알려졌다. 여기서 결정적인 역할을 수행한 것은 바로 인공지능(AI)을 활용한 우크라이나군의 전술프로그램 'GIS 아르타'였다. 'GIS 아르타'는 드론과 같은 감시정찰 자산이 표적을 식별하면 표적 주변에서 가장 가깝거나 효율적인 무기를 보유한 부대에 화력지원이나 직접 공격을 명령하는 시스템을 갖고 있다. 이는 탑승객과 가장 가까운 곳에 있는 운전자를 자동으로 연결해 주는 우버와 비슷한 방식으로서 일명 우버포병이라고도 불린다. 대개는 현대식 군대가 적을 식별하여 포병이나 공군전력으로 공격하기까지는 적어도 20분이 소요되는데, 'GIS 아르타'는 최단으로 30초까지 단축할 수 있다.

또한 이스라엘과 하마스 전쟁에서도 이스라엘군은 하마스 추적에 AI를 적극적으로 활용하여 약 1200개의 하마스 땅굴을 확인하게 되었다고 한다. 이처럼 실전에서 AI의 군사적 활용이 늘어나면서 우리나라를 비롯하여 세계 여러 나라가 인공지능(AI)의 군사적 활용에 적극적 입장이다. 미국 다음의 AI 강국인 중국은 2030년 AI 분야 초강국이 되는 것을 목표로 지능화 전쟁을 위한 AI 시스템 개발에 집중하고 있다. 물론 우리나라 국방부도 2021년 AI 추진전략을 수립하였고, 2023년 3월엔 '국방혁신 4.0' 기본계획을 통하여 AI 기반 첨단 과학기술 강군육성을 목표로 하고 있다.

(3) 신앙생활의 영역

챗GPT에 기반한 AI서비스는 사람이 원하는 성경 구절을 찾아주고, 맞춤형 고민상담과 기도문작성, 묵상까지도 도와준다. 목회자를 위한 설교문도 순식간에 작성해 준다. 실제로 우리나라 목회자 20%는 챗GPT를 사용한다는 국내 조사결과도 있다. 이러한 AI서비스는 불교에서도 활용되고 있는데, 주님 AI를 토대로 하여 스님 AI가 등장하였고, 이러한 AI가 이미 데이터화 되어 있는 팔만대장경을 학습하여 불교신자들을 상담해 주고 있다. 조계종도 신도 수 감소에 따라서 교육원과 포교원을 점차적으로 축소 내지 폐지할 방침이라 한다. 결국 어떠한 신학자나 불교학자도 지식측면에서는 AI를 넘어설 수 없기에 교회가 AI가 하지 못하는 영적 감동과 따뜻한 공동체를 제공치 못하면 큰 위기를 맞이할 것이라 진단되고 있다.

(4) 의료분야의 영역

지난 세계적으로 발생한 코로나 팬데믹을 겪으면서 의료서비스가 예상보다 취약한 상태임이 확인되었다. 의료기관 대부분은 원격진료 준비조차 되어 있지 않은 상태였다. 환자의 전자의무기록 등의 모든 데이터를 한번에 집계할 저장 공간이나 인구집단별 분석체계도 없었다. 우리나라가 실행한 2020년 의료산업의 디지털화가 금융산업과 비슷한 수준만 됐더라도 코로나에 더 빠르게 대응할 수 있었다는 것이다. 현대 의학은 플랫폼과 인공지능 AI, 웨어러블 장치 등 각종 기술을 활용하여 자신의 건강 데이터를 실시간으로 지속적으로 확보하여 분석하는 디지털 헬스케어가 필요하고, 이것을 통하여 질병의 치료보다 질병의 예방중심으로 패러다임을 바꿀 수 있게 된다. 그리하여 국내에서 유일하게 CRM(고객관계관리)와 EMR(전자의무기록시스템)이 결합된 디지털의료 플랫폼을 운영 중인 솔닥이 독자 앱을 론칭한다. 이를 통하여 환자들의 의료데이터를 한곳에 모아 관리하여 디지털 헬스케어의 범용성을 높이고, 의료진에게 보다 정확한 환자 정보를 제공하게 된다. 솔닥이 개발한 앱을 이용하면 병의원 예약접수부터 예진지 작성, 대면·비대면 진료, 처방 및 처방전 수령, 비용 수납까지 모든 의료 서비스를 한번에 이용할 수 있게 된다. 그리하여 환자가 하루에 평균 몇 걸음을 걷는지, 평소 심박동 수와 혈압은 어떤 그래프를 나타내는지 등 환자들의 병원 밖 건강데이터가 스마트 기기를 통하여 수집되게 되어서 흩어져 있는 환자들의 데이터를 하나의 플랫폼으로 모아서 의료진에게 전달되어 보다 정확한 진단과 처방이 내릴 수 있게 되는 방식이다.[13] 물론 환자의 건강의료정보는 민감한 개인정보이기에 의료분야에서의 챗GPT에는 AI 기업과 개발자가 준수해야 하는 보다 강화된 AI 행동강령(Code Conduct)은 요구될 것이다.

(5) 가축관리의 영역

닭을 키우는데 가장 경계하는 질병은 조류인플루엔자이다. 이것이 발생하여 닭이 죽게되면 인근에 있는 농가의 닭 역시 관련법에 따라 살처분된다. 그런데 농가가 닭의 이상 징후를 지방자치단체에 보고하지 않으면 조류인플루엔자 발병 시기를 초기에 알아내기도 어렵다는 양계장의 현실적 문제도 만만치 않다. 이러한 문제를 인공지능(AI)를 이용하여 해결할 수 있게 된다. 이에 의하면 센서를 축사에 부착하여 가축데이터를 실시간으로 확인하고, 이를 분석해 닭의 울음소리와 행동패턴을 기반으로 이상행동이 나타났을 때 변화를 빠르게 확인할 수 있게 된다는 것이다. 국내의 이러한 인공지능(AI) 기술은 대만 등의 해외진출도 앞두고 있다.

---

13) 이외에도 솔닥은 요양기관을 대상으로 한 PC용 비대면 진료 플랫폼 '바로돌봄'도 론칭한 바가 있다.

Ⅲ. 인공지능(AI)에 의한 피해 사례

1. 저작권 침해의 가능성

생성형 AI에 대하여 강한 거부감을 가졌던 예술계에서도 이제는 일부 창작자들이 AI를 수용하기 시작하면서 AI를 이용하여 작품완성을 하는 것을 하나의 예술 영역으로 인정되고 있다. '시아'는 카카오 AI 자회사 카카오브레인과 미디어아트 그룹 슬릿스코프가 함께 개발한 AI 시인으로서 수백억 개의 언어와 1만 5000여 편의 시를 학습했다. 시아가 시를 쓰고 챗GPT가 이를 수정하여 연극의 시나리오까지 완성되기도 하였다. 지금까지는 인간에 의한 창작품이나 예술품은 단순히 학습과 모방의 결과물이 아니라 인간의 경험이나 감정이 투영된 결과물로서 상상력과 표현력이 녹아든 인간 고유의 영역이라 여겨졌으나 이제는 생성형 AI가 인간보다 더 완벽한 창작물을 생산하게 되었다는 점에서 과연 인간만이 창작성을 인정받아야 하는가라는 근본적인 의문이 제기되고 있다. 이제는 생성형 AI가 일부 영역에서는 인간의 창작활동을 대체하기도 한다. 따라서 우리나라를 비롯하여 대부분의 국가들의 저작권법에서 저작권자를 인간으로 제한한 규정은 더 이상 설득력이 잃고 있다. 그러나 설령 생성형 AI에게 창작성 내지 저작권을 인정하더라도 글 내지 이미지 등을 통한 표절 내지 무단인용 등의 저작권의 침해가능성은 별개의 논점으로서 인정될 수 있다.

다행스럽게도 오픈 AI나 마이크로소프트(MS) 등의 기업이 인공지능(AI)은 저작권침해의 사실이 없다고 책임을 부정하는 태도로 일관해온 것과 대비되게 아마존 기업체는 자신들의 인공지능(AI)으로 의도치 않게 저작권의 침해사실이 확인된다면 손해배상을 포함하여 그 어떤 시정조치도 적극적으로 수용할 것이라 선언하였다. 다시 말해서 아마존은 인공지능(AI)을 학습시키기 위한 모든 학습데이터는 책임감 있는 방식으로 신중하게 수집할 것이고[14], 만약 아마존 업체의 인공지능(AI)의 결과물에 보호받아야 할 데이터가 활용되어 누군가의 저작권을 침해하였다면 사례별로 적절한 법적 책임을 부담하겠다는 것이다.

2. 가짜 뉴스의 전달

2023년 올해 전세계 수백만 명이 매일 사용하는 마이크로소프트(MS)의 포털 사이트, MSN.com의 메인 화면에 "조 바이든 미국 대통령이 마우이 산불 피해자들을 위한 묵념 시간에 졸았다"라는 가짜 뉴스가 게재되었다. 또한 42세에 사망한 전 미국 프로농구(NBA) 선수 브랜던 헌터의 죽음을 두고 "42세에 쓸모없어진 브랜던 헌터"라는 고인의 명예를 훼손하는 뉴스의 제목도 발견되었다. 이러한 현상의 원인을 분석한 CNN의 보도에 따르면 가짜 뉴스를 걸러

14) 다시 말해서 AI가 그 학습에 꼭 필요한 독점데이터가 있다면 해당 데이터의 소유자와 반드시 협력하여 라이센스를 취득하는 방법을 취한다는 아마존의 입장이다.

내는 기능으로서 뉴스 및 정보의 팩트를 체크하는 MSN의 인공지능(AI) 게이트키핑이 기능이 제대로 못했기 때문이라고 한다. 이러한 문제 발생의 배경에는 MS가 2020년 5월부터 가짜 뉴스 및 선정적 뉴스를 걸러내던 직원 800여명을 해고하였고, 그 작업을 위의 인공지능(AI) 케이트키핑에 대신 맡겼는데, 이러한 AI가 챗GPT와 같은 생성형 인공지능(AI)이 만들어낸 정교한 가짜와 진짜를 구별하지 못하면서 MSN이 가짜 뉴스의 온상이 된 것이다.[15]

미국 '뉴스가드'에 따르면 AI로 만들어진 신뢰성 떨어지는 뉴스와 이미지를 생산하는 사이트가 2023년 11월 27일 기준 전세계 566곳(15개 언어)에 달한다. 문제는 2024년에는 40 여 개국에서 중요한 선거들이 치루어지게 되는데, 이러한 AI로 만들어진 가짜뉴스가 잘못된 정보를 전달하여 선거에도 막대한 악영향을 줄 수 있다는 경고가 쏟아지고 있다.

3. 과학적 가설 조작

2023년 11월 초에 미국 의학협회 안과학지(JAMA)에 발표된 논문은 최신 챗GPT를 사용하여 두 가지 안과 수술절차를 비교하고 어떤 수술의 결과가 환자에게 더 나은지를 판단해 달라고 질문하니 연구에서 AI가 특정 수술 결과가 우월하다는 자신의 주장을 위하여 입력했던 수술결과 데이터의 일부를 조작하여 그 근거로 제시한 것이었다. 문제는 이 챗GPT가 실제 데이터에서 일부만 바꾸어 조작하였기에 가짜라는 사실을 사람들은 인식하기 어려웠다는 것이다. 심지어 연구논문을 위하여 국내의 A교수가 자신의 주장을 뒷받침하는 논문을 챗GPT에게 검색해 달라고 하니, 그 챗GPT가 실제로는 존재하지도 않는 학술논문을 만들어 제시한 경우도 있다고 한다.[16] 이처럼 뉴스 뿐만 아니라 법학 그리고 과학분야에서처럼 객관적인 팩트가 중요한 분야에서까지 인공지능(AI)는 무차별적으로 진리를 왜곡하는 오염을 시키고 있다.

Ⅳ. 인공지능(AI)에 의한 딥페이크 기술과 규제방안

1. 딥페이크 정의

딥페이크는 AI 기반 합성 기술로서 가짜 이미지나 영상, 음성을 제작하는데 활용되는 도구를 의미한다. 불과 1년 전만 해도 딥페이크 영상을 만들기 위해서는 3D(3차원) 그래픽 전문

15) 최근 한국은행 조사국 고용분석팀에서 발표한 'AI와 노동시장변화 보고서'를 보면 인공지능(AI)에 의하여 대체될 가능성이 높은 직업으로 의사, 변호사, 회계사 등 고소득 전문직을 들 수 있는데, 국내 일자리 중 12%에 해당하는 341만 개는 AI에 의해서 대체될 가능성이 높다는 것이다. 반면에 성직자, 대학교수, 기자, 가수 등은 AI로 대체될 가능성이 가장 낮은 직업에 속했다. 결국 AI 활용으로 기업의 이윤은 늘지만, 임금 근로자의 소득은 줄어 임금불평등에 악영향을 미치는 덩의 사회적 문제가 초래될 수 있다.

16) 법학교수가 연구논문을 위하여 주제어를 제시하면서 관련 판례를 AI를 통하여 검색하니 실제로 존재하지도 않는 판결을 만들기도 한다고 한다.

가 팀의 최소 한 달 이상의 시간이 소요되었는데, 이제는 일반인들도 불과 몇 분이면 피해자의 음성 3초와 사진 1장만으로도 가짜 뉴스 및 가짜 동영상을 만들 수 있는 딥페이크 제작법이 유투브에 넘치고 있다는 사실이다. 그리하여 일반인도 유튜브만 검색하면 딥페이크 제작법을 쉽게 배울 수 있게 된다. 실제로 챗GPT와 달리 '달리－3'이라는 생성형 AI를 이용하면 불과 수분 만에 가짜 뉴스나 동영상을 특별한 비용소비도 없이 제작할 수 있다. 이는 우리 사회에서 누구나 딥페이크 내지 딥보이스 영상의 피해를 당할 수 있다는 의미이기도 하다.

물론 딥페이크 기술 자체는 첨단 영화제작, 의료 분야 등에 활용될 수 있기에 잠재력이 큰 기술로 인정받고 있다. 문제는 상기에서 기술한 바와 같이 딥페이크 기술을 가지고 소위 사이버 범죄자들이 가짜 뉴스, 포르노 등의 음란물 제작, 심지어 보이스피싱 등의 금융범죄에도 광범위하게 사용한다는 것이다. 이들은 이러한 기술을 통하여 피해자들을 협박하거나 사기를 쳐서 금전적 이득을 취하고 있다.

2. 딥페이크의 사례

2023년 11월 19일 아르헨티나 대선 결선투표에 좌파 집권당 대선 후보로 나선 세르히오 마사 경제장관이 마치 코카인을 흡입하는 것처럼 꾸민 딥페이크(가짜 영상)이 만들어졌다. 이는 인공지능(AI)을 이용하여 마약범죄자에 마사 경제장관의 얼굴을 합성하여 딥페이크이 만들어진 것이다. 이에 맞대응 하듯 우파 야권 대선 후보인 하비에르 밀레이 하원의원을 좀비처럼 표현한 인공지능(AI) 가짜 사진도 언론매체에 등장했다. 이처럼 양측진영에서 인공지능(AI)으로 생성한 선거관련 창작물들이 온라인에 범람하고 있다. 이러한 게시물들은 각 후보자들에게 엄청난 부정적 이미지를 씌우고 있다. 그러나 아르헨티나 선거관리기관은 인공지능(AI)으로 인한 선거부정의 요소들에 대한 제재수단이 없다는 것이다. 이러한 상황은 전세계적으로 공통적이라 보인다. 또한 2023년 9월에는 우크라이나 침공으로 올림픽 출전이 어려워진 러시아가 국제올림픽위원회(IOC)를 비난하는 가짜 뉴스가 나왔는데, 여기에 AI 나레이션은 미국 할리우드 스타 톰 크루즈의 AI 딥페이크(가짜) 목소리로 편집된 것이다.

3. 기술적 규제방안

딥페이크 기술의 개발과 사용에 관한 규제에 관한 방안은 특히 워터마크 부착의무 등을 미국과 EU 등 세계 주요 국가들의 관련 규제들을 참고하여 이루어져야 할 것이다. 그리하여 딥페이크로 인한 형사처벌 내지 손해배상책임의 입법화에 앞서서 기술적 규제가 선행되어야 할 것이다. 이를 뒷받침 하듯이 글로벌 테크기업과 인공지능(AI) 전문가들은 AI가 만들어낸 가짜 콘텐츠를 실시간으로 탐지하여 이를 사전에 차단하는 기술개발에 집중하고 있다. 그리하여 2022년에 챗GPT가 등장한 1년 간은 AI의 성능의 첨단화와 확산에 초점이 가해졌다면 작금은 그로 인한 폐단을 시정하는 조치가 이루어져야 한다는 것이다. 나아가 인공지능(AI)에 대한 규제에 반대하고 오히려 지금과 미래에 인공지능(AI)이 광범위하게 전면적으로 활용되어야 한다는 주장이 관철되기 위해서도 상기의 인공지능(AI)에 대한 규제는 불가피 하게 된다. 왜냐하면 인공지능(AI)에 대한 신뢰가 형성되어야 활성화 될 수 있는 것이지, 오히려 인공지능(AI)에 의하여 생성된 가짜 콘텐츠가 많으면 많을수록 그만큼 인공지능(AI) 기술자체에 대한 신뢰가 떨어지기 때문이다.

그리하여 미국 인텔사는 2023년 7월에 '가짜감별사(Fake-Catcher)'를 개발했다. 이 소프트웨어는 영상 속 인물의 혈류변화를 감지하는 기술을 이용하는데 딥페이크(가짜)로 만들어진 사람 얼굴에는 혈류변화가 감지되지 않는 원리를 이용하여 영상의 진위 여부를 판단하게 된다는 것이다. 이외에도 2023년 7월 MIT 공대에서 "포토 가드"기술이 개발되어 무료로 전세계적으로 배포되었다. 이 기술은 딥페이크 사진 제작자체를 차단하는 기술로서 이미지에 일종의 노이즈 신호를 넣어서 인공지능(AI)으로 특정인의 사진을 도용하거나 합성하는 것을 방지하게 된다. 그리하여 이 기술이 적용된 사진을 인공지능(AI)은 제대로 인식하지 못하여 변형 이나 위조가 원천적으로 차단되게 된다. 특히 이로 인하여 딥페이크 가짜 뉴스나 음란물에 유명인 혹은 개인의 얼굴이 도용되는 것을 막을 수 있다.

한편 국내에서는 우리나라 AI 스타트업 업스테이지는 KT와 협업을 통하여 2023년 10월에 '오픈 코(KO) LLM(대규모 언어모델) 리더보드'라는 플랫폼을 열었다. 이는 일종의 '한국형 챗GPT 성적 게시판'이라고 볼 수 있는데 한국어 생성형 AI를 테스트 한 후에 점수를 모두 공개한다는 것이다. 그리하여 이미 국내에서는 SKT, 카카오, 현대차, 롯데 등 대기업 AI모델과 여러 스타트업의 AI 모델 528개가 이 테스트를 거쳤다. 이러한 기술의 목표는 "인공지능(AI)가 거짓말을 하지 못하도록 만들었는가"를 평가하는 것이다. 그리하여 인공지능(AI)의 진실성을 점검하는데 주안점을 둔 것이다.

한편 최근 2020년 9월 10일 우리나라에서 시행된 개정 정보통신망법(법률 제17358호) 제4조는 금융 등 민간분야에서 필요한 딥페이크 정보식별에 관한 기술 개발 및 보급에 대하여 정부에 일정한 책무를 부여하고 있다. 이러한 법적근거를 바탕으로 하여 우리 정부는 딥페이크를 이용한 보이스 피싱 탐지 기술 개발 시책을 적극적으로 마련할 것으로 보이고 관련 예산 등을 편성할 것으로 보인다.

V. 인공지능(AI)이 장착된 자율주행 자동차

1. 심야 자율주행버스

우리나라 서울시가 2023년 12월 4일 세계최초로 심야 자율주행버스를 정기적으로 운행한다. 미국 등에서 야간에 자율주행택시(일명 로봇택시)가 운행한 사례는 있지만, 다수의 시민이 이용하는 대중교통 기능을 수행하는 심야전용 자율주행버스의 운행은 서울이 세계 최초이다. 자율주행 버스의 기본 구조는 일반 버스와 차이가 없으나, 버스가 출발하면 운전석에 앉은 운전기사가 운전대를 놓게 된다. 버스는 최대 50 km 속도를 유지하면서 버스 전용차로를 달린다. 자율주행 버스는 사람 대신에 센서, 카메라, 인공지능에 의하여 운행이 된다. 버스 출입구 옆에는 센서가 있어 주변의 사물이나 사람을 인식한다. 버스 천장 모니터에는 버스의 운전속도와 거리상황이 실시간으로 나타난다.

이같은 자율주행 자동차는 급정거가 문제이기도 하다. 물론 이러한 급정거의 문제도 버스의 인공지능(AI)이 버스운행지식을 계속 습득하게 되면 개선될 수 있다. 이는 최첨단의 반도체[17]산업의 발전이 필수적이다. 여하튼 여기에는 우리 자동차손해배상법상의 운행자와 운전자의 개념이 그대로 적용되기에 사실상의 무과실책임으로서의 자동차손해배상법에 근거한 운행자의 책임이 인정된다.

2. 자율주행 실외이동로봇

자율주행로봇 분야의 발전을 위하여 지난 2023.10.19. '도로교통법' 일부개정법률이 시행되었다. 이번 개정법에서는 실외이동로봇에 대한 정의규정을 신설하였는데, 개정법 제2조 제21호 의3에 따르면 "외부환경을 스스로 인식하고 상황을 판단해서 자율적으로 동작하는 기계장치"를 실외이동로봇으로 정의된다. 또한 개정법 제157조제1호, 제2호에 따르면 실외이동로봇을 보행자에 포함하여 보도 통행이 가능하도록 되었다. 아울러 개정법 제157조제2호의2가 신설되어 실외이동로봇 운영자에게 해당 로봇에 대한 정확한 조작 및 안전 운영의무가 부과되었다.

Ⅵ. 인공지능(AI)에 대한 법제도적 대처방안마련

"법률 없이 AI가 발전할 수 없고, 법률 없이 AI를 사용할 수 없다"는 말이 있다. 왜냐하면 아무리 인공지능(AI) 이라는 혁신적 기술이 있더라도 인간에 대한 위험을 포섭한 기술이고 산

17) 크리스 밀러는 자신의 저서 '칩워(2023년 5월 19일 발매)'에서 삼성의 반도체 투자는 당시 한국 정부의 4억달러 투자와 은행의 추가 자금 지원을 받을 수 있었기에 가능한 한국적 시스템의 산물이라 평가하였다. 삼성의 반도체 성공 신화는 기업가의 도전 정신, 우리나라의 명석한 두뇌, 당시의 전폭적 국가의 지원, 그리고 글로벌 역학의 변화가 서로 맞물려서 이루어진 기적이라 볼 수 있다. 삼성전자가 반도체 분야에서의 장점을 살려 급성장 하는 AI 반도체 생산으로 이동하고 있다. 그리하여 인공지능(AI) 시장을 겨냥해 고대역폭메모리(HBM)뿐 아니라 다양한 분야에서 AI 반도체를 지원하는 메모리반도체 신제품을 출시하였다. 특히 레벨5 자율주행차에 장착될 메모리의 수요에 대비하는 것이다. 또한 스마트폰과 노트북 컴퓨터 등에 AI를 탑재하는 '온디바이스 AI(모바일기기 자체 인공지능)' 시장을 겨냥해서는 차세대 메모리 모듈을 공급하고 있다.

업이기 때문에 법이 개입하지 않을 수 없게 된다. 법적 개입이 절실히 요구되는 분야가 바로 생성형(AI)에 의한 가짜 뉴스의 생산과 배포이다. 또한 생성형(AI)에 의한 조작된 가짜 뉴스의 확산에 대하여 많은 전문가들은 일반인 뿐만 아니라 심지어 자신들 조차도 진위 구분이 어려울 만큼 정교해 짐으로 인하여 향후에는 걷잡을 수 없을 만큼 확대 생산될 것으로 예상하고 있다. 특히 우리나라에는 내년 2024년 총선을 앞두고 있고 미국도 대선을 앞두고 있는 만큼 인공지능(AI)에 의하여 여론이 조작된다면 사회체제가 흔들리게 된다. 그런데 이러한 불안이 가중되게 하는 것은 바로 인공지능(AI)의 발전속도가 지나치게 빠르다는 것이고, 이로 인하여 사람들이 제대로 된 판단을 할 겨를도 없이 진짜같은 가짜와 진짜가 혼재하는 상황을 겪게 된다는 것이다.[18]

따라서 이제는 AI 개발과 발맞추어 AI 정책과 법규제에 대하여 논의해야 할 시기인 것이다. 그리하여 이미 유럽연합이 AI에 관한 최초의 규제법안 'AI 액트'를 제정하였다. 물론 AI는 무엇이 진실인지 알지 못하며 사람이 말하는 것을 흉내 내는 것에 불과하다. 그러므로 AI 시스템을 배포하는 기업만 책임을 져야 하는 것은 아니고, 정부도 AI를 관리하고 통제해야 한다는 것이다. 그리하여 AI의 악용에 대비해야 할 것이다. 비유컨대, 신약 개발과정에서 제약사들이 의약품의 안전성을 정부로부터 과학적인 증명을 받는 것처럼 AI도 검증을 받아야 한다는 것이다.[19]

1. 인공지능(AI) 규제안

이미 우리나라를 비롯하여 세계 각국에서 인공지능(AI) 규제안이 논의되고 있다.[20] 특히 유럽연합(EU)는 소위 '오픈AI 사태' 이후 강력한 AI 규제법을 제정하고 있다. 그 논의의 핵심은 AI기술 기업에 대한 자율규제를 어느 정도까지 허용할지에 관한 것이다. 최악으로 우려하는 상황인 바, 핵무기처럼 위험한 AI 기술을 개발한 기업이 내부적으로 분란이 발생하게 되고,

---

18) 비유컨대, 전세계에서 수많은 사람들이 자동차 운전을 하면서 GPS(위성항법장치)가 주는 정보를 그대로 맹신하고 있듯이 인공지능(AI)가 사람들에게 GPS와 같은 존재로 인식되기 시작하면서 이를 의심하고 분별하기가 현실적으로 어렵다는 것이다. 사실 GPS도 일종의 인공지능이기도 하다.

19) 이는 인공지능(AI) 석학 요슈아 벤지오 캐나다 몬트리올대 교수가 AI의 안전성을 경고하는 취지로 2023년 11월 7일 경기도 수원컨벤션센터에서 열린 '삼성 AI 포럼 2023'에서 기조 강연 한 내용의 일부이다.

20) 국내법안으로서 먼저 인공지능책임 및 규제법안(안철수 의원 등 10인)이 있다. 동법안은 신뢰할 수 있는 인공지능의 사용환경을 조성하기 위해 인공지능의 개발 및 이용에 관한 기본원칙을 담고 있다. 인공지능사업자의 책무 및 이용자의 권리를 규정하였고, 금지된 인공지능, 고위험 인공지능, 저위험 인공지능으로 인공지능의 유형을 구분하여 이용자를 보호하기 위한 인공지능과 관련한 시책을 구분하여 마련되었다. 이와 유사한 내용의 법안으로서 인공지능책임법안(황희 의원 등 14)이 있다. 이는 인공지능 관련 윤리적, 제도적 관점에서 사회적 논의를 포괄적으로 수렴하여 인공지능의 개발 및 이용에 관한 기본원칙을 정하고 있고, 국가, 사업자의 책무와 이용자의 권리를 규정하며, 고위험인공지능으로부터 이용자를 보호하기 위한 시책과 분쟁 발생시 조정절차 등을 담고 있다.

이로 인하여 이 회사가 보유한 중요 자료와 기술이 어디로 어떻게 유출될지도 모르는 불안정한 상황이 발생한다는 것이다. 결국 AI 개발 기업의 투명성 확보가 관건이 된다. 사실 오픈AI가 굉장히 비밀스럽게 개발한 것이 챗GPT와 같은 폭탄급 기술인 것인데, 이 또한 기업에게 블랙박스와 같은 자체규율에 맡겨둔 결과이기에 자율규제는 그 한계가 드러났다고 평가된다. 그리하여 동규제법에 따르면 고위험 인공지능에 대하여는 위험관리시스템의 구축의무, 데이터 품질 기준 충족의무, 기술문서의 작성 및 최신상태의 유지, 사이버보안의 확보의무 등이 부과되어 있다.

최근 2023년 10월 말경에는 미국 바이든 대통령이 인공지능(AI)기술의 오용을 막기 위해서 AI의 모델개발부터 서비스에 이르는 전 과정에 정부의 감시와 통제를 강화하는 내용의 '안정적이고 안전하며, 신뢰할 수 있는 AI에 대한 행정명령'에 서명했다.[21] 이를 통하여 현재 기업들의 개발속도는 저하시키지 않으면서 개발속도에 대한 안전장치를 두었다고 평가된다. 우리나라에서도 2023년 10월에 '안전한 AI 개발을 위한 규제기준' 마련을 위하여 민간 전문가와 정부가 소위 'AI프라이버시 민·관 정책협의회'를 발족하였다. 동협의회는 AI의 편익과 위험성을 모두 고려한 균형 있는 규제기준을 마련할 뿐만 아니라 AI 국제규범 논의에 있어서도 우리나라가 리더쉽을 발휘할 수 있도록 지원하는 역할을 수행할 예정이라 한다. 주요한 논의 쟁점으로는 개인정보처리에 관한 원칙적 기준마련과 AI데이터 처리기준 마련 등이다.

2. 유럽연합(EU)의 인공지능 책임지침의 적극적 수용

2022년 9월 유럽연합(EU)은 인공지능 책임지침안을 발표했다. 인공지능(AI)으로 인하여 발생된 손해에 대한 배상법리에 초점을 둔 것이다. 이러한 지침의 마련으로 유럽연합(EU)내에서 인공지능(AI)으로 발생한 피해에 대하여 통일적인 배상법리를 적용할 수 있게 되어 피해자의 보호측면에서도 동등성을 확보할 수 있게 된다. 동지침은 인공지능(AI)의 수준에 따른 적용여부에 관한 구별을 하지 않고 모든 인공지능(AI)에 대하여 적용됨을 전제한다.

그리고 동지침은 당사자간에 계약관계가 없는 상황에서 불법행위책임을 규정한 것이다. 무엇보다 동지침에 따르면 인공지능(AI)으로 인하여 발생한 손해에 대하여 피해자에게 인과관계에 관한 적극적 증명책임을 면하게 하는 소위 인과관계의 추정규정을 도입한 것이다. 그리하여 인공지능(AI)의 사업자는 자신에게 과실없음 혹은 인과관계의 단절을 증명해야 한다. 이처럼 인공지능(AI)으로 인하여 발생된 손해에 대한 불법행위책임은 기존의 우리 민법 제750조와 같은 고전적 과실책임주의에 근거할 수 없다. 왜냐하면 피해자에게는 사업자의 인공지능(AI)의 운영과 관련한 고차원적 첨단기술에 관한 전문적 정보가 미비되어 있기 때문이다. 따라서 우리나라에서도 상기의 유럽연합(EU)의 책임지침을 적극적으로 수용하여 인공지능(AI) 운영

21) 혹자는 미국 대통령 바이든이 AI가 만든 가짜 바이든에 놀라서 이번 행정명령을 신속히 처리한 것이라고도 한다.

자에게는 인공지능(AI)으로 인한 손해의 발생에 있어서 인과관계 및 가해자의 과실이 추정되어야 할 것이고, 이는 새로운 입법으로 가능할 것이다.

3. 강력한 형사처벌 장치

고의적인 가짜 뉴스의 생성과 배포에 대하여는 강력한 처벌의 필요성이 제기되고 있다. 물론 이에 대한 한계로서 인공지능(AI)를 이용한 범죄행위의 포착이 어렵다는 기술적 한계도 존재한다. 생각건대, 설령 기술적 한계로 가해자를 찾기 어렵다고 하여 항상 법이 후발적으로 기술을 따라 갈 수는 없다고 보인다. 따라서 막대한 피해가 예견되는 만큼 적극적 입법을 통하여 인공지능(AI)에 대한 법적 규제가 선행적으로 이루어져야 할 것이다.[22] 이와 관련하여 형사책임으로서 인공지능(AI)를 이용하여 가짜 뉴스를 제작하고 배포한 범죄자는 위조지폐법에 준하는 강한 형사처벌을 받아야 한다는 주장도 있다.[23]

4. 동물점유자의 책임규정의 준용

인공지능(AI)의 특성으로는 행위의 자율성, 작동의 예측곤란성, 개발의 분산성 등이 있다.[24] 그 중 인공지능이 가지는 '작동의 예측곤란성'은 우리 민법 제 조에서 중간책임으로 규정된 동물점유자의 책임에서의 동물의 특성으로서의 '행위의 예측곤란성'과 유사하다. 따라서 인간지능(AI)으로 인한 손해발생에 대하여 그 인간지능(AI)의 사업자(소유자) 혹은 이용자는 피해자에 대하여 우리 민법 제759조를 유추적용하여 소위 과실이 추정되는 중간책임으로서 손해배상책임을 부담해야 할 것이다. 그리하여 인공지능의 이용자는 인공지능(AI)의 이용으로 이익을 향유하였다면 인공지능(AI)의 오작동으로 인하여 피해자에게 발생한 손해를 추정된 과실책임법리에 따라 1차적 배상책임을 부담해야 할 것이다. 만약 그 인공지능(AI)의 이용자가 자신에게 과실없음을 증명하여 면책된다면 그 인공지능(AI)의 사업자(소유자)는 2차적으로 무과실책임을 부담해야 할 것이다.

---

22) 그러나 현실은 반대로 가고 있는 듯 하다. 왜냐하면 최근 미국에서 샘 올트먼 오픈AI 최고경영자가 이사회에 의해 해고된 지 5일 만에 오픈AI로 전격 복귀했고, 올트먼 복귀를 반대했던 이사들이 오히려 모두 해임되었다. 해임된 이들은 AI의 위험성을 고려하여 상용화 속도를 늦추어야 한다는 주장자이다. 그런데 새 이사회 가운데 가장 눈길이 끄는 인물은 미국의 정계와 학계에서 두루 인맥을 갖춘 래리 서머스 교수인데, 오픈AI는 이를 활용하여 AI규제에 대응하는 역할을 맡기려 한다는 분석도 제기되고 있다. 이러한 뉴스가 주요 국내 신문에 연일 보도되고 있다. 이처럼 전 세계 테크계를 뒤흔든 오픈AI 쿠데타 사태가 보다 적극적인 AI상용화를 지지하는 울트먼의 승리로 막을 내리면서 현실은 '안전장치 없는 AI시대'가 열렸다는 비관적인 분석도 나오고 있다. 심지어 오픈AI는 "투자자의 이익이 아닌 인류 전체의 번영을 위해서 AI를 개발한다"는 창립 이념과 결별한 '완전 영리 기업'이 될 가능성이 높다는 전망도 있다. 그리하여 결국은 '인류를 위협할 수 있는 고성능 AI의 출현이 더욱 가속화 될 것으로 보인다.

23) 이경전 경희대 교수의 주장이다. 이에 관해서는 https://chosun.com>tech_it 참조.

24) 양종모, 인공지능의 위험의 특성과 법적 규제방안, 홍익법학 제17권 제4호(2016), 544면.

한편 독일법에서는 동물점유자의 책임은 독일 민법내에서의 유일한 위험책임 규정이다. 동물점유자는 동물을 점유하고 소유함으로 인하여 정신적 이익을 향유하므로 자신의 동물의 예측불가능한 행위로 타인에게 손해를 주면 소위 위험책임으로서 무과실책임을 부담해야 한다는 취지이다. 다시 말해서 동물은 분명 위험책임에서의 위험에 해당하므로, 그러한 위험원을 지배함으로써 이익을 향유한 자는 그 위험원이 손해를 초래하게 되면 그 이익의 향유자는 설령 과실이 없더라도 무과실책임으로서의 손해배상책임을 부담해야 한다는 것이다.

5. 징벌적 손해배상책임 입법화

민사책임으로서 피해자의 손해에 대하여는 정신적 손해는 물론이고 금전적 손해가 발생하였다면 이에 대한 가중된 손해배상책임도 인정되어야 할 것이다. 그러한 입법적 방안으로서 가해자로서 악의에 찬 고의적 인공지능(AI)의 이용행위에 대하여는 소위 징벌적 손해배상(punitiv damage)[25]의 도입되어야 할 것이다.

6. 위험책임으로서 제조물책임법의 적용

인공지능(AI)이라는 소위 위험책임에서의 위험원의 운영을 통하여 막대한 수익을 가지는 인공지능(AI)의 운영자는 무과실책임으로서 위험책임(Gefährdungshaftung)[26]을 부담해야 할 것이다. 이러한 위험책임법리를 수용한 것이 우리나라의 제조물책임법이다. 인공지능(AI)에 제조물책임법이 적용되기 위해서는 제조물에 장착된 인공지능(AI)에 결함이 존재하여야 한다.[27] 그런데 인공지능(AI)이 제조물에 장착되면 대개는 인공지능(AI)은 소프트웨어로 볼 수 있고, 이러한 소프트웨어를 제조물책임법에서의 제조물로 확대해석이 되기에 바로 제조물책임법이 적용될 수 있다.[28] 만약 인공지능(AI)이라는 소프트웨어를 제조물로 인정치 않는다고 하더라도 소프트웨어로서 부품적 성격을 지니는 인공지능(AI)의 결함으로 인하여 제조물의 결함으로까지 확대되는 경우가 대개의 경우이기에 제조물책임법이 적용되게 된다. 물론 우리 제조물책임법

25) 윤석찬, 제조물책임법상의 징벌적 손해배상론, 저스티스 통권 제163호(2017.12), 한국법학원, 6면 이하 참조; 윤석찬, 징벌적 손해배상책임에 관한 소고 — 독일법체계의 관점에서, 재산법연구 제29권 제4호(2012.12), 141면 이하 참조.

26) 윤석찬, 불법행위책임과 위험책임에서의 책임면제 및 책임제한 이론에 관한 연구, 법학연구 제51권 제4호 통권 66권(2010.11), 부산대학교 법학연구소, 105면 이하 참조; 윤석찬, 위험책임에 관한 시론, 민사법의 현대적 과제와 전망; 남강 서광민 교수 정년기념 논문집(2007), 두성사, 206면 이하 참조.

27) 국내에서는 제조물에 장착된 내장형 소프트웨어에 대하여 제조물책임을 인정할 것인가에 관하여 논란이 있는데, 긍정설에 의하면 자율주행자동차에서의 임베디드 소프트웨어에 대하여도 제조물책임법이 적용된다는 것이다. 이에 관해서는 이상수, 임베디드 소프트웨어의 결함과 제조물책임 적용에 관한 고찰, 법학논문집 제39집 제2호(2015), 91면 이하 참조.

28) 이러한 견해로는 최경진 교수가 대표적이다. 이에 관해서 최경진, 물건요건론 소고, 비교사법 제11권 제2호(2004.6), 49면 이하 참조.

에 따르면 부품의 결합에 대하여도 제조물책임법이 적용되기에 부품적 성격을 지니는 인공지능(AI)을 부품으로 해석하여 마찬가지로 제조물책임법이 적용되게 된다.

가정적(假定的) 인과관계 및 후발적 손해확대(後發的 損害擴大)에 대한 고찰*

윤 진 수**

Ⅰ. 서론

가령 교통사고로 인한 뇌출혈로 사망한 피해자가, 사고 이전에 그 사고와는 관계없이 치사량이 넘는 농약을 마셔서, 교통사고가 없었더라도 사망할 것이 확실하였다면, 교통사고로 인한 손해배상책임의 범위를 정함에 있어서는 이처럼 피해자가 교통사고가 없었더라도 어차피 곧 사망하리라는 사정을 참작하여야 하는가?[1] 또 다른 예를 든다면, 불법행위로 인하여 노동능력이 감소되는 손해를 입었는데, 불법행위 당시에 피해자가 근무하던 직장이 그 후 도산하여 해산되었다면, 그럼에도 불구하고 피해자는 피해자가 근무하던 직장에서 얻은 수입을 기준으로 손해배상을 청구할 수 있는가?[2]

또 어떤 사람이 비행기 여행을 떠나기 위하여 비행장으로 가던 중 교통사고로 인하여 사망하였는데, 그 사람이 타려던 비행기가 추락하여 교통사고가 없었더라도 어차피 사망하였을 것이라면, 이러한 사정은 교통사고 가해자의 책임에 어떤 영향을 미칠 것인가?[3]

이처럼 불법행위가 일단 성립하여 손해배상책임이 발생하였는데, 그 후 다른 사정이 있어서 그러한 불법행위가 없었더라도 어차피 손해가 발생하였을 것이라고 하는 경우에, 그러한

* 고 최종길 교수님이 돌아가신 것은 1973. 10. 19.인데, 당시 필자는 서울대학교 법과대학 1학년으로서 최 교수님을 뵙거나 강의를 직접 들어보지는 못하였다. 그 후 최 교수님의 글을 보면서, 아주 충실한 연구를 하셨던 것임을 알게 되었다. 특히 사실적 계약관계 이론과 같은 독일의 이론을 국내에 처음으로 소개하셨고, 물권변동 등에 관하여 글을 쓰시면서 독일뿐만 아니라 다른 여러 나라에 대하여도 비교법적으로 자세히 소개하셔서 많은 도움이 되었다. 최 교수님이 계속 활동하셨더라면 한국 민법학도 더 발전하였을 것이라고 여겨진다. 필자는 2017년에 "한국민법학에 대한 서울대학교의 기여"라는 글을 쓰면서 최종길 교수님의 사실적 계약관계 이론을 다루었다. 여기서 다룰 가정적 인과관계의 문제도 최 교수님이 우리나라에 처음으로 소개하신 주제이다. 최 교수님의 학문적 업적을 기억하는 데 도움이 되기를 바라는 마음에서 이 주제를 골랐다.

** 서울대학교 법학전문대학원 명예교수, 법학박사

1) 대법원 1995. 2. 14. 선고 94다47179 판결.

2) 대법원 1987. 2. 10. 선고 86다카1453 판결 등 참조.

3) 독일연방대법원(Bundesgerichtshof, BGH) 1966. 10. 13. 판결, NJW 1967, 551이 들고 있는 예이다.

사유를 들어 손해배상책임을 부정할 수 있는가 하는 문제는 주로 독일에서 논의되어 왔다. 이를 일반적으로 가정적 인과관계(hypothetische Kausalität)의 문제라고 부른다.[4] 이 문제는 우리나라에서는 최종길 교수가 처음 소개한 후,[5] 국내에서도 논의되었으나, 그다지 활발하게 다루어지지는 않고 있다.

다른 한편 이와는 구별되는 것으로서, 불법행위 후의 다른 후발적 사유로 인하여 피해자가 입은 손해가 확대되는 경우에는 어떻게 볼 것인가 하는 문제가 있다. 가령 A라는 사람이 B의 불법행위에 의하여 상해를 입어, 노동능력이 감소되는 손해를 입고 B에 대하여 손해배상청구 소송을 제기하였는데, 그 후 A가 그와는 관계 없는 제3자 C의 불법행위로 사망한 경우에, 이 사망은 A의 B에 대한 손해배상청구에 어떤 영향을 미치는가? 또는 A의 사망이 다른 사람의 불법행위로 인한 것이 아닌 우연한 사고에 기인한 것이었다면 어떠한가?[6] 가정적 인과관계의 문제에서는 불법행위 후의 사정이 실제로 손해를 발생시키지는 않은 반면, 위와 같은 후발적 손해확대(後發的 損害擴大)의 경우에는 후발적 사정이 손해를 확대시켰으므로 양자는 구별하여야 한다.

그런데 양자는 불법행위 후에 발생한 사건이 이미 성립한 불법행위책임에 대하여 어떤 영향을 미치는가 하는 점에서 공통성이 있을 뿐만 아니라, 종래의 문헌들이 두 가지 문제를 연관시켜 설명하기도 하므로, 이하에서는 양자를 같이 다루어 보고자 한다.

논의의 순서로서는 이 문제가 논의되기 시작한 독일에서의 판례와 학설 및 일본에서의 판례와 학설을 소개한 다음 우리나라의 상황을 살펴본다. 그리고 필자의 생각을 밝히고자 한다.

한편 이 문제는 원래 채무불이행으로 인한 손해배상에서도 같이 문제될 수 있으나, 주로 문제되는 것은 불법행위의 경우이므로, 이하에서는 다른 특별한 사정이 없는 한 불법행위의 경우만을 다룬다.

그리고 가정적 인과관계와 같이 논의되는 문제가 이른바 적법한 대체행위[7]의 항변이다. 이는 가해자가 위법한 행위를 하여 손해를 발생시켰지만, 가해자는 자신이 적법한 행위를 하였더라도 역시 손해가 발생하였을 것임을 주장하여 면책될 수 있는가 하는 것을 말한다. 이는 가정적 인과관계와는 차이가 있으므로 여기서는 다루지 않는다.[8]

---

4) 이를 부르는 다른 말로는 추월적 인과관계(überholende Kausalität), 예비원인(Reserveursache) 등이 쓰이고 있다. beck－online.GROSSKOMMENTAR/Brand, Stand: 01.03.2022, BGB § 249 Rn. 281. 여기서는 많이 쓰이고 있는 가정적 인과관계라는 말을 사용하기로 한다.

5) 최종길, "손해배상과 후발적 사정", 서울대학교 법학 제10권 2호(1968), 65면 이하.

6) 대법원 1979. 4. 24. 선고 79다156 판결 등 참조.

7) 독일어로는 Rechtmäßiges Alternativverhalten이라고 한다.

8) 이에 대하여는 안경록, "불법행위로 인한 손해배상에 있어서 적법한 대체행위 주장에 관한 연구", 서울대학교 법학석사 학위논문, 2011 참조.

Ⅱ. 독일 및 일본에서의 논의

1. 독일

가. 가정적 인과관계에 관한 독일의 판례

이 문제는 로마법에서도 다루어졌고,[9)] 독일 보통법에서도 논란이 되었으나,[10)] 본격적으로 다루어진 것은 20세기에 들어서서이다. 이하에서 대표적인 판례를 살펴본다.

(1) 독일 제국법원(Reichsgericht) 1933. 7. 13. 판결[11)]

이 사건에서 원고 X들과 피고 Y는 부동산의 공동소유자로서, 피고 Y는 1/7의 지분을 가지고 있었다. Y는 X들의 위임을 받아 수년간 부동산을 관리하였고, X들과 Y는 부동산을 임대하고 얻은 임대수익금은 H 은행에 예금하도록 하였다. 그러나 Y는 이를 예금하지 않고 유용하였다. 그런데 H 은행은 그 후 파산하여, 채권자들은 채권액의 15%만을 배당받았고, 15%를 추가로 배당하겠다고 약속하였다. X들이 Y에게 손해배상을 청구하자, Y는 비록 수익금을 은행에 입금하였더라도 30%만을 배당받았을 것이기 때문에 그 범위에서만 손해배상책임이 있다고 주장하였다. 항소심 법원은 Y의 주장을 받아들였으나, 제국법원은 원심판결을 파기하였다. 즉 손해배상의무는 그 후 피고의 가해행위가 없었어도 손해를 초래할 두 번째 사정이 발생하였다는 점에 의하여 다시 제거되지 않는다는 것이다. 이 판결은 독일의 민법학자 외르트만(Paul Oertmann)이 들고 있는 예를 인용하는데, 도둑이 집에 침입하여 물건을 훔쳤는데, 그 직후에 집이 불타버린 경우에, 두 번째 사정(집이 불탄 것)이 첫 번째 사정(도둑의 절도)이 물건의 손실에 원인이 된 것을 막은 것이 아니라, 그 반대라는 것이다. 이 판결은 인과관계론의 관점에서 판단하였는데, 원칙적으로 가정적 인과관계는 고려되지 않는다는 취지이다.

그러나 다른 한편 독일 제국법원은, 피해자 X가 Y의 불법행위에 대하여 손해배상을 청구하여 주당 10마르크 50페니히의 정기금 지급을 명하는 확정판결을 받았는데, 그 후 X는 2년의 징역형을 선고받아 복역하게 된 경우에, 그 복역기간 동안은 정기금 배상을 지급할 필요가 없다고 하였다.[12)]

(2) 영국점령지역 최고법원 1949. 1. 20. 판결[13)]

2차대전 후 아직 독일연방공화국이 성립되기 전에 가정적 인과관계에 관하여 주목을 받은 판결로는 영국점령지역 최고법원(Oberster Gerichtshof für die Britische Zone, OGHBrZ, Köln)[14)]

9) 최병조, "로마법에서의 학설대립 – "추월적 인과관계"의 경우 – ", 서울대학교 법학 제27권 4호(1986), 92면 이하 참조.

10) Martin Gebauer, Hypothetische Kausalität und Haftungsgrund, Mohr Siebeck, 2007, S. 25 ff. 참조.

11) RGZ 141, 365. 최종길(주 5), 8면 이하는 출전을 RGZ 141, 805로 오기하였다.

12) 1879. 12. 23. 판결, RGZ 1, 66.

13) NJW 1949, 302.

1949. 1. 20. 판결이었다.

이 사건에서는 원고의 토지가 1941년 공습에 의하여 파괴되었는데, 이 토지는 피고의 토지와 접해 있었으며, 원고의 토지는 당국에 의하여 폭격에 대비한 저수지를 설치하기로 예정되어 있었다. 피고는 당국의 촉구에 의하여 1944년 원고의 건물 잔해를 철거하고 땅을 파냈으며, 작업을 중단한 후에는 이 땅에 철조망을 치고 출입을 막았다. 그 후 다른 제3자가 원고의 땅에서 모래를 퍼내고, 쓰레기를 버렸다. 원고는 피고를 상대로 손해배상을 청구하였는데, 항소심은 원고의 청구를 받아들였으나, 영국점령지 최고법원은 원심판결을 파기환송하였다.

법원은 피고의 행위가 금지된 자력구제에 해당하고, 피고가 원고와 협의를 하거나 당국에 문의하여 강제적으로 원고의 땅을 사용할 수 있었는데도 그렇게 하지 않았다고 하면서도, 그렇다고 하여 원고의 청구가 이유 있는 것은 아니라고 하였다. 독일 민법 제249조[15]에 의하면 손해의 확정은 (손해를 일으키는 사건에 의하여 만들어진) 실제의 재산상황과 손해를 일으키는 사건이 발생하지 않았더라면 피해자가 있었을 것으로 생각되는 가상적인 재산상황을 비교하여야 하는데, 배상하여야 할 손해는 손해를 일으키는 사건이 있었을 당시의 실제의 상황과 그것이 없었을 것으로 생각될 때의 상황의 차이와 항상 변함 없이 동일한 것은 아니고, 그 후의 실제 상황뿐만 아니라 가정적인 상황을 고려하여 증가 또는 감소하거나 내용이 변경될 수도 있다고 한다.

항소심이 가정적인 경과를 고려하지 않은 것은 제국법원이 취한 견해와 같다. 그러나 일실이익의 산정에서는 후의 사태에 의하여 생긴 것도 고려되는데, 손해를 증가시키는 사건은 고려되지만, 손해를 감소시키는 것은 고려되지 않는다는 것은 의아하다. 제국법원의 판례도 반드시 통일되어 있지는 않다. 가정적인 손해 야기가 실제의 상태에 원인이 되지 않은 것은 명확하지만, 실제의 손해를 일으키는 상태가 없었더라면 그것이 동일한 상태에 원인이 되었을 것인가 하는 문제에 대하여는 아무런 답변을 하지 않는다.

그에 의하면 손해배상권리자에게 유리한 사정에 관하여는 고려되지만, 손해배상권리자에게 불리한 사정은 그렇지 않은 것이 되는데, 법이 양자를 달리 다룬다고 보려면 특별한 이유가 있어야 하지만, 손해배상청구권이 형벌기능을 행사한다거나, 억제작용(Abschreckungswirkung)을 행사한다는 데서 이를 찾을 수는 없다. 그리하여 제국법원이 수립한, 가정적 원인은 고려될 수 없다는 원칙에 대하여는 상당한 의심이 있지만, 여기서는 이에 관하여 궁극적인 원칙적 입장

14) 이는 1947년에 영국 점령군에 의하여 영국군 점령지역인 쉴레스비히-홀스타인, 함부르크, 니더작센 및 노르틀란트-베스트팔렌 주를 관할하는 상고심 법원으로 쾰른에 세워졌다. 미국과 프랑스 점령지에는 그에 상응하는 상고심 법원이 없었다. 이 법원은 1950. 10. 1. 연방대법원(Bundesgerichtshof)이 활동을 개시하면서 활동이 종료되었다. https://de.wikipedia.org/wiki/Oberster_Gerichtshof_f%C3%BCr_die_Britische_Zone 참조.

15) 독일 민법 제249조 제1항은 다음과 같이 규정한다. "손해배상 의무를 부담하는 자는 배상의무를 발생시키는 사정이 없었다면 있었을 상태를 회복하여야 한다."

표명이 필요하지 않고, 다만 이 사건에 있어서처럼 의무를 발생시키는 행동이 정당한 사유 없이 행동하였다는 데 있지만, 그가 정당한 사유가 있었더라면 그와 마찬가지로 행동하였을 것인 경우에는, 제국법원의 판례를 따를 수는 없다. 이때에는 경제적으로 동일한 손해뿐만 아니라 동일한 손해의 경과와 동일한 최종 상태가 발생하였을 것이므로, 자연적인 견해에 의하면 "손해"는 조치를 적법하게 수행한 것과 적법하지 않게 수행한 것 사이의 차이로만 간주될 수 있다고 한다.

이 판결에서 문제된 것은 일반적인 가정적 인과관계의 문제라기보다는 적법적 대체행위의 문제로 볼 수 있지만,[16] 이 판결로 인하여 가정적 인과관계의 문제에 대하여 활발한 토론이 벌어지게 되었다.

(3) 독일연방대법원 1953. 5. 13. 판결[17]

이 사건 원고 X는 1926년부터 설탕공장의 간부로 일하고 있었는데, 1932년 나치 당(NSDAP)에 가입하였다가, 1944년 당에서 출당되고, 게슈타포에 의하여 수용소에 수감되었다가 1945년 미국군에 의하여 해방되었다. X에게는 당시 폭격 피해자를 받아들이지 않았고, 배정된 임차인들에게 어려움을 주었다는 등의 혐의가 적용되었으며, 설탕공장은 이를 이유로 1944. 8. 25. X를 해고하였다. X는 위 공장을 상대로 소송을 제기하였는데, 위 소송은 화해로 종결되었다. 즉 공장은 X에게 14,000 마르크(RM)를 지급하고, 대신 X와의 고용관계는 1944년 말로 종료되었다고 합의한 것이다.

X는 1937년부터 위 지역의 나치 당 간부였던 Y를 상대로 하여, 자기가 해고된 것은 Y 때문이라고 하여 1949. 11. 1.까지 위 공장에서 근무하였더라면 얻을 수 있었던 임금 상당의 손해배상청구를 하였다. 제1심은 Y의 잘못이 증명되지 않았다고 하여 X의 청구를 기각하였고, 항소심은 Y의 위법행위가 있었는지는 밝히지 않은 채로, X에게 손해가 있다고 볼 수 없다고 하여 항소를 기각하였다. 즉 X는 나치 당원이어서 늦어도 1945. 8. 31.까지는 설탕공장의 직위를 잃어버렸을 것이고, 그 후 복직되었을 것으로도 보이지 않으며, 그때까지의 임금 상당 손해는 설탕공장과의 화해에 의하여 보상을 받았기 때문이라는 것이다. 이에 대하여 X는 상고를 하면서, 이러한 "가정적 원인연관(hypothetischen Ursachenzusammenhang)을 고려하는 것은 제국법원이 허용하지 않았다고 주장하였다. 그러나 연방대법원은 상고를 기각하였다.

연방대법원은, 제국법원이 초기에는 흔들렸지만, 원칙적으로 손해의 판단에 있어서 손해발생 후 손해를 일으킨 과정이 없더라도 사후에 동일한 손해가 발생하였을 것이라는 사정은 고려되어서는 안 된다는 견해를 지지하였는데, 이에 대하여는 통설도 이를 지지하였지만, 반대설도 늘어났고, 2차대전 후에는 제국법원의 판례를 따르지 않는 하급심 판례도 나왔으며, 특히

16) Gebauer(주 10), S. 114 참조.

17) BGH NJW 1953, 977 = BGHZ 10. 6.

영국 점령지역 최고법원 판결은 제국법원의 판례를 손해배상법의 본질과 모순된다고 하면서, 가정적 손해원인의 고려는 제한된 범위에서는 불가피하다고 하였다. 당 재판부는 영국 점령지 최고법원 판례와 같이, 손해를 확정하는 법관은 가정적인 손해원인의 고려를 전혀 할 수 없는 것은 아니라는 원칙에 동의한다고 하면서, 제국법원도 정기금 배상이나 피해자의 병적 소인(krankhafte Anlage)와 같은 경우에는 가정적 손해원인을 고려하였고, 연방대법원의 판례[18]도 가해자로 인한 건물의 붕괴에서 가해가 없었어도 이미 존재하는 폭격으로 인한 손해가 그 후 나타났을 것이라는 사정을 중요하게 보았다고 하였다.

그리하여 법관이 피해자에게 유리한 사정만을 고려할 수 있다면 이는 손해배상채권자에게 정당화될 수 없는 우대를 하는 것이 되고, 특히 수입 가능성에 유리하게 또는 불리하게 작용할 수 있는 손해배상채권자의 인격에 관한 사정이 고려될 수 없다는 근거는 찾아볼 수 없다고 하였다. 가정적인 손해원인의 문제를 일반적으로 어떻게 다룰 것인가에 관하여는 태도를 표명할 필요가 없고, 특히 많이 다루어지는 물적 손해의 사례에서도 가정적인 원인의 진행을 고려해야 하는가 등의 문제에 관하여 이 판결은 미리 선수를 치지는 않겠지만, 당 재판부는 소득을 얻을 수 있는 지위의 상실이나 그 밖의 소득 제한의 결과에 대하여 결정함에 있어서 가정적 원인연관을 가해 사태가 발생할 당시에 손해배상채권자의 인격에 이미 존재하는 사정과 결부시키는 경우에는 가정적인 원인연관의 고려가 필요하다고 판단한다.

이 판결은 이 판결도 언급하고 있는 피해자의 소인(Anlage)를 고려하는 한 예라고 볼 수 있다.

(4) 독일연방대법원 1956. 4. 19. 판결[19]

이 사건에서 피고 시는 1944년에 폭격을 피하기 위한 통로를 만들기 위하여 원고의 집을 포함한 건물들을 철거하였다. 그런데 원고에게 보낸 경찰처분 통지에 붙은 지도에는 원고의 집 중 앞집만을 철거하는 것으로 되어 있었으나, 실제로는 뒷집까지 철거되었다. 원고가 피고 시를 상대로 손해배상을 청구하자, 피고 시는 실제로는 뒷집도 철거될 예정이었다고 다투었다. 원심은 피고의 주장을 배척하였으나, 연방대법원은 원심판결을 파기하였다.

연방대법원은, 이 사실관계에 관하여 이른바 가정적인 원인관련의 문제에 대하여 근본적인 태도 표명을 할 필요는 없고, 특히 이 문제가 이 문제가 법적인 인과관계의 문제인가 아니면 손해 산정의 문제일 뿐인가, 문제의 일반적인 해결이 가능한가 아니면 사안군을 형성하여 그에 따른 상이한 취급이 필요한가 하는 점에 대하여 그렇다고 하면서, 이 사건과 같은 종류의 사례는 가정적 인과관계의 문제와는 구별되고, 여기서 다루어야 할 법률문제는 단지 손해 산정의 문제라고 하였다.

18) BeckRS 1951, 31400123 = LM Nr. 3 zu 823 [C] BGB = MDR 52, 214.

19) NJW 1956, 1027.

그런데 피고의 주장이 맞다면, 원고의 뒷집은 어쨌든간에 철거될 것이었고, 뒷집은 손해를 발생시키는 사건의 시점에서 이미 사후의 철거에 "취약하였고(anfällig)" 실제로 발생한 가해 사건이 없었더라도 동일한 손해가 발생될 것이라는 "손해소인(損害素因, Schadensanlage)"이 있었으며, 이 한도에서는 가정(Hypothese)이 문제되는 것이 아니라, 뒷집의 손해소인은 이미 존재한 것이었고, 확실하게 짧은 기간 내에 철거될 것이었다고 한다. 이러한 사실상의 손해 사건이 있기 전에 존재하던 사정에 의하여 뒷집의 가치는 이미 결정적으로 손상되었고, 뒷집은 이 시점에서 이미 가치가 없었다. 그러므로 뒷집의 철거로 인한 원고의 재산적 지위의 침해는 일어나지 않았다. 그러므로 상응하는 경찰처분이 없이 철거된 것이 경찰처분에 의하여 철거된 것에 비하여 불이익하다고 볼 수 없다는 것이다.

이 문제는 원래의 가정적 인과관계의 문제라기보다는 앞에서 언급한 적법적 대체행위의 문제라고 할 수 있지만, 이처럼 손해의 소인이 있는 경우에는 고려되어야 한다는 점은 그 후의 판례가 재확인하고 있다. 예컨대 독일연방대법원 1995. 3. 31. 판결[20)]은, 원인연관의 심사에 있어서 확립된 연방대법원의 판례는 손해 후에 발생한 사후적인 사정은 그것이 손상된 물건에 손해의 소인으로서 손괴의 시점에 이미 내재하고 있었고, 짧은 기간 내에 동일한 손해를 야기하였을 경우에만 고려될 수 있다고 하였다.

(5) 독일연방대법원 1959. 1. 22. 판결[21)]

이 사건에서 X는 베를린 시의 도시계획으로 인하여 도로로 들어가게 된 토지의 소유자로부터 손해배상청구권을 양수받은 자이고, 피고 Y(베를린 시)는 도시계획에 따라 X 소유의 토지를 수용하고 그 지상의 건물을 모두 철거하였다. 그러나 그 후 전쟁으로 인하여 위 도시계획이 끝까지 진행될 수 없게 되자 1952년에 이르러 위 토지수용이 취소되게 되었다. 그러자 X는 위 건물의 철거로 인한 손해의 배상을 Y에게 청구하였다. 그러나 Y는 X의 청구를 다투면서, 그 이유 중 하나로, X의 건물은 철거되지 않았더라도 전쟁 중에 수많은 폭탄으로 파괴되었을 것이라고 주장하였다.

그러나 연방대법원은 이러한 주장을 받아들이지 않았다. 즉 연방대법원의 판례는 손해의 발생 후에 동일한 결과를 가져왔을 사정을 손해의 산정에 있어서만, 그리고 거기서도 제한된 범위에서만 허용한다. 물건의 손괴로 인한 손해배상청구권에 있어서는 그러한 사정은 원칙적으로 중요하지 않은데, 왜냐하면 그러한 침해로 인하여 손해배상청구권이 바로 성립하고, 법은 그 후의 사태에 대하여 채무를 소멸시키는 효력을 인정하지 않기 때문이다. 물건의 손괴로 인한 손해를 확정함에 있어서는 물론 침해 당시에 존재하였고, 짧은 기간 안에 동일한 손해를 야기하였을 사정은 의미를 가지는데, 왜냐하면 그러한 사정은 침해의 순간에 물건의 가치를 감

20) NJW-RR 1995, 936.
21) BGHZ 29, 207 = VerwRspr 1960, 59.

소시키기 때문이다. 이를 논외로 한다면, 그 후의 사태와 사물의 경과는 일실이익의 산정과 계속 영향을 미치는 소득의 감소 또는 비슷한 오래 계속되는 이익의 상실에서만 의미를 가진다; 그 한도에서는 법률은 추정적인 사후의 발전을 고려한다(제249조, 제252조, 제844조 참조).[22] 당 재판부는 이러한 판례로부터 벗어날 계기를 찾을 수 없다.

즉 이 판결은 가정적 인과관계는 원칙적으로 고려하지 않지만, 손해의 소인이 이미 존재하여 불법행위가 없었더라도 손해가 발생하였을 경우와, 일실이익의 산정 등의 경우에만 예외적으로 고려된다는 태도를 밝히고 있다. 독일연방대법원은 그 후로도 이처럼 가정적 인과관계는 원칙적으로 고려되지 않고, 예외적으로만 고려된다는 태도를 유지하고 있다.[23]

(6) 제3자에게 손해배상책임이 인정될 수 있는 경우

한편 독일의 판례는, 후속의 예비원인이 제3자에게 손해배상책임이 있을 수 있는 경우에는 이러한 제3자의 행위를 고려하지 않는다고 본다. 즉 실제로 발생하지 않은 사고가 동일한 손해를 초래할 수 있었고, 이 사고는 제3자의 가해행위이며, 피해자가 실제 가해자와 제3자에 대하여 손해배상청구권을 가질 수 있다면 실제의 가해자는 면책될 수 없다고 한다. 만일 실제의 가해자가 면책된다면, 피해자는 아무런 배상을 받지 못하게 될 것인데(leer ausginge), 피해자가 누가 불법을 저질렀든간에 손해배상청구권을 가져야 한다는 점은 확실하다는 것이다.[24]

나. 가정적 인과관계에 대한 독일의 학설

이 문제에 대하여는 많은 이론이 주장되었다.[25] 과거에는 원칙적 불고려설, 원칙적 고려설, 절충설(중간설) 등으로 나누어 설명하는 것이 보통이었다.[26] 그러나 현재의 학설은 대체로

22) 독일 민법 제252조: 배상되어야 할 손해에는 일실이익도 포함한다. 사물의 통상적인 경과에 비추어 또는 특별한 사정, 특히 행하여진 준비와 예방조치에 비추어 개연적으로 기대될 수 있었던 이익은 일실된 것으로 본다. 독일 민법 제844조 제1항: 사망의 경우에 배상의무자는 매장비용을 부담할 의무를 지는 자에게 그 비용을 배상할 의무를 진다.

23) 예컨대 BGH NJW 1999, 1000 등.

24) BGH NJW 1958, 705. 이 사건의 사실관계는 다음과 같다. 피고는 원고로부터 돈사(豚舍) 건설의 청약을 받고, 원고가 A에게 주문한 포팅 컴파운드(Potting Compound, Vergussmasse)를 사용하기로 했으나, A가 이를 인도하지 않아 피고는 B로부터 이를 공급받아 돈사를 완성하였다. 그런데 원고는 피고가 사용한 포팅 컴파운드에 부착된 석탄산 때문에 돈사의 돼지가 죽었다고 하여 손해배상을 청구하였다. 그러자 피고는 원고가 A에게 주문한 포팅 컴파운드도 석탄산이 부착되어 있었으므로 이를 사용하였더라도 원고는 동일한 손해를 입었을 것이라고 주장하였으나, 법원은 이를 받아들이지 않았다. 최종길(주 5), 73면 참조. 또한 BGH 1966. 10. 13. 판결(NJW 1967, 551)도 같은 취지이다.

25) Ernst von Caemmerer, “Das Problem der Überholenden Kausalität im Schadensersatzrecht”, in: Gesammelte Schriften, Bd. 1, Mohr, 1968, S. 411은 독일의 사법학자(私法學者)를 추월적 인과관계의 문제에 관하여 글을 쓴 사람과 아직 쓰지 않은 사람으로 나누려는 유혹을 느끼게 된다고 한다.

26) 국내의 문헌으로는 최종길(주 5), 74-77면; 양삼승, “손해배상과 잠재적 후발적 사정”, 민사법학 제3호(1982), 8-12면; 박종권, “원인경합에서의 가정적 인과관계에 관한 고찰”, 경기법학논총 창간호(2000), 202면 이하; 임건면, “가정적 인과관계”, 성균관법학 제16권 2호(2004), 209-214면 참조. Maria Kaufhold, Hypothetische Kausalität und Kontrafakten, Nomos, 2022, S. 33 f.는 독일의 학설을 원칙적 고려설, 원칙적 불고려설, 제1행위자의 귀책사유에 따른 고려설, 손익상계의 규칙에 따른 해결설, 개별고려설, 목적물에 대한 손해와 후속손

다음과 같이 설명할 수 있다.[27)]

우선 이러한 가정적 인과관계의 문제는 인과관계 그 자체의 문제라기보다는 손해의 귀속(Schadenszurechnung) 문제라는데 견해가 일치하고 있다. 가해자의 행위가 손해 발생의 원인이 되었다는 점은 의문의 여지가 없다는 것이다.

그리고 피해자에게 손해의 소인이 있는 경우에도 이는 고려된다는 데 이견이 없다. 가령 어느 물건에 손해의 소인이 있다면, 이는 그 물건의 가치를 감소시키고, 따라서 손해의 원인이 일으킨 손해도 감소시킨다는 것이다.[28)]

나아가 예컨대 실제의 가해행위가 없었더라도 제3자에게 책임있는 사유로 동일한 손해가 생겼을 것인 경우에도 이 나중의 사유는 고려되지 않는다는 점도 일반적으로 인정되고 있다. 그렇지 않으면 피해자는 아무런 배상도 받지 못하기 때문이다.[29)]

의견 대립이 있는 것은 제2차의 사건이 누구의 책임 있는 사유가 아닌 경우이다. 예컨대 어떤 사람의 불법행위로 인하여 피해자의 가옥이 파손되었는데, 그 다음날 지진이 일어나서 피해자의 가옥이 완전히 무너진 것과 같은 경우이다. 이에 관하여는 크게 두 가지 견해가 대립한다.

첫째 견해는 손해를 직접적인 손해와 간접적인 재산결과손해(Vermögensfolgeschaden) 두 가지로 구별하여, 예비원인은 전자의 경우에는 고려되지 않지만 후자의 경우에는 고려되어야 한다고 주장한다(원칙적 불고려설). 직접적인 손해란 피해를 입은 목적물의 객관적 가치 그 자체를 말하고, 간접적인 재산결과손해란 소득 상실이나 얻지 못한 이익과 같이 직접적인 손해에 이어서 생긴 손해를 말한다.[30)] 가령 가해자의 불법행위로 인하여 화물차가 파괴되었는데, 그 다음날 저녁에 주차장에서 화물차가 불타 버렸다면, 가해자가 화물차의 가치를 배상해야 할 의무는 여전히 존속하지만, 자동차를 사용하지 못하여 얻지 못하게 된 이익은 자동차가 불탔을 때까지만 배상하면 된다는 것이다.[31)] 이 견해를 지지하는 논자는 다음과 같이 설명하기도 한다. 즉 화물차가 월요일에 손상되었다면, 그로 인하여 생기는 일실이익이라는 결과손해는 계속 새로이 발생한다고 한다. 즉 월요일에 얻지 못한 일실이익의 손해는 월요일에, 화요일에 얻지 못한 일실이익의 손해는 화요일에 발생하는데, 수요일에 차가 불타 버렸다면 수요일의 일

해 구별설 등으로 나누어 설명한다.

27) Münchener Kommentar zum BGB/Oetker, 9. Auflage, C. H. Beck, 2022, BGB § 249 Rn. 207 ff.; beck-online.GROSSKOMMENTAR/Brand, BGB § 249 Rn. 280 ff.; Staudinger/Höpfner, Neubearbeitung 2021, De Gruyter, BGB § 249 Rn. 93 ff.

28) beck-online.GROSSKOMMENTAR/Brand, BGB § 249 Rn. 285; Staudinger/Höpfner, BGB § 249 Rn. 98.

29) Münchener Kommentar zum BGB/Oetker, BGB § 249 Rn. 214.

30) Karl Larenz, Lehrbuch des Schuldrechts, Band Ⅰ Allgemeiner Teil, 14. Aufl., C. H. Beck, 1987, S. 525. 라렌츠는 직접손해를 목적손해(Objektschaden)라고 부른다.

31) Larenz(주 29), S. 525. 이 견해를 지지하는 문헌의 소개는 Münchener Kommentar zum BGB/Oetker, BGB § 249 Rn. 211 Fn. 978 참조.

실이익 손해는 없는 것이라고 한다.[32)]

다른 견해는 가정적 인과관계는 원칙적으로 고려되어야 한다고 주장한다. 가령 외트커(Oetker)는, 직접적인 손해와 간접적인 재산결과손해를 구별하여 달리 취급할 근거가 없다고 비판하면서, 예비원인(가정적 원인)을 원칙적으로 고려하지 않거나, 아니면 특별한 예외를 제외하고는 이를 고려할 두 가지 가능성만이 남아 있는데, 후자가 타당하다고 한다. 손해배상법의 임무는 피해자로부터 가해 사고로 인한 불이익을 제거하는 데 있고, 따라서 피해자는 가해사고로 인하여 실제로 불리한 지위를 겪은 만큼만 청구할 권리가 있는데, 이로부터 예비원인은 고려되어야 한다는 결론이 나온다고 한다. 그렇지만 예비원인이 확실하게 발생한 손해를 초래하였으리라는 것이 항상 요구된다고 한다. 이러한 결과는 독일 민법 제249조 제1항[33)]의 문언과도 부합한다고 한다. 이러한 견해에 대하여는 법익이 법의 보호를 받지 못하게 된다(vogelfrei)고 비판할 수는 없는데, 손해배상법의 임무는 그렇지 않아도 소멸하게 될 법익을 침해로부터 보호하는 데 있지 않다고 한다. 그렇다고 하여 예비원인이 모든 경우에 도식적으로 가해자를 위하여 고려되어야 한다는 것은 아니고, 손익상계(Vorteilsausgleichung)의 경우와 마찬가지로 침해된 규범의 목적으로부터 평가가 이루어져야 한다고 한다. 가정적 인과관계는 궁극적으로 손익상계의 한 적용사례인데, 가해 사고로 인하여 얻어진 이익은 예비원인이 더 이상 실현될 수 없다는 데 있다고 한다. 예비원인을 고려함으로써 독일 민법 제249조 이하의 보상기능(Ausgleichsfunktion)과 부합하게, 피해자가 가해 사고로 인하여 그것이 일어나지 않은 경우보다 더 유리하게 되는 것을 막을 수 있다는 것이다.[34)]

다. 후발적 손해확대에 대한 독일의 판례와 학설

이 문제에 관하여는 다음과 같은 판례와 문헌 정도를 찾아볼 수 있다.

독일연방대법원 2009. 3. 12. 판결[35)]의 사실관계는 다음과 같다. 원고는 2006. 6. 10. 피고가 경영하는 주차장에서 자동차를 세차하도록 했는데, 세차가 끝난 후 원고가 피고의 종업원에게 앞 범퍼 일부가 찢어졌다고 항의를 하였다. 원고는 피고를 상대로 손해배상청구 소송을 제기하였는데, 소송 제기 후 원고의 처가 2006. 12. 28. 위 자동차를 운전하던 중 사고를 당하여 위 범퍼를 새 것으로 교체하였다. 원고는 그 교체 비용을 차체 보험회사로부터 받았는데, 보험회사에게 사고가 났었다는 것은 이야기하지 않았다. 1심과 2심은 원고의 청구를 기각하였으나, 연방대법원은 2심 판결을 파기환송하였다. 2심은 보험회사의 급여에 의하여 피고의

32) Christiane Wendehorst, Anspruch und Ausgleich, Mohr siebeck, 1999, S. 79 f.

33) 이 규정은 다음과 같다. "손해배상 의무를 부담하는 자는 배상의무를 발생시키는 사정이 일어나지 않았더라면 존재하였을 상태를 회복시켜야 한다(Wer zum Schadensersatz verpflichtet ist, hat den Zustand herzustellen, der bestehen würde, wenn der zum Ersatz verpflichtende Umstand nicht eingetreten wäre)."

34) Münchener Kommentar zum BGB/Oetker, BGB § 249 Rn. 213. 이 견해를 지지하는 문헌의 소개는 그곳 Fn. 982 참조.

35) NJW-RR 2009, 1030.

변제의무도 청산되었다고 하였으나, 연방대법원은 그렇지 않다고 하였다.

연방대법원은, 보험회사와 피고는 독일 민법 제421조가 규정하고 있는 연대채무자의 관계에 있지 않으므로, 독일 민법 제422조에 의한 변제의 효력이 피고에 대하여 미치지 않고, 다른 법률규정에 의하더라도 보험회사의 급여에 의하여 피고의 변제의무가 소멸하였다고 볼 수 없다고 하였다. 다시 말하여 이 판결은, 1996. 12. 28. 사고가 있었더라도 2006. 6. 10.의 사고에 의한 피고의 손해배상의무는 여전히 존속한다는 것을 전제로 하고 있는 것이다.[36)]

독일의 문헌 가운데에는 이러한 경우를 가정적 인과관계와 구별하여 설명하는 것이 있다. 즉 가정적 인과관계론에서 흔히 드는 예는 A의 유리창이 C의 잘못으로 완전히 깨어졌는데, C가 아니었더라도 그 다음날 B가 폭탄을 설치하여 폭발로 그 유리창이 깨어졌을 것이라는 것이지만, 그와 같이 손해가 발생하고 그 후의 가정적 사례는 실제로 손해를 발생시키지 않은 경우보다는 실제로 손해를 심화시키는 제3자의 관여(tatsächlichen schadensvertiefenden Drittbeteiligung)가 더 자주 문제된다는 것이다. 예컨대 1차 사고로 인하여 자동차가 손상되었는데 2차 사고로 인하여 손상이 더 커진 경우. 이 때에는 두 가해자가 연대채무를 부담하는지, 아니면 구분할 수 있는 부분적 손해(ein abgrenzbarer Teilschaden)만이 발생하는지는 일률적으로 답변할 수 없는 문제라고 한다.[37)]

2. 일본

일본에서는 1950년대부터 독일의 가정적 인과관계 이론이 소개되었으나,[38)] 이보다는 후발적 손해확대의 문제가 아래에서 살펴볼 일본 최고재판소의 1996년 판결 2개와 1999년 판결이 선고되면서 활발하게 논의되었다.

가. 판례

(1) 일본 최고재판소 1996(平成 8). 4. 25. 판결[39)]

이 사건에서는 1988. 1. 10. 피고 1 회사가 보유하고 있던 피고 2가 운전하던 자동차가 다른 자동차와 충돌하여 다른 자동차에 타고 있던 피해자가 상해를 입었다. 위 피해자는 장해를 입어 증상이 고정되었는데, 1989. 7. 4. 바다에 들어가 조개를 잡다가 심장마비를 일으켜 사망하였다. 피해자의 처와 자녀들은 피고들을 상대로 하여 손해배상을 청구하였는데, 쟁점이 된 것은 피해자의 일실이익 상당 손해배상이 피해자의 사망시까지로 한정되는가, 아니면 통상

36) 그러나 Münchener Kommentar zum BGB/Oetker, §249 Rn. 214 Fn. 991은 이 판결을 가정적 인과관계에서 제3자에게 책임있는 사유로 동일한 손해가 생겼을 경우에도 이 나중의 사유는 고려되지 않는다는 예로 들고 있다.

37) BeckOK BGB/Johannes W. Flume, 66. Edition Stand: 01.05.2023, BGB § 249 Rn. 320.

38) 樫見由美子, "損害賠償法における假定的因果關係等をめぐる問題", 判例タイムズ No. 596(1986), 10면 이하 참조.

39) 最高裁判所民事判例集50巻5号1221頁, LEX/DB 28010503.

의 경우와 같이 평균 가동능력 종기까지인가 하는 점이었다.

1심은 피해자의 평균가동능력 종기인 67세까지의 23년간의 일실이익 상당 손해배상을 인정하였으나, 항소심은 사망시까지의 일실이익만을 인정하였다. 이에 대하여 최고재판소는 일실이익이 사망시까지로 한정되지 않는다고 하여 원심판결을 파기환송하였다. 그 이유는 다음과 같다.

"교통사고의 피해자가 사고에 기인하는 상해 때문에 신체적 기능의 일부를 상실하여 노동능력의 일부를 상실한 경우에, 이른바 일실이익의 산정에 있어서는 그 후에 피해자가 사망하였다고 하여도, 위 교통사고의 시점에서 위 사망의 원인이 된 구체적 사유가 존재하고, 가까운 장래에 사망이 객관적으로 예측되었다는 등의 특단의 사정이 없는 한, 위 사망의 사실은 취로가능기간(就労可能期間)의 인정상 고려되어야 할 것은 아니라고 해석함이 상당하다. 노동능력 일부 상실에 의한 손해는 교통사고의 때에 일정한 내용으로서 발생하는 것이므로, 교통사고 후에 생긴 사유에 의해 그 내용에 소장(消長)을 가져오는 것은 아니고, 그 일실이익의 액은 교통사고 당시에 피해자의 연령, 직업, 건강상태 등의 개별요소와 평균가동연수, 평균여명 등에 관한 통계자료로부터 도출되는 취로가능기간에 기하여 산정되어야 하는 것으로서, 교통사고 후에 피해자가 사망한 것은 위와 같은 특별한 사정이 없는 한 취로가능기간의 인정에 있어 고려하여야 할 것이라고는 할 수 없기 때문이다. 또한 교통사고의 피해자가 사고 후에 우연히 별개의 원인으로 사망한 것에 의하여 배상의무를 부담하는 자가 그 의무의 전부 또는 일부를 면하고, 다른 한편 피해자 내지 그 유족이 사고에 의하여 생긴 손해의 전보를 받을 수 없게 된다고 하는 것은 형평의 이념에 반하는 것이 된다."

(2) 일본 최고재판소 1996(平成 8). 5. 31. 판결[40]

이 사건의 사실관계는 다음과 같다. 1990(平成). 4. 15. 피해자인 A는 자동이륜차(오토바이)를 운전하고 가다가 피고가 운전하던 자동차가 A의 오토바이의 주행 차선상에 진입하여 A가 이를 피하려고 급제동하다가 넘어져서 상해를 입고 장해가 남았는데, A는 같은 해 12. 11. 별개의 교통사고에 의하여 사망하였다. A의 부모가 A의 후속장해를 이유로 A가 고등학교를 졸업하고 10년 동안의 노동능력 일부 상실을 이유로 하는 일실이익의 배상을 청구하였다. 원심은 이를 인정하였고, 최고재판소는 피고의 상고를 기각하였다.

그 이유는 다음과 같다.

"2. 교통사고의 피해자가 사고에 기인하는 후속장해 때문에 노동능력의 일부를 상실한 경우에 재산상의 손해의 액을 산정함에 있어서는 그 후에 피해자가 사망하였다고 하여도, 교통사고의 시점에서 그 사망 원인으로 된 구체적 사유가 존재하고 가까운 장래에 사망이 객관적으로 예측된다는 등의 특단의 사정이 없는 한, 위 사망의 사실은 취로가능기간의 산정상 고려

40) 最高裁判所民事判例集50巻6号1323頁, LEX/DB 28010653.

하여야 하는 것은 아니라고 해석함이 상당하다(위 최고재판소 1996. 4. 25. 판결 참조). 위와 같이 해석하여야 하는 것은 피해자의 사망이 병, 사고, 자살, 천재(天災) 등의 어떠한 사유에 기한 것인가, 사망에 관하여 불법행위 등에 기하여 책임을 부담하여야 할 제3자가 존재하는가 아닌가, 교통사고와 사망 간에 상당인과관계 내지 조건관계가 존재하는가 아닌가 하는 사정에 의하여 달라지는 것은 아니다. 이 사건과 같이 피해자가 제2의 교통사고에 의하여 사망한 경우에, 그것이 제3자의 불법행위에 의한 것이라고 하여도 위 제3자가 부담하여야 할 배상액은 최초의 교통사고에 기한 후속장해에 의하여 저하된 피해자의 노동능력을 전제로 하여 산정되어야 하므로, 위와 같이 해석하는 것에 의하여 비로소 피해자 내지 그 유족이 전후 2개의 교통사고에 의하여 피해자가 입은 전손해에 관하여 배상을 받는 것이 가능하게 된다.

3. 또한 교통사고 피해자가 사고에 기인하는 후속장해 때문에 노동능력 일부를 상실한 후 사망한 경우에, 노동능력 일부상실에 의한 재산상 손해액 산정에서는 교통사고와 피해자의 사망 사이에 상당인과관계가 있어 사망에 의한 손해배상도 청구할 수 있는 경우에 한하여, 사망 후의 생활비를 공제할 수 있다고 해석하는 것이 상당하다. 그렇지만 교통사고와 사망 사이에 상당인과관계가 인정되지 않는 경우에는, 피해자가 사망함에 따라 생활비를 지출할 필요가 없게 되는 것은 손해의 원인과 동일한 원인에 의하여 생기는 것이라고 할 수는 없고, 양자는 손익상계의 법리 또는 그 유추적용에 의하여 공제되어야 할 손실과 이득의 관계에 있지 않기 때문이다."

(3) 일본 최고재판소 1999(平成 11). 12. 20. 판결[41]

이 사건의 사실관계는 다음과 같다. 소외인은 1991. 9. 18. 피고가 운전하던 자동차에 치여 상해를 입고 노동능력을 상실하는 손해를 입었을 뿐만 아니라, 일상생활에서 타인의 개호를 받아야 하게 되었는데, 피고를 상대로 제기한 손해배상청구소송 계속 중인 1996. 7. 8. 위암으로 인하여 사망하였고, 그 배우자와 자녀들이 소송을 수계하였다.

원심은 소외인의 사망 사실을 고려하지 않고, 취로(就勞) 가능기간까지의 일실수입과 평균여명까지의 개호비용 배상을 명하였다. 그러나 최고재판소는 일실수입 배상을 명한 부분은 원심판결을 시인하였으나, 개호비용 배상에 관한 부분은 원심판결을 파기하였다.

이 점에 관한 판결 이유의 요지는 다음과 같다. 첫째, 개호비용의 배상은 피해자가 현실로 지출하여야 할 비용을 보상하는 것으로서, 판결에서 장래의 개호비용의 지급을 명하는 것은 계속하여 피해자의 개호를 필요로 한다는 개연성이 인정되기 때문인데, 피해자가 사망한다면 그 시점 이후의 개호는 불필요하게 되기 때문에, 개호비용의 배상을 명하여야 할 이유가 없고, 그 비용을 가해자에게 부담시키는 것은 피해자 내지 그 유족에게 근거 없는 이득을 주는 결과가 된다. 둘째, 교통사고에 의한 손해배상청구소송에서 일시금배상방식을 채택하는 경우에는

41) 最高裁判所民事判例集53巻9号2038頁, LEX/DB 28042891.

손해는 교통사고의 때에 일정한 내용을 가지는 것으로 발생한다고 관념되며, 교통사고 후에 생긴 사유에 의한 손해의 내용에 소장(消長)을 가져오는 것은 아니지만, 위와 같이 형평성의 근거가 결여되는 경우에까지 위와 같은 법적 의제를 미치게 하는 것은 상당하지 않다. 셋째, 피해자 사망 후의 개호비용이 손해에 해당하지 않게 되면, 피해자가 사실심의 구두변론 종결 전에 사망한 경우와 그 후에 사망한 경우에 배상하여야 할 손해액이 달라지게 될 수 있지만, 그것이 피해자 사망 후의 개호비용을 손해로서 인정하여야 할 이유는 될 수 없다. 그리하여 교통사고의 피해자가 사고 후에 별도의 원인에 의하여 사망한 경우에는, 사망 후에 필요로 하였던 개호비용을 위 교통사고에 의한 손해로서 청구할 수는 없다고 하였다.

이 판결에는 재판장이었던 이지마 카츠토모(井嶋一友) 재판관의 보족의견(補足意見)이 있었다. 위 보족의견은, 사실심 구두변론 종결 후에 피해자가 사망한 경우에는 확정판결에 의하여 급여를 명받은 장래의 개호비용에 대하여 청구이의의 소에 의하여 장래의 급여의무를 면하거나 또는 부당이득 반환의 소에 의하여 이미 지급한 돈의 반환을 구할 수 있도록 하는 것이 타당하지 않은가 생각할 수 있지만, 이는 별도로 검토하여야 할 문제이고, 구두변론 종결 전에 피해자가 사망한 경우에, 구두변론 종결 후에 피해자가 사망한 경우와 대비하여 균형을 잃는 결과가 생길 수 있다고 하여도, 이 때문에 피해자 사망 후의 개호비용을 손해로서 인정하여야 한다는 것은 전도(転倒)된 이론이라고 하였다.

(4) 일본 최고재판소 2020(令和 2). 7. 9. 판결[42]

이 사건에서는 교통사고로 신체 상해를 입은 피해자가 가해자 및 그 책임보험회사에 대하여 후속장해로 인한 일실이익 상당의 손해배상을 청구하는 경우에 재판소가 정기금 배상을 명할 수 있는가, 정기금 배상을 명할 수 있다면 피해자의 사망시를 정기금 배상의 종기(終期)로 할 수 있는가 하는 점이 문제되었다.

최고재판소는, 이러한 경우에 정기금 배상을 명할 수 있다고 하면서, 원칙적으로 근로가능기간의 종료 기간보다 이전인 피해자의 사망시점을 정기금에 의한 배상의 종기로 할 것을 요하지 않는다고 보는 것이 타당하다고 하였다. 즉 교통사고 피해자가 사고로 인한 후유장애로 인한 일실이익에 대하여 일실이익의 배상을 구하는 경우 그 일실이익의 액수를 산정함에 있어서 그 이후에 피해자가 사망하였다고 하더라도 교통사고 당시 그 사망의 원인이 되는 구체적인 사유가 존재하고 가까운 장래의 사망이 객관적으로 예측되었다는 등의 특별한 사정이 없는 한, 그 사망 사실은 취업가능기간의 산정시 고려해야 할 사항으로 볼 것은 아니라고 하면서 위 (1)과 (2)의 판례를 인용하였다. 그리고 후유장해로 인한 일실이익의 배상에 대하여 정기금이라는 방법으로 하는 경우에도 그것은 교통사고 당시 발생한 일실이익에 대한 손해배상청구권에 근거하여 일시금에 의한 보상과 동일한 손해를 대상으로 하는 것인데, 위와 같은 특별

42) 最高裁判所民事判例集74巻4号1204頁, LEX/DB 25570946.

한 사정이 없는데도 불구하고 교통사고 피해자가 사고 후 사망하였다는 이유로 배상책임을 부담하는 자가 그 의무의 전부 또는 일부를 면하고, 한편 피해자나 그 유족이 사고로 인하여 발생한 손해의 보상을 받을 수 없게 되는 것은 일시금에 의한 보상과 정기금에 의한 보상 중 어느 방법에 의하든지 불구하고 형평의 이념에 반한다고 하였다.[43)]

나. 학설

이 문제에 관하여는 학설상 일실이익의 산정에 관하여 판례를 지지하는 계속설(繼續說)과 판례에 반대하는 절단설(切斷說)의 대립이 있다.[44)] 절단설의 근거는 기본적으로 피해자의 사망에 의하여 그 후에는 일실이익이 발생하지 않는 것이 확실하다고 판명된 이상, 그 사실은 일실이익의 산정에서 참작하지 않으면 안 되고, 현실적으로 발생한 손해에 관하여 공평한 분담을 이념으로 하는 손해배상제도의 이념에 부합한다는 것이다.

반면 계속설의 근거는 관념적으로는 가해행위에 의하여 추상적 손해가 발생한 시점에 배상이 이루어져야 하고, 후발적 사정을 고려할 것은 아니며, 사망에 의하여 확대된 손해에 관하여 가해자에게 책임을 부담시킬 수는 없지만, 본래 존재하였던 손해에까지 가해자의 책임을 면제시키는 것은 부당하다는 것 등이다.

참고로 이 문제에 관하여는 논자들이 독일의 가정적 인과관계론을 원용하기도 하는데, 결론이 서로 다르다. 즉 가정적 인과관계론에 의거하여 계속설을 지지하기도 하고,[45)] 절단설을 지지하기도 한다.[46)]

그리고 피해자가 불법행위 후에 다른 이유로 사망한 경우에 사망한 후의 개호비용 지급 여부에 관하여는 지급의무가 없다고 하는 판례를 지지하는 견해가 많은 것으로 보인다.[47)]

---

43) 이 판결에서 고이케 히로시(小池 裕) 재판관의 보족의견(補足意見)은, 피해자 사망 후에는 손해액의 산정의 기초에 관한 사정에 현저한 변경이 생겼다고 할 수 있으므로, 지급 의무자는 판결의 변경을 구하는 소를 제기하여 현재가치로 환산한 일시금에 의한 배상으로 변경하는 소송을 제기할 수 있다고 하였다.

44) 일본에서의 이에 관한 논의는 三村量一, "後遺障害による逸失利益の算定に当たり事故後の別の原因による被害者の死亡を考慮することの許否", 最高裁判所判例解說 民事篇 平成8年度(上) 331-363면 이하 참조. 국내에서의 이에 대한 소개는 홍춘의, "교통사고의 피해자가 사고 후 다른 원인으로 사망한 경우의 손해배상", 기업법연구 제8집(2001), 467면 이하 참조.

45) 瀨川信久, "交通事故の被害者がその後水死した場合、逸失利益の賠償は死亡時までに限られるか", 判例タイムズ No. 824(1993), 58면 이하.

46) 大塚 直, "後遺症確定後に死亡した被害者の逸失利益", 判例タイムズ No. 825(1993), 33면 이하.

47) 山田卓生, "介護を要する事故被害者のガンによる死亡と将来の介護費用請求", 私法判例リマークス 22号(2001), 66면 이하; 河邉義典, "交通事故の被害者が事故のため介護を要する状態となった後に別の原因により死亡した場合に死亡後の期間に係る介護費用を右交通事故による損害として請求することの可否", 最高裁判所判例解說 民事篇 平成11年度(下), 1047면 등.

Ⅲ. 우리나라에서의 논의

1. 판례

가. 가정적 인과관계에 관한 판례

우리나라 판례 가운데에는 법원이 가정적 인과관계라는 문제를 의식하였는지는 분명하지 않으나, 결과적으로 가정적 인과관계를 고려한 것들이 있다.

(1) 손해의 소인에 관한 판례

먼저 대법원 1995. 2. 14. 선고 94다47179 판결에서는, 교통사고로 사망한 피해자가 사고 이전에 치사량이 넘는 농약을 마신 경우에, 교통사고로 인한 손해배상책임에 관하여 어떤 영향이 있는가 하는 점이 문제되었다.

원심은 피해자가 농약을 마셨다는 점을 고려하지 않았으나, 대법원은 원심판결을 파기하였다. 즉 "원심은 피해자가 이 사건 사고 이전에 치사량이 넘는 농약을 마신 사실을 인정하였는바, 그렇다면 피해자의 여명과 노동가동기한을 인정하기 위하여는 이 사건 사고당시 피해자의 소생가능성과 그 후유증의 유무, 후유증으로 인한 노동능력 상실여부 등에 관하여 심리한 후 그에 따라 여명과 가동연한 및 이 사건 사고로 상실된 노동능력 등을 인정하여야 함에도 원심이 위와 같은 점에 관하여 제대로 심리하지 아니한 채 일반 건강인과 같이 취급하여 일실수입을 산정하였으니, 원심판결에는 일실수입을 산정함에 있어서 심리를 제대로 하지 아니하고, 채증법칙을 위배하여 판결에 영향을 미친 위법이 있다"는 것이다.

이 판결은 독일에서 논의되는 바와 같은 손해의 소인을 손해배상액 산정에서 고려한 사례라고 할 수 있다.

한편 판례는 무허가건물을 적법한 절차를 갖추지 않은 채 철거한 경우에, 그로 인한 손해배상의 범위를 산정함에 있어서는 위 건물이 어차피 철거될 것이라는 사정을 고려하여야 한다고 보고 있다.[48] 다만 이는 가정적 인과관계의 문제라기보다는 적법한 대체행위의 문제라고 할 것이다.

(2) 피해자가 근무하던 회사가 도산한 경우 피해자의 일실수입 산정

그리고 판례는, 불법행위 피해자의 일실수입을 산정하는 경우에, 피해자가 근무하던 회사가 불법행위 후에 도산한 경우에는 원칙적으로 피해자가 근무하던 회사에서 계속 근무하던 것을 전제로 일실수입을 산정할 수는 없다고 보고 있다.

즉 대법원 1987. 2. 10. 선고 86다카1453 판결은 다음과 같이 판시하였다. "위 망인이 근무하던 소외 A주식회사가 이 사건 사고 후 도산하여 해산되었다면 위 망인의 사망 때문에 소

48) 대법원 1973. 9. 25. 선고 73다725 판결; 1979. 11. 13. 선고 79다1420 판결; 1980. 8. 19. 선고 80다460 판결; 1993. 3. 26. 선고 91다14116 판결.

외 회사가 도산되었다는 등 특별한 사정이 없는 한 위 망인이 소외 회사의 현장총무로 계속 근무하는 것을 전제로 하여 향후 일실수입을 산정할 수는 없다 할 것이고(당원 1981. 6. 23. 선고 81다115 판결 참조), 이러한 경우에는 위 망인의 연령, 교육정도, 종전직업의 성질, 직업경력, 기능숙련 정도 및 유사직종이나 다른 직종에의 전업가능성과 확률, 그 밖의 사회적, 경제적 조건과 경험칙에 비추어 장차 위 망인이 종사가능하다고 보여지는 직업과 그 소득을 조사 심리하여야 할 것이며,(下略)". 같은 취지의 판례는 여러 개 있다.[49]

다만 대법원 1991. 5. 14. 선고 91다124 판결은, 위와 같이 판시하면서도, 피해자와 같이 근무하던 다른 사람들은 동종업체로 전직하여 종전 월급보다 많은 급여를 받았고, 피해자도 불법행위 전에 다른 회사로부터 보다 유리한 급여조건으로 전직제의가 들어왔으나 대외적인 신의를 지키기 위하여 이를 거절하였으며 위 망인 정도의 능력을 갖춘 기술인력은 극히 희소한 사실을 인정하고, 피해자는 종전에 근무하던 회사가 폐업한 후에도 동종 업체에 종사하여 위 회사의 급료인 월 금 1,250,000원 상당의 수입을 얻을 수 있을 것이라고 보고 이를 기초로 하여 피해자의 일실수입을 계산한 것이 정당하다고 하였다.[50]

나. 후발적 손해확대에 관한 판례

대법원의 판례는 1차로 불법행위를 당한 피해자가 그 후 다른 사고로 인하여 사망한 경우에 관하여, 제1차 사고와 제2차 사고간에 조건적 관계가 존재하는 때에는 후발적 사정을 참작할 것이 아니므로 사고의 가해자는 제1차 사고로 인한 손해금액을 배상하여야 하지만, 제1, 2차사고 간에 조건적 관계가 없는 때에는 제1차 사고의 가해자는 제2차 사고로 피해자가 사망할 때까지의 손해만을 배상하면 된다고 보고 있다.

이 점에 관한 최초의 판례는 대법원 1979. 4. 24. 선고 79다156 판결로 보인다. 이 사건에서는 피해자는 피고가 경영하던 광업소의 광부였는데, 1977. 11. 25. 피고의 보안계원의 작업지시에 따라 채탄작업을 하다가 광갱천정의 낙반으로 상해를 입고 치료하던 중 다시 1978. 7. 15. 다른 교통사고로 인하여 사망하였다. 이에 피해자의 상속인들은 피고를 상대로 손해배상을 청구하였는데, 원심은 피해자가 위 교통사고로 인하여 사망하였으므로 그 사망 이후의 손해는 그 교통사고의 가해자가 배상하여야 하고 피고는 그 사망시까지의 손해만을 배상하면 되는 것이라는 피고의 항변에 대하여, 피해자가 자연사로서 평균여명과 다른 생존여명이 밝혀

49) 대법원 1987.8.18. 선고 87다카776 판결; 1988. 5. 10. 선고 87다카1539 판결; 1997. 4. 25. 선고 97다5367 판결; 2005. 9. 29. 선고 2005다25755 판결; 2013. 11. 14. 선고 2011다82063, 82070 판결 등.

50) 민법주해 Ⅸ, 박영사, 1995, 561면 주 450)(지원림); 김증한 · 김학동, 채권총론, 제6판, 박영사, 1998, 139면은, 대법원 1973. 1. 16. 선고 72다2035 판결 등이 변호사가 상고이유서제출기간을 도과하여 상고인 패소로 확정된 경우에, 그 변호사가 손해배상책임을 지는가에 관하여, 그 상고이유가 이유없어 배척될 것이었다면 손해배상책임이 없다고 한 것(대법원 1995. 5. 12. 선고 93다62508 판결도 같은 취지이다)이 가정적 인과관계를 고려한 것이라고 하나, 이 경우에는 손해배상을 청구하는 자가 처음부터 승소 가능성이 있었음을 입증하여야 할 것이고, 가정적 인과관계의 문제라고는 할 수 없다.

진 경우라면 몰라도 제3자의 다른 가해행위로 인하여 사망하게 된 경우에는 이로써 먼저 가해자의 손해배상 책임이 경감될 수 없는 것이라고 판단하여 이를 배척하였다.

그러나 대법원은 다음과 같이 판시하여 원심판결을 파기하였다. 즉 "제1사고(본건에 있어서는 피고 경영 광업소에서의 낙반사고로 인한 부상 즉, 본건 사고)와 제2사고(본건에 있어서는 교통사고로 인한 사망)와의 사이에 조건적 관계가 존재할 경우에는 즉 제1의 사고(본건 사고)가 없었더라면 제2의 사고(교통사고)도 발생하지 않았을 것이라고 인정되는 경우와 같이 양자 사이에 조건관계가 존재할 경우에는 후발적 사정(제2의 사고로 인한 사망)을 참작할 것이 아니니 제1사고의 가해자는 제1사고로 인한 손해 전액 즉, 제2사고로 인한 사망을 고려하지 아니하고 제1사고만에 입각하여 산정되는 손해액 전액을 배상하여야 할 것이나 제1사고와 제2사고 사이에 조건적 관계가 존재하지 않는 경우에는 제1사고의 가해자는 제2사고로 인하여 피해자가 사망한 때까지의 손해만을 배상하면 되는 것이라고 풀이하여야 할 것이다."

그런데 원심판결 설시만으로서는 원심 인정의 본건 사고와 위 교통사고 사이에 위에 설시한 바와 같은 조건적 관계가 존재하는 여부를 단정할 수 없는 바, 양자 사이에 조건적 관계가 존재하지 않는다면 원심이 피해자 사망후의 손해액을 인용한 부분은 위법이라고 하였다.

그 후의 판례도 이를 답습하고 있다. 대법원 1980. 4. 8. 선고 80다79 판결은, "피해자가 본건 가해자의 불법행위나 기타 타인의 귀책사유와 관련 없이 변론종결 전에 사망하여 그 여명이 밝혀진 경우에 그 노동능력 상실로 인한 일실이익 상당의 계속적 손해액 산정을 위한 피해자의 가동기간을 정함에 있어서는 그 피해자의 일반적인 평균여명을 기준으로 할 것이 아니라 밝혀진 그 여명을 기준으로 하여야 할 것"이라고 하였다.

또한 대법원 1990. 10. 30. 선고 90다카12790 판결에서는 사고로 상해를 입은 사람이 자살한 경우에 관하여, 이 사건 사고와 위 사망과의 사이에 조건적 관계가 존재한다면 몰라도 그렇지 아니한 경우에는 피고로서는 피해자가 사망할 때까지의 손해만 배상하면 되는데, 피해자가 자살했으므로 이 사건 사고와 위 사망과의 사이에는 어떤 조건적 관계가 존재한다고 단정하기도 어렵다고 하였다.

그 외에 대법원 1995. 2. 10. 선고 94다51895 판결도 같은 취지이다. 이 사건에서는 피해자가 제1차로 교통사고를 당한 후 제2차 교통사고로 사망한 경우였다.

한편 대법원 1998. 9. 18. 선고 97다47507 판결에서는 위와 같이 판시하면서도, 기존에 우측 고관절 장애를 가진 피해자가 교통사고로 다시 골절상을 입어 두 다리를 모두 못쓰게 된 것을 비관하여 매일 술을 마시는 등으로 체력이 떨어지고 거동이 불편한 상태에서 목욕탕에서 넘어져 사망한 경우, 교통사고와 사망사고 간에는 조건적 인과관계가 있고, 따라서 위 교통사고의 가해자는 피해자가 기대여명 내에서 가동연한에 이를 때까지의 일실수입을 배상할 의무가 있다고 하였다.

2. 학설

가. 가정적 인과관계에 대하여

가정적 인과관계에 대하여 국내에서 다루고 있는 문헌들은 독일의 학설과 판례를 소개한 후, 대체로 피해자에게 손해의 소인이 있는 경우에는 이를 고려하여야 하고, 실제의 가해행위가 없었더라도 제3자에게 책임있는 사유로 동일한 손해가 생겼을 것인 경우에는 이를 고려하면 안 되며, 가정적 원인이 제3자에게 책임 있는 사유가 아닌 경우에는 직접적인 손해와 간접적인 손해를 구별하여, 후자의 경우에는 이를 고려하여야 한다고 보고 있다.

우선 우리나라에서 처음으로 가정적 인과관계론을 소개한 최종길 교수는 독일의 논의를 상세하게 소개한 후, 결론적으로 가정적 원인은 원칙적으로 고려할 필요가 없지만, 가정적 원인이 현실적으로 그 손해가 발생한 상태 속에 맹아(萌芽)로서 잠재하여 외부로부터의 작용이 없어도 불원(不遠)한 시일 내에 불가피하게 일정한 손해를 야기시킬 것이 확실한 경우에는 이를 고려해야 한다는 데 대체로 견해가 일치하고, 목적물 속에 내재하는 손해원인이 아니라 외재적(外在的)인 사정이지만 가해행위시에 그것이 목적물의 실제적 가치를 감소시키는 점에서 위의 잠재적 손해원인과 같은 경우(예컨대 몰수의 대상인 가옥을 파괴하는 경우)에는 이를 고려하여야 할 것이라고 한다. 그리고 얻을 수 있었던 이익을 상실한 경우에도 가정적 원인을 고려하여야 한다고 본다.51)

또한 양삼승 변호사의 설명도 이와 크게 다르지 않다. 우선 가정적 원인이 제3자의 책임 있는 사유에 기한 경우에 현실적 원인에 의해 모든 결과가 발생되고 난 후에 가정적 원인이 발생된 때(화재로 가옥이 모두 소실되고 난 후에 그 가옥이 서 있던 토지 위로 차량이 지나간 경우)에는 가정적 원인에 의해서 더 이상 어떤 손해도 발생되지 않았기 때문에, 가정적 원인의 야기자에게는 아무런 책임이 없다고 한다. 그리고 가정적 원인이 타인의 책임에 돌아가지 않는 경우에는 가해행위와 동시에 발생되는 완결적 손해와, 가해행위 이후에 시간의 경과와 함께 발생하는 계속적 손해52)를 구별하여, 전자의 경우에는 가해행위 후에 발생한 후발적 사정은 고려할 수 없지만, 후자의 경우에는 가해행위 이후에 그 이익이 현실로 발생되기 전에 다른 사유로 현실로 이익이 발생할 수 없게 되었다면 가해행위로 인하여 손해가 발생될 전제가 이미 소멸한 것이므로 후발적 사정이 고려된다고 한다.53)

박종권 교수의 주장도 같은 취지이다. 첫째, 가정적 원인이 피침해객체에 존재하는 경우에는 가해당시에 완결하지 않은 소득상실손해 등의 계속적 손해는 가정적 원인의 영향이 미치는 한 가해자에게 면책이 생기지만, 가해의 순간에 발생과 동시에 완결한 손해에 대해서는 소

51) 최종길(주 5), 77면 이하.

52) 이는 독일의 학설이 말하는 재산결과손해를 가리키는 것이다.

53) 양삼승(주 26), 19면 이하.

인의 경우를 제외하고 가해자는 면책되지 않고, 물건손해는 가해당시에 이미 존재했거나 필연적으로 장래 동일한 손해를 발생시킬 수 있었던 사정은 그 물건의 가치를 가해의 순간에 감소시킨 것으로 가해자는 이 물건의 잔존가치에 대해서만 책임을 진다. 둘째, 가정적 원인이 제3자에게 어떤 법적 책임을 발생시키는 경우에는 먼저, 가해자의 책임은 제3자의 법적 책임이 발생한 범위로 존속한다. 셋째, 가정적 원인이 제3자의 적법행위나 자연현상 등에 의하고 가해자 이외에 어떤 법적 책임을 부담해야 할 제3자가 존재하지 않는 경우에는 가해자는 계속적 손해의 경우를 제외한 기타의 손해에 대해서 면책되지 않는다.[54]

임건면 교수의 견해도 이와 별로 차이가 없다. 즉 물건의 멸실이나 훼손과 같이 객체에 직접 발생한 손해에 대해서는 손해조정시점이 아닌 손해발생시점을 설정하는 것이 타당하지만 (따라서 가정적 원인은 고려할 필요가 없다는 취지이다), 직접적인 손해와 관련되어 발생하는 재산상의 결과손해의 경우에는 이와 동일하게 취급할 수는 없고, 손해소인은 고려되어야 하며, 가정적 손해발생사건이 제3자의 책임있는 행위에 기인하는 경우에는 가정적 인과관계는 고려의 대상으로 삼지 않아야 한다고 주장한다.[55]

그 밖에 가정적 인과관계에 관하여 언급하고 있는 주석서[56]와 교과서[57]도 대체로 같은 취지이다.

한편 교통사고로 사망한 피해자가 사고 이전에 치사량이 넘는 농약을 마신 경우에 관한 대법원 1995. 2. 14. 선고 94다47179 판결에 대하여는 가정적 인과관계론의 관점에서 이를 지지하는 글들이 있다.[58]

그리고 피해자가 근무하던 회사가 도산한 경우 피해자의 일실수입 산정에서는 피해자가 근무하던 회사에서 계속 근무하던 것을 전제로 일실수입을 산정할 수는 없다고 하는 판례에 대하여는 대체로 이를 받아들이고 있고, 특별한 이견이 없는 것으로 보인다.[59]

나. 후발적 확대손해에 대하여

이 문제에 대하여는 주로 일실이익 상당 손해에 관하여 일본과 마찬가지로 계속설과 절단설의 대립이 있다.

계속설의 논거는 대체로 다음과 같다. 첫째, 불법행위로 인한 손해배상청구권은 불법행위

54) 박종권(주 26), 222-223면.
55) 임건면(주 26), 214면 이하.
56) 지원림(주 50), 559-561면.
57) 김증한 · 김학동(주 50), 219면. 다만 여기서는 계속적 손해의 경우에 가정적 원인을 고려하여야 한다는 언급은 없다. 이외에 국내의 교과서에서 이를 다루고 있는 것은 찾지 못하였다.
58) 임종윤, "인과관계와 손해배상의 범위", 인권과 정의 제246호(1996), 16면; 박동진, "가정적 인과관계에서의 배상액 산정", JURIST plus 2006년 3호, 333면 이하; 주석민법 채권총칙 (1), 제5판, 한국사법행정학회, 2020, 868면(문주형); 주석민법 채권각칙 (6), 제5판, 한국사법행정학회, 2021, 244면(이연갑).
59) 예컨대 문주형(주 58), 870−871면; 주석민법 채권각칙 (6)(주 58), 306면(진상범) 등.

시에 발생하므로 일실수입을 산정함에 있어서도 원칙적으로 불법행위시의 사정을 기초로 하여야 하고 다만 불법행위시 이후 사실심의 변론종결시까지 생긴 사정은 그것이 확실하게 예측할 수 있거나 또는 그것이 특별한 사정으로서 행위자가 불법행위시에 그와 같은 사정을 알았거나 알 수 있었을 때에 한하여 참작할 수 있다.

둘째, 적어도 피해자의 사망의 원인이 제3자의 불법행위에 기한 경우에는 사망사실을 고려하지 않는 것이 타당하다. 왜냐하면 제1의 불법행위자는 그에 의한 노동능력상실에 대하여 사망시까지의 일실수입만 배상하고 제2의 불법행위자인 제3자는 제1의 불법행위 결과 잔재한 노동능력의 상실에 의한 일실수입만을 배상할 따름이므로 피해자는 사망 이후에는 제1의 불법행위에 의하여 입은 노동능력상실에 상응한 일실수입 부분에 대하여는 어느 누구로부터도 배상받지 못하는 부당한 결과가 발생하기 때문이다.[60)61)]

반면 절단설은, 후속장해 일실이익은 본래 장래에 걸쳐 장래 각각의 시점에서 발생하는 것이고, 이것이 교통사고시에 일정한 내용으로 발생하였다고 파악하는 것은 일종의 의제에 불과하고, 구두변론 종결시까지 피해자가 사망하였다는 사실은 이 의제를 깨뜨린다고 한다. 계속설은 절단설에 의하면 피해자는 사망 이후에 제1차 불법행위에 의하여 입은 노동능력상실에 의한 일실수입 부분에 대하여 어느 누구로부터도 배상받지 못하는 부당한 결과가 발생한다고 비판하지만, 절단설을 취하더라도 피해자는 제2차 가해자로부터 배상을 받을 수 있다고 한다. 이 설은 사망 이후에 제1차 불법행위에 의하여 입은 노동능력상실에 의한 일실수입 부분은 절단설에 의하면 제2사고와 상당인과관계가 있는 경우에는 제2사고 책임자에게 배상책임을 부담시킬 수 있다고 한다. 이 설은 대법원 판례가 취하고 있는 견해를 조건설이라고 부르면서, 조건관계의 존재는 그 외연이 불명확하여 법관의 자의에 흐르기 쉬운 문제점이 있다고 비판한다.[62)]

---

60) 강창옥, "불법행위로 인한 상해로 말미암아 후유장애를 입은 피해자가 그 후 다른 사정으로 사망한 경우 일실수입의 산정기간", 판례연구 제10집, 부산판례연구회(1999), 115면 이하, 특히 129면 이하. 전하은, "불법행위 후의 제2차 사고에 의한 사망과 신체장해 손해의 산정", 재판과 판례 제7집(1999), 404면 이하, 특히 412면 이하; 박상국, "불법행위로 인한 상해로 말미암아 후유장해를 입은 피해자가 사실심 변론종결 전에 다른 사정으로 사망한 경우에 있어서의 법률적 문제점에 대한 검토", 전북판례연구 창간호(2017), 59면 이하, 특히 69면 이하; 이영욱, "불법행위로 인한 일실수입 배상의 범위와 후발적 사망의 관계", 판례연구 29집, 부산판례연구회(2018), 189면 이하 등도 대체로 같은 취지이다. 한편 양삼승, "손해배상과 후발적 사정", 민사판례연구 제2권(1980), 69면 이하는 위 대법원 1979. 4. 24. 선고 79다156 판결에 대하여, 독일의 가정적 인과관계론을 원용하면서, 이 가정적 원인이 제3자의 불법행위이고 동시에 위 가정적 원인이 현실적 원인의 발생 이후에 비로소 발생한 후발적 사정인 경우에 있어서는 현실의 손해 야기자는 가정적 원인을 원용해서 그의 책임을 면할 수가 없다고 하여 위 판결을 비판한다.

61) 한편 초기의 문헌으로서 위 대법원 1979. 4. 24. 선고 79다156 판결에 대한 재판연구관의 판례해설인 장희목, "광산사고로 상해를 입은자가 그 후 교통사고로 사망한 경우 제1사고를 이유로 한 손해배상액 산정에 있어서 후발사정을 참작할 것인지 여부", 대법원판례해설 제1권 제1호(1979), 319면 이하도 이 판결에 대하여 의문을 표시하고 있다.

62) 홍춘의(주 44), 486면 이하. 박동진, "손해배상액의 산정", 민사법학 제36호(2007), 562면 이하도 같은 취지이다.

Ⅳ. 검토

1. 가정적 인과관계에 대하여

사견으로는 가정적 인과관계의 문제는 피해자에게 손해의 소인이 있는 경우를 제외하고는 이를 고려하지 않는 것이 타당하다. 우선 손해의 소인이 있는 경우에 관하여는 독일의 학설이나 판례가 일치하여 이를 고려하여야 한다고 보고 있고, 우리나라의 판례와 학설도 마찬가지이다. 엄밀히 말하면 이는 본래의 가정적 인과관계의 문제와는 구별하여 생각할 필요가 있다. 위 대법원 1995. 2. 14. 선고 94다47179 판결의 사안과 같이, 피해자가 교통사고로 인한 뇌출혈로 사망하였지만, 그가 그 이전에 그 사고와는 관계없이 치사량이 넘는 농약을 마셔서, 교통사고가 없었더라도 사망할 것이 확실하였다면, 이는 피해자의 손해 자체를 평가함에 있어서 고려되어야 한다. 이 경우에는 그러한 소인이 없는 경우와 소인이 있는 경우에 재화 내지 노동능력의 가치 자체에 차이가 있기 때문이다.[63] 가령 노동능력 상실로 인한 일실수익 상당의 손해배상액을 산정하는 경우에 피해자의 가동능력 종기를 기준으로 하는데, 피해자에게 중대한 질병이 있어서 일반적인 가동능력 종기보다 일찍 사망할 것으로 예상된다면 이러한 사실은 고려하지 않을 수 없는 것이다.

다만 이 문제와 구별하여야 할 것이, 피해자의 신체적 또는 심리적 소인이 손해 발생의 한 원인이 되었다면 이를 책임제한 사유로 삼아 손해배상액을 감경할 수 있는가 하는 점이다. 대법원의 판례는 일찍부터 이를 긍정하고 있다.[64] 그러나 이러한 판례는 이론적인 근거가 박약하다. 피해자에게 어떤 손해가 발생하기 쉬운 소인이 있다고 하더라도, 가해행위가 없었다면 그러한 손해가 발생하지 않았을 것인데, 가해행위와 이러한 소인이 경합하여 손해가 발생하였다는 이유만으로 손해배상액을 감경하는 것은 부당하다. 이는 이러한 소인을 가진 사람에 대한 차별이라고 할 수 있다. 불법행위자는 피해자를 그대로 받아들여야 하는 것이다(The tortfeasor must take his victim as he finds it).[65] 피해자의 소인이 고려되어야 하는 것은 그러한 소인이 가해행위가 없었더라도 동일한 손해를 가져올 것임이 확실한 경우에 한정되어야 한다.[66]

그 외의 경우에는 가정적 인과관계 내지 가정적 원인은 원칙적으로 고려되어서는 안 된다. 이 문제는 제1차의 현실적 가해행위로 인하여 발생한 손해가 제2차의 가정적 원인으로 인한 사고로 인하여 소멸되는가 하는 관점에서 살펴볼 수 있다. 제1차의 현실적 가해행위로 인하여 발생한 손해는 제2차의 가정적 원인으로 인한 사고가 있었다고 하여 소멸되지 않는다.

---

63) Münchener Kommentar zum BGB/Oetker, BGB § 249 Rn. 210.

64) 대법원 1977. 9. 13. 선고 76다1877 판결 등 다수.

65) 이에 대하여는 최우진, "이른바 형평성에 근거한 손해배상책임제한 실무의 사례유형별 분석과 비판", 고려법학 제94호(2019), 172면 이하 참조.

66) beck-online.GROSSKOMMENTAR/Brand, BGB § 249 Rn. 284.

가령 어떤 사람이 비행기 여행을 떠나기 위하여 비행장으로 가던 중 교통사고로 인하여 사망하였는데, 그 사람이 타려던 비행기가 추락하여 비행기에 탔던 다른 사람들이 모두 사망하였다고 하더라도, 교통사고로 인하여 사망한 사람의 손해가 없어지는 것은 아니다.

이에 대하여 가정적 인과관계가 고려되어야 한다고 주장하는 논자는 이를 손익상계의 한 예로 설명하려고 한다. 즉 가해 사고로 인하여 얻어진 이익은 예비원인이 더 이상 실현될 수 없다는 데 있다는 것이다.[67] 구체적으로는 가령 어떤 사람이 비행기 여행을 떠나기 위하여 비행장으로 가던 중 교통사고로 인하여 사망하였는데, 그 사람이 타려던 비행기가 추락하여 교통사고가 없었더라도 어차피 사망하였을 것이라고 하는 경우에, 원래의 교통사고는 그 비행기의 추락사고로 인하여 생겼을 손해를 막았을 것이라는 것이다.

그러나 이러한 주장은 별로 설득력이 없다. 피해자가 불법행위로 인하여 어떤 손해를 입었다면 그 손해는 더 이상 반복될 수 없고, 예비원인으로 인하여 어떤 사고가 발생하였더라도 이는 피해자의 이미 발생한 손해에는 아무런 영향을 미치지 못하는 것이다.[68] 이와 같은 것을 이득이라고 보는 것은 순전히 가상적인 것이다.

한편 직접적인 손해와 간접적인 재산결과손해(Vermögensfolgeschaden) 두 가지를 구별하여, 예비원인은 전자의 경우에는 고려되지 않지만 후자의 경우에는 고려되어야 한다고 주장하는 학설은 양자의 손해가 그 손해 발생 시기에 차이가 있다고 본다. 그러나 이에도 찬성하기 어렵다. 여기서 문제되는 것은 장래 얻을 수 있었던 이익을 얻지 못하게 되는 일실이익과 같은 소극적 손해인데,[69] 이는 가해행위시에 이미 발생하는 것이고, 가해행위가 종료한 후 시간이 지나면서 발생하는 것은 아니다. 물론 장래의 일실이익을 산정할 때에는 장래의 사정을 고려하여야 하지만, 그렇다고 하여 일실이익이 장래 발생하는 것이라고는 할 수 없다.

한편 독일의 학설이 일반적으로 실제의 가해행위가 없었더라도 제3자에게 책임있는 사유로 동일한 손해가 생겼을 것인 경우에는 이 나중의 사유는 고려되지 않는다는 점에 대하여는 견해가 일치하고 있다는 점은 앞에서 살펴보았다. 그 근거는 그렇지 않으면 피해자는 아무런 배상도 받지 못하기 때문이라는 점에 있다. 그런데 나중의 사유가 어느 누구에게도 책임을 돌릴 수 없는 것이라고 하여 왜 나중의 사유가 고려되어야 하는가? 이러한 나중의 사유를 고려하여야 한다면 피해자는 마찬가지로 아무런 배상을 받지 못하는 것이 되기 때문이다.

한편 이러한 가정적 인과관계의 문제에 대하여는, 이는 인과관계만으로 손해배상의 범위

67) Münchener Kommentar zum BGB/Oetker, BGB § 249 Rn. 213. 등 참조. Hermann Lange/Gottfried Schiemann, Schadensersatz, 3. Aufl., Mohr Siebeck, 2003, S. 182 f.는 손익상계와 가정적 인과관계는 전자는 현실적 이익이 발생하고, 후자는 비현실적 이익이 발생한다는 점에서 구별되어야 하지만, 경제적인 관점에서는 재산의 증가가 있는가 아니면 재산의 감소가 예방되었는가 하는 점에서는 경제적으로 차이가 없다고 한다.

68) Kaufhold(주 26), S. 57 f.는, 구체적인 손해는 한 번만 발생하고, 손상된 물건은 또다시 손상될 수 없다고 지적한다.

69) 개호비나 치료비와 같은 적극적 손해에 대하여는 아래 2.에서 다시 설명한다.

를 결정한다고 하는 독일 손해배상법 특유의 논리구조와 관련이 있는 것는데, 우리 민법은 제393조에서 손해배상의 범위에 관하여 통상의 손해와 특별한 사정으로 인한 손해를 구별하고 있으므로 문제가 되지 않는다고 하는 주장을 생각해 볼 수 있다.[70)]

그렇다면 대법원 판례가 피해자가 근무하던 회사가 도산한 경우 피해자의 일실수입 산정에서 이를 고려하여야 한다고 보는 것은 어떻게 보아야 할까? 보기에 따라서는 이 문제는 판례가 가정적 인과관계를 고려한 것이라기보다는, 일실수입 산정에서는 장래의 사정을 고려하여야 하는데, 피해자가 근무하던 회사가 도산하였다는 것도 이 중 하나라고 설명할 수도 있을 것이다. 그러나 이 또한 수긍하기 어렵다.

인신사고로 인하여 사망 또는 상해를 입은 결과 노동능력이 상실되거나 감소되어 입는 소극적 손해를 어떻게 산정할 것인가에 관하여는, 이른바 차액설(소득상실설)과 평가설(가동능력상실설)의 두 가지가 주장되어 왔다. 앞의 설은 일실이익의 본질을 불법행위가 없었더라면 피해자가 얻을 수 있는 소득의 상실로 보아 불법행위 당시의 소득과 불법행위 후의 향후소득과의 차액을 손해로 보는 반면, 뒤의 설은 일실이익의 본질을 소득창출의 근거가 되는 노동능력의 상실 자체로 보고 상실된 노동능력의 가치를 사고 당시의 소득이나 추정소득에 의하여 평가하여야 한다고 본다.[71)]

판례는 과거에는 차액설적인 입장에 서 있다가 근래에는 평가설로 바뀌었다고 말할 수 있다. 예컨대 피해자가 불법행위로 인한 상해로 인하여 노동능력 자체는 어느 정도 감소하였더라도, 봉급생활자로서 종전의 직장에 계속 근무하여 사고 전과 같은 수입을 얻고 있는 경우에, 차액설에 따르면 손해를 긍정하기 어려운 반면, 평가설에 따를 때에는 구체적인 금전상의 손해는 발생하지 않았다고 하더라도, 노동능력 상실은 발생하였으므로 손해가 있다고 할 수 있다.

과거의 판례는 차액설의 입장에서 위와 같은 경우에는 손해가 없다고 하였으나,[72)] 근래의 판례는, 가령 불법행위에 의한 제1요추압박골절로 인하여 치료 종결 후에도 개선 불가능한 척추후만곡 변형의 후유증이 남게 되어 일용노동능력의 32퍼센트를 상실한 사람이 국가공무원으로 일하면서 종전직장에 계속 근무하면서 종전과 다름없는 보수를 지급받고 있더라도, 이는 노동능력 감퇴로 인한 직무수행능력의 감퇴를 극복하기 위해 원고 자신이 특별한 노력을 기울이고 있을 뿐만 아니라 장래에 승진, 승급 기타 급여 등에 불이익을 받을 염려가 있다면 손해가 있다고 보아야 한다고 한다.[73)]

물론 판례는, 이러한 차액설과 평가설 중 어느 하나의 산정방법만을 정당한 것이라고 고

70) 樫見由美子(주 38), 11면이 인용하고 있는 平井宜雄의 견해 참조.

71) 윤진수, “보험사고에 있어서 손해배상액의 산정”, 민법논고 제3권, 박영사, 2008, 593면 이하; 진상범(주 59), 301면 등 참조.

72) 대법원 1967. 11. 28. 선고 67다2270 판결 등.

73) 대법원 1990. 11. 23. 선고 90다카21022 판결 등.

집해서는 안 되며, 당해 사건에 현출된 구체적 사정을 기초로 하여 합리적이고 객관성 있는 기대수익액을 산정할 수 있으면 족하다고 하지만,[74] 현재의 실무례는 평가설을 원칙으로 하고, 차액설을 보충적으로 적용하고 있다고 말할 수 있다.

그러므로 평가설의 취지를 일관한다면, 불법행위의 피해자가 불법행위 당시에 회사에 근무하여 일정한 수입을 얻고 있었다면, 그 수입은 다른 특별한 사정이 없는 한 그 피해자가 그 만큼의 가동능력을 가지고 있음을 나타내는 것이고, 그 후 그 회사가 도산하였다고 하더라도 그 피해자는 다른 회사에 취업하여 그만큼의 수입을 얻을 수 있었을 것이라고 보아야 하지 않을까? 그러나 현재의 판례는 특별한 사정이 있는 경우에만 종전 회사에 근무하던 만큼만의 수입을 기준으로 할 수 있다고 하여,[75] 이와는 반대이다.

2. 후발적 손해확대에 대하여

이에 관하여는 일실수입 상당의 손해배상과 같은 소극적 손해와, 개호비와 같은 적극적 손해를 나누어 살펴 보아야 한다.

우선 소극적 손해에 관하여는 계속설이 타당하다. 먼저 언급할 것은, 교통사고로 인하여 상해를 입은 피해자가 치료를 받던 중 치료를 하던 의사의 과실 등으로 인한 의료사고로 증상이 악화되거나 새로운 증상이 생겨 손해가 확대된 경우와 같이, 제1차의 불법행위가 있고, 그것이 또 다른 제2차의 불법행위가 일어나게 된 원인이 된 경우에는 제1차의 불법행위자가 또 다른 불법행위로 인한 손해까지 책임을 져야 한다는 것이다.[76]

그러나 제1차의 불법행위가 제2차 불법행위나 그 밖의 사고의 원인이 된 것이 아니고, 제2차 불법행위나 그 밖의 사고는 제1차 불법행위와는 독립적으로 일어난 경우라면 제2차 불법행위 등이 있었다고 하여 제1차 불법행위자의 책임이 제2차 불법행위가 없었던 경우에 비하여 달라질 이유는 없고, 제1차 불법행위자의 책임은 제2차 불법행위 등이 있었던 사정은 고려하지 않은 채 정해져야 한다. 절단설은 그 근거로서 후속장해 일실이익은 본래 장래에 걸쳐 장래 각각의 시점에서 발생하는 것이고, 이것이 교통사고시에 일정한 내용으로 발생하였다고 파악하는 것은 일종의 의제에 불과하며, 구두변론 종결시까지 피해자가 사망하였다는 사실은 이 의제를 깨뜨린다고 한다. 그러나 앞에서 가정적 인과관계에 관하여 서술한 것처럼, 일실이익과 같은 소극적 손해는 이는 가해행위시에 이미 발생하는 것이고, 가해행위가 종료한 후 시간이 지나면서 발생하는 것은 아니며, 이를 단순한 의제라고 할 수는 없다.

---

74) 대법원 1990. 11. 23. 선고 90다카21022 판결 등.

75) 대법원 1991. 5. 14. 선고 91다124 판결.

76) 대법원 1993. 1. 26. 선고 92다4871 판결 등. 대법원 1997. 8. 29. 선고 96다46903 판결은 교통사고를 일으킨 자가 책임을 지지 않는 특별한 사정의 예로서 치료를 담당한 의사들에게 중대한 과실이 있는 경우를 들고 있다.

또한 절단설은 피해자 사망 이후에 제1차 불법행위에 의하여 입은 노동능력상실에 의한 일실수입 부분에 대하여 피해자는 제2차 가해자로부터 배상을 받을 수 있다고 하는데, 제2차 가해자가 왜 제1차 불법행위에 의하여 입은 손해에 대하여 배상하여야 하는지를 알 수 없다. 뿐만 아니라 제2차의 손해가 누구에게도 책임을 물을 수 없는 사유로 인하여 발생하였다면, 절단설에 의할 때에는 피해자는 제2차 손해가 있은 후에는 제1차 불법행위에 의하여 입은 노동능력상실에 의한 일실수입 부분에 대하여는 제1차의 불법행위자로부터도 배상을 받을 수 없게 되는데, 이는 피해자에게 가혹할 뿐만 아니라, 합리적이라고도 할 수 없다. 일본의 판례가 교통사고의 피해자가 사고 후에 우연히 별개의 원인으로 사망한 것에 의하여 배상의무를 부담하는 자가 그 의무의 전부 또는 일부를 면하고, 다른 한편 피해자 내지 그 유족이 사고에 의하여 생긴 손해의 전보를 받을 수 없게 된다고 하는 것은 형평의 이념에 반하는 것이라고 하는 것[77]은 이러한 취지이다.

반면 개호비와 같은 적극적 손해는 제1차 불법행위 후에 그와는 관계없는 사유로 피해자가 사망하였다면 그 후부터는 제1차 불법행위자가 부담할 이유가 없다고 보아야 할 것이다. 위와 같은 적극적 손해는 실질에 있어서는 장래 그러한 개호비를 지출하는 것을 조건으로 하여 지급의무가 발생하는 것이라고 볼 수 있다. 그러므로 피해자가 사망하여 개호비를 지출할 필요가 없게 되었다면, 제1차 불법행위자로서도 개호비 상당의 손해배상을 면한다고 보는 것이 논리적이다. 실제로 실무상으로도 장래의 치료비나 개호비에 대한 정기금배상은 비교적 자주 인정되는 것으로 보이는데,[78] 이는 피해자가 사망하였다면 이러한 적극적 손해는 배상할 필요가 없다는 점을 고려한 것으로 여겨진다.

대법원 2000. 7. 28. 선고 2000다11317 판결은, 전문 감정인의 감정 결과에 의하더라도 피해자의 기대여명의 예측이 불확실한 경우에는 법원으로서는 일실수입 손해와 향후 치료비 손해 등을 산정함에 있어서 피해자가 확실히 생존하고 있으리라고 인정되는 기간 동안의 손해는 일시금의 지급을 명하고 그 이후의 기간은 피해자의 생존을 조건으로 정기금의 지급을 명할 수밖에 없다고 하였다.[79]

그러므로 제1차 가해행위와는 독립적으로 후발적으로 손해가 확대된 경우에는 소극적 손해에 관하여는 후발적 손해확대는 고려할 필요가 없고, 다만 개호비용과 같은 적극적 손해에 한하여 이를 고려함이 타당하다.

77) 일본 최고재판소 1996(平成 8). 4. 25. 판결(주 39).

78) 이연갑, "정기금 배상에 관한 소고", 민사법학 제56호(2011), 379면 참조.

79) 같은 취지, 대법원 2002. 11. 26. 선고 2001다72678 판결. 다만 이 판결들은 피해자가 확실히 생존하고 있으리라고 인정되는 기간동안의 일실수익은 중간이자를 공제한 일시금으로, 그 기간 이후 가동연한까지의 일실수익은 생계비를 공제한 금액에서 중간이자를 공제한 일시금으로, 그 기간 이후 가동연한까지의 일실수익 중 생계비 상당의 손해는 피해자의 생존을 조건으로 매월 정기금으로 배상할 것을 명하였어야 할 것이라고 하는데, 이는 판례가 절단설을 전제로 하고 있기 때문이다.

V. 결론

손해배상에서의 인과관계나 손해배상의 범위 문제는 이론적으로 어려운 쟁점을 많이 내포하고 있다. 가정적 인과관계와 후발적 손해확대 문제는 그 대표적인 예이다. 그 중 가정적 인과관계의 문제는 독일에서 많이 논의되었으나, 실제로 이를 고려할 필요성은 피해자의 손해소인 문제를 제외하고는 부정되어야 할 것이다. 판례는 불법행위의 피해자가 불법행위 당시에 근무하던 회사가 그 후 도산하였다면 이러한 사정을 고려하여야 한다고 하여, 이 한도에서는 가정적 인과관계를 고려하는 것이 되었으나, 그 결론은 의문이다.

반면 후발적 손해확대의 문제는 실무상 많이 문제되고 있고, 이 점에 관하여 절단설을 택하고 있는 현재의 대법원 판례는 잘못되었으므로 하루 빨리 고쳐져야 할 것이다.

소멸시효의 완성과 시효의 원용*

— 원용권자의 범위에 관한 대법원 2021. 2. 25. 선고 2016다232597 판결을 소재로 —

윤 태 영**

Ⅰ. 머리말

소멸시효의 요건을 갖춘 경우 어떤 효과가 발생하는가에 관하여 우리 민법은 제162조 등에서 "…소멸시효가 완성한다"고 규정하고 있을 뿐 "완성한다"는 것이 무엇을 의미하는지에 대하여는 규정하고 있지 않다. 따라서 의용민법과 달리 현행 민법에서 다른 규정의 내용을 취하였음에도 소멸시효 완성의 효과에 관한 학설 및 판례상 견해의 다양함은 해결되지 않고 있다. 그런데 소멸시효 완성의 효과를 어떻게 보느냐에 따라 중대한 실제상의 차이가 있으므로 이 문제의 해결은 우리 민법의 해석상 중대한 문제의 하나임은 의심할 여지가 없다.[1)]

이와 관련하여 학설은 절대적 소멸설과 상대적 소멸설로 나뉘어 왔는데, 우리 판례는 절대적 소멸설을 취하여[2)] 소멸시효가 완성하면 권리는 당연히 소멸한다고 한다. 그러면서 판례는 다른 한편으로 변론주의의 원칙상 시효의 이익을 받을 자가 소송에서 소멸시효의 주장을 하지 않으면 그 의사에 반하여 재판할 수 없다고 한다.[3)] 그리고 소멸시효의 주장을 할 수 있

---

* 이 글은 존경하는 故 최종길 교수님의 논문("소멸시효의 완성과 시효의 원용[대상판례: 代判65다2445]", 법조 제17권 제7호, 1968. 7.)을 참조하면서 이와 관련 있는 필자의 논문("소멸시효 원용권자의 범위", 재산법연구 제38권 제2호, 2021. 8.)을 수정하여 작성한 것이다. 이 글이 존경하는 故 최종길 교수님의 50주기 추모문집에 실리게 된 것을 매우 영광스럽게 생각한다.

** 아주대학교 법학전문대학원 교수, 법학박사

1) 최종길, "소멸시효의 완성과 시효의 원용", 법조 제17권 제7호, 1968. 7. 51면.

2) 송덕수, 「민법총칙(제4판)」, 박영사, 2018, 505면 등. 판례가 절대적 소멸설을 취하고 있다는 입장은, "소멸시효에 있어서 그 시효기간이 만료되면 권리는 당연히 소멸하는 것이지만 그 시효의 이익을 받는 자가 소송에서 소멸시효의 주장을 하지 아니하면 그 의사에 반하여 재판할 수 없는 것이고, 그 시효이익을 받는 자는 시효기간 만료로 인하여 소멸하는 권리의 의무자를 말한다고 할 것이다."(대법원 1991.7.26. 선고 91다5631 판결; 대법원 1966.1.31 선고 65다2445 판결 등)고 하는 판례의 입장에 근거한다.

3) 지금의 판례의 확고한 입장과 달리 1960년대의 판결만 하더라도 "신민법하에서는 당사자의 원용이 없어도 시효완성의 사실로서 채무는 당연히 소멸한다"고 한 판례가 있다(대법원 1966. 1. 31. 선고 65다2445 판결). 이 판례에 대한 평석으로는 최종길, 전게논문, 51면 이하 참조.

는 자는 소멸시효에 의하여 '직접 이익을 받는 자'에 한정되고, 아무런 채권도 없는 자[4]는 이에 해당하지 않는다고 한다. 또한 채무자에 대한 일반채권자는 자기의 채권을 보전하기 위하여 필요한 한도에서 채무자를 대위하여 소멸시효 주장을 할 수 있을 뿐 채권자의 지위에서 독자적으로 시효의 주장을 할 수 없다고 한다.[5] 만약 독자적인 소멸시효의 원용권이 인정된다면 채무자가 시효이익을 포기하더라도 여전히 독자적으로 소멸시효를 원용할 수 있는 중요한 권리가 인정된다. 채무자의 원용권에 기초하는 것이 아니므로 채무자를 대위해서만 시효이익을 원용할 수 있는 것이 아니며, 채무자가 시효이익을 포기하더라도 그 시효이익의 포기는 상대적 효과가 있음에 지나지 않는다.[6]

판례는 이렇게 '직접 이익을 받는 자'라는 기준을 일관하여 왔는데, 이 '직접'이라는 의미를 엄격히 해석할 경우 지나치게 협소하게 되고, 절대적 소멸설을 취하는 것과 모순이 있게 된다. 이에 판례는 '소멸시효에 의하여 직접 이익을 받는 자'에 한하여 소멸시효를 주장할 수 있다는 기준을 그대로 적용하면서도, 구체적인 사례에서의 판단에 있어서는 원용권자의 범위를 확장하여 왔다. 즉, 판례는 '소멸시효에 의하여 직접 이익을 받는 자'로서 채무자 외에 가등기담보가 설정된 부동산의 양수인,[7] 매매계약 후 소유권이전청구권 보전의 가등기가 된 부동산을 취득한 제3자,[8] 유치권이 성립된 부동산의 매수인,[9] 물상보증인,[10] 공탁금출급청구권이 시효로 소멸하여 공탁자에게 공탁금회수청구권이 인정되는 않는 때에 있어 국가[11] 등에 대해서도 '직접 이익을 받는 자'로 인정해 왔다. 이러한 판례의 입장에 따르면 저당부동산의 제3취득자도 이에 해당할 것이다.[12]

그런데 이렇게 하더라도 과연 어디까지가 '직접 이익을 받는 자'인지는 여전히 명확하지 않았는데, 본고가 다룰 대상판결에서 후순위저당권자에 대해 '직접 이익을 받는 자'가 아니라고 판단한 것이다. 후순위저당권자도 소멸시효의 원용권자에 포함될 것인지 여부에 대하여는 그동안 거의 논의되지 않았는데, 판례가 그동안 확대하여 인정해 오던 경향과 달리 다른 판단을 보이면서, 저당부동산의 제3취득자 등과 달리 후순위저당권자는 원용권자에 포함시키지 않은 것이다. 그리고 그동안 해석의 여지를 많이 남겨놓았던 '직접 이익을 받는'이라는 기준에 대해서도, '배당액 증가에 대한 기대는 순위상승에 따른 반사적 이익에 지나지 않아' 직접 이

4) 대법원 1991. 3. 27. 선고 90다17552 판결; 대법원 2007. 3. 30. 선고 2005다11312 판결 등.
5) 대법원 1997. 12. 26. 선고 97다22672 판결; 대법원 2012. 5. 10. 선고 2011다109500 판결 등.
6) 대법원 1995. 7. 11. 선고 95다12446 판결.
7) 대법원 1995. 7. 11. 선고 95다12446 판결(피담보채권의 소멸시효를 원용할 수 있다고 함)
8) 대법원 1991. 3. 12. 선고 90다카27570 판결(본등기청구권의 소멸시효를 주장할 수 있다고 함)
9) 대법원 2009. 9. 24. 선고 2009다39530 판결
10) 대법원 2004. 1. 16. 선고 2003다30890 판결(피담보채권의 소멸시효를 주장할 수 있다고 함)
11) 대법원 2007. 3. 30. 선고 2005다11312 판결
12) 지원림, 「민법강의(제16판)」, 홍문사, 2019, 423면.

익을 받는 자가 아니라는 어느 정도의 구체적 기준을 제시하였다. 이러한 기준은 향후 하급심이나 거래실무 등에 미치는 영향이 적지 않을 것으로 보인다. 그런데 과연 이러한 입장이 타당한가에 대해서는 의문의 여지가 남는 점도 있다.[13] 이 판결은 ① '직접' 또는 '간접'의 적용기준뿐만 아니라, ② 절대적 소멸설과의 관계, ③ 저당부동산의 제3취득자와 달리 판단하여야 하는 근거가 어디에 있는지 등 중요한 쟁점과 관련되어 있으므로, 본고에서는 이러한 쟁점들에 대하여 논하고자 한다.

Ⅱ. 대상판결의 개요

1. 사실관계

甲은 乙로부터 2억 5,000만 원을 차용하면서 2005. 8. 19. 그 담보로 X부동산에 관하여 乙 앞으로 소유권이전청구권가등기(이하 '이 사건 담보가등기'라 한다)를 하였다. 乙은 2006. 3. 10.「가등기담보 등에 관한 법률」(이하 '가등기담보법'이라 한다)에서 정한 청산절차를 거치지 않은 채 X부동산에 관하여 담보가등기에 기한 본등기(이하 '이 사건 본등기'라 한다)를 하였다.

甲은 2006. 5. 1.경 丙(원고)에게 "丙이 乙에게 4억 원을 대위변제하면, 원인 무효인 이 사건 본등기를 말소하고 이 사건 담보가등기를 丙 명의로 이전하며, 1년 기한 6억 원(이자 연 50%)의 약속어음을 발행하여 교부하겠다."는 내용의 이행각서를 교부하면서 이 사건 담보가등기의 피담보채무에 대한 대위변제를 요청하였다. 丙은 2006. 5. 9. 乙의 승낙을 얻어 乙에게 4억 원을 지급함으로써 이 사건 담보가등기의 피담보채무를 대위변제하였다.

한편 甲과 乙은 2006. 5. 9. 丁 앞으로 X부동산에 관한 소유권이전등기를 하기로 약정하였다. 그에 따라 X부동산에 관하여 2006. 5. 10. 乙로부터 丁 앞으로 2006. 5. 9.자 매매를 원인으로 한 소유권이전등기를 하였다. 丁은 2008. 7. 25. X부동산에 관하여 채권최고액 15억 원, 근저당권자 戊(피고)인 근저당권설정등기(이하 '이 사건 근저당권'이라 한다)를 하였다.

戊가 이 사건 근저당권에 기하여 수원지방법원 여주지원 2010타경9585호로 임의경매를 신청함에 따라 경매절차가 개시되었는데(이하 '이 사건 경매절차'라 한다), 경매법원은 2012. 11. 6. 배당요구의 종기를 2013. 2. 4.로 정하였다. 丙은 2013. 10. 14. 경매법원에 '담보가등기권리자 권리신고서'를 제출하였다. 경매법원은 2014. 12. 17. 매각허가결정을 하고 2015. 2. 25. 배당기일에 戊에게 2순위로 약 12억 원을 배당하는 내용의 배당표를 작성하였고, 丙은 위 배당기일에 출석하여 戊의 배당액 전부에 대하여 이의하였다. 이에 대해 戊는 丙의 甲에 대한 채권이 상사소멸시효 완성으로 소멸하였다고 주장하였다.

13) 이 판결에 대해 비판한 문헌으로는, 양창수, "후순위저당권자는 소멸시효 원용할 수 없는가? – 대법원 2021. 2. 25. 선고 2016다232597 판결", 법률신문, 2021. 5. 3. 참조.

2. 원심[14]의 판단

원심은 후순위 근저당권자가 선순위 담보권자인 가등기담보권자의 채권에 대한 소멸시효를 원용할 수 없다고 하면서 그 이유를 다음과 같이 판시하였다.

소멸시효를 원용할 수 있는 사람은 권리의 소멸에 의하여 직접 이익을 받는 자에 한정된다. 후순위 담보권자는 목적 부동산의 가액에서 선순위 담보권에 의하여 담보된 채권액을 공제한 가액에 관하여만 우선하여 변제를 받을 수 있는 지위에 있다. 다만 후순위 담보권자는 선순위 담보권의 피담보채권이 소멸하면 후순위 담보권의 순위가 상승하고 이에 따라 피담보채권에 대한 배당액이 증가할 수 있지만, 이러한 배당액의 증가에 대한 기대는 담보권의 순위 상승에 따른 반사적 이익에 지나지 않는다. 따라서 후순위 담보권자는 선순위 담보권의 피담보채권의 소멸에 의하여 직접 이익을 받는 자에 해당한다고 볼 수 없고, 선순위 담보권에 의하여 담보된 피담보채권의 소멸시효를 원용할 수 없다.

한편, 담보권이 설정된 부동산의 양도를 받은 제3취득자는 당해 담보권에 의하여 담보되는 피담보채권의 소멸시효를 원용할 수 있다고 보아야 하는데, 이는 제3취득자의 경우 위 피담보채권이 소멸하면 저당권이 소멸하고 이에 따라 부동산의 소유권을 보전할 수 있는 관계에 있고, 이 경우 소멸시효를 원용할 수 없다고 한다면 저당권이 실행됨으로써 부동산의 소유권을 상실하는 불이익을 직접 받을 수 있기 때문이다. 반면, 후순위 담보권자가 선순위 담보권에 의하여 담보되는 피담보채권의 소멸시효를 원용할 수 있다고 할 경우에 얻는 이익은 위에서 본 바와 같이 반사적 이익에 불과하고, 소멸시효를 원용할 수 없다 하더라도 목적 부동산의 가치로부터 담보권의 순위에 따라 변제를 받을 수 있는 후순위 담보권자로서의 지위는 전혀 해하지 않는 것이어서 후순위 저당권자와 제3취득자는 그 지위가 다르다고 보아야 한다.

위와 같은 법리에 비추어 보면, 후순위 근저당권자의 지위에 있음에 불과한 戊는 선순위 담보권자인 丙의 甲에 대한 채권에 대하여 소멸시효를 원용할 수 없으므로, 이 부분 항변은 더 나아가 살펴볼 필요 없이 받아들이지 아니한다.

丙은 이 사건 담보가등기에 기한 담보권에 기하여 구상금채권 576,164,383원의 범위 내에서 후순위 근저당권자인 戊보다 우선하여 변제받을 권리가 있다.

3. 대법원[15]의 판단

대법원은 원심과 같은 취지에서 다음과 같이 판시하면서 후순위 근저당권자의 시효원용권을 부정하였다.

14) 서울고등법원 2016. 6. 9. 선고 2015나2065323 판결
15) 대법원 2021. 2. 25. 선고 2016다232597 판결

소멸시효가 완성된 경우 이를 주장할 수 있는 사람은 시효로 채무가 소멸되는 결과 직접적인 이익을 받는 사람에 한정된다. 후순위 담보권자는 선순위 담보권의 피담보채권이 소멸하면 담보권의 순위가 상승하고 이에 따라 피담보채권에 대한 배당액이 증가할 수 있지만, 이러한 배당액 증가에 대한 기대는 담보권의 순위 상승에 따른 반사적 이익에 지나지 않는다. 후순위 담보권자는 선순위 담보권의 피담보채권 소멸로 직접 이익을 받는 자에 해당하지 않아 선순위 담보권의 피담보채권에 관한 소멸시효가 완성되었다고 주장할 수 없다고 보아야 한다.

원심은 丙의 甲에 대한 채권이 상사소멸시효 완성으로 소멸하였다는 戊의 항변에 대하여 戊는 후순위 근저당권자에 불과하여 선순위 담보권의 피담보채권인 甲에 대한 채권에 대하여 소멸시효를 원용할 수 없다는 이유로 위 항변을 배척하였다.

원심판결은 위에서 본 법리에 비추어 정당하고, 후순위 담보권자의 시효원용권에 관한 법리 오해나 석명의무 위반 등으로 판결에 영향을 미친 잘못이 없다.

Ⅲ. 소멸시효 완성의 효과

1. 학설

우리 민법상 소멸시효의 완성에 의하여 어떠한 효과가 발생하는지에 관하여는 소멸시효의 완성으로 권리는 당연히 소멸한다고 해석하는 견해(절대적 소멸설)와 권리가 당연히 소멸하는 것은 아니고 시효의 이익을 받을 자에게 "권리의 소멸을 주장할 권리가 생길 뿐"이라고 해석하는 견해(상대적 소멸설)가 대립한다.

절대적 소멸설[16)]은 현행법이 시효원용에 관한 의용민법 제145조를 삭제한 점, "채권이 시효의 완성 기타 사유로 인하여 소멸한 때"(제369조) 또는 "시효로 인하여 소멸한다"(제766조 제1항, 제1024조 제2항)는 규정을 둔 점 및 "소유권을 취득한다"(제245조, 제246조)는 취득시효 규정과의 균형 등을 근거로 소멸시효의 완성에 의하여 당연히 권리가 소멸한다고 한다.

이에 반해 상대적 소멸설[17)]은 절대적 소멸설에 의하면 당사자가 소멸시효 이익을 원하지 않는 경우에 그 의사를 존중하지 않는 것이 되어 부당하고, 채무자가 시효완성 사실을 모르고 변제하는 경우에 비채변제로서 반환을 청구할 수 있어 사회관념에 반하며, 시효이익 포기의 법적 성질을 설명할 수 없다는 점 등을 비판한다. 따라서 시효의 완성으로 권리는 소멸하지 않고 권리소멸을 주장할 수 있는 권리, 즉 원용권이 발생하고, 그 원용권의 행사에 의하여 비로

---

16) 이영섭, 「신민법총칙강의」, 박영사, 1959, 420면; 이근식, 「민법강의(上)」, 법문사, 1965, 201면; 곽윤직, 「민법총칙(신정판)」, 박영사, 1995, 580면; 이영준, 「민법총칙(개정증보판)」, 박영사, 2007, 768면; 이은영, 「민법총칙(제5판)」, 박영사, 2009, 778면 등 참조.

17) 김용한, 「민법총칙론」, 박영사, 1997, 490면; 김증한, 「민법총칙」, 박영사, 1983, 355면; 김증한/김학동, 「민법총칙」, 박영사, 2001, 544면; 김증한/안이준, 「신민법총칙」, 법문사, 1958, 424면; 김증한, "소멸시효론", 「민법논집」, 서울대학교 출판부, 1978, 273면 등.

소 권리가 소멸한다고 한다.

상대적 소멸설의 입장에서는 소멸시효를 원용할 수 있는 자의 범위에 대하여 대체로 소멸시효로 인하여 직접 의무를 면하거나 권리의 확장을 받는 자이지만 그에 한하지 않고 그 권리나 의무에 기하여 의무를 면하거나 권리의 확장을 받는 자도 포함된다고 한다. 이에 반해 절대적 소멸설의 입장에서는 소멸시효 원용권자의 범위에 대하여 논의하고 있지 않은 것으로 보인다. 특히 절대적 소멸설을 취하고 있는 견해 가운데에는 민법이 시효원용에 관한 규정을 두지 않은 것을 논거로 삼는 견해가 많다.[18] 물론 시효원용권자의 범위를 정하여야 하는 복잡한 문제를 가지는 상대적 소멸설에 비해 절대적 소멸설은 누구든지 그 소멸을 주장할 수 있는 것이 논리적 일관성이 있어 그러한 것으로 추측되지만, 절대적 소멸설을 따른다고 하더라도 소멸시효를 주장할 수 있는 자의 범위를 정하는 문제가 발생하지 않는다고 할 수는 없다. 즉 전통적인 절대적 소멸설의 입장에 의하더라도, 권리가 '절대적으로 소멸'한다는 것이 반드시 '누구라도 소멸시효의 효과를 주장할 수 있다'는 것으로 귀결되는 것은 아니라고 할 것이므로, 소멸시효 완성에 의하여 권리가 당연히 소멸하였다는 사실을 '누가' 주장할 수 있는가에 대하여 논의할 필요가 있을 것이다.[19]

이렇게 민법 규정의 형식적 문구 여하만 가지고 소멸시효 완성의 효과를 결론지우기는 어렵다.[20] 다만 우리 민법 입법자의 의사를 보면 절대적 소멸설을 취하고 있다고 한다.[21] 즉 의용민법[22]은 한편으로는 시효완성의 효과로서 권리의 취득·상실을 규정하면서 다른 한편으로는 시효의 원용을 요한다는 취지를 규정하고 있었기 때문에, 그 결과 종래 시효완성의 효과에 학설이 극심하게 대립하고 있다는 문제점이 우리 민법 입법 과정에서 지적되었다. 따라서 이를 정리하여 시효원용에 관한 의용민법 제145조를 삭제함으로써 시효에 관해서는 앞으로 소위 절대적 소멸설로 확정되고, 원용은 하나의 항변권으로 되게 한 것이라고 한다.

2. 판례

현행 민법 제정 직후인 1960년대만 하더라도 "소멸시효의 이익을 받는 자가 그것을 포기하지 않고 실제 소송에 있어서 권리를 주장하는 자에 대항하여 그 소멸시효의 이익을 받겠다는 뜻으로 항변하지 않는 이상 그 의사에 반하여 재판할 수 없음은 변론주의의 원칙상 당연한 것이라 할 것이다."[23]고 한 판례가 있었던 반면, "신민법하에서는 당사자의 원용이 없어도 시

18) 이영섭, 전게서, 420면; 김기선, 전게서, 266면; 이근식, 전게서, 201면 등.

19) 김병선, "시효원용권자의 범위", 민사법학 제38호, 2007. 9, 259면.

20) 최종길, 전게논문, 53면.

21) 명순구, 「실록 대한민국 민법 1」, 법문사, 2008, 424면.

22) 의용민법 제145조 「시효는 당사자가 이를 원용하지 아니하면 법원은 이에 의하여 재판할 수 없다.」

23) 대법원 1964. 9. 15. 선고 64다488 판결

효완성의 사실로서 채무는 당연히 소멸한다"고 한 판례도 있다.[24] 그런데 1970년대 이후 판례는 일관하여 "신민법상은 당사자의 원용이 없어도 시효완성의 사실로서 채무는 당연히 소멸되는 것이고, 다만 변론주의의 원칙상 소멸시효의 이익을 받을 자가 그것을 포기하지 않고 실제 소송에 있어서 권리를 주장하는 자에 대항하여 시효소멸의 이익을 받겠다는 뜻을 항변을 하지 않는 이상 그 의사에 반하여 재판할 수 없을 뿐이다"[25]라고 하여 일견 절대적 소멸설을 취하고 있다.

그런데 판례의 구체적 내용을 살펴보면 판례가 오히려 상대적 소멸설의 입장에 가까운 결론을 내리고 있는 경우를 다수 발견할 수 있다. 먼저 판례는 채권의 소멸시효가 완성된 경우 이를 원용할 수 있는 자는 시효이익을 직접 받는 자뿐이라고 하여 채권자가 채권자대위권을 행사하여 제3자에 대하여 하는 청구에서 제3채무자는 채권자의 채무자에 대한 채권의 소멸시효 완성을 주장할 수 없다고 한다.[26] 그리고 여기서 직접 이익을 받는 자의 해석과 관련하여, '시효기간 만료로 인하여 소멸하는 권리의 의무자'를 가리킨다고 한 판결도 있다.[27]

한편 판례는 절대적 소멸설을 취하면서도, 소멸시효의 주장에 신의칙에 기한 권리남용의 법리를 적용해 왔다. 즉 "채무자의 소멸시효에 기한 항변권의 행사도 우리 민법의 대원칙인 신의성실의 원칙과 권리남용금지의 원칙의 지배를 받는 것이어서, 채무자가 시효완성 전에 채권자의 권리행사나 시효중단을 불가능 또는 현저히 곤란하게 하였거나, 그러한 조치가 불필요하다고 믿게 하는 행동을 하였거나, 객관적으로 채권자가 권리를 행사할 수 없는 장애사유가 있었거나, 또는 일단 시효완성 후에 채무자가 시효를 원용하지 아니할 것 같은 태도를 보여 권리자가 그와 같이 신뢰하게 하였거나, 채권자 보호의 필요성이 크고 같은 조건의 다른 채권자가 채무의 변제를 수령하는 등의 사정이 있어 채무이행의 거절을 인정함이 현저히 부당하거나 불공평하게 되는 등의 특별한 사정이 있는 경우에는 채무자가 소멸시효의 완성을 주장하는 것이 신의성실의 원칙에 반하여 권리남용으로서 허용될 수 없다."고 하고 있다.[28] 절대적으로 소멸한다면 시효의 이익을 행사하는 것을 권리남용으로 파악하기가 쉽지 않은데, 권리남용으로 판단한 사례가 다수 보인다.

판례를 보면, 의용민법과 달리 소멸시효의 원용제도를 삭제한 점을 근거로 절대적 소멸설

24) 대법원 1966. 1. 31. 선고 65다2445 판결

25) 대법원 1979. 6. 26. 선고 79다407 판결; 대법원 1980. 1. 29. 선고 79다1863 판결; 대법원 1991. 3. 27. 선고 90다17552 판결 등.

26) 대법원 1992. 11. 10. 선고 92다35899 판결; 대법원 1993. 3. 26. 선고 92다25472 판결; 대법원 1995. 5. 12. 선고 93다59502 판결; 대법원 1997. 7. 22. 선고 97다5749 판결; 대법원 1998. 12. 8. 선고 97다31472 판결; 대법원 2004. 2. 12. 선고 2001다10151 판결 등.

27) 대법원 1991. 7. 26. 선고 91다5631 판결

28) 대법원 2002. 10. 25. 선고 2002다32332 판결; 대법원 2005. 5. 13. 선고 2004다71881 판결; 대법원 2010. 5. 27. 선고 2009다44327 판결 등.

을 근거로 한다고 하면서도, 변론주의라는 민사소송법의 원칙을 끌고 와 의용민법 시대의 판례의 입장과 거의 동일한 판결의 내용을 취하고 있다. 변론주의의 원칙을 가져오면 권리소멸의 효과가 발생하기 위하여 당사자의 원용을 필요로 한다고 보는 상대적 소멸설과 그 결론에 있어서 차이가 없다는 결론에 이르므로, 판례가 취하는 입장과 같이 의용민법 시대와 같은 법리가 적용될 여지도 있을 것이다. 그런데 이것이 과연 우리 민법의 해석상 바람직한 것인지 검토할 필요가 있다. 따라서 이하에서는 의용민법의 판례의 입장, 즉 일본에서의 관련 논의를 검토해보겠다.

Ⅳ. 일본에서의 논의

1. 후순위 저당권자의 시효원용에 관한 판례

일본에서도 후순위저당권자가 소멸시효를 원용할 수 있는가에 대하여 판단한 최고재판소 판결이 있다. 일본에서도 민법 제145조에서 말하는 소멸시효를 원용할 수 있는 당사자와 관련하여서는, "시효로 인해 직접적으로 이익을 받는 자, 즉 소멸시효에 의해 권리의 제한 또는 의무를 면하는 자"에 한한다는 大審院 판결[29] 이후 이 입장을 기초로 구체적 사건에서 원용권 인정 여부를 판단해 왔다. 그런데 우리나라와 마찬가지로 원용권자의 범위를 꾸준히 확대해 왔는데, 학설 대립이 팽팽한 후순위저당권자에게까지 확대할 것인가와 관련하여 이 판결에 귀추가 주목되었다. 그런데 최고재판소는 다음과 같이 판단하였다.[30]

> "민법 145조 소정의 당사자로서 소멸시효를 원용할 수 있는 자는, 권리의 소멸에 의해 직접 이익을 받는 자에 한정된다고 해석하여야 한다. 후순위저당권자는 목적 부동산의 가격으로부터 선순위저당권에 의해 담보되는 채권액을 공제한 가액에 대해서만 우선하여 변제를 받는 지위를 가지는 자이다. 선순위저당권의 피담보채권이 소멸한다면 후순위저당권자의 저당권의 순위가 상승하고, 이것에 의해 피담보채권에 대한 배당액이 증가하는 것이 있을 수 있으나, 이 배당액의 증가에 대한 기대는 저당권의 순위의 상승에 의한 반사적 이익에 불과하다. 그렇다면 후순위저당권자는 선순위저당권의 피담보채권의 소멸에 의해 직접 이익을 받는 자에 해당하는 것은 아니고, 선순위저당권의 피담보채권의 소멸시효를 원용할 수 없다고 해석하는 것이 상당하다. 논지는 저당권이 설정된 부동산의 양도를 받은 제3취득자가 당해 저당권의 피담보채권의 소멸시효를 원용할 수 있다는 취지를 판시한 위 판례를 지적하고, 제3취득자와 후순위저당권자를 동렬로 논하여야 한다고 하나, 제3취득자는 위 피담보채권이 소멸하면 저당권이 소멸하고, 이것에 의해 소유권을 완전한 것으로 할 수 있는 관계에 있고, 위 소멸시효를 원용할 수 없다

29) 大判 明治43年(1910년)1月25日 民錄 16輯 22면.
30) 最判 平成11年(1999년)10月21日 民集 第53巻7号 1190면.

고 한다면 저당권이 실행되는 것에 의해 부동산의 소유권을 잃는다고 하는 불이익을 받을 수 있는데 대하여, 후순위저당권자가 선순위저당권의 피담보채권의 소멸시효를 원용할 수 있다고 하는 경우에 받을 수 있는 이익은, 위에 설시한 바의 것에 불과하고, 또한 위 소멸시효를 원용할 수 없다고 하여도 목적부동산의 가격으로부터 저당권의 종전의 순위에 따라 변제를 받는다고 하는 후순위저당권자의 지위가 해를 입는 것은 아니므로, 후순위저당권자와 제3취득자는 그 놓여진 지위가 다른 것으로 할만하다. 위와 같은 취지의 원심의 판단은 정당하고 시인할 수 있다."

이 판결은 당시까지 일본에서 견해가 대립되어 왔던 후순위저당권자에 의한 선순위저당권의 피담보채권의 소멸시효의 원용에 대하여 인정하지 않는 것으로 결론내렸다. 그리고 일본에서의 종래 판례의 '직접수익자 기준설'을 그대로 유지한 것은 다른 판례와 동일하나 그 결과에 있어서는 근래에 들어 우세하게 된 학설을 받아들인 것으로 평가되고 있다.[31] 그동안 일본에서 꾸준히 확대되어 왔던 직접수익자의 범위를 후순위저당권자에게는 인정하지 않는 것으로 제동을 건 것이다. 이 판결에 대해 학설들은, 후순위저당권자에게 시효이익 원용권을 독립하여 주장할 수 있는 지위까지는 줄 수 없다는 결론으로서 어느 정도 예상된 것이라고 하면서, 시효에 의해 자신의 의무를 면하는 자인지, 아니면 단순히 자기의 이익이 증진되는 자인지의 구별이 중요해 졌다고 한다.[32] 그렇다면 일본에서 이 판결에 영향을 주기까지 학설이 어떻게 전개되어 왔는지 살펴볼 필요가 있다.

2. 일본 학설의 입장

우리나라만큼이나 일본에서도 시효의 원용권자와 관련하여서는 복잡한 논의가 있다. 즉, 원용권자를 규정한 민법 제145조를 둘러싸고, 시효제도의 본질·목적, 시효의 효과 등에 관한 견해의 대립을 배경으로 오래전부터 동조의 '당사자'에 관한 해석이 나뉘어 왔다.[33] 그리고 후순위저당권자의 원용권의 인정 여부에 대해서도 학설 대립이 있었다. 일본에서 판례가 원용권자의 범위를 확장해 온 경향에 맞추어 학설에서도 다수설적 견해는, 부담을 면하거나 지위가 상승하는 이익에 주목하여 인정하는 설,[34] 프랑스민법 제2225조의 시효완성에 대하여 이익을 가질만한 자로 하는 규정을 인용하여 인정하는 설,[35] 제3취득자와 비교하여 동일하게 취급하자는 설[36] 등에 의해 적극적으로 해석하는 견해가 처음에는 다수설적 지위를 차지하였다.

31) 伊藤進, "後順位抵当権者と先順位抵当権の被担保債権の時効援用", 私法判例リマークス, 2001, 12면.

32) 市川正巳, "後順位抵当権者による先順位抵当権の被担保債権の消滅時効の援用", 平成12年度主要民事判例解説(判例タイムズ1065号臨増), 2001, 33면.

33) 전통적인 학설 대립의 상세에 대해서는 松久三四彦, "時効の援用権者", 北大法学論集 38巻 5-6号(下), 1546면 이하 참조.

34) 我妻栄, 「新訂 民法総則」, 岩波書店, 1965, 445면.

35) 川島武宣, 「民法総則」, 有斐閣, 1965, 454면..

그러나 그 후 소멸시효제도의 목적과의 관계에서 당사자는 의무나 책임을 면하는 자에 한해야 한다는 설,[37] 자기의 이익을 증진하는 자는 포함되지 않는다는 설,[38] 스스로 권리를 부정하는 소유권 취득자와 순위상승의 이익을 부정하는 것뿐인 후순위저당권자와는 구별해야 한다는 설,[39] 원용의 상대효와의 관계에서의 복잡화는 회피해야 한다는 설[40] 등 후순위저당권자에 대해서는 소극적으로 해석하는 견해가 우세를 차지하게 되었다. 또한 후순위저당권자의 원용권을 부정하면서 일반 채권자로서 원용권의 대위행사를 인정하는 것으로 충분하다고 하는 설[41]도 유력하게 제기되었다.

3. 일본 민법 입법자의 의사

그렇다면 일본에서 왜 이렇게 민법이 규정되고 학설이 대립하게 되었는지 살펴볼 필요가 있다. 일본 민법 제145조는 일본 구민법 증거편 제96조 제1항「판사는 직권으로 시효에 의해 발생하는 청구 또는 항변의 방법을 보충할 수 없다. 시효는 그 조건의 성취에 의해 이익을 받는 자로부터 그것을 원용할 것을 요한다.」에서 유래한다.[42] 동편 제93조 제1항의「시효는 모든 사람이 그것을 원용할 수 있다」는 규정은 메이지민법에서 삭제된 바 있다. 즉 이 규정의 모범으로 보이는 프랑스 민법 제2225조는,「채권자 기타 시효의 완성으로 이익을 가지는 모든 자는, 채무자 또는 소유자가 시효의 이익을 포기한 경우라도 또한 시효를 원용할 수 있다.」고 규정하고 있었는데, 일본 메이지민법에서는 삭제한 것이다.

그런데 그 삭제 이유에 대해 이 부분을 담당한 우메겐치로(梅謙次郎)의 법전조사회에서의 설명에 의하면, "누구라도 원용이 가능하다고 하는 것은 말할 필요도 없는 것"이라고 한다.[43] 이 설명으로부터 본다면, 시효의 장의 기초를 담당하였다고 알려진 우메겐치로에게는 '당사자'

36) 幾代通,「民法総則(第2版)」, 青林書院新社, 1984, 423면.

37) 星野英一, "時効に関する覚書その存在理由を中心として"「民法論集第四巻」, 有斐閣, 1978, 197면.

38) 遠藤浩, "時効の援用権者の範囲と債権者代位権による時効の援用", 手形研究 319号, 1981, 61면.

39) 魚住康男, "判例解説", 最判解民事編平成二年度, 1990, 176면.

40) 松久三四彦, 前揭論文, 1557면.

41) 山本豊, "民法一四五条",「民法の百年Ⅱ」, 有斐閣, 1998, 298면.

42)「法典調査会民法議事速記録一(日本近代資科叢書1)」, 商事法務研究会, 1983, 416면. 이러한 구민법의 여러 규정은 원용권자를 넓게 인정하였고(무제한설), 보와소나드도 원용권자의 범위를 제한한 고려방법을 특별히 취하지 않았다.

43) 前揭速記録, 410면 참조. 그 이유에서인지 梅謙次郎,「訂正增補民法要義巻之一総則編」, 有斐閣, 1982(明治四四年版完全復刻版)의 145조의 설명(373~375면)에서는 원용권자의 범위에 대하여는 특별히 서술하고 있지 않다. 또한 구민법증거편 제97조(「시효를 원용하는데 이익을 가지는 당사자의 모든 승계인은 혹은 원고로도 되고 혹은 피고로도 되어 그 당사자의 권리에 기초하여 시효를 원용할 수 있다. 채권자는 재산편 제339조 [채권자대위권의 규정]에 따라 위와 동일한 권리를 가진다」)의 규정도 "굳이 말할 필요도 없이 명확한 것이다. 승계인이라고 하는 것은 당사자의 권리를 승계한 자이므로 당사자가 가지고 있는 시효의 권리라고 하는 것도 역시 승계인이 승계한다고 하는 것은 별도로 의심할 여지없는 것으로 고려하였다"(前揭速記録 411면)는 이유에서 시효에 대해 특별히 규정할 필요가 없어 삭제하였다고 하고 있다.

의 범위를 한정하고자 하는 생각이 전혀 없었다는 것을 알 수 있다.[44] 그런데 그 반면 같은 기초위원인 토미히 마사아키라(富井政章)[45]가 자신의 교과서에서, '당사자'를 "시효의 완성에 의해 직접 이익을 받는 자"와 그 '승계인'에 한정하고 있다.[46] 예컨대 당사자의 채권자는 '승계인'이 아니기 때문에 원용권이 없다고 하면서, 다만 채권자대위권에 기초한 원용은 인정한다고 하고, 보증인에 대해서는 주된 채무의 소멸시효의 원용을 인정하고 있다.[47] 그렇지만 과연 어느 범위 및 기준에 의해 원용권의 범위를 한정하는지 그 기준은 명확하지 않았다.

일본 구민법이 누구라도 원용이 가능하다고 한 이유와 관련하여 가장 유력한 학설은, 보와소나드에게 있어 소멸시효란 변제하였지만 그 증거를 가지지 않은 채무자를 보호하기 위한 제도로만 파악하였기 때문이라고 한다.[48] 따라서 구민법에서는 누구라도 원용할 수 있다고 해야 그 취지를 관철할 수 있었기 때문에 그렇게 규정한 것이고, 오늘날 소멸시효의 제도는 그러한 취지만이 아니기 때문에 원용권자의 범위 한정의 문제가 제기된다고 하는 것이다. 아무튼 이러한 주장들을 볼 때 연혁적 고찰로는 입법자가 원용권을 모든 사람에게 인정하는 취지로 규정하였는지는 명확하지 않다고 볼 수 있다.

4. 일본 판례의 변화

그런데 일본에서는 판례들이 민법 제정 이후 줄곧 '당사자'란 시효에 의해 '직접 이익을 받는 자'라고 하는 기준을 견지하여 왔다. 그렇다면 일본 판례는 왜 원용권자를 '직접 이익을 받는 자'로 한정해 왔는가? 그 실질적 이유를 알 수는 없지만 시효 원용에 관한 가장 최초의 판결로 알려진 것[49]은 다음과 같이 판시하고 있다. 우선 "민법 제145조의 당사자란 시효로 인해 직접 이익을 받는 자, 즉 취득시효에 의해 권리를 취득하거나 또는 소멸시효에 의해 권리의 제한 혹은 의무를 면하는 자"이고, '간접적으로 이익을 받는 자'는 당사자가 아닌 것으로 하여, 그 이유를 "만약 이와 같은 자, 즉 간접적으로 이익을 받는 자도 독립하여 시효를 원용할 수 있다고 하면, 직접적으로 이익을 받는 자, 예컨대 채무자는 시효의 이익을 받을 것을 의욕하지 않아 시효를 원용하지 않거나 그것을 포기하였기 때문에 채무의 변제를 명하였음에도 불구하고, 간접적으로 이익을 받는 자, 예를 들어 저당권을 설정한 제3자는 시효를 원용하여 저당권의 행사를 면할 수 있고, 채권자는 주된 채권을 가지면서 종된 저당권을 잃는 것과 같은

44) 우메겐치로는 법전조사회에서 시효의 장의 모두설명을 비롯한 전 조문의 설명을 담당하고, 질의에 대하여도 전적으로 답하였다(前揭速記錄, 406면 이하 참조). 또한 제9회 제국의회중의원민법중 수정안위원회에서도 시효의 장의 설명을 담당하고 있다.
45) 토미이 마사아키라는 호즈미 노부시게(穗積陳重)와 함께 일본의 독일법학 도입의 선구자로 유명하다.
46) 富井政章, 「訂正增補民法原論第一巻総論」, 有斐閣, 1985(大正一一年合冊版完全復刻版), 6123면.
47) 富井政章, 前揭書, 639면.
48) 星野英一, 前揭論文, 1978면.
49) 大判 明治43年(1910년)1月25日 民錄 16輯 22면.

불합리한 결과를 가져오므로 이것은 법률이 바라는 바가 아니다"고 서술하고 있다. 그리고 "저당권의 승계인은 저당권의 시효 원용권을 승계하기 때문에 당사자와 동일시할만한 것으로서 시효를 원용할 수 있는 것은 당연하지만, 본건과 같이 저당권의 목적물인 부동산의 제3취득자에 불과하다면 저당채권의 소멸시효 때문에 직접적으로 이익을 받지 않는다. 저당채권이 소멸할 때에는 그 취득한 부동산 위에 존재하는 저당권이 소멸하는 결과 그 소유권이 안정되고 확고해 지는 이익은 그것을 받는 것에 불과하고 그 이익인 시효의 직접적 효과가 아니므로 저당채권의 소멸시효를 원용할 수 있는 당사자라고 할 수 없는 것은 논할 필요도 없다"고 하였다.

즉 이 판결에서는 '직접'이라는 용어를 말 그대로 한정적으로 해석하면서 저당부동산의 제3취득자에게도 시효원용권을 부정한 것이다. 직접·간접이라는 단어의 통상의 의미에서 본다면, '직접 당사자'가 직접적으로 이익을 받는 자이고, '제3자'는 간접적으로 이익을 받는 자라고 할 수 있을 것이다. 그리고 그 뒤에도 같은 취지에서 좁게 해석하여 가등기가 존재하는 부동산의 소유권을 취득한 제3자에게 소멸시효 원용권을 부정하면서, "만약 위와 같이 제3자가 시효를 원용하여 가등기에 의한 본등기의 순위보전의 효력을 막을 수 있다고 한다면 예약의무자는 가등기를 하여 그 효과를 완전하게 할 수 있기 때문에 시효의 원용을 의욕하지 않음에도 불구하고 그 제3자에 대한 관계에 있어서는 시효를 원용한 것과 동일한 결과로 되어 원용을 당사자의 의사에 일임한 입법 정신에 배치하게 된다"[50]고 하였다. 이 판결에서는 직접적으로 이익을 받는 자인 채무자가 원용하지 않았기 때문에 간접적으로 이익을 받는 자에 지나지 않는 물상보증인이 피담보채권의 소멸시효를 원용하는 경우를 예로 들면서, 이러한 원용이 인정된다면 채권자는 주된 채권을 가지면서 종된 저당권을 잃는 것과 같은 불합리가 발생한다고 하고 있다.

즉 '직접 이익을 받는 자'를 좁게 해석한 두 개의 판례를 보면, 주된 채무자가 시효를 원용하지 않는데도 보증인이나 연대보증인이 주된 채무의 시효를 원용할 수 있다고 한다면, 채권자는 주된 권리를 가지면서 종된 권리를 잃는다는 불합리가 발생한다는 점을 강조하고 있다. 그런데 그 후의 판례들은 이와 정반대의 입장을 보여 왔는데, 예를 들어 저당부동산의 제3취득자에 대해서도 "당해 저당권의 피담보채권이 소멸하면 저당권의 소멸을 주장할 수 있는 관계에 있기 때문에 저당권의 소멸에 의해 직접 이익을 받는 자에 해당한다"고 한다.[51] 그리고 판례는 보증인,[52] 연대보증인,[53] 물상보증인,[54] 사해행위의 수익자[55] 등도 '직접 이익을

50) 大判 昭和9年(1934년)5月2日 民集13巻 670면
51) 最判 昭和48年(1973년)12月14日 民集27巻11号 1586면
52) 大判 大正4年(1915년)7月13日 民録 21輯 1387면.
53) 大判 昭和7年(1932년)6月21日 民集 11巻 1186면.
54) 最判 昭和42年(1967년)10月27日 民集 21巻8号 2110면.

받는 자'라고 하면서 소멸시효의 원용권을 인정해 왔다. 즉 일본 판례에 있어서도 '직접' 또는 '간접'인지 아닌지를 결정할 실질적 기준, 적어도 합리적인 실질적 기준을 찾아내는 것이 어려워 보인다. 어떻게 보면 법원이 시효의 원용을 인정할지 여부를 먼저 판단하고, 사후적으로 원용을 인정하는 경우에는 '직접 이익을 받는 자'라고 하고, 인정하지 않는 경우에는 그것에 해당하지 않는다고 하는 데 불과한 것과 같은 생각이 든다.

V. 대상판결의 평가

1. 직접이익 또는 반사적 이익

우리 대법원은 후순위저당권자에게 있어 선순위저당권의 피담보채권의 소멸에 대해서는 '반사적 이익'이 있는데 불과하다고 하고 있다. 확실히 후순위저당권자는 선순위저당권에 의해 담보되는 채권액을 공제한 가액에 대해서만 우선변제를 받을 수 있는데 지나지 않는다. 따라서 후순위저당권자가 선순위저당권의 피담보채권의 소멸이라는 우연한 사정에 의해 선순위저당권자가 파악하고 있던 담보가치마저 포섭할 수 있다는 것은 불합리하므로, 순위승진의 원칙의 이러한 불합리를 고려한 결과에서 나온 것은 아닌가 하는 점도 참고될 수 있을 것이다.[56] 그러나 우리나라 저당권 제도에서는 순위승진의 원칙이 인정되고 있고, 선순위저당권이 소멸한다면 후순위저당권자는 선순위저당권에 의해 담보되어 있던 가액에 대하여 우선변제를 받을 수 있다. 이러한 우리나라의 저당권 제도에서의 순위승진의 원칙에 의해 발생하는 이익을 단순히 반사적 이익으로만 볼 수 있는지는 의문이다.[57] 민법이 예정하고 있는 순위승진의 원칙이라는 법제도에 의한 증식된 이익이 직접 이익에 해당하지 않는다면 무엇이 이에 해당하는지 모호하다고 할 수 있다.

2. 저당부동산의 제3취득자와의 비교

우리나라에서는 저당부동산의 제3취득자에게는 소멸시효의 원용권을 인정하고 있다.[58] 그런데 선순위저당권의 피담보채권이 소멸시효에 의해 소멸함으로써 선순위저당권의 부담이

---

55) 最判 平成10年(1998년)6月22日 民集 52巻 4号 1195면.

56) 앞에서 살펴본 일본 판결에 대해 이러한 관점에서 긍정하는 견해로는 上野隆司, 浅野謙一, "後順位抵当権者が先順位抵当権の被担保債権の消滅時効を援用することの可否", 金融·商事判例 1084号, 2000, 33면.

57) 앞에서 본 일본 판결에 대해서도, 순위승진의 원칙의 당부는 별도로 하더라도 법이 인정한 이러한 이익증진을 받을 수 있는 후순위저당권자를 제외하는 것에는 의문이 있다는 지적에 대해서는, 田口勉, "後順位抵当権者による先順位抵当権の被担保債権の消滅時効", 法学教室 235号, 2000, 127면 참조.

58) 우리나라에서는 저당부동산의 제3취득자에 대해 직접적으로 다룬 판례는 없지만 소유권이전청구권 보전의 가등기가 된 부동산을 취득한 제3자 등에 대해 시효원용권을 인정한 판결(대법원 1995. 7. 11. 선고 95다12446 판결) 등을 근거로 저당부동산의 제3취득자에게 시효원용권을 인정한다는데 이론이 없다.

없는 상태에서 부동산 가치를 파악하게 되는 점에서는 후순위저당권자나 저당부동산의 제3취득자나 다를 바 없다. 이러한 이익에 주목한다면 제3취득자에게 시효원용권이 인정되는 것과 마찬가지로 후순위저당권자에게도 이를 인정하는 것이 오히려 타당하다고 생각된다.

그런데 대법원에서는 명백히 밝히고 있지 않지만 원심[59]에서는 양자의 차이를 분명히 하면서 부정의 논거로 삼고 있다. 즉, 제3취득자의 경우 "피담보채권이 소멸하면 저당권이 소멸하고 이에 따라 부동산의 소유권을 보전할 수 있는 관계에 있고, 이 경우 소멸시효를 원용할 수 없다고 한다면 저당권이 실행됨으로써 부동산의 소유권을 상실하는 불이익을 직접 받을 수 있기 때문"인데 반하여, 후순위 담보권자에게 있어서는 "소멸시효를 원용할 수 없다 하더라도 목적 부동산의 가치로부터 담보권의 순위에 따라 변제를 받을 수 있는 후순위 담보권자로서의 지위는 전혀 해하지 않는 것이어서 후순위 저당권자와 제3취득자는 그 지위가 다르다고 보아야 한다."는 것이다.

그런데 소멸시효를 원용함으로써 완전한 소유권이라는 이익을 받는 것과 순위승진에 의해 완전히 채권이 변제된다는 것에 있어 어디가 직접이고 어디가 간접이라고 할 수 있는지 의문이다. 오히려 저당권이 설정된 부동산을 취득하는 제3자는 소유권을 잃을지도 모른다는 것을 각오하고 산 사람이므로, 후순위저당권자가 선순위저당권의 존재를 각오하고 설정한 것과 직접 이익이라는 의미에서는 다를 바 없다고 볼 수 있지 않을까? 이러한 의미에서 보면 시효원용권을 인정할지 여부에 있어 차이를 둘만한 명백한 근거로는 되지 않는다고 할 수 있다. 오히려 제3취득자는 소유권에 존재하는 저당권의 부담을 면하는 것에 비하여 후순위저당권자의 경우에는 이러한 의무나 부담을 면하는 관계는 아니라는 점을 강조했어야 하는 게 아닌가 싶다.

3. 소멸시효 제도의 취지 및 비교법적 관점

소멸시효의 원용권자를 어느 범위까지 인정할 것인가는, 기본적으로는 소멸시효 제도에 대한 가치판단에 의해 달라질 수 있다. 특히 소멸시효에 대해서는 정당한 권리자로부터 권리를 박탈하고, 불성실한 채무자에게 이익을 주는 도덕상 바람직하지 않은 제도 또는 정의에 반하는 제도로 볼 수도 있다. 실제로 보와소나드도 소멸시효에 대해, 변제하였지만 그 증거를 가지지 않은 채무자를 보호하기 위한 제도로만 파악하였다는 점도 이 점을 뒷받침한다. 이러한 관점에서 본다면 불성실한 채무자가 시효이익을 원용하는 것에 대하여 어느 정도 합리적인 이유가 있는 경우에만 원용권을 인정할만하고, 원용권자의 범위를 좁게 해석할 수도 있다.

그러나 후순위저당권자는 채권자이지 불성실한 채무자가 아니다. 또한 소멸시효제도는 소송경제적 목적 수행을 위해 중요한 수단이 되는 점도 분명하며, 조속한 권리관계의 확정을 통해 법률생활의 안정을 도모하는 제도로서도 중요하다. 본래 소멸시효기간도 로마법에서는 30

59) 서울고등법원 2016. 6. 9. 선고 2015나2065323 판결.

년이 기본적인 시효기간이었지만 최근 독일은 3년, 프랑스와 일본은 5년으로 시효기간을 단축하였다.

절대적 소멸설을 입법목적으로 밝힌 우리나라와 달리 독일과 프랑스, 일본은 상대적 소멸설을 취하고 있다. 개정 독일민법도 구 독일민법과 동일하게 소멸시효가 완성되더라도 권리자체의 존속을 여전히 인정한다. 독일법에서 소멸시효의 효과는 개정 전후를 불문하고 권리자체 뿐만 아니라 소멸시효의 대상인 청구권도 소멸하지 않고, 다만 항변권, 정확히 표현하자면 급부거절권(Leistungsverweigerungsrecht)이 생길 뿐이고, 이를 행사해야만 그 효과가 있다고 본다.[60]

프랑스에서도 시효의 원용은 채무자가 아닌 그의 채권자가 채무자에 갈음하여 이를 할 수 있다. 지급 불능에 빠진 채무자라면 시효를 원용하더라도 결국 자신의 이익이 되지 않으므로 이를 원용하지 않을 수도 있기 때문이다. 또한 개정법에서는 제2253조에서 종전의 제2225조를 그대로 유지하였는데, 「채권자, 기타 시효완성에 이해관계를 가진 모든 자는 채무자가 시효를 포기하는 때에도 시효로써 대항하거나 시효를 원용할 수 있다.」고 규정하고 있다. 판례는 채무자가 시효를 포기했음에도 불구하고 채권자에게 시효의 원용을 허용한 제2225조는, 포기에 의해 채무자가 지급불능에 빠지거나 지급불능을 심화시켜 채권자에게 손해를 끼친 경우에 한하여 적용되어야 한다고 한다.[61]

물론 소멸시효제도는 그 나라의 입법정책의 문제이다. 다만 대부분의 국가에서는 상대적 소멸설에 입각하면서도 시효의 원용권을 제한 없이 인정하는데 반하여 우리나라는 절대적 소멸설을 취하면서도 일본의 상대적 소멸설에서 나온 판례 이론과 동일한 입장을 취하고 있다.

Ⅵ. 맺음말

우리나라 판례에서 소멸시효의 원용권을 인정하는 근거인 '직접적인 이익을 받는 자'라는 기준은 우연인지는 모르겠지만 일본 판례에서 제시하는 근거와 동일하다. 또한 본고에서 다룬 대상판결에서 제시하는 근거들도 후순위저당권자의 원용권을 부정한 일본 판례의 이론과 거의 똑같다고 할 수 있다. 절대적 소멸설을 취하면서 변론주의 원칙을 적용하는 경우나 상대적 소멸설을 취하는 경우가 결론적으로 동일할 수도 있지만, 애초에 입법취지를 고려하지 않은 판단은 아닐까?

실제로 일본에서도 '직접 이익을 받는 자'라는 기준은 입법 목적과 달리 원용권자의 범위를 좁게 해석하기 위해 나온 초기 판례의 논거이며 그동안 단어 의미 그대로 적용되지 않고 범위를 확대해 왔다. '직접 이익을 받는 자'라고 하는 판례의 기준이 문자 의미 그대로 기준으

60) Zerres, Bürgerliches Recht, 2 Aufl., 112면 이하 참조.

61) Civ. 23 juillet 1912, D. P. 14. 1. 30.

로써 사용된 것은 저당부동산의 제3취득자에게 시효원용권을 부정한 초기 판례뿐이고, 그 후의 판례들은 입장이 바뀌었는데도 불구하고 '당사자'를 '직접 이익을 받을 수 있는 자'로 초기 판례를 그대로 답습해 왔다. 우리나라 판례도 '직접'과 '간접'의 실질적 판단요소가 분명하지 않고 또한 판단기준으로도 실제로 유효하게 기능하고 있지 않는 이러한 기준을 그대로 따라 한 것은 아닌지 우려된다. 이처럼 시효원용권을 긍정 또는 부정하는 논거가 예측 가능성을 담보할 수 없다면 판례의 결과에 대해 예측을 곤란하게 할 뿐만 아니라, 나아가 결론의 타당성에 대해서도 납득할 수 없게 만든다.

절대적 소멸설을 취한다면 오히려 당사자에 따라 제한 여부를 달리 판단할 것이 아니라 모두 시효원용권을 인정하도록 하는 것이 일관된 입장이라고 할 수 있다. 그렇지만 사안에 따라서는 구체적 타당성을 기하기 어려운 사안도 있을 것이다. 만약 그렇다면 이렇게 자의적으로 사용되는 '직접 이익을 받는 자'라는 기준이 아니라, '시효소멸에 정당한 이익을 가지는 자' 등의 용어를 사용하여 법원이 정당성을 판단한 것이라고 하는 것이 오히려 더 낫지 않은가 생각된다.

미국의 통일신탁법(Uniform Trust Code)과 우리 신탁법에 대한 시사점*

이 계 정**

Ⅰ. 서설

1. 신탁은 형평법이 남긴 가장 위대하고 특색이 있는 업적으로 평가받는 제도로[1] 영미법계 국가에서 이를 활발하게 이용하고 있다. 신탁의 가장 큰 특징은 신탁재산을 수탁자에게 이전한다는 점에 있다. 이를 통해 수탁자의 전문성을 활용하게 되어 신탁재산의 단순한 관리를 넘어서서 부의 증식을 가져올 수 있다. 한편, 신탁자가 신탁재산을 수탁자에게 이전을 해야 하므로 필연적으로 상당한 대리비용(agency cost)을 수반하게 된다. 그럼에도 불구하고 신탁이 그 동안 활용되어 온 이유는 대리비용의 축소에 성공해왔기 때문이다. 즉, 신탁은 재산이전에 따른 대리비용(agency cost)을 줄이기 위하여 수탁자에게 신인의무를 부과하고, 수탁자의 도산위험으로부터 신탁재산을 보호하기 위하여 도산절연기능(insolvency)을 인정함으로써 재산관리에서의 효율을 극대화하고 있는 것이다.

2. 미국의 신탁법을 알기 위해서는 미국의 통일신탁법(Uniform Trust Code, UTC)에 대한 검토가 필수적이다. UTC는 신탁에 관한 법을 표준화함으로써 각 주마다 신탁에 관한 법이 상이

* 어둠의 시대에 양심을 지키며 불의에 타협하지 않았던 최종길 교수님의 뜻을 가슴에 새기며 미흡한 글이지만 최종길 교수님의 추모문집에 바칩니다. 최종길 교수님은 하버드대학교에서 1년간 연구를 하신 후 귀국해서 얼마 되지 않아 의문사로 작고하셨는바, 그러한 불행이 없으셨다면 아마도 미국법에 관한 글을 남기지 않으셨을까 생각이 듭니다. 이에 미국법에 관한 내용을 추모문집에 바칩니다. 필자는 그 동안의 저서와 논문에서 분산하여 언급했던 미국의 통일신탁법의 내용을 이 글에서 통합하여 다루면서 우리 신탁법과 비교를 하였습니다. 따라서 신탁의 기본 법리에 관한 연구 — 본질과 독립재산성, 경인문화사(2017); "신탁의 수익권의 성질에 관한 연구", 민사법학 제77호(2016. 12); "형평법상 추급권과 신탁의 법리", 저스티스 통권 제157호(2016. 12); "고령사회에서의 신탁의 역할 – 신탁의 공익적 기능에 주목하여", 서울대학교 법학(2020. 12); "민사법적 관점에서 본 동물 관련 법제에 관한 고찰", 법조 통권 제746호(2021. 4)(공저)에서의 미국신탁법에 관한 내용이 이 글에 포함되어 있습니다.

** 서울대학교 법학전문대학원 교수, 민법학 박사.

1) 영국의 대표적인 법사학자인 Maitland는 신탁에 대하여 "영국이 법학 분야에서 이룩한 가장 위대하고 특색이 있는 업적(the greatest and most distinctive achievement performed by Englishmen in the field of jurisprudence)"이라고 칭송하였다. F. W. Maitland, *State, Trust and Corporation*, Runciman & Ryan ed., Cambridge, 2003, p.52.

함으로 인하여 발생하는 문제점을 시정하고 유언의 대안으로서 신탁제도를 활성화하기 위하여 표준주법위원전국회의(National Conference of Commissioners on Uniform State Laws, NCCUSL)에 의하여 제정되었다. 2000년에 공표된 후 2005년에 마지막 개정이 이루어졌고, UTC를 전부 또는 부분적으로 채택한 주는 오하이오 주, 테네시 주, 버지니아 주를 비롯하여 36개 주에 이른다.[2] UTC는 그 동안 신탁에 관하여 법원이 내린 판결을 존중하는 차원에서 신탁에 관한 기존 법리를 체계화하였으면서도 동시에 신탁의 발전을 위하여 기존과는 다른 법리를 제시하는 등 미국 신탁법의 현재와 미래를 파악할 수 있는 중요한 법원(法源)이라고 할 수 있다.[3]

3. UTC 제1편은 일반규정 및 정의를, 제2편은 사법절차를, 제3편은 대표를, 제4편은 신탁의 설정, 유효성, 변경 및 종료를, 제5편은 채권자의 청구권, 낭비방지신탁을, 제6편은 철회가능신탁을, 제7편은 수탁자로서의 지위를, 제8편은 수탁자의 의무와 권한을, 제9편은 표준신중투자자법을, 제10편은 수탁자의 책임, 수탁자와 거래한 제3자의 권리를, 제11편은 기타 규정들을 각 규정하고 있다.[4]

미국은 기본적으로 영국의 신탁제도를 받아들여 신탁을 발전시켰지만, '철회가능신탁(revocable trusts)', '낭비자신탁(spendthrift trusts)'등 독자적인 신탁제도를 발전시켜 신탁을 활성화하였고, 현재는 신탁의 도산격리기능, 조세편의기능을 상사에서도 널리 활용하고 있다.[5] 우리가 신탁법을 전면 개정한 과정을 보면 미국의 UTC, 신탁법 리스테이트먼트를 폭넓게 참조하였음을 알 수 있다.[6] 미국 신탁법의 고찰은 우리 신탁법의 해석에도 상당한 시사점을 줄 수 있는 것이다.

이하에서는 우리 신탁법의 해석에 있어서 의미가 있는 UTC의 내용 위주로 기술하기로 한다.

Ⅱ. 미국법에서 신탁의 의의 — 명시신탁을 중심으로[7]

1. 신탁의 의의

UTC는 신탁을 직접적으로 정의하고 있지 않다. 신탁의 의의에 관하여 제2차 신탁법 리스

2) https://www.uniformlaws.org/committees/community-home?CommunityKey=193ff839-7955-4846-8f3c-ce74ac23938d(2023. 10. 30. 방문).

3) UTC에 있는 혁신적인 내용(Innovative Provisions)에 관하여는 UTC Prefatory Note 참조.

4) 가장 최근의 UTC 내용은 Thomas P. Gallanis, Uniform Trust and Estate Statutes, 2022-2023 Edition, Foundation Press(2022). 위 책에는 미국의 신탁 관련 법과 유언에 관한 법이 전부 소개되어 있다.

5) 상사신탁에 관한 논의로는 Robert H. Sitkoff, "Trust as "uncorporation": A Research Agenda, Symposium: Uncorporation: A New Age?", 2005 U. Ill. L. Rev. 31 (2005); Steven L. Schwarcz, "Commercial Trusts as Business Organizations: Unraveling the Mystery", 58 BUS. LAW. 559 (2003) 참조.

6) 신탁법 개정안 해설, 법무부(2010. 2) 참조.

7) 이계정, 신탁의 기본 법리에 관한 연구 — 본질과 독립재산성, 경인문화사(2017), 36면 이하의 내용을 정리한 것이다.

테이트먼트(이하 'Res 2nd'라고 한다)가 유용한 정의를 하고 있는데, Res 2nd §2는 "신탁은, 신탁재산에 관한 신임관계를 말하며, 신임관계에 의하여 신탁재산의 소유권을 가지는 수탁자는 수익자의 이익을 위하여 신탁재산을 취급하여야 하는 형평법상의 의무를 부담하게 된다"라고 규정하고 있다.[8)]

이를 토대로 신탁의 의의를 분석하여 보자. 형평법은 보통법을 존중하는 전제에서 출발한다(equity follows the law). 따라서 수탁자가 해당 재산의 권리자임이 대외적으로 표시됨으로써 가지는 보통법상의 권리(legal title)를 인정한다. 그렇지만 수탁자는 해당 재산을 수익자의 이익을 위하여 관리할 의무를 부담하는바, 수탁자가 수익자에 대하여 부담하는 의무는 단순한 채권적 의무가 아니라 형평법상의 의무이고 수익자는 이를 강제하기 위하여 형평법상의 권리(equitable ownership)을 가진다는 것이다.

보통법에 기한 소유권을 갖는 수탁자와 형평법에 기한 소유권을 가지는 수익자가 충돌할 수 있는바, 수탁자에게 신임관계(fiduciary relationship)에 기한 고도의 충실의무가 부과되므로 수익자의 권리가 우선하게 되는 것이다.

결국 신탁의 정의에서의 핵심은 소유권의 내용적 분할과 소유권의 분할로 인한 충돌을 방지하기 위한 신임관계의 설정이라고 할 것이다.

2. 신탁의 종류

미국에서는 통상 신탁을 신탁 설정에 관한 자발성의 정도에 따라 (1) 당사자의 의사에 의하여 설정된 명시신탁(express trust), (2) 당사자의 의사와 상관없이 법에 의하여 인정되는 의제신탁(constructive trust), 복귀신탁(resulting trust)으로 분류한다. UTC는 명시신탁, 명시신탁의 방법으로 운영할 것을 요구하는 제정법, 판결 또는 결정에 의하여 설정된 신탁에 적용된다.

가. 명시신탁(express trust)

신탁이 가지는 강점 중의 하나는 신탁이 특정의 형식적인 틀에 얽매이지 않고 매우 유연하다는 점에 있다.[9)] 이 때문에 신탁의 성립요건을 확정하여 논하기가 쉽지 않으며, 아래에서 논하는 성립요건 중에 그 일부를 결하여도 신탁의 성립에 지장이 없는 경우가 많다. 통상 신탁의 성립요건으로 ① 신탁설정의 의사(an intention to create a fiduciary relationship), ② 수탁자 앞으로의 신탁재산의 이전(property that is transferred to the trustee), ③ 확정할 수 있는 수익자

---

8) 현재까지 세 번에 걸쳐 신탁법 리스테이트먼트(Restatement of Trusts)가 발간되었는데, 이는 그 자체가 법적인 효력은 없으나 소송에서 주장을 뒷받침하는 자료로 매우 높은 설득력을 지니고 있다.

9) 미국 신탁법의 대가라고 할 수 있는 Scott 교수는 "신탁을 설정하여 사용할 수 있는 분야는 무궁무진하다"고 말하면서 신탁이 해당 목적에 따라 여러 가지 다양한 모습을 띨 수 있음을 강조하였다(Austin W. Scott, William F. Fratcher & Mark L. Ascher, The Law of Trusts(이하 '*Scott & Ascher on Trusts*'라고 약칭한다), vol. 1, 5th ed., Aspen Publishers(2006), p.1).

의 존재(ascertainable beneficiary), ④ 수탁자의 존재(the trustee), ⑤ 공서양속에 반하지 않는 신탁의 목적(a valid trust purpose), ⑥ 사기 방지법(the Statute of Frauds)이 적용되는 재산 양도에 있어서는 형식적 요건의 구비(formalities)를 언급할 수 있다.[10)11)]

1) 신탁설정의 의사(an intention to create a fiduciary relationship)

신탁은 위탁자가 신탁설정의 의사, 즉 신탁재산의 이전을 통해 그 수익을 수익자에게 귀속시킬 의사를 표시하여야만 성립한다. 통상 'Trust Agreement', 또는 'in trust' 등의 용어를 사용하면 신탁설정의 의사를 표시한 것으로 볼 수 있다. 그러나 Jimenez v. Lee, 547 P.2d 126 (Or. 1976) 사건에서 보듯이 'trust'라는 용어를 사용한 바 없어도 신탁설정의 의사가 있었던 것으로 볼 수 있는 경우도 있다.

신탁의 성립을 위해서 위탁자가 신탁설정의 의사를 표시함에 있어, 수탁자나 수익자의 승낙은 필요가 없다.[12)] 그 이유는 위탁자가 신탁설정의 의사를 표시하고 신탁재산을 이전함으로써 신탁은 성립하는 것으로, 신탁설정의 의사의 표시는 증여의 경우와 마찬가지로 재산권의 이전을 요건으로 하는 일방적인 채무부담행위이기 때문이다.[13)] 우리 법은 위탁자와 수탁자 사이의 신탁계약에 의해 신탁이 설정된다고 보는 것과 대비된다.

물론 신탁의 성립을 위하여 위탁자와 수탁자가 계약을 체결하는 것은 가능하다. 그런데 그 경우에도 위 계약의 효력에 의해서 바로 신탁이 성립하는 것이 아니다. 위 계약에서 신탁설

---

10) 신탁의 성립요건을 규정한 UTC §402의 원문 일부를 발췌하면 다음과 같다(아래에서 보는 capacity(행위능력)는 신탁의 고유한 요건이 아니므로 논의에서 제외하였다).

"(a) A trust is created only if:

(1) the settlor has capacity to create a trust;

(2) the settlor indicates an intention to create the trust;

(3) the trust has a definite beneficiary ···

(4) the trustee has duties to perform; and

(5) the same person is not the sole trustee and the sole beneficiary of all beneficial interests."

한편 신탁의 목적이 공서양속에 반하면 아니 된다는 점을 규정한 UTC §404의 원문 일부는 아래와 같다. "A trust may be enforced only to the extent its purposes are lawful, not contrary to public policy, and possible to achieve. ···."

11) 영국에서는 신탁 성립의 요건에 대해서 세 가지 확실성(three certainties)을 갖추어야 한다고 설명하는데, '용어의 확실성(certainty of words)', '목적물의 확실성(certainty of subject matter)', '수익자의 확실성(certainty of objects)'이 그것이다(Graham Moffat, Trusts Law, 5th ed., Cambridge(2009), p.121 이하). 용어의 확실성은 신탁설정의 의사에, 목적물의 확실성은 신탁재산의 이전에, 수익자의 확실성은 확정할 수 있는 수익자의 존재에 각 대응한다고 할 수 있다.

12) Res 2nd §35, 36(신탁은 수탁자나 수익자에게 통지를 하지 않아도 성립하고, 수탁자나 수익자의 승낙이 없어도 성립한다고 규정하고 있다). 특히 수익자의 승낙을 요구하지 않음으로써, 수익자로 하여금 수익권을 조기에 취득하게 하고, 이를 통해 위탁자와 수탁자가 수익권을 함부로 변경할 수 없게 하여 수익자를 보호하고 있다. 우리 신탁법도 수익자가 별도의 의사표시 없이 당연히 수익권을 취득하는 것을 원칙으로 하고 있다(신탁법(이하 '법'이라고만 한다) 제56조 제1항).

13) 신탁설정에 있어서 약인(consideration)을 요구하지 않는 이유이기도 하다(*Scott & Ascher on Trust*, vol 1. pp.156－159).

정의 의사의 표시를 하였으므로 신탁재산을 이전한 때에 비로소 신탁이 성립하는 것이다.[14] 수탁자의 의무도 계약의 효력에 의해서 발생하는 것이 아니라 신탁재산의 이전에 의하여 발생된 신임관계에서 비롯되는 것이다.[15]

2) 신탁재산의 이전(property that is transferred to the trustee)

신탁이 유효하게 성립하기 위해서는 신탁재산이 수탁자에게 이전되어야 한다.[16] 수탁자가 후견인(custodian), 대리인(representative), 재산관리인(conservator)과 구별되는 가장 큰 차이는 신탁재산을 이전받는 데 있다. 신탁재산은 수탁자에게 이전되어야 하고, 위탁자의 재산으로부터 독립되어야 하므로 식별가능할 것(identifiable property)이 요구되는 것은 당연하다.

이하에서는 영미 신탁법의 특징인 '신탁선언에 의한 신탁설정'을 검토하고자 한다.

'신탁선언에 의한 신탁설정'은 위탁자가 스스로 수탁자가 되어 자신의 재산 중 일정한 부분을 신탁재산으로 관리·처분하겠다고 선언하는 방식으로 신탁을 설정하는 것이다. UTC §401도 이를 인정하고 있다.[17] 그런데 위와 같은 방식으로 신탁을 설정하게 되면, 위탁자와 수탁자가 동일하므로 과연 신탁재산의 이전이 있었다고 보아야 하는지 문제가 된다. 특히 '신탁선언에 의한 신탁설정'을 광범위하게 인정하면, 위탁자가 자기의 재산을 신탁재산화하여 채권자의 강제집행을 면탈할 위험이 커지고, 신탁재산이 식별되지 않아 법률관계가 불명확해지는 문제점이 있다.

UTC는 이러한 문제가 발생하지 않도록 신탁선언을 근거로 한 신탁재산은 다른 위탁자의 재산과는 '식별가능한 재산(identifiable property)'이어야 한다고 규정하고 있다(UTC §401(2)). 식별가능한 신탁재산이 되기 위해서는 등기나 등록을 다시 하는 것이 가장 좋은 방법이기는 하나, 그러한 등기나 등록이 신탁선언에 의한 신탁성립의 필수요건은 아니며 신탁재산이 열거된 명세표를 부착하는 방법으로도(merely by attaching a schedule listing the assets that are to be subject to the trust) 식별 가능한 신탁재산을 만들 수 있다고 보고 있다.[18] 미국에서 신탁선언에 의한 신탁은 뒤에서 보는 철회가능신탁과 결합하여 검인을 피하기 위한 유언의 대체수단으로 널리 활용되고 있다.

우리 신탁법도 '신탁선언에 의한 신탁설정'을 인정하고 있다(신탁법 제3조 제1항 제3호). 신

14) 제3차 신탁법 리스테이트먼트(이하 'Res 3rd'라고 한다) §10 cmt. g.

15) *Scott & Ascher on Trusts*, vol. 3, pp.1077–1078; Res 2nd §74 cmt. a 참조.

16) UTC §401 참조. UTC §401은 "A trust may be created by:

(1) transfer of property under a written instrument to another person as trustee during the settlor's lifetime or by will or other written disposition taking effect upon the settlor's death"라고 규정하여 신탁재산의 이전을 신탁의 성립요건으로 하고 있다.

17) UTC §401의 원문을 일부 발췌하면 다음과 같다. "A trust may be created by:

… (2) written declaration by the owner of property that the owner holds identifiable property as trustee"

18) UTC §401 cmt. 참조.

탁선언에 의한 신탁의 경우 신탁재산의 이전이 외부적으로 드러나지 않아 신탁의 성립여부를 파악하기 어려우므로 공정증서를 작성하는 방법으로 설정해야 하나, 공익신탁은 법무부의 인가를 받아 설정되며 그 내용이 공시되므로 공정증서를 작성할 필요는 없다.[19)]

3) 확정할 수 있는 수익자의 존재(ascertainable beneficiary)

가) 신탁이 성립하기 위해서는 수탁자로부터 독립된 확정할 수 있는 수익자(beneficiary, cestuis que trust)가 필요하다.

수익자는 앞서 본 바와 같이 형평법상의 소유권을 가지는 자로서, 수탁자는 수익자에 대하여 신임관계상의 의무를 부담하고, 수익자는 이를 강제한다. 따라서 유일한 수탁자와 유일한 수익자가 동일인이어서는 아니 된다(UTC §402(a) (5)). 신탁 설정 시에 수익자가 명확하게 확정되어야 하는 것은 아니고, 장래에 수익자가 확정될 수 있으면 충분하다.[20)]

UTC §402(c)는 '위탁자가 수탁자에게 불확정 집단 중에서 수익자를 지정하는 권한을 수여하는 것은 유효하다. 수탁자가 합리적 기간 내에 위 권한을 행사하지 않으면 복귀신탁(resulting trust)의 법리에 따라 위 수익자 지정 권한이 수여되지 않았다면 해당 신탁재산이 귀속될 자에게 신탁재산이 복귀한다.'는 취지로 규정하여 기본적으로 Res 3rd §46과 같은 입장에 있다고 할 수 있다.[21)]

나) 확정할 수 있는 수익자가 존재하여야 신탁이 성립한다는 원칙에는 다음과 같은 두 가지 예외가 있다.

그 중의 하나는 공익신탁(charitable trust: 가난 구제, 교육 또는 종교의 발전, 건강 증진 기타 공동체의 이익을 목적으로 하는 신탁을 말한다[22)])이다. 공익신탁에서는 목적의 공익성에 비추어 불특정 다수인(공중)을 위한 신탁설정이 가능하다고 보고 있다.[23)24)]

또 다른 예외로 목적신탁(trust for noncharitable purpose) 내지 명예신탁(honorary trust)을 검토하여야 한다. 목적신탁은 비공익목적 내지 사적 목적을 위하여 설정되는 신탁으로 자신이

---

19) 신탁법 제3조 제2항. 신탁선언에 의한 신탁에 대한 설명으로는 최수정, 신탁법, 개정판, 박영사(2019), 191면 이하; 편집대표 이계정, 온주 신탁법 제3조, 온주편집위원회, 단락번호 28 이하(이연갑 집필부분).

20) UTC §402(b) "A beneficiary is definite if the beneficiary can be ascertained now or in the future, subject to any applicable rule against perpetuities."

21) UTC §402(c)는 "A power in a trustee to select a beneficiary from an indefinite class is valid, If the poser in not exercised within a reasonable time, the power fails and the property subject to the power passes to the persons who would have taken the property had the power not been conferred" 라고 규정하고 있다. 한편, Res 3rd §46은 불확정 집단을 수익자로 지정한 신탁은 원칙적으로 무효이나, 예외적으로 신탁재산의 양수인(수탁자)에게 불확정 집단 중 신탁재산을 분배받을 사람을 선택할 수 있는 권한을 수여한 경우에 그 신탁은 유효하다고 규정하고 있다.

22) UTC §405(a) 참조.

23) UTC §402(a)(3)(A), §405 참조.

24) 우리나라에서는 공익신탁법에 의하여 위와 같은 형태의 공익신탁이 가능하다.

가진 반려동물의 보호를 위해 재산을 신탁하는 경우, 묘지의 관리를 위해 재산을 신탁하는 경우 등과 같이 수탁자의 의무 이행을 강제할 수 있는 수익자가 존재하지 않는 신탁을 의미한다. 영미의 전통적인 신탁법 이론은 수탁자의 의무를 강제할 수익자가 존재하지 않는다는 이유로 목적신탁은 그 효력이 없다고 보았다.[25] 그러나 UTC §408, 409는 목적신탁의 유효성을 인정하면서,[26] 신탁 내용에 의하여 정하여진 자 또는 위와 같은 자가 없는 경우에 법원에서 선임한 자가 목적신탁을 강제할 수 있다고 규정하고 있다.[27]

목적신탁이 가지는 효용성 중의 하나는 신탁을 자산유동화도구로 활용할 수 있다는 점이다. 자산의 원소유자가 자산의 관리·처분을 목적으로 신탁회사에 신탁하고(목적신탁의 설정), 신탁회사는 수익권을 분할하여 수익증권의 형태로 투자자에게 판매하되, 투자자는 수익자의 지위가 아니라 단순히 자산으로부터 생기는 수익을 향유하는 자의 지위에 두는 것이다. 목적신탁을 활용하면 신탁이 가지는 도산격리기능을 향유할 수 있으므로, 투자자는 원소유자의 재산상태에 크게 관심을 둘 필요가 없고, 신탁회사는 수익자의 획정과 변경을 위하여 노력을 할 필요가 없게 되어 적절한 자산유동화수단이 될 수 있는 것이다. 우리 신탁법도 목적신탁의 유효성을 명문화하였다(법 제2조, 제88조 제4항).

4) 수탁자의 존재(the trustee)

수탁자는 신탁재산에 대한 보통법상의 소유권을 취득한 자로서 수익자에 대하여 신임관계상의 의무를 부담하는 자인바, 이러한 신탁의 본질적 요소에 비추어 수탁자가 존재하여야 함은 자명하다. 그러나 수탁자의 존재라는 요건은 실제에 있어서 별다른 의미를 가지지 못하는 요건이다. 즉 위탁자가 신탁을 설정하고 재산을 공여할 의사를 표시하였으나 수탁자가 지정되지 않은 경우 또는 수탁자가 직무인수를 거절한 경우 신탁이 불성립하거나 신탁이 종료하는 것은 아니고, 법원이 적절한 수탁자를 지명하게 된다.[28] 따라서 영미 신탁법에서는 신탁의 성립과 지속이 특정 수탁자에게 의존하지 않는 한, 수탁자가 없어도 신탁은 성립한다고 보고 있다.[29]

특징적인 것은 영미에서는 신탁이 '위탁자와 수탁자 사이의 계약'에 기하여 성립한다기보다는 '위탁자의 신탁설정행위'에 의하여 성립한다고 보므로, 수탁자로 지명된 사람이 직무인수

---

25) UTC §408 cmt. 참조.

26) 다만 영구불확정금지원칙(rule against perpetuity)에 의하여 목적신탁의 존속기간은 [21]년이다(UTC §409(1)). 존속기간을 '[21]년([21]years)'라고 괄호를 사용하여 표시한 것은 각 주마다 목적신탁의 존속기간을 다르게 정할 수 있음을 의미한다. 참고로 영구불확정금지원칙은 장기간 권리의 귀속이 미확정상태에 있는 것을 방지하기 위한 법리로 "모든 권리는 그 권리가 발생한 때에 생존한 어떤 사람의 사후 21년 이내에 확정되어야 하고 그렇지 않으면 그 권리는 유효하지 않다(No interest is good unless it must vest, if at all, not later than twenty-one year after some life in being at the creation of the interest)"고 설명할 수 있다(John Chipman Gray, The Rule Against Perpetuities, 4th ed., Little, Brown and Company(1942), p.191).

27) UTC §408(b), §409(2),

28) *Hentschel v. Fidelity & Deposit Co.*, 87 F.2d 833 (8th Cir. 1937).

29) Res 3rd §31 참조.

를 거절하는 상황이 발생할 수 있다는 점이다(UTC §701(b) 참조). UTC §704(c)는 이러한 경우에 다음과 같은 순서 즉, (1) 신탁조항에 의하여 승계수탁자로서 지명된 자, (2) 수익자 전원의 합의에 의하여 선임된 자, (3) 법원에 의하여 선임된 자의 순서로 수탁자의 공백을 보충할 수 있다고 규정하고 있다.

5) 공서양속에 반하지 않는 신탁의 목적(valid trust purpose)

신탁은 그 유연성이 최대의 장점이므로 다양한 목적에 사용될 수 있다. 그러나 여기에도 한계가 있다. 즉 UTC §404는 신탁은 불법적 목적이나 공서양속에 반하는 목적을 위해서 설정되어서는 아니 된다고 명기하고 있다.

통상 신탁의 목적이 불법인 경우로는 ① 수탁자의 범죄 또는 불법행위와 관련하여 신탁에 기한 의무가 이행되는 경우, ② 신탁의 목적이 채권자나 다른 이해관계인을 기망하기 위함인 경우, ③ 신탁설정의 약인이 불법인 경우 등을 예로 들 수 있고, 신탁의 목적이 공서양속에 반하는 경우로는 ① 범죄나 불법행위를 조장하거나, ② 결혼이나 이혼의 자유를 침해하는 경우, ③ 종교의 자유를 침해하는 경우 등을 예로 들 수 있다.[30]

6) 형식적 요건의 구비(formalities)

사기방지법(the Statute of Frauds)에 따르면, 부동산의 양도에 관한 계약은 서면에 의하여 작성되어야 하고, 구두로 작성된 경우에는 효력이 없다.[31] 따라서 부동산에 관한 권리를 양도하는 내용의 신탁에 있어서는 반드시 서면으로 작성되어야 한다.

나. 법에 의하여 성립한 것으로 의제되는 신탁(법정신탁) : 복귀신탁(resulting trust)과 의제신탁(constructive trust)

무엇이 복귀신탁이고 무엇이 의제신탁인지에 대하여 의견이 일치한다고 보기는 어려우나, 여기서는 Scott 교수의 개념 분류를 중심으로 이를 설명하기로 한다.

1) 복귀신탁(resulting trust)

명시신탁은 위탁자가 신탁을 설정할 의사가 있었던 경우에 성립하는 것임에 반하여 복귀신탁은 위탁자의 의사와 상관없이 성립하는 신탁이다. 재산의 양도인이 양수인에게 권리를 이전하였으나, 양수인에게 해당 재산에 대한 수익권(the beneficial interest in the property)을 수여할 의도가 없었다고 추론할 수 있는 상황에서 발생한다.[32] 복귀신탁이 성립하는 경우, 형평법상의 소유권이 당초의 소유자에게로 되돌아가는(equitable ownership jumps back to the original

---

30) *Scott & Ascher on Trusts*, vol. 2, p.471 이하; UTC §404 cmt. 참조.

31) 사기방지법에 대한 상세한 설명으로는 E. Allian Farnsworth, William F. Young, Carol Sanger, Neil B. Cohen, Richard R. W. Brooks, Contracts – Cases and Materials, 7th ed., Foundation Press(2008), p.257 이하. 사기방지법은 1677년 영국 의회가 제정한 법으로 현 시점에서는 의미가 많이 퇴색되었지만, 부동산 양도와 같은 분야에서는 여전히 계약의 유·무효를 좌우할 수 있다.

32) *Scott & Ascher on Trusts*, vol. 6, p.2820.

legal owner) 결과가 발생하는바, 이는 곧 복귀신탁이 어떤 재산을 그 적법한 소유자에게 되돌려주는 메커니즘임을 암시해준다.

복귀신탁이 발생하는 경우는 다음과 같은 세 가지 경우이다.[33]

첫 번째로 명시신탁을 설정하려고 수탁자에게 신탁재산을 이전하였으나 신탁이 전체적으로 또는 부분적으로 무효가 된 경우이다.

두 번째로 명시신탁에 따라 위탁자가 수탁자에게 신탁재산을 이전하고, 수탁자는 신탁에 기한 의무를 전부 이행하였으나 잔존 신탁재산이 남은 경우이다.

세 번째로 매수인이 매매계약을 체결하고 매매대금을 전부 지급한 상황에서 명의를 자신 앞으로 하지 않고 제3자(grantee) 앞으로 이전한 경우이다.

2) 의제신탁(constructive trust)

의제신탁이란 당사자의 의사와는 관계없이 특정 재산의 권리자를 법률상 수탁자로 의제하는 신탁관계를 말하며, 명목상의 권리가 있음을 기화로 부당이득을 취한 자에 대하여 그 부당이득을 정당한 권리자에게 반환하도록 하기 위한 구제수단으로서 의미가 있다. 즉, 재산의 명목상 권리자가 그 재산을 보유하도록 하면 부당이득을 취하는 것이라고 판단되는 경우에, 명목상 권리자에 대하여 정당한 권리자에게 그 재산을 양도할 형평법상의 의무를 부과하는바, 이러한 경우에 의제신탁이 성립한다.[34]

예를 들어 사기방지법이 적용되어 재산 양도가 무효가 된 경우에, 법원은 재산을 보유하고 있는 자(양수인)를 수탁자로, 그 재산을 양도한 자(양도인이 사망한 경우에는 상속인)를 수익자로 한 신탁이 설정되었다고 의제하여, 양수인이 해당 재산으로부터 부당한 이득을 얻는 것을 방지하는 것이다.

의제신탁의 취지를 고려하여 미국 신탁법 리스테이트먼트에서는 의제신탁에 관한 규정을 두지 않고 있고, 부당이득법 리스테이트먼트(Restatement of the Law of Restitution)에서 이를 규정하고 있다.[35]

Ⅲ. 미국법에서 위탁자와 수탁자의 지위[36]

1. 위탁자의 지위

영미 신탁은 타익신탁 위주로 발달되어 있고, 앞에서 본 바와 같이 신탁이 계약 당사자의

33) *Scott & Ascher on Trusts*, vol. 6, p.2822 이하.

34) *Scott & Ascher on Trusts*, vol. 1, p.174.

35) Restatement (Third) of Restitution and Unjust Enrichment §55 참조.

36) 이계정, 신탁의 기본 법리에 관한 연구 — 본질과 독립재산성, 경인문화사(2017), 51면 이하의 내용을 정리하면서 우리나라 신탁법에 관한 내용을 추가로 기재하였다.

의사합치에 의해서 성립하는 것이 아니라 위탁자의 일방적인 신탁설정의 의사의 표시와 신탁재산의 이전에 의해서 성립한다고 보고 있다. 따라서 일단 신탁이 성립되면 신탁은 위탁자의 손을 떠나 수탁자와 수익자 사이에서 조율되어야 하는 법률관계로 파악하므로, 신탁을 논함에 있어서 위탁자의 지위는 그 중요성이 떨어진다.[37] 위탁자는 수익자의 이익을 위해 수탁자에게 신임관계에 기한 의무를 부과하고 신탁 설정의 의사로 신탁재산을 이전할 때까지만 중요하고, 신탁재산을 이전한 뒤에는 연혁적 권리(historical interest)만을 갖는 전(前)소유자와 유사하다. 따라서 위탁자는 수탁자에 대하여 신탁설정행위에서 정한 바에 따른 의무를 이행할 것, 즉 수익자에게 이익을 급부할 것을 청구할 권리가 없다.[38] 이는 우리 신탁법이 수탁자의 의무 위반에 대하여 위탁자, 수익자 각각 원상회복청구권, 손해배상청구권 등의 구제수단을 가진다고 규율하는 점과 대비된다(법 제43조). 우리나라의 경우 신탁계약이 신탁의 요소이므로 위탁자에게 상당한 권한이 주어지고 위탁자와 수탁자간의 상호관계가 중시될 수밖에 없다.

그런데 미국 신탁법에서 위탁자가 신탁의 내용을 변경할 권리(a power to modify)나 신탁철회권[39](a power to revoke)을 유보한 경우에는 위탁자가 지속적으로 신탁에 개입할 수 있다. 이하에서는 미국에서 유언의 대용으로 미국에서 널리 활용된 철회가능신탁에 관하여 살펴보기로 한다.

가. 철회가능신탁(revocable trust)의 내용

철회가능신탁이 유언 대신 활용되는 방법은 통상 다음과 같다. 즉 위탁자는 자신의 재산에 대하여 신탁을 설정하면서 위탁자가 생존한 기간에는 위탁자를 수익자로 하고, 위탁자가 사망한 때에는 상속인을 사망 당시의 나머지 재산에 대한 수익자로 지정하면서 신탁의 철회권을 유보하는 것이다. 철회가능신탁은 '생전에 설정되는 신탁'이기는 하나, 그 실질에 있어서는 '사망시의 재산이전'인 것이다.[40] 따라서 유언의 대체수단으로 활용할 수 있는데, 신탁의 형식을 취하므로 유언에서 요구되는 요식성의 요건을 갖출 필요가 없고 복잡한 유언검인절차를 받을 필요가 없다는 점에서 미국에서 철회가능신탁이 확대된 것이다.[41]

이 경우에 위탁자는 언제든지 신탁을 철회할 수 있어 수익자가 신탁에 관하여 아무런 권리나 이해관계를 가질 수 없는 상황이 언제든지 발생할 수 있으므로, '철회가능신탁의 설정이

37) 일례로 UTC §1001은 수탁자가 신탁상의 의무를 위반한 경우에 관하여 수익자의 구제수단으로 10가지 구제수단을 열거하고 있으면서, 위탁자의 구제수단에 대해서는 별다른 언급을 하고 있지 않다.

38) *Scott & Ascher on Trusts*, vol. 4, pp.174－175.

39) 여기서 철회는 우리 민법상의 철회와 그 의미가 다르다. 즉 우리 민법상으로 철회는 아직 해당 법률행위의 효과가 발생하지 않은 상황에서 법률행위를 없었던 것처럼 만드는 단독행위를 의미하는 데 반하여 여기에서의 철회(revoke)는 법률행위의 효과가 발생한 상황에서 신탁을 종료시킨다는 점에서 '해지'로 번역할 수도 있다. 다만, revocable trust에 대해서 철회가능신탁이라고 일반적으로 번역하므로 revoke를 철회로 번역하였다.

40) 大塚正民 · 樋口範雄 編著, 명순구 · 오영걸 역, 현대미국신탁법, 세창출판사(2005), 151－152면 참조.

41) 한편, 미국에서는 철회가능신탁은 '위탁자 능력상실시의 재산관리제도'로도 널리 이용되고 있다.

라는 것이 외관에 불과한 것이 아닌가'라는 문제가 제기될 수 있다. 이로 인하여 철회가능신탁의 유효성이 논의가 되었으나, Farkas v. Williams, 125 N.E.2d 600 (Ill. 1955) 사건에서 일리노이주 대법원은 철회가능신탁에서 수익자가 갖는 권리 또는 이익이 미약하다고 하더라도 수익자의 지위가 인정된다고 판시하였고, 이후 철회가능신탁은 널리 그 유효성을 인정받았다.

철회권 유보와 관련하여 미국 대부분의 주는 특별한 사정이 없는 한 위탁자는 신탁을 철회할 권한이 없다고 보았고, Res 2nd도 이러한 입장에 있었다.[42] 그런데 UTC는 신탁을 철회가능한 것으로 추정하고 있는데, "신탁조항에 신탁이 철회 불가능하다는 점을 명시하지 않는 한, 위탁자는 신탁을 철회하거나 변경할 수 있다."고 규정하고 있다.[43] 이러한 UTC의 입장은, 유언이 철회가능한 이상 유언의 대체수단(will substitute)인 신탁에 대하여도 철회를 가능하게 하여 위탁자의 의사가 계속 관철되게 하고, 이를 통해 신탁을 활성하고자 하는 의도에 기반한 것으로 볼 수 있다.

우리 신탁법은 신탁을 해지할 수 있는 권한을 유보한 신탁을 설정할 수 있음을 규정하고 있는데(법 제3조), 우리 신탁은 계약에 의하여 성립되므로 해지권 유보에 의하여 미국의 철회가능신탁과 유사한 효과를 거둘 수 있다.

나. 철회가능신탁과 위탁자의 지위

철회가능신탁에서의 위탁자의 권한은 막강하다. 수탁자는 위탁자가 생존하는 동안에는 오로지 위탁자에게만 수탁자로서의 의무를 부담한다.[44] 따라서 수탁자는 신탁조항과 상반되더라도 위탁자의 지시를 따라야만 한다.[45] 신탁조항과 상반되는 위탁자의 지시는 신탁의 적법한 수정으로 볼 수 있기 때문이다.

철회가능신탁에서 위탁자가 생존하는 동안에는 수익자의 권리는 위탁자의 통제 하에 있다.[46] 그러나 철회가능신탁이 철회되지 않은 상태에서 위탁자가 사망하였다면 해당 신탁은 철회불능신탁으로 되므로, 이때 비로소 철회가능신탁의 수익자는 확정적으로 그 권리를 향유할 수 있다.

철회가능신탁이 설정된 경우에, 위탁자는 철회권을 통해 신탁재산을 실질적으로 통제할 수 있는 권능이 있다고 보아 미국에서는 세법상 위탁자의 재산으로 다루는 것이 확립되어 있

42) Res 2nd §330 참조.

43) UTC §602(a). 원문은 "Unless the terms of a trust expressly provide that the trust is irrevocable, the settlor may revoke or amend the trust."이다.

44) UTC §603(a) "While a trust is revocable, … the duties of the trustee are owed exclusively to, the settlor."

45) UTC §808(a) "While a trust is revocable, the trustee may follow a direction of the settlor that is contrary to the terms of the trust."

46) UTC §603(a) "While a trust is revocable, rights of the beneficiaries are subject to the control of … the settlor."

다.[47] 한편, 철회가능신탁이 설정되더라도 위 신탁재산은 위탁자의 채권자의 책임재산이 되는 바,[48] 이에 대하여는 뒤에서 논하기로 한다.

2. 수탁자의 지위

가. 수탁자의 지위 개관

수탁자는 신탁재산에 관하여 보통법상 소유권(legal title)을 가지나, 신탁에 의하여 그 권리를 가지는 것이므로 수탁자의 권리행사는 본질적으로 신탁설정행위에 따라야 하는 것이다. 따라서 위탁자가 신탁설정행위에서 수탁자가 처분을 제한한 경우에 수탁자가 이에 반하여 처분을 하면 수익자는 추급권을 행사하여 수탁자의 처분행위를 취소할 수 있다.

오늘날 수탁자의 의무는 신탁계약이나 신탁조항에 의하여 발생하는 것이 아니라 신탁관계에 기하여 발생한다고 보고 있다.[49] 즉 충실의무(the duty of royalty), 선관주의 의무(the duty to exercise reasonable care and skill in the administration of the trust) 등은 위탁자가 이를 명시적으로나 묵시적으로 신탁설정행위에서 정하였기 때문이 아니라 신탁관계에 기하여 발생하는 것이다.

종전에 영미에서는, 수탁자는 신탁설정행위에 명기하지 않은 권한을 행사할 수 없다는 경향이 강하였다.[50] 이로 인하여 영국은 여러 법령을 통해 수탁자의 권한을 매우 자세하게 규정하였고, 미국도 같은 경향이 있었다. 현재는 수탁자가 장기간 재산관리를 하도록 하기 위하여 수탁자의 권한을 가능한 한 광범위하게 인정하는 것이 필요하다는 견해가 대두되었다.[51] 이 점을 반영하여 UTC는 신탁조항에서 제한하고 있지 않는 한, 신탁재산에 대하여 미혼의 행위능력 있는 소유자가 단독으로 소유하는 재산에 대하여 가지는 권한(powers which an unmarried competent power has over individually owned property)과 동일한 권한을 가진다고 하여 수탁자에게 포괄적인 권한을 인정하고 있다.[52]

나. 수탁자의 의무

신탁이 설정되면 수탁자는 신탁재산을 이전받음과 동시에 신탁재산 관리와 관련하여 상당한 재량을 부여 받게 되는바, 수탁자가 신탁의 목적에 반하는 행위를 할 위험이 증대된다. 수탁자는 자신 명의로 재산이 이전되었음을 기화로 위탁자나 수익자에 대하여 가지는 정보의 우

47) 大塚正民 · 樋口範雄 編著(주 40), 112면.

48) UTC §505(a)(1)은 "위탁자가 생존하는 동안에는 철회가능신탁에 관한 재산은 위탁자의 채권자의 채권을 위한 책임재산이 된다."라고 규정하고 있다.

49) *Scott & Ascher on Trusts*, vol. 3, p.1023 이하.

50) *Scott & Ascher on Trusts*, vol. 3, p.1024 참조. 이는 형평법원이 유스 제도에 있어서 수탁자(feoffee)의 권한을 제한하여 온 전통에서 비롯된 것이라고 한다.

51) *Scott & Ascher on Trusts*, vol. 3, p.1024.

52) UTC §815(a). 한편 UTC §816은 수탁자의 권한을 매우 자세하게 열거하고 있다.

월성을 이용하여 자신의 이익을 앞세우는 등 의무위반행위를 감행할 가능성이 커지는 것이다. 이에 신탁법은 수익자를 보호하고 수탁자의 권한남용을 통제하고자 수탁자에게 의무를 부과하였는데 그 의무가 바로 '신인의무(fiduciary duty)'이다.[53] 수탁자가 부담하는 신인의무는 크게 충실의무(duty of loyalty)와 주의의무(duty of care)로 나눌 수 있다.[54]

1) 충실의무와 자기거래

UTC §802(a)는 "수탁자는 오로지 수익자의 이익을 위하여 신탁 사무를 처리하여야 한다."고 규정하여 수탁자의 충실의무(duty of loyalty)를 명기하고 있다. 충실의무의 내용은 크게 두 가지이다. 즉, 수탁자는 자신의 개인적인 이익과 수익자의 이익이 충돌하지 않도록 하여야 하며(이익상반금지원칙, no conflict rule), 수탁자의 지위를 이용하거나 신탁재산을 이용하여 이익을 취하여서는 아니 된다(이익취득금지원칙, no profit rule)는 것이다.[55]

수탁자의 충실의무에서 가장 문제가 되는 것은 소위 자기거래(self dealing)를 어떻게 규율할 것인가이다.

UTC §802(b)는 수탁자가 수탁자 개인의 이익을 위하여[56](for the trustee's own personal account) 체결된 신탁재산에 관한 거래는 수탁자의 신임 관계상의 의무와 개인적 이해관계의 상충으로 영향을 받은 거래로 간주하고, 수익자는 위 거래를 취소할 수 있다고 규정하고 있다. 이는 수탁자가 신탁재산을 직접 취득한다는 점에서 전형적인 자기거래의 모습이며 UTC는 위와 같은 사실이 있다는 것만으로 바로 해당 거래가 취소 가능하다고 규정하고 있는 것이다.[57] 수탁자가 선의였다고 하여 신탁위반에 대한 책임을 면할 수 없으며, 수탁자가 지급한 가격이 다른 사람으로부터 받을 수 있는 가격보다 높다고 하더라도 충실의무 위반이 되는 것이다.[58]

한편, UTC §802(c)는 신탁재산에 관하여 수탁자의 친족이나 가족(구체적으로는 수탁자의 배우자, 자녀나 그 배우자, 수탁자의 대리인, 수탁자가 중대한 이해관계를 맺은 회사 등이다)이 당사자인 거래는 수탁자의 신임 관계상의 의무와 개인적 이해관계의 상충으로 영향을 받은 거래로 추정하고

53) 신인의무에 대한 전반적인 설명으로는 Graham Virgo, The Principles of Equity & Trusts, 2nd ed., Oxford (2016), pp. 480 이하; Tamar Frankel, "Fiduciary Law", 71 Cal. L. Rev. 795, 797 (1983); James Edelman, "The Role of Status in the Law of Obligations: Common Callings, Implied Terms, and Lessons for Fiduciary Duties", Philosophical Foundations of Fiduciary Law(edited by Andrew S. Gold & Paul B. Miller), Oxford (2016), pp. 23~27; 이계정, "변호사 보수청구 제한의 근거로서 신의칙과 신인관계 – 법관의 합리적 재량 행사의 문제를 겸하여", 서울대학교 법학 제60권 제4호(2019), 36면 이하; 이중기, 『충실의무법』, 삼우사(2016), 16면 이하.

54) John H. Langbein, "Rise of the Management Trust", 143 Tr. & Est. 52, 54 (2004).

55) *Scott & Ascher on Trusts*, vol. 3, pp.1078 이하

56) 'for the trustee's own personal account'를 직역하면 '수탁자 개인의 계좌를 위해서'인데, 이를 의역한 것이다.

57) 위와 같은 사실이 있다는 것만으로 수익자의 취소권이 발생하는데, 'no further inquiry' rule이 적용된 것이다.

58) 예외적으로 수탁자는, 수익자에게 공정하다고 인정되는 한, "수탁자에 의하여 운영되는 금융기관에 신탁재산을 예입"하는 것은 허용된다(UTC §802(h)(4) 참조).

있다.[59] 이와 같은 경우에 위 거래는 수익자에 의하여 취소 가능한 것으로 추정(presumptively voidable)된다. 이 경우에 수탁자는 제3자가 거래의 당사자였다고 하더라도 유사한 조건으로 거래되었을 것이라는 점 등을 입증함으로써 추정을 번복할 수 있다.[60]

우리 신탁법 제34조는 수탁자의 개인적인 이익과 수익자의 이익이 상반될 수 있는 다양한 거래행위를 금지함으로써 이익충돌금지원칙을 규정하고 있다. 대표적으로 신탁재산을 고유재산으로 하거나 고유재산을 신탁재산으로 하는 행위를 금지하고, 신탁재산과 관련된 거래에 있어서 수탁자가 제3자를 대리하는 행위를 금지하고 있다. 또한 우리 신탁법 제36조는 "수탁자는 누구의 명의로도 신탁의 이익을 누리지 못한다."고 규정하여 이익향수금지원칙을 명문화하고 있다. 이에 따라 수탁자는 신탁의 정보를 이용하거나 신탁이 행하는 사업과 경쟁사업을 함으로써 이익을 취득하는 것이 금지되며, 수탁자가 적법한 보수 외에 부수적인 이익을 수령하는 것이 금지된다.

2) 주의의무(선관주의 의무)와 신중한 투자자의 원칙

가) 수탁자는 신인의무로서 충실의무뿐만 아니라 주의의무(duty of care)도 부담한다. 주의의무(duty of care)는 업무처리에 있어서 신중한 사람(prudent person)이 같은 상황에서 취했을 것과 같은 동일한 방법으로 사무처리를 하여야 한다는 것이다.[61] 우리 신탁법은 수탁자는 "선량한 관리자의 주의로" 신탁사무를 처리하여야 한다고 규정하고 있다(법 제32조). 선관의무는 해당 법률관계와 제반 상황에 비추어 합리적으로 사무를 처리할 의무로 이해되는바, 수탁자는 합리적인 수탁자라면 기울여야 할 주의를 기울여 신탁사무를 처리해야 할 의무를 부담한다. 따라서 신탁법상 선관의무는 앞서 본 영미법상의 주의의무(duty of care)와 다르지 않은 것으로 이해할 수 있다.

주의의무와 관련하여 수탁자가 신탁재산의 투자방식에 관하여 재량을 가지고 있는 경우에 주의의무 위반 여부를 어떤 기준에 근거하여 판단을 하여야 하는지 논란이 되었다.

미국 신탁법은 초기에는 수탁자의 권한을 축소하는 방향으로 전개되었다. 미국이 초기에는 수탁자는 법으로 정한 투자대상리스트에 한정하여 투자해야 한다는 법률 리스트 원칙(legal list rule)을 따른 것은 이러한 맥락이다.[62]

---

59) UTC §802(c).

60) UTC §802 cmt. 참조.

61) UTC §804 "A trustee shall administer the trust as a prudent person would, by considering the purposes, terms, distributional requirements, and other circumstances of the trust. In satisfying this standard, the trustee shall exercise reasonable care, skill, and caution."

62) 법률리스트원칙은 수탁자는 안정성이 높은 국채, 1순위 저당권(first mortgage) 등 한정된 투자대상리스트에 국한하여 투자를 해야 하고, 주식에 대한 투자를 금지하는 원칙이다(John H. Langbein, "The Uniform Prudent Investor Act and the Future of Trust Investing", 81 Iowa L. Rev. 641, 643~644 (1996)). 대표적인 판결로는 1869년 뉴욕 주 대법원의 King V. Talbot, 40 N.Y. 76 (1869) 판결이 있다.

그러나 수탁자의 권한이 축소되면 상황에 따른 유연한 대처를 할 수 없게 되어 결국에는 수익자가 손실을 입게 되는 효용 감소가 발생하게 된다. 이에 따라 미국 신탁법에서는 수탁자의 권한을 확대하는 방향으로 법리가 전개되었고, 제2차 신탁법 리스테이트먼트는 매사추세츠 주의 판례(Harvard College v. Amory, 26 Mass. 446 (Mass. 1831))를 채택하여 '신탁 자산을 투자함에 있어, 신중한 사람(prudent man)이라면 마땅히 ① 자산의 보존과 ② 투자를 통해 상시 얻을 수 있는 수입 위 두 요인을 고려하면서 투자를 할 것인바, 신중한 사람이 투자하는 것과 마찬가지의 주의의무로 투자하여야 한다'고 하는 '신중인(愼重人)의 원칙(prudent man rule)'을 따랐다.[63)]

그런데 위 원칙에 대하여 대규모 펀드를 포트폴리오(portfolio)에 의하여 운용하는 투자 실무와 맞지 않는다는 비판이 제기되었다. 이에 따라 등장한 것이 제3차 리스테이트먼트에 의하여 채택되고, 통일신중투자자법(The Uniform Prudent Investor Rule Act)[64)]도 그대로 채택한 '신중투자자의 원칙(prudent investor rule)'이다. 위 원칙이 신중인(愼重人)의 원칙과 가장 다른 점은, 투자에 있어서 선관주의의무위반을 포트폴리오 전체의 맥락에서 판단하여야 한다는 것이다.[65)] 즉 개개의 투자 중 일부가 고위험군의 투자라고 하더라도 다른 부분의 투자는 안전한 투자로 인정되는 경우에 포트폴리오 전체적으로 보아 건전한 투자로 인정될 수 있다는 것이다. 여러 가지 대상에 분산하여 투자를 함으로써 위험을 줄이고 수익을 극대화할 수 있다는 포트폴리오 이론을 수용한 것으로 볼 수 있다.[66)] 이에 따라 수탁자는 고위험군의 투자도 감행할 수 있게 되었으나, 대신 분산투자의 의무도 부담하게 되었다.

UTC는 통일신중투자자법을 UTC 제9장에 편입하는 형식으로 채택하였다. 이러한 미국 신탁법의 동향은, Halbach 교수가 지적하듯이, 수익자가 최대한의 이익을 누리도록 신탁의 유연성과 효율성을 도모하는 데 중점을 두고 있다고 말할 수 있다.[67)]

---

63) Res 2nd §227 "In making investments of trusts funds the trustee is under a duty to the beneficiary … to make such investments and only such investments as a prudent man would make of his own property having in view the preservation of the estate and the amount and regularity of the income to be derived …."

64) 통일신중투자자법은 수탁자의 투자방법을 규율하는 원칙을 시대에 맞게 재정립하고자 표준주법위원전국회의(NCCUSL)가 주도하여 1994년 공표되었는바, 1995년 미국법조협회(ABA; American Bar Association)가 승인하고 현재 미국의 42개 주 이상이 채택하고 있다.

65) 이에 대하여 Uniform Prudent Investor Act §2(b)는 "A trustee's investment and management decisions respecting individual assets must be evaluated not in isolation but in the context of portfolio as a whole …"이라고 규정하고 있다. 신중투자자의 원칙이 실제 시장에 미친 영향에 대한 실증적인 연구로는 Max M. Schanzenbach & Robert H. Sitkoff, "The Prudent Investor Rule and Market Risk: An Empirical Analysis", 14 J. Emp. Leg. Stud. 129 (2017).

66) 포트폴리오 이론은 미국의 경제학자 해리 막스 마코위츠(Harry Max Markowitz)가 1952년 "포트폴리오 선택(Portfolio Selection)"이라는 논문을 The Journal of Finance에 발표하면서 널리 알려졌다. 그 공로로 1990년 노벨경제학상을 받았다.

나) 이와 달리 우리 신탁법은 신중 투자자의 원칙을 따르지 않고 있다. 신탁법 제41조는 신탁재산에 속하는 금전의 관리방법에 관하여 ① 국채, 지방채 등 매입, ② 국채, 지방채 등을 담보로 하는 대부, ③ 은행예금 또는 우체국예금으로 한정하고 있다. 우리 신탁법은 신탁재산의 관리방법을 법에서 정한 안정적인 방법으로 한정하고 이에 반하는 경우에 신탁위반으로 본다는 점에서 법률 리스트 원칙을 따르고 있다고 볼 수 있다. 아직까지 신탁이 활성화되지 않은 상황에서 수탁자의 권한을 확대함으로써 발생할 수 있는 부작용을 피하기 위한 입법이라고 할 수 있다.

이처럼 수탁자의 금전 관리방법에 관한 재량 범위를 축소함으로써 수탁자의 감독비용을 줄일 수 있는 장점이 있다. 그러나 위와 같은 방식은 인플레이션 리스크(inflation risk)를 피하기 어려워 결국에는 원본이 잠식되고 그로 인하여 수익자가 부담해야 하는 손실이 상당할 수 있다는 점을 고려할 필요가 있다. 위 신탁법 제41조는 임의규정이므로 이와 다른 내용으로 신탁계약을 체결하고 그에 따라 수탁자가 신탁법 제41조의 제한을 벗어나 투자를 하는 방식이 활용되고 있다.[68] 또한 수탁자가 신탁업자인 경우가 많은데 그 경우에는 자본시장과 금융투자업에 관한 법률(이하 '자본시장법'이라 한다)에 따라 증권 매수, 장내파생상품 또는 장외파생상품의 매수, 부동산의 매수 또는 개발 등 투자방법이 폭넓게 허용된다(자본시장법 제105조 제1항).

결국 앞서 설명한 바와 같이 수탁자의 권한을 축소하는 방식으로 대리비용을 해결할 것인지 아니면 수탁자의 권한을 확대하면서 신인의무의 부과에 의해 대리비용을 해결할 것인지 우리 신탁법에서도 지속적으로 고민할 필요가 있으나, 효율을 추구하기 위해서는 후자의 방향으로 가는 것이 바람직하다.

3) 자기집행의무(duty not to delegate) 관련

신탁에 있어서 위탁자는 수탁자를 신뢰하여 해당 신탁업무를 위임한 것이므로 이러한 신임관계에 비추어 수탁자는 원칙적으로 자신이 신탁사무를 처리하여야 할 것이다. 그런데 신탁사무의 내용이 전문화, 복잡화되고 있는 현 상황에서 신탁사무를 전문적인 제3자에게 위임하는 것이 더 효율적이고 수익자의 이익증대에 기여할 수 있다.

Res 2nd은 종래의 원칙을 고수하여 자기집행의무를 그 원칙으로 하였다. 그러나 Res 3rd §171에서는 적극적으로 위임을 정당화하는 전향적인 입장을 보였다.

UTC는 Res 3rd §171의 취지를 한층 더 명확히 하여 수탁자는 원칙적으로 신탁사무를 타인에게 위임할 수 있다는 견해를 채택하였다. 즉 UTC §807 (a)는 "수탁자는, 그 수탁자와 동등한 역량을 가진 신중한 수탁자로서도 위임하였을 것으로 보이는 의무와 권한을 제3자에게

67) Edward C. Halbach Jr., "Uniform Acts, Restatements, and Trends in American Trust Law at Century's End", 88 Cal. L. Rev. 1877, 1881 (2000). Halbach 교수는 Res 3rd의 기초자이고, UTC 제정에도 관여하였다.

68) 예를 들어 신영증권주식회사의 특정금전신탁계약서를 보면 위탁자가 주식, 금융채증권, 사채권 등에 대한 투자여부를 결정하는 방식으로 신탁재산을 운용하고 있다.

위임할 수 있다."고 규정하고 있다.[69] 그리고 UTC는 제3자가 신탁업무를 그르친 경우에도, 수탁자가 제3자를 선정함에 있어 또는 제3자의 업무를 감독함에 있어 통상의 주의의무를 다하였다면 수탁자는 책임을 지지 않는다는 입장에 있다.[70] 신탁사무가 전문화되고 있는 상황에서 전문가인 제3자의 잘못으로 생긴 위험을 수탁자에게 그대로 전가하는 것은 가혹하므로 선임, 감독상의 해태가 인정되는 경우에 수탁자의 의무위반을 인정하는 것이다.

이처럼 현재의 동향은 종래의 자기집행의무의 원칙이 지나치게 규제적인 원칙이어서 수탁자의 권한행사를 방해하고, 신탁의 효율적 관리운용을 방해하였다는 반성과 인식에서 비롯된 것으로, 수탁자의 재량의 여지를 넓혔다고 볼 수 있다.[71]

우리 신탁법은 수탁자의 자기집행의무를 원칙으로 하면서도 '정당한 사유가 있는 경우' 신탁사무의 위임이 가능하다고 규정하고 있다(법 제42조). 우리 법을 해석함에 있어 미국 신탁법의 동향을 고려하여 정당한 사유를 넓게 해석하여야 할 것인바, 전문적인 사무의 경우에는 신탁사무 위임의 정당한 사유가 있다고 보아야 할 것이다.[72]

다. 수탁자의 제3자에 대한 책임

1) 전통적인 견해

수탁자가 신탁사무 처리와 관련하여 ① 제3자와 체결한 계약에 기하여 책임을 부담하는 경우에, 또는 ② 불법행위를 원인으로 제3자에 대하여 책임을 부담하는 경우에, 수탁자가 개인적으로(고유재산으로) 책임을 부담하여야 한다는 것이 영미의 전통적인 견해이다.[73] 수탁자가 계약을 체결한 경우에 계약주체는 어디까지나 수탁자 개인이지 수탁자가 다른 사람을 대리하여 계약을 체결한 것이 아니고,[74] 외부적으로는 수탁자가 그 재산의 유일한 소유자라는 논리에서 비롯된 것이었다.[75]

수탁자는 제3자에 대하여 개인적으로 책임을 부담한 후에, 형평법에 근거하여 신탁재산에 대하여 구상을 하는 것은 원칙적으로 허용되었다.[76]

---

69) 영어 원문은 "A trustee may delegate duties and powers that a prudent trustee of comparable skills could properly delegate under circumstances."이다.

70) UTC §807(a),(c) 참조. UTC §1010(b)도 수탁자 대리인의 행위에 대하여 대위책임(respondeat superior)을 부담하는 것이 아니라 수탁자가 개인적으로 과실이 있는 경우에만 손해배상책임을 부담한다고 규정하고 있다.

71) 同旨 大塚正民·樋口範雄 編著(주 40), 20면.

72) 김상용 감수, 신탁법 해설, 법무부(2012), 342면.

73) *Scott & Ascher on Trusts*, vol. 4, p.1870.

74) *Taylor v. Davis*, 110 U. S. 330, 334−335에서는 "수탁자는 대리인이 아니다. 대리인은 본인을 대표하고 본인을 위하여 행위한다. … 대리인이 본인의 이름으로 계약한 때에는 대리인이 아닌 본인이 계약한 것이고 본인이 그 계약에 구속된다. 수탁자에게는 본인이 없으므로 수탁자가 대리인으로서 계약을 체결하였다고 하더라도, 그가 당해 계약에 구속된다. 그렇지 않을 경우에는 아무도 그 계약에 구속되지 않게 된다. 나아가 신탁재산은 약속을 할 수 없다. 따라서 계약은 수탁자가 개인적으로 체결한 것이다"라고 판시하여 수탁자 개인이 계약 책임을 진다는 점을 분명히 한 바 있다.

75) *Scott & Ascher on Trusts*, vol. 4, p.1870.

2) 현재의 동향

가) 현재 미국에서는 제3자의 권리가 문제가 되는 경우에, 수탁자를 단순히 신탁재산의 관리자로 취급하여야 하고 신탁재산의 소유자로 취급하여서는 아니 된다는 주장이 힘을 얻어 가고 있다. 이에 따라 수탁자가 신탁업무 처리과정에서 발생하는 계약상 책임, 불법행위 책임(사용자 책임 포함)에 대하여 수탁자가 개인적으로(고유재산으로) 책임을 부담하여서는 아니 되고, 제3자가 직접 신탁재산으로부터 채권의 만족을 얻어야 한다는 경향이 강하다.[77)]

UTC는 이러한 경향에 기초하여 수탁자의 개인책임을 아래와 같이 정리하였다.

「(1) 신탁의 운영과 관련하여 수탁자로서 자격을 표시하여 체결한 계약에 대하여는 수탁자는 개인적으로 책임을 지지 않는다.[78)]

(2) 수탁자는 신탁사무의 처리과정에서 발생한 불법행위(신탁재산의 소유로 인하여 발생하는 책임 포함)에 대하여는 수탁자가 개인적으로 과실이 없다면 개인적으로 책임을 지지 않는다.[79)] 따라서 수탁자의 피용자가 불법행위를 저지른 경우에 수탁자가 대위책임(respondeat superior) 법리에 따라 무조건 책임을 지는 것이 아니라 수탁자가 개인적으로 과실이 있는 경우에만 '개인적으로' 손해배상책임을 부담하는 것이다.

(3) 수탁자가 수탁자의 자격으로 정당하게 체결한 계약에 기하여, 또는 신탁사무의 처리과정에서 발생한 불법행위에 기하여 발생하는 채권에 관하여는 신탁재산을 직접적인 책임재산으로 할 수 있다.[80)] 불법행위 피해자의 경우 수탁자에게 과실이 있으면 수탁자 개인재산과 신탁재산을 모두 책임재산으로 할 수 있고, 수탁자에게 과실이 없으면 신탁재산으로부터의 배상만 청구할 수 있다.」

여기서 문제가 되는 것은 채권자가 신탁재산에 대하여 직접 강제집행을 하는 방법이다. 이에 대하여 UTC §1010(c)는 수탁자가 신탁재산의 대표자의 지위도 가진다고 보아 신탁재산의 대표자 수탁자를 피고로 삼아 소를 제기하여야 하며 그 판결에 기하여 신탁재산에 대하여

---

76) 참고로 수탁자가 수익자에게 구상권을 행사할 수 있는지 여부와 관련하여 영국에서는 이를 인정하나, 미국에서는 원칙적으로 인정하지 않는다(*Scott & Ascher on Trusts*, vol. 4, pp.1641－1643).

77) *Scott & Ascher on Trusts*, vol. 4, pp.1870－1871.

78) UTC §1010(a)는 "… a trustee is not personally liable on a contract properly entered into in the trustee's fiduciary capacity in the course of administering the trust if the trustee in the contract disclosed the fiduciary capacity."라고 규정하고 있다.

79) UTC §1010(b)는 "A trustee is personally liable for torts committed in the course of administering a trust, or for obligations arising from ownership or control of trust property, including liability for violation of environmental law, only if the trustee is personally at fault."라고 규정하고 있다.

80) UTC §1010(c)는 "A claim based on a contract entered into by a trustee in the trustee's fiduciary capacity, … on a tort committed in the course of administering a trust, may be asserted in a judicial proceeding against the trustee in the trustee's fiduciary capacity, whether or not the trustee is personally liable for the claim."이라고 규정하고 있다.

직접 강제집행할 수 있다는 취지로 규정하고 있다. 전통적으로 수탁자는 개인적 지위만을 가진다고 보았고, 신탁재산의 대표자로서의 지위는 가지지 않으므로 신탁재산의 대표자 지위에서 소를 제기하거나 피소(被訴)될 수 없다고 보아 왔다. 위 UTC의 입장은 이러한 전통적인 입장을 변경한 것이다.[81]

이상에서 본 바와 같이 수탁자의 개인책임을 제한하는 경향이 강하며, 이러한 경향에 영향을 받아 우리 신탁법도 수탁자로 하여금 물적 유한책임만을 지게 하는 '유한책임신탁제도'를 채택하였다.

나) 우리 신탁법 상으로, 특별한 사정이 없는 한, 수탁자가 신탁사무 처리와 관련하여 ① 제3자와 계약을 체결한 경우, ② 제3자에게 불법행위를 한 경우에 신탁재산은 물론 자신의 고유재산으로도 책임을 진다. 판례도 "수탁자가 수익자 이외의 제3자 중 신탁재산에 대하여 강제집행을 할 수 있는 채권자에 대하여 부담하는 채무에 관한 이행책임은 신탁재산의 한도 내로 제한되는 것이 아니라 수탁자의 고유재산에 대하여도 미치는 것으로 보아야 한다."고 하여 이 점을 분명히 하고 있다.[82] 신탁법 제38조는 [유한책임]이라는 표제 하에 "수탁자는 신탁행위로 인하여 수익자에 대하여 부담하는 채무에 대하여는 신탁재산만으로 책임을 진다."고 규정하고 있으므로, 그 반대해석상 위와 같은 결론이 도출될 수 있다.

수탁자가 위와 같이 신탁사무 처리와 관련하여 채무를 부담하는 경우에 우선적으로 신탁재산에서 필요한 비용을 지출할 수 있으며(법 제46조 제1항), 자신의 고유재산으로 책임을 진 경우에는 비용상환청구권을 행사하여 신탁재산으로부터 상환을 받을 수 있다(법 제46조 제2항).[83] 그렇지만 수탁자로서는 신탁재산이 불충분한 경우에 자신의 고유재산으로 대외적 책임을 부담하는 위험에 노출되어 있는바, 이러한 위험으로부터 수탁자를 보호하기 위하여 뒤에서 보는 바와 같이 신탁법은 '유한책임신탁'의 설정을 허용하고 있다.[84]

라. 수탁자의 권리

수탁자는 신탁조항에 특별한 제한이 없는 한, 신탁재산의 관리·처분 등을 하고 신탁목적의 달성을 위하여 필요한 행위 일체를 할 수 있는 권한이 있는바, 예를 들면 신탁자금을 은행에 보관하고, 다른 물건과 교환하고, 신탁재산을 담보로 금전을 차용할 권한이 있다.[85] 수탁자

81) UTC §1010 cmt.; *Scott & Ascher on Trusts*, vol. 4, p.1896 참조. 위 UTC의 입장은 신탁재산의 법주체성을 인정한 조문이라고 해석할 가능성이 있는바, 이러한 의미에서는 '실질적 법주체설'의 입장과 가깝다고 해석할 수도 있다(同旨 大塚正民·樋口範雄 編著(주 40), 218면).

82) 대법원 2004. 10. 15. 선고 2004다31883, 31890 판결(공 2004하, 1829); 대법원 2010. 6. 24. 선고 2007다63997 판결(미간행).

83) 다만, 수탁자가 신탁사무 처리와 관련하여 제3자에게 불법행위를 한 경우에 수탁자에게 과실이 인정되는 경우라면 비용상환청구권을 행사하기 어려울 것이다. 왜냐하면 수탁자가 신탁사무의 처리를 위하여 '자기의 과실 없이' 채무를 부담한 경우에 비용상환청구권을 행사할 수 있기 때문이다(법 제46조 제3항 참조).

84) 유한책임신탁에 대한 설명으로는 오영준, "유한책임신탁", 신탁법의 쟁점 제2권(정순섭·노혁준 편저), 서울대학교 금융법센터(2015), 23면 이하.

의 권리 중에서 보상청구권, 보수청구권은 중요한 의미가 있으므로 이에 대하여 살펴보고자 한다.

1) 보상청구권

수탁자는 신탁사무의 비용을 보상받을 권리가 있다. 이에 관하여 UTC §709는 수탁자는 신탁사무의 처리 과정에서 발생한 비용에 관하여 신탁재산을 통해 보상을 받을 권리가 있다고 규정하고 있다. 보상청구권을 확보하기 위하여, 수탁자는 수익자에게 이익금을 분배함에 있어 비용에 상응하는 부분을 제외한 나머지만 교부할 수 있다.[86] 그런데 수탁자의 보상청구권에도 한계가 있다. 즉 신탁사무 처리에 있어서 적정하게 발생한 것으로 볼 수 없는 비용(expenses that were not properly incurred in the administration of the trust)에 관하여는 보상을 받을 권리가 없다.[87]

비용이 적정하게 발생한 것인지 판단하기 위해서는 (1) 수탁자가 악의로 비용을 발생시켰는지, (2) 수탁자가 비용 지출이 부적절하다는 것을 알았는지, (3) 수탁자의 비용 지출이 신탁재산의 보존을 위하여 적절하였는지, (4) 비용 지출이 이익 창출의 결과를 낳았는지, (5) 보상을 함으로써 신탁의 목적 달성이 어려워지거나 불가능해지는 것은 아닌지 등을 고려해야 한다.[88] 통상적으로 수탁자가 소송에서 방어를 위하여 지출한 변호사 비용이나 소송비용은 보상청구권의 범위에 속한다.[89]

한편 수탁자가 사무처리 비용을 선급한 경우에는 신탁재산에서 우선적으로 변제를 받을 수 있는 권리인 우선특권(lien)[90]을 가진다.[91] 미국 신탁법의 특징 중의 하나는 수탁자가 신탁재산으로부터 보상을 받을 권리를 가지며 수익자에 대하여는 특별한 사정이 없는 한 보상청구권을 행사할 수 없다는 점이다.[92]

이와 달리 영국에서는 수익자에 대한 보상청구권을 인정하고 있으며, 우리 신탁법도 신탁재산이 비용을 충당하기에 부족한 경우에 수익자에 대한 보상청구권을 인정하고 있다(법 제46조 제4항).

---

85) UTC §816은 수탁자의 권한을 자세히 열거하고 있다.

86) UTC §709 cmt. 참조.

87) UTC §709 (a); *National Academy of Sciences v. Cambridge Trust Co.*, 370 Mass. 303, 346 N.E.2d 879.

88) Res 2nd §245 cmt.

89) UTC §709 cmt. 참조.

90) 우선특권에는 보통법상의 우선특권, 형평법상의 우선특권, 법정 우선특권 등이 있는데, 보통법상의 우선특권은 채권이 변제될 때까지 계속 해당 재산을 점유할 수 있는 권리를 의미한다(우리 법상 유치권과 유사하다). 형평법상의 우선특권은 형평법에 근거하여 발생하는 우선특권으로 그 권리 행사에 있어 해당 재산의 점유에 의존하지 않는다. 끝으로 법정 우선특권은 법령에 의하여 발생하는 우선특권을 의미한다.

91) UTC §709 (b).

92) *Scott & Ascher on Trusts*, vol. 4, pp.1641－1643 참조.

2) 보수청구권

전통적으로 영미 신탁법에서 신탁조항에 명시되지 않는 한 수탁자의 보수청구권을 인정하지 않았다.[93]

그러나 영국은 2000년 수탁법(the Trustee Act 2000)을 통해 법인수탁자나 영업수탁자의 경우 합리적인 범위 내에서 보수를 받을 수 있는 것으로 변경하였다. 미국 대부분의 주도 수탁자의 보수청구권을 인정하는 방향으로 입법을 하였다.[94] 이러한 경향을 반영하여 UTC는 신탁조항에서 수탁자의 보수를 구체적으로 정하지 않더라도 수탁자는 합리적인 보수를 받을 권리가 있다고 규정하였다.[95] 그리고 수탁자가 보수청구권을 담보하기 위하여 합리적인 보수 범위 내에서 신탁재산에 대하여 우선특권(lien)을 가지는 것으로 보고 있다.[96] 따라서 수탁자는 신탁재산의 원본이나 수익을 분배함에 있어 자신이 지급받아야 할 합리적인 보수 범위 내에서는 그 분배를 거절할 권리가 있다.

우리 신탁법은 신탁행위에 정함이 있는 경우에만 보수청구권을 인정하고 있다(법 제47조 제1항). 나아가 보수에 대한 증액 내지 감액청구권을 인정하여 보수가 사정이 변경으로 신탁사무의 성질 및 내용에 비추어 적당하지 아니하게 된 경우 법원은 위탁자, 수익자 또는 수탁자의 청구에 의하여 수탁자의 보수를 증액하거나 감액할 수 있음을 규정하고 있다. 이와 같이 법원의 감액권한을 인정한 것은 신인관계의 특징(법원의 후견적 개입의 정당화)을 표현한 것으로 이해할 수 있다.[97]

Ⅳ. 미국법에서 수익자의 지위[98]

1. 미국 신탁법과 수익자의 지위

가. 수익자는 신탁의 이익을 누리는 주체로서 신탁재산에 대하여 형평법상의 소유권(equitable ownership)을 가지고, 신탁을 감독할 권한을 가지고 있다. 앞서 본 바와 같이 미국 신탁법은 신탁이 설정되면 신탁재산은 위탁자의 의사로부터 독립된 것으로 파악하여 위탁자의 지위는 그 중요성이 떨어지고, 수익자와 수탁자의 지위가 강조되며 수익자와 수탁자의 관계를 상호 대립관계로 구성하고 있다.

---

93) *Scott & Ascher on Trusts*, vol. 4, pp.1589－1590 참조.

94) *Scott & Ascher on Trusts*, vol. 4, p.1590 참조.

95) UTC §708(a) 참조.

96) Res 3rd §38 cmt. b.

97) 이계정(주 53), 44면.

98) 이계정, 신탁의 기본 법리에 관한 연구 — 본질과 독립재산성, 경인문화사(2017), 68면 이하를 정리하면서 우리나라 신탁법에 관한 내용을 추가로 기재하였다.

이러한 배경으로 미국 신탁법은 수익자에게 수탁자의 신탁의무위반에 대하여 다양한 구제수단을 부여하고 있다. UTC §1001은 수익자는 법원의 판결 또는 결정을 통해 (1) 수탁자에게 수탁자의 의무 이행을 강제할 수 있고, (2) 수탁자의 의무위반 행위를 제지할 수 있고, (3) 금전 배상, 재산의 원상회복 등 수단을 통해 수탁자의 의무 위반으로 인한 손해를 회복할 수 있고, (4) 수탁자에게 설명을 명할 수 있고, (5) 수탁자를 대신하여 특별대리인으로 하여금 신탁재산을 점유하고 신탁사무를 처리하게 할 수 있고, (6) 수탁자의 업무를 정지시킬 수 있고, (7) 수탁자를 해임할 수 있고, (8) 수탁자에 대한 보상을 줄이거나 보상을 거부할 수 있고, (9) 수탁자의 처분행위에 대하여 수탁자의 행위를 취소하거나, 의제신탁을 설정하거나 불법적으로 처분된 신탁재산을 추적하여 그 재산의 회복을 꾀할 수 있다.[99]

그 중 수탁자의 그 중 수탁자의 처분행위를 취소하고 처분된 신탁재산을 추적할 수 있는 '수익자의 형평법상의 추급권'에 관하여 살펴보기로 한다.[100]

나. 형평법상의 추급권에는 두 가지 종류가 있다. 하나는 형평법상의 원물추급권(following in equity)이고 다른 하나는 형법평상의 대위물추급권(tracing in equity)이다.

형평법상의 원물추급권은 수탁자가 신탁의 취지에 반하여 신탁재산에 속하는 물건을 제3자에게 처분한 경우에 수익자가 제3자에 대하여 수익권을 주장할 수 있음을 의미한다. 신탁재산에 속하는 물건이 이미 수탁자의 손을 떠나 제3자의 수중에 있음에도 수익자가 제3자에 대해서 자신의 권리를 주장할 수 있다는 것이다.[101] 그런데 제3자가 해당 재산이 신탁재산이라는 사실을 알지 못하였고, 유상으로 신탁재산을 취득한 경우에는 제3자는 완전한 권리를 취득하고 수익자는 자신의 권리를 주장할 수 없다.[102]

한편, 형평법상의 대위물추급권은 수탁자가 신탁재산에 속하는 물건을 처분한 경우에 수탁자가 받은 그 처분의 대가 또는 그 대가로 취득한 물건 등 신탁재산의 대위물에 관하여 수익자가 그 권리를 주장할 수 있음을 의미한다. 수익자의 최초 신탁재산에 대한 형평법상의 권리가 대위물에 대한 형평법상의 권리로 변경되는 것으로 볼 수 있다. 나아가 수탁자로부터 신탁재산에 속하는 물건을 직접 양수한 자나 전득한 자가 신탁재산을 처분하여 그 대가를 얻은 경우 또는 그 대가로 취득한 물건이 있는 경우에도 수익자는 대위물추급권을 주장할 수 있다. 다만, 형평법상의 원물추급권과 마찬가지로 신탁재산의 양수인이나 전득자가 선의의 유상취득자인 경우에는 대위물추급권을 주장할 수 없다.

---

99) 다만 선의의 제3자(bona fide purchaser)의 권리를 해할 수 없으므로 이 경우에는 재산권을 회복할 수 없다(UTC §1012 참조).

100) 수익자의 형평법상의 추급권에 대한 전반적인 설명으로는 이계정, "형평법상 추급권과 신탁의 법리", 저스티스 제157호(2016. 12), 116면 이하.

101) 수익자와 제3자 사이에 의제신탁(constructive trust)이 성립한다고 보기 때문에 수익자는 제3자에 대해서 수익권을 주장할 수 있는 것이다. *Scott & Ascher on Trusts*, vol. 5, pp. 1953-1954

102) 이러한 제3자의 항변을 '선의유상취득자의 항변(defence of bona fide purchaser)'이라고 한다.

우리 신탁법은 형평법상의 추급권에 대응하는 권리로 수익자취소권을 규정하고 있다. 수탁자가 신탁 목적에 반하여 법률행위를 한 경우에, 수익자는 상대방이나 전득자가 법률행위 당시 수탁자의 신탁목적의 위반 사실을 알았거나 중대한 과실로 알지 못한 경우에는 그 법률행위를 취소할 수 있는데, 이러한 수익자의 권리를 '수익자취소권'이라고 한다(법 제75조).

수익자취소권 행사를 위해서는 객관적 요건과 주관적 요건을 충족해야 한다. 객관적 요건으로 ① 신탁재산에 관한 법률행위가 있었고, ② 그 법률행위가 신탁의 목적에 위반될 것을 요구하고 있고, 주관적 요건으로 상대방이나 전득자가 법률행위 당시 수탁자의 신탁목적의 위반사실을 알았거나 중대한 과실로 알지 못하였을 것을 요구하고 있다.

위 요건이 충족되어 수익자가 수익자취소권을 행사하는 경우에 해당 법률행위는 소급적으로 무효가 되고, 취소의 효과는 신탁의 관여자 전체에게 절대적으로 미친다고 보아야 한다.

우리 법상 수익자취소권은 형평법상의 추급권과는 달리 수탁자의 신탁위반 법률행위를 취소할 권한만을 부여한다는 점에서 소극적인 면이 있지만, 그 기본취지나 이론적 근거는 앞서 본 형평법상의 추급권의 맥락과 맞닿아 있다고 평가할 수 있다. 두 권리 모두 일탈된 신탁재산의 회복을 꾀하기 위하여 수익자에게 부여한 구제수단인 것이다. 그렇다면 수익자취소권을 근거로 수익권이 물권의 표지를 가지고 있다고 말할 수 있다.

2. 수익권의 성질

가. 수익권의 성질을 대물적 권리로 보는 대표적인 학자로는 스콧(Scott) 교수가 있다. Scott 교수는 물권법적 시각에서 '신탁은 재산을 처분하는 제도(the trust is a device for disposing of property)'라고 설명한다.[103] ① 계약에 있어서는 제3자가 계약의 이행을 강제할 수 있는지 논란이 있지만, 신탁에 있어서는 수익자는 확실히 계약의 이행을 강제할 수 있는 지위에 있는 점, ② 수익자는 형평법상의 추급권을 행사하여 신탁재산을 취득한 제3자에 대하여 소를 제기할 수 있는데, 이러한 소의 형태는 계약 관계로 설명할 수 없는 점, ③ 계약에 의해서는 신탁선언에 의한 신탁을 설명할 수 없는 점 등을 근거로 신탁의 법률관계는 계약과는 다르다고 주장하였다.[104]

이처럼 그가 신탁이 계약과 다르다는 점을 강조한 이유는 수익권의 취득은 곧 대물적 권리의 취득이라는 점을 강조하기 위함이고,[105] 이를 전제로 하여서만 수익자의 강력한 권능과 신탁선언에 의한 신탁이 합리적으로 설명될 수 있다고 보았기 때문이다.

---

103) *Scott & Ascher on Trusts*, vol. 1, pp. 3–4.

104) Austin W. Scott, "The Nature of the Rights of the Cestui Que Trust", 17 Colum. L. Rev. 269, 270–271 (1917).

105) 주의할 점은 Scott 교수가 수익권이 수탁자에 대하여 이행을 구할 수 있는 권리, 즉 대인적 권리의 성격도 가지고 있다는 점도 인정한다는 것이다. Austin W. Scott(주 104), p. 290.

Scott 교수의 주장은 미국 신탁에 많은 영향을 끼쳤다. Res 2nd에서는 '신탁의 성립은 계약이라기보다는 신탁재산을 대상으로 한 수익권의 이전으로 파악하여야 한다'고 하여 신탁을 물권법적 틀로 설명하고 있고,[106] 소수의 주(州)에서 수익자는 對人的 權利만을 가진다는 취지로 성문법을 제정하였으나 이러한 성문법은 법원의 판결, 즉 수익자는 신탁재산에 대하여 일정한 對物的 權利를 가진다는 판결에 의하여 대부분 무효가 되었다.[107]

나. 우리 법상 수익권의 성질에 대하여 견해 대립이 있는데, 판례는 채권설을 취하고 있다.[108] 그런데 수익권의 물권적 측면, 즉 신탁재산에 대한 강제집행 시 수익자의 이의권, 수익자취소권, 수익권의 방해배제청구권 등은 수익권이 가지는 성질 그 자체에서 파생된 것으로 보아야 한다. 신탁법의 수익권에 관한 규정은 아무런 근거 없이 마련된 것이 아니라 신탁제도에 있어서 수익권이 가지는 독특한 성질에서 비롯된 것으로 보아야 한다는 것이다. 신탁은 본질적으로 수탁자에게 신탁재산의 소유권을 이전한 후 수탁자가 수익자를 위하여 재산을 관리하는 제도로서 수탁자의 권한 통제를 위하여 수익자에게 물권적 권리를 부여할 수밖에 없는데, 우리 신탁법도 이러한 신탁의 본질을 구현하기 위하여 수익자에게 물권화된 권리를 부여하고 있는 것이다.

영미에서 신탁이 널리 활용될 수 있었던 이유 중의 하나는 신탁재산을 출연하는 자의 불안감을 해소하는 법리를 전개하였다는 점에 있다. 신탁재산을 출연하는 위탁자의 입장에서 신탁재산의 명의인인 수탁자의 전횡을 통제할 수 있는 제도적 장치가 마련되어 있지 않다면 신탁재산을 선불리 출연하기 어렵다. 영미 신탁에서는 수탁자의 전횡을 통제하고자 수익자의 지위를 고양하여 수탁자의 재량을 통제하고자 하였는데, 이러한 영미 신탁의 지혜를 충분히 고려할 필요가 있다.

우리 사법 체계를 존중하면서 영미 신탁의 핵심 아이디어를 수용하는 해석론으로 수익자에게 '물권화된 채권자'의 지위를 부여할 수 있으며, 이는 실정법을 통해서도 뒷받침되고 있다.

V. 미국법에서의 신탁재산의 독립성[109]

1. 문제의 제기

신탁재산은 수탁자의 명의로 되어 있기는 하지만 수탁자의 고유재산이 되는 것이 아니고,

---

106) Res 2nd 197 cmt. b.

107) 이 점에 관하여는 Bogert, Oaks, Hansen & Neeleman, Cases and Text on the Law of Trusts, 8th ed., Foundation Press(2008), p. 82 참조.

108) 대법원은 2014. 11. 27. 선고 2012두26852 판결 (공 2015상, 70).

109) 이계정, 신탁의 기본 법리에 관한 연구 — 본질과 독립재산성, 경인문화사(2017), 209면 이하의 내용을 정리한 것이다.

타인을 위한 재산관리제도라는 신탁의 본질상 위탁자나 수탁자의 고유재산(수탁자의 재산 중 신탁재산을 제외한 나머지 재산을 의미한다)과는 별개의 재산으로 취급하여야 한다. 이러한 신탁재산의 특성을 '신탁재산의 독립성'이라고 할 수 있다.

신탁재산의 독립성은 신탁의 목적 달성과 수익자 보호를 위하여 필수적으로 요구되는 것이다.[110] 신탁재산을 위탁자의 재산이나 수탁자의 고유재산과 분리하여 취급할 것을 요구함으로써 위탁자나 수탁자의 경제적 사정의 변화에 영향을 받지 않고 신탁이 지속되고 수익권이 보장될 수 있다. 이를 통해 신탁은 위탁자나 수탁자에 대한 도산절차 개시로 인한 위험으로부터 벗어날 수 있는데, 이것이 바로 신탁의 중요 기능 중의 하나인 도산절연기능(insolvency protection, bankruptcy remoteness)인 것이다.

영미에서 신탁이 활성화된 이유 중의 하나는 신탁재산의 독립성을 보장함으로써 신탁의 목적 달성을 매우 용이하게 하였기 때문이다. 수탁자 명의의 재산이기는 하지만, 수탁자의 고유채권자의 집행을 배제할 수 있는 신탁재산의 특성을 강조함으로써, 신탁이 지속적으로 기능하도록 한 것이다.

이하에서는 미국 신탁에서 신탁재산의 독립성을 구체적으로 어떻게 규율하고 있는지 검토하고자 한다.

2. 신탁재산의 위탁자로부터의 독립

앞에서 설명한 바와 같이 영미 신탁법에서는 일단 신탁이 설정되면, 위탁자는 연혁적 권리를 가지는 전소유자처럼 신탁에 관여하지 않는 것이 원칙이다. 그리고 신탁이 설정되면 신탁재산이 위탁자로부터 수탁자에게 이전됨에 따라, 위탁자의 채권자는 신탁이 설정된 재산에 대하여는 더는 강제집행을 할 수 없다. 따라서 위탁자가 도산하더라도 신탁재산에는 아무런 영향을 미치지 못하는바, 신탁은 위탁자의 도산에서 발생하는 위험을 차단하는 기능을 한다. 또한 위탁자가 사망하는 등의 주관적 변화가 있더라도 위탁자의 의사를 장기간 관철할 수 있다.

그러나 위탁자의 채권자가 일정한 경우에 신탁재산에 관하여 예외적으로 권리를 행사할 수 있는바, 이에 관하여 살펴본다.

가. 사해신탁과 채권자의 권리

우리 신탁법 제8조의 사해신탁에 상응하는 사항을 미국은 통일거래취소법(the Uniform Voidable Transactions Act,[111] 이하 'UVTA'라고만 한다)으로 규율하고 있다. UFTA는 (1) 채무자가 합리적으로 동등한 대가를 받지 않고 재산을 양도하였고, 채무자가 그 양도 당시 지급불능이

110) 신탁재산의 독립성을 강조하여 신탁재산에 실질적 법주체성을 주장하는 견해도 있다(四宮和夫, 信託法, 新版, 有斐閣, 1990, 58-81면 참조).

111) 사해행위와 관련하여 1984년 공표된 통일사해양도방지법(the Uniform Fraudulent Transfer Act)은 2014년 공표된 위 통일거래취소법(the Uniform Voidable Transactions Act)으로 대체되었다.

거나 또는 채무자가 그 양도로 인하여 지급불능상태에 빠진 경우에 (2) 채무자가 기존 채무를 위하여 채무자와 밀접한 이해관계를 맺는 사람이나 법인[112]에게 해당 재산을 양도하였고, 채무자가 그 양도 당시 지급불능이었고, 양수인이 채무자가 지급불능상태에 빠졌다고 믿을 만한 정당한 이유가 있었던 경우에 채무자의 채권자는 그 재산의 양도를 취소할 수 있다고 규정하고 있다.[113] 그리고 채권자의 위와 같은 청구에 대하여 양수인은 선의의 항변을 할 수 있다.[114]

따라서 사해양도로 볼 수 있는 신탁설정이 이루어진 경우에, 위탁자의 채권자는 신탁재산의 이전을 취소하여 자신의 집행권원을 가지고 신탁재산에 대하여 강제집행을 할 수 있다.[115]

나. 철회가능신탁과 위탁자의 채권자의 권리

1) 앞서 본 바와 같이 철회가능신탁에 있어서 위탁자는 언제든지 신탁을 철회하고 신탁재산을 찾아올 수 있는바, 위탁자의 채권자가 어떠한 방법으로 신탁재산에 대하여 강제집행을 할 수 있는지 문제가 된다.

전통적인 법리, 즉 신탁재산은 위탁자의 재산과 분리해서 다루어야 한다는 법리에 따르면 위탁자의 채권자는 신탁재산에 강제집행을 할 수 없다고 보아야 할 것이고, 이는 철회가능신탁이라도 마찬가지라고 결론을 내리는 것이 논리적이다.[116]

그러나 State Street Bank & Trust Co. v. Reiser, 389 N.E.2d 768 (Mass. App. 1979) 사건에서 매사추세츠 주 항소법원은, 철회가능신탁 위탁자의 채권자가 신탁재산에 대하여 강제집행을 하지 못하도록 하는 것은 법 형식을 지나치게 따르는 것이므로 부당하다고 하면서 채권자가 직접 신탁재산에 대하여 강제집행을 할 수 있다고 판시함으로써 종래의 판례법을 따르지 않았다. UTC는 위 판결을 지지하는 입장을 채택하였다.[117] 즉 UTC §505(a)(1)은 "위탁자가 생존하는 동안에는 철회가능신탁의 신탁재산은 위탁자의 채권자의 채권을 위한 책임재산이 된다."고 규정하여 철회가능신탁에 있어서 위탁자의 채권자 지위를 강화하였다.[118]

UTC §505(a)(3)에서도 볼 수 있듯이[119] 철회가능신탁을 유언과 동일하게 취급하여 철

---

112) '채무자와 밀접한 이해관계를 맺는 사람이나 법인'을 원문에는 "insider"라고 표현하고 있는데, insider의 정의는 UVTA §1(8) 참조.

113) UVTA §5(a),(b).

114) UVTA §8(a).

115) UVTA §7(b).

116) Res 2nd §330 cmt. o 참조. 종래의 판례법에 따르면 위탁자의 채권자는 철회권을 대위행사하여 위탁자의 책임재산을 회복할 수 있는 권능이 인정되지 않는다. 위탁자가 철회권을 행사하여 신탁재산이 위탁자에게 회복된 후에야 비로소 채권자는 당해 재산에 대한 권리를 행사할 수 있는 것이다.

117) Res 3rd §25(2)도 같은 입장이다(Res 3rd §25 cmt. e 참조).

118) 원문은 다음과 같다. "During the lifetime of the settlor, the property of a revocable trust is subject to claims of the settlor's creditors."

119) UTC §505(a)(3)은 '위탁자의 검인대상유산(the settlor's probate estate)이 위탁자의 채권자의 채권 등을 변제

회가능신탁의 신탁재산을 위탁자의 고유재산과 동일하게 취급하고 있는 것이다.[120] 이에 대해서는 신탁재산의 독립성을 훼손하여 신탁의 목적을 무력화시키고 있다는 비판이 가능할 것이다.[121]

2) 철회가능신탁(revocable trust)이 설정된 경우 미국 판례나 UTC에서 위탁자의 채권자가 직접 신탁재산에 관하여 강제집행을 하는 것을 허용하고 있음은 앞에서 살펴보았다.

우리 신탁법 하에서도 철회가능신탁과 같은 효과를 내는 해지유보신탁의 설정이 가능한 바, 같은 결론이 도출될 수 있는지 문제가 된다.

우리 신탁법에서 위탁자가 신탁의 해지권을 유보한 경우에 그러한 사실만으로 수탁자 앞으로 신탁재산이 이전되었다는 점을 부인하기 어렵고, 신탁재산의 독립성을 부정할 수는 없다. 따라서 집행권원상의 채무자와 강제집행의 대상이 되는 물건의 소유자가 동일인이어야 한다는 집행법상의 원리에 비추어 볼 때, 우리 법상 철회가능신탁에 관하여 미국과 같은 방식으로 강제집행을 하는 것을 허용할 수 없다. 우리 신탁법 하에서는 앞서 본 자익신탁의 경우의 특수성에서 본 바에 따라, 철회가능신탁이 자익신탁인 경우에는(대부분이 이에 해당된다) 위탁자의 채권자는 위탁자가 가지는 해지권을 대위행사 하여 신탁재산을 위탁자 앞으로 복귀시킨 후 강제집행을 할 수 있을 것이다.[122]

3. 신탁재산의 수탁자로부터의 독립

영미 신탁에서는 수익자에 대하여 형평법상의 소유권이라는 대물적 권리를 인정하고 있다. 신탁이 전개된 역사를 보면, 신탁재산에는 수익자의 형평법상의 권리가 수탁자의 보통법상의 권리와 함께 존재하는 것으로 관념하게 되어, 보통법상으로는 수탁자의 소유인 신탁재산은 내재적으로 수익자의 위와 같은 강력한 권리에 제한을 받게 되고, 결국 신탁재산은 수탁자의 책임재산이 될 수 없다고 보았다.

현재도 마찬가지이다. 영미 신탁법에서 수탁자의 고유채권자는 신탁재산에 대하여 강제집행을 할 수 없고, 수탁자가 파산한 경우에 신탁재산은 파산재단을 구성하지 않는다. UTC도 §507에서 "비록 수탁자가 채무초과 상태가 되었거나 수탁자가 파산하였다고 하더라도, 신탁재

하기에 충분하지 않은 경우, 철회가능신탁의 신탁재산은 위 채권자의 책임재산이 된다.'는 취지로 규정하고 있다.

120) UTC §505 cmt. 참조.

121) 철회가능신탁에 대한 위와 같은 접근방식은 논리적인 귀결이라기보다는 실질을 중시하는 해석론, 즉 실질에 있어서는 위탁자의 재산이므로 이에 대하여 위탁자의 채권자의 집행을 허용하는 것이 타당하다는 정책적 판단에 기반한 것이다(Res 3rd §25 cmt. e 참조).

122) 유언대용신탁에 관하여 위탁자가 해지권을 유보하고 있음을 이유로 위탁자의 채권자가 직접 신탁재산으로부터 채권의 만족을 얻을 수 있다는 견해(정소민, "신탁제도를 통한 재산승계 — 유언대용신탁과 수익자연속신탁을 중심으로", 신탁법의 쟁점 제2권(정순섭 · 노혁준 편저), 서울대학교 금융법센터(2015), 151-152면)가 있으나, 위와 같이 신탁재산의 독립성과 집행법상의 원리에 비추어 타당하지 않다.

산은 수탁자의 고유채무에 대한 책임재산이 되지 않는다."고 명기하고 있다.[123]

신탁재산은 수탁자의 고유재산[124]과는 분리되는 독립된 재산이므로 수탁자의 채권자의 강제집행의 대상이 되지 않고, 만일 수탁자의 채권자가 강제집행을 하려고 하는 경우에 수익자는 그 집행을 저지할 수 있다. 또한 신탁재산의 독립성이 인정되므로 신탁은 위탁자나 수탁자에 대한 도산절차 개시로 인한 위험으로부터 벗어날 수 있고, 수탁자는 수탁자 자신의 고유재산과의 관계를 고려하지 않고 신탁업무에 온전히 집중할 수 있게 된다.[125]

4. 신탁재산의 수익자로부터의 독립

수익자가 신탁재산을 형평법적으로 소유하고 있다고 하여, 수익자의 채권자가 신탁재산에 대하여 집행을 할 수는 없다.[126] 신탁재산은 엄연히 수탁자 명의이므로, 수익자의 채권자의 책임재산을 구성하지 않기 때문이다.

그러나 신탁재산으로부터 이익을 향유할 권리인 수익권은 수익자의 일반채권자의 책임재산이 된다. 따라서 수익자의 일반채권자는 수익권에 대하여 강제집행을 할 수 있다.[127]

미국에서는 위탁자가 수익자 보호를 위하여 수익권의 양도나 압류를 금지하는 장치를 만들었는바, 이하에서는 낭비방지신탁과 재량신탁에 관하여 살펴본다.

가. 낭비방지신탁(spendthrift trust)

수익자의 수익권은 일신전속적인 권리가 아니고 통상의 재산권에 해당하므로 수익자의 채권자는 이에 대하여 강제집행을 할 수 있다. 그런데 신탁설정에 있어서 위탁자의 의도는 수익자가 신탁으로 인한 수익을 누리는 데 있는 것이지 수익자의 채권자가 이를 누리는 데 있는 것은 아니므로 위탁자로서는 그 의도를 관철하기 위한 수단이 필요하다. 이러한 배경 하에 미국 신탁법에서는 '낭비방지신탁(spendthrift trust)'이 발달하게 되었다.[128]

'낭비방지신탁'은 전형적으로 수익자가 자신의 수익권을 양도하는 것을 금지하고 수익자

123) UTC §507. "Trust property is not subject to personal obligations of the trustee, even if the trustee becomes insolvent or bankrupt."

124) '고유재산'은 수탁자의 재산 중 신탁재산을 제외한 나머지 재산을 의미한다.

125) 이계정, "신탁의 경제적 분석", 법조 제742호(2020. 8), 114면. 신탁재산은 수탁자의 도산에 영향을 받지 않는다는 점에서 수탁자의 재산상태에 대한 감시비용이 줄어드는 효과도 있다(허준석, "신탁 성립에 관한 연구 — 성립 요건과 범위를 중심으로", 박사학위논문, 서울대학교, 2019), 168면).

126) *Mesce v. Gradone*, 62 A.2d 394 (N.J. 1948); *Green v. Green*, 113 P.2d 427 (Colo. 1941).

127) 이하의 설명은 *Scott & Ascher on Trusts*, vol. 3, p.886 참조.

128) 이와 달리 영국에서는 수익권의 양도 또는 압류에 대한 직접적인 제한은 공서에 반한다고 보기 때문에 낭비방지신탁이 허용되지 않는다. 대신 영국은 '보호신탁(protective trust)'을 통해 유사한 효과를 거두고 있다. 특정 사건(예를 들면 수익자의 파산, 수익자 채권자의 압류 등)이 발생한 경우에 수익권을 박탈(forfeiture)하고, 그 때부터는 재량신탁(discretionary trust, 수익자에게 이익을 분배할지 여부에 대하여 수탁자가 재량을 가지는 신탁)으로 변경된다는 신탁조항을 넣음으로써 보호신탁이 된다.

의 채권자가 수익권을 압류하는 것을 제한하는 내용이 포함된 신탁을 말한다.[129] 수익자가 미성년자 등 사회적 약자인 경우에 수익자를 신탁의 취지에 맞게 보호할 수 있는 유용한 조항이다. 따라서 이러한 취지에서 벗어난 신탁, 즉 위탁자가 수익자인 자익신탁의 경우에는 낭비방지신탁임을 이유로 수익자(위탁자) 채권자의 압류에 대항할 수 없다.[130]

낭비방지신탁은 수익자의 권리에 관하여 자발적 이전(수익자의 의사에 의한 이전)과 비자발적 이전(채권자의 압류에 의한 이전)을 모두 금지하는 내용이어야 유효하다.[131] 왜냐하면 오직 비자발적 이전만 금지하고 자발적 이전을 허용한다면 신탁이 강제집행의 회피 수단으로 사용되는 것이어서 공서양속에 반한다고 볼 수 있기 때문이다.

낭비방지신탁이 있는 경우에 수익자의 권리가 자발적으로 이전되거나 비자발적으로 이전되는 것이 모두 금지되므로, 수익자의 채권자는 수익권에 대하여 강제집행을 할 수 없다.[132] 다만 예외적으로 (1) 부양료 또는 생계비와 관련하여 수익자를 상대로 판결이나 법원의 명령을 얻은 수익자의 자녀, 배우자, 또는 전(前) 배우자, (2) 수익권의 보호를 위한 용역을 제공한 채권자[133]등은 수익권에 대하여 강제집행을 할 수 있다.[134] 미국 일부 주에서는 수익자에게 생필품이나 생활에 필수적인 용역을 제공한 채권자에 대하여도 수익권에 대한 강제집행을 허용하고 있다.[135] 정책적으로 위와 같은 경우에는 위에서 열거한 채권자들의 이익이 수익자의 보호보다 우선시되어야 하기 때문이다.

우리 신탁법상 수익자의 채권자의 압류를 제한하는 '낭비방지신탁'이 허용될 수 있는지 문제가 된다. 그러나 우리 집행법에서 사인이 임의로 압류금지채권을 창설하는 것은 금지되므로[136] 원칙적으로 낭비방지신탁이 허용된다고 보기 어렵다. 다만, 수익권이 부양료청구권이나 종신정기금의 성격을 가지고 있는 경우 해당 수익권에 대해서는 압류를 할 수 없으므로[137] 낭비방지신탁과 유사한 효과를 거둘 수 있다.[138]

---

129) UTC §103(16) 참조.

130) *Farmers State Bank v. Janish*, 410 N.W.2d 188 (S.D. 1987); *Spenlinhauer v. Spencer Press, Inc.*, 195 B.R. 543 (D. Me. 1996).

131) UTC §502(a).

132) UTC §502(c) 참조, 여기서 주의할 점은 수익자가 해당 수익을 수령하여 수중에 가지고 있는 경우에는, 수익자의 채권자는 이에 대한 강제집행이 가능하다는 점이다(Bogert, Oaks, Hansen & Neeleman(주 107), p.141; UTC §502 cmt.; Res 3rd §58 cmt.(d)(2) 참조).

133) 수익자로부터 수익권 보호를 위한 소송을 의뢰받아 소송수행을 한 변호인이 대표적이다.

134) 낭비방지신탁에 대하여 예외적으로 강제집행을 할 수 있는 경우를 열거한 규정으로는 UTC §503 참조.

135) .Wash.Rev.Code Ann. § 11.96A.190 ; Matter of Dodges's Estate, 281 N.W.2d 447 (Iowa 1979); *American Sec. & Trust Co. v. Utley*, 382 F.2d 451 (D.C.Cir. 1967).

136) 同旨 대법원 2002. 8. 27. 선고 2001다71699 판결 (공 2002, 1187). 위 판결은 "당사자 사이에 양도금지의 특약이 있는 채권이라도 압류 및 전부명령에 따라 이전될 수 있고, 양도금지의 특약이 있는 사실에 관하여 압류채권자가 선의인가 악의인가는 전부명령의 효력에 영향이 없다."고 판시하고 있다.

137) 법원행정처, 법원실무제요 민사집행 [Ⅲ](2014), 299면.

나. 재량신탁(discretionary trust)

영미 신탁에 있어서 수익자의 채권자 권리를 약화시키는 또 하나의 제도는 '재량신탁(discretionary trust)'이다. 재량신탁은 수익자에게 이익을 배분할지 여부와 배분하는 경우에 그 액수에 관하여 수탁자가 재량을 행사할 수 있는 신탁이다. 수탁자는 수익자에게 "수탁자가 그 절대적 재량을 발휘하여 적절하다고 생각하는 이익 또는 원본(such amount of income or principal as the trustee in its absolute discretion shall deem advisable)"을 교부할 수 있다는 문언이 기재된 신탁이 대표적이다. 재량신탁인 경우에, 수익자의 채권자는 수탁자에게 이익의 분배를 강제할 수 없으므로 수익자의 채권자는 결국 수익권을 강제집행 할 수 없다.[139]

우리 신탁법상 신탁도 영미 신탁법상 신탁과 마찬가지로 수탁자에게 그 명의를 이전하고 수탁자가 수익자의 최선의 이익을 위하여 재량을 발휘하여 신탁재산을 관리하는 구조를 띠고 있다. 이에 따라 수탁자의 권한에 대하여 "신탁재산에 대한 권리와 의무의 귀속주체로서 … <u>신탁목적의 달성을 위하여 필요한 모든 행위를 할 권한</u>이 있다."고 명기하고 있다(법 제31조, 밑줄-필자). 따라서 수탁자의 재량을 활용한 재량신탁은 우리 신탁법에서도 당연히 허용된다. 신탁이 설정되는 이유 중의 하나가 수탁자의 전문성을 활용하기 위해서인바, 수탁자의 전문성에 기초한 수탁자의 재량은 수익자의 이익을 위하여 오히려 권장되어야 한다.

우리 법상 고령자의 생활보장을 위하여 재량 신탁을 적극 활용하는 것이 요청된다.[140] 구체적으로 검토하면, 신탁 설정을 통해 고령자를 1차 수익자로 지정하여 확정된 수익을 지급하다가, 고령자의 재산상태가 악화되어 수익권에 대한 압류 등이 행하여진 경우에는 재량신탁으로 전환하고, 나아가 수탁자가 수익자를 변경하여 고령자를 부양하는 고령자의 배우자나 친족(2차 수익자)에게 수익을 배분하는 권한을 부여함으로써 고령자의 안정된 삶에 기여할 수 있다.[141] 그 외에도 재량신탁은 수탁자로 하여금 사정변경에 능동적으로 대처하게 함으로써 고령자의 생활보장에 기여할 수 있다. 예를 들면, 신탁 설정을 하면서 수익자의 최선의 이익을 위하여 필요한 금원을 지출할 수 있는 권한을 수탁자에게 부여한 경우에는, 고령자(수익자)의 집이 자연재해로 붕괴되어 새로운 주택을 마련하기 위해 상당한 금원이 필요한 상황이 발생하면 수탁자가 해당 금원을 지출할 수 있다. 만약 수탁자가 고령자(수익자)에게 매월 정기금만 지

---

138) 수익권에 대한 집행의 문제를 다룬 문헌으로는 임채웅, "신탁수익권에 관한 민사집행의 연구", 서울대학교 법학 제50권 제4호(2009. 12), 286면 이하 참조.

139) UTC §504 (b) 참조.

140) 이하의 내용은 이계정, "고령사회에서의 신탁의 역할-신탁의 공익적 기능에 주목하여", 서울대학교 법학(2020. 12), 89면 이하를 정리한 것이다.

141) 위와 같은 재량신탁으로 고령자의 채권자의 권리가 제한되는 문제가 있다. 채권자는 재량신탁이 채권자를 해함을 알면서 설정된 것이라는 이유로 사해신탁을 주장하여 취소 및 원상회복을 청구할 수 있다(법 제8조). 다만, 고령자가 채무초과상태가 아닌 상태에서 정상적으로 재량신탁이 설정된 경우라면 채권자는 사해신탁을 주장할 수 없을 것이다.

급하는 것으로 신탁을 설정하였다면, 수탁자로서는 예상하지 못한 사정에 대처하기 위하여 금원을 지출하는 것이 어렵게 된다.

Ⅵ. 미국법에서의 반려동물 신탁[142)]

1. 반려동물 신탁의 필요성

신탁의 가장 큰 장점은 위탁자가 사망한 이후에도 신탁이 종료되지 않고 위탁자의 의사에 따른 재산관리나 사무처리가 이루어진다는 점에 있다.[143)] 신탁이 이러한 장점을 활용한다면 반려동물소유자의 사망 이후에도 안정적으로 반려동물을 보호할 수 있는바, 반려동물신탁이 가장 활발하게 이루어지고 있는 나라는 미국이다. 이에 UTC는 §408에서 '동물 돌봄을 위한 신탁을 다음과 같이 규정하고 있다.

「(a) 위탁자의 일생 중, 살아있는 동물을 돌보는 것에 대해 신탁을 설정할 수 있다. 이 신탁은 해당 동물 사망 시, 또는 해당 신탁이 위탁자의 일생 중 두 마리 이상의 살아있는 동물을 돌보기 위해 설정된 경우에는 마지막으로 생존한 동물 사망 시 종료된다.

(b) 본 조항에 따라 승인된 신탁은 해당 신탁 조항에 따라서 선임된 자에 의해, 또는 전술한 바에 따라 선임된 자가 없을 경우에는 법원이 선임한 자에 의해 집행될 수 있다. 해당 동물의 복지와 이해관계가 있는 자는 해당 신탁을 집행할 자의 선임 또는 그와 같이 선임된 자의 해임을 법원에 요청할 수 있다.

(c) 본 조항에 따라 승인된 신탁 재산은, 법원이 해당 신탁 재산의 가치가 그 계획된 용도에 필요한 금액을 초과한다고 판단하는 범위를 제외하고는 오로지 그 계획된 용도를 위해서만 사용될 수 있다. 신탁 조항에 달리 규정된 경우를 제외하고, 계획된 용도에 필요하지 않은 재산은 위탁자가 생존해 있을 경우 위탁자에게, 그렇지 않을 경우에는 위탁자의 이해승계인[144)] 에게 반드시 지급한다.」

한편, 뉴욕 주의 경우에 반려동물 신탁법(NY Est Pow & Trusts L § 7−8.1)이 제정되어 활용되고 있는바, 그 구체적인 내용은 다음과 같다.

「뉴욕 반려동물 신탁법[145)]

---

142) 안소영 · 이계정, "민사법적 관점에서 본 동물 관련 법제에 관한 고찰", 법조 통권 제746호(2021. 4), 32면 이하를 정리한 것이다.

143) 신탁을 통해 위탁자의 의사가 위탁자의 사후에도 관철된다는 점에서 '죽은 자의 지배(dead hand control)' 기능을 가지고 있다고 설명된다.

144) 위탁자 유언에 있는 수익자가 포함되고 유언이 없을 경우 위탁자의 상속인이 포함된다.

145) 원문은 다음과 같다.

§ 7−8.1 Trusts for pets

(a) A trust for the care of a designated domestic or pet animal is valid. The intended use of the

(a) 지정된 가내 또는 반려동물을 돌보기 위한 신탁은 유효하다. 이 신탁의 원금이나 소득은 신탁증서의 목적에 맞게 지정된 사람, 또는 지정된 사람이 없다면, 개인이나 수탁자의 신청에 따라 법원이 임명한 사람이 정해진 용도대로 집행할 수 있다. 이 신탁은 이 신탁이 보호하는 수혜 동물 또는 동물들이 죽은 때 종료된다.

(b) 신탁증서에 별도로 명시되어 있는 경우를 제외하고, 신탁 원금이나 소득의 어느 부분도, 신탁증서로 보호받는 모든 동물들을 위해서가 아닌 수탁자의 사용을 위해 또는 다른 용도로 사용하기 위해 전용될 수 없다.

(c) 신탁이 종료될 경우에, 수탁자는 신탁증서에서 명시된 대로, 미사용된 신탁재산을 이전하고, 신탁증서에 그런 지침이 없으면, 남은 신탁재산은 신탁자의 재산으로 이전된다.

(d) 법원은 신탁금이, 신탁증서에서 의도된 용도를 위해 필요한 금액을 상당할 정도로 초과한다고 판단하면, 신탁금을 감축할 수 있다. 이 경우, 감축된 신탁금은 위 (c) 항에서 명시된 대로, 미사용된 신탁금으로 이전된다.

(e) 수탁자가 지정되지 않거나 지정된 수탁자가 이 업무를 수행하려 하지 않거나 할 수 없으면, 법원은 수탁자를 임명하고, 신탁자의 의도와 본 조항의 목적을 실행하도록 권고하는 데에 필요한 명령이나 결정을 내릴 수 있다.」

2. 입법 제언

우리나라에서도 반려동물 신탁을 활용하면 반려동물의 복지에 큰 기여를 할 수 있다. 자신의 사후에 대비하여 반려동물을 친지에게 사적으로 부탁하는 것만으로는 반려동물에 대한 보호의무가 법적으로 강제되지 않는다. 신탁을 활용하게 되면 수탁자로서 신인의무를 부담하

---

principal or income may be enforced by an individual designated for that purpose in the trust instrument or, if none, by an individual appointed by a court upon application to it by an individual, or by a trustee. Such trust shall terminate when the living animal beneficiary or beneficiaries of such trust are no longer alive.

(b) Except as expressly provided otherwise in the trust instrument, no portion of the principal or income may be converted to the use of the trustee or to any use other than for the benefit of all covered animals.

(c) Upon termination, the trustee shall transfer the unexpended trust property as directed in the trust instrument or, if there are no such directions in the trust instrument, the property shall pass to the estate of the grantor.

(d) A court may reduce the amount of the property transferred if it determines that amount substantially exceeds the amount required for the intended use. The amount of the reduction, if any, passes as unexpended trust property pursuant to paragraph (c) of this section.

(e) If no trustee is designated or no designated trustee is willing or able to serve, a court shall appoint a trustee and may make such other orders and determinations as are advisable to carry out the intent of the transferor and the purpose of this section.

므로 수탁자에 대하여 반려동물에 대한 보호의무를 법적으로 강제할 수 있다.

다만, 반려동물 신탁은 수익자가 없는 목적신탁이다. 목적신탁의 경우 신탁법 제2조에 의하여 허용되나, 수익자가 없는 관계로 수탁자가 의무를 게을리하는 경우에 이를 강제할 사람이 없는 문제가 있다. 이를 위하여 신탁법은 신탁관리인을 선임하는 방안을 제시하고 있다(법 제67조, 제68조). 신탁관리인은 목적신탁에서 신탁을 감독하는 기능을 담당한다.[146] 신탁법상으로는 신탁관리인 선임이 필수적인 것은 아니나 반려동물 신탁에서 수탁자의 의무를 강제하기 위해서 신탁관리인 선임을 필수적으로 하는 것이 요청된다. 구체적인 반려동물 신탁 개정안은 다음과 같다.

> 신탁법 제5조의1(반려동물신탁)
> ① 반려동물의 관리, 보호를 위하여 신탁(이하 '반려동물신탁'이라고 한다)을 설정할 수 있으며, 신탁은 반려동물이 죽은 때 종료된다.
> ② 반려동물신탁이 설정될 경우 제67조에도 불구하고 신탁관리인을 반드시 선임하여야 한다.
> ③ 반려동물신탁이 종료되는 경우에 남은 신탁재산은 신탁자의 재산으로 이전된다. 다만, 신탁행위로 달리 정한 경우에는 그에 따른다.

Ⅶ. 결어

우리가 외국법을 공부하는 이유는 다른 나라가 같은 문제에 대해서 어떤 지혜를 발휘하였는지를 살펴봄으로써 우리 법과 관련하여 많은 시사점을 얻을 수 있기 때문이다. 신탁법만큼 비교법적 연구의 혜택이 두드러진 분야도 많지 않다. 신탁법은 영미법의 산물로 영미신탁에 대한 이해는 직접적으로 우리 신탁제도에 대한 이해로 이어질 수 있다. 미국의 통일신탁법에서 배울 수 있는 점은 재산관리제도로서 신탁이 효용을 발휘하도록 수탁자의 재량 확대, 수탁자 견제를 위한 수익자 지위 강화 그리고 유연한 사고에 있다. 우리나라에서 신탁이 활성화되기 위해서는 위와 같은 사항을 적극적으로 수용하는 것이 필요하다. 아무쪼록 본고의 내용이 신탁법에 대한 이해의 지평의 확장에 기여하기를 바란다.

146) 최수정(주 19), 162면.

부합(附合)과 수거권 · 수거청구권

— 방해배제청구권에 대한 약간의 검토를 겸하여 —

이 동 진*

Ⅰ. 서론

부합(附合)은 소유자를 달리하는 여러 개의 물건이 결합하여 한 개의 물건이 되는 경우를 말한다.[1] 민법은 이를 부동산과 동산의 부합, 동산과 동산의 부합으로 구분하여 각각 부합물의 소유권 귀속을 정한다. 특히 부동산과 동산의 부합의 경우 언제나 부동산이 주된 물건으로 간주되어 그 소유자가 종전 동산의 소유권도 취득한다(민법 제256조). 그 결과 동산 소유자는 소유권을 상실하고, 그에 갈음하여 부동산 소유자에 대한 '구상권'을 취득한다(민법 제261조). 이러한 법률효과는, 원칙적으로는, 부동산과 동산 각각의 소유자의 의사와 관계없이 발생할 뿐 아니라 누가 부합시켰는가 하는 점과도 관계없이 발생한다.

그런데 이와 관련하여 우리나라에서는 부동산의 소유자에게 방해배제청구권이 인정되는가 하는 점이 문제되고 있다. 판례는 부정하나, 학설로는 긍정하는 견해가 많다. 좀 더 주목되는 점은 우리나라에서 이 문제가 거의 전적으로 소유권에 터 잡은 방해배제청구권(민법 제214조) 일반의 요건 문제로 다루어지고 있다는 사실이다.

이 글에서는 이 문제에 관하여 검토해보고자 한다. 먼저 판례 · 학설을 정리하고 다른 나라의 예를 살펴보아 이 문제의 독자성 내지 위치와 적절한 해결책을 밝힌다. 이어서 이로부터 물권적 방해배제청구권의 요건 해명에 있어서 이 문제가 갖는 (제한적) 의미에 대하여도 약간의 시사점을 도출하고자 한다.

* 서울대학교 법학전문대학원 교수.

1) 김용담 편집대표 주석민법[물권 1] 제5판, 2019, 988면(김진우 집필부분).

Ⅱ. 판례와 학설

1. 판례

(1) 전형적인 부합 사례

먼저, 전형적인 부합 사례부터 본다. 공간된 판례 중 리딩케이스(leading case)는 대법원 2009. 5. 14. 선고 2008다49202 판결이다. A토지의 소유자들은 2003년 A토지를 평탄화하여 공장부지로 만들기로 하고 경계측량 후 연접한 B토지로 토사가 흘러내리지 아니하도록 A, B 토지의 경계에 석축과 법면을[2] 설치하였다. 그런데 당시 경계착오로 인하여 위 석축과 법면이 B토지 지상에 설치되었다. 이후 A, B토지를 각각 피고와 원고가 취득하였다. 원고는 피고에 대하여 그 소유 B토지 지상의 법면과 석축의 철거를 구하였다. 원심은[3] 위 석축과 법면은 B 토지에 정착된 공작물로서 B토지에 "부합된 것으로 보는 것이 상당하고, 피고가 이 사건 석축과 법면을 점유하고 있음을 인정할 증거도 없"다면서 보다 구체적인 이유제시 없이 위 청구를 기각하였다. 이에 원고가 상고하였으나, 대법원은 부합에는 권원(權原)이나 "그 부동산의 경제적 효용이나 가치 증대를 위한다는 의사"가 필요하지 아니하다는 일반 법리를 확인한 다음, 같은 취지에서 이 사건 석축과 법면이 원고 토지에 부합되었다고 판단한 원심은 정당하다면서 위 상고를 기각하였다.[4]

좀 더 최근의 예로는 대법원 2020. 4. 9. 선고 2018다264307 판결이 있다. 피고는 2002년 A토지를 매수하여 그 소유권을 취득하고 그 지상에 공장건물을 세우면서 옆의 B토지 일부에 아스콘 포장을 하여 공장 진출입로를 개설하였다. 당시 위 아스콘 포장 및 진출입로 개설에 대하여 B토지 소유자로부터는 승낙을 받았고, 이후 B토지가 양도된 뒤 다시 B토지에 아스콘 포장을 했는데 양수인은 이에 이의하지 아니하였다. 원고는 2005년 위 양수인으로부터 B토지를 취득하였다. 원심은[5] 아스콘 포장 당시 B토지 소유자가 이를 묵시적으로 승낙 또는 동의하였으므로 그 포장은 도로부지에 부합하였다는 이유로 철거청구를 배척하였다. 이에 원고가 상고하였다. 대법원은 "부동산에 부합된 물건이 사실상 분리복구가 불가능하여 거래상 독립한 권리의 객체성을 상실하고 그 부동산과 일체를 이루는 부동산의 구성부분이 된 경우에는 타인이 권원에 의하여 이를 부합시켰더라도 그 물건의 소유권은 부동산의 소유자에게 귀속되어 부

---

2) 높은 토지와 낮은 토지를 구분하기 위하여 돌을 쌓아 만든 경사면을 말한다.

3) 대구지방법원 2008. 5. 27. 선고 2007나20349 판결.

4) 그 이외에 대법원은 "이 사건 석축과 법면이 설치된 후 토지를 승계취득하였을 뿐이므로, 피고에게 위 석축과 법면에 대하여 방해배제의무가 있다고 보기도 어렵다"는 판단을 부가하고 있다. 이 글에서는 이 문제에 대하여는 다루지 아니한다. 방해자 지위의 승계에 대하여는 우선 이병준, 인접한 토지의 경사면에 건축한 석축의 부합과 방해배제청구권, 민사법학 제54-1호(2011), 106면 이하.

5) 청주지방법원 2018. 7. 27. 선고 2017나13688 판결.

동산의 소유자는 방해배제청구권에 기하여 부합물의 철거를 청구할 수 없지만, 부합물이 위와 같은 요건을 충족하지 못해 그 물건의 소유권이 부동산의 소유자에게 귀속되었다고 볼 수 없는 경우에는 부동산의 소유자는 방해배제청구권에 기하여 부합물의 철거를 청구할 수 있다"는 일반 법리를 설시하고, 아스콘이 위 토지에 부합하였다고 볼 수 없다는 이유로 원심판결을 파기·환송하였다. 이로써[6] 부동산의 소유자는 부합물의 철거를 청구할 수 없다는 판례 법리가 확립되었다고 할 수 있다.

미공간 재판례로는 대법원 2005. 5. 27. 선고 2005다6495 판결이 있다. A토지 소유자가 지하 터파기 공사를 하면서 흙막이 공사의 구조물로 어스앵커(earth anchor)[7] 68개를 설치하여 B토지 지하를 침범한 사안에서 B토지 소유자가 A토지의 양수인에 대하여 그 철거를 구하였다. 원심은[8] 어스앵커가 A토지에 부합하였음을 전제로 철거청구를 인용하였으나, 대법원은 '어스앵커가 그 제거에 상당한 비용을 요하고 용도와 기능의 면에서 A토지와 독립한 효용을 가지고 있지 아니할 뿐 아니라 거래상 별개의 소유권의 객체가 될 수 없다는 점에서'는 A토지에 부합되었다고 볼 수 있으나, 그 '대부분이 A토지가 아닌 B토지 지하에 묻혀 있다는 점에서 A토지에만 부합되었다고 볼 수는 없다는 이유를 들어 청구를 기각하였다.[9] 이러한 설시는 어스앵커 중 B토지를 침범한 부분은 B토지에(도) 부합하였다는 점이 기각의 법적 근거임을 시사하는 것이다.[10]

---

6) 위 2020년 판결은 부동산의 소유자가 부합물의 방해배제를 구할 수 없다는 법리와 관련하여 선례로 "대법원 1985. 12. 24. 선고 84다카2428 판결, 대법원 2008. 5. 8. 선고 2007다36933, 36940 판결 등"을 인용하고 있다. 그러나 이들 사안은 아래에서 보듯 위 판결과 쟁점을 달리한다.

7) 어스앵커 공법은 지하를 파낸 후 흙막이벽체나 최하층 바닥 슬래브 등을 지지하기 위하여 사선(斜線)방향으로 천공한 뒤 인장재와 그라우트재를 주입하여 정착시키는 것으로, 그중 최하층 바닥 슬래브를 지지하기 위한 어스앵커는 영구적인 것이 많다. 흙막이벽체가 최하층 바닥 슬래브가 그 부지의 경계에 가까이 있는 경우 그곳에서 사선으로 설치된 어스앵커가 옆 토지 지하를 침범할 수 있다.

8) 광주고등법원 2004. 12. 17. 선고 2004나659 판결. 이하 이 판결의 사안 및 원심과 대법원의 판시는 이병준(주 4), 96면 이하의 소개에 의한다.

9) 대법원이 그 전제로 인정한 사실은 다음과 같다: "어쓰앵커란 지하굴착시 토류벽(土留壁)을 지지하기 위하여 인접토지에 설치하는 것으로서 직경 10cm, 길이 약 30m의 둥근 쇠파이프를 굴착하여 그 속에 강선(철심)과 콘크리트를 봉을 조성하는 사실, 이 사건 어쓰앵커는 D, E 토지의 전 소유자인 F가 주식회사 G(이하 "G")에게 H백화점 건물의 신축공사를 도급하여 그 지하 터파기 시공을 하는 과정에서 설치된 사실, G는 지하 터파기 공사 중 E 토지와 연접한 원고 소유의 C 토지의 지반이 변형되거나 붕괴되는 것을 막기 위한 흙막이 공사의 구조물로서, E 토지 중 C 토지와의 경계로부터 1m 떨어진 지점에서부터 시작하여 C 토지의 지하 5m에서부터 지하 25m까지 사이에 각도 32.5도, 수평거리 19.5m 내지 30.1m의 간격으로 길이 22.5m 내지 27.5m의 이 사건 철근콘크리트조 어쓰앵커 68개를 설치한 사실, 그 후 F는 D, E 토지를 다시 매립한 후 이를 주차장으로 사용하다가 그 상태 그대로 피고에게 소유권을 이전한 사실, 이 사건 어쓰앵커는 피고의 D 등 토지상에 건축된 I빌딩의 지하옹벽에 정착되어 있으나, 피고의 빌딩 건축에 그 어쓰앵커가 필요하였거나 지하옹벽 구축에 도움이 된 것은 아닌 사실, 한편 이 사건 어쓰앵커는 그 제거에 1억 3,565만원이 소요되기는 하지만 토지의 지하에서 이를 분리하는 것은 불가능하지 않은 사실." 나아가 대법원은 원심이 어스앵커제거가 가능함을 전제로 청구를 인용하였다는 점을 지적함으로써 어스앵커제거가 불가능한 경우에는 청구가 기각될 수 있음을 시사하고 있다.

10) 그 이외에 대법원 2000. 6. 9. 선고 99다62722 판결에서는 오피스텔 신축과정에서 어스앵커가 인근 토지를 침

반면, 부동산에 부합된 동산의 종전 소유자가 그 동산의 수거를 구할 수 없다는 데는 의문이 없다. 위 2020년 판결이 선례로 인용하고 있는 '대법원 1985. 12. 24. 선고 84다카2428 판결, 대법원 2008. 5. 8. 선고 2007다36933, 36940 판결 등'은 저당권이 실행된 뒤 낙찰자를 상대로 그 부속물인 동산의 소유자가 동산 소유권을 주장한 사안으로,[11] 부합이 이루어졌는지를 쟁점으로 삼음으로써 이러한 전제를 드러내고 있다.

(2) 폐기물 매립 사례

폐기물 매립 사례에서도 그 결과 부합이 이루어질 수 있다는 점에서 비슷한 문제가 생긴다. 대법원 2003. 3. 28. 선고 2003다5917 판결은 피고 광명시가 원고 소유의 토지를 연탄재 '만'으로 매립해주기로 하고 원고 동의하에 매립하였으나 매립 후 "생활폐기물, 건설폐기물, 사업장 일반폐기물 등이 별도 구분없이 매립되어 있고 표층으로부터 1, 2m 정도는 토사로 볼 수 있으나 그 아래 매립 부분은 층을 별도 구분하여 처리하기 곤란한 상태로 혼합하여 매립되어 있"음이 확인된 사안에서, "방해배제청구권에 있어서 '방해'라 함은 현재에도 지속되고 있는 침해를 의미하고, 법익 침해가 과거에 일어나서 이미 종결된 경우에 해당하는 '손해'의 개념과는 다르다 할 것이어서, 소유권에 기한 방해배제청구권은 방해결과의 제거를 내용으로 하는 것이 되어서는 아니 되며(이는 손해배상의 영역에 해당한다 할 것이다.) 현재 계속되고 있는 방해의 원인을 제거하는 것을 내용으로" 하는바 쓰레기 매립은 "과거의 위법한 매립공사로 인하여 생긴 결과로서 원고가 입은 손해에 해당한다 할 것일 뿐, 그 쓰레기가 현재 원고의 소유권에 대하여 별도의 침해를 지속하고 있다고 볼 수 없"다는 점을 들어 원고 청구를 기각한 원심이 정당하다고 하였다. 이 판결에서는 '동의한 범위에 속하는 쓰레기와 그 범위를 벗어난 쓰레기가 분리 불가능한 상태로 혼재되어 있다'(원심의[12] 설시)는 점이 병렬적으로[13] 지적되고 있고, 문제된 청구는 '지하 120cm부터 440cm 사이에 매립되어 있는 생활쓰레기 및 산업 쓰레기, 지하 440cm부터 470cm 사이에 있는 오니'의 '수거'청구였는바, 부합이 이루어졌다는 점이 고려되었을 수 있다.[14]

범한 어스앵커를 자비(自費)로 철거한 뒤 오피스텔 소유자를 상대로 부당이득반환청구를 한 데 대하여 원고 청구를 인용하였다. 어스앵커 대부분이 오피스텔 부지 지하에 있었고 일부만 침범한 경우로서 이때 어스앵커의 소유권은 오피스텔 소유자에게 있다는 것이다. 대법원 2003. 6. 27. 선고 2001다44864 판결에서는 어스앵커를 제거하지 아니하고 방치한 데 대하여 그 제거비용 상당의 불법행위를 원인으로 하는 손해배상책임을 인정하였다. 2005년 판결의 원심이 부합을 문제 삼은 것은 위 대법원 2000. 6. 9. 선고 99다62722 판결을 의식한 것일 수 있다.

11) 다만, 그중 대법원 2008. 5. 8. 선고 2007다36933, 36940 판결은 동산의 수거를 구한 것이 아니라 그 사용이익 상당의 부당이득반환을 구한 사건이다.

12) 서울고등법원 2002. 12. 17. 선고 2001나11682 판결.

13) '과거의 위법한 매립공사'행위와 '쓰레기가 매립된' 상태 내지 결과를 대비하고 있는데, 이 부분이 위 분리할 수 없는 혼합과 독립된 논거인지는 분명하지 아니하다.

14) 비슷한 것으로, 대법원 2019. 7. 10. 선고 2016다205540 판결.

한편 불법행위책임에 관한 것이지만, 대법원 2016. 5. 19. 선고 2009다66549 전원합의체 판결의 다수의견은 토양오염물질을 토양에 누출·유출하거나 투기·방치한 뒤 이를 유통시킨 경우 오염토양 정화비용 또는 폐기물 처리비용 상당의 손해를 이를 부담하게 된 현재의 토지 소유자에 대하여 배상하여야 한다고 하였다. 주목할 점은 다수의견, 반대의견, 다수의견에 대한 보충의견이 각각 제시한 논거에 부합과 방해배제청구에 관한 부분이 포함되어 있다는 사실이다. 다수의견이 "토지에 폐기물이 매립되면 그것이 토지의 토사와 물리적으로 분리할 수 없을 정도로 혼합되어 토지의 일부를 구성하게 되지 않는 이상, 토지 소유자의 소유권을 방해하는 상태가 계속되며, 이에 따라 폐기물을 매립한 자는 그 폐기물이 매립된 토지의 소유자에 대하여 민법상 소유물방해제거의무의 하나로서 폐기물 처리의무를 부담할 수도 있다"고 한 데 대하여, 대법관 박보영, 김창석, 김신, 조희대의 반대의견은 "토지의 지하에 각종 건설폐기물이 매립되고 그로부터 오랜 기간이 지난 경우에도 그 폐기물을 독립한 물건으로 볼 수 있는지 의문이"라면서, "부동산에의 부합을 인정할 수 있는 전형적인 사안으로 보일 뿐"이라고 비판한 반면, 대법관 김용덕의 다수의견에 대한 보충의견은 "폐기 대상인 폐기물은 이를 분리하여 처리하는 것이 오히려 사회경제적으로 이익이며 부동산의 효용이나 가치 면에서도 유리"한바, "이를 경제적인 가치를 가지는 일반적인 동산과 동일하게 취급하여 쉽게 토지와의 부합을 인정하여서는 아니 된다"고 한다. 방론(傍論)이기는 하나 모든 의견이 부합의 성부와 방해배제청구가 논리적으로 연결되어 있음을 전제하고 있는 것이다.[15)]

2. 학설

(1) 학설로는 소유물 방해배제청구권의 요건으로서 '방해'는 현재에도 지속되고 있는 침해를 뜻하고 법익침해가 과거에 일어나 이미 종결된 경우에 해당하는 '손해'와 구별되며, 방해배제청구권은 방해결과의 제거가 아닌 현재 계속되고 있는 방해원(妨害源)의 제거를 그 대상으로 하는바, 부합이 이루어진 이상 법익침해는 이미 종결되었다고 보아야 한다는 이유로 판례에 찬성하는 견해도 있다.[16)] 나아가 부합을 인정하는 이유는 물권적 지배영역을 획일적으로 처리하고 부합된 물건의 사회적 이용을 보전하는 데 있다면서, 분리가 사회관념상 불가능하거나 매우 곤란하게 된 경우 이를 원상회복시키지 아니하고 어느 특정인의 소유로 귀속시킴으로

---

15) 이 점에서 김용덕 편집대표 주석민법[물권 1] 제5판, 2019, 655면(이계정 집필부분)의 위 대법원 2003. 3. 28. 선고 2003다5917 판결이 대법원 2016. 5. 19. 선고 2009다66549 전원합의체 판결에 의하여 그 의미가 퇴색되었다는 평가는 그 당시를 기준으로 보아도 의문이다.

16) 양형우, 자신의 토지에 토양오염을 유발하고 폐기물을 매립한 자의 불법행위책임, 홍익법학 제18권 제2호(2017), 400면; 이선형, 자기 소유 토지에 토양오염을 유발하고 폐기물을 매립한 자의 불법행위책임에 대하여, 부산대 법학연구 제57권 제4호(2016), 239−240면(다만, 문헌은 이러한 논리가 판례를 전제한 것이라고 하여 독자적인 주장인지 분명히 하지 아니한다); 정다영, 자기 소유 토지에 토양오염을 유발하고 폐기물을 매립한 자의 불법행위책임, 토지법학 제33권 제2호(2017), 178면.

써 사회경제적 이익을 고려하여 당사자 사이의 분쟁을 최소화하는 데 있다는 점을 지적하는 견해도[17] 있다.

(2) 반면, 위 대법원 2003. 3. 28. 선고 2003다5917 판결은 부합을 이유로 방해배제청구권을 부정한 것으로서 독일의 소유권한참칭설의 논리에 의하여 파악될 수 있으나, 같은 견해가 달성하고자 하는바 법적 완전성의 침해만을 '방해'로 파악하려는 시도는 점유방해배제청구권(민법 제205조)의 존재로 인하여 좌절될 수밖에 없고, 부합 당시 토지 소유자가 자력구제로 이를 막을 수 있었다는 점을 고려하여야 하며, 부합 여부에 따라 방해제거의무 유무가 달라지는 것은 상식적으로도 납득하기 어렵다는 등의 이유를 들어 이를 비판하고 부합 여부와 관계없이 방해배제청구권이 인정되어야 한다고 주장하는 견해,[18] '방해'는 방해원(妨害源) 소유권이 방해자에게 귀속할 것을 요하지 아니하고, '방해'에는 법적 방해뿐 아니라 사실적 방해도 포함되는데 부합 여부는 사실적 방해와 무관하며, 부합으로 인하여 소유권취득을 강요당하는 소유자에게 방해배제청구를 부정하면 소유권보호에 반한다는 등의 이유에서 부합 여부와 관계없이 방해배제청구권이 인정되어야 한다고 주장하는 견해[19] 및 특히 폐기물의 경우 계속적인 오염원이 되는 한 방해도 계속되고 있다고 볼 수 있고, 부합은 그 대상인 물건이 가치 있는 물건임을 전제하는바 부합이 방해배제청구를 차단하는 방향으로 작용해서는 안 되며, 부합에도 불구하고 스스로 방해상태를 발생시키거나 이를 해소할 책임이 있는 자는 여전히 방해상태를 지배하고 있다고 봄이 상당하다는 견해[20] 등 비판적인 견해도 적지 아니하다.

Ⅲ. 비교법

1. 독일

(1) 주지하는 바와 같이 우리의 논의는 주로 독일 학설의 영향을 받아 형성되었다. 그러나 독일민법(Bürgerliches Gesetzbuch)의 규정은 우리의 그것과 반드시 같지는 아니하다.

독일민법 제93조는 물건의 구성부분들이 어느 하나를 파괴하거나 그 본질을 변경하지 아니하면 서로 분리될 수 없는 경우를 '본질적 구성부분'이라고 하고, 이 경우 하나의 물건이 성립함을 선언한다. 제94조, 제95조는 일시적 목적만을 위하여 토지나 건물에 부가된 경우가 아

17) 양형우(주 16), 399면. 한편, 정다영(주 16), 178면은 2016년 전원합의체 판결의 사안과 관련하여 이 사건 매매 부지를 매도한 종전소유자를 방해상태를 지배하는 자라고 볼 수도 없다고 한다. 이 글에서는 이 문제에 대하여는 따로 다루지 아니한다.

18) 김형석, 소유물방해배제청구권에서 방해의 개념, 서울대 법학 제45권 제4호(2004), 421－430면. 또한, 박철홍, 소유권에 기한 방해배제청구권의 행사 근거 및 행사 범위, 민사판례연구[XIV](2018), 140면 이하도 참조.

19) 이계정, 소유물방해제거청구권 행사를 위한 방해의 현존, 민사법학 제91호(2020), 59면 이하; 이병준(주 4), 103면 이하.

20) 김태관, 소유물방해배제청구권과 부합, 저스티스 통권 제182－1호(2021), 211－214면.

닌 한 토지의 정착물, 건물이나 토지에 부착된 산출물, 건물의 건축에 부가된 물건은 부동산의 본질적 구성부분이 된다고 한다. 그리고 제946조는 이처럼 동산과 부동산이 부합하여 동산이 부동산의 본질적 구성부분이 된 경우 부동산 소유권이 종전의 동산 부분에 연장된다고 한다. 또한, 제951조 제1항 제1문은 "제946조 내지 제950조의 규정에 의하여 권리를 상실한 사람은 권리변동으로 이익을 얻은 사람에 대하여 부당이득반환에 관한 규정에 따라 금전보상을 청구할 수 있다"고 규정한다. 여기까지는 대체로 우리와 같은 규율이다.

그런데 같은 항 제2문은 "이전 상태의 복구는 청구할 수 없다"고 규정하고, 제2항은 "불법행위로 인한 손해배상의무에 관한 규정, 비용상환에 관한 규정 및 설비 수거권에 관한 규정에는 영향이 없다. 제946조, 제947조의 경우에는 부합이 주된 물건의 점유자에 의하여 행하여진 것이 아닌 때에도 점유자의 소유자에 대한 수거권에 관한 규정에 따라 수거를 할 수 있다"고 정한다. 그중 제951조 제2항 제2문에서 말하는 '점유자의 소유자에 대한 수거권에 관한 규정'은 제997조를[21] 가리킨다. 비용상환청구권을 행사할 수 있는 점유자는 비용상환에 갈음하여 분리·수거할 수도 있다는 취지이다. 판례는 이 두 규정, 즉 제951조 제1항 제2문과 제2항 제2문 사이에 긴장관계가 있다면서, 제951조 제2항 제2문은 부합을 수행한 현재의 점유자의 수거권을 규정한 제997조 제1항을 제3자가 부합시킨 경우로 확장하는 데 그 취지가 있을 뿐, 제951조 제2항 제2문의 수거권을 가지기 위해서는 여전히 그는 (불법)점유자여야 한다는 입장을 취한다.[22] 그러나 학설은 이 규정은 제997조와 독립된 독자적 수거권 규정으로, 수거권자가 점유자일 것을 요하지 아니한다고 한다. 제951조 제1항 제2문과 제2항 제2문의 긴장관계는 그러한 방식으로 해소될 수 없고, 어차피 수거권자는 분리비용을 부담해야 하므로 스스로 수거하는 것이 유리한지 여부를 형량할 것이며, 불법행위로 인한 원상회복(제249조)이 가능한 이상[23] 제951조 제1항 제2문이 절대적 원칙이라고 할 수도 없다고 한다. 그리하여 제3자가 부합시킨 경우는 물론, 주된 물건, 즉 부동산 소유자가 부합시킨 경우에도 제951조 제2항의 수거권은 인정된다고 한다. 종된 물건, 즉 동산의 소유자가 부합시킨 경우에는 제997조 제1항이 특별규정으로 제951조 제2항 제2문에 우선하나,[24] 결론에는 별 차이가 없다.

21) 독일민법 제997조[수거권] (1) 점유자가 물건에 다른 물건을 그 본질적 구성부분으로 부합시킨 경우에는, 그는 이를 분리하여 선점(aneignen)할 수 있다. 제258조는 이에 적용된다.
(2) 점유자가 제994조제1항제2문에 의하여 비용상환을 청구할 수 없을 때 또는 분리가 그에게 이익이 되지 아니하거나 적어도 그 구성부분이 분리 후 그에게 가지는 가액을 상환받은 때에는, 분리권은 배제된다.

22) BGHZ 40, 272, 280 ff.

23) 독일민법 제951조 제2항 제1문은 제1항에도 (불구하고) 불법행위를 원인으로 하는 손해배상청구권, 비용상환청구권, 수거권 등은 영향을 받지 아니함을 명문으로 선언한다.

24) 가령 Baur/Wolf, Bereicherungsansprüche bei irrtümlicher Leistung auf fremde Schuld. Das Wegnahmerecht des Nichtbesitzers, JuS 1966, 393, 398 f.; Jakobs, Die Begrenzung des Verwendungsersatzes, AcP 167 (1967), 350, 388; Wieling, Vom untergegangenen, schlafenden und aufgewachtem Eigentum bei Sachverbindungen, JZ 1985, 511, 515 f.; MünchKomm/Füller, 9. Aufl.,

수거권자(收去權者)는 부당이득법에 따라 보상을 받을 수 있는 동산 소유자이다. 수거권은 채권적 청구권으로,[25] 인용(忍容)청구권, 즉 분리를 인용해달라는 청구권이다.[26] 분리비용 및 필요하다면 주된 물건을 복구하기 위한 비용은 수거권자가 부담한다.[27] 주된 물건의 훼손을 피할 수 없다면 수거 자체가 허용되지 아니한다.[28] 분리한 동산의 소유권은 수거권자가 선점한다(제951조 제2항 제2문, 제997조 제1항). 수거권을 행사하면 부당이득법에 따른 보상, 즉 '구상'은 배제된다.[29] 다른 한편, 분리가 수거권자에게 (전혀) 이익이 되지 아니하거나 부동산 소유자가 분리 후 동산의 가치를 보상한 경우에는 수거권은 배제된다(제951조 제2항 제2문, 제997조 제2항).[30]

(2) 그렇다면 주된 물건, 즉 부동산의 소유자 측에서 부합을 저지하거나 그 결과를 되돌릴 수는 없는가? 독일민법 제1004조의 방해배제청구권에서 '방해' 개념과 관련하여 종래의 통설은 방해행위가 종료된 뒤에도 방해원(妨害源)이 남아 사실상의 침해가 계속되는 경우 방해가 현존한다고 보고, 그러한 전제하에 부동산 소유자의 의사에 반하여, 위법하게 부합시킨 경우 부합으로 그 부분이 본질적 구성부분이 되었다 하더라도 여전히 방해가 인정된다고 한다.[31] 그러나 여기에는 몇 가지 수정이 논의되고 있다. 첫째, 이 견해는 이전 상태의 복구를 청구할 수 없다고 한 제951조 제1항 제2문과 맞지 아니하다. 그리하여 학설 중에는 부동산 소유자가 적극적으로 수거해갈 것을 청구할 수는 없고, 종전의 동산 소유자가 비용상환청구를 할 때 그에 대한 항변으로 수거해갈 것을 지시할 수 있을 뿐이라는 견해가 주장되고 있다.[32] 제951조 제1항 제2문은 "어쨌든" 소극적 항변으로 주장하는 것까지 막지는 아니한다는 것이다.[33] 불법행위가 되는 한 원상회복(제249조)으로 수거청구권이 인정되고, 이것으로 비용상환청구에 대하여 항변할 수 있다는 견해도[34] 있다. 둘째, 다수설은 이 경우를 다시 소유자－점유자 관계에

2023, § 951 Rn. 42 f.

25) 통설. Füller(주 24), Rn. 44. 그러나 물권이라는 견해도 있다. 가령 Wieling(주 24), S. 516.

26) Füller(주 24), Rn. 50.

27) 독일민법 제258조[수거권] 물건을 다른 사람에게 반환하여야 하는 사람에게 공작물을 수거할 권리가 있는 경우 그는 그의 비용으로 그 물건을 이전의 상태가 되게 하여야 한다. 타인이 그 물건의 점유를 취득한 경우, 그는 공작물의 수거를 허락할 의무가 있다; 그는 수거로 인한 손해의 담보를 제공받을 때까지 허락을 거절할 수 있다. Füller(주 24), Rn. 50.

28) Füller(주 24), Rn. 45.

29) Füller(주 24), Rn. 48 f.

30) Füller(주 24), Rn. 42, 48.

31) RGZ 131, 335, 336; BGHZ 23, 61, 63. U. Huber, Bereicherungsansprüche beim Bau auf fremdem Boden, JuS 1970, 515, 517 f., 519; Jakobs(주 24), S. 377.

32) 가령 M. Wolf, Der Bau auf fremdem Boden: insbesondere der Grenzüberbau nach dem Bürgerlichen Gesetzbuche für das Deutsche Reich auf geschichtlicher Grundlage, 1900, S. 65 ff.

33) BGH NJW 1965, 816.

34) Baur/Stürner, Sachenrechts, 18. Aufl., 2009, S. 713 f.

관한 규정과의 경합으로 수정하려고 한다. 방해자가 부합 당시 선의의 점유자였다면 제993조 제1항 후단을[35] 유추하여 방해제거의무도 배제되어야 한다는 것이다.[36]

그중 특히 후자의 수정과 관련하여서는 경계침범건축과의 균형이 문제되고 있다. 독일민법 제912조 제1항은 토지소유자가 고의 또는 중대한 과실 없이 건물을 건축하면서 경계를 침범한 경우 이웃은 경계침범 전 또는 그 후 바로 이의를 제기한 경우가 아닌 한 이를 수인하여야 한다고 규정한다. 고의·중과실이 없는 경계침범건축의 경우 경계를 침범한 건물부분은 원(源)건물 소유자의 소유로 남고, 그 부지에 대하여 이를 위한 일종의 역권(役權)이 인정되며[37] 그 결과 인도(제985조)나 방해배제청구(제1004조), 즉 철거청구는 부정된다.[38] 반면 고의·중과실이 있는 경우 경계를 침범한 건물부분은 그 대지에 부합하여 경계를 따라 건물 일부의 소유권을 토지소유자가 취득한다고 하면서도,[39] 토지소유자에게 그 부분 건물에 대한 철거청구권을 인정하는 것이 통설이다.[40] 위 제993조 제1항 후단의 유추는 경계침범건축이 아닌 경우에도 설치 내지 부합시킨 사람의 선의·악의를 고려함으로써 경계침범건축에 대한 규율과 유사한 결과를 도출하려는 노력이라고 볼 수 있다.

그러나 소유권한을 사실상 참칭하는, 즉 소유권의 법적 가능성을 침해하는 경우에 한하여 방해(자)가 된다는 권한참칭설(Rechtsusurpationslehre)에서는 타인토지 위 건축 및 인용되지 아니하는 경계침범건축 모두에서 부합이 일어나 건물 소유권을 상실한 이상 더는 방해가 없고 따라서 철거 등의 청구도 인정되지 아니한다고 한다. 이 경우에는 불법행위를 원인으로 하는 원상회복청구의 요건을 갖추어 그에 의하여야 한다는 것이다.[41]

타인토지 위의 건축 내지 경계침범건축 이외의 부합,[42] 나아가 유류(油類)가 유출되어 토양이 오염된 경우에도 같은 법리가 적용된다.[43]

---

35) 독일민법 제993조[선의의 점유자의 책임] (1) 제987조 내지 제992조에서 든 요건이 존재하지 아니할 때에는, 점유자는 수취한 과실(果實)을, 그것이 정상적인 경영의 규칙에 따를 때 그 물건의 수익으로 볼 수 있는 것이 아닌 한, 부당이득의 반환의 규정에 따라 반환하여야 한다; 그 이외에는 그는 수익반환이나 손해배상의무를 지지 아니한다.

36) Baur, Der Beseitigungsanspruch nach § 1004 BGB, AcP 160 (1961), 465, 491 ff.; Baur/Stürner(주 34), S. 146; M. Wolf, Die aufgedrängte Bereicherung, JZ 1966, 467, 472.

37) 판례·통설. BGHZ 157, 301, 304; MünchKomm/Brückner, 9. Aufl., 2023, § 912 Rn. 38.

38) Brückner(주 37), Rn. 35. 타인토지 위의 건축과 독일민법 제912조의 균형이 문제된다는 점에 대하여는 BeckOGK/Spohnheimer, 1.5.2023, BGB § 1004 Rn. 111.1. f.

39) Brückner(주 37), Rn. 39.

40) Brückner(주 37), Rn. 35.

41) StaudingerBGB/Gursky, 13. Aufl., 1993, § 1004 Rz. 42; Füller(주 24), Rn. 33; Spohnheimer(주 38), Rn. 110, 114.

42) Picker, Der negatorische Beseitigungsanspruch, 1972, S. 120 ff.; Gursky(주 41), Rz. 3, 43.

43) 그러나 판례는 이를 방해원(妨害源)의 존속과 침해의 계속이라는 관점에서 다루고 부합을 내세우지는 아니한다. BGH NJW 1996, 845; 2005, 1366; 김태관(주 20), 196-200면; Gursky(주 41), Rn. 3.

2. 다른 나라의 경우

그러나 아예 부합법 내에 이 문제에 관한 규율을 두는 나라도 있다.

(1) 가장 대표적인 예는 프랑스민법(code civil)이다. 같은 법은 타인의 재료로 건축, 식재, 공작물설치를 한 토지소유자는 (소유권을 취득하는 대신) 그 가치를 보상하여야 한다고 규정한다. 이 경우 재료소유자에게는 원칙적으로 수거권(收去權)이 없다(제554조). 토지소유자에게 수거청구권이 없음은 물론이다. 그러나 타인의 재료로 제3자가 건축, 식재, 공작물설치를 한 경우에는, 스스로 부합시키지 아니한 토지소유자가 원칙적으로 그 소유권을 보존할지 아니면 그 제3자에게 수거시킬지(수거청구권)를 선택할 수 있고, 후자를 선택한 경우 수거(제거)는 그 제3자의 비용으로 이루어진다(제555조 제1항, 제2항). 다만, 그 제3자가 부합 당시 선의였을 때에는 토지소유자의 수거청구권이 배제되고 재료소유자에 대하여 비용을 상환하여야 한다(제555조 제4항). 즉, 수거청구권은 악의의 제3자에 대하여만 인정된다.

한편, 별 논의는 없으나, 프랑스민법에서 방해배제청구권(action négatoire)은 역권(役權)의 참칭(prétention de servitude)을 요건으로 하므로[44] 부합물에 원용될 여지는 없어 보인다. 가령 재료소유자가 악의였다 하더라도 부합된 이상 토지소유자가 이미 자기 소유가 된 설치물의 분리 또는 파괴를 구할 수는 없다.[45]

(2) 오스트리아일반민법(Allgemeines Bürgerliches Gesetzbuch)도 비슷하다. 우선 부합의 요건이 더 엄격하다. 두 물건이 합쳐진 경우에도 이전 상태로 복구할 수 있다면 분리, 복구할 의무가 있다(제414조).[46] 분리할 수 없는 한 참여자들이 첨부물을 공유하나,[47] 다른 사람이 과실(過失)로 그의 물건과 첨부한 경우 그는 그의 기여에 대하여 보상하고 물건 전부를 보유하거나, 자신의 물건에 대한 보상을 받고 물건 전부를 그에게 넘겨줄 수 있다(제415조).[48]

부동산에의 부합은 다르다. 이때에는 원칙적으로 동산 소유권이 부동산 소유권에 합쳐진다. 다만, 보상의무는 그때그때 다르다. 누군가가 자기 토지 위에 타인 재료를 사용하여 설치한 구축물은 토지소유자의 소유가 된다. 토지소유자는 선의인 경우에는 통상의 가치를, 악의인 경우에는 최고가격을 보상하여야 한다(제417조). 누군가가 타인 토지 위에 그 소유자의 인식과 의사에 의하지 아니하고 자기 재료로 건축한 구축물은 토지소유자에게 귀속하나 그는 선의인

---

44) Cass. civ., 23 juin 1890, DP 1890.I.289; S. 1893.I.519; V° Servitudes, Rép. dr. imm. (avril 2016) par Djoudi, n° 791.

45) Cass. civ., 5 juin 1973, Bull. civ. Ⅲ, n° 405; V° Accession, Rép. dr. imm. (avril 2016) par Cohet, n° 61.

46) Rummel/Spielbüchler, 3. Aufl., 2000, § 414 ABGB, Rz. 4 f.; Rummel/Spielbüchler, 3. Aufl., 2000, § 415 ABGB, Rz. 1 f.; KBB/Eccher, 2005, § 414 ABGB, Rz. 1; KBB/Eccher, 2005, § 415 ABGB, Rz. 2.

47) 다만, 제416조는 물건을 단지(nur) 개선(Ausberrung)하는 데 타인의 재료가 사용된 경우 그 타인의 재료는 주된 물건의 소유자에 속한다고 규정하므로, 주된 물건과 비본체적인 부분이 명확히 구별될 때에는 공유관계가 인정되지 아니한다.

48) Eccher(주 46), § 415 ABGB, Rz. 4; Spielbüchler(주 46), § 415 ABGB, Rz. 4.

경우 필요비와 유익비의 상환을 구할 수 있고, 악의인 경우에는 사무관리가 된다.[49] 토지소유자가 건축사실을 알면서도 선의인 설치자의 설치를 중단시키지 아니한 경우에는 토지에 대한 통상의 가치를 청구할 수 있는데(제418조), 이는 설치자가 그 부분 토지소유권을 취득함을 뜻한다.[50] 이 규정은 경계침범건축에 한하여 적용되는 것은 아니지만, 경계침범건축에 대하여도 적용된다.[51] 끝으로, 토지소유자, 건축한 사람 및 재료소유자가 모두 다른 경우 건물은 토지소유자에게 귀속한다. 재료소유자는 건축한 사람을 상대로 그의 선·악의에 따라 통상의 가치 또는 최고가치의 보상을 청구할 수 있다(제419조).

방해배제청구권(actio negatoria)은 제523조에, actio confessoria와 함께, 규정되어 있다. 법문(法文)상 이는 역권의 참칭(Anmaßung)을 요건으로 하나, 판례·통설은 그 이외 일체의 소유권침해로 이를 확장하고 있다.[52] 그러나 타인 토지 위에 자기 자동차를 가져다 놓은 경우처럼 '권리의 중첩'이 일어났을 때에는 권리를 포기함으로써 방해제거책임을 면할 수 있다고 해석된다.[53] 이에 비추어 보면, 별다른 논의는 없으나, 부합법이 인정하는 구제 외에 방해배제청구권을 생각하기는 어려우리라고 보인다. 실제로 판례는 타인 토지 위의 건축의 경우 악의인 때에 한하여 방해배제, 즉 철거청구를 인정하는 경향을 보인다.[54]

(3) 스위스민법(Zivilgesetzbuch)은 동산부합에 관하여 원칙적으로 각 부분의 부합 당시의 가액비율에 따라 공유관계가 되나, 하나가 주된 부분, 다른 하나는 그 비본체적 부분이 되는 경우에는 주된 부분의 소유자가 부합물 전체를 취득하는 것으로 정한다(제727조). 우리 법의 규율과 대체로 비슷하다. 반면 부동산과 동산 사이의 부합의 경우에는 그러하지 아니하다. 이때에는 원칙적으로 부동산 소유자가 전체 물건을 취득하는 것으로 하면서도(제671조 제1항), 재료가 그 소유자의 의사에 의하지 아니하고 사용된 경우 재료소유자는, 비례에 맞지 아니한 훼손(unverhältnismässige Schädigung)[55] 없이 분리할 수 있는 한, 그 재료의 분리와 반환을 구할 수 있고, 또 토지소유자의 의사에 의하지 아니하고 부합이 일어난 경우 토지소유자는 설치자에게 그의 비용으로 수거해갈 것을 구할 수 있다고 규정한다(제671조 제2항, 제3항). 이러한 수거권은 채권적 청구권이다.[56]

---

49) 그 결과 주관적으로 이익이 되는 한도에서 그 반환을 구할 수 있을 뿐이 된다. 오스트리아일반민법 제1038조. KBB/Eccher, 2005, § 418 ABGB, Rz. 1; Spielbüchler(주 46), § 418 ABGB, Rz. 3.

50) Eccher(주 46), § 418 ABGB, Rz. 2; Spielbüchler(주 46), § 418 ABGB, Rz. 4.

51) Eccher(주 46), § 418 ABGB, Rz. 4; Spielbüchler(주 46), § 418 ABGB, Rz. 9 f.

52) KBB/Koch, 2005, § 523 ABGB, Rz. 7.

53) OGH, EvBl 1965/197; Rummel/Hofmann, 3. Aufl., 2000, § 523 ABGB, Rz. 9.

54) OGH, 27.2.1996, SZ 69/50.

55) 비례에 맞지 아니하는 훼손이 일어나는지 여부는 대립하는 이익을 형량하여 법원이 자유재량으로 정한다. 여기에는 설치자의 의사, 악의 여부 등도 포함된다. BGE 81 II 267, 272. BK–Meyer–Hayoz, 1974, Art. 671 ZGB, N 23; BSK/Rey, 2. Aufl., 2002, Art. 671 ZGB, N 10, 12.

56) Meyer–Hayoz(주 55), N 19; Rey(주 55), N 1, 11, 13. 종전 재료소유자는 이미 물권을 상실하였기 때문이

그중 토지소유자의 수거청구권에 관한 논쟁은 좀 더 볼 필요가 있다. 이 권리의 법적 성질에 대하여는 제641조의 물권적 방해배제청구권(Negatorienklage)이라는 견해와[57] 물적 채무적 청구권(realobligatorische Anspruch)일 뿐이라는 견해가 대립한다. 그러나 뒤의 견해도 제641조 제2항의 방해배제청구권은 인정되므로 그에 터 잡아 분리 및 수거를 구할 수 있다고 한다.[58] 이 견해는 부합에도 불구하고 제641조 제2항의 방해배제청구권이 인정됨을 전제하고 있는 것이다.[59] 물론, 이 경우에도 스위스민법이 이미 이 경우에 제671조 제3항이 수거청구권을 인정하고 있다다는 점을 간과할 수는 없다.

(4) 한편, 미국법에서도 부동산과의 부합(fixture)으로 동산 소유권을 상실한 사람에게 명시적 또는 묵시적 합의에 따른 수거권(right to remove)이 인정되곤 한다. 다만, 무단으로 부합한 경우에는 그러한 합의를 관념할 수 없어 수거권도 부정된다.[60]

Ⅳ. 사견(私見)

1. 부합법의 관점에서

(1) 부합법은 일반적으로 동산과 동산, 부동산과 동산이 물리적으로 결합하여 그 분리가 비경제적일 때 가능한 한 하나의 물건으로서 경제적 가치를 유지시키는 데 목적을 둔다고 이해되고 있다.[61] 부합법은 이를 전제로 나아가 누가 결합물의 권리자가 되는지, 그 결과 권리를 상실하는 측에게는 어떻게 보상해줄지를 정한다. 구체적 해결방식에는 나라마다 약간의 편차가 있다. 그러나 부동산과 동산의 부합의 경우 부동산 소유자가, 경계침범건축의 일부 예외를 제외하면, 동산 소유권을 취득하는 힘(vis attractiva)을 가진다는 데는 일치한다.[62] 그 대신 소유권을 잃은 측에게는 비용상환청구권을 포함한 어떤 대상(代償)이 주어지곤 한다.[63]

어떻든 부합법의 출발점은 두 물건의 물리적 결합이다. 그리하여 부합법은, 적어도 현행법상으로는, 당사자의 의사와 직접 관련되어 있지 아니하다고 이해된다. 그 요건은 두 물건의

다. 그리하여 토지가 양도되면 수거권은 행사할 수 없고 부당이득반환청구에 의하여야 한다.

57) ZK－Haab, 2. Aufl., 1977, Art. 671－673, N 23.

58) Meyer－Hayoz(주 55), N 26; Rey(주 55), N. 13.

59) 스위스민법 제641조 제2항은 물권적 반환청구권과 방해배제청구권을 함께 규정하는데, 학설의 후자에 대한 설명은, 상세하지는 아니하나, 독일의 통설과 유사하다. 우선, BSK/Wiegand, 2. Aufl., 2002, Art. 641 ZGB, N 62 ff. ["영향(Einwirkung)"은 방해자로서 피고에게 귀속되어야 하고, 그의 행태(작위 또는 부작위)의 결과(Folge)로 볼 수 있어야 한다]; BGE 93 II 230, 234 f.

60) Tomazic, 35A AmJur 2d Fixtures § 97, 2024 Update.

61) MünchKomm/Stresemann, 9. Aufl., 2021, § 93 Rn. 1.

62) Behr, Wertverfolgung. Rechtsvergleichender Überlegungen zur Abgrenzung kollidierender Gläubigerinteressen, 1986, S. 202 ff.

63) Behr(주 62), S. 223 f.

결합정도라는 객관적·물리적 사정에만 관계한다. 부합에 의한 물권변동은 법률규정에 의한 물권변동(민법 제187조)이다. 이는, 통설에 따르면, 결합물의 분리를 막는 강행규정이다.

그런데 이렇게 본다면 물권적 방해배제청구권과 부합법은 목적을 달리하므로 부합에도 불구하고 물권적 방해배제청구권의 요건이 갖추어지는 한 당연히 방해배제를 구할 수 있다는 생각에 곧바로 의문이 제기된다. 이때 물권적 방해배제는 부합으로 소유권을 취득한 사람, 대개는 부동산 소유자가, 부합으로 소유권을 상실한 사람, 대개는 동산 소유자를 상대로 구하는 것인데, 이는 그 반대의 경우와 마찬가지로, 통설에 따를 때, 부합법이 추구하는 두 물건의 경제적 단일성을 법적 단일성으로 고양하려는 목적에 정면으로 반하기 때문이다.[64] 일반적으로 부합이 일어난 이상 물권적 방해배제청구로 그 원상복구를 구하는 것은 부합법과 충돌한다. 판례가 일단 부합이 이루어진 뒤에는 물권적 방해배제를 구할 수 없다고 하는 것은, 일반적·추상적으로는, 충분히 이해할 만하다.

(2) 문제는 과연 부합법이 그러한 이익만을 추구하는 것인가, 부합법이 고려하여야 할 이익을 적절히 고려하고 있는가 하는 점에 있다. 부동산과 동산의 부합만 하더라도 부동산 소유자가 일방적으로 부합시킨 경우 분리 및 원상회복에 수반되는 다소간의 비경제성 때문에 동산 소유자가 종전의 동산 소유권을 상실하고 채권적 비용상환청구권 내지 구상권으로 만족해야 하는 것인지, 동산 소유자가 일방적으로 부합을 진행한 경우 부동산 소유자가 원치 않는 부합의 결과를 수인하고 비용상환의무를 져야 하는 것인지, 마지막으로 제3자가 일방적으로 부합을 진행하였고 부동산과 동산의 소유자 모두 이를 원하지 아니하는 경우는 어떠한지 생각해볼 필요가 있다. 적어도 부합의 두 당사자들 사이에서 분리의 비경제성을 문제 삼아 권리변동을 강제하여야 할 이유를 생각하기는 쉽지 아니하다.

비교법적으로는 프랑스, 오스트리아, 스위스와 같이 부합법 내부에서 일응 부합은 인정하되 본인의 의사에 의하여 부합을 시켰는지 여부, 타인 소유물에 또는 타인 소유물을 부합시키고 있다는 점을 알고 있었는지 여부 등을 고려하여 (대개는 채권적으로 해석되는) 부합물 수거권(인용청구권)이나 수거청구권을 인정하는 예가 여럿 있다. 이러한 태도가 더 합리적일 것이다. 그럼에도 불구하고 이들도, 오스트리아 정도를 제외하면, 일응 부합에 의한 권리변동을 인정한 뒤 수거권이나 수거청구권으로 교정하는데, 이는 거래의 이익을 고려하여 객관적으로 일정한 정도의 결합이 이루어지면 물권관계는 일응 정리하되,[65] 그 두 당사자들 사이에서는 부합의 이익을 강요당하는 측, 부합으로 소유권을 상실하는 측 양자의 의사와 이익을 형량하여 이를

64) 같은 취지로, Picker(주 42), S. 117 f.

65) 물론 부합 여부, 즉 물권관계의 판단 자체에 이해관계인의 의사를 고려하는 것도 가능하고, 실제로 다른 나라의 판례·학설에서 볼 수 있는 바이기도 하다. 우선 Behr(주 62), S. 225 ff. 이러한 고려가 일정 범위에서, 특히 담보·집행 및 도산과 관련하여 경제적 합리성을 도모하는 데 도움이 될 수도 있다. 그러나 거래의 안전에는 역행하는 측면도 있어, 이를 보완하기 위한 다른 법적 장치가 필요해진다는 점도 간과할 수 없다.

교정할 기회를 부여하는 것이라고 볼 수 있다. 물론 오스트리아와 같이 부합 자체의 요건을 엄격하게 하는 것도 하나의 방법이다. 어떻든 결합의 경제적 가치의 보존은, 이러한 다른 이익을 고려할 때에도 여전히 추구할 만한 것일 때 비로소 추구되는 이익이라고 할 수 있다.

문제는 우리 물권법이 프랑스, 오스트리아, 스위스와 달리 부합에 관하여 수거권이나 수거청구권을 규정하지 아니한 것이, 그리고 독일 물권법이 부합에 관하여 부동산 소유자의 수거청구권을 규정하지 아니한 것이 그와 같은 적극적인 입법적 결정에 터 잡은 것인가, 그리고 (그러한 결정이 있었다면 그 결정이) 타당한 것인가 하는 점이다. 이는 독일에서도 의심스럽고 우리나라에서도 의심스러워 보인다. 앞서 언급한 바와 같이 적어도 부합의 두 당사자들 사이에서는 그렇게 보지 아니할 만한 여러 이유가 있고, 그럼에도 불구하고 의식적으로 달리 규율하였다고 볼 만한 단서는 찾아볼 수 없기 때문이다.

(3) 이러한 상황에서 부합이 이루어진 이상 물권적 방해배제청구가 인정되는가, 인정된다면 어떠한 요건 하에 인정되는가 하는 점은 사실상 수거청구권을 해석상 인정할 것인가의 문제로 보인다. 독일에서는 소유권을 상실한 동산 소유자의 수거권에 대하여는 명문 규정이 있으나 소유권을 취득한 부동산 소유자의 수거청구권에 대하여는 명문 규정이 없고, 오히려 분리를 구할 수 없다고 정하고 있다. 독일의 판례 · 학설이 부동산 소유자에게 방해배제청구권을 인정하는 것은 수거청구권을 우회적으로 도입하는 셈이 된다. 나아가 학설은 소유자-점유자관계에 관한 독일민법 제993조 제1항을 유추하여 선의의 방해자의 경우 방해배제의무를 부정하여야 한다고 봄으로써 우회적으로 수거청구권의 요건을 창출하고 있다.[66] 물권적 방해배제청구를 인정한다면 이러한 수정이 바람직하다. 이 경우에 물권적 방해배제청구를 인정한다면 결과적으로 수거청구권을 인정하는 셈인데, 비교법적으로 부합을 인정하면서 제한 없이 수거청구권을 인정하는 예는 찾아볼 수 없고, 합리적이지도 아니하기 때문이다. 우리의 경우에도 민법 제202조를 유추하여 소유의 의사로 선의로 부합시킨 때에는 (현존이익이 없으므로) 방해배제의무, 즉 수거의무를 부담하지 아니한다고 해석하여야 할 것이다. 어떻든 중요한 점은 이러한 해석조차도 결국 부합법에 없는 수거청구권을 방해배제청구권과 약간의 해석상 교정을 통하여 도입하는 기능을 한다는 사실이다.

그러나 이러한 시도에는 한계가 있다. 우선 부동산 소유자가 부합시킨 경우 동산 소유자의 수거권, 즉 소유권을 상실한 측의 수거권을 도출할 수 없다. 이 경우 소유권을 취득한 측의 방해배제청구권의 상관자는 제213조의 물권적 반환청구권뿐인데, 이는 이미 부합으로 점유뿐 아니라 소유권 자체를 상실한 자에게는 인정될 수 없기 때문이다. 이러한 해석은 동산과 동산

---

66) Spohnheimer(주 38), 1.5.2023, BGB § 1004 Rn. 111, 111.1. f.은 비슷한 취지에서 이른바 통설이 이러한 '교정'을 필요로 한다는 점 자체가 통설의 부당성 내지 (그 또한 지지하는) 소유권한참칭설의 타당성을 보여주는 예라고 설명한다.

이 제3자에 의하여 주종(主從)의 구별 없이 부합한 경우를 해결하기도 어렵다. 이는 두 물권적 청구권의 충돌이라는 고전적인 (어쩌면 사이비) 문제를 발생시킬 뿐 아니라, 별로 합리적인 해결 방식도 아니다. 물권적 방해배제청구권에 의한 우회적 해결은 정도(正道)가 아니고, 한계도 뚜렷하다. 입법론적으로는 부합법에 직접 이러한 이해관계를 고려하여 규율을 두는 것이 바람직하다.

2. 물권적 방해배제청구권의 관점에서

(1) 다른 한편, 이상의 논의는 물권적 방해배제청구권의 요건으로서 '방해'에 대한 학설상의 논의가 부합에 의하여 방해배제청구가 배제되는가 하는 점과 독립적임을 보여주는 것이기도 하다.[67] 부합에도 불구하고 '방해' 자체는 인정될 수 있다고 보는 (통설적) 견해에 따르더라도 부합법이 방해배제청구권을 차단하는가, 차단한다면 어느 범위에서 차단하는가가 문제되고, 부합에 의하여 이미 '방해' 자체가 부정된다고 보는 소유권한참칭설에 따르더라도 수거청구권을 해석상 도입하기 위하여 이 경우 방해배제청구권을 확장하여야 하는 것 아닌가, 가령 민법 제202조 등을 고려하여 해석상 도출된 일정한 요건 하에 부합에 의한 소유권취득은 잠정적일 뿐이고, 그러한 한 여전히 '방해'가 남아 있다고 보아야 한다는 식의 구성은 가능한 것 아닌가 하는 문제가 남기 때문이다.

(2) 아울러 우리나라에서나 독일에서나 부합과 물권적 방해배제청구의 문제로 논의되는 예가 이러한 전형적인 부합 사안이 아니라는 점도 눈에 띈다. 건물이 토지에 부합하지 아니하는 우리의 경우 비용상환청구가 강요된 이익이 되지 아니하는지, 동산 소유자가 소유권을 잃는 대신에 채권적 비용상환청구권 내지 구상권으로 만족하는 것이 옳은지를 따질 만한 사안은 잘 보이지 아니한다. 오히려 자기 토지를 위하여 타인 토지에 석축과 법면을 설치하거나 출입로를 내거나 어스앵커를 박아 넣는 등 타인 토지를 의식적으로 이용한 경우와, 자기의 폐기물 등을 타인 토지에 매립하여 물리적으로는 결합하였으나 분리하는 것이 비경제적이라고 말하기는 어려운 경우가 문제되고 있다.

앞의 사안유형의 경우, 부합 문제를 떼고 경제적·사실적 상황만 보면, 전형적인 역권(役權)의 참칭에 해당한다. 여기에서 자연스럽지 아니하고 딱히 필요하다고 여겨지지도 아니하는 것은 어쩌면 부합의 인정 그 자체일 것이다. 오로지 자기 토지를 위하여 타인 토지에 그 소유자의 동의 없이 악의로 무엇인가를 설치하였고, 그것이 설치물로 그대로 유지되면서 기능하고 있어 물리적으로 분리 불가능할 정도로 혼화되지도 아니한 경우 부합을 인정하여야 하는가?

67) 같은 이유에서 주 64의 Picker의 주장 또한 그의 소유권한참칭설을 따르는지 여부와 관계없이 타당하나, 주 66에서 Spohnheimer의 주장과 달리, 이는 소유권한참칭설의 근거가 될 수는 없는 것이다. 이러한 교정조차도 염두에 둔 것은 합리적 부합법의 규율이지 합리적 물권적 방해배제청구의 규율이 아니기 때문이다.

방해배제의 요건에 관한 학설대립이 이 문제를 결정 짓는 최종심급이라고 보이지는 아니한다.

뒤의 사안유형의 경우 굳이 말한다면 부합이 일어난다는 점에는 의문이 없으나 그것이 부합의 본래의 문제가 아니라는 데에도 의문이 없다. 여기에서는 대개 원형 그대로 분리할 수는 없고[68] 심지어 많은 경우 부합으로 소유권을 상실한 동산은 물론 부합 자체에 경제적 가치가 인정되지 아니한다. 오히려 양자 모두 비경제에 해당한다. 통설도 지적하듯 이 문제는 사실 물권적 방해배제청구권으로 (무과실의) 불법행위책임을 인정 내지 보충하여야 할 것인가, 특히 그렇다면 그 책임범위는 어떻게 획정할 것인가 하는 문제이다. 그러므로 한편으로는 불법행위책임을 넘어서 물권적 방해배제를 인정하지 아니하면 무엇이 부당하거나 부당해 보이는가,[69] 다른 한편으로는 불법행위책임을 넘어서 물권적 방해배제까지 굳이 인정하여야 할 필요는 또 무엇인가[70] 하는 점을 생각해보아야 한다.

V. 정리

부합은 물권적 방해배제청구의 요건으로서 '방해'에 관한, 이른바 소유권한참칭설의 당부에 관한 논란이 실익이 있는 우리 재판실무상 가장 중요한 사안유형이다. 이에 관한 판례의 확고한 입장은 부합에 의하여 방해배제청구가 배제된다는 것이다. 구체적으로는 크게 자기 토지를 위하여 타인 토지에 시설을 무단 설치한 사안들과 타인 토지에 무단으로 폐기물 등을 매립한 사안들이 보인다.

그런데 비교법적으로는 부합의 경우 일응 물권변동을 인정하면서도 각각 일정한 요건 하에 소유권을 상실한 측에게는 수거권, 본인 의사에 의하지 아니하고 소유권을 취득한 측에게

---

68) 그러므로 학설대립과 무관하게 방해배제의 '불능' 문제도 제기된다. 이 경우 방해제거는 종종 토지의 가치에 비하여 지나치게 큰 비용이 들 수 있기 때문이다. 그러나 환경법상의 이유에서 정화(淨化)가 강제되거나 기타 오염으로 인한 책임을 져야 하는 경우에는 그렇게 말할 수 없을 것이다.

69) 가령 타인의 토지에 고의로 폐기물을 매립하였거나 과실로 오염물질이 스며들게 하였고 그 '결과'가 현존하는 경우 경제적으로는 같은 결과라 하더라도 금전배상으로 만족하여야 하고 그 '제거'를 구할 수는 없다는 것이 일반인의 법감정에는 그다지 부합하지 아니할 수 있다. 필자로서는 기업에게는 별 문제가 아닐 이 차이가 현실적으로는 더 중요할 수 있다는 생각이 든다.

70) 이와 관련하여 물권적 청구권이 소멸시효에 걸리지 아니한다는 점은 오히려 양자의 중첩인정에 의문을 제기할 만한 사유가 된다. 행위의 본질이 불법행위에 가깝다면 같은 소멸시효기간에 걸리는 것이 더 자연스럽기 때문이다. 독일민법의 경우 물권적 청구권도 소멸시효에 걸리므로 이러한 문제가 존재하지 아니한다. 다른 한편, 과실을 요구할 것인지 여부도, 적어도 우리의 경우 그리 중요하다고 할 수 없다. 문제가 될 만한 대부분의 사안유형에서 과실을 인정하는 데 별 어려움이 없고, 그러한 과실도 인정되지 아니할 정도의 사안에서 광범위한 방해배제, 특히 종종 매우 큰 비용이 드는 정화(淨化)책임을 지울 수 있을지는 의심스럽기 때문이다. 자력구제가 가능하였다는 점 또한, 불법행위와 비교해볼 때, 그다지 중요하지 아니하다. 문제는 그 당시 자력구제를 하지 아니하여 이미 행위가 종료된 뒤의 책임이고, 이는 자력구제가 가능하였다는 점으로부터 곧바로 도출되지 아니하기 때문이다.

는 수거청구권을 인정하는 예가 여럿 있고, 이것이 물권적 방해배제청구의 기능을 대신함이 확인된다. 또한 수거청구권 규정을 두지 아니한 채 물권적 방해배제를 인정하는 독일의 경우 해석상 수거청구권과 비슷하게 그 요건을 제한하려는 시도가 행해지고 있다는 점도 주목된다. 이는 부합법이 흔히 이야기되는 것과 같이 두 물건의 결합의 경제적 가치를 보존하는 데 목적을 두고 있지 아니함을 시사한다. 부합법이 배려하여야 하는 이익은 그보다 복잡한 것이다. 이러한 점에서 우리 부합법이 관계 당사자의 이익을 적절히 배려하고 있는지는 의문이다. 부합을 한 사람이 누구인가, 그는 그 사정을 알았는가, 부합으로 소유권을 취득한 사람은 그 사정을 알았는가 등을 고려하여 수거권과 수거청구권을 인정할 필요가 있다. 이 과정에서는 부합의 요건 일반도 시야에 넣어야 할 것이다. 이 점에 대하여는 별고(別稿)를 기약하기로 한다.

부합이 인정되는 경우 물권적 방해배제청구는 원칙적으로 부합법의 목적 내지 규율과 충돌한다. 따라서 판례가 부합을 방해배제청구의 배제사유로 파악한 것이 원칙적으로 잘못이라고 할 수는 없다. 그러나 다른 한편 우리 부합법에 수거권도, 수거청구권도 규정되어 있지 아니한 것이 입법자의 의식적 결정인지, 그것이 타당한지는 의심스럽다. 물권적 방해배제청구를 그 불완전한 보완장치로 쓸 수도 있을 것이다. 그러나 그러한 보충이, 특히 물권적 방해배제청구에 의하여, 이루어지지 아니하였다고 판례를 비난하기는 어려워 보인다. 다른 한편, 이러한 논의는 부합과 물권적 방해배제가 이른바 소유권한참칭설의 당부와 별 관련이 없는 것임을 시사한다. 이 논쟁은 고작 몇 개의 매우 특정적인 사안유형을 다루기 위하여 지나치게 일반적인 문제 틀을 수립한 것은 아닌가 하는 의심이 든다. 그러나 이 문제에 대한 포괄적 해명 또한 이 글의 범위를 넘는다. 이에 관하여는 별고(別稿)를 기약하기로 한다.

제3자이익청산?

— 채권자이익을 중심으로 한 손해산정의 임계점에서 —

이 성 범*

Ⅰ. 문제점: 손해산정에서 제3자가 얻은 '이익'을 고려할 수 있는지

"勿論 한번 發生한 損害를 아무런 損害가 발생하지 아니한 것으로 還元시킨다는 것은 事實上 不可能한 일이지만 原狀回復 또는 金錢賠償의 방법으로 可能한 限 損害發生 以前의 상태로 還元하려는"[1] 손해배상법의 기본원칙 중 하나로 채권자이익의 원칙(Dogma vom Gläubigerinteresse)을 들 수 있다. 이에 따르면 채권자(직접적 피해자)는 채무자(가해자)의 위법한 행위로 인해 발생한 자신의 손해만을 배상청구할 수 있다.[2] 즉 일반적으로 법률관계에 대한 위법한 침해(피해사실)와 손해는 나란히(parallel) 존재하며,[3] 배상관계는 침해된 법률관계 내지 피해사실에 기한 관계에 상응한다. 이에 배상되어야 할 손해를 인식하고 산정하는 기준점은 기본적으로 채권자 내지 직접적 피해자의 재산상태에 설정되고, 제3자의 손해는 원칙적으로 고려의 대상이 아니다. 언뜻 보면 당연해 보이기도 하는 이 원칙은 채권관계 당사자 간의 적절한 책임위험의 분배를 목적으로 하며,[4] 제3자손해를 적극적으로 고려할 때 채무자의 책임범위가 부당하게 확대될 수 있다는 우려를 법률관계의 형식에 따라 명확하게 고정되어 있는 당사자 내지 주체관련적 요소를 내세워 차단한다. 여기에 그 정당화근거로 채권관계의 상대성 원칙(Relativität der Schuldverhältnisse)과 민사 법률관계를 내용적으로 지배하는 시정적 정의

* 서울대학교 법학전문대학원 조교수

1) 崔鍾吉, "損益相計의 限界", 法政 제20권 4호(1965. 4), 法政社, 62면.

2) Vgl. Horst Hagen, Die Drittschadensliquidation im Wandel der Rechtsdogmatik, Athenäum, 1971, S. 1; Gert Brüggemeier, Haftungsrecht, Springer, 2006, S. 547; Manfred Wandt, Gesetzliche Schuldverhältnisse, 11. Aufl., Vahlen, 2022, § 24, Rn. 53.

3) Erwin Deutsch, Allgemeines Haftungsrecht, 2. Aufl., Carl Heymanns Verlag, 1996, Rn. 919 ff.

4) Vgl. Horst Hagen, a. a. O.(Fn. 2), S. 99; Jörg Neuner, Der Schutz und die Haftung Dritter nach vertraglichen Grundsätzen, JZ 1999, 126, 127; 김상중, "간접피해자의 보호", 民事法學 제36호(2007. 5), 韓國民事法學會, 476면; 이성범, "정당한 전보의 원리로서 대칭", 저스티스 통권 제183호(2021. 4), 韓國法學院, 157면 참조.

(ausgleichende Gerechtigkeit) 관념에 연계된 이당사자(二當事者) 중심적 사고방식 내지 법률관계의 양극성(Bipolarität)이 녹아들어 있다.[5] 이를 통해 제3자손해배상의 금지라는 하나의 도그마가 채권자이익의 원칙에서 도출되는 손해의 주체관련성(Subjektbezogenheit des Schadens)[6] 문제와 결부된다.

하지만 손해배상법에서 '채권자의 손해/제3자의 손해'라는 이항 대립의 논리에만 근거하여 배상당위를 결정하는 것이 개별적인 이익상황에 항상 적합한 것은 아닐 수 있다는 의문이 제기되었다. 제3자의 손해를 고려하는 배상당위 역시 도그마틱의 논리상 단절된 것이라 해도 실은 연계되고 변주(變奏)되며 이에 기반하여 공생(共生, symbiosis)할 수 있다는 점[7]이 제도적으로나 이론적으로 드러나기 시작하였다. 예컨대 생명침해의 경우 간접적 피해자 내지 제3자의 손해배상청구를 제도적으로 인정하는 우리 민법 제752조[8]나 독일 민법(Bürgerliches Gesetzbuch, BGB) 제844조[9] 등[10]은 제3자손해의 전보에 관한 이론적 정당화 가능성도 엿보게 한다.[11] 또한 독일 민법학의 실천적 문제의식에서 출발하여 그 이론적 발전이 다각도로 논의

5) 이성범, 앞의 논문(주4), 157~159면.

6) Vgl. Jauernig/Teichmann, Vorbemerkungen zu den §§ 249–253, Rn. 18.

7) 참고로 철학적 관점에서 이항 대립의 논리를 벗어나 연계 및 변주 그리고 공생의 논리로 향하는 것과 관련하여 Gilles Deleuze/Félix Guattari, 김재인 역, 「천 개의 고원」, 새물결, 2003, 27면.

8) 대법원 2017. 12. 22. 선고 2016다202947 판결: "민법 제752조는 생명침해의 경우 위자료 청구권자를 정하고 있는데, 이는 예시적 열거 규정이다(대법원 1999. 4. 23. 선고 98다41377 판결 등 참조). 따라서 생명침해가 아닌 다른 유형의 위법행위에 대해서도 그 직접 상대방이 아닌 제3자가 위법행위로 생긴 자신의 법익 침해나 정신적 고통을 증명하여 가해자를 상대로 손해배상을 청구할 수 있다고 보는 것이 민법 제750조, 제752조의 문언과 체계에 맞는다. 이때 제3자는 불법행위를 이유로 한 손해배상이 무한정 확대되지 않도록 일정한 범위로 제한되어야 한다. 이를 위하여 손해배상의 범위에 관하여 제한배상주의를 정한 민법 제763조, 제393조가 적용될 것이다. 일반적으로는 제3자가 가해행위의 직접 상대방과 밀접한 관계에 있어 가해자도 자신의 행위로 말미암아 그 제3자에게 손해가 발생하리라는 사정을 알았거나 알 수 있었을 것이라고 인정되는 경우에 배상책임이 있다고 보아야 한다(대법원 1996. 1. 26. 선고 94다5472 판결, 대법원 2008. 9. 11. 선고 2007다78777 판결 등 참조). 구체적인 개별 사안에서 이러한 책임의 인정 여부를 판단할 때 가해행위의 직접 상대방과 제3자 사이의 사회적 또는 법률적 관계의 내용과 친밀성, 가해행위가 이루어지게 된 경위와 모습, 가해행위로 침해된 제3자의 법익의 내용과 그 침해의 정도, 가해행위와 제3자의 법익 침해 발생 사이의 시간적·장소적 근접성, 가해자의 고의나 해의 유무 등을 종합적으로 고려하여야 한다."

9) 독일 민법 제844조 [생명침해의 경우 제3자의 배상청구권] ① 생명침해의 경우 배상의무자는 매장비용을 부담해야 하는 자에게 그 비용을 배상하여야 한다.
② 사망자가 피해 당시 제3자에 대해 법률상 부양의무를 지고 있거나 지게 될 수 있었고, 생명침해로 인해 그 제3자가 그 부양청구권을 상실한 경우, 배상의무자는 제3자에게 사망자가 추정 생존기간 중 부양의무를 부담하였을 한도에서 정기금의 지급으로 그 손해를 배상하여야 한다; 제843조 제2항 내지 제4항은 준용된다. 제3자가 피해 당시 포태되었으나 아직 출생하지는 않았던 때에도 배상의무는 발생한다.
③ 배상의무자는 피해 당시 사망자와 특별한 인적 근친관계에 있던 유족에게, 그에게 가해진 정신적 고통에 대한 적절한 금전배상을 하여야 한다. 그 유족이 사망자의 배우자, 생활동반자, 부모 또는 자녀인 경우 특별한 인적 근친관계가 추정된다.

10) Vgl. Hermann Lange/Gottfried Schiemann, Schadensersatz, 3. Aufl., Mohr Siebeck, 2003, S. 461 f.; Soergel/Ekkenga/Kuntz, Vor § 249, Rn. 19.

되어 온 제3자 보호효 있는 계약(Vertrag mit Schutzwirkung für Dritte)[12]이나 제3자손해청산(Drittschadensliquidation)도 같은 맥락에서 다루어지는 것이다.

그중에서 제3자손해청산은 제3자손해의 전보를 위한 다른 예시들과는 다르게 제3자에게 채무자(가해자)에 대한 손해배상청구권을 직접적으로 부여하지 않는 특색을 가진다. 위법행위가 문제 된 법률관계의 채권자로부터 — 특히 그 법률관계 및 손해발생원인과 관련하여 채권자에게 급부한 — 제3자에게 그 위법행위로 인한 손해가 우연히 전이되었을 때(zufällige Schadensverlagerung) 제3자손해청산이 인정될 수 있다고 하는데, 이때 손해가 없는 채권자가 제3자의 손해를 마치 자신의 손해처럼 채무자에 대해 배상청구하여 받은 후 이를 제3자에게 이전하여 제3자의 손해를 청산하게 된다고 한다.[13] 이러한 법리 구성은 채권자에게는 손해가 없고 또 손해를 입은 제3자에게는 청구권기초 내지 손해전보를 위한 법률관계가 없음을 이유로 일어날 수 있는 채무자의 부당한 면책을 방지하기 위한 일종의 트릭(Trick)[14]이나 의제적 변주로서, 형식상으로 채권자의 법률관계를 이용하면서 실질적으로는 제3자손해를 전보하게 하려는 목적을 갖는다. 이에 채권자는 자신의 손해배상청구권을 행사하지만 결국 제3자손해의 전보를 고려하게 된다.

물론 채권자이익의 원칙에 정면으로 반하는 이러한 법리의 구성을 인정할 것인지에 대해 사례별로 견해의 대립이 존재한다. 특히 규범적 손해개념(normativer Schadensbegriff)을 적용하는 방법 또는 위법행위와 관련된 제3자의 급부를 채권자의 손해와 관련된 개개의 이익상황에 대한 규범적 평가를 통해 그 손익상계의 대상으로 고려하지 않는 방법(versagte Vorteilsausgleichung) 등에 기반하여 규범적 관점에서 채권자에게 손해를 인정하고 제3자손해 문제가 일어나지 않는다고 보기도 한다.[15] 그래도 제3자손해청산에 관한 논의가 지속되는 것은 그렇게 규범적으로

11) 독일 민법 제844조는 제3자손해의 전보가 문제 되는 상황에서 유추적용을 통해 그 정당화근거로 사용되기도 하는바, 예컨대 Jürgen Stamm, Rechtsfortbildung der Drittschadensliquidation im Wege eines originären und rein deliktsrechtlichen Drittschadensersatzanspruchs analog § 844 Abs. 1 BGB, AcP 2003, 367, 397.

12) 이에 관해 일단 MüKoBGB/Gottwald, § 328, Rn. 167 ff.; Thomas Pierson, Sozialpolitik durch Rechtsprechung: c.i.c., Vertrag mit Schutzwirkung und Dritthaftung, in: 20 Jahre Neues Schuldrecht, Mohr Siebeck, 2023, S. 77 ff.; 김대정, 「계약법」, 박영사, 2020, 218~220면; 임건면, "분만과정 중 피해를 입은 태아의 계약상의 손해배상청구권", 成均館法學 第20卷 第1號(2008. 4), 成均館大學校 法學硏究所, 6면 이하; 박희호, "제3자에 대한 責任", 民事法學 제30호(2005. 12), 韓國民事法學會, 385면 이하; 金炯錫, "銀行의 情報提供責任", 「民事判例硏究(XXXII)」, 博英社, 2010, 486면 이하 참조.

13) 제3자손해청산 일반론 및 그 적용이 문제 되는 사례군과 관련하여 일단 MüKoBGB/Oetker, § 249, Rn. 289 ff.; Hermann Lange/Gottfried Schiemann, a. a. O.(Fn. 10), S. 462 ff.; 池元林, 「民法講義(第20版)」, 弘文社, 2023, 826~827면; 송덕수, 「채권법총론(제6판)」, 박영사, 2021, 169~170면; 金亨培, 「債權總論(第2版)」, 博英社, 1999, 246~248면; 林建勉, "第3者損害淸算과 第3者保護效를 가진 契約", 財産法硏究 第15卷 第1號(1998. 11), 韓國財産法學會, 107면 이하; 이성범, "손해개념의 규범성", 法學論叢 第33卷 第2號(2020. 10), 國民大學校 法學硏究所, 179면 이하 참조.

14) Dieter Medicus/Jens Petersen, Bürgerliches Recht, 28. Aufl., Vahlen, 2021, Rn. 838.

15) Vgl. Frank Peters, Zum Problem der Drittschadensliquidation, AcP 1980, 329, 356 ff.; Ulrich

인정된 채권자의 손해와 사실상 제3자가 입은 손해의 범위가 항상 일치하지는 않으므로 실질적으로 제3자의 손해를 고려할 필요가 있고 이를 위한 법리적 정당화가 수반되어야 하기 때문이다.[16)]

제3자손해를 고려해서는 안 된다는 강경한 도그마를 벗어나 제3자의 이익상황을 고려하는 배상당위를 감싸 안는 공생의 영역과 관련하여 이렇게 채권자의 손해배상청구권을 제3자손해에 대한 고려와 함께 구성하는 장면을 보면서, 구조적으로 반전(反轉)된 모습을 상정해 볼 수도 있을 것이다. 채권자의 손해배상청구에 있어 제3자의 손해를 고려하는 것이 아니라, 제3자의 '이익(내지 이득)'을 고려해야 하는 경우는 없을지에 대해 숙고해보면 위 공생 영역의 존재이유(Daseinberechtigung)가 좀 더 뚜렷해지지 않을까 하는 생각이 든다. 즉 채권자의 손해를 산정하면서 이당사자 중심적 사고하에서 위법행위와 관련하여 발생한 채권자의 이익을 고려하는 손익상계의 범주에 머무는 것이 아니라, 구체적인 이익상황에 따라 손해발생사실과 관련하여 제3자가 얻은 이익을 채권자(피해자)의 손해에 산입해야 하는지, 나아가 그래야 공평타당한 손해의 전보가 이루어질 수 있는 것은 아닌지 검토해 볼 필요가 있다. 여기에 제3자손해청산과의 구조적 유사성에 기반하여 필자 나름대로 하나의 이름을 붙여보자면 '제3자이익청산(Drittgewinnsliquidation)'일 것인데, 본고는 이러한 법리의 가능성에 대한 고찰을 주된 목적으로 삼는다. 이렇게 전형적이지 않은 손해산정방식과 관련하여 독일 민법학에서는 이미 이른바 '통합적 손해고찰'이라는 명칭 아래 그 법리적 논의가 진행되고 있다. 이는 독일 연방대법원(Bundesgerichtshof, BGH)의 판례를 통해 형성되어 온 측면이 강한바, 본고는 그 판례의 전개상을 구체적으로 살펴보면서 시사점을 찾아보고, 그 이론적 정당화 가능성을 모색해보려 한다. 그리고 이러한 법리가 아직 우리의 학설과 판례에 낯선 것이 사실인데, 이와 관련하여 문제적인 우리 대법원판결에 대한 비판적 고찰을 시도하면서 동 법리가 갖는 실천적 의미에 대해서도 고찰해 본다.

Ⅱ. 통합적 손해고찰의 의의

이른바 통합적 손해고찰 또는 전체적 고찰방식(konsolidierte Schadensbetrachtung, Gesamtbetrachtung[17)])은 독일의 손해배상법론에서 특히 세무사나 변호사의 자문 내지 상담(Beratung)이 잘못된 경우와 관련하여 문제 되었다. 예컨대 잘못된 세무상담에 따른 조치로 인해 세무상담계약의 당사자에게는 손해가 발생하면서 그와 동시에 제3자에게 이득이 발생한다면, 세무상담

Büdenbender, Vorteilsausgleichung und Drittschadensliquidation bei obligatorischer Gefahrentlastung, J.C.B. Mohr, 1996, S. 85 f.

16) 이와 관련하여 이성범, 앞의 논문(주4), 149~156면, 162~164면 참조.

17) Jauernig/Teichmann, Vorbemerkungen zu den §§ 249–253, Rn. 17.

계약상 채무불이행을 이유로 손해배상을 청구할 때 계약당사자의 손해를 어떻게 산정할지와 관련된 것이다. 채권자이익의 원칙 등에 기초하여 계약상 의무의 불이행에 따른 계약상 채권자의 전체 재산상태의 변화량만을 기준으로 손해를 산정하는 것이 과연 공평타당한지 의문이 제기되었다. 즉 세무상담계약의 채권자가 입은 손해를 산정함에 있어서 경우에 따라 잘못된 상담계약내용에 따른 조치로 제3자가 본 이득을 산입하여 손해와 상쇄시켜야 채무자가 부담해야 할 적정한 손해액이 산출되는 것은 아닌지 검토되기 시작하였다. 다시 말해 채권자의 손해와 제3자의 이익상황을 전체적이고 또 동시적으로 고려해야 하는 것은 아닌지 문제 되었다.

이와 같은 검토는 기본적으로 손익상계(Vorteilsausgleichung)의 원칙적 모습과 정면으로 충돌한다. 손익상계는 채권자(피해자) 자신이 손해 외에 손해발생의 원인 내지 이와 관련된 제3자의 급부 등으로부터 이익도 얻게 된 경우를 전제한다.[18] 차액설(Differenzhypothese)에 의할 때 이러한 이익은 기본적으로 피해자의 전체 재산상태에 영향을 주는 것으로서 여기에 기계적·중립적으로 그저 산입되어 손해를 감축하는 요소로 작용하게 될 것인데, 이러한 손해의 판단은 경우에 따라 가해자의 부당한 면책을 동반할 우려가 있다.[19] 이러한 우려로부터 차액설에 의한 이익의 무조건적 산입 결과를 규범적으로 수정해야 할 필요가 제기되어 손익상계 여부를 개별적으로 판단하는 법리가 구축되었다.[20] 이러한 점에서 손익상계는 피해자에게 배상되어야 할 손해를 정의와 형평에 부합하도록 정함에 있어 필요한 규범적·평가적 판단요소로 이해된다.[21] 즉 손익상계란 위법행위로 인한 피해자의 전체 재산상태의 변화량에 영향을 미칠 수 있는 피해자가 얻은 이익과 관련하여 개별적인 항목을 복원하여 이를 구체적으로 산입할지에 대해 평가하는 것일 뿐 그 본래적 의미는 제3자가 얻게 된 이익을 고려하는 것이 아니다. 그것은 채권자이익의 원칙을 전제로 전통적인 차액설에 따른 가치중립적 결과를 수정하면서 최종적으로 배상되어야 할 손해를 구성하는 과정의 한 부분이다.

---

18) BGH NJW－RR 2017, 566, Rn. 12; MüKoBGB/Oetker, § 249, Rn. 232; Gregor Thüsing, Wertende Schadensberechnung, C.H.Beck, 2001, S. 109 f., 483 f.

19) 물론 반대로 손익상계를 하지 않는다면 피해자가 손해입은 것 이상으로 이득을 취할 가능성 역시 있다. 이와 관련하여 손익상계의 정당화근거로 손해배상법상 이득금지의 원칙(schadensrechtliches Bereicherungsverbot)이 제시되기도 한다. 이에 대해 이성범, "손해배상법상 이득금지의 원칙과 의제적 손해산정", 法學論攷 제71집(2020. 10), 경북대학교 법학연구원, 257~261면 참조.

20) Vgl. Gregor Thüsing, a. a. O.(Fn. 18), S. 30.

21) Christiane Wendehorst, Anspruch und Ausgleich, Mohr Siebeck, 1999, S. 131 ff.; Hermann Lange/Gottfried Schiemann, a. a. O.(Fn. 10), S. 486 f.; Horst－Eberhard Henke, Die Vorteilsausgleichung, in: Günter Brambring u. a. (Hg.), Festschrift für Horst Hagen, RWS Verlag, 1999, S. 376 ff., 381; Michael Heese, Nutzungsentschädigung zugunsten der Hersteller manipulierter Diesel－Kraftfahrzeuge?, VuR 2019, 123, 125 f.; Markus Gehrlein, Die Rechtsprechung des IX. Zivilsenats des BGH zur Steuerberaterhaftung in den Jahren 2020 bis 2022, DStR 2022, 377, 381; 이은영, "불법행위에 있어서의 손익상계", 사법 통권 43호(2018. 3), 사법발전재단, 122~129면; 이소은, "손익상계에서 '공제되어야 할 이익'에 관한 연구", 比較私法 第28卷 1號(2021. 2), 韓國比較私法學會, 292~306면 참조.

이러한 점에서 통합적 손해고찰은 손익상계의 본래적 모습에 대한 예외(Ausnahme)의 설정으로서 논의되었다.[22] 즉 경우에 따라 제3자가 얻은 이익을 피해자에게 배상되어야 할 손해를 판단함에 산입할 수 있다고 보아서 차액설, 손익상계 등 채권자이익을 중심으로 산정되는 기존의 손해 판단 방법에 따른 결과와 전혀 다른 결론을 도출하였다.[23] 형평에 부합하는 손해배상을 위한 예외적 법리를 마주하면서 중요한 것은 그 법리 적용을 가능하게 하는 조건일 것이다. 이를 파악하기 위해서는 우선 구체적인 적용례를 살펴보면서 이로부터 그 적용 조건이 어느 정도 일반화가 될 수 있는지 검토할 필요가 있다. 이하에서 독일 연방대법원의 판례가 통합적 손해고찰과 관련하여 지금까지 어떻게 전개되었는지와 그 안에서 어떠한 세부적인 변곡점들이 존재하였는지를 정리하면서 이후 동 법리의 이론적 정당화 작업에 필요한 기초를 마련해본다.

Ⅲ. 독일 연방대법원 판례의 전개

독일 연방대법원은 1984년 이른바 통합적 손해고찰과 관련된 판결을 선고한 이래 최근까지 동 법리를 개별적인 이익상황에 따라 상황구속적으로 이용하고 있다. 그동안 채권자의 손해를 산정함에 있어 손해발생의 원인과 관련하여 제3자가 얻은 이익 내지 제3자의 이익상황을 고려해야 하는 이유의 제시에 있어 내용상 변화가 있었는데, 이를 중심으로 이하에서 독일 연방대법원에서 문제 되었던 주요 사례들을 살펴본다.

1. 경험칙으로부터 시작: 경제적 단일체의 경우 손해산정

(1) 1984년 독일 연방대법원은 세무 상담과 관련하여 잘못된 상담으로 인해 발생한 채권자 재산상태의 변화만을 고립시켜 고찰하는 것은 채권자에게 배상되어야 할 손해를 정함에 있어 불합리한 결론에 이를 수 있다는 점과 관련된 경험칙(Erfahrungssatz)을 처음으로 제시한다. 이 판결[24]의 사실관계는 다음과 같다.

가족으로 구성된 합자회사(Kommanditgesellschaft, KG)의 형태를 유한회사(Gesellschaft mit beschränkter Haftung, GmbH)로 조직재편(내지 조직변경, Umwandlung)하는 것[25]과 관련하여 세무

22) Vgl. BGH NJW 2021, 1163, Rn. 10; Brigitte Borgmann, Die Rechtsprechung des BGH zum Anwaltshaftungsrecht von Mitte 2015 bis Mitte 2016, NJW 2016, 3412, 3416.

23) Vgl. Stephan Rittweger, Aktuelle anwaltliche Haftungsrisiken im Fremd- und Drittpersonaleinsatz, NZA 2022, 593, 596.

24) BGH, Urteil vom 28. 11. 1984 – IVa ZR 224/82 = BGH VersR 1985, 265.

25) 이는 우리 상법상 허용되지 않지만(김건식/노혁준/천경훈, 「회사법(제7판)」, 박영사, 2023, 892면; 李哲松, 「會社法講義(第31版)」, 博英社, 2023, 136~138면 참조), 독일법에 따르면 가능하다(독일 조직재편법(Umwandlungsgesetz, UmwG) 제214조; vgl. Ingo Saenger, Gesellschaftsrecht, 6. Aufl., Vahlen, 2023,

사가 합자회사의 상황과 관련하여 상담 내지 자문한 내용의 잘못이 문제 되었다. 이 합자회사에서 무한책임사원(Komplementär)은 사망한 아버지(V)였고 유한책임사원(Kommanditist)은 그의 두 자녀들이었다. 위 회사의 조직변경은 세무사에 의해 작성된 합자회사의 재무상태표(Bilanz)를 기반으로 이루어졌는바, 여기에 V의 개인재산인 사무실과 창고가 특별영업재산(Sonder-betriebsvermögen)[26]으로 고려되어 있었다. 조직변경 과정에서 영업평가상 특별영업재산의 취급과 관련하여 문제가 제기되었는데, V의 소유인 위 부동산을 위 합자회사가 합유[27]하고 있지 않아 동 부동산이 유한회사로 이전될 수 없었기 때문이다. 개인재산인 경우보다 세금 부담 없이 합자회사로부터 유한회사로 이전되기 위해서는 합자회사가 이미 그 부동산을 합유하고 있는 경우이어야 했다. 이에 V의 상속인인 그의 부인이 세무사를 상대로 잘못된 세무 상담에 기한 손해배상청구를 하게 되었는바, 그 이유로 V에게 세무사가 그 부동산을 생전에 합자회사로 이전할 것을 조언하였다면 그 세금 부담을 피할 수 있었다는 점을 들었다.

이 사안에서 주로 공방이 이루어졌던 부분은 손해의 발생과 관련하여 V가 생전에 이미 기업과 전체 가족의 이익을 위해 자신의 개인 소유에 속하는 그 부동산에 관한 법적 제한을 감수할 용의가 있었는지에 대한 것이었다. 원심은 이 점과 관련하여 원고가 증명책임을 진다고 보면서, 이를 원고가 증명한 때에만 그 세금 부담을 손해라 볼 수 있을 것이라 하였다. 결론적으로 V가 회사의 조직변경과 관련하여 발생하는 세금 부담을 최대한 줄이려고 했을 것이라는 점에 수긍이 가기는 하지만 그렇다고 이로부터 바로 V가 자신의 부동산을 생전에 이전할 용의가 있었다는 결론을 도출할 수는 없다고 보았고, 또 그 증거가 부족하다고 판시했다.

하지만 연방대법원은 독일 민사소송법 제287조[28]에 비추어 위 손해 발생에 관해 원고에게 전적으로 증명책임을 지울 수는 없다고 보면서 경험칙에 기반한 하나의 판단기준을 제시한다.[29] 사업을 운영하는 많은 이들이 자신들의 가까운 친척들을 등가의 반대급부 없이 사업에

Rn. 911; 李炯珪, "회사의 조직변경에 관한 입법론적 고찰", 법조 통권 제721호(2017. 2), 法曹協會, 300면 이하 참조).

26) 회사의 합유재산에 속하지 않고 사원이 소유하는 경제적 재화가 특별영업재산에 해당하는바, 이는 그 특성에 맞게 보통 인적 회사의 운영을 위해 이용이 맡겨진 것이거나 사원 참여의 강화에 직접적으로 기여하는 것을 말한다(Vgl. BeckOGK/Stöber, HGB § 247, Rn. 133).

27) 위 판결이 있던 시점의 독일법상 합자회사와 같은 인적 회사에 관한 기본적인 규정들은 민법상 조합법에 따르므로 그러하였다. 하지만 그동안 조합의 권리능력에 관한 다양한 논의가 있었고, 최근의 독일 민법상 조합법의 개정 및 독일 인적 회사의 현대화를 위한 법률(Gesetz zur Modernisierung des Personengesellschaftsrechts, MoPeG)에 따라 이제 합유 원칙이 합자회사 등 인적 회사에 더 이상 적용되지 않게 된다. 이에 관해 일단 尹眞秀, "민법상 조합의 권리능력에 관한 독일의 동향", 법조 통권 제757호(2023. 2), 法曹協會, 35면 이하; 최윤석, "독일 인적회사법의 현대화에 관한 연구", 法學論叢 第43卷 第2號(2023. 5), 전남대학교 법학연구소, 63면 이하; 윤주희, "독일의 개정 민법상 조합에 관한 소고", 民事法學 제102호(2023. 3), 韓國民事法學會, 43면 이하 참조.

28) 동조 제1항 제1문에는, 당사자들 사이에서 손해의 발생 여부 및 손해의 액수 또는 배상되어야 할 이익의 액수에 관하여 다툼이 있을 때 법원은 관련된 모든 사정을 참작하여 자유로운 심증으로 재판한다고 규정되어 있다.

참여시키고 있고 그러한 용의가 있다는 점은 경험적 사실인데, 그 이유는 특히 세금 부담을 피하기 위해서이다. 이처럼 세금 부담을 줄이려는 의도에서 이루어지는 재산이전이 법적 의미의 손해인 것은 아니고, 또 반대로 그 재산이전을 그만두었다고 하여 내야 하는 세금을 상쇄하는 재산상 이익이 있다고 볼 수도 없다고 하였다. V가 기업과 전체 가족의 이익을 위해 자신의 부동산에 관한 권리의 제한을 감수할 용의가 있었는지는 사실심 법관이 독일 민사소송법 제287조에 따라 판단해야 하며, 이를 원고에게 전적으로 증명하라고 할 수 없다고 보면서, 이와 관련하여 V 개인 소유였던 재산인 합자회사의 합유재산이 되었을 때 어떤 실제적 효과를 가져올 수 있었는지 등이 검토되어야 한다고 판시했다.

(2) 이러한 경험칙의 고려는 그 이후의 판결[30]에서 좀 더 명확해진다. 이 판결은 위 연방대법원 판결이 제시한 경험칙을 바탕으로 잘못된 세무 상담으로 인한 손해배상 문제를 판단하면서, 특히 부부와 같이 가족 구성원들이 가족의 재산상태를 전체적으로 향상시키기 위해 개별적으로 세금 기타 재정적 불이익을 감수할 용의가 있는 일종의 경제적 공동체라 평가될 수 있다면, 손해산정에 있어 특정 가족 구성원의 개별적 재산상태만을 기준으로 잘못된 세무 상담으로 인해 얼마나 변하였는지를 따지는 것은 그릇된 판단이라 보았다. 오히려 가족 구성원 전체에 미친 영향이 고찰되어야 한다고 판시했다.[31]

(3) 위와 같이 경험칙을 바탕으로 경제적 공동체와 같은 평가에 기초한 통합적 손해고찰은 특히 잘못된 세무 상담으로 인해 부과된 증여세(Schenkungssteuer)와 관련하여 문제 되었다. 관련된 독일 연방대법원의 결정[32]을 살펴보면 다음과 같다.

이 결정의 원심[33]은 위와 같은 증여세의 부과와 관련하여 개별적인 손해고찰 방식을 따르게 되면 수증자에게 손해가 발생한 것이 아니라고 판단할 수 있다고 하는데, 왜냐하면 수증자는 증여를 통해 증여 목적물 상당의 재산적 가치 역시 얻게 되었기 때문이다. 이러한 개별적인 손해고찰은 증여자와 수증자가 일종의 경제적 단일체(wirtschaftliche Einheit)로 이해될 수 있는 경우에는 금지되어야 한다고 보았다. 즉 이 경우 재산의 이동은 손해 발생 판단에 영향을 미치지 않는 단순한 재산이전일뿐이고 이를 통해 발생한 세금만이 손해 발생 판단에 있어 전체재산의 감소라 평가될 수 있다. 결론적으로 이와 같은 법리는 반드시 혼인한 사이에만 해당하는 것이 아니고 혼인을 전제로 하지 않은 생활공동체 관계에도 적용될 수 있다고 판시했다.

이와 관련하여 독일 연방대법원은 혼인하지 않은 사이에 경제적 단일체를 인정할 수 없다는 주장에 대해 사실 부부와 가족 구성원이 문제 된 경우를 중심으로 발전해 온 판례의 법리

29) BGH, Urteil vom 28. 11. 1984 – IVa ZR 224/82, Rn. 8 ff.
30) BGH, Urteil vom 24. 9. 1986 – IVa ZR 236/84 = BGH NJW–RR 1987, 210.
31) BGH NJW–RR 1987, 210, 210.
32) BGH, Beschluss vom 9. 3. 2006 – IX ZR 133/03.
33) OLG Brandenburg, Entscheidung vom 21. 5. 2003 - 13 U 231/01.

를 적용함에 혼인 여부가 중요한 것이 아니라고 판시했다. 세무상담계약과 관련하여 세무사가 어떤 단일한 재산의 총체가 가장 최선의 세무 처리를 통해 보전될 수 있도록 함을 목적으로 할 때, 손해배상법의 관점에서(schadensrechtlich) 권리자를 중심으로 판단하는 것이 의미 없는 것일 수 있다는 점[34]을 강조했다. 이와 같은 법리의 적용은 다음과 같은 경우, 즉 세금 부담을 피하기 위해 한 생활동반자의 지분을 다른 반려자에게 이전할 것을 세무사가 추천한 때 바로 고려될 수 있다고 하였다.[35]

2. 계약 내용으로부터 제3자의 이익을 고려할 가능성 도출

(1) 경험칙과 경제적 단일체 관념에 기반하여 통합적 손해고찰이 검토되어 오다가, 손해 산정에서 제3자의 이익을 고려하는 근거로 계약의 내용을 언급하는 독일 연방대법원 판결이 등장하기 시작한다. 이러한 법리의 경향은 앞서 본 경험칙 기반의 정당화근거를 폐기하는 것이 아니라, 이를 유지하면서 진행된 것이다. 이와 관련하여 의미 있는, 2015년에 선고된 한 독일 연방대법원 판결[36]을 살펴볼 필요가 있다. 동 판결은 세무상담계약에서 잘못된 세무상담으로 인해 위임인이 입게 된 재산상 불이익은 이와 함께 발생한 제3자 내지 가족의 이득을 통해 상쇄될 수 있는데, 이는 그 제3자의 이익의 산입이 세무상담계약의 내용에 따라 고려될 때에만 그러하다고 판시했다. 손해 문제와 직접적으로 관련된 사실관계는 다음과 같다.

세무상담계약상 위임인인 피고는 2006년부터 원고인 세무사로부터 자신의 영업을 아들에게 이전함에 수반되는 세금의 최적화 문제로 세무 상담을 받았다. 2007년 1월 피고는 영업을 아들에게 이전했다. 이때 원고에 의해 작성된 서면에 따라 피고의 아들이 영업과 관련된 재산 및 채무 전체를 이전받는다는 계약 내용에 피고는 서명하였다. 이에 대한 반대급부로서 아들은 피고에게 평생 매달 2,500 유로(Euro)를 지급하기로 하였다. 피고와 피고 남편의 2007년도 세무신고에 있어 원고는 위 이전계약을 제출하고 양도차익을 179,171 유로로 하여 2009년 2월 이를 신고하였다. 2009년 원고는 자신이 행한 일에 대한 보수로서 1,651 유로를 책정하였고, 피고는 그 일부인 44 유로를 지급하였다. 피고는 2009년 초 새로운 세무사에게 위임하였고 그는 피고의 아들에게 경제적으로 더 이상 합리적이지 않다며 매달 받는 돈을 1,000 유로로 줄이고 이를 임금의 형태로 지급되도록 하였다. 이 세무사는 위 이전계약에 규정된 부양규정을 삭제하여 이를 다시 세무서에 제출했다. 2009년 피고와 피고의 남편은 소득세 등 19,198 유로의 과세처분을 받게 되었다. 이 과세처분은 특히 영업이전에 관해 신고된 양도차익 179,171 유로에 기초한 것이었다. 피고는 동 처분에 대해 법적 이의를 제기한 바 없고, 몇몇

34) Vgl. BGH, Urteil vom 5. 12. 1996 – IX ZR 61/96 = BGH WM 1997, 333.

35) BGH, Beschluss vom 9. 3. 2006 – IX ZR 133/03.

36) BGH, Urteil vom 5. 2. 2015 – IX ZR 167/13 = BGH NJW 2015, 1373.

오류를 이유로 세무서에 의해 약간의 수정이 이루어지기는 하였다.

원고가 피고로부터 일부 지급받고 남은 보수인 1,607 유로 및 그에 대한 이자를 청구하자, 피고는 반소(Widerklage)로서 2007년도의 세금과 관련하여 잘못된 세무 상담으로 인한 손해배상을 청구한다. 피고는 원고가 세무신고시 양도차익을 포함시킨 것이 잘못된 세무 상담이라고 주장하며, 실제로 세금이 부과될 양도차익이 발생하지도 않았다고 한다. 이에 원고의 청구범위에서 손해배상액을 상계한다고 하며 그 나머지를 반소의 대상으로 삼았다. 즉 세무서에 이미 납부한 6,130 유로에서 본소 청구 금액을 상계한 액수를 배상할 것과 가산세를 포함한 남은 세액, 약 14,000 유로를 면하게 할 것을 청구하게 된다.

(2) 1심 법원은 본소를 기각하고 반소를 인용하였다.[37] 우선 원고의 세무 상담에 의무위반(Pflichtverletzung)이 존재한다고 보았다. 원고가 세무신고한 내용과 같은 양도차익은 발생하지 않았고, 이에 양도차익의 신고가 잘못된 것이라 하였다. 장래의 상속이 미리 이루어지는 것(vorweggenommene Erbfolge)을 고려한 영업의 이전은 전체 또는 일부가 무상행위라 보아야 하며, 관련하여 부담하는 채무는 그 이전의 대가라 볼 수 없는 점을 고려한 것이다. 이 점을 근거로 하여 피고의 손해배상청구를 인용하였다.

이에 반해 2심 법원은 반대로 본소의 청구를 인용하고 반소를 기각하였다.[38] 2심 법원 역시 1심과 마찬가지로 원고의 세무 상담에 의무위반이 있었다는 점은 인정하였다. 하지만 이로 인해 배상되어야 할 손해가 발생하지 않았다는 이유로 피고의 손해배상청구를 받아들이지 않았다. 손해 발생을 부정하게 된 이유로 통합적 손해고찰의 적용을 들었다. 즉 원고의 조언대로 이루어진 법적 처리에 따라 피고의 아들에게 발생한 세금상의 이득이 피고의 손해를 산정함에 고려되어야 한다고 보았다. 2심 법원은 본 사안이 통합적 손해고찰의 요건을 충족시킨다고 하였는데, 그 적용 요건으로서 가족, 특히 부부 등 경제적 단일체로서 가족 전체의 재산상태에 도움이 되기 위하여 그들 중 어느 한 명이 개별적으로 세금 등 재정상 불이익을 감수할 용의가 있는 경우를 제시하였다. 이 경우 그 개인에만 초점을 맞추고 손해를 산정하는 것은 잘못된 것이며 가족 전체에 대한 영향이 고찰되어야 한다며 이는 기존 독일 연방대법원의 태도임을 언급한다. 본 사안에서 부모와 자식 간에도 이와 같은 경제적 단일성이 인정될 수 있고, 2007년부터 2010년 사이 받은 과세처분을 피고에 의해 제출된 자료 등과 함께 고찰해 보면 피고의 아들이 결과적으로 약 22,000 유로의 세금을 절약한 것으로 파악된다. 이와 같은 세금 절약은 원고에 의해 선택된 유상의 영업이전 형태와 이에 결부된 공제 가능성에 수반되는 것이라 한다. 피고의 아들이 얻게 될 수 있는 세금 절약이 1심에서는 고려되지 않았으나, 2심 법원은 이를 산정하여 고려하고 있다. 이에 2심 법원은 피고의 손해가 발생하지 않았다고 판시하였다.

37) LG Köln, Urteil vom 27. 9. 2012 - 2 O 149/11.

38) OLG Köln, Urteil vom 27. 6. 2013 - 8 U 58/12.

(3) 본 사안에서 독일 연방대법원은 2심 법원과 다른 판단을 하게 된다. 통합적 손해고찰에 관한 기존의 연방대법원 판시 내용을 반복하고, 여전히 이에 따르고 있다는 점을 먼저 밝히고 있다.[39] 하지만 여기서 하나의 조건이 추가되는데, 통합적 손해고찰은 세무상담계약의 내용에 따라 다른 가족 구성원이나 제3자의 재산상 이익을 산입해야 하는 경우에만 가능하다는 점이다.[40] 그 이유는 다음과 같다.[41] 위임인의 현재 사실상 재산상태와 만약 적법한 상담이 있었다면 존재하였을 가정적인 재산상태 사이에 차이가 존재할 때 손해가 발생한다. 이 두 재산상태는 같은 관련점을 나타낼 때만 올바르게 비교될 수 있다. 위법행위로 인해 제3자에게 발생한 이익을 산입하여 손해가 산정되는 경우 이와 마찬가지로 그 적법한 상담의 경우에 관한 가정적 재산상태 역시 다루어져야 한다. 이에 재차 그 상담 자체가 제3자의 이익을 산입할 것 아래서 이루어져야 함을 전제하게 된다. 이러한 점에 기반하여 계약 내용으로부터 제3자의 이익을 산입할 가능성이 도출되어야만 통합적 손해고찰을 적용할 수 있다고 보았다.

연방대법원은 2심 법원이 이에 대해 제대로 확인하지 못했다고 보았다. 사실관계상 피고는 원고에게 자신과 아들 모두에게 유리한 해결책을 위임하지 않았다. 1심 법원에 피고가 제출한 자료에 따르면 피고는 아들의 세무적 상황에 대한 고려가 포함된 세무 상담을 원했다고 볼 수 없고 또 원고가 계약상 그렇게 해야 할 의무도 없었던 것으로 판단된다. 이에 피고와 피고 아들의 이해관계는 전적으로 다르게 평가될 수 있었다고 보았고, 이러한 점에 대해 2심 법원은 좀 더 면밀하게 살폈어야 한다고 판시했다.[42]

이제 연방대법원은 통합적 손해고찰과 관련하여 처음에 제시하였던 경험칙에서 파생한 경제적 단일체 해당성뿐만 아니라 한발 더 나아가 계약의 내용에 따라 제3자의 이익을 고려할 가능성이 존재해야 한다는 점을 요건으로 삼게 된다. 이러한 태도는 세무상담이 잘못된 경우의 손해배상과 관련된 후속 연방대법원의 판결들에서 지속적으로 언급되며 그 적용 요건으로서의 성격이 점점 견고해진다.[43] 이는 통합적 손해고찰론의 발전에 있어 하나의 변곡점이라 볼 수 있겠다.

3. 기존의 법리에 대한 보충

(1) 2020년 독일 연방대법원은 통합적 손해고찰과 관련하여 위에서 살펴본 연방대법원의 판례에 대한 보충을 시도한다.[44] 즉 계약 내용으로서 제3자의 이익을 산입해야 하는 점에서

39) BGH NJW 2015, 1373, Rn. 10.
40) BGH NJW 2015, 1373, Rn. 10.
41) BGH NJW 2015, 1373, Rn. 11.
42) BGH NJW 2015, 1373, Rn. 13.
43) Vgl. BGH, Urteil vom 10. 12. 2015 – IX ZR 56/15 = BGH NZG 2016, 238; BGH, Urteil vom 18. 2. 2016 – IX ZR 191/13 = BGH NZG 2016, 878; BGH, Urteil vom 8. 9. 2016 – IX ZR 255/13 = BGH DStR 2017, 685.

더 나아가 하나의 요건을 다시 추가하게 된다. 통합적 손해고찰론을 재검토하게 하는 의미 있는 판결로 보이는바, 이하에서 상세하게 검토해 본다. 사실관계는 다음과 같다.

지주회사(Holdinggesellschaft)인 유한회사 U의 지분 전체를 갖고 있는 원고는 기업승계와 관련하여 세무상담회사인 피고로부터 상담을 받았다. U의 기본자본(Stammkapital)은 50,000 유로이다. 지분의 실제 가치는 몇 배에 달하는 것이라고 한다. U에 대한 지분에 묶여 있는 재산을 최대한 세금 부담을 줄이면서 이전할 수 있는 방안과 관련하여 피고는 이른바 이중재단모델(Doppelstiftungsmodell)[45]을 추천하고 그 실행을 안내하였다. 이에 따라 원고는 M 공익재단(gemeinnützige Stiftung)과 M 가족재단(Familienstiftung)을 설립하게 된다. M 공익재단에 원고는 U의 기본자본 65%에 해당하는 지분을 투입하였고, M 공익재단은 이를 통해 2014년부터 2018년까지 약 1,160,000 유로의 이익배당(Dividendenzahlung)을 받게 된다. 원고는 위 지분양도와 관련하여 세무상담을 받으면서 양도시 지분의 실제 가치를 기준으로 특별지출공제(Sonderausgabenabzug)를 받고 매년 전체 수입에 대한 세금 감면 혜택을 받는 것으로 알았는데, 사실 그 세금 감면은 한 번만 받는 것이었고 또 그 기준은 지분의 명목상 가치였다. 그 세금상 이득은 16,000 유로였다. 원고는 피고가 이러한 특별지출공제와 관련하여 공익재단에 지분을 투입하게 한 것은 잘못된 세무상담이었다고 주장한다. 원고는 피고가 올바르게 세무상담을 했다면 자신이 여전히 지분을 스스로 보유했을 것이고 이로부터 이익배당을 받았을 것이라 한다. 이에 원고는 손해배상으로서 M 공익재단에 지급된 이익배당에 해당하는 금액에서 이미 얻은 세금혜택을 공제한 금액을 청구하면서 장래 발생할 손해에 대한 배상의무의 확인 역시 구하게 된다.

(2) 1심 법원은 설령 세무상담 계약서상 당사자로서 U 회사가 언급될 뿐 명시적으로 원고가 언급되지 않다고 해도 제3자 보호효 있는 계약 법리에 기대어 원고가 그 계약의 보호범위에 들어갈 수 있다는 점을 전제하고, 잘못된 세무상담을 근거로 하는 원고의 손해배상청구

---

44) BGH, Urteil vom 1. 10. 2020 – IX ZR 228/19 = BGH NJW 2021, 1163.

45) 독일의 이중재단모델은 기본적으로 가족재단과 세법상 공익재단의 조합을 말한다. 그 목적은 설립자 가족의 영향력을 확보하는 동시에 공익적 지분참여재단이 가질 수 있는 장점, 즉 기업 지분의 양도시에 상속세 면제를 활용할 수 있는 점을 이용하려는 것이다. 이는 의결권과 자본권을 분리함으로써 달성된다. 기업에 대한 지분은 보통 공익재단으로 이전되며 이로부터 발생하는 소득은 면세되고 재단 정관에 따른 공익목적을 위해 사용된다. 여기에 실무상 자주 조세기본법(Abgabenordnung, AO) 제58조 제6호에 따른 재단 수입의 최대 1/3을 설립자 및 그의 친족 부양을 위해 사용할 수 있는 가능성이 이용된다. 그리고 재단에 과세가 되는 영리사업이 행해지는 것을 막기 위해 기업 지분의 이전시 지분과 연계된 의결의 다수가 다른 지분권자에게 남아 있다는 점에 합의해야 한다고 한다. 결과적으로 세금 혜택을 받는 재단에 면세된 수입이 분배되지만, 이는 공익목적을 위해 사용되어야 한다. 보통 공익재단은 가족재단보다 많은 자본을 갖지만 그 지분은 의결권이 없거나 매우 적고, 가족재단을 가족기업에 대해 공익재단보다 지분은 적지만 다수의결권 또는 단독의결권을 가짐으로써 가족의 영향력을 확보한다. 이상 김진우, “독일의 기업재단에 관한 법적 고찰”, 외법논집 제45권 제2호(2021. 5), 한국외국어대학교 법학연구소, 87면.

를 인용하였다.[46] 하지만 2심 법원은 통합적 손해고찰을 적용하여 원고에게 손해가 발생하지 않았다고 판단하였다.[47] 예외적인 손해산정 방식인 통합적 손해고찰이 적용되려면 특히 구체적인 위임 내용이 중요하다고 하면서, 위임인이 제3자이익의 고려를 상담 급부의 대상으로 삼았다면 손해산정 역시 제3자이익의 고려 아래 이루어져야 한다고 보았다. 본 사안의 경우 위임의 내용에 공익재단의 이익 역시 함께 고려되고 있다고 보아야 하고, 이에 원고가 상실한 그리고 계속 상실될 이익배당금은 공익재단이 이를 그대로 차지했고 또 앞으로 차지하게 될 것이므로 손해라 볼 수 없다고 판시했다.

(3) 2심 법원의 판결 내용을 반박하면서 연방대법원은 통합적 손해고찰에 관한 기존의 법리를 다시 한번 정리하고 보충한다. 먼저 이 통합적 손해고찰 내지 손해배상법적 전체고찰은 변호사책임이나 세무사책임 영역에서 필요한 전체 재산상태 비교의 기준점을 제3자가 아닌 피해자의 재산상태로 한다는 원칙의 예외를 이루는 것이라 천명하면서, 연방대법원 판례의 출발점은 앞서 살펴본 경험칙에 있다는 점을 다시 한번 확인하였다.[48] 즉 세금상 이익을 얻기 위해 재산적 가치를 양도하는 것과 관련된 세무상담에 있어, 양도받은 제3자의 이익을 고려하여 전체적으로 보아 처음 상태보다 이익이 발생하는 것을 목적으로 한다면, 여기서 피할 수 없는 경제적 불이익은 의도되고 원하는 것으로서 이것이 세무사의 책임으로 귀결될 수는 없다.

위임인의 세금 부담이 적절한 상담의 경우 회피될 수 있었더라도 세무사의 책임은 부정될 수 있다. 즉 통합적 손해고찰이 적용되는 경우 배상되어야 할 손해가 없을 수 있다. 그러나 이를 위해서는 위임인에게 발생하는 재산상 불이익을 회피하게 되면 제3자의 이익에 대해 영향을 줄 수 있을 것이라는 점이 요구된다고 보았다. 만약 위임인에게 발생하는 불이익이 제3자의 이익에 아무런 영향 없이 회피될 수 있었다면 이는 애당초 통합적 손해고찰의 적용이 문제되지 않는다. 위임인의 손해를 산정함에 있어 제3자에게 발생되는 이익을 고려하는 것은, 만약 이것이 적법한 상담의 경우에서도 마찬가지로 발생했을 것이라면 처음부터 허용되지 않는다.[49] 결국 통합적 손해고찰은 위임인에게 발생한 불이익의 회피가 제3자의 이익에 영향을 주었을 관계일 때 고려된다. 그러한 전체고찰의 요건이 존재한다면, 위임인이 적법한 상담의 경우 어떻게 행동했을지도 중요하다.[50]

위와 같은 점은 제3자에게 불이익이 발생하고 위임인이 이익을 얻은 경우에도 마찬가지로 문제 될 수 있다. 이때 누구에게 손해배상청구권이 귀속하는지에 대해 아직 연방대법원이 명시적으로 결정한 바는 없다고 하였다.[51]

46) LG Düsseldorf, Urteil vom 5. 6. 2018 - 1 O 165/16.
47) OLG Düsseldorf, Urteil vom 3. 9. 2019 - 23 U 106/18.
48) BGH NJW 2021, 1163, Rn. 10 f.
49) BGH NJW 2021, 1163, Rn. 12.
50) BGH NJW 2021, 1163, Rn. 13.

통합적 손해고찰은 하나의 예외를 이루므로 변호사책임이나 세무사책임에서 문제 되는 전체 재산상태의 비교에 제3자의 재산을 산입하기 위한 조건들을 정함이 필요한데, 이때 결정적인 것은 상담계약의 내용이라고 한다. 여기에 본고의 위 2.에서 검토한 독일 연방대법원 판결이 원용된다.[52] 아울러 연방대법원이 여러 판결을 통해 통합적 손해고찰을 경제적 고찰(wirtschaftliche Betrachtung)을 가지고 정당화한 바 있다는 점도 언급된다.[53] 즉 단일한 손해고찰은 여러 상이한 권리자의 재산과 관련하여 동일한 재산 덩어리(Vermögensmasse)가 경제적으로 문제 될 때 시도될 수 있다는 점이다.[54]

이에 따라 본 연방대법원 판결은 통합적 손해고찰을 위한 요건은 상담계약이 제3자의 재산상 이익을 산입할 것을 명하고 있다는 점만으로 충족되는 것이 아니라고 하였다. 이를 넘어 경제적으로 평가하는 고찰에 있어 단일한 재산을 상담자가 합의에 걸맞게 다루어야 한다는 점이 필요하다고 명시하였다.[55] 재산의 단일성이 먼저 존재하는지 혹은 상담의 결과로 그것이 비로소 발생하는지는 중요하지 않다. 경제적으로 평가하는 고찰에서 단일한 재산이 존재하는지는 일반적인 답이 주어질 수 있는 문제가 아니라고 한다. 관여된 권리자들 상호 간의 법적 내부관계가 결정적인 것은 아니며, 특히 제3자의 재산에 대한 법적 공취 가능성의 존부 등은 중요한 것이 아니라 보았다. 오히려 합의에 걸맞게 고려되어야 하는 재산들이 순전히 사실적으로(rein tatsächlich) 상호 결합되어 있어서 경제적으로 고찰해볼 때 하나의 전체재산으로 볼 수 있는지가 결정적인 것이라 판시하였다.

통합적 손해고찰의 적용 요건을 위와 같이 이해함에 따라 연방대법원은 2심 법원과 달리 본 사안에서는 통합적 손해고찰이 고려되지 않는다고 판시하였다. 즉 2심 법원에 의해 인정된 상담계약에 따른 제3자이익의 산입 외에 통합적 손해고찰이 적용되려면 지분 관련하여 원고의 재산과 공익재단의 재산 사이에 경제적 단일성이 인정되어야 하는데, 본 사안에서는 이러한 경제적 단일성이 존재하지 않는다고 보았다.[56] 지분의 이전으로 원고는 지분에 대한 법적 권리만을 상실한 것이 아니라 경제적으로 더 이상 그 지분으로부터 이득을 얻지 못하였다. 지분이 이전되기 전에는 여전히 원고에게 개인적으로 이익배당금이 귀속되었지만 지분 이전 후에는 이는 공익재단에 귀속된다. 재단은 배타적으로 그리고 직접적으로 공익적인 목적 등을 추구하고, 이에 원고는 지분이 이전되기 전과 같이 지분에 발생하는 이득을 누린다고 볼 수 없는 바, 재단의 활동과 관련하여 원고가 실제 관여하고 영향을 미친다고 해도 이와 달리 볼 수는

51) BGH NJW 2021, 1163, Rn. 14.
52) BGH NJW 2021, 1163, Rn. 15 f.
53) BGH NJW 2021, 1163, Rn. 17.
54) Vgl. BGH NZG 2016, 238, Rn. 16, 19; BGH NZG 2016, 878, Rn. 13.
55) BGH NJW 2021, 1163, Rn. 18.
56) BGH NJW 2021, 1163, Rn. 21 f.

없다고 하였다.

Ⅳ. 정당화 가능성의 모색

이상 독일 연방대법원 판례에 의해 형성된 이른바 통합적 손해고찰의 법리에 대해 간략하게나마 살펴보았다. 이 법리의 전개 과정을 정리해 보면, 특히 세무사책임이나 변호사책임의 문제 영역에서 상담계약의 당사자인 위임인의 손해를 산정함에 제3자의 이익을 고려해야 할 필요성을 처음에는 경험칙으로부터 도출된 경제적 단일성에서 보았고, 그 후 상담계약의 내용에서 그 근거를 찾았다. 그리고 이에 대한 보충으로서 2020년 독일 연방대법원은 상담계약의 내용 외에 사실적이며 경제적인 관점에서 보았을 때 단일한 재산을 상담자가 다루어야 한다는 점을 지적하였다. 기존의 경험칙 논거에서 나아가 상담계약의 내용으로부터 통합적 손해고찰의 근거를 찾게 된 것은 법리 발전의 한 변곡점이라 볼 수 있는데, 사실 2020년 독일 연방대법원 판결의 판시 내용은 새로운 적용 요건의 창설이라 보기는 힘들고, 기존의 경제적 단일성 논리의 재확인 또는 강화라 볼 수 있겠다. 즉 이는 근래의 독일 연방대법원 판례가 동 법리가 문제 되는 사안에서 점점 사실적이며 경제적인 고찰방식에 주안점을 두고 있는 경향이라 생각된다.[57)]

이와 같은 통합적 손해고찰의 적용이 구체적인 사안상 필요할 수 있다는 점에 공감하면서도 여전히 이러한 예외적 법리가 어떻게 정당화될 수 있는지, 즉 그 정당화근거가 무엇인지 명확하지 못한 측면이 있다. 서두에서부터 언급한 바와 같이 이러한 손해산정은 기존 손해배상법 도그마틱을 구성하는 원칙들에 정면으로 반하는데, 이에 대한 예외의 설정 내지 그 원칙들의 실질화(Materialisierung) 내지 유연화(Flexibilisierung)[58)]를 가능케 하는 규범적 정당화근거 및 이와 관련된 또 다른 원리 내지 사고방식의 공존에 대해 살펴볼 필요가 있다. 그저 필요하다는 이유는 사실 법감정에만 기반한 것이거나 사실로부터 직접 당위를 도출하는 것에 불과한 것으로서 규범적 관점에서는 함량 미달의 답일 수 있기 때문이다.

1. 데칼코마니: 합의된 제3자손해청산

우선 이러한 통합적 손해고찰의 적용을 가능하게 만드는 근거로서 계약의 내용을 언급하는 것에 대해 검토해 볼 필요가 있다. 통합적 손해고찰론의 전개 과정에서 이렇게 계약의 내용에 의해 제3자이익의 산입이 고려된 것은 경험칙적 근거에 의한 정당화 이래 새로운 적용 요

57) Vgl. Rafael Meixner/Uwe Schröder, Zur konsolidierten Schadensbetrachtung bei der Steuerberaterhaftung, DStR 2021, 564, 565.

58) Vgl. Marietta Auer, Materialisierung, Flexibilisierung, Richterfreiheit, Mohr Siebeck, 2005, S. 23 f.

건의 추가였지만, 사실 이와 같은 정당화 방식은 이미 존재하였다. 즉 이를 이른바 합의된 제3자손해청산(vereinbarte Drittschadensliquidation)에서 찾아볼 수 있는데, 구조적 관점에서 비교해 볼 가치가 있다.

합의된 제3자손해청산이란 말 그대로 제3자의 손해가 합의에 의해 청산될 수 있다는 것이다. 즉 계약당사자는 명시적으로나 묵시적으로 계약위반에 따른 손해가 계약당사자의 재산상태가 아닌 제3자의 재산상태의 변화 안에서 정해진다는 것을 합의할 수 있다.[59] 사적 자치(Privatautonomie)의 정당한 발현으로서 계약자유(Vertragsfreiheit)에 따라 이와 같은 계약 내용이 얼마든지 형성될 수 있다. 이에 한 계약에서 제3자의 이익이 기준점으로 작동할 수 있으며, 제3자에게 손해배상청구권을 부여하지 않고도 계약 내용에 따라 제3자의 손해가 사실상 청산될 가능성이 존재한다. 이와 같은 합의가 인정되면 고유한 의미의 제3자손해청산을 원용하는 것은 더 이상 필요하지 않다.[60] 양자는 본질적인 차이를 갖는바, 연혁적으로 법관의 법형성(richterliche Rechtsfortbildung)으로서 발전되어 온 본래적 모습의 제3자손해청산은[61] 앞서 본 바와 같이 우연한 손해의 전이를 전제로 제3자손해의 전보를 고려하는 것임에 반해 합의된 제3자손해청산의 경우 손해의 전이는 의식적이며(bewusst) 계획적으로(planmäßig) 이루어지는 점에서 그러하다.[62]

이렇게 계약 내용이 제3자의 이익상태를 중심으로 그 손해를 산정하도록 하는 것이 정당화되는 것과 마찬가지로 계약 내용이 제3자의 이익을 손해산정에 고려하도록 하는 것도 같은 이유에서 정당화될 수 있을 것이다. 즉 사적 자치에 따른 계약 내용은 기본적으로 무정형적(無定形的)이며 계약정의(Vertragsgerechtigkeit)를 형성하는 일반적인 한계를 벗어나지 않는 한 제3자의 이익상태를 대상으로 삼는 것만으로 그저 제한되거나 이를 잘못된 것이라 평가할 수 없다. 결국 제3자의 이익상태를 기준으로 삼는 등 이를 계약 내용이 계약위반과 관련하여 고려하는 것 자체는 계약법의 원칙상 문제 될 여지가 없다. 이러한 점을 기반으로 구조적으로 볼 때 합의된 제3자손해청산은 통합적 손해고찰의 데칼코마니(décalcomanie)에 해당하는 것이라 하겠다. 독일 제국법원(Reichsgericht, RG) 시절부터 합의된 제3자손해청산이 허용되어온 것처럼[63] 손해산정에 있어 제3자의 이익을 산입하는 통합적 손해고찰을 계약 내용에 기대어 정당

59) BGH NJW 1969, 789; 1974, 502; 1978, 1576; MüKoBGB/Oetker, § 249, Rn. 307; Hermann Lange/Gottfried Schiemann, a. a. O.(Fn. 10), S. 464; Horst Hagen, a. a. O.(Fn. 2), S. 54.

60) Soergel/Ekkenga/Kuntz, Vor § 249, Rn. 339; MüKoBGB/Oetker, § 249, Rn. 307.

61) 이에 관하여 이성범, "위탁매매에서 거래상대방의 손해배상책임 재구성", 財産法硏究 제38권 제1호(2021. 5), 韓國財産法學會, 182~184면 참조. 참고로 이러한 제3자손해청산의 법리를 법률해석과 관련하여 정당화하려는 시도로서 Seongbum Lee, Rechtsethische Auslegung im Schadensrecht, Duncker & Humblot, 2020, S. 121 ff.

62) Soergel/Ekkenga/Kuntz, Vor § 249, Rn. 335; Seongbum Lee, a. a. O.(Fn. 61), S. 98 f.

63) RGZ 170, 246, 251.

화하는 것은 가능하다고 생각되며, 이에 대한 독일 연방대법원의 고려는 나름 합리적이라 평가될 수 있다.

2. 대칭의 원리에 비추어

앞서 살펴본 바와 같이 2020년 독일 연방대법원의 판시에 따르면 단순히 계약 내용만으로 제3자의 이익을 산입하는 통합적 손해고찰이 정당화되지는 않는다. 사실적이며 경제적인 관점에서 볼 때 경제적 단일성이 인정될 수 있어야 손해산정에 있어 제3자의 이익을 고려하는 것이 종국적으로 정당화될 수 있다고 하였다. 이렇게 추가적인 요건을 제시한 것에 직결되는 통합적 손해고찰의 정당화근거가 문제 될 수 있는바, 여기서 다시 통합적 손해고찰과 유사한 구조인 제3자손해청산과 비교해 볼 필요가 있다. 위에서 살펴본 합의된 제3자손해청산과의 구조적 비교가 계약 내용에 따른 제3자이익의 산입과 연계되는 것이라면, 본래적 모습의 제3자손해청산과의 비교는 사실적이며 경제적인 관점에서 손해를 고찰하는 것에 대한 시사점을 던져 준다.

제3자손해청산론은 손해배상법의 기본원칙으로서 채권자이익의 원칙에 정면으로 반하여 다양한 도그마틱적 비판에 직면한다. 그럼에도 여전히 그 적용이 문제 되는 이유는 사실적이고 경제적인 관점에서 제3자의 손해가 채권자(피해자)의 손해와 그저 동일시되지 않는다는 점, 양 손해가 양자택일적 관계(Entweder – oder – Verhältnis)[64]를 이루며 발생한다는 점 및 이때 제3자의 손해를 전보하더라도 가해자의 책임 범위가 부당하게 확대되는 것은 아니라는 점에 있다. 즉 손해배상청구권을 발생시키는 법률관계 자체로부터 나오는 당위의 방향에 어긋나더라도 그 손해배상청구권의 물적 기초를 사실적이고 경제적인 관점에서 존중하기 위해 제3자손해청산이 고려되는 것이다. 이와 달리 손해배상청구권의 기초를 이루는 법률관계 당사자의 손해를 규범적으로 또 의제적으로 구성하는 방식은 손해배상법의 기본원칙에 충실한 것으로서, 채권자(피해자)에게 청구권근거규범에 내재된 권리의 가치를 보장한다는 의미에서 손해배상청구권의 권리추구(유지)적 기능(rechtsverfolgende Funktion)[65]에 부합한다. 이와 같은 규범적이며 의제적인 사고방식은 배상자대위, 보험자대위, 변제자대위 등에 이미 내재되어 있는 것이기에 일면 설득력이 있으며 이를 통해 충분히 해결되는 사례들[66] 역시 존재한다. 하지만 손해배상청구권의 이러한 기능은 형식적인 논리에 부합하는 것일지는 몰라도 개별적으로 무엇이 손해인지 나아가 어느 범위에서 손해배상이 이루어져야 하는지에 대해 구체적인 답을 내어주지는 않는다.[67] 사실 손해란 항상 위법행위로 인해 발생되지만, 그렇다고 모든 위법행위가 손해를 발

64) 이성범, 앞의 논문(주4), 162면 참조.

65) Vgl. Hermann Lange/Gottfried Schiemann, a. a. O.(Fn. 10), S. 12, 30.

66) 이와 관련하여 이성범, 앞의 논문(주13), 207면 이하 참조.

67) Soergel/Ekkenga/Kuntz, Vor § 249, Rn. 30, 212.

생시키는 것은 아니다.[68] 위법행위를 판단함에 관련되는 법률관계의 당위가 미치는 당사자에게만 손해가 인정될 수 있는 것이 아니며, 사실적 기초에 따른 손해 판단의 필요성은 여전히 존재한다. 이러한 의미에서 손해의 인식은 사실성과 규범성의 긴장관계[69]에서 이루어진다.

이처럼 손해배상청구권을 발생시키는 법률관계의 당사자 외의 제3자에게 손해가 발생함을 인정하고 — 손해 발생 사실 자체로부터 직접 규범적인 배상의무가 도출되지는 않으므로[70] — 이 손해의 전보를 정당화할 수 있는 법적 당위를 어떻게 설정해야 할지 문제 될 수 있는바, 여기서 정당한 전보의 원리로서 대칭(Symmetrie)을 고려해 볼 수 있다.[71] 대칭의 원리는 기본적으로 시정적 정의에서 파생되는 등가성(Äquivalenz)과 관련되는데, 그 특징적인 면은 이당사자 중심적 사고방식 내지 채권자이익의 원칙에 기초한 등가성 구조를 넘어 제3자의 손해를 전체적으로 다룰 수 있는 구조적 관점을 제시한다는 점에 있다. 대칭이라는 개념 자체가 본래 전체와의 관계 안에서 부분들의 일치 내지 조화를 의미하는 것으로서, 이는 등가성의 기준점으로서 전체를 바라보게 한다. 이러한 관점을 통해 손해배상청구권을 발생시키는 법률관계 당사자만을 기준으로 삼는 것이 아니라 제3자의 이익상황 역시 고려의 대상으로 삼게 된다. 즉 이와 같은 전보의 원리로서 대칭은 전체를 보게 함으로써, 기존의 법적 형식을 구축하는 주체관련적 판단 요소를 중심에 놓던 법적 사고에 따른 제한으로부터 어느 정도 탈피하여, 주체관련적 판단에 앞설 수도 있는 사실적인 대상 자체 내지 양적 등가성을 추구하는 사고방식에 주목한다. 이에 대칭의 원리는 예컨대 제3자손해청산이 문제 되는 경우 채권자의 손해와 제3자의 손해가 양자택일적으로 발생할 수밖에 없는 조건에 주목하면서 실제 주된 급부와 관련하여 양적으로 하나의 손해가 발생하였으므로 채권자이익의 원칙에서 벗어나 제3자의 이익상황이지만 사실적이며 양적인 균형상 이를 고려해야 한다는 시각을 가질 수 있게 한다. 대칭을 통해 전체를 주목할 때 위법행위로 인해 발생한 사실상태의 변화 자체를 좀 더 눈여겨보게 되고 이에 합당한 배상당위를 기존의 법적 형식에 너무 얽매이지 않고 형성할 수 있는 가능성이 생긴다. 이와 같은 원리의 발현을 우리 민법 제747조 제2항에서도 엿볼 수 있다.[72] 즉 주체관련적

68) Seongbum Lee, a. a. O.(Fn. 61), S. 109.

69) 이와 관련하여 이성범, 앞의 논문(주4), 149~150면 참조.

70) 이에 대해 이성범, 앞의 논문(주4), 164면 참조.

71) 이하 내용과 관련하여 정당한 전보를 위한 또 하나의 원리로서 대칭을 제시하고 설명한 것으로 이성범, 앞의 논문(주4), 167면 이하; Seongbum Lee, a. a. O.(Fn. 61), S. 125 ff. 참조.

72) 이성범, 앞의 논문(주4), 174~175면 참조. 아울러 유사한 관점에서 삼각관계 부당이득 문제에서 무상 출연이 존재할 때 이당사자 중심적 사고방식에 따르지 않고 제3자와의 관계에서 직접적인 반환청구를 인정하는 독일 민법 제816조 제1항 제2문과 제822조 역시 대칭적 관점에서 정당화될 수 있다(Vgl. Seongbum Lee, a. a. O.(Fn. 61), S. 127 ff.).

독일 민법 제816조 [무권리자의 처분] ① 무권리자가 목적물에 대하여 권리자에게 효력 있는 처분을 한 경우 그 무권리자는 권리자에게 처분을 통해 얻은 것을 반환해야 한다. 그 처분이 무상인 경우 처분에 의해 직접 법적 이익을 취득한 자가 동일한 반환의무를 진다.

정당화 요소에 따라 삼각관계를 이당사자 법률관계의 형식에 따라 쪼개어 부당이득반환관계를 형성하는 것이 아닌, 무상(無償) 출연 등의 경우 그 삼각관계 자체 안에서 대상을 기준으로 한 양적 균형을 중심으로 제3자와의 직접적인 부당이득반환관계를 형성하려는 것은 대칭의 원리를 반영한다.

이와 같은 대칭의 원리는 사실적이며 경제적인 관점을 동원하는 통합적 손해고찰을 정당화하는 데에도 사용될 수 있다. 대칭의 원리가 무조건 제3자의 이익을 고려하자는 것은 아니다. 기존의 채권자이익의 원칙에 의해 따를 때 불합리한 결론이 도출될 수 있는 이익상황에서 제3자의 이익을 고려할 때 비로소 양적 균형이 이루어질 수 있는 조건에서 대칭이 고려될 수 있다. 그 조건 중의 하나로 독일 연방대법원에 의해 언급된, 사실적이고 경제적인 관점으로부터 나온 경제적 단일성 표지와 그에 해당하는 사례들은 여러모로 의미 있고 대칭의 원리를 반영한 것으로 보인다. 경제적 단일성 여부는 일률적으로 답해질 수 없고, 법률관계 당사자와 제3자의 이익상황 사이의 의존관계 등을 살펴보아 상황구속적이며 조건적으로 판단될 수밖에 없을 것이다. 여기서 중요한 것은 손해배상청구권을 발생시키는 법률관계의 형식에만 비추어 손해를 산정하지 않고, 또 그 형식적 법률관계의 규범적 내용이 가리키는 대로만 손해를 산정하는 것이 아니라, 그와 같은 주체관련적 판단 요소들과 함께 또는 그것들이 희미해진 채로 사실적이며 양적인 균형을 따져야 하는 배상당위가 개별적인 이익상황에 따라 필요하다는 점이다. 특히 법률관계 당사자와 제3자의 손해가 양자택일적으로 발생한다든지 무상으로 제3자에게 재산이 이전되는 경우처럼 3자 간의 관계 안에서 양적 균형이 주체관련적 판단 요소에 선행하여 이를 희미하게 만드는 조건과 관련된 배상당위로 대칭적 관점이 안내한다. 이렇게 손해개념 내지 손해배상의 기능과 관련하여 법률관계의 형식에 따라 권리추구(유지)적이며 규범적인 측면과 경제적 사실성의 측면이 존재하고 양자 사이의 긴장관계에 각기 상응하는 배상당위의 상보적(相補的, komplementär) 공존[73]이 나타나는바, 후자의 실존 양식 중의 하나가 통합적 손해고찰이라 볼 수 있다. 이러한 근거에 비추어 통합적 손해고찰에서 사실적이며 경제적인 관점에 비추어 제3자의 이익상황이 고려되는 것이 이해될 수 있다.

V. 관련 대법원판결에 대한 비판

지금까지 통합적 손해고찰에 관한 독일 연방대법원 판례의 전개와 이에 관한 정당화 근거를 어느 정도 살펴보았다. 이를 통해서 채권자이익을 중심으로 한 손해산정만을 고집할 때 개

독일 민법 제822조 [제3자의 반환의무] 수령자가 취득한 것을 무상으로 제3자에게 공여한 경우, 이를 이유로 그 수령자의 부당이득반환의무가 배제되는 한도에서, 그 제3자는 부당이득반환청구권자로부터 법적 원인 없이 공여받은 때에 준하여 반환의무를 진다.

73) 이에 대해 이성범, 앞의 논문(주4), 175~177면 참조.

별적 이익상황에 따라 불합리한 결과를 가져올 수 있다는 것을 알 수 있었다. 그리고 이와 같은 결과를 시정하기 위해서 제3자의 이익을 채권자의 손해산정에 산입해야 할 때가 있으며 여기에 계약 내용에 따른 산입 지시와 사실적이며 경제적 관점에서 인정될 수 있는 경제적 단일성이 그 근거로 제시되었다. 이와 같은 법리가 우리 법제에서 사실 낯설지만, 동일한 문제 상황을 다룬 우리 대법원판결이 없는 것은 아니다. 관련 대법원판결을 소개하고 이에 대해 본고에서 다룬 법리를 기초로 하여 비판적으로 고찰해 보고자 한다.

이 대법원판결은 "세무사 갑이 을의 증여세 부과 여부에 관한 문의에 대하여 증여재산의 가액을 정함에 있어 시가에 의하는 것이 원칙임을 간과하고 이에 대한 아무런 설명도 하지 않은 채 만연히 기준시가를 적용하여 증여재산가액을 추정하고 납부할 증여세가 없다고 답변함으로써 을의 처(병)가 이를 믿고 증여받은 결과 증여세 및 가산세를 부과받은 사안"을 다루면서, "병의 재산상 손해는 갑의 불법행위가 없었다면 존재하였을 재산상태, 즉 증여점포를 증여받지 않은 상태와 갑의 불법행위가 가해진 재산상태, 즉 증여점포를 증여받아 증여세 등을 납부한 상태의 차이라고 할 것인데, 병은 갑의 불법행위로 인하여 을로부터 증여점포를 증여받음으로써 오히려 증여점포의 시가에서 증여세 및 가산세 상당액을 공제한 금원 상당액의 재산이 증가하였으므로 병이 갑의 위 불법행위로 인하여 어떠한 손해를 입었다고 볼 수는 없다"고 판시하였다.[74] 하지만 이와 달리 원심은 세무사 갑이 을의 처(병)이 입은 증여세 및 가산세 상당액의 손해 중 과실상계한 나머지의 손해에 대해 배상할 책임 있다고 판시하였으나,[75] 위 대법원판결로 파기되었다.

여기서 핵심적 쟁점은 손해산정 문제이므로 여기에 국한해서 살펴보면, 대법원판결의 결론에 의문이 든다. 일단 위 대법원판결은 기본적으로 차액설의 논리에 충실히 따르면서 채권자이익의 원칙을 적극적으로 고수하고 있다. 즉 갑의 위법행위로 인한 채권자 병의 전체 재산상태가 어떻게 변화했는지를 철저하게 고립시켜 고찰하고 있다. 그리고 아무런 규범적 수정 없이 차액설에 결부된 조건설적 인과관계(*conditio sine qua non*)[76]에 따라 증여받은 점포의 시가를 손해산정에 그대로 산입하고 있다. 이러한 결론을 수긍한다면 그에 따라 무엇보다 갑의 불법행위로 인한 손해가 병에게 발생하지 않는 대신 을과의 관계에서 을이 증여한 점포 시가 상당액의 형태로 나타날 수 있다. 왜냐하면 대법원이 병의 손해 판단에서 한 것과 같은 차액설적 판단에 기초할 때 갑의 불법행위로 인해 을은 증여로 인한 재산 출연을 하였고 그만큼 전체 재산상태의 변화가 발생하여 이것이 출연한 재산의 시가 상당액이 손해로 인정되기 때문이다. 이러한 결론은 세무사의 잘못된 상담으로 인한 책임 범위를 직관적으로 얼핏 생각해 보아

74) 대법원 2010. 9. 9. 선고 2010다29201 판결.

75) 서울서부지방법원 2010. 3. 18. 선고 2009나8554 판결.

76) 차액설과 조건설적 인과관계 사이의 관계에 대해 Martin Gebauer, Hypothetische Kausalität und Haftungsgrund, Mohr Siebeck, 2007, S. 9; 이성범, 앞의 논문(주13), 185~186면 참조.

도 이미 불합리하다.

대법원판결의 사안은 병의 갑에 대한 손해배상청구를 기준으로 볼 때 증여를 이유로 출연한 재산과 관련하여 제3자인 을에게는 불이익이, 채권자인 병에게는 이득이 발생하는 것인데, 위에서 살펴본 2020년 독일 연방대법원의 판시 내용에도 언급되었듯이,[77] 이러한 경우에도 통합적 손해고찰이 적용될 여지가 있다.[78] 갑의 세무 상담이 겨냥하고 있는 대상은 증여세 부과 여부이며, 그 상담이 잘못됨으로 인해 직접 발생하는 손해는 부과된 증여세 및 가산세이다. 이와 관련하여 을과 병 사이의 증여에 의한 재산 출연은 증여세를 발생시키는 사실적인 조건에 불과할 뿐이다. 갑의 세무 상담은 을로부터 병으로의 재산 이전 자체에 관심을 갖는 것이 아니라 증여세 부과의 조건으로서만 이를 다룰 뿐인바, 여기서 증여에 의한 재산 출연에 따른 을의 불이익과 병의 이익은 증여세 부과 조건의 문제에 있어 그 조건 충족 문제를 결정하는 하나의 사실로서 경제적 단일성을 갖는 것이라 보아야 한다. 즉 증여세 부과 조건으로서의 증여 사실은 두 법적 주체 각각의 재산상태에 별개의 변화를 일으키지만 — 대칭적 관점의 반영으로서 가해자의 책임 범위에 상응하는 양적 균형을 고려하여 — 이를 하나의 경제적 사실로 다루어야 하고, 이에 개별적 손해고찰을 해야 할 만한 특별한 사정이 없는 한 증여 대상 자체와 관련된 을의 불이익과 병의 이익이 통합되고 상쇄되어 증여세 부과의 측면에서 중립적인(neutral) 것으로 취급되어야 한다. 이러한 통합적 손해고찰에 따라 을의 손해가 인정될 수 없고, 병의 손해와 관련하여서도 증여받은 목적물의 시가 상당액이 손해산정에 영향을 미칠 수 없다. 결국 이와 달리 증여세 부과가 문제 되는 이익상황에서 법률관계의 형식과 그 당사자를 고립된 기준으로 삼아 그 불이익과 이익을 분리해서 바라본다면 위법행위가 겨냥하고 있는 내용과 동떨어진 손해의 인식이 이루어지게 되는바, 결론적으로 을과 병의 재산상태를 나누어 개별적으로 손해를 산정해야 할 특별한 사정이 보이지 않는 한 위 대법원판결의 사안에서는 원심의 손해 판단이 타당하다. 이러한 결론은 앞에서 살펴본 독일 연방대법원의 결정례(Ⅲ. 1. (3))에 의해서도 뒷받침될 수 있다.

Ⅵ. 맺음말

본고의 첫머리에서 인용한 바와 같이 손해배상을 통해서 손해가 발생하기 전의 사실 상태로 결코 환원될 수 없다. 과거로 돌아갈 수 없듯 시간이 훑고 간 상태의 변화는 불가역적(不可逆的)이다. 이에 손해의 전보를 위해서 우리가 할 수 있는 것은 일단 손해발생사실을 놓고 만

---

77) BGH NJW 2021, 1163, Rn. 14.

78) 물론 을이 갑에 대해 채무불이행책임을 묻는 구조에서는 증여 목적물과 관련하여 채권자 을의 불이익과 제3자 병의 이익을 상쇄할 것인지, 나아가 제3자인 병에게 부과된 증여세를 어떻게 전보하여야 하는지를 고려하게 된다.

약 손해발생사실이 없었다면 존재하였을 상태에 대해 추가로 사고함으로써 사실적 사태의 흐름을 이중적으로 만드는 것, 그리고 금전 등 규범적 등가물을 가지고 그 이중화에 다가가 가정적 상태와 최대한 비슷하게 만들어 그 간극이 거의 보이지 않도록 하는 것이다. 이에 손해배상은 그 본질상 미메시스적(mimetisch) 성격을 갖는다.[79] 대상을 그대로 나타내는 재현과 달리 미메시스는 대상을 닮고 그것에 동화되려는 것이다.[80] 이러한 미메시스의 과정에서 손해를 인식함에 기존 손해배상법 도그마틱은 자연적 손해개념 내지 차액설을 통해 금전으로 변환되는 전체 재산상태의 변화를 조건설적 인과관계와 함께 추적함으로써 손해의 인식을 건져내기 위한 그물망을 최대한 크게 짠 다음 손해배상청구권의 기초를 이루는 법률관계의 당사자를 고립시켜 원칙적으로 그 안에서만 손해가 발생하는 것으로 생각하였다. 그리고 이를 벗어나는 제3자의 이익상황 등과 관련된 문제 상황에 마주칠 때면 차액설에 따른 결과를 수정하는 차원에서 되도록 법률관계의 당사자에게 규범적 손해를 의제하여 인정함으로써 가해자의 면책을 막고 주어진 법률관계로부터 손해배상청구권이 자연스레 도출될 수 있도록 하였다. 그렇게 법적 의제(Rechtsfiktion)는 새로운 문제 상황 앞에서 기존의 도그마틱을 구원(救援)한다.[81]

하지만 이와 같은 법률관계의 형식에만 초점을 둔 권리유지적 사고와 그에 따른 의제가 손해 판단을 전적으로 지배하려 해도 손해개념이 갖는 사실성이 이와 여전히 긴장관계를 이루며 그 법률관계 너머로 제3자의 이익상황을 가리킬 때가 있다. 제3자는 형식적이며 양극적인 법률관계에 따른 계산을 잠시나마 늦추며 다시금 돌이켜 보게 한다. 그리고 주체를 중심으로 한 법적 권리의 형식에 선행하는 내지 위법행위를 따라 파편화된 사실상의 이해관계는 그에 따른 손해의 전보를 위한 또 다른 배상당위를 요청한다. 그러한 제3자의 이익상황이 법률관계 당사자의 이익상황과 사실상 경제적 단일성을 이루고 있다고 보일 때 형식적 권리소지자를 중심으로 손해를 산정하는 기존의 채권자이익의 원칙은 한발 물러나게 되고, 양극적 법률관계 당사자의 상호주관성(Intersubjektivität)에 기한 소우주(小宇宙)에 얽매이지 않으며 위법행위로 발생한 결과를 시정하기 위한 양적 균형을 전체적 관점에서 바라보는 대칭적 관점이 들어선다. 그 사실상 경제적인 단일성은 당사자와 제3자 간의 양자택일적 손해 발생, 무상의 재산 이전 등과 같은 관계나 가족 등 가까운 사이에 존재할 수 있는 특별한 경제적 결합 형태들과 결부되어 조건화될 수 있다. 물론 이에 대한 일반적이고 통일적인 판단기준을 세우기는 어렵다. 하지만 이러한 개별적인 조건들과 현재의 도그마틱에서 예외적이라 취급되는 배상당위들의 언급이 중요한 이유는 손해배상이라는 미메시스가 하나의 통일적 원리에 기한 것이라기보다는 그곳에 상황구속적인 — 더 작은 모습의 그리고 복수(複數)의 — 당위들이 상보적으로 공존

79) Vgl. Christoph Möllers, Die Möglichkeit der Normen, Suhrkamp, 2015, S. 241.

80) 이와 관련하여 문광훈, 「가면들의 병기창」, 한길사, 2014, 764면 참조.

81) 이러한 법적 의제의 기능에 대해 일단 이성범, “상속법상 포괄승계원칙과 디지털 유산”, 家族法研究 第34卷 3號(2020. 11), 韓國家族法學會, 273면 참조.

하고 있다는 점을 보이기 위함이다. 즉 각 당위 내지 정당화근거들이 손해배상법 전체의 구성에 작용하지만 모두가 동시에 이용될 수는 없으며, 이들이 하나로 융합되지는 않지만 하나의 문제 상황 앞에서 이들 모두 고려의 대상이 될 수 있어야 한다는 것이다. 이와 같은 상보적 공존 안에서만 우리의 손해배상법을 제대로 이해하고 보전하면서도 각각의 이익상황에서 이를 새로이 (재)정당화하는 것이 가능하다. 그리고 이는 현재의 손해배상법에 대한 실천적인 비판과 더 나은 미래의 실존적인 법을 위한 예비적이며 전제적인 고찰이 되거나 아니면 손해배상법의 선험적 본질을 향한 판단중지와 현상학적 환원으로 나아가게 되는 하나의 계기(契機)가 될지 모른다.

이러한 취지에서 본고는 하나의 예시로서 독일 연방대법원의 판례가 보여주는 통합적 손해고찰과 그 정당화 가능성을 다루었다. 채권자손해와 제3자이익 사이에 존재하는 경제적 단일성 등의 조건적 관계와 이에 대한 사실적이며 경제적인 고찰방식을 바탕으로, 그리고 계약의 내용을 기반으로 하여 채권자의 손해산정에 제3자의 이득 내지 이익상황을 고려하는 것이 가능한 예들을 살펴보았다. 이를 통해 개별적 이익상황마다 기존의 손해배상법 도그마틱과 또 다른 대칭과 같은 정당화 원리가 작동할 수 있음을 알 수 있었고, 기존 도그마틱을 기계적으로 고수하였던 우리 대법원판결에 대해 비판적으로 고찰해 보았다. 이렇게 제3자손해청산의 반전된 구조로서 제3자이익청산이라 부를 수 있는 통합적 손해고찰의 정당성을 바탕으로 개별적인 손해 사안에서 좀 더 정치하게 손해 문제와 배상당위 문제를 연계시킬 수 있을 것이다.

앞으로 이러한 통합적 손해고찰의 적용 내지 손해산정시 제3자의 이익상황을 고려하는 것 자체에서 나아가 그 적용 조건을 세분화하고 유형화하는 문제가 제기될 수 있을 것인데, 이는 향후 연구과제로 남겨 놓는다. 끝으로 하나 더 근본적인 관점에서 생각해 볼 수 있는 것은, 통합적 손해고찰과 같은 문제 상황은 애당초 전체 재산상태의 변화량만을 기계적으로 고찰하는 차액설을 취함에 따라 발생하는 것인바, 이를 떠나 위법행위로 직접 문제가 되는 법익침해를 따져 개별적 손해항목으로 구성하여, 예컨대 위 대법원판결에서 전체 재산상태의 변화량을 따지기보다는 처음부터 증여세 자체만을 손해로 바라보게 하는 관점을 구성할 수는 없는지 문제될 여지가 있다는 점이다.[82] 이는 손해개념 자체에 대한 시각의 전환으로서 기존의 도그마틱인 — 금전으로 평가되는 전체 재산상태의 변화를 통해 재산상 피해사실을 사실상 충실하게 손해로 반영할 수 있는 — 차액설과의 관계에 대한 질문을 다시 남기기는 하나, 그래도 개별적인 이익상황 앞에서 여전히 고려될 가치가 있다는 점을 지적해둔다.

82) 이러한 가능성과 관련하여 이성범, 앞의 논문(주13), 196면 이하 참조.

주월한국군 피해 베트남인의 국가배상소송과 저촉법*

— 체계제법, 시제법, 국제사법 —

이 종 혁**

대상판결: 서울중앙지방법원 2023. 2. 7. 선고 2020가단5110659 판결1)

[사안의 개요]2)

1. 사실관계

제2차 세계대전과 제1차 베트남전쟁 이후 1954. 7.경부터 베트남은 북위 17도선을 경계로 그 이북의 베트남민주공화국(Democratic Republic of Vietnam, 이하 "북베트남")과 그 이남의 베트남공화국(Republic of Vietnam, 이하 "남베트남")으로 분단되었고, 북베트남의 지원을 받은 베트남민족해방전선(이하 "베트콩")의 반란과 미국의 남베트남에 대한 경제 · 군사원조로 1961. 12.경 제2차 베트남전쟁(이하 단지 "베트남전쟁")이 발발하였다.

남베트남은 1964. 7.경 한국 등 다수 국가에 원조를 요청하였고, 한국은 1964. 9.경 비전투부대인 주월한국군원조단을 파견한 이래 1965. 10.경부터 1973. 3.경까지 맹호부대(육군 수도보병사단), 백마부대(육군 제9보병사단), 청룡부대(해병대 제2여단), 십자성부대(제100군수사령부) 등(이하 "주월한국군"으로 통칭)을 베트남에 파병하였다.

베트남전쟁 중에 북베트남군과 베트콩은 1968. 1. 31. 새벽 베트남 각지에서 대대적인 공

* 최종길 선생은 물경 반세기 전에 불법행위의 준거법에 관한 선구적인 논문을 발표하셨다(본고 주135 말미 참조). 당시 우리 국제사법학의 척박한 형편을 생각해보면 그것은 빛나디빛나는 업적이다. 비극의 시대에 졸지에 선생을 잃음으로써 우리 국제사법학도 여러 걸음 뒤처질 수밖에 없었다. 헛된 이름을 좇지 말고 진리의 길을 가자. 옳고 그름의 경계가 희미해지고 부끄러움을 모르는 이 시대에 선생의 50주기를 기리는 뜻은 거기에 있을 것이다.

** 서울대학교 법학전문대학원 조교수.

1) [손해배상(국)], [각공2023상, 239]. 2023. 12. 현재 서울중앙지방법원에 항소심이 계속 중이다(사건번호 2023나14901호).

2) 본고의 저촉법적 논의에 필요한 범위 내에서 대상판결의 해당 부분을 중심으로 정리한 것이다.

격과 봉기를 벌였다(이하 "구정공세"). 해병대 제2여단은 1968. 1. 30.부터 같은 해 2. 29.까지 전술책임지역인 꽝남성 일대에서 구정공세를 펼치는 북베트남군과 베트콩을 방어·격퇴하고 잔여병력을 수색·섬멸하는 괴룡1호 작전을 실시하였고, 이때 마을에 숨어든 베트콩을 탐색하는 진공작전을 함께 전개하였다.

원고(1960년생)는 1976. 7. 2. 수립된 베트남사회주의공화국(이하 "베트남") 국적이다. 원고는 남베트남 꽝남성 퐁니촌 출신으로 현재도 그곳에 거주하고 있다. 1968. 2. 당시 원고의 가족으로는 어머니(1934년생), 오빠(1953년생), 언니(1957년생), 남동생(1963년생)이 있었다.

원고는 해병대 제2여단 제1대대 제1중대(이하 "이 사건 부대") 소속 군인들이 1968. 2. 12. 고의로 민간인인 원고와 그 오빠에게 총격하여 상해를 입히고, 원고의 나머지 가족을 살해하였다고 주장하면서 2020. 4. 21. 대한민국을 상대로 국가배상책임을 구하는 이 사건 소를 제기하였다.

2. 당사자들의 주장

가. 피고의 본안전항변①[3]

1965. 9. 5. 한국군과 남베트남군 간에 체결된 「한월 군사실무 약정서」(이하 "1965년 한월 약정서")의 제19조는 "한국군 요원에 의하여 가해진 월남공화국정부 또는 국민의 물자 및 인명 피해의 보상에 관한 사항은 한월 양국정부 당국 간에 별도 협상에 의한다"라고 규정하고 있었다.

1965. 9. 6. 한국군과 미국군 간에 체결된 「주월 한미군사실무 약정서」(이하 "1965년 한미 약정서")의 제15조 제2항은 "전투 또는 비전투 활동시 한국군이 가한 월남 정부나 개인의 재산 및 인명피해의 보상은 별도 약정서에 따른다"라고 규정하고 있었는데, 이에 따른 별도 약정으로 1966. 6. 20. 주월한국군사령부와 주월미군사원조사령부 간에 체결된 「한미 보충실무 약정서」(이하 "1966년 한미 보충약정서")의 제1조, 제3조는 '주월한국군에 대하여 제기되는 비전투행위로 인한 손해배상청구사건은 주월한국군 소청사무소를 통하여 해결하고, 지불보증은 미국이 한다'는 취지로 규정하고 있었고, 1966년 한미 보충약정서 부속서A 제4조, 제5조는 '주월한국군의 전투준비 중, 전투작전 간, 전투 후 복귀 중 발생한 월남 정부나 개인의 손해에 관한 사건인 전투소청사건은 소청사건이 발생한 곳의 동장, 군수, 성장에게 의뢰하여 해결한다'는 취지로 규정하고 있었다.

피고는 1965년 한월 약정서 제19조는 베트남인이 직접 한국법원에 소를 제기하는 것을 배제하고 있고, 1965년 한월 약정서(제19조), 1966년 한미 보충약정서(제1조, 제3조, 부속서A 제4조, 제5조)는 정부간 협의절차를 따르도록 규정하고 있으므로, 원고가 직접 한국법원에 제기한

3) 여기에 언급된 한월간 및 한미간 체결된 문서들의 정식명칭과 체결주체는 국방부 전사편찬위원회, 국방조약집 제1집(국방부, 1981), 250면 이하에 따라 표시하였다.

이 사건 소는 부적법하여 각하되어야 한다고 본안전항변을 하였다.

나. 피고의 본안전항변②

국가배상법 제7조는 외국인의 국가배상청구권의 발생요건으로 상호보증의 존재를 요구하고 있는데, 피고는 베트남의 법령, 판례 등을 통하여 한국과 베트남의 국가배상청구권 발생요건을 비교해보면 상호보증이 인정되지 않으므로, 이 사건 소는 부적법하여 각하되어야 한다고 본안전항변을 하였다.

다. 준거법의 결정

원고는 이 사건 법률관계와 가장 밀접한 관련이 있는 법은 우리 국가배상법이므로 구 국제사법(2022. 1. 4. 법률 제18670호로 전부 개정되기 전의 것) 제8조 제1항에 따라 우리 국가배상법이 준거법으로 적용되어야 한다고 주장하였다.

반면에 피고는 원고가 주장하는 불법행위의 불법행위지는 당시 남베트남 정부가 통치하고 있었던 지역이므로 구 국제사법 제32조 제1항에 따라 당시 남베트남법이 준거법으로 적용되어야 한다고 주장하였다.

라. 피고의 소멸시효 항변

원고의 손해배상청구권은 불법행위일부터 국가재정법 제96조 제2항[구 예산회계법(1989. 3. 31. 법률 제4102호로 전부 개정되기 전의 것) 제71조 제2항]이 정한 5년이 지났을 뿐만 아니라 손해배상청구권 행사가 가능하게 된 시점을 원고가 성년이 된 때로부터라고 보더라도 40년 이상 지났으며, 중요증거라고 주장하는 주요 증인들인 국군들의 진술을 확보한 시점을 기준으로 하더라도 2013년, 2014년경이 되고, 미군감찰보고서에 대한 열람이 가능하게 된 시점을 기준으로 하더라도 2000. 6.경이 되는데, 그로부터 민법 제766조 제1항에 따른 3년의 소멸시효기간을 경과하여 소멸하였다.

3. 대상판결의 요지[4)]

가. 본안전항변①의 배척 — 한월간 및 한미간 군사실무약정 효력 부인

1965년 한월 약정서, 1965년 한미 약정서, 1966년 한미 보충약정서는 한국과 월남, 한국과 미국의 군사당국 간에 체결된 기관간 합의에 불과하고 한국이 체결한 조약으로 볼 수 없으므로,[5)] 베트남 국민인 원고의 한국에 대한 청구권을 배제하는 법적 효력이 없다. 또한 1965년

4) 이 부분의 세부목차와 밑줄은 대상판결에는 없는 것이고 필자가 추가한 것이다.

5) 대상판결이 제시한 근거는 다음과 같다: ① 헌법 제73조는 대통령을 조약체결권자로 정하고, 조약법에 관한 비엔나협약(이하 "비엔나협약") 제7조는 국가원수, 정부수반, 외무부장관, 외교공관장, 국제기구에 파견된 국가의 대표 등 이외에는 적절한 전권위임장을 제시하는 경우에만 조약에 대한 국가의 기속적 동의를 표시할 수 있는 국가의 대표자로 인정하고 있다. 즉, 조약은 일정한 범위의 국가의 대표 또는 대표 자격을 위임받은 자에 의하여만 유효하게 체결될 수 있다. 그런데 1965년 한월 약정서, 1965년 한미 약정서, 1966년 한미 보충약정서를 체결한 당사자들이 조약을 체결할 정당한 권한을 가진 사람임을 인정할 근거가 없으므로, 위 약정서들은

한월 약정서 등만으로 베트남 정부가 자국민 피해자의 손해배상청구권을 포기하였다거나, 국가간 합의에 따른 배상 방식 이외에 피해자가 직접 한국법원에 소송을 제기할 권리를 포기하였다고 볼 수 없다. 따라서 피고의 이 부분 본안전항변은 이를 받아들이지 않는다.

나. 본안전항변②의 배척 — 상호보증 인정

베트남 민법 제598조는 "국가는 국가배상책임법에 따라 공무집행자에 의하여 발생한 손해를 배상하여야 한다"라고 규정하고, 베트남 국가배상책임법 제2조, 제3조는 "공무 수행자에 의하여 물질적 피해를 입거나 정신적 고통을 겪고 있는 개인 및 조직이 배상을 받을 수 있다"라고 규정하면서, 배상을 받을 수 있는 개인을 내외국인으로 구별하고 있지 않다. 나아가 베트남 헌법은 베트남에 거주하는 외국인이 베트남 법률에 따라 생명, 재산, 정당한 권리, 이익을 보호 받음을 명시하고 있고(베트남 헌법 제30조, 제48조), 베트남 민사소송법 제465조, 행정소송법 제299조는 외국인이 소송절차에 참여할 때 베트남 시민과 동일한 권리 의무를 가진다고 하여 절차상 권리와 의무를 보장하고 있다. 이와 같이 베트남 민법과 국가배상책임법상 국가배상청구권의 발생요건이 우리 국가배상법의 그것과 크게 다르지 않으므로, 한국 국민에게도 국가배상청구를 인정할 것이라고 기대할 수 있는 상태라고 볼 수 있다.[6] 따라서 한국과 베트남 사이에 국가배상법 제7조에서 정하는 상호보증을 인정할 수 있다.

다. 준거법의 판단

(1) 시제법상 판단

2022. 1. 4. 법률 제18670호로 전부 개정되어 2022. 7. 5. 시행된 국제사법 부칙 제3조(준

3국의 군사실무에 관한 기관간 합의에 불과하고 조약으로서의 효력은 없다. ② 1966년 한미 보충약정서 부속서A 제4조, 제5조가 한국군에 의한 월남 민간인 피해에 대한 전투소청사건은 소청사건이 발생한 곳의 동장, 군수, 성장에게 의뢰하여 해결하도록 정한 것은 한미간 합의이므로, 베트남 국민에 대하여는 직접적 구속력이 없다. ③ 1965년 한월 약정서 제19조는 월남 민간인 피해자에 대한 보상에 관한 사항을 한월 양국정부 당국간에 별도 협상에 의한다고 정하고 있는데, 그 후속조치로서 별도의 구체적인 협상 및 합의가 없었다.

6) 대상판결은 외국인에게 우리 국가배상법을 적용하기 위한 요건으로 동법 제7조가 규정하고 있는 "외국인이 피해자인 경우에는 해당 국가와 상호보증이 있을 것"이라는 문언의 의미를 대법원 2015. 6. 11. 선고 2013다208388 판결의 태도에 따라 판단하였다. 위 대법원 판결은 "국가배상법 제7조의 상보호증 요건은 한국만이 입을 수 있는 불이익을 방지하고 국제관계에서 형평을 도모하기 위한 것으로서, 해당 국가에서 외국인에 대한 국가배상청구권의 발생요건이 한국의 그것과 동일하거나 오히려 관대할 것을 요구하는 것은 지나치게 외국인의 국가배상청구권을 제한하는 결과가 되어 국제적인 교류가 빈번한 오늘날의 현실에 맞지 아니할 뿐만 아니라 외국에서 한국 국민에 대한 보호를 거부하게 하는 불합리한 결과를 가져올 수 있다. 한국과 외국 사이에 국가배상청구권의 발생요건이 현저히 균형을 상실하지 않고 외국에서 정한 요건이 대한민국에서 정한 그것보다 전체로서 과중하지 않아 중요한 점에서 실질적으로 거의 차이가 없는 정도라면 국가배상법 제7조가 정하는 상호보증의 요건을 구비하였다고 봄이 타당하다. 그리고 상호보증은 외국의 법령, 판례 및 관례 등에 의하여 발생요건을 비교하여 인정되면 충분하고, 반드시 당사국과의 조약이 체결되어 있을 필요는 없으며, 당해 외국에서 구체적으로 한국 국민에게 국가배상청구를 인정한 사례가 없더라도 실제로 인정될 것이라고 기대할 수 있는 상태이면 충분하다"라고 설시하였다. 위 대법원 판결에 대한 평석으로 문영화, "국가배상소송과 상호보증: 대법원 2015. 6. 11. 선고 2013다208388 판결과 관련하여", 성균관법학 제28권 제4호(성균관대학교 법학연구원, 2016), 129면 이하.

거법 적용에 관한 경과조치)는 “이 법 시행 전에 생긴 사항에 적용되는 준거법에 대해서는 종전의 규정에 따른다”라고 규정하고 있으므로, 이 사건에는 구 국제사법 제8조와 제32조가 적용된다.

(2) 국제사법상 일반예외조항을 통한 우리 국가배상법의 지정

이 사건 법률관계와 가장 밀접한 관련이 있는 법은 우리 국가배상법이다. 이 사건 불법행위의 성립 여부와 피고의 국가배상책임 인정 여부 등은 준거법인 우리 국가배상법에 따라 판단하여야 한다.

불법행위의 준거법은 불법행위의 성립과 효과를 규율한다. 따라서 불법행위능력, 위법성, 인과관계, 귀책사유, 손해배상청구권자, 공동불법행위자 간의 구상권, 손해배상의 방법과 종류, 범위, 금액은 물론 불법행위에 기한 손해배상청구권의 소멸시효도 준거법에 의하여 규율된다.

이 사건 군인들은 한국 국민으로서, 한국 정부가 베트남에 파병하였고, 명령에 따라 베트남에서 일련의 작전을 수행하던 중이었다. 이 사건 군인들이 베트남에서 군사작전 수행 중 법령을 위반하여 타인에게 손해를 가한 경우 그 군인이 소속된 피고에 대하여 국가배상책임을 묻기 위하여는 우리 국가배상법이 가장 유효·적절한 법률관계를 규율하고 있다. 우리 국가배상법은 국가(한국)나 지방자치단체의 공무원이 직무를 집행하면서 고의 또는 과실로 법령을 위반하여 타인에게 손해를 입힌 경우 그 손해배상책임과 배상절차를 규정함을 목적으로 하는데(제1조, 제2조), 그 불법행위가 발생한 장소가 내국인지 외국인지 구별하지 않는다. 나아가 외국인이 피해자일 경우 해당 국가와의 상호보증이 있다면 내국인과 차이를 두지 않고 그 적용대상으로 삼고 있다(제7조).

(3) 원고의 불법행위지법 적용 포기와 법정지법 선택

불법행위지 원칙의 이유는 불법행위가 행하여진 사회적 조건을 고려하여 그곳에서의 법의식을 기준으로 판단·처리하는 것이 일반적으로 국내법을 적용하여 처리하는 것보다 형평의 견지에서 합리적·실제적이고 당사자의 기대에도 부합하기 때문이다(대법원 1979. 11. 13. 선고 78다1343 판결 참조). <u>이 사건 불법행위지는 베트남으로서, 그곳에서의 법의식을 기준으로 판단·처리하는 것을 생각해볼 수 있는데(당시 해당 지역의 정부 상황을 기준으로 하면 남베트남법, 현재의 상황을 기준으로 하면 베트남법)</u>, 이는 피해자인 원고의 이익을 고려한 것이다. 그런데 <u>원고는 스스로 (남)베트남법의 적용에 따른 이익을 포기하고 한국법을 준거법으로 주장하고 있으므로, 특별한 사정이 없는 한 피해자의 준거법 선택을 존중함이 타당하다.</u>

(4) 불법행위지법의 내용 불명

불법행위지법으로 적용될 수 있는 남베트남법에 관하여 원고, 피고 모두 아무런 자료도 제출하고 있지 않다. <u>법원이 직권조사를 다하여도 외국법이 분명하지 않은 경우 이를 이유로 재판을 거부할 수는 없고, 법원(法源)에 관한 민사상 대원칙에 따라 외국관습법에 의하고, 외국관습법도 확인이 불가능한 경우 조리에 따라 재판할 수밖에 없다</u>(대법원 2000. 6. 9. 선고 98다

35037 판결 등 참조). 이때 조리의 내용은 현행 베트남 국가배상책임법이나 우리 국가배상법이 정하고 있는 것과 큰 차이가 있을 것으로 보이지 않는다.

(5) 당사자들의 사후적 준거법 합의

구 국제사법 제33조에 따른 법정지법으로의 사후적 합의는 명시적일 필요는 없고 묵시적으로도 가능하다. 원고와 피고는 이 사건 소송에서 불법행위 내지 국가배상책임의 성립 여부와 불법행위에 기한 손해배상청구권의 소멸시효 완성 여부에 관하여 다툼에 있어서 한국법이 적용됨을 전제로 주장을 하고 있다(피고는 원고의 손해배상청구권의 소멸시효에 관하여 우리 국가배상법이 적용됨을 전제로 장기 5년, 단기 3년의 소멸시효를 주장하고 있음). 원고와 피고의 태도와 입장은 사후적 합의로 한국법을 준거법으로 선택한 것으로 볼 수도 있다.

라. 소멸시효 항변의 배척

원고가 이 사건 소를 제기할 무렵까지도 원고에게는 객관적으로 이 사건 손해배상청구권을 행사할 수 없는 장애사유가 있었으므로, 그 소멸시효 완성 전에 원고의 이 사건 소가 제기되었다고 보아야 한다.[7] 한국 정부나 군 당국이 원고의 이 사건 국가배상청구권 행사를 직접적으로 방해한 것은 아니더라도, 원고가 이 사건 소를 제기할 무렵까지도 원고에게는 객관적으로 이 사건 손해배상청구권을 행사할 수 없는 장애사유가 있었다.[8] 설령 원고의 손해배상청

7) 대상판결은 국가배상청구권의 소멸시효에 관하여 일련의 대법원 판결이 제시한 법리를 원용하고 있다: "국가배상법 제2조 제1항 본문 전단 규정에 따른 배상청구권은 금전의 급부를 목적으로 하는 국가에 대한 권리로서 국가재정법 제96조 제2항[구 예산회계법(1989. 3. 31. 법률 제4102호로 전부 개정되기 전의 것) 제71조 제2항]에 따라 이를 5년간 행사하지 않으면 시효로 인하여 소멸한다(대법원 2001. 4. 24. 선고 2000다57856 판결, 대법원 2008. 3. 27. 선고 2006다70929, 2006다70936 판결 등 참조). 나아가 국가배상법 제2조 제1항 본문 전단의 국가배상청구권에는 국가배상법 제8조에 의하여 민법 제766조 제1항이 적용되므로, 국가배상청구권은 피해자나 그 법정대리인이 손해 및 가해자를 안 날부터 3년간 이를 행사하지 않으면 시효로 인하여 소멸한다. 여기서 '손해 및 가해자를 안 날'은 공무원의 직무집행상 불법행위의 존재 및 그로 인한 손해의 발생 등 불법행위의 요건사실에 대하여 현실적이고도 구체적으로 인식하였을 때를 의미하지만, 피해자 등이 언제 불법행위의 요건사실을 현실적이고도 구체적으로 인식한 것으로 볼 것인지는 개별 사건에서 여러 객관적 사정과 손해배상청구가 가능하게 된 상황 등을 종합하여 합리적으로 판단하여야 한다(대법원 2012. 4. 13. 선고 2009다33754 판결 등 참조). 국가배상청구권에 관하여 위와 같은 5년의 장기시효기간 기산과 3년의 단기시효기간 기산에는 위 소멸시효 규정이 적용되는 외에 소멸시효의 기산점에 관한 일반규정인 민법 제166조 제1항이 적용되므로, 소멸시효는 객관적으로 권리가 발생하여 그 '권리를 행사할 수 있는 때'로부터 비로소 진행하고 그 권리를 행사할 수 없는 동안은 진행하지 않는다(국가배상청구권에 관한 3년의 단기시효기간의 기산에 관한 대법원 2012. 4. 13. 선고 2009다33754 판결, 대법원 2023. 1. 12. 선고 2020다210976 판결 등 참조)."

8) 논의의 여지는 있는 것으로 보이나, 대상판결이 제시한 객관적 장애사유는 다음과 같다(① 내지 ⑧의 일련번호는 대상판결과 동일함): ① 1973년 미군과 한국군의 베트남 철수, 1975년 남베트남 정부 항복과 베트남전쟁 종전, 1976년 베트남사회주의공화국 수립, 이후 한국과 베트남 단교, 1992년 한국과 베트남 수교로 인하여 원고가 자신의 손해에 대한 배상청구를 하는 것이 불가능하였다. ② 이 사건 당시 원고는 만 8세이었고 이 사건으로 사실상 고아가 되어 초등교육조차 제대로 받지 못한 상태에서 어렵게 생활하였다. ③ 주월한국군은 1968년 이 사건을 베트콩의 소행으로 은폐하기 위한 시도를 하였다. ④, ⑤ 피고는 1969년 수사기관(중앙정보부)을 통하여 이 사건에 대한 진상조사를 하였음에도 불구하고 현재까지 관련자료 공개거부 등 진상을 은폐하고 있다. ⑥ 전쟁 중 군인의 조직적·집단적 기본권침해행위는 은폐되기 쉽고, 통상의 법적 절차에 의한 구제가

구권에 대한 5년의 장기소멸시효가 완성된 것으로 보더라도, 피고가 소멸시효의 완성을 주장하며 원고에 대한 불법행위로 인한 손해배상채무의 이행을 거절하는 것은 현저히 부당하여 신의성실의 원칙에 반하는 권리남용으로서 허용되지 않는다.[9)]

[연 구]

Ⅰ. 서언

외국군대에 의하여 피해를 입은 사람이 해당 외국으로부터 손해배상을 받기 위하여는 해당 외국법원에서 국가배상소송을 제기하는 것이 불가피하다. 그 경우에는 재판권면제와 국제재판관할이 문제되지 않기 때문이다. 다른 외국에서의 소송은 재판권면제를 이유로 각하될 가능성이 높고(미국에서는 사법자제 내지 사법판단적합성의 관점에서 사물관할권도 문제됨), 비록 각하되지 않고 승소판결이 선고되더라도 그것을 가해국에서 승인·집행하기는 쉽지 않은데, 가해국은 판결국에는 재판권이 없었다거나 해당 판결은 승인·집행 대상인 민사판결이 아니라고 주장할 가능성이 높기 때문이다.[10)]

대상판결은 한국이 남베트남 및 미국과 체결한 각종 문서에도 불구하고 베트남인 개인의 청구권이 소멸되지 않았다는 전제 위에서 우리 국가배상법과 민법을 적용하여 한국의 국가배

어렵다. ⑦ 민간단체의 변호사가 정보공개거부처분취소의 소(서울행정법원 2017구합83614)를 제기하여 2018. 7. 27. 법원 판결을 통하여 '국가정보원에서 이 사건 부대의 장교로 근무하던 피조사자 3인을 조사하여 작성한 문서들을 1972. 8. 14. 마이크로필름 형태로 보관하기 위하여 촬영하였고 그 목록이 존재한다'는 사실을 확인할 수 있었다. 이후 국가정보원장으로부터 2021. 4. 6. 마이크로필름 촬영목록 중 피조사자 3인 성명과 출신지가 기재된 내역을 받아볼 수 있었다. 이를 통하여 이 사건 부대원들의 진술에 부합하는 공적 자료가 존재함이 확인되었다. ⑧ 원고는 일련의 증거자료와 공적 자료를 확보하지 않은 상태에서 이전에 막연히 피고를 상대로 국가배상청구의 소를 제기하더라도 그 손해배상청구가 인용될 가능성이 없었다고 볼 수 있으므로 손해배상청구를 하는 실익이 없었던 상태이었다.

9) 대상판결은 소멸시효 완성 주장의 권리남용 해당 여부에 관하여 대법원 판결이 제시한 법리를 원용하고 있다: "채무자의 소멸시효에 기한 항변권 행사도 우리 민법의 대원칙인 신의성실 원칙과 권리남용금지 원칙의 지배를 받는 것이어서, 채무자가 시효완성 전에 채권자의 권리행사나 시효중단을 불가능 또는 현저히 곤란하게 하였거나, 그러한 조치가 불필요하다고 믿게 하는 행동을 하였거나, 객관적으로 채권자가 권리를 행사할 수 없는 장애사유가 있었거나, 또는 일단 시효완성 후에 채무자가 시효를 원용하지 아니할 것 같은 태도를 보여 권리자로 하여금 그와 같이 신뢰하게 하였거나, 채권자 보호의 필요성이 크고, 같은 조건의 다른 채권자가 채무의 변제를 수령하는 등의 사정이 있어 채무이행의 거절을 인정함이 현저히 부당하거나 불공평하게 되는 등의 특별한 사정이 있는 경우에는 채무자가 소멸시효 완성을 주장하는 것이 신의성실 원칙에 반하여 권리남용으로서 허용될 수 없다(대법원 2011. 10. 13. 선고 2011다36091 판결 등 참조)." 대상판결은 이 사건에서 피고가 소멸시효 완성을 주장하는 것이 권리남용으로서 허용되지 않는 근거로 주8에 정리한 ① 내지 ⑧의 사유를 동일하게 원용하였다.

10) 中西康, "日本をめぐる戦後補償裁判における国際私法上の諸問題: 処理枠組みの素描", 国際法外交雑誌 第105巻 第1号(国際法学会, 2006), 60頁.

상책임을 인정하였다.[11] 대상판결은 2001년부터 2022년까지 시행된 구 국제사법에 따라 한국법을 준거법으로 지정하고 우리 국가배상법을 적용하였다. 대상판결은 우리 국가배상법이 적용되는 근거로 구 국제사법의 일반예외조항(제8조 제1항)과 불법행위 준거법의 사후적 합의 조항(제33조)을 주요하게 들었고, 부차적으로는 피해자인 원고가 구 국제사법 제32조 제1항에 따른 불법행위지법인 남베트남법의 적용을 포기하였다는 점, 그리고 법원(法源)에 관한 민사상 대원칙에 따라 남베트남의 법률과 관습법이 불명하여 조리가 적용되어야 하는데(대법원 판결의 태도를 따름) 그 내용이 현행 베트남 국가배상책임법이나 우리 국가배상법과 크게 다르지 않을 것이라는 점을 들었다. 또한 국가배상법 제7조에 따른 상호보증요건은 한국과 베트남 간에는 문제되지 않는다고 판단하였다.

본고는 대상판결의 사실인정이나 실질법상 판단(피고의 국가배상책임 인정, 소멸시효 항변 배척)의 당부가 아니라 저촉법적 관점에서 대상판결의 이론적 정합성을 검토해보고자 한다. 대상판결 사안에는 체계제법과 시제법의 문제를 포함하여 다양한 저촉법적 쟁점이 있으나,[12] 민사소송법상 변론주의의 한계 때문에 대상판결이 미처 판단할 기회가 없었던 저촉법적 쟁점도 있는 것으로 보인다.

필자가 보기에 대상판결 사안에는 다음과 같은 다양한 저촉법적 쟁점이 있다. 첫째, 베트남전쟁 당시 주월한국군과 그 소속원은 조약과 기관간 약정에 따라 외교면제를 향유하고 있었는데, 주월한국군에 부여된 외교면제 때문에 베트남인의 한국법원에서의 국가배상소송이 각하되어야 하는지가 문제된다(Ⅱ. 2.). 둘째, 1966년 한미 보충약정서에 따르면, 베트남인이 주월한국군 소청사무소에 제기한 비전투소청사건에는 남베트남법이 적용되고(제5조), 주월한국군의 배상책임이 인정되면 주월미군이 지불보증을 하는데(제3조 제2항), 이와 같은 특수한 소청절차가 예정되어 있었던 이상 그것에 의하지 않고 베트남인이 직접 한국정부를 상대로 제기한 국가배상소송은 각하되어야 하는지가 문제된다(Ⅱ. 3.). 1966년 한미 보충약정서 제5조가 준거법

11) 대상판결에 우호적인 입장에서의 간단한 평석으로 김제완, "[판결비평] 베트남전 민간인 학살에 대한 한국정부의 배상책임", 참여연대 홈페이지(2023. 3. 14.) https://www.peoplepower21.org/judiciary/1928824 참조(2023. 5. 31. 최종방문): "필자가 개인적으로 중요한 의미를 부여하고 싶은 것은, 이 판결에서 준거법을 대한민국 국가배상법으로 하였다는 점이다. 보기에 따라서는 불법행위 당시의 행위지의 법, 즉, '패망한 월남의 법'을 준거법으로 할 수도 있었을 것이다. 그러나 이 판결은 '대한민국 법원에서, 대한민국의 법을 적용하여, 피해사실을 인정하고 국가배상을 명한 것'인데, 이는 인권적으로 성숙한 법치국가로서 대한민국의 면모를 보여준 것이라고 생각한다. 전쟁에서 범죄를 저지르는 것은 잘못된 일이지만, 그보다 더 잘못된 것은 범죄행위 자체를 부정하고 사죄하지 않는 것이다. 이 판결은 최근 강제동원 피해자 문제 등 일제강점시대의 과거사 문제를 대하는 일본 정부의 미성숙한 시각과도 대비된다." 이례적으로 대상판결에 비판적인 입장으로는 문화일보, 2023. 2. 8.자 사설 "국제법 거스르고 사법 혼란 부를 베트남전 배상 1심 판결" 참조. https://www.munhwa.com/news/-view.html?no=2023020801073111000003에서 열람 가능(2023. 5. 31. 최종방문).

12) 본고는 국제공법상 시제법 이론은 논의하지 않는다. 그것은 주로 영토취득과 관련하여 논의되기 때문이다. 이한기, 국제법강의 신정판(박영사, 1997), 304면 이하; 정인섭, 신국제법강의: 이론과 사례 제10판(박영사, 2020), 569면 이하.

합의인지, 주월미군의 지급보증의 법적 성질은 무엇인지, 그 준거법은 무엇인지도 검토해본다(Ⅱ. 4.). 첫째와 둘째 쟁점은 조약과 기관간 약정에 의한 외국인의 국가배상청구권 소멸의 문제로서,[13] 조약과 기관간 약정이라는 국제법과 우리 국가배상법이라는 국내법 간의 체계제법 문제이다. 셋째, 우리 국가배상법이 피해자가 외국인이고 불법행위지가 외국에 있는 국가배상소송에 적용되는 이유는 통상의 준거법 결정규칙에 따라 불법행위의 준거법으로 지정된 한국법에 국가배상법이 포함되어 있기 때문인지, 아니면 피고가 한국정부인 이상 피해자가 외국인이고 불법행위지가 외국에 있더라도 우리 국가배상법이 직접적용되는 별도의 근거가 있기 때문인지가 문제된다(Ⅲ.). 넷째, 대상판결 사안에 우리 국가배상법이 직접적용되더라도 제한적 범위에서 통상의 준거법 결정규칙을 적용하여 불법행위의 준거법을 판단하여야 하지만, 대상판결의 설시에는 국제사법 이론상 몇 가지 문제가 있음을 지적한다(Ⅳ). 특히 2022년 개정 국제사법 부칙과 2001년 개정 국제사법 부칙을 연쇄적으로 검토해보면 대상판결 사안에는 1962년부터 2001년까지 시행된 구 섭외사법을 행위시법으로서 적용하였어야 한다는 점(국제사법상 시제법 문제)과 그에 따르면 구 섭외사법 제13조 제2항, 제3항에 따른 법정지법(한국이 체결한 조약과 기관간 약정 포함)의 누적적용이 문제될 수 있었다는 점을 지적한다. 다섯째, 저촉법 문제는 아니지만, 우리 국가배상법 제7조의 상호보증요건을 구비하지 못한 경우 소 각하 또는 청구기각 여부가 반드시 민사집행법 제27조 제2항의 태도에 결부될 필요는 없음을 검토한다(Ⅴ. 1.). 여섯째, 국가배상법 제8조 본문에 따라 우리 민법을 적용한다면 민법의 시제법 규정에 따라 구법이 적용되어 원고의 국가배상청구권이 이미 소멸시효가 완성되었다고 볼 여지가 있는데,

13) 외국인이 전후배상책임에 관하여 일본정부를 상대로 제기한 국가배상소송에서는 소위 1907년 헤이그 육전조약(Ⅳ)[Convention (Ⅳ) respecting the Laws and Customs of War on Land and its annex: Regulations concerning the Laws and Customs of War on Land] 제3조("A belligerent party which violates the provisions of the said Regulations shall, if the case demands, be liable to pay compensation. It shall be responsible for all acts committed by persons forming part of its armed forces.")에 의한 개인청구권 성립 여부가 문제되기도 하였으나(일본법원은 모두 부정), 헤이그 육전조약(Ⅳ)의 당사국이었던 일본과 달리 한국과 베트남(과거의 남베트남, 북베트남 포함)은 그 당사국이 아니므로 대상판결 사안에서는 위 문제가 제기되지 않는다. 헤이그 육전조약(Ⅳ) 제3조와 개인청구권에 관한 논의는 和仁健太郎, "戦後補償問題における「国際法上の」個人請求権の意義", 国際公共政策研究 第26巻 第2号(大阪大学大学院国際公共政策研究科, 2022), 136頁 이하; Yasuhiro Okuda, "The Law Applicable to Governmental Liability for Injuries to Foreign Individuals during World War II: Questions of Private International law in the Ongoing Legal Proceedings before Japanese Courts", *Yearbook of Private International Law*, Vol. 3 (Swiss Institute of Comparative Law, 2001), p. 122 참조. 참고로 한국은 소위 1899년 헤이그 육전조약(II)의 당사국일 뿐이다(대한제국이 1903. 2. 7. 가입한 것을 해방 후 대한민국이 승계, 조약번호는 1986. 8. 8. 부여). 정인섭, 조약법강의(박영사, 2016), 369-370면 참조. 1907년 헤이그 육전조약(Ⅳ) 제3조에 따라 개인청구권이 발생한다면 국내법상 청구권과의 경합이 문제될 수 있다. 한국인 '위안부'가 일본정부를 상대로 한국법원에서 제기한 손해배상소송의 국제사법 쟁점에 관하여는 Jong Hyeok Lee, "'Comfort Women' Lawsuits against Japan before the Korean Courts: Legal Issues from the Perspective of Private International Law", *Korean Yearbook of International Law*, Vol. 7 (2019)(The Korean Branch of the International Law Association, 2020), p. 197 *et seq.* 참조.

베트남전쟁 이후 1990년대 들어서 비로소 정립된 소멸시효 남용의 법리를 적용하자면 시제법상 공서를 원용할 필요가 있음을 검토한다(실질법상 시제법 문제)(Ⅴ. 2.).

Ⅱ. 국제법에 근거한 베트남인 개인청구권 소멸 여부

1. 쟁점의 정리

가. 한월간 및 한미간 조약 및 기관간 약정 개관

베트남전쟁 당시 한국이 남베트남 또는 미국과 체결한 조약과 기관간 약정(agency－to－agency arrangement)[14]으로서 대상판결 사안과 관련 있는 것을 체결된 순서대로 열거하면, ① 1964. 10. 31. 주월 한국대사와 월남 외무부장관이 외교각서 교환 방식으로 체결한 「대한민국 정부와 월남공화국 정부 간의 주월한국원조단에 관한 협정」(이하 "1964년 한월협정"), ② 1965년 한월 약정서, ③ 1965년 한미 약정서, ④ 1966년 한미 보충약정서,[15] ⑤ 1969. 10. 20. 주월한국군 사령관과 월남군 합동참모본부장이 서명한 「주월한국군 사령관과 월남군 합동참모본부장 간의 군사실무 약정서」(이하 "1969년 한월 약정서")[16]가 있다. 위 ①의 1964년 한월협정은 1964. 10. 8. 국무회의 심의를 거쳐 체결되었고[17] 조약 제131호로 1964. 10. 31.자 관보에 게재됨으로써 공포된[18] 정식 조약이다.[19] 다만, 국회의 동의를 받지 않은 조약이어서 법률로서의 효력

14) 기관간 약정(또는 합의)이 비엔나협약상 조약의 범위에 포함되는지에 대하여는 논란이 있다. 각국 정부의 입장을 보면, 미국, 영국, 독일, 러시아, 헝가리 등은 긍정하는 입장인 반면에 우리나라, 브라질, 칠레 등은 부정하는 입장이라고 한다. 정재민, "기관간 약정의 법적 성격", 서울대학교 법학석사학위논문(2006. 8.), 71면 이하 참조. 긍정설로는 Anthony Aust, *Modern Treaty Law and Practice*, Third Edition (Cambridge University Press, 2013), pp. 14－15(비엔나협약이 적용되는 조약은 국가간 약정, 정부간 약정, 기관간 약정을 구분하지 않고, 문서의 형식이 공식적인 문건이든 비공식적인 문건이든 조약의 법적 효력에는 차이가 없다고 언급); Malcolm N. Shaw, *International Law*, Ninth Edition (Cambridge University Press, 2021), p. 792; 정재민, 상게논문, 74－75면 참조.

15) 1966년 한미 보충약정서 제6조에 따르면, 동 약정서는 1965년 한미 약정서의 시행일자인 1965. 9. 6.로 소급하여 시행되었다. 이유는 모르겠으나, 유독 1966년 한미 보충약정서는 1981년 발간된 국방부 전사편찬위원회, 전게서에 수록되어 있지 않다. 다만, 이훈섭, 그때 당신은 어디에 있었는가: 베트남 파병 선발대장의 회고(샘터, 1991), 515면 이하에 부록으로 국문본이 수록되어 있다.

16) 주월한국군 사령관을 대리하여 이건영 육군소장이 서명하였고, 월남군 합동참모본부장을 대리하여 탐(Tran Ngoc Tam) 육군중장이 서명하였다. 1969년 한월 약정서의 모두(冒頭)에는 "양국 정부로부터 인정된 권한에 따라 월남군 합동참모본부장과 주월한국군 사령관은 다음과 같이 합의하였다"라고 기재되어 있다. 1969년 한월 약정서는 서명일자인 1964. 10. 20. 효력이 발생하였다(동 약정서 제15조 제1문). 1969년 한월 약정서의 국문본과 영문본은 국방부 전사편찬위원회, 전게서, 458면 이하에 대역 방식으로 수록되어 있다.

17) 국무회의 의안 제926호. 국가기록원 홈페이지에서 열람 가능(링크는 https://theme.archives.go.kr/next/chronology/archiveDetail.do?flag=2&page=124&evntId=0049284524&sort=name, 2023. 5. 31. 최종방문).

18) 해당 관보는 호수 없이 호외로 표시되어 있다. 같은 날 발행된 다른 관보는 제3876호이다. 양자는 인쇄일자가 서로 다르다. 제3876호는 1964. 11. 6.이고, 호외는 1964. 11. 14.이다.

19) 기관간 약정은 국가간 체결된 모조약(母條約)의 세부사항을 합의하는 자조약(子條約)의 성격을 가질 수도 있

이 인정되는지는 명확하지 않다. 그리고 1964년 한월협정 제4조, 1965년 한미 약정서 제18조, 1969년 한월 약정서 제13조는 주월한국군원조단 및 그 소속원과 주월한국군 및 그 소속원에 대하여 외교면제 등을 부여하는 기준으로 ⑥ 1950. 12. 23. 미국, 캄보디아, 프랑스, 라오스, 남베트남이 체결한 오자협정(Pentelateral Agreement, 이하 "1950년 오자협정")을 언급하고 있다. 1950년 오자협정은 미국이 일방 당사국이고 나머지 네 국가가 타방 당사국인 다자조약으로서, 국제연합의 Treaty Series에도 등록되었던 정식 조약이다.[20]

변론주의의 한계 때문으로 추측되나, 위 ① 내지 ⑥ 중에 대상판결이 언급하고 있는 것은 위 ②의 1965년 한월 약정서(제19조), 위 ③의 1965년 한미 약정서(제15조 제2항), 위 ④의 1966년 한미 보충약정서(제1조, 제3조, 부속서A 제4조, 제5조)의 셋뿐이다. 대상판결은 위 ②, ③, ④가 한월 및 한미 군사당국 간에 체결된 기관간 약정에 불과하고 한국이 체결한 조약에 해당하지 않아 베트남인의 한국에 대한 청구권을 배제하는 효력이 없다고 판단하였다. 그러나 원고를 비롯한 베트남인 개인의 청구권 소멸 여부를 판단하기 위하여는 위 ① 내지 ⑥을 종합적으로 검토해볼 필요가 있다.

위 ①, ②, ⑤, ⑥은 1973년 주월한국군 철수, 1975년 주월미군 철수 이후 1976년 베트남 정부가 수립됨으로써 현재의 베트남에 승계되지 않고 실효된 것으로 볼 수 있으나,[21] 이 사건이 발생한 1968년 당시 유효하였던 행위시법으로서 적용 여부와 그 내용이 문제될 수 있다.

나. 체계제법

사법상 법률관계에 있어서 법규들이 적용되는 지역의 차이로 인하여 지역적 저촉법인 국제사법이나 준국제사법이 문제되고, 법규들이 적용되는 인적 집단의 차이로 인하여 인적 저촉법, 즉 인제법(人際法)이 문제되며, 법규들이 적용되는 시기의 차이로 인하여 시간적 저촉법, 즉 시제법(時際法)이 문제된다. 마찬가지로 법규들이 유래하는 연원의 차이로 인하여 체계제법(體系際法)(또는 순위저촉법)(Rang-Kollisionsrecht)이 문제되는데,[22] 이는 서로 다른 순위의 법규

다. 정인섭, 전게서(주13), 400면. 위 ②, ⑤는 주월한국군과 월남군 간에 체결된 기관간 약정이지만, 그 내용 중 일부는 조약에 해당하는 위 ①을 구체화하는 것이므로, 위 ①과 위 ②, ⑤의 해당 부분을 모자조약(母子條約) 관계로 볼 여지가 있다. 논란의 여지는 있으나, 한월간이 아니라 한미간에 체결된 위 ③, ④도 위 ①, ②, ⑤와 체결주체는 상이하지만, 위 ①을 구체화하는 내용을 포함하고 있으므로, 마찬가지로 그 부분은 위 ①의 자조약으로 인정할 여지가 있다. 한국, 남베트남, 미국 삼자간에 체결된 문서로 1964. 9. 5. 주월한국군사지원단, 월남 국방부, 주월미군사지원사령부 간에 체결된 「한미월 군사실무 합의서」가 있는데(위 ①보다 먼저 체결되었으나 법적 성질은 기관간 약정임), 논란의 여지는 있으나, 이를 매개로 위 ③, ④를 위 ①의 자조약으로 취급할 수도 있을 것이다.

20) 국무회의 의안 제926호, 20면에 따르면, United Nations Treat Series, No. 993로 등록되었던 조약으로 보인다. 다만, 1950년 오자협정은 현재 United Nations Treat Series Online에서 검색되지 않는다. 국제연맹(League of Nations) 시기에 체결된 조약도 모두 검색됨에 비추어 보면, 1950년 오자협정은 남베트남의 패망에 따라 실효한 것으로 처리한 것으로 추측된다.

21) 북베트남의 국가승계에 관한 상세는 Konrad G. Bühler, *State Succession and Membership in International Organizations: Legal Theories versus Political Pragmatism* (Martinus Nijhoff, 2001), p. 68 *et seq.* 참조.

들이 동시에 적용될 수 있는 사안에서 법체계 상호간 우열관계를 규율하는 문제이다.[23] 우리 법질서에서 명문의 체계제규칙(體系際規則)의 예로는 "헌법에 의하여 체결·공포된 조약과 일반적으로 승인된 국제법규는 국내법과 같은 효력을 가진다"라고 규정하고 있는 헌법 제6조 제1항과 "이 헌법 시행 당시의 법령과 조약은 이 헌법에 위배되지 아니하는 한 그 효력을 지속한다"라고 규정하고 있는 헌법 부칙 제5조를 들 수 있다. 이들 조항은 헌법의 조약에 대한 우위를 규정한 것이다.[24] 우리 법질서에서 조약의 법률에 대한 우위는 인정되지 않지만, 조약의 국내법상 위계, 즉 법률로서의 효력의 인정 여부는 일률적으로 말할 수 없다.[25] 판례는 국회의 동의를 받은 조약의 경우 일반적으로 법률의 효력을 인정하고 있으나,[26] 국회의 동의를 받지 않은 조약의 경우 대통령령과 같은 효력이 인정된다고 설시한 하급심 재판례도 있고,[27] "법률적 효력"이 인정된다고 설시한 헌법재판소 결정례도 있다.[28] 명문의 체계제규칙의 다른 예로는 민사와 상사의 법원(法源)에 관한 민법 제1조(법률, 관습법, 조리의 순서)와 상법 제1조(상법, 상관습법, 민법의 순서)를 들 수 있다.

한편 '상위법은 하위법에 우선한다'는 원칙은 대표적인 불문의 체계제규칙이고, 그것이 헌법상 구체화된 예가 국회, 대법원, 헌법재판소, 중앙선거관리위원회의 규칙 제정권에 관하여 규정하고 있는 헌법 제64조 제1항,[29] 제108조,[30] 제113조 제2항,[31] 제114조 제6항,[32] 그리고 대통령령, 총리령, 부령에 대한 위임입법의 한계를 규정하고 있는 헌법 제75조,[33] 제95

22) '체계제법'은 山田鐐一, 国際私法 第3版(有斐閣, 2004), 13頁; 奥田安弘, 国際取引法の理論(有斐閣, 1992), 26頁 등의 역출(譯出)이고, '순위저촉법'은 이호정, 국제사법 중판(경문사, 1985), 10면의 역출이다.

23) 이호정, 전게서, 10-11면; Gerhard Kegel/Klaus Schurig, Internationales Privatrecht, 9. Auflage (C.H.Beck, 2004), S. 47. 후자의 문헌이 언급하는 체계제법의 예로는 "국제법의 일반원칙은 연방법에 우선한다"라고 규정하고 있는 독일 기본법 제25조 제2문, "연방법은 주법에 우선한다"라고 규정하고 있는 동법 제31조가 있다.

24) 헌법재판소 2013. 11. 28. 선고 2012헌마166 결정 등.

25) 헌법 제6조 제1항의 "국내법"과 헌법 부칙 제5조의 "법령"은 '법률'에 한정되지 않는다. 상세는 정인섭, 전게서(주13), 436면 이하.

26) "법률적 효력" 또는 "법률에 준하는 효력"이라고 표현한 재판례도 다수 있다. 상세는 정인섭, 전게서(주13), 438-439면 참조. 조약의 체결·비준에 대한 국회의 동의권에 관하여 헌법 제60조 제1항은 "국회는 상호원조 또는 안전보장에 관한 조약, 중요한 국제조직에 관한 조약, 우호통상항해조약, 주권의 제약에 관한 조약, 강화조약, 국가나 국민에게 중대한 재정적 부담을 지우는 조약 또는 입법사항에 관한 조약의 체결·비준에 대한 동의권을 가진다"라고 규정하고 있다.

27) 서울고등법원 2006. 7. 27. 선고 2006토1 결정, 서울고등법원 2013. 1. 3. 선고 2012토1 결정.

28) 헌법재판소 2003. 4. 24. 선고 2002헌마611 결정.

29) "국회는 법률에 저촉되지 아니하는 범위 안에서 의사와 내부규율에 관한 규칙을 제정할 수 있다."

30) "대법원은 법률에 저촉되지 아니하는 범위 안에서 소송에 관한 절차, 법원의 내부규율과 사무처리에 관한 규칙을 제정할 수 있다."

31) "헌법재판소는 법률에 저촉되지 아니하는 범위 안에서 심판에 관한 절차, 내부규율과 사무처리에 관한 규칙을 제정할 수 있다."

32) "중앙선거관리위원회는 법령의 범위 안에서 선거관리, 국민투표관리 또는 정당사무에 관한 규칙을 제정할 수 있으며, 법률에 저촉되지 아니하는 범위 안에서 내부규율에 관한 규칙을 제정할 수 있다."

조[34]이다. 헌법재판소의 위헌법률심사권에 관한 헌법 제107조 제1항,[35] 대법원의 위헌 · 위법 명령 · 규칙 심사권에 관한 헌법 제107조 제2항[36]도 그에 해당하는데, 이들 규정에 따라 실제로 법률이 위헌으로 선언되거나 명령 · 규칙이 위헌 · 위법으로 선언되는 경우에는 해당 쟁점에 관하여는 하위법이 더 이상 존재하지 않아 체계제법 문제도 더 이상 발생하지 않는다.[37]

다. 사항적 저촉법

법규들은 그것이 적용되는 지역, 인적 집단, 시기와 그것이 유래한 법원(法源)에 따라 충돌이 발생할 수 있지만, 동일한 법질서 내에 있는 (동일한 순위의) 법규들의 내용의 차이로 인하여 사항적(또는 사물적) 저촉법(sachliches Kollisionsrecht/Konfliktsrecht)이 문제될 수도 있다.[38] 하나의 사실관계의 전부 또는 일부에 대하여 동일한 법질서 내의 법규들이 중첩적으로 적용될 수도 있고 그에 적용되는 법규가 흠결되어 있을 수도 있다. 이와 같은 법규의 중첩 또는 흠결은 해당 실질법 질서 내에서 법규들을 모순 없이 조화롭게 해석함으로써 해결하여야 한다. 이는 동일한 법질서 내의 실질법 규정들 간에 적용범위를 획정하는 규정에 의하여 해결할 수도 있다.[39]

대표적인 불문의 사항적 저촉법 규칙에는 '특별법은 일반법에 우선한다'는 원칙과 '계약법과 불법행위법은 함께 적용될 수 있다'는 원칙이 있다.[40] 또한 대표적인 명문의 사항적 저촉법 규칙은 각종 법률에서 '다른 법률과의 관계'를 규정하고 있는 조항이다. 일례로 국가배상법 제8조는 "국가나 지방자치단체의 손해배상 책임에 관하여는 이 법에 규정된 사항 외에는 민법에 따른다. 다만, 민법 외의 법률에 다른 규정이 있을 때에는 그 규정에 따른다"라고 규정하고,「국제입양에 관한 법률」(2023. 7. 18. 공포, 2025. 7. 19. 시행 예정) 제6조는 제1항에서 "[국제입양에서 아동의 보호 및 협력에 관한 협약]이 적용되는 국제입양에 관하여는 협약과 이 법에서 규정한 것을 제외하고는 국제사법을 적용하고, 국제사법에서 규정한 것을 제외하고는「국내입양에 관한 특별법」을 적용하고,「국내입양에 관한 특별법」에서 규정한 것을 제외하고는

33) "대통령은 법률에서 구체적으로 범위를 정하여 위임받은 사항과 법률을 집행하기 위하여 필요한 사항에 관하여 대통령령을 발할 수 있다."

34) "국무총리 또는 행정각부의 장은 소관사무에 관하여 법률이나 대통령령의 위임 또는 직권으로 총리령 또는 부령을 발할 수 있다."

35) "법률이 헌법에 위반되는 여부가 재판의 전제가 된 경우에는 법원은 헌법재판소에 제청하여 그 심판에 의하여 재판한다."

36) "명령, 규칙 또는 처분이 헌법이나 법률에 위반되는 여부가 재판의 전제가 된 경우에는 대법원은 이를 최종적으로 심사할 권한을 가진다."

37) Kegel/Schurig, 전게서, S. 47.

38) 이호정, 전게서, 11면; Kegel/Schurig, 전게서, S. 48.

39) Kegel/Schurig, 전게서, S. 48. 이 문헌이 언급하는 사항적 저촉법의 예로는 독일 민법 제852조, 제951조 제1항 제1문, 제990조 제2항, 제993조 제1항 후단이 있다. Kegel/Schurig, 전게서, S. 49.

40) 이호정, 전게서, 11면.

민법을 적용한다"라고 규정하고, 동조 제2항에서 "협약이 적용되지 않는 국제입양에 관하여는 국제사법과 이 법에서 규정한 것을 제외하고는 「국내입양에 관한 특별법」을 적용하고, 「국내입양에 관한 특별법」에서 규정한 것을 제외하고는 민법을 적용한다"라고 규정하고 있다.

2. 주월한국군의 외교면제와 원고의 청구권과의 관계

후술하듯이 1969년 한월 약정서는 기관간 약정으로서 법률로서의 효력이 인정되지 않으므로, 체계제법의 관점에서 보면 우리 국가배상법보다 열위에 있는 법규이다. 그러나 1969년 한월 약정서 제14조(표제는 "청구권")는 베트남인 개인의 한국정부에 대한 청구권이 포기되지 않았음을 명시적으로 확인하고 있다는 점에서 주목할 만하다. 해당 조항은 "월남군과 주월한국군은 월남 내에서 각기 사령부 소속 요원에 의하여 야기된 재산손실, 부상 및 사망에 따른 상대방에 대한 청구권을 상호 포기한다. 이 포기는 개인의 청구권에 대하여는 적용되지 않는다. 월남군과 주월한국군은 월남 내에서 각기 작전에서 발생되거나 각기 지휘 하의 구성원이 야기한 손실, 부상 및 사망에 따른 제3자의 청구에 대하여 각기 재결(adjudication)과 해결(settlement)의 책임이 있음을 인정한다. 월남군은 요청이 있을 경우 이 분야에 있어서 전문적인 지원을 주월한국군에 제공하는 데 동의한다"라고 규정하고 있었다.[41] 위 규정은 한국과 남베트남이 상대방 국가에 대한 국제법상 청구권은 포기한 반면에, 한국인과 베트남인 개인이 상대방 국가에 대한 국가배상청구권은 포기하지 않았음을 확인하고, 특히 베트남인 개인의 생명, 신체, 재산에 대한 손해가 주월한국군과 그 소속원의 군사작전 수행 중에 발생하였다면 일단 한국에 "재결과 해결의 책임"이 있음을 확인하고 있다.[42] 다만, 1969년 한월 약정서가 명시하고 있지는 않으나, 여기의 재결과 해결은 후술하듯이 1966년 한미 보충약정서에 따라 설치된 주월한국군 소청사무소를 통한 절차를 의미하는 것으로 보인다. 그렇더라도 한국법원에서의 국가배상소송을 통한 해결이 배제되는 것이 아님은 물론이다.[43]

대상판결은 1965년 한월 약정서 제19조는 "한국군 요원에 의하여 가하여진 월남공화국

---

41) 밑줄은 필자가 추가한 것이다.

42) 1965년 한미 약정서 제15조 제1문은 "한국군사령관과 주월미군사원조사령관은 월남 내에서의 각기 자국의 종업원에 의하여 발생된 소송권을 상호 포기한다"라고 규정하고 있었으나, 이는 베트남인 개인의 청구권과는 무관하다. 1966년 한미 보충약정서 제4조는 1965년 한미 약정서 제15조 제1문의 청구권 상호포기 조항은 1966년 한미 보충약정서와 저촉되지 않음을 확인하고 있다.

43) 개인청구권을 일괄타결협정(lump-sum agreement)에 의하여 소멸시킬 수 있는지는 국제법상 논란이 있는데, 그것이 국제법상 실정성을 획득하고 있다는 견해도 유력하다. 대표적으로 이근관, "한일청구권협정상 강제징용배상청구권 처리에 대한 국제법적 검토", 일제강점기 강제징용사건 판결의 종합적 연구(박영사, 2014), 191면 이하; Edward D. Re, "Domestic Adjudication and Lump-sum Settlement as an Enforcement Technique", *Proceedings of the Annual Meeting*, Vol. 58 (American Society of International Law, 1964), p. 39 *et seq.* 그러나 1969년 한월 약정서 제14조에서 확인할 수 있듯이 대상판결 사안에서는 일괄타결 방식에 의한 개인청구권 소멸 여부가 문제되지 않는다.

정부 또는 국민의 물자 및 인명 피해의 보상에 관한 사항은 한월 양국정부 당국간에 별도의 협상에 의한다"라고 규정하고 있었는데, 동조에 따른 별도의 구체적인 협상과 합의가 있었다고 볼 만한 사정이 없다고 판단하였다. 그러나 전술하였듯이 1969년 한월 약정서 제14조가 베트남인 개인의 청구권은 존속하고 있음을 확인하고 개인의 청구가 있는 경우 재결 및 해결의 책임이 있음도 확인하고 있음에 주목할 필요가 있다.

오히려 문제는 1965년 한월 약정서 제5조가 "월남 내에서의 한국군 요원에 대한 권리, 특권, 의무, 면제는 1964. 10. 31. 주월 한국대사와 월남 외무부장관 간에 교환된 외교문서에 규정된 바에 따르고, 앞으로 정부간에 새로운 약정을 맺어 그때부터는 그에 따른다"라고 규정하고 있었다는 것이다. 주월한국군의 권리, 특권, 의무, 면제를 규율한다고 여기에 언급된 외교문서는 정식 조약인 1964년 한월협정인데, 동 협정 제4조는 "월남공화국 정부는 주월한국원조단 및 동 인원에 대하여 1950. 12. 23. 사이공에서 서명된 통칭 '오자협정'의 규정에 따라 미국 사절단과 동 인원에 대하여 부여한 것과 동일한 특권, 면제, 이익을 부여할 것에 동의한다"라고 규정하고 있었다. 여기에 언급된 1950년 오자협정의 제4조 제2항 후단은 "[미국의] 여하한 요원(personnel)은 그들이 배치되는 국가의 정부에 대한 관계에서, 그들이 복무하는 정부의 외교사절단장의 지휘와 감독을 받는 외교사절의 일부로 활동한다"라고 규정하고 있었고, 1950년 오자협정 부속서B는 타방 당사국이 인정하는 바에 따라 국제관행상 부여되는 특권과 면제의 예로 "[타방 당사국의] 민사 및 형사 재판으로부터의 면제"를 언급하고 있었다. 1969년 한월 약정서는 1965년 한월 약정서를 대치하여 그에 우선하는 효력이 있었는데,[44] 1969년 한월 약정서 제13조(표제는 "권리, 특전, 의무, 면책")도 마찬가지로 "월남 내에서의 주월한국군과 그 요원의 권리, 특전, 의무, 면책은 1964. 10. 31. 주월 한국대사와 월남 외무부장관 간에 교환된 외교각서에 명시된 바와 같다"라고 규정하고 있었다. 주월한국군에 대한 외교면제는 1950년 오자협정상 특권과 면제가 1965년 및 1969년 한월 약정서에서 1964년 한월협정이 언급에 의하여 편입(incorporation by reference)되는 방식으로 보장되었다.

문제는 주월한국군에 부여되었던 외교면제가 대상판결 사안과 같이 베트남인 개인이 한국정부를 상대로 제기한 국가배상소송에도 주권면제(또는 재판권면제)를 부여하는가 하는 것이다. 국제법상 일반적인 이해에 따르면, 주권면제와 외교면제는 모두 최종적인 향유주체가 국가라는 점에서 공통되나, 주권면제는 주로 국가라는 기관에 부여되는 혜택인 반면에, 외교면제는 외교관이라는 개인에게 부여되는 혜택이라는 점에서 차이가 있고, 외교면제는 「외교관계에 관한 비엔나협약」에 의하여 통일적인 규범이 적용되는 반면에, 주권면제는 그와 같은 조약이 없어서 국가별로 인정의 범위가 다르다는 점에 차이가 있다고 한다.[45] 외교면제는 외교관이 사

44) 1969년 한월 약정서 제15조 제2문: "본 약정은 1964. 9. 5., 1965. 2. 7., 1965. 9. 6. 사이공에서 월남군 대표와 한국군 대표 간에 서명된 군사실무 약정서에 우선(대치)한다."

적 행위에 대하여 개인 자격으로 형사, 민사, 행정 등 모든 종류의 재판관할권으로부터 면제되도록 하지만,[46] 외교관의 공적 행위에 대하여 국가를 상대로 소가 제기되는 경우 외교면제는 문제되지 않고 주권면제가 문제될 뿐이다.[47] 마찬가지로 주월한국군이 1950년 오자협정에 따른 외교면제를 부여받았다고 하더라도, 베트남법원에서 한국정부를 상대로 손해배상소송이 제기되는 경우에는 주월한국군의 행위가 사경제주체로서의 행위가 아닌 이상 개인 자격에서의 외교면제가 아니라 한국정부가 향유하는 주권면제에 따라 소가 각하되었을 것이다. 그러나 한국법원에서 한국정부를 상대로 국가배상소송이 제기되는 경우에는 외교면제도 주권면제도 적용될 여지가 없다고 볼 수밖에 없다. 결국 주월한국군의 외교면제는 원고의 국가배상청구권에 영향을 미치지 않는다고 보아야 한다.

3. 주월한국군 소청사무소의 존재와 원고의 청구권과의 관계

1965년 한미 약정서 제15조 제2문은 "전투 또는 비전투 활동시 한국군이 가한 월남 정부 또는 개인의 재산 및 인명 피해의 보상은 별도의 약정서에 따른다"라고 규정하고, 이에 따라 1966년 한미 보충약정서가 체결되었다. 1966년 한미 보충약정서에 따르면, 주월한국군사령관은 월남 내에서 주월한국군에 대하여 제기되는 손해배상청구사건(이하 "소청사건") 처리를 위하여 주월한국군사령부에 주월한국군 소청사무소(이하 "소청사무소")를 설치하였는데(제2조), 동 보충약정서는 비전투소청사건[48]에만 적용되고 전투소청사건[49]에는 적용되지 않는다(부속서A 제4조 제1문).[50] 주월미군사원조사령관은 소청사무소에 의하여 판정된 소청지급액에 대하여 주월미군사원조사령부 소청담당 법무관이 그 지불보증을 하고 최종적으로 주월한국군사령관이 결정한 소청지급액 대로 재정적인 지원을 제공한다(제3조 제2항 제1문).[51] 여기의 지불보증은 (1) 적법한 당사자로서의 청구권자임을 인정하는 것, (2) 제5조의 평가기준에 따른 배상책임을 인정하는 것, (3) 지불보증에 따르는 지급을 인정하는 것을 그 본질로 한다(제3조 제2항 제2문). 주월한국군사령관은 주월미군사원조사령부 소청담당 법무관이 지불보증한 사건에 대하여 해당

---

45) 정인섭, 전게서(주12), 514면.

46) 「외교관계에 관한 비엔나협약」 제31조 제1항.

47) 정인섭, 전게서(주12), 514-515면 참조.

48) 비전투소청이란 주월한국군 소속 군인 및 군속이 공무수행 여부에 불구하고 불법적인 고의·과실에 의한 작위 또는 부작위로 인하여 월남 내에서 발생하도록 한 재산상·신체상·생명상 손해의 배상을 … 청구하는 것을 말한다(1966년 한미 보충약정서 부속서A 제6조, 밑줄은 필자가 추가).

49) 전투소청이란 주월한국군이 실전간 전투 준비 중, 전투 작전간 또는 전투 후 복귀 중 그 작위 또는 부작위로 인하여 직접적 또는 간접적으로 발생한 재산상·신체상·생명상 손해의 보상을 청구하는 것을 말한다(1966년 한미 보충약정서 부속서A 제5조, 밑줄은 필자가 추가).

50) 비전투소청사건이라고 하더라도 한국 국민 또는 군인이 주월한국군에 대하여 제기하는 소청사건은 제외된다(1966년 한미 보충약정서 부속서A 제3조).

51) 밑줄은 필자가 추가한 것이다.

사건의 지급액을 결정하여 결정서 정본 및 해당 기록을 주월미군사원조사령관(참조 : 법무참모)에게 송부하고(부속서A 제9조 제1항), 주월미군사원조사령부 법무참모는 지불보증 최종결정서 및 필요한 소청서류를 접수하면 해당 월남화폐[52] 관리관에게 이를 송부하며(부속서A 제9조 제2항), 해당 월남화폐 관리관은 부속서A 제9조에 따른 지급증서 기타 필요한 소청서류를 접수하면 한국 국방부에 의하여 국고출납 공무원으로 임명된 한국 장교에게 소청사건의 결정액의 지급을 월남화폐로 보상한다(부속서A 제10조).

1965년 한월 약정서, 1965년 한미 약정서, 1966년 한미 보충약정서, 1969년 한월 약정서는 1963년 헌법 제71조에 따른 조약체결권자인 대통령으로부터의 조약체결권한 위임 여부는 차치하더라도 국무회의 심의(1963년 헌법 제86조 제3호)와 관보를 통한 공포(1963년 헌법 제49조)가 없었으므로 1963년 헌법 제5조 제1항 소정 "헌법에 의하여 체결·공포된 조약"에는 해당하지 않아 적어도 법률로서의 효력은 인정되지 않았을 것으로 보인다. 그러나 대내적으로는 법률로서의 효력의 인정 여부가 문제되더라도 대외적으로는 조약이 아닌 기관간 약정 역시 정부기관간 합의로서 공신력이 인정되고 충실히 이행되어야 한다.[53] 따라서 기관간 약정의 상대방 당사국인 외국과의 관계에서 국내법적으로 기관간 약정을 적용하여야 하는 경우에는 기관간 약정에 적어도 법률보다 열위의 국내법상 효력은 인정할 수 있다고 본다.[54] 기관간 약정이 정부기관이 소관업무에 대한 권한 범위 내에서 약정한 것이라면 더욱 그러하다.[55] 논의의 여지는 있으나, 1965년 한월 약정서와 1969년 한월 약정서는 국방부가 당시 유효하였던 「국가를 당사자로 하는 소송에 관한 법률」(1951년 제정시부터 1970년까지 시행)의 제2조 제2항에 따라 법무부장관의 지정을 받아 국방부의 소관사무에 관하여 국가소송(또는 그에 준하는 절차)을 수행할 때 구속을 받는 국내법상 효력이 있는 합의를 한 것으로 볼 수 있다. 1965년 한미 약정서와 1966년 한미 보충약정서는 한국정부와 미국정부 간에 국제법상 구속력은 없더라도 적어도 베트남전쟁 중 남베트남에서의 주월한국군 소청사무소의 소관사무에 관하여는 일정한 효력이 있는 합의를 한 것으로 볼 수 있다.

1965년 한월 약정서, 1965년 한미 약정서, 1966년 한미 보충약정서, 1969년 한월 약정서는 주월한국군이 월남군 또는 주월미군과 체결한 기관간 약정이라는 같은 형식의 문서이므로, 특별한 사정이 없다면 이들 기관간 약정은 동일한 순위에 있는 것으로 간주할 수 있을 것이다. 동일한 순위의 이들 법규 간에는 사항적 적용범위의 획정이 문제된다. 베트남전쟁 중에 주월

52) 피아스트르(piastre). 피아스타라고도 불렸다.

53) 정인섭, 전게서(주13), 515-516면.

54) 2011년 제정된 「외국정부기관과의 기관간 약정 체결 및 관리에 관한 규정」 제2조 제1호는 기관간 약정이 "국제법적 구속력 없는 합의"라고 하고, 동 규정 제3조는 "국제법에 의하여 규율되는 권리·의무를 창출하는 국가간 합의인 조약과 기관간 약정은 구분된다"고 하는데(밑줄은 필자가 추가), 국제법만을 언급하고 국내법은 언급하고 있지 않다.

55) 「외국정부기관과의 기관간 약정 체결 및 관리에 관한 규정」 제2조 제1호, 제4조 제2항 참조.

한국군의 비전투행위[56]로 피해를 입은 베트남인이 주월한국군 소청사무소에 제기한 손해배상청구사건은 한월간 약정이 아닌 한미간 약정에 근거하여 처리되었는데, 1966년 한미 보충약정서에는 손해배상 여부와 손해배상액을 결정하는 기준으로 남베트남법을 적용한다는 조항(제5조),[57] 주월한국군이 베트남인 피해자에게 지급하는 금액에 대하여 주월미군이 '지불보증'과 '재정적 지원'을 제공한다는 조항(제3조 제2항),[58] 전투행위로 인한 피해에 대한 손해배상청구사건은 주월한국군 소청사무소가 아니라 소청사건이 발생한 곳의 동장, 군수, 성장에게 의뢰한다는 조항(부속서A 제4조 제2문)이 포함되어 있었다.[59] 원칙적으로 한미간 약정은 주월한국군과 주월미군 간에만 효력이 있었을 것이므로, 베트남인 개인과 주월한국군 간의 법률관계를 남베트남이 당사국이 아닌 한미간 약정에서 규정한 것은 국제법적으로 효력이 없다고 볼 여지가 있다. 그러나 제3국을 위한 권리 부여를 금지하는 국제법 원칙은 없고,[60] "월남공화국 내에서 파견군이 그 현주민에게 가한 비전투손해를 신속·공정하게 해결함은 국제법의 일반원칙에 충실"한 것이므로,[61] 남베트남의 동의를 추단할 수 있다면 다르게 볼 여지도 있을 것이다.

문제는 1966년 한미 보충약정서에 따라 주월한국군 소청사무소에서의 소청절차가 존재하였으므로 대상판결 사안과 같이 베트남인이 한국정부를 상대로 제기한 국가배상소송은 각하되어야 하는가 하는 것이다. 이 문제를 해결하기 위하여는 먼저 1966년 한미 보충약정서에 규정된 사항적 저촉법 규칙을 검토해볼 필요가 있다. 즉, 원고가 입은 피해가 '비전투행위'로 인한 것이라면 1966년 한미 보충약정서에 따른 소청절차가 적용되고, '전투행위'로 인한 것이라면 위 절차가 적용되지 않는데, 이는 '전투소청'과 '비전투소청'의 개념을 정의하고 있는 1966년 한미 보충약정서 부속서A 제5조와 제6조에 따라 자체적으로 판단하여야 하고, 이 맥락에서 위 부속서A 제5조와 제6조가 사항적 저촉법 규칙으로 기능한다. 이에 따르면 '비전투소청'은 "공무수행 여부에 불구하고 불법적인 고의·과실에 의한 작위 또는 부작위로 인하여 월남 내에서 발생하도록 한 재산상·신체상·생명상 손해"를 대상으로 하고, '전투소청'은 "주월한국군이

56) 주로 차량 사고가 문제되었다고 한다. 이신재, "베트남 파병 한국군의 주둔군 지위와 민간인 피해보상", 국방정책연구 제34권 제3호(2018년 가을호)(한국국방연구원, 2018), 52면.

57) 1966년 한미 보충약정서 제5조: "주월한국군 소청사무소는 소청의 배상 여부 판정 및 배상액 결정에 있어서 주월미군사원조사령부 해외소청위원회에서 적용하고 있는 월남공화국 민사관계 법률, 명령, 관습, 판례를 기준 또는 준용한다."

58) 이는 당시 한국정부의 외교적 협상의 결과이다. 연합뉴스 2005. 12. 2.자 기사 "베트남전 한국군 민사 보상책임 미군에 넘겨" 참조. https://news.kbs.co.kr/news/view.do?ncd=805915에서 열람 가능(2023. 5. 31. 최종방문).

59) 그밖에도 주월미군사원조사령관은 소청사건에 관하여 긴밀한 법률적·기술적 협조를 제공하고(제3조 두문), 법률적·기술적 규준을 제공하며(제3조 제1항), 여기에는 현지 미군이 적용하는 지급액 판단 기준, 미화해 소청사건의 처리절차, 회계방법 기타 행정적·법적 사항에 관한 조언이 포함된다고 규정하고 있었다(부속서A 제8조).

60) 정인섭, 전게서(주12), 221면.

61) 1966년 한미 보충약정서 부속서A 전문(前文).

실전간 전투 준비 중, 전투 작전간 또는 전투 후 복귀 중 그 작위 또는 부작위로 인하여 직접적 또는 간접적으로 발생한 재산상·신체상·생명상 손해"를 대상으로 한다. '비전투소청'의 정의에서 "공무수행 여부에 불구하고"라는 문언과 "불법적인 고의·과실"이라는 문언에 주목한다면, 전투를 준비하거나 작전을 전개하는 중이었더라도 대상판결 사안과 같이 주월한국군 소속 군인의 불법적인 고의·과실이 개재되어 있었다면 1966년 한미 보충약정서에 따른 소청절차에서는 '전투행위'가 아니라 '비전투행위'로 취급하였어야 할 것으로 보인다. 그렇다면 원고의 청구권은 베트남전쟁 중에 주월한국군 소청사무소에서의 특수한 소청절차에 따라 해결되었어야 함이 원칙이다. 그러나 베트남전쟁의 종료에 따라 주월한국군 소청사무소가 더 이상 존재하지 않았으므로, 유효기간에 관한 규정이 없었던 1966년 한미 보충약정서는 베트남전쟁의 종료에 즈음하여 실효한 것으로 보아야 한다. 게다가 전술하였듯이 1969년 한월 약정서 제14조는 베트남인 개인의 청구권이 소멸되지 않았음을 확인해주고 있다. 그러므로 주월한국군 소청사무소에서의 소청절차가 존재하였다는 이유만으로 해당 절차에 의하지 못한 베트남인 개인이 추후에 제기한 국가배상소송을 각하할 것은 아니라고 본다.

설령 대상판결 사안을 1966년 한미 보충약정서에 따른 소청절차에서 '전투행위'로 취급하였어야 한다고 보더라도, 위 약정서 부속서A 제4조 제2문이 "전투상황에서 발생한 재산상·신체상·생명상 손해에 대하여 소청하고자 하는 청구권자는 해당 소청사건 발생지의 동장, 군수, 성장에게 의뢰한다"라고 규정하고 있었음을 이유로 베트남인 개인의 국가배상소송을 각하할 것은 아니다. 동장, 군수, 성장에의 의뢰를 통한 해결은 법원에의 청구가 아닐뿐더러 베트남인 개인의 청구권에 대하여 전속적 관할을 가지는 분쟁해결수단이었다고 볼 수도 없기 때문이다.

4. 보론 — 한미 약정서상 남베트남법 준거조항과 주월미군의 지불보증의 법적 성질

전술하였듯이 1966년 한미 보충약정서 제5조에는 주월한국군 소청사무소의 소청사건에 남베트남법을 적용한다는 조항이 있었고, 제3조 제2항에는 주월한국군이 베트남인 피해자에게 지급하는 금액에 대하여 주월미군이 '지불보증'과 '재정적 지원'을 제공한다는 조항이 있었다. 이들 조항의 법적 성질에 대하여는 대립되는 견해가 제시될 수 있다.

먼저 1966년 한미 보충약정서 제5조를 보면, ① 해당 조항은 주월한국군 소청사무소 내부의 사무처리준칙에 불과하다는 견해도 있을 수 있고, ② 해당 조항의 대상은 비전투행위로 인한 소청사건이므로 그것은 권력작용이 있었던 것이 아니라고 보거나 사경제주체로서의 행위에 준하는 것으로 보아서 통상의 사법상 법률관계처럼 취급하여 불법행위지법인 남베트남법을 준거법으로 적용하도록 한 것이라는 견해도 있을 수 있으며, ③ 비전투행위로 인한 소청사건도 원칙적으로는 우리 국가배상법이라는 공법을 적용하여 처리하여야 하는 것이지만 현지에 특수한 소청절차를 두고 우리 국가배상법 대신에 현지법인 남베트남법을 적용하도록 한 것이라는 견해도 있을 수 있다.

다음으로 1966년 한미 보충약정서 제3조 제2항을 보면, ① 주월한국군이 베트남인 개인에게 지급하여야 하는 소청지급액을 주월미군이 (기관간 약정의 국제법상 구속력 유무와 관계없이) 단순히 경제적 차원에서 보전해주기로 하는 공법상 합의라는 견해도 있을 수 있고, ② 1966년 한미 보충약정서가 조약에 해당하지 않아 국제법상 구속력은 없더라도 사법상 효력은 인정할 여지가 있고, 미국정부가 한국정부의 베트남인 개인에 대한 소청지급액 지급채무를 채무인수 또는 이행인수를 하는 법률관계를 성립시키는 사법상 합의라는 견해도 있을 수 있다. 채무인수로 본다면 면책적 채무인수인지, 병존적 채무인수인지 당사국들의 의사해석이 문제된다. 채무인수로 보는 경우 구 섭외사법에 따르면 이는 원래의 채무인 한국정부와 베트남인 사이의 채무의 준거법에 의하는데,[62] 이를 한국법이라고 보아야 하는지, 아니면 전술한 1966년 한미 보충약정서 제5조를 유효한 준거법 합의로 취급하여 남베트남법이라고 보아야 하는지가 문제될 수 있다. 반면에 이행인수로 보는 경우 구 섭외사법에 따르면 미국정부와 한국정부가 지불보증 합의의 준거법을 선택하지 않은 이상 원칙적으로 1966년 한미 보충약정서의 협상 및 서명이 행하여진 남베트남법이 행위지법으로서 적용된다고 보아야 한다.[63] 위 ②로 보더라도 주월미군이 베트남인 개인에게 소청지급액을 직접 지급하는 것이 아니라 주월한국군에게 현지화폐로 금원만 제공하는 것이었으므로 한미간 약정은 채무인수라기보다는 이행인수라고 생각된다.[64] 다만, 1966년 한미 보충약정서에 따른 주월미군의 지불보증은 주월한국군 소청사무소가 설치되어 있는 동안 그곳에서 지급된 소청지급액을 보전해주겠다는 약정으로 보아야 한다. 그

---

62) 구 섭외사법 아래에서는 채무인수에 관한 모든 문제가 인수되는 채무 자체의 준거법에 의하여야 하였기 때문이다. 구 섭외사법에는 채무인수의 준거법에 관한 규정이 없었다. 구 섭외사법 제14조는 “채권양도의 제3자에 대한 효력은 채무자의 주소지법에 의한다”라고 규정하고 있었으나, 이는 채무인수의 제3자에 대한 효력에 준용되지 않는다고 보는 것이 일반적이었다. 김용한/조명래, 국제사법 전정판(정일출판사, 1992), 298면; 서희원, 국제사법강의 개정신판(일조각, 1999), 250면.

63) 이행인수는 채무자와 인수인 간의 계약의 일종인데, 구 섭외사법은 법률행위의 객관적 준거법은 행위지법이라고 하였고(제9조 단서), 계약의 성립 및 효력은 청약의 통지의 발신지를 행위지로 보되, 피청약자가 승낙을 한 경우 그 청약의 발신지를 알지 못한 때에는 청약자의 주소지를 행위지로 보았다(제11조 제2항). 주월한국군과 주월미군은 각기 본국정부의 지침을 받아 남베트남 사이공에서 1966년 한미 보충약정서의 협상 및 서명을 진행하였으므로 구 섭외사법 제9조 단서와 제11조 제2항 제1문에 따라 청약의 통지의 발신지인 남베트남 사이공을 행위지로 볼 수 있다.

64) 이는 1966년 한미 보충약정서 체결 전 교섭과정에서 당시 외무부가 작성한 외교문서에서도 확인된다. 외교부 외교사료관(https://diplomaticarchives.mofa.go.kr), 외교사료편찬 — 외교문서 원문요약 — ‘한 · 미국간의 보충실무약정(주월남한국군의 민사청구권 해결)’ 항목 참조(2023. 5. 31. 최종방문, 밑줄은 필자가 추가): “피해 월남인의 손해배상청구 건에 대하여 한국군이 심사하는 과정을 미군이 감가권을 행사하도록 되어 있는 규정은 수락할 수 없음. 손해배상청구에 관련된 양식을 미군이 제공하도록 되어 있으나 한국군이 심사하는데 미군이 제공하는 양식에 따르는 것은 부당함. 월남인의 손해에 대한 배상액을 한국군이 결정할 경우 미군 법무관이 그 결정에 동의하지 않으면 주월미군사령부에 이송하도록 되어 있는 것을 수정하여 한국군이 미군으로부터 일정기간 배상처리에 관련한 Fund를 제공받고 한국군의 판단을 최종적인 것으로 하도록 수정함.”

러므로 베트남전쟁의 종료에 따라 1966년 한미 보충약정서가 실효한 이상 그에 포함된 미국정부의 지불보증 약정도 더 이상 유효하지 않다고 보는 것이 자연스럽다.[65]

Ⅲ. 통상의 준거법 결정규칙을 통한 국가배상법 적용 여부 — 국가배상법 직접적용 여부

1. 쟁점의 정리

국가배상청구는 그 발생원인이 공익적 · 정책적 목적을 추구하는 국가의 공행정작용이라는 점에서 공법적 측면이 있고, 그 법적 성질이 고의 · 과실과 위법성을 요건으로 하는 민사상 손해배상청구라는 점에서 사법적 측면이 있다.[66] 국가배상법은 공법에 속한다고 보는 것이 일반적이지만,[67] 우리 법원은 국가배상소송을 민사소송으로 취급하고 국가배상법이 민법의 특별법이라고 본다.[68] 대상판결은 주월한국군이 베트남에서 베트남인에게 행한 권력작용으로 인한 국가배상책임도 외국적 요소가 있는 사법상 법률관계이므로 국제사법 제1조에 따라 국제사법이 적용되어야 한다고 전제하였다. 이에 따라 구 국제사법상 불법행위의 준거법 결정규칙을 적용하여 이 사건 법률관계의 준거법이 한국법이라고 판단하였고, 준거법으로 지정된 한국법에 속하는 우리 국가배상법을 이 사건에 적용하였다. 그러나 국가배상법은 공법이므로 외국적 요소가 있는 국가배상책임은 국제사법과 구별되는 독자적인 이론적 근거에 따라 국가배상법 그 자체의 적용범위를 결정하여야 한다는 견해가 국내외에서 유력하게 제시되어 왔으므로 이를 비교법적으로 검토해볼 필요가 있다.[69]

2. 비교법적 검토

가. 유럽연합

로마Ⅱ규정[70] 제1조 제1항 제2문은 주권적(또는 고권적, 권력적) 행위(*acta jure imperii*)에 대

65) 따라서 설령 미국의 지불보증 약정을 채무인수라고 보더라도 베트남인 개인이 미국정부를 상대로 손해배상을 청구할 수는 없다고 보아야 한다.

66) 김동희/최계영, 행정법I 제27판(박영사, 2023), 539면.

67) 김동희/최계영, 전게서, 539면(국가의 주권면제특권을 부인하고 그 배상책임을 인정하였다는 이유만으로 민사상 불법행위책임의 한 유형에 불과한 것은 아니라고 함); 김도창, 일반행정법론(상)(청운사, 1993), 616－617면; 서원우, 현대행정법론(상)(박영사, 1983), 679면; 박윤흔, 최신행정법강의(상)(박영사, 1997), 681－682면; 김남진/김연태, 행정법 제19판(법문사, 2015), 585－586면; 류지태/박종수, 행정법신론 제17판(박영사, 2019), 515－516면.

68) 대법원 1962. 3. 15. 선고 4294민상1083 판결, 대법원 1971. 4. 6. 선고 70다2955 판결, 대법원 1975. 5. 27. 선고 75다300 판결 등.

69) 공법과 사법의 관계를 대륙법계와 다르게 파악하는 영미법계의 태도도 검토할 필요가 있으나, 일단 본고는 이를 생략한다.

70) Regulation (EC) No. 864/2007 of the European Parliament and of the Council of 11 July 2007 on the

한 국가배상책임을 로마II규정의 적용범위에서 제외하고 있다. 해당 조항이 스스로 명시하듯이 주권적 행위란 국가권한(State authority) 내지 주권적 권한(hoheitliche Recht)의 행사에 따른 작위 또는 부작위를 말한다. 이는 국가의 배상책임 그 자체뿐만 아니라 직접적 가해자인 공무원의 배상책임도 포함하나, 공무원의 행위가 국가의 상업적(또는 비주권적) 행위(*acta jure gestionis*)에 해당하여 순전히 민사적 성격을 가지는 경우에는 로마II규정이 적용된다.[71] 주권적 행위에 대한 적용배제는 후술하는 Lechouritou 사건이 문제되자 독일의 주장[72]에 따라 2004년 유럽집행명령규정[73] 제2조 제1항 제2문에 도입되었고 이후 2007년 로마II규정에도 채택된 것이다.

종래 유럽사법재판소는 브뤼셀협약[74] 제1조 제1항 제1문이 동 협약의 적용대상 내지 물적 대상(scope *ratione materiae*)으로 규정하였던 "민상사"(civil and commercial matters)에서 "일방 당사자의 공권력(public powers) 행사로 인한 분쟁"은 제외된다고 보았는데, 그 이유는 공권력을 행사하는 일방 당사자는 사인들(private individuals) 간의 법률관계에 적용되는 통상의 법규(ordinary legal rules)의 적용범위에 속하지 않는 권한을 행사한다는 것이다.[75]

이후 유럽사법재판소는 그리스인이 독일정부를 상대로 그리스법원에 제기한 손해배상청구소송이 문제된 2007년 Lechouritou 사건 판결에서 추가적인 근거를 제시하였다. 해당 사건은 독일군이 제2차 세계대전 중인 1943. 12. 13. 그리스 칼라브리타(Kalavrita)에서 군사작전의 일환으로 민간인 676명을 학살한 전쟁범죄가 문제된 것이다.[76] 유럽사법재판소는 "군대가 수

---

law applicable to non-contractual obligations (Rome II).

71) 이종혁, 국제자본시장법시론: 국제적 증권공모발행에서 투자설명서책임의 준거법(경인문화사, 2021), 90면, 주 22.

72) Rat der Europäischen Union, Vermerk des Vorsitzes, Council Doc. 10660/03, JUSTCIV 92, S. 2; Rat der Europäischen Union, Vermerk der deutschen Delegation, Council Doc. 11813/03, JUSTCIV, S. 122.

73) Regulation (EC) No 805/2004 of the European Parliament and of the Council of 21 April 2004 creating a European Enforcement Order for uncontested claims. 개관은 성대규, 유럽연합(EU)의 통합적 분쟁해결 절차에 관한 연구: 지급명령 및 소액소송 절차를 중심으로(사법정책연구원, 2021), 80면 이하.

74) Brussels Convention on Jurisdiction and the Enforcement of Judgments in Civil and Commercial Matters.

75) *Volker Sonntag v. Hans Waidmann, Elisabeth Waidmann and Stefan Waidmann*, Case C-172/91 (1993), para. 22; *Préservatrice foncière TIARD SA v. Staat der Nederlanden*, Case C-266/01 (2003), para. 30; *Henkel KGaA v. European Union Intellectual Property Office*, Cases C-456/01 P and C-457/01 P (2004), para. 30; *Frahuil SA v. Assitalia SpA*, Case C-265/02 (2004), para. 21. 상세는 Ulrich Magnus, Peter Mankowski (ed.), *Commentary: Brussels Ibis Regulation*, Second Edition (Otto Schmidt, 2023), Art. 1, paras. 18, 19 (Pippa Rogerson, Peter Mankowski 집필부분), Art. 1, para. 13 *et seq.* 다만, 유럽사법재판소의 관할권이 인정되지 않으면 로마Ⅱ규정에 따른 준거법 결정은 애초에 문제되지 않으므로 로마Ⅱ규정 제1조 제1항 제2문은 입법적 안전장치(legislative safeguard)인 셈이다. Ulrich Magnus, Peter Mankowski (ed.), *Commentary: Rome* Ⅱ *Regulation* (Otto Schmidt, 2019), Art. 1, paras. 18, 19 (Peter Mankowski 집필부분, 이하 "M/M/집필자, 집필부분") 참조.

76) 상세는 Veronika Gärtner, "The Brussels Convention and Reparations: Remarks on the Judgment of the European Court of Justice in Lechouritou and others v. the State of the Federal Republic of Germany", *German Law Journal*, Vol. 8, No. 4 (2007), p. 417 *et seq.* 참조.

행한 군사작전은 국가주권(State sovereignty) 행사의 특징적 발현임을 의심할 여지가 없고, 특히 권한 있는 공적 기관이 일방적이고 구속력 있는 방법(unilateral and binding manner)으로 결정하였고, 그것이 국가의 외교·국방정책과 불가분적으로 연관되어(inextricably linked) 있었다면 더욱 그러하다"라고 판시하였고,[77] "원고가 입은 손실 및 손해의 원인, 그리고 원고가 그리스법원에 제기한 소송의 청구원인에 해당하는 독일군의 행위는 그것이 자행된 시점에 관련국가의 구성부분의 공권력 행사로 인한 것이라고 보아야 한다"라고 판단함으로써,[78] 결과적으로 독일에 주권면제를 부여하였다. 이에 대하여는 중대한 인권침해와 같은 위법행위는 주권면제가 부여되는 '주권적 행위'에 해당할 수 없다는 반론이 거세다.[79]

나. 독일

독일은 국가배상책임을 민법 제839조에 따른 공무원의 직무책임과 기본법 제34조에 따른 국가의 대위책임의 결합으로 이해한다.[80] 독일의 다수설과 판례는 국가배상책임 중에서 공권력적 행위에 대한 책임은 통상의 준거법 결정규칙과 관계없이 해당 국가의 국가배상법이 적용되는 반면에, 비공권력적 행위에 대한 책임은 통상의 준거법 결정규칙에 따른다고 한다.[81] 공권력적 행위와 비공권력적 행위의 구별은 재판권면제에 대한 제한적 주권면제론의 기준이 사용된다.[82] 1999년 민법시행법 개정시 입법이유서도 공권력적 행위에 대한 국가책임은 민법시행법 제40조 이하가 적용되지 않는다고 설명한다.[83]

공권력적 행위로 인한 국가배상책임에 대하여 통상의 준거법 결정규칙과 관계없이 국가배상법이 직접 적용되는 이론적 근거에 관하여는 여러 논의가 있다. 전통적으로는 행정의 조직편성 및 그 하자로부터 발생하는 법률효과를 결정함에 대한 공법상 질서이익이라는 국제사법

77) *Eirini Lechouritou and Others v. Dimosio tis Omospondiakis Dimokratias tis Germanias*, Case C−292/05 (2007), para. 37.

78) Lechouritou 판결, para. 38

79) Gärtner, 전게논문, p. 433 *et seq.* 참조. Lechouritou 사건의 원고들도 같은 주장을 하였다. Lechouritou 판결, para. 12.

80) 김동희/최계영, 전게서, 536면.

81) Jan Kropholler, Internationales Privatrecht, 6. Auflage (Mohr Siebeck, 2006), S. 534; Christian von Bar, Internationales Privatrecht, Band 2 (C.H. Beck, 1991), S. 496; Jan Kropholler, Bernd von Hoffmann (hrsg.), Julius von Staudingers Kommentar, EGBGB/IPR, Art. 38−42, 14. Auflage (Sellier/de Gruyter, 2001), Art. 40 EGBGB, Rn. 109f. (Bernd von Hoffmann 집필부분, 이하 "Staudinger/von Hoffmann"); Jürgen Ellenberger *et al.* (hrsg.), Grüneberg Bürgerliches Gesetzbuch, 82. Auflage (C.H. Beck, 2023), Art. 40 EGBGB, Rn. 11 (Karsten Thorn 집필부분); Jan von Hein (hrsg.), Münchener Kommentar zum Bürgerlichen Gesetzbuch, Band 12, 8. Auflage (C.H. Beck, 2020), Einleitung zum Internationalen Privatrecht, Rn. 49 (Jan von Hein 집필부분, 이하 "MünchKomm/von Hein"); Alexander Lüderitz, Soergel Burgerliches Gesetzbuch mit Einfuhrungsgesetz und Nebengesetzen, Band 10, 12. Auflage (W. Kohlhammer, 1996), Art. 38 EGBGB, Rn. 69f. (이하 "Soergel/Lüderitz").

82) Staudinger/von Hoffmann, Rn. 111; MünchKomm/von Hein, Rn. 49.

83) Deutscher Bundestag, 14. Wahlperiode, Drucksache 14/343, S. 10.

상 이익이 있다거나,[84] 해당 국가와 사안 간의 밀접한 관련성을 인정할 수 있다거나,[85] 공권력적 행위는 항상 내국으로부터 발생하므로 내국이 행동지이고 의무위반의 중심은 그 책임이 문제되는 국가영역에 있다고 한다.[86] 이들은 통상의 준거법 결정규칙과 유사하게 설명하는 방법이다. 반면에 국제법상 국가주권원칙으로 설명할 수도 있다. 이에 따르면, 국가주권은 공권력적 행위에 대한 국가면제를 인정하고, 국가간 평등은 어느 국가도 다른 국가의 공권력적 행위를 자국의 입법관할권, 재판관할권 또는 집행관할권에 복속시키지 않도록 하므로, 자국의 공권력적 행위에 대하여는 자국법만을 적용할 수 있다고 한다.[87]

다. 일본

제1설은 외국인이 제기한 국가배상소송에는 국제사법이 적용되지 않는다는 견해이다. 일본의 다수설과 판례의 태도이다. 그 근거로는 국가의 공익과 밀접한 관련이 있는 공법은 내국법원이 외국공법을 직접 적용할 수 없다거나,[88] 공행정작용을 발생원인으로 하는 국가배상소송은 해당 국가를 법정지로 하는 절차만이 가능하므로 공법적 성격을 가진다거나,[89] 국가배상은 국가재정에 영향을 미친다거나,[90] 국제사법은 평시의 문제에 적용되고 전시 등 비상상태에는 적용되지 않는다거나,[91] 국제사법의 적용은 법이 보호하고자 하는 이익의 국제적 상호호환성이 인정되는 경우에 한한다고 한다.[92] 마지막 논거를 상술하면 다음과 같다. 법규분류학설과 달리 사비니 이래 현대 국제사법은 준거법으로 지정되는 법의 내용에 무관심한데(맹목성),

---

84) Klaus Schurig, “Internationalrechtliches zum Staatshaftungsgesetz”, Juristenzeitung (JZ)(1982), S. 386f. 공법상 질서이익이라는 국제사법상 이익은 일반적인 양면적 저촉규칙과는 이질적인데, 이는 법정지에서 자국법의 적용만을 전제하고 있고 외국법의 지정은 애초에 불가능하다는 것이다. 中西康, 전게논문, 66頁.

85) von Bar, 전게서, S. 496f.

86) Soegel/Lüderitz, Rn. 69.

87) Staudinger/von Hoffmann, Rn. 109; MünchKomm/von Hein, Rn. 49. 이에 대하여는 일본에서 다음과 같은 보충적 견해가 제시되는데, 설득력이 있다. 즉, 주권면제는 어느 국가의 공권력적 행위에 대하여 다른 국가가 재판권을 행사하지 않는 것이고, 준거법까지 공권력적 행위를 행한 국가의 법에 따라야 한다는 원칙이 국제법상 존재하는 것은 아니므로, 국제법상 국가주권원칙으로부터 바로 준거법 규칙이 도출되는 것은 아니다. 이는 각국이 스스로 결정할 수 있는 문제이나, 각국은 자국의 공권력 행사가 어떠한 구조에서 어떠한 요건 아래 행하여지는지를 규율(또는 규제)하고 있고, 이를 위반하였다는 이유로 국가의 손해배상책임이 추궁되고 있는 경우 그 효과는 그와 같은 규율과 표리일체의 문제이므로, 각국이 이에 대한 판단기준을 타국법에 위임하는 것은 불합리하고 자국법을 적용할 수밖에 없다는 것이다. 재판권면제는 자국의 공권력적 행위에 대한 평가를 타국법에 위임하는 불합리한 사태를 방지하기 위한 절차적 구조라는 것이다. 中西康, 전게논문, 67頁.

88) 山田鐐一, 전게서, 16頁(공법 일반에 대한 언급임).

89) 住田裕子, “国際私法と国家賠償法との関係: 法例11条の適用範囲をめぐって”, 判例時報 第1539号(判例時報社, 1995), 20, 24頁; 早川吉尚, “準拠法の選択と「公法」の適用”, 国際私法年報 第5号(国際私法学会, 2003), 206頁.

90) 河野俊行, “判批”, ジュリスト 第1179号: 平成11年度重要判例解説(有斐閣, 2000), 302, 304頁.

91) 河野俊行, 전게논문, 303頁.

92) 櫻田嘉章/道垣内正人 共編, 国際私法判例百選 第2版(別冊 ジュリスト No. 210)(有斐閣, 2012), 41頁(佐藤やよひ 집필부분).

이는 법이 취급하는 법상황과 그것이 대처하는 이익상황의 동질성 또는 유사성을 근거로 한다. 예컨대 불법행위의 가해자가 한국인이고 피해자가 일본인인 경우도 있을 수 있고 반대로 가해자가 일본인이고 피해자가 한국인인 경우도 있을 수 있다. 이때 국가는 대등한 당사자들의 이해조정을 위한 제3자로서 재화의 공평한 분배를 위하여 법률을 제정한다. 이 경우 법이 취급하는 이익의 보편화와 유형화가 가능해지고, 이익상황의 상호호환성, 나아가 법의 상호호환성이 인정되는 것이다. 그러나 국가와 개인 간에는 대등한 당사자 간의 이익의 상호호환성이 인정되지 않고, 외국은 내국인의 이해조정을 위한 공정한 제3자로서의 역할을 수행할 수도 없다. 그럼에도 불구하고 국제사법을 통하여 외국법에 의하여 국가책임을 추궁하는 것은 주권국가가 타국법에 맹목적으로 따른다는 것을 의미한다는 점에서 부당하다. 게다가 불법행위의 준거법은 사후적 합의가 허용되는데, 당사자의 주관적인 의사가 크게 작용하는 준거법 선택이라는 방법은 국가책임의 추궁에는 부적절하다.

제2설은 외국인이 제기한 국가배상소송에도 국제사법이 적용된다는 견해이다. 그 근거로는 국가배상책임은 손해배상책임의 문제로서 민사법의 영역에 속하고 공무원관계는 사법상 위임계약에 해당한다거나,[93] 손해배상을 청구한 원고가 사인이고 금전에 의한 손해배상은 보편성 있는 사법상 구제수단으로서 통상의 불법행위와 다르지 않다거나,[94] 국가배상책임, 특히 재외공관의 직무집행에 관한 손해배상책임은 불법행위의 당사자들 간의 특별한 관계를 근거로 종속적 연결을 통하여 공무원 소속국법으로 연결시킬 수 있다고 한다.[95] 다만, 마지막 논거에 대하여는 전후보상의 경우 가해자와 피해자 간에 특별한 관계가 없어서 종속적 연결이 불가하므로 원칙대로 불법행위지법에 의하여야 한다는 유력한 반론이 있다.[96]

제3설은 외국인이 제기한 국가배상청구도 민사상 청구이므로 불법행위의 준거법이 문제되고 외국법이 준거법으로 지정되면 이를 적용하여야 함이 원칙이나, 국내에 그와 같은 청구를 거부하는 공법적 강행법규가 있는 경우에는 해당 청구가 배제되고, 그와 같은 법규가 없더라도 당해 사안과 내국사회 간의 밀접관련성, 즉 내국관련성을 판단하여 국제사법상 공서를 근거로 해당 외국법의 적용을 배제할 여지가 있다고 한다.[97] 제3설은 이에 관한 논의에서 사법과 공법의 준별은 결정적으로 중요한 것은 아니라고 보고, 사법의 저촉상태와 공법의 저촉상태를 하나의 세트로 취급할 필요가 있다고 한다.[98] 외국공법 부적용의 원칙을 거부하는 이상 내국공법이든 외국공법이든 사법상 법률관계에 관계되는 한 그 적용관계는 국제사법의 개

93) 池原季雄/早田芳郎 共編, 渉外判例百選 第3版(別冊 ジュリスト No. 133)(有斐閣, 1995), 256頁(山内惟介 집필부분).

94) 奥田安弘, 国際私法と隣接法分野の研究(中央大学出版部, 2009), 419頁.

95) 国友明彦, 国際私法上の当事者利益による性質決定(有斐閣, 2002), 33頁 이하.

96) 奥田安弘, 전게서, 423－426頁.

97) 石黒一憲, 国際私法 第3版(有斐閣, 2007), 23－24頁.

98) 石黒一憲, 전게서, 22頁.

입을 통하여 결정된다는 것이다.[99] 전통적인 국제사법에서의 일반적인 준거법 선택과는 별도로 법정지의 공법적 강행법규의 적용이 인정되어서 이들의 총체가 국제사법의 체계를 형성하는 것이므로,[100] 사비니의 방법론에 입각한 전통적인 국제사법은 공법적 법률관계에는 부적당하다는 주장은 정치적 가치판단이 먼저 행하여진 것이고 전통적인 국제사법에 대한 역사인식이 왜곡된 것으로서 전혀 지지할 수 없다고 한다.[101]

라. 한국

대상판결 이외에도 외국적 요소가 있는 국가배상책임의 준거법을 한국법으로 결정한 판결로 구 섭외사법 아래에서 내려진 서울민사지방법원 1970. 11. 24. 선고 70가8895 판결[102]이 있다. 이 판결은 베트남에서 주월한국군 소속 군인들 간에 발생한 총기오발사고를 원인으로 하는 국가배상소송에서 불법행위지가 베트남이라는 사정 이외에는 순수한 국내사건과 아무런 차이가 없다는 이유로 사안의 섭외성을 부정하고 섭외사법의 적용을 배제하였다. 위 판결이 사안의 섭외성을 부정한 근거는 다음과 같다. ① 가해자와 피해자가 모두 한국 군인이고, ② 불법행위지가 주월한국군 주둔 부대 내이며, ③ 불법행위가 주월한국군의 군복무 집행 중 발생한 사고에 기인하였고, ④ 불법행위의 결과 또는 그에 대한 손해배상책임이 베트남 영토 또는 국민에 아무런 영향이 없으며, ⑤ 가해자의 군사재판 기록을 한국군이 보존하고 있어서 불법행위지가 베트남이더라도 증거조사에 불편이 없고, ⑥ 베트남의 주권을 존중하여야 한다거나 당사자의 권익이 베트남법을 존중함으로써 보호된다는 사정이 없다. 위 판결의 해당 부분을 인용하면 아래와 같다.[103]

> 먼저 본건 청구원인을 보면 원고는 월남공화국에서 일어난 한국군 사이의 총기오발 사고를 원인으로 발생한 불법행위책임을 국가를 상대로 묻고 있는 것이다. 살피건대 동 사건에 대한 관할권이 우리 법원에 있다고 하는 것은 별 의심이 없으나, 섭외사법상 어느 나라의 법률에 의하여 재판할 것인가에 관하여 논쟁이 있을 여지가 있으므로 우선 판단하기로 한다. 섭외사법 제13조는 명문으로 불법행위로 인하여 생긴 채권의 성립 및 효력은 원인된 사실이 발생한 곳의 법률에 의한다고 되어 있다. 그리고 섭외사법이 외국에 있어서의 대한민국 국민의 섭외적 생활관계에 관하여 준거법을 정함을 목적으로 하고 있으므로 문리해석상은 본건과 같은 경우에도 당연히 월남국의 법을 적용하여야 할 것으로 보인다. 그러나 문제는 무엇이 섭외생활의 범주에 들어가는가 하는 데 있다. 즉, 가해자는 한국의 소속 공무원인 군인이고, 피해자도 가해자와 같은 생활관계에 처하여 있는 같은 부대 소속 군인이었으며, 불법행위의 장소는 월남공화

99) 石黒一憲, 전게서, 23頁.
100) 石黒一憲, 전게서, 22－23頁.
101) 石黒一憲, 전게서, 22－24頁.
102) [손해배상][미간행].
103) 밑줄은 필자가 추가한 것이다.

국의 승인하에 그들의 요구에 의하여 주둔하여 있는 한국군 부대 내이다. 그리고 불법행위 자체도 한국군의 군대 주둔을 위요(圍繞)한 특별한 생활관계에서 군복무 집행 중의 사고에 기인한다. 나아가 이러한 불법행위 발생으로 인한 결과는 한국인 군인 사이에 그쳤을 뿐 월남 영토나 그 국민의 생활관계는 조금도 영향이 없고 이로 인한 손해배상 책임의 발생도 월남공화국이나 그 국민에게 아무런 영향력을 파급하지 아니한다. 따라서 이 사고가 발생한 것은 그 장소가 월남국 내에 있다는 한 가지 사실 이외에는 한국 내에서 동종의 사건이 발생한 경우와 조금도 다름이 없다.

또 일단 본건이 법정 분쟁화한 경우에도 증거조사에 관하여 다른 사건과 달리 장소가 월남인 것으로 인한 불편은 찾아볼 수 없다. 사고 장본인인 가해자는 한국 군사재판에 의하여 심판을 받았으며 그 기록은 모두 한국군이 보존하고 있는 사정도 기록상 명백하다. 그러면 이러한 조건의 사건도 섭외생활관계라고 할 것인가. 그리하여 우리에게 그 존부와 내용을 알 수 없는 월남공화국의 법률을 적용할 것인가.

이 단계에서 무엇이 섭외생활관계인가를 단정할 필요는 없을 것이다. 그러나 적어도 이러한 사건이 섭외사법이 규율할 것으로 정한 섭외생활관계에 속하지 않는 것은 명백하다고 하지 않을 수 없다. 뿐만 아니라 섭외사법을 적용하는 목적, 즉 주재국의 주권을 존중한다든가, 당사자의 권익이 주재국을 무대로 하여 발생한 사건에는 주재국의 법을 존중함으로써 가장 잘 보호된다는 등도 본건에서는 별로 관계가 없는 특수한 사정이 있다.

요컨대 본건은 월남공화국 법을 적용하여야 할 섭외생활관계에 속하지 아니한다. 그러므로 본건에 관하여는 섭외사법의 규정에 관계없이 국내법에 의하여 판단하기로 한다.

위 판결에 대하여는 일찍이 1972년에 선구적인 평석이 발표되었는데,[104] 국제사법을 적용할 것이 아니라 국가배상법을 바로 적용하였어야 할 것이라는 결론을 제시하였다는 점에서 주목할 만하다. 그 근거로는 ① 국가배상책임은 국가 또는 공공단체의 공행정작용으로 인한 책임이라는 점, ② 국가배상법과 같은 공법은 국가권력의 시행이라는 속성을 가지므로 그것이 제정된 국가의 영토 내에서만 속지적·속인적으로 시행된다고 보아야 한다는 점, ③ 내국법원이 외국 국가배상법을 적용하는 것은 내국의 공익을 해할 우려가 있다는 점, ④ 국가배상법 제7조의 상호보증요건은 국가배상법의 특수성의 징표라는 점 등이 제시되었다. 위 평석의 해당 부분을 인용하면 아래와 같다.[105]

104) 최공웅, "국가배상법과 섭외사법의 적용", 사법행정 제13권 제5호(한국사법행정학회, 1972. 5.), 26면 이하. 최공웅, 국제소송 개정판(육법사, 1988), 403면도 참조. 문영화, 전게논문, 145－146면은 국제사법 적용 여부를 국가배상법 제7조의 맥락에서 논의하면서 일본의 학설만을 소개한다. 문영화, 전게논문, 132면은 국내에 국가배상법 제7조에 관한 연구가 전무하다고 하나, 최공웅, 전게서, 402－403면(초판은 1984년 발간)에 일찍이 논의가 있었다.

105) 밑줄은 필자가 추가한 것이다.

본건 판례에서 본 사안은 어쨌든 그것이 불법행위의 주요한 요소인 행위지가 외국이라는 점에서 일단 섭외사법의 적용이 고려되어야 한다고 생각할 수 있다. 다만, 본건에서 특수한 것은 월남의 주권이 미치지 못하는 한국 군부대 내에서 한국 군인 사이에 일어난 사고라는 점이다. … 원래 섭외사법이 예정하고 있는 섭외적 생활관계는 사법이 규율하는 인류로서의 생활관계라고 한다면, 국가배상법도 그 공법적 성격 때문에 섭외사법의 적용이 문제된다. 물론 국가배상청구사건도 민법상 불법행위책임에 관한 같은 원리로서 민사사건으로 취급되어 그 관할도 일반법원에 속하는 것이지만, 그것이 국가나 공공단체의 공행정작용으로 인한 책임이라는 점에서 이론적으로는 공법에 속한다고 볼 수 있다. 또한 국가배상법 제7조가 외국인이 피해자인 경우에는 상호의 보증이 있는 때에 한하여 적용한다고 규정한 것도 국가배상법의 특수한 성격을 나타낸 것이라고 할 수 있다. 이는 피해자가 외국인인 경우에는 그 외국인의 본국법이 다른 나라 국민에 대하여 우리나라 이상으로 관대하지 않은 이상 그 외국인은 국가배상청구를 할 수 없게 되므로 결과적으로 섭외사법이 적용될 여지가 없게 되기 때문이다.

문제는 섭외사법 제1조가 공법에 관한 것도 예정하고 있느냐 하는 점이다. 전통적인 대륙법계의 원칙은 국제사법은 사법적 생활관계의 안전보장을 그 임무로 하였기 때문에 그 적용범위도 사법의 저촉문제만에 한한다고 하였다.

이는 근대국가사상이 확립된 17세기경, 특히 주권관념의 영향을 받아 국가권력의 시행으로서의 공법은 무엇보다도 제정된 국가에 의하여 그 자신의 영토 내에서만 시행되는 속지성을 띠게 되었고, 공법문제에 관하여 국내법원이 외국법을 적용한다는 것은 그 나라의 공익을 해할 우려가 있기 때문이라고 한다. … 공법은 속지성을 원칙으로 하면서도 자기 나라 국민이 관련되거나 그 효과가 자기 나라에 미치는 경우에는 외국에서 일어난 사실관계에도 자국의 관할권을 주장하여 자기 나라 공법을 적용하려고 하는 데 있다. … 국가배상법도 민법상 불법행위를 기초로 하는 국가책임이라는 점에서 … 공법적 규제와 사법적 구성 사이에 서로 작용을 미치는 법영역이 아닌가 하는 문제점을 제기하는 데 그치려고 한다.[106]

원래 불법행위제도도 연혁적으로는 형벌적 성질을 가졌던 것이고, 오늘날도 하나의 강행법규라고 보는 한 그 성질상 국내에 있어서 절대적으로 적용되어야 하며, 항상 소송지의 법이 적용되어야 하는 속지적인 성질을 띠었다는 주장의 여지가 있게 되고, 이는 필연적으로 불법행위법의 공법화 현상을 가져오게 된다. 따라서 이미 본 대법원판결과 같은 기초 위에서는 국가배상법은 속지적이고 속인적인 법률이라는 결론이 나올 수 있을 것이다. 다만, 국제사법의 이념과 추세에 비추어 공법의 규제를 받는 사법의 영역을 어떻게 취급할 것인가 하는 점은 금후의 연구과제가 될 것이다.

한편 일제강점기 강제징용 또는 '위안부' 한국인 피해자가 일본정부를 상대로 손해배상소송을 제기하는 경우를 염두에 두고 국제사법 적용설이 제시된 바 있다.[107] 이 견해는 의용법

106) 다만, 이 부분은 순수한 공법상 법률관계를 규율하는 공법과 사법상 법률관계에 영향을 미치는 공법을 구별하지 않고 일률적으로 논의한 것처럼 보인다.

례 제11조에 따라 과거 일본법상 국가무답책의 법리가 누적적용될 수밖에 없다면, 그 불합리는 시제법상 공서의 법리로 해결하자고 한다.[108)]

3. 대상판결 사안의 검토

대상판결은 구 국제사법 제8조 제1항에 따라 우리 국가배상법을 준거법으로 지정함에 있어서 조문에 따른 "가장 밀접한 관련이 있는 국가의 법"이 아니라 "가장 밀접한 관련이 있는 법"이라는 표현을 사용하였는데,[109)] 이는 외국적 요소가 있는 국가배상책임의 경우 지역적 저촉법인 국제사법을 적용하여 준거법을 지정한 다음에 해당 준거법 소속국의 공법인 국가배상법을 지정하는 과정이 자연스럽지 않음을 시사한다.

대상판결 사안처럼 베트남인이 한국정부를 상대로 국가배상소송을 제기하는 경우 '피고 대한민국'인 해당 사건에 적용될 수 있는 법은 우리 국가배상법밖에 없다. 여기에는 동법 제8조 본문에 따라 국가배상법이 규정하지 않는 사항에 적용되는 우리 민법도 포함된다. 원고가 내국인이든 외국인이든, 행위지가 한국이든 베트남이든 다른 외국이든 마찬가지이다. 국가배상소송이 우리 법원의 실무상 민사소송인지 행정소송(당사자소송)인지는 결정적이지 않다. 각국의 국가배상법은 위법행위를 실제로 행한 공무원이 아니라 해당 국가를 피고로 규정한다는 점에서 일면적일 수밖에 없다.[110)] 이와 같은 일면적 속성의 근거로는 전술하였듯이 국가배상법이 공법이라는 점, 국가배상소송은 공익 추구를 목적으로 하는 국가가 일방 당사자라는 점, 국가배상청구의 발생원인이 국가의 공행정작용이라는 점, 자국의 공권력행사의 당부를 타국법에 따라 판단할 수는 없다는 점, 그리고 자국의 행정조직의 편성과 그 하자로부터 발생하는 법률효과를 결정할 질서이익은 해당 국가만이 향유한다는 점이 모두 설득력이 있다.

특히 대상판결 사안의 경우 통상의 준거법 결정규칙에 따랐을 때 국가배상책임 성립의 효과의 측면에서 원고에게 오히려 불리할 가능성이 있다. 이 점에서도 우리 국가배상법의 직접적용 여부를 논의할 실익이 있다. 통상의 준거법 결정규칙에 따르는 경우 후술하듯이 대상판결 사안에는 구 섭외사법 제13조 제2항, 제3항에 따라 국가배상책임 성립의 요건 및 효과에 관하여 불법행위지법인 베트남법과 법정지법인 한국법이 누적적용된다. 후술하듯이 이때 적용될 수 있는 베트남법은 조정의 법리상 베트남 민법만이 해당하고 베트남 국가배상책임법은 포

107) 이병화, "전후 국가배상책임에 관한 국제사법적 고찰", 비교사법 제17권 제2호(한국비교사법학회, 2010), 507면 이하.

108) 상세는 이병화, 전게논문, 548–551면.

109) 밑줄은 필자가 추가한 것이다.

110) 따라서 우리 법원이 외국 국가배상법을 적용하지 않는 것은 구 국제사법 제6조를 통하여 명시적으로 극복한 '외국공법 부적용의 원칙'과는 무관하다. 구 국제사법 제6조(현행 국제사법 제19조)에서 말하는 외국공법은 국제사법을 통한 준거법 결정이 문제되는 사법상 법률관계에 적용되거나 영향을 미칠 가능성이 있는 것을 말하고, 순수한 공법상 법률관계를 규율하는 것을 말하는 것이 아니다.

함될 수 없는데, 국가배상책임의 성립요건의 측면에서는 우리 국가배상법 제2조 제1항 본문이 직무집행성을 요구하고 있으므로, 그것을 요구하지 않을 것으로 보이는 베트남 민법상 통상의 불법행위책임의 성립요건보다 더 엄격한 것으로 평가될 것이다. 반면에 국가배상책임 성립의 효과의 측면에서는 우리 국가배상법 제3조가 배상기준을 상세히 규정하고 있을 뿐만 아니라 우리 판례가 소멸시효 남용의 법리를 정립하고 있으므로, 베트남 민법이 그에 미치지 않는 효과만을 인정한다면 법정지법의 누적적용에도 불구하고 오히려 원고의 보호에 더 소홀한 효과만이 인정될 여지가 있다.

다만, 전술하였듯이 1966년 한미 보충약정서 부속서A 제5조는 전투행위를 "주월한국군이 실전간 전투 준비 중, 전투 작전간 또는 전투 후 복귀 중 행한 작위 또는 부작위"라고 정의하였고(소청 불가), 제6조는 비전투행위를 "주월한국군 소속 군인 및 군속이 공무수행 중이든 그렇지 않든 불법적인 고의·과실로 행한 작위 또는 부작위"라고 정의하였는바(소청 가능), 대상판결 사안에서 주월한국군의 행위는 여기의 비전투행위에 해당한다고 해석할 여지가 있으므로, 그것이 국가배상법 제2조의 직무집행성 요건을 충족하는지가 문제될 수 있다. 여기의 "직무"에는 권력적 행정작용, 즉 공권력행사 이외에 비권력적 행정작용이 포함되나, 국가의 사경제주체로서의 작용은 제외되는데,[111] 1966년 한미 보충약정서상 전투행위와 비전투행위가 모두 주권적 행위인 권력적 행정작용에 해당하는지, 비전투행위는 달리 보아서 사경제작용에 준하여 비주권적 행위로 취급하여야 하는지가 문제될 수 있다. 주월한국군의 행위를 비주권적 행위로 본다면 국가배상책임이 아니라 순수한 민법상 불법행위책임으로 성질결정되므로[112] 국제사법을 적용하여 준거법을 결정하는 것이 자연스러워진다. 그러나 주월한국군의 행위는 그것을 전투행위로 보든 비전투행위로 보든 권력적 행정작용에는 해당한다고 보아야 할 것이므로 그것을 사경제작용에 준하여 비주권적 행위로 취급할 수는 없다고 생각된다.

만약 국제사법을 적용하여 준거법으로 불법행위지법인 베트남법을 지정하더라도, ① 베트남 국가배상책임법이나 ② (베트남 국가배상책임법의 적용 없이 단독으로) 베트남 민법을 적용하는 것은 국제사법 이론상 쉽지 않다고 본다. 위 ①의 경우 베트남의 국가배상책임법은 베트남정부만을 피고로 상정하고 있기 때문에,[113] 설령 조정(또는 적응)(Angleichung 또는 Anpassung)의 법리를 동원하여 베트남 국가배상책임법의 적용을 시도하더라도, 자국정부만을 적용대상으로 규정한 법률을 타국정부에 적용하는 것은 해당 법률이 스스로 규정한 적용범위를 무시하는 것

111) 대법원 1994. 9. 30. 선고 94다11767 판결, 대법원 1998. 7. 10. 선고 96다38971 판결, 대법원 2001. 1. 5. 선고 98다39060 판결 등 참조: "국가배상법이 정한 배상청구의 요건인 '공무원의 직무'에는 권력적 작용만이 아니라 행정지도와 같은 비권력적 작용도 포함되며 단지 행정주체가 사경제주체로서 하는 활동만 제외된다."

112) 대법원 1970. 7. 28. 선고 70다961 판결, 1970. 11. 24. 선고 70다1148 판결, 1973. 5. 22. 선고 72다1184 판결, 대법원 1997. 7. 22. 선고 95다6991 판결 등 참조.

113) 베트남 국가배상책임법 제1조 참조.

이므로, 조정의 기준으로서 가장 약한 이익을 희생하고 가장 강한 이익을 보호하여야 한다는 '최소무리의 원칙'(Gesetz des geringsten Widerstands)[114]에 반한다고 생각된다. 위 ②의 경우 가해자인 주월한국군이 아니라 한국정부를 불법행위의 직접 당사자로 볼 수 있다면 피해자와 한국정부 간의 법률관계를 불법행위로 성질결정하고 베트남 민법의 적용을 시도할 수 있으나, 법정지법의 일부로서 성질결정의 일응의 기준으로 삼을 수 있는 대법원 1996. 2. 15. 선고 95다38677 전원합의체 판결은 "공무원의 위법행위가 고의·중과실에 기한 경우에는 비록 그 행위가 그의 직무와 관련된 것이라고 하더라도 그와 같은 행위는 그 본질에 있어서 기관행위로서의 품격을 상실하여 국가 등에게 그 책임을 귀속시킬 수 없으므로 공무원 개인에게 불법행위로 인한 손해배상책임을 부담시키"는 법리를 제시하였고,[115] 대상판결의 사실인정에 따른다면 주월한국군 소속 군인의 고의 또는 중과실[116]이 인정되는 대상판결 사안에서 한국정부가 피해자에게 직접 불법행위책임을 부담한다고 성질결정을 하기는 어려울 여지가 있다.

Ⅳ. 대상판결의 시제법 및 국제사법 적용상 문제점

1. 국가배상법을 직접적용하더라도 국제사법이 적용되는 근거와 범위

우리 국가배상법 제2조 제1항 본문은 국가는 공무원이 직무를 집행하면서 고의 또는 과실로 법령을 위반하여 타인에게 손해를 입히는 때에는 동법에 따라 그 손해를 배상하여야 한다고 규정하고 있다. 문제는 국가배상책임의 피해자가 외국인이고 불법행위지가 외국에 있는 국가배상소송에서 여기의 '법령'의 의미이다. 제1설로는 해당 문언이 불법행위지법인 외국법만을

114) 이호정, 전게서, 124면 참조.

115) 대법원 1996. 2. 15. 선고 95다38677 전원합의체 판결: "국가배상법 제2조 제1항 본문 및 제2항의 입법 취지는 공무원의 직무상 위법행위로 타인에게 손해를 끼친 경우에는 변제자력이 충분한 국가 등에게 선임감독상 과실 여부에 불구하고 손해배상책임을 부담시켜 국민의 재산권을 보장하되, 공무원이 직무를 수행함에 있어 경과실로 타인에게 손해를 입힌 경우에는 그 직무수행상 통상 예기할 수 있는 흠이 있는 것에 불과하므로, 이러한 공무원의 행위는 여전히 국가 등의 기관의 행위로 보아 그로 인하여 발생한 손해에 대한 배상책임도 전적으로 국가 등에만 귀속시키고 공무원 개인에게는 그로 인한 책임을 부담시키지 아니하여 공무원의 공무집행의 안정성을 확보하고, 반면에 공무원의 위법행위가 고의·중과실에 기한 경우에는 비록 그 행위가 그의 직무와 관련된 것이라고 하더라도 그와 같은 행위는 그 본질에 있어서 기관행위로서의 품격을 상실하여 국가 등에게 그 책임을 귀속시킬 수 없으므로 공무원 개인에게 불법행위로 인한 손해배상책임을 부담시키되, 다만 이러한 경우에도 그 행위의 외관을 객관적으로 관찰하여 공무원의 직무집행으로 보여질 때에는 피해자인 국민을 두텁게 보호하기 위하여 국가 등이 공무원 개인과 중첩적으로 배상책임을 부담하되 국가 등이 배상책임을 지는 경우에는 공무원 개인에게 구상할 수 있도록 함으로써 궁극적으로 그 책임이 공무원 개인에게 귀속되도록 하려는 것이라고 봄이 합당하다."

116) 대법원 2003. 2. 11. 선고 2002다65929 판결, 대법원 2021. 11. 11. 선고 2018다288631 판결 등에 따르면, "공무원의 중과실이란 공무원에게 통상 요구되는 정도의 상당한 주의를 하지 않더라도 약간의 주의를 한다면 손쉽게 위법·유해한 결과를 예견할 수 있는 경우임에도 만연히 이를 간과한 경우와 같이, 거의 고의에 가까운 현저한 주의를 결여한 상태를 의미한다."

의미한다는 견해가 제시될 수 있다. 그러나 우리 국가배상법 제8조 본문의 "이 법에 규정된 사항"으로는 직무집행성 요건(제2조 제1항 본문)과 배상기준 규정(제3조)이 대표적인데, 우리나라가 외국 국가배상법을 적용할 수 없는 이상 제1설은 우리 국가배상법상 직무집행성 요건과 배상기준 규정의 적용가능성을 외면하는 해석이므로 채용할 수 없다. 제2설로는 우리 국가배상법이 직접적용되는 이상 국가배상책임 성립의 요건과 효과는 우리 국가배상법과 우리 민법에만 의하면 충분하다는 견해가 제시될 수 있다. 그러나 불법행위는 불법행위지의 사회적 조건을 고려하여 그곳에서의 법의식을 기준으로 판단·처리하는 것이 합리적·실제적이고 당사자의 기대에 부합하며,[117] 우리 공무원의 외국에서의 직무집행이라면 해당 외국의 일반 불법행위법을 행위규범으로 고려할 필요가 있는데, 제2설은 이를 외면하는 해석이므로 역시 채용할 수 없다. 사견으로는 기본적으로는 제2설에 기초하되, 국가배상책임 성립요건 중 위법성 요건을 판단하기 위한 범위에서 외국 불법행위법을 적용하거나 고려할 수 있다고 본다.[118] 이는 "국가나 지방자치단체의 손해배상 책임에 관하여는 이 법에 규정된 사항 외에는 민법에 따른다. 다만, 민법 외의 법률에 다른 규정이 있을 때에는 그 규정에 따른다"라고 규정하고 있는 국가배상법 제8조를 고려하여 동조 단서의 "민법 외의 법률"에 국제사법에 있는 불법행위의 준거법 결정규칙과 이에 따라 지정된 불법행위지법이 포함된다고 해석하되, 이를 적용하거나 고려하는 범위는 국가배상책임을 성립시키는 위법성의 판단에 국한하자는 것이다.[119]

한편 국가배상소송에서도 선결문제의 판단을 위하여 국제사법을 적용하여야 하는 경우가 있다. 대상판결의 경우 원고가 그 고유의 위자료청구권만을 명시적으로 일부청구하였으므로 문제되지 않았으나, 원고가 주월한국군에 의하여 사망한 가족들의 손해배상청구권을 상속받아 행사할 수 있는지는 국제사법이 지정하는 준거법에 따라 판단하여야 한다. 불법행위로 인한 손해배상채권이 상속성이 있는지는 상속의 문제와 구별되는 상속의 선결문제로서 개별준거법

117) 대법원 1979. 11. 13. 선고 78다1343 판결 등 참조.

118) 한국법상 강행법규의 해석에 있어서 일정한 경우 외국법령을 고려할 수 있다는 재판례로 대법원 2023. 4. 13. 선고 2017다219232 판결이 있다. 이 판결은 구 「정보통신망 이용촉진 및 정보보호 등에 관한 법률」 제30조 제2항, 제4항에 따른 개인정보 열람·제공의 제한이나 거부에 정당한 사유가 있는지를 판단함에 있어서 외국에 주소나 영업소를 두고 있음 등을 이유로 대한민국 법령 이외에 외국법령도 함께 준수하여야 하는 지위에 있는 정보통신서비스 제공자등의 경우에는 해당 정보의 공개를 제한하고 있는 외국 법령의 내용도 고려할 수 있다고 판시하였다.

119) 이와 같은 입론은 외국적 요소가 있는 불법행위의 경우 불법행위의 준거법과 관계없이 행동지의 안전 및 행동에 관한 규칙은 준거법과 관계없이 고려되어야 한다는("account shall be taken, as a matter of fact and in so far as is appropriate") 로마Ⅱ규정 제17조를 참고한 것이다. 여기의 안전 및 행동 규칙은 안전 및 행동에 관한 모든 규제를 지칭한다(로마Ⅱ규정 전문 제34항). 안전 및 행동 규칙을 고려한다는 것은 이들을 준수하여야 함을 의미한다. M/M/Magnus, Art. 4 Rome Ⅱ, paras. 116, 130. 안전 및 행동 규칙을 사실관계로서 적절한 범위에서 고려한다는 것은 법원이 이를 고려하지 않으면 당사자의 정당한 기대와 형평을 해치는 경우 이를 고려하여야 한다는 것이고, 당사자가 이에 관한 주장·증명책임을 부담한다. 권종걸, "법정채무의 준거법에 관한 EU 규정 분석: 미국 국제사법에 중점을 둔 비판", 중앙법학 제14집 제1호(중앙법학회, 2012), 240면.

인 불법행위의 준거법에 의하지만,[120] 해당 채권이 상속재산을 구성하는지, 어떻게 상속인에게 이전하는지는 상속의 준거법에 의한다.[121] 불법행위의 준거법이 불법행위로 인한 손해배상채권의 상속성을 부정한다면 해당 채권은 상속재산을 구성할 수 없는데, 이는 "개별준거법은 총괄준거법을 깨뜨린다"는 법리로 설명할 수 있다.[122] 결국 불법행위의 준거법과 상속의 준거법이 누적적용되는 셈이므로,[123] 사망한 피해자의 손해배상청구권이 상속되는 범위는 두 법이 공통적으로 인정하는 부분에 한한다. 대상판결이 불법행위의 준거법이 한국법이라고 보았더라도 사망한 피해자의 재산상 손해에 대한 배상청구권이 상속되는지, 그 범위에 사망한 피해자의 일실이익이 포함되는지, 그리고 사망한 피해자의 위자료청구권이 상속되는지는 이를 긍정한 대법원 1969. 4. 15. 선고 69다268 판결 등과 관계없이 베트남법이 인정하는 범위를 초과할 수 없다.

2. 시제법 문제

법률이 개정되는 경우 '신법은 구법에 우선한다'는 원칙이 불문의 시제법 규칙으로 적용되지만, 구법 시행 중에 발생한 사실에 대하여 신법 시행 후에도 구법이 여전히 적용되어야 하는지, 그리고 어느 범위에서 구법이 적용되어야 하는지가 문제될 수 있고, 이를 해결하는 저촉규정이 시제규정(또는 경과규정)이며, 사법(私法)의 개정에 관한 시제규정이 시제사법(時際私法)이다.[124] 국제사법과 시제사법이 항상 동일한 원칙을 사용하는 것은 아니지만, 양자 모두 공익에 관한 것이 아니라 사익에 관한 것이므로 시제적 판단으로부터 적절한 국제사법적 판단을 도출할 수 있고, 이 점에서 양자는 내적 관련이 있다고 한다.[125]

가. 국제사법상 시제법

대상판결 사안에 국제사법을 적용하는 경우 어느 시점의 국제사법을 적용하여야 하는가 하는 국제사법상 시제법 문제가 제기된다. 이를 해결하기 위하여 현행 국제사법 부칙 제3조는 '준거법 적용에 관한 경과조치'라는 표제 아래 "이 법 시행 전에 생긴 사항에 적용되는 준거법에 대해서는 종전의 규정에 따른다. 다만, 이 법 시행 전후에 계속(繼續)되는 법률관계에 대해서는 이 법 시행 이후의 법률관계에 대해서만 이 법의 규정을 적용한다"라고 규정하고 있다. 대상판결은 현행 국제사법 부칙 제3조 제1항 본문에 따라 현행 국제사법이 시행된 2022. 7. 5. 전에 발생한 대상판결 사안에는 종전의 규정이 적용되어야 하고, 그것은 2001년부터 2022

120) 이호정, 전게서, 426면; 김연/박정기/김인유, 국제사법 제4판(법문사, 2022), 373면.

121) 신창선/윤남순, 신국제사법 제2판(피데스, 2016), 386면; 김연/박정기/김인유, 전게서, 465면.

122) 이호정, 전게서, 426면; 신창선/윤남순, 전게서, 386면.

123) 이와 같은 귀결에 대한 일본에서의 유력한 비판론은 김문숙, "국제상속사건에서 상속재산분할 전의 상속재산의 소유형태", 국제사법연구 제28권 제1호(한국국제사법학회, 2022), 646-647면 참조.

124) 이호정, 전게서, 9면.

125) 이호정, 전게서, 10면.

년까지 시행된 구 국제사법이라고 판단하였다.

그런데 구 국제사법 부칙 제2항도 '준거법 적용의 시간적 범위'라는 표제 아래 "이 법 시행 전에 생긴 사항에 대하여는 종전의 섭외사법에 의한다. 다만, 이 법 시행 전후에 계속(繼續)되는 법률관계에 관하여는 이 법 시행 이후의 법률관계에 한하여 이 법의 규정을 적용한다"라고 규정하여 현행 국제사법 부칙 제3조와 동일한 취지로 규정하고 있었다. 문제는 현행 국제사법 부칙 제3조 제1항의 "종전의 규정"에는 구 국제사법과 그 부칙이 포함되고, 연쇄적으로 구 섭외사법과 그 부칙도 포함된다는 것이다. 바꾸어 말하면, 복수의 구법이 문제되는 경우 신법의 적용범위만을 신법의 시제규정을 통하여 선언한다면 구법의 적용범위에 관하여는 구법의 시제규정이 지정되는 것이다.[126] 이와 같은 연쇄적 과정을 통하여 '준거법 적용'에 관한 국제사법상 시제법 문제의 전체상이 파악될 수 있다.[127] 그리하여 1912. 4. 1.부터 1962. 1. 14.까지 발생한 사항에는 조선총독부법령 제21호에 따른 의용법례를 적용하고, 1962. 1. 15.부터 2001. 6. 30.까지 발생한 사항에는 구 섭외사법을 적용하며, 2001. 7. 1.부터 2022. 7. 4.까지 발생한 사항에는 구 국제사법을 적용(2001. 7. 1. 전후에 계속된 법률관계의 경우 2001. 7. 1. 이후의 법률관계에 한하여 구 국제사법 적용)하며, 2022. 7. 5. 이후 발생한 사항에는 현행 국제사법을 적용(2022. 7. 5. 전후에 계속된 법률관계의 경우 2022. 7. 5. 이후의 법률관계에 한하여 현행 국제사법 적용)한다는 시제법 규칙이 도출된다. 대상판결 사안은 1962. 1. 15.부터 2001. 6. 30.까지 기간에 속하는 1968년에 발생하였고 2001. 7. 1.까지 법률관계가 계속되지 않았으므로 위 시제법 규칙에 따라 구 섭외사법이 적용되어야 한다.

그럼에도 불구하고 대상판결 사안에 구 국제사법이나 현행 국제사법을 적용하고자 하였다면 시제법상 공서(또는 시제적 공서)(intertemporal public policy)의 원용이 불가피하고, 이를 위하여는 별도의 정당화근거가 필요하다. 즉, 신법 입법자가 소급적용이 필요한 모든 경우에 관하여 시제규정을 두지 못하고 포괄적으로 장래효만을 규정하거나 추상적인 개별 시제규정을 통하여 특정한 법률관계만을 구법에 따르도록 하였다면, 그 적용 결과가 현행 법질서의 근본적인 가치관념 및 정의관념과 충돌하는 경우 구법의 적용을 배제할 필요가 있고, 그 흠결은 일차

126) 이동진, "시제사법 서설", 윤진수교수정년기념논문집 간행위원회, 민법논고: 이론과 실무 — 윤진수교수정년기념(박영사, 2020), 591면 참조.

127) 2011년 「지식재산 기본법」 제정에 따라 구 국제사법 제24조의 "지적재산권"을 "지식재산권"으로 변경한 2011년의 개정, 그리고 금치산 및 한정치산 제도를 폐지하고 성년후견, 한정후견 등 제도를 신설한 2011년 민법 개정(2013년 시행)에 따라 구 국제사법 제14조의 "한정치산 및 금치산선고"를 "한정후견개시, 성년후견개시 심판 등"으로, "한정치산 또는 금치산선고를"을 "한정후견개시, 성년후견개시, 특정후견개시 및 임의후견감독인선임의 심판을"로, 제48조 제2항 제2호의 "한정치산 또는 금치산을 선고한 경우"를 "한정후견개시, 성년후견개시, 특정후견개시 및 임의후견감독인선임의 심판을 한 경우"로 변경한 2016년의 개정은 고려하지 않는다. 2011년 및 2016년 개정 국제사법 부칙은 대상판결 사안에 적용되지 않는 시제법 규칙이기 때문이다. 또한 1999년 「해난심판법」 개정에 따라 구 섭외사법 제47조의 "해난구조"를 "해양사고 구조"라고 변경한 1999년의 개정도 고려하지 않는다. 마찬가지로 대상판결 사안에 적용되지 않는 시제법 규칙이기 때문이다.

적으로는 구법에 의하여, 이차적으로는 신법에 의하여 보충된다.[128] 그러나 대상판결 사안에서 구 섭외사법을 적용한 결과가 시제법상 공서에 의하여야 할 정도로 부당한지는 의문이다.

구 섭외사법이 적용되는지, 구 국제사법이 적용되는지는 실제상 중대한 차이를 야기한다. 대상판결이 우리 국가배상법 적용의 주요한 근거로 삼은 일반예외조항(구 국제사법 제8조 제1항)이 구 국제사법에는 있었지만 구 섭외사법에는 없었기 때문이다. 그리고 구 섭외사법은 구 국제사법과 달리 불법행위의 성립과 효력을 판단함에 있어서 불법행위지법의 적용에 더하여 법정지법인 한국법의 누적적용(구 섭외사법 제13조 제2항, 제3항)을 규정하고 있었기 때문이다. 또한 구 섭외사법은 불법행위지원칙에 선행하는 준거법의 사후적 합의(구 국제사법 제33조), 종속적 연결(구 국제사법 제32조 제3항), 공통의 상거소지법(구 국제사법 제32조 제2항)을 규정하고 있지 않았기 때문에 2001년 국제사법 시행 전까지 우리 법원은 가해자와 피해자의 공통의 속인법이 한국법인 사건(또는 적어도 피해자의 속인법이 한국법인 사건)에서 섭외성을 부정하고 내국법을 적용하는 법리를 운영해왔다는 점도 중대한 차이이다.

나. 실질법상 시제법

국제사법을 적용하든 그렇지 않든 대상판결 사안에 우리 국가배상법이 적용되어야 한다면 어느 시점의 국가배상법을 적용하여야 하는가 하는 실질법상 시제법 문제가 제기된다. 국가배상법은 실체법상 문제와 절차법상 문제를 모두 규율하나, 원칙적으로는 이미 종료된 사실관계에 대하여 국가배상법상 절차에 따라 국가를 상대로 손해배상책임을 추궁하기 위한 일종의 절차법이므로, 원인행위시점이 아니라 소송시점, 즉 소송이 진행되고 있는 현재 시점의 국가배상법이 적용됨이 원칙이다.[129] 다만, 과거 국가배상법 부칙에는 시행 당시 계속 중인 사건에 대하여 신법이 적용됨을 명시한 예도 있고(1980년, 1981년, 1997년, 2000년), 구법의 일부 규정이 여전히 적용됨을 명시한 예도 있다(1967년). 결국 시제규정에서 달리 규정하지 않는 한 절차법상 문제는 소송시점의 법에 의한다는 불문의 시제법 규칙이 적용되는 것으로 볼 수 있다. 다만, 전술하였듯이 국가배상책임을 성립시키는 위법성의 판단을 위하여는 불법행위의 준거법 결정규칙을 적용하여야 하고, 그 범위에서는 통상의 섭외적인 사법상 법률관계와 차이가 없다.

대상판결은 구 국제사법을 적용하여 우리 국가배상법을 준거법으로 지정하였으나, 그에 앞서 불법행위지원칙을 적용함에 있어서 "불법행위가 행하여진 사회적 조건을 고려하여 그곳에서의 법의식을 기준으로 판단·처리하는 것이 일반적으로 국내법을 적용하여 처리하는 것보다 형평의 견지에서 합리적·실제적이고 당사자의 기대에도 부합하기 때문"이라는 대법원 1979. 11. 13. 선고 78다1343 판결의 태도를 원용하였다. 그러면서 "이 사건 불법행위지는 베트남으로서, 그곳에서의 법의식을 기준으로 판단·처리하는 것을 생각해볼 수 있다"고 설시하

128) 이동진, 전게논문, 594면 참조.

129) 이병화, 전게논문, 548면 참조.

고, 괄호에서 방론으로 "당시 해당 지역의 정부 상황을 기준으로 하면 남베트남법, 현재의 상황을 기준으로 하면 베트남법"이라고 판시하였다.

그런데 국제사법이 지정한 준거법 소속국의 법률이 개정된 경우 구법 또는 신법의 적용 여부는 준거법 소속국의 정치적 상황이 아니라 시제법 규정이 결정할 사항이고, 법정지의 국제사법이 관여할 사항이 아니다.[130] 법정지의 국제사법이 특정한 연결대상에 관하여 연결시점을 과거 시점으로 명시하고 있는 경우(예컨대 파양의 준거법의 연결시점으로 '입양 당시' 양부모의 본국법을 규정하고 있는 현행 국제사법 제70조) 그것이 실질법상 시제법적 판단을 포함하여 준거법을 지정하는 것인지는 논란이 있으나, 국제사법은 장소적 저촉을 해결하고자 하는 것이지 시간적 저촉을 해결하고자 하는 것이 아니므로, 국제사법은 일정한 법역의 법을 준거법으로 지정하면 충분하고, 시제법 문제는 준거법으로 지정된 실질법상 문제라고 보는 것이 타당하다.[131] 이를 통하여 국제적 판결의 일치를 도모할 수 있고 준거법 소속국의 질서이익도 존중할 수 있다.[132] 그렇다면 국제사법이 연결시점을 특정하고 있지 않은 경우에는 준거법으로 지정된 실질법 체계 내에서 구법 또는 신법의 적용 여부는 당연히 준거법 소속국의 시제법이 스스로 결정할 사항이다.[133] 위 78다1343 판결의 태도에 따라 설명하자면, 가해자에게 준수할 것이 기대되었고 피해자도 불법행위의 문제가 준거할 것으로 기대하였던 불법행위지의 사회적 조건에는 그곳의 시제법 질서도 포함된다고 말할 수 있다. 현행 베트남 민법(제688조)과 국가배상책임법(제78조)에 있는 시제법 규정은 과거의 남베트남법의 적용을 예정하고 있지 않다.[134] 그러므로 대상판결이 방론에서 언급하였듯이 이 사건 당시 남베트남법이 적용되는 일은 있을 수 없다.

3. 외국적 요소 존재 여부

구 섭외사법은 불법행위의 준거법에 관하여 불법행위지법원칙(제13조 제1항)과 법정지법 누적적용(제13조 제2항, 제3항)을 규정하고 있었다. 이와 같은 경직된 준거법 결정규칙 때문에 우리

130) 池原季雄, 国際私法(総論)(有斐閣, 1973), 172頁 참조.

131) 山田鐐一, 전게서, 94-95頁.

132) 山田鐐一, 전게서, 95頁.

133) 장준혁, "일본통치기 강제징용사건의 준거법", 국제사법연구 제19권 제1호(한국국제사법학회, 2013), 182면도 동지.

134) 필자가 베트남어를 알지 못하여 법제처 세계법제정보센터(https://world.moleg.go.kr)에 게시된 영문본을 기준으로 검토하였다. 설령 과거의 남베트남법이 준거법으로 지정되더라도 국제사법상 공서에 따라 그것을 적용하지 않고 현재의 한국법을 적용할 여지가 있다. 대상판결 사안에 구 섭외사법을 적용하는 경우에는 후술하듯이 법정지법이 누적적용되어서 이를 통하여도 남베트남법의 적용이 저지되므로 굳이 구 섭외사법 제5조를 원용할 필요가 없으나, 대상판결처럼 구 국제사법을 적용하는 경우에는 내국관련성과 현재관련성을 기준으로 구 국제사법 제10조에 따른 국제사법상 공서의 원용 여부를 검토해볼 수 있다. 그 판단은 남베트남법을 적용한 결과가 현재 한국의 기본적인 도덕적 신념이나 근본적인 가치관념과 정의관념에 비추어 허용될 수 없는 정도인지를 기준으로 삼아야 한다. 석광현, 전게서, 178-179면 참조.

법원은 일찍이 1970년대부터 외국적 요소가 있는 불법행위 사건임에도 섭외성을 부정함으로써 섭외사법의 적용을 배제하고 순수한 국내사건처럼 내국법을 바로 적용하는 법리를 제시해 왔다.[135] 특히 서울민사지방법원 1970. 11. 24. 선고 70가8895 판결은 베트남에서 주월한국군 소속 군인들 간에 발생한 총기오발사고를 원인으로 하는 국가배상소송에서 불법행위지가 베트남이라는 사정 이외에는 순수한 국내사건과 아무런 차이가 없다는 이유로 섭외성을 부정하고 섭외사법의 적용을 배제하였다. 다만, 대상판결 사안의 경우 불법행위지가 베트남일뿐만 아니라 주월한국군의 권력작용의 피해자인 원고의 속인법도 베트남법이므로 구 섭외사법 아래에서 과거 우리 판례의 태도에 따르더라도 외국적 요소의 존재 자체를 부정함으로써 내국법을 적용하기는 어려울 것이다.

4. 격지불법행위가 아닌 사안에서 피해자의 불법행위지법 적용 포기 가부

대상판결은 불법행위의 준거법을 불법행위지법에 따라 판단하는 이유는 "피해자인 원고의 이익을 고려한 것"이라고 설시하였다. 그리고 이 사건의 경우 불법행위지는 "당시 해당 지역의 정부 상황을 기준으로 하면 남베트남법이고 현재의 상황을 기준으로 하면 베트남법"인데,[136] "원고는 스스로 과거의 남베트남법 또는 현재의 베트남법의 적용에 따른 이익을 포기하고 한국법을 준거법으로 주장하고 있으므로 특별한 사정이 없는 한 피해자의 준거법 선택을 존중"하여 한국법을 준거법으로 적용하여야 한다고 판단하였다.

대상판결의 판시는 불법행위의 행동지와 결과발생지가 서로 다른 격지불법행위의 경우 피해자에게 행동지법과 결과발생지법 중에서 선택할 권리를 인정한 대법원 2012. 5. 24. 선고 2009다22549 판결(일제강제징용판결), 서울고등법원 2006. 1. 26. 선고 2002나32662 판결(몬산

135) 대법원 1970. 5. 26. 선고 70다523, 524 판결(베트남에서 근로를 제공하는 고용계약에 우리 근로기준법 적용 여부가 문제된 사건); 서울민사지방법원 1970. 11. 24. 선고 70가8895 판결(주월한국군 소속 군인간 베트남에서의 총기오발사고에 우리 국가배상법 적용 여부가 문제된 사건); 대법원 1979. 11. 13. 선고 78다1343 판결(내국인에 의한 카타르에서의 교통사고로 내국인이 사망한 사건); 대법원 1981. 2. 10. 선고 80다2236 판결(내국인에 의한 이란에서의 교통사고로 내국인이 사망한 사건); 서울민사지방법원 1982. 1. 21. 선고 81가합5764 판결(파키스탄인에 의한 아랍토호국에서의 교통사고로 내국인이 사망한 사건). 여기에서는 과거 우리 판례의 태도의 당부에 대하여 상세히 논의하지 않는다. 위 78다1343 판결(소위 카타르 사건)의 태도에 대한 우호적인 견해로는 최공웅, 전게서, 217, 530면이 있고, 비판적인 견해로는 홍순엽, "섭외사법상 불법행위지법의 적용배제와 그 한계에 대한 관견: 대법원판결을 중심으로", 법조 1980년 9월호, 6면; 김문환, "해외한국인노동자의 국제사법상 문제", 국제거래법연구 제2집(국제거래법학회, 1993), 281면; 석광현, "섭외불법행위의 준거법결정에 관한 소고: 공통의 속인법에 관한 대법원판결을 계기로 본 섭외사법의 적용범위와 관련하여", 국제사법과 국제소송 제1권(박영사, 2001), 193면 이하. 위 70가8895 판결과 위 78다1343 판결이 공통의 속인법 원칙을 채택한 것이라는 견해로는 이호정, 전게서, 305-306면; 박찬주, "섭외불법행위에 관한 준거법", 섭외사건의 제문제(하): 재판자료 제34집(법원행정처, 1986), 222, 241-242면. 최종길, "불법행위의 준거법", 저스티스 제10권 제1호(한국법학원, 1972. 12.), 10면도 공통의 속인법(주소지법)의 적용을 지지하였다.

136) 남베트남법이 적용된다면 남베트남의 지배영역에서의 법규의 사실적·일반적 적용 여부가 중요하고 국제법상 국가승인 여부와는 무관하다. 이호정, 전게서, 5면 참조.

토/다우케미칼 고엽제 판결) 등의 태도를 따른 것처럼 보인다. 그러나 문제는 대상판결 사안은 행동지와 결과발생지가 남베트남으로 일치하는 사안이지 격지불법행위 사안이 아니라는 것이다. 격지불법행위의 경우 피해자에게 준거법 선택권을 부여하는 입장 자체에 대하여도 격지불법행위라는 이유만으로 피해자가 가해자보다 우월한 지위에 있을 이유가 없고, 사후적인 준거법 선택권은 피해자에게 그의 기대를 넘어서는 혜택을 부여하는 것이며, 결과적으로 법적 안정성을 저해한다는 비판이 제기된다.[137] 격지불법행위 사안에서 피해자의 준거법 선택권의 당부는 차치하더라도, 일반적인 불법행위 사안에서 불법행위지법의 적용을 포기할 권리를 피해자에게 부여하는 것이 옳은지는 논란의 여지가 있다. 왜냐하면 국제사법은 강행법규이므로 당사자가 임의로 그 규정의 적용을 배제하는 것이 허용되지 않기 때문이다.[138] 국제사법의 강행법규성에도 불구하고 피해자에게 그와 같은 권리를 인정한다면, 불법행위지법의 대안으로 과연 어느 국가의 법을 적용하여야 하는지가 문제되는데, 구체적으로는 그 대안을 피해자가 스스로 선택할 수 있는 것인지, 그렇다면 어느 국가의 법(들)을 선택할 수 있는 것인지 또는 그 대안으로 어느 국가의 법(들)만을 선택하여야 하는 것인지, 그 대안에 당연히 법정지법인 한국법이 포함되는 것인지가 문제된다. 이들 의문에 대하여는 법률의 문언에 반하는 해석을 정당화할 수 있는 근거와 함께 가해자의 예측가능성을 해치지 않는 해답이 제시되어야 한다. 그것이 불가하다면 격지불법행위가 아닌 사안에서 피해자의 불법행위지법 적용 포기는 허용될 수 없다고 보아야 한다.

5. 법정지법의 누적적용 여부

대상판결 사안에 구 국제사법이 아니라 구 섭외사법을 적용한다면, 불법행위의 성립과 효력에 관한 구 섭외사법 제13조 제2항, 제3항에 따라 법정지법인 한국법이 누적적용되는지가 문제된다. 이때 베트남전쟁 당시 주월한국군 소청사무소에서의 비전투소청의 준거법으로 남베

137) 이종혁, 전게서, 119면, 주121 참조.

138) 석광현, 전게서, 128면; 신창선/윤남순, 전게서, 15－16면; 신창섭, 국제사법 제5판(세창출판사, 2022), 11면. 재판례로는 대법원 1982. 8. 24. 선고 81다684 판결("이 소송 사건은 섭외사법 제1조에 규정된 섭외적 생활관계에 관한 사건이라고 할 것 … 원심이 위 섭외사법의 적용을 배제할 타당한 근거를 설명함이 없이 만연히 국내법을 적용하여 판단하였음은 법률적용에 관하여 이유를 갖추지 못한 위법이 있는 것"); 대법원 2008. 1. 31. 선고 2004다26454 판결("거래 당사자의 국적·주소, 물건 소재지, 행위지, 사실발생지 등이 외국과 밀접하게 관련되어 있어서 곧바로 내국법을 적용하기보다는 국제사법을 적용하여 그 준거법을 정하는 것이 더 합리적이라고 인정되는 법률관계에 대하여는 국제사법의 규정을 적용하여 준거법을 정하여야 한다."); 대법원 2022. 1. 13. 선고 2021다269388 판결("외국적 요소가 있는 법률관계에 관하여 적용되는 준거법으로서의 외국법은 사실이 아니라 법으로서 법원은 직권으로 그 내용을 조사하여야 한다. 따라서 외국적 요소가 있는 사건이라면 준거법과 관련한 주장이 없더라도 법원으로서는 적극적으로 석명권을 행사하여 당사자에게 의견을 진술할 수 있는 기회를 부여하거나 필요한 자료를 제출하게 하는 등 그 법률관계에 적용될 국제협약 또는 국제사법에 따른 준거법에 관하여 심리·조사할 의무가 있다.") 등 참조.

트남법을 규정하고 있었던 1966년 한미 보충약정서 제5조와 구 섭외사법 간의 관계가 문제된다. 즉, 베트남전쟁 당시 특수한 소청절차를 규율하였던 위 약정서 제5조가 제한적으로 여전히 효력을 가지고 있다고 본다면, 불문의 사항적 저촉법 규칙인 특별법 우선의 원칙에 따라 위 약정서 제5조가 특별저촉규칙으로서 구 섭외사법에 우선하여 적용되는 것인지, 아니면 위 약정서는 법률로서의 효력이 인정되지 않는 기관간 약정에 불과하다고 본다면, 불문의 체계제규칙인 상위법 우선의 원칙에 따라 구 섭외사법이 위 약정서 제5조에 우선하여 적용되는지가 문제된다. 체계제규칙은 규범들 간의 순위에 관한 문제이고 사항적 저촉법 규칙은 동일한 순위의 규범들 간의 사항적 적용범위에 관한 문제이므로 논리적으로 전자가 후자보다 먼저 판단되어야 한다. 따라서 상위법 우선의 원칙이 특별법 우선의 원칙보다 우선한다고 보아야 하므로[139] 위 약정서 제5조에도 불구하고 구 섭외사법이 적용되어야 하고, 구 섭외사법 제13조 제2항, 제3항에 따른 법정지법의 누적적용은 불가피하다.

전술하였듯이 필자는 동의하지 않지만, 대상판결처럼 외국적 요소가 있는 국가배상책임에 통상의 준거법 결정규칙을 적용하여 우리 국가배상법 또는 베트남의 국가배상책임법이나 민법의 적용 여부를 판단하더라도, 법정지법인 한국법을 누적적용하는 단계에서 우리 국가배상법이 적용된다는 결론을 얼마든지 도출할 수 있다. 이때 대상판결 사안에 누적적용되는 우리 국가배상법은 1968년 당시 시행되고 있던 국가배상법이 아니라 소송이 진행되고 있는 현재 시점의 국가배상법이다. 이는 국가배상법 부칙상의 시제법 규칙에 따른 결론이다. 대상판결처럼 구 섭외사법이 아닌 구 국제사법을 잘못 적용한 끝에 구 국제사법 제8조 제1항의 일반예외조항 등의 논리를 동원하지 않더라도 현행 국가배상법이 적용되는 결론을 도출할 수 있다.

6. 한국법으로의 사후적 합의 존재 여부

대상판결은 "원고와 피고는 이 사건 소송에서 불법행위 내지 국가배상책임의 성립 여부와 불법행위에 기한 손해배상청구권의 소멸시효 완성 여부에 관하여 다툼에 있어서 한국법이 적용됨을 전제로 주장"하고 있으므로 구 국제사법 제33조에 따른 사후적 준거법 합의가 있다고 볼 수도 있다고 판시하였다.[140] 특히 대상판결은 우리 국가배상법의 적용을 주장하는 원고와 마찬가지로 피고도 우리 국가배상법이 적용됨을 전제로 원고의 손해배상청구권의 소멸시효에 관하여 장기 5년, 단기 3년의 소멸시효를 주장하고 있다는 사정을 사후적 준거법 합의의 근거

139) 특별법 우선의 원칙은 동일한 순위의 규범들 상호간의 문제이기 때문이다. 바꾸어 말하면, 상위법과 하위법 간에는 특별법 우선의 원칙이 적용될 여지가 없기 때문이다. 대법원 1989. 9. 12. 선고 88누6856 판결, 대법원 2012. 5. 24. 선고 2010두16714 판결 참조: "동일한 형식의 성문법규인 법률이 상호 모순, 저촉되는 경우에는 신법이 구법에, 그리고 특별법이 일반법에 우선하나, 법률이 상호 모순되는지 여부는 각 법률의 입법목적, 규정사항 및 그 적용범위 등을 종합적으로 검토하여 판단하여야 한다."

140) 다만, 대상판결 사안에는 구 섭외사법이 적용되었어야 하므로, 구 국제사법 제33조는 원래는 문제되지 않는 조항이다.

로 들었다.

문제는 피고가 "불법행위지는 당시 남베트남 정부가 통치하고 있었던 지역이므로 구 국제사법 제32조 제1항에 따라 당시 남베트남법이 준거법으로 적용되어야 한다"고 준거법에 관하여 주장하였다는 점이다. 이는 불법행위의 성립과 효력을 비롯한 전체 쟁점에 대하여 베트남법이 준거법이라고 주장한 것이다. 그렇다면 피고가 이와 일부 상충되게 소멸시효 완성 여부라는 쟁점에 대하여 한국법에 근거한 주장을 하였다면, 원고와 피고의 한국법으로의 준거법 선택은 최대한 선해하더라도 소멸시효 완성 여부라는 일부 쟁점에 국한하여 존재한다고 볼 수 있다. 당사자자치의 취지상 당사자들이 합리적 범위 내에서 불법행위의 일부 쟁점에 대하여만 준거법을 지정하는 것을 금지할 이유는 없다.[141] 그러나 소송절차에서 피고의 일부 상반되는 준거법 주장에 비추어 본다면, 원고와 피고가 불법행위의 전체 쟁점에 대하여 한국법을 준거법으로 선택하였다고 그들의 의사를 해석하는 것은 무리라고 생각된다.

유의할 점은 구 국제사법 제8조 제1항의 일반예외조항을 통하여 불법행위의 전체 쟁점이 아니라 일부 쟁점(예컨대 인과관계, 손해배상액)에 대하여만 통상의 준거법 결정규칙에서 벗어나 준거법을 지정함으로써 결과적으로 준거법의 분열(*dépeçage*)을 초래하는 것은 허용되지 않는다는 것이다.[142] 또한 명문규정이 없는 이상 원고의 일방적 주장에 의한 준거법 분열도 허용될 수 없다. 그러므로 대상판결 사안에서 원고는 불법행위 일반에 관하여는 베트남법의 적용을 주장하고, 소멸시효 완성 여부는 따로 떼어 한국법의 적용을 주장할 수 없다. 우리 법원도 원고가 불법행위에 속하는 쟁점별로 준거법을 서로 다르게 주장하는 것은 허용되지 않음을 명확히 선언한 바 있다. 즉, 고엽제 사건 제1심 판결[143]은 "선택된 준거법은 의의, 요건, 효과 등 당해 법률관계에 전체적으로 적용되어야 하므로, 원고는 각 준거법으로부터 자신에게 유리한 일부 요건이나 효과만을 선택적으로 추출하여 주장할 수는 없다"고 판시하였고, 같은 사건 항소심 판결[144]은 "원고들이 이 사건의 준거법으로 한국법을 선택하였으므로, 한국법이 불법행위 채권의 성립과 효과 등 당해 채권에 관한 법률관계에 전체적으로 적용된다. 원고들은 준거법으로 선택되지 않은 미국법으로부터 자신에게 유리한 일부 요건이나 효과만을 선택적으로 추출하여 그 적용을 주장할 수는 없다. 따라서 미국법상 [소멸시효 권리남용] 법리가 직접 적용됨을 전제로 하는 원고들의 주장은 이유 없다"라고 판시하였다.

---

141) 이종혁, 전게서, 182−183면; M/M/Magnus, Art. 4 Rome Ⅱ, para. 148.

142) 석광현, "계약외채무의 준거법에 관한 유럽연합 규정(로마Ⅱ)", 국제사법과 국제소송 제6권(박영사, 2019), 274면; 이종혁, 전게서, 182면; Andrew Dickinson, *The Rome Ⅱ Regulation: The Law Applicable to Non−Contractual Obligations* (Oxford University Press, 2008), para. 4.89; Richard Plender, Michael Wilderspin, *The European Private International Law of Obligations*, Fourth Edition (Sweet & Maxwell, 2015), para. 19−107; M/M/Magnus, Art. 4 Rome Ⅱ, paras. 148 참조.

143) 서울지방법원 2002. 5. 23. 선고 99가합84123 판결.

144) 서울고등법원 2006. 1. 26. 선고 2002나32662 판결.

또한 유의할 점은 당사자들이 합의한 준거법은 일반예외조항에 의하여 대체될 수 없다는 것이다. 당사자자치에 따라 구 국제사법 제33조는 구 국제사법 제32조 전체에 대하여 우선적 지위를 가지는데, 구 국제사법 제32조 제3항의 종속적 연결은 구 국제사법 제8조 제1항의 일반예외조항의 취지를 이미 구체화해놓은 특별예외조항이기 때문이다.[145] 구 국제사법 제8조 제2항(현행 국제사법 제21조 제2항)은 이 점을 확인해주고 있다. 그러나 대상판결은 당사자들의 사후적 준거법 합의를 인정함과 동시에 일반예외조항을 원용하고 있기에 이 점을 지적하지 않을 수 없다.

7. 우리 민법상 법원론(法源論) 적용의 당부

대상판결은 대법원 2000. 6. 9. 선고 98다35037 판결을 참조판례로 인용하면서 "불법행위지법으로 적용될 수 있는 남베트남법에 관하여 원고, 피고 모두 아무런 자료도 제출하고 있지 않다. 법원이 직권조사를 다하여도 외국법이 분명하지 않은 경우 이를 이유로 재판을 거부할 수는 없고, 법원(法源)에 관한 민사상 대원칙에 따라 외국관습법에 의하고, 외국관습법도 확인이 불가능한 경우 조리에 따라 재판할 수밖에 없다"라고 설시하였다. 그러면서 "조리의 내용은 현행 베트남 국가배상책임법이나 우리 국가배상법이 정하고 있는 것과 큰 차이가 있을 것으로 보이지 않는다"라고 판시하였다.

위 대법원 판결과 대상판결이 재판의 거부(denial of justice)를 회피하기 위하여 외국법 내용 불명시 불가피하게 조리를 적용할 필요가 있다고 설시한 것은 타당하다. 그러나 우리 민법 제1조에 따른 법원(法源)에 관한 민사상 대원칙, 즉 성문법, 관습법, 조리의 3단계 구조가 준거법이 베트남법이더라도 당연히 타당한 원칙이라고 판단한 것은 논란의 여지가 있다.[146] 민사법의 법원(法源)이 어떠한 요소들로 구성되는지, 각 구성요소의 국내법상 위계는 어떠한지(법률과 동등한 효력의 인정 여부), 구성요소들 간의 우열 내지 순위는 어떠한지(체계제법의 문제) 등은 해당 법률관계의 준거법이 결정할 사항이기 때문이다.

또한 대상판결은 조리의 일응의 내용으로 현행 베트남 국가배상책임법이나 현행 우리 국가배상법을 들었는데, 만약 베트남법이나 한국법이 불법행위의 준거법으로 지정되는 경우 어느 시점의 법을 적용할지는 그 법체계 내에 있는 시제법 규칙에 의할 사항이고, 전술하였듯이 베트남법이든 한국법이든 그 시제법 규칙에 의하면 각각 현행 국가배상책임법과 현행 국가배상법을 지정하였을 것으로 보이므로, 대상판결 사안에서 굳이 조리를 원용할 필요는 없었을 것이다. 만약 베트남의 구법을 적용하여야 하는데 그 내용을 도저히 알 수 없고 신법만 알 수 있다면 최대개연성의 원칙(Grundsatz der größten Wahrscheinlichkeit)에 따라 신법을 적용할 수밖

145) 이종혁, 전게서, 182면. M/M/Magnus, Art. 4 Rome Ⅱ, para. 147도 참조.

146) 종래 제기된 비판론으로 석광현, 전게서, 131－132면 참조.

에 없고,[147] 이는 조리의 적용으로 취급할 수 있을 것이다.

V. 대상판결 사안에서 국가배상법 적용상 쟁점

1. 상호보증요건의 재검토

국가배상법 제7조는 "이 법은 외국인이 피해자인 경우에는 해당 국가와 상호 보증이 있을 때에만 적용한다"라고 규정하고 있다. 이는 국가배상법이 1951. 9. 8. 제정·시행된 이래 줄곧 존재한 조항이다. 국가배상법은 원칙적인 적용대상이 내국인임을 전제로, 제7조를 통하여 그 적용범위를 외국인에게 확장하는 구조이다. 그러므로 국가배상법 제7조는 외국인이 제기하는 국가배상소송에 직접 적용되는 실질법이자 외인공법(外人公法)의 일종이다.[148][149]

국가배상법 제7조는 문면상으로는 한국과 피해자인 외국인의 본국 간에 상호보증이 현실적으로 존재하여야 하는 것처럼 보이지만, 대상판결은 "한국과 외국 사이에 국가배상청구권의 발생요건이 현저히 균형을 상실하지 않고 외국에서 정한 요건이 대한민국에서 정한 그것보다 전체로서 과중하지 않아 중요한 점에서 실질적으로 거의 차이가 없는 정도라면 국가배상법 제7조가 정하는 상호보증의 요건을 구비하였다고 봄이 타당하다"라고 판시하였다. 이는 대법원 2015. 6. 11. 선고 2013다208388 판결의 태도를 따른 것이다.

위 대법원 판결은 국가배상법 제7조의 상호보증요건을 해석함에 있어서 구 민사소송법

147) 이호정, 전게서, 216면 참조.

148) 신창선/윤남순, 전게서, 26면; 溜池良夫, 国際私法講義 第3版(有斐閣, 2005), 32頁. 이들 문헌은 외국인의 국가배상청구와 같은 국제적 공법관계에 직접 적용되는 행정법을 국제행정법이라고 지칭하는데, 이는 행정법임과 동시에 실질법이므로, 국제사법과는 구별되는 것이다. 반면에 국가배상법을 외인사법(外人私法)이라고 보는 견해도 있다고 한다. 문영화, 전게논문, 144면, 주38.

149) 국가배상법 제7조와 국제사법과의 구별이 현저한 지점은 외국인이 국가배상소송을 제기하는 현재 시점에 복수국적자이거나 무국적자인 경우이다. 현재 시점을 기준으로 삼는 이유는 국가배상법은 피고가 한국정부인 경우에 적용되는 일면적인 절차규범이므로 구제가 청구된 시점을 기준으로 삼아야 하기 때문이다. 외국인 원고가 복수국적자이거나 무국적자라면 국가배상법 제7조의 상호보증요건을 판단하기 위한 범위에서 국제사법 제16조의 본국법 조항을 적용하여야 하는가? 그렇게 본다면 국제사법 제16조는 국가배상법 제8조 후단의 "민법 외의 법률"에 포함된다고 보거나, 적어도 그 경우에 유추적용된다고 보아야 한다. 그러나 복수국적자의 경우 각 국적 소속국법을 누적적용하여야 한다는 견해도 있을 수 있고, 어느 하나의 국적 소속국법에 의하여 상호보증요건을 충족하면 충분하다는 견해도 있을 수 있다. 전자는 국가배상소송을 제기한 외국인에게 지나치게 가혹하여 부당하다. 후자는 국제사법의 관점에서는 이론적 근거가 없다고 볼 수도 있으나 외국인의 국가배상청구를 상호보증 부존재를 이유로 저지하지는 않기 위한 정책적 고려에서 채택할 여지가 있다. 또한 무국적자의 경우 본국법이 없으므로 국제사법 제16조 제2항에 따라 상거소지법에 따라 상호보증요건을 판단하여야 한다고 볼 수도 있지만, 무국적이어서 외국 국적도 없으므로 외국인이 아닌 것으로 취급할 수도 있다고 본다. 무국적자의 상거소가 국내에 있는 한 국제사법 제16조 제2항에 따르더라도 내국인으로 취급함에 문제가 없다. 「난민의 지위에 관한 협약」(Convention relating to the Status of Refugees) 제7조 제2항이 "모든 난민은 어떠한 체약국의 영역 내에서 3년간 거주한 후 그 체약국의 영역 내에서 입법상의 상호주의로부터의 면제를 받는다"라고 규정하고 있음도 고려할 필요가 있다. 일본의 논의는 문영화, 전게논문, 146-147면 참조.

(2014. 5. 20. 법률 제12587호로 개정되기 전의 것) 제217조 제4호에 대한 대법원 2004. 10. 28. 선고 2002다74213 판결, 대법원 2013. 2. 15. 선고 2012므66, 73 판결의 태도를 답습한 것이다.[150] 구 민사소송법 제217조 제4호는 "상호보증이 있을 것"이라고 규정하고 있었을 뿐이나, 2014년 개정 민사소송법 제217조 제1항 제4호는 "상호보증이 있거나 대한민국과 그 외국법원이 속하는 국가에 있어 확정재판등의 승인요건이 현저히 균형을 상실하지 아니하고 중요한 점에서 실질적으로 차이가 없을 것"이라고 밑줄 부분을 추가하는 개정을 통하여 상호보증요건을 상당히 완화하였는데, 이는 위 2004년, 2013년 대법원 판결 등의 태도를 입법화한 것이다.

생각건대 국가배상소송의 외국인 원고의 본국도 상호보증을 요구하는 국가이고 해당 외국과 한국 간에 상호보증이 없는 상태라면, 양국 모두 상호보증요건을 엄격하게 해석하는 경우에는 서로가 영원히 그 요건을 구비할 수 없는 논리적 순환관계가 있고, 국가배상소송은 개인과 대등한 지위에 있지 않은 국가가 가해자라고 주장되고 있다는 특수성이 있으며, "외국인은 국제법과 조약이 정하는 바에 의하여 그 지위가 보장된다"라고 규정하고 있는 헌법 제6조 제2항과 "모든 사람은 법 앞에 평등하고 어떠한 차별도 없이 법의 평등한 보호를 받을 권리를 가진다"라고 규정하고 있는 「시민적 및 정치적 권리에 관한 국제규약」(International Covenant on Civil and Political Rights, 소위 B규약, 한국도 체약국) 제26조 제1문을 상호보증요건의 해석근거로 원용할 수 있음을 고려한다면,[151] 한국이 선제적으로 완화된 기준 아래 상호보증을 인정할 수 있다는 위 대법원 판결과 이를 따른 대상판결은 타당하다.

문제는 대상판결 사안에서 피고는 한국과 베트남 간에 국가배상법 제7조의 상호보증이 없다고 주장하면서 이 사건 소는 부적법하여 각하되어야 한다고 본안전항변을 하였다는 것이다. 대상판결은 그 항변을 배척하였다. 외국법원의 확정재판 등이 민사소송법 제217조 제1호 제4호의 상호보증요건을 구비하지 못하는 경우 민사집행법 제27조 제2항 제2호에 따르면 집행판결 청구의 소는 각하되어야 하는데, 이 사건에서 피고의 본안전항변은 위 민사집행법 조항의 태도를 따른 것으로 추측된다. 그러나 국가배상소송에서 상호보증요건 불비의 경우 각하 또는 기각 여부가 반드시 민사집행법 제27조 제2항의 태도에 결부될 필요는 없다고 본다.[152]

150) 문영화, 전게논문, 155면은 민사소송법상 상호보증요건은 각국의 재판권 행사라는 절차적 문제로 논의되고 있으나, 국가배상법상 상호보증요건은 개인의 기본적 인권존중과 피해자의 손해전보라는 실체법상 권리구제의 문제로 논의되고 있으므로, 대법원이 전자에 관한 과거 판시를 그대로 차용하여 후자에 관하여 판시한 것은 아쉽다고 한다.

151) B규약을 상호보증요건 해석근거로 원용한 재판례로 서울중앙지방법원 2011. 7. 22. 선고 2010가단263368 판결이 있다. 이에 대한 평석으로 윤명화, "외국인에 대한 국가배상 요건으로서의 상호보증: 시민적 및 정치적 권리에 관한 국제규약 등의 간접적용 — 서울중앙지방법원 2011. 7. 22. 선고 2010가단263368 판결", 법원 국제인권법연구회, 인권판례평석(박영사, 2017), 281면 이하. 헌법 제6조 제2항의 실정성을 제고하는 헌법해석론의 제시로 이종혁, "외국인의 법적 지위에 관한 헌법조항의 연원과 의의: 제헌국회의 논의와 비교헌법적 검토를 중심으로", 서울대학교 법학 제55권 제1호(서울대학교 법학연구소, 2014), 562, 564–565면 참조.

152) 민사집행법 제27조 제2항 제2호 자체도 그 당부에 관하여는 논란이 있다. 일단 집행판결 청구의 소의 법적 성

상호보증요건을 소송요건으로 본다면, 이는 법원의 직권조사사항이고, 이것이 존재하지 않으면 법원은 소를 각하하여야 한다.[153] 반면에 상호보증요건을 법률요건으로 본다면, 이는 피해자인 외국인에게 주장·증명책임이 있고,[154] 상호보증 유무는 본안에서 판단하여야 하는 국가배상청구권 취득의 요건사실로 취급된다.[155] 두 입장의 구별실익은 전자에 따르면 국가배상청구권의 취득만이 아니라 보유, 행사, 처분 등의 경우에도 해당 시점에 상호보증이 문제되는 반면에, 후자에 따르면 일단 국가배상청구권을 취득하였다면 이후 국적 변경 등으로 상호보증요건이 흠결되더라도 여전히 청구권을 보유한다는 것이다.[156] 다만, 상호보증요건을 소송요건으로 보든 법률요건으로 보든 국가배상법 제7조에 따라 지정되는 외국인 원고의 본국법상 국가배상청구권의 발생요건은 상호보증요건의 판단을 위하여 그 범위에서 준거법이 외국법으로 지정된 것이고, 그것이 외국의 공법이라는 이유만으로 적용이 배제되는 것은 당연히 아니므로,[157] 국제사법 제18조에 따라 법원이 직권으로 조사·적용하여야 하고,[158] 필요하다면 당사자에게 이를 위한 협력을 요구할 수도 있다.

2. 소멸시효 남용 법리의 적용 여부

외국인의 국가배상청구권의 소멸시효는 국제사법을 적용하여 결정되는 준거법에 따라야 하는지, 아니면 우리 국가배상법이 적용되면 "국가나 지방자치단체의 손해배상 책임에 관하여

질은 형성소송이라고 이해하는 것이 일반적이다. 방순원/김광년, 민사소송법(하) 전정개판(한국사법행정학회, 1993), 58면; 석광현, 국제민사소송법: 국제사법(절차편)(박영사, 2012), 417면; 민일영 편집대표, 주석 민사집행법(Ⅱ) 제4판(한국사법행정학회, 2018), 91-92면(이원 집필부분); 김수형, "외국재판의 집행", 국제사법연구 제4호(한국국제사법학회, 1999), 499면. 반면에 확인소송이라는 견해로 대표적으로 이영섭, 신민사소송법(하) 제7개정판(박영사, 1972), 64면. 형성소송설에 따르면, 집행력에 관한 한 외국재판에 기한 강제집행이 적법하다고 집행판결에 의하여 선언함으로써 외국재판의 집행력이 우리나라에 미치고 비로소 집행력이 발동되는 것이다. 따라서 집행판결 청구의 소에서 민사소송법상 승인요건 구비 여부는 소송요건이 아니라 법률요건이라고 이해하는 것이 논리적으로 자연스럽다고 생각된다. 오정후, "집행판결의 거부사유인 공공질서 위반에 관한 연구: 청구이의사유가 있을 때 집행판결을 하는 것이 공공질서 위반인가?", 민사소송 제11권 제1호(한국민사소송법학회, 2007), 341-342면은 민사집행법에 집행판결의 요건으로 규정되어 있는 민사소송법상 승인요건은 소송요건이 아니라 법률요건이고, 집행판결 청구를 인용하기 위한 요건이 절차법인 민사집행법에 규정되어 있을 뿐 소송요건인 것은 아니므로, 승인요건 불비의 경우 소를 각하할 것이 아니라 청구를 기각할 것이라고 한다. 석광현, 상게서, 420면, 주211도 동지. 일본의 다수설도 법률의 문언에도 불구하고 청구기각설이라고 한다. 오정후, 상게논문, 342면, 주74 참조.

153) 상호보증을 권리능력의 문제로 보고 소송상으로는 당사자능력의 문제로 보는 견해이다. 다만, 이를 당사자능력의 문제로 보지 않고 당사자적격의 문제로 보는 견해도 입론의 여지가 있다.

154) 반면에 일본 하급심 재판례의 다수는 피고가 항변으로 주장·증명하여야 한다는 입장이라고 한다. 문영화, 전게논문, 152면 참조.

155) 최공웅, 전게서, 403면; 문영화, 전게논문, 157면.

156) 문영화, 전게논문, 151면.

157) 국제사법 제19조.

158) 법원에 현저한 사실로서 문헌 등에 의하여 알 수도 있고, 직권으로 조사촉탁이나 감정촉탁을 할 수도 있다. 최공웅, 전게서, 403면.

는 이 법에 규정된 사항 외에는 민법에 따른다"라고 규정하고 있는 동법 제8조 본문에 따라 우리 민법이 바로 적용되는지가 문제된다.[159] 전자에 따르면 한국법이 준거법으로 지정되지 않는 이상 우리 민법상 소멸시효의 법리가 적용될 수 없다. 전술하였듯이 국가배상법은 공법으로서 내국인과 외국인에게 일면적으로 적용되므로 동법 제8조 본문을 통하여 그 체계의 일부를 형성하는 우리 민법 규정도 일면적으로 적용되는 것이지 국제사법을 통하여 한국법이 준거법으로 지정되었을 경우에만 적용되는 것이 아니다.[160]

전자의 견해에 따르면 준거법으로 지정된 실질법상 시제법 규칙에 따라 어느 시점의 실질법이 적용될지가 결정된다. 또한 후자의 견해에 따라 우리 민법이 적용되더라도 어느 시점의 민법이 적용될지는 우리 민법 부칙의 시제규정에 따라 결정된다. 우리 민법은 개정이 있을 때마다 부칙의 시제규정에서 포괄적으로 장래효를 규정하면서 때때로 "종전의 법률에 의하여 생긴 효력에 영향을 미치지 않는다"는 취지로 규정하였다(1977년, 1984년, 1990년, 2002년, 2005년, 2007년, 2012년, 2015년). 따라서 대상판결 사안의 경우 1990년대 들어 소멸시효 남용의 법리가 정립되기 전에 1968년 당시의 민법이나 이후의 민법에 따라 소멸시효가 완성된 것은 아닌지 의문이 제기될 수 있다.

특히 대상판결 사안에는 다음과 같은 사정이 있다. 베트남전쟁 당시 주월한국군은 주월미군을 모델로 삼아 주월한국군 소청사무소를 운영하였다. 그렇지만 주월한국군이 월남군과 체결한 1969년 한월 약정서의 제14조에서 스스로 선언하였듯이 베트남인 개인의 청구권이 소멸되었던 것은 아니다. 1966년 한미 보충약정서 제5조가 주월한국군 소청사무소에서의 소청사건에 남베트남법이 적용된다고 규정하고 있었으므로 실제로 제기된 소청사건의 경우에는 소멸시효의 준거법도 남베트남법에 따랐어야 할 것이다. 그러나 베트남전쟁의 종료에 따라 주월한국군 소청사무소가 더 이상 운영되지 않고 한월간 및 한미간 체결된 일련의 기관간 약정도 실효됨에 따라 남베트남법 준거조항 역시 실효되었다고 볼 수 있다. 다만, 베트남전쟁 중에는 소청사무소가 운영되었으므로 적어도 그 기간 중에는 베트남인 개인의 청구권의 소멸시효가 진행되었다고 보아야 한다.

그러나 원고의 경우 주월한국군 소청사무소의 운영이 종료되기 전까지 계속 미성년자이었고, 소송제기권을 포함한 법정대리권을 행사할 친권자 또는 후견인이 존재하지 않았던 특수한 사정을 고려하여야 한다.[161][162] 이에 더하여 대상판결이 인정하였듯이 원고에게 한국정부를

159) 지연이자의 경우에도 같은 문제가 제기될 수 있다.

160) 다만, 주월한국군의 위법행위로 사망한 피해자의 가족의 국가배상청구권이 피해자에게 상속되는지 여부는 선결문제로서 별도의 방법론을 통하여 결정되는 준거법에 따를 사항이다. 위 청구권을 상속의 문제로 구성할지, 부양의 문제로 구성할지도 마찬가지이다.

161) 그러나 대상판결은 이 점을 국가배상청구권 행사의 객관적 장애사유로 언급하지 않았다. 대상판결이 제시한 객관적 장애사유는 주8 참조. 원고는 1960년생으로 주월한국군으로부터 상해를 입은 1968년에는 만 8세, 주월한국군이 철수하여 소청사무소가 폐지된 1973년에도 만 13세에 불과한 미성년자이었으므로 한국에서 국가배상

상대로 국가배상청구권을 행사할 수 없는 여러 객관적 장애사유가 있었음을 이유로 현재의 우리 민법이 정립하고 있는 소멸시효 남용의 법리를 적용함으로써 구법을 적용한 결과를 회피하고자 하였다면, 시제법상 공서의 법리를 동원할 필요가 있었을 것이다. 이때도 국제사법상 공서와 유사하게 내국관련성(예컨대 주월한국군의 불법행위로 피해가 발생하였다는 사정)과 현재관련성(예컨대 피해자의 고통이 현재까지 50년 넘게 계속되고 있으나 아무런 배상이 없었던 사정)을 고려할 수 있다.

Ⅵ. 결어

외국인이 한국법원에서 한국정부를 상대로 제기하는 국가배상소송에는 다양한 형태가 있다. 최근의 사례로는 위조 고아호적에 따라 미국으로 입양된 후 양부모의 시민권 미신청과 두 차례 파양으로 무국적 상태에서 아내와 자녀를 미국에 두고 한국으로 추방된 사람이 한국정부와 국내입양기관을 상대로 제기한 손해배상청구소송[163)]과 인천공항에 14개월간 억류된 아프리카 출신 난민신청자가 국가를 상대로 제기한 손해배상청구소송이 있다.[164)] 그밖에도 정부가 국채의 조건(예컨대 만기, 이자율, 이자지급일)을 갑자기 변경하는 경우 해당 국채에 투자한 외국인(법인 포함)이나 해당 국채의 가치에 연동된 파생상품을 설계하거나 그것에 투자한 외국인(법인 포함)이 해당 정부를 상대로 제기하는 손해배상청구소송이 있을 수 있다.[165)] 정주외국인의 점증에 따라 한국정부의 국내에서의 공권력 행사에 대한 외국인의 국가배상소송은 일상적으로 제기될 수 있다.[166)] 따라서 앞으로 우리 법원은 외국인이 우리 법원에 제기하는 국가배상소송

소송을 제기하자면 원칙적으로 이를 법정대리인(친권자 또는 후견인)이 제기하였어야 하는데[당시 민사소송법(법률 제1499호) 제47조, 제51조 본문, 제52조], 예외적으로 베트남의 소송법상 소송능력이 인정되었다면 직접 제기할 수 있었을 것이고(동법 제53조 전단: "그 본국법에 의하여", 이설 있음), 독립하여 법률행위를 할 수 있었다면 또한 직접 제기할 수 있었을 것이다(동법 제53조 후단, 제51조 단서). 원고의 친권자는 친자간 법률관계의 효력의 준거법(구 섭외사법 제22조에 따르면, 아버지의 본국법, 아버지가 없으면 어머니의 본국법)에 의하였어야 하나, 1968년 당시 원고의 직계존속으로는 어머니만이 있었으나 주월한국군의 행위로 원고의 가족 중 오빠를 제외하고 어머니, 언니, 남동생이 모두 사망하여 원고에게는 친권자가 없었던 것으로 보인다. 원고의 후견인은 후견의 준거법(구 섭외사법 제25조 제1항에 따르면, 피후견인의 본국법인 (남)베트남법)에 의하였어야 하나, 원고의 경우 후견인이 선임되지 않았던 것으로 추측된다. 후견의 경우 당시 (남)베트남법의 상황에 따라서는 국제사법상 공서에 의하여 법정지법인 한국법이 적용될 여지도 있었을 것이다.

162) 대상판결 사안의 경우 원고는 그 고유의 위자료청구권만을 행사하였고, 사망한 가족들의 손해배상청구권을 상속인으로서 행사하지는 않았다. 원고가 베트남법상 성년에 달한 때부터는 소멸시효가 진행되었다고 볼 수 있는지, 사망한 가족들의 손해배상청구권이 상속재산에 포함되더라도 이것을 소멸시효의 측면에서 원고 고유의 위자료청구권과 달리 취급할 수 있는지는 논의의 여지가 있다.

163) 서울중앙지방법원 2023. 5. 16. 선고 2019가합502520 판결(항소)은 입양기관의 손해배상책임만 인정하고 국가의 손해배상책임은 인정하지 않았다.

164) 이데일리 2023. 4. 25.자 "'최장기 공항노숙' 난민신청자, 국가배상소송 제기 — 난민신청 거부당하자 인천공항서 14개월 체류, "생존 대책 없이 공항에 가둬둔 행위는 위법"" 제하 기사 참조.

165) 그리스 국채 위기와 관련한 유럽사법재판소 *Leo Kuhn v. Hellenic Republic*, Case C-308/17 (2018) 참조.

166) 이 경우 국제사법을 적용하여야 한다는 견해에 따른다면, 해당 정주외국인과 한국정부 사이에 종속적 연결을

과 관련한 다양한 저촉법적 쟁점을 올바르게 해결해나갈 필요가 있다.

대상판결 사안의 다양한 저촉법적 쟁점에 대한 필자의 견해를 정리하면 다음과 같다. 한월 군사실무 약정서의 수차례 개정은 주월한국군의 지위와 위상을 강화하였던 것으로 평가되지만,[167] 그 와중에도 1969년 한월 약정서 제14조는 베트남인 개인의 한국정부에 대한 청구권이 존속함을 확인하고 있었다. 베트남전쟁 당시 주월한국군과 그 소속원은 조약과 기관간 약정에 따라 외교면제를 향유하고 있었지만, 그것 때문에 베트남인의 한국법원에서의 국가배상소송이 각하되어야 하는 것은 아니다. 또한 1966년 한미 보충약정서가 주월한국군의 전투행위와 비전투행위에 대하여 특수한 해결절차를 규정하고 있었지만(전투행위는 동장, 군수, 성장에게 의뢰하여 해결, 비전투행위는 주월한국군 소청사무소에서 남베트남법에 따라 해결하고 손해배상금은 주월미군이 지불보증), 그것의 존재 때문에 베트남인의 한국법원에서의 국가배상소송이 각하되어야 하는 것은 아니다. 기관간 약정과 우리 국가배상법 간의 체계제법 관점에서 보더라도 마찬가지이다.

한편 대상판결 사안과 같이 피해자가 외국인이고 불법행위지가 외국에 있는 국가배상소송에 우리 국가배상법이 적용되는 이유는 통상의 준거법 결정규칙에 따라 불법행위의 준거법으로 지정된 한국법에 국가배상법이 포함되어 있기 때문이 아니라, 피고가 한국정부인 이상 피해자가 외국인이고 불법행위지가 외국에 있더라도 우리 국가배상법이 일면적으로 직접적용되기 때문이다. 그 근거로는 국가배상법이 공법이라는 점, 국가배상소송은 공익 추구를 목적으로 하는 국가가 일방 당사자라는 점, 국가배상청구의 발생원인이 국가의 공행정작용이라는 점, 자국의 공권력행사의 당부를 타국법에 따라 판단할 수는 없다는 점, 그리고 자국의 행정조직의 편성과 그 하자로부터 발생하는 법률효과를 결정할 질서이익은 해당 국가만이 향유한다는 점을 들 수 있다.

다른 한편 대상판결 사안에 우리 국가배상법이 직접적용되더라도 동법 제2조 제1항 본문의 위법성 요건 등 제한적 범위에서 통상의 준거법 결정규칙을 적용하여 불법행위의 준거법을 판단하여야 하지만, 대상판결의 설시에는 국제사법 이론상 몇 가지 문제가 있다. 첫째, 2022년 국제사법 부칙과 2001년 국제사법 부칙을 연쇄적으로 적용하면 대상판결 사안에는 구 섭외사법이 적용되었어야 한다(국제사법상 시제법 문제). 그리하여 구 섭외사법 제13조 제2항, 제3항에 따라 법정지법인 한국법(한국이 체결한 조약과 기관간 약정 포함)이 누적적용되었어야 하는데, 이것이 통상의 준거법 결정규칙에 따르더라도 우리 국가배상법이 적용될 수 있었던 이유이다. 둘째, 국가배상법은 절차법이므로 원인행위시점이 아니라 소송시점, 즉 소송이 진행되고 있는 현재 시점의 법이 적용된다. 국가배상법 제2조 제1항의 위법성 요건을 판단하기 위한 범위에서

인정할 만한 법률관계가 존재하는 경우 제52조 제3항을 적용하는 문제, 그리고 해당 정주외국인과 한국정부 사이에 공통 상거소지를 한국으로 인정하여 제52조 제2항을 적용하는 문제가 파생될 수 있다.

167) 나종남, “월남군 합동참모총장과 주월남 한국군사령관 간의 군사실무약정서”, 공개재분류 중요 기록 해제집 Ⅱ: 외교통상부(국가기록원, 2009), 144면 이하.

베트남 민법을 불법행위지법으로 보충적으로 적용하더라도 1968년 당시 구법이 적용되었어야 하는 것은 아니다(실질법상 시제법 문제). 국제사법은 장소적 저촉을 해결하고자 하는 것이지 시간적 저촉을 해결하고자 하는 것이 아니므로, 시제법 문제는 준거법으로 지정된 실질법상 문제이다. 셋째, 격지불법행위가 아닌 사안에서 국제사법의 명문규정에 반하여 피해자의 불법행위지법 적용 포기는 허용될 수 없다. 넷째, 피고가 소멸시효 완성 여부라는 쟁점에 대하여 한국법에 근거한 주장을 하였음에도 불구하고 원고와 피고가 불법행위 전체 쟁점에 대하여 한국법으로 사후적 준거법 합의를 하였다고 인정할 수는 없다. 사후적 준거법 합의를 인정한다면 이는 일반예외조항을 구체화한 종속적 연결원칙에 우선하는 것이기 때문에 일반예외조항을 동시에 원용할 수는 없다.

마지막으로 우리 국가배상법의 적용에 관하여는 다음과 같은 쟁점이 있다. 먼저 우리 국가배상법 제7조의 상호보증요건을 구비하지 못한 경우 민사집행법 제27조 제2항과 결부시켜 소를 각하하여야 하는 것은 아니고 그것을 법률요건으로 보아 청구를 기각하는 것도 얼마든지 가능하다. 상호보증을 법률요건이라고 본다면 원고가 일단 국가배상청구권을 취득한 이상 이후 국적 변경 등으로 상호보증이 흠결되더라도 여전히 청구권을 보유한다. 다음으로 국가배상법 제8조 본문에 따라 우리 민법을 적용한다면 민법의 시제법 규정에 따라 구법이 적용되어 원고의 국가배상청구권이 이미 소멸시효가 완성되었다고 볼 여지가 있는데, 베트남전쟁 이후 1990년대 들어서 비로소 정립된 소멸시효 남용의 법리를 적용하자면 시제법상 공서를 원용할 필요가 있었을 것이다(실질법상 시제법 문제).

권리금과 영업권의 대가

— 권리금 없는 상가임대차를 위하여 —*

이 진 기**

Ⅰ. 글을 시작하며

2015년 5월 13일의 「상가건물임대차보호법」(이하 「상가임대차법」 또는 법률의 이름 없이 쓴다)[1]의 개정으로 신설된 10의3부터 10의7은 사각지대에 있던 권리금의 일반제도화를 골자로 하는 법률규정이다. 권리금관련규정은 "종래 규정만으로 임차인이 투자한 비용이나 영업활동으로 형성된 지명도나 신용 등 경제적 이익이 임대인의 갱신거절에 의해 침해되는 것을 충분히 방지할 수 없'음을 신설근거로 한다. 이를 근거로 흔히 권리금의 회수에 관한 10의4는 임차인이 투자한 자본을 회수하는 기회의 보장을 목적으로 한다는 설명이 지배한다.[2] 「상가임대차법」은 임차인의 권리를 세심하게 배려하면서도 임차인과 권리금계약을 체결하는 신규임차인이 되려는 사람의 지위를 규율함에는 몹시 인색한 법률이다.

임대인과 임차인은 임대차를 체결한 당사자이다. 임대차는 이해상반의 지위에 있는 소유자와 차임을 지급하여 그의 소유물을 사용·수익하려는 상대방이 체결하는 계약이다. 이러한

---

* 최종길 교수님의 평화로운 안식을 기원합니다.

** 성균관대학교 법학전문대학원 교수, 법학박사

1) 「주택임대차보호법」과 「상가건물임대차보호법」은 제정목적과 내용에서 처음부터 임차인과 그가 가진 임차권의 임차보증금반환채권의 보호목적에 편향된 법률이므로 '주택임차권[또는 임차인보호법]'과 '상가건물임차권보호법' 또는 보호를 삭제한 '주택임대차법'과 '상가건물임대차법'이 제격이다.

2) 연구문헌의 소개와 함께 최준규, 상가건물임대차보호법상 권리금 회수기회 보호규정 비판, 민사법학 96 (2021) 159－192, 161. 이밖에 <상가건물임대차보호법 개정안 마련>: 법무부 보도자료 2014.09.23.(<장년층 고용안정 및 자영업자 대책 Q&A>: 관계부서 합동 2014.09와 함께 원문은 ＝https://www.moj.go.kr/moj/221/subview.do?enc＝Zm5jdDF8QEB8JTJGYmJzJTJGbW9qJTJGMTgyJTJGMjIyOTk0JTJGYXJ0Y2xWaWV3LmRvJTNGcGFzc3dvcmQlM0QlMjZyZ3NCZ25kZVN0ciUzRCUyNmJic0NsU2VxJTNEJTI2cmdzRW5kZGVTdHIlM0QlMjZpc1ZpZXdNaW5lJTNEZmFsc2UlMjZwYWdlJTNEMSUyNmJic09wZW5XcmRTZXElM0QlMjZzcmNoQ29sdW1uJTNEc2olMjZzcmNoV3JkJTNEJUVDJTgzJTgxJUVBJUIwJTgwJUVBJUIxJUI0JUVCJUFDJUJDJUVDJTlFJTg0JUVCJThDJTgwJUVDJUIwJUE4JTI2), 3은 차임인상과 임대인의 직접 운영과 같은 영업가치의 회수를 언급한다.

측면에서 임대차도 그 당사자들이 사적자치에 따라 그들의 이해관계를 조정하는 도구이다.[3] 임대인의 의무는 차임을 대가로 하는 사용·수익권의 보장에 그치며, 임차인에게 영업이익과 영업가치까지 보장할 의무가 없다.[4] 또한 제3자와 임차인의 계약에 임대인에 대한 구속효, 즉 제3자효를 인정하는 것은 계약의 법리에 반한다. 임대차관계의 종료로 임대인이었던 사람과 임차인이었던 사람의 법률관계는 다시 無[nothing]로 돌아가고 그들은 서로 남이 된다. 이 때문에 임대인은 권리금을 약탈하지 않고 그가 약탈할 권리금도 없다.

그럼에도 권리금에 관한 대법원판결례와 「상가임대차법」의 규정은 계약을 체결할 때부터 계약의 운명을 예견할 수 있는 지위를 가진 시민을 행위무능력자로 만들고 임대인에게 二重의 危險을 전가한다. 그러나 계약을 체결하기 전까지 절대적 강자도 약자도 없고, 계약은 그를 체결하는 사람의 위험을 먹고 산다는 것이 계약을 지배하는 평범한 진리이다.

「상가임대차법」에서 임차인의 갱신요구권은 그의 투자와 영업활동으로 형성된 지명도와 고객 등 경제적 이익을 보호하기 위한 1차적 안전장치이다. 그리고 임대인의 갱신거절로 임차인의 이익이 침해되는 사례는 결국 10 Ⅱ에 따라 전체 임대차기간이 10년을 경과하여 임차인이 더 이상 계약갱신청구권을 행사할 수 없는 경우가 가장 전형적이다.[5] 임대인의 갱신거절은 '임차인의 계약갱신 교섭력의 강화'에 대한 중대한 침해이므로, 권리금회수기회의 보장이 소유권과 영업권의 조화를 위한 2차적 안전장치로 작동한다.[6] 그러나 임대인의 소유권과 임차인의 영업권은 서로 연결접점이 없고 임대인이 임차인의 영업활동까지 배려하여야 하는 수호성인[*patronus*]도 아니다. 영업은 임차인의 자유로운 의사결정에 따른 이익추구행위일 뿐이다.

권리금을 포함하여 임차인보호를 목적으로 하는 「상가임대차법」의 법률규정[7]은 「민법」 289, 652와 674의9와 같이 片面的 强行規定에 가까운 성격을 가진다. 고유한 의미의 편면적 강행규정과의 차이는 단지 임차인이 그의 자유의사로 보호를 포기할 경우 그것이 유효하다는 사실에서 발견된다. 이러한 처지 아래에서 법률가는 법을 있는 그대로 적용하여야 한다. 이 때문에 「상가임대차법」이 법학자에게 해석의 공간을 별로 남기지 않고 그의 검토와 평가가 입법

---

3) 매매에 관한 대판 2014.04.10., 2012다54997과 교환에 관한 대판 2001.07.13., 99다38583 참조.

4) 김영두, 권리금 회수기회의 보호와 영업보상 및 임대차기간보장의 관계, 법조 725 (2017) 46-91, 51 이하는 상가임대차와 차지관계의 유사성을 언급하면서 토지임차권[차지권]에서 임차인의 갱신청구권과 매수청구권을 규정한 「민법」 643의 규범목적과 보호방법을 상가임차권에 그대로 적용할 수 있다고 한다. 그러나 임대인의 승낙을 얻어 설치한 유형의 자산가치와 임대차관계의 종료로 소멸하는 무형의 자산가치를 같은 선상에 놓으려는 시도는 법리를 혼동한 것이다.

5) 권리금회수기회의 보장은 임대차관계의 소멸에 의하여 영향을 받지 않는다는 대판 2019.05.16., 2017다225312·225329.

6) <장년층 고용안정 및 자영업자 대책 Q&A>: 관계부서 합동 2014.09, 26. 그러나 임대인과 임차인 사이에 특별한 약정이 없음에도 소유권과 영업권의 조화를 추구하는 것은 무리이다. 임대인은 사용·수익의 제공으로 그의 몫을 다한 것이다.

7) 헌재결 2014.03.27., 2013헌바198.

론에 치우칠 수밖에 없다. 그럼에도, 다행인지 불행인지 알 길이 없지만, 권리금에 관한 「상가임대차법」의 법률개념과 이를 채용한 법률규정이 형식과 내용에서 명확하지 않고 모호한 부분이 적지 않다. 이것이 강행법규의 형식에도 불구하고 입법의 틈을 비집고 바람직한 임대인-임차인의 관계를 재정립하는 과제가 법학자에게 맡겨질 수 있는 이유이다.

지금까지 「상가임대차법」의 입법과 연구는 임차인보호에 치우쳐 권리금으로 말미암은 사회·경제적 비효용과 낭비에 거의 관심을 두지 않은 상태이다. 게다가 권리금보호가 장래의 임차인에게 커다란 짐이 될 수밖에 없는 사정을 방치한 인상이 현저하다. 이제 임차인보호의 장을 넘어 사회 속에서 권리금을 재조명할 시기이다.

Ⅱ. 「상가임대차법」과 권리금

1. 권리금개념의 성립

신설된 법률규정 중에서 10의3 I은 권리금을 「임대차 목적물인 상가건물에서 영업을 하는 자 또는 영업을 하려는 자가 영업시설·비품, 거래처, 신용, 영업상의 노하우, 상가건물의 위치에 따른 영업상의 이점 등 유형·무형의 재산적 가치의 양도 또는 이용대가로서 임대인, 임차인에게 보증금과 차임 이외에 지급하는 금전 등의 대가」로,[8] 그리고 Ⅱ는 권리금계약을 '신규임차인이 되려는 자가 임차인에게 권리금을 지급할 것을 내용으로 하는 계약'으로 정의한다.[9] I은 -아마도 임차인이- 임대인에게 지급하는 대가를 포함하므로 임차인이 되려는 사람이 임대인에게 지급하는 계약도 Ⅱ의 의미에서 권리금계약이라고 하여야 한다. 다만 상가를 소유하는 임대인의 이익이 주로 상가임대인의 이익이 계속적·안정적 차임의 취득에 집중되는 탓에 임대인과의 권리금계약을 특별히 규율할 실익이 크지 않을 것이다.[10]

10의3 I은 대판 2000.09.22., 2000다26326이 확정한 권리금개념과 대판 2023.05.09., 2012다115120이 정의한 권리금계약을 원형으로 하여 거의 수정없이 수용한 법률조항으로 여겨진다. 이에 따르면 권리금거래는 상가건물의 재산가치와 별개로 임차인이 그의 영업활동의 결과로 형성된 영업가치를 회수하기 위한 수단이다.

8) 비슷하게 또한 「감정평가 실무기준」 660-4-1.

9) 법률영역, 학문분야와 접근방법에 따라 권리금의 구성요소에 접근하는 방법이 서로 다르다. 여기에서는 「상가임대차법」을 기준으로 한다. 그 시작은 제332회 국회(임시회) 법제사법위원회회의록 (법안심사제1소위원회) 제1차, 2015.04.24., 18 이하 참조.

10) 한편 김영두, 권리금계약의 의의와 법률관계, 재산법연구 35/4 (2019) 1-29, 25는 기존임차인과 신규임차인 사이에 권리금계약이 체결되는 경우에 권리금회수기회를 보호할 필요가 있기 때문이라고 한다. 그러나 임차인의 보호가치는 직접 임대인에게 권리금을 지급한 때에도 여전하다.

대판 2000.09.22., 2000다26326: "영업용 건물의 임대차에 수반되어 행하여지는 권리금의 지급은 임대차계약의 내용을 이루는 것은 아니고 권리금 자체는 거기의 영업시설·비품 등 유형물이나 거래처, 신용, 영업상의 노우하우(know-how) 또는 점포 위치에 따른 영업상의 이점 등 무형의 재산적 가치의 양도 또는 일정 기간 동안의 이용대가라고 볼 것이어서, 그 유형·무형의 재산적 가치의 양수 또는 약정기간 동안의 이용이 유효하게 이루어진 이상 임대인은 그 권리금의 반환의무를 지지 아니하며 다만, 임차인은 당초의 임대차에서 반대되는 약정이 없는 한 임차권의 양도 또는 전대차의 기회에 부수하여 자신도 그 재산적 가치를 다른 사람에게 양도 또는 이용케 함으로써 권리금을 지급받을 수 있을 것이다.

따라서, 임대인이 그 임대차의 종료에 즈음하여 그 재산적 가치를 도로 양수한다든지 권리금 수수 후 일정한 기간 이상으로 그 임대차를 존속시켜 그 가치를 이용케 하기로 약정하였음에도 임대인의 사정으로 중도 해지됨으로써 약정기간 동안의 그 재산적 가치를 이용케 해주지 못하였다는 등의 특별한 사정이 있을 때에만 임대인은 그 권리금 전부 또는 일부의 반환의무를 진다."

대판 2000다26326에서 권리금은 임차인이 임차권의 양도 또는 전대차의 기회에 부수하여 지급받을 수 있는 금전을 말한다. 권리금에 관한 약정은 임대차의 내용을 이루지 않으므로, 임대인이 직접 임차인으로부터 권리금을 수령하는 등 특별한 사정이 없으면, 임대인에 대한 임차인의 권리금청구권은 인정되지 않는다. 그리고 임대인에게 권리금을 지급하지 않는 것이 당사자의 의사이며 실제의 관행도 그러한 것으로 판단된다.[11] 다만 임대인에게 권리금을 지급한 임차인은, 다른 사정이 없으면, 임대인에게 그 회수를 구하여야 한다. 그러나 그가 신규임차인과 권리금계약을 체결한 때에는 임대인에게 청구할 권리를 잃는다고 해석할 수 있다.

이러한 사정이 자연히 권리금계약을 신규임차인이 되려는 사람이 임차인에게 권리금을 지급하는 것을 내용으로 하는 계약으로 정의하는 「상가임대차법」 10의3 Ⅱ의 입법으로 결실맺은 계기이다.

2. 상가임대차시장과 권리금의 현황

권리금은 시장에서 통용되는 개념이므로 무엇보다 시장현황에 기초한 실증연구가 중요하며, 실무와 「상가임대차법」의 권리금정의도 이를 반영한 것으로 추정된다.

상가건물의 임차인은 대부분 소상공인, 즉 자영업자로 구성된다. 자영업자는 전체 취업자 중에서 임금근로자와 무급가족종사자를 제외한 고용자와 자영자를 의미한다. 2022년 현재 자영업종사자는 경제활동인구의 20.1%(2021년 23.9%로 OECD 회원국 중 6위), 즉 5,632,000명이고, 그 수는 2002년 6.212,000명으로 최고치를 기록한 이래 2012년부터 대체로 5,600,000명선에서 움직이지만 과당경쟁으로 해가 지날수록 감소하는 추세이다.[12]

11) 곽윤직, 채권각론, 2000, [134], 268 이하.

반면에 권리금 있는 상가의 비중은 해를 거듭할수록 늘어가는 추세이고 여기에 「상가임대차법」의 기여분도 무시하기 어렵다. 한국부동산원에 따르면, 2022년 현재 전국에서 권리금이 있는 상가의 비율은 2021년과 비교하여 2.6% 증가한 56.6%이다. 권리금비율을 업종별로 보면, 숙박음식점업(71.9%)이 가장 높고 기타 개인서비스업(43.7%)이 가장 낮다.[13] 그런데 권리금을 지급한 상가임차인이 채 60%에 이르지 못함에도 정작 그들의 85%가 향후 권리금을 받고 나가겠다고 응답한 사실이 매우 흥미롭다.[14]

상가임대차를 대표하는 업종으로 도·소매업과 숙박·음식점업을 들 수 있다. 통계청의 소상공인실태조사[15]르 중심으로 이들을 관찰하면, 사업체를 계속 운영할 경우에도 전체 소상공인의 81% 이상이 승계계획이 없고[16] 사업을 전환하고 현사업체를 정리하려는 소상공인의 비율이 61.7%[17]에 이른다. 2020년도를 기준으로 하는 또 다른 실증자료를 보면, 소상공인의 창업성공률은 5%로서 75%는 1년내에, 그리고 20%는 3년내에 폐업할 수 있다고 한다.[18] 그 범위를 일반음식점으로 좁히면, 2020년도 창업음식점은 65,806개이고 폐업음식점은 54,437개로서 폐업비율이 83.7%에 이른다.[19] 그런데 설령 불확정의 권리금을 영업가치로 인정하더라도 임차인이 영업활동을 그르칠 때에는 권리금이 소멸하여 흔적조차 없어지는 사례가 흔하다: 폐업하는 소상공인에게 권리금은 잊어야 하는 비용이다. 이러한 상황인식은 권리금이 역설적으로 소수의 성공한 소상공인을 위한 惡習으로 애당초 일반화에 적합하지 않음을 증언한다.

실태조사의 결과는 실무와 「상가임대차법」의 옹호에도 불구하고 권리금의 수수가 영업이익을 따지지 않고 영업행위를 수반하는 장식관행화(?)하여 사실상 '상가임대차 있는 곳에 권리금 있다'는 식의 맹목적인 '도둑놈 심보의 법규화'를 여실히 증명한다. 이는 동시에 권리금이 반드시 있어야 하는 제도가 아니라 없어도 그만이라는 반증이다. 이는 나아가 법률현실에서 부풀려지거나 왜곡된 법률현상이 「상가임대차법」에 권리금규정을 강화한 배경이 되었을 수 있다는 정당한 의심을 가능하게 한다. 그 연속선상에서 「상가임대차법」은 없어도 무방하고 앞으

12) 통계청, 2022년 경제활동인구조사(=https://www.index.go.kr/unity/potal/main/EachDtlPageDetail.do?idx_cd=2779)

13) https://www.reb.or.kr/r-one/main.do. 서울의 평균권리금은 5,070만원(76.9만원/㎡)이다.

14) <상가건물임대차보호법 개정안 마련>: 법무부 보도자료 2014.09.23., 1.

15) https://kosis.kr/statHtml/statHtml.do?orgId=101&tblId=DT_1ME0502&vw_cd=MT_OTITLE&list_id=101_004_005&scrId=&seqNo=&lang_mode=ko&obj_var_id=&itm_id=&conn_path=K2&path=%252Fcommon%252Fmeta_onedepth.jsp.

16) 중소기업벤처부-KOSIS 시도/산업중분류별/사업체 계속 운영 시 승계여부별 사업체수, 수록기간 : 년 2018~2020 / 자료갱신일: 2022-07-01.

17) 중소기업벤처부-KOSIS 시도/산업중분류별/사업전환시 애로사항별 사업체수(복수응답), 수록기간 : 년 2018~2018 / 자료갱신일: 2020-01-31.

18) 강종헌의 창업전략 = http://www.ksetup.com/news/news_view.php?idx_no=10391.

19) 연합뉴스, 2021.10.28. = https://www.yna.co.kr/view/AKR20211028168400003.

로 장기임대차의 정착으로 충분히 극복할 수 있는 좋지 않은 거래관행을 일반제도화함으로써 오히려 공고히 하고 상가임차인에게 엉뚱한 기대감을 조성하였다는 비난을 벗어날 수 없다.

Ⅲ. 권리금의 내용과 비교개념

1. 권리금의 구성요소

실무와 이를 계승한 「상가임대차법」 10의4가 채용한 권리금개념이 의외로 몹시 허술하다: 권리금은 모호한 추상적·유동적 개념으로 점철된 형태이다. 어느 누구도 그러한 것을 定義라고 부르지 않는다. 제대로 된 정의규정의 미비는 오히려 법적 분쟁을 부르기 마련이다.

한국부동산원에 따르면, 유형권리금의 지급사유는 인테리어를 포함하는 영업시설(78.6%)＞비품(47,0%)＞재고자산(14,6%)의 순이고, 무형자산의 지급사유는 상가건물의 위치(93.9%)＞거래처·신용·노하우(31.4%)의 순이고 인·허가(4.7%)와 임차권보장(2.3%)은 미미한 수준이다.[20] 그런데 유형권리금에서 영업시설과 비품이 차지하는 비중이 높다는 모습은 영업양도[인수]를 가정하지 않으면 받아들이기 힘들다. 결론부터 말하면 권리금은 실체가 없는 허상이다.

2. 실체없는 허구개념으로서 권리금

(1) 유형재산: 유형재산은 영업시설, 비품과 재고자산 등 물리적·구체적 형태를 가지고 권리금의 시설조건을 형성하는 요소들로서, 이에 관한 권리금이 이른바 시설권리금이다.

상가건물임대차도 그 본질에서 「민법」의 임대차이다. 「상가임대차법」도 이를 존중하여 권리금의 회수 외에는 임대차관계의 종료의 법률효과를 법정하지 않고 「민법」의 임대차에 맡긴다. 다른 약정이 없으면, 상가임차인은 '임대인이 넘겨준 대로 임차목적물을 돌려주어야' 한다(「민법」 654−615). 영업시설은 임차인이 영업활동을 위하여 오롯이 그의 위험으로 투자·설치한 설비이다. 이는 필요비와 유익비에 해당하지 않으므로 비용상환청구권의 근거가 될 수 없다. 이와 관련하여 영업시설을 권리금에 포함하는 10의4가 진정으로 임차인의 原狀回復義務를 배제하는 효력을 가질 것인지 의문이다. 무엇보다 상가임차인의 투자는 이익을 추구하기 위하여 없어서는 안 될 필수요건으로서 '투자없이 이익없다.' 일반의 시장법칙을 따르면, 영업목적을 위한 투자분은 영업활동의 성과로 취득하는 영업이익에 의하여 상쇄되기 마련이다. 그리고 임차인은 「민법」 626의 비용상환청구권과 부속물수거권과 -매수청구권(654−615, 646)으로 투하자본을 회수할 기회를 가진다. 임차인의 원상회복의무는 임대차의 본질적 부분을 이루고, 특별한 약정이 없으면, 배제되지 않는다. 영업시설을 권리금의 이름으로 격상하여 그의 회

20) 항목별 중복선택이 가능한 탓에 합이 100%을 초과함.

수를 법정한 사실이 임차인의 원상회복의무에 영향을 미칠 수 없고 미쳐서도 안 된다.

영업시설과 비교하여 비품과 재고자산은 임대차와 직접 관련이 없이 임차인이 수거할 수 있고 마땅히 수거하여야 하는 獨立物이다. 이들의 운명은 임차인의 자유처분 또는, 필요한 경우, 그와 임차인이 되려는 사람의 합의에 맡기면 그만이고 굳이 권리금에 포섭할 이유가 조금도 없다. 그럼에도 임대인까지 끌어들여 권리금의 이름으로 비품과 재고자산에 관한 임차인의 권리를 제도화하고 그 회수를 임대인에게 보장하도록 강제하는 것은 法의 이름을 빌린 暴力일 뿐이다. 결론적으로 비품과 재고자산의 대가를 권리금화하는 것은 과잉포장이다.

(2) 무형재산: 무형재산은 사회통념상 금전평가가 가능한 무형의 가치를 말한다. 이는 물리적·구체적 형태가 없는 거래처, 신용, 영업상의 노하우[이상 영업권리금], 건물의 위치에 따른 영업상의 이점[바닥권리금] 등을 요소로 한다. 입지조건, 영업조건과 허가난이도 등의 요소도 그 구성부분이다. 그런데 무형재산권은 소비재와 마찬가지로 반환이익이 거의 없다.

1) 입지조건

입지조건은 상가건물의 위치에 따른 영업상 이점이다. 「상가임대차법」의 입법자는 입지조건이 고객·신용 등 영업권리금과 밀접한 관련이 있어 독립하여 산정하는 것이 불가능하고, 임대인은 역세권형성 등 외부적 요인에 의한 이점증가를 차임에 반영하므로 입지조건은 임차인에게 귀속함이 마땅하다고 한다.[21] 이는 임대인과 임차인이 이익을 공유하여야 한다는 관념을 반영한 것으로 보인다. 그러나 이는 상가임차인이 입지조건의 개선으로 더 많은 이익을 남긴다는 사실을 간과한 잘못에서 자유롭지 않다. 게다가 임대인의 차임증액청구권은 「동 시행령」 4에 의하여 연 5%로 막혀 있으므로, 부동산시장가격의 변동과 적정한 조화가 어렵다.[22]

상가건물은 －비록 「상가임대차법」은 명확하게 정의하지 않지만[23]－ 영업행위의 기반이 되는 장소이고[24] 상가임차권은 영업목적을 달성하기 위한 장소를 확보하기 위한 도구이다. 상가를 제공하는 사람은 임대인이다. 위치에 따른 영업상 이점, 즉 위치, 상권과 배후지는 임차상가와 결합된 것이다. 이는 이미 임대차를 체결할 때부터 확정되며 임차인이 임의로 정할 수 없다. 임차인은 단지 그의 자유결정으로 상가건물을 선택·임차하여 사용·수익한다.[25] 그러나 상가건물을 임차한 사실이 그의 영업행위와 영업가치를 증명하지 않는다. 상가건물을 소유

21) <상가건물임대차보호법 개정안 마련>: 법무부 보도자료 2014.09.23., 12.

22) 이밖에 임대차관계가 종료한 후의 사후적 차임감액청구를 인용한 서울중앙지판 2022.12.15., 2021가단5363344.

23) 「상가임대차법」 2 I 본문은 상가건물을 「같은 법」 3 I에 따라 사업자등록의 대상이 되는 건물로 정의하지만, 「부가가치세법」 8 I은 사업자등록을 신청하여야 하는 대상으로 사업장으로 하고 이를 준용하는 「소득세법」 168 I은 새로이 사업을 사작하는 사업자의 등록의무를 내용으로 한다.

24) 김영두, 법조 725 (2017) 51.

25) 이를 경영판단으로 설명한 백경일, 비용부당이득 반환청구권을 통한 상가권리금보호의 가능성, 민사법학 88 (2019) 243－287, 277.

하는 임대인의 위험에 속하는 건물위치를 임차인이 회수하도록 하는 것은 논리모순이다.[26)]

입지조건의 결정요소는 상가건물의 위치이다. 상권개척 등 임차인[상인]의 노력으로 입지조건이 만들어지거나 개선되는 이례적인 경우도 있지만 이는 주로 우연한 사실의 결과물이다. 동시에 입지조건이 가로수길, 망원동길 또는 성수동에서 나타난 상권활성화를 비롯한 외부요인에 의하여 창출되는 경우도 흔하다. 이때에는 대부분 그 창출자를 특정하기 어렵고 경기의 흐름이나 젠트리피케이션gentrification 등의 영향에서 자유롭지 않고 자유로울 수 없다.[27)] 더군다나 임차인도 때로는 그에 가담하여 이를 부르는 공동주체가 되기도 한다. 그러므로 입지조건의 처분을 오롯이 임차인의 임의에 맡기는 것은 잘못이다.

이밖에 권리금의 명목으로 임차인이 상가위치에 따른 영업상 이점을 차지하는 것은 不當利得이다. 부당이득은 이익의 반환으로 시정될 수 있지만, 법률과 판결이 이를 처음부터 방지하도록 하는 것이 훨씬 건전하고 간명하다. 다만 이른바 바닥권리금과 같이 임대인이 임차인에게 점포위치의 이점에 관하여 대가를 청구하고 임차인이 이를 지급한 때에는 권리금으로 삼을 수 있을 것이지만,[28)] 이때에도 임대인과 임차인의 사적자치에 맡기는 것이 보다 능률적일 것이다. 한편 예외적으로 임차인이 그의 노력으로 새로운 상권을 개척한 경우에는 이를 권리금으로 평가할 여지도 배제할 수 없다. 그러나 이러한 경우 통상 차임이 낮고 임차인의 기여와 노력은 영업이익의 형태로 보상된다. 유상의 사용·수익의 제공이라는 임대차의 본질을 고려할 때 장기의 임대차기간으로 보상하는 것이 임대인과 임차인 모두에게 이익이 되는 해결책이다.

상가건물의 위치에 따른 영업상 이익, 즉 입지조건은 임대인으로부터 출발하는 것이며,[29)] 이를 권리금에 집어넣은 것은 애당초 바늘귀를 잘못 꿴 것이다. 이를 임차인의 몫이 되어야 하는 권리금의 구성부분으로 받아들인 대판 2000다26326과 「상가임대차법」 10의3 I은 처음부터 실패를 예정한다.

2) 영업조건

a. **신용**: 신용을 권리금에 포함한 실무와 10의3은 어떻게 하여도 설득력이 없다. 임차인과 신규임차인은 인격을 달리하는 주체로서 인격을 공유하지 않는다. 더욱이 일반의 언어용례

---

26) 권리금은 임차인, 중개업자, 컨설팅업체, 임대인이 단합하여 임차인이 되려는 사람으로부터 부당한 이득을 얻는 수단에 지나지 않으며 장소적 이익은 임대인에게 임차료로 귀속되어야 한다는 민태욱, 상가권리금의 본질과 공법적 해결, 토지공법연구 66 (2014) 515-535, 524 이하.

27) 같은 취지로 특히 이상용, 개정 상가건물임대차보호법과 바람직한 임차인 보호방안, 민사법학 73 (2015) 49-109, 54. 자세한 현황은 황영숙/정쾌호, 상업 젠트리피케이션에 따른 임차인 이동에 관한 연구, 주거환경, 20/4 (2022) 179-194 참조.

28) 임대인이 직접 임차인으로부터 권리금을 수령하는 비율은 전체시장의 약 2%에 그친다(<상가건물임대차보호법 개정안 마련> 10).

29) 사용·수익권이 없는 임차인에게 그가 갖지 않은 권리를 거래하도록 허용하는 것은 형용모순*oxymoron*이라는 최준규, 민사법학 96 (2021) 164: "지역권리금이라는 개념은 실무상으로도 무익·유해하다."

에서 신용은 순수한 인적 요소로서 양도·처분의 대상이 아니므로 이를 재산가치로 평가할 수 없다. 그리고 법률의 표현상 실무가 말하는 신용이 「신용정보의 이용 및 보호에 관한 법률」 제2조의 의미에서 신용정보주체의 신용도를 판단하기 위한 정보와 그의 신용거래능력에 관한 정보가 될 수 없음은 분명하다. 국토교통부가 2015년 6월 11일 「감정평가 실무기준」의 개정[30]에 관하여 신용에 포함한 고객인지도(브랜드)는 임차인, 신규임차인과 상표권자 사이에서 처리되어야 할 사항들이다.

10의3에서 신용을 개인의 신용이 아니라 임차인에 대한 사회적 신뢰도 또는 평판의 의미로 읽어야 한다. 그러나 이는 동일한 영업행위를 전제하지 않을 때에는 존재할 수 없고 설령 존재하더라도 그다지 높은 가치를 가질 수 없는 요소이다.

b. **영업상 노하우**(know-how)**와 거래처**: 영업상 노하우와 거래처는 특정영업과 불가분의 관계를 이루는 요소이므로 일반화에 적합하지 않다. 예컨대 실내체육시설에 속하는 실내골프연습장과 실내야구연습장 또는 행사업체인 웨딩업과 장의업은 같은 서비스업체이지만 서로 실질을 달리하며, 심지어 음식업체인 중식당과 일식당마저도 영업상 노하우와 거래처를 완전히 달리한다. 뿐만 아니라 임차인이 되려는 사람이 임차인의 영업을 승계할 의무는 없다. 이밖에 살아있는 개인에 관한 정보를 포함하는 거래처-와 고객정보는, 「개인정보보호법」 17 등 특별한 사정이 없으면, 거래대상이 될 수 없다.[31]

다음으로 영업상 노하우와 거래처를 반드시 상가건물과 결합하여야 할 합리적인 이유도 확인되지 않는다. 이들은 특정 임차상가와 불가분의 관계를 이루는 요소가 아니라 영업에 바쳐진 요소이다.[32] 나아가 노하우는 고정불변이 재산이 될 수 없고 언제나 옳은 것도 아니다. 오히려 중요한 요인은 신규임차인의 營業의 質이다.[33]

권리금의 회수를 빌미로 임차인이 되려는 사람에게 영업상 노하우와 거래처의 대가를 취득하도록 허용하는 처분은 신규임차인에게 영업권을 인수하도록 하여 임차인의 영업을 강제하는 것과 다름없다.[34] 그러나 특정목적을 위하여 조성·분양된 상가건물을 제외하면, 임대인과 임차인에게 특정영업이 강제될 수 없고 강제되어서도 안 된다.

마지막으로 국토교통부의 <권리금 감정평가 기준>을 따르면, 임대차의 내용, 상가면적

30) 국토교통부, 권리금 감정평가 실무기준 (보도참고자료), 2015.06.11. = http://www.molit.go.kr/USR/-NEWS/m_72/dtl.jsp?id=95075806.

31) 「개인정보보호법」 2 I 1호와 17; 서울고판 2021.12.23., 2020노628 참조.

32) 「법인세법 시행규칙」 32가 준용하는 「법인세법 시행규칙」 15 II와 [별표3]은 영업권의 내용연수를 5년으로 한다.

33) 이밖에 전제사실은 다르지만 신규임차인이 기존임차인이 창출한 고객흡입력의 혜택을 볼 수 있는 유효기간은 초기의 단기간에 불과할 수 있다는 지적으로 최준규, 민사법학 96 (2021) 175.

34) 최근 SNS 등의 마켓팅기법과 강화된 권리금회수기회의 보장을 등에 업고 단기의 영업이익을 미끼로 신규임차인으로부터 고액의 권리금을 받으면서 상가임차권과 노하우를 전수(?)하는 신종영업방식이 기승이다.

과 건축관리상태가 영업조건에 편입[35]되어야 한다. 그렇지만 이들은 직접 임대차의 내용을 이루는 요소로서 임차인이 아니라 임대인이 나서서 조율하여야 할 항목에 속한다. 이를 권리금으로 챙기는 것은 임차인의 횡포이다. 임차인은 영업조건을 변경·결정할 수 있는 처분권자가 아니기 때문이다.

3. 권리금계약의 본질: 영업양도계약

권리금계약은 결국 상가건물 자체의 임차권이 아니라 그와 연결된 영업 또는 영업의 일부 요소를 양도하고 그 대가를 지급하는 것을 내용으로 하는 계약이다.[36] 그리고 권리금의 보호는 임차인이 쌓은 영업의 시장가치를 보호하는 것이다. 이와 관련하여 특정 상가건물과 결합된 영업의 시장가치의 보호는 임차인의 사용·수익권 유무에 따라 그 강도와 근거법리를 달리하여야 하며, 앞으로 사용·수익할 수 없는 임차인에게 보호가치있는 영업이익이 존재한다고 볼 수 없음에도 「상가임대차법」은 사용·수익권이 전제되지 않은 권리금을 보호한다는 비판이 유력하다.[37] 그러나 이는 영업이익과 영업권을 혼동한 것이다. 영업이익은 이를 창출한 사람에게 귀속되어야 하며, 임차인이 그 사람이다. 그러나 영업권은 임차권과 분리된 별개의 권리이다. 「소득세법」 21 I 7호는 이를 분명히 한다: 기타소득은 행정관청의 인·허가를 받음으로 얻은 경제적 이익(「같은 법 시행령」 41 II)과 대통령령으로 정하는 점포임차권을 포함하는 영업권을 양도하거나 대여하고 그 대가로 받는 금품을 의미한다. 여기에서 점포임차권은 거주자가 사업소득이 발생하는 점포를 임차하여 점포임차인으로서의 지위를 양도하여 얻는 경제적 이익으로서 점포임차권과 함께 양도하는 영업권을 포함한다(「같은 법 시행령」 41 III).[38] 이러한 인식 아래 관심이 점포임차권을 양도할 수 있는 임차인의 권리 유무와 임대인이 임차인의 영업권을 보호하여야 하는 문제로 모아진다.

4. 권리금과 영업권

(1) 영업권의 실질을 가진 권리금

실무와 이를 계승한 「상가임대차법」의 권리금개념은 구성요소와 내용에서 영업권개념의 판박이이다. 이 때문에 일체의 영업요소를 양도하면서 그 대가로 권리금을 지급할 것으로 내용으로 하는 권리금계약이 영업양도에 해당한다는 주장이 사뭇 설득력을 지닌다.[39] 그런데 영

35) 국토교통부, 권리금 감정평가 실무기준, 6 <개별요인항목 예시>.

36) 김영두, 재산법연구 35/4 (2019) 1-29, 2.

37) 최준규, 민사법학 96 (2021) 179-182. 한편 이상용, 민사법학 73 (2015) 93 이하는 장소적, 영업적, 그리고 시설이익으로 분류하고, 이중에서 영업이익과 시설이익이 임차인에게 귀속될 수 있는 영업가치라고 한다.

38) 점포임차인의 영업권을 보호하는 것은 점포임차권의 보호와 같은 의미라는 김영두, 법조 725 (2017) 51은 「소득세법」의 규정취지를 놓친 서술이다.

39) 김영두, 재산법연구 35/4 (2019) 특히 10 이하; 최준규, 민사법학 96 (2021) 162 이하 등.

업양도는 상인[임차인]이 제3자와 체결하는 독립의 법률행위로서 임대차의 관할영역을 벗어나기 때문에 영업권의 양도를 규정내용에 포섭한 「상가임대차법」은 처음부터 무리수이다.

영업권은 임차권과 엄연히 분리되는 상인의 재산이다. 영업권은 어느 기업의 전통, 사회적 신용, 입지조건, 특수한 제조기술 또는 거래관계의 존재 등 영업상의 기능 또는 특성으로 동종의 사업을 영위하는 다른 기업의 통상수익보다 높은 수익을 올릴 수 있는 초과수익력이라는 무형의 재산적 가치를 말한다.[40] "영업권은 어느 사업체가 동종 기업의 정상이익률을 초과하는 수익력을 가지는 경우 그 초과수익력을 평가한 것이다. 여기에서 초과이익은 반드시 현실화된 이익일 필요는 없다. 이러한 영업권을 갖는 사업체가 거래객체가 될 때에는 당연히 그 부분에 대한 대가를 주고받을 것이 예상된다."[41] 영업권 속에는 사업체가 직접 사업을 영위하여 형성한 가치 외에 그 사업체의 실질주주의 사업기회 유용행위로 다른 회사가 상실한 타 법인과의 독점판매계약권의 가치도 포함된다.[42]

「상법」 제41조 소정의 영업의 양도는 "영업목적을 위하여 조직화된 유기적 일체로서의 기능재산의 동일성이 유지된 일괄이전을 의미하는 것이고 영업의 동일성 여부는 일반사회관념에 의하여 결정되어져야 할 사실인정의 문제이기는 하지만, 영업재산의 전부를 양도했어도 그 조직을 해체하여 양도했다면 영업의 양도는 되지 않는 반면에 그 일부를 유보한 채 영업시설을 양도했어도 그 양도한 부분만으로도 종래의 조직이 유지되어 있다고 사회관념상 인정되기만 하면 그것을 영업의 양도라 하지 않을 수 없는 것이다."[43]

다음으로 「상법」 제42조에서 영업은 "일정한 영업 목적에 의하여 조직화된 유기적 일체로서의 기능적 재산을 뜻하는바, 여기서 말하는 유기적 일체로서의 기능적 재산이란 영업을 구성하는 유형·무형의 재산과 경제적 가치를 갖는 사실관계가 서로 유기적으로 결합하여 수익의 원천으로 기능한다는 것과 이와 같이 유기적으로 결합한 수익의 원천으로서의 기능적 재산이 마치 하나의 재화와 같이 거래의 객체가 된다는 것을 뜻한다 할 것이므로, 영업양도가 있다고 볼 수 있는지의 여부는 양수인이 당해 분야의 영업을 경영함에 있어서 무(무)로부터 출발하지 않고 유기적으로 조직화된 수익의 원천으로서의 기능적 재산을 이전받아 양도인이 하던 것과 같은 영업적 활동을 계속하고 있다고 볼 수 있는지의 여부에 따라 판단되어야 한다."[44] 영업양도의 경우 "상호의 계속사용은 일반적으로 영업양도인이 사용하던 상호와 그 양수인이 사용하는 상호가 전혀 동일할 필요까지는 없고, 다만 전후의 상호가 주요부분에 있어서 공통

40) 대판 1997.05.28., 95누18697 등. 다만 '영업상의 기능 또는 특성'을 대신하여 '제조·판매의 독점성 등'을 사용한 대판 1985.04.23., 84누281.

41) 대판 2017.07.18., 2016다254740.

42) 대판 2018.10.25., 2016다16191.

43) 대판 1989.12.26., 88다카10128.

44) 대판 1997.11.25., 97다35085(슈퍼마켓의 매장시설과 비품, 그리고 재고상품 일체의 매수가 영업양도에 해당한다고 한 사례).

되기만 하면 된다."[45]

이들을 묶으면 <권리금회수 = 영업권양도 + 사실상 임차인지위의 양도>의 公式이 성립한다. 그 결과 권리금을 수령한 임차인에게 더 이상의 영업권양도는 금지된다고 새겨야 한다. 상가임차권이 영업권을 행사하는 기초가 됨은 부정할 수 없다. 그럼에도 영업권을 특정 임차권과 결합된 단일재산권[권리금]으로 분류하기 위하여는 반드시 그에 합당한 논거를 제시하여야 하지만 그러한 노력이 대단히 모자란다.

(2) 영업권의 대가로서 권리금

권리금계약은 임차한 상가의 영업 또는 그 일부를 양도하는 계약과 다르지 않으며, 그의 규율은 사적자치에 맡겨지고 그 사회의 관행에 의하여야 한다.[46] 그리고 이를 회수할 수 있는 기회의 보장은 최장임차기간의 범위 내에서 이루어져야 한다. 그렇지 않으면 이는 소유권을 사용·수익권을 제외한 단순한 처분소유권화 또는 차임청구권화함으로써 단독소유권을 원칙으로 하는 민법의 기본틀을 깨는 잘못이 저지르게 것이다. 「상가임대차법」 10의4도 임대차관계의 종료를 앞둔 임차인이 사용·수익권을 잃고 임차물을 반환하여야 하는 상태를 가정하며, 「임대차기간이 끝나기 6개월 전부터 임대차 종료 시까지」와 「신규임차인이 되려는 자」가 그 증거이다. 임대차가 종료할 때까지 임차인이 신규임차인이 되려는 사람을 주선하면 되고 반드시 권리금을 현실수령하여야 하는 것은 아니다.

그런데 소상공인으로 대변되는 상사임차인이 상인이고 권리금과 「소득세법」 21 I 7호의 영업권이 개념상 거의 일치한다는 사실이 주목된다. 이는 권리금이 실질상 영업권의 다른 이름이라는 사실을 말하며, 세칭 뜨는 지역에서 권리금을 명목으로 하여 영업권을 양도하는 거래현상이 드물지 않게 발견된다. 이와 관련하여 신규임차인으로부터 권리금을 수령한 사실에서 영업권을 양도하는 임차인의 의사를 읽을 수 있다. 이밖에 권리금계약이 세계에서 보편화된 계약의 한 유형이라는 설명도 있으나, 이는 오히려 영업권의 양도에 타당한 언급이다.[47]

영업권의 양도는 「민법」 629의 제한에서 자유롭다. 그런데 영업권의 양도에서와 달리, 「상가임대차법」은 권리금을 회수한 임차인이 부정경쟁방지와 영업비밀의 보호 등 신규임차인에게 부담하여야 하는 의무목록을 전혀 알지 못한다.[48] 이들은 권리금을 「상가임대차법」에 수용·제도화할 때에 반드시 참작하였어야 했으나 누락된 사항들이다. 현재로서는 별도의 약정이 없으면 임차인은 신규임차인에 대하여 권리금의 대상이 되는 재산가치의 보장 외에 여하한 의무도 지지 않는다고 해석할 수밖에 없을 것이다.

입법론의 시각에서 權利金은 얼마든지 營業權의 代價로 대체·규율될 수 있는 기능적

45) 대판 1989.12.26., 88다카10128.

46) 헌재결 2014.03.27., 2013헌바198; 김영두, 재산법연구 35/4 (2019) 2.

47) 김영두, 재산법연구35/4 (2019) 8 이하.

48) 예를 들어 「부정경쟁방지법」 2 1호 파목과 금지청구권에 관한 「같은 법」 4 등.

개념이다. 이를 구태여 권리금으로 이름붙여 법제화한 「상가임대차법」은 옥상옥을 짓고 상가임차인에게 공허한 기대감을 심는 徒勞에 그친다.

Ⅳ. 「상가임대차법」의 권리금보호

1. 권리금보호규정의 실익

권리금계약은 신규임차인이 되려는 사람과 임차인의 계약이다. 10의3 I이 '임차인' 외에 '임대인'을 삽입한 이유는 임차인이 직접 임대인에게 권리금을 지급하는 일부의 관행을 반영한 조항이다. 그리고 이때에는 임대인−임차인의 관계에 맡기면 그만이고 임차인에게 구태여 권리금회수기회를 보장하는 내용의 규정을 두어야 할 불가피한 이유가 없다.

임차권에 物權과 同一한 效力을 부여하여 임차인의 지위를 강화하는 「상가임대차법」의 입법에도 불구하고 상가임대차도 임대인과 임차인이 체결하는 채권계약의 본질을 잃지 않는다. 그 결과 임차권의 대항력(3−7)과 임차인의 임대차갱신청구권(10)은 「민법」 629의 효력에 영향을 미칠 수 없어 임차인이 임대인의 동의없이 전대차한 경우 임대인은 임대차를 해지할 수 있다.[49] 그리고 임대차관계가 소멸하면 임차인은 상가건물을 원상회복하여 반환하여야 한다(민법 654−615).[50] 이를 외면하고 권리금을 빌미로 상가건물에 부속한 영업시설을 철거하지 않고 신규임차인에게 양도하는 행위는 임대차의 본질을 뒤흔드는 것이다. 이는 오직 상가임대인의 동의가 있을 때에만 정당화될 수 있을 것이다.

권리금의 회수기회를 보호하기 위하여 「상가임대차법」이 준비한 방해금지의무는 이 법률을 돋보이게 만드는 창의적(?)인 도구이다. 그렇지만 머지않은 장래에 임차권의 소멸을 앞두거나 심지어 임차권이 소멸한 경우까지[51] 임차인에게 권리금에 관한 권리[회수기회]를 보장하여야 할 임대인의 의무를 근거짓는 10의4의 신설은 法鎖*vinculum iuris*로 집약되는 계약의 기본법리를 파괴하고 임차인의 권리를 앞세우는 파격적이고 파행적인 조치이다. 이들은 모두 임대인의 소유권과 임차인의 영업권의 조화를 표제어로 하여 '상관습과 판례로 정립된 권리금의 정의와 회수기회의 보장은 임차인의 영업가치가 임대인에게 귀속되거나 소멸되는 개념이 아닌 임차인

49) 한편 「민법」 629 I은 임차인이 임대인의 동의없이 임차권을 양도한 경우를 규율대상으로 한다. 그러나 여기에서 '임차권의 양도'는 무가치한 부분이다. 어차피 임차권양도는 그 성질상 3면계약으로만 성립하는 계약인수이므로(454 I; 대판 2020.12.10., 2020다245958 참조) 임대인의 동의가 없는 임차권의 양도는 아예 효력이 없다.

50) 또한 <상가건물 임대차 표준계약서> = https://www.moj.go.kr/sites/moj/download/316_01.pdf, 8(계약의 종료와 권리금회수기회의 보호) I도 원상회복의무와 보증금반환의무를 규정한다.

51) 전체 임대차기간이 법정최장기간을 경과하여 갱신요구권을 행사할 수 없는 경우에도 임대인의 보호의무를 긍정한 대판 2019.05.16., 2017다225312·225329 참조. 이와 달리 김영두, 법조 725 (2017) 63 이하: "[권리금회수기회보호는] 간접적으로 임차권의 존속을 보장하기 때문에 갱신요구기간이 경과된 경우에 비로소 적용될 수 있다."

에게 정당한 회수기회가 보장되는 상생의 개념으로 전환하여 권리금을 둘러싼 갈등과 분쟁의 해결'을 목적으로 하는 규정이다.52) 그런데 권리금의 회수기회를 보장하여야 하는 임대인은 비록 상가건물의 임대차관계가 종료하였음에도 이를 임대할 수 없으므로 이들은 실제 새로이 임차인이 되려는 사람과 임대차의 체결을 간접강제하는 임대차의 연장효 또는 餘後效 Nachwirkung를 동반한다. 이러한 과정을 거쳐 이제 임대인과 임차인이 법률상·사실상 지위가 완벽하게 역전되어 임차인이 임대인을 압도하는 힘을 가진다. 법의 이름으로 임차인의 보호를 외치는 우렁찬 구호가 엉뚱하게 임차인의 축으로 기울어진 새로운 '힘의 비대칭관계'를 정립한 것이다.

2. 권리금의 회수

권리금의 회수는 임차인이 임대차의 갱신을 원하지 않거나 그의 잘못이 없이 임대차관계가 종료할 때에 쟁점화한다(10의4). 실무도 "상가임대차법 제10조의4는 임차인의 계약갱신요구권 행사기간의 만료를 권리금 회수기회 보호의무의 예외사유로 정하고 있지 않다. ... 제10조의4에서 정한 요건을 충족하면 임대인이 권리금 회수기회의 보호의무를 부담한다고 보는 것이 법 문언에 충실한 해석이다."라고 한다.53) 그런데 무엇보다 권리금의 회수에서 지급을 전제로 하는 '회수'는 어떻게 하여도 적절한 개념이 아니다. 준 것이 없으면 회수는 당연히 없다. 여기에서는 다만 논의전개의 편리를 위하여 회수를 그대로 쓴다. 그리고 거래실무에서 임차인이 직접 임대인에게 권리금을 지급하는 비율로 미미하다. 임차인의 갱신요구권은 투자회수와 영업이익의 보호를 목적으로 인정한 제도로서 이는 10년의 범위에서 임차권을 보장하여 임차인에게 권리금회수를 위한 시간을 주는 권리금보호의 대체재로 판단된다.54)

반면에 임대인의 의사는 임대차관계의 종료로 사용·수익제공의무로부터 자유를 얻고 자기수요Eigenbedarf를 위한 임대목적물의 회복에 집중된다. 그러나 대판 2017다225312와 이를 그대로 계승한 대판 2018다252441 등은 이런 사정을 아랑곳 않고 상가임차인=약자의 경화된 명제에 매달려 계약갱신청구권에 권리금의 회수를 덧씌운 「상가임대차법」을 피상적·기계적으로 해석·적용하는 태도로 일관한다: '제10조의4의 문언과 내용, 입법취지에 비추어 전체 10년의 임대차기간이 지나서 더 이상 계약갱신요구권을 행사할 수 없을 경우에도 임대인이 권리금회수기회를 부담한다.' 이로써 「상가임대차법」과 실무는 계약을 체결할 때부터 계약의 운명을 예견할 수 있고 예견하여야 하는 시민을 행위무능력자로 만들고 임대인에게 이중의 위험을 전가한다. 그러나 계약을 체결하기 전까지 절대적 강자도, 약자도 있을 수 없으며, 계약은 그

52) <상가건물임대차보호법 개정안 마련>: 법무부 보도자료 2014.09.23., 2와 <장년층 고용안정 및 자영업자 대책 Q&A>: 관계부서 합동 2014.09, 26, 33.

53) 대판 2019.05.16., 2017다225312·225329.

54) http://likms.assembly.go.kr/record/mhs-60-010.do#none.

를 체결하는 사람의 위험을 먹고 산다는 것이 아주 평범한 眞理이다.

다음으로 권리금의 회수는 임대차관계가 종료할 때에 회수할 가치가 있는 권리금이 존재할 때에만 논의할 가치가 있다. 그럼에도 실무는 이것저것을 함께 묶은 두루뭉술한 권리금의 개념정의 외에 그의 내용과 산정기준을 구체화하지 않았고 「상가임대차법」 10의3도 마찬가지이다. 대판 2017다225312 등도 권리금의 정도를 다툼이 없이 적당히 타협적으로 '종래 규정만으로 임차인이 투자한 비용이나 영업활동으로 형성된 지명도나 신용 등 경제적 이익이 임대인의 갱신거절로 침해되는 것을 충분히 방지할 수 없'음이 권리금규정의 신설근거라는 개정이유를 인용하는 선에서 그친다.[55] 이 때문에 권리금분쟁의 종결은 감정평가로 이루어진다.[56]

그러나 제대로 된 기준이 없는 법률제도의 채용·시행은 법률생활의 불안과 분쟁을 부르기 마련이다. 권리금에서 비롯된 법률분쟁의 원인을 제공한 당사자는 바로 스스로 후견인역할을 자처하면서 상인을 약자로 의제한 법원과 철저한 비판의식없이 맹목적인 사명감에 사로잡혀 이를 계승한 「상가임대차법」이다. 그런데 비록 출발은 법원이었으나 「상가임대차법」의 개정으로 권리금에 관한 법률규정을 신설한 지금, 법률의 규정에 맞서 법원이 할 수 있는 조치는 거의 없다. 심지어 강행법규의 성질을 가진 「상가임대차법」의 권리금규정은 해석의 방법으로 사회경제적 수요를 반영하여 권리금제도를 다듬고 가꾸어 탄력적으로 적용할 공간마저 거의 남기지 않는다.

3. 신설한 권리금회수협력의무

법무부는 권리금을 회수하지 못한 상가임차인은 영업을 폐지하고 새로운 영업을 시작하기 위하여 시설비와 권리을 재투자하여야 하고 기존매출을 회복할 때까지 상당한 영업손실을 감수하여야 하지만 임대인은 신규임차인으로부터 권리금을 받거나 임차인의 영업가치를 이용하는 상황이 옳지 않다는 인식을 협력의무의 도입배경으로 제시한다.[57] 임대인이 임대차를 통하여 임차인에게 영업활동으로 영업가치를 형성하도록 하였으므로 그 연장선상에서 임차인이 영업가치를 회수할 수 있도록 협력할 의무를 규정함이 타당하지만 현행제도가 임대인의 소유권만을 우선하여 임대인의 의사로 영업이 순식간에 폐지되는 불균형과 불공정을 초래한다며 사리와 맞지 않는 무책임한 억지주장을 펼친다.[58] 임대인은 사용·수익의 대가로 차임을 취득하는 임대차의 당사자이다. 임대인이 임차인의 영업활동으로 수익만을 얻는다는 증거는 어디에서도 확인되지 않고 임대인은 임차인에게 장래의 수익을 담보하지도 않는다. 이와 동시에 「상

55) 권리금의 평가방법에 관하여 특히 국기호/이진/정준호, 권리금 감정평가 사례 분석 및 개선 방안, 감정평가학논집 45 (2022) 59-86 참조.

56) 국기호/이진/정준호, 감정평가학논집 45 (2022) 61.

57) 법무부 보도자료 2014.09.23., 3; 최준규, 민사법학 96 (2021) 161.

58) 대표적으로 <상가건물임대차보호법 개정안 마련>, 2와 <장년층 고용안정 및 자영업자 대책>, 26, 33.

가임대차법」 10의4는 임차인이 그의 영업활동으로 권리금이 생긴다는 낙관론에서 출발한다. 언제나 그런가? 이러한 사실은 10의4가 결국 인위적으로 상가건물의 임차인을 약자로 설정한 입법자의 결단 또는 법정책적 산물과 다름아님을 증명한다.[59)]

「상가임대차법」 10의4에 관한 연구도 권리금회수기회의 보호를 임대인의 협력의무로 설정한 법이론적 근거를 명확하게 제시하지 않는다. 협력의무는 그 이름(?)과 달리 그 임대인에게 신규임차인이 되려는 사람과 賃貸借의 締約强制를 실질로 한다.[60)] 비록 「상가임대차법」에 직접 규정은 없지만, 이를 바라지 않는 임대인은 스스로 임차인에게 -그가 받지 않은- 권리금을 지급하여 소유권의 자유를 회복할 수 있고(10 I 3호 참조), 권리금회수를 방해하는 임대인은 임차인에게 손해를 배상하여야 한다(10의4 Ⅲ). 하지만 이들은 모두 임대인의 지출로 권리금을 없애는 사례이다. 여기에서 「상가임대차법」 10의4는 임대인의 희생으로 임차인에게 기울어진 운동장을 만드는 毒素條項임이 드러난다.

임대차도, 여느 유상계약과 마찬가지로, 서로 이해상반의 지위에 있는 임대인과 임차인의 이익의 접점에 위치하는 계약이고[61)] 영업의 폐지는 임대인의 일방적 의사에 의하여 좌우되는 것이 아니라 이들의 합의로 한다. 이처럼 대립구조의 계약관계를 협력의무의 이름으로 장식하는 것은 시대를 거스르는 전체주의적 사고가 아닐 수 없다.

4. 권리금회수규정의 분석과 비판

「상가임대차법」 10 Ⅱ에 의하여 임대인에게 지워진 임대차기간의 보장의무는 10년의 기간이 경과하면 소진된다. 임대인은 그 기간의 경과로 임차권의 소멸과 사용·수익권의 회복으로 완전한 소유권의 향유를 기대한다. 그런데 그 기간이 경과할 때까지 임차인은 임대차기간이 종료하기 6월전부터 1월전까지 임대차의 갱신을 청구할 수 있는 능동적 권리를 가지는 반면, 임대인은 임차인의 처분에 맡겨진 수동적인 지위에 놓일 뿐이다. 이성적인 임차인은 누구나 일단 단기임대차를 체결한 다음 상황에 맞추어 「상가임대차법」 10 I에 제도적으로 보장된 임대차의 갱신을 시도할 것이다.[62)] 이러한 현황 앞에서 장기의 임대차를 체결함으로써 안정적으로 차임을 취득하기 바라는 임대인의 의도는 좌절되기 마련이다. 다만 10 I 각호의 갱신거절사유는 임대인의 권리금회수기회 보호의무를 조각하는 사유로 작용한다.[63)]

59) 헌재결 2014.03.27., 2013헌바198은 임대차관계에서 상대적으로 불리한 지위에 놓인 상가임차인의 보호와 공정한 경제질서의 달성을 「상가임대차법」의 입법취지로 설명한다.

60) 최준규, 민사법학 96 (2021) 167: "간접적 체약강제."

61) 매매에 관한 대판 2014.04.10., 2012다54997; 이미 교환에 관하여 대판 2001.07.13., 99다38583.

62) 같은 지적으로 최준규, 민사법학 96 (2021) 181: "상가임차인은 단기계약을 체결하는 것이 장기계약을 체결하는 것보다 항상 유리하다." 이밖에 갱신요구권은 강행규정이므로 효율적인 단기투자를 억제한다는 법경제학적 연구로 곽주원, 상가건물 임대차보호법과 불완전 계약, 법경제학연구 20/2 (2023) 199－216, 211. 이밖에 「상가임대차법」 10의4 I에 10 I 단서에 관한 부분을 합헌으로 판단한 헌재결 (전) 2023.06.29., 2021헌바264 참조.

「상가임대차법」 10 I 각호가 정하는 임대차갱신요구권의 결격사유가 있으면 임대인은 방해금지의무를 부담하지 않는다(「상가임대차법」 10의4 I 단). 임대인의 자기필요를 내용으로 하는 7호를 제외하면, 이들은 민법의 취소사유(110), 임대차해지사유(627 Ⅱ, 629 Ⅱ, 640)와 겹친다. 그런데 「상가임대차법」은 분명 민법의 특별법이지만 민법의 적용을 배제하지는 않는다. 이러한 측면에서 「상가임대차법」 10 I의 사유들의 의미는 해석을 명확화하는 기능을 담당한다. 그럼에도 이는 해지를 매개로 하여 넉넉히 임대차의 구속에서 벗어날 수 없는 임대인에게 날개를 달아 준 격이다.

특히 「정당한 사유 없이 임대인이 임차인이 주선한 신규임차인이 되려는 자와 임대차계약의 체결을 거절하는 행위」를 임대인의 방해행위로 법정하는 「상가임대차법」 10의4 I 4호는 권리금을 명목으로 들어 실질상 임대차의 체결을 강제하는 조항이고, Ⅱ 2호도 마찬가지이다. 이들은 간접적으로 -그것도 임대인과 임차인이 아니라 임대인과 정작 그와 임대차를 체결하지 않은 제3자와의 사이에서– 간접적으로 임차권의 존속을 보장하는 방안이다. 임대차의 체결을 거부하는 임대인은 고스란히 그 위험을 떠안아야 한다.

임차인의 권리강화에 맞서서 임대인이 쓸 수 있는 무기는 10의4 I 4호와 연결하여 Ⅱ가 정하는 최소범위의 정당화사유로 축소된다. 그런데 10의4 Ⅱ에 예시된 임대인이 권리금회수기회를 방해할 수 있는 정당한 사유가 재판활동에 의한 확정을 기다리는 열린 구성요건으로 축조되어 후속해석작업이 수반되어야 하며, 특히 3호와 4호의 문언이 몹시 추상적이고 모호하다.[64] 먼저 Ⅱ 1호는 임대인의 보호를 위한 최소한의 조치이고 임차인이 권리금의 만족을 얻은 경우를 내용으로 하는 4호는 지극히 당연하다. 그렇지만 Ⅱ 2호가 정한 신규임차인이 되려는 사람이 임차인으로서의 의무를 위반할 우려가 있거나 그밖에 임대차를 유지하기 어려운 상당한 사유가 있는 경우는 증명이 힘들거나 사실상 불가능하여 규정의 실익이 의문이다.[65]

그리고 무엇보다 상가건물을 영리목적으로 사용하지 않은 경우를 내용으로 하는 3호는 行爲主體를 특정하지 않아 해석과 적용을 어렵게 한다. 실무도 특히 3호의 문언이 명확하지 않음을 인정하고 그 입법취지와 연혁, 권리금조항의 내용과 전체체계 등을 종합하여 임대인이 사용하지 않는 경우로 확정해석하였다.[66] 처음에 법률안(의안 1912371호)은 "임대차 목적물인 상가건물을 1년 이상 영리목적으로 제공하지 않는 경우"이었으나 국회의 법률안심사과정에서

63) 같은 취지로 대판 2019.05.16., 2017다225312 · 225329.

64) 비록 임대인이 신규임차인을 선택하였지만 임차인이 그와 권리금계약을 체결하고(「상가임대차법」 10의3 Ⅱ 참조) 권리금을 수령한 사실은 당연히 그를 신규임차인으로 승인하는 임차인의 의사를 확인한다. 이를 정당한 사유로 포장하는 것은 지나치다. 아무튼 「상가임대차법」 10의4 Ⅱ는 21세기의 법률로 미흡하다. 또한 최준규, 민사법학 96 (2021) 177 이하: 임대인의 방해금지의무 관련 상임법 규정의 특징은 ① 불명확성과 ② 체계부조화성으로 요약할 수 있다.

65) 이와 달리 1호, 2호와 4호가 정당한 사유임은 자명하다는 최준규, 민사법학 96 (2021) 170.

66) 대판 2021.11.25., 2019다285257.

임차인보호를 위하여 이를 1년 6개월로 늘이고 임대인이 상가건물을 타인에게 제공하거나 스스로 사용하는 경우도 포함하기 위하여 '사용하지 않는 경우'로 수정하였다. 이처럼 3호는 임대인을 위하여 임대차의 구속에서 '빠져나오기 위한 출구'를 예정한 조항이었다.[67] 이는 임대인이 상가건물을 임대하지 않고 놀리면서 일시적 손실을 감수할 때에는 이전의 권리금을 그대로 누릴 수 없으므로 권리금회수기회를 보장하지 않아도 좋다는 것을 근거로 한다. 실무도 이를 존중하여 임대차관계가 종료한 후 임대인이 상가건물을 영리목적으로 사용하지 않는 사유를 들어 임대차의 체결을 거부하고 실제 1년 6월 이상 상가건물을 영업목적으로 사용하지 않는 경우로 새기고,[68] 그 기간을 마치기 전에 임대인이 상가건물을 양도한 때에도 양수인의 비영리기간을 합산하여 1년 6월 이상이면 임차인의 권리금을 가로챌 의도가 있었다고 보기 어렵기 때문에 정당한 사유를 인정할 수 있다고 한다.[69]

하지만 이는 3호의 법문과 동떨어진 해석이다. 그리고 아직 발생하지 않은 사실[공실: 1년 6월의 비영리이용]에 터잡아 현재[정당화사유]를 판단·결정하는 것은 어떻게 하여도 바람직하지 않으며, 장래의 비영리사용을 정당화사유로 삼는 것은 억지이다. 더구나 이는 10년의 최장임대차기간에 이르도록 상가건물을 임대하여 法定義務를 성실하게 이행한 임대인에게 또 다시 그의 희생으로만 권리금회수를 배제할 수 있도록 강제하는 惡法이다.[70] 그러나 이를 위하여 공실화에 수반되는 낭비를 조장하는 3호는 법률이 구비하여야 할 최소한의 요건, 즉 효율성과 경제성마저 포기하는 법이다. 이는 그렇지 않아도 명확하지 않은 '열린 요건'으로 점철된 10의4 I[71]의 규범목적을 전면 부인하는 것과 다름없다. 3호는 법이 되기에 몹시 부족하다. 나아가 3호에 관하여 표명된 입법자의 의사는 갱신요구를 거절할 수 있는 사유를 엄격하게 제한규정하는 10 I 1호-8호와도 어울리지 않는다. 하물며 비영리사용은 임차인의 갱신요구를 거절하는 사유에도 해당하지 않는다. 결론적으로 현재의 모습으로도 Ⅱ 3호를 임차인이 1년 6월 이상 상가건물을 영리목적으로 사용하지 않은 경우로 제한해석하지 못할 것이 아니다.

마지막으로 10의4 Ⅱ에 규정된 사항이 예시적 사유라는 주장이 유력하다.[72] 그러나 이를 예시조항으로 읽게 되면 -권리금의 제도화가 옳고 그름에 관한 판단을 유보하여- 오히려 임차인의 보호를 약화할 수 있고 Ⅱ의 본문도 의제를 법률효과로 하므로 이를 제한적 열거조항

67) 동시에 '독소조항'이라는 지적과 함께 제332회 국회(임시회) 법제사법위원회회의록 (법안심사제1소위원회) 제1차, 37-41.

68) 대판 2021.11.25., 2019다285257; 대판 2022.01.14., 2021다272346.

69) 대판 2022.01.14., 2021다272346. 또한 서울고등법원 판례공보스터디, 연도별/4개년 민사판례해설, 1585-1587.

70) 「상가임대차법」 10의4 I 3호는 10년의 임차기간이 경과한 경우를 명확히 하지 않지만, 현재 상태에서는 그렇게 해석할 수밖에 없다.

71) 임대인의 방해금지관련 규정의 특징을 묶어 불명확성과 체계부조화성으로 요약하고 이로 인한 사회적 비효율을 지적한 최준규, 민사법학 96 (2021) 177 이하 참조.

72) 견해의 소개와 함께 특히 최준규, 민사법학 96 (2021) 171과 주42.

으로 읽는 것이 오히려 「상가임대차법」이 목적한 임차인의 보호에 충실한 해석이 될 것이다.

아무튼 「상가임대차법」 10의4의 입법은 임대인이 [신규]임차인에게 권리금을 청구하여 이를 취득하는 거래관행이 일반화·보편화되었음을 가정할 경우만 정당화될 수 있다.[73] 하지만 심지어 「상가임대차법」 10의3 Ⅱ조차 임차인이 되려는 사람이 임차인에게 권리금을 지급하는 사례를 기본형으로 한다.

Ⅴ. 권리금의 대안

「상가임대차법」 2는 사업자등록의 대상이 되는 상가건물로서 「같은 법 시행령」 2가 정하는 보증금액을 초과하지 않는 임대차를 규율대상으로 한다. 그러므로 「상가임대차법」의 의미에서 임차인은 「소득세법」 168 또는 「법인세법」 111에 따라 사업장 소재지 관할 세무서장에게 등록한 새로 사업을 시작하는 사람 또는 법인으로서 「부가가치세법」 8의 적용을 받는 사업자로 제한된다. 그러므로 상가임차인은 사업소득이 있는 거주자(「부가가치세법」 1의2 Ⅰ 5호) 또는 영리를 목적으로 사업상 독립적으로 재화 또는 용역을 공급하는 사람이다(「부가가치세법」 2 3호). 그는, 특별한 사정이 없으면, 임차상가에서 자기 명의로 상행위를 하거나 상인적 방법으로 영업을 하는 商人이다(「상법」 4, 5). 여기에서 자기 명의는 상행위로부터 생기는 권리·의무의 귀속주체가 된다는 뜻으로서 그 판단은 실질에 따른다: 행정관청의 인·허가명의 또는 국세청에 신고한 사업자등록의 명의와 실제 영업주체가 다를 경우 후자가 상인이다.[74] 그리고 '영업으로'는 계속적 이익추구의 의도와 외부의 인식가능성을 포괄하는 영리목적의 의미이다.[75]

상인은 가장 합리적인 존재이다. 상인의 지위를 가지거나 가질 수 있는 임차인에게 長期의 임대차기간을 보장[76]하는 한편 그에게 언제든지 해지할 수 있는 권리를 부여하고 그 기간 중에는, 예를 들어 신규임차인이 되려는 사람이 임차보증금을 지급하고 정기적으로 차임을 지급할 자력을 담보할 수 있는 등, 일정요건 아래 임차인이 단독으로 임차권을 양도할 수 있도록 하는 방안이 최상의 해결안이다. 이는 결국 「민법」 629 Ⅰ에 대한 특별규정을 도입하는 방법으로 실현될 수 있다. 이것이 곧 '상가임대시장의 정상화'이며, 10 Ⅱ의 10년의 최장기간이 영업의 목적의 달성에 필요한 기본임대차기간으로 평가될 것이다. 이러한 방법으로 사적자치의 우산 아래 「민법」의 고유한 임대차법리의 틀 안에서 임대인의 권리를 해치지 않으면서 임차인의

73) 같은 취지로 최준규, 민사법학 96 (2021) 162 이하. 다만 「상가임대차법」 10의3 Ⅰ.

74) 대판 2008.12.11., 2007다66590.

75) 정경영, 상법학쟁점, 2021, 400 이하; 송옥렬, 상법강의, 2020, 79.

76) 최준규, 민사법학 96 (2021) 183은 장기화가 상권활성화에 따른 이익을 오롯이 임대인이 누리는 젠트리피케이션의 문제를 해결할 효과적인 방법이나 아직 時機尙早라고 한다. 그러나 젠트리피제이션은 이기적인 부동산시장에서 임대인과 임차인 모두에게 부정효를 초래하는 자연스러운 경제현상이므로 단언할 것이 아니다.

이익을 도모할 수 있다.[77] 그리고 상가건물로부터 생기는 이익과 위험은 임대인과 임차인 사이에서 분배되어야 하므로, 장기의 임대차기간을 약정한 임차인이 조기에 해지할 경우에는 그에게 신규임차인을 주선하거나 일정한 기간동안 차임을 지급하도록 법정하여 차임의 위험을 임대인과 임차인이 나누어 부담하도록 하여야 한다. 이것은 武器平等의 原則Prinzip der Waffengleichheit의 요청이다. 더욱이 이러한 해결방안은 상가임차인에게 조금도 불리하지 않다.

한편 장기임대차의 보장방식은 임대인에게 그 기간동안 임대차의 존속을 강제하기 때문에 임대인에게 불리하고, 그 기간이 경과한 후에 임차인의 영업을 보장하지 않기 때문에 임차인에게도 불리하다는 견해가 제기된다.[78] 그러나 장기임대차를 의도한 사람이 임대인이고 그 기간이 임대인이 예견·인용가능한 범위 안이면 문제될 것이 없으며, 더구나 정당한 사유가 있으면 임대인이 해지할 수 있으므로 장기임대차의 설정은 임대인에게 불이익이 되지 않는다. 더욱이 임차권은 소유권이 아니라 채권이다. 그리고 임대인이 임차인의 영업을 보장할 의무는 없다.

마지막으로 이미 권리금을 지급하여 임대차를 체결하고 현재 영업활동을 하는 임차인의 보호가 여전히 문제될 수 있다. 이들에 관하여는 권리금의 지급시기와 금액을 필수적 고려요소로 삼아 -필요할 경우 법률의 규정으로 지금부터 최장존속기간을 기산하는 등의 방법으로- 임차권의 존속기간을 연장하는 방식으로 영업권을 보장하고 그 기간동안 임차인이 영업이익을 취득하여 이로써 권리금을 상쇄할 수 있도록 기회를 주어야 한다. 이와 더불어 임대차의 연장을 바라지 않은 임대인에게 권리금을 상환하여 이를 소멸하게 할 수 있는 選擇權을 부여하여야 한다. 유익비의 상환방법에 관하여 「민법」 203 Ⅲ의 입법이 좋은 참고자료가 될 수 있다. 다만 이러한 조치는 법률로 뒷받침되어야 한다. 그리고 권리금을 취득하지 않은 임대인에게 부담이 되지 않는 한도에서 임차인이 임대인의 승낙을 얻지 않더라도 신규임차인에게 영업권을 양도할 수 있는 입법적 길을 열어야 하며, 그 실현은 법률의 제·개정에 달려 있다.

Ⅵ. 글을 마치며

권리금은 득보다 실이 크다. 그럼에도 소유권과 영업권의 조화라는 사명감에 사로잡힌 「상가임대차법」의 개정자는 권리금회수기회의 보호를 통하여 임차인이 혜택을 받는다는 지극히 소박하고 낙관적인 장밋빛 속삭임으로 가득하다. 하지만 이는 한쪽만을 본 것이다.

「상가임대차법」은 임대인에게 권리금의 회수기회를 보장하여야 한다고 하지만, 그 근거를

77) 입법과정에서 권리금보호가 사유재산권의 침해로 위헌이라는 지적은 이미 제332회 국회(임시회) 법제사법위원회회의록 (법안심사제1소위원회) 제1차, 23, 28－31(임내현과 김도읍의 발언) 참조.

78) 김영두, 법조 725 (1017) 66.

제대로 제시하지 못한다. 법이라고 하여 무엇이든 함부로 정할 수 있는 것은 아니며, 약자보호의 외침이 만병통치약도 아니다. 권리금은 이미 임차인이 상가건물을 기반으로 이익을 얻은 상태를 전제로 한다. 그러한 이익에 다시 권리금을 얹는 것은 二重의 惠澤이다.[79] 이러한 기회를 임차인에게만 안겨주어야 할 합당한 이유가 없다. 이와 함께 권리금회수의 제도화는 「민법」 629의 입법이념을 훼손하고 현재의 임차인의 이익만을 위하여 임차권을 物權化하는 잘못을 부른다. 그러나 상가의 소유사실과 임대사실의 존재가 임대인을 죄인으로 낙인찍지 않는다: 임대인도 마땅히 그가 체결한 임대차의 보호를 받아야 하는 계약당사자이다. 더욱이 영업을 가정하는 권리금은 영업활동을 하지 않고 차임만을 바라보는 임대인에게는 무가치하다.

권리금의 제도화와 이를 따르는 일반화·보편화는 사회경제적 낭비와 고비용·저효율에서 결코 자유로울 수 없다. 일단 권리금을 지급하여 새로이 임차인이 되려는 사람에게 권리금은 ―물론 잘 되면 더 큰 권리금을 얻을 가능성을 배제할 수는 없지만― 영업활동을 개시하기 위하여 선급하여야 하는 '일시불차임' 또는 '투자금'으로 다가온다. 그가 영업활동에 실패할 때에는 권리금은 그가 떠안아야 하는 '위험금'의 성질을 가진다. 권리금은 신규임차인의 초기자본부담을 가중하여 영업비용을 높이고 가격상승을 조장하여 영업경쟁력을 떨어뜨리는 '현재의 임차인이 잠재적 임차인을 등치는 나쁜 제도'이다.[80] 권리금의 회수를 의욕하는 임차인은 일단 권리금을 가격에 반영할 수밖에 없다. 그 결과 권리금은 일반소비자에게 상품과 용역의 대가로 원래는 불필요한 높아진 가격을 지급하도록 강요하는 '자유시장경제질서를 해치는 못된 제도'이다. 없어져야 할 권리금에 생명력을 불어넣어 권리금거래를 부추키는 「상가임대차법」은 있어야 할 임차인의 보호를 부풀려 일확천금을 꿈꾸게 하고 신규임차인에게는 진입장벽을 설치하는 과잉입법의 전형이다.

확정이 곤란할 정도로 모호한 권리금은 임차인과 임대인, 그리고 임차인이 되려는 사람 사이에서 분쟁을 일으키는 도화선이 되기 십상이다. 임대차갱신청구권은 임차인의 고유한 권리이고 갱신거절권은 임대인의 권리이다. 다만 「상가임대차법」은 10년을 넘지 않는 범위에서 갱신청구권을 법제화한 「민법」의 특별법률이다.[81] 그러나 임차인이 「상가임대차법」이 그의 권리로 자리매김한 최장 10년의 임대차기간을 채우지 않은 채로 권리금회수를 주장하면 임대인의 소유권은 死藏되어야만 하고 심지어 최장임대기간을 준수한 임대인에게도 사실상 체약강제효를 긍정하여야 하는 불공평한 결과가 발생할 수 있다. 물론 차임취득이 상가임대인의

79) 최준규, 민사법학 96 (2021) 181은 이를 '거래관계에서 빠져나갈 이익'과 '권리금 확보이익'이라고 한다.

80) 또는 '약자[서민]가 약자[서민]를 착취하는 또는 약탈하는 나쁜 제도'이다.

81) 그런데 '갱신청구권'을 개념화한 「민법」 643과 달리, 「상가임대차법」 10은 뜬금없이 '갱신요구권'을 채용한다. 이는 아마도 갱신청구가 가지는 구속효를 강조하기 위함으로 판단된다. 그러나 청구권과 요구권의 차이는 법률효과로 제한되므로 갱신청구권이라고 하더라도 조금도 문제되지 않는다. 특별법률이라는 이유로 함부로 개념을 창설하거나 남용할 것이 아니다.

주된 관심사임을 부정할 수 없다: 주택임대사업자등록제도의 도입에도 불구하고 주택임대와 비교하여, 상가임대인의 이익은 주로 계속적·안정적 차임의 취득에 집중된다. 그렇지만 차임 취득의 이익을 명분으로 그의 소유권을 압도하는 조치는 곤란하다.

사적자치를 원칙으로 하는 「민법」은 단기임대차약정을 유효한 것으로 받아들이면서 단지 619에서 처분능력없는 사람이 임대하는 경우 임차인의 보호를 위하여 1년의 기간으로 특별규정한다. 그러나 임대차의 갱신과 권리금회수에 몰두한 「상가임대차법」에서 단기임대차는 설자리가 없다. 법률현실에서는 임차인이 진정으로 바랄 경우 단기임대차도 상상할 수 있으나, 10년으로 연장될 위험을 감수하면서까지 단기임대차를 받아들일 임대인은 흔하지 않을 것이다. 일정한 요건 아래 단기임대차에 관한 약정을 유효로 하는 규정의 신설을 고려하여야 한다.[82)]

권리금은 실체가 없는 蜃氣樓이다. 권리금은 통상 無에서 출발하고 임대차관계의 종료로 소진되어야 하는 권리이기 때문이다. 그리고 「상가임대차법」의 권리금규정은 약자보호를 빌미로 대중의 환심을 사려는 법체계와 법이론을 뛰어넘은 얄팍하고 즉흥적인 작품이다. 그러나 역사의 경험은 약자보호를 노래하는 법률이 결국 약자침해의 결과에서 자유로울 수 없음을 증명한다. 권리금회수의 제도화가 아니더라도 상가임차인은 상인이므로 그는 여전히 영업권을 처분할 수 있는 자유를 누린다. 이제 개인의 자율과 타인에 대한 믿음에서 출발하는 자유시장경제질서로 회귀하여야 한다. 그리고 임대차기간의 장기화에 의한 사용·수익권의 강화와 상가임대차에 관하여 629의 적용을 배제하는 임차권양도의 개방을 기본수단으로 하여 영업권의 보호로 一元化하여야 한다.[83)]

82) 곽주원, 법경제학연구 20/2 (2023) 211 이하.

83) 비슷하게 최준규, 민사법학 96 (2021) 161, 168: "정공법"; 민태욱, 토지공법연구 66 (2014) 527.

토지소유권이 지하수에 미치는지 여부에 대한 소고

전 경 운*

Ⅰ. 들어가며

수문학적 순환체계(hydrologic cycle)상 물은 우리 민법의 규정 등에 의하여 분류해 보면, ⅰ) 수로를 가진 지표수(강이나 개울에 흐르는 물), ⅱ) 수로없이 흐르는 지표확산수, ⅲ) 지하수로 3분할 수 있다. 이러한 분류 중 수로를 가진 지표수가 水法體系중에서 가장 실제적인 의미가 크다고 할 수 있으며, 수법의 발전도 주로 '수로를 가진 지표수'에 집중되어 있다고 할 수 있다. 하지만 수문학적 순환체계상 지표수의 이용은 지하수에 영향을 미치고 또한 지하수의 이용은 지표수에 영향을 미쳐서 상호 연관되어 있다고 할 수 있으므로, 독자적으로 발전되어 온 수법체계를 상호연관하에서 이해하는 것이 필요하다고 할 것이다.

우리 민법은 제221조에서 제236조까지 16개 조문에서 수법관계(물에 관한 상린관계)를 규정하고 있는 데, '수로를 가진 지표수'와 관련하여서는 공유하천용수권이라고 하여 제231조(공유하천용수권), 제232조(하류연안의 용수권보호), 제233조(용수권의 승계), 제234조(용수권에 관한 다른 관습)로 규정하고 있으며,[1] 水流地가 사유인 경우의 법률관계로서 수류변경권(제229조)과 언(둑)의 설치 · 이용권(제230조)을 규정하고 있다.[2] '지하수'의 이용관계와 관련해서는 제235조(공용

* 경희대학교 법학전문대학원 교수

1) 공유하천용수권에 관한 자세한 내용은, 전경운 · 강태수, "민법상 공유하천용수권에 관한 약간의 고찰", 환경법연구 제40권 2호, 2018. 8, 313－355면 참조.

2) 우리민법상 池沼(못이나 늪)의 수법관계에 대해서는 아무런 규정이 없다. 지소는 하천이나 개울과 달리 물이 흐르지 않고 머물러 있다는 점에서 구별되나, 지소의 물은 지표수라는 점에서 하천이나 개울의 물과 동일하다. 지소의 하상과 인접토지 전부가 사유의 토지인 경우(私有池沼인 경우), 지소의 물에는 토지소유권의 효력(제212조)이 미친다고 해야 할 것이다. 우리 판례도 "사유지소에 대한 몽리답소유자들의 용수권이 오랜 기간 그 지소의 물을 관개용으로 사용하였거나, 국가보조금으로 그 지소를 개수한 사실이 있었다는 사실만으로 또는 관습으로 용수권이 생긴다고는 할 수 없다"고 하였고(대법원 1965. 2. 4. 선고 64다1493 판결), "가사 장구한 시간 동안 평온, 공연하게 지소로부터 관개용의 물을 대어 써 왔다 할지라도 이 지소가 사유지에 속하여 있는 이상 그러한 사실만으로서는 곧 위의 지소의 물을 사용할 수 있는 용수권(지역권)을 법률상 취득한다고는 볼 수 없고 또 그러한 한국의 관습법도 없다"고 하였다(대법원 1967. 5. 30. 선고 66다1382 판결). 이를 보면 사유지소로부터 상당한 기간 계속적이고 반복된 인수의 관행이 있더라도 용수권이 인정되지 않는다고 하겠다. 그러나 公有池沼의 용수관계에 대해서는 공유하천용수권에 관한 규정이 준용됨이 타당할 것이다(구연창, 전게논문,

수의 용수권)와 제236조(용수장해의 공사와 손해배상, 원상회복)의 규정이 있다. 민법이 규정하는 공유하천용수권(제231조－제234조)과 원천·수도 용수권(제235－제236조)은 직접 물의 이용을 목적으로 하는 권리이므로 수리권의 일종이라고 할 것이다.[3] '수로없이 흐르는 지표확산수'와 관련하여서는 2개의 규정을 두고 있어서, 토지소유자는 이웃 토지로부터 자연히 흘러오는 물을 막아서는 아니되며(제221조 제1항), 高地소유자는 이웃 저지에 자연히 흘러내리는 이웃 저지에 필요한 물을 자기의 정당한 사용범위를 넘어서 이를 막지 못한다(제221조 제2항)고 하고, 또 흐르는 물이 低地에서 막힌 때에는 고지의 소유자는 자비로 소통에 필요한 공사를 할 수 있다(제222조)고 하여 자연적 배수에 대해서 규정하고 있다.[4]

지하수란 지표면하의 침투되어 있는 암석·토양층의 기공속에 있는 물을 말한다. 그리고 상당 양의 지하수를 저수·공급해는 암석·토양층을 대수층 또는 滲透帶라고 하며, 대수층의 상단부분의 수위를 지하수면이라고 한다.[5] 우리 지하수법은 지하수란 '지하의 지층(地層)이나 암석 사이의 빈틈을 채우고 있거나 흐르는 물'이라고 정의하고 있다(지하수법 제2조 제1호). 그리고 우리나라의 경우, 지하수 실제 이용량은 연 40.9억 ㎥(2015년 기준)이며, 이는 우리나라 전체 수자원총량 1,323억 ㎥의 약 3%에 해당한다.[6] 전체 수자원총량 중 증발산으로 인한 손실량 563억 ㎥(43%)를 제외한 이용가능한 수자원량은 760억 ㎥(57%)이며, 이 중 바다로 유실되는 양을 제외한 372억 ㎥(28%)를 하천수, 댐용수, 지하수로부터 이용하고 있다. 즉 지하수는 우리나라 전체 수자원 이용량 372억 ㎥의 10.7%에 해당하는 주요 수자원이며, 지하수개발가능량은 128.9억 ㎥라고 한다.[7]

33면).

3) 그 외 우리 민법 제228조는 여수급여청구권을 규정하여, 토지소유자는 과다한 비용이나 노력을 요하지 않고서는 家用이나 토지이용에 필요한 물을 얻기 곤란한 때에는 이웃 토지소유자에게 보상하고 餘水의 급여를 청구할 수 있다(제228조)고 하고 있다. 그러므로 민법 제228조상의 여수급여청구권도 크게 보면 수리권의 일종이라고 할 수 있다. 여수급여청구권의 법적 성질은 법정지역권이라고 할 수 있으며, 보다 정확히는 인역권의 성질이 있다고 할 것이다.

4) 이에 더하여 우리 민법은 인공적 배수에 대해서 규정하여, 토지소유자는 처마물이 직접 이웃에 낙하하지 않도록 적당한 시설을 하여야 한다(제225조)고 하여 처마물에 대한 시설의무를 규정하고, 그리고 토지소유자가 貯水, 排水 또는 引水하기 위하여 공작물을 설치한 경우에 그 공작물의 파손 또는 閉塞함으로 타인의 토지에 손해를 가하거나 가할 염려가 있을 때에는, 그 타인은 그 공작물의 보수, 폐새의 소통 또는 예방에 필요한 청구를 할 수 있다(민법 제223조)고 인공적 배수에 대해서 규정하고 있다. 한편 예외적으로 인공적 배수가 인정되는 경우도 있다. 즉 高地소유자는 침수지를 말리기 위하여 또는 家用이나 농공업용의 餘水를 소통하기 위하여 公路, 公流 또는 하수도에 이르기까지 低地에 물을 통과시킬 수 있다(제226조). 그리고 토지소유자는 그 소유지의 물을 소통하기 위하여 高地소유자가 설치한 공작물을 사용할 수 있다(제227조 1항). 이 때 공작물을 사용하는 자는 그 이익을 받는 비율로 공작물의 설치와 보존의 비용을 분담하여야 한다(제227조 2항).

5) 구연창, "민법상의 지하수이용권", 노동법과 현대법의 제문제(南觀 심태식박사화갑기념 논문집), 법문사, 1983, 229－230면.

6) 김진수, 전게보고서, 12면.

7) 국토교통부, 수자원 장기종합계획(2001~2020) 제3차 수정계획, 2016. 12, 19－21면.

한편 2000년대 이후 기후변화의 영향으로 가뭄발생 빈도와 규모가 급격히 늘어감에 따라 지하수개발가능량 128.9억 ㎥를 고려해 보면, 비상용수로서 지하수의 중요성이 높아지고 있다. 또한 지하수는 하천수, 댐 용수 등 지표수에 비해 개발기간이 짧고 저렴한 비용으로 깨끗한 용수를 확보할 수 있다는 장점이 있어, 특히 농촌지역의 농업용수 및 산간·도서지역의 생활용수 사용목적 등으로 지하수의 개발 및 이용이 증가하는 추세에 있다.[8] 특히 별다른 용수원(用水源)이 없는 곳에서 해수 담수화나 빗물 등의 대체수자원보다 개발이 상대적으로 용이한 지하수를 적극 활용하려고 하고 있다. 하지만 지하수는 빗물, 지표수 등을 통하여 보충되는 수량보다 과도하게 사용하는 경우나 오염물질의 침투로 수질이 악화되는 경우에 재생·회복 및 복구에 오랜 시일과 노력이 요구된다.

지하수와 관련 현행 주요 법률로는 지하수법, 먹는물관리법, 온천법, 제주도개발특별법 등이 있으며, 민법에는 제235조(공용수의 용수권), 제236조(용수장해의 공사와 손해배상, 원상회복) 및 토지소유권의 효력범위에 관한 제212조 등이 있다. 이에 따라 본고에서는 지하수와 관련하여 우리 민법상 지하수가 토지의 구성부분이며 토지소유권이 당연히 지하수에도 미치는지 여부를 우리 민법 제212조의 해석론, 독일헌법재판소의 '젖은 자갈채취결정'과 그 이후의 독일민법 제905조의 해석 및 스위스민법의 입장 등을 중심으로 하여 검토해 보고자 한다.

Ⅱ. 민법 제212조와 그 의미

소유권의 내용과 범위는 법률에 의하여 정해지는데(민법 제211조), 토지소유권의 상하의 범위와 관련하여 민법 제212조는 "토지의 소유권은 정당한 이익이 있는 범위내에서 토지의 상하에 미친다"고 규정하고 있다. 토지소유권의 효력이 미치는 상하의 범위와 관련하여, 1895년에 제정된 독일민법 제905조는 "토지소유자의 권리는 지표상의 공간과 지표하의 지각(Erdkörper)에 미친다. 그러나 소유권자는 그 배제에 아무런 이익이 없는 지상 또는 지하에서 행해지는 간섭을 금지할 수 없다"고 규정하였으며, 1907년에 제정된 스위스민법 제667조 제1항은 "토지소유권은 그 행사에 있어서 이익이 있는 한도내에서 공간 및 지중에 미친다"고 하였으며, 제2항에서는 "그것은 법률에 의한 제한의 유보하에 모든 건물과 식물 및 원천(Quellen)을 포함한다"고 입법하였다. 이러한 스위스민법 제667조 제1항의 규정을 본받아 제정된 것이 우리 민법 제212조이다.[9]

우리 민법 제212조는 토지소유자로 하여금 토지의 효용을 완전히 향유하는 것을 보장하

8) 김진수, 전게 보고서, 2면.

9) 민의원 법제사법위원회 민법안심의소위원회, 民法案審議錄 上卷, 1957, 134면(이하에서 인용시 '民法案審議錄 上卷'으로 인용한다); 민사법연구회, 민법안의견서, 일조각, 1957, 85면.

고 있으며, 토지를 완전히 이용하기 위하여 지표 뿐만 아니라 지상의 공간이나 지하의 지반(지하의 토석)에도 소유권의 효력을 미치게 하고 있다. 즉 토지소유권은 "정당한 이익"이 있은 범위내에서 토지의 상하에 미치며, 정당한 이익이 있는지 여부는 구체적인 경우에 사회관념에 따라 판단한다.10) 한편으로 제212조는 소유자의 이익을 침해하지 않는 상공 · 지중에 있어서의 타인의 이용(예, 항공기의 고공운행 등)을 허용한다는데, 제212조의 또 다른 취지가 있다.11) 이에 따라 건물 · 입목법에 의한 입목 · 명인방법을 갖춘 수목의 집단이나 미분리의 과실 및 타인이 권원에 의하여 설치한 물건을 제외하고, 토지의 지상 · 지하에 존재하는 물건에는 토지소유권의 효력이 미친다. 또한 지중의 암석 · 토사 등의 토지구성물에도 토지소유권의 효력이 미친다. 그러나 오늘날에는 민법 제212조의 의미가 크게 상실되었다. 왜냐하면 지상의 경우에는 항공법 · 건축법, 지중에는 광업법, 지하에 흐르는 지하수의 경우에는 지하수법 등이 제정되어 이러한 특별법이 우선 적용되기 때문이다.

광업법 제3조 제1호12)에서 정의하고 있는 未採掘의 鑛物에 대해서는 채굴하고 취득할 권리, 즉 광업권을 국가가 부여하는 것으로 규정하고 있다(광업법 제2조).13) 이에 따라 광물은 토지에 매장되어 있다 하더라도 토지소유권의 효력이 미치지 못한다.14) 미채굴의 광물에 대해서는 國有에 속한 독립한 부동산으로 보는 견해15)와 미채굴의 광물은 토지의 구성부분으로서

---

10) 이영준, 물권법(전정신판), 박영사, 2009, 441면; 이상태, 물권법(8정판), 법원사, 2013, 214면.

11) 김상용, 물권법(제4판), 화산미디어, 2018, 321면; 송덕수, 물권법(제3판), 박영사, 2017, 275면; 윤철홍, 물권법(제3정판), 법원사, 2019, 226면.

12) 광업법 제3조 제1호 "광물"이란 금광, 은광, 백금광, 동광, 연광(鉛鑛), 아연광, 창연광(蒼鉛鑛), 주석광(朱錫鑛), 안티몬광, 수은광, 철광, 크롬철광, 티탄철광, 유화철광(硫化鐵鑛), 망간광, 니켈광, 코발트광, 텅스텐광, 몰리브덴광, 비소광(砒素鑛), 인광(燐鑛), 붕소광(硼素鑛), 보크사이트, 마그네사이트, 석탄, 흑연, 금강석, 석유(천연피치 및 가연성 천연가스를 포함한다), 운모[견운모(絹雲母) 및 질석(蛭石)을 포함한다], 유황, 석고(石膏), 납석(蠟石), 활석(滑石), 홍주석[홍주석. 규선석(硅線石) 및 남정석(藍晶石)을 포함한다], 형석(螢石), 명반석(明礬石), 중정석(重晶石), 하석(霞石), 규조토(硅藻土), 장석(長石), 불석(沸石), 사문석(蛇紋石), 수정(水晶), 연옥(軟玉), 고령토[도석(陶石), 벤토나이트, 산성백토(酸性白土), 와목점토(蛙目粘土), 목절점토(木節粘土) 및 반토혈암(礬土頁岩)을 포함한다], 석회석[백운석(白雲石) 및 규회석(硅灰石)을 포함한다], 사금(砂金), 규석, 규사, 우라늄광, 리튬광, 카드뮴광, 토륨광, 베릴륨광, 탄탈륨광, 니오비움광, 지르코늄광, 바나듐광 및 희토류광[세륨, 란타늄, 이트륨, 프라세오디뮴, 네오디뮴, 프로메튬, 사마륨, 유로퓸, 가돌리늄, 테르븀, 디스프로슘, 홀뮴, 에르븀, 툴륨, 이터븀, 루테튬, 스칸듐을 함유하는 토석을 말한다] 중 어느 하나에 해당하는 물질을 말하며, 그 물질의 폐광(廢鑛) 또는 광재(鑛滓: 제련하고 난 찌꺼기)로서 토지에 붙어 있는 것은 광물로 본다.

13) 프랑스민법 제552조 "토지소유권은 그 토지의 상하에 미친다. 소유자는 지역권이나 토지 이용권이 설정된 경우를 제외하고 그 지상에 자기가 원하는 제반의 식재를 하거나 공작물을 설치할 수 있다. 소유자는 그 지하에 적당한 제반의 공작물을 설치하고 또 발굴을 할 수 있으며, 광산관련 법률과 규정 및 경찰의 법률과 규정에 따른 예외를 제외하고 이러한 발굴에서 제공되는 모든 제품을 추출할 수 있다".

14) 곽윤직 · 김재형, 물권법(제8판), 박영사, 2015, 227면; 이영준, 전게서, 441면; 김증한 · 김학동, 물권법(제9판), 박영사, 1998, 255면(지하에 있는 광물도 제212조가 적용되어 토지소유자의 소유에 속하나, 광물 중 광업법의 적용을 받는 법정광물은 소유권의 객체로부터 제외된다).

15) 김상용, 전게서, 321면; 송덕수, 전게서, 275면; 김용덕/이계정, 주석민법[물권1](제5판), 한국사법행정학회,

토지소유자의 소유에 속하나 국가의 배타적인 채굴취득허가권의 범위내에서는 토지소유자의 소유권의 행사가 제한 될 뿐이라는 견해[16]가 대립되고 있다. 그러나 미채굴의 광물은 광업권 없이 채굴이 금지되고, 광업법 제5조에서는 광구에서 광업권이나 조광권에 의하지 아니하고 토지로부터 분리된 광물은 원칙적으로 광업권자나 조광권자의 소유로 하고 있다(광업법 제5조 제1항).[17] 이러한 규정은 광물이 국가의 소유임을 전제로 한 규정이라고 할 것이고, 또한 국가가 미채굴의 광물에 대하여 배타적인 채굴허가권을 가진다면, 그 본권으로서 소유권의 존재가 전제되어야 한다. 따라서 미채굴의 광물은 국가의 소유에 속한다고 보아야 할 것이고, 토지소유권의 효력이 미친다고 할 수 없다.

Ⅲ. 지하수에 토지소유권이 미치는지 여부

1. 우리나라의 일반적 견해

우리 민법은 지하수에 관하여 특별한 규정이 없으며, 다만 그 이용을 보호하는 규정(제235조, 제236조)을 상린관계에 관한 규정 속에 두고 있을 뿐이다. 하지만 지하수는 토지의 구성부분을 이루므로 제212조가 적용된다는 것이 우리 민법 해석의 주류적 견해이다. 이에 대해서 살펴보기 전에, 수로를 가진 지표수, 즉 사유토지상에 있는 도랑, 개울 등(사유하천)에 흐르는 지표수에도 토지소유권의 효력(제212조)이 미치는가에 대해서 검토하면, 이에 대해서 우리민법은 특별한 규정은 없고 공유하천용수권(제231조–제234조)으로 규정하고 있다. 공유하천용수권(제231조)에서 말하는 '公有河川'은 수류지의 소유권의 귀속에 따른 구분이 아니고, 특정의 사인에게 그 流水의 배타적 지배를 허용하여도 공공의 이해에 영향이 없는 것이 私川이고 그 밖의 것은 '公有河川'이다. 이에 따라 하천법의 적용유무나 水流地의 소유권이 개인에게 속하느냐의 여부는'公有河川과 사천의 구별기준이 되지 못한다.[18] 이를 보면 하천법상의 하천과 민법상 공유하천용수권에서의 공유하천은 다른 개념이다. 하천법상 국가하천과 지방하천으로 지정되지 않은, 특히 지방하천의 상류지역에 물이 흐르는 '소하천',[19] '개천'과 '도랑'은 하

2019, 211면.

16) 이상태, 전게서, 215면; 윤철홍, 전게서, 228면.

17) 광업법 제5조(분리된 광물의 귀속) ① 광구에서 광업권이나 조광권에 의하지 아니하고 토지로부터 분리된 광물은 그 광업권자나 조광권자의 소유로 한다. 다만, 토지소유자나 그 밖에 토지에 대한 정당한 권원(權原)을 가진 자가 농작물의 경작, 공작물의 설치, 건축물의 건축 등을 하는 과정에서 토지로부터 분리된 광물은 광물을 분리한 해당 토지소유자나 그 밖에 토지에 대한 정당한 권원을 가진 자의 소유로 하되, 그 토지소유자나 그 밖에 토지에 대한 정당한 권원을 가진 자는 분리된 광물을 영리 목적으로 양도할 수 없다.
② 광구 밖에서 토지로부터 분리된 광물은 그 취득자의 소유로 한다. 다만, 범죄 행위로 인하여 취득한 경우에는 그러하지 아니하다.

18) 김상용, 전게서, 347면; 김증한/김학동, 전게서, 341면; 이상태, 전게서, 247–248면 등.

19) 소하천은 소하천정비법의 적용을 받으며, 소하천정비법 제2조 제1호에 의하면, "소하천이란 「하천법」의 적용

천법상의 하천은 아니지만, 공유하천용수권에서 말하는 공유하천인 것이다. 이를 보면 사유토지상에 있는 도랑, 개울 등(사유하천)에 흐르는 지표수의 이용은 공유하천용수권에 의하여 이용하도록 하고 있다. 즉 민법 제231조상의 '公有河川'에 흐르는 지표수는 비록 水流地의 소유권이 개인에게 있더라도 그 개인에게 지표수의 소유권이 인정되지 않고, 공유하천용수권에 의하여 물을 이용하여야 한다. 이를 보면 '공유하천'으로 인정되는 사유토지상에 있는 도랑, 개울 등에 흐르는 지표수에는 원칙적으로 토지소유권의 효력이 미치지 않는다고 할 것이다. 그러므로 하천수와 마찬가지로 水流地의 소유권이 개인에게 있더라도 공유하천에 흐르는 물은 공공용물에 속한다.

둘째로 개인 토지상에 있는 私有의 池沼(못이나 늪)나 웅덩이에 있는 지표수 또는 '자연히 용출하여 토지상에 흐르는 지하수'[20]에 대해서는 민법 제212조가 적용되어, 토지소유권의 효력이 미친다고 할 것이다. 또한 공유하천용수권에서 말하는 공유하천이 아닌, 사유토지상 수로(도랑)에 있는 지표수에도 제212조가 적용된다고 할 것이다. 이러한 지표수에 대해서는 토지소유자가 자유로이 사용할 수 있다고 할 것이다.

그러면 대수층에 있는 지하수에도 토지소유권의 효력이 미치는가? 이에 대해서 지하수는 토지의 구성부분을 이루므로 제212조가 적용된다는 것이 일반적인 입장이다.[21] 즉 지하수는 토지의 구성부분이고 토지소유권이 지하수에 미친다는 것이다. 판례도 "토지의 소유권은 정당한 이익이 있는 범위 내에서 토지의 상하에 미치므로 토지소유자는 법률의 제한 범위 내에서 그 소유 토지의 지표면 아래에 있는 지하수를 개발하여 이용할 수 있다"고 하여,[22] 학설의 입

또는 준용을 받지 아니하는 하천으로서 제3조에 따라 그 명칭과 구간이 지정 · 고시된 하천을 말한다". 소하천정비법 제14조 제1항은 소하천의 점용과 관련하여, 소하천에서 유수의 점용, 토지의 점용, 소하천시설의 점용 · 신축 · 개축 · 변경 또는 제거 등에 해당하는 행위를 하려는 자는 행정안전부령으로 정하는 바에 따라 관리청의 허가를 받아야 한다"고 하여서 유수점용사용허가를 규정하고 있다. 그러나 시행령으로 정하는 경우에는 그러하지 아니하다(동법 제14조 제1항 단서). 이에 따라 동법 시행령 제11조는 "영농의 목적으로 유수 및 토지를 관습적으로 점용하거나 소하천시설 또는 그 밖의 인공구조물을 임시로 설치하는 경우", "주민이 일상생활과 관련하여 유수 및 토지와 소하천시설을 일시적으로 점용하는 경우"에는 허가를 요하지 않는다고 규정하고 있다.

20) '자연히 용출하여 토지상에 흐르는 지하수'는 토지 소유자가 자유롭게 사용할 수 있지만(김용덕/이계정, 전게서, 212면; 김상용, 전게서, 322면; 윤철홍, 전게서, 229면), 계속해서 타인의 토지에 흘러들어가는 경우에, 그 타인은 流水使用權을 취득하는 경우가 있으며, 이 경우 그 토지소유자도 이를 침해하지 못한다(곽윤직 · 김재형, 전게서, 228면; 김상용, 전게서, 229면; 송덕수, 전게서, 275면; 이상태, 전게서, 215면 등). 위에서 말하는 유수이용권은 공유하천용수권으로 이해된다.

21) 김용덕/이계정, 전게서, 212면(지하수의 이용은 토지이용을 통해 통상 얻을 수 있는 통상의 이익이므로 지하수는 토지소유권의 범위에 속한다); 김상용, 전게서, 321면; 송덕수, 전게서, 275면; 이영준, 전게서, 442면(지하수는 溫泉, 鑛泉, 洛水를 묻지 않고 또한 지표하의 깊이에 관계없이 모두 민법 제212조가 적용된다고 한다); 윤철홍, 전게서, 228면; 김재형, "토지와 물: 지하수 이용권에 관한 방해배제청구권", 서울대학교 법학 제46권 제2호, 2005. 6, 384면(한편으로는 지하에 흐르는 물을 독점적으로 소유하는 것은 불가능하므로, 지하수를 일률적으로 토지소유권의 한 내용으로 보는 것은 재검토를 요한다고 한다).

22) 대법원 1998. 4. 28. 선고 97다48913 판결.

장과 같다고 할 수 있다.

2. 독일민법의 규정과 그 해석

지하수에도 토지소유권의 효력이 미치는지 여부에 대한 독일민법의 입장을 살펴보면 다음과 같다. 독일민법 제905조는 "토지소유자의 권리는 지표상의 공간과 지표하의 지각(Erdkörper)에 미친다. 그러나 소유권자는 그 배제에 아무런 이익이 없는 지상 또는 지하에서 행해지는 간섭을 금지할 수 없다"고 규정하고 있다. 1981년 독일연방헌법재판소(BVerfG)의 일명 '젖은 자갈채취결정'(Naßauskiesungsbeschluß)[23] 전의 독일 통설과 판례는 지하수(Grundwasser)는 지각(Erdkörper)의 일부로서 제905조에 의한 토지소유자의 권리에 포함된다고 보았다.[24] 즉 독일민법 제905조 제1문에 의하여 지하수는 지각의 일부로서 지하수에는 토지소유권이 미치고, 이에 따라 토지소유권자는 그 토지의 지하수를 이용할 수 있는 권리가 있다는 것이다. 이러한 통설과 판례의 입장과 상이한 결정을 한 독일연방헌법재판소의 '젖은 자갈채취결정'의 사건의 개요와 결정의 주요내용을 보면 다음과 같다.[25]

[사건의 개요] 자갈채취업을 운영하는 원고가 영업을 계속하기 위하여 물관리법(Wasser-haushaltsgesetz: WHG)[26]에 따른 허가를 1965년 2월에 신청했으나, 당해 지역이 상수도보호구역에 근접하여 수질을 오염시킬 위험이 있다는 이유로 거부되었다. 이에 원고는 행정소송을

23) BVerfGE 58, 300; BVerfG, NJW 1982, 745.

24) Staudingers Komm/Herbert Roth, 13. Aufl., 1996, §905 Rn. 6; Münchener Komm/Säcker, 6. Aufl., 2013. §905 Rn. 5; BGHZ 69, 1, 3f.; BGH NJW 1978, 2290.

25) 독일연방헌법재판소의 '젖은 자갈채취결정'의 헌법적 의미에 대해서는 강태수, "분리이론에 의한 재산권체계 및 그 비판에 관한 고찰", 헌법학연구 제10권 제2호, 2004. 2, 117-152면; 표명환, "독일연방헌법재판소의 자갈채취판결의 의미", 토지공법연구 제35집, 2007. 2, 335-359면 등에서 자세히 논하고 있다.

26) 독일의 水法(Wasserrecht)은 가장 오래된 환경법의 하나로서 오랫동안 단지 私法的으로 파악된 관습법으로 존재하였으며 본질적으로 이웃간의 물(Gewässer)의 이용을 규제하는데 제한되었다. 그 외에 물의 보전에 대해서는 일찌기 경찰적 감시가 발전되었다. 이미 바이에른에서는 1852년에 地表水(oberirdische Gewässer)의 법에 관한 가장 중요한 부분인, 특히 물의 이용, 관개와 배수계획 및 홍수에 대한 제방보호와 대책이 입법화 되었다(Bender, Bernd/Sparwasser, Reinhard/Engel, Rüdiger, Umweltrecht, 3. Aufl., 1995, S. 209). 그리고 Oldenburg는 1868년 이래, Braunschweig는 1887년 이래 수법을 제정하였고 각주가 이를 뒤따랐다. 이리하여 수법의 점점 더 많은 부분이 공법으로서의 성격을 띄게 되었다.
그리고 독일 기본법(Grundgesetz) 제75조 제4호에 의한 연방입법권에 따라 마침내 1957년 6월 27일에 연방의회가 물관리법(Wasserhaushaltsgesetz)을 제정하였다. 이 법은 물관리와 물의 보호에 대한 모든 문제를 궁극적으로 규정하지는 않고 윤곽법(Rahmengesetz)으로서 대강을 규정하고 있으며 상세한 사항은 주의 입법으로 규정하게 된다(Oberrath, Jörg-Dieter, Umweltrecht, 1996, S. 102). 연방법인 물관리법은 "이 법의 목적은 지속 가능한 물 관리를 통하여 자연 균형의 일부, 인간 생명의 기초, 동식물의 서식 및 유용한 자원으로서 물을 보호하는 것"이라고 하면서(§1 WHG), 물을 지표수, 연안해역수, 지하수로 구분하고(§2 WHG), 물의 이용은 원칙적으로 행정청의 허가나 인가가 필요하다(§8 WHG)고 하고 있다. 독일은 물관리법 이외의 물관계법으로 폐수배출부담금법(Abwasserabgabengesetz), 세제법(Wasch- und Reinigungsmittelgesetz), 음용수법(Trinkwasser- Verordnung) 등이 있다.

제기하지 않고, 자신이 운영하는 영업과 토지소유권에 대한 수용침해라고 하여 보상청구 소송을 제기하였다. 이에 독일연방대법원(BGH)은 보상에 관한 규정없이 수자원의 이용을 배제하는 물관리법 제1조a 제3항, 제2조 제1항과 제6조[27]가 독일기본법 제14조 제1항[28]에 반하다고 하면서 독일연방헌법재판소에 위헌 심판제청을 하였다.[29]

[결정 내용] 독일연방헌법재판소의 결정내용은 방대한 데, 본 글의 작성에 필요한 범위내에서 임의로 발췌해서 정리해 보면 다음과 같다.[30] 이러한 발췌 내용이 독일 연방헌법재판소의 결정 내용을 정확히 반영한 것이라고는 할 수 없으며, 이에 대해서는 독자제현의 많은 이해를 구하는 바이다.

1) 제청법원은 다음과 같은 견해에서 출발하고 있다. 토지소유권은 지하수(Grundwasser)를 포함한다. 지하수는 민법 제905조에 의해 토지소유자의 권리가 미치는 지각(Erdkörper)의 일부에 해당하는 것이기 때문이다. 지하수가 물건(Sache)에 해당하는지 여부는 문제될 수 있지만, 여하간 토지에 있는 지하수를 사용할 권리가 토지소유권에 속한다는 것은 문제되지 않는다. 그러므로 물관리법(WHG)의 공법적 지하수 이용규정은 "토지소유권에 내재하는 자유로운 지하수이용권"을 제한하는 것이다. 이러한 제청법원의 견해에는 수긍할 수 없다.[31]

독일민법시행법(EGBGB) 제65조는 명시적으로 수자원법의 규정을 각 연방주에 위임하였다. 따라서 토지소유자와 지각의 법적 관계는 - 광업법, EBGBGB 제67조를 제외하면 - 민법 제905조를 통해 규율되었다. 이에 반하여 지각을 통과하여 흐르는 지하수에 대한 법적 규율은 각 연방주에 유보되었다. 그러므로 민법규정들과 EBGBGB 제65조에 따라 제정된 각 연방주의 수자원법은 처음부터 서로 분리된 두 개의 독립된 법영역을 이루었다. 이로써 지하수에 관한 한, 민법 제905조의 효력은 배제되었다.

그 밖에도 지하수가 "지각의 일부에 해당한다"는 제청법원의 법적 견해는 민법 제905조의 조문과 배치된다. 계속 흐르는 것으로서 지각을 통과하는 지하수는, 이 규정에서 의미하는

27) 문제된 그 당시 물관리법의 규정은 다음과 같다.

제1조a ③ 토지소유권에는 다음의 권리들이 포함되지 않는다.

1. 이 법률 또는 각 연방주의 수자원법에 의하여 허가나 인가를 필요로 하는 지하수 이용
2. 지상하천의 굴착

제2조(허가와 인가의 필요성) ① 이 법률 또는 이 법률의 범위내에서 제정된 각 연방주의 법률에 다른 규정이 없는 한, 지하수의 이용은 행정관청의 허가나 인가를 요한다.

제6조(거부) 이용계획으로부터 공공복리의 침해, 특히 공용 음용수 공급에 대한 위험이 예상되고, 위험이 공법상 단체가 부과하는 의무나 처분을 통해서 예방되거나 조정되지 않는 한, 허가와 인가는 거부될 수 있다.

28) 독일기본법(GG) 제14조 제1항 재산권과 상속권은 보장된다. 그 내용과 한계는 법률로 정한다.

29) BVerfG, NJW 1982, 745.

30) 1981년 독일연방헌법재판소의 '젖은 자갈채취결정'(Naßauskiesungsbeschluß)의 전문번역본은, 헌법재판소, 헌법재판자료집 제11집, 2005. 12, 297-332면에 수록되어 있다.

31) BVerfG, NJW 1982, 745, 748.

지각개념의 특징을 이루는 고정성과 토지경계안의 내포성이란 표지들을 나타내지 못한다. 여기에서 민법 제905조가 "지각에 대한 소유권"이라고 규정하지 않고 토지소유자의 권리 "확장"만을 규정하고 있는 것이 무엇을 의미하는지 문제될 수 있을 것이다. 지각이 토지소유권에 포함된다는 것을 인정한다고 해서, 곧 바로 토지소유자에게 민법 제905조에 따라 지하수이용권이 인정된다고 말할 수는 없다. 토지소유자에게 적극적 이용권이 인정되는지 여부는 연방주법에 따라 결정된다.

따라서 심판의 대상이 되는 물관리법 규정들이 민법 제905조에 의해 토지소유자에게 인정되는 법적 지위를 수용 및 보상의 방식으로 박탈하였거나, 그러한 법적 지위가 이 규정들을 적용하여 박탈되었다고 하는 견해는 따를 수 없다.

기본법 제14조 제1항에 따라 토지소유자의 헌법상 법적 지위를 결정할 때 민법과 공법은 동등한 순위를 가지고 함께 작용한다. 민법상의 재산권규정은 재산권의 내용과 한계에 관한 완결적 규정은 아니다. 기본법 제14조에 의할 때 사법의 재산권규정들이 공법의 재산권규정들에 대해 우선하는 것도 아니다. 특정시점에 재산권자에게 구체적으로 어떠한 권리들이 인정되는지는 그 시점에 적용되는 재산권자의 지위를 규정하는 모든 법률규정을 전체적으로 고려함으로써 알 수 있다. 이 때 재산권자에게 일정한 권리가 인정되지 않는다는 결론이 도출되면, 그 권리는 그의 재산권에 속하지 않는 것이다.32)

2) 자갈채취작업의 범위에서 이루어지는 지하수 이용에 대하여 물관리법 제6조를 근거로 행해진 허가거부는 행정수용이 될 수 없다. 물관리법 제6조의 적용은 입법자에 의해 제정된 기본법 제14조 제1항 제2문에서 의미하는 규정을 실현한 것에 불과하다. 이 규정은 소유권 행사에 있어서 소유자에게 설정된 한계를 규정한 것이다. 물관리법은 지하수이용을 원칙적으로 토지소유권의 내용에서 제외시키고 있다. 이 때 그 이용이 지하수 이용 그 자체를 목적으로 한 것인지, 아니면 다른 목적을 위한 작업수행에 부수적으로 동반되는 현상일 뿐인지 여부는 중요하지 않다. 토지소유권에는 허가를 받아서 지하수이용을 실현시킬 수 있는 토지이용권은 포함되지 않는다. 자갈채취는 사법상 허용되는 자갈채취와 물관리법상 허용되지 않는 지하수 이용으로 구분될 수 있다. 자갈이 지하수 속에 있는 한, 자갈을 채취할 수 있는 권리는 물관리법상 허가가 있는 경우에만 토지소유자에게 인정된다. 이러한 점에서 보더라도 물관리법에 의한 허가거부는 권리박탈이 될 수 없다.33)

3) 물은 모든 인간, 동물 및 식물의 삶에 가장 중요한 기초중의 하나이다. 물은 식수 및 생활용수 뿐만 아니라 산업 및 수공업의 생산수단으로 필요하다. 다양하고 때로는 경쟁적인 물 사용의 이해관계로 인해, 연방헌법재판소는 이미 질서있는 물관리가 인구와 경제 전체에

32) BVerfG, NJW 1982, 745, 749.
33) BVerfG, NJW 1982, 745, 749.

필수적이라고 이미 언급하였다(BVerfGE 10, 89, 113). 인구의 96%가 연결되어 있는 공공 상수도는 점점 증가하는 경향으로 이미 1973년에 전체 47억 입방미터의 물을 공급하였다. 이 중 71%인 34억 입방미터는 지하수로부터, 나머지는 지표수에서 확보하였다.[34)]

4) 지하수는 하천처럼 토양을 통과하여 흐르기 때문에 물의 추출이나 물질 유입의 효과는 특정한 토지에 한정되지 않는다. 한 토지에서의 지하수의 채취는 지하수의 하류에 위치한 토지의 지하수 흐름을 방해한다. 특정한 토지에서 발생하는 오염으로 인해 물이 다른 용도, 특히 식수로 사용하기에 적합하지 않게 만들 수 있다. 따라서 지하수에 대한 개입은 주변 지하수 환경에 큰 영향을 미치게 된다.

자갈채취와 수자원관리 사이에서는 이해관계가 자연스럽게 충돌한다. 채굴 가능한 자갈 매장지는 또한 최고의 지하수 대수층이다. 따라서 모든 주요 자갈채취기도는 물관리 문제에 영향을 미친다. 젖은 자갈에서 특별한 문제가 발생한다. 가용 지하수의 양과 수질은 자갈채취에 의해 영구적으로 영향을 받는다. 이로 인해 특히 지하수가 인근 상수도시설에 흘러들어가는 경우, 일반 대중에게 현저한 위험이 발생할 수 있다.

이러한 것에 의하면 지하수는 일반 대중, 특히 공공 상수도와 관련하여 아무리 높이 평가해도 그 부족함이 없다고 할 것이다. 동시에 특히 지하수는 토지소유권자로부터 유해한 영향을 받을 수 있는 위험에 처해 있다. 이러한 점을 고려하면, 지하수 사용을 개인의 자유재량에 맡기거나 공공복리 적합성이란 법적 원칙에 의해서만 그 사용을 제한하는 것은 정당하지 않다. 이처럼 포괄적인 공공복리를 위한 과제의 해결은 공법의 전형적인 과제에 해당하는 것으로서, 사법의 수단으로는 거의 실현될 수 없다. 그러므로 입법자가 기능적이고 원활한 물관리를 보장하기 위해 지하수를 지표소유권(Oberflächeneigentum)과 분리해서 공법질서 아래에서 규율하는 것은 헌법적으로 문제될 수 없다. 이것은 국가의 일방적 이익을 우선시하는 것이 아니라 국가에 의한 공공복리의 실현을 중시한 것이다.[35)]

5) 물관리법 규정들은 토지소유권의 내용과 한계를 규정한 것으로 인정된다. 기본법 제14조로부터 지하수와 토지소유권 사이에는 자연적 관계가 존재하므로, 지하수는 원칙적으로 토지소유자에게 법적으로 귀속되어야 한다는 결론은 도출될 수 없다. 일반인의 생활에 필수적인 재화를 공공복리의 보장을 위하여 그리고 위험으로부터 방어하기 위하여 사법질서가 아닌 공법질서의 규율하에 두는 것은 사유재산권의 법적 보장을 침해하는 것은 아니다.

그리고 물관리법 규정들이 토지소유권을 전면적으로 사회적 구속하에 둠으로써 토지소유권을 공동화시킨다는 견해는 타당하지 않다. 소유권자가 행정관청의 허가를 받았을 때에만 지하수를 이용할 수 있다고 해서, 토지소유권의 개인적 사용권 및 원칙적 처분권이라는 표지들

---

34) BVerfG, NJW 1982, 745, 750.

35) BVerfG, NJW 1982, 745, 750.

이 결여되는 것은 아니다. 전통적으로 토지소유권자의 토지 사용권은 무엇보다도 토지 표면에 관한 것이었으며, 지각(Erdkörper)속의 물(物)의 이용은 언제나 폭넓은 제한을 받았다. 토지를 이용하고 처분할 수 있는 권리조차도 여러면에서 헌법적 제한을 받고 있다. 토지를 경제적으로 의미있게 사용할 수 있는 가능성은 통상적으로 토지에 지하수가 공급될 수 있다는 것이나, 토지소유자가 반드시 지하수를 이용할 수 있어야 한다는 것에 의하여 좌우되는 것은 아니다. 토지소유권의 헌법적 보장으로부터 소유권자에게 최대한의 경제적 이익을 주는 사용가능성을 보장해 달라는 청구권은 도출될 수 없다.

위와 같이 독일 연방헌법재판소는 지하수가 독일민법 제905조의 지각에 포함되지 않는다고 판결하였다. 즉 독일민법시행법(EGBGB) 제65조는 명시적으로 수자원법(Wasserrecht)의 규정을 각 연방주에 위임하였다. 따라서 토지소유자와 지각의 법적 관계는 독일민법 제905조를 통해 규율되지만, 지각을 통과하여 흐르는 지하수에 대한 법적 규율은 수자원법으로 각 연방주에 유보되어 있다. 민법규정과 EBGBGB 제65조에 따라 제정된 각 연방주의 수자원법은 처음부터 서로 분리된 두 개의 독립된 법영역을 이루고 있으며, 이로써 지각에 흐르는 지하수에 관한 한, 연방주의 수자원법에 의하여 규율되므로, 독일민법 제905조의 효력은 지하수에는 미치지 않는다는 것이다. 즉 독일연방헌법재판소는 연방법과 연방주법(Landesrecht)의 입법권한에 대한 역사적 해석의 방법으로 지하수는 독일민법 제905조상의 지각에 포함되지 않는다고 해석하였다.[36] 또한 지하수는 계속 흐르는 것으로서 독일민법 제905조상의 지각개념의 특징을 이루는 고정성과 토지경계안의 내포성이란 표지들을 나타내지 못하므로, 지하수에는 토지소유권의 효력이 미치지 않는다고 하였다.

이러한 독일연방헌법재판소의 결정 이후, 독일의 통설은 인공적으로 분출시키지 않은 지하수에는 토지소유권의 효력이 미치지 않는 것으로 보게 되었고,[37] 또한 연방 입법자는 2009년 독일 물관리법을 개정하여 동법 제4조 제2항[38]에서 "흐르는 지표수와 지하수는 소유할 수 없다"고 명시적으로 입법하였다.[39] 그러나 지표상에 고인 물은 물관리법 제4조 제2항에 따르지 않으므로 소유권의 대상이 된다.[40] 이에 따라 토지소유권에는 지하수를 이용할 수 있는 지하수이용권은 포함되지 않으며, 지하수의 이용은 물관리법 제2조 이하의 규정이 적용된다.[41]

36) Münchener Komm/Säcker, a. a. O., §905 Rn. 5; Staudingers Komm/Herbert Roth, a. a. O., §905 Rn. 6.

37) Anwaltkomm/Ring, 2004, BGB §905 Rn. 9; Beck-Online Komm/Fritzsche, 58. Aufl., 2021, BGB §905 Rn. 6; Staudingers Komm/Herbert Roth, a. a. O., §905 Rn. 6.

38) 독일 물관리법 제4조 제1항에서 연방정부는 연방수로에 대한 소유권을 가진다고 규정하고 있는데, 이미 연방수로의 소유권은 연방에 있다고 규정한 기본법(GG) 제89조 제1항의 내용을 반복한 것에 불과하므로 특별한 의미는 없다고 한다(Beck-Online Umweltrecht/Hasche, 58. Aufl., 2017, WHG §4 Rn. 1).

39) Münchener Komm/Säcker, a. a. O., §905 Rn. 5; Beck-Online Umweltrecht/Hasche, a. a. O., WHG §4 Rn. 3; BT-Drs. 280/09, 153.

40) Michael Kloepfer, Umweltrecht, 4. Aufl., 2016 §14 Rn. 97; Beck-Online Umweltrecht/Hasche, a. a. O., WHG §4 Rn. 3.

3. 스위스민법의 규정과 그 해석

스위스민법(ZGB)상의 지하수에 대한 관련 규정을 소개하면 다음과 같다. 스위스민법 제667조 제1항은 "토지소유권은 그 행사에 있어서 이익이 있는 한도내에서 공중 및 지중에 미친다"고 하면서, 제2항에서는 "그것은 법률에 의한 제한의 유보하에 모든 건물과 식물 및 원천(Quellen)을 포함한다"고 규정하고 있다. 그리고 스위스민법은 '원천(Quellen)과 우물(Brunnen)[42]에 대한 권리'라고 해서 제704조에서 제711조까지 자세한 규정을 두고 있다. 스위스민법 제704조(원천의 소유권과 원천권)에서 원천의 취득과 지하수에 대해서 규정하여, 제1항에서 "원천(Quellen)은 토지의 구성부분이며 그 소유권은 용출하는 토지의 소유권을 통해서만 취득할 수 있다"고 하면서, 제2항에서는 "다른 사람이 소유한 토지의 원천에 대한 권리는 토지등기부에 등기함으로써 지역권으로 설정된다"고 하고, 제3항에서는 "지하수는 원천과 동일한 것으로 본다"고 규정하고 있다.

이를 보면 스위스민법 제704조 제3항에 의하여 지하수는 원천과 동일하게 취급되고, 따라서 원천은 토지의 구성부분이라는 제1항에 따라 지하수는 그 근원이 되는 토지소유자에게 속한다. 즉 원천은 토지의 구성부분이고 지하수는 원천과 동일하게 본다고 규정하고 있으므로, 토지소유권은 지하에 있는 지하수자원(Grundwasservorkommen)에도 미친다.[43] 따라서 커다란 지하수수맥(Grundwasserströme)과 지하수층(Grundwasserbecken)도 토지소유권에 포함된다. 그러나 스위스민법 제664조 제3항[44]에 따라 대규모 지하수자원을 공공수역(öffentliche Gewässer)으로 정할 수 있다는 주(Kanton)의 권한에 관한 학설과 판례가 일반적으로 인정이 되었고, 이러한 이론에 따라 주에서는 지하수자원이 공공 자산(öffentlichen Eigentum)이 되는 대량 지하수자원을 지정할 수 있다.[45] 즉 풍부한 지하수를 의미하는 큰 집수지역을 가진 강력한 지하수수맥

---

41) Beck-Online Umweltrecht/Hasche, a. a. O., WHG §4 Rn. 6.1; BVerfGE 58, 300. 그리고 지하수의 이용에는 행정청의 허가나 인가(Bewilligung)가 필요(§8 WHG)하지만, 가정, 농업적 농장, 농장 밖에서 가축에게 물을 주거나 일시적인 목적으로 소량 사용을 위한 지하수의 취수 등과 농업, 임업 또는 원예에 사용되는 토지에서 사용된 물의 정상적인 토양배수(Bodenentwässerung)를 하는 경우에는 허가나 인가를 요하지 않는다(§46 Abs 1. WHG).

42) 'Quellen'은 자연적으로 지면으로 지하수가 흘러나오는 곳 또는 샘을 말하고, 'Brunnen'은 본래 Quellen과 동의어였지만 오늘날에는 주로 인공적인 분수, 즉 원천에 인공적인 시설이 가해져서 물을 이용하는 경우로서 우물, 분수 등으로 번역할 수 있으나, 이하에서는 '우물'이라고 한다. 원천 또는 샘(spring)은 추로 지면과 지하수면이 교차하는 곳에서 생긴다고 한다.

43) Basler Komm/Heinz Rey, Zivilgesetzbuch Ⅱ, 3. Aufl., 2007, Art. 704 Rn. 12.

44) 스위스민법 제664조 제3항 "주법은 소유자 없는 토지의 취득, 도로 및 광장, 수역 및 강바닥과 같은 공공 물건의 이용과 공동사용에 필요한 규정을 정한다".

45) 스위스에서 세 번째로 큰 주(Kanton)인 발레(Wallis)에서는 발레 주의 스위스민법 시행법(EGZGB)(1998년 3월 24일 개정, 1999년 1월 1일 시행) 제163조에서 동 시행법 시행 이전에 이미 존재했던 기존의 사적 용도에 따라 소유자가 분당 최대 50리터까지 지표상으로 분출시키는 경우의 유보하에, 분당 300리터 이상의 평균 지하수물량을 가진 지하수자원은 공적 자산에 속한다고 규정하였다.

과 지하수층은 주법에 의하여 민법 제704조 제3항의 적용에서 벗어날 수 있으며, 이렇게 되는 경우 이는 공공 수역으로 여겨진다.[46] 즉 민법조항의 결과적인 허점은 주법에 의해서 보완될 수 있다. 스위스 연방대법원도 이미, 이용에 관심이 있는 많은 사람들을 고려할 때 기후, 초목 및 주변의 수분함량에 대하여 중요성을 가진 그러한 대규모 지하수자원은 반드시 지표상 하천(수로) 및 호수에 대해 적용되는 것과 같은 동일한 법, 즉 공법을 통한 규율이 필요하다고 하였다.[47]

Ⅳ. 마치며

앞에서 살펴본 바와 같이, 우리나라의 통설과 판례는 민법 제212조에 따라 지하수는 토지의 구성부분이고 토지소유권이 지하수에 미친다고 한다. 물론 地下流水는 지표유수와 마찬가지로 토지의 일부를 구성하지 않고 사적 소유권의 대상이 아니라고 하는 지하수 公水論과 지하수를 토지소유권의 대상이라고 인정하고 지하수채취에 따른 여러 문제점을 규제하기 위하여 공공제한의 대상이 된다는 私水論의 대립이 있다.[48] 그러면 지하수 소유권 해석에 대한 통설과 판례의 입장이 타당한가? 이와 관련하여 지하에 흐르는 물을 독점적으로 소유하는 것은 불가능하므로, 지하수를 일률적으로 토지소유권의 한 내용으로 보는 것은 재검토를 요한다고 하며,[49] 지하수법의 개정을 통해 지하수의 공유화를 이루어야 하고 독일 물관리법과 같이 허가나 인가의 대상이 되는 지하수는 토지지소유권의 효력이 미치지 않는 것으로 규정하는 것이 바람직하다고 하는 입장도 있다.[50] 따라서 지하수가 사적 소유권의 대상인지 여부는 지하수의 수문학적 관점에서의 민법 제212조의 재해석, 지하수의 중요성, 지하수법과의 관계 등에서 다시 한번 검토할 필요가 있다고 할 것이다.

지하수에 대해서 수문학(hydrology)적 관점에서 이해해 보면, 지하수는 넓은 의미에서 지하에 존재하는 물을 총칭하고, 정확한 의미로 지하수는 대수층[51] 특히 포화대(saturated zone)에 존재하는 물을 의미한다. 넓은 의미의 지하수에는 흙속에 존재하는 물인 '토양수'(토층수)를 포함하나, 불포화대(unsaturated zone) 아래에는 공극이 물로 채워져 있는 포화대가 존재하며, 지하의 토사 혹은 암석의 공극에 충만되어 있는 물로 통상 포화대에 존재하는 물을 지하수라

46) Basler Komm/Heinz Rey, a. a. O., Art. 704 Rn. 16－17.

47) BGE 65 Ⅱ 143, 148.

48) 김세규, "지하수이용권에 관한 소고", 공법학연구 제8권 제3호, 2007. 8, 500－501면.

49) 김재형, 전게논문, 384면.

50) 윤철홍, 전게논문, 248면.

51) 대수층(함수층, 지하수의 저수지)은 지층 중에서 투수성이 있으며 물로 포화되어 있고, 상당한 물을 배출할 수 있을 만큼 충분한 투수성과 수리적 연속성을 가지고 있는 지층, 예를 들어 미고결 상태의 모래나 자갈 등으로 이루어진 지층을 말한다.

고 한다.[52] 포화대의 상부면을 지하수면(사용 가능한 지하수의 상부경계면)이라고 하며, 일반적으로 지하수면은 가까운 하천이나 호수쪽을 향하여 경사져 있다. 대부분의 지하수는 흙 속으로 스며든 비와 눈이 녹은 물이 모여서 형성이 되며, 지하수는 지하 대수층에 정체해 있는 것이 아니라 지표면 아래에서 흐르고 있다. 지하수가 흐르는 속도는 지하의 환경에 따라 일정하지 않지만,[53] 중력에 의해 물은 지하수수면이 높은 지역에서 낮은 지역으로 흐르고 지하수는 일반적으로 평행한 실 같은 경로를 따라 매우 작은 공극울 통해 투과(percolation)에 의하여 천천히 이동한다. 이렇게 지하수는 지표면 아래에서 고정되어 있는 것이 아니라 흐르는 것이다. 민법 제212조는 토지소유권은 상하에 미친다고 하여, 토지의 경계면 이내의 정당한 이익이 있는 범위내에서 지각에도 소유권이 미친다. 이 때 지각은 고정성과 확정성이 있어서 토지경계내에서의 내포성을 가지고 있다. 이러한 점에서 지표면하 대수층에서 계속 흐르는 것으로서 지각을 통과하는 지하수는, 지각개념의 특징을 이루는 고정성과 확정성이 없으므로 토지경계안의 내포성이란 속성을 나타내지 못한다.[54] 통상 제212조상 토지소유권의 공중부분을 해석할 때, 끊임없이 이동하는 공기에 토지소유권이 미친다고 논하지 않으며, 하천 등 지표에 흐르는 지표수에도 토지소유권이 미치지 않는다고 하여 공물로 이해하고 있다. 이에 따라 지표면하 대수층에서 계속 흐르는 지하수, 즉 지하수의 수문학적 이해를 바탕으로 계속 흐르는 지하수는 토지경계내에서 고정성과 확정성이 없으므로 토지경계안의 정당한 이익이 있는 범위내에서 지각에 소유권이 미친다는 제212조의 해석에서 토지경계내의 물건이라는 내포성이 없게 된다. 그러므로 민법 제212조의 해석에서 대수층에 있는 지하수에는 토지소유권의 효력이 미치지 않는다고 해야 할 것이다.

둘째로 지구에 있는 물중 바닷물이 약 97%를 차지하며, 담수(민물)는 약 2.5%에 불과하다.[55] 지하수는 전 세계 민물에서 20%정도를 차지하며 이는 바다와 영구적인 얼음을 포함한 전 세계 물의 0.76%에 해당한다. 이러한 지하수는 가뭄기간 등 비상시에 지표수의 부족을 메꾸어 줄 수 있는 최후의 수자원으로서 천연 보고의 역할을 하는 중요한 자원이다. 물은 모든 인간, 동물 및 식물의 삶에 가장 중요한 기초중의 하나이며,[56] 물은 식수 및 생활용수 뿐만 아니라 농업 및 산업용수로서 생산수단에 필수적인 자산이다. 다양하고 때로는 경쟁적인 물 사용의 이해관계로 인해 질서있는 물관리가 인구와 경제 전체에 필수적이라고 할 것이다.[57] 양과 질면에서 깨끗하고 이용 가능한 양의 물 공급은 국가의 경제발전과 일반적인 생명보존에

---

52) 구연창, 전게논문, 228－281면.

53) https://ko.wikipedia.org/wiki/%EC%A7%80%ED%95%98%EC%88%98.

54) BVerfG, NJW 1982, 745, 749.

55) 국가지하수정보센터－ https://www.gims.go.kr/waterOfClean.do.

56) BVerfG, NJW 1982, 745, 750.

57) BVerfGE 10, 89, 113.

결정적으로 중요하며, 이러한 것은 물에 대한 수요가 증가함에 따라 더욱 그 중요성이 강조되고 있다.[58] 우리나라 지하수 실이용량은 40.9억 ㎥(2015년 기준)이며, 지하수개발가능량은 약 128.9억 ㎥ 정도이고,[59] 지하수는 생활용수[60] · 공업용수 · 농업용수[61] 등으로 취수되며,[62] 우리나라 전체 물 이용량의 약 11%를 차지하고 있다.[63] 우리나라에서도 일부지역에서는 지하수의 과다한 사용으로 지하수면의 저하와 함께 지하수 오염의 문제가 발생하고 있고, 일부 지역에서는 지하수가 지질조건으로 인해 자연적으로 부족한 상태에 있다. 그리고 지하수는 빗물에 의하여 채워지기 때문에 적절하게 이용하면 지속적으로 재생 가능한 자원이지만, 안전채수량(safe yield)[64]보다 많이 사용하거나 집중이용하면 지하수면이 하강하고 고갈된다. 지하수가 고갈되면 채워지는데 오랜 시간이 걸려 오랫동안 사용할 수 없게 된다. 또한 과거 지하수의 이용형태를 보면 원천에서 자연히 용출하는 물을 이용하거나 우물을 파서 식수 등 생활용수로 사용하는 것이 일반적이었으나, 현대와 와서는 과학기술의 발전으로 우물을 파서 지하수를 이용하던 시기에는 도저히 상상할 수 없는 깊이까지 시추하여[65] 동력장치를 통하여 대량의 지하수를 취수하여, 공업 · 농업 및 생활용수(상수도의 수원, 수영장, 목욕탕, 온천장 등)로 사용하고 있다. 즉 과거의 지하수 이용상황과 그 사용량에 비하여, 현대에 이르러서는 일반인이 통상 생각할 수 없는 깊이까지 시추하여 동력장치를 통하여 대량의 취수를 함으로, 현대의 지하수 개발 · 이용 상황은 과거와 전혀 차원을 달리 하고 있다.[66] 또한 이로 인하여 지하수 자원의 고갈 내지

58) BGHZ 49, 72; BVerwGE 36, 249f.

59) 국토교통부, 수자원 장기종합계획(2001~2020) 제3차 수정계획, 2016. 12, 21면;

60) 생활용수로는 상수도의 수원(광역 상수도, 지방 상수도, 마을 상수도 등, 지하수는 지표수보다 정수처리 과정이 단순하고 비용이 저렴함)으로, 상수도가 공급되지 않는 지역(산악 및 도서지역, 군시설, 전원주택 등)은 지하수가 거의 유일한 수자원이며, 비용 및 수질 등의 이유(수영장, 목욕탕, 숙박시설, 빌딩 등)로 지하수를 개발하여 사용하고 있다(국가수자원정보센터 – https://www.gims.go.kr/waterOfPrecious.do).

61) 지하수는 농어업용으로 이용되는데, 논밭 · 과수원 · 원예작물 등의 농작물에 필요한 물의 상시 공급을 위해서, 가뭄 등 지표수가 부족할 때 관정 등의 개발을 통하여 물을 공급하고 있으며, 민물양식 등의 어업용으로 지하수가 활용되고 있다. 우리나라 164만개 관정에서 연간 29.1억m^3(2018년) 정도의 지하수를 이용하고 있어서, 지하수 이용량은 농업용수가 가장 많은 것으로 나타난다(국가지하수정보센터 – http://www.gims.go.kr/waterOfClean.do).

62) 우리나라 지하수 이용량을 보면, 농업용수 이용량 14.9억m^3(전체 사용량의 51.0%), 생활용수 이용량 12.3억m^3(전체 사용량의 42.2%), 기타(공업용수/온천수/먹는샘물 등) 이용량 2억m^3(전체 사용량의 6.9%)이며, 행정구역별로 지하수를 가장 많이 이용하는 지역은 경기도(4.1억m^3/년: 13.9%), 전라남도(3.8억m^3/년: 12.9%), 충청남도(3.6억m^3/년: 12.5%)의 순위로 나타난다(국가지하수정보센터 – http://www.gims.go.kr/internalUseStts.do).

63) 국가지하수정보센터 – https://www.gims.go.kr/waterOfClean.do.

64) 안전채수량은 "지하수의 수량 감소 및 고갈, 수질악화 그리고 다른 바람직하지 않은 영향을 유발하지 않고 대수층으로부터 영속적으로 채취할 수 있는 한계 수량", 즉 적정채수량을 말한다.

65) 지하수가 지열에 의하여 더워진 것이 온천수(온천법상 온천수에 대해서는 동법 제2조 제1항에서 정의하고 있다)이며, 지하수 이용의 허가를 받아 지하 1000미터까지 시추하는 것이 통상이며, 그 이하의 깊이까지도 시추하여 온천수를 개발하여 이용하고 있다. 또한 생활용수의 취수를 위해서도 지하수수면이 낮게 형성되어 있는 경우, 지하 수백미터까지 시추하여 지하수를 개발 · 이용하는 것은 흔히 볼 수 있는 현상이다. 그리고 민법 제212조는 정당한 이익이 있는 범위내에서 지하에도 토지소유권의 효력이 미친다고 하고 있으므로, 지하 수백미터 지점은 제212조의 해석상 토지소유권의 효력이 미치지 않는다고 할 것이다.

는 지하수면의 저하가 문제되고 있고, 지하수의 오염도 심각한 문제로 대두되고 있다. 이와 같이 최후의 수자원으로서 지하수의 여러 특성과 점증하는 이용현황, 그리고 과학기술의 발전으로 과거의 지하수 이용상황과 현재의 지하수 개발·이용현황 등으로 볼 때, 민법 제212조를 해석할 때, 대수층에 있는 지하수를 이제 더 이상 사적 소유권의 대상이라고 해석해서는 안될 것이며, 우리의 후손에까지 물려줘야 할 최후의 수자원인 지하수는 자연자원으로서 공적 수자원이며 유한한 공공재로 보아야 할 것이다. 또한 최후의 수자원인 지하수에 대해서 법정책적인 관점에서도 이제 더 이상 지하수를 토지의 구성부분이라고 해석해서는 안될 것이다.

셋째로 우리 민법은 지하수의 소유에 관하여 구체적인 규정이 없으며, 단지 토지소유권의 범위에 관한 제212조의 해석을 통하여 지하수는 토지의 구성부분으로서 토지소유자의 소유에 속한다고 해석하였다. 그러나 1993. 12. 10.에 지하수법[법률 제4599호, 시행 1994. 6. 11.]이 제정되었고, 1997. 1. 13, 전부개정[법률 제5286호, 시행 1997. 7. 14.]을 통하여 지하수개발과 이용에 대해 허가제를 도입하였으며, 그 동안 여러 차례 개정이 있었지만, 특히 2021. 1. 5, 일부개정[법률 제17850호, 시행 2022. 1. 6.]을 통하여 국가 물관리 원칙에 부합하는 지하수관리의 기본원칙(제2조의2(지하수관리의 기본원칙))을 신설하는 등 많은 변화가 있었다. 이에 따라 지하수법의 제정 및 개정전의 민법 제212조의 해석과 지하수법이 제정·시행되고 있는 현재의 지하수에 대한 해석은 달라져야 한다고 생각된다.[67] 독일연방헌법재판소도 "토지소유자의 헌법상 법적 지위를 결정할 때 민법과 공법은 동등한 순위를 가지고 함께 작용한다. 민법상의 재산권규정은 재산권의 내용과 한계에 관한 완결적 규정은 아니다. 사법의 재산권규정들이 공법의 재산권규정들에 대해 우선하는 것도 아니다. 특정시점에 재산권자에게 구체적으로 어떠한 권리들이 인정되는지는 그 시점에 적용되는 재산권자의 지위를 규정하는 모든 법률규정을 전체적으로 고려함으로써 알 수 있다. 이 때 재산권자에게 일정한 권리가 인정되지 않는다는 결론이 도출되면, 그 권리는 그의 재산권에 속하지 않는 것이다".[68] 즉 특정시점에 재산권자에게 구체적으로 어떠한 권리들이 인정되는지는 그 시점에 적용되는 재산권자의 지위를 규정하는 모든 법률규정을 전체적으로 고려해야 한다고 하고 있다. 즉 소유권의 내용과 한계는 법률에 의하여 정해지므로(헌법 제23조 제1항, 민법 제211조), 민법 제212조의 해석도 제212조만을 고려할 것이 아니라 지하수법[69]도 함께 고려하여 해석해야 할 것이다. 지하수법 제2조의2(지하수관리의 기본원

---

66) 원천에서 자연히 용출하는 물을 이용하거나 우물을 파서 식수 등 생활용수로 사용하던 과거의 지하수 이용상황을 생각해 보면, 지하수는 토지의 구성부분이고, 토지소유권자에게는 당연히 지하수이용권이 있다고 해석하는 것이 합리적이고 타당한 해석일 것이다.

67) 윤철홍, "지하수법의 문제점과 개선방향", 비교사법 제8권 1호, 2001. 6, 232면(지하수법의 제정과 개정후 지하수에 대한 엄격한 私水論이 변화되고 있다고 한다).

68) BVerfG, NJW 1982, 745, 749.

69) 지하수법은 여러 번 개정되었으므로, 이하에서는 2021. 1. 5, 일부개정한 지하수법[법률 제17850호, 시행 2022. 1. 6.]을 기준으로 하여 논한다.

칙) 제1항에서 “지하수는 현재와 미래 세대를 위한 공적 자원으로서 공공이익의 증진에 적합하도록 보전·관리되어야 하며, 그에 따른 혜택은 모든 국민이 골고루 누릴 수 있도록 배분되어야 한다”고 하여 지하수가 공적 자원이라고 명시하고 있다. 물론 토지의 공공성이 강조된다고 하여 토지소유권의 국유화가 인정되지 않은 것과 같이, 지하수법 제2조의2 제1항에서 ‘공적 자원’이라고 언급한 것은 지하수의 공공성을 강조한 것이지 지하수의 소유권 귀속에 관한 규정은 아니라고 볼 수도 있다. 하지만 우리나라 지하수법은 동법의 목적으로 “지하수의 적절한 개발·이용과 효율적인 보전·관리에 관한 사항을 정함으로써 적정한 지하수개발·이용을 도모하고 지하수오염을 예방하여 공공의 복리증진과 국민경제의 발전에 이바지함을 목적으로 한다”(지하수법 제1조)고 규정하면서, “지하수란 지하의 지층(地層)이나 암석 사이의 빈틈을 채우고 있거나 흐르는 물”이라고 정의하고(동법 제2조 제1호), 국가 등의 책무로 지하수에 대한 종합계획을 수립할 책무를 부과하고(동법 제3조), ‘지하수의 조사 및 개발과 이용’(동법 제2장)과 관련하여 지하수 조사와 정보화(동법 제5조, 제6조), 지하수 개발과 이용시의 허가(동법 제7조) 및 신고제도(제8조), 지하수의 영향을 미치는 굴착행위의 신고(동법 제9조의4), 지하수 이용의 권리·의무의 승계시의 신고(동법 제11조) 등을 규정하고 있다. ‘지하수의 보전·관리’(동법 제3장)와 관련하여서는 지하수보전구역의 지정(동법 제12조), 원상복구(동법 제15조), 지하수 오염방지명령(제16조), 지하수오염유발 시설관리자에 대한 조치(동법 제16조의3)와 정화계획의 승인(동법 제16조의4) 등과 지하수이용부담금의 부과·징수(동법 제30조의3) 등에 대해서 자세히 규정하고 있다. 이를 보면 지하수가 사적 토지소유권의 대상이 아니고, 일반공중의 이용대상이 되는 공적 자산이며 국가의 관리대상임을 전제로 하고 있다. 또한 헌법재판소도 구 먹는물관리법 제28조 제1항 소정의 수질개선부담금 관련 위헌제청사건에서 “지하수는 자연자원으로서 유한한 공공재이고, 우리의 후손에까지 물려줘야 할 최후의 수자원”이라고 하였으며,[70] 대법원도 “지하수의 공적 수자원으로서의 성질과 기능 등을 고려하여 행정청의 허가·감시·감독·이용제한·공동이용 명령·허가취소 등 공적관리방법에 의한 규제를 받게 하고 있다”고 하였다.[71] 물론 우리 헌법재판소와 대법원의 지하수에 대한 이러한 언급은 지하수가 사적 소유권의 대상인지 여부를 논한 것이 아니라, 단지 지하수의 공공성을 강조한 것이라고 할 수도 있다. 과거에는 상린관계법상의 규정을 제외하면, 토지소유자의 지하수 소유와 지하수이용을 법적으로 제한할 필요가 없었다. 그러나 산업화의 증대, 생활용수·농업용수 등으로서의 지하수의 중요성이 부각되면서 지하수에 대하여 법적 규율을 할 필요성이 뚜렷이 증가하였다. 즉 지하수의 양적 수요와 지하

70) 헌재 1998. 12. 24. 98헌가1, 판례집 10－2, 819, 821(“이렇듯 소중한 지하수자원을 소모해 가면서 이윤을 획득하는 먹는샘물제조업에 대하여는 상당한 정도 고율의 부담금을 부과하더라도 헌법상 용인된다 할 것이므로 먹는샘물제조업 자체를 허용하면서 단지 판매가액의 최고 20%의 한도에서 부담금을 부과하도록 하였다 하여 헌법재판소가 관여할 정도로 현저히 자의적이거나 과도한 비율의 부담금을 책정한 것이라 볼 수 없다”).

71) 대법원 1998. 6. 12. 선고 98두6180 판결.

수에 대한 인간의 영향력 행사로 수질의 생물학적, 물리적, 화학적 상태에 대한 위협으로 인하여 지하수 관리·이용·보전 등을 공법의 영역에서 규율하게 되었다. 그러므로 지하수에 토지소유권이 미치는지 여부와 관련하여 민법 제212조를 해석할 때, 특히 공법인 지하수법을 고려하여 민법을 해석해야 할 것이고, 지하수법 제2조의2 제1항에서 지하수는 공적 자원이라고 명시한 점과 그 전체 내용을 고려해 보면, 이제는 민법 제212조의 해석에서 지하수에는 토지소유권의 효력이 미치지 않는다고 해석해야 할 것이다.

정리하자면, 지하수는 수문학적 관점에서 고정성과 확정성이 없으므로 토지경계내의 내포성이 결여되며, 최후의 수자원으로서 지하수의 여러 특성과 점증하는 이용현황 그리고 과학기술의 발전으로 과거의 지하수 이용상황과 현재의 지하수 개발·이용현황의 변화 등과, 소유권의 내용과 한계는 법률에 의하여 정해지므로 민법과 지하수법상의 지하수에 대한 규정내용 등을 종합적으로 고려해 보면, 이제는 민법 제212조의 해석에서 토지소유권이 지하수에 미친다고 해석할 수는 없다고 할 것이다. 물론 지하수법에서도 규정하였듯이 지표면하 대수층에 있는 물을 지하수라고 할 것이며, 또한 일반적으로도 지하수를 이렇게 이해하고 있으므로, 토양수는 지하수라고 할 수 없으며, 이에 대해서는 토지소유권의 효력이 미친다고 보아야 할 것이고, 다만 대수층에 있는 물인 지하수에는 토지소유권의 효력이 미치지 않는다고 해야 할 것이다. 그러므로 지표면하 대수층에 있는 지하수는 지표상 흐르는 지표수와 같이 토지소유권의 구성부분이 아니라 공적 자원으로서 공물(천연공물)이라고 할 것이다.

불법원인급여의 로마법 전통과 근대민법의 계수를 통한 우리민법 해석론의 시사점*

정 상 현**

Ⅰ. 들어가며

(1) 법률행위가 무효여서 법률상 원인이 상실된 경우, 급여자는 수익자를 상대로 이미 이루어진 급여에 대하여 부당이득의 법리에 따른 이득반환을 청구할 수 있다(제741조). 그런데 법률행위의 무효가 목적의 반사회성으로 인한 경우에도 부당이득의 반환청구를 허용하게 되면, 스스로 법의 이상에 반하는 법률행위를 한 자가 이득의 반환을 통하여 법의 보호를 받는 결과가 되기 때문에 이때에는 급여자의 부당이득반환청구를 배척해야 한다. 우리민법 제746조 역시 불법원인급여라는 제목으로 '불법의 원인'으로 재산을 급여하거나 노무를 제공한 경우에 그 반환청구를 배척함으로써 이와 동일한 법리를 인정하고 있다. 이는 사회적으로 타당하지 않는 법률행위의 당사자를 법적 보호의 대상에서 제외하여 사법질서와 법적 평화의 유지에 이바지한다.

(2) 불법원인급여의 원리는 연혁적으로 로마법에서 기원한다. 로마법은 '부도덕한 원인'에 기한 급여를 원인 없는 급여의 일종으로 보아 부당이득반환소권을 인정하지만(condictio ob turpem causam), 그 반면으로 부도덕한 원인이 급여자에게 존재하는 경우에는 이득의 반환청구가 배척된다는 법원리를 고안하였다. 이러한 법리가 근대국가에 계수되어 오늘에 이르고 있다.

* 한 인간이 있었다. 그는 보편성을 가진 법 원리를 통하여 신의 섭리에 접근하고자 했고, 언어 속에 갇혀 있는 우리의 의식과 사유를 해방시키고 싶어 했다. 자신의 고유한 언어가 없는 것처럼 자신의 고유한 법도 없고, 모든 사람에게 완벽하게 적용될 수 있는 법은 역사적으로 한 번도 존재한 적이 없다는 사실에서 초월적인 법의 아포리아(aporia)를 발견했다. 어느 젊은 남자가 법의 문안으로 들어가려 했으나 문지기는 이를 허락하지 않았고 폭력으로 늙고 병든 그는 죽음 앞에서 자신의 무력함을 경험하였다. 그가 쓴 많은 글들은 그의 마음과 사유를 닮았고, 고집스럽고 완고하지만 깊고 진지하며 신중하고 엄격하였다. 그의 글 속 깊은 곳을 걸어본 사람들은 개인의 자유와 공평을 구속하는 비결정성의 항전을 존경하고, 치밀하게 그려진 법의 지문에 감격하였다. 나에게 고 최종길교수의 논문, "민법 제746조의 적용범위-특히 당사자일방이 선이행한 경우를 중심으로-"(법정 제20권 제12호, 1965.12)가 그러하였다. 시간과 공간, 인간과 역사의 부재를 통하여 자연의 법원리를 추구했던 고 최종길교수를 기린다.

** 성균관대학교 법학전문대학원 교수, 법학박사.

대표적으로 프랑스민법은 법전에 명문화하지 않고 로마법의 기본정신과 중세교회법을 바탕으로, "누구도 자신의 부도덕한 행위를 원용하는 것은 허용되지 않는다."는 의미의 Nemo auditur propriam turpitudinem allegans법언을 형성하였고, 그 구체적인 내용과 적용은 학설과 판례에 일임하고 있다. 영미법에서는 보통법(common law)의 원리로 "부도덕한 원인에 의한 경우에는 소권이 없다."는 ex turpi causa non oritur actio원칙에 의하고, 형평법(equity law)에서는 "형평법원에 들어오는 자는 깨끗한 손으로 와야 한다"는 He who comes into equity must come with clean hands원칙에 의하여 불법원인급여의 법리가 인정되고 있다. 한편 로마법의 광범위한 계수를 경험한 독일은 민법전에서 수령자의 급부 목적이 금지법규에 반하거나(gegen ein gesetzliches Verbot) 선량한 풍속에 반하는(gegen die guten Sitten) 경우 이미 이행된 급부에 관한 부당이득반환을 인정하되, 그러한 목적이 급여자에게 있는 경우에는 부당이득반환청구를 배척하는 명문규정을 두었다(제817조). 이러한 독일민법의 본문과 단서 규정이 전후 순서의 변경과 함께 일본민법 제708조와 우리민법 제746조 수용되었다.

(3) 불법원인급여의 법리는 오늘날 거의 모든 근대국가의 민법이 그 근본취지를 인정하고, 민법전의 명문규정으로 선언하거나 법의 일반원칙 또는 판례법의 이론으로 승인한다. 다만 이러한 법리를 광범하게 인정하면 급여자에게 부도덕 내지 불법의 원인이 존재하는 한, 수익자의 부도덕이나 불법 원인과 관계없이 급여물의 반환청구를 배척하게 되고, 그 결과 급여자와 마찬가지의 부도덕이나 불법 원인을 가진 수익자의 이익이 반사적으로 보호되는 결과를 초래한다. 사실 구체적인 사안에서 급여자에게만 부도덕이나 불법의 원인이 있는 경우보다 쌍방 당사자 모두에게 반사회성이 있는 경우가 더 일반적이고 또 현실적이기 때문에, 쌍방의 반사회성이 동일하거나 오히려 수익자의 반사회성이 더 큰 경우에도, 급여자의 반환청구를 전면적으로 배척하는 것이 과연 정의의 관념에 비추어 타당한가하는 의문이 남는다. 더욱이 우리민법 제746조는 급여자의 반환청구가 배척되는 행위표지에 대하여, '불법의 원인'이라고 하는 불명확한 개념을 규정하기 때문에 그 적용범위에 대한 논란을 더욱 가중시키고 있다.

(4) 본 논문은 우리민법 제746조에서 명문으로 규정한 불법원인급여의 제도적 취지와 그 적용요건 및 효과를 적정하게 해석하기 위한 연혁 및 비교법적 검토를 목적으로 한다. 특히 불명확 개념으로서 '불법의 원인'에 관한 해석과 관련하여 적용범위를 좁게 인정한 로마법의 법언, 이를 확대한 독일민법 제817조의 입법과정, 프랑스민법의 영향에 따른 일본민법 제708조를 중심으로 한다. 독일민법은 일본민법의 형성에 결정적인 영향을 미쳤고, 이는 결국 우리민법에서도 동일한 모습으로 나타나기 때문이며, 우리 해석론을 전개하는데 매우 적절한 기준을 확인할 수 있을 것으로 기대되기 때문이다.

Ⅱ. 로마법의 불법원인급여 원리

1. 개요

근대민법에 반영된 부당이득의 로마법적 전통은 고전후기와 유스티아누스 황제 시기의 법체계에서 기원하였고,[1] 불법원인급여 역시 로마법과 보통법의 역사를 고려하지 않고는 그 교의적(dogmatisch) 의미를 충분이 파악할 수 없다.[2] 로마의 부당이득법 체계는 'condictio'라는 부당이득반환소권과 전용물소권으로 번역되는 'actio de in rem verso'[3]에서 기원한다. 로마법은 계약에 기하지 아니하고 성립하는 일련의 채권을 condictio의 형태로 형성하였고, 한편으로는 다른 사람에게 이익이 전용된 계약의 급부청구권을 부가적 소권으로 인정한 전용물소권을 창안하였다. 부당이득법 원리로 전용물소권은 프로이센일반란트법(ALR)과 오스트리아민법전(ABGB)에서 수용되었을 뿐 독일을 위시한 대부분의 근대 민법전들은 이를 규정하지 않고 로마법의 부당이득반환소권, 즉 condictio체계에 따랐다.[4]

2. 부도덕 원인으로 인한 condictio

(1) 로마법에서 일정한 법률행위의 목적 또는 원인이 부도덕(turpitudo)으로 인하여 무효인 경우, 오로지 수익자에게만 부도덕한 원인이 있는 경우에는 급여자에게 부당이득반환소권으로 condictio가 인정되었으나, 급여자 또는 쌍방의 부도덕성이 문제되는 경우에는 급여자가 반환을 청구할 수 없었다.[5] 즉 수령행위에 부도덕한 원인이 존재하는 경우 목적급여의 수익자는 수령한 급여를 반환해야 하였는데, 이때 급여자에게 인정된 것이 '부도덕 원인의 부당이득반환소권', 즉 condictio ob turpem causam이었다. 이러한 경우에 법질서가 수령한 급여의 반환을 명하는 것은 원래 목적급여의 주안점인 목적의 성취 여부가 아니라, 수령행위 자체의 부도

---

1) Max Kaser, Das Römische Privatrecht, I.Abs., Das altrömische, das vorklassische und klassische Recht, C.H.Beck, 1955, §139.3, S.495f.; Fritz Schwarz, Die Grundlage der condictio im klassischen Römischen Recht, 1952, S.277.

2) Franz Wieacker, Privatrechtsgeschichte der Neuzeit, 2.Aufl., Venden, 1967, S.15f, Anm.8; Helmut Coing, Europäisches Privatrecht, Bd.I, Älteres gemeines Recht(1500bis1800), C.H.Beck, 1985, S.496.

3) 문어적으로는 전용된(verso) 급부물(in rem)에 대한(de) 소권(actio)으로 해석할 수 있다. 통상 근대법에서는 타인 사이의 계약으로부터 발생된 이득(Bereicherung ex alieno contractu)이 반환되어야 할 '부당이득'을 구성하는가하는 관점에서 다루어져 왔으나, 로마법에서 이는 계약관계로부터 이익을 받은 계약 외의 제3자에 대한 계약상의 급부청구권을 의미한다. 가장이나 주인에게 복종하는 가자나 노예는 권리능력이 없으므로 제3자와 계약을 체결하여 취득하는 재산은 당연히 가장이나 주인에게 귀속되어 그의 이익으로 전용된다(in rem versum). 이때 계약의 상대방이 가자나 노예를 상대로 청구할 수 있는 급부청구권에 관하여 이익을 전용하여 취득한 가장이나 주인을 상대로 행사할 수 있는 소권이 전용물소권이다.

4) Otto Friedrich von Gierke, Deutsches Privatrecht, Bd.Ⅲ, Duncker & Humblot, 1917, S.993f.

5) Paul Huvelin, Cours élémentaire de droit romain, t.2, Les obligations, Recueil Sirey, 1929, p.142; Gaston May, Éléments de droit romain, 3^{e}éd., Paris, 1894, n°187, p.362.

덕성에 기인하므로, condictio ob turpem causam의 인정에서 목적의 달성 여부는 문제되지 않았다.[6] 다만 당사자 일방 또는 쌍방의 부도덕성에 따라 그 인정에 차이가 있었다.[7] 이러한 condictio를 근거지우는 부도덕한 원인(turpis causa)은 절도나 살인을 하지 않도록 하기 위하여 급여한 경우[8]나 위탁받은 물건이나 증서를 소멸시키지 않도록 하기 위하여 급여한 경우[9] 또는 유리한 판결을 해주는 대가로 급여를 수령한 경우,[10] 불법침해를 하지 않도록 하기 위하여 급여한 경우,[11] 도망노예나 절도범인을 밀고하지 않도록 하기 위하여 급여한 경우 또는 그들이나 그 공범자로부터 수령한 경우,[12] 탈취한 물건을 주인에게 반환하는 대가로 급여를 수령한 경우[13] 등과 같이, 수익자만의 부도덕성이 나타나는 경우에 급여자의 condictio ob turpem causam이 인정되었다.[14]

(2) 반면 급여자(turpitudo dantis) 혹은 쌍방 당사자의 부도덕성(turpitudo utrisque)이 문제되는 경우에는 수익자가 목적을 실행하지 않은 경우(re non secuta)에도 부당이득반환소권이 부정되었다.[15] 즉 창부에게 급여하는 경우[16] 또는 도망노예나 절도범인을 밀고하도록 하기 위하여 급여하는 경우[17]는 급여자만이 부도덕한 것이고, 타인이 부당하게 심판받도록 하기 위하여 급여한 경우[18]나 간통이 발각된 자가 이를 숨기기 위하여 급여한 경우,[19] 도둑이 고발당하지 않기 위하여 급여한 경우[20] 등은 쌍방당사자 모두에게 부도덕성이 있는 것으로, 급여자의 condictio ob turpem causam은 인정되지 않았다. 이들은 당시 로마 사회의 선량한 행위규범에 어긋나는 부도덕과 관련되어 있었으며, 윤리적으로 중립적이거나 사소한 비중밖에 갖지 않

---

6) Hermann Witte, Die Bereicherungsklagen des gemeinen Rechts, Halle, 1859, S.42f.

7) 수익자에게 부도덕한 원인이 있는 경우에는 비록 목적이 달성되었다 하더라도 반환을 청구할 수 있다(Paulus, Digesta 12.5.1.2). 급여자와 수익자 모두에게 부도덕성이 문제되는 경우에는 반환을 청구할 수 없다(Paulus, Digesta 12.5.3). 창부에게 급여된 것은 반환청구될 수 없다. 이것은 새로운 이유에 근거한 것으로 급여자와 수익자 쌍방의 부도덕성 때문이 아니라, 급여자만의 부도덕성이 문제되기 때문이다. 그녀는 창부인 까닭에 부도덕하게 작위하는 것이지만, 창부임에도 불구하고 부도덕하게 수령한 것은 아니기 때문이다(Ulpianus, Digesta 12.5.4.3).

8) Ulpianus, Digesta 12.5.2.pr.

9) Ulpianus, Digesta 12.5.2.1; Paulus, Digesta 12.5.9.1.

10) Ulpianus, Digesta 12.5.2.2; Codex 4.7.1; Codex 4.7.3.

11) Ulpianus, Digesta 12.5.4.2.

12) Ulpianus, Digesta 12.5.4.4.후문; Ulianus, Digesta 12.5.5.

13) Codex 4.7.6, 4.7.7.

14) Paulus, Digesta 12.5.1.2/12.5.9.pr.; Ulpianus, Digesta 12.5.4.2.

15) Paulus, Digesta 12.5.3.

16) Ulpianus, Digesta 12.5.4.3; Codex 4.7.5.

17) Ulpianus, Digesta 12.5.4.4.전문.

18) Paulus, Digesta 12.5.3.

19) Ulpianus, Digesta 12.5.4.pr.

20) Ulpianus, Digesta 12.5.4.1.

는 금지법규 위반은 포함되지 않았다.21) 따라서 고전기 로마법의 condictio ob turpem causam은 매우 좁은 범위에서 적용된 것이었다.22)

(3) 로마법에서 condictio ob turpem causam이 적용되기 위한 부도덕성(turpitudo)의 판단기준은 까다로운 종교규범이나 심오한 철학이론이 아니라 건전한 일반민중의 도덕이었다. 수익자의 부도덕성으로 인하여 급여자에게 condictio가 인정되거나 급여자 또는 쌍방의 부도덕성으로 condictio가 배척되는 근거에 대해서는 불법원인급여의 기본사상과 관련하여 오늘날까지 논란이 되고 있다.23) 이에 대하여 유스티니아누스 시대의 법은 '쌍방의 부도덕성이 동일한 경우에는 점유자의 지위가 보다 공고하다'(in pari turpitudine melior est causa possidentis)24)는 법명제를 통하여 condictio를 배제하는 확고한 법원칙을 인정하였고, 그 결과 점유하고 있는 자에게 사실상 유리한 지위를 승인하고 있었다. 이 법문은 'in pari causa possessor potior haberi debet quam petitor'(피고보다 강한 법적 지위를 갖지 못하는 원고는 자신의 주장을 관철시킬 수 없다)라는 로마 소송법의 일반적인 법리에 기초하고 있다. 로마법의 이러한 법언들은 '당사자에게 부도덕한 원인이 있는 경우 반환될 수 없다'(In pari causa turpitudinis cessat repetiti) 또는 '점유자의 지위가 더욱 공고하다'(possessoris meilior condictio habetur)는 법언으로 구체화되었으며, 중세 교회법(droit canonique)에서 '누구도 자기의 부도덕한 행위의 원용은 허용되지 않는다'(Nemo auditur propriam turpitudinem allegans)라는 법언이 형성되는 기초가 되었다.25)

3. 불법원인으로 인한 condictio와 구별

(1) 급여의 부도덕성에 중점이 있었던 condictio ob turpem causam과 구별하여 살펴보아야 할 것은 윤리적인 부도덕성과 관계없이 단순한 불법원인의 경우에 인정된 '불법원인의 부당이득반환소권', 즉 condictio ob iniustam causam이다.26) 이에 대한 로마의 법명제를 살펴보면, 단순히 불법의 원인(iniusta causa)으로 인한 급여에 대하여 부당이득반환소권을 인정하고 있었다.27) 여기서 iniusta causa는 수익자의 단순한 급여 보유의 불법성에 핵심이 있는 것

21) Heinrich Honsell, Die Rückabwicklung sittenwidriger oder verbotener Geschäfte, C.H.Beck, 1974, 136f.

22) A. E. Giffard et Robert Villers, Droit romain et ancien droit français, Les obligations, 2^{e}éd., Dalloz, 1967, n°164, p.101.

23) Dieter Reuter−Michael Martinek, Ungerechtfertigte Bereicherung, Handbuch des Schuldrechts, Bd.4, J.C.B.Mohr, 1983, S.199f.; Konrad Zweigert−Hein Kötz, Einführung in die Rechtsvergleichung auf dem Gebiete des Privatrechts, Bd.II : Institutionen, 2.Aufl., J.C.B.Mohr, 1984, S.309f.

24) Paulus, Digesta 12.5.8; Ulpianus, Digesta 3.6.5.1; Codex 4.7.2.

25) Gregoire J. Tzarano, Étude sur la règle : <Nemo auditur propriam turpitudinem allegans>, 1926, p.11; Jean Macqueron, L'histoire de la cause immorale ou illicite dans les obligations en droit romain, thèse Paris, 1924, p.122.

26) 崔秉祚, 로마法硏究(I), 法學의 源流를 찾아서, 서울대학교출판부, 1995, 348면.

27) May, op. cit., n°187, p.362; Ulpianus, Digesta 12.5.6; Codex 4.9.4.

으로, 목적급여의 반윤리성에 중점이 있는 turpis causa와는 명백히 구별되었다. 예를 들어 이혼 또는 혼인해소 후 남편이 사망한 경우, 부인이 자신이나 제3자에게 이전하여 놓은 재산(반출물)에 대하여, 상속인은 condictio ob iniustam causam을 행사할 수 있다.[28]

(2) 부부 사이에 금지된 증여에 의하여 일방당사자가 급여물을 보유하는 것은 원인없이 혹은 불법한 원인에 기한 것이므로, 급여물이 소비되지 않은 한, 급여자의 반환청구는 가능하다.[29] 주로 부부관계나 부자관계 또는 계약적 신뢰관계와 같은 특별한 인적 결속관계가 있는 경우에, turpitudo의 비난을 회피하기 위한 방법이나 성질상 condictio ob turpem causam이 인정되지 않는 경우에 이용되었다. 로마법에서는 부도덕을 원인으로 한 소송에서 패소한 자를 파렴치한으로 취급하는 효과가 있었기 때문에 가족 기타 인적 결속관계가 요구되는 자들 사이에서는 condictio ob turpem causam을 이용하기에 곤란한 부분이 있었던 것이다.[30]

(3) condictio ob iniustam causam은 도덕적 비난을 회피하기 위한 사법제도적 측면 또는 부도덕성이나 반윤리성과 관계없는 단순한 불법원인의 측면에서 문제될 수 있는 것이기 때문에, 그리고 일방 또는 쌍방의 불법성에 따라 그 condictio의 인정여부가 달라지지 않는다는 점 때문에, condictio ob turpem causam과는 구별되는 독자적 법영역을 구축하였다. 앞에서 본 condictio ob turpem causam과 달리 급여자 또는 쌍방에게 불법의 원인이 있다고 하더라도, condictio ob iniustam causam이 배척되지 않는다는 근본적인 차이가 있다.[31]

4. 학설휘찬(Digesta)과 부도덕 및 불법 원인의 condictio

(1) 고전기 로마법에서 부도덕원인(turpis causa)과 불법원인(iniusta causa)에 따라 개별적으로 다루어졌던 condictio ob turpem causam과 condictio ob iniustam causam이 유스티니아누스 시대의 법에 이르러 학설휘찬(Digesta, 533)과 칙법휘찬(Codex, 529)의 통일성 없는 분류로 다소의 혼란을 야기하였다. Digesta 12.5는 'De condictione ob turpem vel iniustam causam'(부도덕 또는 불법 원인에 의한 부당이득반환소권)이라고 하여, 이들 두 condictio를 통합한 반면, Codex는 4.7에서는 'De condictione ob turpem causam'(부도덕원인의 부당이득반환소권)의 단편들을 기록하고, 4.9에서 'De condictione ex lege et sine causa vel iniusta causa'(법률에 근거하거나 무원인 또는 불법원인에 의한 부당이득반환소권)의 제목 아래, condictio ob iniustam causam을 편재시키고 있다.[32] 이들 condictio가 별개로 분리되어 있는 Codex와 달리

28) Paulus, Digesta 25.2.6.2, 25.2.6.4, 25.2.6.5.
29) Gaius, Digesta 24.1.6.
30) Hans Hermann Seiler, §817 S.2 BGB und das römische Recht, Festschrift für Felgenträger, 1969, S.388f.; Schwarz, a. a. O., S.169, 172f.
31) Paul Jörs–Wolfgang Kunkel, Römisches Privatrecht, 3.Aufl., Springer Verlag, 1949, S.250; Huvelin, op. cit., p.142.
32) Otto Hagen, Die condictio ob turpem causam im gemeinen Rechte und Bürgerlichen Gesetzbuche,

Digesta의 condictio ob turpem vel iniustam causam과 같은 용어는 고전기 로마법의 condictio가 개별적인 소송을 본질로 하였다는 점에서 전혀 새롭고 이단적인 개념이다.[33)]

(2) 유스티니아누스 시대의 법전 편찬작업을 주도했던 트리보니아누스(Tribonianus)가 Digesta에서 어떠한 이유로 이들을 함께 규율하였는지 원인을 밝힐 수 있는 사료는 없다. 원칙적으로 부도덕원인에 의한 법률행위를 무효로 보는 반면, 불법원인에 대하여는 다양한 효과를 인정하고 있었던 고전기 로마법의 구별이 439년 테오도시우스2세(Theodosius Ⅱ)가 칙령을 통하여 모든 불법원인을 무효라고 하는 이른바 완전법률(leges perfectae)을 선언함에 따라,[34)] 부도덕한 원인과 불법한 원인의 효력이 동일하게 되자 Digesta의 편찬자들이 이들 condictio를 하나의 제목아래 위치시킨 것으로 보인다.[35)] 또한 Codex는 로마황제의 칙령을 편찬한 것이므로, 당시 행하여지고 있던 condictio를 있는 그대로 수록했을 가능성이 크고, Digesta에 비하여 당시의 실무에 훨씬 근접해 있었다.[36)]

(3) Digesta의 이러한 분류는 유스티니아누스 시대의 법전 편찬에서 나타나는 수많은 'interpolatio', 즉 수정과 삽입 중의 하나로, 트리보니아누스(Tribonianus)가 창설한 새로운 범주에 지나지 않는 것이다.[37)] 법사학자 프리츠 슐츠(Fritz Schulz)는 condictio에 관한 유스티니아누스 시대의 법적 태도에 대하여 "고전법은 심오하고 명확하게 고안되었지만 편찬자들은 고전법을 완전하게 더럽혀 놓았다. 그들은 이들 소권의 범위를 현명하지 못하게 확장시켰고, 불행하게도 비잔틴법에 대하여 명확한 설명을 하지 않은 채, 고전법을 모호하고 혼란스럽게 한 많은 interpolatio를 통하여 그 내용을 변경시켰다. 이것은 유스티니아누스 법전의 가장 나쁜 부분 중 하나이며, 수세기에 걸쳐 법률가를 혼란스럽게 만들고 대륙법의 법전편찬에 영향을 미쳐 우리 시대에까지 이르고 있다. 독일민법은 경계해야 할 하나의 예이다."[38)]라고 평가하였다.[39)] 불법원인급여와 관련해서도 유스티니아누스 시대의 법전이 condictio ob turpem

---

Inaugural Dissertation Borna-Leipzig, 1913, S.3f., S.7.

33) Robert Villers, Rome et le droit privé, Éditions Albin Michel, 1977, p.392.

34) Novellae Theodosius 9(7th April 439); Codex 1.14.5 "…당사자간의 계약에 법이 금지하는 합의나 행위 또는 약정이 없기를 바란다. …만일 법에 금지된 행위가 된다면 그것은 무효이고 아무런 효과도 없다…"(cited in Reinhard Zimmermann, The Law of Obligations-Roman Foundations of the Civilian Tradition, Juta & Co. Ltd., 1992, p.700-701).

35) Detlef Liebs, The History of the Roman Condictio up to Justinian, The Legal Mind : Essays for Tony Honré, Oxford University Press, 1986, p.175.

36) Max Kaser, Römische Rechtsgeschichte, 2.Aufl., Vandenhoeck & Ruprecht, 1978, §58 Ⅱ 1, S.253. Codex에 대한 Interpolatio 역시 전혀 없는 것은 아니다(Gerhard Dulckeit-Fritz Schwarz, Römische Rechtsgeschichte-ein studienbuch-, 4.Aufl., C.H.Beck, 1966, §43 Ⅲ 4, S.254.).

37) Fernand De Visscher, Nouvelles études de droit romain public et privé, Dott. A. Giuffrè-Editore, 1949, pp.331 et suiv.; Schwarz, a. a. O., S.277; Liebs, op. cit., p.175; 崔秉祚, 앞의 책, 348면.

38) Fritz Schulz, History of Roman Legal Science, Clarendon Press, 1953, p.611.

39) 카저(Kaser)도 "황제는 Digesta의 편찬자들에게 로마시민들이 당시의 법률상황에 적응할 수 있도록, 고전로마

causam과 condictio ob iniustam causam을 통합하고, condictio ob turpem vel iniustam causam(Digesta)으로 분류하여, 부도덕원인과 불법원인을 동일시한 것은 비로마법적 사고라고 할 수 있으며, 이러한 결과는 다시 독일 보통법학에서 재개된다.[40] 이와 같은 유스티니아누스 시대의 법전이 일반화되어 법률에 명문화됨으로써 이러한 경향은 더욱 심각해 졌다.[41]

Ⅲ. 독일민법 제817조의 형성과 전개

1. 18, 19세기의 법전편찬

(1) 로마법의 전통을 바탕으로 한 독일 보통법학은 부당이득법 체계를 급여(datio) 개념에 따라 구체적이고 개별적으로 구분하였다.[42] 수익자의 부도덕성에 따른 condictio와 불법성에 따른 condictio를 구분하였고,[43] 쌍방 당사자 또는 급여자의 부도덕한 원인이나 허용되지 않는 원인으로 급여된 경우, 그 계약의 이행을 강제할 수 없고 이미 이행된 급여의 반환청구 역시 배척되었으나, 유스티니아누스 시대의 법전에서 통합된 부도덕 및 불법 원인에 따른 condictio 역시 적용범위를 확대하고 있었다.[44] 근대유럽에서 독일보통법과 자연법론의 영향으로 많은 법전들이 편찬되었다. 이들은 쌍방 당사자의 부도덕성으로 인한 부당이득반환청구의 배척 또는 몰수를 규정한 것이었다.[45]

(2) 1756년 제정된 바이에른시민법전에서 도덕성에 반하는 합의의 무효를 규정하고(제4편 제1장 제16조),[46] 고리대금에 관하여 쌍방당사자의 불법 또는 부도덕에 의한 급여의 몰수를 규

법의 많은 부분에 대하여 요약과 보충 및 변경할 수 있는 권능을 부여하였고, 이로 인하여 유스티니아누스 시대의 법은 잘 알 수 있는 반면에, 고전시대의 법은 추가적인 원문의 변경에 의하여 짙은 장막에 숨겨지게 되었다."고 하였다(Ders, Römische Rechtsgeschichte, §57 IV 2, S.248f.). 고전로마법을 가장 위대한 법문화의 유산으로 인식하였던 역사법학파 역시 이러한 법전편찬을 고전기문화의 파괴행위로 규정하고, 이에 참여한 법학자들을 '트리보니아누스의 공범'(facinora Triboniani)이라고 비난하였다. 그리고 유스티니아누스황제의 시민법대전에 내재된 새로운 윤리사상과 법감정, 즉 기독교적 형평이나 극단을 기피하는 중용사상 및 자선과 형평 등을 고전기법의 기본질서를 무너뜨리는 불순물로 간주하고, 이러한 유스티니아누스 법전의 주석을 통하여 중세보통법을 형성시킨 소위 주석법학자들을 야만인이라고 평가하였다(Schulz, op. cit., p.320; Jörs－Kunkel, a. a. O., §31, S.52f.).

40) Honsell, a. a. O., S.96f., 109f.; Zweigert－Kötz, a. a. O., S.308f.

41) Zimmermann, op. cit., p.863-865.

42) Friedrich Carl von Savigny, System des heutigen römischen Rechts, Bd.5, Berlin, 1841, S.525f, S.567; Bernhard Windscheid, Lehrbuch des Pandektenrechts, Bd.II, 8.Aufl., Rütten & Leoning, 1900, §421 Anm.1.

43) Franz Förster－M. E. Eccius, Preußisches Privatrecht, Bd.2, 7.Aufl., Berlin, 1896, §150 Ⅱ 3, S.496.

44) 崔秉祚, 앞의 책, 348면.

45) Honsell, a. a. O., S.96ff.

46) Helmut Schmidt, Die Lehre von der Sittenwidrigkeit der Rechtsgeschäfte in historischer Sicht, Berlin, 1973, S.77.

정하였다(제4편 제13장 제8조).[47] 1794년 독일민법전의 제정과 그 효력발생 전까지 독일에 적용되었던 프로이센일반주법(ALR)은 법규위반 행위의 효력을 부정하면서(제1편 제4장 제6조), 허용되지 않는 목적이나 법규에 반하는 목적 급여의 부당이득반환청구권(Rückforderung wegen nicht gerechtfertigten Empfangs, 제1편 제16장 제207-209조)[48]과 쌍방 당사자 모두 부도덕하거나 선량한 풍속에 반하는 목적(unehrbarer oder unsittlicher Zweck) 급여의 국고 귀속을 규정하였다(제172-175조, 제206조).[49] 다만 허용되지 않는 불법성에도 불구하고 소유권은 급여자에게 유지되는 것으로 보았으며, 급여물을 선량하게 취득한 제3의 수익자 역시 수령물을 자신의 보유로 유지할 수 있도록 하였다(제209조).[50] 오스트리아민법의 모태가 된 테레지아민법전초안(Entwurf Codex Theresianus juris civilis)[51]은 불가능하거나 법률 또는 선량한 풍속에 반하는 행위의 무효를 규정하였으며,[52] 부도덕 또는 불법 원인의 부당이득반환소권(condictio ob turpem vel iniustam causam)은 형평에 기한 제도의 일부로서 규정되었다(제3부 제20장 제3조).[53] 특히 이 초안은 쌍방 당사자나 급여자의 비난받을 원인으로 인한 급여의 몰수(Konfiskation)를 규정하고(제24조), 수익자의 비난받을 원인으로 인한 급여의 반환청구를 인정하였다(제25조).[54] 그러나 이러한 배척규정이나 몰수규정은 마르티니초안(Entwurf Martinis)[55]에는 포함되지 않았고, 불법원인의 법률행위를 방지하기 위한 급여로 제한되어, 단지 그러한 행위를 하도록 교사하는 경우에 반환청구가 배척되었다.[56]

---

47) Honsell, a. a. O., S.96.

48) Förster－Eccius, a. a. O., §150 Ⅱ 3, S.496f.

49) Zweigert－Kötz, a. a. O., S.310.

50) Förster－Eccius, a. a. O., §150 Ⅱ 4, S.498.

51) Zweigert－Kötz, a. a. O., Bd.I, Grundlagen, S.186. 1766년 아쪼니(Azzoni)에 의하여 완성된 이 초안은 국가평의회(Staatsrat)에 의하여 거부되었고, 1772년에 작성한 새로운 초안 역시 폐기되었다. 그 후 Horten에 의한 초안(Entwurf Hortens)은 마리아테레지아의 사망 이후 요셉2세(Joseph Ⅱ)가 그 일부를 수정하여 요셉법전(Josephinisches Gesetzbuch)으로 공포하였다.

52) Schmidt, a. a. O., S.88f. Horten초안(Entwurf Hortens) 제36조도 동일한 규정을 두고 있다.

53) Ⅲ 20 §3. 제3부 20장(von den aus blosser natürlicher Billigkeit verbinden Handlungen) 제2조는 목적급여의 부당이득반환소권(condictio ob causam datorum), 제4조는 무원인의 이득반환소권(condictio ob sine causa), 제5조는 전용물소권(actio de in rem verso)을 규정하였으며, 특히 비채의 부당이득반환소권(condictio indebiti)은 사무관리와 함께 준계약의 장(Ⅲ 19)에 규정되었다.

54) Honsell, a. a. O., S.96. 당시 고리대금(Wucher)은 대주와 차주 쌍방이 비난(Verwerflichkeit)되었고, 이미 지불된 이자의 반환청구를 배척하는 것은 곤란하다는 법전편찬위원회(Compilation Commission)의 이의가 제기되었음에도 입법자들은 "부도덕한 자의 청구는 배척된다."(quod propriam turpitudinem allegans autiendus non sit)는 원칙에 예외가 없음을 명백히 하였다.

55) 레오폴드2세(Leopold Ⅱ)의 명령으로 마르티니(Martini)가 완성시킨 초안이며(1796), 서갈리아에 시험적으로 적용된 일반민법전초안(Entwurf eines allgemeinen Bürgerlichen Gesetzbuches)이다. 그 후에 자일러(Franz von Zeiller)가 이를 기초로 하여 1811년 오스트리아일반민법(Allgemeines Bürgerliches Gesetzbuch für Österreiche Monarchie · ABGB)을 완성하였다(Zweigert－Kötz, a. a. O., Bd.I, S.187).

56) Honsell, a. a. O., S.96f.

2. 독일민법전과 제817조

(1) 독일통일 이후 독일민법의 제정과정에서 불법원인급여에 대한 입법자의 기본생각은 불법원인의 행위를 방지하기 위한 법정책적 고려로 급여자의 반환청구를 배척하는 것이었다.[57] 1866년 독일민법전편찬작업의 시초로서 제출된 '드레스덴초안'(Dresdner Entwurf)은 법률규정이나 선량한 풍속에 반하는 법률행위를 무효로 하고(제3조), 당사자 쌍방에게 '부도덕하거나 파렴치한 책임'이 있는 경우를 'unsittliche oder unehrenhafte Ursache'로 하여 급여자의 반환청구를 배척하며(제992조), 그러한 행위를 구체적으로 열거하고 있다(제994조, 제995조).[58] 이와 구별하여 불법을 원인으로 한 부당이득반환청권은 독립적으로 규정하고 있다(제996조).[59] 드레스덴초안을 바탕으로 Kübel이 작성한 '부분초안'(Teilentwurf)은 불법원인급여의 행위표지를 '도덕적으로 비난받을 원인'(sittlich verwerfliche Ursache)으로 수정하였을 뿐 내용상 차이는 없다.[60] 즉 도덕적으로 비난받을 원인에 대하여 구체적으로 열거하는 규정을 두면서(제19조, 제20조), 수익자 뿐만 아니라 급여자 역시 도덕적으로 비난받아야 할 경우에는 반환청구권이 배척된다는 내용을 규정한 것이다(제18조).[61]

(2) 1888년 공포된 독일민법 제1초안은 부당이득의 일반규정을 두지 않고 로마법과 같이 부당이득반환청구권의 유형들을 개별적으로 규정하였다.[62] 제105조에서 법률의 규정에 반하는(Gesetz verboten) 행위의 무효를 규정하고, 제106조는 선량한 풍속위반(gegen die guten Sitten)이나 공공질서에 반하는(gegen die öffentliche Ordnung) 행위의 무효를 규정하면서, 부당이득반환청구권과 관련해서는 제105조의 법률의 금지를 규정하지 않고 제106조의 위반행위에 해당하는 선량한 풍속이나 공공질서에 반하는 급여를 원인으로 한 반환청구의 배척(제743조 제1항)과 수익자의 위반으로 인한 반환청구의 허용 및 쌍방의 위반으로 인한 반환청구의 배척을 각각 규정하였다(제747조). 불법원인급여와 관련하여 제1초안은 불법의 원인으로 인한 condictio ob injustam causam을 규정하지 않고, 부도덕이나 파렴치, 명예에 반하는 경우 인정되었던 condictio ob turpem causam만 규정하였으나, 그 행위표지에 '공공질서위반'을 포함시켜 그에 대한 고전기 로마법의 특별한 보호근거와 본래 목적을 오해하고,[63] 제한적으로 인정되었던

57) Herbert Hausmaninger–Walter Selb, Römisches Privatrecht, Hermann Böhlaus Nachf, 1981, S.326.

58) Stephan Lorenz, J. von Staudingers Kommentar zum Bürgerlichen Gesetzbuch, 12.Aufl., 1986, 1 zu §817; Honsell, a. a. O., S.97.

59) Motive Bd.Ⅱ, S.851; Benno Mugdan, Die gesamten Materialien zum Bürgerlichen Gesetzbuch für das deutsche Reich, Bd.Ⅱ, Recht der Schuldverhältnis, R. von Decker's Verlag, 1899, S.475.

60) Horst Heinrich Jakobs–Werner Schubert, Die Beratung des Bürgerlichen Gesetzbuchs in systemischer Zusammenstellung der unveröffentlichten Quellen, Recht der Schuldverhältnisse Ⅲ(§§652-853), Walter de Gruyter, 1983, S.818f.

61) Honsell, a. a. O., S.98.

62) Detleb König, Ungerechtfertigte Bereicherung Tatbestände und Ordnungsprobleme in rechtsvergleichender Sicht, 1985, S.29f.

적용범위를 확대함으로써 그러한 로마법의 전통을 독일민법 제1초안에 이르러 포기하였음을 표방하였다.[64)]

(3) 독일민법 제1초안에 관하여 Gierke는 반대초안을 통하여 부당이득의 일반규정을 제시하고, 불법원인급여의 행위표지로 '공공질서위반'(gegen die öffentliche Ordnung)을 삭제하는 대신 '법률의 금지위반'(gegen ein gesetzliches Verbot)을 포함시켰다.[65)] 그리하여 수익자가 법률의 금지 또는 선량한 풍속에 반하여 급여를 수령한 경우에는 급여자에게 다른 유형의 반환청구권과 함께 이를 인정하고(§b), 급여자의 그러한 원인으로 인한 반환청구의 배척은 따로 분리시켜 규정할 것을 제안하였다(§d.2). 이러한 Gierke의 반대초안을 참고하여 수정된 독일민법 제2초안의 부당이득법은 반환청구권에 대한 일반규정을 두고(제737조) 각각의 개별적인 condictio를 독립적으로 규정하였는데, 이는 부당이득법 체계에 대한 로마법의 사고와 특히 Savigny의 이해가 일반화되어 모든 학설을 지배하는 원칙을 입법화한 것이었다.[66)] 불법원인급여와 관련하여 제2초안 제741조는 수익자에게 법률의 금지(ein gesetzliches Verbot) 또는 선량한 풍속(die guten Sitten)에 반하는(gegen) 원인이 있는 경우 반환청구권을 인정하고, 급여자에게도 그러한 원인이 있는 경우에는 반환청구권을 배척하는 내용의 통일적 규정을 두었다. 이것은 Gierke의 반대초안이 반환청구권의 배척을 분리하여 규정한 것에 대하여(§b와 §d.2), 제2초안의 제안자들은 이들을 결합하여 하나의 독립적 규정으로 만들어야 한다는 생각에 기초한 것이다.[67)]

(4) 불법원인급여에 관한 제2초안 제741조는 제802조로 연방참의원에 제출되었고, 내용의 수정 없이 제801조로 제국의회에 제출되었으며, 자구수정을 거쳐 1896년 독일민법 제817조로 탄생되었다. 즉 "급여의 목적이 법률의 금지 또는 선량한 풍속에 반하는 방법으로 정해진 때에는 수익자는 반환할 의무를 진다. 급여자 역시 그러한 위반에 대하여 책임이 있는 때에는 반환청구를 할 수 없다. 다만 급여가 채무의 부담으로 인한 때에는 그러하지 않는다. 이러한 채무의 이행을 위하여 급여된 것은 반환을 청구할 수 없다."고 규정하고 있다. 따라서 독일민법 제817조 제1문에서는 법률의 금지 또는 선량한 풍속에 위반한 수익자의 반환의무를 규정하고, 제2문에서는 급여자에게도 그러한 원인이 있는 경우 반환청구의 거절을 규정하고 있다.

(5) 독일민법 제817조 제1문과 제2문은 형식상으로 우리민법 제746조나 일본민법 제708조의 본문 및 단서와 반대로 규정되었다. 유스티니아누스법이 condictio ob turpem causam

63) Motive Bd.Ⅱ, S.849; Mugdan, a. a. O., Bd.Ⅱ, S.474.

64) Honsell, a. a. O., S.99.

65) Otto Friedrich von Gierke, Der Entwurf eines Bürgerlichen Gesetzbuchs und das deutsche Recht, Duncker & Humblot, 1889, S.272f.; Protokolle Ⅱ, S.2935f.; Mugdan, a. a. O., Bd.Ⅱ, S.1169.

66) Protokolle Ⅱ, S.2940; Mugdan, a. a. O., Bd.Ⅱ, S.1170.

67) Protokolle Ⅱ, S.2950f.; Mugdan, a. a. O., Bd.Ⅱ, S.1172f.

과 condictio ob iniustam causam을 하나로 통합하고, condictio ob turpem vel iniustam causam(Digesta)으로 분류하여, 부도덕원인과 불법원인을 동일시한 것은 비로마법적 사고의 전형이라 할 수 있으며, 이러한 결과가 독일 보통법학에서 재개되어[68] 독일민법전에 명문화되었다.[69] 이러한 태도에 대하여 제정 당시에도 독일민법 제817조는 명백히 정의의 관념에 적합하지 않다는 반대견해가 만만치 않았고,[70] 고전기 로마법의 condictio ob turpem causam과 condictio ob iniustam causam을 결합한 유스티니아누스 시대의 왜곡에 속았다는 등 비판이 쏟아졌다.[71] 오늘날의 학자들 중에도 고전기 로마법과 독일민법의 제정과정에 대한 검토를 통하여 그 제한적 적용을 주장하는 견해가 있고,[72] 이미 민법전의 명문으로 존재하는 한 해석론상 부득이하지만 그러한 역사적 의미에 공감하는 견해가 지배적이다.[73]

3. 독일민법 제817조의 해석론

(1) 독일민법 제817조 제2문은 급여자의 부당이득반환청구가 배척되는 행위표지에 대하여, '법률의 금지'와 '선량한 풍속의 위반'을 규정하고 있다. 이것은 금지된 계약관계의 발생을 방지하기 위한 것이며, 법률의 금지와 선량한 풍속에 대한 위반의 효과를 강조하기 위한 것이라고 한다.[74] 이러한 법률의 금지 및 선량한 풍속은 시대와 장소에 적합한 국민의식의 표현이며, 각각의 행위표지에 따라 법률행위의 무효를 규정하고 있는 제134조 및 제138조 제1항의 의미와 동일한 것으로 해석되고 있다.[75] 이와 같이 독일민법은 부당이득반환청구가 배척되는 행위표지에 대하여, 법률의 금지위반 또는 선량한 풍속위반으로 명문화하고 있기 때문에, 일본민법이나 우리 민법에서 규정하고 있는 '불법'의 의미에 대한 다툼과 같은 것은 생길 여지가 없으며, 학설이나 판례 역시 이 점에 대하여 논의하는 경우가 많지 않다.[76]

---

68) Honsell, a. a. O., S.96f., 109f.; Zweigert－Kötz, a. a. O., Bd.Ⅱ, S.308f.

69) Zimmermann, op. cit., p.863-865.

70) Hartmut Reeb, Grundprobleme des Bereicherungsrechts, C.H.Beck, 1975, S.64

71) Heinrich Dernburg, Pandekten, Bd.Ⅱ Obligationenrecht, 8.Aufl., Verlag von H.W.Müller, 1900, S.377f. und Anm.2.

72) Honsell, a. a. O., S.141f.

73) Dieter Reuter－Michael Martinek, a. a. O., S.209; MünchKomm/Lieb, 3.Aufl., 1997, 11 und 12 zu §817, S.1329f.

74) Heinrich Lange－Helmut Köhler, BGB Allgemeiner Teil, 17.Aufl., C.H.Beck, 1980, §54 I 4 d, S.380; RGZ 105, 270; 161, 58; BGHZ 39, 91; BGH JZ 1951, 716; BGH WPM 1967, 1217.

75) Karl Larenz, Lehrbuch des Schuldrechts, Bd.Ⅱ, Besonderer Teil, 9.Aufl., C.H.Beck, 1968, §63 Ⅲ b, S.388; Josef Esser－Hans-Leo Weyers, Schuldrecht, Bd.Ⅱ, Besondere Teil, 6.Aufl., C.F.Müller, 1984, §49 Ⅲ, S.395; Dieter Medicus, Schuldrecht Ⅱ, Besondere Teil, 7.Aufl., C.H.Beck, 1995, §127 Ⅱ 1 a, S.310; Hans Ferg, Sittenwidrigkeit und abstrakte Rechtsgeschäfte-Ein Beitrag zur Auslegung der §§138 und 817 BGB-, 1919, S.47.

76) Mux Rumpf, Die reichsgerechtliche Rechtsprechung zu den §§138, 817 BGB, AcP 117, 1919, S.316.

(2) 독일의 판례 중에는 금지법규위반과 관련하여서도, 부당이득반환청구의 기초가 혼란스러운 예들을 찾아 볼 수 있다. 즉 공무원이 일정한 대가를 위하여 직무에 위반한 행동을 약속한 경우와 같이, 단순한 금지법규 위반은 계약 당사자의 행위를 구속할 뿐, 계약의 효력과는 관계가 없다고 판시할 뿐만 아니라,[77] 세금징수원이 일정한 뇌물의 대가로서 다른 공무원을 속이고 직무에 반하여 행한 급여에 대하여, 금지법규에는 위반하였지만 그러한 급여 자체가 선량한 풍속이나 공공질서의 위반은 아니기 때문에, 제817조 제2문의 적용은 없다고 하거나,[78] 경제입법에 위반한 매매에 관하여 제817조 제2문의 적용을 배척한 판결은 이러한 경향을 나타내는 대표적 사례이다.[79] 물론 이러한 판례와는 반대로 단순한 불법의 경우에 제817조 제2문을 적용한 사례도 있다.[80]

(3) 이러한 입장에서 법률의 금지에 위반한 경우 그 금지규정의 목적을 고려하여 제817조 제2문의 적용을 제한하려는 시도가 나타나고 있다. 즉 국가의 경제정책이나 사회정책의 일정한 목적에 반한다는 이유로 행위의 법적 효력을 부인하는 경우가 점점 많아지고 있지만, 그러한 모든 경우에 반환청구를 일체 배제하는 것이 과연 적절한가는 의심스럽다고 하거나[81] 금지법규의 목적이 급여자의 보호를 위한 경우나 급여자를 신뢰한 제3자의 보호를 위한 경우에는 급여의 반환을 허용함으로써, 제817조 제2문의 적용을 제한해야 한다는 주장이 그것이다.[82] 특히 Larenz는 제817조 제2문에 대한 '목적론적 제한'으로서, 금지규범의 개별적인 보호목적이 그 규정의 근본정신보다 우선하느냐에 따라 반환 여부가 결정되는 것으로 보며,[83] 이러한 주장을 따르는 견해가 적지 않고,[84] 판례 중에도 동일한 의미를 나타난 것이 있다.[85]

4. 채무법 개정과 제817조

(1) 독일채무법의 현대화 작업을 통해서도 제817조에 관한 개정논의가 있었다. 사실 1세기의 역사를 가지는 독일민법은 제정 당시부터 일관된 법사상이 없다는 지적이 있었고, 그 결

77) RGZ 96, 343, 345.

78) RG Warn. 1923-1924, 60, 108, 184.

79) OLG Hamburg NJW 1947-1948, 625; OLG Frankfurt NJW 1949, 558.

80) BGHZ 8, 348; 12, 146.

81) Zweigert－Kötz, a. a. O., Bd.Ⅱ, S.309.

82) Ludwig Enneccerus-Heinrich Lehmann, Recht der Schuldverhältnisse, 15.Aufl., J.C.B.Mohr, 1958, §226 4, S.906, 905; Hans-Georg Koppensteiner－Ernst A. Kramer, Ungerechtfertigte Bereicherung, Walter de Gruyter, 1975, S.74; Fritz Fabricus, Einschrängkung der Anwendung des §817 S.2 BGB durch den Zweck des Verbotgesetzes, JZ 1963.3, S.85f.; Peter Bufe, §817 Satz 2 BGB, AcP 157, 1958-1959, S.239; Reeb, a. a. O., S.66.

83) Larenz, a. a. O., §63 Ⅲ, S.390.

84) Westermann-Ermann Kommentar, 6 zu §817, S.3007; Werner Flume, Allgemeiner Teil des Bürgerlichen Rechts, Bd.Ⅱ Das Rechtsgeschäft, 2.Aufl., Springer Verlag, 1975, §18 10 h, S.396f.

85) BGHZ 50, 90.

과 법현실에 대한 법규정의 불충분성은 특별법의 제정이나 학설 및 판례에 의하여 지속적으로 보충되어 왔다. 특히 채무법 분야는 민법전의 입법자들이 예상하지 못한 여러가지 사회적, 경제적 관계의 변화와 더불어 법현실과의 괴리가 심화되었음을 부인할 수 없다. 그 중에서도 특히 부당이득에 관한 규정은 '독일민법의 가장 불투명하고 까다로운 부분'[86]일 뿐만 아니라, '노련한 법률가도 이 밀림 속에서는 바른 길을 찾기가 여간 어렵지 않다.'[87]고 할 정도로 개정의 필요성이 절실한 부분이었다. 이러한 취지에서 채무법의 개정작업에 착수하였고, 그 일환으로서 König교수가 부당이득에 관한 의견서을 제출하였다.[88]

(2) 불법원인급여제도와 관련하여 König교수는 '법률의 금지 또는 양속에 반하는 계약의 회복에 대한 취급이 문제'라고 하면서, "법원은 반환청구의 배척을 너무 광범위하게 인정하고 있는데, 개별적으로 제817조 제2문의 적용을 좁히려고 노력해야 한다. 정확히 말하면 금지법규의 의의나 목적에 비추어 제134조의 범위에 해당하는 계약은 무효이지만, 이에 관하여 반환청구를 배척할 필요성이 있는지는 개별적으로 살펴보아야 할 것"이라고 한다.[89] 그리고 나아가 "창가를 위하여 구입한 가구의 매매대금반환청구를 거부한 1906년의 판례[90]는 법률의 금지나 양속에 반하는 계약을 방지하려는 법정책적 고려를 위한 것이었지만, 학설은 반환청구의 거절을 이와 같이 확대하는 것에 대하여 비판하였고, 그 외의 판례 역시 금지법규 또는 양속에 위반한 급여를 제817조 제2문의 의미에서 급여가 아니라고 하거나[91] 윤리적으로 비난받을 급여자의 의도에 대한 입증을 수익자에게 부담시키는 방법[92]으로 반환청구를 용이하게 하기도 하였다. 또한 폭리행위에 의하여 거래된 물건의 매매대금에 대해서는 반환청구가 가능하고,[93] 부당이득에 기한 반환청구가 아니라 소유권에 기한 반환청구가 주장된 경우에는 제817조 제2문에 의한 항변을 할 수 없다."[94]고 하였다.[95] 이러한 설명과 함께 König교수는 "실제로 그 적용상의 곤란이 자주 다투어지는 독일민법 제817조 제2문의 범위는 입법자들에 의하여 널리 그리고 가장 훌륭하게 조정되어야 한다. 부당이득법의 개정에 대한 긴급한 필요를 주장한다.

86) Manfred Lieb, Das Bereicherungsrecht de lege ferenda, NJW, 1982, S.2034; Reuter－Martinek, a. a. O., Vorwort-das schwierigste Gebiet.
87) Karl Larenz, Lehrbuch des Schuldrechts, Bd.Ⅱ, Besondere Teil, 11.Aufl., C.H.Beck, 1977, Vorwort.
88) Bundesminister der Justiz, Abschlußbericht der Kommission zur Überarbeitung des Schuldrechts, Bundesanzeiger, 1992, S.13.
89) Detlef König, Ungerechtfertigte Bereicherung, Gutachten und Vorschläge zur Überarbeitung des Schuldrechts, Bd.Ⅱ, Bundesanzeiger, 1981, S.1527.
90) RGZ 63, 346.
91) RGZ 11, 113; 16, 689.
92) RG Gruch. 56, 1912, 615, 618; 66, 1923, 98; RGZ 21, 377; 105, 65.
93) RG JW 1915, 918 Nr.7, 962 Nr.7.
94) RGZ 63, 346; 109, 201.
95) König, a. a. O., Bd.Ⅱ, Bundesanzeiger, S.1531f.

그리고 제817조 제2문은 삭제되어야 하며, 판례는 금지법규의 보호목적상 필요한 급부부당이득반환청구의 배척가능성을 제한해야 한다."고 결론지었다.[96]

(3) König교수의 감정의견은 독일부당이득법의 역사적 발전과정이나 현재의 여러 문제에 대한 논의를 통하여 매우 탁월하다는 긍정적 평가를 받았으나,[97] 1992년의 '채무법개정위원회 최종보고'에서 부당이득에 관한 부분은 모두 제외되었다. 독일민법은 2001년 11월 26일 '채무법의 현대화에 관한 법률'로서 대폭적으로 개정되고 2002년 1월 1일부터 시행되었으나 현행 독일민법에서도 부당이득에 관한 제812조 이하, 특히 불법원인급여에 관한 제817조에는 아무런 변화가 보이지 않는다.

Ⅳ. 일본민법 제708조와 우리민법전의 수용

1. 봐소나드의 일본민법전 초안과 일본 구민법

(1) 일본 명치정부의 법률고문이었던 봐소나드(Boissonade)는 1886년(명치19) 3월 일본에서 시행될 근대민법전의 초안으로서 재산편과 재산취득편을 완성하였다.[98] 이것이 '일본민법전초안'(Projet de Code civil pour l'empire du Japon)이며, 그 편별방식은 프랑스민법을 기본으로 하였으나 내용은 그 제정 후의 학설과 판례에 영향을 받았다.[99] 봐소나드초안에서 불법원인급여에 관한 제387조는 급여자 또는 수익자의 '불법의 원인'(cause illicite)에 따라 반환청구의 인정 여부를 달리 규정하고 있다.[100] 즉 제387조 본문에서는 원칙적으로 불법의 원인으로 인한 부당이득반환청구를 인정하고, 단서에서 그러한 불법의 원인이 급여자에게 존재하는 경우에는 반환청구가 거부된다는 것을 규정하고 있는 것이다.[101]

(2) 봐소나드 초안을 거의 번역한 일본 구민법은 불법원인급여에 관하여 동일한 내용을 규정하고 있다.[102] 구민법 제367조는 본문에서 "제361조 제2항에서 제시된 공여에서 변제의 성질을 가지지 않는 것에도 역시 제364조의 규정을 적용한다. 그러나 불법의 원인(不法ノ原因)

---

96) König, a. a. O., Bd.Ⅱ, Bundesanzeiger, S.1531f.

97) Uwe Diederichsen, Zur gesetzlichen Neuordnung des Schuldrechts, AcP 182, 1982, S.109f, 118.

98) 仁井田益太郎, 舊民法(法學叢書6), 日本評論社, 昭和18年(1943), 3-4頁; 廣中俊雄, 第九回帝國會議の民法審議, 有斐閣, 1986, 3頁; 岸上晴志, "ボアソナード時代", 日本民法學史·通史, 信山社, 1997, 51頁; 川島武宜·利谷信義, "民法(上) 法體制準備期", 講座日本近代法發達史5, 勁草書房, 1958, 23-32頁.

99) 廣中俊雄·星野英一, 民法典の百年I·全般的考察, 有斐閣, 1998, 9頁.

100) Gustave Emil Boissonade, Projet de Code civil pour l'empire du Japon accompagné d'un commentaire, t.Ⅱ, 2^{e}éd., Tokyo, 1883, p.14, 244 et suiv.

101) 제387조. 제384조는 제381조 2항에 규정하고 있는 변제의 성질을 갖지 않는 다른 급여에도 적용된다. 그러나 불법의 원인으로 인하여 급여한 물건이나 유가물은 그 원인이 급여한 자의 불법으로 인한 때에는 반환이 허용되지 않는다.

102) 仁井田益太郎, 앞의 책, 64-66頁.

으로 인하여 공여한 물건 또는 유가물은 그 원인이 이를 공여한 자의 불법으로 인한 때에는 그 반환을 허용하지 않는다."라고 명시하였다. 이러한 규정을 살펴보면 독일민법초안에서 볼 수 없었던 '불법의 원인'이 급여자의 반환청구를 배척하는 행위표지로서 처음 등장하였음을 발견할 수 있다. 그리고 내용상으로는 현행 일본민법 제708조와 거의 차이가 없으며, 단지 형식상 본문 및 단서의 구조가 독일민법 제1문, 제2문과 반대로 규정되어 있을 뿐이다.[103)]

2. 법전조사회의 심의

(1) 구민법의 시행에 대한 법전론쟁의 차제에 일본정부는 1893(명치26) 3월 25일 '법전조사회'를 조직하고, 구민법에 대한 수정작업에 착수하였다. 법전조사회의 기초위원들은 우선 구민법과 독일민법초안 및 다른 여러 나라의 입법례를 참조하고, 일본의 관습도 가능한 한 많은 부분 채택하여 민법중수정안을 작성하였는데, 그 규정순서나 체제 등은 구민법의 태도와 달리, 오히려 독일법계의 Pandekten식 편별에 따른 것이었다.[104)] 불법원인급여에 관한 구민법 제367조는 기초위원들의 수정을 거쳐 원안 제718조로서 법전조사회에 제출되었다. 법전조사회 기초위원 호즈미 노부시게(穗積陳重, ほづみ のぶしげ)에 의하여 완성된 원안 제718조는 "불법의 원인으로 인하여 급여한 자는 그 반환을 청구할 수 없다. 다만 그 불법의 원인이 수익자에게만 존재하는 때에는 그러하지 아니하다."라고 규정하였다. 현행 일본민법 제708조에서 '급부한 것의'라는 문구가 없을 뿐 내용에서 차이가 없다.

(2) 원안 제718조에 대하여 기초위원들 사이에는 이를 그대로 명문화하자는 견해(富井政章, 토미이 마사아키라, とみい まさあきら)와 이를 삭제하거나 수정하자는 견해(梅謙次郎, 우메 겐지로, うめ けんじろ) 사이에 격론이 있었으며,[105)] 1895년(명치28) 법전조사회 제117회와 118회에서 梅위원은 불법원인급여제도에 관한 원안 제718조의 수정안을 제출하였다.[106)] 제117회 법전조사회에서는 원안 제718조에 대한 穗積위원의 제안이유 설명과 梅위원의 삭제안이 토의되었다. 즉 穗積위원은 불법을 원용하여 반환을 청구하는 것은 법원에 대한 불경인 동시에 공익상으로도 불합리하며, 일반적으로 불법을 야기하고 악으로 인도하는 것은 급여자이기 때문에, 반환청구를 배척하는 것이 불법의 근원을 방지하는 최선의 방법이라고 하였다.[107)] 이에 대하

103) 廣中俊雄 · 星野英一, 民法典の百年III · 個別的 考察(債權編), 有斐閣, 1998, 491頁.

104) 岡孝, "法典論争から明治民法成立 · 注釋時代", 日本民法學史 · 通史, 信山社, 1997, 86頁 이하; 廣中俊雄 · 星野英一, 앞의 民法典の百年I, 15頁 이하.

105) 자세한 논의과정에 대하여 자세한 것은 法典調査會, 民法議事速記錄40卷, 61-115丁 참조.

106) 廣中俊雄, "不法原因給付をめぐる論争", 民法ノートII, 法セミナー122號, 1966.3, 39頁; 谷口知平, "法典調査會民法議事速記錄より見た不法原因給付", 民法論(第三卷) 不當利得 · 知的財産權の研究, 有斐閣, 1990, 25頁. 수정안 "제718조를 삭제하고 제713조에 한 개의 항을 더하여, 전항의 규정은 불법원인으로 인하여 급여를 받은 자에게도 이를 적용한다". 별안 "제718조는 이를 삭제한다."

107) 商事法務研究會編, 法典調査會民法議事速記錄5, 日本近代立法資料叢書5, 1984, 253頁 이하; 廣中俊雄, 앞의 논문, 40頁; 廣中俊雄 · 星野英一, 앞의 民法典の百年III, 491-492頁; 谷口知平, 앞의 논문, 27-28頁.

여 梅위원은 원안과 같이 급여자의 반환청구를 배척하게 되면, 이미 급여를 받은 수익자가 오히려 부당하게 이익을 취할 수 있는 결과가 초래된다고 하면서, 원안 제718조의 삭제이유를 밝혔다.[108]

(3) 제118회 법전조사회에서는 梅위원의 수정안에 대하여 논의하였다. 梅위원에 따르면 원안을 완전히 삭제하고 아무런 규정도 두지 않을 경우, 불법원인급여에 관한 법언이나 일반원칙 등의 원용에 의하여 반환이 거부되어야 한다는 해석도 예상되기 때문에, 반환이 인정되어야 한다는 것을 명확히 해야 할 필요가 있다고 하면서, 제718조를 삭제하고 부당이득의 일반원칙규정에 한 개의 항을 더하여, 불법의 원인으로 인한 급여의 반환청구에 관한 규정을 두는 수정안을 제시하였다.[109] 그러나 이러한 梅위원의 수정안에도 불구하고, 富井위원과 横田國臣(요코타 구니오미, よこた くにおみ) 위원의 원안 찬성론이 주장되었고,[110] 土方寧(히지카타 야스시, ひじかた やすし), 高木豊三(다카기 토요조우, たかぎ とよぞう), 鳩山和夫(하토야마 히데오, はとやま ひでお) 및 重岡薫五郎(시게오카 쿤고로우, しげおか くんごろう) 위원 역시 원안에 찬성하는 견해를 발표하였다.[111] 결국 법전조사회의 논의과정에서 梅위원의 삭제안과 수정안 모두 다수의 찬성을 얻지 못하여 원안 제718조가 확정되었다.[112]

3. 민법중수정안 제707조

법전조사회는 1896년(명치29) 1월 8일 민법전 전3편의 수정안을 최종적으로 확정하였고, '민법중수정안'을 제9회 제국의회 중의원에 제출하였다. 불법원인급여에 관한 원안 제718조는 최종단계에서 내용의 변경없이 민법중수정안 제707조로서 제출되었다.[113] 다만 이에 대한 '민법수정안이유서'에서 제707조에 대해서는 부당이득반환의 한 예외를 규정한 것으로서, 일본구민법 제367조 단서의 자구를 수정한 것에 지나지 아니하며, 불법의 원인으로 인한 급여의 반환청구를 허용하거나 국고의 몰수 또는 사원에 헌납하는 입법례가 있을 뿐이라고 하면서, 이론상으로도 그 반환을 허용하는 경우, 자신의 불법행위를 주장하여 법률의 보호를 구하는 것을 인정하게 되고, 이것은 공익에 반하는 여러 가지의 폐해를 발생시킬 수 있기 때문에, 다수의 입법례와 일본구민법의 취지에 따라 불법의 원인으로 인한 급여의 반환청구를 배척한 것이

108) 法典調査會, 앞의 책, 61－64丁; 谷口知平, 앞의 논문, 25－27頁; 廣中俊雄, 앞의 논문, 39－40頁.

109) 衣斐成司, "不當利得學說史", 日本民法學史 · 各論, 信山社, 1997, 318－319頁; 谷口知平, 앞의 논문, 25頁.

110) 商事法務硏究會編, 앞의 책, 279－280頁; 廣中俊雄 · 星野英一, 앞의 民法典の百年III, 493頁; 谷口知平, 앞의 논문, 32－33頁.

111) 谷口知平, 앞의 논문, 33－34頁.

112) 法典調査會, 앞의 책, 115丁; 谷口知平, 앞의 논문, 34－35頁; 廣中俊雄 · 星野英一, 앞의 民法典の百年III, 493頁.

113) 星野通, 明治民法編纂史硏究, ダイヤモンド社, 1943, 292頁; 山田幸二, "不法原因給付", 民法講座6(事務管理 · 不當利得 · 不法行爲), 有斐閣, 1985, 72頁.

라고 하였다.[114] 그러나 이 이유서가 중의원에 제출된 것은 아니며, 단지 관계자에게만 배포되었을 뿐이다.[115]

4. 일본민법 제708조의 성립

일본 제국의회는 1896년(명치29) 민법전의 전3편을 심의하였다.[116] 중의원의 심의과정에서 속기록은 단지 민법전 제3편 제4장(부당이득)에 관하여, 위원장 호시 토오루(星亨, ほし とおる)는 '제3장은 원안대로 통과시키고 제4장은…'이라고 할 뿐이었다.[117] 중의원의 심의를 거쳐 귀족원으로 송부된 민법중수정안은 같은 해 3월 21일 귀족원을 통과하였고, 4월 23일 천황의 재가를 얻어 27일 공포됨으로써 오늘날의 현행 일본민법전이 탄생하게 되었다.[118] 중의원에서 제707조로서 심의되었던 불법원인급여에 대한 규정은 그 내용의 변경없이 민법중수정안 제708조로서 귀족원에 송부되었고,[119] 현행 일본민법 제708조로서 확정되어 오늘에 이르고 있다.[120]

5. 만주국민법 제728조

1931년 만주사변의 결과 본래 중화민국의 영토에 일본의 괴뢰정권으로 건국된 만주국은 일본민법을 모법으로 하고, 구법인 중화민국민법 및 독일, 스위스 등의 민법을 안배하여, 근대적인 색채의 민법전을 제정하였다.[121] 당시의 만주국 민법전은 '근대 제법전 중의 백미'[122]라고 평가되었으나, 오늘날 일본민법학에서는 거의 완전히 존재가 잊혀졌다.[123] 일본민법의 절대적인 영향 아래 제정된 만주국민법은 불법원인급여제도에 대하여, "불법의 원인으로 인하여 급부한 자는 급부한 것의 반환을 청구할 수 없다. 단 불법의 원인이 수익자에게만 존재하는 때에는 그러하지 아니하다."(제728조)라고 규정함으로써, 일본민법 제708조와 동일한 규정을 두고 있다.[124]

---

114) 廣中俊雄, 民法中修正案(第三編)の理由書, 有斐閣, 1987, 668頁.

115) 廣中俊雄, "民法修正案(第三編)に關するおぼえがき", 法學 第50卷, 東北大學校, 1987.5, 766頁.

116) 자세한 내용은 廣中俊雄·星野英一, 앞의 民法典の百年I, 31頁 이하; 廣中俊雄, 앞의 民法審議, 47－74頁 참조.

117) 廣中俊雄, 앞의 民法審議, 243頁.

118) 자세한 것은 廣中俊雄, 앞의 民法審議, 74－86頁; 仁井田益太郎, 앞의 책, 26－30頁.

119) 중의원에서 707조로 심의되었던 불법원인급여규정이 귀족원에 제출되면서 제708조가 된 것은 중의원의 심의과정에서 제349조 '유질계약의 금지'에 관한 규정이 삽입됨으로 말미암아, 한 개의 조문이 늘어나게 되었기 때문이다(廣中俊雄, 앞의 民法審議, 317頁).

120) 廣中俊雄, 앞의 民法審議, 377頁.

121) 柚木馨, 滿洲民法讀本, 有斐閣, 1934, 2－4頁.

122) 柚木馨, 앞의 책, 7頁.

123) 鄭鍾休, 韓國民法典の比較法的硏究, 創文社, 1989, 305－306頁.

124) 石田文次郎·岩井萬龜, 滿洲民法(債權各論), 有斐閣, 1942, 204－205頁.

6. 우리민법전 도입과정

(1) 중국의 영향 아래에서도 자생적이고 주체적인 법문화를 축적하여 왔던 우리 법제는 19세기말의 사회, 경제적 모순과 외세의 침투로 인하여, 서구의 근대법을 계수하게 되었고, 특히 일본의 강점에 의한 민법의 의용은 현행 민법전의 제정에 결정적인 영향을 끼치게 되었다.[125] 우리나라의 고유법제와 관습에서 불법원인급여제도의 존재 여부를 확인하기는 그리 쉽지 않다. 다만 일제의 항구적 식민통치를 위한 기반조성과 통치이데올로기의 수단으로 실시된 관습조사에서 나타난 바에 의하면, 조선총독부의 관습조사보고서는 부당이득의 반환에 관한 관습의 존재를 확인하면서도, "…불법의 원인을 위하여 물건을 급부한 경우에 그 반환을 요구할 수 있느냐 없느냐에 대해서는 관습이 보이지 않는다."라고 하여, 우리 관습으로는 불법원인급여를 확인할 수 없다는 기록을 두고 있을 뿐이다.[126] 이와 함께 일제는 '조선에 시행할 법령에 관한 건'을 통하여 '조선민사령'을 발포하고, 재산권에 관한 한 조선인 사이의 민사분쟁에 일본민법을 적용하는 소위 의용민법을 강요하였다.[127] 따라서 당시의 불법원인급여제도에 관련된 사항은 의용민법, 즉 현행 일본민법 제708조에 의하여 규율되었다. 한편 해방 이후의 군정기에도 법령의 효력을 가지는 각종의 포고들이 발포되었으나, 민법전편찬을 위한 구체적 작업이 본격화되지는 못하였다. 다만 법전기초국의 고문관주석이었던 로빈기어(Lobingier)가 자신의 개인자격으로 완성한 '한국민법전초안'(Proposed Civil Code for Korea, 1949)[128]이 있으나, 불법원인급여에 관한 규정은 찾아 볼 수 없다. 또한 군정청 남조선과도정부의 법전기초위원회(조선법전편찬위원회)가 '조선림시민법전편찬요강'을 완성하였으나, 최근에 발견된 요강에서도 이에 관한 부분은 확인할 수 없다.[129]

(2) 정부수립 이후 법제면에서 시급히 요청된 것은 기본법전의 제정이었고, 법전편찬위원회직제에 따라 법전편찬위원회를 구성하여 민법전의 제정작업에 착수하였다. 법전편찬위원회는 기초에 앞서 '민법전편찬요강'을 작성하였으나, 불법원인급여에 관하여는 아무런 규정이 없다.[130] 다만 법전편찬위원회의 민법초안 제739조는 불법원인급여에 관하여 "불법의 원인으로

125) 玄勝鐘, "民法施行以來 外國法 및 外國法理論의 收容", 民法典의 回顧와 展望(民法典施行30周年記念論文集), 韓國民事法學會, 1993, 38면; 朴秉濠, "韓國法學敎育의 起源", 近世의 法과 法思想, 圖書出版진원, 1996, 172면 이하.

126) 朝鮮總督府, 慣習調査報告書, 1913, 264－265면.

127) 梁彰洙, "韓國民法史", 民法典의 回顧와 展望(民法典施行30周年記念論文集), 韓國民事法學會, 1993, 14면; 鄭鐘休, 앞의 책, 100頁.

128) 尹大成, "韓國民法典編纂에 미친 英米法의 影響:美軍政時代(1945－1947)의 民法典編纂과 로빈기어(Lobingier, C)의 韓國民法典草案(Proposed Civil Code for Korea)을 中心으로", 比較私法 創刊號, 韓國比較私法學會, 1995, 5면 이하.

129) 梁彰洙, "民法案의 成立過程에 관한 小考", 法學 제30권 3·4호, 1989, 190－192면.

130) '債權法各論'의 '第4章 不當利得'에서 "33.법률상 원인이 소멸한 후의 반환, 34.도의관념에 적합한 비채변제,

인하여 재산을 급여하거나 노무를 제공한 때에는 그 이익의 반환을 청구하지 못한다. 그러나 그 불법원인이 수익자에게만 있는 때에는 그러하지 아니하다."라고 규정하여, 현행 민법 제746조와 동일한 규정을 두었다.[131] 정부안으로서 국회에 제출된 민법초안 제739조는 민의원 법제사법위원회 민법안심의소위원회에서 심의되었다. 그 심의과정에서는 참조된 각국의 입법례를 열거하는 정도에 그칠 뿐, 제안이유나 입법의견에 대하여는 아무런 언급이 없다.[132] 결국 동 소위원회는 초안 제739조에 대하여 아무런 수정없이 법제사법위원회에 심의결과를 보고하였을 뿐만 아니라, 같은 시기에 실시된 공청회와 여론조사에서도 불법원인급여에 관한 초안 제739조는 제외되어 있었고,[133] 법학자들에 의하여 주도된 민법안의견서에도 이에 대하여는 논의되지 않았다.[134]

(3) 1957년 11월 5일 제26회 국회정기회의 본회의에서 법제사법위원회의 심의결과보고(장경근 위원장대리)와 정부측의 민법안제안설명(법무부차관 배영호)에서 초안 제739조에 대하여는 언급이 없었고,[135] 그 다음날 민법안 제1독회에서 법전편찬위원회의 입법취지설명(위원장 김병로)에서도 민법안에 대한 원칙론에 그치고 있을 뿐, 이 규정에 대해서는 한마디도 없었다.[136] 또한 본회의에서는 민법전의 전반에 대한 법사위의 수정안을 포함하여 총 7종의 수정안이 제출되었는데, 이들에서도 초안 제739조에 대하여는 특별한 의견이 없었다.[137] 그리하여 본회의의 민법 제2독회 마지막날 '제3독회의 생략'과 '자구수정, 각 조문의 제목 붙이는 것 또는 조문의 배열, 정리'를 법사위에 일임할 것을 결정하였으며,[138] 불법원인급여에 관한 민법초안 제739조는 자구수정 없이 제746조로서 통과되어 오늘에 이르고 있다.

V. 나가며

(1) 일반적으로 민법 제746조는 제103조와 표리일체를 이루는 규정으로서, 제746조에서 규정하는 불법은 바로 제103조의 선량한 풍속 기타 사회질서위반을 의미하는 것으로 이해되고 있다. 물론 이들 규정이 반사회적 법률행위의 방지를 위한 목적과 도덕규범을 법규범화하는

35.무상으로 양수한 제3자의 반환의무, 36.악의의 비채변제"를 규정하고 있었다(梁彰洙, 앞의 "民法案의 成立過程에 관한 小考", 217－218면).

131) 國會事務處, 第26回國會定期會議速記錄 제42호 附錄, 55면; 民議院法制司法委員會民法案審議小委員會, 民法案審議錄(上卷), 1957, 437면.

132) 앞의 民法案審議錄, 437－438면.

133) 民法案審議資料集, 公聽會記錄, 73면; 동, 韓國日報社輿論調査, 50면 이하.

134) 民事法硏究會, 民法案意見書, 一潮閣, 1957, 198면.

135) 國會速記錄 제29호, 5면 이하, 14면 이하.

136) 國會速記錄 제30호, 4면 이하.

137) 國會速記錄 제42호 附錄, 85면 이하, 102면 이하, 105면 이하, 109면, 111면; 제51호, 5면; 제54호, 14면.

138) 國會速記錄, 제62호, 11면.

기능을 가지고 있다는 공통점은 있다. 그러나 민법 제746조는 사회적으로 비난받을 급여에 대한 모든 반환청구권을 광범위하게 배척하는 규정이 아니며 불법을 원인으로 하는 부당이득반환청구권을 배척하는 규정인데 반하여, 민법 제103조는 사적자치의 제한원리로 작용하거나 공공복리의 실천원리로서 법률의 전체 체계를 지배하는 이념이라 할 수 있기 때문에[139], 이들 규정의 적용범위가 정확하게 일치된다고 할 수는 없다.[140] 그리고 다수설이나 판례와 같이, 만일 이들 규정의 적용범위가 동일하다면, 제103조에 따라 무효가 되는 행위에는 강행법규위반을 포함하면서, 해석상 제746조의 불법에는 이를 포함시키지 않는 이유를 설명할 수 없다.[141] 또한 민법 제746조에 의하여 이미 이행된 급여의 반환청구를 거부하는 것은 결국 그러한 법률행위를 유효로 하는 것과 다름없는 결과를 초래하기 때문에, 반사회적 법률행위를 무효로 하고 있는 제103조의 취지에 반하게 된다. 나아가 일방의 급여만이 있는 경우에, 상대방에 대한 이행청구는 민법 제103조에 의하여 무효로서 거부되고, 그가 이미 이행한 급여의 반환청구 역시 제746조에 의하여 거부된다고 하면, 당사자 사이에 이익의 불균형상태를 그대로 고정시키는 결과가 될 수 있다.[142] 그리고 무엇보다 제103조는 선량한 풍속 기타 사회질서에 반하는 법률행위가 이행되기 전에 그것을 실현하려고 하는 경우에 관한 규정이고, 제746조는 불법한 원인으로 이미 급여를 한 자가 그것의 회복을 꾀하는 경우에 관한 규정이기 때문에, 제103조에 의한 무효인정은 그것이 아무리 넓게 되더라도 당사자가 의무를 면하게 될 뿐이어서 그다지 부당하지 않게 되지만, 제746조에 의한 반환청구의 부인은 그 범위가 넓으면 넓을수록 참을 수 없는 불법한 결과까지도 더 많이 방치하게 된다.[143] 이러한 점에 비추어 제746조에 의하여 반환청구가 배척되는 원인으로서의 불법은 제103조에 의하여 무효가 되는 선량한 풍속 기타 사회질서의 일부에 대한 위반을 의미하는 것이지, 불법의 원인 자체가 선량한 풍속 기타 사회질서 위반을 의미한다고 볼 수는 없을 것이다.

(2) 우리민법 제746조의 행위표지가 불법의 원인으로 규정된 실질적인 비교법적 근거를 프랑스민법에서 찾아 볼 수 있다면, 그에 대한 해석원리도 배제할 수는 없을 것이다. 역사적으로 우리민법 제746조는 일본민법을 경유하면서, 독일민법의 형식적 틀과 프랑스민법의 실질적 의미를 이어 받은 역사적 배경이 존재하기 때문이다. 즉 Boissonade의 일본민법초안(1886년)

---

139) 이영준, 민법총칙, 박영사, 1991, 228면; 이은영, 민법총칙, 박영사, 2000, 359면; 김상용, 민법총칙, 법문사, 2000, 399면; 백태승, 민법총칙, 법문사, 2000, 347면; 곽윤직, 민법총칙, 박영사, 1999, 301면; 김증한, 민법총칙, 박영사, 1983, 234면; 장경학, 민법총칙, 법문사, 1995, 443면; Boissonade, op. cit., p.129－130; 穗積重遠, 民法總則(下卷), 1916, 256頁.

140) 김상용, 채권각론(하), 법문사, 1998, 63면; 송덕수, "불법원인급여", 민법학논총 · 제이(후암곽윤직선생고희기념), 박영사, 1995, 433면.

141) 문홍수, "불법원인급여규정의 의의 및 적용범위", 법조 제483호, 1996.12, 142면.

142) 김용한, 민법총칙론, 법문사, 1989, 267면; 장경학, 앞의 책, 452면.

143) 송덕수, 앞의 논문, 433면.

제387조에서 본문은 '불법의 원인'(cause illicite)에 의한 급여의 반환을 규정하고, 단서에서 그러한 불법의 원인이 급여자에게 존재하는 경우에는 반환청구가 거부된다는 규정을 두고 있었는데, 여기서 등장하는 불법의 원인은 프랑스민법의 원인론과 그에 관한 법률규정에서 연원하는 것으로 이해된다. 독일민법은 이와 달리 법률의 규정에 반하는(gegen ein gesetzliches Veräußerungsverbot) 행위와 선량한 풍속위반(gegen die guten Sitten) 행위의 무효를 규정하고(제135조, 제138조), 불법원인급여의 행위표지를 이와 동일하게 규정하고 있다(gegen ein gesetzliches Verbot oder gegen die guten Sitten). Boissonade초안 제387조는 일본구민법(1889년) 제367조에서 거의 동일하게 규정되고, 이후 일본의 근대적 민법편찬을 위한 법전조사회(1893년)의 원안 제718조에서 본문과 단서가 반대로 규정되었을 뿐 내용은 동일한 것이었다. 법전조사회에서는 기초위원들 사이에 이 규정의 수정 내지 삭제안도 제기되었으나, 원안대로 의결하여 수정안 제707조로서 제국의회를 통과하였고(1896년), 현행 일본민법 제708조로 확정되었다. 그리고 일본민법 제708조는 정부수립 후 우리민법을 제정하기 위한 법전편찬위원회의 초안작성에 참고되었으며, 그 결과 민법초안 제739조 및 현행민법 제746조에서 이와 동일하게 규정되었다.

(3) 이러한 상황을 고려하면, 독일민법초안에서 볼 수 없었던 '불법의 원인'은 일본민법의 제정과정에서 프랑스민법의 영향으로 처음 등장하였으며, 이것이 우리민법 제746조에서 규정하고 있는 불법의 원인에 직접적인 역사적 배경으로 작용하였음을 알 수 있다. 따라서 프랑스민법에서 불법원인급여에 대한 규율, 즉 "누구도 자신의 부도덕한 행위를 원용하는 것은 허용되지 않는다"(Nemo auditur propriam turpitudinem allegans)는 원칙은 우리민법 제746조의 해석에 참고할 여지가 많을 것이다. 특히 반환청구가 배척되는 행위표지와 관련하여, 프랑스민법의 학설은 부도덕원인으로 인한 법률행위의 무효인 경우에 적용될 뿐, 단순한 불법원인에까지 확장되어 있지 않다는 것이며,[144] 판례의 태도 역시 이와 동일한 입장으로, 주로 성적 부도덕에 관한 사안, 즉 창가를 위한 가옥의 매매[145]나 임대차,[146] 창가의 매입을 위한 금전소비대차계

---

144) Henri Capitant, De la cause des obligations, 3ᵉéd., Dalloz, 1927, n^{os}114 et suiv., p.247 et suiv.; Georges Ripert, La Règle morale dans les obligations civiles, 4ᵉéd., L.G.D.J., 1949, n°107, p.187 et suiv.; Henri, Léon et Jean Mazeaud, Leçon de droit civil, t.2, Obligations, 3ᵉéd., Éditions Montchrestien, 1966, p.636; Gabriel Marty et Pierre Raynaud, Droit civil, t.2, 1^{er}vol., Les obligations, Sirey, 1962, n°213, p.192; Alex Weill et François Terré, Droit civil, Les obligations, 4ᵉéd, Dalloz, 1986, n°335, p.340 et suiv.; Jean Carbonnier, Droit civil 4-Les obligations, 12ᵉéd., Presses universitaires de France, 1985, n^{os}49 et suiv., p.196 et 200; Jacques Ghestin, Traité de droit civil, Les obligation·Le contrat:effets, L.G.D.J., 1980, n°929, p.794; Jacques Flour et Jean-Luc Aubert, Droit civil, Les obligations 1-L'acte juridique, 5ᵉéd., Armand Colin, 1991, n°368 1°, p.305; Boris Starck, Henri Roland et Laurent Boyer, Droit civil, Obligations 2, Contrat et quasi-contrat, 2ᵉéd., Litec, 1986, n°886, p.313; Philippe Malaurie et Laurent Aynès, Cours de droit civil, t.6, Les obligations, 6ᵉéd., Éditions Cujas, 1995, n°592, p.334; Le Tourneau, La règle "Nemo auditur propriam turpitudinem allegans", thèse Paris, L.G.D.J., 1969, n°36, p.8; André Ponsard et Pierre Blondel, Nullité, Répertoire de droit civil, 2ᵉéd., Dalloz, 1973, n°171.

약[147] 및 물품의 비치[148] 등과 같이, 창가의 설치 · 유지 · 경영에 관한 계약에 한하여, 위의 원칙이 적용되고 있을 뿐이라고 한다.[149]

(4) 대부분의 외국 입법례가 법규정이나 일반적인 법원리에 의하여 우리민법 제746조의 불법원인급여제도와 같은 취지를 긍정하고 있으며, 독일민법에 있어서도 제817조 제2문의 규정에 의하여 동일한 법원리를 인정하고 있음을 알 수 있다. 그러나 불법원인급여제도의 연혁적 기원이라 할 수 있는 로마법상의 condictio ob turpem causam이 도덕적으로 파렴치한 행위의 결과로서 급여된 것의 반환청구가 배척되는 제한적 제도였으나, 이것이 결국 불법적 원인에 의한 이득반환소권과 결합하여, 로마법대전의 편찬과 근대민법전, 특히 독일민법전에 계수되는 과정에서 왜곡된 사실이 있다. 그리하여 독일민법상 불법원인급여제도를 규정하고 있는 제817조는 반환청구가 배척되는 급여자의 행위표지에 대하여 선량한 풍속위반 외에 금지법규위반을 명시하고 있기 때문에, 불법원인급여의 적용범위가 다소 넓게 규정되어 있는 것이다. 그러나 이 규정의 포괄적 적용으로 인하여 발생하게 되는 불공평에 대하여, 주로 급부개념의 제한적 해석을 통하여 조절하거나 이 규정에 대한 역사적 의미와 기능적 탐구를 근거로, 그 적용범위의 제한 내지 입법론으로서 폐지를 주장하는 움직임이 있다는 점을 상기해야 할 것이다.

(5) 불법원인급여는 사회적으로나 법적으로 용납되지 않는 행위를 한 자의 법적 구제를 거부함으로써, 소극적으로 법의 정의를 유지하려는 취지이다. 이러한 근본취지는 우리나라뿐만 아니라 거의 모든 입법례에서 인정하고 있는 바이며, 법률의 명문규정이나 법의 일반원리 또는 판례법의 형태로 존재하고 있다. 그러나 급여자에게 불법성이 있다고 하여 일률적으로 부당이득의 반환청구를 거부하는 것은 반사적으로 수익자에게 그러한 급여의 귀속을 인정하는 결과가 된다. 그리고 반환청구의 획일적 인정이나 배척은 사회적 비난 내지 법적 보호의 거부원인이 급여자나 수익자의 일방에게 존재하는 경우에나 가능한 것이다. 그런데 현실적으로 불법원인급여가 관계하는 다양한 사례들은 대개 쌍방당사자 모두에게 그러한 원인이 있는 경우가 많고, 어떤 경우에는 오히려 수익자에게 더욱 비난성이 강한 경우도 존재한다. 그럼에도 불구하고 이러한 경우에조차 오직 급여자측의 비난성만을 고려하여 반환청구를 배척하는 것은 부당이득제도의 기본이념인 형평과 거리가 멀다. 또한 민법 제746조는 반사회적 법률행위의

---

145) Civ. 15 décembre 1873, D. P. 1874. 1. 222, S. 1874. 1. 241; Req. 17 juillet 1905, D. P. 1906. 1. 72, S. 1909. 1. 188; Lyon 2 novembre 1936, S. 1937. 2. 96.

146) Paris 30 novembre 1839, S. 1840. 2. 121; Civ. 15 novembre 1938, G. P. 1939. 1. 194, J. C. P. 1939. I. 950.

147) Req. 1er avril 1895, D. P. 1895. 1. 263, S. 1896. 1. 289; Toulouse 11 janvier 1926, S. 1926. 2. 21, G. P. 1926. 1. 524.

148) Req. 23 mars 1931, D. P. 1931. 1. 676; Civ. 15 novembre 1938, G. P. 1939. 1. 194.

149) Civ. 15 novembre 1938, G. P. 1939. 1. 194; Civ. 1[re] 15 juin 1967, J. C. P. 1967. II. 15238; Civ. 2[e] 10 juin 1970, D. 1970. 691.

적극적 무효를 규정한 제103조와 입법사적으로 전혀 다른 경로를 통하여 도입된 사실이 있으므로, 제746조의 불법을 제103조의 선량한 풍속 기타 사회질서와 동일하게 해석해야 할 근거가 없다. 나아가 제103조의 적용으로 인하여 무효가 된 법률행위임에도 불구하고, 동일한 범위에서 제746조를 적용하게 되면, 이미 이행된 급부의 반환이 불가능하게 되어, 결국 유효한 계약에 의하여 형성된 결과와 다를 바가 없게 되므로, 법률행위의 무효규정인 제103조가 추구하는 법률상태에 배치되는 결과를 초래하게 된다. 불법원인급여제도의 광범위한 인정은 일면 소극적인 법적 정의의 유지에 부합하지만, 타면 불공평의 시정이라는 적극적 정의의 관념에 반하게 되는 것이다. 불법원인급여제도가 안고 있는 정의와 형평의 이율배반적인 결과는 동서양의 법체계를 막론하고, 적용범위의 축소 내지 예외를 상정함으로써 극복하고 있는 것으로 생각된다. 각국의 해석경향은 불법의 원인이라고 하는 불확정개념을 규정함으로써, 적용범위의 확대가능성을 나타내고 있는 우리민법 제746조의 제한적 해석을 견인하고 있는 것이다. 따라서 우리민법 제746조 본문에서 규정하고 있는 불법의 의미 자체를 좁게 해석하는 것이 불법원인급여제도가 안고 있는 불합리를 근본적으로 제거할 수 있는 방법일 것이다. 다만 이러한 문제의 발단이 민법 제746조에서 규정하고 있는 불법개념의 불명확성에 따른 아포리아(aporia)이므로, '병 속에 갇혀 있는 파리의 유령'을 밖으로 꺼내는 것은 그 해석상의 오해를 일소하기 위한 제한적 해석 또는 수정이라고 할 것이다. 차제에 민법 제746조 본문의 불법개념을 제한하여 명확하게 규정하거나 단서규정의 적용범위를 확대하는 입법론적 수정이 불가피하리라고 생각한다.

자기행위 금지의 법리와 그 적용범위*

정 진 명**

Ⅰ. 머리말

대리관계에 있어서 대리인은 대리권의 범위 내에서 본인을 위하여 자유로이 법률행위를 할 수 있다. 대리제도의 이러한 기능은, 한편으로는 시민 생활에 있어서 본인의 사적 자치를 확충하고 보완하는 역할을 하지만, 다른 한편으로는 대리인이 본인의 비용으로 자기의 이익을 위하여 대리권을 남용할 수 있는 위험도 가지고 있다. 그리하여 근대 각국의 민법[1]은 배임행위에 해당하는 대리행위의 중대한 사정들을 고려하여 자기행위[2] 금지조항과 같은 본인 보호를 위한 특별조항을 두고 있다. 우리 민법도 이러한 취지를 받아들여 제124조에서 본인의 이익을 해칠 우려가 있는 자기계약과 쌍방대리를 원칙적으로 금지하고 있다.[3]

그런데 우리 민법상의 자기행위 금지조항은 실제 거래에서 발생하는 대리인과 본인 사이의 구체적인 이익충돌을 고려하지 않고 규정되었으며, 또한 본인의 사실상의 재산적 손해에 바탕을 두지 않고 대리인의 대리권 행사 방식만을 고려하여 형식적 금지의 기준으로 규정되었기 때문에 개별 사안의 해결에 있어 많은 문제점을 야기하고 있다.[4] 즉 민법 제124조의 적용범위와 관련하여 대리인이 자기행위를 하였음에도 불구하고 본질적으로 본인과의 이익충돌이 발생할 수 없는 사례에 대하여 제124조를 제한적으로 해석할 수 있는지 그리고 형식상 자기행위는 아니지만 사실상 이익충돌이 발생하고 있는 기타의 유사한 사례에 대하여 제124조를 확

---

* 이 글은 최종길 교수님의 "자기계약과 쌍방대리"라는 논문(「법정」 제22권 8호(1967. 8))을 회고하기 위하여 「비교법학」 제8집(1997)에 실린 논문을 보완 수정한 것이다.

** 단국대학교 법과대학 교수.

1) 독일민법 제181조, 오스트리아민법 제271조, 일본민법 제108조 등이 있다.

2) "자기행위"(Insichgeschäft)라는 용어에 대하여 독일에서는 일반적으로 "자기계약체결"(Selbstkontrahieren)을 제181조의 자기행위와 유사한 방식들에 대한 상위개념으로 파악하고 있다(Staudinger/Schilken, 13. Aufl., 1995, §181 Rdnr. 1; Soergel/Leptien, 12. Aufl., 1988, §181 Rdnr. 1). 그러나 우리 민법 제124조는 "자기계약, 쌍방대리"라는 제목으로 규정하고 있으므로, 이하에서는 자기행위를 이와 유사한 방식에 대한 상위개념으로 사용한다.

3) 우리 민법 제124조의 유래에 대하여는 양창수, "자기계약의 금지", 고시계(1988. 4), 67면 이하.

4) 고상룡, 민법총칙, 1991, 548면.

대하여 해석할 수 있는지가 주로 논의된다.[5)]

이 연구는 대리권 행사의 제한이라고 해석되고 있는 자기행위 금지의 법리를 고찰의 대상으로 하여, 먼저 제124조를 전통적 법해석방법론에 따라 그 법리구조를 밝힌 다음, 그 적용범위에 대하여는 목적론적 축소에 의한 제한해석 및 목적론적 확장에 의한 확대해석을 검토의 기준으로 삼아 문제로 제기된 개별 사례들을 살펴보기로 한다.

Ⅱ. 민법 제124조의 법리구조

1. 서

민법 제124조에 대한 법규범의 구조를 밝히기 위해서는 먼저 제124조에 대한 해석이 요구된다. 왜냐하면 해석은 "해석자에게 문제로 제기된 법규범의 의미에 대하여 해석자가 이해하고자 하는 하나의 매개적 행위"[6)]이기 때문이다. 이 경우 해석의 대상은 해석상 문제가 되는 법규범의 의미에 대한 이해의 전달자(Träger)로서 법조문이다. 만일 법조문을 단어의 의미로만 이해한다면 그 해석은 문장 내에서 이미 결정된, 경우에 따라서는 은폐된 의미의 분해, 확산 또는 설명에 지나지 않는다.[7)] 그러므로 제124조의 문제점을 보다 정확하게 파악하기 위해서는 단순히 법조문에 표현된 단어의 해석이 아닌 법규범들 사이의 의미상관성(Sinnzusammenhang)으로부터 요구되는 제124조의 고유한 법리에 대한 해석이 요청된다. 그러므로 제124조의 법리구조를 발견하기 위한 작업을 법해석의 전통적 방법에서 시작할 필요가 있다.

2. 해석의 요소

(1) 문구해석

법률이 규정하고 있는 의미가 무엇인가를 밝히기 위해서는 우선 법률이 가지는 문구적 의미를 파악하여야 한다.[8)] 우리 민법은 제124조에서 "대리인은 본인의 허락이 없으면 본인을 위하여 법률행위를 하거나 동일한 법률행위에 관하여 당사자를 대리하지 못한다. 그러나 채무의 이행은 할 수 있다."고 규정하고 있다. 즉 제124조의 문구해석에 의하면 제124조는 원칙적으로 자기계약과 쌍방대리를 금지하고, 본인의 허락이 있거나 본인의 채무를 이행하는 때에는

---

5) 이러한 문제제기로는 최종길, 앞의 논문, 114-116면; Boehmer, Grundlagen der Bürgerlichen Rechtsordnung, Bd. Ⅱ/2, Tübingen, S. 46f.

6) Larenz, Methodenlehre der Rechtswissenschaft, Berlin u.a., 6. Aufl., 1991, S. 312(이하에서는 Methodenlehre로 표기한다).

7) Larenz, Methodenlehre, S. 313.

8) Raisch, Vom Nutzen der überkommenden Auslegungskannones für die praktische Rechtsanwendung, Heidelberg, 1988, S. 28.

예외적으로 이를 허용하고 있다. 그 근거는 자기계약 체결과 쌍방대리가 이론적으로 대리의 본질 그 자체에 반하기 때문이 아니라 자기계약과 쌍방대리에 의하여 본인의 이익을 해칠 우려가 있으므로 법정책적 이유에서 대리인의 대리권을 제한하는 것이라고 한다.[9] 따라서 제124조의 적용범위는 대리인이 한편으로는 본인을 대리하고 다른 한편으로는 자기 자신의 자격으로 본인과 자신 사이의 법률행위를 하거나, 또는 대리인이 한편으로는 일방의 본인을 대리하고 다른 한편으로는 상대방 본인을 대리하여 혼자서 쌍방 사이의 법률행위를 하는 경우에 한정된다. 예컨대, 법인의 대표이사가 법인을 대표하여 자신의 급료 인상을 청약하고 스스로 법인에 대하여 이를 승낙하는 의사표시를 하거나,[10] 또는 다른 회사의 대표이사를 겸직하고 있는 자가 자기 회사 및 그 다른 회사를 대표하여 계약을 체결하는 경우[11] 그의 양쪽 회사를 위한 대리행위는 제124조의 대리행위에 해당되어 법률효과가 발생하지 않는다.

그런데 민법 제124조의 문구해석에 의하면 제124조는 개별 사례에서 이익충돌이 실제로 발생하였는지 또는 대리인이 본인의 이익에 반하여 법률행위를 하였는지를 문제삼지 않고 법률상의 예외를 제외하고는 자기행위를 포괄적으로 금지하고 있다.[12] 그 결과 본인과 대리인 사이에 이익충돌이 생기지 않고 그로 인한 대리권 남용의 위험이 없으며 단지 본인에게 이익만을 가져다 주는 대리행위의 경우에도 대리인의 대리권은 제한된다.[13] 예컨대, 1인 회사의 단독사원이 법률행위를 한 경우 또는 부모가 미성년자인 자에게 증여한 경우가 이에 해당된다. 이와 반대로 대리인이 다른 대리인을 개입시켜 자기행위 금지의 규범구조를 의도적으로 회피하는 경우에는 실제로 본인과 이익충돌이 발생하여도 제124조가 적용되지 않는다. 예컨대, 자신의 고유한 영업을 경영하고 있는 甲이 乙의 대리인으로서 활동하면서 자신의 고유한

9) 고상용, 민법총칙, 548면; 곽윤직 · 김재형, 민법총칙, 제9판(2013), 347면; 김상용, 민법총칙, 1992, 640면; 김증한 · 김학동, 민법총칙, 제9판(1996), 404면; 이은영, 민법총칙, 1996, 614면; 양창수, 앞의 논문, 72/3면; 주석 민법총칙(하), 제124조, 364면(오상걸 집필부분); 민법주해, 제3권, 총칙, 제124조, 81면(손지열 집필부분). 이와 다른 견해로는 이영준, 민법총칙, 1994, 507/8면: "계약은 2인 이상의 자의 서로 대립하는 의사표시에 의하여 성립되므로 단순히 1인의 일방적 의사표시에 의하여는 적법하게 성립될 수 없으므로 자기계약과 쌍방대리는 원칙적으로 금지된다고 한다". 한편 독일에서도 이러한 견해를 취한다(Medicus, Bürgerliches Recht, Köln u.a., 16. Aufl., 1993, Rdnr. 112; Reinicke, "Gesamtvertretung und Insichgeschäft", NJW 1975, S. 1188; Stürner, "Der lediglich rechtliche Vorteil", AcP 173(1973), S. 442; RG 103. 118). 이에 대하여 Flume는 자기행위의 문제점에 대하여 "내적인 의사결정이 상대방에 대한 본질적인 표명을 결여하여 법률행위가 되지 않는 형식성에 있다"고 한다(Flume, Allgemeiner Teil des Bürgerlichen Rechts, Bd. Ⅱ, Berlin u.a., 4. Aufl., 1992, §48 2 (S. 812)).

10) 대판 1969. 11. 11, 69다1374; 대판 1984. 12. 11, 84다카1591; 대판 1996. 5. 28, 95다12101.

11) 대판 1973. 10. 31, 73다954; 대판 2012. 12. 27, 2011다67651.

12) 최종길, 앞의 논문, 112－113면; Säcker/Klinkhammer, "Verbot des Selbstkontrahierens auch bei ausschließlich rechtlichem Vorteil des Vertreten －BGH, NJW 1972, 2262", JuS 1975, S. 627; MünchKomm/Schramm, 3. Aufl., 1993, §181 Rdnr. 4; Staudinger/Schilken, §181 Rdnr. 4.

13) 최종길, 앞의 논문, 114면; MünchKomm/Thiele, 2. Aufl., 1984, §181 Rdnr. 9; Staudinger/Dilcher, §181 Rdnr. 5.

영업에 대하여는 제3자 丙에게 대리권을 수여한 후 자신은 乙의 대리인으로서 자신의 고유한 영업을 위한 대리인인 丙과 계약을 체결하는 경우이다. 또는 乙의 대리인 甲이 제3자 丙을 본인 乙의 복대리인으로 선임한 후 甲은 자신의 자격으로 乙의 복대리인 丙과 계약을 체결하는 경우이다.

이처럼 민법 제124조의 문구해석에서 제기되는 문제점들은 제124조가 단순히 거래상대방이 없게 되므로 인하여 외부적으로 드러나는 이익충돌의 위험을 회피하기 위하여 법정책적으로 규정된 데 유래한다.[14] 그러므로 실제의 사례에서 제124조의 부적용을 초래하는 규범의 일반적 축소, 예컨대 대리권 남용이 배제되면서 본인에게 단순히 이익만을 가져다주는 행위도 더 이상 적용할 여지가 없다.[15] 즉 제124조는 형식적인 금지규정으로서 그 구성요건이 충족되는 한 엄격히 해석하여야 한다.[16] 그러나 법조문의 해석 결과가 해석 가능한 문구상의 의미와 범위를 일탈하는 경우에 그러한 해석은 더 이상 해석 가능한 문구상의 의미의 범위 내에서만 존재하는 규범목적의 구체화를 위한 법발견(Rechtsfindung)의 기준이 될 수 없다.[17] 그러므로 문구해석에 의한 규범평가의 흠결이 "열린 흠결"(die offene Lücke)의 경우에는 유추(Analogie) 또는 법률에 존재하는 원칙에의 회귀에 의하여, 그리고 "숨겨진 흠결"(die verdeckte Lücke)의 경우에는 목적론적 축소(teleologische Reduktion)와 같은 법형성(Rechtsfortbildung) 절차를 통하여 흠결을 보충하게 된다.[18] 이 경우 법형성은 법발견보다 그 한계가 불명확한 특성이 있지만 "언어적으로 명백한" 문구의 의미보다 법조문의 의미와 규범목적에 우선적 가치를 부여하므로 그 결과는 실정법 질서에 있어서 "법"으로서의 정당성을 가지게 된다.

(2) 체계적 해석

민법 제124조의 규범목적에 대하여 우리나라의 다수설은 자기계약의 경우에는 대리인의 자의에 의하여 본인의 이익이, 쌍방대리의 경우에는 본인 중 일방의 이익이 침해될 염려가 있기 때문에 민법이 정책적으로 자기행위를 금지하고 있다고 한다. 이처럼 제124조의 제1차적 규범목적을 본인의 이익 보호에 있다고 파악하는 경우에 제124조의 규정은 대리인 상호 간의

---

14) 같은 의견: 최종길, 앞의 논문, 112면; 고상용, 민법총칙, 548면; 민법주해, 제3권, 총칙, 제124조, 82면(손지열 집필부분).

15) 고상용, 민법총칙, 548면은 민법 제124조의 금지를 실질적인 측면에서 본다면 자기계약·쌍방대리라는 계약의 체결방법 측면에서 삼는 형식적 금지의 기준으로 충분하지 않게 된다. 그러므로 양자 사이에 괴리가 생길 경우에는 해석에 의할 수밖에 없다고 한다. 이러한 의미에서 독일에서는 제181조를 "형식적 질서규정(formale Ordnungsvorschrift)"이라고 부른다(Boehmer, a.a.O., S. 46; MünchKomm/Schramm, §181 Rdnr. 9).

16) 최종길, 앞의 논문, 114면.

17) Hassold, "Strukturen der Gesetzesauslegung", FS für Larenz, München, 1983, S. 223.

18) Larenz, Methodenlehre, S. 322; Canaris, "Die Bedeutung allgemeiner Auslegung- und Rechtsfortbildungskriterien im Wechselrecht", JZ 1987, S. 546. 다른 의견으로 Bydlinski, Juristische Methodenlehre und Rechtsbegriff, Wien/New York, 2. Aufl., 1991, S. 472ff.; Fikentscher, Methoden des Rechts, Bd. Ⅳ, Tübingen, 1977, S. 302: 문구 의미와 단어 의미의 한계는 해석, 유추, 법형성을 "구분하는 요소"에 있다.

견제에 의하여 졸속한 의사결정이나 대리권 남용으로부터 본인을 보호[19]하고자 하는 제119조 단서 조항 및 미성년자 보호를 제1차적 규범목적으로 하는 제5조 제1항과 그 규범 구조 및 기능이 매우 유사하다. 전통적 법해석방법에 있어 체계적 해석은 다른 규범 및 그 규범에 담겨있는 법률의 규범목적, 그 규범과 의미상관성을 가지는 다른 법률 및 그 다른 법률의 제정목적, 최종적으로는 기본권과 그 선택된 규범의 조화에 대한 검토이다. 그러므로 체계적 해석은 총체적 법질서 내에서 전체적인 정당한 법적용을 통하여 규범적 모순을 해결하고, 규범 충돌을 해명함으로써 합리성을 근거로 하는 법발전의 요구에 부응한다.[20]

먼저 본인 보호를 위하여 대리권이 제한된다는 의미상관성의 측면에서 제124조의 자기행위 금지와 제119조 단서의 공동대리에 있어서의 대리권 제한을 비교하여 살펴보면,[21] 양자는 본인의 이익 보호라는 동일한 규범목적을 가지고 있지만 그 적용에 있어서는 서로 다른 모습을 띠고 있다. 즉 제124조의 경우 본인의 이익 보호를 위하여 대리인이 본인과 체결한 계약은 무권대리가 되어 본인은 이로부터 생긴 법률효과를 부담하지 않는다. 그러나 공동대리의 경우 대리인이 공동으로 본인의 이름으로 계약을 체결한 경우에만 본인은 법적 의무를 부담한다. 그러므로 공동대리에 있어서 대리인의 본인에 대한 대리권 행사의 제한은 공동대리인 중의 1인이 다른 공동대리인으로부터 단독으로 대리할 수 있는 수권을 받은 경우에 자기행위 금지의 법리와 충돌이 생길 수 있다.[22] 예컨대, 공동대리인 중의 1인 乙이 다른 일방 甲에게 사전 동의를 하여 단독대리의 권한을 부여하게 되면 수권한자 甲은 본인 丙의 대리인으로서 권한부여자 乙과는 무관하게 본인 丙에 대한 모든 법률행위를 수행할 수 있다. 이 경우 수권한자 甲이 권한부여자 乙과 계약을 체결할 수 있는지의 여부 및 만일 계약을 체결할 수 있다면 그 계약은 어떠한 내용이어야 하는지에 대하여 수권한자 甲은 권한부여자 乙의 이익과 상관없이 스스로 결정할 수 있다. 왜냐하면 수권한자 甲이 권한부여자 乙과 체결한 계약은 본인 丙에 대한 이익충돌을 발생시키지 않으며, 또한 수권한자 甲은 권한부여자 乙과의 관계에 있어서 계약당사자의 지위를 가지게 되어 자기계약이 되지 않기 때문이다. 그러나 권한부여자 乙이 본인 丙의 이름으로 자기의 이익을 위하여 수권한자 甲과 계약을 체결하면 자신과 본인과의 사이에 이익충돌이 발생하게 되며, 이 경우 제124조가 적용되어 그 법률효과가 발생하지 않는다. 이와 같이 본인의 이익을 위하여 공동대리인의 대리권 행사를 제한하는 법규범의 사례 중에는 경우에 따라서는 자기행위 금지 법리의 엄격 적용에 따른 규범 충돌이 발생하게 된다. 그 이유

19) 고상용, 민법총칙, 552면; 김증한 · 김학동, 민법총칙, 402면; 주석 민법총칙(하), 제119조, 340면(김용한 집필부분); 민법주해, 제3권, 총칙, 제119조, 61면(손지열 집필부분).

20) Raisch, a.a.O., S. 34.

21) 공동대리를 대리권 제한으로 다루지 않고 다수의 대리인 사이의 권한분배라는 측면에서 취급하는 견해도 있다(이은영, 민법총칙, 616면 이하).

22) 이영준, 민법총칙, 516면. 이에 대하여 어떤 공동대리인이 다른 공동대리인에게 포괄적으로 의사결정권한을 위임하는 것은 공동대리의 취지를 말살시키는 것으로서 허용되지 않는다고 한다(김증한 · 김학동, 민법총칙, 402/3면).

는 추상적 개념에 바탕을 둔 규범구조의 외적 체계(das äußere System)에서 같은 모습을 가지는 여러 법규범들이 이들을 일정한 원칙에 따라 배치하는 규범의 내적 체계(das innere System) 속에서는 규범들 상호 간에 충돌이 발생할 수 있기 때문이다.[23)]

다음으로 민법 제124조의 법리를 제5조 제1항의 규범 체계와 비교하여 보면, 제5조 제1항은 "권리만을 얻거나 의무만을 면하는 행위"라는 형식적 기준을 설정하여 객관적으로 미성년자에게 불이익의 위험이 없으므로 인용하여야 할 법률행위는 허용하고, 이와 반대로 미성년자에게 불이익이 될 수 있는 법률행위는 법정대리인의 동의를 얻도록 규정하였다. 이에 대하여 제124조는 "본인의 허락이나 채무이행"의 경우를 예외로만 규정하였을 뿐 본인의 이익에 대한 형식적 기준을 설정하지 않았다. 그 근거는 다음과 같이 제시해 볼 수 있다.

첫째, 어떤 행위가 본인을 위하여 법적 이익 또는 불이익이 되는지의 여부에 대한 판단은 단지 자기계약의 경우에만 문제되며, 대립하는 의사표시에 의하여 성립되는 쌍방대리의 경우 자기행위가 당사자 쌍방에게 어떠한 손해도 발생하지 않는 경우는 생각할 수 없으므로 형식적 기준을 두지 않았다고 볼 수 있다. 그러나 자기계약에 있어서 본인에게 법적 불이익의 위험성이 있는지의 여부에 대한 구체적 판단은 이익충돌시 대리인이 자신의 이익을 위하여 대리행위를 하였는지의 여부에 달려 있는데,[24)] 이는 친권자인 부모가 미성년자인 자에게 증여한 사례에 있어서 논의의 실익이 있다. 즉 본인인 미성년자의 현재의 재산을 감소시키거나, 앞으로 본인이 취득할 장래의 이익을 감소시켜서 법정대리인인 친권자가 그 이익을 대신 누리거나, 나아가 본인에게 인적 용태의무를 부담시키는 행위는 본인의 법적 이익에 대한 위험이 된다. 이와 반대로 본인 스스로 또는 대리인과 구분되는 별도의 기관이 법정대리인인 친권자가 취득한 본인의 재산을 취득 이후부터 관리하거나, 또는 대리인이 본인을 위한 유일한 대리권자이며 거래상대방이 대리인을 법인의 업무집행권한을 가진 유일한 기관으로 믿은 때에는 본인의 이익 보호를 위한 자기행위 금지 규정은 적용되지 않는다. 왜냐하면 전자의 경우 재산이 취득된 이후에는 더 이상 본인과의 이익충돌이 생기지 않으며, 후자의 경우 본인을 대리하지 않는 행위가 오히려 본인에게 불이익을 가져다 주기 때문이다. 이와 같이 대리인의 법률행위가 자기행위로 되면 그로 인한 본인의 법적 불이익의 현저성은 제5조 제1항과 동일한 또는 유사한 법적 불이익이 있었는지의 여부에 따라 판단되어야 하며,[25)] 이러한 사고 과정은 자기행위에 있어서도 본인의 이익 여부에 대한 판단기준으로 중요한 의미가 있다. 그리고 본인에 대하여 어

23) Larenz, Methodenlehre, S. 391ff.

24) Blomeyer, "Die teleologische Korrektur des §181 BGB", AcP 172(1972), S. 4.

25) 우리 민법 제5조 제1항의 "권리만을 얻거나 의무만을 면하는 행위"의 판단은 "법률적 결과"만을 가지고 판단하므로 "경제적으로" 미성년자에게 유리하다 할지라도 이에 의하여 어떠한 법률적 불이익이 초래되는 경우 미성년자는 단독으로 법률행위를 할 수 없다고 한다(김증한 · 김학동, 민법총칙, 118면; 이은영, 민법총칙, 170면; 민법주해, 제1권, 제5조, 277면(양삼승 집필부분)).

떠한 법적 이익 또는 불이익도 초래하지 않는 중간적 행위는 제124조의 적용범위에 해당되지 않는다.

다른 한편 자기행위는 본인이 가지는 형성권의 행사를 내용으로 하는 경우에 특히 문제로 된다. 사실 쌍무적 법률관계에 있어서 대리인의 형성권 행사는 본인의 권리를 침해하거나 또는 본인에게 의무를 부담시킬 수도 있다. 그러나 형성권이 단지 본인의 의무만을 소멸시키는 경우, 예컨대 미성년자 측의 증여계약 해제(제555조)의 경우에는 자기행위를 허용해도 무방하며, 본인은 그에 대하여 대리인에게 손해배상을 청구할 수 없다. 왜냐하면 본인은 표시의 수령자에게 자신의 대리인에 대하여 가지는 자기의 책임(Verschulden)에 대한 이의를 주장할 수 있기 때문이다. 결국 개별 사안에서 항상 본인 이익을 보호할 필요성이 존재하는지의 여부, 예를 들어 제5조 제1항에서의 미성년자 보호가 제124조에서의 본인 보호보다 우선 적용되어야 하는지의 여부는 여전히 문제로 남는다. 다만, 증여의 사례에서는 형식적 기준을 두지 않은 불합리성에도 불구하고 본인 보호와 미성년자 보호라는 법규범의 모순없는 목적론적 축소가 요구된다.

둘째, 민법 제124조의 규범에는 제2차적 규범목적인 법적 안정성이 개입되어 본인의 이익을 해할 위험이 없는 법률행위까지 금지한다. 그러나 법적 안정성은 단지 법적으로 본인에게 이익이 되지 않는 법률행위에 대하여는 제124조의 목적론적 축소를 요구하지 않는다. 그 이유는 그와 같은 법률행위는 별도로 하나의 "배타적이며, 한정된 사례군"을 형성하기 때문이다. 즉 대리인과 본인이 법률에 밝지 못한 경우 양자는 자기행위의 법적 문제점을 잘 인식하지 못한다. 예컨대, 6살의 자녀에게 무기명채권을 증여한 부모는 자신이 자기행위를 하였다는 것을 거의 인식하지 못한다. 그러므로 법률전문가가 본인에게 이익이 되지 않는 법률행위의 효력을 부인하고자 하는 경우 그러한 법률행위를 적절한 사례군에 배치하기 위하여 먼저 본인에게 이익이 되지 않는 법률행위가 가져올 법적 불이익을 탐구하여야 한다. 이는 모든 관계를 잘 아는 당사자에게는 어렵지 않지만 일상적이지 않은 법률행위에서는 고도의 주의와 인식이 요구된다. 또한 이해관계가 없는 제3자, 예컨대 당사자의 채권자는 구체적 사례에 있어서 자기행위에 대한 매우 엄격한 제한해석에 의하여 그 이익이 침해될 수도 있다. 사실 일상생활에 있어서 모든 채권자는 허용된 범위 내에서 자기행위를 할 가능성이 예견된다. 왜냐하면 경제적 요청에 부응하여 방식에 맞는 자기행위를 허용하는 것은 예외가 아니라 규칙이기 때문이다. 그러므로 자기행위 금지를 법적 안정성을 이유로 제124조와 같이 특별히 명백하게 적용할 필요는 없으며, 단지 이해관계를 가지는 신뢰할 수 있는 자에게만 인식될 수 있으면 충분하다.

결국 개별 사례에서 대리인이 행한 법률행위가 본인에게 이익이 되지 않는 자기행위에 해당하는지의 여부 및 그 행위가 허용되는지의 여부가 검토되어야 한다. 왜냐하면 법적 안정성은 대리인의 구체적 법률행위가 본인의 이익에 위험스러운지의 문제와 무관하게 적용되며,[26)]

또한 이미 법률 스스로 자기행위를 허용하는 예외적 사례에서 제한되고 있기 때문이다. 그리고 자기행위가 추상적으로는 본인에게 불이익이 되지 않으나 구체적 사례에 있어서 본인에게 법적 불이익이 발생되어 자기행위의 유효성이 부인되는 경우에는 법적 안정성은 더 이상 자기행위 금지에 대한 형식적 기준이 되지 못한다.

(3) 역사적 해석

법조문의 문구와 법규범의 의미상관성이 여러 가지로 해석의 여지를 남기는 경우에는 법률을 기초한 입법자의 규율의도와 해당 법규범의 입법목적이 적절한 해석기준으로 제시된다.[27] 그런데 우리나라는 민법을 기초한 입법자의 의사해석의 기초가 되는 입법이유서가 없으므로 우리 민법의 기초자가 제124조에서 무엇을 의도하였는지 분명하지 않다. 그러므로 이를 고찰하기 위하여는 우리 민법의 제정에 참고가 된 독일민법 제181조와 일본민법 제108조에 거슬러 올라가 자기행위 금지의 규범목적을 살펴볼 필요가 있다.[28]

독일민법 제181조는 독일민법의 기초 당시에 자기행위가 허용되면 본인과 대리인 사이에 이익충돌의 위험이 발생하게 된다는 추론하에서 초안이 만들어졌다.[29] 그러나 독일민법 초안의 제1차 심의위원회는 처음부터 자기행위를 일반적으로 허용하지 않는다는 결정을 내리지는 않았다.[30] 입법이유서는 그 이유를 "자기행위 금지는 여러 가지로 근거없이 거래의 곤란을 발생시키며, 금지를 요구하지 않게 되면 본인의 이익에 해가 된다."고 하였다.[31] 그리고 민법안 심의록도 자기행위가 행하여지는 경우 이익충돌의 가능성을 배제하지 않았다.[32] 이에 대하여 제2차 심의위원회는 제1차 심의위원회의 의견과는 달리 "자기계약은 그 자체가 여러 이익이 서로 충돌할 위험, 그리고 일방 또는 상대방에게 해를 끼칠 위험이 있으므로 법률 또는 대리권의 부여에 의하여 대리인에게 달리 허용하지 않는 한 금지되어야만 한다."고 결론지었다.[33] 즉 제2차 심의위원회의 다수의견은 자기행위의 허용여부는 대리인이 행한 법률행위의 의도가 대리인에게 부과된 본인을 위한 배려와 상응하는 것인지의 여부에 의존된다는 소수의 제안에 대하여 다음과 같이 반박하였다: "아마 자기행위 금지에 의하여 정당한 원칙이 가장 적절하게 명시된다고 할 때에도 자기행위의 유효성은 그의 불확정성과 제3자에 대한 인식 불가능성으로 인하여 거래안전을 위협하는 요소들에 의존된다.".[34] 그리하여 독일민법의 기초자는 법적 안

26) Staudinger/Schilken, §181 Rdnr. 5.

27) Larenz, Methodenlehre, S. 328.

28) 우리 민법의 제정과정에는 독일민법 제181조, 중화민국민법 제106조, 만주민법 제120조가 참조되었다(民法案審議錄(上卷), 82면).

29) Flume, a.a.O., §48 1 (S. 811); Säcker/Klinkhammer, JuS 1975, S. 627; MünchKomm/Schramm, §181 Rdnr. 4.

30) 양창수, 앞의 논문, 69면; Flume, a.a.O., §48 3 (S. 816).

31) Motive I, S. 225.

32) Prot. I, S. 174.

33) Prot. I, S. 175.

정성을 위하여 제181조의 규정에서 자기행위를 쉽게 인식할 수 있는 외적 구성요건에 의한 대리권 배제를 확정하고, 다만 본인에 의한 허용과 채무의 이행만을 예외로 허용하였다.[35]

한편 일본민법 제108조도 입법 당시에 이미 그 취지를 자기계약에 있어서는 대리인에 의한 부당한 이익획득의 금지 또는 본인의 이익 보호, 쌍방대리의 금지에 있어서는 일방당사자의 이익의 편중금지 또는 대리인에 대한 불공평한 취급의 금지에 두고 있었다. 이러한 규율의도는 입법 당시에 자명한 것으로 받아들여졌으며, 「민법수정안이유서」도 제108조의 입법취지에 대하여 "대리인이 본인을 위하여 대리를 하는데 있어서 충실하게 그 일을 행하지 않으면 안 된다. 그런데 만일 대리인이 본인을 대리하여 자기와 법률행위를 할 수 있다고 하면 본인의 이익과 자신의 이익이 저촉되는 결과가 생기는 일도 없지 않다. 이 경우에 대리인이 본인의 이익을 제쳐두고 자기의 이익을 우선하는 것을 피할 수 없을 것이다. 그런데 만일 이것을 책임지고 반드시 본인의 이익을 우선해야 한다는 이유로 이러한 곤란을 대리인에게 부담시켜서는 안 된다. 대리인이 제3자의 대리인으로서 법률행위를 하는 경우에도 역시 동일한 곤란이 생겨서 그 일방의 본인을 이롭게 하는 때에는 다른 일방의 본인의 이익을 고려하지 않게 되는 일이 대부분이다. 그러므로 본안에 있어서는 독일민법 제2독회 초안의 원칙에 따라 대리인은 본인의 이름으로 자기와 법률행위를 하거나 동일한 법률행위에 관하여 당사자 쌍방의 대리인으로 법률행위를 하는 것이 가능하지 않기 때문에 원칙으로 되고, 다만 제2항의 경우에는 폐해를 수반하지 않기 때문에 예외로서 그것을 허용하는 것으로 정하였다."고[36] 하고 있다.

그러나 일본민법 제108조의 규정이 이러한 입법취지를 충분히 나타내고 있는가, 특히 위와 같은 조문이 공익적 관점에서 제정되었는지에 대하여 납득할 만한 설명이 없다.[37] 다만, 기초위원회의 1인인 富井政章 위원은 이에 대하여 "추측건대 그 일(自己契約, 雙方代理)로서 대리의 성질상 불능인 것은 아니고 누구도 완전히 대리인으로서 본분을 다하는 것이 가능하지 않으므로 편의상 그것을 금지한 것이고, 대리인에 있어서 일방의 이익을 배려하기를 원한다면 자연히 다른 일방의 이익을 경시하게 되므로, 즉 1인이 가진 이익상반된 양 당사자의 자격을 겸하는 것이 가능하다고 하면 무정하게도 자기의 이익을 해하는 것은 아니지만 충실하게 대리인의 임무를 다하는 것이 가능하지 않다. 그러므로 공익상 그러한 제한을 설정하는 까닭이다."고[38] 한다.

이처럼 일본민법 제108조가 공익적 관점에서 제한된다는 것이 본인 보호 내지 양 당사자

34) Prot. I, S. 175.

35) Säcker/Klinkhammer, JuS 1975, S. 627; Schubert, "Die Einschränkung des Anwendungsbereichs des §181 BGB bei Insichgeschäften", WM 1978, S. 297.

36) 民法修正案理由書, 102면(阿部 徹, "自己契約·雙方代理について", 財産法學の新展開, 有斐閣, 1993, 34면 참조).

37) 阿部 徹, 前揭論文, 34면.

38) 富井政章, 民法原論 1, 總論(下), 1904, 433면(阿部 徹, 前揭論文, 34면 참조).

사이의 공평이라는 취지와 서로 모순되지는 않지만 富井政章 위원의 설명은 대리인의 입장에 치우쳐 있어서 통설이 의미와는 차이가 있다.[39] 즉 제108조가 공익적 관점에서 제정되었다고 한다면 동조 위반의 행위는 절대적 무효가 되며, 본인에 의한 사전의 승낙과 추인도 허용되지 않는다고 해석되게 된다. 그러나 法典調査會에 제출된 原案(제110조)에서는 "대리인은 별단의 정함이 없는 때에는 본인을 대리하여 자기와 법률행위를 할 수 있다."고[40] 하여 "공익"에 대해서는 언급하지 않았는데, 이에 비추어 본조는 당사자의 의사에 따라 그 적용을 배제할 수 있는 여지를 남겨 두었다. 또한 梅謙次郎 위원도 "공익"에 대하여 언급하고는 있지만 그것은 정책상 또는 편의상 규정된 정도의 의미로 이해한다.[41] 결국 일본민법 제108조의 제정 당시에 논의된 바에 따르면 자기계약과 쌍방대리의 금지는 대리의 성질상 당연히 규정되어야 할 규범이 아니고 편의상 금지한 것에 지나지 않으므로 제108조를 반드시 공익적 규정으로 이해할 것은 아니다.[42]

(4) 목적적 해석

민법 제124조의 규범목적은 대리인의 자기행위가 본인과의 이익충돌 및 사정에 따라 이와 결부된 대리권 남용을 야기할 수 있으며, 이러한 경우에 그로부터 생긴 손해로부터 본인을 보호하는 데 있다.[43] 이 경우 제124조에 의하여 보호되는 법익은 자기행위를 행한 대리인의 의사로부터의 보호가 아니라 본인의 재산 보호에 있으며,[44] 그 바탕에는 자기행위의 유효성을 부여한 대리권 수여자에 대한 배려도 깔려 있다.[45] 그리고 제124조에는 이러한 실제적 보호목적과 함께 법률거래의 요청에 따른 법적 안정성도 고려되었다. 이는 제124조의 규정이 실제 거래에서 복잡한 이익형량의 문제를 발생시키는 경우에 형식적 구성요건 표지에 터 잡아 규범의 적용범위를 명확히 하려는 데에서 볼 수 있다. 이처럼 규범목적은 구체적이지만 내용적으로는 형식적 구성요건 표지의 형태로 규정된 제124조는 대리인의 법률행위를 금지한 것이 아니라 단지 대리인에게 구체적 역할에 맞는 지도이념(Leitideen) 및 그 척도에 적합한 용태의무를 지우려는 것이다.[46] 그러므로 대리인은 본인과의 관계에 있어서 본인의 이익에 반하는 대리권 남용을 하지 않아야 한다. 또한 대리인은 거래상대방과의 관계에 있어서 외부관계에 존재하는 대리권 행사의 한계 내에서 내부관계 속에서 대리권 남용을 상대방이 알았거나 알 수

39) 阿部 徹, 前揭論文, 35면.
40) 法務大臣官房司法法制調査部, 法典調査會民法議事速記錄, 98면 이하(日本近代立法資料叢書, 1983).
41) 梅謙次郎, 民法要義 1, 總則, 1911, 276면.
42) 阿部 徹, 前揭論文, 35면.
43) Motive I, S. 224f. = Prot. I, S. 175; Boehmer, a.a.O., S. 47; 양창수, 앞의 논문, 72면.
44) Blomeyer는 이러한 의미에서 동조의 보호 목적은 이익충돌(Interessenkonflikt)이 아니라 이익침해(Interessenverletzung)라고 한다(AcP 172(1972), S. 4).
45) Prot. I, S. 174f.
46) Säcker/Klinkhammer, JuS 1975, S. 628.

있었을 경우에 대리인은 거래상대방에 대하여 본인에 대한 관계에서와 동일한 의무를 부담한다. 즉 대리인의 자기대리는 한편으로는 대리권 남용에 대한 법원칙의 발전에 의하여, 다른 한편으로는 대리권의 무인성에 기인하는 선량한 거래상대방 보호라는 내용적 척도에 의하여 수정될 수 있다.47) 그러나 대리권 남용에 관한 이론과 무인성 원칙에 의한 대리권의 제한 및 이와 결부된 이익형량의 "실체화"는 사안의 성질상 매우 어려우며, 또한 복잡하다. 예를 들어, 계약의 상대방이 대리인의 대리권 남용을 알았는지 여부에 대한 평가는 당사자에 대한 법적 명백성과 안정성보다 단지 현저한 의심에 불과하다.

이와 같이 민법 제124조가 한편으로는 본인의 재산 보호를, 다른 한편으로는 법적 안정성의 보호라는 두 개의 입법목적을 가지는 경우에 이러한 보호목적들 상호 간에 어떤 관계가 있는지가 문제된다. 이에 대하여 독일민법이나 일본민법의 입법적 규율의도는 대리인의 신의에 반하는 행위로부터 본인의 재산을 보호하기 위한 데 두었다.48) 그리하여 동조의 적용범위는 사법상의 거래에 있어서 법적 안정성의 보장하에 본인의 재산 보호라는 목적을 관철하기 위하여 넓게 인정된다. 즉 제124조의 문구의 의미를 법적 안정성을 해치지 않는 한도 내에서 법규범에 대한 해석의 수정을 통하여 본인의 이익을 보호하는 방향으로 확장한다. 그러므로 제124조의 제2차적 규범목적인 법적 안정성의 기능은 제1차적 규범목적인 본인의 재산 보호가 실제 거래에서 대체될 수 있는 경우에 논의될 수 있으며, 결국 법적 안정성은 자명한 규범목적이 아닌 보충적 규범목적으로 자리매김하게 된다.49)

그러나 대리인이 본인에게 자기행위를 통하여 독점적인 법적 이익을 부여하는 경우에 본인의 실제적인 재산상의 이익은 위험하지 않다. 특히 개별 사례에 있어서 본인과의 이익충돌은 존재하지 않을 수도 있으며, 그리고 제1차적 규범목적이 전체 사례군에 적합하지 않은 경우에 이러한 사정은 더욱 두드러진다. 그러므로 제124조를 단순히 법조문의 문구에 한정하여 적용한다면 제1차적으로 보호될 본인의 이익에 기여하지 못하므로 그 한도 내에서 제124조의 적용 결과는 규범목적에 반하게 된다. 그리고 제124조에 규정된 법적 안정성의 보호가 실제 거래에서 제124조의 규율의도와 일치하지 않는 방법으로 법률거래에서 법적 안정성과 명확성을 깨뜨리는 경우 규범의 목적론적 축소는 허용되지 않는다. 이 경우 법적 안정성을 어떻게 파악하여야 할 것인지가 문제된다. 민법의 기초자는 제124조의 규범목적을 대리인의 자기행위의 인식가능성과 유효성에 터 잡아 규율하였으므로 제124조에 있어 법적 안정성은 대리인의 자기행위의 적합성 여부에 대한 기준이 된다. 즉 대리인이 행한 법률행위의 내용을 검토한 결과가 본인에 대한 배려의 측면에서 본인의 이익을 침해하지 않는다고 추정되는 한도 내에서 대리인

47) Flume, a.a.O., §45 3 (S. 816).
48) Boehmer, a.a.O, S. 48.
49) Säcker/Klinkhammer, JuS 1975, S. 629; Staudinger/Schilken, §181 Rdnr. 9.

의 자기행위는 보호될 수 있다.

나아가 대리인의 자기행위가 제124조의 제1차적 규범목적인 본인에 대한 독점적인 법적 이익[50]을 부여하기 위한 것인지 여부를 판단하기 위해서는 법률행위의 성립방식 및 법률행위의 내용을 검토하여야 한다. 즉 대리인이 행한 법률행위의 유효성은, 첫째로 대리인의 각각의 의무이행에 있어서가 아니라 대리인의 총체적 법률행위 중에서 판단하여 그 한계가 명백한 법률행위군은 제124조의 적용범위에서 배제하여야 하며, 둘째로 이러한 이익상반 행위의 사례군은 제124조의 예외(본인의 승낙, 채무이행) 및 이러한 취지를 가진 개별 규정[51]을 고려하여 통일적으로 판단하여야 한다. 그 밖에도 대리인이 이익상반의 법률행위에 대한 인식을 제3자에게 기대할 수 없고, 또한 거래 보호에 장애가 되는 경우에 제2차적 규범목적인 법적 안정성이 침해될 우려가 있으므로 규범의 목적론적 축소는 허용되지 않는다.

3. 소결

민법 제124조의 제1차적 규범목적은 본인과 대리인 사이의 "이익충돌"로 인한 "일방 또는 상대방"의 재산적 손해발생 방지에 있다. 예컨대, 대리인이 이익충돌의 경우에 항상 자신의 이익을 위하여 대리행위를 한다고 보기는 어려우므로 본인과의 이익충돌의 위험은 본인의 재산상의 손해에 대한 위험보다 더 일상적이다. 그러므로 제124조의 규범목적은 대리인에게 부여된 "대리권 수여자에 대한 배려"에 맞추어 대리인이 자기행위로 인한 이익충돌보다는 본인의 재산적 이익이 침해된 경우 이를 방지하는 데 있다고 보아야 한다. 따라서 대리인이 자신의 이익을 위하지 않은 법률행위를 한 경우, 예컨대 1인 회사의 단독사원이 한 자기계약은 이익충돌의 위험은 있어도 구체적인 이익침해가 없으므로 제124조는 적용되지 않는다. 그러나 대리인의 자기행위가 제3자의 권리를 해치는 경우에는 대리권 남용 이론에 의하여 해결하여야 한다.[52] 또한 채무이행의 경우 자기행위가 예외적으로 허용되는데, 이는 본인에게 예기치 못한 재산손해의 위험이 존재하지 않기 때문이다. 이처럼 제124조의 규범목적은 대리인에게 대리권을 부여한 법률관계의 정당한 실행을 보장하는 기능을 수행한다.[53] 결국 자기계약과 쌍방대리를 원칙적으로 금지하고, 예외적으로 허용하고 있는 제124조의 법규범은 원칙과 예외라는

50) 민법 제124조의 규범목적을 독점적인 법적 이익이 아닌 경제적 이익을 목표로 하는 경우에 제1차적 규범목적은 확장 적용될 수 있는 반면, 제3자에 대한 인식가능성은 법적 안정성이 더 이상 보장될 수 없을 정도로 축소될 것이라는 견해가 있다(Boehmer, a.a.O., S. 52f.).

51) 법정대리에 있어서 이해상반행위에 관한 특별규정으로는 제921조, 제49조의3, 상법 제398조가 있다.

52) 같은 취지: 이영준, 민법총칙, 512면.

53) 자기행위 금지를 통한 본인의 이익 보호는 대리권의 기초적 내부관계에 대한 침해로부터 발생하는 손해배상청구권보다 그 범위가 넓다. 즉 본인이 대리인에게 손해배상청구권을 행사하기 위하여는 대리인의 유책사유 및 그 손해를 입증하여야 하지만, 제124조에 있어서는 형식적 구성요건 표지에 해당하는 대리행위의 존재만을 입증하면 된다.

형식적 관계에 따라 그 적용범위를 결정할 것이 아니라 사적 자치의 확충이라는 거래의 요청과 본인 보호라는 입법목적에 따른 이익형량에 의하여 결정되어야 한다.[54]

Ⅲ. 제124조의 적용범위

1. 서

민법 제124조의 문구적 의미만을 고려하는 경우 본인의 이익을 해하지 않는 대리인의 법률행위에 대하여도 제124조는 적용되지 않는다. 이와 같이 제124조가 동조의 규범목적(ratio legis)인 본인의 이익을 해하지 않는 법률행위에 대하여도 적용되지 않을 뿐만 아니라, 또한 그러한 사례에 대하여 법규범을 적용한 결과가 규범목적에 반하게 되는 것은 제124조의 법규범에 대한 평가에 있어서 법규범의 특수성을 고려하지 않은 데 있다. 즉 제124조에 대한 문구해석과 법조문의 체계적 해석은 본인에 대한 불확정한 이익의 평가에 있어서 이익충돌의 해결보다 법적 안정성을 우선시킨 데 기인한다. 그러나 법규범에 있어서 거래 안전의 목적은 이익충돌의 위험에 부닥치게 되는 경우 단지 실체적인 규범목적을 실현하기 위한 보조수단에 지나지 않는다. 그러므로 이익상반 행위의 전형적인 구성에 있어서는 목적론적 해석에 의하여 당사자의 구체적 이익평가를 형식적 질서 목적보다 우선하여야 한다.[55] 실제로 제124조의 적용범위를 둘러싼 법률문제는 법률의 흠결에서 유래하며,[56] 이러한 모순이 숨겨진 흠결에서 유래하는 경우 흠결에 대한 보충은 규범의 목적론적 축소를 통하여 실종된 법규범을 찾아내고, 찾아낸 법규범이 내포하고 있는 규범의 제한을 추가함으로써 이루어진다.[57] 또한 규범목적의 사정거리가 미치지 않는 예외적 사례에 대해서는 개별유추에 의한 법규범의 확대해석에 의하여 흠결을 보충하게 된다.[58] 그러므로 제124조의 원칙적인 적용범위를 살펴보고, 흠결이 발생한 사례에 대하여는[59] 흠결보충의 방법을 통하여 제124조의 적용여부를 검토하기로 한다.

---

54) 민법주해, 제3권, 총칙, 제124조, 82면(손지열 집필부분).

55) Staudinger/Schilken, §181 Rdnr. 7.

56) Larenz는 “법률의 흠결(Gesetzeslüke)”을 법률에 규정되지 않았으나 그 의미와 목적에 의하여 제한이 요구되는 법적 규율이라고 하고(Methodenlehre, S. 370)), Canaris는 규율의도에 반하는 제정법의 불완전성이라고 한다(Die Feststellung von Lüken im Gesetz, Berlin, 2. Aufl., 1983, S. 16). Bydlinski는 이미 해석된 제정법이 사안을 판결할 수 없지만 법률효과 확정의 의미에서 판결이 요구되는 것이라고 한다(a.a.O., S. 473).

57) Esser, Vorverständnis und Methodenwahl in der Rechtsfindung, 2. Aufl., 1972, S. 139ff.; Larenz, Methodenlehre, S. 377.

58) 목적론적 축소가 제한해석에 대한 것은 개별유추가 확장해석에 대한 것과 같다고 한다(Larenz, Methodenlehre, S. 391). 이와 달리 Canaris는 규범의 확장은 유추와는 달리 전적으로 규범목적에 의하여 판단된다고 한다(a.a.O., S. 90).

59) 법률의 흠결에는 열린 흠결과 숨겨진 흠결이 있는데, “열린 흠결(offene Lüke)”은 법률이 자신의 고유한 목적에 따라 그러한 규율을 당연히 규정하여야 함에도 불구하고 일정한 사례군에 적용할 어떠한 규율도 가지지 않은 경우에 발생하는 흠결이다. 이에 대하여 “숨겨진 흠결(verdeckte Lüke)”은 법률이 그러한 종류의 흠결에

2. 제124조의 원칙적 적용

(1) 개요

민법 제124조는 원칙적으로 대리인이 자기계약 체결 또는 공동대리를 한 경우에 대리가 허용되는 모든 법률행위에 적용된다. 그러므로 제124조는 계약뿐만 아니라 상대방 있는 단독행위에도 적용되며,[60] 법률행위의 종류를 묻지 않으므로 채권적, 물권적, 가족법적, 상속법적 법률행위에도 적용되고, 나아가 소송법상의 행위와 일정한 공법상의 행위에도 적용된다. 그리고 제124조를 구성하는 대리인의 자기행위는 임의대리와 법정대리에도 적용된다.

(2) 자기계약

대리인이 한편으로는 본인의 이름으로, 다른 한편으로는 자신의 이름으로 동일한 지위에서 체결한 고유한 의미의 자기계약은 법률행위 측면에서 보면 유효한 계약체결로 볼 수 있다. 그러나 본인의 사적 자치의 확충 및 보충을 위하여 인정되는 대리제도의 목적에 비추어 보면 자기계약은 대리인이 본인의 이익을 최대한 존중하였다고 보기 어려우므로 허용되지 아니한다.[61] 그러나 예컨대 본인과 대리인 사이에 한정된 범위의 청약에 대한 대리행위의 관여 범위에 있어서, 또는 대리행위에 대한 권리·의무의 범위에 있어서 이익충돌이 발생하는 경우에 동일한 지위에서 발생한 이익충돌이 아니므로 제124조는 적용되지 않는다. 왜냐하면 대리인과 본인 사이에 대리행위를 둘러싼 이익충돌은 형식적 구성요건 표지로 규정된 제124조의 전형적인 이익충돌에 해당하여야만 적용되기 때문이다. 그러므로 대리인이 자신의 이익을 위하여 본인의 이름으로 제3자와 계약을 체결한 경우, 예컨대 본인으로부터 그의 채무담보를 위하여 저당권 설정의 위임을 받은 대리인이 자신의 채무를 담보하기 위하여 본인의 이름으로 저당권을 설정한 경우에도 제124조는 적용되지 않는다.[62] 그리고 대리인이 자기 자신과 본인을 위하여 법률행위를 하는 경우에도 자기행위가 아니므로 제124조는 적용되지 않는다.

(3) 상대방 있는 단독행위

민법 제124조는 계약뿐만 아니라 상대방 있는 단독행위에도 적용되는지의 여부가 문제된다.[63] 왜냐하면 제124조의 제목은 "자기계약"이라고 표현하고 있으나, 본문에서는 "법률행위"

대하여 적용할 규율은 가지고 있으나 사례군이 가지는 가치의 현저한 특수성을 소홀히 하였기 때문에 규율의 의미와 목적에 따르면 사례군에 적합하지 않는 경우에 발생하는 흠결이다. 이러한 열린 흠결과 숨겨진 흠결의 한계는 실종된 규율이 하나의 제한을 의미하는지와 비교하여 법률에서 일반적 법원칙을 추출해 낼 수 있으면 열린 흠결이며, 그렇지 않은 경우에는 숨겨진 흠결이 된다(Larenz, Methodenlehre, S. 377f.).

60) 제124조의 적용범위를 합동행위에 대하여도 적용할 것인지에 대하여 논의가 있으나, 이해대립의 가능성이 있으므로 자기계약이 금지된다고 한다(김증한·김학동, 민법총칙, 406면; 민법주해, 제3권, 총칙, 제124조, 83면(손지열 집필부분)).

61) 이러한 의미에서 자기계약 금지는 대리권범위 제한의 기능을 가진다(이러한 취지로 김증한·김학동, 민법총칙, 404면).

62) 이러한 경우에 본인은 단지 대리인의 대리권 남용을 들어 대리행위를 무효로 할 수 있다.

63) 이를 인정하는 견해로는 김상용, 민법총칙, 641면; 이영준, 민법총칙, 519면; 주석 민법총칙(하), 제124조, 362

라고 규정하고 있기 때문이다. 그런데 상대방 있는 단독행위에서 대리인은 자신과 "함께" 행할 수는 없어도 단지 자신에 "대하여"는 행할 수는 있다. 그러므로 상대방 있는 단독행위에도 제124조가 적용될 수 있다. 예컨대, 甲이 乙에 대한 계약해제권을 자기의 이름으로 행사하고 이와 동시에 乙의 대리인으로서 이러한 의사표시를 수령하는 경우에 대리인 甲은 본인 乙의 이름으로 필요한 의사표시를 유효하게 교부할 수 없으며, 또한 자신의 이름으로 의사표시를 수령할 수도 없다. 판례도 어음의 발행인이 어음수취인에게 집행수락약관부 공정증서 작성의 촉탁을 위임하고 수취인이 그 촉탁을 대리한 경우에 본조가 적용된다고 판시하고 있다.[64] 여기서 공정증서 작성은 이를 촉탁한 어음발행인의 입장에서 볼 때 상대방 있는 단독행위에 해당한다. 이와 같이 제124조는 해지, 취소, 동의, 대리권 수여 등과 같이 상대방 있는 단독행위에도 적용된다.

(4) 쌍방대리

대리인이 한편으로는 일방 본인을 대리하고, 다른 한편으로는 상대방 본인을 대리하여 혼자서 쌍방 사이의 법률행위를 하는 경우에 양당사자 사이에 이익충돌의 가능성이 있으므로 제124조가 적용되어 그 대리행위는 법률효과가 발생하지 않는다. 이에 대하여 판례도 "피고가 그 소유의 부동산을 원고에게 매도함에 있어서 소외인이 위 양당사자 쌍방의 대리인으로서 매매계약을 체결하였다면 위 매매계약은 특별한 사정이 없다면 무효로 보지 않을 수 없다."고 하여 제124조의 적용을 긍정하고 있다.[65] 다만, 이 판례에서는 매매계약을 무효라고 하고 있는데, 이는 제124조를 위반한 대리행위가 절대적 무효가 아니라 무권대리에 불과하므로[66] 유동적 무효라고 해석하여야 한다. 왜냐하면 제124조는 자기행위의 법적 금지가 아니라 단지 대리권의 제한만을 의도한 규정이므로 본인의 추인 여부에 따라서 유효한 법률행위가 될 수 있는 여지가 있기 때문이다.

한편 판례는 "사채알선업자는 어느 일방만의 대리인이 아니고 채권자 쪽을 대할 때에는 채무자 쪽의 대리인 역할을 하게 되는 것이고, 반대로 채무자 쪽을 대할 때에는 채권자 쪽의 대리인 역할을 하게 된다."고 하면서 사채알선업자의 쌍방대리행위에 대하여 제124조의 적용을 부인한 것도 있다.[67] 이 판례는 사채알선업자의 행위가 제124조의 전형적인 쌍방대리에 해당되어 당연히 그 효력이 없다고 할 것이나, 사채알선 업무의 특성을 고려하여 제124조가 적용되지 않는다고 하였다. 이러한 판례의 태도는 사안의 실질에는 부합하는 것처럼 보이나 양당사자의 사전의 동의를 광범위하게 인정하는 것은[68] 본조의 입법의도에 어긋나므로 묵시적

면(오상걸 집필부분); 민법주해, 제3권, 총칙, 제124조, 83면(손지열 집필부분).

64) 대판 1975. 5. 13, 72다1183; 대판 1995. 7. 28, 94다44903.

65) 대판 1966. 2. 28, 65다2602.

66) 최종길, 앞의 논문, 117면.

67) 대판 1979. 10. 30, 79다425; 대판 1981. 2. 24, 80다1756.

허락을 인정하는 데에는 신중을 기하여야 한다.[69)]

3. 목적론적 축소에 의한 제124조의 적용제한

(1) 이론적 근거

규범의 목적론적 축소(teleologische Reduktion)[70)]는 원칙적으로 법적 규율이 법조문의 의미와는 일치하지 않으나 법률에 내재하는 규범의 목적에 맞도록 법조문 자체에는 내포되지 않은 일정한 제한을 가하는 것이다. 이는 규범목적이 법조문의 의미와 범위보다 좁게 해석되고 이로 인하여 "같지 않은 것을 같게" 취급하는 모순이 발생하는 경우에 고려된다.[71)] 여기서 "같지 않은 것을 같지 않게" 다루도록 하는 정의의 명령이 법규범의 단순한 문구해석에 의하여 침해되었는지의 여부는 그러한 규범의 평가결과에 달려있다. 이러한 법규범의 평가를 위한 일반적 척도로는 제한된 법규범 자체의 의미와 목적, 일정한 제한이 가해진 법규범보다 우선하는 다른 법규범의 의미와 목적 내지 구체적 사례에 있어서 법률에 내재하는 우선적인 법원칙을 들 수 있다.[72)] 다만, 문제로 된 법규범이 다수의 규범목적에 기인하는 경우에도 이러한 법규범의 평가척도가 적용되는지에 대해서는 의문이다. 이 경우 법규범의 목적론적 축소는 법규범의 제한이 단지 제1차적 규범목적만을 대상으로 하고,[73)] 제2차적 규범목적을 요구하지 않는 경우에 행하여지게 되며, 그 한도에서 다시 법규범의 제한이 제2차적 규범목적과 대립되지 않을 것을 전제로 한다.

먼저 목적론적 축소를 위한 이익의 평가는 제124조의 제1차적 규범목적인 본인의 이익평가가 자기계약 체결에 의한 대리권 남용 이전에 단지 본인의 이익침해의 금지를 요구하는 제124조의 가정적 법규범의 문구에서 출발하여야 한다.[74)] 즉 이러한 규범목적은 대리인의 대리행위 의도가 "자신에게 대리권을 부여한 본인에 대한 배려"에 일치하는 경우에만 허용된다는 제124조의 규범형식에서 찾을 수 있다. 그러므로 목적론적 축소를 허용하기 위한 결정적인 요건은 가정적 문구에 대치되는 법규범의 파악이 자기행위의 유효성을 평가하고, 그에 필요한 입증을 도출할 수 있는 인적 범위를 완화할 수 있는지의 여부에 달려있다.[75)]

---

68) 이러한 견해로는 민법주해, 제3권, 총칙, 제124조, 85면(손지열 집필부분).

69) 이와 달리 묵시적 의사표시에 의한 허락을 적절히 확장하자는 견해로는 최종길, 앞의 논문, 113면.

70) 이를 목적론적 감축(teleologische Restriktion)이라고 부르기도 한다(Enneccerus/Nippedey, Allgemeiner Teil des Bürgerlichen Rechts, 15. Aufl., 1959, §59).

71) Bydlinski, a.a.O., S. 480; Canaris, a.a.O., S. 151; Larenz, Methodenlehre, S. 392; Blomeyer, AcP 172(1972), S. 3.

72) Larenz, Methodenlehre, S. 392.

73) Larenz, Methodenlehre, S. 392; Blomeyer, AcP 172(1972), S. 3. 이에 대하여 Canaris교수는 법규범의 제2차적 규범목적이 법적 안정성의 보호에 있는 경우에 원칙적으로 법규범의 목적론적 축소를 부인한다(a.a.O., S. 192).

74) Canaris, a.a.O., S. 192.

75) Blomeyer, AcP 172(1972), S. 6.

한편 제124조의 목적론적 축소는 법적 안정성의 확보라는 제2차적 규범목적에 의존한다. 만일 목적론적 축소를 허용하여야 한다면 그 전제로서 법적 안정성의 요구, 즉 제3자와 관련된 대리행위의 장·단점 유무를 검토하여야 한다. 이 경우 목적론적 축소를 위한 결정적 요소는 제124조의 자기행위 금지가 제3자에게 대리인이 의도한 법률행위의 유효성에 대한 검토와 입증을 경감시키는지 아니면 가중시키는지의 여부에 달려있다. 왜냐하면 거래 현실에 있어서 자기행위의 유효성에 대한 검토는 제3자의 입장에서 쉽게 인식할 수 없기 때문이다. 이를 구체적으로 살펴보면,[76] 첫째로 자기행위의 유효성이 제3자에 대하여 본질적 거래내용이 되는 경우가 많지 않으며, 둘째로 본인이 대리인의 자기행위를 사후적으로 허락한다면 오히려 제3자의 이익과 관련하여 법적 안정성을 해하게 되며, 셋째로 제3자에게 자기행위의 적합성에 대한 검토를 완화시키고자 하는 입법자의 의도, 넷째로 규범의 유용성 및 거래상의 요구가 본인의 이익을 침해하지 않는 경우에 그 적용범위를 더욱 확장시킬 수 있다. 이와 같이 제2차적 규범목적은 목적론적 축소에 의하여 본인에게 법적 불이익을 야기하지 않기 때문에 목적론적 축소를 허용할 수 있는 여지를 가진다.

(2) 적용유형

(가) 자기계약

목적론적 축소의 경우에 실제로 중요한 의미가 있는 사례는 본인이 단지 법적 이익만을 얻는 자기행위이다. 이러한 자기행위는 법률거래에 위험하지 않으므로, 즉 이익충돌의 위험이 없고 오히려 본인의 이익을 보호할 필요가 있으므로 제124조는 적용되지 않는다. 판례도 친권자가 미성년자인 자에게 부동산을 증여한 사안에 대하여, "민법 제124조의 자기계약 또는 쌍방대리라고 하더라도 친권자에게 복종하는 미성년자에게 이익만이 있는 경우에는 자기계약이나 쌍방대리가 되는 경우라도 유효하다고 해석하여야 할 것이다."고 판시하였다.[77] 이처럼 부모가 미성년자인 자에게 부동산을 증여하는 행위는 "친권자의 권능"에 속하지만, 자기계약이 법률상 허여된 것으로 보던지 혹은 부모의 자녀에 대한 부양의무의 이행으로 보던지 어떻든 유효한 법률행위라고 할 것이다.[78]

목적론적 축소가 정당화되는 제124조는 사안과 같이 미성년자가 이익만을 얻는 경우 제5조와의 상호작용이 문제된다. 이 사안에서는 추상적으로 파악되는 예외적 상황과 손해의 위험이 없다는 명시적 사정 때문에 그 적용범위가 제5조의 범위와 동일하다. 그러므로 본인을 위한 행위가 경제적으로 이익이 되는지는 문제되지 않으며, 또한 본인에게 법적 이익이 있는지가 간단하지 않은 사례나 중립적인 대리행위의 경우에도 목적론적 축소가 인정되어 제124조의

76) Blomeyer, AcP 172(1972), S. 7f.

77) 대판 1981. 10. 13, 81다649; 대판 1998. 4. 10, 97다4005.

78) 최종길, 앞의 논문, 113면.

적용범위에 해당하지 않는다고 하여야 한다.

한편 우리 민법 제921조 제1항은 “법정대리인인 친권자와 그 자 사이에 이해상반되는 행위를 함에는 친권자는 법원에 그 자의 특별대리인의 선임을 청구하여야 한다.”고 규정하고 있으므로 본조와의 관계가 문제된다. 여기서 양자의 이익상반행위는 친권자와 미성년자가 당사자의 일방이 되어서 하는 법률행위뿐만 아니라 친권자를 위하여는 이익이 되고 미성년자인 자를 위하여는 불이익이 되는 행위도 포함된다고 한다.[79] 특히 친권자가 미성년자인 그 자와 사이에 이해상반하면서도 논리적으로 자기계약이나 쌍방대리가 되지 않는 경우, 예컨대 친권자가 그 자의 대리인으로서 친권자의 채무를 보증하는 경우에도 제921조가 적용되어 친권자는 법원에 그 자의 특별대리인을 청구하여야 한다. 그 이유는 제921조의 “이해상반행위”는 행위의 객관적 성질상 친권자와 자 사이 또는 친권에 복종하는 수인의 자 사이에 이해의 대립이 생길 우려가 있는 행위로서 친권자의 의도나 그 행위의 결과가 실제로 이해의 대립이 생겼는가를 묻지 않기 때문이다.[80] 그러나 자기계약이나 쌍방대리가 되면서도 이해상반되지 않는 경우, 예컨대 친권자가 그 재산을 자에게 증여한 경우 목적론적 축소에 의하여 제124조가 적용되지 않는다. 그러므로 당사자 사이의 이익충돌을 예정하여 규정한 제124조와 제921조는 일반규정과 특별규정의 관계에 있다고 할 수 있다.[81]

(나) 공동대리

공동대리의 권한을 가지고 있는 두 명의 대표이사 중에서 본인인 법인과 법률행위를 하고자 하는 일방이 타방에게 법인을 위하여 단독대리를 할 수 있는 권한을 부여하고, 그 일방이 자신의 자격으로 타방과 계약을 체결한 경우에 제124조는 적용되지 않는다. 제124조의 문구해석에 따르면 자기계약의 체결시 대리인이 본인과 동일한 지위에 있지 않으면 제124조가 적용되지 않으며,[82] 또한 자기행위 금지규정도 유추적용되지 않는다. 왜냐하면 공동대리인에게 부여된 수권은 개개의 공동대리인에게 대리인의 선임뿐만 아니라 권한부여에 의하여 지시된 일정한 법률행위에 대한 법정대리권의 확장으로서 대표기관의 단독대리 권능을 창설할 수 있기 때문이다.[83] 그런데 권한이 부여된 대표기관의 의사형성과 그 책임은 양도될 수 없으며, 또한 동일한 사안에서 동시에 법적인, 또는 임의적인 대리권을 행사할 수 있는 형식으로 분할될 수도 없다. 그러므로 권한을 부여받은 단독대리인은 본인과의 이익충돌의 위험에도 불구하고 자

79) 대판 1971. 7. 27, 71다1113; 대판 1993. 4. 13, 92다54524; 대판 1996. 11. 22, 96다10270.

80) 대판 1993. 4. 13, 92다54524.

81) 이영준, 민법총칙, 519면; 주석 민법총칙(하), 제124조, 362면(오상걸 집필부분); 민법주해, 제3권, 총칙, 제124조, 83면(손지열 집필부분).

82) 이영준, 민법총칙, 512면.

83) 공동대리인 일방에게 포괄적인 의사결정권한을 위임하는 것은 허용되지 않는다고 한다(김증한·김학동, 민법총칙, 402/3면). 판례도 공동대표를 두고 있는 주식회사에서 1인의 대표이사가 다른 1인의 대표이사에게 대리권 행사를 일반적·포괄적으로 위임함은 허용되지 않는다고 한다(대판 1989. 5. 23, 89다카3677).

신의 이름으로 또는 타인의 이름으로 자기행위를 할 수 있다. 즉 권한을 부여받은 공동대리인은 자신의 직접적인 대리권에 의하여 독자적인 책임으로 권한부여자의 수권행위에 의한 지시와 무관하게 스스로 법률행위를 할 수 있다. 이 경우 권한을 부여받은 공동대리인의 결정이 독자적인 판단인지를 알기 위하여는 행위의 상대방으로 참여한 다른 공동대리인의 이익보다는 본인인 법인의 이익을 우선시키는지의 여부가 표준적이다. 예컨대, 권한이 부여된 공동대리인이 다른 공동대리인과 행한 책임이 있는 공동의 효력이 본인에게 미치지 않는 경우에 법인의 부담으로 되는 일방적인 이익취득의 위험이 없으므로 일반적으로 공동대리인의 자기행위는 성립되지 않는다. 나아가 본인인 법인과 대표기관인 이사의 이익이 상반되는 경우에는 제64조의 규정에 따라 이러한 사항에 관하여 이사는 대표권이 없고, 법원이 선임하는 특별대리인이 법인을 대표하게 되므로 제124조는 적용의 여지가 없다. 그러나 미성년자인 자를 위하여 그 친권자가 학원의 대표자로서 자신의 자를 위하여 체결한 가정교사 계약에서 친권자가 동시에 학원을 대표할 수 있는 대리권을 가진 공동대리인의 1인인 경우에 친권자가 한편으로는 자를 위하여, 다른 한편으로는 학원의 대표자로서 체결한 계약은 제124조에 해당되지 않는다.

4. 목적론적 확장에 의한 제124조의 적용확대

(1) 이론적 근거

규범의 목적론적 확장(teleologische Extention)은 법규범의 문구가 그 의미에 비하여 협소한 경우에 법규범을 그 목적에 따라 확대하는 것이다.[84] 이는 법규범에 대한 법적 평가의 관점에서 그 유사성 때문에 두 개의 구성요건이 동등하게 평가될 것, 즉 "같은 것은 같게" 다루어야 한다는 정의의 명령에 의한 모순이 발생하는 경우에 고려된다.[85] 여기서 각자의 구성요건은 상호간에 동일하지도 않고, 또한 절대적으로 다르지 않지만 법규범이 지닌 목적의 완전한 실현과 정당하지 않은 평가의 회피라는 법적 평가의 표준적 관점에서 일치하는 경우이다.

이러한 목적론적 확장의 표준적 관점은 법적 안정성에 있으며, 이는 대리의 경우에 모든 잠재적 이익이 인식되고 한정지워질 수 있는 상태에서 체결되었는지의 여부에 의존된다. 따라서 본인을 위한 이익과 대리인 자신을 위한 이익은 이러한 평가에 의하여 구분된다. 그리고 법적 안정성이라는 법적 명령에 따라 제124조의 범위 내에서 제3자의 이익을 고려하여야 할 경우에 예외적으로 제124조의 확대적용이 허용될 수 있다. 예를 들어, 복대리인과 같은 보조자

84) Canaris, a.a.O., S. 89ff.

85) Larenz, Methodenlehre, S. 381; Canaris교수는 이와 달리 목적론적 확장은 평등의 원칙의 적용, 즉 법적 유사성의 기준에 의한 것이 아닌 입법목적이 법률의 보충을 요구하는 것으로서 이러한 근거에 의하여 유추와는 구분된다고 한다(a.a.O., S. 90). Bydlinski는 법적 유사성은 자신의 유추적용에 의하여 검토된 법률의 근거인 법규범의 목적에 따라 결정되지 사안의 외적 유사성에 의하여 결정되지는 않기 때문에 이러한 근거에서 목적론적 확장은 유추와 구분할 필요가 없다고 한다(a.a.O., S. 475).

에 의한 대리에 있어서 보조자가 본인을 위한다는 현명을 요하지 않는 경우에 보조자의 개입은 통상 제3자에게 인식되지 않는다. 그러므로 제3자가 이러한 보조자의 개입을 인식한다면 보조자에 의한 대리행위는 무효가 될 것이다. 또한 제3자가 본인 또는 대리인에 의하여 보조자에 관한 추후의 통지를 받은 경우에도 그러한 행위를 무효로 할 수 있다. 이와 같이 대리인과 보조자 사이의 법률행위는 논리적으로 제124조에 의하여 무효가 될 수 있는 가능성이 있다.[86] 그러므로 제124조에서 입법자가 고려하지 않은 본인에 대한 보호기능이 법목적에 비추어 적용될 필요가 있고, 또한 명백하게 인식할 수 있는 구성요건적 연결점을 가진 구성요건적 표지가 존재하지 않는 사례에 대하여 제124조가 확대적용될 수 있다.[87] 다만, 제124조의 규정은 본인과 대리인 사이의 이익충돌의 차단에 관한 일반규범이 아닌 경우에는 확대적용할 수 없다는 한계가 있다.

(2) 적용유형

가) 대리인은 여러 가지 방식으로 대리인을 둘 수 있다. 그는 자신의 이름으로 본인을 위하여 제3자에게 자신의 대리권을 부여할 수 있으며(복대리인의 선임), 또는 자신을 위하여 대리인을 둘 수 있다(자기대리인의 선임). 그런데 이러한 보조자를 매개로 하여 대리인과 본인 사이에 성립한 법률행위는 형식적으로는 자기행위에 해당하지 않는다. 왜냐하면 대리인에 의하여 선임된 복대리인은 본인을 위하여 자신의 의사표시를 하며, 복대리인을 선임한 고유한 대리인은 자신을 위하여 스스로 본인에 대한 어떠한 의사표시도 할 수 없기 때문이다. 그러므로 복대리인은 본인의 이름으로 행위하며, 본인의 고유한 대리인은 스스로를 위하여 행위하게 된다. 예컨대, 대리인이 복대리인을 개입시켜 그로 하여금 본인과 자기 사이의 계약을 체결하도록 하는 경우이다. 이 경우 형식적으로는 제124조의 구성요건을 충족시키지 못하므로 자기계약에 해당되지 않으나 제124조의 회피를 목적으로 체결되어 본인의 이익을 침해할 가능성이 있기 때문에 제124조가 확대적용될 수 있고,[88] 그 행위는 무효가 된다.

나) 대리제도에 있어서 대리인은 자신의 고유한 이익 또는 제3자의 이익이 아닌 본인의 이익만을 위하여 대리행위를 하여야 한다. 즉 제124조의 법규범은 자기계약 체결자가 현실적으로 본인의 이익을 위한다는 법적 명령을 따르지 않고 단지 자신의 고유한 이익을 추구하였다는 법적 사고에서 유래한다.[89] 그러므로 본인 보호라는 제124조의 제1차적 규범목적은 대리인이 복대리인의 선임과 수권에 의하여 위험하게 될 수 있다. 여기서 이익충돌은 두 사람 사

86) Flume, a.a.O., §45 Ⅱ 3 (S. 788); Blomeyer, a.a.O., S. 18.

87) 김증한 · 김학동, 민법총칙, 405면; Flume, a.a.O., §48 5 (S. 820); Soergel/Leptien, §181 Rndr. 28.

88) 김증한 · 김학동, 민법총칙, 405면; 이영준, 민법총칙, 510면. 주석 민법총칙(하), 제124조, 277면(오상걸 집필부분)은 복대리인은 대리인의 대리인은 아니지만 대리인의 지휘 · 감독에 따라야 하므로 제124조를 준용하는 것이 본조의 취지에 합치한다고 한다. 이러한 견해에 대하여 결론에는 동의하나 근거에 대하여는 의문이 있다.

89) 이러한 의미에서 제124조의 법규범은 실재(Sein)를 정당화한 것이지 당위(Sollen)를 정당화한 규범이 아니라고 한다(Blomeyer, a.a.O., S. 17).

이에 분담된 행위에 의하여 명확하게 나타나지는 않으나 본인에 대하여는 충분히 인식된다. 즉 형식적인 법적 사고에 의하여 처리될 수 없는 대리인 선임은 복대리인의 원대리인에 대한 종속성을 요건으로 하는 경우에 현저하며, 복대리인이 수권행위에 의하여 법적으로 더 나은 본인의 이익을 위하여 선택하였는지의 여부에 따라 결정되지는 않는다.[90] 판례도 "甲이 피고로부터 복대리권의 수여를 받아 원고와 본건 계약을 체결함에 있어서 피고를 직접 매수자로 하여 계약을 체결하였다면 乙로부터 주택을 매수하여 달라는 부탁과 그에 대한 대리권을 수여받은 피고가 甲에게 다시 복대리권을 수여한 사실을 원고가 알고 또 알 수 있으리라는 등 특별한 사정이 없는 한 피고로서는 원고에 대하여 자기가 매수자가 아니라는 주장을 할 수 없다."고 하여[91] 본인과의 관계에 있어서는 대리행위가 성립되지 않고, 원대리인에 대한 관계에서는 무권대리가 된다고 하였다. 그러므로 이러한 경우에 제124조의 확대적용은 거래 안전의 법적 명령과 본인의 이익보호에 반하지 않는다.

다) 제124조는 대리인이 자신을 위하여 제3자에게 권한을 부여하고 동시에 자신의 지위에서 권한이 부여된 대리인과 계약을 체결한 사례에 대하여도 적용될 수 있다. 여기서 대리인의 대리행위는 사실상, 법률상 고유한 대리인의 이익을 위한 것으로 보인다.[92] 그러므로 본인의 대리인인 권한부여자는 자신의 본인을 위하여 대리행위를 한다는 주장은 믿을 만한 것이 못된다. 어떠한 경우에도 고유한 본인의 이익이 법률에 의하여 금지된 자기행위보다도 약하게 요구되거나 또는 더 많은 손해를 야기하여서는 안 된다. 이러한 사례는 엄격한 의미에서 유추에 의한 자기행위 금지로 될 수 없지만, 제124조의 법적 의미는 그 요건상 유추의 요건과 같은 목적론적 확장에 의하여 문구적 의미가 수정될 수 있다.[93]

Ⅳ. 맺음말

민법 제124조는 그의 규범적 사정에서 이끌어 낸 보호목적과 대리권 남용의 방지에 기여하는 "형식적 질서규정"이다. 그러나 개별적 사례에 있어서 법적 안정성은 이익충돌과 대리권 남용의 위험이 존재하는지의 여부와 무관하게 효력을 가진다. 이러한 엄격법의 금지규범은 경

90) Blomeyer, a.a.O., S. 17.

91) 대판 1967. 6. 27, 67다816.

92) 독일에서는 본인의 대리인인 복대리인과 대리인의 대리인인 복대리인을 병렬적으로 인정하지만, 우리 민법은 대리인의 대리라는 개념을 인정하지 않는다.

93) Larenz는 목적론적 확장은 목적론적으로 근거지워진 법조문의 수정이며, 이에 대하여 유추는 열린 흠결에 대한 보충으로 개념상 구분한다. 그러나 그 효과에 있어서는, 첫째로 법규율이 그의 가능한 문구적 의미에 의하여는 사안을 포섭할 수 없는 경우에 이러한 사안에 대하여 확장되어야 하며, 둘째로 규율목적의 완전한 실현과 정당하지 않은 평가의 회피가 문제된다는 점에서 유추금지는 목적론적 확장에도 적용된다고 한다(Methodenlehre, S. 398f.).

우에 따라 구체적인 형평성의 고려와 평행을 이룬다.[94] 즉 제124조는 대리인이 자신과 또는 다른 수인의 본인을 위하여 계약을 체결하는 모든 행위를 협소한 법조문으로 규정하여 원칙적으로 금지하고 있다. 다만, 일반적인 관습과 거래의 빈번함에 의하여 이러한 행위가 요구되는 경우에 본인의 승낙과 채무의 이행이라는 예외를 인정하고 있다.

그러나 법적으로 평가되지 않은 규범에 대한 사정거리보다 중요한 것은 그 목적이 요구하는 법률행위적 척도의 확장이다. 즉 형식적 구성요건에 따르면 자기계약 또는 쌍방대리가 되지 않으나 그 사안의 효과에 따르면 본인과 대리인 또는 수인의 대리인 사이의 법률관계가 형성되는 경우이다. 여기서 제124조의 실제적 보호는 구체적 이익의 충돌과 무관한 형식적 모습을 자기행위에 대하여 확장하는 것이 요청된다. 이와 반대로 형식적인 구성요건 표지에 근거하여 이익충돌과 법적 안정성을 평가하는 전형적 구성을 매개할 수 있는 경우에는 법규범의 목적에 따라 형식적 질서목적을 구체적 사례에서의 이익평가보다 후퇴시켜야 한다. 이를 통하여 형식적으로는 엄격법(*jus strictum*)의 규범적 모습을 띠고 있는 제124조가 어느 정도 실체적인 형평법(*jus aequum*)의 모습을 띠게 되어 법적용의 공평을 얻게 될 것이다.[95]

---

94) Boehmer, a.a.O., S. 66.

95) 최종길, 앞의 논문, 116면; Boehmer, a.a.O., S. 48.

특별법에 의해 보호받는
임대차계약의 보증금반환채권에 설정된 질권의 효력

제 철 웅*

Ⅰ. 글머리에

1. 개인적 폭력 피해자 중에는 정신질환이나 외상 후 스트레스장애(PTSD)를 경험하는 경우가 드물지 않다.[1] 특히 저항할 힘이 없는 아동기 때 경험한 여러 폭력은 성인기까지 그 후유증이 오래 남아 정신질환, 중독 등 정신적 질환이나 만성 신체질환을 유발하기도 하고 실업과 범죄 등에 연루되기도 한다.[2] 그만큼 충격이 크다는 것이다. 이런 이유로 세계보건기구는 아동기 부정적 경험의 예방, 부정적 경험으로 인한 피해를 최소화하기 위한 정책을 채택할 것을 권고하고 있다.[3]

개인이 저항할 수 없다는 점에서 국가폭력은 더 큰 충격을 피해자와 그 가족에게 안겨준다. 고 최종길 교수님은 독재정권의 국가폭력으로 사망하셨는데 남은 유족들이 입은 피해는 이루 말할 수 없을 정도라는 것은 짐작하고도 남는다. 필자 역시 독재정권이 휘두른 폭력의 피해자로 오랜 시간 신체적, 정신적 고통 속에서 살아 온 경험이 있기에 고 최종길 교수님의 유족이 겪었을 아픔을 공감할 수 있다. 경희대학교 법학전문대학원 최광준 교수님이 고 최종길 교수님께서 작고하신 지 50주기를 추모하는 논문집에 기고를 부탁하였을 때 고 최종길 교수님의 희생이 우리 사회의 민주화에 기여한 공로에 감사하는 마음으로, 유족의 고통을 위로하는 마음으로 선뜻 응하였다.

그러나 필자가 지난 10여년 동안 정신적 장애인의 인권 신장을 위한 다양한 활동으로 동

* 한양대학교 법학전문대학원 교수

1) 미국의 정신과의사인 Bessel van der Kolk의 저서 Body keeps score, Penguin Books(2014)에서 이런 현상을 잘 설명하고 있다.

2) 1990년대 미국 질병관리청은 이에 관한 연구결과를 토대로 아동기 부정적 경험의 예방, 피해감소를 위한 정책을 전면화하기 시작하였다. 미국 질병관리청의 이 분야 활동의 개관은 https://www.cdc.gov/violenceprevention/-aces/fastfact.html 참조.

3) 이에 대해서는 WHO, Addressing Adverse Childhood Experiences to Improve Public Health: Expert Consultation, 4-5 May 2009 참조.

분서주하는 중이라 깊이 있는 학술적 논문을 집필할 만큼의 연구를 할 수 없었다. 그래서 최근 몇 몇 대법원 판결을 읽으면서 느낀 단상을 정리하는 글로 부족하나마 추모논문집에 기고하고자 한다.

2. 전문가는 자신의 영역에서 적합한 주의와 기술(care and skill)로써 주어진 직무를 처리해야 할 직업윤리가 있다. 법을 적용하는 법률가들은 법 해석에서 정확성을 높이기 위한 주의를 기울여야 함은 말할 것도 없다. 어느 분야에서 일하던 전문가들이 자신의 영역에서 충분한 주의와 전문성을 갖고 직무를 수행하게 되면 그 만큼 국민의 삶의 질이 개선되고 사회의 발전도 앞당겨질 것이다. 민사법의 영역에서도 법해석을 치열하게 해 나가면 나갈수록 그것이 우리 사회에 좋은 영향력을 미치게 될 것이다. 이 글에서 다룰 지명채권에 설정된 질권의 효력이 아주 사소한 분야의 것처럼 보일 수도 있지만, 조금 더 깊이 있게 들여다 보면 금융업계에 던지는 사회적 메시지와도 관련이 있음을 알 수 있을 것이다. 사소해 보이는 문제라 할지라도 사회 여러 기관의 활동에 영향을 미칠 수 있다는 것이다.

Ⅱ. 임대차보증금반환채권에 설정된 질권의 효력

이 글에서는 먼저 특별법에 의해 보호를 받고 있는 임대차계약상의 보증금반환채권에 질권이 설정된 사안에서 어떤 분쟁이 발생하는지, 대법원은 그 분쟁을 어떻게 처리하는지, 그 처리가 합당한지를 먼저 살펴본다.

1. 분석대상 판결: 대법원 2020. 7. 9. 선고 2020다223781

이 글의 목적에 부합하는 한도에서 사실관계를 간단히 정리하면 다음과 같다.

〈사안〉

피고는 한국토지주택공사와 임대차기간이 2018. 1. 31.까지로 정해진 임대차계약을 체결하였다. 한국토지주택공사는 이 임대차계약을 갱신하기 위하여 재계약에 따른 증액보증금의 납부 및 계약체결을 피고에게 요청하였다. 보증금 증액을 조건으로 임대차계약 갱신의사가 있었기 때문이다. 피고 역시 2018. 1. 31.이 지난 후의 기간분에 대해서도 한국토지주택공사에 차임을 지급한 바 있다. 2019년 무렵에는 미납된 증액보증금과 관리비를 납부하기 시작한 것을 비롯하여 2019. 3. 29. 한국토지주택공사 앞으로 2,034,200원 및 191,720원을 각 송금하였으며, 이 사건 제1심 변론종결일인 2019. 4. 10.을 기준으로 피고가 미납한 증액보증금 및 관리비가 더는 없었다. 피고는 원심 변론종결일인 2019. 12. 6.까지도 이 사건 아파트에서 거주하고 있고, 한국토지주택공사가 발급한 2018. 7. 13.자 계약사실 확인원에는 이 사건 임대차계약에 따른 피고의 임대차기간이 2018. 2. 1.부터 2020. 1. 31.까지로 되어 있으며, 피고는 입주

자격을 충족하여 갱신계약이 진행 중이라고 기재되어 있었다.

원고는 이 사건 임대차계약의 임대차보증금반환채권에 근질권을 설정받은 질권자이다. 이 사건 근질권설정계약 제3조 제10항에는 "(권리질권) 설정자는 채권자의 동의 없이 임대인과 임대차계약의 연장, 갱신이 불가하며 임대차계약의 연장, 갱신의 경우에는 반드시 채권자의 사전 동의를 얻어야 효력이 발생합니다."라는 규정을 두고 있었다. 원고와 피고 사이에는 권리질권자의 동의 없이 한 임대차계약의 갱신으로써는 원고에게 대항할 수 없도록 한 것이었다. 원고는 이 사건 임대차계약이 2018. 1. 31. 기간 만료로 종료되었다고 주장하면서, 이 사건 임대차계약의 임대차보증금반환채권에 관한 근질권자로서 임대인인 한국토지주택공사에 대하여 위 임대차보증금반환채권을 직접 청구할 수 있고, 그 채권 보전을 위하여 한국토지주택공사를 대위하여 피고를 상대로 이 사건 아파트의 인도를 청구하는 소를 제기하였다. 원심법원은 이를 인용하였다.

〈대법원 판결〉

대법원은 원심판결을 파기환송하였는데 그 이유는 아래와 같이 요약 정리할 수 있다.

'구 민간임대주택에 관한 특별법(2018. 8. 14. 법률 제15730호로 개정되기 전의 것, 이하 '민간임대주택법'이라고 한다) 제3조는 민간임대주택의 건설 · 공급 및 관리에 관하여 민간임대주택법에서 정하지 않은 사항에 대하여는 주택임대차보호법을 적용한다고 규정하고 있다. 주택임대차보호법 제4조 제1항 본문은 기간을 정하지 아니하거나 2년 미만으로 정한 임대차는 그 기간을 2년으로 보도록 규정하고 있으며, 같은 법 제6조 제1항, 제2항은 임대인이 임대차기간이 끝나기 6개월 전부터 1개월 전까지의 기간에 임차인에게 갱신거절의 통지 또는 조건을 변경하지 아니하면 갱신하지 아니한다는 뜻의 통지를 하지 아니한 경우 그 기간이 끝난 때에 전 임대차와 동일한 조건으로 다시 임대차한 것으로 보고 이때 임대차의 존속기간은 2년으로 보도록 규정하고 있다.

민간임대주택법 제45조는 임차인이 의무를 위반하거나 임대차를 계속하기 어려운 경우 등 대통령령으로 정하는 사유가 발생한 때에는 임대사업자가 임대의무기간 동안에도 임대차계약을 해제 또는 해지하거나 재계약을 거절할 수 있다고 규정하고 있다. 이 법률의 위임에 따른 구 민간임대주택에 관한 특별법 시행령(2018. 7. 16. 대통령령 제29045호로 개정되기 전의 것, 이하 '민간임대주택법 시행령'이라고 한다) 제35조는 임차인이 같은 조 각호의 어느 하나에 해당하는 경우 임대사업자는 민간임대주택법 제45조에 따라 임대의무기간 동안에도 임대차계약을 해제 또는 해지하거나 재계약을 거절할 수 있다고 규정하면서, 그 사유 중 하나로 제6호에서 '민간임대주택법 제47조에 따른 표준임대차계약서상의 의무를 위반한 경우'를 들고 있다. 그리고 민간임대주택법 제47조 제1항은 임대사업자가 민간임대주택에 대한 임대차계약을 체결하려는 경우에는 국토교통부령으로 정하는 표준임대차계약서를 사용하여야 한다고 규정하고 있다. 위 조항에 따라 정해진 표준임대차계약서[구 민간임대주택에 관한 특별법 시행규칙(2019. 2. 27. 국토교통부령 제601호로 개정되기 전의 것) 제20조 제1항 제1호, 제2호, 서식 제24호, 제25호]도 임차인이 해당 조문 각호의 어느 하나에 해당하는 행위를 한 경우 임대인은 당해 임대차계약을 해제 또는 해지하거나 임대차계약의 갱신을 거절할 수 있다고 규정하고 있다. 표준임대차계약서에 규정된 사유들은 민간임대주택법 시행령 제35조 각호의 사유와 실질적으로 동일하다.

위 규정들은 임차인의 주거생활 안정을 보장하기 위하여 임대사업자가 민간임대주택에 관한 임대차계약을 해제 또는 해지하거나 그 갱신을 거절하는 것을 제한하기 위한 것으로서 그 제정 목적과 입법 취지 등에 비추어 이에 위반되는 약정의 사법적 효력을 배제하는 강행규정으로 보아야 한다. 따라서 민간임대주택법의 적용을 받는 민간임대주택에 관하여 주택임대차보호법 제6조 제1항, 제2항에 따라 임대차계약이 묵시적으로 갱신되는 경우 당사자가 별도로 임대차기간을 2년 이상으로 정하기로 약정하는 등 특별한 사정이 없는 한 그 임대차기간은 2년이 된다. 그리고 임대인은 민간임대주택법 시행령 제35조 내지 임대차계약의 갱신거절 등에 관한 표준임대차계약서 해당 조문의 각호 중 어느 하나에 해당하는 사유가 존재하는 경우라야 그 임대차계약을 해제 또는 해지하거나 임대차계약의 갱신을 거절할 수 있으며, 그렇지 아니한 경우에는 임차인이 임대차계약의 갱신을 원하는 이상 특별한 사정이 없는 한 임대인이 임대차계약의 갱신을 거절할 수 없다(대법원 2020. 5. 28. 선고 2020다202371 판결 등 참조). 나아가 임대인에게 임대차계약의 갱신을 적법하게 거절할 수 있는 사유가 존재하더라도, 임대인이 반드시 임대차계약의 갱신을 거절하여야 하는 것은 아니다. 임대인에게 임대차계약의 갱신을 거절할 수 있는 권한이 발생한 뒤에라도 임차인은 임대인이 실제로 그러한 의사표시를 하기 이전에 갱신거절의 사유를 해소시킴으로써 임대인의 갱신거절 권한을 소멸시킬 수 있다.

한국토지주택공사는 원심 변론종결일까지 임차인인 피고를 상대로 민간임대주택법 시행령 제35조 내지 임대차계약의 갱신거절 등에 관한 표준임대차계약서의 해당 조문에 나오는 각호의 사유를 제시하면서 이 사건 임대차계약의 갱신을 거절하겠다는 의사표시를 한 바가 없고, 이 사건 임대차계약이 2018. 2. 1.부터 갱신되어 여전히 존속 중임을 전제로 증액보증금 등의 납부를 피고에게 구하였고, 피고는 이러한 청구에 따른 이행을 이미 마친 상태이다. 그러므로 한국토지주택공사는 임대인으로서 2018. 1. 31.부로 종료될 예정이던 이 사건 임대차계약에 대한 갱신거절을 더 이상 주장할 수 없게 되었다.

또한, 채권자대위권은 채무자의 제3채무자에 대한 권리를 행사하는 것이므로, 제3채무자는 채무자에 대하여 가지는 모든 항변사유로써 채권자에게 대항할 수 있으나, 채권자는 채무자 자신이 주장할 수 있는 사유의 범위 내에서 주장할 수 있을 뿐, 자기와 제3채무자 사이의 독자적인 사정에 기한 사유를 주장할 수는 없다(대법원 2009. 5. 28. 선고 2009다4787 판결 참조). 원고와 피고 사이의 독자적인 사정에 해당하는 그리고 임대인이 별도로 갱신거절을 하지 아니함에 따라 임대차계약이 묵시적으로 갱신되는 결과가 발생하는 것은, 질권의 목적인 임대차보증금반환채권 자체가 아니라 이를 발생시키는 기본적 계약관계에 관한 사유에 속할 뿐만 아니라, 질권설정자인 임차인이 위 채권 자체의 소멸을 목적으로 하거나 질권자의 이익을 해하는 변경을 한 것으로도 볼 수 없다. 그러므로 이 경우에는 민법 제352조의 제한을 받지 아니한다.

이 판결은 임대차보증금반환채권에 질권이 설정된 후 임차인과 임대인 사이에 임대차계약을 갱신하는 것이 민법 제352조의 '질권설정자의 권리처분'에 해당되지 않는다고 하였다. 임대차보증금반환채권에 관한 처분이 아니라, 그 채권의 성립 근거가 되는 임대차계약(기본적 계약관계)에 따른 행위를 한 것 뿐이라는 것이다. 이런 법적 판단은 과연 적확한 것인지가 문제된다. 또한 이 판결에서 다루어지지 않는 법적 쟁점으로 권리질권자가 민법 제353조 제1항에 따른 직접청구할 수 있다는 것을 채권자대위권 행사의 요건 중의 하나인 '피보전채권'으로 볼 수 있는지의 문제도 있다. 아래에서는 이러한 문제를 각각 살펴본다.

2. 권리질권 설정 후의 임대차계약의 갱신의 효력

권리질권의 설정 후에 한 임대차계약의 갱신이 민법 제352조의 권리처분에 해당되는지 여부를 살펴보기 위해서는 먼저 유사한 몇가지 사안에 대한 대법원 판결을 검토할 필요가 있다.

(1) 보증금반환채권이 양도되거나 전부된 사안

대법원은 일찍이 임대차 보증금반환채권을 양도하고 임대인에게 양도통지를 한 후에 한 임차인과 임대인 사이의 임대차계약 갱신은 보증금반환채권의 양수인에게 대항할 수 없다고 하였다. 대법원 1989. 4. 25. 선고 88다카4253,4260 판결 사건에서는 '피고 1과 피고 2 사이의 임대차계약은 1984.9.10.에 체결되고 기간은 1년으로 약정하였는데, 원고가 그 보증금반환청구채권을 양수하고 피고 1에게 1986.1.11. 양도통지를 하였다' 그런데 1985.9.10. 묵시의 갱신에 의하여 1986.9.9.까지 임대차의 기간이 남아 있었는데, 원고가 그 임대차계약이 1986.9.9.이 경과됨으로써 종료되었다고 주장하면서 피고 1(임대인)에 대한 보증금반환채권을 피보전채권으로 하여 피고 2에게 임대목적물의 반환을 청구하였다. 대법원은 양도통지 후 피고 1과 피고 2 사이에 계약의 갱신이나 계약기간연장에 관하여 명시적 또는 묵시적 합의가 있었다고 하여도 그 합의의 효과는 계약보증금반환청구채권의 양수인인 원고에게 대하여는 미칠 수 없다고 판단하였다.

이 판결에 대해 여러 평가가 있었다. 먼저 임대차계약의 갱신은 민법 제451조 제2항의 적용에 의해 보증금반환채권 양수인에게 대항할 수 없다는 견해도 있었고[4], 보증금반환채권 양도인인 임차인은 양수인에 대하여 조건부권리인 보증금반환채권의 실현에 협력할 의무를 부담하고 있기 때문에 보증금반환채권의 조건성취를 막지 않을 신의칙상의 의무가 있고 임대인은 양도통지를 받은 이상 임차인과 사이에 계약갱신을 하는 것은 조건성취를 방해하는 것이 되어 이로써 양수인에게 대항할 수 없다는 견해[5]도 있었다. 그러나 이런 견해에 찬성하기 어렵다.

4) 양창수, 임대보증금반환채권의 양도와 임대차계약의 묵시적 갱신, 민법연구 2(1991), 318-322면 참조.

5) 한기택, 임차보증금반환채권을 양수한 자의 임대인의 임차인에 대한 목적물명도청구권의 대위행사, 민사판례연구 제12권(1990), 43-45면; 노재호, 임대주택의 보증금반환채권에 대하여 압류 및 추심명령이 있는 경우 임대차계약의 갱신에 관한 문제, 민사판례연구 제43권(2021), 407-408면 참조.

여기에는 좀 더 복잡한 문제가 내포되어 있기 때문이다.

먼저 월세임대차에서의 월세지급을 담보하기 위한 보증금은 논외로 하고, 전세임대차 (또는 반전세임대차)에서의 보증금만을 대상으로 논의한다. 이 때의 보증금은 임대목적물의 사용대가로 임대차계약상의 임대인의 급부에 대한 반대급부인 임대료에 해당되기도 한다. 이런 보증금반환채권은 이미 성립되어 있는 채권으로서 조건부권리는 아니다.[6] 보증금반환채권은 임대차종료의 시점이 변제기이기 때문에 그 채권이 양도되면 '변제기'가 정해진 채권으로서 양도된다. 그런데 보증금반환채권의 양도인(임차인)과 임대인 간의 합의에 의해 임대차계약이 갱신되거나 임의법규의 적용에 따라 묵시의 갱신이 있게 된다고 하면, 임대차보증금반환채권의 양도인이 양수인의 동의 없이 그 채권의 변제기를 유예하는 것으로 평가할 수 있을 것이다. 그러나 변제기를 유예한 행위는 민법 제451조의 효력이 아니라, 보증금반환채권의 양도인이 양도한 채권에 관하여 처분 또는 관리할 권한이 없기 때문에, 양수인을 구속할 수 없다. 따라서 임대인(제3채무자) 역시 양수인에게 임대차보증금반환채권의 변제기가 유예되었음을 항변할 수 없다. 양수인은 임대인에게 보증금의 반환을 청구할 수 있다.

그러나 이것으로 문제가 해결되지는 않는다. 첫째, 임대인이 임차인의 목적물반환과 상환하지 않고 임대보증금을 반환해야 한다면, 임대인은 반대급부 없이 목적물을 임차인에게 사용수익하게 해 주는 결과가 되고, (묵시의) 갱신합의로 인해 임대인을 일방적인 위험(임차인으로부터 차임을 받을 수 없을 수 있는 위험)에 노출시키는 결과가 된다. 이렇게 해석할 이유를 찾기는 어렵다. 둘째, 바로 그런 이유로 임대인은 임차인의 임대목적물반환과 상환하여 보증금을 반환하겠다는 항변을 허용할 필요가 있다(민법 제451조 제2항). 이를 허용하게 되면 위 대법원 판결의 사안에서처럼 양수인은 임대인을 대위하여 임차인(=보증금반환채권 양도인)에게 임대목적물의 반환을 청구하게 될 것이다. 여기서 이 사안의 핵심쟁점이 있다. 채권자대위권은 채무자(임대인)의 제3채무자(임차인=임대차보증금반환채권의 양도인)에 대한 권리를 대신하여 행사하는 것인데, 위 갱신은 '보증금반환채권'에 관하여는 처분 또는 관리의 권한 없는 자와 한 합의라 하더라도 임대인과 임차인 사이의 합의이기 때문에 임대인이 어떤 근거로 임차인에게 목적물의 반환을 청구할 수 있다고 할 것인지가 문제된다는 것이다.[7] 달리 말하면 묵시적 갱신이든, 명시적 갱신이든 임대인과 임차인 사이의 합의로 임대차가 유효하게 갱신되었다면 임대인은 임차인에게 목적반환을 청구할 수 없고, 따라서 채권자대위권의 객체인 피대위채권이 없다고 볼 여지도 있다.[8] 그런데 위 대법원 판결은 채권자대위권을 행사하는 원고의 청구를 인용하였다.

6) 다만 대법원은 임대인이 임차인에 대한 차임, 손해배상채권 등을 공제한 보증금을 반환할 채무를 부담한다고 한다.

7) 민법 제569조는 유상계약에 준용되는데, 무권리자와 한 계약도 다른 특별한 사정이 없는 한 유효하기 때문이다.

8) 대위채권자는 채무자의 제3채무자에 대한 권리를 대신하여 행사하는 것이기 때문에 채무자와 제3채무자 사이에 가령 변제기 유예의 합의를 하였다면 채권자대위권으로써 행사할 피대위채권의 변제기가 도래하지 않은 것

이를 인용하기 위해서는 임대차계약 갱신의 합의가 무효여야만 한다. 그래야만 임대인이 임차인에게 목적물의 반환을 청구할 수 있기 때문이다. 어떤 근거로 그 갱신이 무효가 될 것인가? 전세임대차(반전세임대차도 동일)의 경우 보증금은 임대목적물 사용대가(차임)의 성격도 있는데, 임대인은 양수인에게 귀속된 차임 상당의 보증금을 반환하여야 한다. 따라서 차임상당액을 받을 수 없는 상황에 처하게 된다. 달리 말하면 임대인과 임차인 사이의 갱신의 합의는 임대인의 입장에서 보면 처음부터 반대급부(차임)를 받을 수 없다는 점에서 원시불능의 계약이다.[9] 이런 사정 때문에 보증금반환채권의 양수인은 채권자대위권의 행사로써 임차인에게 목적물의 반환을 청구할 수 있다. 이런 법리는 보증금반환채권이 전부된 경우에도 동일하게 적용된다고 할 것이다.

이렇게 본다면 임대차보증금반환채권이 양도된 후에 이루어진 임대차의 갱신은 민법 제451조가 적용되는 것도, 신의칙이 적용되는 것도 아니라고 할 것이다. 처분 및 관리 권한 없는 자가 한 변제기의 유예이기 때문에 보증금반환채권의 양수인은 변제기 때 보증금의 반환을 청구할 수 있다. 또한 임대인과 임차인 사이의 갱신은 원시불능의 합의이기 때문에 임대인은 임차인에게 목적물의 반환을 청구할 수 있다. 따라서 임차보증금채권의 양수인은 임대인을 대위하여 임차인에게 자신에게 임대목적물을 반환하라고 청구할 수 있는 것이다.

그러나 위 보증금이 월세임대차에서 차임지급을 담보하는 성격이라면 달리 취급해야 할 것이다. 그 보증금반환채권이 양도된 후 임대차계약을 갱신하였다면 이는 임대인과 임차인 사이에 유효하게 성립하고, 보증금반환채권의 양수인은 임대인에게 보증금반환을 청구할 경우 임대차계약의 갱신을 이유로 그 지급을 거절할 수 없을 것이다. 그렇다고 그 갱신이 원시적 이행불능으로 무효라고 보기도 어렵다. 이 경우 보증금반환채권의 양수인이 임대인을 대위하여 임차인에게 목적물의 반환을 청구할 때에는 임대차계약의 갱신이 유효하여 피대위채권이 없다고 해야 할 것이다. 반대의 측면에서 보면 임대인은 차임 지급을 담보하는 기능을 하는 보증금의 반환과 목적물반환이 동시이행관계에 있다고 할 수 없다는 것이다. 임대인은 임차인과의 관계에서 단순히 담보 없는 차임채권을 가진다고 할 것이다. 이 경우 담보제공의무가 있는 임차인이 담보제공으로서의 추가 보증금을 지급하지 않으면 기한의 이익을 상실하는 것으로 취급할 수 있을 것이다.

이어서 그 청구는 기각되어야 할 것이다. 대법원 2009.5.28.선고 2009다4787 판결의 사안에서 소유자인 채무자가 무효등기인 가등기를 유용하기로 합의한 후 부기등기의 방법으로 가등기를 이전하였는데 무효등기 유용 이전에 등기부상 이해관계를 가진 채권자가 채권자대위권을 행사하여 가등기이전등기의 말소를 구한 사건에서 대법원은 채무자와 가등기명의자 사이의 합의로 유용하기로 하였으므로 채무자는 그 가등기명의자에게 등기말소를 구할 권리가 없다고 판단하였다.

9) 이런 합의에는 민법 제535조에 따른 신뢰이익의 배상을 임차인이 청구할 여지가 없다. 양자 모두 보증금이 양수인에게 반환되어야 한다는 것을 알 수 있었기 때문이다.

(2) 임대차보증금반환채권을 압류하여 추심명령을 받은 사안

임차인의 채권자가 임대차보증금반환채권을 압류하여 추심명령을 받고, 그 추심명령이 임대인에게 송달된 후 임대차계약이 갱신되는 경우도 있다. 대법원 2020. 5. 28. 선고 2020다202371 판결이 이와 유사한 사안을 다룬 것이다.[10] 이 글에 필요한 범위에서 사안을 간단히 정리하면 다음과 같다.

〈사안〉

원고는 2014.12.31. 구 임대주택법이 적용되는 이 사건 국민임대주택(임대의무기간 30년)에 관한 이 사건 임대차계약을 체결하였다. 파산채무자 소외 주식회사 저축은행의 파산관재인 예금보험공사는 피고에 대한 집행력 있는 판결 정본에 기초하여 2015.11.13. 광주지방법원 2015타채32694 사건으로 피고의 원고에 대한 임대차보증금반환채권에 관하여 압류 및 추심명령을 받았다. 그 후 결정 정본이 2015.11.16. 제3채무자인 원고에게 송달되었다. 예금보험공사는 2016.1.22. 원고에게 위 채권압류 및 추심명령을 이유로 앞으로 이 사건 임대차계약을 갱신하지 말도록 요청하였다. 이 사건 임대차는 2016.12.31.까지인데 그 전부터 피고는 여러 차례 원고에게 임대차계약의 갱신을 요구하였으나 원고가 이를 거절하였다. 원고는 2018.7. 무렵 피고에게 '갱신계약 부적격 등의 사유로 임대차계약이 해지되었으므로 이 사건 아파트를 인도하라'는 통지를 하고 이 사건 아파트의 인도를 구하는 소를 제기하였다. 제1심법원은 원고의 청구를 기각하였고, 원심법원은 원고의 항소를 기각하였다. 원고가 주장하는 사유는 이 사건 임대차계약서 5. 계약일반조건 제10조 제1항에 정해진 임대인이 갱신을 거절할 수 있는 사유에 해당하지 아니하므로 원고가 그 주장과 같은 사정을 이유로 임대차계약의 갱신을 거절할 수 없다고 보아, 임대차기간 만료를 이유로 한 원고의 이 사건 임대주택 인도청구를 배척하였다.

〈대법원 판결〉

대법원은 다음과 같은 이유로 원심판결이 타당하다고 판단하였다.

'구 임대주택법(2015. 8. 28. 법률 제13499호로 전부 개정되기 전의 것, '이하 구 임대주택법'이라 한다) 제32조 제1항, 제3항에 의하면 임대주택에 대한 임대차계약을 체결하려는 자는 국토교통부령으로 정하는 표준임대차계약서를 사용하여야 하고, 임대사업자와 임차인은 위 표준임대차계약서를 사용하여 체결된 임대차계약을 지켜야 한다. 위 조항에 따라 제정된 표준임대차계약서(같은 법 시행규칙 제21조 [별지 제20호 서식]) 제10조 제1항은 임차인이 같은 항 각호의 어느 하나에 해당하는 행위를 한 경우에는 임대인은 당해 임대차계약을 해제 또는 해지하거나 임대차계약의 갱신을 거절할 수 있다고 규정하고 있다. 그렇지 아니한 경우에는 임차인이 임대차계약의 갱신을 원하는 이상 특별한 사정이 없는 한 임대인이 임대차계약의 갱신을 거절할 수 없다(대법원 2005. 4. 29. 선고 2005다8002 판결, 대법원 2018. 2. 8. 선고 2016다241805, 241812 판결

10) 이 판결은 노재호(위 주 5), 395면 이하에서 평석하고 있다.

등 참조).

임대주택법이 적용되는 임대주택의 경우 임대의무기간 동안에는 매각이 제한되므로, 임대인은 임대의무기간 동안에는 임차인이 임대차계약의 갱신을 원하는 한 임대차계약을 해제, 해지하거나 또는 임대차계약의 갱신을 거절할 수 없음이 원칙이다.'

이러한 법리는 이미 오래전부터 대법원이 설시해 오던 것임을 강조하고 있다. '1984. 12. 31. 법률 제3783호로 제정된 구 임대주택건설촉진법은 제9조의 위임에 의한 같은 법 시행규칙 제9조에서 임대인의 임대차계약 갱신거절 사유를 법정하였고, 1993. 12. 27. 법률 제4629호로 전부 개정되어 구 임대주택법으로 법명이 변경되면서 제18조 제1항, 제3항에서 임대주택에 대한 임대차계약을 체결하고자 하는 자는 건설교통부령이 정하는 표준임대차계약서를 사용 및 준수하여야 하는 것으로 규정하고, 위 조항에 따라 제정된 표준임대차계약서(같은 법 시행규칙 제8조 [별지 제10호 서식]) 제10조 제1항에서 임대인의 임대차계약 갱신거절 사유를 구체적으로 열거하였으며, 2008. 3. 21. 법률 제8966호로 전부 개정되면서 신설된 제27조 제1항에서 임대사업자는 해당 임대주택에 거주 중인 임차인이 거짓이나 그 밖의 부정한 방법으로 임대주택을 임대받는 등 대통령령으로 정하는 사항에 해당하는 경우에는 임대차계약의 갱신을 거절할 수 있도록 규정하고, 이에 따라 같은 법 시행령 제26조 제1항의 각호에서 갱신거절 사유를 규정하였다. 같은 법 시행규칙이 정한 표준임대차계약서 제10조 제1항에서 임대차계약 갱신거절 사유로 위 시행령 제26조 제1항의 각호와 사실상 동일한 사유를 두어 더한층 임대주택 임차인의 권익을 보호하였다.

대법원은 위 구 임대주택건설촉진법 시행 당시, "임대주택건설촉진법의 적용을 받는 임대주택의 임대인은 같은 법 시행규칙 제9조 각호 소정의 사유가 있는 경우라야 그 임대차계약을 해지하거나 계약의 갱신을 거절할 수 있고, 그렇지 아니한 경우에는 특별한 사정이 없는 한 임차인이 임대차계약의 갱신을 원하는 때에는 임대인은 임대차계약의 갱신을 거절할 수 없고 당해 임대차계약은 갱신되는 것으로 보아야 한다."라고 판단하여(대법원 1991. 10. 22. 선고 91다22902 판결 등 참조) 갱신거절 사유를 예시가 아닌 제한적 열거규정으로 엄격하게 해석하였다. 임대인이 임차인의 임대차계약 갱신요구를 거절할 수 없는 것은 임대주택이 분양제한 기간 내에 있는 경우로 한정하여(대법원 1994. 1. 11. 선고 93다27161 판결 등 참조) 법률상 제한을 받는 임대인의 권리와 조화를 꾀하였으며, 이후 2008. 3. 21. 법률 제8966호로 전부 개정된 구 임대주택법에 이르기까지 그와 같은 태도를 유지하고 있다(앞서 본 대법원 2005. 4. 29. 선고 2005다8002 판결, 대법원 2018. 2. 8. 선고 2016다241805, 241812 판결 등 참조).'

대법원은 방론으로 다음과 같이 설시하고 있다. '구 임대주택법 시행령(2015. 12. 22. 대통령령 제26749호로 개정된 것) 제21조 제1항, 제2항에 따르면, 공공건설임대주택 중 주택법 제16조에 따라 사업계획승인을 받아 건설한 임대주택의 최초의 임대보증금은 국토교통부장관이 정하여 고시하는 표준임대보증금을 초과할 수 없어 비교적 소액이므로, 그러한 임대보증금에 대한 반환채권은 채권으로서의 재산적 성격과 담보로서의 중요성이 미미하여 자금조달수단 기능과 가치를 보장하여야 할 필요성이 크다고 보기 어렵고, 한편 민사집행법 제246조 제1항 제6

호에 의해 주택임대차보호법 제8조, 주택임대차보호법 시행령 제10조 제1항에 따라 우선변제를 받을 금액에 해당하는 임대보증금 부분에 대한 반환채권은 압류금지채권에 해당하는바, 비교적 소액인 임대보증금반환채권의 전부 내지 상당 부분이 압류금지채권에 해당할 경우가 적지 않을 것이어서 그러한 경우에는 압류 및 추심명령의 효력이 인정될 수도 없다.'

위 판결에 대해 압류의 처분금지효력이 있기 때문에 임대차보증금반환채권이 압류되었다면 임대차계약을 갱신하는 것은 허용되지 않지만, 압류금지채권의 범위에 속하는 보증금반환채권은 압류의 효력이 인정되지 않는다는 견해도 있다.[11] 이 견해는 보증금반환채권이 양도되거나 전부명령이 내려진 경우만이 아니라 압류, 추심명령이 내려진 경우에도 압류의 처분금지효에 의해 계약갱신이 허용되어서는 안 되지만, 영구임대주택이나 국민임대주택의 경우에는 예외에 해당된다고 한다.[12] 이런 주택에는 보증금반환채권에는 임대차계약이 갱신될 수 있다는 내재적 제한이 있다는 것이다.

그러나 이런 주장에 찬성하기 어렵다. 일반 지명채권이라 하더라도 압류 또는 가압류된 것만으로 채무자와 제3채무자 사이의 합의로 변제기를 유예하는 것이 허용될 수 없는지가 의문이기 때문이다. 채무자가 제3채무자에 대해 변제기를 유예하는 것은 그의 자발적 채무이행을 촉진하기 위해 흔히 할 수 있는 조치이고, 그와 같은 변제기 유예는 채권의 성질에 변화를 초래하는 처분행위가 아니기 때문에 압류만으로 그 행위가 금지된다는 근거를 찾기 어렵다.[13] 반면 추심명령의 효력이 발생한 경우에는 추심권한이 추심채권자에게 이전되기 때문에 채무자는 제3채무자와의 관계에서 피압류채권에 대한 처분행위만이 아니라 관리행위도 할 수 없게 된다.[14] 추심채권자만이 추심을 위한 목적으로 변제기를 유예하거나 재판상, 재판외의 청구를 할 수 있기 때문이다. 따라서 압류가 아니라 추심명령이 내려진 이후에 한 채무자의 변제기 유

11) 노재호(위 주 5), 423면 이하.

12) 노재호(위 주 5), 447면 참조.

13) 실무에서는 압류명령과 추심명령을 동시에 신청하거나 간격이 없기 때문에 이런 문제는 발생하지 않고, 이론의 문제일 뿐이다. 실무에서는 가압류명령 후 집행채무자는 당사자적격에 제한이 없기 때문에 제3채무자를 상대로 소를 제기할 수 있는지가 문제된다. 대법원 1989. 11. 24. 선고 88다카25038 판결에서는 이를 긍정하고 있다. 가압류 및 압류명령 후 제3채무자가 채무자에게 지급하는 것이 금지될 뿐이고 집행채무자가 집행권원을 확보하는 것이 문제되지는 않는다. 지급금지는 피압류채권을 소멸시키는 처분행위가 된다는 것이다. 대법원 2021. 3. 11. 선고 2017다278729 판결 등 참조. 그러나 압류명령 후 채무자의 제3채무자에 대한 소제기도 할 수 있다. 이런 행위는 채권을 관리하는 행위에 불과하기 때문이다. 청구인용판결이 있더라도 제3채무자는 집행의 단계에서 압류명령을 이유로 이의를 제기할 수 있기 때문에 불이익을 입지도 않는다. 물론 압류명령 후 변제기 유예가 당연무효가 아니라는 의미일 뿐이다. 그 행위가 때에 따라서는 사해행위로 취소대상이 될 수도 있을 것이다.

14) 이런 이유로 추심명령이 있은 후에는 채무자가 제3채무자를 상대로 제기한 채무이행의 소는 당사자적격의 상실로 소각하 판결을 하게 된다. 대법원 2008. 9. 25. 선고 2007다60417 판결; 대법원 2019. 7. 25. 선고 2019다212945 판결 등 다수의 판결 참조.

예는 추심채권자에게 효력이 없다고 할 수 있을 것이다.

문제는 주택임대차보호법 또는 상가건물임대차보호법의 적용을 받는 임대차보증금에 대해 추심명령을 받은 채권자를 일반 지명채권에 대한 추심채권자와 동일하게 취급할 수 있는가이다. 이러한 임대차의 경우 강행규정에 의해 임차인의 임대목적물 사용권이 보장되어 있기 때문이다.[15] 임대차보증금반환채권이 양도된 경우와 달리 추심명령만으로는 그 효력에 의해 임대차계약의 갱신을 단순하게 무효로 만든다고 해석할 수 없다. 명문의 규정이 없는 한 추심명령이 국민 또는 상인의 공간이용 권리를 억누를 정도의 효력을 인정할 이유가 없기 때문이다. 반면 임대차보증금반환청구권이 양도된 경우에는 이와 달리 취급해야 할 것이다. 이 경우에도 갱신의 효력을 인정하게 되면 양수인은 임차인을 대신하여 차임을 지급하는 결과가 될 것이고, 그것은 양수인의 재산권을 과도하게 침해하게 될 것이기 때문이다(헌법 제37조). 타인의 재산으로 이득을 얻는 것을 허용할 수 없다면 갱신의 효력을 부정하여야 할 것이다. 추심명령을 받은 경우는 양도된 경우와 달리 임대인은 갱신의 유효를 주장하면서 보증금의 반환을 거부할 수 있다고 할 것이다. 이것은 임대주택법만이 아니라 주택임대차보호법 및 상가건물임대차보호법이 적용되는 경우에도 동일하게 취급하여야 할 것이다.

(3) 임대차보증금반환채권에 질권이 설정된 경우의 효력

지명채권에 질권이 설정된 경우 그것만으로 질권의 목적인 채권의 변제기를 유예하는 것이 허용되지 않는다고 할 것인가? 담보권이 설정되더라도 그것만으로는 담보설정자의 경제활동에 제한을 받는 것은 아니다. 변제기를 유예함으로써 경제활동을 더 원활하게 하여 질권자에 대한 채무변제를 할 가능성이 높아질 수도 있을 것이기 때문이다. 변제기 유예 자체가 민법 제352조의 처분에 해당되지 않는다는 것이다. 이 점은 임대차보증금반환채권에 질권이 설정된 경우라고 해서 다를 것은 없을 것이다.

그러나 민사집행법에 따른 질권 행사를 위해 지명채권을 압류하여 추심명령을 받은 경우에는 이와 달리 취급하여야 할 것이다. 추심권한이 질권자에게만 있기 때문에 변제기 유예의 합의는 권한 없는 자에 의한 행위가 될 것이다. 마찬가지로 민법 제353조에 따라 민법에 따른 권리행사를 하는 경우에도 추심명령을 받은 경우와 마찬가지로 그 이후에 한 변제기 유예의 합의는 효력이 없다고 할 것이다. 왜냐하면 채무자는 질권이 설정된 채권에 대한 관리권한도 더 이상 행사할 수 없기 때문이다.

그럼에도 불구하고 주택임대차보호법 또는 상가건물임대차보호법과 같이 강행규정이 적용되는 임대차보증금반환채권이 질권의 목적이 된 경우, 이와 달리 취급해야 할 것이다. 추심명령만으로는 법률규정에 따른 갱신의 효력을 부정할 수는 없다는 것이다. 질권을 행사한 이후 법률규정에 따라 발생한 갱신의 효력도 부정할 수 없다는 것이다.

---

15) 주택임대차보호법 제4조, 제6조, 제6조의2, 제6조의3, 상가건물임대차보호법 제9조, 제10조가 그것이다.

3. 질권자의 민법 제353조 제1항의 직접청구권을 피보전채권으로 한 채권자대위권

평석대상판결에서는 질권자의 민법 제353조제1항의 '직접청구' 권한을 피보전채권으로 한 채권자대위권 행사를 당연한 것으로 전제한 듯하다. 동조의 '직접청구'는 청구권이라기 보다는 '청구할 권한'으로 이해해야 할 것이다. 동조 제1항은 민사집행법에 따른 압류명령, 추심명령을 대신하여 간이하게 질권의 목적인 채권의 실현을 가능하게 하는 것이기 때문에 '청구권'이 아닌 '추심할 수 있는 권한'을 부여한 것이라고 보아야 한다는 것이다.

물론 민법 제353조제1항에 따라 직접청구하여 수령한 추심액을 질권자가 질권설정자에게 반환할 채무를 부담하지는 않는다. 이 점이 채권자대위권의 행사로 직접 자기에게 지급할 것을 청구한 대위채권자가 채무자에게 이를 반환할 채무를 부담하는 것과 다른 점이다. 질권자는 동조에 따라 추심한 채권으로써 자기채권의 변제에 충당할 수 있다. 그렇다고 하더라도 청구권을 보유하는 것이 아니기 때문에 제3채무자는 질권자에 대한 반대채권으로 상계할 수 없는 것이다.[16)]

이와 같이 본다면 민법 제353조 제1항의 직접청구권한을 피보전채권으로 한 채권자대위권을 행사할 경우 대위채권자에게 피보전채권이 없기 때문에 이를 각하하였어야 할 것이다.

Ⅲ. 결론

일반 금전채권에 질권이 설정된 경우 질권설정만으로 담보목적물인 채권의 변제기를 유예하는 것이 금지되지는 않는다. 채권자가 채무자에게 변제기를 유예함으로써 이익을 받는 경우가 있고, 이를 통해 질권자에 대한 채무이행을 가능하게 하는 경제활동의 측면이 있기 때문이다. 즉 변제기의 유예가 곧바로 민법 제352조에 의해 금지되는 '처분'이라고 볼 수는 없다.

그러나 질권 실행의 방법으로 추심명령을 받은 후에 변제기를 유예하는 것은 질권의 목적물에 대해 더 이상 처분 및 관리권한을 행사할 수 없는 질권설정자의 행위이기 때문에 효력이 발생하지 않는다고 할 것이다. 추심명령을 전후하여 질권 설정의 목적에 대한 질권설정자의

16) 김영주, 채권질권의 실행, 비교사법 제25권제2호, 499면에서는 질권의 목적이 된 채권과 제3채무자의 질권자에 대한 채권을 상계할 수 있다고 한다. 그러나 우리 대법원 2015. 5. 29. 선고 2012다92258 판결에서는 "금전채권의 질권자가 민법 제353조 제1항, 제2항에 의하여 자기채권의 범위 내에서 직접청구권을 행사하는 경우 질권자는 질권설정자의 대리인과 같은 지위에서 입질채권을 추심하여 자기채권의 변제에 충당하고 그 한도에서 질권설정자에 의한 변제가 있었던 것으로 보므로, 위 범위 내에서는 제3채무자의 질권자에 대한 금전지급으로써 제3채무자의 질권설정자에 대한 급부가 이루어질 뿐만 아니라 질권설정자의 질권자에 대한 급부도 이루어진다. 이러한 경우 입질채권의 발생원인인 계약관계에 무효 등의 흠이 있어 입질채권이 부존재한다고 하더라도 제3채무자는 특별한 사정이 없는 한 상대방 계약당사자인 질권설정자에 대하여 부당이득반환을 구할 수 있을 뿐이고 질권자를 상대로 직접 부당이득반환을 구할 수 없다."고 한다. 이는 민법 제353조 제1항에 따라 직접청구를 하더라도 이는 질권자가 제3채무자의 질권설정자에 대한 채무의 이행을 청구하는 것임을 전제한 것이다. 따라서 제3채무자는 질권자에 대한 반대채권으로 자신의 질권설정자에 대한 채권을 상계할 수 없다고 할 것이다.

관리행위는 무효이기 때문이다. 이는 질권자가 민법 제353조 제1항에 따른 직접청구를 한 경우에도 동일하게 적용되어야 할 것이다.

그러나 특별법에 의해 보호받는 임대차계약에서의 보증금반환채권의 경우는 이와 달리 보아야 할 것이다. 추심명령이 특별법에 의해 보장되는 건물사용이익을 보호하고자 하는 법률규정을 무력화시킬 정도의 효력이 있다고 할 수 없기 때문이다. 추심명령이 있은 후에 특별법에 따라 이루어진 갱신이 있다면 추심채권자에게 그 갱신의 유효를 주장하면서 보증금반환을 거부하는 것도 가능하다고 할 것이다.

그러나 보증금반환채권이 양도되거나 전부된 경우에는 달리 취급하여야 할 것이다. 그 보증금이 차임의 성격을 갖는 경우 갱신의 효력을 인정할 경우 보증금반환채권의 양수인 또는 전부채권자의 재산으로 임차인이 이익을 얻는 것이기 때문에 재산권을 과도하게 침해하는 것이라 할 것이다. 보증금반환채권의 양도 후 이루어진 갱신은 양수인의 권리를 침해하기 때문에 효력이 없고, 갱신의 효력도 없다고 할 것이다. 임대인의 입장에서는 양수인에게 갱신의 효력을 주장할 수 없으므로 반대급부인 차임을 받을 수 없게 되고, 그 결과 반대급부가 원시적으로 이행불능이기 때문에 갱신의 효력도 부정된다고 해석할 수 있다는 것이다. 이런 사안에서 양수인은 임대인을 대위하여 임차인에게 목적물의 반환을 청구할 수 있을 것이다.

이러한 해석론은 주택임대차보호법 및 상가건물임대차보호법에 의해 보호받는 임대차의 보증금반환채권을 담보로 금융을 제공하는 금융기관에 새로운 과제를 부과하게 된다. 금융기관은 보증금반환채권에 대한 질권설정만으로는 가령 소비대차계약에 기한 원리금반환채권을 충실히 담보할 수 없다는 것이다. 질권설정자와 금융기관 사이에 계약을 갱신하지 않기로 하는 약정이 있더라도 그것은 양 당사자 사이에 채권적 효력이 있을 뿐이고, 임차인과 임대인 사이의 갱신에는 영향을 미칠 수 없다. 양 당사자 사이의 계약 효력이 제3자에게 영향을 미칠 수 없기 때문이다. 질권자가 질권설정자로부터 질권을 설정할 시점에 임대인과 별도의 계약을 통해 갱신하지 않기로 하는 약정을 하였다 하더라도 그것만으로는 강행규정의 효력을 무력화시킬 수도 없다. 결국 보증금반환채권을 담보로 금융을 제공할 사회적 책임을 떠 안은 금융기관은 다른 담보수단, 특히 채무자의 신용과 자력에 대한 더 꼼꼼한 조사와 평가, 채무자의 신용을 향상시키기 위한 지원에도 관심을 가져야 할 것이다.

이 사건에서 다룬 대법원 판결과 같은 법률해석은 금융기관으로 하여금 채무자에 대한 단순한 담보취득으로 자족할 것이 아니라 채무자의 신용관리를 위한 추가적인 노력을 하지 않으면 안 된다는 새로운 과제를 부여하게 된 셈이다. 근자에는 기업경영에서의 사회적 책임이 강조되면서 CSR이니 ESG의 중요도가 높아지고 있는데, 그것보다 더 중요한 것이 기업활동 자체가 공유가치(Shared Value)를 창출하는 것이어야 할 것이다.[17] 금융기관이 채무자로부터 담보

17) 이에 대해서는 Harvard Business School 교수인 Michael Porter의 “Creating Shared Value”, Harvard

취득에 그치는 것이 아니라 채무자의 변제자력 유지를 위해서도 관심을 다각도로 쏟는 것이 시대적합한 금융활동일 수 있을 것이다.

Business Review 2011을 참조.

신종전형계약의 민법전 편입 방법론에 관한 연구*

최 봉 경**

Ⅰ. 서

필자는 올해 민사법학회 하계학술대회에서 본고의 제목과 같은 주제로 발표를 맡아달라는 부탁을 받고 잠시 망설였으나 받아들였다.[1] 필자에게 부탁한 이유는 아마도 필자가 민법개정위원회 2기 4분과 위원으로 활동했던 경력 때문이라고 생각된다.

민법전에 새롭게 도입할 신종전형계약을 물색하는 작업은 2014년 민법개정안 검토과정에서도 이루어졌었다.[2][3] 그 시점의 기준을 살펴보는 것은 세 번째 개정을 시도(!)하는 지금 유의미할 것이다(Ⅱ). 기존 논의의 성과를 새로운 시도의 출발점으로 삼는 것은 여러모로 효율적이기 때문이다. 우리가 사는 현재는 언제나 과거의 연장선상에 놓여 있다. 그리고 미래를 바라보고 살아가노라면 현재도 곧 과거가 된다. 그만큼 과거의 학문적 성과들 위에 현재의 우리가 서 있는 것이다.

---

* 이 논문은 서울대학교 법학연구소의 2023학년도 학술연구비 지원을 받았음(서울대학교 법학발전재단 출연).

** 서울대학교 법학전문대학원 교수

1) 본고는 그 당시 발표문을 대폭 수정, 보완한 것이며 <인권과 정의의 민법학(최종길 교수님 50주기 추모논문집)>이 준비되는 동안 조선대 『法學論叢』 제30집 제3호(2023.12), 273－316면에 심사를 거쳐 게재되었다. 고 최종길 교수님 추모 50주년을 맞이하여 고인의 학문적 향기를 다시 한번 느끼며 이 글을 헌정하는 것을 무한한 영광으로 생각한다.

2) 윤진수, 2014년 민법개정안의 평가와 회고, 한국민사법학회 2022년 춘계학술대회 자료집, 36면 참조. 같은 제목의 논문이 민사법학 99호(2022.6), 3면 이하에 실려 있다. 민법전의 현대화를 표방하였고, 2004년 개정작업과는 달리 개정안을 국회에 일괄제출하지 않고 주제별로 소분하여 순차적으로 제출하기로 하였고 보다 많은 사람이 개정위원회에 참여하였다는 특징을 가지고 있다(앞의 논문, 4면). 당시 개정안 중 실제 입법에 반영된 것은 많지 않다. 증여계약 개정안(수증자의 망은행위가 있은 때에 이미 이행한 부분에 대한 수증자의 반환의무를 인정함)도 국회의 문턱을 넘지 못하였다.

3) 2004년 민법개정안에 관해서는 양창수, 민법전 개정 필요성과 개정 시도에 관한 회고 — 2004년 민법개정안을 중심으로 －. 민사법학 100호(2022.6), 3면 이하 참조. 민사특별법을 민법전에 편입하는 것의 가부 및 그 범위 등에 관한 검토는 이미 2004년 민법개정안 작업 당시에도 이루어졌다(앞의 논문, 9면 참조). 그 당시 개정작업의 큰 방향은 '민법전의 현실적합성 강화, 민법전의 포괄성과 통일성 확보 및 제고, 국민이 이해하기 쉬운 민법전'이라고 요약할 수 있다(앞의 논문, 12면). 2004년 개정안 중 현재 민법의 내용이 된 것은 — 2014년 민법개정위원회의 논의도 거쳐 — 보증에 관한 3개 규정(제428조의 2, 제428조의 3, 제436조의 2)과 여행계약이다.

한편 한국민사법학회가 목하 진행하고 있는 민법개정안검토위원회 제4분과에서도 여러 위원이 각종 신종계약에 관한 연구에 매진하고 있고 3월부터 발표가 이어지고 있다. 이는 내년까지 이어질 것이고 이미 「급부대상으로서의 개인데이터 — 유럽연합의 디지털지침 및 독일민법의 변화에 따른 우리 입법에의 시사점(박신욱)」[4], 「디지털 계약법에서의 데이터에 의한 결제(김세준)」[5]를 필두로 여행계약의 개정방향(박수곤), 중개계약(고형석), 의료계약의 민법으로의 편입필요성(백경희, 이재경), 플랫폼계약의 민법으로의 편입(오병철), 결합계약(서종희) 등이 발표되거나 예정되어 있다. 필자는 발표의 구체적 내용에 대해 고민하다가 각종 개별적 신종계약에 관한 검토는 대부분 선점되어 있다는 사실을 알게 되었다. 그래서 차라리 과거 민법개정논의를 다시 한번 뒤돌아보면서, 그 토대 위에 신종계약이 민법전의 현대화와 관련하여 가지는 의미를 전반적으로 되새겨보기로 하였다. 또한 전형계약의 확장이 계약의 자유에 대해 가지는 의미를 간략히 확인한 후(Ⅲ), 신종계약의 민법편입기준과 방법을 검토하기 전에 현대적 계약유형[6] 특히 법률상 규정되지 않은 거래전형적 비전형계약들을 방법론적으로(유형론적으로) 분석한다(Ⅳ). 그리고 유형론 일반 및 혼합계약에 관한 기존의 해법들을 소개한 후 법학 및 입법방법론과의 관계에서 나름의 생각을 정리하기로 한다(Ⅴ). 이어서 신종계약을 민법전의 내부 또는 외부에 입법할 경우 각각의 장, 단점과 민법개정 작업에서 주의할 점을 재차 강조할 것이다. 그리고 외국의 신종계약 입법론과 관련된 최신 동향도 비교법적 관점에서 중요함은 더 말할 나위가 없다.[7] 논문 말미 결론에서 상기와 같은 연구 결과를 짧게 요약하기로 한다(Ⅵ).

Ⅱ. 2014년 민법개정작업과 신종전형계약 검토

1. 개설

2014년 민법개정안 작업은 여러 해 지속되었었다. 2010년 12월 회의에서 백태승 교수(이하 존칭 생략)는 신종계약의 입법범위와 관련하여 다음과 같이 말하였다: "...판례에 나타난 이른바 신종계약의 유형은 실로 매우 다양하다. 그중 신종계약이라고 모두 새롭게 규정할 필요

4) 같은 제목의 논문이 민사법학 100호(2022.9), 95면 이하에 수록되었다.

5) 이 발표문은 [디지털계약법상 데이터에 의한 급부 — EU와 독일민법의 기본태도 및 입법론을 중심으로 —]란 제목으로 민사법학 100호(2002.9), 125면 이하에 게재되었다.

6) 이는 무엇보다도 과거에는 거래계에서 보지 못했던 새로운 계약유형을 포괄적으로 의미한다. 특히 기술발전에 따라 현대적인(「새로운」) 경제활동영역에서 발원한 것이 많다. 영미권에서 부각되기 시작하여 전세계를 상대로 세력을 확장한 점도 그 특징이다. 명칭상으로도 프랜차이즈, 리스, 팩토링, 노하우, 스마트, 디지털콘텐츠, 데이터, 온라인플랫폼 등 영어가 대부분이다. 무엇보다도 Martinek, Moderne Vertragstypen, Bd.I, C.H. Beck(1991), 9면.

7) CISG, PICC, PECL, DCFR, 독일민법, 일본민법, 프랑스민법 등이 한국 민법개정 작업에 영향을 미친 것은 분명하다. 여행계약에 관한 규정은 유럽에서 빈번한 패키지여행에 관한 입법에 의해 영향을 받아 만들어졌다(민법 제674조의 3, 제674조의 6 내지 제674조의 9 등 참조).

는 없을 것이다. 특히 기존의 전형계약의 적용 또는 유추적용으로써 문제를 해결할 수 있을 때에는 더욱 그렇다..."

그리고 당시 입법의 필요성을 판단함에 있어서 1) 기존의 계약유형으로 분쟁을 해결하기에는 적합하지 않아 어느 정도 독자성이 인정될 수 있거나 규범력이 인정될 수 있는 계약, 2) 실생활 또는 사회경제적으로 많이 활용되는 계약, 3) 비교법적으로 살펴보아도 입법의 타당성이 고려될 수 있는 계약으로 범위를 한정하였다.[8)]

그리하여 신설(민법편입)이 고려될 수 있는 계약유형으로 신탁계약, 금융리스계약, 여행계약, 중개계약, 의료계약을 상정하면서 신탁계약과 금융리스계약은 신탁법과 상법에서 각각 규율하고 있다는 이유로 검토대상을 여행계약, 중개계약, 의료계약으로 한정하였다.[9)]

당시 여행계약 개정안의 주안점은 1) 관련 독일 민법에 가해진 비판을 감안하여 여행계약의 의미, 여행주최자의 의무, 담보책임 및 여행계약의 해제, 해지에 관한 기본규정의 마련, 2) 민법전의 다른 전형계약 특히 노무공급계약에 관한 규정들과의 균형 도모, 3) 도급의 일종으로 규율할 경우의 문제점[10)] 및 4) 도급계약 내에 같이 위치(9절 안에 위치, 필자 주)할 경우의 문제점[11)] 불식이라고 할 수 있다. 이러한 의도에 기초하여 9절의 2로 여행계약에 관한 새로운 절이 신설되었다(2015.2.3.).[12)] 중개계약과 의료계약의 당시 입법안에 관해서는 본고에서 필요한 범위에서 언급할 뿐 상론하지 않는다.[13)] 민법개정의 커다란 줄기와 방향에 대해서도 다수

8) 상법 등 민사특별법에서 이미 규정되어 있어 신설의 의미가 별로 없는 계약은 범위에서 제외하였다(2010. 12.10. 회의자료 1면).

9) 이상 신종계약의 민법으로의 편입기준을 요약하자면 일상생활상의 활용도, 판례상의 빈도, 비교법적 타당성, 유형적 독자성과 규범성이라고 할 수 있다.

10) 그럴 경우 여행계약이 도급 이외의 다른 유형의 계약을 통해서도 실현될 가능성을 배제할 우려가 있다는 것이다.

11) 이로써 여행계약의 법적 성격이 무엇인가에 관한 논의가 원천 폐쇄될 우려가 있다는 것이다

12) 상세는 백태승, "여행계약 등 이른바 신종계약의 민법에 신설 여부", 2010년 법무부 연구용역 과제보고서, 46면 이하 및 법무부 민법개정자료발간팀 편, 2013년 법무부 민법개정시안 채권편 하, 민법개정총서 10, 법무부, 2013, 201면 이하 참조. 법제사법위원회의 민법 일부개정법률안 심사보고서(2015.1)에서는 '개정안이 여행계약을 도급과는 별도로 신설하는 것에 대해 여행계약이 도급 이외 다른 유형의 계약을 통해서 실현될 가능성을 고려한 것으로 앞의 혼합계약설 또는 독자유형설의 입장에서 규정하려는 것으로 보인다'는 검토의견이 제시되었다. 참고로 독일에서는 여행계약을 도급계약에 유사한 독자적인 계약유형으로 보는 것이 통설이다. 주석 민법, 채권각칙(4)(4판), 한국사법행정학회(2016), 427면(백태승) 참조.

13) 중개계약 입법안에 관해서는 백태승, 앞의 연구용역 과제보고서, 134면 이하, 의료계약 입법안에 관해서는 박수곤, "의료계약의 개정시안에 관한 연구", 2011년도 법무부 연구용역 과제보고서 참조. 독일은 2013년 의료계약을 민법상 전형계약으로 편입하였다. 그 밖에 김중길, 민법상 전형계약으로서 의료계약 — 독일법과의 비교를 중심으로 —, 법제연구 제47호, 한국법제연구원(2014); 김민중, "진료계약: 판례로 형성된 원칙에서 전형계약으로", 올바른 재판, 따뜻한 재판: 이인복 대법관 퇴임기념 논문집, 사법발전재단(2019); 이재경, 의료계약의 민법전 편입을 위한 논의에서 검토되어야 할 법적 쟁점들, 민사법학 95호, 한국민사법학회(2021); 김화, 의료계약의 입법화와 추정규정 — 독일 민법 제630조의 h를 중심으로 —, 경희법학 제57권 제3호, 경희대학교 법학연구소(2022); 박수곤, 의료계약의 민법편입과 과제, 민사법학 제60호(2012); 백경희, 의사의 설명의무 관련 민법 내 도입에 관한 제안, 민사법학 제100호, 한국민사법학회(2022) 등 참조.

의 논문이 있다.14)

상술한 바와 같이 2014년 개정안은 2004년 개정작업과는 달리 개정안을 국회에 일괄제출하지 않고 주제별로 분리 제출하는 이른바 살라미 전략을 선택하였다.

이러한 입법전략은 교착상태에 빠진 민법전 개정작업에 활력을 불어넣을 수도 있겠으나 민법전의 전체적인 구성과 조율이라는 관점에서 볼 때 한계가 있을 수도 있다. 독일, 일본, 프랑스 등 근자의 외국의 민법전개정도 민법전의 전부개정 또는 적어도 영역별로 포괄적으로 이루어졌다. 이것이 민법의 체계성, 통일성을 제고하는 데 보다 효율적인 방법이기 때문이다.

2. 입법(안)과정

민법전은 1960년 시행된 이래 약 30여 차례 개정되었으나 원칙적인 의미를 가지는 중요한 내용은 이에 포함되지 않았다. 본고의 발표주제인 신종계약과 관련해서는 상술한 바와 같이 2015년 전형계약으로서 여행계약을 도입한 것이 주목을 끌 뿐이다. 1980년대에 '법과 현실의 괴리를 제거하고 새로운 가치관을 수립한다'는 목표 하에 '민법, 상법 개정 특별심의의원회'가 설치, 운영되었으나, 당시 '현행 조문을 가지고는 도저히 정의로운 재판을 할 수 없다는 것이 아니면 되도록 개정하지 아니한다'는 지극히 소극적인 태도로 임했기에 총칙편과 물권편의 일부 규정만이 개정의 대상이 되었다.15) 신종계약의 범위를 넘어 생각해 보면 시민의 일상생활에서 중요한 의미를 갖는 입법은 오히려 민법 밖에서 많이 이루어졌다. 주택임대차보호법, 가등기담보 등에 관한 법률(이하 가등기담보법), 집합건물의 소유 및 관리에 관한 법률(이하 집합건물법), 자동차손해배상보장법, 약관의 규제에 관한 법률(이하 약관규제법), 부동산실권리자 명의등기에 관한 법률, 제조물책임법, 상가건물임대차보호법, 보증인보호를 위한 특별법 등 적지 않은 예가 있으며, 비교적 최근에는 동산, 채권 등의 담보에 관한 법률(이하 동산채권담보법)이 제정, 시행되었다.

입법은 법이론과 실무가 시너지효과를 극대화시킬 수 있는 절호의 기회이다. 단 한 가지 조건이 따른다. 학계, 실무계 나아가 입법자의 '적극적'이고 '균형 잡힌' 입법태도가 전제되어야 한다. '관주도'의 성격이 강한 우리 입법현실에서 주무부서의 마인드전환도 꼭 필요하다. 입법자가 어떤 의도를 가지고 입법하였는지도 향후 법해석과 법형성에 큰 영향을 미친다. 나아가 입법방법론적인 관점에서 사전적인 입법평가뿐만 아니라 사후적 입법평가도 필요하다.16)

14) 지원림, 민법개정: 이상과 현실, 2009년 민법개정위원회의 개정시안 중 총칙편을 중심으로, 민사법학 85호(2018.12), 111면 이하; 송덕수, 사회변화와 민법 개정 — 그 방법과 방향<계약편(채권총칙 포함)>, 민사법학 85호(2018.12), 177면 이하; 엄동섭, 민법개정, 무엇을 어떻게 할 것인가? — 최근의 외국의 사례를 참고하여, 민사법학 85호(2018.12), 223면 이하 등 참조..

15) 상세는 황적인, "민법 중 개정법률해설", 한국민사법학회편, 개정민사법해설(1985), 36면 이하.

16) 김종철/심우민 편, 입법의 시간 — 입법학의 전환을 위하여(워킹페이퍼) — , 박영사(2022), 17면. 입법학을 (일반적인) 입법이론, 입법정책결정론, 입법과정론, 입법기술론, 입법평가론과 입법논증론으로 분류하고 있다. 본

예컨대 가등기담보법은 비전형담보를 억제하려는 입법의도에 영향을 받았다. 하지만 최근까지도 그러한 입법의도에 어긋나 보이는 판결들[17]이 내려지고 있다.[18]

필자가 참여했던 2기 4분과에서 마련한 증여계약에 관한 개정위원회의 개정안이 19대, 20대 국회에서 각각 의원입법의 형태로 발의되었으나 모두 임기만료로 폐기되었다.[19] 중개계약도 두 번의 개정안에 모두 포함되었으나 역시 입법의 문턱을 넘지 못했다.

민법개정위원회의 구성 및 운용방법에 대해서도 이견이 존재한다. 생각건대 민법개정위원이 반드시 다수이어야 할 필요는 없을 것이다(2014년 개정안을 마련한 민법개정위원회는 2004년 개정위원회보다 훨씬 다수의 위원을 참여시켰음을 강조한다[20]). 또한 다수결의 원칙에 의해 위원회 표결을 거쳐 1표라도 많이 획득한 시안을 개정시안으로 채택하는 방법보다는 가급적 만장일치가 될 때까지 토론하여 끝내 타협안을 도출하는 것이 필요하다고 생각한다. 학계와 실무계 전반적으로 — 어떤 방법으로든 — 민법개정에 관한 공감대를 형성하고 개정을 위한 추진동력을 확보하는 차원에서도 그러하다. 경우에 따라서는 영역별로 연구담당자를 정하여 ○○○안(마치 일본 민법개정시 우찌다 안, 독일의 후버 안처럼)으로 명명하여 개정안을 마련하는 것도 한 방법이다. 그 분야에 관한 한 개정안의 완성도와 책임(그에 부수하는 공로)이라는 측면에서 권할 만하다. 한편 해당 법분야의 국제적 동향도 국내 입법에 반영되고 있다. 가령 상기 동산채권담보법이 외국법의 경향과 비교법적 연구에 의해 지대한 영향을 받았다는 데 이견이 없다. 때로는 성급한 민법개정으로 인해 민법 외부에 또 다시 보충규정을 만드는 웃지 못할 일도 있었으니 너무 서둘러서도 안 될 일이다.[21] 이하에서는 신종계약 개정방법론에 관해 다시 집중해보자.

문은 입법평가론과 관련된 것이며 이에 관한 상세는 Carl Böhret&Götz Konzendorf(박영도 · 장병일 역), 입법평가입문: 법률, 법규명령, 행정규칙, 한국법제연구원(2007), 2~3면 참조.

17) 가령 대판 2016다248325, 이에 관한 비판적 평석으로 정우성, 가등기담보 등에 관한 법률에 따른 청산절차를 거치지 않고 이루어진 본등기의 효력과 선의의 제3자보호, 민사판례연구 XLV, 민사판례연구회편, 2023.2, 135면 이하 참조.

18) 가등기담보법에 관한 비판적 견해로 양창수, 가등기담보 등에 관한 법률의 현황과 문제점, 민사판례연구 XII, 민사판례연구회편, 1990, 375면 이하 참조(동법이 관련 당사자의 자율적 의사가 아니라 객관적 법에 의해 비전형담보를 억제 내지 통제하려 한다는 것이 비판의 요지이다. 민법의 담보법체계에 비추어 이물질로 보이는 제도를 입법을 통해 생성하더라도 필요시 손쉽게 금융을 얻고자 하는 수요자(채무자)와 그에 대응하여 담보권 실행절차의 문제점을 피하여 변칙적인 방법으로 이득을 취하려는 자본공급자(채권자)의 자유로운 합의에 의한 법형성을 완전히 막을 수는 없을 것이다). 집합건물법, 약관규제법 및 주택임대차보호법에 관한 평가는 김황식, 집합건물의 소유 및 관리에 관한 법률; 양명조, 약관의 규제에 관한 법률 — 현황과 문제; 민일영, 주택임대차보호법에 관한 제문제, 각 민사판례연구 XII, 359면 이하, 441면 이하, 459면 이하 참조.

19) 그 밖의 개정안의 입법화시도와 경과에 관하여 윤진수, 2014년 민법개정안의 평가와 회고, 민사법학 99호(2022.6), 3면 이하 참조.

20) 윤진수, 위의 논문 4면.

21) 2015년 2월 3일 신설된 민법 제428조의2 제1항 단서는 [다만, 보증의 의사가 전자적 형태로 표시된 경우에는 효력이 없다.]고 규정하였는데, 이는 기관보증의 전자보증문제를 간과한 규정이었다. 보증을 업으로 하는 기관보증의 경우 이미 유럽연합의 전자상거래지침에서도 예외를 인정했다. 이 문제를 해결하기 위해 전자문서 및 전자거래기본법 제4조 제2항을 급히 신설하여 2016년 2월 4일에 위 단서규정과 함께 발효하도록 했다.

3. 민법개정방법 비판과 방향

1) 전형계약의 확장

민법상의 전형계약은 복잡한 현실을 반영하기에는(또는 '따라가기에는') 너무나 부족하다. 새로운 전형계약을 늘리자는 데 대부분 동의한다. 문제는 '무엇을, 어떻게, 어디에'이다. 아무리 '거래전형적'인 비전형계약이라고 할지라도 그 구성요소들을 기존의 전형계약 중 하나로 분류하기 어려울 경우 민법으로 편입하는 것을 꺼려하는 경향이 있다. 독자적 규율의 필요 및 규범적 유형성에 대한 확신이 서지 않기 때문이었다.[22]

어떤 '거래전형적' 비전형계약을 독자적 무명계약으로 성격규정하더라도 민법전으로의 편입이 반드시 부적합하다고 단정지을 수는 없다. 민법상 자리 잡는 순간 유명계약이 되는 것이다. 사회전형적(sozialtypisch) 또는 거래전형적(verkehrstypisch) 계약유형 중에서 어느 것을 법정계약유형으로 볼 것인지는 — 학계, 실무계, 관련업계 등의 입법의견을 두루 수집하겠지만 — 궁극적으로 입법자가 판단한다. 일상생활이 복잡해지면서 사인의 욕구도 다양해지고 있다. 이에 상응하여 법정계약의 유형이 늘어가면 갈수록 사인들은 거래에서 이용할 수 있는 수단이 늘어나는 것이며 욕구실현의 가능성도 확장된다. 그간 다양한 입법방법론과 입법기술이 정립됨으로써 입법자들이 이를 활용하여 입법목적을 보다 정교하게 달성할 수 있게 되었다.[23] 실무의 입법에 대한 요구도 강해지고 있다.[24] 다소 은유적 표현을 사용하자면 이제는 항상의 판례라는 액체를 법률이라는 틀에 부어 법정 제도를 만들어 내는 일에 익숙해질 필요가 있다고 하겠다. 독일의 의료계약이라는 새로운 전형계약도 대체로 기존의 판례를 법률로 수용한 것이다. 그에 선행한 십 수년간의 학술적 토론도 있었지만 관계 당국(보건복지부와 법무부)의 '적극적'인 협력이 결정적인 역할을 수행했다. 행정실무와 판결실무를 계속적으로 법률에 반영하는 것은 다른 한편 살아 있는 법(law in action)을 이해하고 또 법률가를 양성하는 데에도 매우 중요한 의미가 있다.

2) 특별사법의 지나친 확장

민법편입에 대한 소극적 태도로 말미암아 특별사법 속에 자리를 잡은 몇몇 계약은 그 나름의 자가발전을 거듭하여 민법의 본래적 모습에서 벗어나는 경향을 보이고 있다.[25] 이는 더

---

22) 2014년 민법개정안에서 신종계약의 민법편입기준 중 마지막 기준이기도 했다. 주 9) 참조.

23) 물론 계약 자유의 원칙에 의해 비전형계약도 자유롭게 이용할 수 있지만, 새로운 법정전형계약이 탄생하면 그 임의규정은 계약규율상의 흠결을 보충해주며 이는 약관해석에서도 중요한 역할을 수행한다(약관규제법 제6조 제2항 제3호 참조). 때로는 법정전형계약에 부수되는 강행규정도 상당한 보호를 제공한다(민법 제652조 참조).

24) 주 9)의 두 번째 편입기준이 그러하다.

25) 예를 들면 대판 2019다300095(신탁계약의 내용이 신탁등기의 일부로 인정되는 신탁원부에 기재된 경우 이로써 제3자에게 대항할 수 있다, 대판 2002다12512도 참조)는 민법 제213조 단서의 '점유할 권리' 법리를 민법 바깥에서 변형시키고 있다. 대판 2018다44879 등에서 보듯 '임대인이 목적물의 소유자가 아니더라도 적법한

이상 관망하거나 좌시할 수 있는 수준이 아니며 이제라도 경계해야 한다. 일단 편입론 자체가 복잡해 보이고 결과적으로 민법전의 분량이 늘어나더라도 그 안에 위치시키면 민법의 법원리와의 관계에 대해 끊임없이 논구하며 조율해 나갈 수 있다.[26)]

민법의 순수성, 사적 자치의 원리, 계약의 (형식적) 자유를 고집하다가 민법은 고사하고 말 것이다. 자유의 땅에서 자라난 나무는 때론 가지치기를 당하더라도 자유의 본체를 지키면서 자유와 함께 자라날 것이다. 그러나 민법 밖에서 자라난 나무는 자기발전을 거듭하며 민법을 경원시하다가 처음에는 하나의 '예외'를 인정하는 것으로 시작하여 두 번째, 세 번째 예외가 뒤를 따르게 된다. 이러다가 '한계'로 인정되던 사례는 '통상'적인 사례로 변하게 되고, 적용할 수 없다고 보던 사례가 부지불식중에 적용될 수 있는 '한계사례'로 탈바꿈한다. 그러다가 이제 적용할 수 없던 사례가 어느덧 통상적인 사례로 변모하게 되는 것이다. 아마도 우리는 모두 이러한 사실을 경험적으로 인식하고 있을지도 모른다.

민법의 기본원리와의 조율이 — 그 무게감에 눌려 — 쉽지 않다는 이유로 민법 외부에 입법적 해결책을 마련하는 것은 임기응변에 지나지 않을 수도 있다. 이는 또한 국민들을 민법에서 더욱 멀어지게 만든다. 일상생활과 밀접한 민사분쟁의 해법을 찾으려면 민법이 아닌 각종 특별법, 예컨대 주택임대차보호법, 할부판매법, 약관규제법 등 민법 바깥의 문을 두드려야 하기 때문이다.

이제는 민법을 국민의 곁으로 가까이 보내기 위한 노력을 개진할 필요가 있다. 사적 자치 내지 계약자유에 대한 이물질이라고 부르며 민법전으로의 수용을 거부하던 제도들이 더 이상 이물질이 아닌 것으로 느낄 정도는 사회는 진화하였다(가령 약관규제법을 생각해보라).[27)] 국민의 법감정도 그에 따라 진화하였다. 민법 외부에 자리잡은 법제도들이 자기만의 독자적 노선을 확고히 하기 전에 민법전으로 통합, 수용하여 — 또는 민법의 기본법리와의 체계조화적 해석을 통해 — 민법과의 정합성을 재검토할 필요가 있다. 민법의 기본법의 지위를 개선 또는 부활시

임대권원을 가진 임대인으로부터 임차한 임차인은 소유자에 대항할 수 있다'는 법리는 주택임대차보호법 제3조 제1항의 대항력요건을 갖춘 임차인의 경우에도 마찬가지로 적용되는 것이 전래적인 민법의 법리이다. 전자와 같은 판결에 대한 비판은 우선 양창수, 신탁원부의 대항력에 대한 대법원 판결의 동향, 법률신문(2022.06.03.) 참조. 2기 민법개정위원회에서 신탁계약을 편입논의에서 배제한 이유는 신탁법에서 이미 규율되고 있다는 데 있었다.

26) 위치에 관계없이 그런 논구를 할 수 있고 또 하면 되는 것 아닌가 하고 생각할 수도 있지만 눈 밖에 나면 관심도 멀어지는 법이다.

27) 계약법에 관한 일원주의, 다원주의의 논쟁을 상기해보면 합의 기반의 자유로 계약법을 설명하는 방법(contract monism)과 규제와 대비하여 자유를 이해하는 방법 중 전자는 코먼로(및 대륙법)의 '원칙 없는 다원주의'(unprincipled multiplicity)에 대한 비판을 강조한다. 그렇다면 일단 원칙을 확립한 후 그 확립된 '원칙' 하에서 운용되는 다원주의는 계약법의 자율성을 침해하지 않을 것이다. 이에 관하여 Hanoch Dagan, Types of contracts and law's autonomy-enhancing role(in: European Contract Law and the Creations of Norms, Stefan Grundmann/Mateusz Grochowski(eds.), Intersentia(2021), 109면 이하 참조.

켜야 할 때가 되었다는 생각이 든다.

3) 민법개정실패의 원인

지금까지 두 차례의 전면적 개정시도가 실패로 돌아간 원인도 분석해 보아야 한다. 입법관계자 및 관계기관을 설득하는 데 성공하지 못한 탓도 있거니와 설득의 노력도 체계적으로 심도있게 이루어져야 한다. 법무부, 국회, 나아가 관련업계[28][29]들의 의견을 조정하고 설득하는 노력을 지속적으로 펼쳐야 한다. 물론 그 이전에(또 이후에도) 학계에서 충분히 입법의견이 모아져야 하다. 찬반 여부를 떠나 밀도있는 논의가 이루어지고 충분한 공감대가 형성되어야 한다. 민사법학회가 목하 추진하고 있는 민법개정검토작업도 이러한 입법의견을 형성하는 데 중요한 역할을 할 것으로 기대한다.

또한 민법개정이 법무부, 즉 '관'주도의 입법이라고 하여 '관'만 탓하고 있을 수는 없다. 오히려 그동안의 개정필요성에 대한 논증작업이 너무 이론[30]으로서의 법학에만 기반을 두고 있지는 않았는지 자문해볼 일이다. 어떤 신종계약이 민법의 전형계약으로 편입될 필요가 있다고 주장하려면 먼저 그것이 법률상 규정되지는 않았지만 거래전형적 계약으로서 얼마나 깊게 시민의 삶을 파고 들어가 있는지에 대한 사회적 실태조사가 광범위하게 이루어져야 한다. 관련 통계자료까지 정확하게 제시할 수 있다면 더할 나위 없다. 법정유형으로 편입될 경우 예상되는 긍정적 효과에 대한 구체적 시뮬레이션 결과(예상효과)를 각종 도표 등을 이용하여 광고효과를 끌어올릴 필요도 있다.[31] 무엇보다 국민의 눈높이에 맞는 개정설명서를 마련하는 것도 도움이 될 것이다.[32] 개정의 사회적 효과, 경제적 효과를 기능적으로 분석하기 위해 (법)사회학 또는 (법)경제학 등과의 연구협력을 확충해 가는 것도 역시 설득력을 높이는 데 기여한다. 새로운 법정계약유형에 관한 법학적 관심과 연구가 이루어지지 않는 동안에는 이들은 오히려

---

28) 가령 유치권개정안을 생각해보라. 영세한 공사업계와 거대 금융기관이 모두 주요한 이해당사자이다. 이들을 설득하는 데 실패한 것이 개정의 불발로 이어진 이유 중 하나이다. 이선희, 부동산유치권의 대항력 제한, 민사법학 72호, 한국민사법학회(2015.9), 215면 이하. 그 결과 유치권의 남용에 대한 대책으로 개진되고 있는 유치권의 성립 및 대항력의 제한이론들을 소개하고 있다.

29) 주 16) 김종철 · 심우민 편, 입법의 시간, 10~11면을 참고하자면 이를 '입법정책결정론'의 문제로 볼 수 있을 것이다. 그 중 법률안의 입안과 의견조정 · 심사과정(입안과정)을 내적 입법과정이라고 하여 그에 앞선 기획과정(입법계획의 수립과정) 및 그 후에 이어지는 결정과정(법률안의 심의 · 의결 · 공포과정)과 구별하고 있다. 내적 입법과정론에서는 사회과학의 각 분야에서 널리 채택된 '의사결정론'이 시사하는 바가 크다고 한다.

30) 판례에 기반한 이론도 포함한다.

31) 이는 주 17) 김종민 · 심우민, 입법의 시간에 따르면 '사전적 입법평가'에 해당할 것이다(17면). 그리고 '사전적 입법평가'는 사실상 상술한 '입법정책결정론'과 상당부분 중복된다(같은 면, 주 47)고 하면서도 구체적 실행행태에서는 구분이 가능함을 피력하고 있다.

32) 독일민법에 의료계약을 편입한 이유 중 하나가 '환자'와 '의사'가 그들의 권리와 의무를 알기 쉽게 하기 위한 것이었다. Katzenmeier, Der Behandlungsvertrag - Neuer Vertragstypus im BGB, NJW 2013, 817면 참조 (Es soll Patientinnen und Ärzte "auf Augenhöhe" bringen). 이는 당연히 법적 안정성과 진료과정의 투명성(Rechtssicherheit und Tranparenz)을 제고하는 데 기여할 것이다.

더 강한 경제학적 영향하에 있을 것이다. 이 경우 더 정치한 규범적 논거를 제공하기 위해서라도 법적 논의의 장으로 끌어들여야 할 것이다.[33)]

4) 기본사법으로서의 민법

상술한 바와 같이 계약과 관련된 개정안을 어디에 위치시킬 것인가는 민법의 기본법성의 관점에서 중요한 문제이다.

약관규제법, 주택임대차보호법 등은 민법 밖에 존재하지만 만약 민법 안으로 자리를 옮긴다면 그 해석과 적용에 있어서 민법의 기본 법리와의 관계에 보다 유념하게 될 것이다. 밖에 위치하고 있다면 그 자체적으로 독자적 발전을 거듭하여 오히려 그에 대한 또 다른 예외를 만드는 입법으로 이어질 수 있다. 그리고 이로써 원칙의 지위로 올라서는 것이다. 이것은 매우 우려스러운 현상을 야기할 수도 있다. 대안으로서 주택임대차보호법을 민법에 수용하는 방법을 생각해본다면 제3편 채권 제2장 계약 제7절 임대차에 이어 제7절의 2로 편입할 수 있을 것이다.[34)]

국민의 삶과 밀접한 영역들이 입법적으로 민법 외부에 자리잡는 현상을 억제하기 위해서 '타율적 통제'의 성격을 띤 규범, 민법의 각종 전형계약에 그 특장이 부합하지 않지만 일상생활에 밀착한 신종계약들, 변화한 사회의 구체적 문제점이 투영된 규범은 민법 내로 이동시킬 필요가 있다. 형법에서도 특별형법이 다수 제정되면서 형법 본래의 원리가 실종되었다는 비판이 제기되고 있다. 양형의 기준도 모호해지고 죄책의 강도를 비례의 원칙에 맞게 책정하는 것도 쉽지 않아졌다. 각종 특별형법을 통해 성범죄 등 새로운 문제를 임기응변식으로 해결하는 방식을 취해 왔기 때문이다.[35)] 이는 정도의 차이는 있지만, 민법이 아닌 민사특별법을 통해 새로운 문제에 대응해 온 것과 다를 바 없다. 그리고 그 부작용은 민법과 형법에서 모두 발생하고 있다. 민법은 아는 사람만이 찾아가는 좁고 고요한 연못이 아니라 누구나 접근할 수 있는 넓은 호수가 되어야 한다. 넓은 호수에는 때론 거친 풍랑도 일지만 그것이 우리의 삶에 더 부합하는 것이다.

그런 의미에서 2022년 12월 법무부가 입법예고한 이른바 "디지털콘텐츠계약법(제3장 채권

---

33) Martinek, Moderne Vertragstypen, Bd.I, C.H.Beck(1991), 13면.

34) 그 밖에 의료계약은 그 법적 성질을 감안할 때 11절 위임에 이어 11절의 2로 위치시키는 것을 고려해봄직 하다. 의료계약을 독일의 다수설은 고용계약(Dienstvertrag)으로 본다. 환자 질병의 완치라는 '결과'가 계약의 목적이 될 수가 없기에 '도급'계약으로 보지는 않는다. 하지만 특정한 '의료기구의 제작, 공급'을 목적으로 할 경우 그 범위에서 '도급'으로 볼 수도 있고 고용과 도급의 요소가 혼합되어 하나의 계약으로 성립될 수도 있다. 그 밖에 도입하는 계약의 성질에 따라서는 계약의 총칙(1절)에 삽입하는 것이 적절한 예도 생각해 볼 수 있을 것이다. 가령 개정 프랑스 민법 계약총칙에 자리잡은 낙성/요식/요물계약 정의규정의 신설(1109조), 교섭계약과 부합계약(1110조), 기본계약과 실행계약(1111조), 일시적 이행계약과 계속적 이행계약(1111–1조) 참조. 대부분 학설상 구분을 입법으로 수용한 것이다. 개정 프랑스채권법해제, 한불민사법학회, 2021, 38~49면 참조.

35) 같은 제목의 교과서가 출간되었다. 이주원, 특별형법(9판), 2023.

제2장 계약 제16절 디지털제품제공계약(민법개정안 제733조의 2 내지 제733조의 6))"은 좋은 예라고 생각한다(현대적 계약유형론과 관련하여 이하 Ⅳ. 2. 참조).[36] 디지털법 등으로 이름으로 민법 밖에 둘 수도 있지만 민법 안으로 수용하는 것이다. 디지털제품의 개념 및 하자의 판단기준 그리고 증명책임 등에 관하여 비판이 제기되고 있으나, 이 새로운 계약유형이 민법 밖이 아니라 안에 둥지를 트는 순간 오랫동안 축적된 계약법의 법리(하자담보, 해제, 해지, 손해배상 등)가 (유추)적용될 것이기에 크게 문제될 것은 없다. 기술의 발전을 고려하면서 민법과의 체계적 정합성을 '항상' 염두에 두면 된다.[37]

한편 신종전형계약의 민법전편입 필요성은 보다 근본적으로 계약(유형)의 자유에서 찾을 수 있다. 사인의 행복을 추구하는 가장 효율적인 수단이 계약이기 때문이다. 즉 신종계약의 민법편입을 통한 유형의 확장은 자유의 확장을 의미한다. 이하에서 이를 좀 더 자세히 살펴본다.

Ⅲ. 계약의 자유

프랑스 민법 제1102조 제1문은 "각자는 자유롭게 계약을 체결할 수 있다"고 하고 제1103조는 "합법적으로 체결된 계약은 그 계약을 체결한 사람에 대해 법을 대신한다"고 천명하고 있다. 이로써 계약유형에는 이른바 numerus clausus가 없다는 점을 분명하게 선언하고 있다. 독일도 민법제정이유서에서 '그들 간에 채권적 효력을 가진 법률관계를 임의적으로 결정할 수 있다'고 계약자유의 원칙을 설명하고 있다.[38] 독일 민법의 입법자들도 민법상 전형계약을 기초할 때 계약표본들을 여기에 모아서(Musterversammlung) 당사자들이 계약의 자유를 행사하는 것을 보충하고 도와주고자 했음을 알 수 있다. 사인이 자기 욕구를 만족시키기 위해 어떤 내용과 형식의 계약을 취하는 것이 유리한지를 합리적으로 판단하는 데 도움이 되도록 '법정전형계약'을 구상했다는 것이다.

상인간의 거래(의 변화)에 신속하게 대응해 온 상법영역에서는 신종계약이 이해관계자들의 합의하에 비교적 용이하게 입법의 문턱을 넘어왔으나 민법의 전형계약은 민법의 무게만큼 쉽게 변경되지 않았다.

민법, 상법 및 그 밖의 특별법에 규정된 계약유형들은 현대사회의 변화하는 물품 및 노무제공 거래에서 나타나는 다양성, 복잡성, 역동성 및 현재성을 담아내지 못하고 있다. 오히려 비전형계약들, 특히 현대적 계약유형들이 이러한 역할을 수행하고 있으며 그 배경에도 물론

---

36) 이에 관한 간략한 소개로 이재호, 디지털콘텐츠계약법에 관한 민법개정안 소고, 재산법연구, 39권 4호, 2023.2, 217면 이하 참조.

37) 박신욱, 디지털지침과 물품매매지침 그리고 독일민법의 변화, 민사법학 제97호(2021), 65면.

38) Motive, Bd.Ⅱ, S.2. https://rwi.app/iurisprudentia/de/bgb/documents/ static/358128에서 전체 내용을 현대독일어로 정리된 상태로 볼 수 있다(2023년 11월 27일 최종 방문).

계약의 자유가 굳건히 자리잡고 있다. 하지만 비전형계약의 자유와 전형계약을 통한 자유의 행사는 다른 점이 있다. 당사자 의사의 해석과 이익형량 그리고 의무위반의 경우 예측 가능성과 법적 안정성의 관점에서 '질서있는' 자유를 보장한다. 그러면 이제 여러 거래전형적 비전형계약의 민법편입론을 특히 유형론적 관점에서 살펴보기로 한다.

Ⅳ. 거래전형적 비전형계약

상술한 바와 같이 민법전 시행 후 강산이 변한 것도 6번이 넘었다. 최근의 제4차산업혁명 및 코로나로 인한 디지털시대의 가속화로 인한 급속한 사회변화에 비추어 보면 민법의 모습은 초라하기 짝이 없다. 임대차보증금과 같은 일상생활과 밀착한 문제에 대해서는 물론이거니와 새로운 거래유형 및 담보형태에 대해서도 민법은 문을 닫고 있다. 정치적 관심사도 아닌 것 같고, 학자들간의 공감대 형성도 아직은 미약해 보인다. 주무부서인 법무부도 두 번의 작업에 지쳐서인지 이른바 각개격파에만 나설 뿐 민법전의 전면개정에는 엄두를 내지 못하는 실정이다. 한 마디로 총체적 난국이다.[39)]

추측컨대 또 다른 원인은 현대적 계약유형들의 규범적 구조에 관한 연구가 아직은 미진하고 특히 거래전형적 비전형계약에 관한 개별연구 및 (공통점 내지 공동의 운용원리 발견을 위한) 총괄연구가 충분치 않다는 데 있을지도 모른다.

1. 전형계약과 비전형계약

전형계약은 실제 거래현실에서 일정한 이해상황과 구도가 동일한 형태로 반복되는 전형성을 법률상 인정받은 계약유형이고, 비전형계약(Innominatsvertrag)은 거래현실이 변하여 새로운 반복적 이해상황과 구도가 거래전형성(Verkehrstypizität)을 드러내고 있지만 그 전형성을 법률상 인정받지 못하고 있는 계약유형을 말한다. 전형성을 법률상 인정받지 못하였지만 일상의 거래 '현실'에서 전형성을 드러내고 있기에 경험적－현실적 성격을 띤다(empirisch－reale Typizität).[40)]

민법을 예로 들자면 여행계약은 거래전형적 비전형계약에서 민법상 전형계약으로 격상되었다. 여행이 국민 대부분의 일상사가 되어 버린지 오래이기에 그 법적 규율이 사법의 기본법인 민법에서 이루어질 필요가 있다는 데 대다수가 공감하였기 때문이다. 하지만 중개계약은

39) 상세는 양창수, 민법전 개정 필요성과 개정시도에 관한 회고, 한국민사법학회 2022년 춘계학술대회 자료집, 24면 이하 참조. 같은 제목으로 양창수, 민법전 개정 필요성과 개정 시도에 관한 회고 ― 2004년 민법개정안을 중심으로 ―. 민사법학 100호(2022.6), 3면 이하 참조.

40) Martinek, Modernde Vertragstypen, Bd. I, C.H. Beck, 1991, 5면(이에 대해 전형계약은 규범적－관념적(또는 이상적, 理想的) 전형성(normativ－ideale Typizität)을 가진다고 한다). 유형론에 관한 상세는 이하 V. 유형론과 신종계약 참조.

아직 그 입법의 고비를 넘지 못하고 거래전형적 비전형계약으로 남아 있다. 법적 규율의 필요가 있다는 공감대는 형성되어 있으나 역시 민법 외부에 이미 관련된 규범(공인중개사법, 부동산중개업법 등)이 있다는 이유로(물론 다른 이유도 있지만) 민법에 진입하지 못하고 있다. 현대적 계약유형들은 거래전형적 비전형계약인 경우도 있지만 모두가 그렇지는 않다. 거래계에 모습을 드러낸 지 얼마 되지 않는 등의 이유로 아직 '거래전형성'을 인정받을 정도로 일상생활과 밀착되지 못한 상태일 수도 있기 때문이다. 그런데 이러한 현대적 계약유형에 대한 개별적 검토가 선행되어야 그 중에서 '거래전형성'을 인정받은 유형들이 도대체 법률상 전형계약으로서 '편입되는 것이 타당할지 여부'에 대해 판단하기 용이할 것이다.

그리고 계약의 자유, 특히 유형의 자유를 고려할 때 — 또한 과거와는 비교할 수 없는 사회변화의 속도를 감안할 때 — 검토할 현대적 계약유형의 범위는 거의 무한하다고 보아도 무방할 것이다. 본고도 그 중 '거래전형성'을 획득한, 특히 경제적, 법적으로 유의미한 몇 가지 유형들에 한해 신종전형계약으로서의 민법편입여부를 연구한 것에 불과하다.[41]

2. 현대적 계약유형론

그런데 위에서 말하는 '현대적'이라는 용어는 무슨 뜻인가. 민법전의 '현대화'에서도 마찬가지이다. 언제부터인가 필자도 뭔가 궁금한 것이 있으면 앱과 같은 서비스를 이용하여 온라인에서 확인하기 시작했다. 비용을 따로 지불하지 않고 디지털화된 정보를 습득할 수 있게 된 것이다. 디지털콘텐츠 또는 디지털서비스를 제공하는 사업자가 광고소득을 올리기도 하고, 이용자의 개인데이터를 수집하여 고객맞춤형광고로 활용하는 것도 알게 되었다. 정보를 디지털화할 수 있게 되다 보니 이른바 데이터(디지털형태로 저장되어 기계에 의해 읽혀지는 정보)를 수집, 관리하고 이를 필요에 따라 가공하여 활용하는 사업이 각광을 받게 되었다. 그리고 그 중심에는 개인데이터가 있어서 개인정보의 무분별한 침해가 우려되는 상황이 심화되었고 이에 유럽연합은 GDPR(2018년),[42] 디지털지침,[43] 물품매매지침[44]을 통해 대응에 나서고 있다.[45] 개인

41) 대량생산, 대량소비 사회에서 도출되기 시작한 예들이 많다. 그러기에 객관적 법에 따른 통제가 필요하여 약관에 따라 체결되거나 일정한 서식에 맞추어 체결되는 것이 다수이다.

42) General Digital Protection Regulation(2018년부터 적용되고 있는 유럽연합의 개인정보보호법). 상세는 https://gdpr.eu/참조(2023년 11월 14일 최종 방문).

43) Directive (EU) 2019/770 of the European Parliament and of the Council of 20 May 2019 on certain aspects concerning contracts for the supply of digital content and digital services. 원문은 https://eur-lex.europa.eu/ legal-content/EN/TXT/?uri=celex%3A32019L0770에서 볼 수 있다(2023년 11월 14일 최종 방문).

44) Directive (EU) 2019/771 of the European Parliament and of the Council of 20 May 2019 on certain aspects concerning contracts for the sale of goods, amending Regulation (EU) 2017/2394 and Directive 2009/22/EC, and repealing Directive 1999/44/EC. 원문은 https://eur-lex.europa.eu/legal-content/EN/TXT/?uri=CELEX%3A32019L0771에서 볼 수 있다(2023년 11월 14일 최종 방문).

정보의 큰 덩어리인 빅데이터를 생성, 관리, 이용하는 것을 각각 통제할 필요가 생겼기 때문이다. 근자에는 과거에는 무상으로 제공되던 다양한 디지털콘텐츠나 서비스가 이용자의 개인데이터 제공을 조건으로 제공되면서 데이터가 급부나 반대급부로서의 성질을 가질 수 있는지도 문제되고 있다.[46]

오늘날 디지털콘텐츠제공계약은 스마트폰이 고도로 대중화된 한국에서 이미 매우 친숙한 '거래전형적' 비전형계약이라고 할 수 있다. 따라서 그에 관한 신종계약유형을 민법전에 편입하는 것은 '민법전의 현대화'에 기여할 것이다. 달리 말하자면 기술적 조건의 발달로 우리의 삶이 현대화되었고[47] 그에 맞는 규범(민법전)을 만들자는 것이다.

그 밖에 다양한 현대적 계약유형에 관하여도 같은 논의가 전개되고 있다. 예컨대 리스계약을 특수한 임대차로 보아 민법상 임대차 규정을 적용하고 따라서 민법상 임대차에 관한 강행규정에 반하는 리스계약의 면책약관을 무효로 보자는 견해[48]가 있지만, 리스계약의 경제적 실질을 고려하여 그 물적 금융의 성격을 중시한 결과 임대차, 소비대차, 매매 등의 요소가 혼합된 특수한 내용의 무명계약으로 보는 입장[49]도 있다.[50] 이른바 프랜차이즈계약(가맹계약)에 대해서도 혼합계약설,[51] 라이선스계약설, 권리용익임대차설, 업무처리계약, 유형결합계약설

45) 상세는 박신욱, 디지털지침과 물품매매지침 그리고 독일민법의 변화, 민사법학 97호(2021), 47면 이하 참조.

46) 박신욱, 급부대상으로서의 개인 데이터, 민사법학100호(2022), 101면; 김진우, 결제수단으로서의 개인 데이터, 재산법연구 38권 3호(2021), 220면.

47) 2018년 영국 캐임브리지 사전이 선정한 그 해의 단어는 '노모포비아(Nomophobia/ No Mobile Phone Phobia)'였다. 많은 사람들이 스마트폰으로 정보를 습득하고 금융거래도 한다. 또 호텔 예약, 인터넷 강의 수강, 전자책 읽기, 지도찾기 등의 서비스도 이용한다. 한국인은 스마트폰 잠금해지를 하루 평균 150회, 스크린터치를 평균 2517회 한다고 하며 한국의 스마트폰 보급률은 95%로 세계 1위이다(https://www.yna.co.kr/view/AKR20190206008200009 (2023년 11월 14일 최종 방문)). 이러한 상황에서 온라인플랫폼 또는 디지털콘텐츠 등을 이용할 때 소비자들이 미리 자신의 권리와 의무를 제대로 인지하여 개인정보제공에 관한 동의 여부를 판단할 수 있도록 보조해 줄 법적 장치가 필요하다. 최근에는 블록체인을 기술적 기반으로 부동산거래플랫폼을 구축하여 스마트계약을 활용하는 방안이 정부 차원에서 추진되고 있다. 우리 정부는 2024년까지 블록체인을 기반으로 한 부동산거래플랫폼과 부동산공부 뿐만 아니라 이른바 스마트계약도 가능한 체계의 구축을 목표로 삼고 있다. 고유강, 부동산 거래에의 스마트계약 도입과 관련된 법적 문제들 — 코드와 자연어 사이의 괴리, 블록체인과 현실세계 사이의 간극 —, 법조 제69권 제4호(통권 제742호)(2020.8), 213면.

48) 정희철, 리스계약에 관한 연구, 서울대학교 법학 20권 2호(1980), 72면 참조.

49) 대판 95다51915; 97다26098 등.

50) 금융리스계약은 '기계, 시설, 그 밖의 재산의 금융리스에 관한 행위'로 상법상 기본적 상행위로 편입되어 있다(상법 제46조 19호).

51) 상표, 상호 등 영업표지의 사용허락계약과 위임, 매매, 도급, 임대차, 라이선스계약 등 전형, 비전형계약의 다양한 요소가 포함되어 있다는 학설이다. 이는 여러 계약의 단순한 결합(병존)이 아니라 전형, 비전형적 계약의 여러 요소가 유기적으로 결합되어 다른 계약에서 찾을 수 없는 독특한 기능을 발휘한다. 그리고 어느 요소가 포함되어 있는지는 프랜차이즈 계약의 종류에 따라 다르다고 본다. 가령 상품 프랜차이징에는 매매계약의 요소가 포함되어 있으나, 서비스 프랜차이징의 경우는 그렇지 않다(구재군, 프랜차이즈 계약에 관한 연구, 서울대학교 박사학위논문(2000), 38면). 김형배, 전형계약규정의 의의와 비전형계약의 해석, 판례월보 298호(1995.7), 67면도 참조. 따라서 프랜차이즈계약을 전체적으로 어느 하나의 특정된 전형계약에 '포섭'시키는 방법으로 적용규범을 결정할 수 없으며 그때그때의 프랜차이즈계약을 구성하는 전형계약적, 비전형계약적 요소

등[52]이 주장되고 있다.

요컨대 위와 같이 많은 현대적 계약유형들이 이를 규율하는 특별법의 존재 여부와 관계없이[53] 그 법적 성질에 관한 논의가 개진되고 있으며 이는 매우 중요한 (전형계약으로의 진입을 위한) 전단계라고 할 수 있다. 이러한 방식으로 관련된 갈등과 이익이 노정되고 조율된다면 질서 있는 민법내로의 진입이 가능할 것이다. 그런데 위에서 맥락에 따라 설명한 '유형론', '계약유형', '유형결합' 등에서 반복적으로 등장하는 '유형'이란 구체적으로, 특히 방법론적으로, 무엇을 의미하는가? 그리고 '신종계약 편입론'과 관련하여 어떤 의미를 가지는가?

V. 유형론과 신종계약

1. 유형론 일반

상술한 유형론(類型論)은 법학뿐만 아니라 거의 모든 학문분야[54]에서 유용하게 활용되고 있다. 하지만 다른 학문 분야의 유형론과 법학의 유형론은 구별될 필요가 있다. 유형화의 기준

를 분석하여 개별사안의 합리적 해법을 찾아가야 한다. 가령 매매적 요소에는 매매계약법 규정을 이용하고, 임대차적 요소에는 임대차계약법 규정의 힘을 빌려 해법을 찾는다. 물론 당사자의 의사가 각 계약법의 임의규정에 앞서므로 계약해석이 우선이다. 그 의사가 분명히 밝혀지지 않을 경우 임의규정을 (유추)적용하여 해결할 수 있다. 비전형계약적 요소가 문제될 경우 민법에 관련 계약유형이 규정되어 있지 않으므로 이때에는 보충적 해석을 포함한 계약해석이 유용할 것이다. 한편 해석한 결과 비전형성이 그리 크지 않고 전형적 요소가 주된 요소라면 그 전형계약의 규율에서 해결의 단초를 찾기가 쉬울 것이다. 혼합계약에 적용될 규범을 찾아가는 과정은 '포섭'(Subsumtion)이 아니라 '편속'(Zuordnung)이다. Martinek이 주창한 '유형결합계약설'(Typenkombinationsvertrag)도 프랜차이즈계약의 구성요소 일부는 필수적이지만 나머지는 사안마다 변동될 수 있다고 본다. 특히 이른바 '종속적 프랜차이즈계약'(Subordninationsfranchising)을 주로 염두에 둔다면 가맹본부의 영업편입의무 및 영업촉진의무로 대변되는 '고용계약적 요소'와 가맹점의 판매촉진의무와 관련된 '업무처리계약적 요소'가 필수적 요소이고, 판매, 사용임대차, 용익임대차, 라이선스, 노하수 계약 등은 있을 수도 결여될 수도 있다고 본다. 그러한 의미에서 '유형–결합(Typenkombination)'인 것이다. Martinek, 위의 책, 20면. 참고로 독일 민법은 임대차를 사용임대차와 용익임대차로 구분하여 규정하고 있고, 무상인 위임계약(독일 민법 제662조)과 별도로 유상계약인 업무처리계약(Geschäftsbesorgungsvertrag)을 민법에서 규정하고 있다. 우리의 경우 무상위임 외에 유상위임도 인정되고 또 대부분이 유상위임이기에 독일과는 논의의 평면을 달리한다. 유사한 논의가 우리나라의 '의료계약에 관한 민법개정시안'에서 전개되었다. 개정위원회 내부에서 다양한 개정시안이 제시되었는바 그 유상계약성을 원칙으로 할 것인지, 무상계약으로 할 것인지, 아니면 유, 무상 여부를 특정하지 않고 규율할 것인지에 관해 의견이 갈린 것이다. 윤부찬, 의료계약의 민법전 도입 가능성, 재산법연구 36권 2호(2019.8), 45면 이하 참조.

52) 구재군, 위의 논문, 28~34면. 본문의 각 학설에 관한 설명 참조. 우리나라에서는 혼합계약설이 다수설이다(앞의 논문, 37면; 여러 가지 계약이 복합적으로 일체를 이루는 복합계약이라는 설도 있으나 크게 다르지 않아 보인다. 김형배, 806면).

53) 프랜차이즈와 팩토링 계약에 관하여도 가맹업(프랜차이즈)·채권매입업(팩토링) 등 신종 상행위를 상법의 상행위편에 신설해(각 2010년 5월 14일) 일정 부분 거래관계를 구체화하고 있다(상법 각 제168조의 6 이하(5개 조문) 및 제168조의 11(2개 조문) 이하 참조).

54) 이에 관한 간략한 소개는 남기윤, 유형론적 방법론과 회사법의 신이론, 1999, 25~29면. 이하는 주로 졸고, 개념과 유형, 법철학연구 6권 1호, 2003과 Detlef Leenen, Typus und Rechtsfindung, 1971을 참고한 것이다.

이 다르기 때문이다. 법학의 유형론은 법학의 고유한 가치관점을 기준으로 전개되며, 유형화의 목적도 어디까지나 해당 법분야 내지 관련된 주제영역의 통일적 이해를 도모하고 촉진하는 데 있다. 또한 법학은 주지하다시피 규범학문이다. 따라서 법학이 추구하는 궁극적 유형은 일응 '규범적 유형'(Normativer Typus)이라고 할 수 있다.55) 또한 '현실적 유형'(Realtypus)56)을 탐구한다. 법학은 현실적 문제를 해결하고자 하는 학문이기에 유형론의 현실관련성을 무시할 수 없다. 말하자면 '유형론'은 현실에 보다 가까이 가는 방법으로 규범과 현실의 괴리를 극복하고자 한다. 그리하여 '규범적 현실유형'(normativer Realtypus)57)을 찾아가는 것이 보다 구체적 타당성을 지닌 해법이라고 생각하는 것이다. 그렇다고 하여 '유형'이 곧 '현실' 그 자체는 아니다. 개별적 현실로부터 '일단 추상화'된 점, 즉 유리된 점에서는 개념과 다를 바 없다. 다만 그 추상화의 정도가 개념보다는 완화되어 있으며 그 완화된 만큼 보다 현실정합적인 해결책을 탐구할 수 있는 것이다. 따라서 그러한 범위에서 유형은 개념보다 구체적이라고 말할 수 있겠다. 유형론 자체에 관한 연구가 신종계약의 민법편입론에 방법론적 기초를 제공하리라 생각하기에 아래에서 조금 더 그 특징에 관해 살펴보기로 한다.

2. 유형적 사고의 특징

주지하다시피 '포섭'을 전제로 하는 개념과 대비되는 유형은 구체적으로 개방성(Offenheit), 전체성(Ganzheitlichkeit), 계층성(Abstufbarkeit), 명증성(Anschaulichkeit), 유연성(Flexibilität)을 특징으로 한다. 그리고 상술한 바와 같이 법학의 유형론은 법학의 고유한 가치관점을 기준으로 유형화가 이루어져야 하므로 유형적 사고는 곧 가치지향적 사고(wertorientiertes Denken)이다.58) 다원적 자유민주주의 국가에서 추구하는 가치는 매우 다양하므로 이러한 가치를 반영하는 유형적 사고는 '개방성'을 띨 수밖에 없다. 개인의 행복과 가치를 사적 자치의 토대 위에서 가장 효율적으로 달성할 수 있는 수단은 계약이다. 계약의 자유는 곧 유형의 자유이고 유형결합 내

55) '경험적 유형'(empirischer Typus)에 대비되는 유형으로서 다시 '평균유형(Durchschnittstypus)'과 '빈도유형(Häufigkeitstypus)'으로 구분된다. 상세는 졸고, 앞의 논문, 참조.

56) 현실 속에서 발견되는 계약유형은 헤아릴 수 없이 많다. 하지만 법정전형계약은 최근 도입된 여행계약을 포함하여 15종뿐이다. 물론 법정보통전형은 임시성을 띤다. '현실(적) 유형'은 인간의 경험세계에서 관찰할 수 있는 실제적 대상들을 포착하기 때문에, 이러한 범위 내에서 소위 '경험적 전형'(empirischer Typus)과 일치한다. 그리고 이를 합쳐서 경험적-현실적 유형(empirisch-realer Typus)이라고 부르기도 한다. 가령 Martinek, 위의 책, 5면. Martinek은 앞서 본문에서 살펴본 바와 같이 프랜차이즈의 '경험적 전형'을 '종속적 프랜차이즈'(통제요소가 있다는 점에서 그것이 없는 조합형 프랜차이즈와 구별된다)에서 찾았다. 그리고 두 가지 요소(본부의 영업편입의무 및 영업촉진의무와 관련된 고용계약적 요소와 가맹점의 판매촉진의무와 관련된 업무처리계약적 요소)를 필수적인 요소, 나머지는 변동적 요소로 보는 방법으로 규범적 유형을 확립한 것이다. Larenz, Methodenlehre der Rechtswissenschaft, 2. Aufl.(Studienausgabe), 1992, S. 351.

57) Larenz, a.aO., S. 352ff. 참조.

58) 무엇보다 Detlef Leenen, Typus und Rechtsfindung, 1971, S. 9 ; Larenz, Grundformen wertorientierten Denkens in der Jurisprudenz, in : FS. f. Wilburg, 1975, S. 217(218ff.). 참조.

지 혼합의 자유이다. 개개인의 다양한 욕구와 희망이 '계약유형'에 반영되어 구체화된다. 유형 필수적 요소와 선택적(임의적) 요소는 항상 고정되어 있지는 않다. 구성요소가 폐쇄적, 완결적이라면 개념으로의 포섭을 통해 양자택일식의 결정을 내릴 수 있고 이로써 법적 안정성을 도모할 수 있겠지만 당사자들이 추구하는 다원적 가치를 모두 전형계약의 그릇에 담아내지는 못한다. 필수요소와 선택요소 간 다양한 결합 형태에 따라 나타나는 계약은 그 관련된 요소들의 총체(Inbegriff der Typenelemente)를 전체적으로 고찰할 필요가 있다. 유형의 '전체성(총체성)'은 결국 이러한 다양한 요소들에 공통된 또는 다른 의미와 목적을 계약-'전체적'으로 고찰하라는 것이다. 개념에의 포섭(Subsumtion)은 일정한 개념표지들이 모두 충족되어야 가능하지만(하나라도 누락되거나 더해지면 포섭은 불가능하다), 유형으로의 편속(Zuordnung)은 몇몇 유형적 표지들의 누락 또는 추가가 있더라도 가능하다. 따라서 그 편속의 스펙트럼에는 양극 사이에 복수의 '계층'이 존재한다(가령 유상계약과 무상계약의 사이에서 가능한 유상성과 무상성 요소의 다양한 혼합을 생각해보라). 우리는 이러한 방법으로 현실상을 — 적어도 개념보다는 — 보다 뚜렷하게 이해할 수 있다. 따라서 유형이 개념보다 '명증성'에서 우월하다(채무불이행과 부당이득의 유형적 고찰을 통해 각 제도의 본질과 구조에 관해 보다 명증하게 이해할 수 있게 된 점을 생각해보라).[59] 마지막으로 유형은 개념보다 '유연한' 사고이다. 전형계약이든 비전형계약이든 계약구조와 해석에 관한 실로 다양한 의견이 개진되는 것도 계약법 자체가 '유형'과 같은 유연한 사고에 적합한 법영역이기 때문이다.

이상을 전제로 현실사회의 변화에 따라 창출된 새로운 수요에 대응하는 방법을 생각해 본다면, 신종계약유형을 법률에 수용하는 방법으로 전형계약을 확대하는 것은 자연스러운 일이다(15종의 전형계약도 고정불변은 아니고 임시적인 것이다. 전형계약의 「임시성」). 그리고 그 과정에서 유형론의 목적은 어디까지나 해당 법분야 내지 주제영역의 통일적 이해를 도모하고 본질에 대한

---

59) 유형적 이해는 때론 통일적 이해를 방해하는 것처럼 인식될 수도 있다. 하지만 이는 어디까지나 잠정적인 현상에 불과하고 유형적 사고는 결국 통일적 이해로 나아가는 데 디딤돌 역할을 하고 또 본질에 접근하는 것을 돕는다. 이무룡, 계약해제 요건으로서 본질적 불이행, 귀책사유에 관한 연구 — 국제규범과 비교법, 현행 민법과 민법 개정안 검토 및 입법 제안 —, 서울대학교 법학 63권 4호(2022.12), 189면은 최근 국제규범의 해제사유 단순화의 당위성을 유형론의 한계에서 찾으면서, 그 한도에서 유형론의 의의와 기능이 과거에 비해 현저히 약화되었다고 지적하고 있다. 하지만 소위 '독일 민법전의 불행한 선천적 결함'이라는 평가는 당시 개념법학의 부산물로서 오히려 개념적 사고에 매몰된 이론에 결함의 원인이 있었으며 유형론은 이를 극복하기 위한 대안으로서 등장한 것이다. 이른바 '개방적 유형론'도 '채무불이행의 폐쇄적 3유형론'의 한계를 넘어서려 하였다. 또한 '본질적 불이행'이라는 상위개념을 정립한다고 하더라도 새로운 불이행 유형의 탄생을 금지하는 것은 아니다. 법은 '구체화(Konkretisierung)'를 통해 (재)발견된다. 구체화를 위해 각각의 특징과 유형을 분리, 고찰하노라면 간혹 그것들을 관통하는 '정신의 끈(das geitige Band)'을 놓칠 위험에 빠지곤 한다. 그럼에도 불구하고 그러한 끈을 (재)발견하기 위해 또 다시 구체화의 여정을 떠나지 않을 수 없는 것이다. 그 구체화의 선봉에 선 것이 바로 유형론이다. Sucht erst den Geist heraus zu treiben, Dann hat er die Teile in seiner Hand, fehlt leider nur das geistige Band(Geothe, Faust의 유명한 인용구, Der Tragödie erster Teil, 1808, Stuidierzimmer, Mephistopheles zum Schüler).

이해를 용이하게 하는 데 있다. 그렇기 때문에 신종계약에 관한 규정을 가급적 유사한 법분야 또는 주제영역이 규율되어 있는 곳에 위치시키는 것이 관련 계약 나아가 계약법 전체의 통일적 이해를 제고하는 데 도움이 될 것이다.[60] 나아가 민법에 새롭게 도입되는 신종계약은 현실에 부합하는 규범적 전체상(全體像)을 토대로 그 규정체계를 마련해야 할 것이다. 첫술에 배부를 수 없듯이 도입 당시 마련한 규정이 그러한 요구에 미비하다면 지속적으로 개정해 나가면 된다. 그럼 이제 '유형적 사고'가 계약해석에 어떻게 영향을 미치는지 '거래전형적 비전형계약'의 몇 가지 예를 통해 살펴보기로 한다.

3. 거래전형적 비전형계약의 해석

상당한 개정논의가 진행 중인 의료계약도 이미 국민에게 친숙한 거래전형적 비전형계약이다. 의료적 처치는 위임과 유사하여 위임규정을 유추적용하기에 적합하기도 하지만 의료적 처치 중에는 고용이나 도급, 임대차 등의 성격을 띤 것도 있다(입원하는 경우를 생각해보라). 그런 까닭에 의료계약을 '혼합계약'이라고 볼 수 있다.[61] 앞서 본 프랜차이즈계약도 마찬가지이다.[62]

한편 현대적 계약유형 중에서 그 내용 중 일부만 비전형적(atypisch) 요소를 포함하고 있는

60) 가령 여행계약을 9절(도급계약)에 이어 9절의 2로 규정한 예를 생각해 볼 수 있다. 물론 관련 주제에 따라서는 계약법 전체의 통일적 이해를 촉진하기 위해 필요하다면 — 상술한 개정 프랑스 민법의 예와 같이 — 계약총칙 쪽에서 개정 작업이 이루어질 수도 있다. 2004년 민법개정안은 중개계약을 신종계약으로 민법전에 편입하면서 위임계약 다음에 절을 신설하여 제692조의 2 등 4개 조문을 준비했었다. 2014년 민법개정안은 의료계약도 도입하고자 논의하여 역시 위임계약 다음에 자리를 마련했었다. 위임과 유사한 측면이 있어서이다(대판 2001다52568 등 참조. 물론 특수한 의족이나 틀니, 임플란트 등의 제공을 통한 의료적 처치는 도급과 유사하다). 내용적으로는 위원회에서 개정시안1, 개정시안2, 실무위 개정시안 등 다양한 안이 제시되었다. 상세는 윤부찬, 앞의 논문, 45면 이하; 박수곤, 앞의 논문, 193면 이하; 김중길, 앞의 논문, 341면 등 참조. 일치된 개정안을 마련하지 못한 이유는 의료계약이 워낙 다종다기하여 전체상과 법적 성질에 관한 논의가 통일되기 쉽지 않았기 때문으로 추측된다(거기에 '의료법'에서 관련 논점 중 상당 부분을 규율하고 있어 민법 내에 다시 규율할 필요성에 대한 공감이 부족했을 수도 있다). 나아가 민법 외부에 마련한 특별사법영역이 이미 상당한 독립된 법분야로 구축된 경우에는 그 분야의 통일적 이해를 도모하기 위해 그쪽에서 개정 작업이 전개될 수도 있다(프랑스 소비자법전의 예, 유럽연합의 디지털지침 및 물품매매지침을 프랑스는 소비자법전을 통해 국내법으로 전환하였다). 이러한 독립된 법영역이 아직 구축되지 않은 법체계에서는 민법 안에서 또는 밖에서(즉 다른 특별사법의 입법을 통해) 현대적 계약유형의 법전화가 시도될 수 있다. 이 새로운 법영역 또는 계약유형이 공동체의 이익을 위해 사적 자치를 제한하는 성격을 가지고 있을 경우 그 입법방식은 각 나라 법체계에서의 민법의 체계적 지위와 현실적합성 및 자율과 타율의 정도에 따라 달라질 것이다. 예를 들어 약관규제법과 주택임대차보호법을 이미 민법 내로 편입하여 민법의 타율성 비율을 높이고 자율에 입각한 기본법리와의 끝임없는 갈등과 조율을 진행해 온 독일과 같은 경우 민법 내에 타율적 성격을 띤 신종계약규정을 도입하는 데 거부감이 덜할 것이다. 한편 민법 외부에 민사특별법으로 자리를 잡았다가 다시 민법 안으로 재이전된 경우도 있다. 2004년 민법개정안 중 보증에 관한 내용의 주요부분이 '보증인 보호를 위한 특별법(2008년 법률 제8918호)'에 편입되었다가 그 중 일부가 다시 민법 내부로 자리를 옮겼다(민법 제428조의 2 등 3개 규정. 2015년 2월 신설)

61) 윤부찬, 위의 논문, 47면 참조.

62) 주 52) 참조.

계약도 있을 수 있다. 이때 그 비전형적 요소가 전형계약의 내용과 비교할 때 단순한 변형에 불과할 경우에는 여전히 그 전형계약으로의 편속(Zuordnung)이 가능하다. 일부 비전형적 요소를 담고 있으나 그 변형의 정도가 계약 전체적으로 볼 때 당해 전형계약으로 분류하는 것을 방해하지 않는다는 것이다.[63] 물론 이는 당사자의 의사에 대한 합리적 해석을 전제로 한다. 법정전형계약들은 — 계약유형의 자유(이는 결국 계약내용의 자유이다)가 말해주듯이 — 그 유형 내에서 상당한 내용 형성의 여지를 가지고 있다(민법의 관련 규정은 대부분 임의규정이다). 비전형적 매매계약, 비전형적 증여계약, 비전형적 도급계약 등이 얼마든지 존재할 수 있는 것이다. 유형적 사고가 개념적 사고에 대해 가지는 상술한 특징 내지 장점 중 하나가 바로 여기에 있다. 이러한 단순변형에 불과한 비전형적 요소를 포함한 거래전형적 계약유형에 관한 연구는 민법상 전형계약의 해석과 적용에도 유용하다. 가령 '비전형적' 고용계약에 관한 연구는 '전형적' 고용계약의 본질을 이해하고 외연을 확정하는 데 도움이 된다.[64] 또한 계약법 영역에서 계약의 구조와 본질을 이해하는 데 유형론적 사고는 필수불가결하다. 인간의 욕망과 이것을 계약에 반영되는 방법의 다양성은 우리의 삶에 고스란히 녹아들어 있다. 다른 한편 그러한 현실에 보다 근접한(다른 말로 표현하자면, 보다 더 구체적으로 이해할 수 있는) 사고로서의 유형론에는 일정한 '불확정성'이 내재되어 있다. more or less를 전제로 하는 '유형'은 all or nothing을 전제로

63) 가령 신원보증계약은 '지휘감독을 받는 사용, 종속관계의 존재'를 전형적 요소로 하는 고용계약에 수반하는 것이 보통이지만, 반드시 전형적인 고용계약에만 수반하는 것은 아니다. 비전형적인 고용계약에도 수반될 수 있다. 즉 신원보증은 여하한 명칭에도 불구하고 고용관계가 있는 피용자의 행위로 인하여 사용자가 받은 손해를 배상하기로 하는 계약으로서 여기서 고용관계란 전형적인 고용계약이 아니라도 적어도 넓은 의미의 사용자, 피용자관계가 있으면 충분하다. 따라서 A가 B와의 대등한 지위에 맺은 거래로부터 발생한 물품대금채무에 대해 C가 보증한 경우 그 보증채무가 계속적인 것이고 그 발생 여부가 미필적이며 또 책임의 범위가 한정되지 않고 광범위한 경우는 이를 신원보증법에서 말하는 신원보증계약으로 볼 수 있다(대판 71다2298). 그러나 가령 A가 B로부터 가전제품을 외상으로 공급받아 이를 수요자에게 판매하는 업무를 처리하되, 할부판매시의 가격결정이나 그 수금관리업무를 B가 맡아서 처리하고, 할부판매가에서 판매원가와 수금대행료를 공제한 나머지 금액을 성과급으로 A에게 지급해 왔다 하더라도 그와 같은 사실관계만으로는 A와 B 사이의 거래관계가 넓은 의미의 사용자, 피용자관계에 해당할 만한 지휘감독관계가 있다고 할 수 없다(서울고법 98나5106). 물론 이때 위 두 경우 모두 A와 B 사이에 고용계약은 체결되지 않았다. 반면 A가 B와의 사이에서 「형식적」으로는 대등한 지위에서 B로부터 화장품을 매입하여 소비자에게 판매하기로 하는 거래약정을 체결하였으나, A가 독립된 점포도 없이 B 산하의 영업소에 출근하여 매일 판매실적을 보고하고 판매대금을 위 영업소에 납입한 뒤, 그 보수로서 매월 초 전월 판매대금의 35%를 지급받아 왔고 B가 시행하는 미용 및 제품에 관한 정기교육을 받아 온 경우는 양자 사이에 '넓은 의미의 사용자, 피용자 관계'가 존재한다(서울고법 87나429). 그리하여 이러한 A와 B 사이의 화장품매입대금채무를 C가 보증한 경우 그 보증채무 발생의 계속성, 미필성, 책임의 광범위성에 비추어 신원보증법상의 신원보증계약이라고 볼 수 있다. 「형식적」으로는 통상적인 고용계약이 존재하지 않고 당사자 간 대등한 관계에서 약정이 체결된 것으로 보이지만 「실질적」으로 일방의 지휘, 감독하에 유상으로 노무를 제공하는 종속관계가 인정된다면 그 '비전형성'에도 불구하고 여전히 — 전체적으로는 — '고용계약'으로 편속할 수 있는 것이다. 이는 — 적어도 신원보증계약의 수반성에 관하여 — 상술한 바와 같은 '비전형성'이 고용계약으로의 '편속'을 방해하지 않는다는 의미이다. 통상적인 고용계약의 체결이라는 '형식'에 종속된다면 이러한 '실질'에 주목하는 유연한 사고는 불가능한 것이다.

64) 주 63) 참조.

하는 '개념'만큼의 안정성을 가질 수는 없기 때문이다.[65] 또한 법정전형계약은 아닌 거래전형적 계약에 전형계약적 요소들이 혼합되어 있는 경우도 적지 않다. 이러한 혼합계약의 해법에 관해서는 아래에서 보듯 다양한 의견과 비판이 존재한다.[66]

거래전형적 비전형계약은 기존의 전형계약과는 완전히 다른 새로운 요소로 구성된 독자적인 고유한 계약(sui generis)일 수도 있고, 상술한 바와 같이 기존의 전형계약의 단순한 변형에 불과하여 여전히 그 전형계약으로의 편속이 가능할 수도 있다. 그 어느 것에도 해당하지 않는다면 대부분 혼합계약에 해당할 것이다.[67] 유형혼합에 대해 조금 더 들어가보자.

4. 유형혼합

1) 의미

앞서 언급한 유형혼합은 ①전형계약적 요소들의 혼합일 수도 있지만 ②전형계약과 비전형계약의 혼합일수도 있고 ③비전형계약적 요소만의 혼합(이것은 광의의 유형혼합으로 부르기로 한다)일 수도 있다. 그리고 각각의 요소가 전체 계약에서 차지하는 의미와 비중이 어느 정도이며 각각 어떤 전형계약으로(또는 모두 하나의 전형계약으로) 편속될 수 있는지, 나아가 계약체결의 목적에 비추어 볼 때 각 요소의 중요성의 정도는 어떻게 판단할 수 있는지는 무엇보다 계약해석에 달려 있다. 그리고 그 해석은 생각만큼 쉽지 않다. 예를 들어 A라는 계약요소와 B라는 계약요소가 혼합되어 있는 가장 단순한 경우에도 어느 요소가 주된 또는 압도적인 요소인지,[68] 아니면 다른 요소와 계약상 충분히 분리하여 처리할 수 있을 정도로 혼합되어 있는지를 판단하는 것은 결코 쉽지 않다.[69]

---

65) 필자는 이러한 불안정 요소를 유형론적 사고와 체계론적 사고를 결합하여 상당부분 감축시킬 수 있다고 생각하지만 이에 대한 상론은 생략하기로 한다.

66) 정진명, 혼합계약의 해석, 민사법학 제16호(1998), 한국사법행정학회, 441면 이하. V.4.3) 참조.

67) Martinek, 앞의 책, 20~21면도 그러한 세 가지로 분류하고 있다.

68) 대판 2010다56685는 '관결당사자의 일방이 상대방의 주문에 따라 자기 소유의 재료를 사용하여 만든 물건을 공급하기로 하고 상대방이 대가를 지급하기로 약정하는 이른바 제작물공급계약은 그 제작의 측면에서는 도급의 성질이 있고 공급의 측면에서는 매매의 성질이 있어 대체로 매매와 도급의 성질을 함께 가지고 있으므로, 그 적용 법률은 계약에 의하여 제작 공급하여야 할 물건이 대체물인 경우에는 매매에 관한 규정이 적용되지만, 물건이 특정의 주문자의 수요를 만족시키기 위한 부대체물인 경우에는 당해 물건의 공급과 함께 그 제작이 계약의 주목적이 되어 도급의 성질을 띠게 된다.'고 하면서 'A가 B와의 계약에 따라 제작·설치하기로 한 승강기가 B가 신축하는 건물에 맞추어 일정한 사양으로 특정되어 있다면 그 계약은 대체가 어렵거나 불가능한 제작물의 공급을 목적으로 하는 계약으로서 도급의 성질을 갖고 있다'고 보았다(원심은 매매와 도급의 혼합계약으로 보았다). 이 사건 제작물공급계약은 소유권유보부약정과 결부되어 있었다는 특징이 있다. 관련 평석으로 방태경, 소유권 유보부 제작물 공급계약에서 소멸시효 완성시의 법률관계, 민사판례연구 34권, 민사판례연구회, 2012.2, 52면 이하 참조.

69) 또한 혼합계약의 일부분에 하자가 있을 경우, 가령 매매와 임대차 또는 도급 등의 혼합계약에서 매매적 요소 내지 임대차적 또는 도급적 요소에 하자가 존재할 경우 그 각각의 경우에 매매하자담보책임 내지 임대차 또는 도급하자담보책임에 따라 전적으로 해결할 것인지 아니면 매매적 요소에 하자가 발생하였더라도 전체적 고찰

대법원 판결 중에는 중소제조업체(제분회사)가 자금을 대출해준 은행에 담보를 제공하고자 그가 창고업자에게 보관 중인 원재료(수입소맥)의 보관증을 작성, 교부해 준 사안에서 이는 은행을 위해 보관하다가 채권자인 은행이 채권실행에 나설 경우 창고업자로부터 소맥을 인도받아 채권담보의 목적을 실현하려는 것을 내용으로 하기에 무명의 혼합계약이라고 해석한 것이 있다. 하지만 그 원심은 이를 — 당사자의 권리자백에 의한 것이기는 하나 — 동산질권설정계약으로 오인하여 목적물이 특정되지 않았다는 이유로 동산질권의 성립을 부정했었다.[70)]

2) 종류

혼합계약에 관한 정의를 시도한 학설[71)]도 있지만 비전형계약적 요소가 결합된 경우에는 단순한 전형계약적 해법의 결합이나 하나의 전형계약 법리의 유추적용을 통해 일괄적으로 처리하는 것이 쉽지 않다. 그리하여 유형혼합을 다시 유형결합, 유형융합, 유형창조의 세 가지로 더 나누어 보기로 한다.[72)] 이러한 구분은 신종계약의 입법에도 유용하다.

① 유형결합의 경우(Typenkombination)

적어도 일방 당사자가 상이한 법정전형계약에 속하는 급부들을 이행하기로 합의한 경우로서 다수의 '법정' '전형'계약요소가 혼합된 경우이다(예컨대 공연관람계약). 하나의 계약에서 급부와 대조되는 반대급부로서 비전형적(atypisch)인 급부가 합의된 경우도 있다(가령 아파트관리인을 고용하면서 그 반대급부로 방 하나의 사용을 합의한 경우).[73)] 이는 말하자면 하나의 전형계약적 요소가 다른 전형계약적 요소와 급부 및 반대급부로서 쌍무적 형태로 결합된 경우이다.[74)] 국민 다수가 이러한 유형혼합을 이용하고 그에 대한 민법 전형계약으로의 편입이 필요하다는 공감대가 형성되면 '독자적인 전형계약'으로 격상될 수도 있다(가령 이하 여행계약 부분 참조). 유형'결합'에서는 결코 복수의 계약이 체결된 것이 아니라 '하나의 계약'만이 문제된다. 식당에서 음식을 주문하며[75)] 여러 개의 계약을 체결한다고 생각하는 사람은 특별한 사정이 없는 한 없기 때문이다.[76)] 나아가 여행계약도 유형'결합'에 해당한다고 생각된다. 여행계약은 민법상 전형계

내지 가치평가(Gesamtbetrachtung, Ganzheitliche Wertung)하에 도급하자담보책임에 관한 규정을 유추적용하여 해결할 수도 있는 것인지, 아니면 각 전형계약적 해법으로부터 당해 문제의 해결을 위해 그 담보책임적 내용들을 결합한 해결책을 제시하는 것도 가능한지 등의 문제를 생각해 볼 수 있다.

70) 대판 61다1071 참조. 당사자의 진정한 의사를 밝혀내는 것을 「해석」이라고 하고 이를 왜 「기예」(Art)라고 부르는지 이해할 만하다.

71) 예컨대 Hoeniger는 혼합계약을 "적어도 두 개 이상의 전형계약적 요소의 결합을 포함하고 있는 계약"이라고 하였고, Schreiber는 "적어도 두 개 이상의 전형계약상의 구성요소가 하나의 완전한 계약내용으로 규합된 통일적 계약"이라고 정의하였다. Hoeniger, Gemischte Vertrage in ihren Grundformen, 1910, 4면; Schreiber. Gemischte Vertrage in Reichsschuldrecht, Jherings Jahrb. 60(1912), 111면.

72) 이러한 접근방법은 Larenz/Canaris, 앞의 책, 42면 이하에 따른 것이다.

73) Martinek, 앞의 책, 20면. 전형적인 반대급부는 '보수의 지급'이다(민법 제655조).

74) 이를 정진명 교수는 "이중유형계약"이라고 표현한다(앞의 논문, 447면).

75) 매매(음식), 임대차(식기, 테이블과 좌석), 고용(종업원의 노무제공) 요소가 혼합되어 있다.

76) 싱가포르에서 배로 1시간 정도 떨어진 곳에 빈탄섬(인도네시아 영토)이 있다. 휴양지로도 유명한 이곳에서 관

약으로 신설되어 2016년 2월 4일부터 시행되고 있다(민법 제674조의 2 내지 제674조의 9). 이에 따르면 여행계약은 일방 당사자가 운송, 숙박, 관광 등 여행관련용역을 두 개 이상 결합하여 제공하기로 약정하고 상대방이 그 대금을 지급하기로 약정한 계약을 말한다(제674조의 2). 법률문언 자체가 '결합'이라는 용어를 사용하고 있기도 하지만 여행계약이 위임, 매매, 임대차, 도급계약의 요소가 혼합된 계약으로 보는 견해는 민법전 편입 이전과 이후 모두 주장되고 있다. 여행이라는 무형적 결과의 실현을 목적으로 하는 도급계약의 일종이라는 설, 도급과 유사한 계약이라는 설, 도급과 유사하나 도급과는 다른 독립된 계약이라는 설 등도 찾아볼 수 있다.[77] 여행급부의 종류는 여행자의 필요에 따라 매우 다양하다. 실현되는 모습도 다양하고 체결부터 종료까지 장기간의 시간이 소요되며 개별 급부들이 시간적, 장소적, 기능적으로 전체 급부와 결부되어 이루어진다는 특성이 있다. 따라서 여행이라는 무형적 결과의 총체적 실현(즉 급부의 이행)이 그 시간적 연속선상에서 이루어져야 하기 때문에 전형적인 '도급계약'과는 다른 면을 가지고 있다. 따라서 민법상 도급계약에 관한 규정의 도움을 받아 문제를 해결하기에는 부족했다. 이에 예컨대 여행주최자의 담보책임과 여행자의 해지권에 관하여 따로 규정을 두었다(민법 제674조의 6과 제674조의 7 참조). 특히 여행계약은 유상계약이므로 매도인의 담보책임에 관한 규정을 준용할 수 있음에도 불구하고 독자적인 담보책임규정을 신설한 것은 여행급부의 특성을 반영한 결과로 생각된다.[78] 여행계약은 상술한 것처럼 운송, 숙박, 관광 등 두 개 이상의 여행관련 급부가 제공되는 것을 필수적 요소로 하기 때문에, 그 개별 급부의 성격이 위임, 임대차, 도급 등의 성격을 지니고 있다고 생각된다. 이는 '법정''전형'계약적 요소가 혼합된 것이다. 이때 당사자는 보통 「하나의」 여행계약을 체결한다고 생각한다. 따라서 '유형결합'의 예로 볼 수 있다. 여행급부의 다양성에 비추어 보면 여기에 '비전형'요소가 혼합될 가능성도 있을 것이다. 또 상술한 바와 같이 Martinek은 프랜차이즈계약을 '유형결합'으로 이해했다.[79]

② 유형융합의 경우(Typenschmelzung)

두 가지 이상의 전형계약적 요소가 혼합되어 그 중간적 성격을 띠고 있지만, 결국 하나의 목적물에 대한 하나의 대가가 합의된 경우이다(즉 급부이든 반대급부이든 각각 하나의 유일한 급부가

광목적으로 차량을 임차할 수 있다. 그런데 일반적인 렌터카계약과는 달리 임차인이 차를 직접 운전할 수는 없고 운전사가 함께 제공된다. 이는 임대차계약과 노무제공계약(Dienstverschaffungsvertrag)이 결합된 계약이다.

77) 주석 민법, 채권각칙(3)(5판), 한국사법행정학회(2021), 719면(이준형)(도급계약와 여행계약의 구별과 관련하여).

78) 주석 민법, 채권 각칙(4)(제5판), 한국사법행정학회(2021), 56~57면(성언주). 동소는 개개의 여행자가 스스로 여행을 계획하고 여행사를 통하여 운송기관, 숙박업소 등과 각각의 계약을 체결하여 실시하는 여행은 개별적인 운송계약, 숙박계약 등의 '결합'에 지나지 않는다고 하는데, 여기서 '결합'의 의미는 '복수의 독립된 계약들이 병존하는 것'이라고 생각된다(같은 책, 6~7면). 본문에서 설명하는 유형'결합'과 혼동해서는 아니될 것이다. 유형결합에서는 어디까지나 전체적으로 '하나의' 계약이 체결된 것이다.

79) 각주 51) 참조.

문제되는 경우이다). 다만 그 대가의 정도가 목적물의 객관적 가치의 일부만을 커버하고 있다. 이를 협의의 혼합계약이라고도 하며,80) 혼합증여가 대표적인 예이다. 혼합증여에는 증여와 매매의 요소가 혼합되어 있지만 총체적으로 '(혼합된 그 자체로서) 하나의 급부'로 취급된다. 이는 단순한 전형계약적 요소들의 '결합'이 아니라 '융합(Verschmelzung)'의 결과물로 볼 수 있다. 거칠게 표현하자면 마치 두 개의 학문 분야가 '융합' 연구를 통해 하나의 또 다른 학문으로 탄생하는 것과 비슷하다. 또 다른 예로는 고용계약과 도급계약이 각각 '위임적' 요소와 융합되어 탄생한 혼합계약을 생각해 볼 수 있다.81) 요컨대 유형'융합'이란 말하자면 하나의 전형계약적 요소와 다른 전형계약적 요소가 융합하여 이런저런 전형계약이 아니라 '융합된 그 자체로서' 그 전형계약들 사이 어디쯤인가에 위치하는 것을 말한다. 이러한 유형융합도 계약자유의 원칙에 따라 얼마든지 가능함은 물론이다.

③ 유형창조의 경우(Typenneuschaffung)

위 ①과 ②에 해당하지 않는 경우로서 법률상 규율된 전형계약은 아니지만 일정한 '거래전형적' 요소를 가지고 있는 유형혼합의 사례군을 말한다. 가령 보증계약의 개념필수적 요소인 주채무에 대한 '부종성'을 요하지 않는 이른바 '특수한 보증 또는 담보계약(Garantievertrag)'을 생각해 볼 수 있다.82) 일정한 결과를 보장하거나 장래의 위험을 담보하려는 것이 특징이며 매매나 도급과 같은 계약유형에서 빈번히 이용된다.83) 계약자유의 원칙에 비추어 이러한 유형'창조'가 가능함은 물론이다. 매매계약에서 이와 별개로 위와 같은 '특수한 보증계약'이 체결되었는지 여부에 관한 판단은 역시 '해석'의 문제이다.84) 또 다른 예를 들자면 영세한 PC유통공급회사(A)와 PC중간도매업체(B) 간에 — 주로 전자가 자금난에 빠졌을 때 — 맺어지는 다음과 같은 특징을 지닌 '특수한 물품공급약정'도 이 사례군으로 분류할 수 있을 것이다. 이 약정의 특징은 '물품공급약정'임에도 불구하고 '현실적인 물품(PC)의 인도가 없고' '일정한 수익률 또는 재매입을 보장하는 특약'이 있다는 점이다. A는 잠시 자금난에서 벗어날 수 있고 B는 안

80) Martinek, 앞의 책, 20면. 김동훈, 신종계약의 입법방향, 민사법학 18호(2000), 201면 이하.

81) 이때 해석상의 문제가 있을 경우 '위임계약'의 관련 규정을 보충적으로 적용할 수 있을 것이다. 독일 민법 제675조 제1항 참조.

82) 우선 Larenz/Canaris, 앞의 책, 73면 이하; 박영복, 보증채무의 문제점, 민사법학 18호(2000), 35면 등 참조. 이는 '보장계약'이라고 번역되기도 한다. 김동훈, 앞의 논문, 214면 참조. 요즘은 국제거래에서도 독립적 은행보증(first demand bank guarantee)이 관례화되어 있다(대판 93다43873; 서울지법 94가단59637 등 참조).

83) 통상 성질보증과 인수보증의 두 가지로 나누어 설명한다. 전자는 일정한 물건이 어떠한 하자도 없다거나 특정한 성질을 지니고 있음을 담보하는 '품질보증' 또는 '무하자보증'의 의미이고, 후자는 타인의 채무의 이행을 담보한다는 의미이다.

84) 본문에 서술된 의미의 보증의 대상이 당해 목적물의 '성질'과 관련된 경우에는 그에 관한 당사자의 '관념(Vorstellung)'이 목적물 '자체'에 관한 관념의 일부로 볼 수 있는지, 아니면 목적물 '자체'에 관한 관념과 목적물의 '성질'에 관한 관념은 전혀 별개로서 후자가 동기의 착오에 불과한 것은 아닌지에 관한 판단이 위와 같은 '보증계약'의 존부에 관한 해석과 맞물릴 때 결코 단순하지 않다. 우선 Flume, Eigenschaftsirrtum und Kauf, 1948, 24, 26, 32 면 등 참조.

정적 이윤을 추구할 수 있으며 이에 관한 합의가 존재하기에 계약자유의 원칙상 유효한 계약이다. 이로써 말하자면 '물품공급약정'의 특수한 유형이 창조된 것이다.[85] 유형창조는 15종의 단출한 법정전형계약만으로는 사인의 복잡다양한 욕구를 충족시킬 수 없다는 점을 고려한다면 — 금지규정에 반하는 등 그 법적 효력을 부정할 사유가 없음을 전제로 — 당연한 결과이다. 이러한 범위에서는 굳이 기존의 계약유형에 끼워 맞추려고 노력할 필요가 없다. '부종성'이 결여된 보증, '물품의 인도가 없는' 물품공급약정은 당사자의 의사와 이익을 당사자가 스스로 계약의 이름으로 실현한 것이다.

④ 복수 계약의 단순복합(병존)

위 세 가지 유형은 그 외 복수의 계약의 단순한 복합(병존)과 구별하여야 한다. 가령 어떤 양조공장과 식당이 '맥주공급계약'을 체결한 경우를 상정해 볼 수 있다.[86] 양조공장주가 우연히 그 식당의 소유자여서 그 식당건물을 현재 운영자(임차인)에게 임대한 것이다. 이것은 맥주공급계약과 건물임대차계약이 각각 독립된 계약으로 병존하는 것에 불과한 것이지 유형'결합'은 아니다. 다만 이러한 복수의 계약이 복합(병존)된 경우 이 계약들이 모두 하나의 목적(식당의 원만한 운영)을 위해 체결된 것이기에 유형'결합'의 경우와 유사한 측면도 있다.[87] 유형'결합'인가 아니면 단순한 '복수 계약의 복합(병존)'인가의 판단도 결국 당사자의 의사 해석에 따를 것이다. 경우에 따라서는 당해 계약에 대한 보충적 해석이 그러한 결과를 낳을 수도 있다.

3) 해법

일찍이 위와 같은 다양한 혼합계약의 해법으로 흡수설, 결합설, 유추설 등이 제기되었다.[88] 먼저 흡수설은 일찍이 Lotmar가 주장했는데,[89] 이에 따르면 지배적 유형요소가 나머지(비지배적) 요소들을 모두 흡수해 버린다. 이때 나머지 다른 요소를 흡수할 정도로 지배적인 요소를 확인하는 것은 쉽지 않다. 전자가 후자에 흡수되는 것은 흡수되는 요소가 계약의 부수적

85) 대판 2009다67313 참조('비전형의 혼합계약'이라는 표현을 사용하고 있다).

86) Larenz/Canaris, 앞의 책, 43면(소활자 부분).

87) 한편 관례는 복합계약을 상이한 계약유형들이 복합적으로 결합된 계약이라는 의미로 사용하는 듯 하다. 가령 A와 B가 공동사용관계에 관해 합의한 바를, 내부적으로는 B가 차임을 지급하고 목적물을 독자적으로 사용하는 내용의 임대차계약과 외부적으로는 A의 명의를 사용하여 모든 거래를 한다는 내용의 명의대여계약이 '결합'된 임대차 유사의 무명계약이라고 하면서, 같은 내용을 반복하는 부분에서 이를 '특수한 복합계약'이라고도 지칭하고 있다(가령 서울고법 94나25225; 서울중앙지법 2019나35703 등). 본고에서는 '다수계약의 복합'은 '복수계약의 체결 또는 병존'의 의미로 사용하였다. 각각의 독립된 계약을 복수로 체결한 것뿐이라는 것이다. 그런데 별개의 계약이라고 하더라도 일정한 목적하에 의도된 계약들이기에 같은 목적으로 유형이 결합된 경우와 비슷해질 수도 있음을 지적해 둔다.

88) Absorptionstheorie, Kombinationstheorie 등의 용어보다는 Absorptionsmethode 또는 Kombinationsmethode라는 표현이 보다 타당하다는 견해도 있다(Larenz/ Canaris, SchR Bd. Ⅱ, Hb 2, BT, 13. Aufl., 1994, 44면). 본고에서는 일단 [~설]이라고 표기하되 하나의 완전한 '이론'이라는 의미가 아니라 '문제해결을 위한 방법론적 제안'이라는 기술적 의미로 사용한다.

89) Lotmar, Der Arbeitsvertrag nach dem Privatrecht des deutschen Rechts, Bd.I, 1902, S. 176ff, 686ff.

요소에 불과하다는 해석의 결과일 수도 있다. 극단적으로 표현하자면 각 유형요소가 51:49의 비율로 존재할 경우 51%를 차지하는 요소가 지배적인 요소가 되고 이 지배적 계약유형이 나머지 49%를 흡수한다. 이러한 해법을 따른다면 1%라도 더 지배적인 요소가 무엇인지 항상 결정해야 하는바 이는 결국 양자택일식 선택을 강요하는 것과 다를 바 없다. 하여 전형적인 개념법학적 사고의 산물이라는 비판이 제기된다. 나아가 49%에 해당하는 당사자가 원하던 바(나아가 당해 계약유형에 의해 해결될 것을 바라던 바)는 공염불이 되고 만다.

다음으로 결합설[90]에 따르면 전형계약요소가 혼합된 경우(혼합계약)에 그 상이한 요소들을 각각 분리하여 달리 취급한다. 이 설은 민법의 태도(민법 제559조 제2항[91])[92]에 부합한다는 점, 전형계약과 관련한 입법자의 가치판단과의 충돌을 회피할 수 있다는 점, 의심스러운 경우 당사자들의 의사와 이해관계에도 더 잘 부합한다는 점 등의 장점이 있다. 무엇보다도 계약자유의 원칙에 친한 해법이다. 계약자유는 결국 유형－혼합의 자유를 의미한다고 보아도 과언이 아닌데, 혼합을 시도하는 당사자들은 아마도 다양한 계약유형에 따른 구성요소 및 그 법효과를 임의로 결합하여 원하는 바를 달성하고자 했을 것이다. 그렇지 않았다면 특정한 계약유형으로 단순한 하나의 계약을 체결해도 충분했을 것이기 때문이다. 이 설에 따르면 가령 양로원계약에서 거주공간의 사용수익상태 유지의무, 그 시설적 하자로 인한 손해배상책임이나 감액청구권, 해지권 등의 문제는 임대차계약법[93]에 따라 규율하고, 전문보조인력들의 노무제공과 관련된 문제는 고용계약법[94]에 따른다. 다만 1) 실무상의 효율성 내지 실천가능성, 2) 당사자들의 특수한 이해관계 및 3) 관련 법규범의 입법취지 등에 비추어 보아 도저히 결합설적 해법의 실현이 불가능하거나 그 결론이 명백히 불합리할 경우에는 예외적으로 흡수설적 해법을 인정한다. 우리 실무에서 제작물공급계약이 매매와 도급의 혼합계약적 성질을 가지고 있으나 그 목적물이 부대체물인 경우 도급으로, 대체물인 경우 매매로 '흡수'된다고 처리하는 것도 실무상 효율적 처리와 당사자의 의사와 이해, 그리고 매매계약법과 도급계약법상 각 관련규정의 입법취지와 목적 등을 종합적으로 고려한 결과라고 생각된다.

끝으로 유추설[95]은 법률상의 계약유형뿐만 아니라 혼합계약의 성질을 가진 비전형계약의 구성요건과 법효과가 하나의 유기체와 같이 작용한다는 점에 주목한다. 그리하여 일부 요소가

---

90) Hoeniger, Vorstudien zum Problem der gemischten Verträge, 1906, passim.

91) 상대부담있는 증여에 대하여는 증여자는 그 부담의 한도에서 매도인과 같은 담보의 책임이 있다(밑줄은 필자가 가함).

92) 독일 민법 제651조 제1항 제2문(후문), 제675조(유상사무처리계약에 위임, 도급, 고용규정들을 준용하고 있다).

93) 민법 제623조, 제626조, 제627조, 제628조, 제629조 등의 적용 또는 유추적용을 고려할 수 있다.

94) 민법 제658조 제2항에 따르면 약정한 노무가 특수한 기능을 요하는 경우에 노무자가 그 기능이 없는 때에는 사용자는 계약을 해지할 수 있다.

95) Schreiber, Gemischte Verträge im Reichsschuldrecht, in: Jhering Jahrb. 60, 1912, S. 106ff.

법률상의 구성요건과 다소 다르다고 하더라도 법효과와 하나의 유기체를 형성하고 있고, 혼합된 이상 그 이전의 각 계약의 원래적 모습을 상실한 채 새로운 통일된 계약으로 태어났다면, 각 계약유형별 법률의 적용도 직접적 적용이 아니라 '유추적용'이 될 수밖에 없다. 주로 '법정' '전형'계약의 '법효과'를 당해 사안에 유추적용하기 위해 개진되는 논거 중 하나이다. 하지만 유추적용의 가장 중요한 전제는 '비교 대상 간에 본질을 함께 하는 사안구조적 유사성의 존재'[96]에 있는데, 이 '유사성' 판단은 법적용자에 따라 일치하지 않을 수 있다. 즉 유추설에 따라 특정한 전형계약의 법효과조항을 유추적용하더라도 이 '유사성' 판단에 의문이 들 수 있다. 나아가 결합설과 결과적으로 다른 점이 무엇인지도 의문이다. 결합설에서도 결합된 유형의 계약규정에 대한 (유추)적용 여부를 당연히 검토하기 때문이다. 결국 유추설은 문제의 핵심을 놓쳐버린 감이 있다.[97]

4) 소결

위 견해 중 학계의 확고한 지지를 받은 것은 없다. 오히려 위 견해들이 실질적 논변을 제공하지 못하고 있다는 비판들이 주류를 이룬다.[98] 하지만 앞서 본 바와 같이 위 견해들은 혼합계약의 합리적 해결책을 찾아가는 하나의 '방법론(Methode)'을 제시했을 뿐이다. 따라서 반드시 '이론으로서의 완결성'을 갖추고 있지 않다고 무조건 비판할 것은 아니다. 위 견해들의 배경에 깔려있는 유형적 사고는 애초부터 '포섭을 위한 엄격한 동일성확인'을 전제로 하는 것이 아니라 '평가관점에 따른 편속(wertend zuordnend)'을 시도하는 것이다. 이때 개별 사안마다 가치판단 내지 이익형량을 해야 하는 수고로움이 있으나 이를 마다해서는 아니될 것이다. 또한 개념은 '정의'(definieren)하는 것이나, 유형은 '묘사'(beschreiben)하는 것이다. 유형론의 특징인 가치평가적, 의미중심적, 전체적(종합적) 관찰방법(Gesamtbetrachtung)은 대체로 사안의 구체적 타당성 있는 해결을 위한 유연하고 탄력적인 해법을 제시하지만 이는 상술한 바와 같이 일정 부분 불확실성을 감내한 결과이기도 한 것이다.

이렇게 본다면 상술한 '유형결합' 및 '유형융합'의 경우에 적어도 가분급부가 문제되는 범위에서는 원칙적으로 결합설적 해법이 타당하다고 생각한다. 가분적인 전형요소별로 분리하여 각각에 맞는 해법을 적용하는 것이 당사자의 의사와 이익을 존중하는 방법이기 때문이다. 하

96) Reimer, Juristische Methodenlehre, 2.Aufl., 2020, 254면의 표현을 빌리자면 「그 규범의 (규율)목적에 대해 결정적인 관점에서 동가치적(gleichwertig)인' 점」이 바로 유추의 근거이며 이 점이 법효과의 복사를 정당화한다고 한다. 유추에 관해서는 졸고, 민법에서의 유추와 해석 —판례를 거울삼아—, 법철학연구(12권 2호(2009), 125면 이하 참조.

97) 그 밖에 창조설(Kreationstheorie)도 주장된다. Gugelmann, Die Rechtsverhältnisse bei Geschäften gemischter Art nach schweizerischen Obligationsrecht, Bern, 1943. 이에 따르면 법관이 당해 혼합계약의 해결에 적합한 법을 스스로 창조해야 한다고 하며. 그 근거를 스위스민법 제1조 제2항과 제3항에서 찾고 있지만, 다른 해법도 모두 일정 부분 창조적 성격을 내포하고 있어서 독자적 학설로서의 가치는 크지 않다고 생각된다.

98) Martinek, 앞의 책, 25면(Theoriendefizit을 지적하고 있다).

지만 특히 불가분 급부가 문제되는 경우에는 관련된 규범의 입법목적상 '결합설적 해법'이 명백히 불합리할 수도 있다. 이러한 경우에 '흡수설'적 해법도 고려할 수 있다. 가령 불가분급부인 혼합증여(가령 회화)에서 '매매'적 요소가 압도적이지 않는 한 '증여'로 흡수된다고 보아 민법 제555조의 일괄적용을 고려할 만하다. 또한 배은행위의 경우에도 '매매'적 요소가 압도하지 않는 한 — 가령 매매와 증여가 50%씩 혼합된 경우 — 혼합증여행위 전부를 해제할 수 있다고 볼 것이다. 민법 제556조의 적용에 있어서 증여자의 기부의사와 미풍양속을 존중하고 배은행위자에 대한 경고와 위화효과를 중시할 필요가 있기 때문이다.[99]

이러한 해법에 관한 연구와 성찰은 신종계약의 민법전 편입 논의에서도 일정한 의미를 가진다. 결합설적 결론이 합리적으로 판단되는 전형적인 사안구조를 입법에 반영할 경우 그에 적합한 방법(가령 각각의 전형계약에 관한 법리를 준용한다거나 구체적인 특정한 규정을 준용하는 방법)을 사용하고, 흡수설적 결론이 타당한 사실관계에서는 입법시 그 구성요건을 보다 엄격하게 규정하는 것이다(가령 단서규정을 이용). 또한 해석론도 그에 따를 것이다. 나아가 '비전형적 요소'가 포함된 계약의 경우 그러한 '비전형성'의 범위에서는 당해 계약 규정이나 법리의 유추적용에 신중해야 한다. 현대적 계약유형에 관한 연구는 결국 — 계약의 구조론과 불이행 구조론 또는 사안구조론 등에서 볼 수 있듯이 — '구조유형'에 관한 탐구이다. 그리고 이러한 유형의 규범력은 실무의 경험적 토대와 학계 등 관련 단체의 폭넓은 동의를 필요로 한다. 구조유형에서 존재와 당위는 분리되어 있지 않고 서로 소통한다. 그리고 이러한 소통이 반복되면서 상시 변화하는 현실에 대한 질서있는('구조적'인 특징을 반영하는) 규율이 실현될 수 있다.[100] 이로써 보다 현실정합적인 '규범적 구조유형'이 발견되는 것이다.

Ⅵ. 결론에 갈음하여

자유시장경제질서체제에서 사인의 경제적 목적을 달성하고 개성을 발현하기 위한 가장 효율적인 수단이 바로 계약이다. 몇십 년 전과 비교해 보면 새로운 신종계약들(디지털콘텐트제공계약, 스마트계약 등)이 많이 등장하였다. 기술조건의 변화가 사인간의 계약에 반영되기 때문이다. 상술한 바와 같이 2014년 개정안은 2004년 개정작업과는 달리 개정안을 국회에 일괄제출하지

---

99) Larenz/Canaris, SchR. BT. Ⅱ/2, §63 Ⅲ 1 b 참조. 또한 제558조와도 관련하여 다른 입법례가 보다 다수였음에도 불구하고 현행법과 같은 태도를 취한 이유가 무엇인지 또 복잡한 문제가 발생한다는 것은 무슨 의미인지 추단하기는 쉽지 않으며 이를 '입법상의 실책'으로까지 평가하는 견해도 참조, 명순구, "서면에 의한 증여와 그 해제", 민사법학, 제42호(2008), 296면. 2004년 관련 개정 논의는 법무부 민법개정자료발간팀 편, 2004년 법무부 민법개정안: 채권편・부록(민법개정총서 제4권), 2012, 310면 참조.

100) Martinek, 앞의 책, 31면 이하. 구조유형에 관한 Martinek의 주장은 경청할 만하다. 우리나라 채무구조론에 관해서 우선 김상중, 채무불이행법 체계의 새로운 이해를 위한 시도 — 채무구조론과 '요건적 유형론'의 극복을 통하여 —, 비교사법 16권 2호, 2009, 1면 이하 참조.

않고 주제별로 소분하여 순차적으로 제출하는 방법론을 선택하였다. 이러한 입법전략은 교착상태에 빠진 민법전 개정작업에 활력을 불어넣을 수도 있겠으나 민법전의 전체적인 구성과 조율이라는 관점에서 볼 때 한계가 있다. 결국 민법의 전면개정이 민법의 체계성, 통일성을 제고하는 데 보다 효율적인 방법이라고 할 것이다.

본고에서는 각종 신종계약에 대한 개별적 고찰은 — 많은 선행연구도 있거니와 — 다음 기회로 미루고 신종계약의 법률상 전형계약 편입과 관련된 방법론적 논점들을 살펴보았다. 혼합계약의 유형과 해법에 관한 논의는 신종계약의 민법전 편입에 관해서도 유의미하다. 결합설적 결론이 합리적이라고 판단되는 전형적인 사안구조를 입법의 대상으로 할 경우 그에 적합한 방법(가령 각각의 전형계약에 관한 규정을 준용한다)을 사용하고, 예외적으로 흡수설적 결론이 타당한 사실관계는 이를 입법에 반영할 때 법률상 구성요건을 예외규정을 사용하는 등 보다 엄격하게 규정하는 것이다. 비전형적 요소가 포함된 계약에서는 그 '비전형성'의 범위에서는 당해 계약의 규정이나 법리의 유추적용에 신중해야 한다. '비전형성'의 정도가 무시할 수 있을 만큼 경미할 경우 당해 '전형계약'으로의 편속에 주저할 필요는 없다.

법은 역사적 조건의 산물이므로 그 변화에 발맞추어 입법적 타당성에 관한 검증이 끊임없이 이루어져야 한다. 신종계약의 민법전 편입 후에도 그러한 평가는 계속되어야 한다. 한편 너무 입법을 서두를 필요도 없다. 계약자유의 원칙에 따라 웬만한 비전형계약은 대부분 사인 스스로가 해결할 수 있다. 거래전형성과 법정전형성 간에 지나치게 큰 괴리가 발생하지 않도록 주의할 따름이다. 국민생활에 불편을 초래하기 때문이다. 실정법상 미비한 부분에 대한 뚜렷한 사회적 요구가 존재한다면 이에 부응하는 입법이 이루어져야 한다. 법무부가 마련한 디지털콘텐츠계약이라는 신종계약이 민법에 편입된다면 이 또한 환영할 일이다. 민법전의 현대화에 기여할 것이기 때문이다. 민법 밖에 자리잡고 있는 주택임대차, 할부판매, 소비자계약, 중개계약(부동산 중개 등 일부), 의료계약(의료법 등), 약관계약(약관규제법) 등도 민법 안에 위치시킬 수 있는지 다시 궁리할 필요가 있다. 오늘날 대부분의 국민에게 너무나 친숙해진 아파트상린관계에 대해 민법은 규율하는 바가 거의 없다.

입법방법에 대해서도 부분적으로나마 재음미해 보았다. 민법의 '전부'개정이 필요한 시점이라고 생각되기 때문이다. 요컨대 민법개정과 관련하여 충분한 여유와 집중력을 가지고 입법작업을 수행해야 한다는 점, 급속히 변화하는 시대에 맞춰 민법의 현실정합성을 제고해야 한다는 점, 입법과정에서 민법전의 체계성과 통일성을 도모해야 한다는 점, 국민들의 민법친숙도 내지 민법의 현실적합성을 대폭 개선할 필요가 있다는 점을 재차 강조하고 싶다. 무엇보다 이번 민법개정작업은 장차 우리가 지향하는 바람직한 사회의 모습에 대한 깊은 고민과 통찰에 기초해야 한다. 지난해 6월 구성된 법무부 민법개정위원회와 상술한 한국민사법학회 민법개정안검토위원회의 연구가 성과를 거두어 '민법전의 현대화'가 빠른 시일내에 완수되기를 바라마지않는다. 이는 민법이 일상생활의 기본법으로서의 위상을 되찾는 길이 될 것이다.

소유물방해제거청구권에서 '방해' 및 '방해자'의 개념에 관한 小考*

최 준 규**

Ⅰ. 들어가며

민법(이하 법명 생략) 제214조에 의하면 소유자는 소유권을 방해하는 자에 대하여 방해의 제거를 청구할 수 있다.[1] 여기서 '방해', '방해하는 자'의 의미를 어떻게 새길 것인지는 무척 어려운 문제이다. 훌륭한 선행연구[2]가 있지만, 추가 논의가 필요하다고 필자는 생각한다.

최종길 교수님은 그 당시 독일 논의를 참조하여 "소유물방해배제청구권"이라는 제목의 글을 1965년에 발표하신 바 있다.[3] 위 논문에서 방해 및 방해자의 개념에 관하여 다음과 같은 주장을 하셨다.

> ① "물건의 훼손 또는 기타의 변경이 계속적인 새로운 침해의 원인이 되고 따라서 방해의 상태가 존재하고 있을 때에는 방해배제청구권을 인정해야 할 것이다. 예컨대 돌을 던져서 어떤 집의 유리창이 파손되었다면 민법 제214조에 의해서 그 유리창이 깨어진 상태가 계속적인 소유권침해

* 이 글을 읽고 예리하고 건설적 비판을 해주신 서울대학교 이계정, 이동진, 이성범, 김웅재 교수님과 류혜비 재판연구원님께 감사드린다.

** 서울대학교 법학전문대학원 부교수

1) 소유물방해'제거'청구권이라고 부르기도 하고, 소유물방해'배제'청구권이라고 부르기도 한다. 이 글에서는 제214조가 규정한 대로 소유물방해제거청구권이라는 용어를 쓰기로 한다. 그러나 어떻게 부르든 그 뜻은 같다. 참고로 독일, 오스트리아, 스위스, 이탈리아, 네덜란드 등은 소유물방해제거청구권(actio negatoria)을 인정한다. 그러나 프랑스법과 영미법은 소유물방해제거청구권을 알지 못하고, 상린관계법이나 불법행위법을 통해 문제를 해결한다. 비교법적 개관으로는 Principles, Definitions and Model Rules of European Private Law: Draft Common Frame of Reference(DCFR), p.4327－4328.(https://www.law.kuleuven.be/personal/mstorme/european－private－law_en.pdf에서 검색가능. 최종검색일 2023. 8. 4); BK－GRAHAM－SIEGENTHALER, Art.641 ZGB, N336－472.

2) 김형석, "소유물방해배제청구권에서 방해의 개념", 서울대학교 법학 45권 4호, (2004), 394면 이하; 김진우, "독일법상 소유물방해제거청구권에서의 방해", 재산법연구 29권 4호, (2013), 35면 이하; 이계정, "소유물방해제거청구권 행사를 위한 방해의 현존", 민사판례연구 43권, (2021), 223면 이하.

3) 법정 제20권 2호 (1965. 2)

(동일 성질이 아닌 침해라도 무방하다. 예컨대 깨어진 유리창을 통해서 강풍이 돌입한다)의 원인이 되어 있는 한, 새 유리창을 청구할 수 있다고 볼 것이다."[4)]

② "소유권의 침해가 종국적으로는 물건의 자연적 성질에 기인한다고도 볼 수는 있지만, 그러나 직접적으로는 물건자체 속에 내재하고 있는 자연적 상태로 인한 것이 아니라 외재적 사정으로 인한 결과로서 발생한 경우에는 그 방해물의 소유자를 침해자라고 볼 수 없으며 따라서 소유물방해배제청구권의 상대방이 되지 않는다고 생각한다(異說있음). 예컨대 폭우 · 지진 · 홍수 · 또는 전시 중의 폭격 등의 외재적 사정 즉 불가항력에 의하여 갑작스럽게 건물 · 공작물 등이 붕괴하여 인지(隣地)를 갑작스럽게 방해하는 경우가 이에 속한다. 또한 아무런 권한 없이 제3자가 자기의 소유물을 이용해서 타인의 소유권을 침해하는 경우 예컨대 제3자가 무단히 자기 집 정원의 돌을 빼서 인지에서 굴려 내린다 등의 경우도 이에 속한다고 할 것이다. 이들 경우에는 물건의 소유자가 그 물건을 통상적인 주의를 다 하여 이를 보유하고 인지 소유자의 소유권을 방해치 않도록 모든 조치를 강구하고 있었다 하더라도 타인의 소유권침해는 예견치 않았던 외무(外務)적 사정으로 말미암아 피할 수 없었다고 할 것이다. 따라서 이런 경우에까지도 방해물을 소유하고 있던 자의 책임을 물어서 자기의 비용으로써 그 방해를 제거할 의무가 있다고 하는 것은 우리의 국민감정에도 적합하지 않을 뿐만 아니라 불가항력에 의한 손해배상의무를 원칙적으로 인정치 않는 민법의 일반원칙에도 반하는 것이라고 생각한다. 독일의 통설 · 판례도 소유권의 침해가 불가항력에 의한 경우에는 소유물방해배제청구권이 인정되지 않는다고 해석하고 있다. 다만 이 경우에도 독일의 통설적 견해와 같이 피방해자는 건물이나 토지의 소유자에 대하여 방해의 제거를 적극적 청구할 수는 없으나 피방해자 스스로 자기의 비용으로서 방해를 제거하기 위하여, 예컨대 소유자의 토지 위에 기계를 설치하거나 기타의 조치를 할 필요상 소유자의 토지를 통행할 필요가 있는 경우 등에는 소유자는 이를 인용할 의무가 있고 따라서 피방해자는 소유자에 대하여 인용청구권을 가진다고 해석함이 타당하다고 생각한다."[5)]

필자는 위 ①, ②주장에 대하여 모두 반대한다. ①주장에 대한 설득력 있는 반론은 이미 제기되었다.[6)] 그런데 ②주장은 현재 유력설이고,[7)] 이에 대해 '근거를 갖추어' 비판하는 문헌은 아직 찾지 못하였다. 이 글은 ②주장에 대해 반론을 제기하는 차원에서 작성되었다. 그리고

4) 최종길(주 3) 253면.

5) 최종길(주 3) 255－256면.

6) 김형석(주 2) 419－420면(방해제거청구권은 방해행위의 반대행위를 청구할 권리라는 이른바 '반대행위설'); 주석민법 물권1, 제5판, (2019)/이계정, 667면("타인의 주택에 돌을 던져 유리창이 파손된 경우에 돌의 수거를 구할 수 있으나 깨진 유리창의 복구를 구할 수는 없고, 원상회복의 영역은 손해배상의 영역으로 보아야 한다"). 유리창이 깨져 피해자의 집에 강풍이 들이닥치는 상황은, 피해자의 집에 대한 소유권이 방해되고 있는 상태로 평가할 수 있다. 그런데 여기서 방해의 원인은 '깨어진 유리창'이 아니라 '강풍'이라는 자연력(自然力)이다. 돌을 던져 유리창을 깨뜨린 자는 강풍을 제어 · 지배할 수 있는 위치에 있지 않다. 따라서 그는 위 문제 상황에서 방해자가 아니다. 그는 깨진 유리창과 관련하여 불법행위로 인한 손해배상책임을 부담할 뿐이다. 때에 따라서는 깨진 유리창을 통해 강풍이 들이닥쳐 피해자가 입은 손해에 대하여 불법행위책임을 부담할 수도 있다.

7) 민법주해5, 물권2, (1992)/양창수, 250－252면; 김형석(주 2) 417면; 주석민법 물권1, 제5판, (2019)/이계정, 667면; 김진우(주 2) 48면.

②주장을 검토하는 김에 관련된 주요 논점(방해자가 방해물의 소유권을 포기한 경우의 법률관계)을 하나 더 검토하고자 한다.

② 주장은 독일의 다수설, 판례의 영향을 받은 것인데, 이에 대해서는 독일 내에서도 강력한 비판이 제기되고 있다.[8] 외부인인 필자가 보기에 — 어디까지나 외부인의 주관적 시선에 불과하지만 — 방해 및 방해자의 개념을 둘러싼 독일의 논의상황은 그야말로 혼돈 그 자체이다. 불법행위 손해배상책임과 소유물방해제거의무 사이의 경계가 모호하고 유동적이라는 점에서[9] 독일의 다수설, 판례는 필자에게 비체계적으로 느껴진다. 또한, 독일에서는 ㉮ 불법행위책임에서 '과실책임원칙'을 비교적 엄격하게 준수하기 때문에 '과실의 객관화'를 통해 위법행위를 한 가해자에게 불법행위책임을 부과하는 것이 쉽지 않고,[10] ㉯ 방해배제청구권도 3년의 일반적 소멸시효기간(독일민법 제195조)에 걸린다.[11][12] 이러한 독일법의 특징으로 인해 독일에서 방해 및 방해자의 개념을 논의하는 '맥락'은 — 논의의 '외관상' 유사성에도 불구하고 — 우리와 사뭇

---

8) 비판론은 기본적으로 Eduard Picker에 의해 주창된 이른바 '소유권한참칭설'{Usurpationstheorie; Picker, Der negatorische Beseitigungsanspruch, (1972)}에 기반하고 있다. 독일의 대표적 주석서 중 하나인 뮌흐너 커멘타르 2023년 판(Thomas Raff 작성), 슈타우딩어 커멘타르 2019년 판(Christoph Thole 작성), 그리고 벡 온라인 그로스 커멘타르 2023년 판(Frank Spohnheimer 작성) 모두 -서로 약간의 견해 차이는 있지만- 다수설·판례에 비판적인 태도를 보이면서 소유권한참칭설에 원칙적으로 찬동하고 있다. 이러한 독일의 논의 지형(地形)은 필자에게 흥미롭게 느껴진다.

9) 독일의 다수설·판례가 ① 상당인과관계(adäquater Kausalzusammenhang)와 귀속(Zurechnung)을 방해제거의무 발생요건으로 보는 점, ② 방해원인을 제거하는 과정에서 발생한 2차적 방해도 방해제거의무의 대상에 포함시키는 점이 특히 의문이다. 위 쟁점에 관한 독일의 다수설·판례의 개관으로는 우선 MüKoBGB/Raff, 9.Aufl. 2023, BGB §1004 Rn.70－86, 222－234.
①과 같은 요건은 '과거지향적' 권리인 불법행위 손해배상청구권의 발생요건과 어울린다. **과거에 일어난 사태를 상대방에게 귀속시켜** 그에게 책임을 물을 수 있는지를 따지는 것이 상당인과관계와 귀속이라는 기준이기 때문이다. '현재 및 미래지향적' 권리인 방해제거청구권의 상대방에 해당하는지를 따질 때, 상당인과관계와 귀속을 고려하는 것은 부자연스럽고 불합리하다(다만 과거지향적 개념으로서의 귀속이 아니라 '**현재지향적 개념으로서의 귀속**'은 '방해자' 여부를 판단할 때 고려될 수 있다. 이 점에 관해서는 각주 19 참조). 또한 ②처럼 방해제거의무의 범위를 넓히면, ⓐ 오염된 토양과 관련하여 방해를 제거하는 과정에서 기존 토양이 반출된 자리에 새 토양을 채우는 것(BGH NJW 2005, 1366), ⓑ 나무의 뿌리가 인접 토지의 지하로 침범한 상태를 제거하는 과정에서 훼손된 인접 토지 지상의 테니스 코트 및 바닥 석재(石材)를 다시 설치하는 것(BGHZ 135, 235)도 방해제거의무의 범위에 포함된다. 그러나 이는 손해배상을 통해 해결할 문제이지 방해제거를 통해 해결할 문제가 아니다. 본문 Ⅱ. 3.의 여섯 번째 논거 참조.

10) 따라서 귀책사유를 요구하지 않는 방해제거의무를 가해자에게 부과할 실무상 필요가 존재할 수 있고, 이러한 필요에 부응하여 방해나 방해자를 폭넓게 인정하려는 입장이 실무상 공감대를 얻을 수 있다.

11) Staudinger/Thole (2019) §1004 Rn.435. 다만 등기된 소유권에 기초한 방해제거청구권(ex. 말소등기청구권)이 소멸시효에 걸리는지에 관해서는 독일민법 제902조 제1항의 존재로 인해 복잡한 논의가 있다(우리의 법상황과 다른 부분으로서 우리가 참조할 가치가 있는 논의는 아닌 것으로 보인다). Staudinger/Thole (2019) §1004 Rn.423－428. 또한, 독일의 경우 소유권에 기초한 반환청구권(독일민법 제985조; 우리민법 제213조에 대응하는 조문이다)도 30년의 소멸시효에 걸린다(독일민법 제197조 제1항 제2호).

12) 따라서 방해나 방해자를 폭넓게 인정하더라도 그로 인한 폐해(방해제거청구권에 의한 손해배상청구권 잠식 문제)가 작고, 불법행위로 인한 손해배상책임을 인정한 것과 실질적으로 큰 차이가 없다.

다를 수 있다. 우리법은 과실의 객관화를 통해 불법행위 손해배상책임을 적극적으로 인정하는 데 친숙하고,[13] 소유권에 기한 방해제거청구권은 소멸시효에 걸리지 않기 때문이다.

방해 및 방해자의 개념을 검토하는데 독일의 선행연구[14]는 필자에게 큰 도움이 되었다. 하지만 위와 같은 사정을 고려하여 이 글에서는 독일의 복잡다단한 논의상황을 소개하지 않고,[15] 바람직한 우리법 해석론을 모색하는 데 집중한다. 다만 필자가 독일문헌을 조사하는 과정에서 발견한 의미 있는 논소(論所) 또는 명제로서, 우리법 해석론에 도움이 된다고 판단되는 부분은 그때그때 인용하기로 한다.[16]

아래에서는 항을 바꾸어, 가상의 사례를 제시하고 그에 대한 필자 나름의 답을 제시하는 방식으로 필자의 견해를 밝힌다.

Ⅱ. 사안의 제시 및 해결

다음과 같은 고전적 사안을 생각해 보자.

---

13) 가령 ① 생활방해로 인한 불법행위책임이 문제 된 경우, 우리 판례는 종종 참을 한도의 판단과 고의·과실의 판단을 일원화한다. 즉 참을 한도를 넘은 위법행위가 일단 인정되면 가해자의 과실은 별도로 검토하지 않은 채 — 과실이 당연히 인정된다는 전제하에 — 손해배상을 명하는 것이다. 이성범, "참을 한도를 넘는 생활방해로 인한 민사책임", 민사법학 100호, (2022), 314면 참조. 또한 ② 제756조에 의한 사용자책임에서 법문언상으로는 사용자가 피용자의 선임 및 그 사무감독에 상당한 주의를 하였거나 상당한 주의를 하여도 손해가 있을 경우 사용자는 면책되지만, 우리 실무는 이러한 면책을 거의 허용하지 않고 있다.

14) Staudinger/Thole (2019) §1004 Rn.16－39, 254－294; MüKoBGB/Raff, 9.Aufl. 2023, BGB §1004 Rn.47－53, 66－99; BeckOGK/Spohnheimer, 1.5.2023, BGB §1004 Rn.29－46, 138－158; Matthias Katzenstein, "Der Beseitigungsanspruch nach §1004 Abs.1 Satz1 BGB", AcP 211, (2011), 58; Joachim Wenzel, "Der Störer und seine verschuldensunabhängige Haftung im Nachbarrecht", NJW 2005, 241; Elke Herrmann, "Natureinflüsse und Nachbarrecht - drei Entscheidungen－", NJW 1997, 153; Baur/Stürner, Sachenrecht, 18.Aufl. (2009).

15) 독일의 논의상황을 소개하는 우리문헌으로는 김형석(주 2), 김진우(주 2) 참조.

16) 참고로 스위스는 독일과 달리, 그리고 우리법과 비슷하게 소멸시효에 걸리지 않는 소유물방해제거청구권(Eigentumsfreiheitsklage; 스위스민법 제641조 제2항)을 인정한다. 실무상으로는 소유물방해제거청구권보다 점유보호청구권(스위스민법 제928조)이 더 활용된다고 한다. 그런데 스위스의 경우 '방해' 또는 '방해자'의 개념에 관한 정교한 논의를 찾기 어렵다. 스위스 판례(BGE 5A_732/2008; BGE 100 Ⅱ 307)는 타인의 토지를 침범한 건축물과 관련하여, **그 건축물을 건축하지 않은 현재 건축물 소유자**에 대한 소유물방해제거청구권을 인정하지 않는다. 즉 방해자로부터 방해물의 소유권을 승계취득한 자는 방해자가 아니고, 토지소유자는 자기 비용으로 위 건축물을 철거해야 한다. 학설은 이 경우 전소유자의 의사(意思)가 방해상태를 만드는데 주된 기여를 하였기 때문에, 전소유자가 계속 방해제거의무를 부담한다는 입장이다. 그러나 이는 납득하기 어려운 결론이다. 스위스 논의로는 BK－GRAHAM－SIEGENTHALER, Art.641 ZGB, N162, 168－170, 208; CHK－Arnet ZGB 641 N 39－44; BSK ZGB Ⅱ－Wolfgang Wiegand/IN, Art.641 N58－67, 5.Aufl. (2015); Stephanie/Barbara/Vito, Sachenrecht, 5.Aufl., (2017), S.166－171.
오스트리아 학설의 소개로는 Schwimann/Kodek, ABGB4 Ⅵ Vor §§1293 Rz 39t－39w(소유권한참칭설은 지지를 받지 못하고 있고, 부합이 되었더라도 사실상 분리가 가능하면 방해배제를 청구할 수 있다는 견해 등이 주장되고 있다).

A소유 X토지 위에 A소유 나무가 심겨 있다. 유례없는 강풍으로 위 나무가 뽑혀 나가 X토지 옆에 있는 B소유 Y토지 위에 놓이게 되었다. A와 B는 서로에 대해 어떠한 권리를 행사할 수 있는가?

1. 유력설에 따른 해결

위 사안에서 B는 A소유 나무를 점유하고 있지 않다. 점유가 인정되려면 B의 점유설정의사가 필요한데[17] B에게는 그러한 의사가 없기 때문이다. 따라서 A는 B에게 소유물반환청구권을 행사하여 나무의 인도를 청구할 수 없다. 문제는 A가 자신이 소유하는 나무를 통해 B의 토지소유권을 방해하고 있는지이다. 최종길 교수님의 ②주장과 현재 유력설에 의하면 A는 B의 토지소유권을 방해하는 자가 아니다. 상태방해가 인정되려면 적어도 **"방해자의 의식적 관여하에 방해의 가능성이 창출**된 물건이나 시설에서 방해가 야기되어야 하는데", 순수한 자연력에 의해 방해가 일어났다면 이러한 의식적 관여가 없기 때문이다. B는 자기 비용으로 위 나무를 수거해야 한다. 수거하는 과정에서 B가 나무의 점유자로 인정된다면 A는 B에게 소유물반환청구를 할 여지도 있을 것이다.[18] A가 자기 비용으로 나무를 수거해갈 테니 B에게 이를 용인해달라고 청구하는 권리도 굳이 부정할 이유는 없다(제216조 유추).

그런데 이러한 결론이 과연 타당한가?

2. 필자의 견해에 따른 해결

B의 Y토지소유권에 대한 방해가 인정된 이유는, Y토지 위의 공간을 X소유 물건이 물리적으로 차지하고 있기 때문이다. 이러한 **'공간(空間) 침해'**로 인해 B가 Y토지에 대하여 갖는 사용·수익·처분권이 제한되기 때문이다. Y토지 위의 공간을 잡아먹는 **나무의 점유자 또는 소유자**는 그가 나무를 점유 또는 소유하고 있다는 점 자체만으로 B의 토지소유권을 방해하는 것이다.[19] A를 방해자로 인정하기 위해 A의 의식적 관여라는 모호한 요건을 추가로 요구할

---

17) 지원림, 민법강의, 제20판, (2023), 326－327면.

18) 이 경우 B는 소유물반환청구의 상대방으로서 반환비용을 집행비용의 일종으로 부담하는 것이 원칙이다(민사집행법 제53조 제1항). 다만 항상 그렇게 보아야 하는지는 의문이다. B는 나무 소유자 A의 의뢰가 없음에도 불구하고 호의로 나무를 점유·보관하고 있다. 따라서 B는 의무 없이 타인의 사무를 처리하는 사무관리자로서 A에게 반환 또는 보관비용의 상환을 청구할 여지가 있다(제739조). 물권법 법리와 채권법 법리가 충돌하는 경우 후자가 우선해야 한다(계약의 우위!). 松岡久和 物権法, (2017), 37－38頁 참조.

19) 방해행위의 '모습'에 따라 방해자 해당 여부 판단기준은 달라질 수 있다. B의 토지소유권을 방해하는 형태가 본문과 같이 '공간을 침해하는 물리적 방해'가 아니라 '소음과 같은 생활방해'라면, 인근 토지소유자인 A가 생활방해의 발생원인을 지배하는 자인지 좀 더 따져보아야 한다. 순수한 자연력으로 인해 발생한 생활방해라면 A를 방해자로 볼 수 없다. 그러나 **A에게 귀속시킬 수 있는 '인위적 요소'가 자연력에 개입하였다면** A를 방해자로 볼 수 있다. 가령 A소유 X토지 위 연못에서 서식하는 개구리의 울음소리로 인해 B의 토지소유권이 방해되는 경우(소음의 수준이 참을 한도를 넘었다고 가정한다), 위 연못이 자연적으로 조성되었고 개구리의 서식과 관련하여 인위적 개입이 없었다면 A는 방해자가 아니다. 인근 토지소유자 B는 이러한 소음을 운명으로 받아들여야 한다. 이는 **인간이 함께 살아가야 할 '자연'의 일부**이기 때문이다. 그러나 위 연못이 인위적으로 조성되었

이유가 없다. 이러한 필자의 주장을 뒷받침하는 근거는 다음과 같다.

첫째, 소유물방해제거청구권은 현재 소유권이 방해되고 있는 점에 주목하여 장래를 향해 이러한 방해의 제거를 추구하는 권리이다. 과거의 법상황을 묻지 않는 **'현재 및 미래지향적'** 권리라는 점에서, '과거지향적' 권리인 불법행위 손해배상청구권과 구별된다. 불법행위 손해배상청구권은 이미 완결된 법상황을 전제로 이러한 법상황이 법적으로 정당한지 따진 뒤 위법하다고 판단되면 '종전의' 정당한 법상황으로의 원상회복을 추구한다. 그 과정에서 위법행위를 한 자에게 귀책사유가 있는지, 위법행위와 손해발생 사이에 인과관계가 있는지가 검토된다. **귀책사유와 인과관계 유뮤의 검토는 '과거에 이루어진' 위법행위에 초점을 두고 이루어진다**. 그러나 소유물방해제거청구권의 경우 이러한 과거지향적 검토가 이루어질 필요가 없다. 현재 A가 소유하는 나무로 B의 토지소유권이 방해되고 있다면 그러한 방해상태가 야기된 **과거의 경위를 따질 필요 없이** A는 방해자로 인정되어야 한다. ⓐ A로서는 도저히 예상하거나 대비할 수 없는 강풍으로 나무가 쓰러진 것인지, ⓑ A가 또는 그 밖의 다른 사람이 그 나무를 심은 것이 아니고 자연스럽게 그 자리에서 나무가 자라난 것인지, ⓒ A의 의사와 무관하게 도둑이 그 나무를 베어다가 임의로 B소유 토지 위에 놓아둔 것인지(그리고 A가 이러한 도둑의 행위를 예상하고 막는 것을 기대하기 어려웠는지) 등은 A에 대한 소유물방해제거청구권 인정 여부를 검토하는데 고려할 사항이 아니다. 과거사(過去事)일 뿐이다. 이러한 과거사는 불법행위 손해배상청구권 인정 여부를 검토할 때 고려할 여지가 있는 사항일 뿐이다.[20)]

둘째, 이익형량의 관점에서도 불가항력의 자연력이 작용하였는지를 따지지 않는 것이 타당하다. 강풍으로 A소유 나무가 B소유 Y토지 위에 떨어진 것은 전적으로 우연한 사정이다. A소유 나무는 A소유 X토지 위에 떨어졌을 수도 있다. 후자의 경우 어차피 A는 나무 수거비용을 부담하였을 것이다. 그렇다면 A가 B에 대한 관계에서 방해제거의무를 부담하고 그에 따라

거나 개구리의 서식과 관련하여 인위적 개입이 있었다면 A는 연못의 소유자로서 -설령 자신이 인위적 조성·개입에 관여한 바 없더라도- 방해자에 해당한다. A가 개구리의 소유자 또는 점유자가 아니더라도 A는 연못의 소유자로서 그로부터 발생한 생활방해를 제거할 의무를 부담한다(소유권한참칭설에 따르더라도 A는 방해제거의무를 부담한다. 소유권한참칭설에 따를 경우 생활방해에 적절히 대처할 수 없다는 생각은 오해이다. 다만 A가 연못의 소유권을 포기하면 A는 더 이상 방해자가 아니므로 방해제거의무를 부담하지 않는다). 이러한 문제상황에서는 자연력으로 인한 방해상태를 A에게 귀속(Zurechnung)시킬 수 있는지 따질 필요가 있다(='현재를 기준으로 한 귀속'). 즉 방해자 해당 여부를 검토할 때 자연력이 아니라 인력(人力)이 작용하였는지 따져야 한다. 그러나 본문과 같이 공간침해의 형태로 방해가 이루어지는 때에는, 자연력으로 인한 방해상태를 A에게 귀속시킬 수 있는지(='과거를 기준으로 한 귀속') 별도로 따질 필요가 없다. **A가 방해물의 점유자 또는 소유자인 점 자체만으로 이미 인력(人力)이 작용한 것**이기 때문이다.

참고로 위 개구리 울음소리 사안에서 해당 생활방해가 A에게 귀속될 수 없는 생활방해라면, 즉 자연적으로 조성된 연못에서 발생하는 개구리의 울음소리로 인해 발생한 생활방해라면, 이는 참을 한도 내의 것으로서 **애초부터 위법한 방해가 아닐** 가능성이 크다.

20) 본문 ⓑ와 같은 사정은 A의 고의·과실을 따지는 때에도 고려할 필요가 크지 않다.

자기 소유 나무의 수거비용을 부담하는 결론이, A의 입장에서 불공평하다고 보기 어렵다. 자기 물건으로 타인에게 폐를 끼치고 있는 한 물건 소유자는 폐를 끼친 경위(과거사이다)와 상관없이 더는 폐를 끼치지 않도록 해야 한다. A, B 모두 잘못이 없다는 점을 들어 ① A가 방해제거의무를 부담하되 방해제거비용은 A와 B가 1/2씩 분담하거나, ② A가 방해제거의무를 부담하지 않는 결론을 도출하는 것은 타당하지 않다.

셋째, 학설 중에는 방해제거책임을 행위책임과 상태책임으로 나누고 이 중 상태책임은 공작물책임(제758조)과 체계적 상관(相關)성을 갖는다는 점을 들어, 순수한 자연력에 의하여 방해상태가 창출된 경우 방해제거의무를 부정하는 견해가 있다.[21] 그러나 이러한 견해의 타당성에는 의문이 있다. 공작물책임은 가해자의 귀책사유를 고려하지 않는 위험책임에 가깝다는 점에서 방해제거의무와 비슷하지만, 기본적으로 불법행위책임의 일종이다. 왜 과거지향적 권리인 불법행위 손해배상청구권의 내용을 참조하여 현재 및 미래지향적 권리인 소유물방해제거청구권의 내용을 설계해야 하는가? 전자의 경우 이미 일어난 손해에 관하여 가해자에게 책임을 물을 수 있는지가 관건이므로 인과관계와 귀속이라는 개념이 필요하다. 이에 반해 후자의 경우 현재 방해상태를 누가 지배하고 있는지가 중요하고 그와 별도로 인과관계와 귀속을 따질 필요가 없다. 과거의 원인과 과거의 결과를 잇는 '끈'(=인과관계와 귀속)이 존재하는지 따질 필요가 없는 것이다.

3. A가 나무 소유권 및 점유권을 포기한 경우의 법률관계

A가 나무의 소유권 및 점유권을 포기하더라도[22] 여전히 B에 대하여 방해제거의무를 부담하는가? 유력설에 따르면 A는 애초부터 방해제거의무를 부담하지 않으므로 위 쟁점을 검토할 필요가 없다. 그러나 필자의 견해에 따르면 위 쟁점을 검토해야 한다. 우리나라에서 이 문제를 논의하는 분은 많지 않다. 그러나 논의하는 분들은 모두, 일단 A의 방해제거의무가 발생한 이상 A가 방해물의 소유권 및 점유권을 포기함으로써 사후적으로 그 의무에서 벗어날 수는 없다고 본다.[23] 독일의 통설도 같다. (독일의 다수설, 판례에 반대하는) 소유권한참칭설에 따르면 A가 소유권 및 점유권을 포기한 이상 A는 더는 방해자가 아니라고 봄이 자연스럽다. 그러나 소유

---

21) 김형석(주 2) 410－412면 및 416－417면. 주석민법 물권1, 제5판, (2019)/이계정, 661－662면도 이러한 논리구성에 찬동한다.
한편 위 견해는 제3자가 절취한 자동차를 타인의 토지에 버리고 간 경우, 자동차 소유자는 토지소유자에 대하여 방해배제의무를 부담한다고 본다. 김형석(주 2) 412면. 유례없는 강풍으로 A소유 나무가 B소유 토지에 쓰러진 때에는 A가 방해배제의무를 부담하지 않지만, A소유 나무를 제3자가 임의로 벌채하여 B소유 토지에 버리고 간 경우에는 A가 방해배제의무를 부담한다는 것이다. 두 문제 상황을 달리 볼 이유가 있는가?

22) A가 소유권만 포기하고 점유권은 포기하지 않으면 그는 여전히 방해자이다. 그가 점유하는 나무가 B소유 토지 위의 공간을 물리적으로 차지하고 있기 때문이다.

23) 김형석(주 2) 427－429면; 김진우(주 2) 63면; 이계정(주 2) 245면.

권한참칭설에 찬동하는 독일 법조인들조차도 위 쟁점에 관해서는 의견이 나뉜다.[24] A에게 부과된 법적 의무를 A가 방해물에 대한 소유권을 포기함으로써 손쉽게 벗어날 수 있다는 결론은, 법의 목적과 존재 이유를 대놓고 무시하는 것처럼 보이고, 법을 희롱하는 것처럼 보인다. 직관적으로 보았을 때 정의 관념에 반하는 견해로 여겨진다. 소유권을 포기하더라도 방해자 요건에서 탈락하는 것은 아니라는 견해가 다수의 지지를 얻는 까닭이다. 그러나 필자는 이러한 다수의 견해 또는 통념(이하 '통설')에 반대한다. A가 나무의 소유권 및 점유권을 포기하면 A는 더는 B소유 Y토지의 방해상태를 지배하는 자가 아니다. 따라서 B는 A에게 소유물방해제거청구권을 행사할 수 없다.[25] 그 이유를 상술하면 다음과 같다.

첫째, 소유권 포기를 통한 방해제거의무로부터의 해방이 정의 관념에 반한다는 직관 또는

---

24) 소유권한참칭설을 지지하면서도 방해물에 대한 소유권 포기를 통해 방해자 지위에서 벗어나는 것은 허용할 수 없다는 견해로는 MüKoBGB/Raff, 9.Aufl. 2023, BGB §1004 Rn.91－98. 소유권한참칭설을 지지하면서 방해물에 대한 소유권 포기를 통해 방해자 지위에서 벗어나는 것을 허용하는 견해로는 BeckOGK/Spohnheimer, 1.5.2023, BGB §1004 Rn.152－158; Staudinger/Thole (2019) §1004 Rn.288－294(그러나 Rn.32, 37의 서술은 다소 유보적인 입장으로도 읽힌다).

25) 비슷한 맥락에서 토지에 무단으로 묻은 폐기물이 토지에 부합되었다면, 즉 폐기물을 제거하려면 흙 자체를 퍼낼 수밖에 없다면, 토지소유자는 폐기물의 전(前)소유자 또는 전(前)점유자에 대해 더는 방해제거를 청구할 수 없다. 그는 이제 '방해자'가 아니기 때문이다. 결론적으로 같은 취지로는 김웅재, "오염된 토지에 대한 민사적 책임", 사법 52호, (2020), 59－60면; 정혜진, "폐기물이 불법 매립된 토지 매수인의 구제방안에 관한 연구", 환경법과 정책 25권, (2020), 125－126면. 그러나 부합의 경우에도 방해제거의무를 인정하는 견해로는 이계정(주 2) 248－252면; 김태관, "소유물방해배제청구권과 부합", 저스티스 182－1호, (2021), 186면 이하.

오늘날의 기술 수준을 고려하여 부합을 가능한 한 엄격히 인정하는 것은 충분히 일리가 있다. 그러나 토지에서 폐기물만 분리하여 떼어 내는 것이 물리적으로 불가능하고 결국 새 흙을 보충할 수밖에 없음에도 불구하고 이를 토지소유권의 '방해'로 보아 방해제거의무를 인정하는 견해에는 찬성할 수 없다. 만약 이 경우에도 '방해'를 인정한다면 기름을 부어 옷을 더럽힌 자도 옷 소유자의 소유권을 방해하는 자로 보아 소유물방해제거청구권을 근거로 새 옷으로 교체해달라고 요구할 수 있을 것이다. 이렇게 보면 방해와 손해의 경계가 무너진다. 학설 중에는 폐기물이 부합된 기존 흙을 빼내는 것은 방해제거의 영역이고, 새 흙을 보충하는 것은 손해배상의 영역이라는 견해도 있다. 이계정(주 2) 256면. 그러나 이 역시 부당하다. 옷에서 기름이 묻은 부분을 잘라내는 것은 방해제거의 영역이고, 그 부분을 새 옷감으로 메우는 것은 손해배상의 영역인가? 전자의 권리는 소멸시효에 걸리지 않고 후자의 권리는 소멸시효에 걸린다고 볼 합리적 이유가 있는가?

폐기물이 부합된 상황은 부합되지 않은 경우와 비교할 때, ⓐ 피해자인 토지소유자에게는 더 불리한 상황이고 ⓑ 가해자인 폐기물을 묻은 자는 더 나쁜 행위를 한 것인데, 그런데도 가해자가 더 약한 의무(불법행위 손해배상의무)만 부담하는 것은 불공평하다는 주장은, 결론을 이미 정해 놓고 그 결론을 논거로 활용한 것에 불과하다. 여기서 관건은 가해자가 '방해자'인지 여부이지, 가해자가 철퇴를 맞아야 할 악인(惡人)인지가 아니다. 무과실 방해자도 방해제거의무를 부담하므로, A의 방해자 여부를 판단하는 과정에서 A의 악성(惡性)은 애초부터 고려할 요소가 아니다. 각주 26도 참조.

폐기물이 토지에 부합되었더라도 토지소유자는 여전히 소유권을 방해받는 상태에 놓일 수 있으므로(가령 폐기물로 인한 악취), 소유권한참칭설은 타당하지 않고 방해제거청구권이 인정되어야 한다는 주장{주석민법 물권1, 제5판, (2019)/이계정, 668－669면}은 소유권한참칭설의 진의(眞意)를 오해한 것이다. 방해자가 방해물의 소유권을 포기하거나 방해물이 토지에 부합되더라도 여전히 토지소유자는 불이익한 상태에 놓일 수 있음은 당연하다. 소유권한참칭설은 그런데도 방해자가 더는 방해상황을 지배하고 있지 않으므로 그에 대한 물권적 청구권 행사는 허용될 수 없다는 것이다. 토지소유자의 불이익한 상태의 회복은 불법행위책임으로 해결하자는 것이다. 원래 물권적 청구권은 그런 권리라는 것이다.

통념은, 대체로 그리고 부지불식간에 방해자에게 고의 · 과실이 있는 사안을 염두에 두고 있다. 그런데 고의 · 과실이 있는 방해자는 불법행위 손해배상책임을 부담한다. 따라서 부정의가 방치되고 악인(惡人)이 책임을 모면하는 상황은 발생하지 않는다.[26] 고의 · 과실 없는 방해자가 방해물의 소유권을 포기하였음에도 불구하고(A는 자기 소유 나무의 재산적 가치를 포기하였다), 방해물을 수거하는 비용을 항상 부담해야 한다는 결론이, 정의 관념에 부합한다고 단정할 수 있는가? 직관 또는 통념의 관점에서 보면 A, B 모두 잘못이 없으므로 위와 다르게 볼 여지가 충분하다. A에게 '항상' 방해제거의무를 부담시키는 결론이 '하나의 정답'이라고 말할 수 없는 것이다.

둘째, 소유물방해제거청구권은 소유권을 보호하는 물권적 청구권으로서 소유물반환청구권도 넓은 의미에서는 소유물방해제거청구권의 일종이다. 즉 소유물의 무단 점유는 소유물방해의 일종이고 소유물 반환은 소유물 방해제거의 일종이다.[27] 무단 점유자가 점유를 포기하면 소유자는 그에게 소유물반환청구를 할 수 없다. 지금 시점을 기준으로 그는 점유자가 아니기 때문이다. 그렇다면 방해자가 소유권 및 점유권을 포기함으로써 더는 방해상태를 지배하고 있지 않다면 그에게 소유물방해제거청구를 할 수 없다고 봄이 균형이 맞다. 소유물방해제거청구권은 '현재 및 미래지향적 권리'이므로, 위와 같이 보는 것이 자연스럽다.

셋째, B는 Y토지의 소유자 겸 점유자로서 자력구제(제209조 제1항) 및 정당방위(제761조 제1항)를 근거로 방해가 이루어지는 현장에서 유형력을 동원하여 방해를 막을 수 있다. 가령 A가 자기 소유 X토지로 착각하고 인근 Y토지 위에 건물을 짓거나 쓰레기를 버리고 있다면, A의 위 행위가 위법한 이상 A에게 고의 · 과실이 없더라도[28] B는 유형력을 행사하여 건물을 못 짓게 하거나 쓰레기를 못 버리게 할 수 있다. 그런데 필자처럼 보면 일단 건물을 짓거나 쓰레기를 버린 후 A가 건물이나 쓰레기의 소유권 및 점유권을 포기하면 B는 A에게 방해제거청구권을 행사할 수 없다. A에게 고의 · 과실이 없어 손해배상을 청구할 수도 없으므로 결국 B가 자진해서 방해를 제거하고 건물철거 또는 쓰레기수거 비용을 스스로 부담해야 한다. 피해자의 자력구제가 허용되는 위법행위를 한 가해자(고의 · 과실이 없는 가해자)가 그로 인해 발생한 비용을 피해자에게 부담시키는 결과가 된다. 이러한 결론이 부당하다는 점을 들어 통설을 지지하

26) 소멸시효가 완성되어 불법행위 손해배상책임을 물을 수 없다면 악인(惡人)이 책임을 모면하더라도 어쩔 수 없다. 이러한 일은 소멸시효 제도가 존재하는 한 언제든 있을 수 있다. 소유물방해제거청구권을 인정하였더라면 소멸시효와 상관없이 악인(惡人)이 책임을 모면할 수 없으므로, 통설이 타당하다고 혹자(或者)는 생각할지 모른다. 그러나 관건은 그 악인이 '방해자'에 해당하는지 이고, 방해자 해당여부를 결정하는데 악성(惡性)은 고려요소가 아니다. 악인이 책임을 모면할 수 없게 하려고 악인을 방해자로 보아야 한다는 주장은 논의의 선후(先後)가 바뀐 것이다.

27) 따라서 A가 B의 소유물을 무단점유할 염려있는 행위를 하는 경우 -비록 제214조는 소유물'방해'예방청구권만 규정하고 있지만- 제214조를 유추하여 B는 A를 상대로 무단점유의 예방이나 손해배상의 담보를 청구할 수 있다고 보아야 한다. BeckOGK/Spohnheimer, 1.5.2023, BGB §1004 Rn.2.2.

28) 김형석(주 2) 407면.

는 견해가 있다.[29] 그러나 이러한 결론이 부당한지 의문이다. B는 자기 소유 토지를 계속 현장 감시하면서 A의 방해행위를 막았기 때문에, 자신의 토지소유권을 두텁게 보호할 수 있었다. B가 이러한 현장 감시를 하지 못해서 또는 하지 않아서, A가 건물을 짓거나 쓰레기를 버리는 것을 현장에서 막지 못하였다면, －A에게 고의·과실이 없는 경우－ 자신의 토지소유권이 앞선 경우보다 덜 보호될 수 있다. 권리자가 비용과 수고를 들인 만큼 권리보호를 더 받고, 비용과 수고를 덜 들였기 때문에 권리보호를 덜 받는 것이 왜 부당한가?[30]

넷째, 만약 A가 나무의 소유권을 C에게 양도하고 그 점유도 이전하였다면 방해자는 C이고 A가 아니다. A는 더 이상 방해상태를 지배하고 있지 않기 때문이다. B는 A에게 방해제거청구를 할 수 없고, 오직 C에게 해야 한다.[31] A는 자력이 풍부하지만 C는 자력이 없어 C로부터 방해제거비용을 회수하는 것이 불가능하더라도 C만이 방해제거의무를 부담한다. A가 나무의 소유권 및 점유권을 포기한 사안도 A가 더는 방해상태를 지배하고 있지 않다는 점에서 A가 나무 소유권을 양도한 사안과 차이가 없다.[32] 어느 경우든 A는 방해제거의무를 부담하지 않는다고 보아야 한다.

다섯째, 통설은 방해제거의무를 부담하는 자가 방해제거비용을 부담하는 것이 '공평한 비용부담 기준'이라는 '선험적' 전제를 깔고 있다. 이러한 공평한 기준을 방해자가 임의로 훼손할 수 없다는 것이다. 그러나 "누가 방해제거의무를 부담하는 것이 공평한가?"라는 물권법 차원의 문제와 "**누가 방해제거비용을 최종적으로 부담하는 것이 공평한가**?"라는 채권법 차원의 문제는 분리해서 생각해야 한다.[33] 방해제거의무를 부담하는 자가 방해제거비용을 부담하는 것은 '원칙적으로' 타당하다. 집행비용은 원칙적으로 집행채무자가 부담해야 하기 때문이다(민사집행법 제53조 제1항). 그러나 '절대적으로' 타당한 것은 아니고, '종국적으로 공평하다'고 단정

29) 김형석(주 2) 428면.

30) B가 자기 소유 토지를 전혀 감시하지 않던 중 우연히 A의 방해행위를 발견하고 자력구제를 하였을 수도 있다. 이 경우에도 B는 **현장에서 자력구제를 한만큼**은 자신의 비용과 시간을 들인 것이다. 따라서 이렇게 자력구제가 이루어진 경우와 자력구제가 이루어지지 않은 경우를 차별취급하는 것도 여전히 합리적 근거가 있다.

31) 타인의 토지 위에 자기 소유 건물을 무단으로 건축한 뒤 위 건물소유권을 제3자에게 이전한 종전 소유자에 대하여, 토지소유자는 소유물방해제거청구권에 근거하여 건물철거청구를 할 수 없다. 다만 종전 건물소유자에게 고의·과실이 있는 경우, 토지소유자는 ⓐ 불법행위에 기한 원상회복청구의 형태로 건물철거를 청구하거나(불법행위에 따른 손해배상의 방법의 하나로 원상회복청구가 해석론상 인정된다고 일단 가정한다. 각주 38 참조), ⓑ 불법행위에 기한 금전손해배상청구의 형태로 (이미 지출된) 건물철거비용 상당액의 지급을 청구할 수 있다.

32) Staudinger/Thole (2019) §1004 Rn.291.

33) ① 부합의 국면도 비슷하다. 누가 소유자인지 정하는 것(물권법)과 소유권 취득 후 후속 법률관계의 해명(채권법)은 다른 차원의 문제이다(제261조 참조). 부합으로 소유권을 취득한 자가 있더라도 그가 소유권을 잃은 자에 대하여 부당이득반환의무나 불법행위 손해배상책임을 부담할 수도 있고, 반대로 소유권을 잃은 자가 강제로 소유권을 취득하게 된 자에 대하여 불법행위 손해배상책임을 부담할 수도 있다.

② 점유자와 회복자의 법률관계도 비슷하다. 소유물반환청구권 관련 문제(물권법)와 소유물반환을 둘러싼 부수적 법률관계의 해명(채권법; 제201조 내지 제203조 및 급부부당이득 반환의무의 범위에 관한 제748조)은 다른 차원의 문제이다.

할 수도 없다. 물권법이나 민사집행법은 기본적으로 이러한 성격의 문제에 무관심하거나 거칠게 규정하고 있을 뿐이다. 무엇이 종국적으로 공평한지는 채권법(계약법, 사무관리법, 부당이득법, 불법행위법) 차원에서 한 번 더 섬세하게 심사해야 한다(계약의 우위!). 다음 사례들을 살펴보자.

① B측 귀책사유가 사고 발생에 기여한 경우, 가령 B소유 Y토지 굴착공사로 인해 A소유 X토지 지반이 약화된 상태에서 유례없는 강풍으로 A소유 나무가 Y토지 위에 쓰러진 경우, 과실상계 규정을 유추하여[34] A가 부담하는 집행비용을 감액하는 것이 공평할 수 있다.

② 방해자가 방해제거의무를 부담하는 판결이 확정되고 그에 따라 강제집행이 이루어진 때 비로소 방해자는 민사집행법에 따라 방해제거비용을 부담한다. **판결확정 + 강제집행이 이루어지기 전에는 방해자라고 해서 방해제거비용을 부담할 실체법상 의무가 있다고 단정할 수 없다.** 방해자가 불법행위책임을 부담하는 경우 비로소 그는 위와 같은 실체법상 의무를 부담한다. 가령 B소유 토지 위에 A소유 건물이 무단 건축된 경우 A에게 고의, 과실이 있다면 A는 불법행위 손해배상책임으로서 (이미 지출된) 건물철거비용 상당액 지급의무를 B에게 부담한다. B가 임의로 위 건물을 철거한 경우 -위법한 자력구제에 관하여 B가 A에 대하여 불법행위 손해배상책임을 지는 것과 별도로-, B는 A에게 철거비용 상당액의 손해배상을 청구할 수 있다. 그러나 A에게 고의, 과실이 없다면 위 건물을 임의로 철거한 B는 A에게 철거비용 상당액의 상환을 청구할 수 없다.[35][36] A는 고의, 과실이 없으므로 불법행위책임을 지지 않는다. 그리고 건물이 철거되어 A가 더 이상 B의 토지소유권을 방해하고 있지 않으므로 이제 A는 방해자가 아니다. 따라서 B가 A에 대하여 방해제거청구를 하여 승소판결을 받을 수 없고, 확정판결에 따른 강제집행은 더더욱 불가능하므로 A가 집행채무자로서 집행비용인 건물철거비용을 부담하는 일은 생길 수 없다. 즉 ⓐ 방해자가 정해지고 ⓑ 그의 방해제거의무가 판결로 확정되고 ⓒ 확정판결에 따라 강제집행이 이루어진 때 비로소, 방해자가 '그의 귀책사유와 상관없이' 방해제거비용을 부담하는 것이 실체법상으로 정당화된다. 위 ⓐ, ⓑ, ⓒ의 3단계 중 ⓐ단계도 통과하지 못한 상황에서 A에게 그의 귀책사유와 상관없이 방해제거비용을 부담시키기 위해 A를 방해자로 보자는 통설은, 본말전도(물권법과 민사집행법을 근거로 채권법상 최종적 권리·의무의 내용을 결정한다!)이다.

③ 소유물반환청구의 경우 반환의무자가 항상 반환비용을 부담하는 것은 아니다. 사무관리를 근거

34) 松岡久和(주 18) 38頁. 독일에서는 방해제거의무 '인정단계'에서 과실상계 규정(독일민법 제254조)을 준용할 수 있다는 것이 -반대견해도 있지만(A의 B에 대한 손해배상청구권을 인정하거나 권리남용 법리를 적용하여 해결하면 충분하다)- 다수설이다. BeckOGK/Spohnheimer, 1.5.2023, BGB §1004 Rn.249-252.

35) Katzenstein(주 14) S.100.

36) B는 A가 부담하는 방해제거의무를 대신 이행해 준 것이므로, **"타인 채무의 변제"**를 원인으로 A에게 사무관리에 따른 비용상환청구권(민법 제739조) 또는 부당이득반환청구권을 행사할 수 있는가? B가 자신의 비용으로 A의 의무를 이행함으로써 그 비용만큼 손해를 입고, A는 그 비용만큼 이득을 얻었다. 따라서 일견 사무관리 또는 부당이득을 근거로 B가 A에게 비용 상당액의 상환을 청구할 수 있을 것처럼 보인다. 그러나 필자는 이러한 상환청구권은 인정될 수 없다고 생각한다. **위법한 자력구제**를 한 채권자가 자력구제 과정에서 든 비용의 상환을 채무자에게 청구할 수 있다면, **강제집행 제도 자체를 잠탈**할 수 있기 때문이다. 전체 법질서의 통일성(integrity)을 확보하려면, 이 경우 사무관리/부당이득에 근거한 집행비용 상당액의 상환청구는 허용하지 않음이 타당하다.

로 반환의무자가 반환 및 보관비용을 반환청구권자로부터 받을 여지도 있다. (각주 18 참조)

무과실의 방해자가 방해제거비용을 종국적으로 부담하는 것은 항상 공평하지도 않고, 철칙(鐵則)도 아니다. 소유권을 포기한 자는 더 이상 방해자가 아니므로 방해제거의무를 더는 부담할 수 없다. 무과실의 방해자에게 방해제거비용을 물리기 위해 그가 소유권을 포기하였음에도 불구하고 그를 계속 방해자로 보자는 통설은, 철칙도 아니고 공평한지도 불확실한 기준을 지키기 위해, 방해제거청구권의 기본법리를 비트는 것이다. A, B 모두 귀책사유가 없는 경우 방해제거비용을 누가 부담할 것인지에 관하여 채권법 차원의 규칙은 존재하지 않는다. 그렇다면 위험이 놓인 현 상태를 기준으로 문제를 해결할 수밖에 없다. B소유 토지 위에 갑작스러운 날벼락이 들이닥친 것이므로 B 자신이 이러한 위험을 감수해야 한다. B는 자기 비용으로 무주물(無主物)인 나무를 수거해야 한다.

여섯째, 소유권의 위법한 침해 그 자체는 불법행위 손해배상책임에서 배상의 대상이 되는 '손해'에 해당한다.[37] 따라서 대부분의 방해제거는 원상회복(=손해배상)을 수반한다. 손해배상방법의 하나인 원상회복[38]이 실현된 뒤에도 방해상태가 제거되지 않고 남아 있는 상황은 상정하기 쉽지 않다. 다양한 형태의 소유물방해제거청구권 중 금지청구권[39] 부분을 제외하면 원상회복청구권으로 모두 커버할 수 있는 것이다. 실무상 방해와 손해를 구별할 필요가 있는 것은 맞지만, 두 개념은 교집합이 없는 독립된 유형이 아니다. '법적 효과'의 측면에서는 대체로 후자가 전자를 포함한다(금지청구권을 제외한 방해제거청구권 ⊂ 원상회복청구권을 포함한 손해배상청구권[40]).[41] 가령 타인의 토지 위에 무단으로 건축된 건물의 소유자는 '방해제거의무'의 일종으로 건물철거의무를 부담할 수도 있지만, '불법행위 손해배상의무(원상회복)'의 일종으로 건물철거의무를 부담할 수도 있다.[42] 그렇다면 소유권을 포기한 자(고의·과실이 없는 자)에 대해서도 방

37) 피해자가 입은 '소유권 침해'라는 손해의 금전적 가치가 0이라면 종국적으로 피해자는 금전배상 형태의 손해배상청구를 할 수 없다. 이는 손해(소유권 침해)의 금전적 평가 문제이다.

38) 논의의 편의상 불법행위에 기한 손해배상책임의 일종으로서 금전배상의무 이외에 원상회복의무도 우리법 해석론상 인정된다고 일단 가정한다.

39) 금지청구권은 소유물방해제거청구권에 해당할 수도 있고 소유물방해예방청구권에 해당할 수도 있다.

40) 만약 우리법상 금전배상 형태의 손해배상청구만 가능하다고 보면 "방해제거비용 상환의무 ⊂ 금전손해배상의무"라고 표현할 수 있다.

41) 스위스민법 제679조{우리민법 제217조(매연 등에 의한 인지에 대한 방해금지)에 상응하는 조항이다}제1항은 "토지소유자가 자기 소유권을 초과하여 행사함으로써 **누군가 '손해'를 입었거나 '손해'를 입을 우려가 있다면,** 그는 손해의 제거 또는 예방을 청구할 수 있고, 손해배상을 청구할 수 있다."고 규정하고 있다. ⓐ 상린관계에서의 생활방해와 관련하여 무과실 손해배상책임을 인정한 점, ⓑ 방해제거 또는 예방 청구권이 아니라 손해제거 또는 예방 청구권이라고 규정한 점이 눈에 뜨인다(제679조에 따른 권리를 행사할 수 있는 자가 인근 토지의 '소유자'에 한정되는 것은 아니므로, '방해를 받는 자'라고 규정하는 것은 부적절하다). 손해만 언급하더라도 피해자 보호에 별다른 문제가 없음은 물론이다.

42) 최우진, "건물철거청구권의 법적 근거와 성질", 새봄을 여는 민법학, (2023), 902-903면.

해제거를 청구할 수 있다는 말은 무과실의 가해자에게 시효에 걸리지 않는 손해배상청구권을 행사할 수 있다는 말과 다르지 않다. 과실책임주의 및 소멸시효에 기초한 불법행위책임 제도가 방해제거청구권이라는 제도를 통해 잠식되는 것을 막으려면, 방해자의 개념은 엄격하게 그리고 방해제거청구권의 특성(현재 및 미래지향적 권리)에 맞게 새겨야 한다. 만약 이를 통해 도출된 결론이 피해자 보호라는 관점에서 불만족스럽다면, 과실책임주의를 완화하여 가해자의 과실을 너그럽게 인정하는 방법을 통해, 즉 가해자의 불법행위 손해배상책임을 폭넓게 인정하는 방법을 통해, 문제를 해결해야 한다.

일곱째, 방해자가 방해물의 소유권을 포기하면 원칙적으로 그를 더는 방해자로 볼 수 없지만, 신의칙과 권리남용금지 원칙을 근거로 예외적으로 소유권 포기의 효력을 부인함으로써 그에게 방해제거의무를 부과할 수 있다는 견해도 있다.[43] 신의칙과 권리남용금지 원칙은, 법리를 형식적으로 적용하는 것만으로는 개별 사안의 구체적 공평을 도모하기 어려운 경우 활용되는 최후의 보루이다. 따라서 일반론의 차원에서 위 견해에 반론을 제기하기는 쉽지 않다. 그러나 이러한 예외가 언제 인정될 수 있을지 불명확하고, 이러한 예외를 쉽사리 인정하는 것이 타당한지 의문이다. 타인의 토지 위에 함부로 폐기물을 묻은 자가 그 폐기물의 소유권을 포기하였다고 해서 당연히 이러한 포기가 권리남용에 해당한다고 보기 어렵다. 그에게 잘못이 있다면 불법행위책임을 물으면 된다. 공법상 규제를 피하기 위한 소유권 포기의 경우 그 **규제의 취지를 고려하여** 소유권 포기를 무효로 볼 여지가 있다. 그러나 방해제거의무 및 그에 따른 비용부담을 면하기 위한 소유권 포기의 경우 관련 법률의 취지를 고려해 소유권 포기를 권리남용으로 보긴 어렵다. 방해제거의무 및 비용부담 관련 문제를 규율하는 법률은 **재화의 귀속질서 보호를 목적으로 하는 물권법**이다. 당사자들의 구체적 이익상황을 고려한 섬세하고 세밀한 이해관계 조정보다, 획일적이고 간명하게 법률관계를 정리하는 것이 필요한 영역이다. 따라서 방해자가 소유권을 포기하면 획일적으로 그를 방해자로 보지 않는 것이 오히려 법률의 목적과 취지에 부합한다.

Ⅲ. 나가며

필자의 견해에 대해서는 다음과 같은 근본적 의문이 제기될 수 있다. 필자와 같이 소유물방해제거청구권을 구성하면 타인의 토지에 무단으로 폐기물을 투기하거나 매립한 사안에서 피해자가 소유물방해제거청구권을 행사할 가능성은 사실상 봉쇄된다. 그래도 정녕 괜찮은가? 아마도 많은 법률가는, 소유물방해제거청구권의 현실적 의미가 극단적으로 축소되고 소유권이라

43) 松岡久和(주 18) 30頁; 김태관(주 25) 214면은 방해제거의무를 인정하는 '보충적 논거'로서 권리남용금지 원칙과 신의칙을 들고 있다.

는 절대권이 그 값어치만큼 충분히 보호되지 못한다고 생각할 것이다. 이로 인해 불편함을 느낄 것이다. 이러한 불편함은 소유권한참칭설의 현실적 수용성(受容性)을 낮게 만드는 결정적 원인이다.[44] 필자도 이러한 불편함에 심정적으로 공감한다. 하지만 이러한 생각에는 2가지 맹점이 있음을 지적하고 싶다. ① 강한 권리는 그 강함이 정당화되는 조건 아래에서만 비로소 강한 권리일 수 있다. ② 소유권과 같은 절대권이 다른 권리보다 두텁게 보호받아야 한다는 생각은 도그마에 불과하다(불법행위책임의 효과로서 금지청구권에 관한 논의는 이를 단적으로 보여준다).

때로는 익숙한 것과의 결별이 필요하다. 소유권한참칭설을 기초로 방해배제청구권 법리를 구축하는 작업과 불법행위책임의 효과로서 (무과실책임인) 금지청구권을 인정함으로써 불법행위책임을 지금보다 더 유연하고 포괄적으로 구성하는 작업은, 일견 서로 무관해 보인다. 그러나 두 책임제도가 제자리를 찾아가는 과정이라는 점에서 공통점이 있다. 후자의 작업에 대해서는 — 익숙하지 않은 내용이므로 초반에는 여러 시행착오가 있었지만 — 이제 어느 정도 공감대가 형성되었다. 전자의 작업에 대해서도 앞으로 점차 공감대가 형성되기를 바라며 부족한 글을 마친다.

44) 현실적 수용성을 고려하면, 방해물 부합의 경우에는 방해제거청구권을 인정하지 않고 방해물에 대한 소유권 포기의 경우에는 방해제거청구권을 인정하는 방안도 생각해 볼 수 있다. DCFR이 이러한 입장이다. DCFR은 소멸시효에 걸리지 않는 소유물방해제거청구권을 인정하면서 방해제거의 내용의 하나로 "**과거 간섭의 흔적 제거**(the removal of traces of past interference)"를 들고 있다{DCFR Ⅷ. 6:101(3)(c)}. DCFR 해설서는 '흔적'은 물리적 객체(physical objects)로서 **쉽게(easily) 제거할 수 있는 것**을 말하며, '손해'와 구별하기 위해 쉽게 제거할 수 있다는 요건을 추가해야 한다고 설명한다. 그리고 흔적의 예로 타인의 자동차를 무단 사용한 후 자동차에 남아 있는 진흙, 먼지, 오물을 들고 있다. Principles, Definitions and Model Rules of European Private Law: Draft Common Frame of Reference(DCFR), p.4328 및 4332-4333.(https://www.law.kuleuven.be/personal/mstorme/european-private-law_en.pdf에서 검색가능. 최종검색일 2023. 8. 4).
그러나 부합과 소유권 포기를 달리 취급하는 것은 필자의 관점에서는 어중간한 견해로 보인다.

최종길 교수 50주기 추모논문집 간행위원

권오승
김재형
김정섭
김학동
김학준
김현수
김황식
박연철
안경환
윤진수
이광택
이상정
이은영
이준형
주　철
지원림
최광준
최종고
호문혁
황우여

人權과 正義의 民法學 — 崔鍾吉 敎授 50周忌 追慕論文集

초판발행 2023년 12월 30일

지은이 최종길 교수 50주기 추모논문집 간행위원회
펴낸이 안종만 · 안상준

편　집 이승현
기획/마케팅 박부하
표지디자인 BENSTORY
제　작 고철민 · 조영환

펴낸곳 (주) 박영사
서울특별시 금천구 가산디지털2로 53, 210호(가산동, 한라시그마밸리)
등록 1959. 3. 11. 제300-1959-1호(倫)
전　화 02)733-6771
f a x 02)736-4818
e-mail pys@pybook.co.kr
homepage www.pybook.co.kr
ISBN 979-11-303-4671-7 93360

copyright©최종길 교수 50주기 추모논문집 간행위원회, 2023, Printed in Korea

* 파본은 구입하신 곳에서 교환해 드립니다. 본서의 무단복제행위를 금합니다.

정 가 58,000원